都道府県から引く
高等学校史・活動史目録

日外アソシエーツ

●編集担当● 木村 月子
装　丁：赤田 麻衣子

刊行にあたって

　高等学校の学校史・活動史は、一般的な商業出版物として世に出回るものだけでなく、関係者への配布や寄贈・献本などのみで制作されるものも多い。こうした郷土資料の類いは、件名や分類からは検索できない場合もあり、教育関係のみならず部活動での活動記録まで含めると、求める図書を探すのは難しい。

　本書は、日本国内で刊行された全国の高等学校における学校史・活動史に関する図書を、都道府県別・高等学校名別に収録した目録である。1970年以降に刊行された高等学校の創立・開校記念誌、周年記念誌、閉校記念誌、特別活動の記録誌（部活動の全国大会出場記念誌など）、教育・学校活動のルポルタージュ、ノンフィクションなどを収録する。一般流通書以外にも、各都道府県立図書館の郷土資料等で蔵書されている非流通の学校史・活動史も積極的に収録し、学校のさまざまな記念誌、またユニークな教育実践等についてのルポルタージュまで高等学校史の足跡をまとめて一覧することが可能である。

　調査・編集の中で、こんなにも記念誌等を刊行している学校があることに驚かされ、また、定期的に記念誌を作成したり、大きな節目の年には写真集まで作成するなど、連綿と続く各校の歴史に対する強い母校愛を感じた。各地域には創立・開校から数年という学校から、百年の歴史をもつ学校、また惜しまれながらも閉校となった学校まで、さまざまなあゆみを持つ高等学校が存在する。自分の出身校について調べたいときから郷土史の研究や調査まで、あらゆる利用者に向けたレファレンスツールとして、利用されることを期待

したい。調査にあたっては遺漏のないように努めたが、記念誌などを制作しているにもかかわらず今回の調査から漏れてしまった学校などがあれば、ご教示いただければ幸いである。

2024年11月

　　　　　　　　　　　　　　　　日外アソシエーツ

目　次

凡　例………………………………………………………（6）
見出し一覧…………………………………………………（8）

都道府県から引く　高等学校史・活動史目録……………… 1

学校名索引………………………………………………… 675

凡　例

1．本書の内容

　　本書は、日本国内で刊行された全国の高等学校における学校史・活動史に関する図書を、都道府県別・高等学校名別に収録した目録である。

2．収録の対象

（1）1970年以降に国内で制作・刊行された4,778の高等学校における創立・開校・周年・閉校記念誌、特別活動の記録誌（部活動の全国大会出場記念誌など）、教育・学校活動のルポルタージュ、ノンフィクションなど12,955冊を収録した。

（2）原則として、同窓会、クラス会、生徒会などの会誌、学級文集や学級新聞などは収録対象外とした。

（3）戦前の学校の活動史記録については原則収録対象外としたが、一部収録されているものもある。

3．見出し

（1）各図書を、47都道府県別に分け、各県別見出しの下に校名の五十音順に高等学校別見出しを配した。

（2）高等学校名は、「都道府県立」もしくはそれに準ずる地域名を省略して排列した。ただし、商業・工業・水産・農業などの校名や第一、第二などの校名が始めに来る場合は、各地域で同一校名となることが多いため県立や地域名を冠した学校名とした。

　　例）石川県立工業高等学校，東京都立第一商業高等学校

（3）「市立」の場合は「〜市立○○高等学校」として排列した。

　　例）岐阜市立岐阜商業高等学校

（4）主に私立の高等学校の場合、原則として法人名（学校法人○○学園等）は省略した学校名とした。また、中高一貫校の場合は、高等学校名のみの見出しとした。

（5）統廃合による新校名については調査が及ばず、原則的に図書の書誌事項に記載されている校名で見出し立てを行っている。

4．図書の排列

各学校名見出しの下に、刊行年の古い順に排列した。

5．図書の記述

記述の内容と順序は以下の通りである。

書名／副書名／巻次／各巻書名／著者表示／版表示／出版地＊／出版者／出版年月／ページ数または冊数／大きさ／定価(刊行時)／ISBN（Iで表示）／NDC（Nで表示）／目次／内容　＊東京は省略

6．学校名索引

（1）高等学校名を、五十音順に排列し、その見出しと掲載ページを示した。また、学校名には都道府県名を補記した。

（2）排列にあたって、ヂ→シ、ヅ→スと見なし、長音符、句読点などの記号類は排列上無視した。

7．書誌事項の出所

本目録に掲載した各図書の書誌事項は、主に以下の資料に拠った。
　　データベース「bookplus」
　　JAPAN/MARC
　　TRC MARC

見出し一覧

北海道 …………………………… 3

　愛別高等学校 …………………………… 3
　赤平高等学校 …………………………… 3
　赤平東高等学校 ………………………… 3
　阿寒高等学校 …………………………… 3
　旭川北高等学校 ………………………… 3
　旭川工業高等学校 ……………………… 3
　旭川実業高等学校 ……………………… 3
　旭川商業高等学校 ……………………… 4
　旭川女子高等商業学校 ………………… 4
　旭川大学高等学校 ……………………… 4
　旭川東栄高等学校 ……………………… 5
　旭川西高等学校 ………………………… 5
　旭川農業高等学校 ……………………… 5
　旭川東高等学校 ………………………… 5
　旭川藤女子高等学校 …………………… 6
　旭川北都商業高等学校 ………………… 6
　旭川南高等学校 ………………………… 6
　旭川龍谷高等学校 ……………………… 6
　旭川凌雲高等学校 ……………………… 6
　芦別高等学校 …………………………… 6
　芦別工業高等学校 ……………………… 6
　芦別商業高等学校 ……………………… 6
　芦別総合技術高等学校 ………………… 6
　足寄高等学校 …………………………… 7
　厚岸潮見高等学校 ……………………… 7
　厚岸水産高等学校 ……………………… 7
　厚沢部高等学校 ………………………… 7
　厚真高等学校 …………………………… 7
　網走高等学校 …………………………… 7
　網走向陽高等学校 ……………………… 7
　網走南ヶ丘高等学校 …………………… 7
　虻田高等学校 …………………………… 8
　虻田商業高等学校 ……………………… 8
　遺愛女子高等学校 ……………………… 8
　池田高等学校 …………………………… 8
　石狩高等学校 …………………………… 8
　石狩翔陽高等学校 ……………………… 8

　石狩南高等学校 ………………………… 8
　岩内高等学校 …………………………… 8
　岩見沢西高等学校 ……………………… 9
　岩見沢農業高等学校 …………………… 9
　岩見沢東高等学校 ……………………… 9
　岩見沢緑陵高等学校 …………………… 9
　歌志内高等学校 ………………………… 10
　浦河高等学校 …………………………… 10
　浦幌高等学校 …………………………… 10
　江差高等学校 …………………………… 10
　枝幸高等学校 …………………………… 10
　江差南高等学校 ………………………… 10
　恵庭北高等学校 ………………………… 10
　恵庭南高等学校 ………………………… 10
　江別高等学校 …………………………… 10
　えりも高等学校 ………………………… 10
　遠軽高等学校 …………………………… 11
　遠軽郁凌高等学校 ……………………… 11
　遠軽家政高等学校 ……………………… 11
　遠別高等学校 …………………………… 11
　遠別農業高等学校 ……………………… 11
　追分高等学校 …………………………… 11
　大麻高等学校 …………………………… 11
　大野農業高等学校 ……………………… 11
　雄武高等学校 …………………………… 11
　奥尻高等学校 …………………………… 11
　置戸高等学校 …………………………… 12
　興部高等学校 …………………………… 12
　小樽桜陽高等学校 ……………………… 12
　小樽工業高等学校 ……………………… 12
　小樽商業高等学校 ……………………… 12
　小樽水産高等学校 ……………………… 12
　小樽潮陵高等学校 ……………………… 13
　音威子府高等学校 ……………………… 13
　おといねっぷ美術工芸高等学校 ……… 13
　音更高等学校 …………………………… 13
　乙部高等学校 …………………………… 13
　帯広高等学校 …………………………… 13

帯広大谷高等学校	13	栗沢高等学校	19
帯広北高等学校	13	栗山高等学校	20
帯広工業高等学校	13	訓子府高等学校	20
帯広三条高等学校	13	剣淵高等学校	20
帯広農業高等学校	14	厚賀高等学校	20
帯広柏葉高等学校	14	駒沢大学附属岩見沢高等学校	20
帯広南商業高等学校	14	駒沢大学附属苫小牧高等学校	20
帯広緑陽高等学校	14	札幌旭丘高等学校	21
音別高等学校同窓会	15	札幌厚別高等学校	21
上磯高等学校	15	札幌石山高等学校	21
上川高等学校	15	札幌大谷高等学校	21
上士幌高等学校	15	札幌丘珠高等学校	22
上渚滑高等学校	15	札幌開成高等学校	22
上砂川高等学校	15	札幌北高等学校	22
上ノ国高等学校	15	札幌清田高等学校	22
上富良野高等学校	15	札幌経済高等学校	22
木古内高等学校	15	札幌啓成高等学校	22
北檜山高等学校	16	札幌啓北商業高等学校	22
北広島高等学校	16	札幌工業高等学校	22
北広島西高等学校	16	札幌光星高等学校	23
北見工業高等学校	16	札幌国際情報高等学校	23
北見商業高等学校	16	札幌琴似高等学校	23
北見仁頃高等学校	16	札幌琴似工業高等学校	23
北見柏陽高等学校	16	札幌篠路高等学校	23
北見藤女子高等学校	17	札幌商業高等学校	23
北見北斗高等学校	17	札幌女子高等学校	23
北見緑陵高等学校	17	札幌市立旭丘高等学校	23
喜茂別高等学校	17	札幌白石高等学校	23
共和農業高等学校	17	札幌新川高等学校	23
清里高等学校	17	札幌新陽高等学校	24
霧多布高等学校	17	札幌星園高等学校	24
釧路北高等学校	17	札幌静修高等学校	24
釧路工業高等学校	18	札幌西陵高等学校	24
釧路江南高等学校	18	札幌創成高等学校	24
釧路湖陵高等学校	18	札幌第一高等学校	24
釧路商業高等学校	18	札幌拓北高等学校	24
釧路星園高等学校	18	札幌月寒高等学校	25
釧路西高等学校	18	札幌手稲高等学校	25
釧路東高等学校	19	札幌稲西高等学校	25
釧路北陽高等学校	19	札幌東豊高等学校	25
倶知安高等学校	19	札幌東陵高等学校	25
倶知安農業高等学校	19	札幌南陵高等学校	25
熊石高等学校	19	札幌西高等学校	25

見出し一覧

札幌日本大学高等学校 …………………26	大成高等学校 …………………………30
札幌東高等学校 …………………………26	滝川高等学校 …………………………30
札幌東商業高等学校 ……………………26	滝川北高等学校 ………………………30
札幌平岡高等学校 ………………………26	滝川工業高等学校 ……………………30
札幌平岸高等学校 ………………………26	滝川商業高等学校 ……………………31
札幌北斗高等学校 ………………………26	滝川西高等学校 ………………………31
札幌北陵高等学校 ………………………26	滝上高等学校 …………………………31
札幌南高等学校 …………………………26	伊達高等学校 …………………………31
札幌藻岩高等学校 ………………………27	秩父別高等学校 ………………………31
札幌山の手高等学校 ……………………27	千歳高等学校 …………………………31
様似高等学校 ……………………………27	千歳北陽高等学校 ……………………31
更別高等学校 ……………………………27	月形高等学校 …………………………31
更別農業高等学校 ………………………27	津別高等学校 …………………………32
佐呂間高等学校 …………………………27	天売高等学校 …………………………32
三愛女子高等学校 ………………………27	天塩高等学校 …………………………32
鹿追高等学校 ……………………………27	弟子屈高等学校 ………………………32
静内高等学校 ……………………………27	戸井高等学校 …………………………32
静内農業高等学校 ………………………27	東海大学付属第四高等学校 …………32
標茶高等学校 ……………………………28	当別高等学校 …………………………32
標茶農業高等学校 ………………………28	洞爺高等学校 …………………………32
士別高等学校 ……………………………28	常呂高等学校 …………………………32
標津高等学校 ……………………………28	苫小牧工業高等学校 …………………33
標津高等学校羅臼分校 …………………28	苫小牧高等商業学校 …………………33
士別商業高等学校 ………………………28	苫小牧中央高等学校 …………………33
士別東高等学校 …………………………28	苫小牧西高等学校 ……………………33
士幌高等学校 ……………………………28	苫小牧東高等学校 ……………………33
清水高等学校 ……………………………29	苫小牧南高等学校 ……………………33
下川商業高等学校 ………………………29	苫前商業高等学校 ……………………33
斜里高等学校 ……………………………29	泊高等学校 ……………………………34
尚志学園高等学校 ………………………29	富川高等学校 …………………………34
白老高等学校 ……………………………29	豊浦高等学校 …………………………34
白樺学園高等学校 ………………………29	豊富高等学校 …………………………34
白糠高等学校 ……………………………29	とわの森三愛高等学校 ………………34
知内高等学校 ……………………………29	奈井江商業高等学校 …………………34
新得高等学校 ……………………………29	中川商業高等学校 ……………………34
新十津川農業高等学校 …………………29	中札内高等学校 ………………………34
寿都高等学校 ……………………………29	中標津高等学校 ………………………34
砂川北高等学校 …………………………30	中標津農業高等学校 …………………34
砂川南高等学校 …………………………30	中頓別農業高等学校 …………………35
星槎国際高等学校 ………………………30	長沼高等学校 …………………………35
清尚学院高等学校 ………………………30	七飯高等学校 …………………………35
壮瞥高等学校 ……………………………30	名寄高等学校 …………………………35
大樹高等学校 ……………………………30	名寄恵陵高等学校 ……………………35

名寄工業高等学校	35	美幌高等学校	40
名寄光凌高等学校	35	美幌農業高等学校	41
名寄農業高等学校	35	檜山北高等学校	41
南幌高等学校	35	平取高等学校	41
仁木商業高等学校	36	広尾高等学校	41
ニセコ高等学校	36	風連高等学校	41
沼田高等学校	36	深川西高等学校	41
根室高等学校	36	深川農業高等学校	42
根室西高等学校	36	深川東高等学校	42
野幌高等学校	36	深川東商業高等学校	42
登別高等学校	36	福島商業高等学校	42
登別大谷高等学校	37	藤女子高等学校	42
登別南高等学校	37	双葉高等学校	42
函館恵山高等学校	37	富良野高等学校	42
函館大谷高等学校	37	富良野工業高等学校	43
函館大妻高等学校	37	富良野農業高等学校	43
函館北高等学校	37	古平高等学校	43
函館工業高等学校	37	振内高等学校	43
函館商業高等学校	37	別海高等学校	43
函館昭和女子学園高等学校	38	別海酪農高等学校	43
函館女子商業高等学校	38	北照高等学校	43
函館白百合学園高等学校	38	北星学園女子高等学校	43
函館水産高等学校	38	北星学園新札幌高等学校	43
函館大学付属柏稜高等学校	38	北星学園大学附属高等学校	43
函館大学付属有斗高等学校	38	北海高等学校	44
函館中部高等学校	38	北海道日本大学高等学校	44
函館西高等学校	39	穂別高等学校	44
函館東高等学校	39	幌加内高等学校	44
函館ラ・サール高等学校	39	幌加内農業高等学校	45
函館稜北高等学校	39	本別高等学校	45
羽幌高等学校	39	幕別高等学校	45
浜頓別高等学校	39	増毛高等学校	45
浜益高等学校	39	真狩高等学校	45
美瑛高等学校	39	松前高等学校	45
東川高等学校	40	三笠高等学校	45
東藻琴高等学校	40	三笠高美等学校	45
日高高等学校	40	三石高等学校	46
美唄工業高等学校	40	南富良野高等学校	46
美唄聖華高等学校	40	鵡川高等学校	46
美唄東高等学校	40	室蘭大谷高等学校	46
美唄南高等学校	40	室蘭啓明高等学校	46
美深高等学校	40	室蘭工業高等学校	46
美深高等酪農学校	40	室蘭栄高等学校	46

室蘭清水丘高等学校	46	青森東高等学校	54
室蘭商業高等学校	47	青森南高等学校	54
室蘭東高等学校	47	青森山田高等学校	54
女満別高等学校	47	鰺ケ沢高等学校	55
芽室高等学校	47	板柳高等学校	55
妹背牛商業高等学校	47	今別高等学校	55
森高等学校	47	岩木高等学校	55
紋別北高等学校	48	大畑高等学校	55
紋別南高等学校	48	大間高等学校	55
焼尻高等学校	48	大湊高等学校	56
八雲高等学校	48	大湊高等学校川内校舎	56
夕張北高等学校	48	大湊高等学校脇野沢分校	56
夕張工業高等学校	48	大鰐高等学校	56
夕張東高等学校	48	尾上総合高等学校	56
夕張南高等学校	48	柏木農業高等学校	56
湧別高等学校	48	柏木農業高等学校大鰐分校	56
有朋高等学校	48	金木高等学校	56
由仁高等学校	49	金木高等学校小泊分校	56
由仁商業高等学校	49	金木高等学校市浦分校	57
余市高等学校	49	木造高等学校	57
余市高等学校（北星学園）	49	木造高等学校稲垣分校	57
蘭越高等学校	50	木造高等学校深浦校舎	57
陸別高等学校	50	黒石高等学校	57
利尻高等学校	50	黒石商業高等学校	57
留寿都高等学校	50	光星学院高等学校	58
留辺蘂高等学校	50	五所川原高等学校	58
留萌高等学校	51	五所川原高等学校東校舎	58
留萌工業高等学校	51	五所川原工業高等学校	58
礼文高等学校	51	五所川原第一高等学校	58
稚内高等学校	51	五所川原農林高等学校	59
稚内大谷高等学校	51	五所川原農林高等学校藤崎分校	59
稚内商工高等学校	51	五所川原東高等学校	59
和寒高等学校	52	五戸高等学校	59
		三戸高等学校	59
青森県	52	三戸高等学校田子分校	60
青森高等学校	52	三本木高等学校	60
青森北高等学校	52	三本木農業高等学校	60
青森工業高等学校	52	七戸高等学校	60
青森商業高等学校	53	七戸高等学校八甲田校舎	60
青森市立青森中央高等学校	53	松風塾高等学校	61
青森中央高等学校	53	白菊学園高等学校	61
青森戸山高等学校	53	川内高等学校	61
青森西高等学校	54	田子高等学校	61

田名部高等学校 …………………………61	三沢商業高等学校 …………………………69
田名部高等学校大畑校舎 …………61	むつ工業高等学校 …………………………69
千葉学園高等学校 …………………………62	百石高等学校 …………………………………69
鶴田高等学校 …………………………………62	六戸高等学校 …………………………………70
東奥義塾高等学校 …………………………62	六ヶ所高等学校 ……………………………70
東奥女子高等学校 …………………………62	
十和田工業高等学校 ……………………62	**岩手県** …………………………………………70
十和田西高等学校 …………………………62	胆沢高等学校 …………………………………70
中里高等学校 …………………………………62	一関学院高等学校 …………………………70
名久井農業高等学校 ……………………62	一関工業高等学校 …………………………70
浪岡高等学校 …………………………………63	一関修紅高等学校 …………………………70
南郷高等学校 …………………………………63	一関第一高等学校 …………………………70
南部工業高等学校 …………………………63	一関第二高等学校 …………………………70
野辺地高等学校 ……………………………63	一関農業高等学校 …………………………71
八戸高等学校 …………………………………63	一戸高等学校 …………………………………71
八戸北高等学校 ……………………………64	伊保内高等学校 ……………………………71
八戸工業高等学校 …………………………64	岩泉高等学校 …………………………………71
八戸工業大学第一高等学校 ………64	岩泉高等学校小川分校 …………………71
八戸工業大学第二高等学校 ………64	岩泉高等学校田野畑校 …………………71
八戸商業高等学校 …………………………64	岩手高等学校 …………………………………71
八戸水産高等学校 …………………………64	岩手女子高等学校 …………………………72
八戸聖ウルスラ学院高等学校 ……65	岩手橘高等学校 ……………………………72
八戸中央高等学校 …………………………65	岩谷堂農林高等学校 ……………………72
八戸西高等学校 ……………………………65	大槌高等学校 …………………………………72
八戸東高等学校 ……………………………65	大野高等学校 …………………………………72
八戸南高等学校 ……………………………65	大迫高等学校 …………………………………72
八甲田高等学校 ……………………………65	大原商業高等学校 …………………………72
平内高等学校 …………………………………65	大船渡工業高等学校 ……………………72
弘前高等学校 …………………………………66	大船渡農業高等学校 ……………………72
弘前学院聖愛高等学校 …………………66	大船渡東高等学校 …………………………73
弘前工業高等学校 …………………………66	釜石北高等学校 ……………………………73
弘前実業高等学校 …………………………67	釜石工業高等学校 …………………………73
弘前実業高等学校藤崎校舎 ………67	釜石商業高等学校 …………………………73
弘前中央高等学校 …………………………67	釜石商工高等学校 …………………………73
弘前東高等学校 ……………………………67	釜石南高等学校 ……………………………73
弘前東工業高等学校 ……………………67	軽米高等学校 …………………………………73
弘前南高等学校 ……………………………67	北上翔南高等学校 …………………………73
弘前南高等学校大鰐校舎 ……………68	久慈高等学校野田分校 …………………73
深浦高等学校 …………………………………68	久慈高等学校山形校 ……………………73
藤崎園芸高等学校 …………………………68	葛巻高等学校 …………………………………73
北斗高等学校 …………………………………68	黒沢尻北高等学校 …………………………73
北斗高等学校高田分校 …………………69	黒沢尻工業高等学校 ……………………74
三沢高等学校 …………………………………69	黒沢尻南高等学校 …………………………74

不来方高等学校	74
紫波総合高等学校	74
専修大学北上高等学校	74
千厩高等学校	74
大東高等学校	74
平舘高等学校	74
高田高等学校	74
東和高等学校	75
遠野高等学校	75
遠野高等学校情報ビジネス校	75
遠野農業高等学校	75
遠野緑峰高等学校	75
杜陵高等学校	75
西和賀高等学校	75
沼宮内高等学校	75
花泉高等学校	76
花巻北高等学校	76
花巻農業高等学校	76
花巻東高等学校	76
花巻南高等学校	76
福岡高等学校	76
福岡高等学校浄法寺校	77
福岡工業高等学校	77
藤沢高等学校	77
富士短期大学付属高等学校	77
前沢高等学校	77
水沢高等学校	77
水沢工業高等学校	77
水沢商業高等学校	77
水沢第一高等学校	77
水沢農業高等学校	77
宮古高等学校	78
宮古高等学校川井校	78
宮古工業高等学校	78
宮古商業高等学校	78
宮古水産高等学校	78
向中野学園高等学校	78
盛岡北高等学校	78
盛岡工業高等学校	78
盛岡商業高等学校	78
盛岡白百合学園高等学校	79
盛岡市立高等学校	79
盛岡大学附属高等学校	79
盛岡第一高等学校	79
盛岡第二高等学校	80
盛岡第三高等学校	80
盛岡第四高等学校	80
盛岡農業高等学校	81
盛岡南高等学校	81
山田高等学校	81
宮城県	**81**
飯野川高等学校	81
伊具高等学校	81
石巻高等学校	81
石巻工業高等学校	81
石巻好文館高等学校	82
石巻商業高等学校	82
石巻女子高等学校	82
石巻市立女子高等学校	82
石巻市立女子商業高等学校	82
石巻西高等学校	82
泉高等学校	83
泉松陵高等学校	83
泉館山高等学校	83
一迫商業高等学校	83
岩ヶ崎高等学校	83
岩出山高等学校	83
鶯沢工業高等学校	83
大河原商業高等学校	83
女川高等学校	83
角田高等学校	83
角田女子高等学校	84
鹿島台商業高等学校	84
鼎が浦高等学校	84
河南高等学校	84
上沼農業高等学校	84
加美農業高等学校	84
栗原農業高等学校	84
黒川高等学校	85
黒川高等学校大郷校	85
気仙沼高等学校	85
気仙沼向洋高等学校	85
気仙沼女子高等学校	85
気仙沼水産高等学校	85
気仙沼西高等学校	85

小牛田農林高等学校	85	名取高等学校	93
佐沼高等学校	85	名取北高等学校	93
塩釜高等学校	86	南郷高等学校	94
塩釜女子高等学校	86	南郷農業高等学校	94
志津川高等学校	86	西山学院高等学校	94
柴田農林高等学校	86	古川高等学校	94
柴田農林高等学校川崎校	86	古川工業高等学校	94
柴田農林高等学校白幡分校	86	古川女子高等学校	94
白石高等学校	87	古川黎明高等学校	94
白石高等学校七ヶ宿分校	87	米谷工業高等学校	94
白石工業高等学校	87	松島高等学校	94
白石女子高等学校	87	松山高等学校	94
聖和学園高等学校	87	宮城県工業高等学校	95
仙台育英学園高等学校	87	宮城県水産高等学校	95
仙台三桜高等学校	89	宮城県第一女子高等学校	95
仙台商業高等学校	89	宮城県第二工業高等学校	95
仙台女子商業高等学校	89	宮城県第二女子高等学校	95
仙台市立女子高等学校	89	宮城県第三女子高等学校	96
仙台市立仙台高等学校	89	宮城県農業高等学校	96
仙台市立仙台工業高等学校	90	宮城野高等学校	96
仙台市立仙台商業高等学校	90	宮城広瀬高等学校	96
仙台市立仙台第二工業高等学校	90	村田高等学校	96
仙台大学附属明成高等学校	90	本吉響高等学校	96
仙台第一高等学校	90	矢本高等学校	96
仙台第二高等学校	91	米山高等学校	96
仙台第三高等学校	91	米山農業高等学校	96
仙台図南萩陵高等学校	91	利府高等学校	96
仙台西高等学校	91	若柳高等学校	96
仙台東高等学校	91	涌谷高等学校	97
仙台南高等学校	91	亘理高等学校	97
仙台向山高等学校	92	**秋田県**	97
多賀城高等学校	92		
田尻高等学校	92	秋田高等学校	97
築館高等学校	92	秋田北高等学校	98
築館女子高等学校	92	秋田経済大学附属合川高等学校	98
津谷高等学校	92	秋田経済法科大学附属高等学校	98
貞山高等学校	92	秋田県立海洋技術高等学校	98
東北高等学校	92	秋田工業高等学校	98
東北学院榴ケ岡高等学校	93	秋田市立高等学校	98
常盤木学園高等学校	93	秋田市立秋田商業高等学校	98
富谷高等学校	93	秋田市立御所野学院高等学校	99
登米高等学校	93	秋田中央高等学校	99
登米高等学校豊里分校	93	秋田西高等学校	99

秋田東高等学校	99	能代市立能代商業高等学校	106
秋田南高等学校	99	能代西高等学校	106
秋田和洋女子高等学校	99	能代農業高等学校	106
新屋高等学校	100	花輪高等学校	106
羽後高等学校	100	平鹿高等学校	106
大館高等学校	100	二ツ井高等学校	106
大館桂高等学校	100	平成高等学校	106
大館工業高等学校	100	本荘高等学校	106
大館商業高等学校	100	本荘高等学校大内分校	107
大館東高等学校	100	本荘高等学校下郷分校	107
大館鳳鳴高等学校	100	増田高等学校	107
大館南高等学校	101	矢島高等学校	107
大曲高等学校	101	湯沢高等学校	107
大曲高等学校太田分校	101	湯沢高等学校稲川分校	107
大曲工業高等学校	101	湯沢北高等学校	107
大曲農業高等学校	101	湯沢北高等学校稲庭分校	107
大曲農業高等学校太田分校	101	湯沢北高等学校皆瀬分校	108
大曲農業高等学校大森分校	101	湯沢商業高等学校	108
男鹿高等学校	101	湯沢商工高等学校	108
男鹿高等学校北浦分校	101	湯沢翔北高等学校	108
男鹿工業高等学校	101	由利高等学校	108
雄勝高等学校	102	由利工業高等学校	108
角館高等学校	102	横手高等学校	108
角館高等学校田沢分校	102	横手工業高等学校	108
角館南高等学校	102	横手城南高等学校	109
金足農業高等学校	102	横手清陵学院高等学校	109
金足農業高等学校羽城分校	103	横手東高等学校	109
金足農業高等学校船越分校	103	米内沢高等学校	109
北秋田市立合川高等学校	103	六郷高等学校	109
小坂高等学校	103	**山形県**	109
五城目高等学校	103		
聖霊学園高等学校	103	温海高等学校	109
鷹巣高等学校	103	左沢高等学校	109
鷹巣農林高等学校	104	左沢高等学校朝日分校	109
中央高等学校	104	荒砥高等学校	109
十和田高等学校	104	大石田高等学校	110
仁賀保高等学校	104	置賜農業高等学校	110
西仙北高等学校	104	置賜農業高等学校飯豊分校	110
西目高等学校	104	置賜農業高等学校玉庭分校	110
西目農業高等学校	104	小国高等学校	110
能代高等学校	104	尾花沢高等学校	110
能代北高等学校	105	霞城学園高等学校	110
能代工業高等学校	105	金山高等学校	110

上山農業高等学校	110	羽黒工業高等学校	116
上山明新館高等学校	110	東根工業高等学校	116
加茂水産高等学校	110	松山里仁館高等学校	116
北村山高等学校	110	真室川高等学校	116
基督教独立学園高等学校	111	宮内高等学校	116
九里学園高等学校	111	村山農業高等学校	116
蔵王工業高等学校	111	谷地高等学校	116
寒河江高等学校	111	山形学院高等学校	117
寒河江工業高等学校	111	山形北高等学校	117
酒田北高等学校	111	山形工業高等学校	117
酒田工業高等学校	112	山形城北女子高等学校	117
酒田商業高等学校	112	山形市立商業高等学校	117
酒田女子高等学校	112	山形中央高等学校	118
酒田市立酒田中央高等学校	112	山形電波工業高等学校	118
酒田西高等学校	112	山形西高等学校	118
酒田東高等学校	112	山形東高等学校	118
酒田南高等学校	113	山形南高等学校	119
庄内総合高等学校	113	山添高等学校	119
庄内農業高等学校	113	遊佐高等学校	119
新庄神室産業高等学校	113	米沢工業高等学校	119
新庄北高等学校	113	米沢興譲館高等学校	120
新庄工業高等学校	113	米沢商業高等学校	120
新庄農業高等学校	113	米沢中央高等学校	120
新庄南高等学校	113	米沢東高等学校	121
赤湯園芸高等学校	113	林昌学園	121
高畠高等学校	113	**福島県**	121
楯岡高等学校	113	会津高等学校	121
鶴岡家政高等学校	113	会津学鳳高等学校	121
鶴岡北高等学校	114	会津杏林学園高等学校	121
鶴岡工業高等学校	114	会津工業高等学校	121
鶴岡中央高等学校	114	会津工業高等学校本郷分校	122
鶴岡中央高等学校温海校	114	会津女子高等学校	122
鶴岡西高等学校	114	会津第二高等学校	122
鶴岡東高等学校	114	会津農林高等学校	122
鶴岡南高等学校	114	会津方部高等学校	122
天真学園高等学校	115	葵高等学校	122
天童高等学校	115	安積高等学校	122
東海大学山形高等学校	115	安積高等学校御舘校	123
長井高等学校	115	あさか開成高等学校	123
長井工業高等学校	115	あさか開成高等学校須賀川校舎	123
南陽高等学校	115	安積商業高等学校	123
日本大学山形高等学校	115	安積女子高等学校	123
羽黒高等学校	115		

安積第二高等学校 …… 123	新地高等学校 …… 129
安積黎明高等学校 …… 123	須賀川高等学校 …… 129
安達高等学校 …… 124	須賀川女子高等学校 …… 129
安達東高等学校大平分校 …… 124	須賀川桐陽高等学校 …… 129
安達東高等学校針道校舎 …… 124	聖光学院高等学校 …… 129
石川高等学校 …… 124	清陵情報高等学校 …… 131
猪苗代高等学校 …… 124	相馬高等学校 …… 131
磐城高等学校 …… 124	相馬女子高等学校 …… 131
いわき海星高等学校 …… 125	相馬総合高等学校 …… 132
いわき光洋高等学校 …… 125	相馬農業高等学校 …… 132
磐城桜が丘高等学校 …… 125	相馬東高等学校 …… 132
磐城女子高等学校 …… 125	平工業高等学校 …… 132
いわき中央高等学校 …… 125	平商業高等学校 …… 132
岩瀬農業高等学校 …… 125	田島高等学校 …… 132
内郷高等学校 …… 126	只見高等学校 …… 132
大沼高等学校 …… 126	橘高等学校 …… 133
小高工業高等学校 …… 126	棚倉高等学校 …… 133
小高商業高等学校 …… 126	田村高等学校 …… 133
小名浜高等学校 …… 126	遠野高等学校 …… 133
小名浜水産高等学校 …… 126	富岡高等学校 …… 133
小野高等学校 …… 126	富岡高等学校川内校 …… 133
小野高等学校平田校 …… 126	長沼高等学校 …… 133
川俣高等学校 …… 126	勿来高等学校 …… 133
喜多方高等学校 …… 126	勿来工業高等学校 …… 133
喜多方商業高等学校 …… 127	浪江高等学校 …… 133
喜多方女子高等学校 …… 127	浪江高等学校大野分校 …… 134
喜多方東高等学校 …… 127	日本大学東北高等学校 …… 134
光南高等学校 …… 127	二本松工業高等学校 …… 134
桑折町立桑折醸芳高等学校 …… 127	塙工業高等学校 …… 134
郡山高等学校 …… 127	原町高等学校 …… 134
郡山北工業高等学校 …… 128	坂下高等学校 …… 134
郡山商業高等学校 …… 128	東白川農商高等学校 …… 134
郡山女子高等学校 …… 128	東白川農商高等学校鮫川分校 …… 134
郡山東高等学校 …… 128	福島高等学校 …… 135
桜の聖母学院高等学校 …… 128	福島北高等学校 …… 135
修明高等学校 …… 128	福島工業高等学校 …… 135
修明高等学校鮫川校 …… 128	福島商業高等学校 …… 135
尚志高等学校 …… 128	福島女子高等学校 …… 136
白河高等学校 …… 128	福島成蹊学園 …… 136
白河旭高等学校 …… 129	福島成蹊女子高等学校 …… 136
白河実業高等学校 …… 129	福島中央高等学校 …… 136
白河女子高等学校 …… 129	福島西高等学校 …… 136
仁愛高等学校 …… 129	福島西女子高等学校 …… 136

見出し一覧

福島農蚕高等学校 …………… 136
福島東高等学校 ……………… 136
福島南高等学校 ……………… 137
福島明成高等学校 …………… 137
双葉高等学校 ………………… 137
双葉翔陽高等学校 …………… 137
双葉農業高等学校 …………… 137
船引高等学校 ………………… 137
保原高等学校 ………………… 137
緑が丘高等学校 ……………… 138
南会津高等学校 ……………… 138
本宮高等学校 ………………… 138
本宮高等学校白沢分校 ……… 138
梁川高等学校 ………………… 138
矢吹高等学校 ………………… 138
耶麻農業高等学校 …………… 138
湯本高等学校 ………………… 138
好間高等学校 ………………… 138
四倉高等学校 ………………… 138
若松商業高等学校 …………… 138
若松女子高等学校 …………… 139

茨城県 ………………………… 139

明野高等学校 ………………… 139
麻生高等学校 ………………… 139
石岡商業高等学校 …………… 139
石岡第一高等学校 …………… 139
石下高等学校 ………………… 139
磯原高等学校 ………………… 139
潮来高等学校 ………………… 139
伊奈高等学校 ………………… 139
茨城高等学校 ………………… 139
茨城キリスト教学園高等学校 … 140
岩井高等学校 ………………… 140
岩瀬高等学校 ………………… 140
牛久栄進高等学校 …………… 140
江戸崎高等学校 ……………… 140
大洗高等学校 ………………… 140
太田第一高等学校 …………… 140
太田第二高等学校 …………… 141
大宮高等学校 ………………… 141
大宮工業高等学校 …………… 141
小川高等学校 ………………… 141

小瀬高等学校 ………………… 141
笠間高等学校 ………………… 141
鹿島高等学校 ………………… 141
勝田高等学校 ………………… 141
勝田工業高等学校 …………… 141
神栖高等学校 ………………… 141
北茨城高等学校 ……………… 141
鬼怒商業高等学校 …………… 142
茎崎高等学校 ………………… 142
古河第一高等学校 …………… 142
古河第二高等学校 …………… 142
里美高等学校 ………………… 142
佐和高等学校 ………………… 142
三和高等学校 ………………… 142
下館第一高等学校 …………… 142
下館第二高等学校 …………… 142
下妻第一高等学校 …………… 142
下妻第二高等学校 …………… 142
常総学院高等学校 …………… 143
常北高等学校 ………………… 143
水城高等学校 ………………… 143
清真学園高等学校 …………… 143
聖徳大学附属聖徳高等学校 … 143
大子第一高等学校 …………… 143
大成女子高等学校 …………… 143
多賀高等学校 ………………… 144
高萩工業高等学校 …………… 144
竹園高等学校 ………………… 144
玉造工業高等学校 …………… 144
中央高等学校 ………………… 144
土浦工業高等学校 …………… 144
土浦第一高等学校 …………… 144
土浦第二高等学校 …………… 144
土浦第三高等学校 …………… 144
土浦日本大学高等学校 ……… 144
東海高等学校 ………………… 144
東洋大学附属牛久高等学校 … 145
常磐女子高等学校 …………… 145
友部高等学校 ………………… 145
取手第一高等学校 …………… 145
取手第二高等学校 …………… 145
那珂高等学校 ………………… 145
那珂湊水産高等学校 ………… 145

(19)

那珂湊第一高等学校	145	宇都宮高等学校	151
並木高等学校	145	宇都宮北高等学校	152
日立工業高等学校	145	宇都宮工業高等学校	152
日立商業高等学校	146	宇都宮商業高等学校	152
日立第一高等学校	146	宇都宮女子高等学校	152
日立第二高等学校	146	宇都宮清陵高等学校	152
北総高等学校	146	宇都宮中央女子高等学校	152
鉾田第一高等学校	146	宇都宮農業高等学校上河内分校	152
鉾田第二高等学校	147	宇都宮東高等学校	152
真壁高等学校	147	宇都宮南高等学校	153
水海道第一高等学校	147	大田原高等学校	153
水海道第二高等学校	147	大田原女子高等学校	153
水戸工業高等学校	147	大田原東高等学校	153
水戸桜ノ牧高等学校	147	小山高等学校	153
水戸商業高等学校	147	小山園芸高等学校	153
水戸女子高等学校	148	小山城南高等学校	153
水戸第一高等学校	148	小山西高等学校	154
水戸第二高等学校	148	小山南高等学校	154
水戸第三高等学校	148	学悠館高等学校	154
水戸農業高等学校	148	鹿沼高等学校	154
水戸南高等学校	149	鹿沼商工高等学校	154
緑岡高等学校	149	鹿沼農業高等学校	154
茗渓学園高等学校	149	鹿沼商業高等学校	154
八郷高等学校	149	鹿沼東高等学校	154
八千代高等学校	149	鹿沼南高等学校	154
山方商業高等学校	149	上三川高等学校	154
結城第一高等学校	150	烏山高等学校	155
竜ヶ崎第一高等学校	150	烏山女子高等学校	155
竜ヶ崎第二高等学校	150	喜連川高等学校	155
栃木県	150	黒磯高等学校	155
足尾高等学校	150	黒磯南高等学校	155
足利高等学校	150	黒羽高等学校	155
足利工業高等学校	150	幸福の科学学園高等学校	155
足利工業大学附属高等学校	150	國學院大學栃木高等学校	155
足利女子高等学校	151	作新学院高等学校	156
足利西高等学校	151	さくら清修高等学校	156
足利南高等学校	151	佐野高等学校	156
粟野高等学校	151	佐野松陽高等学校	156
石橋高等学校	151	佐野女子高等学校	156
今市高等学校	151	佐野日本大学高等学校	156
今市工業高等学校	151	塩谷高等学校	156
氏家高等学校	151	高根沢高等学校	156
		高根沢商業高等学校	156

田沼高等学校	156	共愛学園高等学校	161
栃木高等学校	156	桐生高等学校	161
栃木工業高等学校	156	桐生工業高等学校	161
栃木商業高等学校	157	桐生女子高等学校	161
栃木翔南高等学校	157	桐生第一高等学校	161
栃木女子高等学校	157	桐生西高等学校	161
栃木農業高等学校	157	桐生南高等学校	161
栃木南高等学校	157	境高等学校	161
那須高等学校	157	佐波農業高等学校	161
那須工業高等学校	157	蚕糸高等学校	162
那須清峰高等学校	157	渋川高等学校	162
那須農業高等学校	157	渋川工業高等学校	162
日光高等学校	157	渋川女子高等学校	162
芳賀高等学校	158	渋川青翠高等学校	162
馬頭高等学校	158	渋川西高等学校	162
藤岡高等学校	158	下仁田高等学校	162
益子高等学校	158	樹徳高等学校	162
益子芳星高等学校	158	白根開善学校	162
壬生高等学校	158	勢多農林高等学校	162
真岡工業高等学校	158	高崎高等学校	163
真岡女子高等学校	158	高崎健康福祉大学高崎高等学校	163
真岡農業高等学校	158	高崎工業高等学校	163
真岡北陵高等学校	158	高崎商業高等学校	163
茂木高等学校	158	高崎女子高等学校	163
矢板高等学校	159	高崎東高等学校	164
矢板中央高等学校	159	館林高等学校	164
群馬県	159	館林商工高等学校	164
吾妻高等学校	159	館林女子高等学校	164
伊勢崎高等学校	159	中央中等教育学校	164
伊勢崎工業高等学校	159	嬬恋高等学校	164
伊勢崎興陽高等学校	159	東京農業大学第二高等学校	164
伊勢崎商業高等学校	159	利根実業高等学校	164
伊勢崎女子高等学校	159	利根農林高等学校	164
伊勢崎清明高等学校	160	富岡高等学校	164
伊勢崎東高等学校	160	富岡東高等学校	165
大泉高等学校	160	中之条高等学校	165
太田高等学校	160	長野原高等学校	165
太田工業高等学校	160	新田高等学校	165
太田女子高等学校	160	新田暁高等学校	165
太田西女子高等学校	160	沼田高等学校	165
太田フレックス高等学校	160	沼田女子高等学校	165
大間々高等学校	160	榛名高等学校	165
		藤岡北高等学校	165

藤岡工業高等学校 ……………… 165
藤岡女子高等学校 ……………… 165
藤岡中央高等学校 ……………… 166
武尊高等学校 …………………… 166
前橋高等学校 …………………… 166
前橋育英高等学校 ……………… 166
前橋工業高等学校 ……………… 166
前橋商業高等学校 ……………… 167
前橋女子高等学校 ……………… 167
前橋市立女子高等学校 ………… 167
前橋清陵高等学校 ……………… 167
前橋西高等学校 ………………… 167
前橋東高等学校 ………………… 167
前橋東商業高等学校 …………… 168
松井田高等学校 ………………… 168
万場高等学校 …………………… 168
吉井高等学校 …………………… 168

埼玉県 ………………………… 168

上尾高等学校 …………………… 168
上尾沼南高等学校 ……………… 168
上尾橘高等学校 ………………… 169
上尾東高等学校 ………………… 169
上尾南高等学校 ………………… 169
朝霞高等学校 …………………… 169
朝霞西高等学校 ………………… 169
伊奈学園総合高等学校 ………… 169
入間向陽高等学校 ……………… 169
岩槻商業高等学校 ……………… 169
岩槻北陵高等学校 ……………… 169
浦和高等学校 …………………… 169
浦和学院高等学校 ……………… 170
浦和北高等学校 ………………… 170
浦和実業学園高等学校 ………… 170
浦和商業高等学校 ……………… 170
浦和市立高等学校 ……………… 171
浦和市立南高等学校 …………… 171
浦和第一女子高等学校 ………… 171
浦和西高等学校 ………………… 171
浦和東高等学校 ………………… 172
大井高等学校 …………………… 172
大宮高等学校 …………………… 172
大宮北高等学校 ………………… 172

大宮工業高等学校 ……………… 172
大宮光陵高等学校 ……………… 172
大宮商業高等学校 ……………… 172
大宮西高等学校 ………………… 172
大宮東高等学校 ………………… 172
大宮南高等学校 ………………… 173
大宮武蔵野高等学校 …………… 173
小川高等学校 …………………… 173
桶川高等学校 …………………… 173
桶川西高等学校 ………………… 173
越生高等学校 …………………… 173
開智学園 ………………………… 173
春日部高等学校 ………………… 174
春日部工業高等学校 …………… 174
春日部女子高等学校 …………… 174
春日部東高等学校 ……………… 174
川口高等学校 …………………… 174
川口北高等学校 ………………… 174
川口工業高等学校 ……………… 174
川口東高等学校 ………………… 175
川越高等学校 …………………… 175
川越工業高等学校 ……………… 175
川越商業高等学校 ……………… 175
川越女子高等学校 ……………… 175
川越総合高等学校 ……………… 176
川越西高等学校 ………………… 176
川越農業高等学校 ……………… 176
川越初雁高等学校 ……………… 176
川越南高等学校 ………………… 176
川本高等学校 …………………… 176
騎西高等学校 …………………… 176
北川辺高等学校 ………………… 176
北本高等学校 …………………… 176
行田高等学校 …………………… 177
行田女子高等学校 ……………… 177
行田進修館高等学校 …………… 177
久喜高等学校 …………………… 177
久喜工業高等学校 ……………… 177
久喜北陽高等学校 ……………… 177
熊谷高等学校 …………………… 177
熊谷工業高等学校 ……………… 177
熊谷商業高等学校 ……………… 178
熊谷女子高等学校 ……………… 178

熊谷市立女子高等学校 …………… 178	秩父農工科学高等学校 …………… 183
熊谷西高等学校 …………………… 178	秩父東高等学校 …………………… 183
熊谷農業高等学校 ………………… 178	鶴ヶ島高等学校 …………………… 183
栗橋高等学校 ……………………… 178	常盤女子高等学校 ………………… 183
栗橋北彩高等学校 ………………… 178	所沢高等学校 ……………………… 183
慶應義塾志木高等学校 …………… 178	所沢北高等学校 …………………… 184
鴻巣高等学校 ……………………… 178	所沢商業高等学校 ………………… 184
鴻巣女子校等学校 ………………… 178	所沢中央高等学校 ………………… 184
越ヶ谷高等学校 …………………… 179	所沢西高等学校 …………………… 184
越谷北高等学校 …………………… 179	所沢東高等学校 …………………… 184
越谷総合技術高等学校 …………… 179	所沢緑ヶ丘高等学校 ……………… 184
越谷東高等学校 …………………… 179	豊岡高等学校 ……………………… 184
越谷南高等学校 …………………… 179	滑川高等学校 ……………………… 184
児玉高等学校 ……………………… 179	南稜高等学校 ……………………… 184
児玉農工高等学校 ………………… 179	新座高等学校 ……………………… 184
児玉白楊高等学校 ………………… 179	新座北高等学校 …………………… 185
埼玉工業大学正智深谷高等学校 … 179	新座総合技術高等学校 …………… 185
埼玉栄高等学校 …………………… 179	蓮田高等学校 ……………………… 185
埼玉栄東高等学校 ………………… 180	蓮田松韻高等学校 ………………… 185
さいたま市立浦和高等学校 ……… 180	鳩ヶ谷高等学校 …………………… 185
坂戸高等学校 ……………………… 180	鳩山高等学校 ……………………… 185
坂戸西高等学校 …………………… 180	花咲徳栄高等学校 ………………… 185
幸手商業高等学校 ………………… 180	羽生高等学校 ……………………… 186
狭山高等学校 ……………………… 180	羽生第一高等学校 ………………… 186
狭山ヶ丘高等学校 ………………… 180	飯能高等学校 ……………………… 186
狭山工業高等学校 ………………… 180	飯能南高等学校 …………………… 186
狭山青陵高等学校 ………………… 180	日高高等学校 ……………………… 186
狭山緑陽高等学校 ………………… 180	深谷高等学校 ……………………… 186
志木高等学校 ……………………… 180	深谷商業高等学校 ………………… 186
自由の森学園 ……………………… 181	深谷第一高等学校 ………………… 186
秀明学園 …………………………… 181	吹上高等学校 ……………………… 186
菖蒲高等学校 ……………………… 182	吹上秋桜高等学校 ………………… 187
庄和高等学校 ……………………… 182	富士見高等学校 …………………… 187
白岡高等学校 ……………………… 182	不動岡高等学校 …………………… 187
杉戸高等学校 ……………………… 182	不動岡高等学校騎西分校 ………… 187
杉戸農業高等学校 ………………… 182	細田学園高等学校 ………………… 187
草加高等学校 ……………………… 182	本庄高等学校 ……………………… 187
草加西高等学校 …………………… 182	本庄北高等学校 …………………… 187
草加東高等学校 …………………… 183	本庄第一高等学校 ………………… 187
草加南高等学校 …………………… 183	松伏高等学校 ……………………… 188
玉川工業高等学校 ………………… 183	松山高等学校 ……………………… 188
秩父高等学校 ……………………… 183	松山女子高等学校 ………………… 188
秩父農工高等学校 ………………… 183	三郷高等学校 ……………………… 188

三郷北高等学校 …………… 188	大多喜高等学校 …………… 193
皆野高等学校 ……………… 188	大多喜女子高等学校 ……… 193
宮代高等学校 ……………… 188	大原高等学校 ……………… 193
妻沼高等学校 ……………… 188	小見川高等学校 …………… 193
毛呂山高等学校 …………… 188	御宿高等学校 ……………… 193
八潮高等学校 ……………… 188	御宿家政高等学校 ………… 194
八潮南高等学校 …………… 189	柏高等学校 ………………… 194
吉川高等学校 ……………… 189	柏井高等学校 ……………… 194
吉見高等学校 ……………… 189	柏北高等学校 ……………… 194
与野高等学校 ……………… 189	柏市立柏高等学校 ………… 194
与野農工高等学校 ………… 189	柏中央高等学校 …………… 194
寄居高等学校 ……………… 189	柏西高等学校 ……………… 194
和光高等学校 ……………… 189	柏の葉高等学校 …………… 194
和光国際高等学校 ………… 189	柏南高等学校 ……………… 194
鷲宮高等学校 ……………… 189	上総高等学校 ……………… 194
蕨高等学校 ………………… 190	勝浦高等学校 ……………… 195
千葉県 …………………… 190	葛南工業高等学校 ………… 195
旭農業高等学校 …………… 190	鎌形学園 …………………… 195
姉崎高等学校 ……………… 190	鎌ヶ谷高等学校 …………… 195
我孫子高等学校 …………… 190	鎌ヶ谷西高等学校 ………… 195
天羽高等学校 ……………… 190	木更津高等学校 …………… 195
安房高等学校 ……………… 190	木更津東高等学校 ………… 196
安房水産高等学校 ………… 191	君津高等学校 ……………… 196
安房拓心高等学校 ………… 191	君津商業高等学校 ………… 196
安房西高等学校 …………… 191	君津農林高等学校 ………… 196
安房農業高等学校 ………… 191	暁星国際高等学校 ………… 196
安房南高等学校 …………… 191	行徳高等学校 ……………… 196
泉高等学校 ………………… 191	九十九里高等学校 ………… 196
磯辺高等学校 ……………… 191	敬愛高等学校 ……………… 197
市川北高等学校 …………… 191	京葉高等学校 ……………… 197
市川工業高等学校 ………… 192	京葉工業高等学校 ………… 197
市川東高等学校 …………… 192	検見川高等学校 …………… 197
市川南高等学校 …………… 192	国府台高等学校 …………… 197
一宮商業高等学校 ………… 192	小金高等学校 ……………… 197
市原高等学校 ……………… 192	国分高等学校 ……………… 197
市原園芸高等学校 ………… 192	犢橋高等学校 ……………… 198
市原緑高等学校 …………… 192	湖北高等学校 ……………… 198
市原八幡高等学校 ………… 193	佐倉高等学校 ……………… 198
印旛高等学校 ……………… 193	佐倉西高等学校 …………… 198
浦安高等学校 ……………… 193	佐倉東高等学校 …………… 198
浦安南高等学校 …………… 193	佐倉南高等学校 …………… 198
生浜高等学校 ……………… 193	佐原高等学校 ……………… 198
	佐原女子高等学校 ………… 199

佐原白楊高等学校 …………………… 199	東金高等学校 ………………………… 205
山武農業高等学校 …………………… 199	東金商業高等学校 …………………… 205
芝浦工業大学柏高等学校 …………… 199	東京学館高等学校 …………………… 205
渋谷教育学園幕張高等学校 ………… 199	東京学館浦安高等学校 ……………… 206
清水高等学校 ………………………… 200	東総工業高等学校 …………………… 206
下総高等学校 ………………………… 200	東邦大学附属東邦高等学校 ………… 206
下総農業高等学校 …………………… 200	土気高等学校 ………………………… 206
沼南高等学校 ………………………… 200	富里高等学校 ………………………… 206
沼南高柳高等学校 …………………… 200	長狭高等学校 ………………………… 206
白里高等学校 ………………………… 200	流山高等学校 ………………………… 206
白井高等学校 ………………………… 200	流山おおたかの森高等学校 ………… 206
関宿高等学校 ………………………… 200	流山北高等学校 ……………………… 207
匝瑳高等学校 ………………………… 201	流山中央高等学校 …………………… 207
袖ケ浦高等学校 ……………………… 201	流山東高等学校 ……………………… 207
多古高等学校 ………………………… 201	流山南高等学校 ……………………… 207
館山高等学校 ………………………… 201	習志野市立習志野高等学校 ………… 207
千城台高等学校 ……………………… 201	成田高等学校 ………………………… 207
千葉高等学校 ………………………… 201	成田園芸高等学校 …………………… 208
千葉英和高等学校 …………………… 201	成田北高等学校 ……………………… 208
千葉大宮高等学校 …………………… 202	成田国際高等学校 …………………… 208
千葉北高等学校 ……………………… 202	成田西陵高等学校 …………………… 208
千葉工業高等学校 …………………… 202	成田西高等学校 ……………………… 208
千葉商業高等学校 …………………… 202	成田農業高等学校 …………………… 208
千葉女子高等学校 …………………… 202	成東高等学校 ………………………… 208
千葉市立稲毛高等学校 ……………… 202	野田高等学校 ………………………… 208
千葉市立千葉高等学校 ……………… 203	野田北高等学校 ……………………… 208
千葉西高等学校 ……………………… 203	柏陵高等学校 ………………………… 209
千葉日本大学第一高等学校 ………… 203	東葛飾高等学校 ……………………… 209
千葉東高等学校 ……………………… 203	日出学園高等学校 …………………… 209
千葉萌陽高等学校 …………………… 203	布佐高等学校 ………………………… 209
千葉南高等学校 ……………………… 203	船橋高等学校 ………………………… 209
千葉黎明高等学校 …………………… 203	船橋旭高等学校 ……………………… 209
中央学院高等学校 …………………… 204	船橋北高等学校 ……………………… 209
銚子高等学校 ………………………… 204	船橋芝山高等学校 …………………… 210
銚子商業高等学校 …………………… 204	船橋市立船橋高等学校 ……………… 210
銚子市立銚子高等学校 ……………… 204	船橋豊富高等学校 …………………… 210
銚子市立銚子西高等学校 …………… 204	船橋西高等学校 ……………………… 210
銚子水産高等学校 …………………… 204	船橋東高等学校 ……………………… 210
長生高等学校 ………………………… 205	船橋二和高等学校 …………………… 210
津田沼高等学校 ……………………… 205	船橋法典高等学校 …………………… 210
鶴舞高等学校 ………………………… 205	幕張北高等学校 ……………………… 211
鶴舞商業高等学校 …………………… 205	幕張総合高等学校 …………………… 211
東海大学付属浦安高等学校 ………… 205	幕張西高等学校 ……………………… 211

見出し一覧

幕張東高等学校 …… 211
松尾高等学校 …… 212
松戸高等学校 …… 212
松戸秋山高等学校 …… 212
松戸向陽高等学校 …… 212
松戸国際高等学校 …… 212
松戸馬橋高等学校 …… 212
松戸南高等学校 …… 212
松戸六実高等学校 …… 212
松戸矢切高等学校 …… 212
実籾高等学校 …… 213
茂原高等学校 …… 213
茂原工業高等学校 …… 213
茂原農業高等学校 …… 213
薬園台高等学校 …… 213
八街高等学校 …… 213
八千代高等学校 …… 213
八千代西高等学校 …… 214
八千代東高等学校 …… 214
四街道高等学校 …… 214
四街道北高等学校 …… 214
麗澤高等学校 …… 214
若葉看護高等学校 …… 214
若松高等学校 …… 214

東京都 …… 214

青井高等学校 …… 214
青山高等学校 …… 214
青山学院高等部 …… 214
赤坂高等学校 …… 214
赤羽商業高等学校 …… 215
秋川高等学校 …… 215
秋留台高等学校 …… 215
麻布高等学校 …… 215
足立工業高等学校 …… 216
足立東高等学校 …… 217
跡見学園高等学校 …… 217
荒川工業高等学校 …… 217
荒川商業高等学校 …… 217
郁文館高等学校 …… 217
五日市高等学校 …… 217
稲城高等学校 …… 217
岩倉高等学校 …… 218

上野高等学校 …… 218
永福高等学校 …… 218
江戸川高等学校 …… 218
桜蔭高等学校 …… 218
桜華女学院高等学校 …… 219
王子工業高等学校 …… 219
桜美林高等学校 …… 219
鷗友学園女子高等学校 …… 219
大泉学園高等学校 …… 219
大崎高等学校 …… 219
大島高等学校 …… 219
大森高等学校 …… 219
大森工業高等学校 …… 220
大森東高等学校 …… 220
大山高等学校 …… 220
小笠原高等学校 …… 220
小川高等学校 …… 220
荻窪高等学校 …… 220
お茶の水女子大学附属高等学校 …… 220
海城高等学校 …… 220
開成高等学校 …… 221
科学技術高等学校 …… 222
科学技術学園高等学校 …… 223
化学工業高等学校 …… 223
葛西工業高等学校 …… 223
葛西南高等学校 …… 223
葛飾商業高等学校 …… 223
葛飾野高等学校 …… 223
蒲田女子高等学校 …… 223
烏山工業高等学校 …… 223
神田女学園高等学校 …… 223
菊華高等学校 …… 223
北園高等学校 …… 223
北多摩高等学校 …… 223
北豊島工業高等学校 …… 223
吉祥女子高等学校 …… 223
暁星高等学校 …… 224
京橋高等学校 …… 224
京橋商業高等学校 …… 224
共立女子第二高等学校 …… 224
清瀬東高等学校 …… 224
桐ヶ丘高等学校 …… 224
錦城学園高等学校 …… 224

九段高等学校	224	下北沢成徳高等学校	230
国立高等学校	224	石神井高等学校	230
蔵前工業高等学校	225	自由ヶ丘学園高等学校	230
京華高等学校	225	自由学園	230
芸術高等学校	225	修徳高等学校	231
恵泉女学園高等学校	225	淑徳高等学校	231
京北学園	225	順心女子学園高等学校	231
啓明学園高等学校	225	順天高等学校	231
小石川高等学校	225	潤徳女子高等学校	231
小石川中等教育学校	225	城右学園	231
小石川工業高等学校	225	頌栄女子学院高等学校	231
小岩高等学校	225	城東高等学校	231
晃華学園高等学校	225	城南高等学校	231
攻玉社高等学校	226	城北高等学校	231
麴町学園女子高等学校	226	昭和高等学校	231
佼成学園高等学校	226	昭和第一学園高等学校	232
江東商業高等学校	226	昭和鉄道高等学校	232
江北高等学校	226	女子学院高等学校	232
小金井北高等学校	226	女子聖学院	232
小金井工業高等学校	226	白百合学園高等学校	232
國學院大學久我山高等学校	226	新宿高等学校	232
国際高等学校	227	新宿山吹高等学校	232
国際基督教大学高等学校	227	巣鴨高等学校	232
国士舘高等学校	227	杉並工業高等学校	233
国分寺高等学校	227	砂川高等学校	233
小平高等学校	227	墨田川高等学校	233
小平南高等学校	228	墨田工業高等学校	233
狛江高等学校	228	聖学院高等学校	233
駒沢大学高等学校	228	成蹊高等学校	233
小松川高等学校	228	成女高等学校	234
駒場高等学校	228	成城高等学校	234
駒場学園高等学校	228	青稜高等学校	234
駒場東邦高等学校	228	世田谷高等学校	234
小山台高等学校	229	創価学園	234
桜町高等学校	229	大東学園高等学校	234
鮫洲工業高等学校	229	高島高等学校	234
品川女子学院高等学校	229	高輪高等学校	234
篠崎高等学校	229	瀧野川女子学園高等学校	235
忍岡高等学校	229	拓殖大学第一高等学校	235
芝高等学校	229	竹台高等学校	235
芝浦工業大学附属高等学校	229	竹早高等学校	235
芝商業高等学校	229	忠生高等学校	235
渋谷教育学園渋谷高等学校	230	立川高等学校	235

見出し一覧

立川女子高等学校 …………………… 235	戸山高等学校 ………………………… 242
館高等学校 …………………………… 236	豊多摩高等学校 ……………………… 242
田無高等学校 ………………………… 236	中野学園 ……………………………… 242
田無工業高等学校 …………………… 236	中野工業高等学校 …………………… 242
多摩高等学校 ………………………… 236	中村高等学校 ………………………… 242
玉川学園高等部 ……………………… 236	永山高等学校 ………………………… 242
千歳高等学校 ………………………… 236	成瀬高等学校 ………………………… 243
千歳丘高等学校 ……………………… 236	新島高等学校 ………………………… 243
千早高等学校 ………………………… 237	西高等学校 …………………………… 243
中央大学高等学校 …………………… 237	二松学舎大学附属高等学校 ………… 243
調布北高等学校 ……………………… 237	日出学園高等学校 …………………… 244
調布南高等学校 ……………………… 237	日本学園高等学校 …………………… 244
千代田女学園高等学校 ……………… 237	日本大学第一高等学校 ……………… 244
筑波大学附属高等学校 ……………… 237	日本大学第二高等学校 ……………… 244
筑波大学附属駒場高等学校 ………… 237	日本大学第三高等学校 ……………… 244
鶴川高等学校 ………………………… 238	日本橋高等学校 ……………………… 244
帝京大学系属帝京高等学校 ………… 238	練馬工業高等学校 …………………… 244
東亜学園高等学校 …………………… 238	農産高等学校 ………………………… 244
東海大学付属高輪台高等学校 ……… 238	拝島高等学校 ………………………… 244
東京高等学校 ………………………… 238	白鷗高等学校 ………………………… 244
東京学園高等学校 …………………… 239	八王子学園高等学校 ………………… 244
東京学芸大学附属高等学校 ………… 239	八王子北高等学校 …………………… 244
東京芸術大学音楽学部附属音楽高等学校 …………………………………… 239	八王子工業高等学校 ………………… 245
東京女子学園高等学校 ……………… 239	八王子東高等学校 …………………… 245
東京成徳短期大学付属高等学校 …… 239	八丈高等学校 ………………………… 245
東京大学教育学部附属中等教育学校 … 239	羽田高等学校 ………………………… 245
東京都立園芸高等学校 ……………… 240	羽村高等学校 ………………………… 245
東京都立工芸高等学校 ……………… 240	東高等学校 …………………………… 245
東京都立大学附属高等学校 ………… 240	東村山高等学校 ……………………… 245
東京都立第一商業高等学校 ………… 240	東大和高等学校 ……………………… 245
東京都立第二商業高等学校 ………… 240	一橋高等学校 ………………………… 245
東京都立第三商業高等学校 ………… 240	日野高等学校 ………………………… 246
東京都立農芸高等学校 ……………… 240	日野台高等学校 ……………………… 246
東京都立農林高等学校 ……………… 241	日比谷高等学校 ……………………… 246
東京農業大学第一高等学校 ………… 241	広尾学園高等学校 …………………… 247
桐朋高等学校 ………………………… 241	深川高等学校 ………………………… 247
東洋高等学校 ………………………… 241	深川商業高等学校 …………………… 247
東洋女子高等学校 …………………… 241	富士高等学校 ………………………… 247
東洋大学京北高等学校 ……………… 241	富士見高等学校 ……………………… 248
東横学園高等学校 …………………… 241	藤村女子高等学校 …………………… 248
トキワ松学園高等学校 ……………… 242	富士森高等学校 ……………………… 248
豊島岡女子学園高等学校 …………… 242	雙葉高等学校 ………………………… 248
	淵江高等学校 ………………………… 248

(28)

府中高等学校	248
普連土学園高等学校	248
文化女子大学附属杉並高等学校	248
文京高等学校	248
文教大学付属高等学校	248
法政大学第一高等学校	248
宝仙学園高等学校	249
保善高等学校	249
堀越高等学校	249
本郷高等学校	249
本所工業高等学校	249
町田高等学校	249
松原高等学校	249
水元高等学校	249
三田高等学校	249
三鷹高等学校	250
港工業高等学校	250
南高等学校	250
南葛飾高等学校	250
南多摩高等学校	250
南野高等学校	250
三宅高等学校	250
明星学園高等学校	251
明法高等学校	251
三輪田学園高等学校	251
向丘高等学校	251
武蔵高等学校	251
武蔵丘高等学校	252
武蔵野北高等学校	252
明治大学付属八王子高等学校	252
明星高等学校	252
目黒高等学校	252
紅葉川高等学校	252
山脇学園高等学校	252
雪谷高等学校	252
四谷商業高等学校	252
代々木高等学校	252
両国高等学校	253
和光高等学校	253
早稲田高等学校	253
早稲田実業学校高等部	254
早稲田大学高等学院	254

神奈川県 ……… 254

浅野高等学校	254
麻生高等学校	255
厚木高等学校	255
厚木北高等学校	255
厚木商業高等学校	255
厚木南高等学校	255
厚木東高等学校	255
伊志田高等学校	256
和泉高等学校	256
伊勢原高等学校	256
磯子高等学校	256
磯子工業高等学校	256
栄光学園高等学校	256
大井高等学校	256
大磯高等学校	256
大楠高等学校	256
大倉山高等学校	256
大清水高等学校	257
大秦野高等学校	257
大船高等学校	257
大船工業技術高等学校	257
岡津高等学校	257
小田原高等学校	257
小田原城内高等学校	257
小田原城東高等学校	258
小田原城北工業高等学校	258
小田原東高等学校	258
追浜高等学校	258
外語短期大学付属高等学校	258
金井高等学校	258
神奈川学園高等学校	258
神奈川工業高等学校	258
神奈川総合高等学校	258
神奈川大学附属高等学校	258
金沢総合高等学校	258
鎌倉高等学校	258
鎌倉学園高等学校	259
釜利谷高等学校	259
上郷高等学校	259
上鶴間高等学校	259
上溝高等学校	259
上溝南高等学校	259

上矢部高等学校	259	橘女子高等学校	265
川崎高等学校	259	多摩高等学校	265
川崎北高等学校	259	茅ケ崎高等学校	265
川崎工業高等学校	259	茅ケ崎西浜高等学校	265
川崎市立高津高等学校	259	中央農業高等学校	265
川崎南高等学校	260	長後高等学校	265
関東学院高等学校	260	津久井高等学校	265
北鎌倉女子学園高等学校	260	津久井浜高等学校	265
希望ケ丘高等学校	260	鶴見高等学校	266
汲沢高等学校	260	鶴嶺高等学校	266
霧が丘高等学校	260	桐蔭学園高等学校	266
栗原高等学校	260	東海大学附属相模高等学校	267
慶應義塾高等学校	261	桐光学園高等学校	267
港南台高等学校	262	富岡高等学校	267
港北高等学校	262	豊田高等学校	267
高木学園女子高等学校	262	中沢高等学校	267
光陵高等学校	262	日本女子大学附属高等学校	267
五領ケ台高等学校	262	野庭高等学校	267
相模大野高等学校	262	白山高等学校	267
相模女子大学高等部	262	柏陽高等学校	267
相模台工業高等学校	262	秦野高等学校	268
相模原高等学校	262	秦野曽屋高等学校	268
相模原技術高等学校	262	秦野南が丘高等学校	268
相模原工業技術高等学校	262	東金沢高等学校	268
七里ガ浜高等学校	263	氷取沢高等学校	268
清水ケ丘高等学校	263	平塚学園高等学校	268
商工高等学校	263	平塚工業高等学校	268
湘南高等学校	263	平塚江南高等学校	268
湘南台高等学校	263	平塚商業高等学校	268
城郷高等学校	263	平塚西工業技術高等学校	268
城山高等学校	263	平塚農業高等学校	269
新城高等学校	263	フェリス女学院高等学校	269
菅高等学校	264	藤沢高等学校	269
逗子高等学校	264	藤沢工業高等学校	269
逗子開成高等学校	264	藤沢商業高等学校	269
住吉高等学校	264	藤沢西高等学校	269
成美学園女子高等学校	264	武相高等学校	269
瀬谷高等学校	264	二俣川高等学校	269
瀬谷西高等学校	264	平安高等学校	269
捜真女学校高等部	264	法政大学第二高等学校	270
相洋高等学校	264	保土ヶ谷高等学校	270
ソニー厚木学園高等学校	265	舞岡高等学校	270
高浜高等学校	265	三崎高等学校	270

三崎水産高等学校	270	小千谷西高等学校	276
聖園女学院高等学校	270	柿崎高等学校	276
向の岡工業高等学校	270	柏崎高等学校	276
元石川高等学校	270	柏崎高等学校小国分校	276
森村学園高等部	270	柏崎高等実践女学校	276
山北高等学校	270	柏崎総合高等学校	276
大和高等学校	271	柏崎総合高等学校高柳分校	277
大和西高等学校	271	柏崎常盤高等学校	277
湯河原高等学校	271	柏崎農業高等学校	277
百合丘高等学校	271	柏崎農業高等学校黒姫分校	277
横須賀高等学校	271	柏崎農業高等学校高柳分校	277
横須賀大津高等学校	271	加茂高等学校	277
横須賀工業高等学校	271	加茂農林高等学校	277
横浜高等学校	271	加茂農林高等学校広瀬分校	277
横浜英和女学院高等学校	273	川西高等学校	277
横浜学園高等学校	273	黒埼高等学校	278
横浜共立学園高等学校	273	敬和学園高等学校	278
横浜商科大学高等学校	273	小出高等学校	278
横浜商工高等学校	273	興農館高等学校	278
横浜市立南高等学校	273	国際情報高等学校	278
横浜市立横浜工業高等学校	273	五泉高等学校	278
横浜市立横浜サイエンスフロンティア高等学校	273	佐渡高等学校	278
横浜市立横浜商業高等学校	273	佐渡女子高等学校	278
横浜翠嵐高等学校	274	佐渡総合高等学校	279
横浜清風高等学校	274	佐渡農業高等学校	279
横浜立野高等学校	274	三条高等学校	279
横浜南陵高等学校	274	三条工業高等学校	279
横浜日野高等学校	274	三条商業高等学校	279
横浜平沼高等学校	274	三条東高等学校	279
横浜緑ケ丘高等学校	275	塩沢商工高等学校	279
横浜山手女学院	275	新発田高等学校	280
吉田島農林高等学校	275	新発田農業高等学校	280
新潟県		新発田農業高等学校木崎分校	280
		上越高等学校	280
相川高等学校	275	正徳館高等学校	280
阿賀野高等学校	275	白根高等学校	280
阿賀黎明高等学校	275	水原高等学校	280
新井高等学校	275	関根学園高等学校	281
荒川高等学校	275	高田高等学校	281
糸魚川高等学校	275	高田北城高等学校	281
糸魚川白嶺高等学校	276	高田工業高等学校	281
小千谷高等学校	276	高田商業高等学校	281
小千谷高等学校片貝分校	276	高田農業高等学校	281

(31)

高田農業高等学校高士分校	281	新潟第一高等学校	288
高田南城高等学校	282	新潟中央高等学校	288
中越高等学校	282	新潟西高等学校	288
津川高等学校	282	新潟東高等学校	288
津南高等学校	282	新潟東工業高等学校	288
燕高等学校	282	新潟南高等学校	288
燕工業高等学校	282	新潟南高等学校石山分校	288
帝京長岡高等学校	283	新潟明訓高等学校	288
寺泊高等学校	283	新津高等学校	289
東京学館新潟高等学校	283	新津工業高等学校	289
十日町高等学校	283	新津南高等学校	289
十日町高等学校田沢分校	283	西川竹園高等学校	289
十日町総合高等学校	283	西越高等学校	289
栃尾高等学校	283	西新発田高等学校	289
豊栄高等学校	283	日本文理高等学校	290
直江津高等学校	284	能生水産高等学校	290
直江津工業高等学校	284	八海高等学校	290
長岡高等学校	284	羽茂高等学校	290
長岡高等学校関原分校	284	羽茂高等学校赤泊分校	290
長岡大手高等学校	284	船江高等学校	290
長岡工業高等学校	285	分水高等学校	290
長岡向陵高等学校	285	北越高等学校	290
長岡商業高等学校	285	堀之内高等学校	290
長岡西高等学校	285	巻高等学校	291
長岡農業高等学校	285	巻工業高等学校	291
中条高等学校	285	巻農業高等学校	291
中条高等学校加治川分校	285	見附高等学校	291
中条工業高等学校	285	六日町高等学校	291
新潟高等学校	285	六日町高等学校浦佐分校	291
新潟北高等学校	286	村上高等学校	291
新潟県央工業高等学校	286	村上高等学校関川分校	292
新潟県立海洋高等学校	286	村上高等学校山北分校	292
新潟工業高等学校	286	村上桜ケ丘高等学校	292
新潟江南高等学校	286	村上女子高等学校	292
新潟向陽高等学校	286	村松高等学校	292
新潟商業高等学校	287	安塚高等学校	292
新潟市立明鏡高等学校	287	安田高等学校	292
新潟市立鏡ケ岡高等学校	287	有恒高等学校	292
新潟市立高志高等学校	287	湯沢高等学校	293
新潟市立白山高等学校	287	与板高等学校	293
新潟翠江高等学校	288	吉川高等学校	293
新潟清心女子高等学校	288	吉田高等学校	293
新潟青陵高等学校	288	吉田商業高等学校	293

両津高等学校 293

富山県 293

有磯高等学校 293
魚津高等学校 293
魚津工業高等学校 294
雄山高等学校 294
片山学園高等学校 294
上市高等学校 294
高朋高等学校 294
小杉高等学校 294
桜井高等学校 295
志貴野高等学校 295
高岡高等学校 295
高岡工芸高等学校 295
高岡向陵高等学校 295
高岡商業高等学校 295
高岡女子高等学校 295
高岡第一高等学校 295
高岡西高等学校 295
高岡南高等学校 295
砺波高等学校 296
砺波工業高等学校 296
砺波女子高等学校 296
となみ野高等学校 296
泊高等学校 296
富山高等学校 296
富山県立海洋高等学校 296
富山県立水産高等学校 296
富山工業高等学校 296
富山商業高等学校 296
富山女子短期大学付属高等学校 297
富山第一高等学校 297
富山中部高等学校 297
富山北部高等学校 297
滑川高等学校 297
新川高等学校 297
新川女子高等学校 297
新川みどり野高等学校 297
入善高等学校 297
氷見高等学校 298
福岡高等学校 298
福野高等学校 298

福光高等学校 298
不二越工業高等学校 298
二上工業高等学校 298
八尾高等学校 298
雄峰高等学校 298
龍谷富山高等学校 298

石川県 298

穴水高等学校 298
安城学園高等学校 299
飯田高等学校 299
石川県立工業高等学校 299
石川県立水産高等学校 299
羽松高等学校 299
内灘高等学校 299
鵬学園高等学校 299
加賀高等学校 299
加賀聖城高等学校 300
金沢泉丘高等学校 300
金沢向陽高等学校 300
金沢桜丘高等学校 300
金沢商業高等学校 301
金沢松陵工業高等学校 301
金沢女子高等学校 301
金沢市立工業高等学校 301
金沢大学教育学部附属高等学校 301
金沢辰巳丘高等学校 301
金沢中央高等学校 301
金沢西高等学校 302
金沢錦丘高等学校 302
金沢二水高等学校 302
金沢北陵高等学校 302
河北台商業高等学校 302
小松高等学校 303
小松北高等学校 303
小松工業高等学校 303
小松実業高等学校 303
小松商業高等学校 303
小松明峰高等学校 303
翠星高等学校 303
珠洲実業高等学校 303
星稜高等学校 304
大聖寺高等学校 304

大聖寺実業高等学校	304
高浜高等学校	304
田鶴浜高等学校	304
津幡高等学校	305
鶴来高等学校	305
寺井高等学校	305
富来高等学校	305
中島高等学校	305
七尾高等学校	305
七尾工業高等学校	306
七尾東雲高等学校	306
七尾商業高等学校	306
七尾農業高等学校	306
能登高等学校	306
野々市明倫高等学校	306
羽咋高等学校	306
羽咋工業高等学校	307
宝達高等学校	307
町野高等学校	307
松任高等学校	307
松任農業高等学校	307
箕島高等学校	307
柳田農業高等学校	307
鹿西高等学校	307
輪島実業高等学校	308

福井県 308

足羽高等学校	308
羽水高等学校	308
大野高等学校	308
大野工業高等学校	308
大野東高等学校	308
小浜水産高等学校	308
科学技術高等学校	309
勝山高等学校	309
勝山南高等学校	309
金津高等学校	309
高志高等学校	309
坂井農業高等学校	309
鯖江高等学校	309
仁愛女子高等学校	309
武生高等学校	310
武生高等学校池田分校	310

武生工業高等学校	310
武生商業高等学校	310
武生東高等学校	310
丹南高等学校	310
敦賀高等学校	310
敦賀気比高等学校	310
敦賀工業高等学校	311
丹生高等学校	311
福井商業高等学校	311
福井女子高等学校	311
福井農林高等学校	311
藤島高等学校	311
北陸高等学校	311
丸岡高等学校	312
美方高等学校	312
三国高等学校	312
三国高等学校川西分校	312
道守高等学校	312
若狭高等学校	312
若狭農林高等学校	313
若狭東高等学校	313

山梨県 313

石和高等学校	313
市川高等学校	314
上野原高等学校	314
塩山商業高等学校	314
大月短期大学附属高等学校	314
桂高等学校	314
機山工業高等学校	314
峡南高等学校	314
峡北高等学校	314
甲府工業高等学校	314
甲府昭和高等学校	315
甲府市立甲府商業高等学校	315
甲府第一高等学校	315
甲府第一商業高等学校	315
甲府第二高等学校	315
甲府西高等学校	315
甲府東高等学校	316
甲府南高等学校	316
甲府湯田高等学校	316
巨摩高等学校	316

自然学園高等学校	316	岩村田高等学校	321
白根高等学校	316	上田高等学校	322
駿台甲府高等学校	317	上田染谷丘高等学校	322
都留高等学校	317	上田千曲高等学校	322
東海大学甲府高等学校	317	上田西高等学校	322
日本航空高等学校	317	上田東高等学校	322
日本大学明誠高等学校	317	臼田高等学校	323
韮崎高等学校	317	大町高等学校	323
韮崎工業高等学校	317	大町北高等学校	323
日川高等学校	317	岡谷工業高等学校	323
ひばりが丘高等学校	318	岡谷東高等学校	323
富士学苑高等学校	318	岡谷南高等学校	323
富士河口湖高等学校	318	岡谷竜上高等学校	324
北杜高等学校	318	上伊那農業高等学校	324
増穂商業高等学校	318	上水内北部高等学校	324
身延高等学校	318	軽井沢高等学校	324
山梨高等学校	318	木曽高等学校	324
山梨園芸高等学校	318	木曽山林高等学校	324
山梨学院大学附属高等学校	319	木曽東高等学校	324
山梨県立第一商業高等学校	319	北佐久農業高等学校	324
山梨県立農林高等学校	319	小海高等学校	324
谷村工業高等学校	319	小諸高等学校	324
吉田高等学校	319	小諸商業高等学校	325
吉田商業高等学校	319	犀峡高等学校	325

長野県 319

		坂城高等学校	325
明科高等学校	319	佐久高等学校	325
赤穂高等学校	319	佐久長聖高等学校	325
梓川高等学校	320	更級農業高等学校	325
阿智高等学校	320	塩尻高等学校	325
阿南高等学校	320	塩尻志学館高等学校	325
飯田高等学校	320	篠ノ井高等学校	325
飯田長姫高等学校	320	篠ノ井旭高等学校	326
飯田工業高等学校	320	下伊那農業高等学校	326
飯田風越高等学校	320	下高井農林高等学校	326
飯山北高等学校	320	須坂高等学校	326
飯山照丘高等学校	320	須坂高等学校小布施分校	327
飯山南高等学校	321	須坂園芸高等学校	327
池田工業高等学校	321	須坂商業高等学校	327
伊那北高等学校	321	須坂東高等学校	327
伊那女子高等学校	321	諏訪実業高等学校	327
伊那西高等学校	321	諏訪清陵高等学校	327
伊那弥生ケ丘高等学校	321	諏訪二葉高等学校	327
		蘇南高等学校	327

高遠高等学校	327	丸子実業高等学校	335
田川高等学校	328	丸子修学館高等学校	335
辰野高等学校	328	南安曇農業高等学校	335
蓼科高等学校	328	箕輪工業高等学校	335
茅野高等学校	328	望月高等学校	335
塚原青雲高等学校	328	屋代高等学校	335
天竜光洋高等学校	328	屋代南高等学校	335
東海大学付属第三高等学校	328		
東部高等学校	329	**岐阜県**	**336**
東御清翔高等学校	329	明智商業高等学校	336
豊科高等学校	329	池田高等学校	336
中条高等学校	329	揖斐高等学校	336
中野高等学校	329	岩村高等学校	336
長野高等学校	329	鶯谷高等学校	336
長野県北部高等学校信濃町分校	329	鶯谷女子高等学校	336
長野工業高等学校	329	恵那高等学校	336
中野実業高等学校	330	恵那北高等学校	336
長野商業高等学校	330	恵那農業高等学校	337
長野女子高等学校	330	大垣高等学校	337
中野西高等学校	330	大垣北高等学校	337
長野西高等学校	330	大垣工業高等学校	337
長野日本大学高等学校	331	大垣桜高等学校	337
長野東高等学校	331	大垣商業高等学校	337
長野南高等学校	331	大垣市立大垣第一女子高等学校	337
長野吉田高等学校	331	大垣西高等学校	337
長野吉田高等学校芋井分校	331	大垣日本大学高等学校	338
野沢北高等学校	331	大垣農業高等学校	338
野沢南高等学校	331	大垣東高等学校	338
白馬高等学校	331	大垣南高等学校	338
富士見高等学校	332	海津高等学校	338
長野高等学校	332	各務原東高等学校	338
穂高商業高等学校	332	各務原西高等学校	338
松川高等学校	332	各務原高等学校	339
松商学園高等学校	332	可児高等学校	339
松代高等学校	332	可児工業高等学校	339
松本県ケ丘高等学校	332	加納高等学校	339
松本蟻ヶ崎高等学校	333	神岡町立神岡工業高等学校	339
松本工業高等学校	333	加茂高等学校	339
松本商業学校	333	加茂農林高等学校	339
松本松南高等学校	333	華陽高等学校	340
松本筑摩高等学校	333	華陽フロンティア高等学校	340
松本深志高等学校	333	岐山高等学校	340
松本美須々ケ丘高等学校	334	岐南工業高等学校	340

岐阜高等学校	340
岐阜藍川高等学校	340
岐阜北高等学校	341
岐阜工業高等学校	341
岐阜商業高等学校	341
岐阜女子商業高等学校	341
岐阜市立華南高等学校	341
岐阜市立岐阜商業高等学校	341
岐阜西工業高等学校	342
岐阜第一女子高等学校	342
岐阜農林高等学校	342
岐阜東高等学校	342
岐阜三田高等学校	342
岐陽高等学校	342
郡上高等学校	342
郡上高等学校和良分校	343
郡上北高等学校	343
坂下女子高等学校	343
済美高等学校	343
済美女子高等学校	343
聖マリア女学院高等学校	343
関高等学校	343
関有知高等学校	343
関市立関商工高等学校	343
高山高等学校	344
高山工業高等学校	344
高山西高等学校	344
多治見高等学校	344
多治見北高等学校	344
多治見工業高等学校	344
多治見西高等学校	344
中京高等学校	344
中京商業高等学校	344
東濃高等学校	344
東濃実業高等学校	345
土岐高等学校	345
土岐北高等学校	345
土岐商業高等学校	345
富田高等学校	345
富田女子高等学校	345
中津高等学校	345
中津川工業高等学校	346
中津川市立阿木高等学校	346
中津商業高等学校	346
中濃高等学校	346
中濃西高等学校	346
長良高等学校	346
南濃町立南濃高等学校	346
羽島高等学校	346
羽島北高等学校	347
斐太高等学校	347
斐太農林高等学校	347
船津高等学校	347
不破高等学校	347
益田高等学校	347
益田南高等学校	348
瑞浪高等学校	348
三田高等学校	348
美濃加茂高等学校	348
武義高等学校	348
本巣高等学校	348
本巣松陽高等学校	349
八百津高等学校	349
山県高等学校	349
養老女子商業高等学校	349
吉城高等学校	349
麗澤瑞浪高等学校	349

静岡県 349

新居高等学校	349
池新田高等学校	349
伊豆中央高等学校	349
伊東高等学校	350
伊東高等学校城ケ崎分校	350
伊東城ケ崎高等学校	350
伊東商業高等学校	350
引佐高等学校	350
稲取高等学校	350
庵原高等学校	350
磐田北高等学校	350
磐田商業高等学校	351
磐田西高等学校	351
磐田農業高等学校	351
磐田東高等学校	351
磐田南高等学校	351
オイスカ高等学校	352

見出し一覧

大井川高等学校 ……………………… 352	清水国際高等学校 ……………………… 360
大仁高等学校 …………………………… 352	清水女子高等学校 ……………………… 360
小笠農業高等学校 ……………………… 352	清水市立商業高等学校 ………………… 360
小山高等学校 …………………………… 352	清水西高等学校 ………………………… 360
掛川工業高等学校 ……………………… 352	清水東高等学校 ………………………… 360
掛川西高等学校 ………………………… 352	清水南高等学校 ………………………… 361
掛川東高等学校 ………………………… 353	下田北高等学校 ………………………… 361
加藤学園高等学校 ……………………… 353	下田南高等学校 ………………………… 361
金谷高等学校 …………………………… 353	下田南高等学校南伊豆分校 …………… 361
川根高等学校 …………………………… 353	周智高等学校 …………………………… 361
気賀高等学校 …………………………… 353	修善寺工業高等学校 …………………… 361
菊川南陵高等学校 ……………………… 353	信愛学園高等学校 ……………………… 361
御殿場高等学校 ………………………… 353	裾野高等学校 …………………………… 362
御殿場西高等学校 ……………………… 354	西遠女子高等学校 ……………………… 362
御殿場南高等学校 ……………………… 354	誠心学園浜松開誠館 …………………… 362
相良高等学校 …………………………… 354	静清工業高等学校 ……………………… 362
佐久間高等学校 ………………………… 354	星陵高等学校 …………………………… 362
静岡高等学校 …………………………… 354	田方農業高等学校 ……………………… 362
静岡英和女学院高等学校 ……………… 355	知徳高等学校 …………………………… 362
静岡学園高等学校 ……………………… 355	中遠工業高等学校 ……………………… 363
静岡北高等学校 ………………………… 355	天竜林業高等学校 ……………………… 363
静岡県立農業経営高等学校 …………… 355	土肥高等学校 …………………………… 363
静岡工業高等学校 ……………………… 356	東海大学工業高等学校 ………………… 363
静岡商業高等学校 ……………………… 356	東海大学第一高等学校 ………………… 363
静岡聖光学院 …………………………… 356	常葉学園菊川高等学校 ………………… 363
静岡城内高等学校 ……………………… 356	常葉学園橘高等学校 …………………… 363
静岡城北高等学校 ……………………… 357	長泉高等学校 …………………………… 363
静岡女子高等学校 ……………………… 357	日本大学三島高等学校 ………………… 364
静岡女子商業高等学校 ………………… 357	韮山高等学校 …………………………… 364
静岡市立高等学校 ……………………… 357	沼津工業高等学校 ……………………… 364
静岡市立清水商業高等学校 …………… 357	沼津商業高等学校 ……………………… 364
静岡市立商業高等学校 ………………… 357	沼津城北高等学校 ……………………… 364
静岡大成高等学校 ……………………… 357	沼津市立沼津高等学校 ………………… 365
静岡西高等学校 ………………………… 358	沼津中央高等学校 ……………………… 365
静岡農業高等学校 ……………………… 358	沼津西高等学校 ………………………… 365
静岡東高等学校 ………………………… 358	沼津東高等学校 ………………………… 365
静岡雙葉高等学校 ……………………… 358	沼津北部高等学校 ……………………… 365
静岡南高等学校 ………………………… 358	榛原高等学校 …………………………… 366
島田高等学校 …………………………… 359	浜北西高等学校 ………………………… 366
島田学園高等学校 ……………………… 359	浜名高等学校 …………………………… 366
島田工業高等学校 ……………………… 359	浜松海の星高等学校 …………………… 366
島田商業高等学校 ……………………… 359	浜松海の星女学院 ……………………… 366
清水工業高等学校 ……………………… 359	浜松江之島高等学校 …………………… 366

浜松学芸高等学校 …………………… 366	吉原工業高等学校 …………………… 373
浜松北高等学校 ……………………… 367	**愛知県** …………………………………… 374
浜松工業高等学校 …………………… 367	愛知工業高等学校 …………………… 374
浜松湖東高等学校 …………………… 367	愛知工業大学附属名電高等学校 … 374
浜松湖南高等学校 …………………… 367	愛知商業高等学校 …………………… 374
浜松商業高等学校 …………………… 367	愛知みずほ大学瑞穂高等学校 …… 374
浜松城南高等学校 …………………… 368	阿久比高等学校 ……………………… 374
浜松城北工業高等学校 ……………… 368	旭丘高等学校 ………………………… 375
浜松市立高等学校 …………………… 368	旭野高等学校 ………………………… 375
浜松西高等学校 ……………………… 368	足助高等学校 ………………………… 375
浜松日体高等学校 …………………… 369	熱田高等学校 ………………………… 375
浜松東高等学校 ……………………… 369	安城高等学校 ………………………… 375
浜松南高等学校 ……………………… 369	安城農林高等学校 …………………… 376
春野高等学校 ………………………… 369	安城東高等学校 ……………………… 376
袋井高等学校 ………………………… 369	惟信高等学校 ………………………… 376
袋井商業高等学校 …………………… 369	一宮高等学校 ………………………… 376
富士高等学校 ………………………… 370	一宮北高等学校 ……………………… 376
藤枝学園女子高等学校 ……………… 370	一宮工業高等学校 …………………… 376
藤枝北高等学校 ……………………… 370	一宮商業高等学校 …………………… 376
藤枝西高等学校 ……………………… 370	一宮西高等学校 ……………………… 376
藤枝東高等学校 ……………………… 370	一色高等学校 ………………………… 377
藤枝南女子高等学校 ………………… 370	稲沢高等学校 ………………………… 377
藤枝明誠高等学校 …………………… 370	稲沢東高等学校 ……………………… 377
富士市立吉原商業高等学校 ………… 370	犬山高等学校 ………………………… 377
富士宮北高等学校 …………………… 371	犬山南高等学校 ……………………… 377
富士宮西高等学校 …………………… 371	岩津高等学校 ………………………… 377
富士宮農業高等学校 ………………… 371	桜花学園高等学校 …………………… 377
富士宮東高等学校 …………………… 371	大府高等学校 ………………………… 377
富士東高等学校 ……………………… 371	岡崎高等学校 ………………………… 377
富士見高等学校 ……………………… 371	岡崎北高等学校 ……………………… 378
二俣高等学校 ………………………… 371	岡崎工業高等学校 …………………… 378
不二聖心女学院 ……………………… 371	岡崎商業高等学校 …………………… 378
松崎高等学校 ………………………… 371	起工業高等学校 ……………………… 378
三島北高等学校 ……………………… 372	海陽中等教育学校 …………………… 378
三島南高等学校 ……………………… 372	鶴城丘高等学校 ……………………… 378
三ケ日高等学校 ……………………… 372	春日井工業高等学校 ………………… 378
森高等学校 …………………………… 372	春日井東高等学校 …………………… 378
焼津高等学校 ………………………… 372	春日井南高等学校 …………………… 378
焼津水産高等学校 …………………… 372	蒲郡高等学校 ………………………… 378
焼津中央高等学校 …………………… 373	刈谷高等学校 ………………………… 378
横須賀高等学校 ……………………… 373	刈谷北高等学校 ……………………… 379
吉田高等学校 ………………………… 373	木曽川高等学校 ……………………… 379
吉原高等学校 ………………………… 373	

享栄高等学校 …………………… 379	東邦高等学校 …………………… 384
旭陵高等学校 …………………… 379	同朋高等学校 …………………… 385
吉良高等学校 …………………… 379	桃陵高等学校 …………………… 385
国府高等学校 …………………… 379	常滑高等学校 …………………… 385
幸田高等学校 …………………… 379	豊明高等学校 …………………… 385
小坂井高等学校 ………………… 379	豊川工業高等学校 ……………… 385
古知野高等学校 ………………… 380	豊田西高等学校 ………………… 385
小牧高等学校 …………………… 380	豊田東高等学校 ………………… 385
小牧工業高等学校 ……………… 380	豊橋工業高等学校 ……………… 386
佐織工業高等学校 ……………… 380	豊橋商業高等学校 ……………… 386
桜丘高等学校 …………………… 380	豊橋市立豊橋高等学校 ………… 386
猿投農林高等学校 ……………… 380	豊橋東高等学校 ………………… 386
佐屋高等学校 …………………… 380	豊橋南高等学校 ………………… 386
時習館高等学校 ………………… 380	中村高等学校 …………………… 386
松蔭高等学校 …………………… 381	名古屋大谷高等学校 …………… 386
昭和高等学校 …………………… 381	名古屋工業高等学校 …………… 386
新城高等学校 …………………… 381	名古屋市立桜台高等学校 ……… 386
新城高等学校作手分校 ………… 381	名古屋市立菊里高等学校 ……… 386
新城東高等学校 ………………… 381	名古屋市立北高等学校 ………… 387
瑞陵高等学校 …………………… 381	名古屋市立工業高等学校 ……… 387
成章高等学校 …………………… 381	名古屋市立工芸高等学校 ……… 387
聖霊高等学校 …………………… 381	名古屋市立向陽高等学校 ……… 387
瀬戸高等学校 …………………… 382	名古屋市立西陵商業高等学校 … 387
瀬戸西高等学校 ………………… 382	名古屋市立富田高等学校 ……… 387
瀬戸窯業高等学校 ……………… 382	名古屋市立名古屋商業高等学校 … 387
祖父江高等学校 ………………… 382	名古屋市立名東高等学校 ……… 387
高浜高等学校 …………………… 382	名古屋市立緑高等学校 ………… 387
滝高等学校 ……………………… 382	名古屋市立若宮商業高等学校 … 387
田口高等学校 …………………… 382	名古屋大学教育学部附属高等学校 … 387
田口高等学校稲武分校 ………… 382	名古屋西高等学校 ……………… 388
武豊高等学校 …………………… 382	鳴海高等学校 …………………… 388
千種高等学校 …………………… 382	南山高等学校 …………………… 388
中京大学附属中京高等学校 …… 383	新川高等学校 …………………… 388
知立東高等学校 ………………… 383	西尾高等学校 …………………… 388
作手高等学校 …………………… 383	西尾実業高等学校 ……………… 388
津島高等学校 …………………… 383	西尾東高等学校 ………………… 388
津島商工高等学校 ……………… 383	西春高等学校 …………………… 388
津島女子高等学校 ……………… 384	丹羽高等学校 …………………… 388
津島東高等学校 ………………… 384	半田高等学校 …………………… 388
天白高等学校 …………………… 384	半田商業高等学校 ……………… 389
東海高等学校 …………………… 384	東山工業高等学校 ……………… 389
東海女子高等学校 ……………… 384	尾西高等学校 …………………… 389
東海南高等学校 ………………… 384	尾北高等学校 …………………… 389

藤ノ花女子高等学校 …………… 389	菰野高等学校 …………………… 394
碧南高等学校 …………………… 389	志摩高等学校 …………………… 394
碧南工業高等学校 ……………… 389	鈴鹿高等学校 …………………… 394
鳳来寺高等学校 ………………… 389	昴学園高等学校 ………………… 394
本郷高等学校 …………………… 389	津高等学校 ……………………… 394
御津高等学校 …………………… 389	津工業高等学校 ………………… 394
緑丘商業高等学校 ……………… 389	津実業高等学校 ………………… 394
美和高等学校 …………………… 390	津商業高等学校 ………………… 394
明和高等学校 …………………… 390	津西高等学校 …………………… 395
豊丘高等学校 …………………… 390	鳥羽高等学校 …………………… 395
豊野高等学校 …………………… 390	長島高等学校 …………………… 395
横須賀高等学校 ………………… 390	名張高等学校 …………………… 395
三重県 ………………………… 390	名張桔梗丘高等学校 …………… 395
愛農学園農業高等学校 ………… 390	南勢高等学校 …………………… 395
暁高等学校 ……………………… 390	南島高等学校 …………………… 395
明野高等学校 …………………… 390	日生学園 ………………………… 395
朝明高等学校 …………………… 391	白山高等学校 …………………… 396
飯野高等学校 …………………… 391	久居高等学校 …………………… 396
石薬師高等学校 ………………… 391	久居農林高等学校 ……………… 396
伊勢高等学校 …………………… 391	松阪高等学校 …………………… 396
伊勢工業高等学校 ……………… 391	松阪工業高等学校 ……………… 396
伊勢実業高等学校 ……………… 391	松阪商業高等学校 ……………… 397
員弁高等学校 …………………… 391	三重高等学校 …………………… 397
稲生高等学校 …………………… 391	三重県立水産高等学校 ………… 397
上野高等学校 …………………… 391	宮川高等学校 …………………… 397
上野工業高等学校 ……………… 392	四日市高等学校 ………………… 397
上野商業高等学校 ……………… 392	四日市工業高等学校 …………… 397
上野農業高等学校 ……………… 392	四日市商業高等学校 …………… 398
宇治山田高等学校 ……………… 392	四日市中央工業高等学校 ……… 398
宇治山田商業高等学校 ………… 392	四日市西高等学校 ……………… 398
相可高等学校 …………………… 392	四日市農芸高等学校 …………… 398
尾鷲高等学校 …………………… 393	四日市南高等学校 ……………… 398
尾鷲工業高等学校 ……………… 393	四日市四郷高等学校 …………… 398
海星高等学校 …………………… 393	度会高等学校 …………………… 398
亀山高等学校 …………………… 393	**滋賀県** ………………………… 398
川越高等学校 …………………… 393	安曇川高等学校 ………………… 398
神戸高等学校 …………………… 393	伊香高等学校 …………………… 399
紀南高等学校 …………………… 393	石部高等学校 …………………… 399
木本高等学校 …………………… 393	石山高等学校 …………………… 399
桑名高等学校 …………………… 394	伊吹高等学校 …………………… 399
桑名工業高等学校 ……………… 394	近江高等学校 …………………… 399
桑名西高等学校 ………………… 394	近江兄弟社高等学校 …………… 399

大津高等学校	399
大津商業高等学校	400
大津清陵高等学校	400
大津中央高等学校	400
堅田高等学校	400
鐘紡長浜高等学校	400
河瀬高等学校	400
草津高等学校	400
甲西高等学校	400
甲南高等学校	401
国際情報高等学校	401
湖南高等学校	401
湖南農業高等学校	401
信楽高等学校	401
膳所高等学校	401
瀬田高等学校	401
瀬田工業高等学校	401
高島高等学校	402
玉川高等学校	402
虎姫高等学校	402
長浜高等学校	402
長浜北高等学校	402
長浜商工高等学校	402
長浜農業高等学校	402
能登川高等学校	402
八幡高等学校	402
八幡工業高等学校	402
八幡商業高等学校	403
比叡山高等学校	403
東大津高等学校	403
彦根工業高等学校	403
彦根商業高等学校	403
彦根翔陽高等学校	403
彦根西高等学校	403
彦根東高等学校	403
日野高等学校	404
米原高等学校	404
水口高等学校	404
守山高等学校	404
守山北高等学校	404
守山市立守山女子高等学校	404
野洲高等学校	404
八日市高等学校	404
八日市南高等学校	404
京都府	**405**
網野高等学校	405
綾部高等学校	405
石原高等学校	405
一燈園高等学校	405
宇治学園	405
鴨沂高等学校	405
大江高等学校	405
大谷高等学校	405
乙訓高等学校	406
華頂女子高等学校	406
亀岡高等学校	406
加悦谷高等学校	406
木津高等学校	406
木津高等学校和束分校	406
北桑田高等学校美山分校	406
北嵯峨高等学校	406
京都学園高等学校	406
京都教育大学教育学部附属高等学校	406
京都共栄学園高等学校	406
京都商業高等学校	406
京都市立音楽高等学校	406
京都市立西京高等学校	407
京都市立西京商業高等学校	407
京都市立第二商業学校	407
京都市立銅駝美術工芸高等学校	407
京都市立伏見商業高等学校	407
京都市立堀川高等学校	407
京都市立洛陽工業高等学校	407
京都すばる高等学校	407
京都精華学園高等学校	408
京都精華女子高等学校	408
京都橘高等学校	408
京都府立海洋高等学校	408
京都府立水産高等学校	408
京都文教高等学校	408
京都明徳高等学校	408
京都八幡高等学校	408
京都両洋高等学校	408
久美浜高等学校	408
久御山高等学校	409

見出し一覧

向陽高等学校 …… 409
嵯峨野高等学校 …… 409
須知高等学校 …… 409
須知高等学校和知分校 …… 409
城南高等学校 …… 409
城南菱創高等学校 …… 409
城陽高等学校 …… 409
朱雀高等学校 …… 409
成安女子高等学校 …… 409
成美学苑 …… 409
園部高等学校 …… 409
田辺高等学校 …… 410
同志社女子高等学校 …… 410
東稜高等学校 …… 410
鳥羽高等学校 …… 410
南丹高等学校 …… 410
南陽高等学校 …… 410
西宇治高等学校 …… 410
西舞鶴高等学校 …… 410
東宇治高等学校 …… 410
東舞鶴高等学校 …… 410
東山高等学校 …… 410
福知山高等学校 …… 411
伏見工業高等学校 …… 411
平安高等学校 …… 411
北稜高等学校 …… 411
南京都高等学校 …… 412
南八幡高等学校 …… 412
峰山高等学校 …… 412
峰山高等学校弥栄分校 …… 412
宮津高等学校 …… 412
桃山高等学校 …… 412
山城高等学校 …… 412
八幡高等学校 …… 412
洛西高等学校 …… 413
洛東高等学校 …… 413
洛南高等学校 …… 413
洛北高等学校 …… 413
立命館高等学校 …… 413
龍谷大学付属平安高等学校 …… 414

大阪府 …… 414

芥川高等学校 …… 414
旭高等学校 …… 414
阿武野高等学校 …… 414
阿倍野高等学校 …… 414
生野高等学校 …… 414
池島高等学校 …… 415
池田高等学校 …… 415
池田北高等学校 …… 415
泉尾高等学校 …… 415
和泉高等学校 …… 415
泉大津高等学校 …… 415
和泉工業高等学校 …… 416
泉鳥取高等学校 …… 416
磯島高等学校 …… 416
市岡高等学校 …… 416
茨木高等学校 …… 416
茨木西高等学校 …… 417
茨木東高等学校 …… 417
今宮高等学校 …… 417
今宮工科高等学校 …… 417
今宮工業高等学校 …… 417
上宮高等学校 …… 417
扇町商業高等学校 …… 417
追手門学院高等学校 …… 417
追手門学院大手前高等学校 …… 417
大冠高等学校 …… 418
大阪高等学校 …… 418
大阪偕星学園高等学校 …… 418
大阪学芸高等学校 …… 418
大阪教育大学教育学部附属高等学校池田校舎 …… 418
大阪教育大学教育学部附属高等学校平野校舎 …… 418
大阪教育大学附属高等学校天王寺校舎 …… 418
大阪薫英女学院高等学校 …… 419
大阪商業高等学校 …… 419
大阪商業大学堺高等学校 …… 419
大阪女学院 …… 419
大阪女子商業高等学校 …… 419
大阪市立生野工業高等学校 …… 419
大阪市立泉尾工業高等学校 …… 419
大阪市立泉尾第二工業高等学校 …… 419
大阪市立市岡商業高等学校 …… 419
大阪市立扇町第二商業高等学校 …… 419

大阪市立桜宮高等学校	419
大阪市立住吉商業高等学校	419
大阪市立第二工芸高等学校	419
大阪市立天王寺商業高等学校	420
大阪市立天王寺第二商業高等学校	420
大阪市立西商業高等学校	420
大阪市立西第二商業高等学校	420
大阪市立東高等学校	420
大阪市立東商業高等学校	420
大阪市立南第二高等学校	420
大阪市立淀商業高等学校	420
大阪成蹊女子高等学校	420
大阪星光学院	420
大阪青凌高等学校	420
大阪桐蔭高等学校	420
大阪福島女子高等学校	421
大阪府立園芸高等学校	421
大阪府立農芸高等学校	421
大阪貿易学院高等学校	422
大手前高等学校	422
鳳高等学校	422
貝塚高等学校	422
貝塚南高等学校	423
開明高等学校	423
柏原東高等学校	423
春日丘高等学校	423
春日丘高等学校泉原分校	423
交野高等学校	423
勝山高等学校	423
門真高等学校	424
門真西高等学校	424
門真南高等学校	424
金岡高等学校	424
河南高等学校	424
加納高等学校	424
関西大倉高等学校	424
関西大学第一高等学校	425
関西学院高等部	425
岸和田高等学校	425
北かわち皐が丘高等学校	425
北千里高等学校	425
北野高等学校	425
北淀高等学校	426
柴島高等学校	426
久米田高等学校	426
工芸高等学校	426
興國高等学校	426
高津高等学校	427
港南高等学校	427
港南造形高等学校	427
向陽台高等学校	427
香里丘高等学校	427
金剛高等学校	428
金光八尾高等学校	428
堺工業高等学校	428
堺市立堺高等学校	428
堺市立工業高等学校	428
堺市立商業高等学校	428
堺西高等学校	428
堺東高等学校	428
桜塚高等学校	428
佐野高等学校	429
佐野工業高等学校	429
狭山高等学校	429
四条畷高等学校	429
四条畷北高等学校	429
渋谷高等学校	430
島上高等学校	430
島本高等学校	430
清水谷高等学校	430
少路高等学校	430
城東工業高等学校	430
食品産業高等学校	431
白菊高等学校	431
城山高等学校	431
吹田高等学校	431
吹田東高等学校	431
砂川高等学校	431
住之江高等学校	431
住吉高等学校	431
精華高等学校	432
成器高等学校	432
清教学園高等学校	432
成城高等学校	432
成城工業高等学校	432
清風高等学校	432

清風南海高等学校 …………………… 432	野崎高等学校 ……………………… 438
清友高等学校 ………………………… 432	能勢高等学校 ……………………… 438
摂津高等学校 ………………………… 433	伯太高等学校 ……………………… 438
泉州高等学校 ………………………… 433	羽衣学園高等学校 ………………… 438
宣真高等学校 ………………………… 433	花園高等学校 ……………………… 438
泉南高等学校 ………………………… 433	羽曳野高等学校 …………………… 438
泉陽高等学校 ………………………… 433	阪南高等学校 ……………………… 438
千里高等学校 ………………………… 433	阪南大学高等学校 ………………… 438
千里国際学園高等部 ………………… 433	PL学園高等学校 …………………… 439
大正高等学校 ………………………… 433	東住吉高等学校 …………………… 439
大東高等学校 ………………………… 434	東住吉工業高等学校 ……………… 440
高槻高等学校 ………………………… 434	東住吉総合高等学校 ……………… 440
高槻北高等学校 ……………………… 434	東寝屋川高等学校 ………………… 440
高槻南高等学校 ……………………… 434	東百舌鳥高等学校 ………………… 440
盾津高等学校 ………………………… 434	東淀川高等学校 …………………… 440
玉川高等学校 ………………………… 434	日根野高等学校 …………………… 440
千代田高等学校 ……………………… 434	枚方高等学校 ……………………… 440
槻の木高等学校 ……………………… 435	枚方西高等学校 …………………… 440
豊島高等学校 ………………………… 435	平野高等学校 ……………………… 440
帝塚山学院泉ヶ丘高等学校 ………… 435	福泉高等学校 ……………………… 441
天王寺高等学校 ……………………… 435	藤井寺高等学校 …………………… 441
東海大学付属大阪仰星高等学校 …… 435	藤井寺工業高等学校 ……………… 441
刀根山高等学校 ……………………… 435	布施高等学校 ……………………… 441
登美丘高等学校 ……………………… 435	布施北高等学校 …………………… 441
豊中高等学校 ………………………… 435	布施工業高等学校 ………………… 441
鳥飼高等学校 ………………………… 436	茨田高等学校 ……………………… 441
富田林高等学校 ……………………… 436	松原高等学校 ……………………… 441
富田林高等学校千早赤阪分校 ……… 436	美木多高等学校 …………………… 442
長尾高等学校 ………………………… 436	三国丘高等学校 …………………… 442
長野高等学校 ………………………… 436	岬高等学校 ………………………… 442
長野北高等学校 ……………………… 436	三島高等学校 ……………………… 443
長吉高等学校 ………………………… 436	港高等学校 ………………………… 443
浪速学院浪速高等学校 ……………… 436	箕面高等学校 ……………………… 443
浪花女子高等学校 …………………… 437	箕面自由学園高等学校 …………… 443
浪商高等学校 ………………………… 437	箕面東高等学校 …………………… 443
西浦高等学校 ………………………… 437	美原高等学校 ……………………… 443
西成高等学校 ………………………… 437	明星高等学校 ……………………… 443
西寝屋川高等学校 …………………… 437	桃谷高等学校 ……………………… 444
西野田工科高等学校 ………………… 437	守口高等学校 ……………………… 444
西野田工業高等学校 ………………… 437	守口北高等学校 …………………… 444
西淀川高等学校 ……………………… 437	守口東高等学校 …………………… 444
上神谷高等学校 ……………………… 437	八尾高等学校 ……………………… 444
寝屋川高等学校 ……………………… 438	八尾北高等学校 …………………… 444

八尾南高等学校	444	伊和高等学校	449
山田高等学校	445	小野高等学校	450
山本高等学校	445	小野工業高等学校	450
夕陽丘高等学校	445	柏原高等学校	450
横山高等学校	445	加古川北高等学校	450
淀川工業高等学校	445	加古川西高等学校	450
淀川女子高等学校	445	加古川南高等学校	451
淀之水高等学校	445	上郡高等学校	451

兵庫県 ………… 445

		川西高等学校	451
		川西北陵高等学校	451
相生高等学校	445	神崎高等学校	451
相生産業高等学校	445	神崎工業高等学校	451
明石高等学校	446	関西学院高等部	451
明石北高等学校	446	北須磨高等学校	451
明石清水高等学校	446	近畿大学附属豊岡高等学校	451
明石城西高等学校	446	錦城高等学校	452
明石市立明石商業高等学校	446	香寺高等学校	452
明石西高等学校	446	甲南高等学校	452
明石南高等学校	446	神戸高等学校	452
赤穂高等学校	447	神戸学院女子高等学校	453
芦屋高等学校	447	神戸北高等学校	453
芦屋市立芦屋高等学校	447	神戸工業高等学校	453
芦屋南高等学校	447	神戸甲北高等学校	453
網干高等学校	447	神戸国際高等学校	453
尼崎高等学校	447	神戸商業高等学校	453
尼崎小田高等学校	447	神戸市立楠高等学校	453
尼崎北高等学校	447	神戸市立神戸西高等学校	453
尼崎工業高等学校	448	神戸市立神港高等学校	453
尼崎市立尼崎高等学校	448	神戸市立須磨高等学校	453
尼崎市立尼崎産業高等学校	448	神戸市立兵庫商業高等学校	453
尼崎西高等学校	448	神戸市立葺合高等学校	453
有馬高等学校	448	神戸市立御影工業高等学校	454
有馬高等学校淡河分校	448	神戸星城高等学校	454
淡路高等学校	448	神戸常盤女子高等学校	454
淡路農業高等学校	449	神戸村野工業高等学校	454
伊川谷北高等学校	449	神戸龍谷高等学校	454
育英高等学校	449	篠山産業高等学校東雲校	454
生野学園高等学校	449	篠山産業高等学校丹南校	454
出石高等学校	449	篠山東雲高等学校	454
伊丹高等学校	449	篠山鳳鳴高等学校	454
伊丹北高等学校	449	佐用高等学校	454
伊丹市立伊丹高等学校	449	三田学園高等学校	454
伊丹西高等学校	449	三田西陵高等学校	455

飾磨工業高等学校	455	白陵高等学校	462
志知高等学校	455	浜坂高等学校	462
淳心学院高等学校	455	播磨高等学校	462
城北高等学校	455	播磨南高等学校	462
白鷺工業高等学校	455	東神戸高等学校	462
新宮高等学校	455	東灘高等学校	462
神港学園高等学校	456	東播磨高等学校	462
鈴蘭台西高等学校	456	姫路北高等学校	463
須磨学園高等学校	456	姫路工業高等学校	463
須磨ノ浦女子高等学校	456	姫路工業大学附属高等学校	463
洲本高等学校	456	姫路産業技術高等学校	463
青雲高等学校	457	姫路飾西高等学校	463
星陵高等学校	457	姫路商業高等学校	463
蒼開高等学校	457	姫路市立琴丘高等学校	463
園田学園高等学校	457	姫路西高等学校	463
太子高等学校	457	姫路東高等学校	464
多可高等学校	457	姫路南高等学校	464
高砂南高等学校	457	兵庫高等学校	464
宝塚高等学校	457	兵庫県立農業高等学校	464
宝塚北高等学校	457	兵庫工業高等学校	464
滝川高等学校	458	福崎高等学校	464
但馬農業高等学校	458	北条高等学校	465
龍野高等学校	458	報徳学園高等学校	465
龍野北高等学校	458	舞子高等学校	465
龍野実業高等学校	458	御影高等学校	465
津名高等学校	458	三木高等学校	465
東播工業高等学校	458	三木北高等学校	465
東洋大学附属姫路高等学校	459	三木東高等学校	465
豊岡高等学校	459	湊川高等学校	465
豊岡実業高等学校	459	三原高等学校	465
長田高等学校	459	武庫高等学校	466
長田商業高等学校	459	武庫工業高等学校	466
灘高等学校	459	武庫荘高等学校	466
鳴尾高等学校	461	村岡高等学校	466
西宮高等学校	461	社高等学校	466
西宮今津高等学校	461	山崎高等学校	466
西宮甲山高等学校	461	夢野台高等学校	466
西宮北高等学校	461	八鹿高等学校大屋分校	466
西宮香風高等学校	461	吉川高等学校	467
西宮市立西宮高等学校	461	六甲学院高等学校	467
西宮市立西宮東高等学校	461		
西脇高等学校	462	**奈良県**	467
西脇工業高等学校	462	斑鳩高等学校	467

生駒高等学校	467
畝傍高等学校	467
王寺工業高等学校	467
大宇陀高等学校	467
大淀高等学校	468
香芝高等学校	468
橿原高等学校	468
片桐高等学校	468
上牧高等学校	468
北大和高等学校	468
広陵高等学校	468
郡山高等学校	469
郡山農業高等学校	469
五條高等学校	469
五條高等学校賀名生分校	469
御所高等学校	469
御所工業高等学校	469
御所実業高等学校	470
御所東高等学校	470
桜井高等学校	470
桜井商業高等学校	470
桜井女子高等学校	470
志貴高等学校	471
信貴ケ丘高等学校	471
城内高等学校	471
添上高等学校	471
高田高等学校	471
高田東高等学校	472
高円高等学校	472
田原本農業高等学校	472
智辯学園高等学校	472
天理高等学校	472
東大寺学園高等学校	472
十津川高等学校	473
富雄高等学校	473
登美ヶ丘高等学校	473
奈良高等学校	473
奈良高等学校北倭分校	473
奈良育英学園高等学校	473
奈良学園高等学校	473
奈良工業高等学校	473
奈良商業高等学校	473
奈良女子高等学校	474
奈良女子大学文学部附属高等学校	474
奈良市立一条高等学校	474
奈良朱雀高等学校	474
奈良大学附属高等学校	474
二階堂高等学校	474
西の京高等学校	474
西大和学園高等学校	474
榛原高等学校	475
平城高等学校	475
北和女子高等学校	475
耳成高等学校	475
室生高等学校	475
大和高田市立高田商業高等学校	476
山辺高等学校	476
山辺高等学校山添分校	476
吉野高等学校	476
吉野林業高等学校	476

和歌山県 476

有田中央高等学校	476
伊都高等学校	476
伊都高等学校妙寺校舎	476
伊都中央高等学校	477
開智高等学校	477
海南高等学校	477
海南市立海南市高等学校	477
海南市立海南下津高等学校	477
神島高等学校	477
笠田高等学校	477
吉備高等学校	477
紀北農芸高等学校	477
串本高等学校	477
串本古座高等学校	477
熊野高等学校	477
高野山高等学校	478
向陽高等学校	478
粉河高等学校	478
古座高等学校	478
御坊商工高等学校	478
下津町立下津女子高等学校	478
修徳高等学校	478
新宮高等学校	478
新宮商業高等学校	478

星林高等学校	478	智頭農林高等学校	485
耐久高等学校	478	鳥取敬愛高等学校	485
大成高等学校	479	鳥取工業高等学校	485
田辺高等学校	479	鳥取湖陵高等学校美和分校	485
田辺工業高等学校	479	鳥取商業高等学校	485
田辺商業高等学校	479	鳥取城北高等学校	485
智辯学園和歌山高等学校	479	鳥取女子高等学校	486
桐蔭高等学校	479	鳥取中央育英高等学校	486
那賀高等学校	480	鳥取西高等学校	486
南紀高等学校	480	鳥取西工業高等学校	487
南紀高等学校白浜分校	480	鳥取農業高等学校	487
初芝橋本高等学校	480	鳥取農業高等学校鹿野分校	487
日高高等学校	480	鳥取東高等学校	487
日高高等学校中津分校	480	鳥取緑風高等学校	487
南部高等学校	480	根雨高等学校	487
南部高等学校龍神分校	481	日野高等学校	487
箕島高等学校	481	日野産業高等学校	488
陵雲高等学校	481	八頭高等学校	488
和歌山高等学校	481	由良育英高等学校	488
和歌山北高等学校	482	淀江産業技術高等学校	488
和歌山工業高等学校	482	米子高等学校	488
和歌山商業高等学校	482	米子北高等学校	488
和歌山市立和歌山商業高等学校	482	米子工業高等学校	488
和歌山信愛高等学校	483	米子松蔭高等学校	488
和歌山西高等学校	483	米子商業高等学校	489
和歌山東高等学校	483	米子西高等学校	489
鳥取県	483	米子白鳳高等学校	489
青谷高等学校	483	米子東高等学校	489
赤碕高等学校	483	米子北斗高等学校	489
岩美高等学校	483	米子南高等学校	489
倉吉北高等学校	483	米子南商業高等学校	490
倉吉工業高等学校	483	**島根県**	490
倉吉産業高等学校	484	飯南高等学校	490
倉吉総合産業高等学校	484	出雲高等学校	490
倉吉西高等学校	484	出雲工業高等学校	490
倉吉農業高等学校	484	出雲商業高等学校	490
倉吉東高等学校	484	出雲女子高等学校	491
境高等学校	484	出雲農林高等学校	491
境水産高等学校	484	出雲北陵高等学校	491
境港工業高等学校	485	石見智翠館高等学校	491
境港総合技術高等学校	485	大田高等学校	491
西部農業高等学校	485	邑智高等学校	491

隠岐高等学校 …………………… 491	松江南高等学校宍道分校 …………… 498
隠岐水産高等学校 ………………… 492	三刀屋高等学校 …………………… 498
隠岐島前高等学校 ………………… 492	三刀屋高等学校掛合分校 …………… 499
川本高等学校 ……………………… 492	矢上高等学校 ……………………… 499
川本高等学校羽須美分校 …………… 492	矢上高等学校瑞穂分校 ……………… 499
キリスト教愛真高等学校 …………… 492	安来高等学校 ……………………… 499
江津高等学校 ……………………… 493	安来高等学校広瀬分校 ……………… 499
江津工業高等学校 ………………… 493	横田高等学校 ……………………… 499
江の川高等学校 …………………… 493	吉賀高等学校 ……………………… 500
松徳女学院高等学校 ……………… 493	立正大学淞南高等学校 ……………… 500
情報科学高等学校 ………………… 493	

岡山県 …………………………………… 500

宍道高等学校 ……………………… 493	井原高等学校 ……………………… 500
大社高等学校 ……………………… 493	井原市立高等学校 ………………… 500
大社高等学校佐田分校 ……………… 493	烏城高等学校 ……………………… 500
大東高等学校 ……………………… 494	大原高等学校 ……………………… 501
津和野高等学校 …………………… 494	岡山朝日高等学校 ………………… 501
邇摩高等学校 ……………………… 494	岡山一宮高等学校 ………………… 501
邇摩高等学校大代分校 ……………… 494	岡山学芸館高等学校 ……………… 502
浜田高等学校 ……………………… 495	岡山県共生高等学校 ……………… 502
浜田高等学校今市分校 ……………… 495	岡山県公立真備陵南高等学校 ……… 502
浜田商業高等学校 ………………… 495	岡山工業高等学校 ………………… 502
浜田水産高等学校 ………………… 495	おかやま山陽高等学校 ……………… 502
平田高等学校 ……………………… 495	岡山商科大学附属高等学校 ………… 503
益田学園 …………………………… 496	岡山城東高等学校 ………………… 503
益田高等学校 ……………………… 496	岡山市立岡山工業高等学校 ………… 503
益田工業高等学校 ………………… 496	岡山市立岡山後楽館高等学校 ……… 503
益田産業高等学校 ………………… 496	岡山市立岡山後楽館高等学校伊福校舎 … 503
益田商業高等学校 ………………… 496	岡山市立岡山商業高等学校 ………… 503
益田翔陽高等学校 ………………… 496	岡山操山高等学校 ………………… 503
益田農林高等学校 ………………… 496	岡山大安寺高等学校 ……………… 503
益田農林高等学校都茂分校 ………… 497	岡山白陵高等学校 ………………… 504
益田農林高等学校匹見分校 ………… 497	岡山東商業高等学校 ……………… 504
松江高等学校 ……………………… 497	岡山芳泉高等学校 ………………… 504
松江家政高等学校 ………………… 497	岡山南高等学校 …………………… 504
松江北高等学校 …………………… 497	岡山理科大学附属高等学校 ………… 505
松江工業高等学校 ………………… 497	邑久高等学校 ……………………… 506
松江商業高等学校 ………………… 497	落合高等学校 ……………………… 506
松江市立女子高等学校 ……………… 498	笠岡高等学校 ……………………… 506
松江市立皆が丘女子高等学校 ……… 498	笠岡工業高等学校 ………………… 506
松江西高等学校 …………………… 498	笠岡商業高等学校 ………………… 506
松江農林高等学校 ………………… 498	勝間田高等学校 …………………… 506
松江東高等学校 …………………… 498	勝間田農林高等学校 ……………… 507
松江南高等学校 …………………… 498	

見出し一覧

- 勝山高等学校 …………………………… 507
- 勝山高等学校湯原分校 ………………… 507
- 金川高等学校 …………………………… 507
- 金山学園高等学校 ……………………… 507
- 鴨方高等学校 …………………………… 507
- 加茂川高等学校 ………………………… 508
- 川上農業高等学校 ……………………… 508
- 関西高等学校 …………………………… 508
- 関西学園岡山高等学校 ………………… 508
- 吉備高原学園高等学校 ………………… 508
- 吉備北陵高等学校 ……………………… 508
- 久世高等学校 …………………………… 508
- 倉敷高等学校 …………………………… 508
- 倉敷天城高等学校 ……………………… 509
- 倉敷工業高等学校 ……………………… 509
- 倉敷古城池高等学校 …………………… 509
- 倉敷商業高等学校 ……………………… 509
- 倉敷市立倉敷翔南高等学校 …………… 509
- 倉敷市立工業高等学校 ………………… 510
- 倉敷市立児島高等学校 ………………… 510
- 倉敷市立児島第一高等学校 …………… 510
- 倉敷市立精思高等学校 ………………… 510
- 倉敷翠松高等学校 ……………………… 510
- 倉敷青陵高等学校 ……………………… 510
- 倉敷中央高等学校 ……………………… 510
- 倉敷南高等学校 ………………………… 511
- 興譲館高等学校 ………………………… 511
- 興陽高等学校 …………………………… 511
- 児島高等学校 …………………………… 511
- 琴浦高等学校 …………………………… 511
- 金光学園高等学校 ……………………… 512
- 西大寺高等学校 ………………………… 512
- 作陽高等学校 …………………………… 512
- 山陽高等学校 …………………………… 512
- 山陽女子高等学校 ……………………… 512
- 至道高等学校 …………………………… 512
- 就実高等学校 …………………………… 512
- 真備高等学校 …………………………… 512
- 精研高等学校 …………………………… 512
- 瀬戸高等学校 …………………………… 513
- 瀬戸南高等学校 ………………………… 513
- 創志学園高等学校 ……………………… 513
- 総社高等学校 …………………………… 513
- 総社南高等学校 ………………………… 513
- 高梁高等学校 …………………………… 514
- 高梁高等学校有漢分校 ………………… 514
- 高梁工業高等学校 ……………………… 514
- 高梁市立宇治高等学校 ………………… 514
- 高梁市立松山高等学校 ………………… 514
- 高梁日新高等学校 ……………………… 514
- 高松農業高等学校 ……………………… 514
- 田原高等学校 …………………………… 515
- 玉島高等学校 …………………………… 515
- 玉島商業高等学校 ……………………… 515
- 玉野高等学校 …………………………… 515
- 玉野光南高等学校 ……………………… 515
- 玉野市立玉野商業高等学校 …………… 515
- 玉野市立玉野備南高等学校 …………… 516
- 津山高等学校 …………………………… 516
- 津山工業高等学校 ……………………… 516
- 津山商業高等学校 ……………………… 516
- 津山東高等学校 ………………………… 516
- 津山東高等学校鏡野分校 ……………… 517
- 津山東高等学校苫田分校 ……………… 517
- 成羽高等学校 …………………………… 517
- 新見高等学校 …………………………… 517
- 新見北高等学校 ………………………… 517
- 新見女子高等学校 ……………………… 517
- 新見農工高等学校 ……………………… 517
- 日本原高等学校 ………………………… 517
- 林野高等学校 …………………………… 517
- 東岡山工業高等学校 …………………… 518
- 備作高等学校 …………………………… 518
- 備前高等学校 …………………………… 518
- 備前市立片上高等学校 ………………… 518
- 備前東高等学校 ………………………… 518
- 備前緑陽高等学校 ……………………… 519
- 蒜山高等学校 …………………………… 519
- 福渡高等学校 …………………………… 519
- ベル学園高等学校 ……………………… 519
- 真庭高等学校 …………………………… 519
- 水島工業高等学校 ……………………… 519
- 美作高等学校 …………………………… 519
- 矢掛高等学校 …………………………… 519
- 矢掛高等学校美星分校 ………………… 520
- 矢掛商業高等学校 ……………………… 520

弓削高等学校 …………………………… 520
和気閑谷高等学校 ……………………… 520

広島県 ……………………………………… 521

安芸高等学校 …………………………… 521
安芸府中高等学校 ……………………… 521
安芸南高等学校 ………………………… 521
芦品まなび学園高等学校 ……………… 521
五日市高等学校 ………………………… 521
因島高等学校 …………………………… 521
盈進高等学校 …………………………… 521
英数学館高等学校 ……………………… 522
江田島高等学校 ………………………… 522
大柿高等学校 …………………………… 522
大崎海星高等学校 ……………………… 522
大竹高等学校 …………………………… 522
尾道高等学校 …………………………… 522
尾道北高等学校 ………………………… 522
尾道商業高等学校 ……………………… 522
尾道東高等学校 ………………………… 522
音戸高等学校 …………………………… 523
海田高等学校 …………………………… 523
加計高等学校 …………………………… 523
加計高等学校芸北分校 ………………… 523
賀茂高等学校 …………………………… 523
賀茂北高等学校 ………………………… 523
神辺工業高等学校 ……………………… 523
祇園北高等学校 ………………………… 523
木江工業高等学校 ……………………… 523
久井高等学校 …………………………… 524
熊野高等学校 …………………………… 524
呉工業高等学校 ………………………… 524
呉商業高等学校 ………………………… 524
呉昭和高等学校 ………………………… 524
呉三津田高等学校 ……………………… 524
呉宮原高等学校 ………………………… 525
黒瀬高等学校 …………………………… 525
河内高等学校 …………………………… 525
高陽高等学校 …………………………… 525
高陽東高等学校 ………………………… 525
広陵高等学校 …………………………… 525
西城紫水高等学校 ……………………… 526
西条農業高等学校 ……………………… 526

佐伯高等学校 …………………………… 527
山陽女子高等学校 ……………………… 527
自彊高等学校 …………………………… 527
至誠高等学校 …………………………… 527
清水ケ丘高等学校 ……………………… 527
修道高等学校 …………………………… 527
上下高等学校 …………………………… 527
庄原格致高等学校 ……………………… 527
庄原格致高等学校口和分校 …………… 528
庄原格致高等学校高野山分校 ………… 528
庄原実業高等学校 ……………………… 528
庄原実業高等学校比和分校 …………… 528
白木高等学校 …………………………… 528
鈴峯女子高等学校 ……………………… 528
瀬戸田高等学校 ………………………… 528
世羅高等学校 …………………………… 528
崇徳高等学校 …………………………… 529
大門高等学校 …………………………… 529
高宮高等学校 …………………………… 529
武田高等学校 …………………………… 529
竹原高等学校 …………………………… 529
忠海高等学校 …………………………… 529
千代田高等学校 ………………………… 529
千代田高等学校豊平分校 ……………… 530
東城高等学校 …………………………… 530
戸手商業高等学校 ……………………… 530
西高等学校 ……………………………… 530
日彰館高等学校 ………………………… 530
ノートルダム清心高等学校 …………… 530
廿日市高等学校 ………………………… 530
廿日市西高等学校 ……………………… 530
比治山女子高等学校 …………………… 531
広高等学校 ……………………………… 531
広島高等学校 …………………………… 531
広島井口高等学校 ……………………… 531
広島音楽高等学校 ……………………… 531
広島学院高等学校 ……………………… 531
広島観音高等学校 ……………………… 531
広島県瀬戸内高等学校 ………………… 532
広島工業高等学校 ……………………… 532
広島国泰寺高等学校 …………………… 532
広島桜が丘高等学校 …………………… 532
広島市工業高等学校 …………………… 532

広島商業高等学校 …………………… 532	湯来南高等学校 ……………………… 538
広島城北高等学校 …………………… 533	豊高等学校 …………………………… 538
広島女子商学園高等学校 …………… 533	吉田高等学校 ………………………… 538
広島市立安佐北高等学校 …………… 533	吉田高等学校八千代分校 …………… 538
広島市立大手町商業高等学校 ……… 533	**山口県** ……………………………… 539
広島市立広島工業高等学校 ………… 533	安下庄高等学校 ……………………… 539
広島市立広島商業高等学校 ………… 534	安下庄高等学校白木分校 …………… 539
広島市立舟入高等学校 ……………… 534	厚狭高等学校 ………………………… 539
広島市立美鈴が丘高等学校 ………… 534	岩国高等学校 ………………………… 539
広島市立基町高等学校 ……………… 534	岩国工業高等学校 …………………… 539
広島新庄高等学校 …………………… 534	岩国商業高等学校 …………………… 539
広島大学教育学部附属高等学校 …… 534	岩国総合高等学校 …………………… 539
広島大学附属福山高等学校 ………… 535	宇部高等学校 ………………………… 539
広島第一女子商業高等学校 ………… 535	宇部工業高等学校 …………………… 539
広島文教女子大学附属高等学校 …… 535	宇部商業高等学校 …………………… 540
広島皆実高等学校 …………………… 535	宇部中央高等学校 …………………… 540
広島有朋高等学校 …………………… 535	宇部西高等学校 ……………………… 540
福山葦陽高等学校 …………………… 535	大津高等学校 ………………………… 540
福山工業高等学校 …………………… 535	大嶺高等学校 ………………………… 540
福山商業高等学校 …………………… 535	小野田高等学校 ……………………… 540
福山女子高等学校 …………………… 535	小野田工業高等学校 ………………… 540
福山市立福山高等学校 ……………… 535	鹿野高等学校 ………………………… 540
福山誠之館高等学校 ………………… 536	華陵高等学校 ………………………… 541
府中高等学校 ………………………… 536	岩陽高等学校 ………………………… 541
府中東高等学校 ……………………… 536	久賀高等学校 ………………………… 541
本郷高等学校 ………………………… 536	下松高等学校 ………………………… 541
本郷工業高等学校 …………………… 536	下松工業高等学校 …………………… 541
松永高等学校 ………………………… 536	熊毛北高等学校 ……………………… 541
御調高等学校 ………………………… 536	熊毛南高等学校 ……………………… 541
三原高等学校 ………………………… 536	西京高等学校 ………………………… 541
宮島工業高等学校 …………………… 537	坂上高等学校 ………………………… 542
三次高等学校 ………………………… 537	桜ケ丘高等学校 ……………………… 542
三次高等学校君田分校 ……………… 537	佐波高等学校 ………………………… 542
三次高等学校作木分校 ……………… 537	下関工業高等学校 …………………… 542
三次工業高等学校 …………………… 537	下関国際高等学校 …………………… 542
三和高等学校 ………………………… 537	下関商業高等学校 …………………… 542
安田女子高等学校 …………………… 537	下関第一高等学校 …………………… 542
安西高等学校 ………………………… 537	下関中央工業高等学校 ……………… 543
安古市高等学校 ……………………… 537	下関西高等学校 ……………………… 543
大和高等学校 ………………………… 538	下関東高等学校 ……………………… 543
山中学園 ……………………………… 538	下関南高等学校 ……………………… 543
油木高等学校 ………………………… 538	新南陽高等学校 ……………………… 543
油木高等学校神石分校 ……………… 538	

聖光高等学校	543
成進高等学校	543
高水高等学校	543
高森高等学校	543
多々良学園高等学校	544
田布施工業高等学校	544
田布施農業高等学校	544
田布施農業高等学校大島分校	544
田布施農業高等学校八代分校	544
田部高等学校	544
長府高等学校	544
都濃高等学校	544
徳佐高等学校	544
徳佐高等学校高俣分校	544
徳山高等学校	544
徳山高等学校鹿野分校	544
徳山高等学校徳山北分校	545
徳山北高等学校	545
徳山工業高等学校	545
徳山商業高等学校	545
豊浦高等学校	545
長門高等学校	545
中村女子高等学校	545
奈古高等学校	545
奈古高等学校須佐分校	545
南陽工業高等学校	545
西市高等学校	545
西市高等学校殿居分校	546
野田学園	546
萩高等学校	546
萩工業高等学校	546
萩商業高等学校	546
早鞆高等学校	546
光高等学校	546
光丘高等学校	546
響高等学校	546
広瀬高等学校	547
広瀬高等学校本郷分校	547
日置農業高等学校	547
防府高等学校	547
防府商業高等学校	547
防府西高等学校	547
豊北高等学校	547

三田尻女子高等学校	547
美祢高等学校	547
美祢工業高等学校	548
柳井高等学校	548
柳井工業高等学校	548
柳井商業高等学校	548
柳井商工高等学校	548
山口高等学校	548
山口県立水産高等学校	548
山口商業高等学校	548
山口中央高等学校	549
山口農業高等学校	549
山口農業高等学校秋穂分校	549
山口農業高等学校小野分校	549
山口農林高等学校佐々並分校	549

徳島県 549

穴吹高等学校	549
穴吹高等学校穴吹分校	549
穴吹高等学校一宇分校	549
穴吹高等学校木屋平分校	549
阿南工業高等学校	549
阿北高等学校	549
新野高等学校	550
新野高等学校椿分校	550
阿波高等学校	550
阿波商業高等学校	550
阿波西高等学校	550
池田高等学校	550
池田高等学校祖谷分校	551
板野高等学校	551
海南高等学校	551
勝浦園芸高等学校	552
鴨島商業高等学校	552
川島高等学校	552
小松島高等学校	552
貞光工業高等学校	552
宍喰商業高等学校	552
城西高等学校	552
城西高等学校神山校	552
城東高等学校	553
城東高等学校内町分校	553
城東高等学校北島分校	553

城南高等学校 …………………… 553	志度高等学校 …………………… 559
城ノ内高等学校 ………………… 553	志度商業高等学校 ……………… 559
辻高等学校 ……………………… 553	小豆島高等学校 ………………… 559
徳島県立商業高等学校 ………… 553	尽誠学園高等学校 ……………… 560
徳島県立水産高等学校 ………… 553	善通寺第一高等学校 …………… 560
徳島工業高等学校 ……………… 553	善通寺西高等学校 ……………… 560
徳島商業高等学校 ……………… 554	高瀬高等学校 …………………… 560
徳島市立高等学校 ……………… 554	高松高等学校 …………………… 560
徳島中央高等学校 ……………… 554	高松北高等学校 ………………… 561
徳島農業高等学校 ……………… 554	高松工芸高等学校 ……………… 561
徳島農業高等学校神山分校 …… 554	高松桜井高等学校 ……………… 561
徳島東工業高等学校 …………… 555	高松商業高等学校 ……………… 561
徳島文理高等学校 ……………… 555	高松第一高等学校 ……………… 562
富岡西高等学校 ………………… 555	高松中央高等学校 ……………… 562
富岡東高等学校 ………………… 555	高松西高等学校 ………………… 562
那賀高等学校 …………………… 555	高松東高等学校 ………………… 562
鳴門高等学校 …………………… 555	高松東高等学校白山分校 ……… 562
鳴門市立鳴門工業高等学校 …… 555	高松南高等学校 ………………… 562
日和佐高等学校 ………………… 555	高松南高等学校香南分校 ……… 562
美馬商業高等学校 ……………… 556	多度津高等学校 ………………… 563
名西高等学校 …………………… 556	多度津工業高等学校 …………… 563
三好農林高等学校 ……………… 556	多度津水産高等学校 …………… 563
脇町高等学校 …………………… 556	津田高等学校 …………………… 563
香川県 …………………………… 556	土庄高等学校 …………………… 563
石田高等学校 …………………… 556	飯山高等学校 …………………… 563
英明高等学校 …………………… 556	藤井高等学校 …………………… 564
大川東高等学校 ………………… 556	丸亀高等学校 …………………… 564
大手前高等学校 ………………… 556	丸亀商業高等学校 ……………… 564
香川県立農業経営高等学校 …… 557	丸亀城西高等学校 ……………… 564
香川誠陵高等学校 ……………… 557	三木高等学校 …………………… 565
香川中央高等学校 ……………… 557	三豊工業高等学校 ……………… 565
笠田高等学校 …………………… 557	**愛媛県** …………………………… 565
観音寺商業高等学校 …………… 557	愛光高等学校 …………………… 565
観音寺第一高等学校 …………… 557	今治北高等学校 ………………… 565
観音寺中央高等学校 …………… 558	今治工業高等学校 ……………… 565
琴平高等学校 …………………… 558	今治精華高等学校 ……………… 566
坂出高等学校 …………………… 558	今治西高等学校 ………………… 566
坂出工業高等学校 ……………… 558	今治東高等学校 ………………… 566
坂出商業高等学校 ……………… 558	今治南高等学校 ………………… 566
坂出第一高等学校 ……………… 559	今治明徳高等学校 ……………… 567
三本松高等学校 ………………… 559	伊予高等学校 …………………… 567
四国高等学校 …………………… 559	伊予農業高等学校 ……………… 567

内子高等学校	……	567
宇和高等学校	……	567
宇和島商業高等学校	……	567
宇和島水産高等学校	……	567
宇和島東高等学校	……	568
宇和島南高等学校	……	568
大島高等学校	……	568
大洲高等学校	……	568
大洲農業高等学校	……	569
小田高等学校	……	569
上浮穴高等学校	……	569
川之石高等学校	……	569
川之江高等学校	……	570
北宇和高等学校	……	570
北宇和高等学校日吉分校	……	570
小松高等学校	……	570
西条高等学校	……	570
西条農業高等学校	……	570
済美高等学校	……	570
聖カタリナ女子高等学校	……	571
丹原高等学校	……	571
津島高等学校	……	571
帝京科学大学帝京冨士高等学校	……	571
帝京第五高等学校	……	571
土居高等学校	……	571
東温高等学校	……	571
東予高等学校	……	571
東予工業高等学校	……	572
長浜高等学校	……	572
中山高等学校	……	572
新居浜工業高等学校	……	572
新居浜商業高等学校	……	572
新居浜市立商業高等学校	……	572
新居浜西高等学校	……	572
新居浜東高等学校	……	573
新居浜南高等学校	……	573
新田高等学校	……	573
野村高等学校	……	573
野村高等学校土居分校	……	573
伯方高等学校	……	573
伯方高等学校岩城分校	……	573
北条高等学校	……	573
松山高等学校	……	574
松山北高等学校	……	574
松山北高等学校中島分校	……	574
松山工業高等学校	……	574
松山商業高等学校	……	574
松山城南高等学校	……	576
松山聖陵高等学校	……	576
松山中央高等学校	……	576
松山西高等学校	……	576
松山東高等学校	……	576
松山南高等学校	……	577
松山南高等学校砥部分校	……	577
三瓶高等学校	……	577
三崎高等学校	……	578
三島高等学校	……	578
南宇和高等学校	……	578
三間高等学校	……	578
八幡浜高等学校	……	578
八幡浜工業高等学校	……	579
弓削高等学校	……	579
吉田高等学校	……	579

高知県 …… 579

安芸高等学校	……	579
安芸工業高等学校	……	579
安芸桜ヶ丘高等学校	……	579
伊野商業高等学校	……	579
大栃高等学校	……	580
岡豊高等学校	……	580
小津高等学校	……	580
窪川高等学校	……	580
高知高等学校	……	580
高知園芸高等学校	……	580
高知追手前高等学校	……	580
高知追手前高等学校吾北分校	……	581
高知小津高等学校	……	581
高知学芸高等学校	……	581
高知北高等学校	……	581
高知工業高等学校	……	582
高知市立高知商業高等学校	……	582
高知西高等学校	……	582
高知農業高等学校	……	582
高知農業高等学校高知市分校	……	582
高知東高等学校	……	583

高知丸の内高等学校	583
高知南高等学校	583
佐川高等学校	583
佐川高等学校日下分校	583
清水高等学校	583
城山高等学校	583
宿毛高等学校	583
宿毛高等学校大月分校	583
宿毛高等学校小筑紫分校	583
須崎高等学校	583
須崎工業高等学校	584
清和女子高等学校	584
高岡高等学校戸波分校	584
中芸高等学校	584
土佐高等学校	584
土佐塾高等学校	584
土佐女子高等学校	584
中村高等学校	585
幡多農業高等学校	585
春野高等学校	585
弘岡農業高等学校	585
室戸高等学校	585
室戸高等学校吉良川分校	585
室戸岬水産高等学校	585
明徳義塾高等学校	585
山田高等学校	586
梼原高等学校	586
嶺北高等学校	586
嶺北高等学校森分校	586

福岡県 … 586

青山女子高等学校	586
朝倉高等学校	586
朝倉農業高等学校	586
朝倉東高等学校	586
朝羽高等学校	586
ありあけ新世高等学校	587
育徳館高等学校	587
糸島高等学校	587
糸島農業高等学校	587
稲築志耕館高等学校	587
浮羽高等学校	587
浮羽究真館高等学校	588

浮羽工業高等学校	588
浮羽東高等学校	588
宇美商業高等学校	588
大川高等学校	588
大川工業高等学校	588
大川樟風高等学校	588
大牟田高等学校	588
大牟田北高等学校	588
大牟田商業高等学校	588
沖学園高等学校	588
小郡高等学校	589
折尾高等学校	589
遠賀高等学校	589
遠賀農芸高等学校	589
香椎高等学校	589
香椎工業高等学校	589
春日高等学校	590
香住丘高等学校	590
粕屋高等学校	590
嘉穂高等学校	590
嘉穂工業高等学校	590
嘉穂総合高等学校	590
嘉穂中央高等学校	590
嘉穂東高等学校	590
苅田工業高等学校	591
九州工業高等学校	591
九州産業大学付属九州高等学校	591
九州女子高等学校	591
鞍手高等学校	591
鞍手商業高等学校	592
鞍手農業高等学校	592
鞍手竜徳高等学校	592
久留米高等学校	592
久留米学園高等学校	592
久留米工業大学附属高等学校	592
久留米市立久留米商業高等学校	592
久留米市立南筑高等学校	592
久留米大学附設高等学校	592
久留米筑水高等学校	593
久留米農芸高等学校	593
黒木高等学校	593
玄界高等学校	593
玄洋高等学校	593

光陵高等学校	593	那珂川町立福岡女子商業高等学校	600
小倉高等学校	593	中間高等学校	600
小倉工業高等学校	594	中村学園女子高等学校	600
小倉商業高等学校	594	西田川高等学校	601
小倉女子商業高等学校	594	西日本短期大学付属高等学校	601
小倉西高等学校	594	西福岡高等学校	601
小倉東高等学校	594	日新館高等学校	601
小倉南高等学校	594	直方高等学校	601
早良高等学校	594	博多商業高等学校	601
修猷館高等学校	594	博多女子高等学校	601
城南高等学校	596	博多女子商業高等学校	601
新宮高等学校	596	博多青松高等学校	602
須恵高等学校	596	柏陵高等学校	602
杉森女子高等学校	596	東福岡高等学校	602
西南学院高等学校	596	ひびき高等学校	602
青豊高等学校	596	福岡高等学校	602
大里高等学校	596	福岡魁誠高等学校	603
田川高等学校	597	福岡県立水産高等学校	603
田川工業高等学校	597	福岡工業高等学校	603
田川商業高等学校	597	福岡講倫館高等学校	603
田川農林高等学校	597	福岡市立博多工業高等学校	603
立花高等学校	597	福岡市立福岡商業高等学校	603
筑紫高等学校	597	福岡大学附属大濠高等学校	604
筑紫丘高等学校	597	福岡第一高等学校	604
筑紫工業高等学校	598	福岡中央高等学校	604
筑紫台高等学校	598	福岡農業高等学校	604
筑紫中央高等学校	598	福岡雙葉高等学校	605
築上西高等学校	598	福島高等学校	605
築上農業高等学校	598	豊国学園高等学校	605
築上東高等学校	598	北筑高等学校	605
筑前高等学校	598	三井高等学校	605
筑豊高等学校	598	三池高等学校	605
筑豊工業高等学校	599	三池工業高等学校	606
筑邦女子高等学校	599	三井中央高等学校	606
筑陽学園高等学校	599	三潴高等学校	606
伝習館高等学校	599	京都高等学校	606
東海大学付属第五高等学校	599	武蔵台高等学校	606
東筑高等学校	599	宗像高等学校	606
常磐高等学校	599	明治学園高等学校	607
戸畑高等学校	599	明善高等学校	607
戸畑工業高等学校	600	門司高等学校	607
戸畑商業高等学校	600	門司学園高等学校	607
豊津高等学校	600	門司北高等学校	607

門司商業高等学校 ……………… 607	武雄高等学校 …………………… 612
柳川高等学校 …………………… 607	太良高等学校 …………………… 613
柳川商業高等学校 ……………… 608	鳥栖高等学校 …………………… 613
八幡高等学校 …………………… 608	鳥栖工業高等学校 ……………… 613
八幡工業高等学校 ……………… 608	三養基高等学校 ………………… 613
八幡大学附属高等学校 ………… 608	龍谷高等学校 …………………… 613
八幡中央高等学校 ……………… 608	**長崎県** …………………………… 613
八幡南高等学校 ………………… 608	有馬商業高等学校 ……………… 613
山門高等学校 …………………… 608	壱岐高等学校 …………………… 613
八女高等学校 …………………… 609	壱岐商業高等学校 ……………… 613
八女工業高等学校 ……………… 609	諫早高等学校 …………………… 614
八女農業高等学校 ……………… 609	諫早高等学校愛野分校 ………… 614
行橋高等学校 …………………… 609	諫早高等学校飯盛分校 ………… 614
若松高等学校 …………………… 609	諫早高等学校高来分校 ………… 614
若松商業高等学校 ……………… 609	諫早商業高等学校 ……………… 614
佐賀県 …………………………… 610	諫早農業高等学校 ……………… 614
有田工業高等学校 ……………… 610	諫早東高等学校 ………………… 614
伊万里高等学校 ………………… 610	宇久高等学校 …………………… 615
伊万里商業高等学校 …………… 610	大崎高等学校 …………………… 615
牛津高等学校 …………………… 610	大村高等学校 …………………… 615
小城高等学校 …………………… 610	大村園芸高等学校 ……………… 615
鹿島高等学校 …………………… 610	大村工業高等学校 ……………… 615
鹿島実業高等学校 ……………… 610	小浜高等学校 …………………… 615
唐津工業高等学校 ……………… 610	海星高等学校 …………………… 616
唐津西高等学校 ………………… 610	活水高等学校 …………………… 616
唐津東高等学校 ………………… 611	上五島高等学校 ………………… 616
神埼高等学校 …………………… 611	上対馬高等学校 ………………… 616
杵島商業高等学校 ……………… 611	川棚高等学校 …………………… 616
厳木高等学校 …………………… 611	琴海高等学校 …………………… 616
弘学館高等学校 ………………… 611	国見高等学校 …………………… 616
高志館高等学校 ………………… 611	瓊浦高等学校 …………………… 617
佐賀高等学校 …………………… 611	口加高等学校 …………………… 617
佐賀学園高等学校 ……………… 611	五島高等学校 …………………… 617
佐賀北高等学校 ………………… 611	五島海陽高等学校 ……………… 617
佐賀工業高等学校 ……………… 612	五島商業高等学校 ……………… 617
佐賀商業高等学校 ……………… 612	五島南高等学校 ………………… 617
佐賀清和高等学校 ……………… 612	西海学園高等学校 ……………… 618
佐賀西高等学校 ………………… 612	佐世保北高等学校 ……………… 618
佐賀農業高等学校 ……………… 612	佐世保工業高等学校 …………… 618
塩田工業高等学校 ……………… 612	佐世保実業高等学校 …………… 618
神埼農業高等学校 ……………… 612	佐世保商業高等学校 …………… 618
多久高等学校 …………………… 612	佐世保女子高等学校 …………… 618

佐世保市立成徳高等女学校 …………… 619	長崎南高等学校 …………………………… 625
佐世保中央高等学校 ……………………… 619	長崎南商業高等学校 ……………………… 625
佐世保東翔高等学校 ……………………… 619	長崎明誠高等学校 ………………………… 626
佐世保西高等学校 ………………………… 619	奈留高等学校 ……………………………… 626
佐世保東商業高等学校 …………………… 619	鳴滝高等学校 ……………………………… 626
佐世保南高等学校 ………………………… 619	西彼杵高等学校 …………………………… 626
佐世保南高等学校早岐分校 ……………… 619	野母崎高等学校 …………………………… 626
鹿町工業高等学校 ………………………… 619	波佐見高等学校 …………………………… 626
島原高等学校 ……………………………… 620	平戸高等学校 ……………………………… 626
島原工業高等学校 ………………………… 620	北松西高等学校 …………………………… 627
島原商業高等学校 ………………………… 620	北松農業高等学校 ………………………… 627
島原農業高等学校 ………………………… 620	北松南高等学校 …………………………… 627
島原南高等学校 …………………………… 620	松浦高等学校 ……………………………… 627
純心女子高等学校 ………………………… 621	松浦高等学校鷹島分校 …………………… 627
青雲高等学校 ……………………………… 621	松浦園芸高等学校 ………………………… 627
西彼農業高等学校 ………………………… 621	松浦東高等学校 …………………………… 627
清峰高等学校 ……………………………… 621	猶興館高等学校 …………………………… 628
西陵高等学校 ……………………………… 621	猶興館高等学校大島分校 ………………… 628
西陵高等学校東長崎分校 ………………… 621	**熊本県** ……………………………………… 628
聖和女子学院高等学校 …………………… 621	阿蘇高等学校 ……………………………… 628
創成館高等学校 …………………………… 621	阿蘇中央高等学校 ………………………… 628
高島高等学校 ……………………………… 622	阿蘇農業高等学校 ………………………… 628
鎮西学院高等学校 ………………………… 622	天草高等学校 ……………………………… 628
対馬高等学校 ……………………………… 622	天草東高等学校 …………………………… 629
富江高等学校 ……………………………… 622	牛深高等学校 ……………………………… 629
豊玉高等学校 ……………………………… 622	宇土高等学校 ……………………………… 629
中五島高等学校 …………………………… 622	大江高等学校 ……………………………… 629
長崎鶴洋高等学校 ………………………… 623	大津高等学校 ……………………………… 629
長崎北高等学校 …………………………… 623	大津産業高等学校 ………………………… 629
長崎工業高等学校 ………………………… 623	大村城南高等学校 ………………………… 629
長崎式見高等学校 ………………………… 623	小川工業高等学校 ………………………… 629
長崎女子高等学校 ………………………… 623	小国高等学校 ……………………………… 629
長崎女子商業高等学校 …………………… 623	鹿本高等学校 ……………………………… 630
長崎市立長崎高等学校 …………………… 623	鹿本商工高等学校 ………………………… 630
長崎市立長崎商業高等学校 ……………… 623	鹿本農業高等学校 ………………………… 630
長崎水産高等学校 ………………………… 624	菊池高等学校 ……………………………… 630
長崎総合科学大学附属高等学校 ………… 624	菊池農業高等学校 ………………………… 630
長崎南山高等学校 ………………………… 624	九州学院高等学校 ………………………… 630
長崎西高等学校 …………………………… 624	九州女学院高等学校 ……………………… 630
長崎西高等学校長与分校 ………………… 624	九州文化学園高等学校 …………………… 630
長崎日本大学高等学校 …………………… 624	球磨工業高等学校 ………………………… 631
長崎東高等学校 …………………………… 625	球磨農業高等学校 ………………………… 631
長崎北陽台高等学校 ……………………… 625	

見出し一覧

熊本高等学校 …………………………… 631
熊本北高等学校 ………………………… 631
熊本県立工業高等学校 ………………… 631
熊本県立水産高等学校 ………………… 631
熊本県立第一高等学校 ………………… 631
熊本県立第二高等学校 ………………… 632
熊本工業高等学校 ……………………… 632
熊本国府高等学校 ……………………… 632
熊本商業高等学校 ……………………… 632
熊本女子商業高等学校 ………………… 633
熊本市立高等学校 ……………………… 633
熊本市立千原台高等学校 ……………… 633
熊本市立必由館高等学校 ……………… 633
熊本信愛女学院高等学校 ……………… 633
熊本中央女子高等学校 ………………… 633
熊本西高等学校 ………………………… 633
熊本農業高等学校 ……………………… 633
熊本フェイス学院高等学校 …………… 633
熊本マリスト学園高等学校 …………… 633
甲佐高等学校 …………………………… 634
秀岳館高等学校 ………………………… 634
尚絅高等学校 …………………………… 634
翔陽高等学校 …………………………… 634
真和高等学校 …………………………… 634
済々黌高等学校 ………………………… 634
蘇陽高等学校 …………………………… 634
高森高等学校 …………………………… 634
玉名高等学校 …………………………… 634
玉名工業高等学校 ……………………… 635
玉名女子高等学校 ……………………… 635
多良木高等学校 ………………………… 635
鎮西高等学校 …………………………… 635
東稜高等学校 …………………………… 635
南関高等学校 …………………………… 635
南稜高等学校 …………………………… 635
氷川高等学校 …………………………… 636
人吉高等学校 …………………………… 636
松島商業高等学校 ……………………… 636
松橋高等学校 …………………………… 636
水俣高等学校 …………………………… 636
水俣工業高等学校 ……………………… 636
御船高等学校 …………………………… 636
八代高等学校 …………………………… 636

八代工業高等学校 ……………………… 637
八代白百合学園高等学校 ……………… 637
八代農業高等学校 ……………………… 637
八代農業高等学校泉分校 ……………… 637
八代東高等学校 ………………………… 637
八代南高等学校 ………………………… 637
矢部高等学校 …………………………… 637
勇志国際高等学校 ……………………… 637
湧心館高等学校 ………………………… 637
芋明高等学校 …………………………… 637
苓洋高等学校 …………………………… 638

大分県 ………………………………… 638

岩田高等学校 …………………………… 638
宇佐高等学校 …………………………… 638
宇佐産業科学高等学校 ………………… 638
宇佐農業高等学校 ……………………… 638
臼杵高等学校 …………………………… 638
臼杵商業高等学校 ……………………… 638
大分高等学校 …………………………… 638
大分上野丘高等学校 …………………… 638
大分県立海洋科学高等学校 …………… 639
大分県立水産高等学校 ………………… 639
大分工業高等学校 ……………………… 639
大分国際情報高等学校 ………………… 639
大分市城南高等学校 …………………… 639
大分商業高等学校 ……………………… 639
大分女子高等学校 ……………………… 639
大分鶴崎高等学校 ……………………… 640
大分豊府高等学校 ……………………… 640
大分舞鶴高等学校 ……………………… 640
杵築高等学校 …………………………… 640
国東高等学校 …………………………… 640
国東農工高等学校 ……………………… 640
芸術短期大学附属緑丘高等学校 ……… 640
芸術文化短期大学附属緑丘高等学校 … 640
佐伯鶴城高等学校 ……………………… 640
佐伯鶴岡高等学校 ……………………… 641
佐伯豊南高等学校 ……………………… 641
佐賀関高等学校 ………………………… 641
情報科学高等学校 ……………………… 641
昭和学園高等学校 ……………………… 641
碩信高等学校 …………………………… 641

(61)

双国高等学校	641
高田高等学校	641
高田高等学校田原分校	641
竹田高等学校	641
津久見高等学校	642
鶴崎工業高等学校	642
中津商業高等学校	642
中津南高等学校	642
野津高等学校	642
東九州龍谷高等学校	642
日出暘谷高等学校	642
日田高等学校	642
日田三隈高等学校	642
日田林工高等学校	642
別府青山高等学校	643
別府高等女学校	643
別府市立別府商業高等学校	643
別府鶴見丘高等学校	643
三重高等学校	643
三重農業高等学校	643
森高等学校	643
耶馬渓高等学校	643
山香農業高等学校	643
楊志館高等学校	643

宮崎県 …… 644

飯野高等学校	644
えびの高原国際高等学校	644
門川高等学校	644
門川農業高等学校	644
小林高等学校	644
小林工業高等学校	644
小林商業高等学校	644
西都商業高等学校	644
佐土原高等学校	644
聖心ウルスラ学園高等学校	644
高城高等学校	644
高千穂高等学校	644
高千穂高等学校五ヶ瀬分校	645
高鍋高等学校	645
高鍋農業高等学校	645
高鍋農業高等学校川南分校	645
高原高等学校	645

玉城学園	645
都農高等学校	645
妻高等学校	645
日南高等学校	645
日南振徳商業高等学校	645
日南農林高等学校	646
日章学園高等学校	646
延岡高等学校	646
延岡工業高等学校	646
延岡商業高等学校	646
延岡第二高等学校	646
延岡西高等学校	646
延岡東高等学校	646
日向学院高等学校	646
日向工業高等学校	646
福島高等学校	646
本庄高等学校	647
都城高等学校	647
都城泉ヶ丘高等学校	647
都城工業高等学校	647
都城商業高等学校	647
都城西高等学校	647
都城農業高等学校	647
都城東高等学校	647
宮崎大宮高等学校	647
宮崎海洋高等学校	648
宮崎学園高等学校	648
宮崎北高等学校	648
宮崎工業高等学校	648
宮崎実業高等学校	648
宮崎商業高等学校	648
宮崎水産高等学校	648
宮崎第一高等学校	648
宮崎西高等学校	649
宮崎日本大学高等学校	649
宮崎農業高等学校	649
宮崎南高等学校	649

鹿児島県 …… 649

阿久根高等学校	649
阿久根農業高等学校	649
奄美高等学校	649
有明高等学校	650

見出し一覧

池田高等学校 …… 650	国分中央高等学校 …… 656
伊佐農林高等学校 …… 650	国分高等学校 …… 656
伊集院高等学校 …… 650	国分実業高等学校 …… 656
出水高等学校 …… 650	古仁屋高等学校 …… 656
出水市立出水商業高等学校 …… 650	薩南工業高等学校 …… 656
市来農芸高等学校 …… 650	松陽高等学校 …… 656
指宿高等学校 …… 650	末吉高等学校 …… 657
指宿商業高等学校 …… 651	川内高等学校 …… 657
入来商業高等学校 …… 651	川内商工高等学校 …… 657
岩川高等学校 …… 651	高隈高等学校 …… 657
頴娃高等学校 …… 651	財部高等学校 …… 657
大口高等学校 …… 651	武岡台高等学校 …… 657
大島高等学校 …… 651	種子島高等学校 …… 657
大島北高等学校 …… 652	種子島実業高等学校 …… 657
大島工業高等学校 …… 652	垂水高等学校 …… 658
沖永良部高等学校 …… 652	鶴丸高等学校 …… 658
鹿児島工業高等学校 …… 652	樟南高等学校 …… 658
鹿児島実業高等学校 …… 652	徳之島高等学校 …… 658
鹿児島商業高等学校 …… 653	徳之島農業高等学校 …… 658
鹿児島市立玉龍高等学校 …… 653	長島高等学校 …… 658
鹿児島水産高等学校 …… 653	中種子高等学校 …… 658
鹿児島中央高等学校 …… 653	野田女子高等学校 …… 658
鹿児島西高等学校 …… 653	隼人工業高等学校 …… 658
鹿児島東高等学校 …… 653	樋脇高等学校 …… 659
笠沙高等学校 …… 653	吹上高等学校 …… 659
加治木高等学校 …… 654	福山高等学校 …… 659
加治木工業高等学校 …… 654	福山町立牧之原高等学校 …… 659
加世田高等学校 …… 654	鳳凰高等学校 …… 659
加世田農業高等学校 …… 654	牧園高等学校 …… 659
鹿屋高等学校 …… 654	枕崎高等学校 …… 659
鹿屋市立鹿屋女子高等学校 …… 655	南大隅高等学校 …… 659
鹿屋農業高等学校 …… 655	南大隅高等学校佐多分校 …… 659
鹿屋農業高等学校吾平分校 …… 655	南大隅高等学校田代分校 …… 659
蒲生高等学校 …… 655	南種子高等学校 …… 659
川辺高等学校 …… 655	宮之城高等学校 …… 660
喜界高等学校 …… 655	宮之城農業高等学校 …… 660
錦江湾高等学校 …… 655	屋久島高等学校 …… 660
串木野高等学校 …… 655	山川高等学校 …… 660
串良商業高等学校 …… 655	与論高等学校 …… 660
祁答院町立大村高等学校 …… 655	ラ・サール高等学校 …… 660
甲南高等学校 …… 656	れいめい高等学校 …… 661
高山高等学校 …… 656	
甲陵高等学校 …… 656	

沖縄県 ……………………………… 661
  石川高等学校 …………………………… 661
  糸満高等学校 …………………………… 661
  伊良部高等学校 ………………………… 661
  浦添高等学校 …………………………… 661
  浦添工業高等学校 ……………………… 662
  浦添商業高等学校 ……………………… 662
  大平高等学校 …………………………… 662
  沖縄工業高等学校 ……………………… 662
  沖縄尚学高等学校 ……………………… 662
  沖縄水産高等学校 ……………………… 663
  小禄高等学校 …………………………… 663
  開邦高等学校 …………………………… 663
  嘉手納高等学校 ………………………… 663
  北中城高等学校 ………………………… 663
  宜野座高等学校 ………………………… 664
  宜野湾高等学校 ………………………… 664
  球陽高等学校 …………………………… 664
  具志川高等学校 ………………………… 664
  具志川商業高等学校 …………………… 664
  久米島高等学校 ………………………… 664
  興南高等学校 …………………………… 665
  向陽高等学校 …………………………… 665
  コザ高等学校 …………………………… 666
  首里高等学校 …………………………… 666
  首里東高等学校 ………………………… 666
  翔南高等学校 …………………………… 667
  昭和薬科大学附属高等学校 …………… 667
  知念高等学校 …………………………… 667
  北谷高等学校 …………………………… 667
  中部工業高等学校 ……………………… 667
  中部商業高等学校 ……………………… 667
  中部農林高等学校 ……………………… 668
  泊高等学校 ……………………………… 668
  豊見城高等学校 ………………………… 668
  豊見城南高等学校 ……………………… 668
  名護高等学校 …………………………… 669
  名護商業高等学校 ……………………… 669
  那覇高等学校 …………………………… 669
  那覇工業高等学校 ……………………… 669
  那覇国際高等学校 ……………………… 669
  那覇商業高等学校 ……………………… 669
  那覇西高等学校 ………………………… 670
  南部工業高等学校 ……………………… 670
  南部商業高等学校 ……………………… 670
  南部農林高等学校 ……………………… 670
  西原高等学校 …………………………… 670
  南風原高等学校 ………………………… 671
  普天間高等学校 ………………………… 671
  辺土名高等学校 ………………………… 671
  北山高等学校 …………………………… 671
  北部工業高等学校 ……………………… 671
  北部農林高等学校 ……………………… 672
  前原高等学校 …………………………… 672
  真和志高等学校 ………………………… 672
  美里高等学校 …………………………… 672
  美里工業高等学校 ……………………… 672
  宮古高等学校 …………………………… 672
  宮古高等学校伊良部分校 ……………… 673
  宮古工業高等学校 ……………………… 673
  宮古水産高等学校 ……………………… 673
  宮古農林高等学校 ……………………… 673
  本部高等学校 …………………………… 673
  八重山高等学校 ………………………… 673
  八重山商工高等学校 …………………… 673
  八重山農林高等学校 …………………… 674
  陽明高等学校 …………………………… 674
  与勝高等学校 …………………………… 674
  読谷高等学校 …………………………… 674

都道府県から引く
高等学校史・活動史目録

北海道

◆愛別高等学校

『二十七年の歩み』北海道愛別高等学校定時制課程閉課式協賛会事業部回想録係編　愛別町（上川）愛別高等学校　1976.3　28p　26cm〈北海道愛別高等学校定時制閉課記念誌〉Ⓝ376.4

『創立三十周年記念誌』愛別高等学校創立三十周年記念並びに校舎落成記念協賛会編　愛別町（上川）愛別高等学校創立三十周年記念並びに校舎落成記念協賛会　1979.12　95p　26cm　Ⓝ376.4

『創立五十周年記念誌―思考・実践』北海道愛別高等学校創立五十周年記念協賛会編　愛別町（上川）北海道愛別高等学校創立五十周年記念協賛会　1999.12　182p　26cm　Ⓝ376.4

『永久に―北海道愛別高等学校閉校記念誌』北海道愛別高等学校閉校記念事業協賛会編　愛別町（北海道）北海道愛別高等学校閉校記念事業協賛会　2011.3　146p　31cm〈年表あり〉Ⓝ376.48

◆赤平高等学校

『学燈―創立四十周年・統合記念誌』創立四十周年記念事業協賛会記念誌編集部編　赤平　創立四十周年記念事業協賛会　1989　247p　27cm　Ⓝ376.4

◆赤平東高等学校

『赤平東高等学校記念誌』赤平東高等学校編　赤平　赤平東高等学校　1972　72p　26cm　Ⓝ376.4

『［赤平東高等学校］あゆみ―赤平東高等学校定時制課程閉課記念誌』赤平東高等学校編　赤平　赤平東高等学校　1974　52p　図版　26cm　Ⓝ376.4

『［赤平東高等学校］30年史』赤平東高等学校編　赤平　赤平東高等学校　1979.10　64p　26cm　Ⓝ376.4

『商業科閉科記念誌』赤平東高等学校編　赤平市　赤平東高等学校　［1984］　19p　26cm　Ⓝ376.4

◆阿寒高等学校

『阿高三十年誌』阿寒高等学校編　阿寒町（釧路）阿寒高等学校創立30周年記念事業協賛会　1980　252p（図版共）26cm　Ⓝ376.4

◆旭川北高等学校

『30年のあゆみ』旭川北高等学校同窓会編　旭川　旭川北高等学校同窓会　1971　420p　25×24cm　Ⓝ376.4

『［旭川北高等学校］五十年のあゆみ　［1］　本誌』旭川北高等学校創立50周年記念事業協賛会編　旭川　旭川北高等学校　1990　332p　25cm　Ⓝ376.4

『［旭川北高等学校］五十年のあゆみ　［2］　式典の記録』旭川北高等学校編　旭川　旭川北高等学校創立50周年記念事業協賛会　1990　59p　25cm　Ⓝ376.4

『2004夏/旭川北高44年ぶりの甲子園―北の大地の夢のせて』旭川　北のまち新聞社　2004.9　27p　30cm　1200円　Ⓝ783.7

◆旭川工業高等学校

『［旭川工業高等学校］30年のあゆみ』旭川工業高等学校編　旭川　旭川工業高等学校　1971　44p（主に図版）25×26cm　Ⓝ376.4

『［旭川工業高等学校］四十年史』創立40周年校舎落成記念事業協賛会事業部編　旭川　旭川工業高等学校　1982　203p　図版　27cm　Ⓝ376.4

『旭工五十年史―創立五十周年記念誌』旭川工業高等学校編　旭川　旭川工業高等学校　1991　257p（図版共）27cm　Ⓝ376.4

『'96夏/旭工甲子園への軌跡』旭川　北のまち新聞社　1996.9　30p　30cm　1165円　Ⓝ783.7

『旭工六十年史―北海道旭川工業高等学校創立六十周年記念誌』北海道旭川工業高等学校創立六十周年記念事業協賛会編　旭川　北海道旭川工業高等学校創立六十年記念事業協賛会　2001.9　186p（図版とも）26cm　Ⓝ376.4

『2002夏/旭工球児たちの鮮烈！甲子園』旭川　北のまち新聞社　2002.10　30p　30cm　1200円　Ⓝ783.7

『'05夏旭工球児たちの甲子園―夢舞台で心ひとつに』旭川　北のまち新聞社　2005.9　30p　30cm　1200円　Ⓝ783.7

◆旭川実業高等学校

『旭実二十年』旭川実業高等学校編　旭川　旭川実業高等学校　1980　244p（図版共）22cm〈立正学園旭川実業高等学校〉Ⓝ376.4

北海道

『30th Anniversary―旭川実業高等学校創立30周年記念特集』旭川　旭川実業高等学校　1992.5　32p　30cm　Ⓝ376.4

『'95夏甲子園・旋風！―ミラクル旭実、熱闘の記録』旭川　北のまち新聞社　1995.9　56p　26cm〈第77回全国高校野球選手権大会〉1748円　Ⓝ783.7

『'99夏、北の旋風ふたたび―旭実球児たちの甲子園』旭川　北のまち新聞社　1999.9　48p　25cm〈第81回全国高校野球選手権大会〉1428円　Ⓝ783.7

『'03春、旭実球児たちの甲子園―北の希望の風よ吹け』旭川　北のまち新聞社　2003.5　35p　30cm　1428円　Ⓝ783.7

『'06旭実ナインのセンバツ甲子園―北の球児の夢のせて：第78回選抜高校野球大会』旭川　北のまち新聞社　2006.4　37p　25cm　1428円　Ⓝ783.7

『創立五十周年記念誌―旭実五十年新たなる挑戦』創立五十周年記念事業協賛会記念誌編集部編　北海道立正学園旭川実業高等学校創立五十周年記念事業協賛会　2011.3　155p　30cm〈発行所：北海道立正学園旭川実業高等学校　年表あり〉Ⓝ376.48

◆旭川商業高等学校

『旭商五十年史』旭川商業高等学校編　旭川　旭川商業高等学校　1972　363p　図版　23cm　Ⓝ376.4

『六十年の歩み』六十年のあゆみ編集委員会編　旭川　旭川商業高等学校　1982　147p（図版共）26cm　Ⓝ376.4

『旭商創立七十周年定時制開設五十周年』旭商創立七十周年記念誌編集委員会編集　旭川　旭川商業高等学校　1992.10　138p　図版　30cm〈書名は背・表紙による．標題紙書名：いざやいざともだち，奥付表記：旭商創立七十周年記念誌いざやいざともだち〉Ⓝ376.4

『夢翔けよ今　創部七十年の歴史』吉田満編　旭川　旭商奨励会　1996.3　180p　26cm（旭商叢書）〈旭川商業高等学校吹奏楽部〉Ⓝ376.4

『励みあわばや―旭商創立八十周年・定時制開設六十周年記念誌』北海道旭川商業高等学校創立八十周年定時制開設六十周年北海道旭川商業高等学校創立八十周年定時制開設六十周年記念事業実行委員会　2002.10　299p　21cm　Ⓝ376.4

『早坂武人君・八乙女栄君の芦別岳遭難五十年追悼慰霊記念誌』祖父江俊政編　旭川　旭商

奨学会　2005.6　131p　26cm（旭商叢書　第5巻）2000円　Ⓝ786.1

『旭川商業高校吹奏楽部のキセキ―熱血先生と部員たちの「夜明け」』オザワ部長著　学研プラス　2022.4　207p　19cm　1800円　①978-4-05-801797-5　Ⓝ764.8

目次　プロローグ　誤報、第1楽章　コロナとマラソンと東京藝大、第2楽章　夜明け、第3楽章　どんなときでも凛として、第4楽章　「奇跡」のステージ，エピローグ　人は「響き合う生き物」だから、合唱曲「夜明け」

内容　名指導者・佐藤淳先生と旭川商業高校吹奏楽部の29年間の活動の軌跡、そして退任前最後の年に起こった思いも寄らない奇跡…！重ねた思いと共に行こう、「吹奏楽の聖地」へ！

◆旭川女子高等商業学校

『創立四十五周年新校舎落成記念誌』旭川女子高等商業学校編　旭川　旭川女子高等商業学校　1993.6　108p　26cm　Ⓝ376.4

◆旭川大学高等学校

『［旭川大学高等学校］90周年記念誌』旭川大学高等学校編　旭川　［旭川大学高等学校創立90周年記念事業協賛会］1989.9　207p　26cm　Ⓝ376.4

『'97夏旭大高球児たちの甲子園』旭川　北のまち新聞社　1997.9　30p　30cm　1200円　Ⓝ783.7

『旭川大学高等学校創立百周年記念誌』旭川大学高等学校編　旭川　旭川大学高等学校創立100周年記念事業協賛会　1998.12　130p　30cm　Ⓝ376.4

『2000年夏/旭大球児たちの鮮烈！甲子園』旭川　北のまち新聞社　2000.9　30p　30cm　1200円　Ⓝ783.7

『旭大高夢スタジアム―'03夏、甲子園の記録』旭川　北のまち新聞社　2003.9　27p　30cm　1200円　Ⓝ783.7

『旭大高球児たちの甲子園'18夏―史上初のタイブレークを戦って：第100回全国高校野球選手権記念大会』旭川　北のまち新聞社　2018.10　31p　30cm

『旭大高球児たちの甲子園'19夏―チーム初2年連続甲子園熱闘の軌跡：第101回全国高校野球選手権記念大会』旭川　北のまち新聞社　2019.10　31p　30cm

『旭大高球児たちの甲子園'22夏―力戦奮闘、最後の甲子園で旭大高の名刻む：第104回全国高校野球選手権記念大会』旭川　北のまち新

聞社　2022.11　31p　30cm

◆旭川東栄高等学校

『［旭川東栄高等学校］十周年記念誌』旭川東栄高等学校創立十周年記念事業協賛会事業部編　旭川　旭川東栄高等学校創立十周年記念事業協賛会　1992.9　179p　26cm　Ⓝ376.4

『［旭川東栄高等学校］二十周年記念誌』旭川東栄高等学校創立二十周年記念事業協賛会事業部編　旭川　旭川東栄高等学校創立二十周年記念事業協賛会　2002.9　102p　30cm　Ⓝ376.4

◆旭川西高等学校

『［旭川西高等学校］新校舎落成記念誌』旭川西高等学校編　旭川　旭川西高等学校　1972　126p（図版共）26cm　Ⓝ376.4

『創立80周年記念誌』旭川西高等学校編　旭川　北海道旭川西高等学校　1988.2　188p　図版　26cm　Ⓝ376.4

『創立90周年記念誌』旭川西高等学校編　旭川　北海道旭川西高等学校　1997.10　165p　図版　26cm　Ⓝ376.4

『北海道旭川西高等学校創立100周年記念誌』北海道旭川西高等学校創立100周年記念誌編集委員会編集　旭川　旭川西高等学校創立100周年記念事業協賛会　2008.3　748p　30cm　Ⓝ376.4

◆旭川農業高等学校

『旭農五十年』旭川農業高等学校年史編集委員会編　旭川　旭川農業高等学校創立五十周年記念事業協賛会　1973　371p（図版共）23cm〈別冊付録：旭農五十年記念誌（48p）〉Ⓝ376.4

『旭農五十年記念誌』北海道旭川農業高等学校年史編集委員会編、北海道旭川農業高等学校創立五十周年記念事業協賛会編　旭川　北海道旭川農業高等学校創立五十周年記念事業協賛会　1973.9　48p　23cm　Ⓝ376.4

『教育の使命を終えて―旭農定時制二十六年』旭川農業高等学校編　旭川　旭川農業高等学校　1975　99p　26cm　Ⓝ376.4

『［旭川農業高等学校生活科］10周年記念誌』旭川農業高等学校生活科編　旭川　旭川農業高等学校生活科　1982.3　64p　27cm　Ⓝ376.4

『［生活科設置］十周年記念誌』旭川農業高等学校編　旭川　旭川農業高等学校　1982.3　65p　26cm　Ⓝ376.4

『創立七十周年記念誌』北海道旭川農業高等学校創立七十周年記念協賛会編集　旭川　北海道旭川農業高等学校七十周年記念協賛会　1993.10　195p　27cm　Ⓝ376.4

『誠実　勤労　剛健―創立八十周年記念　園芸科閉科記念』北海道旭川農業高等学校創立八十周年記念協賛会編集　旭川　北海道旭川農業高等学校創立八十周年記念協賛会　2006.9　153p　30cm　Ⓝ376.4

『永農旭農百年史―創立百周年記念誌　北海道旭川農業高等学校』北海道旭川農業高等学校創立百周年記念誌部会編　旭川　北海道旭川農業高等学校創立百周年記念誌部会　2023.10　191p　31cm〈背の書名：創立百周年記念誌〉Ⓝ376.4

◆旭川東高等学校

『［旭川東高等学校］開校七十年史』旭川東高等学校編　旭川　旭川東高等学校　1973　234p　図版　26cm　Ⓝ376.4

『北海道旭川東高等学校八十年小史』旭川東高等学校・東高五本松文庫出版部編集　旭川　旭川東高等学校　1983.10　200p　18cm（五本松文庫 1）Ⓝ376.4

『［旭川東高等学校］開校八十年史』旭川東高等学校編　旭川　旭川東高等学校　1984.3　234p　26cm　Ⓝ376.4

『開校90年史―創立全日制90周年定時制70周年・校舎落成記念誌』旭川東高等学校編　旭川　旭川東高等学校　1993　288p（図版共）26cm　Ⓝ376.4

『突兀七千有余尺―庁立旭川中学校校歌雑考』栃木義正著　札幌　〔栃木義正〕　1994.12　154p　21cm　1300円　Ⓝ376.4

『北海道庁立旭川中学校蹴球部北海道立旭川高等学校サッカー部北海道旭川東高等学校サッカー部六十年のあゆみ』旭川　旭川東高サッカー部蹴友会　1997.8　159p（図版共）30cm　Ⓝ783.47

『創立一〇〇年史記念号』北海道旭川東高等学校「創立100年史」編集委員会編集　旭川　旭川東高等学校創立全日制100周年・定時制80周年記念事業協賛会　2003.10　175p　30cm〈表紙書名：北海道旭川東高等学校創立一〇〇年史記念号〉Ⓝ376.4

『創立一〇〇年誌』北海道旭川東高等学校「創立100年誌」編集委員会編集　旭川　旭川東高等学校創立全日制100周年・定時制80周年記念事業協賛会　2004.3　836p（図版共）31cm〈標題紙の書名：北海道旭川東高等学

北海道

校創立一〇〇年史記念号〕Ⓝ376.4

◆旭川藤女子高等学校

『旭川藤女子高等学校50周年記念誌』旭川藤女子高等学校50周年記念誌編集委員会編集　旭川　旭川藤女子高等学校　2003.11　211p　30cm　Ⓝ376.4

◆旭川北都商業高等学校

『[旭川北都商業高等学校]二十年間の歩み―創立二十周年記念誌』旭川北都商業高等学校,旭川市北都商業高等学校創立二十周年記念協賛会編　旭川　旭川北都商業高等学校　1984.10　284p　26cm　Ⓝ376.4

『[旭川北都商業高等学校]三十年間の歩み―創立三十周年記念誌』旭川北都商業高等学校,旭川市北都商業高等学校創立三十周年記念事業協賛会編　旭川　旭川北都商業高等学校　1994.10　176p　26cm〈共同刊行：旭川北都商業高等学校創立三十周年記念事業協賛会〉Ⓝ376.4

『[旭川北都商業高等学校]四十年間の歩み―創立四十周年記念誌』旭川北都商業高等学校編　旭川　旭川北都商業高等学校　2004.10　163p（図版共）30cm　Ⓝ376.4

◆旭川南高等学校

『北海道旭川南高等学校校舎落成記念誌』校舎落成記念事業期成会記念誌編集部編　旭川　旭川南高等学校校舎落成記念事業期成会　1983.10　40p（図版共）26cm　Ⓝ376.4

『北海道旭川南高等学校30周年記念誌』南高30周年記念事業実行委員会記念誌部編集　旭川　旭川南高等学校　1986.9　83p　30cm　Ⓝ376.4

『北海道旭川南高等学校創立40周年記念誌―この10年をたどる』創立40周年記念事業協賛会記念誌部編集　旭川　[旭川南高等学校]　1995.10　80p　30cm　Ⓝ376.4

『全力疾走!!旭南ナイン―半世紀の夢結んで：50年目の春センバツ甲子園』旭川　北のまち新聞社　2007.5　35p　30cm　1200円　Ⓝ783.7

『旭川南高校柔道部の奇跡―60年の春秋』會田英一編集　會田英一　2022.8　175p　30cm〈書誌注記：年表あり　和装仕立〉Ⓝ789.2

◆旭川龍谷高等学校

『創立二十年のあゆみ』旭川竜谷高等学校編　旭川　旭川竜谷高等学校　1977.6　114p　27cm〈表紙の書名：月雪花　年譜：p44～47〉非売品　Ⓝ376.4

『創立五十周年・軌跡―運賦天賦』旭川竜谷高等学校編　旭川　旭川竜谷高等学校　2008.10　158p　図版　30cm〈背の書名：創立五十周年記念誌　年譜：p44～47〉非売品　Ⓝ376.4

◆旭川凌雲高等学校

『凌雲―創立10周年記念誌　1992』旭川凌雲高等学校編　旭川　旭川凌雲高等学校創立10周年記念事業協賛会事業部　1992　120p　図版　26cm〈沿革史：22-45p〉Ⓝ376.4

◆芦別高等学校

『[芦別高等学校]三十年史』芦別高等学校編　芦別　芦別高等学校三十周年記念協賛会　1971　193p　26cm　Ⓝ376.4

『[芦別高等学校]四十年史』芦別高等学校創立40周年記念協賛会事業部編　芦別　芦別高等学校四十年記念協賛会　1980.9　200p　26cm　Ⓝ376.4

『[芦別高等学校]五十年史』創立五十周年記念事業協賛会事業部記念誌係編　芦別　芦別高等学校　1990.10　187p　26cm　Ⓝ376.4

『[芦別高等学校]七十年史』創立七十周年記念事業協賛会編集部編　芦別　芦別高等学校　2010.11　142p　26cm　Ⓝ376.4

◆芦別工業高等学校

『芦工開校十周年』芦別工業高等学校編　芦別　芦別工業高等学校十周年記念協賛会　1974　85p　図版　26cm　Ⓝ376.4

◆芦別商業高等学校

『二十周年記念誌』芦別商業高等学校編　芦別　芦別商業高等学校創立二十周年記念協賛会　1976　62p　図版　26cm　Ⓝ376.4

◆芦別総合技術高等学校

『十周年記念誌』北海道芦別総合技術高等学校事業実行委員会編　芦別　北海道芦別総合技術高等学校創立十周年記念事業実行委員会　1997.10　88p　26cm〈芦別総合技術高等学校沿革史：p9,芦別工業高等学校沿革史：p10～11,芦別商業高等学校沿革史：p12～13〉販価不明　Ⓝ376.4

『久遠の灯―閉校記念誌』芦別　芦別総合技術高等学校閉校記念事業協賛会　2006.3　151p　30cm　Ⓝ376.4

北海道

◆足寄高等学校

『創立三十年』足寄高等学校編　足寄町（十勝）足寄高等学校創立30周年記念事業協賛会　1979　230p　26cm　Ⓝ376.4

『ともしびは消えず―定時制課程閉課記念誌』足寄高等学校編　足寄町（十勝）足寄高等学校定時制課程閉鎖記念協賛会　1984　96,25p　26cm　Ⓝ376.4

『和して流るる―家政科閉科記念誌』足寄高等学校編　足寄町（十勝）北海道足寄高等学校家政科閉課記念事業協賛会　1991　117p　26cm　Ⓝ376.4

『創立四十周年新校舎落成記念誌』足寄高等学校編　足寄町（十勝）足寄高等学校　1992　299p（図版共）26cm　Ⓝ376.4

◆厚岸潮見高等学校

『創立二十年小史』厚岸潮見高等学校編　厚岸町（釧路）厚岸潮見高等学校　1971.9　81p　22cm　非売品　Ⓝ376.4

『潮見三十年の歩み』潮見高等学校編　厚岸町（釧路）潮見高等学校創立30周年記念事業協賛会　1981　240p（図版共）26cm　Ⓝ376.4

『潮見―創立50周年記念誌』創立50周年事業部編集委員会編　厚岸町（釧路）北海道厚岸潮見高等学校創立50周年記念誌協賛会　2001.10　160p　30cm　Ⓝ376.4

『潮風―閉校記念誌』厚岸潮見高等学校編　厚岸（釧路）厚岸潮見高等学校閉校記念事業実行委員会　2011.2　137p　30cm　Ⓝ376.4

◆厚岸水産高等学校

『航跡三十年―創立三十周年記念誌』北海道厚岸水産高等学校創立30周年記念事業協賛会編　厚岸　北海道厚岸水産高等学校創立30周年記念事業協賛会　1971巻末　1冊　21×24cm　Ⓝ376.4

『校舎改築落成記念誌』厚岸水産高等学校編　厚岸町（釧路）厚岸水産高等学校　1978　54,54p　図版　26cm　Ⓝ376.4

◆厚沢部高等学校

『城址―厚沢部高等学校開校30周年農業課閉課記念誌』沢田孝一ほか編　厚沢部町（桧山）厚沢部高等学校　1978.9　75p　19×25cm　Ⓝ376.4

◆厚真高等学校

『創立二十周年記念誌』創立20周年記念協賛会事業部編　厚真町（胆振）厚真高等学校　1973.9　88p　26cm　非売品　Ⓝ376.4

『[厚真高等学校]定時制課程閉課記念誌』厚真高等学校定時制課程閉課実行委員会　厚真町（胆振）厚真高等学校定時制課程閉課実行委員会　1980.3　58p　26cm　Ⓝ376.4

『創立五十周年記念誌』厚真高等学校創立50周年記念事業部編集　厚真町（胆振）厚真高等学校　2003.10　85p　30cm　Ⓝ376.4

◆網走高等学校

『網走学園史―三十年の歩み』三十年記念協賛会編集部編　網走　網走高等学校　1977.12　178p　26cm〈奥付の書名：網走高校三十周年誌、背の書名：網走学園三十年史　学校沿革（年表）：p165～168〉Ⓝ376.4

『四十周年記念誌―らしくある』網走学園網走高等学校編　網走　網走学園網走高等学校　1987.12　234p（図版共）26cm　Ⓝ376.4

『学校法人網走学園史』網走高等学校六十周年記念協賛会編　網走　網走学園創立六十周年記念協賛会　2008.7　189p　31cm〈沿革（年表）：p69～121〉Ⓝ376.4

◆網走向陽高等学校

『[網走向陽高等学校]五十年史』網走向陽高等学校編　網走　網走向陽高等学校創立50周年記念協賛会　1972　238p　図版　26cm　Ⓝ376.4

『向陽六十年史』網走向陽高等学校創立60周年記念協賛会編集部編　網走　網走向陽高等学校創立60周年記念協賛会　1982　166p　図版　26cm　Ⓝ376.4

『向陽七十年史』網走向陽高等学校創立七十周年記念協賛会編集部編集　網走　網走向陽高等学校　1992　143p　図版　26cm　Ⓝ376.4

『向陽八十年史』北海道網走向陽高等学校創立八十周年記念協賛会編集部編集　網走　北海道網走向陽高等学校創立八十周年記念協賛会　2002.10　144p　30cm　Ⓝ376.4

◆網走南ヶ丘高等学校

『黎明50年―五十年史誌抄』網走南ヶ丘高等学校編　網走　網走南ヶ丘高等学校　1972　37p　21cm〈創立50年（定時制25年）記念号〉Ⓝ376.4

北海道

『五十年史誌』網走南ヶ丘高等学校創立50周年記念協賛会編　網走　北海道網走南ヶ丘高等学校創立50周年記念協賛会　1973.3　456p　27cm　Ⓝ376.4

『七十年史誌』網走南ヶ丘高等学校編　網走　網走南ヶ丘高等学校創立七十周年記念協賛会　1992　211p（図版共）27cm　Ⓝ376.4

『流汗五十年―北海道網走南ヶ丘高等学校定時制課程普通科50周年記念誌』網走南ヶ丘高等学校定時制課程普通科編　網走　北海道網走南ヶ丘高等学校定時制課程普通科　1999.3　121p（図版共）30cm〈背・表紙の副書名：定時制課程普通科50周年記念誌〉非売品　Ⓝ376.4

『八十年史誌』北海道網走南ヶ丘高等学校創立八十周年記念協賛会編集部編　網走　北海道網走南ヶ丘高等学校創立八十周年記念協賛会　2002.9　139p　26cm　Ⓝ376.48

◆虻田高等学校

『[虻田高等学校]三十五年史』虻田高等学校三十五年史編集委員会編　虻田町（胆振）創立三十五周年新校舎落成記念事業協賛会　1989.4　165p　図版　27cm　Ⓝ376.4

『北の大地と仮説とボクと―虻田高校での1年目』宗像利忠著　虻田町（北海道）宗像利忠　1997.1　109, 7p　26cm〈宗像利忠資料集1992-1993〉〈書誌注記：年譜あり　折り込1枚〉Ⓝ375.42

◆虻田商業高等学校

『二十五年史』虻田商業高等学校編　虻田町（胆振）虻田商業高等学校　1977　103p（図版共）26cm　Ⓝ376.4

◆遺愛女子高等学校

『恩寵のあと―遺愛学院の歩み』遺愛100年史編集委員会編　函館　遺愛学院　1987　375p　図版　22cm〈背の書名：「遺愛百年史」〉Ⓝ376.4

『Memories―遺愛学院写真集遺愛学院創立120周年記念』斎藤三千男編集, 及川雅夫/撮影　函館　遺愛学院　2002.9　79p　31cm　Ⓝ376.4

『遺愛史探究』作山宗邦著　函館　[作山宗邦]　2009.8　124p　26cm〈文献あり　年表あり〉Ⓝ376.48

◆池田高等学校

『創立七十周年新校舎落成記念誌』池田高等学校編　池田町（十勝）池田高等学校創立七十周年新校舎落成記念協賛会　1988.10　250p　26cm　Ⓝ376.4

◆石狩高等学校

『石狩―創立10周年記念誌』石狩高等学校創立10周年記念事業記念誌編集委員会編　石狩町（石狩）石狩高等学校創立10周年記念協賛会実行委員会　1986.10　105p（図版共）26cm　Ⓝ376.4

『茨戸野―創立20周年記念誌』創立20周年事業協賛会記念誌編集部編　石狩　石狩高等学校創立20周年記念事業協賛会　1997　126p　26cm　Ⓝ376.4

◆石狩翔陽高等学校

『茨戸野―創立三十周年記念誌』創立三十周年記念事業協賛会事業部記念誌編集委員会編集　石狩　石狩翔陽高等学校　2008.1　155p　30cm〈標題紙書名：北海道石狩翔陽高等学校創立三十周年記念誌〉Ⓝ376.4

◆石狩南高等学校

『石狩南―北海道石狩南高等学校10周年記念誌』石狩南高等学校開校十周年記念事業実行委員会記念誌部会編　石狩町（石狩）石狩南高等学校開校十周年記念事業実行委員会　1992.10　169p　26cm　Ⓝ376.4

『石狩の風―北海道石狩南高等学校20周年記念誌』創立20周年事業委員会編集　石狩　石狩南高等学校創立20周年事業委員会　2002.10　79p　30cm　Ⓝ376.4

◆岩内高等学校

『開校50周年記念誌』北海道岩内高等学校創立五十周年記念協賛会編　岩内町（後志）岩内高等学校　1970.11　116p　26cm　非売品　Ⓝ376.4

『近年十年史―創立六十周年記念』北海道岩内高等学校近年十年史編集委員会編　岩内町（後志）岩内高等学校　1981　100p（図版共）26cm　Ⓝ376.4

『北海道岩内高等学校創立80周年記念誌』岩内高等学校新校舎落成記念創立八十周年記念事業協賛会記念誌部編集　岩内（後志）岩内高等学校新校舎落成記念創立八十周年記念事業協賛会　2000.10　152p　26cm〈背の書名表

記：八十周年記念誌〉Ⓝ376.4

◆岩見沢西高等学校

『岩見沢西高等学校五十年誌』岩見沢西高等学校編　岩見沢　岩見沢西高等学校　1975　222p 図版　27cm　Ⓝ376.4

『創立60周年記念誌―最近の10年』岩見沢　北海道岩見沢西高等学校創立60周年記念事業協賛会　1984.9　136p　26cm〈奥付の書名：北海道岩見沢西高等学校創立60周年記念誌〉Ⓝ376.4

『空知野抄―岩見沢高女物語』「空知野抄」編集委員会編　岩見沢　北海道岩見沢西高等学校同窓会　1987.8　263p　27cm　Ⓝ376.4

『古希三代七十年史』岩見沢西高等学校　岩見沢　岩見沢西高等学校　1994　208p　26cm〈付：北海道岩見沢西高等学校創立70周年・校舎改築記念（CD1枚）〉Ⓝ376.4

『ある高校山岳部小史』福島正秋編、「西高山岳部その歩みと記録」編集アシスタント編集　岩見沢　福島律子　1999.1　286p　26cm〈書名は背・表紙による．標題紙書名：山岳部その歩みと記録〉Ⓝ786.1

『北海道岩見沢西高等学校創立八十周年記念誌』岩見沢　北海道岩見沢西高等学校　2005.2　231p　26cm　Ⓝ376.4

◆岩見沢農業高等学校

『七十年史』岩見沢農業高等学校編　岩見沢　岩見沢農業高等学校　1977　246p　23cm　Ⓝ376.4

『創立七十周年』岩見沢農業高等学校編　岩見沢　岩見沢農業高等学校　1977　16p（図版共）26cm　Ⓝ376.4

『［北海道岩見沢農業高等学校］七十年史』北海道岩見沢農業高等学校創立七十周年記念事業協賛会編纂係編集　岩見沢　北海道岩見沢農業高等学校創立七十周年記念事業協賛会　1977.9　246p　23cm〈奥付書名表記：創立七十周年〉Ⓝ376.4

『［岩見沢農業高等学校定時制］創設三十年史』岩見沢農業高等学校定時制編　岩見沢　岩見沢農業高等学校定時制創設30周年記念誌発行委員　1979　146p 図版　26cm　Ⓝ376.4

『回想農学校八十年』岩見沢農業高等学校創立80周年記念事業協賛会編　岩見沢　創立80周年記念事業協賛会　1987　245p（図版共）26cm　Ⓝ376.4

『写真集農学校80年　1907〜1987』岩見沢農業高等学校編　岩見沢　創立80周年記念事業協賛会　1987　158p（図版共）31cm　Ⓝ376.4

『創立八十周年　1907-1987』岩見沢農業高等学校編　岩見沢　岩見沢農業高等学校　1987　16p　26cm　Ⓝ376.4

『そらち野―創立85周年・校舎改築落成記念誌』岩見沢農業高等学校創立85周年・校舎改築落成記念事業協賛会編　岩見沢　岩見沢農業高等学校創立85周年・校舎改築落成記念事業協賛会　1993.6　26p　26cm〈付：チラシ1枚〉Ⓝ376.4

『こだま―閉課記念誌』岩見沢農業高等学校定時制課程記念事業部編　岩見沢　北海道岩見沢農業高等学校協賛会定時制閉課記念事業部　1994.2　84p　26cm　Ⓝ376.4

『空農岩農ものがたり』合田一道著　岩見沢　岩見沢農業高等学校「空農岩農ものがたり」刊行委員会　1994.3　231p　20cm　1800円　Ⓝ376.4

『そらち野―創立百周年記念誌』岩見沢農業高等学校創立百周年記念事業協賛会編　岩見沢　岩見沢農業高等学校創立百周年記念事業協賛会　2007.7　22p　30cm　Ⓝ376.4

『百年史』岩見沢農業高等学校百年史編集委員会編集　岩見沢　岩見沢農業高等学校創立百周年記念事業協賛会　2007.12　497p　31cm〈奥付書名表記：北海道岩見沢農業高等学校百年史〉Ⓝ376.4

◆岩見沢東高等学校

『［岩見沢東高等学校］五十年史』岩見沢東高等学校編　岩見沢　岩見沢東高等学校　1972　329p 図版　26cm　Ⓝ376.4

『創立六十周年記念誌―最近十年の歩み』岩見沢東高等学校編　岩見沢　岩見沢東高等学校　1982　140p 図版　26cm　Ⓝ376.4

『大地の稔り―創立70周年・定時制50周年記念誌』岩見沢東高等学校編　岩見沢　岩見沢東高等学校　1992　253p 図版　26cm　Ⓝ376.4

◆岩見沢緑陵高等学校

『十年誌』岩見沢緑陵高等学校10周年記念協賛会事業部記念誌編集委員会編　岩見沢　10周年記念協賛会　1984.9　55, 71p　26cm　Ⓝ376.4

『緑陵30年史―あの日あの時、そして未来へ　1974-2004』岩見沢緑陵高等学校創立30周年記念事業協賛会編　岩見沢　岩見沢緑陵高等学校　2005.3　80p　30cm　Ⓝ376.4

北海道

◆歌志内高等学校

『ほむら―歌志内高等学校定時制課程閉課記念誌』歌志内高等学校編　歌志内　歌志内高等学校　1973　54, 23p 図版　26cm　Ⓝ376.4

『30年史―同窓会名簿綴込』創立30周年新校舎落成記念協賛会編　歌志内　北海道歌志内高等学校　1982.10　147, 125p（図版共）26cm　Ⓝ376.4

『歴史に刻んだ記憶に感謝―北海道歌志内高等学校閉校記念誌』北海道歌志内高等学校閉校事業協賛会事業部編　歌志内　北海道歌志内高等学校　2007　151p　30cm　Ⓝ376.4

◆浦河高等学校

『50周年記念誌』浦河高等学校編　浦河町（日高）浦河高等学校　［1983］　176p（図版共）26cm　Ⓝ376.4

『北海道浦河高等学校創立六十周年記念誌・工業科閉科誌―飛翔』浦河高等学校編　浦河町（日高）北海道浦河高等学校創立六十周年記念・工業科閉科事業協賛会　1993.3　175p 図版　26cm〈書名は奥付より〉Ⓝ376.4

『和敬清寂―北海道浦河高等学校創立70周年記念誌』浦河高等学校編　浦河町（日高）北海道浦河高等学校　［2003］　137p 図版　30cm　Ⓝ376.4

◆浦幌高等学校

『まなびや―創立50周年記念誌』浦幌町（十勝）浦幌高等学校創立五十周年記念事業協賛会　2002.7　104p 図版　26cm　Ⓝ376.4

◆江差高等学校

『五十年史』江差高等学校編　江差町（桧山）江差高等学校創立50周年記念協賛会　1980　531p（図版共）27cm　Ⓝ376.4

『海底考古学と開陽丸―海底文化財保存にとりくむ高校生の記録』北海道江差高等学校化学部編　江差町（北海道）北海道江差高等学校　1980.3　180p　21cm　Ⓝ210.2

◆枝幸高等学校

『閉課記念誌定時制三十二年之歩み』枝幸高等学校定時制課程閉課記念事業協賛会事務局編　枝幸町（宗谷）枝幸高等学校定時制課程閉課記念事業協賛会事務局　1983　174, 17p　26cm　Ⓝ376.4

◆江差南高等学校

『十年の軌跡』江差南高等学校編　江差町（桧山）創立十周年校舎落成記念事業協賛会　1991　190p（図版共）26cm　Ⓝ376.4

◆恵庭北高等学校

『校史26年農業科の歩み―開学の宿願普通科へ』北海道恵庭北高等学校編　恵庭　恵庭北高等学校　1977　91p　26cm〈奥付の書名：北海道恵庭北高等学校定時制農業課閉課記念誌　沿革年譜：p18～19〉Ⓝ376.4

『三十年史』恵庭北高等学校編　恵庭　恵庭北高等学校創立30周年記念事業協賛会　1982　262p（図版共）26cm　Ⓝ376.4

『五十年史』恵庭北高等学校編　北海道恵庭北高等学校創立五十周年記念事業協賛会　2001.10　154p（図版共）26cm〈奥付のタイトル：北海道恵庭北高等学校五十周年記念誌〉Ⓝ376.4

◆恵庭南高等学校

『［恵庭南高等学校］二十五年史』恵庭南高等学校編　恵庭　恵庭南高等学校創立二十五周年新校舎落成記念協賛会　1977　204p　26cm　Ⓝ376.4

『二十五年史―創立二十五周年新校舎落成記念誌』恵庭南高等学校編　恵庭　恵庭南高等学校　1977　204p（図版共）26cm　Ⓝ376.4

『［恵庭南高等学校］五十年史』北海道恵庭南高等学校創立五十周年記念事業協賛会編集部編集　恵庭　恵庭南高等学校創立五十周年記念事業協賛会　2002.2　230p　26cm　Ⓝ376.4

◆江別高等学校

『江高五十年史』創立五十周年記念事業期成会記念誌編集委員会編　江別　江別高等学校創立五十周年記念事業期成会　1978　321p（図版共）26cm　Ⓝ376.4

『創立五十周年記念』江別　江別高等学校　1978　1冊　26cm　Ⓝ376.4

『七十年史』江別　北海道江別高等学校記念事業協賛会　1998.3　160p　27cm〈書名は標題紙等による.奥付の書名：北海道江別高等学校七十周年記念誌，年表（昭和4年～平成9年）：p123～146〉Ⓝ376.4

◆えりも高等学校

『［えりも高等学校］三十年史』えりも高等学校

編　えりも町（日高）えりも高等学校　1979.10　90p　26cm　Ⓝ376.4

『飛翔』えりも高等学校定時制課程編集　えりも町（日高）えりも高等学校定時制課程閉課記念事業協賛会　1990.2　122, 18p　26cm　Ⓝ376.4

◆遠軽高等学校

『［遠軽高等学校］三十年史』遠軽高等学校30周年記念協賛会編　遠軽（網走）遠軽高等学校　1970　239p　26cm　Ⓝ376.4

『三十年』遠軽高等学校定時制課程30周年記念協賛会編　遠軽町（網走）遠軽高等学校定時制課程　1978　137p（図版共）26cm　Ⓝ376.4

『遠軽―遠高健児，甲子園に立つ』長壁明撮影・編集　遠軽町（オホーツク）遠軽高等学校，遠軽高等学校野球部甲子園出場後援会　2013.5　48p　31cm〈第85回記念選抜高等学校野球大会出場記念〉783.7

『甲子園―2013年春オホーツクより白球に思いを込めて』遠軽町（オホーツク）遠軽高等学校，遠軽高等学校野球部甲子園出場後援会　2013.5　13p　30cm〈北海道遠軽高等学校第85回記念選抜高等学校野球大会出場記念〉非売品　783.7

◆遠軽郁凌高等学校

『拓道十年―北海道遠軽郁凌高等学校（北海道遠軽家政高等学校）開校十周年記念誌』遠軽町（網走）遠軽郁凌高等学校開校十周年記念協賛会　1999.11　85p　26cm　Ⓝ376.4

◆遠軽家政高等学校

『北海道遠軽家政高等学校二十年史』遠軽町（網走）遠軽家政高等学校　1975.9　107p　26cm〈表紙の書名：二十年史〉Ⓝ376.4

『三十年史―君影草』遠軽町（網走）遠軽家政高等学校　1985.9　167p　27cm〈奥付の書名：君影草　北海道遠軽家政高等学校三十年史〉Ⓝ376.4

◆遠別高等学校

『創立二十周年記念誌』北海道遠別高等学校20周年記念誌編集委員会編　遠別町（留萌）遠別高等学校　1972.9　78p　26cm　非売品　Ⓝ376.4

◆遠別農業高等学校

『三十年の歩み』遠別農業高等学校編　遠別（留萌）遠別農業高等学校　1982.9　119p　26cm〈奥付書名：遠別農業高等学校三十年の歩み〉Ⓝ376.4

『私達の未来と共に―北海道遠別農業高等学校創立五十周年・新校舎落成記念誌』遠別農業高等学校編　遠別町（留萌）遠別農業高等学校　2002.10　139p　30cm　Ⓝ376.4

◆追分高等学校

『20周年記念誌』追分高等学校編　追分町（胆振）追分高等学校　1970　43p（図版共）Ⓝ376.4

『三十年史』追分高等学校創立30周年記念誌編集委員会編　追分町（胆振）追分高等学校校舎落成並びに創立30周年記念事業協賛　1984.5　111p（図版共）27cm　Ⓝ376.4

『君影草―北海道追分高等学校創立50周年記念誌』追分高等学校編　追分町（空知）追分高等学校創立50周年記念事業協賛会　1999.12　129p　30cm　Ⓝ376.4

◆大麻高等学校

『育むこころ敬と愛―落成記念誌』大麻高等学校編　江別　大麻高等学校　1986.9　41p図版16p　26cm　Ⓝ376.4

◆大野農業高等学校

『［大野農業高等学校］三十年史』大野農業高等学校編　大野町（渡島）大野農業高等学校　1972　224p　図版　22cm　Ⓝ376.4

『鹿島ヶ丘に半世紀―北海道大野農業高等学校五十周年記念誌』大野農業高等学校創立五十周年記念事業協賛会記念誌編集委員会編　大野町（渡島）大野農業高等学校　1992　432p　図版　27cm　Ⓝ376.4

◆雄武高等学校

『氷光二十年』雄武高等学校編　雄武町（網走）雄武高等学校　1971　90p　図版　26cm　Ⓝ376.4

『氷光三十年―創立三十年史』雄武高等学校編　雄武　雄武高等学校　1981　121p　26cm　Ⓝ376.4

◆奥尻高等学校

『津波に襲われた島で―北海道奥尻高校三年生と担任の記録』今井雅晴著　高文研　1995.3　273p　19cm　1648円　①4-87498-154-2　Ⓝ369.31

北海道

|目次| 1「生存確認」の三日間、2 傷ついた島・傷ついた心、3 進路をめぐる日々、4 37人の旅立ち

|内容| 1993年7月12日夜。自然に恵まれた平和な島を、突然、大地震と津波が襲った。津波の高さは最大30メートルを越えた。悲しみのどん底で、家族を失い、家を失った生徒たちを励まし、それぞれの進路を切り開いていった一青年教師によるドキュメント。

◆置戸高等学校

『[置戸高等学校]創立五十周年記念誌』北海道置戸高等学校創立五十周年記念事業協賛会事業部編　置戸町（網走）北海道置戸高等学校創立五十周年記念事業協賛会　2001.9　170p　26cm　Ⓝ376.4

◆興部高等学校

『[興部高等学校]二十周年記念誌』興部高等学校編　興部町（網走）興部高等学校　1972　136p（図版共）26cm　Ⓝ376.4

『三十年史』興部高等学校編　興部町（網走）興部高等学校創立30周年記念協賛会　1982　216p 図版　26cm　Ⓝ376.4

『紫陽花―家政科閉科記念誌』興部高等学校編集　興部町（網走）興部高等学校　1986.3　82p 図版　26cm　Ⓝ376.4

『旭が丘陵（おか）―北海道興部高等学校創立50周年記念誌』創立50周年協賛会編集委員会編　興部町（網走）興部高等学校　2003.10　187p　30cm　Ⓝ376.4

◆小樽桜陽高等学校

『開校七十周年記念誌』小樽桜陽高等学校編　小樽　小樽桜陽高等学校　1976　72p（図版共）26cm　Ⓝ376.4

『桜陽開校八十周年記念誌』北海道小樽桜陽高等学校開校八十周年記念事業協賛会編　小樽　小樽桜陽高等学校　1986.12　210p　27cm　Ⓝ376.4

『北海道小樽桜陽高等学校九十周年記念誌』北海道小樽桜陽高等学校開校90周年体育館落成記念事業協賛会編　小樽　北海道小樽桜陽高等学校開校90周年・体育館落成記念事業協賛会　1996.12　104p　26cm　Ⓝ376.4

『北海道小樽桜陽高等学校100周年記念誌』小樽　北海道小樽桜陽高等学校創立100周年・新校舎落成記念事業協賛会記念誌部会　2007.10　193p　31cm〈書誌注記：年表あり　タイトルは奥付による〉Ⓝ376.48

『[小樽桜陽高等学校]開校百十周年記念誌』小樽桜陽高等学校開校百十周年記念事業協賛会編　小樽　小樽桜陽高等学校開校百十周年記念事業協賛会　2016.12　87p　30cm〈年表：p60～74〉Ⓝ376.4

◆小樽工業高等学校

『三十年史』30年史編集委員会編　小樽　小樽工業高等学校創立30周年記念祝賀協賛会　1970　285p（図版共）22cm　Ⓝ376.4

『[小樽工業高等学校]五十年史』小樽工業高等学校編　小樽　北海道小樽工業高等学校創立50周年記念事業協賛会　1990　527p（図版共）27cm　Ⓝ376.4

◆小樽商業高等学校

『緑光寮』寄宿舎緑光寮記念誌刊行委員会編　小樽　小樽商業高等学校　1972　108p　21cm　Ⓝ376.4

『樽商六十年の歩み』創立六十周年記念事業協賛会編　小樽　小樽商業高等学校　1974.2　103p　21cm〈沿革年表：p55～101〉非売品　Ⓝ376.4

『創立七十周年記念誌』小樽商業高等学校編　小樽　小樽商業高等学校創立70周年記念事業協賛会　1983.10　88p（図版共）21cm　Ⓝ376.4

『創立八十周年記念誌』北海道小樽商業高等学校編　小樽　北海道小樽商業高等学校　1993　96p　26cm〈奥付の編集発行：北海道小樽商業高等学校創立八十周年記念協賛会〉Ⓝ376.4

『小樽商業100年物語onesta君よ正直であれ―北海道小樽商業高等学校創立100周年記念誌』小樽　北海道小樽商業高等学校創立100周年記念事業協賛会　2014.12　373p　31cm〈書誌注記：年表あり〉Ⓝ376.48

◆小樽水産高等学校

『ひとふし―創立70周年記念誌　1965～1975』小樽　小樽水産高等学校　1976.5　110p　26cm〈共同刊行：樽水若竹同窓会〉Ⓝ376.4

『樽水八十年―小樽水産高等学校80年史』小樽水産高等学校編　小樽　小樽水産高等学校　1986　279p 図版　26cm　Ⓝ376.4

『北海道小樽水産高等学校創立百年史　1905-2006』小樽水産高等学校百周年記念誌編集委員会編集　小樽　小樽水産高等学校　2006.6　509p 図版　31cm　Ⓝ376.4

◆小樽潮陵高等学校

『潮陵七十年史』小樽潮陵高等学校編　小樽　小樽潮陵高等学校　1973　365p（図版共）27cm　Ⓝ376.4

『潮陵八十年史』潮陵高等学校創立八十周年記念協賛会記念誌部会編　小樽　小樽潮陵高等学校　1982　143p 図版　27cm　Ⓝ376.4

『漢の高祖―北海道小樽潮陵高等学校ボート部創部八十周年記念誌』小樽潮陵高等学校ボート部創部八十周年記念事業委員会編　小樽　小樽潮陵漕艇倶楽部　1987.8　99p　21cm　Ⓝ785.5

『潮陵百年』創立100周年記念事業協議会記念誌部会編　小樽　北海道小樽潮陵高等学校創立100周年記念協賛会　2003.3　835p　31cm〈年表あり　文献あり〉Ⓝ376.48

『漕跡百年―北海道小樽潮陵高等学校ボート部創部100年史』小樽潮陵ボート部創部百年記念事業委員会編　小樽　小樽潮陵漕艇倶楽部　2006.10　43p　22×30cm　Ⓝ785.5

◆音威子府高等学校

『音高五十年』音威子府高等学校創立50周年記念事業協賛会事業部編　音威子府町（上川）音威子府高等学校創立50周年記念事業協賛会　2000.10　194p　31cm〈北海道音威子府高等学校創立50周年記念誌〉Ⓝ376.4

◆おといねっぷ美術工芸高等学校

『奇跡の学校―おといねっぷの森から』石塚耕一著　光村図書出版　2010.5　223p　19cm　1400円　①978-4-89528-486-8　Ⓝ376.411

◆音更高等学校

『［音更高等学校］創立25周年記念誌』音更高等学校編　音更町（十勝）音更高等学校　1972　148p 図版　26cm　Ⓝ376.4

『明るき窓に―創立五十周年・新校舎落成記念誌』音更高等学校編　音更町（十勝）北海道音更高等学校創立五十周年・新校舎落成記念事業協賛会　2000.11　143p　27cm〈背の書名：創立五十周年・新校舎落成記念誌〉Ⓝ376.4

◆乙部高等学校

『30周年記念誌』乙部高等学校編　乙部町（桧山）乙部高等学校　1978.11　47p　26cm　Ⓝ376.4

◆帯広高等学校

『落汗の軌跡―帯中・帯高・柏葉高陸上競技部OB記念誌』萩野福三郎編　帯広　帯広柏葉高校陸上競技部OB会　1986.6　122p　26cm　Ⓝ376.4

◆帯広大谷高等学校

『菩提樹にいだかれ―帯広大谷高校70年の歩み』十勝毎日新聞社編　帯広　十勝毎日新聞社　1993　207p　22cm　Ⓝ376.4

『帯広大谷高等学校七十年記念誌』帯広大谷高等学校七十年記念誌編集委員会編　帯広　帯広大谷高等学校　1993.9　291p 図版　26cm〈書名は奥付による．背・表紙の書名：創立七十周年記念誌〉Ⓝ376.4

『この十年の歩み―学校法人帯広大谷学園帯広大谷高等学校創立八十周年記念誌』帯広大谷高等学校創立八十周年記念誌編集委員会編　帯広　学校法人帯広大谷学園・帯広大谷高等学校　2003.11　161p 図版　30cm　Ⓝ376.4

◆帯広北高等学校

『ひかりはるけし―帯広北高等学校開基90年　高等学校創立50周年記念誌』帯広北高等学校開基90年高等学校創立50周年記念編　帯広　帯広北高等学校　2006.12　131p　30cm　Ⓝ376.4

『学校法人帯広渡辺学園創立100年記念誌』帯広　帯広渡辺学園　2015.6　72p　31cm〈書誌注記：年表あり　背・表紙のタイトル：帯広渡辺学園創立100年記念誌〉Ⓝ376.48

◆帯広工業高等学校

『帯工四十年史―北海道帯広工業高等学校創立40周年記念誌』帯広工業高等学校創立40周年記念誌編集部編集　帯広　［帯広工業高等学校］創立40周年記念協賛会　2003.11　174p 図版　30cm　Ⓝ376.4

『帯工五十年史―創立50周年記念誌』帯広工業高等学校創立50周年記念誌編集部編　帯広　［帯広工業高等学校］創立50周年記念事業協賛会　2014.3　224p 図版　30cm　Ⓝ376.4

◆帯広三条高等学校

『六十年史』帯広三条高等学校編　帯広　帯広三条高等学校　1976　368p　27cm　Ⓝ376.4

『帯広三条六十年記念誌』六十周年記念協賛会編集　帯広　北海道帯広三条高等学校六十周年記念協賛会　1976.11　42p　26cm〈奥付

のタイトル：創立六十周年記念誌〉非売品　Ⓝ376.4

『[北海道帯広三条高等学校]六十年史』六十周年記念協賛会事業部編集　帯広　北海道帯広三条高等学校　1976.11　368p　26cm　2000円　Ⓝ376.4

『定時制閉課記念誌 樹蔭静けく』帯広三条高等学校定時制課程閉課記念行事期成会編　帯広　帯広三条高等学校定時制課程閉課記念行事期成会　1984　160p　図版　26cm　Ⓝ376.4

『理数科小史――その歴史と想い出』北海道帯広三条高等学校理数科小史編集委員会編　帯広　帯広三条高等学校　1985.3　70p　26cm　Ⓝ376.4

『[北海道帯広三条高等学校]七十年小史』七十周年記念協賛会事業部編集　帯広　北海道帯広三条高等学校　1985.9　226p　26cm　Ⓝ376.4

『九十年のあゆみ――[北海道帯広三条高等学校]創立九十周年記念誌』創立九十周年記念事業協賛会事業部編集　帯広　北海道帯広三条高等学校創立九十周年記念事業協賛会　2005.10　240p　30cm　Ⓝ376.4

◆帯広農業高等学校

『[帯広農業高等学校]五十年史』帯広農業高等学校創立50周年記念事業協賛会編　帯広　帯広農業高等学校　1970　436p　図版　36cm　Ⓝ376.4

『創立六十周年記念誌』帯広農業高等学校編　帯広　帯広農業高等学校創立60周年記念会　1980　113p　26cm　Ⓝ376.4

『六十年史―写真でみる』60年史編集委員会編　帯広　帯広農業高等学校勝農会　1980　図版1冊　30cm　Ⓝ376.4

『帯農―甲子園への歩み：第64回全国高校野球選手権大会出場記念誌』帯広農業高等学校甲子園出場事務局編集　帯広　帯広農業高等学校野球部甲子園出場後援会　1982.11　1冊　26cm　Ⓝ783.7

『校舎改築記念誌』帯広農業高等学校　帯広　帯広農業高等学校　1984　20p　図版　26cm　Ⓝ376.4

『[帯広農業高等学校]創立七十周年記念誌』帯広農業高等学校創立七十周年記念事業協賛会編集部編　帯広　帯広農業高等学校創立七十周年記念事業協賛会　1990.9　212p　図版　27cm〈付：かちのう農高PTA祝創立70周年記念特集号（4p 51×37cm）〉　Ⓝ376.4

『[帯広農業高等学校]創立八十周年記念誌』帯広農業高等学校創立八十周年記念事業協賛会編集部編　帯広　帯広農業高等学校創立八十周年記念事業協賛会　2000.9　223p　図版　26cm　Ⓝ376.4

◆帯広柏葉高等学校

『[帯広柏葉高等学校]五十周年記念誌』帯広柏葉高等学校編　帯広　帯広柏葉高等学校　1973　72p　図版　26cm　Ⓝ376.4

『柏葉六十年史』帯広柏葉高等学校60周年記念協賛会編集部編　帯広　帯広柏葉高等学校60周年記念協賛会　1983　162p　図版　26cm　Ⓝ376.4

『ああ青春のオベリ魂―帯中～柏葉60年の歩み』帯広　十勝毎日新聞社　1983.9　410p　22cm〈書誌注記：年表：p401～409〉2800円

『柏葉70年史』帯広柏葉高等学校編　帯広　帯広柏葉高等学校　1993　194p（図版共）　27cm　Ⓝ376.4

『柏葉―新校舎落成・全日制80周年・定時制50周年記念誌』北海道帯広柏葉高等学校新校舎落成・全日制80周年・定時制50周年記念事業協賛会編纂部編　帯広　北海道帯広柏葉高等学校新校舎落成・全日制80周年・定時制50周年記念事業協賛会　2003.10　304p　30cm　Ⓝ376.4

◆帯広南商業高等学校

『南商物語―半世紀の記憶と記録：北海道帯広南商業高等学校開校五十年記念誌』北海道帯広南商業高等学校開校五十年記念事業協賛会編　帯広　北海道帯広南商業高等学校開校五十年記念事業協賛会　2009.2　277p　30cm〈附：CD1枚，参考文献：p275〉5000円　Ⓝ376.4

◆帯広緑陽高等学校

『[帯広緑陽高等学校]十年史』帯広緑陽高等学校編　帯広　帯広緑陽高等学校創立十周年記念事業協賛会　1989　142p（図版共）26cm〈別冊として「祝創立十周年」があり〉

『北海道帯広緑陽高等学校二十年史』北海道帯広緑陽高等学校創立二十周年記念誌編集部編集　帯広　北海道帯広緑陽高等学校創立二十周年記念事業協賛会　1999.10　116p（図版共）26cm　Ⓝ376.4

『北海道帯広緑陽高等学校三十年史』北海道帯

広緑陽高等学校創立三十周年記念誌編集部編集　帯広　北海道帯広緑陽高等学校創立三十周年記念事業協賛会　2009.10　89p（図版共）30cm　Ⓝ376.4

◆音別高等学校同窓会

『よみがえる群像―音別高校11年のあしあと』音別高等学校同窓会編　音別町（釧路）音別高等学校同窓会　1988　147p 図版　21cm　Ⓝ376.4

◆上磯高等学校

『[上磯高等学校]二十周年史』上磯高等学校編　上磯町（渡島）上磯高等学校　1972　100p 図版　26cm　Ⓝ376.4

『四十年史』上磯高等学校創立四十周年記念協賛会事業部記念誌編集委員会編　上磯町（渡島）上磯高等学校創立四十周年記念協賛会　1992.10　136p（図版共）26cm　Ⓝ376.4

◆上川高等学校

『創立30周年記念誌』上川高等学校編　上川　上川高等学校　1982.9　82p　26cm〈表紙別表記：1982 KAMIKAWA HIGH SCHOOL HOKKAIDO〉Ⓝ376.4

『豊かな中高一貫教育を創る―地域と共に歩む上中・上高の実践』上川町中高一貫教育推進委員会, 北海道高等学校教育経営研究会編著　学事出版　2004.7　163p　21cm〈年表あり〉1600円　①4-7619-1057-7　Ⓝ376.3114

|目次| 第1部 校長の勇気と知恵（北海道のパイオニアとして、中学校と高校、そして地域が協働すること）、第2部 豊かな中高一貫教育を創る45のQ&A（実践協力校の指定を受けて、まず何をしたのですか（平成十～十一年度）、実践協力校のときの成果と課題は何だったのでしょうか　ほか）、第3部 学校支援ネットワーク（学校創造エンジンと学校支援ネットワーク、「中高一貫教育フォーラムinかみかわ」パネルディスカッション」）、第4部 Kプロジェクトとその道程（「連携型中高一貫教育推進計画」、これまでの実践研究・教育活動の記録）

|内容| 豊かな中高一貫教育をどう実現するか。中学校と高校の連携・協力で新しい学校をたちあげる際に必要な情報・ノウハウが、Q&A方式でよくわかる。

◆上士幌高等学校

『定時制課程閉課記念誌』上士幌高等学校編　上士幌町（十勝）上士幌高等学校　1977　159p（図版共）22cm　Ⓝ376.4

『定時制課程閉課記念誌』上士幌高等学校定時制課程閉課記念行事委員会編　上士幌町（十勝）上士幌高等学校定時制課程閉課記念行事委員会　1977.3　159p　22cm　Ⓝ376.4

『雪風三十五年』北海道上士幌高等学校編　上士幌町（十勝）北海道上士幌高等学校校舎改築落成並びに創立三十五周年記念事業協賛会　1987.1　181p　26cm　Ⓝ376.4

『山麓地―創立五十周年記念誌』北海道上士幌高等学校創立五十周年記念事業協賛会編　上士幌町（十勝）北海道上士幌高等学校創立五十周年記念事業協賛会　2000.10　193p　31cm　Ⓝ376.4

◆上渚滑高等学校

『[上渚滑高等学校]二十年のあゆみ―上渚滑高等学校閉校記念誌』上渚滑高等学校編集委員会編　紋別　上渚滑高等学校　1972　79p 図版　26cm　Ⓝ376.4

◆上砂川高等学校

『炭塊―創立二十周年記念誌』創立二十周年記念協賛会事業部編　上砂川町（空知）上砂川高等学校　1971.10　66p　26cm　Ⓝ376.4

◆上ノ国高等学校

『[上ノ国高等学校]落成記念』上ノ国町（桧山）上ノ国町ほか3町高等学校組合　1982.10　1冊　26cm　Ⓝ376.4

◆上富良野高等学校

『二十八年われらの歩み』定時制閉課記念誌編集委員会編　上富良野町（上川）上富良野高等学校　1977.3　48p　26cm〈北海道上富良野高等学校定時制閉課記念誌〉非売品　Ⓝ376.4

◆木古内高等学校

『[木古内高等学校]三十年史』木古内高等学校創立三十周年並びに校舎改築落成記念事業協賛会事業部記念誌係編　木古内（渡島）木古内高等学校　1982.9　108p 図版　26cm　Ⓝ376.4

『燈蹟―定時制課程閉課記念誌』木古内高等学校定時制課程閉課記念事業協賛会事業部編　木古内町（渡島）木古内高等学校定時制課程閉課記念事業協賛会　1987.2　187p　26cm　Ⓝ376.4

『[木古内高等学校]四十年史』北海道木古内高等学校四十周年協賛会事業部編　木古内町（渡島）木古内高等学校　1990.10　93p 図版

26cm Ⓝ376.4

『五十年史―北海道木古内高等学校創立50周年記念誌』北海道木古内高等学校創立50周年記念事業協賛会事業部編集　木古内町（渡島）木古内高等学校創立50周年記念事業協賛会　2000.9　91p　30cm　Ⓝ376.4

◆北檜山高等学校

『北檜山高校の歩み―21年の歴史を終えて』北桧山高等学校閉校式協賛行事実行委員会編　北見山町（桧山）　北桧山高等学校　1972　18p　26cm　Ⓝ376.4

◆北広島高等学校

『きたひろ三十年史―北海道北広島高等学校創立三十周年記念誌』北広島高等学校創立三十周年記念事業協賛会記念誌編集委員会編　北広島　北広島高等学校創立三十周年記念事業協賛会　2007.10　52p 図版　30cm　Ⓝ376.4

◆北広島西高等学校

『楓が丘に厳と建つ―校舎落成記念』広島町（石狩）　北広島西高等学校　1985.9　59p　26cm Ⓝ376.4

『北海道北広島西高等学校創立十周年記念誌―1983～1992』創立十周年記念実行委員会事業部編集　広島町（石狩）　創立十周年記念実行委員会　1992.9　198p　30cm　Ⓝ376.4

『北広島西高の歩み―創立20周年記念誌』北海道北広島西高等学校　広島町　北海道北広島西高等学校　2002.9　118p　26cm　Ⓝ376.4

◆北見工業高等学校

『［北見工業高等学校］十年のあゆみ』北見工業高等学校編　北見　北見工業高等学校　1974　79p（図版共）26cm　Ⓝ376.4

『二十年史』北見工業高等学校創立20周年記念協賛会事業部記念誌係編　北見　北見工業高等学校創立20周年記念協賛会　1983.9　78p（図版共）26cm　Ⓝ376.4

『創立三十周年新校舎落成記念三十年史』協賛会事業部記念誌編集係編　北見　［北見工業高等学校］　1995.10　261p 図版共　26cm〈脊・表紙の書名：三十年史〉Ⓝ376.4

◆北見商業高等学校

『やがて我等の時代がくる―創立10周年記念誌』北海道北見商業高等学校創立10周年記念事業協賛会事業部編集委員会編　端野町（北海道）　北海道北見商業高等学校創立10周年記念事業協賛会事業部　1988.9　225p　27cm Ⓝ376.4

『みのり豊かに輝きて―創立20周年記念誌』北見商業高等学校創立20周年記念事業事業部編集　端野町（網走）北見商業高等学校創立20周年記念事業義協賛会　［2005］178p 図版　31cm　Ⓝ376.4

◆北見仁頃高等学校

『二十年史』創立二十周年記念協賛会編集部編　北見　北海道北見仁頃高等学校創立二十周年記念協賛会　1972.11　57p　26cm〈奥付のタイトル：創立二十周年記念誌　年表あり〉Ⓝ376.48

『三十年史』創立三十周年記念誌編集委員会編　北見　北海道北見仁頃高等学校創立三十周年記念祝賀協賛会　1983.3　224p　27cm〈奥付のタイトル：創立三十年史　折り込1枚　年表あり〉非売品 Ⓝ376.48

『四十年史』北海道北見仁頃高等学校創立四十周年記念事業協賛会事業部編　北見　北海道北見仁頃高等学校　1992.10　129p　26cm〈含、雪の華38号　年表あり〉Ⓝ376.48

『五十年史』北海道北見仁頃高等学校創立五十周年記念事業協賛会事業部編　北見　北海道北見仁頃高等学校　2002.10　161p　26cm〈含、雪の華48号　年表あり〉Ⓝ376.48

『誇りと感謝―北海道北見仁頃高等学校閉校記念誌』閉校記念事業協賛会編集部編　北見　北海道北見仁頃高等学校　2010.11　158p　30cm〈年表あり〉Ⓝ376.48

◆北見柏陽高等学校

『［北見柏陽高等学校］五十周年記念誌』北見柏陽高等学校編　北見　北見柏陽高等学校　1973　210p 図版　26cm　Ⓝ376.4

『［北見柏陽高等学校］六十周年記念誌』北見柏陽高等学校六十周年記念誌編集委員会編　北見　北見柏陽高等学校創立六十周年記念協賛会　1984　242p 図版　27cm　Ⓝ376.4

『八十周年記念誌』創立八十周年記念協賛会事業部編集　北見　北見柏陽高等学校　2003　218p　30cm　Ⓝ376.4

『［北見柏陽高等学校］創立90周年記念誌』北見柏陽高等学校創立90周年記念協賛会事業部編集　北見　北見柏陽高等学校創立90周年記念協賛会　［2013］　112p　30cm　Ⓝ376.4

北海道

◆北見藤女子高等学校

『北見藤—北見藤女子中・高等学校30周年記念誌』北見藤女子中・高等学校30周年記念誌編集委員会編　北見　北見藤女子中・高等学校　1985　137p　図版　26cm　Ⓝ376.4

『北見藤—北見藤女子高等学校50周年記念誌』北見藤女子高等学校開校50周年記念事業協賛会編集部編集　北見　北見藤女子高等学校　2006.11　159p　図版　26cm〈付：CD-ROM1枚〉Ⓝ376.4

◆北見北斗高等学校

『五十年の歩み』北見北斗高等学校編　北見　北見北斗高等学校　1972　139p　図版　26cm　Ⓝ376.4

『五十年史』北見北斗高等学校編　北見　北見北斗高等学校創立五十周年記念事業協賛会　1973　219p　図版　27cm　Ⓝ376.4

『北斗ヶ丘の六十年』北見北斗高等学校編　北見　北見北斗高等学校　1983　200p（図版共）26cm〈表紙,奥付書名：六十年史〉Ⓝ376.4

『楕円の軌跡—北見北斗高等学校ラグビー部　全国大会10年連続出場記念誌』北見　十年連続花園出場記念誌発刊実行委員会　1991.10　232p　26cm　Ⓝ783.48

『七十年史』創立70周年記念誌編集委員会編集　北見　北見北斗高等学校　1992.9　224p　図版　26cm〈書名は表紙・背による.標題紙書名：写真で見る北斗の七十年〉Ⓝ376.4

『八十年史』創立80周年記念誌編集委員会編集　北見　北見北斗高等学校　2002.9　176p　図版　30cm〈書名は表紙・背による.奥付書名：北海道北見北斗高等学校創立80周年記念誌〉Ⓝ376.4

◆北見緑陵高等学校

『冠蔵—創立20周年記念誌』20周年記念誌編集委員会編集　北見　北見緑陵高等学校創立20周年記念協賛会　[2002]　150p　30cm　Ⓝ376.4

◆喜茂別高等学校

『喜高三十年』喜茂別高等学校編　喜茂別町（後志）喜茂別高等学校　1978　212p（図版共）23cm　Ⓝ376.4

『飛翔—創立50周年記念誌—新校舎落成記念』喜茂別高等学校編　喜茂別町（後志）喜茂別高等学校開校50周年校舎落成記念事業協賛会　1998.10　124p（図版共）30cm　Ⓝ376.4

『より高く清らかに—喜茂別高校62年のあゆみ』喜茂別高等学校編　喜茂別町（後志）北海道喜茂別高等学校閉校記念事業協賛会　2009.12　215p（図版共）30cm〈閉校記念誌〉非売品　Ⓝ376.4

◆共和農業高等学校

『記念誌—創立20周年』共和町（後志）[共和農業高等学校]　1971　29p　26cm〈沿革史[年表]：p9〉Ⓝ376.4

◆清里高等学校

『二十年記念誌』北海道清里高等学校20周年記念協賛会編　清里町（網走）清里高等学校　1972.10　103p　26cm〈奥付の書名：北海道清里高等学校20周年記念誌〉Ⓝ376.4

『北海道清里高等学校校舎改築落成、道立移管記念誌』清里高等学校編　清里町（網走）清里高等学校校舎改築記念整備事業協賛会　1979.3　30p（図版共）26cm〈書名は奥付による.表紙の書名：新校舎落成道立移管記念誌〉Ⓝ376.4

『三十年史—北海道清里高等学校創立30周年記念誌』清里高等学校編　清里町（網走）清里高等学校創立30周年記念協賛会　1982　188p（図版共）26cm　Ⓝ376.4

『創立30周年記念』清里高等学校編,清里高等学校創立30周年記念協賛会編　清里町（網走）清里高等学校創立30周年記念協賛会　1982　1冊　26cm　Ⓝ376.4

◆霧多布高等学校

『[霧多布高等学校]創立二十周年史』霧多布高等学校編　浜中町（釧路）霧多布高等学校　1971　148p　図版　26cm　Ⓝ376.4

『[霧多布高等学校]創立三十年史』創立三十周年記念誌編集部編　浜中町（釧路）霧多布高等学校　1981　166p（図版共）26cm　Ⓝ376.4

『[霧多布高等学校]創立五十年史』北海道霧多布高等学校創立五十周年記念事業協賛会事業部編　浜中町（釧路）霧多布高等学校　2002.3　78, 45p　30cm　Ⓝ376.4

◆釧路北高等学校

『[釧路北高等学校]開校五周年記念誌』釧路北高等学校編　釧路　釧路北高等学校開校5周年記念増築校舎落成記念協賛会　1986.3　116p（図版共）26cm　Ⓝ376.4

北海道

◆釧路工業高等学校

『熱球譜―甲子園出場記念誌』釧路　釧路工業高等学校野球部甲子園出場後援会　1979.12　102p　21×22cm〈奥付の書名：釧路工業高等学校甲子園出場記念誌〉Ⓝ783.7

『鶴ヶ岱に半世紀―北海道釧路工業高等学校五十周年記念誌』釧路工業高等学校編　釧路　北海道釧路工業高等学校創立50周年記念事業協賛会　1989　397p(図版共)27cm　Ⓝ376.4

『[釧路工業高等学校]六十年史―創立六十周年・校舎改築落成記念』北海道釧路工業高等学校創立六十周年・校舎改築落成記念協賛　釧路　釧路工業高等学校創立六十周年・校舎改築落成記念協賛会　1999.12　267p　26cm　Ⓝ376.4

◆釧路江南高等学校

『[釧路江南高等学校]五十年史』釧路江南高等学校編　釧路　[釧路江南高等学校]　1972.2　162, 138p　26cm　Ⓝ376.4

『創立六十周年新制三十周年記念』釧路江南高等学校創立六十周年新制三十周年記念事業協賛会編　釧路　釧路江南高等学校　[1980]　24p　27cm　Ⓝ376.4

『八十年史―創立80周年・校舎落成記念』北海道釧路江南高等学校創立80周年記念誌編集委員会編集　釧路　[釧路江南高等学校]　1998.10　320p　図版　26cm〈奥付の書名：創立80周年記念誌〉Ⓝ376.4

『九十年史―創立90周年記念』北海道釧路江南高等学校創立90周年記念誌編集委員会編集　釧路　[釧路江南高等学校]　2009.11　162p　図版　26cm〈奥付の書名：創立90周年記念誌〉Ⓝ376.4

◆釧路湖陵高等学校

『釧中物語―ふるさと開く湖陵人脈』奥田達也執筆　釧路　釧路新聞社　1977.8　417p　27cm〈書誌注記：年表あり〉3300円　Ⓝ376.48

『湖陵』開校70周年記念協賛会記念編集部編　釧路　釧路湖陵高等学校開校70周年記念協賛会　1983.9　100p　図版　26cm　Ⓝ376.4

『湖陵八〇年』北海道釧路湖陵高等学校創立80周年定時制70周年並びに校舎改築落成記念事業協賛会編　釧路　北海道釧路湖陵高等学校創立80周年定時制70周年並びに校舎改築落成記念事業協賛会　1991.9　267p　31cm〈背の書名：北海道釧路湖陵高等学校創立八十周年記念誌 発行所：北海道釧路湖陵高等学校〉Ⓝ376.4

『湖陵』創立九十周年・定時制八十周年記念事業協賛会記念誌編集部編集　釧路　釧路湖陵高等学校創立九十周年・定時制八十周年記念事業協賛会　2002.9　157p　30cm〈背の書名：創立九十周年・定時制八十周年記念誌〉Ⓝ376.4

『誠愛勇の湖陵百年』釧路湖陵高等学校編集　釧路　釧路湖陵高等学校創立百周年・定時制九十周年記念事業実行委員会　2013.1　399p　30cm　Ⓝ376.4

◆釧路商業高等学校

『創立二十周年史』釧路商業高等学校編　釧路　釧路商業高等学校　1974　163p　図版　26cm　Ⓝ376.4

『創立五十年―北海道釧路商業高等学校創立五十周年記念誌』北海道釧路商業高等学校創立五十周年記念事業協賛会記念誌部編集　釧路　釧路商業高等学校　2003.10　171p　30cm　Ⓝ376.4

◆釧路星園高等学校

『北海道釧路星園高等学校創立50周年記念誌』釧路星園高等学校編　釧路　北海道釧路星園高等学校創立50周年記念実行委員会　2000.9　139p　30cm〈奥付の書名：創立50周年記念誌 星友〉Ⓝ376.4

◆釧路西高等学校

『校舎落成記念誌―活力ある学校づくりをめざして』釧路西高等学校編　釧路　校舎落成記念協賛会　1984.11　108p(図版共)26cm　Ⓝ376.4

『西高十年小史』釧路西高等学校創立10周年記念事業協賛会編集　釧路　釧路西高等学校　1992.10　164p　図版　26cm　Ⓝ376.4

『二十年小史―開校20周年記念誌』北海道釧路西高等学校創立二十周年記念事業協賛会記念編集　釧路　創立二十周年記念事業協賛会　2002.10　55p　30cm　Ⓝ376.4

『心のふるさと―閉校記念誌』釧路西高等学校感謝記念事業協賛会編集　釧路　釧路西高等学校感謝記念事業協賛会　2009.3　157p　30cm　Ⓝ376.4

◆釧路東高等学校
『東高十年小史』釧路東高等学校編　釧路　北海道釧路東高等学校創立十周年記念協賛会　1988　142p　図版　26cm　Ⓝ376.4

◆釧路北陽高等学校
『二十年史』釧路北陽高等学校編　釧路　釧路北陽高等学校　1976　237p　図版　26cm〈巻末に「沖口三郎伝」「浜頭久平伝」あり〉Ⓝ376.4

『三十年史―北海道釧路北陽高等学校』釧路北陽高等学校編　釧路　釧路北陽高等学校創立三十周年協賛会　1987　273p　図版　26cm　Ⓝ376.4

『北陽四十年史―この十年を中心にして』北海道釧路北陽高等学校編　釧路　北海道釧路北陽高等学校　1997　158p　26cm　Ⓝ376.4

◆倶知安高等学校
『五十年史：北海道倶知安高等学校』北海道倶知安高等学校創立五十周年記念事業協賛会記念史部編集　倶知安町（北海道）北海道倶知安高等学校創立五十周年記念事業協賛会　1972.8　349p　27cm〈書誌注記：年表あり〉Ⓝ376.48

『倶知安高等学校工業科創立より閉科まで』倶知安高等学校編　倶知安町（後志）倶知安高等学校　1988.3　31p　26cm〈工業科閉科のしおり〉Ⓝ376.4

『北海道倶知安高等学校創立七十周年定時制課程四十周年記念誌』北海道倶知安高等学校創立70周年・定時制課程40周年記念事業協賛会編集　倶知安町（北海道）北海道倶知安高等学校創立70周年・定時制課程40周年記念事業協賛会　1992.10　263p　27cm〈書誌注記：年表あり〉Ⓝ376.48

『灯雪―定時制課程閉課記念誌：北海道倶知安高等学校』北海道倶知安高等学校開校八〇周年・定時制課程閉課記念事業協賛会編集部編　倶知安町（北海道）北海道倶知安高等学校開校八〇周年・定時制課程閉課記念事業協賛会　2002.2　111p　26cm〈書誌注記：年表あり〉Ⓝ376.48

『歩み―創立80周年記念誌：北海道倶知安高等学校』北海道倶知安高等学校創立80周年記念事業協賛会編集部編集　倶知安町（北海道）北海道倶知安高等学校創立80周年記念事業協賛会　2002.10　57p　26cm〈書誌注記：年表あり〉Ⓝ376.48

『歩み―創立90周年記念誌：北海道倶知安高等学校』北海道倶知安高等学校創立90周年記念事業協賛会編集部編集　倶知安町（北海道）北海道倶知安高等学校創立90周年記念事業協賛会　2012.10　90p　30cm〈書誌注記：年表あり〉Ⓝ376.48

『時代の鐘を打たん哉―北海道倶知安高等学校創立100周年記念誌』北海道倶知安高等学校創立100周年記念事業協賛会記念誌編集　倶知安町（北海道）北海道倶知安高等学校創立100周年記念事業協賛会　2023.3　335p　31cm〈書誌注記：年表あり〉Ⓝ376.48

◆倶知安農業高等学校
『[倶知安農業高等学校]三十年』倶知安農業高等学校「30年」編集委員会編　倶知安町（後志）倶知安農業高等学校　1971　251p　図版　23cm　Ⓝ376.4

『定時制課程閉課記念誌』倶知安農業高等学校編　倶知安町（後志）倶知安農業高等学校　1976　40p（図版共）26cm　Ⓝ376.4

『[倶知安農業高等学校]十年の歩み―創立40周年記念』倶知安農業高等学校「十年の歩み」編集委員会編　倶知安町（後志）倶知安農業高等学校　1982　124p　図版　26cm　Ⓝ376.4

『[倶知安農業高等学校]創立五十周年記念誌』倶知安農業高等学校創立50周年記念事業協賛会編　倶知安町（後志）倶知安農業高等学校創立50周年記念事業協賛会　2001.10　154p　26cm　Ⓝ376.4

◆熊石高等学校
『北海道熊石高等学校落成記念　[昭和50年度]』熊石町（桧山）熊石高等学校　[1975]　1冊　26cm　Ⓝ376.4

『[熊石高等学校]三十年史』熊石高等学校編　熊石町（桧山）熊石高等学校　1979　91p　26cm　Ⓝ376.4

『遠つ嶺―永遠なれや我らが里居：閉校記念誌』北海道熊石高等学校閉校記念事業協賛会編　八雲町（北海道）北海道熊石高等学校閉校記念事業協賛会　2015.10　81p　30cm〈書誌注記：年表あり〉Ⓝ376.48

◆栗沢高等学校
『[栗沢高等学校]記念誌27年の歴史を閉じる』栗沢高等学校閉校記念事業協賛会編集部編　栗沢町（空知）栗沢高等学校　1974　44p　図版　26cm　Ⓝ376.4

北海道

◆栗山高等学校

『[栗山高等学校]五十年誌』栗山高等学校「五十年誌」編集委員会編　栗山町（空知）栗山高等学校　1979　100p 図版　26cm　Ⓝ376.4

『三十年誌』栗山高等学校定時制普通課編　栗山町（空知）栗山高等学校定時制教育振興会　1980　90, 13p（図版共）26cm〈表紙の書名：「記念誌定時制課程普通科創立30周年」〉Ⓝ376.4

『ともしび―定時制課程普通科閉課記念誌』栗山高等学校定時制普通科編　栗山町（空知）栗山高等学校定時制普通科閉課記念協賛会　1985　112p 図版　26cm　Ⓝ376.4

『想―[栗山高等学校定時制農業科]閉校記念誌』栗山高等学校定時制農業科閉校記念事業協賛会編集部編　栗山町（空知）栗山高等学校定時制農業科閉校記念事業協賛会編集部　1986.2　114, 24p 図版　26cm　Ⓝ376.4

『[栗山高等学校]七十年誌』栗山高等学校創立七十周年記念事業実行委員会記念誌作成部編　栗山町（空知）栗山高等学校　1999.10　235p 図版　27cm　Ⓝ376.4

◆訓子府高等学校

『[訓子府高等学校]三十周年記念誌』訓子府高等学校編　訓子府町（網走）訓子府高等学校30周年記念協賛会　1978　129p（図版共）26cm　Ⓝ376.4

『訓高五十年史』北海道訓子府高等学校創立五十周年記念事業協賛会事業部編　訓子府町（北海道）北海道訓子府高等学校創立五十周年記念事業協賛会事業部　1998.11　241p　26cm〈発行所：北海道訓子府高等学校〉Ⓝ376.48

『訓高五十年史』北海道訓子府高等学校創立五十周年記念事業協賛会事業部　訓子府町（網走）北海道訓子府高等学校　1998.11　241p　26cm〈五十年のあゆみ：p21～74〉Ⓝ376.4

『Memories―北海道訓子府高等学校創立70周年記念誌』北海道訓子府高等学校創立70周年記念事業協賛会編集部　訓子府町（網走）北海道訓子府高等学校　2018.11　115p　30cm〈書誌注記：年表あり〉Ⓝ376.4

◆剣淵高等学校

『[剣淵高等学校]創立二十周年記念誌―二十年のあゆみ』剣淵高等学校編　剣淵町（上川）剣淵高等学校　1971.9　57p 図版　26cm　Ⓝ376.4

『三十年の歩み』剣淵高等学校創立30周年記念協賛会　剣淵町（上川）剣淵高等学校創立30周年記念協賛会　1981　108p 図版　26cm　Ⓝ376.4

『希望みなぎる―北海道剣淵高等学校創立五十周年記念誌』記念誌編集部編　剣淵町（上川）剣淵高等学校　2001.6　183p 図版　30cm　Ⓝ376.4

◆厚賀高等学校

『厚賀高等学校閉校記念誌』北海道厚賀高等学校閉校記念誌編集委員会編　門別町（日高）北海道厚賀高等学校　1977　89p 図版　26cm　Ⓝ376.4

◆駒沢大学附属岩見沢高等学校

『駒沢十年―創立十周年記念誌』岩見沢　駒沢大学附属岩見沢高等学校　1973.10　139p　26cm　Ⓝ376.4

『駒沢二十年』駒沢大学附属岩見沢高等学校編　岩見沢　駒沢大学附属岩見沢高等学校　1984　200p 図版　26cm　Ⓝ376.4

『駒沢三十年』駒沢大学附属岩見沢高等学校編　岩見沢　駒沢大学附属岩見沢高等学校開校30周年記念誌編集委員会　1994.10　205p 図版　26cm〈開校30周年記念誌〉Ⓝ376.4

◆駒沢大学附属苫小牧高等学校

『十年の歩み―記念誌』苫小牧駒沢学園合同編集委員会編　苫小牧　駒沢大学附属苫小牧高等学校　1974.10　88p　26cm〈共同刊行：苫小牧駒沢短期大学〉Ⓝ376.4

『開校30周年記念誌』駒沢大学附属苫小牧高等学校開校三十周年記念誌編集委員会編集　苫小牧　駒沢大学附属苫小牧高等学校　1994.10　110p　26cm　Ⓝ376.4

『深紅の旗は我にあり』蔵重俊男著　札幌　アイワード（印刷）2005.7　138p　19cm　非売品　Ⓝ783.7

『大旗は海峡を越えた―駒大苫小牧野球部の軌跡』田尻賢誉著　日刊スポーツ出版社　2005.7　240p　19cm　1500円　Ⓘ4-8172-0232-7　Ⓝ783.7

『奇跡の連覇駒大苫小牧―熱闘甲子園2005夏』北海道新聞社編　札幌　北海道新聞社　2005.9　56p　30cm〈南・北海道大会、支部予選全結果収録〉571円　Ⓘ4-89453-345-6　Ⓝ783.7

『めざせ三連覇！　駒大苫小牧野球の挑戦』北海道新聞社編　札幌　北海道新聞社　2006.8　195, 81p　21cm　1200円　Ⓘ4-89453-387-1

Ⓝ783.7

『胸を張れ駒大苫小牧準優勝―2006夏甲子園』
北海道新聞社編　札幌　北海道新聞社
2006.8　80p　30cm　800円　Ⓘ4-89453-391-X　Ⓝ783.7

[目次] 巻頭言(北島三郎)、大会ハイライト、大会戦績、球史に残る名勝負、勝利の方程式覚えた駒苫野球、北の豪腕 田中将大、甲子園スタンドグラフ、地元の応援、同行記者余滴、選手プロフィール〔ほか〕

『栄光のマウンド―早実vs駒大苫小牧』矢崎良一、鈴木洋史、山岡淳一郎、渡辺勘helm他著　竹書房　2006.11　255p　19cm　1238円　Ⓘ4-8124-2919-6　Ⓝ783.7

[目次] 特別寄稿 先輩の歩いた道(渡辺勘郎)、プロローグ「MAJOR」世代の選手たち、第1章 斎藤佑樹雌伏の2年間、第2章 早稲田の血脈、第3章 田中将大知られざる師、第4章 もうひとつの再試合―1通の手紙と、12人の思い、第5章 90年間の壁を破った「絆」―斎藤佑樹に敗れた高校・日大山形、第6章 すぐ隣のヒーローたち―斎藤佑樹に敗れた高校・鹿児島工、第7章 不惑の球児―斎藤佑樹に敗れた高校・日大三

[内容] 斎藤佑樹全948球、田中将大全742球。彼らの奇跡は、これだけじゃない。甲子園のヒーロー、斎藤佑樹と田中将大が紡いだ奇跡のような決勝戦。そこに至るまでには、語られていない数々のドラマがあった。まだ、僕らは本当の彼らを知らない…。斎藤佑樹と田中将大、知られざる物語。

『早実vs.駒大苫小牧』中村計、木村修一著　朝日新聞社　2006.11　206p　18cm(朝日新書)　720円　Ⓘ4-02-273116-8　Ⓝ783.7

『早実vs.駒大苫小牧―甲子園を熱狂させた決勝再試合、その舞台裏』中村計、木村修一著　朝日新聞出版　2014.7　221p　15cm(朝日文庫 な43-1)　540円　Ⓘ978-4-02-261803-0　Ⓝ783.7

[目次] 1 疲労(早実)、2 点滴(駒大苫小牧)、3 変化(早実)、4 先発(駒大苫小牧)、5 均衡(早実)、6 葛藤(駒大苫小牧)、7 感涙(早実)、8 苦難(駒大苫小牧)、9 帰還(駒大苫小牧)、10 変装(早実)

[内容] 初優勝を狙った早実と3連覇を目指した駒大苫小牧。「ハンカチ王子」ブームを巻き起こした斎藤佑樹と、「世代最強」と絶賛を浴びていた田中将大。彼らは、あの時何を思っていたのか―。2日間のべ5時間半に及んだ決戦の舞台裏に迫る傑作ノンフィクション。

『2004年駒大苫小牧高校―北海道にもたらされた初の優勝旗』大利実著　ベースボール・マガジン社　2022.10　287p　19cm(再検証夏の甲子園激闘の記憶)〈書誌注記：文献あり〉　1600円　Ⓘ978-4-583-11515-3　Ⓝ783.7

[目次] 第1章 先輩たちとの絆、第2章 雨で流れた甲子園初勝利、第3章 個性派集団をまとめた主将、第4章 悲願の甲子園初勝利、第5章 死闘を制して摑んだ頂点、第6章 後押ししたスタンドの応援、第7章 嬉しさと同時に重荷になった日本一、第8章 駒大苫小牧が北海道にもたらしたもの

[内容] プロ野球の日本ハムが北海道に移転した2004年。高校野球でも北の大地に歴史的な快挙が起きた。ノーマークだった駒大苫小牧高校が、優勝候補の済美高校を下して北海道勢初の優勝を果たす。歴代最高のチーム打率.448を誇った豪打とハイレベルな投手陣で摑み取った頂点。北海道に革命を起こした香田野球とは―。当時を知る関係者への総力取材から、改めてあの夏の偉業を振り返る。

◆札幌旭丘高等学校

『[札幌旭丘高等学校]二十年史』旭丘高校二十年史編集委員会編　札幌　札幌旭丘高等学校二十周年記念事業実行委員会　1977　160p(図版共)26cm　Ⓝ376.4

『40年史 北海道札幌旭丘高等学校』開校40周年記念事業協賛会編集部40年史委員会編　札幌　札幌旭丘高等学校開校40周年記念事業協賛会　1998.11　111p　30cm　Ⓝ376.4

『[札幌旭丘高等学校]50年史』創立50周年記念事業協賛会編集部編集　札幌　北海道札幌旭丘高等学校創立50周年記念事業協賛会　2008.11　119p　30cm　Ⓝ376.4

◆札幌厚別高等学校

『[札幌厚別高等学校]創立十周年記念誌』札幌厚別高等学校編　札幌　札幌厚別高等学校　1992　128p　27cm　Ⓝ376.4

◆札幌石山高等学校

『[札幌石山高等学校]創立二十年史』札幌石山高等学校創立20周年記念誌編集委員会編　札幌　札幌石山高等学校　1970　69p 図版　26cm　Ⓝ376.4

◆札幌大谷高等学校

『札幌大谷学園七十年史』札幌大谷中・高等学校編　札幌　札幌大谷中・高等学校　1977　509p　22cm　Ⓝ376.4

『札幌大谷学園80年のあゆみ―PHOTO ALBUM』札幌大谷高等学校同付属中学校編　札幌　札幌大谷高等学校同付属中学校　1986.11　152p　18×26cm　Ⓝ376.4

『札幌大谷学園百周年記念誌』札幌大谷学園編　札幌　札幌大谷学園　2006.10　789p 図版　27cm　Ⓝ376.4

『札幌大谷学園百周年記念誌―続編　2006.4～

2007.3』札幌大谷学園編　札幌　札幌大谷学園　2007.8　273p　図版　26cm　Ⓝ376.4

◆札幌丘珠高等学校

『十周年記念誌』札幌丘珠高等学校10周年記念誌編集委員会編　札幌　札幌丘珠高等学校　1984.12　196p　図版　27cm　Ⓝ376.4

『おおし立つ―二十周年記念誌』札幌丘珠高等学校編　札幌　札幌丘珠高等学校　1995　278p　26cm　Ⓝ376.4

◆札幌開成高等学校

『開成―10周年誌』札幌開成高等学校記念誌編集委員会編　札幌　札幌開成高等学校　1972　107p　20×22cm　Ⓝ376.4

『開成―20周年誌』北海道札幌開成高等学校記念誌編集委員会編　札幌　札幌開成高等学校　1982　184p（図版共）26cm　Ⓝ376.4

『開成50th―北海道札幌開成高等学校1962→2012』札幌開成高等学校創立50周年記念協賛会編集部編　北海道札幌開成高等学校　2012.11　186p　30cm〈書誌注記：年表あり〉Ⓝ376.48

◆札幌北高等学校

『創立七十周年校舎改築落成記念　［昭和49年度］』札幌　札幌北高等学校　［1974］　1冊　26cm　Ⓝ376.4

『写真集庁立札幌高女札幌北高80年』札幌北高創基80周年写真集編集委員会編　札幌　札幌北高等学校創基80周年記念協賛会　1982　図版1冊　22×30cm　Ⓝ376.4

『北高九十年』札幌北高等学校編　札幌　札幌北高等学校　1992　377p　図版　27cm　Ⓝ376.4

◆札幌清田高等学校

『創立10周年記念誌』札幌清田高等学校編　札幌　札幌清田高等学校創立10周年記念事業協賛会　1985.10　179p（図版共）26cm　Ⓝ376.4

『なおもっと―創立二十周年記念誌』創立20周年記念誌編集委員会編　札幌　札幌清田高等学校創立20周年記念会　1995.9　230p　26cm　Ⓝ376.4

『かぜはひかる―創立30周年記念誌』札幌清田高等学校創立30周年記念誌編集部編　札幌　［札幌清田高等学校］創立30周年記念誌編集部　2005.9　379p　図版　26cm　Ⓝ376.4

◆札幌経済高等学校

『［札幌経済高等学校］創立五十年小史』札幌経済高等学校編　札幌　札幌経済高等学校　1985.11　26p　図版　26cm　Ⓝ376.4

◆札幌啓成高等学校

『十周年記念誌』札幌啓成高等学校編　札幌　札幌啓成高等学校　1976　205p　図版　27cm　Ⓝ376.4

◆札幌啓北商業高等学校

『札幌啓北商業高等学校創立三十周年記念誌』札幌啓北商業高等学校創立三十周年記念誌編集委員会編　札幌　札幌啓北商業高等学校創立三十周年記念誌編集委員会　1971　208p　図版　26cm　Ⓝ376.4

『啓北―北海道札幌啓北商業高等学校創立60周年記念誌』創立60周年事業記念誌編集部編集　札幌　札幌啓北商業高等学校　2000.11　121p　26cm　Ⓝ376.4

『経理専門コース二十五周年記念誌―二十五年のあゆみ』札幌啓北商業高等学校商業科編集　札幌　札幌啓北商業高等学校　2006.3　156p　30cm　Ⓝ376.4

『北を啓く―創立70周年記念誌』創立70周年記念事業協賛会記念誌編集部編　札幌　北海道札幌啓北商業高等学校創立70周年記念事業協賛会　2010.11　233p　31cm〈奥付のタイトル：北海道札幌啓北商業高等学校創立70周年記念誌　年表あり〉Ⓝ376.48

『マーキュリーの煌めきとともに70年』定時制教職員編　札幌　北海道札幌啓北商業高等学校定時制　2011.3　199p　30cm〈奥付のタイトル：北海道札幌啓北商業高等学校定時制閉課程記念誌　年表あり〉Ⓝ376.48

◆札幌工業高等学校

『札工六十年史』札幌工業高校創立六十周年並びに校舎改築落成記念事業協賛会編　札幌　札幌工業高校創立六十周年並びに校舎落成記念事業協賛　1978　491p（図版共）26cm　Ⓝ376.4

『札工八十年記念誌―新校舎の二十年』記念誌編集委員会編集　札幌　札工創立八十年記念事業協賛会　1996.10　309p　図版　31cm　非売品　Ⓝ376.4

『札工九十年記念誌』札幌工業高等学校創立九十周年記念事業協賛会記念誌編集委員会編集　札幌　札工振興会　2006.12　213p　図版

北海道

30cm　Ⓝ376.4
『札工100周年記念誌―紡ぐ、100年の感動を未来へ』北海道札幌工業高等学校創立100周年記念事業協賛会記念誌編集委員会編　札幌　札幌工業高等学校創立100周年記念事業協賛会　2018.6　501p 図版　31cm　非売品　Ⓝ376.4

◆札幌光星高等学校

『よそじ』札幌　[光星高等学校]　1974　22p　22×30cm〈奥付の書名：創立40周年記念誌〉Ⓝ376.4

『光星―五十年のあゆみ』札幌光星高等学校五十周年記念誌編集委員会編　札幌　札幌光星高等学校　1984　204p　22cm　Ⓝ376.4

◆札幌国際情報高等学校

『[札幌国際情報高等学校]校舎落成記念学校概要』北海道札幌国際情報高等学校編　札幌　北海道札幌国際情報高等学校校舎落成記念事業協賛会　1997.10　82p　30cm　Ⓝ376.4

『北の大地に―創立十周年記念誌』創立10周年記念誌編集部編集　札幌　札幌国際情報高等学校創立10周年記念事業協賛会　2004.10　100p　30cm〈奥付の副書名：北海道札幌国際情報高等学校創立10周年記念誌〉Ⓝ376.4

◆札幌琴似高等学校

『[北海道札幌琴似高等学校]二十周年記念誌』北海道札幌琴似高等学校編　札幌　札幌市琴似町札幌琴似高等学校開校二十周年記念協賛会　1971　126p　26cm　Ⓝ376.4

◆札幌琴似工業高等学校

『創立十周年記念誌』創立十周年記念誌編集委員会編　札幌　札幌琴似工業高等学校　1974.2　68p　26cm〈表紙の書名：北海道札幌琴似工業高等学校創立十周年記念誌　年表：p31～33〉Ⓝ376.4

◆札幌篠路高等学校

『[札幌篠路高等学校]創立十周年記念誌』創立十周年記念事業協賛会事業部記念誌編集委員会編　札幌　札幌篠路高等学校　1996　186p（図版共）26cm〈書名は標題紙による.表紙・背表紙の書名：十周年記念誌〉Ⓝ376.4

◆札幌商業高等学校

『豊陵―創立五十周年記念誌』札幌商業高等学校編　札幌　五十周年記念誌合同委員会　1971　360p 図版　21cm　Ⓝ376.4

『札商六十五年史』北海学園創基百周年記念事業出版専門委員会札商六十五年史編集委員会編　札幌　北海学園　1986.2　693p　22cm〈折り込図2枚〉Ⓝ376.4

『大石狩の野の果てに―きらめく青春の軌跡』札幌商業高校75周年記念誌編集委員会編集　札幌　札幌商業高等学校　1998.3　112p　30cm〈札幌商業高等学校創立75周年記念誌、共同刊行：札商校友会、札幌商業高等学校年表：p74～87〉Ⓝ376.4

◆札幌女子高等学校

『和顔愛語―創立10周年』札幌女子高等学校創立10周年記念協賛会編　札幌　札幌女子高等学校創立10周年記念協賛会　1974　[1冊頁付なし]　19×19cm〈札幌竜谷学園・札幌女子高等学校 創立10周年記念〉Ⓝ376.4

『和顔愛語―創立二十周年記念誌』創立二十周年記念広報委員会編　札幌　札幌竜谷学園札幌女子高等学校　1984.3　139p　26cm　非売品　Ⓝ376.4

◆札幌市立旭丘高等学校

『三十年史』札幌旭丘高等学校開校30周年記念事業協賛会編集部編　札幌　札幌旭丘高等学校開校30周年記念事業協賛会　1987.11　163p　26cm　Ⓝ376.4

◆札幌白石高等学校

『[札幌白石高等学校]落成記念誌』札幌白石高等学校編　札幌　札幌白石高等学校　1978　40p（図版共）26cm　Ⓝ376.4

『山もみじ五年のあゆみ』札幌白石高等学校5周年記念誌編纂委員会編　札幌　札幌白石高等学校　1981　141p（図版共）26cm　Ⓝ376.4

『山もみじ―北海道札幌白石高等学校十周年記念誌』北海道札幌白石高等学校十周年記念誌編纂委員会編　札幌　札幌白石高等学校　1987　228p 図版　26cm　Ⓝ376.4

◆札幌新川高等学校

『[札幌新川高等学校]創立三十年史』創立三十年記念誌編集委員会編　札幌　北海道新川高等学校創立三十周年記念行事協賛会　1980　124p　26cm　Ⓝ376.4

『全日制課程十周年定時制課程四十周年記念誌』周年記念事業協賛会編集部編　札幌　札幌新川高等学校周年記念事業協賛会　1989.10

都道府県から引く　高等学校史・活動史目録　23

北海道

230p（図版共）26cm　非売品　Ⓝ376.4

『北海道札幌新川高等学校記念誌―全日制課程30周年定時制課程60周年：黎明告ぐる』札幌新川高等学校周年記念事業協賛会編集部編　札幌　北海道札幌新川高等学校周年記念事業協賛会　2009.10　243p　30cm　非売品　Ⓝ376.4

◆札幌新陽高等学校

『歩 あゆみ―学校法人札幌慈恵学園札幌新陽高等学校創立40周年記念誌』創立40周年記念事業協賛会記念誌編纂委員会編集　札幌　札幌新陽高等学校　1998.10　223p　26cm　Ⓝ376.4

『歩 あゆみ―学校法人札幌慈恵学園札幌新陽高等学校創立50周年記念誌』札幌新陽高等学校創立50周年記念事業協賛会記念誌編集委員会編集　札幌　札幌新陽高等学校　2008.10　252p　30cm　Ⓝ376.4

◆札幌星園高等学校

『北海道札幌星園高等学校創立80周年記念誌』北海道札幌星園高等学校80周年事業協賛会編　札幌　北海道札幌星園高等学校80周年事業協賛会　2005.9　76p　30cm〈背書名：創立80周年記念誌〉Ⓝ376.4

『ありがとう星園高校―北海道札幌星園高等学校閉校式記念誌』北海道札幌星園高等学校編　札幌　北海道札幌星園高等学校　2010.3　51p　30cm〈Since1925, 付：閉校式次第〉Ⓝ376.4

◆札幌静修高等学校

『静修半世紀―札幌静修学園五十周年記念誌』札幌静修学園編　札幌　札幌静修学園　1972　206p 図版　24×25cm　Ⓝ376.4

『静修―札幌静修学園60周年記念誌』札幌静修学園60周年記念誌編集委員会編　札幌　札幌静修学園　1982.9　240p（図版共）26cm　Ⓝ376.4

『静修―札幌静修学園80周年記念誌』札幌静修学園80周年記念誌編集委員会編　札幌　札幌静修学園　2002.10　249p　30cm　Ⓝ376.4

◆札幌西陵高等学校

『校舎落成記念誌』札幌　札幌西陵高等学校　1975.2　20p　26cm〈書名は奥付による. 表紙の書名：落成記念誌〉Ⓝ376.4

『創立誌』札幌西陵高等学校編　札幌　札幌西陵高等学校　1977　1冊（項目別頁付）26cm　Ⓝ376.4

『十周年記念誌』札幌西陵高等学校創立十周年記念協賛会編集部編　札幌　札幌西陵高等学校創立十周年記念協賛会　1986.10　187p　26cm　Ⓝ376.4

『紫雲流るる札幌西陵30年のあゆみ』創立30年記念事業協賛会編集部編集　札幌　北海道札幌西陵高等学校創立30年記念事業協賛会　2006.12　156p　30cm　Ⓝ376.4

◆札幌創成高等学校

『学校法人創成学園札幌創成高等学校27年の軌跡』札幌創成高等学校編　札幌　札幌創成高等学校　1990　106p（図版共）29cm〈表紙書名：1990創成学園札幌創成高等学校新校舎落成記念誌〉Ⓝ376.4

『創成三十周年誌』札幌創成高等学校編　札幌　札幌創成高等学校　1994.9　78, 50,［2］p　30cm　Ⓝ376.4

◆札幌第一高等学校

『薫風―創立二十五周年記念誌』札幌第一高等学校創立25周年記念誌編集委員会編　札幌　札幌第一高等学校　1983　222p（図版共）26cm　Ⓝ376.4

『目は高く足は大地に―創立五十周年記念誌札幌第一高等学校』札幌第一高等学校創立50周年記念協賛会編集　札幌　札幌第一高等学校　2009.3　443p 図版　30cm　Ⓝ376.4

『札幌第一高等学校野球部創部60年史―常勝一高』長壁明編集・製作　札幌　札幌第一高等学校野球部OB会　2019.6　82p　30cm　1800円　Ⓝ783.7

◆札幌拓北高等学校

『北海道札幌拓北高等学校創立十周年記念誌』札幌拓北高等学校創立十周年記念事業協賛会事業部記念誌編集係編　札幌　札幌拓北高等学校創立十周年記念事業協賛会　1998　166p　26cm　Ⓝ376.4

『北海道札幌拓北高等学校創立二十周年記念誌』札幌拓北高等学校創立二十周年記念事業協賛会事業部記念誌編集委員会編集　札幌　札幌拓北高等学校創立二十周年記念事業協賛会　2008.2　138p　26cm〈背・表紙の書名：二十周年記念誌〉Ⓝ376.4

◆札幌月寒高等学校

『札幌月寒高等学校20周年記念誌』札幌月寒高等学校編　札幌　札幌月寒高等学校　1970　68p 図版 26cm　Ⓝ376.4

『北海道札幌月寒高等学校30周年記念誌』札幌月寒高等学校30周年記念誌編集委員会編　札幌　札幌月寒高等学校30周年記念協賛会　1980　162p 図版 26cm　Ⓝ376.4

『札幌月寒高等学校40周年記念誌』札幌月寒高等学校40周年記念協賛会編　札幌　札幌月寒高等学校40周年記念協賛会　1989　115p 図版　26cm　Ⓝ376.4

『北海道札幌月寒高等学校50周年記念誌』北海道札幌月寒高等学校創立50周年記念事業協賛会編集部編集　札幌　北海道札幌月寒高等学校創立50周年記念事業協賛会　1998.10　220p　26cm　Ⓝ376.4

『札幌月寒高等学校60周年記念誌』札幌月寒高等学校創立60周年記念事業協賛会事業部編　札幌　札幌月寒高等学校創立60周年記念事業協賛会　2009.9　109p 図版　30cm　Ⓝ376.4

◆札幌手稲高等学校

『手稲創立20周年記念誌』創立20周年記念誌編集委員会編　札幌　札幌手稲高等学校創立20周年記念誌協賛会　1994　173p（図版共）26cm　Ⓝ376.4

『創立30周年記念誌―大空に光あふれ』北海道札幌手稲高等学校創立30周年記念協賛会編　札幌　北海道札幌手稲高等学校創立30周年記念協賛会　2005.1　158p 図版　30cm　Ⓝ376.4

◆札幌稲西高等学校

『熱き理想（おもい）をうたう―校舎落成記念誌』札幌稲西高等学校校舎落成記念誌編集委員編　札幌　札幌稲西高等学校　1985　48p（図版共）26cm　Ⓝ376.4

『自立の道―札幌稲西高等学校創立十周年記念誌』札幌稲西高等学校編　札幌　札幌稲西高等学校　1992　126p（図版共）26cm　Ⓝ376.4

『稲西二十年史―創立20周年記念誌』札幌稲西高等学校創立20周年記念誌編集委員会編　札幌　北海道札幌稲西高等学校創立20周年記念事業協賛会　2002.8　147p 図版16p　27cm　〈奥付の書名：とうせい二十年史〉Ⓝ376.4

『ありがとう稲西高校―北海道札幌稲西高等学校閉校記念誌：思い出は、いつまでも鮮やかに　1983～2013』札幌稲西高等学校閉校記念事業協賛会編集部編　札幌　札幌稲西高等学校閉校記念事業協賛会編集部　2013.1　135p　30cm　Ⓝ376.4

◆札幌東豊高等学校

『豊かな心をもち活力に満ちた人間―開校誌』札幌東豊高等学校編　札幌　札幌東豊高等学校　1983.11　275p 図版　21cm　Ⓝ376.4

『札幌東豊高等学校校舎落成記念誌』札幌東豊高等学校編　札幌　札幌東豊高等学校　1985　46p（図版共）26cm　Ⓝ376.4

◆札幌東陵高等学校

『東陵―開校にあたって』札幌　札幌東陵高等学校　1979　14p　26cm　Ⓝ376.4

『［札幌東陵高等学校］十周年記念誌』札幌東陵高等学校創立十周年記念誌編集委員会編　札幌　札幌東陵高等学校創立十周年記念事業実行委員会　1989.12　148p（図版共）26cm　〈奥付の書名：創立十周年記念誌〉

『東の陵に―北海道札幌東陵高等学校創立30年記念誌』札幌東陵高等学校創立30周年記念事業協賛会編集委員会編集　札幌　北海道札幌東陵高等学校　2009.10　210p（図版共）30cm　Ⓝ376.4

◆札幌南陵高等学校

『札幌南陵高校三十年史―一九八〇～二〇〇九』創立30周年記念事業協賛会編集部編集　札幌　北海道札幌南陵高等学校　2009.10　91p　30cm　Ⓝ376.4

◆札幌西高等学校

『［札幌西高等学校］創立六十周年記念』札幌西高等学校編　札幌　札幌西高等学校　1972　279p　26cm　Ⓝ376.4

『［札幌西高等学校］創立70周年記念誌―定時制60周年』北海道札幌西高等学校創立70周年記念誌編集委員会編　札幌　北海道札幌西高等学校創立70周年記念協賛会　1982　223p　26cm　Ⓝ376.4

『白球の軌跡―北海道札幌西高等学校野球部　昭和58年度』札幌　北海道札幌西高等学校野球部　[1984]　1冊　26cm　Ⓝ783.7

『記念誌―［札幌西高等学校］創立80周年・定時制70周年』札幌西高等学校編　札幌　札幌西高等学校創立80周年記念協賛会　1992　198p（図版共）26cm　Ⓝ376.4

『創立80周年・定時制70周年記念誌』北海道札幌西高等学校創立80周年記念誌編集委員会編　札幌　北海道札幌西高等学校創立80周年記念協賛会　1992.12　198p　26cm　Ⓝ376.4

『蒼穹の庭—札幌西高物語』輔仁会編　札幌　輔仁会　2001　269p　19cm　1500円　Ⓝ376.4

『創立90周年・定時制80周年記念誌』北海道札幌西高等学校創立90周年・定時制80周年記念事業協賛会編　札幌　北海道札幌西高等学校創立90周年・定時制80周年記念誌編集委員会　2002.12　220p　26cm　Ⓝ376.4

◆札幌日本大学高等学校

『札幌日本大学高等学校10周年記念誌』札幌日本大学高等学校創立10周年記念事業協賛会「記念誌　札幌　札幌日本大学高等学校創立10周年記念事業協賛会「記念誌」発行部会　1997.12　93p　30cm　Ⓝ376.4

◆札幌東高等学校

『[札幌東高等学校]創立七十年記念誌』札幌東高等学校創立70周年記念事業協賛会編　札幌　札幌東高等学校創立70周年記念事業協賛会　1977.8　193p　図版　26cm〈書名は奥付けによる〉非売品　Ⓝ376.4

『創立八十年史』北海道札幌東高等学校創立八十周年記念事業協賛会編　札幌　札幌東高等学校　1987.11　249p　27cm　Ⓝ376.4

『つどいて』札幌東高等学校編　札幌　札幌東高等学校　1997.8　189p　26cm〈創立全日制九十定時制三十周年記念誌〉Ⓝ376.4

『創立百年史』創立100周年記念誌編集部会編　札幌　北海道札幌東高等学校創立100周年記念事業協賛会　2008.3　749p　31cm〈年表あり〉Ⓝ376.48

◆札幌東商業高等学校

『清新の魂集う学舎—校舎改築落成・創立38周年記念誌』札幌東商業高等学校校舎改築落成・創立38周年記念事業協賛会事業部編　札幌　札幌東商業高等学校　2001.9　95p　30cm　Ⓝ376.4

◆札幌平岡高等学校

『朔風に起つ—校舎落成記念誌』札幌平岡高等学校編　札幌　校舎落成記念事業実行委員会　1989　66p（図版共）26cm　Ⓝ376.4

◆札幌平岸高等学校

『'90平岸—北海道札幌平岸高等学校10周年記念誌』開校十周年記念協賛会編集部会記念誌部会編　札幌　開校十周年記念協賛会　1990　214p（図版共）26cm　Ⓝ376.4

◆札幌北斗高等学校

『北斗高校の夜明け—泥まみれ校長記』藤田喜一著　晴文社　1979.8　195p　19cm（晴文社選書 5）1200円　Ⓝ376.4

◆札幌北陵高等学校

『北陵の5年—47.4.10〜51.10.1』札幌北陵高等学校記念誌編集委員会編　札幌　札幌北陵高等学校　1976　57p　26cm　Ⓝ376.4

『北陵十年史』札幌北陵高等学校編　札幌　北海道札幌北陵高等学校10周年記念事業実行委員会　1981　99p　26cm　Ⓝ376.4

◆札幌南高等学校

『八十年史』札幌南高等学校編集委員会編　札幌　北海道札幌南高等学校後援会事務局　1975　436p　26cm　Ⓝ376.4

『[札幌南高等学校]九十年写真集』札幌南高等学校編　札幌　札幌南高等学校　1985　203p　30cm〈箱の書名：九十年史〉Ⓝ376.4

『九十年小史』北海道札幌南高等学校編　札幌　北海道札幌南高等学校　1985.10　139p　31cm　Ⓝ376.4

『明治の中等教育—札幌尋常中学校の場合』小川洋介著　札幌　〔小川洋介〕〔1997〕248p　22cm　Ⓝ376.48

『百年史—北海道札幌南高等学校』北海道札幌南高等学校創立百周年記念協賛会百年史編集委員会編　札幌　北海道札幌南高等学校創立百周年記念協賛会　1997.3　1132p　図版21枚　31cm　非売品　Ⓝ376.48

『北斗の操学ばずや—札幌南高等学校定時制の追憶』川守田正康著　札幌　旭図書刊行センター　1999.11　219p　18cm　①4-900878-41-3　Ⓝ370.49

『札南この10年—北海道札幌南高等学校 創立110周年記念誌』北海道札幌南高等学校創立110周年記念協賛会編　札幌　北海道札幌南高等学校創立110周年記念協賛会　2006.3　289p　30cm〈年表あり〉非売品　Ⓝ376.48

『南高学林100年の歩み—1911-2010』学校林沿革史編纂委員会編　札幌　北海道札幌南

高等学校林　2013.3　94p　26cm〈書誌注記：年表あり〉Ⓝ374.7

◆札幌藻岩高等学校

『藻岩—創立10周年記念誌』札幌藻岩高等学校創立10周年記念誌編集委員会編　札幌　札幌藻岩高等学校　1982　160p（図版共）26cm　Ⓝ376.4

『たけたかく—札幌藻岩高等学校創立20周年記念誌学級編』札幌藻岩高等学校編　札幌　札幌藻岩高等学校創立20周年記念協賛会　1992　191p（図版共）25cm　Ⓝ376.4

『青春のあしあと—札幌藻岩高等学校創立20周年記念誌生徒編』札幌藻岩高等学校編　札幌　［札幌藻岩高等学校創立20周年記念協賛会］　1992　183p（図版共）25cm　Ⓝ376.4

『たけたかく30th—北海道札幌藻岩高等学校創立30周年記念誌』創立30周年記念誌編集委員会編　札幌　札幌藻岩高等学校創立30周年記念協賛会　2003.9　426p　図版　26cm　Ⓝ376.4

『The 40th anniversary—たけたかく』札幌藻岩高等学校創立40周年記念協賛会編集部編　札幌　北海道札幌藻岩高等学校　2013.9　188p（図版共）30cm　Ⓝ376.4

◆札幌山の手高等学校

『No Pain, No Gain—人間的に成長する集団を目指して札幌山の手高校ラグビー部の挑戦』SATOMIKIO著　竹書房　2024.7　239p　19cm　1800円　①978-4-8019-4038-3　Ⓝ783.48

目次　1 やんちゃな学生時代を経て教師に、2 札幌山の手高校ラグビー部、3 リーチマイケルと過ごした日々、4 地域の人に助けられて成長、5 佐藤流指導法、6 関係者が語る、佐藤幹夫と札幌山の手高校ラグビー部、特別対談 リーチマイケル×佐藤幹夫（日本代表/東芝ブレイブルーパス東京）

内容　生徒への愛情、ラグビーへの情熱、周りの人への感謝。ラグビーを通じて心を磨き、部員3名から花園の常連校に育て上げた名将の指導哲学。

◆様似高等学校

『三十年の灯—様似高等学校定時制課程閉課記念誌』様似高等学校閉課記念誌編集委員会編集　様似町（日高）様似高等学校定時制課程　1978.3　100p　26cm　Ⓝ376.4

『［様似高等学校］三十年史』様似高等学校開校30周年記念事業協賛会編　様似町（日高）様似高等学校開校30周年記念事業協賛会　1979　134p（図版共）26cm　Ⓝ376.4

『［様似高等学校］四十年史—輝やかしい未来のために』北海道様似高等学校創立四十周年校舎改築落成記念事業協賛会事業部編　様似町（日高）北海道様似高等学校創立四十周年校舎改築落成記念事業　1989　173p　図版　27cm　Ⓝ376.4

◆更別高等学校

『［更別高等学校］三十年史』更別高等学校編　更別町（十勝）更別高等学校　1982.5　204p　26cm〈書名は標題紙・背・表紙による.奥付の書名：三十年誌〉Ⓝ376.4

◆更別農業高等学校

『創立五十周年記念誌』北海道更別農業高等学校編集　更別村（十勝）創立五十周年記念事業協賛会　2003.3　207p　図版　31cm　Ⓝ376.4

◆佐呂間高等学校

『創立三十年史』佐呂間高等学校記念誌編集委員会編　佐呂間町（網走）佐呂間高等学校　1980　239p　図版　26cm　Ⓝ376.4

◆三愛女子高等学校

『［三愛女子高等学校］十五年誌』三愛女子高等学校十五年史編集委員会編　江別　三愛女子高等学校　1973　130p　図版　26cm　Ⓝ376.4

◆鹿追高等学校

『北海道鹿追高等学校創立五十周年記念誌』鹿追町（十勝）鹿追高等学校創立五十周年・新校舎落成記念事業協賛会編集部　2003.3　275p　31cm〈書名は奥付による.背・表紙書名：創立五十周年記念誌〉Ⓝ376.4

◆静内高等学校

『［静内高等学校］創立30周年記念誌』静内高等学校編　静内町（日高）静内高等学校　1971　127p　図版　23cm　Ⓝ376.4

『創立五十周年記念誌』北海道静内高等学校創立五十周年記念事業協賛会編　静内町（日高）北海道静内高等学校創立50周年記念事業並びに定時制課程閉課事業協賛会　1990.9　96p　31cm〈奥付の書名：創立50周年記念誌〉Ⓝ376.4

◆静内農業高等学校

『［静内農業高等学校］落成記念誌』静農業高

等学校落成記念協賛会記念誌編集委員会編集　静内町（日高）静内農業高等学校落成記念協賛会　1979.1　76p　26cm　Ⓝ376.4

『［静内農業高等学校］創立十五周年林業科閉科記念誌』北海道静内農業高等学校事業部記念誌編集委員会編　静内町（日高）北海道静内農業高等学校創立十五周年・林業科閉科記念事業協賛会　1992.10　221p（図版共）26cm　Ⓝ376.4

『［静内農業高等学校］創立三十周年記念誌』静内農業高等学校編　新ひだか町（日高）北海道静内農業高等学校創立三十周年記念実行委員会　2008.3　68p（図版共）30cm　Ⓝ376.4

◆標茶高等学校

『［標茶高等学校定時制課程］閉課記念誌』標茶高等学校定時制課程閉課委員会記念誌編集係編　標茶町（釧路）標茶高等学校定時制課程閉課委員会　1983　211p　26cm　Ⓝ376.4

『創立四十周年誌』標茶高等学校編　標茶町（釧路）標茶高等学校創立四十周年記念協賛会　1986.9　127p　26cm　Ⓝ376.4

『今この黎明に—北海道標茶高等学校創立50周年記念誌』標茶高等学校創立五十周年記念事業協賛会編　標茶町（釧路）標茶高等学校創立五十周年記念事業協賛会　1997.5　502p　図版　30cm　Ⓝ376.4

◆標茶農業高等学校

『創立三十年誌』標茶農業高等学校編　標茶町（釧路）標茶農業高等学校　1976　294p　図版　26cm　Ⓝ376.4

◆士別高等学校

『三十周年記念誌』北海道士別高等学校編　士別　士別高等学校　1973.7　59p　26cm〈表紙の書名：開校三十周年記念誌〉Ⓝ376.4

『暁雲—士別高等学校定時制閉課記念誌』士別高校定時制閉課記念事業協賛会記念誌部編　士別　士別高校定時制閉課記念事業協賛会記念誌部　1985　258p（図版共）26cm　Ⓝ376.4

『五十年史—北海道士別高等学校創立五十周年記念誌』士別高等学校編　士別　士別高等学校　1991　265p（図版共）26cm　Ⓝ376.4

『球魂響く—士別高等学校野球部創部五十年記念誌』士別高等学校野球部OB会編　士別　士別高等学校野球部OB会　1999　525p　30cm　Ⓝ783.7

◆標津高等学校

『［標津高等学校］20周年史』標津高等学校編　標津町（根室）標津高等学校　1970　31, 35p　図版　26cm　Ⓝ376.4

『標高五十年史』標津高等学校編　標津町（根室）標津高等学校創立50周年記念協賛会　1983.10　241p　図版　26cm　Ⓝ376.4

◆標津高等学校羅臼分校

『拾周年誌　昭和48年度』十周年誌編集委員会編　標津町（根室）標津高等学校羅臼分校　1973.9　52p　26cm　Ⓝ376.4

◆士別商業高等学校

『熱球の追憶—48年のあゆみ』士別　士別商業高等学校野球部OB会　2007.7　585p　30cm　5000円　Ⓝ783.7

◆士別東高等学校

『北海道士別東高等学校創立三十周年記念誌』士別　士別東高等学校　1978.8　86p　26cm　Ⓝ376.4

◆士幌高等学校

『三十年のあゆみ』士幌高等学校開校30周年記念事業協賛会出版部編　士幌町（十勝）士幌高等学校開校30周年記念協賛会　1980　172p（図版共）26cm　Ⓝ376.4

『十年のあゆみ』士幌高等学校農業特別専攻科開講10周年記念事業協賛会出版部編　士幌町（十勝）士幌高等学校農業特別専攻科開講10周年記念事業協賛　1984.1　122p（図版共）26cm　Ⓝ376.4

『定時制課程のあゆみ』士幌高等学校編　士幌町（十勝）士幌高等学校　1985.3　80p　26cm　Ⓝ376.4

『五十年のあゆみ—士幌高等学校創立五十周年記念誌』北海道士幌高等学校創立五十周年記念事業協賛会編集部編集　士幌町（十勝）士幌高等学校創立五十周年記念事業協賛会　2000.11　288p　図版　31cm　Ⓝ376.4

『ゆめ、発見—記念誌』士幌高等学校農業特別専攻科編　士幌町（十勝）士幌高等学校農業特別専攻科　2003.9　80p　26cm　Ⓝ376.4

『三十六年のあゆみ』北海道士幌高等学校農業特別専攻科閉科記念事業協賛会編集部編集　士幌町（十勝）北海道士幌高等学校農業特別専攻科閉科記念事業協賛会編集部　2010.3

北海道

164p 図版　30cm　Ⓝ376.4

◆清水高等学校

『[清水高等学校]創立四十年』清水高等学校編　清水町（十勝）清水高等学校　1974　100p 図版　26cm　Ⓝ376.4

『創立六十年―清高六十周年誌』清水高等学校創立六十周年記念事業協賛会編　清水町（十勝）清水高等学校創立六十周年記念事業協賛会　1994　134p　26cm　Ⓝ376.4

『北海道清水高等学校創立七十年』清水町（十勝）北海道清水高等学校創立70周年記念事業協賛会　2005.1　133p　30cm〈奥付の書名：北海道清水高等学校清高70周年誌〉Ⓝ376.4

◆下川商業高等学校

『開校三十周年記念誌』北海道下川商業高等学校編　下川町（上川）[下川商業高等学校]　1978.10　78p　26cm〈奥付の書名：三十年記念誌〉Ⓝ376.4

◆斜里高等学校

『創立35周年・新校舎落成記念誌』斜里高等学校編　斜里町（網走）斜里高等学校　1975　58p 図版　26cm　Ⓝ376.4

『斜高50年』斜里高等学校編　斜里町（網走）北海道斜里高等学校創立五十周年記念事業協賛会　1991　154p 図版　26cm　Ⓝ376.4

◆尚志学園高等学校

『北海道尚志学園高等学校50年のあゆみ』札幌　尚志学園高等学校　[2007]　15p　26cm　Ⓝ376.4

『新たな時代明け初めて―北海道尚志学園高等学校50年史』北海道尚志学園高等学校編集　札幌　尚志学園高等学校　2007.3　212p　28cm〈共同編集刊行：北海道尚志学園高等学校創立50周年記念事業協賛会〉Ⓝ376.4

◆白老高等学校

『二十の歩み―記念誌』北海道白老高等学校二十周年記念事業協賛会編　白老町（胆振）白老高等学校　1972.3　25p　26cm　Ⓝ376.4

◆白樺学園高等学校

『SHIRAKABA―白樺学園高等学校50周年記念誌』白樺学園高等学校編　芽室町（十勝）白樺学園高等学校　[1988]　26p　30cm　Ⓝ376.4

『白樺学園高等学校創立50周年記念誌』創立50周年記念誌編集部編集　白樺学園高等学校創立50周年記念事業協賛会　2007.10　220p　30cm〈書誌注記：年表あり〉Ⓝ376.48

『創立60周年記念誌』白樺学園高等学校編集　芽室町（北海道）白樺学園高等学校　2017.11　32p　30cm〈部分タイトル：白樺学園高等学校創立60周年記念誌〉

◆白糠高等学校

『白高三十年史』白糠高等学校編　白糠町（釧路）白糠高等学校　1979　166, 94p　26cm　Ⓝ376.4

◆知内高等学校

『[知内高等学校]三十年史』知内高等学校編　知内町（渡島支庁）知内高等学校　1984　71p　26cm〈書名は表紙から〉Ⓝ376.4

『智を翔ける疾風となれ―創立五十周年記念誌』知内高等学校創立五十周年記念事業協賛会編集部編　知内町（渡島）知内高等学校　2002.10　349p　27cm　Ⓝ376.4

◆新得高等学校

『三十年の歩み』新得高等学校編　新得町（十勝）新得高等学校　1979　98p（図版共）26cm〈書名は標題紙、背による．奥付書名：「三十年誌」〉Ⓝ376.4

『新風―新校舎落成記念・創立45周年記念』創立四十五周年記念誌部編　新得町（十勝）新得高等学校新校舎落成記念並びに創立45周年記念事　1993　219p 図版　26cm　Ⓝ376.4

◆新十津川農業高等学校

『三十年史』新十津川農業高等学校編　新十津川町（空知）新十津川農業高等学校　1978　85p　26cm　Ⓝ376.4

『[新十津川農業高等学校]創立三十周年』新十津川農業高等学校編　新十津川町（空知）新十津川農業高等学校　1978　1冊　28cm　Ⓝ376.4

◆寿都高等学校

『[寿都高等学校]八十年史』寿都高等学校編　寿都町（後志）寿都高等学校　1980　294p 図版　26cm〈共同刊行：寿都高等学校創立八十周年並びに新校舎落成記念事業協賛会〉Ⓝ376.4

『[寿都高等学校]90年記念誌』90周年記念誌編集委員会編　寿都町（後志）寿都高等学校　1992　287p　図版　26cm　Ⓝ376.4

『百年誌―北海道寿都高等学校創立百周年記念誌』北海道寿都高等学校創立百周年記念事業協賛会編集　寿都町（後志）北海道寿都高等学校創立百周年記念事業協賛会　2003.1　122, 92p　31cm　Ⓝ376.4

◆砂川北高等学校

『三十五年の歩み』砂川北高等学校「三十五年の歩み」編集委員会編　砂川　砂川北高等学校三十周年記念事業協賛会　1973　256p　図版　23cm　Ⓝ376.4

『清爽―北海道砂川北高等学校五十年史』砂川　北海道砂川北高等学校創立五十周年記念事業協賛会　1988.10　293p　27cm　Ⓝ376.4

『地の響―北海道砂川北高等学校閉校記念誌 1938-2006』北海道砂川北高等学校閉校記念事業協賛会編集部編集　砂川　砂川北高等学校　2006.3　245p　図版　29cm　Ⓝ376.4

◆砂川南高等学校

『[砂川南高等学校]定時制課程閉課記念誌』砂川南高等学校編　砂川　北海道砂川南高等学校定時制課程閉課記念事業協賛会　1987　162p　図版　26cm〈表紙・奥付の書名：高爽〉Ⓝ376.4

『[砂川南高等学校]五十年史』砂川南高等学校創立50周年記念事業協賛会編集　砂川　砂川南高等学校創立50周年記念事業協賛会　1992.9　309p　26cm　Ⓝ376.4

『六十年史』砂川南高等学校編　砂川　砂川南高等学校　2002.11　127p　30cm〈背の書名：創立六十周年記念誌「六十年史」〉Ⓝ376.4

◆星槎国際高等学校

『関わり合い学校―星槎国際高等学校創立10周年記念制作』芦別　星槎国際高等学校　2008.7　85p　21cm　Ⓝ376.4

◆清尚学院高等学校

『清尚源流―"花より実"のあるところ』清尚学院高等学校編　函館　清尚学院高等学校　2005.7　119p　22cm〈開校七十五周年記念誌〉Ⓝ376.4

◆壮瞥高等学校

『[壮瞥高等学校]三十年史』壮瞥高等学校創立三十周年記念協賛会事業部編集　壮瞥町（胆振）壮瞥高等学校創立三十周年記念協賛会　1979.11　124p　26cm　Ⓝ376.4

『[壮瞥高等学校]記念誌 和』壮瞥高等学校創立50周年事業協賛会記念誌部編集　壮瞥町（胆振）壮瞥高等学校創立50周年記念事業協賛会　2001.10　99p　30cm〈奥付の書名：壮瞥高等学校創立50周年記念誌〉Ⓝ376.4

◆大樹高等学校

『夢と叡智を―創立五十周年記念誌』北海道大樹高等学校創立五十周年記念事業協賛会事業部編　大樹町（十勝）大樹高等学校　1999.3　168p　30cm　Ⓝ376.4

『この十年の歩み―北海道大樹高等学校創立六十周年記念誌』北海道大樹高等学校創立60周年記念事業協賛会事業部編集　大樹町（十勝）北海道大樹高等学校　2008.10　69p　図版　30cm　Ⓝ376.4

◆大成高等学校

『夢の国日誌―北の僻地暮らしだより』小山政弘著　名古屋　風媒社　1987.2　243p　20cm　1500円　Ⓝ289

『探求と真心と実践と―北海道大成高等学校開校四十周年記念誌』記念事業協賛会記念誌部編　大成町（桧山）大成高等学校　1989　140p（図版共）26cm　Ⓝ376.4

◆滝川高等学校

『北海道滝川高等学校開校40周年校舎改築落成記念誌』滝川　滝川高等学校　1971.9　60p　26cm〈沿革史（年表）：p17～20〉Ⓝ376.4

『飛翔―滝川高等学校五十年史』滝川高等学校編　滝川　滝川高等学校創立五十周年記念事業協賛会　1979　7, 693p（図版共）27cm　Ⓝ376.4

◆滝川北高等学校

『農業教育の歩み―園芸科, 被服科閉科記念』滝川北高等学校園芸科被服科編　滝川　滝川北高等学校　1980　97p　26cm　Ⓝ376.4

『[滝川北高等学校]五十年史』滝川高等学校創立五十周年記念事業協賛会編　滝川　滝川北高等学校創立五十周年記念事業協賛会　1996.10　171p　26cm　Ⓝ376.4

◆滝川工業高等学校

『[滝川工業高等学校]校歴五十年』滝川工業高

等学校創立五十周年記念協賛会編　滝川　滝川工業高等学校創立五十周年記念協賛会　1970　197p（図版共）26cm　Ⓝ376.4

『［滝川工業高等学校］七十年史』滝川工業高等学校編　滝川　滝川工業高等学校　1990　162p　27cm　Ⓝ376.4

『［滝川工業高等学校］八十年史』滝川工業高等学校創立80周年記念協賛会編集　滝川　滝川工業高等学校　［2000］　65p　30cm　Ⓝ376.4

『［滝川工業高等学校］九十年史』滝川工業高等学校創立90周年記念協賛会編集　滝川　滝川工業高等学校　［2010］　61p　30cm　Ⓝ376.4

◆滝川商業高等学校

『滝川商業高等学校十四年史』滝川商業高等学校編　滝川　今野学園　1973　130p　22cm　Ⓝ376.4

◆滝川西高等学校

『十年の歩み』滝川西高等学校編　滝川　滝川西高等学校　1982　138p（図版共）26cm　Ⓝ376.4

『二十年の歩み　1992年』滝川西高等学校編　滝川　滝川西高等学校　1992　151p　図版　27cm　Ⓝ376.4

◆滝上高等学校

『三十年史』北海道滝上高等学校創立三十周年記念事業協賛会編　滝上町（網走）滝上高等学校　1978.10　96, 58p　26cm　Ⓝ376.4

『三十年史　別冊』北海道滝上高等学校創立三十周年記念事業協賛会編集　滝上町（網走）滝上高等学校　1978.12　33p　26cm　Ⓝ376.4

『新校舎落成・創立四十周年記念誌―北海道滝上高等学校』北海道滝上高等学校新校舎落成創立四十周年記念事業協賛会編　滝上町（オホーツク）北海道滝上高等学校　1989.10　96, 72p　26cm　Ⓝ376.4

◆伊達高等学校

『［伊達高等学校］五十五年史』伊達高等学校編　伊達　伊達高等学校　1978　351p（図版共）26cm　Ⓝ376.4

『波紋』伊達高等学校定時制課程編　伊達　伊達高等学校定時制課程閉課記念事業協賛会　1987　114, 29p　26cm　Ⓝ376.4

『日に新た―伊達高等学校創立70周年記念写真集』伊達高等学校編　伊達　伊達高等学校　1993　141p（主に図版）31cm　Ⓝ376.4

◆秩父別高等学校

『墾闘―創立20周年定時制閉課記念誌』秩父別高等学校創立20周年・定時制課程閉課記念誌編集委員会編　秩父別町（空知）秩父別高等学校創立20周年・定時制課程閉課記念事業　1979　115p　27cm　Ⓝ376.4

『墾闘―創立30周年記念誌　その2』北海道秩父別高等学校創立30周年記念協賛会事業部編集委員会編　秩父別町（空知）北海道秩父別高等学校創立30周年記念協賛会　1988.11　143p　26cm　Ⓝ376.4

『永遠―閉校記念誌』秩父別高等学校閉校記念事業協賛会編集　秩父別町（空知）秩父別高等学校閉校記念事業協賛会　2001.3　260p　31cm　Ⓝ376.4

◆千歳高等学校

『［千歳高等学校］三十年史』千歳高等学校編　千歳　千歳高等学校創立三十周年記念誌協賛会　1978　267p（図版共）26cm〈附：三十年史別冊〉Ⓝ376.4

『希望ヶ丘　五十年史―北海道千歳高等学校創立五十周年記念北海道千歳高等学校校舎改築落成記念』創立五十周年記念事業協賛会事業部記念誌編集実行委員会編集　旭川　北海道千歳高等学校創立五十周年記念事業協賛会　1999.11　251p　30cm　Ⓝ376.4

◆千歳北陽高等学校

『［千歳北陽高等学校］十年のあゆみ』創立十周年記念誌編集委員会編　千歳　北海道千歳北陽高等学校創立十周年記念協賛実行委員会　1982　223p　図版　26cm　Ⓝ376.4

◆月形高等学校

『［月形高等学校］三十年史』月形高等学校創立三十周年記念協賛会事務局編　月形町（空知）北海道月形高等学校　1978　104p（図版共）26cm〈表紙と背の書名：創立三十周年記念誌〉Ⓝ376.4

『創懇―［月形高等学校］定時制閉課記念誌』月形高等学校定時制課程閉課記念事業協賛会編集委員会編　月形町（空知）月形高等学校　1985　151p（図版共）26cm〈書名は表紙から〉Ⓝ376.4

北海道

◆津別高等学校

『楢のこころ―定時制閉課記念誌』津別高等学校定時制閉課記念誌編集委員会　津別町（網走）津別高等学校定時制課程閉課事業協賛会　1983　169p　26cm　Ⓝ376.4

◆天売高等学校

『20年の波紋―創立20周年記念，体育館落成記念』天売高等学校編　天売町（留萌）天売高等学校　1974　27p 図版　22cm　Ⓝ376.4

◆天塩高等学校

『創立二十五周年記念誌』天塩高等学校編　天塩町（留萌）天塩高等学校　1974　79p 図版　26cm　Ⓝ376.4

『閉課程記念』天塩高等学校定時制「閉課程記念」編集委員会編　天塩町（留萌）天塩高等学校定時制　1982　84p（図版共）26cm　Ⓝ376.4

『天高三十五周年誌』天塩高等学校編　天塩町（留萌）天塩高等学校創立35周年校舎落成記念協賛会　1983　330p（図版共）26cm　Ⓝ376.4

『天塩高校五十周年記念誌』天塩高等学校編　天塩町（留萌）天塩高等学校創立五十周年記念事業協賛会　［1998］　288p　26cm〈書名は奥付による。背・表紙の書名：五十周年記念誌〉Ⓝ376.4

◆弟子屈高等学校

『弟高二十年史』弟子屈高等学校編　弟子屈町（釧路）弟子屈高等学校　1972　184p 図版　26cm　Ⓝ376.4

『弟高三十年史』弟子屈高等学校編　弟子屈町（釧路）弟子屈高等学校三十年記念協賛会　1982　290p（図版共）Ⓝ376.4

『自彊不息―弟高五十年史』弟子屈高等学校編　弟子屈町（釧路）北海道弟子屈高等学校創立五十周年記念事業協賛会　1999.3　295p 図版　26cm〈奥付の書名：北海道弟子屈高等学校創立五十周年記念「自彊不息」〉Ⓝ376.4

◆戸井高等学校

『［戸井高等学校］創立20周年記念誌』戸井高等学校編　戸井町（渡島）戸井高等学校　1973　72p 図版　26cm　Ⓝ376.4

◆東海大学付属第四高等学校

『［東海大学第四高等学校］創立十周年記念誌』東海大学第四高等学校編　札幌　東海大学第四高等学校　1975.3　118p　26cm　Ⓝ376.4

『［東海大学第四高等学校］創立二十周年記念誌』東海大学第四高等学校編　札幌　東海大学第四高等学校　1985.3　378p　27cm　Ⓝ376.4

『写真で綴る四高の25年―創立25周年記念誌』札幌　東海大学第四高等学校　1989.9　100p　26cm　Ⓝ376.4

『創立三十周年記念誌』30周年記念誌編集委員会編集　札幌　東海大学第四高等学校　1994.10　326p　27cm〈奥付書名表記：東海大学第四高等学校創立30周年記念誌〉Ⓝ376.4

『創立40周年記念誌』40周年記念誌編集委員会編集　札幌　東海大学付属第四高等学校　2004.10　199p　26cm〈奥付書名表記：東海大学付属第四高等学校創立40周年記念誌〉Ⓝ376.4

『東海大四高校野球部創部50周年記念史』東海大四野球部著　札幌　東海大四野球部　2015.3　80p　1500円　Ⓝ783.7

『東海大四準優勝―2015春の甲子園』北海道新聞社編著　札幌　北海道新聞社　2015.4　63p　30cm　704円　①978-4-89453-782-8　Ⓝ783.7

◆当別高等学校

『［当別高等学校］三十周年記念誌』当別高等学校編　当別町（石狩）当別高等学校開校30周年記念祝賀協賛会　1978　146, 18p 図版　20cm　Ⓝ376.4

『［当別高等学校］創立50周年記念』北海道当別高等学校創立50周年記念事業協賛会編　当別町（石狩）当別高等学校創立五十周年記念事業協賛会　1998.10　1冊　26cm　Ⓝ376.4

『力・業・創造―［北海道当別高等学校］創立五十周年記念誌』北海道当別高等学校創立五十周年記念誌編集委員会編　当別町（石狩）当別高等学校創立五十周年記念事業協賛会　1998.10　9, 168p 図版　30cm　Ⓝ376.4

◆洞爺高等学校

『［洞爺高等学校］記念二十年誌』洞爺高等学校編　洞爺村（胆振）洞爺高等学校　1972　58p 図版　26cm　Ⓝ376.4

◆常呂高等学校

『常呂歴史物語　3　学校編』佐々木覺著，常呂町郷土研究同好会編　北見　常呂町郷土研究同好会　2018.3　49p　17cm（ところ文庫

34)〈書誌注記：文献あり〉Ⓝ211.1

◆苫小牧工業高等学校

『創立50周年記念』北海道苫小牧工業高等学校創立50周年定時制20周年記念協賛会記念誌部編　苫小牧　北海道苫小牧工業高等学校創立50周年定時制20周年記念協賛会記念誌部　1974.1　215p　26cm〈書誌注記：年表あり　背のタイトル：創立五十周年記念（定時制二十周年）〉Ⓝ376.48

『苫工六十年史』北海道苫小牧工業高等学校　苫工六十年史編纂室編集責任　苫小牧　北海道苫小牧工業高等学校創立六十周年新校舎落成記念事業協賛会　1984.5　489p　27cm〈書誌注記：年表あり〉Ⓝ376.48

『苫工人国記―その60年の軌跡：苫小牧工業高等学校同窓会結成60周年記念』AIPパブリシティ制作　札幌　［AIPパブリシティ］　1987.11　331p　26cm〈［苫小牧工業高等学校］年表：196～323〉Ⓝ376.4

『創立七十周年記念（定時制四十周年）』北海道苫小牧工業高等学校　創立七十周年記念誌編集委員編　苫小牧　北海道苫小牧工業高等学校創立七十周年記念事業協賛会　1994.5　158p　26cm〈書誌注記：年表あり　背・表紙のタイトル：創立七十周年記念〉Ⓝ376.48

『闘魂―苫工野球部75年史』金子満夫編　苫小牧　苫小牧工業高等学校　1998.12　371p　31cm　Ⓝ783.7

『時の響―創立八十周年記念誌（定時制五十周年）』北海道苫小牧工業高等学校　創立八十周年記念誌編集委員会編　苫小牧　北海道苫小牧工業高等学校創立八十周年記念協賛会　2004.4　159p　30cm〈書誌注記：年表あり〉Ⓝ376.48

『苫工創立90周年記念誌』北海道苫小牧工業高等学校　創立90周年記念誌編集委員会編　苫小牧　北海道苫小牧工業高等学校創立90周年記念協賛会　2014.3　171p　30cm〈書誌注記：年表あり　奥付のタイトル：創立90周年記念誌〉Ⓝ376.48

◆苫小牧高等商業学校

『創立五十周年記念誌』苫小牧高等商業学校編　苫小牧　学園創立50周年記念事業実行委員会　2003.10　37p　30cm　Ⓝ376.4

◆苫小牧中央高等学校

『創基75周年高等学校開校40周年記念誌』苫小牧　原学園　苫小牧中央高等学校　2001.10　126p　30cm　Ⓝ376.4

◆苫小牧西高等学校

『五十年の歩み―創立50周年誌』苫小牧西高等学校編　苫小牧　苫小牧西高等学校　1973　73p　図版　22cm　Ⓝ376.4

『六十年の歩み―創立六十周年記念誌』創立六十周年記念誌編集委員会編　苫小牧　苫小牧西高等学校創立六十周年記念事業協賛会　1981　82p　図版　26cm　Ⓝ376.4

『陽光―苫小牧西高等学校定時制課程閉課記念誌』苫小牧西高等学校編　苫小牧　苫小牧西高等学校　1985.2　136p　26cm　Ⓝ376.4

『新生―北海道苫小牧西高等学校創立七十周年記念誌』創立七十周年記念誌編集委員会編集　苫小牧　苫小牧西高等学校　1991.10　286p　図版　27cm〈書名は表紙・背による．標題紙表記：北海道苫小牧西高等学校七十年史〉Ⓝ376.4

『新生苫西の十年―時を刻み・思い出を刻む』創立八十周年記念誌編集委員会編集　苫小牧　苫小牧西高等学校創立八十周年記念事業協賛会　1999.10　115p　26cm〈北海道苫小牧西高等学校創立八十周年記念誌〉Ⓝ376.4

◆苫小牧東高等学校

『四十年史』苫小牧東高等学校編　苫小牧　苫小牧東高等学校　1977　168p　26cm　Ⓝ376.4

『50年史』苫小牧東高等学校編　苫小牧　苫小牧東高等学校　1987.12　267p（図版共）　30cm　Ⓝ376.4

◆苫小牧南高等学校

『十年史』創立十周年記念事業実行委員会事業部編　苫小牧　北海道苫小牧南高等学校創立十周年記念事業実行委員会　1986.10　226p　26cm　Ⓝ376.4

『［苫小牧南高等学校］二十年史』創立二十周年記念事業実行委員会事業部編　苫小牧　苫小牧南高等学校　1996　214p　26cm　Ⓝ376.4

◆苫前商業高等学校

『三十年史』苫前商業高等学校編　苫前町（留萌）　苫前商業高等学校　1981.9　134p　26cm〈奥付書名：苫前商業高等学校創立三十周年記念誌〉Ⓝ376.4

『天は道北―苫商四十年記念誌』苫前町（留萌）　北海道苫前商業高等学校創立四十周年記

北海道

念協賛会事業部　1992.10　111p　26cm　Ⓝ376.4

◆泊高等学校

『怒濤―創立20年：閉校記念』泊高等学校編　泊村（後志）泊高等学校　1970　98p 図版　26cm　Ⓝ376.4

◆富川高等学校

『創立三十周年記念誌』富川高等学校編　門別町（日高）富川高等学校創立30周年記念協賛会　1978　115p　26cm　Ⓝ376.4

『清雪の流れ』富川高等学校校舎改築落成記念事業協賛会編　門別町（日高）富川高等学校校舎改築落成記念事業協賛会　1986　図版1冊　31cm　Ⓝ376.4

◆豊浦高等学校

『北海道豊浦高等学校閉校記念―平和な社会と豊かな人生を求めて内浦の地に育て』豊浦高等学校閉校記念事業部編集　豊浦町（胆振）北海道豊浦高等学校閉校記念事業協賛会　2005.12　10p　30cm　Ⓝ376.4

◆豊富高等学校

『記念誌―校舎改築落成創立35+1周年』豊富高等学校（豊富町）編　豊富町（宗谷）豊富高等学校校舎改築落成記念事業協賛会　1986.10　134, 48p　26cm　Ⓝ376.4

◆とわの森三愛高等学校

『きけや愛のことばを―一目でみる三愛の30年 1958～1988年』とわの森三愛高等学校編　江別　酪農学園とわの森三愛高等学校　1988.10　64p（主に図版）26cm　Ⓝ376.4

『酪農学園の歴史と使命―私はなぜ酪農学園をつくったか』4版　黒沢酉蔵著　江別　酪農学園　1998.4　81p　19cm〈学園の沿革：p78～81〉Ⓝ376.4

『十周年を迎えて―二十一世紀・新たなる出発』酪農学園編集　江別　とわの森三愛高等学校10周年記念事業協賛会　2001.10　79p　30cm〈1991-2000〉Ⓝ376.4

◆奈井江商業高等学校

『眉根を上げて―創立50周年記念誌』奈井江商業高等学校編　奈井江町（空知）［奈井江商業高等学校］創立50周年記念事業協賛会　2001.10　168p 図版　30cm　Ⓝ376.4

◆中川商業高等学校

『一すじの道の尊し―創立五十周年記念誌』中川商業高等学校編　中川（上川）北海道中川商業高等学校創立五十周年記念事業協賛会　2000.9　121p　30cm　Ⓝ376.4

『一すじの道尊し―閉校記念誌』中川商業高等学校閉校事業協賛会編　中川町（上川）中川商業高等学校　2012.10　94p　30cm〈附属資料：DVD1枚〉Ⓝ376.4

◆中札内高等学校

『礎―北海道中札内高等学校定時制閉校記念誌』定時制閉課委員会記念誌編集委員会編　中札内村（十勝）中札内高等学校　1978.1　118p　26cm　Ⓝ376.4

『一味清風―創立三十周年記念誌』創立三十年記念誌編集委員会編集　中札内村（十勝）中札内高等学校創立三十周年記念協賛会　1985.11　351p　26cm　Ⓝ376.4

『礎―北海道中札内高等学校閉校記念誌』北海道中札内高等学校閉校記念事業協賛会編集部編集　中札内村（十勝）中札内高等学校　2008.3　197p　30cm　Ⓝ376.4

◆中標津高等学校

『三十年史』北海道中標津高等学校創立三十年記念協賛会編集部編　中標津町（根室）中標津高等学校　1978.9　208p　26cm〈沿革略史［年表］：p10～11〉Ⓝ376.4

『ともしび消えず―閉課記念誌』中標津高等学校定時制課程閉課委員会編　中標津町（根室）中標津高等学校定時制課程閉課委員会　1985.3　142p　26cm〈付：チラシ3枚〉Ⓝ376.4

『拓く ―根釧の大地に―北海道中標津高等学校創立50周年記念誌』北海道中標津高等学校創立50周年記念事業協賛会事業部記念誌編集委員会編　中標津（根室）北海道中標津高等学校創立50周年記念協賛会　1999.10　252p 図版　27cm　Ⓝ376.4

『北の果てなるラガーメン―中標津高校ラグビー部創部五十五周年記念誌』中標津高等学校ラグビー部OB会編　中標津町　中標津高等学校ラグビー部OB会　2007.12　140p　30cm　4000円　Ⓝ783.48

◆中標津農業高等学校

『草千里―［中標津農業高等学校］開校50周年記念誌』中標津農業高等学校編　中標津町（根室）中標津農業高等学校創立50周年・校舎落

成記念事業協賛会　2002.3　267p　図版　26cm　Ⓝ376.4

◆中頓別農業高等学校

『三十年史』中頓別農業高等学校編　中頓別町（宗谷）中頓別農業高等学校　1980　110p　図版　26cm　Ⓝ376.4

『朔北の地—北海道中頓別農業高等学校閉校記念誌』北海道中頓別農業高等学校閉校記念事業協賛会編　中頓別町（宗谷）中頓別農業高等学校閉校記念事業協賛会　2008.3　76p　30cm　Ⓝ376.4

◆長沼高等学校

『二十年の歩み』長沼高等学校二十周年記念誌編集委員会編　長沼町（空知）長沼高等学校　1978.9　140p　26cm〈奥付の書名：北海道長沼高等学校創立二十周年記念誌〉Ⓝ376.4

『若き日の生命謳いて　閉科記念誌』長沼高等学校家政科閉科編集委員会編　長沼町（空知）長沼高等学校家政科閉科実行委員会　1993.2　84p　26cm　Ⓝ376.4

◆七飯高等学校

『緑峰十年のあゆみ』七飯高等学校編　七飯町（渡島）七飯高等学校　1992　109p　図版　26cm　Ⓝ376.4

◆名寄高等学校

『五十年史』名寄　北海道名寄高等学校創立50周年記念事業協賛会　1972　316p　図　27cm　Ⓝ376.4

『名寄高校野球史・55年—甲子園目指して』佐藤徹雄著　名寄　佐藤徹雄　1979　318p（図版共）26cm　Ⓝ783.7

『北海道名寄高等学校八十年史—1922-2002』『北海道名寄高等学校80年史』編集委員会編　名寄　名寄高等学校　2002.10　473p　28cm　Ⓝ376.4

『朔燈—定時制課程閉課記念誌』北海道名寄高等学校創立70周年・定時制課程閉課記念協賛会定時制課程閉課記念誌編集委員会編　名寄　北海道名寄高等学校創立70周年・定時制課程閉課記念協賛会　2003.2　233p　図版　27cm　Ⓝ376.4

◆名寄恵陵高等学校

『みどりに薫る学び舎の—創立65周年記念誌』名寄恵陵高等学校編　名寄　北海道名寄恵陵高等学校創立65周年・新校舎落成記念　1985　264p（図版共）26cm　Ⓝ376.4

『希望（のぞみ）の光求めつつ—北海道名寄恵陵高等学校閉校記念誌』北海道名寄恵陵高等学校閉校事業協賛会記念誌部編纂　名寄　北海道名寄恵陵高等学校　2002.3　271p　26cm　Ⓝ376.4

◆名寄工業高等学校

『北海道名寄工業高等学校　新生への歩み』北海道名寄工業高等学校教育構想プロジェクトチーム編集　名寄　北海道名寄工業高等学校教育構想プロジェクトチーム　1984.9　42p　21cm　Ⓝ376.4

『［名寄工業高等学校］十年史』名寄工業高等学校創立十周年・校舎改築落成事業協賛会編集　名寄　名寄工業高等学校創立十周年校舎改築落成事業協賛会　1985.10　112,80p　26cm　Ⓝ376.4

◆名寄光凌高等学校

『光凌—閉校記念誌』北海道名寄光凌高等学校編集　名寄　北海道名寄光凌高等学校　2009.3　30p　30cm　Ⓝ376.4

◆名寄農業高等学校

『三十年記念誌』名寄農業高等学校編　名寄［名寄農業高等学校］　1971　236p　図版　27cm　Ⓝ376.4

『名寄定時制35年—定時制閉課記念誌』名寄農業高等学校定時制閉課委員会編　名寄　名寄農業高等学校定時制閉課委員会　1983.2　222p（図版共）26cm　Ⓝ376.4

『拓北五十年』創立五十周年記念誌編集部会編　名寄　北海道名寄農業高等学校創立五十周年記念協賛会　1991.9　321p　27cm〈奥付の書名：創立五十周年記念誌〉Ⓝ376.4

『拓北—閉校記念誌：七十年の軌跡』名寄農業高等学校閉校記念誌編集部会編　名寄　名寄農業高等学校　2010.12　93p　30cm　Ⓝ376.4

◆南幌高等学校

『止葉—創立20周年・定時制閉課程記念誌』南幌高等学校編　南幌町（空知）南幌高校創立20周年・定時制閉課程記念事業協賛会　1978　166p（図版共）26cm　Ⓝ376.4

『［南幌高等学校］三十周年記念誌』南幌高等学校編　南幌町（空知）南幌高等学校　1987　191p（図版共）26cm　Ⓝ376.4

北海道

◆仁木商業高等学校

『［仁木商業高等学校］創立二十年史』仁木商業高等学校開校20周年記念協賛会編　仁木町（後志）仁木商業高等学校　1970　339p 図版　21cm　Ⓝ376.4

『［仁木商業高等学校］創立四十周年記念誌』仁木商業高等学校編　仁木町（後志）創立四十周年校舎改築落成記念事業協賛会　1990　118p（図版共）216cm　Ⓝ376.4

『創立五十周年記念誌―北海道仁木商業高等学校』仁木商業高等学校創立五十周年記念事業協賛会編集部編　仁木町（後志）仁木商業高等学校創立五十周年記念協賛会　2000.9　90p 図版　30cm　Ⓝ376.4

『［北海道仁木商業高等学校］閉校記念誌―遠き未来を語らずや』仁木商業高等学校閉校記念誌編集委員会編　仁木町（後志）北海道仁木商業高等学校閉校記念協賛会　2011.10　92p　30cm　Ⓝ376.4

◆ニセコ高等学校

『［ニセコ高等学校］三十年史』ニセコ町（後志）［ニセコ高等学校］　1978　81p　26cm〈年表：24～40〉Ⓝ376.4

『校舎改築落成記念誌』ニセコ高等学校編　ニセコ町（後志）ニセコ高等学校　1992.10　25p　26cm〈年表：p53～75〉Ⓝ376.4

『北海道ニセコ高等学校創立五十周年記念誌』創立五十周年記念協賛会事業部編集　ニセコ町（後志）北海道ニセコ高等学校創立五十周年記念協賛会　1998.10　109p 26cm〈年表：p53～75〉Ⓝ376.4

◆沼田高等学校

『創立三十周年記念の栞』北海道沼田高等学校30周年記念の栞編集委員会編　沼田町（空知）沼田高等学校　1978.9　22p　26cm〈沿革史［年表］：p7～8〉非売品　Ⓝ376.4

『［沼田高等学校］五十年誌』北海道沼田高等学校創立五十周年記念協賛会編　沼田町（空知）北海道沼田高等学校創立五十周年記念協賛会　1998.11　140p 26cm　非売品　Ⓝ376.4

『大原野―北海道沼田高等学校閉校記念誌』沼田高等学校編　沼田町（空知）北海道沼田高等学校閉校記念事業協賛会　2010.2　179p 図版　30cm　Ⓝ376.4

◆根室高等学校

『閉課記念誌―北海道根室高等学校定時制課程』北海道根室高等学校定時制課程閉課記念事業協賛会記念誌委員会編　根室　北海道根室高等学校定時制課程閉課記念事業協賛会　1985.3　202p　30cm　Ⓝ376.4

『80年史―写真集』根室高等学校編　根室　根室高等学校創立80周年記念協賛会　1986.9　198p（主に図版）30cm　Ⓝ376.4

『芭蕉湾―創立九十周年新校舎落成記念誌』根室高等学校創立90周年・新校舎落成記念誌編集委員会編　根室　根室高等学校　1998.12　201p 図版　27cm　Ⓝ376.4

『芭蕉湾 百年一心―創立百周年記念誌』創立百周年記念誌編集委員会編　根室　根室高等学校　2006.12　309p 図版　30cm　Ⓝ376.4

◆根室西高等学校

『創立の歩み―校舎落成記念誌』根室西高等学校編　根室　根室西高等学校　［1971］　38p　26cm　Ⓝ376.4

『朔風―創立二十周年記念誌』根室西高等学校創立二十周年記念誌編集部編　根室　創立二十周年記念協賛会　1990　80p（図版共）26cm　Ⓝ376.4

◆野幌高等学校

『記念誌―農業科27年の歴史を綴る』野幌高等学校編　江別　野幌高等学校定時制農業科閉科（課程）記念行事実行委　1975　43p 図版　26cm　Ⓝ376.4

『創立三十周年誌』三十周年記念誌編集委員会編　江別　野幌高等学校　1979　118p（図版共）26cm　Ⓝ376.4

『創立五十周年記念誌』北海道野幌高等学校創立50周年記念事業協賛会事業部記念誌係編　江別　北海道野幌高等学校創立50周年記念事業協賛会　1998.10　196p 図版　26cm〈奥付の書名：50周年記念誌〉Ⓝ376.4

◆登別高等学校

『北海道登別高等学校創立定時制三十全日制二十周年記念誌』記念誌編集委員会編　登別　登別高等学校創立記念事業協賛会　1982　182p（図版共）26cm　Ⓝ376.4

『幸あれ 栄あれ 光あれ―閉校記念誌』北海道登別高等学校閉校記念事業協賛会編　登別　北海道登別高等学校閉校記念事業協賛会

2007.3　182p　26cm　Ⓝ376.4

◆登別大谷高等学校

『星霜20年』開校20周年記念誌編集委員会編　登別　登別大谷高等学校　1983　204p（図版共）26cm　Ⓝ376.4

『開校30周年記念誌』登別大谷高等学校編　登別　登別大谷高等学校　1993　96, 30p 図版　26cm　Ⓝ376.4

◆登別南高等学校

『青葉―北海道登別南高等学校十周年記念誌』登別南高等学校十周年記念事業協賛会編集部編集　登別　登別南高等学校十周年記念事業協賛会　1988.9　172p　26cm　Ⓝ376.4

◆函館恵山高等学校

『北海道函館恵山高等学校閉校記念誌―三十九年間の記録　昭和四十五年～平成二十年』函館恵山高等学校閉校事業協賛会事業部編集　函館　北海道函館恵山高等学校閉校事業協賛会　2009.2　59p 図版　30cm　Ⓝ376.4

◆函館大谷高等学校

『創立百周年誌』函館大谷学園記念誌編集部会編集　函館　函館大谷学園創立百周年記念協賛会　1988.8　505p 図版　27cm〈大谷学園略年表：p469～505〉Ⓝ376.4

『人間大好き―創立百二十周年記念誌』函館大谷学園創立百二十周年記念協賛会記念誌編纂委員会編集　函館　函館大谷学園創立百二十周年記念協賛会　2008.10　139p 図版　31cm　Ⓝ376.4

◆函館大妻高等学校

『函館大妻学園六十年の歩み―外山ハツ先生と共に：創立60周年記念』函館大妻高等学校編　函館　函館大妻学園創立60周年記念行事協賛会　1984　65p（主に図版）26cm　Ⓝ376.4

『吹奏楽50年のあゆみ―鼓笛隊から吹奏楽部へ』函館　函館大妻高等学校　1989.3　186p　26cm〈編集：矢萩美津子〉Ⓝ764.6

『一針一心道を拓く』函館　函館大妻学園創立七十周年記念協賛会　1993.10　279p　26cm〈創立七十周年記念　発行所：函館大妻学園函館大妻高等学校〉Ⓝ376.4

『心を継ぐ十年の歩み―創立八十周年記念誌』函館大妻学園創立八十周年記念誌編集委員会編　函館　函館大妻学園函館大妻高等学校

2003.10　86p　26cm　Ⓝ376.4

◆函館北高等学校

『創立十年』函館北高等学校十周年記念事業協賛会編　函館　函館北高等学校　1973.6　118p　26cm〈奥付の書名：十周年記念誌〉非売品　Ⓝ376.4

『ありがとう北高―閉校記念誌』函館北高等学校編　函館　函館北高等学校　2007.3　260p　27cm　Ⓝ376.4

◆函館工業高等学校

『函工五十年史』函館工業高等学校編　函館　函館工業高等学校　1972　364p（図版共）30cm　Ⓝ376.4

『函工60周年記念誌』函館工業高等学校創立60・70周年記念事業協賛会編　函館　函館工業高等学校創立60・70周年記念事業協賛会　1982　155p（図版共）30cm　Ⓝ376.4

『躍進する伝統―函工全日制70・定時制80周年記念誌』函館工業高等学校編　函館　函館工業高等学校創立70・80周年記念協賛会　1992.2　235p（図版共）31cm〈校史年表：p179～216, 函工定10年（昭和56年～平成3年）年表：p217～226〉Ⓝ376.4

『函工九十年史』函館工業高等学校編　函館　函館工業高等学校創立90周年記念協賛会　2002.4　225p　30cm　Ⓝ376.4

『伝統の力で創る新未来―函工100周年記念誌』北海道函館工業高等学校創立100周年記念事業協賛会記念誌編集委員会編　函館　北海道函館工業高等学校創立100周年記念事業協賛会　2012.3　546p　31cm〈書誌注記：年表あり〉Ⓝ376.48

◆函館商業高等学校

『八十年史』函館　北海道函館商業高等学校定時制課程函商同窓会定時制部会　1985.7　609, 98p　27cm〈函商夜間教育八十周年・定通教育発足三十五周年記念　奥付の書名：函商夜間教育（函商定）八十年史　背の書名：函商定八十年史〉Ⓝ376.4

『函商100―函館商業高等学校創立100周年記念』函館商業高等学校編　函館　函館商業高等学校　1986　77p　26cm　Ⓝ376.4

『函商百年史』函商百年史編集委員会編　函館　北海道函館商業高等学校創立百周年記念協賛会　1989.3　1092p　27cm　非売品　Ⓝ376.4

『函商110』函館　函商同窓会　〔1996〕　79p

北海道

26cm〈北海道函館商業高等学校創立110周年記念 共同刊行：函商PTA〉Ⓝ376.48

『函商新世紀―校舎改築落成記念』北海道函館商業高等学校校舎改築落成記念事業協賛会編 函館 北海道函館商業高等学校 2001.10 20p 30cm〈奥付のタイトル：校舎改築落成記念誌〉Ⓝ376.4118

『ももふそとせ―函商百二十周年記念写真集』創立百二十周年編集委員会編 函館 北海道函館商業高等学校創立百二十周年記念協賛会 2006.11 150p 30cm〈標題紙のタイトル：函商創立百二十周年記念写真集　年表あり〉Ⓝ376.48

『チャイナメ節のルーツの記録―原詩「Chin Chin Chinaman」発見：北海道廳立函館商業學校北海道函館商業高等学校応援歌』大角愼治著　［大角愼治］　2014.3　16p　30cm

◆函館昭和女子学園高等学校

『創立五十周年記念誌　その1』函館昭和女子学園高等学校創立50周年記念誌編集部編 函館 函館昭和女子学園高等学校創立50周年記念誌編集部 1980 131p 図版 21cm Ⓝ376.4

◆函館女子商業高等学校

『函館女子商業高等学校史―創立二十周年記念』函館 函館女子商業高等学校 1977.9 104p 21cm〈年表あり〉Ⓝ376.48

◆函館白百合学園高等学校

『百周年記念誌』函館白百合学園編　函館　函館白百合学園　1978　230p（図版共）28cm Ⓝ376.4

『函館白百合学園125周年記念誌』函館白百合学園中学高等学校編集　函館　函館白百合学園中学高等学校　2003.6　84, 22p　22×31cm〈背書名：125周年記念誌、年譜：巻末p7～10〉Ⓝ376.3

◆函館水産高等学校

『函水四十年』校誌編集委員会編　上磯町（北海道）　北海道函館水産高等学校創立四十周年記念事業協賛会　1975.10　図〔26〕p 188p 26cm Ⓝ376.4

『函水五十年』校誌編集委員会編　上磯町（渡島）　［函館水産高等学校］創立五十周年記念事業協賛会　1985　1冊　22×31cm Ⓝ376.4

◆函館大学付属柏稜高等学校

『創立四十周年記念史』函館大学付属柏稜高等学校編　函館　余市高等学校　1998.2　156p 26cm Ⓝ376.4

『函館大学付属柏稜高等学校創立50周年記念誌』函館大学付属柏稜高等学校編　函館　函館大学付属柏稜高等学校　2008.3　183p 27cm Ⓝ376.4

◆函館大学付属有斗高等学校

『函館有斗高等学校史―創立三十五周年記念』函館有斗高等学校編　函館　函館有斗高等学校　1974　130p 図版　21cm Ⓝ376.4

『函館有斗高等学校』函館　函館有斗高等学校　1978.9　152p 26cm〈創立四十周年記念　折り込み1枚　年表あり〉Ⓝ376.48

『創立五十周年記念誌―函館大学附属有斗高等学校』函館　函館大学附属有斗高等学校　1989.1　157p 27cm〈年表あり〉Ⓝ376.48

『函館大学付属有斗高等学校創立六十周年史』函館大学付属有斗高等学校編　函館　函館大学付属有斗高等学校　1999.3　161p 27cm Ⓝ376.4

『創立70周年記念誌―有斗魂』函館大学附属有斗高等学校編　函館　函館大学附属有斗高等学校　2009.2　661p 図版　31cm〈創立者の肖像あり、奥付及び表紙の書名：函館大学附属有斗高等学校創立70周年記念誌　沿革年譜：p58～66〉Ⓝ376.4

◆函館中部高等学校

『［函館中部高等学校］創立八十周年記念』函館中部高等学校編　函館　函館中部高等学校　1975　12p 26cm Ⓝ376.4

『白楊魂―創立八十周年記念誌』函館中部高等学校編　函館　函館中部高等学校　1977　236p（図版共）26cm Ⓝ376.4

『白楊ケ丘九十年―北海道函館中部高等学校創立九十周年記念誌 写真集』北海道函館中部高等学校, 北海道函館中部高等学校創立90周年記念協賛会編　函館　北海道函館中部高等学校創立90周年記念協賛会　1986.2　196p 29cm〈共同刊行：北海道函館中部高等学校創立90周年記念協賛会　付（別冊 22p）〉Ⓝ376.4

『楊燈―創立65周年記念誌』函館　北海道函館中部高等学校定時制創立65周年記念実行委員会　1988.10　278p 27cm Ⓝ376.4

『函中百年史』函館　北海道函館中部高等学校

百周年記念事業協賛会　1995.12　521p　31cm　Ⓝ376.4

『白楊魂─函中野球部百年史』函館中部高等学校硬式野球部　函館　函館中部高等学校　1998.10　193p　30cm〈函中野球部創部100周年記念誌, 函中野球部年表：p188～189, 参考文献・資料：p192〉Ⓝ376.4

『楊燈─創立七五周年記念誌』函館中部高等学校　函館　函館中部高等学校　1998.10　92p　30cm〈沿革小史：p18〉Ⓝ376.4

『創立110周年記念誌─白楊魂』北海道函館中部高等学校創立110周年記念事業協賛会編　函館　北海道函館中部高等学校創立110周年記念事業協賛会　2006.2　227p　30cm　Ⓝ376.4

◆函館西高等学校

『進─函館西高等学校定時制三十周年記念誌』函館西高等学校定時制編　函館　函館西高等学校定時制30周年記念行事協賛会　1980　294p　図版　26cm　Ⓝ376.4

『写真集庁立函館高女函館西校80年』函館西高校開校80周年校舎改築記念写真集係編　函館　函館西高等学校開校80周年校舎改築記念行事協賛会　1984　1冊　22×30cm　Ⓝ376.4

『この坂から─北海道函館西高等学校創立100周年記念誌』創立100周年記念誌編集委員会編集　函館　函館西高等学校創立100周年記念事業協賛会　2007.3　621p　図版　30cm〈年表：p585～621〉Ⓝ376.4

◆函館東高等学校

『［函館東高等学校］三十年史』函館東高等学校創立三十周年記念行事協賛会編　函館　函館東高等学校創立三十周年記念行事協賛会　1971　270p　26cm　Ⓝ376.4

『五十年誌』函館東高等学校編　函館　北海道函館東高等学校　1992　386p　図版96p　26cm　Ⓝ376.4

『理数科の軌跡　［平成9年度］』函館東高等学校編集　函館　函館東高等学校　1997.7　68p　26cm　Ⓝ376.4

『青雲球児の記録─創部60周年記念』函館東高等学校硬式野球部OB会編集　函館　函館東高等学校硬式野球部OB会　2001.3　260p　30cm〈昭和16年～平成10年（1941～1998）〉Ⓝ783.7

◆函館ラ・サール高等学校

『函館ラ・サール高等学校30周年記念誌』函館ラ・サール高等学校編　函館　函館ラ・サール高等学校　1990　155p　図版　27cm　Ⓝ376.4

◆函館稜北高等学校

『稜北二十年史』創立二十周年記念事業協賛会事業部　函館　函館稜北高等学校創立二十周年記念事業協賛会　2003.12　194p　図版　26cm　Ⓝ376.4

『閉校記念誌─三十八年間の記録』北海道函館稜北高等学校閉校記念事業協賛会事業部編集　函館　北海道函館稜北高等学校閉校記念事業協賛会　2021.1　189p　30cm〈書誌注記：年表あり　部分タイトル：北海道函館稜北高等学校閉校記念誌　タイトル・ページの団体：北海道函館稜北高等学校〉Ⓝ376.48

◆羽幌高等学校

『羽高三十年史』新校舎落成創立三十周年記念協賛会記念誌部編　羽幌町（留萌）羽幌高等学校　1982.9　258p　図版　26cm　Ⓝ376.4

『閉課記念誌三十七年の歩み』羽幌高等学校定時制課程閉課記念事業協賛会事業部編集　羽幌　羽幌高等学校定時制課程　1985.2　173p　26cm　Ⓝ376.4

◆浜頓別高等学校

『みちのり30年』浜頓別高等学校開校30周年記念協賛会編　浜頓別町（宗谷）浜頓別高等学校開校30周年記念協賛会　1980　64p　図版　26cm　Ⓝ376.4

『みちのり五十年』浜頓別高等学校創立五十周年記念事業協賛会編　浜頓別町（宗谷）浜頓別高等学校創立五十周年記念事業協賛会　2000.9　205p　図版　30cm　Ⓝ376.4

◆浜益高等学校

『群来─浜益高等学校創立20年記念誌』浜益高等学校編　浜益村（石狩）浜益高等学校　1970　94p　図版　26cm　Ⓝ376.4

『前進─北海道浜益高等学校30周年記念誌』浜益高等学校編　浜益村（石狩）北海道浜益高等学校30周年記念事業協賛会　1981　147p（図版共）26cm〈書名は表紙から〉Ⓝ376.4

◆美瑛高等学校

『しらかば─家政科閉科記念誌』美瑛高等学校

北海道

記念誌編集委員会編集　美瑛町（上川）美瑛高等学校　1984.3　83p　26cm　Ⓝ376.4

◆東川高等学校

『30周年記念誌』北海道東川高等学校創立30周年記念事業協賛会記念誌編集委員会編　東川町（上川）東川高等学校　1978.9　144p　21cm　Ⓝ376.4

『曙光―創立50周年記念誌』北海道東川高等学校創立50周年記念事業協賛会事業部編　東川町（上川）東川高等学校　1998.11　140p　26cm　Ⓝ376.4

◆東藻琴高等学校

『耕心三十年―創立30周年記念誌』東藻琴高等学校編　東藻琴村（網走）東藻琴高等学校　1983.11　202p（図版共）27cm　Ⓝ376.4

『耕心五十年―創立五十周年記念誌』東藻琴高等学校編　東藻琴村（網走）北海道東藻琴高等学校　2003.10　119p　30cm　Ⓝ376.4

◆日高高等学校

『風雪の三十年―創立30周年記念誌』日高高等学校編　日高町（日高）日高高等学校創立30周年記念協賛会　1978　87p　24cm　Ⓝ376.4

◆美唄工業高等学校

『30周年記念誌』美唄　［美唄工業高等学校］　［1971］　197p　21cm　Ⓝ376.4

『［美唄工業高等学校］四十周年記念誌』美唄工業高等学校編　美唄　美唄工業高等学校創立四十周年記念事業協賛会事業部　1981　217p　図版　26cm　Ⓝ376.4

『五十年史』美唄工業高等学校編　美唄　美唄工業高等学校　1992　623p　図版　27cm　Ⓝ376.4

『60周年記念誌』美唄工業高等学校60周年記念誌編集委員会編　美唄　北海道美唄工業高等学校創立60周年記念事業協賛会　2002.3　100p　図版　30cm　Ⓝ376.4

『集ひよる―美唄工業高等学校閉校記念誌』美唄工業高等学校閉校記念事業協賛会編集　美唄　美唄工業高等学校閉校記念事業協賛会　2013.3　144p　31cm〈沿革：p34～p50、付：ありがとう美工 閉校記念号〉Ⓝ376.4

◆美唄聖華高等学校

『記念誌』美唄　美唄聖華高等学校　1975.11　43p　26cm〈創立25周年看護科設置10周年記念〉Ⓝ376.4

◆美唄東高等学校

『窓影―美唄東高等学校35年記念誌』美唄東高等学校編　美唄　美唄東高等学校　1980　330p　27cm　Ⓝ376.4

『雄志―閉課記念誌』美唄東高等学校定時制編集　美唄　美唄東高等学校定時制閉課程記念事業協賛会　1984.2　110p　26cm　Ⓝ376.4

『窓影50年誌』美唄東高等学校記念誌編集委員会編　美唄　美唄東高等学校創立50周年記念事業協賛会　1996.10　346p　図版　31cm　Ⓝ376.4

◆美唄南高等学校

『創立二十周年記念誌』北海道美唄南高等学校創立二十周年協賛会編　美唄　美唄南高等学校　1971.9　91p　26cm　Ⓝ376.4

『十四年の歩み―閉課程記念誌』美唄南高等学校定時制課程閉課協賛会編　美唄　美唄南高等学校　1976.10　100p　26cm　Ⓝ376.4

『創立三十周年記念誌』美唄南高等学校編　美唄　美唄南高等学校　1982　234p　26cm〈美唄南高等学校創立三十周年記念誌〉Ⓝ376.4

◆美深高等学校

『［美深高等学校］二十五年史』美深高等学校編　美深町（上川）美深高等学校　1973　75p　図版　26cm　Ⓝ376.4

『三十五年史』美深高等学校編　美深町（上川）美深高等学校　1984　276p（図版共）27cm　Ⓝ376.4

◆美深高等酪農学校

『二十年のあゆみ』美深高等酪農学校編　美深町（上川）美深高等酪農学校　1973　148p（図版共）26cm　Ⓝ376.4

◆美幌高等学校

『［美幌高等学校］三十年史』美幌高等学校創立三十周年記念協賛会編　美幌町（網走）美幌高等学校　1970　221p　図版　26cm　Ⓝ376.4

『開校70周年記念誌―BIHORO HIGH SCHOOL』美幌町（網走）美幌高等学校開校70周年記念事業協賛会　2010.2　103p　30cm　Ⓝ376.4

北海道

◆美幌農業高等学校

『美農五十年史』美幌農業高等学校設立五十周年記念事業協賛会編集部編　美幌町（網走）美幌農業高等学校設立五十周年記念事業協賛会　1989.7　262p 図版　27cm　Ⓝ376.4

◆檜山北高等学校

『[桧山北高等学校]定時制課程閉課記念誌』桧山北高等学校定時制課程閉課記念事業実行委員会編　北桧山町（桧山）桧山北高等学校定時制課程閉課記念事業実行委員会　1987.3　77p　26cm　Ⓝ376.4

◆平取高等学校

『[平取高等学校]二十年誌』平取高等学校編　平取町（日高）平取高等学校　1970　81p　26cm〈書名は表紙による〉Ⓝ376.4

『[平取高等学校]三十年史』平取高等学校編　平取町（日高）平取高等学校　1979　101p　26cm〈書名は表紙による〉Ⓝ376.4

『絆長久―平取高等学校創立五十周年記念史』北海道平取高等学校編集　平取町（日高）平取高等学校　2001.3　220p　27cm　Ⓝ376.4

◆広尾高等学校

『定時制二十一年の歩み』広尾高等学校定時制課程閉校式協賛会編　広尾町（十勝）広尾高等学校定時制課程閉校式協賛会　1971.3　24p　Ⓝ376.4

『[広尾高等学校]創立三十周年記念誌』広尾高等学校編　広尾町（十勝）北海道広尾高等学校創立三十周年並びに新校舎落成記念　1981　185p（図版共）26cm　Ⓝ376.4

『世紀を超えて―創立五十周年記念誌』北海道広尾高等学校創立五十周年記念事業協賛会編集部編　広尾町（十勝）広尾高等学校　2001.1　149, 151p　26cm　Ⓝ376.4

◆風連高等学校

『20年誌』北海道風連高等学校編　風連町（上川）風連高等学校　1971.8　74p　26cm〈奥付の書名：北海道風連高等学校二十年誌〉Ⓝ376.4

『30周年記念誌―北海道風連高等学校』北海道風連高等学校編　風連町（上川）風連高等学校　1981.12　108p（図版共）26cm〈奥付の書名：北海道風連高等学校三十年誌〉Ⓝ376.4

『EMOTION & POWER―創立50周年記念誌』北海道風連高等学校編　風連町（上川）風連高等学校　2001.9　135p　30cm　Ⓝ376.4

『旅跡―閉校記念生徒支援事業「風プロジェクト」国内研修記』北海道風連高等学校第3学年編　名寄　北海道風連高等学校第3学年　2009.10　16p　30cm　Ⓝ376.4

『樹立―閉校記念特別号』風連高等学校, 風連高等学校閉校記念事業協賛会編集　風連町（上川）風連高等学校　2010.2　60p　30cm〈付：CD1枚（北海道風連高等学校校歌），共同刊行：風連高等学校閉校記念事業協賛会〉Ⓝ376.4

◆深川西高等学校

『源遠き―開校五十年・校舎改築落成記念誌』深川西高等学校編　深川　深川西高等学校　1984　70p（図版共）26cm　Ⓝ376.4

『湧雲―開校60周年記念誌』深川西高等学校開校60周年記念協賛会編　深川　深川西高等学校開校60周年記念協賛会　1998.11　400p 図版　27cm　Ⓝ376.4

『湧雲―開校70周年記念誌』深川西高等学校開校70周年記念協賛会編　深川　深川西高等学校開校70周年記念協賛会　2008.11　124p　30cm　Ⓝ376.4

『北海道深川西高校「あゆみ会事件」―真実と平和な世界を求めて』森谷長能著, 深川西高『自由の学園』を記録する会編　京都　文理閣　2014.9　264p　19cm〈書誌注記：年表あり〉1500円　978-4-89259-744-2　Ⓝ376.4115

目次　1 深川高校の設立と三島学滋雄校長の赴任, 2 あゆみ会事件のプロローグ, 3 あゆみ会の発足と活動, 4 あゆみ会事件, 5 新しい局面の展開, 6 事件の終結と教訓

『高校生たちの「自由の学園」―北海道深川西高校の自由・自治・民主主義・仲間』櫻田忠衛著　京都　文理閣　2024.4　310p　19cm　1800円　978-4-89259-954-5　Ⓝ376.48

目次　1 深川西高の前身―戦中期の旧制深川中学校, 2 旧制深川中学校から新制深川高等学校へ, 3 三島校長の教育方針と「処罰撤廃」―「処罰撤廃」と深川高校生徒会, 4 学園自治の基礎の形成と「あゆみ会事件」, 5 深川西高＝「自由の学園」の教育と学園生活―深川西高の自由, 自治, 民主主義, 仲間, 6 強制不当配転―一九六六年三月の「ミサイル人事」, 7 「ミサイル人事」後の深川西高の状況―一九六六年四月から一九六七年三月までの一年間, 8 「答辞」をめぐるたたかい―一九六七年の卒業式, 9 一九六七年の卒業式後の深川西高―破壊攻撃の継

北海道

続と生徒のたたかい
[内容]60年前、学園での暴力追放と生徒の処罰を撤廃し、自由と自治の高校をつくりあげた生徒たちがいた。今、この生徒たちの目線で「自由の学園」の経験を語り伝える。

◆深川農業高等学校

『創立三十周年記念誌』深川農業高等学校編　深川　深川農業高等学校創立三十周年記念事業協賛会　1976　34p（図版共）23cm　Ⓝ376.4

『創立四十周年校舎改築落成記念誌』記念誌発行編集委員会編　深川　深川農業高等学校　1986.11　176p　26cm　Ⓝ376.4

『創立五十周年記念誌』深川農業高等学校編　深川　深川農業高等学校　1995.2　270p　図版　27cm　Ⓝ376.4

◆深川東高等学校

『五十年史』深川東高等学校編　深川　深川東高等学校　1979.9　300p　図版　23cm　Ⓝ376.4

『東風―創立八十周年記念誌』深川東高等学校創立八十周年記念事業協賛事業部編　深川　深川東高等学校　2009.10　131p（図版共）30cm　Ⓝ376.4

◆深川東商業高等学校

『創立六十周年記念誌―星霜遙か』深川　深川東商業高等学校　1989.9　107p　26cm〈年表：p137～43〉Ⓝ376.4

◆福島商業高等学校

『福島商業高等学校二十周年記念誌』福島商業高等学校編　福島町（渡島）福島商業高等学校　1972　263p　図版　22cm　Ⓝ376.4

◆藤女子高等学校

『ゆたけきめぐみ―創立七十周年記念誌』藤女子中学校・高等学校編集　札幌　藤女子中学校・高等学校　1995.9　230p　31cm　Ⓝ376.4

◆双葉高等学校

『学校法人北海道龍谷学園双葉高等学校一〇〇年史―新たなる教育の創造　1（1907→1934（明治40年―昭和9年））』小樽　北海道龍谷学園双葉高等学校　[2008]　558p　30cm　Ⓝ376.48

『学校法人北海道龍谷学園双葉高等学校一〇〇年史―新たなる教育の創造　2（1935→1940（昭和10年―昭和15年））』小樽　北海道龍谷学園双葉高等学校　[2008]　p559-1118　30cm　Ⓝ376.48

『学校法人北海道龍谷学園双葉高等学校一〇〇年史―新たなる教育の創造　3（1941→1962（昭和16年―昭和37年））』小樽　北海道龍谷学園双葉高等学校　[2008]　p1119-1554　30cm　Ⓝ376.48

『学校法人北海道龍谷学園双葉高等学校一〇〇年史―新たなる教育の創造　4（1963→1980（昭和38年―昭和55年））』小樽　北海道龍谷学園双葉高等学校　[2008]　p1555-1978　30cm　Ⓝ376.48

『学校法人北海道龍谷学園双葉高等学校一〇〇年史―新たなる教育の創造　5（1981→2007（昭和56年―平成19年））』小樽　北海道龍谷学園双葉高等学校　[2008]　p1979-2388　30cm　Ⓝ376.48

『学校法人北海道龍谷学園双葉高等学校創立一〇〇周年記念誌―Futaba：新たなる教育の創造1907→2007：ビジュアルダイジェスト版』双葉高等学校創立100周年記念誌刊行委員会編　小樽　北海道龍谷学園双葉高等学校　2008.2　107p　30cm　Ⓝ376.48

『放物線のキセキ―寄せ集め野球部たった9人の快進撃』萩原晴一郎著　竹書房　2014.3　209p　19cm　1300円　①978-4-8124-9921-4　Ⓝ783.5

[内容]北海道の双葉高校野球部は、1年生部員が5人のみ。必死に勧誘活動を続けた結果、スキー部の3人と帰宅部の1人が助っ人として加わり、ちょうど9人で秋季大会に出場することが可能となった。だが、ベンチ内にはギクシャクした雰囲気と負けムードが漂う。そんな危機を救ったのは、スキー部の助っ人が放った一本のホームランだった。これをきっかけに、彼ら9人の"奇跡の快進撃"が始まる。

◆富良野高等学校

『[富良野高等学校]五十年史誌』富良野高等学校編　富良野　富良野高等学校五十周年記念協賛会　1976　500p　27cm　非売品　Ⓝ376.4

『白揚―定時制課程閉課記念誌』富良野高等学校定時制課程閉課記念行事期成会事業部編　富良野　富良野高等学校定時制課程閉課記念行事期成会　1983.3　128p　26cm　Ⓝ376.4

『行方も遥か吾が想い―北海道富良野高等学校創立六十五周年記念誌』協賛会事業部記念編集委員会編集　富良野　富良野高等学校　[1990]　216p　26cm〈副書名は奥付による〉

北海道

背表記：創立六十五周年記念誌「行方も遥か吾が想い」〉Ⓝ376.4

◆富良野工業高等学校

『創立30周年記念誌 隻影』富良野工業高等学校（北海道）編　富良野　北海道富良野工業高等学校　1994　101p 図版　26cm　Ⓝ376.4

◆富良野農業高等学校

『記念誌―創立十周年記念』富良野農業高等学校編　富良野　富良野農業高等学校　1977.11　50p　26cm〈奥付の書名：十周年記念誌〉Ⓝ376.4

『［富良野農業高等学校］定時制19年の歩み―定時制閉課記念』富良野農業高等学校記念誌編集委員会編集　富良野　富良野農業高等学校PTA同窓会　1986.3　26p　26cm　Ⓝ376.4

『青雲―創立二十周年記念誌』富良野農業高等学校創立二十周年記念事業協賛会記念誌編集委員会編　富良野　北海道富良野農業高等学校創立二十周年記念事業協賛会　1987.11　148p 図版　27cm　Ⓝ376.4

『農業特別専攻科20年の歩み』富良野農業高等学校「20年の歩み」編集委員会編　富良野　富良野農業高等学校　1991.12　150p　26cm〈背・表紙の書名：20年の歩み〉Ⓝ376.4

『閉校記念誌―拓新』富良野農業高等学校閉校事業協賛会編集部編　富良野　北海道富良野農業高等学校閉校事業協賛会　2001.3　239p　30cm　Ⓝ376.4

◆古平高等学校

『［古平高等学校］新校舎落成創立三十周年記念誌』古平高等学校新校舎落成・創立三十周年記念誌編集委員会編　古平町（後志）古平高等学校新校舎落成・創立三十周年記念事業協賛会　1979　74, 27p　26cm　Ⓝ376.4

◆振内高等学校

『沙流川の灯―振内高等学校閉校記念誌』振内高等学校編　平取町（日高）振内高等学校　1975　97p 図版　26cm　Ⓝ376.4

◆別海高等学校

『別高三十年史』別海高等学校創立三十周年記念協賛会編集部編　別海町（根室）北海道別海高等学校　1980.5　215p　26cm　Ⓝ376.4

『別高四十年史』別海高等学校創立40周年記念誌編集部編　別海町（根室）北海道別海高等学校　1990.8　227p 図版　26cm　Ⓝ376.4

『酪理同胞専攻科の20年』別海高校農業特別専攻科同窓会編　別海町（根室）別海高等学校　1993　148p（図版共）26cm　Ⓝ376.4

『新たな風に向かって 五十年の歩み―北海道別海高等学校創立五十周年記念誌』別海高等学校創立五十周年記念誌編集部編　別海町（根室）北海道別海高等学校　2001.10　8, 288p　31cm　Ⓝ376.4

『新生への軌跡―創立六十周年記念誌：桜の花の咲く頃に』別海高等学校創立六十周年記念誌編集部編　別海町（根室）北海道別海高等学校　2011.3　268p　30cm　Ⓝ376.4

◆別海酪農高等学校

『［別海酪農高等学校］創立二十周年記念誌』別海酪農高等学校編　別海町（根室）別海酪農高等学校　1972　180p 図版　26cm〈表紙には別海農業高等学校とあり〉Ⓝ376.4

◆北照高等学校

『北照高等学校六十三年誌』北照高等学校編　小樽　〔北照高等学校〕　1989.9　50p　21cm　Ⓝ376.4

『北照九十年史』北照高等学校編　小樽　〔北照高等学校〕　1991.9　494p　22cm　Ⓝ376.4

◆北星学園女子高等学校

『北星学園女子中学・高等学校の110年―1887-1997』北星学園女子中学高等学校110年史編集委員会編　札幌　北星学園女子中学高等学校　1997.9　118p　25×26cm〈年表あり〉Ⓝ376.48

◆北星学園新札幌高等学校

『写真でつづる25年のあゆみ』札幌　北星学園新札幌高等学校　1987.9　28p　26×26cm　Ⓝ376.4

『地を継ぐもの―私学・北星新札幌高校の二五年』二五年史刊行委員会編　札幌　北星学園新札幌高等学校　1989.8　873p　22cm　Ⓝ376.4

『地を継ぐもの―北星新札幌高校二五年小史』二五年史刊行委員会編　札幌　北星学園新札幌高等学校　1989.9　163p　19cm　Ⓝ376.4

◆北星学園大学附属高等学校

『［北星学園大学附属高等学校］開校50周年記念写真集　北星学園大学附属高等学校』札幌

北星学園大学附属高等学校　2012.11　40p　30cm　Ⓝ376.4

◆北海高等学校

『百折不撓―北海高等学校九十五周年記念アンソロジー』札幌　北海高等学校　1980.5　413p　21cm〈北海高等学校九十五年史年表：p396～411〉Ⓝ376.4

『北海百年史―百折不撓』北海学園創基百周年記念事業出版専門委員会北海百年史編集委員会編　札幌　北海学園　1986.2　917p　22cm〈折り込図1枚　北海百年史年表：p889～910〉Ⓝ376.4

『北海野球部百年物語―北の球児、闘いの記録 since 1901』北海高等学校野球部史制作委員会編　札幌　北海高等学校野球部史制作委員会　2009.8　1565p　27cm　11429円　①978-4-9904844-0-8　Ⓝ783.7

『北海高等学校最近の25年―1985-2010』北海高等学校編　札幌　北海高等学校　2011.3　224p　29cm〈創立125周年記念　年表あり〉Ⓝ376.48

『北海中学・北海高校弓道部100周年記念誌―1911-2011』札幌　北海高校弓道部星箭会100周年記念事業実行委員会100周年記念誌編集委員会　2013.2　335p　30cm〈書誌注記：年表あり　標題紙のタイトル：北海中学・北海高校弓道部100周年〉Ⓝ789.5

『一にも押せ、二にも押せ―北海相撲部88年の軌跡』北明邦雄編　札幌　北明邦雄　2014.11　261p　29cm〈書誌注記：年表あり〉非売品　Ⓝ788.1

『熱闘！　北海準優勝―2016夏の甲子園』北海道新聞社編　札幌　北海道新聞社　2016.9　63p　30cm　926円　①978-4-89453-839-9　Ⓝ783.7

『北海陸上競技部創部100周年記念誌―南部忠平氏生誕116年』北海陸上部OB・OG会　2021.10　85p（図版共）26cm　Ⓝ782

『北海中学・北海高校弓道部110周年―1911-2021』札幌　北海高校弓道部星箭会北海高校弓道部110周年記念誌編集委員会　［2023］126p　30cm〈書誌注記：年表あり　背のタイトル：北海中学・北海高校弓道部110周年記念誌〉Ⓝ789.5

『北の名門・北海が掲げる勝負至上主義』平川敦著　竹書房　2024.7　223p　19cm　1750円　①978-4-8019-4056-7　Ⓝ783.7

|目次|第1章 北海道の高校野球と北海の歩み―なぜ私たちは、夏に強いのか？（北海の歴史, 南北海道の高校野球の変遷 ほか）, 第2章 野球との出会いから北海の監督になるまで―U‐18侍ジャパンのコーチで学んだこと（夏は野球、冬はスケートの幼少期、野球に専念するため、親元を離れて北海に入学 ほか）, 第3章 不易流行によるチーム作り―臨機応変と「勝負至上主義」が根幹にある私の指導論（指導方針の根幹は「不易流行」, 指導者としての私の考え「10のポイント」ほか）, 第4章 北海の野球と練習法―私たちは長い冬をいかに過ごし、心身を鍛えているのか（野球部のスタッフ/部員数と施設・設備, シーズン中とシーズンオフのスケジュールと練習内容 ほか）, 第5章 悲願の日本一を目指して―これからの北海、これからの高校野球（これからの高校野球を考える―競技人口の減少を食い止めるには、チームの中で生きる術を学ぶ―高校野球は全員野球 ほか）

|内容|負けて学び、勝っても謙虚に。全国最多、夏の甲子園40回出場を誇る北海。北海道の厳しい冬と単調な練習を、「我慢強さ」と「根性」で乗り越えて「勝利への執念」を育んでいき、「勝負史上主義」で目指す、悲願の日本一！

◆北海道日本大学高等学校

『［北海道日本大学高等学校］二十年の歩み』北海道日本大学高等学校創立二十周年記念誌編集委員会編集　白老町（胆振）北海道日本大学高等学校　1984.9　165p　27cm　Ⓝ376.4

◆穂別高等学校

『二十年のあゆみ―北海道穂別高等学校創立20周年記念誌』創立20周年記念事業協賛会記念誌部編　穂別町（胆振）穂別高等学校　1972.2　26p　26cm　Ⓝ376.4

『あかえぞ―創立三十五周年記念誌』穂別高等学校創立三十五周年校舎改築落成記念事業協賛会編　穂別町（胆振）穂別高等学校創立三十五周年校舎改築落成記念事業協賛会　1986.10　79p　26cm　Ⓝ376.4

『自由が丘―北海道穂別高等学校創立50周年記念誌』創立五十周年記念事業協賛会事業部編集　穂別町（胆振）創立五十周年記念事業協賛会　2002.10　125p　26cm〈奥付書名表記：北海道穂別高等学校創立五十周年記念誌『自由が丘』〉Ⓝ376.4

◆幌加内高等学校

『幌高四十年史』北海道幌加内高等学校創立四十周年記念協賛会編　幌加内町（空知）北海道幌加内高等学校創立四十周年記念協賛会　1994　94p 図版　26cm〈奥付書名：創立四十周年記念誌〉Ⓝ376.4

『五十年史―北海道幌加内高等学校創立50周年

記念誌』幌加内高等学校編　幌加内町（空知）北海道幌加内高等学校創立50周年記念事業協賛会　2004.10　101p　図版　27cm〈表紙の書名：北海道幌加内高等学校五十年史〉Ⓝ376.4

◆幌加内農業高等学校

『創立二十周年記念誌』北海道幌加内農業高等学校創立二十周年記念協賛会編　幌加内町（空知）幌加内農業高等学校　1974.9　67p　26cm〈奥付の書名：幌加内農業高等学校創立二十周年記念誌〉Ⓝ376.4

『北海道幌加内農業高等学校創立三十周年記念誌』幌加内農業高等学校編　幌加内町（空知）創立30周年記念事業協賛会　1984　131p（図版共）26cm　Ⓝ376.4

◆本別高等学校

『燦々朗々烈々…と五十年』本別高等学校開校五十周年新築落成記念事業協賛会編　本別町（十勝）本別高等学校開校五十周年新築落成記念事業協賛会　1994　197p　図版　27cm　Ⓝ376.4

『北海道本別高等学校創立80周年記念誌』北海道本別高等学校創立80周年記念事業協賛会編集　本別町（北海道）北海道本別高等学校創立80周年記念事業協賛会　2022.10　146p　30cm〈書誌注記：年表あり　部分タイトル：燦々と燃ゆる陽〉Ⓝ376.48

◆幕別高等学校

『北海道幕別高等学校開校三十周年記念誌』30周年記念協賛会編　幕別町（十勝）幕別高等学校協賛会　1978　114p（図版共）26cm　Ⓝ376.4

『歴史踏みて—自動車科二十五年のあゆみ』創立四十周年・校舎落成記念協賛会記念誌編集委員会編集　幕別町（十勝）幕別高等学校　1988.2　80p（図版共）26cm　Ⓝ376.4

『星霜四十年—創立四十周年・新校舎落成記念』幕別町（十勝）幕別高等学校　1988.9　97p（図版共）27cm〈タイトルは奥付による〉Ⓝ376.4

◆増毛高等学校

『三十年の歩み　[昭和45年度]』創立三十周年記念協賛会記念誌編集部編集　増毛町（留萌）北海道増毛高等学校創立三十周年記念協賛会　1970.9　20p　26cm　Ⓝ376.4

『増高四十年史』増毛高等学校創立四十周年記念事業協賛会記念誌編集部編　増毛町（留萌）北海道増毛高等学校創立四十周年記念事業協賛会　1981　384p　図版　23cm　Ⓝ376.4

『閉課記念誌三十二年の歩み』増毛高等学校定時制課程閉課事業協賛会記念誌編集部編　増毛町（留萌）北海道増毛高等学校定時制課程閉課事業協賛会　1982.2　230p　22cm　Ⓝ376.4

『六十年のあゆみ—北海道増毛高等学校創立六十周年記念誌』増毛高等学校創立六十周年事業協賛会事業部編集　増毛町（留萌）北海道増毛高等学校創立六十周年事業協賛会　2000.10　66p　30cm　Ⓝ376.4

『増毛高校70年のあゆみ—北海道増毛実科高等女学校・北海道増毛高等女学校・北海道増毛高等学校』閉校及び創立70周年事業協賛会事業部編　増毛町（北海道）北海道増毛高等学校閉校及び創立70周年事業協賛会　2011.3　216p　30cm〈書誌注記：年表あり〉Ⓝ376.48

◆真狩高等学校

『30年史』真狩村（後志）北海道真狩高等学校　1978.11　143p　26cm〈奥付の書名：北海道真狩高等学校創立三十周年記念誌〉Ⓝ376.4

『創立五十周年記念誌』真狩高等学校編　真狩村（後志）北海道真狩高等学校創立五十周年記念協賛会　1998.11　173p　27cm　Ⓝ376.4

◆松前高等学校

『三十年史—北海道松前高等学校三十周年記念誌』松前高等学校編　松前町（渡島）松前高等学校同窓会　1980　70p（図版共）26cm　Ⓝ376.4

◆三笠高等学校

『創立30周年記念誌』北海道三笠高等学校創立30周年記念事業協賛会編　三笠　三笠高等学校　1975.9　104p　26cm　Ⓝ376.4

『[三笠高等学校]五十年誌』三笠高等学校創立五十周年記念事業協賛会編集部会編　三笠　三笠高等学校創立五十周年記念事業協賛会　1995.10　175p　26cm　Ⓝ376.4

『とよさか—北海道三笠高等学校閉校記念誌』三笠　北海道三笠高等学校閉校記念事業協賛会　2011.12　67p　30cm〈書誌注記：年表あり〉Ⓝ376.48

◆三笠高美高等学校

『[北海道三笠高美高等学校]創立二十周年記念

誌』三笠高美高等学校編　三笠　三笠高美高等学校創立20周年記念行事協賛会事業部　1979　78, 103p　26cm　Ⓝ376.4

『[三笠高美高等学校]閉校誌』三笠高美高等学校編　三笠　三笠高美高等学校閉校誌編集委員会　1987　115p　26cm　Ⓝ376.4

◆三石高等学校

『若駒　閉校記念』三石高等学校編　三石町（日高）三石高等学校　1974　91p　図版　26cm　Ⓝ376.4

◆南富良野高等学校

『創立30周年記念誌』南富良野町（上川）南富良野高等学校　1978.9　42p　26cm〈奥付の書名：三十周年記念誌〉Ⓝ376.4

『一碧の空―創立四十周年記念』北海道南富良野高等学校創立四十周年記念協賛会編　南富良野町（上川）北海道南富良野高等学校創立四十周年記念協賛会　1988.11　99p　26cm　Ⓝ376.4

◆鵡川高等学校

『二十年の流れ』創立20周年記念協賛会事業部編　鵡川町（胆振）鵡川高等学校　1972.11　97p　23cm〈標題紙の書名：記念誌、奥付の書名：創立20周年記念誌〉非売品　Ⓝ376.4

『使命を終えて―定時制課程閉課記念誌』鵡川高等学校編　鵡川町（胆振）鵡川高等学校　1976　43p　図版　26cm　Ⓝ376.4

『四十年史―北海道鵡川高等学校創立四十年記念誌』北海道鵡川高等学校創立四十周年記念協賛会事業部企画・編集　鵡川町（胆振）北海道鵡川高等学校創立四十周年記念協賛会　2002.9　238p（図版共）27cm　Ⓝ376.4

◆室蘭大谷高等学校

『報恩感謝―創立五十周年記念誌』室蘭　室蘭大谷高校創立五十周年記念協賛会　2007.9　80p　30cm　Ⓝ376.4

◆室蘭啓明高等学校

『[室蘭啓明高等学校]三十年のあゆみ』室蘭啓明高等学校編　室蘭　室蘭啓明高等学校　1978　212p（図版共）22cm　Ⓝ376.4

『四十三年のあゆみ―閉校記念』室蘭啓明高等学校編　室蘭　北海道室蘭啓明高等学校閉校記念事業協賛会　1991　232p　図版　31cm　Ⓝ376.4

◆室蘭工業高等学校

『室工五十年史―北海道室蘭工業高等学校創立五十年記念誌』創立五十年記念誌編集委員会編集　室蘭　室蘭工業高等学校創立五十周年記念事業協賛会　1992.3　511p　図版　27cm〈背の書名表記：創立五十年記念誌〉Ⓝ376.4

『室校六十年史―北海道室蘭工業高等学校創立六十年記念誌』創立六十年記念誌編集委員会編集　室蘭　室蘭工業高等学校創立六十周年記念事業協賛会　2002.3　213p　図版　27cm〈背の書名表記：創立六十年記念誌〉Ⓝ376.4

◆室蘭栄高等学校

『希望は果なし―室中から栄高へ：室蘭栄高等学校創立六十周年記念誌』室蘭栄高等学校編　室蘭　室蘭栄高等学校　1978　360p（図版共）26cm　Ⓝ376.4

『想苑』室蘭栄高等学校定時制課程創立30周年記念誌編集部編集　室蘭　室蘭栄高等学校定時制創立三十周年記念協賛会　1979.10　195p　26cm　Ⓝ376.4

『ここにわれらあり―栄高校70周年記念誌』室蘭栄高等学校編　室蘭　室蘭栄高等学校創立70周年協賛会　1988.6　149p　26cm　Ⓝ376.4

『栄えよ　われらが母校―北海道室蘭栄高等学校創立80周年記念誌』室蘭栄高等学校創立80周年記念誌編集部編　室蘭　室蘭栄高等学校　1997.10　229p　27cm　Ⓝ376.4

『灯下の青春―北海道室蘭栄高等学校定時制課程開設50周年記念誌』室蘭栄高等学校定時制開設50周年記念協賛会編集部編　室蘭　室蘭栄高等学校定時制開設50周年記念協賛会　1998.11　76p　26cm　Ⓝ376.4

『白鳥会（会報集冊版創刊号～25号）―北海道室蘭栄高等学校創立90周年記念誌』室蘭栄高等学校創立90周年記念協賛会編集部編　室蘭　室蘭栄高等学校創立90周年記念協賛会　2007.10　472p　30cm　Ⓝ376.4

◆室蘭清水丘高等学校

『清水丘六十年』六十周年記念協賛会事業部編　室蘭　室蘭清水丘高等学校創立六十周年記念協賛会　1980　266p（図版共）27cm　Ⓝ376.4

『眸をあげよ―写真でみる七十星霜』北海道室蘭清水丘高等学校創立70周年記念協賛会編　室蘭　北海道室蘭清水丘高等学校創立70周年記念協賛会　1988.9　173p　31cm　非売品

Ⓝ376.4

『蒼穹―定時制課程閉課記念誌』室蘭清水丘高等学校定時制課程閉課記念事業協賛会編　室蘭　室蘭清水丘高等学校定時制課程閉課記念事業協賛会　1995.7　40p　26cm　Ⓝ376.4

『清水丘八十年―北海道室蘭清水丘高等学校創立80周年・校舎改築落成記念誌』80周年・校舎改築落成記念事業部編　室蘭　北海道室蘭清水丘高等学校八十周年並びに校舎改築落成記念事業協賛会　1999.12　156p　27cm　Ⓝ376.48

『清水丘10年のあゆみ―北海道室蘭清水丘高等学校創立90周年記念誌』室蘭清水丘高等学校創立90周年記念事業協賛会編　室蘭　[室蘭清水丘高等学校]創立90周年記念事業協賛会　2009.1　124p（図版共）30cm　Ⓝ376.4

◆室蘭商業高等学校

『室商五十年のあゆみ』室蘭商業高等学校編　室蘭　室蘭商業高等学校　1974　309p（図版共）27cm〈室商創立50周年協賛会記念出版〉Ⓝ376.4

『六十年史―励め青春時惜しめ』創立60周年記念事業協賛会事業部編　室蘭　創立60周年記念事業協賛会　1983.9　204p（図版共）26cm〈奥付書名：北海道室蘭商業高等学校創立六十周年記念誌〉Ⓝ376.4

『七十年史―時を超えて』室蘭商業高等学校創立七十周年記念事業協賛会事業部編　室蘭　[室蘭商業高等学校]創立七十周年記念事業協賛会　1993.10　228p　26cm〈奥付の書名：北海道室蘭商業高等学校創立七十周年記念誌〉Ⓝ376.4

『八十年史 傘寿の賀―北海道室蘭商業高等学校創立八十周年記念誌』創立八十周年記念事業協賛会事業部編集　室蘭　創立八十周年記念事業協賛会　2003.10　197p　26cm　Ⓝ376.4

◆室蘭東高等学校

『開校十周年記念誌』室蘭東高等学校編　室蘭　室蘭東高等学校　1973　50, 32p 図版　26cm　Ⓝ376.4

◆女満別高等学校

『[女満別高等学校]創立二十周年記念誌』女満別高等学校創立二十周年記念事業協賛会記念誌部編　女満別町（網走）女満別高等学校創立二十周年記念事業協賛会記念誌　1970　63p 図版　26cm　Ⓝ376.4

『新校舎落成記念誌』女満別高等学校　女満別町（網走）女満別高等学校校舎落成記念事業協賛会　1979.1〈奥付の書名：北海道女満別高等学校新築落成記念誌〉Ⓝ376.4

『創立30年史』女満別高等学校同窓会編集部事務局編　女満別町（網走）女満別高等学校創立30周年記念事業協賛会女満別高等学校同窓会　1981.3　248p　26cm　Ⓝ376.4

『四十周年記念誌』女満別高等学校創立40周年記念事業協賛会編　女満別町（網走）女満別高等学校創立40周年記念事業協賛会　1990.11　158p　26cm　Ⓝ376.4

『業学一体―創立五十周年記念誌』北海道女満別高等学校創立五十周年記念事業協賛会記念誌部編集部編　女満別町（北海道）北海道女満別高等学校創立五十周年記念協賛会　2001.1　302p　27cm　Ⓝ376.48

◆芽室高等学校

『芽高30年史―青春その軌跡』芽室高等学校編　芽室町（十勝）芽室高等学校開校30周年記念事業協賛会　1979　146p 図版　26cm　Ⓝ376.4

『定時制閉課・新校舎落成記念誌』芽室高等学校編　芽室町（十勝）芽室高等学校記念事業協賛会　1984.1　205p（図版共）26cm　Ⓝ376.4

『五十年史』創立五十周年記念事業協賛会編集部編　芽室町（十勝）芽室高等学校　1999.9　166p　26cm〈奥付の書名：創立五十周年記念史〉Ⓝ376.4

◆妹背牛商業高等学校

『三十年史』妹背牛商業高等学校編　妹背牛町（空知）妹背牛商業高等学校　1979　91p（図版共）26cm　Ⓝ376.4

『遠き誇りを承け継がん―北海道妹背牛商業高等学校閉校記念誌』妹背牛商業高等学校編　妹背牛町（空知）北海道妹背牛商業高等学校閉校事業協賛会　2009.3　127p　30cm　Ⓝ376.4

◆森高等学校

『森高等学校三十年史　1964』森町（渡島）[森高等学校]　1973　204　26cm　Ⓝ376.4

『定時制課程閉課記念誌 並木道』森高等学校定時制課程閉課記念事業協賛会編　森町（渡島）森高等学校定時制課程閉課記念事業協賛会　1995　211p（図版共）27cm　Ⓝ376.4

北海道

◆紋別北高等学校

『[紋別北高等学校]創立40周年記念誌』紋別北高等学校創立40周年記念協賛会編　紋別　紋別北高等学校　1984　244p（図版共）26cm　Ⓝ376.4

『創立50周年記念誌』紋別北高等学校著　紋別　紋別北高等学校　1993　247p 図版　27cm〈表紙の書名：創立五十周年更なる発展を〉Ⓝ376.4

『創立60周年記念誌』紋別北高等学校著　紋別　紋別北高等学校　2003.9　125p　26cm〈表紙の書名：六十年史新世紀を踏みしめて〉Ⓝ376.4

『北海道紋別北高等学校閉校記念誌』紋別北高等学校閉校記念事業協賛会編集部実行委員会編集　紋別　北海道紋別北高等学校閉校記念事業協賛会　2009.3　156p　30cm　Ⓝ376.4

◆紋別南高等学校

『[紋別南高等学校]四十周年記念誌』紋別南高等学校編　紋別　紋別南高等学校　[1996]　73p 図版　26cm　Ⓝ376.4

『[紋別南高等学校]創立五十周年記念誌』紋別南高等学校編　紋別　紋別南高等学校　[2006]　102p（図版共）30cm　Ⓝ376.4

◆焼尻高等学校

『怒濤―焼尻高等学校閉校記念誌』焼尻高等学校編　羽幌町（留萌）焼尻高等学校　1979　102p 図版　26cm　Ⓝ376.4

◆八雲高等学校

『五十年史』八雲高等学校編　八雲町（渡島）八雲高等学校　1975.4　212p　26cm　Ⓝ376.4

『夜つゆ―[八雲高等学校]定時制課程閉課記念誌』八雲高等学校定時制課程編　八雲町（渡島）八雲高等学校定時制課程　1993　229p 図版　27cm　Ⓝ376.4

『遊楽部山河に幾星霜―創立70周年記念誌』八雲高等学校（北海道）創立70周年記念誌編集委員会編　八雲町（渡島）北海道八雲高等学校創立70周年記念協賛会　1994　327p（図版共）31cm　Ⓝ376.4

◆夕張北高等学校

『夕北定25年史』夕張北高等学校定時制編　夕張　夕張北高等学校定時制　1973　210p 図版　26cm　Ⓝ376.4

『蛍光の仲間―夕張北高等学校定時制課程閉課記念誌』夕張　夕張北高等学校定時制課程閉課記念事業協賛会　1988.3　144, 47p　26cm　Ⓝ376.4

◆夕張工業高等学校

『[夕張工業高等学校]六十年のあゆみ』夕張工業高等学校「六十年のあゆみ」編集委員会編　夕張　北海道夕張工業高等学校「創立六十年・新校舎落成記　1983　188, 18p 図版　26cm　Ⓝ376.4

◆夕張東高等学校

『シューパロ―夕張東高等学校創立20周年記念誌』夕張東高等学校編　夕張　夕張東高等学校　1972　139p（図版共）26cm　Ⓝ376.4

『岳窓―閉校記念誌』夕張東高等学校編　夕張　夕張東高等学校　1983.3　232p　26cm　Ⓝ376.4

◆夕張南高等学校

『夢永遠に輝けよ―閉課記念誌』夕張南高等学校定時制課程編　夕張　夕張南高等学校定時制課程　1981　76p　26cm　Ⓝ376.4

◆湧別高等学校

『二十周年記念誌』二十周年記念誌編集委員会編　湧別町（網走）湧別高等学校　1973.9　104, 2, 57p　26cm　非売品　Ⓝ376.4

『三十周年記念誌』湧別高等学校、三十周年記念誌編集委員会編　湧別町（網走）創立30周年校舎改築落成記念協賛会　1983.9　10, 77p 図版　26cm〈写真集懐旧、わが学び舎1983を収載〉Ⓝ376.4

◆有朋高等学校

『有朋高等学校創立三十周年記念誌』有朋高等学校編　札幌　有朋高等学校　1978　233p　27cm　Ⓝ376.4

『記念誌―創立四十周年定時制課程設置十周年』有朋高等学校編　札幌　有朋高等学校創立40周年定時制課程設置40周年記念　1988.10　188p　26cm　Ⓝ376.4

『有朋―単位制課程10年の記録』北海道有朋高等学校記念刊行物作成プロジェクトチーム編　札幌　有朋高等学校　2001.3　116p　30cm　Ⓝ376.4

『北海道有朋高等学校単位制課程二十周年記念誌』北海道有朋高等学校単位制課程に十周年

記念誌編集委員会編集　札幌　有朋高等学校単位制課程二十周年記念事業協賛会　2011.3　144p　30cm　Ⓝ376.4

◆由仁高等学校

『まほいね—北海道由仁高等学校定時制閉課記念』由仁高等学校定時制閉課記念誌編集委員会編　由仁町（空知）由仁高等学校定時制閉課記念事業協賛会　1982　252p（図版共）26cm　Ⓝ376.4

『まほいね—由仁高等学校創立35周年校舎改築落成記念誌』由仁高等学校記念誌編集委員会　由仁町（空知）由仁高等学校記念誌編集委員会　1984　145p　26cm　Ⓝ376.4

◆由仁商業高等学校

『まおいね—北海道由仁商業高等学校創立五十周年記念誌』北海道由仁商業高等学校創立五十周年記念誌編集部編集　由仁町（空知）由仁商業高等学校創立五十周年記念事業協賛会　1997.10　181p　27cm　Ⓝ376.4

『まおいね—北海道由仁商業高等学校閉校記念誌』由仁商業高等学校編　由仁町（空知）由仁商業高等学校　2011.2　87p　30cm　Ⓝ376.4

◆余市高等学校

『余高五十年』北海道余市高等学校記念誌編集委員会編　余市町（北海道）北海道余市高等学校創立五十周年記念事業協賛会　1975.3　244p　図　23cm　Ⓝ376.4

『余高七十年—北海道余市高等学校70周年記念誌』余市高等学校編　余市町（後志）余市高等学校　1995　353p（図版）27cm　Ⓝ376.4

『飛翔—北海道余市高等学校スキー部75年の軌跡』余市町（後志）北海道余市高等学校スキー部OB会　2009.11　152p　30cm　Ⓝ784.3

◆余市高等学校（北星学園）

『新しい学園づくりをめざして—ある私立高校10年の歩み』北星学園余市高等学校編　余市町（後志）北星学園余市高等学校　1975　207p　22cm　Ⓝ376.4

『北の大地に灯かがげて—北星余市高校の二〇年』北星学園余市高等学校著　余市町（北海道）〔北星学園余市高等学校〕　1987.9　441p　19cm　1000円　Ⓝ376.4

『学校へ行きたい—北星余市高の新しい試み』広瀬誠著　札幌　亜璃西　1989.11　223p　19cm　1200円　Ⓘ4-900541-05-2　Ⓝ376.4

『やりなおさないか君らしさのままで—生徒・父母・教師が綴る私の北星余市物語』北星学園余市高等学校編　教育史料出版会　1995.7　293p　19cm　1545円　Ⓘ4-87652-273-1　Ⓝ376.4

目次　1 わたしの青春と北星余市, 2 親と子—それぞれの出発, 3 苦しみをこえて自立へ—教師とともに, 4 親が変われば子も変わる, 5 広がる北星ネットワーク, 6 北星余市高校ガイド

『学校の挑戦—高校中退・不登校生を全国から受け入れたこの10年』北星学園余市高等学校編　教育史料出版会　1997.1　282, 12p 図版12枚　19cm　1500円　Ⓘ4-87652-308-8　Ⓝ376.411

目次　1 廃校の危機からの脱出, 2 クラスで生きるクラスが変わる, 3 学校とは何か, を求めて, 4 生徒会行事に熱く燃える, 5 生徒指導, 寮下宿, 進路

『よみがえる高校—ツッパリが泣いた！ 落ちこぼれが笑った！』河野啓著　集英社　2000.4　215p　20cm　1500円　Ⓘ4-08-781185-9　Ⓝ376.411

目次　時間が演出した感動, 「わが母校」北星余市高校, ドン底からの劇的な変貌, 転ばせる教育, 休ませる教育, 「ふくろう病」のマナブ君, 卒業証書がズッシリと重い, 学校とは何か？, ガンさんが倒れた！, 「教育」と「町おこし」〔ほか〕

内容　報道特集（TBS系）「学校とは何か？」で感動の嵐!!登校拒否や中退者などの"落ちこぼれ"と呼ばれる生徒たちを受け入れてきたある私立高校の12年にわたる闘いの記録。

『いま君が輝く瞬間—写真文集』北星学園余市高等学校編, 伊藤好晴, 平形秀哉写真　教育史料出版会　2000.7　222p　19cm　1800円　Ⓘ4-87652-387-8　Ⓝ376.411

目次　1 この学校、けっこう面白いかも—一学期（新たなスタート—友との出会い, 期待と不安の新しい旅立ち—入学式, 友を知り, 吾に賭ける—研修会, 強歩遠足, 弁論・スポーツ大会）, 2 今までの自分を乗り越えて—二学期（いま君が輝く—北星祭, 語らいのなかの新たな芽生え—クラス・授業, 歴史に学び, 人と交わる—生徒会, 修学旅行, 総合講座, 交流会）, 3 オレってカッコイイ！—三学期（進級できるかこのオレは—進級・卒業テスト, 予餞会, わが子のいまと坦う—PTA活動, 新生と決別の織りなす我が青春—卒業式）

内容　この本は、「写真文集」として, 今、まさにこの学校で生活している現役生徒の日常を伝えたものです。何葉かの写真と悩みや喜びを綴った生徒の文章で一年間の高校生活を編みました。

『よみがえる高校』河野啓著　集英社　2003.10　209p　16cm（集英社文庫）419円　Ⓘ4-08-

北海道

747634-0　Ⓝ376.411

|目次| 時間が演出した感動、「わが母校」北星余市高校、ドン底からの劇的な変貌、転ばせる教育、休ませる教育、「ふくろう病」のマナブ君、卒業証書がズッシリと重い、学校とは何か？、ガンさんが倒れた！、「教育」と「町おこし」、おばちゃんの闘い、"つんく"の退学、謹慎の館―「タバコ一本一〇万円」、仙人になった元教師、ある卒業生の挑戦、類を見ない全国組織のPTA、ヤンキー母校に帰る

|内容| 中途退学、不登校、怠学といった高校生たちを、全国から受け入れてきた北海道の北星学園余市高校。さまざまな困難と向かい合った生徒たちと教師、関係者、その闘いの記録ともいえる。手がつけられないような不良転校生が、教師として戻ってくる「ヤンキー母校に帰る」などのエピソードは感動ものだ。「教育とは、学校とは」を問い、テレビドラマの原点となったドキュメント。

『やりなおさないか君らしさのままで　続』北星学園余市高等学校編　教育史料出版会　2003.11　350p　19cm〈「続」のサブタイトル：ひとりで悩むな！卒業生・父母・教師からのメッセージ〉1600円　①4-87652-441-6　Ⓝ376.4

|目次| 1 苦しみながら自分を見つけた、2 親と子それぞれの葛藤と成長、3 不登校から一歩をふみだす、4 北星で育った青春 友だち・教師に支えられて、5 夢にむかって歩む、6 ひとりで悩むな―北星余市のPTA活動、7 試練をのりこえて明日へ―大麻等薬物問題への取り組み

|内容| 挫折・不登校から一歩をふみだす「自分づくり」の場、高校中退・不登校生を全国から受け入れる北星余市高校の卒業生・父母24組の手記！生徒・父母・教師が一丸となってのりこえた「大麻問題」への取り組みも紹介。

『しょげてんな!!―ひとりで悩む君へ「北星余市」から15人のエール』北星学園余市高等学校生徒編著　教育史料出版会　2007.10　246p　19cm　1600円　①978-4-87652-485-3　Ⓝ376.4117

|目次| いつか自分が自分を褒められるようになるまで（柿野隼人）、俺たち、めちゃくちゃかっこいい!!（林田健治）、ここに生きる 温かい場所（矢野史子）、やっと始まった俺の人生（並木諒）、出会いが俺を変えた（加瀬曹一郎）、「いのち」をつなぐ（えみ）、過去とたたかう力をもらった（草苅龍）、「へたっぴな真理」（砂川真理）、俺はこんなに大きくなったよ（後宮嗣）、まさか母校で教師になろうとは（妹尾克利）、学校大好きな自分がここにいる（かなこ）、北星に入ったときは20歳だった（北原拓）、人とかかわるのが怖かった（長内香菜恵）、最後の「やり直し」（しょういち）、俺は、いま放送局長（弦巻れん）

『ある学び舎の物語―北星学園余市高校の草創期』鈴木重安著　札幌　鈴木重安　2021.12　36p　21cm

◆蘭越高等学校

『蘭越高校三十周年記念誌』三十周年記念誌編集委員会編　蘭越町（後志）蘭越高等学校　1978.9　80p　26cm〈沿革略年譜：p20～22〉非売品　Ⓝ376.4

『［蘭越高等学校］新校舎落成創立四十周年記念誌』蘭越高等学校編　蘭越町（後志）蘭越高等学校　1987.12　76p 図版　26cm　Ⓝ376.4

『［蘭越高等学校］創立五十周年記念誌』蘭越高等学校創立五十周年記念事業協賛会記念誌編集部編　蘭越町（後志）北海道蘭越高等学校創立五十周年記念事業協賛会　1998.8　227p 図版　26cm〈奥付の書名：北海道蘭越高等学校創立五十周年記念誌〉Ⓝ376.4

◆陸別高等学校

『芦鹿く―陸別高校二十一年のあしあと：陸別高等学校閉校記念誌』陸別高等学校　陸別町（十勝）陸別高等学校　1974　113p 図版　26cm　Ⓝ376.4

◆利尻高等学校

『［利尻高等学校］三十年の歩み』利尻高等学校編　利尻町（宗谷）北海道利尻高等学校創立三十周年記念並びに校舎改築落　1987　100, 101p 図版　26cm　Ⓝ376.4

『醇風剛健―利尻高等学校創立50周年記念誌』利尻町（宗谷）利尻高等学校利創立50周年記念事業協賛会　2007.12　88, 27p 図版　26cm　Ⓝ376.4

◆留寿都高等学校

『［留寿都高等学校］記念誌創立四十年』留寿都高等学校編　留寿都村（後志）北海道留寿都高等学校創立四十周年記念協賛会　2001.11　137p　26cm〈奥付の書名：創立四十周年記念誌〉Ⓝ376.4

◆留辺蘂高等学校

『留高二十年史』留辺蘂町（網走）留辺蘂高等学校　1975.3　100p　26cm〈校史年表：p94～99〉非売品　Ⓝ376.4

『創立三十五周年新校舎落成記念』留辺蘂高等学校　留辺蘂町（網走）留辺蘂高等学校　1986.10　420p　27cm　Ⓝ376.4

『創立50周年記念誌』北海道留辺蘂高等学校創立50周年記念事業協賛会編　留辺蘂町（網走）北海道留辺蘂高等学校　2003.9　154p　30cm　Ⓝ376.4

北海道

◆留萌高等学校

『留高五十年史』留萌高等学校創立五十周年記念事業協賛会記念誌編集部編　留萌　留萌高等学校　1974　635p 図版　22cm　Ⓝ376.4

『この十年間の歩み―創立六十周年記念』留萌高等学校創立六十周年記念事業協賛会記念誌編集部編　留萌　留萌高等学校　1983.9　247p 図版　26cm〈奥付の表記：留高創立六十周年この十年間の歩み〉Ⓝ376.4

『更なる飛躍をめざして―60周年以降のあゆみ：創立70周年記念』留萌高等学校創立70周年記念事業協賛会編　留萌　留萌高等学校創立70周年記念事業協賛会　1993　321p 図版　26cm　Ⓝ376.4

『商業科五十年のあゆみ―閉科記念誌』北海道留萌千望高等学校開校北海道留萌工業高等学校閉校北海道留萌高等学校商業科閉科記念事業協賛会編纂部編集　留萌　北海道留萌千望高等学校開校北海道留萌工業高等学校閉校北海道留萌高等学校商業科閉科記念事業協賛会　2000.3　82p 図版　26cm　Ⓝ376.4

『新世紀を迎えて―留萌高校校舎落成及び創立八十周年記念誌：七十周年以降のあゆみ』留萌高等学校校舎落成及び創立八十周年記念事業協賛会記念　留萌　北海道留萌高校舎落成及び創立八十周年記念事業協賛会　2001.10　185p　30cm　Ⓝ376.4

『吾等の理想はいや高し』北海道留萌高等学校定時制課程閉課記念事業協賛会編集部編　留萌高等学校定時制課程閉課記念事業協賛会　2008.3　60p 図版　30cm〈奥付副書名：北海道定時制過程閉課記念誌〉Ⓝ376.4

◆留萌工業高等学校

『ともしび―北海道留萌工業高等学校閉校記念誌』北海道留萌高等学校閉校記念誌編集部編　留萌　北海道留萌工業高等学校閉校記念事業協賛会　1998.8　255p 図版　30cm〈共同発行者：北海道留萌千望高等学校〉Ⓝ376.4

◆礼文高等学校

『礼高十年の歩み』礼文高等学校創立十周年記念協賛会編　礼文町（宗谷）礼文高等学校創立十周年記念協賛会　1987.10　105, 12p　26cm　Ⓝ376.4

『礼高二十年の歩み』礼文高等学校創立二十周年記念協賛会編　礼文町（宗谷）礼文高等学校創立二十周年記念協賛会　1997.10　67, 16p　30cm　Ⓝ376.4

『礼高三十年の歩み』礼文高等学校編　礼文町（宗谷）礼文高等学校　［2007］　67p 図版　30cm　Ⓝ376.4

◆稚内高等学校

『あゆみ―開校五十周年記念誌』稚内高等学校編　稚内　創立五十周年記念協賛会　1973　100p 図版　26cm　Ⓝ376.4

『[稚内高等学校定時制課程]三十年のあゆみ』稚内高等学校定時制課程編　稚内　稚内高等学校定時制課程創立30周年記念協賛会　1979　109p（図版共）26cm　Ⓝ376.4

『六十年史』創立60周年記念協賛会記念誌委員会, 稚内高等学校編　稚内　創立60周年協賛会　1984.1　374p（図版共）27cm　Ⓝ376.4

『[稚内高等学校定時制課程]四十年のあゆみ』稚内高等学校定時制課程編　稚内　稚内高等学校定時制課程創立40周年記念協賛会　1988.10　77, 32p　26cm　Ⓝ376.4

『[稚内高等学校]七十年記念誌』稚内高等学校創立七十周年記念協賛会記念誌委員会編集　稚内　[稚内高等学校]創立七十周年記念協賛会　1995.1　221p 図版　26cm〈奥付の書名：稚内高校七十周年記念誌〉Ⓝ376.4

『[北海道稚内高等学校]九十周年記念誌』北海道稚内高等学校創立九十周年記念事業協賛会編　稚内　北海道稚内高等学校創立九十周年記念事業協賛会　2013.10　199p　26cm　非売品　Ⓝ376.4

◆稚内大谷高等学校

『創立十周年記念誌』稚内　稚内大谷高等学校　1973.9　66p　26cm　Ⓝ376.4

『創立40周年記念誌』創立創立40周年記念事業実行委員会編　稚内　[稚内大谷高等学校]　2003.10　40p　26cm　Ⓝ376.4

◆稚内商工高等学校

『[稚内商工高等学校]創立二十周年記念誌』稚内商工高等学校創立20周年記念誌編集部編　稚内　稚内商工高等学校　1972　144p 図版　22cm　Ⓝ376.4

『[北海道稚内商工高等学校]三十周年記念誌』北海道稚内商工高等学校創立三十周年記念誌編集部編　稚内　北海道稚内商工高等学校創立三十周年記念誌編集部　1982.9　201p　26cm　非売品　Ⓝ376.4

『[稚内商工高等学校]創立40周年記念誌』北海

道内商工高等学校創立四十周年・新校舎落成記念事業協賛会事業部記念誌編集委員会編　稚内　稚内商工高等学校創立四十周年新校舎落成記念事業協賛会　1992.9　234p　27cm　Ⓝ376.48

『五十周年記念誌』北海道稚内商工高等学校創立五十周年記念事業協賛会事業部記念誌部会編　稚内　稚内商工高等学校創立五十周年記念事業協賛会　2002.10　116p　26cm〈奥付の書名：創立五十周年記念誌，歴代校長の肖像あり〉Ⓝ376.4

『創立六十周年・閉校記念誌』北海道稚内商工高等学校創立六十周年・閉校記念事業協賛会編集記録部会編　稚内　稚内商工高等学校創立六十周年・閉校記念事業協賛会　2012.10　93p（図版共）30cm　Ⓝ376.4

◆和寒高等学校

『三十年のあゆみ』和寒高等学校編　和寒町（上川）和寒高等学校　1979　122p（図版共）26cm　Ⓝ376.4

『四十年のあゆみ―創立四十周年校舎改築定時制課程閉課記念誌』和寒高等学校創立四十周年校舎改築・定時制課程閉課記念事業協賛会記念誌部編集　和寒町（上川）和寒高等学校　1989.11　311p　26cm　Ⓝ376.4

『五十年のあゆみ―創立五十周年記念』和寒高等学校編　和寒町（上川）和寒高等学校　1999.11　109p　30cm　Ⓝ376.4

『蒼穹―閉校記念誌』和寒町（上川）北海道和寒高等学校閉校記念事業協賛会　2010.3　135p　30cm　Ⓝ376.4

青森県

◆青森高等学校

『青森県立青森高等学校史―青中70年・青高女63年統合20年』青森県立青森高等学校史編集委員会編　青森　青森県立青森高等学校同窓会　1974.2　168p　27cm〈表紙の書名：無限〉Ⓝ376.4

『青森県立青森高等学校八十年誌』青森県立青森高等学校八十年誌編集委員会編　青森　青森高創立八十年記念事業協賛会　1980.10　150p　31cm（折り込み図5枚）Ⓝ376.4

『青森高校漕艇沿革史』青森　青森高校漕艇部後援会　1981.5　162p　27cm〈青森高等学校創立80周年記念〉Ⓝ785.5

『青森高校物語―母校賛歌』金澤茂著　弘前　北方新社　1988.11　308p　21cm〈文献あり〉Ⓝ376.48

『人を育み、地域へ世界へ―青高100周年 21世紀へ』青森県立青森高等学校百年誌編集委員会編　青森県立青森高等学校創立百周年記念事業協賛会　2000.9　87p　30cm　Ⓝ376.48

『青森高校百年史』青森高校百年史編纂委員会編　青森　青森県立青森高等学校創立百周年記念事業協賛会　2003.7　1176p　31cm〈年表あり〉Ⓝ376.48

『青中青高硬式野球部史―創部百周年記念』青中青高硬式野球部史編集部会編　青森県立青森高等学校硬式野球部OB会甲田クラブ　2003.11　283p　27cm　Ⓝ783.7

『青森県立青森高等学校創立百二十周年記念誌』青森高等学校図書部・渉外部編集　青森　青森県立青森高等学校創立百二十周年記念事業協賛会　2020.12　21p　30cm

◆青森北高等学校

『三十年のあゆみ―青森市立第一中学校　青森市立第一高等学校　青森県立青森北高等学校』青森県立青森北高等学校記念誌編集委員会編　青森県立青森北高等学校記念誌編集委員会　1971.9　76p　22×22cm　Ⓝ376.48

『五十年のあゆみ』青森県立青森北高等学校史編纂委員会編　青森県立青森北高等学校創立50周年記念事業協賛会　1991.10　174p　27cm　Ⓝ376.48

『引き継ぐ伝統未来への挑戦―青森県立青森北高等学校創立80周年記念誌』青森県立青森北高等学校創立80周年記念誌編纂委員会編　青森県立青森北高等学校創立80周年記念事業協賛会　2021.9　94p　30cm　Ⓝ376.48

◆青森工業高等学校

『創立60年誌』青森県立青森工業高等学校編　［青森県立青森工業高等学校］　1972.9　95p　22×20cm

『七十年の歩み』青森県立青森工業高等学校創立70周年記念誌編さん委員会編　青森　青森県立青森工業高等学校創立70周年記念事業協賛会　1982.10　186p　27cm　Ⓝ376.4

『創立80周年記念誌』青森県立青森工業高等学校記念誌刊行委員会編　青森県立青森工業高等学校創立80周年記念事業協賛会　1992

82p　26cm

『蛍雪50年―青工高定時制創立50周年記念誌』
　青森県立青森工業高等学校,定時制創立50周年記念誌事業協賛会編　青森県立青森工業高等学校　1997.10　155p　30cm　Ⓝ376.4

『青工百年史―青森県立青森工業高等学校創立百周年記念誌』青森県立青森工業高等学校創立百周年記念事業協賛会記念誌編集部編　青森県立青森工業高等学校創立百周年記念事業協賛会　2013.3　989p　31cm〈書誌注記：年表あり〉Ⓝ376.48

『つなぐ伝統御国をおこさむ工のわざ―青森県立青森工業高等学校創立110周年記念誌』青森県立青森工業高等学校創立110周年記念事業協賛会記念誌部編　青森県立青森工業高等学校創立110周年記念事業協賛会　2023.3　94p　30cm　Ⓝ376.48

『樫の実―青森県立青森工業高等学校定時制閉課程誌』青森県立青森工業高等学校定時制閉課程事業実行委員会編　青森県立青森工業高等学校定時制閉課程事業実行委員会　2024.3　50p　30cm　Ⓝ376.48

◆青森商業高等学校

『水球二十年―青森県立青森商業高等学校水泳部水球部門創立二十周年』青森県立青森商業高等学校　80p　21cm

『創立八十周年記念誌』青森商業高等学校記念誌編集委員会編　青森県立青森商業高等学校創立八十周年記念事業協賛会　1985.10　108p　27cm

『青森商業高等学校卓球六十年史』鈴木一編　青森商業高等学校商門卓球クラブ　1986　208p　26cm

『創立90周年記念誌』青森県立青森商業高等学校創立90周年記念誌刊行委員会編　青森県立青森商業高等学校創立90周年記念事業協賛会　1995.10　90p　27cm　Ⓝ376.48

『創部55周年記念誌』青森商業ラグビー部OB会編　青森商業ラグビー部OB会　2004.3　197p　30cm　Ⓝ783.48

『青商百年史』青森県立青森商業高等学校創立百周年記念誌刊行委員会編　青森県立青森商業高等学校創立百周年記念事業実行委員会　2007.3　619p　31cm

『栄光の軌跡―青森商業高等学校ボクシング部創設60周年記念誌』青商ボクシングOB会編　青商ボクシングOB会　2009.7　164p　30cm　Ⓝ788.3

『基　確かに更なる一歩―青森県立青森商業高等学校創立百十周年記念誌』青森県立青森商業高等学校創立百十周年記念刊行部編　青森県立青森商業高等学校創立百十周年記念事業実行委員会　2012.9　28p　30cm　Ⓝ376.48

◆青森市立青森中央高等学校

『春秋無限―市民とともに七十年』青森市立中央高等学校　1975　84p　26cm

◆青森中央高等学校

『春秋無限―創立80周年記念誌』青森県立青森中央高等学校80年誌編集委員会編　青森県立青森中央高等学校創立80周年記念事業実行委員会　1984.10　113p　27cm　Ⓝ376.48

『紫のfrontlet―青森県立青森中央高等学校創立90周年記念誌』青森県立青森中央高等学校創立90周年記念誌編集委員会編　青森県立青森中央高等学校創立90周年記念事業協賛会　1995.10　87p　30cm　Ⓝ376.48

『春秋無限―青森県立青森中央高等学校創立百周年記念誌』青森県立青森中央高等学校創立百周年記念事業協賛会記念誌刊行委員会編　青森県立青森中央高等学校　303p　31cm　Ⓝ376.48　［2004.12］

『春秋無限―写真に見る青中央高の百年』青森県立青森中央高等学校創立百周年記念事業協賛会記念誌刊行委員会編　青森県立青森中央高等学校　2004.12　30p　31cm　Ⓝ376.48

『春秋無限―青森県立青森中央高等学校創立百十周年記念誌』青森県立青森中央高等学校創立百十周年記念事業実行委員会編　青森県立青森中央高等学校　2014.10　41p　30cm　Ⓝ376.48

◆青森戸山高等学校

『剛毅の翼天翔けよ―創立十年のあゆみ』青森県立青森戸山高等学校　1992　76p　26cm

『戸山の風に光あり―創立20年のあゆみ』青森県立青森戸山高等学校　2002.10　77p　31cm　Ⓝ376.48

『戸山の園の花と咲け―八甲田を望む30年の歴史：青森県立青森戸山高等学校創立30年記念誌』青森　青森県立青森戸山高等学校創立30年記念事業実行委員会　2012.12　127p　31cm　Ⓝ376.48

青森県

◆青森西高等学校

『青森西高10周年誌』青森県立青森西高等学校　1972.9　59p　26cm　Ⓝ376.48

『創立20周年記念誌』青森県立青森西高等学校創立20周年記念誌編集委員会編　青森県立青森西高等学校　1982.9　95p　26cm

『創立30周年記念誌　はるかなる道』青森県立青森西高等学校　1992　135p　26cm

『青森県立青森西高等学校　合唱部二十年の軌跡―創部から全国金賞までの記録』小倉尚継編　集責任者　なおの会　2005.6　128p　30cm　Ⓝ767.4

『青森県立青森西高等学校創立60周年記念誌―母校「永遠」のふるさと』青森県立青森西等学校　2022.12　95p　30cm　Ⓝ376.4

◆青森東高等学校

『十年のあゆみ』青森県立青森東高等学校編　青森県立青森東高等学校　1973.9　73p　22×20cm　Ⓝ376.48

『二十年の歩み―創立20周年記念誌』青森県立青森東高等学校編　［青森県立青森東高等学校］　1983.9　117p　21cm　Ⓝ376.48

『三十年の歩み―創立30周年記念誌』青森県立青森東高等学校編　青森県立青森東高等学校　1993.9　113p　27cm　Ⓝ376.48

『飛び立つ春の望みもて―青森県立青森東高等学校平内校舎閉校記念誌』青森県立青森東高等学校平内校舎閉校記念誌編集部編、無限企画・編集　青森県立青森東高等学校平内校舎閉校記念事業実行委員会　2021.1　87p　30cm　Ⓝ376.48

◆青森南高等学校

『青南高十年のあゆみ―創立十周年記念誌』青森　青森県立青森南高等学校　1984.11　91p　27cm〈書誌注記：年表あり〉Ⓝ376.48

『青南高20年のあゆみ―創立20周年記念誌』青森　青森県立青森南高等学校　1994.11　125p　27cm〈書誌注記：年表あり〉Ⓝ376.48

『風は南から―青森県立青森南高等学校創立30周年記念誌』青森県立青森南高等学校創立30周年記念誌編集委員会編　青森　青森県立青森南高等学校創立30周年記念事業協賛会　2004.11　101p　30cm〈書誌注記：年表あり〉Ⓝ376.48

『青南高四十年のあゆみ―創立40周年記念誌』青森　青森県立青森南高等学校　2014.11　109p　27cm〈書誌注記：年表あり〉Ⓝ376.48

◆青森山田高等学校

『はつらつみちのく旋風―青森山田高甲子園速報グラフ』東奥日報社事業局出版部編　東奥日報社　1999.8　45p　36cm　Ⓝ783.7

『山田高輝く「銀」―第88回全国高校サッカー選手権～準優勝への軌跡～　第88回全国高校サッカー速報グラフ』青森　東奥日報社　2010.1　38p　31cm　1000円　①978-4-88561-101-8　Ⓝ783.47

『勝ち続ける組織の作り方―青森山田高校サッカー部の名将が明かす指導・教育・育成・改革論』黒田剛著　キノブックス　2017.2　215p　19cm〈表紙のタイトル：The way to make the organization keep winning〉1300円　①978-4-908059-62-9　Ⓝ783.47

目次　第1章　常勝軍団・青森山田高校の強さの秘訣　育成論（常に勝ち続けられる理由、青森山田高校とは　ほか）、第2章　監督になるまでの道のり　経験論（サッカーを始めるまで、サッカーで進学、そしてホテルマンに　ほか）、第3章　組織のリーダーに必要な資質　指導論（挫折や敗北の意義、価値とは、指導者にスパイスを与える仕事　ほか）、第4章　トップを目指す選手に伝えたいこと　教育論（飲水タイムの確保から生まれた判断力の低下、用具から読み取れる選手の思考力と心　ほか）、第5章　組織・環境・意識を変える　改革論（組織改革の考え方と条件、悪い組織の現状　ほか）

内容　逆境だからこそ常勝軍団！　元ホテルマン、監督経験なし。地方ゆえ年間移動距離7000キロ以上、1年の3分の1は雪に覆われているグラウンド。しかし、どのような環境でも思考を働かせ、工夫を凝らし、ひたすら行動することで、「ハンディキャップ」は「味方」に変わる！

『悲願の「頂点」青森山田高―2冠への軌跡―第95回全国高校サッカー選手権速報グラフ』青森　東奥日報社　2017.2　47p　31cm　1111円　①978-4-88561-243-5

『青森山田高校V奪還！―2度目の全国制覇―第97回全国高校サッカー選手権速報グラフ』青森　東奥日報社　2019.2　47p　31cm　1200円　①978-4-88561-253-4

『青森山田高校全国制覇―3冠の王者：第100回全国高校サッカー選手権速報グラフ』青森　東奥日報社　2022.2　55p　z31cm　1500円　①978-4-88561-266-2　Ⓝ783.47

『奪還―青森山田pride：優勝グラフ：第102回全国高校サッカー選手権4度目V』青森　東奥日報社　2024.2　47p　30cm　2000円　①978-4-88561-276-3

青森県

◆鰺ケ沢高等学校
『躍進鰺高―三十年のあゆみ』青森県立鰺ケ沢高等学校編　青森県立鰺ケ沢高等学校　1974.10　65p　26cm
『鰺ケ沢高等学校水泳部三十年のあゆみ』青森県立鰺ケ沢高等学校　1979　225p　26cm
『初心―定時制課程閉校記念誌』青森県立鰺ケ沢高等学校定時制編　［青森県立鰺ケ沢高等学校定時制］　1983　74p　26cm
『四十年のあゆみ』青森県立鰺ケ沢高等学校　1983.10　26p　26cm　Ⓝ376.48
『創立五十周年記念誌』記念誌編集委員会編　青森県立鰺ケ沢高等学校　1993.10　76p　26cm

◆板柳高等学校
『四十年のあゆみ』板柳町(青森県)　青森県立板柳高等学校　1979.9　95p、[1]枚(折り込み)　27cm〈書誌注記：年表あり　部分タイトル：板柳高校四十年のあゆみ〉Ⓝ376.48
『たびだち』青森県立板柳高等学校卒業記念誌編集委員会編　板柳町(青森県)　昭和62年度青森県立板柳高等学校第三学年　〔1988〕223p　26cm〈昭和62年度青森県立板柳高等学校卒業記念誌〉Ⓝ376.4
『いのちの炎―青森県立板柳高等学校創立60周年記念誌』青森県立板柳高等学校創立60周年記念校史編纂委員会編　青森県立板柳高等学校　1998.11　93p　30cm　Ⓝ376.48
『いのちの炎―青森県立板柳高等学校創立70周年記念誌』青森県立板柳高等学校創立70周年記念誌編集委員会編　青森県立板柳高等学校　2008.11　44p　30cm　Ⓝ376.48
『いのちの炎―青森県立板柳高等学校閉校記念誌』青森県立板柳高等学校閉校事業実行委員会,青森県立板柳高等学校編集　板柳町(青森県)　青森県立板柳高等学校閉校事業実行委員会　2022.11　82p　30cm〈書誌注記：年表あり　出版者注記：青森県立板柳高等学校〉Ⓝ376.48

◆今別高等学校
『定時制のあゆみ記念誌』青森県立今別高等学校　1975　84p　26cm
『凌風―創立三十周年記念誌』青森県立今別高等学校編　［青森県立今別高等学校］　1978　108p　22cm
『一条の道―創立四十周年記念誌』青森県立今別高等学校40周年記念誌編集委員会編　青森県立今別高等学校　1988　70p　26cm
『ノースロップの森から―青森県立今別高等学校創立50周年記念誌』青森県立今別高等学校創立50周年記念誌編集委員会編　青森県立今別高等学校創立50周年記念誌事業協賛会　1998.10　56p　30cm　Ⓝ376.48

◆岩木高等学校
『青森県立岩木高等学校新築落成記念誌』青森県立岩木高等学校新築記念誌刊行委員会編　岩木町(青森県)　青森県立岩木高等学校新築記念事業協賛会　1985.10　148p　22cm〈表紙の書名：日に新たに〉Ⓝ376.4
『創立半世紀記念誌』青森県立岩木高等学校創立50周年記念誌編集委員会編　岩木町(青森県)　青森県立岩木高等学校創立50周年記念事業協賛会　1998.10　2冊　30cm〈「アソベの杜から。」「証言・資料集」に分冊刊行〉Ⓝ376.48
『学びの庭よ忘れじ永遠に―青森県立岩木高等学校閉校記念誌：1948-2017』青森県立岩木高等学校閉事業実行委員会編　弘前　青森県立岩木高等学校　2017.3　164p　30cm〈書誌注記：年表あり〉Ⓝ376.48

◆大畑高等学校
『練心の丘―青森県立大畑高等学校独立昇格十周年記念誌』記念誌編集委員会編　青森県立大畑高等学校独立昇格十周年記念事業協賛会　1990　113p　27cm
『丘の礎　いさりび遙か―この地に学びて』青森県立大畑高等学校独立昇格27周年記念事業実行委員会編　青森県立大畑高等学校独立昇格27周年記念事業実行委員会　2007.10　74p　30cm　Ⓝ376.48

◆大間高等学校
『白灯―独立校昇格校舎落成記念誌』青森県立大間高等学校独立校昇格校舎落成記念事業協賛会　1975　58p　22cm
『燈台―独立昇格10周年並びに定時制課程創立30周年記念誌』青森県立大間高等学校編　青森県立大間高等学校　1984　100p　26cm
『燈台―独立昇格20周年並びに定時制課程創立45周年記念誌』青森県立大間高等学校編　青森県立大間高等学校　1994.10　104p　27cm
『白灯―清き理想の光映かゞ：定時制課程創立50周年記念誌』青森県立大間高等学校編　青森

県立大間高等学校定時制の課程　1998.12　111p　27cm　Ⓝ376.48

◆大湊高等学校

『安渡ケ丘―青森県立大湊高等学校定時制中心校閉校記念誌』むつ　青森県立大湊高等学校定時制中心校閉校記念事業協賛会　1985.2　83p　31cm〈奥付・背の書名：閉校記念誌〉Ⓝ376.4

『息吹あらたに―創立五十周年記念誌』青森県立大湊高等学校編　青森県立大湊高等学校　1998.10　387p　30cm　Ⓝ376.4

◆大湊高等学校川内校舎

『風光る汐見ヶ丘―青森県立大湊高等学校川内校舎閉校記念誌』閉校記念事業実行委員会編　[青森県立大湊高等学校]　2020.10　94p　30cm　Ⓝ376.48

◆大湊高等学校脇野沢分校

『夜道―創立30周年記念誌：脇野沢分校三十年のあゆみ』大湊高等学校脇野沢分校（青森県立）　1979　100p　26cm

『燃えろ青春―全国大会四年連続出場記念』青森県立大湊高等学校脇野沢分校編　[青森県立大湊高等学校脇野沢分校]　1982　56p　19×26cm

◆大鰐高等学校

『創立10周年記念誌抄』青森県立大鰐高等学校創立10周年記念誌編集委員会編　青森県立大鰐高等学校　1991.10　63p　27cm　Ⓝ376.48

『創立20周年記念誌』青森県立大鰐高等学校創立20周年記念誌編纂委員会編　青森県立大鰐高等学校　2001.10　41p　30cm　Ⓝ376.48

◆尾上総合高等学校

『創立10周年―凛凛しく羽ばたけ未来の風に』創立10周年記念事業実行委員会記念誌発行部編　青森県立尾上総合高等学校　[2009]　88p　30cm　Ⓝ376.48

『青森県立尾上総合高等学校創立20周年記念誌』創立20周年記念行事実行委員会記念誌専門部編集　青森県立尾上総合高等学校　2019.10　44p　30cm　Ⓝ376.48

◆柏木農業高等学校

『柏農55年のあゆみ』青森県立柏木農業高等校編　[青森県立柏木農業高等学校]　1980　72p　26cm

『六十年のあゆみ』青森県立柏木農業高等学校記念誌編集委員会編　青森県立柏木農業高等学校創立六十周年記念事業協賛会　1986.9　70p　27cm　Ⓝ376.48

『アキアカネ会30年のあゆみ』青森県立柏木農業高等学校生物部同窓会アキアカネ会30周年記念事業運営委員会　[青森県立柏木農業高等学校生物部同窓会アキアカネ会30周年記念事業運営委員会]　1990　46p　26cm

『学び舎の古希―創立70周年記念事業の記録』青森県立柏木農業高等学校編　青森県立柏木農業高等学校　1996.2　48p　26cm　Ⓝ376.4

『八十年のあゆみ―青森県立柏木農業高等学校創立八十周年記念誌』青森県立柏木農業高等学校創立八十周年記念事業協賛会　2005.11　150p　30cm　Ⓝ376.48

『九十年のあゆみ―青森県立柏木農業高等学校創立九十周年記念誌』青森県立柏木農業高等学校創立九十周年記念事業協賛会　2015.11　67p　30cm　Ⓝ376.48

◆柏木農業高等学校大鰐分校

『大鰐分校30年の歩み―閉校記念誌』青森県立柏木農業高等学校大鰐分校閉校記念事業実行委員会　1978.3　99p　26cm　Ⓝ376.48

◆金木高等学校

『芦灯―創立30年の歩み』青森県立金木高等学校創立30周年記念誌編集委員会編　青森県立金木高等学校　1982　98p　26cm

『青森県立金木高等学校閉校記念誌―集うなり芦野ヶ原に』青森県立金木高等学校閉校記念事業実行委員会編集　五所川原　青森県立金木高等学校閉校記念事業実行委員会　2022.10　157p　30cm〈書誌注記：年表あり〉Ⓝ376.48

◆金木高等学校小泊分校

『海鳴―創立30周年記念誌』青森県立金木高等学校小泊分校編　小泊村（青森県）青森県立金木高等学校小泊分校　1984.9　105p　27cm〈年表あり〉Ⓝ376.48

『海鳴―創立40周年記念誌』青森県立金木高等学校小泊分校編　小泊村（青森県）青森県立金木高等学校小泊分校　1994.10　74p　26cm〈年表あり〉Ⓝ376.48

『海鳴―創立五十周年記念誌』小泊村（青森県）青森県立金木高等学校小泊分校　2004.10

青森県

60p　30cm〈年表あり〉 Ⓝ376.48

『海鳴―閉校記念誌』青森県立金木高等学校小泊分校編　中泊町（青森県）青森県立金木高等学校小泊分校　2007.10　97p　31cm〈年表あり〉Ⓝ376.48

◆金木高等学校市浦分校

『北の風―創立五十周年記念誌』青森県立金木高等学校市浦分校編　青森県立金木高等学校市浦分校　2003.10　74p　30cm　Ⓝ376.48

『ふるさと市浦は我らの誇り―青森県立金木高等学校市浦分校閉校記念誌』青森県立金木高等学校市浦分校閉校事業実行委員会編　青森県立金木高等学校市浦分校閉校事業実行委員会　2017.11　78p　30cm　Ⓝ376.48

◆木造高等学校

『銀杏ケ丘の歩み』青森県立木造高等学校校史編纂委員会編　［青森県立木造高等学校校史編纂委員会］　1977　268p　26cm

『きら星のごとく―創立70周年記念誌』青森県立木造高等学校創立70周年記念誌刊行委員会編　青森県立木造高等学校　1997　120p　31cm　Ⓝ376.4

『木造高校物語―母校賛歌』藤川直迪著　弘前　北方新社　1997.9　322p　21cm　1905円　①4-89297-013-1　Ⓝ376.48

『星につなぐ―青森県立木造高等学校定時制の課程閉校記念』青森県立木造高等学校定時制の課程閉校記念誌編集委員会編　青森県立木造高等学校　2000.2　122p　30cm　Ⓝ376.48

『銀杏ケ丘の八十年―青森県立木造高等学校創立80周年記念誌』創立八十周年記念誌編纂委員会著　青森県立木造高等学校　2007.10　120p　30cm　Ⓝ376.48

『銀杏ケ丘90年の歩み―八十周年からの十年、来るべき百周年に向けて』創立90周年記念誌編纂委員会著　青森県立木造高等学校　2017.10　101p　30cm　Ⓝ376.48

◆木造高等学校稲垣分校

『青春の軌跡―青森県立木造高等学校稲垣分校閉校記念誌』青森県立木造高等学校稲垣分校閉校記念事業実行委員会編　青森県立木造高等学校稲垣分校閉校記念事業実行委員会　2009.10　100p　30cm　Ⓝ376.48

◆木造高等学校深浦校舎

『地域とともに―青森県立木造高等学校深浦校舎閉校記念事業実行委員会閉校記念誌』青森県立木造高等学校深浦校舎閉校記念事業実行委員会, 青森県立木造高等学校深浦校舎編　深浦町（青森県）青森県立木造高等学校深浦校舎閉校記念事業実行委員会　2023.2　119p　30cm〈書誌注記：年表あり　出版者注記：青森県立木造高等学校深浦校舎〉Ⓝ376.48

◆黒石高等学校

『黄雲春秋―黒石高校創立70周年記念誌』黒石高校創立70周年記念事業協賛会　112p　30cm

『黒石高校50年のあゆみ』黒石　青森県立黒石高等学校　1975.9　91p　26cm〈書名は奥付による　背・表紙の書名：黒高五十年のあゆみ〉Ⓝ376.4

『創立60周年記念誌　黒石高』青森県立黒石高等学校創立60周年記念誌編集委員会編　黒石高校創立60周年記念事業協賛会　1985.10　123p　26cm

『創立80周年記念誌』青森県立黒石高等学校編　青森県立黒石高等学校創立80周年並びに専攻科看護科棟竣工記念事業協賛会　2005.10　143p　30cm　Ⓝ376.48

『黒石高等学校定時制課程閉課程記念誌』青森県立黒石高等学校定時制　2015.12　70p　30cm　Ⓝ376.48

『われら黒石高校生―青森県立黒石高等学校創立90周年記念誌』青森県立黒石高等学校創立90周年記念事業協賛会　2016.2　105p　30cm　Ⓝ376.48

◆黒石商業高等学校

『緑風の時代―黒商20年史』青森県立黒石商業高等学校記念誌編集委員会編　青森県立黒石商業高等学校創立20周年記念事業協賛会　134p　26cm

『草創そして躍動―青森県立黒石商業高等学校創立十周年記念誌』黒石　青森県立黒石商業高等学校創立十周年記念事業協賛会　1984.10　87p　27cm　Ⓝ376.4

『夢・展・望―青森県立黒石商業高等学校創立30年史』青森県立黒石商業高等学校創立30周年記念誌編集委員会編　青森県立黒石商業高等学校創立30周年記念誌編集委員会　2004.7　203p　26cm　Ⓝ376.48

『青森県立黒石商業高等学校創立40周年記念誌

青森県

—Future 次の世代へ繋げる一歩』青森県立黒石商業高等学校　2015.1　66p　30cm　Ⓝ376.48

『永遠の思い出―青森県立黒石商業高等学校閉校記念誌：四十八年間の『黒商』の思い出を我々は永遠に忘れはしない』黒石　青森県立黒石商業高等学校閉校事業実行委員会　2022.3　150p　30cm〈書誌注記：年表あり〉Ⓝ376.48

◆光星学院高等学校

『光星学院高等学校創立三十五周年記念誌』光星学院高等学校創立35周年記念誌編集委員会編　光星学院高等学校　1989　261p　26cm

『創立二十周年記念誌―野工高二十年の歩み』光星学院高等学校創立35周年記念誌編集委員会編　光星学院野辺地工業高等学校　1989　145p　26cm

『光星4強―2000年夏の甲子園光星学院グラフ』東奥日報社事業局出版部編　青森　東奥日報社　2000.8　46p　37cm　1238円　Ⓝ783.7

『光星 感動の軌跡―2000年夏の甲子園速報グラフ －県勢31年ぶりベスト4－』デーリー東北新聞社出版部編　デーリー東北新聞社　2000.8　46p　37cm　Ⓝ783.7

『私学から志学へ―光星学院高等学校創立50周年記念誌』光星学院高等学校創立50周年記念誌編集委員会編　光星学院高等学校　2006.11　159p　30cm　Ⓝ376.48

『光星学院準優勝への軌跡―激闘2012年春速報グラフ』青森　東奥日報社　2012.4　43p　31cm　1000円　①978-4-88561-123-0　Ⓝ783.7

『光星―悲願に挑んだ夏：3季連続準優勝』八戸　デーリー東北新聞社　2012.9　57p　30cm（夏の甲子園速報グラフ 2012）952円　①978-4-9904263-8-5　Ⓝ783.7

◆五所川原高等学校

『幾代ケ丘五十年』五所川原　青森県立五所川原高等学校　1979.9　396p　27cm　Ⓝ376.4

『幾代ケ丘六十年』青森県立五所川原高等学校　1989　236p　27cm

『ノーブレス・オブリージュ 誇りある多感時代―青森県立五所川原高等学校創立70周年記念誌』青森県立五所川原高等学校創立70周年記念誌編纂委員会編　青森県立五所川原高等学校創立70周年記念事業協賛会　1999.10　103p　30cm　Ⓝ376.48

『涓流―五農百年の歩み 青森県立五所川原農林高等学校創立百周年記念誌』青森県立五所川原農林高等学校創立百周年記念事業協賛会出版委員会編　五所川原　青森県立五所川原農林高等学校創立百周年記念事業協賛会　2002.10　584p　31cm　Ⓝ376.48

『幾代ヶ丘一世紀―青森県立五所川原高等学校創立百周年記念誌』青森県立五所川原高等学校創立百周年記念事業協賛会記念誌作成委員会編　五所川原　青森県立五所川原高等学校創立百周年記念事業協賛会　2010.1　270p　31cm〈年表あり〉Ⓝ376.48

『幾代ヶ丘110年―青森県立五所川原高等学校創立110周年記念誌』青森県立五所川原高等学校創立110周年記念事業協賛会記念誌作成委員会編集　青森県立五所川原高等学校創立110周年記念事業協賛会　2019.10　115p　30cm　Ⓝ376.48

◆五所川原高等学校東校舎

『東雲―閉校記念誌』青森県立五所川原高等学校東校舎編　［青森県立五所川原高等学校東校舎］　2010.2　59p　30cm　Ⓝ376.48

◆五所川原工業高等学校

『創立二十周年記念誌』創立二十周年記念誌編集委員会編　青森県立五所川原工業高等学校　1982　99p　22×22cm

『創立三十周年記念誌』創立三十周年記念誌編集委員会編　青森県立五所川原工業高等学校　1992.10　108p　27cm

『創立五十周年記念誌』青森県立五所川原工業高等学校創立50周年記念誌編集委員会編　青森県立五所川原工業高等学校　2012.11　118p　31cm　Ⓝ376.48

◆五所川原第一高等学校

『学校法人館田学園―創立三十周年記念誌』協賛会記念誌編集委員会　1978　250p　21cm

『新世紀への礎―創立五十周年記念誌』五所川原第一高等学校創立五十周年記念誌編集委員会編　五所川原　舘田学園創立五十周年記念事業協賛会　1999.9　161p　27cm　Ⓝ376.48

『夢と希望に燃えて―創立六十周年記念誌』五所川原第一高等学校創立60周年記念誌編集委員会編　五所川原　舘田学園五所川原第一高等学校創立60周年記念事業協賛会　2008.9　133p　30cm〈年表あり〉Ⓝ376.48

『舘田学園創立70周年記念誌』舘田学園創立70

青森県

周年記念誌編集委員会編　五所川原　舘田学園創立70周年記念事業協賛会　2018.9　119p　30cm〈書誌注記：年表あり　奥付のタイトル：創立70周年記念誌無限の可能性への歩み〉Ⓝ376.48

◆五所川原農林高等学校

『創立七十周年・学校移転新築落成記念誌』青森県立五所川原農林高等学校編　青森県立五所川原農林高等学校　1976.10　41p　26cm　Ⓝ376.48

『めざせ甲子園』五所川原農林高等学校野球部後援会誌めざせ甲子園編集委員会編　五所川原農林高等学校野球部後援会　1978　224p　26cm

『湶流—五農八十年の歩み』青森県立五所川原農林高等学校校史編纂委員会編　五所川原　青森県立五所川原農林高等学校創立八十周年記念事業協賛会　1983.10　101p　26cm〈おもに図〉Ⓝ376.4

『五農八十年史』青森県立五所川原農林高等学校校史編纂委員会編　五所川原　青森県立五所川原農林高等学校創立八十周年記念事業協賛会　1986.3　428p　27cm　Ⓝ376.4

『湶流—五農創立九十周年記念写真集』青森県立五所川原農林高等学校記念写真集編集委員会編　青森県立五所川原農林高等学校　1992.9　112p　27cm　Ⓝ376.4

『湶流—伝統、そして先端へ』青森県立五所川原農林高等学校編　青森県立五所川原農林高等学校　2012.11　53p　30cm　Ⓝ376.4

◆五所川原農林高等学校藤崎分校

『ふじ—創立25周年定時制閉校記念誌』青森県立五所川原農林高等学校藤崎分校編　青森県立五所川原農林高等学校藤崎分校　[1994]　32p　25cm　Ⓝ376.4

◆五所川原東高等学校

『記念誌創立三十周年県立移管』青森県立五所川原東高等学校編　[青森県立五所川原東高等学校]　1980　85p　26cm

『創立50周年記念誌 明志東雲』青森県立五所川原東高等学校記念誌編集委員会編　青森県立五所川原東高等学校　1999.10　51p　30cm　Ⓝ376.4

◆五戸高等学校

『回想の五十五年』五戸町（青森県）青森県立五戸高等学校創立五十五周年記念誌編集委員会　1982.10　286p　27cm　Ⓝ376.4

『年踏みて六十年』五戸町（青森県）青森県立五戸高等学校　1987.10　193p　27cm〈共同刊行：創立六十周年記念誌編集委員会〉Ⓝ376.4

『希望新たに—青森県立五戸高等学校創立七十周年記念誌』青森県立五戸高等学校創立七十周年記念事業協賛会　1999.6　60p　30cm

『八幡ヶ丘の八十年—青森県立五戸高等学校創立80周年記念誌』青森県立五戸高等学校創立八十周年記念誌編集委員会編集　青森県立五戸高等学校創立八十周年記念事業協賛会　2008.10　104p　30cm　Ⓝ376.48

『自由の光遍く—青森県立五戸高等学校創立90周年記念誌』青森県立五戸高等学校創立90周年記念事業実行委員会編集　青森県立五戸高等学校創立90周年記念事業実行委員会　2018.11　42p　30cm　Ⓝ376.48

『逍遙の譜常に文化の民となれ—青森県立五戸高等学校閉校記念誌』青森県立五戸高等学校閉校事業実行委員会編集　青森県立五戸高等学校閉校事業実行委員会　2022　25p　30cm　Ⓝ376.48

◆三戸高等学校

『五十年のあゆみ』青森県立三戸高等学校編　青森県立三戸高等学校創立五十周年記念事業協賛会　1977　118p　26cm

『薪火伝ふ』閉школ記念誌編集委員会編　三戸町（青森県）青森県三戸高等学校定時制閉校記念事業協賛会　1986.2　87p　25×26cm　Ⓝ376.4

『六十年のあゆみ』青森県立三戸高等学校編　青森県立三戸高等学校創立六十周年記念事業実行委員会　1987.11　118p　26cm　Ⓝ376.4

『70年のあゆみ』青森県立三戸高等学校　1997.10　82p　26cm　Ⓝ376.4

『八十年の歩み—青森県立三戸高等学校・創立80周年記念誌』三戸町（青森県）青森県立三戸高等学校創立80周年記念事業実行委員会　2007.11　111p　30cm〈奥付のタイトル：青森県立三戸高等学校80周年記念誌　年表あり〉Ⓝ376.48

『九十年の歩み—青森県立三戸高等学校創立90周年記念誌』青森県立三戸高等学校編　青森県立三戸高等学校創立90周年記念事業実行委員会　2018.3　103p　30cm　Ⓝ376.48

青森県

◆三戸高等学校田子分校

『25年のあゆみ―定時制課程閉校記念誌』青森県立三戸高等学校田子分校同窓会　1978.10　43p　27cm　Ⓝ376.48

『25年のあゆみ―定時制課程閉校記念誌』青森県立三戸高等学校田子分校編　青森県立三戸高等学校田子分校同窓会　1984　15p　28cm

◆三本木高等学校

『三本木高校五十年のあゆみ―写真でみる三高』三本木高校青森県立編　［三本木高校（青森県立）］　1976　83p　26cm

『追想六十年―（写真集）』三本木高等学校創立60周年記念事業協賛会編　［三本木高等学校創立60周年記念事業協賛会］　1986　94p　26cm

『三木野が原―青森県立三本木高等学校創立70周年記念誌』青森県立三本木高等学校編　青森県立三本木高等学校　1996.10　139p　26cm　Ⓝ376.4

『与幾志 継がで耶ハ―The History of Sanko Spirits』青森県立三本木高等学校創立八十周年記念誌編集委員会編　青森県立三本木高等学校創立八十周年記念事業協賛会　2006.10　120p　30cm　Ⓝ376.48

◆三本木農業高等学校

『三農八十年』青森県立三本木農業高等学校三農八十周年記念誌編纂委員会編　十和田　三本木農業高等学校　1978.10　559p　22cm　Ⓝ376.4

『志岳寮十年のあゆみ』志岳寮十年の歩み編集委員会編　青森県立三本木農業高等学校　1979　51p　26cm

『蹴球部創設四十周年記念誌』青森県立三本木農業高等学校蹴球部OB会編　十和田　青森県立三本木農業高等学校蹴球部OB会　1982.9　150p　26cm〈背の書名：三農蹴球部四十周年記念誌〉Ⓝ783.47

『志岳寮20年』志岳寮編集委員会編　青森県立三本木農業高等学校　1989　84p　26cm

『三農相撲部のあゆみ―（中村治三郎先生胸像建立記念誌）』青森県立三本木農業高等学校相撲部OB会編　［青森県］三本木農業高等学校相撲部OB会　1989.8　162p　26cm　Ⓝ788.1

『礎は遠く―百周年記念誌』青森県立三本木農業高等学校創立百周年記念事業協賛会記念誌発刊委員会編　青森県立三本木農業高等学校創立百周年記念事業協賛会　1998.10　432p　31cm　Ⓝ376.48

『三本木農業高等学校百周年記念誌『礎は遠く』を正す―林業教育の前進と後退』芝田隆雄著　生体リズム研究会　2001.4　89p　19cm　Ⓝ370.4

『三本木農業高校の命の授業』青森県立三本木農業高等学校監修　光文社　2016.7　189p　19cm　1300円　Ⓘ978-4-334-97878-5　Ⓝ376.4121

目次 春 たくさんの命が芽吹くとき（学校の敷地は、なんと東京ドーム11個分!!、教室ではわからない、生徒の可能性を発見できる実習作業 ほか）、夏 心と体で感じ、大きく成長するとき（「練習時間もないけれど…」部員ふたりだけの馬術部、「ごめんね、私たちのために命を落としてくれたんだね」ほか）、秋 これまでの努力が実を結ぶとき（粉砕作業は「やらなきゃならない責任」がある、犬たちの鳴き声が"悲鳴"のように聞こえて… ほか）、冬 いままで、そしてこれからを見つめるとき（穫れたてのアスパラを試食」これも授業、自分たちが育てたリンゴがジュースになって ほか）

内容 「後悔だけはしたくない！」つらくてもやり続けるのは、大切な命を守るため。自信をつけ、夢を見つけ日々、成長していく生徒たち。―三本木農業高校の1年を追った。

◆七戸高等学校

『我が学舎―創立七十周年記念誌』青森県立七戸高等学校　118p　30cm

『星空―創立30周年記念誌』青森県立七戸高等学校定時制　［1980］　146p　21cm

『閉校記念誌』青森県立七戸高等学校定時制課程　1983　87p　27cm

『総合学科開設5年の歩み』青森県立七戸高等学校編　青森県立七戸高等学校　2001.3　96p　30cm　Ⓝ376.48

『未来創造―飛翔せよ柏葉の誇り高く』青森県立七戸高等学校著　青森県立七戸高等学校創立90周年記念事業協賛会　2015.12　105p　30cm　Ⓝ376.48

◆七戸高等学校八甲田校舎

『八甲田の誇り永遠に―青森県立七戸高等学校八甲田校舎閉校記念誌』青森県立七戸高等学校八甲田校舎閉校記念誌編集委員会編　［青森県立七戸高等学校八甲田校舎］閉校記念事業協賛会　2010.11　56p　30cm　Ⓝ376.48

青森県

◆松風塾高等学校

『宗教教育―松風塾高等学校における』田沢康三郎著　平内町（青森県）大和山松風塾同袍会　1976.4　210p 図　19cm（大和山精神叢書 9）600円　Ⓝ371.6

『教育共同体としての松風塾高等学校』田沢康三郎著　平内町（青森県）松風塾高等学校教育後援会　1976.10　318p 図 肖像　19cm　1500円　Ⓝ376.4

『松風塾三十年のあゆみ』「松風塾三十年のあゆみ」編纂委員会編　平内町（青森県）松風塾同袍会　1984.4　208p 図版38枚　22cm　非売品

『松風塾高等学校30年史―その後の10年史』松風塾高等学校30年史編纂委員会編集　大和山学園　2004.4　86p　31cm　Ⓝ376.48

『田澤康三郎先生のもとで―松風塾高等学校における教師随想』石井徹著　平内町（青森県）［石井徹］　2010.4　397p　22cm　非売品　Ⓝ370.49

◆白菊学園高等学校

『白菊学園創立40周年記念誌　（昭和6〜46年）』白菊学園編　［白菊学園］　1971　75p　26cm

『白菊学園創立50周年記念誌』白菊学園編　［白菊学園］　1981.10　105p　26cm

◆川内高等学校

『汐見ケ丘―独立校昇格記念誌』青森県立川内高等学校独立校昇格記念事業協賛会記念誌発行委員会編　［青森県立川内高等学校独立校昇格記念事業協賛会記念誌発行委員会］　1978　51p　22cm

『風雪のいしぶみ』青森県立川内高等学校定時制課程閉記念事業実行委員会編　［青森県立川内高等学校定時制課程閉校記念事業実行委員会］　1979　94p　26cm

『風光る汐見ケ丘―川内高校十年の歩み』青森県立川内高等学校記念誌編集委員会編　青森県立川内高等学校記念誌編集委員会　1987　96p　28cm

『風光る汐見ケ丘―青森県立川内高等学校創立二十周年記念誌』青森県立川内高等学校編　青森県立川内高等学校　1997.10　56p　30cm

◆田子高等学校

『三十年のあゆみ―創立30周年・校舎新築落成記念誌』青森県立田子高等学校編　青森県立田子高等学校創立30周年並びに校舎新築落成記念事業協賛会　1981　42p　28cm

『独立十年のあゆみ』青森県立田子高等学校　青森県立田子高等学校　1988.10　92p　27cm　Ⓝ376.48

『常磐木―創立45周年・独立20周年記念誌』青森県立田子高等学校創立四十五周年・独立二十周年記念誌実行委員会編　青森県立田子高等学校創立四十五周年・独立二十周年記念事業協賛会　1998.10　106p　26cm　Ⓝ376.48

『ななかまど―青森県立田子高等学校創立55周年独立30周年記念誌』青森県立田子高等学校創立55周年・独立30周年記念事業実行委員会編　青森県立田子高等学校創立55周年・独立30周年記念事業実行委員会　2008.11　62p　30cm　Ⓝ376.48

『薫風―青森県立田子高等学校創立65周年独立40周年記念誌』青森県立田子高等学校創立65周年・独立40周年記念事業実行委員会編　青森県立田子高等学校創立65周年・独立40周年記念事業実行委員会　2018.11　59p　30cm　Ⓝ376.48

『苦楽一つに師友あり―緑輝く学び舎に44年の感謝を込めて』青森県立田子高等学校閉校記念事業実行委員会編　青森県立田子高等学校閉校記念事業実行委員会　2022.1　104p　30cm　Ⓝ376.48

◆田名部高等学校

『ラウエの象徴胸にして―田高八十年のあゆみ』青森県立田名部高等学校創立80周年記念事業協賛会編　青森県立田名部高等学校創立80周年記念事業協賛会　103p　30cm

『釜臥の山嶺しるく―田高六十年のあゆみ』田名部高等学校創立六十年記念事業協賛会　1977.2　138p　27cm　Ⓝ376.48

『若き命に光あり―田校70周年記念誌』田名部高等学校創立70周年記念事業協賛会　1986　72p　26cm

『瞬間（とき）―閉校記念誌』青森県立田名部高等学校定時制課程昼間部編　［青森県立田名部高等学校定時制課程昼間部］　1990　132p　26cm

◆田名部高等学校大畑校舎

『67年の歩み―青森県立田名部高等学校大畑分

校：青森県立大畑高等学校：青森県立田名部高等学校大畑校舎』青森県立田名部高等学校大畑校舎閉校記念事業実行委員会編　むつ　青森県立田名部高等学校大畑校舎閉校記念事業実行委員会　2014.10　228p　30cm〈書誌注記：年表あり〉Ⓝ376.48

◆千葉学園高等学校

『ひとすじの道―千葉学園高等学校創立70周年記念』千葉学園高等学校記念誌編集委員会編　千葉学園高等学校記念誌編集委員会　1980　42p　26cm

『進みてゆかん―千葉学園高等学校創立80周年記念』千葉学園高等学校編集委員会編　千葉学園高等学校編集委員会　1990　50p　30cm

『蒼穹のかなた―千葉学園高等学校90周年記念誌』千葉学園高等学校編　千葉学園高等学校　2000.11　49p　30cm　Ⓝ376.48

『伝統はながく―千葉学園高等学校創立百周年記念誌』千葉学園高等学校創立百周年記念誌編集委員会編　千葉学園高等学校　2010.12　111p　30cm　Ⓝ376.48

『いよよ新たに―千葉学園高等学校創立百十周年記念誌』千葉学園高等学校創立百十周年記念誌編集委員会編　千葉学園高等学校　2020.12　82p　30cm　Ⓝ376.48

◆鶴田高等学校

『師弟和熟―青森県立鶴田高等学校閉校記念誌』青森県立鶴田高等学校閉校事業実行委員会記念誌編集部編集　鶴田町（青森県）青森県立鶴田高等学校　2023.3　140p　30cm〈書誌注記：年表あり〉Ⓝ376.48

◆東奥義塾高等学校

『写真で見る東奥義塾120年』写真で見る東奥義塾120年編集委員会編　東奥義塾　1992　115p　30cm

『資料で見る東奥義塾の歴史―開学130年記念』東奥義塾,東奥義塾協賛会編　東奥義塾　2002.10　429p　30cm　Ⓝ376.4

◆東奥女子高等学校

『未来に向って』東奥女子高等学校編　東奥女子高等学校　201p　31cm

◆十和田工業高等学校

『二十年のあゆみ』青森県立十和田工業高等学校編　［青森県立十和田工業高等学校］　1982　103p　26cm

◆十和田西高等学校

『篤き友拠る―創立10周年記念誌　［1998］』青森県立十和田西高等学校創立10周年記念誌編集委員会編　青森県立十和田西高等学校　1998.10　77p　30cm　Ⓝ376.4

『篤き友拠る―創立20周年記念誌　2008』青森県立十和田西高等学校創立20周年記念誌編集委員会編　青森県立十和田西高等学校　2008.10　72p　30cm　Ⓝ376.4

『光射す方へ』青森県立十和田西高等学校閉校式典実行委員会刊行部編　青森県立十和田西高等学校閉校式典実行委員会　2023.1　28p　30cm　Ⓝ376.48

◆中里高等学校

『風のレール―青森県立中里高等学校創立20周年記念誌』中里高等学校創立20周年記念誌編集委員会編　青森県立中里高等学校　1996.11　55p　30cm　Ⓝ376.48

『百花斉放―青森県立中里高等学校創立30周年記念誌』記念誌編纂委員会編　青森県立中里高等学校　2005.11　24p　30cm　Ⓝ376.48

『中里高等学校閉校記念誌―重き使命の学び舎は中里高校我が母校』青森県立中里高等学校閉校記念事業実行委員会,青森県立中里高等学校編集　中泊町（青森県）青森県立中里高等学校閉校記念事業実行委員会　2021.10　115p　30cm〈書誌注記：年表あり　部分タイトル：青森県立中里高等学校閉校記念誌　出版者注記：青森県立中里高等学校〉Ⓝ376.48

◆名久井農業高等学校

『三十年のあゆみ』青森県立名久井農業高等学校新築落成並びに三十周年記念協賛会　1972　80p　18×26cm

『四十年のあゆみ』青森県立名久井農業高等学校創立四十周年記念事業実行委員会四十年のあゆみ編集委員会　1984.11　87p　18×26cm　Ⓝ376.48

『学校環境緑化のあゆみ―内閣総理大臣賞　昭和60年緑化推進運動功労者受賞記念』青森県立名久井農業高等学校環境整備委員会編　青森県立名久井農業高等学校　1985　84, 20p　26cm

『名農五十年』青森県立名久井農業高等学校創立五十周年記念事業協賛会記念誌編集委員会編　青森県立名久井農業高等学校　1994.11

423p　27cm

『青森県立名久井農業高等学校創立七十周年記念誌―"七十年"緑あふれる名農高歴史と伝統この先も』青森県名久井農業高等学校創立七十周年年記念誌編集部編　青森県立名久井農業高等学校　2014.11　35p　30cm　Ⓝ376.48

◆浪岡高等学校

『青森県立浪岡高等学校四十年史』浪岡町（青森県）青森県立浪岡高等学校創立四十周年記念事業協賛会　1970.12　294p 図版20枚　22cm　Ⓝ376.4

『五十年の歩み』青森県立浪岡高等学校　1980　76p　22cm

『浪高六十年の歩み』記念誌編集委員会編　青森県立浪岡高等学校創立60周年記念事業協賛会　1990　122p　26cm

『おおいなる風―青森県立浪岡高等学校70周年記念誌』浪岡高等学校70周年記念誌編集委員会編　青森県立浪岡高等学校　2000.10　72p　30cm　Ⓝ376.4

『つなぐ伝統未来に浪高輝かせ！―青森県立浪岡高等学校創立90周年記念誌』青森県立浪岡高等学校創立90周年記念事業協賛会記念誌編集委員会編　青森県立浪岡高等学校　2020.10　54p　30cm　Ⓝ376.48

◆南郷高等学校

『にいばりの道』青森県立南郷高校独立記念誌編集委員会編　青森県立南郷高等学校　1973　58p　26cm

『あゆむ―創立三十周年新校舎落成記念』青森県立南郷高等学校　1979　96p　26cm

『ゆるぎなき心の旗を―創立五十周年記念誌』創立五十周年記念誌編集委員会編　青森県立南郷高等学校　1998.10　112p　30cm　Ⓝ376.48

◆南部工業高等学校

『光る歴史…拓く未来―青森県立南部工業高等学校創立15周年・独立10周年記念誌』記念誌編集委員会編　南部町（青森県）青森県立南部工業高等学校創立15周年・独立10周年記念事業協賛会　1995.9　80p　30cm　Ⓝ376.4

『［青森県立南部工業高等学校］閉校記念誌―虹を画け』青森県立南部工業高等学校閉校記念誌編集委員会編　青森県立南部工業高等学校　2015.3　159p　30cm　Ⓝ376.48

◆野辺地高等学校

『わが校通信制教育のあゆみ―26年の回顧と課題』青森県立野辺地高等学校通信制課程編　青森県立野辺地高等学校通信制課程　1975　69p　26cm

『烏帽子ケ峰を仰ぎつつ―野高創立六十周年記念誌』青森県立野辺地高等学校創立六十周年記念事業協賛会記念誌編集部編　［青森県立］野辺地高等学校創立六十周年記念事業協賛会　1985　362p　27cm

『はろばろと雲湧き立ちて―創立70周年記念誌』青森県立野辺地高等学校編　青森県立野辺地高等学校　1995.9　136p　27cm　Ⓝ376.48

『ここに学ぶ―創設50周年記念誌』青森県立野辺地高等学校通信制の課程編　青森県立野辺地高等学校通信制の課程　1998.11　197p　27cm　Ⓝ376.48

『常夜燈のごとく―閉校記念誌』青森県立野辺地高等学校通信制の課程編集　野辺地高等学校通信制の課程　2001.11　213p　27cm　Ⓝ376.48

『咲かせなん文化の華ぞ―創立90周年記念誌』野辺地町（青森県）青森県立野辺地高等学校　2015.9　79p　30cm〈書誌注記：年表あり〉Ⓝ376.48

◆八戸高等学校

『写真でみる大杉平の八十年』八戸　青森県立八戸高等学校　1973.9　61p　27cm〈共同刊行：八高八十周年記念事業協賛会〉非売品　Ⓝ376.4

『悲願二十八年―終戦の混乱から理想の学園生る』八戸高等学校新築期成同盟　八戸　八戸高等学校新築期成同盟　1979.6　199, 9p　21cm　Ⓝ376.4

『春秋大杉平―八中八高の百年』記念誌編集委員会編　八戸　青森県立八戸高等学校記念事業協賛会　1993.9　774, 14p　22cm　Ⓝ376.4

『八戸高校物語―母校賛歌』島守光雄著　弘前　北方新社　1996.2　320p　21cm　2000円　①4-89297-005-0　Ⓝ376.48

『闘魂　八中・八高陸上競技部100年誌』八戸高校陸上競技部OB会編　八戸高校陸上競技部OB会　1998.11　185p　27cm　Ⓝ782

『八中八高野球部史―創部百周年記念』八中・八高野球部史編集委員会編　八戸　青森県立八戸高等学校野球部後援会「杉門会」　1999.2　144p　26cm　Ⓝ783.7

青森県

『大杉平讃歌―[青森県立八戸高等学校創立110周年記念誌]』青森県立八戸高等学校創立110周年記念誌編集委員会企画・編集　[青森県立八戸高等学校]　2003.9　31p　30cm　Ⓝ376.48

『熱球の碑―八戸高校野球部の歴史1896-1965年』類家修著　[類家修]　2019.7　245p　21cm〈書誌注記：文献あり〉1800円　Ⓝ783.7

◆八戸北高等学校

『草創と定着―10年のあゆみ』青森県立八戸北高等学校十周年記念誌編集委員会編　青森県立八戸北高等学校　1972　77p　26cm

『北はきびしくきよきもの―青森県立八戸北等学校五十年記念誌』青森県立八戸北高等学校創立五十年記念事業実行委員会　2013.2　111p　30cm　Ⓝ376.48

『誇る歴史かかげよ光―青森県立八戸北高等学校創立60年記念誌』創立六十年記念事業実行委員会記念誌編集委員会編　青森県立八戸北高等学校創立六十年記念事業実行委員会　2022.10　62p　30cm　Ⓝ376.48

◆八戸工業高等学校

『学灯拓魂―創立三十年記念誌』青森県立八戸工業高等学校定時制　青森県立八戸工業高等学校定時制　186p　30cm　Ⓝ376.48

『創立四十周年記念誌』青森県立八戸工業高等学校　1983　96p　27cm

『学灯拓魂―八工定時制二十年の歩み』二十年記念誌編集委員会編　青森県立八戸工業高等学校　1988　91p　26cm

『八工高五十年誌』八戸　青森県立八戸工業高等学校　1993.11　396, 88p　27cm　Ⓝ376.4

『創立七十周年記念青森県立八戸工業高等学校と校歌』青森県立八戸工業高等学校校歌を考える会編　[青森県立八戸工業高等学校校歌を考える会]　2011.3　237p　30cm　Ⓝ376.48

『限りなき挑戦―未来を創る夢に向かって』青森県立八戸工業高等学校創立70周年記念誌編集委員会編　青森県立八戸工業高等学校　2013.11　117p　30cm　Ⓝ376.48

◆八戸工業大学第一高等学校

『星雲―八戸工業大学第一高等学校創立五十周年』八戸工業大学第一高等学校創立五十周年記念事業協賛会　2006.11　189p　31cm　Ⓝ376.4

◆八戸工業大学第二高等学校

『光の樹林―八戸工業大学第二高等学校創立十周年記念誌』講談社第一出版センター編　八戸工業大学第二高等学校創立十周年記念事業協賛会　1985　190p　27cm

『みち無限』根城正一郎著　八戸工業大学第二高等学校教育後援会　1987.11　349p　26cm

『二十周年記念誌　二十年の軌跡―八戸工業大学第二高等学校創立二十周年記念誌』八戸工業大学第二高等学校創立二十周年記念誌編集員会編　八戸工業大学第二高等学校創立二十周年記念事業協賛会　1994.9　104p　27cm　Ⓝ376.48

『高鳴る理想―八戸工業大学第二高等学校創立40周年記念誌』八戸工業大学第二高等学校創立40周年記念事業実行委員会　2015.10　63p　30cm　Ⓝ376.48

◆八戸商業高等学校

『八商五十年のあゆみ』青森県立八戸商業高等学校　1977　134p　26cm

『八商六十年の歩み』青森県立八戸商業高等学校創立六十年記念事業協賛会編　[青森県立八戸商業高等学校創立六十年記念事業協賛会]　1987　136p　27cm

『青森県立八戸商業高等学校　創立70周年記念誌―VINTAGE』青森県立八戸商業高等学校創立七十周年記念誌編集委員会編　青森県立八戸商業高等学校創立70周年記念事業協賛会　1997.6　76p　30cm

『The Hassho Spirit 80th―青森県立八戸商業高等学校創立80周年記念誌』青森県立八戸商業高等学校創立80周年記念誌作成委員会編　青森県立八戸商業高等学校創立80周年記念事業協賛会　2007.6　120p　30cm　Ⓝ376.48

◆八戸水産高等学校

『青森県立八戸水産高等学校創立八十周年記念誌―やまとの男の子海こそ選べ』青森県立八戸水産高等学校創立80周年記念誌編集委員編　青森県立八戸水産高等学校創立80周年記念事業協賛会　1988.9　263p　27cm　Ⓝ376.48

『栄光への航海―百年の海から大志の海へ：青森県立八戸水産高等学校創立百周年記念誌』青森県立八戸水産高等学校創立百周年記念誌編集委員会編　八戸　青森県立八戸水産高等学校創立百周年記念事業協賛会　2008.12

399p　31cm〈書誌注記：年表あり〉Ⓝ376.48

『航跡―海に学ぶ海で学ぶ』創立110周年記念事業記念誌編集委員会編　青森県立八戸水産高等学校　2018.11　47p　30cm　Ⓝ376.48

◆八戸聖ウルスラ学院高等学校

『八戸聖ウルスラ学院高等学校英語科設立20周年記念誌』八戸聖ウルスラ学院高等学校編　八戸聖ウルスラ学院高等学校　2009.9　75p　30cm　Ⓝ376.48

◆八戸中央高等学校

『ひとつなる真―四十年の歩み』青森県立八戸中央高等学校創立四十周年記念事業協賛会　1988　129p　26cm

『創立50周年記念誌―半世紀の歩み』八戸　青森県立八戸中央高等学校創立50周年記念誌編集委員会　1999.10　149p　30cm　Ⓝ376.48

『よき時よき師よき友―創立60周年記念誌』創立60年記念誌編集委員会編　青森県立八戸中央高等学校創立60年記念事業協賛会　2008.6　72p　30cm　Ⓝ376.48

◆八戸西高等学校

『自啓自発のあゆみ』青森県立八戸西高等学校校誌編集委員会編　八戸　青森県立八戸西等学校父母と教師の会　1980.4　101p　26cm〈創立五周年記念〉Ⓝ376.4

『若草萌ゆる―創立10周年記念誌』青森県立八戸西高等学校創立10周年記念誌編集委員会編　八戸　青森県立八戸西高等学校創立10周年記念事業協賛会　1984.10　131p　26cm　Ⓝ376.4

『青森県立八戸西高等学校創立20周年記念誌―Tapestry』青森県立八戸西高等学校創立20周年記念誌刊行委員会編　八戸　青森県立八戸西高等学校創立20周年記念事業協賛会　1994.10　103p　30cm〈奥付の書名：八戸西高校20周年記念誌〉Ⓝ376.4

『クオリア―青森県立八戸西高等学校創立30年記念誌』青森県立八戸西高等学校創立30年記念誌刊行委員会編　青森県立八戸西高等学校創立30周年記念事業協賛会　2004.10　103p　30cm　Ⓝ376.4

『青森県立八戸西高等学校スポーツ科学科20周年記念誌』青森県立八戸西高等学校スポーツ科学科編　青森県立八戸西高等学校スポーツ科学科　2022.7　92p　30cm　Ⓝ376.4

◆八戸東高等学校

『回想の70年』青森県立八戸東高等学校編　［青森県立八戸東高等学校］　1971　64p　25cm

『七十周年から八十周年へのあゆみ』青森県立八戸東高等学校編　［青森県立八戸東高等学校］　1981　90p　26cm

『八戸東高校物語―母校賛歌』島守光雄著　弘前　北方新社　2001.8　392p　21cm　2300円　Ⓘ4-89297-048-4　Ⓝ376.48

『エートスの回廊から―青森県立八戸東高等学校創立100周年記念誌』青森県立八戸東高等学校創立100周年記念誌委員会編　八戸　青森県立八戸東高等学校創立100周年記念事業実行委員会　2001.10　159p　30cm　Ⓝ376.48

◆八戸南高等学校

『澄みわたりたる蒼天に―青森県立八戸南高等学校創立十周年記念誌』青森県立八戸南高等学校記念誌編集委員会編　［青森県立八戸南高等学校記念誌編集委員会］　1992　48p　30cm

『Composition 南高であるための三つの構図―青森県立八戸南高等学校創立20周年記念誌』青森県立八戸南高等学校創立20周年記念誌委員会編　青森県立八戸南高等学校創立20周年記念事業実行委員会　2002.10　71p　30cm　Ⓝ376.48

『友よ 手を 腕を 肩を―駆け抜けた30年の記憶』青森県立八戸南高等学校創立30周年記念誌編集委員会編　青森県立八戸南高等学校　2012.12　169p　30cm　Ⓝ376.48

◆八甲田高等学校

『青稜―創立十周年記念誌』青森県立八甲田高等学校創立19[10]周年記念事業協賛会　1997.10　80p　30cm　Ⓝ376.48

『青稜―創立19周年記念誌』青森県立八甲田高等学校創立19周年記念事業協賛会　2006.10　71p　30cm　Ⓝ376.48

◆平内高等学校

『平内―開校から校舎完成まで』青森県立平内高等学校編　［青森県立平内高等学校］　1985　73p　27cm

『白い軌跡―青森県立平内高等学校創立20周年記念誌』青森県立平内高等学校創立20周年記念事業協賛会　1999.10　80p　30cm　Ⓝ376.48

『明日へ伸びゆく―青森県立平内高等学校創立30周年記念誌』青森県立平内高等学校創立30周年記念誌編集委員会編　青森県立平内高等学校創立30周年記念事業実行委員会　2009.10　96p　30cm　Ⓝ376.48

◆弘前高等学校

『鏡ケ丘の九十年』弘前　弘高九十年記念事業協賛会（県立弘前高等学校内）1973　96p（おもに図）24cm　Ⓝ376.84

『弘前高校火災写真集―昭和44年1月30日発生』青森県教育庁総務課　1978　1冊　30×23cm

『鏡ケ丘の群像　昭和編』原子昭三, 岡本一雄編　鏡ケ丘の群像発刊有志会　1983.10　380p　22cm

『鏡ケ丘百年史』記念誌作成委員会編　弘前　弘高創立百年記念事業協賛会　1983.10　738, 19p 図版16枚　23cm　Ⓝ376.4

『鏡ケ丘の群像　明治大正編』岡本一雄, 原子昭三編　鏡ケ丘の群像発刊有志会　1993.8　351p　22cm

『弘前高校物語―母校賛歌』泉嶺著　弘前　北方新社　1993.9　296p　21cm　1800円　Ⓝ376.4

『鏡ケ丘百十年―1984～1993』記念誌作成委員会編　弘前　弘高創立百十年記念事業協賛会　1993.10　189p 図版46p　26cm　Ⓝ376.4

『高く、やがて空へ。―弘高通信半世紀の軌跡』校内編集委員会編　青森県立弘前高等学校通信制課程　2000.3　197p　30cm　Ⓝ376.48

『鏡ヶ丘百二十年―1994-2003』青森県立弘前高等学校記念誌編集委員会編　弘高創立百二十年記念事業協賛会　2003.10　177p　26cm　Ⓝ376.48

『鏡ケ丘百三十年―2004～2013』青森県立弘前高等学校記念誌編集委員会編　弘高創立百三十年記念事業協賛会　2013.9　118p　26cm　Ⓝ376.48

◆弘前学院聖愛高等学校

『JK自立と工夫で常識を変える―弘前学院聖愛高校野球部監督原田一範の挑戦』田尻賢誉著　ベースボール・マガジン社　2024.4　279p　19cm　1700円　①978-4-583-11683-9　Ⓝ783.7

目次　第1章 ぶれずに動く―チーム運営の核になるもの（グッドルーザーになる、ニックネームで呼ばせる、倫理法人会で学ぶ ほか）、第2章 自立した心を育てる―子どもが自ずと動くための仕組みづくり（練習メニューを選手に決めさせる、練習時間はカウントダウン方式にする、オリジナル日誌SPDを使う ほか）、第3章 工夫を続ける―リーダーが挑戦し続けるための仕組みづくり（やると決める。自腹を切る、週二回、グラウンドを提供する、攻略本をつくる ほか）

内容　青森県の強豪を抑えて二度、甲子園に出場している弘前学院聖愛高校野球部の取り組みを公開。ターゲットは「勝ち」だけではなく、人としての「価値」。自主的に動ける自立した心を育て、無理だと思ってもなんとかしようとする工夫を続ける。常識にとらわれない人づくり、チーム改革の仕組みを、長年原田監督を取材する著者が紹介する。

◆弘前工業高等学校

『弘工60年史』青森県弘前工業高等学校六十周年記念誌編集委員会編　［青森県立弘前工業高等学校六十周年記念誌編集委員会］　1970　359p　22cm

『弘工65周年記念誌』65周年記念誌編集委員会編　弘前工業高等学校創立65周年記念事業協賛会　1975　169p　21cm

『弘工70年史』70周年記念誌編集委員会編　青森県立弘前工業高等学校創立70周年記念事業協賛会　1980　162p　26cm

『弘工八十周年記念誌』八十周年記念誌編集班編　青森県立弘前工業高等学校創立八十周年記念事業協賛会　1990　311p　21cm

『青森県立弘前工業高等学校創立90周年記念誌』青森県立弘前工業高等学校創立90周年記念誌編集委員会編　青森県立弘前工業高等学校創立90周年記念誌編集委員会　2000.9　177p　30cm　Ⓝ376.4

『弘工100周年記念誌―平成12年10月～写真集』青森県立弘前工業高等学校創立100周年記念事業協賛会記念誌委員会編　青森県立弘前工業高等学校創立100周年記念事業協賛会　2010.10　59p　30cm　Ⓝ376.48

『弘工百年史―青森県立弘前工業高等学校創立百周年記念誌』青森県立弘前工業高等学校創立百周年記念誌委員会編　弘前　青森県立弘前工業高等学校創立百周年記念事業協賛会　2011.3　778p　31cm〈年表あり〉Ⓝ376.48

『青森県立弘前工業高等学校定時制閉課程記念誌―希望』青森県立弘前工業高等学校定時制閉課程委員会編　青森県立弘前工業高等学校定時制閉課程委員会　2024.3　100p　30cm　Ⓝ376.48

青森県

◆弘前実業高等学校

『開校50年弘実10周年誌』青森県立弘前実業高等学校編　[青森県立弘前実業高等学校]　1970　176p　26cm

『六十のあゆみ』青森県立弘前実業高等学校　1978　166p　21×21cm

『巌城嶺の道─創立70周年記念誌』青森県立弘前実業高等学校　1988　121p　22×21cm

『歩歩清風─青森県立弘前実業高等学校創立80周年記念誌』青森県立弘前実業高等学校創立80周年記念誌編集委員会編　青森県立弘前実業高等学校　1998.9　106p　30cm　Ⓝ376.48

『生命と価値─青森県立弘前実業高等学校創立100周年記念誌』記念誌編集委員会編　青森県立弘前実業高等学校　2019.1　187p　30cm〈書誌注記：年表あり〉Ⓝ376.48

◆弘前実業高等学校藤崎校舎

『ふじ─青森県立弘前実業高等学校藤崎校舎閉校記念誌』青森県立弘前実業高等学校藤崎校舎閉校事業実行委員会　2019.3　167p　30cm　Ⓝ376.48

◆弘前中央高等学校

『八十年史編纂資料　第1冊』青森県立弘前中央高等学校編　青森県立弘前中央高等学校　1977　48p　21cm

『八十年史編纂資料　第2冊』青森県立弘前中央高等学校編　青森県立弘前中央高等学校　1979　90p　21cm

『八十周年記念誌』校史編纂委員会編　弘前　青森県立弘前中央高等学校創立八十周年記念行事実行委員会　1980.9　122p 図版32枚　22cm　Ⓝ376.4

『八十年史─青森県立弘前中央高等学校』校史編纂委員会編　弘前　青森県立弘前中央高等学校創立八十周年記念行事実行委員会　1980.9　943p　23cm　Ⓝ376.4

『創立九十周年記念誌─1980～1990年』記念誌編集委員会編　青森県立弘前中央高等学校創立九十周年記念行事実行委員会　1990　46p　22cm

『百年史』青森県立弘前中央高等学校創立百周年記念事業協賛会記念誌編纂委員会編　弘前　青森県立弘前中央高等学校創立百周年記念事業協賛会　2001.2　283p　31cm　Ⓝ376.48

『創立110周年記念誌』記念誌編集委員会編　青森県立弘前中央高等学校創立110周年記念行事実行委員会　2010.10　87p　30cm

『ここに人ありここに学舎あり永遠なれ弘前中央高校定時制』弘前　青森県立弘前中央高等学校定時制閉課程事業実行委員会　2014.11　91p　30cm〈書誌注記：年表あり〉Ⓝ376.48

◆弘前東高等学校

『光の軌跡─真摯なる半世紀の軌跡と光輝なる未来への展望』弘前東高等学校　2009.2　76p　30cm　Ⓝ376.48

◆弘前東工業高等学校

『ボクシング部 三十五年史』弘前東工業高等学校ボクシングOB会　2003.7　87p　30cm　Ⓝ788.3

◆弘前南高等学校

『みなみ─その十年』青森県立弘前南高等学校編　[青森県立弘前南高等学校]　1973.10　80p　26cm

『みなみ─20年のあゆみ』記念誌編集委員会編　弘前　青森県立弘前南高等学校創立二十周年記念事業協賛会　1983.10　122p　27cm　非売品　Ⓝ376.4

『青森県立弘前南高等学校創立三十周年記念史』青森県立弘前南高等学校記念史編集委員会編　青森県立弘前南高等学校創立三十年記念事業協賛会　1993.10　209p　26cm

『創立三十周年記念誌─十和工三十年のあゆみ』創立三十周年記念誌編集委員会編　青森県立十和田工業高等学校　1993.10　91p　26cm

『今和彦の白球の軌跡─平成9年─平成11年』今靖行編　[今靖行]　[1999]　1冊　30cm　Ⓝ783.7

『今和彦の白球の詩─平成3年─平成11年』今靖行著　[今靖行]　[1999]　28p　26cm　Ⓝ783.7

『弘前南高校野球部栄光の軌跡』青森県立弘前南高校野球部応援隊編　[青森県立弘前南高校野球部応援隊]　[2000]　1冊　30cm　Ⓝ783.7

『弘前南高校野球部 熱戦の軌跡　昭和39年─平成14年』弘前南高校野球部応援隊編　弘前南高校野球部応援隊　[2002]　1冊　30cm　Ⓝ783.7

『弘前南高校野球部 熱戦の軌跡　平成17年』弘前南高校野球部応援隊編　弘前南高校野球部応援隊　[2005]　1冊　30cm　Ⓝ783.7

青森県

『弘前南高校野球部 熱戦の軌跡 昭和39年―平成20年度』弘前南高校野球部応援隊編 浪岡タイムス ［2008］ 1冊 30cm Ⓝ783.7

『弘前南高校野球部 熱戦の軌跡 昭和39年―平成25年度』弘前南高校野球部応援隊編 浪岡タイムス ［2013］ 1冊 30cm Ⓝ783.7

『青森県立弘前南高等学校創立五十周年記念史』青森県立弘前南高等学校創立五十周年記念事業協賛会記念編さん委員会・記念史編さんグループ編 弘前 青森県立弘前南高等学校創立五十周年記念事業協賛会 2013.3 223p 30cm〈書誌注記：年表あり〉Ⓝ376.48

『弘前南高校野球部熱戦の軌跡 平成元年度―平成25年度』浪岡タイムス ［2014］ 30cm Ⓝ783.7

『青森県立弘前南高等学校創立六十周年記念史』青森県立弘前南高等学校創立六十周年記念事業協賛会記念誌編纂委員会編 青森県立弘前南高等学校創立六十周年記念事業協賛会 2023.10 183p 30cm Ⓝ376.48

◆弘前南高等学校大鰐校舎

『思い出から未来へ―閉校記念誌』青森県立弘前南高等学校大鰐校舎閉校記念誌編集委員会編 青森県立弘前南高等学校大鰐校舎閉校記念実行委員会 2012.12 57p 30cm Ⓝ376.48

◆深浦高等学校

『創立弐十周年記念誌』深浦高等学校創立20周年記念誌編集委員会編集 青森県立深浦高等学校創立20周年記念事業協賛会 1977.11 73p 21cm Ⓝ376.48

『創立四十周年記念誌』青森県立深浦高等学校創立40周年記念誌編集委員会編集 青森県立深浦高等学校 1998.10 40p 30cm Ⓝ376.48

『0対122けっぱれ！ 深浦高校野球部』川井龍介著 講談社 2001.11 254p 20cm 1600円 ①4-06-210868-2 Ⓝ783.7
目次 第1章「先生たち、クビになるのか」(1998年夏、青森、スローカーブは「赤い虎」 ほか)、第2章 あってはならない試合なのか(「122対0野球です！」、わがチームだったらどうする？ ほか)、第3章 ロボコップとへっぽこ球児たち(観光バスが立ち寄る新名所、深高野球の黄金時代 ほか)、第4章「挑戦」の季節がまたやって来る(2000年夏、弘前、「一流になった！」 ほか)
内容「試合放棄するか？」「やめてもいいんだばって…」それでも試合を捨てなかった深浦球児たちの「珍プレー好プレー」と「それから」。

『122対0の青春―深浦高校野球部物語』川井龍介著 講談社 2004.5 298p 15cm（講談社文庫）〈「0対122けっぱれ！ 深浦高校野球部」(2001年刊)の増補〉533円 ①4-06-274767-7 Ⓝ783.7
目次 第1章「先生たち、クビになるのか」(一九九八年夏、青森、スローカーブは"赤い虎" ほか)、第2章 あってはならない試合なのか(「122対0 野球です！」、わがチームだったらどうする？ ほか)、第3章 ロボコップとへっぽこ球児たち(観光バスが立ち寄る新名所、深高野球の黄金時代 ほか)、第4章「挑戦」の季節がまたやって来る(二〇〇〇年夏、弘前、「一流になった！」 ほか)、終章 二〇〇二年春から一学級と彼らはその後…
内容 へっぽこという言葉では甘すぎる？ 1998年夏。「歴史的」スコアで大敗し、全国に知られた青森県立深浦高校野球部の球児たち。生徒数減で高校自体が存亡の危機に立つなか、野球部員たちは死力を尽くして戦った！ 涙あり、笑いありのドラマを描いた話題作が、球児たちの「その後」を加筆し待望の文庫化。

◆藤崎園芸高等学校

『ふじ―［青森県立藤崎園芸高等学校］創立四十周年記念誌』青森県立藤崎園芸高等学校 青森県立藤崎園芸高等学校 1989.9 138p 27cm Ⓝ376.48

『ふじ―［青森県立藤崎園芸高等学校］創立五十周年記念誌』青森県立藤崎園芸高等学校 青森県立藤崎園芸高等学校 1998.9 99p 27cm Ⓝ376.48

◆北斗高等学校

『開校五十周年記念誌』青森県立北斗高等学校開校50周年記念誌編集委員会編 青森県立北斗高等学校開校50周年記念事業協賛会 1982.10 80p 27cm Ⓝ376.48

『青森県立北斗高等学校創立六十周年記念沿革誌大綱』青森県立北斗高等学校 1993 13p 26cm

『北斗七星―青森県立北斗高等学校創立六十周年記念：青森県立北斗高等学校沿革誌』青森県立北斗高等学校編 青森県立北斗高等学校 1996 246p 26cm Ⓝ376.4

『働学一如―創立10周年記念誌』青森県立北斗高等学校通信制創立10周年記念誌刊行委員会編 青森県立北斗高等学校通信制創立10周年記念事業協賛会 2009.11 55p 30cm Ⓝ376.48

『青森県立北斗高等学校通信制の課程創立20周年記念誌―働学一如』青森 青森県立北斗高等学校通信制の課程 2019.11 40p 30cm

◆北斗高等学校高田分校

『働学無限』青森県立北斗高等学校高田分校閉校記念事業協賛会　1984.2　49p　26cm　Ⓝ376.48

◆三沢高等学校

『若人の塞―創立40周年記念誌』青森県立三沢高等学校　134p　26cm　Ⓝ376.4

『創立二十周年記念誌』青森県立三沢高等学校創立二十周年記念事業協賛会編　青森県立三沢高等学校創立二十周年記念事業協賛会　1973.9　68p　22×21cm　Ⓝ376.48

『松韻―創立30周年記念誌』青森県立三沢高等学校編　三沢高等学校　1984　116p　22×21cm

『青森県立三沢高等学校英語科閉科記念誌』青森県立三沢高等学校英語科閉科記念誌編集委員会編　青森県立三沢高等学校　2020.10　94p　30cm　Ⓝ376.48

『1969年松山商業と三沢高校―伝説の延長18回再試合』楊順行著　ベースボール・マガジン社　2022.8　319p　19cm（再検証夏の甲子園激闘の記憶）〈書誌注記：文献あり〉1600円　①978-4-583-11516-0　Ⓝ783.7

|目次| 第1章 1969年、8月18日、第2章 王国の野球、雪国の野球、第3章 1967年～68年 夏、第4章 1968年夏、甲子園、第5章 15回裏一死満塁、スリーボール、第6章 ついに…18回、第7章 史上初の決勝引き分け再試合

|内容| 三沢・太田幸司と松山商・井上明、両エースの息詰まる投手戦は延長18回の末に引き分け、史上初の決勝再試合となった。伝説の夏から50年以上経った今、太田本人が当時の全映像を視聴して改めて語った貴重な証言とともに、球史に残る名勝負を振り返る。

『閉科記念誌―農業経営科62年の軌跡』青森県立弘前実業高等学校編　青森県立弘前実業高等学校　2023.3　46p　30cm　Ⓝ376.48

◆三沢商業高等学校

『創立十周年記念沿革史―飛翔賛歌』青森県立三沢商業高等学校編　［青森県立三沢商業高等学校］　1973　40p　26cm

『三商の二十年』青森県立三沢商業高校二十周年記念誌編集部編　青森県立三沢商業高等学校　1983　121p　27cm

『ひとすじの道―創立三十周年記念誌』青森県立三沢商業高等学校創立三十周年記念誌編集委員会編　青森県立三沢商業高等学校　1993.10　122p　23cm

『「延長十八回」終わらず―伝説の決勝戦「三沢vs松山商」ナインたちの二十五年』田沢拓也著　文芸春秋　1994.12　280p　20cm　1500円　①4-16-349750-1　Ⓝ783.7

『「延長十八回」終わらず―伝説の決勝戦「三沢vs松山商」ナインたちの二十五年』田澤拓也著　文藝春秋　2004.7　323p　16cm（文春文庫）590円　①4-16-767802-0　Ⓝ783.7

『大いなる希望いだきて―青森県立三沢商業高等学校五十周年記念誌』三沢　青森県立三沢商業高等学校　2014.2　136p　30cm〈書誌注記：年表あり〉Ⓝ376.48

◆むつ工業高等学校

『玲峰―創立10周年記念誌』青森県立むつ工業高等学校編　青森県立むつ工業高等学校　1973　52p　26cm

『玲峰―創立20周年記念誌』青森県立むつ工業高等学校編　青森県立むつ工業高等学校　1983　93p　26cm

『玲峰―創立30周年記念誌』青森県立むつ工業高等学校編　青森県立むつ工業高等学校　1983　149p　26cm

『玲峰―創立40周年記念誌』青森県立むつ工業高等学校編　青森県立むつ工業高等学校　2003.10　149p　26cm

◆百石高等学校

『三十年の歩み―開校30周年並に校舎新築落成記念』青森県立百石高等学校編　青森県立百石高等学校　1978.11　110p　26cm

『百石高校創立五十周年記念誌銀杏の森』青森県立百石高等学校創立五十周年記念事業協賛会編　青森県立百石高等学校創立五十周年記念事業協賛会　1998.10　103p　30cm　Ⓝ376.48

『銀杏色した百千の思い出。―momochi no omoide』青森県立百石高等学校創立60周年記念誌専門部会編　青森県立百石高等学校創立60周年記念事業実行委員会　2008.11　64p　30cm　Ⓝ376.48

『輝きの場所で―そこには銀杏色した日溜まりがあって：青森県立百石高等学校創立70周年記念誌』青森県立百石高等学校創立70周年記念誌専門部会編　おいらせ町（青森県）　青森県立百石高等学校創立70周年記念事業実行委員会　2018.11　64p　30cm〈書誌注記：年表あり〉Ⓝ376.48

岩手県

◆六戸高等学校

『校舎落成記念誌』青森県立六戸高等学校編　青森県立六戸高等学校校舎落成記念事業実行委員会　1982.11　44p　Ⓝ376.48

『「あすを拓く」―ふるさと運動社会科実践の記録』ふるさと運動実行委員会,青森県立六戸高等学校社会科編　[ふるさと運動実行委員会]　1985　48p　26cm

『創立十周年記念誌―いざ生い立ちゆかん』青森県立六戸高等学校創立十周年記念誌刊行委員会編　青森県立六戸高等学校創立十周年記念事業協賛会　1991.10　148p　26cm

『軌跡―青森県立六戸高等学校創立30周年記念誌』青森県立六戸高等学校　2012.1　91p　30cm　Ⓝ376.48

『軌跡―心に刻む我らの学び舎』青森県立六戸高等学校　2023.1　103p　30cm　Ⓝ376.48

◆六ヶ所高等学校

『十年のあゆみ』青森県立六ヶ所高等学校創立十周年記念誌編集委員会編　青森県立六ヶ所高等学校　1987.10　121p　27cm　Ⓝ376.48

『蒼穹の丘―青森県立六ヶ所高等学校創立三十周年記念誌』青森県立六ヶ所高等学校創立三十周年記念誌編集委員会編　青森県立六ヶ所高等学校創立三十周年記念事業協賛会　2008.10　88p　30cm　Ⓝ376.48

『希望を抱きて蒼穹の丘に立つ―青森県立六ヶ所高等学校創立40周年記念誌』青森県立六ヶ所高等学校創立40周年記念事業協賛会編　青森県立六ヶ所高等学校創立40周年記念事業協賛会　2019.1　92p　30cm　Ⓝ376.48

岩手県

◆胆沢高等学校

『胆沢高校三十五年史』胆沢高校記念誌編集委員会編　岩手県立胆沢高等学校　1985.10　101p　26cm〈胆沢高等学校の沿革：p13～14〉Ⓝ376.48

『わがまなびや胆沢―胆沢高校五十五年史』胆沢高等学校開校三十周年創立五十五周年記念事業協賛会編集　胆沢高等学校開校三十周年創立五十五周年記念事業協賛会　2005.9　69p　30cm〈タイトルは奥付・表紙による.標題紙のタイトル：胆沢高校五十五年史　胆沢高等学校の沿革：p16～18〉Ⓝ376.48

『わがまなびや胆沢―胆沢高校閉校記念誌』胆沢高校を讃える会記録作成委員会編集　胆沢高校を讃える会記録作成委員会　2010.3　145p　30cm〈胆沢高等学校の沿革：p17～19〉Ⓝ376.48

◆一関学院高等学校

『一関学院センバツ「希望枠」出場―第80回選抜高等学校野球記念大会』一関学院編集　一関学院高等学校　2008.9　64p　31cm　Ⓝ783.7

『玲瓏―一関学院高等学校創立八十周年記念誌』一関学院高等学校創立八十周年記念事業実行委員会編集　一関学院高等学校　2020.7　78p　30cm〈タイトルは奥付等による.標題紙のタイトル：一関学院高等学校創立八十周年記念誌〉Ⓝ376.48

◆一関工業高等学校

『関工五十年史―50年の時代を越え～受け継がれし技術と心』創立五十周年記念事業実行委員会記念誌編纂事業部会編　岩手県立一関工業高等学校創立五十周年記念事業実行委員会　2009.10　224p　31cm〈年表あり〉Ⓝ376.48

◆一関修紅高等学校

『心を紡いで―創立百二十周年』一関修紅高等学校　健康科学大学一関修紅高等学校　2020.6　142p　30cm　Ⓝ376.48

◆一関第一高等学校

『岩手県立一関中学・一高野球部史』一関一高野球部OB会刊行委員会編　一関　一関一高野球部OB会　1994.5　306p　26cm　Ⓝ783.7

『温故知新――関一高百周年記念誌』一関一高百周年記念誌編集委員会編　一関　岩手県立一関第一高等学校　1999.3　725p　31cm　Ⓝ376.48

◆一関第二高等学校

『一関二高創立70周年記念誌』岩手県立一関第二高等学校編　岩手県立一関第二高等学校　1977.10　80p　26cm〈タイトルは奥付による.タイトルページ・表紙のタイトル：創立70周年記念誌〉Ⓝ376.48

『一関二高百年史』記念誌編纂専門委員編集　岩手県立一関第二高等学校創立百周年記念事

業実行委員会　2007.10　450p　31cm〈二高沿革年表：p394～413〉Ⓝ376.48

『岩手県立一関第二高等学校創立110周年記念小史』岩手県立一関第二高等学校編　岩手県立一関第二高等学校創立110周年記念事業実行委員会　2017.12　29p　30cm　Ⓝ376.48

◆一関農業高等学校

『一関農業高等学校四十年史』一関農業高等学校四十年史編纂部会編　岩手県立一関農業高等学校　1984.7　252p　27cm〈タイトルは奥付による．標題紙のタイトル：関農四十年史，背のタイトル：一関農業高校四十年史，布装，共同刊行：岩手県立一関農業高等学校同窓会ほか〉Ⓝ376.48

『一関農業高等学校五十年史』一関農業高等学校五十年史編集委員会編集　岩手県立一関農業高等学校　1994.10　196p　26cm〈タイトルは奥付等による．標題紙のタイトル：関農五十年史，共同刊行：岩手県立一関農業高等学校同窓会創立五十周年記念事業実行委員会　年表：p184～187〉Ⓝ376.48

◆一戸高等学校

『一戸高校60年史』一戸町（岩手県）一戸高等学校　1971　171p（図共）27cm　Ⓝ376.4

『桜陵百年史—岩手県立一戸高等学校創立百周年記念誌』岩手県立一戸高等学校編　岩手県立一戸高等学校　2012.3　359p　31cm　Ⓝ376.48

◆伊保内高等学校

『伊高五十年史—岩手県立伊保内高等学校創立五十周年記念誌』五十周年記念誌編集委員会編　九戸村（岩手県）岩手県立伊保内高等学校創立五十周年記念事業協賛会　2000.3　295p　30cm　Ⓝ376.48

◆岩泉高等学校

『岩泉高校30年史』岩手県立岩泉高等学校三十年史編集委員会編集　岩手県立岩泉高等学校　1973.10　263p　25×25cm　Ⓝ376.48

『流れ、はるかに—岩泉高校50年史』岩泉高校創立五十周年記念事業協賛会記念誌編集委員会編　岩泉町（岩手県）岩泉高校創立五十周年記念事業協賛会記念誌編集委員会　1993.10　201p　31cm〈共同刊行：岩手県立岩泉高等学校〉Ⓝ376.4

◆岩泉高等学校小川分校

『風雪三十年史—小川分校』岩手県立岩泉高等学校小川分校同窓会風雪三十年史編集委員会編　岩手県立岩泉高等学校小川分校　1979.5　83p　26cm〈背のタイトル：風雪三十年〉Ⓝ376.48

◆岩泉高等学校田野畑校

『北燈—創立60周年記念誌』岩手県立岩泉高等学校田野畑校創立60周年記念事業推進委員会編　田野畑村（岩手県）岩手県立岩泉高等学校田野畑校　2009.3　85p　30cm〈年表あり〉Ⓝ376.48

『北燈—岩手県立岩泉高等学校田野畑校閉校記念誌』岩手県立岩泉高等学校田野畑校閉校記念誌編集専門委員会編　田野畑村（岩手県）岩手県立岩泉高等学校田野畑校閉校事業実行委員会　2012.3　99p　30cm〈書誌注記：年表あり〉Ⓝ376.48

◆岩手高等学校

『一点突破—岩手高校将棋部の勝負哲学』藤原隆史，大川慎太郎著　ポプラ社　2014.6　186p　18cm（ポプラ新書　034）780円　①978-4-591-14073-4　Ⓝ796

目次　第1章　岩手高校将棋部ができるまで（ゼロからの出発、全国大会行きの切符、勝ち上がる条件、突破口、全員将棋）、第2章　岩手高校将棋部の勝負哲学（6つの活動方針、大会攻略法）、第3章　年表・岩手高校将棋部の歩み、第4章　岩手高校将棋部は、なぜ強いのか—2013年度全国高等学校総合文化祭・観戦記

内容　偏差値なんて関係ない。エリートじゃなくたって、てっぺんを獲れる。いたってマイペースな校風の中高一貫男子校・岩手高校が、「頭脳の格闘技」といわれる高校棋界で頂点を極めた背景には常識破りの勝負哲学があった—。たった3人でゼロから始めた弱小クラブを全国屈指の強豪に育てあげた名顧問が、生徒たちと歩んできた20年間を振り返って独自の指導論を語る。

『一点突破—岩手高校将棋部の勝負哲学』藤原隆史，大川慎太郎著　ポプラ社　2018.4　203p　19cm（ポプラ選書—未来へのトビラ　File No.005）〈2014年刊の再刊〉1500円　①978-4-591-15790-9, 978-4-591-91725-1 (set)　Ⓝ796

目次　第1章　岩手高校将棋部ができるまで（ゼロからの出発—1993・1996、全国大会行きの切符—1997・2002、勝ち上がる条件—2003・2006、突破口—2007・2010、全員将棋—2011・現在）、第2章　岩手高校将棋部の勝負哲学、第3章　年表・岩手高校将棋部の歩み、第4章　岩手高校将棋部は、なぜ強いのか—2013年度全国高等学校総合文化祭・観戦記

岩手県

内容 「頭脳の格闘技」といわれる将棋の世界で、エリート進学校を次々と倒し、頂点を極めた岩手高校将棋部。たった3人でゼロから始めた弱小クラブを、全国屈指の強豪に育て上げた名顧問が、生徒たちと歩んできた20年間を振り返り、常識破りの指導論を語る。若き棋士たちの奮闘、熱戦が瑞々しい観戦記も収録。

◆岩手女子高等学校

『岩手女子高等学校の六十年』岩手女子高等学校六十年史編集委員会編　岩手女子高等学校　1983.10　314p　図2　27cm〈布装　年表：p249～307〉Ⓝ376.48

『岩手女子高等学校の七十年』岩手女子高等学校七十年史編集委員会編　岩手女子高等学校　1992.7　151p　26cm〈十年のあゆみ：p39～61〉Ⓝ376.48

『まっすぐな、愛―羽ばたいた日の思い新たに』衛生看護専攻科閉科記念誌編集委員会編　岩手女子高等学校　2006.3　73p　30cm〈沿革：68p〉Ⓝ376.48

『未来への架け橋―岩手女子高等学校創立90周年記念誌』岩手女子高等学校編　岩手女子高等学校　2012.1　96p　30cm　Ⓝ376.48

◆岩手橘高等学校

『江南之橘百年の歩み―岩手橘高等学校百年史』岩手橘高等学校編　盛岡　岩手橘高等学校創立百周年記念事業推進委員会　1993.7　393p　31cm　Ⓝ376.4

◆岩谷堂農林高等学校

『未来への鼓動―岩手県立岩谷堂農林高等学校記念誌–終章』統合記念事業実行委員会, 記念誌編集委員会編集　岩手県立岩谷堂農林高等学校　2009.1　99p　30cm〈岩谷堂農林高校六十六年のあゆみ：p92～97〉Ⓝ376.48

◆大槌高等学校

『岩手県立大槌高等学校創立九十周年記念誌』岩手県立大槌高等学校創立九十周年記念事業協賛会編集　岩手県立大槌高等学校創立九十周年記念事業協賛会　2010.3　96p　30cm〈十年史：p25～45〉Ⓝ376.48

『大海嘯―2011.3.11東日本大震災と避難所運営』改訂　大槌町(岩手県)　岩手県立大槌高等学校　2014.12　81p　30cm　Ⓝ376.4122

『大槌高校復興研究会活動記録集』大槌高校復興研究会活動記録集編集部編　大槌町(岩手県)　岩手県立大槌高等学校　2019.6　220p　30cm　Ⓝ369.31

『岩手県立大槌高等学校創立100周年記念誌』岩手県立大槌高等学校創立100周年記念事業協賛会編　岩手県立大槌高等学校創立100周年記念事業協賛会　2020.3　291p　30cm　Ⓝ376.48

◆大野高等学校

『大野高校独立十周年誌』岩手県立大野高等学校独立10周年記念事業協賛会、編集委員会編　岩手県立大野高等学校　1984.9　63p　27cm〈奥付のタイトル：岩手県立大野高等学校独立10周年記念誌, 背のタイトル：大野高校独立十周年〉Ⓝ376.48

『岩手県立大野高等学校創立七十周年記念二十年小史』岩手県立大野高等学校創立70周年記念誌編集委員会編　洋野町(岩手県)　岩手県立大野高等学校　2018.10　113p　30cm〈書誌注記：年表あり〉Ⓝ376.48

◆大迫高等学校

『迫高六十周年記念十年小史―平成11年～平成20年』岩手県立大迫高等学校創立60周年記念事業実行委員会編　大迫町(岩手県)　岩手県立大迫高等学校　2008.12　154p　30cm〈年表あり〉Ⓝ376.48

◆大原商業高等学校

『羽搏く未来に夢馳せん―閉校記念誌』岩手県立大原商業高等学校閉校事業実行委員会編　岩手県立大原商業高等学校閉校事業実行委員会　2006.5　55p　30cm　Ⓝ376.48

◆大船渡工業高等学校

『白き幟―大船渡工業高等学校30年誌』大船渡　岩手県立大船渡工業高等学校　1992.9　321p　26cm〈編集：創立三〇周年記念誌編集委員会〉Ⓝ376.4

◆大船渡農業高等学校

『大農五十年史』岩手県立大船渡農業高等学校編　岩手県立大船渡農業高等学校　1972.5　281p　27cm〈略年表：p255～277〉Ⓝ376.48

『大農の歩み―気仙農学校～大船渡農業高等学校』大農を讃える会記念史編集委員会編集　岩手県立大船渡農業高等学校　2007.10　296p　31cm〈略年表：p265～295〉Ⓝ376.48

岩手県

◆大船渡東高等学校

『岩手県立大船渡東高等学校創立10周年記念誌』岩手県立大船渡東高等学校創立十周年記念事業協賛会編　岩手県立大船渡東高等学校　2019.2　100p　30cm〈表紙のタイトル：岩手県立大船渡東高等学校創立10周年〉Ⓝ376.48

◆釜石北高等学校

『永遠の絆―岩手県立釜石北高等学校野球部誌』さよなら釜石北高等学校野球部記念事業実行委員会編　さよなら釜石北高等学校野球部記念事業実行委員会　2007.10　149p　30cm　非売品　Ⓝ783.7

◆釜石工業高等学校

『釜工―岩手県立釜石工業高等学校創立70周年記念誌』岩手県立釜石工業高等学校創立70周年記念誌編集委員会編集　岩手県立釜石工業高等学校創立70周年記念事業協賛会　2009.7　235p　31cm〈奥付・背のタイトル：岩手県立釜石工業高等学校創立70周年記念誌〉Ⓝ376.48

◆釜石商業高等学校

『釜石商業高等学校五十年史』岩手県立釜石商業高等学校釜商五十周年記念誌編集委員会編　岩手県立釜石商業高等学校　1983.10　344p　27cm〈タイトルは背による.タイトルページ等のタイトル：釜商五十年史〉Ⓝ376.48

『鷲陵―閉校記念誌』岩手県立釜石商業高等学校閉校記念誌編集委員会編集　岩手県立釜石商業高等学校閉校事業実行委員会　2009.5　234p　31cm〈タイトルは背・表紙による.奥付のタイトル：閉校記念誌, 布装　釜商の通史：p18～29〉Ⓝ376.48

◆釜石商工高等学校

『岩手県立釜石商工高等学校創立10周年記念誌』　釜石　岩手県立釜石商工高等学校　2020.2　113p　30cm〈書誌注記：年表あり〉Ⓝ376.48

◆釜石南高等学校

『釜南70年史』岩手県立釜石南高等学校校史編集委員会編　釜石　岩手県立釜石南高等学校創立七十周年記念事業協賛会　1988.6　708p　31cm〈書名は奥付・背による　標題紙の書名：釜石南高等学校創立70周年〉Ⓝ376.4

『詞章―岩手県立釜石南高等学校創立八十周年記念』岩手県立釜石南高等学校創立八十周年記念詞章編集委員会編　釜石　岩手県立釜石南高等学校創立八十周年記念事業協賛会　1994.10　19p　30cm　Ⓝ376.4

『気魄知勇―岩手県立釜石南高等学校創立90周年記念誌』岩手県立釜石南高等学校記念誌編集委員会編　釜石　岩手県立釜石南高等学校創立九十周年記念事業実行委員会　2004.10　212p　30cm〈背のタイトル：創立九十周年記念誌　年表あり〉Ⓝ376.48

◆軽米高等学校

『中高一貫教育のはじまり―岩手県立軽米高等学校創立六十周年記念誌』岩手県立軽米高等学校編　岩手県立軽米高等学校　2009.1　61p　30cm　Ⓝ376.48

◆北上翔南高等学校

『北上翔南百年史　1919-2019』記念誌編集委員会編　岩手県立北上翔南高等学校創立100周年記念事業実行委員会　2020.3　307p　31cm　Ⓝ376.48

◆久慈高等学校野田分校

『回想定時制野田分校』佐藤健次郎著　[佐藤健次郎]　1990.11　114p　21cm　Ⓝ376.48

◆久慈高等学校山形校

『風雪六十年史―岩手県立久慈高等学校山形校創立60周年記念誌』岩手県立久慈高等学校山形校創立60周年記念誌委員会編集　岩手県立久慈高等学校山形校創立60周年記念事業協賛会　2009.1　209p　27cm〈タイトルは奥付等による.標題紙のタイトル：60年の歩み〉Ⓝ376.48

◆葛巻高等学校

『葛かずら―岩手県立葛巻高等学校創立70周年記念誌：1998-2018創立50周年から20年の歩み』葛巻町（岩手県）　岩手県立葛巻高等学校　2019.1　131p　30cm〈書誌注記：年表あり〉Ⓝ376.48

◆黒沢尻北高等学校

『黒陵五十年史』北上　岩手県立黒沢尻北高等学校　1974　207p（図共）27cm　Ⓝ376.4

『黒陵七十年史』黒陵七十年史編集委員会編　北上　岩手県立黒沢尻北高等学校創立七十周年記念事業協賛会　1994.5　427p　31cm　Ⓝ376.4

岩手県

『全国制覇記念写真集―燃える黒陵庭球部図書』［岩手県立黒沢尻北高等学校］［2009］1冊（ページ付なし）31cm Ⓝ783.5

『百年への鼓動―創立80周年から10年の歩み：岩手県立黒沢尻北高等学校90周年記念誌』黒陵九十年誌編集委員会編　北上　岩手県立黒沢尻北高等学校創立九十周年記念事業協賛会　2015.3　335p　30cm〈書誌注記：年表あり　奥付のタイトル：黒陵九十年誌〉Ⓝ376.48

◆黒沢尻工業高等学校

『黒工三十年史』北上　黒沢尻工業高等学校　1971　314p　図　25×25cm　Ⓝ376.4

『望楼の高きをよぢて―岩手県立黒沢尻工業高等学校五十年史』黒工五十年史編集委員会編　北上　岩手県立黒沢尻工業高等学校　1989.10　591p　31cm　Ⓝ376.4

『黒工ラグビー部50年史―岩手県立黒沢尻工業高等学校ラグビー部創部50周年記念誌』黒沢尻工業高等学校ラグビー部創部50周年記念事業実行委員会記念誌編集委員会編　北上　黒沢尻工業高等学校ラグビー部創部50周年記念事業実行委員会　1997.8　271p　31cm　Ⓝ783.48

『黒工定時制閉課程記念誌―岩手県立黒沢尻工業高等学校定時制：1944-2012』岩手県立黒沢尻工業高等学校定時制閉課程記念誌編集委員会編　北上　岩手県立黒沢尻工業高等学校　2012.2　139p　30cm〈書誌注記：年表あり〉Ⓝ376.48

◆黒沢尻南高等学校

『1919-1999―岩手県立黒沢尻南高等学校創立80周年記念誌』記念誌編集委員会編　岩手県立黒沢尻南高等学校創立八十周年記念事業協賛会　2000.3　226p　29cm〈奥付のタイトル：岩手県立黒沢尻南高等学校創立八十周年記念誌　年表：p203～226〉Ⓝ376.48

◆不来方高等学校

『岩手県立不来方高等学校創立20周年記念誌―1988-2007』岩手県立不来方高等学校創立20周年記念事業協賛会記念誌編集委員会企画・編集　矢巾町（岩手県）岩手県立不来方高等学校　2007.10　211p　30cm　Ⓝ376.48

◆紫波総合高等学校

『Challenge to Possibility―可能性への挑戦―ここで叶える夢―』記念誌発行専門委員会編集　岩手県立紫波総合高等学校創立80周年記念事業協賛会　2010.10　135p　31cm〈本文は日本語〉Ⓝ376.48

『To the future―永久のhikariに照らされて』岩手県立紫波総合高等学校創立90周年記念誌編集委員会編集　紫波町（岩手県）岩手県立紫波総合高等学校　2021.3　65p　30cm〈書誌注記：年表あり　部分タイトル：岩手県立紫波総合高等学校創立90周年記念誌〉Ⓝ376.48

◆専修大学北上高等学校

『専修大学北上高等学校硬式野球部四五年のあゆみ』八重樫進　2002.1　134p　30cm　Ⓝ783.7

◆千厩高等学校

『百年の歴史、千の記憶。―岩手県立千厩高等学校創立100周年記念誌』千厩高等学校創立100周年記念誌編集委員会編　千厩町（岩手県）岩手県立千厩高等学校　2002.3　359p　30cm　Ⓝ376.48

◆大東高等学校

『大東高六十年史』大東高等学校六十年史編集委員会編　大東町（岩手県）岩手県立大東高等学校　1986.10　273p　27cm　Ⓝ376.4

『白き雲沸き―大東高校・80年』岩手県立大東高等学校創立80周年記念誌編集委員会編集　岩手県立大東高等学校　2006.2　177p　30cm〈文献：巻末〉Ⓝ376.4

『大東高校90年史―岩手県立大東高等学校創立90周年記念誌：1965-2014』岩手県立大東高等学校創立90周年記念誌委員会編　一関　岩手県立大東高等学校　2016.3　95p　30cm〈書誌注記：年表あり〉Ⓝ376.48

◆平舘高等学校

『紫薫の歩み・50―岩手県立平舘高等学校創立50周年記念誌』創立50周年記念事業協賛会記念誌編纂委員会編　西根町（岩手県）岩手県立平舘高等学校創立50周年記念事業協賛会　1999.7　415p　27cm　Ⓝ376.48

『紫薫の歩み・70―1999～2018』学校創立70周年記念事業実行委員会編　岩手県立平舘高等学校　2018.12　103p　30cm　Ⓝ376.48

◆高田高等学校

『白球―'88燃えたこの夏』高田高校甲子園出場

『記念誌編集委員会編　岩手県立高田高校甲子園出場後援会　1988.11　1冊（頁付なし）31cm〈高田高校野球のあゆみ：巻末〉Ⓝ783.7

『水と空との連なれる―岩手県立高田高等学校創立80周年記念誌＜心のメトロポール＞』創立80周年記念誌編集委員会編集　岩手県立高田高等学校　2010.12　151p　30cm　Ⓝ376.48

『日に新しく進みなん―2011.3.11震災と復興の記録』陸前高田　岩手県立高田高等学校　[2012]　194p　30cm　Ⓝ376.4122

『岩手県立高田高等学校―1年の記録―明日へ：あなたに笑顔を届けたくて：2011.3.11-2012.3.11への軌跡』高田高校を支援する会編　盛岡　川口印刷工業　2012.5　43p　30cm　700円

『やさしい風が流れて―Remember The 90th Anniversary of TAKATA SENIOR HIGH SCHOOL, 2020』創立90周年記念誌編集委員会編　岩手県立高田高等学校　2020.10　56p　30cm〈背のタイトル：The 90th Anniversary of TAKATA SENIOR HIGH SCHOOL 2020〉Ⓝ376.48

◆東和高等学校

『歴彩桜記―岩手県立東和高等学校閉校記念誌』東和高校を讃える会記録作成委員会編集　岩手県立東和高等学校　2010.3　79p　30cm〈沿革：p18～19〉Ⓝ376.48

◆遠野高等学校

『遠野高等学校70年史』遠野　遠野高等学校　1971　322p　図　30cm　Ⓝ376.4

『悠遠の野球部、今に―20世紀の球児から21世紀の球児へ：遠野高等学校野球部創部百年史』遠野高校野球部創部百年記念誌編集委員会編　遠野　遠野高校野球部OB会　2007.2　311p　30cm〈書誌注記：年表あり〉Ⓝ783.7

『遠野高等学校百二十年史』岩手県立遠野高等学校創立120周年記念事業協賛会120年史編集委員会編集　遠野　岩手県立遠野高等学校創立120周年記念事業協賛会　2022.3　227p　30cm〈書誌注記：年表あり〉Ⓝ376.4

◆遠野高等学校情報ビジネス校

『Cosmos―Our stage is the world, and our goal is the future　岩手県立遠野高等学校情報ビジネス校50周年記念誌』宮守村（岩手県）岩手県立遠野高等学校情報ビジネス校創立50周年記念事業実行委員会　1999.2　144p　30cm　Ⓝ376.48

◆遠野農業高等学校

『遠農三十年史』遠農創立三十年史編集委員会編　岩手県立遠野農業高等学校　1980.11　254p　27cm〈布装〉Ⓝ376.48

◆遠野緑峰高等学校

『遠野緑峰高校50年史―岩手県立遠野緑峰高等学校創立50周年記念誌』「遠野緑峰高校50年史」編集委員会編　遠野　岩手県立遠野緑峰高等学校　1998.10　183p　31cm　Ⓝ376.48

『メッセージ―岩手県立遠野緑峰高等学校創立60周年記念誌』岩手県立遠野緑峰高等学校編　岩手県立遠野緑峰高等学校創立60周年記念事業実行委員会　2009.2　47p　30cm〈タイトルは奥付・表紙による.背のタイトル：岩手県立遠野緑峰高等学校創立60周年記念誌, 欧文タイトル：MESSAGE〉Ⓝ376.48

◆杜陵高等学校

『新しい道へ―岩手県立杜陵高等学校創立90周年記念誌：杜陵90周年1924-2014』創立90周年記念事業協賛会誌編纂班編　盛岡　岩手県立杜陵高等学校　2015.3　155p　30cm〈書誌注記：年表あり〉Ⓝ376.48

◆西和賀高等学校

『銀嶺を越えて―岩手県立西和賀高等学校創立30周年記念誌』岩手県立西和賀高等学校創立30周年記念事業協賛会編集　岩手県立西和賀高等学校創立30周年記念事業協賛会　2003.3　283p　30cm〈文献：巻末〉Ⓝ376.48

『銀嶺を越えて―岩手県立西和賀高等学校創立30周年記念誌　別冊 年表』岩手県立西和賀高等学校創立30周年記念事業協賛会編集　岩手県立西和賀高等学校創立30周年記念事業協賛会　2003.3　147p　30cm〈付：和賀・北上・横手地方の教育史, 黒沢尻南高等学校川尻分校・沢内分校・西和賀分校のあゆみ〉Ⓝ376.48

◆沼宮内高等学校

『誇りもて時代をゆかん―沼宮内高校三十年史』岩手県立沼宮内高等学校三十年史編集委員会編　岩手県立沼宮内高等学校　1980.3　261p　27cm〈年表：p232～243〉Ⓝ376.48

岩手県

◆花泉高等学校

『岩手県立花泉高等学校三十年史』岩手県立花泉高等学校編　岩手県立花泉高等学校　1977.10　127p　26cm〈奥付のタイトル：創立三十年史, 背・表紙のタイトル：花泉高校三十年史〉Ⓝ376.48

『花泉高等学校創立六十年記念誌』花泉高等学校六十周年記念誌部編　一関　岩手県立花泉高等学校創立六十周年記念事業協賛会　2008.2　97p　30cm　Ⓝ376.48

◆花巻北高等学校

『桜雲50周年記念誌』創立50周年記念事業実行委員会編　岩手県立花巻北高等学校　1981.11　60p　26cm〈タイトルは表紙・背による．標題紙のタイトル：桜雲50年　花巻北高等学校略年表：p56～60〉Ⓝ376.48

『桜雲台六十年史―岩手県立花巻北高等学校』桜雲台六十年史編集委員会編　花巻　岩手県立花巻北高等学校創立六十年記念事業協賛会　1992.1　405p　27cm　Ⓝ376.4

『桜雲野球80年―岩手県立花巻北高等学校野球部創部80周年記念誌』岩手県立花巻北高等学校野球部創部80周年事業実行委員会編　花巻　岩手県立花巻北高等学校野球部創部80周年記念事業実行委員会　2014.6　156p　30cm〈書誌注記：年表あり〉Ⓝ783.7

◆花巻農業高等学校

『花農八十年史』花巻　岩手県立花巻農業高等学校同窓会　1985.3　477p　27cm　Ⓝ376.4

『岩手県立花巻農業高等学校百十周年記念誌』花巻　岩手県立花巻農業高等学校同窓会　2017.11　153p　30cm〈書誌注記：年表あり〉Ⓝ376.48

◆花巻東高等学校

『花巻東準優勝の軌跡―第81回選抜高校野球大会甲子園出場記念グラフ』盛岡　岩手日報社　2009.4　38p　34cm　952円　ⒾB978-4-87201-811-0　Ⓝ783.7

『花巻東激闘2009―本気で挑んだ日本一』岩手日報社　2009.10　96p　30cm　1400円　ⒾB978-4-87201-813-4　Ⓝ783.7

内容　花巻東の甲子園での活躍をまとめた写真グラフ。2009春夏全10試合をはじめ、花巻東野球5つの物語、選手と監督へのインタビュー、夏の主役18人の物語などを収録する。

『日本一への挑戦―立志夢実現教育ここにあり』牧野立雄本文執筆　花巻学院花巻東高等学校　2010.2　103p　30cm　Ⓝ783.7

『花巻東野球部録2011―決してあきらめない』花巻東高等学校硬式野球部甲子園出場支援協議会　2012.2　76p　30cm　Ⓝ783.7

『ルキデ ズラナカ―花巻東高等学校ソフトボール部10周年記念誌』花巻東高等学校ソフトボール部後援会　2012.4　35p　30cm　Ⓝ783.78

『花巻東硬式野球部甲子園出場記念誌2013―あきらめない勇気で勝ち取った甲子園ベスト4』花巻東高等学校硬式野球部甲子園出場支援協議会　2014.1　64p　30cm　Ⓝ783.7

『花巻東硬式野球部甲子園出場ベスト16記念誌―日本一への地図　2015』花巻東高等学校硬式野球部甲子園出場支援協議会　2016.3　28p　30cm　Ⓝ783.7

『クロニクルⅡ若き光の群像―花巻東高等学校創立60周年記念誌』花巻東高等学校創立60周年記念誌編集専門委員会編　花巻東高等学校　2017.3　227p　30cm　Ⓝ376.48

◆花巻南高等学校

『花南六十周年史』花巻　花巻南高等学校　1971　326p（図共）27cm　Ⓝ376.4

『花南70周年史』岩手県立花巻南高等学校編　岩手県立花巻南高等学校　1981.10　113p　26cm　Ⓝ376.48

『花南百年史―1911-2011』岩手県立花巻南高等学校創立100周年記念誌編集委員会編　花巻　岩手県立花巻南高等学校　2012.2　499p　31cm〈書誌注記：年表あり〉Ⓝ376.48

◆福岡高等学校

『福陵回想録』簗部善次郎著　二戸　福岡プリント社　1979.11　149p　22cm　Ⓝ376.4

『V9の譜1980夏―福高野球部9度目の甲子園出場の記録』福岡高等学校編　岩手県立福岡高等学校　[1980]　1冊　31cm〈タイトルは背・表紙による．奥付のタイトル：第62回全国高等学校野球選手権大会写真集〉Ⓝ783.7

『福陵八十年史』八十年史編集特別委員会編　二戸　岩手県立福岡高等学校創立80周年記念協賛会　1981.10　455p　27cm　Ⓝ376.4

『福陵百年史―福岡高校百周年記念誌　上巻　見る百年史』岩手県立福岡高等学校百周年記念誌編集委員会編　二戸　岩手県立福岡高等学校百周年記念事業協賛会　2002.8　309p

岩手県

『福陵百年史―福岡高校百周年記念誌　下巻　読む百年史』岩手県立福岡高等学校百周年記念誌編集委員会編　二戸　岩手県立福岡高等学校百周年記念事業協賛会　2002.8　446p　30cm　Ⓝ376.48

『甲子園　執念の代表』斎藤諒著、宮野康男編　斎藤諒　2005.9　5,367p　図版6　22cm〈巻頭に著者肖像、巻末に著者略歴あり〉3000円　Ⓝ783.7

『陣場台熱球録―岩手県立福岡高等学校野球部百年史』岩手県立福岡高等学校野球部OB会、応援団OB会編　岩手県立福岡高等学校野球部OB会　2005.12　235p　26cm〈書誌注記：年表あり　編集：福岡高校野球部百年史制作委員会〉Ⓝ783.7

◆福岡高等学校浄法寺校

『北辰―岩手県立福岡高等学校浄法寺校閉校記念誌』岩手県立福岡高等学校浄法寺校閉校記念誌編集専門委員会編　二戸　岩手県立福岡高等学校浄法寺校　2016.3　85p　30cm〈書誌注記：年表あり〉Ⓝ376.48

◆福岡工業高等学校

『岩手県立福岡工業高等学校十年誌』福工十年誌編集委員会編　二戸　岩手県立福岡工業高等学校　1975.3　193p　26cm

『岩手県立福岡工業高等学校創立30周年記念誌』福工創立30周年記念誌等編纂委員会編　二戸　岩手県立福岡工業高等学校　1994.10　319p　26cm〈書名は背による　標題紙等の書名：福工創立30周年記念誌〉Ⓝ376.4

『福工創立50周年記念誌―2014岩手県立福岡工業高等学校：1964-2014』福工創立50周年記念誌委員会編　二戸　岩手県立福岡工業高等学校　2015.2　202p　30cm〈書誌注記：年表あり　表紙のタイトル：岩手県立福岡工業高等学校創立50周年記念誌〉Ⓝ376.48

◆藤沢高等学校

『青春の追憶―岩手県立藤沢高等学校閉校記念誌』藤高を讃える会記録作成委員会編集　岩手県立藤沢高等学校　2008.3　151p　30cm〈沿革の大要：p150〉Ⓝ376.48

◆富士短期大学付属高等学校

『学校法人花巻学園花巻商業高等学校富士短期大学付属花巻高等学校三十周年記念誌』富士短期大学付属花巻高等学校記念誌編集委員会編　富士短期大学付属高等学校記念誌編集委員会　1982.3　95p　27cm　Ⓝ376.42

◆前沢高等学校

『新しき夢を咲かせて―地域に支えられ、共に歩んだ90年：岩手県立前沢高等学校創立90周年記念誌』創立90周年記念事業実行委員会、記念誌編集専門委員会編　奥州　岩手県立前沢高等学校　2016.2　179p　30cm〈書誌注記：年表あり　共同刊行：創立90周年記念事業実行委員会〉Ⓝ376.48

◆水沢高等学校

『竜ケ丘水高野球部50年誌』水高野球部50年誌編集委員会編　水沢高等学校　1998.6　185p　27cm　Ⓝ783.7

『飛龍二世代―水高百年史』水沢高等学校記念誌編集委員会編集　岩手県立水沢高等学校　2011.2　319p　31cm〈奥付のタイトル：岩手県立水沢高等学校創立百周年記念誌〉Ⓝ376.48

『岩手県立水沢高等学校創立110周年記念誌』水沢高等学校記念誌編集委員会編　岩手県立水沢高等学校　2024.3　114p　30cm　Ⓝ376.48

◆水沢工業高等学校

『水工十年史』水工十周年記念誌編集委員会編　水沢　岩手県立水沢工業高等学校　1979.7　203p　27cm　Ⓝ376.4

◆水沢商業高等学校

『水商八十年史―明・浄・直』記念誌編集委員会編　岩手県立水沢商業高等学校創立80周年記念事業協賛会　2009.12　211p　30cm〈年表：p173～210〉Ⓝ376.48

◆水沢第一高等学校

『水沢第一高等学校創立五十周年記念誌』高校創立五十周年記念誌編集委員会編集　［水沢第一高等学校］高校創立五十周年記念誌編集委員会　2006.10　190p　31cm〈タイトルは奥付による．標題紙・背のタイトル：高校創立五十周年記念誌　学校の動き及び日本 世界の出来事：p176～183〉Ⓝ376.48

◆水沢農業高等学校

『水農百年史―豊饒大地21』岩手県立水沢農業高等学校創立100周年記念事業実行委員会記

岩手県

念誌編集委員会編　岩手県立水沢農業高等学校創立100周年記念事業実行委員会　2004.2　401p　31cm　Ⓝ376.48

◆宮古高等学校

『岩手県立宮古高等学校50年史』宮古高校五十年史編集委員会編　岩手県立宮古高等学校　1975.10　187p　27cm〈岩手県立宮古高等学校略年表：p149～293〉Ⓝ376.48

◆宮古高等学校川井校

『悠久―岩手県立宮古高等学校川井校閉校記念誌』岩手県立宮古高等学校川井校閉校記念誌編集委員会編　[岩手県立宮古高等学校川井校]　2010.3　103p　30cm〈タイトルは奥付等による.標題紙のタイトル：閉校記念誌〉Ⓝ376.48

◆宮古工業高等学校

『宮古工40周年―10年小史』宮古工40周年編集委員会編　宮古　岩手県立宮古工業高等学校　2014.3　247p　30cm〈書誌注記：年表あり〉Ⓝ376.48

◆宮古商業高等学校

『岩手県立宮古商業高等学校創立九十周年記念誌』岩手県立宮古商業高等学校創立90周年記念事業実行委員会編　岩手県立宮古商業高等学校創立90周年記念事業実行委員会　2010.3　210p　30cm〈表紙のタイトル：宮古商業九十年史〉Ⓝ376.48

◆宮古水産高等学校

『拓き尽さんこのわだつ海―百年祭後十年の歩み』岩手県立宮古水産高等学校同窓会編　岩手県立宮古水産高等学校同窓会　2006.3　102p　26cm〈学校の歩み：p14～17〉Ⓝ376.48

◆向中野学園高等学校

『生徒に語った私たちの学校の歴史』吉田幾世著　盛岡　向中野学園　1972　128p　図　18cm　非売　Ⓝ376.5

『向中野学園高校の教育』向中野学園高等学校編　盛岡　向中野学園　1983.10　116p　18cm　Ⓝ376.4

◆盛岡北高等学校

『岩手県立盛岡北高等学校創立40周年記念誌―創立40周年記念事業実行委員会』創立40周年記念誌編集部会編　滝沢　岩手県立盛岡北高等学校　2015.3　79p　30cm〈書誌注記：年表あり〉Ⓝ376.48

◆盛岡工業高等学校

『岩手県立盛岡工業高等学校70年史』編集：盛岡工業70年史編集委員会　盛岡　創立70周年記念事業実行委員会　1971　198p（図共）26cm　非売　Ⓝ376.4

『盛工九十年史』都南村（盛岡）　岩手県立盛岡工業高等学校創立90周年記念事業協賛会　1989.3　417p　31cm　Ⓝ376.4

『盛岡工業高校百年記念誌』盛岡　岩手県立盛岡工業高等学校創立百周年記念事業協賛会　1998.10　2冊　22cm〈「とき篇」「ひと篇」に分冊刊行〉Ⓝ376.48

◆盛岡商業高等学校

『盛商90年史　1913-2003』岩手県立盛岡商業高等学校盛商90年記念史編集委員会編　岩手県立盛岡商業高等学校盛商90年記念史編集委員会　2004.2　315p　30cm　Ⓝ376.48

『栄光への道―盛岡商サッカー部～全国制覇への記録～』岩手日報社　2007.1　38p　34cm　1000円　①978-4-87201-808-0　Ⓝ783.47

内容　第85回全国高校サッカー選手権大会で、岩手県勢として初めて全国制覇を果たした盛岡商業高等学校サッカー部。驚異的な運動量と最後まであきらめない精神力で勝利を飾り、岩手県民に感動と勇気を与えた戦いの軌跡をたどる。

『盛岡商業全国制覇!!―第85回全国高校サッカー選手権大会』恒文社編集部編　ベースボール・マガジン社　2007.2　41p　30cm〈発売：恒文社　「Weeklyサッカーmagazine」特別号〉762円　①978-4-7704-1123-5　Ⓝ783.47

目次　終わらない歓喜の歌。, 大会リポート 激戦を制して勝ち取ったオレたちの夢。, 盛岡商業齋藤重信監督 サッカーの神様がくれた大きなプレゼント。, 2007年1月19日放課後の教室 オレたちの「想い」を記録する。, 盛商サッカーは連覇に向けて発進中!, 齋藤重信監督の書「夢」, 岩手県出身Jリーガー, 盛岡商業挑戦の歴史, 盛岡商業高校校歌

『じょっぱり魂―"団塊の名将"齋藤重信と盛岡商業サッカー部全国制覇への軌跡』吉沢康一著, 齋藤重信監修　日刊スポーツ出版社　2007.6　255p　図版4p　19cm　1500円　①978-4-8172-0241-3　Ⓝ783.47

目次　第1章 平成19年1月8日決勝, 第2章 第85回選

岩手県

手権への道のり，第3章 人間・齋藤重信と盛岡商業，第4章 齋藤重信、倒れる，第5章 第85回全国高校サッカー選手権大会

内容 第85回全国高校サッカー選手権大会を制した盛岡商業。その1年前には岩手県予選決勝で敗れた。待っていたのは長い冬だった。平成18年11月、弱点を克服したチームは2年ぶり15回目の出場を決めた。しかし、チームに緊急事態が起こる。監督の齋藤重信が病に倒れた一満身創痍の監督はチームに戻ってきた。サッカー部全体がさらに結束を固めた。平成19年1月8日、盛岡商業サッカー部の「じょっぱり魂」が実を結んだ。

『盛岡商齋藤重信発「夢は叶う」』齋藤重信著　ベースボール・マガジン社　2007.10　207p　20cm〈年譜あり〉1500円　①978-4-583-10055-5　Ⓝ783.47

目次 第1章「歓喜」一盛岡商初優勝、第2章「模索」一青少年期と遠野農1960〜1977、第3章「黎明」一盛岡商1977〜1983、第4章「鍛錬」一盛岡商1984〜1990、第5章「進歩」一大船渡1991〜2000、第6章「経験」一盛岡商2000〜2004、第7章「試練」一盛岡商2005〜2006、終章 新たな夢へ、資料「私と齋藤監督」、夢への軌跡

内容 雪国のハンディを乗り越え、指導歴37年目で栄冠をつかんだ。大きな病に2度まで襲われながら、つねに前向きな姿勢で進んでいく、名将・齋藤重信が、自ら顧みる半生。教え子の小笠原満男をはじめ、ともに「夢」を目指したコーチ陣らが語る「私と齋藤監督」、齋藤監督のもと、高校サッカー選手権出場を果たした歴代メンバーも紹介する。

『士魂商才―盛岡商業高等学校創立百周年記念誌　士の巻』岩手県立盛岡商業高等学校創立百周年記念誌編集委員会編　岩手県立盛岡商業高等学校　2014.3　279p　30cm　Ⓝ376.48

『士魂商才―盛岡商業高等学校創立百周年記念誌　魂の巻』岩手県立盛岡商業高等学校創立百周年記念誌編集委員会編　岩手県立盛岡商業高等学校　2014.3　223p　30cm　Ⓝ376.48

『士魂商才―盛岡商業高等学校創立百周年記念誌　商の巻』岩手県立盛岡商業高等学校創立百周年記念誌編集委員会編　岩手県立盛岡商業高等学校　2014.3　131p　30cm　Ⓝ376.48

『士魂商才―盛岡商業高等学校創立百周年記念誌　才の巻』岩手県立盛岡商業高等学校創立百周年記念誌編集委員会編　岩手県立盛岡商業高等学校　2014.3　199p　30cm　Ⓝ376.48

『一球入魂―岩手県立盛岡商業高等学校硬式野球部100年史』岩手県立盛岡商業高等学校硬式野球部100年史編集委員会編　盛岡　岩手県立盛岡商業高等学校硬式野球部100年史編集委員会　2014.5　320p　30cm〈書誌注記：年表あり　書誌注記：文献あり　共同刊行：岩手県立盛岡商業高等学校硬式野球部OB会〉Ⓝ783.7

◆盛岡白百合学園高等学校

『一粒の麦地に落ちて―盛岡白百合学園創立百周年記念誌』盛岡白百合学園編　盛岡白百合学園　1992.10　447p 図版16p　29cm〈背のタイトル：百周年記念誌　盛岡白百合学園沿革史略年表：p438〜443, 文献：p449〉Ⓝ376.48

◆盛岡市立高等学校

『盛岡市立高等学校五十年記念誌』盛岡　盛岡市立高等学校　1971　218p（図共）27cm　Ⓝ376.4

『盛岡市立高等学校新校舎落成・創立六十周年記念誌』盛岡市立高等学校編　盛岡市立高等学校　1983.3　148p　27cm〈奥付のタイトル：盛岡市立高等学校新校舎落成・60周年記念誌、背のタイトル：新校舎落成・創立六十周年記念誌　市立高校33年のあゆみ：p75〜77〉Ⓝ376.48

『青空を仰げばはるか―盛岡市立高等学校創立90周年記念誌』盛岡市立高等学校創立90周年記念誌編集委員会編　盛岡市立高等学校創立90周年記念誌編集委員会　2011.3　183p　30cm　Ⓝ376.48

◆盛岡大学附属高等学校

『甲子園の負け方、教えます。』澤田真一著　報知新聞社　2017.5　243p　19cm　1389円　①978-4-8319-0148-4　Ⓝ783.7

目次 第1章 舞い上がる、第2章 よそゆきを着る、第3章 自信と紙一重の慢心、第4章 守備の崩壊、第5章 ひと言足りない、第6章 選手を育てきれない、第7章 新たな道へ

内容 甲子園0勝7敗―。部員14人でリスタートした岩手の弱小私立校を全国区に育てながら、憧れの舞台では一度も勝てずじまい。しかし、負け続けたからこそわかったことがある！　今や東北の雄の一つに挙げられる"モリフ"の礎を築いた男が、泣いて笑った18年を大公開。「生徒指導」や「子供の育て方」に悩む人たちへのメッセージが詰まった一冊。

◆盛岡第一高等学校

『あゝ青春―盛岡第一高等学校白亜外史として』毎日新聞社盛岡支局編　盛岡　毎日新聞社盛

岩手県

岡支局　1978.10　331p　19cm　Ⓝ376.4

『創立100周年記念誌』岩手県立盛岡第一高等学校編　岩手県立盛岡第一高等学校　1980.10　193p　26cm　Ⓝ376.48

『白堊校百年史』岩手県立盛岡第一高等学校校史編集委員会編　盛岡　岩手県立盛岡第一高等学校創立百周年記念事業推進委員会　1981.6　3冊　27cm〈「通史」「写真集」「年表」に分冊刊行〉Ⓝ376.4

『自立林―岩手県立盛岡第一高等学校一本木校創立30周年記念誌』創立30周年記念誌推進委員会編　滝沢村（岩手県）　創立30周年記念誌推進委員会　1993.11　142p　28cm〈書名は背・表紙による　共同刊行：岩手県立盛岡第一高等学校一本木校〉Ⓝ376.4

『自彊寮百年史』岩手県立盛岡第一高等学校自彊寮百周年記念誌編集委員会編集　岩手県立盛岡第一高等学校自彊寮百周年記念事業実行委員会　1995.10　246p　27cm〈表紙のタイトル：和而不流, 布装〉Ⓝ376.48

『白堊ラグビー―岩手県立盛岡第一高等学校ラグビー部創部70周年記念誌』盛岡一高ラグビー部70周年記念誌編集委員会編　盛岡　盛岡一高ラグビー部70周年記念事業実行委員会　1998.10　231p　31cm　Ⓝ783.48

『白堊熱球譜―盛岡一高野球部創設百周年記念誌』盛岡一高野球部創設百周年記念誌編集委員会編集　盛岡一高野球部後援会　1999.5　294p　31cm　Ⓝ783.7

『白堊の響き―盛岡一高吹奏楽部創部50周年記念誌』舘澤和貴編集責任　盛岡一高吹奏楽部OB会創部50周年記念事業実行委員会　2011　131p　30cm　Ⓝ764.6

『白堊十年小史―創立130周年記念誌』創立百三十周年記念誌編集推進委員会，『白堊十年小史』編集委員会編集　岩手県立盛岡第一高等学校　2011.3　127p　30cm　Ⓝ376.48

『和而不流―和して流れず』岩手県立盛岡第一高等学校自彊寮顕彰事業推進委員会　記念誌・記録部会編集　岩手県立盛岡第一高等学校「自彊寮」顕彰事業推進委員会　2020.12　173p　27cm〈奥付・背のタイトル：自彊寮閉寮記念誌〉Ⓝ376.48

◆盛岡第二高等学校

『目で見る二高百年史』岩手県立盛岡第二高等学校記念誌編集委員会編　盛岡　岩手県立盛岡第二高等学校創立100周年記念事業協賛会　1997.10　32p　30cm　Ⓝ376.4

『白梅百年史』岩手県立盛岡第二高等学校記念誌編集委員会編　盛岡　岩手県立盛岡第二高等学校創立百周年記念事業協賛会　1998.3　2冊　31cm〈「通史編」「テーマ史編」に分冊刊行〉Ⓝ376.48

『「白梅百年史」資料集』岩手県立盛岡第二高等学校記念誌編集委員会編　盛岡　岩手県立盛岡第二高等学校創立百周年記念事業協賛会　1998.11　189p　26cm　Ⓝ376.48

『白梅十年小史―校舎落成並びに創立百十周年記念』岩手県立盛岡第二高等学校記念誌編集委員会編　盛岡　岩手県立盛岡第二高等学校校舎落成並びに創立百十周年記念事業協賛会　2008.2　119p　30cm〈年表あり〉Ⓝ376.48

◆盛岡第三高等学校

『見よわれらの旗じるしを―三高30年史』盛岡　岩手県立盛岡第三高等学校　1992.10　343p　31cm〈編集：盛岡三高創立30周年記念誌編集専門委員会〉Ⓝ376.4

『ひとつのパンセ―岩手県立盛岡第三高等学校創立50周年記念誌』岩手県立盛岡第三高等学校創立50周年記念誌編集委員会編　盛岡　岩手県立盛岡第三高等学校　2013.3　160p　30cm〈書誌注記：年表あり〉Ⓝ376.48

『辿る軌跡、進む未来―岩手県立盛岡第三高等学校創立60周年記念誌』岩手県立盛岡第三高等学校創立60周年記念誌編集委員会編　岩手県立盛岡第三高等学校　2023.2　96p　30cm　Ⓝ376.48

◆盛岡第四高等学校

『志高30周年記念誌』岩手県立盛岡第四高等学校30周年記念誌編集委員会編　盛岡　岩手県立盛岡第四高等学校創立30周年並びに校舎落成記念事業推進委員会　1995.3　418p　29cm　Ⓝ376.4

『交流十周年記念誌―八重山高校・盛岡第四校姉妹校締結』沖縄県立八重山高等学校編　沖縄県立八重山高等学校　2006.3　56p　30cm　Ⓝ376.48

『志高五十年史―シルバーリーフに風さやぎ：岩手県立盛岡第四高等学校1964-2015』創立50周年記念事業記念誌編集委員会編　盛岡　岩手県立盛岡第四高等学校創立50周年記念事業協賛会　2015.3　228p　30cm〈書誌注記：年表あり〉Ⓝ376.48

◆盛岡農業高等学校

『岩手県立農学校―農村エリートたちの彷徨』
　千葉敏和著　岩手町（岩手県）〔千葉敏和〕
　1986.6　293p　20cm　Ⓝ376.4

『岩手県立盛岡農業高等学校110年史―農政・農業教育行政の中の盛農教育のあゆみ』滝沢村（岩手県）岩手県立盛岡農業高等学校創立110周年記念誌編集委員会　1990.1　269p　30cm　Ⓝ376.4

『勧農農起　1999-2009』岩手県立盛岡農業高等学校創立130周年記念事業実行委員会記念誌編集委員会編集　岩手県立盛岡農業高等学校創立130周年記念事業実行委員会　2010.3　175p　30cm〈盛農一三〇年の軌跡：p159〜163〉Ⓝ376.48

『どろんこ魂　2009-2019』岩手県立盛岡農業高等学校創立140周年記念事業実行委員会記念誌編集委員会編　岩手県立盛岡農業高等学校創立140周年記念事業実行委員会　2020.2　171p　30cm　Ⓝ376.48

◆盛岡南高等学校

『盛南ウィング―岩手県立盛岡南高等学校創立30周年記念誌：1983-2013』創立30周年記念事業実行委員会記念誌編集委員会編　盛岡　岩手県立盛岡南高等学校創立30周年記念事業実行委員会　2013.2　159p　30cm〈書誌注記：年表あり〉Ⓝ376.48

『盛南ウィング―サンキュー！　先輩談話集：岩手県立盛岡南高等学校創立30周年記念誌：1983-2013』創立30周年記念事業実行委員会記念誌編集委員会編　盛岡　岩手県立盛岡南高等学校創立30周年記念事業実行委員会　2013.2　63p　30cm　Ⓝ376.48

◆山田高等学校

『復興とともに歩む私たちの未来―高校生を対象とした自己実現支援プログラム』岩手県立山田高等学校2学年著，岩手県立山田高等学校編　山田町（岩手県）岩手県立山田高等学校　2013.3　86p　30cm　Ⓝ369.31

『岩手県立山田高等学校創立90周年―10年小史』山田町（岩手県）岩手県立山田高等学校創立90周年記念事業実行委員会　2017.3　119p　30cm　Ⓝ376.48

宮城県

◆飯野川高等学校

『飯高五十年史』宮城県飯野川高等学校，飯高五十年史編纂委員会編　河北町（宮城県）宮城県飯野川高等学校　1977　530p（図共）22cm

◆伊具高等学校

『風雪に耐えて七十年―宮城県伊具高等学校七十年史』宮城県伊具高等学校創立七十周年記念実行委員会記念誌編集委員会編　丸森町（宮城県）宮城県伊具高等学校創立七十周年記念実行委員会記念誌編集委員会　1990　247p　図版8p　27cm

◆石巻高等学校

『青春のうた石巻高校』毎日新聞仙台支局　仙台　毎日新聞仙台支局　1979　259p　18cm

『新聞「鰐陵」が語る石高史』宮城県石巻高等学校創立六十周年記念誌編集委員会編　石巻　宮城県石巻高等学校　1983　375p　37cm〈年譜：p369〜373〉

『涛声―宮城県石巻高等学校創立70周年記念誌』宮城県石巻高等学校編　石巻　宮城県石巻高等学校創立70周年記念事業協賛会　1993.11　252p　29cm

『柏球の足跡―石巻高校野球部五十年史』柏球会石巻高校硬式野球部五十年史編纂委員会編　石巻　柏球会　1997.12　373p　図版11p　26cm〈奥付の書名：宮城県石巻高等学校硬式野球部五十年史〉

『鰐陵―宮城県石巻高等学校創立90周年記念誌』創立90周年記念誌編集委員会編　石巻　宮城県石巻高等学校創立90周年記念事業実行委員会　2014.10　216p　30cm

『悠久たる北上川のながれとともに―宮城県石巻高等学校ボート部創設60周年記念誌』石巻高校漕艇部OB・OG会柏漕会編　石巻　柏漕会　2020.3　78p　30cm

◆石巻工業高等学校

『十年史』宮城県石巻工業高等学校十年史編集委員会編　石巻　宮城県石巻工業高等学校　1972　172p　25cm

『二十年史』宮城県石巻工業高等学校二十年史編集委員会編　石巻　宮城県石巻工業高等学

校　1982　103p　26cm

『堅忍不撓』宮城県石巻工業高等学校ラグビー部OB会編　石巻　宮城県石巻工業高等学校ラグビー部OB会　1984　123p　26cm〈創部20周年記念誌　あゆみ：p93～105〉

『石巻工業高等学校30年史』30年史編集委員会編　石巻　宮城県石巻工業高等学校　1992.10　100p　27cm〈書名は奥付による　標題紙等の書名：三十年史〉Ⓝ376.4

『石工高新聞にみる30年』宮城県石巻工業高等学校編　石巻　宮城県石巻工業高等学校　1992.10　251p　37cm

『あきらめない街、石巻その力に俺たちはなる─石巻工高野球部の奇跡』佐々木亨著　ベースボール・マガジン社　2012.8　175p　19cm　1400円　Ⓘ978-4-583-10468-3　Ⓝ783.7

［目次］第1章 初めての聖地、第2章 『3・11』の記憶、第3章 ボール5個からの再出発、第4章 石巻の野球、第5章 甲子園のキセキ

［内容］野球が盛んな宮城県石巻市。大地震のあと、復興のシンボルとなったのが石巻工高だった。高校野球に精通した著者が、震災発生から甲子園出場までをチームに密着して描いた、渾身のドキュメント。

『宮城県石巻工業高等学校六十年史』宮城県石巻工業高等学校図書部企画・編集　石巻　宮城県石巻工業高等学校　2023.2　108p　30cm〈書誌注記：年表あり〉Ⓝ376.48

◆石巻好文館高等学校

『百年史─宮城県石巻高等女学校　宮城県石巻女子高等学校　宮城県石巻好文館高等学校』石巻好文館高校「百年史」編纂委員会編　石巻　宮城県石巻好文館高等学校　2012.3　599p　27cm

◆石巻商業高等学校

『石商六十年史』宮城県石巻商業高等学校石商六十年史編集委員会編　石巻　宮城県石巻商業高等学校石商六十年史編集委員会　1975　280p　図　22cm

『石商八十年の歩み』宮城県石巻商業高等学校創立80周年記念誌編集委員会編　石巻　石巻商業高等学校　1990.10　257p　37cm

『忘れ得ぬ人々　2　石商十四年』佐藤雄一著　石巻　佐藤雄一　2017.10　118p　19cm　Ⓝ376.48

◆石巻女子高等学校

『60年の歩み』宮城県石巻女子高等学校編　石巻　宮城県石巻女子高等学校　1971　57p　21cm

『白梅─母校創立八十周年記念誌』宮城県石巻女子高等学校記念誌編集委員会編　石巻　宮城県石巻女子高等学校同窓会　1991.12　162p　26cm

『八十年誌』宮城県石巻女子高等学校八十年史編纂委員会編　石巻　宮城県石巻女子高等学校　1994.3　545p　27cm

◆石巻市立女子高等学校

『六十年史』石巻市立女子高等学校創立60周年記念式典実行委員会編　石巻　石巻市立女子高等学校創立60周年記念式典実行委員会　1985.10　214p　図　27cm〈創立60周年記念誌　沿革略年表：p158～214〉

『創立七十周年記念誌　平成7年（1995）』石巻市立女子高等学校創立70周年記念式典実行委員会編　石巻　石巻市立女子高等学校　1995.10　161p　26cm

◆石巻市立女子商業高等学校

『石女商三十五周年記念誌』石巻市立女子商業高等学校創立三十五周年記念事業実行委員会編　石巻　石巻市立女子商業高等学校創立三十五周年記念事業実行委員会　1991.10　100p　図版12p　27cm

『完全燃焼─10年のあゆみ』「完全燃焼」編集委員会編・制作　石巻　石巻市立女子商業高等学校サッカー部後援会　1996.2　142p　31cm

『3.11東日本大震災とこの一年の歩み─人々の絆に支えられて　平成23年度』石巻　石巻市立女子商業高等学校記録編集委員会　2012.3　55p　30cm　Ⓝ376.4123

◆石巻西高等学校

『震災を語り継ぐ─被災地から未災地へ』宮城県石巻西高等学校編　東松島　宮城県石巻西高等学校　2015.5　143p　30cm

『生かされて生きる─震災を語り継ぐ』改訂　齋藤幸男著　仙台　河北新報出版センター　2023.12　303p　19cm〈河北選書〉1000円　Ⓘ978-4-910835-12-9　Ⓝ376.48

宮城県

◆泉高等学校

『泉高十周年記念誌』宮城県泉高等学校創立十周年記念事業実行委員会編　泉　宮城県泉高等学校　1983.7　152p 図　27cm

『泉高二十年誌』宮城県泉高等学校創立二十周年記念誌編集委員会編　仙台　宮城県泉高等学校創立二十周年記念事業実行委員会　1992.10　195p 図版9p　27cm

◆泉松陵高等学校

『松陵―十周年記念誌』宮城県泉松陵高等学校創立十周年記念誌編集委員会編　仙台　宮城県泉松陵高等学校創立十周年記念事業実行委員会　1991.11　259p 図版11p　27cm

『宮城県泉松陵高等学校創立20周年記念誌』宮城県泉松陵高等学校創立20周年記念誌編集委員会編　仙台　宮城県泉松陵高等学校創立20周年記念事業実行委員会　2001.11　64p　30cm〈旧現職員一覧：p62〜64〉

『松陵―宮城県泉松陵高等学校30周年記念誌』宮城県泉松陵高等学校30周年記念誌編集委員会編　仙台　宮城県泉松陵高等学校30周年記念誌編集委員会　2011.11　64p　30cm

◆泉館山高等学校

『泉館山十年誌―泉館山高十周年記念誌』宮城県泉館山高等学校創立十周年記念誌編集委員会編　仙台　宮城県泉館山高等学校創立十周年記念事業実行委員会　1992.11　228p　27cm

内容　1983年（昭和58年）4月の開校から10年間の記録。「写真編」「通史編」「部会編」「資料編」の4部構成。

◆一迫商業高等学校

『二十年のあゆみ』宮城県一迫商業高等学校記念誌編集委員会編　一迫町（宮城県）宮城県一迫商業高等学校　1993.10　89p 図版9p　26cm

『三十年のあゆみ』宮城県一迫商業高等学校記念誌編集委員会編　一迫町（宮城県）宮城県一迫商業高等学校　2002.11　83p 図版16p　30cm

◆岩ケ崎高等学校

『岩ケ崎高四十年史』「岩ケ崎高四十年史」編纂委員会編纂　栗駒町（宮城県）宮城県岩ケ崎高等学校　1982.9　381p 図　27cm

『岩高五十周年記念誌』宮城県岩ケ崎高等学校50周年記念誌編集委員会編　栗駒町（宮城県）宮城県岩ケ崎高等学校創立50周年記念事業実行委員会　1991.10　92p　26cm

『岩ケ崎高校60年―若き生命とともに』宮城県岩ケ崎高等学校60周年記念事業実行委員会編　栗駒町（宮城県）宮城県岩ケ崎高等学校60周年記念事業実行委員会　2001.11　79p　30cm

◆岩出山高等学校

『五十年のあゆみ』宮城県岩出山高等学校編　岩出山町（宮城県）宮城県岩出山高等学校　1979　38p　21×30cm

『宮城県岩出山高等学校六十年史』宮城県岩出山高等学校校史編集委員会編　岩出山町（宮城県）宮城県岩出山高等学校校史編集委員会　1989　185p　26cm

◆鶯沢工業高等学校

『白鶯―宮城県鶯沢工業高等学校のあゆみ』白鶯編集委員会編　鶯沢町（宮城県）宮城県鶯沢工業高等学校　1979.10　189p　27cm

『白鶯・30年』30周年記念誌編集委員会編　鶯沢町（宮城県）宮城県鶯沢工業高等学校　1999.10　98p　31cm

◆大河原商業高等学校

『六十年の歩み』宮城県大河原商業高等学校校史編纂委員会編　大河原町（宮城県）宮城県大河原商業高等学校　1980　289p 図　27cm〈宮城県大河原商業高等学校創立60周年記念誌〉

◆女川高等学校

『白亜の足跡―宮城県女川高等学校六十周年記念誌』宮城県女川高等学校創立六十周年記念事業実行委員会編　女川町（宮城県）宮城県女川高等学校創立六十周年記念事業実行委員会　2009.9　155p　30cm〈沿革：p128〉

◆角田高等学校

『角田高等学校八十年史』宮城県角田高等学校創立八十周年記念事業実行委員会編　角田　宮城県角田高等学校創立八十周年記念事業実行委員会　1983　465p 図　27cm〈略年表：p460〜466〉

『雄飛100年のあゆみ―1897〜1997』宮城県角田高等学校編　角田　創立100周年記念事業実行委員会　1997.10　181p　31cm　Ⓝ376.48

都道府県から引く　高等学校史・活動史目録　83

宮城県

『弓心―弓道部十年のあゆみ』宮城県角田高等学校編　角田　宮城県角田高等学校弓道部　2003.8　135p　30cm

『臥牛ケ丘の青春―豊成閣に集いし健児の思い出の記』記念文集編集委員会編　角田　宮城県角田高等学校閉校記念事業実行委員会　2005.6　330, 42p 図版8p　26cm

◆角田女子高等学校

『宮城県角田女子高等学校八十年史』宮城県角田女子高等学校編　角田　宮城県角田女子高等学校　1991　504p　27cm

『創立九十周年記念誌―近年のあゆみ』宮城県角田女子高等学校編　角田　宮城県角田女子高等学校　1998.10　128p　27cm

『創立九十七周年記念誌―角女わが母校』宮城県角田女子高等学校編　角田　宮城県角田女子高等学校　2005.1　185p　27cm

◆鹿島台商業高等学校

『学校のあゆみ』宮城県鹿島台商業高等学校編　鹿島台町（宮城県）宮城県鹿島台商業高等学校　1983　29p　26cm〈15周年記念誌〉

◆鼎が浦高等学校

『宮城県鼎が浦高等学校五十年史』宮城県鼎が浦高等学校編　気仙沼　宮城県鼎が浦高等学校　1973　327p 図　27cm

『青春譜―本吉インターハイの軌跡』宮城県鼎が浦高等学校フェンシング班編　気仙沼　宮城県鼎が浦高等学校フェンシング班　1991.3　55p　30cm

『7人の騎士―2連覇への軌跡・青春譜2』鼎が浦高等学校フェンシング班編　気仙沼　宮城県鼎が浦高等学校フェンシング班　1992.3　117p　30cm

『花の憧れ―創立70周年記念誌』気仙沼　宮城県鼎が浦高等学校　1993.10　332p 図版32p　26cm　非売品　Ⓝ376.4

『鼎半世紀1952～2002―宮城県鼎が浦高等学校フェンシング班創設50周年記念誌』宮城県鼎が浦高等学校フェンシング班後援会編　気仙沼　宮城県鼎が浦高等学校フェンシング班後援会　2002.3　175p　30cm

『宮城県鼎が浦高等学校八十年史』宮城県鼎が浦高等学校八十年史編集委員会編　気仙沼　宮城県鼎が浦高等学校創立八十周年記念事業実行委員会　2003.10　361p　26cm

◆河南高等学校

『河南高校五十年史』宮城県河南高等学校五十年史編集委員会編　河南町（宮城県）宮城県河南高等学校　1974　171p　27cm

『北上春秋―宮城県河南高等学校創立70周年記念誌』宮城県河南高等学校創立七十周年記念誌編集委員会編　河南町（宮城県）宮城県河南高等学校　1994.10　250p　29cm　Ⓝ376.4

『永遠（とわ）に流れつ―宮城県河南高等学校創立八十周年記念誌』宮城県河南高等学校創立八十周年記念事業記念誌小委員会企画・編集　河南町（宮城県）宮城県河南高等学校　2004.10　71p　30cm

◆上沼農業高等学校

『上沼農高五十年史』宮城県上沼農業高等学校上沼農高五十年史編集委員会編　中田町（宮城県）宮城県上沼農業高等学校　1979.10　136p 図版8p　27cm

『上沼農高60周年誌―創立60周年記念誌』宮城県上沼農業高等学校上沼農高60年誌編集委員会編　中田町（宮城県）宮城県上沼農業高等学校　1989.11　54p　26cm

◆加美農業高等学校

『75年のあゆみ』宮城県加美農業高等学校編　中新田町（宮城県）宮城県加美農業高等学校　1973　123p（おもに図）25×26cm

『80年のあゆみ』宮城県加美農業高等学校創立80周年記念誌編集委員会編　色麻町（宮城県）宮城県加美農業高等学校　1980.10　41p　27cm
　内容　1900年（明治33年）4月の「加美郡蚕業学校」開設から80年間の歴史を年代順にまとめた記念誌。卒業生による座談会の記録、記念論文、略年表もあり。

『加美農百年史』宮城県加美農業高等学校百周年記念誌編集委員会編　色麻町（宮城県）宮城県加美農業高等学校創立百周年記念事業会　2001.11　492p　27cm　Ⓝ376.48

『宮城県加美農業高等学校創立110周年記念誌』宮城県加美農業高等学校編　色麻町（宮城県）宮城県加美農業高等学校　2010.11　72, 29p　30cm

◆栗原農業高等学校

『創立八十周年記念史―宮城県栗原農業高等学校創立八十周年記念史』宮城県栗原農業高等学校編　若柳町（宮城県）宮城県栗原農業高

等学校式典実行委員会　1978.10　78p
26cm

『栗農九十年―昔・今 写真抄』宮城県栗原農業
高等学校編　若柳町（宮城県）宮城県栗原農
業高等学校　1988.10編集後記　1冊（ページ
付なし）26cm

『栗農百年史』創立百周年記念誌編纂委員会編
若柳町（宮城県）宮城県栗原農業高等学校創
立百周年記念事業達成促進会記念誌編纂委員
会　2000.3　660p　31cm

◆黒川高等学校

『黒高70年の歩み』宮城県黒川高等学校編　大
和町（宮城県）宮城県黒川高等学校同窓会
1971　124p（図共）25×25cm

『創立八十周年記念誌―十年の歩み』宮城県黒
川高等学校編　大和町（宮城県）宮城県黒川
高等学校　［1981］　32p　26cm

『創立90周年記念誌―10年の歩み（1982～
1991）』宮城県黒川高等学校編　大和町（宮
城県）宮城県黒川高等学校　1991　32p
26cm

◆黒川高等学校大郷校

『五十年のあゆみ―宮城県黒川高等学校大郷校
創立50周年記念誌』宮城県黒川高等学校大郷
校　大郷町（宮城県）宮城県黒川高等学校大
郷校　［1998］108p　27cm

◆気仙沼高等学校

『時は流れて―宮城県気仙沼高等学校五十年誌』
気仙沼高校同窓会五十年誌編集委員会編　気
仙沼　宮城県気仙沼高等学校同窓会　1980.2
327p　22cm　Ⓝ376.4

『60年の歩み―創立六十周年記念』宮城県気仙
沼高等学校編　気仙沼　宮城県気仙沼高等学
校　1987.11　116p　26cm

『宮城県気仙沼中学校・宮城県気仙沼高等学校
七十七年史』宮城県気仙沼高等学校編、宮城
県気仙沼高等学校同窓会編　気仙沼　宮城県
気仙沼高等学校　2006.3　339p　27cm〈共同
刊行：宮城県気仙沼高等学校同窓会　年表あ
り〉Ⓝ376.48

◆気仙沼向洋高等学校

『航跡永久に―輝く未来』宮城県気仙沼向洋高
等学校百周年記念誌編集委員会編　気仙沼
宮城県気仙沼向洋高等学校百周年記念事業実
行委員会　2002.3　644p　31cm〈創立百周

年記念誌〉Ⓝ376.48

『東日本大震災の記録―震災から2年を経て』気
仙沼向洋高校「震災の記録」編集委員会編
気仙沼　気仙沼向洋高校「震災の記録」編集
委員会　2013.8　107p　30cm　Ⓝ376.4123

『高校長の震災日記』瀬戸巳治雄著　文芸社
2015.4　383p　20cm　1700円　①978-4-286-
16128-0　Ⓝ376.4123

◆気仙沼女子高等学校

『学校法人畠山学園創立五十周年記念誌』気仙
沼女子高等学校，東陵高等学校編　気仙沼
気仙沼女子高等学校　1998.11　142p　31cm

『気女高の歩み―45年（1969～2014）の記録』
気仙沼女子高等学校，学校法人畠山学園　気
仙沼　気仙沼女子高等学校　2014.1　192p
30cm

◆気仙沼水産高等学校

『水高八十年の航跡―創立八十周年記念誌』気
仙沼　宮城県気仙沼水産高等学校　1982.3
178p　27cm〈背の書名：創立八十周年記念
誌　年表：p170～177　付：沿革抄〉Ⓝ376.4

◆気仙沼西高等学校

『気仙沼西高十周年記念誌』宮城県気仙沼西高等
学校記念誌発行実行委員会編　気仙沼　宮城
県気仙沼西高等学校　1994.10　68p　26cm

『宮城県気仙沼西高等学校創立二十五周年記念
誌』宮城県気仙沼西高等学校創立二十五周年
記念事業会編　気仙沼　宮城県気仙沼西高等
学校創立二十五周年記念事業会　2009.10
196p　30cm〈気仙沼西高等学校年表：p181-
192〉

『宮城県気仙沼西高等学校創立33周年記念誌』
宮城県気仙沼西高等学校創立33周年記念事業
委員会編　気仙沼　宮城県気仙沼西高等学校
創立33周年記念事業委員会　2017.10　129p
30cm〈背のタイトル：創立33周年記念誌　共
同刊行：宮城県気仙沼西高等学校〉Ⓝ376.48

◆小牛田農林高等学校

『小牛田農林百年史』宮城県小牛田農林高等学
校編　小牛田町（宮城県）創立百周年記念事
業実行委員会　1989.9　1161p 図版12枚
27cm　Ⓝ376.4

◆佐沼高等学校

『佐沼高校七十五年史』宮城県佐沼高等学校編

宮城県

迫町（宮城県）宮城県佐沼高等学校同窓会　1977.3　454p　図表　27cm

『佐高九十年の歩み』宮城県佐沼高等学校九十周年記念誌編集委員会／編　登米　宮城県佐沼高等学校　1991.6　101p　26cm

『佐沼高校百年史』佐沼高校百周年記念誌編集委員会編　迫町（宮城県）宮城県佐沼高等学校創立百周年記念事業実行委員会　2003.12　927p　27cm〈年表あり〉Ⓝ376.48

『わたしの3.11—東日本大震災体験記』登米　宮城県佐沼高等学校　2012.2　246p　30cm　Ⓝ376.4123

◆塩釜高等学校

『塩高三十年—創立三十周年記念』宮城県塩釜高等学校編　塩釜　宮城県塩釜高等学校　1973.10　頁なし　26cm

『塩高四十年—創立四十周年記念』宮城県塩釜高等学校編　仙台　宮城県塩釜高等学校　1983.10　1冊　26cm

『塩高五十周年記念誌』創立五十周年記念事業実行委員会編　仙台　宮城県塩釜高等学校　1996.1　239p　27cm

『塩釜高校六十七年の記録』宮城県塩釜高等学校沿革史編纂委員会編　仙台　宮城県塩釜高等学校同窓会　2008.3　223p　27cm

『宮城県塩釜高等学校創立10周年記念誌』宮城県塩釜高等学校創立10周年記念事業実行委員会編　塩竈　宮城県塩釜高等学校創立10周年記念事業実行委員会　2021.2　100p　30cm

◆塩釜女子高等学校

『五拾年の歩み』宮城県塩釜女子高等学校編　塩釜　宮城県塩釜女子高等学校　1979　39p（おもに図）26cm

『六拾年の記』宮城県塩釜女子高等学校編　塩釜　宮城県塩釜女子高等学校　1989　279p　27cm

『塩女80年の歩み—創立80周年記念誌』宮城県塩釜女子高等学校編　塩釜　宮城県塩釜女子高等学校　2009.11　86p　30cm

◆志津川高等学校

『創立五十年史』宮城県志津川高等学校編　志津川町（宮城県）宮城県志津川高等学校　1974　63p　26cm

『音楽部25年誌』宮城県志津川高等学校音楽部編　志津川町（宮城県）宮城県志津川高等学校音楽部　1993　51p　26cm

『創立八十周年記念誌』宮城県志津川高等学校編　志津川町（宮城県）宮城県志津川高等学校　2004.11　127p　26cm

『3.11東日本大震災の記憶』宮城県志津川高等学校編　南三陸町（宮城県）宮城県志津川高等学校　［2012］　190p　30cm

『東日本大震災の記録—宮城県志津川高等学校』南三陸町（宮城県）宮城県志津川高等学校　2013.3　160p　30cm　Ⓝ376.4123

◆柴田農林高等学校

『柴農60年』柴農60年誌編集委員会編　大河原町（宮城県）宮城県柴田農林高等学校　1970　47p（おもに図）30cm

『瑞穂の国の礎—宮城県柴田農林高等学校創立百年史』宮城県柴田農林高等学校百周年記念史編集委員会編　大河原町（宮城県）宮城県柴田農林高等学校百周年記念事業実行委員会　2008.8　351p　30cm　Ⓝ376.48

『めざせ、和牛日本一！』堀米薫著　くもん出版　2018.11　143p　22cm〈書誌注記：文献あり〉1400円　①978-4-7743-2771-6　Ⓝ645.34

> 目次　第1章 和牛との出会い、第2章 和牛を育てる、第3章 ハンドラーにならないか？、第4章 全国和牛コンテストへの道、第5章 ゆうひと平間君の晴れ舞台、第6章 めざせ、鹿児島大会

> 内容　"和牛のオリンピック"とも紹介される晴れの舞台がある一五年に一度、全国から選びぬかれた五百頭もの和牛と農家が集まり、競いあう「全国和牛コンテスト」が開かれます。宮城県仙台市で開催された第十一回大会では、農家だけでなく、農業を学び和牛を育てる高校生にも、はじめて出場するチャンスがありました。大会が開かれる地元宮城県の予選を突破したのは、柴田農林高等学校。メス牛の「ゆうひ」と日本一を勝ちとろうと、高校生たちが挑みました。

◆柴田農林高等学校川崎校

『宮城県柴田農林高等学校川崎校創立五十周年記念誌』宮城県柴田農林高等学校川崎校創立五十周年記念誌編集委員会編　川崎町（宮城県）宮城県柴田農林高等学校川崎校　1999.1　258p　27cm

◆柴田農林高等学校白幡分校

『白幡分校40年のあゆみ—閉校記念』宮城県柴田農林高等学校白幡分校史編集委員会編　柴田町（宮城県）宮城県柴田農林高等学校白幡分校　1988　150p　27cm

宮城県

◆白石高等学校

『青春のうた白石高校』毎日新聞仙台支局　仙台　毎日新聞仙台支局　1976　254p　18cm

『宮城県白石高等学校九十年小史』宮城県白石高等学校創立九十周年記念事業実行委員会編　白石　宮城県白石高等学校　1989　54p　26cm

『ばら藤の仲間たち―人・百年の刻み』白石高等学校創立百周年記念実行委員会, 白石高等学校創立百周年記念出版委員会編　清水書院　1999.10　483p　21cm　1600円　Ⓣ4-389-43047-5　Ⓝ376.48

『白高百年史』白石　宮城県白石高等学校創立百周年記念事業実行委員会　1999.10　1344p　27cm　Ⓝ376.48

◆白石高等学校七ケ宿分校

『宮城県白石高等学校分校小史』宮城県白石高等学校七ケ宿校編　七ケ宿町（宮城県）［宮城県白石高等学校七ケ宿校］　［2011.3］　12p　26cm

『分校今昔物語』宮城県白石高等学校七ケ宿校編　七ケ宿町（宮城県）宮城県白石高等学校七ヶ宿校　2011.3　146p　26cm　Ⓝ376.48

◆白石工業高等学校

『十年史』宮城県白石工業高等学校十年史編集委員会編　白石　宮城県白石工業高等学校　1971　93p　図　27cm

『二十五年史―白石工業高等学校創立「二十五年史」』「二十五年史」編集委員会編　白石　宮城県白石工業高等学校　1986.10　96p　26cm

内容　1962年（昭和37年）4月の開設から25年間の歴史をまとめた記念誌。生徒会、父母教師会、同窓会に関する記録もあり。

◆白石女子高等学校

『白女高の六十年―［宮城県白石女子高等学校］創立60周年記念誌』宮城県白石女子高等学校編　白石　宮城県白石女子高等学校創立六十周年記念事業特別委員会　1970.10　51p　26cm

『白女高の七十年―創立70周年記念』宮城県白石女子高等学校編　白石　宮城県白石女子高等学校創立七十周年記念事業特別委員会　1981.10　74p　26cm

『白高八十周年記念誌』宮城県白石女子高等学校創立八十周年記念事業実行委員会編　白石　宮城県白石女子高等学校創立八十周年記念事業実行委員会　1991.9　370p　図版9p　27cm

『創立99年記念誌』創立99年記念事業実行委員会編　白石　創立99年記念事業実行委員会　2009.10　257p　31cm

◆聖和学園高等学校

『聖和の流儀――一貫したドリブルスタイルの果てなき挑戦』加見成司著　カンゼン　2017.11　222p　19cm　1600円　Ⓣ978-4-86255-421-5　Ⓝ783.47

目次　1 聖和スタイルの根源、2 ドリブルへの揺るぎない信念、3 相手をとことん騙して1対1を制す、4 創造性は自立心から生まれる、5 試合はあくまでも「試し合い」、6 指導者自身が力まないコーチング、7 チャレンジを見守り人間性を伸ばす、8 成功者に共通する"自立"の重要性、9 聖和の未来

内容　2015年冬の高校サッカー選手権でライバル・野洲高校に勝利し"記憶に残るサッカー"を魅せた聖和の指導法。独創的なサッカーを魅せる東北の雄・聖和学園のドリブラー育成術とは？

◆仙台育英学園高等学校

『創立五十年誌―仙台育英学園高等学校五十年誌』創立五十周年記念誌編集委員会編　仙台　仙台育英学園高等学校　1971.10　213p（図共）26cm　非売品

『育英80年の歩み』「仙台育英学園80年のあゆみ」編集委員会編　仙台　仙台育英学園　1985.10　138p　31cm　Ⓝ376.4

『虚妄の学園―仙台育英学園高校・その歪んだ実態』室井助著　JICC出版局　1989.3　64p　21cm　380円　Ⓣ4-88063-533-2　Ⓝ376.4

『創立80周年記念集録 育英』創立八十周年記念集録編集委員会編　仙台　仙台育英学園　1989.4　246p　図版3p　21cm

『タータンチェックの青春譜―杜の都仙台育英学園での充実の日々』佐藤悠紀子著　創栄出版　1992.11　189p　19cm〈発売：星雲社〉1200円　Ⓣ4-7952-5224-6　Ⓝ376.4

目次　1 熱闘甲子園、2 憧れの育英学園に入学、3 親同士の絆、4 パーマかけてみたい、5 心に残る青春の思い出、6 オアシスの学年、7 体験、8 大学受験を目指して、9 マイホーム改築、10 史上最高のセンター試験、11 念願の東北芸大に合格

内容　一流校目指して躍進を続ける仙台育英学園。本書は恵まれた教育環境の下で、学園生活を送った女子生徒とその母親とのほほえましくも感動的な交歓記録。自ら志望して入学した佳の学校、青春を謳歌する娘の成長ぶりを温かく見守る母親。2人の交流を通して理想的な教育とは何か、親子と

宮城県

絆を結ぶものは何かを問いかけている。

『栄光の足跡―創部80周年記念誌 1930～2010』仙台育英学園硬式野球部OB会創部80周年記念実行委員会　2010.11　212p　30cm　〈年表あり〉　Ⓝ783.7

『仙台育英準優勝―2015夏の甲子園』仙台　河北新報出版センター　2015.9　55p　30cm　1000円　①978-4-87341-338-9　Ⓝ783.7

『本気にさせる言葉力』佐々木順一朗著　ベースボール・マガジン社　2016.6　197p　19cm　1500円　①978-4-583-11023-3　Ⓝ783.7

[目次]第1章 言葉が人を動かす（本気になれば、世界が変わる、運命を愛し、希望に生きる、何をやってもいいよ。私はそういう人と結婚したんだから ほか）、第2章 チームをつくる（私を変えた「空白の2年間」、指導方法の転換、間違いは、すぐに正すほか）、第3章 状況別の言葉がけ（努力をしても、結果が出ない選手へ「やる気とは動いて見せるもの 努力とは結果で示すもの 目標とは最後まで挑戦し、越えるもの」、自分の結果がよければ満足する選手へ「お前がいたから負けたんだ」、自分の実力を過信している選手へ「お前にはどれほどの力があるんだ？　一つでもオレに勝ってみろ」 ほか）

[内容]2015年夏の甲子園で準優勝。自主性を生かした指導で多くの選手を育ててきた名将が、やる気を促す言葉がけと100人を超す部員をまとめるマネジメント法を明かす。結果が出ない人、過信している人、失敗を恐れる人などに何を伝えるか。状況別の実例入り。高校野球ファン、指導者はじめ組織づくり、育成に携わるすべての人たちへ。

『仙台育英学園史―仙台育英学園111年への歩み』仙台育英学園創立111周年記念仙台育英学園史仙台育英学園111年への歩み「創造ある復興を目指して―東日本大震災から学ぶ教育機関のリスクマネジメント―」編集委員会編　仙台　仙台育英学園　2017.3　119p　30cm〈書誌注記：年表あり　仙台育英学園創立111周年記念〉Ⓝ376.8

『二度消えた甲子園―仙台育英野球部は未曾有の苦境をどう乗り越えたのか』須江航著　ベースボール・マガジン社　2020.8　239p　19cm　1600円　①978-4-583-11300-5　Ⓝ783.7

[目次]第1章 幻のセンバツ（3月11日、センバツ中止発表、センバツのベンチ入りをかけた熾烈な戦い ほか）、第2章 理念作りから始まった2018年（個人面談からスタートした監督1年目、保護者に向けて発行した「硬式野球部通信」 ほか）、第3章「日本一からの招待」を追い求めて（高校2年秋、選手らGMに転身、3年春センバツ準優勝からの苦しみ ほか）、第4章 今どき世代の強みを生かした育成法（測定数値で客観的に選手を評価する、今どき世代は取捨選択のスピードが速い ほか）、第5章 高校野球の完結に向けて（「真剣勝負一本質を知り、本質を生きる」、夏の代替大会の位置付け ほか）

[内容]2020年センバツ、優勝候補の一角に挙がっていた仙台育英。しかし、新型コロナウイルス感染拡大の影響で、センバツは中止に。5月20日には夏の選手権大会の中止まで決まり、東北勢初の"日本一"に挑戦できない年となった。それでも、須江航監督が就任時から掲げる理念のもと高校野球の完結に向け、前に進み続けている。「地域の皆さまと感動を分かち合う」すべては、この理念に舞い戻る。苦境に立ち向かう仙台育英の取り組みに迫った。

『EVERYTHING'S ALL UP TO ME―2022年 第104回全国高校野球選手権大会 MEMORIAL PHOTO BOOK』仙台育英学園高等学校編、朝日新聞社編集協力　仙台　仙台育英学園高等学校　[2022]　23p　30cm　Ⓝ783.7

『仙台育英東北の悲願全国制覇―第104回全国高校野球選手権大会：河北新報社報道写真集』河北新報社編集局写真映像部写真、河北新報社編集局スポーツ部文　仙台　河北アド・センター　2022.9　96p　30cm〈出版者注記：河北新報出版センター（発行所）〉1364円　①978-4-910835-02-0　Ⓝ783.7

『仙台育英日本一からの招待―幸福度の高いチームづくり』須江航著　カンゼン　2022.12　270p　19cm　1700円　①978-4-86255-670-7　Ⓝ783.7

[目次]序章「日本一からの招待」を果たすために、第1章 人生は敗者復活戦―思考論、第2章 選手の声に耳を傾け、個性を伸ばす―育成論、第3章 日本一激しいチーム内競争―評価論、第4章 チーム作りは文化作り―組織論、第5章 教育者はクリエイターである―指導論、第6章 野球の競技性を理解する―技術論・戦略論、終章 幸福度の高い運営で目指す "2回目の初優勝"

[内容]基準と目標を明確化、努力の方向性を示す。「青春は密」「人生は敗者復活戦」「教育者はクリエイター」「優しさは想像力」人と組織を育てる須江流マネジメント術。

『仙台育英学園高校野球部―杜の都で育む『日本一からの招待』：Since 1930』ベースボール・マガジン社　2023.1　95p　29cm（B.B.MOOK 1598―高校野球名門校シリーズ 20）1391円　①978-4-583-62742-7　Ⓝ783.7

『仙台育英2023夏の激闘準優勝への軌跡―第105回全国高校野球選手権大会：河北新報社報道写真集』河北新報社編集局写真映像部写真、河北新報社編集局スポーツ部文　仙台　河北アド・センター　2023.9　80p　30cm〈出版者注記：河北新報出版センター（発行所）〉1273円　①978-4-910835-09-9　Ⓝ783.7

宮城県

◆仙台三桜高等学校

『九十年のあゆみ』宮城県仙台三桜高校創立九十周年記念事業記念誌部会編　仙台　宮城県仙台三桜高校創立九十周年記念事業実行委員会　2014.11　132p　30cm〈書誌注記：年表あり　奥付のタイトル：宮城県仙台三桜高等学校創立九十周年記念誌　共同刊行：宮城県仙台三桜高等学校〉Ⓝ376.48

◆仙台商業高等学校

『明治の仙商を語る』仙台商業高等学校70年史編集委員会編　仙台　仙台商業高等学校70年史編集委員会　1970まえがき　1冊　折り込み1枚　25cm

『仙商関係仙台市議会諸記録抄』仙台商業高等学校70年史編集委員会編　仙台　仙台商業高等学校70年史編集委員会　1971.3　89p　25cm

『仙商年表』仙台商業高等学校70年史編集委員会編　仙台　仙台商業高等学校70年史編集委員会　1971.9　219p　25cm

『仙商七十七年史』仙台商業高等学校校史編集委員会編　仙台　仙台商業高等学校　1973.3　598p　図　27cm　非売品

『青春のうた仙台商業』毎日新聞仙台支局　仙台　毎日新聞仙台支局　1975　266p　18cm

『仙商80年の歩み』「仙商80年の歩み」編集委員会編　仙台　仙台商業高等学校創立80周年記念事業実行委員会　1976.10　60p　26cm

『仙商九十年史―七十七年その後百年への礎に』仙台商業高等学校九十年史編集委員会編　仙台　仙台商業高等学校　1986.10　282p　図　27cm

『仙商百年史』仙台商業高等学校百年史編纂部編　仙台　仙台商業高等学校　1996.11　1355p　図版100p　27cm

『軟式野球部50年史』仙台商業高等学校軟式野球部OB会編　仙台　仙台商業高等学校軟式野球部OB会　2000.12　156p　27cm

『仙商野球部80年史』仙台商業高等学校野球部OB会編　仙台　仙台商業高等学校野球部OB会　2001.11　438p　31cm

『仙商のあゆみ―仙商113年史』仙台商業高等学校113年史編集委員会編　仙台　仙台商業高等学校　2009.3　図版等16p　142p　30cm

◆仙台女子商業高等学校

『仙女商の歩み―抄：新校舎落成記念』仙台女子商業高等学校校史編纂委員会編　宮城町（宮城県）仙台女子商業高等学校校史編纂委員会　1981.11　24p　26cm

『校史仙女商の歩み』仙台女子商業高等学校校史編纂委員会編　宮城町（宮城県）仙台女子商業高等学校　1982.4　316p　図　27cm

『目で見る仙女商の歩み75年史』仙台女子商業高等学校写真誌編集委員会編　仙台　仙台女子商業高等学校写真誌編集委員会　1993.3　161p　26cm

『校史仙女商の歩み九十年史』仙台女子商業高等学校編　仙台　仙台女子商業高等学校　2008.10　202p　27cm

◆仙台市立女子高等学校

『仙台市立女子高等学校・仙台図南高等学校統合記念誌』統合記念事業実行委員会編　仙台　仙台市教育委員会　1986　48p　26cm

◆仙台市立仙台高等学校

『仙高三十五年の歩み』仙台高等学校編　仙台　仙台高等学校校史編纂委員会　1975　193p　図　27cm

『仙高40周年記念誌』仙台高等学校記念誌編集委員会編　仙台　仙台高等学校記念誌編集委員会　1980　148p　26cm

『フェンシング30周年誌―[仙台高等学校フェンシング部30周年誌]』仙台高等学校フェンシングOB.G会編　仙台　仙台高等学校フェンシングOB.G会　1981.8　34p　26cm

『仙高五十年史』「仙高五十年史」編集委員会編　仙台　仙台高等学校　1991　508p　図版13p　27cm

『仙台高等学校バスケットボール部50年史』50年史編集委員会編　仙台　仙台高等学校バスケットボール部OB・OG会　1997.11　451p　27cm

『普通の子たちが日本一になった！―仙台高校の『心技体』』佐藤久夫著　日本文化出版　2001.9　199p　21cm　1905円　①978-4-89084-057-1, 4-89084-057-5　Ⓝ783.1

[目次]第1章 心・技・体（「心」、「技」ほか）、第2章 365日×3年間（「日々前進」、「どれだけやれば、日本一になれるのか」ほか）、第3章 全日本ジュニア、第4章 佐藤久夫を取り巻く環境、特別付録『篭久バスケットボール』

[内容]なぜ、普通の子たちが日本一になれたのか…！あの驚異の粘りはどこから生まれるのか…！「一生懸命さだけは日本一になろう」からスタートした佐藤久夫ヘッドコーチの独特の指導法、バスケットボール理論に迫り、「なぜ、普通の子が日本一に

宮城県

なれたのか」を解き明かす。『心』の指導に力を注ぐ指導者必読の一冊。

『仙高創立八十周年記念誌』仙高創立八十周年記念誌編集委員会編　仙台　［仙台市立仙台高等学校］　［2021］　140p　30cm

◆仙台市立仙台工業高等学校

『仙台工業高校(旧仙台工業学校)七十年史—仙台工業高校七十年史』仙台工業高等学校七十年史編集委員会編　仙台　仙台工業高等学校, 仙台第二工業高等学校　1971.3　527p　22cm

内容　1896年(明治29年)9月の「仙台市徒弟実業学校」創立からの歴史を年代順にまとめた記念誌。巻末に「創立時から現在までの教職員一覧」あり。

『躍進—21世紀へ向けて』仙台工業高等学校仙台第二工業高等学校記念誌編集委員会編　仙台　仙台工業高等学校　1985.11　48p　26cm

『仙台工業高校百年史仙台第二工業高校八十年史』仙台工業高校百年史・仙台第二工業高校八十年史編集委員会編　仙台　仙台工業高校創立百周年・仙台第二工業高校創立八十周年記念事業委員会　1996.10　320, 242p　27cm

◆仙台市立仙台商業高等学校

『仙台市立仙台商業高等学校創立10周年記念誌』仙台市立仙台商業高等学校記念誌編集部会編　仙台　仙台市立仙台商業高等学校　2020.6　134p　30cm〈書誌注記：年表あり〉Ⓝ376.48

◆仙台市立仙台第二工業高等学校

『仙台工業高校(旧仙台工業学校)七十年史—仙台工業高校七十年史』仙台工業高等学校七十年史編集委員会編　仙台　仙台工業高等学校, 仙台第二工業高等学校　1971.3　527p　22cm

内容　1896年(明治29年)9月の「仙台市徒弟実業学校」創立からの歴史を年代順にまとめた記念誌。巻末に「創立時から現在までの教職員一覧」あり。

『躍進—21世紀へ向けて』仙台工業高等学校仙台第二工業高等学校記念誌編集委員会編　仙台　仙台工業高等学校　1985.11　48p　26cm

『仙台工業高校百年史仙台第二工業高校八十年史』仙台工業高校百年史・仙台第二工業高校八十年史編集委員会編　仙台　仙台工業高校創立百周年・仙台第二工業高校創立八十周年記念事業委員会　1996.10　320, 242p　27cm

『我ら、ものづくり人—仙台工業高校・仙台第二工業高校同窓会創立80周年記念誌』仙台　仙台工業高等学校仙台第二工業高等学校同窓会　2002.1　123p　26cm　1500円　Ⓝ376.48

◆仙台大学附属明成高等学校

『百年のあゆみ—想起そして躍進』朴沢学園百周年誌編集委員会編　仙台　朴沢学園百周年記念行事推進委員会　1979.10　154p　31cm〈年表あり〉Ⓝ376.48

『近代女子教育のさきがけ—朴沢学園草創のころ　朴沢学園女子教育一一一年の足跡　第一部』鈴木理郎著　仙台　〔鈴木理郎〕　1994.11　200p　21cm　Ⓝ376.4

『朴沢学園女子教育一一一年の足跡』鈴木理郎著　仙台　〔鈴木理郎〕　1996.9　496, 20p　21cm　Ⓝ376.48

『朴澤三代治とその弟子たち』鈴木理郎著　仙台　中外印刷所(印刷)　1999.5　159p　21cm　Ⓝ376.48

『朴沢学園130年の歩み』伊達宗弘編纂　朴澤泰治　2009.11　28p　30cm

◆仙台第一高等学校

『青春のうた仙台一高』毎日新聞仙台支局　仙台　毎日新聞仙台支局　1975　281p　18cm

『仙台一高通信制四十年の歩み』宮城県仙台第一高等学校通信制編　仙台　宮城県仙台第一高等学校通信制　1988.3　152p　図版4p　26cm

『仙台一中、一高百年史』仙台一中・一高百年史編纂委員会編　仙台　宮城県仙台第一高等学校創立百周年記念事業実行委員会　1993.2　665p　27cm　Ⓝ376.4

『仙台一中、一高野球部百年史—野球部創部百年記念』「仙台一中・一高野球部百年史」編纂委員会編　仙台　宮城県仙台第一高等学校野球部OB広瀬会　1996.11　21, 265p　27cm

『仙台一高通信制50周年史』宮城県仙台第一高等学校通信制編　仙台　宮城県仙台第一高等学校通信制　1997.11　151p　30cm

『別学を考える！—"一翔"茶畑同人誌　旧制一中長老、大先輩インタビュー有志座談会・百年史抜萃集』仙台　プリンティング・コンノ　2010.6　157p　19cm　1430円　①978-4-9903798-3-4　Ⓝ376.4123

『仙台一中・一高の百二十年一年表』宮城県仙台第一高等学校創立百二十周年記念事業実行委員会記念誌発行部会編　仙台　宮城県仙台

第一高等学校創立百二十周年記念事業実行委員会　2012.10　239p　31cm〈書誌注記：文献あり〉　Ⓝ376.48

『宮城県仙台第一高等学校軟式庭球部60年史Part1』60年史編集実行委員会編　仙台　仙台第一高等学校軟庭会　2015.8　160p　30cm

『青葉繁れる著名人追悼集—"一翔"茶畑同人誌』今野邦之助企画・編集　仙台　プリンティング・コンノ　2015.8　111p　19cm〈奥付のタイトル：著名人追悼録〉1500円　①978-4-9903798-5-8　Ⓝ281.04

『1970年ころ仙台一高で闘った僕たちの軌跡—大衆運動の研究』作間信彦著　弘前　松田耕一郎　2019.12　103p　21cm〈背の書名：仙台一高で闘った僕たちの軌跡—大衆運動の研究—〉500円　Ⓝ376.4

◆仙台第二高等学校

『仙台二高八十年のあゆみ』宮城県仙台第二高等学校「仙台二高八十年のあゆみ」編　仙台　宮城県仙台第二高等学校「仙台二高八十年のあゆみ」　1980　284p　図　27cm〈年表：p219-279〉

『峰秀で水澄みたり—仙台二高青春讃歌』村上辰雄著　仙台　金港堂　1980　382p　19cm

『1995年仙台二高—惜しくも仙台二高甲子園出場ならず』仙台二高同窓会, 青葉倶楽部編　仙台　仙台第二高等学校同窓会　［1995.6］　72p　43cm〈Prt.1 '94秋新チーム発足, 宮城県大会出場, Prt.2 春季宮城大会優勝・春季東北大会準優勝, Prt.3 暁かけて…〉

『目指せ甲子園』仙台二高同窓会, 青葉倶楽部編　仙台　仙台第二高等学校同窓会　1995.6　1冊　43cm〈Prt.1 仙台二高春季宮城大会優勝記念号, 仙台二高春季東北大会準優勝記念号, Prt.2 仙台一高・仙台二高定期戦, 50回記念特集戦前編〉

『仙台二中二高百年史』宮城県仙台第二高等学校編　仙台　宮城県仙台第二高等学校　2000.10　495p　31cm

『蜂の徽章が懐かしい, 杜の都の第二高等学校』樋口克己　埼玉　樋口克己　2013.9　69p　30cm

◆仙台第三高等学校

『写真でつづる二十年史—創立20周年記念』「写真でつづる20年史」編集委員会編　仙台　宮城県仙台第三高等学校　1983.3　90p　図版　4p　31cm

『躍進三高—仙台三高創立30周年記念誌』宮城県仙台第三高等学校創立30周年記念誌編集委員会編　仙台　宮城県仙台第三高等学校創立30周年記念事業実行委員会　1993.8　181p　27cm　Ⓝ376.48

『仙台三高50年史—仙台三高創立50周年記念誌』宮城県仙台第三高等学校創立50周年記念誌編纂部編　仙台　宮城県仙台第三高等学校創立50周年記念事業実行委員会　2014.3　302p　31cm　Ⓝ376.48

◆仙台図南萩陵高等学校

『沿革史追録』仙台図南萩陵高等学校編　仙台　仙台図南萩陵高等学校　1994.2　21p　26cm

『仙台図南萩陵高等学校開校10年のあゆみ』仙台図南萩陵高等学校編　仙台　仙台図南萩陵高等学校　1994.2　70p　26cm

『星の彼方へ—仙台市立仙台図南萩陵高等学校29年の歩み』閉校記念誌編集委員会編　仙台　仙台市立仙台図南萩陵高等学校閉校記念事業実行委員会　2012.3　278p　30cm

◆仙台西高等学校

『仙台西高十周年記念誌』宮城県仙台西高等学校創立十周年記念事業実行委員会編　仙台　宮城県仙台西高等学校創立十周年記念事業実行委員会　1992.10　234p　27cm　Ⓝ376.4

『仙台西高二十五周年記念誌』創立25周年記念事業実行委員会記念誌編集委員会編　仙台　宮城県仙台西高等学校　2007.10　98p　31cm

◆仙台東高等学校

『創立二十周年記念誌—宮城県仙台東高等学校創立二十周年記念誌』創立20周年記念誌編集委員会編　仙台　宮城県仙台東高等学校　2006.11　124p　31cm

内容　1987年（昭和62年）4月に宮城県内初の英語科をもつ学校として開校した宮城県仙台東高等学校の創立20周年記念誌。

◆仙台南高等学校

『南高十周年誌—宮城県仙台南高等学校』宮城県仙台南高等学校創立十周年記念事業実行委員会編　仙台　宮城県仙台南高等学校　1986.7　179p　27cm　Ⓝ376.4

『宮城県仙台南高等学校創立三十周年記念誌』宮城県仙台南高等学校創立三十周年記念事業記念誌作成係編　仙台　宮城県仙台南高等学

宮城県

校創立三十周年記念事業実行委員会　2006.7　100p　30cm

◆仙台向山高等学校

『十周年記念誌』創立十周年記念事業実行委員会記念誌部会編　仙台　宮城県仙台向山高等学校　1985.10　154p　27cm　Ⓝ376.4

◆多賀城高等学校

『創立十周年記念誌』宮城県多賀城高等学校編　多賀城　宮城県多賀城高等学校　1985.10　197p　27cm

『翼ひろげて―宮城県多賀城高等学校20周年記念誌』宮城県多賀城高等学校創立二十周年記念誌編集委員会編　多賀城　宮城県多賀城高等学校　1995.10　209p　26cm

◆田尻高等学校

『雪原奇行―もう1つの田尻高校』加藤隆編著　田尻町（宮城県）加藤隆　1975.10　37p　26cm

『田尻高校三十年史―宮城県田尻高等学校創立三十周年記念誌』宮城県田尻高等学校校史編集委員会編　田尻町（宮城県）宮城県田尻高等学校　1981.10　121p　図　27cm

『田尻高校五十年史』宮城県田尻高等学校五十周年記念誌編纂委員会編　田尻町（宮城県）宮城県田尻高等学校五十周年記念事業実行委員会　2001.11　151p　31cm

『北陵柔道―柔道部創設120周年記念』仙台二中二高柔道部創設120周年記念誌編纂委員会編集　仙台　仙台二中二高柔道部創設120周年記念誌編纂委員会　2021.11　113p　30cm　Ⓝ789.2

◆築館高等学校

『築高の七十年―創立70周年記念誌』築館町（宮城県）宮城県築館高等学校　1970.10　68p　30cm　Ⓝ376.4

『宮城県築館高等学校創立八十周年記念誌』宮城県築館高等学校創立八十周年記念誌編集委員会編　築館町（宮城県）宮城県築館高等学校創立八十周年記念事業会　1980.10　125p　26cm　Ⓝ376.4

『世界とともに時代を拓く―栗峰健児の九十年創立九十周年記念』宮城県築館高等学校編　築館町（宮城県）宮城県築館高等学校　［1990］　98p　30cm

『栗峰高く―宮城県築館高等学校百周年記念誌』群像実行委員会編　宮城県築館高等学校同窓会東京支部　2000.10　422p　26cm　非売品

『築高百年史―質実剛健の譜』宮城県築館高等学校百周年記念誌編纂委員会, 宮城県築館高等学校同窓会群像調査実行委員会編　築館町（宮城県）宮城県築館高等学校　2000.10　319p　26cm

◆築館女子高等学校

『築女高の歩み』宮城県築館女子高等学校編　築館町（宮城県）宮城県築館女子高等学校　1974.12　2, 262p　図版4p　27cm

『築女高五十周年記念誌』築女高50周年記念誌編集委員会編　築館町（宮城県）宮城県築館女子高等学校創立50周年記念事業会　1986.11　133p

◆津谷高等学校

『創立四十周年記念誌』宮城県津谷高等学校編　本吉町（宮城県）宮城県津谷高等学校　1986　82p　26cm

◆貞山高等学校

『灯を掲げて―多賀城分校三十年』宮城県貞山高等学校創立十周年記念事業実行委員会編　多賀城　宮城県貞山高等学校　1987　306, 22p　30cm〈歩み：p28～50〉

『貞山高二十周年記念誌』宮城県貞山高等学校創立20周年記念誌編集部会編　多賀城　宮城県貞山高等学校　1997.11　169p　27cm

◆東北高等学校

『南光学園八十年史』東北高等学校, 南光学園八十年史編纂委員会編　仙台　東北高等学校　1974　539p　22cm

『青春のうた東北高校』毎日新聞仙台支局　仙台　毎日新聞仙台支局　1976　237p　18cm

『九十年の歩み』東北高等学校九十年の歩み編纂委員会編　仙台　南光学園東北高等学校　1984　88p（図共）29cm

『東北高校探検隊―100の航海1つの詩』山下秀秋原作, 東北高等学校漫画部制作　仙台　南光学園東北高等学校　1994.3　247p　21cm　〈東北高等学校創立百周年記念〉

『センチュニアル東北―同窓100人エッセイ集』東北高等学校編　仙台　南光学園東北高等学校　1994.10　102p　26cm

『南光学園東北高等学校100年小史』東北高等学

校創立100周年記念事業実行委員会第5分科委員会編　仙台　南光学園東北高等学校　1994.10　1冊　31cm

『東北高等学校準優勝までの軌跡―第85回全国高校野球選手権記念大会』仙台　メディア朝日　〔2003〕　32p　28cm　300円

『魂―紫香楽の里から：東北高等学校硬式野球部100年史』東北高等学校硬式野球部100年史編纂委員会編　仙台　東北高等学校硬式野球部OB会　2004.12　349p　31cm　5000円

『僕らはつよくなりたい―東北高校野球部震災の中のセンバツ』戸塚啓著、NHK「アスリートの魂」制作班監修　幻冬舎　2012.3　197p　19cm　1400円　①978-4-344-02157-0　Ⓝ783.7

|目次| 第1章 夢を追っている途中で、第2章 緊張と葛藤、第3章 甲子園での戦い、第4章 練習より大切なもの、第5章 恩返しの勝負へ、第6章 僕たちの未来

|内容| 震災のさなかに開催された春の甲子園で、被災地・仙台から出場した東北高校。何度凡退しても、どんなに点差が開いても、最後まで全力疾走を貫いた。寒さに震え、空腹に耐え、心痛を味わいながらも、快く送りだしてくれたふるさとの人たちに、少しでも恩返しができるように。多くの人と励まし合い、支え合うことで、必死に生きぬいた若者たちの日々。

◆東北学院榴ケ岡高等学校

『今を生きよ―東北学院榴ケ岡高等学校と久能隆博君』仙台　東北学院榴ケ岡高等学校同窓会　2014.3　121p　27cm〈書誌注記：年表あり〉Ⓝ376.4123

◆常盤木学園高等学校

『常盤木学園の60年―写真集』常盤木学園編　仙台　常盤木学園　1988.5　79p　30cm

『常盤木学園物語』上田吉弥編　仙台　常盤木学園　1990.5　230p　21cm

『常盤木式女子力の育み方―女子サッカー日本代表"なでしこ"を多数輩出：教えるコツ教わるコツ』阿部由晴著　ベースボール・マガジン社　2012.12　159p　19cm　1300円　①978-4-583-10488-1　Ⓝ783.47

|内容| 正しく生きることを選択させ行動させる、自らの目標と志を生徒に明確に伝える、時代に合った目的と使命感を与える等。「なでしこジャパン」で活躍する選手たちを育てた指導者が、考える子どもを育てるための教育術を紹介する。

◆富谷高等学校

『創立十周年誌』宮城県富谷高等学校創立十周年誌編集委員会編　富谷町（宮城県）宮城県富谷高等学校創立十周年記念事業実行委員会　2003.10　208p　30cm

『創立二十周年誌』宮城県富谷高等学校創立二十周年誌編集委員会編　富谷町（宮城県）宮城県富谷高等学校創立二十周年誌編集委員会　2013.10　114p　30cm

◆登米高等学校

『登米高60周年記念誌』登米町（宮城県）宮城県登米高等学校　1981.10　119p　27cm〈書誌注記：年表あり　表紙のタイトル：60宮城県登米高等学校〉Ⓝ376.48

『登米高のあゆみ―高女時代を中心として』宮城県登米高等学校編　登米町（宮城県）宮城県登米高等学校　1990　271p　27cm〈背表紙の書名：創立70周年記念誌　沿革：p245～269〉

『光は呼べり―宮城県登米高等学校創立80周年記念誌』登米町（宮城県）宮城県登米高等学校　2000.10　65p　30cm〈書誌注記：年表あり〉Ⓝ376.48

『風見鶏―宮城県登米高等学校創立百周年記念誌』宮城県登米高等学校創立百周年記念事業実行委員会編集　登米　宮城県登米高等学校創立百周年記念事業実行委員会　2022.3　287p, 図版（ページ付なし）31cm〈書誌注記：年表あり〉Ⓝ376.48

◆登米高等学校豊里分校

『豊里分校史―閉校記念』宮城県登米高等学校豊里分校史編集委員会編　豊里町（宮城県）宮城県登米高等学校豊里分校史編集委員会　1981　162p　27cm

◆名取高等学校

『五十年のあゆみ』宮城県名取高等学校創立50年記念誌編集委員会編　岩沼　宮城県名取高等学校　1973　36p（おもに図）26cm

『名取高校六十年史年輪』宮城県名取高等学校校史編纂委員会編　岩沼　宮城県名取高等学校　1983.10　215p　27cm

◆名取北高等学校

『北高十周年記念誌』宮城県名取北高等学校創立十周年記念事業実行委員会編　名取　宮城県名取北高等学校創立十周年記念事業実行委員会　1988.10　195p　27cm

|内容| 1979年（昭和54年）4月の開校から10年間のあ

ゆみをまとめた記念誌。

◆南郷高等学校

『60年のあゆみ―創立六十周年誌』宮城県南郷高等学校編　南郷町（宮城県）宮城県南郷高等学校　1991.10　44p 図版4p　26cm

◆南郷農業高等学校

『南農四十年史』宮城県南郷農業高等学校編　南郷町（宮城県）宮城県南郷農業高等学校　1971.10編集を終えて　211, 48, 58p　30cm

『あゆみ―［宮城県南郷農業高等学校創立50周年記念誌］』宮城県南郷農業高等学校編　南郷町（宮城県）宮城県南郷農業高等学校　1982.4　32p 折込み表1枚　26cm

◆西山学院高等学校

『西山学院高等学校開校二十周年記念誌』西山学院高等学校開校二十周年記念事業実行委員会編　七ヶ宿町（宮城県）西山学院高等学校開校二十周年記念事業実行委員会　2010.9　59p　26cm

◆古川高等学校

『かむろ―宮城県古川高校山岳部創部35周年記念　斎藤善雄先生退職記念』古川高校山岳部OB会事務局編　古川　古川高校山岳部OB会事務局　1996.4　193p 図版[40p]　21cm

『古中・古高百年史』宮城県古川高等学校編　古川　創立百周年記念事業協賛会　1997.11　50, 486p　27cm　Ⓝ376.48

◆古川工業高等学校

『軌跡』宮城県古川工業高等学校記念誌編集委員会編　古川　宮城県古川工業高等学校　1984　48p　26cm〈宮城県古川工業高等学校創立50周年記念誌〉

『宮城県古川工業高等学校創立60周年記念誌』60周年記念誌編集委員会編　古川　宮城県古川工業高等学校　1994.11　272p　30cm〈書名は奥付による　背の書名：創立六十年記念誌〉Ⓝ376.4

◆古川女子高等学校

『宮城県古川女子高等学校50年史―創立五十年史』宮城県古川女子高等学校50年史編集委員会編　古川　宮城県古川女子高等学校創立50周年記念事業協賛会　1970.10　131p 図版2枚　25×26cm

◆古川黎明高等学校

『古川高女・古川女子高・古川黎明創立八十五年史』学校史編集委員会編　古川　宮城県古川黎明中学校・高等学校開校記念事業実行委員会　2005.10　199p 図版7p　30cm

『復興の記録―宮城県古川黎明高等学校SSH災害科学の取組』宮城県古川黎明高等学校編　大崎　宮城県古川黎明高等学校　［2016］　48p　30cm

『創立百周年記念誌―"水絶えぬ郷に匂へる"100年の想い：宮城県古川高等女学校　宮城県古川女子高等学校　宮城県古川黎明中学校・高等学校』創立百周年記念誌編集委員会編　大崎　宮城県古川黎明中学校・高等学校創立百周年記念実行委員会　2020.10　7, 197p 図版5p　30cm

◆米谷工業高等学校

『米谷工高三十年史―米谷工業高校三十年史』米谷工高三十年史編集委員会編　東和町（宮城県）宮城県米谷工業高等学校　1982.10　184p 図版6p　27cm

『米谷工高四十年の歩み』米谷工高四十年の歩み編集委員会編　東和町（宮城県）宮城県米谷工業高等学校　1992.10　111p 図版8p　26cm

『ゆたけき流れ―宮城県米谷工業高等学校50周年記念誌』宮城県米谷工業高等学校50周年記念誌編集委員会編　東和町（宮城県）宮城県米谷工業高等学校　2002.12　105p　30cm

『かがやく果てに―宮城県米谷工業高等学校60周年記念誌』宮城県米谷工業高等学校60周年記念誌編集部会企画・編集　東和町（宮城県）宮城県米谷工業高等学校　2012.10　109p　31cm〈書誌注記：年表あり〉Ⓝ376.48

◆松島高等学校

『松高四十年史』宮城県松島高等学校創立40周年記念事業実行委員会編　松島町（宮城県）宮城県松島高等学校　1988.10　124p 図版8p　26cm

『七十年のあゆみ―未来に向けて新たな挑戦』宮城県松島高等学校創立70周年記念事業実行委員会編　松島町（宮城県）宮城県松島高等学校創立70周年記念事業実行委員会　2018.11　31p　30cm

◆松山高等学校

『創立十年誌』宮城県松山高等学校創立十年誌

編集委員会編　松山町(宮城県)宮城県松山高等学校創立十年誌編集委員会　1989　142p　26cm

◆宮城県工業高等学校

『還暦を迎えて―60年のあゆみ』宮城県工業高等学校編　仙台　宮城県工業高等学校　1973.10　98p　図版7p　27cm

『七十年史』宮城県工業高等学校編　仙台　宮城県工業高等学校　1983.10　270p　図表8p　27cm

『八十年記念誌』創立80周年記念事業実行委員会編　仙台　宮城県工業高等学校　1995.10　314p　図版9p　27cm

『図南の翼―宮城県工業高等学校創立90周年記念誌　1913~2002』創立90周年記念編集係編　仙台　宮城県工業高等学校　2002.11　50p　31cm

『百年史―宮城県工業高等学校百周年記念誌』宮城県工業高等学校創立百周年記念事業実行委員会編　仙台　宮城県工業高等学校創立百周年記念事業実行委員会, 創文印刷出版(印刷)　2013.11　374p　31cm

◆宮城県水産高等学校

『創立八十周年記念誌』宮城県水産高等学校記念誌編集委員会編　石巻　宮城県水産高等学校創立80周年記念事業期成同盟会　1978.10　137p　26cm〈金波　復刊第7号〉

『古今無二路―宮城県水産高等学校創立百周年記念誌』石巻　宮城県水産高等学校　1997.3　469p　27cm〈編集：創立百周年記念誌編集委員会〉Ⓝ376.48

『宮城県水産高等学校新聞スクラップ―1997.4.1~2001.3.31』宮城県水産高校図書視聴覚部編　石巻　宮城県水産高等学校　2001.5　173p　30cm

[内容] 新聞(「河北新報」「石巻かほく」「石巻日日新聞」「スポーツニッポン」など)や雑誌(「水産世界」「養殖」など)に掲載された宮城県水産高等学校に関する記事のスクラップ。

『東日本大震災被災の記録―2011.3.11~』宮城県水産高等学校編　石巻　宮城県水産高等学校　[2011]　1冊　30cm

『それゆけ、水産高校!―驚きの学校生活と被災の記録』平居高志著　成山堂書店　2012.12　190p　21cm　1800円　①978-4-425-88611-1　Ⓝ376.4289

[目次] 水産高校だより, 東日本大震災被災の記録

[内容] 普通の国語教師が、新たに着任した水産高校での日常を生き生きとした文章と写真で綴る。独特な授業内容や施設、純朴な生徒や熱意ある教員との接触などを、水産高校のもつ魅力と役割を自身の興味、学校や生徒への愛着とともに描く。巻末には、東日本大震災に直面し甚大な被害を受けた学校の記録も掲載。

『潮路―宮城県水産高等学校創立百二十周年記念誌：百十周年その後の十年の歩み』創立百二十周年記念誌編集委員会　石巻　宮城県水産高等学校　2016.11　71p　30cm〈書誌注記：年表あり〉Ⓝ376.48

◆宮城県第一女子高等学校

『一女高の百年―学校創立百周年記念写真集』百周年記念史編纂部編　仙台　宮城県第一女子高等学校　1997.10　139p　30cm

『一女高百年史』百周年史編纂部編　仙台　宮城県第一女子高等学校　1997.10　522p　27cm

◆宮城県第二工業高等学校

『五十年の歩み』宮城県第二工業高等学校五十周年記念誌編纂委員会編　仙台　宮城県第二工業高等学校五十年記念事業実行委員会　1995.11　137p　27cm

◆宮城県第二女子高等学校

『二華―八十年八十人』宮城県第二女子高等学校創立八十周年記念誌編集委員会編　仙台　宮城県第二女子高等学校　1984.11　157p　26cm　Ⓝ376.4

『二女高四十年のあゆみ』宮城県第二女子高等学校沿革史編集委員会編　仙台　宮城県第二女子高等学校　1989.8　220p　26cm

『華―宮二女体操部四十年史』宮二女体操部40年史編集委員会編　仙台　宮二女体操部OG会　1990　177p　27cm

『華翔―創立90周年記念誌』宮城県第二女子高等学校二華会編　仙台　宮城県第二女子高等学校二華会　1992.11　227p　26cm

[内容] 宮城県第二女子高等学校創立90周年記念事業の一環として編集された二華会(同窓会)の記念誌。会員からの寄稿のほか、支部活動の歩み、二華会館(同窓会会館)の歴史など。

『二女高90年―かぐはしき未来へ』宮城県第二女子高等学校90周年記念事業実行委員会編　仙台　宮城県第二女子高等学校90周年記念事業実行委員会　1994.11　255p　30cm〈共同刊行：宮城県第二女子高等学校〉Ⓝ376.4

『二女高百年史』宮城県第二女子高等学校編

宮城県

仙台　宮城県第二女子高等学校　2005.2
561p　27cm

◆宮城県第三女子高等学校

『五十年のあゆみ』宮城県第三女子高等学校編
　仙台　宮城県第三女子高等学校　1974　55p
　26cm

『六十年のあゆみ―創立60周年記念誌』宮城県
　第三女子高等学校編　仙台　宮城県第三女
　子高等学校　1984　71p　26cm

『八十年のあゆみ』宮城県第三女子高等学校創
　立八十周年記念誌編集委員会編　仙台　宮城
　県第三女子高等学校創立八十周年記念事業実
　行委員会　2004.11　194p　31cm

◆宮城県農業高等学校

『宮農百年史　続』宮農百年史編纂委員会編纂
　名取　宮城県農業高等学校創立百周年記念事
　業実行委員会　1985.10　330p　27cm
　Ⓝ376.4

『大津波からの復興―東日本大震災宮城県農業
　高等学校の記録：生徒・教職員199名大津波
　により孤立した校舎からの脱出そして、復興
　への道程』宮城県農業高等学校震災記録編集
　委員会編　名取　宮城県農業高等学校
　2013.9　69p　30cm　Ⓝ376.4183

◆宮城野高等学校

『野を讃ふ―宮城野高校の十年：宮城県宮城野
　高等学校創立五十周年記念誌』宮城県宮城野
　高等学校創立十周年記念事業実行委員会記念
　誌編纂部会編　仙台　宮城県宮城野高等学校
　創立十周年記念事業実行委員会　2005.10
　194, 46p　30cm

◆宮城広瀬高等学校

『十周年記念誌』宮城県宮城広瀬高等学校創立
　十周年記念誌編集委員会編　仙台　宮城県宮
　城広瀬高等学校　1993.10　179p　27cm〈奥
　付の書名：宮城広瀬高十周年記念誌〉

◆村田高等学校

『新校舎落成・創立六十五周年記念誌』宮城県
　村田高等学校創立六十五周年記念事業実行委
　員会編　村田町　宮城県村田高等学校創立六
　十五周年記念事業実行委員会　1989.11
　142p　27cm〈自動車科の設置・自動車科の
　歩み：p91-95〉

◆本吉響高等学校

『響生』宮城県本吉響高等学校国語科編　気仙
　沼　宮城県本吉響高等学校国語科　2012.3
　22p　30cm

◆矢本高等学校

『矢本三十年史』宮城県矢本高等学校編　矢本
　町（宮城県）宮城県矢本高等学校　1980.2
　5, 392p　図版5p　27cm

『矢高五十年史』宮城県矢本高等学校創立五十
　周年記念事業実行委員会編　矢本町（宮城
　県）宮城県矢本高等学校創立五十周年記念事
　業実行委員会　1998.8　199p　30cm

『矢本高校史』宮城県矢本高等学校「矢本高校
　史」編纂委員会編　東松島　宮城県矢本高等
　学校　2008.6　301p　図版6p　31cm

◆米山高等学校

『米山高三十年史』宮城県米山高等学校創立三
　十周年記念誌編集委員会編　米山町（宮城県）
　宮城県米山高等学校　2000.10　87p　26cm

◆米山農業高等学校

『米山農高十年史―創立十周年記念史』宮城県
　米山農業高等学校記念誌発刊委員会編　米山
　町（宮城県）宮城県米山農業高等学校　1980.
　10　62p　26cm
　内容 1970年（昭和45年）4月の独立開校10周年記念
　として、1951年（昭和26年）4月の「宮城県上沼農業
　高等学校米山分教場」開設当時からの歴史を年代
　順にまとめたもの。

◆利府高等学校

『創立二十周年誌―宮城県利府高等学校』宮城
　県利府高等学校記念誌編集委員会編　仙台
　宮城県利府高等学校　2003.10　70p　30cm

『心はひとつ―利府高等学校2009春センバツ甲
　子園初出場ベスト4』記念誌編集委員会編
　利府町（宮城県）利府高校甲子園出場実行委
　員会　2009.6　71p　30cm　Ⓝ783.7

◆若柳高等学校

『若柳五十年史』宮城県若柳高等学校若高五十年
　史編纂委員会編　若柳町（宮城県）宮城県若
　柳高等学校若高五十年史編纂委員会　1980.
　10　287p　図　27cm〈略年表：p266～280〉

『若高六十年の歩み』宮城県若柳高等学校60周
　年記念誌編集委員会編　若柳町（宮城県）宮
　城県若柳高等学校60周年記念誌編集委員会

1990　93p　26cm
『若高七十年史』若高七十年史編纂委員会編纂　若柳町（宮城県）宮城県若柳高等学校　2000.10　337p　31cm　Ⓝ376.48

◆涌谷高等学校
『涌谷の六十年―創立60周年記念誌』宮城県涌谷高等学校創立60周年史編集委員会編　涌谷町（宮城県）宮城県涌谷高等学校　1979　110p（おもに図）25×25cm
『七十年のあゆみ―創立70周年記念』宮城県涌谷高等学校編　涌谷町（宮城県）宮城県涌谷高等学校　1989　83p　26cm
『百年史』涌谷町（宮城県）宮城県涌谷高等学校百周年記念事業実行委員会　2019.9　153p　31cm〈書誌注記：年表あり　奥付のタイトル：宮城県涌谷高等学校百年史〉Ⓝ376.48

◆亘理高等学校
『萌える想い―宮城県亘理高等学校百周年記念誌』宮城県亘理高等学校百周年記念事業実行委員会記念誌編纂委員会編纂　亘理町（宮城県）宮城県亘理高等学校　1998.10　259p　27cm

秋田県

◆秋田高等学校
『秋高百年史』『秋高百年史』編纂委員会編　秋田　秋田県立秋田高等学校同窓会　1973　541p 図30p　27cm〈書誌注記：秋高百年史年表：p.504-523　出版者注記：家の光出版サービス（製作）〉3000円　Ⓝ376.4
『秋田県立秋田高等学校創立百周年記念事業報告書』秋田県立秋田高等学校創立百周年記念事業報告書作編　秋田県立秋田高等学校同窓会　1974.5　52p　26cm
『母校賛歌―わが青春の秋田高校』毎日新聞秋田支局編　毎日新聞秋田支局　1977.3　252p　19cm
『秋高二世紀十年史』秋田県立秋田高等学校同窓会編　秋田県立秋田高等学校同窓会　1983.9　120p　26cm
『剣道百年史』剣友会百年史編纂委員会編　秋田高校剣友会　1986.9　213p　27cm
『秋高創立百二十周年記念誌』秋田県立秋田高等学校同窓会編　秋田県立秋田高等学校同窓会　1993.9　212p　26cm
『土手クラブ 創立40周年記念誌―行くぞ甲子園』秋田高等学校硬式野球部私設応援団土手クラブ編　秋田高等学校硬式野球部私設応援団土手クラ　1994.7　1冊　27cm
『秋田高等学校柔道部史』秋田高等学校柔道部史編集委員会編　柔友会　1996.3　262p　27cm
『秋田県立秋田高等学校野球史――一世紀を超えて』秋田高校野球部OB会矢留倶楽部編　秋田県立秋田高等学校野球部OB会矢留倶楽部　1997.11　398p　27cm
『この一球に精魂込めて―秋田高校卓球部50周年記念誌』秋田高校卓球部OB会編　秋田高校卓球部OB会　1998.10　98p　30cm
『ルビコンの流れ―児玉市郎監督追悼記念誌』藤原満編　秋田県立秋田高等学校ラグビー部OB会　2000.7　151p　27cm
『秋田高校山岳部OB会創立五十周年記念誌』秋田高校山岳部OB会創立五十周年記念事業実行委員会編　秋田高校山岳部OB会　2000.11　78p　30cm
『秋高謳歌―精選』秋高謳歌編集室, 秋田人文科学研究会編　秋田人文科学研究会　2003.8　286p　19cm
『秋田県立秋田高等学校創立百三十周年記念誌』秋田県立秋田高等学校同窓会編　秋田県立秋田高等学校同窓会　2003.9　223p　26cm
『先蹤録―秋田高校の歴史にみる人物像』「先蹤録」刊行委員会編　秋田県立秋田高等学校同窓会　2003.9　354p　22cm
『秋高創立百四十周年記念誌』秋田　秋田県立秋田高等学校同窓会　2013.9　227p　26cm〈書誌注記：年表あり　奥付・背のタイトル：創立百四十周年記念誌〉Ⓝ376.48
『秋高百五十年史』『秋高百五十年史』編集委員会編さん　秋田　秋田県立秋田高等学校同窓会　2023.9　354p, 図版（ページ付なし）31cm〈書誌注記：年表あり　出版者注記：秋高創立百五十年記念事業実行委員会〉Ⓝ376.48
『秋高創立百五十周年記念誌』秋田県立秋田高等学校同窓会編　秋田県立秋田高等学校同窓会　2023.9　354p　26cm
『新先蹤録―秋田高校を飛び立った俊英たち』秋田高校同窓会新先蹤録委員会編　横浜　春風社　2023.9　357p　21cm　2000円

秋田県

①978-4-86110-872-3　Ⓝ281.24
内容 「わが生わが世の天職いかに」。各方面で活躍し大きな足跡を残した38名。それぞれのライフヒストリーをまとめる。

◆秋田北高等学校

『あげまき八十年』あげまき80年誌編纂委員会編　秋田県立秋田北高等学校　1981.10　218p　27cm

『創立九十周年記念 黎明集』秋田県立秋田北高等学校編　秋田県立秋田北高等学校　1991.3　1冊　42cm

『十年誌―八十周年からの十年』秋田県立秋田北高等学校十年誌編集委員会編　秋田県立秋田北高等学校　1991.9　1冊　26cm

『秋田北高等学校百年誌』秋田県立秋田北高等学校編　秋田県立秋田北高等学校　2001.10　252p　26cm

『秋田県立秋田北高等学校創立百十周年記念誌』秋田県立秋田北高等学校　秋田県立秋田北高等学校　2011.10　34p　30cm〈奥付のタイトル：秋田北高等学校百十周年記念誌〉

◆秋田経済大学附属合川高等学校

『合川高校十年史―草創期の記録』合川高校十周年記念実行委員会編　秋田経済大学附属合川高等学校　1971.10　134, 76p 図版1枚　22cm

◆秋田経済法科大学附属高等学校

『40年の歩み』秋田経済法科大学附属高等学校編　秋田経済法科大学附属高等学校　1993　1冊　26cm

『熱と闘志―第74回選抜高等学校野球大会出場記念』秋田経済法科大学附属高等学校第74回選抜高等学校野球大会出場記念誌製作委員会編　秋田経済法科大学附属高等学校第74回選抜高等学校野球大会出場記念誌製作委員会　2002.7　72p　26cm

『秋田経済法科大学附属高等学校50年のあゆみ』秋田経済法科大学附属高等学校編　秋田経済法科大学附属高等学校　2003.4　161p　30cm

◆秋田県立海洋技術高等学校

『［秋田県立海洋技術高等学校］創立五十周年記念誌』創立50周年記念誌編集委員会編　秋田県立海洋技術高等学校　1997.6　84p　31cm

◆秋田工業高等学校

『金砂原頭の想い出 秋工ラグビー50年史』秋田工業高校ラグビー史編集委員会編　秋田工業高校ラグビー部OB会　1976.4　195p　21cm

『職員ラグビークラブ30周年記念誌』秋田工業高等学校職員ラグビー部編　1984.3　96p　26cm

『秋工八十年誌』秋田県立秋田工業高等学校創立80周年記念誌小委.編　秋田県立秋田工業高等学校創立80周年記念　1984.9　174p　27cm

『秋工ラグビー部創部60周年』秋田県立秋田工業高等学校, 秋田工業高等学校ラグビーOB会編　1985.9　70p　26cm

『創立四十周年記念誌』四十周年記念誌編集委員会編　秋田県立秋田工業高等学校定時制課程　1991.10　89p　26cm

『熱球―金砂健児50年の軌跡』秋田県立秋田工業高等学校硬式野球部OB会編　秋田県立秋田工業高等学校硬式野球部OB会　［1998］　15, 83p　30cm〈秋田県立秋田工業高等学校硬式野球部50年誌〉

『秋工百年誌―秋田工業高等学校百周年記念誌』秋田県立秋田工業高等学校創立百周年記念事業実行委員会編　秋田県立秋田工業高等学校創立百周年記念事業実行委員会　2004.10　373p　27cm

『秋工体操部創部70周年記念誌』秋工体操部OB会　秋工体操部OB会　2005.2　115p　30cm

『創立百十周年記念誌』秋田県立秋田工業高等学校創立百十周年記念誌編集委員会編　秋田県立秋田工業高等学校　2014.9　72p　30cm〈書誌注記：年表あり〉Ⓝ376.48

◆秋田市立高等学校

『野球部誌』秋田市立高等学校編　秋田市立高等学校　1975.4　129p　26cm

『創立60周年記念誌』秋田市立高等学校校誌編集委員会編　秋田市立高等学校　1981.2　112p　26cm

◆秋田市立秋田商業高等学校

『［秋田市立秋田商業高等学校］創立50周年記念誌』秋田市立秋田商業高等学校編　秋田市立秋田商業高等学校　1971.2　90p　26cm

『母校賛歌―わが青春の秋田商業』毎日新聞秋田支局編　毎日新聞秋田支局　1975.6　159p　19cm

『［秋田市立秋田商業高等学校］創立70周年記念

誌』創立70周年記念実行委員会編　秋田市立秋田商業高等学校　1991.7　138p　30cm

『[秋田市立秋田商業高等学校]野球部創部80周年記念誌』秋商硬式野球部OB会編　秋田商業硬式野球部OB会　2002.7　106p　30cm

『[秋田市立秋田商業高等学校]創立90周年記念誌』創立九十周年記念実行委員会事業部記念誌編集委員会企画・編集　秋田市立秋田商業高等学校　2010.10　99p　30cm

『秋商百年史』武藤四郎執筆・編集責任　秋田秋商創立百周年記念事業実行委員会　2020.3　982p　27cm〈書誌注記：年表あり　共同刊行：秋田市立秋田商業高等学校〉Ⓝ376.48

『創立100周年記念誌』創立百周年記念実行委員会事業部記念誌編集委員会企画・編集　秋田秋田市立秋田商業高等学校　2022.2　132p　30cm〈書誌注記：年表あり〉Ⓝ376.48

『秋商硬式野球部百年史』武藤四郎執筆・編集責任　秋田　秋田商業高等学校硬式野球部創部100周年事業実行委員会　2023.11　314p　31cm〈書誌注記：年表あり〉Ⓝ783.7

◆秋田市立御所野学院高等学校

『御所野学院創立20周年記念誌』秋田市立御所野学院中学校・高等学校編集　秋田　秋田市立御所野学院中学校・高等学校　2021.11　65p　30cm〈書誌注記：年表あり〉Ⓝ376.48

◆秋田中央高等学校

『秋田中央高校写真で見る80年史』秋田県立秋田中央高等学校編　秋田県立秋田中央高等学校　2000.10　37p　26cm

『[秋田県立秋田中央高等学校]創立八十周年記念誌』秋田県立秋田中央高等学校編　秋田県立秋田中央高等学校　2001.3　336p　26cm

『螢　閉課程記念誌』秋田県立秋田中央高等学校定時制課程閉課程記念事業実行委員会編　秋田県立秋田中央高等学校　2005.3　61p　30cm

『創立一〇〇周年記念誌』秋田県立秋田中央高等学校創立一〇〇周年記念事業実行委員会記念誌班編　秋田県立秋田中央高等学校創立一〇〇周年記念事業実行委員会　2020.9　260p　31cm

◆秋田西高等学校

『奔流』秋田西高等学校アルバム委員会編　秋田県立秋田西高等学校　1983　1冊　31cm

『創立十周年記念誌』秋田県立秋田西高等学校創立十周年記念誌編編　秋田県立秋田西高等学校　1989.7　129p　26cm

『[秋田県立秋田西高等学校]創立20周年記念誌』秋田県立秋田西高等学校創立20周年記念誌編集委員会編　秋田県立秋田西高等学校　1999.7　200p, 写真　30cm

『[秋田県立秋田西高等学校]創立三十周年記念誌』秋田県立秋田西高等学校創立三十周年出版・広報委員会編　秋田県立秋田西高等学校　2009.10　221p, 写真　30cm

『[秋田県立秋田西高等学校]創立四十周年記念誌』秋田県立秋田西高等学校創立四十周年出版・広報委員会編　秋田県立秋田西高等学校　2019.11　179p　30cm

◆秋田東高等学校

『秋東30年のあゆみ』秋田県立秋田東高等学校同窓会星座会編　秋田県立秋田東高等学校　1973.10　62p　26cm

『[秋田県立秋田東高等学校]創立六十周年記念誌』記念誌編集委員会編　創立六十周年記念事業実行委員会　2005.3　54p　30cm

◆秋田南高等学校

『創立20周年記念誌』秋田県立秋田南高等学校創立20周年記念実行委員編　秋田県立秋田南高等学校　1982.11　79p　26cm

『創立三十周年記念誌』秋田県立秋田南高等学校編　秋田県立秋田南高等学校　1992.9　356p　22cm

『一球入魂―秋田県立秋田南高等学校野球部誌』秋田県立秋田南高等学校野球部OB会編　秋田県立秋田南高等学校野球部OB会　1998.1　86p　30cm

『創立五十周年記念誌―獨立自尊』秋田県立秋田南高等学校創立五十周年記念事業実行委員会編　秋田　秋田県立秋田南高等学校　2012.10　226p　30cm〈書誌注記：年表あり〉Ⓝ376.48

『[秋田県立秋田南高等学校]創立六十周年記念誌』秋田県立秋田南高等学校創立六十周年記念実行委員会編　秋田県立秋田南高等学校創立六十周年記念実行委員会　2022.10　183p　30cm

◆秋田和洋女子高等学校

『五十年の歩み』秋田和洋女子高等学校編　秋

秋田県

田和洋女子高等学校　1978.9　32p　26cm

『六十年の歩み』秋田和洋女子高等学校60年の歩み編集委員会編　秋田和洋女子高等学校　1988.11　46p　26cm

『八十年の歩み』秋田和洋女子高等学校創立八十周年記念事業実行委員会編　秋田和洋女子高等学校創立八十周年記念事業実行委員会　2008.10　61p　26cm

◆新屋高等学校

『創立十周年記念誌』秋田県立新屋高等学校10周年記念誌編集編　秋田県立新屋高等学校　1994.6　80, 23p　27cm

『韓国高等学校との生徒会交流記念誌―吹奏楽部韓国遠征』秋田県立新屋高等学校　秋田県立新屋高等学校吹奏楽部　2004.2　71p　30cm

『ももさだ―新屋高等学校創立20周年記念誌』秋田県立新屋高等学校創立20周年記念事業実行委員会編　秋田県立新屋高等学校　2005.2　105p　30cm

『ももさだ―新屋高等学校創立30周年記念誌』秋田県立新屋高等学校創立30周年記念事業実行委員会編　秋田　秋田県立新屋高等学校　2014.9　100p　30cm　Ⓝ376.48

◆羽後高等学校

『星霜四十年―秋田県立羽後高等学校創立四十周年記念誌』秋田県立羽後高等学校創立四十周年記念誌編集委員会編　1988.10　268p　27cm

◆大館高等学校

『新校舎落成記念誌』秋田県立大館高等学校校舎改築期成同盟会編　秋田県立大館高等学校　1992.11　83p　28cm

◆大館桂高等学校

『かつら八十年史』秋田県立大館桂高等学校編　秋田県立大館桂高等学校　1994.2　198p　27cm

『かつら九十年史』秋田県立大館桂高等学校編　秋田県立大館桂高等学校　2003.10　199p　27cm

『衛生看護科のあゆみ』秋田県立大館桂高等学校編　秋田県立大館桂高等学校　2004.1　75p　26cm

『かつら百年史』大館　秋田県立大館桂高等学校　2014.3　230p　27cm〈書誌注記：年表あり〉Ⓝ376.48

◆大館工業高等学校

『あせいしの丘にありて―大館工業高等学校創立三十周年記念誌』秋田県立大館工業高等学校編　秋田県立大館工業高等学校　1984.3　396p　27cm

『創立四十周年記念誌』秋田県立大館工業高等学校編　秋田県立大館工業高等学校　1993.12　209p　26cm

『創立五十周年記念誌』秋田県立大館工業高等学校編　秋田県立大館工業高等学校　2003.11　287p　27cm

『創立六十周年記念誌―あらがね』大館　秋田県立大館工業高等学校　2013.12　175p　30cm〈書誌注記：年表あり　背のタイトル：大館工業高等学校創立六十周年記念誌〉Ⓝ376.48

◆大館商業高等学校

『十年の歩み』秋田県立大館商業高等学校十年記念誌編集委員会編　秋田県立大館商業高等学校十年記念誌編集　1972.9　178p　21cm

『二ツ山の春秋』秋田県立大館商業高等学校創立20周年記念誌実行委員　秋田県立大館商業高等学校　1983.1　189p　27cm

『二つ山の春秋―三十周年記念誌』秋田県立大館商業高等学校編　秋田県立大館商業高等学校創立三十周年記念実行委員会　1992.10　157p　26cm〈奥付のタイトル：秋田県立大商高等学校創立三十周年記念誌「二つ山の春秋」、背表紙のタイトル：創立三十周年記念誌〉

『［秋田県立大館商業高等学校］創立40周年記念誌』秋田県立大館商業高等学校創立40周年記念実行委員会編　秋田県立大館商業高等学校創立40周年記念実行委員会　2002.10　184p　30cm

◆大館東高等学校

『創立10周年記念誌―白楊樹林』秋田県立大館東高等学校創立十周年記念事業編　秋田県立大館東高等学校創立十周年記念事業　1984.10　141p　22cm

◆大館鳳鳴高等学校

『母校賛歌―わが青春の大館鳳鳴高校』毎日新聞秋田支局編　毎日新聞秋田支局　1976.1　175p　19cm

『大館鳳鳴九十年史』 大館鳳鳴九十年史編纂委員会編　秋田県立大館鳳鳴高等学校創立九十周年記念事業実行委員会　1988.5　254p 図版　27cm

『百周年記念誌』 秋田県立大館鳳鳴高等学校創立百周年記念事業刊行部編　秋田県立大館鳳鳴高等学校　1998.10　210p　31cm

◆大館南高等学校

『創立二十周年記念誌』 秋田県立大館南高等学校創立二十周年記念誌編集委編　秋田県立大館南高等学校　1977.10　47, 13p　21×22cm

◆大曲高等学校

『躍進―創立20周年記念誌』 秋田県立大曲高等学校編　秋田県立大曲高等学校　1972.10　82p　22cm

『大曲高校70年の歩み』 田口昭典編　田口昭典　1978.9　24p　25cm

『秋田県立大曲高等学校創立80周年記念誌』 秋田県立大曲高等学校創立80周年編集委員会編　秋田県立大曲高等学校　1988.11　191p　31cm

『秋田県立大曲高等学校創立90周年記念誌』 秋田県立大曲高等学校創立90周年編集委員会編　秋田県立大曲高等学校　1998.9　144p　31cm

『秋田県立大曲高等学校創立百周年記念誌』 秋田県立大曲高等学校創立百周年記念事業実行委員会記念誌編集委員会編　秋田県立大曲高等学校創立百周年記念事業実行委員会　2008.10　202p　31cm〈付：DVD一枚〉

『秋田県立大曲高等学校創立110周年記念誌』 秋田県立大曲高等学校創立110周年記念誌編集委員会編　大仙　秋田県立大曲高等学校創立110周年記念誌編集委員会　2018.9　65p　30cm〈書誌注記：年表あり〉Ⓝ376.48

◆大曲高等学校太田分校

『全日制課程普通科創設10周年記念誌―自転車競技部10年の歩み』 秋田県立大曲高等学校太田分校編　1985.11　68p　26cm

◆大曲工業高等学校

『躍進―創立三十周年記念誌』 秋田県立大曲工業高等学校編　秋田県立大曲工業高等学校　1992.9　101p　26cm

◆大曲農業高等学校

『大農80年のあゆみ』 秋田県立大曲農業高等学校創立80周年記念事業委員会編　秋田県立大曲農業高等学校　1974.10　102p　30cm

『母校賛歌―わが青春の大曲農業高校』 毎日新聞秋田支局編　毎日新聞秋田支局　1976.2　217p　19cm

『大農百年史―創立百周年記念誌』 大農百年史編集委員会編　大曲　秋田県立大曲農業高等学校　1992.10　348p　30cm〈共同刊行：創立百周年記念事業実行委員会〉Ⓝ376.4

『写真集 大農賛歌―昭和30年代の記録』 大野源二郎写真　秋田県立大曲農業高等学校卒業生有志　2002.8　97p　20×27cm

『至誠―創立110周年記念誌』 創立百十周年記念誌出版部編　秋田県立大曲農業高等学校　2002.9　101p　30cm

◆大曲農業高等学校太田分校

『自転車競技部10年誌』 秋田県立大曲農業高等学校太田分校編　秋田県立大曲農業高等学校太田分校　1985.11　68p　26cm

『旧校舎の思い出』 秋田県立大曲農業高等学校太田分校編　1986.1　43p　26cm

『［秋田県立大曲農業高等学校］太田分校 創立70周年記念誌』 秋田県立大曲農業高等学校太田分校編　秋田県立大曲農業高等学校太田分校　2018.9　21p　30cm

◆大曲農業高等学校大森分校

『教育余話―土田耕一自伝』 土田耕一著　土田耕一　2001.12　107p　27cm〈秋田県立大曲農業高等学校定時制大森分校〉

◆男鹿高等学校

『創立記念誌―秋田県立男鹿高等学校』 秋田県立男鹿高等学校創立35周年記念誌編集委員編　秋田県立男鹿高等学校　1983.9　175p　21cm

◆男鹿高等学校北浦分校

『北浦分校三十年の回顧』 秋田県立男鹿高校定時制北浦分校編　秋田県立男鹿高校定時制北浦分校　1979.3　47p　18cm

◆男鹿工業高等学校

『創立十周年記念誌』 創立十周年記念誌編集委員会　秋田県立男鹿工業高等学校　1991.10

秋田県

155p 26cm

『[秋田県立男鹿工業高等学校]創立三十周年記念誌』秋田県立男鹿工業高等学校編　秋田県立男鹿工業高等学校　2012.2　149p　30cm〈表紙タイトル：「創造 男工三十年のあゆみ」〉

『創意實踐―創立四十周年記念誌』秋田県立男鹿工業高等学校創立四十周年記念誌編集委員会編　男鹿　秋田県立男鹿工業高等学校創立四十周年記念誌編集委員会　2022.2　155p　30cm〈書誌注記：年表あり〉Ⓝ376.48

◆雄勝高等学校

『頸草―雄勝高校創立十周年記念誌』秋田県立雄勝高等学校編　1988.10　75p　27cm

『雄勝高校創立20周年記念誌』秋田県立雄勝高等学校創立20周年記念事業実行委員会編　秋田県立雄勝高等学校　1999.3　104p　31cm

『雄勝野―雄勝高校四十二年のあゆみ』秋田県立雄勝高等学校生徒会編　秋田県立雄勝高等学校　2020.3　171p　30cm

◆角館高等学校

『若杉―創立60周年記念誌』秋田県立角館高等学校編　秋田県立角館高等学校　1985.10　67p　26cm

『創立史話―創立60周年記念』秋田県立角館高等学校編　1985.11　88p　26cm

『角館高校物語―秋田県立角館高等学校創立70周年記念誌』北のみち社編　秋田県立角館高等学校　1995.10　234p　19cm

『秋田県立角館高等学校創立80周年記念誌―誇らしく未来を拓け若杉の精神』秋田県立角館高等学校創立80周年記念誌編集委員会編　秋田県立角館高等学校創立80周年記念事業実行委員会　2005.10　119p　30cm

『秋田県立角館高等学校野球史』角館高等学校野球部OB会編　角館高等学校野球部OB会　[2008]　398p　30cm

『名誉町民球師佐藤順一先生と球児たち』秋田県立角館高等学校野球部OB会編　秋田県立角館高等学校野球部OB会　2010.7　216p　26cm

◆角館高等学校田沢分校

『田沢若杉のあゆみ―田沢定時制高校廃校記念誌』秋田県立角館高等学校田沢定時制廃校行事編　1982.3　180p　26cm

『ともしび―田沢分校閉校記念誌』田沢湖分校閉校記念事業実行委員会記念誌部編　田沢湖町（秋田県）　秋田県立角館高等学校田沢湖分校閉校記念事業実行委員会　1983.2　170p　26cm　Ⓝ376.4

◆角館南高等学校

『学校沿革誌』秋田県立角館南高等学校編　秋田県立角館南高等学校　1971.2　45p　21cm

『角館南高等学校創立七十周年記念誌』角館町（秋田県）　秋田県立角館南高等学校　1998.10　128p　26cm〈標題紙等のタイトル：こまくさ七十年〉Ⓝ376.48

『秋田県立角館南高等学校創立八十周年記念誌』秋田県立角館南高等学校創立八十周年記念事業実行委員会編　仙北　秋田県立角館南高等学校創立八十周年記念事業実行委員会　2008.10　109p　30cm〈書誌注記：年表あり　標題紙等のタイトル：こまくさ八十年〉Ⓝ376.48

◆金足農業高等学校

『可美しき郷 回顧五十年―創立50周年記念誌』創立50周年記念出版部編　秋田県立金足農業高等学校　1978.10　106p　31cm

『金農70年―金農創立70周年記念誌』秋田県立金足農業高等学校編　秋田県立金足農業高等学校　1998.11　199p　31cm

『たすきに賭けた青春』村上正ほか編　髙橋實　[2000]　124p　30cm〈髙橋實/監修〉

『可美しき郷―創立八十周年記念誌』秋田県立金足農業高等学校創立八十周年記念誌編集委員会編　秋田県立金足農業高等学校　2008　139p　31cm

『金足農感動の軌跡―2018夏の甲子園：報道写真集』秋田魁新報社編集　秋田　秋田魁新報社　2018.8　55p　30cm　926円　①978-4-87020-404-1　Ⓝ783.7

目次　準Ⅴへの軌跡、1回戦、2回戦、3回戦、準々決勝、準決勝、決勝、選手ひと言、夏の甲子園 県勢の軌跡、第1回大会の記録、第66回大会 PL学園戦、100回大会 号外、秋田大会

『甲子園 Heros―第100回全国高校野球選手権記念大会全記録　2018』朝日新聞出版　2018.8　102p　30cm

『Heros―金足農 旋風の記憶　2018』朝日新聞出版　2018.9　83p　30cm

『金足農 雑草魂の奇跡』高校野球番記者有志の会著　青志社　2018.10　237p　19cm　1300

円　①978-4-86590-072-9　Ⓝ783.7
[目次] 1章 吉田輝星の881球、2章 吉田輝星、笑いと涙の感動物語、3章 金足農業高校の秘密、4章 金足農効果と大人と文化、5章 吉田輝星が目指す先！、特別インタビュー「雑草魂」のすべてを話します―金足農業高校・嶋崎久美元監督
[内容] 野球の神様が作ってくれたドラマ！ジワーッと心に染みる秋田と甲子園、"9人"野球感動物語！吉田輝星くんの笑いと涙、感動秘話も満載！

『[秋田県立金足農業高等学校]創立九十周年記念誌―道 いざ九十年の歴史に新たな光を』
　秋田県立金足農業高等学校創立九十周年記念誌編集委員会編　秋田県立金足農業高等学校　2019.1　85p　31cm

『金足農業、燃ゆ』中村計著　文藝春秋　2020.2　335p　19cm　1800円　①978-4-16-391058-1　Ⓝ783.7
[目次] 衝撃―2018年8月8日 1回戦 vs.鹿児島実業 5‐1、吉田輝星、焼肉―2018年8月14日 2回戦 vs.大垣日大 6‐3、伝説のコーチ、神風―2018年8月17日 3回戦 vs.横浜 5‐4、不器用な監督、熱狂―2018年8月18日 準々決勝 vs.近江 3‐2、バカになる、我慢―2018年8月20日 準決勝 vs.日大三 2‐1、小さな吉田たち、大敗―2018年8月21日 決勝vs.大阪桐蔭2‐13
[内容] 2018年夏の甲子園。エース吉田輝星を擁して準優勝、一大フィーバーを巻き起こした秋田代表・金足農業は、何から何まで「ありえないチーム」だった。きかねぇ（気性が荒い）ナインの素顔を生き生きと描き出す、傑作ノンフィクション。

◆金足農業高等学校羽城分校

『桜花咲き巡りて―羽城分校三十八年史誌』飯田川町（秋田県）　秋田県立金足農業高等学校定時制羽城分校運営協力委員会　1986.3　123p　21cm〈書誌注記：三十八年の歴史：p100～102〉Ⓝ376.1

◆金足農業高等学校船越分校

『[秋田県立金足農業高等学校船越分校]閉校記念誌』閉校記念事業「記念誌」編集委員会編　秋田県立金足農業高等学校船越分校　1981.2　146p　22cm

◆北秋田市立合川高等学校

『創立20周年記念誌―秋田県公立合川高等学校』20周年記念誌編集委員会編　秋田県公立合川高等学校　1981.11　184p　30cm

『[北秋田市立合川高等学校]閉校記念誌』閉校記念誌編集委員会編　北秋田市立合川高等学校　2011.2　227p　30cm

◆小坂高等学校

『なみき』秋田県立小坂高等学校定時制課程記念誌なみき編集編　秋田県立小坂高等学校定時制課程　1978.2　102p　26cm

『小坂高とあかしや』秋田県立小坂高等学校編　秋田県立小坂高等学校　1980.3　176p　27cm〈創立65周年記念誌〉

『創立80周年記念写真集』秋田県立小坂高等学校編　秋田県立小坂高等学校　1997.2　103p　31cm

『[秋田県立小坂高等学校]創立九十周年記念誌』秋田県立小坂高等学校編　秋田県立小坂高等学校　2006.10　140p　30cm

◆五城目高等学校

『若鷲』県立五城目高等学校記念誌編集委員会編　県立五城目高等学校　1982.10　119p　22cm

『創立五十周年記念誌』秋田県立五城目高等学校五十周年記念誌編集委員会編　秋田県立五城目高等学校五十周年記念誌編集委員会　1992.9　130p　27cm

『創立六十周年記念誌』秋田県立五城目高等学校六十周年記念誌編集委員会編　秋田県立五城目高等学校　2002.12　127p　30cm

『創立七十周年記念誌』秋田県立五城目高等学校創立七十周年記念誌制作委員会編　秋田県立五城目高等学校　2012.10　79p　30cm

『創立八十周年記念誌』秋田県立五城目高等学校創立八十周年記念誌制作委員会編　秋田県立五城目高等学校創立八十周年記念誌制作委員会　2023.1　73p　30cm

◆聖霊学園高等学校

『聖霊学園七十年史』聖霊学園　聖霊学園　1978.9　545p 図版20枚　22cm

『光の子―聖霊学園100年のあゆみ：THE STORY OF 100 YEARS』聖霊学園　2008.11　83p　31cm

◆鷹巣高等学校

『創立20周年記―秋田県立鷹巣高等学校』創立20周年記念誌刊行部編　1987.10　97p　27cm

『秋田県立鷹巣高等学校創立四十周年記念誌』創立四十周年記念事業委員会刊行部編　秋田県立鷹巣高等学校　2007.10　100p　30cm

秋田県

◆鷹巣農林高等学校

『六十周年記念誌』秋田県立鷹巣農林高等学校六十周年記念誌作成委員編　秋田県立鷹巣農林高等学校　1973.9　132p　26cm

『八十周年記念誌』八十周年記念編集委員会編　秋田県立鷹巣農林高等学校　1989.10　111p　26cm

『樹齢90年伊勢堂の森―創立90周年記念誌』90周年記念誌編集委員会　秋田県立鷹巣農林高等学校　1999.10　70p　26cm〈付：CD1枚（秋田県立鷹巣農林高等学校校歌・応援歌集）〉

◆中央高等学校

『秋田県立中央高等学校70周年記念誌』秋田中央高等学校校誌編集委員会編　秋田中央高等学校校誌編集委員会　1990.9　54p　26cm

◆十和田高等学校

『創立五十周年記念誌』秋田県立十和田高等学校編　秋田県立十和田高等学校　1994.2　281p　27cm

『秋田県立十和田高等学校創立60周年記念誌』秋田県立十和田高等学校創立六十周年記念事業実行委員会・刊行部編　秋田県立十和田高等学校創立六十周年記念事業実行委員会・刊行部　2003.10　202p　30cm

◆仁賀保高等学校

『雄途―創立十周年記念誌』十周年記念誌編集委員会編　秋田県立仁賀保高等学校　1987.10　84p　30cm

『秋田県立仁賀保高等学校創立三十周年記念誌』秋田県立仁賀保高等学校創立30周年記念事業実行委員会編　秋田県立仁賀保高等学校　2007.10　144p　30cm

◆西仙北高等学校

『創立二十周年記念誌―秋田県立西仙北高等学校』秋田県立西仙北高等学校編　1985.10　42p　26cm

『秋田県立西仙北高等学校創立30周年記念誌』秋田県立西仙北高等学校編　秋田県立西仙北高等学校　1995.10　65p　27cm

『秋田県立西仙北高等学校創立四十周年記念誌』秋田県立西仙北高等学校編　秋田県立西仙北高等学校　2005.10　70p　30cm

◆西目高等学校

『自彊不息―[秋田県立西目高等学校]創立五十周年記念誌』西目高等学校五十周年記念事業記念誌担当広報委員編　秋田県立西目高等学校　1992.9　170p　30cm

『総合学科のあゆみ―自分探検・未来発見』秋田県立西目高等学校総合学科部編　秋田県立西目高等学校　1999.4　109p　30cm

『[秋田県立西目高等学校]創立70周年記念誌　自彊不息』西目高等学校70周年記念事業記念誌担当委員会編　秋田県立西目高等学校　2012.10　102p　30cm

◆西目農業高等学校

『自彊不息四十年―秋田県立西目農業高等学校創立40周年記念誌』秋田県立西目農業高等学校編　1982.10　97p　26cm

◆能代高等学校

『秋田県立能代高等学校創立五十周年記念誌』秋田県立能代高校記念誌編集委員会編　秋田県立能代高等学校　1975.10　144p　21cm

『松陵六十年』秋田県立能代高等学校60周年記念誌編集委員会編　秋田県立能代高等学校60周年記念誌編集委　1985.10　215p　27cm

『松陵七十年―秋田県立能代高等学校創立七十周年記念誌』秋田県立能代高等学校70周年記念誌編集委員会編　秋田県立能代高等学校70周年記念誌編集委員会　1995.9　239p　26cm

『能代高校体操部栄光への軌跡―能代高校体操部創部65周年記念』記念誌編集委員会編　記念誌編集委員会　1996.7　72p　30cm

『母校賛歌―毎日新聞社秋田版連載より』秋田県立能代高等学校同窓会編　秋田県立能代高等学校同窓会　2005.1　77p　26cm〈毎日新聞秋田版連載より（昭和五十年八月～十月）〉

『松陵会史―秋田県立能代高等学校硬式野球部』秋田県立能代高等学校硬式野球部松陵会史編集委員会編　秋田県立能代高等学校硬式野球部松陵会史編集委員会　2005.9　179p　30cm

『松陵八十年―秋田県立能代高等学校創立八十周年記念誌』秋田県立能代高等学校80周年記念誌編集委員会編　秋田県立能代高等学校80周年記念誌編集委員会　2005.9　80p　30cm

◆能代北高等学校

『学校創立60周年定時制開設25周年記念誌』秋田県立能代北高等学校創立60周年記念誌編集委編　秋田県立能代北高等学校創立60周年記念誌　1974.9　146p　21cm

『創立七十周年記念誌』秋田県立能代北高等学校創立全日制七十周年・定時制三十五周年記念事業実行委員会編　能代　秋田県立能代北高等学校　1984.9　252p　31cm〈書誌注記：秋田県立能代北高等学校校史年表：p217～250〉Ⓝ376.4

『創立八十周年記念誌―1985-1994』秋田県立能代北高等学校創立八十周年記念事業実行委員会編　能代　秋田県立能代北高等学校　1994.9　99p　27cm　Ⓝ376.4

『創立九十周年記念誌―1995-2004』秋田県立能代北高等学校創立九十周年記念事業実行委員会編　秋田県立能代北高等学校創立九十年記念事業実行委員会　2004.10　98p　30cm

『秋田県立能代北高等学校　白寿記念誌』秋田県立能代北高等学校白寿記念事業実行委員会編　秋田県立能代北高等学校白寿記念事業実行委員会　2012.10　104p　30cm

◆能代工業高等学校

『伝統は生きている―盤若の丘に六十年』大久保旬著,サンケイ新聞秋田支局編　能代　秋田県立能代工業高等学校創立六十周年記念出版委員会　1971　261p　図　21cm〈能工高創立60周年記念出版　昭和40年春から秋にかけて『サンケイ新聞』に連載された「伝統は生きている―能工高編」をもとに編纂されたもの〉Ⓝ376.4

『創立全日制70周年・定時制20周年記念誌』秋田県立能代工業高等学校記念誌出版部編　全日制70周年・定時制20周年記念事業実行委員会　1982.9　353p　写真1枚　22cm

『三冠王達成記録』秋田県立能代工業高等学校編　1985.11　15p　26cm

『秋田県立能代工業高等学校全日制80周年定時制30周年記念誌』秋田県立能代工業高等学校記念誌編集委員会編　全日制80周年定時制30周年記念事業実行　1992.9　350p　26cm

『般若が丘に八十年―創立80周年を迎えて』秋田県立能代工業高等学校80周年記念実行委員会編　秋田県立能代工業高等学校　1992.9

『高さへの挑戦―こうしてつかんだ栄光の全国V33：それが能代工バスケの神髄』改訂版　加藤廣志著　秋田　秋田魁新報社　1998.5　399p　21cm　2000円　Ⓘ4-87020-185-2　Ⓝ783.1

『不敗神話―秋田県立能代工業高校バスケットボール部：特集グラフ』秋田魁新報社,秋田さきがけスポーツ新聞社編　秋田　秋田魁新報社　1999.1　87p　34cm〈全国V50達成記念〉952円　Ⓘ4-87020-195-X　Ⓝ783.1

『創立全日制課程90周年定時制課程40周年記念誌』秋田県立能代工業高等学校90・40周年記念誌編集委員会編　秋田県立能代工業高等学校90・40周年記念誌編集委員会　2002.10　219p　31cm

『[秋田県立能代工業高等学校]創立全日制課程百周年定時制課程五十周年記念誌』秋田県立能代工業高等学校百・五十周年記念誌編集委員会　秋田県立能代工業高等学校百・五十周年記念誌編集委員会　2012.10　219p　31cm

『最強チーム勝利の方程式―能代工バスケ部物語』伊藤耕平著　日刊スポーツ出版社　2013.1　215p　19cm〈書誌注記：年譜あり〉1500円　Ⓘ978-4-8172-0300-7　Ⓝ783.1

『必勝不敗―能代工バスケットボール部の軌跡1960-2021』松原貴実,清水広美,小永吉陽子,三上太著　ベースボール・マガジン社　2021.4　317p　21cm〈書誌注記：年譜あり〉1800円　Ⓘ978-4-583-11351-7　Ⓝ783.1

目次 胎動期―1960～1977年,発展期―1978～1990年,成熟期―1990～2008年,変革期―2008～2021年,終章 能代を歩く,能代工バスケットボール部88年の歩み1933～2021年

内容 ファン必携の"能代工"完全ヒストリー。多くのファンに愛され続ける理由が、ここにある。

『9冠無敗―能代工バスケットボール部熱狂と憂鬱と』田口元義著　集英社　2023.12　334p　19cm〈書誌注記：文献あり〉1800円　Ⓘ978-4-08-788098-4　Ⓝ783.1

目次 序章 9冠の狂騒(1998年),第1章 始まりの3冠(1996年),第2章 「必勝不敗」の6冠(1997年),第3章 謙虚な挑戦者の9冠(1998年),第4章 無冠の憂鬱(1999年),第5章 能代工から能代科技へ(2000年・2023年),第6章 その後の9冠世代(2023年),終章 25年後の「必勝不敗」(2023年),データ編

内容 1996年から1998年、秋田県北部にある「バスケの街」の高校生たちが巻き起こした狂騒曲! 3年間の全国大会成績―44勝0敗!!!!!!田臥勇太を擁し、前人未到の9冠を達成した1996・1998年の能代工バスケットボール部。あれから25年。監督、選手、マネージャー、対戦相手など徹底取材。奇跡のチームの秘密と今に迫るスポーツノンフィクション。

秋田県

◆能代市立能代商業高等学校

『創立五十周年校舎改築落成記念誌』記念誌編集委員会編　能代市立商業高等学校　1972.10　69p　22cm

『創立六十周年記念誌』能代市立能代商業高等学校創立60周年記念誌編集委員会編　能代市立能代商業高等学校　1982.10　80p　26cm

『創立七十周年記念誌』能代市立能代商業高等学校創立70周年記念誌編集編　能代市立能代商業高等学校　1992.10　198p　26cm

『創立八十周年記念誌』能代市立能代商業高等学校創立80周年記念誌等委員会編　能代市立能代商業高等学校　2002.10　169p　26cm〈年表：p.114～155〉

『創立九十周年記念誌』能代市立能代商業高等学校創立九十周年記念誌等委員会編　能代市立能代商業高等学校創立九十周年記念誌等委員会　2013.2　198p　31cm

◆能代西高等学校

『奥羽の山々はるかにそびえ―秋田県立能代西高等学校創立50周年記念誌』秋田県立能代西高等学校50周年記念誌編集委員会編　秋田県立能代西高等学校　1995.10　140p　27cm

『創立六十周年記念誌』秋田県立能代西高等学校60周年記念事業実行委員会編　秋田県立能代西高等学校　2005.9　119p　30cm

『創立七十周年記念誌―拓心創造　理想かかげてゆくわれら』秋田県立能代西高等学校創立70周年記念事業実行委員会編　秋田県立能代西高等学校　2015.12　199p　31cm

◆能代農業高等学校

『創立30周年記念誌―秋田県立能代農業高等学校』創立30周年記念誌編集委員会編　秋田県立能代農業高等学校　1976.9　68p　26cm

『創立四十周年記念誌―秋田県立能代農業高等学校』秋田県立能代農業高等学校四十周年記念誌編集委員編　秋田県立能代農業高等学校　1985.10　182p　30cm

◆花輪高等学校

『秋田県立花輪高等学校創立六十周年記念誌』秋田県立花輪高等学校創立60周年記念事業務局編　1986.10　52p　31cm

『花高20年のあゆみ―創立70周年記念』秋田県立花輪高等学校編　秋田県立花輪高等学校　1996.10　89p　26cm

『（秋田県立花輪高等学校）校舎改築竣工並びに創立八十周年記念　花校10年のあゆみ　創立80周年記念』秋田県立花輪高等学校創立80周年記念誌編集委員会編　秋田県立花輪高等学校創立80周年記念誌編集委員会　2005.10　94p　26cm

◆平鹿高等学校

『閉校記念誌「あゆみ」―学校新聞縮刷版』秋田県立平鹿高等学校閉校記念事業実行委員会編　秋田県立平鹿高等学校　1994.2　347p　26cm

◆二ツ井高等学校

『創立二十周年記念誌』秋田県立二ツ井高等学校編　秋田県立二ツ井高等学校　1984.10　126p　27cm

『創立三十周年記念誌』秋田県立二ツ井高等学校創立三十周年記念事業実行委員会編　秋田県立二ツ井高等学校　1994.10　228p　27cm

『創立五十周年記念誌―秋田県立二ツ井高等学校：創造友愛誠実』秋田県立二ツ井高等学校創立五十周年記念事業実行委員会編　能代　秋田県立二ツ井高等学校　2014.9　197p　30cm〈書誌注記：年表あり〉Ⓝ376.48

◆平成高等学校

『日日新、又日新―秋田県立平成高等学校二十周年記念誌』秋田県立平成高等学校編　横手　秋田県立平成高等学校　2014.10　56p　30cm〈書誌注記：年表あり〉Ⓝ376.48

◆本荘高等学校

『母校賛歌―わが青春の本荘高校』毎日新聞秋田支局編　毎日新聞秋田支局　1976.3　187p　19cm

『本荘高校ボート七十年史』本荘艇友会編　本荘艇友会　1976.12　209p　26cm

『創設三十年記念誌』秋田県立本荘高等学校定時制課程創設三十年記念会編　秋田県立本荘高等学校定時制課程創設三十年　1977.9　42p　21cm

『本荘高校八十年史』本荘高校八十年史編集委員会編　本荘高等学校同窓会　1982.9　958p　22cm

『90年の歩み―秋田県立本荘高等学校沿革略史』創立九十周年記念事業実行委員会編　秋田県立本荘高等学校　1992.5　25p　21cm

『創設五十年記念誌』秋田県立本荘高等学校創

設五十年記念事業実行委員会編　秋田県立本荘高等学校　1998.11　50p　22cm

『本荘高校ボート百年史—秋田県立本荘高等学校創立百周年記念』本荘艇友会編　本荘艇友会　2002.1　365p　30cm

『本荘高校百年史』本荘高校百年史編集委員会編　本荘高等学校同窓会　2002.6　612p　27cm

『創立百二十周年記念誌—秋田県立本荘高等学校』創立百二十周年記念事業実行委員会企画・編集　由利本荘　秋田県立本荘高等学校　2022.10　62p　30cm　Ⓝ376.48

◆本荘高等学校大内分校

『創設三十周年記念誌—秋田県立本荘高等学校定時制課程 大内分校』大内分校創設三十周年記念誌部編　秋田県立本荘高等学校定時制課程大内分校創　1978.9　124p　26cm

◆本荘高等学校下郷分校

『［秋田県立本荘高等学校下郷分校］創立五十周年記念誌』創立五十周年記念事業実行委員会記念誌編集部門係編　［秋田県立本荘高等学校下郷分校］創立五十周年記念事業実行委員会　1998.9　73p　30cm

『秀峰在我—［秋田県立本荘高等学校下郷分校］閉校記念誌』閉校記念事業実行委員会編　秋田県立本荘高等学校下郷分校　2002.11　132p　30cm

◆増田高等学校

『灯人—秋田県立増田高等学校定時制課程閉校記念誌』秋田県立増田高等学校定時制課程閉校行事実行委員会編　秋田県立増田高等学校定時制課程　1985.1　128p　26cm

『増高60年 記念誌』秋田県立増田高等学校記念誌編集委員会編　秋田県立増田高等学校六十周年記念行事協賛会　1985.10　78p　26cm

『増高70年—平成7年』秋田県立増田高等学校記念誌編集委員会編　秋田県立増田高等学校創立七十周年記念行事協賛会　1995.10　64p　26cm

『軌跡—増田高校八十年史』秋田県立増田高等学校創立80周年記念誌編集委員会編　秋田県立増田高等学校　2005.10　334p　27cm

◆矢島高等学校

『創立五十周年記念誌』秋田県立矢島高等学校記念誌編集委員会編　秋田県立矢島高等学校　1976.10　160p　26cm

◆湯沢高等学校

『寒梅』秋田県立湯沢高等学校定時制課程廃校記念誌「寒梅」編　秋田県立湯沢高等学校定時制課程廃校行事実　1986.3　82p　26cm

『湯澤高校五十年史』秋田県立湯沢高等学校編　秋田県立湯沢高等学校　1993.10　350p　27cm

『この十年—創立60周年記念』髙橋三男編　秋田県立湯沢高等学校60周年記念事業実行委員会　2003.10　13p　30cm

『湯沢高校八十年誌』湯沢　秋田県立湯沢高等学校創立八十周年記念事業実行委員会　2023.10　305p　31cm〈書誌注記：年表あり〉Ⓝ376.48

◆湯沢高等学校稲川分校

『創立十周年記念誌「白雲木」』秋田県立湯沢高等学校稲川分校創立十周年記念行事実行委員会編　秋田県立湯沢高等学校稲川分校　1987.10　83p　26cm

『白雲木—秋田県立湯沢高等学校稲川分校：閉校記念誌』秋田県立湯沢高等学校稲川分校閉校事業実行委員会編　秋田県立湯沢高等学校稲川分校閉校事業実行委員会　2018.3　128p　図版 16p　30cm　Ⓝ376.48

◆湯沢北高等学校

『鈴懸 六十年のあゆみ』秋田県立湯沢北高等学校編　秋田県立湯沢北高等学校　1978.10　79p　30cm

『秋田県立湯沢北高等学校創立70周年記念』七十周年記念編集委員会編　湯沢北高等学校　1988.10　312p　27cm

『創立七十周年記念誌』秋田県立湯沢北高等学校編　秋田県立湯沢北高等学校　1988.10　312p　27cm

『［秋田県立湯沢北高等学校］鈴懸九十二年誌』秋田県立湯沢北高等学校鈴懸九十二年誌編集委員会編　秋田県立湯沢北高等学校　2011.2　372p　31cm

◆湯沢北高等学校稲庭分校

『閉校記念誌 いとひば』湯沢北高等学校定時制課程稲庭分校閉校行事実行委編　1981.1　123p　26cm

秋田県

◆湯沢北高等学校皆瀬分校

『やまなみ』湯沢北高等学校定時制課程皆瀬分校閉校記念誌編集編　湯沢北高等学校定時制課程皆瀬分校閉校行事　1986.2　75p　26cm

◆湯沢商業高等学校

『「まほろばの歩み」―秋田県立湯沢商業高等学校創立20周年記念誌』秋田県立湯沢商業高等学校創立20周年記念行事実編　1986.3　251p　26cm

◆湯沢商工高等学校

『創立四十周年記念誌―浩然の気をやしないて』秋田県立湯沢商工高等学校編　秋田県立湯沢商工高等学校　2005.10　136p　30cm

◆湯沢翔北高等学校

『飛翔―創立十周年記念誌』創立十周年記念誌委員会編集　湯沢　秋田県立湯沢翔北高等学校　2021.10　82p　30cm〈書誌注記：年表あり〉Ⓝ376.48

◆由利高等学校

『白百合―創立70周年記念誌』由利高等学校70周年記念事業・記念誌担当実行委編　1990.9　100p　30cm

『創立100周年記念誌』創立100周年記念事業実行委員会出版部門編集　由利本荘　秋田県立由利高等学校　2021.3　271, 27p　30cm〈書誌注記：年表あり〉Ⓝ376.48

◆由利工業高等学校

『創立20周年記念誌』秋田県立由利工業高等学校編　秋田県立由利工業高等学校　1982.10　55p　27cm

『無窮～松涛の地に半世紀～―[秋田県立由利工業高等学校]創立五十周年記念誌』秋田県立由利工業高等学校五十周年記念事業記念誌編集委員会編　秋田県立由利工業高等学校　2012.10　181p　30cm

◆横手高等学校

『母校賛歌―わが青春の横手高校』毎日新聞秋田支局編　毎日新聞秋田支局　1976.1　182p　19cm

『美入野八十年』秋田県立横手高等学校創立80年記念誌編集委員編　秋田県立横手高等学校80周年記念事業実行　1978.10　93p　31cm

『わが美入野―創立九十周年記念誌』創立九十周年記念事業実行委員会編　横手高等学校　1988.10　119p　27cm

『横手高校校史資料集　第1集』秋田県立横手高等学校校史編纂委員会編　秋田県立横手高等学校校史編纂委員会　1991.6　288p　26cm

『横手高校校史資料集　第3集』秋田県立横手高等学校校史編纂委員会編　秋田県立横手高等学校校史編纂委員会　1993.7　334p　26cm

『美入野回想95周年―創立九十五周年記念誌』秋田県立横手高等学校編　秋田県立横手高等学校　1994.3　88p　27cm

『秋田県立横手高等学校バスケットボール部史―1998』秋田県立横手高等学校バスケットボール部OB会部史編纂委員会編　秋田県立横手高等学校バスケットボール部OB会　1998.9　155, 26p　30cm

『横手高等学校百年史』横手　秋田県立横手高等学校百周年記念史編纂委員会　1998.12　463, 49p　27cm〈創立百周年記念〉Ⓝ376.48

『横手高校OB物語―秋田県立横手高等学校一〇〇周年記念』横手高校同窓東京出版会　1999.3　408p　21cm　2500円　①4-9980746-9-5　Ⓝ376.48

『山仲間―横手高校山岳部OB会創立五十周年記念』横手美入野岳友会創立五十周年記念事業実行委員会編　横手美入野岳友会　2004.1　197p　30cm

『美入野剣道百年史』美入野剣友会編　美入野剣友会　2005.4　165p　30cm

『横手高校OB物語　続　「感動のかなたに」－吹奏楽部編』千葉　横手高校吹奏楽部東京OB会　2008.6　366p　21cm〈横手高校創立110周年記念〉2000円　Ⓝ376.48

『春秋110わが美入野―[秋田県立横手高等学校]創立百十周年記念誌』秋田県立横手高等学校百十周年記念事業実行委員会編　秋田県立横手高等学校百十周年記念事業実行委員会　2008.10　148p　30cm

◆横手工業高等学校

『若つた四十年のあゆみ―秋田県立横手工業高等学校創立四十周年記念誌』創立四十周年記念誌編集委員会編著　秋田県立横手工業高等学校　1985.3　202p 図版　27cm

『[秋田県立横手工業高等学校]創立50周年記念誌―躍進の半世紀からさらなる未来へ』秋田県立横手工業高等学校創立五十周年記念誌編

集委員会編　秋田県立横手工業高等学校　1993.10　141p　26cm

『若つた六十三年史』秋田県立横手工業高等学校63周年記念事業実行委員会編　秋田県立横手工業高等学校63周年記念事業実行委員会　2006.3　224p　30cm

◆横手城南高等学校

『銀杏七十年』横手城南高等学校70年記念誌編集委員会編　秋田県立横手城南高等学校　1983.9　92p　30cm

『銀杏九十年—[横手城南高等学校創立九十周年記念誌]』横手城南高等学校創立九十周年記念誌編集委員会編　秋田県立横手城南高等学校　2003.10　107p　31cm

『銀杏百周年』秋田県立横手城南高等学校創立百周年記念誌編集委員会編　横手　創立百周年記念事業実行委員会　2013.10　229p　31cm　Ⓝ376.48

◆横手清陵学院高等学校

『清陵十年史—秋田県立横手清陵学院中学校・高等学校』横手清涼学院10周年記念誌編集委員会編　横手清涼学院10周年記念誌編集委員会　2014.10　119p　31cm

◆横手東高等学校

『記念誌—秋田県立横手東高等学校二十周年記念誌』創立二十周年記念編集委員会編　秋田県立横手東高等学校　1985.10　64p　26cm

◆米内沢高等学校

『閉校記念誌』秋田県立米内沢高等学校定時制課程閉校記念誌編集委員会　1986.2　171, 42p　21cm

『秋田県立米内沢高等学校六十周年記念誌』秋田県立米内沢高等学校六十周年記念誌事業部編　秋田県立米内沢高等学校創立六十周年記念事業実行委員会　2005.10　107p　30cm

◆六郷高等学校

『笹竹—創立40周年記念誌』秋田県立六郷高等学校編　1988.9　73p　22cm

『六郷高校50年史—創立50周年記念誌』創立50周年記念誌編集委員会編　秋田県立六郷高等学校　1998.10　78p, 写真　27cm

『[秋田県立六郷高等学校]創立六十周年記念誌—「未来へ躍進 笹竹の精神」』創立六十周年記念誌編集委員会編　秋田県立六郷高等学校　2008.10　65p　30cm

山形県

◆温海高等学校

『創立20周年記念誌』山形県立温海高等学校編　鶴岡　山形県立温海高等学校　1970.2　92p　21cm〈書誌注記：年表あり　奥付のタイトル：二十周年記念誌　折り込2枚〉Ⓝ376.48

『温海高校の30年』鶴岡　温海高校の30年編集委員会　1979.3　93p　26cm〈書誌注記：年表あり　共同刊行：山形県立温海高等学校〉Ⓝ376.48

『創立五十周年記念誌』山形県立温海高等学校創立五十周年記念事業実行委員会編　鶴岡　山形県立温海高等学校　1998.11　110p　30cm〈書誌注記：年表あり　奥付のタイトル：山形県立温海高等学校創立五十周年記念誌〉Ⓝ376.48

◆左沢高等学校

『創立三十周年記念誌』左沢高等学校編　左沢高等学校　1978.5　243p（図版共）22cm　Ⓝ376.4

『創立四十周年記念誌』左沢高等学校編　左沢高等学校　1988.5　48p　26cm　Ⓝ376.4

『克己—山形県立左沢高等学校剣道部斎藤学監督20年の歩み』斎藤学監督20年の歩み実行委員会編　大江町（山形県）　山形県立左沢高等学校剣道部鸒学会・剣学会　1998.2　191p　31cm　Ⓝ789.3

『大朝日高く日に映えて—山形県立左沢高等学校創立50周年記念誌』左沢高等学校編　山形県立左沢高等学校　1998.10　362p（図版共）30cm　Ⓝ376.4

◆左沢高等学校朝日分校

『霊峰の頂を我が胸に—山形県立左沢高等学校朝日分校閉校記念誌』左沢高等学校編　左沢高等学校　1999.8　313p（図版共）30cm　Ⓝ376.4

◆荒砥高等学校

『荒高・定時制三十三年の足跡』荒砥高等学校定時制記念編集委員会編　荒砥高等学校定時制

山形県

記念実行委員　1981.9　96p　22cm　Ⓝ376.4

『荒砥高等学校創立40周年記念誌』白鷹町（山形県）山形県立荒砥高等学校　1989.3　50p　26cm〈書名は奥付による　表紙の書名：創立四十周年記念誌　昭和63年10月29日〉Ⓝ376.4

『創立五十周年記念誌』荒砥高等学校編　荒砥高等学校　1998.11　216p　30cm　Ⓝ376.4

◆大石田高等学校

『大石田高等学校六十周年記念誌』大石田高等学校編　大石田高等学校　1986.10　227p　図版　26cm　Ⓝ376.4

◆置賜農業高等学校

『創立七十五周年誌』置賜農業高等学校編　置賜農業高等学校　1971.5　70p　26cm　Ⓝ376.4

『創立九十周年誌』置賜農業高等学校編　置賜農業高等学校　1985.5　116p　26cm　Ⓝ376.4

『地域に飛び出せ　置農生―サントリー地域文化賞受賞記念誌』置賜農業高等学校編　置賜農業高等学校　2013.1　82p　30cm　Ⓝ376.4

『創立120周年記念誌―今、20年を振り返って』置賜農業高等学校同窓会編　置賜農業高等学校同窓会　2015.5　21p　30cm　Ⓝ376.4

◆置賜農業高等学校飯豊分校

『創立50周年記念誌―IIBUN50』置賜農業高等学校飯豊分校編　置賜農業高等学校飯豊分校　1998.9　102p　30cm　Ⓝ376.4

◆置賜農業高等学校玉庭分校

『創設二十年の歩み』置賜農業高等学校玉庭分校編　置賜農業高等学校玉庭分校　1970.11　26p　図版　25cm　Ⓝ376.4

◆小国高等学校

『創立50周年記念誌』小国高等学校編　小国高等学校　1998.10　152p　26cm　Ⓝ376.4

◆尾花沢高等学校

『尾高39年のあゆみ―閉校記念誌』尾花沢高等学校閉校記念誌編集委員会編　尾花沢高等校　1986.12　120p　26cm　Ⓝ376.4

◆霞城学園高等学校

『風未来―開校記念誌』山形　山形県立霞城学園高等学校　2001.12　51p　30cm　Ⓝ376.48

『風未来―創立10周年記念誌』山形　山形県立霞城学園高等学校創立10周年記念事業実行委員会　2007.3　92p　30cm〈年表あり〉Ⓝ376.48

『風未来Ⅱ―創立20周年記念誌』霞城学園高等学校編　霞城学園高等学校　2017.3　66p　30cm　Ⓝ376.4

◆金山高等学校

『創立30周年記念誌』金山高等学校編　金山高等学校　1979.2　71p（図版共）26cm　Ⓝ376.4

『40周年記念誌』金山高等学校編　金山高等学校　1989.1　65p（図版共）26cm　Ⓝ376.4

◆上山農業高等学校

『創立六十周年記念誌』上山農業高等学校編　上山農業高等学校　1970.5　80p　26cm　Ⓝ376.4

『畜産専攻科20周年記念誌』上山農業高等学校ももはな畜友会編　上山農業高等学校ももはな畜友会　1975　82p　26cm　Ⓝ376.4

『生活科のあゆみ』上山農業高等学校編　上山農業高等学校　1988.3　113p　26cm　Ⓝ376.4

『思い出の写真でつづる創立八十周年記念誌』上山農業高等学校編　上山農業高等学校　1992.11　171p（図版共）30cm　Ⓝ376.4

◆上山明新館高等学校

『創立20周年記念誌』上山明新館高等学校編　上山明新館高等学校　2013.10　79p　30cm　Ⓝ376.4

◆加茂水産高等学校

『創立四十五周年記念誌』加茂水産高等学校編　加茂水産高等学校　1990.10　268p　図版　22cm　Ⓝ376.4

『光の海に未来をかける―創立60周年記念誌～15年の航跡～』加茂水産高等学校編　加茂水産高等学校　2006.7　122p　30cm　Ⓝ376.4

◆北村山高等学校

『創立10周年記念誌』北村山高等学校創立10周年記念誌編集委員会編　北村山高等学校　1997.12　76p　30cm　Ⓝ376.4

『創立30周年記念誌』北村山高等学校30周年記念事業実行委員会編　北村山高等学校　2018.2　107p　30cm　Ⓝ376.4

山形県

◆基督教独立学園高等学校

『雪国の小さな高校―基督教独立学園校長7年の歩みから』武祐一郎著　新教出版社　2000.7　227p　19cm　2000円　Ⓘ4-400-52708-5　Ⓝ376.4125

[目次] 基督教独立学園高等学校の素描、鈴木弼美と基督教独立学園―偉大なる非常識人と教育、基督教独立学園Q&A、七年間を顧みて、「主の僕」桝本忠雄、神を恐るるは学問の始め

[内容] 1934年、山形の寒村に、鈴木弼美が内村鑑三の精神を継承すべく、「神を恐るるは学問の始め」をモットーに創設した基督教独立学園！　時流に流されない独立自由、真理への信頼、地球人類への愛と平和の創造を目指すユニークな教育への試行錯誤の足跡は美しい。その二代目校長の辛苦に満ちた経験の証言は、混迷する若者教育の現実に、爽やかな感動と深い示唆を送る。

『恩恵の歴史を歩む―基督教独立学園高等学校創立52周年・鈴木弼美先生召天10周年』基督教独立学園高等学校編　基督教独立学園高等学校　2001.5　107p　21cm　Ⓝ376.4

『基督教独立学園年表―前史1899〜1947 学園史1948〜2000』小国町（山形県）基督教独立学園　2002.5　242p　26cm　1000円　Ⓝ376.48

『基督教独立学園のあゆみ―鈴木弼美召天30周年記念：写真と資料（小国伝道から高校中期まで）』小国町（山形県）基督教独立学園　2020.12　6, 180p　30cm〈書誌注記：年表あり　書誌注記：文献あり　共同刊行：基督教独立学園高等学校〉Ⓝ376.48

◆九里学園高等学校

『九里学園の教育』九里学園編　九里学園　1971.9　194p（図版共）27cm　Ⓝ376.4

『生徒活動にみる八十年』九里学園編　九里学園　1981.9　263p　図版　26cm　Ⓝ376.4

『九里とみ先生―学園創立百周年記念誌』米沢　九里学園創立百周年記念事業実行委員会　2001.9　95p　21cm　Ⓝ289.1

『九里学園百年の軌跡』「九里学園百年の軌跡」編集委員会編　米沢　九里学園高等学校　2001.10　299p　21cm〈おもに図〉Ⓝ376.48

◆蔵王工業高等学校

『二十五周年記念誌』蔵王工業高等学校編　蔵王工業高等学校　1987　57p　26cm　Ⓝ376.4

◆寒河江高等学校

『寒河江高等学校六十周年誌』寒河江高等学校編　寒河江高等学校　1981.5　414, 32p 図版　22cm　Ⓝ376.4

『長陵に翔ける―県立寒中・寒高陸上競技部小史』寒河江高等学校アプラ会編　［寒河江高等学校］アプラ会　1981.8　4, 243p 図版　26cm　Ⓝ376.4

『創立七十周年記念写真集』寒河江高等学校編　寒河江高等学校　1991.5　165p　30cm　Ⓝ376.4

『さくらの歴史 記録と記憶を辿る』寒中・寒高陸上競技部史編纂委員会編　寒中・寒高陸上競技部史編纂委員　2001.3　825p 図版　31cm　Ⓝ782

『寒河江高等学校剣道部 創部五十周年記念誌』長陵剣友会編　長陵剣友会　2005.2　235p　26cm　Ⓝ789.3

『寒河江高等学校百年史』寒河江高等学校編　寒河江高等学校　2021.9　640p, 図版　22cm　Ⓝ376.4

『旧制寒河江中学校・寒河江高等学校水泳部創部100周年記念誌』100周年記念事業実行委員会・記念誌編集室編集制作　寒河江　水交会　2023.10　80p　30cm〈年表あり　出版者注記：寒河江西村山地区水泳連盟〉Ⓝ785.2

◆寒河江工業高等学校

『創立十周年記念誌』山形県立寒河江工業高等学校創立十周年記念誌編集委員会編　寒河江　山形県立寒河江工業高等学校　1973　143p　図　22cm　Ⓝ376.4

『創立三十周年記念誌』寒河江工業高等学校編　寒河江工業高等学校　1994.3　120p 図版　26cm　Ⓝ376.4

『エンジニア―創立40周年記念誌』寒河江工業高等学校編　寒河江工業高等学校　2003.11　99p 図版　30cm　Ⓝ376.4

◆酒田北高等学校

『山形県立酒田北高等学校四十年史』酒田北高等学校編　酒田北高等学校　1988.10　260p 図版　21cm　Ⓝ376.4

『山形県立酒田北高等学校五十周年記念誌』酒田北高等学校編　酒田北高等学校　1998.10　41p　30cm　Ⓝ376.4

『行学一如―山形県立酒田北高等学校閉校記念誌』酒田北高等学校　酒田北高等学校　2012.3　103p　30cm　Ⓝ376.4

都道府県から引く 高等学校史・活動史目録　111

山形県

◆酒田工業高等学校

『開校10周年記念誌』酒田工業高等学校編　酒田工業高等学校　1972.3　194p 図版, 表　22cm　Ⓝ376.4

『山形県立酒田工業高等学校創立三十周年記念誌—1992』記念誌編集委員会編　酒田　山形県立酒田工業高等学校創立三十周年記念事業実行委員会　1992.5　137p　21cm〈書名は奥付による　標題紙等の書名：創立三十周年記念誌〉Ⓝ376.4

『あざみ坂物語—山形県立酒田工業高等学校 閉校記念誌』酒田工業高等学校編　酒田工業高等学校　2011.11　273p　30cm　Ⓝ376.4

◆酒田商業高等学校

『山形県立酒田商業高等学校創立九十周年記念誌』山形県立酒田商業高等学校九十周年記念誌編集委員会編　酒田　山形県立酒田商業高等学校創立九十周年記念行事等実行委員会　1998.3　186p　21cm〈背・表紙のタイトル：創立九十周年記念誌〉Ⓝ376.48

『紫紺の心櫂に託して—山形県立酒田商業高等学校創立100周年記念誌』酒田商業高等学校編　酒田商業高等学校　2007.3　263p（図版共）22cm　Ⓝ376.4

◆酒田女子高等学校

『酒田女子高等学校五十年の歩み』酒田天真学園編　酒田天真学園　1974.3　39p（図版共）22cm　Ⓝ376.4

◆酒田市立酒田中央高等学校

『酒田市立酒田中央高等学校五十年史』酒田市立酒田中央高等学校50年史編集委員会編　酒田市立酒田中央高等学校50周　1990.10　451p（図版共）22cm　Ⓝ376.4

『松風薫るミレニアム華甲—創立60周年記念誌』酒田市立酒田中央高等学校編　酒田市立酒田中央高等学校　2000.10　88p　30cm　Ⓝ376.4

『久遠の微笑みとともに—酒田市立酒田中央高等学校創立70周年閉校記念誌』酒田市立酒田中央高等学校　酒田市立酒田中央高等学校創立70周年記念事業実行委員会　2011.11　197p　30cm　Ⓝ376.4

◆酒田西高等学校

『有煒—創立80周年記念誌』酒田西高等学校編　酒田西高等学校　1978.12　171p（図版共）25cm　Ⓝ376.4

『有煒—創立90周年記念誌』酒田西高等学校編　酒田西高等学校　1988.5　29p 図版　26cm　Ⓝ376.4

『潮騒の記憶に満ちて—山形県立酒田西高等学校創立100周年記念誌 1898—1998』酒田　山形県立酒田西高等学校　1998.10　315p　30cm　Ⓝ376.4

『新たな船出 光あふれて—山形県立酒田西高等学校 創立110周年記念誌』酒田西高等学校百十周年記念誌編集委員会編　酒田西高等学校創立百十周年記念事業実行委員会　2008.10　131p　30cm　Ⓝ376.4

『創立百二十周年記念誌』酒田西高等学校編　酒田西高等学校　2018.12　43p 図版　30cm　Ⓝ376.4

◆酒田東高等学校

『甲子園—その厳しい里程』酒田東高等学校野球部後援会編　酒田東高等学校野球部後援会　1977.6　140p（図版共）26cm　Ⓝ783.7

『25年のあゆみ』酒田東高等学校体操部編集委員会編　酒田東高等学校体操部　1978.3　168p（図版共）30cm

『酒東篭球部創部50周年記念誌』酒田東高等学校篭球部後援会編　酒田東高等学校篭球部後援会　1979.3　83p（図版共）24cm

『球史50年—山形県立酒田東高等学校バレーボール部五十年記念誌』酒田東高等学校バレーボール部編　酒田東高等学校バレーボール部　1981.3　104p（図版共）26cm　Ⓝ783.2

『創立60周年記念誌』酒田東高等学校編　山形県立酒田東高等学校　1981.8　282p（図版共）21cm　Ⓝ376.4

『創立80周年記念誌』酒田東高等学校編　山形県立酒田東高等学校80周年　2001.2　141p　30cm　Ⓝ376.4

『愛あり仁あり—山形県立酒田東高等学校 創立90周年記念誌』酒田東高等学校編　山形県立酒田東高等学校　2011.1　91p（図版共）30cm　Ⓝ376.4

『知情意力—山形県立酒田東高等学校創立百周年記念誌』創立百周年記念誌部会編集　酒田　山形県立酒田東高等学校創立百周年記念事業実行委員会　2021.2　205p　30cm〈書誌注記：年表あり〉Ⓝ376.48

山形県

◆酒田南高等学校

『酒田南高等学校三十年誌』酒田南高等学校三十年誌編集委員会編　酒田　酒田南高等学校　1992.5　429p　22cm　Ⓝ376.4

『酒田南高等学校四十年誌』酒田南高等学校四十年誌編集委員会編　酒田南高等学校　2001.5　469p（図版共）22cm　Ⓝ376.4

◆庄内総合高等学校

『山形県立庄内総合高等学校創立八十周年記念誌』山形県立庄内総合高等学校記念誌編集委員会編　庄内町（山形県）　山形県立庄内総合高等学校創立八十周年記念事業実行委員会　2007.6　79p　26cm〈背のタイトル：創立八十周年記念誌　年表あり〉Ⓝ376.48

◆庄内農業高等学校

『記念誌―庄内農業高等学校定時制の課程を閉じる記念誌』庄内農業高等学校編　庄内農業高等学校定時制　1983.2　165p（図版共）22cm　Ⓝ376.4

『國の大本農の業―山形県立庄内農業高等学校創立百周年記念誌』山形県立庄内農業高等学校創立百周年記念誌編集企画・編集　藤島町（山形県）　山形県立庄内農業高等学校創立百周年記念事業実行委員会　2001.10　355p　31cm　Ⓝ376.48

◆新庄神室産業高等学校

『山形県立新庄神室産業高等学校 創立10周年記念誌』新庄神室産業高等学校編　新庄神室産業高等学校　2013.2　55p　30cm　Ⓝ376.4

◆新庄北高等学校

『新庄北高人脈史―創立70周年記念』半田岩雄著　新庄　山形県立新庄北高等学校同窓会　1971　226p　図　18cm　650円　Ⓝ376.4

『新庄北高等学校八十周年記念誌』山形県立新庄北高等学校　1981.7　2冊（別冊とも）22cm〈別冊：葛陵星霜 新庄北高等学校八十周年記念回想録集　付：新庄北高等学校沿革史年表〉Ⓝ376.48

『新庄北高等学校百年史』山形県立新庄北高等学校百年史編集委員会編　新庄　山形県立新庄北高等学校　2001.10　758, 57p　23cm〈年表あり〉Ⓝ376.48

◆新庄工業高等学校

『10周年記念誌』新庄工業高等学校編　新庄工業高等学校　1971　34p　24×24cm　Ⓝ376.4

『山形県立新庄工業高等学校三十周年記念誌』山形県立新庄工業高等学校三十周年記念誌編集委員会編　新庄　山形県立新庄工業高等学校　1992.2　313p　27cm　Ⓝ376.4

『山形県立新庄工業高等学校創立四十周年・閉校記念誌』新庄工業高等学校　新庄工業高等学校　2003.2　332p 図版　30cm　Ⓝ376.4

◆新庄農業高等学校

『写真でつづる五十年―創立50周年記念誌』新庄農業高等学校編　新庄農業高等学校　1996.11　86p　30cm　Ⓝ376.4

◆新庄南高等学校

『創立六十周年記念誌』新庄南高等学校編　新庄南高等学校　1975.10　57p　26cm　Ⓝ376.4

『山形県立新庄南高等学校八十周年記念誌』山形県立新庄南高等学校八十周年記念誌編集委員会編　新庄　山形県立新庄南高等学校　1994.10　276, 19p　27cm　Ⓝ376.4

『創立100周年記念誌―山形県立新庄南高校』100周年記念誌編集委員会編　新庄　創立100周年記念事業実行委員会　2015.3　80p　30cm〈書誌注記：年表あり〉Ⓝ376.4

◆赤湯園芸高等学校

『耕心―閉校記念誌』赤湯園芸高等学校編　赤湯園芸高等学校　1990.10　40p　26cm　Ⓝ376.4

◆高畠高等学校

『高畠高校五十年のあゆみ』高畠高等学校編　高畠高等学校　1972.9　50p　26cm　Ⓝ376.4

◆楯岡高等学校

『創立五十周年記念誌』楯岡高等学校編　楯岡高等学校　1974　272, 14p 図版　22cm　Ⓝ376.4

『真善美―山形県立楯岡高等学校創立九十周年記念誌』創立九十周年記念事業実行委員会編　創立九十周年記念事業実行委員会　2014.2　317p　30cm　Ⓝ376.4

◆鶴岡家政高等学校

『鶴岡家政高等学校五十年史』鶴岡　山形県立鶴岡家政高等学校如蘭同窓会　1978.9　374p　22cm〈編者：五十嵐文蔵〉非売品　Ⓝ376.4

山形県

『鶴岡家政高等学校七十三年史』五十嵐文蔵編著　鶴岡　山形県立鶴岡家政高等学校閉校記念事業実行委員会　2000.4　441p　22cm　〈共同刊行：如蘭同窓会〉非売品　Ⓝ376.48

◆鶴岡北高等学校

『創立八十周年記念―北高の歩んだ八十年』鶴岡北高等学校編　鶴岡北高等学校　1977.11　111p 図版　21cm　Ⓝ376.4

『山形県立鶴岡北高等学校創立百周年記念誌―遠い日そして遙かなる日』山形県立鶴岡北高等学校創立百周年記念事業実行委員会企画・編集　鶴岡　山形県立鶴岡北高等学校　1997.6　351p　30cm　Ⓝ376.48

『山形県立鶴岡北高等学校創立120周年記念誌』鶴岡　鶴岡北高等学校創立120周年記念事業実行委員会　2017.11　38p　30cm

『山形県立鶴岡北高等学校百二十七年史』阿部博行, 河口昭俊著　山形県立鶴岡北高等学校如松同窓会　2024.3　537, 6p　22cm〈書誌注記：年表あり　書誌注記：文献あり〉Ⓝ376.48

◆鶴岡工業高等学校

『創立50周年記念誌』鶴岡工業高等学校著　鶴岡工業高等学校　1975.1　185p 図版　21cm　Ⓝ376.4

『創立四十周年記念誌』鶴岡工業高等学校定時制編　鶴岡工業高等学校定時制　1987.3　148p（図版共）22cm　Ⓝ376.4

『山形県立鶴岡工業高等学校七十年史』山形県立鶴岡工業高等学校校史編集委員会著　鶴岡　山形県立鶴岡工業高等学校　1992.7　686p　22cm　Ⓝ376.4

『鶴工野球部甲子園出場の記録―心完全燃焼』鶴岡工業高等学校編　鶴岡工業高等学校　1994.2　100p　30cm　Ⓝ783.7

『創立五十周年記念誌』鶴岡工業高等学校定時制編　鶴岡工業高等学校定時制　1997.9　38p　30cm　Ⓝ376.4

『寵児 1920-2020―山形県立鶴岡工業高等学校100周年記念誌』鶴岡工業高等学校編　鶴岡工業高等学校　2020.10　287p　30cm　Ⓝ376.4

◆鶴岡中央高等学校

『山形県立鶴岡中央高等学校創立二十周年記念誌』鶴岡　［山形県立鶴岡中央高等学校］［2018］　56p　30cm〈書誌注記：裏表紙のタイトル：山形県立鶴岡中央高等学校20周年記念誌〉Ⓝ376.48

◆鶴岡中央高等学校温海校

『天魄山のふところに―山形県立鶴岡中央高等学校温海校閉校記念誌』山形県立鶴岡中央高等学校温海校閉校記念事業実行委員会編　鶴岡　山形県立鶴岡中央高等学校温海校　2011.6　95p　30cm〈書誌注記：年表あり　書誌注記：文献あり〉Ⓝ376.48

◆鶴岡西高等学校

『40年のあゆみ』鶴岡西高等学校編　鶴岡西高等学校　1988.5　90p 図版　26cm　Ⓝ376.4

◆鶴岡東高等学校

『未来へ挑戦さらなる前進―学校法人齋藤学園鶴岡東高等学校40周年記念誌 常に時代の先導者たれ』鶴岡東高等学校創立40周年記念事業実行委員会編　鶴岡　鶴岡東高等学校　2008.3　118p　30cm〈背のタイトル：創立40周年記念誌〉Ⓝ376.48

◆鶴岡南高等学校

『山形県立鶴岡南高等学校八十年史』大瀬欽哉他著, 鶴岡南高等学校編　鶴岡南高等学校創立80周年記念　1970.2　13, 518p 図版　22cm　Ⓝ376.4

『ほおずき―創立三十周年記念誌』鶴岡南高等学校通信制編　鶴岡南高等学校通信制　1978.3　130, 36p 図版　26cm　Ⓝ376.4

『山形県立鶴岡南高等学校バレーボール部五十年のあゆみ―創立五十周年記念誌』鶴岡南高等学校バレーボール部創立五十周年記念行事実行委員会　1980.5　121p　26cm〈奥付の書名：鶴南高バレーボール部五十年の歩み〉Ⓝ783.2

『星窓―閉校記念誌』鶴岡南高等学校定時制編　鶴岡南高等学校定時制　1984.3　172, 35p 図版　22cm　Ⓝ376.4

『山形県立鶴岡南高等学校百年史』大瀬欽哉ほか著　鶴岡　山形県立鶴岡南高等学校鶴翔同窓会　1994.4　780p　22cm　非売品　Ⓝ376.4

『セピア色のアルバム集』鶴南・鶴北体操部OB・OG集いの会編　鶴南・鶴北体操部OB・OG集いの会　2005.11　174p　26cm　Ⓝ781

『閉課程記念誌―鶴岡南高等学校通信制』閉課程記念事業実行委員会編　鶴岡南高等学校通信制課程　2021.11　46p　30cm　Ⓝ376.4

山形県

◆天真学園高等学校

『学校法人天真林昌学園天真学園高等学校創立90周年記念誌―無限大の可能性の芽を育て続けて90年』天真学園高等学校創立90周年記念誌編集委員会編　酒田　天真林昌学園天真学園高等学校　2013.10　38p　30cm〈書誌注記：年表あり〉Ⓝ376.48

◆天童高等学校

『創立60周年記念誌』天童高等学校編　天童高等学校　1980.12　44p　26cm　Ⓝ376.4

『創立70周年記念誌』天童高等学校編　天童高等学校　1990.10　47p　26cm　Ⓝ376.4

◆東海大学山形高等学校

『学校法人一橋学園東海大学山形高等学校50周年記念誌』山形　東海大学山形高等学校　2007.3　132p　30cm〈年表あり〉Ⓝ376.48

◆長井高等学校

『五十年のあゆみ』長井高等学校編　長井高等学校　1970.9　44p（図版共）26cm　Ⓝ376.4

『山形県立長井高等学校六十年史』長井高等学校編　長井高等学校　1980.9　563p　図版　22cm　Ⓝ376.4

『創立八十周年記念誌』長井高等学校編　長井高等学校　2000.6　51p　図版　26cm　Ⓝ376.4

『創立90周年記念誌』長井高等学校編　長井高等学校　2010.8　53p　図版　30cm　Ⓝ376.4

『山形県立長井高等学校創立100周年記念誌』山形県立長井高等学校　山形県立長井高等学校　2020.10　175p　30cm　Ⓝ376.4

『山形県立長井高等学校百年史』編　長井高等学校　2021.3　427p　22cm　Ⓝ376.4

◆長井工業高等学校

『あゆみ―創立満10年記念誌』長井工業高等学校編　長井工業高等学校　1972.9　64p　26cm　Ⓝ376.4

『あゆみ―創立20周年記念誌』長井工業高等学校編　長井工業高等学校　1983.3　98p　図版　26cm　Ⓝ376.4

『あゆみ―創立30周年記念誌』長井　山形県立長井工業高等学校　1992.10　74p　26cm〈奥付：山形県立長井工業高等学校創立30年記念誌〉Ⓝ376.4

『長井工業高校野球部33年間の記録』長井工業高等学校野球部OB会編　長井工業高等学校野球部OB会　1996.8　128p　図版　26cm　Ⓝ783.7

『あゆみ―創立40周年記念誌』長井工業高等学校編　長井工業高等学校　2002.10　212p　30cm　Ⓝ376.4

『創立60周年記念誌―山形県立長井工業高等学校』長井工業高等学校編　長井工業高等学校　2022.9　70p　30cm　Ⓝ376.4

◆南陽高等学校

『創立十周年記念誌』南陽高等学校創立十周年記念事業実行委員会編　南陽高等学校創立十周年記念事業　2001.12　108p（図版共）30cm　Ⓝ376.4

『情報経済科・情報会計科　21年の歩み』南陽高等学校編　南陽高等学校　2012.3　57p　30cm　Ⓝ376.4

『創立30周年記念誌』南陽高等学校編　南陽高等学校　2022.3　50p　30cm　Ⓝ376.4

◆日本大学山形高等学校

『二十年のあゆみ』日本大学山形高等学校編　日本大学山形高等学校　1979.3　200p　22cm　Ⓝ376.4

『日大山形30年史』日大山形30年史編集委員会編　山形　日大山形高校・中学校　1989.7　315p　27cm〈日本大学山形高等学校創設30周年記念・日本大学山形中学校開設記念〉Ⓝ376.4

『日大山形痛快40年史』日大山形40年史編集委員会編　山形　日本大学山形高等学校・中学校　1998.10　261p　27cm　Ⓝ376.48

『山形県高等学校バドミントン史―日大山形からみた』桔梗喜一編　日本大学山形高等学校バドミント　1999.3　637p　30cm　Ⓝ783.59

『日本大学山形高等学校創設50周年・日本大学山形中学校創設20周年記念誌』山形　日本大学山形高等学校　2008.10　305p　24cm〈背のタイトル：創設50・20記念誌　共同刊行〉日本大学山形中学校　年表あり〉Ⓝ376.48

『栄冠は君に輝く―日大山形高校野球部闘魂50周年史』日本大学山形高等学校野球部編集委員会編　日本大学山形高等学校野球部OB会　2008.12　168p　31cm　Ⓝ783.7

◆羽黒高等学校

『羽黒高等学校五十年史』羽黒高等学校五十年

山形県

史編集委員会企画・編集　鶴岡　羽黒高等学校五十年史編集委員会　2012.6　168p　30cm〈書誌注記：年表あり〉Ⓝ376.48

◆羽黒工業高等学校

『羽黒工業高等学校二十年史』羽黒町（山形県）羽黒学園羽黒工業高等学校創立20周年記念事業実行委員会　1982.6　295p 図版10枚　27cm　Ⓝ376.4

◆東根工業高等学校

『創立四十周年記念誌』東根工業高等学校編　東根工業高等学校　1989.3　248, 28p　22cm　Ⓝ376.4

『東根工業高等学校創立五十周年記念誌』東根工業高等学校編　東根工業高等学校　1999.3　196, 11p 図版　21cm　Ⓝ376.4

『世界を照らす僕たちの手作り太陽電池パネル―高校生が挑んだ国際協力の記録』山形県立東根工業高等学校ものづくり委員会編　国際開発ジャーナル社　2014.5　268p　19cm〈書誌注記：年譜あり　出版者注記：丸善出版（発売）〉1800円　①978-4-87539-086-2　Ⓝ543.8

目次　1「光プロジェクト」始動（太陽電池パネル作りに挑戦、ボルコの夢　ほか）、2 ついにモンゴルへ！（目標は三五〇万円！、新メンバーで活動開始　ほか）、3 二度目のモンゴル訪問（ジャンチブ校長先生との再会、冬場の発電量不足を解消するアイディア　ほか）、4 プロジェクト最終年（市民の声が行政を動かす、念願だったゲルへの設置　ほか）、5 広がる「光の輪」サステナタウン・プロジェクトと東日本大震災の被災地支援（アフリカの大使も注目する手作りパネル、地域社会への広がり　ほか）

内容　さまざまな出会いやつながり、そして多くの人たちに支えられ、高校生が手作りした太陽電池パネルが、モンゴル、バングラデシュ、ネパール、そして東日本大震災の被災地で未来を照らす。普通の高校生が挑んだ国際協力の記録。

◆松山里仁館高等学校

『創立四十周年記念誌―藩校里仁館開校120年』松山里仁館高等学校編　松山里仁館高等学校　1988.6　73p（図版共）21cm　Ⓝ376.4

『創立五十周年記念誌―藩校里仁館開校130年』松山里仁館高等学校編　松山里仁館高等学校　1998　55p（図版共）30cm　Ⓝ376.4

『里仁館物語―山形県立松山里仁館高等学校閉校記念誌』松山里仁館高等学校編　松山里仁館高等学校　2001.11　187p　30cm　Ⓝ376.48

◆真室川高等学校

『山形県立真室川高等学校初代校長正野徳治先生を偲ぶ』新庄　正野先生を偲ぶ編集委員会　1997.3　104p　26cm〈肖像あり〉Ⓝ289.1

『創立五十周年記念誌―塩根の台地に時代をきざんで』真室川高等学校編　真室川高等学校　1999.3　130p（図版共）30cm　Ⓝ376.4

◆宮内高等学校

『創立五十周年記念誌』編集：創立五十周年記念誌編集委員会　南陽　宮内高等学校　1971　318p 図　22cm　非売　Ⓝ376.4

『灯―山形県立宮内高等学校定時制夜間部閉校記念誌』宮内高等学校　1980.10　138p　22cm　Ⓝ376.4

『創立六十周年記念誌』宮内高等学校編　宮内高等学校　1980.11　32p　26cm　Ⓝ376.4

『翠松の丘―宮内高校人脈物語』結城亮一執筆　山口久止　2008.6　58p　26cm〈山形新聞連載平成19年1月―12月（火曜日夕刊）〉1000円　Ⓝ376.48

◆村山農業高等学校

『汗そして飛躍―山形県農業高校体育大会第10回大会記念誌』村山農業高等学校特活部編　山形県農業高等学校体育大会第1　1987.12　47p 図版　26cm　Ⓝ780.6

『農の道春秋香る90年―山形県立村山農業高等学校創立九十周年記念誌』山形　山形県立村山農業高等学校創立九十周年記念事業実行委員会　1991.3　152p　26cm　Ⓝ376.4

『あゆみ』村山農業高等学校生活科系学科編　村山農業高等学校　1999.1　112p　26cm　Ⓝ376.4

『村農百年史―山形県立村山農業高等学校創立百周年記念誌』「村農百年史」編集委員会編　村山　山形県立村山農業高等学校創立百周年記念事業実行委員会　2001.3　329p　31cm　Ⓝ376.48

◆谷地高等学校

『六十周年記念誌』谷地高等学校編　山形県立谷地高等学校　1981.10　184p 図版　26cm　Ⓝ376.4

『創立七十周年記念誌』谷地高等学校編　谷地高等学校　1991.10　110p　26cm　Ⓝ376.4

『創立八十周年記念誌』山形県立谷地高等学校創立八十周年記念誌部会編　山形県立谷地高

等学校　2001.10　65p（図版共）30cm　Ⓝ376.4
『創立九十周年記念誌』谷地高等学校編　谷地高等学校　2011.10　117p　30cm　Ⓝ376.4
『創立百周年記念誌―山形県立谷地高等学校』山形県立谷地高等学校創立百周年記念誌編集部会編集　河北町（山形県）山形県立谷地高等学校　2021.9　69p　30cm〈書誌注記：年表あり〉Ⓝ376.48

◆山形学院高等学校

『山形学院百年誌』創立百周年誌編集委員会編　山形　山形学院高等学校創立百周年事業実行委員会　2008.10　295p　31cm〈年表あり〉Ⓝ376.48

◆山形北高等学校

『山形北高等学校創立五十周年記念誌』山形　山形県立山形北高等学校　1979.3　362p　22cm
『創立六十周年記念誌』山形北高等学校編　山形北高等学校　1989.3　172p　21×21cm　Ⓝ376.4
『北のあし音―山形北高音楽科30年の歩み』山形北高等学校編　山形北高等学校　1995.3　159p　30cm　Ⓝ376.4
『山形北高演劇部四十年略史』山形県立山形北高等学校演劇部編　山形県立山形北高等学校演劇部　1998.9　52p　26cm　Ⓝ775.7
『山形県立山形北高等学校創立70周年記念誌』山形　山形県立山形北高等学校　1999.2　224p　21×20cm　Ⓝ376.48
『山形北高80年の歩み―学校資料で綴る』野口一雄著, 市村幸夫編　［野口一雄］　2008.9　147p　26cm　Ⓝ376.4
『創立80周年記念誌―山形県立山形北高等学校』山形北高等学校編　山形北高等学校　2009.2　214p　21×20cm　Ⓝ376.4
『山形県立山形北高等学校創立90周年記念誌』山形北高等学校編　山形北高等学校　2019.2　46p　30cm　Ⓝ376.4

◆山形工業高等学校

『創立五十周年記念誌』山形工業高等学校編　山形工業高等学校　1974.7　189, 51p 図版　21cm　Ⓝ376.4
『創立六十周年記念誌』山形県立山形工業高等学校編　山形県立山形工業高等学校　1981.5　123p（図版共）26cm　Ⓝ376.4
『山形県立山形工業高等学校創立七十周年記念誌』山形県立山形工業高等学校創立七十周年記念誌委員会編　山形　山形県立山形工業高等学校創立七十周年記念事業実行委員会　1991.3　236p　21cm〈書名は奥付による　標題紙等の書名：七十周年記念誌〉Ⓝ376.4
『吹奏楽部のあゆみ』山形工業高等学校吹奏学部編　山形工業高等学校吹奏学部　1995.3　106p 図版　26cm　Ⓝ375.2
『閉課程記念誌―光躍の歴史五十二年』山形工業高等学校定時制の課程編　山形工業高等学校定時制　2000.3　71p　30cm　Ⓝ376.4
『創立100周年記念誌―山形県立山形工業高等学校』山形工業高等学校編　山形工業高等学校　2020.10　107p（図版共）30cm　Ⓝ376.4

◆山形城北女子高等学校

『創立五十周年記念誌―学校法人富沢学園山形城北女子高等学校』山形　山形城北女子高等学校創立五十周年記念誌編集委員会　1979.3　187p　27cm〈発行所：山形城北女子高等学校〉Ⓝ376.48
『山形城北女子高等学校七十年史』山形城北女子高等学校七十年史編纂委員会編　山形城北女子高等学校創立七十周　1997.3　304p（図版共）26cm　Ⓝ376.4

◆山形市立商業高等学校

『山形商高陸上競技部小史走り続ける―山形商高陸上競技部小史』山形市立商業高等学校陸上競技部OB・OG会編　山形市立商業高等学校陸上競技部　1982.7　74p　26cm　Ⓝ782
『創立七十周年記念誌』山商創立70周年記念誌編集委員会編　山形　山形市立商業高等学校　1988.10　319p　27cm〈奥付の書名：山商創立70周年記念誌〉Ⓝ376.4
『山形市立商業高等学校レスリング部50周年記念誌』山商レスリング部OB会編　山商レスリング部OB会　2004.3　63p　30cm　Ⓝ788.2
『思ひ出の漣―山形市立商業高等学校ハーモニカバンド部記念誌』山形市立商業高等学校ハーモニカバンド部OB会編　山澤進　2009.8　75p　30cm　Ⓝ764.7
『山形市立商業高等学校硬式野球部 90周年記念誌』山商野球部編　山商硬式野球部OB会「球友会」　2010.1　106p　30cm　Ⓝ783.7
『輸誠―創立100周年記念誌』山形市立商業高等

山形県

学校創立100周年記念誌編集委員会編　山形　山形市立商業高等学校　2019.2　186p　30cm〈書誌注記：年表あり　奥付の書名：創立100周年記念誌〉Ⓝ376.48

◆山形中央高等学校

『創立30周年記念誌』山形中央高等学校編　山形中央高等学校　1977.2　149p 図版　21cm　Ⓝ376.4

『創立四十周年記念誌』山形中央高等学校編　山形中央高等学校　1986.11　56p　26cm　Ⓝ376.4

『創立五十周年記念誌』山形中央高等学校編　山形中央高等学校　1997.2　301p　22cm　Ⓝ376.4

『60年の歩み』山形中央高等学校編　山形中央高等学校　2007.2　50p　30cm　Ⓝ376.4

◆山形電波工業高等学校

『創立50周年記念誌』山形電波工業高等学校 創立50周年記念誌編集委員会編　山形電波工業高等学校　2011.9　143p　31cm　Ⓝ376.4

◆山形西高等学校

『山形西高等学校百年史』山形県立山形西高等学校創立百周年記念事業実行委員会記念史部会編　山形　山形県立山形西高等学校創立百周年記念事業実行委員会　1999.3　740p　22cm　Ⓝ376.48

『泳華—50周年記念』山形西高等学校水泳部OG会編　山形西高等学校水泳部OG会　2015.12　111p　30cm　Ⓝ375.26

『創立120周年記念誌』山形西高等学校編　山形西高等学校　2018.10　103p　30cm　Ⓝ376.4

◆山形東高等学校

『九十年のあゆみ』山形東高等学校校史編纂委員会編　山形東高等学校　1974.9　82p 図版　22cm　Ⓝ376.4

『山形県立山形東高等学校校史編纂資料』山形東高等学校校史編纂資料　1974.9　262p 図版　22cm　Ⓝ376.4

『創立五十周年記念誌』山形東高等学校定時制の課程創立五十周年記念誌編集委員会編　山形東高等学校定時制の課程　1977　226p 図版　21cm　Ⓝ376.4

『三十周年記念誌—三十年の歩みと生徒会活動の現況』山形東高等学校通信制の課程編　山形東高等学校通信制の課程　1978.3　104p 図版　21cm　Ⓝ376.4

『太陽観測二十年史』山形東高等学校物理部天文班編　山形東高等学校物理部天文班　1983.8　43p 図版　26cm　Ⓝ444

『お＞勝利——山中・山一高・山東高陸上競技部60年史—』山形東高等学校陸上競技部後援会編　山形東高等学校陸上競技部後援会　1984.9　465p　26cm　Ⓝ782

『おお、勝利—山形東高サッカー部三十年の歩み』山形　山形東高等学校サッカー部後援会　1987.7　276p　26cm　Ⓝ783.47

『山形東高等学校百年史』山形東高等学校編　山形東高等学校　1987.12　651p 図版　22cm　Ⓝ376.4

『山形東高等学校百年史　写真編』山形東高等学校編　山形東高等学校　1987.12　123p　22cm　Ⓝ376.4

『イサヤ・レクイエム—追悼・報告1985山形東高等学校山岳部蔵王山雪洞事故』追悼・報告集編集委員会編　上山　追悼・報告集編集委員会　1989.2　411p　26cm〈鈴木勇哉の肖像あり〉Ⓝ786.1

『とっておきの山形東高校舎改築ばなし』飯野光男著　飯野光男　1992.8　237p　22cm〈発売：郁文堂書店〉3300円　Ⓝ374.7

『山形東高野球部史—山中・山東野球部100年のあゆみ NOBALL』山形東高野球部史編集委員会企画・編集　山形県立山形東高等学校野球部O　1994.10　627p　27cm　Ⓝ783.7

『蛍雪—定時制の課程を閉じる記念誌』山形東高等学校定時制の課程を閉じる実行委員会編　山形東高等学校定時制の課程　2000.11　28p　26cm　Ⓝ376.4

『バレーボール部の歩み—山形東高等学校～山形中学校・第一高等学校～』山形東高バレーボール部誌編集委員会編　山形東高等学校バレーボールクラブ　2006.3　185p　30cm　Ⓝ783.2

『東日本大震災と山形東高の生徒・同窓生の記録—山形県立山形東高校創立130周年記念事業』山形　山形県立山形東高等学校創立130周年記念事業実行委員会　2014.10　65p　30cm　Ⓝ376.48

『二冠会40周年—40th Anniversary』鈴木正浩　山形東高等学校サッカー部OB「二冠会」　2024.7　39p　30cm　Ⓝ783.47

◆山形南高等学校

『山形県立山形南高等学校三十周年記念誌』山形南高等学校編　山形南高等学校　1972.2　256p 図版　22cm　Ⓝ376.4

『第62回甲子園大会出場記念誌』山形南高等学校編　山形南高等学校　1981.2　1冊　26cm　Ⓝ783.7

『山形県立山形南高等学校創立四十周年記念誌』山形南高等学校編　山形南高等学校　1982.3　347p(図版共)22cm　Ⓝ376.4

『山形南高校舎へのレクイエム―あの木造構築物の光と影のなかへ』鈴木真英写真　鈴木真英　1983.3　54p　25cm　Ⓝ376.4

『山形南高 マラソン史』山形南高等学校編　山形南高等学校　1987.5　91p　26cm　Ⓝ782.3

『山形県立山形南高等学校創立五十周年記念誌』山形県立山形南高等学校創立50周年記念事業実行委員会　1992.3　91p　26cm〈書名は奥付による 背・表紙の書名：創立五十周年記念誌〉Ⓝ376.4

『山形南高野球部五十年史』山形南高等学校野球部OB会編　山形南高等学校野球部OB会　1997.2　293p　27cm　Ⓝ783.7

『生物部創設五十年の歩み―実践・記録・継承――生物部OB会発足40周年記念事業』山形南高等学校生物部OB会編　山形南高等学校生物部OB会　1999.6　16, 423p　31cm　Ⓝ460.4

『創立六十周年記念誌』山形南高等学校編　山形南高等学校　2001.10　156p(図版共)30cm　Ⓝ376.4

『山形県立山形南高等学校レスリング部50周年記念誌―半世紀の歩み』山形南高等学校レスリング部OB会編　山形南高等学校レスリング部OB会　2005.2　152p　30cm　Ⓝ788.2

『山形県立山形南高等学校吹奏楽部創部五十年記念誌』山形南高等学校吹奏楽部OB会編　山形南高等学校吹奏楽部OB会　2009.6　123p　30cm　Ⓝ764.6

『山形県立山形南高等学校創立70周年記念誌』山形南高等学校編　山形南高等学校　2011.10　46p(図版共)30cm　Ⓝ376.4

◆山添高等学校

『山形県立山添高等学校三十年史』山添高等学校編　山添高等学校　1978.10　263p 図版　22cm　Ⓝ376.4

『創立四十周年記念誌―十年史』山添高等学校編　山添高等学校　1988.12　36p　26cm　Ⓝ376.4

『山形県立山添高等学校創立五十周年記念誌―息吹 地に満つる時』山添高等学校編　山添高等学校　1998.12　204p(図版共)30cm　Ⓝ376.4

『山形県立山添高等学校閉校記念誌―黄金の波にそよぐ時』鶴岡南高等学校(山添校)編　鶴岡南高等学校(山添校)　2021.10　81p　30cm　Ⓝ376.4

◆遊佐高等学校

『遊佐高等学校　創立五十年誌』遊佐高等学校編　遊佐高等学校　1977.2　91p(図版共)22cm　Ⓝ376.4

『山形県立遊佐高等学校　創立六十周年記念誌』遊佐高等学校編　遊佐高等学校　1987.3　90p　21cm　Ⓝ376.4

『農に学ぶ―園芸家政科を閉じる会記念誌』遊佐高等学校編　遊佐高等学校　1990.3　97p　26cm　Ⓝ376.4

『遊佐高等学校　創立七十周年記念誌』遊佐高等学校編　遊佐高等学校　1997.3　74p(図版共)26cm　Ⓝ376.4

『山形県立遊佐高等学校創立八十周年記念誌』遊佐高等学校編　遊佐高等学校　2007.3　84p(図版共)30cm　Ⓝ376.4

◆米沢工業高等学校

『山形県立米沢工業高等学校創立九十周年・定時制四十年記念誌』山形県立米沢工業高等学校創立九十周年・定時制四十年記念誌編集委員会編　米沢　山形県立米沢工業高等学校創立九十周年・定時制四十年記念事業実行委員会　1987.12　449p　22cm　Ⓝ376.4

『甲子園への道―第73回全国高校野球選手権大会出場記念誌』米沢工業高等学校編　米沢工業高等学校　1992.2　83p　30cm　Ⓝ783.7

『米工土木科五十年のあゆみ 大地と共に―米沢工業高等学校土木科創設五十周年記念誌』米工土木科創設五十周年記念誌編集委員会編　米沢工業高等学校土木科　1993.10　413p 図版　26cm　Ⓝ376.4

『米工高電気科の半世紀―創設五十周年記念誌』米沢工業高等学校電気科編　米沢工業高等学校　1994.10　437p　27cm　Ⓝ376.4

『縣工物語―米沢工業高等学校の歴史と青春』石川敦著　米沢　東神文化企画　1997.9　420p　19cm　非売品　Ⓝ376.48

山形県

『米工百年史―創立100周年記念誌』米工百年史編集委員会編　米沢　山形県立米沢工業高等学校　1997.10　719p　27cm　Ⓝ376.48

『米工百年の歩み―写真集』記念誌編集委員会編　米沢　山形県立米沢工業高等学校　1997.12　144p　31cm　Ⓝ376.48

『山形県立米沢工業高等学校 創立110周年 定時制課程設置60年 記念誌』米沢工業高等学校編　米沢工業高等学校　2007.10　159p　27cm　Ⓝ376.4

『縣工物語―米沢工業高等学校の歴史と青春 続』石川敦著　米沢　東神文化企画　2011.1　382, 12p　18cm〈書誌注記：文献あり〉Ⓝ376.48

◆米沢興譲館高等学校

『興譲館史話』興譲館史誌刊行委員会編　米沢　興譲館高等学校創立九十周年　1976.9　274p 図版　22cm　Ⓝ376.4

『興譲館世紀』松野良寅編著　米沢　山形県立米沢興譲館高等学校創立百年記念事業実行委員会　1986.9　794, 16p　22cm〈書誌注記：興譲館世紀年表：p743～794〉Ⓝ376.4

『随想興譲館今昔夜話』松野良寅編集・執筆　米沢　山形県立米沢興譲館高等学校創立百年記念事業実行委員会　1986.9　112p　19cm　Ⓝ372.125

『さようなら旧校舎―写真で綴る興譲館100年の歩み』米沢興譲館高等学校編　米沢興譲館高等学校　1987.9　1冊　30cm　Ⓝ376.4

『ときめきブラス―興譲館吹研倶部三十周年記念誌』米沢興譲館高等学校吹奏楽研究クラブ編　米沢興譲館高等学校吹奏楽研究クラブ　1991.7　265p　30cm　Ⓝ764.6

『ときめきブラス　別冊』米沢興譲館高等学校吹奏楽研究クラブ編　米沢興譲館高等学校吹奏楽研究クラブ　1991.7　1冊　26cm　Ⓝ764.6

『人あまたあと継ぎて―興譲館小史』松野良寅編著　米沢　米沢興譲館出版会　[1992]　198p　21cm〈興譲館叢書 第1集〉〈書誌注記：年表：p185～198〉Ⓝ376.4

『興譲館人国記―米沢興譲館藩学創設三百年記念誌』松野良寅著　米沢　米沢興譲館藩学創設三百年記念事業実行委員会　1998.9　444, 14p　22cm　Ⓝ372.125

『回想興譲館』米沢　青葉会　1999.9　130p 図版13枚　26cm　Ⓝ376.48

『興譲館写真集』藩学創設三百年記念事業実行委員会記念写真集編集委員会編　米沢　藩学創設三百年記念事業実行委員会　2000.9　112p　30cm〈書誌注記：年表あり　藩学創設300年記念〉Ⓝ376.48

『米沢興譲館野球部史』米沢興譲館高等学校野球部OB会編　米沢興譲館高等学校野球部OB会　2002.6　325p　31cm　Ⓝ783.7

『興譲館音楽事始めの記』滝沢美恵子著　[滝沢美恵子]　2007.9　80p　21cm〈私家版〉Ⓝ376.48

『創立百三十周年記念誌―興譲の精神を受け継ぎ、新たな価値創造を目指して』米沢興譲館高等学校創立百三十周年記念誌編集委員会編　米沢興譲館高等学校創立百三十周年記念実行委員会　2016.12　137p 図版　30cm　Ⓝ376.4

◆米沢商業高等学校

『創立七十周年記念誌』米沢商業高等学校編　米沢商業高等学校　1972.10　55p 図版　26cm　Ⓝ376.4

『黎明の讃歌米商物語』米沢商業高等学校商友会編　米沢商業高等学校商友会　1978.12　280p 図版　21cm　Ⓝ376.4

『目で見る米商80年展集録』米沢商業高等学校編　米沢商業高等学校　1982.10　31p 図版　24×26cm　Ⓝ376.4

『山形県立米沢商業高等学校八十年史』米沢商業高等学校編　米沢商業高等学校　1983.5　541p 図版　22cm　Ⓝ376.4

『米商風雪八十年』米沢商業高等学校商友会編　米沢商業高等学校商友会　1986.6　214p　27cm　Ⓝ376.4

『蛍友』米沢商業高等学校編　米沢商業高等学校　1987.8　170p 図版　27cm　Ⓝ376.4

『米商百年史』米沢商業高等学校編　米沢商業高等学校　2002.6　549p 図版　27cm　Ⓝ376.4

◆米沢中央高等学校

『創立60周年記念誌』椎野学園編　椎野学園　1982.9　311p　26cm

『学校法人椎野学園創立七十周年・学校移転新築落成記念誌』椎野学園米沢中央高等学校, 椎野学園米沢中央幼稚園編　米沢　椎野学園　1991.10　354p　27cm〈書名は奥付による　標題紙・背の書名：創立七十周年記念誌〉Ⓝ376.4

『椎野学園創立80周年記念誌―吾妻の峰を仰い

で時をつむげば』米沢中央高等学校編　椎野学園　2002.10　361　30cm　Ⓝ376.4

◆米沢東高等学校

『山形県立米沢東高等学校八十年史』米沢東高等学校　米沢東高等学校　1978.3　450p　図版　22cm　Ⓝ376.4

『山形県立米沢東高等学校九十年誌』創立九十年誌編集委員会編　米沢　創立九十周年記念事業実行委員会　1988.3　110, 195p　22cm　Ⓝ376.4

『山形県立米沢東高等学校百年史』米沢東高等学校編　米沢東高等学校　1998.5　596p　図版　22cm　Ⓝ376.4

◆林昌学園

『林昌学園二十年史』林昌学園20年史編集委員会編　林昌学園　1982.3　359p（図版共）22cm　Ⓝ376.4

福島県

◆会津高等学校

『会高野球部八十年史』会高野球部80年史編集委員会編　会津高校野球部後援会　1980　105p　図版　26cm　Ⓝ783.7

『白虎隊剣舞解説―会津高等学校伝統』会高剣舞会事務局編　会津若松　会高剣舞会　1986.3　50p　26cm　Ⓝ769.1

『学而のもとに―会津高校百年』福島民報社編　福島民報社　1990　242p　図版　22cm　Ⓝ376.4

『第一回生の『日誌』―創立当時を偲ぶ』福島県立会津高等学校学而出版委員会編　会津若松　福島県立会津高等学校創立百周年実行委員会　1990.9　194p　22cm〈学校創立百周年記念　複製と翻刻〉Ⓝ376.4

『会津高等学校百年史』会津高等学校百年史編纂委員会編　会津若松　創立百周年記念事業実行委員会　1991.3　1496p　27cm〈限定版〉非売品　Ⓝ376.4

『福島県立会津高等学校創立百十周年記念誌―Oh, 會中・会高110年！』福島県立会津高等学校, 会津高等学校同窓会編　福島県立会津高等学校　2000　124, 20p　30cm　Ⓝ376.4

『百年の球譜―福島県立会津高等学校野球部創設100周年記念誌』会津高校野球部百年史編集委員会編　会津高校野球部後援会　2000.2　209p　27cm

『「一艇一心」―会津高等学校端艇部百年誌』会津高等学校端艇部百年誌編纂委員会編　会津高等学校端艇部後援会　2001.8　256p　24cm　Ⓝ785.5

『福島県立会津高等学校創立130周年記念誌―令和の強者』福島県立会津高等学校, 会津高等学校同窓会記念誌委員会企画制作　福島県立会津高等学校　2021.9　122p　30cm　Ⓝ376.4

◆会津学鳳高等学校

『若松の緑深く―福島県立会津学鳳高等学校創立80周年記念誌』福島県立会津学鳳高等学校80周年記念事業実行委員会編集部編　福島県立会津学鳳高等学校80周年記念事業実行委員会　2004.1　100p　30cm　Ⓝ376.48

『福島県立会津学鳳高等学校創立90周年記念誌』福島県立会津学鳳高等学校90周年記念事業実行委員会編　福島県立会津学鳳高等学校90周年記念事業実行委員会　2013.9　117p　30cm　Ⓝ376.48

『鳳跡―福島県立会津学鳳高等学校創立百周年記念誌』福島県立会津学鳳高等学校創立百周年記念事業実行委員会編　福島県立会津学鳳高等学校創立百周年記念事業実行委員会　2023.9　205p　30cm　Ⓝ376.48

◆会津杏林学園高等学校

『会津杏林学園高等学校創立30周年記念誌』会津杏林学園高等学校創立三十周年記念誌編集委員会編　会津杏林学園高等学校　1998.5　138p　26cm　Ⓝ376.4

◆会津工業高等学校

『創立80周年　分校30周年　記念誌』会津工業高等学校創立八十周年記念事業実行委員会編　会津工業高等学校創立八十周年記念事業実行委員会　1982　182p　21cm　Ⓝ376.4

『[会津工業高等学校]創立90周年　分校40周年記念誌』会津工業高等学校編　会津工業高等学校　1992　368p（図版共）26cm　Ⓝ376.4

『白陽乃礎―福島県立会津工業高等学校繊維工業科閉科記念誌』福島県立会津工業高等学校編　[福島県立]会津工業高等学校　1992.3　57p　26cm　Ⓝ376.4

『会工1902→1992』会津若松　福島県立会津工業高等学校本校創立九十周年並びに分校四十

福島県

周年記念行事実行委員会（製作） 1992.11 368p 26cm〈表紙の書名：時代への挑戦。〉 Ⓝ376.4

『創立100周年記念誌 会工讃歌―世紀を超えて』福島県立会津工業高等学校編　福島県立会津工業高等学校　［2002］　96p　30cm　Ⓝ376.4

『會工百年史』会津工業高等学校百年史編纂委員会編　会津若松　福島県立会津工業高等学校内創立百周年記念事業実行委員会　2004.8印刷　809p　27cm〈奥付のタイトル：会津工業高等学校百年史　年表あり〉Ⓝ376.48

『会工讃歌―輝け鶴翔の連なり：創立110周年記念誌』創立110周年記念誌事業実行委員会編　会津若松　福島県立会津工業高等学校創立110周年記念事業実行委員会　2012.10　168p　30cm〈書誌注記：年表あり〉Ⓝ376.48

◆会津工業高等学校本郷分校

『人・土・炎に感謝―福島県立会津工業高等学校本郷分校閉校記念誌』福島県立会津工業高等学校本郷分校閉校記念実行委員会編　福島県立会津工業高等学校本郷分校閉校記念事業実行委員会　1999.3　113p　30cm

◆会津女子高等学校

『創立七十周年記念誌』福島県立会津女子高等学校編　福島県立会津女子高等学校　1978.10　166p　21cm　Ⓝ376.4

『福島県立会津女子高等学校創立80周年記念誌』福島県立会津女子高等学校創立八十周年記念誌編集委員会編　福島県立会津女子高等学校創立八十周年記念誌編集委員会　1988　203p（図版共）30cm　Ⓝ376.4

◆会津第二高等学校

『福島県立会津第二高等学校創立70周年記念誌』会津若松　福島県立会津第二高等学校　［2013］　116p　30cm〈書誌注記：年表あり〉Ⓝ376.48

『福島県会津第二高等学校創立80周年記念誌』福島県立会津第二高等学校編集　会津若松　創立80周年記念事業実行委員会　2024.3　46p　30cm

◆会津農林高等学校

『創立七十周年記念誌』会津農林高等学校編　会津農林高等学校　1978　162p（図版共）26cm　Ⓝ376.4

『会農史』会津農林高等学校編　会津農林高等学校　1989　1047p 図版　22cm　Ⓝ376.4

『創立九十周年記念誌』福島県立会津農林高等学校記念誌編集委員会編　福島県立会津農林高等学校　1998.2　104p　30cm　Ⓝ376.4

『会農百年史』福島県立会津農林高等学校編　福島県立会津農林高等学校　2007.3　559p　27cm　Ⓝ376.4

『創立百周年記念誌』会津農林高等学校百周年記念実行委員会編　会津農林高等学校百周年記念実行委員会　2007.3　112p　30cm　Ⓝ376.4

◆会津方部高等学校

『30年のあゆみ―会津方部高等学校社会科研究会30周年記念誌』30周年記念誌編集委員会編　会津若松　会津方部高等学校社会科研究会　1983.3　90, 30p　22cm　Ⓝ375.3

◆葵高等学校

『松操の名のもとに―福島県立葵高等学校創立百周年記念誌』福島県立葵高等学校創立百年記念事業実行委員会編, 歴史春秋出版制作　福島県立葵高等学校創立百周年事業実行委員会　2008.9　128p　30cm　Ⓝ376.4

『福島県立葵高等学校百年史』福島県立葵高等学校百周年記念事業実行委員会編集　福島県立葵高等学校百周年記念事業実行委員会　2010.9　689p　27cm　Ⓝ376.48

『福島県立葵高等学校創立百十周年記念誌―平成30年』会津若松　福島県立葵高等学校創立百十周年記念事業実行委員会　2018.9　50p　30cm〈書誌注記：年表あり　背のタイトル：創立百十周年記念誌〉Ⓝ376.48

◆安積高等学校

『わか草萌ゆる―安積高校百年』福島民報社編　福島民報社　1984　347p 図版　22cm　Ⓝ376.4

『安中安高百年史』安積高等学校百年史編纂委員会編　福島県立安積高等学校創立百周年記念事業実行委員会　1984　1358, 93p（図版共）27cm　Ⓝ376.4

『開拓者精神は安積の心―福島県立安積高等学校』安積高等学校学校資料研究委員会編, 仲村哲郎執筆　安積高等学校桜桑会　1995.4　126p 図版　21cm　Ⓝ376.4

『嫩草萌ゆる―第73回選抜高等学校野球大会出場記念』福島県立安積高等学校野球部甲子

出場後援会編　福島県立安積高等学校野球部甲子園出場後援会　2001.6　72p　27cm　Ⓝ783.7

『資料集　新聞報道からみる第73回選抜高校野球大会—安積高校野球部を支える人々』福島県立安積高等学校野球部甲子園出場後援会編　福島県立安積高等学校野球部甲子園出場後援会　2001.7　474p　37cm　Ⓝ783.7

『萌ゆる安積野—創立120周年記念誌』福島県立安積高等学校創立百二十周年記念事業出版委員会編　福島県立安積高等学校　2004.9　222p　26cm　Ⓝ376.4

『花園青春を追え！—平成17年度全国高等学校総合体育大会　第85回全国高等学校ラグビーフットボール大会出場記念』安積高等学校全国高等学校ラグビーフットボール大会出場記念誌編集委員会編　安積高等学校ラグビー部全国大会出場後援会　2006.2　1冊　30cm　Ⓝ783.4

『萌ゆる安積野—創立130周年記念誌』創立百三十周年記念出版委員会編　郡山　福島県立安積高等学校創立百三十周年記念事業実行委員会　2014.9　198p　30cm〈書誌注記：年表あり〉Ⓝ376.48

◆安積高等学校御舘校

『福島県立安積高等学校御舘校閉校記念誌』福島県立安積高等学校御舘校閉校記念事業実行委員会編　福島県立安積高等学校御舘校閉校記念事業実行委員会　2022.3　64p　30cm　Ⓝ376.4

◆あさか開成高等学校

『われらの航路—描こう未来へ——福島県立あさか開成高等学校創立10周年記念誌』福島県立あさか開成高等学校創立10周年記念事業実行委員会編集　福島県立あさか開成高等学校創立10周年記念事業実行委員会　2005.10　63p　30cm　Ⓝ376.4

『凛優—創立20周年記念誌』福島県立あさか開成高等学校創立20周年記念事業実行委員会記念誌委員会編集　福島県立あさか開成高等学校　2015.10　50p　30cm　Ⓝ376.48

◆あさか開成高等学校須賀川校舎

『「労学一如」のもとに—閉校記念誌』福島県立あさか開成高等学校須賀川校舎閉校記念事業実行委員会編　福島県立あさか開成高等学校須賀川校舎閉校記念事業実行委員会　2002.3　205p　26cm　Ⓝ376.4

◆安積商業高等学校

『甲子園への道—安商甲子園初出場記念誌』安積商業高校甲子園出場後援会編　安積商業高校甲子園出場後援会　1979　143p（図版共）27cm　Ⓝ783.7

『安積商業高等学校創立二十周年記念誌』安積商業高等学校　1980.10　175p　22cm　Ⓝ376.4

◆安積女子高等学校

『安女七十年史』安積女子高等学校創立七十周年記念事業実行委員会編　安積女子高等学校　1983　417p 図版　22cm　Ⓝ376.4

『ハーモニーよ永遠に—安積女子高校合唱団栄光の軌跡』福島民友新聞社編集局編　福島民友新聞社編集局　1991　252p 図版　22cm　Ⓝ767.4

『花かつみ—創立80周年記念』安積女子高等学校編　安積女子高等学校　1992　32p 26cm　Ⓝ376.4

◆安積第二高等学校

『安二高四十年のあゆみ』安積第二高等学校安積二高創立四十周年記念事業実行委員会記念誌委員会編　安積第二高等学校安積二高創立四十周年記念事業実行委員会記念誌委員会　1988　134p 図版　26cm　Ⓝ376.4

◆安積黎明高等学校

『黎明—創立90周年記念誌』福島県立安積黎明高等学校編　福島県立安積黎明高等学校　2002.10　49p　30cm　Ⓝ376.4

『翼—福島県立安積黎明高等学校百年の歩み』記念誌編纂委員会写真集部会編　郡山　福島県立安積黎明高等学校創立百周年記念事業実行委員会　2012.10　125p　30cm〈書誌注記：年表あり〉非売品　Ⓝ376.48

『安積女子・安積黎明百年史—福島県立安積黎明高等学校二〇一二』福島県立安積黎明高等学校創立百周年実行委員会著, 福島県立安積黎明高等学校創立百周年記念誌編纂委員会沿革誌部会編　郡山　[福島県立安積黎明高等学校創立百周年実行委員会]　2013.3　895p　27cm〈書誌注記：年表あり　書誌注記：文献あり〉Ⓝ376.48

『恕—福島県立安積黎明高等学校創立110周年記念誌』安積黎明高等学校記念誌編纂委員会編　福島県立安積黎明高等学校　2022.9

福島県

47p　30cm　Ⓝ376.4

◆安達高等学校

『［安達高等学校］創立六十周年』創立六十周年記念誌編集委員会編　福島県立安達高等学校創立六十周年記念事業実行委員会　1983　121p（図版共）　26cm　Ⓝ376.4

『創立七十周年記念誌』創立七十周年記念誌編集委員会編集　二本松　福島県立安達高等学校創立七十周年記念事業実行委員会　1993.10　259p　26cm〈書誌注記：年表あり〉非売品　Ⓝ376.48

『［福島県立安達高等学校］創立90周年記念誌』創立90周年記念誌編集委員会編　創立90周年記念事業実行委員会　2013.9　123p　30cm　Ⓝ376.4

◆安達東高等学校大平分校

『土を愛し人を愛し―大平分校校舎史』県立安達東高等学校大平分校校舎史編纂委員会編　県立安達東高等学校同窓会　1984　487,66p　図版　22cm　Ⓝ376.4

◆安達東高等学校針道校舎

『針高史』県立安達東高等学校針道校舎針高史編纂委員会　安達東高等学校針道校舎　1981　486p（図版共）22cm　Ⓝ376.4

◆石川高等学校

『学校法人石川高等学校の歩み』石川高等学校編　［石川高等学校］　［1976］　28p　21cm　Ⓝ376.4

『甲子園の道』石川高等学校野球部OB会編　石川高等学校野球部OB会　1976　139p（図版共）　27cm　Ⓝ783.7

『魁光―校舎落成・創立65周年記念誌』福島県立石川高等学校校舎落成創立六十五周年記念事業実行委員会編　福島県立石川高等学校校舎落成創立六十五周年記念事業実行委員会　1988.10　221p　26cm

『学校法人石川高等学校100年史―1892-1992』石川高等学校百年史編集委員会編集　石川町（福島県）石川高等学校　1992.9　481p　26cm　Ⓝ376.4

『学校法人石川高等学校　行学一如の百年　1892-1992』福島民報社編　福島民報社　1993　225p（図版共）22cm　Ⓝ376.4

『苦の中に光あり―柳沢野球』柳沢泰典著　故柳沢泰典先生遺稿発行委員会　2000.8　163p

19cm

『Crystallize 1892-2002―学校法人石川高等学校110周年記念誌』石川高等学校創立110周年記念事業実行委員会編　石川高等学校　2002.9　147p　30cm　Ⓝ376.4

『石晶―学校法人石川高等学校野球部史』石川高等学校野球部OB石晶会編集委員会編　石川高等学校野球部OB石晶会編集委員会　2002.12　246p　27cm　Ⓝ783.7

『福島県立石川高等学校創立八十周年記念誌』福島県立石川高等学校編　福島県立石川高等学校創立80周年記念事業実行委員会　2003.10　101p　30cm　Ⓝ376.4

『学法石川都大路駆ける―男子全国高校駅伝3年連続入賞』福島民報社編　福島　福島民報社　2016.1　31p　30cm　800円

◆猪苗代高等学校

『若鷹―猪高スキー部60年の歩み』「猪高スキー部 60年の歩み」編纂委員会編纂　福島県立猪苗代高等学校スキー部　2010.3　102p　26cm　Ⓝ784.3

◆磐城高等学校

『磐高八十五年のあゆみ』磐城高等学校編　磐城高等学校　1979　254p 図版　22cm　Ⓝ376.4

『青春の賦―福島県立磐城高等学校サッカー部記念誌』福島県立磐城高等学校サッカー部，福島県立磐城高等学校サッカー部OB会編　福島県立磐城高等学校サッカー部　1984.3　268p　26cm　Ⓝ783.4

『磐城高校排球部五十年史』磐城高校排球部五十年史編集委員会編　いわき　磐城高校バレーボールOB会　1990.10　327p　23cm　Ⓝ783.2

『創立百年』福島県立磐城高等学校編　福島県立磐城高等学校同窓会　1996.3　1313p　27cm

『磐中磐高百年』福島県立磐城高等学校創立百周年記念事業実行委員会　1996.5　199p　22×31cm　Ⓝ376.48

『磐陽の学び舎に―磐城高校百年』福島民報社編　福島民報社　1996.8　213p 図　22cm

『福島県立磐城高等学校創立百周年記念事業集録』福島県立磐城高等学校創立百周年記念事業集録編集委員編集　福島県立磐城高等学校　1996.11　114p　26cm　Ⓝ376.4

『History―創部50周年記念冊子　第1部』福島県立磐城高等学校史学部編　福島県立磐城高

等学校史学部　1998.3　88p　26cm

『History―創部50周年記念冊子　第2部』福島県立磐城高等学校史学部編　福島県立磐城高等学校史学部　1998.3　84p　26cm

『楕円の球にあこがれて―磐城高校ラグビー部50周年記念誌』福島県立磐城高等学校ラグビー部50周年記念事業実行委員会編　福島県立磐城高等学校ラグビー部OB会高月楕円会　1998.3　143p 図版　26cm

『History―創部50周年記念冊子　第3部』福島県立磐城高等学校史学部編　福島県立磐城高等学校史学部　1998.9　80p（図版共）26cm

『白球のクロニクル』安竜昌弘著　スモルト　1999.8　165p　20cm

『白球の軌跡―世紀を越えて』福島県立磐城高等学校野球部創部100周年記念事業実行委員会編　福島県立磐城高等学校野球部OB会　2006.10　245p　31cm　Ⓝ783.7

『磐高軟庭百年―磐城高等学校軟庭部創部100周年記念誌』100周年記念誌委員会編集　福島県立磐城高等学校軟式庭球部OB会　2006.12　82p　30cm　Ⓝ783.5

『磐城高校柔道部創部120周年記念誌―未来への一本：青春の柔道部物語』磐城高校柔道部創部120周年記念誌編集委員会編集　いわき　磐城高校柔道部OB・OG会　2023.12　131p　29cm〈書誌注記：年表あり〉Ⓝ789.2

◆いわき海星高等学校

『オレたちの南太平洋』平野武著　成山堂書店　1997.3　248p　19cm

『いわき海星高等学校甲子園初出場！　2013春―第85回記念選抜高等学校野球大会出場記念』プラスヴォイス編　いわき海星高校野球部甲子園出場後援会　2013.6　63p　30cm　Ⓝ783.7

『いわき海星高等学校甲子園初出場！　2013春［ダイジェスト］―第85回記念選抜高等学校野球大会出場記念』プラスヴォイス編　いわき海星高校野球部甲子園出場後援会　2013.6　30p　30cm　Ⓝ783.7

◆いわき光洋高等学校

『万象若く―創立10周年記念誌』福島県立いわき光洋高等学校編　福島県立いわき光洋高等学校　2002.10　72p　27cm　Ⓝ376.4

『蒼き光―創立20周年記念誌』福島県立いわき光洋高等学校編　福島県立いわき光洋高等学校　2012.7　73p 図版4p　30cm　Ⓝ376.4

◆磐城桜が丘高等学校

『桜丘の百年―福島県立磐城桜が丘高等学校創立百周年記念誌』いわき　福島県立磐城桜が丘高等学校創立百周年記念事業実行委員会　2005.1　796p　27cm〈年表あり〉Ⓝ376.48

『桜丘つれづれ校長日記』佐々木孝司著　磐城桜が丘高等学校出版会　2010.4　312p　30cm　Ⓝ376.4

『百十年の桜―福島県立磐城桜が丘高等学校創立百十周年記念誌』いわき　福島県立磐城桜が丘高等学校　2014.12　129p　26cm〈書誌注記：年表あり〉Ⓝ376.48

◆磐城女子高等学校

『磐女70年のあゆみ』磐城女子高等学校編　磐城女子高等学校　1975　167p 図版　26cm　Ⓝ376.4

『磐女80年のあゆみ』磐城女子高等学校編　磐城女子高等学校　1984　245p（図版共）26cm　Ⓝ376.4

『思い出の花びら　第2集』磐城女子高等学校同窓会編　磐城女子高等学校　1996.8　98p　21cm

『思い出の花びら』磐女高五十五年史編纂委員会「思い出の花びら」編集部編　福島県立磐城女子高等学校　1996.9　108p　21cm

◆いわき中央高等学校

『いわき中央高校二十年のあゆみ』いわき中央高等学校編　いわき中央高等学校創立二十周年記念事業委員会　1989　134p（図版共）26cm　Ⓝ376.4

◆岩瀬農業高等学校

『岩農史　第2巻　創立70周年を記念して』福島県立岩瀬農業高等学校編　福島県立岩瀬農業高等学校同窓会　1979.2　294p 図版　21cm

『岩農史　第3巻　創立80周年を記念して』福島県立岩瀬農業高等学校編　福島県立岩瀬農業高等学校同窓会　1989.2　245p 図版　21cm

『岩農史　第4巻　創立90周年を記念して』福島県立岩瀬農業高等学校編　福島県立岩瀬農業高等学校同窓会　1999.3　159p 図版　21cm　Ⓝ376.4

『岩農史　第5巻　創立100周年を記念して』福島県立岩瀬農業高等学校編　福島県立岩瀬農業高等学校同窓会　2008.2　236p　30cm

福島県

◆内郷高等学校

『内郷三十年史』内郷高等学校同窓会編　内郷高等学校同窓会　1978　157, 10p 図版　21cm　Ⓝ376.4

『内郷高五十年史』内郷高校50年史編集委員会編　内郷高校50周年記念事業実行委員会　1997.10　373p 図版　27cm

◆大沼高等学校

『大沼高等学校創立七十周年記念誌』大沼高等学校編　大沼高等学校　1991　207p 図版　30cm　Ⓝ376.4

『創立80周年記念誌』福島県立大沼高等学校創立八十周年記念誌編集委員会編　福島県立大沼高等学校創立八十周年記念誌　2001.10　45p 図版　30cm　Ⓝ376.4

『福島県立大沼高等学校創立百周年記念誌』福島県立大沼高等学校創立百周年記念事業実行委員会編集　会津美里町（福島県）福島県立大沼高等学校創立百周年記念事業実行委員会　2022.3　207p　31cm〈書誌注記：年表あり　部分タイトル：蜂苑〉Ⓝ376.48

◆小高工業高等学校

『二十年の歩み—実習棟落成記念創立20周年誌』福島県立小高工業高等学校編　福島県立小高工業高等学校　1982.11　53p 図版　Ⓝ376.48

『我が母校のあゆみ—福島県立小高工業高等学校50周年記念誌』50周年記念誌編集委員会編　南相馬　福島県立小高工業高等学校　2016.10　142p　30cm〈書誌注記：年表あり〉Ⓝ376.48

◆小高商業高等学校

『浮城—写真で振り返る百年の歩み：福島県立小高商業高等学校　1910-2010』福島県立小高商業高等学校編集　福島県立小高商業高等学校　2010.10　171p　24×24cm　Ⓝ376.48

◆小名浜高等学校

『小名高祭の記録—創立80周年記念』福島県立小名浜高等学校生徒会編　[福島県立小名浜高等学校生徒会]　1987.3　177p 26cm　Ⓝ376.4

◆小名浜水産高等学校

『水高50年記念誌』小名浜水産高等学校記念誌編集委員会編　小名浜水産高等学校記念誌編集委員会　1982　113p（図版共）Ⓝ376.4

『水高50年記念誌』［ソフトカバー版］小名浜水産高等学校記念誌編集委員会編　小名浜水産高等学校記念誌編集委員会　1982.10　113p（図版共）Ⓝ376.4

◆小野高等学校

『創立五十年史』福島県立小野高等学校　1992.10　344p　21cm　Ⓝ376.48

『柏っ葉ものがたり』山名隆弘著　山名隆弘　2002.3　79p 30cm　Ⓝ376.4

◆小野高等学校平田校

『平田校七十年のあゆみ—福島県立小野高等学校平田校閉校記念誌』福島県立小野高等学校平田校閉校記念誌発行実行委員会編　[福島県立小野高等学校平田校閉校記念誌発行実行委員会]　2018.9　89, 14p　30cm〈書誌注記：年表あり〉Ⓝ376.48

◆川俣高等学校

『めもりある』福島県立川俣高等学校音楽部編　福島県立川俣高等学校音楽部　1987.2　20p　Ⓝ764.6

『八十年のあゆみ』福島県立川俣高等学校創立八十周年記念事業実行委員会記念写真集係編　福島県立川俣高等学校　1988.10　102p　26cm　Ⓝ376.4

『90年のあゆみ—創立90周年記念写真集』福島県立川俣高等学校編　福島県立川俣高等学校　[1998]　26p 30cm　Ⓝ376.4

『楓百年のあゆみ—創立100周年記念写真集』創立100周年記念事業実行委員会出版事業委員会編　福島県立川俣高等学校　2008.10　31p　30cm　Ⓝ376.4

『創立百周年記念誌』福島県立川俣高等学校創立百周年記念事業実行委員会出版事業委員会編　福島県立川俣高等学校創立百周年記念事業実行委員会　2009.10　332p　30cm

◆喜多方高等学校

『桜壇六十年史』福島県立喜多方高等学校編　福島県立喜多方高等学校　1978.6　61p 26cm　Ⓝ376.4

『喜多方高等学校七十年史』喜多方高等学校七十年史編集委員会編　喜多方　福島県立喜多方高等学校　1988.10　382p　27cm〈共同刊行：福島県立喜多方高等学校創立七十周年記念事業実行委員会〉Ⓝ376.4

『喜多方高等学校八十年史』喜多方高等学校八十年史編集委員会編　喜多方　福島県立喜多方高等学校　1999.3　308p　27cm　Ⓝ376.48

『桜壇九十年―創立九十周年記念誌』九十年記念誌編集委員会編　喜多方　福島県立喜多方高等学校創立九十周年記念事業実行委員会　2008.12　121p　30cm〈書誌注記：年表あり〉Ⓝ376.48

『櫻壇の風―福島県立喜多方高等学校創立百周年記念誌』喜多方高等学校創立百周年記念誌編纂委員会編　喜多方　創立百周年記念事業実行委員会　2019.3　515p 図版［16］枚　27cm〈書誌注記：年表あり　書誌注記：文献あり〉非売品　Ⓝ376.48

◆喜多方商業高等学校

『喜商創立八十周年記念誌―福島県立喜多方商業高等学校』福島県立喜多方商業高等学校創立八十周年記念誌編集委員会編　喜多方　福島県立喜多方商業高等学校創立八十周年記念実行委員会　1995　220p　31cm　Ⓝ376.4

『喜商創立90周年記念誌』福島県立喜多方商業高等学校記念誌実行委員会編　喜多方　福島県立喜多方商業高等学校　2005.2　63p　30cm　Ⓝ376.4

◆喜多方女子高等学校

『福島県立喜多方女子高等学校創立五十周年記念誌』喜多方　福島県立喜多方女子高等学校創立五〇周年記念実行委員会　1979.7　466p　22cm〈背・表紙の書名：創立五十周年記念誌〉Ⓝ376.4

『地域と共にフォトドキュメンタリー70―福島県立喜多方女子高等学校創立70周年記念誌』福島県立喜多方女子高等学校創立70周年記念事業執行委員会記念誌刊行係編　福島県立喜多方女子高等学校　1999.3　112p　30cm

◆喜多方東高等学校

『すずかけの道―創立八十周年記念』福島県立喜多方東高等学校創立八十周年記念誌編集委員会編　福島県立喜多方東高等学校創立八十周年記念事業実行委員会　2008.10　177p　21cm

◆光南高等学校

『目撃!!光南高校の謎』あろひろし著　福島県立光南高等学校　1997.7　34p　26cm

『朱雀の夢―開校並びに校舎落成記念誌』福島県立光南高等学校開校並びに校舎落成記念誌編集部会編　福島県立光南高等学校　1997.10　35p　30cm　Ⓝ376.4

『甲子園出場記念誌―第88回全国高等学校野球選手権大会　2006』福島県立光南高等学校編、朝日新聞社、共同通信社、福島民報社、福島民友新聞社写真提供　野球部甲子園出場後援会　2006.10　20p　30cm　Ⓝ376.4

『福島県立光南高等学校創立10周年記念誌』福島県立光南高等学校創立十周年記念事業実行委員会編　福島県立光南高等学校創立十周年記念事業実行委員会　2007.10　45p　30cm　Ⓝ376.4

『福島県立光南高等学校創立20周年記念誌』福島県立光南高等学校創立20周年記念事業実行委員会　2016.3　66p　30cm〈書誌注記：年表あり〉Ⓝ376.48

◆桑折町立桑折醸芳高等学校

『醸芳高校13年の歩み』遠藤勉編　桑折町教育委員会　1971.3　39p　21cm　Ⓝ376.48

◆郡山高等学校

『創立十六年夏に燃える―第74回　全国高等学校野球選手権大会　甲子園初出場記念誌』郡山高等学校甲子園初出場記念誌編集委員会編　郡山高等学校甲子園初出場記念誌編集委員会　1992　40p（図版共）26cm　Ⓝ783.7

『創立十六年　はじまりの予感―第71回　全国高等学校サッカー選手権大会　全国大会初出場記念誌』郡山高等学校高校サッカー選手権全国大会参加記念誌編集委員会編　郡山高等学校サッカー選手権全国大会参加記念誌編集委員会　1993　24p（図版共）26cm　Ⓝ783.4

『郡高のすべてがわかる郡高辞苑―福島県立郡山高等学校創立20周年記念誌』福島県立郡山高等学校創立二十周年記念誌編纂委員会編　福島県立郡山高等学校　1996.11　64p（図版共）30cm

『高校生物実験集―郡山高校での実施記録』阿部武, 遠藤美穂編著　郡山　阿部武　1999.5　130p　26cm〈文献あり〉非売品　Ⓝ375.464

『福島県立郡山高等学校　創立30周年記念誌―限りない輝く未来へ向けて―。』コスモアトリエ企画制作　福島県立郡山高等学校　2006.8　57p　30cm　Ⓝ376.4

『軌跡―福島県立郡山高等学校創立40周年記念』創立40周年記念事業実行委員会編　郡山　福島県立郡山高等学校　［2016］　26p　30cm

福島県

◆郡山北工業高等学校

『甲子園への道』郡山北工業高等学校同窓会,郡山北工業高等学校野球部講後援会編　郡山北工業高等学校同窓会　1979　143p（図版共）27cm　Ⓝ783.7

『ノーサイドの笛は新しいスタート！―郡山北工RUGBY愛好会10年史』郡山北工業高等学校ラグビーOB会編　郡山北工業高等学校ラグビーOB会　1988　146p（図版共）26cm　Ⓝ783.4

『北の駿馬たち―福島県立郡山北工業高等学校創立四十周年記念誌』郡山　福島県立郡山北工業高等学校創立四十周年記念事業実行委員会　[2016]　32p　30cm　Ⓝ376.4

◆郡山商業高等学校

『［郡山商業高等学校］創立60周年記念誌』郡山商業高等学校編　郡山商業高等学校　1979　159p（図版共）18×26cm　Ⓝ376.4

『五百陵と紫紺』武田十四男著　武田十四男　1985.7　174p　22cm　Ⓝ376.4

『郡商創立八十周年記念誌』創立八十周年記念誌編集委員会編　郡山　福島県立郡山商業高等学校　2001.2　539p　31cm　非売品　Ⓝ376.48

『郡商創立100周年記念誌』創立100周年記念誌編集委員会編集　郡山　福島県立郡山商業高等学校　[2021]　493p　31cm〈書誌注記：年表あり〉非売品　Ⓝ376.48

◆郡山女子高等学校

『創立50周年校舎改築落成記念誌』郡山女子高等学校編　郡山女子高等学校　1973　30p　26cm　Ⓝ376.4

『紫匂ふ―創立60周年記念誌』福島県立郡山女子高等学校創立六十周年記念実行委員会　福島県立郡山女子高等学校創立六十周年記念実行委員会　1982.10　110p　図版3枚　26cm　Ⓝ376.48

『陸リー会20年の歩み―福島県立郡山女子高等学校陸上競技部卒業生の会』梅田文衞編　郡山　[梅田文衞]　1985.10　130p　25cm　Ⓝ782

◆郡山東高等学校

『紫―福島県立郡山東高等学校家政科・保育科閉科記念誌』福島県立郡山東高等学校家政科・保育科閉科記念誌編集委員会編　福島県立郡山東高等学校　2000.1　21p　30cm

『こころの宇宙―創立八十周年記念誌 郡女から郡山東高へ』郡山　福島県立郡山東高等学校創立八十周年記念事業実行委員会　2004.2　445p　27cm〈年表あり〉Ⓝ376.48

『福島県立郡山東高等学校創立一〇〇周年記念誌』郡山　福島県立郡山東高等学校創立一〇〇周年記念事業実行委員会　2024.2　148p　30cm〈書誌注記：年表あり〉Ⓝ376.48

◆桜の聖母学院高等学校

『明日への教育』桜の聖母学院高等学校編　桜の聖母学院高等学校　1976　91p　26cm　Ⓝ376.4

◆修明高等学校

『福島県立修明高等学校―10th anniversary』棚倉町（福島県）　福島県立修明高等学校　2019　23p　30cm

◆修明高等学校鮫川校

『福島県立修明高等学校鮫川校閉校記念誌―開校から閉校まで74年の歴史』鮫川校閉校記念事業実行委員会編　鮫川校閉校記念事業実行委員会　2022.3　47p　30cm　Ⓝ376.48

◆尚志高等学校

『第96回全国高校サッカー選手権大会出場記念誌』尚志高等学校サッカー部全国大会出場後援会記念誌編集委員会編　郡山　尚志高等学校サッカー部全国大会出場後援会　2018.2　15p　30cm〈共同刊行：尚志学園尚志高等学校〉

◆白河高等学校

『［白河高等学校］五十年』白河高等学校五十年史編集委員会編　白河高等学校　1971　112p　図版　26cm　Ⓝ376.4

『六十年』白河高等学校六十年記念誌編集委員会編　白河高等学校六十年記念誌編集委員会　1982　212p　図版　26cm　Ⓝ376.4

『創立七十周年記念誌』白河高校七十周年記念誌編集委員会編　[白河高校]創立七十周年記念事業実行委員会　1991.9　243p　26cm　Ⓝ376.4

『登龍―福島県立白河高等学校創立80周年記念誌』福島県立白河高等学校創立80周年記念事業実行委員会編　福島県立白河高等学校　2003.1　196p　30cm　Ⓝ376.4

『星六つ―白河高等学校山岳部甲子山遭難ヒン

デュー・クシュ遭難記録』白河　福島県立白河高等学校創立百周年記念事業実行委員会　2022.5　115p　27cm〈福島県立白河高等学校創立百周年記念誌の別冊〉Ⓝ786.18

『登龍─福島県立白河高等学校創立百周年記念誌』創立百周年記念誌編纂部会編　白河　福島県立白河高等学校創立百周年記念事業実行委員会　2022.10　535p, 図版（ページ付なし）27cm〈書誌注記：年表あり　書誌注記：文献あり〉Ⓝ376.48

◆白河旭高等学校

『からたち─福島県立白河旭高等学校創立百周年記念誌』白河　福島県立白河旭高等学校創立百周年記念事業実行委員会　2014.9　152p　24×24cm〈書誌注記：年表あり〉Ⓝ376.48

◆白河実業高等学校

『創立70周年記念写真集』福島県立白河実業高等学校編　福島県立白河実業高等学校　［1997］　39p　30cm　Ⓝ376.4

『福島県立白河実業高等学校創立80周年記念誌』福島県立白河実業高等学校創立80周年記念事業実行委員会編集　福島県立白河実業高等学校創立80周年記念事業実行委員会　2007.10　39p　30cm　Ⓝ376.4

『家政科閉科記念誌─福島県立白河実業高等学校』福島県立白河実業高等学校編　福島県立白河実業高等学校　［2011.3］　19p　30cm　Ⓝ376.4

『福島県立白河実業高等学校創立90周年記念誌』福島県立白河実業高等学校創立90周年記念事業実行委員会編　福島県立白河実業高等学校創立90周年記念事業実行委員会　2017.10　31p　30cm　Ⓝ376.4

◆白河女子高等学校

『創立八十周年記念写真集』白河女子高等学校創立80周年記念事業実行委員会編　白河女子高等学校創立80周年記念事業実行委員会　1994　32p（図版共）26cm　Ⓝ376.4

◆仁愛高等学校

『創立40周年記念誌』仁愛高等学校創立40周年記念誌編集委員会編　学校法人温知会仁愛高等学校　2009.3　126p　30cm　Ⓝ376.4

◆新地高等学校

『福島県立新地高等学校　創立百周年記念誌「朝光の丘べ」』福島県立新地高等学校創立百周年記念事業実行委員会編　福島県立新地高等学校創立百周年記念事業実行委員会　2006.10　160, 24p　30cm　Ⓝ376.4

◆須賀川高等学校

『須高八十年史』須賀川高等学校編　須賀川高等学校　1987　699p（図版共）27cm　Ⓝ376.4

『叡智の苑─福島県立須賀川高等学校創立百周年記念誌』福島県立須賀川高等学校記念誌編集委員会編　須賀川　福島県立須賀川高等学校　2007.10　313p　31cm〈書誌注記：年表あり〉Ⓝ376.48

『百十周年記念誌─躍進』須賀川高等学校百十周年記念誌編集委員会編　須賀川　福島県立須賀川高等学校　2017.10　55p　30cm〈書誌注記：年表あり　奥付のタイトル：須賀川高等学校百十周年記念誌　共同刊行：福島県立須賀川高等学校創立百十周年記念事業実行委員会〉非売品　Ⓝ376.48

◆須賀川女子高等学校

『二十年の歩み─創立20周年記念誌』福島県立須賀川女子高等学校創立二十周年記念実行委員会編　福島県立須賀川女子高等学校創立二十周年記念実行委員会　1983.9　83p　図版5枚　26cm　Ⓝ376.48

『乙女桜─須女のあゆみ』福島県立須賀川女子高等学校校舎落成ならびに創立三十周年記念誌編集委員会編　須賀川女子高等学校　1995　60p（図版共）30cm　Ⓝ376.4

◆須賀川桐陽高等学校

『福島県立須賀川桐陽高等学校創立60周年記念誌』福島県立須賀川桐陽高等学校創立60周年記念事業実行委員会記念誌委員会編　福島県立須賀川桐陽高等学校創立60周年記念事業実行委員会　2022.10　32p　30cm　Ⓝ376.4

◆聖光学院高等学校

『聖光学院創立三十周年記念誌』聖光学院高等学校創立三十周年記念誌編集委員会編　聖光学院　1992　185p（図版共）22cm　Ⓝ376.4

『聖光学院　2001甲子園─第83回全国高等学校野球選手権大会出場記念』聖光学院高等学校野球部甲子園出場後援会編　聖光学院［高等学校］野球部甲子園出場後援会　2001.12　62p　30cm　Ⓝ783.7

『聖光学院　2004甲子園─第86回全国高等学校

福島県

『野球選手権大会出場記念』聖光学院高等学校野球部甲子園出場後援会編　聖光学院［高等学校］野球部甲子園出場後援会　2004.12　72p　30cm　Ⓝ783.7

『聖光学院 2005甲子園―第87回全国高等学校野球選手権大会出場記念』聖光学院高等学校野球部甲子園出場後援会編　聖光学院［高等学校］野球部甲子園出場後援会　2005.12　64p　30cm　Ⓝ783.7

『聖光学院 2007春 甲子園―第79回選抜高等学校野球大会出場記念』プラスヴォイス編集　聖光学院野球部甲子園出場後援会　2007.7　63p　30cm　Ⓝ783.7

『聖光学院 2007夏 甲子園―第89回全国高等学校野球選手権大会出場記念』プラスヴォイス編集　聖光学院野球部甲子園出場後援会　2007.11　70p　30cm　Ⓝ783.7

『聖光学院 2008春 甲子園―第80回選抜高等学校野球大会出場記念』プラスヴォイス編集　聖光学院野球部甲子園出場後援会　2008.7　67p　30cm　Ⓝ783.7

『聖光学院 2008夏 甲子園―第90回全国高等学校野球選手権大会出場記念』プラスヴォイス編集　聖光学院野球部甲子園出場後援会　2008.11　62p　30cm　Ⓝ783.7

『聖光学院 2009夏 甲子園―第91回全国高等学校野球選手権大会 出場記念』プラスヴォイス編集・製作　聖光学院野球部甲子園出場後援会　2009.11　63p　30cm　Ⓝ783.7

『聖光学院 2010夏 甲子園―第92回全国高等学校野球選手権大会 出場記念』プラスヴォイス編集・製作　聖光学院野球部甲子園出場後援会　2010.11　63p　30cm　Ⓝ783.7

『聖光学院 2012夏 甲子園―第94回全国高等学校野球選手権大会 出場記念』プラスヴォイス編集・製作　聖光学院野球部甲子園出場後援会　2011.11　63p　30cm　Ⓝ783.7

『聖光学院 2011夏 甲子園―第93回全国高等学校野球選手権大会 出場記念』プラスヴォイス編集・製作　聖光学院野球部甲子園出場後援会　2011.12　63p　30cm　Ⓝ783.7

『聖光学院高等学校創立50周年記念誌』聖光学院高等学校創立50周年記念誌委員会編　学校法人聖光学院　2012.2　174p　30cm　Ⓝ376.4

『聖光学院 2012春 甲子園―第84回選抜高等学校野球大会出場記念』プラスヴォイス編集　聖光学院野球部甲子園出場後援会　2012.7　63p　30cm　Ⓝ783.7

『聖光学院 2013春 甲子園―第85回選抜高等学校野球大会出場記念』プラスヴォイス編集　聖光学院野球部甲子園出場後援会　2013.7　63p　30cm　Ⓝ783.7

『聖光学院 2013夏 甲子園―第95回全国高等学校野球選手権記念大会出場記念』プラスヴォイス編集　聖光学院野球部甲子園出場後援会　2013.11　63p　30cm　Ⓝ783.7

『聖光学院 2014夏 甲子園―第96回全国高等学校野球選手権大会出場記念』プラスヴォイス編集　聖光学院野球部甲子園出場後援会　2014.11　63p　30cm　Ⓝ783.7

『聖光学院 2015夏 甲子園―第97回全国高等学校野球選手権記念大会出場記念』プラスヴォイス編集　聖光学院野球部甲子園出場後援会　2015.11　63p　30cm　Ⓝ783.7

『聖光学院 2016夏 甲子園―第98回全国高等学校野球選手権記念大会出場記念』プラスヴォイス編集　聖光学院野球部甲子園出場後援会　2016.11　63p　30cm　Ⓝ783.7

『聖光学院 2017夏 甲子園―第99回全国高等学校野球選手権記念大会出場記念』プラスヴォイス編集　聖光学院野球部甲子園出場後援会　2017.11　61p　30cm　Ⓝ783.7

『聖光学院 2018春 甲子園―第90回記念選抜高等学校野球大会出場記念』プラスヴォイス編集　聖光学院野球部甲子園出場後援会　2018.6　51p　30cm　Ⓝ783.7

『聖光学院 2018夏 甲子園―第100回全国高等学校野球選手権記念大会出場記念』プラスヴォイス編集　聖光学院野球部甲子園出場後援会　2018.11　51p　30cm　Ⓝ783.7

『負けてみろ。―聖光学院と斎藤智也の高校野球』田口元義著　秀和システム　2019.2　351p　19cm〈書誌注記：年譜あり〉1600円　①978-4-7980-5654-8　Ⓝ783.7

目次　第1章 雌伏 1987‐1999（1987 斎藤智也の赴任、1988 甲子園のヒーロー襲来 ほか）、第2章 敗北 2000‐2004（2000 三年以内、2001 初めての甲子園 ほか）、第3章 悲壮 2005‐2009（2005 日本一のBチーム、2006 空白の一年 ほか）、第4章 覚悟 2010‐2012（2010 才能の覚醒、2011 震災と勇気づけるもの ほか）、第5章 頂点 2013‐2019（2013「ヤバくね？」、2014 連勝記録 ほか）

内容　常識にない方法で福島県内常勝を作り上げた。Bチームだけの東北リーグや、長い長いミーティング、時には強い言葉での叱咤…。それはいかにしてできたのか？斎藤と聖光学院の重苦しい歴史。プレッシャーを受け入れ前進しようとする心。そ

のなかでいつもブレなかった選手一人ひとりと対峙すること。名将・斎藤智也だけではない参謀・横山博英、石田安広コーチら指導者の熱。前人未踏の「12連覇」と甲子園一清く、壮絶なる舞台裏。

『聖光学院 2019夏 甲子園―第101回全国高等学校野球選手権記念大会出場記念』プラスヴォイス編集　聖光学院野球部甲子園出場後援会　2019.11　51p　30cm　Ⓝ783.7

『学校法人聖光学院 聖光学院高等学校創立60周年記念誌』聖光学院高等学校60周年記念誌委員会編　［聖光学院］　［2022］　34p　30cm　Ⓝ376.4

『聖光学院 2022春 甲子園―第94回選抜高等学校野球大会出場記念』プラスヴォイス編集　聖光学院野球部甲子園出場後援会　2022.7　51p　30cm　Ⓝ783.7

『初のベスト4聖光学院―報道写真集：2022夏第104回全国高校野球選手権大会』福島民報社編集　福島　福島民報社　2022.9　31p　30cm　909円　Ⓘ978-4-904834-68-8

『聖光学院 2022夏 甲子園―第104回全国高等学校野球選手権大会』プラスヴォイス編集　聖光学院野球部甲子園出場後援会　2022.12　59p　30cm　Ⓝ783.7

『聖光学院・斎藤智也のセオリー―価値観をそろえ負けない法則60』田尻賢誉著　ベースボール・マガジン社　2023.3　319p　19cm　1600円　Ⓘ978-4-583-11587-0　Ⓝ783.7
　目次　第1章 強い組織をつくる、第2章 練習する、準備する、第3章 育てる、鍛える、第4章 戦い方、采配、第5章 リーダーの生き方、習慣、横山博英のセオリー
　内容　心の能力を上げ、価値観をそろえることで、強い組織をつくる名将・斎藤智也。福島県内での公式戦95連勝や戦後最長の13年連続夏の甲子園出場など数々の偉業を成し、22年夏の甲子園ではチームを過去最高のベスト4に導いた。獲るより育てる「負けない野球」の戦い方を、スポーツジャーナリスト田尻賢誉が60のセオリーとして伝える。斎藤監督とともにチームを支える横山博英野球部長のセオリーも紹介。

『聖光学院 2023夏 甲子園―第105回全国高等学校野球選手権記念大会出場記念』プラスヴォイス編集　聖光学院野球部甲子園出場後援会　2023.12　59p　30cm　Ⓝ783.7

◆清陵情報高等学校

『感動との交信―春のセンバツ出場を記念して』福島県立清陵情報高等学校編　［福島県立清陵情報高等学校］　［1995］　86p　26cm　Ⓝ783.7

『球春―甲子園から発進』福島県立清陵情報高等学校編　福島県立清陵情報高等学校　1995　80p（図版共）　27cm　Ⓝ783.7

『10年の歩み―清陵情報高等学校創立十周年記念誌』福島県立清陵情報高等学校創立十周年記念実行委員会編　福島県立清陵情報高等学校創立十周年記念実行委員会　1997.11　56p

『福島県立清陵情報高等学校創立30周年記念誌』福島県立清陵情報高等学校編　福島県立清陵情報高等学校　2017.10　48p　30cm　Ⓝ376.48

◆相馬高等学校

『相中相高八十年』相馬　福島県立相馬高等学校創立八十周年記念事業実行委員会　1978.5　435p　26cm　Ⓝ376.4

『相中相高百年史』相馬　福島県立相馬高等学校創立百周年記念事業実行委員会　1998.7　1105p　27cm　Ⓝ376.48

『福島県立相馬高等学校創立百周年記念事業記録集』福島県立相馬高等学校創立百周年記念事業実行委員会編　福島県立相馬高等学校創立百周年記念事業実行委員会　1999.3　124p　26cm　Ⓝ376.4

『紅の旗―創立110周年記念誌』福島県立相馬高等学校創立百十周年記念事業実行委員会記念誌編纂委員会編　相馬　福島県立相馬高等学校創立百十周年記念事業実行委員会　2009.1　188p　30cm〈年表あり〉Ⓝ376.48

『大震災の刻（とき）を生きる―這い上がる被災地の県立高校』鈴木正裕著　福島　［鈴木正裕］　2012.7　214p　19cm　1000円　Ⓝ376.4

『乗り越えてその先へ―福島県立相馬高等学校創立百二十周年記念誌』福島県立相馬高等学校創立百二十周年記念事業実行委員会記念誌編集委員会編　福島県立相馬高等学校創立百二十周年記念事業実行委員会記念誌編集委員会　2018.10　318p　30cm　Ⓝ376.4

◆相馬女子高等学校

『相女七十年』相馬女子高等学校編　相馬女子高等学校　1978　30p（図版共）　26cm　Ⓝ376.4

『相女八十年誌』福島県立相馬女子高等学校創立八十周年記念事業実行委員会記念誌編集委員会編　福島県立相馬女子高等学校　1987.10　180p　26cm　Ⓝ376.48

『秋桜の詩―90年のあゆみ』福島県立相馬女子

福島県

高等学校創立90周年記念事業実行委員会　1997.10　54p　31cm

◆相馬総合高等学校

『自由の海を漕ぎぬかむ―新地校舎閉校舎記念誌』福島県立相馬総合高等学校新地校舎編　福島県立相馬総合高等学校新地校舎　2024.3　190p　30cm　Ⓝ376.4

◆相馬農業高等学校

『相農史　上巻』相馬史編纂委員会編　原町相馬農業高等学校　1973　776p　図・肖像21枚　22cm　Ⓝ376.4

『相農史　下巻』相馬史編纂委員会編　原町相馬農業高等学校　1976　959p　図・肖像13枚　22cm　Ⓝ376.4

『福島県立相馬農業高等学校創立百周年記念誌』福島県立相馬農業高等学校創立百周年記念事業実行委員会編　福島県立相馬農業高等学校創立百周年記念事業実行委員会　2003.10　112p　30cm　Ⓝ376.48

『相農百年史』福島県立相馬農業高等学校創立百周年記念事業実行委員会編　福島県立相馬農業高等学校創立百周年記念事業実行委員会　2004.2　551p　31cm　Ⓝ376.4

◆相馬東高等学校

『四季清麗―写真で綴る百年誌　福島県立相馬東高等学校　1907-2007』創立100周年記念事業実行委員会記念誌編纂委員会編集　福島県立相馬東高等学校　2007.9　155p　24×24cm　Ⓝ376.4

『希望はここに―福島県立相馬東高等学校創立110周年記念誌』福島県立相馬東高等学校創立110周年記念事業実行委員会（編纂委員会）編　福島県立相馬東高等学校創立110周年記念事業実行委員会（編纂委員会）　2018.1　52p　30cm　Ⓝ376.4

◆平工業高等学校

『完全燃焼―4800秒―新聞記事による平成元年度第68回全国高等学校サッカー選手権大会出場の記録』平工業高等学校編　平工業高等学校　1990　1冊　40cm　Ⓝ783.4

『平工高五十年史』福島県立平工業高等学校創立50周年記念事業実行委員会記念誌編集委員会編　いわき　福島県立平工業高等学校　1990.11　438p　図版11枚　27cm　Ⓝ376.4

『我が白球の青春譜―平工硬式野球部45年の歩み』福島県立平工業高等学校硬式野球部史編集委員会編　福島県立平工業高等学校硬式野球部OB会　1993.10　307p　27cm

『飛翔―第69回選抜高等学校野球大会出場記念』平工業高等学校編　平工業高等学校　1997.6　72p（図版共）27cm

『平工ラグビー部誌―創部50年の記録』福島県立平工業高等学校ラグビー部OB会編　福島県立平工業高等学校ラグビー部OB会　1998.7　113p　図版　26cm

◆平商業高等学校

『平商六十年誌』福島県立平商業高等学校創立六十周年記念誌編集委員会編　福島県立平商業高等学校創立六十周年記念誌編集委員会　1974.2　167, 32p　26cm　Ⓝ376.48

『母校の歴史―創立七十周年記念』福島県立平商業高等学校編　福島県立平商業高等学校　1983.11　188p　22cm

『平商の杜―創立九十周年記念誌』福島県立平商業高等学校創立90周年記念誌発行委員会著　福島県立平商業高等学校　2003.11　55p　30cm　Ⓝ376.4

『平商の百年―創立百周年記念』福島県立平商業高等学校創立百周年記念事業実行委員会編　福島県立平商業高等学校　2014.2　702p　30cm〈おもな引用参考文献：p700, 年表：p602-699〉Ⓝ376.4

◆田島高等学校

『記念誌―福島県立田島高等学校創立80周年記念』田島高等学校編　田島高等学校　1991　137p（図版共）26cm　Ⓝ376.4

『記念誌』創立九十周年記念事業実行委員会記念誌編集委員会編　福島県立田島高等学校　2000.10　49p　30cm　Ⓝ376.4

『記念誌―潮音の響きふたたび：福島県立田島高等学校創立百周年記念』南会津町（福島県）［福島県立田島高等学校創立百周年記念事業実行委員会］［2013］105p　31cm〈書誌注記：年表あり　標題紙のタイトル：創立百周年記念誌〉Ⓝ376.48

◆只見高等学校

『只見高等学校のあゆみ―独立三十周年記念誌』只見高等学校編　只見高等学校　1993　157p　図版　26cm　Ⓝ376.4

『福島県立只見高等学校創立50周年記念誌――

人一人の力が歴史をつくる』只見高校創立50周年記念誌出版委員会編集　只見高校創立50周年記念誌出版委員会　［1998］　72, 38p　30cm

『只見高等学校　2022春　甲子園―第94回選抜高等学校野球大会出場記念』プラスヴォイス編集　福島県只見高等学校野球部甲子園出場後援会　2022.8　63p　30cm　Ⓝ783.7

◆橘高等学校

『創立百十周年記念誌―夢の光光の夢新たな伝統を求めて』福島県立橘高等学校創立百十周年記念事業実行委員会記念誌委員会編　福島　福島県立橘高等学校創立百十周年記念事業実行委員会　2008.2　218p　26cm〈書誌注記：年表あり〉Ⓝ376.48

『橘高校この十年―創立百十周年から百二十周年へ：橘高等学校創立120周年記念誌』福島県立橘高等学校創立百二十周年記念事業実行委員会記念誌委員会編　福島　福島県立橘高等学校創立百二十周年記念事業実行委員会　2018.2　69p　26cm〈書誌注記：年表あり〉Ⓝ376.48

◆棚倉高等学校

『創立六十周年記念誌　都々古』棚倉高等学校編　福島県立棚倉高等学校創立60周年記念実行委員会　1984　145p（図版共）26cm　Ⓝ376.4

『福島県立棚倉高等学校創立80周年記念誌』福島県立棚倉高等学校創立八十周年記念式典実行委員会編　福島県立棚倉高等学校創立八十周年記念式典実行委員会　2004.10　84p（図版共）30cm　Ⓝ376.4

◆田村高等学校

『60年記念誌』田村高校創立60周年記念行事記念誌発行委員会編　福島県立田村高等学校創立60周年記念行事委員会　1982.10　90p　26cm　Ⓝ376.4

『松径―田村高等学校・創立七十周年記念誌』田村高等学校編　田村高等学校　1992　102p　30cm　Ⓝ376.4

『躍動―田村高校駅伝競走全国大会の記録　平成7年度』佐久間章光編　田村高校の記録を残す会　1996.2　20p（図版共）30cm

『躍動―田村高等学校駅伝競走全国大会の記録　平成8年度』佐久間章光編　田村高校の記録を残す会　［1997］　28p（図版共）30cm

『躍動―田村高等学校駅伝競走全国大会の記録　平成11年度』佐久間章光編　田村高校の記録を残す会　2000.2　32p　30cm

◆遠野高等学校

『福島県立遠野高等学校閉校記念誌―74年のあゆみ』いわき　福島県立遠野高等学校同窓会記念誌編集委員会　2022.2　111p　30cm〈書誌注記：年表あり〉Ⓝ376.48

◆富岡高等学校

『三十年の歩み―創立三十周年校舎改築落成記念』富岡高等学校学校誌編集委員会編　福島県立富岡高等学校　1980.11　160p　図版2枚　26cm　Ⓝ376.4

『福島県立富岡高等学校休校誌―国際・スポーツ科の歩み』福島県立富岡高等学校編　富岡町（福島県）［福島県立富岡高等学校］　2017.3　104p　30cm　Ⓝ376.48

◆富岡高等学校川内校

『川高六十年のあゆみ―福島県立富岡高等学校川内校閉校記念誌』福島県立富岡高等学校川内校創立60周年記念事業等実行委員会記念誌編集委員会編　［福島県立富岡高等学校川内校創立60周年記念事業等実行委員会記念誌編集委員会］　2011.5　96p　30cm　Ⓝ376.4

◆長沼高等学校

『長高三十年』長沼高等学校創立三十周年記念事業実行委員会記念誌刊行委員会編　福島県立長沼高等学校　1980　150p　26cm　Ⓝ376.4

◆勿来高等学校

『［勿来高等学校］創立四十周年記念誌』福島県立勿来高等学校編　福島県立勿来高等学校　1987.11　156p　図版　27cm　Ⓝ376.4

『福島県立勿来高等学校創立五十周年記念誌』福島県立勿来高等学校編　福島県立勿来高等学校　1997.10　186p　27cm　Ⓝ376.4

◆勿来工業高等学校

『新たな伝統の創造―創立50周年記念誌』福島県立勿来工業高等学校創立50周年記念誌編集委員会編　福島県立勿来工業高等学校創立50周年記念事業実行委員会　2010.11　110p　31cm　Ⓝ376.48

◆浪江高等学校

『風雪の50年―1927-1976』福島県立浪江高等

学校記念誌編集委員会編　福島県立浪江高等学校創立50周年実行委員会　1976.11　120p　図版1枚　26cm　Ⓝ376.48

『創立七十周年記念誌』福島県立浪江高等学校創立七十周年記念誌編集委員会編　福島県立浪江高等学校　1996.11　61p　26cm　Ⓝ376.48

『幸あるわれら—3・11東日本大震災と原発事故災害の体験記』浪江町（福島県）福島県立浪江高等学校　2012.3　123p　30cm　Ⓝ376.4126

『五山に囲まれて—あの時を忘れない』福島県立浪江高等学校津島校編　浪江町（福島県）福島県立浪江高等学校津島校　2012.10　70p　30cm　Ⓝ376.4126

◆浪江高等学校大野分校

『日輪舎—青春の学び舎』伊藤行和著　伊藤行和　2005.4　389p　22cm　Ⓝ376.4

◆日本大学東北高等学校

『三十年の歩み—日本大学東北高等学校創立三十周年記念誌』日本大学東北高等学校創立30周年記念誌編集委員会編　郡山　日本大学東北高等学校　1981.9　203p　27cm　非売品　Ⓝ376.4

『熱闘—第78回全国高校野球選手権大会』日本大学東北高等学校甲子園出場実行委員会記録係編　日本大学東北高等学校　1996.10　48p（図版共）26cm　Ⓝ783.7

『日本大学東北高等学校50年史』記念誌編纂委員会編　日本大学東北高等学校　2001.10　248p　26cm　Ⓝ376.4

◆二本松工業高等学校

『10年のあゆみ』二本松工業高等学校創立10周年記念誌編集本部編　福島県立二本松工業高等学校創立10周年実行委員会　1971　100p（図版共）27×24cm　Ⓝ376.4

『30年のあゆみ』福島県立二本松工業高等学校30年のあゆみ編集委員会編　福島県立二本松工業高等学校　1992.10　99p　30cm　Ⓝ376.4

◆塙工業高等学校

『創立40周年記念誌』福島県立塙工業高等学校創立四十周年記念事業実行委員会編　福島県立塙工業高等学校創立四十周年記念事業実行委員会　1988.10　77p　26cm

◆原町高等学校

『躍進—原高五十年の歩み』原町高等学校編　原町高等学校創立五十周年記念事業実行委員会　1989　329p　図版　26cm　Ⓝ376.4

『自由の鐘—福島県立原町高等学校創立60周年記念誌　1999』原町高等学校創立60周年記念誌発行委員会編　原町高等学校創立60周年記念誌発行委員会　1999　95p（図版共）30cm　Ⓝ376.4

『自由の鐘—福島県立原町高等学校創立70周年記念誌　Ⅱ』福島県立原町高等学校創立70周年記念誌委員会編　福島県立原町高等学校創立70周年記念誌委員会　2009.9　75p　30cm　Ⓝ376.48

『自由の鐘—福島県立原町高等学校創立八十周年記念誌　Ⅲ』福島県立原町高等学校創立80周年記念誌委員会編　福島県立原町高等学校創立80周年記念誌委員会　2019.10　104p　30cm　Ⓝ376.48

『原高ものがたり80—福島県立原町高等学校創立80周年に寄せて』山崎健一編著　福島［山崎健一］　2019.11　124p　30cm　非売品　Ⓝ376.48

◆坂下高等学校

『坂下高等学校創立50周年記念誌—きりの葉』福島県立坂下高等学校　1998.10　155p　図版　30cm

『きりの葉—福島県立坂下高等学校創立七十周年記念誌』創立七十周年記念事業実行委員会　2018.10　65p　30cm〈書誌注記：年表あり　発行所：福島県立坂下高等学校〉Ⓝ376.48

◆東白川農商高等学校

『東光—創立80周年記念誌』福島県立東白川農商高等学校創立80周年記念誌編集委員会編　福島県立東白川農商高等学校創立80周年記念誌編集委員会　1988.11　98p　26cm

『東光—創立90周年記念誌』福島県立東白川農商高等学校創立90周年記念誌編集委員会編　福島県立東白川農商高等学校創立90周年記念誌編集委員会　1998.11　86p　26cm

『東白川農商百年史』福島県立東白川農商高等学校編　福島県立東白川農商高等学校　2009.9　489p　27cm

◆東白川農商高等学校鮫川分校

『みそじのあゆみ—福島県立東白川農商高等学校鮫川分校創立三十周年記念誌』鮫川分校創

立三十周年記念誌編集委員会編　福島県立東白川農商高等学校鮫川分校　1984.11　59p　26cm　Ⓝ376.48

◆福島高等学校

『福高八十年史』福島高等学校創立八十周年記念事業実行委員会編　福島高等学校創立八十周年記念事業実行委員会　1978　784,135p図版　22cm　Ⓝ376.4

『福島高校 この十年―創立九十周年を記念して』福島高等学校創立九十周年記念事業実行委員会記念誌刊行小委員会編　福島高等学校創立九十周年記念事業実行委員会記念誌刊行小委員会　1988　116,48p　21cm　Ⓝ376.4

『目で見る 福高九十年の歩み』福島高等学校創立九十周年記念事業実行委員会記念誌刊行小委員会編　福島高等学校創立九十周年記念事業実行委員会記念誌刊行小委員会　1988　168p(図版共)　31cm　Ⓝ376.4

『福島高校野球部史』福島高校野球部史編集委員会編　福島高校野球部後援会梅門クラブ　1989　302p(図版共)　22cm　Ⓝ783.7

『梅花は薫る―福島高校百年』福島民報社編　福島　福島民報社　1998.9　190p　22cm　1429円　①4-9900123-0-5　Ⓝ376.48

『梅章百年―福高百年の歩み』福島民友新聞社編　福島民友新聞社　1998.9　128p図版　21cm

『福高百年史』福島県立福島高等学校創立百周年記念事業実行委員会出版委員会編　福島　福島県立福島高等学校創立百周年記念事業実行委員会　1999.3　701,220p　27cm　Ⓝ376.4

『福中・福高の青春群像―福高百年史』福島県立福島高等学校創立百周年記念事業実行委員会編　福島　福島県立福島高等学校創立百周年記念事業実行委員会　1999.3　335p　27cm〈折り込5枚〉Ⓝ376.4

『福高この十年―創立110周年』福島県立福島高等学校創立百十周年記念事業実行委員会記念誌刊行委員会編　福島県立福島高等学校創立百十周年記念事業実行委員会　2008.10　86,26p　26cm　Ⓝ376.4

『福島県立福島高等学校創立120周年記念誌―福高この十年』福島県立福島高等学校創立120周年記念事業実行委員会記念誌刊行委員会編　福島県立福島高等学校創立120周年記念事業実行委員会　2018.10　113p　30cm　Ⓝ376.4

◆福島北高等学校

『さわやか初陣―第60回 選抜高等学校野球大会出場記念』福島北高甲子園出場後援会編　福島北高甲子園出場後援会　[1988]　60p(図版共)　27cm　Ⓝ783.7

◆福島工業高等学校

『おお光輝あり―福島県立福島工業高等学校』創立50周年記念誌編集委員会編　福島県立福島工業高等学校　2000.3　298p　31cm

『われらの上に光輝あり―[福島県立福島工業高等学校]創立60周年記念誌』創立60周年記念事業実行委員会編集　福島県立福島工業高等学校　2008.11　46p　30cm　Ⓝ376.48

『創立70周年記念誌―過去10年の歩み』福島県立福島工業高等学校創立70周年記念事業実行委員会編　福島県立福島工業高等学校創立70周年記念事業実行委員会　2018.10　70p　30cm　Ⓝ376.48

◆福島商業高等学校

『福商野球部五十年のあゆみ』福島商業高等学校野球部五十年記念誌編集委員会編　福商球友会　1974　332p図版　22cm　Ⓝ783.7

『福商八十年』福島商業高等学校編　福島商業高等学校　1977　1冊図版　26cm　Ⓝ376.4

『福商創立九十周年記念誌』福島商業高等学校編　福島商業高等学校　1987　366p図版　27cm　Ⓝ376.4

『久遠の希望(のぞみ)に』福島県立福島商業高等学校創立百周年記念事業実行委員会編　福島県立福島商業高等学校創立百周年記念事業実行委員会　1997.10　94p　30cm

『若き心―福商百年の歩み』福島商業高等学校創立百周年記念事業実行委員会編　福島県立福島商業高等学校　1998.7　2冊　31cm　Ⓝ376.48

『信夫讃歌―第72回選抜高等学校野球大会出場記念』福商野球部甲子園出場後援会編　福商野球部甲子園出場後援会　2000.6　72p　27cm

『青春讃歌2000年―春夏連続甲子園出場記念』福商野球部甲子園出場後援会編、朝日新聞社出版局出版サービス編　福商野球部甲子園出場後援会　2000.12　62p　31cm

『全国高等学校野球選手権大会―第1次予選福島県大会戦績　昭和23年―平成15年』福島県立福島商業高等学校野球部80周年記念事業実行

委員会記念誌編集委員会編　福商球友会
2003.11　56p　30cm　Ⓝ783.7

『白球敢闘譜―福島商業野球部80年のあゆみ』
福島県立福島商業高等学校野球部80周年記念事業実行委員会記念誌編集委員会編　福商球友会　2003.11　390p　31cm　Ⓝ783.7

『福島県立福島商業高等学校創立120周年記念誌』福島県立福島商業高等学校創立百二十周年記念事業実行委員会・出版委員会編纂　福島県立福島商業高等学校　2017.10　119p　30cm　Ⓝ376.48

『白球敢闘譜―福島商業野球部100年のあゆみ』福島商業野球部創部100周年記念事業実行委員会記念誌編集委員会編　福商球友会　2023.6　309p　30cm　Ⓝ783.7

◆福島女子高等学校

『福女80年誌―創立80周年記念』創立80周年記念行事実行委員会記念誌作成小委員会編　福島女子高等学校　1977.9　120p（図版共）26cm　Ⓝ376.4

『高校風土記　香るたちばな―福島女子高校』毎日新聞社福島支局編　毎日新聞社　1978　207p　19cm　Ⓝ376.4

『目で見るAnniversary 100th マイロード』福島女子高等学校創立100周年記念誌発行委員会編　福島県立福島女子高等学校　1997.9　1冊　30cm　Ⓝ376.4

『花たちばな―一世紀―福島女子高の百年』福島民友新聞社編　木下隆　1997.12　94p 図版　21cm

『創立百周年記念誌―一八九七年―一九九七年』福島県立福島女子高等学校創立百周年記念事業実行委員会百周年記念誌編集委員会編　福島　福島県立福島女子高等学校同窓会　1998.3　812p　27cm〈書誌注記：年表あり〉Ⓝ376.4

『たちばな―福島県立福島女子高等学校バスケットボール橘クラブ記念誌』福島県立福島女子高等学校バスケットボール橘クラブ編　福島県立福島女子高等学校バスケットボール橘クラブ　2003.2　92p　30cm　Ⓝ783.1

◆福島成蹊学園

『福島成蹊百年史』福島成蹊学園創立100周年記念事業実行委員会編　福島成蹊学園創立100周年記念事業実行委員会　2015.6　888p　31cm　Ⓝ376.4

◆福島成蹊女子高等学校

『福島成蹊女子高等学校創立70周年記念誌』福島成蹊女子高等学校編　福島成蹊女子高等学校　1983　220p　27cm　Ⓝ376.4

『ありがとう―福島成蹊女子高等学校吹奏楽部の歩み』福島成蹊女子高等学校吹奏楽部，赤間真季　赤間真季　2003.1　1冊　26cm

◆福島中央高等学校

『創立30周年記念誌　1978』福島県立福島中央高等学校編　福島県立福島中央高等学校　1978.10　53p　18×26cm　Ⓝ376.4

◆福島西高等学校

『福島県立福島西高等学校創立五十周年記念誌―1963-2013：響け中空に青春のときめき―須川春秋五十年』創立50周年記念誌委員会編　福島　福島県立福島西高等学校創立50周年記念事業実行委員会　2013.9　111p　30cm〈書誌注記：年表あり　背のタイトル：創立50周年記念誌〉Ⓝ376.48

◆福島西女子高等学校

『西女　更なる飛翔のために』福島西女子高等学校創立30周年記念誌委員会編　福島西女子高等学校　1993　70p（図版共）30cm　Ⓝ376.4

◆福島農蚕高等学校

『創立八十周年記念誌　昭和51年11月』福島県立福島農蚕高等学校福農創立八十周年記念会編　福島県立福島農蚕高等学校福農創立八十周年記念会　1977.3　138p　21cm

『福農史―創立八十周年記念』福島農蚕高等学校福農史編纂委員会編　福島　福農史刊行委員会　1979.3　102, 1214p　22cm　Ⓝ376.4

『［福島農蚕高等学校］創立九十周年記念誌』福島県立福島農蚕高等学校編　福島県立福島農蚕高等学校福農創立九十周年記念会　1987　155p 図版　21cm　Ⓝ376.4

『福農百年史』福農百年史編纂委員会編　福島　福島県立福島農蚕高等学校　1997.3　530p　31cm〈共同刊行：福島農蚕高等学校創立百周年記念会〉Ⓝ376.48

◆福島東高等学校

『福島東高校創立十周年記念誌』福島県立福島東高等学校編　福島県立福島東高等学校　1990　191p 図版　27cm　Ⓝ376.4

『福島東高校創立20周年記念誌』福島県立福島東高等学校編　福島東高等学校　［2000］136p　図版　30cm　Ⓝ376.4

◆福島南高等学校

『創立十周年記念誌』福島県立福島南高等学校創立10周年記念事業実行委員会編　福島県立福島南高等学校　1997.10　223p　図版　26cm

『創立20周年記念誌—Start of 20th』福島県立福島南高等学校編　福島県立福島南高等学校　［2007.4］　174p　30cm〈平成9年度（1997）から平成18年度（2006）間の記録〉Ⓝ376.4

『福島県立福島南高等学校創立30周年記念誌』創立30周年記念誌編集委員会編　福島　福島県立福島南高等学校　2017.10　146, 148p　30cm〈タイトルは表紙による〉Ⓝ376.48

◆福島明成高等学校

『創立百十周年記念誌—大地よ風よ、希みて歌え』福島県立福島明成高等学校創立百十周年記念事業実行委員会編　福島県立福島明成高等学校創立百十周年記念事業実行委員会　2006.10　32p（図版共）30cm　Ⓝ376.4

『大地よ風よ　信じて歌えー創立120周年記念誌』福島県立福島明成高等学校創立百二十周年記念事業実行委員会編　福島県立福島明成高等学校創立百二十周年記念事業実行委員会　2016.10　36p　30cm　Ⓝ376.48

◆双葉高等学校

『双葉高校　五十年の歩み』福島県立双葉高等学校記念誌編集委員会編　福島県立双葉高等学校創立五十周年記念事業実行委員会　1973.11　218p　26cm　Ⓝ376.4

『一球入魂—巻き起こせ緑の旋風：甲子園出場熱闘の戦績』双葉高等学校硬式野球部編　双葉高等学校硬式野球部　1995　1冊　31cm　Ⓝ783.7

『白球の軌跡—双葉高校野球部80年の歩み』福島県立双葉高等学校野球部史編集委員会編　福島県立双葉高等学校野球部史編集委員会　2006.3　240p　31cm　Ⓝ783.7

『きせき—福島県立双葉高等学校休校記念誌』福島県立双葉高等学校休校記念誌編集委員会編　福島県立双葉高等学校休校記念事業実行委員会　2017.2　77p　30cm　Ⓝ376.48

『ああ、懐かしき双葉高等学校硬式野球部—憧れと現実の狭間で』髙野正美　弘報印刷出版センター　2023.9　151p　19cm　1200円　Ⓝ783.7

『百年史—福島県立双葉高等学校』記念誌編集委員会編集　福島県立双葉高等学校創立百年記念事業実行委員会　2023.10　171p　31cm〈書誌注記：年表あり〉Ⓝ376.48

◆双葉翔陽高等学校

『翔陽—福島県立双葉翔陽高等学校創立五十周年記念誌』福島県立双葉翔陽高等学校創立五十周年記念誌発行委員会制作　福島県立双葉翔陽高等学校創立五十周年記念誌発行委員会　1998.10　69p　30cm　Ⓝ376.48

◆双葉農業高等学校

『30年のあゆみ』双葉農業高等学校記念誌編集部編　福島県立双葉農業高等学校　1975　96p（図版共）26cm　Ⓝ376.4

◆船引高等学校

『鵬翼—新校舎落成、創立35周年記念誌』福島県立船引高等学校　1984.10　167p　26cm　Ⓝ376.48

◆保原高等学校

『笹りんどうとともに—50年の歩み』保原高等学校編　保原高等学校　1972　106p（図版共）26cm　Ⓝ376.4

『仰ぐは霊山—写真で綴る70年』福島県立保原高等学校創立70周年記念誌編纂委員会編　保原町（福島県）福島県立保原高等学校　1992.10　168p　24×24cm　Ⓝ376.4

『笹りんどうとともに80年—福島県立保原高等学校創立80周年記念誌』福島県立保原高等学校編　福島県立保原高等学校　2002.10　184p（図版共）30cm　Ⓝ376.48

『県立保原高等学校創立90周年記念誌』保原高校創立90周年記念事業実行委員会編　伊達（福島県）保原高校創立90周年記念事業実行委員会　2012.10　120p　30cm〈書誌注記：年表あり　背のタイトル：創立90周年記念誌〉Ⓝ376.48

『球友　創立50周年記念誌』福島県立保原高等学校バレーボール部OB会編　福島県立保原高等学校バレーボール部OB会　2013.10　126p　30cm　Ⓝ783.2

『がれきに花を咲かせようプロジェクト6年間のあゆみ』福島県立保原高等学校美術部編　福島県立保原高等学校美術部　2017.3　34p　21×30cm　Ⓝ375.18

福島県

『質実剛健和衷協同―人生の原点保高の百年』
福島県立保原高等学校創立100周年記念事業実行委員会編集　伊達(福島県)　福島県立保原高等学校創立100周年記念事業実行委員会　2023.3　264p　31cm〈書誌注記：年表あり　部分タイトル：福島県立保原高等学校創立100周年記念誌〉Ⓝ376.48

◆緑が丘高等学校

『緑が丘高等学校創立30周年記念誌―1988』創立30周年記念誌編集委員会編　福島　緑が丘高等学校　1988.6　207p　27cm〈書誌注記：年表あり〉Ⓝ376.48

『美を求めて―げんこつ仲間たち』緑が丘等学校体操部編　緑が丘高等学校体操部　1989　179p　27cm　Ⓝ781

◆南会津高等学校

『南会津高等学校校舎落成・創立33周年記念誌』記念誌委員会編　福島県立南会津高等学校　1980.10　108p　19×26cm　Ⓝ376.4

◆本宮高等学校

『檀陵―証言で綴る本宮高校七十年の歩み』本宮高等学校創立七十年記念事業記念誌編集委員会編　本宮町(福島県)　福島県立本宮高等学校　1984.10　330,24p　26cm〈背の書名：福島県立本宮高等学校創立70周年記念誌〉非売品　Ⓝ376.4

『檀陵―福島県立本宮高等学校創立90周年記念誌』本宮高等学校創立90周年記念事業実行委員会編，佐藤写真館企画・編集・資料提供　本宮高等学校創立90周年事業実行委員会　2006.2　28p　30cm　Ⓝ376.4

『檀陵―福島県立本宮高等学校創立百周年記念誌』本宮高等学校同窓会記念誌発行部会，本宮高等学校内編集推進委員会編　福島県立本宮高等学校創立百周年記念事業実行委員会　2015.3　356p　30cm〈書誌注記：年表あり〉Ⓝ376.48

◆本宮高等学校白沢分校

『むつみ―白沢分校の足跡』本宮高等学校白沢分校編　白沢分校閉校式実行委員会　1976　82p　図版　26cm　Ⓝ376.4

◆梁川高等学校

『鶴ヶ岡』梁川高等学校編　梁川高等学校　1989　224p　図版　26cm　Ⓝ376.4

『80年のながれ―福島県立梁川高等学校創立80周年記念誌』福島県立梁川高等学校創立80周年記念事業実行委員会編　福島県立梁川高等学校創立80周年記念実行委員会　1999.10　36p　30cm

『鶴ヶ岡―創立百周年記念誌』福島県立梁川高等学校創立百周年記念事業実行委員会記念誌委員会編　福島県立梁川高等学校　2020.7　261p　31cm　Ⓝ376.48

◆矢吹高等学校

『友よ。1986―独立10周年記念誌』記念行事実行委員会制作　福島県立矢吹高等学校　[1987]　1冊　30cm

『友よ。1986―独立10周年記念誌　PART-2』記念行事実行委員会制作　福島県立矢吹高等学校　1987.2　56p　28cm

◆耶麻農業高等学校

『創立三十周年記念誌』福島県立耶麻農業高等学校創立三十周年記念誌編集委員会編　山都町(福島県)　福島県立耶麻農業高等学校　1978.3　173p　22cm　Ⓝ376.4

◆湯本高等学校

『湯本高校五十年史』湯本高校五十年史編集委員会編　いわき　福島県立湯本高等学校創立50周年記念事業実行委員会　1991.10　395p　図版14枚　27cm　Ⓝ376.4

◆好間高等学校

『三十五年誌』福島県立好間高等学校校舎改築落成・創立35周年記念行事実行委員会編　福島県立好間高等学校　1982.11　96p　図版2枚　26cm　Ⓝ376.48

◆四倉高等学校

『福島県立四倉高等学校70年のあゆみ―創立70周年記念誌』福島県立四倉高等学校創立70周年記念事業記念誌委員会編　福島県立四倉高等学校創立70周年記念事業実行委員会　2018.10　123p　30cm　Ⓝ376.48

◆若松商業高等学校

『若商創立八十周年記念誌』若松商業高等学校創立八十周年記念実行委員会編　若松商業高等学校　1991　316p(図版共)27cm　Ⓝ376.4

『日新館跡にきたえたる若商健児の意気高く―福島県立若松商業高等学校創立百周年記念

誌』北斗印刷編集　福島県立若松商業高等学校創立百周年記念実行委員会　2011.9　169p　30cm　Ⓝ376.4

◆若松女子高等学校

『学鳳六十周年記念誌』福島県立若松女子高等学校　1983.11　153p　26cm　Ⓝ376.48

『学鳳七十周年記念誌』福島県立若松女子高等学校創立七十周年記念誌編集委員会編　福島県立若松女子高等学校　1993.10　146p　26cm

茨城県

◆明野高等学校

『甲子園への道―開校三年の軌跡』明野町（茨城県）明野高校甲子園出場実行委員会　1979.12　143p　27cm〈限定版〉Ⓝ783.7

◆麻生高等学校

『茨城県立麻生高等学校50周年記念誌』茨城県立麻生高等学校編　［茨城県立麻生高等学校創立50周年事業実行委員会］　［1980］　54p　30cm〈麻生高校50年の流れ：p35～44〉Ⓝ376.48

『麻生高校七十年史』茨城県立麻生高等学校　1999.10　475p　22cm　Ⓝ376.48

◆石岡商業高等学校

『石商十年の歩み』茨城県立石岡商業高等学校創立十周年記念誌編集委員会編　茨城県立石岡商業高等学校創立十周年記念事業実行委員会　1974.11　93p　26cm〈沿革史：p84～92〉Ⓝ376.48

◆石岡第一高等学校

『茨城県新治郡立農学校』茨城県立石岡第一高等学校校史編纂委員会編　茨城県立石岡第一高等学校　1984.3　131p　22cm〈校閲用、年表：p130～131〉Ⓝ376.48

『石岡一高史　1』石岡　茨城県立石岡第一高等学校校史編さん委員会　1986.9　622p　22cm〈編集：岡崎利男〉6000円　Ⓝ376.4

『石岡一高史　2』石岡　茨城県立石岡第一高等学校校史編纂委員会　1989.9　742p　22cm〈編集：岡崎利男〉6000円　Ⓝ376.4

『創立80周年記念誌』茨城県立石岡第一高等学校　1989.10　111p　30cm　Ⓝ376.48

『創立百周年記念誌「山王台」百年のあゆみ―石岡第一高等学校創立百周年記念事業』茨城県立石岡第一高等学校創立百周年記念事業記念誌編纂委員会編　茨城県立石岡第一高等学校　2009.11　328p　31cm〈背の書名：創立百周年記念誌, 標題紙の書名：「山王台」百年のあゆみ、年表：p302～324〉Ⓝ376.48

◆石下高等学校

『柏葉―茨城県立石下高等学校創立30周年記念誌』創立30周年記念誌編集委員会編　石下町（茨城県）　茨城県立石下高等学校創立30周年記念事業実行委員会　1995.11　63p　31cm　非売品　Ⓝ376.4

◆磯原高等学校

『三十年のあゆ美―茨城県立磯原高等学校創立三十周年記念誌』茨城県立磯原高等学校創立三十周年記念事業実行委員会　記念誌編集委員会（茨城県立磯原高等学校）1983.11　258p　27cm〈副書名は奥付による〉Ⓝ376.48

『五十年のあゆ美』磯原高校五十年史編集委員会編　創立五十周年記念事業実行委員会　2002.11　12, 193p　31cm〈学校沿革史：p187～193〉Ⓝ376.48

◆潮来高等学校

『潮来高等学校百年史』潮来高等学校百年史編纂委員会編　潮来　茨城県立潮来高等学校創立百周年記念事業実行委員会　2005.11　474p　27cm〈年表あり〉Ⓝ376.48

◆伊奈高等学校

『茨城県立伊奈高等学校創立30周年記念誌』つくばみらい　茨城県立伊奈高等学校30周年記念事業実行委員会　2016.11　79p　30cm〈書誌注記：年表あり　奥付のタイトル：伊奈高等学校創立30周年記念誌〉Ⓝ376.48

◆茨城高等学校

『茨城高等学校五十年史』茨城高等学校五十年史編さん委員会編　水戸　茨城高等学校　1977.10　450p　図　肖像　22cm　Ⓝ376.4

『茨城高等学校六十年のあゆみ』茨城高等学校六十年史編さん委員会編　茨城高等学校併設茨城中学校　1987.10　208p　図版8枚　27cm〈部活動関係年表〉Ⓝ376.48

『写真で見る70年の歩み』茨中・茨高創立70周

茨城県

年記念誌委員会編集　茨城高等学校　1997.10　67p　30cm〈共同刊行：茨城中学校〉Ⓝ376.48

『80年のあゆみ―茨城高等学校　茨城中学校』80周年記念誌編集委員会（茨城高等学校）編　茨城　2008.6　262p　30cm〈年表：p252～261〉Ⓝ376.48

◆茨城キリスト教学園高等学校

『シオンの丘五十年―茨城キリスト教学園高等学校五十年・中学校三十五年誌』茨城キリスト教学園高等学校編　茨城キリスト教学園高等学校　1997.11　481p　22cm　Ⓝ376.48

『茨城キリスト教学園60年誌図録』茨城キリスト教学園60年誌編纂委員会編集　茨城キリスト教学園　2010.11　144p　30cm　Ⓝ376.48

『三・一一その日その夜、そしてひと月―茨城キリスト教学園中学校高等学校生徒・教職員の記録』茨城キリスト教学園中学校高等学校紀要係編　日立　茨城キリスト教学園中学校高等学校　2014.3　218p　26cm　Ⓝ376.3131

『茨城キリスト教学園創立70周年記念誌』学園創立70周年記念誌編集委員会編集　茨城キリスト教学園　2017.11　171p　30cm〈表紙の書名：70th Anniversary, 茨城キリスト教学園年表：p144～153〉Ⓝ376.48

◆岩井高等学校

『青春の跫音―創立60周年記念写真集』創立60周年記念誌編集委員会（茨城県立岩井高等学校）編　茨城県立岩井高等学校　1987.10　66p　31cm　Ⓝ376.48

◆岩瀬高等学校

『回想―創立十周年記念』茨城県立岩瀬高等学校　1973.12　57p　31cm〈沿革誌抄：p55〉Ⓝ376.48

『新樹20年』写真集刊行委員会（岩瀬高等学校）編集　岩瀬高等学校創立20周年記念事業実行委員会　1984.10　1冊　31cm　Ⓝ376.48

◆牛久栄進高等学校

『茨城県立牛久栄進高等学校30周年記念誌―establishing』牛久栄進高等学校創立30周年記念誌編集委員会編　牛久　牛久栄進高等学校創立30周年記念誌編集委員会　2016.11　99p　30cm〈書誌注記：年表あり　タイトルは奥付による〉Ⓝ376.48

◆江戸崎高等学校

『あゆみ―創立70周年記念』「あゆみ」編集委員会江戸崎高等学校編　茨城県立江戸崎高等学校　1976.12　107p　26cm　Ⓝ376.48

『江戸崎高等学校創立80周年記念誌』茨城県立江戸崎高等学校創立80周年記念事業実行委員会　1986.10　90p　30cm〈80年のあゆみ：p3～7〉Ⓝ376.48

『あゆみ―茨城県立江戸崎高等学校創立90周年記念誌』創立90周年記念事業実行委員会江戸崎高等学校編　［茨城県立江戸崎高等学校］創立90周年記念事業実行委員会　1996.11　55p　30cm　Ⓝ376.48

『古ё百年』創立百周年記念誌編纂委員会編集　茨城県立江戸崎高等学校創立百周年記念事業実行委員会　2007.3　1043p　図版12p　27cm〈百年の暦（年表資料編）：p965～987〉Ⓝ376.48

◆大洗高等学校

『大洗高等学校20年のあゆみ―創立20周年記念誌』大洗町（茨城県）茨城県立大洗高等学校創立20周年記念事業実行委員会　1993.10　57p　30cm〈書名は奥付による　標題紙等の書名：二十年の歩み〉Ⓝ376.4

◆太田第一高等学校

『益習―創立70周年記念誌』茨城県立太田第一高等学校創立70周年記念事業実行委員会編　茨城県立太田第一高等学校創立70周年記念事業実行委員会　［1970.12］　52p　30cm　Ⓝ376.48

『太田一高80年の歩み―益習』茨城県立太田一高等学校　1980.11　88p　30cm〈付：沿革史（2枚）〉Ⓝ376.48

『太中・太田一高創立90周年記念誌写真でつづる90年―益習』茨城県立太田第一高等学校　1990.9　126p　30cm〈本校沿革史：巻末〉Ⓝ376.48

『益習の百年―茨城縣立太田中學校太田第一高等學校百年の歩み』益習の百年編集委員会編　常陸太田　茨城県立太田第一高等学校創立百周年記念事業実行委員会　2000.10　996p　27cm　Ⓝ376.48

『鯨岡球児の一世紀　中学野球編』茨城県立太田第一高等学校野球部OB会鯨岡球児の一世紀編集委員会編　常陸太田　茨城県立太田第一高等学校野球部OB会　2005.5　297p　27cm〈年表あり〉Ⓝ783.7

茨城県

『鯨岡球児の一世紀　高校野球編』茨城県立太田第一高等学校野球部OB会鯨岡球児の一世紀編集委員会編　常陸太田　茨城県立太田第一高等学校野球部OB会　2005.5　535p　27cm〈年表あり〉Ⓝ783.7

◆太田第二高等学校

『せいほう―太田二高70年のあゆみ』太田第二高等学校（茨城県立）編　茨城県立太田第二高等学校　1986.10　76p　30cm　Ⓝ376.48

『茨城県立太田第二高等学校百周年記念誌』常陸太田　茨城県立太田第二高等学校創立100周年記念事業実行委員会　2016.10　156p　30cm〈書誌注記：年表あり　タイトルは標題紙・表紙による〉Ⓝ376.48

◆大宮高等学校

『独立十周年記念誌 1970』茨城県立大宮高等学校編　茨城県立大宮高等学校　1970.11　66p　26cm〈書名は奥付による.表紙の書名：独立十周年,本校沿革：p64～65〉Ⓝ376.48

◆大宮工業高等学校

『騎山―茨城県立大宮工業高等学校34年のあゆみ』茨城県立大宮工業高等学校編　茨城県立大宮工業高等学校　2008.3　81p　30cm〈常陸大宮高校継承までの経緯：p8〉Ⓝ376.48

◆小川高等学校

『十年間の歩み』小川高等学校（茨城県立）編　茨城県立小川高等学校　［1995］　38, 6p　30cm〈付：School guide 1996（8p）〉Ⓝ376.48

◆小瀬高等学校

『高館―80年のあゆみ』茨城県立小瀬高等学校編　茨城県立小瀬高等学校創立80周年記念事業実行委員会　1979.11　108p　21cm〈書名は標題紙・背・表紙よる.奥付の書名：小瀬高校八十年記念誌,沿革：p8～21, 参考文献：p106〉Ⓝ376.48

◆笠間高等学校

『回想六十年』茨城県立笠間高等学校編　茨城県立笠間高等学校記念事業実行委員会　1972.3　56p　30cm　Ⓝ376.48

『八十年のあゆみ』茨城県立笠間高等学校創立八十周年記念事業実行委員会記念誌編集委員会編　茨城県立笠間高等学校　1988.10　292p　27cm〈年表：p284～289〉Ⓝ376.48

『百年の歩み』茨城県立笠間高等学校創立百年記念事業実行委員会記念誌編集委員会編集　茨城県立笠間高等学校　2008.11　224p　27cm〈年表：p201～207〉Ⓝ376.48

◆鹿島高等学校

『鹿島高校七拾周年記念誌』茨城県立鹿島高等学校創立70周年記念実行委員会　1980.11　100p　31cm〈タイトルは標題紙、表紙による.奥付の書名：鹿島高校70周年記念会誌, 背の書名：創立七十周年記念誌〉Ⓝ376.48

『鹿島高校百年史』茨城県立鹿島高等学校創立百年記念実行委員会　2010.8　786p　27cm　Ⓝ376.48

◆勝田高等学校

『10年の歩み―記念誌』茨城県立勝田高等学校　1982.10　59p　30cm〈茨城県立勝田高等学校沿革史抄：p4～5〉Ⓝ376.48

◆勝田工業高等学校

『尚武―創立30周年記念誌』勝田工業高等学校（茨城県立）編　茨城県立勝田工業高等学校創立30周年記念誌実行委員会　1991.10　134p　30cm　Ⓝ376.48

◆神栖高等学校

『国際交流15年記念誌―1998～2002』茨城県立神栖高等学校　［2003］　81p　30cm　Ⓝ376.489

『香美清―茨城県立神栖高等学校創立五十周年記念誌』茨城県立神栖高等学校創立50周年記念事業実行委員会　2020.11　139p　31cm〈タイトルは表題紙・表紙・背から.奥付のタイトル：茨城県立神栖高等学校創立五十周年記念誌　付：創立50周年記念事業寄付者御芳名（1枚）, 茨城県立神栖高等学校創立50周年ポスター（1枚）〉Ⓝ376.48

◆北茨城高等学校

『二十年のあゆみ―茨城県立北茨城高等学校創立20周年記念誌』茨城県立北茨城高等学校創立二十周年記念事業実行委員会編　［茨城県立北茨城高等学校］記念誌編集委員会　1986.11　218p　28cm〈副書名は奥付による.付：創立20周年記念式典のしおり〉Ⓝ376.48

『四十四年のあゆみ―茨城県立北茨城高等学校閉校記念誌』茨城県立北茨城高等学校創立二

茨城県

十周年記念事業実行委員会編　茨城県立北茨城高等学校　2010.3　199p　31cm〈副書名は奥付による〉Ⓝ376.48

◆鬼怒商業高等学校

『創立10周年記念誌』茨城県立鬼怒商業高等学校　1982.11　40p　31cm〈書名は奥付より．表紙の書名：10年の歩み，学校沿革概要：p36～37〉Ⓝ376.48

◆茎崎高等学校

『県立茎崎高等学校創立20周年記念誌』茎崎高等学校創立20周年記念誌編集委員会編集　茎崎高等学校創立20周年記念編集委員会　2004.10　93p　30cm〈書名は標題紙による．奥付，背，表紙の書名：20年のあゆみ〉Ⓝ376.48

◆古河第一高等学校

『旭陵―創立五十周年記念誌』茨城県立古河第一高等学校編　茨城県立古河第一高等学校　1976.11　104p　31cm　Ⓝ376.48

『グラフィティ70―茨城県立古河第一高等学校創立七十周年記念』茨城県立古河第一高等学校創立七十周年記念誌編集委員会編集　茨城県立古河第一高等学校創立七十周年記念誌編集委員会　1996.11　127p　26cm〈奥付の副タイトル：茨城県立古河第一高等学校創立七十周年記念誌，沿革史：p18～21〉Ⓝ376.48

◆古河第二高等学校

『古河二高七十周年記念誌』古河第二高等学校（茨城県立）編　茨城県立古河第二高等学校創立七十周年記念事業実行委員会　1985.2　155p　26cm〈古河二高年譜：p15～23〉Ⓝ376.48

◆里美高等学校

『十年のあゆみ―茨城県立里美高等学校創立10周年記念』里美高等学校（茨城県立）編　茨城県立里美高等学校創立10周年記念事業実行委員会　1980.11　126p　30cm　Ⓝ376.48

◆佐和高等学校

『十年の歩み』茨城県立佐和高等学校創立10周年記念事業実行委員会編　茨城県立佐和高等学校創立10周年記念事業実行委員会　1994.10　41p　30cm　Ⓝ376.48

◆三和高等学校

『創立10周年記念誌』三和高等学校（茨城県立）編　茨城県立三和高等学校　1995.11　83p　30cm〈書名は標題紙・奥付による．表紙の書名：Sanwa High School 10th anniversary (1986-1995)〉Ⓝ376.48

◆下館第一高等学校

『下館一高史　旧制中等学校編』下館　茨城県立下館第一高等学校　1980.2　1488p　22cm　Ⓝ376.4

『創立70周年記念誌』茨城県立下館第一高等学校　1993.10　56p　31cm〈タイトルは標題紙による．奥付のタイトル：茨城県立下館第一高等学校創立70周年記念誌，表紙のタイトル：創立70年〉Ⓝ376.48

『花かぐはし―創立百周年記念誌』茨城県立下館第一高等学校・附属中学校　2023.12　441p　27cm　Ⓝ376.48

◆下館第二高等学校

『七十年の歩み―創立70周年記念誌』茨城県立下館第二高等学校　1972.10　60p　30cm　Ⓝ376.48

『恵幸―創立80周年記念誌』下館第二高等学校（茨城県立）編　茨城県立下館第二高等学校　1980.11　58p（図版共）30cm　Ⓝ376.48

『下館二高百年のあゆみ』下館二高100年のあゆみ編纂委員会編　茨城県立下館第二高等学校創立100周年記念事業実行委員会　2000.9　245p　27cm　Ⓝ376.48

◆下妻第一高等学校

『為桜百年史』為桜百年史編纂委員会編　下妻　茨城県立下妻第一高等学校創立百周年記念事業実行委員会　1997.4　904p　27cm　Ⓝ376.48

『下妻第一高等学校野球部史―中学時代篇』下妻第一高等学校野球部史刊行会編　古河　下妻第一高等学校野球部史刊行会　2003.8　355p　22cm〈年表あり〉Ⓝ783.7

『為桜百十年』為桜百十年編纂委員会編　茨城県立下妻第一高等学校創立百十周年記念事業実行委員会　2007.4　265p　30cm〈「為桜百十年」年表：p251～260　文献：p261～262〉Ⓝ376.48

◆下妻第二高等学校

『同芳―創立八十周年記念誌』創立八十周年記

念誌編集委員会編　茨城県立下妻第二高等学校　1989.11　121p　31cm〈下妻二高略年表：p14〜17〉Ⓝ376.48

◆常総学院高等学校

『十年の歩み』常総学院高等学校創立10周年記念誌・同窓会名簿作成委員会編　常総学院高等学校　1992.10　93p　26cm　Ⓝ376.48

『常総学院全国制覇―報道写真集』水戸　茨城新聞社　2003.9　63p　30cm〈高校野球グラフ2003特別記念号〉952円　①4-87273-186-7　Ⓝ783.7

『常総学院高校野球部―木内マジックの深層：「自主・誠実・創造」を実践する茨城・土浦の模範的常勝校』ベースボール・マガジン社　2016.3　97p　29cm（B.B.MOOK 1288―高校野球名門校シリーズ 14）1389円　①978-4-583-62422-8　Ⓝ783.7

『備えて勝つ―名門・常総学院、元プロが挑む完全復活への道―』島田直也著　竹書房　2023.7　223p　19cm　1700円　①978-4-8019-3640-9　Ⓝ783.7

目次　序章 監督就任早々の天国と地獄, 第1章 名将・木内幸男監督の教え, 第2章 プロ野球選手として日本一に, 第3章 元プロ指導者として―備えて勝つ, 第4章 甲子園に行くための練習と戦術, 終章 木内イズムの継承と新たな常総ираが模索

内容　木内イズムの継承とさらなる進化へ。機動力で相手を攪乱し、堅守で勝つ。臨機応変、自由自在に、相手や状況に応じて攻め方を変えていく。この「木内野球」を実践・進化させるためには、「準備と状況判断」が必要不可欠。選手たちに「自分で考えて動く」ことを求める、教えすぎない指導論。

◆常北高等学校

『常北高校20年の歩み―1982』常北高等学校（茨城県立）編　茨城県立常北高等学校創立20周年記念事業実行委員会　1982.10　71p　30cm　Ⓝ376.48

『創立30周年記念誌』常北高等学校（茨城県立）編　茨城県立常北高等学校創立30周年記念事業実行委員会　1992.11　46p　30cm　Ⓝ376.48

◆水城高等学校

『水城高等学校二十周年記念誌―1984』水城高等学校編　水城高等学校　1984.10　298p　26cm　Ⓝ376.48

『水城高等学校五十年史』水城高等学校創立五十周年記念誌編集委員会編　水戸　水城高等学校創立五十周年記念誌編集委員会　2014.11　378p　27cm〈書誌注記：年表あり〉Ⓝ376.8

◆清真学園高等学校

『清真―清真学園十年史』清真学園十年史編集委員会編　清真学園　1988.10　230p　27cm　Ⓝ376.38

『清真―清真学園二十年史』清真学園二十年史編集委員会編　清真学園　1998.10　237p　27cm　Ⓝ376.38

◆聖徳大学附属聖徳高等学校

『聖徳大学附属聖徳中学校・聖徳高等学校10年の歩み』聖徳大学附属聖徳中学校・聖徳高等学校記念誌編集部委員会編　聖徳大学附属聖徳中学校・高等学校　1994.10　109p　30cm　Ⓝ376.38

『聖徳大学附属聖徳中学校・聖徳高等学校20年の歩み』記念誌編集部委員会編集　聖徳大学附属聖徳中学校・高等学校　2004.9　131p　30cm　Ⓝ376.38

◆大子第一高等学校

『「八溝」80年のあゆみ―大子第一高等学校創立八十周年記念誌』大子町（茨城県）茨城県立大子第一高等学校　1987.11　146p　31cm〈共同刊行：創立80周年記念事業実行委員会〉Ⓝ376.4

『八溝―90周年記念誌』茨城県立大子第一高等学校90周年記念誌編集委員会編集　茨城県立大子第一高等学校　1997.11　59p　30cm〈奥付の書名：茨城県立大子第一高等学校90周年記念誌　80年間（1907〜1987）の歩み：p12〜22〉Ⓝ376.48

『八溝―閉校記念誌98年の歩み』閉校事業記念誌編集委員会編　茨城県立大子第一高等学校　2006.3　281p　31cm〈98年の歩み：p277〜281〉Ⓝ376.48

◆大成女子高等学校

『大成学園創立七〇周年記念誌』大成学園創立七〇周年記念誌編集委員会編　大成学園　1980.2　100p　26cm〈書名は奥付による. 標題紙の書名：創立70周年記念誌〉Ⓝ376.48

『大成女子高等学校創立八十周年記念誌』創立八十周年記念誌編集委員会編　水戸　大成女子高等学校　1989.11　80p　27cm〈標題紙・表紙のタイトル：創立80周年記念誌　年表あり〉Ⓝ376.48

茨城県

『大成女子高等学校創立九十周年記念誌』創立九十周年記念誌編集委員会編　水戸　大成女子高等学校　1999.10　71p 図版[20]枚　31cm〈標題紙・表紙のタイトル：創立90周年記念誌　年表あり〉Ⓝ376.48

『大成学園100年史—100th Anniversary』大成学園　2010.8　231p　28cm　Ⓝ376.48

◆多賀高等学校

『松苑—40年のあゆみ』茨城県立多賀高等学校創立40周年記念事業実行委員会編　茨城県立多賀高等学校創立40周年記念事業実行委員会　1992.11　81p　30cm　Ⓝ376.48

『多賀高の50年—茨城県立多賀高等学校創立50周年記念誌』茨城県立多賀高等学校創立50周年記念事業実行委員会　2002.11　301p　31cm　Ⓝ376.48

◆高萩工業高等学校

『萩工—創立30周年記念誌』茨城県立高萩工業高等学校　1992.10　110p　30cm　Ⓝ376.48

『萩工—創立から45年間の足跡』茨城県立高萩工業高等学校　2008.3　50p　31cm　Ⓝ376.48

◆竹園高等学校

『竹園高校十年史』竹園高等学校（茨城県立）編　茨城県立竹園高等学校創立十周年記念事業実行委員会　1988.11　200p　22cm　Ⓝ376.48

◆玉造工業高等学校

『創立三十周年記念誌』茨城県立玉造工業高等学校編　茨城県立玉造工業高等学校創立三十周年記念事業実行委員会　1992.10　107p　27cm　Ⓝ376.48

『50年の歩み—1963-2012』茨城県立玉造工業高等学校編　茨城県立玉造工業高等学校　2012.9　70p　30cm　Ⓝ376.48

◆中央高等学校

『10年の歩み』中央高等学校（茨城県立）編　茨城県立中央高等学校創立10周年記念事業実行委員会　1996.10　59p　30cm　Ⓝ376.48

◆土浦工業高等学校

『土浦工業高等学校—創立30周年記念誌』土浦工業高等学校（茨城県立）編　茨城県立土浦工業高等学校　1988.10　64p　31cm　Ⓝ376.48

◆土浦第一高等学校

『土浦一高史—土浦一高九十年の歩み』茨城県立土浦第一高等学校土浦一高九十年史作成委員会編　土浦　茨城県立土浦第一高等学校創立九十周年記念事業実行委員会　1987.10　242p　21cm〈創立90周年記念〉非売品　Ⓝ376.4

『母校讃歌—わが青春の土浦一高』古林肇道著　土浦　常陽新聞社　1990.9　248p　21cm　1900円　Ⓝ376.4

『進修百年—土浦中学・土浦一高百年の歩み』茨城県立土浦第一高等学校創立百周年記念誌編纂委員会編　土浦　茨城県立土浦第一高等学校創立百周年記念事業実行委員会　1997.11　1091p　27cm〈創立百周年記念誌〉Ⓝ376.48

◆土浦第二高等学校

『ながれ—創立70周年・体育館竣工記念』茨城県立土浦第二高等学校編　茨城県立土浦第二高等学校　1973.10　39p　26cm　Ⓝ376.48

『わたしたちの霞ヶ浦は…—知ることがきれいにする第一歩　高校生による霞ヶ浦討論会記録』改訂普及版　茨城県立土浦第二高等学校化学部編　つくば　STEP　1999.10　85p　21cm　500円　①4-915834-42-5　Ⓝ375

『尚絅百年—土浦高女土浦二高百年の歩み』百周年記念誌編纂委員会（茨城県立土浦第二高等学校）編集　茨城県立土浦第二高等学校　2003.11　496p　27cm　Ⓝ376.48

◆土浦第三高等学校

『土浦三高創立50周年記念誌』土浦第三高等学校（茨城県立）編　茨城県立土浦第三高等学校　[1995]　70p　30cm〈書名は表紙による．標題紙の書名：岩田ケ丘五十年の歩み〉Ⓝ376.48

◆土浦日本大学高等学校

『二十五年史』土浦日本大学高等学校編　土浦　日本大学高等学校　1989.2　524p　図版16p　22cm〈年表：p458〜516〉Ⓝ376.48

◆東海高等学校

『東海—20年のあゆみ』東海高等学校（茨城県立）編　茨城県立東海高等学校創立20周年記念事業実行委員会　1996.11　56p　30cm　Ⓝ376.48

◆東洋大学附属牛久高等学校

『東洋大学附属牛久高等学校三十年の歩み』東洋大学附属牛久高等学校校史編纂委員会編　東洋大学附属牛久高等学校　1995.3　435p　27cm　Ⓝ376.48

◆常磐女子高等学校

『常磐学園五十年史』常磐女子高等学校編　常磐女子高等学校　1972.10　83p　26cm〈沿革史：p79～82〉Ⓝ376.48

◆友部高等学校

『十年のあゆみ　1987』友部高等学校（茨城県立）編　茨城県立友部高等学校　1987.11　67p　26cm　Ⓝ376.48

◆取手第一高等学校

『取手一高の六十年』校史編纂委員会（茨城県立取手第一高等学校）編　茨城県立取手第一高等学校創立60周年記念事業実行委員会　1982.11　221p　22cm　Ⓝ376.48

『取手一高の70年』校史編纂委員会（茨城県立取手第一高等学校）編　茨城県立取手第一高等学校創立70周年記念事業実行委員会　1992.11　115p　22cm　Ⓝ376.48

◆取手第二高等学校

『梅芳―創立60周年記念誌』取手第二高等学校（茨城県立）編　茨城県立取手第二高等学校　1985　46p　30cm〈取手二高沿革と取手市（事歴）：p44〉Ⓝ376.48

◆那珂高等学校

『十年の歩み―創立10周年記念誌』茨城県立那珂高等学校　1994.10　34p　26cm〈副書名は標題紙による〉Ⓝ376.48

『茨城県立那珂高等学校創立20周年記念誌』茨城県立那珂高等学校創立20周年記念誌編集委員会編集　茨城県立那珂高等学校　2004.9　51p　30cm〈書名は奥付による．背、表紙の書名：20年の歩み〉Ⓝ376.48

◆那珂湊水産高等学校

『創立四十周年記念誌』那珂湊水産高等学校（茨城県立）編　茨城県立那珂湊水産高等学校　1971.12　152p　図版9枚　22cm　Ⓝ376.48

『創立五十周年記念誌』那珂湊水産高等学校（茨城県立）編　茨城県立那珂湊水産高等学校創立50周年記念事業実行委員会　1983.1　74、16p　図版26枚　27cm　Ⓝ376.48

◆那珂湊第一高等学校

『海門―創立70周年記念誌』茨城県立那珂湊第一高等学校　1971.10　40p　26cm　Ⓝ376.48

『湊商・湊一高八十年のあゆみ』那珂湊第一高等学校（茨城県立）編　茨城県立那珂湊第一高等学校　1981.10　132p　図版5枚　26cm　Ⓝ376.48

『那珂の流れ90年―創立90周年記念誌』茨城県立那珂湊第一高等学校　1991.11　1冊　27cm〈背の書名：創立九十周年記念誌，奥付の書名：記念誌・那珂の流れ90年〉Ⓝ376.48

『湊商業湊一高百年史』湊商業湊一高百年史編纂委員会編　ひたちなか　茨城県立那珂湊第一高等学校創立百周年記念事業実行委員会　2001.9　461p　27cm　Ⓝ376.48

◆並木高等学校

『茨城県立並木高等学校創立10周年記念誌』並木高等学校創立十周年記念誌編集委員会編　つくば　〔並木高等学校創立十周年記念誌編集委員会〕　1993.12　177、24p　26cm〈背・表紙の書名：Namiki high school 10th anniversary〉Ⓝ376.4

『茨城県立並木高等学校創立20周年記念誌』並木高等学校創立20周年記念誌編集委員会編　つくば　並木高等学校創立20周年記念誌編集委員会　2003.11　103p　30cm〈書誌注記：年表あり　背・表紙のタイトル：20周年記念誌〉Ⓝ376.48

『茨城県立並木高等学校閉校記念誌―2004-2012：2013.3.1並木中等教育学校に継志』記念誌編集委員会編　つくば　並木高校閉校記念行事実行委員会　2013.3　57p　30cm〈書誌注記：年表あり　背・表紙のタイトル：閉校記念誌〉Ⓝ376.48

◆日立工業高等学校

『不惑―四十年のあゆみ』茨城県立日立工業高等学校編　茨城県立日立工業高等学校　1983.8　142p　30cm〈学校沿革史：p130～140，参考文献：p142〉Ⓝ376.48

『鳩丘―五十年のあゆみ』茨城県立日立工業高等学校創立50周年記念誌編集委員会編　日立　〔茨城県立日立工業高等学校〕　1992.9　156p　30cm　Ⓝ376.4

『鳩石―創立60周年記念誌　この10年』記念誌編集委員会（茨城県立日立工業高等学校）編

茨城県立日立工業高等学校創立60周年記念事業実行委員会　2002.10　55p　30cm〈沿革史：p32～38, 沿革一覧：p39～40〉Ⓝ376.48

『日立工業高等学校70周年記念誌―従心』記念誌編集委員会（茨城県立日立工業高等学校）編　茨城県立日立工業高等学校創立70周年記念事業実行委員会　2012.10　215p　30cm〈年表：p211～215〉Ⓝ376.48

◆日立商業高等学校

『日立商十年の歩み』茨城県立日立商業高等学校創立十周年記念誌編集委員会編　茨城県立日立商業高等学校創立十周年記念事業実行委員会　1973.10　34p　22cm〈書名は奥付による.標題紙の書名：十年誌, 日立商業高等学校沿革史抄：p31～33〉Ⓝ376.48

『日立商高30年のあゆみ―吼洋』茨城県立日立商業高等学校創立30周年記念事業実行委員会　1992.10　57p　30cm〈書名は表紙による.奥付の書名：日立商高30年のあゆみ〉Ⓝ376.48

『創立50周年記念誌「吼洋」』茨城県立日立商業高等学校創立50周年記念誌編集部編　茨城県立日立商業高等学校創立50周年事業実行委員会　2012.11　304p　31cm〈年表：p281～297〉Ⓝ376.48

◆日立第一高等学校

『白堊五十年のあゆみ―茨城県立日立第一高等学校創立50周年記念誌』茨城県立日立第一高等学校創立50周年記念事業実行委員会記念誌編集委員会編　茨城県立日立第一高等学校創立50周年記念事業実行委員会記念誌編集委員会　1978.11　95p　30cm〈学校沿革史：p86～93〉Ⓝ376.48

『白堊七十年のあゆ美―茨城県立日立第一高等学校創立70周年記念誌』茨城県立日立第一高等学校創立70周年記念事業実行委員会記念誌部編集委員会編　茨城県立日立第一高等学校創立70周年記念事業実行委員会記念誌部編集委員会　1997.10　171p　30cm〈書名は表紙・背より.標題紙の書名：白堊七十年のあゆみ〉Ⓝ376.48

『飛躍―創立80周年記念誌』茨城県立日立第一高等学校創立80周年記念事業実行委員会記念誌部編集委員会編　茨城県立日立第一高等学校創立80周年記念事業実行委員会記念誌部編集委員会　2007.10　178p　30cm〈副タイトルは標題紙・背より.奥付の副タイトル：茨城県立日立第一高等学校創立80周年記念誌〉Ⓝ376.48

◆日立第二高等学校

『六十年の回想―茨城県立日立第二高等学校創立60周年記念誌』茨城県立日立第二高等学校創立六十周年記念事業実行委員会編　茨城県立日立第二高等学校　1987.9　98p　30cm Ⓝ376.48

『回想―この10年』茨城県立日立第二高等学校創立七十周年記念事業実行委員会編　茨城県立日立第二高等学校　1996.9　45p　30cm Ⓝ376.48

『軌跡…この10年―創立80周年記念誌』日立第二高等学校80周年記念誌編集委員会編集　日立第二高等学校80周年記念誌編集委員会　2007.11　95p　30cm　Ⓝ376.48

◆北総高等学校

『10年のあゆみ』北総高等学校（茨城県立）編　茨城県立北総高等学校創立10周年記念事業実行委員会　1985.11　40p　30cm〈書名は背・表紙による.標題紙の書名：創立10周年記念誌, 奥付の書名：記念誌10年のあゆみ〉Ⓝ376.48

◆鉾田第一高等学校

『茨城県立鉾田第一高等学校創立五十周年記念誌』茨城県立鉾田第一高等学校創立五十周年記念誌編集委員会編　茨城県立鉾田第一高等学校創立五十周年記念事業実行委員会　1972.10　122p　26cm〈茨城県立鉾田第一高等学校沿革抄：p118～p120　書名は奥付による.表紙の書名：創立五十周年記念誌〉Ⓝ376.48

『鉾田一高とその60年―茨城県立鉾田第一高等学校創立六十周年記念誌』茨城県立鉾田第一高等学校創立六十周年記念誌編集委員会編　茨城県立鉾田第一高等学校創立六十周年記念事業実行委員会　1982.12　507p　23cm

『創立70周年記念誌』茨城県立鉾田第一高等学校創立70周年記念誌編集委員会編　茨城県立鉾田第一高等学校創立70周年記念事業実行委員会　1992.11　63p　30cm〈書名は標題紙による.奥付の書名：茨城県立鉾田第一高等学校創立70周年記念誌, 鉾田一高と70年の歴史：p42～48〉Ⓝ376.48

『鉾田一高百年史』鉾田一高百年史編纂委員会編　鉾田　茨城県立鉾田第一高等学校・附属中学校創立百周年記念事業実行委員会　2022.10　1086p　27cm〈書誌注記：年表あ

り　書誌注記：文献あり〉Ⓝ376.48

◆鉾田第二高等学校

『茨城県立鉾田第二高等学校五十周年記念誌─あゆみ』鉾田第二高等学校（茨城県立）編　茨城県立鉾田第二高等学校　1974.5　68p　30cm　Ⓝ376.48

◆真壁高等学校

『あゆみ─創立70周年記念誌』茨城県立真壁農業高等学校編　茨城県立真壁農業高等学校　1980.11　76p（図版共）30cm〈平成30年現在の茨城県立真壁高等学校〉Ⓝ376.48

『創立80周年記念誌─あゆみ』茨城県立真壁高等学校　1989.10　88p　27cm〈80年のあゆみ：p7～9〉Ⓝ376.48

『晨光百年のあゆみ─茨城県立真壁高等学校』百周年記念誌編纂委員会編集　茨城県立真壁高等学校創立百周年記念事業実行委員会　2008.10　1034p　27cm〈年表100年のあゆみ：p1001～1025　布装〉Ⓝ376.48

◆水海道第一高等学校

『済美九十年誌』茨城県立水海道第一高等学校創立九十周年記念事業実行委員会編　茨城県立水海道第一高等学校創立九十周年記念事業実行委員会　1990.10　365p　22cm　Ⓝ376.48

『済美百年』茨城県立水海道第一高等学校創立百周年記念誌編纂委員会編集　茨城県立水海道第一高等学校創立百周年記念事業実行委員会　2000.4　934p 図版20枚　27cm〈文献：巻末〉Ⓝ376.48

『済美百年　資料編』茨城県立水海道第一高等学校創立百周年記念誌編纂委員会編集　茨城県立水海道第一高等学校創立百周年記念事業実行委員会　2000.4　510p　27cm〈百年史年表：p437～510〉Ⓝ376.48

『茨城県立水海道中学校沿革略作成用補助資料』再補訂　海老原恒久編　海老原恒久　2001.10　107, 13p　26cm　Ⓝ376.48

『済美─創立110周年記念誌』茨城県立水海道第一高等学校創立110周年記念事業実行委員会編　常総　茨城県立水海道第一高等学校創立110周年記念事業実行委員会　2010.10　111p　31cm〈年表あり〉Ⓝ376.48

『大地─定時制閉課程記念誌：昭和23年9月─平成27年3月』茨城県立水海道第一高等学校定時制閉課程記念誌実行委員会編　常総　茨城県立水海道第一高等学校定時制閉課程記念誌実行委員会　2015.3　96p　30cm〈書誌注記：年表あり〉非売品　Ⓝ376.48

◆水海道第二高等学校

『御城─創立七十周年記念誌』茨城県立水海道第二高等学校創立七十周年記念事業実行委員会編　茨城県立水海道第二高等学校創立七十周年記念事業実行委員会　1981.12　110p　31cm〈略年表：p14～21〉Ⓝ376.48

◆水戸工業高等学校

『水戸工高七十年史』水戸工高七十年史編集委員会編　茨城県立水戸工業高等学校　1979.11　774p　22cm　Ⓝ376.48

『創立七十周年記念誌』茨城県立水戸工業高等学校七十周年記念事業実行委員会　1979.11　42p　26cm　Ⓝ376.48

『創立八十周年記念誌』水戸工高八十周年記念誌係編　茨城県立水戸工業高等学校　1989.11　112p　26cm　Ⓝ376.48

『水戸工業高校百年史』水戸工業高校百年史編集委員会編　茨城県立水戸工業高等学校　2010.2　584p　27cm〈年表：p531～563〉Ⓝ376.48

◆水戸桜ノ牧高等学校

『七年のあゆみ』茨城県立水戸桜ノ牧高等学校史編集委員会編　茨城県立水戸桜ノ牧高等学校父母と教師の会　1990.3　117p　26cm〈沿革：p1～4, 七年間のあゆみ：p5～19〉Ⓝ376.48

『創立10周年記念誌』茨城県立水戸桜ノ牧高等学校創立10周年記念事業実行委員会編　茨城県立水戸桜ノ牧高等学校　1991.3　36p　26cm　Ⓝ376.48

『水戸桜ノ牧高等学校創立20周年記念誌』茨城県立水戸桜ノ牧高等学校創立20周年記念事業実行委員会編集　茨城県立水戸桜ノ牧高等学校　2002.10　207p　30cm　Ⓝ376.48

◆水戸商業高等学校

『凌雲─水商創立70年記念誌』茨城県立水戸商業高等学校創立七十周年記念事業実行委員会編　茨城県立水戸商業高等学校　1972.10　56p　19×26cm　Ⓝ376.48

『甲子園に賭けた青春─水商野球史』小沼繁雄著　水戸　「水商」発行所　1975　272p 図17cm　1300円　Ⓝ783.7

『茨城県立水戸商業高等学校創立八十周年記念

誌』茨城県立水戸商業高等学校創立八十周年記念事業実行委員会記念誌編集委員会編　茨城県立水戸商業高等学校創立八十周年記念事業実行委員会記念誌編集委員会　1982.11　143p　26cm〈書名は奥付による.背・表紙の書名：創立八十周年記念誌〉Ⓝ376.48

『水戸商業創立九十周年記念誌』茨城県立水戸商業高等学校創立九十周年記念事業実行委員会記念誌編集委員会編　水戸　茨城県立水戸商業高等学校創立九十周年記念事業実行委員会記念誌編集委員会　1992.10　91p　26cm〈奥付の書名：茨城県立水戸商業高等学校創立九十周年記念誌〉Ⓝ376.4

『水商百年史』百周年記念事業百年史委員会『水商百年史』編集委員会編　水戸　茨城県立水戸商業高等学校創立百周年記念事業実行委員会　2002.10　915p　27cm　Ⓝ376.48

『茨城県立水戸商業高等学校創立120周年記念誌—水商120周年』茨城県立水戸商業高等学校創立120周年記念誌委員会編集　茨城県立水戸商業高等学校創立120周年記念事業実行委員会　2022.11　57p　30cm　Ⓝ376.48

◆水戸女子高等学校

『創立七十周年記念誌』水戸女子高等学校編　水戸女子高等学校　2001.4　173p　26cm〈タイトルは標題紙・背による.奥付・表紙のタイトル：水戸女子高等学校創立七十周年記念誌〉Ⓝ376.48

◆水戸第一高等学校

『水戸一高史—創立九十周年記念』水戸　水戸第一高等学校　1970　185,7p　図　22cm　非売　Ⓝ376.4

『水戸一高百年史』水戸一高百年史編集委員会編　水戸　水戸一高創立百年史事業実行委員会　1978.11　910p　22cm　Ⓝ376.4

『水戸一高年表—昭和53年—63年：創立110周年』水戸一高資料係編集　水戸　茨城県立水戸第一高等学校　1988.10　32p　21cm　Ⓝ376.48

『ガラスの青春応援団—学ランを着た女子高校生たち』古山恵理著　かのう書房　1994.12　212p　20cm　1800円　①4-905606-61-6　Ⓝ375.184

内容　東大理学部3年生が初めて書きおろした高校応援団の熱き青春のドラマ。

『水戸一高年表—昭和53年1月—平成20年10月：創立130周年』水戸　茨城県立水戸第一高等学校　2008.10　95p　30cm　Ⓝ376.48

『熱球一二〇年水戸中学水戸一高野球部の軌跡』茨城県立水戸第一高等学校硬式野球部OB会水府倶楽部編　水戸　茨城県立水戸第一高等学校硬式野球部OB会水府倶楽部　2011.3　780p　31cm〈年表あり〉Ⓝ783.7

『水戸一高年表—平成20年1月—平成30年10月：創立140周年』水戸　茨城県立水戸第一高等学校　2018.10　49p　30cm　Ⓝ376.48

『母校をたずねる—茨城県立水戸第一高等学校水戸一高編』水戸　毎日新聞水戸支局　2020.9　37p　30cm

『文武一塗—水戸第一高等学校剣道部史』水戸一高剣道部史作成実行委員会編集　水戸　水戸一高剣道部OB会　2023.10　167p　31cm　Ⓝ789.3

◆水戸第二高等学校

『茨城県立水戸第二高等学校七十年史』水戸　水戸第二高等学校　1970　236p　図版　21cm〈背表紙・奥付の書名：水戸二高七十年史〉非売　Ⓝ376.4

『水戸二高百年史』茨城県立水戸第二高等学校百年史編纂委員会編　水戸　茨城県立水戸第二高等学校百年史編纂委員会　2000.9　855p　図版12枚　27cm　Ⓝ376.48

『Journey—1946-2020：創部75周年記念部史：茨城県立水戸第二高等学校バスケットボール部』水戸　大町クラブ　2021.3　100p　30cm〈書誌注記：年表あり〉Ⓝ783.1

◆水戸第三高等学校

『［茨城県立水戸第三高等学校］八十年の軌跡』茨城県立水戸第三高等学校創立八十周年記念事業実行委員会編　茨城県立水戸第三高等学校創立八十周年記念事業実行委員会　2005.10　92p　30cm　Ⓝ376.48

◆水戸農業高等学校

『水農史　第1巻』那珂町（茨城県）　水戸農業高等学校　1970　774p　図版　22cm〈書誌注記：農業教育略年表：p.680-770　編者：水農史編纂委員会〉3800円　Ⓝ376.4

『回想の七十年—開校七十周年記念誌』茨城県立水戸農業高等学校内開校七十周年記念事業実行委員会編　茨城県立水戸農業高等学校内開校七十周年記念事業実行委員会　1970.11　126p　26cm　Ⓝ376.48

『水農史　第2巻』那珂町（茨城県）　水戸農業高

茨城県

等学校　1974　888p 図　22cm〈編者：水農史編纂委員会〉4800円　Ⓝ376.4

『水農の歴史―草創から移転まで開校八十周年記念』那珂町（茨城県）茨城県立水戸農業高等学校開校八十周年移転十周年記念事業実行委員会　1980.11　2冊（別冊とも）20cm〈別冊：回顧と展望〉Ⓝ376.4

『水戸農業高等学校開校九十周年記念誌』茨城県立水戸農業高等学校開校90周年記念事業実行委員会編　茨城県立水戸農業高等学校開校90周年記念事業実行委員会　1989.11　62p 31cm　Ⓝ376.48

『水農史　第3巻』那珂町（茨城県）茨城県立水戸農業高等学校　1995.11　637p　22cm〈編者：水農史編纂委員会〉Ⓝ376.4

『創立から現状まで―明治28年～平成7年』茨城県立水戸農業高等学校創立百周年記念事業実行委員会編　茨城県立水戸農業高等学校創立百周年記念事業実行委員会　1995.11　192p 26cm　Ⓝ376.48

◆水戸南高等学校

『年輪―茨城県立水戸南高等学校創立30周年記念誌』茨城県立水戸南高等学校創立30周年記念行事実行委員会　2000.11　58p　30cm〈副タイトルは奥付による．表紙・背の副タイトル：創立30周年記念誌〉Ⓝ376.48

◆緑岡高等学校

『緑高十年の歩み』茨城県立緑岡高等学校創立十周年記念誌編集委員会編　茨城県立緑岡高等学校創立十周年記念事業実行委員会　1971.10　168p　22cm　Ⓝ376.48

『緑高20年の歩み』水戸　茨城県立緑岡高等学校創立20周年記念事業実行委員会　1981.10　65p　30cm〈書誌注記：年表あり〉Ⓝ376.48

『緑高三十年のあゆみ』水戸　茨城県立緑岡高等学校創立30周年記念事業実行委員会　1991.10　84p　30cm〈書誌注記：年表あり〉Ⓝ376.48

『翔け！　緑高生―40年の歩みから未来へ：the 40th anniversary』茨城県立緑岡高等学校編集　水戸　茨城県立緑岡高等学校　2002.2　5,140p　30cm〈書誌注記：年表あり　部分タイトル：2001 the 40th anniversary〉Ⓝ376.48

『緑樹―緑高五十年のあゆみ』創立50周年記念誌「緑樹」編集部編　水戸　茨城県立緑岡高等学校　2011.10　197p　30cm〈書誌注記：年表あり〉Ⓝ376.48

『緑朋―緑高六十年のあゆみ』創立60周年記念誌「緑朋」編集部編集　水戸　茨城県立緑岡高等学校　2022.2　163p 30cm〈書誌注記：年表あり〉Ⓝ376.48

◆茗溪学園高等学校

『生ひたつ若木ら―茗溪学園の教育』改訂版　茗溪学園中学校高等学校編　茗溪学園中学校高等学校　1991.9　294p　21cm　Ⓝ376.38

『出る杭を伸ばせ―教育実験校「茗溪学園」プロジェクト』柴谷晋著　新潮社　2009.4　237p　20cm〈書誌注記：文献あり〉1500円　①978-4-10-302172-8　Ⓝ376.3131

目次 朝のHR「ヤクザ」に迫る校長，1時間目 周期性ソワソワ現象，2時間目 成人向け職業観教育，3時間目 オカモトミノルの法則，4時間目 二十年後のプリマヴェーラ，5時間目 半魚人のための交響曲，6時間目 大人を越える風となれ（中学部―西よりの移動性高気圧，高校部―エンジョイラグビー旋風），帰りのHR「飛行」に走る卒業生

内容 1979年、筑波研究学園都市に新設された茗溪学園を創り上げたのは、民間企業から転身した岡本稔だった。40代半ばで初代校長となった岡本が、偏差値がものを言い、受験戦争が激化していた時期に、敢えて「国際教育」「問題解決型学習」「課外実習の充実」の実践をスタートさせたのは、何故だったのか。創立当初の十年を辿り、岡本のもと学園に集った教師や生徒たちのその後の歩みも追跡する、知と熱に満ちた人間・教育ドキュメント。

◆八郷高等学校

『あゆみ―20周年記念誌』八郷高等学校（茨城県立）編　茨城県立八郷高等学校　1982.11　45p　26cm　Ⓝ376.48

『茨城県立八郷高等学校創立50周年記念誌』創立50周年記念事業実行委員会　2006.10　95p 30cm　Ⓝ376.48

◆八千代高等学校

『茨城県立八千代高等学校創立20周年記念誌『20年の歩み』』八千代高等学校（茨城県立）編　茨城県立八千代高等学校創立20周年記念事業実行委員会　1995.10　1冊　31cm〈書名は奥付による．表紙の書名：20年の歩み〉Ⓝ376.48

◆山方商業高等学校

『閉校記念誌　山商―42年のあゆみ』茨城県立山方商業高等学校継承事業実行委員会記念誌部編　茨城県立山方商業高等学校　2012.3

115p　30cm　Ⓝ376.48

◆結城第一高等学校

『自彊―八十年のあゆみ』茨城県立結城第一高等学校　1978.11　54p　30cm〈タイトルは表紙による.奥付の書名：創立80周年記念誌〉Ⓝ376.48

『自彊―百年のあゆみ』茨城県立結城第一高等学校　1997.11　63p　30cm〈タイトルは表紙による.奥付の書名：創立100周年記念誌〉Ⓝ376.48

◆竜ヶ崎第一高等学校

『白幡70年―茨城県立竜ケ崎第一高等学校創立70周年記念』茨城県立竜ケ崎第一高等学校　1970.12　55p　30cm〈書名は表紙より.奥付の書名：創立70周年記念，年表：p48～54〉Ⓝ376.48

『母校賛歌―わが青春の竜ケ崎一高　わが懐しの白幡台』古林肇道著　土浦　常陽新聞社　1990.10　237p　21cm　1900円　Ⓝ376.4

『柔―竜ヶ崎一高柔道部百年史』龍ヶ崎　茨城県立竜ヶ崎第一高等学校柔道部　2001.2　172p　30cm〈年表あり〉Ⓝ789.2

『星霜百年白幡台』創立百周年記念誌編集委員会編　龍ヶ崎　茨城県立竜ヶ崎第一高等学校創立百周年記念事業実行委員会　2001.3　1006p　27cm　Ⓝ376.48

『Rの軌跡―一二〇年―since 1902：龍ケ崎中学竜ヶ崎一高硬式野球部史：創部百二十周年記念誌』茨城県立竜ヶ崎第一高等学校硬式野球部OB会編纂　龍ヶ崎　茨城県立竜ヶ崎第一高等学校硬式野球部OB会　2022.3　917p　31cm〈書誌注記：年表あり〉Ⓝ783.7

◆竜ヶ崎第二高等学校

『竜ヶ峯の七十年』竜ヶ崎二高創立七十周年記念事業実行委員会編　竜ヶ崎二高創立七十周年記念事業実行委員会　1985.10　263p　26cm〈竜ヶ峰七〇年の歩み：p252～260〉Ⓝ376.48

『竜ケ峯八十年の歩み―創立八十周年記念』竜ヶ崎二高創立八十周年記念事業実行委員会編　竜ヶ崎二高創立八十周年記念事業実行委員会　1995.10　17p　26cm　Ⓝ376.48

栃木県

◆足尾高等学校

『創立八十周年記念誌』栃木県立足尾高等学校編　栃木県立足尾高等学校　1992.10　217p　26cm

『創立九十周年記念誌』創立90周年記念誌編纂委員会編　栃木県立足尾高等学校　2002.11　73p　26cm

『永久に誇らんあゝ母校―栃木県立足尾高等学校閉校記念誌』閉校記念誌編集委員会編　栃木県立足尾高等学校閉校記念事業実行委員会　2007.3　162p　30cm

◆足利高等学校

『足高七十周年記念誌』栃木県立足利高等学校『足高七十周年記念誌』編集委員会編　足利　栃木県立足利高等学校　1991.8　318p　22cm　Ⓝ376.4

『八十年誌』栃木県立足利高等学校『八十年誌』編集委員会編　足利　栃木県立足利高等学校　2001.9　373p　27cm〈書誌注記：年表あり〉Ⓝ376.48

◆足利工業高等学校

『足利工業高等学校―創立80周年記念誌』栃木県立足利工業高等学校80周年記念誌　栃木県立足利工業高等学校　1976　57p　26cm

『写真で見る足工百年の変遷』『足利工高百年史』編集委員会編　栃木県立足利工業高等学校創立百周年記念事業実行委員会　1995.11　48p　26cm

『足利工高百年史』『足利工高百年史』編集委員会編　足利　栃木県立足利工業高等学校創立百周年記念事業実行委員会　1995.11　969p　図版24枚　27cm　Ⓝ376.4

◆足利工業大学附属高等学校

『以和為貴―創立三十周年記念誌』足利工業大学附属高等学校校史編纂委員会編　足利工業大学附属高等学校　1991.10　394p　27cm

『弓道部全国大会への道のり』宮澤章啓　新潟　太陽書房　2022.11　50p　19cm　1200円　①978-4-86420-290-9　Ⓝ789.3

栃木県

◆足利女子高等学校

『八十年誌』八十年誌編集委員会編　足利　栃木県立足利女子高等学校　1989.9　535, 18p　22cm　Ⓝ376.4

『足女―創立90周年記念誌』記念誌編集委員会編　足利　栃木県立足利女子高等学校　1999.10　223p　26cm　Ⓝ376.48

『足女―創立110周年記念誌』記念誌編集委員会編　栃木県立足利女子高等学校　2019.11　125p　26cm

◆足利西高等学校

『栃木県立足利西高等学校創立10周年記念誌』栃木県立足利西高等学校編　栃木県立足利西高等学校　1978　158, 113p　22cm

『校舎落成記念誌』栃木県立足利西高等学校編　栃木県立足利西高等学校　1987.10　41p　26cm

『栃木県立足利西高等学校全日制開設10周年記念誌』足利　栃木県立足利西高等学校　1995.10　111p　26cm〈書名は奥付による　背の書名：開設10周年記念誌〉Ⓝ376.4

◆足利南高等学校

『栃木県立足利南高等学校十周年記念誌』栃木県立足利南高等学校記念誌編集委員会編　栃木県立足利南高等学校　1985.11　209, 11p　22cm

『二十周年記念誌』足利南高等学校記念誌編集委員会編　足利　栃木県立足利南高等学校　1996.3　174p　22cm　非売品　Ⓝ376.48

◆粟野高等学校

『その後の10年のあゆみ―創立35年独立20周年記念誌』栃木県立粟野高等学校編　栃木県立粟野高等学校　1987　172p　21cm

『創立45年独立30周年記念誌―昭和から平成へのあゆみ』栃木県立粟野高等学校記念誌編集委員会編　栃木県立粟野高等学校　1997.10　88p　26cm

『粟高誌―栃木県立粟野高等学校閉校記念誌』鹿沼　栃木県立粟野高等学校　2011.3　155p　30cm〈年表あり〉Ⓝ376.48

◆石橋高等学校

『栃木県立石橋高等学校「70年誌」』栃木県立石橋高等学校「70年誌」編集委員会編　石橋町（栃木県）栃木県立石橋高等学校　1994.10　716p　27cm〈書名は奥付による　標題紙等の書名：七十年誌〉Ⓝ376.4

◆今市高等学校

『栃木県立今市高等学校創立50周年記念誌―発展10年のあゆみ』栃木県立今市高等学校編　栃木県立今市高等学校　1975　134p　26cm

『晃麓の學び舎そして三重丘―創立七十周年記念誌　1925～1994』栃木県立今市高等学校編　栃木県立今市高等学校　1994.11　282p　30cm

『三重丘この十年―創立80周年記念誌　1995～2004』栃木県立今市高等学校編　栃木県立今市高等学校　2004.11　131p　30cm

◆今市工業高等学校

『10周年記念誌』10周年記念誌編集委員会編　栃木県立今市工業高等学校　1974.10　100p　21cm

『栃木県立今市工業高等学校創立20周年記念誌　1984』栃木県立今市工業高等学校創立20周年記念　栃木県立今市工業高等学校　1984.10　83p　26cm

『栃木県立今市工業高等学校創立30周年記念誌』栃木県立今市工業高等学校創立30周年記念誌編　栃木県立今市工業高等学校　1994.11　131p　26cm

◆氏家高等学校

『創立50周年記念誌』栃木県立氏家高等学校50年誌編集委員会編　氏家町（栃木県）栃木県立氏家高等学校　1974.3　129p　26cm〈年表あり〉Ⓝ376.48

『栃木県立氏家高等学校創立60周年記念誌』栃木県立氏家高等学校60年誌編集委員会編　栃木県立氏家高等学校　1984.5　140p　26cm

『栃木県立氏家高等学校創立70周年記念誌』栃木県立氏家高等学校70周年誌編集委員会編　栃木県立氏家高等学校　1994.9　164p　26cm

◆宇都宮高等学校

『百年誌』栃木県立宇都宮高等学校創立百周年記念事業実行委員会「百年誌」編集委員会編　栃木県立宇都宮高等学校創立百周年記念事業実行委員会「百年誌」編集委員会　1979.5　738p　22cm

『滝の原105人集』栃木県立宇都宮高等学校105周年記念誌編　栃木県立宇都宮高等学校　1984　221p　26cm

都道府県から引く　高等学校史・活動史目録　151

栃木県

『菅沼ホームルームキャンプ20周年記念誌』栃木県立宇都宮高等学校編　栃木県立宇都宮高等学校　1987.8　60p　26cm

『滝の原110人集』栃木県立宇都宮高等学校百十周年記念誌編集委員会編　栃木県立宇都宮高等学校　1989.2　238p　26cm

『滝の原この十年―百年誌以降』栃木県立宇都宮高等学校百十周年記念誌編集委員会編　藤井寛治　1989.2　231p　31cm

『滝の原平成の十年―栃木県立宇都宮高等学校創立百二十周年』栃木県立宇都宮高等学校創立百二十周年記念誌編集委員会編　栃木県立宇都宮高等学校創立百二十周年記念事業実行委員会　1998.10　186p　26cm

『50年のあゆみ―栃木県立宇都宮高等学校通信制課程』五十周年記念実行委員会編　栃木県立宇都宮高等学校通信制課程　1998.11　164p　30cm

◆宇都宮北高等学校

『創立10周年記念誌―1990』栃木県立宇都宮北高等学校編　栃木県立宇都宮北高等学校　1990.10　142p　26cm

『創立20周年記念誌―2000』栃木県立宇都宮北高等学校編　栃木県立宇都宮北高等学校　2000.11　160p　30cm

◆宇都宮工業高等学校

『宇都宮工業高等学校 60周年記念誌』栃木県立宇都宮工業高等学校生徒会新聞部　栃木県立宇都宮工業高等学校　1984　63p　26cm

『宇都宮工業高等学校70周年記念誌』栃木県立宇都宮工業高等学校編　栃木県立宇都宮工業高等学校　1993.11　408p　27cm

『創立100周年記念誌』栃木県立宇都宮工業高等学校　2023.11　393p　27cm

◆宇都宮商業高等学校

『宇商高創立80周年記念特集』栃木県立宇都宮商業高等学校編　栃木県立宇都宮商業高等学校　1983.3　32p　21×30cm

『八十年誌』栃木県立宇都宮商業高等学校創立八十周年記念事業実行委員会編　栃木県立宇都宮商業高等学校創立八十周年記念事業実行委員会　1983.8　1310p　22cm

『新しき世紀をともに拓かむ―創立90周年記念行事の記録』栃木県立宇都宮商業高等学校編　栃木県立宇都宮商業高等学校　1993.3　48p　26cm

『宇商硬式野球部百年史―1920-2020』宇商硬式野球部創部百年史編集・執筆委員会編集　宇都宮　栃木県立宇都宮商業高等学校硬式野球部OB会　2021.3　449p　31cm〈書誌注記：年表あり〉Ⓝ783.7

◆宇都宮女子高等学校

『110年史』栃木県立宇都宮女子高等学校110年史編集委員会編　宇都宮　栃木県立宇都宮女子高等学校　1986.2　198p　21cm〈執筆：石下勲夫ほか〉Ⓝ376.4

『120年史』栃木県立宇都宮女子高等学校120年史編集委員会編　宇都宮　栃木県立宇都宮女子高等学校　1996.2　219p　26cm　Ⓝ376.4

『140年史―栃木県立宇都宮女子高等学校』栃木県立宇都宮女子高等学校『140年史』編集委員会編　宇都宮　栃木県立宇都宮女子高等学校　2016.3　181p　30cm〈書誌注記：年表あり〉Ⓝ376.48

◆宇都宮清陵高等学校

『そしてより高く―校舎落成記念誌　1987』栃木県立宇都宮清陵高等学校編　栃木県立宇都宮清陵高等学校　1987.5　39,3p　26cm

『創立10周年記念誌―1995』栃木県立宇都宮清陵高等学校　1995.3　167p　26cm

『創立20周年記念誌』栃木県立宇都宮清陵高等学校編　栃木県立宇都宮清陵高等学校創立20周年事業実行委員会　2005.2　107p　30cm

『創立30周年記念誌―2015』栃木県立宇都宮清陵高等学校創立30周年記念事業実行委員会　2015.11　124p　30cm

◆宇都宮中央女子高等学校

『宇都宮中央女子高等学校50周年記念　1978』栃木県立宇都宮中央女子高等学校編　栃木県立宇都宮中央女子高等学校　1978　84p　26cm

◆宇都宮農業高等学校上河内分校

『40周年記念誌―上河内分校40年のあゆみ』栃木県立宇都宮農業高等学校上河内分校編　栃木県立宇都宮農業高等学校上河内分校　1989.12　91p　26cm

◆宇都宮東高等学校

『十周年記念誌』十周年記念誌編集委員会編　栃木県立宇都宮東高等学校　1973.10　64p

栃木県

26cm

『宇都宮東高等学校20年の歩み』栃木県立宇都宮東高等学校編　栃木県立宇都宮東高等学校　1983　202p　26cm

『創立三十周年記念誌』創立三十周年記念誌編集委員会編　栃木県立宇都宮東高等学校　1993.9　238p　26cm

『40周年記念誌』栃木県立宇都宮東高等学校編　栃木県立宇都宮東高等学校　2003.9　54p　30cm

『創立50周年記念誌』宇都宮東高等学校　栃木県立宇都宮東高等学校　2013.3　224p　31cm〈書誌注記：年表あり　共同刊行：栃木県立宇都宮東高等学校附属中学校〉Ⓝ376.48

『60周年記念誌―平成から令和へ』栃木県立宇都宮東高等学校　2023.9　73p　30cm

◆宇都宮南高等学校

『栃木県立宇都宮南高等学校校舎落成記念』栃木県立宇都宮南高等学校編　栃木県立宇都宮南高等学校　1978　24p　22×19cm

『栃木県立宇都宮南高等学校創立10周年記念誌』栃木県立宇都宮南高等学校編　栃木県立宇都宮南高等学校　1986.9　123p　26cm

『創立20周年記念誌』栃木県立宇都宮南高等学校編　栃木県立宇都宮南高等学校　1996.9　251p　26cm

『創立30周年記念誌』栃木県立宇都宮南高等学校編　栃木県立宇都宮南高等学校　2006.9　139p　30cm

『創立40周年記念誌』栃木県立宇都宮南高等学校編　栃木県立宇都宮南高等学校　2016.10　160p　30cm

◆大田原高等学校

『大高七十年誌』編集：大高七十年誌編集委員会　大田原　大田原高等学校　1972　784p　図　21cm　Ⓝ376.4

『大高八十年誌―目で見る80年の歩み』栃木県立大田原高等学校大高八十年誌編集委　栃木県立大田原高等学校創立80周年記念事　1982　179p　31cm

◆大田原女子高等学校

『九十年誌』栃木県立大田原女子高等学校創立90周年記念誌編集委員会編　栃木県立大田原女子高等学校　2001.11　371p　27cm

『衛生看護科閉科記念誌38年の歩み』栃木県立大田原女子高等学校衛生看護科閉科記念誌編集委員編　栃木県立大田原女子高等学校　2004.1　81p　30cm

『百年誌―なでしこの足跡』栃木県立大田原女子高等学校創立百周年記念誌編集委員会編　栃木県立大田原女子高等学校　2011.11　498p　27cm

◆大田原東高等学校

『栃木県立大田原東高等学校20年誌』栃木県立大田原東高等学校編　栃木県立大田原東高等学校　1986.12　63,50p　22cm

◆小山高等学校

『小山高等学校　50周年記念誌―躍進10年のあゆみ』栃木県立小山高等学校編　栃木県立小山高等学校　1971　90p　26cm

『小山高等学校60周年記念誌』栃木県立小山高等学校編　栃木県立小山高等学校　1978　72p　26cm

『70周年誌』栃木県立小山高等学校　1988.11　97p　26cm

『創立80周年記念誌』栃木県立小山高等学校　1998.11　178p　30cm

『創立90周記念誌』栃木県立小山高等学校編　栃木県立小山高等学校　2008.11　139p　写真図版4p　30cm

『小山高百年誌』栃木県立小山高等学校創立百周年記念実行委員会編　栃木県立小山高等学校　2018.11　10,365p　27cm

◆小山園芸高等学校

『小山園芸高等学校開校10周年記念誌』栃木県立小山園芸高等学校10周年記念誌編　栃木県立小山園芸高等学校　1981　79p　26cm

◆小山城南高等学校

『小山城南高等学校創立60周年記念誌』栃木県立小山城南高等学校創立60周年記念　栃木県立小山城南高等学校　1982　583p　22cm

『学び舎に春はめぐりて―1992』栃木県立小山城南高等学校創立70周年記念誌編集委員会編　栃木県立小山城南高等学校　1992.11　52p　30cm

『家政科のあゆみ―栃木県立小山城南高等学校家政科閉科記念誌』栃木県立小山城南高等学校記念誌係編　栃木県立小山城南高等学校　1998.1　25p　30cm

『衛生看護科閉科記念誌』栃木県立小山城南高等

学校衛生看護科閉科事業実行委員会編　栃木県立小山城南高等学校　2004.2　89p　26cm

◆小山西高等学校

『創立10周年記念誌』栃木県立小山西高等学校編　栃木県立小山西高等学校　1995.11　126p　26cm

◆小山南高等学校

『創立10周年記念誌』栃木県立小山南高等学校編　栃木県立小山南高等学校　1988.11　129p　26cm

『創立20周年記念誌』栃木県立小山南高等学校編　栃木県立小山南高等学校　1999.9　125p　26cm

◆学悠館高等学校

『生徒10年のあゆみ―創立10周年記念誌：栃木県立学悠館高等学校』栃木　栃木県立学悠館高等学校創立10周年記念事業実行委員会　2014.11　56p　30cm〈書誌注記：年表あり〉Ⓝ376.18

◆鹿沼高等学校

『創立五十周年記念誌―四十年誌以後』栃木県立鹿沼高等学校編　栃木県立鹿沼高等学校　1975.10　238p　22cm

『10年間の歩み―昭和60年度～平成6年度』栃木県立鹿沼高等学校創立70周年記念誌編集委員会編　栃木県立鹿沼高等学校　1995.10　218p　26cm

『鹿沼高等学校創立80周年記念誌』栃木県立鹿沼高等学校編　栃木県立鹿沼高等学校　2005.10　168p　29cm

◆鹿沼商工高等学校

『鹿沼商工高等学校70周年記念誌―農商分離と商工の歩み』栃木県立鹿沼商工高等学校創立70周年記念　栃木県立鹿沼商工高等学校　1979　103p　26cm

『創立90周年記念誌』栃木県立鹿沼商工高等学校編　栃木県立鹿沼商工高等学校　1989.10〔1999〕　37p　26cm

『創立八十周年記念誌』栃木県立鹿沼商工高等学校編　栃木県立鹿沼商工高等学校　1989.11　344p　21cm

『創立百十周年記念誌』鹿沼商工高等学校編　栃木県立鹿沼商工高等学校　2019.11　65p　30cm

◆鹿沼農業高等学校

『栃木県立鹿沼農業高等学校創立80周年分離開校20年記念誌』栃木県立鹿沼農業高等学校編　栃木県立鹿沼農業高等学校　1989.10　126p　26cm

『創立90周年記念誌』栃木県立鹿沼農業高等学校編　栃木県立鹿沼農業高等学校　1999　40p　30cm

『百年誌―上都賀の土に根ざして』創立百周年記念誌編集委員会編　栃木県立鹿沼農業高等学校創立百周年記念事業実行委員会　2008.11　545p　30cm

◆鹿沼農商高等学校

『校風人脈―鹿沼農商高等学校』栃木新聞社編集局編集　宇都宮　栃木新聞社出版局　1970.2　326p　18cm〈書誌注記：年表あり〉370円　Ⓝ376.18

◆鹿沼東高等学校

『創立10周年記念誌』栃木県立鹿沼東高等学校編　栃木県立鹿沼東高等学校　1993.10　126p　26cm

『創立20周年記念誌』栃木県立鹿沼東高等学校編　栃木県立鹿沼東高等学校　2002.7　117p　26cm

『創立30周年記念誌―平成14年度からの歩み』栃木県立鹿沼東高等学校編　栃木県立鹿沼東高等学校　2012.11　84p　30cm

『創立40周年記念誌―平成24（2012）年～』栃木県立鹿沼東高等学校　2022　53p　30cm

◆鹿沼南高等学校

『創立百十周年記念誌』栃木県立鹿沼南高等学校　2018.11　99p　30cm

◆上三川高等学校

『創立10周年記念誌』栃木県立上三川高等学校編　栃木県立上三川高等学校　1993.10　128p　26cm

『創立20周年記念誌』栃木県立上三川高等学校編　栃木県立上三川高等学校　2003.10　79p　30cm

『創立40周年記念誌』栃木県立上三川高等学校編　栃木県立上三川高等学校　2023.6　142p　30cm

栃木県

◆烏山高等学校

『創立七十周年記念誌―六十年誌以後』栃木県立烏山高等学校創立七十周年記念誌編集委員会編　栃木県立烏山高等学校　1977.10　173p　21cm

『創立九十周年記念誌―八十年誌以後』栃木県立烏山高等学校編　栃木県立烏山高等学校　1997.10　171p　21cm

『百年誌』栃木県立烏山高等学校百年誌編集委員会編　栃木県立烏山高等学校創立百周年記念事業実行委員会　2007.10　676p　27cm

『寿亀ヶ丘に学ぶ―百四年の歴史に感謝』栃木県立烏山高等学校閉校式準備委員会編　栃木県立烏山高等学校　2010.3　119p　26cm

『創立10周年記念誌―栃木県立烏山高等学校』栃木県立烏山高等学校創立10周年記念誌編集委員会編　栃木県立烏山高等学校　2017.12　89p　30cm

◆烏山女子高等学校

『70年誌』栃木県立烏山女子高等学校70周年記念事業実行委員会編　栃木県立烏山女子高等学校70周年記念事業実行委員会　1997.6　151p　26cm

『栃木県立烏山女子高等学校閉校記念誌』栃木県立烏山女子高等学校閉校記念事業実行委員会記念誌編集係編　栃木県立烏山女子高等学校閉校記念事業実行委員会　2010.3　68p　30cm

◆喜連川高等学校

『喜連川高等学校創立30周年記念誌』栃木県立喜連川高等学校編　栃木県立喜連川高等学校　1976　98p　26cm

『喜連川高等学校40周年記念誌』栃木県立喜連川高等学校40周年記念誌編集　栃木県立喜連川高等学校　1986.11　123p　26cm

『栃木県立喜連川高等学校創立50周年記念誌』創立50周年記念誌編集委員会編　栃木県立喜連川高等学校　1996.11　178p　26cm

『栃木県立喜連川高等学校創立60周年記念誌』創立60周年記念誌編集委員会編　栃木県立喜連川高等学校　2006.12　177p　26cm

◆黒磯高等学校

『黒磯高等学校90年誌』栃木県立黒磯高等学校創立90周年記念誌編纂準備係編　栃木県立黒磯高等学校　2015.10　94p　30cm

◆黒磯南高等学校

『栃木県立黒磯南高等学校創立10周年記念誌』栃木県立黒磯南高等学校編　栃木県立黒磯南高等学校　1986.3　71p　26cm

『30年誌』栃木県立黒磯南高等学校創立30周年記念誌編集班編　栃木県立黒磯南高等学校　2006.3　121p　30cm

◆黒羽高等学校

『栃木県立黒羽高等学校20年誌』栃木県立黒羽高等学校創立20周年記念誌編　栃木県立黒羽高等学校　1982　162p　21cm

『創立30周年記念誌』創立30周年記念誌編集委員会編　栃木県立黒羽高等学校　2002.10　121p　26cm

『創立40周年記念誌』創立四十周年記念誌編集委員会編　栃木県立黒羽高等学校　2002.10　61p　26cm

『栃木県立黒羽高等学校創立五十周年記念誌』栃木県立黒羽高等学校　2012.11　136p　30cm

◆幸福の科学学園高等学校

『高貴なる義務を果たせ―幸福の科学学園の未来創造教育』幸福の科学学園編　幸福の科学出版　2011.3　291p　19cm　1400円　Ⓘ978-4-86395-102-0　Ⓝ376.3132

内容　開校して1年。幸福の科学学園の教育に対する情熱と、目指す理想が明らかに。なぜ宗教が教育に乗り出すのか。

『夢は叶う―生徒が伸びる、個性が輝く「幸福の科学学園」の教育』大川隆法著　幸福の科学出版　2016.9　163p　19cm（OR BOOKS）〈書誌注記：著作目録あり〉1500円　Ⓘ978-4-86395-831-9　Ⓝ376.3132

内容　2009年の創立から7年。「学力」「徳力」「創造力」―この学園が、キミたちの無限の可能性を開花させる。

『教育革命への挑戦―幸福の科学学園の10年を振り返って』竜の口法子著　幸福の科学出版　2020.6　242p　19cm（OR BOOKS）〈書誌注記：文献あり〉1200円　Ⓘ978-4-8233-0183-4　Ⓝ376.3132

◆國學院大學栃木高等学校

『国学院栃木花園快進撃―報道記録集第101回全国高校ラグビー大会』下野新聞社編集　宇都宮　下野新聞社　2022.2　70p　30cm〈スプライド〉特別号）1000円　Ⓘ978-4-88286-817-0　Ⓝ783.48

栃木県

◆作新学院高等学校

『作新学院全国制覇―第98回全国高校野球選手権大会』下野新聞社編集　宇都宮　下野新聞社　2016.9　95p　30cm〈SPRIDE特別号〉926円　①978-4-88286-632-9　Ⓝ783.7

目次　写真グラフ「歓喜の瞬間」、甲子園の熱戦を振り返る「頂点への道」、「作新PRIDE」母校を全国優勝に導いた小針崇宏監督インタビュー、秋、春、夏の県大会の記録「成長の軌跡」、過去5年間の夏の甲子園の記録「激戦譜2011‐2015年」、作新学院硬式野球部の歴史「名門の足跡」

『作新学院高校野球部―「人間力」の真骨頂：「意識野球」で名門復活!!2016年夏、54年ぶり全国制覇：Since 1902』ベースボール・マガジン社　2017.1　97p　29cm（B.B.MOOK 1351―高校野球名門校シリーズ 16）1389円　①978-4-583-62488-4　Ⓝ783.7

◆さくら清修高等学校

『黎明（よあけ）―さくら清修十年から永久（とわ）へ』栃木県立さくら清修高等学校創立一〇周年記念事業実行委員会編　栃木県立さくら清修高等学校　2015.11　149p　26cm

◆佐野高等学校

『旭城この十年の歩み―八十年誌以降』百十周年記念誌編集委員会編　佐野高等学校　1991.10　176p　30cm

『栃木県立佐野高等学校創立百周年記念誌』栃木県立佐野高等学校創立百周年記念誌編集委員会編　栃木県立佐野高等学校創立百周年記念誌編集委員会　2001.10　336p　31cm

◆佐野松陽高等学校

『創立20周年記念誌―佐野商業高校から佐野松陽高校へ…』創立20周年記念誌編集委員会編　栃木県立佐野松陽高等学校　1994.10　104p　30cm

◆佐野女子高等学校

『佐女高百年誌』創立百周年記念誌編集委員会編　栃木県立佐野女子高等学校　2007.11　608p　27cm

◆佐野日本大学高等学校

『久遠の理想―佐野日本大学中・高等学校創立25周年記念誌』佐野日本大学中・高等学校編　佐野日本大学中・高等学校　1989.3　208p　27cm

『久遠の理想―佐野日本大学中・高等学校創立30周年記念誌』佐野日本大学中・高等学校編　佐野日本大学中・高等学校　1994.3　127p　30cm　非売品

◆塩谷高等学校

『栃木県立塩谷高等学校創立三十五周年記念誌』栃木県立塩谷高等学校編　栃木県立塩谷高等学校　1984.11　66p　26cm

『創立50周年記念誌』栃木県立塩谷高等学校編　栃木県立塩谷高等学校　2000.11　209p　26cm

◆高根沢高等学校

『40年のあゆみ―創立40周年記念誌』創立40周年記念誌編集委員会編　栃木県立高根沢高等学校　2006.11　47p　30cm

◆高根沢商業高等学校

『創立10周年記念誌』栃木県立高根沢商業高等学校編　栃木県立高根沢商業高等学校　1977.10　80p　26cm

『創立20周年記念誌』栃木県立高根沢商業高等学校編　栃木県立高根沢商業高等学校　1988.10　90p　26cm

『三十年のあゆみ―創立三十周年記念誌　1967～1997』栃木県立高根沢商業高等学校　1997.11　90p　30cm

◆田沼高等学校

『栃木県立田沼高等学校創立十周年記念誌』栃木県立田沼高等学校創立十周年記念誌編集　栃木県立田沼高等学校　1986.11　89p　27cm

『栃木県立田沼高等学校創立二十周年記念誌』栃木県立田沼高等学校創立十周年記念誌編集　栃木県立田沼高等学校　1996.11　4, 94p　27cm

『栃木県立田沼高等学校記念誌』閉校記念誌編集委員会編　栃木県立田沼高等学校　2013.3　58p　30cm

◆栃木高等学校

『時の流れを越えて―栃高創立八十周年記念』栃木県立栃木高等学校生徒会編　栃木県立栃木高等学校生徒会　1976　51p　22cm

◆栃木工業高等学校

『栃木県立栃木工業高等学校創立20周年記念誌』栃木県立栃木工業高等学校20周年記念誌編集

栃木県立栃木工業高等学校　1981.11　144p　21cm

『創立30周年記念誌』三十周年記念誌編集委員会編　栃木県立栃木工業高等学校　1991.11　112p　26cm

『空飛ぶ車いす―挑みつづける工業高校生　栃木県立栃木工業高等学校・愛媛県立新居浜工業高等学校・学校法人大森学園大森工業高等校』日本社会福祉弘済会編　空飛ぶ車いすを応援する会　2004.8　267p　19cm〈東京 筒井書房（発売）〉1600円　①4-88720-448-5　Ⓝ369.27

◆栃木商業高等学校

『創立80周年記念誌』栃木県立栃木商業高等学校編　栃木県立栃木商業高等学校　1997.9　252p　26cm

◆栃木翔南高等学校

『栃木県立栃木翔南高等学校創立10周年記念誌』栃木県立栃木翔南高等学校創立10周年記念誌編集委員会編　栃木県立栃木翔南高等学校　2015.11　117p　30cm

◆栃木女子高等学校

『創立80周年記念誌』栃木県立栃木女子高等学校創立80周年記念誌編集委員会編　栃木県立栃木女子高等学校　1981.10　212p　26cm

『ここ10年のあゆみ　1981〜1991』栃木県立栃木女子高等学校創立90周年記念誌編集委員会編　栃木県立栃木女子高等学校　1991.10　214p　26cm

『創立110周年記念誌』栃木県立栃木女子高等学校創立110周年記念誌編集委員会編　栃木県立栃木女子高等学校　2011.10　300p　30cm

◆栃木農業高等学校

『栃農80年誌』栃木県立栃木農業高等学校栃農80年誌編　栃木県立栃木農業高等学校　1987.1　178p　21cm

『創立90周年記念誌―写真で綴るこの10年』栃木県立栃木農業高等学校　1997.11　40p　30cm

◆栃木南高等学校

『創立10周年記念誌』栃木県立栃木南高等学校創立10周年記念誌編集委員会編　栃木県立栃木南高等学校　1993.11　160p　26cm

『創立20周年記念誌』栃木県立栃木南高等学校編　栃木県立栃木南高等学校　2003.11　176p　26cm

◆那須高等学校

『那須高等学校創立10周年記念誌』栃木県立那須高等学校編　栃木県立那須高等学校　1970　93p　25cm

『創立二十周年記念誌』栃木県立那須高等学校創立二十周年記念誌編集委員会編　栃木県立那須高等学校　1970.6　76p　26cm

『創立40周年記念誌』栃木県立那須高等学校40年誌編集委員会編　栃木県立那須高等学校　2000.5　177p　26cm

◆那須工業高等学校

『那須工業高等学校創立20周年記念誌』栃木県立那須工業高等学校創立20周年記念　栃木県立那須工業高等学校　1981　124p　26cm

『創立30周年記念誌』栃木県立那須工業高等学校創立30周年記念誌編集委員会　栃木県立那須工業高等学校　1991.11　149p　26cm

◆那須清峰高等学校

『創立40周年記念誌―写真で振り返るこの10年』創立40周年記念誌編集委員会　栃木県立那須清峰高等学校　2001.11　40p　30cm

『栃木県立那須清峰高等学校創立50周年記念誌』ぎょうせい制作　栃木県立那須清峰高等学校創立50周年記念事業実行委員会　2011.10　123p　30cm

『栃木県立那須清峰高等学校創立60周年記念誌』栃木県立那須清峰高等学校創立60周年記念事業実行委員会編　栃木県立那須清峰高等学校創立60周年記念事業実行委員会　2021.10　49p　30cm

◆那須農業高等学校

『那須農業高等学校創立30周年記念誌』栃木県立那須農業高等学校30周年誌編集委員　栃木県立那須農業高等学校　1975　162p　26cm

『那須高40年誌』栃木県立那須農業高等学校記念誌編集委員会　栃木県立那須農業高等学校　1985　156p　26cm

◆日光高等学校

『日高70年のあゆみ―60年誌以降を中心に』栃木県立日光高等学校70年誌編集委員会編　栃木県立日光高等学校　1997.6　185p　26cm

栃木県

◆芳賀高等学校

『芳賀高等学校創立10周年記念誌』栃木県立芳賀高等学校編　栃木県立芳賀高等学校　1972　65p　22cm

『創立25周年記念誌　1987』栃木県立芳賀高等学校編　栃木県立芳賀高等学校　1987.11　155p　26cm

◆馬頭高等学校

『栃木県立馬頭高等学校創立30周年記念誌』栃木県立馬頭高等学校創立30周年記念誌作　栃木県立馬頭高等学校　1976.10　77p　26cm

『栃木県立馬頭高等学校創立50周年記念誌』栃木県立馬頭高等学校編　栃木県立馬頭高等学校　1996.9　112p　27cm

『水産科創設30周年記念誌』栃木県立馬頭高等学校水産科編　栃木県立馬頭高等学校　2002.3　36p　30cm

『栃木県立馬頭高等学校創立70周年記念誌』栃木県立馬頭高等学校編　栃木県立馬頭高等学校　2016.11　43p　30cm

『水産科創設50周年記念誌』栃木県立馬頭高等学校編　栃木県立馬頭高等学校　2022.3　44p　30cm

◆藤岡高等学校

『創立20周年記念誌―今、輝く君へ～20歳の旅立ち～』創立20周年記念誌編集委員会編　栃木県立藤岡高等学校　1994.11　56p　30cm

『創立30周年記念誌―清く・聡く・逞しく、共に歩んだ30年』創立30周年記念誌編集委員会編　栃木県立藤岡高等学校　2004.11　68p　30cm

◆益子高等学校

『栃木県立益子高等学校創立10周年記念誌』栃木県立益子高等学校編　栃木県立益子高等学校　1986.10　88p　26cm

『創立20周年記念誌』栃木県立益子高等学校創立20周年記念誌編集委員会編　栃木県立益子高等学校　1996.10　117p　26cm

◆益子芳星高等学校

『創立10周年記念誌』栃木県立益子芳星高等学校編　栃木県立益子芳星高等学校　2015.11　93p　30cm

◆壬生高等学校

『壬生高等学校創立二十周年記念誌』栃木県立壬生高等学校編　栃木県立壬生高等学校　1981　99p　26cm

『創立三十周年記念誌』栃木県立壬生高等学校　1991.10　105p　26cm

『壬生高五十年誌』栃木県立壬生高等学校創立50周年記念誌編集委員会編　栃木県立壬生高等学校　2011.10　207p　30cm

◆真岡工業高等学校

『栃木県立真岡工業高等学校創立20周年記念誌　1982』栃木県立真岡工業高等学校創立20周年記念　栃木県立真岡工業高等学校　1982.11　93p　折込1枚　26cm

『栃木県立真岡工業高等学校創立30周年記念誌　1992』栃木県立真岡工業高等学校創立20周年記念　栃木県立真岡工業高等学校　1992.11　112p　26cm

◆真岡女子高等学校

『真岡女子高等学校　校歌　祝歌―創立70周年記念』栃木県立真岡女子高等学校七十年誌編纂委員　栃木県立真岡女子高等学校　1981　1冊　22cm

『百年誌』栃木県立真岡女子高等学校創立百周年記念事業実行委員会編　栃木県立真岡女子高等学校創立百周年記念事業実行委員会　2011.9　633p　27cm

◆真岡農業高等学校

『創立80周年記念誌　昭和62年』栃木県立真岡農業高等学校編　栃木県立真岡農業高等学校　1987.11

◆真岡北陵高等学校

『百年史―栃木県立真岡北陵高等学校』記念誌編集委員会編　栃木県立真岡北陵高等学校　2008.2　305p　31cm

『創立110周年記念誌』栃木県立真岡北陵高等学校創立110周年記念誌編集委員会編　栃木県立真岡北陵高等学校　2017.11　101p　30cm

◆茂木高等学校

『七十年史』創立七〇周年記念事業校内実行委員会編　茂木町（栃木県）栃木県立茂木高等学校　1992.10　645p　図版11枚　22cm　Ⓝ376.4

『わが青春の茂木高等学校』東郷秀光著　狭山［東郷秀光］　2000.10　87p　19cm〈書誌注記：年表あり　書誌注記：著作目録あり〉非売品　Ⓝ376.48

『飛躍の時―創立八十年史』栃木県立茂木高等学校創立八十周年記念史編集委員会編　栃木県立茂木高等学校　2002.10　129p　30cm

◆矢板高等学校

『創立90周年記念誌―80周年その後』創立90周年記念誌編集委員会編　栃木県立矢板高等学校　2000.11　140p　30cm

『矢高百年誌』創立百周年記念編集委員会編　栃木県立矢板高等学校　2011.3　265p　30cm

◆矢板中央高等学校

『創立15周年記念誌』矢板中央高等学校編　矢板中央高等学校　1972.11　65p　26cm

『創立30周年記念誌』矢板中央高等学校30周年記念誌編集委員会編　矢板中央高等学校　1987.11　277p　26cm

群馬県

◆吾妻高等学校

『吾妻高校五十年史』吾妻高等学校創立五十周年記念事業実行委員会五十年史編集部会編　吾妻町（群馬県）　吾妻高等学校　1971　1087p　図　22cm　Ⓝ376.4

『吾高70年のあゆみ―吾妻高校70周年記念誌』吾妻高校70周年記念誌編集係編　［群馬県立吾妻高等学校］　1990.11　1冊（頁付なし）26cm

『ザ吾高―祖母から父母、そして私は』群馬県立吾妻高等学校編　群馬県立吾妻高等学校　1999.10　32p　30cm〈副書名：吾妻高校80周年記念写真誌〉

『吾妻高校90年史』吾妻高校創立90周年記念事業実行委員会記念誌部会編　東吾妻町（群馬県）　群馬県立吾妻高等学校　2009.10　162p　30cm〈書誌注記：年表あり〉Ⓝ376.48

◆伊勢崎高等学校

『創立10周年記念誌』群馬県立伊勢崎高等学校創立10周年記念誌編纂委員会編　群馬県立伊勢崎高等学校創立10周年記念事業実行委員会　2015.2　92p　30cm

◆伊勢崎工業高等学校

『創立九十周年記念誌』群馬県立伊勢崎工業高等学校編　群馬県立伊勢崎工業高等学校　2000.10　56p　26cm

◆伊勢崎興陽高等学校

『伊勢崎興陽高校80周年記念誌』創立80周年記念事業実行委員会記念誌編集委員会編　群馬県立伊勢崎興陽高等学校創立80周年記念事業実行委員会　2000.10　214p　31cm〈付：創立80周年記念新聞〉

『伊勢崎興陽高校写真部―創部10周年記念写真集』群馬県立伊勢崎興陽高等学校写真部編　群馬県立伊勢崎興陽高等学校写真部　2003.3　1冊　21×30cm〈内容：第1部『伊勢崎の店主さん』Part2、第2部自由作品集〉

『伊勢崎興陽高校九十周年記念誌』創立九十周年記念事業実行委員会・記念誌編集委員会編　群馬県立伊勢崎興陽高等学校創立九十周年記念事業実行委員会　2010.11　93p　31cm〈参考文献一覧：p91〉

『伊勢崎興陽・佐波農業高等学校百周年記念誌』創立百周年記念事業実行委員会,記念誌編集委員会編集　伊勢崎　群馬県立伊勢崎興陽高等学校創立百周年記念事業実行委員会　2021.2　223p　31cm〈書誌注記：年表あり〉Ⓝ376.48

◆伊勢崎商業高等学校

『伊勢崎商業高校百年史―士魂商才』伊勢崎　群馬県立伊勢崎商業高等学校　2019.11　232p　31cm〈書誌注記：年表あり〉Ⓝ376.48

◆伊勢崎女子高等学校

『伊女90年の謎&トリビア―伊女90周年記念誌付録』伊女90周年記念誌編集委員会編　群馬県立伊勢崎女子高等学校　2004.11　1冊　30cm

『上州の風に吹かれて―"気丈"学校3年C組』牛島光恵,石井喜久枝編　一莖書房　2006.5　217p　20cm　2200円　①4-87074-141-5　Ⓝ376.48

内容　群馬県立伊勢崎女子高等学校昭和35年卒業3年C組。気丈にそしてしなやかに生きるための酵素が潜む上州のからっ風に吹かれた生徒たちが、50年後の今どのように発酵したか。当時の思い出とそれぞれの生き方をまとめる。

『清明・伊女百年誌』創立百周年記念誌編集委

群馬県

員会編　伊勢崎　群馬県立伊勢崎清明高等学校　2015.11　134p　30cm　Ⓝ376.48

◆伊勢崎清明高等学校

『清明・伊女百年誌』創立百周年記念誌編集委員会編　伊勢崎　群馬県立伊勢崎清明高等学校　2015.11　134p　30cm　Ⓝ376.48

◆伊勢崎東高等学校

『創立40周年記念誌』群馬県立伊勢崎東高等学校「創立四十周年記念誌」編集委員会編　群馬県立伊勢崎東高等学校創立四十周年記念事業実行委員会　2002.11　39p　30cm

『群馬県立伊勢崎東高等学校ラグビー部閉校記念誌』群馬県立伊勢崎東高等学校ラグビー部OB会閉校記念誌発刊委員会編　群馬県立伊勢崎東高等学校ラグビー部OB会閉校記念誌発刊委員会　2008.1　79p　30cm〈1963年から2006年まで，奥付の発行者：群馬県立伊勢崎東高等学校ラグビー部閉校記念誌刊行委員会〉

◆大泉高等学校

『写真が語る大泉高校八十年史』大泉町（群馬県）群馬県立大泉高等学校創立80周年記念事業実行委員会　1992.11　309p　27cm〈編集：群馬県立大泉高等学校「写真が語る大泉高校八十年史」編集委員会〉Ⓝ376.4

◆太田高等学校

『太田高校九十年史』太田高等学校校史刊行委員会編　群馬県立太田高等学校創立九十周年記念事業実行委員会　1987.10　1604p　26cm〈別冊：238p 26cm〉

『金山麓やまざる流れ—太田高校百年』群馬県立太田高等学校記念誌刊行委員会編　群馬県立太田高等学校　1997.3　216p　30cm〈共同刊行：群馬県立太田高等学校創立百周年記念事業実行委員会〉

『螢雪の記録—太田高校定時制創立50周年記念誌』群馬県立太田高等学校定時制創立50周年記念事業実行委員会記念誌部会編　群馬県立太田高等学校　1998.10　122p　30cm

『蛍雪—定時制閉課程記念誌』群馬県立太田高等学校定時制閉校記念誌編集委員会編　群馬県立太田高等学校定時制　2008.3　149p　図版8枚　30cm

『時は来れり—太田高校応援団グラフィティ』浅沼義則著　三省堂書店/創英社　2020.12　157p　19cm　1200円　①978-4-87923-069-0　Ⓝ781.8

目次　第1章 昭和四十年，第2章 昭和四十一年，第3章 昭和四十二年，第4章 昭和四十三年，第5章 太田高校再訪―平成二十九年

内容　3年間，野球部はすべて初戦敗退。挙句に最後の夏の大会は0対8のコールド負け。そんな高校にスタイリッシュで気魄溢れる応援団が実在した。半世紀を超えて伝説の応援団が今蘇る!!超カッコイイ硬派な昭和の男たち!!

◆太田工業高等学校

『群馬県立太田工業高等学校創立30周年記念誌―わが学び舎を語る』群馬県立太田工業高等学校編　群馬県立太田工業高等学校　1992.11　203p　27cm〈書名は背による．標題紙の書名：創立30周年記念誌〉

◆太田女子高等学校

『太田女子高校五十年史』群馬県立太田女子高等学校太田女子高校五十年史編纂委員会編纂　太田　群馬県立太田女子高等学校　1973　862p　図　22cm　非売品　Ⓝ376.4

『太田女子高校八十年史―写真集』群馬県立太田女子高等学校創立八十周年記念誌編集部編　群馬県立太田女子高等学校　2001.10　101p　31cm

『太田女子高校九十年史』群馬県立太田女子高等学校創立九十周年記念誌編集部編　群馬県立太田女子高等学校　2011.10　124p　図版　30cm

『群馬県立太田女子高等学校創立100周年記念誌』太田　群馬県立太田女子高等学校　2021.11　239p　31cm〈書誌注記：年表あり〉Ⓝ376.48

◆太田西女子高等学校

『創立五十周年記念誌』五十周年記念誌編集委員会編　群馬県立太田西女子高等学校　1998.10　214p　27cm

◆太田フレックス高等学校

『太田フレックス高校十年史』「太田フレックス高校十年史」係編　太田　群馬県立太田フレックス高等学校　2015.2　118p　30cm〈書誌注記：年表あり〉Ⓝ376.48

◆大間々高等学校

『大間々高校百年史』大間々町（群馬県）群馬県立大間々高等学校　2000.11　669p　27cm

記：年表あり〉Ⓝ376.48
Ⓝ376.48

『創立120周年記念誌—伝説の大地に立ちて』群馬県立大間々高等学校　2020.11　36p　30cm〈沿革：p26〉

◆共愛学園高等学校

『共愛学園九十年記念誌』共愛学園創立90年記念誌編集部編　前橋　共愛社　1978.10　165p 図版12枚　27cm〈共愛学園90年記念誌年表：p5〜40〉非売品　Ⓝ376.4

『共愛学園百年史　上巻』共愛学園百年史編纂委員会編　前橋　共愛社共愛学園　1998.3　1023p　22cm　非売品　Ⓝ376.48

◆桐生高等学校

『山紫に—桐生高校野球史』桐生タイムス社編　桐生　群馬通商　1978.6　320p　19cm　Ⓝ783.7

『桐高70年』群馬県立桐生高等学校編　県立桐生高等学校　1988.9　35, 66p　22cm〈奥付の書名は桐生高校70周年記念誌、付：開校記念町立桐生中学校一覧〉

『桐生高校八十年史』校史編纂委員会編　桐生　校史刊行委員会　2000.12　1102p　22cm　Ⓝ376.48

『桐生高校100年史』桐生高校同窓会100年史刊行委員会編　桐生　桐生高校同窓会100年史刊行委員会　2017.11　2冊　26cm〈書誌注記：年表あり〉Ⓝ376.48

◆桐生工業高等学校

『桐工五十年史　上』群馬県立桐生工業高等学校五十年史編集委員会編　桐生　群馬県立桐生工業高等学校　1984.10　453p　22cm　Ⓝ376.4

『桐工五十年史　下』群馬県立桐生工業高等学校五十年史編集委員会編　桐生　群馬県立桐生工業高等学校　1989.12　616p　22cm　Ⓝ376.4

『伸ばせ学舎栄えある母校八十周年記念誌』桐生　群馬県立桐生工業高等学校　2014.5　328p　30cm〈書誌注記：年表あり〉Ⓝ376.48

◆桐生女子高等学校

『美し園百年誌』桐生　群馬県立桐生女子高等学校　2007.9　172p　30cm〈書誌注記：年表あり〉Ⓝ376.48

『美し園百十年誌』桐生　群馬県立桐生女子高等学校　2017.10　6, 178p　30cm〈書誌注

◆桐生第一高等学校

『桐一栄光の夏—第81回全国高校野球選手権大会桐生第一優勝記念グラフ』前橋　上毛新聞社　1999.9　49p　37cm　952円　①4-88058-754-0　Ⓝ783.7

[目次] 決勝—桐生第一VS岡山理大付, 準決勝—桐生第一VS樟南, 準々決勝—桐生第一VS桐蔭学園, 3回戦—桐生第一VS静岡, 2回戦—桐生第一VS仙台育英, 1回戦—桐生第一VS比叡山, 甲子園スケッチ, 大旗凱旋, 栄光の桐生第一ナイン, 甲子園への道群馬県大会, 群馬県勢甲子園熱闘の軌跡

『桐生第一の夏軌跡—2020年甲子園高校野球交流試合・群馬県高校野球大会』桐生　桐丘学園桐生第一高等学校　2020.10　13p　30cm

『最弱から最高への物語—新米コーチと君たちとの成長の記録』鈴木康介著　半田　一粒書房　2024.2　395p　19cm　①978-4-86743-249-5　Ⓝ783.7

◆桐生西高等学校

『創立三十周年記念誌—桐生西高の10年を振り返る』群馬県立桐生西高等学校　2009.11　57p　30cm

◆桐生南高等学校

『桐生南高校三十周年記念誌』桐生南高校創立三十周年記念誌編集委員会編　群馬県立桐生南高等学校　1992.10　171p　27cm〈奥付の書名：群馬県立桐生南高等学校創立三十周年記念誌〉

◆境高等学校

『境高校百年史』群馬県立境高等学校創立100周年記念事業実行委員会編　群馬県立境高等学校　2004.10　278p　27cm

◆佐波農業高等学校

『佐波農50年—創立50周年記念誌』群馬県立佐波農業高等学校編　群馬県立佐波農業高等学校　1973.12　8, 499p 図版　22cm

『創立七十周年佐波農小史』創立70周年佐波農小史編集委員会, 群馬県立佐波農業高等学校編　群馬県立佐波農業高等学校創立70周年記念事業実行委員会　1991.10　47p　26cm

『伊勢崎興陽・佐波農業高等学校百周年記念誌』創立百周年記念事業実行委員会, 記念誌編集委員会編　伊勢崎　群馬県立伊勢崎興陽高

群馬県

等学校創立百周年記念事業実行委員会
2021.2 223p 31cm〈書誌注記：年表あり〉
Ⓝ376.48

◆蚕糸高等学校

『蚕糸高校六十年誌』蚕糸高校六十周年記念誌編集委員会編　群馬県立蚕糸高等学校　1973.11　518p　22cm

◆渋川高等学校

『榛嶺―目で見る渋高70年』群馬県立渋川高等学校記念誌編集委員会編　群馬県立渋川高等学校　1990.12　160p　26cm

『働学修己―定時制閉校記念誌　1948-1998』群馬県立渋川高等学校定時制記念誌編集委員会編　群馬県立渋川高等学校定時制　1998.3　111p　26cm

『榛嶺―創立80周年記念誌』群馬県立渋川高等学校創立80周年記念事業実行委員会記念誌部会編　群馬県立渋川高等学校　2000.11　167p　30cm

『榛嶺―目で見る渋高　10年間の歩み，創立90周年記念誌』群馬県立渋川高等学校創立90周年記念事業実行委員会編　群馬県立渋川高等学校　2010.10　34p　30cm〈創立90周年記念誌〉

『渋川高校創立100周年記念誌』群馬県立渋川高等学校創立100周年記念事業実行委員会記念誌発行委員会編集　渋川　群馬県立渋川高等学校　2020.11　291p　31cm〈書誌注記：年表あり　出版者注記：群馬県立渋川高等学校創立100周年記念事業実行委員会〉Ⓝ376.48

◆渋川工業高等学校

『私の辿った渋工の軌跡―あれからの三十一年の記録』狩野清編　渋川　新光社印刷所　1999.3　346p　27cm　Ⓝ376.48

◆渋川女子高等学校

『渋女六十年誌』渋川　群馬県立渋川女子高等学校　1981.11　850p　21cm　Ⓝ376.4

『渋女百年誌』渋女百周年記念誌編集委員会編集　渋川　群馬県立渋川女子高等学校　2021.10　228p　31cm〈書誌注記：年表あり〉Ⓝ376.48

◆渋川青翠高等学校

『青翠―群馬県立渋川青翠高等学校創立30周年記念誌』群馬県立渋川青翠高等学校創立30周年記念実行委員会記念誌発行部編　渋川　群馬県立渋川青翠高等学校　2006.11　98p　図版10枚　31cm〈年表あり〉Ⓝ376.48

『青翠―創立40周年』群馬県立渋川青翠高等学校創立40周年記念事業実行委員会記念誌部編　群馬県立渋川青翠高等学校　2016.10　94p　31cm

◆渋川西高等学校

『青翠―創立20周年』群馬県立渋川西高等学校創立20周年記念実行委員会記念誌発刊部編　群馬県立渋川西高等学校　1996.11　290p　27cm

◆下仁田高等学校

『七十周年記念誌―平成九年度～十九年度のあゆみ』群馬県立下仁田高等学校編集　群馬県立下仁田高等学校　2007.11　32p　30cm

『平成十九年度～二十九年度のあゆみ―創立八十周年記念誌』群馬県立下仁田高等学校編集　群馬県立下仁田高等学校創立八十周年記念事業実行委員会　2017.11　44p　30cm

◆樹徳高等学校

『明照学園樹徳高等学校100周年記念誌』樹徳高等学校100周年記念誌編集委員会編　桐生　明照学園樹徳高等学校　2015.5　750p　27cm〈書誌注記：年表あり　奥付のタイトル：学校法人明照学園樹徳高等学校100周年記念誌〉Ⓝ376.48

◆白根開善学校

『山の学校からのメッセージ―白根開善学校物語』窪井新次郎著　東洋館出版社　1998.7　286p　20cm　1200円　①4-491-01442-6　Ⓝ376.48

『子どもたちと生きる』本吉修二語る，内山充編著　上毛新聞社出版局　2004.3　257p　22cm〈本吉修二経歴：p254〉1600円　①4-88058-891-1　Ⓝ376.48

◆勢多農林高等学校

『八十年の歩み』群馬県立勢多農林高等学校創立八十周年記念誌編集委員会編　群馬県立勢多農林高等学校　1988.11　229p　27cm

『群馬県立勢多農林学校創立十周年記念帖』［複製版］　群馬県立勢多農林学校同窓会　1998.8　29p　18×26cm〈原本は大正7年4月発行，群馬県立図書館の資料を勢多農林高等学校で複製製本したもの。〉

◆高崎高等学校

『高崎高校八十年史』高崎高等学校史編集委員会編　高崎　群馬県立高崎高等学校創立八拾周年記念事業委員会　1980.3　2冊　22cm　非売品　Ⓝ376.4

『長き思い―高崎高等学校甲子園初出場記念誌』群馬県立高崎高等学校野球部後援会編　高崎　群馬県立高崎高等学校野球部後援会　1981.6　128p　27cm〈限定版〉783.7

『高崎高等学校90周年小史』高崎高等学校90周年小史編集委員会編　群馬県立高崎高等学校創立90周年記念事業実行委員会　1987.6　143p　26cm

『翠巒―目で見る高中・高高百年の歩み』高崎高等学校百年史編纂委員会編　群馬県立高崎高等学校創立百周年記念事業実行委員会　1997.5　105p　26cm

『高崎高校百年史―高崎高校創立百周年記念誌』高崎高校百年史編纂委員会編　群馬県立高崎高等学校創立百周年記念実行委員会　1998.3　653, 143p　27cm　Ⓝ376.48

『翠巒の群像―高崎高校創立百周年記念誌』高崎高校百年史編纂委員会編　高崎　群馬県立高崎高等学校創立百周年記念実行委員会　1998.3　653p　27cm　Ⓝ281.33

『翠巒―目で見る高中・高高120年の歩み』高等学校創立120周年記念誌『翠巒』編纂委員会編　群馬県立高崎高等学校創立120周年記念事業実行委員会　2017.3　117p　26cm〈書誌注記：年表あり〉Ⓝ376.48

◆高崎健康福祉大学高崎高等学校

『健大高崎優勝記念グラフ―第96回選抜高等学校野球大会』前橋　上毛新聞社出版編集部　2024.4　32p　30cm　900円　①978-4-86352-349-4　Ⓝ783.7

『勝てる組織の作り方―「機動破壊」から「組織破壊」へ』青柳博文著　竹書房　2024.7　223p　19cm　1700円　①978-4-8019-4094-9　Ⓝ783.7

 目次 第1章 野球同好会から野球部へ―健大高崎野球部、創部当初の歩み、第2章 日本一への道のり―健大高崎はいかにして甲子園強豪校へと成長していったのか、第3章 野球との出会い―前橋商時代は4番打者としてセンバツに出場、第4章 チーム作りは組織作り―社会人時代に学んだマネジメント術で「組織破壊」へ、第5章 私の指導論―「正々堂々」「公正公平」を胸にグラウンドに立ち続ける、第6章 健大高崎、センバツ初優勝までの軌跡―公式戦黒星スタートから日本一へ

 内容 組織力でつかんだセンバツ優勝。高校野球では珍しい、コーチ陣の完全分業制を導入し、野球部のために多額の借金を背負いながらも忍耐と情熱で強いチームを作り上げた。次は夏の全国制覇をも目指す、日本一の組織論！

◆高崎工業高等学校

『高工五十年史』群馬県立高崎工業高等学校編　群馬県立高崎工業高等学校創立五十周年記念事業委員会　1990.3　1010p　27cm

『高工七十年史』「高工七十年史」編集委員会編　群馬県立高崎工業高等学校創立七十周年記念事業委員会　2009.11　247p　27cm〈年表：二十年のあゆみ：p189-245〉

◆高崎商業高等学校

『高商九十周年記念誌―「高商65年史」のその後 昭和47年～平成4年』高商90周年記念誌編集委員会編　高崎　群馬県立高崎商業高等学校　1993.3　325p　22cm　Ⓝ376.4

『高商バスケットボール80年のあゆみ―高商バスケットボール部創立80周年女子バスケットボール部創設34周年記念誌』高崎　高崎商業籠友會　2008.4　247p　26cm　Ⓝ783.1

『高商野球部百年史』『高商野球部百年史』編集委員会編集　高崎　群馬県立高崎商業高等学校　2021.3　419p　31cm〈部分タイトル：群馬県立高崎商業高等学校野球部百年史〉Ⓝ783.7

『10年間の歩み―創立120周年記念：2013-2022』群馬県立高崎商業高等学校記念誌編集委員会編集　高崎　群馬県立高崎商業高等学校創立120周年記念事業実行委員会　2022.11　35p　30cm〈書誌注記：年表あり〉Ⓝ376.48

◆高崎女子高等学校

『高女九十年史　上』高崎女子高等学校校史編集委員会編　群馬県立高崎女子高等学校創立九十周年記念事業実行委員会　1989.10　811p　22cm

『高女九十年史　下』高崎女子高等学校校史編集委員会編　群馬県立高崎女子高等学校創立九十周年記念事業実行委員会　1989.10　905p　22cm

『翠松―定時制課程廃止記念号』群馬県立高崎女子高等学校定時制廃止記念誌編集委員会編　群馬県立高崎女子高等学校定時制　1990.3　251p　22cm

『高女百年史』高崎女子高等学校校史編集委員会

群馬県

編　高崎　群馬県立高崎女子高等学校創立百周年記念事業実行委員会　〔1999〕　249p　22cm〈奥付の責任表示（誤植）：高崎女史高等学校史編集委員会〉非売品　Ⓝ376.48

『創立120周年小史』群馬県立高崎女子高等学校創立120周年小史編纂委員会編　高崎　群馬県立高崎女子高等学校　2019.11　30p　30cm

◆高崎東高等学校

『群馬県立高崎東高等学校十周年記念誌』高崎東高等学校十周年記念誌編集委員会編　群馬県立高崎東高等学校　1993.10　318p　27cm

『高東二十年の歩み―創立20周年記念誌』創立20周年記念事業実行委員会記念誌編集委員会編　群馬県立高崎東高等学校創立20周年記念事業実行委員会　2003.10　51p　30cm〈奥付の副題：群馬県立高崎東高等学校創立20周年記念誌〉

『高東三十年の歩み―創立30周年記念誌』創立30周年記念事業実行委員会記念誌編集委員会編　群馬県立高崎東高等学校創立30周年記念事業実行委員会　2013.10　69p　30cm〈奥付の副題：群馬県立高崎東高等学校創立30周年記念誌〉

◆館林高等学校

『創立五十周年記念』群馬県立館林高等学校編　群馬県立館林高等学校　1971　11p　27cm

『館林高校七十年の歩み』群馬県立館林高等学校『館高七十周年記念誌』編集委員会編　群馬県立館林高等学校　1991.11　139p　27cm

『大成―一百年史』百年史「大成」編集委員会編　館林　群馬県立館林高等学校創立百周年記念事業実行委員会　2021.10　30, 315p　31cm〈書誌注記：年表あり〉Ⓝ376.48

◆館林商工高等学校

『30周年記念誌』創立30周年記念事業実行委員会編　明和町（群馬県）群馬県立館林商工等学校創立30周年記念事業実行委員会　2014.11　63p　30cm　Ⓝ376.48

◆館林女子高等学校

『館女八十周年記念誌』八十年誌編集委員会編　群馬県立館林女子高等学校　1997.6　107p　図版5枚　27cm〈書名は背・表紙による.奥付の書名：館女八十周年誌〉

『館女九十周年記念誌』九十周年記念誌編集委員会編　群馬県立館林女子高等学校　2007.6　85p　図版1枚　30cm

『館女百年史』群馬県立館林女子高等学校「館女百年史」編集委員会編　館林　群馬県立館林女子高等学校創立百周年記念事業実行委員会　2018.3　295p　31cm〈書誌注記：年表あり〉Ⓝ376.48

◆中央中等教育学校

『World citizen 地球市民を目指して―群馬県立中央中等教育学校創立10周年記念誌-群馬県立中央高等学校創立50周年記念-』記念誌発行委員会編　創立10周年事業実行委員会　2013.9　36p　30cm

◆嬬恋高等学校

『黎明―創立60周年記念誌』群馬県立嬬恋高等学校　2012.10　26p　30cm
　内容　50周年記念誌以降の10年間（平成15年度～平成24年度）を写真で振り返る内容

◆東京農業大学第二高等学校

『五十年の歩み』創立50周年記念事業50周年記念誌作成委員会編　高崎　東京農業大学第二高等学校　2011.7　356p　31cm〈書誌注記：年表あり　奥付のタイトル：東京農業大学第二高等学校『五十年の歩み』〉非売品　Ⓝ376.48

◆利根実業高等学校

『利根実業高校八十年史』利根実業高校八十周年記念誌発行部会編　群馬県立利根実業高等学校　1999.10　61p　写真4p　26cm

『利根実業高校百年史』創立100周年記念誌編集委員会編　沼田　群馬県立利根実業高等学校　2020.1　168p　31cm〈書誌注記：年表あり〉Ⓝ376.48

◆利根農林高等学校

『利根農林高校五十年誌』利根農林高校五十周年記念誌編集委員会編　沼田　群馬県立利根農林高等学校　1970.11　895p　22cm　非売品　Ⓝ376.48

『利根農林七十年史』利根農林高校七十年史記念史発行部会編　群馬県立利根農林高等学校　1989.10　183p　27cm

◆富岡高等学校

『富岡高校九十周年小史』富岡高校90周年小史

編集委員会編　群馬県立富岡高等学校創立90周年記念事業実行委員会　1988.6　119p　26cm

◆富岡東高等学校

『富岡東高校の歩み―創立70周年記念誌』富岡東高等学校創立70周年記念誌編集委員会編　群馬県立富岡東高等学校　1979.11　191p　図版　26cm

『富岡東高校90年の歩み』群馬県立富岡東高等学校「富岡東高校90年の歩み」編集委員会編　群馬県立富岡東高等学校創立90周年記念事業実行委員会　2000.11　60p　30cm〈副書名：写真で見る1909（明治44）年～1999（平成11）年〉

『百年の歩み』富岡東高校創立百周年記念誌編集委員会編　富岡　群馬県立富岡東高等学校　2009.11　618p　27cm〈表紙のタイトル：人品すぐれ雅致あり　年表あり　文献あり〉Ⓝ376.48

◆中之条高等学校

『栄光をめざして―創立90周年記念』群馬県立中之条高等学校陸上競技部編　群馬県立中之条高等学校陸上競技部　1989　30p　26cm

『中之条高校百年史』百年史編集委員会編　中之条町（群馬県）　群馬県立中之条高等学校　2000.12　567p　29cm〈年表あり〉Ⓝ376.48

『夜光―中之条高校定時制閉校記念誌』閉校記念誌編集委員会編　中之条町（群馬県）群馬県立中之条高等学校　2003.3　280p　27cm〈年表あり〉Ⓝ376.48

◆長野原高等学校

『目で見る長高史―1952～1988』群馬県立長野原高等学校記念誌編集委員会編　群馬県立長野原高等学校　1988.9　90p　26cm

◆新田高等学校

『60年のあゆみ』群馬県立新田高等学校記念誌委員会編　群馬県立新田高等学校　1988.11　266p　21cm　非売品

◆新田暁高等学校

『新田暁高校八十年史―写真集』群馬県立新田暁高等学校創立八十周年記念事業記念誌部編［群馬県立新田暁高等学校］創立八十周年記念事業記念誌部　2004.11　96p　31cm

『創立九十周年記念誌』群馬県立新田暁高等学校記念誌部編　群馬県立新田暁高等学校記念誌部　2014.10　96p　30cm〈年表：p77-95〉

◆沼田高等学校

『桔梗―世紀を超えて：沼田高等学校創立百二十周年記念誌』沼田高等学校創立百二十周年記念事業実行委員会記念誌部会編　沼田　群馬県立沼田高等学校　2017.11　178p　30cm〈書誌注記：年表あり〉Ⓝ376.48

◆沼田女子高等学校

『赤城嶺―閉校記念特集』沼田女子高等学校定時制課程編　群馬県立沼田女子高等学校　1984.3　140p　図版32枚　26cm

『暁鐘―Visual Numajo 70』沼田女子高等学校創立70周年記念誌刊行委員会編　群馬県立沼田女子高等学校　1991.11　165p　27cm

『暁鐘～乙女子は今～―Visual Numajo 80』群馬県立沼田女子高等学校編　群馬県立沼田女子高等学校　2001.11　62p　26cm〈沿革：p46〉

『沼女百年史』沼田　群馬県立沼田女子高等学校　2021.10　216p　31cm〈書誌注記：年表あり〉Ⓝ376.48

◆榛名高等学校

『榛名高校八十年誌』榛名高校八十年誌編集委員会編集　高崎　群馬県立榛名高等学校　2020.10　4, 105p　30cm　Ⓝ376.48

◆藤岡北高等学校

『藤岡北高校60年史』藤岡北高校60年史編集委員会編　藤岡　群馬県立藤岡北高等学校　2007.10　301p　31cm〈書誌注記：年表あり〉Ⓝ376.48

◆藤岡工業高等学校

『校史藤岡工高―創立30周年記念』群馬県立藤岡工業高等学校編　群馬県立藤岡工業高等学校　1992.11　268p　27cm

『校史　藤岡工高―創立50周年記念　Ⅱ』群馬県立藤岡工業高等学校編　群馬県立藤岡工業高等学校　2012.10　273p　27cm

◆藤岡女子高等学校

『藤女80年の歩み―その後の20年　群馬県立藤岡女子高等学校創立80周年記念誌』群馬県立藤岡女子高等学校創立80周年記念実行委員会記念誌編集委員編　藤岡　群馬県立藤岡女子

群馬県

高等学校　1998.11　154p　27cm　Ⓝ376.48

◆藤岡中央高等学校

『藤翔―平成26（2014）年度～令和5（2023）年度 10年間の記録』群馬県立藤岡中央高等学校　2024.3　45p　30cm

◆武尊高等学校

『写真で見る武尊高校30年』群馬県立武尊高等学校記念誌編集委員会編　群馬県立武尊高等学校　1991.5　58p　26cm

◆前橋高等学校

『前橋高校―学園物語』上毛新聞社編著　前橋　上毛新聞社　1982.1　190p　19cm　1000円　Ⓝ376.4

『前中・前高百十年の歴史』群馬県立前橋高等学校創立百十周年記念事業実行委員会『前中・前高百十年の歴史』編集委員会編　群馬県立前橋高等学校創立百十周年記念事業実行委員会　1987.11　136p　27cm

『前高120年のあゆみ―前橋高等学校創立120年記念誌』創立120周年記念事業実行委員会記録委員会編　前橋　群馬県立前橋高等学校創立120周年記念事業実行委員会　1997.11　196p　30cm　Ⓝ376.48

『10年のあゆみ―創立130周年記念　1998-2007』群馬県立前橋高等学校創立130周年記念事業実行委員会編　群馬県立前橋高等学校創立130周年記念事業実行委員会　2007.10　91p　30cm〈前橋高校10年のあゆみ年表（平成9～19年）：p81-91〉

『正々堂々と―前橋高校長三年間の軌跡』小笠原祐治著　前橋　上毛新聞社事業局出版部　2020.1　319p　21cm〈書誌注記：文献あり〉1500円　①978-4-86352-252-7　Ⓝ370.49

『昭和高校球児物語―前高完全試合のキセキ』川北茂樹著　前橋　ぐんま瓦版　2024.3　323p　21cm　2000円　①978-4-901474-62-7　Ⓝ783.7

◆前橋育英高等学校

『前橋育英高等学校二十年誌』前橋　前橋育英学園　1983.5　281p　22cm〈奥付のタイトル：前橋育英高等学校二十年史　年表あり〉Ⓝ376.48

『前橋育英夢結実、頂点へ―第95回全国高校野球選手権記念大会優勝記念グラフ』前橋　上毛新聞社　2013.9　56p　34cm〈タイトルは奥付・表紙による.背のタイトル：第95回全国高校野球選手権記念大会前橋育英優勝記念グラフ〉952円　①978-4-86352-094-3　Ⓝ783.7

目次　決勝・延岡学園戦、準決勝・日大山形戦、準々決勝・常総学院戦、3回戦・横浜戦、2回戦・樟南戦、1回戦・岩国商戦、抽選・開会式、応援、閉会式、凱旋・優勝報告、野球部員紹介・応援部、群馬大会の記録、県勢甲子園での成績

『『当たり前』の積み重ねが、本物になる―凡事徹底―前橋育英が甲子園を制した理由』荒井直樹著　カンゼン　2014.3　219p　19cm　1600円　①978-4-86255-230-3　Ⓝ783.7

目次　第1章 チームづくりで徹する、第2章 選手の育成で徹する、第3章 指導者として徹する、第4章 日常生活で徹する、第5章 人として徹する

内容　小さなことを惜しまず、徹底的に極める！2013年夏の甲子園優勝監督が初めて明かす！人間力を高め、勝つために必要なチームづくりの極意。

『前橋育英―2017-2018高校サッカー優勝記念グラフ』前橋　上毛新聞社　2018.1　44p　34cm　926円　①978-4-86352-200-8　Ⓝ783.47

目次　決勝 流通経大柏、準決勝 上田西、準々決勝 米子北、3回戦 富山第一、2回戦 初芝橋本、優勝報告会、喜びに沸くイレブン、群馬県大会の記録、不撓不屈

『前育主義―逆境でも前進できる人を育む』山田耕介著　学研プラス　2018.12　223p　19cm〈書誌注記：年譜あり〉1400円　①978-4-05-801005-1　Ⓝ783.47

内容　全国高校サッカー選手権、就任36年目にして初の日本一に！諦めない心を養う人間力重視の指導論。

『凡事徹底―前橋育英高校野球部で教え続けていること』荒井直樹著　カンゼン　2022.6　222p　19cm　1700円　①978-4-86255-649-3　Ⓝ783.7

内容　荒井直樹監督、指導論の集大成。想像を超える強さは、やはり当たり前の積み重ねでしか生まれない。「対話」を通じて選手に寄り添い、成長を見届ける、それこそ指導者として最高の喜びだ―。

◆前橋工業高等学校

『前工創立六十周年記念誌』群馬県立前橋工業高等学校創立六十周年記念事業実行委員会編　群馬県立前橋工業高等学校創立六十周年記念事業実行委員会　1983.11　52p　26cm

『前工七十年の歩み―写真集』創立70周年記念写真集編集委員会ほか編　群馬県立前橋工業高等学校　1993.10　1冊　31cm

『今ありて 群馬県立前橋工業高等学校―第67回選抜高等学校野球大会出場記念』 群馬県立前橋工業高等学校編　群馬県立前橋工業高等学校　1995.6　72p　26cm

『輝く未来へ新前工―前橋工業高等学校新築移転記念写真集』 群馬県立前橋工業高等学校、群馬県立前橋工業高等学校同窓会編　群馬県立前橋工業高等学校同窓会　2004.10　63p　31cm

『創立90周年記念誌』 群馬県立前橋工業高等学校創立90周年記念事業実行委員会記念誌編集部編　群馬県立前橋工業高等学校創立90周年記念事業実行委員会　2013.11　54p　30cm

『前工百年史―高きを仰ぎ最善を尽くす』 群馬県立前橋工業高等学校創立100周年記念事業実行委員会記念誌編集部編　群馬県立前橋工業高等学校創立100周年記念事業実行委員会　2024.2　[18], 186p　31cm

◆前橋商業高等学校

『紫紺―第62回選抜高等学校野球大会出場記念』 群馬県立前橋商業高等学校編　群馬県立前橋商業高等学校　1990.6　93p　27cm

『創立70周年群馬県立前橋商業高等学校の歩み―学校沿革概要』 群馬県立前橋商業高等学校編　群馬県立前橋商業高等学校創立70周年記念事業実行委員会　1992　32p　26cm

『前商70年史』 群馬県立前橋商業高等学校編　前橋　群馬県立前橋商業高等学校　1993.3　487p　31cm　Ⓝ376.4

『前橋商業高等学校吹奏楽部60年のあゆみ―昭和10年～平成6年』 前橋商業高校吹奏楽部編　群馬県立前橋商業高等学校吹奏楽部　[1994]　110p　26cm〈表紙の書名：前橋商業高校吹奏楽部60年記念誌　年表：p21～39〉

『紫紺―第69回選抜高等学校野球大会出場記念』 群馬県立前橋商業高等学校編　群馬県立前橋商業高等学校　1997.7　80p　27cm

『熱闘前商 2005甲子園 前商夏の記録―第87回全国高校野球選手権大会出場記念』 上毛新聞社出版局編　群馬県立前橋商業高等学校　2005.10　41p　30cm

『熱闘前商―第89回全国高校野球選手権大会出場記念 2007甲子園前商夏の記録』 上毛新聞社出版局編集・制作　前橋　群馬県立前橋商業高等学校　2007.11　41p　30cm　Ⓝ783.7

『創立90周年小史』 群馬県立前橋商業高等学校創立90周年記念事業実行委員会　2010.10　31p　30cm

『熱闘前商 2010甲子園 前商夏の記録―第92回全国高校野球選手権大会出場記念』 上毛新聞社編　群馬県立前橋商業高等学校　2010.10　43p　30cm

『群馬県立前橋商業高等学校創立百周年記念誌』 群馬県立前橋商業高等学校編　群馬県立前橋商業高等学校　2022.12　[26], 291p　31cm〈年表：p2-9〉

◆前橋女子高等学校

『光慧―前橋女子高等学校百周年誌』 群馬県立前橋女子高等学校百周年誌編集委員会編　前橋　群馬県立前橋女子高等学校　2010.10　279p　31cm〈年表あり〉Ⓝ376.48

◆前橋市立女子高等学校

『前橋市立女子高五十年史』 前橋市立女子高等学校五十年史編纂委員会編　前橋　前橋市立女子高等学校創立五十周年記念事業委員会　1987.12　1184p　22cm　Ⓝ376.4

◆前橋清陵高等学校

『前橋清陵高校五十周年記念誌』 創立50周年記念事業実行委員会記念誌編纂係編　群馬県立前橋清陵高等学校創立50周年記念事業実行委員会　2016.10　128p　30cm

◆前橋西高等学校

『前橋西高校二十年史―(1992年～2002年)』 前橋西高校創立20周年記念事業実行委員会　2003.3　102p　30cm

『前橋西高校四十年小史―2012年度～2022年度』 前橋西高校創立40周年記念事業実行委員会　2023.3　72p　30cm

◆前橋東高等学校

『創立十周年記念誌』 前橋東高校創立十周年記念誌編集委員会編　群馬県立前橋東高等学校　1989.10　207p　22cm

『涯しなくゆめはひろがる―群馬県立前橋東高等学校創立20周年記念誌』 創立20周年記念実行委員会校史編纂委員会編　群馬県立前橋東高等学校創立20周年記念実行委員会　1999.11　124p　30cm

『未来のかけ橋―群馬県立前橋東高等学校創立30周年記念誌』 創立30周年記念事業実行委員会校史編纂委員会編　群馬県立前橋東高等学校創立30周年記念事業実行委員会　2009.11

78p 30cm

『創立40周年記念』創立40周年記念事業実行委員会記念会会報編集委員会編　群馬県立前橋東高等学校創立40周年記念事業実行委員会　2019.11　18p　30cm

◆前橋東商業高等学校

『創立二十五周年記念誌』群馬県立前橋東商業高等学校編　群馬県立前橋東商業高等学校　1975.10　185p　26cm

『前橋東商業高校創立40周年記念誌』群馬県立前橋東商業高等学校編　群馬県立前橋東商業高等学校　1991.2　303p　27cm〈表紙及び奥付けの書名：前橋東商業40周年記念誌〉

『前東商50年の歩み―創立50［独立35］周年記念誌』創立50周年記念誌編集委員会編　群馬県立前橋東商業高等学校　2000.10　225p　27cm

『前東商の思い出―創立58年 閉校記念誌』閉校記念誌刊行委員会（群馬県立前橋東商業高等学校）編　群馬県立前橋東商業高等学校　2008.2　174p　27cm

◆松井田高等学校

『創立五十周年記念誌』群馬県立松井田高等学校　1987　128p　26cm

『創立七十周年記念誌』上毛新聞社出版メディア局編集・制作　群馬県立松井田高等学校創立70周年記念事業実行委員会　2008.5　135p　30cm〈巻末：参考文献〉

『創立八十周年記念誌』群馬県立松井田高等学校著　安中　群馬県立松井田高等学校創立80周年記念事業実行委員会　2018.3　104p 図版4p　30cm〈書誌注記：年表あり〉Ⓝ376.48

◆万場高等学校

『三十年のあゆみ―万場高校創立三十周年記念誌』群馬県立万場高等学校創立三十周年記念誌編集委員会編　群馬県立万場高等学校　1981.10　92p 図版2枚　26cm

『万場高校50年史―群馬県立万場高等学校創立50周年記念誌』群馬県立万場高等学校創立50周年記念事業実行委員会記念誌編集委員編　群馬県立万場高等学校　2001.10　174p　27cm

『谷間をめぐり流れゆく―創立60周年記念誌』群馬県立万場高等学校創立60周年記念事業実行委員会　2011.10　33p　30cm

内容　『万場高校50年史』の後を受けて、写真を中心にその後の10年間を振り返る、という方針で編集したもの

◆吉井高等学校

『群馬県立吉井高等学校創立十周年記念誌』吉井町（群馬県）群馬県立吉井高等学校創立十周年記念事業実行委員会　1984.11　140p　22cm　Ⓝ376.4

『吉井高校二十年史』吉井高校二十年史編集委員会編　群馬県立吉井高等学校創立二十周年記念事業実行委員会　1994.11　302p　27cm

『吉井高校三十年史』創立三十周年記念事業実行委員会記念誌係編　群馬県立吉井高等学校創立三十周年記念事業実行委員会　2005.12　210p　31cm

埼玉県

◆上尾高等学校

『第56回全国高校野球選手権大会出場記念写真集』埼玉県立上尾高等学校　埼玉県立上尾高等学校　［1974.9］　［35］p　26cm〈書名は奥付による.背の書名：写真集第56回全国高校野球選手権大会、制作：毎日写真ニュースサービス社〉Ⓝ783.7

『上尾高校準決勝進出記念―1975年第57回全国高校野球選手権大会出場記念』埼玉県立上尾高等学校　埼玉県立上尾高等学校　［1975］　1冊（頁付ナシ）29cm　Ⓝ783.7

『創立二十周年誌』埼玉県立上尾高等学校,埼玉県立上尾高等学校二十周年記念式典実行委員会,埼玉県立上尾高等学校二十周年記念誌編集委員会編　埼玉県立上尾高等学校　1977.11　88, 23p　26cm

『ドキュメントJR第1号駅「北上尾」―開発・利権との闘い 北上尾駅建設と埼玉県立上尾高校存続の歴史』田島俊雄著　時潮社　2005.1　341p　26cm〈年表あり〉2000円　①4-7888-0502-2　Ⓝ686.53

『埼玉県立上尾高等学校野球部創部60周年記念誌』創部60周年記念実行委員会編　上尾高校野球部OB会　2017.12　118p　30cm　Ⓝ783.7

◆上尾沼南高等学校

『創立10周年記念誌』記念誌編集委員会編　埼玉県立上尾沼南高等学校　1988.12　153p

26cm　Ⓝ376.48

◆上尾橘高等学校

『創立10周年記念誌―21世紀に向かって』創立10周年記念誌編集部，埼玉県立上尾橘高等学校編　埼玉県立上尾橘高等学校　1992.11　230p　26cm　Ⓝ376.48

◆上尾東高等学校

『上尾東高十年の歩み』記念誌編集委員会編　埼玉県立上尾東高等学校　1983.11　120p　26cm　Ⓝ376.48

◆上尾南高等学校

『夢を語ろう―創立十周年記念誌』記念誌編集分科会編　埼玉県立上尾南高等学校　1986.11　121, 20p　26cm　Ⓝ376.48

◆朝霞高等学校

『朝霞高等学校創立三十周年記念誌』埼玉県立朝霞高等学校創立三十周年記念誌編集委員会編　埼玉県立朝霞高等学校　1993.6　149, 70p　26cm〈書名は奥付による．表紙の書名：創立三十周年記念誌〉

◆朝霞西高等学校

『創立十周年記念誌』埼玉県立朝霞西高等学校　埼玉県立朝霞西高等学校　1988.11　190p　26cm　Ⓝ376.48

◆伊奈学園総合高等学校

『創立3周年記念―昭和61年12月20日』埼玉県立伊奈学園総合高等学校編　埼玉県立伊奈学園総合高等部　[1987]　22p　26cm　Ⓝ376.48

『開校5周年記念誌』開校5周年記念誌編集委員会編　埼玉県立伊奈学園総合高等学校　1989.3　461p　26cm　Ⓝ376.48

『伊奈学園―新しい高校モデルの創造と評価』西本憲弘, 佐古順彦編　第一法規　1993.11　249p　21cm　2500円　Ⓘ4-474-00324-1　Ⓝ376.4

『輝く個性たち―伊奈学園にみる総合選択制』竹内克好編　浦和　さきたま出版会　1993.11　143p　19cm　1200円　Ⓘ4-87891-052-6　Ⓝ376.4

　目次　個性を伸ばす教育システム―総合選択性の仕組みとは（マスコミがとらえた「伊奈学園」，学園の中に六つの学校，生き方を求める「選択学習」，系統的な学習と自由な選択学習 ほか），2000日の道のり―誕生物語（大胆かつ軌新, 目的に添って学校を建てる, 心配された生徒指導, エポックな仕事の喜び, 危うかった建物の規模，「ヒヤリング」泣かせの「総合選択制」, 期待と不安と一周辺高校長の悩み, 開校へ ほか）, 巣立つ生徒は, いま―子と親と教師と（歴史は我々の手で…―期生の気負い, 心に残る開校・入学式での校歌斉唱, 初のセンバツ出場に沸いた学園, 「伊奈でよかった」―親たちの思い ほか）

『創立十周年記念誌』創立十周年記念誌編集委員会編　埼玉県立伊奈学園綜合高等学校　1993.11　290p　図版 [32]p　26cm

『総合選択制高校の成果と課題―創立10周年記念研究集録』埼玉県立伊奈学園総合高等学校編　埼玉県立伊奈学園総合高等学校　1993.11　184p　26cm　Ⓝ376.4

◆入間向陽高等学校

『写真で見る本校の歩み―三周年記念誌』埼玉県立入間向陽高等学校　埼玉県立入間向陽高等学校　1985.6　1冊（頁付ナシ）26cm　Ⓝ376.48

◆岩槻商業高等学校

『六十年のあゆみ』埼玉県立岩槻商業高等学校創立六十周年記念誌編集委員会編　埼玉県立岩槻商業高等学校　1979　122, 51p　27cm〈六十周年記念誌〉Ⓝ376.48

『創立70周年記念誌』埼玉県立岩槻商業高等学校創立70周年記念誌編集委員会編　埼玉県立岩槻商業高等学校　1987.11　100, 53p　図版8枚　27cm　Ⓝ376.48

◆岩槻北陵高等学校

『五周年記念誌』五周年記念誌編集委員会編　埼玉県立岩槻北陵高等学校　1985.10　121p　26cm　Ⓝ376.48

『十周年記念誌』十周年記念誌編集委員会編　埼玉県立岩槻北陵高等学校　1990.10　184p　26cm

『二十周年記念誌』創立二十周年記念事業・記念誌委員会編　埼玉県立岩槻北陵高等学校　2000.12　150p　26cm

◆浦和高等学校

『銀杏樹―創立九十周年記念誌』埼玉県立浦和高等学校創立九十周年記念誌編集委員会編　浦和　埼玉県立浦和高等学校　1985.10　53, 39p　26cm　Ⓝ376.4

『麗和―浦和中学・浦和高校サッカー部史』浦

和　麗和サッカークラブ　1992.5　366p　図版18枚　27cm　Ⓝ783.47

『雄飛せん―百年目の浦高生』浦高本製作実行委員会編　浦和　埼玉県立浦和高等学校生徒会　1995.7　156p　21cm〈浦和　さきたま出版会（発売）〉1165円　Ⓘ4-87891-333-9　Ⓝ376.4134

『銀杏樹―一百年誌』創立百周年記念誌編集委員会編　浦和　埼玉県立浦和高等学校創立百周年記念事業実行委員会　1995.10　2冊　27cm〈「礎編」「雄飛編」に分冊刊行〉非売品　Ⓝ376.4

『白球にかけた我が青春の軌跡―浦高野球部百年の歩み』さいたま　埼玉県立浦和高等学校野球部OB会　2006.12　200p　27cm　Ⓝ783.7

『浦和高校創立110周年記念剣道部史―平成19年度』さいたま　埼玉県立浦和高等学校剣道部OB会　2007.6　205p　30cm〈書誌注記：年表あり〉Ⓝ789.3

『少なくとも三兎を追え―私の県立浦和高校物語』関根郁夫著　さいたま　さきたま出版会　2014.4　244p　21cm　1500円　Ⓘ978-4-87891-407-2　Ⓝ376.4134

目次　第1章　『守』―全力で駆け抜ける一学期（学校生活の始まりは学び方を身につけることから、「学習の手引き」巻頭言　ほか）、第2章　『破』―模索する二学期（二学期の始まりに、勉強と部活動、学校行事のリズム　ほか）、第3章　『離』―自走する三学期（休む間もない冬休み、自走を促す校長講話　ほか）、第4章　『仕事』―校長の仕事から見た浦高（校長の仕事から浦高を見る、校長の初仕事　ほか）、第5章　『道楽』―校長の道楽から見える浦高（校長の道楽、ほめ励ますハガキ誕生のいきさつ　ほか）

『埼玉県立浦和高校―人生力を伸ばす浦高の極意』佐藤優、杉山剛士著　講談社　2018.3　205p　18cm（講談社現代新書　2470）760円　Ⓘ978-4-06-288470-9　Ⓝ376.48

内容　昨日の自分を超えていけ。受験特化型の進学校にも富裕層向け私立校にも負けない公立高校の使命とは。卒業後の人生をしぶとく生き抜く力はいかにして体得されるのか。高校時代の学習法、大学受験の奥義、社会人のサバイバル術。OB佐藤優が浦高教育の真髄を徹底解説。

『麗和―浦和中学・浦和高校サッカー部創部100周年記念誌：1923-2023』創部100周年記念事業実行委員会編集　さいたま　麗和サッカークラブ　2023.11　447p　27cm　Ⓝ783.47

◆浦和学院高等学校

『白い入道雲の下で―浦和学院高校物語』小沢友紀雄著　悠飛社　2010.8　197p　19cm（Yuhisha hot-nonfiction）1200円　Ⓘ978-4-86030-151-4　Ⓝ376.4134

目次　はじめに　不思議の国の物語、第1章　ユーギルの日々、第2章　熱いトタン屋根の上のリーダーシップ、第3章　浦学野球、ファイヤーレッドの魔法、第4章　アイランドの魔法使いたち、第5章　学園生活は花盛り、第6章　実り多きワンダーランド、終章　常に前進！　そこに夢と希望がある

内容　医師から転じて校長に就任した著者が語る「魔法のアイランド―浦学」の青春群像。

『「笑顔・希望」―明日へ共に歩む―東日本大震災支援活動・交流活動―1年間の全記録　浦和学院高等学校石巻交流プロジェクト』明星学園浦和学院高等学校東日本大震災対策本部著　さいたま　明星学園浦和学院高等学校東日本大震災書籍編集委員会　［2012］　344p　30cm〈背のタイトル：東日本大震災被災地支援・交流活動1年間の全記録〉Ⓝ376.4134

『浦和学院高校物語―不思議の国のアイランド』小沢友紀雄著　文芸社　2013.1　203p　19cm　1000円　Ⓘ978-4-286-13281-5　Ⓝ376.4134

『浦和学院高校物語　続　想像以上の未来へ』小沢友紀雄著　文芸社　2014.7　258p　19cm　1100円　Ⓘ978-4-286-13280-8　Ⓝ376.4134

◆浦和北高等学校

『白樺―十周年記念誌』埼玉県立浦和北高等学校10周年記念誌編集委員会編　埼玉県立浦和北高等学校　1987.11　137p　26cm　Ⓝ376.48

◆浦和実業学園高等学校

『ニュースは語る浦実の歩み―創立三十五周年記念誌』浦和　九里学園浦和実業学園高等学校　1981.9　212p　31cm　1800円　Ⓝ376.4

『九里学園50年史―勤実学養徳』浦和　九里学園　1996.11　293p　図版30枚　27cm　Ⓝ376.48

◆浦和商業高等学校

『浦商の歩み―創立50周年記念誌』埼玉県立浦和商業高等学校創立50周年記念誌編集委員会編　埼玉県立浦和商業高等学校　1980.3　303p　図版80p　27cm〈付（地図1枚）〉Ⓝ376.48

『浦商の歩み―創立70周年記念誌　続』埼玉県立浦和商業高等学校創立七十周年記念誌編集

委員会編　埼玉県立浦和商業高等学校　1996.11　204p　27cm

『この学校がオレを変えた―浦商定時制の学校づくり』浦和商業高校定時制四者協議会編著　ふきのとう書房　2004.6　223p　21cm〈［東京］星雲社（発売）年表あり〉2200円　①4-434-04626-8　Ⓝ376.4134

目次　第1章 生徒の手でつくる卒業式, 第2章 定時制生徒の一日, 第3章 この学校がオレを変えた, 第4章 生徒が主人公の学校づくり, 第5章「居場所」から自治活動へ, 第6章「八つの力」と授業, 第7章 四者協議会で広がる輪, 第8章 学校の未来形を探る

内容　「生徒が主人公」の学校づくりはどのようにすすめられたのか―生徒・父母・教職員・OBによる四者協議会の熱い熱い取り組みのすべて―学校の未来形を探る。

『白幡台―創立80周年記念誌』埼玉県立浦和商業高等学校創立80周年記念実行委員会創立80周年記念誌編集委員会編　埼玉県立浦和商業高等学校　2006.12　208p　30cm　Ⓝ376.48

『オレたちの学校浦商定時制―居場所から「学び」の場へ』平野和弘編著　草土文化　2008.3　173p　21cm　1500円　①978-4-7945-0984-0　Ⓝ376.4134

目次　第1章 しあわせな時間―浦商定時制の生徒たちとともに（私のスタンス, 浦商定時制の歴史―居場所から自治空間へ, そして学びの公共空間へ ほか）, 第2章 浦商定時制に生きる―私たちのクラス（「あのクラス」の座談会―コーディネイト：オガ, コラム・コメント文）, 第3章 沖縄修学旅行―行く意味を探ること（学びの着陸点「沖縄修学旅行」, 生徒（卒業生）たちの修学旅行）, 第4章 太鼓とともに（太鼓がきっかけとなって, 太鼓の声）, 第5章 まとめ（「ウラショー・テージセー」という響き, 私も育ててもらった学校, 浦商定時制―あとがきに変えて）

『素顔のままで―埼玉県立浦和商業高校定時制太鼓部・和太鼓集団「響」：写真集』Okano β Masaomi著・写真・編集　座間　岡野真臣　2008.3　1冊（ページ付なし）15×21cm　Ⓝ375.184

◆浦和市立高等学校

『埼玉県浦和市立高等学校創立六十周年記念資料集』浦和市立高等学校創立六十周年記念資料集編集委員会編　浦和市立高等学校　1999.10　282p　26cm〈書名は奥付による〉

◆浦和市立南高等学校

『創立三十周年記念誌』三十周年記念誌編集委員会編　浦和　埼玉県浦和市立南高等学校三十周年記念行事実行委員会　1993.11　218p　27cm　Ⓝ376.4

◆浦和第一女子高等学校

『創立八十周年記念誌』埼玉県立浦和第一女子高等学校創立八十周年記念誌編集委員会編　浦和　埼玉県立浦和第一女子高等学校　1980.10　560p 図版20p　27cm　Ⓝ376.4

『創立九十周年記念誌』埼玉県立浦和第一女子高等学校創立九十周年記念誌編纂委員会編　埼玉県立浦和第一女子高等学校　1990.10　394p 図版8枚　27cm　Ⓝ376.48

『クルーを信じて自分を信じて―埼玉県立浦和第一女子高等学校ボート部創設五十周年記念誌』浦和一女ボートクラブ　浦和一女ボートクラブ　2000.5　60p　30cm

『麗・ゆうかりとともに―百年誌』百周年記念誌編集委員会編　浦和　埼玉県立浦和第一女子高等学校創立百周年記念事業実行委員会　2000.11　587p　27cm〈背・表紙のタイトル：ゆうかりとともに〉非売品　Ⓝ376.48

『埼玉県立浦和第一女子高等学校共学化問題の記録』さいたま　埼玉県立浦和第一女子高等学校PTA　2003.6　163p　30cm　非売品　Ⓝ374.2

『ペンライトの光跡―浦和一女・ことばの栞』牧野彰吾著　川越　牧野彰吾　2004.4　173p　21cm　非売品　①4-905633-72-9　Ⓝ376.4134

『浦和一女に愛をこめて―公教育の新たな可能性』牧野彰吾著　川越　牧野彰吾　2004.4　557p　20cm　①4-905633-71-0　Ⓝ376.4134

『埼玉県立浦和第一女子高等学校創立120周年記念誌』埼玉県立浦和第一女子高等学校編　埼玉県立浦和第一女子高等学校　2020.11　101p　30cm　Ⓝ376.48

◆浦和西高等学校

『西高五〇年史―埼玉県立浦和西高校創立五〇周年記念誌』創立五〇周年記念事業実行委員会記念誌刊行部会編　埼玉県立浦和西等学校創立五〇周年記念事業実行委員会　1984.11　324p 図版18p　27cm　Ⓝ376.48

『西高六十周年記念誌―埼玉県立浦和西高等学校六十周年記念誌』創立六十周年記念事業実行委員会記念誌刊行部会編　創立六十周年記念事業実行委員会　1994.11　254p 図版1枚　26cm　Ⓝ376.48

『栄冠かけて―サッカー部創部50周年記念誌』埼玉県立浦和西高等学校サッカー部OB会

埼玉県

埼玉県立浦和西高等学校サッカー部OB会　2000.12　334p 図版4枚　27cm　Ⓝ783.4

◆浦和東高等学校

『未来に向けて―創立十周年記念誌』創立10周年記念誌編集委員会編　埼玉県立浦和東高等学校　1992.10　192p　27cm

◆大井高等学校

『創立十周年記念誌』埼玉県立大井高等学校編　埼玉県立大井高等学校　1987.11　160p　26cm　Ⓝ376.48

『創立二十周年記念誌』埼玉県立大井高等学校編　埼玉県立大井高等学校　1997.11　201p　27cm　Ⓝ376.48

◆大宮高等学校

『県立移管二十周年校舎改築落成記念誌』埼玉県立大宮高等学校　大宮高等学校　1971.2　76p 図版　22cm　Ⓝ376.48

『埼玉県立大宮高等学校創立七十周年記念誌』埼玉県立大宮高等学校創立七十周年記念誌編集委員会編　埼玉県立大宮高等学校　1996.10　320p 図版14枚　27cm　Ⓝ376.48

『創立八十周年記念誌』創立八十周年記念事業実行委員会記念誌部会編　埼玉県立大宮高等学校　2006.10　206p　30cm　Ⓝ376.48

『大高人から大高生へ―君はどう生きるか』梅澤朝樹編・デザイン，石島昇明写真　埼玉県立大宮高等学校　2017.2　59p　30cm〈記念講演会：2016年10月13日〉Ⓝ376.48

◆大宮北高等学校

『北高三十年の歩み―埼玉県立大宮北高等学校創立30周年記念誌』30周年記念誌編集委員会編　埼玉県立大宮北高等学校　1985.10　155p 図版5枚　26cm〈自昭和31年至昭和60年〉Ⓝ376.48

◆大宮工業高等学校

『学校全面移転創立五十五周年記念誌』埼玉県立大宮工業高等学校五十五周年記念誌編集委員会編　埼玉県立大宮工業高等学校　1982.11　323p 図版8枚　29cm　Ⓝ376.48

『目でみる60ねん史』埼玉県立大宮工業高等学校60周年記念写真集編集委員会編　埼玉県立大宮工業高等学校　1986.10　198p　27cm　Ⓝ376.48

『創立75周年記念誌』埼玉県立大宮工業高等学校七十五周年記念誌編集委員会編　埼玉県立大宮工業高等学校　2000.11　220p　31cm　Ⓝ376.48

◆大宮光陵高等学校

『創立五周年記念誌』埼玉県立大宮光陵高等学校　埼玉県立大宮光陵高等学校創立5周年記念事業実施委員会　1990.6　139p　26cm　Ⓝ376.48

『創立十周年記念誌―1986～1995』埼玉県立大宮光陵高等学校　埼玉県立大宮光陵高等学校創立十周年記念誌刊行委員会　1995.11　212p　26cm

◆大宮商業高等学校

『創立四十五周年記念誌』四十五周年記念誌編集委員会編　埼玉県立大宮商業高等学校　1989.12　275, 59p 図版15枚　27cm　Ⓝ376.48

『埼玉県立大宮商業高等学校創立六十周年記念誌』埼玉県立大宮商業高等学校編　埼玉県立大宮商業高等学校　2004.11　237p　27cm　Ⓝ376.48

◆大宮西高等学校

『創立25周年記念誌』埼玉県大宮西高等学校創立25周年記念事業実行委員会編　埼玉県大宮西高等学校　1986.11　166p　27cm

『創立三十周年記年誌』埼玉県大宮西高等学校創立30周年記念事業実行委員会編　埼玉県大宮西高等学校　1991.11　79, 53p 図版4枚　27cm　Ⓝ376.48

◆大宮東高等学校

『三周年記念誌』記念誌編集委員会編　埼玉県立大宮東高等学校　1982.11　122p　26cm

『体育科五周年記念誌』埼玉県立大宮東高等学校　埼玉県立大宮東高等学校　1985.3　87p　26cm〈書名は背・表紙による．奥付の書名：五周年記念誌〉Ⓝ376.48

『創立十周年記念誌』十周年事業実行委員会出版事業部編　大宮　埼玉県立大宮東高等学校　1989.11　223p　26cm　Ⓝ376.4

『埼玉県立大宮東高等学校サッカー部史―中村崇監督の偉業を称えて』大宮東高等学校サッカー部父母の会, 中村崇監督ご勇退記念行事実行委員会編　さいたま　大宮東高等学校サッカー部父母の会　2003.3　197p　26cm

◆大宮南高等学校

『大宮南高校三年の歩み―創立三周年記念誌』
　埼玉県立大宮南高等学校編　埼玉県立大宮南高等学校　1984.11　54p　26cm

『創立十周年記念誌』埼玉県立大宮南高等学校編　埼玉県立大宮南高等学校　1991.11　156, 43p　26cm　Ⓝ376.48

◆大宮武蔵野高等学校

『欅―埼玉県立大宮武蔵野高等学校5周年記念誌』5周年誌編集委員会編　埼玉県立大宮武蔵野高等学校　1980.11　48p　19×25cm　Ⓝ376.48

『むさしの―創立10周年記念誌』創立10周年記念誌編集委員会編　埼玉県立大宮武蔵野高等学校　1985.11　115p　26cm　Ⓝ376.48

◆小川高等学校

『写真でみる本校四十年の歩み』小川高等学校40周年記念事業委員会編　小川高等学校40周年記念事業委員会　1970　44p　26cm　Ⓝ376.48

『教育の証言―埼玉県立小川高校五十年誌』埼玉県立小川高等学校記念誌編集委員会編　埼玉県立小川高等学校五十年記念事業実施委員会　1978.11　365, 17p　22cm　Ⓝ376.48

『六十周年記念誌』埼玉県立小川高等学校六十周年記念誌編集委員会編　埼玉県立小川高等学校　1988.11　84p　26cm

『七十年のあゆみ―埼玉県立小川高等学校県立移管七十周年記念写真集』埼玉県立小川高等学校県立移管七十周年記念写真集編集委員会編　小川町（埼玉県）埼玉県立小川高等学校七十周年記念事業実行委員会　1998.10　125p　30cm　Ⓝ376.48

◆桶川高等学校

『創立30年記念誌』記念誌編集委員会編　桶川　埼玉県立桶川高等学校　2001.11　183p　26cm　Ⓝ376.48

『創立50周年記念誌』埼玉県立桶川高等学校創立50周年記念事業実行委員会編　埼玉県立桶川高等学校　2021.11　114p　30cm　Ⓝ376.48

◆桶川西高等学校

『三年の歩み―埼玉県立桶川西高等学校創立3周年記念誌』埼玉県立桶川西高等学校編　埼玉県立桶川西高等学校　1983.8　146p　26cm〈付：昭和59年度学校案内〉Ⓝ376.48

『創立十周年記念誌』埼玉県立桶川西高等学校記念誌小委員会編　埼玉県立桶川西高等学校　1989.11　178p　図版3枚　27cm　Ⓝ376.48

◆越生高等学校

『創立十周年記念誌』埼玉県立越生高等学校編　埼玉県立越生高等学校　1981.6　160p　図版6p　26cm　Ⓝ376.48

『合尖―埼玉県立越生高等学校定時制課程閉校記念誌』埼玉県立越生高等学校定時制課程［埼玉県立越生高等学校定時制課程］［1988］　87, 24p　26cm　Ⓝ376.48

『創立二十周年記念誌』埼玉県立越生高等学校創立二十周年記念誌編集委員会編　埼玉県立越生高等学校　1991.10　108p　図版2枚　26cm　Ⓝ376.48

『創立50周年記念誌』創立50周年記念誌編集委員会編　埼玉県立越生高等学校創立50周年記念事業実行委員会　2022.2　64p　30cm　Ⓝ376.48

◆開智学園

『少子化で伸びる学校―開智中高一貫部の挑戦』千葉義夫著　グローバル教育出版　2006.7　230p　21cm　1400円　④4-901524-78-X　Ⓝ376.3134

『少子化で伸びる学校―開智中高一貫部の挑戦』千葉義夫著　社会評論社　2007.4　230p　21cm　1600円　④978-4-7845-0620-0　Ⓝ376.3134

内容　なぜ、「東大・難関大学合格者」がこんなに伸びたのか。飛躍的に伸び続ける進学実績は開智では「ふつうのこと」だった。「普通の学校」が試みた「ひと工夫」が驚きの伸びになった。

『「新しい学び」へ開智の挑戦―本物の学びを目指して』那須野泰著　社会評論社　2009.5　211p　21cm　1580円　④978-4-7845-0641-5　Ⓝ376.2134

内容　12年間一貫教育を4年ごとに分けた「4・4・4制」。異なった学年の子どもたちが1学級を編成する「異学年齢学級」、個に応じた「習熟度別グループ授業」、そして自ら学ぶ力を育成する「パーソナルの時間」など、開智独自の教育実践について、著者は具体例を紹介しつつ、開智の現在と将来への展望を熱く語る。

『「開智」の秘密―教育の本質を追究し進化しつづける学校』千葉義夫著　社会評論社　2010.6　221p　21cm　1600円　④978-4-

埼玉県

7845-0662-0　Ⓝ376.3134

目次 第1章 新時代のエリートを育成する教育（早くも埼玉県を代表する進学校に成長, 開智の基本的な教育理念 ほか）, 第2章 創造的な学力を研鑽する意欲的な取り組み（人材の宝庫といえる開智の先生たち, 6年を有効活用するカリキュラム ほか）, 第3章 予備校に通う必要のない学校（生徒の期待に応える綿密な進路指導, 必勝の3つのコーディネート ほか）, 第4章 豊かな人間性の育成をめざして（自主性を養う学校行事, 自分たちでつくるクラブ活動 ほか）, 第5章 新しく誕生した「先端クラス」と「進化する開智」（先端クラスで新しく生まれかわる開智, 総合部（小学校）の誕生と, 高等部にS類を設置し改革を推進 ほか）

◆春日部高等学校

『やぎさき—八十周年記念誌』埼玉県立春日部高等学校八十周年記念誌編集委員会編　埼玉県立春日部高等学校　1979.10　216, 73p 図版16p　26cm　Ⓝ376.48

『埼玉県立春日部高等学校陸上競技部記念誌』埼玉県立春日部高等学校陸上競技部記念誌編集委員会編　埼玉県立春日部高等学校陸上競技部　1996.8　215p　27cm 〈書名は奥付による. 背・標題紙の書名：記念誌〉Ⓝ782

『大河滔々—百周年記念写真集』創立百周年記念事業実行委員会百年史編集部会　埼玉県立春日部高等学校同窓会　[1999]　[77]p　26cm〈春日部高校百年史別冊〉

『春日部高校百年史』創立百周年記念事業実行委員会百年史編集部会編　春日部　埼玉県立春日部高等学校同窓会　1999.10　861, 212p 図版34枚　27cm　Ⓝ376.48

◆春日部工業高等学校

『創立二十周年記念誌』記念誌編集委員会編　埼玉県立春日部工業高等学校　1983.11　110p 図版[15]p　26cm

◆春日部女子高等学校

『向日葵—創立七十周年記念誌』埼玉県立春日部女子高等学校広報部記念誌編集委員会編　埼玉県立春日部女子高等学校　1984.4　316p 図版16p 図版1枚　27cm　Ⓝ376.48

◆春日部東高等学校

『5周年記念誌』記念誌編集委員会編　埼玉県立春日部東高等学校　1981.11　84p　26cm　Ⓝ376.48

『創立十周年記念誌』埼玉県立春日部東高等学校創立十周年記念誌編集委員会編　埼玉県立春日部東高等学校　1986.10　75, 36p 図版6枚　27cm　Ⓝ376.48

『創立二十周年記念誌』埼玉県立春日部東高等学校創立20周年記念誌編集委員会編　埼玉県立春日部東高等学校　1996.11　110, 43p　27cm　Ⓝ376.48

『創立30周年記念誌　教育活動編（東高の教育）』埼玉県立春日部東高等学校編　春日部　埼玉県立春日部東高等学校　2006.10　71p　30cm　Ⓝ376.48

『創立30周年記念誌』埼玉県立春日部東高等学校編　埼玉県立春日部東高等学校　2006.10　112, 47p　30cm　Ⓝ376.48

◆川口高等学校

『創立四十周年記念誌』創立四十周年記念編纂委員会編　埼玉県立川口高等学校　1981.5　219p（図版とも）22cm　Ⓝ376.48

『川高—50周年記念誌』埼玉県立川口高等学校50周年記念誌編纂委員会編　埼玉県立川口高等学校50周年記念誌編纂委員会　1991.11　84p　27cm　Ⓝ376.48

『埼玉県立川口高等学校70周年記念誌』埼玉県立川口高等学校創立70周年記念事業実行委員会編　埼玉県立川口高等学校創立70周年記念事業実行委員会　2011.11　118p　30cm　Ⓝ376.4134

『埼玉県立川口高等学校80周年記念誌』埼玉県立川口高等学校創立80周年記念事業実行委員会編　埼玉県立川口高等学校創立80周年記念事業実行委員会　2021.11　63p　30cm　Ⓝ376.48

◆川口北高等学校

『芽吹きの頃に—創立二十周年記念誌』埼玉県立川口北高等学校, 二十周年記念事業実行委員会, 二十周年記念誌編集委員会編　埼玉県立川口北高等学校　1993.10　137, 54p　27cm　Ⓝ376.48

◆川口工業高等学校

『創立三十五周年記念誌』埼玉県立川口工業高等学校　埼玉県立川口工業高等学校　1971　70p　26cm　Ⓝ376.48

『創立45周年記念誌』埼玉県立川口工業高等学校　埼玉県立川口工業高等学校　1982.10　92p　26cm　Ⓝ376.48

埼玉県

◆川口東高等学校

『あゆみ―五周年記念誌』五周年記念誌編集委員会編　埼玉県立川口東高等学校　1983.2　102p　26cm

『あゆみ―創立十周年記念誌』十周年記念誌編集委員会編　埼玉県立川口東高等学校　1987.10　178p　26cm

『創立二十周年記念誌』二十周年記念誌編集委員会編　埼玉県立川口東高等学校　1997.11　164, 49p　27cm〈付：テレホンカード1枚〉

◆川越高等学校

『創立七十周年記念誌』川越高等学校創立七十周年記念誌編集委員会編　埼玉県立川越高等学校同窓会　1970　269p　図版　21cm　Ⓝ376.48

『創立八十周年記念誌』埼玉県立川越高等学校創立八十周年記念誌編集委員会編　川越　埼玉県立川越高等学校　1979.11　543p　図版11枚　27cm　Ⓝ376.4

『川越高校野球部七十年史』川高野球部七十年史編さん実行委員会編　川越　埼玉県立川越高等学校野球部OB会　1989.5　271p　31cm　Ⓝ783.7

『三十周年記念誌』埼玉県立川越高等学校吹奏楽部記念誌編集委員会著　川越　埼玉県立川越高等学校吹奏楽部　1992.1　112p　26cm　Ⓝ764

『くすの木―百周年記念誌』百周年記念誌編集委員会編　川越　埼玉県立川越高等学校創立百周年記念事業実行委員会　1999.10　815p　27cm　非売品　Ⓝ376.48

『青春の彷徨―埼玉県立川越高等学校山岳部創立90周年記念誌』埼玉県立川越高等学校山岳部創立九十周年記念誌OB会編　川越　埼玉県立川越高等学校山岳部OB会　2009.5　390p　27cm〈制作：東京新聞出版局〉2857円　①978-4-8083-0917-6　Ⓝ786.1

『川越高校野球部百年史』川越高等学校野球部百年史編纂実行委員会編　川越　埼玉県立川越高等学校野球部OB会　2018.12　393p　30cm〈書誌注記：年表あり〉Ⓝ783.7

『川越高校のリベラルアーツ教育―ノーベル賞からウォーターボーイズまで輩出する』神山典士著　川越　川越高校同窓会　2019.9　351p　19cm〈出版者注記：青月社（発売）〉1500円　①978-4-8109-1333-0　Ⓝ376.48

目次　まえがき　川越高校のような会社をつくりたい, 若きアントレプレナー, 1 探求する力, 2 没頭する力, 3 文武両道の力, 4 異文化の力, 5 伝統を「継承＋改革＋創造」する力, 6 自主自立の力, あとがき　高校時代の「純度」を保つために

『川越高等学校応援部史』松井哲編集責任, 川越高等学校応援部OB会編　川越高等学校応援部OB会　2019.9　134p　30cm〈書誌注記：年表あり〉Ⓝ781.8

『創立記念誌―川越高校120周年：1世紀の重み×20年の弾み』埼玉県立川越高等学校創立120周年記念誌編集委員会編　埼玉県立川越高等学校　2019.11　118p　30cm〈書誌注記：年表あり　部分タイトル：創立120周年記念誌〉Ⓝ376.48

◆川越工業高等学校

『七十年誌』埼玉県立川越工業高等学校創立七十年記念誌編集委員会編　埼玉県立川越工業高等学校　1979.2　461p　図版　27cm　Ⓝ376.48

『川工百年誌―埼玉県立川越工業高等学校』埼玉県立川越工業高等学校創立百周年記念誌部会編　埼玉県立川越工業高等学校　2007.10　511p　31cm　Ⓝ376.48

◆川越商業高等学校

『川越商業高校野球部誌』川越　埼玉県川越商業高等学校　1991.3　478p　27cm〈甲子園出場記念〉Ⓝ783.7

『創立七十周年記念誌』記念誌編集委員会編　埼玉県川越商業高等学校　1997.11　152p　31cm　Ⓝ376.48

◆川越女子高等学校

『創立六十周年記念誌』埼玉県立川越女子高等学校　［埼玉県立］川越女子高等学校　1971　36p　26cm　Ⓝ376.48

『埼玉県立川越女子高等学校開校70周年記念誌』埼玉県立川越女子高等学校編　埼玉県立川越女子高等学校70周年記念事業委員会　1981　202p　31cm〈背の書名：開校七十周年記念誌〉Ⓝ376.48

『創立八十周年記念誌―memories 1911～1991』埼玉県立川越女子高等学校編　埼玉県立川越女子高等学校創立80周年記念誌刊行委員会　1991.6　58, 22p　26cm

『創立九十周年記念誌』創立九十周年記念誌委員会編　埼玉県立川越女子高等学校　2001.10　91p　30cm　Ⓝ376.48

『創立百周年記念誌』創立百周年記念誌委員会編　川越　埼玉県立川越女子高等学校創立百

埼玉県

周年記念事業実行委員会　2011.10　112p　30cm〈書誌注記：年表あり〉Ⓝ376.48

◆川越総合高等学校

『創立百周年記念誌』埼玉県立川越総合高等学校創立100周年記念誌編集委員会編集　川越　埼玉県立川越総合高等学校　2020.11　319p、図版（ページ付なし）31cm〈書誌注記：年表あり　部分タイトル：埼玉県立川越総合高等学校創立100周年記念誌〉Ⓝ376.48

『養蚕資料室記録集―創立百周年記念事業』埼玉県立川越総合高等学校編　川越　埼玉県立川越総合高等学校　2022.3　67p　30cm　Ⓝ630.6

◆川越西高等学校

『創立三周年記念誌』埼玉県立川越西高等学校編　埼玉県立川越西高等学校　1981　90p 図版10p　26cm〈付：校舎落成記念冊子（5p）、校歌楽譜〉Ⓝ376.4

『創立二十周年記念誌―夢遥かなり』埼玉県立川越西高等学校創立二十周年記念行事実行委員会記念誌発行小委員会編　埼玉県立川越西高等学校　1998.11　176p　26cm　Ⓝ376.48

◆川越農業高等学校

『創立五十周年誌』川越農業高等学校五十周年記念事業委員会編　川越農業高等学校五十周年記念事業委員会　1971　50p　31cm　Ⓝ376.48

『川農六十周年記念誌』埼玉県立川越農業高等学校創立六十周年記念誌編集委員会編　埼玉県立川越農業高等学校六十周年記念事業実行委員会　1983.3　396p　27cm　Ⓝ376.48

『川農七十周年記念誌』埼玉県立川越農業高等学校創立七十周年記念誌編集委員会編　埼玉県立川越農業高等学校創立七十周年記念事業実行委員会　1991.11　248p　27cm〈奥付の書名：川農創立七十周年記念誌〉Ⓝ376.48

◆川越初雁高等学校

『創立十周年記念誌』埼玉県立川越初雁高等学校十周年記念誌編集委員会編集　川越　県立川越初雁高等学校　1992.11　124p　26cm〈書誌注記：年表あり〉Ⓝ376.48

『初雁の軌跡―創立二十周年記念誌』埼玉県立川越初雁高等学校創立二十周年記念誌編集委員会編　川越　埼玉県立川越初雁高等学校　2002.11　401p　30cm　Ⓝ376.48

『きみたちがいて僕がいる―川越初雁高校生徒会十年間の記録』鈴木和彦著　朝霞　本の風景社　2004.5　181p　19cm〈東京　東京文献センター（発売）〉1500円　①4-925187-38-4　Ⓝ375.184

内容　埼玉県立川越初雁高校の教諭だった著者が、生徒会の担当を長年続け、文化祭など学校行事開催とその間のさまざまな事件、生徒との交流を描いたノンフィクション。

『創立四十周年記念誌』埼玉県立川越初雁高等学校創立四十周年記念誌編集委員会編集　川越　埼玉県立川越初雁高等学校　2022.4　119p　30cm〈書誌注記：年表あり〉Ⓝ376.48

◆川越南高等学校

『創立十周年記念誌―十年を綴る』埼玉県立川越南高等学校記念誌編集小委員会編　埼玉県立川越南高等学校十周年記念事業実行委員会　1984.11　131p　26cm〈沿革：p21～34〉Ⓝ376.48

◆川本高等学校

『創立十周年記念誌』創立十周年記念誌編集委員会編　埼玉県立川本高等学校　1987.11　98p 図版5枚　26cm　Ⓝ376.48

『創立二十周年記念誌』埼玉県立川本高等学校編　埼玉県立川本高等学校　1997.11　157p　26cm　Ⓝ376.48

◆騎西高等学校

『五周年記念誌』五周年記念誌編集委員会編　埼玉県立騎西高等学校　1985.10　172p　26cm　Ⓝ376.48

『十周年記念誌』十周年記念誌編集委員会編　埼玉県立騎西高等学校　1990.10　131p 図版11枚　27cm　Ⓝ376.48

◆北川辺高等学校

『苦節二十五年』開校記念小冊子編集委員会編　[埼玉県]　北川辺高等学校　1974　30p　26cm　Ⓝ376.48

『流れ豊かに―開校20周年記念誌』開校20周年記念誌編集委員会編　埼玉県立北川辺高等学校　1993.10　165p　27cm　Ⓝ376.48

◆北本高等学校

『創立十周年記念誌』埼玉県立北本高等学校創立十周年記念事業委員会・記念誌編集委員会編　埼玉県立北本高等学校　1984.11

埼玉県

135p　26cm　Ⓝ376.48
『創立二十周年記念誌』埼玉県立北本高等学校創立二十周年記念事業実行委員会記念誌編集委員会編　埼玉県立北本高等学校　1994.11　218p　26cm　Ⓝ376.48

◆行田高等学校

『創立五十周年記念誌』埼玉県立行田高等学校　埼玉県立行田高等学校　1978　108, 37p　26cm　Ⓝ376.4
『創部三十年誌』埼玉県立行田高等学校, 大川守夫編　行田高校陸上競技部創部三十周年記念誌刊行実行委員会　1986.3　135p 図版8枚　22cm〈奥付の書名：行田高校陸上競技部創部三十年記念誌〉Ⓝ375.1
『創立六十周年記念誌』埼玉県立行田高等学校ほか編　埼玉県立行田高等学校　1987.11　268p 図版[8]p　27cm　Ⓝ376.48
『創立七十周年記念誌』埼玉県立行田高等学校ほか編　埼玉県立行田高等学校　1997.11　68, 36p　27cm　Ⓝ376.48

◆行田女子高等学校

『歩み60年』埼玉県立行田女子高等学校創立六十周年記念誌編集委員会編　埼玉県立行田女子高等学校　1975.10　92p　26cm　Ⓝ376.4
『創立70周年記念誌』埼玉県立行田女子高等学校創立70周年記念誌編集委員会編　埼玉県立行田女子高等学校　1986　58p（図版とも）26cm　Ⓝ376.48

◆行田進修館高等学校

『埼玉県立行田進修館高等学校定時制課程閉校記念誌』閉校記念事業実行委員会編　埼玉県立行田進修館高等学校定時制課程閉校記念事業実行委員会　2002.3　172p　26cm　Ⓝ376.48

◆久喜高等学校

『創立五十五周年校舎落成記念誌』記念誌編集委員会編　埼玉県立久喜高等学校　1974　93p　26cm　Ⓝ376.48
『紫草―埼玉県立久喜高等学校創立七十周年記念誌』埼玉県立久喜高等学校創立七十周年記念誌編集委員会編　久喜　埼玉県立久喜高等学校創立七十周年記念事業実施委員会　1992.6　731, 261p 図版71p　27cm　Ⓝ376.4
『紫草―創立九十周年記念誌』埼玉県立久喜高等学校創立九十周年記念誌編集委員会編　埼玉県立久喜高等学校創立九十周年記念事業実行委員会　2008.11　122p　30cm　Ⓝ376.48
『**Kuki**ペディア』久喜　Kuki High School　［2018］　1冊（ページ付なし）19×26cm　Ⓝ376.48
『紫草―創立百周年記念誌』久喜　埼玉県立久喜高等学校　［2018］　406, 107p　27cm〈書誌注記：年表あり〉Ⓝ376.48

◆久喜工業高等学校

『二十季のあゆみ』埼玉県立久喜工業高等学校創立二十周年記念事業実行委員会編　埼玉県立久喜工業高等学校　1982　161p 図版12p　27cm　Ⓝ376.4

◆久喜北陽高等学校

『創立5周年記念誌』創立5周年記念事業実行委員会5周年記念誌編集委員会編　埼玉県立久喜北陽高等学校　1991.10　22, 214p　27cm　Ⓝ376.48
『創立十周年記念誌』埼玉県立久喜北陽高等学校創立十周年記念誌編集委員会編　埼玉県立久喜北陽高等学校　1997.11　94p　26cm　Ⓝ376.48

◆熊谷高等学校

『熊谷高校九十周年誌』熊谷高校記念誌編集委員会編　埼玉県立熊谷高等学校　1985　181p　26cm　Ⓝ376.48
『柔熊―熊谷高校柔道部誌』熊高柔道部OB会編　熊谷　熊谷高校柔道部OB会　1995.9　322p　26cm　Ⓝ789.2
『熊谷高校百周年誌』熊谷高校記念誌編集委員会編　埼玉県立熊谷高等学校　1995.10　655p　27cm　Ⓝ376.48

◆熊谷工業高等学校

『分離独立10周年記念誌―熊谷商工30周年』埼玉県立熊谷工業高等学校編　埼玉県立熊谷工業高等学校　1976　101p　26cm　Ⓝ376.48
『分離独立20周年記念誌』埼玉県立熊谷工業高等学校分離独立20周年記念誌編集委員会編　埼玉県立熊谷工業高等学校　1986.11　115p 図版7枚　26cm　Ⓝ376.48
『三十周年記念誌』埼玉県立熊谷工業高等学校創立三十周年記念誌編集委員会編　埼玉県立熊谷工業高等学校　1996.10　112, 23p　26cm

埼玉県

◆熊谷商業高等学校

『創立80周年記念誌』埼玉県立熊谷商業高等学校創立80周年記念誌刊行部会編　埼玉県立熊谷商業高等学校　2001.2　180p　31cm〈奥付の書名：埼玉県立熊谷商業高等学校創立80周年記念誌〉

『創立90周年記念誌』埼玉県立熊谷商業高等学校創立90周年記念誌刊行部会編　埼玉県立熊谷商業高等学校　2010.11　158p　31cm　Ⓝ376.48

『創立百周年記念誌』埼玉県立熊谷商業高等学校創立百周年記念誌刊行部会編　埼玉県立熊谷商業高等学校　2021.3　192p　31cm　Ⓝ376.48

◆熊谷女子高等学校

『鈴懸とともに』埼玉県立熊谷女子高等学校創立70周年記念実行委員会記念誌編集委員会編　熊谷　埼玉県立熊谷女子高等学校　1981.10　552p　27cm〈創立70周年記念〉Ⓝ376.4

『鈴懸の木陰に』埼玉県立熊谷女子高等学校創立80周年記念実行委員会記念誌編集委員会編　熊谷　埼玉県立熊谷女子高等学校　1991.10　342p　27cm〈創立80周年記念〉Ⓝ376.4

『鈴懸にいだかれて―創立90周年記念誌』埼玉県立熊谷女子高等学校創立90周年記念誌作成委員会編集　熊谷　埼玉県立熊谷女子高等学校　2001.11　335p　27cm〈書誌注記：年表あり〉Ⓝ376.48

『鈴懸の木の下に―創立百周年記念誌』埼玉県立熊谷女子高等学校創立百周年記念誌作成委員会編集　熊谷　埼玉県立熊谷女子高等学校　2011.11　465p　31cm〈書誌注記：年表あり〉Ⓝ376.48

『鈴懸の木を仰いで―創立百十周年記念誌』埼玉県立熊谷女子高等学校創立110周年記念誌作成委員会編集　熊谷　埼玉県立熊谷女子高等学校　2021.11　188p　30cm〈書誌注記：年表あり〉Ⓝ376.48

◆熊谷市立女子高等学校

『開校記念誌』熊谷市立女子高等学校　熊谷市立女子高等学校　2008.3　186p　27cm　Ⓝ376.48

◆熊谷西高等学校

『創立10周年記念誌』埼玉県立熊谷西高等学校記念誌委員会編　埼玉県立熊谷西高等学校　1985.9　155p　26cm　Ⓝ376.48

『創立二十周年記念誌』埼玉県立熊谷西高等学校記念誌編集委員会編　埼玉県立熊谷西高等学校　1995.11　233p　26cm　Ⓝ376.48

◆熊谷農業高等学校

『創立80周年記念誌―回顧十年　自昭和47年6月至57年6月』創立80周年記念誌編集委員会編　埼玉県立熊谷農業高等学校　1982.11　187p 図版2p　26cm　Ⓝ376.48

『創立九十周年記念誌―1902-1992』創立90周年記念誌編集委員会編　埼玉県立熊谷農業高等学校　1992.11　141p 図版3枚　26cm　Ⓝ376.48

『創立百二十周年記念誌―平成25年～令和4年』埼玉県立熊谷農業高等学校創立120周年記念事業実行委員会編　埼玉県立熊谷農業高等学校　2022.10　152p　30cm　Ⓝ376.48

◆栗橋高等学校

『創立十周年記念誌』埼玉県立栗橋高等学校編　埼玉県立栗橋高等学校　1984.11　83, 22p 図版[14]p　27cm

『創立二十周年記念誌』埼玉県立栗橋高等学校創立二十周年記念誌編集部編　埼玉県立栗橋高等学校　1994.10　100, 41p　27cm　Ⓝ376.48

◆栗橋北彩高等学校

『創立10周年記念誌―埼玉県立栗橋北彩高等学校』埼玉県立栗橋北彩高等学校創立10周年記念事業記念誌係編　埼玉県立栗橋北彩高等学校　2019.11　84p　30cm　Ⓝ376.48

◆慶應義塾志木高等学校

『50th 1948』志木　慶應義塾志木高等学校〔1998〕　1冊（ページ付なし）21×30cm〈おもに図〉Ⓝ376.48

『志木高五十年』「志木高五十年」編集委員会編　志木　慶應義塾志木高等学校　1998.9　683p　27cm　Ⓝ376.48

◆鴻巣高等学校

『創立八十周年記念誌』埼玉県立鴻巣高等学校創立八十周年記念誌編集委員会編　埼玉県立鴻巣高等学校　1999.11　96, 75p　31cm　Ⓝ376.48

◆鴻巣女子校等学校

『鴻女二〇年のあゆみ―埼玉県立鴻巣女子校等

学校開校二〇周年記念誌』開校20周年記念誌専門委員会編　埼玉県立鴻巣女子校等学校　1985.11　163, 51p 図版4枚　26cm　Ⓝ376.48

◆越ヶ谷高等学校

『創立60周年記念誌』埼玉県立越ケ谷高等学校創立六十周年記念誌編集委員会編　埼玉県立越ケ谷高等学校　1985　315p　27cm　Ⓝ376.48

『創立80周年記念誌』埼玉県立越ケ谷高等学校創立八十周年記念誌編集委員会編　埼玉県立越ヶ谷高等学校創立八十周年記念事業実行委員会　2005.10　181, 95p　27cm　Ⓝ376.48

『創立90周年記念誌』創立九十周年記念誌編集委員会編　埼玉県立越ケ谷高等学校　2015.11　11, 91, 78p　30cm　Ⓝ376.48

◆越谷北高等学校

『創立二十周年記念誌』二十周年記念誌編集委員会, 埼玉県立越谷北高等学校編　埼玉県立越谷北高等学校　1988.10　138, 88p　27cm〈書名は表紙・背による。奥付の書名：埼玉県立越谷北高等学校創立二十周年記念誌〉Ⓝ376.48

◆越谷総合技術高等学校

『創立5周年記念誌』創立5周年記念誌編集委員会, 埼玉県立越谷総合技術高等学校編　埼玉県立越谷総合技術高等学校　1991.3　62, 178p　26cm　Ⓝ376.48

◆越谷東高等学校

『創立十周年記念誌―東風』埼玉県立越谷東高等学校編　埼玉県立越谷東高等学校　1991.10　143, 42p　26cm〈書名は表紙・背による。奥付の書名：十周年記念誌〉Ⓝ376.48

『創立二十周年記念誌―東風』埼玉県立越谷東高等学校編　埼玉県立越谷東高等学校　2001.12　104, 64p　26cm　Ⓝ376.48

◆越谷南高等学校

『黎明そして明日へ―創立十周年記念誌』埼玉県立越谷南高等学校創立十周年記念誌編集委員会編　埼玉県立越谷南高等学校　1983　119, 76p　27cm　Ⓝ376.48

『創立十周年記念誌―黎明そして明日へ』埼玉県立越谷南高等学校創立十周年記念誌編集委員会編　埼玉県立越谷南高等学校　1983.11　119 76p　27cm

◆児玉高等学校

『七十周年記念誌』埼玉県立児玉高等学校創立七十周年記念誌編集委員会編　埼玉県立児玉高等学校　1993.11　483p　27cm〈奥付の書名：埼玉県立児玉高等学校創立七十周年記念誌〉Ⓝ376.48

◆児玉農工高等学校

『創立八十周年記念誌』八十周年記念誌編集委員, 埼玉県立児玉農工高等学校編　埼玉県立児玉農工高等学校　1980.10　336p（図版共）26cm　Ⓝ376.48

『創立九十周年記念誌』埼玉県立児玉農工高等学校90周年校内記念誌委員会編　埼玉県立児玉農工高等学校　1990.11　90p　27cm

◆児玉白楊高等学校

『白楊―創立百周年記念誌』埼玉県立児玉白楊高等学校百周年記念誌編集委員会編　埼玉県立児玉白楊高等学校　1999.10　420p　27cm　Ⓝ376.48

◆埼玉工業大学正智深谷高等学校

『創立110周年記念誌―埼玉工業大学正智深谷高等学校』智香寺学園創立110周年記念誌編纂室　智香寺学園創立110周年記念誌編纂室　2014.2　23p　30cm　Ⓝ377.3

◆埼玉栄高等学校

『創立十五周年記念誌』埼玉栄高等学校　佐藤栄学園埼玉栄高等学校　［1987］176p　23cm　Ⓝ376.48

『心でつないだ都大路―高校駅伝日本一埼玉栄挫折から栄光への軌跡』佐藤栄太郎編, 渡辺高夫著　講談社　1988.3　190p　19cm〈企画編集：陸上競技社, 佐藤栄学園本部〉980円　①4-06-203836-6　Ⓝ782.3

内容　苦節12年―。とうとう登りつめた予選参加2000校の頂点。しかも高校駅伝史を新しい塗り替える驚異的な日本最高記録。たび重なる挫折と絶望の中で、埼玉栄高校はいかに立ち直り、栄光をつかんだのか。渡辺高夫監督が綴る感動のドキュメント！

『心の音楽（うた）を奏でよう』邦野継雄著　朝日新聞社　1988.8　222p　18cm　860円　①4-02-255851-2　Ⓝ764.6

内容　ロックが好きなヤツもいる。楽譜が読めないヤツもいる。マジな彼女も、シラケタ彼も楽器を手にとりゃ生き返る。―私立埼玉栄高校の吹奏楽部にウイーン国際音楽コンクールから招待状が届

埼玉県

いた。国際舞台に通じるのか—期待と不安を胸に出場してみると、結果は思いもよらぬ大賞受賞。その栄光の軌跡をたどりながら、現代高校生の素顔を鮮烈に浮かびあがらせた、感動のドキュメント。

『埼玉栄創立20周年記念誌—埼玉栄20年のあゆみ』埼玉栄高等学校　佐藤栄学園埼玉栄高等学校　1991.10　160p　26cm　Ⓝ376.48

◆埼玉栄東高等学校

『創立十周年記念誌』埼玉栄東高等学校創立10周年記念誌編集委員会編　大宮　埼玉栄東高等学校　1988.11　72p　27cm〈奥付のタイトル：十周年記念誌　年表あり〉Ⓝ376.48

◆さいたま市立浦和高等学校

『つなぐ—さいたま市立浦和高等学校創立八十周年記念誌：さいたま市立浦和中学校創立十五周年記念誌』さいたま市立浦和高等学校創立八十周年・浦和中学校創立十五周年記念誌作成委員会編集　さいたま　さいたま市立浦和中学校・高等学校　2021.9　165p　30cm〈書誌注記：年表あり〉Ⓝ376.48

◆坂戸高等学校

『未来への栄光—坂戸高等学校創立30周年記念誌』埼玉県立坂戸高等学校創立30周年記念誌編集委員会編　埼玉県立坂戸高等学校創立30周年記念事業実行委員会　2000.11　228p　26cm〈奥付の書名：坂戸高等学校創立30周年記念誌〉Ⓝ376.48

◆坂戸西高等学校

『開校3周年校舎落成記念』埼玉県立坂戸西高等学校　埼玉県立坂戸西高等学校　1981.11　1冊［ページ付なし］　26cm　Ⓝ376.48

『創立10周年記念誌』創立10周年記念誌編集委員会編　埼玉県立坂戸西高等学校　1988.11　320p　26cm

『おゝや野に集う—創立二十周年記念誌』創立二十周年記念誌編集委員会編　埼玉県立坂戸西高等学校　1998.11　249p　26cm

◆幸手商業高等学校

『よみがえる学校新聞—幸手商高新聞部を育てた8年間の記録』中村行生著　明治図書出版　1980.7　204p　19cm（高校教育実践シリーズ5）1300円　Ⓝ375.19

『四十年のあゆみ—幸手商業高等学校創立40周年記念誌』創立40周年記念事業委員会，埼玉県立幸手商業高等学校編　埼玉県立幸手商業高等学校　1982.3　180p　図版4p　26cm　Ⓝ376.48

『五十年のあゆみ—幸手商業高等学校創立50周年記念誌』創立50周年記念誌編集委員会，埼玉県立幸手商業高等学校編　埼玉県立幸手商業高等学校　1991.9　164p　26cm　Ⓝ376.48

◆狭山高等学校

『狭山高校の軌跡—43年の歴史を振り返って』狭山　埼玉県立狭山高等学校　2008.2　48p　30cm〈年表あり〉Ⓝ376.48

◆狭山ヶ丘高等学校

『桜梅桃李—創立者近藤ちよ生誕百周年記念誌』狭山ヶ丘学園出版部編著　入間　狭山ヶ丘学園　2014.9　495p　21cm〈書誌注記：文献あり　書誌注記：年表あり〉Ⓝ289.1

◆狭山工業高等学校

『創立十周年記念誌』埼玉県立狭山工業高等学校編　埼玉県立狭山工業高等学校　1972　70p　26cm　Ⓝ376.48

『創立二十周年記念誌』創立二十周年記念事業委員会記念誌編集委員会編　埼玉県立狭山工業高等学校　1982.10　126p　26cm〈折り込図：1枚〉

◆狭山青陵高等学校

『創立十周年記念誌』創立十周年記念誌編集小委員会，埼玉県立狭山青陵高等学校編　埼玉県立狭山青陵高等学校　1991.11　170, 26p　図版4枚　26cm　Ⓝ376.48

◆狭山緑陽高等学校

『創立10周年記念誌』埼玉県立狭山緑陽高等学校創立10周年記念事業実行委員会編　狭山　埼玉県立狭山緑陽高等学校創立10周年記念事業実行委員会　2019.3　106p　30cm〈書誌注記：年表あり　奥付のタイトル：埼玉県立狭山緑陽高等学校創立10周年記念誌〉Ⓝ376.48

◆志木高等学校

『十年の歩み—創立十周年記念誌』埼玉県立志木高等学校十周年記念誌編集委員会編　埼玉県立志木高等学校十周年記念誌編集委員会　1984.11　119p　26cm

◆自由の森学園

『理想の教室自由の森学園―ここでだったら勉強できる!』遠藤豊著　角川書店　1985.12　250p　18cm(Kadokawa books)　680円　Ⓟ4-04-706006-2　Ⓝ370.4

『自由の森学園―その出発』遠藤豊著　太郎次郎社　1986.1　269p　19cm　1400円　Ⓝ376.4

『若者たちは学びたがっている―寺小屋から自由の森学園へ』松井幹夫著　太郎次郎社　1986.12　245p　19cm　1500円　Ⓝ370.4

目次　プロローグ　学校設立のエネルギーの源はなにか，1 明星学園との訣別，2 オレたち，寺小屋では生きてるんだ，3 寺小屋から自由の森学園へ，4 若者たちの自由の森学園への渇望，5 "人間のための数学"を求めて，6 "人間のための数学"―授業をイメージする，7 点数のない評価

内容　知識のつめこみも，点取り競争も，もうたくさん。みんなで追いもとめるのがいい。考えるって楽しいんだもん。

『野放し人間牧場―教育暴走の自由の森学園』教育問題調査研究会編著　閣文社　1991.1　171p　19cm　900円　Ⓟ4-87619-361-4　Ⓝ376.4

『自由の森学園が崩壊する日―脱管理主義・反点数教育　これが学校と言えるか恐るべき個性教育の実態』神山吉光著　浦和　閣文社　1991.9　227p　20cm　1500円　Ⓟ4-87619-363-0　Ⓝ376.4

『自由の森学園の自然給食』小林節子著　産調出版　1992.11　253p　19cm(産調グリーンブック)　1600円　Ⓟ4-88282-116-8　Ⓝ374.94

目次　安全の種をまく，おいしさの芽が出た，からだの幹から癒す，葉を広げる子供たち，実になる薬膳給食，大きく育て夢の樹よ，座談会　自由の森学園食生活部の6年

内容　小室等，岡庭昇ほか，30余名の涙と笑いの共有共感の実体験証言をまじえる，自由の森学園食生活部の6年間にわたる全記録。

『自由の森学園・その教育　上巻　人間の教育の形成と発展』遠藤豊編著　コスモヒルズ　1995.12　473p　22cm　3800円　Ⓟ4-87703-702-0　Ⓝ376.4134

目次　第1章 人間の教育観とその方法の形成，第2章 学校とは何なのか，第3章「能力主義」教育への発言，第4章 管理主義教育をめぐって，第5章 自由の森学園の教育，その理念と方針と特質，第6章 教育の基盤としての人間観について，第7章 授業の形成ということ，第8章 芸術による教育の重要性，第9章 点数による序列化も選別もない教育，第10章 新しい学びの構図を求めて

『自由の森学園・その教育　下巻　「自由への教育」の展開』遠藤豊編著　コスモヒルズ　1995.12　552p　22cm　4700円　Ⓟ4-87703-703-9　Ⓝ376.4134

目次　序 学校をめぐる一般的状況と自由の森学園の教育について，第1章 日本語の授業，第2章 英語科の授業，第3章 数学科の授業，第4章 理科の授業，第5章 社会科の授業，第6章 体育科の授業，第7章 美術・工芸科の授業，第8章 音楽科の授業，第9章 人間生活科の授業，第10章 体験学習，第11章 行事という名のドラマ，第12章 卒業生たち

『学校をつくりつづける―自由の森学園の人と空間』自由の森学園出版プロジェクト編　桐書房　2009.3　253p　21cm　2000円　Ⓟ978-4-87647-742-5　Ⓝ376.4134

目次　序 対話の場としての学校(里見実)，序章 競争原理を超える学校づくり，第1章「学ぶ」ということ，第2章「他者と出会う」ということ―高校二十期生四組 二年間の記録，第3章 学校で生きる，第4章 学校は何のためにあるのか

内容　学びの本質を求めつづけて四半世紀。教師，研究者，ジャーナリスト，卒業生など，時を紡いだ多彩な登場人物が語りかける。それは，教育の今と，未来への足場を照らし出す。

『日本で一番まっとうな学食―自由の森学園食生活部の軌跡』山本謙治編著　家の光協会　2010.7　175p　21cm　1500円　Ⓟ978-4-259-54731-8　Ⓝ374.94

内容　学園を巣立った後，食に関わる仕事をしている卒業生は非常に多い。その多くが「学園の食堂は，今から考えるとすごかった」と言う。自由の森学園「食生活部」の志と，あるべき中高生の食への不断の努力の全貌が，卒業生たちの手によって明らかになった。

『ようこそ，自由の森の学食へ』山本謙治監修，岩田ユキ漫画　早川書房　2017.6　135p　21cm　1100円　Ⓟ978-4-15-209695-1　Ⓝ726.1

目次　プロローグ いただきます，第1章 奇跡の学食，第2章 毎日カレー，第3章 ほどよい朝ごはん，第4章 わがまま晩ごはん，第5章 食生活部の夜明け，第6章 旅するキャベツ，第7章 伝統食って何？，第8章 アレルギーでもおいしいごはん，第9章 迷走キッチン，第10章 希望のハヤシライス，エピローグ ごちそうさま

内容　校則もテストもないユニークな学園を支える奇跡の学食とは―!?

◆秀明学園

『理想の教育がここにあった―各界で活躍する人材を生む「秀明学園」』川添道子著　講談社エディトリアル　2017.12　205p　19cm　〈書誌注記：文献あり〉900円　Ⓟ978-4-907514-93-8　Ⓝ376.48

埼玉県

|目次|第1章 理想の教育を掲げる「秀明学園」の特色、第2章 入寮体験レポート、第3章 なぜ我が子を秀明学園に託したか、第4章 卒業生はどのような人生を歩んでいるのか、第5章 変わる教育、変わらない教育—秀明学園理事長インタビュー、第6章 創立者の提言集
|内容|首都圏唯一の「全寮制」「中高一貫」で「全人英才教育」で、2020年大学入試改革に勝つ!

◆菖蒲高等学校

『三十五年のあゆみ』埼玉県立菖蒲高等学校創立三十五周年記念誌編集委員会編　埼玉県立菖蒲高等学校　1983　108p 図版4p　26cm　Ⓝ376.48

『埼玉県立菖蒲高等学校創立四十周年記念誌』埼玉県立菖蒲高等学校編　埼玉県立菖蒲高等学校創立四十周年記念誌編集委員会　1988.11　182p　27cm　Ⓝ376.48

◆庄和高等学校

『創立五周年記念誌』五周年記念誌編集委員会、埼玉県立庄和高等学校編　埼玉県立庄和高等学校　1985.2　121,20p 図版10p　26cm　Ⓝ376.48

『飛揚—埼玉県立庄和高等学校創立10周年記念誌』創立10周年記念誌編集委員会編　庄和町（埼玉県）埼玉県立庄和高等学校　1989.10　245p　26cm　Ⓝ376.4

『高校生が追うネズミ村と731部隊』埼玉県立庄和高校地理歴史研究部, 遠藤光司著　教育史料出版会　1996.10　212p　19cm〈書誌注記：参考文献：p205〜206〉1545円　①4-87652-297-9　Ⓝ210.75

|目次|1 ネズミ村を発掘する（あるネズミ村の歴史、ペストまみれの旅 ある高校生、靖植和さんとの出会い）、2 ネズミが支えた七三一部隊（七三一部隊とネズミ、もう一つの「七三一部隊」、ネズミ村の戦後史）
|内容|本書はネズミをテーマにして、生産者の農民、それを輸送しつづけたネズミ屋、ネズミを使った七三一部隊員、そして家族を殺された中国人遺族を取材した高校生の活動をまとめたものである。

◆白岡高等学校

『創立二十周年記念誌』埼玉県立白岡高等学校創立二十周年記念事業実行委員会記念誌刊行小委員会編　埼玉県立白岡高等学校　1998.10　160p　27cm

◆杉戸高等学校

『五周年記念誌』五周年記念誌編集委員会、埼玉県立杉戸高等学校編　埼玉県立杉戸高等学校　1982　155p　26cm〈書名は表題紙・表紙・背による〉Ⓝ376.48

『創立十周年記念誌』十周年記念誌編集委員会編　埼玉県立杉戸高等学校　1986.11　234p 図版[6]p　27cm

『埼玉県立杉戸高等学校創立二十周年記念誌』二十周年記念誌編集委員会, 埼玉県立杉戸高等学校編　埼玉県立杉戸高等学校　1996.10　141, 58p　27cm〈書名は奥付による.背・表紙の書名：創立二十周年記念誌〉Ⓝ376.48

◆杉戸農業高等学校

『埼玉県立杉戸農業高等学校百周年記念誌』埼玉県立杉戸農業高等学校記念誌編集委員会, 埼玉県立杉戸農業高等学校編　埼玉県立杉戸農業高等学校　2021.11　258, 125p　31cm〈書名は奥付による.背・表紙の書名：百周年記念誌〉Ⓝ376.48

『〈実録〉幸せの野球部—弱くても感動 ある高校野球部の奇跡』桑原才介著　言視舎　2022.11　202p　19cm〈書誌注記：年譜あり〉1800円　①978-4-86565-237-6　Ⓝ783.7

|内容|それは記録的な惨敗から始まった。2000年夏の公式戦、埼玉県立杉戸農業高校野球部は、市立浦和高校と対戦し、0－44のコールドゲームで敗れた。このほとんど素人の寄せ集めチームが、短期間のうちに劇的に変わる。相手チームをして「試合には勝っていたが、野球のメンタル面では完全に圧倒されていた」と言わしめた。観客も、審判さえも感動させてしまう奇跡のチーム、そして、それを指導した男が、この本の主人公である。男の名は栗原正博。元甲子園球児であり高校教師。野球選手だけでなくプロのバスケットボール選手も育て、書道家・正峰としての実績もある。その原点である「杉農野球」を栗原はどのようにつくりあげたのか、その教育実践を当時の部員たちの証言を通じてつぶさに追う。

◆草加高等学校

『創立三十周年記念誌』埼玉県立草加高等学校三十周年記念事業実行委員会三十周年記念誌編集委員会編　埼玉県立草加高等学校三十周年記念事業実行委員会三十周年記念誌編集委員会　1995.11　158, 45p　27cm〈奥付の書名：埼玉県立草加高等学校創立三十周年記念誌〉

◆草加西高等学校

『創立十周年記念誌』埼玉県立草加西高等学校編　埼玉県立草加西高等学校　1992.10　72, 60p　26cm　Ⓝ376.48

埼玉県

◆草加東高等学校

『埼玉県立草加東高等学校10周年記念誌—
　OUR 10th ANNIVERSARY』埼玉県立
　草加東高等学校　埼玉県立草加東高等学校10
　周年記念行事実施委員会　1989.11　44p
　30cm　Ⓝ376.48

『学校評価と四者協議会—草加東高校の開かれ
　た学校づくり』小池由美子著　同時代社
　2011.2　197p　19cm〈文献あり〉1500円
　①978-4-88683-689-2　Ⓣ374

目次　第1部 今日の「教育改革」と「学校評価」(「教
育改革」と「学校評価」制度、草加東高校と学校自
己評価システム)、第2部 四者協議会と開かれた学
校づくり(草加東高校四者協議会への第一歩、校則
を変える生徒たち、授業改善の取り組み、四者協議
会の生徒・保護者・地域・教職員の「参加」と「共
同」、今後の課題、開かれた学校づくりの展望)

内容　生徒・保護者・地域住民・教職員がともに力
を合わせた「学校づくり」の実践記録。「学校評価」
の真のあり方を示す。

◆草加南高等学校

『創立三周年記念誌』記念誌編集委員会編　埼玉
　県立草加南高等学校　1978.11　62p　27cm

『高翔—創立十周年記念誌』埼玉県立草加南高
　等学校創立十周年記念誌編集委員会編　埼玉
　県立草加南高等学校　1992.11　122p 図版
　[7]p　27cm

◆玉川工業高等学校

『つつじが丘—創立三十五周年記念誌』35周年
　記念誌編集委員会編　埼玉県立玉川工業高等
　学校　1983.10　118p　26cm

『埼玉県立玉川工業高等学校創立五十周年記念
　誌』五十周年記念誌編集委員会編　埼玉県立
　玉川工業高等学校　1998.11　186p　26cm
　〈書名は奥付による〉

◆秩父高等学校

『百年のあゆみ—埼玉県立秩父高等学校創立百
　周年記念誌』埼玉県立秩父高等学校百周年記
　念誌編集委員会,埼玉県立秩父高等学校創立
　百周年記念事業実行委員会編　埼玉県立秩父
　高等学校創立百周年記念事業実行委員会
　2007.10　281p　31cm　Ⓝ376.48

◆秩父農工高等学校

『八十周年記念誌』埼玉県立秩父農工高等学校
　八十周年記念誌編集委員会編　埼玉県立秩父
　農工高等学校　1980.11　413p 図版20p
　27cm　Ⓝ376.48

◆秩父農工科学高等学校

『定時制高校に寄せて—秩父農工科学高等学校
　定時制創立六十周年記念誌』秩父農工定時制
　創立六十周年記念誌発行実行委員会　秩父農
　工定時制創立六十周年記念誌発行実行委員会
　2008.9　149p　19cm　Ⓝ376.48

◆秩父東高等学校

『創立二十周年記念誌』埼玉県立秩父東高等学
　校20周年記念誌編集委員会編　埼玉県立秩父
　東高等学校　1986.1　240p　27cm〈奥付の
　書名：埼玉県立秩父東高等学校20周年記念
　誌〉Ⓝ376.48

◆鶴ヶ島高等学校

『創立十周年記念誌』記念誌編集委員会編　埼
　玉県立鶴ヶ島高等学校　1991.11　175p
　26cm　Ⓝ376.48

◆常盤女子高等学校

『常盤—十周年記念誌』埼玉県立常盤女子高等
　学校編　埼玉県立常盤女子高等学校　1981.3
　87p(図版共)　26cm　Ⓝ376.48

◆所沢高等学校

『創立80周年・新校舎落成記念　1981』埼玉県
　立所沢高等学校創立八十周年・新校舎落成記
　念式典実行委員会編　埼玉県立所沢高等学校
　1981.12　80p 図版3枚　26cm　Ⓝ376.48

『所沢高校百周年記念誌』所沢高校百周年記念
　誌編集委員会編　所沢　埼玉県立所沢高等学
　校創立一〇〇周年記念事業推進委員会
　1999.5　942p 図版16枚　27cm〈表紙のタイ
　トル：百周年記念誌〉Ⓝ376.48

『所沢高校の730日』淡路智典責任編集, 所沢高
　校卒業生有志著　創出版　1999.8　230p
　19cm〈年表あり〉1500円　①4-924718-31-9
　Ⓝ373.2

目次　第1部 僕にとっての所沢高校問題(「日の丸・
君が代」問題がやってきた、卒業記念祭に向けて、
大揺れの卒業・入学行事,所高問題とその後)、第
2部 所沢高校98年度卒業生座談会、第3部 所沢高校
と日の丸・君が代問題

内容　「日の丸・君が代」の強制に生徒たちはどう
悩み、どう対応したか。「日の丸・君が代」をめぐ
る問題として大きな注目を浴びた、所沢高校の2年
間を、その渦の中心にいた生徒たちが自分の言葉
で振り返る。

埼玉県

『所澤高校野球部百年史―1923-2023』所沢高校野球部OB会記念史編纂委員会編　所沢高校野球部OB会　2023.7　168p　30cm〈書誌注記：年表あり〉Ⓝ783.7

◆所沢北高等学校

『創立十周年記念誌』創立十周年記念誌編集委員会編　埼玉県立所沢北高等学校　1984.5　89p 図版[11]p　26cm　Ⓝ376.48

◆所沢商業高等学校

『創立二十周年記念誌』埼玉県立所沢商業高等学校創立二十周年記念誌編集委員会編　所沢　埼玉県立所沢商業高等学校創立二十周年記念事業実施委員会　1988.11　181p　26cm　Ⓝ376.4

◆所沢中央高等学校

『開校三周年・校舎落成記念』埼玉県立所沢中央高等学校編　埼玉県立所沢中央高等学校　1982.10　1冊(頁付なし)　26cm　Ⓝ376.48

◆所沢西高等学校

『十年の歩み―創立十周年記念誌』埼玉県立所沢西高等学校記念誌編集委員会編　埼玉県立所沢西高等学校　1988.11　194p　26cm　Ⓝ376.48

◆所沢東高等学校

『創立十周年記念誌』埼玉県立所沢東高等学校十周年記念誌編集委員会編　埼玉県立所沢東高等学校　1986.11　138p 図版4枚　26cm　Ⓝ376.48

◆所沢緑ヶ丘高等学校

『十年のあゆみ―創立10周年記念誌』10周年記念誌編集委員会編　埼玉県立所沢緑ヶ丘高等学校　1993.11　150p 図版[8]p　26cm

『十七年のあゆみ―創立十七周年記念誌』十七周年記念誌編集委員会編　埼玉県立所沢緑ヶ丘高等学校　2001.3　128p　30cm　Ⓝ376.48

◆豊岡高等学校

『創立50周年記念誌』埼玉県立豊岡高等学校創立50周年記念事業実施委員会編　埼玉県立豊岡高等学校創立50周年記念事業実施委員会　1972.4　38p　26cm　Ⓝ376.48

『豊岡高等学校70年―写真集 1920～1990』埼玉県立豊岡高等学校創立70周年記念写真集刊行委員会編集委員会編　入間　埼玉県立豊岡高等学校創立70周年記念写真集刊行委員会　1993.4　1冊(ページ付なし) 19×26cm〈埼玉県立豊岡高等学校創立70周年記念　年表あり〉Ⓝ376.48

『出藍の誉れ―百年誌』創立百周年記念事業実行委員会記念誌発行部会編　入間　埼玉県立豊岡高等学校創立百周年記念事業実行委員会　2020.12　434p, 図版(ページ付なし) 27cm〈書誌注記：年表あり　部分タイトル：埼玉県立豊岡高等学校〉Ⓝ376.48

◆滑川高等学校

『校舎竣工記念誌』埼玉県立滑川高等学校編　埼玉県立滑川高等学校　1978.11　259p 図版6p　26cm　Ⓝ376.48

『創立十周年記念誌』埼玉県立滑川高等学校記念誌編集委員会編　埼玉県立滑川高等学校　1985.11　213p　26cm　Ⓝ376.48

『創立20周年記念誌―昭和51年～平成7年』埼玉県立滑川高等学校20周年記念誌編集委員編　埼玉県立滑川高等学校　1995.11　148p　26cm

『第80回記念大会甲子園出場記念誌』滑川高等学校甲子園出場後援会　滑川高等学校甲子園出場後援会　1999.6　93p　30cm〈英文書名：Namegawa high school baseball club-1998 sammer-〉

『滑川高校記念誌―新たな旅路へ』埼玉県立滑川高等学校記念誌編集実行委員会編　埼玉県立滑川高等学校　2005.3　219p　30cm　Ⓝ376.48

◆南稜高等学校

『オリーブのもとに―創立5周年記念誌』創立5周年記念誌編集委員会, 埼玉県立南稜高等学校編　埼玉県立南稜高等学校　1984.10　54p 図版11p　26cm　Ⓝ376.48

『創立十周年記念誌―オリーブのもとに』埼玉県立南稜高等学校十周年記念誌編集委員会編　埼玉県立南稜高等学校　1989.10　128, 79p　26cm　Ⓝ376.48

◆新座高等学校

『創立五周年記念誌』埼玉県立新座高等学校記念誌編集委員会編　埼玉県立新座高等学校　1979.3　94p 図版　26cm　Ⓝ376.48

『創立二十周年記念誌』創立二十周年記念誌委員会編集　新座　埼玉県立新座高等学校

1992.12　1冊　30cm〈書誌注記：年表あり　部分タイトル：歩 写真で見る二十年史〉Ⓝ376.48

『創立30周年記念誌』埼玉県立新座高等学校　埼玉県立新座高等学校　2002.11　99p　30cm　Ⓝ376.48

『「協働の学び」が変えた学校—新座高校学校改革の10年』金子奨, 高井良健一, 木村優編　大月書店　2018.3　315p　19cm　2000円　①978-4-272-41240-2　Ⓝ376.48

内容 埼玉県立新座高等学校の一〇年にわたる学校改革の様相を、年齢も教職歴も、学びの履歴も異なる一四人の元・前・現職の新座高校の教師が、それぞれの地点から綴る。

『埼玉県立新座高等学校創立50周年記念誌』新座　埼玉県立新座高等学校　2022.12　95p　30cm〈書誌注記：年表あり〉Ⓝ376.48

◆新座北高等学校

『創立5周年記念誌—5年の歩み』創立5周年記念誌編集委員会編　埼玉県立新座北高等学校　1983.11　120p　26cm

◆新座総合技術高等学校

『開校3周年記念誌—こぶし』開校三周年記念誌編集委員会, 埼玉県立新座総合技術高等学校編　埼玉県立新座総合技術高等学校　1985.12　88p　26cm　Ⓝ376.48

『創立10周年記念実践報告書』創立10周年記念実践報告書刊行委員会, 埼玉県立新座総合技術高等学校編　埼玉県立新座総合技術高等学校　1992.11　149p　27cm　Ⓝ376.48

『創立十周年記念誌』埼玉県立新座総合技術高等学校編　埼玉県立新座総合技術高等学校創立十周年記念誌刊行委員会　1992.11　86p　26cm　Ⓝ376.48

『創立20周年記念誌』埼玉県立新座総合技術高等学校編　埼玉県立新座総合技術高等学校創立20周年記念誌刊行委員会　2002.11　86p　30cm　Ⓝ376.48

◆蓮田高等学校

『創立10周年記念誌』埼玉県立蓮田高等学校十周年記念誌編集委員会編　埼玉県立蓮田高等学校　1983.5　136p　26cm　Ⓝ376.48

『松韻—創立20周年記念誌』埼玉県立蓮田高等学校創立二十周年記念誌編集委員会編　埼玉県立蓮田高等学校　1992.11　143, 123p　27cm

◆蓮田松韻高等学校

『感謝—埼玉県立蓮田松韻高等学校創立10周年記念誌』埼玉県立蓮田松韻高等学校創立10周年記念事業実行委員会記念誌係編　埼玉県立蓮田松韻高等学校　2019.12　94p　30cm　Ⓝ376.48

◆鳩ヶ谷高等学校

『創立二十周年記念誌』埼玉県立鳩ヶ谷高等学校創立20周年記念誌編集委員会編　埼玉県立鳩ヶ谷高等学校　2007.12　176p　26cm　Ⓝ376.48

『埼玉県立鳩ヶ谷高等学校創立30周年記念誌』埼玉県立鳩ヶ谷高等学校創立30周年記念誌編集委員会編　川口　埼玉県立鳩ヶ谷高等学校　2017.11　167p　30cm〈書誌注記：年表あり　タイトルは標題紙・奥付による〉Ⓝ376.48

◆鳩山高等学校

『三周年記念誌』三周年記念誌編集委員会, 埼玉県立鳩山高等学校編　埼玉県立鳩山高等学校　1985.11　108p　26cm　Ⓝ376.48

◆花咲徳栄高等学校

『サクラ咲ク』濱本光治著　幻冬舎メディアコンサルティング　2017.2　188p　19cm〈女子硬式野球物語〉〈書誌注記：年表あり　出版者注記：幻冬舎（発売）〉926円　①978-4-344-91123-9　Ⓝ783.7

目次 第1話 出逢い, 第2話 香港遠征物語, 第3話 ユース大会物語, 第4話 絆

内容 「女子にも硬式野球をやらせてあげたい」その一心で私財を投げ打ち、女子硬式野球の礎を築いた四津浩平。その遺志を継いだ、ひとりの高校教師と仲間たちが、全国大会開催へ向けて奮闘する中、香港の女子野球チームからある依頼が…。本当にあった奇跡のノンフィクションドラマ。

『花咲徳栄埼玉県勢初V—第99回全国高校野球選手権大会優勝記念グラフ』さいたま　埼玉新聞社　2017.9　54p　30cm　1000円　①978-4-87889-478-7　Ⓝ783.7

『道を教え、「自立」へ導く花咲徳栄の人間育成術』岩井隆著　カンゼン　2018.2　219p　19cm　1600円　①978-4-86255-449-9　Ⓝ783.7

目次 第1章 チームをつくる道, 第2章 専門性を磨く道, 第3章 人材を育成する道, 第4章 勝負にこだわる道, 第5章 心を育てる道

内容 "多角的"に想像できる選手なくして強いチームは生まれない!!野球部は「社会」の縮図。一人ひ

埼玉県

とりが役割を果たし、生きる道筋をつくる。2017年夏の甲子園優勝監督が明かす、「未来を見据えた人づくり」。

◆羽生高等学校

『創立50周年記念教育活動集―多様な生徒への教育に取り組んで』羽生　埼玉県立羽生高等学校　1997.11　185p　19cm　Ⓝ376.41

『創立六十周年記念誌―平成10年～平成19年』埼玉県立羽生高等学校　埼玉県立羽生高等学校　2007.11　35p　30cm　Ⓝ376.48

◆羽生第一高等学校

『創立五周年記念誌』埼玉県立羽生第一高等学校記念誌編集委員会編　埼玉県立羽生第一高等学校　1980.12　144p　図版20p　26cm　Ⓝ376.48

『創立十周年記念誌』埼玉県立羽生第一高等学校記念誌編集委員会編　埼玉県立羽生第一高等学校　1985.10　179p　27cm　Ⓝ376.48

『創立二十周年記念誌』創立二十周年記念誌編集委員会,埼玉県立羽生第一高等学校編　埼玉県立羽生第一高等学校　1995.10　228p　図8枚　27cm　Ⓝ376.48

◆飯能高等学校

『創立六十周年記念誌』埼玉県立飯能高等学校編　埼玉県立飯能高等学校創立60周年記念事業委員会　1981.4　117p　26cm　Ⓝ376.48

『埼玉県立飯能高等学校―創立100周年記念誌』埼玉県立飯能高等学校創立100周年記念事業実行委員会編　［埼玉県立飯能高等学校］創立100周年記念事業実行委員会　2022.10　179p　30cm　Ⓝ376.48

◆飯能南高等学校

『落成記念誌』埼玉県立飯能南高等学校編　埼玉県立飯能南高等学校　1980.11　80p　26cm　Ⓝ376.4

『埼玉県立飯能南高等学校創立十周年記念誌』埼玉県立飯能南高等学校　埼玉県立飯能南高等学校　1987.11　171p　26cm　Ⓝ376.48

『創立二十周年記念誌』埼玉県立飯能南高等学校　埼玉県立飯能南高等学校　1997.11　106p　26cm　Ⓝ376.48

『創立30周年記念誌』埼玉県立飯能南高等学校　埼玉県立飯能南高等学校　2007.11　98p　30cm　Ⓝ376.48

『創立四十周年記念誌』埼玉県立飯能南高等学校　埼玉県立飯能南高等学校　2017.11　118p　30cm　Ⓝ376.48

『埼玉県立飯能南高等学校四十五年の歩み―創立四十五周年記念誌』埼玉県立飯能南高等学校　埼玉県立飯能南高等学校　2023.3　114p　30cm　Ⓝ376.48

◆日高高等学校

『英知信頼努力―創立30周年記念誌』埼玉県立日高高等学校創立30周年記念誌編集委員会編　日高　埼玉県立日高高等学校創立30周年記念実行委員会　2003.11　223p　26cm〈奥付のタイトル：埼玉県立日高高等学校創立30周年記念誌　年表あり〉Ⓝ376.48

『埼玉県立日高高等学校創立50周年記念誌』埼玉県立日高高等学校創立50周年記念事業実行委員会編　埼玉県立日高高等学校創立50周年記念事業実行委員会　2023.10　86p　30cm　Ⓝ376.48

◆深谷高等学校

『創立十周年記念誌』10周年記念誌編集委員会編　埼玉県立深谷高等学校　1983　175p　26cm　Ⓝ376.48

◆深谷商業高等学校

『深商六十年史』埼玉県立深谷商業高等学校創立六十周年記念誌編集委員会編　埼玉県立深谷商業高等学校　1981.11　410p　27cm　Ⓝ376.48

『創立七十周年記念写真集』埼玉県立深谷商業高等学校創立70周年記念準備委員会編　埼玉県立深谷商業高等学校　1991.11　178p　38cm　Ⓝ376.48

◆深谷第一高等学校

『七十周年記念誌』埼玉県立深谷第一高等学校七十周年記念誌編集委員会編　埼玉県立深谷第一高等学校　1978.10　282p　図版　27cm　Ⓝ376.48

◆吹上高等学校

『埼玉県立吹上高等学校創立十周年記念誌』埼玉県立吹上高等学校創立十周年記念誌編集委員会編　埼玉県立吹上高等学校　1989.11　187p　27cm〈表紙の書名：創立十周年記念誌〉Ⓝ376.48

『創立二十周年記念誌』創立二十周年記念誌編集委員会編　埼玉県立吹上高等学校　1999.

10　163p　26cm　Ⓝ376.48

◆吹上秋桜高等学校

『創立十周年記念誌』埼玉県立吹上秋桜高等学校編　埼玉県立吹上秋桜高等学校　2019.10　55p　30cm　Ⓝ376.48

◆富士見高等学校

『楓―十周年記念誌』埼玉県立富士見高等学校十周年記念誌編集委員会編　埼玉県立富士見高等学校　1985.11　135p　26cm　Ⓝ376.48

◆不動岡高等学校

『九十周年記念誌』埼玉県立不動岡高等学校記念誌編集委員会編　埼玉県立不動岡高等学校　1977　54p　26cm　Ⓝ376.48

『創部六十年記念誌』記念誌編集委員会編　埼玉県立不動岡高等学校陸上競技部後援会　1981　246p　図版33p　27cm　Ⓝ782

『不動百年―創立百周年記念誌』埼玉県立不動岡高等学校創立百周年記念誌編集委員会編　埼玉県立不動岡高等学校創立百周年記念事業協賛会　1985.11　1008p　図版6枚　27cm　Ⓝ376.48

『不動百十年―創立百十周年記念誌』埼玉県立不動岡高等学校創立百十周年記念誌編集委員会編　埼玉県立不動岡高等学校創立百十周年記念事業協賛会　1996.11　165p　27cm　Ⓝ376.48

『不動百二十年―新校舎落成並びに創立百二十周年記念誌』埼玉県立不動岡高等学校新校舎落成並びに創立百二十周年記念事業実施委員会編　埼玉県立不動岡高等学校新校舎落成並びに創立百二十周年記念事業協賛会　2006.11　175p　図版8p　27cm　Ⓝ376.48

『埼玉の近代教育史と不動岡高校百年の歩み』新井淑子著　さいたま　埼玉新聞社　2011.9　301p　19cm　1500円　①978-4-87889-360-5　Ⓝ372.134

『開校五十年史』不動岡高等学校物語編集編　埼玉新聞社　2017.11　34, 344p　図版23枚　21cm〈埼玉県立不動岡高等学校創立130周年記念事業〉Ⓝ376.48

◆不動岡高等学校騎西分校

『閉校記念誌』埼玉県立不動岡高等学校騎西分校閉校記念誌委員会編　埼玉県立不動岡高等学校騎西分校閉校記念誌委員会　1987.3　108p　26cm　Ⓝ376.48

◆細田学園高等学校

『細田学園創立100周年記念誌―1921-2021』細田学園創立100周年記念誌編集委員会編集　志木　細田学園　2021.12　79p　27cm〈書誌注記：年表あり〉Ⓝ376.48

『細田学園創立100周年記念book―the next one 100年のその次へ』日経BPコンサルティング　2022.2　77p　28cm〈日経BPムック〉〈出版者注記：日経BPマーケティング〉900円　①978-4-86443-139-2

◆本庄高等学校

『母校を語る―創立六十周年』埼玉県立本庄高等学校創立六十周年記念誌編集委員会編　埼玉県立本庄高等学校　1982.11　409p　図版4枚　22cm　Ⓝ376.48

『二十一世紀への飛翔―創立七十周年記念』埼玉県立本庄高等学校創立七十周年記念誌編集委員会編　埼玉県立本庄高等学校　1992.11　425, 160p　22cm　Ⓝ376.48

『柏陵―創立百周年記念』埼玉県立本庄高等学校創立百周年記念誌編集部会編　埼玉県立本庄高等学校　2022.11　36, 352p　27cm　Ⓝ376.48

◆本庄北高等学校

『創立十周年記念誌』創立十周年記念誌編集委員会編　埼玉県立本庄北高等学校　1986.11　196p　27cm　Ⓝ376.48

『創立20周年記念誌』埼玉県立本庄北高等学校記念誌編集委員会編, 埼玉県立本庄北高等学校　埼玉県立本庄北高等学校　1997.10　137p　26cm　Ⓝ376.48

『三十六年のあゆみ―統合記念誌』本庄　埼玉県立本庄北高等学校　［2013］133p　30cm〈書誌注記：年表あり〉Ⓝ376.48

◆本庄第一高等学校

『ピカソがライバル―本庄第一高校美術部の記録』菅野公夫著　雲母書房　2004.11　164p　21cm　1500円　①4-87672-168-8　Ⓝ375.184

内容　日本一の高校美術部は、どのように生まれ、どう成長していったか。プロの展覧会への入選はもはや常識、難関"県展"への19年連続入選、昨年の県展では入選者22名、今年は15名という偉業を達成しつつある美術部が、埼玉県北にある。年間60泊の合宿、フランス・イタリアへの研修旅行など規格外の美術部は、実は地道な努力の積み重ねから達成された。異才顧問の熱い指導と高校生たちの奮闘の記録。

埼玉県

『ピカソがライバル―本庄第一高校美術部の記録 続』菅野公夫著　雲母書房　2006.5　171p　21cm　1500円　①4-87672-201-3　Ⓝ375.184

内容　日本一の高校美術部は、"絵の才能をもった個人"の集合体ではない。意欲とハートを育てながら、レベルアップのための環境や集団をまとめ上げる卓抜な指導の裏付けがあったからこそ、この偉業を成し得たのだ。本書のために、不登校を克服して才能を開花させたOBへの取材を敢行し、さらに「技術指導のポイント」も加えた待望の続編。

◆松伏高等学校

『瑞穂―創立十周年記念誌』創立十周年記念誌編集委員会編　埼玉県立松伏高等学校　1990.11　196p　26cm〈奥付の書名：埼玉県立松伏高等学校創立十周年記念誌〉

◆松山高等学校

『創立五十周年記念誌』埼玉県立松山高等学校創立五十周年記念事業実施委員会編　埼玉県立松山高等学校　1973　90p　図版　26cm　Ⓝ376.48

『松山高等学校七十年誌』埼玉県立松山高等学校七十周年記念誌編集委員会編　東松山　埼玉県立松山高等学校　1992.11　576p　27cm〈背・表紙のタイトル：七十年誌〉Ⓝ376.48

『創立80周年記念誌―70周年からの10年を振り返って』埼玉県立松山高等学校80周年記念誌編集委員会編　埼玉県立松山高等学校　2003.11　76p　30cm　Ⓝ376.48

◆松山女子高等学校

『70周年記念誌』埼玉県立松山女子高等学校70周年記念誌刊行委員会編　埼玉県立松山女子高等学校　1995.11　455p　27cm　Ⓝ376.48

◆三郷高等学校

『創立30周年記念誌―1975〜2003』創立30周年記念誌編集委員会編　埼玉県立三郷高等学校　2003.10　131p　26cm　Ⓝ376.48

◆三郷北高等学校

『創立十周年記念誌』埼玉県立三郷北高等学校創立十周年記念誌編集委員会編　埼玉県立三郷北高等学校　1989.10　1冊　27cm　Ⓝ376.48

◆皆野高等学校

『創立二十周年記念誌』埼玉県立皆野高等学校創立二十周年記念誌編集委員会編　埼玉県立皆野高等学校　1986.11　196p　27cm〈奥付の書名：埼玉県皆野高等学校創立二十周年記念誌〉Ⓝ376.48

『創立三十周年記念誌』埼玉県立皆野高等学校三十周年記念編集委員会編　埼玉県立皆野高等学校三十周年記念事業実行委員会　1995.11　92p　26cm〈奥付の書名：埼玉県立皆野高等学校創立三十周年記念誌〉Ⓝ376.48

『創立四十周年記念誌』埼玉県立皆野高等学校創立四十周年記念誌編集委員会編　埼玉県立皆野高等学校創立四十周年事業実行委員会　2005.10　176p　27cm〈奥付の書名：埼玉県立皆野高等学校創立四十周年記念誌〉Ⓝ376.48

『創立五十周年記念誌』埼玉県立皆野高等学校創立五十周年記念誌編集委員会編　埼玉県立皆野高等学校創立五十周年記念誌編集委員会　2015.10　120p　26cm〈奥付の書名：埼玉県立皆野高等学校創立五十周年記念誌〉Ⓝ376.48

◆宮代高等学校

『春暁―創立三周年記念誌』記念誌編集委員会編　埼玉県立宮代高等学校　1984.6　137p　26cm

『光輝―創立10周年記念誌』十周年記念誌編集委員会,埼玉県立宮代高等学校編　埼玉県立宮代高等学校　1991.10　163p　図版8枚　27cm　Ⓝ376.48

『光輝―創立二十周年記念誌』創立二十周年記念誌編集委員会編　埼玉県立宮代高等学校　2001.10　129p　30cm　Ⓝ376.48

◆妻沼高等学校

『十周年記念誌』埼玉県立妻沼高等学校記念誌編集委員会編　埼玉県立妻沼高等学校　1988.11　125, 47p　27cm〈書名は表紙による.背の書名：創立十周年記念誌〉Ⓝ376.48

◆毛呂山高等学校

『創立二十周年記念誌』埼玉県立毛呂山高等学校創立二十周年記念誌刊行小委員会編　埼玉県立毛呂山高等学校　1997.11　76, 43p　30cm　Ⓝ376.48

◆八潮高等学校

『創立五周年記念誌』埼玉県立八潮高等学校創立五周年記念誌編集委員会編　埼玉県立八潮高等学校　1977　45p　26cm　Ⓝ376.48

『創立十周年記念誌』埼玉県立八潮高等学校創立十周年記念誌編集委員会編　埼玉県立八潮高等学校　1982　78p　26cm　Ⓝ376.48

『創立二十周年記念誌』二十周年記念事業実行委員会記録誌編, 埼玉県立八潮高等学校編　埼玉県立八潮高等学校　1992.10　192, 97p　27cm　Ⓝ376.48

◆八潮南高等学校

『創立3周年記念アルバム』創立3周年記念アルバム編集委員会, 埼玉県立八潮南高等学校編　埼玉県立八潮南高等学校　1986.6　22p 図版1枚　26cm　Ⓝ376.48

◆吉川高等学校

『創立二十周年記念誌』埼玉県立吉川高等学校ほか編　埼玉県立吉川高等学校　1990.10　107, 131p 図版8枚　26cm〈奥付の書名：二十周年記念誌〉Ⓝ376.4

◆吉見高等学校

『創立十周年記念誌』埼玉県立吉見高等学校記念誌編集委員会編　埼玉県立吉見高等学校　1985.11　130p　26cm　Ⓝ376.48

『未来への飛翔─埼玉県立吉見高等学校統合記念誌』埼玉県立吉見高等学校統合記念事業実行委員会記念誌委員会編　埼玉県立吉見高等学校　2005.3　120p　30cm　Ⓝ376.48

◆与野高等学校

『創立五十周年記念誌』埼玉県立与野高等学校特別部編　埼玉県立与野高等学校創立五十周年記念委員会　1978.11　148p　26cm　Ⓝ376.48

『六十周年記念誌』60周年記念事業実行委員会, 埼玉県立与野高等学校編　埼玉県立与野高等学校　1987.10　68p　26cm　Ⓝ376.48

◆与野農工高等学校

『10年のあゆみ』創立10周年記念実行委員会編　埼玉県立与野農工高等学校　1972　64p（図版共）26cm　Ⓝ376.48

『創立20周年記念誌』埼玉県立与野農工高等学校　埼玉県立与野農工高等学校　1983.11　110p　26cm　Ⓝ376.48

『創立30周年記念誌』埼玉県立与野農工高等学校　埼玉県立与野農工高等学校　1993.11　198p 図版[32]p　26cm　Ⓝ376.48

◆寄居高等学校

『埼玉県立寄居高等学校定時制課程閉校記念誌―資料』寄居町（埼玉県）埼玉県立寄居高等学校定時制課程　1985.3　102p　26cm〈書名は奥付による 背・表紙の書名：記念誌〉Ⓝ376.4

『創立三十周年記念誌』埼玉県立寄居高等学校記念誌編集委員会編　埼玉県立寄居高等学校三十周年記念誌事業実行委員会　1991.11　131, 50p　26cm　Ⓝ376.48

◆和光高等学校

『創立二十周年記念誌』埼玉県立和光高等学校創立二十周年記念誌編集委員会編　埼玉県立和光高等学校　1992.11　135p　26cm　Ⓝ376.48

『創立30周年記念誌』埼玉県立和光高等学校編　埼玉県立和光高等学校　2001.10　118p　30cm　Ⓝ376.48

『創立40周年記念誌』埼玉県立和光高等学校編　埼玉県立和光高等学校　2011.12　68p　30cm　Ⓝ376.48

『埼玉県立和光高等学校創立50周年記念誌』和光　埼玉県立和光高等学校　2022.3　79p　30cm〈書誌注記：年表あり〉Ⓝ376.48

◆和光国際高等学校

『創立五周年記念誌』埼玉県立和光国際高等学校創立五周年記念事業検討委員会編　埼玉県立和光国際高等学校　1992.3　85, 19, 66p　26cm　Ⓝ376.48

『飛翔─創立十周年記念誌』埼玉県立和光国際高等学校編　埼玉県立和光国際高等学校創立10周年記念事業実行委員会　1996.11　93p　27cm　Ⓝ376.48

◆鷲宮高等学校

『5周年記念誌』5周年記念誌編集委員会編　埼玉県立鷲宮高等学校　1982.6　124p　26cm

『創立十周年記念誌』埼玉県立鷲宮高等学校創立十周年記念誌編集委員会編　埼玉県立鷲宮高等学校　1987.11　221p 図版8枚　26cm　Ⓝ376.48

『夢・感動の甲子園―はばたく鷲高』埼玉県立鷲宮高等学校　埼玉県立鷲宮高等学校　1995.6　80p　27cm〈第67回選抜高等学校野球大会出場記念〉

『創立20周年記念誌』20周年記念誌編集委員会編　埼玉県立鷲宮高等学校　1997.10　233p

26cm　Ⓝ376.48

『公立魂―高校野球の心を求めて　鷲宮高校野球部の挑戦』田尻賢誉著　日刊スポーツ出版社　2008.4　255p　19cm　1500円　Ⓘ978-4-8172-0253-6　Ⓝ783.7

内容　増渕竜義（ヤクルト）を生んだ鷲宮から学ぶ公立校が勝つためのヒント。

◆蕨高等学校

『創立三十周年記念誌』埼玉県立蕨高等学校創立三十周年記念誌編集委員会編　埼玉県立蕨高等学校　1988.5　86p　21cm　Ⓝ376.48

『創立50周年記念誌』埼玉県立蕨高等学校創立50周年記念事業実行委員会編　埼玉県立蕨高等学校　2006.11　312p　30cm　Ⓝ376.48

千葉県

◆旭農業高等学校

『創立七十周年記念誌』千葉県立旭農業高等学校編集　旭　千葉県立旭農業高等学校　1981.3　388p　図版12p　27cm〈沿革年表：p336～337〉Ⓝ376.48

『旭農八十年誌』千葉県立旭農業高等学校編集　旭　千葉県立旭農業高等学校　1991.1　432p　27cm〈奥付の書名：創立八十周年記念誌　沿革年表：p421～432〉Ⓝ376.48

◆姉崎高等学校

『創立五周年記念誌』創立五周年記念誌編集委員会編集　市原　千葉県立姉崎高等学校　1983　231p　図版31枚　21cm〈沿革概要：p42～43〉Ⓝ376.48

『千葉県立姉崎高等学校創立30周年記念誌』千葉県立姉崎高等学校編　市原　千葉県立姉崎高等学校　2009.2　183p　30cm〈沿革概要：p12～13〉Ⓝ376.48

『あねさきの風―千葉県立姉崎高等学校再建への挑戦　上』白鳥秀幸著　学事出版　2011.4　158p　22cm　2000円　Ⓘ978-4-7619-1814-9　Ⓝ376.4135

内容　駅構内での紫煙、タバコのポイ捨て、自転車盗難、万引、ガラス破損等々。生徒指導課題への対応に常に追われ、地域からは「校名に地名を使うな」「学校を潰せ」とまで言われた姉崎高校、教育困難校・姉崎高へ赴任した著者は、教職員と共に様々な改革を実行し、3年間で学校を蘇らせた。

本書では、その改革の軌跡を辿る。

『あねさきの風―「潰せ」と言われた最底辺校　改革の真実　下』白鳥秀幸著　学事出版　2012.5　173p　21cm　2000円　Ⓘ978-4-7619-1876-7　Ⓝ376.4135

内容　教育困難校・姉崎高へ赴任した著者は、教職員と共に様々な改革を実行し、3年間で学校を蘇らせた。上巻では触れられなかった、保護者・教職員・地域との生々しいやり取りをはじめとした改革の真実を赤裸々に綴る。

『「学び直し」が学校を変える！―教育困難校から見えた義務教育の課題』白鳥秀幸著　日本標準　2015.12　62p　21cm（日本標準ブックレット No.16）700円　Ⓘ978-4-8208-0593-9　Ⓝ376.4135

目次　はじめに―高校に吹き寄せられた義務教育の課題に立ち向かう、第1章　今、学校で何が問題なのか、第2章　教育困難校の芽は義務教育から、第3章　教育困難校をどのように立て直したのか、第4章「学び直し」が学校を変える―教育困難校の教育実践から見えたもの、おわりに―「学び直し」の学校改革で退学者ゼロを達成

◆我孫子高等学校

『千葉県立我孫子高等学校十周年記念誌』千葉県立我孫子高等学校十周年記念誌編集委員会編集　我孫子　千葉県立我孫子高等学校　1980.3　158p　27cm〈奥付の書名：十周年記念枠千葉県立我孫子高等学校、背の書名：十周年記念誌、表紙の書名：十周年記念誌枠　沿革：p26～45〉非売品　Ⓝ376.48

◆天羽高等学校

『創立70周年記念誌―昭和四十七年度』千葉県立天羽高等学校編　富津　千葉県立天羽高等学校創立七十周年編集委員会　1973.3　327p　21cm　Ⓝ376.48

『創立八十五周年記念誌―十五年の歩み』千葉県立天羽高等学校編　富津　千葉県立天羽高等学校　1988.9　178p　図版9枚　26cm〈創立よりの沿革：p21〉Ⓝ376.48

『緑蔭―千葉県立天羽高等学校創立百周年記念誌』創立百周年記念誌編集委員会編集　富津　千葉県立天羽高等学校創立百周年記念事業実行委員会　2003.9　338p　図版24p　31cm〈沿革：巻頭、年表：p3～51〉Ⓝ376.48

◆安房高等学校

『創立八十年史』創立八十年史編集委員会編　館山　千葉県立安房高等学校　1983.3　842p　27cm　Ⓝ376.4

千葉県

『千葉県立安房高等学校創立九十周年記念十年小史』十年小史編集委員会編集　館山　千葉県立安房高等学校　1991.11　293p　26cm〈書名は表紙による.標題紙等の書名：創立九十周年記念十年小史　沿革及び栄光の記録：p15～17,略年表：p31～42〉Ⓝ376.48

『創立百年史』創立百周年記念誌編集委員会編集　館山　千葉県立安房高等学校　2002.11　1235p　27cm〈沿革概要：p10～15,年表：p787～920〉Ⓝ376.48

『十年小史―千葉県立安房高等学校創立百十年記念誌』十年小史編集委員会編集　館山　千葉県立安房高等学校　2013.9　207p　図版15枚　30cm　Ⓝ376.48

『回顧―戦後の安房高柔道』角田迪夫著　館山　安房高柔友会　2019.1　117p　21cm　Ⓝ789.2

◆安房水産高等学校

『六十年の航跡』千葉県立安房水産高等学校記念誌編集委員会編集　館山　千葉県立安房水産高等学校記念誌編集委員会　1986.3　193p　27cm〈沿革史：p180～184〉Ⓝ376.48

『84年の航跡―千葉県立安房水産高等学校』千葉県立安房水産高等学校編　館山　千葉県立安房水産高等学校　2008.3　134p　26cm〈母校の沿革・24年の航跡：p34～51〉Ⓝ376.48

◆安房拓心高等学校

『拓友耕心―千葉県立安房拓心高等学校創立百周年記念誌』創立百周年記念誌編集委員会編集　南房総　千葉県立安房拓心高等学校創立百周年記念事業実行委員会　2023.3　559p　図版24p　31cm〈布装　百年の沿革略史：p6～8〉Ⓝ376.48

◆安房西高等学校

『八十年のあゆみ』安房家政学院千葉県安房西高等学校編　館山　安房家政学院千葉県安房西高等学校　1985.10　186p　27cm〈書名は背・表紙による.標題紙等の書名：遙かなり八十年のあゆみ,奥付の書名：創立八十年のあゆみ　千葉県安房西高等学校八十年略史：p174～175〉Ⓝ376.48

◆安房農業高等学校

『千葉県立安房農業高等学校創立五十周年記念誌』千葉県立安房農業高等学校創立五十周年記念誌編集委員会編集　和田町（千葉県）千葉県立安房農業高等学校　1975　532p　21cm〈奥付・表紙の書名：創立五十周年記念誌,背の書名：創立五十周年　沿革略史：p516～519〉Ⓝ376.48

『創立六十周年記念誌―五十周年以降の歩み』千葉県立安房農業高等学校創立六十周年記念誌編さん委員会編集　和田町（千葉県）　千葉県立安房農業高等学校　1983.11　292p　図版16p　22cm　Ⓝ376.48

『創立70周年記念誌―十年小史』千葉県立安房農業高等学校創立70周年記念誌編さん委員会編集　和田町（千葉県）千葉県立安房農業高等学校　1993　286p　21cm〈六十年の沿革略史：p60～64〉Ⓝ376.48

◆安房南高等学校

『七十五年のあゆみ』千葉県立安房南高等学校編集　館山　千葉県立安房南高等学校　1982　238p　27cm　Ⓝ376.48

『創立百年史』千葉県立安房南高等学校編集　館山　千葉県立安房南高等学校　2008.2　360p　27cm〈布装　創立百年史年表：p340～360〉Ⓝ376.48

◆泉高等学校

『創立十周年記念誌』千葉県立泉高等学校創立十周年記念誌編集委員会編集　千葉　千葉県立泉高等学校創立十周年記念誌編集委員会　1989.11　180p　図版16p　27cm　Ⓝ376.48

『創立30周年記念誌』千葉県立泉高等学校編　千葉　千葉県立泉高等学校　［2009］　118p　26cm〈沿革：p88～89〉Ⓝ376.48

◆磯辺高等学校

『磯辺高校10年誌』記念誌編集委員会編集　千葉　千葉県立磯辺高等学校創立10周年記念事業実行委員会　1987　183p　27cm　Ⓝ376.48

◆市川北高等学校

『創立十周年記念誌』千葉県立市川北高等学校編集　市川　千葉県立市川北高等学校　1989.11　165p　図版14p　27cm〈沿革：p1～23〉Ⓝ376.48

『創立二十周年記念誌』千葉県立市川北高等学校記念誌編集委員会編集　市川　千葉県立市川北高等学校　1999.11　172p　26cm〈年譜：p17～47〉Ⓝ376.48

『千葉県立市川北高等学校創立三十周年記念誌』

千葉県

千葉県立市川北高等学校編集　市川　［千葉県立市川北高等学校］創立三十周年記念事業実行委員会　2010.3　103p　30cm〈学校沿革：p30〉Ⓝ376.48

◆市川工業高等学校

『創立四十周年記念誌』千葉県立市川工業高等学校創立四十周年記念誌編集委員会編　千葉　千葉県立市川工業高等学校　1984.1　135p　27cm　Ⓝ376.4

『千葉県立市川工業高等学校創立60周年記念誌』千葉県立市川工業高等学校創立60周年記念事業実行委員会編集部編集　市川　千葉県立市川工業高等学校　2004.3　263p　30cm〈書名は奥付による．背の書名：創立60周年記念誌，表紙の書名：Ichikawa Technical Highschool 60th　略年表：p74～76〉Ⓝ376.48

◆市川東高等学校

『創立十周年記念誌』千葉県立市川東高等学校記念誌編集委員会編　市川　千葉県立市川東高等学校　1987.11　168p　27cm〈年譜：p22～43〉Ⓝ376.48

『創立二十周年記念誌―千葉県立市川東高等学校』千葉県立市川東高等学校記念誌編集委員会編　市川　千葉県立市川東高等学校　1997.3　215p　26cm　Ⓝ376.48

『創立三十周年記念誌―千葉県立市川東高等学校』千葉県立市川東高等学校創立30周年記念誌編集委員会編　市川　千葉県立市川東高等学校　2008.3　153p　26cm　Ⓝ376.48

◆市川南高等学校

『飛翔―千葉県立市川南高等学校創立三周年記念誌』創立三周年記念誌編集委員会編　市川　千葉県立市川南高等学校　1984.3　247p　27cm　Ⓝ376.48

『創立十周年記念誌』千葉県立市川南高等学校編集　市川　千葉県立市川南高等学校　1992.7　163p　図版6枚　27cm　Ⓝ376.48

『鵬―創立四十周年記念誌』千葉県立市川南高等学校創立40周年記念事業実行委員会編集　市川　千葉県立市川南高等学校創立40周年記念事業実行委員会　2022.3　101p　30cm　Ⓝ376.48

◆一宮商業高等学校

『創立五十五周年記念誌』千葉県立一宮商業高等学校編　一宮町（千葉県）　千葉県立一宮商業高等学校　1981.3　520p　図版12p　27cm〈学校年表：p3～10〉Ⓝ376.48

『創立八十周年記念誌』創立八十周年記念誌編纂委員会編　一宮町（千葉県）　千葉県立一宮商業高等学校創立八十周年記念事業実行委員会　2006.3　460p　31cm〈年表あり〉Ⓝ376.48

◆市原高等学校

『市原高等学校50年誌』千葉県立市原高等学校創立五十周年記念誌編集委員会編　市原　千葉県立市原高等学校　1976　211p　27cm〈表紙の書名：創立50周年記念誌千葉県立市原高等学校　学校の沿革：p193～195〉Ⓝ376.48

『富士見台六十年の軌跡』千葉県立市原高等学校編　市原　千葉県立市原高等学校　1986　60p　27cm〈奥付の書名：創立60周年記念写真集〉Ⓝ376.48

『千葉県立市原高等学校創立七十周年記念誌』千葉県立市原高等学校編　市原　千葉県立市原高等学校　1996　518p　27cm〈書名は奥付による．標題紙等の書名：創立七十周年記念誌　沿革：p14～16〉Ⓝ376.48

『千葉県立市原高等学校創立90周年記念誌』千葉県立市原高等学校編　市原　千葉県立市原高等学校　2016.6　123p　30cm　Ⓝ376.48

◆市原園芸高等学校

『創立三十八年の歩み―独立を記念して』千葉県立市原園芸高等学校記念誌編纂委員会編纂　市原　千葉県立市原園芸高等学校　1984　175p　27cm〈千葉県立市原園芸高等学校沿革年表：p4～13〉Ⓝ376.48

『創立五十年の歩み』千葉県立市原園芸高等学校編　市原　千葉県立市原園芸高等学校　1997　116p　27cm〈背の書名：創立五十周年の歩み　千葉県立市原園芸高等学校の沿革：p12～22〉Ⓝ376.48

◆市原緑高等学校

『創立十周年記念誌』千葉県立市原緑高等学校編　市原　千葉県立市原緑高等学校　1984　216p　図版14p　27cm　Ⓝ376.48

『創立二十周年記念誌』千葉県立市原緑高等学校創立二十周年記念実行委員会記念誌部会編集　市原　千葉県立市原緑高等学校　1994.3　234p　27cm　Ⓝ376.48

『創立三十周年記念誌』千葉県立市原緑高等学校創立三〇周年記念事業実行委員会編集　市

千葉県

原　千葉県立市原緑高等学校創立三〇周年記念事業実行委員会　2005.3　267p　31cm　Ⓝ376.48

◆市原八幡高等学校

『草創の記録―創立5周年記念誌』記念誌編集委員会編集　市原　千葉県立市原八幡高等学校　1989　166p　26cm〈総合年表：p14〜48, 年表：p49〜75, 行事年表：p102〜108〉Ⓝ376.48

『十年間の歩み―千葉県立市原八幡高校創立10周年記念誌』十周年記念実行委員会編集　市原　千葉県立市原八幡高等学校　1993.11　334p　図版5枚　26cm〈沿革年表：p49〜73〉Ⓝ376.48

◆印旛高等学校

『創立90周年によせて』千葉県立印旛高等学校, 千葉県立印旛高等学校同窓会編集　印西町（千葉県）　千葉県立印旛高等学校　1991.11　74p　26cm〈共同刊行：千葉県立印旛高等学校同窓会　沿革史：p15〜21〉非売品　Ⓝ376.48

『至誠―創立百周年記念誌』創立百周年記念誌編集委員会編　印西　千葉県立印旛高等学校創立百周年記念事業実行委員会　2002.3　1109p　31cm　Ⓝ376.48

◆浦安高等学校

『千葉県立浦安南高等学校創立30周年記念誌』浦安　千葉県立浦安南高等学校創立30周年記念事業実行委員会　2015.3　98p　30cm〈書誌注記：年表あり〉Ⓝ376.48

『浦安―創立50周年記念資料集：千葉県立浦安高等学校』浦安　千葉県立浦安高等学校　2023.4　128p　30cm〈書誌注記：年表あり〉Ⓝ376.48

◆浦安南高等学校

『若潮の息吹―創立十周年記念誌』千葉県立浦安南高等学校創立十周年記念誌編集委員会編集　浦安　千葉県立浦安南高等学校創立十周年記念事業実行委員会　1994.11　91p　26cm　Ⓝ376.48

◆生浜高等学校

『生浜―十周年記念誌』創立十周年記念誌編集委員会編集　千葉　千葉県立生浜高等学校　1988.12　202p　27cm〈奥付の書名：千葉県立生浜高等学校十周年記念誌, 背の書名：十周年記念誌　あの時・あの頃：p15〜36〉Ⓝ376.48

『創立三十周年記念誌―千葉縣立生濱高等學校』千葉県立生浜高等学校創立三十周年記念誌編集委員会編集　千葉　千葉縣立生濱高等學校　2010.3　225p　図版8枚　31cm〈布装〉Ⓝ376.48

◆大多喜高等学校

『百年史』百年史編集委員会編集　大多喜町（千葉県）　千葉県立大多喜高等学校創立百周年記念事業実行委員会　2001.3　895p　図版36p　31cm〈年表：p869〜894〉Ⓝ376.48

◆大多喜女子高等学校

『創立五十周年記念誌』千葉県立大多喜女子高等学校創立五十周年記念誌編集委員会編集　大多喜町（千葉県）　千葉県立大多喜女子高等学校　1978　265p　27cm　Ⓝ376.48

◆大原高等学校

『創立五十周年記念誌』千葉県立大原高等学校編集　大原町（千葉県）　千葉県立大原高等学校　1979.11　211p　27cm〈学校沿革史：p201〜207〉Ⓝ376.48

『創立七〇周年記念誌』千葉県立大原高等学校編集　大原町（千葉県）　千葉県立大原高等学校　1999.3　234p　27cm〈創立七〇周年記念誌年表：p221〜234〉Ⓝ376.48

◆小見川高等学校

『創立50年記念誌』創立五十周年記念誌編集委員会編集　小見川町（千葉県）　千葉県立小見川高等学校　1975.7　294p　図版9枚　22cm〈奥付の書名：創立五十周年記念誌〉Ⓝ376.48

『千葉県立小見川高等学校創立八十周年記念誌』創立八十周年記念誌編集委員会編集　小見川町（千葉県）　千葉県立小見川高等学校創立八十周年記念事業実行委員会　2003.3　244p　27cm〈布装　小見川高等学校八十周年沿革：p240〜244〉Ⓝ376.48

『千葉県立小見川高等学校創立100周年記念誌』香取市　千葉県立小見川高等学校　2023.3　91p　30cm〈布装〉Ⓝ376.48

◆御宿高等学校

『創立七十周年記念誌』千葉県立御宿高等学校編集　御宿町（千葉県）　千葉県立御宿高等学校　1999.3　203p　図版11枚　31cm　Ⓝ376.48

千葉県

『沙月―千葉県立御宿高等学校記念写真集』千葉県立御宿高等学校編集　御宿町（千葉県）　千葉県立御宿高等学校　2005.3　57p　30cm　Ⓝ376.48

◆御宿家政高等学校

『千葉県立御宿家政高等学校五十周年記念誌』千葉県立御宿家政高等学校創立五十周年記念誌編集委員会編集　御宿町（千葉県）千葉県立御宿家政高等学校　1979.3　196p　27cm〈書名は奥付による．標題紙等の書名：創立五十周年記念誌〉Ⓝ376.48

◆柏高等学校

『創立十周年記念誌』千葉県立柏高等学校編　柏　千葉県立柏高等学校　1980.7　246p　21cm〈書誌注記：沿革（学校年表）：p20～45〉Ⓝ376.48

『創立三十周年記念誌』創立三十周年記念誌編集委員会編集　［千葉県立柏高等学校］創立三十周年記念事業実行委員会　2001.2　165p　27cm〈布装〉Ⓝ376.48

◆柏井高等学校

『開校記念誌』千葉県立柏井高等学校編集　千葉　千葉県立柏井高等学校　1982.9　114p　26cm　Ⓝ376.48

『創立十周年記念誌』千葉県立柏井高等学校編集　千葉　千葉県立柏井高等学校　1991.6　138p　27cm　Ⓝ376.48

◆柏北高等学校

『創立十周年記念誌』千葉県立柏北高等学校創立十周年記念誌編集委員会編集　柏　千葉県立柏北高等学校　1991　132p　27cm〈柏北校十年の歩み：p23～45〉非売品　Ⓝ376.48

◆柏市立柏高等学校

『金賞よりも大切なこと―コンクール常勝校市立柏高等学校吹奏楽部強さの秘密』山崎正彦著　国分寺　スタイルノート　2009.10　303p　19cm　2000円　①978-4-903238-36-4　Ⓝ764.6

内容　人間として生きていくための教育を行うコンクール常勝校とは。教育の本当のパワーを教えてくれる本。

『心をひとつに響かせる！―市立柏高校吹奏楽部』石田修一著　二見書房　2013.1　189p　19cm〈書誌注記：年譜あり〉1300円　①978-4-576-12162-8　Ⓝ764.6

内容　毎年数々のコンクールで輝かしい成績を収めている市立柏高校吹奏楽部。一公立高校の吹奏楽部が短期間に飛躍し、長年強さを保ちつづけている理由を、その指導者が自ら語る。

◆柏中央高等学校

『柏王史―千葉県立柏中央高等学校創立十周年記念誌』千葉県立柏中央高等学校編集　柏　千葉県立柏中央高等学校　1992.3　312p　27cm　Ⓝ376.48

『創立30周年記念誌』創立30周年記念誌編集委員会編　柏　千葉県立柏中央高等学校　2012.3　162p　31cm〈布装〉Ⓝ376.48

◆柏西高等学校

『創立十周年記念誌』千葉県立柏西高等学校編集　柏　千葉県立柏西高等学校　1996.11　151p　図版5枚　27cm〈表紙の書名：活力　沿革概要：p124〉Ⓝ376.48

◆柏の葉高等学校

『学校歳時記―柏の葉高校の365日』神野建著　東京農業大学出版会　2008.9　190p　19cm　1600円　①978-4-88694-202-9　Ⓝ370.49

内容　県立高等学校再編計画第2期実施プログラムの中で千葉県立柏西高校と千葉県立柏北高等学校の統合と併せて「情報に関する学科」の設置が決まった。校長として、両校の統合と新高校の初年度の校務運営に携わった著者。最後の勤務校となった千葉県立柏の葉高等学校での1年間の教育活動をとりまとめたのが、この「柏の葉高校の365日」。教員生活の集大成のつもりでまとめられた。

◆柏南高等学校

『千葉県立柏南高等学校創立40周年記念誌』千葉県立柏南高等学校編　柏　千葉県立柏南高等学校　2015.11　123, 20p　30cm〈背のタイトル：創立四十周年記念誌〉Ⓝ376.48

◆上総高等学校

『想い出―創立七十周年記念誌』千葉県立上総高等学校創立七十周年記念誌編集委員会編集　君津　千葉県立上総高等学校　1979.10　224p　27cm〈奥付の書名：千葉県立上総高等学校創立七十周年記念誌, 背の書名：創立七十周年記念誌　千葉県立上総高等学校沿革概要：p12～13〉Ⓝ376.48

『二十年小史―創立九十周年記念誌』千葉県立上総高等学校創立九十周年記念事業実行委員会編集　君津　千葉県立上総高等学校

千葉県

2000.9　221p　図版10枚　26cm〈創立より七十周年までの沿革：p36〜37、二十年の歩み：p43〜45〉Ⓝ376.48

『沃野に学びて―千葉県立上総高等学校創立百周年記念誌』千葉県立上総高等学校創立百周年記念実行委員会編集　君津　千葉県立上総高等学校創立百周年記念実行委員会　2011.3　379p　31cm〈布装　年表：p362〜377〉Ⓝ376.48

◆勝浦高等学校

『千葉県立勝浦高等学校百周年記念誌』千葉県立勝浦高等学校編　勝浦　千葉県立勝浦高等学校　2002.3　269p　図版12p　31cm〈書名は奥付による.標題紙等の書名：創立百周年記念誌　沿革年表：p252〜254〉Ⓝ376.48

◆葛南工業高等学校

『三十三年の歩み』千葉県立葛南工業高等学校編　市川　千葉県立葛南工業高等学校　2005　編集後記　108p　31cm〈布装　沿革：p7〜22〉Ⓝ376.48

◆鎌形学園

『創立十周年記念誌』鎌形学園創立十周年記念誌編集委員会編　鎌形学園　1989　249p　26cm

◆鎌ヶ谷高等学校

『20年のあゆみ』千葉県立鎌ケ谷高等学校創立二十周年記念誌編集委員会編集　鎌ヶ谷　千葉県立鎌ケ谷高等学校創立二十周年記念事業実行委員会　1991.10　138p　26cm〈沿革：p16, 38〉Ⓝ376.48

『創立三十周年記念誌』千葉県立鎌ヶ谷高等学校創立三十周年記念誌編集委員会編　鎌ヶ谷　千葉県立鎌ヶ谷高等学校創立三十周年記念事業実行委員会　2001.11　147p　26cm Ⓝ376.48

『千葉県立鎌ヶ谷高等学校創立50周年記念誌』　鎌ケ谷　千葉県立鎌ヶ谷高等学校　2022.2　108p　30cm〈書誌注記：年表あり〉Ⓝ376.48

◆鎌ヶ谷西高等学校

『蜂高十年』千葉県立鎌ケ谷西高等学校編集　鎌ヶ谷　千葉県立鎌ケ谷西高等学校　1990　205p　22cm Ⓝ376.48

『創立二十周年記念誌』千葉県立鎌ヶ谷西高等学校編集　鎌ヶ谷　千葉県立鎌ヶ谷西高等学

校　2000.11　152p　図版14p　26cm〈年表：p13〜28〉Ⓝ376.48

◆木更津高等学校

『千葉県立木更津高等学校創立70周年略年表』千葉県立木更津高等学校編　木更津　千葉県立木更津高等学校　［1971］　8p　29×56cm（折りたたみ29cm）〈自館製本〉Ⓝ376.48

『創立七十周年新校舎落成記念』千葉県立木更津高等学校編　木更津　千葉県立木更津高等学校　［1971］　1冊（ページ付なし）28cm〈写真2枚　自館製本〉Ⓝ376.48

『創立70周年記念誌』七〇周年記念誌編さん委員会編集　木更津　千葉県立木更津高等学校　1972.3　416p　21cm〈略年表：p88〜95〉非売品　Ⓝ376.48

『十年小史　1971〜1980　創立80周年記念』八〇周年記念誌編纂委員会編集　木更津　千葉県立木更津高等学校　1981.1　146p　21cm〈略年表：p19〜26、この一〇年の歩み：p29〜31〉非売品　Ⓝ376.48

『遠く富嶽を西にして―木更津高等学校校歌と土井晩翠』駒悦郎著　沖積舎　1990.4　197p　20cm〈書誌注記：文献あり〉①4-8060-4018-5　Ⓝ289.1

『十年小史　1981〜1990　創立90周年記念』九〇周年記念誌編纂委員会編集　木更津　千葉県立木更津高等学校　1991.1　160p　21cm〈略年表：p1〜12、この一〇年の歩み：p15〜19〉非売品　Ⓝ376.48

『木高百年―千葉県立木更津高等学校創立百周年記念誌　資料篇』千葉県立木更津高等学校創立百周年記念事業実行委員会編　木更津　千葉県立木更津高等学校創立百周年記念事業実行委員会　2002.11　763p　27cm Ⓝ376.48

『木高百年―千葉県立木更津高等学校創立百周年記念誌　写真篇』千葉県立木更津高等学校創立百周年記念事業実行委員会編　木更津　千葉県立木更津高等学校創立百周年記念事業実行委員会　2002.11　139p　27cm Ⓝ376.48

『木高百年―千葉県立木更津高等学校創立百周年記念誌　通史篇』千葉県立木更津高等学校創立百周年記念事業実行委員会編　木更津　千葉県立木更津高等学校創立百周年記念事業実行委員会　2002.11　1022p　27cm Ⓝ376.48

千葉県

◆木更津東高等学校

『創立七十周年記念誌』千葉県立木更津東高等学校編集　木更津　千葉県立木更津東高等学校　1981.3　392p　27cm　Ⓝ376.48

『千葉県立木更津東高等学校創立八十周年記念誌――10年の歩み』千葉県立木更津東高等学校編集　木更津　千葉県立木更津東高等学校　1990.12　418p　27cm〈書名は奥付による．背・表紙の書名：創立80周年記念誌〉Ⓝ376.48

『創立百年史』木更津東高等学校百周年記念誌編纂委員会編　木更津　木更津東高等学校　2011.3　585p　27cm〈奥付のタイトル：木更津東高等学校創立百年史　年表あり　文献あり〉Ⓝ376.48

◆君津高等学校

『創立5周年記念誌』千葉県立君津高等学校記念誌編集委員会編集　君津　千葉県立君津高等学校　1977.3　219p　図版18枚　21cm〈背の書名：創立五周年誌　沿革年表：p216～217〉Ⓝ376.48

◆君津商業高等学校

『君商二十五年史』千葉県立君津商業高等学校校史調査委員会編集　富津　千葉県立君津商業高等学校　1972.3　231p　図版16p　22cm　非売品　Ⓝ376.48

『創立30周年記念誌――1976』千葉県立君津商業高等学校創立三十周年記念誌編集委員会編集　富津　千葉県立君津商業高等学校　1977　109p　26cm〈年表：p48～49〉Ⓝ376.48

『煌燿――創立五十周年記念誌』千葉県立君津商業高等学校編集　富津　千葉県立君津商業高等学校　1997.3　251p　31cm〈五十年の歩み：p33～54〉Ⓝ376.48

◆君津農林高等学校

『千葉県立君津農林高等学校創立六十周年記念誌』校史編纂委員会編集　君津　千葉県立君津農林高等学校　1978.11　604p　図版10枚　21cm〈書名は奥付による．標題紙等の書名：六十年の歩み　略年譜：p111～118, 203～215〉非売品　Ⓝ376.48

『千葉県立君津農林高等学校創立七十周年記念誌』校史編纂委員会編集　君津　千葉県立君津農林高等学校　1987.11　226p　図版32p　21cm〈書名は奥付による．標題紙等の書名：創立七十周年記念十年小史　本校の沿革概要：p25～26, 略年譜：p37～41〉Ⓝ376.48

『千葉県立君津農林高等学校創立八十周年記念誌』校史編纂委員会編集　君津　千葉県立君津農林高等学校　1999.3　198p　図版26p　21cm〈書名は奥付による．標題紙等の書名：創立八十周年記念十年小史　八十年の歩み・最近十年の歩み：p17～26〉Ⓝ376.48

◆暁星国際高等学校

『3・11本当は何が起こったか：巨大津波と福島原発―科学の最前線を教材にした暁星国際学園「ヨハネ研究の森コース」の教育実践』丸山茂徳監修　東信堂　2012.5　204p　19cm　1714円　①978-4-7989-0129-9　Ⓝ369.31

目次　第1章 3・11本当は何が起こったか：巨大津波と福島原発―早期収束の具体的提案（これまで地震の発生原理はどのように考えられてきたか，今回の地震は「構造浸食型地震」ほか），第2章 自熱！ 止まらない質疑応答（人間とほかの生物では，被曝の影響に違いがあるのか？　組織を動かすには何が必要なのか？　ほか），第3章 生徒たちが考える「東日本大震災」2篇（東日本大震災と向き合う―「学ぶ」と「生きる」を問い直す，震災から今日までの日々を振り返る），第4章 なぜ自ら学ぼうとする子どもが育つのか（ヨハネ研究の森と丸山茂徳先生の出会い，なぜ学校に意味が見出せなくなったのかほか）

『より高く！―国際人を育む〈優しさと厳しさの学園〉』田川茂著　誠文堂新光社　2019.12　365p　19cm　1800円　①978-4-416-91892-0　Ⓝ

目次　第1章 厳しさの中で，第2章 優しさを向ける，第3章 国際人とは，第4章 広がりと深まり，第5章 可能性への信念，第6章「生きる力」の回復，第7章 贈る言葉

内容　40年にわたる国際教育への情熱と成果．

◆行徳高等学校

『創立五周年記念誌』千葉県立行徳高等学校総務部編集　市川　千葉県立行徳高等学校　1979.3　81p　図版10p　26cm　Ⓝ376.48

◆九十九里高等学校

『創立六十五周年独立十周年記念誌』千葉県立九十九里高等学校創立六十五周年・独立十周年記念誌編集委員会編集　九十九里町（千葉県）　千葉県立九十九里高等学校　1982　303p　図版8枚　27cm〈年譜：p106～127, 186～194〉Ⓝ376.48

『九里高二十年―創立二十周年記念誌』千葉県立九十九里高等学校創立二十周年記念誌編集

委員会編集　九十九里町（千葉県）千葉県立九十九里高等学校　1993　74p　26cm　Ⓝ376.48

『三十周年記念誌』千葉県立九十九里高等学校三十周年記念誌編集委員会編　九十九里町（千葉県）千葉県立九十九里高等学校　2002.11　115p　26cm〈この十年間のあゆみ：p89～92〉Ⓝ376.48

『千葉県立九十九里高等学校創立四十周年記念誌』千葉県立九十九里高等学校創立四十周年記念誌編集委員会編　九十九里町（千葉県）千葉県立九十九里高等学校　2012.11　102p　30cm　Ⓝ376.48

『創立四十周年記念誌』千葉県立九十九里高等学校創立四十周年記念誌編集委員会　九十九里町（千葉県）千葉県立九十九里高等学校　2012.11　102p　26cm〈この十年間のあゆみ：p89～92〉Ⓝ376.48

◆敬愛高等学校

『創立五十周年記念誌』千葉県敬愛高等学校編　八日市場　千葉県敬愛高等学校　1970.10　226p　図版15枚　21cm〈沿革年表：p205～207〉非売品　Ⓝ376.48

◆京葉高等学校

『千葉県立京葉高等学校創立十周年記念誌』千葉県立京葉高等学校編　市原　千葉県立京葉高等学校　1974　284p　図版28p　22cm〈書名は背による．標題紙等の書名：創立十周年記念誌　沿革年表：p7～23〉Ⓝ376.48

『創立四十周年記念誌』千葉県立京葉高等学校編集　市原　千葉県立京葉高等学校　1992　474p　図版17p　27cm　Ⓝ376.48

◆京葉工業高等学校

『創立十周年記念誌』十周年記念誌編集委員会編集　千葉　千葉県立京葉工業高等学校　1970.12　128p　図版10p　21cm〈呱々の声をあげて：p32～43, PTA沿革：p102～105〉Ⓝ376.48

『創立三十周年記念誌』千葉県立京葉工業高等学校創立三十周年記念誌編集委員会編　千葉　千葉県立京葉工業高等学校　1991.3　295p　図版8枚　27cm　Ⓝ376.48

『創立四十周年記念誌』千葉県立京葉工業高等学校創立四十周年記念誌編集委員会編　千葉　千葉県立京葉工業高等学校　2001.3　180p　図版20p　26cm〈沿革：p151〉Ⓝ376.48

『創立60周年記念誌』千葉県立京葉工業高等学校編集　千葉　千葉県立京葉工業高等学校　2021.3　157p, 図版（ページ付なし）31cm〈書誌注記：年表あり　部分タイトル：千葉県立京葉工業高等学校創立60周年記念誌〉Ⓝ376.48

◆検見川高等学校

『千葉県立検見川高等学校創立40周年記念誌―40th Anniversary』検見川　創立40周年記念事業実行委員会　[2015.2]　120p　30cm　Ⓝ376.48

◆国府台高等学校

『創立四十周年記念誌』千葉県立国府台高等学校校史編纂係編　市川　千葉県立国府台高等学校　1985.10　399p　27cm　Ⓝ376.4

◆小金高等学校

『風にしたためて―千葉県立小金高等学校創立30周年記念誌』30周年記念誌編集委員会編　松戸　千葉県立小金高等学校　1995.11　223p　26cm　Ⓝ376.4

『おおらかに、自由の風よ―県立小金高校の熱い夏』稲沢潤子著　青木書店　1996.2　237p　20cm　1648円　Ⓘ4-250-96008-0　Ⓝ373.2

[目次] 1 風になびくロープ, 2 処分を予告する事故報告書, 3 試行錯誤するPTA, 4 PTA有志の会の熱い夏, 5 支援者に囲まれた事情聴取, 6 異例ずくめの勝利, 7 生徒の手で新しい卒業式を, 8 真実をつきとめる人間に

[内容] 校長の背信に教員たちが、親たちが、生徒たちが憤った。いま、学校では「日の丸問題」をきっかけに、自主自律の校風を守る小金高P・T・Aの熱いたたかいが始まった。

『風にしたためて―千葉県立小金高等学校創立50周年記念誌』50周年記念誌編集委員会編　松戸　千葉県立小金高等学校　2015.11　193p　30cm〈書誌注記：年表あり〉Ⓝ376.48

◆国分高等学校

『創立10周年記念誌』千葉県立国分高等学校十周年記念実行委員会編　市川　千葉県立国分高等学校　1975.2　142p　図版5枚　21cm　Ⓝ376.48

『千葉県立国分高等学校創立二十周年記念誌―昭和59年度』千葉県立国分高等学校二十周年記念誌発行準備委員会編集　市川　千葉県立国分高等学校　1985.3　123p　図版8枚　26cm〈書名は奥付による．標題紙等の書名：創立20

千葉県

　周年記念誌〉Ⓝ376.48

『創立50周年記念誌─千葉県立国分高等学校』
　千葉県立国分高等学校創立50周年記念誌編集
　委員会編　市川　千葉県立国分高等学校創立
　50周年記念事業実行委員会　2015.2　143p
　30cm〈書誌注記：年表あり〉Ⓝ376.48

◆犢橋高等学校

『創立十周年記念誌』千葉県立犢橋高等学校編
　集　千葉　千葉県立犢橋高等学校　1997

◆湖北高等学校

『日秀の学び舎─創設の序章』千葉県立湖北高
　等学校開校記念誌編集委員会編集　我孫子
　千葉県立湖北高等学校　1981.3　160p
　27cm〈学校沿革：p31〜35〉Ⓝ376.48

『湖北高等学校創立十周年記念誌』千葉県立湖
　北高等学校編　我孫子　千葉県立湖北高等学
　校　1989.10　190p　27cm〈書名は奥付によ
　る　標題紙・表紙の書名：日秀の学び舎十年〉
　Ⓝ376.4

『日秀の学び舎二十年』千葉県立湖北高等学校
　編集　我孫子　千葉県立湖北高等学校
　1999.10　154p　26cm〈奥付の書名：日秀の
　学び舎創立二十周年記念誌、背の書名：創立
　二十周年記念誌〉Ⓝ376.48

『日秀の学び舎三十年』千葉県立湖北高等学校
　編集　我孫子　千葉県立湖北高等学校
　2010.3　230p　26cm　Ⓝ376.48

◆佐倉高等学校

『佐倉高校の歩み』千葉県立佐倉高等学校編
　佐倉　[佐倉高校]　1975　1冊（ページ付な
　し）21cm　Ⓝ376.48

『佐倉高校の歩み』千葉県立佐倉高等学校編
　佐倉　千葉県立佐倉高等学校　1979.11　38p
　26cm〈創立80周年記念　沿革：p7〜13〉非
　売品　Ⓝ376.48

『創立八十周年記念誌』千葉県立佐倉高等学校
　創立八十周年記念誌編集委員会編　佐倉
　千葉県立佐倉高等学校　1983印刷　625p　図
　版16p　27cm　非売品　Ⓝ376.48

『校史─創立六拾周年記念』復刻　佐倉　〔千
　葉県立佐倉高等学校県立移管百周年記念事業
　実行委員会〕　〔2000〕　270p　27cm〈編
　集：篠丸頼彦　原本：千葉県立佐倉高等学校
　昭和36年刊〉Ⓝ376.48

『校史　2』記念誌編集委員会編　佐倉　千葉県
　立佐倉高等学校県立移管百周年記念事業実行
　委員会　2000.6　372p　図版12枚　27cm
　Ⓝ376.48

『千葉県立佐倉高等学校県立移管120周年記念
　誌』佐倉　千葉県立佐倉高等学校県立移管
　120周年記念事業実行委員会　2020.3　159p
　30cm〈書誌注記：年表あり〉Ⓝ376.48

◆佐倉西高等学校

『創立十周年記念誌』千葉県立佐倉西高等学校
　編集　佐倉　千葉県立佐倉西高等学校　1988
　183p　27cm〈学校十年史：p37〜49〉Ⓝ376.
　48

◆佐倉東高等学校

『創立七十周年記念誌』創立七十周年記念誌編
　集委員会編　佐倉　千葉県立佐倉東高等学校
　1977.3　618p　図　肖像　27cm　Ⓝ376.4

『創立九十周年記念誌』千葉県立佐倉東高等学
　校編　佐倉　千葉県立佐倉東高等学校
　1998.3　220p　26cm　Ⓝ376.48

『創立百周年記念誌』創立百周年記念誌編集委
　員会編　佐倉　千葉県立佐倉東高等学校
　2008.9　22, 1002p 図版16枚　27cm〈書誌注
　記：年表あり〉Ⓝ376.48

◆佐倉南高等学校

『自律・創造─開校3ケ年の歩み』千葉県立佐倉
　南高等学校創立3周年記念誌編集委員会編集
　佐倉　千葉県立佐倉南高等学校　1985.10
　139p　26cm　Ⓝ376.48

◆佐原高等学校

『八十年のあゆみ─創立八十周年記念』千葉県
　立佐原高等学校「八十年のあゆみ」編集委員
　会編集　佐原　千葉県立佐原高等学校
　1980.11　53p　26cm〈年表Ⅰ：p8, 年表Ⅱ：
　p16〜17, 年表Ⅲ：p33〜36〉Ⓝ376.48

『佐原高等学校百年史』千葉県立佐原高等学校
　創立百周年記念事業実行委員会内校史編纂委
　員会編　佐原　千葉県立佐原高等学校創立百
　周年記念事業実行委員会　2001.3　1018, 81p
　27cm　Ⓝ376.48

『百十年のあゆみ』千葉県立佐原高等学校創立
　百十周年記念事業実行委員会内記念誌編纂委
　員会編集　香取　千葉県立佐原高等学校創立
　百十周年記念事業実行委員会　2010.12　31p
　26cm〈年表：p1〜31〉Ⓝ376.48

『佐原高等学校百十周年記念誌─百周年からの
　あゆみ』千葉県立佐原高等学校創立百十周年

千葉県

記念事業実行委員会内記念誌編纂委員会編　佐原　千葉県立佐原高等学校創立百十周年記念事業実行委員会　2011.3　273p　26cm〈年表：p1～31〉Ⓝ376.48

『佐原高等学校百二十周年記念誌―百十周年からのあゆみ』千葉県立佐原高等学校創立百二十周年記念事業実行委員会内記念誌編纂委員会　佐原　千葉県立佐原高等学校創立百二十周年記念事業実行委員会　2021.3　259p　26cm〈年表：p1～38〉Ⓝ376.48

◆佐原女子高等学校

『記念誌―創立六十周年並に体育館落成』千葉県立佐原女子高等学校記念誌編集委員会編集　佐原　千葉県立佐原女子高等学校　1974.3　198p　図版10p　21cm〈沿革概要：p60〉Ⓝ376.48

『記念誌―創立七十周年』千葉県立佐原女子高等学校記念誌編集委員会編集　佐原　千葉県立佐原女子高等学校　1980.10　95p　図版11枚　21cm〈沿革概要：p16～17〉Ⓝ376.48

◆佐原白楊高等学校

『九十年のあゆみ―千葉県立佐原女子高等学校創立九十周年記念誌』千葉県立佐原女子高等学校創立九十周年記念事業実行委員会内記念誌編纂委員会編　佐原　千葉県立佐原白楊高等学校　2004.9　494p　図版12枚　27cm〈年表あり〉Ⓝ376.48

『道―百年の歩み』千葉県立佐原白楊高等学校創立百周年記念誌編纂委員会編　香取　千葉県立佐原白楊高等学校　2011.9　189p　図版[12]枚　31cm〈背のタイトル：創立百周年記念誌　年表あり〉Ⓝ376.48

『佐原白楊―創立百十周年記念誌』香取　千葉県立佐原白楊高等学校創立110周年記念事業実行委員会　2021.3　118p　30cm〈書誌注記：年表あり〉Ⓝ376.48

◆山武農業高等学校

『五十年の歩み』千葉県立山武農業高等学校編　大網白里町（千葉県）千葉県立山武農業高等学校　1971.12　331p　図版14枚　27cm〈年表：p273～323〉非売品　Ⓝ376.48

『思い出の記―創立六十周年記念』千葉県立山武農業高等学校編　大網白里町（千葉県）千葉県立山武農業高等学校　[1980]　83p　26cm　Ⓝ376.48

『六十年の歩み』千葉県立山武農業高等学校編　大網白里町（千葉県）千葉県立山武農業高等学校　1980.12　480p　図版8枚　27cm〈沿革概史：p396～468〉非売品　Ⓝ376.48

『七十年の歩み』千葉県立山武農業高等学校編　大網白里町（千葉県）千葉県立山武農業高等学校　1990.2　242p　27cm〈校史：p133～228〉非売品　Ⓝ376.48

◆芝浦工業大学柏高等学校

『十年の歩み』芝浦工業大学柏高等学校創立十周年記念誌編集委員会編　柏　芝浦工業大学柏高等学校創立十周年記念誌編集委員会　1989.10　254p　22cm〈年表あり〉Ⓝ376.48

◆渋谷教育学園幕張高等学校

『渋谷教育学園六十年史』渋谷教育学園六十年史編纂委員会編　渋谷教育学園　1984.11　359p　31cm〈書誌注記：年表あり〉Ⓝ376.48

『渋谷教育学園はなぜ共学トップになれたのか―教えて！　校長先生』田村哲夫著　中央公論新社　2015.11　261p　18cm〈中公新書ラクレ 543〉〈書誌注記：文献あり〉840円　①978-4-12-150543-9

目次 1章「渋幕・渋渋の奇跡」―なぜ急成長を遂げたのか？，2章「自調自考」が子どもを伸ばす―建学精神をめぐって，3章 渋幕ライフ，渋渋ライフ，4章 私はなぜ教育者になったのか―生い立ちを振り返る，5章 グローバル社会を生き抜く力とは？，6章 次世代のための道徳教育，7章 これからの教師像，8章 お父様方へのメッセージ

内容 新設校から千葉県の頂点に立った「渋幕」。女子校を共学化する学校改革に成功した「渋渋」。東大合格者数を急増させた両校の独自メソッドを明かす。また海外大学進学にいち早く対応したグローバル展開や、自由な校風の下で個性を開花させる在校生・卒業生たちの素顔を紹介する。

『渋谷教育学園幕張中学校・高等学校―中学受験注目校の素顔』おおたとしまさ著　ダイヤモンド・ビッグ社　2015.11　174p　19cm〈学校研究シリーズ 009〉〈書誌注記：文献あり〉出版者注記：ダイヤモンド社（発売）　1200円　①978-4-478-04799-6　Ⓝ376.3135

目次 卒業生インタビュー 渋幕ってどんな学校？ 落語家 立川志の春さん，第1章 渋幕という学校，第2章 渋幕が目指す人物像，第3章 渋幕の授業，第4章 渋幕のカリキュラム，第5章 渋幕の日常風景

『伝説の校長講話―渋幕・渋渋は何を大切にしているのか』田村哲夫著，古沢由紀子聞き手　中央公論新社　2023.1　277p　20cm　1600円　①978-4-12-005622-2　Ⓝ376.48

目次 第1部 伝説の校長講話（中1「人間関係と読書」，

千葉県

中2「自我のめざめ」, 中3「新たな出発―創造力の翼」, 高1「自己の社会化」, 高2「自由とは」 ほか), 第2部 時代の証言者・「私学を育てる」(大家族と戦争体験, 自由な校風 未来の礎, 父を支え, 学校経営の道へ, 民間の感覚を生かした学校改革, 幕張に中高一貫の共学校を新設 ほか)

内容 「共学トップ」渋幕、渋渋。両校の教育の本質は、「自調自考」を教育目標に掲げたリベラル・アーツにある。その象徴が半世紀近くも続く校長講話だ。中高生の発達段階に合わせ、未来を生きる羅針盤になるよう編まれたシラバス。学園長のたしかな時代認識と古今東西の文化や思想、科学への造詣一前半は、大人の胸にも響くこの「魂の授業」を再現。後半は読売新聞「時代の証言者」を大幅加筆。銀行員から学校経営者に転じた田村氏が、全く新しい超進学校を創り、育ててきた「奇跡」を振り返る。

『知者楽山―ワンダーフォーゲル部活動二十周年誌』井上一紀, 西野翔編集　千葉　渋谷教育学園幕張高校ワンダーフォーゲル部　2023.8　181p　31cm〈書誌注記：年表あり〉Ⓝ786.1

◆清水高等学校

『創立60周年記念誌―千葉県立清水高等学校』千葉県立清水高等学校編集　野田　千葉県立清水高等学校　1979.3　195p　21cm〈沿革史：p2～7〉Ⓝ376.48

『創立80周年記念誌―千葉県立清水高等学校』千葉県立清水高等学校編集　野田　千葉県立清水高等学校　2000.3　141p 図版15枚　31cm〈付：教職員の変遷(1枚) 80年のあゆみ：p1～49〉Ⓝ376.48

『千葉県立清水高等学校創立100周年記念誌―あゆむ』野田　千葉県立清水高等学校　2020.3　207p　30cm〈書誌注記：年表あり〉Ⓝ376.48

◆下総高等学校

『創立百周年記念誌』千葉県立下総高等学校編集　下総町(千葉県)　千葉県立下総高等学校　2001.3　344p 図版16枚　27cm〈学校沿革史：p302～307〉Ⓝ376.48

◆下総農業高等学校

『創立八十周年記念誌』千葉県立下総農業高等学校編集　下総町(千葉県)　千葉県立下総農業高等学校　1980.11　124p　27cm〈学校沿革史年表：p119～120〉Ⓝ376.48

『創立九十周年記念誌』千葉県立下総農業高等学校編集　下総町(千葉県)　千葉県立下総農業高等学校　1990.10　165p　27cm〈学校沿革史年表：p159～161〉Ⓝ376.48

◆沼南高等学校

『創立十周年記念誌』千葉県立沼南高等学校編集　沼南町(千葉県)　千葉県立沼南高等学校　1989.3　136p 図版12p　27cm　Ⓝ376.48

◆沼南高柳高等学校

『創立十周年記念誌』千葉県立沼南高柳高等学校編集　沼南町(千葉県)　千葉県立沼南高柳高等学校　1994.11　192p　27cm〈沿革概要：巻頭〉Ⓝ376.48

『創立十周年記念事業記録』千葉県立沼南高柳高等学校編集　沼南町(千葉県)　千葉県立沼南高柳高等学校　1995.2　31p　26cm　Ⓝ376.48

『創立二十周年記念誌』千葉県立沼南高柳高等学校編集　沼南町(千葉県)　千葉県立沼南高柳高等学校　2005.3　149p　30cm　Ⓝ376.48

『創立三十周年記念誌』千葉県立沼南高柳高等学校編集　柏市　千葉県立沼南高柳高等学校　2014.10　79p　30cm　Ⓝ376.48

◆白里高等学校

『千葉県立白里高等学校創立三十周年・独立十周年記念誌』千葉県立白里高等学校創立三十周年独立十周年記念誌編集委員会編集　大網白里町(千葉県)　千葉県立白里高等学校　1982.6　169p 図版7p　26cm〈書名は奥付による.標題紙等の書名：創立三十周年独立十周年記念誌　年譜：p137～147〉Ⓝ376.48

『創立五十年・独立三十周年記念誌』千葉県立白里高等学校記念誌編集委員会編　大網白里町(千葉県)　千葉県立白里高等学校　2001.2　176p　26cm　Ⓝ376.48

◆白井高等学校

『藍―創立十周年記念誌』千葉県立白井高等学校創立十周年記念誌編集委員会編　白井町(千葉県)　千葉県立白井高等学校　1993.10　236p　27cm　Ⓝ376.4

『藍―創立三十周年記念誌』創立30周年記念誌編集委員会企画・編纂　白井　千葉県立白井高等学校　2013.11　127p　30cm　Ⓝ376.48

◆関宿高等学校

『十年の歩み―千葉県立関宿高等学校創立十周年記念誌』千葉県立関宿高等学校編集　関宿町(千葉県)　千葉県立関宿高等学校　1997.10　176p　26cm〈背の書名：関宿高校創立十周

年記念誌　沿革：p128～129〉Ⓝ376.48

『熱学展─千葉県立関宿高等学校三十年の歩み』
　千葉県立関宿高等学校　野田　千葉県立関宿高等学校　2018.1　110p　26cm　Ⓝ376.48

◆匝瑳高等学校

『60年史』千葉県立匝瑳高等学校六十周年記念誌編纂委員会編集　八日市場　千葉県立匝瑳高等学校　1985　120p　26cm〈創立六十周年記念事業の経過：p118〉非売品　Ⓝ376.48

『創立70周年記念誌』千葉県立匝瑳高等学校創立七十周年記念誌編集委員会編集　八日市場　千葉県立匝瑳高等学校　1995.3　241p　26cm　Ⓝ376.48

『創立80周年記念誌』千葉県立匝瑳高等学校創立八十周年記念誌編集委員会編集　八日市場　千葉県立匝瑳高等学校　2005.3　248p　図版20p　26cm　Ⓝ376.48

『創立90周年記念誌』千葉県立匝瑳高等学校創立九十周年記念誌編集委員会編集　匝瑳　千葉県立匝瑳高等学校　2015.3　254p　26cm〈書誌注記：年表あり〉Ⓝ376.48

◆袖ケ浦高等学校

『袖甍創立五周年記念誌』千葉県立袖ケ浦高等学校記念誌編集委員会編集　袖ケ浦町(千葉県)　千葉県立袖ケ浦高等学校　1982.2　236p　図版18枚　21cm〈表紙の書名：創立五周年記念誌〉Ⓝ376.48

『袖甍─創立十周年記念誌』千葉県立袖ケ浦高等学校十周年記念誌編集委員会編集　袖ケ浦町(千葉県)　千葉県立袖ケ浦高等学校　1987.3　185p　図版13枚　26cm〈奥付の書名：千葉県立袖ケ浦高等学校創立十周年記念誌　沿革：p3〉Ⓝ376.48

◆多古高等学校

『創立八十周年記念誌』創立八十周年記念誌編集委員会編集　多古町(千葉県)　千葉県立多古高等学校　1986.2　235p　図版6枚　27cm〈沿革年表：p227～232〉Ⓝ376.48

『十年小史─創立九十周年記念誌』千葉県立多古高等学校十年小史編集委員会編集　多古町(千葉県)　千葉県立多古高等学校十年小史編集委員会　1997.11　144p　図版7枚　26cm〈沿革：p120～121〉Ⓝ376.48

『創立百周年記念誌』創立百周年記念誌編集委員会編集　多古町(千葉県)　千葉県立多古高等学校　2008.9　373p　図版8枚　31cm〈布装　沿革年表：p331～336〉Ⓝ376.48

◆館山高等学校

『六十年の道程(みちのり)』千葉県立館山高等学校編集　館山　千葉県立館山高等学校　1988.3　323p　27cm　Ⓝ376.48

『館山高校の歩み─創立八十周年記念誌』千葉県立館山高等学校編　館山　千葉県立館山高等学校創立八〇周年記念事業実行委員会　2008.2　553p　図版10p　27cm〈布装　沿革：巻頭、年表：p8～19、78～82、定時制の記録：p372～383〉Ⓝ376.48

◆千城台高等学校

『まほろば十年』千葉県立千城台高等学校編集　千葉　千葉県立千城台高等学校　1987.11　179p　22cm〈沿革年表：p171～179〉Ⓝ376.48

『千城台高等学校30年誌』千葉県立千城台高等学校編　千葉　千葉県立千城台高等学校　2006.11　292p　図版16p　22cm　Ⓝ376.48

『千葉県立千城台高等学校40周年記念誌』千葉県立千城台高等学校編集　千葉　千葉県立千城台高等学校　2017.11　129p　30cm〈沿革：p107〉Ⓝ376.48

◆千葉高等学校

『創立百周年記念写真集』千葉県立千葉高等学校編　千葉　千葉県立千葉高等学校　1978.11　52p　27cm　非売品　Ⓝ376.48

『創立百年』千葉県立千葉高等学校創立100周年記念誌編集委員会編　千葉　千葉県立千葉高等学校創立100周年記念事業期成会　1979.11　1033p　図版28枚　27cm　Ⓝ376.4

『葛の花─六十四年の歩み　定時制の課程閉課程記念誌』千葉県立千葉高等学校定時制の課程閉課程記念誌作成委員会編　千葉　千葉県立千葉高等学校定時制の課程閉課程記念誌作成委員会　2008.2　179p　31cm〈年表あり〉Ⓝ376.48

◆千葉英和高等学校

『創立70周年記念誌』千葉英和高等学校創立70周年記念誌編集委員会編　八千代　聖書学園千葉英和高等学校　2016.11　173p　22cm〈書誌注記：年表あり　書誌注記：文献あり　奥付のタイトル：学校法人聖書学園千葉英和高等学校創立70周年記念誌〉376.48

千葉県

◆千葉大宮高等学校

『創立十周年記念誌』千葉県立千葉大宮高等学校創立十周年記念誌編集委員会編集　千葉　千葉県立千葉大宮高等学校創立十周年記念事業実行委員会　1993　248, 32p　27cm　Ⓝ376.48

◆千葉北高等学校

『創立十周年校誌』千葉県立千葉北高等学校編集　千葉　千葉県立千葉北高等学校　1985　198p 図版10p　22cm　Ⓝ376.48

『高き理想を求むるは―創立20周年記念誌』千葉県立千葉北高等学校編　千葉　千葉県立千葉北高等学校　1995　156p　26cm〈背の書名：千葉県立千葉北高等学校創立二十周年記念誌〉Ⓝ376.48

『うまくその名を掲ぐるは―千葉県立千葉北高等学校創立40周年記念誌』千葉県立千葉北高等学校創立40周年記念事業実行委員会編　千葉　千葉県立千葉北高等学校創立40周年記念事業実行委員会　2016.3　156p　30cm　Ⓝ376.48

◆千葉工業高等学校

『40年の歩み』千葉県立千葉工業高等学校編　千葉　千葉県立千葉工業高等学校　[1976]　1冊　22cm　Ⓝ376.48

『五十年』千葉県立千葉工業高等学校創立五十周年記念誌編纂委員会編集　千葉　千葉県立千葉工業高等学校　1987　744p　27cm　Ⓝ376.48

『無限―創立七十周年記念誌』千葉県立千葉工業高等学校編　千葉　千葉県立千葉工業高等学校　2007.3　33p　31cm〈沿革：p430～31〉Ⓝ376.48

『八十年―千葉県立千葉工業高等学校創立80周年記念誌』創立80周年記念誌編纂委員会企画・編纂　千葉　千葉県立千葉工業高等学校　2017.3　306p　30cm〈書誌注記：年表あり〉Ⓝ376.48

◆千葉商業高等学校

『県立千葉商業高校創立50周年記念誌』創立50周年誌編集委員会編集　千葉　千葉県立千葉商業高等学校　1973　425p　21cm〈奥付の書名：県立千葉商業高等学校創立50周年記念誌, 背の書名：創立50周年記念誌　学校沿革史　年表：p50～53〉Ⓝ376.48

『県立千葉商業高校創立55周年記念誌―1973年以降』創立55周年誌編集委員会編集　千葉　千葉県立千葉商業高等学校　1978.10　37p　22cm〈奥付の書名：県立千葉商業高等学校創立55周年記念誌　県立千葉商業高校創立55周年学校沿革概史：p31～36〉Ⓝ376.48

『創設82年創立60周年記念誌』60周年記念誌編集委員会編集　千葉　千葉県立千葉商業高等学校　1984.3　358p　27cm〈沿革年表：p339～355〉Ⓝ376.48

『あゆみ―経理コース10周年記念誌』千葉県立千葉商業高等学校編　千葉　千葉県立千葉商業高等学校定時制の課程経理コース　[1989]　98p　26cm〈書名は背・表紙による.標題紙の書名：経理コース創設10周年記念誌　学校沿革概要：p77～78〉Ⓝ376.48

『創設92年創立70周年記念誌』70周年記念誌編集委員会編集　千葉　千葉県立千葉商業高等学校　1994.3　193p 図版8枚　27cm〈沿革年表：p190～193〉Ⓝ376.48

『創設102年創立80周年記念誌』80周年記念誌編集委員会編集　千葉　千葉県立千葉商業高等学校　2005.3　277p 図版8枚　27cm〈布装　沿革年表：p274～277〉Ⓝ376.48

『千葉県立千葉商業高等学校創立90周年記念誌』創立90周年記念誌編集委員会企画・編集　千葉　千葉県立千葉商業高等学校　2014.3　143p　30cm〈書誌注記：年表あり〉Ⓝ376.48

◆千葉女子高等学校

『学校小史―70周年　明治・大正編』千葉県立千葉女子高等学校編集　千葉　千葉県立千葉女子高等学校　1970.10　81p　21cm〈最近十年のあゆみ：p75～81〉Ⓝ376.48

『創立八十周年記念誌』千葉県立千葉女子高等学校編　千葉　千葉県立千葉女子高等学校　1982.5　398p　31cm　Ⓝ376.4

『創立百周年記念誌―1900-2000』千葉県立千葉女子高等学校創立百周年実行委員会編　千葉　千葉県立千葉女子高等学校創立百周年実行委員会　2001.11　393p　31cm　Ⓝ376.48

◆千葉市立稲毛高等学校

『創立十周年記念誌』千葉市立稲毛高等学校編集　千葉　千葉市立稲毛高等学校　1989.11　226p 図版10p　27cm　Ⓝ376.48

『創立20周年記念誌―千葉市立稲毛高等学校』千葉市立稲毛高等学校20周年記念誌編集委員会編集　千葉　千葉市立稲毛高等学校

2000.3　246p　26cm　Ⓝ376.48

◆千葉市立千葉高等学校

『千葉市立千葉高等学校ができるまで―創立20周年記念』　林三蔵著　千葉　林三蔵　1979.9　24p　21cm　非売品　Ⓝ376.48

『創立二十年』　千葉市立千葉高等学校編　千葉　千葉市立千葉高等学校　1979.9　211p　21cm　Ⓝ376.48

『創立三十周年記念誌』　千葉市立千葉高等学校創立三十周年記念事業実行委員会編集　千葉　千葉市立千葉高等学校　1989.10　288p　27cm　Ⓝ376.48

『千葉市立千葉高等学校創立五十周年記念誌』　千葉市立千葉高等学校創立五十周年並びに新校舎落成事業実行委員会編　千葉　千葉市立千葉高等学校創立五十周年並びに新校舎落成事業実行委員　2011.3　10, 353p　27cm〈書誌注記：年表あり〉Ⓝ376.48

◆千葉西高等学校

『五周年記念誌』　千葉県立千葉西高等学校編　千葉　千葉県立千葉西高等学校　1989　230p　26cm〈奥付・背の書名：創立五周年記念誌　沿革概要：p26〉Ⓝ376.48

『創立十周年記念誌』　千葉県立千葉西高等学校編集　千葉　千葉県立千葉西高等学校　1994.10　248p　図版12p　27cm〈沿革：p9～49〉Ⓝ376.48

『千葉県立千葉西高等学校創立30周年記念誌』　千葉県立千葉西高等学校編　千葉　千葉県立千葉西高等学校　2015.3　190p　30cm〈書誌注記：年表あり　表紙のタイトル：創立30周年記念誌〉Ⓝ376.48

◆千葉日本大学第一高等学校

『千葉日本大学第一高等中学校三十年史』　千葉日本大学第一高等学校中学校創立三十周年「記念誌」編集委員会, 千葉日本大学第一高等学校中学校創立三十周年「記念誌」編集委員会編　船橋　千葉日本大学第一高等学校　1997　227p　図版12p　27cm〈共同刊行：千葉日本大学第一中学校　沿革史：p207～225〉Ⓝ376.48

◆千葉東高等学校

『創立30周年記念誌―昭和46年11月』　千葉県立千葉東高等学校創立三十周年記念誌編集編　千葉　千葉県立千葉東高等学校　1972.3　246p　22cm〈沿革年表：p240～244〉Ⓝ376.48

『東雲燦々―創立四十周年記念誌』　千葉県立千葉東高等学校編集　千葉　千葉県立千葉東高等学校　1982　370p　図版16p　22cm〈奥付・背の書名：創立四十周年記念誌　沿革年表：p3～9, 21～36, 326～331〉Ⓝ376.48

『五十年史』　千葉県立千葉東高等学校編集　千葉　千葉県立千葉東高等学校　1992.3　454p　図版16p　22cm〈年表：p53～88, 年表「PTAの歩み」：p404～409〉Ⓝ376.48

『創立六十周年記念誌―東高この十年』　千葉県立千葉東高等学校編集　千葉　千葉県立千葉東高等学校　2002.3　222p　図版10p　26cm〈沿革年表：p24～25, 通信制課程10年のあゆみ：p46〉Ⓝ376.48

『千葉県立千葉東高等学校創立80周年記念誌』　千葉県立千葉東高等学校創立80周年記念誌編集委員会　千葉　千葉県立千葉東高等学校創立80周年記念誌編集委員会　2022.3　159p　30cm〈沿革：p134～135〉Ⓝ376.48

◆千葉萌陽高等学校

『萌陽―学校法人井上学園千葉萌陽高等学校創立100周年記念』　千葉萌陽高等学校記念誌編集委員会編集　佐原　井上学園千葉萌陽高等学校　2002.3　218, 54p　31cm　Ⓝ376.48

◆千葉南高等学校

『創立十周年記念誌』　千葉県立千葉南高等学校編集　千葉　千葉県立千葉南高等学校　1982.11　261p　27cm〈年表：p3～12〉Ⓝ376.48

『花輪の森の学舎―その20年のあゆみ』　千葉県立千葉南高等学校創立20周年記念誌編集委員会編　千葉　千葉県立千葉南高等学校創立20周年記念事業実行委員会　1992.11　86p　26cm　Ⓝ376.48

◆千葉黎明高等学校

『創立70周年記念誌』　千葉黎明高等学校記念誌編集委員会編集　八街　千葉黎明高等学校　1997　384p　27cm〈表紙の書名：黎明　年表：p353～380〉Ⓝ376.48

『黎明の日々―伝統の黎明イズム・次世代に贈る言葉』　天野隆司著　千葉　千葉日報社　2014.6　313p　図版16p　20cm　1500円　①978-4-904435-50-2　Ⓝ376.48

『野球を愛し野球に学ぶ―千葉県立成東高等学校から千葉県私立千葉黎明高等学校への軌

千葉県

跡』荒井信久　八街　千葉黎明学園　2022.3　405p　21cm〈Chiba Reimei book〉〈学校法人千葉黎明学園100周年記念事業〉1500円　Ⓘ978-4-600-00991-5　Ⓝ783.7

◆中央学院高等学校

『中央学院高校の教えすぎない育成哲学―技術で応えられるサッカー選手を育てる』濱田寛之著　竹書房　2019.12　198p　19cm　1600円　Ⓘ978-4-8019-2115-3　Ⓝ783.47

|内容|教えすぎると指導者の想像を超える選手にはならない。大切なのは「サッカーをしていて楽しい」「もっと上手くなりたい」という気持ちに火をつけてあげること。磨き抜かれたテクニックを武器に激戦区・千葉で異彩を放つ技巧派軍団中央学院高校サッカー部の「挑戦」。徹底して個を磨き、プロ注目の技巧派選手を育成する指導メソッド。

◆銚子高等学校

『六十周年記念誌』千葉県立銚子高等学校六十周年記念誌編集委員会編集　銚子　千葉県立銚子高等学校　1972.1　678p　30cm〈沿革概要：p45～49〉Ⓝ376.48

『創立九十周年記念誌』創立九十周年記念誌編集委員会編集　銚子　千葉県立銚子高等学校　2002.3　365p　図版24p　27cm〈沿革概要：p1～7〉Ⓝ376.48

『千葉県立銚子高等学校創立百周年記念誌』千葉県立銚子高等学校編集　銚子　千葉県立銚子高等学校　2011.3　172p　図版6枚　31cm　Ⓝ376.48

◆銚子商業高等学校

『銚商創立六十周年記念誌』千葉県立銚子商業高等学校,創立六十周年記念事業実行委員会,校史編纂委員会編　銚子　千葉県立銚子商業高等学校　1973.3　294p　21cm　非売品　Ⓝ376.48

『銚商創立七十周年記念誌』千葉県立銚子商業高等学校,銚商会,創立七十周年記念実行委員会編　銚子　千葉県立銚子商業高等学校　1979.11　450p　図版6枚　22cm〈書名は奥付・背による.表紙の書名：銚商　沿革の概要：p363～365, 年表：p373～383〉非売品　Ⓝ376.48

『銚商―創立90周年記念誌』千葉県立銚子商業高等学校創立90周年記念事業,銚商会編　銚子　千葉県立銚子商業高等学校創立90周年記念実行委員会　1992.12　155p　31cm〈背の書名：創立九十周年記念誌〉Ⓝ376.48

『銚商百年史』千葉県立銚子商業高等学校創立百周年記念誌編纂委員会編　銚子　千葉県立銚子商業高等学校創立百周年記念事業実行委員会　2001.5　1506p　27cm　Ⓝ376.48

『怪物退治の夏―昭和48年甲子園2回戦銚子商と斎藤一之』畑山公希著　幻冬舎メディアコンサルティング　2022.7　159p　19cm〈出版者注記：幻冬舎（発売）〉1300円　Ⓘ978-4-344-93920-2　Ⓝ783.7

|目次|1 歴史的大敗からの「怪物退治」へ, 2 名将「斎藤一之」の誕生と銚子商野球部, 3 かつての「繁栄都市」にある「強豪校」, 4 栃木に現れた「怪物」, 5 雪辱の夏へ, 6 4度目の「死闘」, 7 一つの時代の終わりと「最強」の終焉, 8 名将の最期, 9 その後の銚子商

|内容|1973年、春の全国高校野球。優勝候補の名門校が、一回戦で姿を消した―。歴史的敗戦によって厳しい批判を浴びる中、打倒「昭和の怪物」を目指して奮闘した高校球児と名将に迫る、渾身のルポルタージュ。

『歴史が始まった日昭和40年夏甲子園決勝―斎藤一之VS原貢』畑山公希著　AmazingAdventure　2024.5　131p　19cm〈出版者注記：星雲社〉1200円　Ⓘ978-4-434-34127-4　Ⓝ783.7

◆銚子市立銚子高等学校

『創立70周年記念誌』創立70周年記念誌編集委員会編　銚子　銚子市立銚子高等学校　2008.3　363p　31cm〈書誌注記：年表あり　背のタイトル：創立七十周年記念誌〉Ⓝ376.48

◆銚子市立銚子西高等学校

『創立20周年記念誌』千葉県銚子市立銚子西高等学校創立20周年記念誌編集委員会編集　銚子　千葉県銚子市立銚子西高等学校　1996　232p　図版7枚　27cm〈沿革年表：p1～32〉Ⓝ376.48

『あの夏、西の風が吹いた―銚子西高野球部の青春物語』小林信也著　ベースボール・マガジン社　2008.3　241p　19cm　1600円　Ⓘ978-4-583-10093-7　Ⓝ783.7

◆銚子水産高等学校

『銚水四十年のあゆみ―新校舎落成・創立四十周年記念誌』銚水編　銚子　千葉県立銚子水産高等学校新校舎落成・創立四十周年記念事業実行委員会　1985　172p　27cm〈背の書名：新校舎落成・創立四十周年記念誌　千葉県立銚子水産高等学校沿革：p65～67〉Ⓝ376.48

千葉県

『銚水五十年のあゆみ』創立五十周年記念誌編集委員会編集　銚子　千葉県立銚子水産高等学校　1994.3　225p 図版13枚　27cm〈沿革年表：p55〜58〉 Ⓝ376.48

◆長生高等学校

『創立八十年史』千葉県立長生高等学校八十周年記念誌編集委員会編　茂原　長生高等学校　1972　1003p　27cm　Ⓝ376.4

『創立百年史』千葉県立長生高等学校百周年記念事業期成会百年史編集委員会編　茂原　千葉県立長生高等学校　1989.3　1547p 図版13枚　27cm　Ⓝ376.4

『長生高校一二〇年のあゆみ―千葉県立長生等学校創立一二〇周年記念写真集』千葉県立長生高等学校創立一二〇周年記念事業実行委員会編集　茂原　千葉県立長生高等学校創立一二〇周年記念事業実行委員会　2009.3　71p　30cm　Ⓝ376.48

◆津田沼高等学校

『秋津―千葉県立津田沼高等学校三周年記念誌』千葉県立津田沼高等学校編集　習志野　千葉県立津田沼高等学校　1981.2　136p　26cm〈沿革：p4〜6〉Ⓝ376.48

『創立十周年記念誌』千葉県立津田沼高等学校編集　習志野　千葉県立津田沼高等学校　1988.1　190p 図版14p　27cm　Ⓝ376.48

『風よ光よ―千葉県立津田沼高等学校創立二十周年記念誌』千葉県立津田沼高等学校創立二十周年記念誌編集委員会編　習志野　千葉県立津田沼高等学校創立二十周年記念誌編集委員会　1998.3　245p 図版12p　27cm　Ⓝ376.48

『風よ光よ―千葉県立津田沼高等学校創立三十周年記念誌』千葉県立津田沼高等学校創立三十周年記念誌編集委員会編　習志野　千葉県立津田沼高等学校創立三十周年記念誌編集委員会　2008.3　257p 図版12p　27cm〈布装〉Ⓝ376.48

◆鶴舞高等学校

『創立70周年記念誌』千葉県立鶴舞高等学校創立七十周年記念誌編集委員会編集　市原　千葉県立鶴舞高等学校　1971.2　184p　21cm〈沿革年表：p88〜90〉非売品　Ⓝ376.48

◆鶴舞商業高等学校

『創立八十周年記念誌』千葉県立鶴舞商業高等学校編集　市原　千葉県立鶴舞商業高等学校　1981.11　200p　27cm〈施設の移り変わり：p199〜200〉Ⓝ376.48

『創立百周年記念誌―桜花輝く』千葉県立鶴舞商業高等学校編　市原　千葉県立鶴舞商業高等学校　2002.3　161p　27cm〈表紙の書名：桜花輝く　年表：p136〜137〉Ⓝ376.48

◆東海大学付属浦安高等学校

『福キタルの観戦記―東海浦安公式戦06-』福キタル著　My Books.jp　2015.11　215p　19cm　Ⓝ783.7

◆東金高等学校

『東金高校の歴史　第1巻　明治篇』千葉県立東金高等学校校史編纂委員会編　東金　〔千葉県立東金高等学校〕　1974.9　398p　19cm　Ⓝ376.4

『東金高校の歴史　別巻　回想篇』千葉県立東金高等学校校史編纂委員会編　東金　〔千葉県立東金高等学校〕　1974.9　590p　19cm　Ⓝ376.4

『東金高校の歴史　第2巻　大正篇』千葉県立東金高等学校校史編纂委員会編　東金　〔千葉県立東金高等学校〕　1980.3　863p　19cm　Ⓝ376.4

『創立八十五年史』千葉県立東金高等学校編集　東金　千葉県立東金高等学校　1994　465p 図版12p　27cm　Ⓝ376.48

『千葉県立東金高等学校創立百周年記念誌』千葉県立東金高等学校創立百周年記念事業実行委員会編集　東金　千葉県立東金高等学校創立百周年記念事業実行委員会　2009.3　102p　30cm〈沿革：p5〉Ⓝ376.48

◆東金商業高等学校

『創立五十周年記念誌』千葉県立東金商業高等学校創立五十周年記念誌編集委員会編集　東金　千葉県立東金商業高等学校　1979印刷　539p　27cm〈沿革：p537〉非売品　Ⓝ376.48

◆東京学館高等学校

『創立十周年記念誌』酒々井町（千葉県）　鎌形学園　1989.9　249p　27cm〈書誌注記：年表あり〉Ⓝ376.48

『創立二十周年記念誌』東京学館高等学校創立二十周年記念誌編集委員会編　酒々井町（千葉県）　鎌形学園東京学館高等学校　2000.3　265p　27cm　Ⓝ376.48

千葉県

『創立三十周年記念誌』東京学館高等学校創立三十周年記念誌編集委員会編　酒々井町（千葉県）鎌形学園東京学館高等学校　2010.3　174p　26cm〈年表あり〉Ⓝ376.48

『創立四十周年記念誌』東京学館高等学校創立四〇周年記念誌編集委員会編　酒々井町（千葉県）鎌形学園東京学館高等学校　2020.3　181p　26cm〈書誌注記：年表あり〉Ⓝ376.48

◆東京学館浦安高等学校

『創立十周年記念誌―学校法人鎌形学園東京学館浦安高等学校』創立十周年記念誌編集委員会編　浦安　東京学館浦安高等学校　1992.1　317p　27cm　Ⓝ376.4

◆東総工業高等学校

『創立二十五周年記念誌』千葉県立東総工業高等学校創立二十五周年記念誌編集委員会編　旭　千葉県立東総工業高等学校創立二十五周年記念事業実行委員会　1989.3　185p　27cm〈沿革年表（野口栄重／編）：p25～31〉Ⓝ376.48

『創立50周年記念誌』千葉県立東総工業高等学校創立50周年記念誌編集委員会編　旭　千葉県立東総工業高等学校創立50周年記念事業実行委員会　2014.2　188p　31cm〈書誌注記：年表あり〉Ⓝ376.48

◆東邦大学附属東邦高等学校

『東邦大学付属東邦中学校高等学校―中学受験注目校の素顔』おおたとしまさ著　ダイヤモンド・ビッグ社　2016.10　174p　19cm〈学校研究シリーズ 010〉〈書誌注記：文献あり　出版者注記：ダイヤモンド社（発売）〉1200円　①978-4-478-04956-3　Ⓝ376.3135

目次　卒業生インタビュー　東邦ってどんな学校？―東北大学大学院理学研究科数学専攻教授、博士（数理科学）山崎隆雄さん，第1章　東邦という学校，第2章　東邦が目指す人物像，第3章　東邦の授業，第4章　東邦のカリキュラム，第5章　東邦の日常風景

◆土気高等学校

『久遠―創立五周年記念誌』千葉県立土気高等学校編集　千葉　千葉県立土気高等学校　1988.12　190p　図版10p　27cm　Ⓝ376.48

『創立十周年記念誌』千葉県立土気高等学校編集　千葉　千葉県立土気高等学校　1993.10　172p　図版14p　27cm〈沿革年表：p11～32〉Ⓝ376.48

『千葉県立土気高等学校二十周年記念誌』千葉県立土気高等学校二十周年記念誌編集委員会編集　千葉　千葉県立土気高等学校　2004.3　203p　26cm　Ⓝ376.48

『創立三十周年記念誌―千葉県立土気高等学校』千葉県立土気高等学校三十周年記念誌編集委員会編　千葉　千葉県立土気高等学校　2014.3　157p　26cm〈書誌注記：年表あり〉Ⓝ376.48

◆富里高等学校

『青春の翼―創立五周年記念誌』千葉県立富里高等学校創立五周年記念誌編集委員会編集　富里町（千葉県）　千葉県立富里高等学校　1991　163p　図版8枚　27cm〈背の書名：創立五周年記念誌〉Ⓝ376.48

『青春の翼―創立十周年記念誌』千葉県立富里高等学校創立十周年記念誌編集委員会編集　富里町（千葉県）　千葉県立富里高等学校　1996　187p　図版8枚　27cm〈背の書名：創立十周年記念誌〉Ⓝ376.48

◆長狭高等学校

『創立五十周年記念誌』創立五十周年記念誌編集委員会編集　鴨川　千葉県立長狭高等学校　1973.7　370p　27cm〈沿革史：p45～88〉Ⓝ376.48

『創立七十周年記念誌』創立七十周年記念誌編集委員会編集　鴨川　千葉県立長狭高等学校　1993.10　494p　27cm〈沿革史：p47～139〉Ⓝ376.48

『創立百周年記念誌』創立百周年記念誌編集委員会編集　鴨川　千葉県立長狭高等学校　2023.6　598p　27cm〈布装　沿革史：p55～228〉Ⓝ376.48

◆流山高等学校

『記念誌』千葉県立流山高等学校十周年記念誌編集委員会編集　流山　千葉県立流山高等学校　1979　338p　図版7枚　21cm〈奥付の書名：千葉県立流山高等学校創立十周年記念誌，表紙の書名：創立十周年記念誌　略年譜：p44～53〉Ⓝ376.48

『千葉県立流山高等学校創立五十周年記念誌』流山　千葉県立流山高等学校　2020.3　134p　30cm〈書誌注記：年表あり〉Ⓝ376.48

◆流山おおたかの森高等学校

『夢・情熱・挑戦―千葉県立流山おおたかの森高等学校創立10周年記念誌』千葉県立流山お

千葉県

おたかの森高等学校編　流山　千葉県立流山おおたかの森高等学校　2018.3　128p　30cm　Ⓝ376.48

◆流山北高等学校

『創立十周年記念誌』千葉県立流山北高等学校編集　流山　千葉県立流山北高等学校　1995　137p　27cm　Ⓝ376.48

『千葉県立流山北高等学校創立20周年記念誌』千葉県立流山北高等学校創立20周年記念誌編集委員会編　流山　千葉県立流山北高等学校創立20周年記念誌編集委員会　2006.3　113p　30cm　Ⓝ376.48

『千葉県立流山北高等学校創立30周年記念誌』流山　千葉県立流山北高等学校　2015.11　93p　30cm　Ⓝ376.48

◆流山中央高等学校

『創立10周年記念誌』創立10周年記念誌編集委員会編集　流山　千葉県立流山中央高等学校　1986.3　88p 図版5枚　27cm〈社会の動きこの10年：p84～88〉Ⓝ376.48

『創立20周年記念誌』創立20周年記念誌編集委員会編集　流山　千葉県立流山中央高等学校　1996　129p 図版16p　30cm〈表紙の書名：20th kinenshi〉Ⓝ376.48

◆流山東高等学校

『創立十周年記念誌』千葉県立流山東高等学校編集　流山　千葉県立流山東高等学校　1989.11　289p　22cm　Ⓝ376.48

『千葉県立流山東高等学校創立20周年記念誌』千葉県立流山東高等学校創立20周年記念誌編集委員会　流山　120、32p　26cm　Ⓝ376.48

『きょうも光は東から―記念誌』千葉県立流山東高等学校編　流山　千葉県立流山東高等学校　2008.3　123p 図版16p　26cm〈沿革：p114～117〉Ⓝ376.48

◆流山南高等学校

『創立十周年記念誌』千葉県立流山南高等学校創立十周年記念誌編集委員会編集　流山　千葉県立流山南高等学校　1995.2　172p 図版10p　26cm　Ⓝ376.48

『千葉県立流山南高等学校創立20周年記念誌』千葉県立流山南高等学校創立20周年記念誌編集委員会編　流山　千葉県立流山南高等学校　2004.3　172p　26cm〈書名は奥付による．標題紙等の書名：創立二十周年記念誌〉Ⓝ376.48

◆習志野市立習志野高等学校

『房総を駆けぬけた柔道―習志野高校柔道部と共に　川嶋与四郎自伝』川嶋与四郎著　東銀座出版社　2010.3　197p　20cm　1714円　Ⓘ978-4-89469-134-6　Ⓝ789.2

目次　1章 勝敗の裏にある苦脳（全員やめてしまったショック，九州で見た柔道熱 ほか），2章 地方（千葉県）のレベルアップ（県高校柔道のレベルアップ，思い出の選手たち ほか），3章 少年柔道で底辺拡大（なぜ幼少期からの育成が大切か，町道場の役割 ほか），4章 世界で勝つために（北京オリンピックから学ぶこと，ヘーシンクに負けて ほか），5章 人びとに支えられて（盛衰の裏では，病気で倒れて自殺も ほか）

内容　一回戦敗退チームがやがて県下を，関東を制覇する柔道部に成長していく過程には，全員退部や脱走事件があった。高校柔道部の指導を通して見えてくるものは，技術をこえた人間教育のあり方でもある。青少年スポーツの指導に何が必要かの教訓がここにある。

『習志野高校野球部―全国制覇2度!!市民＆県民に愛される「野球王国・千葉」の旗手：雑草の如く逞しくSince 1957』ベースボール・マガジン社　2016.1　97p　29cm（B.B.MOOK 1280―高校野球名門校シリーズ 13）1389円　Ⓘ978-4-583-62414-3　Ⓝ783.7

『美爆音！　ぼくらの青春シンフォニー――習志野高校吹奏楽部の仲間たち』オザワ部長著，pon-marsh絵　岩崎書店　2020.11　199p　20cm　1400円　Ⓘ978-4-265-84025-0　Ⓝ764.6

内容　小4で吹奏楽に出会い，あこがれの名門校へ入ったハルカと仲間たち。汗と涙，出会いと別れ，そして感動！　青春のすべてを注いだリアル部活ストーリー！　2019年度習志野高校吹奏楽部部長と仲間たちの9年間をモデルに描く！

◆成田高等学校

『創立百周年記念史料集―成田英漢義塾から百十一年』創立百周年記念準備委員会編　成田　成田高等学校　1998.10　669p　22cm　Ⓝ376.48

『創立百十五周年記念校史―英漢義塾創設から百二十六年：成田高等学校・同付属中学校・同付属小学校』創立百十五周年記念校史編纂委員会編　成田　成田高等学校　2013.10　617p　22cm　Ⓝ376.48

『成田高等学校創立百二十周年記念誌―英漢義塾創設から百三十一年』成田高等学校創立百

千葉県

二十周年記念誌編纂委員会編　成田　成田高等学校　2018.10　304p　30cm〈書誌注記：年表あり〉Ⓝ376.48

『成田高等学校創立百二十五周年記念誌—英漢義塾創設から百三十六年』成田高等学校創立百二十五周年記念誌編纂委員会編集　成田　成田高等学校　2024.2　198p　30cm〈書誌注記：年表あり〉Ⓝ376.48

◆成田園芸高等学校

『十年小史—創立八十周年記念』千葉県立成田園芸高等学校創立八十周年誌編集委員会編集　成田　千葉県立成田園芸高等学校　1985.2　186p　21cm〈奥付の書名：創立八十周年記念誌　千葉県立成田農業高等学校略史：p2～3、沿革小史：p4～5〉Ⓝ376.48

◆成田北高等学校

『創立五周年記念誌—千葉県立成田北高等学校』創立五周年記念誌編集委員会編集　成田　千葉県立成田北高等学校　1986　103p　27cm〈沿革概要：p75、社会のできごと：p101～103〉Ⓝ376.48

『黎明十年』千葉県立成田北高等学校創立十周年記念誌編集委員会編集　成田　千葉県立成田北高等学校　1991　232p　図版8枚　27cm〈沿革年表—行事を含む：p30～41〉Ⓝ376.48

◆成田国際高等学校

『千葉県立成田国際高等学校創立30周年記念誌』成田国際高等学校創立30周年記念誌編集委員会編集　成田　千葉県立成田国際高等学校　2006.3　245p　図版16p　27cm〈布装〉Ⓝ376.48

『千葉県立成田国際高等学校創立40周年記念誌』成田国際高等学校創立40周年記念誌編集委員会編集　成田　千葉県立成田国際高等学校　2015.11　180p　27cm　Ⓝ376.48

◆成田西陵高等学校

『創立百周年記念誌』千葉県立成田西陵高等学校・『創立百周年記念誌』編集委員会編集　成田　千葉県立成田西陵高等学校・創立一〇〇周年記念事業実行委員会　2007.3　601p　31cm〈書誌注記：年表あり〉Ⓝ376.48

◆成田西高等学校

『五年のあゆみ—創立五周年記念誌』千葉県立成田西高等学校五周年記念行事委員会編集　成田　千葉県立成田西高等学校　1980.12　127p　図版18p　21cm〈年譜：p21～22〉Ⓝ376.48

『創立十周年記念誌』千葉県立成田西高等学校編集　成田　千葉県立成田西高等学校　1984　80p　27cm　Ⓝ376.48

◆成田農業高等学校

『創立七十年誌』千葉県立成田農業高等学校創立七十年誌編集委員会編集　成田　千葉県立成田農業高等学校　1974　262p　21cm　Ⓝ376.48

◆成東高等学校

『校史』成東町（千葉県）成東高等学校　1971　614p　図　27cm　非売品　Ⓝ376.4

『われら、夢の甲子園—成東高校汗と涙の十四年』松戸健著　新潮社　1976　229p　20cm　700円　Ⓝ783.7

『九陵八十年』千葉県立成東高等学校校史編集委員会編集　成東町（千葉県）千葉県立成東高等学校　1980.11　268p　26cm　Ⓝ376.4

『九陵九十年』千葉県立成東高等学校校史編集委員会編集　成東町（千葉県）千葉県立成東高等学校　1990.11　247p　26cm〈PTA・同窓会略年譜：p231～240〉Ⓝ376.48

『九陵百年』千葉県立成東高等学校記念誌編纂委員会編集　成東町（千葉県）千葉県立成東高等学校　2000.11　1413p　27cm　Ⓝ376.48

『野球を愛し野球に学ぶ—千葉県立成東高等学校から千葉県私立千葉黎明高等学校への軌跡』荒井信久　八街　千葉黎明学園　2022.3　405p　21cm（Chiba Reimei book）〈学校法人千葉黎明学園100周年記念事業〉1500円　①978-4-600-00991-5　Ⓝ783.7

◆野田高等学校

『創立六十周年記念誌』千葉県立野田高等学校創立六十周年記念誌編集委員会編集　野田　千葉県立野田高等学校創立六十周年記念事業実行委員会　1986.3　119p　26cm〈沿革年表：p74～101、定時制略年史：p113〉Ⓝ376.48

『夜学—定時制閉課程記念誌』千葉県立野田中央高等学校定時制の課程編集　野田　千葉県立野田中央高等学校定時制の課程　2009.3　75p　26cm〈定時制略年史：p3～4〉Ⓝ376.48

◆野田北高等学校

『麗林—千葉県立野田北高等学校創立十周年誌』

千葉県立野田北高等学校編集　野田　千葉県立野田北高等学校　1986.11　292p 図版12p 27cm〈沿革史：p221～233〉Ⓝ376.48

◆柏陵高等学校

『柏陵史―創立十周年記念誌』千葉県立柏陵高等学校編集　柏　千葉県立柏陵高等学校　1988.11　109p 図版6枚　27cm〈背の書名：創立十周年記念誌　沿革年表：p99～107〉Ⓝ376.48

『柏陵―創立四十周年記念誌』千葉県立柏陵高等学校創立40周年記念事業委員会編　柏　千葉県立柏陵高等学校創立40周年記念事業委員会　2019.3　104p　30cm〈沿革：p74～75〉Ⓝ376.48

◆東葛飾高等学校

『創立五十周年記念誌』千葉県立東葛飾高等学校五十周年記念誌編集委員会編　柏　千葉県立東葛飾高等学校　1975.10　305p 図　21cm　非売品　Ⓝ376.4

『東葛飾高等学校創立60周年記念写真史』千葉県立東葛飾高等学校60周年記念事業実行委員会記念誌編集委員会編　柏　千葉県立東葛飾高等学校　1985.3　124p　30cm　Ⓝ376.4

『ともしび―千葉県立東葛飾高等学校定時制課程40周年記念誌』40周年記念誌編集委員会編　柏　千葉県立東葛飾高等学校定時制振興会　1993.3　168p　26cm〈付（1枚）〉Ⓝ376.4

『創立80周年記念誌』千葉県立東葛飾高等学校編　柏　千葉県立東葛飾高等学校　2005編集後記　148p 図版16枚　26cm〈沿革概要：p147〉Ⓝ376.48

『千葉県立東葛飾高等学校吹奏楽部創部50周年記念誌―1964-2014』東葛飾高等学校吹奏楽部創部50周年記念誌編纂委員　2016.3　117p　26cm〈折り込 1枚〉Ⓝ764.6

◆日出学園高等学校

『日出学園五十年誌』市川　日出学園　1984.3　261p　27cm　非売品　Ⓝ376.4

◆布佐高等学校

『江南校史―創立十周年記念誌』千葉県立布佐高等学校編集　我孫子　千葉県立布佐高等学校　1995　142p　27cm〈背の書名：創立十周年記念誌〉Ⓝ376.48

『江南校史―布佐高等学校20周年記念誌』千葉県立布佐高等学校創立20周年記念誌編集委員会編集　我孫子　千葉県立布佐高等学校創立20周年記念誌編集委員会　2005.3　66p　30cm〈沿革：p5〉Ⓝ376.48

『江南校史―布佐高等学校27周年記念誌』千葉県立布佐高等学校　我孫子　千葉県立布佐高等学校　2012.3　37p　30cm〈沿革：p5〉Ⓝ376.48

◆船橋高等学校

『創立五十周年記念誌』千葉県立船橋高等学校五十周年記念誌編集委員会編集　船橋　千葉県立船橋高等学校　1971.7　361p 図版24p　22cm　非売品　Ⓝ376.48

『千葉県立船橋高等学校七十年史』千葉県立船橋高等学校編　船橋　千葉県立船橋高等学校　1992.11　487, 140p　22cm　Ⓝ376.4

『千葉県立船橋高等学校80周年記念誌』千葉県立船橋高等学校80周年記念誌編集委員会編　船橋　千葉県立船橋高等学校　2001.8　166p　26cm〈奥付の書名：80周年記念誌千葉県立船橋高等学校　沿革：p146〉Ⓝ376.48

『千葉県立船橋高等学校90周年記念誌―2001-2010』千葉県立船橋高等学校編　船橋　千葉県立船橋高等学校　［2011］　160p　26cm〈沿革：p134〉Ⓝ376.48

『千葉県立船橋高等学校百年史』千葉県立船橋高等学校百年史編纂部会編　船橋　千葉県立船橋高等学校創立百周年記念事業実行委員会　2021.3　554, 77p　27cm〈書誌注記：年表あり〉Ⓝ376.48

◆船橋旭高等学校

『十五年のあゆみ』千葉県立船橋旭高等学校編集　船橋　千葉県立船橋旭高等学校　1991　155p　26cm〈奥付の書名：創立十五周年記念誌　沿革概要：p34～35, 年表：p36～50〉Ⓝ376.48

『創立二十周年記念誌』千葉県立船橋旭高等学校編集　船橋　千葉県立船橋旭高等学校　1996　179p　27cm〈20年のあゆみ：p1～29〉Ⓝ376.48

『創立三十周年記念誌』千葉県立船橋旭高等学校創立三十周年記念事業実行委員会記念誌編集委員会編集　船橋　千葉県立船橋旭高等学校　2006.12　128p　26cm　Ⓝ376.48

◆船橋北高等学校

『創立五年の歩み』千葉県立船橋北高等学校編集　船橋　千葉県立船橋北高等学校　1990.1　146p　27cm〈沿革概要：p94〉Ⓝ376.48

千葉県

『北辰―創立十年記念誌』千葉県立船橋北高等学校編集　船橋　千葉県立船橋北高等学校　1995.2　141p　27cm〈奥付の書名：創立十年記念誌「北辰」　沿革概要：p104〉Ⓝ376.48

『北斗の輝き―30周年記念誌』創立30周年記念誌編集委員会編集　船橋　千葉県立船橋北等学校　2015.11　104p　26cm〈沿革概要：p16～17〉Ⓝ376.48

◆船橋芝山高等学校

『創立五周年記念誌』千葉県立船橋芝山高等学校創立五周年記念誌編集委員会編集　船橋　千葉県立船橋芝山高等学校　1984.3　188p　26cm〈総合年表：p19～35〉Ⓝ376.48

『創立十周年記念誌』千葉県立船橋芝山高等学校十周年記念事業実行委員会編集　船橋　千葉県立船橋芝山高等学校十周年記念事業実行委員会　1988.9　185p　27cm　Ⓝ376.48

『千葉県立船橋芝山高等学校20周年記念誌』千葉県立船橋芝山高等学校編　船橋　千葉県立船橋芝山高等学校　1998.3　166p　26cm〈書名は背・表紙による.標題紙の書名：あゆみ，奥付の書名：船橋芝山高等学校創立20周年記念誌　沿革：p162～164〉Ⓝ376.48

『千葉県立船橋芝山高等学校30周年記念誌』千葉県立船橋芝山高等学校編　船橋　千葉県立船橋芝山高等学校　2008.3　134p　図版9枚　26cm〈沿革：p129～132〉Ⓝ376.48

『千葉県立船橋芝山高等学校創立40周年記念誌』船橋　千葉県立船橋芝山高等学校創立40周年記念誌編集委員会　2019.3　109p　30cm〈書誌注記：年表あり　発行所：千葉県立船橋芝山高等学校〉Ⓝ376.48

◆船橋市立船橋高等学校

『20歳(はたち)のソウル―奇跡の告別式、一日だけのブラスバンド』中井由梨子作　小学館　2018.8　253p　19cm　1300円　Ⓘ978-4-09-388634-5　Ⓝ764.5

◆船橋豊富高等学校

『十年のあゆみ』千葉県立船橋豊富高等学校記念誌『十年の歩み』編集委員会編集　船橋　千葉県立船橋豊富高等学校　1994　129p　27cm〈奥付の書名：十年の歩み〉Ⓝ376.48

『創立二十周年記念誌』千葉県立船橋豊富高等学校「記念誌編集委員会」編集　船橋　千葉県立船橋豊富高等学校　2004.3　174p　26cm〈千葉県立船橋豊富高等学校沿革年表：p122～125〉Ⓝ376.48

◆船橋西高等学校

『三舟―創立二十周年記念誌』創立二十周年記念誌編集委員会編集　船橋　千葉県立船橋西高等学校　1996.3　107, 40p　27cm〈沿革：p3～22〉Ⓝ376.48

◆船橋東高等学校

『千葉県立船橋東高等学校創立五周年記念誌』千葉県立船橋東高等学校五周年記念誌編集委員会編集　船橋　千葉県立船橋東高等学校同窓会　1977.11　114p　図版8枚　21cm〈奥付の書名：千葉県立船橋東高等学校五周年記念誌, 背の書名：創立5周年記念誌, 表紙の書名：五周年記念誌　沿革略年表：p10〉Ⓝ376.48

『創立十周年記念誌』千葉県立船橋東高等学校編集　船橋　千葉県立船橋東高等学校　1983.3　149p　22cm〈沿革年表：p1～35〉Ⓝ376.48

『創立二十周年記念誌』千葉県立船橋東高等学校「創立二十周年記念誌」編集委員会編集　船橋　千葉県立船橋東高等学校　1992　306p　27cm〈表紙の書名：校誌　沿革年表：p159～197〉Ⓝ376.48

『校誌　創立四十周年』千葉県立船橋東高等学校編集　船橋　千葉県立船橋東高等学校　2013.2　149p　30cm　Ⓝ376.48

『創立50周年記念誌―千葉県立船橋東高等学校』千葉県立船橋東高等学校編集　船橋　千葉県立船橋東高等学校　2023.3　47p　30cm　Ⓝ376.48

◆船橋二和高等学校

『創立十周年記念誌』千葉県立船橋二和高等学校編集　船橋　千葉県立船橋二和高等学校　1989.11　159p　27cm　Ⓝ376.48

『創立二十周年記念誌』千葉県立船橋二和高等学校編集　船橋　千葉県立船橋二和高等学校　1999.11　116, 54p　27cm　Ⓝ376.48

『千葉県立船橋二和高等学校創立三十周年記念誌』千葉県立船橋二和高等学校『創立三十周年記念誌』編集委員会編集　船橋　千葉県立船橋二和高等学校　2010.3　93p　26cm　Ⓝ376.48

◆船橋法典高等学校

『船橋法典高等学校創立十周年記念誌』千葉県立船橋法典高等学校編集　船橋　千葉県立船橋法典高等学校　1991　157p　27cm〈書名

は奥付による．標題紙・背の書名：創立十周年記念誌，表紙の書名：船橋法典　沿革史：p7～27〉Ⓝ376.48

◆幕張北高等学校

『「学園のまち高校」創立五周年記念誌』「学園のまち高校」創立五周年記念誌編集委員会編　千葉　千葉県立幕張東高等学校　1986.3　1冊　31cm〈共同刊行：千葉県立幕張西高等学校，千葉県立幕張北高等学校〉Ⓝ376.48

『創立十周年記念誌』千葉県立幕張北高等学校編集　千葉　千葉県立幕張北高等学校　1990.11　138p　27cm〈表紙の書名：くろと〉Ⓝ376.48

『創立十周年記念誌（共通編）』千葉県立幕張東高等学校，千葉県立幕張西高等学校，千葉県立幕張北高等学校編集　千葉　千葉県立幕張東高等学校　1990.11　85p　27cm〈奥付の書名：「学園のまち」高等学校創立十周年記念誌，背の書名：創立十周年記念誌〉Ⓝ376.48

『幕張三校6年のあゆみ』千葉県立幕張東高等学校ほか編集　千葉　千葉県立幕張東高等学校　1996　197p　30cm〈共同刊行：千葉県立幕張西高等学校，千葉県立幕張北高等学校　沿革の概要：章頭〉Ⓝ376.48

◆幕張総合高等学校

『千葉県立幕張総合高等学校創立10周年記念誌』千葉県立幕張総合高等学校創立10周年記念誌編纂委員会編集　千葉　千葉県立幕張総合高等学校　2007.2　87p　26cm〈本校のあゆみ：p6〉Ⓝ376.48

『まくそうの風―千葉県立幕張総合高校改革への挑戦』白鳥秀幸著　学事出版　2013.3　152p　21cm　2000円　①978-4-7619-1982-5　Ⓝ376.4135

目次　第1章　大規模校「千葉県立幕張総合高校」（学校概要，「東大が先か，甲子園が先か」ほか），第2章　三年間の学校づくりの主な取組（「言語活動の充実」への第一段階の取組，「私の薦める読書・学習法」の発行ほか），第3章　挨拶で綴る看護科の四季（専攻科戴帽式式辞，看護科二年臨地実習解団式ほか），第4章　校長職を終えて（教育行政九年間の思い出，闘いを終えて），付章　私の校長職21の心得（「ゴールかスタートか」，「闘う校長」ほか）

内容　『あねさきの風』の執筆者，白鳥秀幸校長の次の赴任先は千葉県立幕張総合高校（幕総・まくそう）だった。幕総は県下随一の生徒数・教員数を誇る、超大規模校である。看護科・専攻科も併設し，生徒はもちろん，教員をまとめあげ，改革を実現するには，様々な壁が立ちはだかった。本書はその3年間の改革の記録を辿った。また，白鳥校長の6年間の管理職経験を踏まえた「校長の心得21」も収録。

◆幕張西高等学校

『「学園のまち高校」創立五周年記念誌』「学園のまち高校」創立五周年記念誌編集委員会編集　千葉　千葉県立幕張東高等学校　1986.3　1冊　31cm〈共同刊行：千葉県立幕張西高等学校，千葉県立幕張北高等学校〉Ⓝ376.48

『創立十周年記念誌（共通編）』千葉県立幕張東高等学校，千葉県立幕張西高等学校，千葉県立幕張北高等学校編集　千葉　千葉県立幕張東高等学校　1990.11　85p　27cm〈奥付の書名：「学園のまち」高等学校創立十周年記念誌，背の書名：創立十周年記念誌〉Ⓝ376.48

『透明に』千葉県立幕張西高等学校編集　千葉　千葉県立幕張西高等学校　1990.11　152p　27cm〈奥付・背の書名：創立十周年記念誌〉Ⓝ376.48

『幕張三校6年のあゆみ』千葉県立幕張東高等学校ほか編集　千葉　千葉県立幕張東高等学校　1996　197p　30cm〈共同刊行：千葉県立幕張西高等学校，千葉県立幕張北高等学校　沿革の概要：章頭〉Ⓝ376.48

◆幕張東高等学校

『「学園のまち高校」創立五周年記念誌』「学園のまち高校」創立五周年記念誌編集委員会編集　千葉　千葉県立幕張東高等学校　1986.3　1冊　31cm〈共同刊行：千葉県立幕張西高等学校，千葉県立幕張北高等学校〉Ⓝ376.48

『創立十周年記念誌（共通編）』千葉県立幕張東高等学校，千葉県立幕張西高等学校，千葉県立幕張北高等学校編集　千葉　千葉県立幕張東高等学校　1990.11　85p　27cm〈奥付の書名：「学園のまち」高等学校創立十周年記念誌，背の書名：創立十周年記念誌〉Ⓝ376.48

『蒼穹』千葉県立幕張東高等学校編集　千葉　千葉県立幕張東高等学校　1990.11　144p　27cm〈奥付・背の書名：創立十周年記念誌〉Ⓝ376.48

『幕張三校6年のあゆみ』千葉県立幕張東高等学校ほか編集　千葉　千葉県立幕張東高等学校　1996　197p　30cm〈共同刊行：千葉県立幕張西高等学校，千葉県立幕張北高等学校　沿革の概要：章頭〉Ⓝ376.48

千葉県

◆松尾高等学校

『桔梗が丘六十年史』千葉県立松尾高等学校編　松尾町（千葉県）　千葉県立松尾高等学校　1973.3　818p　図版8枚　27cm　非売品　Ⓝ376.48

『創立七十五年史』千葉県立松尾高等学校編集　松尾町（千葉県）　千葉県立松尾高等学校　1984　240p　27cm〈書名は奥付・背による．標題紙の書名：松籟〉Ⓝ376.48

『創立九十周年記念誌——十五年小史』創立九十周年記念誌編集委員会編　松尾町（千葉県）［千葉県立松尾高等学校］　2000.3　216p　図版4枚　26cm〈布装〉Ⓝ376.48

『創立百周年記念誌——千葉県立松尾高等学校』千葉県立松尾高等学校編集　松尾町（千葉県）　千葉県立松尾高等学校　2010.9　278p　図版10枚　27cm〈布装〉Ⓝ376.48

◆松戸高等学校

『創立九十周年記念誌』千葉県立松戸高等学校創立90周年記念事業実行委員会編　松戸　千葉県立松戸高等学校　2010.3　134p　30cm〈書誌注記：年表あり〉Ⓝ376.48

『千葉県立松戸高等学校創立100周年記念誌』千葉県立松戸高等学校編集　松戸　千葉県立松戸高等学校　2020.3　148p　30cm〈書誌注記：年表あり〉Ⓝ376.48

◆松戸秋山高等学校

『千葉県立松戸秋山高等学校創立25周年記念誌』千葉県立松戸秋山高等学校創立25周年記念誌編集委員会編　松戸　千葉県立松戸秋山高等学校　2009.3　132p　30cm　Ⓝ376.48

◆松戸向陽高等学校

『向学・自立・共生——創立10周年記念誌』松戸　千葉県立松戸向陽高等学校　2022.2　119p　30cm〈沿革：p198〉Ⓝ376.48

『千葉県立松戸向陽高等学校創立10周年記念誌』松戸　千葉県立松戸向陽高等学校　2022.2　119p　30cm〈沿革：p198〉Ⓝ376.48

◆松戸国際高等学校

『20年のあゆみ』千葉県立松戸東高等学校20年記録誌編集委員会編　松戸　千葉県立松戸国際高等学校　1994.10　107p　30cm〈20年の沿革：p1〜13〉Ⓝ376.48

『創立30周年・校名改称10周年記念誌』千葉県立松戸国際高等学校記念誌編集委員会編　松戸　千葉県立松戸国際高等学校創立30周年校名改称10周年記念事業実行委員会　2005.3　184p　30cm　Ⓝ376.48

◆松戸馬橋高等学校

『千葉県立松戸馬橋高等学校創立30周年記念誌』千葉県立松戸馬橋高等学校編集　松戸　千葉県立松戸馬橋高等学校　2011.3　133p　30cm　Ⓝ376.48

『創立40周年記念誌』松戸　千葉県立松戸馬橋高等学校　2021.1　119p　30cm〈書誌注記：年表あり　部分タイトル：千葉県立松戸馬橋高等学校創立40周年記念誌〉Ⓝ376.48

◆松戸南高等学校

『十年の歩み』千葉県立松戸南高等学校十周年記念誌編集委員会編集　松戸　千葉県立松戸南高等学校十周年記念誌編集委員会　1986.4　108p　図版12p　26cm〈沿革略史・年表：p1〜17〉Ⓝ376.48

『二十年の歩み』千葉県立松戸南高等学校編集　松戸　千葉県立松戸南高等学校　1996.11　107p　27cm〈布装〉Ⓝ376.48

『櫻梅桃李——全日制の課程閉課程記念誌』全日制閉課程記念事業実行委員会編　松戸　千葉県立松戸南高等学校　2014.3　88p　26cm〈書誌注記：年表あり〉Ⓝ376.48

◆松戸六実高等学校

『創立十年』千葉県立松戸六実高等学校編集　松戸　千葉県立松戸六実高等学校　1987.11　202p　22cm　Ⓝ376.48

◆松戸矢切高等学校

『松戸矢切高校十周年記念誌』千葉県立松戸矢切高等学校編集　松戸　千葉県立松戸矢切高等学校　1989.11　256p　図版14p　26cm〈書名は奥付・背による．標題紙の書名：十周年記念誌，表紙の書名：やきり〉Ⓝ376.48

『創立25周年記念誌千葉県立松戸矢切高等学校』創立25周年記念誌編集委員会編　松戸　千葉県立松戸矢切高等学校　2004.8　207p　図版5枚　27cm〈奥付の書名：千葉県立松戸矢切高等学校創立25周年記念誌，背・表紙の書名：創立25周年記念誌〉Ⓝ376.48

◆実籾高等学校

『創立十周年記念誌』千葉県立実籾高等学校「創立十周年記念誌」出版委員会編集　習志野　千葉県立実籾高等学校　1994.3　136p　27cm　Ⓝ376.48

◆茂原高等学校

『創立70周年記念誌』創立七〇周年記念誌編集委員会編集　茂原　千葉県立茂原高等学校創立七〇周年記念事業実行委員会　1976.3　128p　27cm　Ⓝ376.48

『信頼される校長像―学校は生徒のためにある』立石四郎著　新樹社　1977.11　241p 図 肖像　19cm　1500円　Ⓝ374.3

『茂原高小史―70周年より80周年へ』記念誌編集委員会編集　茂原　千葉県立茂原高等学校創立八〇周年記念事業実行委員会　1982　235p 図版6枚　21cm〈十年の歩み：p63～75〉Ⓝ376.48

『創立九十周年記念誌―昭和五十七年度～平成三年度』記念誌編集委員会編集　茂原　千葉県立茂原高等学校創立九〇周年記念事業実行委員会　1992　214p 図版12p　27cm〈付：道友タイムス（32枚）十年譜：p52～71〉Ⓝ376.48

『創立百年史』千葉県立茂原高等学校記念誌編纂委員会編集　茂原　千葉県立茂原高等学校創立百周年記念事業実行委員会　2003.5　398p　31cm〈年表あり〉Ⓝ376.48

『千葉県立茂原高等学校創立110周年記念誌』千葉県立茂原高等学校記念誌作成委員会編集　茂原　千葉県立茂原高等学校　2012.10　169p　30cm　Ⓝ376.48

『千葉県立茂原高等学校創立120周年記念誌』千葉県立茂原高等学校記念誌作成委員会編集　茂原　千葉県立茂原高等学校　2022.10　100p　30cm〈書誌注記：年表あり〉Ⓝ376.48

◆茂原工業高等学校

『創立10周年記念誌』千葉県立茂原工業高等学校記念誌編集委員会編集　茂原　千葉県立茂原工業高等学校　1973.6　208p　21cm〈沿革年表：p21～38〉Ⓝ376.48

『創立25周年記念誌』創立25周年記念誌編集委員会編集　茂原　千葉県立茂原工業高等学校創立25周年記念事業実行委員会　1989.3　177p　31cm　Ⓝ376.48

◆茂原農業高等学校

『茂農の歴史』千葉県立茂原農業高等学校創立八十五周年校舎落成記念事業推進委員会記念誌部編集　茂原　千葉県立茂原農業高等学校　1979.11　530p　27cm〈略年表：p20～22〉Ⓝ376.48

『専攻科の二十年―農業の未来を拓く』千葉県立茂原農業高等学校編　茂原　千葉県立茂原農業高等学校農業特別専攻科二十周年記念実行委員会　1989.11　222p　27cm〈背の書名：専攻科二十周年記念誌　年表：p200～219〉Ⓝ376.48

『茂農の歴史百年』創立百周年記念誌編纂委員会記念誌編集部編　茂原　千葉県立茂原農業高等学校創立百周年記念事業実行委員会　1997.2　1481p　27cm　Ⓝ376.48

◆薬園台高等学校

『創立三十年史』千葉県立薬園台高等学校「三十周年記念誌」編集委員会編集　船橋　千葉県立薬園台高等学校　1992.10　319p　27cm　Ⓝ376.48

◆八街高等学校

『創立五十周年記念誌』千葉県立八街高等学校編集　八街　千葉県立八街高等学校　1997.2　239p　27cm　Ⓝ376.48

『創立七十周年記念誌』千葉県立八街高等学校編　八街　千葉県立八街高等学校　2017.3　215p　30cm〈書誌注記：年表あり〉Ⓝ376.48

◆八千代高等学校

『光よ若き花に降れ―開校三十四周年・独立二十周年』千葉県立八千代高等学校編　八千代　千葉県立八千代高等学校　1986.4　441p　22cm　Ⓝ376.4

『三十周年記念誌』千葉県立八千代高等学校編集　八千代　千葉県立八千代高等学校　1997.11　46p　26cm〈奥付の書名：開校四十四周年・独立三十周年記念誌　沿革概要：p2～4, 十年を振り返る（昭和六十一年度–平成七年度）：p6～15〉Ⓝ376.48

『千葉県立八千代高等学校開校64周年独立50周年記念誌』千葉県立八千代高等学校開校六十四周年独立五十周年記念誌校内編纂委員会編集　八千代　千葉県立八千代高等学校　2018.3　252p　30cm　Ⓝ376.48

◆八千代西高等学校

『創立三十周年記念誌』千葉県立八千代西高等学校創立30周年記念誌編集委員会編　八千代　千葉県立八千代西高等学校　2010.10　129p　26cm〈奥付のタイトル：千葉県立八千代西高等学校創立30周年記念誌　年表あり〉Ⓝ376.48

『千葉県立八千代西高等学校創立40周年記念誌』千葉県立八千代西高等学校創立40周年記念誌編集委員会編集　八千代　千葉県立八千代西高等学校　2021.3　94p　30cm〈年譜：p2-21〉Ⓝ376.48

◆八千代東高等学校

『創立十周年記念誌』千葉県立八千代東高等学校編集　八千代　千葉県立八千代東高等学校　1987.11　133p 図版12p　27cm〈沿革年表：p3～21〉Ⓝ376.48

『創立二十周年記念誌』千葉県立八千代東高等学校編集　八千代　千葉県立八千代東高等学校　1997.12　146p 図版10p　26cm〈沿革年表：p2～3〉Ⓝ376.48

『創立三十周年記念誌』千葉県立八千代東高等学校創立三十周年記念誌編集委員会編集　八千代　千葉県立八千代東高等学校　2008.3　92p　30cm　Ⓝ376.48

◆四街道高等学校

『校舎落成記念―千葉県立四街道高等学校』記念行事準備委員会編集　四街道　千葉県立四街道高等学校　1976.10　105p　26cm〈沿革史略年表：p88～98〉Ⓝ376.48

『えのき―千葉県立四街道高等学校創立五十周年記念誌』千葉県立四街道高等学校編集　四街道　千葉県立四街道高等学校　2001.11　129p　31cm〈奥付の書名：千葉県立四街道高等学校50周年記念誌〉Ⓝ376.48

◆四街道北高等学校

『五年のあゆみ―創立五周年記念誌』千葉県立四街道北高等学校編集　四街道　千葉県立四街道北高等学校　1990.11　182p 図版12p　27cm〈学校沿革概要：p143～145〉Ⓝ376.48

『十年のあゆみ―創立十周年記念誌』千葉県立四街道北高等学校編集　四街道　千葉県立四街道北高等学校　1995.10　199p 図版16p　27cm〈背の書名：創立十周年記念誌十年のあゆみ　創立十周年の歩み：p9～36，学校沿革概要：p161～163〉Ⓝ376.48

◆麗澤高等学校

『写真で語る麗澤高等学校50年の歩み―1948～1998』「50周年記念誌」制作委員会編　柏　麗澤高等学校　1998.10　160p　31cm　Ⓝ376.48

◆若葉看護高等学校

『命のまもり手たち―10年のあゆみ』千葉県立若葉看護高等学校編集　千葉　千葉県立若葉看護高等学校　1994　113p　26cm　Ⓝ376.48

◆若松高等学校

『創立十周年記念誌』千葉県立若松高等学校編　千葉　千葉県立若松高等学校　1986　236p　27cm〈沿革：p101～128〉Ⓝ376.48

『創立二十周年記念誌』千葉県立若松高等学校編　千葉　千葉県立若松高等学校　1997.3　236p　27cm〈学校の沿革：p47～66〉Ⓝ376.48

東京都

◆青井高等学校

『開校記念誌』東京都立青井高等学校編　東京　都立青井高等学校　1979.6　24p　26cm〈編集：日下部美由伎ほか〉Ⓝ376.48

◆青山高等学校

『都立青山高等学校地理部四〇年誌』都立青山高等学校地理部四〇年誌編集委員会編　横浜　都立青山高等学校地理部OB会　1986.1　144p　21cm　Ⓝ375.18

『創立50周年記念―東京都立青山高等学校』創立50周年記念誌編集委員会編　東京都立青山高等学校　1990.10　212p　27cm〈書誌注記：年表あり〉Ⓝ376.48

◆青山学院高等部

『青山学院高等部30年史』青山学院高等部　1980.11　239p 図版22枚　21cm　Ⓝ376.4

『青山学院高等部50年』青山学院高等部　1999.11　224p　26cm　Ⓝ376.48

◆赤坂高等学校

『70年の歩み』70周年記念誌編集委員会編集

東京都立赤坂高等学校　2003.11　96p　30cm　Ⓝ376.48

◆赤羽商業高等学校

『東京都立赤羽商業高等学校創立二十周年記念誌』創立20周年記念誌編集委員編集　東京都立赤羽商業高等学校　1983　54p　26cm〈書名は背による.奥付・表紙の書名：創立20周年記念誌〉Ⓝ376.48

『創立三十周年記念誌』東京都立赤羽商業高等学校編　東京都立赤羽商業高等学校　1993.10　97p　26cm〈折り込2枚　年表あり〉Ⓝ376.48

『創立40周年記念誌』東京都立赤羽商業高等学校編　東京都立赤羽商業高等学校　2004.3　47p　30cm〈年表あり〉Ⓝ376.48

◆秋川高等学校

『秋川物語―全寮制高校長の手記』増田信著　学事出版　1980.3　269p　19cm　1500円　Ⓝ376.4

『まだ生きてる本音の教育―全寮制都立秋川高校』宗方俊遠著　三水社　1984.12　213p　19cm　1000円　①4-915607-05-4　Ⓝ376.4

『全寮制秋川高校の25年―東京都立秋川高等学校創立25周年記念誌』秋川　東京都立秋川高等学校　1990.3　156p　26cm　Ⓝ376.4

『秋川だより36年のあゆみ―閉校記念誌』秋川だより閉校記念誌刊行委員会編集　あきる野　全寮制東京都立秋川高等学校あけぼのの会　2001　1冊　30cm　Ⓝ376.48

『全寮制秋川高校の36年―閉校記念誌』東京都立秋川高等学校編　あきる野　東京都立秋川高等学校　2001.3　274p　31cm　Ⓝ376.48

『都立秋川高校玉成寮のサムライたち』岩崎充益著　パピルスあい　2015.1　216p　21cm〈書誌注記：文献あり　出版者注記：社会評論社（発売）〉1700円　①978-4-7845-9120-6　Ⓝ376.48

目次　第1部　全寮制東京都立秋川高校の盛衰（目ざせ日本のイートン校,苦悩の全寮制教育）,第2部　なぜ全寮制秋川高校は閉校したか,第3部　公立全寮制中高一貫校の成功に向けて

内容　わたしたちはメタセコイア並木の保存をお願いしています。全寮制東京都立秋川高校の36年間をふり返り、全寮制教育の意義と可能性を探る。

◆秋留台高等学校

『秋留台―東京都立秋留台高等学校開校記念誌』東京都立秋留台高等学校編集　秋川　東京都立秋留台高等学校　1979.6　16p　26cm　Ⓝ376.48

『創立二十周年記念誌』東京都立秋留台高等学校二十周年記念誌編集委員会編集　あきる野　東京都立秋留台高等学校　1996.11　100p　30cm〈書名は奥付・背による.表紙の書名：二十周年記念　秋留台の二十年のあゆみ：p14～29〉Ⓝ376.48

◆麻布高等学校

『大めてお』麻布学園天文部著者連合著　麻布学園天文部　1988.5　347p　26cm（天文新書1）〈謄写版〉500円　Ⓝ442

『麻布学園の一〇〇年』麻布学園百年史編纂委員会編　麻布学園麻布中学校・麻布高等学校　1995.10　3冊　27cm　Ⓝ376.4

『自由なる精神―麻布学園各界OBと語る』岡本比呂志編　近代文芸社　1995.11　278p　20cm〈創立100周年記念　述：中山素平ほか〉1800円　①4-7733-5324-4　Ⓝ376.4

内容　多士済々の麻布学園OBが、今、青春の日々とその自由なる精神を回想し、さらに日本の経済・政治・文化・教育・マスコミを縦横無尽に語る。

『わが子の未来を拓く―中高一貫名門校・選択の指針』二見喜章著　小学館　2000.5　286p　15cm（小学館文庫）600円　①4-09-417381-1

目次　序章　国の将来は「教育の在り方」で決まる,開成学園型―本物志向で「文武両道」を教育指導の根幹に据える,麻布学園／灘校型―「自由な校風」だが、教育指導の基本を豊かな「知性」の習得に置く,ラ・サール学園／栄光学園型―人間教育を基本としながら「進学指導」に重点を置く,桜蔭学園型―「女性の在り方」を教えつつ、自立、自己主張ができ、広く活躍する女性の育成に力を入れる,白百合学園型―豊かでバランス感覚のいい「知性と教養ある女子の育成」を目指す教育指導,終章　女子教育の成否が「国の将来」を決める

内容　どの学校を選ぶかで、子どもの未来は大きく変わる。偏差値教育の弊害が叫ばれる今、多くの親は"子どもの個性を伸ばしたい""子どもにいきいきとした人生を送ってほしい"と願っている。学歴社会崩壊の時代だからこそ、より慎重な学校選びが必要になっているのだ。なぜ今、名門校なのか。筆者は言う。「教育の目的や本質は『人間の優秀性の開発』と『人間性の陶冶育成』にある」と。本書は綿密な取材をもとに、それを可能にする中高一貫校の教育理念を浮き彫りにする。

『ぼくたちは冒険する―麻布生の異文化体験記』麻布学園国際交流委員会編　麻布中学校　2002.10　266p　18cm（麻布文庫6）〈出版者注記：麻布高等学校〉Ⓝ376.489

東京都

『佐野鼎と江原素六―開成高校と麻布高校を創立した静岡県出身者たち』磯部博平著　清水磯部出版　2003.11　50p　26cm

『かしこいお母さんに読んでほしい麻布の教育―なぜ、麻布学園出身者は卒業後に強いのか』佐藤勝監修　イースト・プレス　2005.10　209p　19cm　1400円　Ⓘ4-87257-616-0　Ⓝ376.31

[内容]価値ある大人をつくる教育とは？　いま、注目を集める「中高一貫教育」を半世紀以上続けてきた麻布学園から学ぶ。

『麻布の教育―なぜ、麻布学園出身者は卒業後に強いのか』改訂新版　佐藤勝監修　青志社　2008.10　245p　19cm〈イースト・プレス2005年刊の増訂〉1300円　Ⓘ978-4-903853-39-0　Ⓝ376.31361

[内容]難関大学合格者数を誇る中高一貫校は数多(あまた)ある。しかし、これして第一線で活躍する多士済々が巣立った学校は「麻布」をおいて他にあるだろうか。芯のある大人をつくる教育とは？　トップクラスの人材を輩出する「麻布の法則」。

『麻布中学校・高等学校―中学受験注目校の素顔』おおたとしまさ著　ダイヤモンド・ビッグ社　2013.10　178p　19cm〈学校研究シリーズ 002〉〈書誌注記：文献あり　出版者注記：ダイヤモンド社（発売）〉950円　Ⓘ978-4-478-04485-8　Ⓝ376.31361

[目次]卒業生インタビュー　麻布ってどんな学校？，第1章 麻布という学校，第2章 麻布が目指す人物像，第3章 麻布の授業，第4章 麻布のカリキュラム，第5章 麻布の日常風景

『麻布アメフト部員が育つまで―と、母が見た麻布』武部純子著　エール出版社　2014.7　190p　19cm（[YELL books]）1500円　Ⓘ978-4-7539-3262-7　Ⓝ376.31361

[内容]そして子どもたちは東大・京大・医学部・早慶へ。麻布学園ってどんな学校？　保護者の実際の経験から明らかにする唯一の書。

『「謎」の進学校麻布の教え』神田憲行著　集英社　2014.10　248p　18cm（集英社新書 0758）759円　Ⓘ978-4-08-720758-3　Ⓝ376.31361

[内容]灘、開成、筑駒…東京大学合格者数ランキングの「常連校」は数多く存在する。しかし、五〇年以上トップ10に名を連ねる校長は「東大入試のために六年間も使うのはバカバカしい」と断言して憚らない。校則も無ければ、大学現役合格にもこだわらない。いわゆる「進学校」のイメージを裏切り続ける麻布。独自の教育と魅力を解き明かすべく、現役の生徒から図書館司書、保健室の先生、麻布が輩出した各界OBの証言までを徹底取材！

『戦時下麻布生のオーラルヒストリー―1937-1949：麻布とはどのような学校か現在と未来の麻布生へ』大江洋代著　麻布中学校　2015.8　209p　18cm（麻布文庫 16）〈共同刊行：麻布高等学校〉Ⓝ376.31361

『男子御三家―なぜ一流が育つのか』おおたとしまさ著　中央公論新社　2016.2　246p　18cm（中公新書ラクレ 547）800円　Ⓘ978-4-12-150547-7　Ⓝ376.31361

[内容]伝統ある名門中高一貫校の「男子御三家」は、個性は違うがどことなく似ている。超進学校ゆえに「詰め込み式の受験予備校」と誤解されがちだが、実は揺るぎない建学精神と「真のゆとり教育」があるからこそ、一流が育つのだ。全国の学校を駆けめぐる著者が、その強さの秘密に迫る。

『男子御三家―麻布・開成・武蔵の真実』矢野耕平著　文藝春秋　2019.11　252p　18cm（文春新書 1139）〈書誌注記：文献あり〉900円　Ⓘ978-4-16-661139-3　Ⓝ376.31361

[内容]最難関大学に毎年数多くの合格者を送り込み、高度成長期以降、受験界で名を轟かせてきた「男子御三家」。三校とも非常に個性的な教育をおこなうことでも有名だ。中学受験塾の講師として25年以上にわたって指導してきた著者が、エリートたちの真の姿を解き明かす。

『麻布という不治の病―めんどくさい超進学校』おおたとしまさ著　小学館　2020.10　301p　18cm（小学館新書 383）〈書誌注記：文献あり〉880円　Ⓘ978-4-09-825383-8　Ⓝ376.31361

[内容]東京都港区にある麻布中学校・高等学校は「自由な学校」の代名詞として知られる。六〇年以上東大合格者数トップ一〇でありながら、底抜けに自由な校風という「ギャップ萌え」が魅力の超進学校だ。ただ、それは表面的イメージにすぎない。本当の「麻布らしさ」とは何か。それを感じ取るため、麻布OBの著者が九人の超個性的な卒業生たちに話を聞いた。そこから「いい学校とは何か？」「いい教育とは何か？」という普遍的な問いに迫る。

◆足立工業高等学校

『足立工高の歩み―創立三十五周年・新校舎落成記念誌』記念誌編集委員会編　東京都立足立工業高等学校　1997.11　139p　30cm〈書誌注記：年表あり〉Ⓝ376.48

『足工のあゆみ―東京都立足立工業高校創立40周年記念誌』創立40周年記念誌検討委員会編集　東京都立足立工業高等学校　2003.3　70p　30cm　Ⓝ376.48

『東京都立足立工業高等高校50周年記念誌』東京都立足立工業高等学校　[2012]　132p　31cm〈書誌注記：年表あり　タイトルは奥付による〉Ⓝ376.48

東京都

『東京都立足立工業高等学校創立六十周年記念誌』東京都立足立工業高等学校創立六十周年記念誌編集委員会編集　東京都立足立工業高等学校　2022.12　47p　30cm〈表紙のタイトル：創立60周年記念誌　年表あり〉Ⓝ376.48

◆足立東高等学校

『開校記念誌』東京都立足立東高等学校開校記念誌編集委員会編集　東京都立足立東高等学校　1978.9　20p　26cm　Ⓝ376.48

◆跡見学園高等学校

『跡見専攻科の歩み―昭和21年（1946）4月～昭和26年（1951）3月』跡見専攻科の歩み編集委員会　1999.5　78p　26cm　Ⓝ376.48

『跡見学園謡曲仕舞部55年の歩み』徳住篤編　徳住篤　2012.12　73p　26cm〈観世寿夫先生33回忌浅井文義先生跡見ご指導33年記念〉Ⓝ773.06

『跡見ワンダーフォーゲル部の記録』跡見学園中高ワンダーフォーゲル部OG会ワンゲル文集作成の会作成　清水素子　2020.12　70p　30cm〈書誌注記：年表あり　編集：清水素子〉Ⓝ786.1

◆荒川工業高等学校

『記念誌―東京都立荒川工業高等学校定時制55周年・全日制40周年』東京都立荒川工業高等学校「定時制55周年・全日制40周年記念事業実行委員会」編　東京都立荒川工業高等学校　2003.11　78p　30cm〈書誌注記：年表あり　標題紙のタイトル：創立定時制55周年全日制40周年記念誌〉Ⓝ376.48

『記念誌―東京都立荒川工業高等学校全日制50周年・定時制65周年』東京都立荒川工業高等学校「全日制50周年・定時制65周年周年行事実行委員会」編　東京都立荒川工業高等学校　2013.11　70p　30cm〈書誌注記：年表あり　表紙のタイトル：創立全日制50周年定時制65周年記念誌〉Ⓝ376.48

◆荒川商業高等学校

『蝸牛―記念誌』「全日制二十五周年・定時制七十周年・新校舎落成等」記念誌編集部編　東京都立荒川商業高等学校　1986.11　112p　26cm〈全日制創立25周年・定時制創立70周年・新校舎落成〉Ⓝ376.48

◆郁文館高等学校

『郁文館学園九十年史』郁文館学園九十年史編集委員会編　郁文館学園　1978.11　337p　図版22枚　22cm　非売品　Ⓝ376.4

『百年の歩み―創立100周年記念写真集』郁文館学園100年史編集委員会編　郁文館学園　1988.11　166p　27cm　Ⓝ376.4

『郁文館学園百年史』郁文館学園百年史編纂委員会編　郁文館学園　1989.2　574p　23cm　Ⓝ376.4

『さあ、学校をはじめよう―子どもを幸福にする青年社長の教育改革600日』渡邉美樹著　ビジネス社　2004.11　245p　20cm〈年表あり〉1500円　①4-8284-1158-5　Ⓝ376.41361

目次　第1章　さあ、学校をはじめよう、第2章　瀕死の学校が蘇った、第3章　子供たちに夢を、第4章　教師たちよ、目を覚ませ、第5章　生まれ変わる学校、第6章　そして、夢の学び舎へ

内容　設立わずか10年余りで東証1部上場企業になった居酒屋チェーン「和民」の社長・渡邉美樹。彼の企業家としての業績は、作家高杉良の『青年社長』のモデルになったことでも有名である。また、著作『社員への３０通の手紙』などはベストセラーとなった。その渡邉が学校再建、教育改革のために私財30億円を投入する。その動機は？　そして明らかになる私学経営者の無知無能。ぬるま湯につかった教師のだめっぷり。毎日600人が遅刻する生徒のしつけの悪さ。そんななか大鉈をふるって学校を変えていく改革の手際の良さとテクニック。日本の教育改革はこの学校から始まるといって過言ではない。学校関係者や保護者はもちろん経営者・ビジネスマンにも参考になるはず。

◆五日市高等学校

『東京都立五日市高等学校創立五十周年記念誌』あきる野　東京都立五日市高等学校　1999.3　255p　図版12枚　30cm　Ⓝ376.48

◆稲城高等学校

『第1回生を迎える―開設準備4か月の記録』東京都立稲城高等学校編　東京都立稲城高等学校　1977　95p　26cm　Ⓝ376.48

『稲城―東京都立稲城高等学校開校記念誌』東京都立稲城高等学校編　稲城　東京都立稲城高等学校　［1978］　20p　26cm　Ⓝ376.48

『創立十周年記念誌』東京都立稲城高等学校創立十周年記念誌編集委員会編　稲城　東京都立稲城高等学校　1986.11　72p　26cm　Ⓝ376.48

『窓―東京都立稲城高等学校―創立20周年記念誌―』20周年記念誌編集委員会編集　稲城

都道府県から引く　高等学校史・活動史目録

東京都立稲城高等学校 1996 79p 30cm
Ⓝ376.48

『稲城―閉校誌』稲城高等学校の閉校を記念とする会編集 稲城 稲城高等学校の閉校を記念とする会 2004.3 125, 9p 30cm〈年表あり〉Ⓝ376.48

◆岩倉高等学校

『岩倉のあゆみ―明治・大正・昭和』明昭学園岩倉高等学校 1985.6 280p 27cm〈執筆：原田勝正ほか 折り込図4枚〉非売品 Ⓝ376.4

『岩倉高等学校120年史―未来を拓く120th anniversary新生・岩倉のあゆみ』明昭学園岩倉高等学校 2017.6 79p 26cm〈書誌注記：年表あり〉Ⓝ376.48

◆上野高等学校

『創立50周年』東京都立上野高等学校編 東京都立上野高等学校創立50周年記念行事実行委員会 1974 48p 26cm〈奥付の書名：創立50周年記念誌〉Ⓝ376.48

『うえの―創立七十周年記念誌、全日制、定時制創立七十周年通信制課程四十六周年記念誌』東京都立上野高等学校創立七十周年記念誌編集委員会編集 東京都立上野高等学校創立七十周年記念誌編集委員会 1994.11 232p 26cm〈年表あり〉Ⓝ376.48

『創立八十周年記念誌』創立八十周年記念誌編集委員会編集 東京都立上野高等学校 2004.11 174p 図版10p 26cm〈年表あり〉Ⓝ376.48

◆永福高等学校

『永福高等学校開校記念誌』東京都立永福高等学校開校記念誌編集委員会編集 東京都立永福高等学校 1981.10 12p 26cm〈タイトルは奥付による．表紙のタイトル：開校記念誌〉Ⓝ376.48

『創立十周年記念誌―1978-1988』創立十周年記念誌編集委員会編集 東京都立永福高等学校 1988.11 72p 26cm〈年表あり〉Ⓝ376.48

『東京都立永福高等学校創立二十周年記念誌』創立二十周年記念誌編集委員会編集 東京都立永福高等学校 1998.11 62p 〈タイトルは奥付による．標題紙のタイトル：東京都立永福高等学校創立20周年記念誌，表紙のタイトル：永福，背のタイトル：創立二十周年記念誌 年表あり〉Ⓝ376.48

◆江戸川高等学校

『東京都立江戸川高等学校創立五十周年記念誌―河水洋洋』東京都立江戸川高等学校 1990.11 152p 図版 8p 26cm〈書誌注記：年表あり〉Ⓝ376.48

『創立60周年記念誌』東京都立江戸川高等学校編 東京都立江戸川高等学校 2000.11 91p 30cm〈奥付のタイトル：東京都立江戸川高等学校創立60周年記念誌 年表あり〉Ⓝ376.48

◆桜蔭高等学校

『桜蔭学園東大にいちばん近い女子校―東大女子入学トップの秘密』大隈秀夫著 ダイワアート 1985.3 228p 19cm 1200円 Ⓝ376.4

『わが子の未来を拓く―中高一貫名門校・選択の指針』二見喜章著 小学館 2000.5 286p 15cm（小学館文庫）600円 ①4-09-417381-1

目次 序章 国の将来は「教育の在り方」で決まる，開成学園型―本物志向で「文武両道」を教育指導の根幹に据える，麻布学園/灘校型―「自由な校風」だが，教育指導の基本を豊かな「知性」の習得に置く，ラ・サール学園/栄光学園型―人間教育を基本としながら「進学指導」に重点を置く，桜蔭学園型―「女性の在り方」を教えつつ，自立し，自己主張ができ，広く活躍する女性の育成に力を入れる，白百合学園型―豊かでバランス感覚のいい「知性と教養ある女子の育成」を目指す教育指導，終章 女子教育の成否が「国の将来」を決める

内容 どの学校を選ぶかで，子どもの未来は大きく変わる．偏差値教育の弊害が叫ばれる今，多くの親は"子どもの個性を伸ばしたい""子どもにいきいきとした人生を送ってほしい"と願っている．学歴社会崩壊の時代だからこそ，より慎重な学校選びが必要になっているのだ．なぜ今，名門校なのか．筆者は言う．「教育の目的や本質は『人間の優秀性の開発』と『人間性の陶冶育成』にある」と．本書は綿密な取材をもとに，それを可能とする中間一貫校の教育理念を浮き彫りにする．

『女子御三家―桜蔭・女子学院・雙葉の秘密』矢野耕平著 文藝春秋 2015.10 219p 18cm（文春新書 1051）〈書誌注記：文献あり〉760円 ①978-4-16-661051-8 Ⓝ376.4136

目次 序章 女子御三家とはなにか（女子御三家の人たち，トップレベルの偏差値 ほか），第1章 桜蔭―圧倒的な東大合格率の理由（桜蔭坂を上る，厳かな本館で「礼法」の手ほどきを ほか），第2章 女子学院（JG）―日本一自由な女子校（チャイムにこめられた思い，JGは"マイナーメジャー" ほか），第3章 雙葉―お嬢様のリアル（憧れのセーラー服，元祖は横浜雙葉 ほか），終章 女子御三家は変わらない（強烈な個性を放つ女子御三家，女子御三家の力とはほか）

内容 難関大学に合格者を多数輩出しながらも受験

勉強に特化した教育とは対極の個性豊かな六年間を謳歌する彼女たち。その強さの秘密はどこにあるのか？ 最高峰の女子校の真実に迫る！

◆桜華女学院高等学校

『あゆみ―創立50周年記念誌 1958～2008』東村山 桜華女学院高等学校 2008.11 107p 31cm〈年表あり〉Ⓝ376.48

◆王子工業高等学校

『王工60年のあゆみ―意気と希望，1941～2001』東京都立王子工業高等学校編 東京都立王子工業高等学校 ［2002］ 82p 30cm〈年表あり〉Ⓝ376.48

◆桜美林高等学校

『真紅の大旆を手にして―汗と涙の桜美林高の栄光！』佐藤保著 ベースボール・マガジン社 1977.6 341p 図 19cm 850円 Ⓝ783.7

『1976年桜美林高校―イエスイエスイエスと叫ぼうよ』菊地高弘著 ベースボール・マガジン社 2021.10 271p 19cm（再検証夏の甲子園激闘の記憶）〈書誌注記：文献あり〉 1600円 ①978-4-583-11408-8 Ⓝ783.7

目次 第1章 個性派軍団の集結，第2章 "谷間世代" 無念の船出，第3章「もやしっ子」とは言わせない！，第4章 いざ，甲子園へ，第5章 歴史的1勝，第6章 古豪，名門を次々に撃破，第7章 快速右腕・小松を倒し4強入り，第8章 PLとの頂上決戦は延長へ，第9章 初出場全国制覇の快挙達成，第10章 オベリンナーの誇りを胸に

内容 東海大相模・原辰徳らスターが勢揃いした1976年夏の甲子園。優勝したのは初出場の伏兵・桜美林高校だった。プロ野球に進んだ者は誰ひとりとしていない。それでも，鉄の意志を持つキャプテン，泥臭さにこだわるエース，決勝戦だけ目を覚ましたラッキーボーイら個性豊かなメンバーが躍動。半世紀が経とうとする今も，その奇跡が色あせることはない。

◆鷗友学園女子高等学校

『鷗友学園60年のあゆみ―1935～1995』鷗友学園60年記念誌プロジェクト編 鷗友学園 1995.5 117p 31cm Ⓝ376.4

『鷗友学園75年のあゆみ―1935～2010』鷗友学園創立75周年記念誌委員会編 鷗友学園 2011.3 121p 31cm〈年表あり〉Ⓝ376.4

『鷗友学園女子中高の研究―教員・生徒調査から』明石要一監修 鷗友学園女子中学校高等学校 2011.3 253p 30cm〈執筆：髙野良子ほか 共同刊行：女子校研究会〉Ⓝ376.31361

『鷗友学園女子中学高等学校―中学受験注目校の素顔』おおたとしまさ著 ダイヤモンド・ビッグ社 2015.1 174p 19cm（学校研究シリーズ 007）〈書誌注記：文献あり 出版者注記：ダイヤモンド社（発売）〉1100円 ①978-4-478-04679-1 Ⓝ376.31361

目次 卒業生インタビュー 鷗友ってどんな学校？（学校法人鷗友学園特別顧問・柴田頼子さん），第1章 鷗友という学校，第2章 鷗友が目指す人物像，第3章 鷗友の授業，第4章 鷗友のカリキュラム，第5章 鷗友の日常風景

◆大泉学園高等学校

『創立20周年記念誌』創立20周年記念誌編集委員会編集 東京都立大泉学園高等学校 1999.11 88p 30cm〈奥付のタイトル：東京都立大泉学園高等学校創立20周年記念誌，背のタイトル：20周年記念誌，表紙のタイトル：東京都立大泉学園高等学校20周年記念誌 年表あり〉Ⓝ376.48

◆大崎高等学校

『大崎の八十年―創立八十周年記念誌』東京都立大崎高等学校創立八十周年記念誌編集委員会編 東京都立大崎高等学校 1991.11 160p 26cm Ⓝ376.4

『大崎の百年―創立百周年記念誌』東京都立大崎高等学校創立百周年記念誌編集委員会編 東京都立大崎高等学校 2011.10 239p 31cm〈書誌注記：年表あり〉Ⓝ376.48

◆大島高等学校

『三十年小史』大島高等学校創立30周年記念委員会編集 大島町（東京都） 東京都立大島高等学校 1974.11 42p 21cm Ⓝ376.48

『創立七十周年記念誌』東京都立大島高等学校編 大島町（東京都） 東京都立大島高等学校 ［2014］ 46p 30cm〈年表あり〉Ⓝ376.48

『東京都立大島高等学校創立80周年記念誌―Tokyo metropolitan Oshima high school』東京都立大島高等学校編 大島町（東京都） 東京都立大島高等学校 ［2023］ 45p 30cm〈年表あり〉Ⓝ376.48

◆大森高等学校

『創立四十周年・定時制三十五周年記念誌―1983』東京都立大森高等学校四十周年編集委員会編集 東京都立大森高等学校 1983.11 122p 26cm〈タイトルは背による．表紙のタイトル：創立40定時制35周年記念誌

年表あり〉非売品　Ⓝ376.48

◆大森工業高等学校

『空飛ぶ車いす―挑みつづける工業高校生　栃木県立栃木工業高等学校・愛媛県立新居浜工業高等学校・学校法人大森学園大森工業高等学校』日本社会福祉弘済会編　空飛ぶ車いすを応援する会　2004.8　267p　19cm〈東京　筒井書房（発売）〉1600円　Ⓘ4-88720-448-5　Ⓝ369.27

◆大森東高等学校

『大森東―開校記念誌』東京都立大森東高等学校開校記念誌編集委員会編集　東京都立大森東高等学校　1981.11　20p　26cm〈タイトルは表紙による．奥付のタイトル：開校記念誌〉Ⓝ376.48

『はるか宇宙へ―創立二十周年記念誌，一九九九年』二十周年記念誌編集委員会編集　東京都立大森東高等学校　1999.10　64p　30cm〈年表あり〉Ⓝ376.48

◆大山高等学校

『十年の歩み』東京都立大山高等学校，東京都立大山高等学校編　東京都立大山高等学校　1973.9　72p　図版5枚　21cm〈表紙の書名：創立十年の歩み　都立大山高等学校十年の歩み：p4～19〉Ⓝ376.48

『山高この10年―校舎落成・創立四十周年記念誌』東京都立大山高等学校編　東京都立大山高等学校　［2003.10］　66p　30cm〈年表あり〉Ⓝ376.48

◆小笠原高等学校

『びいでびいで―東京都立小笠原高等学校十周年記念誌』十周年記念行事委員会編　小笠原村　東京都立小笠原高等学校　1979.4　109p　21cm

『びいでびいで―東京都立小笠原高等学校創立40周年記念誌』創立四〇周年記念誌編集委員会編　小笠原村（東京都）東京都立小笠原高等学校　2010.3　48p　30cm

◆小川高等学校

『創立十周年記念誌―1989』十周年記念誌編集委員会編　町田　東京都立小川高等学校　1989.10　72p　26cm　Ⓝ376.48

『創立20周年記念誌』創立二十周年記念誌編集委員会編　町田　東京都立小川高等学校　1999.11　142p　26cm〈書誌注記：年表あり〉Ⓝ376.48

『創立三十周年記念誌―平成二十一年』町田　東京都立小川高等学校創立30周年記念事業実行委員会　2009.9　126p　30cm　Ⓝ376.48

◆荻窪高等学校

『東京都立荻窪高等学校定時制課程閉課程記念誌』東京都立荻窪高等学校定時制課程閉課程実施委員会　2010.3　46p　30cm〈表紙のタイトル：閉課程記念誌　年表あり〉Ⓝ376.48

◆お茶の水女子大学附属高等学校

『お茶の水女子大学附属高等学校創立百周年記念誌』お茶の水女子大学附属高等学校創立百周年記念誌委員会編　お茶の水女子大学附属高等学校創立百周年記念誌委員会　1982.11　184p　図版［10］枚　27cm〈書誌注記：年表あり〉Ⓝ376.48

『お茶の水女子大学附属高等学校創立120周年記念誌』お茶の水女子大学附属高等学校創立120周年記念誌編集委員会編　お茶の水女子大学附属高等学校創立120周年記念誌編集委員会　2002.11　257p　図版［10］枚　27cm〈書誌注記：年表あり〉Ⓝ376.48

『創立130周年記念誌』お茶の水女子大学附属高等学校創立130周年記念事業実行委員会編　お茶の水女子大学附属高等学校創立130周年記念事業実行委員会　2012.11　295p　図版12p　26cm〈奥付のタイトル：お茶の水女子大学附属高等学校創立130周年記念誌〉Ⓝ376.48

◆海城高等学校

『百年史』百周年記念誌編集委員会編　海城学園　1991.11　1019p　図版41枚　27cm　Ⓝ376.4

『わが子の未来を拓く―中高一貫名門校・選択の指針』二見喜章著　小学館　2000.5　286p　15cm（小学館文庫）600円　Ⓘ4-09-417381-1

目次　序章　国の将来は「教育の在り方」で決まる，開成学園型―本物志向で「文武両道」を教育指導の根幹に据える，麻布学園／灘校型―「自由な校風」だが，教育指導の基本を豊かな「知性」の習得に置く，ラ・サール学園／栄光学園型―人間教育を基本としながら「進学指導」に重点を置く，桜蔭学園型―「女性の在り方」を教えつつ，自立し，自己主張ができ，広く活躍する女性の育成に力を入れる，白百合学園型―豊かでバランス感覚のいい「知性と教養ある女子の育成」を目指す教育指導，終章　女子教育の成否が「国の将来」を決める

内容　どの学校を選ぶかで，子どもの未来は大きく

変わる。偏差値教育の弊害が叫ばれる今、多くの親は"子どもの個性を伸ばしたい""子どもにいきいきとした人生を送ってほしい"と願っている。学歴社会崩壊の時代だからこそ、より慎重な学校選びが必要になっているのだ。なぜ今、名門校なのか。筆者は言う。「教育の目的や本質は『人間の優秀性の開発』と『人間性の陶冶育成』にある」と。本書は綿密な取材をもとに、それを可能とする中間一貫校の教育理念を浮き彫りにする。

『海城中学高等学校―中学受験注目校の素顔』おおたとしまさ著　ダイヤモンド・ビッグ社　2015.10　180p　19cm〈学校研究シリーズ 008〉〈書誌注記：文献あり　出版者注記：ダイヤモンド社（発売）〉1200円　①978-4-478-04798-9　Ⓝ376.31361

目次　卒業生インタビュー　海城ってどんな学校？, 第1章 海城という学校、第2章 海城が目指す人物像、第3章 海城の授業、第4章 海城のカリキュラム、第5章 海城の日常風景

◆開成高等学校

『開成の百年―1871〜1971』開成学園　1971.11　24p　26cm〈折り込図1枚〉Ⓝ376.4

『開成110―開成学園創立百十周年記念』校史委員会編　開成学園　1981.11　48p　25×25cm〈折り込図2枚〉Ⓝ376.4

『開成小誌』校史編纂委員会編　開成学園　1988.4　60p　25×25cm　Ⓝ376.4

『開成とキリスト教』榎本昌弘著　榎本事務所　1996.10　140p　19cm　1000円　Ⓝ192.1

『佐野鼎と共立学校―開成の黎明　開成学園創立130周年記念』開成学園創立130周年記念行事運営委員会校史編纂委員会編　開成学園創立130周年記念行事運営委員会校史編纂委員会　2001.11　33p　30cm　Ⓝ289.1

『佐野鼎と江原素六―開成高校と麻布高校を創立した静岡県出身者たち』磯部博平著　清水磯部出版　2003.11　50p　26cm

『開成学園男の子を伸ばす教育』芳野俊彦著　小学館　2009.11　204p　19cm　1300円　①978-4-09-840116-1　Ⓝ376.14

目次　第1章 新しい出会い（入学生宣誓、選ばれた者には責任がある ほか）、第2章 養う力（自学自習を習慣づける、生徒主体の学年旅行 ほか）、第3章 開花を待つ時間（効率的な勉強方法とは、「納得させる」お説教を ほか）、第4章 学校と家庭（家庭は大人社会の窓、フィルターをかけない ほか）

内容　中学時代に何を身に付けておけばよいかという、何事も人のせいにしない自分になったかどうか」だけです。人のせいにしない体質になった生徒は、必ず伸びます。「言われて知る」のと「すでに身に付いている」というのでは、大きな差があります。体質にしておくことが大切です。毎年東大入学者数最多の進学校、開成学園の現役校長が初めて一般向けに書き下ろした教育の根幹。

『開成学園校史資料目録　第1集』開成学園校史資料室　2011.9　22, 252, 4p　26cm　Ⓝ376.48

『ペンと剣の旗の下―開成学園創立140周年記念』開成学園140周年記念事業委員会・校史編纂委員会編　開成学園140周年記念事業委員会・校史編纂委員会　2011.11　93p　30cm〈書誌注記：年表あり〉Ⓝ376.48

『弱くても勝てます―開成高校野球部のセオリー』髙橋秀実著　新潮社　2012.9　203p　20cm　1300円　①978-4-10-473804-5　Ⓝ783.7

目次　1回 エラーの伝統、2回 理屈で守る、3回 みんな何かを待っている、4回 結果としての甲子園、5回 仮説の検証のフィードバック、6回 必要十分なプライド、7回 ドサクサコミュニケーション、8回 「は」ではなく「が」の勝負、9回 ややもすると甲子園

内容　時間、グラウンド、施設―すべてが足りない！超進学校が考えた常識破りの方法とは。

『開成中学校・高等学校―中学受験注目校の素顔』おおたとしまさ著　ダイヤモンド・ビッグ社　2013.10　174p　19cm〈学校研究シリーズ 001〉〈書誌注記：文献あり　出版者注記：ダイヤモンド社（発売）〉950円　①978-4-478-04484-1　Ⓝ376.31361

『弱くても勝てます―開成高校野球部のセオリー』髙橋秀実著　新潮社　2014.3　241p　16cm〈新潮文庫 た-86-5〉490円　①978-4-10-133555-1　Ⓝ783.7

目次　1回 エラーの伝統、2回 理屈で守る、3回 みんな何かを待っている、4回 結果としての甲子園、5回 仮説の検証のフィードバック、6回 必要十分なプライド、7回 ドサクサコミュニケーション、8回 「は」ではなく「が」の勝負、9回 ややもすると甲子園

内容　甲子園も夢じゃない!?平成17年夏、東大合格者数日本一で有名な開成高校の野球部は、東東京予選ベスト16に勝ち進んだ。グラウンドでの練習は週1日、エラーでも空振りでもかまわない、勝負にこだわりドサクサに紛れて勝つ…。監督の独創的なセオリーと、下手を自覚しながら真面目に野球に取り組む選手たちの日々。思わず爆笑、読んで納得の傑作ノンフィクション！

『教えて！校長先生「開成×灘式」思春期男子を伸ばすコツ』柳沢幸雄, 和田孫博著　中央公論新社　2014.5　229p　18cm〈中公新書ラクレ 494〉800円　①978-4-12-150494-4　Ⓝ376.3

目次　第1章 学校、第2章 勉強、第3章 人間関係、第4章 大学受験、第5章 家庭生活、第6章 対談"ギフ

東京都

ト"(天賦の才)を伸ばす教育とは?
内容 なぜ名門中高一貫校は、才能を伸ばせるのか?難しい思春期を上手に乗り越える知恵とは? 伝統の上に創造を加えて進化し続ける独自のノウハウを、両校の校長先生が大公開。「アタマが良いとはどんなこと?」「友人、先生との関わりから何を学ぶか」など、素朴で本質な25問50答。

『開成高校野球部の「弱くても勝つ」方法―限られた条件で最大の効果を出す非常識な考え方』山岡淳一郎著 SBクリエイティブ 2014.11 191p 18cm(SB新書 277) 730円 ⓘ978-4-7973-8106-1 Ⓝ783.7
目次 序章 弱いから、勝ちたい、1章「週一日の練習で勝つなんて、虫のいいことを目指すんだから、相当な覚悟が必要です」―ルールの裏に隠れた可能性を探せ、2章「一試合に出るか出ないかのプレーのための練習はしない」―週一回の全体練習で勝つための「優先順位」のつけ方、3章「ナイス空振り!」―打てない選手で「開成ドサクサ戦術」を成り立たせるために、4章「勝つと楽しいんだよ」から教えるべきなのか?―頭でっかちな選手への指導法、5章「まずは、えこひいきからはじめる」―チームづくりの優先順位、6章「代打、おれ!」―練習試合では、目先の勝ちを捨てて「自分達の勝ち方」を習得せよ、終章「監督の仕事はチームを勝利に導くこと」―青木監督の仕事の流儀
内容 東京の日暮里にある開成高等学校は、東大合格者数三三年連続一位の超進学校。しかし、硬式野球部は、考えすぎて打てない、ゴロを捕る動作が「拾う動作」になるといった選手ばかり。しかも全体練習ができる日は週に一日しかない。これでスポーツ推薦などもある強豪校に立ち向かうのは、危険でさえある。しかし「だからこそ、勝ちたい」と青木監督は、「出ると負け」のチームを、都の大会で甲子園出場校に一点差に迫るところまで育てた(二〇〇五年)。青木監督の型破りな戦略を紹介!

『男子御三家―なぜ一流が育つのか』おおたとしまさ著 中央公論新社 2016.2 246p 18cm(中公新書ラクレ 547)〈『開成中学校・高等学校』(ダイヤモンド・ビッグ社 2013年刊)と『麻布中学校・高等学校』(ダイヤモンド・ビッグ社 2013年刊)ほかからの改題、削減・改編、合本、書き下ろしを加えて再刊〉800円 ⓘ978-4-12-150547-7 Ⓝ376.31361
目次 第1章 開成―毎日が運動会(開成最初の指導は高3が行う、開成に入るのではなく開成の一部になる ほか)、第2章 麻布が革命(悪口を言われても謝りつつ、人の子を教える、幕府崩壊まで、すべてが水の泡 ほか)、第3章 武蔵―毎日が散歩(文字通り「本物に触れる」入試問題、いきなり答えを知りたがるは武蔵にはいない ほか)、第4章 男子御三家のハビトゥス(まったく違うのに、似ている、通常授業の中にこそ男子御三家の凄みがある ほか)

内容 伝統ある名門中高一貫校の「男子御三家」は、個性は違うがどことなく似ている。超進学校ゆえに「詰め込み式の受験予備校」と誤解されがちだが、実は揺るぎない建学精神と「真のゆとり教育」があるからこそ、一流が育つのだ。全国の学校を駆けめぐる著者が、その強さの秘密に迫る。

『「超」進学校開成・灘の卒業生―その教育は仕事に活きるか』濱中淳子著 筑摩書房 2016.3 218p 18cm(ちくま新書 1174)〈書誌注記:文献あり〉780円 ⓘ978-4-480-06879-8 Ⓝ376.3
目次 プロローグ「超進学校卒業生」という人材、第1章 超進学校卒業生たちの仕事―全体像と多様性、第2章 リーダーとしての可能性―卒業生たちのソーシャルスキル分析、第3章 超進学校卒業生の葛藤―課される試練、第4章 開成卒業生と灘卒業生は何が違うのか、エピローグ 超進学校卒業生にみる日本の課題
内容「受験の勝者が実力ある者とは限らない」「頭でっかちは打たれ弱い」あるいは「一三歳からすでに選別ははじまっている」「難関大学、優良大企業へのパスポート」…難関中高の卒業生について、よくも悪くも両極端な物言い、さまざまな印象がある。イメージだけで語られがちだったそれらを、アンケートをもとに、具体的な数字や事例で統計分析。超進学校の出身者は、どんな職業に就き、どれくらいの年収を得ているか。中学高校での経験は、卒業後にどれほど活かされているか。中高時代はどのように生活し、何に悩んだかなど、彼らの実像に迫り、そこから日本社会と教育の実相を逆照射する!

『開成学園校史資料目録 2020年版』開成学園校史資料室 2020.8 19, 266, 4p 26cm Ⓝ376.48

『開成学園百五十年史 明治・大正篇』開成学園校史編纂委員会編集 開成学園 2021.11 407p, 図版 4 p, [2] 枚(折り込み)22cm〈書誌注記:文献あり 書誌注記:年表あり〉Ⓝ376.48

『有徳有藝ノ全材タル―開成学園創立150周年記念』開成学園150周年記念事業委員会・校史編纂委員会編集 開成学園150周年記念事業委員会・校史編纂委員会 2021.11 101p 30cm〈書誌注記:年表あり〉Ⓝ376.48

◆科学技術高等学校

『あけぼのの水辺―東京都立科学技術高等学校創立二十周年記念誌』東京都立科学技術高等学校二十周年行事実行委員会 2021.3 68p 30cm〈書誌注記:年表あり〉非売品 Ⓝ376.48

東京都

◆科学技術学園高等学校

『創立二十年』科学技術学園　1985.3　111, 77p　27cm〈付（別冊 17p 25cm）〉Ⓝ376.4

◆化学工業高等学校

『東京都立化学工業高等学校閉校記念誌』閉校記念誌作成委員会編集　東京都立化学工業高等学校　2001.3　165p　31cm〈背・表紙のタイトル：閉校記念誌　年表あり〉Ⓝ376.48

◆葛西工業高等学校

『工業高校─その闘いと教育の本質』高瀬勇編著　三一書房　1970　242p　18cm（三一新書）320円　Ⓝ376.4

◆葛西南高等学校

『葛のはなぶさ─開校二十年小史』開校二十年誌編修委員会編　東京都立葛西南高等学校　1993.2　112p　26cm　Ⓝ376.4

『東京都立葛西南高等学校全日制創立50周年・定時制創立110周年記念誌』東京都立葛西南高等学校編　東京都立葛西南高等学校　2022.11　67p　30cm〈表紙のタイトル：東京都立葛西南高等学校全日制50周年定時制110周年記念誌〉Ⓝ376.48

◆葛飾商業高等学校

『天の星座、地の泉─都立葛飾商業高校40周年記念誌』創立40周年記念事業実行委員会編　都立葛飾商業高等学校　2003.3　175p　19cm　Ⓝ376.48

◆葛飾野高等学校

『創立六十周年記念誌─この十年あゆみ』東京都立葛飾野高等学校編　東京都立葛飾野高等学校　1999.11　87p　26cm〈50周年まで：p10-18, 公開講座の歩み：p64-83〉Ⓝ376.4

◆蒲田女子高等学校

『蒲田女子高等学校─「笑顔の私」を育てる学校』「もりもり元気の出る高校案内」実行委員会編　真珠書院　2014.5　105p　19cm（もりもり元気の出る高校案内 1）900円　①978-4-88009-279-9

◆烏山工業高等学校

『二十年の歩み─昭和五十四年』東京都立烏山工業高等学校二十年記念誌編集委員会編　東京都立烏山工業高等学校　1979.11　48p　26cm〈タイトルは表紙による. 奥付のタイトル：烏山工業高等学校開校二十周年記念誌　年表あり〉Ⓝ376.48

◆神田女学園高等学校

『神田女学園史　資料編』神田女学園史編纂委員会編　神田女学園中学校・高等学校　1995.5　298p　22cm〈付（図1枚）〉Ⓝ376.4

◆菊華高等学校

『菊華学園のあゆみ』菊華学園菊華高等学校編　菊華学園菊華高等学校　1985.11　307p　27cm　非売品　Ⓝ376.4

『菊華70年のあゆみ─創立70周年記念誌』菊華学園菊華高等学校編　菊華学園菊華高等学校　1994.3　355p　27cm　Ⓝ376.4

『菊の園　平成7年度』教務部企画編集　菊華中学・高等学校　1996.3　139p　26cm　Ⓝ376.48

◆北園高等学校

『28,319人が、ここで学んだ。─府立九中・都立北園高等学校創立70周年定時制創立60周年』記念誌編集委員会編　東京都立北園高等学校（全日制・定時制）1998.11　501p　図版［15］枚　26cm〈共同刊行：九曜会, 九柊会　年表あり〉Ⓝ376.48

『北園80年のあゆみ─東京都立北園高等学校創立80周年記念誌』創立80周年記念誌編集委員会編　九曜会　2009.2　377p　26cm　Ⓝ376.48

◆北多摩高等学校

『創立50年─1948年～1998年』東京都立北多摩高等学校,東京都立北多摩高等学校編　立川　東京都立北多摩高等学校創立50周年記念誌編集委員会　1998.11　96p　30cm〈奥付の書名：創立50周年　沿革概要・全日制の年譜40年の抄・年譜この10年：p12～21, 学校沿革史：p7～77〉Ⓝ376.48

◆北豊島工業高等学校

『創立八十周年記念誌』東京都立北豊島工業高等学校編　東京都立北豊島工業高等学校　2000.9　103p　図版6枚　30cm　Ⓝ376.48

◆吉祥女子高等学校

『吉祥四十年史』吉祥四十年史編纂委員会編　武蔵野　守屋教育学園吉祥女子中・高等学校

東京都

1978.10　28, 1161p　図版41枚　22cm　非売品　Ⓝ376.4

『吉祥―創立四十五周年記念誌』吉祥創立四十五周年記念誌編纂委員会編　武蔵野　守屋教育学園吉祥女子中・高等学校　1983.10　185p 図版25枚　26cm　非売品　Ⓝ376.4

『羽ばたけ撫子たち―卒業生110名の軌跡：創立75周年記念誌』創立75周年記念誌刊行委員会編　武蔵野　吉祥女子中学校高等学校　2014.2　267p　27cm　Ⓝ281.365

◆暁星高等学校

『暁星百年史』記念誌等編纂委員会編纂　暁星学園　1989.11　497p 図版12枚　27cm　Ⓝ376.4

『追憶の暁星』中村能盛著　秋田　くまがい書房　2015.8　140p　19cm　2500円　Ⓘ978-4-9907035-5-4　Ⓝ376.41361

◆京橋高等学校

『潮騒遠く―閉校記念誌, 1996』閉校記念誌編集委員会編集　東京都立京橋高等学校定時制課程　1996.3　80p　26cm〈年表あり〉Ⓝ376.48

◆京橋商業高等学校

『京実・京商五十年』創立五十周年記念誌編集委員会編　東京都立京橋商業高等学校　1988.11　164p　26cm〈共同刊行：創立五十周年記念実行委員会〉非売品　Ⓝ376.4

◆共立女子第二高等学校

『十年誌』共立女子第二高等学校編　八王子　共立女子第二高等学校　1980.11　171p　22cm〈創立記念〉Ⓝ376.4

◆清瀬東高等学校

『清瀬東高等学校開校記念誌』東京都立清瀬東高等学校研究図書部編集　清瀬　東京都立清瀬東高等学校　1979.11　20p　26cm〈タイトルは奥付による.表紙のタイトル：開校記念誌〉Ⓝ376.48

◆桐ヶ丘高等学校

『夢・挑戦・感動ある「楽校」―桐ケ丘チャレンジスクールの実践』天井勝海著　学事出版　2003.6　215p　21cm　2100円　Ⓘ4-7619-0891-2　Ⓝ376.41361

目次　第1章 高校教育改革とチャレンジスクールの誕生, 第2章 柔軟で多様な新しい学校づくり, 第3章 ネットワーク化されたケア体制, 第4章 都立桐ヶ丘高校の入学者選抜―入学者選抜の改善とその実施, 第5章 3年目を迎えた都立桐ヶ丘高校「楽校」づくりをめざして, 第6章 開かれた学校づくりとその実践

内容　現在の高校は、能力・適性・進路・興味・関心などがきわめて多様化した生徒が学ぶ教育機関となっている。東京都においても、都民に信頼される魅力ある学校づくりをめざして、チャレンジスクールが設置された。東京都立桐ヶ丘高校は、昼夜開講三部制、総合学科、単位制の新しいタイプの学校であり、最初のチャレンジスクールとして、平成12年に開校されたパイオニアである。

◆錦城学園高等学校

『錦城百年史』錦城学園百年史編纂委員会編　錦城学園　1984.1　593p　22cm　Ⓝ376.4

◆九段高等学校

『戦後教育と高校新聞』林伸郎, 岡田真著　東京美術　1974.12　1冊　30cm〈附：東京都立九段高等学校＜九段新聞＞縮刷版〉4800円　Ⓝ376.48

『宇宙一市一中・九段中・九段高天文部50年記念誌』一星会「五十年史」刊行会編　一星会「五十年史」刊行会　1984.3　209p　26cm　非売品　Ⓝ375.18

『Horizont―都立九段高校演劇部舞台写真集』九演会　1989.12　143p　27cm　Ⓝ775.7

◆国立高等学校

『創立60周年記念誌』創立60周年記念行事実行委員会編　国立　東京都立国立高等学校　2000.11　24p　30cm〈沿革概要：p21〉Ⓝ376.48

『国高物語―ユニーク人材を生むのびのび文化の底力：東京都立国立高等学校』東京都立国立高等学校同窓会編　講談社エディトリアル　2020.3　219p　19cm〈書誌注記：年譜あり〉1000円　Ⓘ978-4-86677-054-3　Ⓝ376.41365

目次　第1章 のびのび国高文化を育むもの, 第2章 インタビュー（黎明期, 学校群制度・紛争の時代, 野球部甲子園出場・進学指導重点校へ）, 第3章 対談 何をどう学ぶ（野村進×池内恵――一度は海外に出よう。文脈に身を置く経験は人生のつっかえ棒になる。, 山極壽一×新井紀子――モラトリアムでいいんです。ただ、面白いことを見つけたら飛ぶ野心を持ってほしい。）

内容　先が見通しにくい現代、高校生たちは何をどう学び、どのように生きればいいのか。これからの高校教育に求められることは何か。『国高物語』は、この問いへの大きな指針となるだろう。

東京都

◆蔵前工業高等学校

『創立70周年記念誌―1994年』東京都立蔵前工業高等学校創立七十周年記念誌編集委員会編集　東京都立蔵前工業高等学校　1994.11　102p　30cm〈奥付のタイトル：創立七十周年記念誌　年表あり〉Ⓝ376.48

◆京華高等学校

『史料京華學園九〇年』史料京華学園九〇年編集委員会編集　京華学園　1987.11　242p　26cm　Ⓝ376.48

『京華学園百年史』京華学園編　京華学園　1999.3　1256p　27cm　Ⓝ376.48

◆芸術高等学校

『創立40周年記念誌―東京都立芸術高等学校：昭和47年度―平成23年度』創立40周年記念事業実行委員会編　東京都立芸術高等学校　2011.11　183p　31cm〈書誌注記：年表あり〉Ⓝ376.48

◆恵泉女学園高等学校

『恵泉で学んだ日系アメリカ人学生たちの声』恵泉女学園史料室　2005.7　247p　21cm〈言語注記：英語併記〉Ⓝ376.41361

◆京北学園

『京北学園八十年史』京北学園八十年史編集委員会編　京北学園　1978.10　231p　22cm　Ⓝ376.4

『京北学園九十年史』京北学園九十年史編纂委員会編　京北学園　1988.10　387p　22cm　Ⓝ376.4

『目で見る京北学園のあゆみ―諸学の基礎は哲学に在り　京北学園95周年記念誌』京北学園史編集委員会編　京北学園　1993.10　168p　26cm　Ⓝ376.4

『学園の四季―京北学園百周年記念誌』京北学園百周年記念誌編集委員会編　京北学園　1998.10　144p　22cm　Ⓝ376.48

◆啓明学園高等学校

『四季北泉寮―北泉寮と啓明学園の自然』北泉寮保存会著　昭島　啓明学園　2003.4　119p　20×22cm〈英文併記　おもに図〉2000円　①4-87751-179-2　Ⓝ527.9

◆小石川高等学校

『立志・開拓・創作―五中・小石川高の七十年』紫友同窓会七十年史刊行委員会編　紫友同窓会　1988.11　793p　22cm〈書誌注記：年表：p771〜790〉Ⓝ376.4

『青春の雲、動く―激動の昭和を生きた小石川高校一九五〇年卒の軌跡』高崎哲郎著　創林社　2002.11　230p　20cm〈書誌注記：年表あり　出版者注記：刊行社（発売）〉1800円　①4-906153-14-3　Ⓝ376.41361

◆小石川中等教育学校

『小石川の新しい風―中等教育学校創設の記録』遠藤隆二著　学事出版　2008.8　120p　26cm　1200円　①978-4-7619-1623-7　Ⓝ376.48

内容　大学の先にある将来に生きる教育を目指して作られた小石川中等教育学校。90年の歴史を持つ小石川高校を如何に中高一貫6年制の中等教育学校に改編したか、そのポイント、運営を紹介する。

◆小石川工業高等学校

『創立60周年記念誌』東京都立小石川工業高等学校創立60周年記念誌編集委員会　1979.2　83p　26cm〈表紙のタイトル：1978創立60年　年表あり〉非売品　Ⓝ376.48

『創立70周年記念誌―1918〜1988（大正7年〜昭和63年）』東京都立小石川工業高等学校創立70周年記念誌編集委員会　1988.10　128p　30cm〈年表あり〉非売品　Ⓝ376.48

『創立80周年記念誌　平成10年度版』東京都立小石川工業高等学校同窓会　1999.2　156,39p　26cm〈年表あり〉Ⓝ376.48

『光のどけき―東京都立小石川工業高等学校閉校記念誌 1918・2007』東京都立小石川工業高等学校閉校記念誌委員会編　東京都立小石川工業高等学校　2008.3　152p　31cm〈年表あり〉Ⓝ376.48

◆小岩高等学校

『白鷺の群―創立五十周年記念誌』東京都立小岩高等学校創立五十周年記念誌編輯委員会編　東京都立小岩高等学校　2012.12　138p　30cm〈書誌注記：年表あり〉非売品　Ⓝ376.48

◆晃華学園高等学校

『晃華学園中学校高等学校―1963-2013』調布　晃華学園中学校高等学校　2013.11　193p　31cm〈書誌注記：年表あり　標題紙のタイトル：晃華学園中学校高等学校50年史〉非売品　Ⓝ376.48

◆攻玉社高等学校

『北の防人—藤田潜と攻玉社』外崎克久著　外崎克久　1977.8　178p 図 肖像　19cm〈書誌注記：年譜：p.153～160 参考文献：p.169～171〉1600円　Ⓝ289.1

『攻玉社百五十年史』攻玉社学園編　攻玉社学園　2013.3　200p　22cm〈書誌注記：年表あり〉Ⓝ376.48

『攻玉社人物誌』第2版　攻玉社学園編集　攻玉社学園　2023.3　133p　21cm　Ⓝ376.48

『攻玉社百六十年史』攻玉社学園編集　攻玉社学園　2023.3　213p　21cm〈書誌注記：年表あり〉Ⓝ376.48

◆麹町学園女子高等学校

『麹町学園百周年記念誌—1905-2005』麹町学園女子中学校高等学校　2006.5　107p　29cm〈年表あり〉Ⓝ376.38

◆佼成学園高等学校

『連覇—なぜ、佼成学園高校弱小アメフト部が日本一になれたのか：LOTUS』相沢光一著　佼成出版社　2020.9　223p　19cm　1500円　①978-4-333-02831-3　Ⓝ783.46

目次　序章「クリスマスボウル」の舞台裏（敗戦によって見えたチームらしさ，「勝ってあたりまえ」という周囲の目 ほか），第1章「究極のスポーツ」アメリカンフットボール（"勝てるアメフト部"をつくる難しさ，アメリカと対等に競り合う日本の実力 ほか），第2章 チームを変えた数々の縁（逸材がそろった黄金期，部員が感化を受けた一流選手のプレー ほか），第3章 "連覇"を掲げて常勝軍団へ（越えられない「秋季関東大会決勝戦」の壁，「連覇」というキーワード ほか），終章 蓮にあだ花なし（ロータスのチーム名に込められた思い，トップレベルで最短距離で導く手法 ほか），特別座談会—アメリカンフットボールが与えてくれたもの

内容　クリスマスボウル3連覇。公式戦52連勝。ロータスの圧倒的な強さの秘密に迫る。

◆江東商業高等学校

『校舎落成・創立90周年記念誌』東京都立江東商業高等学校編　東京都立江東商業高等学校　1995.11　48p　30cm〈10年間のあゆみ：p14-33〉Ⓝ376.28

◆江北高等学校

『東京都立江北高等学校全日制創立80周年・定時制創立70周年記念誌』江北高等学校記念誌編集委員会編　東京都立江北高等学校　2018.11　92p　30cm〈書誌注記：年表あり　背のタイトル：全日制創立八十周年・定時制創立七十周年記念誌（平成三十年）〉Ⓝ376.48

◆小金井北高等学校

『東京都立小金井北高等学校開校記念誌』東京都立小金井北高等学校開校記念誌編集委員会編集　小金井　東京都立小金井北高等学校　1982.6　20p　26cm〈年表あり〉Ⓝ376.48

『東京都立小金井北高等学校創立40周年記念誌—昭和55年—令和元年（1980-2019）』創立40周年記念事業実行委員会編集部編　小金井　東京都立小金井北高等学校　2019.11　76p 図版 8p　30cm〈書誌注記：年表あり〉Ⓝ376.48

◆小金井工業高等学校

『遥かなり四十年のあゆみ』東京都立小金井工業高等学校校史編集委員会編集　小金井　東京都立小金井工業高等学校　1979.11　74p　26cm〈表紙の書名：創立四十年校史〉Ⓝ376.48

『小金井工高創立50周年記念誌—1939～1989』創立50周年記念誌編集委員会編集　小金井　東京都立小金井工業高等学校　1989.11　147p　26cm　Ⓝ376.4

『創立60周年記念誌—この十年，2000』創立60周年記念誌編集委員会編集　小金井　東京都立小金井工業高等学校　2000.3　87p　30cm〈背のタイトル：創立六十周年記念誌　年表あり〉Ⓝ376.48

◆國學院大學久我山高等学校

『燃え続けて。—國學院大學久我山高等学校ラグビー部創部50周年記念誌』〔國學院大學久我山高等学校ラグビー部創部50周年記念誌発行委員会〕〔1998〕176p　27cm　3000円　Ⓝ783.48

『サッカーで日本一、勉強で東大現役合格—國學院久我山サッカー部の挑戦』小澤一郎著　洋泉社　2017.5　238p　19cm　1400円　①978-4-8003-1076-7　Ⓝ783.47

目次　第1章 國學院久我山の魅力とは何か—今井寛人校長に聞く，第2章 ブレない教育哲学とサッカー哲学—李済華総監督に聞く，第3章 受け継がれる創意工夫の精神—清水恭孝監督に聞く，第4章 文武寮道を支える身体作り—三栖英揮フィジカルコーチに聞く，第5章 文武両道の実践者たち—山本研と保護者に聞く，特別対談 久我山出身のJリーガー丸山祐市（FC東京）×田邉草民（FC東京），第6章 真の文武両道をめざして

内容「サッカーか受験か」で悩む必要はない！　近

年、全国区の強豪校に成長しながらも、難関大学への進学を果たしている選手たち。校長、指導者、OB、保護者などへの取材を通して、その「文武両道」の秘密を解き明かす。文武両道をいかに実践しているのか。

◆国際高等学校

『開校記念誌—1989』東京都立国際高等学校編集　東京都立国際高等学校　1989.11　12p　26cm　Ⓝ376.48

『モモのハイスクールデイズ—都立国際高校と塾で学んで』イサベル・グリエガ・瀬田著　MBC21　1994.10　186p　19cm〈発売：東京経済〉1000円　④4-8064-0440-3　Ⓝ370.49

◆国際基督教大学高等学校

『帰国生のいる教室—授業が変わる・学校が変わる』渡部淳,和田雅史編著　日本放送出版協会　1991.8　228p　19cm（NHKブックス631）780円　④4-14-001631-0

目次　1章 生徒と教師の「政経レポート」作成奮戦記、2章 自由のなかでの宗教教育—生徒との格闘の日々、3章 帰国生のカウンセリングを手がけて、4章 帰国生教師としての英語教育、5章 帰国生への日本語教育—新しい日本人の誕生を目指して、6章 海外体験を生かす保健体育教育、7章 物理を討論する—未知の世界への挑戦、終章 国際化時代の帰国生教育

内容　日本の学校は、生き生きしているだろうか。本書はアクティブな勉強方法、個性を伸ばす教育を求めて、海外帰国生とともに歩んできた一高校の記録である。

『はばたけ若き地球市民—国際学園の教育実践から』藤沢皖著　京都　アカデミア出版会　2000.3　330p　19cm　2700円　Ⓝ371.5

内容　生徒の個性を尊重し、ひとりひとりの才能を育むことを教育目的にして、その実践を教育目標にしてきた著者が、東に「国際基督教大学高等学校」を、西に「大阪国際文化中学校・高等学校（千里国際学園中等部・高等部と改称）」と「大阪インターナショナルスクール」を、帰国生徒教育に携わってから20余年、真に国際的な学校の創設にも関わり、21世紀の「地球市民社会」における「地球市民」の育成を提唱し、すべてを受けてして「地球市民教育」の実施を提言する。

『キリガイ—ICU高校生のキリスト教概論名〈迷〉言集』有馬平吉編著　新教出版社　2012.9　239p　21cm　1400円　④978-4-400-52722-0　Ⓝ371.6

目次　自分がモノ扱いされたらどう？、ワイセツってなに？、他人の目が気になる？、いい大学に入りたい？、なんのために働くの？、自分だって差別していない？、そのまま信じて大丈夫？、キリスト教かキリストか？、人は死んだらどうなるの？、自分のなかにも罪がある？、神に"はしご"はかからない？、愛は体験しないとわからない？、他にもいいたいことあるひと？

内容　ICU高校の名物授業「キリスト教概論」、略して「キリガイ」。成績をつけない"丸腰"教師アリマンとの対話から飛び出した、高校生たちの期末試験名（迷）回答集。

◆国士舘高等学校

『鬼教頭の目にも涙—国士舘高校・通信制の生徒と先生が起こした奇跡』柳下要司郎著　ごま書房　2003.12　151p　19cm　952円　④4-341-08257-4　Ⓝ370.49

目次　プロローグ なぜ？「秋の卒業式」、1章 俺もわからないけど、一緒にやろう—理事長から全権委任された手探りの通信制リーダー、2章 こんな教師に教えられたい—通信制でも、生きていることの充実感を伝えられる、3章 国士舘高校方式「登校型の通信制」とは—生徒に任されている、在宅・通学の選択、4章 座談会「国士舘高校通信制課程に入学して」在校生五人が、学校生活を率直に語る、エピローグ なんてみんないい奴なんだろう

内容　近年増え続けている不登校生や中退生—繊細なるが故に屈折する優秀な魂を救いたいと通信制設立を思い立ったときに、すべてを引き受けてくれたのが、現教頭の丸谷くんだった。文字どおり"体を張った"教育を実践する先生方の働きは、期待をはるかに越えるものだった。この成果は一国士舘だけでなく、日本の教育全体に一石を投じる、学園の誇りである。

◆国分寺高等学校

『創立十周年記念誌—'78』東京都立国分寺高等学校創立十周年記念誌編集委員会編　国分寺　東京都立国分寺高等学校　1978.9　53p　26cm　Ⓝ376.4

『創立四十周年記念誌—平成二十年』国分寺　東京都立国分寺高等学校　2008.12　143p　30cm〈年表あり〉Ⓝ376.48

『創立五十周年記念誌—東京都立国分寺高等学校』国分寺　東京都立国分寺高等学校　2018.11　175p　30cm〈書誌注記：年表あり〉Ⓝ376.48

◆小平高等学校

『十年史』十周年記念誌編集委員会編集　小平　東京都立小平高等学校　1972.12　39p　21cm〈十年の歩み：p32～35〉Ⓝ376.48

『小平のあゆみ—創立四十周年記念誌』創立40周年記念誌編集委員会編集　小平　東京都立小平高等学校　2002.8　72p　30cm〈書名は背・表紙による。奥付の書名：創立40周年記念

誌　年表あり〉Ⓝ376.48

◆小平南高等学校

『翔く―開校記念誌』東京都立小平南高等学校開校記念誌編集委員会編集　小平　東京都立小平南高等学校　1985.5　20p　26cm〈タイトルは表紙による.奥付のタイトル：東京都立小平南高等学校開校記念誌〉Ⓝ376.48

◆狛江高等学校

『狛江高校創立十周年記念誌』東京都立狛江高等学校創立十周年記念誌編集委員会編　狛江　東京都立狛江高等学校　1982.11　72p　26cm〈書誌注記：年表あり　タイトルは奥付による〉Ⓝ376.48

『東京都立狛江高等学校30周年記念誌』30周年記念誌編集委員会編　狛江　東京都立狛江高等学校　2002.10　94p　30cm〈書誌注記：年表あり　タイトルは奥付による〉Ⓝ376.48

『東京都立狛江高等学校創立40周年記念誌―平成15年―平成24年』狛江　東京都立狛江高等学校　2012.10　93p　30cm〈タイトルは表紙による〉Ⓝ376.48

◆駒沢大学高等学校

『駒沢大学高等学校三十周年記念誌』開校三十周年記念誌編集委員会編　駒沢大学高等学校　1978.11　171p　21cm　Ⓝ376.4

◆小松川高等学校

『東京都立小松川高等学校創立八十周年記念誌』東京都立小松川高等学校編　東京都立小松川高等学校　1996　161p　31cm〈奥付等の書名：創立80周年記念誌, 付：教職員在職一覧（1枚）〉Ⓝ376.48

『百周年記念誌』東京都立小松川高等学校百年記念誌編集委員会編　東京都立小松川高等学校　2017.3　276p　27cm〈書誌注記：年表あり〉Ⓝ376.48

◆駒場高等学校

『記念誌―20』東京都立駒場高等学校保健体育専門学科創立二十周年記念誌編集委員会編集　東京都立駒場高等学校　1970.10　65p　26cm〈奥付けの著者表示（誤植）：東京都立駒場高等学校保健体育専門学科〉Ⓝ376.48

『慕いて集える―東京都立駒場高等学校創立百周年記念誌』創立百周年記念誌編集委員会編　東京都立駒場高等学校　2003.11　352p　27cm　Ⓝ376.48

『コチロン―踊りつがれた伝統のダンス』東京都立駒場高等学校同窓会・駒場松桜会コチロン誌編集委員会編　東京都立駒場高等学校同窓会・駒場松桜会　2016.6　113p　22cm〈書誌注記：年表あり〉非売品　Ⓝ376.41361

『茶道部のあゆみ―都立駒場高等学校茶道部六十年誌』都立駒場高等学校茶道部卒業生有志編　都立駒場高等学校茶道部卒業生有志　2016.12　163p　26cm〈書誌注記：年表あり〉非売品　Ⓝ791

『都立駒場高校茶道部道具帳―受け継がれてゆく道具たち：都立駒場高等学校茶道部六十年誌　資料編』都立駒場高等学校茶道部卒業生有志編　都立駒場高等学校茶道部卒業生有志　2018.2　41p　26cm　非売品　Ⓝ791.5

◆駒場学園高等学校

『若き日の望みは遙か―駒場学園三十年史』駒場学園三十年史編纂委員会編　駒場学園　1977.5　1035p　図　肖像　22cm　非売品　Ⓝ376.4

『駒場学園四十年の歩み』「駒場学園四十年の歩み」編集委員会編　駒場学園高等学校　1988.2　97p　31cm　Ⓝ376.4

◆駒場東邦高等学校

『駒場東邦二十年史』二十年史編集委員会編　駒場東邦中高等学校　1977.9　150p　27cm　Ⓝ376.48

『駒場東邦三十年史』三十年史編集委員会編　駒場東邦中学高等学校　1987.10　211p　27cm　Ⓝ376.4

『駒場東邦四十年史』四十年史編集委員会編　駒場東邦中学高等学校　1997.10　210p　27cm　Ⓝ376.48

『若駒たちの軌跡―駒場東邦中学高等学校38年の回顧』板津直学著　文芸社　2003.10　258p　19cm　1200円　①4-8355-6357-3　Ⓝ376.31361

目次　序章　黎明―駒場東邦創立の頃, 第1章　曙―新任教師時代に出会った生徒たちの横顔, 第2章　礎―先生方を中心に, 第3章　随感―こぼれ話, 第4章　飛躍―再び生徒のことなど

内容　中高一貫教育の名門私立, 駒場東邦中学高等学校で38年間教鞭を執った社会科教師がいた。着任早々の若き日から, 早くも次世代を見据えた教育を志し, 校内外問わず有識者との意見交換や生徒の適性を見極めた指導など, 独自の教育方法を模索。現在第一線で活躍する人々が, 当時どのような教育を受け, どのような発想をもっていたの

か、若駒たちのユニークな意見が随所にちりばめられた、ごく私的な教育史。

◆小山台高等学校

『創立六拾周年記念誌』六十周年記念誌編集委員会編　東京都立小山台高等学校　1984.3　316p　27cm　Ⓝ376.4

『ありがとう！―勇気をくれたすべてのひとへ…：東京都立小山台高等学校2014年第86回センバツ甲子園初出場記念誌』東京都立小山台高等学校著　[東京都立小山台高等学校]　[2014]　47p　30cm　Ⓝ783.7

『小山台高校野球班の記録―エブリデイマイラスト』藤井利香著　日刊スポーツ出版社　2014.11　237p　19cm　1500円　Ⓘ978-4-8172-0327-4　Ⓝ783.7

⟦目次⟧第1部 小山台、選抜出場への道のり、第2章 夢の実現と試練を与えた甲子園初舞台、第3章 小山台、21世紀枠推薦の背景を探る、第4章 勝たねばならぬになった夏、第5章 スタッフ座談会 "夢の舞台、つなぐ"未来"、特別編 野球日誌で綴る甲子園

⟦内容⟧2014年春、21世紀枠で都立高校初のセンバツ出場。『エブリデイマイラスト』2006年にシンドラー社のエレベーター事故で亡くなった、当時野球班2年生・市川大輔くんの遺したことばだ。派手さはないが粘り強く、コツコツ努力する選手だった。今日一日を悔いなく生きよう―。その思いは後輩たちに確実に受け継がれ、チームに大きな力を与えてくれる。

◆桜町高等学校

『桜町高この10年―創立60周年記念誌』創立六十周年行事委員会編集　東京都立桜町高等学校　1998.12　112p 図版[10]枚　30cm〈奥付のタイトル：桜町高校この十年、背のタイトル：桜町高この十年　年表あり〉Ⓝ376.48

◆鮫洲工業高等学校

『東京都立鮫洲工業高等学校創立60周年記念誌―さようなら旧校舎、こんにちは新校舎』東京都立鮫洲工業高等学校周年行事委員会編　東京都立鮫洲工業高等学校　1999.2　48p　30cm〈タイトルは奥付による.標題紙のタイトル：鮫洲工業高等学校創立60周年記念誌, 表紙のタイトル：創立60周年記念誌　沿革：p20-21〉Ⓝ376.48

◆品川女子学院高等学校

『とびらの向こうに―品川女子学院の70年をのぞいてみよう』品川女子学院編　品川女子学院　1996.6　165p　18cm

『女の子が幸せになる授業：28プロジェクト―28歳で輝く女性になる！ 和の心得レッスン』漆紫穂子著, 小笠原敬承斎, 小堀宗実, 州村衛香, 津田恵子監修　小学館　2010.11　191p　19cm　1400円

⟦内容⟧知って活かすと幸せになる。人気の授業を再録！ 中高一貫校である品川女子学院では、「28プロジェクト」（＝卒業の18歳をゴールとせず28歳で活躍できる女の子になれる教育をする）の一環として、「日本を知る」授業があります。礼法、茶道、華道、着付け（浴衣）。これらの授業を再録し、どんな力が養われるのか、生徒たちにどんな変化が顕れたかも収録。

◆篠崎高等学校

『篠崎―東京都立篠崎高等学校開校記念誌』開校記念誌編集委員会編　東京都立篠崎高等学校　1979.11　24p　26cm

◆忍岡高等学校

『東京都立忍岡高等学校創立90周年記念誌』創立九十周年記念誌編集委員会編　東京都立忍岡高等学校　2001.6　64p 図版5枚　30cm〈タイトルは表紙・背による.標題紙・奥付のタイトル：創立九十周年記念誌　沿革年表：p13-14〉Ⓝ376.48

◆芝高等学校

『芝学園百年史』百周年記念誌編集委員会編　芝学園　2006.10　351p 図版31p　27cm〈年表あり〉Ⓝ376.48

◆芝浦工業大学附属高等学校

『芝浦工業大学附属中学高等学校100年のあゆみ―1922-2022：ダイジェスト版』芝浦工業大学附属中学校　2023.3　39p　30cm〈出版者注記：芝浦工業大学附属高等学校〉

『芝浦工業大学附属中学高等学校100年史―1922-2022』芝浦工業大学附属中学校　2023.2　151p　31cm〈書誌注記：年表あり　出版者注記：芝浦工業大学附属高等学校〉Ⓝ376.48

◆芝商業高等学校

『創立60周年記念誌』創立60周年記念誌編集部編　東京都立芝商業高等学校創立60周年記念事業実行委員会　1984.11　138p　26cm〈年表あり〉Ⓝ376.48

『天下の芝商―第二本科定時制課程此処にありき 閉課程記念誌』東京都立芝商業高等学校

東京都

定時制課程閉課程委員会 2008.3 48p 30cm〈共同刊行：喬松会〉Ⓝ376.48

◆渋谷教育学園渋谷高等学校

『渋谷教育学園六十年史』渋谷教育学園六十年史編纂委員会編 渋谷教育学園 1984.11 359p 31cm〈書誌注記：年表あり〉Ⓝ376.48

『伝説の校長講話―渋幕・渋渋は何を大切にしているのか』田村哲夫著、古沢由紀子聞き手 中央公論新社 2023.1 277p 20cm 1600円 Ⓘ978-4-12-005622-2 Ⓝ376.48

> 目次 第1部 伝説の校長講話（中1「人間関係と読書」、中2「自我のめざめ」、中3「新たな出発―創造力の翼」、高1「自己の社会化」、高2「自由とは」 ほか）、第2部 時代の証言者・「私学を育てる」（大家族と戦争体験、自由な校風 未来の礎、父を支え、学校経営の道へ、民間の感覚を生かした学校改革、幕張に中高一貫の共学校を新設 ほか）

> 内容 「共学トップ」渋幕、渋渋。両校の教育の本質は、「自調自考」を教育目標に掲げたリベラル・アーツにある。その象徴が半世紀近くも続く校長講話だ。中高生の発達段階に合わせ、未来を生きる羅針盤になるよう編まれたシラバス。学園長のたしかな時代認識と古今東西の文化や思想、科学への造詣一前半は、大人の胸にも響くこの「魂の授業」を再現。後半は読売新聞「時代の証言者」を大幅加筆。銀行員から学校経営者に転じた田村氏が、全く新しい超進学校を創り、育ててきた「奇跡」を振り返る。

◆下北沢成徳高等学校

『下北沢成徳高校は、なぜ多くの日本代表選手を輩出できるのか』小川良樹著 洋泉社 2013.11 207p 19cm 1400円 Ⓘ978-4-8003-0243-4 Ⓝ783.2

> 目次 第1章 バレーとの出会い（バレーとの出会いはインド、指導者のいない中学バレー部 ほか）、第2章 白の丸を背負う選手たちとの出会い（高い能力を持った選手たちが続々入部、将来を期待された選手たち ほか）、第3章 手さぐりの指導（理想の監督像を求めて、苦手な技術指導 ほか）、第4章 選手との関わり（指導者は支配者ではない、常に誠実に ほか）、第5章 練習と試合（他のスポーツから得たヒント、優勝を目指すチームは似ている ほか）

◆石神井高等学校

『叡智の園生―閉課程記念誌』東京都立石神井高等学校定時制課程編 東京都立石神井高等学校定時制課程 2010.3 41p 30cm〈年表あり〉Ⓝ376.48

◆自由ヶ丘学園高等学校

『学園の70年―自由ヶ丘学園中学校高等学校の軌跡』自由ヶ丘学園高等学校 2001.11 68p 21×30cm〈共同刊行：自由ヶ丘学園〉Ⓝ376.48

◆自由学園

『自由学園物語』羽仁進著 講談社 1984.7 323p 19cm 1000円 Ⓘ4-06-200712-6 Ⓝ370.4

『自由学園の歴史 1 雑司ケ谷時代』自由学園女子部卒業生会編 自由学園女子部卒業生会 1985.10 419p 22cm〈発売：婦人之友社 羽仁吉一・もと子の肖像あり〉2000円 Ⓘ4-8292-0111-8 Ⓝ376.4

『自由学園の歴史 2 女子部の記録1934-1958年』自由学園女子部卒業生会編 自由学園女子部卒業生会 1991.5 443p，［1］枚（折り込み）22cm〈書誌注記：年表あり 出版者注記：婦人之友社〉2621円 Ⓘ4-8292-0137-1 Ⓝ376.48

> 目次 霜柱の研究、「ピアノ学校」絶対音早教育のこと、幼児生活展覧会の準備、自由学園北京生活学校の誕生、「協力裁縫」「協力食事」の提案、「国民食」「国民服」の研究、工場で、科学室で、病院で（22回生の卒業勉強）、動員学徒として働いた日々、初等部五、六年生との疎開生活、北京生活学校最後の卒業式、非常時下の食糧を支えた農業、戦中戦後の食事中央事務局の働き、自由学園の大学、南沢の植物、「創り出す学部」を合言葉に、二宮の農園、折口先生と自由学園と、悲しみと輝きと一羽仁吉一先生御葬儀の日、純粋と真実と、追慕と感謝の思いを集めて―羽仁もと子先生御葬儀、ミセス羽仁を憶う〔ほか〕

『自由学園の手紙 1 卒業生の歩んだ道』自由学園出版局 1994.5 334p 22cm〈発売：婦人之友社〉2000円 Ⓘ4-8292-0157-6 Ⓝ376.4

> 目次 とびら 自由学園の手紙に、ミセス羽仁の思い出、「郷里へ帰って根城を守りなさい」、与えられた試練を越えんと、見えざる御手に導かれつつ、キリストに惚れる、「随所作主」を生きる、南沢考古学以来、御手の働きにより牧師になる、私の仕事と自由学園〔ほか〕

『自由学園の手紙―卒業生の歩んだ道 2』東久留米 自由学園出版局 1999.5 310p 21cm〈東京 婦人之友社（発売）〉1905円 Ⓘ4-8292-0243-2 Ⓝ376.4

『よみがえれ明日スピリット―F.L.ライトと自由学園』羽仁結著 小金井 ネット武蔵野 2002.10 39p 27cm 1143円 Ⓘ4-944237-09-X Ⓝ372.106

『よく生きる人を育てる―偏差値ではなく人間値』羽仁翹著 教文館 2005.2 267p

19cm　1500円　Ⓘ4-7642-6580-X　Ⓝ376.41

[目次] 今の日本の教育はどこに問題があるか, 詰め込み教育の批判から生まれた自由学園, 「生きる力」と「よく生きる力」, 日本人に必要な宗教性, 偏差値では計れないもの, 自労自治の生活 責任による教育, 何でも全員で, 手と体と頭を育てる教育, 一人の問題は皆の問題, 父母も参加する教育, 本当の自由とは, 終わりに

[内容] 混迷を深める日本社会に贈る「自由学園」の人間教育。

『自由学園の教育』改版　羽仁恵子著　東久留米　自由学園出版局　2005.3　113p　21cm　500円　Ⓝ376.48

◆修徳高等学校

『牛歩之蹟―創立75周年記念写真集』修徳学園　1979.10　143p　26cm　非売品　Ⓝ376.4

『修徳学園90年のあゆみ―創立90周年記念写真集』修徳学園　1994.11　189p　27cm　非売品　Ⓝ376.48

◆淑徳高等学校

『輪島聞声尼―随想：淑徳高等学校創立者』米村美奈著　淑徳中学・高等学校　2017.11　146p　19cm　1000円　Ⓝ188.62

◆順心女子学園高等学校

『順心女子学園六十年のあゆみ』順心女子学園六十周年史編集委員会編　順心女子学園　1984.10　283p 図版12枚　22cm〈年表あり〉Ⓝ376.38

◆順天高等学校

『順天百五十五年史』渡辺孝蔵編　順天学園　1990.2　541p　27cm　非売品　Ⓝ376.4

『順天百六十年史』順天学園　1994.8　212p　27cm　Ⓝ376.4

『順天百七十周年記念誌』順天百七十周年記念誌発刊委員会編　順天学園　2005.8　389p　27cm〈年表あり〉Ⓝ376.48

『順天百九十年史―校長松見文平』渡辺孝蔵編集　順天学園　2022.8　318p　27cm〈書誌注記：年表あり　奥付のタイトル：順天百九十年史〉非売品　Ⓝ376.48

◆潤徳女子高等学校

『学校法人潤徳学園90年史―徳は身を潤す』潤徳学園　2014.1　95p　30cm〈書誌注記：年表あり　奥付のタイトル：潤徳学園90年史〉

Ⓝ376.48

◆城右学園

『城右学園四十八年史』城右学園四十八年史編集委員会編　城右学園四十八年史刊行会　1979.11　536p　22cm　非売品　Ⓝ376.4

◆頌栄女子学院高等学校

『頌栄女子学院百年史』頌栄女子学院百年史編纂委員会編　頌栄女子学院　1984.12　586p　22cm〈年表：p563〜583〉非売品　Ⓝ376.4

◆城東高等学校

『創立二十周年記念誌』創立二十周年記念誌編集委員会編集　東京都立城東高等学校　1997.11　80p　30cm〈年表あり, 「紀要」総目次：p70-71〉Ⓝ376.48

『都立城東高校甲子園出場物語―夢の実現』手東仁著　アリアドネ企画　1999.9　159p　21cm〈Ariadne entertainment〉〈東京 三修社（発売）〉1200円　Ⓘ4-384-02474-6　Ⓝ783.7

[目次] 第1章 夢の甲子園出場, 第2章 甲子園への道程, 第3章 気持ちで負けない野球, 第4章 野球オヤジから愛を込めて, エンディングメッセージ―城東ナイン本当に, 勇気と希望をありがとう

[内容] 第81回全国高校野球選手権大会, 史上2度目・19年ぶりの都立高校出場秘話。

『創立四十周年記念誌』四十周年記念式典委員会記念誌編集担当編　東京都立城東高等学校　2019.9　61p　30cm〈書誌注記：年表あり〉Ⓝ376.48

◆城南高等学校

『朝雲をつきて―都立城南高校の六人』小澤英夫ほか著　名古屋　三惠社　2003.5　289p　21cm　980円　Ⓘ4-88361-176-0　Ⓝ376.48

◆城北高等学校

『城北史―創立五十周年記念誌』創立五十周年記念誌編集委員会編　城北学園　1992.11　598p 図版12枚　27cm　非売品　Ⓝ376.4

『山脈遙々―城北高校山岳部創部60周年記念誌：1953-2013』城北高校山岳OB会　2013.9　308p 図版21p　26cm　Ⓝ786.1

◆昭和高等学校

『創立五十周年記念誌―昭和』50周年記念誌編集委員会編　昭島　東京都立昭和高等学校　1998.11　92p　30cm〈標題紙のタイトル：

昭和高校五十周年記念誌〉Ⓝ376.48

◆昭和第一学園高等学校

『昭和第一学園の源流をたどる―創立者比留間安治先生顕彰像建立記念 昭和第一学園創立65周年記念誌』創立65周年記念事業実行委員会編　立川　昭和第一学園　2005.6　77p　26cm〈年表あり〉Ⓝ289.1

◆昭和鉄道高等学校

『昭和鉄道高等学校創立五十周年記念誌』豊昭学園昭和鉄道高等学校50周年記念誌編集委員会編　豊昭学園昭和鉄道高等学校　1978.10　96p　27cm　非売品　Ⓝ376.4

◆女子学院高等学校

『女子学院中学校・高等学校―中学受験注目校の素顔』おおたとしまさ著　ダイヤモンド・ビッグ社　2014.10　174p　19cm〈学校研究シリーズ 005〉〈書誌注記：文献あり　出版者注記：ダイヤモンド社(発売)〉1100円 ①978-4-478-04644-9　Ⓝ376.31361

『女子御三家―桜蔭・女子学院・雙葉の秘密』矢野耕平著　文藝春秋　2015.10　219p　18cm〈文春新書 1051〉〈書誌注記：文献あり〉760円　①978-4-16-661051-8　Ⓝ376.4136

|目次|序章 女子御三家とはなにか(女子御三家の人たち、トップレベルの偏差値 ほか)、第1章 桜蔭―圧倒的な東大合格率の理由(桜蔭坂を上る、厳かな本館で「礼法」の手ほどきを ほか)、第2章 女子学院(JG)―日本一自由な女子校(チャイムにこめられた思い、JGは"マイナーメジャー" ほか)、第3章 雙葉―お嬢様のリアル(憧れのセーラー服、元祖は横浜雙葉 ほか)、終章 女子御三家は変わらない、強烈な個性を放つ女子御三家、女子御三家の力とは ほか)

|内容|難関大学に合格者を多数輩出しながらも受験勉強に特化した教育とは対極の個性豊かな六年間を謳歌する彼女たち。その強さの秘密はどこにあるのか？ 最高峰の女子校の真実に迫る！

◆女子聖学院

『女子聖学院の四季＜今・昔＞―内田秀子写真集』内田秀子著　聖学院ゼネラルサービス　2000.6　75p　20×22cm〈英文併記〉2000円　①4-915826-15-5　Ⓝ376.48

◆白百合学園高等学校

『わが子の未来を拓く―中高一貫名門校・選択の指針』二見喜章著　小学館　2000.5　286p　15cm〈小学館文庫〉600円　①4-09-417381-1

|目次|序章 国の将来は「教育の在り方」で決まる、開成学園型―本物志向で「文武両道」を教育指導の根幹に据える、麻布学園/灘校型―「自由な校風」だが、教育指導の基本を豊かな「知性」の習得に置く、ラ・サール学園/栄光学園型―人間教育を基本としながら「進学指導」に重点を置く、桜蔭学園型―「女性の在り方」を教えつつ、自立し、自己主張ができ、広く活躍する女性の育成に力を入れる、白百合学園型―豊かでバランス感覚のいい「知性と教養ある女子の育成」を目指す教育指導、終章 女子教育の成否が「国の将来」を決める

|内容|どの学校を選ぶかで、子どもの未来は大きく変わる。偏差値教育の弊害が叫ばれる今、多くの親は"子どもの個性を伸ばしたい""子どもにいきいきとした人生を送ってほしい"と願っている。学歴社会崩壊の時代だからこそ、より慎重な学校選びが必要になっているのだ。なぜ今、名門校なのか。筆者は言う。「教育の目的や本質は『人間の優秀性の開発』と『人間性の陶冶育成』にある」と。本書は綿密な取材をもとに、それを可能とする中間一貫校の教育理念を浮き彫りにする。

◆新宿高等学校

『六十周年記念誌―府立六中＝新宿高校』六十周年記念誌編集委員会編　東京都立新宿高等学校　1983.3　128p　25cm　Ⓝ376.4

『朝陽―東京府立六中都立新宿高校創立70周年記念特輯号』七十周年記念特輯号・編輯委員会編　東京都立新宿高等学校(旧府立六中)朝陽同窓会　1992.10　240p　21cm　Ⓝ376.4

『七十年の歩み』七十周年記念誌編集委員会編　東京都立新宿高等学校　1993.3　1冊(ページ付なし)　25cm　Ⓝ376.48

『百年の歩み』百周年記念誌編集委員会編集　東京都立新宿高等学校　2023.3　313p　27cm〈書誌注記：年表あり〉Ⓝ376.48

『木々の翠を見やりつゝ―府立六中新宿高校百周年記念誌』創立百周年記念誌編集委員会編集　東京都立新宿高等学校朝陽同窓会　2023.6　354p　27cm〈書誌注記：年表あり〉Ⓝ376.48

◆新宿山吹高等学校

『創立10周年記念誌―2000』創立十周年行事委員会編集　東京都立新宿山吹高等学校　2001.3　127, 24p　30cm　Ⓝ376.48

◆巣鴨高等学校

『巣鴨の剣道――つの巣鴨学園史』巣鴨学園剣友会著編　講談社　1990.4　762p　図版24枚　27cm　Ⓝ789.3

『硬教育―巣鴨学園の教育精神』蝦名賢造著

西田書店　1998.10　218p　20cm　2000円　①4-88866-280-0　Ⓝ376.41361

[目次] 創立者遠藤隆吉の教育精神、中学校創立の根本動機、巣園学舎の創設と硬教育精神の形成、巣鴨学園の創設、巣鴨精神・エンドウイズム・生々主義哲学、硬教育の継承と生々発展―堀内政三校長四十二年の教育実践哲学、文武両道の教育精神、校友会・OB会・理事会の協力、卒業生への餞――一枚の色紙

[内容] 本書は、私立巣鴨学園の教育精神としてきこえる「硬教育」の成り立ちを、創立者遠藤隆吉の思想的・学問的業績と教育実践に即して掘り下げ、その意味するところを明らかにしようとするものである。

『文武一貫―創立八十周年記念巣鴨学園史』八十周年記念史編集委員会編著　講談社出版サービスセンター　2004.1　425p 図版10枚　27cm〈書誌注記：年表あり〉4000円　Ⓝ789.3

『巣鴨中学校・高等学校―中学受験注目校の素顔』おおたとしまさ著　ダイヤモンド・ビッグ社　2017.10　172p　19cm（学校研究シリーズ 013）〈書誌注記：文献あり　出版者注記：ダイヤモンド社（発売）〉1200円　①978-4-478-82107-7　Ⓝ376.48

[目次] 卒業生インタビュー 巣鴨ってどんな学校？―医療法人誠弘会池袋病院院長・理事長 池袋賢一さん、第1章 巣鴨という学校、第2章 巣鴨が目指す人物像、第3章 巣鴨の授業、第4章 巣鴨のカリキュラム、第5章 巣鴨の日常風景

◆杉並工業高等学校

『創立五十周年記念誌』東京都立杉並工業高等学校編　東京都立杉並工業高等学校　[2013.11]　1冊（ページ付なし）30cm　Ⓝ376.48

◆砂川高等学校

『砂川―東京都立砂川高等学校開校記念誌』東京都立砂川高等学校開校記念誌編集委員会編集　立川　東京都立砂川高等学校　1980.10　20p　26cm〈タイトルは表紙による．奥付のタイトル：砂川高等学校開校記念誌〉Ⓝ376.48

『創立二十周年記念誌』創立二十周年記念誌編集委員会編集　立川　東京都立砂川高等学校　1998.11　84p　30cm〈タイトルは奥付等による．標題紙のタイトル：創立20周年記念誌〉Ⓝ376.48

◆墨田川高等学校

『創立一〇周年記念誌―一九九五年』東京都立墨田川高等学校堤校舎編　東京都立墨田川高等学校堤校舎　1995.10　79p　30cm〈表紙のタイトル：創立10周年記念誌　年表あり〉Ⓝ376.48

◆墨田工業高等学校

『東京都立墨田工業高等学校100周年記念史』墨田工業高等学校同窓会編　東京都立墨田工業高等学校　2000.10　429p　27cm〈タイトルは標題紙・表紙による　奥付のタイトル：墨田工業高等学校創立100周年記念史　背のタイトル：東京都立墨田工業高等学校百周年記念史〉Ⓝ376.48

『東京都立墨田工業高等学校創立百年小史』東京都立墨田工業高等学校学友会創立百年小史編集委員会編集　[東京都立墨田工業高等学校]学友会　2000.10　47p　30cm〈表紙の書名：創立百年小史　年表あり，文献あり〉非売品　Ⓝ376.48

◆聖学院高等学校

『物語はここからはじまった―聖学院高等学校バドミントン部創部70周年記念誌：1949-2019』聖学院高等学校バドミントン部創部70周年記念誌編集委員会編集　聖学院高等学校バドミントン部　2024.5　111p　30cm　Ⓝ783.59

◆成蹊高等学校

『成蹊中・高30年史』成蹊中学・高等学校編　武蔵野　成蹊中学・高等学校　1979.6　410p　21cm　Ⓝ376.4

『高らかに行け―社長と慕われた教師の「与え、考えさせ、動かす」技術』渡邉一郎著　グラフ社　2007.5　190p　19cm　1238円　①978-4-7662-1049-1　Ⓝ783.48

[目次] 第1章 "社長"と呼ばれて（エスケープを止めることから、根性を鍛えるランパス ほか）、第2章 ラグビーと出会う（東京・高円寺に末子の長男として誕生、高校二年生で仲間に誘われてラグビー部へ ほか）、第3章 ノーサイドの笛が鳴るまで（自らの意思で集まる、学校間での交流も ほか）、第4章 一生のつき合い（心の絆を結ぶラグビー、八〇余年の歴史と伝統を誇る成蹊ラグビー部 ほか）、第5章「個性を持った自立的な人間の創造」に取り組む成蹊学園（ひとりの青年の理想から始まる、私塾「成蹊園」を創設 ほか）

[内容] 子どもたちは今も昔も変わらない。真剣に向き合えば、心は通じる！ 34年間にわたり成蹊高校ラグビー部を牽引してきた前監督が語る、次世代へのメッセージ。

『Seikei and Cowra 1970-2020 50th

anniversary』武蔵野　成蹊高等学校
2021.3　68p　30cm〈書誌注記：年表あり
言語注記：英語併記〉Ⓝ376.489

『成蹊学園ラグビー部100周年記念誌』岩岡印刷
工業株式会社監修, 100周年記念誌編集委員会
制作編集　武蔵野　成蹊ラガークラブ
2023.7　251p　27cm〈書誌注記：年表あり〉
Ⓝ783.48

◆成女高等学校

『成女九十年』「成女九十年」編集部編　成女学
園　1989.11　2冊（資料編とも）27cm
Ⓝ376.4

◆成城高等学校

『成城蹴球・サッカー60年史』成城蹴球・サッ
カー60年史編集委員会　1988.5　229p
26cm　Ⓝ783.47

◆青稜高等学校

『「メンズビオレ」を売る進学校のしかけ―「自
分で考え、自分で動ける子」が育つヒント』
青田泰明著　青春出版社　2022.7　188p
18cm〈青春新書INTELLIGENCE PI-654〉
1030円　①978-4-413-04654-1　Ⓝ376.48
目次　第1章 校内の自販機で「メンズビオレ」を売
る理由—子どもを変える学校の「しかけ」、第2章
「言葉がけ」よりも「環境」で子どもを伸ばす一押
しつけないほうがうまくいく、第3章 生徒と一緒に
ルールを作る—「回り道」が子どもを成長させる、
第4章「信じて待つ」教育—子どもたちから学ん
だ、大切なこと、第5章 子どもたちに伝えたい「挑
戦する力」—「学力+α」の力を育むヒント、第6章
「誰も見たことがない学校」を作りたい—挑戦する
こと、変化し続けること

◆世田谷高等学校

『獅子児の伝統―校史』校史編纂委員会編　世
田谷中・高等学校　1981.11　559p 図版11枚
27cm〈創立八十周年記念〉非売品　Ⓝ376.4

『獅子児の伝統―校史』世田谷学園校史編纂委
員会編　世田谷学園中学校　2001.11　610p
27cm〈創立100周年記念　共同刊行：世田谷
学園高等学校〉非売品　Ⓝ376.48

『獅子児の伝統―校史　資料編』世田谷学園校
史編纂委員会編　世田谷学園中学校　2001.
11　117p　26cm〈創立100周年記念　共同刊
行：世田谷学園高等学校〉非売品　Ⓝ376.48

◆創価学園

『創立者とともに　続』「続・創立者とともに」
編集委員会編　小平　創価学園　1990.5
324p　20cm〈池田大作の肖像あり〉Ⓝ376.4

◆大東学園高等学校

『いのちあらたに―大東学園再建10年のあゆみ』
大東学園　1979.7　158p　21cm　Ⓝ376.4

『人間まるごと学ぶ丸さんの明るい性教育―大
東学園の総合学習「性と生」の実践から』丸
山慶喜著　澤田出版　2004.11　295p　20cm
〈東京　民衆社（発売）〉1800円　①4-8383-
0915-5　Ⓝ375.494
目次　序章 生きている現実から学びを起こす、第1
章 高校生、今を生きる、第2章 点数万能主義の傷
あとを越えて―大東学園という学校、第3章 なぜ、
今、「性と生」の教育か、第4章 素人集団がつくっ
た総合「性と生」―「生徒が主人公」になる授業
を求めて、第5章 先生はいつも本当のことを話して
くれる、第6章 私たちの授業の大前提と基本、第7章
「性と生」の授業の素顔、第8章 人間の輝きの中で
生きる

『大東学園80年誌』大東学園80年誌編集委員会
編　大東学園　2013.3　127p　30cm〈書誌
注記：年表あり〉Ⓝ376.4

『性の学びが未来を拓く―大東学園高校総合
「性と生」の26年』水野哲夫　エイデル研究
所　2023.4　195p　21cm　2000円　①978-4-
87168-692-1　Ⓝ375.1894
目次　小岩井真由美さん、丸山慶喜さん、小嶋真奈
さん、武藤由美さん、池上東湖さん、堀井（寺田）由
美さん、小川明紀さん、卒業生に聴く、高校2年生に
聴く、阿部和子さん〔ほか〕

◆高島高等学校

『突破力―泣き虫「民間人校長」の工夫と行動』
内田睦夫著　三五館　2005.9　249p　20cm
1500円　①4-88320-332-8　Ⓝ376.41361
目次　第1章 日本初の民間人校長、誕生！、第2章 拍
手の始業式、第3章 民間人校長走る！、第4章 ロー
プからゴム紐に持ちかえて、第5章 六時間におよん
だ職員会議、第6章 動き出した都立高校改革、終章
高島発「都立高校改革」
内容　やろうとして、できないことなど、一つもな
い！ 知恵と工夫次第で人は動き、組織はよみがえ
る。民間人校長として最初に成功を収めた元企業
人の、学校改革ドキュメント。

◆高輪高等学校

『高輪学園百年史』高輪学園編　高輪学園
1985.4　471p　22cm〈書誌注記：年表あり
肖像あり〉Ⓝ376.38

◆瀧野川女子学園高等学校

『瀧野川女子学園創立六十周年記念誌』瀧野川女子学園創立六十周年記念誌編集委員会編　瀧野川女子学園　1985.10　417p　27cm〈背のタイトル：創立六十周年記念誌　年表あり〉　Ⓝ376.48

『滝野川女子学園七十年誌』滝野川女子学園七十年誌編集委員会編　滝野川女子学園　1995.10　334p　図版10枚　31cm　Ⓝ376.4

『瀧野川女子学園のキセキ―パーソナルブランディングで生徒が、学校が変わった！』刈谷裕子著　長崎出版　2013.6　159p　19cm〈背のタイトル：Story of Takinogawa Girls' School〉1500円　Ⓘ978-4-86095-570-0　Ⓝ376.3136

｜目次｜第1章　瀧野川女子学園との出逢い, 第2章　瀧野川女子学園のブランディング, 第3章　パーソナル・ブランディングの手法, 第4章　生徒たちのパーソナル・ブランディング, 第5章　先生たちのパーソナル・ブランディング, 第6章　新しい世紀に向かう瀧野川女子学園

｜内容｜2013年度、学園初となる東大生を輩出（卒業生）。現役でも東京六大学、MARCHへの合格者を次々と生み出している瀧野川女子学園。そのキセキの裏には、学園経営者の熱い想いと先生方の努力、そして「1人の魔法使いの存在」があった。ブランディングで進化した学園のヒミツに迫る1冊！

『瀧野川女子学園高等学校―退屈しているなんて、もったいない！』「もりもり元気の出る高校案内」実行委員会編　真珠書院　2014.5　98p　19cm（もりもり元気の出る高校案内 3）900円　Ⓘ978-4-88009-281-2

◆拓殖大学第一高等学校

『［拓殖大学第一高等学校］創立四十周年記念誌』拓殖大学第一高等学校創立四十周年記念誌編集委員会編　拓殖大学第一高等学校　1988.10　543p　22cm〈付：写真3枚（東恩納寛惇胸像, 胸像プレート, 拓殖大学第一高等学校校舎）〉

『［拓殖大学第一高等学校］五十年史』拓殖大学第一高等学校編　拓殖大学第一高等学校　1998.10　453p　22cm

◆竹台高等学校

『人権―人権尊重教育推進校の記録』東京都立竹台高等学校同和教育推進委員会編　東京都立竹台高等学校同和教育推進委員会　2001.3　59p　26cm　Ⓝ371.56

◆竹早高等学校

『たずさえて友と―写真で綴る『竹早の百年』』百周年記念誌編集委員会編集　東京都立竹早高等学校百周年記念事業実行委員会　2000.11　150p　30cm〈年表あり〉Ⓝ376.48

『竹早の百年―創立百周年記念誌』百周年記念誌編集委員会編　東京都立竹早高等学校百周年記念事業実行委員会　2003.3　519p　27cm〈年表あり〉Ⓝ376.48

◆忠生高等学校

『創立十周年アルバム記念誌』東京都立忠生高等学校創立十周年記念誌編集委員会編集　町田　東京都立忠生高等学校　1980.11　66p　19×26cm〈表紙のタイトル：東京都立忠生高等学校創立10周年　年表あり〉非売品　Ⓝ376.48

『創立30周年記念誌』東京都立忠生高等学校30周年事業記念実行委員会編　町田　東京都立忠生高等学校　2000.11　95p　30cm〈奥付のタイトル：創立三十周年記念誌　年表：p24-43〉Ⓝ376.48

◆立川高等学校

『玲瓏―東京都立立川高等学校創立100周年記念誌』創立100周年記念誌編集委員会編集　立川　東京都立立川高等学校　2001.11　30, 350p　図版8枚　27cm〈年表あり, 文献あり〉Ⓝ376.48

『鉄筆とビラ―「立高紛争」の記録1969-1970』都立川高校「紛争」の記録を残す会編　同時代社　2020.3　205p　21cm　1900円　Ⓘ978-4-88683-871-1　Ⓝ376.48

｜目次｜第1部　実録「立高紛争」（バリケード封鎖から解除まで―動揺そして混active・10/20〜26, 生徒総会とクラス討論の二週間―生きるとは, 自分を表現すること・10/27〜11/10, バリケード前史―立川高校という学校, ロックアウト下の800名署名と『静かなる, 切なる訴え』―民主主義と学習権・11/11〜24, 生徒会再建と新生徒会長の選出へ―民主主義と学ぶ権利をめぐる攻防・11/25〜12/26, 講座制実現への動き―「学習権」を実体化する制度作り・12/31〜3/31）, 第2部　50年前のわたし, 50年後のわたしたち（蒼き時代の「漂流」と50年後の「ノーサイド」, 女子生徒の見た『紛争』―50年前の『自由と規律』, キャンパス派を生きて, 「立高紛争」が, こんにちの私たちに訴えかけるもの）, 第3部　資料―ビラ・冊子リスト

◆立川女子高等学校

『ひびけ笛ヒマラヤヘ―立川女子高校山岳部ヒマラヤ遠征同伴記』平山三男著　栄光出版社

都道府県から引く　高等学校史・活動史目録　235

東京都

1979.7　212p　20cm　980円　Ⓝ292.58

『ヒマラヤ・すばらしき教室―立川女子高校山岳部の記録』高橋清輝著　立川　けやき出版　1991.2　261, 12p　19cm　1600円　①4-905845-82-3　Ⓝ292.58

|目次| 序・限りない「めぐりあい」のありがたさ、創設からチュルーへ、白き神々の座・ヒマラヤチュルーを登る、「拝啓、高橋先生」―チュルーから帰った彼女たち、素顔の隊員たち、著者紹介

|内容| 汗・涙・感動のチュルー初登頂記。ヒマラヤの高峰・6558メートルに挑んだ女子高校生の厳しくもさわやかな青春をえがく。

『女子高生・汗と涙の初登頂―立川女子高校山岳部未踏峰コングール4峰への挑戦』高橋清輝著, 加藤真紀子絵　大日本図書　1997.7　214p　20cm〈ノンフィクション・ワールド〉1400円　①4-477-00842-2

|目次| 1 プロローグ, 2 アプローチ, 3 OG会, 4 出発まで, 5 北京～カラクル湖, 6 カラクル湖～ベースキャンプ, 7 BC～C2入り, 8 C2～C4, 9 C4～AC, 10 一次, 二次アタック～登頂成功, 11 下山～BC, 12 エピローグにかえて、母の墓前

|内容| 「ここがピークだぞ！」わたくしは、重装備の登はん用具を身につけ、あえぐように、しかし確かな足どりで一歩、また一歩と、順次登ってくる、まだ十代半ばの若き女子隊員たちに声をかけました。1995年(平成7年)8月12日、12時45分、わたくしたち、立川女子高等学校山岳部・第七次海外遠征登山隊は、夢にまで見たコングール4峰6,650メートルのピークに、世界で初めて立つことができたのです。でも、その道のりは…。

『ヒマラヤの青春―立川女子高校遠征隊同行記』平山三男著　平凡社　2003.1　267p　16cm（平凡社ライブラリー）〈年表あり〉1200円　①4-582-76455-X　Ⓝ292.58

◆館高等学校

『開校記念誌』東京都立館高等学校開校記念誌編集委員会編集　八王子　東京都立館高等学校　1982.11　24p　26cm　Ⓝ376.48

『東京都立館高等学校創立20周年記念誌―この10年の歩み, 1999』創立20周年記念誌編集委員会編集　八王子　東京都立館高等学校　1999.11　60p　30cm〈タイトルは奥付による. 標題紙のタイトル：創立20周年記念誌, 背のタイトル：創立二十周年記念誌, 表紙のタイトル：東京都立館高等学校20周年記念誌　年表あり〉Ⓝ376.48

◆田無高等学校

『東京都立田無高等学校開校記念誌』東京都立田無高等学校開校記念誌編集委員会編集　田無　東京都立田無高等学校　1984.10　23p　26cm〈タイトルは奥付による. 表紙のタイトル：開校記念誌〉Ⓝ376.48

◆田無工業高等学校

『記念誌―創立二十周年』創立20周年記念誌実行委員会編　田無　東京都立田無工業高等学校　1982.10　60p　26cm〈背のタイトル：二十周年記念誌　年表あり〉Ⓝ376.48

『創立四十周年記念誌』創立40周年記念誌編集委員会編　西東京　東京都立田無工業高等学校　2003.3　74p　30cm〈年表あり〉Ⓝ376.48

『創立五十周年記念誌』創立50周年記念誌編集委員会編集　西東京　東京都立田無工業高等学校　2012.12　146p　30cm〈年表あり〉Ⓝ376.48

◆多摩高等学校

『創立五十周年記念誌』東京都立多摩高等学校創立五十周年記念行事実行委員会編　青梅　多摩高等学校　1973　204p図　19cm　Ⓝ376.4

『創立百周年記念誌』創立百周年記念誌編集委員会編集　青梅　東京都立多摩高等学校　2023.11　139p　30cm〈書誌注記：年表あり　部分タイトル：東京都立多摩高等学校創立百周年記念誌〉Ⓝ376.48

◆玉川学園高等部

『玉川学園高等部全人教育の実践』玉川学園編　町田　玉川大学出版部　1980.1　299p　22cm　2500円　Ⓝ375

◆千歳高等学校

『千歳の春秋―創立六十周年記念校史』創立六十周年記念事業委員会「記念誌(校史)編集委員会」編集　東京都立千歳高等学校　197p　26cm〈年表あり〉Ⓝ376.48

◆千歳丘高等学校

『三十年の歩み』東京都立千歳丘高等学校, 東京都立千歳丘高等学校編　東京都立千歳丘高等学校　1972.9　170p　26cm〈東京都立千歳丘高等学校年表：p97～113〉Ⓝ376.48

『創立60周年記念誌』東京都立千歳丘高等学校2002年度総務部編集　東京都立千歳丘高等学校　2002.10　46p　30cm〈表紙のタイトル：世紀をつないで, 背のタイトル：創立六十周年記念誌　年表あり〉Ⓝ376.48

東京都

◆千早高等学校

『The 10th anniversary東京都立千早高等学校記念誌』創立10周年記念式典実行委員会記念誌編集委員会編　東京都立千早高等学校　2014.10　61p　30cm〈書誌注記：年表あり〉Ⓝ376.48

◆中央大学高等学校

『白灯―創立八十周年記念誌』中央大学高等学校創立八十周年記念誌編集委員会編　2008.11　165p　26cm〈書誌注記：年表あり〉Ⓝ376.48

『中央大学附属中学校・高等学校「校史」―一九〇九―二〇一二』中央大学附属中学校・高等学校一〇〇周年記念事業委員会編　小金井　中央大学附属中学校　2012.10　32, 517p　22cm〈書誌注記：年表あり　書誌注記：文献あり　共同刊行：中央大学附属高等学校〉Ⓝ376.48

『白灯―創立九十周年記念誌』中央大学高等学校創立九十周年記念誌編集委員会編　2018.11　86p　30cm　Ⓝ376.48

◆調布北高等学校

『開校記念誌』東京都立調布北高等学校記念誌編集委員会編集　調布　東京都立調布北高等学校　1975　12p　22×30cm〈年表あり〉Ⓝ376.48

◆調布南高等学校

『創立二十周年記念誌―1996』調布　東京都立調布南高等学校　1996.11　83p　26cm〈書誌注記：年表あり〉Ⓝ376.48

◆千代田女学園高等学校

『千代田女学園の歴史―創立100周年記念写真編』「千代田女学園の歴史」編集部編　千代田女学園中学校・高等学校　1988.10　167p　27cm　非売品　Ⓝ376.4

『千代田女学園の歴史　史料編　第1巻』「千代田女学園の歴史」編集部編　千代田女学園中学校・高等学校　1994.3　592p　22cm　非売品　Ⓝ376.4

『千代田女学園の歴史　史料編　第2巻』「千代田女学園の歴史」編集部編　千代田女学園中学校・高等学校　1995.12　736p　22cm　非売品　Ⓝ376.4

『千代田女学園百三十年史』武蔵野大学附属千代田高等学院　2018.9　143p　30cm〈書誌注記：年表あり　共同刊行：千代田女学園中学校〉Ⓝ376.48

◆筑波大学附属高等学校

『創立百年史―1888～1988』筑波大学附属中学校・高等学校百年史編集委員会編　筑波大学附属中学校・高等学校　1988.10　405p　27cm　Ⓝ376.4

『桐陰会野球部の一世紀―筑波大学附属高等学校・中学校野球部史』桐陰会野球部百周年記念事業実行委員会編　桐陰会野球部百周年記念事業実行委員会　1999.3　392p　27cm　非売品　Ⓝ783.7

『故きを温ねて―附属百二十年の足跡：筑波大学附属中学校・高等学校創立120周年写真集』筑波大学附属中学校・高等学校創立120周年記念写真集編集委員会編　筑波大学附属中学校　2008.10　190p　31cm〈書誌注記：年表あり　共同刊行：筑波大学付属高等学校〉Ⓝ376.48

◆筑波大学附属駒場高等学校

『創立三十周年記念誌』東京教育大学附属駒場中・高等学校創立三十周年記念行事推進委員会編　東京教育大学附属駒場中・高等学校　1977.11　198p（図共）27cm〈制作：文教書院（東京）〉非売品　Ⓝ376.4

『駒場水田の誌』増補改訂版　筑波大学附属駒場中・高等学校創立六十周年記念行事推進委員会ケルネル水田事業委員会　筑波大学附属駒場中・高等学校創立六十周年記念行事推進委員会　2007.8　173p　26cm〈発行所：筑波大学附属駒場中・高等学校　文献あり　年表あり〉Ⓝ610.7

『創立六十周年記念誌』筑波大学附属駒場中・高等学校創立六十周年記念誌委員会編　筑波大学附属駒場中・高等学校創立六十周年記念行事推進委員会　2007.8　299p　図版12枚　27cm〈発行所：筑波大学附属駒場中・高等学校　年表あり〉非売品　Ⓝ376.38

『附属端艇部の歩み―1894-2011』附属端艇部史編集委員会編　筑波大学附属高校端艇部　2012.3　135p　30cm〈共同刊行：桐漕倶楽部〉Ⓝ785.5

『筑駒の研究』小林哲夫著　河出書房新社　2023.12　322p　18cm（河出新書 070）1100円　①978-4-309-63172-1　Ⓝ376.48

|目次| 第1章 筑駒の新しい潮流―起業家やコンサルタントとして活躍するOBたち, 第2章 「自由闊達」の正体―筑駒教育の真髄を探る, 第3章 燃える三大行事, 部活動―文化祭, 演劇, サッカー, パソコ

東京都

ン…、第4章 教駒・筑駒史 開校から東大合格率トップ校へ―農教・教駒時代（1947年～1970年代後半）、第5章 教駒・筑駒史 存続危機から底力を発揮―筑駒時代（1970年代後半～2020年代）、第6章 天才？ 秀才？ 日本一のオタク集団？、第7章 校風を教えてくれるOBたち―華麗で異色な教駒・筑駒人脈、第8章 筑駒はどこへ行くのか

内容 筑波大学附属駒場中・高等学校、略称「筑駒」。その昔は「教駒」。国立で男子校、自由な校風と抜群の東大合格率で知られ、日銀総裁、大学総長、官僚トップ、国会議員、発信力の高い学者、ユニークな起業家など、さまざまな分野で突出した存在感を示す卒業生も多い。ほんとうのところ、いったいどんな学校なのか―。OB、元教員から現校長まで、約100人の証言から探る。

◆鶴川高等学校

『教師はあきらめない―かけがえない生徒たちへ』三木ひろ子著　新日本出版社　2020.10　238p　19cm〈書誌注記：年表あり〉1500円　①978-4-406-06501-6　Ⓝ376.48

目次 第1章 異変、生徒たちの悲しみ（クラス担任がはずされる、部活の顧問はずしと部活動つぶし、演劇・児童文化部の生徒たちの思い、教職員組合のこと）、第2章 生徒と教師を会わないようにさせる学校（先生が学校にいない、「立ち番」で学外に出させる、法の裁きが下った）、第3章「学校崩壊」の中でみつけたもの（自主的「校内見回り」がわかったこと、野本香苗さんの担任はずし事件）、第4章 若い非正規雇用の教師たち（多くの教師がやめていく学校、若い教師の思いと奮闘）、第5章 生きる力を育てる―私の教育実践（書く力を育てる―「国語演習」という教科の創設、読む楽しさを覚える、生徒たちの読み解きを大事にする）

内容 校長のパワハラから生徒と教育を守る！

◆帝京大学系属帝京高等学校

『帝京高校野球部―パワー野球の神髄：Since 1949』ベースボール・マガジン社　2015.5　97p　29cm（B.B.MOOK 1195―高校野球名門校シリーズ 9）1389円　①978-4-583-62288-0

『いいところをどんどん伸ばす―帝京高校・前田流「伸びしろ」の見つけ方・育て方』前田三夫著　日本実業出版社　2022.7　273p　19cm　1400円　①978-4-534-05936-9　Ⓝ783.7

目次 第1章 常に選手の成長を見守り続ける、第2章 人を「育てる」うえで最も大切にしたいこと、第3章 選手との信頼関係なくして「育成」はできない、第4章「正しい厳しさ」と「誤った自主性」、第5章 50年の指導の中で感じたこと、学んだこと、第6章「成長する選手」の特性、第7章 甲子園で学んだ「本当の指導」

内容 全国制覇3回、甲子園通算51勝。希代の名将がはじめて明かす「正しい努力」と「成長のプロセス」。

『鬼軍曹の歩いた道―帝京一筋。高校野球に捧げた50年』前田三夫著　ごま書房新社　2022.8　359p　19cm　1800円　①978-4-341-08815-6　Ⓝ783.7

内容 甲子園通算51勝、3回の全国制覇という華々しい戦績の陰で、クビ寸前を2度。孤独を深める中で必死にノックバットを振れば、勝利至上主義などといわれ苦悩した。時にヒール役、しかし、決してブレずに挑み続ける姿は唯一無二の存在で、魅了される高校野球ファンは多かった。ユニークで楽しい人柄。その笑顔を封印し、「鬼」に徹した日々を生い立ちとともに振り返る―。

◆東亜学園高等学校

『東亜特色教育の記録―ホームルーム文化教育：創立八十周年記念誌』創立八十周年記念ホームルーム研究誌編集委員会編　東亜学園高等学校　2003.10　239p　26cm　Ⓝ375.184

◆東海大学付属高輪台高等学校

『翔べ！ 私たちのコンクール―オザワ部長の吹奏楽部物語』オザワ部長著　学研パブリッシング　2015.4　215p　19cm〈出版者注記：学研マーケティング（発売）〉1000円　①978-4-05-800454-8　Ⓝ764.6

目次 第1章 赤ブレの強豪校・東海大付属高輪台、第2章 目指せ、全国大会！、第3章 笑顔の向こう に、第4章 いざ全日本吹奏楽コンクールへ！、第5章 ゴールド金賞のゆくえ、第6章「ブラバン少女」精華女子のコンクール、第7章 マーチングにかける思い、第8章 コンクールだったもの、アンケート「私たちのコンクール、私たちの吹奏楽部」

内容 赤ブレの強豪校・東海大付属高輪台高校吹奏楽部が駆け抜けた"熱い季節"の記録。みんなのあるある吹奏楽部オザワ部長が完全密着取材！「あの日」をきっと思い出す、吹奏楽青春ドキュメント!!

◆東京高等学校

『校史―東京中学校・東京高等学校 一八七二～一九八二』校史編纂委員会編　東京高等学校　1983.5　574p　22cm〈書誌注記：校史（110年）年表：p511～528　創立百十周年記念出版〉Ⓝ376.4

『校史―1872～1992 東京高等学校創立百二十周年記念誌』東京高等学校　1992.10　165p　27cm〈書誌注記：校史（120年）年表・上野清著書目録：p132～152　編集：平山郁夫〉Ⓝ376.4

『菊葉の岳人たち―東京高等学校山岳部史』東

東京都

高山岳部史編集委員会編　熱海　峠の会
2000.12　109p　26cm　非売品　Ⓝ786.1

『菊葉の岳人たち―東京高等学校山岳部史　続
（増補号）』東高山岳部史増補号編集委員会編
熱海　峠の会　2004.5　67p　26cm〈奥付の
タイトル：菊葉の山人たち　はり込図2枚〉
非売品　Ⓝ786.1

◆東京学園高等学校

『回顧百年―東京商業から東京学園への歩み』
東京商業学校東京学園高等学校編　東京商業
学校東京学園高等学校　1989.5　412p　図版
16枚　22cm　Ⓝ376.4

◆東京学芸大学附属高等学校

『四十年の歩み―学校創立四十周年記念誌』東
京学芸大学附属高等学校四十年記念委員会
編　東京学芸大学附属高等学校　1994.6
206p　27cm〈年表あり〉非売品　Ⓝ376.48

『大泉校舎20年の歩み―帰国子女教育1974～
1994』東京学芸大学附属高等学校大泉校舎
記念誌編集委員会　1994.11　92p　26cm
〈年表あり〉Ⓝ376.48

◆東京芸術大学音楽学部附属音楽高等学校

『藝高の半世紀―芸高創立50周年記念誌』〔東
京芸術大学音楽学部附属音楽高等学校〕創立
50周年記念事業実行委員会記念誌委員会
2005.6　102p　30cm〈年表あり〉Ⓝ376.48

◆東京女子学園高等学校

『東京女子学園七十年史』東京女子学園七十年
史編集委員会編　東京女子学園　1973　211p
図　肖像　22cm　非売品　Ⓝ376.4

『東京女子学園八十年史』東京女子学園八十年
史編集委員会編　東京女子学園　1984.11
268p　22cm　非売品　Ⓝ376.4

『東京女子学園九十年史』東京女子学園九十年
史編集委員会編　東京女子学園　1993.12
368p　図版16枚　22cm　非売品　Ⓝ376.4

◆東京成徳短期大学付属高等学校

『恐るべき女子高校―東京成徳短大付属高校の
現実』太田政巳著　三一書房　1987.11
256p　19cm　1000円　Ⓝ376.4

目次　1 私学と定年、2 校長と奥さん、3 生徒募集と
名物先生、4 嬰児刺殺事件、5 入試と合否発表、6 部
活と監禁、7 学年主任と担任、8 進学指導の実態、9
被告席に坐るべきなのは誰か

内容　いじめによる生徒の自殺、トイレで出産した
2年生が赤ん坊を刺殺した上、路上に投げ捨てると
いう事件、短大学長など5校長兼任の木内理事長宅
での実父監禁とその死、あまりにも衝撃的な出来
事の連続に思わず、これが学校か、と叫びたくな
る教師の苦悩。13年間勤務した東京成徳大学付属
高校の体験を基に、マンモス女子高校を内側から
レポートした衝撃の書。

『恐るべき女子高校―東京成徳短大付属高校の
「教育」　続』太田政巳著　三一書房　1988.9
209p　19cm　1000円　Ⓝ376.4

◆東京大学教育学部附属中等教育学校

『創立40周年記念誌』東京大学教育学部附属
中・高等学校創立40周年委員会編　東京大学
教育学部附属中・高等学校　1988.5　96p
26cm　非売品　Ⓝ376.4

『教育のある風景』東京大学教育学部附属中・
高等学校編著　東京書籍　1993.12　222p
19cm　1500円　Ⓘ4-487-75702-9　Ⓝ376.3

目次　序章 ここに「ふつう」で「特別」な学校があ
る、第1章 学校の特色をつくる「特別学習」、第2章
授業で育つ、第3章 行事で育つ、第4章 もう一つの
プロフィール、第5章 もう一つの優秀さ

内容　「もう一つの優秀さ」を求めて学校の可能性
に挑戦する東大附属校の姿を描く。

『中高一貫教育1/2世紀―学校の可能性への挑
戦』東京大学教育学部附属中・高等学校編著
東京書籍　1998.4　255p　19cm　1600円
Ⓘ4-487-75741-X　Ⓝ376.31

目次　東大附属って、こんな学校です、中高一貫教
育課程の特色（教科編―「生きる力」を育む、特別
学習編―知識から行動へ）、意識した行事群のなか
で育つ子どもと教師、生徒の自治活動・生活指導

内容　50年にわたる中高一貫教育の成果を紹介。

『創立50周年記念誌』東京大学教育学部附属
中・高等学校創立50周年記念誌編集委員会編
東京大学教育学部附属中・高等学校創立50周
年記念誌編集委員会　1998.5　128p　27cm
非売品　Ⓝ376.38

『参加と共同の学校づくり―「開かれた学校づ
くり」と授業改革の取り組み』宮下与兵衛,
濱田郁夫, 草川剛人共著　草土文化　2008.8
101p　21cm〈解説：浦野東洋一〉1300円
Ⓘ978-4-7945-0998-7　Ⓝ374

内容　日本でも、一九九五年以降、「参加と共同」の
学校づくりが全国に広がっています。この本では、
そのパイオニア校からとして全国の学校から注目
されている三校の取り組みを報告しています。高
知県では一九九七年から土佐の教育改革の一貫と
して学校協議会が全県的に設置されて取り組まれ
てきましたが、その中で注目されてきた中学校が

都道府県から引く　高等学校史・活動史目録　239

東京都

奈半利中学校です。東京大学教育学部附属中等教育学校は現在、三者協議会の実践と「学びの共同体」の実践で全国から注目されている中高一貫教育の学校です。長野県辰野高等学校は一九九七年から、三者協議会の実践とともにさらに地域住民の参加を加えた「フォーラム」の実践で全国の多くの学校のモデルになってきた学校です。この三校の一〇年にわたる「参加と共同」の学校づくりと授業改革の取り組みをまとめました。

◆東京都立園芸高等学校

『東園の七十年』 東京都立園芸高等学校同窓会　1978.11　399, 12p　22cm〈発行所：東京都立園芸高等学校〉Ⓝ376.4

◆東京都立工芸高等学校

『工芸学校80年史―1907-1987 創立80周年記念』 東京都立工芸高等学校同窓会「築地工芸会」記念誌編集委員会編　築地工芸会　1987.9　293p　27cm　Ⓝ376.4

『工芸学校・夜間制度80年の足跡―1910-1990』 津久井正幸編著〔津久井正幸〕　1990.12　319p　26cm　非売品　Ⓝ376.4

『太平洋戦争下の工芸生活』 東京都立工芸学校本科印刷科23・24・25・26期編集委員会編　東京都立工芸学校本科印刷科23・24・25・26期編集委員会　1997.3　198p　21cm〈年表あり〉非売品　Ⓝ376.48

『卒業生の足跡にたどる工芸学校の90年―1907―1997』 東京都立工芸高等学校同窓会「築地工芸会」記念誌編集委員会編著　築地工芸会　1997.5　223p　27cm　Ⓝ376.48

『都立工芸100年の歩み』 東京都立工芸高等学校同窓会「築地工芸会」100周年記念誌編集委員会編　築地工芸会　2009.3　423p　27cm〈都立工芸高等学校100周年記念誌　年表あり〉Ⓝ376.48

◆東京都立大学附属高等学校

『都高六十年―創立六十周年記念誌』 創立六十周年記念誌編纂委員会編纂　東京都立大学附属高等学校　1989.3　157, 6p　26cm　Ⓝ376.4

『都高六十年―創立60周年記念誌　補遺』 東京都立大学附属高等学校　〔1990〕　12p　26cm　Ⓝ376.4

◆東京都立第一商業高等学校

『六十年の歩み―昭和五十三年』 創立60周年記念誌編集委員会編　東京都立第一商業高等学校　1978.11　44p　26cm〈年表あり〉Ⓝ376.48

『八十年の歩み―創立八十周年記念』 創立80周年記念誌編集委員会編　東京都立第一商業高等学校　1998.11　156p　30cm　Ⓝ376.48

『創立九十周年記念誌―この十年の歩み』 創立90周年記念誌編集委員会編　東京都立第一商業高等学校　2008.10　158p　30cm〈年表あり〉Ⓝ376.48

『100年の歩み―創立100周年記念誌』 創立100周年記念事業運営委員会記念誌担当　東京都立第一商業高等学校　2018.9　407p　31cm〈書誌注記：年表あり〉Ⓝ376.48

『創立100周年記念誌』 創立100周年記念事業運営委員会記念誌担当　東京都立第一商業高等学校　2018.9　80p　30cm〈書誌注記：年表あり〉Ⓝ376.48

◆東京都立第二商業高等学校

『50年の歩み』 東京都立第二商業高等学校創立50周年記念事業協賛会編　八王子　東京都立第二商業高等学校創立50周年記念事業協賛会　1970.10　218p　21cm　Ⓝ376.48

『六十年のあゆみ』 二商創立60周年記念事業協賛会記念誌委員会編　八王子　東京都立第二商業高等学校創立60周年記念事業協賛会　1981.10　154p　27cm〈年表：p142-154〉Ⓝ376.48

『七十年のあゆみ』 二商創立70周年記念事業協賛会記念誌委員会編　八王子　東京都立第二商業高等学校　1990.10　126p　27cm〈年表：p111-125〉Ⓝ376.48

『創立八十周年記念誌―この十年のあゆみ』 東京都立第二商業高等学校編　八王子　東京都立第二商業高等学校　2000.11　135p　27cm〈年表：p115-130〉Ⓝ376.48

『浅川の流れさやかに―閉課程記念誌, 東京都立第二商業高等学校全日制課程』 東京都立第二商業高等学校編　八王子　東京都立第二商業高等学校　2007.3　71p　30cm〈年表あり〉Ⓝ376.48

◆東京都立第三商業高等学校

『創立90周年記念誌―東京都立第三商業高等学校』 東京都立第三商業高等学校創立90周年実行委員会編　東京都立第三商業高等学校　2017.11　126p　31cm〈書誌注記：年表あり〉Ⓝ376.48

◆東京都立農芸高等学校

『創立七十周年記念誌』 創立70周年本館等増改

築落成記念委員会編集　東京都立農芸高等学校　1970　25p　26cm〈沿革史年表：p8〉Ⓝ376.48

『東京都立農芸高等学校百年史―1900～2000』東京都立農芸高等学校編　東京都立農芸高等学校　2001.11　459p 図版16枚　27cm〈タイトルは奥付による〉Ⓝ376.48

◆東京都立農林高等学校

『自彊息まじ―東京都立農林高等学校創立90周年記念誌』東京都立農林高等学校創立90周年定時制50周年記念行事実行委員会編　青梅　東京都立農林高等学校創立90周年定時制50周年記念行事実行委員会　1999.11　22p　30cm〈90年のあゆみ：p14-21〉Ⓝ376.48

『友よ我等の明日を―東京都立農林高等学校定時制50周年記念誌』東京都立農林高等学校創立90周年定時制50周年記念行事実行委員会編　青梅　東京都立農林高等学校創立90周年定時制50周年記念行事実行委員会　1999.11　48p　30cm〈年表：p32-33〉Ⓝ376.48

◆東京農業大学第一高等学校

『東京農業大学第一高等学校四十周年史』東京農業大学第一高等学校編　東京農業大学第一高等学校　1990.10　215p　27cm〈背・表紙の書名：四十年史〉376.4

◆桐朋高等学校

『桐の学舎―桐朋学園男子部創立50周年記念写真集』国立　桐朋学園男子部創立50周年記念事業委員会　1991.10　47p　19×26cm〈書名は背・表紙による　標題紙の書名：桐朋学園男子部創立50周年記念写真集〉Ⓝ376.4

『桐朋五十年史年表―1941-1991年（昭和16年―平成3年）』創立五十周年記念事業委員会編　国立　桐朋学園男子部　1991.10　289p　26cm〈折り込表1枚〉Ⓝ376.4

『桐朋中・高等学校五十年史―1941-1991年（昭和16年―平成3年）』創立五十周年記念事業委員会編　国立　桐朋中・高等学校　1991.10　405p　27cm　Ⓝ376.4

『桐朋の教育―創立五十周年を記念して　1941-1991』創立五十周年記念誌編集委員会編　調布　桐朋女子中・高等学校　1991.11　336p　26cm　Ⓝ376.4

『桐朋中学校・高等学校―中学受験注目校の素顔』おおたとしまさ著　ダイヤモンド・ビッグ社　2017.10　172p　19cm〈学校研究シリーズ 012〉〈書誌注記：文献あり　出版者注記：ダイヤモンド社（発売）〉1200円　①978-4-478-82106-0　Ⓝ376.48
|目次| 卒業生インタビュー　桐朋ってどんな学校？―独立研究者　森田真生さん、第1章　桐朋という学校、第2章　桐朋が目指す人物像、第3章　桐朋の授業、第4章　桐朋のカリキュラム、第5章　桐朋の日常風景

◆東洋高等学校

『東商学園70年―東洋（商）高校の30年』東商学園70年史編集委員会編　東商学園70年史編集委員会　1976　288p 図　21cm〈『白竜』70周年記念特集号〉Ⓝ376.4

『東商学園100年のあゆみ―1906～2006』東商学園東洋高等学校　2006.10　272p　27cm〈東洋高等学校創立100周年　年表あり〉Ⓝ376.48

◆東洋女子高等学校

『東洋女子学園八十年史』八十年史編纂委員会編　東洋女子学園　1984.6　530, 30p 図版10枚　22cm　Ⓝ376.48

『東洋女子学園百年史』百年史編纂委員会編　東洋女子学園　2005.12　462p　22cm〈肖像あり　年表あり〉Ⓝ376.48

◆東洋大学京北高等学校

『ラン＆ガン―東洋大学京北高等学校バスケットボール部監督田渡優の流儀』田渡優著　洋泉社　2018.4　199p　19cm　1400円　①978-4-8003-1450-5　Ⓝ783.1
|目次| 第1章「俺、すごいんじゃない？」―勘違いの新人監督、第2章「僕もこういう人になりたい」―バスケットボール、そして恩師との出会い、第3章「引き出しがなくなったら勉強しに行くよ」―常に学ぶ、第4章「自分の思う練習ができない」―アシスタントコーチとしての出発、第5章「僕らで勝てるチームを作ろう」―青山学院大学での経験、第6章「考えろ！すぐに動け！」―京北のバスケットボールスタイル、第7章「こいつらの気持ちに応えたい」―京北高校の選手育成、特別編　田渡優という指導者
|内容| 「今日から君が監督をしなさい」すべては、この言葉から始まった一突然、名門校の監督に抜擢され、「勝って当然」という重圧の中、いかにして最強軍団を作り上げたのか。高校バスケ界の名将が明かす、その半生と指導哲学。

◆東横学園高等学校

『女子中学・高校生の心の宇宙―東横学園からのメッセージ』東横学園中・高等学校60周年記念本出版委員会著　銀の鈴社　1999.10

62p　16cm〈銀の小箱スクールシリーズ〉　1000円　①4-87786-880-1

◆トキワ松学園高等学校

『トキワ松学園高等学校―「探究女子」の育つ学校』「もりもり元気の出る高校案内」実行委員会編　真珠書院　2014.5　108p　19cm〈もりもり元気の出る高校案内 4〉900円　①978-4-88009-282-9

◆豊島岡女子学園高等学校

『豊島岡女子学園中学校・高等学校―中学受験注目校の素顔』おおたとしまさ著　ダイヤモンド・ビッグ社　2014.10　180p　19cm〈学校研究シリーズ 006〉〈書誌注記：文献あり　出版者注記：ダイヤモンド社（発売）〉1100円　①978-4-478-04645-6　Ⓝ376.31361

◆戸山高等学校

『府立四中・都立戸山高百年史』百年史編集委員会編　百周年記念事業実行委員会　1988.3　981p　27cm　Ⓝ376.4

『創立八十周年記念誌―東京都立戸山高等学校定時制課程』東京都立戸山高等学校編　東京都立戸山高等学校　2004.10　20p　30cm〈奥付のタイトル：創立80周年記念誌〉Ⓝ376.48

『柏の樹の下で―都立戸山高校とともに』杉谷治行著　ブックワークス　2007.10　215p　20cm　1600円　Ⓝ289.1

『きらめく知性・精神の自由―都立戸山高等学校の創立にちなんで』武藤徹著　桐書房　2013.9　62p　21cm　600円　①978-4-87647-829-3　Ⓝ376.41361

[目次] 1 はじめに、2 新教育と都立第四新制高等学校、3 都立戸山高等学校、4 戦後復興期の学園生活、5 「安保」の騒然と生徒の自治活動、6 高校紛争への対応、7 学校運営の主体として、8 戸山高校を支える力、9 教育への強制を考える

『東京都立戸山高等学校アメリカンフットボール部70年史―1950–』戸山高校アメリカンフットボール部OB・OG会編　東京都立戸山高等学校アメリカンフットボール部OB・OG会　2020.11　243p　26cm〈書誌注記：年表あり　奥付のタイトル：戸山高校アメリカンフットボール部70年史〉Ⓝ783.46

◆豊多摩高等学校

『豊多摩―創立40周年記念誌, 1980』東京都立豊多摩高等学校編　東京都立豊多摩高等学校　1981.3　170p　26cm〈年表あり〉Ⓝ376.48

『豊多摩―創立50周年記念誌』東京都立豊多摩高等学校　1990.10　426p　26cm　Ⓝ376.4

◆中野学園

『中野学園五十年史』中野学園五十年史編纂委員会編　中野学園　1979.10　637,〔60〕p　図版16枚　22cm　非売品　Ⓝ376.4

『創立五十五周年記念写真集』創立五十五周年記念写真集編集委員会編　中野学園　1984.9　117p　図版60p　22cm　非売品　①4-7939-0146-8　Ⓝ376.4

『中野学園六十年史』中野学園六十年史編纂委員会編　中野学園　1989.9　307p　27cm　非売品　Ⓝ376.4

◆中野工業高等学校

『中野工創立五十周年記念誌』中野工編　東京都立中野工業高等学校記念誌編集委員会　1995　156p　30cm〈書名は表紙による.標題紙等の書名：創立50周年記念誌〉Ⓝ376.48

◆中村高等学校

『中村学園百年誌―はくもくれんの花が咲いた第1巻（通史編）はるかなる道』「中村学園百年誌」編集委員会編　中村学園中村中学校・中村高等学校　2009.11　344p　21cm〈書誌注記：文献あり　部分タイトル：はるかなる道〉Ⓝ376.48

『中村学園百年誌―はくもくれんの花が咲いた第2巻（卒業生へのインタビュー編）玉手箱をあけて』「中村学園百年誌」編集委員会編　中村学園中村中学校・中村高等学校　2009.11　433p　21cm〈部分タイトル：玉手箱をあけて　第2巻編集責任：菊地貞志〉Ⓝ376.48

『中村学園百年誌―はくもくれんの花が咲いた第3巻（資料集）』「中村学園百年誌」編集委員会編　中村学園中村中学校・中村高等学校　2009.11　102p　21cm〈第3巻編集責任：岡田富美子　年表あり　文献あり〉Ⓝ376.48

◆永山高等学校

『創立十年記念誌―昭和56年11月』東京都立永山高等学校編　多摩　東京都立永山高等学校　1981.10　46p 図版10枚　26cm〈年表あり〉Ⓝ376.48

『創立二十周年記念誌』東京都立永山高等学校編　多摩　東京都立永山高等学校　1991.11　72p　26cm〈年表あり〉Ⓝ376.48

『創立30周年記念誌―永山高校この10年の歩み

平成13年』創立30周年記念編集委員会編　多摩　東京都立永山高等学校　2002.3　74p　30cm〈年表あり〉Ⓝ376.48

◆成瀬高等学校

『成瀬―東京都立成瀬高等学校開校記念誌』東京都立成瀬高等学校編　町田　東京都立成瀬高等学校　［1979］　19p　26cm　Ⓝ376.48

『創立20周年記念誌』創立二十周年記念誌編集委員会編集　町田　東京都立成瀬高等学校　1997.11　133p　26cm〈奥付の出版社（誤植）：東京都成瀬高等学校　奥付のタイトル：創立二十周年誌、背のタイトル：創立二十周年記念誌　年表あり〉Ⓝ376.48

◆新島高等学校

『創立六十周年記念誌』東京都立新島高等学校・新島村（東京都）　新島高等学校創立六十周年を記念する会　2008.5　90p　30cm〈書誌注記：年表あり　編集：東京都立新島高等学校創立六十周年記念誌編集委員会〉Ⓝ376.48

『東京都立新島高等学校創立70周年記念誌』新島村（東京都）　東京都立新島高等学校創立70周年記念実行委員会　2019.10　31p　30cm

◆西高等学校

『西高の50年―創立五十周年記念誌』創立五十周年記念誌編集委員会編　東京都立西高等学校　1988.5　224p　26cm　Ⓝ376.4

『西高この10年―校舎落成・創立六十周年記念誌』創立六十周年記念誌編集委員会編　東京都立西高等学校　1997.5　127p　26cm　Ⓝ376.48

『東京都立西高アメリカンフットボール部50周年記念誌』NF50記念誌編集委員会編　町田　都立西高アメリカンフットボール部雄美会　1997.11　178p　30cm〈奥付のタイトル：NF50都立西高アメリカンフットボール部50周年記念誌〉Ⓝ783.46

『創立70周年記念誌―西高この10年』創立七十周年記念誌編集委員会編　東京都立西高等学校　2007.11　107p　26cm〈年表あり〉Ⓝ376.48

『東京都立西高アメリカンフットボール部60周年記念誌―NF60』NF60記念誌編集部会編　都立西高アメリカンフットボール部OB会　2007.11　127p　30cm〈奥付のタイトル：都立西高アメリカンフットボール部60周年記念誌　年表あり〉Ⓝ783.46

『都立高校改革とは―20年にわたる改革の検証と西高躍進の軌跡』石井杉生著　学事出版　2015.6　143p　21cm　1600円　Ⓘ978-4-7619-2140-8　Ⓝ376.41361

目次　1 都立高校改革とは（都立高校改革の流れ、都立高校改革検証の必要性）、2 都立高校改革の検証（人事考課制度と授業改善、学校経営計画の策定、主幹教諭制度と広報活動、学校経営支援センターの開設、進学指導の復活、学校改革と学校文化―西高の変わらない校風と躍進の軌跡、公立高校のよさ）

◆二松学舎大学附属高等学校

『二松学舎大学附属高等学校五十年誌』二松学舎大学附属高等学校五十周年誌編纂委員会編纂　二松学舎大学附属高等学校　1998.10　711p　27cm〈二松学舎大学附属高等学校創立五十周年記念出版〉非売品　Ⓝ376.48

『白球を追って　3』二松学舎大学附属高等学校・『白球を追って3』編集委員会編　二松學舍大学附属高等学校　2002.6　72p　27cm〈第74回選抜高等学校野球大会出場記念　年表あり〉Ⓝ783.7

『後期中等教育の理念を追って―二松學舍の高校長の二年間』神立春樹著　二松學舍松葉叢書刊行会　2003.8　102p　21cm（二松學舍松葉叢書　第1輯）Ⓝ370.49

『白球を追って　4』二松学舎大学附属高等学校・『白球を追って4』編集委員会編　二松學舍大学附属高等学校　2004.7　64p　27cm〈第76回選抜高等学校野球大会出場記念　年表あり〉Ⓝ783.7

『二松学舎大学附属高等学校六十周年小史』二松學舍大学附属高等学校　2008.9　79p　26cm〈年表あり〉Ⓝ376.48

『日本で最も熱い夏―半世紀の時を超え、二松学舎悲願の甲子園へ』松永多佳倫著　竹書房　2016.6　287p　19cm　1600円　Ⓘ978-4-8019-0752-2　Ⓝ783.7

目次　第1章 自責―好敵手への溝 市原勝人・荒木大輔、第2章 哀切―史上最強 初芝清・辻貴裕、第3章 誤認―二松学舎女生徒 斉藤真澄・奥野康子、第4章 独尊―エリートと雑草 芦川武弘・立野淳平、第5章 維新―無敵のクリーンナップ 近内亮介・山崎裕史・五味淵健太、第6章 破綻―悲運の投手 小杉陽太・松木基、第7章 曙光―一年生トリオ 大江竜聖・今村大輝・三口良生、第8章 雄飛―決勝戦 二松学舎 対 帝京、第9章 天寡―時代の寵児 清宮幸太郎、終章 曲解―帝京 前田三夫

内容　名門・二松学舎高校野球部一。毎年、激戦区・東京で上位に勝ち上がり、選抜甲子園は準優勝を含め幾度も出場している。過去、夏の東京大会の決勝に進出すること10度。しかし、そのすべて

東京都

で、ことごとく敗れ去ってきた。夏の甲子園出場は二松学舎の夢、悲願だった―。

◆日出学園高等学校

『日出学園創立百十周年記念誌―日出學園百十年』「日出學園創立百十周年記念誌」編集委員会編集　日出学園　2016.3　278p　27cm〈書誌注記：年表あり〉Ⓝ376.48

◆日本学園高等学校

『日本学園百年史』日本学園百年史編纂委員会編　日本学園　1993.3　553p　図版12枚　27cm　Ⓝ376.4

◆日本大学第一高等学校

『学園史』日本第一学園　1977.2　402p　22cm〈年表あり〉非売品　Ⓝ376.48

◆日本大学第二高等学校

『高校演劇のつくりかた―日本大学第二高校の場合』ながしろばんり著　名古屋　ブイツーソリューション　2015.12　255p　18cm　1000円　①978-4-86476-368-4　Ⓝ775.7

◆日本大学第三高等学校

『日本大学第三学園五十年史』日本大学第三学園五十年史編集委員会編　町田　日本大学第三学園　1980.7　868p　22cm　非売品　Ⓝ376.48

『三蘗七十年の歩み―日本大学第三学園創立70周年記念誌』創立70周年記念誌編纂委員会編　町田　日本大学第三学園　2001.1　304p　27cm　Ⓝ376.48

『日大三高野球部―緻密かつ攻撃的SANKO野球：Since 1931』ベースボール・マガジン社　2015.10　97p　29cm（B.B.MOOK 1238―高校野球名門校シリーズ 11）1389円　①978-4-583-62340-5　Ⓝ783.7

◆日本橋高等学校

『創立六十周年記念誌―この十年の歩み』創立六十周年記念誌編集委員会編集　東京都立日本橋高等学校　2000.2　103p　30cm〈沿革：p79-80、年表（平成元年度以降）：p89-94〉Ⓝ376.48

『日本橋―創立七十周年記念誌この十年の歩み』創立70周年記念誌編集委員会編集　東京都立日本橋高等学校　2010.11　54p　30cm　Ⓝ376.48

◆練馬工業高等学校

『創立10周年記念誌』東京都立練馬工業高等学校記念誌編集委員会編集　東京都立練馬工業高等学校記念誌編集委員会　1973.1　56p　26cm〈表紙のタイトル：創立10周年〉Ⓝ376.48

『創立30周年記念誌―1993年』東京都立練馬工業高等学校編　東京都立練馬工業高等学校　[1993]　94p　26cm〈背のタイトル：創立三〇周年記念誌　年表あり〉Ⓝ376.48

『創立40周年記念誌』東京都立練馬工業高等学校編　東京都立練馬工業高等学校　2002.11　78p　30cm〈年表あり〉Ⓝ376.48

『練馬高等学校創立四十周年記念誌』東京都立練馬高等学校編　東京都立練馬高等学校　2004.3　48p　30cm〈タイトルは奥付による．表紙のタイトル：創立40周年記念誌　年表あり〉Ⓝ376.48

◆農産高等学校

『学園にバラ咲かせよ―東京・農産高校の学校づくり』貝川正也,市川昌之著　高校生文化研究会　1980.7　310p　19cm（考える高校生の本 15）1200円　Ⓝ376.4

『光輝燦たり―創立五十周年記念誌』東京都立農産高等学校編　東京都立農産高等学校　1998.11　97p　30cm〈年表あり〉Ⓝ376.48

◆拝島高等学校

『開校記念誌』東京都立拝島高等学校開校記念誌編集委員会編　昭島　東京都立拝島高等学校　[1979?]　16p　26cm　Ⓝ376.48

◆白鷗高等学校

『百年史』東京都立白鷗高等学校　1989.3　2冊　27cm〈「本編」「写真集」に分冊刊行〉Ⓝ376.4

◆八王子学園高等学校

『創立五十周年記念誌』八王子学園編　八王子　八王子学園　1978.11　97p　図版4枚　26cm　Ⓝ376.4

『わたしたちの昭和史―八王子学園60年の軌跡　1928～1988』八王子学園創立60周年記念誌編集委員会編　八王子　八王子学園八王子高等学校・なかよし幼稚園　1988.11　441p　27cm〈折り込図2枚〉Ⓝ376.4

◆八王子北高等学校

『創立20周年記念誌』創立20周年記念誌編集委

員会編　八王子　東京都立八王子北高等学校　1997.11　96p　30cm　Ⓝ376.48

『創立30周年記念誌』創立30周年記念誌編集委員会編集　八王子　東京都立八王子北高等学校　2007.11　59p　30cm〈背のタイトル：創立三十周年記念誌〉Ⓝ376.48

◆八王子工業高等学校

『百年史―1887～1987』東京都立八王子工業高等学校百年史編集委員会編　八王子　東京都立八王子工業高等学校　1987.10　587p　27cm　Ⓝ376.4

『創立百周年記念事業・記念行事の記録』東京都立八王子工業高等学校創立百周年記念事業・行事の記録編集委員会編　八王子　東京都立八王子工業高等学校　1988.6　56p　26cm　Ⓝ376.48

◆八王子東高等学校

『開校記念誌』東京都立八王子東高等学校開校記念誌編集委員会編　八王子　東京都立八王子東高等学校　1978.10　40p　26cm　Ⓝ376.4

『都立高校は死なず―八王子東高校躍進の秘密』殿前康雄著　祥伝社　2005.5　268p　18cm　（祥伝社新書）760円　①4-396-11007-3　Ⓝ376.41365

[目次] はじめに 日本の『学校力』の蘇生を願って、第1章 今、学校は、第2章 八王子東高校への異動、第3章「天の時、地の利」、第4章 再びゼロからの出発、第5章 内なる闘い、第6章 未来へ向けての闘い、第7章 生徒たち、第8章 学校力の復権―学校組織化のツボ

[内容] 九九年四月、着任早々の殿前康雄校長は時を惜しむように八王子東高校の"改革"に乗り出した。「意欲と指導能力のない教員の一掃」「週五日制の中での土曜授業の実施」「入試問題の自校作成」…変化を嫌う現場は猛反発したが、校長は怯まず計画を断行。学校は確実にその姿を変えていった―。私立校の後塵を拝して久しい"都立"を覚醒させた、教育界注視の辣腕指導者が綴る瞠目の「わが八王子東高校改革日誌」。

◆八丈高等学校

『創立50周年記念誌』東京都立八丈高等学校創立50周年記念誌編集委員会編　八丈町（東京都）　東京都立八丈高等学校創立50周年記念誌編集委員会　2001.5　185p　26cm　Ⓝ376.48

◆羽田高等学校

『十周年記念誌』都立羽田高校十周年記念誌編集委員会編集　東京都立羽田高等学校　1976.10　38p　22cm〈タイトルは奥付による.表紙の書名：創立10周年　羽田の沿革：p18～19〉Ⓝ376.48

『校長が代われば学校が変わる―東京都立羽田高等学校改革の歩み 1987～1992』久保田武著　シンガポール　久保田武　1995.8　173p　21cm　Ⓝ376.41361

◆羽村高等学校

『創立20周年記念誌』創立20周年記念誌編集委員会編　羽村　東京都立羽村高等学校　1996.11　55p　30cm〈背のタイトル：創立二十周年記念誌　沿革史：p21-25〉Ⓝ376.48

◆東高等学校

『ひがし―全日制十周年・定時制十六周年記念誌』東京都立東高等学校記念誌編集委員会編　東京都立東高等学校　1975　116p　図　26cm　Ⓝ376.4

◆東村山高等学校

『The east―東京都立東村山高等学校創立30周年記念誌』東京都立東村山高等学校創立30周年記念誌編集委員会編集　東村山　東京都立東村山高等学校創立30周年記念誌編集委員会　1998.3　100p　30cm〈年表あり〉Ⓝ376.48

◆東大和高等学校

『野球部十年史』東京都立東大和高等学校野球部十年史編集委員会編　東大和　東京都立東大和高等学校野球部　1981.5　80p　26cm　Ⓝ783.5

『創立二十周年記念誌』東京都立東大和高等学校創立二十周年記念誌編集委員会編集　東大和　東京都立東大和高等学校　1990.11　80p　26cm　Ⓝ376.48

『創立三十周年記念誌』創立三十周年記念誌編集委員会編集　東京都立東大和高等学校　2000.11　80p　30cm〈年表あり〉Ⓝ376.48

◆一橋高等学校

『創立五十周年記念誌』創立五十周年記念誌編集委員会編集　東京都立一橋高等学校　2001.2　167p　26cm〈年表あり〉Ⓝ376.48

『閉課程記念誌―全日制，明るき柏の葉をかざして』閉課程委員会編集　東京都立一橋高等学

校　2006.3　47p　30cm〈年表あり〉Ⓝ376.48

◆日野高等学校

『日野―創立10周年記念誌』東京都立日野高等学校十周年記念誌編集委員会編　日野　東京都立日野高等学校　1976.10　68p　26cm

『記念誌―創立二十周年』二十周年記念誌編集委員会編　日野　東京都立日野高等学校　1987.3　150, 113, 2p 図版8枚　26cm　Ⓝ376.4

◆日野台高等学校

『開校記念誌』東京都立日野台高等学校開校記念誌編集委員会編集　日野　東京都立日野台高等学校　1981.10　20p　26cm　Ⓝ376.48

『創立二十周年記念誌』東京都立日野台高等学校創立二十周年記念事業実行委員会編集　日野　東京都立日野台高等学校　1999.11　95p　30cm〈年表あり〉Ⓝ376.48

◆日比谷高等学校

『日比谷高校闘争と一教員・生徒の歩み』大河原礼三編著　現代書館　1973　188p 図　19cm（反教育シリーズ 8）450円　Ⓝ376.4

『日比谷高校百年の歩み』東京都立日比谷高等学校編　東京都立日比谷高等学校　1978.10　1冊（ページ付なし）26cm〈年表あり〉Ⓝ376.48

『東京都立日比谷高等学校図書館百年の歩み』筒井福子著　横浜　筒井福子　1979.3　320p　18cm　非売品　Ⓝ017.4

『日比谷高校百年史』日比谷高校百年史編集委員会編　日比谷高校百年史刊行委員会　1979.3　3冊　27cm　Ⓝ376.4

『日比谷高校の歴史を探る太平洋戦争下での学校生活―卒業生たちの証言』東京都立日比谷高等学校父母と先生の会調査部編　東京都立日比谷高等学校父母と先生の会　1986.3　59, 19p　26cm　Ⓝ372.1

『さらなる十年の歩み―創立百拾周年記念』日比谷高校百拾周年委員会編　東京都立日比谷高等学校　1988.9　54p　21cm〈年表あり〉Ⓝ376.48

『タンネンバウム―都立日比谷高校山岳部の記録』日比谷高校山岳部OB会　1993.4　1117p　26cm　非売品　Ⓝ786.1

『新たな十年の軌跡―百十周年から百二十周年へ, 創立百二十周年記念』東京都立日比谷高等学校創立百二十周年記念事業委員会編　東京都立日比谷高等学校　1998.11　79p　21cm〈年表あり〉Ⓝ376.48

『日比谷高校放送部活動の記録―日比谷高校百年史を訂正する』波多坦編著　てらぺいあ　1998.12　51p　21cm　600円　Ⓘ4-88699-302-8　Ⓝ375.184

『愉快に日比谷高校』久野猛著　日本加除出版　2001.4　289p　21cm　1800円　Ⓘ4-8178-1234-6　Ⓝ376.41361

『都立一中から都立日比谷高校へ―戦後の社会的混乱と連合軍の教育改革の嵐の中で』関篤二著　鎌倉　[関篤二]　2003.8　65p　21cm　Ⓝ289.1

『名門復活日比谷高校―奇跡の学校改革はなぜ成功したのか』長澤直臣, 鈴木隆祐著　学習研究社　2009.3　230p　18cm（学研新書 047）720円　Ⓘ978-4-05-403480-8　Ⓝ376.41361

　目次　プロローグ 誰が日比谷を殺したか？、第1章 栄光の日比谷―その成立と日本の公教育行政、第2章 ある教師の誕生と成長、第3章 教育委員会での大仕事、第4章 入試で学校を創り変える、第5章 日比谷奇跡の復活とその本質、エピローグ 日比谷ルネッサンス

　内容　かつては東大合格者数193人、政財界の要人や文化人を多数輩出していた日比谷高校は、1993年、東大合格者わずか1名にまで凋落。この落日の名門校を改革し、再び進学校として立て直したのは、離島や底辺校で辛酸を舐めた「非東大卒」の校長だった！ プライドやしがらみに縛られた組織を、劇的に活性化させた学校経営手腕とは。

『日比谷復権の真実』長澤直臣著　学事出版　2010.7　135p　21cm　1600円　Ⓘ978-4-7619-1764-7　Ⓝ376.41361

　目次　第1章「都立復権」へのプロローグ、第2章 ドキュメント「日比谷ルネッサンス」、第3章「復権」に向けての苦難の日々、第4章 改革の成果と次なるステージ、第5章 改革を成すリーダーシップとは、第6章 公立高校に課せられた役割とは

　内容　校長在任8年間の軌跡を綴ったドキュメンタリー。

『日比谷高校は進化する―新たな旅立ちに向けて』石坂康倫著　学事出版　2011.12　95p　21cm　1000円　Ⓘ978-4-7619-1870-5　Ⓝ376.41361

　目次　第1章 改革の第3ステージへ（日比谷高校でのスタート、2名の教員からの示唆 ほか）、第2章 着任後の歩み（誰も発言しない職員室、学校の課題 ほか）、第3章 校長の所信表明、第4章「校長室より「日比谷」」による情報発信、第5章 主役は生徒、主役は教員―改革第3ステージに向けて（生徒から出た言葉、校長はコンダクター ほか）

東京都

『学ぶ心に火をともす8つの教え―東大合格者数公立No.1!!日比谷高校メソッド』武内彰著　マガジンハウス　2017.5　205p　19cm　1300円　Ⓘ978-4-8387-2927-2　Ⓝ375.1

　内容　「名門」をV字復活させた熱血校長が明かす自分から勉強する子の育て方。「8つの教え」で子どもを伸ばす！

『日比谷高校の奇跡―堕ちた名門校はなぜ復活し、何を教えているのか』武内彰著　祥伝社　2017.11　188p　18cm〈祥伝社新書 519〉　780円　Ⓘ978-4-396-11519-7　Ⓝ376.48

　目次　序章　V字回復―東大合格者数の復活, 第1章　堕ちた名門校―それは学校群制度から始まった, 第2章　校内改革―授業・教員・入試を変える, 第3章　日比谷だからできること―中高一貫校との違い, 第4章　日比谷生の勉強方法―なぜ通塾率が低いのか, 終章　新大学入試と求められる人物像

　内容　中高一貫校がもてはやされるなか, 日比谷高校は通常校ながら, 保護者・生徒に圧倒的に支持されている（入学満足度は各98%・93%）。今や開成高校を蹴って日比谷高校に入学する生徒も少なくない。これは, 東大合格者数（二〇一六年53人, 二〇一七年45人）に代表される進学実績と, それを可能にしている教育にある。東大合格者数が1人に落ち込み,「堕ちた名門校」と言われた高校は, どのように復活を遂げたのか？ なぜ日比谷生は通塾率が低く, しかも現役率が高いのか？ これらの"奇跡"について, 改革を断行した現役校長が答える。教材や勉強方法を開陳, 二〇二一年からの新大学入試にも言及。受験の常識が変わる！

◆広尾学園高等学校

『「本当の学校価値」とは何だろう？―広尾学園が実践する「生徒・保護者視点重視」の学校づくり』大橋清貫著　プレジデント社　2008.10　213p　20cm　1524円　Ⓘ978-4-8334-9112-9　Ⓝ376.31321

　目次　第1章　生徒・保護者視点重視の学校を目指す（生徒・保護者視点を重視する学校とは,「卒業満足度二〇〇%」の意味　ほか）, 第2章　こうすれば子供の学力は必ず伸びる（「授業の質」こそ学校の基本性能, 先生たちのマインドとスキルの向上　ほか）, 第3章　「かけがえのない六年間」を提供する（朝の校門に立って伝えたいこと, 感動の数だけ生徒は育つ　ほか）, 第4章　広尾学園へ, ようこそ（注目を集め始めた学校説明会, 入試にはさまざまなドラマがある　ほか）, 第5章　保護者と学園長の往復書簡（受験生を持つ親の真情,「実績は僕らがつくる」　ほか）

『新時代に生きるための本物の教育』大橋清貫著　プレジデント社　2011.11　189p　20cm　1524円　Ⓘ978-4-8334-9137-2　Ⓝ376.41361

　目次　第1章　いま, 広尾学園で何が起こっているのか, 第2章　「新しい時代を生き抜く力」とは何か, 第3章　広尾学園の先生はどこが違うのか, 第4章　生徒「本物の学力」をつける特色ある学習指導法, 第5章　なぜユニークな教育システムはできあがったのか, 第6章　グローバル時代に活躍するために, 番外編　「プレジデント・ファミリー」編集部から届いた七つの質問

『広尾学園by AERA―100年の先へ』朝日新聞出版　2018.6　113p　29cm〈アエラムック〉〈書誌注記：年譜あり〉840円　Ⓘ978-4-02-279189-4　Ⓝ376.48

『奇跡の学校―広尾学園の挑戦』田邊裕著　学事出版　2019.3　127p　21cm　1500円　Ⓘ978-4-7619-2538-3　Ⓝ376.48

　目次　序章　学園に着任して, 第1章　学校がよみがえった改革への道のり, 第2章　子どもたちに伝えたいこと, 第3章　学校行事に息づく広尾学園の精神, 第4章　人生を豊かにする言葉の贈り物, 結章　学園とともに歩んで

◆深川高等学校

『円居―1924〜1987 語りつぐ深高教育』校舎落成記念誌編集委員会編　東京都立深川高等学校　1987.5　496p　19cm〈東京都立深川高等学校校舎落成記念誌〉Ⓝ376.4

『潮―創立70周年記念誌, この10年を中心に』東京都立深川高等学校七十周年記念誌編集委員会編　東京都立深川高等学校　1994.10　134p 図版6枚　26cm　非売品　Ⓝ376.48

◆深川商業高等学校

『その名永久に―閉校記念誌』東京都立深川商業高等学校編　東京都立深川商業高等学校　2007.3　40p 図版6枚　30cm　Ⓝ376.48

◆富士高等学校

『創立80周年記念誌―東京都立富士高等学校2001』東京都立富士高等学校 創立80周年記念誌編集委員会編　東京都立富士高等学校 創立80周年記念誌編集委員会　2001.9　119p　26cm〈背・表紙のタイトル：創立八十周年記念誌〉Ⓝ376.48

『東京都立富士高等学校創立90周年東京都立富士高等学校附属中学校開校記念誌』東京都立富士高等学校, 東京都立富士高等学校附属中学校編　東京都立富士高等学校・東京都立富士高等学校附属中学校　2010.11　52p　30cm〈年表あり〉Ⓝ376.48

都道府県から引く　高等学校史・活動史目録　247

◆富士見高等学校

『山崎学園五十年史』山崎学園五十年史編集委員会編　山崎学園富士見中学校・高等学校　1991.4　332p 図版10枚　27cm　非売品　Ⓝ376.4

◆藤村女子高等学校

『藤村60年のあゆみ』藤村60年史編集委員会編　武蔵野　井之頭学園藤村女子中学校・藤村女子高等学校　1992.11　188p　31cm〈藤村60周年記念〉非売品　Ⓝ376.4

『藤村女子中・高等学校クラブ活動のあゆみ』藤村60年史編集委員会編　武蔵野　井之頭学園藤村女子中学校・藤村女子高等学校　1992.11　114p　31cm〈藤村60周年記念 奥付・表紙の書名：藤村クラブ活動のあゆみ〉非売品　Ⓝ376.4

◆富士森高等学校

『東京都立富士森高等学校全日制六十周年・定時制五十五周年記念誌』記念誌編集委員会制作　八王子　東京都立富士森高等学校　2002.3　84p　26cm〈年表あり〉非売品　Ⓝ376.48

◆雙葉高等学校

『雙葉学園八十年の歩み』雙葉学園八十年の歩み編集委員会編　双葉学園　1989.12　352p　23cm〈参考文献：p351〉非売品　Ⓝ376.4

『女子御三家―桜蔭・女子学院・雙葉の秘密』矢野耕平著　文藝春秋　2015.10　219p　18cm（文春新書 1051）〈書誌注記：文献あり〉760円　①978-4-16-661051-8　Ⓝ376.4136

　目次　序章 女子御三家とはなにか（女子御三家の人たち、トップレベルの偏差値 ほか）、第1章 桜蔭―圧倒的な東大合格率の理由（桜蔭坂を上る、厳かな本館で「礼法」の手ほどきを ほか）、第2章 女子学院（JG）―日本一自由な女子校（チャイムにこめられた思い、JGは"マイナーメジャー" ほか）、第3章 雙葉―お嬢様のリアル（憧れのセーラー服、元祖は横浜雙葉 ほか）、終章 女子御三家は変わらない（強烈な個性を放つ女子御三家、女子御三家の力とは ほか）

　内容　難関大学に合格者を多数輩出しながらも受験勉強に特化した教育とは対極の個性豊かな六年間を謳歌する彼女たち。その強さの秘密はどこにあるのか？ 最高峰の女子校の真実に迫る！

◆淵江高等学校

『淵江のあゆみ―東京都立淵江高等学校30周年記念誌』東京都立淵江高等学校30周年記念誌編集委員会編　東京都立淵江高等学校　2001.12　72p　30cm〈年表あり〉Ⓝ376.48

◆府中高等学校

『府中高校25周年誌』府中高校25周年誌編集委員会編　府中（東京都）東京都立府中高等学校　1987.3　192p　30cm〈タイトルは奥付・背・表紙による.標題紙のタイトル：府中高校二十五周年誌　年表あり〉Ⓝ376.48

『東京都立府中高等学校創立60周年記念誌』府中（東京都）東京都立府中高等学校　2021.6　63p　30cm　Ⓝ376.48

◆普連土学園高等学校

『普連土学園百年史』普連土学園百年史編纂委員会編　普連土学園　1987.9　433, 5p　22cm　Ⓝ376.4

『あの日あの時あんなこと―1932-1954』普連土学園史料室編集　普連土学園　2019.11　3冊（108; 106; 18p）18 × 26-26cm〈書誌注記：文献あり〉Ⓝ376.48

◆文化女子大学附属杉並高等学校

『新発足十年のあゆみ』文化女子大学附属杉並高等学校　1984.6　290p　29cm　非売品　Ⓝ376.4

『20年のあゆみ―1974〜1994』『20年のあゆみ』編集委員会編　文化女子大学附属杉並中学校・高等学校　1994　198p　31cm　Ⓝ376.4

◆文京高等学校

『至誠一貫―創立四十周年記念誌』東京都立文京高等学校　1981.3　56p　31cm〈おもに図〉Ⓝ376.4

『創立60周年記念誌―Bunkyo 2000』記念誌編集委員会編集　東京都立文京高等学校　2000.10　114p　30cm〈奥付・背のタイトル：創立六十周年記念誌　年表あり〉Ⓝ376.48

◆文教大学付属高等学校

『文教大学付属高等学校―新化・進化する学校』「もりもり元気の出る高校案内」実行委員会編　真珠書院　2014.5　102p　19cm（もりもり元気の出る高校案内 5）900円　①978-4-88009-283-6

◆法政大学第一高等学校

『人間の創造―法政一中・高五〇年の歩み』法

政大学第一中・高等学校五〇年史編集委員会編著　武蔵野　法政大学第一中・高等学校　1986.7　197p　18cm　非売品　Ⓝ376.4

『法政一中高五〇年史』法政大学第一中・高等学校五〇年史編集委員会編　武蔵野　法政大学第一中・高等学校　1987.3　569p　22cm　非売品　Ⓝ376.4

◆宝仙学園高等学校

『できちゃいました！フツーの学校』富士晴英とゆかいな仲間たち著　岩波書店　2020.7　202p　18cm（岩波ジュニア新書 922）860円　①978-4-00-500922-0　Ⓝ376.38
内容　生徒の自己肯定感を高め、一人一人が主体的に学ぶことができる場はどうすればできるのだろう？　教員たちと生徒たちみんなの創意工夫でこんな学校が出来ました。校長からのメッセージは、「しくじりOK！さあ、やってみよう！」「偏差値より学習歴！」「自己ベストの更新を目指そう！」。

◆保善高等学校

『保善高等学校八十年史』保善高等学校編　保善高等学校　2005.11　643p 図版12枚　27cm〈年表あり〉Ⓝ376.48

◆堀越高等学校

『堀越学園物語』牧山泰之著　西宮　鹿砦社　1996.11　205p　18cm　971円　①4-8463-0167-2　Ⓝ376.41361

『毎日の部活が高校生活一番の宝物―堀越高校サッカー部のボトムアップ物語』加部究著　竹書房　2022.5　253p　19cm〈表紙のタイトル：BOTTOM-UP METHOD HORIKOSHI F.C〉1600円　①978-4-8019-3082-7　Ⓝ783.47
目次　1 29年ぶりの選手権出場（終了間際に追いつかれるも、ボトムアップ方式へシフトチェンジ ほか）、2 指導者人生のスタート（安定した会社を辞め、指導者の道へ、思いもかけぬ形で任せられた監督業 ほか）、3 ボトムアップ理論の原点（「任せる・認める・考えさせる」畑喜美夫の指導、ボトムアップ方式でインターハイ制覇 ほか）、4 ボトムアップ物語（これからは自分たちで決めてやりなさい、改革前夜 ほか）、5 いつか日本一に（全国ベスト8のプレッシャー、国学院久我山を下し、2年連続全国へ ほか）
内容　楽しく、真剣に。「やらされる部活」ではなく、選手が主体的に考えるボトムアップ方式へシフトチェンジし、2020年度29年ぶりの選手権出場を果たし、初のベスト8進出。2021年度、2年連続選手権出場!!10年の歳月をかけて築いた監督と選手の理想の形。

『歳経る蔦菱―学校法人堀越学園創立百周年記念誌』堀越学園編集　堀越学園　2024.5　160p　31cm〈書誌注記：年譜あり　部分タイトル：歳経る蔦菱（つた）〉Ⓝ376.48

◆本郷高等学校

『本郷学園100年史』本郷学園校史編纂委員会編集　本郷中学校・高等学校　2022.10　335p　31cm〈書誌注記：年表あり〉Ⓝ376.48

『青染―本郷学園応援委員史』本郷学園応援委員会・応援団発足十周年記念式典運営局編集　本郷学園応援委員会指導部　2023.2　98p　30cm〈出版者注記：応援委員会〉Ⓝ781.8

◆本所工業高等学校

『創立40周年記念誌』東京都立本所工業高等学校　1976　106p 図　26cm　Ⓝ376.4

『記念誌』東京都立本所工業高等学校編集　東京都立本所工業高等学校　1995.11　112p　30cm〈書名は背・表紙による.標題紙の書名：創立六十周年, 奥付の書名：創立六十周年記念誌　沿革概要：p12〜15〉Ⓝ376.48

『東京都立本所工業高等学校創立80周年記念誌』創立80周年実行委員会編集　東京都立本所工業高等学校　2015.12　36p　30cm〈表紙のタイトル：記念誌　年表あり〉Ⓝ376.48

◆町田高等学校

『70周年記念誌―1990〜1999, 町田高校のこの10年』創立七〇周年記念誌編集委員会編集　町田　東京都立町田高等学校　1999.11　136p　26cm〈奥付のタイトル：七〇周年記念誌〉Ⓝ376.48

◆松原高等学校

『松影―創立五十周年記念』創立五十周年記念誌編集委員会編集　東京都立松原高等学校　2001.11　117p　30cm〈年表あり〉Ⓝ376.48

◆水元高等学校

『水元―創立二十周年記念』創立二十周年記念誌編集委員会編集　東京都立水元高等学校　1994.11　80p　26cm〈奥付のタイトル：創立二十周年記念誌　年表あり〉Ⓝ376.48

◆三田高等学校

『わたしたちの昭和史―東京都立三田高等学校同窓会ワカバ会創立60周年記念誌』ワカバ会　1988.5　296p　21cm　Ⓝ376.4

東京都

◆三鷹高等学校

『三十年のあゆみ―東京都立三鷹高等学校定時制課程創立三十周年記念誌』創立三十周年記念誌編集委員会編　三鷹　東京都立三鷹高等学校定時制課程　1978.10　69p　21cm〈年表あり〉　Ⓝ376.48

『四十年のあゆみ―東京都立三鷹高等学校定時制課程創立四十周年記念誌』定時制40周年記念事業実行委員会編　三鷹　東京都立三鷹高等学校定時制課程　1988.11　80p　21cm〈折り込1枚　年表あり〉Ⓝ376.48

『曙光の彼方に―閉課程記念誌』閉課程記念誌編集委員会編　三鷹　東京都立三鷹高等学校定時制課程　2010.3　74p　30cm〈年表あり〉　Ⓝ376.48

『生徒がくれた"卒業証書"―元都立三鷹高校校長土肥信雄のたたかい』澤宮優著　旬報社　2010.7　194p　19cm　1500円　Ⓘ978-4-8451-1181-7　Ⓝ289.1

目次　第1章　生徒がくれた"卒業証書"、第2章　言論の自由を求めて、第3章　ボクの大好きなキホーンテキジンケン、第4章　神津島の校長先生、第5章　都立三鷹高校へ、第6章　たたかう校長先生、エピローグ　教育はどこへ向かおうとしているのか

内容　大好きだった校長との別れの日。手作りの"卒業証書"をにぎりしめ、生徒たちは壇上に駆け上がった。誰よりも生徒を愛し、誰よりも生徒から愛された校長が、言論の自由のために立ち上がった。

◆港工業高等学校

『閉校記念誌』閉校事業実行委員会編　東京都立港工業高等学校　2004.3　55p　30cm〈年表あり〉　Ⓝ376.48

◆南高等学校

『夕映えの丘―閉校記念誌　一九九八年』閉校記念誌編集委員会編集　東京都立南高等学校定時制課程　1998.2　96p　26cm〈年表あり〉　Ⓝ376.48

◆南葛飾高等学校

『授業による救い―南葛飾高校で起こったこと』林竹二ほか著　径書房　1993.4　321p　19cm　2266円　Ⓘ4-7705-0118-8　Ⓝ375

目次　授業による救い（授業　人間について，授業について，授業の創造），林先生と南島との出会い，教師たちの記録（さまざまな出会い，ひとつの出会い，だれしも人間になりたがっている，朝鮮人と共に生きる私を求め続けて，生徒によって教師になる，朝鮮語の教壇に立って，東京の村の淵から，変わる苦行，魂の饗宴）

内容　林竹二氏の授業を受けた生徒たち，教師たち，そのみごとな変革の事実。

◆南多摩高等学校

『湧水万古―東京都立南多摩高等学校創立一〇〇周年記念誌』東京都立南多摩高等学校創立一〇〇周年記念誌委員会編　八王子　東京都立南多摩高等学校　2008.11　455p　27cm〈書誌注記：年表あり　共同刊行：東京都立南多摩高等学校創立一〇〇周年記念事業実行委員会〉Ⓝ376.48

◆南野高等学校

『南野―東京都立南野高等学校開校記念誌』東京都立南野高等学校編　多摩　東京都立南野高等学校　1979.11　12p　26cm〈タイトルは表紙による．奥付のタイトル：開校記念誌"南野"〉Ⓝ376.48

『多摩の星―閉校記念誌』閉校記念誌編集委員編集　多摩　東京都立南野高等学校　2005.3　112p　30cm〈年表あり〉Ⓝ376.48

◆三宅高等学校

『開校三十周年記念誌』創立三十周年記念誌編集委員編　三宅村（東京都）　東京都立三宅高等学校　[1979]　56p　26cm〈年表あり〉Ⓝ376.48

『三宅高校の一年―島外避難から秋川での記録，2000年三宅島噴火』東京都立三宅高等学校編　三宅村（東京都）　東京都立三宅高等学校　2001.12　158p　30cm　Ⓝ376.48

『灰とダイヤモンド―三宅高校野球部、復興へのプレイボール』平山譲著　PHP研究所　2013.8　301p　20cm　1700円　Ⓘ978-4-569-81337-0　Ⓝ783.7

目次　帰ってきた三宅高校ナイン、最後の百本ノック、井のなかの蛙なんかじゃない、一勝懸命、涙のロッカールーム、火山の麓のグラウンド、平成十二年七月十四日、高度一万七千メートルの再噴火、遠ざかる島、新居は廃校〔ほか〕

内容　東日本大震災の11年前、災害で故郷を失いながらも、あきらめなかった監督と選手たちがいた。伊豆諸島・三宅島に、ただ1校だけある三宅高校の教師である山本政信は、部員数が少なく、大会出場すらままならない弱小野球部を率いていた。噴火により全島避難を余儀なくされ、島は無人島と化した。都会での避難生活を乗り越え、5年ぶりに島からの夏の甲子園大会予選に挑む。島民の期待、選手たちの緊張も高まるなか、試合開始を告げるサイレンが高らかに鳴り響く―。名もなき監督と選手たちの戦いと帰島までをつづった感涙のノンフィクション。

東京都

『灰とダイヤモンド―三宅高校野球部、復興へのプレイボール』平山譲著　PHP研究所　2016.5　357p　15cm（PHP文芸文庫 ひ5-2）780円　①978-4-569-76563-1　Ⓝ783.7
　目次 帰ってきた三宅高校ナイン、最後の百本ノック、井のなかの蛙なんかじゃない、一勝懸命、涙のロッカールーム、火山の麓のグラウンド、平成十二年七月十四日、高度一万七千メートルの再噴火、遠ざかる島、新居は廃校〔ほか〕
　内容 あの日、島は無人島と化した。―二〇〇〇年夏、三宅島の高校教師・山本政信と野球部員たちは、噴火によって家やグラウンドを失った。終りの見えない避難生活への不安、練習すらままならない環境、部員不足による大会出場断念、度重なる大敗。諦めの念が政信や部員たちの心をよぎる。しかし、それでも彼らは白球を追い続けた…。名もなき監督と選手の戦い、そして帰島までをつづった感涙のノンフィクション。

『東京都立三宅高等学校創立70周年記念誌―1期生から70期生をつなぐ』東京都立三宅高等学校創立70周年記念誌編集委員会編　三宅村（東京都）東京都立三宅高等学校創立70周年記念誌編集委員会　2018.10　55p　30cm〈年表あり〉Ⓝ376.48

◆明星学園高等学校

『学校ってなんだ―学校の構造 内野席から』戸田忠雄著　日本教育新聞社　1987.1　296p　19cm　1800円　①4-930821-67-3
　内容 教育は、社会の文化という木に咲く花。木を論じないで花のみ語るわけにはいかない。「学校の構造」「学習の構造」「しつけの構造」「体罰の構造」など、内なる"教師の目"からみた教育論・文化論。

『日本教育史の中の明星学園―明星学園の歴史はそのまま日本近代の教育史だ』川手晴雄著　三鷹　エテルナ舎　2019.12　160p　21cm〈書誌注記：文献あり〉Ⓝ376.48

◆明法高等学校

『明法中学校・高等学校五十周年誌』明法中学校・高等学校五十周年誌編纂委員会編　東村山　明法学院　2014.11　618p　27cm〈書誌注記：年表あり〉非売品　Ⓝ376.38

◆三輪田学園高等学校

『三輪田学園百年史』三輪田学園百年史編集企画委員会編　三輪田学園　1988.4　2冊（別冊とも）27cm〈別冊：写真集―三輪田学園百年の歩み〉非売品　Ⓝ376.4

『三輪田学園110年のあゆみ―1887～1997』三輪田学園　1998.3　78p　26cm　非売品

Ⓝ376.48

◆向丘高等学校

『向丘四十年』四十周年記念誌編集委員会編　東京都立向丘高等学校　1987.11　72p　26cm〈奥付の書名：向丘高校四十周年記念誌〉Ⓝ376.4

◆武蔵高等学校

『錬心五十年』武蔵高等学校剣友会　1982.10　321p 図版32枚　27cm〈五十周年記念 編集：武安義光、荻生敬一〉Ⓝ789.3

『負の遺産を分析しなくてはならない―都立武蔵高校の紛争の記録』杉本鋳彦著　国立　杉本鋳彦　1987.2　366p　20cm　Ⓝ376.4

『武蔵高等学校中学校―中学受験注目校の素顔』おおたとしまさ著　ダイヤモンド・ビッグ社　2013.10　178p　19cm〈学校研究シリーズ003〉〈書誌注記：文献あり　出版者注記：ダイヤモンド社（発売）〉950円　①978-4-478-04486-5　Ⓝ376.31361
　目次 卒業生インタビュー 武蔵ってどんな学校？, 第1章 武蔵という学校, 第2章 武蔵が目指す人物像, 第3章 武蔵の授業, 第4章 武蔵のカリキュラム, 第5章 武蔵の日常風景

『男子御三家―なぜ一流が育つのか』おおたとしまさ著　中央公論新社　2016.2　246p　18cm（中公新書ラクレ 547）〈『開成中学校・高等学校』（ダイヤモンド・ビッグ社 2013年刊）と『麻布中学校・高等学校』（ダイヤモンド・ビッグ社 2013年刊）ほかからの改題、削減・改編、合本、書き下ろしを加えて再刊〉800円　①978-4-12-150547-7　Ⓝ376.31361
　目次 第1章 開成―毎日が運動会（開成最初の指導は高3が行う, 開成に入るのではなく開成の一部になる ほか）, 第2章 麻布―毎日が革命（悪口を言われても謝りつつ、人の子を教える, 幕府崩壊で、すべてが水の泡 ほか）, 第3章 武蔵―毎日が散歩（文字通り「本物に触れる」入試問題, いきなり答えを知りたがる子は武蔵には向かない ほか）, 第4章 男子御三家のハビトゥス（まったく違うのに、似ている, 通常授業の中にこそ男子御三家の凄みがある ほか）
　内容 伝統ある名門中高一貫校の「男子御三家」は、個性は違うがどこかよく似ている。超進学校ゆえに「詰め込み式の受験予備校」と誤解されがちだが、実は揺るぎない建学精神と「真のゆとり教育」があるからこそ、一流が育つのだ。全国の学校を駆けめぐる著者が、その強さの秘密に迫る。

『名門校「武蔵」で教える東大合格より大事なこと』おおたとしまさ著　集英社　2017.9　233p　18cm（集英社新書 0897）〈書誌注記：

文献あり〉760円　①978-4-08-720897-9　Ⓝ376.3

|目次| 第1章 「ひつじ」になるな「やぎ」になれ！，第2章 目指しているのは"モヤモヤ"を残す授業，第3章 大学受験期に優秀生を海外で一人旅させる，第4章 小惑星探査機「はやぶさ」を生んだ天文台，第5章 現実離れした極論をぶつけ合え！，第6章 時が経つほどに沁みる武蔵の価値，第7章 校長は芸大出身

|内容| 校内の一等地にやぎがいる。英語の授業で図画工作。おまけに、きのこを見つけたら成績が上がる!?時代が急速に変わりゆく中、恐ろしいほどのマイペースさで独特の教育哲学を守り続ける名門進学校がある。それが本書の舞台、私立武蔵中学高等学校だ。時に理解不能と評されることもある武蔵の教育が目指しているものとはいったい何なのか…。斬新な視点から数々の学校や塾を論じてきた気鋭の教育ジャーナリストが「学校とは何か？」「教育とは何か？」に迫る、笑撃の「学校ルポルタージュ」。

◆武蔵丘高等学校

『創立60周年記念誌―武蔵丘この10年の歩み』創立60周年記念誌編集委員会編集　東京都立武蔵丘高等学校　2000.11　48, 74, 87p 図版16p　30cm〈沿革概要あり〉Ⓝ376.48

◆武蔵野北高等学校

『都立武蔵野北高等学校開校記念誌』東京都立武蔵野北高等学校編集　武蔵野　東京都立武蔵野北高等学校　1980.11　24p　26cm〈タイトルは奥付による.表紙のタイトル：開校記念誌　編集担当：伊井野通保, 加瀬晴康〉Ⓝ376.48

◆明治大学付属八王子高等学校

『創立五周年史』明治大学付属中野八王子中学校・中野八王子高等学校創立五周年史編集委員会編　中野学園　1989.4　187p 図版30枚22cm　非売品　①4-7939-0236-7　Ⓝ376.4

『中野学園八王子校十年史』中野学園八王子校創立十周年史編集委員会編　中野学園　1994.4　147p 図版12枚　27cm　非売品　Ⓝ376.4

『中野学園七十年史』中野学園七十年史編纂委員会編　中野学園　1999.10　279p　27cm　非売品　①4-7939-0391-6　Ⓝ376.48

『中野学園八王子校二十年史』中野学園八王子校創立二十周年史編集委員会編　中野学園　2004.10　153p　27cm〈標題紙・背のタイトル：中野学園八王子校二十年史　年表あり〉Ⓝ376.48

◆明星高等学校

『名門復活―ハンドボールにかけた熱き魂 明星高等学校ハンドボール部前監督鈴木亮一』スポーツイベント編集部特別取材班著　スポーツイベント　2005.12　223p　19cm〈発行所：グローバル教育出版〉2381円　①4-901524-84-4　Ⓝ783.7

|目次| プロローグ 名門復活への苦闘, 第1章 ハンドボールに魅せられて, 第2章 復活への長い道程, 第3章 「万年2位」の呪縛, 第4章 栄光への飛翔, 第5章 真の名門復活への道, 第6章 ハンドボールにかけて悔いなし

◆目黒高等学校

『創立90周年記念誌』創立90周年記念行事実行委員会「記念誌編集委員会」　東京都立目黒高等学校　2009.10　111p　30cm〈タイトルは奥付・表紙による.標題紙のタイトル：東京都立目黒高等学校創立90周年記念誌, 背のタイトル：創立九十周年　年表あり〉Ⓝ376.48

◆紅葉川高等学校

『もみぢ―1994, 閉校記念誌』閉校記念誌編集委員会編集　東京都立紅葉川高等学校（中央校舎）定時制過程　1994.3　108p　26cm〈年表あり〉Ⓝ376.48

『紅葉川―閉校記念誌』東京都立紅葉川高等学校中央校舎編　東京都立紅葉川高等学校中央校舎　1994.3　207, 42p　26cm〈年表あり〉Ⓝ376.48

◆山脇学園高等学校

『社会科教育の歩み―創立80周年記念誌』山脇学園社会科著　山脇学園中学・高等学校社会科　1985.3　111p　26cm　Ⓝ375.3

◆雪谷高等学校

『赤い旋風2003年夏甲子園東京都立雪谷高等学校』雪谷高等学校野球部を応援する会　2004.3　67p　31cm〈東京 朝日新聞出版サービス（製作）〉Ⓝ783.7

◆四谷商業高等学校

『四谷商業高校70年―記念誌』東京都立四谷商業高等学校編　東京都立四谷商業高等学校　1994.11　100p　26cm〈年表あり〉Ⓝ376.48

◆代々木高等学校

『30周年記念誌―「三部制」の創設とあゆみ』東京都立代々木高等学校編　東京都立代々木

高等学校　1988.3　149p　26cm〈年表あり〉
　Ⓝ376.48

『くずかごの中の詩』星野佳正著　理論社　1999.3　261p　19cm　1500円　Ⓘ4-652-07170-1　Ⓝ376.41361
　目次　1 くずかごの中から，2 フードをかぶった "天才"，3 バスは出発した，4 六十六歳のラブレター，5 風景が見えてきた，6 「花」の詩によせて，7 汚れなき落書き帳，8 一人だけの卒業式，9 ひろがる詩の波紋，10 ギターをひきながら…，11 根っこの語らい，12 母なるものへのメッセージ

『代々木の丘―閉校記念誌』東京都立代々木高等学校定時制編　東京都立代々木高等学校定時制　2004.3　106p　30cm〈年表あり〉Ⓝ376.48

◆両国高等学校

『七十年史』七十年史編集委員会編　東京都立両国高等学校　1971.1　168p　21cm　非売品　Ⓝ376.48

『両国高校八十年』両国高校八十年編集委員会編　両国高校創立八十周年記念協賛会　1982.3　200p　27cm　Ⓝ376.48

『創立七十周年記念誌』東京都立両国高等学校定時制課程　1994.11　150p　26cm〈折り込図1枚〉Ⓝ376.4

『東京都立両国高等学校資料室学友会誌目次』正木滋作成　淡交会資料室委員会　1998.4　125p　26cm　Ⓝ376.48

『東京都立両国高等学校資料室所蔵資料目録　その2』淡交会資料室委員会編　淡交会資料室委員会　1998.6　109p　26cm　Ⓝ376.48

『両国高校百年誌』「両国高校百年誌」編集委員会編　創立百周年記念事業実行委員会　2002.3　489p　31cm　非売品　Ⓝ376.48

『百十年誌』東京都立両国高等学校創立百十年記念事業委員会編集　東京都立両国高等学校創立百十周年記念事業委員会　2011.7　94p　30cm〈書誌注記：年表あり　タイトル・ページ等の団体：東京都立両国高等学校〉Ⓝ376.48

『記念誌―東京都立両国高等学校創立120周年附属中学校創立15周年』東京都立両国高等学校・附属中学校記念誌委員会編　東京都立両国高等学校・附属中学校記念誌委員会　2021　111p　30cm〈書誌注記：年表あり〉Ⓝ376.38

◆和光高等学校

『学校が変わる日―和光学園からの提言』丸木政臣著　民衆社　1992.10　231p　20cm　1700円　Ⓘ4-8383-0698-9　Ⓝ370.4
　目次　学校は「世紀末」か―プロローグ，第1章 学校とは何か―和光学園の場合，第2章 教育の試み（和光の総合学習―真の学力とは，生活科をのりこえる「生活勉強」，和光小学校の沖縄学習旅行，真に個性的な教育を，「日の丸」「君が代」の問題，人間だからこそ健常者と障害者の「共同教育」を），第3章 教師のしごと（いま教師にもとめられるもの，子どもを変える見通し，子どもに信頼される先生とは，彼らが心の扉を開くとき，とんでもない「職員会議」無用論），学校よ，よみがえれ―エピローグ

『育てたいね、こんな学力―和光学園の一貫教育』大瀧三雄, 行田稔彦, 両角憲二著　大月書店　2009.7　237p　19cm　1600円　Ⓘ978-4-272-41203-7　Ⓝ376
　目次　はじめに―和光学園の一貫教育と学力，第1章 すてきな自分に出会える幼稚園に，第2章 「なるほど，わかった！」と，学びがつながり広がる学力，第3章 ともに幸福になるためにともに学ぶ学校，第4章 「自治の学校」をめざす高校の教育，おわりに―和光で育てたい学力の今日的な意義
　内容　和光学園の一貫教育がはぐくむ「本物の学力」。

◆早稲田高等学校

『早稲田時代とその青春』早稲田中・高等学校　1985.11　72p　21×24cm〈早稲田中・高等学校90周年記念〉Ⓝ376.4

『早稲田中学校早稲田高等学校百年の軌跡―1895年（明治28年）～1995年（平成7年）』早稲田中・高等学校校史編纂委員会著　早稲田中学校　1995.10　830p　22cm〈共同刊行：早稲田高等学校〉非売品　Ⓝ376.4

『早稲田中学校早稲田高等学校百年の蛍雪―1895年（明治28年）～1995年（平成7年）』早稲田中・高等学校校史編纂委員会著　早稲田中学校　1996.10　507p　22cm〈創立百周年記念誌（校史「百年の軌跡」姉妹編）共同刊行：早稲田高等学校〉非売品　Ⓝ376.48

『早稲田田圃の学舎で―早稲田中学校をめぐる人々：早稲田中学校・高等学校創立百十周年記念』梅澤宣夫著　早稲田中学校　2006.2　671p　22cm〈共同刊行：早稲田高等学校　発行所：早稲田大学出版部〉非売品　Ⓝ281.04

『水泳部の歩み―明治・大正・昭和・平成』『水泳部の歩み』発起人（編集委員会）編　府中（東京都）早稲田中学・高等学校水泳部OB会事務局　2006.8　199p　21cm　Ⓝ785.2

神奈川県

◆早稲田実業学校高等部

『ハンカチ王子と老エース―奇跡を生んだ早実野球部100年物語』門田隆将著　講談社　2006.11　289p　20cm　1600円　①4-06-213684-8　Ⓝ783.7

『栄光のマウンド―早実vs駒大苫小牧』矢崎良一、鈴木洋史、山岡淳一郎、渡辺勘郎他著　竹書房　2006.11　255p　19cm　1238円　①4-8124-2919-6　Ⓝ783.7

[目次] 特別寄稿 先輩の歩いた道(渡辺勘郎)、プロローグ「MAJOR」世代の選手たち、第1章 斎藤佑樹離伏の2年間、第2章 早稲田の血脈、第3章 田中将大知られざる師、第4章 もうひとつの再試合―1通の手紙と、12人の思い、第5章 90年間の壁を破った「絆」―斎藤佑樹に敗れた高校・日大山形、第6章 すぐ隣のヒーローたち―斎藤佑樹に敗れた高校・鹿児島工、第7章 不惑の球児―斎藤佑樹に敗れた高校・日大三

[内容] 斎藤佑樹全948球、田中将大全742球。彼らの奇跡は、これだけじゃない。甲子園のヒーロー、斎藤佑樹と田中将大が紡いだ奇跡のような決勝戦。そこに至るまでには、語られていない数々のドラマがあった。まだ、僕らは本当の彼らを知らない…。斎藤佑樹と田中将大、知られざる物語。

『早稲田実業躍進の秘密』渡邉重範著　朝日新聞出版　2011.2　246p　18cm(朝日新書 280)　740円　①978-4-02-273380-1　Ⓝ376.41363

[目次] 3人の国民的ヒーロー―王貞治、荒木大輔、斎藤佑樹、早稲田実業 建学の精神、草創期の早実に学んだ異色の人たち―竹久夢二、林武藤原義江、早稲田騒動と天野為之、高橋湛山、戦時下における教育、古き良き早実時代―チョッピー先生とカニさん、不変の伝統の上に新しい地平を拓く、生徒の心の原風景を大事にする教育、文武両道の実践、体験によって変わる―充実した校外教室、地球的市民の育成、教育にはドラマが必要である、一粒は稲穂のために

[内容] 華を去り、実に就く実業の精神。いま若者たちに求められているものが、そこにある。早稲田実業学校は、2011年で創立110周年。男女共学化と同時に初等部を開設し、小中高一貫教育の早稲田大学系列校として、独特の存在感を放つ。竹久夢二をはじめ、林武、王貞治、荒木大輔、斎藤佑樹…多方面に人材を輩出するユニークな実業学校をリードする名物校長の教育論。

『甲子園の奇跡―斎藤佑樹と早実百年物語』門田隆将著　講談社　2011.4　405p　15cm(講談社文庫 か107-2)〈『ハンカチ王子と老エース』(2006年刊)の改題〉648円　①978-4-06-276783-5　Ⓝ783.7

[目次] 第1章 成し遂げた全国制覇、第2章 老エースの回顧、第3章 挫折、第4章 焼け跡の猛練習、第5章 覚醒、第6章 王貞治の悔恨、第7章 鬼神、第8章 荒木フィーバー、第9章 咆哮、第10章 百年の悲願

[内容] 昭和六年と平成十八年。夏の全国三連覇とい う甲子園の偉業にからんで、早実野球が事空を超えて起こした奇跡。戦前の大エース島津雅男から王貞治、荒木大輔、そして斎藤佑樹へと連錦を受け継がれてきた早実百年の思いとはなんだったのか？緻密な取材で高校野球の真の魅力に迫る渾身のノンフィクション。

『早実vs.駒大苫小牧―甲子園を熱狂させた決勝再試合、その舞台裏』中村計、木村修一著　朝日新聞出版　2014.7　221p　15cm(朝日文庫 な43-1)　540円　①978-4-02-261803-0　Ⓝ783.7

[目次] 1 疲労(早実)、2 点滴(駒大苫小牧)、3 変化(早実)、4 先発(駒大苫小牧)、5 均衡(早実)、6 葛藤(駒大苫小牧)、7 感涙(早実)、8 苦難(駒大苫小牧)、9 帰還(駒大苫小牧)、10 変ência(早実)

[内容] 初優勝を狙った早実と3連覇を目指した駒大苫小牧。「ハンカチ王子」ブームを巻き起こした斎藤佑樹と、「世代最強」と絶賛を浴びていた田中将大。彼らは、あの何を思っていたのか―。2日間のべ5時間半に及んだ決戦の舞台裏に迫る傑作ノンフィクション。

『早実野球部栄光の軌跡』新装版　ベースボール・マガジン社　2015.7　207p　19cm　1300円　①978-4-583-10896-4　Ⓝ783.7

[内容] 注目のルーキー、清宮幸太郎。早実甲子園名勝負10選。早実野球部名選手カタログ。記憶に残る甲子園のヒーロー王貞治、荒木大輔、斎藤佑樹らを生んだ名門・早稲田実業の栄光の足跡。

『王先輩から清宮幸太郎まで早実野球部物語』中村計著　講談社　2018.3　189p　20cm(世の中への扉)〈書誌注記：年表あり〉1200円　①978-4-06-287029-0　Ⓝ783.7

『1980年早実―大ちゃんフィーバーの真実』佐伯要著　ベースボール・マガジン社　2022.6　255p　19cm(再検証夏の甲子園激闘の記憶)〈書誌注記：文献あり〉1600円　①978-4-583-11514-6　Ⓝ783.7

◆早稲田大学高等学院

『半世紀の道のり―早稲田大学高等学院米式蹴球部50年史』早稲田大学高等学院米式蹴球部OB会　2001.3　184p　31cm　Ⓝ783.46

神奈川県

◆浅野高等学校

『浅野中学校・高等学校―中学受験注目校の素顔』おおたとしまさ著　ダイヤモンド・ビッ

神奈川県

グ社　2016.10　174p　19cm〈学校研究シリーズ 011〉〈書誌注記：文献あり　出版者注記：ダイヤモンド社（発売）〉1200円　①978-4-478-04957-0　Ⓝ376.3137
　目次 卒業生インタビュー 浅野ってどんな学校？―空間構想代表/東京大学准教授 川添善行さん、第1章 浅野という学校、第2章 浅野が目指す人物像、第3章 浅野の授業、第4章 浅野のカリキュラム、第5章 浅野の日常風景

『浅野学園百年史』横浜　浅野学園　2020.9　199p　30cm〈書誌注記：年譜あり　書誌注記：年表あり〉Ⓝ376.48

◆麻生高等学校

『創立十周年記念誌』神奈川県立麻生高等学校編　川崎　神奈川県立麻生高等学校　1994.11　100p　26cm

◆厚木高等学校

『戸陵の70年』神奈川県立厚木高等学校70周年記念誌編集委員会編　厚木　神奈川県立厚木高等学校　1972　1冊（おもに図版）21×21cm

『戸陵健児はいま―創立80周年を迎えた厚木高校』神奈川新聞社編, 神奈川県立厚木高等学校同窓会　横浜　神奈川新聞社　1982　21p　26cm（神奈川新聞連載資料）〈昭和57年5月11日～6月3日連載, 付：神奈川新聞厚木高校80周年記念特集号〉200円

『戸陵百年の歩み―[神奈川県立厚木高等学校創立百周年記念誌] 歴史編』『戸陵百年の歩み』編纂委員会編　厚木　神奈川県立厚木高等学校創立百周年記念事業実行委員会　2003.3　602p 図版2枚　26cm〈年表あり, 文献あり〉非売品

『戸陵百年の歩み―[神奈川県立厚木高等学校創立百周年記念誌] 写真編』『戸陵百年の歩み』編纂委員会編　厚木　神奈川県立厚木高等学校創立百周年記念事業実行委員会　2003.3　255p　26cm　非売品

『ダンス・ラブ・グランプリ―県立厚木高校ダンスドリル部全米制覇の記録』長谷川晶一著　主婦の友社　2004.10　191p　20cm　1238円　①4-07-244274-7　Ⓝ781
　目次 プロローグ 一瞬の135秒―2004年3月14日決勝当日、第1章 十五歳、それぞれの春―2002年4月ダンドリ入部、第2章「これ以上、何を練習したらいいの…」―23名、23の苦闘、第3章 ダンドリの母、そして、"IMPISH"の女神―伊藤早苗と前田千代、第4章「うちら、報われないね…」―羽化直前、誕生の苦しみ、第5章「踊りたくても、踊れない人もいるのよ！」―転機、JAL CUP優勝、第6章 そして、アメリカへ―全米チアダンス選手権出場決定、第7章 決戦前夜―部長・田尻光の涙、第8章 "小悪魔"たちが世界をつかんだ！―決勝当日、エピローグ ラスト・ステージ―ダンスドリルがくれたもの
　内容 特別な才能を持つ集団ではなかった。そんなことは、本人たちが誰より知っていた。知っていたからこそ少女たちは練習を続けた。―2004年3月14日県立厚木高校ダンスドリル部は、チアダンスコンテストで全米を制覇した。

◆厚木北高等学校

『若楓―創立20周年記念誌』神奈川県立厚木北高等学校編　厚木　神奈川県立厚木北高等学校　1997.11　32p　21×30cm　Ⓝ376.4

◆厚木商業高等学校

『創立十周年記念誌』神奈川県立厚木商業高等学校編　厚木　神奈川県立厚木商業高等学校　1981　74p 図　19×26cm

『[神奈川県立厚木商業高等学校]創立三十周年記念誌』神奈川県立厚木商業高等学校, 創立30周年記念事業実行委員会記念誌担当編　厚木　神奈川県立厚木商業高等学校　2002.12　64p　26cm

『神奈川県立厚木商業高等学校完校記念誌』神奈川県立厚木商業高等学校記念事業実行委員会編　厚木　神奈川県立厚木商業高等学校記念事業実行委員会　2024.3　74p　30cm〈年譜あり〉

◆厚木南高等学校

『戦後高校教育史とその多様化教育史を紡ぐ―定通独立校モデル校神奈川県立厚木南高校の或る―総括』伊東覚著　伊勢原　伊東覚　1999.8　2冊　26cm　Ⓝ376.4137

◆厚木東高等学校

『常盤―創立七十周年記念誌』厚木　神奈川県立厚木東高等学校創立70周年記念会　〔1978〕　108p　26cm　Ⓝ376.4

『みおつくし―創立90周年記念誌』神奈川県立厚木東高等学校編　厚木　神奈川県立厚木東高等学校　1996.11　140p　30cm

『夢はるか―神奈川県立厚木東高等学校創立百周年記念誌』厚木　神奈川県立厚木東高校　2007.3　178p　31cm〈書誌注記：年表あり〉Ⓝ376.48

神奈川県

◆伊志田高等学校

『いしだ―創立10周年記念誌』神奈川県立伊志田高等学校編　伊勢原　神奈川県立伊志田高等学校　1985　49p　図　26cm

『伊志田　創立20周年記念誌』神奈川県立伊志田高等学校編　伊勢原　神奈川県立伊志田高等学校　1995.6　51p　図　26cm

◆和泉高等学校

『和泉完校記念誌』神奈川県立和泉高等学校編　横浜　神奈川県立和泉高等学校　2008.3　54p　30cm〈年表あり〉

◆伊勢原高等学校

『創立50周年記念誌』神奈川県立伊勢原高等学校編　伊勢原　神奈川県立伊勢原高等学校　1978　42p　図　25×25cm

『20年の歩み―創部20周年記念誌』神奈川県立伊勢原高等学校男子ソフトボール部編　伊勢原　神奈川県立伊勢原高等学校男子ソフトボール部　1994　66p　26cm

『いしずゑ固し―創立70周年記念誌 1928-1998』神奈川県立伊勢原高等学校編　伊勢原　神奈川県立伊勢原高等学校　1998.11　74p　26cm

『つなぎ―神奈川県立伊勢原高校女子バレーボール部6人制創部50周年記念』神奈川県立伊勢原高校女子バレーボール部後援会「50周年記念誌」編集委員編　伊勢原　神奈川県立伊勢原高校女子バレーボール部後援会「50周年記念誌」編集委員　2018.9　107p　26cm　Ⓝ783.2

◆磯子高等学校

『神奈川県立磯子高等学校創立40周年記念誌―磯子愛』神奈川県立磯子高等学校編　横浜　神奈川県立磯子高等学校　2017.11　51p　30cm〈欧文タイトル：Isogo High School 40th anniversary　年表あり〉

◆磯子工業高等学校

『創立十周年記念誌』神奈川県立磯子工業高等学校編　神奈川県立磯子工業高等学校　1972　83p　図版　21cm

『創立20周年記念誌』神奈川県立磯子工業高等学校編　神奈川県立磯子工業高等学校　1981　106p　図　21cm

◆栄光学園高等学校

『より高く―栄光学園創立50周年記念』栄光学園記念誌編集委員会編　鎌倉　栄光学園　1997.6　299p　26cm　Ⓝ376.48

『わが子の未来を拓く―中高一貫名門校・選択の指針』二見喜章著　小学館　2000.5　286p　15cm（小学館文庫）600円　①4-09-417381-1

内容　どの学校を選ぶかで、子どもの未来は大きく変わる。偏差値教育の弊害が叫ばれる今、多くの親は"子どもの個性を伸ばしたい""子どもにいきいきとした人生を送ってほしい"と願っている。学歴社会崩壊の時代だからこそ、より慎重な学校選びが必要になっているのだ。なぜ今、名門校なのか。筆者は言う。「教育の目的や本質は『人間の優秀性の開発』と『人間性の陶治育成』にある」と。本書は綿密な取材をもとに、それを可能とする中高一貫校の教育理念を浮き彫りにする。

『栄光学園物語』山本洋三著　鎌倉　かまくら春秋社　2004.4　213p　20cm〈年表あり〉1333円　①4-7740-0260-7　Ⓝ376.4137

目次　第1章 栄光学園物語（廃墟に心の殿堂を、「殺到する」志願者、歌声は野山に響く、潜水艦も教材だ ほか）、第2章 栄光学園の日々（「アラーの使者」はどこにいる？、青い筆箱は落ちていった、山本君、お風呂に入っていますか、生物部、わが命は ほか）、第3章 座談会・わが懐かしの栄光学園（養老孟司、松信裕、水沢勉、山本洋三）

『ともに登らんあの嶺に―天狗さんと栄光学園山岳部』栄光学園山岳部OB会編　鎌倉　栄光学園山岳部OB会　2012.8　287p　30cm〈書誌注記：年譜あり〉非売品　Ⓝ786.1

◆大井高等学校

『大井―創立十周年記念誌』神奈川県立大井高等学校編　大井町　神奈川県立大井高等学校　1993.11　60p　26cm

◆大磯高等学校

『磯高―神奈川県立大磯高等学校創立50周年』大磯町〔神奈川県〕　神奈川県立大磯高等学校記念誌委員会　1977.11　60p　25×26cm　Ⓝ376.4

◆大楠高等学校

『大楠―創立10周年記念誌』神奈川県立大楠高等学校編　横須賀　神奈川県立大楠高等学校　1990.4　91p　25×25cm〈共同刊行：横須賀高等女学校学友会, 横須賀高等女学校同窓会〉

◆大倉山高等学校

『大倉山五十年史―1957年4月～2008年4月』

平成17-19年度三ヶ年教育推進委員会編　横浜　東横学園大倉山高等学校　2008.3　65p　30cm〈年表あり〉Ⓝ376.48

◆大清水高等学校

『神奈川県立大清水高等学校創立10周年記念誌』神奈川県立大清水高等学校編　藤沢　神奈川県立大清水高等学校　1989.11　76p　26cm〈タイトルは奥付より．標題紙および表紙のタイトル：創立十周年記念誌　大清水〉

◆大秦野高等学校

『神奈川県立大秦野高等学校　創立七十周年記念誌―1995』神奈川県立大秦野高等学校編　秦野　神奈川県立大秦野高等学校　1995.11　48p　30cm

『桜塚詞集―神奈川県立大秦野高等学校創立八十周年記念誌』神奈川県立大秦野高等学校，神奈川県立大秦野高等学校桜塚同窓会編　秦野　神奈川県立大秦野高等学校　2006.3　107p　26cm〈共同刊行：神奈川県立大秦野高等学校桜塚同窓会　年表あり〉Ⓝ376.48

◆大船高等学校

『大船高十年―神奈川県立大船高等学校創立10周年記念誌』鎌倉　神奈川県立大船高等学校　1993.6　80p　26cm　Ⓝ376.4

◆大船工業技術高等学校

『[神奈川県立大船工業技術高等学校]開校10周年創立20周年記念誌』開校10周年創立20周年記念誌委員会編集　鎌倉　大船工業技術高等学校　1982.11　90p　図版5枚　21cm

◆岡津高等学校

『校舎落成記念』神奈川県立岡津高等学校編　横浜　神奈川県立岡津高等学校　1979.11　1冊　19×26cm

『OKATSU―神奈川県立岡津高等学校二十年記念』神奈川県立岡津高等学校編　横浜　神奈川県立岡津高等学校　1996　56p　26cm

◆小田原高等学校

『小田高70年史―小田原高等学校創立70周年記念誌』小田原　〔神奈川県立小田原高等学校〕　〔1971〕　72p　24×26cm　Ⓝ376.4

『神奈川県立小田原高等学校サッカー部創部五十周年記念誌』小田原　神奈川県立小田原高等学校サッカー部OB会　1980.3　179p　21cm

Ⓝ783.47

『神奈川県立小田原高等学校80年史』神奈川県立小田原高等学校ほか編　小田原　神奈川県立小田原高等学校　1981.6　72p　24×26cm〈共同刊行：神奈川県立小田原高等学校同窓会・PTA〉Ⓝ376.4

『軟式庭球部創部80年記念誌―小田原中学校・小田原高等学校』神奈川県立小田原高等学校軟式庭球部OB会編　小田原　神奈川県立小田原高等学校軟式庭　1983　157, 158p　図　21cm

『Naudek―神奈川県立小田原高等学校創立90周年記念誌』小田原高等学校創立90周年実行委員会記念誌係編　小田原　小田原高等学校創立90周年実行委員会　1991.6　194p　26cm　Ⓝ376.4

『小田原高校百年の歩み　資料編』神奈川県立小田原高等学校創立百周年記念事業実行委員会百年史編集委員会編　小田原　神奈川県立小田原高等学校創立百周年記念事業実行委員会　2002.3　359p　27cm〈年表あり〉Ⓝ376.48

『小田原高校百年の歩み　通史編』神奈川県立小田原高等学校創立百周年記念事業実行委員会百年史編集委員会編　小田原　神奈川県立小田原高等学校創立百周年記念事業実行委員会　2002.3　739p　27cm〈文献あり〉Ⓝ376.48

『小田原高校百周年から十年の歩み―創立明治三十三年（1900）』「小田原高校百周年から十年の歩み」編集委員会編　小田原　「小田原高校百周年から十年の歩み」編集委員会　2012.3　311p　26cm〈書誌注記：年表あり〉Ⓝ376.48

『小田高百二十年史―創立百十周年からの歩み』神奈川県立小田原高等学校創立百二十周年記念事業実行委員会百二十年史編集委員会編集　小田原　神奈川県立小田原高等学校創立百二十周年記念事業実行委員会　2021.2　324p　30cm〈書誌注記：年表あり〉Ⓝ376.48

◆小田原城内高等学校

『創立七十周年記念誌』小田原　神奈川県立小田原城内高等学校　1977.10　48p　21×22cm　Ⓝ376.4

『創立八十周年記念誌』神奈川県立小田原城内高等学校編　小田原　神奈川県立小田原城内高等学校　1987.10　147p　21cm

『神奈川県立小田原城内高等学校「建学100年」のあゆみ』小田原　神奈川県立小田原城内高等学校　2003.10　303p　31cm〈標題紙・表

神奈川県

紙のタイトル：城内「建学100年」のあゆみ　年表あり〉 Ⓝ376.48

◆小田原城東高等学校

『[神奈川県立小田原城東高等学校]50周年記念』神奈川県立小田原城東高等学校著者　1971　14p　27cm

『回顧五十年』髙田喜久三著　小田原　神奈川県立小田原城東高等学校同　1981　79p　21cm〈県立小田原城東高等学校創立60周年記念〉

『神奈川県立小田原城東高等学校六十周年記念誌』神奈川県立小田原城東高等学校編　小田原　神奈川県立小田原城東高等学校　1981　36p 図　24×26cm

『[神奈川県立小田原城東高等学校]創立七十周年記念誌』神奈川県立小田原城東高等学校編　小田原　神奈川県立小田原城東高等学校　1991.11　55p　26cm〈表紙の書名：小田原城東創立70年記念誌〉

◆小田原城北工業高等学校

『創立20周年記念誌』神奈川県立小田原城北工業高等学校編　小田原　神奈川県立小田原城北工業高等学校　1981　52p 図　20×21cm

『小田原城北工業高等学校 60周年記念誌』神奈川県立小田原城北工業高等学校編　小田原　神奈川県立小田原城北工業高等学校　2021.10　46p　30cm〈欧文タイトル：Odawara-Johoku technical high school　年表あり〉

◆小田原東高等学校

『神奈川県立小田原東高等学校創立百周年記念誌』創立百周年記念事業実行委員会編集　小田原　神奈川県立小田原東高等学校　2022.12　120p　30cm〈年表あり〉

◆追浜高等学校

『創立二十周年記念誌』神奈川県立追浜高等学校編　横須賀　神奈川県立追浜高等学校　1982　84p 図　21cm

『神奈川県立追浜高等学校創立四十周年記念誌』神奈川県立追浜高等学校編　横須賀　神奈川県立追浜高等学校　2002　61p　26cm

◆外語短期大学付属高等学校

『創立40周年記念誌』横浜　神奈川県立外語短期大学付属高等学校創立40周年記念事業準備委員会　2004.11　162p　30cm〈欧文タイトル：40th anniversary〉

◆金井高等学校

『三十歳之記―創立30周年記念誌』創立30周年記念実行委員会記念誌編集局編　横浜市　神奈川県立金井高等学校　2005.6　60p　30cm〈年表あり〉

◆神奈川学園高等学校

『神奈川学園100年の歩み―1914-2014』神奈川学園100年の歩み編集委員会編　横浜　神奈川学園　2014.10　117p　30cm〈書誌注記：年表あり〉Ⓝ376.48

◆神奈川工業高等学校

『神工70年史』神奈川県立神奈川工業高等学校神工70年史編集委員会編　横浜　神奈川県立神奈川工業高等学校神工70年史編集委員会　1981.5　75p　26cm　Ⓝ376.4

◆神奈川総合高等学校

『スイミー メモリアル版―神奈川県立神奈川総合高等学校10周年記念誌』神奈川県立神奈川総合高等学校編　横浜　神奈川県立神奈川総合高等学校　2005.10　402p 写真　30cm〈年表あり〉

◆神奈川大学附属高等学校

『躍進の明日―創立十周年記念誌』横浜　神奈川大学附属中・高等学校　1994.11　158p　31cm　Ⓝ376.3

◆金沢総合高等学校

『神奈川県立金沢総合高等学校創立10周年記念誌―2004-2013』横浜　神奈川県立金沢総合高等学校　2014.11　72p　30cm〈表紙のタイトル：神奈川県立金沢総合高等学校 10Th Anniversary, 年表あり〉

◆鎌倉高等学校

『鎌高のあゆみ50年―激動の昭和とともに』神奈川県立鎌倉高等学校編　鎌倉　神奈川県立鎌倉高等学校　1978　72p 図　27cm〈創立50周年記念誌〉

『鎌高の80周年記念誌』80周年記念誌編集委員会　鎌倉　神奈川県立鎌倉高等学校　2008.10　88p　30cm〈年表あり〉

『鎌高創立90周年記念誌』神奈川県立鎌倉高等学校創立90周年記念事業実行委員会　鎌倉　神奈川県立鎌倉高等学校創立90周年記念事業実行委員会　2018.11　60p　30cm〈年表あ

◆鎌倉学園高等学校

『鎌倉学園五十年のあゆみ』　鎌倉　鎌倉学園　1971　160p（図共）27cm　非売　Ⓝ376.4

『鎌倉学園70年誌』　鎌倉学園編　鎌倉　鎌倉学園　1991.11　151p　27cm　Ⓝ376.4

◆釜利谷高等学校

『日本一への挑戦―伝説の釜利谷高校男子バレーボール部の秘密』　蔦宗浩二著　横浜　バレーボール・アンリミテッド　2007.6　219p　20cm〈出版者注記：星雲社（発売）〉2000円　①978-4-434-10521-0　Ⓝ783.2

[目次] 第1章 勝てる指導者になるために（0からのスタート、初めてのミーティング ほか）、第2章 選手を育成するために（集中力の向上、頭髪と集中力 ほか）、第3章 強いチームをつくるために（選手のスカウト、家族構成と性格 ほか）、第4章 試合準備を万端にするために（ストレス、スーパーコンディショニング ほか）、第5章 最適な部活動経営をするために（後援会とOB会と父母会 ほか）

[内容] 指導に関して沈黙を貫き通してきた蔦宗監督が、ついにその "最強指導" の秘密を明かす。

◆上郷高等学校

『せせらぎふれあい―創立10周年記念誌』　神奈川県立上郷高等学校編　横浜　神奈川県立上郷高等学校　1993.11　109p　30cm

◆上鶴間高等学校

『［神奈川県立上鶴間高等学校］創立十周年記念誌』　神奈川県立上鶴間高等学校編　相模原　神奈川県立上鶴間高等学校　1986　54p　図　24×25cm

◆上溝高等学校

『光陰―創立80周年記念誌』　神奈川県立上溝高等学校創立80周年記念事業実行委員会記念誌編集部会編　相模原（神奈川県）　神奈川県立上溝高等学校　1991.11　246p　27cm〈共同刊行：創立80周年記念事業実行委員会〉Ⓝ376.4

『上溝―神奈川県立上溝高等学校創立90周年記念誌』　神奈川県立上溝高等学校編　相模原　神奈川県立上溝高等学校　2001.11　200p　26cm

『100年の時を超えて―創立100周年記念誌』　神奈川県立上溝高等学校100周年記念事業実行委員会編　相模原　神奈川県立上溝高等学校　2012.3　16, 215p　31cm〈年表あり〉

◆上溝南高等学校

『［神奈川県立上溝南高等学校］創立二十周年記念誌』　神奈川県立上溝南高等学校編　相模原　神奈川県立上溝南高等学校　1995.6　56p　26cm

◆上矢部高等学校

『上矢部―創立十周年記念誌』　十周年実行委員会記念誌係編　横浜　神奈川県立上矢部高等学校　1992.11　103p　26cm

◆川崎高等学校

『［神奈川県立川崎高等学校］創立50周年記念誌』　神奈川県立川崎高等学校編　川崎　神奈川県立川崎高等学校　1977　112p　図　25×26cm

『神奈川県立川崎高校創立70周年記念誌』　神奈川県立川崎高等学校編　川崎　神奈川県立川崎高等学校　1997.10　93p　30cm

『神奈川県立川崎高等学校創立90周年記念誌』　神奈川県立川崎高等学校同窓会柏葉会編　川崎　神奈川県立川崎高等学校同窓会柏葉会　2017.11　124p　30cm〈文献あり〉

◆川崎北高等学校

『［神奈川県立川崎北高等学校］創立二十周年記念誌』　神奈川県立川崎北高等学校編　川崎　神奈川県立川崎北高等学校　1994.5　20p　26cm〈折り込み1枚、年表あり〉

◆川崎工業高等学校

『川工定時制のあゆみ―創立46年の歴史をふりかえって』　神奈川県立川崎工業高等学校定時制教育46周年記念事業実行委員会編　川崎　神奈川県立川崎工業高等学校定時制教育46周年記念事業実行委員会　1998.3　150p　26cm

『神奈川県立川崎工業高等学校創立六十周年記念誌』　神奈川県立川崎工業高等学校創立60周年記念誌編集委員会編　川崎　神奈川県立川崎工業高等学校創立60周年記念誌編集委員会　2000.10　44p　30cm

◆川崎市立高津高等学校

『創立40周年記念誌―川崎市立高津高等学校定時制』　創立40周年記念誌編集委員会編　川崎　川崎市立高津高等学校定時制　1996.3　44p　18×26cm　Ⓝ376.4

神奈川県

『写真集この70年の歩み―創立70周年記念誌』
創立70周年記念誌編集委員会編　川崎　川崎市立高津高等学校　1998.10　80p　29cm　Ⓝ376.48

◆川崎南高等学校

『創立10周年記念誌』神奈川県立川崎南高等学校編　川崎　神奈川県立川崎南高等学校　1989.10　93p　27cm

『創立二十周年記念誌』神奈川県立川崎南高等学校編　川崎　神奈川県立川崎南高等学校　1998.10　46p　27cm

◆関東学院高等学校

『窓の灯―関東学院高等学校定時制創立40周年記念誌』関東学院創立40周年記念誌編集委員会編　横浜　関東学院高等学校定時制　1993.11　138p　26cm　Ⓝ376.4

『窓の燈―関東学院高等学校定時制閉校記念誌2003』関東学院定時制高校閉校記念誌編集委員会編　横浜　平塚敬一　2003.3　211p　26cm

『関東学院中学校高等学校創立100周年記念誌』関東学院中学校高等学校編　横浜　関東学院中学校高等学校　2019.12　1冊（ページ付なし）30cm〈書誌注記：年表あり〉Ⓝ376.48

◆北鎌倉女子学園高等学校

『北鎌倉女子学園50年の歩み―はるひのごとくあたたかく』北鎌倉女子学園創立五十周年記念誌編集委員会編　鎌倉　北鎌倉女子学園　1991.10　135p　29cm　Ⓝ376.4

◆希望ケ丘高等学校

『神中・神高・希望ケ丘高八十周年記念誌』創立八十周年記念事業委員会編　横浜　神奈川県立希望ケ丘高等学校　1977.11　304p　26cm　Ⓝ376.4

『'69年希望ケ丘高校闘争の記録』紙谷典明ほか著　大和　69年資料の会　1983.7　180p　26cm　500円　Ⓝ376.4

『神中・神高・希望ケ丘高九十周年記念誌』創立九十周年記念事業委員会編　横浜　神奈川県立希望ケ丘高等学校　1987.11　115, 15p　図版2枚　26cm〈年譜あり〉

『神中・神高・希望ケ丘高校百年史　資料編』神奈川県立希望ケ丘高等学校百年史実行委員会編纂局編　横浜　神奈川県立希望ケ丘高等学校創立百周年記念事業合同実行委員会　1998.7　925p　27cm　Ⓝ376.48

『神中・神高・希望ケ丘高校百年史　歴史編』同窓会桜蔭会百年史編集委員会編　横浜　神奈川県立希望ケ丘高等学校創立百周年記念事業合同実行委員会　1998.7　243p　27cm　Ⓝ376.48

『神奈川県立希望ケ丘高等学校野球部創部一〇〇周年記念史』横浜　Ｊクラブ野球部ＯＢ会創部一〇〇周年記念史編集委員会　2004.3　540p　31cm〈折り込4枚　年表あり〉非売品　Ⓝ783.7

『桜陵柔道―神中・神高・希望ケ丘高校柔道部若き魂の記録』神中・神高・希望ケ丘高校柔道部旧交会編　［神中・神高・希望ケ丘高校柔道部旧交会］　2005.6　99p　30cm

『神中・神高・希望ケ丘高 110周年記念誌』創立110周年記念事業委員会編　横浜　創立110周年記念事業委員会　2008.6　106, 15p　26cm

『神中・神高・希高 創立120周年記念誌』創立120周年記念誌編纂委員会編　横浜　神奈川県立希望ケ丘高等学校　2018.3　100p

◆汲沢高等学校

『校舎落成記念』神奈川県立汲沢高等学校編　横浜　神奈川県立汲沢高等学校　1982.10　18p　22×25cm

『［神奈川県立汲沢高等学校］創立10周年記念誌』神奈川県立汲沢高等学校編　横浜　神奈川県立汲沢高等学校　1988.10　36p　18×26cm

『［神奈川県立汲沢高等学校］創立20周年記念誌―汲沢』神奈川県立汲沢高等学校編　横浜　神奈川県立汲沢高等学校　1998.10　80p　30cm

◆霧が丘高等学校

『霧が丘 創立二十周年記念誌―昭和50年（1975）〜平成7年（1995）』神奈川県立霧が丘高等学校編集　横浜　神奈川県立霧が丘高等学校　1995.8　32p　30cm

◆栗原高等学校

『翔たけくりはら'90―10周年記念誌』神奈川県立栗原高等学校編　座間　神奈川県立栗原高等学校　1990　23p　26cm

『神奈川県立栗原高等学校創立20周年記念誌』神奈川県立栗原高等学校編　座間　神奈川県立栗原高等学校　2000.11　53p　26cm

◆慶應義塾高等学校

『エンジョイ・ベースボール―慶應義塾高校野球部の挑戦』上田誠著　日本放送出版協会　2006.5　221p　18cm（生活人新書 180）700円　Ⓘ4-14-088180-1　Ⓝ783.7

[目次] 第1章 エンジョイ・ベースボール，第2章 こんな野球がしたかった―アメリカ野球がお手本，第3章 日本一になろう―二〇の部訓，第4章 一人ひとりが独立自尊―野球部はこんなところ，第5章 努力するのは当たり前―毎日の練習，第6章 胃液の出るような緊張を楽しめ―試合ではかく戦う，第7章 未来の野球

[内容] 野球は見てもやっても楽しいスポーツ。しかし，近年は野球人口が減ってきているという。その原因は軍隊式の旧態依然とした野球の雰囲気にあるのではないか。本書では，まず野球を楽しむことを第一にし，自主的に練習に取り組むことで強いチームになれることを実証した慶應義塾高校のエンジョイ・ベースボールの考え方と，その実際を紹介する。

『マイナーの誇り―ドキュメント 上田・慶応の高校野球革命』辰濃哲郎著　日刊スポーツ出版社　2006.7　239p　19cm　1500円　Ⓘ4-8172-0236-X　Ⓝ783.7

[目次] もう一つの涙のわけ，上田・慶応が目指す自主性，それぞれの自主練習，精神野球への決別，上田流野球哲学，米国留学，チームが勝つために，人間上田誠，マイナーの誇り，上田を支える者たち，05年・夏，エピローグ／そして挑戦の夏

[内容] 慶応ではベンチに入れなかった選手たちを「マイナー」と呼んでいる。上田が慶応高校野球部の監督に就任して以来，最も気を遣ったのがマイナー選手のプライドだった。マイナー選手には，メジャーになることを絶えず求めた。それがかなわなかったとき，彼らには別の役割が待っている。それがチームを押し上げる原動力になることを，上田は知っている。マイナー選手が，誇りを持てたとき，その「共同作品」はチームの最大公約数を表現できるのだ。

『Thinking Baseball―慶應義塾高校が目指す"野球を通じて引き出す価値"』森林貴彦著　東洋館出版社　2020.10　189p　19cm（TOYOKAN BOOKS）1400円　Ⓘ978-4-491-04102-5　Ⓝ783.7

[目次] 序章 高校野球の価値とは何か，第1章 「高校野球らしさ」の正体（"高校野球は坊主頭"という固定観念，ケガをいとわない根性論は美しいか，体罰に逃げる前時代的な鬼監督像，高校球児は青春の体現者か，少年たちは野球を楽しんでいるか，伝統に縛られないこれからの高校野球のために），第2章 高校野球の役割を問い直す（高校野球のためではなく，社会に出てからのために，「自ら考える力」を育む，「スポーツマンシップ」を育む，選手は自ら育つという信念），第3章 高校野球を楽しむための条件（野球を楽しむチームの条件，コーチング主体の押し付けない指導者像，野球を楽しむチームの試合への向かい方，主体性のある練習を組み立てるには），終章 高校野球の再定義

[内容] 高校野球界必見の新・野球論！ 体罰，投球過多，坊主頭…これまでの高校野球観からの脱却を提言。大切なのは，社会で通用するために"自ら考える力"を育てること!!高校野球は変わらないといけない！

『塾高ソッカー部百年誌』慶應義塾高等学校ソッカー部OB会　2023.8　239p　19cm〈書誌注記：年表あり　編集：西脇隆〉Ⓝ783.47

『慶應義塾高校 栄光への軌跡―第105回全国高等学校野球選手権記念大会』世界文化社　[2023.9]　113p　30cm（Men's EX autumn 2023臨時増刊）1182円

『若き血，燃ゆ―第105回全国高等学校野球選手権記念大会優勝グラフ：107年ぶりKEIO日本一』神奈川新聞社編著　横浜　神奈川新聞社　2023.9　60p　30cm　900円　Ⓘ978-4-87645-677-2　Ⓝ783.7

[目次] 巻頭グラビア，甲子園決勝，準決勝，スタンド風景―アルプスも燃えた，準々決勝，オフショットギャラリー，3回戦，2回戦，編集記事「KEIO日本一進化したエンジョイ野球」，甲子園開幕特集，神奈川大会決勝，神奈川大会準決勝―2回戦

[内容] 神奈川大会初戦から甲子園決勝まで全12試合を詳報。

『慶應メンタル―「最高の自分」が成長し続ける脳内革命』吉岡眞司著，西田一見監修　ワニブックス　2023.12　197p　19cm　1400円　Ⓘ978-4-8470-7389-2　Ⓝ783.7

[目次] 1章 慶應義塾高等学校野球部が試合で実践した5つのこと，2章 慶應義塾高等学校がここまで強くなった理由，3章 慶應義塾との出会い，4章 自分を高める「成信力」で慶應メンタルを育てる，5章 困難を乗り super える「苦楽力」で慶應メンタルを鍛える，6章 他人を喜ばせる「他喜力」で慶應メンタルを磨く，7章 社会的成功と人間的成功を目指す

[内容] 勝つために特別な能力はいらない！「成信力」「苦楽力」「他喜力」で脳が劇的に変わる！ 107年ぶりの甲子園優勝に導いたメンタルメソッド。

『慶應義塾高校野球部―エンジョイ・ベースボールの真実：Since 1888』ベースボール・マガジン社　2024.1　97p　29cm（B.B.MOOK 1631―高校野球名門校シリーズ 22）1391円　Ⓘ978-4-583-62777-9　Ⓝ783.7

『慶應高校野球部―「まかせる力」が人を育てる』加藤弘士著　新潮社　2024.7　237p　18cm（新潮新書 1049）〈書誌注記：文献あり〉820円　Ⓘ978-4-10-611049-8　Ⓝ783.7

[目次] 第1章「KEIO日本一」の象徴，第2章「価値」と「勝ち」―監督・森林貴彦の目指す場所，第3章

「エンジョイ・ベースボール」の系譜、第4章「まかせる」から成長する、第5章「考えさせる」技術、第6章「やりがい」で組織を一つに、第7章「失敗の機会」を奪わない、第8章「化学反応」で甲子園制覇、第9章 仙台育英・須江監督の目

内容 「高校野球の常識を覆す！」を合言葉に、慶應高校野球部は107年ぶりに全国制覇を成し遂げた。彼らの「常識を覆す」チーム作りとは、どんなものなのか？ なぜ選手たちは「自ら考えて動く」ことができるのか？ 選手、OB、ライバル校の監督等、関係者に徹底取材。見えてきたのは、1世紀前に遡る「エンジョイ・ベースボール」の系譜と、歴代チームの蹉跌、そして、森林監督の「まかせて伸ばす」革新的な指導法だった。

◆港南台高等学校

『創立10周年記念誌』神奈川県立港南台高等学校編　横浜　神奈川県立港南台高等学校　1983　36p 図　26cm

『創立20周年記念誌』神奈川県立港南台高等学校編　横浜　神奈川県立港南台高等学校　1993.9　47p 図　26cm

◆港北高等学校

『港北高校の歩み―創立10周年記念』神奈川県立港北高等学校編　横浜　神奈川県立港北高等学校　1979　132p 図　26cm

◆高木学園女子高等学校

『遥かなる道―高木学園創立百周年記念誌』高木学園百周年記念誌編集委員会編　横浜　高木学園　2008.9　218p 30cm〈書誌注記：年表あり〉Ⓝ376.48

◆光陵高等学校

『光陵の20年』神奈川県立光陵高等学校編　横浜　神奈川県立光陵高等学校　1986　144,81p　22cm〈神奈川県立光陵高等学校創立20周年記念誌〉

『光陵の30年―1986～1995を中心に』神奈川県立光陵高等学校編　横浜　神奈川県立光陵高等学校　1996.10　140, 26p　22cm〈神奈川県立光陵高等学校創立30周年記念誌〉

◆五領ケ台高等学校

『創立10周年記念誌』神奈川県立五領ケ台高等学校編　平塚　神奈川県立五領ケ台高等学校　1987　142p 図　26cm

◆相模大野高等学校

『神奈川県立相模大野高等学校創立十周年記念誌』10周年記念事業実行委員会編　相模原　神奈川県立相模大野高等学校10周年記念事業実行委員会　1995.11　106p　26cm〈書名は奥付による　標題紙等の書名：創立十周年記念誌〉Ⓝ376.4

◆相模女子大学高等部

『相模女子大学高等部―めざす自分を実現できる学校』「もりもり元気の出る高校案内」実行委員会編　真珠書院　2014.5　109p 19cm〈もりもり元気の出る高校案内 2〉900円　①978-4-88009-280-5

『女子教育―5年間の軌跡―相模女子大学中学部・高等部：2014年4月―2019年3月』竹下昌之著　相模原　相模女子大学中学部・高等部　2019.3　1冊　26cm　Ⓝ376.48

◆相模台工業高等学校

『[神奈川県立相模台工業高等学校]創立十周年記念誌』神奈川県立相模台工業高等学校創立十周年記念誌編集委員会編　相模原　神奈川県立相模台工業高等学校　1971.10　96p　21cm

◆相模原高等学校

『県相野球部―夏の神奈川県大会出場15回記念』神奈川県立相模原高等学校野球部編　相模原　神奈川県立相模原高等学校野球部　1979　47p　26cm

『[神奈川県立相模原高等学校]創立20周年記念誌』神奈川県立相模原高等学校編　相模原　神奈川県立相模原高等学校　1983.11　24p　26cm

『[神奈川県立相模原高等学校]創立三十周年記念誌』神奈川県立相模原高等学校編　相模原　神奈川県立相模原高等学校　1993.11　114p　26cm

『県相野球部 30周年記念誌』神奈川県立相模原高等学校野球部編　相模原　神奈川県立相模原高等学校野球部　1994　92p　26cm

◆相模原技術高等学校

『創立10周年記念誌』神奈川県立相模原技術高等学校10周年記念誌編集委員会編　相模原　神奈川県立相模原技術高等学校1　1974　30p 図版　26cm

◆相模原工業技術高等学校

『神奈川県立相模原工業技術高等学校創立30周

年記念誌』神奈川県立相模原工業技術高等学校編　相模原　神奈川県立相模原工業技術高等学校　1993.10　99p　26cm

『相工技―完校記念誌』神奈川県立相模原工業技術高等学校編　相模原　神奈川県立相模原工業技術高等学校　2005.3　90p　31cm　Ⓝ376.48

◆七里ガ浜高等学校

『神奈川県立七里ガ浜高等学校20周年記念誌』神奈川県立七里ガ浜高等学校編　鎌倉　神奈川県立七里ガ浜高等学校　1995.11　52p　26cm〈タイトルは奥付より.表紙のタイトル：創立二十周年記念誌〉

◆清水ケ丘高等学校

『清水ケ丘―創立10周年記念』神奈川県立清水ケ丘高等学校編　横浜　神奈川県立清水ケ丘高等学校　1983　46p　図　26cm

『創立30周年「清水ヶ丘」』神奈川県立清水ケ丘高等学校編　横浜　神奈川県立清水ケ丘高等学校　2003.11　80p　26cm〈表紙のタイトル：清水ヶ丘　創立30周年記念〉

◆商工高等学校

『神奈川県立商工高等学校創立五十周年記念誌』横浜　神奈川県立商工高等学校　1970.10　142p　図版10枚　21cm〈書名は奥付による　背・表紙の書名：創立五十周年記念誌〉非売品　Ⓝ376.4

『[神奈川県立商工高等学校]創立60周年記念誌』神奈川県立商工高等学校編　横浜　神奈川県立商工高等学校　1980.10　172p　図　21cm

『[神奈川県立商工高等学校]創立70周年記念誌―自由の園生商工の』神奈川県立商工高等学校編　横浜　神奈川県立商工高等学校　1990.10　172p　図　21cm

『神奈川県立商工高等学校創立80周年記念誌』神奈川県立商工高等学校内80周年記念誌編集委員会編　横浜　神奈川県立商工高等学校　2000.10　74p　26cm

『商工がんばれ―神奈川県立商工高等学校硬式野球部創部92周年』祝・全国高校野球大会100周年記念商工92周年球史, 神奈川商工機械科35期卒業・喜寿祝・一味会ほか編　横浜　商工高校機械科35期一味会　2016.3　1, 95p　30cm　非売品

『神奈川県立商工高等学校創立100周年記念誌』創立100周年記念事業実行委員会記念誌委員会編集　横浜　神奈川県立商工高等学校　2021.12　238p　27cm〈書誌注記：年譜あり　書誌注記：年表あり〉Ⓝ376.48

◆湘南高等学校

『湘南通信40年記念誌』神奈川県立湘南高等学校通信制編　藤沢　神奈川県立湘南高等学校通信制　1989.12　88p　26cm〈タイトルは奥付より.標題紙および表紙のタイトル：40通信制　神奈川県立湘南高等学校通信制40年誌, 年譜あり〉非売品

『湘南70周年記念誌』神奈川県立湘南高等学校編　藤沢　神奈川県立湘南高等学校　1991.6　202p　21cm

『湘南　創立80周年記念誌』湘南高校八十周年記念実行委員会, 神奈川県立湘南高等学校編　藤沢　神奈川県立湘南高等学校　2001.6　212p　21cm

『湘南高校野球部甲子園史―健児の足跡を辿る　昭和24年優勝・昭和26年・昭和29年』藤沢　湘南高校野球部OB会　2001.11　158p　31cm〈全国大会優勝50周年記念〉Ⓝ783.7

『湘南創立百周年記念誌』湘南高等学校創立100周年実行委員会記念誌委員会編集　藤沢　神奈川県立湘南高等学校　2021.10　416p　21cm〈書誌注記：年表あり〉Ⓝ376.48

◆湘南台高等学校

『落成記念誌』神奈川県立湘南台高等学校編　藤沢　神奈川県立湘南台高等学校　1986　14p（おもに図）29cm

◆城郷高等学校

『城郷のあゆみ―十年目そして明日へ』神奈川県立城郷高等学校編　横浜　神奈川県立城郷高等学校　1996.11　72p　26cm　Ⓝ376.48

◆城山高等学校

『五周年記念誌』神奈川県立城山高等学校編　城山町　神奈川県立城山高等学校　1979　31p　図　26cm

『創立二十周年記念誌』神奈川県立城山高等学校編　城山町　神奈川県立城山高等学校　1995.11　104p　27cm

◆新城高等学校

『新城十周年記念―神奈川県立新城高等学校十周年記念誌』神奈川県立新城高等学校編　川

神奈川県

崎　神奈川県立新城高等学校　1972.4　32p（おもに図版）26cm

『新城二十周年記念誌―神奈川県立新城高等学校二十周年記念誌』神奈川県立新城高等学校編　川崎　神奈川県立新城高等学校　1982.10　106p　図　25×25cm

『神奈川県立新城高等学校10年の歩み―神奈川県立新城高等学校創立40周年記念誌』神奈川県立新城高等学校創立40周年記念誌編集委員会編，神奈川県立新城高等学校　川崎　神奈川県立新城高等学校　2002.11　73p　29cm

『［神奈川県立新城高等学校］創立50周年記念誌―未来へ繋ぐ伝統と魂』神奈川県立新城高等学校校友会，創立50周年記念事業実行委員会編　川崎　神奈川県立新城高等学校　2014.11　167p　30cm

◆菅高等学校

『［神奈川県立菅高等学校］創立10周年記念誌』神奈川県立菅高等学校編　川崎　神奈川県立菅高等学校　1993.6　110p　26cm

◆逗子高等学校

『50周年記念誌』神奈川県立逗子高等学校五十周年記念誌編集委員会編　逗子　神奈川県立逗子高等学校　1972.5　243p　21cm　非売品　Ⓝ376.4

『［神奈川県立逗子高等学校］創立七十周年記念誌』神奈川県立逗子高等学校編　逗子　神奈川県立逗子高等学校　1992.10　78p　図版　26cm

『神奈川県立逗子高等学校創立八十周年記念誌』神奈川県立逗子高等学校編　逗子　神奈川県立逗子高等学校　2002.11　71p　図版　26cm

◆逗子開成高等学校

『逗子開成学園校史資料集　前篇』逗子開成学園校史編集室編　逗子　逗子開成学園　1997.10　180p　26cm〈標題紙のタイトル：校史史料集〉非売品　Ⓝ376.48

『逗子開成ものがたり―創立100周年記念誌』逗子　逗子開成学園　2003.4　109p　15cm〈書誌注記：年表あり〉Ⓝ376.48

『逗子開成百年史』百年誌編纂委員会編纂　逗子　逗子開成学園　2003.4　919p　22cm〈年表あり　文献あり〉Ⓝ376.48

◆住吉高等学校

『神奈川県立住吉高等学校創立40周年記念誌』神奈川県立住吉高等学校編　川崎　神奈川県立住吉高等学校　2019.11　17p　30cm〈欧文タイトル：Sumiyoshi high school：40th anniversary　年表あり〉

◆成美学園女子高等学校

『90年史余話』横浜　成美学園丘光会　1970.10　343p　22cm〈編集：母校創立90周年記念出版物編集委員会　はり込図1枚〉非売品　Ⓝ376.4

『成美学園百年史』横浜　成美学園　1980.10　501p　22cm　非売品　Ⓝ376.4

『目でみる成美学園の100年』横浜　成美学園　1980.10　46p　26cm　Ⓝ376.4

『成美学園とキリスト教教育―成美学園百十年誌』成美学園百十年誌編集委員会編　横浜　成美学園　1990.10　320p　21cm〈成美学園百十年史年表：p311～317〉非売品　Ⓝ376.4

『成美学園・横浜英和女学院中学高等学校スキー教室37年の歩み―1965年度～2001年度』柳下芳史編　横浜　［柳下芳史］　2002.3　56p　26cm　Ⓝ375.18

◆瀬谷高等学校

『瀬谷高校創立10周年記念誌』神奈川県立瀬谷高等学校編　横浜　神奈川県立瀬谷高等学校　1984　34p　図　25×25cm

『［神奈川県立瀬谷高等学校］30周年記念誌』神奈川県立瀬谷高等学校編　横浜　神奈川県立瀬谷高等学校　2004.7　64p　30cm

◆瀬谷西高等学校

『神奈川県瀬谷西高等学校完校記念誌―1978-2023年』神奈川県瀬谷西高等学校編集　横浜　神奈川県立瀬谷西高等学校　2023.3　64p　30cm〈書誌注記：年表あり〉Ⓝ376.48

◆捜真女学校高等部

『捜真女学校創立100周年記念事業』捜真女学校編者　横浜　捜真女学校　［1986］　1冊（頁付なし）21×26cm

『捜真―受けつがれるもの・創立百十周年記念』横浜　捜真女学校同窓会　1997.5　192p　図版10枚　21cm　Ⓝ376.48

◆相洋高等学校

『相洋中・高等学校創立四十五周年記念誌』小田原　相洋45周年記念誌編集委員会　1983.

10　111p　26cm〈背・表紙の書名：創立45周年記念誌〉Ⓝ376.4

『創立五十周年記念誌』創立五十周年記念誌編纂委員会編　小田原　明徳学園相洋中・高等学校　1988.11　367p　22cm　Ⓝ376.4

◆ソニー厚木学園高等学校

『ソニー学園の歴史―高等学校・十年の歩み』学校史編集委員会編　厚木　ソニー学園　1976　289,117p　21cm　Ⓝ376.4

『ソニー高校の教育―その自由と集団精神』藤田喜一著　一茎書房　1977.2　206p　図　20cm　1500円　Ⓝ376.4

◆高浜高等学校

『神奈川県立高浜高等学校創立五十周年記念誌』神奈川県立高浜高等学校編　平塚　神奈川県立高浜高等学校　1984.10　197p　図　22cm

◆橘女子高等学校

『自己を拓く学校―教育の中の人間探求』鈴木英二著　柏樹社　1978.9　252p　20cm　1500円　Ⓝ374.3

『橘式人間教育―未来型ひと創りをめざして』佐藤葉著　晩聲社　2003.7　232p　19cm　1600円　①4-89188-310-3　Ⓝ376.48

目次　プロローグ　農作業からはじまる創造学習、第1章　私たちはまだ名もない芽です―橘女子中学校（一文字テーマ―中学一年生、マイワールドとことん私のスタイル―中学二、三年生　ほか）、第2章　あした色の自分探し―橘女子高等学校（一本につながる多様な学習、生命をいとおしむ―若菜さん　ほか）、第3章　私の未来を開く―卒業生（経済学を学ぶ―若菜さん、戦略環境マネジメントを学ぶ―裕美さん　ほか）

内容　こんな教育法があったのか！　橘学苑の試みを知らずに子供の教育は語れない。日本の教育が、今こそ必要としているものが60年前からここにあった。

◆多摩高等学校

『創立三十周年記念誌』神奈川県立多摩高等学校編　川崎　神奈川県立多摩高等学校　1986　316p　図　22cm

『創立50周年記念誌多摩』神奈川県立多摩高等学校編　川崎　神奈川県立多摩高等学校　2005.12　219p　31cm〈奥付のタイトル：創立50周年記念誌〉

◆茅ケ崎高等学校

『[神奈川県立茅ヶ崎高等学校]創立五十周年記念誌』神奈川県立茅ヶ崎高等学校50周年記念誌編集委員会編　茅ヶ崎　神奈川県立茅ヶ崎高等学校　1998.11　160p　27cm

◆茅ケ崎西浜高等学校

『神奈川県立茅ヶ崎西浜高等学校創立40周年記念誌―繼承　未来を創るチカラ』神奈川県立茅ヶ崎西浜高等学校編　茅ヶ崎　神奈川県立茅ヶ崎西浜高等学校　2021.11　60p　30cm〈タイトルは奥付による.表紙のタイトル：神奈川県立茅ヶ崎西浜高等学校40周年記念誌〉

◆中央農業高等学校

『創立70周年記念誌』神奈川県立中央農業高等学校編　海老名　神奈川県立中央農業高等学校　1977　52p　図　25×25cm

『創立80周年記念誌』神奈川県立中央農業高等学校編　海老名　神奈川県立中央農業高等学校　1987.10　52p　25×25cm

『中央農百年史―創立百周年記念誌』神奈川県立中央農業高等学校創立百周年記念事業実行委員会記念誌委員編　海老名　[神奈川県立中央農業高等学校]創立百周年記念事業実行委員会　2006.10　358p　26cm〈年表あり〉

『神奈川県立中央農業高等学校創立110周年記念誌―命はぐくむ』神奈川県立中央農業高等学校編　海老名　神奈川県立中央農業高等学校　2017.1　59p　30cm〈年表あり〉

◆長後高等学校

『長後―創立10周年記念誌』神奈川県立長後高等学校編　藤沢　神奈川県立長後高等学校　1993.11　74p　26cm

◆津久井高等学校

『津高50年の歩み―創立50周年記念誌』神奈川県立津久井高等学校編　津久井町　神奈川県立津久井高等学校　1996　289p　27cm

◆津久井浜高等学校

『津久井浜―校舎落成記念誌』神奈川県立津久井浜高等学校編　横須賀　神奈川県立津久井浜高等学校　1979　40p　図　21cm

『津久井浜―創立30周年記念誌』神奈川県立津久井浜高等学校編　横須賀　神奈川県立津久井浜高等学校　2006.11　32p　30cm

神奈川県

◆鶴見高等学校

『鶴見高校八十年誌』横浜　神奈川県立鶴見高等学校同窓会　2021.12　126p　30cm〈書誌注記：年表あり〉Ⓝ376.48

◆鶴嶺高等学校

『［神奈川県立鶴嶺高等学校］創立二十周年記念誌』神奈川県立鶴嶺高等学校　茅ヶ崎　神奈川県立鶴嶺高等学校　1995.11　52p　26cm

◆桐蔭学園高等学校

『桐蔭学園・日本一への挑戦―「知育・体育・徳育」三位一体のこの方法』鵜川昇著　サンケイ出版　1986.4　227p　18cm（Sankei books）680円　Ⓘ4-383-02461-0　Ⓝ376.4

目次　プロローグ　桐蔭学園の能力別教育，第1章　桐蔭学園の知育，第2章　桐蔭学園の進路指導，第3章　桐蔭学園の体育，第4章　桐蔭学園の徳育，第5章　桐蔭学園の女子教育，エピローグ　いま、なぜ私学なのか

内容　創立20余年、若さあふれる新興学園ながら、短期間で、東大40人・早慶合格者総数日本一（60年）をはじめ、一流大学への大量合格、3度の甲子園出場と"文武両道"を制覇した横浜・桐蔭学園。この急成長の秘密はなにか？「知育・体育・徳育」の"三位一体"教育を実践、"真のエリート"育成を目指す同学園の奇跡の道筋を、同学園校長自らがわかりやすく紹介する。

『この受験法で奇蹟が起こる―ただ猛勉しても時間のムダ』鵜川昇著　青春出版社　1990.9　240p　18cm（青春新書S-292）770円　Ⓘ4-413-00292-X

目次　序　5年間早慶連続トップ合格の秘密桐蔭学園の受験法，1　超一流校の狙い、この極秘ポイント勉強術，2　他の大学の受験術とはここに違いがある，3　参考書、問題集狙う大学による桐蔭式必勝受験情報

内容　桐蔭学園の平成二年度合格者数は、早大340名、慶大408名で圧倒的にトップ。一方国立大学では東大102名（全国3位）、東工大42（1位）、一橋大30名（2位）、京大15名を加えると実に189名で全国1位。予備校にもほとんど通わさず、学校の授業だけでなぜこれほど多く受かるのか。本書は、桐蔭独自の合格勉強法を一般受験生に公開する画期的の書である。

『ドイツ進出にみる桐蔭学園パワーの秘密―「能力別教育」を提唱する鵜川昇の国際教育理念とは何か』鶴蒔靖夫著　IN通信社　1991.5　268p　19cm（In books）1500円　Ⓘ4-87218-035-6　Ⓝ376.4

目次　プロローグ　脚光を浴びる独特な教育視点，第1章　快挙！新生ドイツで日本の学園開校，第2章　東大合格地図を一変させた高校，第3章　桐蔭学園の素顔，第4章　「能力別教育」の徹底分析，第5章　エピソードが語る桐蔭教育，第6章　理事長・鵜川昇の世界，エピローグ　世界へ広がる桐蔭学園の展望

内容　文・武・芸の三道教育を前面に掲げた、「新・文武両道」教育を推進する桐蔭学園が今、時代のニーズにかなう真の国際化教育をめざしてドイツに進出した。21世紀型の教育で注目される桐蔭学園の国際化教育。

『鍛える、伸ばす、育てる―桐蔭学園式全員エリート教育』鵜川昇著　プレジデント社　1994.11　238p　20cm　1500円　Ⓘ4-8334-1542-9　Ⓝ376.4

目次　第1章　戦後公教育は失敗だった，第2章　理想教育の破綻，第3章　東大偏重進学校の影，第4章　少数教育の幻想，第5章　男女共学に異議あり，第6章　新・文武両道教育，第7章〈一流学生〉を生む大学、第8章　全員をエリートに育てる

内容　本書は、転換期に入った日本社会にあって、時代をリードする指導者を育てるとはどういうことか、すべての子供が来るべき二十一世紀にエリートとして翔くための教育とはどのようなものなのか。創立以来30年を迎えた桐蔭学園の考え方、様々な教育上の試みを踏まえながら、子を持つ親のこの最大の関心事に応えるためにまとめたものです。

『桐蔭　第90回全国高等学校ラグビーフットボール大会全国優勝記念誌―全国制覇。挑戦の軌跡』神奈川新聞社営業局制作　横浜　学校法人桐蔭学園　2011.2　48p　30cm

『桐蔭学園高等学校ラグビー部創部50周年記念マガジン―桐蔭ラグビーの半世紀』高校ラグビー部OB会編　桐蔭学園高等学校ラグビー部OB会　2015.3　114p　29cm〈書誌注記：年表あり〉Ⓝ783.48

『桐蔭学園ラグビー部勝利のミーティング』藤原秀之，布施努著　大和書房　2021.6　214p　19cm　1700円　Ⓘ978-4-479-39366-5　Ⓝ783.48

目次　序章　桐蔭学園流ミーティングは、どのように生まれたのか，第1章　ふつうの高校生を「最高のリーダー」にする育成法，第2章　桐蔭学園流ミーティング7つのコツ，第3章　「自分で動き、成長する選手」を育てる指導哲学，第4章　コロナ禍を乗り越え、花園二連覇へ，付録　歴代キャプテンに聞く桐蔭学園、強さの秘密

内容　名将&スポーツ心理学博士のタッグが明かす「ふつうの高校生」を「全国最強チーム」に変貌させた革命的育成メソッド！

『桐蔭学園ラグビー部式勝つための組織の作り方―個を育てチームの成長へつなげる』藤原秀之著　竹書房　2021.12　230p　19cm　1600円　Ⓘ978-4-8019-2942-5　Ⓝ783.48

目次　第1章　史上9校目の花園連覇達成！，第2章　桐蔭学園高校ラグビー部の指導者になるまで，第3章

神奈川県

花園連覇の相模台工業を下し、初の花園出場！、第4章 監督となり全国の強豪校へと成長する、第5章 花園の頂点に立てない苦しい時代に学んだこと、第6章 桐蔭学園ラグビー部について、第7章 高校ラグビー、日本ラグビー界への提言、第8章 今後の指導者としてのキャリアについて

内容 個の判断力を磨き、チームのラグビー理解力を高め2019、2020年度史上9校目の花園連覇達成！日本代表に名を連ねる数多くの名ラガーマンを輩出し続ける"東の横綱"桐蔭学園ラグビー部の強さの源とは？

◆東海大学附属相模高等学校

『東海大学附属相模高等学校十五年史』 相模原　東海大学附属相模高等学校　1978.10　528p　図版26枚　22cm　Ⓝ376.4

◆桐光学園高等学校

『学校！―高校生と考えるコロナ禍の365日』桐光学園中学校・高等学校　左右社　2021.11　222p　19cm　1700円　Ⓘ978-4-86528-047-0　Ⓝ376.48

◆富岡高等学校

『富岡―創立10周年記念　1986』神奈川県立富岡高等学校創立10周年誌編集委員会編　横浜　神奈川県立富岡高等学校10周年記念誌編集委員会　1986.11　44p　26cm

『富岡―母校の20年』神奈川県立富岡高等学校20周年記念誌編集委員会編　横浜　神奈川県立富岡高等学校20周年記念誌編集委員会　1996.9　20p　30cm

『富岡―28年間のあゆみ』横浜　神奈川県立富岡高等学校　[2007.11]　22p（おもに図版）　30cm

◆豊田高等学校

『豊田二十年史―神奈川県立豊田高等学校二十周年記念誌』神奈川県立豊田高等学校編　神奈川県立豊田高等学校　1999.10　46p　26cm

◆中沢高等学校

『[神奈川県立中沢高等学校]創立10周年記念誌』神奈川県立中沢高等学校10周年記念誌編集委員会編　横浜　神奈川県立中沢高等学校10周年記念誌編集委員会　1987.6　138p　26cm

◆日本女子大学附属高等学校

『日本女子大学附属高等学校三十年史』川崎　日本女子大学附属高等学校　1983.12　623p　22cm　Ⓝ376.4

『日本女子大学附属高等学校詳細年表―1948-2002』日本女子大学附属高等学校研究部編　日本女子大学成瀬記念館　2003.6　255, 45p　26cm（日本女子大学史資料集　第8）Ⓝ376.48

◆野庭高等学校

『ブラバンキッズ・オデッセイ―野庭高校吹奏楽部と中澤忠雄の仕事』石川高子著　リトル・ドッグ・プレス　2007.4　285p　20cm　1800円　Ⓘ978-4-901846-77-6　Ⓝ764.6

『ブラバンキッズ・ラプソディー―野庭高校吹奏楽部と中澤忠雄の挑戦』石川高子著　三五館　2009.3　237p　19cm〈四海書房1991年刊の復刊〉1400円　Ⓘ978-4-88320-459-5　Ⓝ764.6

目次 プロローグ　一〇年目のコンサート、1 このひとを、おれたちの先生に！、2 君らがやるなら、わしもやる、3 怒って泣いてたどりついた、4 音楽はハート。心で歌うもの、5 指揮者だけ見つめて奏でた五千人ホール、6 先生、立ち上がってください、7 ワンダフル！次はどこで吹くの？、8 仲間どうし、ライバルどうし、9 コンクール前日の長い夜、10 鳴り響け！『エル・カミーノ・レアル』、エピローグ　指揮棒をかざして

内容 音楽のほんとうの楽しさとすごさを知ったら、この子たちは、どんな顔で、どんな演奏をするだろう。それを見たい。それをこの子たちに教えてやりたい。―中澤の胸の奥でたぎるものがあった。ボロ負け高校吹奏楽部が一躍、"吹奏楽の甲子園"の頂点に登りつめた。なぜだ？　夢の舞台「12分間」へ一途だった涙と汗の青春ノンフィクション。普門館に伝説を生んだ"野庭サウンド"誕生の原点。

『ブラバンキッズ・オデッセイ―野庭サウンドの伝説と永遠のきずな』石川高子著　三五館　2009.5　285p　19cm　1600円　Ⓘ978-4-88320-462-5　Ⓝ764.6

目次 プロローグ―二〇〇五年のエル・カミーノ・レアル、1 音楽室の出会い、2 コンクールの夏は試練、3 迷いをくぐりぬけ、4 走れ！頂点へ向けて、5 最後まで指導者、6 響きはやまず、エピローグ―時間を超えて

◆白山高等学校

『白山―創立二十周年記念誌』神奈川県立白山高等学校編　横浜　神奈川県立白山高等学校　1995.10　108p　26cm

◆柏陽高等学校

『[神奈川県立柏陽高等学校]創立5周年記念誌』神奈川県立柏陽高等学校編　横浜　神奈川県

神奈川県

立柏陽高等学校　1971　30p（図版とも）　21cm

『柏陽―神奈川県立柏陽高等学校創立二十周年記念誌』神奈川県立柏陽高等学校著　横浜　神奈川県立柏陽高等学校　1987.5　116p　25×25cm

『柏陽―神奈川県立柏陽高等学校創立50周年記念誌』横浜　神奈川県立柏陽高等学校　2017.11　76p　30cm　Ⓝ376.48

◆秦野高等学校

『［神奈川県立秦野高等学校］創立五十周年記念誌』神奈川県立秦野高等学校編　秦野　神奈川県立秦野高等学校　1976　58p（図共）25×25cm

『秦野高等学校史』秦野　神奈川県立秦野高等学校　1986.10　245p　22cm　Ⓝ376.4

『［神奈川県立秦野高等学校］創立七十周年記念誌』神奈川県立秦野高等学校編　秦野　神奈川県立秦野高等学校　1996.10　51p　30cm

◆秦野曽屋高等学校

『［神奈川県立秦野曽屋高等学校］校舎落成・校歌制定記念誌』神奈川県立秦野曽屋高等学校編　秦野　神奈川県立秦野曽屋高等学校　1989.3　160p　22cm

『［神奈川県立秦野曽屋高等学校］十周年記念』神奈川県立秦野曽屋高等学校編　秦野　神奈川県立秦野曽屋高等学校　1996.10　66p　26cm

◆秦野南が丘高等学校

『神奈川県立秦野南が丘高等学校創立10周年記念誌』神奈川県立秦野南が丘高等学校編　秦野　神奈川県立秦野南が丘高等学校　1990.11　56p　26cm

『神奈川県立秦野南が丘高等学校創立20周年記念誌』神奈川県立秦野南が丘高等学校編　秦野　神奈川県立秦野南が丘高等学校　2001.6　56p　26cm

◆東金沢高等学校

『神奈川県立東金沢高等学校創立20周年記念誌―1979～1999』神奈川県立東金沢高等学校編　横浜　神奈川県立東金沢高等学校　1999.11　48p　26cm

『［神奈川県立東金沢高等学校］閉校記念誌―金沢総合高校への新たなる旅立ち』神奈川県立東金沢高等学校編　横浜　神奈川県立東金沢高等学校　［2003.12］　53p　30cm

◆氷取沢高等学校

『［神奈川県立氷取沢高等学校］十周年記念誌―1983～1992』神奈川県立氷取沢高等学校編　横浜　神奈川県立氷取沢高等学校　1992.11　58p　19×26cm〈奥付の書名：創立十周年記念誌〉

◆平塚学園高等学校

『創立五十周年記念誌―1942～1992』平塚　平塚学園高等学校　1992.11　397p　27cm〈年表あり〉Ⓝ376.48

◆平塚工業高等学校

『［神奈川県立平塚工業高等学校］創立50周年記念誌』神奈川県立平塚工業高等学校五十周年記念誌編集委員会編　平塚　神奈川県立平塚工業高等学校　1989.5　113p　26cm

『［神奈川県立平塚工業高等学校］創立60周年記念誌』神奈川県立平塚工業高等学校60周年記念誌編集委員会編　平塚　神奈川県立平塚工業高等学校　1999.11　33p　26cm

◆平塚江南高等学校

『神奈川県立平塚江南高等学校創立五十周年記念誌』平塚　神奈川県立平塚江南高等学校　1973.4　255p　27cm〈書名は奥付による　背等の書名：創立五十年史〉Ⓝ376.4

『創立80周年記念誌』神奈川県立平塚江南高等学校編　平塚　神奈川県立平塚江南高等学校　2001　286p　30cm

◆平塚商業高等学校

『［神奈川県立平塚商業高等学校］創立20周年記念誌』神奈川県立平塚商業高等学校編　平塚　神奈川県立平塚商業高等学校　1982　32p　26cm

『［神奈川県立平塚商業高等学校　創立40周年記念誌』神奈川県立平塚商業高等学校編　平塚　神奈川県立平塚商業高等学校　2002.10　40p　26cm

◆平塚西工業技術高等学校

『創立20周年記念誌』神奈川県立平塚西工業技術高等学校編　平塚　神奈川県立平塚西工業技術高等学校　1993.11　47p　21cm

『神奈川県立平塚西工業技術高等学校史（30周年記念）』神奈川県立平塚西工業技術高等

学校編　平塚　神奈川県立平塚西工業技術高等学校　2003.3　94p　31cm

◆平塚農業高等学校

『創立75周年記念事業記念誌』神奈川県立平塚農業高等学校編　平塚　神奈川県立平塚農業高等学校　1983.11　60p　24×26cm

『平農 県立100年の歩み 創立122年』神奈川県立平塚農業高等学校編　平塚　神奈川県立平塚農業高等学校　2009.1　288p　26cm〈年表あり〉

◆フェリス女学院高等学校

『まっすぐに美しく堅固に―フェリス女学院1号館記録写真集』フェリス女学院中学校・高等学校編　横浜　フェリス女学院　2002.3　94p　25×25cm　Ⓝ376.4137

『RCA伝道局報告書に見るフェリス』フェリス女学院150年史編纂委員会編　横浜　フェリス女学院　2015.3　222p　21cm（フェリス女学院150年史資料集 第3集）〈書誌注記：年表あり〉Ⓝ376.4137

◆藤沢高等学校

『神奈川県立藤沢高等学校七十周年記念誌』神奈川県立藤沢高等学校編　藤沢　神奈川県立藤沢高等学校　1995.10　84p　19×26cm

『神奈川県立藤沢高等学校創立八十周年史』神奈川県立藤沢高等学校編　藤沢　神奈川県立藤沢高等学校　2006.11　7, 193p　24×26cm

『藤嶺藤沢物語』藤沢　藤嶺学園藤沢中学校　2008.9　207p　18cm（藤嶺叢書 1）〈発売：かまくら春秋社（鎌倉）共同刊行：藤嶺学園藤沢高等学校　年表あり〉952円　①978-4-7740-0405-1　Ⓝ376.28

内容 「質実剛健」「勇猛精進」を掲げ21世紀の国際社会を生きる人材育成をめざす！男子中高一貫校だからこそ実現した藤嶺学園藤沢の教育―その軌跡を記した1冊。

『たくましさを育てる』藤沢　藤嶺学園藤沢中学校・高等学校　2017.3　171p　18cm（藤嶺叢書 4）〈出版者注記：かまくら春秋社（発売）〉1000円　①978-4-7740-0709-0　Ⓝ376.48

目次 第1章 学びの多様性をひらく―遊行塾という学び場（講師・山井綱雄「能楽って何？」の遊行塾、講師・吉田篤正「情報セキュリティ」の遊行塾、講師・岡有一「科学の世界に興味津々」の遊行塾）、第2章 生徒の自主性に委ねる―自らが考え動く生徒たち（自ら企画、実現した生徒発の講演会、自身のアイデアを形にし、発信する）、第3章 国際感覚を身につける―肌で感じる日本にはないもの（オーストラリアへの語学研修、北京への研修、アジア留学生インターンシップの受け入れ）、第4章 座談会「これからは『たくましさ』が求められる時代」、資料編 「遊行塾」これまで開かれた講座リスト

『道を極める』藤沢　藤嶺学園藤沢中学校・高等学校　2020.8　221p　18cm（藤嶺叢書 5）〈出版者注記：かまくら春秋社（発売）〉1000円　①978-4-7740-0814-1　Ⓝ376.48

◆藤沢工業高等学校

『創立10周年記念誌』神奈川県立藤沢工業高等学校編　藤沢　神奈川県立藤沢工業高等学校　1983　34p　26cm

『創立20周年記念誌―誕生からのあゆみ』神奈川県立藤沢工業高等学校編　藤沢　神奈川県立藤沢工業高等学校　1993.5　95p　26cm

◆藤沢商業高等学校

『藤商バレー五十五年の歩み―藤沢商業高等学校バレーボール部』藤沢商業高等学校バレーボール部OB会部史編集委員会編　藤沢　藤沢商業高等学校バレーボール部OB会　1987.9　247p　27cm　Ⓝ783.2

◆藤沢西高等学校

『藤沢西の風―創立40周年記念誌』創立40周年記念誌編集委員会編　藤沢　神奈川県立藤沢西高等学校　2015.7　60p　30cm〈年表あり〉

◆武相高等学校

『創立三十周年記念誌』横浜　武相学園　1972　112p（図共）26cm〈編集委員：橋本誠二等　書名は背表紙による〉非売品　Ⓝ376.7

◆二俣川高等学校

『神奈川県立衛生短期大学付属二俣川高等学校30周年記念誌―神奈川県立衛生短期大学付属二俣川高等学校30周年記念誌』神奈川県立衛生短期大学付属二俣川高等学校編　横浜　神奈川県立衛生短期大学付属二俣川高等学校　1994.6　45p 図　19×26cm

◆平安高等学校

『創立10周年記念誌』神奈川県立平安高等学校編　横浜　神奈川県立平安高等学校　1993.11　58p　26cm

神奈川県

◆法政大学第二高等学校

『法政二高五十年史』法政大学第二高等学校五十年史編纂委員会編　川崎　法政大学第二中・高等学校　1989.10　561p　22cm　Ⓝ376.4

『子どもの見方・授業のつくり方』渡辺賢二著　教育史料出版会　1991.6　229p　19cm　1751円　④4-87652-209-X

目次　序　子どもの見方と授業のあり方、1　子どもを主人公とする授業を求めて（学び・調べ・発表する高校生たち―15年戦争の学習を通して、"神"となった天皇―大日本帝国憲法体制の学習、史料で考える天皇〈制〉と臣民、そして皇民）、2　地域のなかでこそ子どもは育つ（地域から戦争を追体験する―"川崎と戦争"の教材化の視点、郷土の古代社会の復元を求めて―法政二高歴史研究部の活動について、地域を学ぶ意義と方法）、3　子どもの見方を鍛える（子どもたちの実態と平和教育の課題―"よりよく生き続けさせる"平和教育を求めて、〈囚われの聴衆〉と新学習指導要領〈社会科〉の問題点、真理・真実にもとづく教育は敗れず、民主的子ども観の原点としての自由民権運動、児童憲章の原流を探る―明治期社会主義運動の提起した子ども観について）

内容　本書は、20余年間の私自身の教育実践と、その過程で考えてきた教育課題についてまとめたものである。

◆保土ヶ谷高等学校

『保土ヶ谷―[神奈川県立保土ヶ谷高等学校]創立20周年記念誌』神奈川県立保土ヶ谷高等学校20周年記念誌編集委員会編　横浜　神奈川県立保土ヶ谷高等学校　1998.11　58p　図版2枚　26cm

◆舞岡高等学校

『舞岡―神奈川県立舞岡高等学校創立10周年記念誌』神奈川県立舞岡高等学校編　横浜　神奈川県立舞岡高等学校　1986.5　22p　26cm

◆三崎高等学校

『みさき――創立50周年記念誌―』神奈川県立三崎高等学校編　三浦　神奈川県立三崎高等学校　1983　204p　図　19cm

『窓灯』神奈川県立三崎高等学校定時制創立四十周年記念誌編集委員会編　三浦　神奈川県立三崎高等学校定時制　1987.10　80p　26cm〔神奈川県立三崎高等学校定時制創立四十周年記念誌〕

『みさき―創立60周年記念誌』神奈川県立三崎高等学校編　三浦　神奈川県立三崎高等学校　1993　1冊（ページ付なし）26cm

『[神奈川県立三崎高等学校定時制]創立50周年記念誌』神奈川県立三崎高等学校定時制編　三浦　神奈川県立三崎高等学校定時制　[1997]　53p　26cm〈年表あり〉

『神奈川県立三崎高等学校定時制閉課程記念誌「引橋の灯」』神奈川県立三崎高等学校定時制編　三浦　神奈川県立三崎高等学校定時制　2002.3　60p　30cm

『創立七十周年記念誌』神奈川県立三崎高等学校編　三浦　神奈川県立三崎高等学校　2003.6　53p　30cm〈神奈川県立三崎高等学校創立七十周年記念誌〉

◆三崎水産高等学校

『創立30周年記念誌』神奈川県立三崎水産高等学校編　横須賀　神奈川県立三崎水産高等学校　1970　154　21cm

◆聖園女学院高等学校

『聖園女学院史料集』南山アーカイブズ編　名古屋　南山アーカイブズ　2019.3　208p　21cm（南山学園史料集 14）Ⓝ376.4

◆向の岡工業高等学校

『創立20周年記念誌』神奈川県立向の岡工業高等学校編　川崎　神奈川県立向の岡工業高等学校　1982　95p　図　21cm

『神奈川県立向の岡工業高等学校40周年記念誌』神奈川県立向の岡工業高等学校編　川崎　神奈川県立向の岡工業高等学校　2002.1　64p　30cm

◆元石川高等学校

『創立十周年記念誌』神奈川県立元石川高等学校編　横浜　神奈川県立元石川高等学校　1993.11　104p　26cm

◆森村学園高等部

『森村学園の100年』横浜　森村学園　2010.9　179, 27p　30cm〈年表あり〉Ⓝ376.48

◆山北高等学校

『創立30周年・校舎落成記念誌』神奈川県立山北高等学校編　山北町　神奈川県立山北高等学校　1972　19p　図　26cm

『創立五十周年記念誌』神奈川県立山北高等学校編　山北町　神奈川県立山北高等学校　1992　212p　22cm

神奈川県

◆大和高等学校

『あゆみ―10周年記念誌』神奈川県立大和高等学校編　大和　神奈川県立大和高等学校　1973　28p（図版とも）25×27cm

◆大和西高等学校

『[神奈川県立大和西高等学校]創立10周年記念誌』神奈川県立大和西高等学校, 神奈川県立大和西高等学校PTA広報委員会編　大和　神奈川県立大和西高等学校　1996.11　140p　26cm

◆湯河原高等学校

『[湯河原高等学校]落成記念』湯河原町（神奈川県）神奈川県立湯河原高等学校　1983.6　19×26cm〈奥付のタイトル：校舎落成記念誌, 年表あり〉

『湯河原―完校記念誌』神奈川県立湯河原高等学校編　湯河原町（神奈川県）神奈川県立湯河原高等学校　2008.3　58p　30cm〈年表あり〉

◆百合丘高等学校

『百合丘―創立10周年記念誌』神奈川県立百合丘高等学校編　川崎　神奈川県立百合丘高等学校　1984　71p　図　26cm

◆横須賀高等学校

『創立70周年記念誌』神奈川県立横須賀高等学校編　横須賀　神奈川県立横須賀高等学校　1978　68p　図　25×25cm

『神奈川県立横須賀中学校・高等学校八十年史』神奈川県立横須賀高等学校編　横須賀　神奈川県立横須賀高等学校　1989　460p　21cm〈創立80年記念〉

『百年の風―創立百周年記念誌 神奈川県立横須賀中学校・高等学校 学校編』神奈川県立横須賀高等学校創立百周年記念誌編集委員会編　横須賀　神奈川県立横須賀高等学校　2010.3　456p　図版［10］枚　27cm〈年表あり〉Ⓝ376.48

『百年の風―創立百周年記念誌：神奈川県立横須賀中学校・高等学校 朋友編・明友編』神奈川県立横須賀高等学校創立百周年記念誌編集委員会編　横須賀　神奈川県立横須賀高等学校　2010.3　591p　図版［13］枚　27cm　Ⓝ376.48

◆横須賀大津高等学校

『七十年のあゆみ』横須賀　神奈川県立横須賀大津高等学校　1976.10　1冊（頁付なし）21×22cm　Ⓝ376.4

『創立八十周年記念誌―神奈川県立横須賀大津高等学校創立八十周年記念誌』神奈川県立横須賀大津高等学校編　横須賀　神奈川県立横須賀大津高等学校　1986.9　97p　図　27cm

『創立九十周年記念誌―神奈川県立横須賀高等女学校神奈川県立横須賀大津高等学校創立九十周年記念誌』神奈川県立横須賀大津高等学校編　横須賀　神奈川県立横須賀大津高等学校　1996.10　57p　27cm

『百年の記憶と歩み―神奈川県立横須賀大津高等学校創立百周年記念誌』横須賀　神奈川県立横須賀大津高等学校百周年記念事業実行委員会　2008.3　327p　31cm〈書誌注記：年表あり〉Ⓝ376.48

『神奈川県立横須賀大津高等学校110年史―十年の歩み 百周年以降』神奈川県立横須賀大津高等学校創立110周年記念誌編集委員会編　横須賀　神奈川県立横須賀大津高等学校創立110周年記念誌編集委員会　2016.11　55p　31cm〈タイトルは奥付および表紙による. 標題紙のタイトル：神奈川県立横須賀大津高等学校百十年史　年表あり〉

◆横須賀工業高等学校

『神奈川県立横須賀工業高等学校創立30周年記念誌』神奈川県立横須賀工業高等学校内記念誌編集委員会編　横須賀　神奈川県立横須賀工業高等学校　1971.10　84p　26cm

『神奈川県立横須賀工業高等学校創立40周年記念誌』神奈川県立横須賀工業高等学校内記念誌編集委員会編　横須賀　神奈川県立横須賀工業高等学校　1981.10　38p　26cm

『神奈川県立横須賀工業高等学校 創立五十周年記念誌』神奈川県立横須賀工業高等学校編　横須賀　神奈川県立横須賀工業高等学校　1991.10　160p　26cm

『[神奈川県立横須賀工業高等学校]創立60周年記念誌』神奈川県立横須賀工業高等学校編　横須賀　神奈川県立横須賀工業高等学校　2001.11　26p　26cm

◆横浜高等学校

『ドキュメント横浜vs.PL学園』アサヒグラフ特別取材班著　朝日新聞社　2000.8　236p　15cm（朝日文庫）476円　Ⓘ4-02-261307-6

神奈川県

Ⓝ783.7

|目次| 第1章 PL三塁コーチ・平石の横浜攪乱作戦（1・2回）、第2章 データ野球の大黒柱横浜参謀・小倉部長（3・4・5・6回）、第3章 PL学園の予期せぬ大波乱（7・8・9回）、第4章 延長戦に突入、怪物は目覚める（10回）、第5章 横浜・松坂の止まらぬ勢い（11・12・13・14・15回）、第6章 両チームに連鎖する災いと幸い（16回表）、第7章 PL・二度目の執念同点劇（16回裏）、第8章 ついに、決着（17回）

|内容| 1998年夏の甲子園大会準々決勝。横浜高校の"怪物"松坂大輔に、大阪の名門PL学園はいかに立ち向かったか。延長17回の大熱戦に秘められた数々のドラマや、選手・監督らの心の揺れを、綿密な取材に基づいてスリリングに再現する、3時間37分の記録。

『いつも滑り込みセーフ』第2版 渡辺元智著 横浜 神奈川新聞社 2006.7 333p 19cm （わが人生 3）1400円 ①4-87645-382-9
Ⓝ783.7

『横浜高校野球部―白球の軌跡』ベースボール・マガジン社 2015.5 175p 19cm（高校野球名門校シリーズハンディ版 1）〈2012年刊の再編集〉1300円 ①978-4-583-10851-3
Ⓝ783.7

|目次| 1 YOKOHAMA栄光の歴史―全国最激戦区神奈川の"超名門"に君臨（スーパーヒーロー伝説 甲子園を席巻した"平成の怪物"松坂大輔、SPECIAL INTERVIEW プロの礎を築いた濃密の3年間 成瀬善久 ほか）、2 甲子園優勝物語―実力を全国に示した「5度の衝撃」（1973春・センバツ、1980夏・選手権 ほか）、3 横浜高校野球部アラ・カルト（横浜高校夢の歴代ベストナイン、人物クローズアップ「兄弟愛」の真払 特別対談 鈴木尚典×鈴木章仁 ほか）、4 横浜高校DATA FILE（春夏甲子園出場全試合スコア&メンバー成績表、「春夏秋」神奈川県大会年度別優勝校一覧 ほか）

|内容| 激戦区・神奈川の常勝軍団松坂大輔らを擁した「YOKOHAMA」の栄光。

『参謀の甲子園―横浜高校常勝の「虎ノ巻」』小倉清一郎著 講談社 2017.5 237p 15cm （講談社+α文庫 G305-1）〈2015年刊の加筆・修正〉690円 ①978-4-06-281719-6 Ⓝ783.7

|目次| 第1章 甲子園優勝と「小倉メモ」、第2章 横浜高校野球部、第3章 こうして「参謀」となった、第4章 エースのつくり方、第5章 あらゆる局面を想定せよ "虎ノ巻 守備編"、第6章 野球は考えるスポーツである "虎ノ巻 攻撃編"

|内容| 高校野球指導歴41年。ウラも表も知り尽くした「野球博士」小倉清一郎氏は対戦相手の特徴と弱点を見抜く天才的な眼力の持ち主だった。「野球は考えるスポーツ」と断言し、選手の能力を最大限に伸ばす指導で横浜高校を全国屈指の名門に育て上げた。甲子園で勝つだけでなく、プロ野球で活躍する選手も多数輩出。「小倉メモ」抜きに、日本野球は語れない。

『甲子園、連れていきます！―横浜高校野球部食堂物語』渡辺元美著 徳間書店 2018.6 188p 19cm 1300円 ①978-4-19-864640-0
Ⓝ783.7

|目次| 第1章 母の背中・父の足跡（うれしいはずの優勝も実はプレッシャーに!?、毎食100枚の食器を洗い、一日40合の米を研ぐ日々 ほか）、第2章 「食」は選手との大切なコミュニケーション（専門学校で学べたことが、合宿所でしか学べなかったこと、脱走に次ぐ脱走で気付かされたものとは!? ほか）、第3章 寮母として大切なこと（先輩キャプテン自ら後輩のために大改革、部員たちの成長を見ること、それが何よりもの幸せ ほか）、第4章 別れのとき、旅立ちのとき（選手たちの反応と母親たちの声、喜びを感じるとき、寮母と実母孫と監督の狭間 ほか）、横浜高校野球部合宿所 お昼の人気メニュー

|内容| グラウンドで活躍する選手もいれば縁の下の部員もいる。陰で支え続けた寮母にしか見えてこない球児たちの素顔。本書は野球ばかりではなくすべてのスポーツに打ち込む子どもとその家族を元気づけるビタミン栄養剤だ！

『YOKOHAMA再建の誓い―名門野球部復活に燃える元公立高校監督』村田浩明著 ベースボール・マガジン社 2021.6 159p 19cm 1600円 ①978-4-583-11379-1 Ⓝ783.7

|目次| 第1章 母校監督の要請から就任まで、第2章 渡辺元智監督、第3章 指導者を志すきっかけ、第4章 公立校・白山高校監督での経験値、第5章 目指すべき「教育」と「勝利」、第6章 「全国制覇」への道―小倉清一郎コーチの教え

|内容| 強いYOKOHAMAを、再び―公立高校から母校に転じ、「名門再建」の重責を託された村田浩明氏。迷いや不安は微塵もない。胸中にあるのは、覚悟と熱意だけ。御大・渡辺元智監督が築いた歴史と伝統を直に受け継ぐ若き指揮官の、思いの丈がほとばしる。

『1998年横浜高校―松坂大輔という旋風』楊順行著 ベースボール・マガジン社 2021.8 255p 19cm（再検証夏の甲子園激闘の記憶）〈書誌注記：文献あり〉1600円 ①978-4-583-11406-4 Ⓝ783.7

|目次| 第1章 公式戦無敗の始まり 1997年8月～1998年4月、第2章 最後の夏へ 1998年5月～7月、第3章 対柳ヶ浦/鹿児島実/星稜、第4章 対PL学園その1、第5章 対PL学園その2、第6章 対明徳義塾/京都成章、第7章 公式戦44連勝成就、そして…

|内容| センバツを制した横浜高校は、夏の大会でも快進撃を演じる。主役は「怪物」と呼ばれた松坂大輔。熱投に次ぐ熱投のうえ、決勝戦でノーヒットノーランを達成した雄姿は、今も野球ファンの脳裏に焼き付いている。あれから20余年―改めて、1998年の横浜高校が辿った軌跡を振り返る。

神奈川県

◆横浜英和女学院高等学校

『横浜英和女学院中学高等学校体育・スポーツの変遷』柳下芳史編　横浜　〔柳下芳史〕2002.3　52p　26cm　Ⓝ375.494

◆横浜学園高等学校

『ゆかりの白梅―横浜学園創立100年史』横浜　横浜学園　2000.10　184p　30cm〈田沼太右衛門翁生誕150年〉非売品　Ⓝ376.48

◆横浜共立学園高等学校

『わたしは校長五十年』神保勝世著　金子書房　1986.9　206p　19cm〈著者の肖像あり〉1800円　Ⓝ376.4

目次　序章　大戦前、困難のただなかに―戦時中、再建への歩み―終戦、学園の新しい出発―戦後、キリスト教学校教育への志向―横浜共立学園の教育姿勢、思い出をたどりつつ―黒船の後に、激動期に処して―教育行政の側面から、幻の論文よふたたび

内容　現職50年の現役校長が語るあの時、あの頃。ゆれ動く今日の教育を考えるたしかな指針をここに。

『横浜共立学園120年の歩み』「横浜共立学園120年の歩み」編集委員会編　横浜　横浜共立学園　1991.11　398p　20cm　Ⓝ376.4

『横浜共立学園の120年―1871-1991』『横浜共立学園の120年』編集委員会編　横浜　横浜共立学園　1991.11　127p　30cm　Ⓝ376.4

『横浜共立学園資料集』「横浜共立学園資料集」編集委員会編　横浜　横浜共立学園　2004.3　1206p　23cm　Ⓝ376.48

『横浜共立学園の140年―1871-2011』「横浜共立学園の140年」編集委員会編　横浜　横浜共立学園　2011.11　87p　30cm〈書誌注記：年表あり〉Ⓝ376.4

◆横浜商科大学高等学校

『学園と共に四十年』松本武雄著　横浜　商科大学高等学校　1981.5　277p　20cm〈書誌注記：松本武雄・横浜商科大学高等学校年譜：p271〜276　著者の肖像あり〉非売品　Ⓝ376.4

『輝いた夏！ 第一健児―平成5年・横浜商科大学高等学校野球部写真集 第75回高校野球選手権大会出場記念』横浜商科大学高等学校編　横浜　横浜商科大学高等学校　1993.10　71p　30cm〈制作・取材：神奈川新聞社〉

◆横浜商工高等学校

『一秒一生 ゼロからの日本―横浜商工高等学校・渡辺靖弘の挑戦』スポーツイベント編集部特別取材班著　スポーツイベント, グローバル教育出版〔発売〕　2005.7　238p　19cm〈第3刷(2001年第1刷)〉2381円　①4-901524-99-2

目次　プロローグ オレは幸せもの, 第1章 山の子・靖弘少年―少年時代, 第2章 生涯の恩師に出会う―一日川高校時代, 第3章 激動の大学生活―日本体育大学で, 第4章 新米教師・新米監督―横浜商工高校教諭に, 第5章 念願の全国大会出場―そして日本一に, 第6章 真の日本一をめざして―再びいばらの道を, 第7章 高校「三冠」達成―挑戦はいまも続く, エピローグ 理想の指導者像を求めて

◆横浜市立南高等学校

『創立60周年記念誌―横浜市立南高等学校：南』横浜　横浜市立南高等学校創立60周年記念事業実行委員会　2014.9　56p　26cm〈書誌注記：年表あり〉Ⓝ376.48

◆横浜市立横浜工業高等学校

『名教自然と共に―横浜市立横浜工業高等学校創立80周年記念誌』横浜市立横浜工業高等学校創立80周年記念誌編集委員会編　横浜　横浜市立横浜工業高等学校創立80周年実行委員会　2002.10　305p　31cm〈年表あり〉Ⓝ376.48

◆横浜市立横浜サイエンスフロンティア高等学校

『子どもが幸せになる学校―横浜サイエンスフロンティア高校の挑戦』菅聖子著　ウェッジ　2010.12　194p　18cm　857円　①978-4-86310-077-0　Ⓝ376.4137

目次　第1章 サイエンスに特化した高校をつくろう―YSFHの誕生, 第2章 サイエンスはすべての考え方の基本―YSFHの教育理念, 第3章「なぜ？」を育むサイエンスリテラシー―YSFHの授業, 第4章 社会が学校を育てる―YSFHの応援団, 第5章 サイエンスを学ぶのは私たち―YSFHの生徒たち, 座談会 自分の居場所がある学校―保護者に聞く

内容　いま、日本で最も注目を集める「理数科専門」公立高校、その全貌。

◆横浜市立横浜商業高等学校

『Y校九十周年記念誌』Y校九十周年記念誌編集委員会編　横浜　横浜市立横浜商業高等学校　1972.10　334p　22cm〈Y校沿革比較年表：p13〜28〉Ⓝ376.4

『Y校百年史』横浜　Y校百年史編集委員会　1982.10　22, 1248p　27cm　非売品　Ⓝ376.4

『Y校百年史　その2』横浜　Y校百年誌編集委員会　1983.5　352p　27cm　非売品　Ⓝ376.4

『青いドームのある校舎―南信一郎写真集』南信一郎著　横浜　ミナミ写真場　1988.9　64p　26×26cm〈会期・会場：昭和63年9月4日〜10日　つうりすとギャラリー〉3000円　Ⓝ376.4

『Y校百十年』Y校百十年誌編集委員会編　横浜　横浜市立横浜商業高等学校　1992.10　263p　21cm　非売品　Ⓝ376.4

◆横浜翠嵐高等学校

『翠嵐―創立60周年記念』横浜　神奈川県立横浜翠嵐高等学校　1975.6　53p　25cm　Ⓝ376.4

『創立80周年記念翠嵐―[神奈川県立横浜翠嵐高等学校創立80周年記念誌]』神奈川県立横浜翠嵐高等学校編　横浜　神奈川県立横浜翠嵐高等学校　1994.10　166p　26cm

『横浜翠嵐高校野球部80年の軌跡―神奈川県立横浜翠嵐高等学校創立100周年記念』横浜翠嵐高校野球部OB会編　横浜　[横浜翠嵐高校野球部OB会]，[神奈川県立横浜翠嵐高等学校]　2014.6　259p　26cm

『美なりや翠嵐―神奈川県立第二横浜中学校・横浜第二中学校・横浜第二高等学校・横浜翠嵐高等学校創立100周年記念誌』神奈川県立横浜翠嵐高等学校創立100周年記念事業実行委員会記念誌発行小委員会編著　横浜　神奈川県立横浜翠嵐高等学校　2014.11　746p　27cm　Ⓝ376.48

『美なりや翠嵐―神奈川県立横浜翠嵐高等学校サッカー部100周年記念誌』本村隆，藤巻久志，内藤力，小野塚章編集責任　横濱翠嵐高校サッカー部OB会　2018.11　127p　30cm〈書誌注記：年表あり〉Ⓝ783.47

◆横浜清風高等学校

『横浜清風学園創立百周年記念誌―100th go to the next stage with us』横浜　横浜清風学園　2023.11　39p　30cm

◆横浜立野高等学校

『立野―神奈川県立横浜立野高等学校創立50周年記念誌』神奈川県立横浜立野高等学校編　横浜　神奈川県立横浜立野高等学校　1986.10　213p図　27cm〈背文字は「創立50周年記念誌」〉非売品

『立野―創立60周年記念誌』神奈川県立横浜立野高等学校編　横浜　神奈川県立横浜立野高等学校　1996.11　228p　26cm

◆横浜南陵高等学校

『神奈川県立横浜南陵高等学校創立20周年記念誌―2012-2022』神奈川県立横浜南陵高等学校編　横浜　神奈川県立横浜南陵高等学校　2022.9　38p　30cm〈年表あり〉

◆横浜日野高等学校

『10周年記念誌』神奈川県立横浜日野高等学校編　横浜　神奈川県立横浜日野高等学校　1974　34p（図版とも）25×25cm

『[神奈川県立横浜日野高等学校]創立三十周年記念誌』神奈川県立横浜日野高等学校編　横浜　神奈川県立横浜日野高等学校　1994.11　73p　26cm

◆横浜平沼高等学校

『70周年記念誌』横浜　神奈川県立横浜平沼高等学校　1971.11　160p　22cm〈『花橘』別冊〉Ⓝ376.4

『創立九十周年・新校舎落成記念誌』神奈川県立横浜平沼高等学校創立九十周年・校舎落成記念行事実行委員会記念誌編集部編　横浜　神奈川県立横浜平沼高等学校創立九十周年・校舎落成記念行事実行委員会　1992.11　230p　21cm　Ⓝ376.4

『神奈川県立横浜平沼高等学校柔道部創部五十周年記念誌』神奈川県立横浜平沼高等学校柔道部創部五十周年記念式典実行委員会編　横浜　五十周年記念式典実行委員会　2000.7　32p　26cm

『創立百周年記念誌―花多知者那　卒業生一世紀の証言　同窓会編』真澄会編　横浜　県立横浜平沼高校内「真澄」室　2000.10　472p　22cm〈奥付のタイトル：百周年記念誌〉Ⓝ376.48

『創立百周年記念誌―学校百年のあゆみ　学校編』神奈川県立横浜平沼高等学校創立百周年記念行事校内実行委員会編集部編　横浜　神奈川県立横浜平沼高等学校創立百周年記念行事校内実行委員会　2000.10　326p　22cm　Ⓝ376.48

『神奈川県立横浜平沼高等学校創立百周年記念事業実施記録集―平成12年』横浜　神奈川県立横浜平沼高等学校同窓会　2002.5　168p　21cm　Ⓝ376.48

『神奈川県立横浜平沼高等学校創立110周年記念誌—ひらぬま』神奈川県立横浜平沼高等学校創立110周年記念事業プロジェクト編　横浜　神奈川県立横浜平沼高等学校創立110周年記念事業プロジェクト　2012.3　149p　26cm〈書誌注記：年表あり　発行所：神奈川県立横浜平沼高等学校〉Ⓝ376.48

◆横浜緑ケ丘高等学校

『横浜三中・三高・緑高六十年史—大正12年から昭和58年』横浜　神奈川県立横浜緑ケ丘高等学校　1983.11　559p　22cm　Ⓝ376.4

『横浜三中・三高・緑高70年の歩み—大正12年から平成5年』創立70周年記念誌編集委員会編　横浜　創立70周年記念事業実行委員会　1993.10　280p　21×30cm〈発行所：神奈川県立横浜緑ケ丘高等学校　共同刊行：神奈川県立横浜第三中学校, 神奈川県立横浜第三高等学校〉Ⓝ376.4

『神奈川県立横浜第三中学校　神奈川県立横浜第三高等学校　神奈川県立横浜緑ケ丘高等学校創立100周年　野球部記念誌』神奈川県立横浜緑ケ丘高等学校野球部OBOG会編　横浜　神奈川県立横浜緑ケ丘高等学校野球部OBOG会　2023.9　297p　26cm

◆横浜山手女学院

『学校日誌にみる学院と生徒たち—1924-1946』フェリス女学院150年史編纂委員会編　横浜　フェリス女学院　2018.3　485, 10p　21cm（フェリス女学院150年史資料集　第5集）〈書誌注記：年表あり〉Ⓝ376.48

◆吉田島農林高等学校

『吉農百年の歩み—創立百周年記念誌』神奈川県立吉田島農林高等学校編　開成町（神奈川県）　神奈川県立吉田島農林高等学校百周年実行委員会　2008.12　368p　27cm〈奥付のタイトル：神奈川県立吉田島農林高等学校創立100周年記念誌〉

新潟県

◆相川高等学校

『相川高等学校五十年史』相川高等学校五十年校史編集委員会編　新潟県立相川高等学校同窓会　1973　236p　22cm

『創立九十周年記念誌』新潟県立相川高等学校創立九十周年記念事業実行委員会編　佐渡　新潟県立相川高等学校創立九十周年記念事業実行委員会　2014.2　72p　30cm〈書誌注記：年表あり　奥付のタイトル：相川高等学校創立九十周年記念誌〉Ⓝ376.48

『黄金花咲く地に育つ—新潟県立相川高等学校閉校記念誌』新潟県立相川高等学校閉校記念事業実行委員会編　佐渡　新潟県立相川高等学校閉校記念事業実行委員会　2016.1　78p　27cm〈書誌注記：年表あり〉Ⓝ376.48

◆阿賀野高等学校

『青き稜線—創立十周年記念誌』新潟県立阿賀野高等学校創立十周年記念事業実行委員会編　新潟県立阿賀野高等学校創立十周年記念事業実行委員会　2014.10　32p　30cm

◆阿賀黎明高等学校

『阿賀黎明中学校創立十周年・阿賀黎明高等学校創立百十周年記念誌』新潟県立阿賀黎明中学校・高等学校創立百十周年記念行事実行委員会編　新潟県立阿賀黎明中学校・高等学校創立百十周年記念行事実行委員会　2012　52p　30cm

◆新井高等学校

『創立60周年記念誌』新潟県立新井高等学校編　新潟県立新井高等学校　1972　145, 76p　21cm

『百年の礎あらたな一歩へ—創立百周年記念誌』新潟県立新井高等学校創立百周年記念事業実行委員会記念誌部会編　新潟県立新井高等学校創立百周年記念事業実行委員会　2011.12　394p　31cm

◆荒川高等学校

『創立二十周年記念誌』新潟県立荒川高等学校創立二十周年記念誌編集委員会編　新潟県立荒川高等学校創立二十周年記念事業実行委員会　2003　86p　26cm

◆糸魚川高等学校

『亀陵—創立70周年記念』新潟県立糸魚川高等学校70周年記念誌編集委員会編　新潟県立糸魚川高等学校70周年記念誌編集委員会　1977　286p（図版共）　21cm

『一輪—創設30周年記念』新潟県立糸魚川高等学校「定時制創設三十周年記念誌」編集委員

新潟県

会編　新潟県立糸魚川高等学校　1979　108p
21cm

『亀陵―創立80周年記念』新潟県立糸魚川高等学校「八十周年記念誌」編集委員会編　糸魚川高等学校　1986　323p　26cm

『糸魚川高等学校百年史』新潟県立糸魚川高等学校記念誌編集委員会編　新潟県立糸魚川高等学校創立百周年記念事業実行委員会　2008.8　829p　31cm

◆糸魚川白嶺高等学校

『創立50周年記念誌』新潟県立糸魚川白嶺高等学校編　新潟県立糸魚川白嶺高等学校　2011　191p　31cm

◆小千谷高等学校

『舟陵八十年の歩み』新潟県立小千谷高等学校創立八十周年記念誌編集委員会編　新潟県立小千谷高等学校創立八十周年記念事業実行委員会　1983　143p　26cm

『信濃川静かに流れよ』新潟県立小千谷高等学校創立90周年記念誌委員会編　新潟県立小千谷高等学校創立90周年記念事業実行委員会　1992　41p　30cm

『つきせぬ思い若き日の―定時制閉課程記念誌』新潟県立小千谷高等学校定時制「夜光」感謝記念事業実行委員会編　新潟県立小千谷高等学校定時制「夜光」感謝記念事業実行委員会　2001　127p　31cm

『小千谷高等学校百年史―信濃川静かに流れよ』新潟県立小千谷高等学校編　小千谷　小千谷高等学校創立百周年記念事業実行委員会　2003.12　959p　27cm〈年表あり〉非売品　Ⓝ376.48

◆小千谷高等学校片貝分校

『貝陵―閉校記念誌』県立小千谷高等学校定時制片貝分校同窓会,閉校記念誌編集委員会編　県立小千谷高等学校定時制片貝分校同窓会　1974.3　93p　31cm

◆小千谷西高等学校

『あすなろ―創立40周年記念誌』新潟県立小千谷西高等学校創立40周年記念誌刊行部,新潟県立小千谷西高等学校創立40周年記念誌刊行部編　新潟県立小千谷西高等学校創立40周年記念事業実行委員会　2003　15p　30cm

『あすなろ―創立50周年記念誌』新潟県立小千谷西高等学校創立五十周年記念誌刊行部編　新潟県立小千谷西高等学校創立五十周年記念事業実行委員会　2014.2　97p　30cm

◆柿崎高等学校

『五十九年の歩み―閉校記念誌』新潟県立柿崎高等学校閉校記念事業実行委員会編　新潟県立柿崎高等学校閉校記念事業実行委員会　2008.1　129,64p　26cm

◆柏崎高等学校

『回顧七十年』新潟県立柏崎高等学校編　新潟県立柏崎高等学校創立七十周年記念事業実行委員会　1970　172,97p　27cm

『回顧八十年―創立八十周年記念誌』新潟県立柏崎高等学校創立八十周年記念事業実行委員会編　新潟県立柏崎高等学校創立八十周年記念事業実行委員会　1980　264p　26cm

『柏葉―閉課程記念誌』新潟県立柏崎高等学校定時制編　新潟県立柏崎高等学校定時制　［2000］　159p　27cm

『回顧百年―創立百周年記念誌』新潟県立柏崎高等学校創立百周年記念誌刊行委員会編　新潟県立柏崎高等学校創立百周年記念事業実行委員会　2001　711p　27cm

『勇気闘志全力疾走―第75回記念選抜高等学校野球大会出場記録』柏崎　柏崎高校野球部を甲子園に送る会　2003.7　72p　31cm　非売品　Ⓝ783.7

『回顧百二十年―創立百二十周年記念誌』柏崎高等学校創立百二十周年記念誌刊行委員会編　柏崎高等学校創立百二十周年記念事業実行委員会　2021.3　118p　26cm

◆柏崎高等学校小国分校

『軌跡―小国分校閉校記念誌』新潟県立柏崎高等学校小国分校閉校記念事業実行委員会編　新潟県立柏崎高等学校小国分校閉校記念事業実行委員会　2007.10　93p　30cm

◆柏崎高等実践女学校

『創立百周年誌』柏崎高等実践女学校編　柏崎高等実践女学校創立百周年記念事業実行委員会　1987　32p　23×28cm

◆柏崎総合高等学校

『明日を拓く―新潟県立柏崎総合高等学校創立10周年記念誌』柏崎　新潟県立柏崎総合高等学校　2013.2　63p　30cm　Ⓝ376.48

新潟県

◆柏崎総合高等学校高柳分校

『閉校記念誌』記念誌編集委員編　新潟県立柏崎総合高等学校高柳分室前新潟県立柏崎農業高等学校高柳分校閉校記念事業実行委員会　2003　135p　30cm

◆柏崎常盤高等学校

『みち―新潟県立柏崎常盤高等学校専攻科記念誌』新潟県立柏崎常盤高等学校、新潟県立柏崎常盤高等学校同窓会編　新潟県立柏崎常盤高等学校　1985　120p　26cm

『ときわ―創立100周年記念誌』新潟県立柏崎常盤高等学校100周年記念誌編集委員編　［新潟県立柏崎常盤高等学校］　2003.10　178p　30cm

『創立100周年記念式典被服科閉課記念式典事業報告書』新潟県立柏崎常盤高等学校創立100周年記念事業実行委員会編　新潟県立柏崎常盤高等学校創立100周年記念事業実行委員会　2004.3　59p　30cm

『ときわ―写真でふりかえる百周年からの10年間』新潟県立柏崎常盤高等学校創立110周年記念事業実行委員会編　［新潟県立柏崎常盤高等学校］創立110周年記念事業実行委員会　2013.11　30p　30cm

◆柏崎農業高等学校

『創立九十周年記念誌』新潟県立柏崎農業高等学校創立九十周年記念事業実行委員会記念誌部編　新潟県立柏崎農業高等学校創立九十周年記念事業実行委員会　2001　82p　27cm

◆柏崎農業高等学校黒姫分校

『開校三十周年記念誌』新潟県立柏崎農業高等学校黒姫分校開校三十周年記念事業実行委員会編　新潟県立柏崎農業高等学校黒姫分校開校三十周年記念事業実行委員会　1977　93p（図版共）26cm

◆柏崎農業高等学校高柳分校

『創立50周年記念誌』新潟県立柏崎農業高等学校高柳分校創立50周年記念誌編集委員編　新潟県立柏崎農業高等学校高柳分校　1998　91p　30cm

◆加茂高等学校

『蒼生―新潟県立加茂高等学校創立60周年記念誌』創立60周年記念事業実行委員会記念誌刊行委員会編　新潟県立加茂高等学校　1983.10　69p　26cm

『蒼生（ひとくさ）―新潟県立加茂高等学校創立90周年記念誌』加茂　新潟県立加茂高等学校創立90周年記念事業実行委員会　2013.10　199p　30cm〈書誌注記：年表あり　編集責任者：廣野富士夫〉Ⓝ376.48

『蒼生―創立100周年記念誌』新潟県立加茂高等学校創立100周年記念事業実行委員会編、廣野富士夫編集責任　新潟県立加茂高等学校創立100周年記念事業実行委員会　2023.10　193p　31cm　Ⓝ376.4

◆加茂農林高等学校

『青海七十年―創立七十年記念誌』新潟県立加茂農林高等学校創立70周年記念事業実行委員会編　新潟県立加茂農林高等学校創立70周年記念事業実行委員会　1973　102p　26cm

『加茂農林とその伝統』原沢久夫著　川口書店　1977　298p　22cm

『青海八十年―写真集』新潟県立加茂農林高等学校創立八十周年記念事業実行委員会編　新潟県立加茂農林高等学校創立八十周年記念事業実行委員会　1983　168p（図版共）31cm

『青雲の志―定時制閉課程記念誌』新潟県立加茂農林高等学校定時制閉課程記念事業実行委員会編　新潟県立加茂農林高等学校定時制閉課程記念事業実行委員会　1985　184p（図版共）25cm

『養心―農林人物誌』新潟県立加茂農林高等学校創立90周年記念事業実行委員会編　新潟県立加茂農林高等学校創立90周年記念事業実行委員会　1993　112p　31cm

『加茂農林二世紀への出発』新潟県立加茂農林高等学校創立百十周年記念事業実行委員会編　新潟県立加茂農林高等学校創立百十周年記念事業実行委員会　2013　125p　30cm

◆加茂農林高等学校広瀬分校

『尚浩健児之砦―閉校記念誌』新潟県立加茂農林高等学校広瀬分校閉校記念事業実行委員会編　新潟県立加茂農林高等学校広瀬分校閉校記念事業実行委員会　1980　106p（図版共）21×21cm

◆川西高等学校

『緑江―閉校記念誌』新潟県立川西高等学校閉校記念事業実行委員会編　新潟県立川西高等学校閉校記念事業実行委員会　2018.1　102p　30cm〈書誌注記：年表あり〉Ⓝ376.48

新潟県

◆黒埼高等学校

『創立二十周年記念誌』新潟県立黒埼高等学校創立二十周年記念誌編集委員会編　創立二十周年記念事業実行委員会　1995　92p　26cm

◆敬和学園高等学校

『日本人の教育―これでよいのか』太田俊雄著　岸和田　聖燈社　1974　159p　18cm　400円　Ⓝ376.4

『敬和学園その歩み―創立10周年記念』新潟　敬和学園高等学校　1977.11　134p　26cm　〈編集：土岐元春, 本井康博〉Ⓝ376.4

『敬和学園その歩み―創立20周年記念』新潟　敬和学園高等学校　1987.11　302p　26cm　〈編集：堀川勝愛ほか〉Ⓝ376.4

『敬話学園その歩み―創立30周年記念』敬和学園高等学校編　敬和学園高等学校　1998　295p　26cm

『傷ついた葦を折ることなく―自分探しの学校・生徒編　2』敬和学園高等学校出版部編　新潟　敬和学園高等学校　2004.8　63p　21cm（敬和の教育ブックレット no.9）500円　Ⓝ376.48

『敬和学園その歩み―Keiwa Gakuen High School 1968-2007：創立40周年記念誌』新潟　敬和学園高等学校　2007.11　234p　26cm〈書誌注記：年表あり〉Ⓝ376.4

『敬和学園その歩み―法人・高校創立50周年/大学創立25周年記念誌』新潟　敬和学園　2017.9　277p　30cm〈書誌注記：年表あり〉Ⓝ376.48

◆小出高等学校

『明日―TOMORROW』新潟県立小出高等学校編　新潟県立小出高等学校　1998　138p　30cm

『魚沼三山清流とともに―新潟県立小出高等学校定時制閉課程記念誌』新潟県立小出高等学校定時制閉課程記念事業実行委員会編　新潟県立小出高等学校定時制閉課程記念事業実行委員会　2006.10　93p　26cm

◆興農館高等学校

『創立10周年記念誌』新潟県農業教育センター, 新潟県立興農館高等学校創立十周年記念事業実行委員会編　新潟県農業教育センター　1974　97p（図版共）26cm

◆国際情報高等学校

『創立5周年記念誌―学ぶ青春意気高く』新潟県立国際情報高等学校創立5周年記念実行委員会編　新潟県立国際情報高等学校創立5周年記念実行委員会　1997　380, 228p　26cm

『創立20周年記念誌―学ぶ青春意気高く　平成23年度』新潟県立国際情報高等学校創立20周年記念誌編集委員会編　新潟県立国際情報高等学校　2011　122p　30cm

◆五泉高等学校

『生命の愛育―五泉高等学校農業科閉科記念誌』新潟県立五泉高等学校農業科閉科記念事業を推進する会編　新潟県立五泉高等学校農業科閉科記念事業を推進する会　1984　225p　21cm

『創立70周年記念誌』新潟県立五泉高等学校70周年記念誌編集委員編　新潟県立五泉高等学校創立70周年実行委員会　1992　141p　26cm

『大鵬の雛われら―新潟県立五泉高等学校創立八十周年記念誌』八十周年記念誌編集委員会編　五泉　新潟県立五泉高等学校創立八十周年実行委員会　2003.2　101p　31cm〈年表あり〉Ⓝ376.48

◆佐渡高等学校

『佐渡高等学校八十年史』佐渡高等学校八十年史刊行委員会編　佐和田町（新潟県）　佐渡高等学校八十年史刊行委員会　1977.2　895p　図　22cm　Ⓝ376.4

『同窓のおとずれ―創立80周年版』新潟県立佐渡高等学校同窓会編　佐和田町（新潟県）　新潟県立佐渡高等学校同窓会　1977.9　679p　図10枚　26cm〈沿革：p.4～5〉Ⓝ376.4

『佐渡高等学校百年史』佐渡高等学校百年史編集委員会編　佐和田町（新潟県）　佐渡高等学校同窓会　1999.6　989p　27cm　非売品　Ⓝ376.48

◆佐渡女子高等学校

『青春の森　第3巻　佐渡女子高校編』毎日新聞新潟支局編　毎日新聞新潟支局　1980　173p　21cm

『新潟県立佐渡女子高等学校九十年の歩み』新潟県立佐渡女子高等学校創立九十周年誌編集委員会編　金井町（新潟県）　新潟県立佐渡女子高等学校創立九十周年記念事業実行委員会　2004.3　442p　27cm〈標題紙のタイトル：

新潟県

紫苑　背のタイトル：九十年の歩み　年表あり〉　Ⓝ376.48

◆佐渡総合高等学校

『師友百年の歩み―新潟県立佐渡総合高等学校』佐渡　新潟県立佐渡総合高等学校同窓会創立百周年記念事業実行委員会　2011.3　645p　27cm〈年表あり〉　Ⓝ376.48

◆佐渡農業高等学校

『佐農七十年史』新潟県立佐渡農業高等学校七十周年記念編纂委員会編　新潟県立佐渡農業高等学校七十周年記念編纂委員会　1982　268p　22cm

◆三条高等学校

『三条中学・三条高校バスケットボール部部史総集編』新潟県立三条高等学校バスケットボール部編　新潟県立三条高等学校バスケットボール部　［1971］　155p　26cm

『想痕―創立百周年記念誌』新潟県立三条高等学校創立百周年記念誌編集委員会編　新潟県立三条高等学校同窓会　2003　384p　31cm

『闘志―新潟県立三条高等学校剣道部創部50周年記念誌』三条高等学校剣道部OB会事務局編　三条　［三条高等学校剣道部OB会事務局］　2011.1　29p　30cm〈奥付のタイトル：三条高等学校剣道部五十周年記念誌〉　Ⓝ789.5

『働学の地ここにあり―新潟県立三条高等学校定時制閉課程記念誌』新潟県立三条高等学校定時制閉課程記念誌部会編　三条　新潟県立三条高等学校同窓会　2011.3　135p　30cm〈年表あり〉非売品　Ⓝ376.48

『一期一映―三条高校映画部60年史』三条高校映画部OB・OG会編　三条高校映画部OB・OG会　2012.8　1冊　26cm

『想痕―創立110周年記念誌』新潟県立三条高等学校創立110周年記念誌編集委員会編　三条　新潟県立三条高等学校同窓会　2013.3　87p　30cm　Ⓝ376.48

◆三条工業高等学校

『三条商工学校創立60周年・三条工業高校創立10周年記念誌』新潟県立三条工業高等学校編　新潟県立三条工業高等学校記念事業実行委員会　1974　79p　26cm

『鼓動四十年―閉課程記念誌』新潟県立三条工業高等学校定時制閉課程特別記念事業実行委員会記念誌委員会編　新潟県立三条工業高等学校定時制閉課程特別記念事業実行委員会　1988　232p　26cm

『三条工業高等学校創立八十周年記念誌』新潟県立三条工業高等学校創立80周年記念誌委員会編　新潟県立三条工業高等学校　1993　230p　26cm

『光る山川新しき風そして三十五年―化学工学科記念誌』玉木直人ほか編　新潟県立三条工業高等学校　1998　80p　26cm

◆三条商業高等学校

『三商六十年誌』新潟県立三条商業高等学校記念誌編集委員会編　新潟県立三条商業高等学校記念誌編集委員会　1970　74p（図版共）30cm

『三商八十年―創立80周年記念』新潟県立三条商業高等学校記念誌編集委員会編　新潟県立三条商業高等学校　1991　92p　31cm

『学思百年―創立百周年記念誌』新潟県立三条商業高等学校創立百周年記念誌委員会編　新潟県立三条商業高等学校創立百周年記念事業実行委員会　2010.10　131p　31cm

◆三条東高等学校

『新潟県立三条東高等学校創立八十周年記念誌』新潟県立三条東高等学校　1992　260p　26cm

『創立八十周年記念誌』新潟県立三条東高等学校創立八十周年記念事業実行委員会編　新潟県立三条東高等学校創立八十周年記念事業実行委員会　1992　260p　26cm

『創立90周年記念誌』新潟県立三条東高等学校創立90周年記念誌編集委員会編　創立90周年記念事業実行委員会　2001　103p　30cm

『大空高く百年―新潟県立三条東高等学校創立百周年記念誌』三条　新潟県立三条東高等学校創立百周年記念事業実行委員会　2010.12　747p　31cm〈年表あり〉　Ⓝ376.48

『大空高く百年―資料編補遺』本山高平著　本山高平　2011.7　150p　30cm

『県立三条東高大空高く百年―補遺編2-4』新訂版　本山高平著　本山高平　2019.9　9p　30cm

◆塩沢商工高等学校

『創立20周年記念誌』新潟県立塩沢商工高等学校創立二十周年記念誌編集委員会編　新潟県立塩沢商工高等学校創立二十周年記念事業実

新潟県

行委員会　1983　123p　26cm

『創立30周年記念誌』新潟県立塩沢商工高等学校創立三十周年記念事業実行委員会編　新潟県立塩沢商工高等学校創立三十周年記念事業実行委員会　［1993］　218p　26cm

『新潟県立塩沢商工高等学校　創立50周年記念誌』創立50周年記念事業実行委員会編　創立50周年記念事業実行委員会　2014.3　224p　31cm

◆新発田高等学校

『創立八十周年記念誌』記念事業実行委員会事業係編　新潟県立新発田高等学校　1977　214p　21cm

『創立九十周年記念誌』新潟県立新発田高等学校記念事業実行委員会出版係編　新潟県立新発田高等学校　1987　185p　21cm

『新発田高等学校百年史』新潟県立新発田高等学校編　新発田高等学校創立百周年記念事業実行委員会　1996　928p　26cm

『新潟県立新発田中学・高校野球部創部100周年記念野球部史―明治32年～平成11年』新潟県立新発田高等学校野球部創部百周年記念事業実行委員会　1999　169p　30cm

◆新発田農業高等学校

『飯豊の雄姿―第80回全国高等学校野球選手権大会出場記念』新発田　新潟県立新発田農業高等学校　1998.12　95p　27cm　Ⓝ783.7

『飯豊に誓う―雪国の農業高校夢の甲子園物語』安田辰昭著　恒文社　1999.7　221p　19cm　1600円　④4-7704-1003-4　Ⓝ783.7

　┃目次┃第1章 春の予感、選抜に託す夢（明るい話、ふるさと新発田、戦後の県高校野球をリードする ほか）、第2章 高校野球の指導者へ（ニチエーに行く、甲子園に連続出場を果たす、転機 ほか）、第3章 熱戦譜のはじまり（成功した平成十年のチームづくり、秋季県大会をふり返る、見えてきた課題 ほか）、第4章 飯豊に誓う（甲子園の忘れもの、飯豊に誓う、これが新発田農業野球だ ほか）
　┃内容┃飯豊山塊を仰ぎ、気高き教えを受け、ひたすら追いもとめてきた甲子園。高校球児に熱いエールを送り続ける著者が描く、青春ドキュメンタリー。

『百年のあしあと―新発田農業高校創立100周年記念誌』新潟県立新発田農業高等学校創立100周年記念事業実行委員会編　新潟県立新発田農業高等学校創立100周年記念事業実行委員会　2011　451p　26cm

◆新発田農業高等学校木崎分校

『学舎の跡―閉校記念誌』新潟県立新発田農業高等学校木崎分校編　新潟県立新発田農業高等学校木崎分校　1987　151p　26cm

◆上越高等学校

『鳳翔―創立110周年記念誌：学校法人古川学園上越高等学校』［修正版］　古川学園上越高等学校創立百十周年記念実行委員会編　上越古川学園上越高等学校創立百十周年記念実行委員会　2015.3　424p　27cm〈書誌注記：年表あり〉Ⓝ376.48

◆正徳館高等学校

『いまここで―新潟県立正徳館高等学校創立十周年記念誌』新潟県立正徳館高等学校創立十周年記念事業実行委員会編　新潟県立正徳館高等学校創立十周年記念事業実行委員会　2015.3　67p　30cm

◆白根高等学校

『創立十周年記念』新潟県立白根高等学校編集委員会編　新潟県立白根高等学校　1972　154p　22cm

『聖変若水』新潟県立白根高等学校創立五十周年記念誌編集委員会編　新潟県立白根高等学校　2013　135p　30cm

『学校通信―創立五十周年記念』新潟県立白根高等学校創立五十周年記念誌編集委員会編　新潟県立白根高等学校　2013.2　124p　26cm

◆水原高等学校

『六十年のあゆみ』新潟県立水原高等学校60周年実行委員会沿革史部編　新潟県立水原高等学校60周年実行委員会沿革史部　1971　86p　21cm

『七十年のあゆみ』70周年記念実行委員会沿革史部編　新潟県立水原高等学校　1981　45p（図版共）21cm

『農業科閉科記念写真集』新潟県立水原高等学校農業科閉科記念写真集編集委員会編　新潟県立水原高等学校創立80周年記念実行委員会　1991　61p（図版共）31cm

『新潟県立水原高等学校創立90周年記念誌』新潟県立水原高等学校創立九十周年記念事業実行委員会編　新潟県立水原高等学校創立九十周年記念事業実行委員会　2001　91p（図版共）30cm

『軌跡―水原高等学校閉校記念誌』新潟県立水原高等学校閉校記念事業実行委員会編　新潟県立水原高等学校閉校記念事業実行委員会　2006　87p（図版共）30cm

◆関根学園高等学校

『関根学園百年史―学校法人関根学園関根学園高等学校創立百周年記念誌』関根学園関根学園高等学校創立百周年記念誌編　関根学園関根学園高等学校　2010.5　411p　27cm

◆高田高等学校

『高田高校百周年記念誌』新潟県立高田高等学校百周年実行委員会編　新潟県立高田高等学校百周年実行委員会　1973　154p（図版共）22cm

『高田高等学校百年史』高田高等学校百年史刊行委員会編　高田高等学校百年史刊行委員会　1973　1248p　22cm

『ひかり―二十八年の歩み』新潟県立高田高等学校通信制編　高田高校通信制閉課程実行委員会　1976　32,10p　26cm

『岳樺―高田高校有志登山の記録』上越　新潟県立高田高等学校「岳樺」編集委員会　1985.3　30p　26cm

『創立百二十周年記念誌』新潟県立高田高等学校創立百二十周年記念事業実行委員会編　新潟県立高田高等学校創立百二十周年記念事業実行委員会　1994　215p　21cm

『創立百三十周年記念誌』新潟県立高田高等学校百三十周年記念事業実行委員会編　新潟県立高田高等学校百三十周年記念事業実行委員会　2004　151p　21cm

『スキー部史―シュプール燦然と　新潟県立高田中学校・高田高等学校』高田中学校・高田高等学校スキー部OB会編　上越　高田中学・高田高校スキー部OB会　2005.6　251p　21cm　Ⓝ784.3

『創立百四十周年記念誌』新潟県立高田高等学校百四十周年記念事業実行委員会編　上越　新潟県立高田高等学校百四十周年記念事業実行委員会　2014.10　165p　21cm〈書誌注記：年表あり　奥付のタイトル：高田高校百四十周年記念誌〉Ⓝ376.48

◆高田北城高等学校

『創立九十周年記念誌』新潟県立高田北城高等学校創立九十周年記念誌編集委員会編　新潟県立高田北城高等学校　1991　172p　26cm

『北城の百年―創立百周年記念誌』新潟県立高田北城高等学校創立百周年記念誌編集委員会編　上越　新潟県立高田北城高等学校創立百周年記念事業実行委員会　2001.7　520p　27cm　Ⓝ376.48

『新潟県立高田北城高等学校創立百二十周年記念誌』新潟県立高田北城高等学校創立百二十周年記念事業実行委員会編　新潟県立高田北城高等学校創立百二十周年記念事業実行委員会　2021.3　59p　30cm

◆高田工業高等学校

『創立70周年記念誌』新潟県立高田工業高等学校編　新潟県立高田工業高等学校　1986.3　227p　27cm

『熱闘高工健児―感動ありがとう』甲子園出場記念誌編集委員会編　新潟県立高田工業高等学校野球部甲子園出場後援会　1991　87p　31cm

◆高田商業高等学校

『鮫城健児百年史―新潟県立高田商業高等学校』新潟県立高田商業高等学校創立百周年記念事業実行委員会編　新潟県立高田商業高等学校創立百周年記念事業実行委員会　2017.2　91p　30cm

◆高田農業高等学校

『創立七十周年定時制二十周年記念誌』新潟県立高田農業高等学校編　新潟県立高田農業高等学校　1970　141p（図版共）22cm

『創立八十周年記念誌』新潟県立高田農業高等学校創立80周年記念誌編集委員会編　新潟県立高田農業高等学校　1981　205p　21cm

『農本』新潟県立高田農業高等学校卒業生会沿革史編纂委員会編　上越　新潟県立高田農業高等学校　1990.12　373p　22cm　3000円　Ⓝ376.4

『勧農―新潟県立高田農業高等学校創立100周年記念誌』新潟県立高田農業高等学校創立100周年記念誌編集委員会編　新潟県立高田農業高等学校　1999　691p　27cm

◆高田農業高等学校高士分校

『二十六年のあゆみ―新潟県立高田農業高等学校高士分校閉校記念誌』新潟県立高田農業高等学校高士分校閉校記念誌編集委員会編　新潟県立高田農業高等学校高士分校閉校記念誌編集委員会　1974　62,22p　26cm

新潟県

◆高田南城高等学校

『二十年のあゆみ―創立二十周年記念誌』新潟県立高田南城高等学校創立二十周年記念事業実行委員会　新潟県立高田南城高等学校創立二十周年記念事業実行委員会　1989.3　82p　26cm

『三十年のあゆみ―創立30周年記念記念誌』新潟県立高田南城高等学校創立三十周年記念行事実行委員会編　新潟県立高田南城高等学校創立三十周年記念行事実行委員会　1998.11　82p　26cm

『創立四十周年記念誌』新潟県立高田南城高等学校創立四十周年記念行事実行委員会編　新潟県立高田南城高等学校創立四十周年記念行事実行委員会　2008.11　58p　26cm

『高田南城高等高等学校「創立五十周年記念誌」』新潟県立高田南城高等学校創立五十周年記念事業実行委員会編　新潟県立高田南城高等学校創立五十周年記念事業実行委員会　2019.3　95p　30cm

◆中越高等学校

『中越高等学校八十周年誌』中越高等学校八十周年誌編集委員会編　中越高等学校八十周年・統合移転校舎竣工記念式典実行委員会　1984　198p（図版共）　26cm

『雪深し―中越高校・鈴木春祥監督30年の軌跡』安田辰昭著　ベースボール・マガジン社　1995.3　167p　19cm　1500円　①4-583-03191-2　Ⓝ783.7

　目次　第1章 甲子園に流れた校歌、第2章 鈴木監督の指導と中越野球、第3章 勝利と敗北のはざまに、第4章 戦いの記録

　内容　一九九四年、真夏一。甲子園の空に流れた校歌に涙する監督。苦闘と努力の30年。挑戦6回目にして初勝利を手にする。その長い道のり。

『雪ふかし―中越高等学校野球部史』中越高等学校野球部史編集委員会編　中越高等学校野球部史編集委員会　2004　238p　31cm

◆津川高等学校

『創立70周年記念誌』新潟県立津川高等学校編　新潟県立津川高等学校創立七十周年記念事業実行委員会　1973　175p　26cm

『創立八十周年記念誌』新潟県立津川高等学校創立八十周年記念事業実行委員会編　新潟県立津川高等学校創立八十周年記念事業実行委員会　1983　128p　26cm

『美しき年輪―被服科のあゆみ』新潟県立津川高等学校被服科閉科記念事業実行委員会編　新潟県立津川高等学校　1989　121p　26cm

『創立90周年記念誌』新潟県立津川高等学校創立九十周年記念誌実行委員会編　新潟県立津川高等学校創立九十周年記念誌実行委員会　1993　65p　26cm

『新潟県立津川高等学校創立百周年記念誌』津川町（新潟県）　新潟県立津川高等学校創立百周年記念事業実行委員会　2003.1　304p　26cm〈標題紙等のタイトル：創立百周年記念誌　年表あり〉Ⓝ376.48

◆津南高等学校

『七星四十年の歩み―新潟県立津南高等学校創立四十周年記念誌』新潟県立津南高等学校創立四十周年記念事業実行委員会記念誌編集部会編　津南町（新潟県）　新潟県立津南高等学校創立四十周年記念事業実行委員会　1989.2　326p　26cm　Ⓝ376.4

『七星 半世紀の輝き―新潟県立津南高等学校創立五十周年記念誌』新潟県立津南高等学校創立五十周年記念事業記念誌部会編　新潟県立津南高等学校創立五十周年記念事業実行委員会　1999　177p　31cm

『白銀を蹴って スキー部50年のあしあと―新潟県立津南高等学校スキー部記録集』池田正巳, 池田亨編　池田正巳　2006.3　178p　27cm

『七星―津南高校ほこりあれ』新潟県立津南高等学校閉校記念事業実行委員会編　新潟県立津南高等学校閉校記念事業実行委員会　2008　104p　30cm

◆燕高等学校

『創立十周年記念誌』新潟県立燕高等学校創立十周年記念誌係編　新潟県立燕高等学校創立十周年記念事業実行委員会　1987　144p　26cm

『緑碧―創立二十周年記念誌』新潟県立燕高等学校創立二十周年記念記念誌係編　新潟県立燕高等学校創立二十周年記念事業実行委員会　1997　106p　26cm

『飛燕―新潟県立燕高等学校閉校記念誌』新潟県立燕高等学校閉校記念事業実行委員会編　新潟県立燕高等学校閉校記念事業実行委員会　2010.2　70p　30cm

◆燕工業高等学校

『十ヶ年のあゆみ』新潟県立燕工業高等学校編　新潟県立燕工業高等学校　1971.5　1冊　16

×22cm

『高仰―創立30周年記念誌』30周年記念事業実行委員会記念誌部会編　新潟県立燕工業高校　1992.3　188p　26cm

『玄鳥―働学の歴史』新潟県立燕工業高等学校定時制閉課程記念事業実行委員会編　新潟県立燕工業高等学校定時制閉課程記念事業実行委員会　1998.11　137p　26cm

◆帝京長岡高等学校

『ボールを大事に心美しく勝つ帝京長岡スタイル』谷口哲朗著　竹書房　2021.12　255p　19cm　1600円　①978-4-8019-2933-3　Ⓝ783.47

[目次]1「伝統のパスサッカー」の紀元前、2 谷口流×西田流で生まれた帝京長岡スタイル、3 新スタイルの申し子、小塚と全国8強へ、4 5カ年計画で再出発、5 全国4強の谷内田世代は黄金世代にあらず、6 Jリーガー OBとの思い出、7 選手が育つ環境の作り方、8 アスレティック・ビルバオのように、9 ボールを大事に　西田勝彦・長岡JYFC代表帝京長岡高校サッカー部ヘッドコーチ、10 帝京長岡の伝統継承　古沢徹・帝京長岡高校サッカー部監督

◆寺泊高等学校

『有朋―寺泊高校閉校記念誌』新潟県立寺泊高等学校閉校記念事業記念誌編集委員会編　新潟県立寺泊高等学校閉校記念事業実行委員会　2006　156p　30cm

◆東京学館新潟高等学校

『創立十周年記念誌』鎌形学園東京学館新潟高等学校創立十周年記念事業実行委員会編　鎌形学園東京学館新潟高等学校創立十周年記念事業実行委員会　1994　144,55p　26cm

『創立20周年記念誌』鎌形学園東京学館新潟高等学校編　鎌形学園東京学館新潟高等学校　2002.10　177p　26cm

◆十日町高等学校

『南陵六十年史』新潟県立十日町高等学校創立60周年記念事業実行委員会記念誌発行部会編　十日町　新潟県立十日町高等学校　1985.10　214p　26cm　Ⓝ376.4

『情熱は白魔を越えて―新潟県立十日町高等学校野球部』新潟県立十日町高等学校野球部編　新潟県立十日町高等学校野球部　1987　92p　26cm

『心友―第83回全国高等学校野球選手権新潟県立十日町高等学校2001年夏甲子園大会初出場の記録』十高野球部を甲子園に送る会　2002　96p　31cm

『南陵―創立80周年記念誌』新潟県立十日町高等学校創立80周年記念事業実行委員会記念誌発行委員会編　新潟県立十日町高等学校創立80周年記念事業実行委員会記念誌発行委員会　2005.10　133p　30cm

『美名実が丘―創立90周年記念誌』新潟県立十日町高等学校創立90周年記念事業実行委員会記念誌発行委員会編　十日町　新潟県立十日町高等学校創立90周年記念事業実行委員会記念誌発行委員会　2016.2　93p　30cm〈書誌注記：年表あり〉Ⓝ376.48

◆十日町高等学校田沢分校

『灯―[新潟県立十日町高等学校]田沢分校閉校記念誌』新潟県立十日町高等学校田沢分校同窓会編　[新潟県立十日町高等学校]田沢分校同窓会　1981.3　166p　26cm

◆十日町総合高等学校

『大樹―実業高校から総合高校へ　創立40周年記念誌』創立四十周年記念事業記念誌係編　創立四十周年記念事業実行委員会　2001　55p　30cm

『大樹―創立50周年記念誌』新潟県立十日町総合高等学校創立五十周年記念誌編集委員編　新潟県立十日町総合高等学校創立五十周年記念事業実行委員会　2011.11　53p　30cm

◆栃尾高等学校

『創立六十周年記念誌』新潟県立栃尾高等学校創立六〇周年記念誌編集委員会編　新潟県立栃尾高等学校創立六〇周年記念誌編集委員会　1973　277p　22cm

『橡峯百年―新潟県立栃尾高等学校創立百周年記念誌』新潟県立栃尾高等学校創立百周年記念事業実行委員会記念誌編集委員会編　新潟県立栃尾高等学校創立百周年記念事業実行委員会　2008　167p　30cm

◆豊栄高等学校

『創立十周年記念誌』創立十周年記念誌編集委員会編　新潟県立豊栄高等学校　1976　78p　21cm

『創立20周年記念豊栄高校』新潟県立豊栄高等学校創立20周年記念誌編集委員会編　新潟県立豊栄高等学校　1986　90p　26cm

新潟県

◆直江津高等学校

『新潟県立直江津高等学校創立八十周年記念誌』創立八十周年記念誌編集委員会・生徒会編　上越　新潟県立直江津高等学校創立八十周年記念実行委員会・生徒会　1992.3　225p　21cm〈標題紙等の書名：創立80周年記念誌　付：アカシヤ第43号〉Ⓝ376.4

『新潟県立直江津高等学校創立100周年記念誌』新潟県立直江津高等学校創立100周年記念事業会記念誌部会編　新潟県立直江津高等学校創立100周年記念事業実行委員会　2012　486p　27cm

◆直江津工業高等学校

『明日への雄飛―閉校記念誌』新潟県立直江津工業高等学校閉校記念事業実行委員会編　新潟県立直江津工業高等学校閉校記念事業実行委員会　2004　107p　30cm

◆長岡高等学校

『長岡高等学校百年史』長岡　新潟県立長岡高等学校創立百周年記念事業実行委員会　1971　1冊（おもに図）　21×30cm　Ⓝ376.84

『青春の森　第4巻　長岡高校編』毎日新聞新潟支局編　毎日新聞新潟支局　1980　278p（図版共）21cm

『私の高校野球15年史―長岡高校野球部第2期黄金時代の記録』二宮良夫著　長岡　〔二宮良夫〕　1992.7　107p　22cm　Ⓝ783.7

『柏の杜―長岡高等学校の記念資料』土田隆夫著　長岡　新潟県立長岡高等学校同窓会　1996.5　70p　22cm　非売品　Ⓝ376.48

『長岡中学校・長岡高等学校野球100年史』新潟県立長岡高等学校野球部後援会編　新潟県立長岡高等学校　1999　81p　31cm

『長岡學校沿革略誌―翻刻　新潟県立長岡高等学校記念資料室所蔵』土田隆夫校訂　長岡　新潟県立長岡高等学校同窓会　2001.11　123p　31cm〈複製を含む〉非売品　Ⓝ376.48

『長岡高等学校剣道部創設六十周年記念誌』長岡高校剣友会記念誌編集委員編　長岡　長岡高校剣友会　2012.8　124p　21cm　非売品　Ⓝ789.3

『（旧制）長岡中学校・長岡高等学校野球部創部二〇周年記念誌―全国選手権大会第100回記念大会の年に』新潟県立長岡高等学校野球部後援会編　新潟県立長岡高等学校野球部後援会事務局　2018.11　86p　30cm

『長岡高等学校百五十年史』長岡高等学校百五十年史編集委員会編集　長岡　長岡高等学校創立百五十周年記念事業実行委員会　2021.10　455p　30cm〈書誌注記：年表あり〉非売品　Ⓝ376.48

◆長岡高等学校関原分校

『蛍雪の跡―閉校記念誌』新潟県立長岡高等学校関原分校閉校記念事業実行委員会編　新潟県立長岡高等学校関原分校閉校記念事業実行委員会　1986.3　137p　26cm

◆長岡大手高等学校

『80年のあゆみ―新潟県立長岡大手高等学校創立八十周年記念誌』新潟県立長岡大手高等学校創立八十周年記念誌編集委員会編　新潟県立長岡大手高等学校創立八十周年記念事業実行委員会　1982　252p　26cm

『ありがとう そして さようなら―新潟県立長岡大手高等学校保育科・付属幼稚園閉科閉園記念誌』新潟県立長岡大手高等学校保育科・付属幼稚園閉科閉園行事実行委員会編　新潟県立長岡大手高等学校保育科・付属幼稚園閉科閉園行事実行委員会　2000　84p　26cm

『ああこの学園の人々よ歌え』創立百周年記念誌編集委員編　長岡　新潟県立長岡大手高等学校創立百周年記念事業実行委員会　2003.3　192, 42p　30cm〈新潟県立長岡大手高等学校創立百周年記念誌 第1部〉Ⓝ376.48

『この学びの故郷は尊し―わが母校百年の沿革史』創立百周年記念誌編集委員編　長岡　新潟県立長岡大手高等学校創立百周年記念事業実行委員会　2003.3　84p　30cm〈新潟県立長岡大手高等学校創立百周年記念誌 第2部〉Ⓝ376.48

『揺籃―新潟県立長岡大手高等学校被服科閉科記念誌』新潟県立長岡大手高等学校被服科閉科実行委員会編　新潟県立長岡大手高等学校被服科閉科実行委員会　2010　70p　26cm

『長岡大手高等学校創立110周年記念誌』長岡大手高等学校創立110周年記念事業実行委員会編　長岡大手高等学校創立110周年記念事業実行委員会　2012　35p　30cm

『済美百二十年―新潟県立長岡大手高等学校創立百二十周年記念誌』創立百二十周年記念誌編集委員編集　長岡　新潟県立長岡大手高等学校創立百二十周年記念事業実行委員会　2023.2　74p　30cm〈書誌注記：年表あり〉Ⓝ376.48

新潟県

◆長岡工業高等学校

『越の広野八十年―創立80周年記念誌』新潟県立長岡工業高等学校校舎工創立八十周年記念事業実行委員会記念誌編集室編　新潟県立長岡工業高等学校校舎竣工創立八十周年記念事業実行委員会　1983　299p　27cm

『越の広野九十年―この十年の軌跡』新潟県立長岡工業高等学校校九十周年記念実行委員会編　新潟県立長岡工業高等学校創立九十周年記念実行委員会　1992　147p　26cm

『信江―五十年の軌跡』新潟県立長岡工業高等学校定時制課程編　新潟県立長岡工業高等学校定時制課程　1999　162p　26cm

『越の廣野百年―創立百周年記念誌』新潟県立長岡工業高等学校創立百周年記念誌編集委員会編　長岡　新潟県立長岡工業高等学校創立百周年記念事業実行委員会　2002.11　217,175p　27cm　Ⓝ376.48

◆長岡向陵高等学校

『向陵―創立記念誌』新潟県立長岡向陵高等学校創立記念誌編集委員会編　新潟県立長岡向陵高等学校　1984　106p　26cm

『長岡向陵高校創立30周年記念誌』長岡　新潟県立長岡向陵高等学校同窓会　2013.3　60p　30cm〈タイトルは背による〉Ⓝ376.48

『創立40周年記念誌―やっぱり好きんが向陵』新潟県立長岡向陵高等学校同窓会編　新潟県立長岡向陵高等学校同窓会　2023.2　43p　30cm　Ⓝ376.4

◆長岡商業高等学校

『青春の森　第1巻』毎日新聞新潟支局編　毎日新聞新潟支局　1975.11　457p　22cm

『長商―創立七十周年記念』創立七十周年記念誌係編　新潟県立長岡商業高等学校　1980.10　1冊（主に図版）26cm

『長商―創立九十周年記念誌』新潟県立長岡商業高等学校創立九十周年記念事業実行委員会編　新潟県立長岡商業高等学校創立九十周年記念事業実行委員会　2001　124p　31cm

『長商―創立百周年記念誌』新潟県立長岡商業高等学校創立百周年記念事業実行委員会編　長岡　新潟県立長岡商業高等学校創立百周年記念事業実行委員会　2011.3　217p　31cm〈年表あり〉Ⓝ376.28

◆長岡西高等学校

『礎―創立20周年記念誌』新潟県立長岡西高校礎二十周年記念特別号編集委員会編　［新潟県立長岡西高等学校］　1987　85p　21cm

◆長岡農業高等学校

『創立六十五年記念誌』新潟県立長岡農業高等学校編　新潟県立長岡農業高等学校　1974　58p　26cm

『新潟県立長岡農業高等学校創立百周年記念誌』新潟県立長岡農業高等学校百周年事業実行委員会編　新潟県立長岡農業高等学校百周年事業実行委員会　2008　158p　31cm

◆中条高等学校

『創立百周年記念誌―新潟県立中条高等学校創立百周年記念誌』新潟県立中条高等学校創立百周年記念誌編集委員会編　新潟県立中条高等学校創立百周年記念事業実行委員会　2010.10　158p　30cm

◆中条高等学校加治川分校

『働学のあしあと―閉校記念誌』新潟県立中条高等学校加治川分校閉校記念事業実行委員会編　新潟県立中条高等学校加治川分校閉校記念事業実行委員会　1987　171p　26cm

◆中条工業高等学校

『創立三周年記念誌』新潟県立中条工業高等学校編　新潟県立中条工業高等学校　1971　72p　21cm

『二川―閉校記念誌』新潟県立中条工業高等学校閉校記念誌編集委員会編　［新潟県立中条工業高等学校］閉校記念事業実行委員会　2008.1　203p　30cm

◆新潟高等学校

『創立八十周年記念誌』新潟県立新潟高等学校編　80周年記念実行委員会　1972　79p　26cm

『青春の森―創立九十周年記念　新潟高等学校編』毎日新聞新潟支局編　毎日新聞新潟支局　1982.6　176p　18cm

『白球を追って―新潟高等学校野球部小史』船橋　新潟高等学校野球部小史刊行会　1986.6　329p　19cm　非売品

『燦乱万朶―新潟高等学校柔道部回想録』新潟高等学校柔道部壮志会編　新潟高等学校柔道部　1987　382p　19cm

新潟県

『青山百年史』新潟県立新潟高等学校編　新潟　新潟高等学校創立百周年記念実行委員会　1992.10　943p　27cm　非売品　Ⓝ376.4

『青山夢像館』佐々木城編　青山六十回生MUZO会　1993　933p　22cm

『新潟高等学校剣道部ありき』新潟高等学校剣道部高志会編　新潟高等学校高志会　1995.1　256p　22cm　非売品　Ⓝ789.3

『青山百二十年史』新潟県立新潟高等学校編　新潟　新潟高等学校創立百二十周年記念事業実行委員会　2013.3　2冊　27cm　非売品　Ⓝ376.48

◆新潟北高等学校

『創立十周年記念誌』新潟県立新潟北高等学校創立十周年記念誌編集係編　新潟県立新潟北高等学校　1992　153p　26cm

『創立二十周年記念誌』新潟県立新潟北高等学校創立二十周年記念誌編集委員編　新潟県立新潟北高等学校　2003　119p　30cm

『北高史―創立30周年記念誌』創立三十周年記念誌編集委員編　新潟　新潟県立新潟北高等学校　2013.1　159p　30cm〈書誌注記：年表あり〉Ⓝ376.48

◆新潟県央工業高等学校

『県央魂甲子園へ―新聞記事と応援メッセージの記録』三条　新潟県央工高野球部を甲子園に送る会　2009.1　64p　37cm　Ⓝ783.7

『創立百年―創立百周年記念誌』三条　新潟県立新潟県央工業高等学校同窓会　2013.10　68p　30cm〈書誌注記：年表あり　共同刊行：新潟県立新潟県央工業高等学校　ホルダー入〉Ⓝ376.48

◆新潟県立海洋高等学校

『百年の航跡』新潟県立海洋高等学校創立百年記念誌発行実行委員会編　新潟県立海洋高等学校創立百周年記念事業実行委員会　1998　164p　26cm

『海洋高校生たちのまちおこし―コンブとサカナで地方創生』渡邊憲一著　成山堂書店　2017.6　184p　21cm〈書誌注記：文献あり〉1800円　⑪978-4-425-88701-9　Ⓝ660.7

　目次　第1章 マコンブ―産学連携「まこちゃんうどん」の誕生（収穫の喜び、日本海の荒波 ほか）、第2章 ヒラメ―産学連携「レストランとコラボレーション」（ヒラメと栽培漁業、シオミズツボワムシを増やす ほか）、第3章 チョウザメ―産学連携「チョウザメ養殖」に挑戦（産学連携「チョウザメ養殖」に挑戦、チョウザメ稚魚の到着 ほか）、第4章 シロサケ―産学連携「魚醬工場」の設立（サケの人工受精実習、産学連携『すもう君サーモン』の誕生 ほか）

　内容　海洋高校の生徒たちが、実習を通して地元糸魚川に元気を与えていく。マコンブを使ったうどん、ヒラメを燻製にした生ハム、シロサケから抽出した魚醤油。高校生たちは、自分たちで育てた海産物から、多くの人気商品を開発し、地域に大きな利益をもたらしている。「海の力で地域を元気に！」をテーマに、地元企業や自治体の協力を得ながら、笑顔あふれる高校生たちのまちおこしの様子をいきいきと描く。

◆新潟工業高等学校

『三十年史』新潟工業高校三十年史編集委員会編　新潟県立新潟工業高等学校　1970　46p　26cm

『北方に瞠く―新潟県立新潟工業高等学校　創立50周年記念誌』新潟県立新潟工業高等学校創立50周年記念誌編集委員会編　新潟県立新潟工業高等学校創立50周年記念事業実行委員会　1990　298p　27cm

『北方に瞠く―新潟県立新潟工業高等学校創立60周年記念誌』新潟県立新潟工業高等学校創立六十周年記念誌編集委員会編　新潟県立新潟工業高等学校創立六十周年記念誌編集委員会　2000　88p　26cm

『北方に瞠く―新潟県立新潟工業高等学校創立70周年記念誌』新潟県立新潟工業高等学校創立七十周年記念誌編集委員会編　新潟県立新潟工業高等学校創立七十周年記念誌編集委員会　2010　56p 図版　26cm

◆新潟江南高等学校

『創立三十年のあゆみ』新潟県立新潟江南高等学校編　[新潟県立新潟江南高等学校]　1993.10　136p　26cm

『衛生看護科のあゆみ―閉科記念誌』新潟県立新潟江南高等学校編　新潟県立新潟江南高等学校　2003.10　108p　26cm

『創立50年のあゆみ―新潟県立新潟江南高等学校創立50周年記念誌』創立50周年記念誌編集委員会編　新潟　創立50周年記念事業実行委員会　2013.10　92p　30cm〈書誌注記：年表あり〉非売品　Ⓝ376.48

◆新潟向陽高等学校

『創立二十年の歩み』新潟県立新潟向陽高等学校創立二十周年記念事業実行委員会編　新潟

県立新潟向陽高等学校創立二十周年記念事業実行委員会　1993.10　143p　26cm

『創立三十年の歩み―新潟県立新潟向陽高等学校』新潟県立新潟向陽高等学校創立30周年記念事業実行委員会編　新潟県立新潟向陽高等学校創立30周年記念事業実行委員会　2003.11　177p　26cm

『創立四十年の歩み―新潟県立新潟向陽高等学校創立40周年記念誌』新潟　新潟県立新潟向陽高等学校創立40周年記念事業実行委員会　2013.11　80p　26cm〈書誌注記：年表あり〉 Ⓝ376.48

『創立五十年の歩み―新潟県立新潟向陽高等学校創立50周年記念誌』新潟県立新潟向陽高等学校創立50周年記念事業実行委員会編　新潟県立新潟向陽高等学校創立50周年記念事業実行委員会　2024.2　100p　26cm　Ⓝ376.4

◆新潟商業高等学校

『葦原90年史』新潟県立新潟商業高等学校編　新潟県立新潟商業高等学校　1973　128p　26cm

『葦原百年史』新潟県立新潟商業高等学校創立100周年記念事業実行委員会編　新潟県立新潟商業高等学校創立100周年記念事業実行委員会　1983　358p　22cm

『葦原百年略年表』新潟県立新潟商業高等学校　[1983]　18p　22cm

『栄光―白球を追って―30年の軌跡』新潟県立新潟商業高等学校軟式野球部後援会創立30周年記念実行委員会編　新潟県立新潟商業高等学校軟式野球部後援会　1990　142p　26cm

『青春の謳歌―新潟商業高等学校吹奏楽部創部30周年記念誌』新潟商業高等学校吹奏楽部編　新潟商業高等学校吹奏楽部　1991　69p　26cm

『葦原百周年以後十年の歩み』新潟県立新潟商業高等学校創立110周年記念事業実行委員会編　新潟県立新潟商業高等学校創立110周年記念事業実行委員会　1993　140p　22cm

『葦原120周年史』創立120周年記念事業実行委員会編　創立120周年記念事業実行委員会　2003　127p　30cm

『栄光 50年の軌跡―白球を追い！ 夢を追い！』創部50周年記念実行委員会記念誌発行担当編　新潟商業高等学校軟式野球部後援会　2008.10　228p　31cm

『心外無法―葦原剣道部史　明治33年～平成21年（1900～2009）』葦原剣道部史編集委員会編　[新潟商業剣道部後援会（葦原剣友会）]　2009.12　292p　31cm

『葦原130周年史』新潟県立新潟商業高等学校内創立130周年記念事業実行委員会編　新潟県立新潟商業高等学校内創立130周年記念事業実行委員会　2013.10　130p　30cm〈書誌注記：年表あり〉 Ⓝ376.48

『新潟県高校軟式野球60年―新潟商軟式野球部を軸に』木山一雄著　木山一雄　2018.10　235, 30p　21cm

◆新潟市立明鏡高等学校

『創立五十年記念誌』新潟市立明鏡高等学校編　新潟市立明鏡高等学校　1999　127p　31cm

『それぞれの輝き―明鏡高等学校単位制に改組の記録』藤田是編　藤田是　2000.1　217p　26cm

『創立60周年記念誌』新潟市立明鏡高等学校編　新潟市立明鏡高等学校創立60周年実行委員会　2008　56p　30cm

◆新潟市立鏡ケ岡高等学校

『新潟市立鏡ケ岡高等学校閉校記念誌』新潟市立鏡ケ岡高等学校編　新潟市立鏡ケ岡高等学校　1981　161p　26cm

◆新潟市立高志高等学校

『高志―校舎竣工記念誌』新潟市立高志高等学校「校舎竣工記念誌」編集委員会編　新潟市立高志高等学校「校舎竣工記念式」実行委員会　1982　52p　26cm

『高志―創立10周年記念誌』新潟市立高志高等学校創立10周年記念誌編集委員会編　新潟市立高志高等学校創立10周年第2体育館竣工記念事業実行委員会　1989　108p　26cm

『まばゆき未来へ志高く―高志高等学校閉校記念誌』新潟市立高志高等学校閉校記念事業実行委員会編　新潟市立高志高等学校閉校記念事業実行委員会　2013　80p　30cm

◆新潟市立白山高等学校

『[新潟市立白山高等学校]創立三十周年記念誌』新潟市立白山高等学校創立三十周年記念誌編集係編　新潟市立白山高等学校創立三十周年記念実行委員会　1979　118p（図版共）21cm

新潟県

◆新潟翠江高等学校

『想い清める風になれ—新潟県立新潟翠江高等学校創立十周年記念誌』創立十周年記念事業実行委員会　2014.3　53p　30cm

◆新潟清心女子高等学校

『創立十周年記念誌』新潟清心女子高等学校記念誌編集委員会編　新潟清心女子高等学校記念誌編集委員会　1974　50p　26cm

◆新潟青陵高等学校

『新潟青陵高等学校百年史』新潟青陵高等学校編　新潟　新潟青陵高等学校創立百年記念事業実行委員会　2000.10　527p　27cm　非売品　Ⓝ376.48

◆新潟第一高等学校

『創立三十周年記念誌』石善学園新潟第一中学・高等学校創立三十周年記念誌編集委員会編　石善学園新潟第一中学・高等学校創立三十年記念事業実行委員会　2008.9　205p　30cm

◆新潟中央高等学校

『七十年史』新潟県立新潟中央高等学校七十年史編集委員会編　新潟県立新潟中央高等学校創立70周年記念事業実行委員会　1971　145p　30cm

『われらの八十年』「われらの八十年」編集委員会編　新潟県立新潟中央高等学校　1980　1冊（図版共）26cm

『叡知の鏡』新潟県立新潟中央高等学校編　新潟中央高等学校創立100周年記念事業実行委員会　2000　545p　31cm

◆新潟西高等学校

『創立十周年記念誌』新潟県立新潟西高等学校創立十周年記念誌編集委員会編　新潟県立新潟西高等学校創立十周年記念事業実行委員会　1986　218p　26cm

『創立二十周年記念誌』新潟県立新潟西高等学校創立二十周年記念誌編集委員会編　新潟県立新潟西高等学校創立二十周年記念事業実行委員会　1995　212p　26cm

『創立三十周年記念誌』新潟県立新潟西高等学校創立三十周年記念誌編集委員会編　新潟県立新潟西高等学校創立三十周年記念事業実行委員会　2006.1　240p　26cm

◆新潟東高等学校

『新潟県立新潟東高等学校創立三十周年記念誌』新潟県立新潟東高等学校創立三十周年記念誌係編　新潟県立新潟東高等学校創立三十周年記念誌係　2010.3　30p　30cm

◆新潟東工業高等学校

『明窓—創立30周年記念』30周年記念誌編集委員会編　新潟県立新潟東工業高等学校　1992.2　146p　26cm

『明窓—閉校記念誌』新潟県立新潟東工業高等学校閉校記念事業実行委員会編　新潟県立新潟東工業高等学校閉校記念事業実行委員会　2012.10　83p（図版共）30cm

◆新潟南高等学校

『江風五十年—新潟県立新潟南高等学校五十年史』校史編集委員会編　新潟県立新潟南高等学校　1989　487p　27cm

『想いは熱き甲子園』関川弘夫著　新潟日報事業社　1997.5　330p　19cm　①4-88862-650-2　Ⓝ783.7

内容　高校球児の夢であり憧れの対象である甲子園。監督として教え子たちを2度、甲子園へ導いた著者が自らの野球人生をふりかえりつつ、創部50周年を迎える新潟南高校野球部の歩みを綴る。

『江風—新潟南高等学校創立60周年記念誌』新潟南高等学校創立60周年事業実行委員会出版刊行部編　創立60周年事業実行委員会出版刊行部　1999　199p　26cm

『江風—新潟県立新潟南高等学校創立70周年記念誌』創立70周年事業実行委員会出版刊行部編　創立70周年事業実行委員会　2009.10　184p　30cm

◆新潟南高等学校石山分校

『晩鐘—閉校記念誌』新潟県立新潟南高等学校石山分校同窓会編　新潟県立新潟南高等学校石山分校同窓会　1975　98p　26cm

◆新潟明訓高等学校

『学校沿革史稿』新潟明訓高等学校編　新潟明訓高等学校　1982.5　46p　26cm

『新潟明訓高等学校八十年史』新潟明訓高等学校八十年史編集委員会編　新潟　新潟明訓高等学校　2002.9　725p　27cm〈書誌注記：年表あり　書誌注記：文献あり〉非売品　Ⓝ376.48

『新潟明訓野球の秘密―高校野球監督29年で教えられたこと』佐藤和也著　草思社　2013.2　203p　19cm　1600円　①978-4-7942-1956-5　Ⓝ783.7
[目次] 序章 高校野球が先生だった, 第1章 甲子園は"呼んでもらえる"場所, 第2章 ドカベンの"明訓"が本当にあった, 第3章 何と不条理な高校野球, 第4章 歓喜のあとの屈辱, 第5章 環境に負けない, 第6章 打撃の土台はインパクトだ, 第7章 「笑顔でのびのび」ができた, 第8章 勝利を支える信頼, 第9章 笑顔と信頼がつながった, 終章 自分の育ってきた場所を背骨にする
[内容] 高校野球が先生だった一体罰やスパルタ式とは正反対の高校野球を雪国・新潟で開花させ根付かせた名将が"笑顔の野球"にたどり着くまでの軌跡を初めて自ら語る。

『踊ることは生きること―新潟明訓高校ダンス部創造的な学びの記録』佐藤菜美　新潟　新潟日報事業社　2020.1　263p　19cm　1500円　①978-4-86132-734-6　Ⓝ769.1

『新潟明訓高等学校百年史』新潟明訓高等学校百年史編集委員会編　新潟明訓高等学校　2021.9　725p　27cm

◆新津高等学校

『私達の青春―新潟県立新津高校バレー部誌　19人制バレーボールのあゆみ』新潟県立新津高等学校バレー部OB会編　新津　新潟県立新津高校バレー部OB会　1991.7　281p　26cm〈部分タイトル：9人制バレーボールのあゆみ　学校創立70周年記念〉Ⓝ783.2

『創立八十周年記念誌』新潟県立新津高等学校創立80周年記念誌編集委員会編　[新潟県立新津高等学校創立80周年記念誌編集委員会]　2001　243p　26cm

『商業科閉科記念誌』商業科閉科記念事業実行委員会記念誌編集委員編　新潟県立新津高等学校　2002　59p　26cm

『松風―創立九十周年記念誌』新潟県立新津高等学校創立90周年記念事業実行委員会編　新潟県立新津高等学校創立90周年記念事業実行委員会　2011　212p　30cm

『新潟県立新津高等学校創立百周年記念誌』創立百周年記念事業実行委員会記念誌部会編　新潟県立新津高等学校創立百周年記念事業実行委員会　2023.3　214p　30cm　Ⓝ376.4

◆新津工業高等学校

『飛翔―創立30周年記念誌』新潟県立新津工業高等学校編　新潟県立新津工業高等学校　1993　130p　26cm

『飛翔―創立五十周年記念誌』新潟県立新津工業高等学校創立五十周年記念事業実行委員会記念誌部会編　新潟県立新津工業高等学校創立五十周年記念事業実行委員会　2012.10　94p　30cm

◆新津南高等学校

『蒼丘―創立十周年記念誌』星山正敏ほか編　新潟県立新津南高等学校　1989　101p　26cm

◆西川竹園高等学校

『星座の軌跡―新潟県立西川竹園高等学校定時制閉課程記念誌』新潟県立西川竹園高等学校定時制閉課程記念事業実行委員会編　新潟県立西川竹園高等学校定時制閉課程記念事業実行委員会　1981　109p　26cm

『創立二十周年記念誌』新潟県立西川竹園高等学校創立二十周年記念誌編集委員会編　新潟県立西川竹園高等学校創立二十周年記念事業実行委員会　1987.3　142p　26cm

『竹園―創立30周年記念誌』新潟県立西川竹園高等学校創立三十周年記念誌編集委員会編　新潟県立西川竹園高等学校創立三十周年記念事業実行委員会　1996.11　168p　26cm

『爽林―西川竹園高等学校閉校記念誌』新潟県立西川竹園高等学校閉校記念事業実行委員会編　新潟　新潟県立西川竹園高等学校閉校記念事業実行委員会　2015.12　143p　30cm〈書誌注記：年表あり〉Ⓝ376.48

◆西越高等学校

『西古志―創立40周年記念誌』記念誌編集委員会編　新潟県立西越高等学校　1989.2　89p　26cm

◆西新発田高等学校

『りんれん―創立九十周年記念誌』新潟県立西新発田高等学校編　西新発田高等学校　1992　91p　26cm

『県立西新発田高等学校創立百周年記念誌』創立百周年実行委員会編　新発田　西新発田高校創立百周年記念事業実行委員会　2002.10　223p　27cm

『われら北斗星―新潟県立西新発田高等学校定時制課程 閉課程記念誌』西新発田高校定時制課程記念事業実行委員会閉課程記念誌部会編　西新発田高校定時制課程記念事業実行委員会　2006.10　98p　30cm

新潟県

◆日本文理高等学校

『翔けよ若獅子』日本文理高校を甲子園に送る会編　日本文理高校を甲子園に送る会　1998　72p　31cm

『翔けよ若獅子』日本文理高校を甲子園に送る会編　日本文理高校を甲子園に送る会　2002.12　71p　31cm

『翔けよ若獅子―第88回全国高等学校野球選手権大会出場記念（2006）』日本文理高校を甲子園に送る会編　日本文理高校を甲子園に送る会　2006.11　63p　31cm

『日本文理準優勝の軌跡―全国高校野球選手権大会記念グラフ』新潟　新潟日報社　2009.9　64p　30cm〈発売：新潟日報事業社（新潟）〉762円　①978-4-86132-362-1　Ⓝ783.7

『最終回は、終わらない―日本文理高校甲子園準優勝の真実』岡田浩人著　ベースボール・マガジン社　2013.7　191p　19cm　1400円　①978-4-583-10591-8　Ⓝ783.7

　目次　第1章 邂逅―2人のナオキ、第2章 苦難―日本文理野球部の軌跡、第3章 集う―個性派の仲間たち、第4章 試練―流した涙と猛練習と、第5章 成長―甲子園で得たもの、第6章 決勝―勝っても負けても、第7章 軌跡―最終回は終わらない、第8章 感謝―それからの物語

　内容　2009年夏、新潟県勢初の甲子園決勝進出を果たした日本文理高校。中京大中京を相手に6点を追う最終回の攻撃を迎えた。9回二死走者なし―。絶体絶命のピンチ。しかし、打者一巡の猛攻で1点差に詰め寄ると、マンモススタンドを揺るがした―。この日本文理の躍進は、奇跡ではなく、必然的なものだった。

『蒼穹―創立三十周年記念誌』日本文理学園日本文理高等学校編　日本文理学園日本文理高等学校　2014.3　203p　30cm

『2014夏日本文理甲子園ベスト4熱闘の記録―第96回全国高校野球選手権大会記念グラフ』新潟日報社編　新潟日報社　2014.9　64p　30cm　①4-86132-572-4

◆能生水産高等学校

『九十年の航跡』新潟県立能生水産高等学校創立90周年記念誌編集委員会編　新潟県立能生水産高等学校創立90周年記念事業実行委員会　1988　215p　27cm

◆八海高等学校

『創立三十周年記念誌―糸ぐるま』新潟県立八海高等学校創立三十周年記念事業実行委員会編　新潟県立八海高等学校創立三十周年記念事業実行委員会　1997　101p　26cm

◆羽茂高等学校

『羽茂高等学校五十年史』羽茂高等学校五十年史編集委員会編　新潟県立羽茂高等学校同窓会　1985　336p　22cm

◆羽茂高等学校赤泊分校

『潮聲―創立50周年記念誌』新潟県立羽茂高等学校赤泊分校創立50周年記念誌編集委員会編［新潟県立］羽茂高等学校赤泊分校創立50周年記念事業実行委員会　1999.4　417p　30cm

『ありがとう赤泊分校―閉校記念誌』新潟県立羽茂高等学校赤泊分校閉校「ありがとう赤泊分校」実行委員会編　新潟県立羽茂高等学校赤泊分校閉校「ありがとう赤泊分校」実行委員会　2007.1　228p　27cm

◆船江高等学校

『もろともに―新潟県立船江高等学校閉校記念誌』新潟県立船江高等学校閉校記念事業実行委員会編　新潟県立船江高等学校閉校記念事業実行委員会　2006.10　104p　30cm

◆分水高等学校

『創立十周年記念誌』新潟県立分水高等学校創立十周年記念誌係編　新潟県立分水高等学校創立十周年記念事業実行委員会　1992　135p　26cm

『創立三十周年記念誌』新潟県立分水高等学校創立三十周年記念事業実行委員会編　新潟県立分水高等学校創立三十周年記念事業実行委員会　2013.3　111p　30cm

◆北越高等学校

『北越高等学校創立五十周年記念誌』北越高等学校創立五十周年記念誌編集委員会編　北越高等学校創立五十周年記念誌編集委員会　1986.10　335p　26cm

『北越高等学校創立六十周年記念誌』北越高等学校創立六十周年記念誌編集委員会編　北越高等学校　1996　326p　26cm

『北越ルネッサンス―北越高等学校創立70周年記念誌』北越高等学校編　北越高等学校　2010.5　303p 図版4枚　21cm

◆堀之内高等学校

『二十年の歩み―創立二十周年記念誌』新潟県立堀之内高等学校創立二十周年記念誌係編

新潟県立堀之内高等学校創立二十周年記念事業実行委員会　1992.10　84p　26cm

◆巻高等学校

『白楊七十年』新潟県立巻高等学校七十周年記念事業実行委員会編　新潟県立巻高等学校七十周年記念事業実行委員会　1977　169p（図版共）26cm

『白楊八十年―八十周年記念』新潟県立巻高等学校創立80周年記念事業実行委員会編　新潟県立巻高等学校創立80周年記念事業実行委員会　1987　156p（図版共）26cm

『白楊九十年―創立九十周年記念誌』新潟県立巻高等学校創立90周年記念事業実行委員会編　新潟県立巻高等学校　1997　98p　26cm

『白楊百年』新潟県立巻高等学校記念誌編集委員会編　新潟県立巻高等学校創立百周年記念事業実行委員会　2007.3　527p　31cm

『白楊百十年―創立110周年記念誌』新潟県立巻高等学校記念誌編集委員会編　新潟県立巻高等学校創立110周年記念事業実行委員会　2017.3　69p　30cm

◆巻工業高等学校

『創立20周年記念誌』新潟県立巻工業高等学校創立20周年記念事業実行委員会編　新潟県立巻工業高等学校創立20周年記念事業実行委員会　1981　106p　26cm

『創立30周年記念誌』新潟県立巻工業高等学校創立三十周年記念事業実行委員会編　新潟県立巻工業高等学校創立三十周年記念事業実行委員会　1992.11　104p　26cm

『閉校記念誌』新潟県立巻工業高等学校, 巻工業高等学校閉校記念事業実行委員会編　新潟県立巻工業高等学校　2005　130p　30cm

◆巻農業高等学校

『農魂―創立30周年記念誌』新潟県立巻農業高等学校創立30周年記念誌編集委員会編　新潟県立巻農業高等学校創立30周年記念誌編集委員会　1976　110p 図版16枚　26cm

『朝光―創立五十周年記念誌』新潟県立巻農業高等学校記念誌編集委員会編　新潟県立巻農業高等学校記念誌編集委員会　［1995］　169p　26cm

◆見附高等学校

『創立五十周年記念誌』新潟県立見附高等学校創立50周年記念事業実行委員会編　新潟県立見附高等学校創立50周年記念事業実行委員会　2012.10　80p　30cm

◆六日町高等学校

『創立五十周年記念誌』新潟県立六日町高等学校編　新潟県立六日町高等学校50周年記念実行委員会　1973　139p　22cm

『青春の森　第2巻　六日町高校編』毎日新聞新潟支局編　毎日新聞新潟支局　1977　129p　21cm

『新潟県立六日町高等学校創立八十周年記念誌』新潟県立六日町高等学校創立八十周年記念誌委員会編　六日町（新潟県）　新潟県立六日町高等学校創立八十周年記念実行委員会　2003.12　310p　26cm〈標題紙等のタイトル：創立八十周年記念誌　年表あり〉Ⓝ376.48

『あゆみ―新潟県立六日町高等学校定時制 閉課程記念誌』新潟県立六日町高等学校定時制閉課程記念事業実行委員会編　新潟県立六日町高等学校定時制閉課程記念事業実行委員会　2006.10　113p　30cm

『新潟県立六日町高等学校創立90周年記念誌』新潟県立六日町高等学校創立九十周年記念誌委員会編　南魚沼　新潟県立六日町高等学校創立九十周年記念実行委員会　2013.10　79p　30cm〈書誌注記：年表あり　書誌注記：文献あり〉Ⓝ376.48

『新潟県立六日町高等学校創立100周年記念誌―1924-2023』新潟県立六日町高等学校創立100周年記念誌委員会編集　南魚沼　新潟県立六日町高等学校創立100周年記念事業実行委員会　2024.2　524p　31cm〈書誌注記：年表あり〉Ⓝ376.48

◆六日町高等学校浦佐分校

『やまなみ―新潟県立六日町高等学校浦佐分校閉校記念誌』新潟県立六日町高等学校浦佐分校閉校記念事業実行委員会編　新潟県立六日町高等学校浦佐分校閉校記念事業実行委員会　1994.10　166p　27cm

◆村上高等学校

『創立七十周年記念誌』村上　村上高校創立七十周年記念事業事務局　1971　202p 図 肖像　21cm　非売　Ⓝ376.4

『創立八十周年記念誌』創立八十周年記念誌編集委員会編　村上　創立八十周年記念実行委

新潟県

員会　1981.3　349p　21cm〈書誌注記：年表あり　共同刊行：新潟県立村上高等学校　奥付・表紙のタイトル：新潟県立村上高等学校創立八十周年記念誌〉Ⓝ376.48

『創立百周年記念誌』新潟県立村上高等学校記念誌編纂委員会編　村上高校百周年記念事業実行委員会　2000　245p　27cm

『新潟県立村上高等学校百年史』新潟県立村上高等学校校史編集委員会編　新潟県立村上高等学校創立百周年記念事業実行委員会　2005.3　810p　27cm

◆村上高等学校関川分校

『三十年のあゆみ』新潟県立村上高等学校関川分校閉校記念事業実行委員会編　新潟県立村上高等学校関川分校閉校記念事業実行委員会　1976　99p（図版共）21cm

◆村上高等学校山北分校

『點滴穿巖—閉校記念誌』新潟県立村上高等学校山北分校閉校記念事業実行委員会事務局編　新潟県立村上高等学校山北分校閉校記念事業実行委員会　2005.11　132p　27cm

◆村上桜ケ丘高等学校

『六十年の歩み—創立六十周年記念誌』新潟県立村上桜ケ丘高等学校六十周年記念誌編集員会編　新潟県立村上桜ケ丘高等学校六十周年記念誌編集委員会　1976　194p　21cm

『新潟県立村上桜ケ丘高等学校創立百周年記念誌』新潟県立村上桜ケ丘高等学校校内創立百周年記念誌編集委員, 新潟県立村上桜ケ丘高等学校同窓会創立百周年記念誌編集委員　新潟県立村上桜ケ丘高等学校創立百周年記念事業実行委員会　2013.10　177p　30cm

◆村上女子高等学校

『心の学び舎—閉校記念誌』閉校記念誌編集委員会編　閉校記念事業実行委員会　2003　96p　27cm

◆村松高等学校

『創立七十周年記念誌』新潟県立村松高等学校内創立70周年記念誌編集委員会編　新潟県立村松高等学校内創立70周年校舎竣工記念事業実行委員会　1992　215p　21cm

『創立八十周年記念誌』新潟県立村松高等学校内創立八十周年記念誌編集委員会編　村松町（新潟県）新潟県立村松高等学校　1992.2

349p　27cm　Ⓝ376.4

『臥龍—抜粋』新潟県立村松高等学校創立百周年記念誌委員会編　村松町（新潟県）新潟県立村松高等学校創立百周年記念事業実行委員会　2012.7　322p　30cm〈新潟県立村松高等学校創立100周年記念〉Ⓝ376.48

『誇りを胸に—新潟県立村松高等学校創立100周年記念誌』新潟県立村松高等学校創立百周年記念誌委員会　五泉　新潟県立村松高等学校創立百周年記念事業実行委員会　2012.7　4冊　30cm　Ⓝ376.48

◆安塚高等学校

『直峰—創立七十周年記念誌』創立七十周年記念誌編集委員会編　創立七十周年記念事業実行委員会　1982.2　234p　26cm

『直峰—創立九十周年記念誌』新潟県立安塚高等学校九十周年記念行事実行委員会編　新潟県立安塚高等学校九十周年記念行事実行委員会　2001　80p　30cm

『直峰—新潟県立安塚高等学校創立百周年記念誌』新潟県立安塚高等学校創立百周年記念事業実行委員会事業部記念誌係編　新潟県立安塚高等学校創立百周年記念事業実行委員会　2011.12　138p　31cm

『直峰—閉校記念誌』新潟県立安塚高等学校閉校記念事業実行委員会編　新潟県立安塚高等学校閉校記念事業実行委員会　2017.2　121p　30cm

◆安田高等学校

『五稜は高く—新潟県立安田高等学校閉校記念誌』新潟県立安田高等学校閉校事業実行委員会編　新潟県立安田高等学校閉校事業実行委員会　2006　121p（図版共）30cm

◆有恒高等学校

『創立八十周年記念誌』新潟県立有恒高等学校創立八十周年記念誌編集委員会編　新潟県立有恒高等学校創立八十周年記念誌編集委員会　1976　163p　21cm

『新潟県立有恒高等学校創立百周年記念誌』新潟県立有恒高等学校創立百周年記念誌編集委員会　新潟県立有恒高等学校創立百周年記念事業実行委員会　1995　86p　21cm

『有恒百年の歩み』「有恒百年の歩み」編集委員会編　新潟県立有恒高等学校創立百周年記念事業実行委員会　1996　211p　30cm

◆湯沢高等学校

『雪の華―創立20周年記念誌』新潟県立湯沢高等学校創立20周年記念事業実行委員会編　新潟県立湯沢高等学校創立20周年記念事業実行委員会　1997　39p　26cm

『雪の華―湯沢高等学校閉校記念誌』新潟県立湯沢高等学校閉校記念事業実行委員会編　新潟県立湯沢高等学校閉校記念事業実行委員会　2007.10　91p　30cm

◆与板高等学校

『与板高女高校誌』大森忠勢編著　新潟　大森忠勢　1991.3　124p　19cm〈製作：越書房制作室〉Ⓝ376.4

『汀―創立五十周年記念誌』新潟県立与板高等学校編　新潟県立与板高等学校　1993　143p　26cm

◆吉川高等学校

『創立七十周年記念誌』新潟県立吉川高等学校創立七十周年記念誌編集委員会編　新潟県立吉川高等学校創立七十周年記念事業実行委員会　1980　180p(図版共)　26cm

『越後の誇り吉川高校醸造科の人々』柿嵜健一編著　恒文社　2003.12　319p　26cm　2500円　Ⓘ4-7704-1107-3　Ⓝ376.48

内容 新潟県立吉川高校醸造科は一九五七年(昭和三十二年)四月に始まり、1期生は一九六〇年(昭和三十五年)に卒業し、社会に出て行った。二〇〇二年四月には新入生の募集が無くなり、来年二〇〇四年三月、45期生を醸造科最後の卒業生として終わりを告げる。本書の構成は、始めに「この年の世相」を示し、それに関して著者の思いを、吉川町、吉川高校に関連して述べています。さらにその学年の何人かからアンケートの回答と「もろみ」を基に、彼らの思いや近況を紹介しています。著者が信越放送で八年間「流行歌・解体新書」をやらせていただいたお陰で流行歌に関する興味が一段と増し、卒業生と併せて、その年に流行った歌を載せました。

『育み育まれ一世紀―新潟県立吉川高等学校閉校記念誌』新潟県立吉川高等学校閉校記念事業実行委員会編　新潟県立吉川高等学校閉校記念事業実行委員会　2007.11　172p　30cm

◆吉田高等学校

『私たちの半世紀の歩み―新潟県立吉田商業高等学校・新潟県立吉田高等学校創立50周年記念誌』新潟県立吉田高等学校創立50周年記念誌編集委員会編　新潟県立吉田高等学校創立50周年記念事業実行委員会　2012　74p　30cm

◆吉田商業高等学校

『吉商創立20周年記念誌』創立20周年記念事業実行委員会記念誌係編　［新潟県立吉田商業高等学校］創立20周年記念事業実行委員会　1982　94p(図版共)　26cm

『吉商創立30周年記念誌』新潟県立吉田商業高等学校創立三十周年記念事業実行委員会記念誌係編　新潟県立吉田商業高等学校創立三十周年記念事業実行委員会　1991　63p　26cm

『私たちの半世紀の歩み―新潟県立吉田商業高等学校・新潟県立吉田高等学校創立50周年記念誌』新潟県立吉田高等学校創立50周年記念誌編集委員会編　新潟県立吉田高等学校創立50周年記念事業実行委員会　2012　74p　30cm

◆両津高等学校

『両高三十年史』新潟県立両津高等学校創立三十年記念誌出版委員会編　新潟県立両津高等学校　1977　119p　22cm

『両高四十年誌』新潟県立両津高等学校創立40周年記念誌委員会編　新潟県立両津高等学校創立40周年記念事業実行委員会　1987　207p　27cm

『両高五十年誌』新潟県立両津高等学校創立50周年記念誌委員会編　新潟県立両津高等学校創立50周年記念事業実行委員会　1996　513p　22cm

『石楠―新潟県立両津高等学校閉校記念誌』新潟県立両津高等学校閉校記念事業実行委員会編　新潟県立両津高等学校閉校記念事業実行委員会　2013　112p　30cm

富山県

◆有磯高等学校

『創立九十周年記念史』氷見　富山県立有磯高等学校創立九十周年記念事業実行委員会　2009.11　96p　31cm〈年表あり〉Ⓝ376.48

◆魚津高等学校

『魚高八十年史』魚高八十年史編集委員会編　魚津　富山県立魚津高等学校　1978.3　430p　22cm　Ⓝ376.4

富山県

『グラフ魚高八十年』富山県立魚津高等学校編　富山県立魚津高等学校　1978.9　29p　26cm

『魚津高校百年史』富山県立魚津高等学校百年史編集委員会編　魚津　富山県立魚津高等学校創立百周年記念事業実行委員会　1999.8　320p　31cm　Ⓝ376.48

『さらに星霜をかさねて―111年記念誌』富山県立魚津高等学校創立111周年記念誌編集委員会編　富山県立魚津高等学校同窓会　2009.10　44p　30cm

◆魚津工業高等学校

『魚工三十年のあゆみ』富山県立魚津工業高等学校編　富山県立魚津工業高等学校　1992.10　127p　26cm

『魚工四十年のあゆみ』富山県立魚津工業高等学校編　富山県立魚津工業高等学校　2002.9　47p　26cm

『魚工五十年のあゆみ』富山県立魚津工業高等学校編　富山県立魚津工業高等学校　2012.10　63p　26cm

◆雄山高等学校

『雄山高校三十年の歩み』富山県立雄山高等学校編　富山県立雄山高等学校　1978　37p　26cm

『目でみる四十年』富山県立雄山高等学校沿革史編集委員会編　富山県立雄山高等学校　1988　54p　26cm

『雄山高校五十年の歩み』富山県立雄山高等学校同窓会編　富山県立雄山高等学校同窓会　1998.5　317p　図版　22cm

『21世紀へのかけ橋―雄山高校五十年の歩み』富山県立雄山高等学校編　富山県立雄山高等学校　1998.10　14p　30cm

『商学の道―雄山高等学校商業科閉科記念誌』富山県立雄山高等学校編　富山県立雄山高等学校　2004.3　40p　21×30cm

『磨きえし心の光―雄山高校60年の歩み』記念誌小委員会編　富山県立雄山高等学校　2008.10　28p　30cm

『磨きえし心の光―創立60年〜70年のあゆみ』富山県立雄山高等学校編　富山県立雄山高等学校　2018.11　24p　30cm

◆片山学園高等学校

『夢の学校―塾のこころで創る富山県初の中高一貫校 2005年春誕生!!』片山浄見著　グローバル教育出版　2004.12　238p　22cm　2000円　④4-901524-89-5　Ⓝ376.3142

　目次　片山学園中学校・高等学校マニフェスト，青年時代の思い出―大学卒業から富山にもどったころ，一人の生徒との出会い，『富山育英センター』を創設―生徒一人，先生一人の塾，いま『学校』か，なぜ，中高一貫教育でなければならないのか，『孝・恩・徳』の全人教育―「塾のこころ」でつくる学校，比類なき実力を有する一流教師陣―片山学園は全員が塾の先生である，学園としての公約『マニフェスト』，自立心を養う寮生活，みんなで学校行事をつくりあげる学校，片山学園中学校は，こんな学校になる―入学試験・学費・特待生制度，新しいエリート教育をめざして，家庭教育と地域教育を考える―「まとめ」にかえて

◆上市高等学校

『七十年史』富山県立上市高等学校『七十年史』編集委員会編　上市町（富山県）　富山県立上市高等学校同窓会　1989.10　575p　22cm　Ⓝ376.4

『創立80年記念誌―この10年の歩み』富山県立上市高等学校編　富山県立上市高等学校　1999.10　27p　30cm

『創立九十周年記念誌―〜上高二十一世紀〜この十年間の軌跡』富山県立上市高等学校編　富山県立上市高等学校　2010.10　31p　30cm

『富山県立上市高等学校百年史』富山県立上市高等学校創立百周年記念事業実行委員会編　富山県立上市高等学校創立百周年記念事業実行委員会　2019.10　98p　30cm

◆高朋高等学校

『岩瀬野に生きて―三十五年のあゆみ』校史編集委員会編　富山　神通学館高朋高等学校　1997.12　136p　31cm　Ⓝ376.48

『岩瀬野に生きて―五十年の軌跡』創立50周年記念校史編集委員会編　富山　神通学館高朋高等学校　2011.10　112p　30cm〈書誌注記：年表あり〉　Ⓝ376.48

◆小杉高等学校

『小杉高校百年史――粒の種子地に落ちて百年育ち栄ゆる小杉高校』富山県立小杉高等学校創校百周年記念事業実行委員会編　射水　富山県立小杉高等学校創校百周年記念事業実行委員会　2019.10　159p　31cm〈書誌注記：年表あり〉　Ⓝ376.48

富山県

◆桜井高等学校

『桜高八十年のあゆみ』富山県立桜井高等学校編　富山県立桜井高等学校　1989.9　86p　26cm

『桜高九十年のあゆみ』富山県立桜井高等学校創立九十周年記念誌編集委員会編　富山県立桜井高等学校創立90周年記念事業実行委員会　1999.10　131p　30cm

『葦かび―定時制課程終止記念誌』富山県立桜井高等学校定時制編　黒部　富山県立桜井高等学校定時制　2004.3　31p　30cm　Ⓝ376.48

『桜高健児たちの夏―17年ぶり4度目の挑戦』黒部　桜井高校甲子園出場応援実行委員会　2007.10　96p　18×18cm〈おもに図〉783.7

『写真で見る桜高百年のあゆみ』富山県立桜井高等学校創立百周年記念誌委員会編　黒部　富山県立桜井高等学校創立百周年記念事業実行委員会　2009.10　79p　30cm〈年表あり〉Ⓝ376.48

◆志貴野高等学校

『50年のあゆみ―富山県立志貴野高等学校創立50周年記念誌』富山県立志貴野高等学校記念誌編集委員会編　高岡　富山県立志貴野高等学校創立50周年記念事業実行委員会　2011.10　56p　30cm〈書誌注記：年表あり〉Ⓝ376.4

◆高岡高等学校

『回顧録―創立八十周年記念』高岡高等学校八十周年記念回顧録編集委員会編　高岡　富山県立高岡高等学校　1978.10　234p　22cm　非売品　Ⓝ376.4

『蛍雪九十年』高岡高等学校校史編集委員会編　高岡　高岡高等学校創立九十周年新校舎建設・記念事業後援会　1988.10　88p　27cm　非売品　Ⓝ376.4

『想百年』高岡　富山県立高岡高等学校　1998.10　27p　26cm〈共同刊行：創立百周年記念事業後援会〉Ⓝ376.4

『高岡中学・高岡高校百年史』高岡高等学校百年史編集委員会編　高岡　富山県立高岡高等学校創立百周年記念事業後援会　1999.3　892p　27cm　Ⓝ376.48

◆高岡工芸高等学校

『尚美永遠に―県立高岡工芸の90年』富山新聞高岡支社編　富山　富山新聞社　1985.3　205p　18cm〈書誌注記：年表：p186～201〉

『尚美悠久百年の歩み』創立百周年記念誌編纂委員会編　高岡　富山県立高岡工芸高等学校　1994.10　559p　27cm　Ⓝ376.4

◆高岡向陵高等学校

『192の青春がやってきた―ノースサイド高校・高岡向陵高校交流記』高岡　高岡向陵高等学校　1989.11　90p　27cm　Ⓝ376.4

◆高岡商業高等学校

『高商八十年の歩み』高岡商業高等学校高商八十年の歩み編集委員会編　富山県立高岡商業高等学校創立八十周年記念事業実行委員会　1977　626p　図　22cm

『高商百年史』富山県立高岡商業高等学校『高商百年史』編集委員会編　高岡　富山県立高岡商業高等学校創立百周年記念事業実行委員会　1998.3　700p　図版10枚　22cm　Ⓝ376.48

『躍動する高商―創立110周年記念誌　平成9年～平成18年』高岡　富山県立高岡商業高等学校　2007.10　40p　30cm〈年表あり〉Ⓝ376.4

◆高岡女子高等学校

『菊友薫りて―県立高岡高女・高岡西部高・高岡女子高校学園物語』富山新聞社報道局編　富山　富山新聞社　1984.2　185p　19cm〈書誌注記：菊友八十年への歩み：p171～185〉1000円　Ⓝ376.4

◆高岡第一高等学校

『二十五年の歩み』記念誌編集委員会編　高岡　高岡第一学園　1984.11　73p　26cm　Ⓝ376.4

◆高岡西高等学校

『90年の歩み』富山県立高岡西等学校九十周年記念誌編集委員会編　高岡　富山県立高岡西高等学校　1997.10　54p　26cm　Ⓝ376.48

『高岡西高校百年史』富山県立高岡西高等学校創立百周年記念事業実行委員会編　富山県立高岡西高等学校創立百周年記念事業実行委員会　2007.9　253p　27cm

◆高岡南高等学校

『富山県立高岡南高等学校二十年史』高岡南等学校二十年史編纂委員会編　高岡　富山県立高岡南高等学校　1994.10　96, 15p　27cm〈書名は奥付による　標題紙等の書名：二十

富山県

史〉Ⓝ376.4

◆砺波高等学校

『礪波中學校砺波高等學校百年史』百年史編纂委員会編　砺波　富山県立砺波高等学校　2009.10　666p　27cm〈書誌注記：年表あり　共同刊行：礪波同窓会〉Ⓝ376.48

◆砺波工業高等学校

『砺工二十年の歩み―鷹栖の里』富山県立砺波工業高等学校創立二十周年記念誌編集委員会編　砺波　富山県立砺波工業高等学校　1982.10　73p　26cm〈書誌注記：年表あり　創立20周年記念〉Ⓝ376.48

『砺工三十年の歩み』砺波　富山県立砺波工業高等学校　〔1992〕　47p　26cm　Ⓝ376.4

『砺工四十年の歩み』創立40周年記念誌編集委員会編　砺波　富山県立砺波工業高等学校　2002.10　61p　30cm〈書誌注記：年表あり〉Ⓝ376.48

『砺工五十年の歩み―富山県立砺波工業高等学校創立五十周年記念誌』創立五十周年記念誌編集委員会編　砺波　富山県立砺波工業高等学校　2012.10　104p　30cm〈書誌注記：年表あり　共同刊行：富山県立砺波工業高等学校同窓会〉Ⓝ376.48

◆砺波女子高等学校

『八十年史』砺波野の会編　小矢部　砺波野の会　2002.7　162p　Ⓝ376.48

『百年史』砺波野の会編集　小矢部　砺波野の会　2023.9　150p　30cm〈書誌注記：年表あり　砺波女子高等学校, 富山県立となみ野高等学校〉Ⓝ376.48

◆となみ野高等学校

『百年史』砺波野の会編集　小矢部　砺波野の会　2023.9　150p　30cm〈書誌注記：年表あり　砺波女子高等学校, 富山県立となみ野高等学校〉Ⓝ376.48

◆泊高等学校

『創立三十周年記念誌』富山県立泊高等学校編　富山県立泊高等学校　1970.11　75p　22cm

『五十年のあゆみ』朝日町（富山県）　富山県立泊高等学校　1990.9　123p　26cm　Ⓝ376.4

『双燈―定時制課程終止記念誌』富山県立泊高等学校定時制編　富山県立泊高等学校定時制課程　2003.1　30p　30cm

『七十年のあゆみ』富山県立泊高等学校編　富山県立泊高等学校　2010.10　31p　30cm

『八十年のあゆみ・閉校記念誌』富山県立泊高等学校編　富山県立泊高等学校　2021.3　48p　30cm

◆富山高等学校

『富中富高百年史』富山　富山高等学校創校百周年記念事業後援会　1985.10　1285, 26p　22cm　非売品　Ⓝ376.4

◆富山県立海洋高等学校

『創立110周年記念誌―十年のあゆみ』富山県立海洋高等学校編　富山県立海洋高等学校　2009.10　58p　30cm

◆富山県立水産高等学校

『水高八十年史』水高八十年史編纂委員会編　富山県立水産高等学校創立八十周年記念行事協賛会　1979　504p　図版26p　22cm

『富水百年史』富山県立水産高等学校創立百年記念誌編纂委員会編　富山県立水産高等学校創立百周年記念行事協賛会　1999.7　195p　図版　31cm

◆富山工業高等学校

『とやまの工業人を育てた百年―富山工業高校百年のあゆみ』富山県立富山工業高等学校創校百周年記念事業実行委員会編　富山　富山県立富山工業高等学校創校百周年記念事業実行委員会　2016.10　135p　31cm〈書誌注記：年表あり〉Ⓝ376.48

◆富山商業高等学校

『富商百年史』富山県立富山商業高等学校創立百周年記念事業実行委員会編　富山　富山県立富山商業高等学校創立百周年記念事業実行委員会　1997.9　439p　27cm　Ⓝ376.48

『富商百十年史』富山県立富山商業高等学校創立百十周年記念事業実行委員会編　富山　富山県立富山商業高等学校創立百十周年記念事業実行委員会　2007.9　94p　27cm〈書誌注記：年表あり〉Ⓝ376.48

『富商百二十年史―1897-2017』富山県立富山商業高等学校創立百二十周年記念事業実行委員会編　富山　富山県立富山商業高等学校創立百二十周年記念事業実行委員会　2017.9　78p　27cm〈書誌注記：年表あり〉Ⓝ376.48

富山県

◆富山女子短期大学付属高等学校

『ここに十年―志高く健やかに』富山　富山女子短期大学付属高等学校　1973.10　38p　26cm〈年表あり〉Ⓝ376.48

◆富山第一高等学校

『なんとなく草野球―富山第一高校軟式野球部監督の手記』田畑良昭著　富山　〔田畑良昭〕　1995.7　213p　18cm　Ⓝ783.7

『栄光への軌跡―富山第一高等学校男子サッカー部のあゆみ：第92回全国高校サッカー選手権大会優勝記念グラフ』富山　富山第一高等学校　2014.2　48p　30cm〈書誌注記：年表あり〉Ⓝ783.47

◆富山中部高等学校

『神通中学校・富山中部高校五十年史』神通中学校・富山中部高校五十年史編集委員会編　富山　富山中部高等学校　1970　486p 図版　22cm　Ⓝ376.4

『清き神通の流れに―神中・富山中部高校の65年』富山新聞社報道局編　富山　富山新聞社　1985.8　210p　19cm〈書誌注記：六十五年史年表：p182～194〉1000円　Ⓝ376.4

『神通―70年のあゆみ』富山中部高校記念誌編集委員会編　富山　富山県立富山中部高等学校　1990.6　130p　26cm　Ⓝ376.4

『神通中学校富山中部高等学校百年史』神通中学校・富山中部高校百年史編集委員会編集　富山　富山県立富山中部高等学校　2021.3　431p　31cm〈書誌注記：年表あり　書誌注記：文献あり　出版者注記：神通会〉Ⓝ376.48

◆富山北部高等学校

『富北100th―富山県立富山北部高等学校創校百周年記念誌』富山県立富山北部高等学校創校百周年記念誌編集委員会編　富山　富山県立富山北部高等学校　2016.11　99p　30cm〈書誌注記：年表あり〉Ⓝ376.48

◆滑川高等学校

『滑高70年のあゆみ―創立70周年記念』富山県立滑川高等学校編　富山県立滑川高等学校　1983　32p　26cm

『滑高80年のあゆみ―創立80周年記念出版』富山県立滑川高等学校編　富山県立滑川高等学校　1993.10　51p　26cm

『創立九十周年記念誌』滑川高等学校創立九十周年記念誌編集委員会編　富山県立滑川高等学校同窓会　2003.9　88p　30cm

『富山県立滑川高等学校定時制終止記念誌』富山県立滑川高等学校定時制終止記念事業実行委員会編　富山県立滑川高等学校定時制終止記念事業実行委員会　2004.2　25p　30cm

『創立百周年記念誌―輝』滑川高等学校創立百周年記念誌編集委員会編　滑川　富山県立滑川高等学校　2013.10　202p　31cm〈書誌注記：年表あり　奥付のタイトル：富山県立滑川高等学校創立百周年記念誌〉Ⓝ376.48

『富山県立滑川高等学校創立百十周年記念誌』滑川高等学校創立百十周年記念誌編集委員会編　富山県立滑川高等学校同窓会　2023.11　34p　30cm

◆新川高等学校

『荒井学園新川高等学校十周年記念誌』新川高校記念誌編集委員会編　新川高等学校　1983.11　125p　26cm

『二十年のあゆみ』新川高校記念誌編集委員会編　新川高等学校　1993.11　50p　26cm

『荒井学園新川高等学校創立30周年記念誌―三十年のあゆみ』新川高等学校三十周年記念誌編集委員会編　新川高等学校　2003.10　62p　26cm

◆新川女子高等学校

『20年のあゆみ』富山県立新川女子高等学校編　富山県立新川女子高等学校　1986　30p　26cm

『30年のあゆみ』富山県立新川女子高等学校編　富山県立新川女子高等学校　1996　38p　30cm

『みどりに誓う―閉校記念誌』富山県立新川女子高等学校編　富山県立新川女子高等学校　2003.3　39p　30cm

◆新川みどり野高等学校

『創立10周年　新たなステージへ』創立10周年記念誌編集委員会編　富山県立新川みどり野高等学校　2013.10　36p　30cm

◆入善高等学校

『母校のあゆみ―創立50周年記念』富山県立入善高等学校同窓会編　富山県立入善高等学校同窓会　1972　1冊　22cm

『七十年の歩み』富山県立入善高等学校70周年

『記念誌編集委員会編　富山県立入善高等学校　1992.11　58p（図版共）26cm
『八十年のあゆみ』チューエツ編　富山県立入善高等学校八十周年記念事業実行委員会　2002.10　129p（図版共）31cm
『90年のあゆみ』富山県立入善高等学校編　富山県立入善高等学校　2012.10　32p　30cm

◆氷見高等学校

『70年のあゆみ』富山県立氷見高等学校同窓会編　氷見　富山県立氷見高等学校同窓会　1996.9　247p　31cm　Ⓝ376.48
『歴史を明日へ―光を聚め広きを眺む：創立10周年記念誌』氷見　富山県立氷見高等学校　2019.11　62p　30cm〈書誌注記：年表あり〉Ⓝ376.48

◆福岡高等学校

『富山県立福岡高等学校野球部甲子園出場記念誌』富山県立福岡高等学校野球部甲子園出場実行委員会編　高岡　富山県立福岡高等学校野球部甲子園出場実行委員会　2006.12　30p　30cm

◆福野高等学校

『八十年史』富山県立福野高等学校80年史編纂委員会編　富山県立福野高等学校創立80周年記念事業協賛会　1974.10　20,714p　22cm
『創立八十周年記念誌』富山県立福野高等学校創立80周年記念事業協賛会編　富山県立福野高等学校創立80周年記念事業協賛会　1975　27p　26cm
『創立百周年記念誌』富山県立福野高等学校創立百周年記念事業協賛会編　富山県立福野高等学校創立百周年記念事業協賛会　1994.10　39p　26cm
『福野高校の百年―1894〜1994 写真集』写真集『福野高校の百年』編集委員会編　福野町（富山県）富山県立福野高等学校同窓会　1994.10　214p　26×26cm　Ⓝ376.48
『創立111周年記念事業報告書―付 寄付者芳名録　2005』福野高等学校創立111周年記念事業協賛会編　富山県立福野高等学校創立111周年記念事業協賛会　2006.3　33p　30cm

◆福光高等学校

『福光高等女学校・福光高等学校のあゆみ』富山県立福光高等学校創立二十周年記念誌編集委員会編　福光町（富山県）富山県立福光高等学校創立二十周年記念事業協賛会　1978.10　72p　21cm　Ⓝ376.4

◆不二越工業高等学校

『半世紀の歩み』富山　不二越工業高等学校　1987.11　67p　30cm　Ⓝ376.4
『不二越工業高校五十年史』不二越工業高校五十年史編集委員会編　富山　不二越工業高等学校　1987.11　370p　31cm　Ⓝ376.4

◆二上工業高等学校

『半世紀のあゆみ』高岡　富山県立二上工業高等学校　2012.3　114p　31cm〈書誌注記：年表あり〉Ⓝ376.48

◆八尾高等学校

『髙啼―八尾高校百年のあゆみ』富山　富山県立八尾高等学校創立百周年記念事業実行委員会　2022.11　119p　31cm〈書誌注記：年表あり〉Ⓝ376.48

◆雄峰高等学校

『富山夜間中学校・雄峰中学校・雄峰高等学校四十年のあゆみ』富山県立雄峰高等学校四十周年記念誌編集委員会編　富山　富山県立雄峰高等学校　1977.10　157p（図共）22cm　Ⓝ376.4
『雄峰高60年史』富山　富山県立雄峰高等学校　1997.10　243p　31cm　Ⓝ376.48

◆龍谷富山高等学校

『70年の歩み―学校法人藤園学園龍谷富山高等学校』龍谷富山高等学校記念誌編集委員会編　富山　龍谷富山高等学校　2007.9　170p　26cm〈書誌注記：年表あり〉Ⓝ376.48

石川県

◆穴水高等学校

『あさみどり―穴水高等学校六十年史』穴水高等学校創立60周年記念事業実行委員会編　穴水町（石川県）［穴水高等学校創立60周年記念事業実行委員会］　2006.10　193p　30cm　Ⓝ376.4

石川県

◆安城学園高等学校

『潜在能力の開発をめざして―創作活動10年の歩み』安城学園高等学校研究部編　安城　安城学園高等学校　1985.12　377p　27cm〈付：参考文献〉Ⓝ375.18

◆飯田高等学校

『飯田高等女学校・飯田中学校・飯田高等学校六十年の歩み』珠洲　石川県立飯田高等学校　1974.7　46p　21cm　Ⓝ376.4

『飯田高校九十年史』飯田高校九十年史編集委員会編　珠洲　飯田高校創立九十年記念事業実行委員会　2001.5　641p　27cm〈年表：p593～634〉Ⓝ376.4

『飯田高校近十年史―創立百周年記念』石川県立飯田高等学校『飯田高校近十年史』編集委員会編集　珠洲　飯田高校創立百周年記念事業実行委員会　2012.5　162p　31cm　Ⓝ376.4

『伝説とロマンの里―石川県立飯田高等学校百周年記念誌』西山郷史編著　珠洲　石川県立飯田高等学校百周年記念事業実行委員会　2012.10　323p　21cm　Ⓝ214.3

◆石川県立工業高等学校

『石川県立工業高等学校創立九十周年記念近十年史』近十年史編集委員会編　金沢　石川県立工業高等学校創立九十周年記念実行委員会　1978　148p　22cm

『［石川県立工業高等学校］近十年史』石川県立工業高等学校近十年史編集委員会編　金沢　石川県立工業高等学校創立九十周年記念実行委員会　1978.3　148p　図版　22cm　Ⓝ376.4

『県工創立百周年記念』石川県立工業高等学校創立百周年記念実行委員会編　金沢　石川県立工業高等学校　1987.10　20p　26cm　Ⓝ376.4

『県工百年史』「県工百年史」編集委員会編　金沢　石川県立工業高等学校　1987.10　557p　図版16枚　27cm〈監修：高堀勝喜　共同刊行：石川県立工業高等学校創立百周年記念事業実行委員会〉Ⓝ376.4

『石川県立工業学校創立二十五年記念』石川県立工業高等学校編　金沢　石川県立工業高等学校　1987.10　137p　図版［19］枚　22cm〈「校友会雑誌」第16号（石川県立工業学校交友会編集・発行，1911.12）の復刻，創立百周年記念事業〉Ⓝ376.4

『［石川県立工業高等学校］近十年史―創立百二十周年記念』石川県立工業高等学校創立百二十周年記念事業実行委員会編　金沢　石川県立工業高等学校創立百二十周年記念事業実行委員会　2006.10　173p　27cm　Ⓝ376.4

『［石川県立工業高等学校］近十年史―創立百三十周年記念』石川県立工業高等学校創立百三十周年記念事業実行委員会編　金沢　石川県立工業高等学校　2016.10　205, 8p（142-1～142-8）26cm　Ⓝ376.4

◆石川県立水産高等学校

『水高五十年誌』石川県立水産高等学校創立五十周年記念誌編集委員会編　能都町（石川県）石川県立水産高等学校創立五十周年記念誌編集委員会　1990.11　356, 221p　26cm　Ⓝ376.4

◆羽松高等学校

『［石川県立羽松高等学校］十周年記念誌』石川県立羽松高等学校編　羽咋　石川県立羽松高等学校　1981.11　221p　21cm　Ⓝ376.4

『［石川県立羽松高等学校］20周年記念誌』石川県立羽松高等学校編　羽咋　石川県立羽松高等学校　1991.9　135, 82p　26cm　Ⓝ376.4

『［石川県立羽松高等学校］創立50周年記念―「より深く、よりあざやかな未来へ。」』石川県立羽松高等学校, 石川県立羽松高等学校同窓会編　羽咋　石川県立羽松高等学校　2021.10　23p　21cm

◆内灘高等学校

『内灘高校の10年』石川県立内灘高等学校十年記念誌編集委員会編　内灘町（石川県）石川県立内灘高等学校　1995.10　249p　30cm　Ⓝ376.4

『創立20周年記念 近10年のあゆみ　2005』創立20周年記念誌編集委員会編　内灘町（石川県）石川県立内灘高等学校　2005.10　1冊　30cm　Ⓝ376.4

◆鵬学園高等学校

『近30年史―鵬学園高等学校創立50周年記念』鵬学園高等学校創立五十周年記念誌編集委員会編　七尾　鵬学園高等学校　2011.10　276p　30cm　Ⓝ376.48

◆加賀高等学校

『［石川県立加賀高等学校］七年のあゆみ―校舎竣工記念』石川県立加賀高等学校編　加賀

石川県

石川県立加賀高等学校　1979.11　76p（図版共）22cm　Ⓝ376.4

『十年史―石川県立加賀高等学校』「十年史石川県立加賀高等学校」編集委員会編　加賀　石川県立加賀高等学校十周年記念事業実行委員会　1982.9　300, 64p　22cm　Ⓝ376.4

『［石川県立加賀高等学校］創立20周年記念誌』石川県立加賀高等学校同窓会編　加賀　石川県立加賀高等学校同窓会　1992.10　61p　26cm　Ⓝ376.4

『［石川県立加賀高等学校］近十年史―創立三十周年記念』石川県立加賀高等学校創立三十周年校史編纂委員会編　加賀　石川県立加賀高等学校　2002.10　154p　30cm　Ⓝ376.4

『加賀高校近十年史―創立四十周年記念』石川県立加賀高等学校創立四十周年校史編纂委員会編集　加賀　石川県立加賀高等学校　2012.10　114p　30cm　Ⓝ376.4

『石川県立加賀高等学校創立50周年記念誌』「加賀高校創立50周記念誌」校史編纂委員会編集　加賀　石川県立加賀高等学校　［2022］　120p　30cm　Ⓝ376.4

◆加賀聖城高等学校

『［石川県立加賀聖城高等学校］三十周年記念誌』石川県立加賀聖城高等学校創立三十周年記念誌編集委員会編　加賀　石川県立加賀聖城高等学校　1995.10　232, 49p　30cm　Ⓝ376.4

『［石川県立加賀聖城高等学校］創立五十周年記念誌』石川県立加賀聖城高等学校編集　加賀　石川県立加賀聖城高等学校　2015.10　48p　30cm

◆金沢泉丘高等学校

『金沢一中泉丘高校百年史』金沢一中・泉丘高校百年史編集委員会編　金沢　一泉創立百周年記念事業実行委員会　1993.10　2冊　27cm　Ⓝ376.4

『創立五十周年記念誌』石川県立金沢泉丘高等学校通信制課程創立五十周年記念誌編集委員会編　金沢　石川県立金沢泉丘高等学校通信制課程創立五十周年記念事業実行委員会　1998.11　278, 95p　27cm　Ⓝ376.48

『金沢泉丘近十年史―2004-2013』石川県立金沢泉丘高等学校近十年史編集委員会編　金沢　石川県立金沢泉丘高等学校　2013.10　147p　26cm〈書誌注記：年表あり〉Ⓝ376.48

◆金沢向陽高等学校

『金沢向陽星霜十年』金沢向陽高等学校創立十周年記念誌編集委員会編　金沢　石川県立金沢向陽高等学校創立二十周年記念誌編集委員会　1980.9　160p 図版　27cm　Ⓝ376.4

『金沢向陽星霜二十年』石川県立金沢向陽高等学校創立二十周年記念誌編集委員会編　金沢　石川県立金沢向陽高等学校創立二十周年記念誌編集委員会　1989.9　170p　26cm　Ⓝ376.4

『金沢向陽高校三十年史』創立三十周年記念誌編集委員会編集　金沢　石川県立金沢向陽等学校　1999.11　405p　27cm　Ⓝ376.4

『［石川県立金沢向陽高等学校］近十年史―創立四十周年記念』金沢向陽高校近十年史編纂部編纂　金沢　石川県立金沢向陽高等学校創立四十周年記念事業実行委員会　2009.9　174p　30cm

『金沢向陽星霜五十年』石川県立金沢向陽高等学校創立50周年記念誌編集委員会編　金沢　石川県立金沢向陽高等学校創立50周年記念事業実行委員会　2019.10　155p　31cm

◆金沢桜丘高等学校

『金沢三中・桜丘高校五十年史』金沢三中・桜丘高校五十年史編集委員会編　金沢　金沢桜丘高等学校　1970　720p 図版　22cm　Ⓝ376.4

『金沢桜丘高校近三十年史―創立八十周年記念』石川県立金沢桜丘高等学校創立八十周年記念事業実行委員会編集　金沢　石川県立金沢桜丘高等学校創立八十周年記念事業実行委員会　2000.10　346p　27cm〈年表：p205〜229〉Ⓝ376.4

『金沢桜丘高校近十年史―創立90周年記念』金沢　石川県立金沢桜丘高等学校　2010.10　105p　30cm〈石川県立金沢第三中学校・石川県立金沢桜丘高等学校沿革史略年表：p78-79〉Ⓝ376.4

『金沢三中・桜丘高校百年史―創立百周年記念回顧・展望編』金沢　石川県立金沢桜丘高等学校創立百周年記念事業実行委員会　2022.11　437p　27cm〈書誌注記：年表あり〉Ⓝ376.48

『金沢三中・桜丘高校百年史―創立百周年記念歴史編』金沢　石川県立金沢桜丘高等学校創立百周年記念事業実行委員会　2022.11　450p, 図版 12 p　27cm〈書誌注記：年表あり〉Ⓝ376.48

『桜の花はもう一度夏に咲く―石川県立金沢第

石川県

三中学校・石川県立金沢桜丘高等学校野球部創部100周年記念誌』石川県立金沢第三中学校・石川県立金沢桜丘高等学校野球部創部100周年記念事業実行委員会編　金沢　能登印刷(印刷)　2023.12　271p　30cm

◆金沢商業高等学校

『金商七十年史』金商70年史編集委員会編　金沢　金沢商業高等学校　1970　408p 図版　27cm　Ⓝ376.4

『金商菫台百年史』『金商菫台百年史』編集委員会編　金沢　石川県立金沢商業高等学校創立百周年記念事業実行委員会　2000.10　696p　27cm〈共同刊行：金商・菫台母校創立百周年記念事業実行委員会〉Ⓝ376.48

◆金沢松陵工業高等学校

『松陵十年』石川県立金沢松陵工業高等学校10周年記念事業実行委員会編　金沢　石川県立金沢松陵工業高等学校　1973.9　116p　26cm〈奥付書名：石川県立金沢松陵工業高等学校十年史〉Ⓝ376.4

『松陵二十年』石川県立金沢松陵工業高等学校20周年記念事業実行委員会編　金沢　石川県立金沢松陵工業高等学校創立三十年記念誌編集委員会　1983.10　60p　30cm　Ⓝ376.4

『松陵三十年—石川県立金沢松陵工業高等学校』石川県立金沢松陵工業高等学校創立三十年記念誌編集委員会編　金沢　石川県立金沢松陵工業高等学校創立三十年記念誌編集委員会　1993.10　116, 129, 102p　27cm〈創立十周年記念誌「松陵十年」復刻：p1〜116〉Ⓝ376.4

◆金沢女子高等学校

『[石川県立金沢女子高等学校]創立十周年記念誌』石川県立金沢女子高等学校編　金沢　石川県立金沢女子高等学校　1975.10　120, 105p　21cm　Ⓝ376.4

『金沢女子高二十年—石川県立金沢女子高等学校創立二十周年記念』金沢女子高二十年編集委員会編　金沢　石川県立金沢女子高等学校創立二十周年記念事業実行委員会　1985.9　202p　22cm　Ⓝ376.4

『栄光の勝利—第29回全国高等学校なぎなた選手権大会優勝記念』石川県立金沢女子高等学校なぎなた部編　金沢　石川県立金沢女子高等学校なぎなた部　1990.8　28p 図版[6]p　26cm〈とき：平成2年8月13日、ところ：日本武道館〉Ⓝ789

『金沢女子高三十年—石川県立金沢女子高等学校創立三十周年記念』「金沢女子高三十年」編集委員会編　金沢　石川県立金沢女子高等学校　1995.3　112p　27cm　Ⓝ376.4

◆金沢市立工業高等学校

『金市工五十年』金市工50年編集委員会編　金沢　金沢市立工業高等学校　1978.10　176p　27cm　Ⓝ376.4

『近十年誌—昭和53年〜昭和63年　創立60周年記念』金市工60年史編集委員会編　金沢　金沢市立工業高等学校　1988.10　162p　27cm　Ⓝ376.4

◆金沢大学教育学部附属高等学校

『附高五十年』金沢大学教育学部附属高等学校創立五十周年記念事業実行委員会記念誌編纂委員会編　金沢　金沢大学教育学部附属高等学校創立五十周年記念事業実行委員会　1998.6　427p　31cm　Ⓝ376.48

『付高外伝—金沢大学教育学部付属高等学校』松田章一著　付高外伝刊行委員会　2017.5　221p　19cm〈出版者注記：能登印刷出版部(発売)〉1000円　①978-4-89010-712-4　Ⓝ376.48

目次　山を仰がぬ日もなきは　学校篇,窓によりそう友や我　生徒篇,山の奥かに厳しさの　授業篇,街の北なるあらうみは　演劇部篇,わかき我らはうるかな　旅行篇,学びて去らばふり顧れ　同窓会篇,学と育と敬いと　講演篇1,理性の教育　感性の教育　講演篇2

内容　え？こんな高校！秀才、異才、奇才たちによる青春シンフォニー。

◆金沢辰巳丘高等学校

『[石川県立金沢辰巳丘高等学校]創立10周年記念誌』金沢辰巳丘高等学校十年誌編集委員会編　金沢　石川県立金沢辰巳丘高等学校創立十周年記念事業実行委員会　1995.10　198p 図版[36]p　26cm　Ⓝ376.4

『[石川県立]金沢辰巳丘高等学校創立20周年記念近10年誌』石川県立金沢辰巳丘高等学校20年誌編集委員会編　金沢　石川県立金沢辰巳丘高等学校,金沢辰巳丘高等学校創立20周年記念実行委員会　2005.11　200p 口絵　30cm　Ⓝ376.4

◆金沢中央高等学校

『単位制10年の歩み』金沢　石川県立金沢中央高等学校　1999.10　79p　30cm　Ⓝ376.4143

石川県

『さらなる前進のために―単位制10年の歩み・続編』金沢　石川県立金沢中央高等学校　2000.3　9p　30cm　Ⓝ376.4143

『風雪五十年―石川県立金沢中央高等学校五十年誌』創立五十周年記念誌編集委員会編　金沢　創立五十周年記念事業実行委員会　2002.10　262p　27cm　Ⓝ376.48

『石川県立金沢中央高等学校近十年史』創立六十周年記念事業実行委員会編　金沢　創立六十周年記念事業実行委員会　2012.10　89p　図版8p　26cm〈創立六十周年記念　背・表紙のタイトル：近十年史〉Ⓝ376.48

『近十年史―石川県立金沢中央高等学校70年誌』創立七十周年記念事業実行委員会編　金沢　創立七十周年記念事業実行委員会　2022.10　124p 図版8p　26cm　Ⓝ376.4

◆金沢西高等学校

『[石川県立金沢西高等学校]創立五周年誌』石川県立金沢西高等学校編　金沢　石川県立金沢西高等学校　1978.9　57p　21cm〈校舎落成記念〉Ⓝ376.4

『金沢西高校20年誌』金沢　石川県立金沢西高等学校　1993.10　305p　26cm　Ⓝ376.4

『金沢西高校近十年誌―創立三十周年記念』石川県立金沢西高等学校編　金沢　石川県立金沢西高等学校　2003.10　210p　30cm　Ⓝ376.4

◆金沢錦丘高等学校

『金沢二中・錦丘高校校史―金沢錦丘高等学校創立五〇周年記念誌』金沢錦丘高校校史編集委員会編　金沢　石川県立金沢錦丘高等学校創立五〇周年記念事業実行委員会　2013.9　415p　22cm〈書誌注記：年表あり〉Ⓝ376.48

『金沢錦丘高校近十年史―創立六〇周年記念誌』金沢錦丘高等学校校史編集委員会編　金沢　石川県立金沢錦丘高等学校創立六〇周年記念事業実行委員会　2023.9　195p　22cm〈書誌注記：年表あり〉Ⓝ376.48

◆金沢二水高等学校

『済美に集う―石川県立金沢第一高女の光陰』北国新聞編集局編　金沢　北国出版社　1981.10　301p　19cm　2000円　Ⓝ376.4

『二水五十年』金沢　石川県立金沢二水高等学校創立五十周年記念事業実行委員会　1998.10　696p　27cm　Ⓝ376.4

『金沢二水高等学校バドミントンクラブ創立五十周年記念誌』石川県立金沢二水高等学校バドミントン部OB・OG会編集　金沢　石川県立金沢二水高等学校バドミントン部OB・OG会　2001.7　79p　30cm〈書名は奥付と標題紙による.表紙の書名：Nisui Memory of Half Century Badminton Club〉Ⓝ783

『近十年史―創立60周年記念誌』石川県立金沢二水高等学校近十年史編集委員会編　金沢　石川県立金沢二水高等学校　2008.10　137p　26cm〈タイトルは奥付による〉Ⓝ376.4

『近十年史―創立70周年記念誌』石川県立金沢二水高等学校近十年史編集委員会編　金沢　石川県立金沢二水高等学校　2018.10　145p　30cm〈書誌注記：年表あり〉Ⓝ376.48

◆金沢北陵高等学校

『創立五十周年記念誌』石川県立金沢北陵高等学校創立五十周年記念事業実行委員会編　金沢　石川県立金沢北陵高等学校　2014.3　136p 図版 18p　30cm〈書誌注記：年表あり〉Ⓝ376.48

『[石川県立金沢北陵高等学校]創立六十周年記念式典』金沢　石川県立金沢北陵高等学校　2023　1枚　30×42cm（折りたたみ30cm）

『[石川県立金沢北陵高等学校]創立六十周年記念誌』石川県立金沢北陵高等学校創立60周年記念事業実行委員会編集　金沢　石川県立金沢北陵高等学校　2023.11　88p　30cm

◆河北台商業高等学校

『創立十周年記念誌』宇ノ気町（石川県）石川県立河北台商業高等学校　1979.11　210, 90p　21cm　Ⓝ376.48

『創立二十周年記念誌』宇ノ気町（石川県）石川県立河北台商業高等学校　1989.11　119, 152p　26cm　Ⓝ376.48

『創立三十周年記念「近十年史」』石川県立河北台商業高等学校記念誌編集委員会編　宇ノ気町（石川県）石川県立河北台商業高等学校創立三十周年記念事業実行委員会　1999.10　170, 199p　30cm　Ⓝ376.48

『わが河北台―石川県立河北台商業高等学校沿革誌』記念誌編集委員会編　宇ノ気町（石川県）石川県河北台商業高等学校　2003.2　38p　30cm　Ⓝ376.48

『近四年史―石川県立河北台商業高等学校』石川県立河北台商業高等学校記念誌編集委員会編　宇ノ気町（石川県）石川県立河北台商業高等学校　2003.2　109p　30cm　Ⓝ376.48

◆小松高等学校

『小松高等学校百年史　回想編』「小松高等学校百年史」編集委員会編　小松　石川県立小松高等学校創立百周年記念事業実行委員会　1999.10　348p　27cm〈製作：北國新聞社〉Ⓝ376.48

『小松高等学校百年史　通史編・資料編』「小松高等学校百年史」編集委員会編　小松　石川県立小松高等学校創立百周年記念事業実行委員会　1999.10　917, 59p　27cm〈製作：北國新聞社〉376.48

『[石川県立小松高等学校]近十年史―創立百十周年記念』『小松高等学校近十年史』編集委員会編集　小松　石川県立小松高等学校創立百十年記念事業実行委員会　2009.7　284p　27cm Ⓝ376.4

『小松高等学校創立百二十周年記念「近十年史」』小松高等学校「近十年史」編集委員会編　小松　石川県立小松高等学校創立百二十周年記念事業実行委員会　2019.7　323p　26cm Ⓝ376.4

◆小松北高等学校

『石川県立小松北高等学校創立七十周年記念誌―近二十年のあゆみ』石川県立小松北高等学校　小松　石川県立小松北高等学校　2021.10　38p　30cm Ⓝ376.4

◆小松工業高等学校

『小松実高・小松工業高校野球部史』森山幸太郎編　小松　小松実高・小松工業高校野球部史発刊実行委員会　1984.3　390p　図版35枚　27cm〈付（1枚）〉非売品 Ⓝ783.7

『近十年史』石川県立小松工業高等学校近十年史編集委員会編　金沢　石川県立小松工業高等学校　1990.10　229p　22cm〈奥付の書名：小松工業高等学校近十年史創立五十周年記念，校史年表：p1～9〉Ⓝ376.4

『小松工業高等学校近十年史―創立六十周年記念』石川県立小松工業高等学校近十年史編集委員会編　小松　石川県立小松工業高等学校　1999.9　240p 図版　30cm Ⓝ376.4

『小松工業高等学校近十年史―創立七十周年記念』石川県立小松工業高等学校近十年史編集委員会編　小松　石川県立小松工業高等学校　2009.9　126p 図版　30cm Ⓝ376.4

『創立八十周年記念近十年史』石川県立小松工業高等学校近十年史編集委員会編集　小松　石川県立小松工業高等学校　2019.9　148p

30cm Ⓝ376.4

◆小松実業高等学校

『小松実高・小松工業高校野球部史』森山幸太郎編　小松　小松実高・小松工業高校野球部史発刊実行委員会　1984.3　390p 図版35枚　27cm〈付（1枚）〉非売品 Ⓝ783.7

◆小松商業高等学校

『[石川県立小松商業高等学校]創立五十周年記念誌』石川県立小松商業高等学校同窓会編　小松　石川県立小松商業高等学校同窓会　1970.10　436p　22cm Ⓝ376.4

『[石川県立小松商業高等学校]創立八十周年記念誌』石川県立小松商業高等学校記念誌委員会編　小松　石川県立小松商業高等学校創立80周年記念事業実行委員会　2001.1　265p　図版[15]p　31cm〈年表：p244～263〉Ⓝ376.4

『小松商業百年史』記念史委員会編集　小松　小松商業同窓会創立百周年記念事業実行委員会　2022.4　687p, 図版（ページ付なし）27cm〈書誌注記：年表あり　出版者注記：石川県立小松商業高等学校〉376.48

◆小松明峰高等学校

『[石川県立小松明峰高等学校]近十年史―創立三十周年記念』小松明峰高校近十年史編纂部編纂　小松　石川県立小松明峰高等学校　2007.10　160p　30cm Ⓝ376.4

『近十年史―石川県立小松明峰高等学校：創立四十周年記念』小松明峰高校近十年史編纂部編纂　小松　石川県立小松明峰高等学校創立四十周年記念事業実行委員会　2017.10　164p　30cm〈書誌注記：年表あり〉376.48

◆翠星高等学校

『石川県立翠星高等学校創立140周年記念誌―1876-2016』翠星高等学校創立140周年記念誌編集委員会編　白山　石川県立翠星高等学校　2016.9　115p　30cm〈書誌注記：年表あり　共同刊行：翠星高等学校創立140周年記念事業委員会〉376.48

◆珠洲実業高等学校

『四十七年の歩み―石川県立珠洲実業高等学校閉校記念誌』石川県立珠洲実業高等学校閉校記念誌編集委員会編集　珠洲　石川県立珠洲実業高等学校　2010.3　152p　30cm Ⓝ376.

石川県

4

◆星稜高等学校

『やったぞ星稜ナイン'95夏―第77回全国高校野球選手権大会準優勝全記録 甲子園の君たちは日本一輝いていた！』金沢　北国新聞社　1995.9　56p　30cm　1200円　ⓘ4-8330-0908-0　Ⓝ783.7
〔目次〕準優勝ハイライト、準優勝への道（全記録）、アルプススタンドの奮戦、準優勝チーム紹介、山下野球の軌跡と魅力

『神様が創った試合―山下・星稜vs尾藤・箕島　延長18回の真実』松下茂典著　ベースボール・マガジン社　2006.1　261p　20cm　1500円　ⓘ4-583-03878-X　Ⓝ783.7

『高校サッカー選手権星稜全国初制覇―永久保存版』北國新聞社編集　金沢　北國新聞社　2015.2　48p　30cm〈『月刊北國アクタス』臨時増刊〉926円　ⓘ978-4-8330-2014-5
〔目次〕決勝戦ハイライト、盛大に祝賀パレード沿道に4万5000人、河崎護監督インタビュー、木原力斗コーチインタビュー、先輩からの熱いメッセージ、感謝の言葉、お祝いの言葉、頂点への道―全国選手権の戦績、星稜イレブン取材日誌から、星稜高校全国選手権登録選手・部員、星稜イレブン石川県大会の戦績、星稜高校サッカー部のあゆみ

『星稜高校サッカー部優勝への軌跡―北陸のサッカーを全国へと導いた河﨑護の30年』安藤隆人著　ベースボール・マガジン社　2015.2　207p　19cm〈書誌注記：文献あり〉1500円　ⓘ978-4-583-10810-0　Ⓝ783.47
〔目次〕第1章 "サッカー不毛の地"に蒔かれた種、第2章 湧きおこる夢ゆえのジレンマー、第3章 5年間の葛藤の果て―、第4章 北陸を支えた盤石の土台と本田圭佑の言葉、第5章 暗雲立ち込めて―事325勃発、第6章 盟友たちと築き上げた決勝の舞台、第7章 石川に咲いた大輪の花―本田圭佑、豊田陽平らOBの言葉
〔内容〕本田圭佑、豊田陽平ら日本代表を育て、北陸をサッカーの地へと書き換えた稀代の名将の30年―その真実と情熱。特別付録・全国高校サッカー選手権大会石川県予選録集・1985‐2014。

『星稜高校野球部―「第3期黄金時代」の幕開け：Since 1962』ベースボール・マガジン社　2015.7　97p　29cm（B.B.MOOK 1214―高校野球名門校シリーズ 10）1389円　ⓘ978-4-583-62312-2

『1979年箕島高校と星稜高校―カクテル光線に照らされた「史上最高の試合」』馬場遼著　ベースボール・マガジン社　2022.8　199p　19cm（再検証夏の甲子園激闘の記憶）〈書誌注記：文献あり〉1600円　ⓘ978-4-583-11512-2　Ⓝ783.7
〔目次〕第1章 和歌山県立箕島高校のあゆみ、第2章 稲置学園星稜のあゆみ、第3章 運命の決戦の展開（1～9回）、第4章 世紀の決戦、中盤戦（10～13回裏）へ、第5章 さらに延長が続く中で、奇跡再び（14～17回）、第6章 時間切れ間際の幕切れ、第7章 春夏連覇となった箕島と、健闘を称えられた星稜のその後
〔内容〕1979年夏の甲子園3回戦、高校野球史に刻まれる伝説の試合が生まれた。箕島対星稜。延長18回に及んだ壮絶な死闘は終盤に星稜が2度にわたって勝ち越しに出るも、あきらめない箕島が起死回生の2度の同点弾で追いつく。今も「史上最高の試合」として語り継がれるあの夏の激闘の記憶を、関係者の証言とともに辿る。

◆大聖寺高等学校

『思い出―創立70周年記念写真集』加賀　石川県立大聖寺高等学校同窓会　1980.10　59p　19×26cm　非売品　Ⓝ376.4

『［石川県立大聖寺高等学校］近十年史―創立八十周年記念　資料編』石川県立大聖寺高等学校同窓会編　加賀　石川県立大聖寺高等学校　1990.10　171p　26cm　Ⓝ376.4

『大聖寺高等学校百年史』大聖寺高等学校百年史編集委員会編　加賀　石川県立大聖寺高等学校同窓会創立百周年記念事業実行委員会　2011.10　530p　27cm〈書誌注記：年表あり〉Ⓝ376.48

『近十年史―大聖寺高等学校創立百十周年記念』加賀　石川県立大聖寺高等学校　2021.3　157p　30cm〈書誌注記：年表あり〉Ⓝ376.48

◆大聖寺実業高等学校

『大実十年の歩み』石川県立大聖寺実業高等学校10周年記念行事等準備委員会編　加賀　石川県立大聖寺実業高等学校　1975.9　397p　21cm　Ⓝ376.4

◆高浜高等学校

『玫瑰―創立四十周年記念 高浜高校近十年誌』石川県立高浜高等学校同窓会編　志賀町（石川県）石川県立高浜高等学校同窓会　2005.10　76p　26cm　Ⓝ376.4

◆田鶴浜高等学校

『［石川県立］田鶴浜女子高二十年誌』石川県立田鶴浜女子高等学校創立二十周年記念事業実行委員会編　田鶴浜町（石川県）石川県立田鶴浜女子高等学校　1988.11　148, 109p　26cm　Ⓝ376.4

石川県

『石川県立田鶴浜高等学校創立五十周年近二十年誌―1967-2016』石川県立田鶴浜高等学校創立50周年記念事業実行委員会編　七尾　石川県立田鶴浜高等学校　2016.10　185p　30cm　Ⓝ376.4

『田鶴浜高校　創立三十周年近十年誌―1987-1996』石川県立田鶴浜高等学校創立三十周年記念事業実行委員会編　七尾　石川県立田鶴浜高等学校　2016.10　144p　30cm　Ⓝ376.4

◆津幡高等学校

『津幡高等学校五十年史』石川県立津幡高校五十年史編集委員会編　津幡町（石川県）石川県立津幡高校創立五十周年記念事業実行委員会　1973.11　883p　22cm　Ⓝ376.4

『津幡高等学校百年史』石川県立津幡高等学校創立百周年記念事業実行委員会記念誌編纂・作成委員会編集　津幡町（石川県）石川県立津幡高等学校創立百周年記念事業実行委員会　2024.1　207p　31cm〈書誌注記：年表あり〉Ⓝ376.48

◆鶴来高等学校

『歩み―創立40周年記念写真集』創立40周年記念事業実行委員会編集　鶴来町（石川県）石川県立鶴来高等学校　1982.10　40p　19×26cm　非売品　Ⓝ376.4

『石川県立鶴来高等学校50周年記念誌』鶴来高等学校創立50周年記念事業実行委員会事業部会編　鶴来町（石川県）石川県立鶴来高等学校同窓会　1993.8　1冊　25×25cm〈背の書名：TSURUGI HIGH SCHOOL〉Ⓝ376.4

『石川県立鶴来高等学校近十年史』近十年史編集委員会編　鶴来町（石川県）石川県立鶴来高等学校　1993.9　166p　26cm〈書名は奥付による　標題紙・背の書名：近十年史〉Ⓝ376.4

『60年そして未来へ―創立60周年記念誌』60周年記念誌編集委員会編　鶴来町（石川県）石川県立鶴来高等学校　2003.9　129p　30cm　Ⓝ376.4

『石川県立鶴来高等学校創立70周年近十年史―2003-2013』近十年史編集委員会編　白山　石川県立鶴来高等学校　2013.10　169p　30cm〈書誌注記：年表あり〉Ⓝ376.4

◆寺井高等学校

『[石川県立寺井高等学校]創立十周年記念誌』石川県立寺井高等学校創立十周年記念誌編集委員会編　寺井町（石川県）石川県立寺井高等学校　1975.9　200p（図版共）22cm　Ⓝ376.4

『寺井高校二十年』石川県立寺井高等学校創立20周年記念誌編集委員会編　寺井町（石川県）石川県立寺井高等学校　1985.9　332p　Ⓝ376.4

『寺井高校近十年史―三十年記念によせて：創立三十周年記念誌』石川県立寺井高等学校創立三十周年記念誌編集委員会編集　寺井町（石川県）石川県立寺井高等学校　1995.10　144p　30cm　Ⓝ376.4

『寺井高校近十年史―四十年記念によせて：創立四十周年記念誌』石川県立寺井高等学校創立四十周年記念事業実行委員会　寺井町（石川県）石川県立寺井高等学校　2005.10　82p　30cm　Ⓝ376.4

『石川県立寺井高等学校創立50周年記念誌―1965-2015』「寺井高校創立50周年記念誌」記念誌委員会編集　能美　石川県立寺井高等学校創立50周年記念実行委員会　2015.10　178p　30cm　Ⓝ376.4

◆富来高等学校

『碧窓―石川県立富来高等学校閉校記念誌』閉校記念誌編集委員会編集　志賀町（石川県）石川県立富来高等学校　2011.3　280p　30cm　Ⓝ376.4

◆中島高等学校

『学園旦暮―中島高校十五年』十五周年記念誌編集委員会編　中島町（石川県）石川県立中島高等学校十五周年記念事業実行委員会　1978.11　182p　26cm　Ⓝ376.4

『岬山台三十年』石川県立中島高等学校三十年記念誌編集委員会編　中島町（石川県）石川県立中島高等学校三十周年記念誌編集委員会　1993.11　128p　26cm　Ⓝ376.4

◆七尾高等学校

『七高卒寿の追憶―写真集』写真集『七高卒寿の追憶』編集委員会編　七尾　石川県立七尾高等学校同窓会　1989.9　215p　22×31cm　Ⓝ376.4

『負けられっかい―七尾高校漕艇部45年の歩み』七尾高校漕艇部七星会著　金沢　北国新聞社　1995.3　205p　22cm〈七尾高校漕艇部OB会20周年記念　年表：p194～199〉3000円　Ⓘ4-8330-0876-9　Ⓝ785.7

石川県

『七尾高校百年史』石川県立七尾高等学校百年史編集委員会編　七尾　石川県立七尾高等学校創立百周年記念事業実行委員会　1999.9　930p　27cm　Ⓝ376.48

『創立110周年記念七尾高校近十年史—伝統から変革へ』石川県立七尾高等学校創立110周年記念事業実行委員会編　七尾　石川県立七尾高等学校創立110周年記念事業実行委員会　2009.9　197p　31cm　Ⓝ376.4

◆七尾工業高等学校

『柏陵四十年』創立四十周年記念誌編集委員会編　七尾　石川県立七尾工業高等学校　2005.11　208p　31cm　Ⓝ376.4

◆七尾東雲高等学校

『七尾東雲高等学校10年誌』七尾　石川県立七尾東雲高等学校　2014.2　126p　30cm〈書誌注記：年表あり　創立10周年記念　背のタイトル：創立10周年記念誌〉Ⓝ376.48

『七尾東雲高校近10年誌—Nanaoshinonome High School 20th anniversary』石川県立七尾東雲高等学校創立20周年記念事業実行委員会編集　七尾　石川県立七尾東雲高等学校創立20周年記念事業実行委員会　2023.10　136p　30cm〈書誌注記：年表あり　創立20周年記念〉Ⓝ376.48

◆七尾商業高等学校

『マーキュリー高く—七商・七実八十八年のあゆみ』「七商・七実八十八年」編集委員会編　七尾　七商・七実同窓会　1985.11　172p　25cm〈石川県立七尾商業高等学校創立八十八周年記念　限定版〉Ⓝ376.4

『物語七商・七実—七商・七実八十八年のあゆみ』「七商・七実八十八年」編集委員会編　七尾　七商・七実同窓会　1985.11　100p　25cm〈石川県立七尾商業高等学校創立八十八周年記念　限定版〉Ⓝ376.4

『輝け東雲の空に』七実七商百周年記念誌委員会, 七尾商業高等学校図書委員会編　七尾　石川県立七尾商業高等学校　1996.11　242p　27cm　Ⓝ376.4

『閉校記念誌　『響け、マーキュリーの鐘』—七商・七実109年の歩み』石川県立七尾商業高等学校編　七尾　石川県立七尾商業高等学校　2005.12　127p　図版8p　30cm〈副書名は目次による〉Ⓝ376.4

◆七尾農業高等学校

『七農四十年史』石川県立七尾農業高等学校年史編集委員会編　七尾　石川県立七尾農業高等学校創立四十周年記念事業実行委員会　1986.7　670p　22cm　Ⓝ376.4

◆能登高等学校

『能登高校創立10周年記念誌　青春の誕生—君だけの花を咲かせる場所』石川県立能登高等学校編集　能登町（石川県）石川県立能登高等学校　2019.10　70p　30cm　Ⓝ376.4

◆野々市明倫高等学校

『野々市明倫高校十年誌』野々市明倫高校十年誌編纂委員会編纂　野々市町（石川県）石川県立野々市明倫高等学校創立十周年記念事業実行委員会　1992.10　235, 113p　図版17枚　27cm　Ⓝ376.4

『野々市明倫高校二十年誌』野々市明倫高校二十年誌編集委員会編　野々市町（石川県）石川県立野々市明倫高等学校創立二十周年記念事業実行委員会　2002.10　221p　図版32p　27cm　Ⓝ376.4

『創立30周年記念野々市明倫高校近10年誌』「近10年誌」記念誌委員会編　野々市　石川県立野々市明倫高等学校創立30周年記念実行委員会　2012.10　148p　図版［14］枚　30cm〈書誌注記：年表あり　標題紙のタイトル：野々市明倫高校近10年誌〉Ⓝ376.48

『［石川県立］野々市明倫高校近10年誌—創立40周年記念』「近10年誌」記念誌委員会編　野々市　石川県立野々市明倫高等学校創立40周年記念実行委員会　2022.10　146p　30cm　Ⓝ376.4

◆羽咋高等学校

『羽咋中学・女学校・高校五十年史』石川県立羽咋高校「五十年史」校内編集委員会編　羽咋　石川県立羽咋高校五十年記念事業委員会　1972.10　620p　22cm　Ⓝ376.4

『星霜羽松ケ丘—六十年を迎えた羽咋高校』北国新聞編集局編　金沢　北国出版社　1982.9　241p　19cm　2000円　Ⓝ376.4

『近10年のあゆみ—創立80周年記念』石川県立羽咋高等学校編　羽咋　石川県立羽咋高等学校　2002　［30］p　30cm　Ⓝ376.4

『創立90周年記念近十年史』石川県立羽咋高等学校創立90周年記念事業実行委員会編　羽咋　石川県立羽咋高等学校創立90周年記念事業実

行委員会　2012.10　126p　30cm　Ⓝ376.4

『羽咋高校百年史』石川県立羽咋高等学校100年史編集委員会編集　羽咋　石川県立羽咋高等学校　2022.10　367p　31cm〈書誌注記：年表あり〉Ⓝ376.48

◆羽咋工業高等学校

『工芸台六十年近十年史』羽咋工業高等学校記念誌係編　羽咋　石川県立羽咋工業高等学校　2022.12　123p　26cm　Ⓝ376.4

◆宝達高等学校

『［石川県立宝達高等学校］創立十周年記念誌』石川県立宝達高等学校創立十周年記念誌編集委員会編　押水町（石川県）石川県立宝達高等学校　1982.6　203, 49p　27cm　Ⓝ376.4

『［石川県立宝達高等学校］近十年誌―創立四十周年記念』創立四十周年記念誌編集委員会編集　宝達志水町（石川県）石川県立宝達高等学校　2012.11　186p　26cm　Ⓝ376.4

◆町野高等学校

『［石川県立町野高等学校］創立十周年記念誌』石川県立町野高等学校創立十周年記念誌編集委員会編　輪島　石川県立町野高等学校　1981.11　184, 72p　27cm　Ⓝ376.4

『町高二十年誌』石川県立町野高等学校創立二十周年記念誌編集委員会編　輪島　石川県立町野高等学校　1991.10　150, 69p　27cm　Ⓝ376.4

◆松任高等学校

『松韻年華―石川県立松任高等学校三十年史』石川県立松任高校創立三十周年記念誌編集委員会編　松任　石川県立松任高校創立三十周年記念事業実行委員会　1992.10　494p　28cm　Ⓝ376.4

『希望のある未来へ―創立50周年記念誌』石川県立松任高等高校創立50周年記念事業実行委員会編集　松任　石川県立松任高校創立50周年記念事業実行委員会　2013.3　119p　30cm　Ⓝ376.4

『創立60周年記念誌―2013年度―2021年度』石川県立松任高等学校創立60周年記念事業実行委員会編集　白山　石川県立松任高等学校創立60周年記念事業実行委員会　2022.10　103p　30cm〈書誌注記：年表あり〉Ⓝ376.48

◆松任農業高等学校

『松任農業高等学校百年史』石川県立松任農業高等学校開校百年史編集委員会編　松任　石川県立松任農業高等学校開校百年記念事業委員会　1975.10　846p　22cm　Ⓝ376.4

『六星土に人に―松任農学校の一世紀』北国新聞社編集局編　金沢　北国出版社　1981.8　289p　21cm　2000円　Ⓝ376.4

◆箕島高等学校

『神様が創った試合―山下・星稜vs尾藤・箕島延長18回の真実』松下茂典著　ベースボール・マガジン社　2006.1　261p　20cm　1500円　①4-583-03878-X　Ⓝ783.7

◆柳田農業高等学校

『石川県立柳田農業高等学校五十年誌』柳田農業高等学校創立五十周年記念誌編集委員会編集　柳田村（石川県）石川県立柳田農業高等学校　1988.6　324, 145p　27cm〈書名は奥付による.背と表紙の書名：五十年誌〉Ⓝ376.4

『近十年の歩み―石川県立柳田農業高等学校創立六十周年記念誌』柳田農業高等学校創立六十周年記念誌編集委員会編　柳田村（石川県）石川県立柳田農業高等学校　1997.6　63, 174p　30cm〈書名は奥付による.背と表紙の書名：五十年誌〉Ⓝ376.4

◆鹿西高等学校

『我が母校風雪二十一年の譜』鹿西高等学校定時制閉校記念事業実行委員会編　鹿西町（石川県）石川県立鹿西高等学校定時制同窓会　1985.3　150, 13p　26cm〈七尾城北高校鹿西分校 鹿西高校定時制閉校記念誌〉Ⓝ376.4

『星斗―鹿西高校近十年誌』石川県立鹿西高等学校創立二十周年記念事業実行委員会記念誌係編　鹿西町（石川県）石川県立鹿西高等学校　1993.11　46, 202p 図版40p　26cm〈創立二十周年記念〉Ⓝ376.4

『星斗―鹿西高校近十年誌：創立三十周年記念』石川県立鹿西高等学校創立三十周年記念事業実行委員会記念誌小委員会編　鹿西町（石川県）石川県立鹿西高等学校創立三十周年記念事業実行委員会　2003.10　103p　26cm　Ⓝ376.4

『星斗―鹿西高校近10年誌：創立40周年記念』中能登町（石川県）石川県立鹿西高等学校創立40周年記念事業実行委員会　2013.10　98p　30cm　Ⓝ376.4

◆輪島実業高等学校

『輪島実業高等学校十年史』石川県立輪島実業高等学校十周年記念事業実行委員会編　輪島　石川県立輪島実業高等学校十周年記念事業実行委員会　1979.11　248p　21cm　Ⓝ376.4

『輪島実高二十年史』石川県立輪島実業高等学校二十周年記念事業実行委員会編　輪島　石川県立輪島実業高等学校二十周年記念事業実行委員会　1989.11　238p　26cm　Ⓝ376.4

『輪島実高三十年史』石川県立輪島実業高等学校三十周年記念事業実行委員会編　輪島　石川県立輪島実業高等学校三十周年記念事業実行委員会　2000.11　267p　図版[3, 18]p　26cm　Ⓝ376.4

福井県

◆足羽高等学校

『足羽高等学校十年史』足羽高校十年史編集委員会編　足羽高校創立十周年記念行事実行委員会　1985.10　128p　26cm　Ⓝ376.4

『足羽高等学校二十年史―創立二十周年記念誌』足羽高校二十年史編集委員会編　福井　足羽高等学校創立二十周年記念事業実行委員会　1995.10　170p　26cm　Ⓝ376.4

『足羽高等学校三十年史』福井県立足羽高等学校創立三十周年記念事業実行委員会記念誌委員会編　福井　福井県立足羽高等学校創立三十周年記念事業実行委員会記念誌委員会　2005.11　140p　25cm〈年表あり〉Ⓝ376.48

◆羽水高等学校

『羽高十年史』羽水高等学校創立十周年記念誌編集委員会編　福井　福井県立羽水高等学校　1973.10　136p　21cm　Ⓝ376.4

『羽高二十年―十一年目からのあゆみ』羽水高等学校創立二十周年記念誌部会編　福井　福井県立羽水高等学校　1983.10　125p　21×22cm　Ⓝ376.4

『羽高三十年史―1993』羽水高等学校創立三十周年記念誌編集委員会編　福井　福井県立羽水高等学校　1993.10　202p（図共）22×22cm　Ⓝ376.4

『羽高五十年史―2013』福井県立羽水高等学校創立五十周年記念誌編集委員会編　福井　福井県立羽水高等学校　2013.9　319p　21×22cm〈書誌注記：年表あり〉Ⓝ376.48

◆大野高等学校

『大高の70年』大野高等学校創立70周年記念誌編集委員会編　大野　福井県立大野高等学校創立70周年記念行事実行委員会　1975　176p（図共）26cm　Ⓝ376.4

『大野高校八十年史』八〇周年記念誌編集委員会編　大野　福井県立大野高等学校　1986.9　862p　図版11枚　27cm　Ⓝ376.4

『大野高校創立八八周年記念誌―この八年のあゆみ』大野高校創立八八周年記念誌編集委員会編　大野　大野高校創立八八周年・移転新築記念事業委員会　1994.3　319p　27cm　Ⓝ376.48

『百年史』福井県立大野高等学校創立百周年記念誌編纂委員会編　大野　福井県立大野高等学校創立百周年記念誌編纂委員会　2005.10　1076p　27cm〈奥付のタイトル：百周年記念誌　年表あり〉Ⓝ376.48

◆大野工業高等学校

『創立十周年記念誌』福井県立大野工業高等学校創立十周年記念誌編集委員会編　大野　福井県立大野工業高等学校　1974　220p　図10枚　22cm　Ⓝ376.84

『[福井県立大野工業高等学校]創立二十周年記念』創立二十周年記念誌編集委員会編　大野　福井県立大野工業高等学校　1985.10　114p　21×22cm　Ⓝ376.4

◆大野東高等学校

『福井県立大野東高等学校創立三十五周年記念誌』創立三十五周年記念誌編集委員会編　大野　福井県立大野東高等学校　2000.11　154p　26cm〈標題紙・背・表紙のタイトル：創立35周年記念誌〉Ⓝ376.48

◆小浜水産高等学校

『福井県立小浜水産高等学校百周年記念誌』小浜水産高等学校編　小浜　福井県立小浜水産高等学校　1995.12　470p　22cm〈背表紙の書名：福井県立小浜水産高等学校百周年記念誌〉Ⓝ376.4

『浜水高創立110周年記念誌―10年の航跡』小浜水産高等学校創立110周年記念事業実行委員会編　小浜　福井県立小浜水産高等学校　2005.11　80p　30cm　Ⓝ376.4

◆科学技術高等学校

『福井県立科学技術高等学校十年史』科学技術高等学校創立十周年記念誌編集委員会編　福井　福井県立科学技術高等学校　1983.10　335p　22cm　Ⓝ376.7

◆勝山高等学校

『勝山高校三十年史』福井県立勝山高等学校編　勝山　福井県立勝山高等学校創立三十周年記念事業実行委員会　1979.3　479, 48p　25cm　Ⓝ376.4

『勝山高校五十年史』福井県立勝山高等学校五十周年校史編集委員会編　勝山　福井県立勝山高等学校創立五十周年記念事業実行委員会　1997.10　613p　27cm　Ⓝ376.48

『勝山定時制の五十四年—定時制閉校記念誌』福井県立勝山高等学校編　勝山　福井県立勝山高等学校　2002.2　505p　27cm　Ⓝ376.48

◆勝山南高等学校

『五十年史—勝山精華高等女学校・勝山精華高等学校・勝山南高等学校』福井県立勝山南高等学校編　勝山　福井県立勝山精華・勝山南高等学校創立五十周年記念事業実行委員会　1992.11　541p　25cm〈書誌注記：年表：p520～538〉Ⓝ376.4

◆金津高等学校

『金津高等学校十年史』十年史編纂委員会編　金津町（福井県）　創立十周年記念事業実行委員会　1992.9　337p　図版11枚　27cm〈発行所：福井県立金津高等学校〉Ⓝ376.4

◆高志高等学校

『高志高校三十年史』高志高校三十年史編集委員会編　福井　福井県立高志高等学校　1978.10　379p　22cm　Ⓝ376.4

『高志高等学校五十年史』高志高等学校五十年史編集委員会編　福井　福井県立高志高等学校　1998.3　532p　22cm　Ⓝ376.48

『高志高等学校野球部50年のあゆみ』高志高等学校野球部OB会50年のあゆみ編集委員会編　福井　福井県立高志高等学校野球部OB会　2000.12　422p　31cm〈標題紙・背のタイトル：野球部50年のあゆみ　年表あり〉非売品　Ⓝ783.7

『野球部のあゆみ　2』高志高等学校野球部OB会野球部のあゆみⅡ編集委員会編　福井　福井県立高志高等学校野球部OB会　2012.12　187p　30cm〈書誌注記：年表あり　奥付のタイトル：高志高等学校野球部のあゆみ〉非売品　Ⓝ783.7

◆坂井農業高等学校

『福井県立坂井農業高等学校六十周年記念集録』福井県立坂井農業高等学校六十年誌編集委員会編　坂井町（福井県）　坂井農業高等学校　1979.4　37p　21cm　非売品　Ⓝ376.4

『福井県立坂井農業高等学校創立八十周年誌』創立八十周年記念事業校内実行委員会編　坂井町（福井県）　坂井農業高等学校　1998.10　271, 14p　27cm〈巻末：松平文庫図書目録〉Ⓝ376.4

『歴史を刻んで一世紀—百年史：福井縣立坂井農業高等學校』創立百周年記念誌編集委員会編　坂井　創立百周年記念誌編集委員会　2016.3　228p　27cm　非売品　Ⓝ376.48

◆鯖江高等学校

『鯖江高校定時制の歩み』鯖江高等学校定時制記念誌編集委員会編　鯖江　福井県立鯖江高等学校定時制　1976.12　102p　21cm　Ⓝ376.4

『鯖江高校七十五年史』鯖江高校沿革誌委員会編　鯖江　福井県立鯖江高等学校　1989.7　767, 51p　22cm　非売品　Ⓝ376.4

『鯖江高校アート・プロジェクト図録—福井県立鯖江高等学校創立85周年・新制高校発足50周年記念図録』山本広編　鯖江　福井県立鯖江高等学校　1998.11　79p　30cm〈書名は背による〉Ⓝ708.7

『鯖江高校十年誌—鯖江高校創立八十五周年・新制高校発足五十周年記念　平成元年度～平成10年度』鯖江高等学校創立85周年・新制高校発足50周年記念編　鯖江　鯖江高等学校創立85周年・新制高校発足50周年記念　2000.3　190p　図版2枚　26×24cm　非売品　Ⓝ376.4

『［福井県立鯖江高等学校］創立百周年記念誌』鯖江高等学校記念誌編集部会編　鯖江　鯖江高等学校100周年事業実行委員会　2014.12　310p　30cm　Ⓝ376.4

◆仁愛女子高等学校

『和一創立80周年記念誌　第3号』福井　仁愛女子高等学校　1978.10　195p　21cm〈折り込1枚〉Ⓝ376.48

『和—仁愛女子高等学校創立90周年記念誌』仁愛女子高等学校創立90周年記念誌編集委員会編　福井　仁愛女子高等学校90周年記念誌編集

福井県

集委員会　1988.9　104p　30cm　Ⓝ376.4

『仁愛女子高等学校百年史』仁愛女子高等学校百年史編纂委員会編　福井　仁愛女子高等学校　1998.9　895p　27cm　Ⓝ376.48

『和―仁愛女子高等学校創立110周年記念誌』仁愛女子高等学校創立110周年記念誌編纂委員会編　福井　仁愛女子高等学校　2008.10　231p　26cm　Ⓝ376.48

『仁愛学園戦後史余録―創立百十周年記念』アイ出版部編　福井　福井仁愛学園　2009.3　298p [図版5]p　21cm　Ⓝ376.4

『和―仁愛女子高等学校創立120周年記念誌』仁愛女子高等学校創立120周年記念誌編纂委員会編　福井　仁愛女子高等学校　2018.11　127p　30cm〈書誌注記：年表あり〉Ⓝ376.48

◆武生高等学校

『武高八十年のあゆみ』武高八十年のあゆみ編集委員会編　武生　福井県立武生高等学校創立八十周年記念事業委員会　1978.11　169p　26cm〈付：レコード1枚〉Ⓝ376.4

『武高定時制40年のあゆみ』武高定時制40年のあゆみ編集委員会編　武生　福井県武生高等学校定時制40周年記念事業委員会　1988.5　91p　26cm　Ⓝ376.4

『武生高等学校百年史』武生　福井県立武生高等学校百周年記念事業委員会　1999.10　968、41p　27cm　Ⓝ376.48

『武生高校野球部百年史』武生　武生高校野球部OB会　2007.11　291p　27cm　Ⓝ783.7

◆武生高等学校池田分校

『池田分校40年の回想―移転新築落成創立40周年記念』武生高等学校池田分校編　池田町（福井県）福井県立武生高等学校池田分校　1989.6　200p　26cm　Ⓝ376.4

『ありがとう池田分校―[武生高等学校]閉校記念誌』福井県立武生高等学校池田分校編　池田町（福井県）福井県立武生高等学校池田分校　2020.3　129p　図版[7]p　30cm　非売品　Ⓝ376.4

◆武生工業高等学校

『武生工業高校三十年史』武生工業高等学校編　武生　福井県立武生工業高等学校創立三十周年記念事業実行委　1989.11　283p　25cm　Ⓝ376.4

『福井県立武生工業高等学校63年誌―明日に繋ぐ』福井県立武生工業高等学校編　越前　福井県立武生工業高等学校　2022.7　99p　30cm　Ⓝ376.4

◆武生商業高等学校

『武生商業五十年史―三十五年史その後』創立五十周年記念事業実行委員会編　武生　福井県立武生商業高等学校　2014.10　214p　30cm　Ⓝ376.4

『武生商業閉校記念誌―令和四年三月』閉校記念事業実行委員会編　武生　福井県立武生商業高等学校　2023.7　140p　30cm　Ⓝ376.4

◆武生東高等学校

『[福井県立]武生東高等学校三十年史』福井県立武生東高等学校三十年史編集委員会編　越前　創立30周年記念事業実行委員会　2016.12　160p　30cm〈福井県立武生東高等学校年譜、歴代校長〉Ⓝ376.4

◆丹南高等学校

『丹南高等学校十年史』丹南高等学校十年史編纂委員会編　鯖江　福井県立丹南高等学校創立十周年記念実行委員会　1989.10　220p　27cm　Ⓝ376.4

『群青―福井県立丹南高等学校閉校記念誌』丹南高校閉校行事実行委員会、福井県立丹南高等学校総務部閉校記念誌編集委員会編　鯖江　丹南高校閉校行事実行委員会　2022.2　67p　30cm〈巻末付録：「教職員名列」1枚〉Ⓝ376.4

◆敦賀高等学校

『[福井県立敦賀高等学校]創立五十周年記念誌』敦賀高等学校創立五十周年記念事業企画部編　敦賀　福井県立敦賀高等学校　1997.10　538p 図版　27cm　Ⓝ376.4

『[福井県立敦賀高等学校]創立百周年記念誌』敦賀高等学校創立百周年記念事業記念誌委員会編　敦賀　福井県立敦賀高等学校　2007.3　318p 図版　30cm　Ⓝ376.4

◆敦賀気比高等学校

『第87回選抜高校野球大会敦賀気比優勝記念写真集』福井　福井新聞社　2015.4　48p　37cm　900円　Ⓝ978-4-938833-83-1

[目次] 敦賀気比高校センバツ制覇の軌跡その瞬間。、3月21日（土）開会式、3月23日（月）1回戦　奈良大付戦 3‐0、3月27日（金）2回戦 仙台育英戦 2‐1、3月29日（日）準々決勝　静岡戦 4×‐3、3月31日（火）準決勝 大阪桐蔭戦 11‐0、4月1日（水）決勝 東海大

四戦 3−1, 表彰式, 4月2日(木)母校凱旋, 4月7日(火)県栄誉賞授与〔ほか〕

『常勝軍団の作り方』東哲平著　竹書房　2022.7　206p　19cm　1800円　ⓘ978-4-8019-3190-9　Ⓝ783.7

内容　監督就任11年目で11度の甲子園出場。冬の3ヵ月間は室内練習場にこもりきりというハンデをものともせず、北陸勢初の全国制覇、ベスト4二度、ベスト8一度。チーム全体が高い目標と強い覚悟を持って、時に理不尽なまでの厳しい練習に取り組む。代々これを絶やさずに続けていくことで、そこに「強さの伝承」が生まれる—「勝てる集団」を作るための、命を懸けた本気の指導論。

◆敦賀工業高等学校

『福井県立敦賀工業高等学校二十年史』敦賀工業高等学校創立二十周年記念誌編集委員会編　敦賀　福井県立敦賀工業高等学校　1981.12　276p　図版12p　22cm　Ⓝ376.4

『[敦賀工業高等学校]四十年史』敦賀工業高等学校創立四十年史編集委員会編　敦賀　福井県立敦賀工業高等学校創立四十周年記念事業実行委　2001.9　302p　図版　27cm　Ⓝ376.4

◆丹生高等学校

『丹生高校五十年史』福井県立丹生高等学校五十周年記念行事委員会編　朝日町(福井県)　福井県立丹生高等学校五十周年記念行事委員会　1976.10　408p　23cm　Ⓝ376.4

◆福井商業高等学校

『炎のチーム—福井商業高等学校野球部その歩み来りし道』福井　福井県立福井商業高等学校野球部後援会　1983.2　230p　19cm〈背の書名：福井商業高等学校野球部　共同刊行：福井県立福井商業高等学校野球部OB会　限定版〉非売品　Ⓝ783.7

『福井県立福井商業高等学校創立80周年記念大会』福井商業高等学校同窓会編　福井　福井県立福井商業高等学校同窓会　1987　76p　27cm　Ⓝ376.4

『炎のチーム—福井商業高等学校墅球部その歩み来りし道』森永忠雄著　福井　福井県立福井商業高等学校　1996.2　227p　19cm(福井県立福井商業高等学校野球史 2)〈共同刊行：野球部後援会ほか〉非売品　Ⓝ783.7

『福商百年史—目で見る福商の百年』福商百年史編集委員会編　福井　福井県立福井商業高等学校　創立百周年記念事業　2007.12　418p　図版[87]p　22cm〈付録：DVD1枚「福井県商業高等学校創立100周年記念/未来と夢/極めよう文武両道」〉Ⓝ376.4

『炎のチーム—福井商業高等学校墅球部その歩み来りし道』森永忠雄著　福井　福井県立福井商業高等学校野球部後援会　2011.5　256p　19cm(福井県立福井商業高等学校野球史 3)〈共同刊行：福井県立福井商業高等学校野球部OB会〉Ⓝ783.7

◆福井女子高等学校

『[福井精華学園]五十年のあゆみ』記念誌編集委員会編　福井　福井精華学園　1977.10　184p　22cm　Ⓝ376.4

◆福井農林高等学校

『福井県立福井農林高等学校九十周年史』福井　福井県立福井農林高等学校　1984.11　340p　図版21枚　22cm　Ⓝ376.4

『福井県立福井農林高等学校百年史』福井県立福井農林高等学校百周年記念事業実行委員会編　福井　福井県立福井農林高等学校　1994.3　710p　27cm〈背の書名：百年史　ハードカバー〉Ⓝ376.4

◆藤島高等学校

『百三十年史』福井県立藤島高等学校創立百三十周年記念事業実行委員会編　福井　福井県立藤島高等学校　1988.11　981p　27cm〈共同刊行：明新会〉Ⓝ376.4

『福井県立藤島高等学校創立百五十周年記念誌』福井県立藤島高等学校創立百五十周年記念事業実行委員会記念誌委員会編　福井　明新会　2006.10　794p　27cm〈共同刊行：福井県立藤島高等学校　年表あり〉Ⓝ376.48

『福井県立藤島高等学校創立百五十周年記念写真集』福井県立藤島高等学校創立百五十周年記念事業実行委員会編　福井　明新会　2006.10　157p　30cm〈共同刊行：福井県立藤島高等学校　折り込1枚〉Ⓝ376.48

◆北陸高等学校

『北陸学園百年史』福井　福井県立北陸高等学校　1982.3　1000p　図版11枚　27cm　Ⓝ376.4

『北陸学園百十周年記念録—ここ十年のあゆみ』北陸高等学校百十周年記念録編纂室編　福井　北陸高等学校　1991.10　26, 396p　図版15p　27cm　Ⓝ376.4

『北陸学園百二十周年記念史』福井県北陸学園

百二十周年記念史編纂室編　福井　福井県北陸学園　2001.9　375p　27cm　Ⓝ376.48

『北陸高校野球部100年のあゆみ』北陸高校野球部創部100周年実行委員会編　福井　北陸高校野球部創部100周年実行委員会　2007.2　141p　31cm〈背・表紙のタイトル：一〇〇年のあゆみ　年表あり〉Ⓝ783.7

『北陸学園百三十周年記念誌』福井県北陸学園百三十周年記念誌編纂室編　福井　福井県北陸学園　2012.3　378p　27cm　Ⓝ376.48

『北陸学園記念誌―百四十年』福井　北陸学園　2022.3　176p　30cm〈書誌注記：年表あり　部分タイトル：北陸学園百四十周年記念誌〉Ⓝ376.48

◆丸岡高等学校

『［福井県立丸岡高等学校］七十年史』福井県立丸岡高等学校記念誌編集委員会編　丸岡町（福井県）福井県立丸岡高等学校　1983.10　766p　22cm　Ⓝ376.4

『丸岡高等学校創立100周年・城東分校開校50周年記念誌―あのころの自分へ、これからの自分へ。』福井県立丸岡高等学校創立百周年・城東分校開校五十周年記念誌委員会編　坂井　福井県立丸岡高等学校創立百周年・城東分校開校五十周年記念事業実行委員会　2013.10　111p　26cm〈付（DVD1枚）：記念DVD〉Ⓝ376.4

◆美方高等学校

『美方高校の10年―福井県立美方高等学校10周年記念誌』美方高等学校10周年記念誌編集委員会編　三方町（福井県）福井県立美方高等学校　1978.10　194p　26cm　Ⓝ376.4

『［福井県立美方高等学校］二十年史』美方高等学校二十周年記念誌編集委員会編　三方町（福井県）福井県立美方高等学校　1988.11　269p　25×21cm〈奥付の書名：創立二十周年記念誌〉Ⓝ376.4

『三十年史―福井県立美方高等学校』美方高等学校『三十年史』編集委員会編　三方町（福井県）美方高等学校三十年記念事業実行委員会　1998.9　459p　27cm　Ⓝ376.48

『福井県立美方高等学校50周年記念誌』美方高等学校創立50周年記念事業実行委員会,記念誌委員会編　三方町（福井県）美方高等学校創立50周年記念事業実行委員会　2019.10　105p　30cm　Ⓝ376.4

◆三国高等学校

『三高八十年の回想』三国高等学校創立八十周年記念事業実行委員会編　三国町（福井県）創立八十年記念事業実行委員会　1988.11　179p　図26p　26cm　Ⓝ376.4

◆三国高等学校川西分校

『［三国高等学校川西分校］創立30周年記念誌』創立30周年記念事業実行委員会編　三国町（福井県）創立30周年記念事業実行委員会　1977.10　81p　26cm　Ⓝ376.4

◆道守高等学校

『道はここから―道守高等学校十周年記念誌』福井県立道守高等学校十周年記念誌編集委員会編　福井　福井県立道守高等学校　1980.10　203p　21×22cm　Ⓝ376.4

『道はここから―道守高等学校五十周年記念誌』福井県立道守高等学校50周年記念誌編集委員会編　福井　福井県立道守高等学校創立50周年記念事業実行委員会　2020.11　166p　26cm　Ⓝ376.4

◆若狭高等学校

『若狭高校80年のあゆみ』小浜　福井県立若狭高等学校　1977.10　256p　26cm〈背・表紙の書名：若狭80年のあゆみ〉Ⓝ376.4

『若狭高等学校運動部史』小浜　福井県立若狭高等学校運動部史刊行委員会　1984.12　838p　図版15枚　27cm　Ⓝ376.4

『若狭高等学校百年史』若狭高等学校創立百年記念事業実行委員会編　小浜　福井県立若狭高等学校　1997.4　973p　図版8枚　27cm〈奥付の書名「若狭高校百年史」〉Ⓝ376.4

『「縦割りホームルーム制」の実践―異質のものに対する理解と寛容　昭和24年―平成6年』ホーム制資料集編纂委員会編　小浜　福井県立若狭高等学校　1997.10　583p　27cm〈年表あり〉Ⓝ375.184

『商業科雑誌五〇年の歩み』若狭高等学校商業科雑誌50年記念事業実行委員会編　小浜　福井県立若狭高等学校　2002.3　400p　図版21cm　Ⓝ376.4

『さばの缶づめ、宇宙へいく―鯖街道を宇宙へつなげた高校生たち』小坂康之,林公代著　イースト・プレス　2022.1　205p　19cm〈書誌注記：文献あり〉1500円　Ⓘ978-4-7816-2042-8　Ⓝ538.97

目次　第1章「この学校、潰れるで」、第2章「1億円

はかかりますよ」、第3章「宇宙食、作れるんちゃう？」、第4章「缶づめは宇宙に飛ばせない!?」、第5章「学校がなくなる!?」、第6章「何、夢を語ってるんだ」、第7章「5点満点の6点です」、第8章「特に話題の宇宙食を紹介しましょう」、第9章「鯖街道、月へ、未来へ」

内容　「宇宙食、つくれるんちゃう？」はじまりは生徒の一言だった。「鯖街道を国際宇宙ステーションへ！」高校生が作った缶づめが、宇宙へ旅立った！　予算の不足や開発の難航、そして学校は統廃合の危機に。300人におよぶ生徒たちがつないだ、13年間にわたる開発のバトン。そして、それを支えた教員や周囲の大人たち。葛藤の中で皆が力を合わせたとき、宇宙への扉が開いた―。大気圏突破ノンフィクション!!

『宇宙食になったサバ缶』小坂康之,別司芳子著、早川世詩男装画・挿絵　小学館　2022.7　175p　22cm〈書誌注記：文献あり　年表あり〉1500円　①978-4-09-227258-3　Ⓝ538.97

目次　第1章 宇宙で食べたくなるものって、何だ？、第2章 宇宙食サバ缶は、生徒の一言から始まった、第3章 高校生たちが宇宙食開発に本気を出した！、第4章 絶体絶命のピンチを乗り越えろ、第5章 夢と希望をのせて「サバ缶」宇宙に飛ぶ！、第6章 新たな挑戦に向けてつながるバトン

内容　おいしーい!!…と、宇宙飛行士が宇宙から食レポした「サバ缶」をつくったのは、高校生たちだった!!夢をかなえたノンフィクション。JAXA認証宇宙日本食「サバ醤油味付け缶詰」をつくった高校生たちと支えてきた大人たちの、山あり谷ありの14年。「宇宙で食べたくなる味って？」行ったことのない宇宙での「正解」は、先生だって知らない。そんな宇宙食開発で大切なことは、宇宙飛行士の気持ちによりそうことだった…。宇宙での食事や健康にまつわる、5つのコラムも収録。

◆若狭農林高等学校

『福井県立若狭農林高等学校創立六十周年記念誌』福井県立若狭農林高等学校創立六十周年記念誌編集委員会編　小浜　福井県立若狭農林高等学校　1979.10　181p 図版45p　21cm〈附録：冊子1冊〈創立60周年記念協賛会社等名鑑1979〉外函入り〉非売品　Ⓝ376.4

『若狭農林・若狭東高校ラグビー40年のあゆみ―昭和25年―平成元年』小浜　〔若狭東高校〕　〔1990〕　117p　27cm〈折り込表1枚〉Ⓝ783.48

◆若狭東高等学校

『福井県立若狭東高等学校創立七十周年記念誌―学科再編の時期を中心にして』福井県立若狭東高等学校創立七十周年記念誌編集委員会編　小浜　福井県立若狭東高等学校　1989.11　276p 図　22cm　非売品　Ⓝ376.4

『若狭農林・若狭東高校ラグビー40年のあゆみ―昭和25年―平成元年』小浜　〔若狭東高校〕　〔1990〕　117p　27cm〈折り込表1枚〉Ⓝ783.48

『福井県立若狭東高等学校創立八十周年記念誌』福井県立若狭東高等学校編　小浜　福井県立若狭東高等学校　1999.10　296p 図32p　Ⓝ376.4

『福井県立若狭東高等学校創立90周年記念誌』福井県立若狭東高等学校創立九十周年記念誌編集委員会編　小浜　福井県立若狭東高等学校　2009.11　229p 図〔30p〕　26cm　Ⓝ376.4

『福井県立若狭東高等学校創立百周年記念誌』福井県立若狭東高等学校創立百周年記念誌編集委員会編集　小浜　福井県立若狭東高等学校　2020.3　337p、図版（ページ付なし）27cm〈書誌注記：年表あり〉Ⓝ376.48

『異質のものに対する理解と寛容―福井県立若狭高等学校の理念と学校改革』中森一郎　Single Cut Publishing House　2023.3　209p　20cm　1600円　①978-4-938737-72-6　Ⓝ376.48

内容　校長になるにあたって考えたのは、生徒や保護者の皆さん、先生方とのコミュニケーションを大切にして皆さんの考えをきちんと受け止めながら、私の考えもしっかり伝えてみんなで学校を作っていく、そういう校長になりたいということでした。そのための一つの手段がホームページを通して式典ごとのあいさつや学校の様子、校長としてのビジョンなどを発信してきたことです。読んでくださった保護者や他校の先生方から「毎回楽しみにしています」と励ましの言葉をいただいたり、生徒さんから「これまでの校長先生の話で一番面白いです」といった感想をいただいたりしました。担任の先生がホームルーム等の時間に私の話を引用してくれることもありました。もうひとつ、発信を通して学校改革を進めていくというねらいもありました。(本書「はじめに」から)

山梨県

◆石和高等学校

『100年の軌跡―山梨県立石和高等学校創立百周年記念誌―未来にはばたく青春のいぶき―』山梨県立石和高等学校、山梨県立石和高等学校創立百周年記念事業協賛会編、山梨日日新聞社出版局制作　山梨県立石和高等学校　1997.2　110p　30cm　Ⓝ376.48

山梨県

『山梨県立石和高等学校創立百十周年記念誌』
　山梨県立石和高等学校編　山梨県立石和高等学校創立110周年記念事業協賛会　2006　32p　30cm

◆市川高等学校

『軌跡―第63回選抜高等学校野球大会出場記念』
　山梨県立市川高等学校,山梨県立市川高等学校野球後援会編　山梨県立　1991　64p　27cm

『竜胆時計―山梨県立市川高等学校創立90周年記念誌』ピー・エス・ワン編　山梨県立市川高等学校　2005　125p　30cm

『山梨県立市川高等学校創立100周年記念誌―100年分の大家族』山梨県立市川高等学校編集　山梨県立市川高等学校　2015.3　75p　30cm　Ⓝ376.48

『竜胆時計 永遠を刻む―山梨県立市川高等学校閉校記念誌』山梨県立市川高等学校閉校記念誌作成委員会編　山梨県立市川高等学校閉校記念誌作成委員会　2022.2　127p　30cm　Ⓝ376.48

◆上野原高等学校

『山梨県立上野原高等学校5周年記念誌』山梨県立上野原高等学校編　山梨県立上　1984　60p　26cm

『山梨県立上野原高等学校創立二十周年記念誌』
　山梨県立上野原高等学校編集　山梨県立上野原高等学校　1999　50p　30cm

◆塩山商業高等学校

『山梨県立塩山商業高等学校創立20周年記念誌』
　山梨県立塩山商業高等学校編　山梨県立塩山商業高等学校　1976　22p　24cm

『われら夢あり つねにたゆまず―塩山高校創立50周年記念誌』山梨県立塩山高等学校創立50周年記念事業委員会編　山梨県立塩山高等学校創立50周年記念事業委員会　2006　168p　30cm

◆大月短期大学附属高等学校

『創立20周年記念誌―1956-1976』大月市立大月短期大学付属高等学校編　大月市立大月短期大学付属高等学校　1976.11　24p　26cm　Ⓝ376.48

『大月短期大学附属高等学校創立30周年記念誌』
　大月短期大学附属高等学校編　大月短期大学附属高等学校　1985.11　40p 図版2枚　31cm

『創立40周年記念誌』大月短期大学附属高等学校40周年記念事業実行委員会編　大月短期大学附属高等学校40周年記念事業実行委員会　1996.11　46p　31cm　Ⓝ376.48

◆桂高等学校

『山梨県立桂高等学校30周年記念誌―桂』山梨県立桂高等学校　1995　43p　30cm　Ⓝ376.48

『山梨県立桂高等学校創立40周年記念誌―The 40th Anniversary Katsura High School』山梨県立桂高等学校編　山梨県立桂高等学校　2005　64p　30cm

◆機山工業高等学校

『山梨県立機山工業高等学校創立30周年記念誌』
　機山工業高等学校編集委員会編　山梨県立機山工業高等学校　1988　1冊　18×26cm

◆峡南高等学校

『千鳥友呼ぶ五十年―峡南高等学校創立五十周年記念誌』山梨県立峡南高等学校編,山梨県立峡南高等学校創立五十周年記念誌編　山梨県立峡南高等学校創立五十周　1974　64p　26cm

『柔―関東大会20回出場記念』山梨県立峡南高等学校,山梨県立峡南高等学校峡柔会編　山梨県立峡南　1987　26p　27cm

『山梨県立峡南高等学校創立九十周年記念誌』
　創立90周年記念誌編集係編　身延町（山梨県）山梨県立峡南高等学校創立90周年記念事業実行委員会　2013.11　56p　30cm〈書誌注記：年表あり〉Ⓝ376.48

『峡南高等学校閉校記念誌―大正12年設立令和4年閉校』身延町（山梨県）［山梨県立峡南高等学校］　［2022］　70p　28cm〈書誌注記：年表あり〉Ⓝ376.48

◆峡北高等学校

『山梨県立峡北高等学校創立80周年記念誌』山梨県立峡北高等学校創立80周年記念行事実行委員会編　山梨県　1996.1　92p　30cm　Ⓝ376.48

◆甲府工業高等学校

『甲工60年のあゆみ』山梨県立甲府工業高等学校編,山梨県立甲府工業高等学校創立60周年記念誌　山梨県立甲府工業高等学校創立6　1976　83p　29cm

山梨県

『蒼き自分史―甲府工業戦中・戦後の記録』甲府工業昭和23年度卒業生有志工学研究会　1983.9　181p　22cm〈編集：米山武雄，神田二男　折り込図1枚〉非売品　Ⓝ376.4

『母校讃歌―山梨県立甲府工業高等学校創立100周年記念誌』創立100周年記念誌編集委員会編　山梨県立甲府工業高等学校創立100周年記念事業協賛会　2017.12　371p　31cm　Ⓝ376.48

◆甲府昭和高等学校

『山梨県立甲府昭和高等学校創立十周年記念誌』甲府昭和高等学校10周年記念誌編集委員会　山梨県立甲府　1994　47p　26cm

『山梨県立甲府昭和高等学校創立20周年記念誌―自主創造』山梨県立甲府昭和高等学校創立20周年記念誌編集委員会編集　山梨県立甲府昭和高等学校　2003.11　71p　30cm　Ⓝ376.48

『創立30周年記念誌―山梨県立甲府昭和高等学校：紫に映ゆる時』甲府昭和高等学校三十年記念誌編集委員会　昭和町（山梨県）　山梨県立甲府昭和高等学校　2013.11　88p　30cm〈書誌注記：年表あり　奥付のタイトル：山梨県立甲府昭和高等学校30周年記念誌〉Ⓝ376.48

『山梨県立甲府昭和高等学校四十周年記念誌』40周年記念事業実行委員会編　山梨県立甲府昭和高等学校　2023.10　21p　30cm　Ⓝ376.48

◆甲府市立甲府商業高等学校

『甲府市立甲府商業高等学校創立90周年記念誌』甲府市立甲府商業高等学校編集，甲府市立甲府商業高等学校創立90周年記念　甲府市立甲府商業高等学校　1991　64p　26cm

『紫紺の絆―甲府市立甲府商業高等学校創立百周年記念誌』甲府市立甲府商業高等学校創立百周年記念事業協賛会編　甲府　甲府市立甲府商業高等学校創立百周年記念事業協賛会　2002.4　512p　31cm　Ⓝ376.48

『甲府市立甲府商業高等学校創立120周年記念誌』甲府市立甲府商業高等学校創立120周年記念事業協賛会制作　甲府市立甲府商業高等学校創立120周年記念事業協賛会　2021.10　35p　30cm　Ⓝ376.48

◆甲府第一高等学校

『山梨県立甲府中学校山梨県立甲府第一高等学校創立百二十周年記念誌』創立百二十周年記念誌編集委員会編集　甲府中学・甲府一高創立120周年記念事業協賛会　2001.5　180p　30cm　Ⓝ376.48

『甲府第一高等学校創立130周年記念誌―学ぶ系譜、紡ぐ』創立130周年記念誌編集委員会，cocochi編・制作　山梨県立甲府第一高等学校　2011.3　83p　28cm　Ⓝ376.48

『甲府中学校・甲府第一高等学校「我ら、同級生」―甲府第一高等学校創立130周年記念誌別冊』甲府中学・甲府一高創立130周年記念誌編集委員会編　山梨県立甲府第一高等学校創立130周年記念誌編集委員会　2011.3　11p　28cm　Ⓝ376.48

『山梨県立甲府第一高等学校創立140周年記念誌―Be Gentleman！』山梨県立甲府第一高等学校創立140周年記念誌編集委員会編集　山梨県立甲府中学校・甲府第一高等学校創立140周年記念事業協賛会　2021.3　51p　30cm　Ⓝ376.48

◆甲府第一商業高等学校

『山梨県立甲府第一商業高校創立30周年記念誌』山梨県立甲府第一商業高等学校編，山梨県立甲府第一商業高等学校創立30周年　山梨県立甲府第一商業高等学校　1978　16p　19cm

◆甲府第二高等学校

『甲府第二高等学校―その七十年』山梨県立甲府第二高等学校,山梨県立甲府第二高等学校創立70周年記念実行委員会編集　山梨県立甲府第二高等学校創立70周年記念実行委員会　1973.3　97p　25cm　Ⓝ376.48

◆甲府西高等学校

『山梨県立甲府西高等学校創立八十周年記念誌』中村勤編集責任　山梨県立甲府西高等学校創立80周年記念誌実行委員会　1983　100p　30cm　Ⓝ376.4

『山梨県立甲府西高等学校創立九十周年記念誌』望月英雄編集責任　山梨県立甲府西高等学校創　1993　100p　30cm

『山梨県立甲府西高等学校創立百周年記念誌』山梨県立甲府西高等学校創立百周年記念事業実行委員会編　山梨県立甲府西高等学校創立百周年記念事業実行委員会　2002　24p　30cm

『甲府西高等学校創立100周年記念誌』山梨県立甲府西高等学校,創立百周年記念誌編集委員会編　山梨県立甲府西高等学校創立百周年記念事業実行委員会　2003　152p　30cm

山梨県

『山梨県立甲府西高等学校創立110周年記念誌―星霜が育む美しい伝統』山梨県立甲府西等等学校,山梨県立甲府西高等学校創立110周年記念誌編集委員会編　山梨県立甲府西高等学校　[2013]　64p　30cm　Ⓝ376.4

『山梨県立甲府西高等学校創立120周年記念誌―称えなん永久かけて』山梨県立甲府西高等学校,創立120周年記念誌編集委員会編　山梨県立甲府西高等学校創立120周年記念事業実行委員会　2024.3　67p　30cm　Ⓝ376.4

◆甲府東高等学校

『山梨県立甲府東高等学校創立十周年記念誌』甲府東高等学校十周年記念誌編集委員会編集　山梨県立甲府東高等学校　1987　44p　26cm

『山梨県立甲府東高等学校創立20周年記念誌』創立20周年記念誌編集委　1997　44p　30cm

◆甲府南高等学校

『10年のあゆみ』山梨県立甲府南高等学校記念誌編集委員会編　山梨県立甲府南高等学校記念誌編集委員会　1972.10　22p　26cm　Ⓝ376.48

『FRONTIER '82―山梨県立甲府南高等学校創立20周年記念誌』山梨県立甲府南高等学校編　山梨県立甲府南高等学校　1982　64p　30cm

『FRONTIER 1992―山梨県立甲府南高等学校創立30周年記念誌』山梨県立甲府南高等学校,山梨県立甲府南高等学校編集委員会編集　山梨県立甲府南高等学校　1992　88p　30cm

『Frontier 2002―山梨県立甲府南高等学校40周年記念誌』山梨県立甲府南高等学校,甲府南高等学校40周年記念誌編集委員会編　山梨県立甲府南高等学校　2002　64p　30cm

『FRONTIER 2012―山梨県立甲府南高等学校創立50周年記念誌』山梨県立甲府南高等学校,山梨県立甲府南高等学校50周年記念誌編集委員会編　山梨県立甲府南高等学校　2012.10　80p　30cm　Ⓝ376.48

◆甲府湯田高等学校

『伊藤学園・甲府湯田高等学校70年のあゆみ―創立70周年記念誌 1900―1970』伊藤学園甲府湯田高等学校編　伊藤学園甲府湯田高等学校　1971　182p　21cm

『伊藤学園90年のあゆみ―創立90周年記念誌』伊藤学園・甲府湯田高等学校編，伊藤学園・甲府湯田高等学校「90年のあゆ　伊藤学園　1992　224p　26cm

『新たな世紀へ◎湯田高100年』創立100周年記念誌発行部門編集　伊藤学園甲府湯田高等学校　2000　42p　30cm

◆巨摩高等学校

『巨摩高等学校創立五十周年記念誌』山梨県立巨摩高等学校編，山梨県立巨摩高等学校創立50周年記念事業　山梨県立巨摩高等学校創立50周　1973　48p　19cm

『山梨県立巨摩高等学校創立70周年記念誌』山梨県立巨摩高等学校創立70周年記念誌編　山梨県立巨摩　1993　76p　30cm

『山梨県立巨摩高等学校創立80周年記念誌―80年のあゆみ』山梨県立巨摩高等学校創立80周年記念誌編集委員会編　山梨県立巨摩高等学校　2003.9　142p　30cm

『創立90周年記念誌―山梨県立巨摩高等学校創立90周年記念誌：想い出をくれたこの場所』創立90周年記念事業実行委員会編　南アルプス　山梨県立巨摩高等学校　2013.9　99p　30cm〈書誌注記：年表あり　共同刊行：創立90周年記念事業実行委員会〉Ⓝ376.48

『巨摩の歴史次の百年へ―山梨県立巨摩高等学校創立百周年記念誌』山梨県立巨摩高等学校,創立百周年記念誌編集委員会編　山梨県立巨摩高等学校創立百周年記念事業実行委員会　2023.9　203p　30cm　Ⓝ376.48

◆自然学園高等学校

『日本人よ、このままでいいのか！―学校創立に賭けた憂国の男』大橋繕一郎著　日新報道　2013.6　230p　19cm　1400円　Ⓘ978-4-8174-0765-8　Ⓝ376.4151

[目次] 1 自然学園を創立する旅（米国へ五〇歳の旅立ち、早過ぎた父親の死、貧しくても心は豊かだったほか），2 自然学園とはどんな学校なのか？（一回目の入学式、教員、生徒から見た自然学園），3 これからの自然学園（育て次世代のリーダーたち！）

[内容] 自信をなくした現代人に捧ぐ魂のノンフィクション。西條学校法人自然学園理事長の実践哲学をともに学ぼう!!

◆白根高等学校

『仰雲―とき永久に 山梨県立白根高等学校総合竣工式記念』山梨県立白根高等学校,山梨県立白根高等学校総合竣工式準備委員会編集　山梨県立白根　1986　29p　26cm

『飛翔―創立10周年記念誌』山梨県立白根高等学校,山梨県立白根高等学校十周年記念誌編

山梨県

集委員編集　山梨県立白根　1994　47p　26cm

『山梨県立白根高等学校創立20周年記念誌』創立20周年記念誌編集委員会編　山梨県立白根高等学校　2004　35p　30cm

『山梨県立白根高等学校創立40周年記念誌』山梨県立白根高等学校創立40周年記念事業実行委員会編　山梨県立白根高等学校　2023.10　31p　30cm　Ⓝ376.4

◆駿台甲府高等学校

『駿台甲府高等学校普通科創立10周年記念誌』駿台甲府高等学校編　駿台甲府高等学校　1989　77p　30cm

『20年のあゆみ―駿台甲府高等学校普通科創立20周年記念誌』駿台甲府高等学校編　駿台甲府高等学校　2000.9　24p　30cm　Ⓝ376.48

◆都留高等学校

『山梨県立都留高等学校創立六〇周年記念誌』山梨県立都留高等学校編，山梨県立都留高等学校創立60周年記念事業　山梨県立都留高等学校創立60周　1970　36p　26cm

『百年の階―山梨県立都留高等学校史』山梨県立都留高等学校史『百年の階』編纂委員会編　大月　山梨県立都留高等学校創立百周年記念事業協賛会　2000.3　607p　31cm〈折り込1枚〉　Ⓝ376.48

『都留高校理数科閉科記念誌―昭和53年度～平成15年度』山梨県立都留高等学校編　山梨県立都留高等学校　2004　118p　30cm

『山梨県立都留高等学校創立百十周年記念誌』山梨県立都留高等学校，創立110周年記念誌編集委員会編　山梨県立都留高等学校　2010.5　68p　30cm　Ⓝ376.48

◆東海大学甲府高等学校

『限りない未来へ―創立50周年記念誌』東海大学甲府高等学校　1996　83p　30cm

◆日本航空高等学校

『第83回全国高等学校野球選手権大会出場記念―2001年夏』日本航空高等学校　2001.9　50p　30cm　Ⓝ783.7

『学校法人日本航空学園建学七十周年記念誌』双葉町(山梨県)　日本航空学園　2002.10　313p　30cm〈奥付・表紙のタイトル：空〉　Ⓝ538.077

◆日本大学明誠高等学校

『日本大学明誠高等学校二十年の歩み―創立20周年記念写真集』日本大学明誠高等学校編，日本大学明誠高等学校20周年記念誌編集委　日本大学明誠高等学校20周年記　1980　70p　26cm

『日本大学明誠高等学校創設40周年記念誌―2000』日本大学明誠高等学校編　日本大学明誠高等学校　［2000］　101p　31cm　Ⓝ376.48

『日本大学明誠高等学校創設50周年記念誌―2010』日本大学明誠高等学校編　日本大学明誠高等学校　2010.10　127p　30cm　Ⓝ376.48

◆韮崎高等学校

『塩のながれ―創立50周年記念誌』山梨県立韮崎高等学校編　山梨県立韮崎高等学校　1972　48p　19×26cm

『サッカー物語』山梨日日新聞社編　甲府　山梨日日新聞社　1982.3　499p　22cm〈企画：山梨県立韮崎高等学校同窓会〉非売品　Ⓝ783.47

『山梨県立韮崎高等学校創立100周年記念誌―次の100年に向けて』山梨県立韮崎高等学校編　山梨県立韮崎高等学校　2022.9　63p　30cm　Ⓝ376.4

◆韮崎工業高等学校

『山梨県立韮崎工業高等学校創立30周年記念誌』30周年記念誌編集委員編　山梨県立韮崎工業高等学校　1992　1冊　19×26cm

『歩み新たに―山梨県立韮崎工業高等学校40周年記念誌』山梨県立韮崎工業高等学校創立40周年記念誌編集委員会編　山梨県立韮崎工業高等学校　2003　130p　30cm

◆日川高等学校

『天地の正気―創立80周年記念誌』山梨県立日川高等学校，山梨県立日川高等学校同窓会編　山梨県立日川高等学校同窓会　1981　98p　31cm

『何時の世までも轟かむ―山梨県立日川中学校・日川高等学校創立百周年記念誌』山梨県立日川高等学校創立百周年記念事業実行委員会編　山梨　山梨県立日川高等学校創立百周年記念事業実行委員会　2001.11　447p　31cm　Ⓝ376.48

『山梨県立日川高等学校創立120周年記念誌―

山梨県

『The 20th annversary memories SINCE 1901』山梨県立日川高等学校編, 山梨県立日川高等学校創立120周年記念事業実行委員会　山梨県立日川高等学校創立120周年記念事業実行委員会　2022.12　31p　30cm　Ⓝ376.4

◆ひばりが丘高等学校

『山梨県立ひばりが丘高等学校創立10周年記念誌─雲雀』山梨県立ひばりが丘高等学校編　山梨県立ひばりが丘高等学校　2014.1　62p　30cm　Ⓝ376.4

◆富士学苑高等学校

『富士学苑50周年記念誌』山田紀彦, 後藤茂, 創立50周年記念誌編集委員編集　富士学苑高等学校　2013.10　80p　30cm　Ⓝ376.48

◆富士河口湖高等学校

『山梨県立富士河口湖高等学校創立十周年記念』山梨県立富士河口湖高等学校編　山梨県立富士河口湖高等学校　1987　1冊　30cm

『山梨県立富士河口湖高等学校創立30周年記念』山梨県立富士河口湖高等学校編　山梨県立富士河口湖高等学校　2006　42p　30cm

◆北杜高等学校

『杜のきらめき─山梨県立北杜高等学校創立90周年記念誌』山梨県立北杜高等学校創立90周年記念誌編集委員編　山梨県立北杜高等学校創立90周年記念事業実行委員会　2006　111p　28cm〈沿革：p80～87〉

『杜をわたる風─山梨県立北杜高等学校創立百周年記念誌』山梨県立北杜高等学校創立百周年記念事業実行委員会編集　山梨県立北杜高等学校　2016.3　418p 図版111p　31cm　Ⓝ376.48

◆増穂商業高等学校

『山梨県立増穂商業高等学校創立30周年記念誌─日＞新 昭和31年–昭和60年』山梨県立増穂商業高等学校編, 山梨県立増穂商業高等学校創立30周年記念　山梨県立増穂商業高等学校創立3　1985　150p　22cm

『40年のあゆみ─あの日あの時』山梨県立増穂商業高等学校編　山梨県立増穂商業高等学校創立40周年記念事業実行委員会　1995.11　99p　26cm

『増商50th─山梨県立増穂商業高等学校創立50周年記念誌』山梨県立増穂商業高等学校編　山梨県立増穂商業高等学校創立50周年記念事業実行委員会　2005　172p　30cm

『閉校記念誌─66年のあゆみ』山梨県立増穂商業高等学校編　山梨県立増穂商業高等学校〔2022〕　58p　30cm　Ⓝ376.48

◆身延高等学校

『身延わが青春』山梨県立身延高等学校編, 山梨県立身延高等学校創立六十周年記念実行委員会　山梨県立身延高等学校創立六十周年記念実行委員会　1982　340p　22cm

『四川の響き─創立80周年記念誌』創立80周年記念誌編集委員会編　山梨県立身延高等学校創立80周年記念事業実行委員会　2002　80p　30cm

『山梨県立身延高等学校創立100周年記念誌─峡南地域の知の拠点として地域とともに歩んだ100年』山梨県立身延高等学校創立100周年記念誌編纂委員会編集　山梨県立身延高等学校　2022.10　79p　30cm　Ⓝ376.48

◆山梨高等学校

『梨窓の歩み─山梨県立山梨高等学校創立80周年記念誌』山梨県立山梨高等学校創立80周年記念誌編編　山梨県立山梨高等学校創立　1997　61p　30cm

『梨窓の歩み─山梨県立山梨高等学校創立90周年記念誌』山梨県立山梨高等学校創立90周年記念誌編集委員会編　山梨県立山梨高等学校　2007.10　64p　30cm

『梨窓の歩み─創立100周年記念誌：山梨県立山梨高等学校1917-2017』山梨県立山梨高等学校創立100周年記念事業実行委員会編　山梨山梨県立山梨高等学校　2017.10　80p　30cm〈書誌注記：年表あり〉Ⓝ376.48

◆山梨園芸高等学校

『山梨県立山梨園芸高等学校90年のあゆみ』山梨県立山梨園芸高等学校編, 山梨県立山梨園芸高等学校90周年記念誌編　山梨県立山梨園芸高等学校創立9　1985　78p　26cm

『山梨県立山梨園芸高等学校百年史─創立百周年記念誌 1895—1995』山梨県立山梨園芸高等学校編, 山梨県立山梨園芸高等学校百年史編集委員会　山梨県立山梨　1995　600p　27cm

『新たなる一歩─創立110周年記念誌』山梨県立山梨園芸高等学校創立110周年記念誌委員会編集　山梨県立山梨園芸高等学校　2005.11

163p　30cm　Ⓝ376.48

◆山梨学院大学附属高等学校

『初陣―第66回選抜高等学校野球大会出場記念　今ここでここで今』山梨学院大学附属高等学校編　山梨学院大学附属高等学校　1994.8　103p　27cm　Ⓝ783.7

『'95夏初陣―第77回全国高等学校野球選手権大会出場記念』山梨学院大学附属高等学校編集　山梨学院大学附属高等学校　1995.12　103p　27cm　Ⓝ783.7

『'96夏連覇―第78回全国高等学校野球選手権大会出場記念』山梨学院大学附属高等学校編集　山梨学院大学附属高等学校　1996.12　103p　27cm　Ⓝ783.7

『9年ぶり4度目甲子園2009夏―第91回全国高等学校野球選手権大会出場記念』山梨日日新聞社編・制作　山梨学院大学附属高等学校　2009.11　101p　27cm　Ⓝ783.7

『栄光への軌跡―第88回全国高等学校サッカー選手権大会初出場初優勝記念誌』山梨日日新聞社編, 山梨学院パブリシティセンター監修　山梨学院大学附属高等学校　2010.3　64p　30cm　Ⓝ783.47

◆山梨県立第一商業高等学校

『山梨県立第一商業高等学校創立40周年記念誌』山梨県立第一商業高等学校　1988　1冊　30cm

『仰ぎて力む―創立50周年記念誌』山梨県立第一商業高等学校, 山梨県立第一商業高等学校創立50周年記念編　山梨県立第一商業高等学校　1999　89p　28cm

◆山梨県立農林高等学校

『山梨県立農林高等学校創立70周年記念誌』山梨県立農林高等学校編, 山梨県立農林高等学校創立70周年記念協賛　山梨県立農林高等学校創立70周　1976　199p　21cm

『拓きてここに―七十五年のあゆみ』山梨県立農林高等学校編, 山梨県立農林高等学校創立七十五周記念協賛　山梨県立農林高等学校創立七十五　1980　104p　26cm

『山梨県立農林高等学校創立九十周年記念誌』山梨県立農林高等学校編　山梨県立農林高等学校創立九十周年記念協賛会　1995.3　143p　26cm　Ⓝ376.48

『大河の流れ―山梨県立農林高等学校百周年記念誌』山梨県立農林高等学校百周年記念誌編集委員会編集　山梨県立農林高等学校　2007.4　605p 図版81p　31cm　Ⓝ376.48

◆谷村工業高等学校

『新世紀への飛翔―創立100周年記念誌』山梨県立谷村工業高等学校, 創立100周年記念誌編集委員会編　山梨県立谷村工業高等学校　1996　144p　31cm

『継承と創造新たなる一歩―創立百十周年記念誌』山梨県立谷村工業高等学校, 創立百十周年記念誌編集委員会編　山梨県立谷村工業高等学校（谷村工商学校・谷村高等女学校・谷村高等学校）　2006　58p　30cm

◆吉田高等学校

『山梨県立吉田高等学校創立70周年記念誌』山梨県立吉田高等学校創立70周年記念事業実行委員会　2007.10　68p　30cm

『山梨県立吉田高等学校創立80周年記念誌―純真剛毅』山梨県立吉田高等学校編　山梨県立吉田高等学校創立80周年記念事業実行委員会　2017.10　68p　30cm　Ⓝ376.48

◆吉田商業高等学校

『山梨県立吉田商業高等学校　創立四十周年記念誌』山梨県立吉田商業高等学校編　山梨県立吉田商業高等学校創立40周年記念行事実行委員会　2003　79p　30cm

長野県

◆明科高等学校

『創立十周年記念誌―長野県明科高等学校』長野県明科高等学校創立十周年記念事業実行委員会編集　長野県明科高等学校創立十周年記念事業実行委員会　1995.10　220p　27cm　Ⓝ376.4

◆赤穂高等学校

『長野県赤穂高等学校七十年誌』長野県赤穂高等学校七十年誌刊行専門委員会編　駒ケ根　長野県赤穂高等学校　1986.11　945p　22cm〈発行者：長野県赤穂高等学校創立70周年記念事業実行委員会〉非売品　Ⓝ376.4

『南枝―長野県赤穂高等学校創立100周年記念誌：1917（大正6年）-2016（平成28年）』長

野県赤穂高等学校創立100周年記念事業実行委員会記念誌編集部　2017.11　193p　30cm　〈書誌注記：年表あり〉非売品　Ⓝ376.48

◆梓川高等学校

『梓川高等学校百年のあゆみ―梓川高等学校創立100周年記念誌』百周年記念誌発行委員会編集　長野県梓川高等学校同窓会　2010.9　25, 184p　30cm　Ⓝ376.4

◆阿智高等学校

『阿智高校三十年史』阿智高等学校三十年史編纂委員会編　阿智高等学校創立三十周年記念事業編纂委員　1983　458p　27cm　Ⓝ376.4

◆阿南高等学校

『わが校における　性教育のあゆみ―1973』長野県阿南高等学校編　長野県阿南高等学校　1973.2　213p　25cm　Ⓝ376.4

『長野県阿南高等学校三十年史―ある地域高校の歩み』長野県阿南高等学校三十年史編集委員会編　阿南町（長野県）長野県阿南高等学校同窓会　1984.1　584p　図版15枚　22cm　Ⓝ376.4

『長野県阿南高等学校五十年史―ある地域高校の歩み』長野県阿南高等学校五十年史編纂委員会編　阿南町（長野県）長野県阿南高等学校同窓会　2001.3　703p　図版13枚　22cm　Ⓝ376.48

◆飯田高等学校

『長野県飯田中学校・長野県飯田高等学校校史』飯田中学校・飯田高等学校校史編纂委員会著　飯田　長野県飯田高等学校同窓会　1980.10　973p　22cm　Ⓝ376.4

『［飯田高等学校］独立八十周年記念』長野県飯田高等学校独立八十周年記念式典実行委員会編集　長野県飯田高等学校独立八十周年記念式典実行委員会　1980.11　14p　21cm　Ⓝ376.4

『飯田中学・飯田高校のあゆみ―写真集』上郷町（長野県）飯田中学・飯田高校のあゆみ写真集刊行会　1981.12　252p　27cm　Ⓝ376.48

『長野県飯田中学校長野県飯田高等学校校史2』飯田中学校飯田高等学校校史編纂委員会著　飯田　長野県飯田高等学校同窓会　2000.9　233p　27cm　Ⓝ376.4

『長野県飯田中学校長野県飯田高等学校校史1』飯田中学校飯田高等学校校史編纂委員会著　飯田　長野県飯田高等学校同窓会　2000.10　985p　27cm　〈昭和55年刊の校訂版〉Ⓝ376.48

『飯田中学飯田高校のあゆみ（写真集）・所蔵美術品目録―母校独立100周年記念』飯田　飯田高等学校同窓会　2000.10　284, 35p　27cm　Ⓝ376.48

◆飯田長姫高等学校

『長野県飯田長姫高等学校史』飯田長姫高等学校史編纂委員会編集　長野県飯田長姫高等学校　1986.11　486p　27cm　Ⓝ376.4

◆飯田工業高等学校

『創立三十周年記念誌』飯田工業高等学校創立三十周年記念誌編集委員会編　飯田工業高等学校　1976　150p　22cm　Ⓝ376.4

◆飯田風越高等学校

『風越の灯―閉校記念誌』飯田風越高等学校定時制課程閉校記念誌編集委員会編　定時制課程閉校記念事業実行委員会　1982　442p　22cm　Ⓝ376.4

『風越山を仰いで―創立八十周年記念誌：明治34年―昭和55年』長野県飯田風越高等学校八十周年記念誌編集委員会編集　上郷町（長野県）八十周年記念誌編集委員会　1982.2　490p　22cm　〈書誌注記：年表あり〉Ⓝ376.48

『風越―学びの業をいそしみて』長野県飯田風越高等学校編　長野県飯田風越高等学校　1991.4　28p　26cm　Ⓝ376.4

◆飯山北高等学校

『飯山北高百年誌』創立百周年記念誌刊行委員会編　飯山　長野県飯山北高等学校創立百周年記念事業実行委員会　2002.10　640p　27cm　〈年表あり　文献あり〉Ⓝ376.48

『高鳴る腕（かいな）―創部百周年記念誌』飯山北高野球部記念誌編集委員会編　飯山北高等学校　2003.2　225p　27cm　Ⓝ783

『飯山北高等学校のあゆみ―写真アルバム』長野しなのき書房　2006.3　262p　31cm　〈年表あり〉9000円　Ⓘ4-903002-04-7　Ⓝ376.48

◆飯山照丘高等学校

『長野県飯山照丘高等学校創立三五周年独立十周年記念誌』長野県飯山照丘高等学校編　長野県飯山照丘高等学校　1983.11　193p　22cm　Ⓝ376.4

長野県

『飯山照丘高等学校六十年の歴史』長野県飯山照丘高等学校閉校記念事業実行委員会編　2008.6　203p　31cm　Ⓝ376.4

◆飯山南高等学校

『［長野県飯山南高等学校］創立50周年』長野県飯山南高等学校編　長野県飯山南高等学校　1971　128p　21cm〈飯山南高五十年史年表：p100～128〉Ⓝ376.4

『定時制課程閉課記念誌』長野県飯山南高等学校定時制課程閉課記念実行委員会編　飯山　定時制課程閉課記念実行委員会　1981.3　78p　21cm　Ⓝ376.4

『創立70周年　記念誌　平成5年』長野県飯山南高等学校編　飯山南高等学校　1993.10　183p　26cm　Ⓝ376.4

◆池田工業高等学校

『［池田工業高等学校］創立五十周年記念誌』長野県池田工業高等学校編　長野県池田工業高等学校　1973.11　36p　21cm　Ⓝ376.4

『長野県池田工業高等学校　創立百周年記念誌』長野県池田工業高等学校同窓会編　長野県池田工業高等学校同窓会　2021.2　169p　22cm　Ⓝ376.4

◆伊那北高等学校

『長野県伊那中学校・長野県伊那北高等学校七十年史』伊那北高等学校同窓会校史編纂特別委員会編　伊那　長野県伊那北高等学校同窓会　1990.9　1083p　図版26枚　27cm　Ⓝ376.4

『そは血に燃ゆる若人の―薫ヶ丘外史』伊那北高等学校同窓会外史編纂特別委員会編　伊那　長野県伊那北高等学校同窓会　1995.10　711p　22cm〈背・表紙の書名：長野県伊那中学校長野県伊那北高等学校七十年外史〉非売品　Ⓝ376.4

『薫ヶ丘'89～'99―長野県伊那北高等学校創立80周年記念誌』長野県伊那北高等学校創立80周年記念誌編纂委員会編　伊那　長野県伊那北高等学校同窓会　2000.10　241p　26cm　非売品　Ⓝ376.48

『雄心強く―伊那北高校サッカー部の歩み』伊那北高校サッカー部編纂委員会編　伊那北高校サッカー部「父母の会」「雄心会」　2004.10　194p　26cm　Ⓝ783

『薫ヶ丘―長野県伊那北高等学校創立90周年記念誌　2000～'09』長野県伊那北高等学校編　2010.10　図版8, 141p　26cm

『たぐへて行かむ―長野県伊那北高等学校百年史』長野県伊那北高等学校創立100周年記念事業百年史編纂委員会編集　伊那　長野県伊那北高等学校創立100周年記念事業実行委員会　2021.9　23, 741p　31cm〈書誌注記：年表あり〉Ⓝ376.48

『われは往く―伊那北高等学校同窓会が所蔵する芦部関係資料』長野県伊那北高等学校同窓会　2023.5　76p　21cm（薫ヶ丘ブックレット）Ⓝ376.4

『長野県伊那北高等学校ラグビー部通史―Rugby opens many doors』浦野守雄著　伊那　長野県伊那北高等学校同窓会　2023.9　82p　21cm（薫ヶ丘ブックレット 3）非売品　Ⓝ783.48

◆伊那女子高等学校

『伊那女子高等学校十九年のあゆみ』「伊那女子高等学校十九年のあゆみ」記念誌編集委員会編　伊那　信州学園伊那女子高等学校　1985.3　180p　22cm　非売品　Ⓝ376.4

◆伊那西高等学校

『縁―伊那西高等学校30周年記念誌』伊那西高等学校30周年記念誌編集委員会編　高松学園伊那西高等学校　2014.10　94p　30cm　Ⓝ376.4

◆伊那弥生ケ丘高等学校

『六十年の歩み』長野県伊那弥生ケ丘高等学校編　「六十年の歩み」刊行会　1972　442p　21cm　Ⓝ376.4

『八十年の歩み―長野県伊那弥生ケ丘高等学校創立八十周年記念誌』記念誌編集委員会編　伊那　長野県伊那弥生ケ丘高等学校　1991.9　687p　27cm　3000円　Ⓝ376.4

『百年の歩み―長野県伊那弥生ケ丘高等学校創立百周年記念誌』記録委員会編　2012.2　358p　27cm　Ⓝ376.4

◆岩村田高等学校

『岩高六十年誌』岩村田高等学校編　岩村田高等学校　1985　770p　22cm　Ⓝ376.4

『アートを拓く―第30回記念岩高同窓生総合作品展記念誌』長野県岩村田高等学校同窓会記念展実行委員会　2001.11　60p　30cm　Ⓝ376.4

『岩高八十年誌』長野県岩村田高等学校創立八十年誌刊行委員会編　佐久　長野県岩村田高

長野県

等学校創立八十周年記念事業実行委員会　2006.3　277p　31cm〈年表あり〉非売品　Ⓝ376.48

◆上田高等学校

『上田中学上田高校野球部々史　其の1』上田上田高校野球部後援会　1980.10　316p　21cm〈複製〉非売品　Ⓝ783.7

『長野県上田高等学校史　草創編』上田　上田高等学校同窓会　1980.10　252p　22cm〈特製版〉2000円　Ⓝ376.4

『長野県上田高等学校史　中学前編』上田高等学校記念誌刊行会編　上田高等学校同窓会　1983　471p　22cm　Ⓝ376.4

『長野県上田高等学校史　中学後編』上田高等学校記念誌刊行会編　上田高等学校同窓会　1987　371p　22cm　Ⓝ376.4

『上田高校ものがたり―高校風土記』上田高等学校同窓会編　郷土出版社　1987.6　212p　21cm　Ⓝ376.4

『戦後上田高等学校野球部史』新美欣也編　上田高校野球部部史出版会　1991.5　199p　27cm　Ⓝ783

『長野県上田高等学校校史　高等学校第1編』上田高等学校記念史刊行会編　上田　上田高等学校記念史刊行会　1995.3　534p　22cm〈発行所：上田高等学校同窓会〉非売品　Ⓝ376.4

『上田高校百年史』上田高校百年史編纂委員会編　長野県上田高等学校100周年記念事業実行委員会　2000.10　95p　31cm　Ⓝ376.4

『長野県上田高等学校バスケット・ボール班創立五十周年誌』創立五十周年史編纂委員会　上田高等学校バスケットボール班OB会　2000.11　128p　30cm　Ⓝ376.4

◆上田染谷丘高等学校

『創立70周年記念誌』上田染谷丘高等学校編　長野県上田染谷丘高等学校　1970　80p　21cm　Ⓝ376.4

『創立八十周年記念誌』上田　長野県上田染谷丘高等学校　1981.10　106p　21cm　Ⓝ376.4

『上田染谷丘高校百年誌』長野県上田染谷丘高等学校百年誌編集委員会編　上田　長野県上田染谷丘高等学校創立百周年記念事業実行委員会　2001.10　571p　27cm　Ⓝ376.48

◆上田千曲高等学校

『[上田千曲高等学校]創立60周年新校舎落成記念誌』長野県上田千曲高等学校編　長野県上田千曲高等学校　1979.11　40p　30cm　Ⓝ376.4

『上田実科高等女学校・上田市立商工学校・長野県上田千曲高等学校六十年史』上田　長野県上田千曲高等学校　1981.7　642p　図版22p　22cm〈標題紙の書名：千曲高校六十年史〉3900円　Ⓝ376.4

『長野県上田千曲高等学校100年の歩み―1917年―2017年：志美しき』上田千曲高等学校同窓会・係合記念誌編纂委員会編　上田　長野県上田千曲高等学校創立100周年記念事業実行委員会　2019.9　404p　30cm〈書誌注記：年表あり　背のタイトル：100年の歩み〉非売品　Ⓝ376.48

◆上田西高等学校

『上田西高等学校40周年記念誌』上田西高等学校40周年記念誌編集委員会編　上田学園　2000.11　56p　31cm　Ⓝ376.4

『上田西高等学校五十年誌』上田西高等学校五十年記念誌編集委員会編　上田西高等学校　2010.10　345p　27cm　Ⓝ376.4

『第95回全国高等学校野球選手権記念大会　巻き起こせ！　西高旋風!!―上田西高校野球部甲子園への軌跡　2013』上田西高等学校編　上田西高等学校　2013.9　35p　30cm

『上田西高等学校六十年誌』「上田西高校六十年誌」編集委員会編集　上田学園上田西高等学校　2020.12　194p　26cm　Ⓝ376.4

◆上田東高等学校

『上田東高等学校甲子園出場記念写真集―'88熱闘甲子園の夏』長野県上田東高等学校野球部甲子園出場後援会写真集編纂委員会編　上田東高等学校野球部甲子園出場後援会　1989.3　40p　21×30cm　Ⓝ780

『上田東高校百年誌』上田東高校百年誌編纂委員会編　上田　上田東高等学校創立百周年記念事業協賛会　1991.7　1054p　図版10枚　22cm〈年表：p1023～1050〉Ⓝ376.4

『変化対応―未来への躍進：その変遷と近況：長野県上田東高等学校創立120周年記念誌』長野県上田東高等学校創立120周年記念事業協賛会記念誌委員会編　上田　長野県上田東高等学校創立120周年記念事業協賛会　2013.4　149p　30cm〈書誌注記：年表あり〉Ⓝ376.4

『長野県上田東高等学校創立130周年記念誌』長野県上田東高等学校創立130周年記念事業協

賛会記念誌委員会編　上田　長野県上田東高等学校創立130周年記念事業協賛会　2023.3　40p　30cm

◆臼田高等学校

『臼高八十年誌』長野県臼田高等学校八十年誌編集委員会編　臼田町（長野県）　長野県臼田高等学校創立八十周年記念事業実行委員会　1988.5　620p　21cm　Ⓝ376.4

『臼高百年誌』長野県臼田高等学校百年誌編集委員会編　佐久　長野県臼田高等学校創立百周年記念事業実行委員会　2007.10　1135p　図版12枚　22cm〈書誌注記：年表あり〉非売品　Ⓝ376.48

◆大町高等学校

『大町高校八十年史』大町　長野県大町高等学校同窓会　1982.9　929p　22cm　5000円　Ⓝ376.4

『大町高校ものがたり』小島正美著　松本　郷土出版社　1990.1　298p　21cm（高校風土記）1800円　①4-87663-140-9　Ⓝ376.4

『100年の歩み』100周年記念誌 編集委員会編集　長野県大町高等学校同窓会　2001.10　414p　22cm　Ⓝ376.4

『洗心―大町高校野球部100周年記念誌』大町高等学校野球部OB会編　大町高等学校野球部OB会　2002.11　275p　27cm　Ⓝ783

『大町高等学校剣道部―創設100周年記念』大町高等学校剣道部百周年記念行事実行委員会　2003.6　44p　30cm　Ⓝ789

『大町高校百十五年―閉校記念誌』大町高校閉校記念誌編集委員会編　長野県大町高等学校同窓会　2016.7　322p　27cm　Ⓝ376.4

◆大町北高等学校

『七十年のあゆみ―大町北高等学校』長野県大町北高等学校創立七十周年記念誌編集委員会編　大町　長野県大町北高等学校創立七十周年記念事業実行委員会　1983.3　395p　図版12枚　22cm　非売品　Ⓝ376.4

『しらかば―長野県大町北高等学校閉校記念写真集』大町北高等学校閉校記念写真集編集委員会編　大町北高等学校同窓会　2016.7　238p　30cm　Ⓝ376.4

◆岡谷工業高等学校

『岡谷工業高校七十年史』岡谷　岡谷工業高等学校同窓会　1981.11　968p　22cm〈関係年表：p939〜966〉非売品　Ⓝ376.4

『岡谷工業高等学校小史―創立七十年以降八十年までの歩み』長野県岡谷工業高等学校創立八十周年記念事業実行委員会学校史編纂委員会編　岡谷工業高等学校同窓会　1991.10　275p　21cm　Ⓝ376.4

『みんなに金メダルを！―岡工バレー部と共に歩んだ肝っ玉おばちゃんの応援歌』壬生智子著　長野　信濃毎日新聞社　2002.11　231,17p　19cm　1400円　①4-7840-9935-2　Ⓝ783.2

『岡工100年のあゆみ―ものづくり一世紀』長野県岡谷工業高等学校創立100周年記念事業実行委員会編　岡谷　長野県岡谷工業高等学校創立100周年記念事業実行委員会　2011.12　397p　31cm〈書誌注記：年表あり〉Ⓝ376.4

『球道―岡工硬式野球部100年』長野県岡谷工業高等学校硬式野球部創部100周年記念事業実行委員会編　岡谷　長野県岡谷工業高等学校硬式野球部創部100周年記念事業実行委員会　2015.11　213p　31cm〈書誌注記：年表あり〉Ⓝ783.7

『ラガーの肖像―長野県岡谷工業高等学校ラグビーフットボール部創部50周年記念誌』岡谷工業高等学校ラグビーフットボール部OB会編集　岡谷工業高等学校ラグビーフットボール部OB会　2020.4　79p　30cm　Ⓝ783

『業成るあした 世に盡す―長野県岡谷工業高等学校 創立110周年』長野県岡谷工業高等学校創立110周年記念事業実行委員会　2021　あとがき　22p　30cm　Ⓝ376.4

◆岡谷東高等学校

『創立六十周年記念誌』長野県岡谷東高等学校編　長野県岡谷東高等学校　1972　56p　26cm　Ⓝ376.4

『岡谷東高校七十年誌』岡谷東高等学校創立七十周年記念誌編集委員会編集　岡谷東高等学校創立七十周年記念事業実行委員会　1983.2　976p　22cm　Ⓝ376.4

『あらたな未来―長野県岡谷東高等学校百周年記念誌』長野県岡谷東高等学校創立百周年記念誌編集委員会編　岡谷　長野県岡谷東高等学校創立百周年記念事業実行委員会　2013.2　151p　30cm〈書誌注記：年表あり〉Ⓝ376.48

◆岡谷南高等学校

『岡谷南高校五十年史』岡谷南高等学校創立五十周年記念事業実行委員会五十年史編集委

会編　岡谷　岡谷南高等学校創立五十周年記念事業実行委員会　1993.8　1279p　22cm　非売品　Ⓝ376.4

『長野県岡谷南高等学校 創立80周年記念誌』岡谷南高校創立80周年記念誌部会編集　岡谷南高等学校同窓会　2022.1　96p　30cm　Ⓝ376.4

◆岡谷竜上高等学校

『おゝ竜上われらの学園─長野県岡谷竜上高等学校定時制高校24年間のあゆみ』岡谷　長野県岡谷竜上高等学校閉校記念事業実行委員会　1981.3　439p　27cm　非売品　Ⓝ376.48

◆上伊那農業高等学校

『長野県上伊那農業学校・長野県上伊那農業高等学校八十年史』長野県上伊那農業高等学校八十年史編纂委員会編　南箕輪村（長野県）　長野県上伊那農業高等学校　1977.3　829p　22cm　非売品　Ⓝ376.4

『あゝ上農─土の青春の記録 上伊那農業高校90年の星霜』伊那毎日新聞社出版企画室編　伊那　伊那毎日新聞社　1984.8　255p　31cm〈上伊那農業高校写真集　上伊那農業高校年表：p229〜254〉3800円　Ⓝ376.4

『長野県上伊那農業高等学校九十年誌』長野県上伊那農業高等学校編　長野県上伊那農業高等学校　1985　265p　21cm　Ⓝ376.4

『長野県上伊那農業学校長野県上伊那農業高等学校百年史』同窓会百年史編纂委員会編　南箕輪村（長野県）同窓会百年史編纂委員会　1995.2　1345p　22cm　Ⓝ376.48

◆上水内北部高等学校

『創立七十周年記念誌』長野県上水内北部高等学校創立七十周年記念誌編集委員会編　三水村（長野県）上水内北部高等学校同窓会　1971.5　354p　図版12枚　22cm〈付：上水内北部高校沿革概要, 定時制沿革年表〉Ⓝ376.4

『創立七十周年記念誌』上水内北部高等学校編　上水内北部高等学校　1981　354p　22cm　Ⓝ376.4

◆軽井沢高等学校

『軽井沢高等学校40年の歩み』軽井沢高等学校編　軽井沢高等学校　1983　378p　26cm　Ⓝ376.4

◆木曽高等学校

『遥かなる若き日々─長野県木曽高等学校 七十周年記念誌』長野県木曽高等学校 記念誌編集委員会編　木曽高等学校 創立七十周年記念事業実行委員会　1992.10　125p　26cm　Ⓝ376.4

◆木曽山林高等学校

『山霊生英傑─木曽山林高校創立一〇〇周年記念誌』長野県木曽山林高等学校創立一〇〇周年記念誌編集委員会編　木曽福島町（長野県）長野県木曽山林高等学校創立一〇〇周年記念事業実行委員会　2001.10　928p　27cm　Ⓝ376.48

◆木曽東高等学校

『桐の花』木曽東高等学校同窓会編　木曽東高等学校同窓会　1982.6　250p 図版　22cm　Ⓝ376.4

◆北佐久農業高等学校

『北農八十年誌』佐久　長野県北佐久農業高等学校創立八十周年記念事業実行委員会　1980.10　604p　22cm　Ⓝ376.4

『北農百年誌』長野県北佐久農業高等学校北農百年誌編集委員会編　佐久　長野県北佐久農業高等学校創立百周年記念事業実行委員会　2002.8　821p　22cm　Ⓝ376.4

◆小海高等学校

『長野県小海高等学校創立70周年校舎全面改築記念誌』小海高等学校記念式典事務局編　小海高等学校校舎改築期成同盟会　1980　93p　26cm　Ⓝ376.4

◆小諸高等学校

『小諸高校八十年誌』小諸高等学校八十年誌編集委員会編　長野県小諸高等学校　1986　555p　22cm　Ⓝ376.4

『小諸高校百年史─写真で見る百年のあゆみ』長野県小諸高等学校創立100周年記念誌部会編　小諸　長野県小諸高等学校創立100周年記念事業実行委員会　2007.5　1冊（ページ付なし）31cm〈年表あり〉Ⓝ376.48

『野岸から郷土へ─20年のあゆみ 小諸高校100年誌』長野県小諸高等学校創立100周年記念誌部会編　小諸　長野県小諸高等学校創立100周年記念事業実行委員会　2007.5　62p　30cm　Ⓝ376.48

長野県

『過去と未来を紡ぐ調和─[小諸高校]創立110周年・音楽科開設20周年記念誌』 小諸高校創立110周年記念・音楽科開設20周年記念事業実行委員会記念誌部会編　小諸高校創立110周年記念・音楽科開設20周年記念事業実行委員会記念誌部会　2016.3　102p　30cm　Ⓝ376.4

◆小諸商業高等学校

『小諸商業七十五周年記念誌』 長野県小諸商業高等学校小商七十五年誌編集委員会編　小諸　長野県小諸商業高等学校同窓会　1983.5　692p 図版10枚　22cm〈背・奥付の書名：小商七十五年誌　年表：p623〜650　参考・引用文献：p690〉 Ⓝ376.4

『小諸商業高等学校百周年記念誌』 長野県小諸商業高等学校創立百周年記念事業実行委員会編　小諸　長野県小諸商業高等学校創立百年記念事業実行委員会　2006.3　657p 図版10枚　27cm〈奥付・背のタイトル：小商百年誌　年表あり〉 Ⓝ376.48

◆犀峡高等学校

『長野県犀峡高等学校創立六十周年記念誌』 信州新町(長野県)　長野県犀峡高等学校同窓会　1981.4　803p　22cm〈書名は奥付による　標題紙・背の書名：創立六十周年記念誌　沿革大要：p15〜23〉非売品　Ⓝ376.4

◆坂城高等学校

『閉校記念誌 葛尾の灯』 長野県坂城高等学校定時制閉校記念誌編集委員会編　長野県坂城高等学校　1981.2　319p　22cm　Ⓝ376.4

『[長野県坂城高等学校]創立七十五周年記念誌』 長野県坂城高等学校創立七十五周年記念誌編集委員会編　長野県坂城高等学校　1987　471p　22cm〈出版者の名称：長野県坂城高等学校創立七十五周年記念事業実行委員会〉 Ⓝ376.4

◆佐久高等学校

『佐久高校20年史』 佐久高校20年史編集委員会編　佐久高校創立20周年記念事業実行委員会　1984　416p　22cm　Ⓝ376.4

◆佐久長聖高等学校

『「人間力」で闘う─佐久長聖高校駅伝部強さの理由』 両角速著　長野　信濃毎日新聞社　2011.3　265p　19cm　1400円　Ⓘ978-4-7840-7135-7　Ⓝ782.3

[目次]第1章 佐久長聖高校駅伝部発足！、第2章 選手時代に知った長距離の魅力、第3章 都大路に出場するまで、第4章 指導者の醍醐味とは、第5章 都大路の常連として、第6章 折り返し地点

[内容]それは石拾いから始まった─都大路、箱根、そして都道府県対抗駅伝。果敢で冷静、強い責任感。誰もが目を見張る、佐久長聖出身選手の大活躍。その走りと人間力の土台をつくった監督、両角速の信念とは。ないない尽くしだった駅伝部発足から、上野や佐藤悠基ら選手とのエピソード、駅伝という競技の楽しみ方まで。長聖駅伝部の強さの秘密がここに。

『燦とかがやく─佐久長聖高等学校創立50周年中高一貫過程創設20年記念史』 佐久長聖高等学校創立50周年中高一貫過程創設20年記念史編集委員会編集　佐久長聖高等学校創立50周年中高一貫過程創設20年記念史編集委員会　2015.3　381p [図版]　27cm　Ⓝ376.4

◆更級農業高等学校

『更級七十周年記念誌』 更級農業高等学校編　更級農業高等学校　1977　641p　22cm　Ⓝ376.4

『農業化学科十周年記念誌』 更級農業高等学校農業化学科編　更級農業高等学校　1979　121p　26cm　Ⓝ376.4

『更農百年誌』 長野県更級農業高等学校 百年誌編集委員会編　長野県更級農業高等学校　2007.3　788p　22cm　Ⓝ376.4

◆塩尻高等学校

『長野県塩尻高等学校七十年誌』 塩尻　長野県塩尻高等学校内長野県塩尻高等学校記念誌編纂委員会　1981.10　298p 図版16枚　27cm　Ⓝ376.4

◆塩尻志学館高等学校

『とよみくる─長野県塩尻志学館高等学校百周年記念誌』 長野県塩尻志学館高等学校創立百周年記念事業実行委員会記念誌部会編　塩尻　長野県塩尻志学館高等学校創立百周年記念事業実行委員会記念誌部会　2012.3　660p　31cm〈書誌注記：年表あり〉 Ⓝ376.48

◆篠ノ井高等学校

『熱闘の夏'84─篠高球児7年目の快挙 第66回全国高等学校野球選手権大会』 長野県篠ノ井高等学校野球部甲子園後援会編　長野　長野県篠ノ井高等学校野球部甲子園出場後援会事務局　1984.11　48p　26cm　Ⓝ783.7

長野県

『篠ノ井高校七十年史』長野県篠ノ井高等学校創立七十周年記念並びに校舎改築竣工記念事業実行委員会編集委員会編集　長野県篠ノ井高等学校同窓会　1996.3　636p　26cm　Ⓝ376.4

『長野県篠ノ井高等学校創立100周年記念誌』長野県篠ノ井高等学校創立100周年記念事業実行委員会編　長野県篠ノ井高等学校創立100周年記念事業実行委員会　2023.10　191p　30cm　Ⓝ376.4

◆篠ノ井旭高等学校

『旭高のあゆみ　創立20周年記念誌』篠ノ井旭等学校編　篠ノ井旭高等学校　1980　216p　26cm　Ⓝ376.4

『ガラビの壕から「マツシロ」へ―松代大本営地下壕に国際平和公園・平和祈念館を!!篠ノ井旭高校郷土研究班の活動のまとめ』篠ノ井旭高校郷土研究班編　長野　篠ノ井旭高校郷土研究班　1987.4　59p　26cm　Ⓝ375.18

『旭高の教育―あゆみ　別冊　戦争にまきこまれた学校』長野　篠ノ井旭高等学校広報部　1988.1　64p　26cm　Ⓝ376.4

『命ありて再び帰るふるさとは―戦争に巻き込まれた学校』篠ノ井旭高校郷土研究班著　篠ノ井旭高校　1993.10　62p　Ⓝ375

◆下伊那農業高等学校

『沿革史　五十年の歩み』下伊那農業高等学校編　下伊那農業高等学校　1970　456p　22cm　Ⓝ376.4

『四十二年の歩み　長野県下伊那農業高等学校定時制閉校記念誌』下伊那農業高等学校定時制編　下伊那農業高等学校定時制　1990　127p　19cm　Ⓝ376.4

『我が青春―長野県下伊那農業高等学校野球部50年史』「我が青春」編集委員会編　飯田　長野県下伊那農業高等学校野球部OB会　1998.10　138p　27cm　Ⓝ783.7

『森と自然そして教育と生活が生きていた―閉科記念―長野県下伊那農業高等学校林業科』林業科閉科記念式典実行委員会編　飯田　林業科閉科記念式典実行委員会　1999.5　118p　25cm　Ⓝ376.48

『赤石永遠に崇くして―八十年学校史長野県下伊那農業高等学校』創立80周年記念誌編纂委員会編　飯田　長野県下伊那農業高等学校　2000.7　546p　27cm〈創立80周年記念誌〉3000円　Ⓝ376.48

『下農生のちょっとイイ話』［下伊那農業高等学校］　2016.3　45p　21cm　Ⓝ376.4

『創立百周年記念誌』創立100周年記念事業実行委員会編集　長野県下伊那農業高等学校　2021.7　842p　27cm　Ⓝ376.4

◆下高井農林高等学校

『七十年の歩み』下高井農林高等学校編　下高井農林高等学校　1976　285p 図版　22cm　Ⓝ376.4

『農業教育30年の歩み　長野県下高井農林高等学校』佐藤貢編　佐藤貢　1976　96p　26cm　Ⓝ376.4

『下高井農林　80周年記念　小史この10年の歩み』長野県下高井農林高等学校編　長野県下高井農林高等学校　1987　70p　22cm　Ⓝ376.4

『百年の歩み』下高井農林高等学校　創立百周年記念誌委員会編　下高井農林高等学校　創立百周年記念実行委員会　2007.4　718p　27cm　Ⓝ376.4

◆須坂高等学校

『創立60周年記念誌』長野県須坂高等学校創立60周年記念誌編集委員会編　須坂　長野県須坂高等学校創立60周年記念事業実行委員会　1983.10　156p　21cm　Ⓝ376.4

『働きつつ学びつつ―復刊』伊původ敏雄編　須坂　須坂高等学校定時制四十周年の集い小委員会　1988.9　79p　19cm〈須坂高等学校定時制創立40周年記念〉　Ⓝ376.4

『長野県須坂高等学校創立七十周年記念誌』長野県須坂高等学校創立七〇周年記念誌編集委員会編　須坂　長野県須坂高等学校創立七〇周年記念事業実行委員会　1993.11　240p　21cm〈背の書名：創立七十周年記念誌〉　Ⓝ376.4

『長野県須坂高等学校定時制閉校記念誌』長野県須坂高等学校定時制閉校記念誌部会編　須坂　長野県須坂高等学校定時制閉校記念事業実行委員会　2007.3　366p　22cm〈標題紙・背のタイトル：閉校記念誌　発行所：長野県須坂高等学校　年表あり〉非売品　Ⓝ376.48

『須坂高校百年史』須坂高校百年史編集委員会編集　須坂　長野県須坂高等学校創立百周年記念事業実行委員会　2024.3　606p　27cm〈書誌注記：文献あり　書誌注記：年表あり〉　Ⓝ376.48

長野県

◆須坂高等学校小布施分校

『雁田嶺 小布施分校閉校記念誌』須坂高等学校小布施分校編　須坂高等学校小布施分校　1976　121p　22cm　Ⓝ376.4

◆須坂園芸高等学校

『定時制記念誌』須坂園芸高等学校編　須坂園芸高等学校　1977.3　262p　22cm〈出版者の名称：須坂園芸高等学校定時制閉校記念事業実行委員会〉Ⓝ376.4

『躍動の百年』須坂園芸高等学校編　須坂　須坂園芸高等学校創立百周年記念事業実行委員会　2013.4　568p　図版［18］枚　31cm〈書誌注記：年表あり　須坂園芸高校百周年記念〉非売品　Ⓝ376.48

◆須坂商業高等学校

『［長野県須坂商業高等学校］創立六十周年記念誌』須坂商業高等学校同窓会編　須坂商業高等学校同窓会　1986.10　206p　22cm　Ⓝ376.4

『須商九〇年の歩み―成美の教へ』長野県須坂商業高等学校記念誌編集委員会編　長野県須坂商業高等学校同窓会　2017.2　293p［図版］31cm　Ⓝ376.4

◆須坂東高等学校

『鎌田を仰ぐ六十年―長野県須坂東高等学校の歩み』六十年史編纂委員会編　六十年史編纂委員会　1980　505p　22cm　Ⓝ376.4

『ヒマラヤ杉と共に―100年のlegacy：長野県須坂東高等学校創立100周年記念誌』長野県須坂東高等学校創立100周年記念事業実行委員会編　須坂　長野県須坂東高等学校　2019.3　99p　27cm　Ⓝ376.48

◆諏訪実業高等学校

『長野県諏訪実業高等学校の歩み』諏訪実業高等学校編　諏訪実業高等学校同窓会　1978　1041p　22cm　Ⓝ376.4

『懐かしき蛍雪の日日　長野県諏訪実業高等学校下諏訪分校閉校記念誌』長野県諏訪実業高等学校編　長野県諏訪実業高等学校　1989　286p　27cm　Ⓝ376.4

『［長野県諏訪実業高等学校］創立七十周年記念誌』長野県諏訪実業高等学校創立七十周年記念誌委員会編集　長野県諏訪実業高等学校創立七十周年記念事　1990.10　216p　27cm　Ⓝ376.4

『科の葉―長野県諏訪実業高校100周年記念誌』長野県諏訪実業高校記念誌編集委員会編集　長野県諏訪実業高等学校100周年記念事業実行委員会　2022.2　359p　Ⓝ376.4

◆諏訪清陵高等学校

『清陵八十年史』長野県諏訪清陵高等学校同窓会清陵八十年史刊行委員会編　諏訪　長野県諏訪清陵高等学校同窓会　1981.11　957p　22cm〈書誌注記：年表：p930～954　折り込み表1枚〉非売品　Ⓝ376.4

『あゝ信山の』諏訪清陵高等学校双樹会編　我孫子　諏訪清陵高等学校双樹会　1995.11　218, 103, 5p　26cm〈諏訪清陵高等学校創立百周年記念〉Ⓝ376.4

『写真でつづる清陵の百年』長野県諏訪清陵高等学校同窓会写真でつづる清陵の百年編集委員会編　諏訪　長野県諏訪清陵高等学校同窓会　1996.4　296p　31cm　4500円　Ⓝ376.4

◆諏訪二葉高等学校

『排球部四十年のあゆみ』諏訪二葉高等学校白葉会編　諏訪二葉高等学校白葉会　1976　200p　22cm　Ⓝ783

『長野県諏訪二葉高等学校七十年誌』長野県諏訪二葉高等学校七十年誌刊行委員会編集　長野県諏訪二葉高等学校同窓会　1977.10　617p　22cm　Ⓝ376.4

『写真でかたる二葉百年のあゆみ』諏訪　長野県諏訪二葉高等学校創立百周年記念事業実行委員会　2008.8　347p　31cm〈書誌注記：年表あり　書誌注記：文献あり　出版者注記：長野日報社（発売）〉4500円　①978-4-86125-069-9　Ⓝ376.48

◆蘇南高等学校

『蘇南高校三十年史』蘇南高校30年史編集委員会編　蘇南高校創立30周年事業実行委員会　1983　578p　22cm　Ⓝ376.4

『蘇南高校五十年史』蘇南高校五十年史編集委員会編　長野県蘇南高等学校　2003.10　648p　22cm　Ⓝ376.4

◆高遠高等学校

『高遠高校の歩み―その八十五年』高遠高校の歩み編集委員会編　高遠町（長野県）　高遠高校の歩み刊行会　1985.7　606p　22cm　非売品　Ⓝ376.4

長野県

◆田川高等学校

『田川高校十年のあゆみ』塩尻　長野県田川高等学校創立十周年記念事業実行委員会　1992.11　186p　22cm〈編集：宮沢尚道ほか〉非売品　Ⓝ376.4

◆辰野高等学校

『長野県辰野高等学校八十年史』辰野高校創立80周年記念事業八十年史刊行・編纂委員会編　長野県辰野高等学校　1992.1　944p　27cm　Ⓝ376.4

『学校を変える生徒たち―三者協議会が根づく長野県辰野高校』宮下与兵衛著　京都　かもがわ出版　2004.1　206p　19cm〈解説：浦野東洋一〉1600円　①4-87699-794-2　Ⓝ376.4152

内容　地域住民との町おこしシンポジウム、服装自由化とみんなでつくった標準服、2年間の論議で実った「アルバイト規定の見直し、生徒の提案による授業・施設の改善―「三者協議会」「フォーラム」の6年間は、生徒の自立を促し、開かれた学校づくりへと向かわせた。そこには、高校生たちが、父母・教職員と共に、学校を変え、地域活性化に取り組んだ、6年間の熱いドラマがある。

『参加と共同の学校づくり―「開かれた学校づくり」と授業改革の取り組み：高知県奈半利中学校・長野県辰野高等学校・東京大学教育学部附属中等教育学校』宮下与兵衛、濱田郁夫、草川剛人共著　草土文化　2008.8　101p　21cm〈解説：浦野東洋一〉1300円　①978-4-7945-0998-7　Ⓝ374

内容　日本でも、一九九五年以降、「参加と共同」の学校づくりが全国に広がっています。この本では、そのパイオニア校からとして全国の学校から注目されてきた三校の取り組みを報告しています。高知県では一九九七年から土佐の教育改革の一貫として学校協議会が全県的に設置されて取り組まれてきましたが、その中で注目されてきた中学校が奈半利中学校です。東京大学教育学部附属中等教育学校は現在、三者協議会の実践と「学びの共同体」の実践で全国から注目されている中高一貫教育の学校です。長野県辰野高等学校は一九九七年から、三者協議会の実践とともにさらに地域住民の参加を加えた「フォーラム」の実践で全国の多くの学校のモデルになってきた学校です。この三校の一〇年にわたる「参加と共同」の学校づくりと授業改革の取り組みをまとめました。

『辰高・辰野町検定―君は辰高・辰野町を知っているか　2012』長野県辰野高等学校図書委員会編　長野県辰野高等学校図書委員会　2012.9　134p　22cm　Ⓝ376.4

『辰高・辰野町検定―君は辰高・辰野町を知っているか：辰高・辰野町検定公式テキスト（抄）』辰野高校図書委員会編著　辰野町（長野県）長野県辰野高等学校図書委員会　2014.3　80p　26cm〈書誌注記：文献あり〉Ⓝ376.4152

『長野県辰野高等学校百年史』『長野県辰野高等学校百年史』編集委員会編　辰野町（長野県）辰野高等学校創立百周年記念事業実行委員会　2014.3　319p　図版16p　27cm〈書誌注記：年表あり〉Ⓝ376.48

『辰高・辰野町検定―君は辰高・辰野町を知っているか　2015』長野県辰野高等学校図書委員会編　長野県辰野高等学校図書委員会　2015.8　61, 120〜123p　21cm　Ⓝ376.4

◆蓼科高等学校

『長野県蓼科高等学校八十周年記念誌』立科町（長野県）長野県蓼科高等学校　1981.10　429p　22cm〈背の書名：八十周年記念誌〉Ⓝ376.4

◆茅野高等学校

『三十三年の歩み―定時制閉校記念誌』長野県茅野高等学校定時制閉校記念誌編集委員会編　茅野　長野県茅野高等学校　1981.3　511p　22cm〈年表：p502〜507〉非売品　Ⓝ376.4

『長野県茅野高等学校五十年誌』長野県茅野高等学校同窓会記念誌編集委員会, 長野県茅野高等学校五十年誌刊行委員会編　茅野　長野県茅野高等学校　1992.10　1149p　図版10枚　22cm〈年表：p1103〜1140〉非売品　Ⓝ376.4

◆塚原青雲高等学校

『炒り豆に花咲く―高校生とともに生きて』碓田のぼる, 塚原青雲高校教職員組合編著　労働旬報社　1991.7　239p　19cm　1400円　①4-8451-0189-0　Ⓝ376.4

◆天竜光洋高等学校

『天竜光洋高校史』天竜光洋高校史編集委員会編　天竜光洋高校史編集委員会　1990　291p　22cm　Ⓝ376.4

◆東海大学付属第三高等学校

『三高魂―東海大学付属第三高等学校野球部創部50周年記念誌』東海大学付属第三高等学校野球部創部50周年記念誌作成委員会　東海大学付属第三高等学校野球部創部50周年記念事業実行委員会　2013.6　136p　30cm　Ⓝ783

長野県

◆東部高等学校

『東部高等学校創立七〇周年記念誌』創立七〇周年記念誌編集委員会編　東部町（長野県）創立七〇周年記念事業実行委員会　1993.10　308p　21cm〈書名は奥付による　標題紙等の書名：創立七十周年記念誌　折り込表1枚〉　Ⓝ376.4

◆東御清翔高等学校

『長野県東御清翔高等学校創立90周年記念誌』長野県東御清翔高等学校創立90周年記念誌編集委員会編　[長野県東御清翔高等学校]創立90周年記念事業実行委員会　2014.2　51p　26cm　Ⓝ376.4

◆豊科高等学校

『豊科高等学校六十年誌』豊科高等学校編　長野県豊科高等学校　1984　1014p　22cm　Ⓝ376.4

『豊科高等学校百年誌』長野県豊科高等学校創立100周年記念事業実行委員会100周年記念誌編集委員会編集　長野県豊科高等学校創立100周年記念事業実行委員会100周年記念誌編集委員会　2024.2　473p　27cm〈書誌注記：年表あり〉Ⓝ376.48

◆中条高等学校

『[長野県中条高等学校]創立七十周年記念誌』長野県中条高等学校創立七十周年記念誌名簿編集委員会編　長野県中条高等学校　1979.10　483p　22cm　Ⓝ376.4

『雪とことは―中条高校物語』伊藤博文著　長野　銀河書房　1985.7　125p　19cm　1000円　Ⓝ376.4

『霊の揺籃―長野県中条高等学校創立100周年記念誌』創立100周年記念誌編集委員会編　中条村（長野県）長野県中条高等学校校友会　2009.6　259p　31cm〈年表あり〉Ⓝ376.48

◆中野高等学校

『中野高等学校八十年史』中野高等学校八十年史刊行委員会編　中野　中野高等学校八十年史刊行委員会　1990.8　421p　図版12枚　22cm〈書名は奥付による　発行所：長野県中野高等学校　年表：p295～372　参考文献：p419〉3000円　Ⓝ376.4

『地域教育一〇〇年の想いを拾う―中野高校（中野高女・中野実科女）98年の歩みから　わが母校よ永遠なれ!!』宮川洋一著，長野県中野高等学校同窓会編　中野　北信ローカル　2008.10　148p　21cm　1143円　Ⓘ978-4-9903302-3-1　Ⓝ376.48

◆長野高等学校

『長野高校八十年史』長野　長野高等学校同窓会　1980.12　1104p　22cm〈年表：p975～1102〉非売品　Ⓝ376.4

『見ずや春風―長野高校野球部史』長野高校野球部部史編集委員会編　長野　長野県長野高等学校野球部OB会　1987.7　449p　27cm　Ⓝ783.7

『アルバム長野高校百年』長野高校同窓会百年史編集委員会編　長野高等学校同窓会　1999.10　173p　27cm　Ⓝ376.4

『長野高校百年史』長野高校同窓会百年史編集委員会編　長野高等学校同窓会　1999.10　520p　27cm　Ⓝ376.4

『学校が変わる―長野高校改革の軌跡』高野幸著　長野　長野県民新聞社　2003.11　299p　22cm　1500円　Ⓘ4-9901850-0-5　Ⓝ376.4152

『臥薪嘗胆―長野県長野高等学校籠球班80周年記念誌』長野高校籠球班創立80周年記念誌編集委員会編　長野　長野高校籠球班OB会　2008.6　137p　30cm　Ⓝ783.1

◆長野県北部高等学校信濃町分校

『北信濃四十年の灯―長野県北部高等学校信濃町分校閉校記念誌』長野県北部高等学校信濃町分校編　長野県北部高等学校信濃町分校　1989　364p　22cm　Ⓝ376.4

◆長野工業高等学校

『[長野工業高等学校]創立六十周年記念誌』長野工業高等学校記念誌編集委員会編　長野工業高等学校　1978　103p　21cm〈出版者の名称：長野県長野工業高等学校創立六十周年記念行事実行委員会〉Ⓝ376.4

『長工七十年史』長工七十年史編集委員会編　長野　長工七十年史刊行会　1990.12　1046p　図版10枚　22cm〈付（表1枚）〉Ⓝ376.4

『至誠努力長工80―長工創立80周年記念誌』長野　長野県長野工業高等学校創立80周年記念実行委員会　1998.11　64p　30cm　Ⓝ376.48

『長工百年史』長工百年史編集委員会編　長野　長工創立百周年記念事業実行委員会　2019.10　822p　27cm〈書誌注記：年表あり　表紙のタイトル：至誠努力〉Ⓝ376.48

長野県

◆中野実業高等学校

『[長野県中野実業高等学校]創立90周年記念誌』中野実業高等学校記念誌編集委員会編　長野県中野実業高等学校　1997.3　220p　30cm　Ⓝ376.4

『中野実業高校百年史』長野県中野実業学校百年史編集委員会編　中野　長野県中野実業高等学校創立百周年記念事業百年史編集委員会　2007.2　405p　31cm〈書誌注記：年表あり〉　Ⓝ376.48

『若人よいざ—中野実業高等学校野球部63年の足跡　記念誌』中野　長野県中野実業高等学校野球部OB会　2008.11　113p　30cm　Ⓝ783.7

◆長野商業高等学校

『長商七十年史』長商七十年史編纂委員会編　長野　長野商業高等学校　1973　658p　図　22cm　Ⓝ376.4

『長商八十周年記念誌』長野　長野県長野商業高等学校　1980.11　166p　21cm　Ⓝ376.4

『湧きあがる"凱歌"—雌伏四十四年第65回全国高等学校野球選手権記念大会』長野商業高等学校野球部出場後援会編　長野　長野商業高等学校野球部出場後援会　1983.11　50p　26cm　Ⓝ783.7

『長商九十年史—創立90周年記念』長商創立90周年記念事業実行委員会編集委員会編　長野　長野県長野商業高等学校　1990.10　466p　27cm　Ⓝ376.4

『長商野球部史—凱歌とともに』長商野球部史編集委員会編　長野商業高等学校野球部OB会　1998.12　543p　27cm　Ⓝ783

『長商野球部の歩み—野球部創部80周年記念SINCE 1920〜』野球部創部80周年記念実行委員会　2000.11　71p　30cm　Ⓝ783.7

『長商排球部史』長商排球部史編集委員会編　長野商業高等学校排球部OB会　2008.1　224p　27cm　Ⓝ783

『写真でよみがえる60年　長商卓球部』長商卓球部後援会編集委員会編　長商卓球部後援会　2009.7　14, 140p　30cm　Ⓝ783

『長商百十年史—平成の20年史』長商創立110周年記念事業実行委員会記念誌編集委員会編　長野　長野県長野商業高等学校　2011.3　199p　27cm〈創立110周年記念　年表あり〉　Ⓝ376.48

『凱歌再び—挑戦者の夏　古豪長商「あの日あの時」の記憶が蘇る』大谷孫二郎著　杏花印刷スポーツ出版事業部　2018.6　244p　19cm　①4-903333-76-2　Ⓝ783

◆長野女子高等学校

『長野女子高等学校六十年史』長野女子高等学校六十周年記念事業実行委員会編　長野　長野女子高等学校　1985.3　424p　22cm〈奥付の書名：長野女子高等学校六十周年記念史〉非売品　Ⓝ376.4

『長野女子高等学校七十年誌』長野女子高等学校七十周年記念事業実行委員会編　長野　長野女子高等学校　1995.3　394p　22cm〈奥付の書名：長野女子高等学校七十周年記念誌〉非売品　Ⓝ376.4

『長野女子高等学校八十年誌』長野女子高等学校八十周年記念事業実行委員会編　長野　長野女子高等学校　2005.3　481p　22cm　Ⓝ376.4

『長野女子高等学校90年誌—学校法人長野家政学園』長野女子高等学校創立90周年記念事業実行委員会編集　長野女子高等学校　2015.7　143p　22cm　Ⓝ376.4

◆中野西高等学校

『中野西高等学校十年史』長野県中野西高等学校創立十周年記念事業実行委員会編　中野　長野県中野西高等学校創立十周年記念事業実行委員会　1993.10　369p　22cm　非売品　Ⓝ376.4

◆長野西高等学校

『[長野県長野西高等学校]八十年のあゆみ』八十年のあゆみ編集委員会編　長野県長野高等学校　1976　216p　21cm　Ⓝ376.4

『お山の木造校舎—記録写真集』荒川健治　長野県長野西高等学校　1981　40p　22cm　Ⓝ376.4

『閉校統合記念誌—長野西高等学校・長野高等学校定時制統合記念』長野西高等学校定時制閉校記念事業実行委員会編集　長野西高等学校定時制閉校記念事業実行委員会　1981.3　225p　22cm〈ソノシート：1　長野西高等学校校歌, 2　大峰山の〉　Ⓝ376.4

『[長野県長野西高等学校]九十年のあゆみ』九十周年記念誌委員会編　長野県長野西高等学校　1986　278p　21cm　Ⓝ376.4

『通信制高校生の青春』長野西高等学校通信制編著　あゆみ出版　1991.11　214p　21cm　2060円　①4-7519-2236-X　Ⓝ379.7

〈目次〉1 長年の夢かなって、2 若い心の旅、3 病気や障害とたたかう、4 家庭と職場で、5 学ぶ喜びを共に、6 私が見つけたもの、通信生それぞれ、補章 通信制高校歳時記

〈内容〉中卒という学歴に悩み、受け入れることのない高校体制に傷つき、差別と挫折の苦しみからたどりついた学びの場で、生徒たちは何を見、何をつかんだだろうか。

『［長野県長野西高等学校］百年のあゆみ』百周年記念誌編集委員会編　長野県長野西高等学校　1996.10　302p　22cm　Ⓝ376.4

『百二十年のあゆみ』長野県長野西高等学校百二十年記念誌委員会編　長野　長野県長野西高等学校　2016.10　133, 10p　30cm〈書誌注記：年表あり〉Ⓝ376.48

◆長野日本大学高等学校

『高嶺仰ぎて―長野日本大学高等学校創立四十周年』長野日本大学高等学校編　長野日本大学高等学校　2000.2　307p　27cm　Ⓝ376.4

◆長野東高等学校

『長野東高校十周年誌』長野県長野東高等学校創立十周年記念事業実行委員会編集　長野県長野東高等学校創立十周年記念事業実行委員会　1984.10　146p［図版］　22cm　Ⓝ376.4

『長野県長野東高等学校創立二十周年記念誌―新しい光をあびて』長野県長野東高等学校創立二十周年記念事業実行委員会編　長野県長野東高等学校創立二十周年記念事業実行委員会　1994.10　88p　22cm　Ⓝ376.4

『長野東高校三十周年誌』長野県長野東高等学校創立三十周年記念事業実行委員会編　長野県長野東高等学校創立三十周年記念事業実行委員会　2004.10　264p　22cm〈年表あり〉非売品　Ⓝ376.48

◆長野南高等学校

『［長野県長野南高等学校］創立二十周年記念誌』長野県長野南高等学校編　長野県長野南高等学校　2002.10　173p　27cm　Ⓝ376.4

◆長野吉田高等学校

『長野吉田高等学校創立70周年農業科閉科記念誌』長野吉田高等学校同窓会編　長野吉田高等学校同窓会　1980　78p　21cm　Ⓝ376.4

『長野吉田高校百年誌』長野吉田高等学校創立百周年記念事業実行委員会編纂委員会編　長野　長野県長野吉田高等学校創立百周年記念事業実行委員会　2009.3　645p 図版［10］枚　27cm〈晴耕雨読　年表あり〉Ⓝ376.48

◆長野吉田高等学校芋井分校

『春愁の場―長野県長野吉田高等学校芋井分校誌』和田蔵次編纂　長野吉田高校芋井分校同窓会　1997.9　300p　27cm　Ⓝ376.4

◆野沢北高等学校

『奢の宴玉杯の一―わが青春のアルバム 野沢中・野沢北高写真集』岳南15年会編著　佐久　欅　1984.3　168p　27cm　3800円　Ⓘ4-900408-08-5　Ⓝ376.4

『高原の日は輝けり―野沢中・北高史』長野県野沢北高等学校編　長野県野沢北高等学校創立八十周年記念事業実行委員会　1988.11　568p　22cm　Ⓝ376.4

『野沢中学校野沢北高等学校百年史』野沢北高等学校創立百周年記念事業実行委員会編　佐久　野沢北高等学校創立百周年記念事業実行委員会　2002.3　1109p　22cm　Ⓝ376.48

『百年のあゆみ―長野県野沢中学校 長野県野沢北高校 野球部創部百周年』野沢北高校編　野沢北高等学校野球部OB会　2005.11　170p　26cm　Ⓝ783

『真善美ひたに追いつつ―野沢北高等学校百二十周年記念誌』野沢北高等学校創立百二十周年記念事業実行委員会編集　佐久　野沢北高等学校創立百二十周年記念事業実行委員会　2023.2　13, 345p　22cm〈書誌注記：年表あり　出版者注記：臼田活版（発行所）〉Ⓝ376.48

◆野沢南高等学校

『長野県野沢南高等学校七十年誌』佐久　長野県野沢南高等学校創立七十周年記念事業実行委員会　1982.4　690p　22cm〈年表：p669～677〉非売品　Ⓝ376.4

『白紙撤回への活動記録―地域合意のない高校改革 凍結までの歩み』野沢南高等学校 全日制・定時制を守り発展させる会編　野沢南高等学校　2007.4　143p　30cm　Ⓝ376.4

◆白馬高等学校

『白馬高校スキー部三十年の歩み』白馬高校スキー部OB会編　白馬高校スキー部OB会　1982　262p　25cm　Ⓝ784

『長野県白馬高等学校 創立五十周年記念誌 款冬』長野県白馬高等学校 創立五十周年記念実行委員会 記念誌編集委員会編　2001.10

57p　30cm　Ⓝ376.4

◆富士見高等学校

『五十年のあゆみ―創立五十周年記念　長野県富士見高等学校』記念誌編集実行小委員会編集　長野県富士見高等学校創立五十周年記念事業実行委員会　1978.2　504p　22cm　Ⓝ376.4

『その後の十年の歩み―[長野県富士見高等学校]創立六十周年記念』記念誌刊行専門委員会編　長野県富士見高等学校創立六十周年記念事業実行委員会　1988.10　243p　21cm　Ⓝ376.4

『十年の歩み―[長野県富士見高等学校]創立七十周年記念　昭和63年～平成8年』記念誌刊行専門委員会編　長野県富士見高等学校創立七十周年記念事業実行委員会　1996.10　175p　21cm　Ⓝ376.4

『みつばち高校生―富士見高校養蜂部物語』森山あみ著　長野　リンデン舎　2016.1　241p　19cm〈出版者注記：サンクチュアリ出版（発売）〉　1500円　①978-4-86113-391-6　Ⓝ646.9

⎡目次⎦第1章 生まれる前のミツバチさん（元気少女のジレンマ、おじいちゃんが脚立の上に ほか）、第2章 一年目のミツバチさん（日本ミツバチを飼おう！、逃げたミツバチ、やってきたミツバチ ほか）、第3章 二年目のミツバチさん（Boys Bee Ambitious？、富士見みつばち百花プロジェクト ほか）、第4章 三年目のミツバチさん（先輩ミツバチの戸惑い、ハニーウォークとキャンドルづくり ほか）

⎡内容⎦やりたいことがみつからない、そんなときは机の前にいてもはじまらない。ひとりの女子高生がはじめた養蜂部が創部3年で全国大会優勝ってすごくない？ 小さなミツバチが生んだ大きな奇跡の物語。

◆長野高等学校

『五十年のあゆみ』五十年のあゆみ編集委員会編　長野　長野文化学園　1981.11　92p　21cm　Ⓝ376.4

◆穂高商業高等学校

『七十周年記念誌―長野県穂高商業高等学校』長野県穂高商業高等学校創立七十周年記念誌編集委員会編　穂高町（長野県）　長野県穂高商業高等学校同窓会　1984.11　316p　22cm〈学校沿革概要：p1～6〉非売品　Ⓝ376.4

『百周年記念誌―長野県穂高商業高等学校』長野県穂高商業高等学校百年記念事業実行委員会編　穂高町（長野県）　長野県穂高商業高等学校同窓会　2015.11　294, 6p 図版［11］枚　27cm〈書誌注記：年表あり〉非売品

Ⓝ376.48

◆松川高等学校

『松川高校 十年のあゆみ』長野県松川高等学校編　長野県松川高等学校　1994.10　205p　22cm　Ⓝ376.4

『50年の思い出―[長野県松川高等学校]開校50周年』開校50周年行事実行委員会　2010.11　112p　30cm　Ⓝ376.4

◆松商学園高等学校

『清水ケ丘の青春―松商学園八十周年記念誌』松商学園八十年記念誌編集委員会編　信州往来社　1978　214p　27cm　Ⓝ376.4

『留魂―松商野球部戦歴史』高野朝彦編　長野　銀河書房　1985.12　564p　26cm　10000円　Ⓝ783.7

『松商学園九十年史』松商学園九十年史編纂委員会編　松商学園創立九十周年記念事業実行委員　1991　881p 図版　27cm　Ⓝ376.4

『松商学園―地域と歩んだ100年』信濃毎日新聞社　松本タウン情報社　1998.10　125p　21cm　Ⓝ376.4

『松商学園史―創立100周年記念』松商学園史（創立100周年記念）編纂委員会編　松商学園史（創立100周年記念）編纂委員会　2001.4　726p　31cm　Ⓝ376.4

『松商ナイン1991年の快進撃―球児たちの15年』田中玲子著　松本　郷土出版社　2006.3　314p　20cm　1600円　①4-87663-823-3　Ⓝ783.7

『松商野球部百年史』松商野球部百年史編纂委員会編　松本　松商学園高等学校硬式野球部100年推進プロジェクト　2013.11　801p 図版［12］枚　31cm〈書誌注記：年表あり　書誌注記：文献あり〉Ⓝ783.7

◆松代高等学校

『創立七十周年記念誌』70周年記念誌編集委員会編　松代高等学校　1976　156p　21cm　Ⓝ376.4

『松代高等学校 創立百周年記念誌』松代高等学校 創立百周年記念誌 編集委員会編　松代高等学校　2006.12　483p　27cm　Ⓝ376.4

◆松本県ケ丘高等学校

『長野県松本県ケ丘高等学校五十年史』長野県松本県ケ丘高等学校五十年史編集委員会編　松本　松本県ケ丘高等学校五十年史刊行委員

会　1979.3　711p　22cm〈略年表：p703〜708〉Ⓝ376.4

『松本県ケ丘高等学校サッカー部60年のあゆみ』松本県ケ丘高等学校サッカー部60年のあゆみ編纂委員会編　松本　松本県ケ丘高等学校サッカー部OB会　1985.6　381p　27cm　Ⓝ783.47

『松本県ケ丘高等学校サッカー部のあゆみ　2集』松本県ケ丘高等学校サッカー部のあゆみ2集編集委員会編　松本　松本県ケ丘高等学校サッカー部OB会　2000.5　289p　27cm〈年表あり〉Ⓝ783.47

『県陵の歩み—長野県松本第二中学校・長野県松本県ケ丘高等学校　創立八十周年』県陵の歩み編集委員会編　松本　長野県松本県ヶ丘高等学校同窓会　2003.10　810, 278p　22cm〈年表あり〉Ⓝ376.48

◆松本蟻ヶ崎高等学校

『長野県松本蟻ケ崎高等学校七十年史』松本蟻ケ崎高等学校沿革史委員会編　松本蟻ケ崎高等学校　1971　482p　22cm　Ⓝ376.4

『長野県松本蟻ケ崎高等学校百年史』長野県松本蟻ヶ崎高等学校百年史刊行委員会編　松本蟻ヶ崎高等学校創立百周年記念事業実行委員会　2002.3　635p　22cm　Ⓝ376.4

◆松本工業高等学校

『松本工業高等学校五十年史』松工五十年史刊行委員会編　創立五十周年記念事業実行委員会　1989.3　614p　27cm　Ⓝ376.4

『飛翔　球児の半世紀—松本工業高等学校野球部五十周年記念誌』松本工業高等学校野球部OB会編　松本工業高等学校野球部OB会　1997.3　152, 32p　27cm　Ⓝ783

『長野県松本工業高等学校創立七十周年記念誌　二十年の歩み』松本工業高等学校創立七十周年記念誌刊行委員会編　2009.3　138p　30cm　Ⓝ376.4

◆松本商業学校

『今井五介の生涯—経営の恩人・信州発世界の製糸王』窪田文明編著　松本　松商学園　2018.10　438p　21cm（信州私学の源流）〈書誌注記：年譜あり　書誌注記：文献あり〉Ⓝ376.48

『戦時下の学校—僕たちの学校は秋水実験場』窪田文明編著　松本　松商学園　2018.10　292p　21cm（信州私学の源流）〈書誌注記：年表あり　書誌注記：文献あり〉Ⓝ376.48

『木澤鶴人と米澤武平の生涯—自主独立の旗をかかげて』窪田文明編著　松本　松商学園　2018.10　538p　21cm（信州私学の源流）〈書誌注記：年譜あり　書誌注記：文献あり〉Ⓝ376.48

◆松本松南高等学校

『創立三十年の歩み』松本松南高等学校編　松本松南高等学校　1971　274p　22cm　Ⓝ376.4

『松本松南高等学校五十年史』松本松南高等学校五十年史編集委員編　松本　松本松南高等学校　1993.3　887p　27cm　Ⓝ376.4

◆松本筑摩高等学校

『長野県松本筑摩高等学校創立50周年記念写真集　50+1 C-enter』長野県松本筑摩高等学校同窓会編集　長野県松本筑摩高等学校　2021.10　99p　21×30cm　Ⓝ376.4

◆松本深志高等学校

『山と雪の墓標—松本深志高校生徒落雷遭難の記録』春日俊吉著　有峰書店　1970　278p（図版共）19cm　680円　Ⓝ786.1

『松本夜間中学校・松本深志高等学校定時制記念誌』長野県松本深志高等学校編　長野県松本深志高等学校　1972　335p　22cm　Ⓝ376.4

『自治寮とそのひとびと—長野県立松本中学校（深志高校）』松中自治寮史刊行会編　松中自治寮史刊行会　1975.11　253p　19cm　Ⓝ376.4

『松中・深志高百年の歩み』信州往来社編　信州往来社　1976　88p　26cm〈信州往来　別冊〉Ⓝ376.4

『百年記念特集』百年記念特集委員会編　深志百年記念事業実行委員会　1977　120p　26cm　Ⓝ376.4

『長野県松本中学校・長野県松本深志高等学校九十年史』有賀義人ほか著　長野県松本深志高等学校同窓会　1977.3　961, 116p　22cm　Ⓝ376.4

『深志百年』松本　深志同窓会　1978.3　868p　22cm〈折り込図1枚〉4500円　Ⓝ376.4

『鯉のぼりの丘—ある地方高校の青春』鎌倉通敏著　長野　銀河書房　1980.11　349p　19cm　1800円　Ⓝ376.4

『父たちの青春—松中・深志高校の六年』望月照正著　創世記　1981.7　373p　19cm

長野県

1500円　Ⓝ376.4

『甲子園を忘れたことがない』萩元晴彦著　日本経済新聞社　1981.8　222p　21cm〈著者の肖像あり〉980円　Ⓝ783.7

『松本深志高校ものがたり』毎日新聞松本支局編　松本　郷土出版社　1989.8　212, 3p　21cm（高校風土記）1800円　Ⓘ4-87663-135-2　Ⓝ376.4

『Ooh la la最後の夏休み』松本きより著　長野　銀河書房　1991.2　208p　19cm　1200円　Ⓝ376.4

『深志物語―友よ、命の歌を　下巻』TOMBOW OFFICE編　学校史出版　1995.11　334p　26cm　Ⓝ376.4

『深志物語―友よ、命の歌を　上巻』TOMBOW OFFICE編　学校史出版　1995.11　320p　26cm　Ⓝ376.4

『蜻蛉のゴール―松本中学校・松本深志高等学校サッカー部史』松本中学校・松本深志高等学校サッカー部OB会編　松本中学校・松本深志高等学校サッカー部OB会　1998.3　554p　31cm　Ⓝ783

『職員会議に出た犬・クロ』藤岡改造著　松本　郷土出版社　1998.6　187p　20cm　1600円　Ⓘ4-87663-388-6　Ⓝ645.6

|目次| 1 西郷どんの愛犬―クロのデビュー, 2 クロよおまえは？―クロの素性, 3 学校が我が家―松本深志高校とクロ, 4 クロよ元気になれ！―クロの晩年, 5 校歌におくられて―クロの最後, 6 クロの表情・その仕草―文章・詩歌に描かれて, 7 ファン・レターいっぱい―クロへの手紙, 8 マスコミに追われる―新聞・雑誌・テレビとクロ, 9 クロとはなんであったか？―その存在意義

|内容| 高校にこんな犬がいたこと信じられますか？授業に出た、職員名簿に載った、校長先生が弔辞をよんだ、長野県松本深志高校のコンパニオン・アニマル不思議な学校犬クロのお話。

『松本深志高等学校山岳部創部八十年記念誌』松本深志高等学校山岳部創部80年記念事業実行委員会編　塩尻　松中・深志山岳部OB会　1998.7　144p　26cm　非売品　Ⓝ786.1

『シャトルにかけた青春―松本深志高等学校バドミントン部創部50周年記念誌』松本深志高等学校バドミントン部編　松本深志高等学校バドミントン部OB会　1999.9　83p　30cm　Ⓝ783

『職員会議に出たクロ』藤岡改造著　ワック　2003.2　220p　18cm（WAC Bunko）〈『職員会議に出た犬・クロ』（郷土出版社1998年刊）の改訂〉880円　Ⓘ4-89831-511-9　Ⓝ645.6

『松本中學校・松本深志高校野球部の一世紀』松本中学校・松本深志高校野球部誌編集委員会編　松本　松本深志高等学校野球部OB会　2004.2　555p　27cm〈年表あり　文献あり〉非売品　Ⓝ783.7

『長野県中学校一県一校時代の教師と生徒たち―松本深志高校創立130周年特別企画展』中等教育資料管理委員会編　長野県松本深志高校同窓会　2006.10　63p　26cm　Ⓝ376.4

『トンボのめがね―松本深志高校創立140周年記念』小松芳郎著　松本深志高校創立140周年記念事業委員会　2016.10　54p　30cm　Ⓝ376.4

『深志140年のあゆみ―松本深志高校創立140周年記念誌』松本深志高校創立140周年記念事業委員会・文化事業委員会　2016.10　93p　30cm　Ⓝ376.4

|内容| 松本深志高校の創立から140年間を年表でたどる。

『松中・松本深志高校山岳部創部100年記念誌』松中・松本深志高校山岳部創部100年記念事業実行委員会編　塩尻　松中・松本深志高校山岳部OB会　2018.7　157p　26cm〈書誌注記：年表あり〉Ⓝ786.1

『深志の自治―地方公立伝統校の危機と挑戦』井上義和, 加藤善子編　長野　信濃毎日新聞社　2023.6　285p　21cm〈書誌注記：年譜あり〉1900円　Ⓘ978-4-7840-7417-4　Ⓝ376.4152

|目次| はじめに　伝統校に眠る「隠れ資産」を掘り起こす, 第1部 "小説・映像編" 深志生がとらえた自治の現在, 第2部 "解説編" 深志の自治とは何か, 第3部 "課題編" 伝統の危機と未来, 資料　生徒手帳より（抜粋）校歌・応援歌・校章, おわりに　「隠れ資産」発掘プロジェクトの舞台裏

|内容| 新入生への応援練習はーバンカラか？　パワハラか？　歴史ある地方校に息づく「自治の精神」の根源と現在、未来を徹底検証！

◆松本美須々ケ丘高等学校

『人権と民族の教育をめざして20年その実践と記録―1962～1981』長野県松本美須々ケ丘高等学校同和教育部編　松本　長野県松本美須々ケ丘高等学校　1982.1　44, 83, 147p　21cm〈映画『橋のない川』全校鑑賞の記録」(1969年刊)、「人権と民族学習テキスト教材篇」(1980年刊)、「同実践篇」(1981年刊)の合本〉非売品　Ⓝ371.56

『松本美須々ケ丘高等学校七十五年史』松本美須々ケ丘高等学校七十五年史刊行委員会編　松本　松本美須々ケ丘高等学校　1984.11

638p　22cm　3000円　Ⓝ376.4

『美須々のこころ—長野県松本美須々ヶ丘高等学校創立百周年記念誌』長野県松本美須々ヶ丘高等学校創立百周年記念事業実行委員会記念誌委員会編　松本　長野県松本美須々ヶ丘高等学校創立百周年記念事業実行委員会記念誌委員会　2010.6　533p　27cm〈発行所：長野県松本美須々ヶ丘高等学校同窓会　年表あり〉5000円　Ⓝ376.48

◆丸子実業高等学校

『あゝ甲子園』宮崎郁男著　田口印刷所　1973　81p　18cm〈表紙の書名：あ、甲子園　丸子実ベスト8進出への記録〉Ⓝ783

『北斗の星を仰いで—定時制54年の歩み』長野県丸子実業高等学校定時制課程閉校記念誌編集員会編集　長野県丸子実業高等学校定時制課程閉校記念事業実行委員会　2002.3　219p　22cm　Ⓝ376.4

◆丸子修学館高等学校

『丸子修学館高校百年誌』創立百周年記念事業実行委員会編　上田　長野県丸子修学館高等学校　2013.5　647p　27cm〈書誌注記：年表あり　書誌注記：文献あり〉Ⓝ376.48

『夢舞台—丸子農商・丸子実業・丸子修学館野球部100年史』野球部100年史編纂委員会編集　丸子修学館高等学校野球部創部100周年記念事業実行委員会　2023.3　545p　31cm　Ⓝ783

◆南安曇農業高等学校

『農業高校ってすごい—学校教育への挑戦』永田栄一著　農山漁村文化協会　1994.3　238p　19cm〈人間選書 176〉1900円　Ⓘ4-540-93122-9　Ⓝ376.4

[目次] 第1章 生物工学科永田組の「予感」と「挑戦」（大学進学率県一位のクラスに、三年間で五万円、文章で稼いだら卒業、たかが資格、されど資格、"楽しくなけりゃ学校じゃない"、クラス新聞「生物研究応夢」、皆んなで決めた"坊主の日"、世界は俺達の庭 ほか）、第2章 農業高校の可能性（卒業生大いに語る"はっきり言って、農業高校生は得です"、農業高校へのOBの思い出、大学の先生から見た"農業の教育力"）、第3章 実践・永田流「大学推薦書の書き方」

[内容] 先生と生徒がもみ合って常識からはみだした。南安曇農業生物工学科の記録。

『山紫に—南農球児の50年』南安曇農業高等学校野球部OB会編　南安曇農業高等学校野球部OB会　1999.3　308p　27cm　Ⓝ376.4

『長野県南安曇農業高等学校　創立100周年記念誌—百年の歩み：1920-2020』創立100周年記念事業実行委員会記念誌部編集　安曇野　創立100周年記念事業実行委員会　2022.3　215p　26 × 27cm〈書誌注記：年表あり〉Ⓝ376.48

◆箕輪工業高等学校

『春雷をよぶ声—青春をともにひらく挑戦の日々』久保田誼著　民衆社　1985.11　226p　20cm　1300円　Ⓝ376.4

『みのこうの歴史—同窓生に聞く』長野県箕輪工業高等学校図書館・図書委員会編　長野県箕輪工業高等学校図書館・図書委員会　2004.12　51p　26cm　Ⓝ376.4

◆望月高等学校

『長野県望月高等学校沿革誌—五十年のあゆみ』望月高等学校沿革誌編集委員会編　望月高等学校　1977　245p　22cm　Ⓝ376.4

◆屋代高等学校

『閉校記念誌』長野県屋代高等学校定時制閉校記念誌編集委員会編　長野県屋代高等学校　1976.3　280p　22cm　Ⓝ376.4

『屋代高校六十年史』屋代高校六十年史刊行会編　更埴　屋代高等学校同窓会　1983.10　1112p　22cm〈書誌注記：年表：p1056〜1112〉非売品　Ⓝ376.4

『十年の歩み』『十年の歩み』編集委員会編　更埴　長野県屋代高等学校同窓会　1993.10　271p　21cm〈書誌注記：年表：p258〜268　創立七十周年記念〉非売品　Ⓝ376.4

『[長野県屋代高等学校]十年の歩み—創立80周年記念』長野県屋代高等学校「十年の歩み」刊行委員会編　長野県屋代高等学校同窓会　2003.10　137p　21cm　Ⓝ376.4

『魂の故郷80年』長野県屋代高等学校同窓会 写真編集刊行委員会編　長野県屋代高等学校同窓会　2003.11　40p　21cm　Ⓝ376.4

『屋代高校百年史』長野県屋代高等学校・附属中学校同窓会編　長野県屋代高等学校・附属中学校同窓会　2024.3　19, 947p　30cm　Ⓝ376.4

◆屋代南高等学校

『創立七十周年記念誌』屋代南高等学校編　屋代南高等学校　1978　408p　21cm　Ⓝ376.4

『屋代南高校百年誌』長野県屋代南高等学校創

岐阜県

立百周年記念誌編集委員会編　千曲　長野県屋代南高等学校創立百周年記念事業実行委員会　2008.12　399p　27cm〈書誌注記：年表あり〉非売品　Ⓝ376.48

岐阜県

◆明智商業高等学校

『白鷹―[明智商業高等学校]創立30周年記念誌』岐阜県立明智商業高等学校創立30周年記念事業実行委員会編　岐阜県立明智商業高等学校　1979.11　174p　27cm　Ⓝ376.4

◆池田高等学校

『[岐阜県立池田高等学校]年輪を重ねて―池田高校10年の歩み』岐阜県立池田高等学校創立10周年記念誌編集委員会編　岐阜県立池田高等学校　1993.10　220p　27cm　Ⓝ376.4

『[岐阜県立池田高等学校]年輪を重ねて―池田高校20年の歩み　2』岐阜県立池田高等学校創立20周年記念誌委員会編　岐阜県立池田高等学校　2003.11　195p　30cm　Ⓝ376.4

『[岐阜県立池田高等学校]年輪を重ねて―池田高校30年の歩み　3』岐阜県立池田高等学校創立30周年記念誌委員会編　岐阜県立池田高等学校　2013.11　173p　30cm　Ⓝ376.4

◆揖斐高等学校

『揖斐高校六十年史』揖斐高等学校記念事業編　揖斐高等学校記念事業係　1980　141p　21cm

『城台70年誌』揖斐川町(岐阜県)　岐阜県立揖斐高等学校創立70周年記念事業実行委員会　1989.11　216p　27cm　Ⓝ376.4

『城台80年誌』揖斐川町(岐阜県)　岐阜県立揖斐高等学校創立80周年記念事業実行委員会　1999.10　163p　27cm　Ⓝ376.48

『城台九十年誌[岐阜県立揖斐高等学校]』岐阜県立揖斐高等学校創立90周年記念事業実行委員会編　岐阜県立揖斐高等学校創立90周年記念事業実行委員会　2009.10　101p　30cm

『創立100周年記念誌―岐阜県立揖斐高等学校：100th anniversary since 1919：伝統を受け継ぎ、未来へ羽ばたく』揖斐川町(岐阜県)　岐阜県立揖斐高等学校　2020.3　245p　31cm〈書誌注記：年表あり〉Ⓝ376.48

◆岩村高等学校

『岩高五十年の歴史』岐阜県立岩村高等学校編　岐阜県立岩村高等学校　1977.10　88p　22cm

『ぼくらの共育宣言―"心の非行"に取り組む恵那・岩村高校』小沢公夫, 植月秀子著　あゆみ出版　1982.5　286p　19cm(からたち文庫10)　1200円　Ⓝ376.4

『岩高70年―岩村高等学校70周年記念誌』岩高等学校70周年記念誌編集委員会編　岐阜県立岩村高等学校　1998.11　202p　26cm　Ⓝ376.48

◆鶯谷高等学校

『さらに飛躍をめざして―鶯谷中学・高等学校100周年記念誌』佐々木学園 鶯谷中学・高等学校編　佐々木学園 鶯谷中学・高等学校　[2004]　15p　30cm

◆鶯谷女子高等学校

『学園のあゆみ―70年の歴史と伝統』「学園のあゆみ」編集委員会編　鶯谷女子高等学校　1973　55p　24cm

『学園のあゆみ―80年の歴史と伝統』学園のあゆみ編集委員会編　鶯谷女子高等学校　1983　99p　24cm

◆恵那高等学校

『城陵誌―半世紀の歩み』恵那高等学校編　恵那高等学校　1972　258p　22cm

『考古学徒―活動の記録　1976-1980』岐阜県立恵那高等学校郷土史クラブ考古学研究班編　岐阜県立恵那高等学校郷土史クラブ考古学研究班　1981　53p　26cm

『城陵―昭和47年～昭和56年』恵那高等学校編　恵那高等学校　1982　93p　26cm

『城陵70年』創立70周年記念「城陵70年」編集委員会　恵那高等学校　1992.11　210p　27cm

『写真史城陵八十年―恵那高等学校創立80周年記念誌』恵那　岐阜県立恵那高等学校創立80周年記念事業実行委員会　2004.4　213p　30cm〈年表あり〉Ⓝ376.48

◆恵那北高等学校

『礎』恵那北高等学校礎編集委員会編　恵那北高等学校礎編集委員会　1976　110p　22cm

『えなきた―創立10周年記念誌』岐阜県立恵那北高等学校創立10周年記念誌えなきた編集委

岐阜県

員会編　岐阜県立恵那北高等学校創立10周年記念誌えなきた編集委員会　1980.11　65p　22cm

『皐月台―創立三〇周年誌』創立30周年誌編集委員会編　岐阜県立恵那北高等学校創立30周年記念事業委員会　2001.11　202p　30cm　Ⓝ376.48

◆恵那農業高等学校

『記念誌―西苑会45周年　恵那農高30周年』45周年・20周年記念誌編集委員会編　岐阜県立恵那農業高等学校　1986.11　151p　26cm　Ⓝ376.4

◆大垣高等学校

『青垣―創立二十周年記念誌』大垣高等学校編　大垣高等学校　1982　194p　27cm

◆大垣北高等学校

『大垣北高八十年』大垣北高等学校編　大垣北高等学校　1974　105p　21cm

『大垣北高八十年史』大垣北高等学校創立80周年記念事業実行委員会編集委員会編　大垣北高等学校創立80周年記念事業実行委員会編集委員会　1976　374p　21cm

『大垣北高物語―八十年の歩み』杉原明雄著，岐阜日日新聞社編　岐阜日日新聞社　1976　143p　21cm

『大垣北高九十年史―それから十年』「大垣北高九十年史」編集委員会編　岐阜県立大垣北高等学校　1984.10　209p　22cm

『大垣北高百年史』大垣北高等学校創立百周年記念事業実行委員会編集委員会編　大垣北高等学校創立百周年記念事業実行委員会編集委員会　1995　547p　27cm

『大垣北高110周年記念誌―それから十年』岐阜県立大垣北高等学校創立110周年記念事業実行委員会編　岐阜県立大垣北高等学校　2004.10　170p　31cm

『大垣北高120周年記念誌―それから10年』大垣北高等学校創立120周年記念事業実行委員会編　大垣北高等学校　2014.10　162p　30cm

◆大垣工業高等学校

『わかもり―半世紀の歩み』創立50周年記念誌委員会編　大垣　岐阜県立大垣工業高等学校創立50周年記念事業実行委員会　1975　290p　図　22cm〈岐阜県立大垣工業高等学校創立50周年記念出版〉Ⓝ376.4

『わかもり―70年の歩み』大垣工業高等学校創立70周年記念誌編集委員会編　大垣工業高等学校創立70周年記念事業実行委員会　1995　266p　26cm

『わかもり―この10年のあゆみ：創立90周年記念誌』岐阜県立大垣工業高等学校創立90周年記念事業部記念誌委員会編　大垣　岐阜県立大垣工業高等学校　2015.10　133p　30cm　〈書誌注記：年表あり〉Ⓝ376.48

◆大垣桜高等学校

『城之越―創立50周年記念誌』大垣桜高等学校編　大垣桜高等学校　1997.11　146p　26cm

◆大垣商業高等学校

『大商七十年史』大垣商業高等学校編　大垣商業高等学校　1972　490p　27cm

『巨鹿城南―大商80年の歩み』小川三雄著　岐阜日日新聞社　1982　190p　21cm

『大商八十年誌』80周年記念誌編集委員会編　大垣商業高等学校　1982　370p　27cm

『翔―岐阜県立大垣商業高等学校90年誌』90周年記念誌編集委員会編　大垣商業高等学校　1992.10　276p　27cm

『大商百年史』大垣　岐阜県立大垣商業高等学校　2003.3　969p　27cm〈年表あり〉Ⓝ376.48

◆大垣市立大垣第一女子高等学校

『[大垣第一女子高等学校]創立二十周年記念誌―1984』大垣市立大垣第一女子高等学校創立二十周年記念誌編集委員会編　大垣市立大垣第一女子高等学校創立二十周年記念誌編集委員会　1984　159p　27cm

『真泉』大垣市立大垣第一女子高等学校閉校記念誌編集委員会編　大垣市立大垣第一女子高等学校閉校記念誌編集委員会　1991.2　156p　26cm

◆大垣西高等学校

『大垣西高五年の歩み』岐阜県立大垣西高等学校編　岐阜県立大垣西高等学校　1984　47p　26cm

『わが西高　創立20周年記念誌』創立20周年記念誌編集委員会編　岐阜県立大垣西高等学校　1989.10　205p　26cm

『わが西高創立十周年記念誌』創立十周年記念誌編集委員会編　岐阜県立大垣西高等学校　1989.11　199p　27cm

岐阜県

◆大垣日本大学高等学校

『創立三十周年記念誌』大垣日本大学高等学校編　大垣日本大学高等学校　1992.10　151p　27cm

◆大垣農業高等学校

『大農50年史』大垣農業高等学校編　大垣農業高等学校　1973　66p　27cm

『［大垣農業高等学校］60周年記念アルバム』大垣農業高等学校同窓会編　大垣農業高等学校同窓会　1983　30p　25×26cm

『大農60年史』大垣農業高等学校編　大垣農業高等学校　1987　155p　26cm

『朝風―創立70周年記念誌　この10年の歩み』創立70周年記念誌編集委員会編　大垣農業高等学校　1991.11　91p　25×26cm

◆大垣東高等学校

『さんりょう―10年の歩み』岐阜県立大垣東高等学校創立10周年記念事業実行委員会編　岐阜県立大垣東高等学校創立10周年記念事業実行委員会　1983　209p　27cm

『さんりょう　20年の歩み―大垣東高等学校創立20周年記念誌』岐阜県立大垣東高等学校創立20周年記念事業実行委員会編　岐阜県立大垣東高等学校創立20周年記念事業実行委員会　1993.11　160p　30cm　Ⓝ376.4

『三稜　30年の歩み―大垣東高等学校創立30周年記念誌』岐阜県立大垣東高等学校創立30周年記念事業実行委員会編　岐阜県立大垣東高等学校創立30周年記念事業実行委員会　2003.10　161p　30cm　Ⓝ376.4

『三稜　40年の歩み―大垣東高等学校創立40周年記念誌』岐阜県立大垣東高等学校創立40周年記念事業実行委員会編　岐阜県立大垣東高等学校創立40周年記念事業実行委員会　2013.10　107p　30cm　Ⓝ376.4

◆大垣南高等学校

『おもだか・三十年の歩み』岐阜県立大垣南高等学校創立30周年記念事業実行委員会編　岐阜県立大垣南高等学校創立30周年記念事業実行委員会　1978　167p　26cm

『おもだか　創立50周年記念誌』岐阜県立大垣南高等学校創立50周年記念事業実行委員会編　岐阜県立大垣南高等学校創立50周年記念事業実行委員会　1999.3　190p　30cm

『おもだか―大垣南高等学校創立70周年記念誌』岐阜県立大垣南高等学校創立70周年記念事業実行委員会編　岐阜県立大垣南高等学校創立70周年記念事業実行委員会　2019.3　139p　30cm

◆海津高等学校

『創立五十年誌』海津高等学校五十周年記念事業実行委員会編集部編　海津高等学校五十周年記念事業実行委員会編集部　1971.10　32p　26cm

『岐阜県立海津高等学校ヨット部創設10週年記念誌』海津高等学校ヨット部編　海津高等学校ヨット部　1974　58p　26cm

『ヨット部創設20周年記念誌』海津高等学校ヨット部編　海津高等学校ヨット部　1983　114p　26cm

『岐阜県立海津高等学校ヨット部創設25周年記念誌』太洞五十七編　岐阜県立海津高等学校ヨット部　1988.12　186p　26cm

『図南―70年誌』岐阜県立海津高等学校創立70周年記念事業実行委員会編　岐阜県立海津高等学校　1990.11　232p　27cm

『岐阜県立海津高等学校ヨット部創設30周年記念誌』戸倉亮三編　岐阜県立海津高等学校ヨット部　1994.3　192p　26cm

『図南　創立80周年記念誌―写真で綴る海高10年の事跡』岐阜県立海津高等学校創立80周年記念事業実行委員会編　岐阜県立海津高等学校　2000.11　92p　27cm

◆各務原東高等学校

『各務原東―創立十周年記念誌』創立10周年記念誌編集委員会編　各務原東高等学校　1988　183p　27cm

『紫苑20年―創立20周年記念誌』各務原東高等学校編　各務原東高等学校　1998.11　157p　26cm　Ⓝ376.4

◆各務原西高等学校

『さくらぎ―岐阜県立各務原西高等学校創立10周年記念誌』記念誌発行委員会編　各務原岐阜県立各務原西高等学校創立10周年記念事業実行委員会　1992.10　196p　30cm　Ⓝ376.48

『新しい高等学校への第一歩―単位制改編　単位制による教育課程の編成・実施の在り方《生徒一人一人の個性を生かす教育課程の在り方》』各務原西高等学校編　岐阜県立各務原西高等学校　1999.2　71p　30cm　Ⓝ376.48

『さくらぎ―創立20周年記念誌』記念誌刊行委員会編　岐阜県立各務原西高等学校創立20周年記念事業実行委員会　2002.11　131p　30cm

『さくらぎ―岐阜県立各務原西高等学校創立30周年記念誌』記念誌委員会編　各務原　岐阜県立各務原西高等学校創立30周年記念事業実行委員会　2013.11　77p　30cm　Ⓝ376.48

『さくらぎ―創立40周年記念誌』記念誌委員会編集　各務原　岐阜県立各務原西高等学校創立40周年記念事業実行委員会　2022.8　69p　30cm　Ⓝ376.48

◆各務原高等学校

『各務野―創立十周年記念誌』岐阜県立各務原高等学校編　岐阜県立各務原高等学校　1981　163p　27cm

『各務野　これからの10年―創立20周年記念誌』岐阜県立各務原高等学校創立20周年記念事業実行委員会編　岐阜県立各務原高等学校創立20周年記念事業実行委員会　1991.11　147p　26cm

『各務野　飛翔のとき―創立30周年記念誌』岐阜県立各務原高等学校創立30周年記念事業実行委員会編　岐阜県立各務原高等学校創立30周年記念事業実行委員会　2001.10　151p　30cm

『かかみはら―創立40周年記念誌：40年を新たな礎に』創立40周年記念事業記念誌委員会編　各務原　岐阜県立各務原高等学校かかみはら創立40周年記念事業実行委員会　2011.10　135p　30cm〈書誌注記：年表あり〉Ⓝ376.48

◆可児高等学校

『［岐阜県立可児高等学校］創立十周年記念誌』岐阜県立可児高等学校　岐阜県立可児高等学校　1989.4　147p　27cm

『［岐阜県立可児高等学校］創立20周年記念誌』創立20周年記念誌編集委員会編　岐阜県立可児高等学校　1999.10　160p　27cm

『岐阜県立可児高等学校創立30周年記念誌―清新はつらつ』岐阜県立可児高等学校30周年記念事業実行委員会編　岐阜県立可児高等学校　2010.5　147p　30cm

『岐阜県立可児高等学校創立40周年記念誌―清新はつらつ』岐阜県立可児高等学校創立40周年記念事業実行委員会編　岐阜県立可児高等学校　2019.11　93p　30cm

◆可児工業高等学校

『可児工十年誌』可児工業高等学校編　可児工業高等学校　1972　91p　図　26cm

『二十年誌』創立20周年記念誌編集委員会編　可児工業高等学校　1982　89p　26cm

『三十年誌［岐阜県立可児工業高等学校］1992』創立30周年記念誌編集委員会編, 岐阜県立可児工業高等学校　岐阜県立可児工業高等学校　1992.11　124p　26cm

◆加納高等学校

『加納高校美術科創立十周年記念誌』加納高等学校編　加納高等学校　［1972］　40p　26cm

『記念誌―60年の歩み』岐阜県立加納高等学校編　岐阜県立加納高等学校　1975　151p　26cm

『昧爽―音楽科・美術科の歩み』加納高等学校編　加納高等学校　1982　38p　26cm

『加納高校サッカー部創部40周年・初蹴り30周年記念誌』加納高校サッカー部編　［加納高校サッカー部］　［1988？］　74p　26cm　Ⓝ783

『加納高校創立80周年記念誌』加納高校創立80周年記念誌編集委員会編　岐阜県立加納高等学校　1995.11　192p　31cm

『加納高校創立90周年記念誌―1916-2005』加納高校創立90周年記念誌編集委員会編　岐阜県立加納高等学校　［2005］　80p　30cm

◆神岡町立神岡工業高等学校

『創立30周年記念誌』神岡町立神岡工業高等学校編　神岡町立神岡工業高等学校　1978　73p　26cm

◆加茂高等学校

『創立三十周年記念誌』岐阜県立加茂高等学校編　岐阜県立加茂高等学校　1978　52p　22cm

『創立四十周年記念誌』岐阜県立加茂高等学校創立40周年記念実行委員会編　加茂高等学校　1988　134p　22cm

◆加茂農林高等学校

『加茂農林とその伝統』原沢久夫著　加茂　川口書店　1977.5　298p　22cm　Ⓝ376.4

『加茂七十周年記念誌』岐阜県立加茂農林高等学校編　岐阜県立加茂農林高等学校　1983.11　261p　22cm

『加農八十周年記念誌』加茂農林高等学校編　加茂農林高等学校　1993.11　108p　22cm

『加農九十周年記念誌』美濃加茂　岐阜県立加茂農林高等学校　2001.10　112p　22cm〈書誌注記：年表あり〉Ⓝ376.48

『岐阜県立加茂農林高等学校創立100周年記念誌』記念誌編集委員会,岐阜県立加茂農林高等学校編　美濃加茂　岐阜県立加茂農林高等学校創立100周年記念実行委員会　2012.3　183p　30cm〈書誌注記：年表あり　奥付・表紙のタイトル：創立100周年記念誌〉Ⓝ376.48

◆華陽高等学校

『蛍雪四十年』華陽高等学校四十周年記念誌編集委員会編　華陽高等学校四十周年記念誌編集委員会　1972　127p　22cm

『螢雪五十年』岐阜県立華陽高等学校創立五十周年校舎竣工記念事業実行委員会編　岐阜　岐阜県立華陽高等学校　1981.10　231p　22cm　非売品　Ⓝ376.4

『華陽通信―十周年記念誌』岐阜県立華陽高等学校通信制編　岐阜県立華陽高等学校通信制　1990.11　65p　26cm

『蛍雪60年―この10年の歩み　岐阜県立華陽高等学校創立60周年記念誌』創立60周年記念事業実行委員会編　岐阜県立華陽高等学校　1991.10　137p　21cm

◆華陽フロンティア高等学校

『蛍雪七十年　この十年の歩み―岐阜県立華陽フロンティア高等学校創立七十周年記念誌』創立七十周年感謝記念事業実行委員会編、岐阜県立華陽フロンティア高等学校　岐阜県立華陽フロンティア高等学校　2001.10　138p　21cm　Ⓝ376.48

◆岐山高等学校

『百々ヶ峰―二十年誌』岐阜県立岐山高等学校20周年記念誌編集委員会編　岐阜県立岐山高等学校　1978　224p　21cm

『百々峰―創立三十周年記念誌』岐阜　岐阜県立岐山高等学校　1988.10　193p　図版11枚　26cm　Ⓝ376.4

◆岐南工業高等学校

『清明―新築移転・創立38周年記念誌』岐南工業高等学校新築移転創立38周年記念事業実行委員会編　岐南工業高等学校新築移転創立38周年記念事業実行委員会　1980.11　94p　26cm

『創意実践―創立50周年記念誌』岐阜県立岐南工業高等学校創立50周年記念事業実行委員会編　岐阜県立岐南工業高等学校　1992.11　128p　26cm

『岐南工高自動車科三十年の歩み』岐阜県立岐南工業高等学校自動車科編　岐阜県立岐南工業高等学校自動車科　1998　86p　26cm　Ⓝ376.453

『創意実践―創立80周年記念誌：岐阜県立岐南工業高等学校』岐阜県立岐南工業高等学校創立80周年記念事業実行委員会編集　岐阜　岐阜県立岐南工業高等学校　2024.1　107p　30cm〈書誌注記：年表あり〉Ⓝ376.48

◆岐阜高等学校

『岐高百年』「岐高百年」編集係編　岐阜高等学校　1973　112p　21cm

『岐高百年史』清信重著　岐阜　岐高同窓会　1973　674,14p　図　22cm　非売品　Ⓝ376.4

『岐高通信記念誌』岐阜高等学校通信制課程編　岐阜高等学校通信制課程　1983　168p　26cm

『岐阜高校創立120周年記念誌』岐阜高等学校創立120周年記念誌委員会編　岐阜高等学校　1993.10　195p　31cm

『204円08銭の青春―岐中72期生・戦中戦後の記録』岐阜　岐中昭和23年卒（岐中最後の卒業生）一同　1995.5　10, 288p　27cm〈付（12p）〉Ⓝ376.4

『岐阜高校130周年　世紀を越えて―1993年–2003年　10年の歩み』岐阜県立岐阜高等学校創立130周年記念誌部編　岐阜県立岐阜高等学校　2003.11　59p　30cm　Ⓝ376.4

『新校舎とともに―岐阜高校創立140周年：平成15年度―平成25年度』創立140周年記念誌編集委員会編　岐阜　岐阜県立岐阜高等学校　2013.11　95p　30cm　Ⓝ376.4

『150th anniversary―Gifu High School：Unleash your possibilities』岐高魂を世界へ解き放て』岐阜県立岐阜高等学校創立150周年記念事業実行委員会編集　岐阜　岐阜県立岐阜高等学校創立150周年記念事業実行委員会　2023.12　287p　31cm〈書誌注記：年表あり　部分タイトル：岐阜県立岐阜高等学校創立150周年記念誌〉Ⓝ376.48

◆岐阜藍川高等学校

『岐阜藍川―創立十周年記念誌』創立10周年記

念誌編集委員会編　岐阜県立岐阜藍川高等学校　1988　113p　27cm

◆岐阜北高等学校

『創立三十年記念誌』岐阜北高等学校創立記念実行委員会事業部編　岐阜　岐阜県立岐阜北高等学校　1970　111p　26cm　非売品　Ⓝ376.4

『岐阜北高等学校35年略譜』岐阜　国島秀雄　1976.3　31p　26cm

『創立50周年記念誌』記念誌委員会編　岐阜　岐阜県立岐阜北高等学校創立50周年記念行事実行委員会　1990.11　237p　30cm　Ⓝ376.4

◆岐阜工業高等学校

『岐工五十年のあゆみ』岐阜県立岐阜工業高等学校五十周年記念事業実施委員会編　岐阜県立岐阜工業高等学校五十周年記念事業実施委員会　1975　124p　27cm

『岐工60年のあゆみ』笠松町（岐阜県）　岐阜県立岐阜工業高等学校創立60周年記念事業実行委員会　1985.11　107p　26cm　Ⓝ376.4

『岐工70年の歩み―岐阜工業高校創立70周年記念誌』岐阜工業高校70周年記念事業実行委員会編　岐阜工業高校70周年記念事業実行委員会　1995.11　207p　30cm

『岐工80年の歩み―岐阜工業高校創立80周年記念誌』岐阜工業高校80周年記念誌編集委員会編　岐阜工業高校80周年記念誌編集委員会　2005.11　176p　30cm

◆岐阜商業高等学校

『［岐阜県立岐阜商業高等学校］栄光の七十年・記念アルバム―1975.2.20』岐商七十周年記念事業委員会記念アルバム部会編　岐商凛心会　1975　180p　25×26cm　Ⓝ376.4

『岐商野球部五十五年史』岐商野球部五十五年史編纂委員会編　ベースボール・マガジン社　1981.7　269p　27cm　3800円　①4-583-02023-6　Ⓝ783.7

『県岐商の歩み―創立80周年記念』岐阜県立岐阜商業高等学校県岐商の歩み編集委員会編　岐阜県立岐阜商業高等学校県岐商の歩み編集委員会　1984　216p　30cm

『凛心80―岐商創立80周年記念誌』岐商創立80周年記念会記念事業委員会記念誌部会編　岐阜　岐商凛心会　1985.2　207p　30cm　Ⓝ376.4

『青春の軌跡　第2集』岐阜県立岐阜商業高等学校編　岐阜県立岐阜商業高等学校　1994.11　178p　30cm

『凛心90―岐商創立90周年記念誌』岐商創立90周年記念会記念事業委員会記念誌部会編　岐商凛心会　1994.11　265p　31cm

『岐商百年―岐阜県立岐阜商業高等学校　創立100周年記念誌』岐阜県立岐阜商業高等学校創立100周年記念事業実行委員会記念誌編集委員会、岐阜新聞情報センター（出版室）編　岐阜県立岐阜商業高等学校創立100周年記念事業実行委員会　2005.2　519p　図版　31cm

◆岐阜女子商業高等学校

『十年史』岐阜県立岐阜女子商業高等学校十年史編集委員会編　岐阜女子商業高等学校　1973　92p　26cm

『二十年史―創立二十周年記念誌』岐阜県立岐阜女子商業高等学校二十年史編集委員会編　岐阜県立岐阜女子商業高等学校二十年史編集委員会　1983　158p　25cm

『清楚栄華―岐阜女子商業高等学校30周年記念誌』岐阜県立岐阜女子商業高等学校三十年誌編集委員会編　［岐阜女子商業高等学校］　1992.11　225p　27cm　Ⓝ376.4

『岐阜県立岐阜女子商業高等学校創立40周年記念誌』岐阜県立岐阜女子商業高等学校創立40周年記念事業実行委員会編　岐阜県立岐阜女子商業高等学校　2002.10　178p　30cm　Ⓝ376.48

◆岐阜市立華南高等学校

『十年史華南』岐阜市立華南高等学校編　岐阜市立華南高等学校　1977　27p　26cm

『華南―十九年の歩み』岐阜市立華南高等学校記念誌編集委員会編　華南高等学校生徒県立校移管記念事業委員会　1986　243p　22cm

◆岐阜市立岐阜商業高等学校

『創立10周年記念誌』岐阜市立岐阜商業高等学校編　岐阜市立岐阜商業高等学校　1978　117p　26cm

『自彊不息―創立20周年記念誌』20周年記念編集委員会編　岐阜市立商業高等学校　1988.11　161p　27cm

『岐阜市立岐阜商業高等学校硬式野球部全国高等学校選手権大会の記録―昭和44-63年』岐阜市立岐阜商業高等学校編　岐阜市立岐阜商

業高等学校　1989　113p　26cm

『創立50周年記念誌』創立50周年記念誌委員会編　岐阜市立岐阜商業高等学校　2020.2　175p　30cm

◆岐阜西工業高等学校

『天地―創立十周年記念誌』岐阜県立岐阜西工業高等学校十周年記念祭記念誌編集委員会編　岐阜県立岐阜西工業高等学校十周年記念祭記念誌編集委員会　1971　100p　26cm

『天地―30年のあゆみ』岐阜県立岐阜西工業高等学校30周年記念事業編集委員会編　岐阜県立岐阜西工業高等学校30周年記念事業編集委員会　1991.10　206p　27cm

◆岐阜第一女子高等学校

『十三年史』岐阜第一女子高等学校十三年史編集委員会編　岐阜第一女子高等学校十三年史編集委員会　1975　90p　26cm

『[岐阜第一女子高等学校]二十年史』岐阜県立岐阜第一女子高等学校二十年史編集委員会編　岐阜県立岐阜第一女子高等学校二十年史編集委員会　1983　107p　26cm

『岐阜第一女子高等学校創立30周年記念誌「三十年史」』岐阜第一女子高等学校編　岐阜第一女子高等学校　1993.11　133p　26cm

◆岐阜農林高等学校

『岐農七十年史』岐阜農林高等学校編　岐阜農林高等学校　1971　266p図版　22cm

『岐農八十周年記念誌』岐阜県立岐阜農林高等学校編　岐阜県立岐阜農林高等学校　1980　248p　22cm

『不屈―バスケットボール部20年連続インターハイ出場記念誌』岐阜農林高等学校　1989.2　76p　26cm

『岐農90周年記念誌―岐阜県立岐阜農林高等学校90周年記念誌』岐阜県立岐阜農林高等学校編　岐阜県立岐阜農林高等学校　1990.9　136p　22cm

『岐農百周年記念誌[岐阜県立岐阜農林高等学校]』岐阜県立岐阜農林高等学校編　岐阜県立岐阜農林高等学校　2000.10　335p　22cm　Ⓝ376.48

『岐農百二十周年記念誌[岐阜県立岐阜農林高等学校]』岐阜県立岐阜農林高等学校編　岐阜県立岐阜農林高等学校　2022.10　154p　Ⓝ376.48

◆岐阜東高等学校

『20年の歩み』「20年の歩み」編集委員会編　岐阜　岐阜東高等学校　1976.10　40p　26cm　非売品　Ⓝ376.4

『やりぬく精神30年の歩み』「30年の歩み」編集委員会編　岐阜　岐阜東高等学校　1987.10　337p　27cm〈背の書名：三十年の歩み〉非売品　Ⓝ376.4

『歩み―岐阜東高等学校40年岐阜東中学校5年』「歩み」編集委員会編　岐阜　岐阜東高等学校　1996.10　188p　22×27cm〈共同刊行：岐阜東中学校　年表あり〉非売品　Ⓝ376.48

『学園の軌跡―富田学園創立100周年記念誌　富田高等学校創立100周年・岐阜東高等学校創立50周年・岐阜東中学校創立15周年』富田学園100年史編集委員会編　岐阜　富田学園　2006.10　271p　31cm〈共同刊行：富田高等学校ほか　年表あり〉非売品　Ⓝ376.48

◆岐阜三田高等学校

『闘魂』[岐阜三田高等学校]OB会　1988　93p　26cm

『みた―創立20周年記念誌』岐阜　岐阜県立岐阜三田高等学校創立20周年記念事業実行委員会　2002.11　164p　31cm　Ⓝ376.48

◆岐陽高等学校

『岐陽―創立十周年記念誌』岐阜県立岐陽高等学校創立10周年記念事業実行委員会編　岐阜県立岐陽高等学校創立10周年記念事業実行委員会　1986　133p　27cm

『創立20周年記念誌』岐阜県立岐陽高等学校創立20周年記念事業実行委員会編　岐阜県立岐陽高等学校　1995.11　171p　31cm

◆郡上高等学校

『郡高五十年史』八幡町（岐阜県）郡上高等学校　1972　253p　図　22cm　Ⓝ376.4

『郡高五十年史―補遺』郡上高等学校編　郡上高等学校　1978　59p　22cm

『星空に仰ぐ―郡上高等学校定時制課程閉校記念誌』岐阜県立郡上高等学校定時制課程閉校記念事業実行委員会編　岐阜県立郡上高等学校定時制課程閉校記念事業実行委員会　1987　522p　22cm

『郡高七十年史』郡上高等学校七十年誌編集委員編　郡上高等学校　1988　115p　22cm

『郡高八十年史』岐阜県立郡上高等学校編　岐

阜県立郡上高等学校　1998.10　181p　22cm
『岐阜県立郡上高等学校創立100周年記念誌―郡高百年』郡上高等学校創立100周年記念誌編集委員会編　郡上　岐阜県立郡上高等学校同窓会　2019.1　248p　30cm〈書誌注記：年表あり　奥付のタイトル：郡上高等学校創立100周年記念誌　共同刊行：岐阜県立郡上高等学校創立100周年記念事業実行委員会〉　Ⓝ376.48

◆郡上高等学校和良分校

『和良分校三十年』郡上高等学校和良分校編　郡上高等学校和良分校　1977　148p　22cm

◆郡上北高等学校

『郡上北高三十年史』郡上北高三十年史編集委員会編　白鳥町（岐阜県）岐阜県立郡上北高等学校　1979.10　702p　22cm　Ⓝ376.4

『郡上北高小史―昭和54〜59年』郡上北高小史編集委員会編　岐阜　岐阜県立郡上北高等学校　1985.1　278p　21cm　Ⓝ376.4

『郡上北高小史―昭和59-63年』郡上北高小史編集委員会編　郡上北高等学校　1988　166p　22cm

『郡上北高小史―昭和63年-平成10年』郡上北高小史編集委員会編　郡上北高等学校　1988.10 [1998？]　310p　22cm

◆坂下女子高等学校

『弐拾五周年史』岐阜県立坂下女子高等学校編　岐阜県立坂下女子高等学校　1974　83p　26cm

◆済美高等学校

『100th ANNIVERSARY SEIBI―済美 これまでの100年、これからの100年。』創立100周年記念事業刊行部編　済美高等学校　2018.12　30p　30cm

◆済美女子高等学校

『済美六十年の歩み』済美女子高等学校創立60周年記念誌編集委員会編　済美女子高等学校創立60周年記念誌編集委員会　1979.12　249p　21cm

『70のあゆみ[済美女子高]―写真集』済美女子高等学校編　済美女子高等学校　1988.11　60p　23×24cm

『託されたる人々の幸のために―衛生看護科25年のあゆみ』済美女子高等学校編　済美女子高等学校　1991.11　58p　18×26cm

『済美80年のあゆみ』済美女子高等学校編　岐阜済美学院 済美女子高等学校　1998.11　215p　31cm　Ⓝ376.48

◆聖マリア女学院高等学校

『道―創立10周年記念誌』創立10周年記念誌編集委員会編　聖マリア女学院高等学校　1974　104p　26cm

◆関高等学校

『五十周年記念誌』関高等学校編　関高等学校　1971　210p 図版　22cm

『桜水会誌―水泳部十周年記念』岐阜県立関高等学校水泳部編　岐阜県立関高等学校水泳部　1974　209p　26cm

『創立70周年記念誌』創立70周年記念事業実行委員会編　岐阜県立関高等学校　1991.10　286p　22cm

『化学部研究集録　1995-2000』岐阜県立関高等学校化学部編　岐阜県立関高等学校化学部　[2000]　97p　26cm　Ⓝ375.18

『岐阜県立関高等学校創立80周年記念誌　2001』関高等学校編　岐阜県立関高等学校創立80周年記念実行委員会　2001.11　107p　30cm

『岐阜県立関高等学校創立90周年記念誌　2011』岐阜県立関高等学校編　岐阜県立関高等学校創立90周年記念事業実行委員会　2011.11　77p　30cm

『彩雲―岐阜県立関高等学校創立100周年記念誌』岐阜県武儀高等女学校・岐阜県立関高等学校100周年実行委員会記念誌発行部会編　岐阜県武儀高等女学校・岐阜県立関高等学校100周年実行委員会　2022.6　490p　31cm

◆関有知高等学校

『関有知高等学校統合記念誌　2004』岐阜県立関有知高等学校記念誌編集委員会編　岐阜県立関有知高等学校学校統合記念式典実行委員会　2004.10　143p　30cm　Ⓝ376.4

◆関市立関商工高等学校

『関商工高校礎・30年』関商工高等学校編　関商工高等学校　1974　196p　26cm

『[関市立関商工高等学校]創立50周年記念誌　至誠明朗』創立50周年記念誌編集委員会編　関市立関商工高等学校　1993.11　191p

岐阜県

30cm

◆高山高等学校

『創立六十五周年校舎竣工記念誌』岐阜県立高山高等学校65周年記念誌編集委員会編　岐阜県立高山高等学校記念事業実行委員会　1982　52p　22cm

『創立80周年記念誌』岐阜県立高山高等学校創立80周年記念実行委員会編　岐阜県立高山高等学校創立80周年記念実行委員会　1997.10　162p　30cm　Ⓝ376.4

◆高山工業高等学校

『はくよう―50周年記念誌』岐阜県立高山工業高等学校編　岐阜県立高山工業高等学校　1994.11　132p　26cm　Ⓝ376.4

◆高山西高等学校

『[高山西高等学校]創立30周年記念誌』高山西高等学校編　高山西高等学校　1993.10　178p　27cm

◆多治見高等学校

『桔梗60年史』創立60周年記念実行委員会編　多治見高等学校　1983　261p　27cm

『桔梗 創立80周年記念』創立80周年記念事業実行委員会編　多治見高等学校　2003.10　24p　24cm

◆多治見北高等学校

『ともしび―学校創立30年・定時制移管28年記念誌』岐阜県立多治見北高等学校定時制記念誌編集実行委員会編　岐阜県立多治見北高等学校定時制　1988.10　315p　27cm

『北辰―三十年誌』多治見北高等学校北辰30年誌編集委員会編　[多治見北高等学校]北辰30年誌編集委員会　1988.10　206p　26cm

『ともしび―閉課程記念誌』岐阜県立多治見北高等学校定時制事業部記念誌委員会編　岐阜県立多治見北高等学校定時制　2007.3　56p　30cm　Ⓝ376.4

◆多治見工業高等学校

『八十年誌』岐阜県立多治見工業高等学校創立80周年記念実行委員会編　多治見　岐阜県立多治見工業高等学校　1977.11　294p　27cm　〈付（絵葉書5枚 袋入）〉Ⓝ376.4

『多工高90周年[岐阜県立多治見工業高等学校]―この10年のあゆみ』岐阜県立多治見工業高等学校誌編纂委員会編　岐阜県立多治見工業高等学校　1987.10　107p　26cm

『創立百周年誌』記念誌編集委員会編　多治見　岐阜県立多治見工業高等学校創立百周年記念実行委員会　1997.10　188, 51p　31cm　〈付・古陶器資料図録　奥付のタイトル：創立百周年誌・古陶器資料図録〉Ⓝ376.48

◆多治見西高等学校

『八十八年の歩み―学校法人渓泉学園多治見西高等学校創立八十八周年記念誌』創立八十八周年記念誌委員編　多治見西高等学校　2006.11　160p　26cm　Ⓝ376.4

『百年の歩み―学校法人渓泉学園多治見西高等学校創立百周年記念誌』創立百周年記念誌委員編　多治見西高等学校　2008.11　76p　30cm　Ⓝ376.4

◆中京高等学校

『延長50回の絆―中京vs崇徳 球史に刻まれた死闘の全貌』中大輔著　竹書房　2015.1　254p　19cm　1300円　①978-4-8019-0114-8　Ⓝ783.7

目次　プロローグ 終わらない夏, 第1章 王者のプライド, 第2章 不敵な挑戦者, 第3章 奇跡へのカウントダウン, 第4章 1398, 第5章 駆け上がる, エピローグ もうひとつの夏

内容　この夏、球史に残る伝説の一戦が行われた。第59回全国高校軟式野球選手権大会の準決勝での、中京（岐阜）と崇徳（広島）による延長50回の死闘である。中京・松井大河、崇徳・石岡樹輝弥の両投手は、何を想い最後まで一人で投げ抜いたのか？ 幼い頃からその名を轟かせていた二人の、知られざる共通点とは？「俺のほうがスゲェ！」と互いに譲らないエースを支えたナインや関係者の想いとは？ 涙あり、笑いあり。関係者取材によって浮かび上がった秘話満載の感動ノンフィクション！

◆中京商業高等学校

『全国高校駅伝17年連続20回出場の歩み』中京商業高等学校陸上競技部OB会事務局編　中京商業高等学校陸上競技部OB会事務局　1990.12　8p　26cm

『陸上競技部30年の歩み』中京商業高等学校陸上競技部OB会事務局編　中京商業高等学校陸上競技部　1992.4　22p　26cm

◆東濃高等学校

『赤陵八十年』岐阜県立東濃高等学校八十周年記念事業実行委員会編　岐阜県立東濃高等学校八十周年記念事業実行委員会　1978　220p

『赤陵九十年―この十年の歩み』岐阜県立東濃高等学校編　岐阜県立東濃高等学校　1986.10　194p　21cm

◆東濃実業高等学校

『東実六十年―岐阜県立東濃実業高等学校創立六十周年記念誌』岐阜県立東濃実業高等学校六十周年記念事業実行委員会編　岐阜県立東濃実業高等学校六十周年記念事業実行委員会　1983　184p　22cm

『梓―東濃実業高等学校創立70周年記念誌』東濃実業高等学校創立70周年記念実行委員会編　東濃実業高等学校創立70周年記念実行委員会　1991.10　140p　26cm

『東実の野球―硬式野球部創設10年　昭和56年4月～平成4年7月』東濃実業高等学校硬式野球部OB会編　東濃実業高等学校硬式野球部OB会　1992.12　96p

『東実八十年―岐阜県立東濃実業高等学校創立80周年記念誌』岐阜県立東濃実業高等学校創立80周年記念実行委員会編　岐阜県立東濃実業高等学校創立80周年記念実行委員会　2001.10　161p　26cm

『東実の野球―硬式野球部創設20年　昭和56年4月～平成14年3月　特に平成5年4年から平成14年3月までの記録　2』北野斉編　［東濃実業高等学校硬式野球部］　［2002.3あとがき］　224p　30cm

『岐阜県立東濃実業高等学校創立100周年記念誌』岐阜県立東濃実業高等学校創立100周年記念事業実行委員会編　岐阜県立東濃実業高等学校創立100周年記念事業実行委員会　2022.2　119p　31cm

◆土岐高等学校

『紅陵二十年史』創立20周年記念誌「紅陵」編集委員会編　土岐高等学校　1982　162p　22cm

『紅陵―土岐高等学校創立30周年記念誌』創立30周年記念事業実行委員会編，岐阜県立土岐紅陵高等学校　岐阜県立土岐高等学校　1991.11　48p　27cm

◆土岐北高等学校

『朔陵　土岐北高等学校20周年記念誌―20年のあゆみ』土岐北高等学校20周年記念誌編集委員会編　岐阜県立土岐北高等学校　1999.11　139p　26cm

『朔陵　創立10周年記念誌―土岐北高等学校創立35周年』東濃フロンティア高校編集委員会編　岐阜県立東濃フロンティア高等学校　2013.11　113p　27cm

◆土岐商業高等学校

『三十六年誌［土岐商業高等学校定時制課程］―閉校記念』再版　土岐商業高等学校定時制課程閉校記念事業委員会　1985.2　156p　27cm

『南陵の青春―岐阜県立土岐商業高等学校「平成8・9年度の記録」』加藤隆一編纂　土岐　加藤隆一　1998.4　241p　30cm　Ⓝ376.48

『南陵［土岐商業高等学校］―創立五十周年記念誌』創立50周年記念事業実行委員会記念誌作成委員会編　岐阜県立土岐商業高等学校　1999.11　209p　30cm

◆富田高等学校

『九十年の歩み』九十年史編集委員会編　岐阜　富田高等学校　1996.10　114p　27cm〈奥付のタイトル：九十年史　年表あり〉非売品　Ⓝ376.48

『学園の軌跡―富田学園創立100周年記念誌　富田高等学校創立100周年・岐阜東高等学校創立50周年・岐阜東中学校創立15周年』富田学園100年史編集委員会編　岐阜　富田学園　2006.10　271p　31cm〈共同刊行：富田高等学校ほか　年表あり〉非売品　Ⓝ376.48

◆富田女子高等学校

『古稀』「古稀」編集委員会編　岐阜　富田女子高等学校　1976.10　56p　26cm　非売品　Ⓝ376.4

『八十年の歩み』八十年史編集委員会編　岐阜　富田女子高等学校　1987.10　261p　27cm〈奥付の書名：八十年史〉非売品　Ⓝ376.4

◆中津高等学校

『旭陵七十年』中津高等学校七十年記念事業特別委員会編　中津高等学校七十年記念事業特別委員会　1977　381p　22cm

『旭陵八十年』岐阜県立中津高等学校八十周年記念誌編集委員会編　中津川　岐阜県立中津高等学校八十周年記念誌編集委員会　1986.3　339p　26cm　Ⓝ376.4

『五十周年記念誌―岐阜県立中津高等学校定時制』五十周年記念誌編集委員会編　中津川　中津高校定時制五十周年記念事業実行委員会

岐阜県

1998.10　173p　26cm　Ⓝ376.48

『旭陵百年』岐阜県立中津高等学校創立100周年記念誌編集委員会編　岐阜県立中津高等学校創立100周年記念誌編集委員会　2006.9　481p　31cm

◆中津川工業高等学校

『35年誌―岐阜県立中津川工業高等学校』岐阜県立中津川工業高等学校35年記念誌編集委員会編　中津川工業高等学校　1979　276p　22cm

『山歩記―中津川工業高等学校アルキニスト記録　1』荻山健吉著　1985　148p　18cm

『50年記念誌―岐阜県立中津川工業高等学校』「50周年記念誌」編集委員会編　中津川工業高等学校創立50周年記念行事実行委員会　1995.7　128p　27cm

◆中津川市立阿木高等学校

『[中津川市立阿木高等学校]70周年記念誌―阿木高等学校の歩み』中津川市立阿木高等学校70周年記念事業記念誌委員会編　中津川市立阿木高等学校70周年記念事業記念誌委員会　2018.11　41p　30cm

◆中津商業高等学校

『五十年誌[中津商業高等学校]』中津商業高等学校編　中津商業高等学校　1972　150p　26cm

『創立60周年記念誌[中津商業高等学校]』中津商業高等学校編　中津商業高等学校　1982　111p　26cm

『嶺雲―70年のあゆみ』岐阜県立中津商業高等学校編　岐阜県立中津商業高等学校　1992.5　203p　21cm

『創立80周年記念誌[中津商業高等学校]』中津商業高等学校編　中津商業高等学校　2002.4　162p　26cm

◆中濃高等学校

『中濃高40―[中濃高等学校]創立40周年記念誌　平成元年』岐阜県立中濃高等学校創立40周年記念誌編集委員会編　岐阜県立中濃高等学校　1989.10　109p　22cm　Ⓝ376.4

◆中濃西高等学校

『[中濃西高等学校]五年の歩み』五年の歩み編集委員会編　中濃西高等学校　[1978]　34p　26cm　Ⓝ376.4

『十年の歩み―創立十周年記念誌』岐阜県立中濃西高等学校創立十周年記念事業実行委員会編　岐阜県立中濃西高等学校創立十周年記念事業実行委員会　1984　151p　27cm

『[中濃西高等学校]十年の歩み―岐阜県立中濃西高等学校記念誌』中濃西高等学校編　中濃西高等学校　1984.11　151p　27cm　Ⓝ376.4

『[中濃西高等学校]創立20周年記念誌』中濃西高等学校編　中濃西高等学校　1993.10　129p　26cm

◆長良高等学校

『長良―創立30周年』岐阜県立長良高等学校創立30周年記念誌編集委員会編　岐阜県立長良高等学校　1979.9　139p　21cm

『長良―創立40周年』創立40周年記念事業委員会編　岐阜　岐阜県立長良高等学校　1990.11　200p　26cm〈背の書名：創立四十周年記念誌〉Ⓝ376.4

◆南濃町立南濃高等学校

『欅―三十年の歩み』南濃町立南濃高等学校創立30周年記念事業実行委員会編　南濃町（岐阜県）　岐阜県南濃町立南濃高等学校　1981.11　149p　22cm〈南濃高等学校創立30周年記念誌〉Ⓝ376.4

『欅―三十六年の歩み　南濃高等学校閉校記念誌』南濃町，南濃町立南濃高等学校編　南濃町（岐阜県）　南濃町立南濃高等学校　1987.2　221p　27cm〈共同刊行：南濃町〉Ⓝ376.4

◆羽島高等学校

『五十年誌―1971』羽島高等学校編　羽島高等学校　[1971]　119p　26cm

『五年史一位樹』岐阜県立羽島高等学校編　岐阜県立羽島高等学校　1981　24p　26cm

『六十年誌―創立60周年記念』岐阜県立羽島高等学校編　岐阜県立羽島高等学校　1981　116p　26cm

『創立七十周年記念誌』創立70周年記念誌編集委員会編　岐阜県立羽島高等学校　1992.11　231p　30cm

『[羽島高等学校]噴水―閉課程記念誌』閉課程記念事業実行委員会　岐阜県立羽島高等学校昼間二部定時制　1999.2　57p　30cm

『創立80周年記念誌　八十年誌』創立80周年記念誌編集委員会編　岐阜県立羽島高等学校　2002.10　117p　30cm　Ⓝ376.48

岐阜県

◆羽島北高等学校

『羽島北創立10周年記念誌』岐阜県立羽島北高等学校編　岐阜県立羽島北高等学校　1987　155p　27cm

『北翔20年—岐阜県立羽島北高等学校創立20周年記念誌』岐阜県立羽島北高等学校創立20周年記念事業実行委員会編　岐阜県立羽島北高等学校　1997.11　170p　27cm　Ⓝ376.4

◆斐太高等学校

『巴陵九十年』岐阜県立斐太高等学校編　岐阜県立斐太高等学校　1976　136p　26cm

『斐太高校百年史』岐阜県立斐太高等学校創立百周年記念事業実行委員会編　岐阜県立斐太高等学校創立百周年記念事業実行委員会　1986　470p　27cm

『創立110周年記念　巴陵群像』斐太高等学校編　斐太高等学校　1996.6　192p　26cm

『斐太高通信50年』「斐太高通信50年」編集委員会編　斐太高等学校通信制　1997.10　162　30cm　Ⓝ376.4

『斐太高等学校創立120周年記念写真集』斐太高等学校編　斐太高等学校　2006　1冊　30cm

『白線流し—それからの私たち』浅見裕子著　JRP出版局　2009.12　127p　19cm　1700円　Ⓘ978-4-931078-07-9　Ⓝ281.53

◆斐太農林高等学校

『白樺林—岐阜県立斐太農林高等学校創立60周年記念誌』高山　岐阜県立斐太農林高等学校　1980.10　202p　27cm　Ⓝ376.4

『白樺林—創立70周年記念誌』70周年記念事業実行委員会記念誌部編　岐阜県立斐太農林高等学校　1990.11　148p　27cm

◆船津高等学校

『こまくさ—船津高等学校創立50周年記念誌』岐阜県立船津高等学校編　岐阜県立船津高等学校　1978　132p　26cm

『創立六十周年記念誌』岐阜県立船津高等学校創立60周年記念行事実行委員会編　岐阜県立船津高等学校創立60周年記念行事実行委員会　1985　71p　26cm

◆不破高等学校

『[不破高等学校]創立20周年記念誌』不破高等学校編　不破高等学校　[1970]　96p 図版　21cm

『白玉椿三十年の歩み』不破高等学校創立30周年記念事業実行委員会編　不破高等学校創立30周年記念事業実行委員会　1980　216p　27cm

『白玉椿四十年の歩み—不破高創立40周年記念誌』不破高等学校創立40周年記念実行委員会編　不破高等学校　1990.11　101p　26cm

◆益田高等学校

『益高50年』益田高等学校編　益田高等学校　1974　244p　21cm

『ダメといわれた子らの大逆転教育』森均著　エール出版社　1991.11　169, 11p　19cm　1200円　Ⓘ4-7539-1060-1

目次　1章 奇跡はほんとうに起こせる, 2章 「やればできる！」森式・人間改造法, 3章 ダメ生徒の私たちはこうして大逆転合格, 4章 一度の人生を粗末にしきては勿体ない

内容　落ちこぼれ、ダメ学生といわれた高校生たちが、ガラリ変身、全国簿記大会に35回優勝、卒業生たちが税理士試験に10年連続全国最年少合格、公認会計士合格など輝かしい成績をあげ、世間はビックリ。なぜだ？　岐阜県立益田高校、森教諭の独特な大逆転教育の実態。

『"やる気"を起こす奇跡の「大逆転教育」』森均著　産能大学出版部　1992.11　229p　19cm　1500円　Ⓘ4-382-05156-8

目次　プロローグ（益田高校OB・税理士試験に11年連続最年少合格を果たす、学歴を実力で打破した経理科の実績）、第1章 3人の最年少合格者、第2章 岐阜県立「益田高校」の奇跡、第3章 奇跡を生む森式勉強法、第4章 「教育」の本質を問う子どもたちの逆襲、第5章 人生こそ最良の学校である、エピローグ（学歴は、短期間だけにしか通用しない壊れやすい"武器"のひとつ長期戦を勝ち抜くために役立つのは、その人の"生き方"である）

内容　飛騨の山間辺地の一高校から、11年連続して税理士試験最年少合格者が輩出し続けている。この奇跡ともいうべき驚嘆すべき事実、それは、かつて荒れるにまかせられていた高校の再建をめざして立ち上がった1人の教師の12年間にわたる試行錯誤のなかから生まれたものであった。その教育、「森式・人間改造法」とはいったいどのような教育方法なのであろうか。偏差値教育から決別した輝かしい教育の勝利。

『それでも学歴を追い求めるのか—これからは生き方学習と専門職の時代である』森均著　産能大学出版部　1995.3　192p　20cm　1500円　Ⓘ4-382-05281-5　Ⓝ376.4

目次　プロローグ 山間辺地の高校が11年連続して税理士試験最年少合格者を輩出した、第1章 やる気は生き方教育から、第2章 学歴信仰を打破した益田高校の奇跡、第3章 学習歴と生き方を身につけた人

岐阜県

間が成功者となる、第4章 教育の本質を問う「益田の森塾」、エピローグ 人間をやる気にさせるのはロマンと感動である

|内容| 学歴は短期間だけしか通用しない壊れやすい武器の一つにしかすぎない。人生という長い戦いを勝ち抜くには、実践的な生きた学習が必要であり、生き方教育が不可欠である。かつて荒廃していた飛騨の山間辺地の一高校に新米教師として赴任した著者は、この信念のもと"やる気"を起こす森式教育法を断行した。そして11年連続税理士試験最年少合格者輩出という驚異の記録を成し遂げたのである。"おちこぼれ"と呼ばれた多くの子供たちが立ち直り、また、専門性を身につけて社会で大きくはばたいている、逆転の人生の記録。

『益田高校創立80周年記念誌』岐阜県立益田高等学校創立80周年記念誌編集委員会編　岐阜県立益田高等学校創立80周年実行委員会　2004.10　199p　31cm　非売品　Ⓝ376.4

◆益田南高等学校

『創立十周年記念誌』岐阜県立益田南高等学校創立10周年記念誌編集委員会編　岐阜県立益田南高等学校創立10周年記念誌編集委員会　1983　76p　21cm

『閉校記念誌』定時制閉校記念卒業協賛会記念誌担当部編　益田南高校定時制課程　1985　153p　26cm

『国際理解教育の記録』岐阜県立益田南高等学校　岐阜県立益田南高等学校　2000.3-2003.3　合本1冊　27cm　Ⓝ376.4

『益田南創立30周年記念誌』益田南高等学校創立30周年記念誌実行委員会編　益田南高等学校　2003.10　182p　31cm

◆瑞浪高等学校

『真澄―六十年誌』真澄六十年誌編集委員会編，岐阜県立瑞浪高等学校編　瑞浪高等学校創立60周年記念事業実行委員会　1983　227p　27cm

『真澄―70年誌』真澄70年誌編集委員会編，岐阜県立瑞浪高等学校編　瑞浪高等学校創立70周年記念事業実行委員会　1993.10　233p　26cm　Ⓝ376.4

『真澄―80年誌』真澄80年誌編集委員会編，岐阜県立瑞浪高等学校編　瑞浪高等学校創立80周年記念事業実行委員会　2003.11　294p　30cm　Ⓝ376.4

『真澄九十年誌―岐阜県立瑞浪高等学校創立90周年記念事業実行委員会記念誌委員会編　瑞浪岐阜県立瑞浪高等学校創立90周年記念事業実

行委員会　2013.11　121p　30cm〈書誌注記：年表あり〉Ⓝ376.48

◆三田高等学校

『みた―創立10周年記念誌』岐阜県立三田高等学校創立10周年記念事業実行委員会編　岐阜県立三田高等学校　1992.11　152p　27cm

◆美濃加茂高等学校

『[美濃加茂高等学校]創立十周年校舎竣工記念誌』美濃加茂高等学校創立10周年記念校舎竣工事業実行委員会編　美濃加茂高等学校創立10周年記念校舎竣工事業実行委員会　1983　145p　22cm

『[美濃加茂高等学校]創立20周年記念誌』美濃加茂高等学校編　美濃加茂高等学校　1992.9　119p　26cm

◆武義高等学校

『古城―創立50周年記念誌』武義高等学校編　武義高等学校　1970　124p 図版　21cm

『古城―六十年史』六十年史編集委員会編　武義高等学校　1982　401p　22cm

『無限―岐阜県立武義高等学校定時制課程閉校記念誌』岐阜県立武義高等学校定時制課程閉校記念誌委員会編　岐阜県立武義高等学校定時制課程閉校記念誌委員会　1985　383p　22cm

『創立70周年記念誌年表―1980年（昭和55年）～1989年（平成元年3月）』美濃　岐阜県立武義高等学校　〔1989〕　49p　21cm　Ⓝ376.4

『古城―写真で綴る70年史』岐阜県立武義高等学校70周年記念事業編集委員会編　美濃　岐阜県立武義高等学校　1990.10　95p　30cm　Ⓝ376.4

◆本巣高等学校

『[岐阜県立本巣高等学校]五十年史』岐阜県立本巣高等学校50周年校舎落成祝賀記念事業部編　岐阜県立本巣高等学校　1970.10　165p 図版　22cm

『創立50周年校舎落成記念事業報告書』本巣高等学校編　本巣高等学校　1971　50p 図版　26cm

『松樹六十年』岐阜県立本巣高等学校60周年記念誌編集委員会編　岐阜県立本巣高等学校60周年記念誌編集委員会　1980　122p　26cm

『松樹七十年―この十年の歩み 本巣高等学校創

立七十周年記念誌』七十周年記念誌編集委員
　会編　本巣高等学校　1990.11　179p　21cm
『松樹―創立80周年記念誌』本巣高等学校創立
　80周年記念誌編集委員会編　糸貫町（岐阜
　県）岐阜県立本巣高等学校　2000.10　219p
　31cm　Ⓝ376.48

◆本巣松陽高等学校

『松樹百年―創立百周年記念誌』岐阜県立本巣
　松陽高等学校創立百周年記念事業実行委員会
　記念誌委員会編集　本巣　岐阜県立本巣松陽
　高等学校創立百周年記念事業実行委員会
　2022.2　607p　31cm〈書誌注記：年表あり〉
　Ⓝ376.48

◆八百津高等学校

『秀が丘―校誌・名簿』八百津高等学校同窓会
　理事及び同窓会事務局編　八百津高等学校同
　窓会理事及び同窓会事務局　1981　306p
　26cm
『［八百津高等学校］創立50周年記念誌』八百津
　高等学校編　八百津高等学校　1993.11
　248p　30cm

◆山県高等学校

『やまがた―創立25周年記念誌』山県高等学校
　創立25周年記念誌編集委員会編　山県高等学
　校創立25周年記念誌編集委員会　1977
　125p　22cm
『山県　友情と絆―創立50周年記念誌』創立50周
　年記念誌編集委員会編　岐阜県立山県高等学
　校　2002.10　190p　31cm　Ⓝ376.48

◆養老女子商業高等学校

『こうよう三十年の歩み』岐阜県立養老女子商
　業高等学校創立30周年記念誌編集委員会編
　岐阜県立養老女子商業高等学校創立30周年記
　念誌編集委員会　1979　82p　26cm
『こうよう―創立45周年記念誌』岐阜県立養老
　女子商業高等学校創立45周年記念誌編集委員
　会編　岐阜県立養老女子商業高等学校
　1992.11　112p　26cm

◆吉城高等学校

『柏葉―創立30周年記念誌』岐阜県立吉城高等
　学校30周年記念誌編集委員会編　岐阜県立吉
　城高等学校30周年記念誌編集委員会　1978
　191p　26cm

◆麗澤瑞浪高等学校

『我が学び舎（や）―［麗澤瑞浪高等学校］定時制
　37年の歩み』定時制文集作成プロジェクト編
　瑞浪麗澤中学・高等学校　2000.2　253p
　31cm　Ⓝ376.48

静岡県

◆新居高等学校

『創立五十周年記念誌』静岡県立新居高等学校
　編集委員会編　新居町　静岡県立新居高等学
　校　1978　1冊（ページ付なし）25×26cm
　〈静岡県立新居高等学校〉
『創立六十周年記念誌　1988』静岡県立新居高
　等学校『創立六十周年記念誌』編集委員会編
　新居町　静岡県立新居高等学校『創立六十周
　年記念誌』編集委員会　1988　136p（おもに
　図）25×26cm〈静岡県立新居高等学校〉
『理想の沖をめざしつつ―創立七十周年記念誌』
　「創立七十周年記念誌」編集委員会編集　新
　居町　静岡県立新居高等学校　1998.10
　172p　25×26cm〈静岡県立新居高等学校〉

◆池新田高等学校

『しぶき―静岡県立池新田高等学校創立70周年
　記念誌』静岡県立池新田高等学校記念誌編集
　委員会編　浜岡町　静岡県立池新田高等学校
　70周年記念実行委員会　1989　204p　26cm
　〈背の書名：創立70周年記念誌, 表紙の副書
　名：創立70周年記念誌〉
『しぶき―静岡県立池新田高等学校創立90周年
　記念誌』静岡県立池新田高等学校同窓会編
　御前崎　静岡県立池新田高等学校同窓会
　2009.4　231p　31cm
『Shibuki―静岡県立池新田高等学校創立100
　周年記念誌』御前崎　静岡県立池新田高等学
　校100周年記念事業実行委員会　[2019]
　162p　30cm

◆伊豆中央高等学校

『観―創立十周年記念誌』静岡県立伊豆中央高
　等学校編　韮山町　静岡県立伊豆中央高等学
　校　1988　68p　28cm〈静岡県立伊豆中央高
　等学校〉

静岡県

◆伊東高等学校

『創立五十周年記念誌』静岡県立伊東高等学校編　伊東　静岡県立伊東高等学校　1983　152p（図共）26cm〈静岡県立伊東高等学校〉

『創立70周年記念誌』静岡県立伊東高等学校編　伊東　静岡県立伊東高等学校創立70周年記念事業実行委員会　2003.11　118p　30cm

◆伊東高等学校城ケ崎分校

『凌雲―伊東城ケ崎高校伊東高等学校城ケ崎分校30年の歩み』静岡県立伊東高等学校城ケ埼分校編　伊東　静岡県立伊東高等学校城ケ崎分校　[2012]　1冊　30cm

『閉校記念誌―1983.4-2006.3伊東城ケ崎高校：2006.4-2023.3伊東高校城ケ崎分校：不撓不屈』伊東　静岡県立伊東高等学校城ケ崎分校　[2023]　40p　30cm

◆伊東城ケ崎高等学校

『凌雲』静岡県立伊東城ケ崎高等学校編　伊東　静岡県立伊東城ケ崎高等学校　1992　56p　30cm〈奥付の書名：創立十周年記念誌, 静岡県立伊東城ケ崎高等学校〉

『凌雲―創立20周年記念誌』静岡県立伊東ケ崎高等学校編　伊東　静岡県立伊東城ケ崎高等学校　[2002]　1冊　30cm

◆伊東商業高等学校

『30年のあゆみ』静岡県立伊東商業高等学校編　伊東　静岡県立伊東商業高等学校　1992　55p　31cm〈奥付の書名：創立三十周年記念誌, 静岡県立伊東商業高等学校〉

『碧風―静岡県立伊東商業高等学校創立50周年記念誌』静岡県立伊東商業高等学校創立50周年記念事業実行委員会編集　伊東　静岡県立伊東商業高等学校創立50周年記念事業実行委員会　2012.11　60p　31cm〈タイトルは奥付・表紙による．標題紙のタイトル：50年のあゆみ創立50周年記念誌（1993年～2012年）〉

◆引佐高等学校

『創立八十周年記念誌』静岡県立引佐高等学校編　引佐町　静岡県立引佐高等学校　1981　138p　26×26cm〈静岡県立引佐高等学校〉

『90周年今, 産業技術科として』静岡県立引佐高等学校創立90周年記念事業実行委員会編　引佐町　静岡県立引佐高等学校創立90周年記念事業実行委員会　1991　80p　27cm

『いなさの丘に―引佐高校100周年』中日新聞東海本社編　浜松　中日新聞東海本社　2001.11［序］　47p　30cm〈中日新聞掲載, 静岡県立引佐高等学校〉

『坂の上の学舎―引佐高の100年』静岡新聞社浜松総局著　引佐町　静岡県立引佐高等学校創立百周年記念誌実行委員会　2001.11　127p　21cm〈静岡県立引佐高等学校〉

『玲瓏―創立百周年記念誌』引佐町（静岡県）静岡県立引佐高等学校　2001.11　216, 50p　31cm〈年表あり〉Ⓝ376.48

◆稲取高等学校

『80年のあゆみ』村野好朗ほか編集　東伊豆町　静岡県立稲取高等学校　1999.6　28p　30cm〈静岡県立稲取高等学校〉

『静岡県立稲取高等学校創立100周年記念誌―誠愛心』稲取高校創立100周年記念誌編集委員会編　東伊豆町　稲取高校創立100周年実行委員会　2019.11　120p　31cm〈奥付のタイトル：創立100周年記念誌, 背のタイトル：創立百周年記念誌〉

◆庵原高等学校

『新墾―十一年のあゆみ』静岡県立庵原高等学校編　蒲原町　静岡県立庵原高等学校　1990　87p　25×26cm〈静岡県立庵原高等学校〉

◆磐田北高等学校

『静岡県立磐田北高等学校70周年記念』静岡県立磐田北高等学校編　磐田　静岡県立磐田北高等学校　1979.6　110p　30cm〈奥付の書名：創立70周年記念誌〉

『静岡県立磐田北高等学校80周年誌さみどり』静岡県立磐田北高等学校80周年記念アルバム委員会編　磐田　[静岡県立磐田北高等学校]80周年記念アルバム委員会　1989　48p　27cm〈奥付の書名：創立80周年記念誌「さみどり」, 背の書名：創立80周年〉

『さみどり―静岡県立磐田北高等学校90周年記念誌』静岡県立磐田北高等学校編　磐田　静岡県立磐田北高等学校　1999.6　1冊　30cm〈奥付の書名：創立90周年記念誌「さみどり」〉

『衛生看護科のあゆみ―わたしたちの30年』衛生看護科閉科式委員会　磐田　静岡県立磐田北高等学校　2004.3　32p　30cm〈静岡県立磐田北高等学校〉

『さみど里―静岡県立磐田北高等学校創立100

周年記念誌』記念誌編集委員会編集　磐田　静岡県立磐田北高等学校創立100周年記念事業実行委員会　2009.10　115p　31cm

『さみどり―静岡県立磐田北高等学校110周年記念誌』記念誌編集委員会編集　磐田　静岡県立磐田北高等学校　2020.2　10p　30cm

◆磐田商業高等学校

『創立四十周年記念誌』静岡県立磐田商業高等学校編　磐田　静岡県立磐田商業高等学校　1979　120p（おもに図）26×26cm〈静岡県立磐田商業高等学校〉

『創立五十周年記念誌』創立五十周年記念誌刊行委員会編　磐田　静岡県立磐田商業高等学校　1988.10　136p　26cm〈静岡県立磐田商業高等学校〉1000円

◆磐田西高等学校

『創立80周年記念誌』静岡県立磐田西高等学校編　磐田　2019.11　12p　30cm

◆磐田農業高等学校

『磐農80周年』静岡県立磐田農業高等学校編　磐田　静岡県立磐田農業高等学校　1976　152p　26×26cm〈静岡県立磐田農業高等学校〉

『風雪九十年―磐農・いま』静岡県立磐田農業高等学校編　磐田　静岡県立磐田農業高等学校　1986　50p（おもに図）27cm〈静岡県立磐田農業高等学校〉

『海外教育の歩み―海外教育協会設立前後より』静岡県立磐田農業高等学校編　磐田　静岡県立磐田農業高等学校　1990　58p　26cm

『磐田農高百年史』磐田農高百年史編集委員会編集　磐田　静岡県立磐田農業高等学校創立100周年記念事業実行委員会　1996.9　290p　31cm〈静岡県立磐田農業高等学校〉

『夢を大地に―磐田農高100周年記念』静岡県立磐田農業高等学校,中日新聞東海本社編　磐田　静岡県立磐田農業高等学校　1997.6［あとがき］　151p　21cm〈静岡県立磐田農業高等学校〉

◆磐田東高等学校

『創立三十周年』磐田東学園磐田東高等学校編　磐田　磐田東学園磐田東高等学校「創立30周年記　1989.11　72p　27cm〈磐田東学園磐田東高等学校〉

◆磐田南高等学校

『磐南の道程』静岡県立磐田南高等学校出版実行委員会編　磐田　静岡県立磐田南高等学校出版実行委員会　1970　196p　19cm

『創立五十周年』静岡県立磐田南高等学校編　磐田　静岡県立磐田南高等学校　1972　63p（おもに図）25×25cm〈静岡県立磐田南高等学校〉

『磐田南高昼間定時制十年の歩み』静岡県立磐田南高等学校昼間定時制編　磐田　静岡県立磐田南高等学校昼間定時制　1977　32p（おもに図）25×25cm

『昼定の足跡』静岡県立磐田南高等学校昼間定時制昼定史委員会編　磐田　静岡県立磐田南高等学校昼間定時制昼定史委員会　1981　286p　22cm

『創立六十周年』静岡県立磐田南高等学校創立60周年記念事業実行委員会編　磐田　静岡県立磐田南高等学校創立60周年記念事業実行委員会　1983　46p（図共）27cm〈静岡県立磐田南高等学校〉

『はぐま―静岡県立見付中学校・静岡県立磐田南高等学校創立70周年記念誌』静岡県立磐田南高等学校創立70周年記念誌・学校紹介ビデオ作製委員会作製　磐田　静岡県立磐田南高等学校創立80周年記念事業実行委員会　1992　63p（図共）29cm〈奥付の書名：はぐま・磐田南高等学校70周年誌〉

『創立80周年記念誌』静岡県立磐田南高等学校創立80周年記念誌委員会編　磐田　静岡県立磐田南高等学校創立80周年記念事業実行委員会　2002.5　71p　30cm

『磐田が原の台地に―静岡県立磐田南高等学校創立八十周年記念』中日新聞東海本社編　浜松　中日新聞東海本社　2003.2［はじめに］37p　30cm

『磐田が原の青春―見付中学校・磐田南高等学校陸上競技部「栄光の足跡」：見付中学陸上競技部創部85周年記念：第29回インターミドル総合優勝60周年記念』記念誌編集委員会編纂　磐田　静岡県立磐田南高等学校陸上競技部OB会　2007.11　99p　26cm

『見付中磐田南高百年史』静岡県立磐田南高等学校百年史編集委員会編集　磐田　静岡県立磐田南高等学校創立100周年記念事業実行委員会　2022.11　1001p　27cm〈書誌注記：年表あり　書誌注記：文献あり〉Ⓝ376.48

静岡県

◆オイスカ高等学校

『はながわ―創立5周年記念誌』中野学園オイスカ高等学校編　浜松　中野学園オイスカ高等学校　1988　78p　26cm〈中野学園オイスカ高等学校〉

『人づくりのオイスカ高校―人として正しく生きるために』井上清著　浜松　中野学園オイスカ高等学校　1997.7　80p　21cm

◆大井川高等学校

『大いなる翼―十年のあゆみ』杉山元衛ほか編集　大井川町（静岡県）　静岡県立大井川高等学校　1993　89p　26×26cm

『大球―静岡県立大井川高等学校野球部誌』県立大井川高等学校野球部編　焼津　県立大井川高等学校野球部　［2010］　565p　図版17p　30cm　Ⓝ783.7

◆大仁高等学校

『欅が丘―静岡県立大仁高等学校創立70周年記念誌』静岡県立大仁高等学校記念誌編集委員会編　大仁町　静岡県立大仁高等学校記念誌編集委員会　1989　192p（図共）

『欅が丘―静岡県立大仁高等学校創立80周年記念誌』大仁町　静岡県立大仁高等学校　1999.11　17p　30cm

『やがて世に晶光を放て―静岡県立大仁高等学校創立九十周年記念誌』大仁高等学校九十周年記念誌編集委員会企画・制作　大仁町　静岡県立大仁高等学校　2009.11　96p　30cm〈背のタイトル関連情報：静岡県立大仁高等学校九十周年記念〉

『晶光を放つ時―新聞切り抜きで見る大仁高校のあゆみ』静岡県立大仁高等学校編　静岡　立大仁高等学校　2010.3　46p　30cm〈大仁高校閉校式展記念冊子〉

◆小笠農業高等学校

『創立六十周年記念』静岡県立小笠農業高等学校創立60周年記念誌編集委員会編　菊川町　静岡県立小笠農業高等学校創立60周年記念誌編集委員会　1971　40p（おもに図）26cm〈書名は表紙による.奥付の書名：静岡県立小笠農業高等学校60周年記念誌〉

『創立70周年記念誌　'82』静岡県立小笠農業高等学校記念誌発行委員会編　菊川町　静岡県立小笠農業高等学校記念誌発行委員会　1982　100p（おもに図）26×26cm〈静岡県立小笠農業高等学校〉

◆小山高等学校

『笙風―十年の歩み』静岡県立小山高等学校編　小山町　静岡県立小山高等学校　1994.10　81p　31cm〈奥付の書名：創立十周年記念誌「笙風」，静岡県立小山高等学校〉

◆掛川工業高等学校

『創立20周年記念誌』静岡県立掛川工業高等学校記念誌編集委員会編　掛川　静岡県立掛川工業高等学校記念誌編集委員会　1982　120p　30cm〈静岡県立掛川工業高等学校〉

『創立30周年記念誌無限―掛工30年のあゆみ』静岡県立掛川工業高等学校30周年記念誌編集委員会編　掛川　静岡県立掛川工業高等学校　1992　60p　27cm〈静岡県立掛川工業高等学校〉

『無限―創立50周年記念誌』創立50周年記念誌発行委員会編集　掛川　静岡県立掛川工業高等学校　2012.11　104p　31cm〈奥付の副書名『静岡県立掛川工業高校創立50周年記念誌』〉

◆掛川西高等学校

『掛川西高一九六九年の試煉』静岡県立掛川西高等学校編　掛川　静岡県立掛川西高等学校　1971.3　205p　21cm〈奥付の発行者：静岡県掛川西高等学校〉

『73年の歩み―校舎改築落成記念』静岡県立掛川西高等学校編　掛川　静岡県立掛川西高等学校　1973.11　1冊（ページ付なし）27cm〈静岡県立掛川西高等学校〉

『創立80年誌』静岡県立掛川西高等学校同窓会編　掛川　静岡県立掛川西高等学校　1980　192p（図共）26×26cm〈付：歌集と卒業写真説明（93p 26cm），静岡県立掛川西高等学校〉

『冀望―90年の歩み』静岡県立掛川西高等学校創立90周年記念誌編集委員会編　掛川　静岡県立掛川西高等学校創立90周年記念誌編集委員会　1990　80p　27cm〈静岡県立掛川西高等学校〉

『掛中掛西高百年史』「掛中掛西高百年史」編集部会編　掛川　掛川西高百年記念事業実行委員会　2000.8　945p　27cm　Ⓝ376.48

『静岡県立掛川西高等学校120周年の記録』静岡県立掛川西高等学校編集　掛川　静岡県立掛川西高等学校　2020.10　94p　22×31cm〈表紙のタイトル：創立120周年記念誌，背のタイトル：静岡県立掛川西高等学校創立120周年記念誌〉

静岡県

◆掛川東高等学校

『桔梗が丘60年』掛川　掛川東高等学校　1972　116p　27cm　Ⓝ376.4

『いしぶみ—閉校記念誌』静岡県立掛川東高等学校定時制編　掛川　静岡県立掛川東高等学校定時制　1983　114p　27cm〈静岡県立掛川東高等学校定時制〉

『桔梗が丘の学舎—学校移転記念誌』静岡県立掛川東高等学校移転開校等記念事業実行委員会編集　掛川　静岡県立掛川東高等学校移転開校等記念事業実行委員会　2004.2　81p　30cm〈静岡県立掛川東高等学校〉

『衛生看護科38年の歩み—衛生看護科閉科記念誌』衛生看護科38年の歩み編集委員会編集　掛川　静岡県立掛川東高等学校　2004.3　69p　30cm〈静岡県立掛川東高等学校〉

『伝えよう100年の歴史創ろう未来—静岡県立掛川東高等学校創立100周年記念誌』静岡県立掛川東高等学校100周年記念誌編集委員会編集　掛川　静岡県立掛川東高等学校100周年記念誌編集委員会　2012.11　114p　31cm

◆加藤学園高等学校

『創造—加藤学園創立五十周年記念誌』加藤学園創立五十周年記念誌編纂委員会編集　沼津　加藤学園創立五十周年記念事業委員会　1976.11　138p　31cm〈奥付の書名：加藤学園創立五十周年記念誌〉

『魁—加藤学園創立六十周年記念誌』加藤学園創立六十周年記念誌編纂委員会編　沼津　加藤学園創立六十周年記念誌編纂委員会　1986　158p　31cm

◆金谷高等学校

『二十年のあゆみ』静岡県立金谷高等学校編　金谷　静岡県立金谷高等学校　1986　89p（図共）26×26cm〈静岡県立金谷高等学校〉

『三十年のあゆみ』静岡県立金谷高等学校編集　金谷町　静岡県立金谷高等学校　1996.11　151p　31cm

『五十年のあゆみ—独立50周年記念誌』静岡県立金谷高等学校編　島田　静岡県立金谷高等学校　2016.11　106p　31cm〈書誌注記：年表あり〉ⓃN376.48

◆川根高等学校

『あゆみ—独立十周年』静岡県立川根高等学校編　川根町　静岡県立川根高等学校　1975　62p（図共）26cm〈静岡県立川根高等学校〉

『雄欅—かわね三十年の歩み』静岡県立川根高等学校30周年記念誌編集委員会編　川根町　静岡県立川根高等学校　1992　125p　27cm〈静岡県立川根高等学校〉

◆気賀高等学校

『創立六十六周年校舎落成記念誌』静岡県立気賀高等学校編集委員会編　細江町　静岡県立気賀高等学校編集委員会　1980　110p（図共）26cm〈静岡県立気賀高等学校〉

『涯しなき道八十年の歩み—平成6年創立八十周年記念』静岡県立気賀高等学校80周年記念誌編集委員会編集　細江町　静岡県立気賀高等学校80周年記念誌編集委員会　1994.10　143p　31cm〈奥付の書名：創立80周年記念誌，静岡県立気賀高等学校〉

『平成26年創立100周年記念誌—自己を磨き未来を拓く』静岡県立気賀高等学校100周年記念誌編集委員会編集　浜松市　静岡県立気賀高等学校100周年記念誌編集委員会　2014.10　151p　31cm〈副書名は表紙から〉

◆菊川南陵高等学校

『ハイスクール・レボリューション—学園革命：菊川南陵高校〈旧国際開洋高校〉に起きた、本当の話』小野和利,菊地伸幸著　JPS　2015.7　191p　19cm〈出版者注記：太陽出版（発売）〉　1300円　①978-4-88469-849-2　ⓃN376.48

目次　プロローグ　悪ガキ二人、教育者になる，第1章　ある日突然、学校経営者，第2章　あえて、この学校の前身を語る，第3章　地獄の底で閻魔さまに出会う，第4章　内紛、再建までの荒波，第5章　変わり続ける生徒たち，第6章　民事再生手続きに向けて，第7章　問題があるから、私たちの使命もある，第8章　先生と生徒たち、監督・コーチと生徒，と、第9章　野球部が突破口を開いてくれた，エピローグ　どこにもない学園を作る

内容　潰れかけた学園を日本一の高校にして見せる。イジメ、不登校、学業不振、落ちこぼれに立ち向かったのは、生徒たちと先生と、二人の（元）悪ガキだった。菊川南陵高校（旧国際開洋高校）に起きた、本当の話。

◆御殿場高等学校

『90年のあゆみ—静岡県立御殿場高等学校』静岡県立御殿場高等学校編　御殿場　静岡県立御殿場高等学校　1991.11発刊によせて　81p　31cm

『御厨に立つ—御殿場高躍進の百年』静岡新聞社東部総局著　御殿場　静岡県立御殿場高等

静岡県

学校創立百周年記念事業実行委員会　2001.10　246p　21cm〈静岡県立御殿場高等学校〉

『御殿場高校百年史　寄稿編　春草譜』御殿場高等学校創立百周年記念事業実行委員会記念誌編纂委員会編　御殿場　静岡県立御殿場高等学校　2001.10　288p　22cm　Ⓝ376.48

『御殿場高校百年史　資料編』御殿場高等学校創立百周年記念事業実行委員会記念誌編纂委員会編　御殿場　静岡県立御殿場高等学校　2001.10　655p　22cm　Ⓝ376.48

『御殿場高校百年史　通史編』御殿場高等学校創立百周年記念事業実行委員会記念誌編纂委員会編　御殿場　静岡県立御殿場高等学校　2001.10　521p　22cm〈年表あり〉Ⓝ376.48

◆御殿場西高等学校

『ふじいばら―御殿場西高等学校創立二十周年記念誌』御殿場西高等学校創立二十周年記念誌編集部会編集　御殿場　御殿場西高等学校　1986.10　92p　31cm

『ふじいばら―創立五十周年記念誌』東駿学園御殿場西高等学校創立50周年記念事業委員会編集　御殿場　東駿学園/御殿場西高等学校創立50周年記念誌編集部会　2016.10　128p　31cm

『座右の銘―各界でご活躍の著名人より御殿場西高等学校創立50周年に寄せて』御殿場西高等学校特進コース生徒一同編集　御殿場　御殿場西高等学校　2017.3　175p　26cm

◆御殿場南高等学校

『鍾駿―創立20周年記念誌』静岡県立御殿場南高等学校編　御殿場　静岡県立御殿場南高等学校　1983　132p（図共）26cm〈静岡県立御殿場南高等学校〉

『鍾駿―創立30周年記念誌』静岡県立御殿場南高等学校創立30周年記念事業実行委員会編　御殿場　静岡県立御殿場南高等学校創立30周年記念事業実行委員会　1992.9　47p（図共）30cm〈静岡県立御殿場南高等学校〉

『鍾駿―静岡県立御殿場南高等学校創立50周年記念誌』静岡県立御殿場南高等学校創立50周年記念実行委員会編　御殿場　静岡県立御殿場南高等学校創立50周年記念実行委員会　2012.11　127p　31cm

◆相良高等学校

『相高50年史』静岡県立相良高等学校編　相良町　静岡県立相良高等学校　1977　95p（おもに図）27cm〈静岡県立相良高等学校〉

『創立70周年記念誌』静岡県立相良高等学校編　相良町　静岡県立相良高等学校　1998.12　100p　26cm〈静岡県立相良高等学校〉

◆佐久間高等学校

『さくま―創立20周年記念誌　1976』静岡県立佐久間高等学校編集委員会編集　佐久間町　静岡県立佐久間高等学校　1976.11　48p　28cm〈奥付のタイトル：創立20周生記念誌〉

『五十年の歩み』静岡県立佐久間高等学校編　浜松　静岡県立佐久間高等学校　2006.11　36p　31cm

『創立60周年記念誌―佐久間高校光あり』静岡県立佐久間高等学校創立60周年校内準備委員会編　浜松　静岡県立佐久間高等学校創立60周年実行委員会　2016.11　36p　30cm

◆静岡高等学校

『紫岳―一学校山岳会の詩と真実』静岡高等学校紫岳会, 静岡大学山岳会編　朝日出版社　1977.11　480, 16p 図20枚　22cm

『100周年記念校史資料展』静岡県立静岡高等学校創立百周年記念事業実行委員会編　静岡　静岡県立静岡高等学校創立百周年記念事業実行委員会　[1978]　16p　26cm〈会期・会場：昭和53年10月7日〜8日 同窓会館, 静中・静高略年表：p2〉

『お＞岳南健児―静中・静高百年史余話』静中静岡創立百周年記念事業実行委員会　静岡　静中静高創立百周年記念事業実行委員会　1978　70p　26cm

『静中静高百年史』静中静高百年史編集委員会編　静岡　静岡県立静岡高等学校同窓会　1978.10　2冊　27cm　非売品　Ⓝ376.4

『静中静高創立百周年記念事業報告書』静岡県静岡高等学校創立百周年記念事業実行委員会編集　静岡　静岡県立静岡高等学校創立百周年記念事業実行委員会　1979.5　81p　26cm

『創部35周年記念誌』静岡県立静岡高等学校ラグビー部編　静岡　静岡県立静岡高等学校ラグビー部OB会　1987　186p　26cm〈奥付の書名：静高ラグビー部創部35周年誌〉

『俺にもって来い―静中・静高バレー部創部50周年記念』静岡　静岡県立静岡高校バレーボール部OB会　1997.8　275p　22cm〈静岡中学・静岡県立静岡高等学校〉

『静岡県立静岡中学・静岡高等学校サッカー部

史』静岡　静中・静高サッカー部OB会〔2000〕197p　31cm　Ⓝ783.47

『静中静高史　1（明治11年―大正15年度）』静中静高百年史編集委員会編　静岡　静岡県立静岡高等学校同窓会　2003.11　849p　27cm〈「静中静高百年史　上巻」（昭和53年刊）の復刻〉Ⓝ376.48

『静中静高史　2（昭和2年度―昭和52年度）』静中静高百年史編集委員会編　静岡　静岡県立静岡高等学校同窓会　2003.11　987, 248p　27cm〈「静中静高百年史　下巻」（昭和53年刊）の復刻　年表あり〉Ⓝ376.48

『静中静高史　3（昭和53年度―平成14年度）』静中静高史編集委員会編　静岡　静岡県立静岡高等学校同窓会　2003.11　634, 77p　27cm〈年表あり〉Ⓝ376.48

『静岡高校野球部―誇り高き文武両道：Since 1896』ベースボール・マガジン社　2015.3　97p　29cm（B.B.MOOK 1170―高校野球名門校シリーズ 8）1389円　Ⓘ978-4-583-62261-3

◆静岡英和女学院高等学校

『静岡英和女学院八十年史』静岡英和女学院八十年史編纂委員会編　静岡　静岡英和女学院80年史編纂委員会　1971　531p　22cm

『静岡英和90年のあゆみ』静岡　静岡英和女学院　1977.11　40p　25×25cm〈略年表p33～39　編集：記念誌編集委員会〉

『静岡英和女学院史料　中』静岡英和女学院百年史編纂委員会資料室編　静岡　静岡英和女学院百年史編纂委員会資料室　1987　33p　22cm

『静岡英和の百年』静岡英和女学院百年史編纂委員会編　静岡　静岡英和女学院百年史編纂委員会　1987.11　91p（図共）27cm〈静岡英和女学院〉

『静岡英和女学院百年史』静岡英和女学院百年史編纂委員会編　静岡　静岡英和女学院　1990.11　1060p　22cm

『思い出の礼拝堂写真集―創立110周年記念静岡英和女学院中学校・高等学校』斎藤和人ほか編集　静岡　1997.11　66p　26cm

『学校法人静岡英和学院創立130周年記念誌』静岡英和女学院百三十年誌編纂委員会編集　静岡　静岡英和学院　2019.3　179p　30cm〈奥付のタイトル：学校法人静岡英和学院130周年誌〉

◆静岡学園高等学校

『静岡学園二十年の歩み』静岡学園創立20周年記念誌編集委員会編　静岡　静岡学園創立20周年記念誌編集委員会　1975.11　144p（図共）29cm〈書名は背, 表紙による.標題紙の書名：学園二十年〉

『感激こそ人生の生き甲斐―私学教育を啓く』牧野賢一著　静岡　静岡学園　1979　335p　20cm

『静岡学園―高等学校十五年』静岡学園創立25周年記念誌編集委員会編集　静岡　静岡学園創立25周年記念誌編集委員会　1980.11　164p　31cm

『静岡学園高等学校創立25周年記念誌』静岡学園高等学校25周年記念誌編集委員会編集　静岡　静岡学園高等学校25周年記念誌編集委員会　1991.11　152p　29cm〈書名は奥付より〉

◆静岡北高等学校

『創立二十周年記念誌』静岡県自動車学園静岡北高等学校記念誌編集委員会編　静岡　静岡県自動車学園静岡北高等学校記念誌編集委員会　1983　111p（図共）26cm〈書名は表紙, 背による.標題紙, 奥付の書名：二十年のあゆみ―創立二十周年記念誌―, 静岡県自動車学園静岡北高等学校〉

『静岡北高等学校50年のあゆみ』50周年記念誌編集委員会編集　静岡　静岡北中学校・高等学校　2013.10　153p　31cm〈背の書名：50年のあゆみ〉

◆静岡県立農業経営高等学校

『農経高10年の歩み　1964―1973』静岡県立農業経営高等学校10年記念誌編集委員会編　浜松　静岡県立農業経営高等学校10年記念誌編集委員会　1973　50p　26cm〈静岡県立農業経営高等学校〉

『創立八十周年誌』静岡県立農業経営高等学校編　浜松　静岡県立農業経営高等学校　1977　96p（おもに図）26×26cm〈静岡県立農業経営高等学校〉

『飛翔―発足20周年記念』静岡県立農業経営高等学校発足20周年記念実行委員会編　浜松　[静岡県立農業経営高等学校]発足20周年記念実行委員会　1984　1冊（ページ付なし）30cm〈静岡県立農業経営高等学校〉

『土に生きる―静岡新聞：農経高百年誌』静岡県立農業経営高等学校編　浜松　[静岡県立

静岡県

農業経営高等学校〕 1997 1冊 30cm

『生きている土―創立百周年誌』山本義彦, 静岡県立農業経営高等学校創立100周年記念誌編集委員会編 浜松 創立100周年記念事業実行委員会 1997.11 248p 31cm〈奥付の書名:農業経営高等学校100年誌,静岡県立農業経営高等学校〉

◆静岡工業高等学校

『静工の60年』静岡県立静岡工業高等学校創立60周年記念事業委員会編 静岡 〔静岡県立静岡工業高等学校〕創立60周年記念事業委員会 1978 79,14p 25cm〈静岡県立静岡工業高等学校〉

『静工の70年』静岡県立静岡工業高等学校創立70周年記念事業委員会編 静岡 静岡県立静岡工業高等学校創立70周年記念事業委員会 1988 95,16p 25cm〈背の書名:静岡工業高等学校・創立70周年記念誌〉

『静工八十年のあゆみ』創立八十周年記念事業実行委員会編集 静岡 創立八十周年記念事業実行委員会 1998.11 125p 31cm〈静岡県立静岡工業高等学校〉

『静岡工業高校90年の歩み―時代を築いた28000人のエンジニア:たくみの業を究むべき』静岡県立静岡工業高等学校90周年記念実行委員会編 静岡 静岡県立静岡工業高等学校90周年記念実行委員会 2008.3 308p 31cm〈書誌注記:年表あり〉Ⓝ376.48

『静岡工業高等学校サッカー部60年の足跡』静岡工業高等学校サッカー部OB会編 静岡 静岡工業高等学校サッカー部OB会 2009.10 190p 31cm〈奥付の書名:静岡工高サッカー部60年記念誌,背の書名:静岡県立静岡工業高等学校サッカー部六〇年の足跡〉

◆静岡商業高等学校

『静商70年』静岡県立静岡商業高等学校編 静岡 静岡県立静岡商業高等学校 1970 1冊(ページ付なし)26×26cm〈書名は背,表紙による.奥付の書名:静岡県立静岡商業高等学校70周年記念誌〉

『静商軟式野球部30年のあゆみ』静商軟式野球部OB会編 静岡 静商軟式野球部OB会 1978 1冊(ページ付なし)26cm〈静岡県立静岡商業高等学校〉

『静商90年の歩み』静岡県立静岡商業高等学校記念誌編集委員会編 静岡 静岡県立静岡商業高等学校記念誌編集委員会 1988 109p 31cm〈静岡県立静岡商業高等学校〉

『静商百年史 上巻』静商百年誌編集委員会編集 静岡 静岡県立静岡商業高等学校 1998.10 594p 27cm〈制作:静岡新聞社制作局,静岡県立静岡商業高等学校〉

『静商百年史 下巻』静商百年誌編集委員会編集 静岡 静岡県立静岡商業高等学校 1998.10 870p 27cm〈制作:静岡新聞社制作局,静岡県立静岡商業高等学校〉

『静岡県立静岡商業高等学校軟式庭球部の歩み』「軟式庭球部の歩み」編集委員会編集 静岡 静商清商ソフトテニス部OB・OG会 2016.10 477p 26cm〈共同刊行:静岡商友クラブ,奥付のタイトル:軟式庭球部の歩み〉

『静商硬式野球部創部90周年』静岡県立静岡商業高等学校第69回卒硬式野球部部員編集 出版者不明 2018.10 455p 30cm〈参考文献:奥付上部〉

◆静岡聖光学院

『静岡聖光学院十年の歩み』静岡聖光学院中高等学校編 静岡 静岡聖光学院中高等学校 1978 161p 27cm

『望み湧くアカデミア』ピエール・ロバート著,静岡聖光学院編 静岡 静岡新聞社 2006.11 326p 19cm〈第7回静岡県自費出版大賞応募作品〉1400円 Ⓘ4-7838-9686-0

内容 静岡聖光学院の初代校長を務めたピエール・ロバート。望み湧くアカデミアの創始者ロバート先生の業績と思い出を綴った一冊。保護者宛「聖光通信」に掲載された文章,保護者や卒業生から寄せられた追悼文集などで構成。

『選手主体の時短練習で花園へ―静岡聖光学院ラグビー部の部活改革』佐々木陽平著 竹書房 2021.10 223p 19cm 1600円 Ⓘ978-4-8019-2810-7 Ⓝ783.48

目次 第1章「思考の質で勝つ」静岡聖光ラグビー部,第2章 主体性指導で花園へ,第3章 日本最北端での指導,第4章 部活動サミットで他競技から学ぶ,第5章 国際交流とエリート育成,第6章 中学生の指導,第7章 特別対談

内容 静岡聖光学院が志向する新しい部活のカタチ。週3回,夏90分冬60分短時間の効率的な練習と選手自らが考え実行する「主体性」ラグビーで2018,2019年2年連続花園出場!

◆静岡城内高等学校

『ああづらこうづら―印高67』静岡 静中・静岡67期四〇年委員会 1991.9 113p 26cm〈卒業四十周年記念 発行所:静中・静高67期

静岡県

同期会事務局〉Ⓝ376.4

◆静岡城北高等学校

『城北通信20年の歩み』静岡県立静岡城北高等学校通信制課程編　静岡　静岡県立静岡城北高等学校通信制課程　1981［はしがき］114p　26cm〈静岡県立静岡城北高等学校通信制課程〉

『わが校のあゆみ―創立八十周年記念誌』創立八十周年記念事業委員会編　静岡　静岡県立静岡城北高等学校　1983.8　494p　27cm〈背の書名：県立高女静岡城北高八十周年記念誌〉Ⓝ376.4

『城北通信三十年の歩み―静岡城北高等学校通信制課程創立30周年記念誌』静岡　静岡県立静岡城北高等学校通信制課程創立30周年記念誌編集委員会　1991　155p　26cm

『なでしこの青春―体操部50年のあゆみ』静岡県立静岡城北高等学校編　静岡　静岡県立静岡城北高等学校体操部OG会　1991.11　58p　30cm

『県立高女・静岡城北高百年史』県立高女・静岡城北高百年史編集委員会編　静岡　静岡県立静岡城北高等学校　2003.11　541p　27cm〈年表あり〉非売品　Ⓝ376.48

◆静岡女子高等学校

『なごみ―創立60周年記念』和洋学園静岡女子高等学校編　静岡　和洋学園静岡女子高等学校　1978　91p（図共）26cm〈和洋学園静岡女子高等学校〉

『創立八十周年記念誌』静岡和洋学園静岡女子高等学校編　静岡　静岡和洋学園静岡女子高等学校　1999.5　102p　26×26cm〈表紙の表示：創立80周年記念誌,静岡和洋学園静岡女子高等学校〉

◆静岡女子商業高等学校

『幽蘭』静岡女子商業学園編　静岡　静岡女子商業学園　1975　1冊（ページ付なし）26cm〈書名は表紙,奥付による.背の書名：五十年のあゆみ〉

『幽蘭―静岡女子商業学園創立60周年記念誌』静岡女子商業学園編　静岡　静岡女子商業学園　1985.10　41p 図版　25cm

◆静岡市立高等学校

『創立30年史』静岡市立高等学校創立30年史作成委員会編　静岡　静岡市立高等学校創立30年史作成委員会　1970　1冊（ページ付なし）26cm〈静岡市立高等学校〉

『野球部史―30年のあゆみ』静岡市立高等学校野球部史作成委員会編　静岡　静岡市立高等学校野球部OB会　1976　1冊（ページ付なし）26cm

『球魂―第54回選抜高等学校野球大会出場記念誌』記念誌編集委員会編　静岡　静岡市立高等学校　1982　80p（図版）30cm

『静岡市立高等学校五十年史』創立50周年記念誌編纂委員会編　静岡　静岡市立高等学校創立50周年記念事業委員会　1989　460p　27cm

『創立60周年記念伝統と創生静市高―本校における教育の歩み』創立60周年記念「伝統と創生静市高」編集委員会編集　1999.11　289p　27cm〈奥付の書名：静岡市立高等学校創立60周年記念「伝統と創生静市高」〉

『球魂―第83回全国高校野球選手権大会出場記念誌』記念誌編集委員会編集　静岡　静岡市立高等学校　2002.3　63p　30cm〈共同刊行：第83回全国高校野球選手権大会出場後援会〉

『未来に挑め静市高―創立70周年記念誌』「静岡市立高等学校創立七十周年記念誌」編集委員編集　静岡　静岡市立高等学校　2009.11　197p　31cm〈奥付の書名：静岡市立高等学校七十周年記念誌〉

◆静岡市立清水商業高等学校

『清商―90年の歩み』創立90周年記念事業実行委員会編　静岡　静岡市立清水商業高等学校　2012.11　50p　31cm〈書誌注記：年表ありタイトルは背・表紙による〉Ⓝ376.48

◆静岡市立商業高等学校

『創立30周年記念誌―写真集』静岡市立商業高等学校創立30周年記念行事委員会編　静岡　静岡市立商業高等学校創立30周年記念行事委員会　1983　83p　26×26cm〈静岡市立商業高等学校〉

『静岡市立商業高等学校五十年記念誌―青春の空を自在に』五十周年記念事業実行委員会編　静岡　静岡市立商業高等学校　2003.9　226p　31cm〈背のタイトル：五十周年記念誌　年表あり〉Ⓝ376.48

◆静岡大成高等学校

『精華を思う―静岡精華学園創立70周年記念誌』静岡精華学園記念誌編集委員会編　静岡　静

静岡県

岡精華高等学校　1973　72p　25×25cm〈書名は標題紙，表紙による．背の書名：創立70周年記念誌〉

『静岡精華百年史』静岡精華百年史編集委員会編集　静岡　静岡精華学園　2003.11　937p　27cm〈静岡精華学園〉

◆静岡西高等学校

『10年のあゆみ』静岡県立静岡西高等学校記念誌編集委員会編　静岡　静岡県立静岡西高等学校記念誌編集委員会　1986　98p　26cm〈奥付の書名：十周年記念誌〉

『求正直（なおきをもとむ）―20年のあゆみ』静岡県立静岡西高等学校記念誌編集委員会編　静岡　静岡県立静岡西高等学校　1996.11　184, 23p　30cm〈静岡県立静岡西高等学校〉

『求正直―創立30周年記念誌』静岡県立静岡西高等学校創立30周年記念誌実行委員会編　静岡　静岡県立静岡西高等学校　2006.11　70p　30cm〈静岡県立静岡西高等学校〉

◆静岡農業高等学校

『静農60年史』静岡県立静岡農業高等学校編　静岡　静岡県立静岡農業高等学校　1974　1冊（ページ付なし）26×26cm〈付：追録（24p 26cm），静岡県立静岡農業高等学校〉

『青人草』静岡県立静岡農業高等学校編　静岡　静岡県立静岡農業高等学校　1984　110p（おもに図）26×26cm〈書名は表紙による．標題紙の書名：創立70周年記念誌，背の書名：七十周年記念誌，付：追録（22p），静岡県立静岡農業高等学校〉

『創立80周年記念誌』静岡県立静岡農業高等学校編　静岡　静岡県立静岡農業高等学校創立80周年記念事業実行委員会　1994.9　47p　30cm〈奥付の書名：静岡県立静岡農業高等学校創立80周年記念誌〉

『創立百周年記念誌―青人草』静岡県立静岡農業高等学校同窓会編集　静岡　創立百周年実行委員会　2014.9　236p　31cm

◆静岡東高等学校

『東高の教育を考える―創立十周年記念』静岡県立静岡東高等学校編　静岡　静岡県立静岡東高等学校　1972　164p　26cm〈静岡県立静岡東高等学校〉

『静岡東高20年の歩み―続東高の教育を考える』静岡県立静岡東高等学校編　静岡　静岡県立静岡東高等学校　1982　243p　27cm〈書名は奥付，表紙による．背の書名：創立二十周年記念誌，静岡県立静岡東高等学校〉

『静岡東高新聞縮刷版―二十周年記念』静岡県立静岡東高等学校編　静岡　静岡県立静岡東高等学校　1982　221p　37cm〈創刊号（昭38・9・25）～第67号（昭57・3・2）〉

『あこがれやまぬこころいだいて―静岡県立静岡東高等学校創立三十周年記念誌　別誌』静岡県立静岡東高等学校編　静岡　静岡県立静岡東高等学校　1992　185p　26cm

『ひとりひとりが明日を拓く―静岡県立静岡東高等学校創立30周年記念誌』静岡県立静岡東高等学校編　静岡　静岡県立静岡東高等学校　1992　237p　27cm

『龍爪山オールガイド　静岡東高登山部25周年記念誌―第4部』静岡　県立静岡東高等学校登山部　1992.3　120p　26cm〈共同刊行：県立静岡東高等学校OB会，県立静岡東高等学校竜爪会（登山部後援会），自費出版〉

『静岡東高新聞縮刷版―三十周年記念』静岡県立静岡東高等学校編　静岡　静岡県立静岡東高等学校　1992.10　147p　30cm〈第68号（昭和57・7・20）～第100号（平成4・7・20）〉

『なんて碧い空―静岡東高40周年記念誌』創立40周年記念誌編集委員編　静岡　静岡県立静岡東高等学校　2002.11　118p　31cm

『欅の大樹を胸に懐いて―静岡県立静岡東高等学校創立50周年記念誌』静岡県立静岡東高等学校編　静岡　静岡県立静岡東高等学校　2012.11　278p　31cm

『ひたむきにおおらかに―静岡県立静岡東高等学校野球部創部50周年記念誌』青山誠一文具店編集　静岡　静岡県立静岡東高等学校野球部OB会　2012.12　209p　31cm

◆静岡雙葉高等学校

『創立八十周年記念誌―1903～1983』八十周年記念誌編集委員会編　静岡　静岡双葉学園　1983.10　638p　27cm　Ⓝ376.4

『静岡雙葉学園百周年誌　1903-2003』静岡雙葉学園編　静岡　静岡雙葉学園　2006.5　107p　31cm

◆静岡南高等学校

『知の光求めて―校舎落成・創立三周年記念誌』静岡県立静岡南高等学校編　静岡県立静岡南高等学校　1985　22p　21×30cm

『自治―創立十周年記念誌』創立十周年記念誌

委員会編　静岡　静岡県立静岡南高等学校　1992　136p　27cm〈静岡県立静岡南高等学校〉

◆島田高等学校

『あゆみ』静岡県立島田高等学校編　島田　静岡県立島田高等学校　1978　132p　31cm〈書名は背，表紙による．標題紙の書名：創立六拾周年記念，奥付の書名：静岡県立島田高等学校創立六十周年記念誌〉

『あゆみ―創立80周年』静岡県立島田高等学校編　島田　静岡県立島田高等学校　1999.5　96p　31cm〈書名は背，表紙による．標題紙の書名：創立八拾周年記念，奥付の書名：静岡県立島田高等学校創立八十周年記念誌〉

『島高物語―創立八十周年記念』静岡県立島田高等学校，創立八十周年記念行事事業実行委員会編集　島田　「島高物語」委員会　1999.6　70p　30cm

『あゆみ―創立90周年記念誌』静岡県立島田高等学校編　島田　静岡県立島田高等学校　2008.11　1冊　30cm

『全国高等学校駅伝競走大会出場記念誌　第63回（平成24年度）』松永直也，奈град純子編集　島田　島田高校全国高校駅伝出場後援会　2013.2　10p　30cm

『全国高等学校駅伝競走大会出場記念誌　女子第25回（平成25年度）』松永直也，奈良純子編集　島田　島田高等学校全国高校駅伝出場後援会　2014.2　13p　30cm

『あゆみ―創立100周年記念誌』島田　創立100周年事業実行委員会　2018.12　167p　31cm〈書誌注記：年表あり　奥付のタイトル：静岡県立島田高等学校創立100周年記念誌〉

Ⓝ376.48

◆島田学園高等学校

『五十年のあゆみ―創立50周年校舎落成記念』島田学園高等学校編　島田　島田学園高等学校　1977　1冊（ページ付なし）26cm〈島田学園高等学校〉

『六十年のあゆみ―島田学園高等学校創立60周年記念』島田学園編　島田　島田学園　1986　102，24p　26cm

◆島田工業高等学校

『島工10年』静岡県立島田工業高等学校編　島田　静岡県立島田工業高等学校　1972　24p（図共）22×30cm

『20年のあゆみ』静岡県立島田工業高等学校編　島田　静岡県立島田工業高等学校　1982　88p（図共）31cm〈静岡県立島田工業高等学校〉

『創立20周年記念』静岡県立島田工業高等学校編　島田　静岡県立島田工業高等学校　1982　18p（おもに図）26cm

『30年のあゆみ―島田工業高校創立30周年記念誌』静岡県立島田工業高等学校編　島田　静岡県立島田工業高等学校　1993.11　85p（図共）31cm〈表紙の書名は創立30周年記念誌，静岡県立島田工業高等学校〉

『50年のあゆみ―島田工業高校創立50周年誌：東海道随一の工業高校を目指して』静岡県立島田工業高等学校編集　島田　静岡県立島田工業高等学校　2012.11　99p　31cm

◆島田商業高等学校

『島田商業高等学校五十年史』静岡県立島田商業高等学校編　島田　島田商業高等学校50年史記念編集委員会　1977　108p（おもに図）31cm

『島田商業高等学校六十年史』静岡県立島田商業高等学校編　島田　島田商業高等学校60年史記念編集委員会　1988　111p　31cm

『島田商業高等学校七十年史』七十周年記念誌編集委員会編集　島田　静岡県立島田商業高等学校　1998.11　324p　30cm〈書名は奥付から．表紙・標題紙の書名『七十年史』〉

『自主友愛の八十年―島田商業高等学校八十周年記念誌』八十周年記念誌編集委員会編集　島田　静岡県立島田商業高等学校　2008.11　210p　30cm〈奥付の書名『島田商業高等学校八十年史』〉

◆清水工業高等学校

『10年の歩み』静岡県立清水工業高等学校創立十周年記念事業委員会編　清水　静岡県立清水工業高等学校創立十周年記念事業委員会　1971　55p（おもに図）25×27cm〈書名は奥付，表紙による．背の書名：創立十周年記念誌―1970―〉

『20年のあゆみ』静岡県立清水工業高等学校20周年記念誌編集委員会編　清水　静岡県立清水工業高等学校20周年記念誌編集委員会　1980　1冊（ページ付なし）30cm〈静岡県立清水工業高等学校〉

『清工三十年のあゆみ』静岡県立清水工業高等学校30周年記念誌編集専門委員会編　清水　静

静岡県

岡県立清水工業高等学校30周年記念誌編集専門委員会　1990　111p　31cm〈書名は標題紙、背、表紙による.奥付の書名：清水工業高等学校三十年史, 静岡県立清水工業高等学校〉

『清工のあゆみ』静岡県立清水工業高等学校編　静岡　静岡県立清水工業高等学校　2008.3　199p　31cm〈付録資料：DVD（1枚）〉

◆清水国際高等学校

『芙蓉―創立80周年記念誌』澤本行央編集　静岡　清水国際高等学校　2013.10　47p　26cm

◆清水女子高等学校

『芙蓉―創立五十周年記念誌』清水女子学園記念誌編集委員会編　清水　清水女子学園創立50周年記念実行委員会　1984　192p（図共）　26cm〈清水女子学園〉

◆清水市立商業高等学校

『清商50年―創立五十周年記念誌　昭和四十七年編』清水　清水市立商業高等学校　［1972］　122p　30cm〈おもに図〉Ⓝ376.48

『螢光灯―清商定時制30年の歩み』清水市立商業高等学校定時制編　清水　清水市立商業高等学校定時制　1979　68p　22cm

『清商六十周年記念誌』清水　清水市立商業高等学校　1982.9　186p　27cm〈奥付のタイトル：創立60周年記念誌〉Ⓝ376.48

『清水市立商業高等学校創立70周年記念誌―10年の歩み』清水　清水市立商業高等学校　1992.11　1冊（ページ付なし）26cm〈タイトルは奥付による〉Ⓝ376.48

『蹴闘―清水市立商業高等学校サッカー部創部五十周年誌』清水市立商業高等学校サッカー部OB会編　清水市立商業高等学校サッカー部OB会　2000.12　175p　30cm〈背の書名：サッカー部創部五十周年誌〉

『真に恵まる―八十年の歩み』清商創立80周年記念誌委員会編　清水　清水市立商業高等学校　2002.11　180p　31cm〈奥付のタイトル：創立80周年記念誌〉Ⓝ376.48

◆清水西高等学校

『清水西高の歩み―創立60周年記念誌』静岡県立清水西高等学校編　清水　静岡県立清水西高等学校　1971　126p　30cm〈静岡県立清水西高等学校, 付：創立60周年記念事業生活館落成1972.10.14（パンフレット1枚）, 生活館落成記念（絵葉書3枚）〉

『清流―創立70周年記念誌』静岡県立清水西高等学校編　清水　静岡県立清水西高等学校　1981　215p　31cm〈静岡県立清水西高等学校〉

『清水西高80周年記念春風の夢』清水西高80周年記念誌編集委員会編　清水　静岡県立清水西高等学校同窓会　1991　175p　27cm〈奥付の書名：春風の夢〉

『蘇鉄―創立90周年記念誌』静岡県立清水西高等学校編集　清水　静岡県立清水西高等学校　2001.10　69, 228p　31cm〈副書名は奥付・背より〉

『清く　けだかく　美しく―静岡県立清水西高等学校創立百周年記念誌』静岡県立清水西高等学校創立百周年記念事業実行委員会編集　静岡　静岡県立清水西高等学校創立百周年記念事業実行委員会　2011.10　315p　31cm

◆清水東高等学校

『五十年のあゆみ―創立50周年記念』静岡県立清水東高等学校編　清水　静岡県立清水東高等学校　1973　1冊（ページ付なし）25×26cm

『創立六十周年記念誌』静岡県立清水東高等学校編　清水　静岡県立清水東高等学校　1983　465p 図版　27cm〈静岡県立清水東高等学校〉

『静岡県立清水東高等学校サッカー部史』静岡県立清水東高等学校サッカー部後援会編　清水　静岡県立清水東高等学校サッカー部後援会　1986　134p　31cm〈表紙の書名：闘魂〉

『七十年のあゆみ』創立七十周年記念誌委員会編　清水　静岡県立清水東高等学校　1993.11　64p　26cm〈奥付の書名：静岡県立清水東高等学校創立七十周年記念誌〉

『文武両道その軌跡と未来―創立八十周年記念誌』静岡県立清水東高等学校創立八十周年記念誌委員会編集　清水　静岡県立清水東高等学校創立八十周年記念事業実行委員会　2003.12　114p　30cm

『静岡県立清水東高等学校サッカー部史―闘魂から誇りへ　VOL.2』静岡県立清水東高等学校サッカー部後援会編　静岡　静岡県立清水東高等学校サッカー部後援会　2005.12　166p　30cm〈奥付の書名：静岡県立清水東高等学校サッカー部史）〉

『静岡県立清水東高等学校創立90周年記念誌』静岡県立清水東高等学校創立90周年記念事業

静岡県

実行委員会記念誌委員会編　静岡　静岡県立清水東高等学校創立90周年記念事業実行委員会　2013.11　1冊　31cm

『静岡県立清水東高等学校創立100周年記念誌―金剛の意志』清水東高創立100周年記念事業実行委員会記念誌部会編集　静岡　静岡県立清水東高等学校　2024.2　222p　31cm

◆清水南高等学校

『10年のあゆみ―創立10周年記念誌』静岡県立清水南高等学校10周年記念行事委員会編　清水　静岡県立清水南高等学校10周年記念行事委員会　1973　116p　28cm〈静岡県立清水南高等学校〉

『創立25周年記念誌』静岡県立清水南高等学校編　清水　静岡県立清水南高等学校　1988　242p　27cm〈付：カセットテープ1リール，静岡県立清水南高等学校〉

『南陵―創立50周年記念誌』静岡県立清水南高等学校創立50周年記念事業実行委員会記念誌委員会編　静岡　静岡県立清水南高等学校・中等部　2013.11　303p　31cm〈書誌注記：年表あり，静岡県立清水南高等学校創立50年，静岡県立清水南高等学校中等部創立10年〉Ⓝ376.48

◆下田北高等学校

『百年のあゆみ』静岡県立下田北高等学校創立100周年記念誌編纂委員会編　下田　静岡県立下田北高等学校創立100周年記念誌編纂委員会　1979　169p　26cm〈書名は表題紙，表紙による．背の書名：百年史記念写真集，奥付の書名：静岡県立下田北高等学校創立100周年記念写真集〉

『豆陽―創立百周年記念誌　1879〜1979』静岡県立下田北高等学校創立百周年記念事業実行委員会編集　下田　静岡県立下田北高等学校創立百周年記念事業実行委員会　1980.2　76p　26cm

『百年のあゆみ―豆陽中下田北高』下田北高百年誌編纂委員会編　下田　静岡県立下田北高等学校　1981.2　1175, 17, 125p　22cm〈書誌注記：年表あり〉Ⓝ376.48

『追球』静岡県立下田北高等学校野球部編　下田　静岡県立下田北高等学校野球部　1999.5　おわりに　355p　30cm

『百二十年のあゆみ―豆陽中学 下田北高』下田北高百二十周記念誌編纂委員会編集　下田　静岡県立下田北高等学校　1999.10　164p　31cm〈静岡県立下田北高等学校〉

◆下田南高等学校

『下田南五十年誌』静岡県立下田南高等学校編　下田町　静岡県立下田南高等学校　1970　1冊（ページ付なし）26×25cm〈表紙の書名：下田南50年, 静岡県立下田南高等学校〉

◆下田南高等学校南伊豆分校

『豊穣―創立50周年記念誌』静岡県立下田南高等学校同窓会南伊豆分校支部編集　静岡県立下田南高等学校同窓会南伊豆分校支　1998.9　148p　31cm〈静岡県立下田南高等学校〉

◆周智高等学校

『周智高70年史』静岡県立周智高等学校編　森町　静岡県立周智高等学校　1976　100p（図共）26×27cm〈静岡県立周智高等学校〉

『周智高九十年史』静岡県立周智高等学校90周年記念誌編纂委員会編集　森町　静岡県立周智高等学校90周年記念誌編纂委　1996.11　62p　30cm〈奥付の書名：周智高校90周年記念誌，静岡県立周智高等学校〉

『静岡県立創立百周年記念誌』静岡県立周智高等学校創立百周年記念誌編纂委員会編　森町（静岡県）静岡県立周智高等学校　2006.10　40, 234p　31cm〈書誌注記：年表あり〉Ⓝ376.48

◆修善寺工業高等学校

『創立35周年工業高校10周年記念』静岡県立修善寺工業高等学校編　修善寺町　静岡県立修善寺工業高等学校　1972　64p（おもに図）26cm〈静岡県立修善寺工業高等学校〉

『創立五十周年記念誌』静岡県立修善寺工業高等学校編　修善寺町　静岡県立修善寺工業高等学校創立50周年記念事業実行委員会　1985　120p　26cm〈静岡県立修善寺工業高等学校〉

『球音』静岡県立修善寺工業高等学校野球部編　修善寺町　静岡県立修善寺工業高等学校野球部　1991　293p　30cm

『球音』静岡県立修善寺工業高等学校野球部ほか編　伊豆市　静岡県立修善寺工業高等学校野球部　2010.3　503p　30cm〈共同出版：修善寺工業高等学校野球部球音会, 修善寺工業高等学校野球部OB会〉

◆信愛学園高等学校

『八十五年のあゆみ』信愛学園高等学校記念誌

静岡県

編集委員会編　浜松　信愛学園高等学校記念誌編集委員会　1987　129, 47p（図共）31cm〈信愛学園高等学校〉

◆裾野高等学校

『七十年の歩み』静岡県立裾野高等学校編　裾野　静岡県立裾野高等学校　1974　91p　26cm〈静岡県立裾野高等学校〉

『創立90周年記念誌―10年のあゆみ』静岡県立裾野高等学校編　裾野　静岡県立裾野高等学校　1993.10　48p　31cm〈奥付の書名：静岡県立裾野高等学校90周年記念誌〉

『静岡県立裾野高等学校創立百周年記念誌』静岡県立裾野高等学校創立百周年記念事業実行委員会記念誌編集委員会編　裾野　静岡県立裾野高等学校　2004.10　205p 図版10枚　31cm〈年表あり〉Ⓝ376.48

◆西遠女子高等学校

『黄金の鋲―西遠女子学園創立七十周年記念』岡本富郎編　浜松　西遠女子学園同窓会　1976.10　328p　25cm　1500円

『創立70周年記念誌』記念誌編集委員会編集　浜松　静岡県西遠女子学園　1976.10　66p　27cm〈奥付の書名：創立七十周年記念誌、表紙の書名：七十周年記念誌、静岡県西遠女子学園〉

『西遠女子学園の八十年―創立八十周年記念誌（昭和61年）』静岡県西遠女子学園記念誌編集委員会編　浜松　〔静岡県西遠女子学園〕記念誌編集委員会　1986　52, 52p 図版40p　27cm

『九十周年記念誌』記念誌編集委員会編集　浜松　静岡県西遠女子学園　1996.10　122p　31cm〈静岡県西遠女子学園〉

『100年のバトン新たなる歴史へ―静岡県西遠女子学園創立100周年誌』浜松　静岡県西遠女子学園　2006.11　161p　30cm　Ⓝ376.48

『西遠女子学園110年の軌跡―静岡県西遠女子学園創立110周年記念』浜松　静岡県西遠女子学園　2017.3　63p　30cm〈原資料注記：「100年のバトン新たなる歴史へ」の改編〉Ⓝ376.48

◆誠心学園浜松開誠館

『六十年の歩み』誠心学園記念誌編集委員会編　浜松　誠心学園記念誌編集委員会　1984.10　132p（図共）31cm〈誠心学園〉1000円

『誠心学園70周年記念誌』70周年記念誌編集委員会編集　浜松　誠心学園　1994.10　72p　30cm〈背の書名：70周年記念誌、奥付の書名：創立七十周年記念誌〉800円

『創立80周年記念』記念誌編集委員会編　浜松　誠心学園　2004.10　112p　31cm〈誠心学園浜松開誠館〉

◆静清工業高等学校

『創立五十周年記念誌』静清工業高等学校創立50周年記念誌編集委員会編集　藤枝　創立50周年記念事業実行委員会　1991.11　84p　26cm

◆星陵高等学校

『創立30周年記念誌』星陵高等学校編　富士宮　星陵高等学校　［2005］　1冊　30cm

◆田方農業高等学校

『田農―創立70周年記念誌』静岡県立田方農業高等学校編　函南町　静岡県立田方農業高等学校　1971　1冊（ページ付なし）25cm〈標題紙の書名：70年のあゆみ、静岡県立田方農業高等学校〉

『耕友―創立百周年記念』静岡県立田方農業高等学校創立100周年記念事業実行委員会編集　函南町　静岡県立田方農業高等学校　2001.11　336p　31cm

『耕友讃歌―田方農高の百年』静岡新聞社著　函南町（静岡県）静岡県立田方農業高校同窓会　2001.11　213p　19cm〈静岡　静岡新聞社（発売）〉952円　①4-7838-9507-4　Ⓝ376.48

◆知徳高等学校

『移転20年のあゆみ』三島高等学校編　長泉町　三島高等学校　1979　1冊　25×27cm〈三島高等学校〉

『望―50周年記念誌』三島学園三島高等学校創立五十周年記念事業実行委員会編　長泉町　三島学園三島高等学校創立五十周年記念事業実行委員会　1983　197p　26cm〈書名は表紙等による．背の書名：五十周年記念誌、三島学園三島高等学校〉

『望 三島学園創立五十周年記念誌―創立50周年記念写真集』三島学園創立五十周年記念事業実行委員会編　三島　三島学園三島高等学校　1983　80p（主に図）31cm〈付：絵ハガキ6枚、書名は表紙による．奥付の書名：学校法人三島学園「望」創立五十周年記念写真集、背の書名：創立50周年記念、三島学園三島高等

静岡県

学校〉
『創立90周年記念誌』三島学園知徳高等学校編　長泉町　三島学園知徳高等学校　2023.10　74p　30cm〈沿革：p2　奥付のタイトル：学校法人三島学園知徳高等学校創立90周年記念誌〉

◆中遠工業高等学校

『10年のあゆみ』静岡県立中遠工業高等学校編　掛川　静岡県立中遠工業高等学校　1972　1冊（ページ付なし）26×27cm

◆天竜林業高等学校

『あゆみ―校舎落成・創立50周年記念』静岡県立天竜林業高等学校編　天竜　静岡県立天竜林業高等学校　1973　16p　26cm

『創立60周年記念誌』静岡県立天竜林業高等学校編集　天竜　静岡県立天竜林業高等学校　1984.11　82p　26cm〈奥付の書名：静岡県立天竜林業高等学校60年史〉1000円

『創立80周年記念誌―80年の歩み』静岡県立天竜林業高等学校創立80周年記念誌編集委員会編　天竜　静岡県立天竜林業高等学校　2004.11　101p　31cm〈静岡県立天竜林業高等学校〉

『天竜林業高等学校90周年記念誌』静岡県立天竜林業高等学校編　浜松　静岡県立天竜林業高等学校　[2013]　24p　30cm

◆土肥高等学校

『青像―創立50周年記念誌』静岡県立土肥高等学校創立50周年記念誌編集委員会編　静岡県立土肥高等学校創立50周年記念事業実行委員会　2005.10　109p　31cm〈奥付の書名：静岡県立土肥高等学校創立50周年記念誌〉

◆東海大学工業高等学校

『東海大学工業高等学校二十年史』東海大学工業高等学校編　清水　東海大学工業高等学校　1979.11　312p　27cm

『創立三十周年記念誌』30周年記念誌編集委員会編　清水　東海大学工業高等学校　1989.6　102p　26cm〈東海大学工業高等学校〉

◆東海大学第一高等学校

『創立30周年記念誌　1981』30周年記念誌編纂委員会編　清水　東海大学第一高等学校　1981.11　110p　26cm〈書名は奥付より．標題紙の書名：「三十年のあゆみ」，表紙の書名：

「創立三十周年記念」〉

『東海大学第一高等学校四十年史』清水　東海大学第一高等学校　1992.3　302p　27cm

『校史―燦欄たる日々』東海大学第一高等学校校史纂録委員会　清水　東海大学第一高等学校　1999.3　484p　27cm〈標題紙の副書名：東海大学第一高等学校48年の歴史〉

◆常葉学園菊川高等学校

『夢多き菊川―常葉学園常葉短大菊川高等学校創立五周年記念誌』常葉学園常葉短大菊川高等学校創立五周年記念誌編集委員会　菊川町　常葉学園常葉短大菊川高等学校　1977　56p（図共）25×25cm

『十年の歩み』常葉学園菊川高等学校編　菊川町　常葉学園菊川高等学校　1982　137p（図版）26cm〈書名は背による．奥付の書名：創立10周年記念誌，常葉学園菊川高等学校〉

『飛翔―常葉学園高等学校野球部第78回全国高校野球選手権大会出場記録』常葉菊川高等学校編　菊川町　常葉菊川高等学校　1996.11　1冊　31cm

◆常葉学園橘高等学校

『橘―常葉学園橘高等学校創立20周年記念写真集』常葉学園橘高等学校創立20周年記念誌編集委員会編　静岡　常葉学園橘高等学校創立20周年記念誌編集委員会　1983　60p　24×25cm

『創立30周年記念誌』創立30周年記念誌編集委員会編集　静岡　常葉学園橘高等学校　1993.11　60p　31cm〈書名は奥付等による．標題紙の書名：橘〉

『創立40周年記念誌』常葉学園橘高等学校編　静岡　常葉学園橘高等学校　2002.11　79p　31cm〈書名は奥付等による．標題紙の書名：橘，常葉学園橘高等学校〉

『創立50周年記念誌―橘』創立50周年記念事業プロジェクト編集　静岡　常葉学園橘中学校・高等学校　2012.10　69p　30cm〈書名は奥付による．標題紙の書名：橘〉

◆長泉高等学校

『光と緑のなかで―長陵の10年間』静岡県立長泉高等学校創立10周年記念実行委員会編　長泉町　静岡県立長泉高等学校創立10周年記念実行委員会　1994.11　64p　30cm〈静岡県立長泉高等学校創立10周年記念誌〉

静岡県

◆日本大学三島高等学校

『工業科記念誌―二十一年の足跡』日本大学三島高校工業科記念誌編集委員会編　三島　日本大学三島高校工業科記念誌編集委員会　1982　176p 図版　22cm〈日本大学三島高校工業科〉

『日本大学三島高等学校三十年史』日本大学三島高等学校創設三十周年「記念誌」編集委員会編　三島　日本大学三島高等学校　1988　151p 図版　27cm

『躍動―感動の甲子園出場：第七十一回全国高校野球選手権出場の記録』日本大学三島高等学校編　三島　日本大学三島高等学校　1989　1冊（ページ付なし）27cm

◆韮山高等学校

『韮高百年』韮山町（静岡県）静岡県立韮山高等学校百年誌編集委員会　1973　2冊　22-26cm〈資料編と写真編とに分冊刊行 資料編の巻末に沿革史年表あり〉Ⓝ376.4

『韮高百二十年』韮高百二十年編集委員会編　韮山町（静岡県）静岡県立韮山高等学校創立120周年記念事業実行委員会　1994編集後記　1冊　31cm

『男子の気噴吹き明れ―第77回全国高校野球選手権大会出場の記録』静岡県立韮山高等学校編　韮山町　静岡県立韮山高等学校　1995.11　1冊　30cm〈書名は奥付等による.標題紙の書名：韮山高校野球部第77回夏の甲子園出場の記録, 編集責任者：堀江辰男, 発行者：韮山高校野球部甲子園出場を支援する会〉

『勁（つよ）くますぐに飾りなく―静岡県立韮山高等学校野球部創設百周年記念誌』シード編集　三島　静岡県立韮山高等学校野球部OB会　1996.11　405p　31cm

『龍城物語―韮高躍動の百二十五年』静岡新聞社東部総局　韮山町（静岡県）静岡県立韮山高等学校同窓会　1999.8　288p　21cm　非売品　①4-7838-9139-7　Ⓝ376.8

『ぼくたちだって甲子園へ行けるんだ―野球大好き少年が集まった普通の公立高校野球部快挙の秘密』伊豆洋志著　伊豆洋志　2008.5　110p　19cm〈発売：静岡新聞社（静岡）〉952円　①978-4-7838-9725-5　Ⓝ783.7

『韮山高校百五十年史　上巻』静岡県立韮山高等学校創立百五十周年記念事業実行委員会, 韮山高校百五十年史編さん委員会編　伊豆の国　静岡県立韮山高等学校同窓会　2023.10　770p　26cm〈出版者注記：長倉書店〉 Ⓝ376.48

『韮山高校百五十年史　下巻』静岡県立韮山高等学校創立百五十周年記念事業実行委員会, 韮山高校百五十年史編さん委員会編　伊豆の国　静岡県立韮山高等学校同窓会　2023.10　871p　26cm〈書誌注記：年表あり　出版者注記：長倉書店〉Ⓝ376.48

◆沼津工業高等学校

『創立三十五周年校舎落成記念誌』静岡県立沼津工業高等学校編　沼津　静岡県立沼津工業高等学校35周年記念誌編集委員会　1974.11　1冊　26cm〈静岡県立沼津工業高等学校〉3500円

『創立五十周年記念誌』静岡県立沼津工業高等学校創立50周年記念誌編集委員会編　沼津　静岡県立沼津工業高等学校創立50周年記念誌編集委員会　1989　197p　26cm〈書名は背, 表紙による.奥付の書名：静岡県立沼津工業高等学校創立50周年記念誌〉

◆沼津商業高等学校

『創立七十周年新築移転記念誌』静岡県立沼津商業高等学校70周年記念誌編集委員会編　清水町　静岡県立沼津商業高等学校70周年記念誌編集委員会　1970　76p　26cm

『沼商80年』静岡県立沼津商業高等学校創立80周年記念誌編集委員会編　清水町　［静岡県立沼津商業高等学校］創立80周年記念誌編集委員会　1979　100p（おもに図）26×27cm〈奥付の書名：沼商80年記念誌, 静岡県立沼津商業高等学校〉

『星空の半世紀―沼商定時制50周年記念誌』静岡県立沼津商業高等学校定時制50周年記念大会実行委員会編　清水町　静岡県立沼津商業高等学校　1992.9　186p　31cm〈静岡県立沼津商業高等学校定時制〉

『丸子の杜―沼商100年の群像』清水町　静岡県立沼津商業高等学校同窓会　1999.10　225p　27cm〈静岡県立沼津商業高等学校〉

『沼商百年史』沼商百年史編集委員会編纂　清水町（静岡県）静岡県立沼津商業高等学校同窓会　2000.6　1255p　27cm〈背・表紙のタイトル：沼商百年〉非売品　Ⓝ376.48

◆沼津城北高等学校

『松ケ尾に集う―沼津城北高の100年』静岡新聞社編　沼津　静岡県立沼津城北高等学校創立百周年記念事業実行委員会　2002.10　191p

静岡県

21cm 〈N〉376.48

『沼津城北高校百年の歩み』創立百周年記念誌編纂専門委員会編　沼津　創立百周年記念誌編纂専門委員会　2002.10　471, 78p　27cm　〈N〉376.48

◆沼津市立沼津高等学校

『鷹峰―創立30周年記念』沼津市立沼津高等学校鷹峰編集委員会編　沼津　［沼津市立沼津高等学校］鷹峰編集委員会　1976　214p　22cm〈沼津市立沼津高等学校〉

『創立四十周年記念』沼津市立沼津高等学校編　沼津　沼津市立沼津高等学校　1986　63p（おもに図）25×25cm〈奥付の書名：沼津市立沼津高等学校創立40周年記念誌〉

『鷹峯―創立40周年記念』沼津市立沼津高等学校鷹峯編集委員会編　沼津　［沼津市立沼津高等学校］鷹峯編集委員会　1986　206p　21cm〈沼津市立沼津高等学校〉

『沼津市立沼津高等学校創立50周年記念誌』創立50周年記念誌編集委員会編　沼津　沼津市立沼津高等学校創立50周年記念事業実行委員会　1996.10　448p　29cm〈背のタイトル：創立50周年記念誌〉〈N〉376.48

◆沼津中央高等学校

『沼津中央高校10年のあゆみ―創立80周年記念誌』創立80周年記念誌編集委員編集　沼津　沼津精華学園沼津中央高等学校　2004.10　72p　30cm

◆沼津西高等学校

『創立七十周年記念―静岡県立沼津西高等学校』静岡県立沼津西高等学校創立七十周年記念誌編纂委員会編　沼津　静岡県立沼津西高等学校創立七十周年記念誌編纂委員会　1970　1冊（ページ付なし）26cm

『私立駿東女学校―沼津西高―と河野鎗次郎先生』牧野太郎著　沼津　牧野太郎　1971　1冊（ページ付なし）27cm

『創立80周年記念誌』静岡県立沼津西高等学校創立80周年記念事業準備委員会編　沼津　［静岡県立沼津西高等学校］創立80周年記念事業準備委員会　1980　187p　26cm〈奥付の書名：静岡県立沼津西高等学校創立八十周年記念誌〉

『高女・西高九十年史』静岡県立沼津西高等学校創立九十周年記念誌作成委員会編集　沼津　［静岡県立沼津西高等学校］創立九十周年記念誌作成委員会　1990.11　165p　27cm〈書名は標題紙等による.奥付の書名：静岡県立沼津西高等学校九十周年記念誌〉

『沼津西高100年史』沼津西高記念誌編集委員会編集　沼津　静岡県立沼津西高等学校創立100周年記念事業委員会　2001.10　243p　31cm〈静岡県立沼津西高等学校,第2回静岡県自費出版大賞応募作品〉

◆沼津東高等学校

『沼中東高八十年史』沼津　沼中東高八十年史編纂会　1981.3　3冊（統計資料篇とも）22cm　非売品　〈N〉376.4

『沼津中学沼津東高百年史　上巻』静岡県立沼津東高等学校創立百周年記念事業実行委員会沼津中学・沼津東高百年史編集委員会編　沼津　静岡県立沼津東高等学校香陵同窓会　2001.9　1031p　図版12枚　27cm　非売品　〈N〉376.48

『沼津中学沼津東高百年史　下巻』静岡県立沼津東高等学校創立百周年記念事業実行委員会沼津中学・沼津東高百年史編集委員会編　沼津　静岡県立沼津東高等学校香陵同窓会　2001.9　730, 255p　27cm　非売品　〈N〉376.48

『記念講演集―沼津東高等学校創立100周年記念事業』沼津東高100周年記念事業実行委員会編　沼津　沼津東高100周年記念事業実行委員会　2002.6　79p　30cm

『沼津中學沼津東髙百二十年史―自平成十三年至令和二年』静岡県立沼津東高等学校創立百二十周年記念事業実行委員会百二十年史部会編集　沼津　静岡県立沼津東高等学校創立百二十周年記念事業実行委員会　2022.2　563, 91p　27cm〈書誌注記：年表あり　出版者注記：香陵同窓会〉〈N〉376.48

◆沼津北高等学校

『70年の歩み』静岡県立沼津北部高等学校創立70周年記念アルバム編集委員会編　沼津　静岡県立沼津北部高等学校創立70周年記念アルバム編集委員会　1973　88p（おもに図）26×26cm〈静岡県立沼津北部高等学校〉

『80年のあゆみ』静岡県立沼津北部高等学校創立80周年記念誌編集委員会編　沼津　静岡県立沼津北部高等学校創立80周年記念誌編集委員会　1982　82p　図版　26cm〈書名は奥付,表紙による.背の書名：創立八十周年記念誌,静岡県立沼津北部高等学校〉

都道府県から引く　高等学校史・活動史目録　365

静岡県

◆榛原高等学校

『榛原高校校誌―創立八十周年記念誌』榛原町創立八十周年記念事業委員会　1980　930p　22cm〈静岡県立榛原高等学校〉

『榛高剣道―静岡県立榛原中学校榛原高等学校剣道80年記念誌』静岡県立榛原高等学校剣親会榛原剣道編集委員会編　榛原町　静岡県立榛原高等学校剣親会榛原剣道編集委員会　1980　183p　22cm

『90年の歩み―榛中・榛女・榛高』静岡県立榛原高等学校創立90周年記念事業委員会編　榛原町　静岡県立榛原高等学校創立90周年記念事業委員会　1990　127p　31cm〈静岡県立榛原高等学校〉

『榛原高校野球部史』静岡県立榛原高等学校野球部史編集委員会編　榛原町　静岡県立榛原高等学校野球部　1995.2　313p　27cm〈奥付の書名：HAIBARA静岡県立榛原高等学校野球部史、後援：静岡県立榛原高等学校野球部後援会、静岡県立榛原高等学校野球部OB会〉

『榛原高校百年史』「榛原高校百年史」編集委員会編　榛原町　静岡県立榛原高等学校　2000.11　1318p　27cm〈静岡県立榛原高等学校〉

『110周年記念誌―平成13年～22年の記録』榛原高等学校110年記念誌部会編　牧之原市　榛原高等学校110年記念事業委員会　2010.10　69p　26cm〈共同発行：静岡県立榛原高等学校、奥付の書名：榛原高等学校110周年記念誌〉

◆浜北西高等学校

『学び鍛え拓く―創立20周年記念誌』浜北西高等学校創立20周年記念誌編集委員会編　浜北　静岡県立浜北西高等学校　1998.11　56p　30cm〈静岡県立浜北西高等学校〉

◆浜名高等学校

『創立60年記念誌―静岡県立浜名高等学校創立60周年記念』静岡県立浜名高等学校編　浜松　静岡県立浜名高等学校　1973　1冊（ページ付なし）26×27cm〈書名は奥付、背による．表紙の書名：創立60年〉

『浜名―静岡県立浜名高等学校サッカー部創部三十周年記念誌』静岡県立浜名高等学校サッカー部OB会　浜北　静岡県立浜名高等学校サッカー部OB会　1997.3　130p　31cm〈奥付の書名：静岡県立浜名高等学校サッカー部創部30周年記念誌「浜名」、背の副書名：創部三十周年記念誌〉

『浜名高九十年―静岡県立浜名高等学校90周年記念誌』静岡県立浜名高等学校編　浜松　静岡県立浜名高等学校　2002.11　160p　31cm

『創立100年躍進浜名―静岡県立浜名高等学校百周年記念誌』静岡県立浜名高等学校編　浜名　静岡県立浜名高等学校　2012.10　261p　30cm〈背の書名：静岡県立浜名高等学校百周年記念誌〉

『静岡県立浜名高等学校110周年記念誌―創立110年躍進浜名』静岡県立浜名高等学校編　浜松　静岡県立浜名高等学校　2022.10　77p　31cm

◆浜松海の星高等学校

『海剣―30周年記念誌』浜松海の星高等学校剣道部30周年記念誌編集委員会編集　浜松　浜松海の星高等学校剣道部卒業生の会事務局　2000.3　112p　26cm

『浜松海の星高等学校創立50周年記念誌』浜松海の星高等学校編　浜松　浜松海の星高等学校　2006.11　144p　31cm〈浜松海の星高等学校，表紙の書名：創立50周年記念誌〉

◆浜松海の星女学院

『海の星二十五年』記念誌編集委員会編　浜松　浜松海の星女学院　1981.10　283p　27cm〈浜松海の星女学院〉

◆浜松江之島高等学校

『創造の翼―創立10周年記念誌』静岡県立浜松江之島高等学校編　浜松　静岡県立浜松江之島高等学校　1994　64p　28cm〈静岡県立浜松江之島高等学校〉

『高くあれ―芸術科10周年記念誌』静岡県立浜松江之島高等学校編集　浜松　静岡県立浜松江之島高等学校　2002.12　80p　30cm〈静岡県立浜松江之島高等学校〉

『飛翔の誓―創立30周年記念誌芸術科20周年記念誌』30周年記念事業実行委員会編集　浜松　30周年記念事業実行委員会　2013.11　58p　30cm〈静岡県立浜松江之島高等学校〉

◆浜松学芸高等学校

『創立百周年記念誌』「創立百周年記念誌」編集委員会編集　浜松　浜松学芸高等学校　2002.10　172p　31cm〈書誌注記：年表あり部分タイトル：浜松学芸高等学校創立百周年記念誌〉Ⓝ376.48

静岡県

◆浜松北高等学校

『浜松北高等学校八十年史』浜松　静岡県立浜松北高等学校八十年史編集委員会　1974　636, 125, 55p 図　22cm　Ⓝ376.84

『浜松中学・浜松一中・浜松北高野球部史』静岡県立浜松北高等学校松風会編　浜松　静岡県立浜松北高等学校松風会　1975　504p　22cm

『浜松北高校蹴球団創立60周年記念誌』蹴球団編集係編集　浜松　浜松北高等学校蹴球団　1984.9　1冊　26cm〈表紙の書名：浜松北高等学校蹴球団創立60周年記念誌〉

『明日に翔ける―創立90周年記念誌』浜松北高等学校創立90周年記念誌編集委員会編　浜松　静岡県立浜松北高等学校　1984.11　112p　26cm　Ⓝ376.4

『未来へ魁けて―新校舎落成記念』落成式典実行委員会編集　浜松　静岡県立浜松北高等学校　1990.5　1冊　30cm

『一中・北高100年の青春物語―創立100周年記念写真集』浜松北高等学校記念写真集編集委員会編　浜松　静岡県立浜松北高等学校　1994.10　104p　26cm〈静岡県立浜松北高等学校〉

『創立百周年記念浜松北高新聞』縮刷版　創立百周年記念事業準備委員会記念誌編集委員会内『浜松北高新聞縮刷版』編集委員編集　浜松　静岡県立浜松北高等学校　1994.10　1冊　38cm〈昭和23年6月～平成6年10月〉

『浜松北高百年史』静岡県立浜松北高等学校百年史編集委員会編　浜松　静岡県立浜松北高等学校　1994.10　1226p　22cm　Ⓝ376.4

『友垣百年―浜松北高百周年記念人物誌』創立百周年記念誌編集委員会編　浜松　静岡県立浜松北高等学校同窓会創立百周年記念事業実行委員会　1995.3　1679p　27cm〈背の書名：浜松一中浜松北高百年記念人物誌〉Ⓝ376.4

『創立百年記念誌』静岡県立浜松北高等学校剣道部創立百年記念誌編集委員会編　浜松　静岡県立浜松北高等学校剣道部朋剣会　1998.5　92p　30cm

『静岡県立浜松北高等学校国際科10周年記念誌』静岡県立浜松北高等学校国際科編　浜松　静岡県立浜松北高等学校　2000.10　82p　30cm〈背の書名：国際科十周年記念誌〉

◆浜松工業高等学校

『創立六十年記念誌』静岡県立浜松工業高等学校記念誌編集委員会編　浜松　静岡県立浜松工業高等学校　1976　237p　31cm〈静岡県立浜松工業高等学校〉

『わが学び舎わが師わが友―創立70周年記念写真集』静岡県立浜松工業高等学校70周年記念誌編集委員会編　浜松　［静岡県立浜松工業高等学校］70周年記念誌編集委員会　1985　264p　27×27cm〈付：図3枚, 静岡県立浜松工業高等学校〉

『永劫の幸―創立80周年記念誌：技術とともに』静岡県立浜松工業高等学校創立80周年記念事業実行委員会編　浜松　静岡県立浜松工業高等学校創立80周年記念　1995.11　383p　27cm〈静岡県立浜松工業高等学校〉

『千の健児に意気一つ―第69回選抜高等学校野球大会出場記念』静岡県立浜松工業高等学校編　浜松　静岡県立浜松工業高等学校　1997.7　72p　27cm

◆浜松湖東高等学校

『あゆみ―開校47周年・独立30周年記念誌』静岡県立浜松湖東高等学校編　浜松　静岡県立浜松湖東高等学校　1996.11　66p　31cm〈静岡県立浜松湖東高等学校〉

◆浜松湖南高等学校

『湖南の学舎十年の歩み―創立十周年記念誌』十周年記念誌編集委員会編　浜松　静岡県立浜松湖南高等学校　1992　96p　26cm〈書名は表紙による．背の書名：創立十周年記念誌, 静岡県立浜松湖南高等学校〉

『創立三十周年記念誌』浜松湖南高等学校編集委員会編　浜松　静岡県立浜松湖南高等学校　2012.11　72p　30cm

◆浜松商業高等学校

『闘魂―第50回選抜高校野球大会優勝記念誌』静岡県立浜松商業高等学校野球部OB会編　浜松　静岡県立浜松商業高等学校野球部OB会　1978　199p（図共）27cm

『静岡県立浜松商業高等学校創立90周年記念誌』静岡県立浜松商業高等学校編　浜松　静岡県立浜松商業高等学校　1989　1冊（ページ付なし）26cm〈書名は奥付による．表紙の書名：創立90周年記念誌〉

『浜商の群像』中日新聞東海本社編集　浜松　静岡県立浜松商業高等学校第89回同窓会OB・OG会幹事（新15回・36回卒）1994.6　375p　27cm〈中日新聞東海本社版連載「浜商の群

静岡県

像」(平成4年2月～平成5年1月)を編集』

『緑芽伸びゆく—静岡県立浜松商業高等学校創立百周年記念誌』静岡県立浜松商業高等学校創立100周年記念事業実行委員会編集　浜松　静岡県立浜松商業高等学校創立100周年記念　1998.6　404p　27cm

『闘魂浜商野球—浜商硬式野球部創部80周年記念誌』静岡県立浜松商業高等学校硬式野球部OB会・後援会編　浜松　静岡県立浜松商業高等学校硬式野球部OB会・後援会　2005.4　560p　27cm〈奥付の書名:浜商野球闘魂浜松商業野球部創部80周年記念誌〉

『定時制課程閉課記念誌』静岡県立浜松商業高等学校閉課記念事業実行委員会編　浜松　静岡県立浜松商業高等学校閉課記念事業実行委員会　2009.3　32p　30cm〈奥付の書名:静岡県立浜松商業高等学校定時制課程閉課記念誌〉

◆浜松城南高等学校

『浜松城南高等学校十年史』浜松　静岡県立浜松城南高等学校十年史編集委員会　1975.11　150, 30p 図版9p　22cm〈書誌注記:年表あり〉Ⓝ376.48

『未来はてなき青春像—閉校記念誌:静岡県立浜松城南高等学校』静岡県立浜松城南高等学校閉校記念誌編集委員会編　静岡県立浜松城南高等学校閉校記念事業実行委員会　2005.11　131p　31cm〈書誌注記:年表あり〉Ⓝ376.48

◆浜松城北工業高等学校

『城北—創立20周年記念』静岡県立浜松城北工業高等学校創立20周年記念誌編集委員会編　浜松　静岡県立浜松城北工業高等学校　1975.11　51p　26×27cm〈静岡県立浜松城北工業高等学校〉

『創立30周年記念誌』静岡県立浜松城北工業高等学校創立30周年記念誌発行委員会編　浜松　静岡県立浜松城北工業高等学校創立30周年記念誌発行委員会　1985　70p（おもに図）26×27cm〈静岡県立浜松城北工業高等学校〉

『創立40周年記念誌』記念誌発行委員会編集　浜松　静岡県立浜松城北工業高等学校　1995.11　59p　30cm

『城北—新世紀の輝く風 静岡県立浜松城北工業高等学校創立50周年』創立50周年記念実行委員会,記念誌発行委員会編　浜松　静岡県立浜松城北工業高等学校　2005.11　247p　30cm〈年表あり〉Ⓝ376.48

『2015静岡県立浜松城北工業高等学校創立60周年記念誌』創立60周年記念実行委員会記念誌部会編集　浜松　静岡県立浜松城北工業高等学校　2015.11　73p　30cm

◆浜松市立高等学校

『80周年記念誌昔と今』創立80周年記念誌編集委員会編　浜松　浜松市立高等学校　1981　120p（おもに図）30cm〈浜松市立高等学校,背のタイトル:八十周年記念誌〉

『いちりつのあゆみ100年』創立百周年記念事業実行委員会創立百周年記念誌部会編集　浜松　浜松市立高等学校　2001.11　338p　26cm〈浜松市立高等学校〉

『百周年記念誌昔と今』創立百周年記念事業実行委員会創立百周年記念誌部会編集　浜松　浜松市立高等学校　2001.11　126p　30cm〈浜松市立高等学校〉

◆浜松西高等学校

『五十年のあゆみ』静岡県立浜松西高等学校創立五十周年記念誌編集委員会編　浜松　静岡県立浜松西高等学校　1973　図版120p　30cm

『青春をかく生きたり—浜松西高60周年記念誌』静岡県立浜松西高等学校編　浜松　静岡県立浜松西高等学校　1984.11　1冊　21×31cm

『天翔ける鵬—新校舎落成記念』校舎改築落成式典準備委員会編集　浜松　静岡県立浜松西高等学校　1992.5　24p　30cm

『銀くもりなき大洋や—1924〜1994 創立七十周年記念誌』浜松　静岡県立浜松西高等学校　1994.11　100p　29cm〈奥付・背の書名:創立七十周年記念誌〉Ⓝ376.4

『青空が見ていた—創部50周年記念誌』秀英社編集　浜松　静岡県立浜松西高等学校野球部OB会　1996.11　99p　27cm〈背表紙の書名:静岡県立浜松西高等学校野球部創部50周年記念誌〉

『西山台に立つ—浜松西高青春群像』静岡新聞社浜松総局著　浜松　静岡県立浜松西高等学校同窓会　2002.12　256p　22cm〈静岡県立浜松西高等学校,第3回静岡県自費出版大賞応募作品〉

『浜松西高等学校理数科19年の足跡—閉科記念誌:高い知性豊かな心たくましい力』静岡県立浜松西高等学校理数科編　浜松　静岡県立浜松西高等学校　2005.3　28p　30cm〈1986〜2005〉

静岡県

◆浜松日体高等学校

『[浜松日体高等学校]十年の歩み』浜松日体高等学校編　浜松　浜松日体高等学校　1973　48p　26cm

『はともち―建学の精神』浜松日体高等学校創立二十周年記念文集編集委員会編　浜松　浜松日体高等学校創立二十周年記念文集編集委員会　1982　78p　22cm〈浜松日体高等学校〉

『創立20周年記念誌』浜松日体高等学校創立20周年記念誌編集委員会編　浜松　日本体育会　1982　94p（図共）31cm〈浜松日体高等学校〉

『創立30周年記念誌』創立30周年記念誌編集委員編　浜松　浜松日体高等学校　1993　135p　26cm〈浜松日体高等学校〉

『浜松日体高等学校創立50周年記念誌　浜松日体中学校創立10周年記念誌』日本体育大学浜松日体中学校, 日本体育大学浜松日体高等学校編　浜松　[日本体育大学浜松日体中学校]　2012.10　132p　31cm〈書誌注記：年表あり〉Ⓝ376.48

◆浜松東高等学校

『創立十周年記念―創設の精神（こころ）に新しい息吹を』静岡県立浜松東高等学校編　浜松　静岡県立浜松東高等学校　1980　1冊（ページ付なし）29cm〈奥付の書名：静岡県立浜松東高等学校創立10周年誌〉

『朝空清く―創立20周年記念誌』静岡県立浜松東高等学校創立20周年記念誌編集委員会編　浜松　[静岡県立浜松東高等学校]創立20周年記念誌編集委員会　1990　69p　31cm〈奥付の書名：『20周年記念誌　朝空清く』，[付]・浜松東高新聞縮刷版　第1号～第44号，静岡県立浜松東高等学校〉

『希望も新たに―創立30周年記念誌』30周年記念誌編集委員会編集　浜松　静岡県立浜松東高等学校　2000.11　60p　30cm

『創立四十周年記念誌―学ぶ術を学ぶ』40周年記念誌編集委員会編集　浜松　静岡県立浜松東高等学校　2010.11　102p　30cm

◆浜松南高等学校

『浜南ハンドボール部20周年記念誌』浜松南等学校ハンドボール部OB会編　浜松　浜松南高等学校ハンドボール部OB会　[1984]　54p　26cm〈表紙の書名：1984 20th HAMANAN HANDBALL CLUB〉

『静岡県立浜松南高等学校創立二十五周年記念誌』静岡県立浜松南高等学校編　浜松　静岡県立浜松南高等学校　1987　289p　31cm

『静岡県立浜松南高等学校創立五十周年記念誌』刊行委員会編集　浜松　静岡県立浜松南高等学校　2012.10　112p　31cm

◆春野高等学校

『静岡県立春野高等学校春野台地の青春譜―創立50周年記念誌』春野高校記念誌編集委員会企画・編集　春野町　静岡県立春野高等学校　1999.11　136p　27cm

◆袋井高等学校

『あいの教育5年の歩み―袋井高校創立5周年記念誌』静岡県立袋井高等学校編　袋井　静岡県立袋井高等学校　1981　48p（おもに図）21×30cm〈静岡県立袋井高等学校〉

『20年のあゆみ―'95静岡県立袋井高等学校創立20周年記念』20周年記念実行委員会編集　袋井　静岡県立袋井高等学校　1995.12　40p　30cm

◆袋井商業高等学校

『袋商50年』静岡県立袋井商業高等学校編　袋井　静岡県立袋井商業高等学校　1972　1冊（ページ付なし）26cm〈静岡県立袋井商業高等学校〉

『袋商60年』静岡県立袋井商業高等学校編　袋井　静岡県立袋井商業高等学校　1983　62p（図共）26cm〈静岡県立袋井商業高等学校〉

『創立70周年記念誌』静岡県立袋井商業高等学校編　袋井　静岡県立袋井商業高等学校　1993.11　166p（図共）26cm〈表紙の書名は曙光, 静岡県立袋井商業高等学校〉

『袋井商業高等学校仮説実験授業記録集―2001.4-2003.3』静岡県立袋井商業高校理科　2003.4　150p　26cm　Ⓝ375.434

『飛翔―静岡県立袋井商業高等学校創立八十周年記念誌』袋井　静岡県立袋井商業高等学校創立80周年委員会　2003.11　134p　30cm〈背のタイトル：創立八十周年記念誌　年表あり〉Ⓝ376.48

『雄飛―創立90周年記念誌』創立90周年実行委員会編集　袋井　静岡県立袋井商業高等学校同窓会　2013.10　87p　30cm

『静岡県立袋井商業高等学校創立100周年記念誌―繋ぐ』創立100周年実行委員会編集　袋井　静岡県立袋井商業高等学校同窓会　2023.11　174p　30cm

都道府県から引く　高等学校史・活動史目録　369

静岡県

◆富士高等学校

『40周年記念誌―静岡県立富士高等学校定時制』静岡県立富士高等学校定時制課程40周年記念誌編集委員会編　富士　静岡県立富士高等学校定時制課程40周年記念誌編集委員会　1987　114, 16p 図版　26cm

『甲子園への道　Part2　第59回選抜高校野球大会初出場』静岡県立富士高等学校編　富士　静岡県立富士高等学校　1987　68p（図共）30cm

『富嶽―富士高等学校創立七十周年記念誌』静岡県立富士高等学校富友会編　富士　静岡県立富士高等学校富友会　1992　364p　27cm〈静岡県立富士高等学校〉

◆藤枝学園女子高等学校

『藤枝学園源流』藤枝学園女子高等学校編　藤枝学園女子高等学校　2001.11　144p　22cm

『藤枝学園源流』増補改訂　藤枝学園編　藤枝学園　2011.11　249p　22cm

◆藤枝北高等学校

『自彊七十年』静岡県立藤枝北高等学校編　藤枝　静岡県立藤枝北高等学校　1972　111p　26cm〈静岡県立藤枝北高等学校〉

『自彊八十年』静岡県立藤枝北高等学校編　藤枝　静岡県立藤枝北高等学校　1982　72p（おもに図）26×26cm〈静岡県立藤枝北高等学校〉

『自彊百年』藤枝北高等学校創立百周年記念事業実行委員会編集　藤枝　藤枝北高等学校創立百周年記念事業実行委員会　2003.10　254p　31cm〈奥付の書名：静岡県立藤枝北高等学校創立百周年記念誌〉

◆藤枝西高等学校

『藤蔭―創立60周年』静岡県立藤枝西高等学校編　藤枝　静岡県立藤枝西高等学校　1978　120p（おもに図）30cm〈書名は表紙による．標題紙の書名：創立60年, 奥付の書名：静岡県立藤枝西高等学校創立60周年史〉

『藤蔭―創立70周年記念』静岡県立藤枝西高等学校編集委員会編　藤枝　静岡県立藤枝西高等学校　1988　105p　26cm〈奥付の書名：静岡県立藤枝西高等学校創立70周年記念誌・藤蔭, 背の書名：創立70周年記念誌・藤蔭〉

『藤蔭―創立八十周年記念誌』静岡県立藤枝西高等学校八十周年記念誌編集委員会編　藤枝　静岡県立藤枝西高等学校八十周年記念誌編集委員会　2000.10　180p　30cm〈奥付の書名：静岡県立藤枝西高等学校創立八十周年記念誌, 背の書名：創立八十周年記念誌〉

◆藤枝東高等学校

『藤枝東高五十年史』静岡県立藤枝東高等学校編　藤枝　藤枝東高等学校創立50周年記念事業実行委員会　1974　114p（おもに図）31cm

『サッカー六十年のあゆみ―創立60周年記念』静岡県立藤枝東高等学校編　藤枝　静岡県立藤枝東高等学校　1982　152p（おもに図）31cm〈静岡県立藤枝東高等学校〉

『至誠一貫―藤枝東高90年の記録：静岡県立藤枝東高等学校創立90周年記念誌』静岡県立藤枝東高等学校編　藤枝　静岡県立藤枝東高等学校　2014.12　70p　30cm〈書誌注記：年表あり〉Ⓝ376.48

◆藤枝南女子高等学校

『六十五年誌』藤枝南女子高等学校編　藤枝　藤枝南女子高等学校　1976　1冊（ページ付なし）26×37cm〈書名は背による．標題紙の書名：65年の歩み, 藤枝南女子高等学校〉

『創立80年のあゆみ』藤枝南女子高等学校編　藤枝　藤枝南女子高等学校　1992　75p　27×37cm〈書名は奥付による．標題紙の書名：80年の歩み, 背の書名：八十年誌, 藤枝南女子高等学校〉

◆藤枝明誠高等学校

『藤枝明誠高等学校創立30周年藤枝明誠中学校創立10周年記念誌―栄光を未来へつなげ希望のたすき』共立アイコム編集　藤枝　藤枝明誠中学校・高等学校　2013.3　110p　31cm

『藤枝明誠創立高等学校40周年・中学校20周年記念誌』共立アイコム編集・デザイン・写真撮影　藤枝　藤枝学園藤枝明誠中学校・高等学校　2023.3　118p　31cm〈タイトルは表紙による．背のタイトル：学校法人藤枝学園藤枝明誠創立高等学校四〇周年・中学校二〇周年記念誌〉

◆富士市立吉原商業高等学校

『10年のあゆみ』富士市立吉原商業高等学校編　富士　富士市立吉原商業高等学校　1971　1冊（ページ付なし）19×26cm

『南稜―創立35周年記念誌』富士市立吉原商業高等学校編　富士　富士市立吉原商業高等学校　1997.10　67p　30cm

静岡県

『南稜―創立50周年記念誌』富士市立吉原商業高等学校創立50周年事業実行委員会編集　富士　富士市立吉原商業高等学校　2011.3　144p　30cm

◆富士宮北高等学校

『創立50周年記念誌』静岡県立富士宮北高等学校50周年記念誌編集委員会編　富士宮　[静岡県立富士宮北高等学校]50周年記念誌編集委員会　1988　19p 図版100、[4] p 31cm〈付：創立捨周年記念誌(39p 21cm)，静岡県立富士宮北高等学校〉

『校訓信念覇気明朗―創立60周年記念』静岡県立富士宮北高等学校編　富士宮　静岡県立富士宮北高等学校　1997.11　10p　30cm

『静岡県立富士宮北高等学校創立七十周年記念誌』静岡県立富士宮北高等学校創立七十周年記念事業実行委員会記念誌委員会編　富士宮　静岡県立富士宮北高等学校創立七十周年記念事業実行委員会　2007.11　207p　31cm〈書誌注記：年表あり　タイトルは奥付による〉Ⓝ376.48

◆富士宮西高等学校

『静岡県立富士宮西高等学校校舎落成記念誌』静岡県立富士宮西高等学校記念誌編集委員会編　富士宮　静岡県立富士宮西高等学校記念誌編集委員会　1983　55p（図共）25cm

◆富士宮農業高等学校

『FAU'70』静岡県立富士宮農業高等学校編　富士宮　静岡県立富士宮農業高等学校　1970　1冊（ページ付なし）25×25cm〈書名は表紙による.奥付の書名：静岡県立富士宮農業高等学校70周年記念誌〉

『創立100周年記念誌―未来へつなごう100年の伝統』100年史編集委員会編　富士宮　静岡県立富士宮農業高等学校　2000.11　389p　31cm〈静岡県立富士宮農業高等学校〉

◆富士宮東高等学校

『創立六十周年記念』静岡県立富士宮東高等学校編　富士宮　静岡県立富士宮東高等学校　1972　1冊（ページ付なし）26cm

『30年の歩み―衛生看護科閉科記念』静岡県立富士宮東高等学校衛生看護科編　富士宮　静岡県立富士宮東高等学校衛生看護科　2003.2　32p　30cm〈静岡県立富士宮東高等学校衛生看護科〉

『桜丘譜―創立100周年記念誌』静岡県立富士宮東高等学校創立100周年記念事業実行委員会編　富士宮　静岡県立富士宮東高等学校創立100周年記念事業実行委員会　2006.11　187p　30cm〈静岡県立富士宮東高等学校〉

◆富士東高等学校

『東雲―創立十周年記念誌』静岡県立富士東高等学校創立十周年記念担当編　静岡県立富士東高等学校創立十周年記念担当　1987.10　78p　26cm

『東雲―創立四十周年記念誌　富士東高校新聞縮刷版：いざ新たな東へ　創刊号～第109号』静岡県立富士東高等学校創立四十周年記念事業実行委員会編　静岡県立富士東高等学校創立四十周年記念事業実行委員会　2018.1　627p　30cm

◆富士見高等学校

『飛躍―創立60周年記念誌』静岡県富士見高等学校創立60周年記念事業実行委員会編集　富士　静岡県富士見高等学校創立60周年記念事業　1988.11　241p　26×26cm

『夢の旅人―静岡県富士見高等学校創立80周年記念誌』静岡県富士見高等学校80周年記念誌編集委員会編纂　富士　静岡県富士見高等学校　2007.10　164p　30cm

◆二俣高等学校

『創立六十周年記念誌　'75』静岡県立二俣高等学校編集委員会編集　天竜　静岡県立二俣高等学校　1975.11　120p（図共）25×26cm〈書名は奥付より〉

『木の花―静岡県立二俣高等学校創立80周年記念誌'95』静岡県立二俣高等学校創立80周年記念誌編集委員会編集　天竜　静岡県立二俣高等学校　1995.10　144p　26×26cm〈書名は表紙、背による.標題紙の書名：創立八十年記念1995,奥付の書名：創立80周年記念誌，静岡県立二俣高等学校〉

◆不二聖心女学院

『われらが学び舎温情舎―創立八十周年記念誌』温情の灯会編　裾野　温情の灯会　2001.3　170p　26cm〈不二聖心女学院〉

◆松崎高等学校

『松高五十年のあゆみ』静岡県立松崎高等学校編　松崎町　静岡県立松崎高等学校　1974

静岡県

24p（おもに図）26cm

『塑像―創立70周年記念誌』静岡県立松崎高等学校創立70周年記念誌編集委員会　松崎町　静岡県立松崎高等学校創立70周年記念事業実行委員会　1994.6　148p　31cm〈奥付のタイトル：静岡県立松崎高等学校創立70周年記念誌〉

『塑像の群―静岡県立松崎高等学校創立80周年記念誌』松崎高等学校創立80周年記念誌編集委員会編　松崎町　松崎高等学校創立80年記念事業実行委員　2003.9　72p　31cm

『塑像の群―創立90周年記念誌』佐藤美晃ほか編集　松崎町　静岡県立松崎高等学校創立90周年事業実行委員会　2013.10　13p　30cm〈奥付のタイトル：静岡県立松崎高等学校創立90周年記念誌「塑像の群」〉

『静岡県立松崎高等学校創立百周年記念誌』静岡県立松崎高等学校創立百周年記念日誌編集委員会編　松崎町　静岡県立松崎高等学校創立百周年記念事業実行委員会　2023.7　111p　31cm〈松崎高等学校の歴史：p103〜108〉

◆三島北高等学校

『70年のあゆみ』静岡県立三島北高等学校編　三島　静岡県立三島北高等学校　1972.10　1冊（ページ付なし）26×25cm〈静岡県立三島北高等学校〉

『三島高女・北高百年史』三島高女・北高百年史編纂委員会編　三島　〔三島北高等学校〕百年史刊行委員会　2001.11　2冊　22-31cm〈「本編」「図録」に分冊刊行　文献あり〉Ⓝ376.48

『紫苑―創立110周年記念』創立百十周年記念誌編集委員会編　三島　静岡県立三島北高等学校　〔2011〕　52p　26cm

『紫苑―創立120周年記念』創立百二十周年記念誌編集委員会編　三島　静岡県立三島北高等学校　〔2021〕　55p　30cm

◆三島南高等学校

『あゆみ―創立60周年記念誌』静岡県立三島南高等学校創立60周年記念実行委員会編　三島　静岡県立三島南高等学校創立60周年記念実行委員会　1979　168p（おもに図）31cm〈背の書名：六十年のあゆみ，静岡県立三島南高等学校〉

『函嶺映ゆ―創立80周年記念誌』創立80周年校舎移転新築記念事業実行委員会企画　三島　静岡県立三島南高等学校同窓会　2001.3　325p　31cm〈共同刊行：静岡県立三島南高等学校, 第2回静岡県自費出版大賞応募作品〉

『創立100周年記念誌―未来へとどけ三南pride：100年の自覚、これから』三島　静岡県立三島南高等学校同窓会　2019.6　135p　31cm〈書誌注記：年表あり　企画：創立100周年記念事業実行委員会　出版者注記：静岡県立三島南高等学校〉非売品　Ⓝ376.48

◆三ケ日高等学校

『農業教育―五十年の歩み』静岡県立三ケ日高等学校農業科記念誌編集委員会編　三ケ日町　静岡県立三ケ日高等学校農業科記念誌編集委員会　1972　116p　26cm〈静岡県立三ケ日高等学校〉

『自彊不息―静岡県立三ケ日高等学校創立75周年記念誌』静岡県立三ケ日高等学校編　三ケ日町　静岡県立三ケ日高等学校　1998.3　65p　30cm〈背の書名：創立75周年記念誌〉

◆森高等学校

『創立70周年記念誌　1919―1989』静岡県立森高等学校70周年記念誌編集委員会　森町〔静岡県立森高等学校〕70周年記念誌編集委員会　1989　100p（図共）26cm〈静岡県立森高等学校〉

『森高図書館の歩み』静岡県立森高等学校編集　森町　静岡県立森高等学校　2005.10　80p　30cm

『森高女森高で紡いだ青春の群像―創立九十周年・開校記念誌』静岡県立森高等学校創立九十周年・開校記念誌編集委員会編　森町（静岡県）静岡県立森高等学校　2008.11　327p　31cm〈書誌注記：年表あり　背のタイトル：創立九十周年・開校記念誌〉Ⓝ376.48

◆焼津高等学校

『朝陽―創立80周年記念誌』焼津高等学校編　焼津　焼津高等学校　1982　180p（図共）31cm〈焼津高等学校〉

『朝陽―創立百周年記念誌』焼津高等学校編集　焼津　焼津高等学校　2002.11　232p　30cm〈奥付の書名：創立100周年記念誌，焼津高等学校〉

◆焼津水産高等学校

『五十年のあゆみ』静岡県立焼津水産高等学校編　焼津　静岡県立焼津水産高等学校　1971　1冊（ページ付なし）26cm〈書名は背，表紙に

静岡県

よる.奥付の書名：静岡県立焼津水産高等学校50年のあゆみ〉

『六十年の航跡』静岡県立焼津水産高等学校編　焼津　静岡県立焼津水産高等学校　1982.11　310p　27cm〈書名は標題紙等による.背の書名：創立六十周年記念誌,静岡県立焼津水産高等学校〉

『八十年の航跡』静岡県立焼津水産高等学校創立八十周年記念事業実行委員会編集　焼津　静岡県立焼津水産高等学校　2002.11　253p　31cm〈背,表紙の書名：創立八十周年記念誌,静岡県立焼津水産高等学校〉

『創立100周年記念誌』静岡県立焼津水産高等学校創立100周年記念誌委員会編集　焼津　静岡県立焼津水産高等学校　2022.11　179p　31cm〈書誌注記：年表あり〉Ⓝ376.48

◆焼津中央高等学校

『十年のあゆみ』静岡県立焼津中央高等学校編　焼津　静岡県立焼津中央高等学校　1972　62p（図共）25×27cm

『たかくさ―創立二十周年記念誌』静岡県立焼津中央高等学校編　焼津　静岡県立焼津中央高等学校　1982　99p　21cm

『二十年のあゆみ』静岡県立焼津中央高等学校編　焼津　静岡県立焼津中央高等学校　1982　83p（おもに図）25×27cm〈静岡県立焼津中央高等学校〉

『三十年のあゆみ』静岡県立焼津中央高等学校創立30周年記念誌編集委員会編　焼津　静岡県立焼津中央高等学校創立30周年記念事業実行委員会　1992　98p　26×27cm〈静岡県立焼津中央高等学校〉

『五十年のあゆみ―創立50周年記念誌』共立アイコム編　焼津　静岡県立焼津中央高等学校　2012.12　143p　31cm

◆横須賀高等学校

『創立三十五周年記念誌』静岡県立横須賀高等学校記念誌編集委員会編　大須賀町　静岡県立横須賀高等学校記念誌編集委員会　1982　108p（図共）26×26cm〈静岡県立横須賀高等学校〉

『横高脩道館剣道―静岡県立横須賀高等学校剣道部部史』県立横須賀高等学校剣道部脩道会編集　出版者不明　1982.6　216p　22cm

『飛躍―静岡県立横須賀高等学校野球部創部35周年記念誌』横須賀高等学校野球部編集　大須賀町（静岡県）　横須賀高等学校野球部　1994　171p　21cm〈共同刊行：横須賀高等学校野球部父母の会ほか〉

『あたご―静岡県立横須賀高等学校創立50周年記念誌』静岡県立横須賀高等学校編　大須賀町　静岡県立横須賀高等学校創立50周年実行委員会　1998.11　103p　30cm

『静岡県立横須賀高等学校創立70周年記念誌』静岡県立横須賀高等学校創立70周年記念事業実行委員会編　掛川　静岡県立横須賀高等学校創立70周年記念事業実行委員会　2018.11　56p　30cm

◆吉田高等学校

『十年のあゆみ』静岡県立吉田高等学校10周年記念委員会編　吉田町　静岡県立吉田高等学校10周年記念委員会　1981　64p　26cm〈静岡県立吉田高等学校〉

『吉田高校国際交流12年のあゆみ』静岡県立吉田高等学校編　吉田町　静岡県立吉田高等学校　1985.3　112p（図共）26cm〈静岡県立吉田高等学校〉

『吉田高校二十年のあゆみ』吉田町（静岡県）　静岡県立吉田高等学校　1991.11　71p　26cm〈書名は奥付による　表紙の書名：二十年のあゆみ〉Ⓝ376.4

◆吉原高等学校

『嶺朋―創立75周年新校舎・新体育館完成記念誌』静岡県立吉原高等学校記念誌編集委員会編　富士　静岡県立吉原高等学校記念誌編集委員会　1984　200p（図共）26cm〈奥付の副書名：静岡県立吉原高等学校創立75周年記念誌〉

『創立100周年記念誌―静岡県立吉原高等学校』静岡県立吉原高等学校創立百周年記念事業実行委員会記念誌委員会編　富士　静岡県立吉原高等学校創立百周年記念事業実行委員会　2008.11　307p　31cm〈書誌注記：年表あり　奥付のタイトル：静岡県立吉原高等学校創立100周年記念誌〉Ⓝ376.48

『静岡県立吉原高等学校創立110周年記念誌―100周年からの10年を振り返って』静岡県立吉原高等学校「創立110周年記念誌」編集委員会　富士　静岡県立吉原高等学校同窓会嶺朋　2018.10　67p　30cm　500円

◆吉原工業高等学校

『努力の道―創立30周年記念誌』静岡県立吉原工業高等学校編　富士　静岡県立吉原工業高

等学校　1986　121p　26×26cm〈奥付の書名：創立30周年記念誌，静岡県立吉原工業高等学校〉

愛知県

◆愛知工業高等学校

『愛工70年のあゆみ』愛知県立愛知工業高等学校編　名古屋　愛知県立愛知工業高等学校竣工式・70周年記念式典実行委員会　1971.11　101p　25×25cm

『愛工創立九十周年記念誌』愛工創立90周年記念誌編集委員会編　名古屋　愛工創立90周年記念事業実行委員会　1990　170p 図版12p　27cm〈背・表紙の書名：愛工九十年誌〉

『愛工創立九十周年記念誌』愛工創立90周年記念誌編集委員会編　名古屋　愛工創立90周年記念事業実行委員会　1990.10　100p　27cm〈背・表紙の書名：愛工九十年誌　付（別冊18p）：協賛者芳名録〉Ⓝ376.4

『愛工創立100周年記念誌―2000』愛工創立100周年記念誌編集委員会編　名古屋　愛工創立100周年記念事業実行委員会　2000.10　238, 89p 図版14p　31cm

◆愛知工業大学附属名電高等学校

『愛工大名電高校野球部―激戦区・愛知の衝撃：Since 1955』ベースボール・マガジン社　2014.8　97p　29cm（B.B.MOOK 1089―高校野球名門校シリーズ 5）1389円　①978-4-583-62166-1

『最高の人材育成メソッド―成功者続出！』阿部観考　総合法令出版　2015.1　333p　19cm　1500円　①978-4-86280-430-3　Ⓝ783.7

内容　愛工大名電高校野球部出身者に成功者が多いのはなぜか？　そのカギは，中村豪元監督の教えにあった！　"豪流"個の磨き方が，卒業生のインタビューによって明かされる！

『愛工大名電高校野球部―激戦区・愛知の衝撃』ベースボール・マガジン社　2015.7　191p　19cm（高校野球名門校シリーズハンディ版 5）〈2014年刊の再編集〉1300円　①978-4-583-10860-5　Ⓝ783.7

内容　タイトルホルダー・工藤公康，山崎武司，イチローを輩出した「個性派尊重」の指導理念。

『甲子園！　愛知4強物語―強豪校の歴戦の記録

と感動秘話』鶴哲聡著　東京ニュース通信社　2018.6　252p　19cm（TOKYO NEWS BOOKS）〈書誌注記：文献あり　出版者注記：徳間書店（発売）〉1500円　①978-4-19-864647-9　Ⓝ783.7

目次　1 中京大中京，2 東邦，3 愛工大名電，4 享栄，5 4強に追いつけ迫る愛知の実力校たち，6 終章―なぜ愛知4強は長きにわたり，強豪校であり続けることができたのか

内容　"愛知4強"の強さの秘密を網羅した高校野球ファン必読の一冊。野球王国と言われる愛知県には，中京大中京，東邦，愛工大名電，享栄という4つの強豪校が今も君臨している。夏の甲子園には過去99回中，この4校でなんと64回の出場を誇る。全国に類を見ない愛知県の高校野球を"4強"を通して描いていく。

◆愛知商業高等学校

『愛知県立愛知商業高等学校創立80周年記念』愛知県立愛知商業高等学校編　名古屋　愛知県立愛知商業高等学校創立80周年記念事業実行委員会　2000.6　106p　30cm〈書名は奥付による．標題紙の書名：創立八十周年記念誌，背の書名：愛知県立愛知商業高等学校創立八十周年記念，表紙の書名：創立80周年〉

『伝統と飛翔―創立百周年記念誌』創立百周年記念実行委員会記念誌部会編集　名古屋　愛知県立愛知商業高等学校　2020.3　175p　31cm〈奥付のタイトル：愛知県立愛知商業高等学校創立百周年記念誌〉

◆愛知みずほ大学瑞穂高等学校

『創立五十周年記念誌』瑞穂高等学校五十年記念誌編集委員会編　名古屋　瑞穂高等学校　1990.3　231p　27cm〈書誌注記：年表あり　奥付のタイトル：瑞穂高等学校五十年記念誌　折り込 1枚〉Ⓝ376.48

『健―ken：瀬木学園創立80周年記念誌：since1939』瀬木学園創立80周年記念誌プロジェクト編　名古屋　瀬木学園　2020.12　158p　30cm〈背のタイトル：瀬木学園創立80周年記念誌〉

◆阿久比高等学校

『阿久比高等学校創立40周年記念誌』愛知県立阿久比高等学校創立40周年記念事業実行委員会編　阿久比町（愛知県）　愛知県立阿久比高等学校創立40周年記念事業実行委員会　2018.9　47p　30cm〈奥付のタイトル：愛知県立阿久比高等学校創立40周年記念誌〉

愛知県

◆旭丘高等学校

『愛知一中物語　上』大野一英著　名古屋　中日新聞本社　1977　274p　22cm

『愛知一中物語　下』大野一英著　名古屋　中日新聞本社　1978　262, 10p　22cm

『鯱光百年史』鯱光百年史編集委員会編　名古屋　愛知一中（旭丘高校）創立百年祭実行委員会　1978.1　859p　22cm　非売品　Ⓝ376.6

『愛知一中（旭丘高校）創立百年祭記録』愛知一中（旭丘高校）創立百年祭記録編集委員会編　名古屋　愛知一中（旭丘高校）創立百年祭実行委員会　1978.9　341p　27cm〈書名は奥付・背による　表紙の書名：愛知一中百年祭付（2枚　袋入）〉非売品　Ⓝ376.4

『愛知県立旭丘高等学校美術科30年の歩み』愛知県立旭丘高校美術科創立30周年記念実行委員会編集　名古屋　愛知県立旭丘高校美術科創立30周年記念実行委員会　1981　180p　27cm〈奥付・背の書名：美術科30年の歩み〉

『二葉から旭スパイクの跡―愛知一中競走部・旭丘高校陸上競技部百年史』愛知一中競走部・旭丘高校陸上競技部百年史編集委員会編　名古屋　愛知一中競走部・旭丘高校陸上競技部百年史編集委員会　1994.11　324p　22cm　非売品　Ⓝ782

『鯱光120年祭―旭丘高校の50年　愛知一中、市三高女、旭丘高校創立120周年記念誌』名古屋　鯱光会120周年記念誌委員会　1999.6　230p　28cm　Ⓝ376.48

『愛知県立旭丘高等学校美術科50年の歩み』愛知県立旭丘高等学校美術科創設50周年記念事業実行委員会編　名古屋　愛知県立旭丘高等学校美術科創設50周年記念事業実行委員会　2000.9　179p　30cm〈奥付等のタイトル：美術科50年の歩み〉Ⓝ376.48

『消された校舎―旭丘高校校舎建て替えてんまつ記』旭丘高校校舎の再生を考える会編　名古屋　風媒社　2005.10　261p　19cm〈書誌注記：年表あり〉1500円　①4-8331-1068-7　Ⓝ526.37

目次　第1章 貫かれた大ウソ、第2章 文化財としての校舎、第3章 旭丘高校校舎の再生を考える会、第4章 体制に与した同窓会、第5章 校舎を取り壊してはならない―裁判の経緯、第6章 多様な活動の展開、第7章 校舎建て替え問題に寄せて

内容　文化庁も「登録文化財」になると認めた校舎が、なぜ？　たんなる文化財保護だけでなく、スクラップ・アンド・ビルドの社会システムの打破をめざして展開された市民たちの活動記録。

『旭丘高校野球部史』藤田達成編　日進　愛知一中・旭丘高校野球倶楽部　2008.3　230p　27cm

『鯱光130周年記念誌―旭丘高校の60年』名古屋　鯱光会　2008.5　186p　28cm〈奥付の書名：愛知一中、市三高女、旭丘高校、鯱光130周年記念誌〉

『旭丘高校VS東海高校―名門校ライバルものがたり』改訂版　荒川晃著　名古屋　風媒社　2011.8　218p　19cm　1500円　①978-4-8331-1090-7　Ⓝ376.4155

目次　バンカラ・エリートの梁山泊―愛知一中 旧制中学時代の旭丘高校、私立仏教学校としてのスタート―旧制東海中学の試練と挑戦、旭丘高校の誕生―名門校をとりまく順風、逆風、東海高校の躍進―男子校・中高一貫教育のパワー、旭丘・東海OBの華麗なる系譜、旭丘と東海　それぞれの未来予想図

内容　伝統と実力を誇る公立VS私立ライバル高校。ナンバー1はどっちだ。

◆旭野高等学校

『20周年記念誌』愛知県立旭野高等学校　尾張旭　愛知県立旭野高等学校　1991　129p　27cm〈学校の沿革：p107-108　背の書名：二十周年記念誌〉

『創立50周年記念誌』愛知県立旭野高等学校編　尾張旭　愛知県立旭野高等学校　2021.9　88p　30cm〈背のタイトル：創立五十周年記念誌〉

◆足助高等学校

『創立三十周年記念誌』愛知県立足助高等学校　足助町（東加茂郡）　愛知県立足助高等学校　1980　99p　図版　27cm〈沿革史：p96-99〉

◆熱田高等学校

『二十年のあゆみ』愛知県立熱田高等学校編　名古屋　愛知県立熱田高等学校　1972.11　38p　26cm〈書名は表紙による．奥付の書名：二十周年記念誌〉

『三十年のあゆみ』愛知県立熱田高等学校　名古屋　愛知県立熱田高等学校創立30周年記念実行委員会　1982　147p（図版共）26cm〈30年の歩み, 定期刊行物：p142-145〉

『熱田高校50年誌』愛知県立熱田高等学校50年誌編集委員会編　名古屋　愛知県立熱田高等学校　2002.11　329p　30cm　Ⓝ376.48

◆安城高等学校

『六十年史―創立六十年記念誌』愛知県立安城

愛知県

高等学校　安城　愛知県立安城高等学校創立六十周年記念事業実行委員会　1980　131p　図版　26cm〈巻頭に沿革概要(2p)あり〉

『百年の歩み―高等女学校から桜町・赤松時代、そして未来へ』愛知県立安城高等学校創立百周年記念誌委員会編集　安城　愛知県立安城高等学校創立百周年記念事業実行委員会　2021.10　266p　30cm〈書誌注記：年表あり　部分タイトル：安城高校創立百周年記念誌　出版者注記：愛知県立安城高等学校（発行所）〉Ⓝ376.48

◆安城農林高等学校

『70年の歩み―創立記念写真史』愛知県立安城農林高等学校創立記念写真史70年の歩み編集委員編集　安城　愛知県立安城農林高等学校　1971.10　126p　26cm

『安城農林魂―創立70周年』飛田七蔵筆　安城　愛知県立安城農林高等学校同窓会　1971.10　234p　19cm

『茶筅ヶ丘物語』愛知県立安城農林高等学校「茶筅ヶ丘物語」編集委員会編集　安城　愛知県立安城農林高等学校　1981.10　226p　20cm

『九十年の歩み―創立記念写真史』愛知県立安城農林高等学校　安城　愛知県立安城農林高等学校　1991.10　78p　26cm

『安城農林百年史』安城農林百年史編集委員会編　安城　愛知県立安城農林高等学校同窓会　2001.10　995p　27cm　Ⓝ376.48

◆安城東高等学校

『創立二十周年記念誌』愛知県立安城東高等学校　安城　愛知県立安城東高等学校　1995.9　543p　図版　27cm

◆惟信高等学校

『惟信六十年』愛知県立惟信高等学校創立60周年記念事業実行委員会編集　名古屋　愛知県立惟信高等学校創立60周年記念事業実行委員会　1984.11　167p　27cm

『惟信八十年の歩み』愛知県立惟信高等学校創立80周年記念事業実行委員会編　名古屋　愛知県立惟信高等学校創立80周年記念事業実行委員会　2005.2　173p　27cm　Ⓝ376.48

◆一宮高等学校

『五拾年の歩み』愛知県立一宮高等学校　一宮　愛知県立一宮高等学校同窓会　1978　204p（図版共）27cm

『六十年の歩み』愛知県立一宮高等学校　一宮　愛知県立一宮高等学校同窓会　1979　212p　図版　26cm〈巻末に年表（折りこみ）(1枚)あり〉

『一宮高校野球部史』一宮高校野球部史編纂委員会編　一宮　一宮高校野球クラブ事務局　1991.11　275p　27cm〈創立70周年記念〉非売品　Ⓝ783.7

『創立80周年記念誌』80周年記念誌編集委員会編集　一宮　愛知県立一宮高等学校　1998.10　140p　31cm

◆一宮北高等学校

『愛知県立一宮北高等学校創立10周年記念誌1984』愛知県立一宮北高等学校創立10周年記念誌編集係編集　一宮　愛知県立一宮北高等学校創立10周年記念事業実行委員会　1984.10　37p　27cm〈書名は奥付による．標題紙等の書名：創立10周年記念誌〉

◆一宮工業高等学校

『県立一宮工業高等学校創立20周年記念誌』愛知県立一宮工業高等学校　一宮　愛知県立一宮工業高等学校創立20周年記念実行委員会　1982　96p　図版　27cm〈書名は奥付による〉

◆一宮商業高等学校

『目でみる一商40年の歴史―創立40周年記念誌』愛知県立一宮商業高等学校編　一宮　愛知県立一宮商業高等学校　1978.11　75p　19×26cm〈表紙の書名：創立40周年記念誌〉

『五十年の歩み―創立五十周年記念誌』愛知県立一宮商業高等学校創立50周年記念事業実行委員会記念誌編集委員会編　一宮　愛知県立一宮商業高等学校　1988.10　244p　27cm〈年表あり〉Ⓝ376.48

◆一宮西高等学校

『独立10周年記念誌』独立10周年記念誌編集委員会編集　一宮　愛知県立一宮西高等学校独立10周年記念行事実行委員会　1975.9　60p　19×26cm〈表紙の書名：10周年記念誌〉

『愛知県立一宮西高等学校創立20周年記念誌』愛知県立一宮西高等学校　一宮　愛知県立一宮西高等学校創立20周年記念事業実行委員会　1983　85p（図版共）26cm〈書名は奥付による．標題紙の書名：創立20周年記念誌〉

愛知県

◆一色高等学校

『30周年記念誌』愛知県立一色高等学校　一色町（幡豆郡）愛知県立一色高等学校30周年記念実行委員会　1981　74p　図版　27cm〈学校の沿革：p2〉

◆稲沢高等学校

『創立六十周年記念誌』愛知県立稲沢高等学校　稲沢　愛知県立稲沢高等学校　1974　99p　図版　26cm〈学校の沿革：p94-96〉

『創立百周年記念誌』愛知県立稲沢高等学校編集　稲沢　愛知県立稲沢高等学校　2014.4　184p　31cm

◆稲沢東高等学校

『創立十周年記念誌』愛知県立稲沢東高等学校　稲沢　愛知県立稲沢東高等学校創立十周年記念行事実行委員会　1980.11　76p　19×26cm

『愛知県立稲沢東高等学校創立50周年記念誌―Advance～50年の思いをつむいで～』稲沢　愛知県立稲沢東高等学校創立50周年記念誌事業実行委員会　2020.12　56p　30cm

◆犬山高等学校

『愛知県立犬山高等学校七十年の歩み』愛知県立犬山高等学校　犬山　創立七十周年記念実行委員会　1980　116p　図版　26cm〈明治四十四年・・・・昭和五十五年〉

『犬山高校の90年―愛知県立犬山高等学校』90周年記念誌委員会編　犬山　愛知県立犬山高等学校内創立90周年記念実行委員会　2000.11　95p　26cm

◆犬山南高等学校

『創立十周年記念誌』愛知県立犬山南高等学校　犬山　愛知県立犬山南高等学校　1987.10　72p　27cm〈奥付の書名：愛知県立犬山南高等学校創立十周年記念誌〉

◆岩津高等学校

『創立六十周年記念誌』愛知県立岩津高等学校　岡崎　愛知県立岩津高等学校　1995.11　124p　図版　27cm〈学校の沿革：p1〉

◆桜花学園高等学校

『爽やかにたくましくそして華麗に』桜花学園　名古屋　桜花学園　1997.3　129p　31cm〈副書名：名古屋短期大学付属高等学校バスケットボール部井上真一監督全国制覇30回記念〉

◆大府高等学校

『創立30周年記念誌』愛知県立大府高等学校　大府　愛知県立大府高等学校創立30周年記念実行委員会　1978　70p　図版　27cm

『今ありて―第65回選抜高等学校野球大会出場記念』愛知県立大府高等学校　大府　愛知県立大府高等学校　1994.6　80p　27cm〈学校の沿革：p11，野球部の沿革：p77　背の副書名：第65回選抜高等［学校］野球大会出場記念〉

『夢ふたたび―第66回選抜高等学校野球大会出場記念』愛知県立大府高等学校　大府　愛知県立大府高等学校　1994.6　80p　27cm〈学校の沿革：p11，野球部の沿革：p79〉

『白球萌ゆ―復興・勇気・希望』大府　愛知県立大府高等学校　1995.6　56p　31cm

『大府高校創立50周年記念誌―Obu 50th』愛知県立大府高等学校　大府　愛知県立大府高等学校　1998.9　152, 23p　30cm〈書名は表紙による．背の書名：創立五十周年記念誌〉

『大府高等学校硬式野球部創部50年史』大府高等学校硬式野球部創部50年記念事業記念史編纂委員会編集　大府高等学校野球部OB会　2005.5　148p　30cm

『心意気―第90回全国高等学校野球選手権記念大会甲子園出場記念2008』愛知県立大府高等学校，第90回全国高等学校野球選手権記念大会出場後援会編　大府　愛知県立大府高等学校　2008.11　79p　31cm〈年表あり〉Ⓝ783.7

◆岡崎高等学校

『創立80周年記念誌』愛知県立岡崎高等学校創立80周年記念誌編集委員会編集　岡崎　愛知県立岡崎高等学校創立80周年記念事業実行委員会　1977.2　110p　26cm

『愛知県立岡崎高等学校定時制創立30周年記念誌』記念誌企画編集委員会編集　岡崎　愛知県立岡崎高等学校定時制内創立30周年記念会　1979.3　147p　26cm〈タイトルは奥付による．標題紙等のタイトル：創立三十周年記念誌〉

『愛知二中・岡崎中学・岡崎高校九十年史』愛知県立岡崎高等学校創立九十周年記念事業実行委員会編　岡崎　愛知県立岡崎高等学校創立九十周年記念事業実行委員会　1987.5　813p　22cm　Ⓝ376.4

愛知県

『校旗翻る―岡高100周年、新しい世紀を拓く 愛知県立岡崎高等学校創立100周年記念写真集』愛知県立岡崎高等学校創立100周年記念事業実行委員会編　岡崎　愛知県立岡崎高等学校創立100周年記念事業実行委員会　1996.10　200p　31cm　Ⓝ376.48

◆岡崎北高等学校

『八十年史―創立80周年記念』愛知県立岡崎北高等学校　岡崎　愛知県立岡崎北高等学校　1987.10　143p 図版　26cm〈沿革：p100, 101〉

『百年史―白亜の校舎、ここに立つ：愛知県立岡崎北高等学校創立100周年記念誌』創立100周年記念事業実行委員会記念誌編集部編　岡崎　愛知県立岡崎北高等学校創立100周年記念事業実行委員会　2007.10　179p　31cm〈書誌注記：年表あり〉Ⓝ376.48

◆岡崎工業高等学校

『八十年の記録―創立80周年記念』愛知県立岡崎工業高等学校　岡崎　愛知県立岡崎工業高等学校　1992.11　116p　27cm

◆岡崎商業高等学校

『創立八十周年記念誌―1982』岡崎商友会名簿編集委員会編　岡崎　愛知県立岡崎商業高等学校同窓会　1982.10　193p　31cm〈付：学校の沿革概要〉Ⓝ376.4

『岡商百年史―過ぎし日々～未来へ』創立100周年記念事業実行委員会記念誌委員会編　岡崎　愛知県立岡崎商業高等学校　2002.11　154p 図版8枚　31cm〈共同刊行：岡崎商友会〉

◆起工業高等学校

『七十年の歩み―大正4年～昭和60年』愛知県立起工業高等学校創立70周年記念事業実行委員会編　尾西　愛知県立起工業高等学校　1985.11　222p　27cm〈創立70周年記念誌〉Ⓝ376.4

『創立80周年記念誌』愛知県立起工業高等学校　尾西　愛知県立起工業高等学校創立80周年記念事業実行委員会　1995.11　80p　27cm〈奥付の書名：起工高創立80周年記念誌〉

◆海陽中等教育学校

『海陽学園が変える日本の教育―未来のグローバル・リーダーを育てる"全寮制"メソッドのすべて』鈴木隆祐著　日本実業出版社　2013.9　278p　19cm　1600円　Ⓘ978-4-534-05110-3　Ⓝ376.3155

|内容| 社会人経験豊かなハウスの寮長、有名企業から派遣されたハウスを支える若手スタッフ、生徒の知的好奇心を刺激する教員、そして生徒たちが織りなす「団結」と「対話」が生む人間力。トヨタ、JR東海、中部電力…経済界が総力を挙げて設立した中高一貫校の可能性とは。

◆鶴城丘高等学校

『光りだした原石―鶴城の丘に輝く虹』鈴木直樹,酒井智,高須政雄著　鈴木直樹　2008.10　94p　21cm

◆春日井工業高等学校

『愛知県立春日井工業高等学校創立20周年記念誌』愛知県立春日井工業高等学校創立20周年記念事業実行委員会編集　春日井　愛知県立春日井工業高等学校　2002.10　52p　30cm〈書名は奥付による.背・表紙の書名：創立20周年記念誌〉

◆春日井東高等学校

『創立十周年記念誌』愛知県立春日井東高等学校　春日井　愛知県立春日井東高等学校　1987.10　79p 図版　27cm

◆春日井南高等学校

『創立十周年記念誌』愛知県立春日井南高等学校　春日井　愛知県春日井南高等学校創立10周年記念事業実行委員会　1995.10　52p 図版　31cm〈学校の沿革：p42, 奥付の書名：愛知県立春日井南高等学校10周年記念誌〉

◆蒲郡高等学校

『創立七十周年記念誌』愛知県立蒲郡高等学校　蒲郡　愛知県立蒲郡高等学校創立70周年記念事業委員会　1982　146p 図版　27cm

『創立八十周年蒲高の歩み』愛知県立蒲郡高等学校　蒲郡　愛知県立蒲郡高等学校創立80周年記念事業委員会　1993.11　57p　26cm〈奥付の書名：創立八十周年記念誌〉

◆刈谷高等学校

『七十年史　1988』愛知県立刈谷高等学校　刈谷　愛知県立刈谷高等学校創立七十周年記念事業実行委員会　1988.11　116p　27cm〈奥付の書名：愛知県立刈谷高等学校創立七十周年記念誌〉

愛知県

『Life―刈谷高校百周年記念誌』刈谷　愛知県立刈谷高等学校創立100周年記念事業実行委員会　2018.11　128p　30cm〈書誌注記：年表あり〉　Ⓝ376.48

『Stage―刈谷高等学校写真百年史』刈谷　愛知県立刈谷高等学校創立100周年記念事業実行委員会　2018.11　175p　31cm〈書誌注記：年表あり〉　Ⓝ376.48

『創立100周年事業同窓会記念館収蔵品目録―愛知県立第八中學校愛知県立刈谷中學校愛知県立刈谷高等学校同窓会』刈谷　愛知県立刈谷高等学校同窓会　2018.11　48p　31cm　Ⓝ376.48

◆刈谷北高等学校

『六十年小史―愛知県立刈谷北高等学校創立60周年記念誌』愛知県立刈谷北高等学校　刈谷　愛知県立刈谷北高等学校創立60周年記念事業実行委員会　1981.11　144p　図版　27cm〈愛知県立刈谷北高等学校創立60周年記念誌, 本校60年の変遷：p136〉

『愛知県立刈谷北高等学校創立100周年記念誌』愛知県立刈谷北高等学校創立100周年記念事業実行委員会記念誌部会編集　刈谷　愛知県立刈谷北高等学校創立100周年記念事業実行委員会記念誌部会　2021.9　114p　31cm〈書誌注記：年表あり　背のタイトル：愛知県立刈谷北高等学校創立百周年記念誌〉　Ⓝ376.48

◆木曽川高等学校

『創立三十周年記念誌』愛知県立木曽川高等学校　木曽川町（葉栗郡）　愛知県立木曽川高等学校創立30周年記念事業実行委員会　1985　189p　図版　27cm〈木曽川高校のあゆみ：p150-168〉

『創立40周年記念誌』愛知県立木曽川高等学校編　尾西　愛知県立木曽川高等学校創立40周年記念事業実行委員会　1995.11　197p　27cm〈付：図（2枚）〉

◆享栄高等学校

『享栄学園七十年史』享栄学園編　名古屋　享栄高等学校　1983　437p　22cm〈共同刊行：栄徳分校ほか〉

『享栄高等学校硬式野球部史』享栄高等学校野球部史編集委員会編　名古屋　享栄学園　2003.11　655p　27cm

『甲子園！　愛知4強物語―強豪校の歴戦の記録と感動秘話』鶴哲聡著　東京ニュース通信社　2018.6　252p　19cm（TOKYO NEWS BOOKS）〈書誌注記：文献あり　出版者注記：徳間書店（発売）〉1500円　Ⓘ978-4-19-864647-9　Ⓝ783.7

[目次] 1 中京大中京, 2 東邦, 3 愛工大名電, 4 享栄, 5 4強に追いつけ追い越せ 迫る愛知の実力校たち, 6 終章―なぜ愛知4強は長きにわたり、強豪校であり続けることができたのか

[内容]"愛知4強"の強さの秘密を網羅した高校野球ファン必読の一冊。野球王国と言われる愛知県には、中京大中京、東邦、愛工大名電、享栄という4つの強豪校が今も君臨している。夏の甲子園には過去99回中、この4校でなんと64回の出場を誇る。全国に類を見ない愛知県の高校野球を"4強"を通して描いていく。

◆旭陵高等学校

『自ら学ぶ―20周年記念誌』名古屋　愛知県立旭陵高等学校開校二十周年記念事業実行委員会　1990.11　244p　26cm　Ⓝ376.4

◆吉良高等学校

『二十周年記念誌』愛知県立吉良高等学校　吉良町（幡豆郡）　愛知県立吉良高等学校　1983　132p　図版　27cm〈吉良高小史：p16-61のうちにあり〉

『家庭科のあゆみ』愛知県立吉良高等学校　吉良町　愛知県立吉良高等学校　1983.10　57p　26cm

◆国府高等学校

『国府高校創立60年誌』愛知県立国府高等学校　豊川　国府高等学校創立60周年実行委員会　1978　397p　図版　27cm〈愛知県立国府高等学校沿革史略年表：p360-374〉

『国府高校野球部50年史―熱心凝りて戦へ』竹内一男著・編集　豊川　愛知県立国府高等学校野球部OB会　2001.5　291p　図版10p　26cm

◆幸田高等学校

『創立十周年記念誌』愛知県立幸田高等学校十周年記念誌編集委員会編集　幸田町（愛知県）愛知県立幸田高等学校　1981.11　45p　26cm〈奥付の書名：十周年記念誌〉

◆小坂井高等学校

『創立10周年記念誌』創立10周年記念事業実行委員会編集部編　小坂井町（愛知県）愛知県立小坂井高等学校創立10周年記念事業実行委員会　1985.10　154p　27cm〈年表あり〉

都道府県から引く　高等学校史・活動史目録　379

愛知県

Ⓝ376.48
『愛知県立小坂井高等学校創立20周年記念誌』
創立20周年記念誌編集委員会編　小坂井町
（愛知県）愛知県立小坂井高等学校　1995.10
96p　27cm〈タイトルは奥付による　年表あり〉Ⓝ376.48

◆古知野高等学校

『創立30周年記念誌』愛知県立古知野高等学校
編　江南　愛知県立古知野高等学校　1982.6
61p　26cm

◆小牧高等学校

『沿革史』愛知県立小牧高等学校編　小牧　愛
知県立小牧高等学校　［1973］　1冊　27cm

『小牧高等学校写真50年史』創立50周年事業実
行委員会写真50年史編集委員会編　愛知県
立小牧高等学校同窓会　1973.11　186p
27cm

『曳馬の歩み―創立六十周年記念誌』創立六十
周年記念誌委員会編集　小牧　愛知県立小
牧高等学校創立六十周年記念事業実行委員会
1983.11　152p　26cm

◆小牧工業高等学校

『竣工記念誌』愛知県立小牧工業高等学校竣工
記念誌編集委員会編集　小牧　愛知県立小
牧工業高等学校　1972.11　88p　25×25cm

『創立50周年記念誌―50年のあゆみ』愛知県立
小牧工業高等学校事業部会編集　小牧　愛知
県立小牧工業高等学校　2018.11　68p
30cm

◆佐織工業高等学校

『創立10周年記念誌』愛知県立佐織工業高等学
校　佐織町（海部郡）愛知県立佐織工業高等
学校　1985　77p 図版　27cm

『創立20周年記念誌』愛知県立佐織工業高等学
校　佐織町　愛知県立佐織工業高等学校
1995.10　103p 図版　26cm〈奥付の書名：愛
知県立佐織工業高等学校創立20周年記念誌，
背の書名：創立二十周年記念誌〉

◆桜丘高等学校

『創設男子部25周年音楽科20周年記念誌』桜丘
学園記念誌編纂委員会　豊橋　桜丘学園記念
行事実行委員会　1983　130p 図版　24×
26cm〈学園の歩み：p122〉

『写真で見る60年のあゆみ』桜丘学園創立60周

年記念事業実行委員会　豊橋　桜丘学園
1985　図版191p〔解説共〕表　31cm〈巻末に
桜丘学園60年の歩み（折り込み1枚）あり〉

『英数科7年の歩み―学ぶとは共に希望を語ること』桜丘高等学校英数科編　豊橋　桜丘高校
英数科　1993.3　1冊　26cm〈書名は奥付等
による．標題紙の書名：桜丘高等学校英数科7
年の歩み〉

◆猿投農林高等学校

『70年のあゆみ』愛知県立猿投農林高等学校創
立70周年記念誌編集委員編集　愛知県立猿投
農林高等学校創立70周年記念誌編集委員
1976.5　114p　26cm

『創立八十年史』愛知県立猿投農林高等学校
豊田　愛知県立猿投農林高等学校　1986
80p 図版　27cm〈明治39年5月-昭和61年5月，
沿革史：p68-76〉

『創立九十周年記念誌』愛知県立猿投農林高等
学校　豊田　愛知県立猿投農林高等学校創立
90周年記念事業実行委員会　1996.10　81p
26cm〈沿革史：p76-80〉

◆佐屋高等学校

『創立30周年記念誌』愛知県立佐屋高等学校
佐屋町　愛知県立佐屋高等学校　1995.11
47p　27cm〈背の書名：創立三十周年記念誌，
学校の沿革：p15〉

◆時習館高等学校

『点描「時習の流れ」』金田誠一著　豊橋　東海
日日新聞社　1974　129p 図 肖像　20cm
1000円　Ⓝ376.4

『創立80周年記念誌』愛知県立時習館高等学校
創立80周年記念事業実行委員会編集　豊橋
愛知県立時習館高等学校創立80周年記念事業
実行委員会　1974.8　77p　22cm

『時習館史―その教育と伝統』近藤恒次著　豊
橋　愛知県立時習館高等学校創立八十周年記
念事業実行委員会　1979.12　1558p　22cm
〈書誌注記：時習館年表：p1379～1401　折
り込図2枚〉Ⓝ376.4

『創立90周年記念誌』愛知県立時習館高等学校
創立90周年記念事業実行委員会　豊橋　愛知
県立時習館高等学校創立90周年記念事業実行
委員会　1985.3　93p 図版　21cm

『創立100周年記念誌―1994』愛知県立時習館
高等学校創立100周年記念事業実行委員会事
務局編　豊橋　愛知県立時習館高等学校創立

愛知県

100周年記念事業実行委員会　1995.5　330p
図版12p　21cm　Ⓝ376.4

◆松蔭高等学校

『愛知県立松蔭高等学校創立四十周年記念誌』
愛知県立松蔭高等学校　名古屋　愛知県立松蔭高等学校創立四十周年記念事業実行委員会　1980　183p 図版　27cm〈年表：p127-150〉

『五十周年誌』愛知県立松蔭高等学校　名古屋　愛知県立松蔭高等学校創立五十周年記念事業実行委員会　1990.11　202p 27cm〈奥付の書名：愛知県立松蔭高等学校創立五十周年記念誌〉

『想い出―中川中松蔭高五十年』愛知県立松蔭高等学校　名古屋　愛知県立松蔭高等学校創立五十周年記念事業実行委員会　1990.11　255p　27cm

◆昭和高等学校

『昭和高校検定（しょうこうけんてい）―the history of Showa High School：1941-2011』昭和高校検定編集委員会編　名古屋　愛知県立昭和高校同窓会　2011.9　189p　21cm〈書誌注記：年表あり　昭和高校創立70周年記念〉1000円　Ⓝ376.3155

◆新城高等学校

『創立六十周年記念誌』愛知県立新城高等学校　新城　愛知県立新城高等学校六十周年記念誌編集委員会　1972.1　167p 図版　22cm〈年表：p161-166〉

『創立七十周年記念誌』愛知県立新城高等学校　新城　愛知県立新城高等学校創立70周年記念事業実行委員会　1982　228p 図版　27cm

◆新城高等学校作手分校

『創立80周年記念誌』愛知県立新城高等学校作手分校　作手村（南設楽郡）愛知県立新城高等学校作手分校　1978　136p　21cm〈80年史年表：p79-131, 愛知県立新城高等学校作手分校の前身：愛知県作手農林学校〉

◆新城東高等学校

『愛知県立新城東高等学校創立十周年記念誌』創立十周年記念誌編集委員会編　新城　[愛知県立新城東高等学校]創立十周年記念事業実行委員会　1981.10　164p　27cm〈書名は奥付・表紙による．標題紙・背の書名：創立十周年記念誌〉

『新城東高校事典』愛知県立新城東高等学校　新城　愛知県立新城東高等学校　1988.3　69p 図版　26cm〈謄写刷〉

◆瑞陵高等学校

『灯よ永遠に―記念誌』愛知県立瑞陵高等学校編　名古屋　愛知県立瑞陵高等学校定時制課程創立45周年記念式典実行委員会　1984.11　75p　21cm

『五中瑞陵八十年―記念誌』瑞陵会, 愛知県立瑞陵高等学校　名古屋　愛知県立瑞陵高等学校　1987.9　327p　21cm

『五中―瑞陵百周年記念誌』五中―瑞陵百周年事業委員会記念誌部編　名古屋　五中―瑞陵百周年事業委員会　2008.5　378p　27cm〈共同刊行：瑞陵会　年表あり〉非売品　Ⓝ376.48

◆成章高等学校

『成章70周年記念写真集』記念写真集編集委員会編　田原町（愛知県）成章高等学校70周年記念事業実行委員会　1971.10　88p　26cm

『球児の譜―第44回選抜高校野球大会出場記念』田原町（愛知県）愛知県立成章高等学校成章会事務局　1972.10　1冊（ページ付なし）22×30cm

『成章八十年史』成章八十年史編集委員会編　田原町（愛知県）愛知県立成章高等学校創立八十周年記念事業実行委員会　1983.4　992p　27cm　Ⓝ376.4

『成章創立九十周年記念誌』成章創立90周年記念誌編集委員会編　田原町（愛知県）成章創立90周年記念事業実行委員会　1991.10　249, 213p　26cm　Ⓝ376.4

『創立100周年記念誌―成章』創立100周年記念事業実行委員会記念誌部編　田原町（愛知県）創立100周年記念事業実行委員会　2001.10　228p　26cm　Ⓝ376.48

『闘魂―甲子園への道』田原　愛知県立成章高等学校第80回選抜高等学校野球大会出場後援会　2008.6　31p　30cm

◆聖霊高等学校

『懐かしの学び舎名古屋聖霊学園』南山学園南山アーカイブズ編集　名古屋　南山学園南山アーカイブズ　2023.7　48p　30cm（南山学園史料集 17）

愛知県

◆瀬戸高等学校

『五十年のあゆみ』愛知県立瀬戸高等学校編集　瀬戸　愛知県立瀬戸高等学校　1974.11　182p　26cm

◆瀬戸西高等学校

『創立十周年記念誌』愛知県立瀬戸西高等学校　瀬戸　愛知県立瀬戸西高等学校　1987.11　103p　27cm

◆瀬戸窯業高等学校

『愛知県立瀬戸窯業高等学校八拾年史』瀬戸　愛知県立瀬戸窯業高等学校創立80周年記念行事委員会　1975　312p　図　27cm　非売品　Ⓝ376.4

『専攻科10周年記念誌』愛知県立瀬戸窯業高等学校　瀬戸　愛知県立瀬戸窯業高等学校専攻科創設10周年実行委員会　1983.2　63p　27cm〈本校の沿革：p51〉

『創立90周年記念誌』愛知県立瀬戸窯業高等学校　瀬戸　愛知県立瀬戸窯業高等学校創立90周年記念行事実行委員会　1985　120p 図版　27cm〈校史80年の歩み：p20-37〉

『10年のあゆみ―平成元年4月機械科は創立10年を迎えます』瀬戸　愛知県立瀬戸窯業高等学校機械科　1989.3　171p　26cm　非売品　Ⓝ376.4

『愛知県立瀬戸窯業高等学校百年史』愛知県立瀬戸窯業高等学校　瀬戸　愛知県立瀬戸窯業高等学校創立100周年記念事業実行委員会　1995.10　422p 図版　27cm〈学校沿革年表：p203-218〉

◆祖父江高等学校

『七十年の歩み』愛知県立祖父江高等学校編　祖父江町（愛知県）愛知県立祖父江高等学校　1985.11　109p　27cm

◆高浜高等学校

『創立二十周年記念誌　1987年版』愛知県立高浜高等学校　高浜　愛知県立高浜高等学校同窓会　1987.11　73p　26cm

◆滝高等学校

『滝学園六十年の歩み』滝学園　江南　滝学園　1986　120p 図版　27cm〈滝学園沿革史：p84, 85〉

『幾山坂こえて―滝学園と共に六十年』丹羽喜代次著　江南　滝学園同窓会　1988.8　278p　22cm〈著者の肖像あり〉非売品　Ⓝ376.4

『滝学園70周年記念誌　時計台のもとで』江南　滝学園　1996.11　157p 図版　27cm〈書名は奥付による.背の書名：創立70周年記念誌, 表紙・標題誌の書名：時計台のもとで〉

◆田口高等学校

『田口高等学校創立四十周年記念誌』愛知県立田口高等学校創立四十周年記念誌編集委員会編集　設楽町（愛知県）愛知県立田口高等学校四十周年記念事業実行委員会　1981.10　398p　27cm〈背のタイトル：創立四十周年記念誌〉

◆田口高等学校稲武分校

『稲武分校創立30年誌』愛知県立田口高等学校稲武分校　稲武町　愛知県立田口高等学校稲武分校創立30周年記念事業実行委員会　1979　98p 図版　27cm〈30年のあゆみ：p1-8〉

◆武豊高等学校

『独立二十周年記念誌』愛知県立武豊高等学校　武豊町　愛知県立武豊高等学校独立二十周年記念事業実行委員会　1995.10　64p 図版　26cm

『愛知県立武豊高等学校独立30周年記念誌』独立30周年記念事業実行委員会記念誌委員会　武豊町（愛知県）愛知県立武豊高等学校　2005.10　79p　30cm〈表紙・背の書名：独立30周年記念誌 武豊高校 30th anniversary of TAKETOYO SENIOR HIGH SCHOOL〉

『愛知県立武豊高等学校独立40周年記念誌―40th anniversary of TAKETOYO SENIOR HIGH SCHOOL』独立40周年記念事業実行委員会編集　武豊町（愛知県）愛知県立武豊高等学校　2015.11　55p　30cm〈表紙の書名：武豊高等学校独立40年記念誌, 背の書名：独立40周年記念誌 武豊高校〉

◆千種高等学校

『創立10周年回顧さまざま』愛知県立千種高等学校　名古屋　愛知県立千種高等学校　1972.11　74p 図版　26cm

『追走―愛知県立千種高等学校ラグビー部20周年記念誌』愛知県立千種高等学校ラグビー部創部20周年記念事業実行委員会編　名古屋　愛知県立千種高等学校ラグビー部創部20周年

愛知県

記念事業実行委員会　1984.8　128p　27cm
〈Ⓝ783.48〉

『愛知県立千種高等学校25周年記念誌』愛知県立千種高等学校　名古屋　愛知県立千種高等学校創立25周年記念事業実行委員会　1987.9　159p　27cm〈25周年記念事業の経過、年表：p152-157〉

『50周目の年輪―枝葉を広げる千種の樹』愛知県立千種高等学校創立50周年記念事業実行委員会編　名古屋　愛知県立千種高等学校創立50周年記念事業実行委員会　2012.10　96p　31cm〈書誌注記：年表あり　タイトルは標題紙による〉Ⓝ376.48

『愛知県立千種高等学校ラグビー部創部五十周年記念誌』創部五十周年記念誌編集委員会編　名古屋　愛知県立千種高等学校ラグビー部創部五十周年記念事業実行委員会　2015.3　198p　31cm　Ⓝ783.48

◆中京大学附属中京高等学校

『中京魂―折れない心の育て方』大藤敏行著　ベースボール・マガジン社　2015.7　191p　19cm〈書誌注記：年譜あり〉1400円　①978-4-583-10858-2　Ⓝ783.7

目次　第1章 導かれた成功、第2章 教え子の心、第3章 一期一会で学んだ心、第4章 心の育て方、第5章 指導のいしずえ、第6章 心が持つ力と中京野球

内容　2009年夏の甲子園で、日本文理と激闘を制して優勝。堂林翔太（現・広島）や嶋基宏（現・東北楽天）らを育て、高校日本代表監督や秋田県強化アドバイザーも務めてきた名将が、高校野球の指導を通して知った育成のノウハウ、心の育て方を明かす。

『甲子園！ 愛知4強物語―強豪校の歴戦の記録と感動秘話』鶴哲聡著　東京ニュース通信社　2018.6　252p　19cm（TOKYO NEWS BOOKS）〈書誌注記：文献あり　出版者注記：徳間書店（発売）〉1500円　①978-4-19-864647-9　Ⓝ783.7

目次　1 中京大中京、2 東邦、3 愛工大名電、4 享栄、5 4強に追いつけ 迫る愛知の実力校たち、6 終章―なぜ愛知4強は長きにわたり、強豪校であり続けることができたのか

内容　"愛知4強"の強さの秘密を網羅した高校野球ファン必読の一冊。野球王国と言われる愛知県には、中京大中京、東邦、愛工大名電、享栄という4つの強豪校が今も君臨している。夏の甲子園には過去99回中、この4校でなんと64回の出場を誇る。全国に類を見ない愛知県の高校野球を"4強"を通して描いていく。

『中京大中京高校野球部―伝統と革新の「真剣味」：Since 1923』ベースボール・マガジン社　2020.3　97p　29cm（B.B.MOOK 1483―高校野球名門校シリーズ 18）1391円　①978-4-583-62625-3　Ⓝ783.7

◆知立東高等学校

『創立十周年記念誌』愛知県立知立東高等学校　知立　愛知県立知立東高等学校　1995.10　108p 図版　27cm〈奥付の書名：創立10周年記念誌〉

『創立二十周年記念誌　1986-2005』愛知県立知立東高等学校編　知立　愛知県立知立東高等学校創立20周年記念事業実行委員会　2005.10　79p　30cm〈奥付の書名：愛知県立知立東高等学校創立20周年記念誌〉

『愛知県立知立東高等学校創立30周年記念誌 1986-2015』愛知県立知立東高等学校編　知立　愛知県立知立東高等学校創立30周年記念事業実行委員会　2015.10　59p　30cm〈表紙・背の書名：創立三十周年記念誌〉

◆作手高等学校

『愛知県立作手高等学校開校5周年記念誌』愛知県立作手高等学校　作手村（南設楽郡）愛知県立作手高等学校　1982　80p 図版　26cm〈書名は奥付による、参考資料：p77〉

『創立百周年記念誌―めばえからさぎそうまで』愛知県立作手高等学校　作手村　愛知県立作手高等学校　1996.10　222p 図版　27cm〈奥付の書名・副書名：百年誌―芽生えから100年、躍進発展の100年－〉

◆津島高等学校

『津島高等学校70年写真史』70年写真史編さん委員会さん　津島高校同窓会　1970　267p　26cm〈奥付の書名：津島高校70年写真史, 背の書名：七十年写真史〉

『創立80周年記念写真小史』創立80周年記念写真小史編集係編集　津島　愛知県立津島高等学校創立80周年記念事業実行委員会　1980.9　143p　27cm

『百年史』創立100周年記念誌編集委員会編　津島　愛知県立津島高等学校同窓会　2000.5　551p　29cm　Ⓝ376.48

◆津島商工高等学校

『愛知県立津島商工高等学校史』津島　愛知県立津島北高等学校「津島商工」校史編纂委員会　1978.12　253p　22cm〈書名は奥付等による. 標題紙の書名：愛知県立津島商工高等学

愛知県

校校史〉

◆津島女子高等学校

『学校法人平山学園津島女子高等学校創立60周年記念誌』創立60周年記念誌編集部会編集　津島　平山学園津島女子高等学校　1985.6　88p　22×22cm〈タイトルは奥付による．表紙のタイトル：創立60周年記念誌〉

◆津島東高等学校

『創立十周年記念誌』愛知県立津島東高等学校　津島　愛知県立津島東高等学校　1987.11　90p　27cm〈年表：p68～87, 附応援歌〉

◆天白高等学校

『創立20周年記念誌』愛知県立天白高等学校　名古屋　愛知県立天白高等学校　1996.11　60p 図版　31cm〈奥付の書名：愛知県立天白高等学校創立20周年記念誌, 背の書名：創立二十周年記念誌〉

◆東海高等学校

『東海学園ハンドボール部25周年誌』東海学園ハンドボール部25周年記念行事実行委員会　名古屋　25周年記念行事実行委員会　1983.11　69p　26cm

『東海学園ユニーク人脈』近藤智雄著　毎日新聞社　1989.9　222p　20cm　1300円　①4-620-30696-7　Ⓝ376.3

目次　1章 飛翔求めて, 2章 林校長の過去, 3章 戦後教師事情, 4章 花開くころ, 5章 ユニークたち1（1～5回生）, 6章 ユニークたち2（6～8回生）, 7章 ユニークたち3（9回生以降）, 8章 キラ星の如く1（学, 産, 政, 官, 法曹, 文化, 教育界OB）, 9章 キラ星の如く2（医・歯界, 職域, クラブ, 地域OB）, 終章

内容　新制東海学園（名古屋）のOBは"ユニーク"かつ"キラ星"の如く。初の昭和生まれの総理大臣・海部俊樹をはじめ実に多くの逸材（裏に主な人脈）が輩出している。官尊民卑の土地柄の中で, 私学が大輪の花を咲かせた秘密は一。

『旭丘高校VS東海高校―名門校ライバルものがたり』改訂版　荒川晃著　名古屋　風媒社　2011.8　218p　19cm　1500円　①978-4-8331-1090-7　Ⓝ376.4155

目次　バンカラ・エリートの梁山泊―愛知一中 旧制中学時代の旭丘高校, 私立仏教学校としてのスタート―旧制東海中学の試練と挑戦, 旭丘高校の誕生―名門校をとりまく順風, 逆風, 東海高校の躍進―男子校・中高一貫教育のパワー, 旭丘・東海OBの華麗なる系譜, 旭丘と東海 それぞれの未来予想図

内容　伝統と実力を誇る公立VS私立ライバル高校。ナンバー1はどっちだ。

『東海弓道部百年史』東海弓道部百年史編集班編集　名古屋　東海弓道倶楽部　2018.9　509p　19cm

『東海高校・中学校カヅラカタ歌劇団の奇跡』鈴木隆祐著　駒草出版株式会社ダンク出版事業部　2022.7　257p　19cm　1600円　①978-4-909646-57-6　Ⓝ775.4

目次　第1章 ロミオとジュリエット, 第2章 スカーレット・ピンパーネル, 第3章 浪漫活劇『All for One』―ダルタニアンと太陽王, 第4章 カヅラカタ年代記―経験のリインカーネーション, 第5章 プロの舞台へと飛翔する三羽烏たち, 第6章 清く, 正しく, 美しく…そして, 逞しく カヅラカタ激動の2021年

内容　男子だけで宝塚の世界を再現しようと, 20年前に発足したカヅラカタ歌劇団。歌・ダンス・メイク・衣装・舞台装置…本家に迫る熱量と華やかさで多くの観客を魅了し, 進化を続けている。これぞまさに, 学ぶ力がもたらす"奇跡"の見本である！

『東海高校アーチェリー部創部50周年記念誌』東海中学・高等学校アーチェリー部50周年記念誌作成班編集　翔弓会　2024.3　136p　30cm〈書誌注記：年表あり〉Ⓝ789.53

◆東海女子高等学校

『東海女子高等学校二十年史』東海学園東海女子高等学校　名古屋　東海学園東海女子高等学校　1982　357p 図版　22cm〈学校歴：p334-353〉

◆東海南高等学校

『創立十周年記念誌』愛知県立東海南高等学校　東海　愛知県立東海南高等学校創立10周年記念実行委員会　1986　104p 図版　27cm

『創立二十周年記念誌』愛知県立東海南高等学校　東海　愛知県立東海南高等学校　1996.11　108p　27cm〈年表：p65-81〉

◆東邦高等学校

『東邦学園五十年史』東邦学園編集　名古屋　東邦学園　1978　954p 図版8枚　22cm〈別冊付録：下出民義自伝 尾崎久弥編（46p 21cm）〉

『東邦高等学校写真部40年史』東邦高等学校　名古屋　東邦高校写真部写同会東邦　1979.6　48p　26cm

『飛翔―東邦高等学校軟式野球部史』東邦高等学校軟式野球部SMOK会編集　名古屋　東邦高等学校軟式野球部SMOK会　1987.3　97p

27cm〈背のタイトル：東邦高等学校軟式野球部史〉

『真面目の大旆―東邦学園七十年のあゆみ』東邦学園　名古屋　東邦学園70年誌刊行委員会　1993.10　474p　27cm〈年表：p440-474〉

『下出民義自傳―注解版：『東邦学園九十年誌』別冊』尾崎久彌原編、東邦学園九十年誌編集委員会編　名古屋　東邦学園　2013.10　65p　30cm〈書誌注記：年譜あり〉Ⓝ289.1

『甲子園！　愛知4強物語―強豪校の歴戦の記録と感動秘話』鶴哲聡著　東京ニュース通信社　2018.6　252p　19cm（TOKYO NEWS BOOKS）〈書誌注記：文献あり　出版者注記：徳間書店（発売）〉1500円　Ⓘ978-4-19-864647-9　Ⓝ783.7
目次　1 中京大中京、2 東邦、3 愛工大名電、4 享栄、5 4強に追いつけ迫る愛知の実力校たち、6 終章―なぜ愛知4強は長きにわたり、強豪校であり続けることができたのか
内容　"愛知4強"の強さの秘密を網羅した高校野球ファン必読の一冊。野球王国と言われる愛知県には、中京大中京、東邦、愛工大名電、享栄という4つの強豪校が今も君臨している。夏の甲子園には過去99回中、この4校でなんと64回の出場を誇る。全国に類を見ない愛知県の高校野球を"4強"を通して描いていく。

『東邦高校野球部―センバツ最多優勝校の矜持：2023年・東邦学園創立100周年応援される人格の育成：Since 1930』ベースボール・マガジン社　2023.2　95p　29cm（B.B.MOOK 1604―高校野球名門校シリーズ 21）1391円　Ⓘ978-4-583-62748-9　Ⓝ783.7

◆同朋高等学校

『同朋の教育　5　この歩み誇らかに』同朋高等学校　名古屋　同朋高等学校　1983.7　313p　21cm

『同朋の教育　6　同朋よのびやかに』同朋高等学校　名古屋　同朋高等学校　1984.7　249p　21cm

◆桃陵高等学校

『20年のあゆみ』愛知県立桃陵高等学校　大府　愛知県立桃陵高等学校　1988.3　86p　図版　26cm

◆常滑高等学校

『八十年の歩み』愛知県立常滑高等学校　常滑　愛知県立常滑高等学校　1976　108p　図版　21cm〈年表：p105-107〉

『三十年のあゆみ』愛知県立常滑高等学校定時制夜間課程創立30周年記念事業実行委員会編　常滑　愛知県立常滑高等学校　1981.10　154p　27cm　Ⓝ376.4

『百年のあゆみ』愛知県立常滑高等学校百周年記念誌委員会編　常滑　愛知県立常滑高等学校　1997.10　529p　31cm　Ⓝ376.48

◆豊明高等学校

『創立二十周年記念誌』愛知県立豊明高等学校　豊明　愛知県立豊明高等学校創立二十周年記念行事実行委員会記念誌委員会　1995.10　113p　26cm〈奥付の書名：愛知県立豊明高等学校創立二十周年記念誌〉

◆豊川工業高等学校

『創立五十周年記念誌』愛知県立豊川工業高等学校　豊川　愛知県立豊川工業高等学校　1995.11　124p　27cm〈学校の沿革：p106-107　奥付けの書名：創立50周年記念誌〉

『たすきがくれた奇跡―豊川工業高校陸上部物語』荻野滋夫著　名古屋　郷土出版社　2002.11　195p　19cm　1524円　Ⓘ4-87670-189-X　Ⓝ782.3

『豊川工高60年の歩み―創立60周年記念誌』愛知県立豊川工業高等学校創立60周年記念誌編集委員会編集　豊川　愛知県立豊川工業高等学校　2004.11　82p　30cm

◆豊田西高等学校

『記念誌』愛知県立豊田西高等学校　豊田　愛知県立豊田西高等学校　1985　27p　図版　27cm〈本校の歩み：p26, 27〉

『豊田西高校野球部50年史』豊田　愛知県立豊田西高等学校野球部OB会　1999.4　123p　30cm

『愛知県立豊田西高等学校創立七十周年記念誌』愛知県立豊田西高等学校創立70周年記念事業実行委員会編　豊田　愛知県立豊田西高等学校創立70周年記念事業実行委員会　2010.10　96p　30cm〈背のタイトル：創立七十周年記念誌　年表あり〉Ⓝ376.48

◆豊田東高等学校

『50年史』創立50年史編集委員会編集　豊田　愛知県立豊田東高等学校　1973.11　196p　27cm

愛知県

◆豊橋工業高等学校

『30周年記念誌』30周年記念誌編集委員編集　豊橋　愛知県立豊橋工業高等学校創立30周年記念事業実行委員会　1974.11　149p　27cm〈付：職員在職一覧(1枚)〉

『四十周年記念誌』愛知県立豊橋工業高等学校創立40周年記念誌編集委員会編集　豊橋　愛知県立豊橋工業高等学校　1984.11　118p　26cm

◆豊橋商業高等学校

『豊商八十年史』豊橋商業高等学校　豊橋　豊商八十年記念事業実行委員会　1986　848p 図版　22cm

『豊商の群像―以信会の人々　1』豊橋商業高等学校　豊橋　豊商創立九〇周年記念事業実行委員会　1996.10　236p 図版　21cm〈市立豊橋商業学校略年表, 参考文献：p214-228　創立者遠藤安太郎の肖像あり, もう一つの副書名：以信為本〉

『豊商の群像　2　仁連木の人々』豊橋　豊商創立百周年記念事業実行委員会記念誌部会　2006.9　230p　21cm

『豊商創立100周年記念誌』豊商同窓会豊商創立100周年記念事業実行委員会記念誌部会編集　豊橋　豊商同窓会豊商創立100周年記念事業実行委員会記念誌部会　2006.9　216p　30cm

◆豊橋市立豊橋高等学校

『五十周年記念誌』豊橋市立豊橋高等学校　豊橋　豊橋市立豊橋高等学校　1978　283p 図版　26cm

◆豊橋東高等学校

『校史ひがし―豊橋東高校九十年史』創立九十周年記念事業実行委員会・校史委員会編　豊橋　［愛知県立豊橋東高等学校］創立九十周年記念事業実行委員会　1991.10　1227p　22cm

『野球部史―愛知県立豊橋東高等学校』愛知県立豊橋東高等学校野球部史刊行会編纂委員会編纂　豊橋　愛知県立豊橋東高等学校野球部史刊行会　2002.10　586p　22cm

『世紀をこえて―創立100周年記念アルバム』記念誌委員会編集　豊橋　豊橋東高等学校創立100周年記念事業実行委員会　2002.11　244p　31cm

◆豊橋南高等学校

『創立十周年記念誌』愛知県立豊橋南高等学校　豊橋　愛知県立豊橋南高等学校創立十周年記念事業実行委員会　1981　124p 図版　26cm〈十周年の記録とその歩み：p17-19〉

『豊橋南高等学校20年のあゆみ―1991 創立20周年記念誌』愛知県立豊橋南高等学校創立二十周年記念誌編集委員会編　豊橋　愛知県立豊橋南高等学校創立二十周年記念事業実行委員会　1991.8　159p　27cm　Ⓝ376.4

◆中村高等学校

『自主の庭中村―愛知県立中村高等学校50周年記念誌』愛知県立中村高等学校創立50周年記念事業実行委員会記念誌部会編集　名古屋　愛知県立中村高等学校創立50周年記念事業実行委員会　2002.10　159p　30cm

◆名古屋大谷高等学校

『尾張学園百六十年史』尾張学園百六十年史編纂委員会編　名古屋　尾張学園　1988.10　1117p　22cm　非売品　Ⓝ376.4

◆名古屋工業高等学校

『名工学園五十年のあゆみ』名工学園名古屋工業高等学校編　名古屋　名古屋工業高等学校　1970.10　421p 図版15枚　22cm

『名工学園70年のあゆみ』名工学園　名古屋　名工学園　1990.10　678p 図版　22cm〈年表：p663-677, 参考資料：p678〉

『名工学園80年のあゆみ―1920〜2001』名工学園名古屋工業高等学校編　名古屋　名工学園名古屋工業高等学校　2001.10　179p　31cm

◆名古屋市立桜台高等学校

『五十周年記念誌』名古屋市立桜台高等学校校史刊行部　名古屋　名古屋市立桜台高等学校五十周年記念事業実行委員会　1974　398p 図版　26cm

『60周年記念誌―最近10年のあゆみ』記念誌編集委員会編集　名古屋　名古屋市立桜台高等学校　1984.10　100p　26cm

◆名古屋市立菊里高等学校

『三十年のあゆみ』名古屋市立菊里高等学校　名古屋　名古屋市立菊里高等学校　1978.11　68p　26cm

『四十年の歩み』名古屋市立菊里高等学校　名

愛知県

古屋　名古屋市立菊里高等学校　1988.11
84p 図版　26cm〈学校日誌：p13-23〉

◆名古屋市立北高等学校

『友情は赤道を越えて―北高学生交換20年史』
名古屋市立北高等学校　名古屋　名古屋市立
北高等学校　1985.7　136p 図版　26cm

『北高等学校二十五年誌』名古屋市立北高等学
校　名古屋　名古屋市立北高等学校　1988.2
132p　27cm

◆名古屋市立工業高等学校

『名市工五十年史―名古屋市立工業高等学校創
立五十周年記念誌』名古屋市立工業高等学校
創立五十周年記念誌委員会　名古屋　名古屋
市立工業高等学校創立五十周年記念行事委員
会　1985　216, 85, 13p 図版　27cm

◆名古屋市立工芸高等学校

『この10年のあゆみ―60年誌　昭和42年–昭和
51年』名古屋市立工芸高等学校　名古屋　名
古屋市立工芸高等学校　1977.9　129p
26cm〈奥付の書名：60年のあゆみ〉

◆名古屋市立向陽高等学校

『五十周年記念誌』名古屋市立向陽高等学校編
集　名古屋　名古屋市立向陽高等学校
1998.10　285, 17p　21cm〈背・表紙の書名：
創立五十周年記念誌〉

◆名古屋市立西陵商業高等学校

『折り紙クラブ―西陵商業高校』山田正男編
安城　山田正男　1987.2　4, 204, 4p　25cm
〈出版者注記：つばさ書房〉Ⓝ754.9

『花園に舞う青春―愛知・西陵商ラグビー部物
語』山田耕二著　名古屋　海越出版社
1989.1　188p　19cm〈著者の肖像あり〉980
円　①4-906203-65-5　Ⓝ783.48

目次　第1章 ノーサイドの笛は聞かない（緊張の決
勝直前、再出発の誓い、新入部員 ほか）、第2章 走
れ！ 西陵商（親子同士鷹決戦、さあ！ 花園だ、宿舎
の選手、花園にむかって、「部員」と「選手」との違
いはありません ほか）、第3章 トライ！ トライ！
トライ！（ラグビーに取りつかれて、夏合宿で遂に
部員14名、忘れ得ぬ伊勢湾台風、「不敗」の誓いも
空しく ほか）、第4章 茜色のゴール（定時制高校で
学ぶ、理想の学校づくり、腐ったみかん、あいさつ
運動、私はクレージー ほか）

内容　全国最軽量チームを率いて、花園ラグビー場
に舞う愛知・西陵商軍団の大将・山田耕二監督が
その魅力と感動をダイナミックに伝える

『闘魂―五十周年記念誌』名古屋市立西陵商業
高等学校　名古屋　西陵商高ラグビー部OB
会　1999.3　373p 図版　31cm

◆名古屋市立富田高等学校

『富田高等学校十年誌』十年誌編集委員会編集
名古屋　名古屋市立富田高等学校　1984.3
135p　27cm〈奥付の書名：名古屋市立富田
高等学校十年誌〉

◆名古屋市立名古屋商業高等学校

『CAの創立四十五年史』岡田弘　名古屋　岡田
弘　1983　234p 地図　21cm〈主な参考文
献：p234〉

『CA百年』百年誌編集委員会編　名古屋　CA
商友会　1984.3　624p　27cm〈百周年記念〉
Ⓝ376.4

◆名古屋市立名東高等学校

『名東高等学校30周年記念誌』名古屋　名東高
等学校30周年記念誌編集委員会　2015.2
106p　30cm〈書誌注記：年表あり　タイト
ルは奥付による〉1270円　Ⓝ376.48

◆名古屋市立緑高等学校

『緑高校二十年誌』名古屋市立緑高等学校　名
古屋　名古屋市立緑高等学校　1988.9　155p
図版　27cm〈緑高校20年のあゆみ：p27-38〉

◆名古屋市立若宮商業高等学校

『十年のあゆみ』名古屋市立若宮商業高等学校
十周年誌編集委員会　名古屋　名古屋市立若
宮商業高等学校十周年誌編集委員会　1973
114p 図版　26cm

◆名古屋大学教育学部附属高等学校

『社会科教育の道標』名古屋大学教育学部附属
中・高等学校社会科研究会著　第一法規出版
1983.9　316p　21cm　1900円　Ⓝ375.3

『協同と探究で「学び」が変わる―個別的・ドリ
ル的学習だけでは育たない力』名古屋大学
教育学部附属中・高等学校編著　学事出版
2013.11　173p　21cm　2100円　①978-4-
7619-2017-3　Ⓝ376.3155

目次　第1章 自ら考え判断する力を育てる本校独自
のカリキュラム（併設型中高一貫校としての1・2・
2・1制、併設型中高一貫校におけるSSH ほか）、第
2章 協同的探究学習法で育てる本質的な理解と活
用力（既存教科で育むサイエンス・リテラシー、協
同的探究学習とは：理念とデザイン ほか）、第3章

愛知県

教科の枠を超えて育てる, 自ら考え, 判断する力 (体験を通して育てる科学に対する感性と表現力—サイエンス・リテラシープロジェクト1の試み, サイエンス・リテラシープロジェクト2で育てる多元的かつ長期的な視野に立った考え方 ほか), 第4章 授業時間外のプログラムで育てる将来につながる学び (中等教育と高等教育をつなぐ「学びの杜」(アドバンスト・サイエンス・プロジェクト), 2012年度の講座 ほか), 第5章 評価研究 (SSHプログラム全体評価, 生徒の力を測るには?—自己評価と客観的評価 ほか)

◆名古屋西高等学校

『創立80周年記念誌—愛知県立名古屋西高等学校』創立80周年記念誌委員会編　名古屋　創立80周年記念事業実行委員会　1995.10　93p　31cm　Ⓝ376.48

『愛知県立名古屋西高等学校創立90周年記念誌』創立90周年記念誌委員会編集　名古屋　[愛知県立名古屋西高等学校]創立90周年記念事業実行委員会　2005.11　92p　30cm〈背・表紙のタイトル：創立90周年記念誌〉

『県二高女・女子師範物語—愛知県の近代女子教育』矢野幸一著　名古屋　黎明書房　2015.7　183p　19cm〈書誌注記：文献あり 年表あり〉1300円　①978-4-654-01916-8　Ⓝ376.4185

|目次|第1章 愛知県の近代女子教育のあゆみ (近代女子教育と「良妻賢母」の教育, 愛知の女子教育—明治期のあゆみ, 愛知の女子教育—大正期のあゆみ ほか), 第2章 愛知県第二高等女学校物語 (学校開設前後の出来事, 広がる校地・校舎と増える生徒たち, 学校の組織と教育の内容 ほか), 第3章 愛知県女子師範学校物語 (わが国の師範学校の始まり, 愛知県の女子教員養成の取り組み, 愛知県女子師範学校の開校とあゆみ ほか)

|内容|前身・愛知県第二高等女学校の34年の歴史を語る。

◆鳴海高等学校

『二十年のあゆみ—記念誌』愛知県立鳴海高等学校創立二十周年記念誌編集委員会編　名古屋　愛知県立鳴海高等学校創立二十周年記念事業実行委員会　1995.11　172p　31cm

◆南山高等学校

『南山高等中学校四十年史』南山中学校, 南山高等学校　名古屋　南山高等学校　1974　484p 図版　22cm〈南山学園・南山高等・中学校四十史年表：p464-482, 共同刊行：南山中学校〉

◆新川高等学校

『創立十周年記念誌　1995』愛知県立新川高等学校　新川町　愛知県立新川高等学校創立十周年記念事業実行委員会　1995.11　74p　27cm〈奥付けの書名：愛知県立新川高等学校十周年記念誌, 学校の沿革：p72〉

◆西尾高等学校

『創立60周年記念誌』記念誌編集委員会編集　西尾　愛知県立西尾高等学校　1978.11　99p　27cm

『創立百周年記念誌—天地悠久』西尾　愛知県立西尾高等学校同窓会　2018.10　175p　31cm〈書誌注記：年表あり〉Ⓝ376.48

◆西尾実業高等学校

『七十年の歩み—創立七十周年記念誌』創立70周年記念誌編集委員会愛知県立西尾実業高等学校編集　西尾　愛知県立西尾実業高等学校　1978.10　120p　27cm

◆西尾東高等学校

『二十周年誌』愛知県立西尾東高等学校　西尾　愛知県立西尾東高等学校　1995.11　33p 図版　26cm

◆西春高等学校

『西春—創立10周年記念誌』愛知県立西春高等学校創立10周年記念事業実行委員会編集　西春町 (愛知県)　愛知県立西春高等学校創立10周年記念事業実行委員会　1987.10　62p　27cm〈奥付の書名：愛知県立西春高等学校創立10周年記念誌〉

『愛知県立西春高等学校創立20周年記念誌』愛知県立西春高等学校創立20周年記念事業実行委員会編集　西春町 (愛知県)　愛知県立西春高等学校創立20周年記念事業実行委員会　1997.10　72p　31cm〈書名は背・奥付による, 表紙・標題紙の書名：創立20周年記念誌〉

◆丹羽高等学校

『愛知県立丹羽高等学校創立十周年記念誌』愛知県立丹羽高等学校　扶桑町 (丹羽郡)　愛知県立丹羽高等学校　1983　75p 図版　27cm〈書名は奥付による〉

◆半田高等学校

『花と果—定時制二十八年の歩み』愛知県立半田高等学校　半田　愛知県立半田高等学校定

時制夜間課程　1976　140p（図版, 解説共）27cm

『愛知県立半田高等学校誌』愛知県立半田高等学校　半田　愛知県立半田高等学校創立記念事業実行委員会　1980　585, 94p 図版 22cm〈巻末に年表（94p）あり〉

『半田高等学校百年誌』半田　半田高等学校100周年記念事業実行委員会　2019.3　377p　31cm〈書誌注記：年表あり〉Ⓝ376.48

◆半田商業高等学校

『愛知県立半田商業高等学校創立五十周年記念誌』創立五十周年記念誌編集委員会編集　半田　愛知県立半田商業高等学校　1975.11　89p 図版5枚 22cm〈タイトルは奥付による. 標題紙・表紙のタイトル：創立50周年記念誌〉

◆東山工業高等学校

『東山―創立30周年記念誌』愛知県立東山工業高等学校創立30周年記念誌編集委員会編集　名古屋　愛知県立東山工業高等学校創立30周年記念事業委員会　1989.2　172p 図版8枚　27cm〈背の書名：創立三十周年記念誌〉

◆尾西高等学校

『創立二十周年記念誌』愛知県立尾西高等学校　尾西　愛知県立尾西高等学校　1996.11　95p　27cm〈学校の沿革：p81-82　奥付の書名：愛知県立尾西高等学校創立20周年記念誌〉

『尾西創立30周年記念誌』愛知県立尾西高等学校創立30周年記念事業実行委員会編集　一宮　愛知県立尾西高等学校創立30周年記念事業実行委員会　2006.11　63p　30cm〈奥付の書名：愛知県立尾西高等学校創立30周年記念誌　学校の沿革：p50-52〉

『尾西創立四十周年記念誌―愛知県立尾西高等学校』愛知県立尾西高等学校創立40周年記念事業実行委員会編集　一宮　愛知県立尾西高等学校創立40周年記念事業実行委員会　2016.11　39p　30cm〈奥付の書名：愛知県立尾西高等学校創立40周年記念誌〉

◆尾北高等学校

『創立七十周年記念誌―七十年のあゆみ』愛知県立尾北高等学校　江南　愛知県立尾北高等学校創立七十周年記念事業実行委員会　1991.11　124p 図版　26cm

◆藤ノ花女子高等学校

『八十路―創立80周年記念誌』藤ノ花学園創立80周年記念誌編集委員会　豊橋　藤ノ花学園　1982　96p 図版　27cm〈沿革：p90, 91〉

◆碧南高等学校

『70年のあゆみ』愛知県立碧南高等学校　碧南　愛知県立碧南高等学校　1996.10　102p　26cm〈沿革史：p100-101　奥付けの書名：創立70周年記念誌「70年のあゆみ」〉

◆碧南工業高等学校

『創立二十周年記念誌』愛知県立碧南工業高等学校　常滑　愛知県立碧南工業高等学校　1992.10　116p 図版　26cm〈奥付の書名：創立20周年記念誌〉

◆鳳来寺高等学校

『四十年誌』愛知県立鳳来寺高等学校編　鳳来町（愛知県）　愛知県立鳳来寺高等学校創立四十周年記念事業実行委員会　1974.11　111p　27cm〈付：鳳来寺実科高等女学校建設用地平面図（1枚）〉

『創立60周年記念誌』愛知県立鳳来寺高等学校　鳳来町　愛知県立鳳来寺高等学校60周年記念誌編集委員会　1995.11　40p　26cm

◆本郷高等学校

『創立二十五周年記念誌』愛知県立本郷高等学校　東栄町（北設楽郡）　愛知県立本郷高等学校創立二十五周年記念事業実行委員会　1973.11　61p　27cm

『本郷高校創立30周年記念誌』愛知県立本郷高等学校　東栄町　愛知県立本郷高等学校　1978.11　1冊　26cm〈書名は奥付による. 表紙の書名：30周年記念誌〉

『創立四十周年記念誌』愛知県立本郷高等学校　東栄町　愛知県立本郷高等学校同窓会　1987.11　36p　26cm〈沿革：p10-12〉

◆御津高等学校

『創立10周年記念誌』愛知県立御津高等学校　御津町　愛知県立御津高等学校　1995.11　65p 図版　27cm

◆緑丘商業高等学校

『記録「80年代・緑商の教育」』「80年代・緑商の教育」研究会編　「80年代・緑商の教育」研究会　2010.3　53, 24p　30cm〈文献あり〉

Ⓝ376.4155

◆美和高等学校

『創立十周年記念誌』愛知県立美和高等学校 美和町　愛知県立美和高等学校創立十周年記念事業実行委員会　1992.10　92p 図版　31cm〈愛知県立美和高等学校の沿革：p90-91、奥付の書名：愛知県立美和高等学校創立十周年記念誌〉

◆明和高等学校

『愛知県立明和高等学校二百年小史』明倫堂開校二百年記念実行委員会編　名古屋　明倫堂開校二百年記念実行委員会　1983.5　160p　22cm〈付：明倫・県一・明和高校々歌（1枚）〉

『愛知県立明和高等学校音楽科棟新設記念―33年の歩み』明和高校音楽科棟新設記念行事実行委員会編集　名古屋　[明和高校音楽科棟新設記念行事実行委員会]　1984.5　95p　27cm〈奥付のタイトル：愛知県立明和高等学校音楽科棟新設記念誌〉

『愛知県立明和高等学校史』「明和会」記念誌編集委員会編集　名古屋　「明和会」明和高等学校設立五十周年記念事業実行委員会　1998.8　666p　22cm

◆豊丘高等学校

『創立20周年記念誌―1963-1982』愛知県立豊丘高等学校創立20周年記念誌編集委員会編　豊橋　愛知県立豊丘高等学校創立20周年記念事業実行委員会　1982.11　76p　26cm

◆豊野高等学校

『十周年記念誌』愛知県立豊野高等学校編集　豊田　愛知県立豊野高等学校　1995.7　80p　26cm〈奥付の書名：創立10周年記念誌〉

『創立20周年記念誌―出会い・友情・絆、20年の歩み未来へ続け　1986～2005』愛知県立豊野高等学校創立20周年記念誌委員会　豊田　愛知県立豊野高等学校　2005.9　80p　30cm〈表紙の書名：愛知県立豊野高等学校創立20周年記念誌〉

『創立30周年記念誌　1986～2015』愛知県立豊野高等学校創立30周年記念誌委員会　豊田　愛知県立豊野高等学校　2015.10　80p　30cm〈表紙の書名：The 30th Anniversary 愛知県立豊野高等学校創立30周年記念誌〉

◆横須賀高等学校

『五十年写真史―横須賀高等学校』50年写真史作成委員会編　東海　愛知県立横須賀高等学校創立50周年記念事業実行委員会　1973.10　153p　31cm〈補遺（8p）を合冊製本〉

『わが校の歩み』第8版　東海　愛知県立横須賀高等学校　2003.10　296p　27cm〈年表あり〉　Ⓝ376.48

三重県

◆愛農学園農業高等学校

『主に導かれて四十年 愛農高校の歩み―創立40周年記念誌』佐藤全弘ほか編　愛農学園農業高等学校　2003.12　102p　26cm　Ⓝ376.48

『日本一小さな農業高校の学校づくり―愛農高校、校舎たてかえ顛末記』品田茂著　岩波書店　2017.4　218p　18cm（岩波ジュニア新書851）880円　①978-4-00-500851-3　Ⓝ374.7

目次　第1章 農を学ぶ学校（からだでおぼえる農業、小谷純一先生、霜尾誠一さん）、第2章 学校って、どうやってつくるの？（突然、学校をつくることになりました、学校のつくり方を知りたい、学校をつくるために、大切な2つの準備）、第3章 こんな学校をつくりたい！（ゲンチク？、本館再生工事スタート！、ここがすてきです）、第4章 学校は、生徒たちの学びを守ってほしい（すてきな学校のもつ力、学校づくりのそれから）

内容　緑に囲まれた敷地には野菜畑、果樹園、放牧地が広がり、酪農牛舎、養豚舎、養鶏舎が建ち並ぶ…。一学年わずか20人の小さな高校で生徒たちはいのちを育む農業を学びます。この本では自主自立、人格教育で知られるこの学校で行われた校舎づくりの顛末を紹介します。魅力あふれる学びの場はどのようにつくられたのでしょうか？

◆暁高等学校

『暁高校目で見る50年の歩み　1949～1999』暁高等学校編　暁高等学校　[1999]　66p　30cm　Ⓝ376.48

◆明野高等学校

『明野高校甲子園への道―創立百一年目の栄光』三重県立明野高等学校　1980　1冊　26cm　Ⓝ783.7

『明野高等学校百年史』小俣町（三重県）三重県立明野高等学校　1980.12　564p　27cm〈背の書名：百年史〉　Ⓝ376.4

『明野高校二回目の甲子園　1982年度』三重県立明野高等学校　1982　47p　26cm　Ⓝ783.7

『明野高校三回目の甲子園　1984年度』三重県立明野高等学校　1984　48p　26cm　Ⓝ783.7

『[明野高等学校]甲子園初勝利―第57回選抜高等学校野球大会　昭和60年度』三重県立明野高等学校　1985　47p　26cm　Ⓝ783.7

『明野高校8回目の甲子園―第六十回選抜高等学校野球大会』三重県立明野高等学校編　三重県立明野高等学校　1988.6　48p　26cm　非売品　Ⓝ783.7

『百二十周年記念誌』三重県立明野高等学校編　三重県立明野高等学校　1999　47p　30cm　Ⓝ376.48

◆朝明高等学校

『[三重県立朝明高等学校]創立十周年記念誌』三重県立朝明高等学校　1987.11　214p　27cm　非売品　Ⓝ376.48

『[三重県立朝明高等学校]創立三十周年記念誌』三重県立朝明高等学校　2007.10　160p　27cm　Ⓝ376.48

◆飯野高等学校

『未完の学校改革―ある昼間二部定時制高校の女生徒たちのたたかいと発達』富山芳幸著　教育史料出版　1988.12　217p　19cm　1400円　①4-87652-150-6　Ⓝ376.4
　内容　三重県鈴鹿市にある飯野高校、いくつかの繊維会社の要求によってできたこの公立の昼間二部定時制高校は、働きながら学ぶ女生徒たちにとっていかなる存在だったのか。学校とは何か、何のために学ぶのかを問う彼女たちは、はりのある学校をつくるたたかいに立ち上がる。文化祭のとりくみ、学校改革プロジェクト案づくり、わかる授業を求めて互いにぶつかりあう彼女たち。しかし、ついに未完に終わったこの学校改革は、彼女たちに何をもたらしたか―。

『三重県立飯野高等学校10周年記念誌』飯野校10周年記念行事実行委員会編　鈴鹿　三重県立飯野高等学校　1996.10　84p　30cm　〈書名は表紙による　標題紙等の書名：創立10周年記念誌〉Ⓝ376.4156

◆石薬師高等学校

『創立十周年記念誌』鈴鹿　三重県立石薬師高等学校　[1988]　120p　27cm　Ⓝ376.4

『創立30周年記念誌』三重県立石薬師高等学校

2007.11　40p　30cm　Ⓝ376.48

◆伊勢高等学校

『伊勢高等学校二十年史』伊勢　伊勢高20年史編集並びに同窓会員名簿発行実行委員会　1976　446p　図　27cm　Ⓝ376.4

『伊勢高等学校五十年史』伊勢高等学校50周年記念事業実行委員会　2006.11　282p　図版15p　30cm　Ⓝ376.48

◆伊勢工業高等学校

『伊工百年』三重県立伊勢工業高等学校編　三重県立伊勢工業高等学校　1996.11　197p　31cm　Ⓝ376.48

◆伊勢実業高等学校

『記念誌』三重県立伊勢実業高等学校編　三重県立伊勢実業高等学校　[1975]　151p　26cm　Ⓝ376.48

◆員弁高等学校

『三重県立員弁高等学校創立70周年記念誌』員弁町(三重県)　三重県立員弁高等学校創立70周年記念誌編集委員会　1991.11　332p　27cm　〈背・表紙の書名：創立七十周年記念誌〉非売品　Ⓝ376.4

『三重県立員弁高等学校　三重県立いなべ総合学園高等学校創立百周年記念誌』三重県立員弁高等学校・三重県立いなべ総合学園高等学校創立百周年記念事業実行委員会　2022.11　118p　31cm　Ⓝ376.48

◆稲生高等学校

『[三重県立稲生高等学校]10周年記念誌』三重県立稲生高等学校　1992.9　102p　30cm　Ⓝ376.48

◆上野高等学校

『80周年記念小史―三重県立上野高等学校』三重県立上野高等学校記念誌編集委員会編　三重県立上野高等学校記念誌編集委員会　1979　90p　21cm　Ⓝ376.48

『上野高等学校は今―三重県立上野高等学校創立90周年記念誌』三重県立上野高等学校創立90周年記念誌委員会編　三重県立上野高等学校　1989.10　1冊　30cm　非売品　Ⓝ376.48

『上野高校定時制史』三重県立上野高等学校定時制同窓会　1994　140p　26cm　Ⓝ376.48

『自彊―百年の歩み　三重県立上野高等学校創

三重県

百周年記念誌』三重県立上野高等学校創立百
 周年記念誌委員会編　上野　三重県立上野高
 等学校創立百周年記念事業実行委員会
 1999.10　1087p 図版32p　27cm　Ⓝ376.48

◆上野工業高等学校

『陶冶―三重県立上野工業高等学校創立50周年
 記念誌』三重県立上野工業高等学校編　三重
 県立上野工業高等学校　1993.11　176p
 31cm　Ⓝ376.48

『軌跡―三重県立上野工業高等学校閉校記念誌』
 三重県立上野工業高等学校　2011.3　77p
 30cm　Ⓝ376.48

◆上野商業高等学校

『上商の歩み』三重県立上野商業高等学校
 2011.3　69p 図版6p　30cm　Ⓝ376.48

◆上野農業高等学校

『［三重県立上野農業高等学校創立20周年記念］
 記念誌』三重県立上野農業高等学校創立20周
 年記念誌編集委員会・同窓会事務局編　三重
 県立上野農業高等学校　1993.11　321p 27cm
 Ⓝ376.48

◆宇治山田高等学校

『母校―宇治山田高校創立三十周年記念』三重
 県立宇治山田高等学校編　三重県立宇治山田
 高等学校　1978　320p 30cm　Ⓝ376.48

『宇治山田高等学校九十年史』三重県立宇治山
 田高等学校　1989.11　26,979p 27cm
 Ⓝ376.48

『宇治山田高等学校創立百周年記念誌―プラチ
 ナの陽はふりそそぎ』三重県立宇治山田高等
 学校　1999.11　113p　30cm　Ⓝ376.48

◆宇治山田商業高等学校

『山商七十年』三重県立宇治山田商業高等学校
 編　三重県立宇治山田商業高等学校　1978
 186p 図版2　26cm　Ⓝ376.48

『山商八十年』「山商八十年」編集委員会編　三
 重県立宇治山田商業高等学校　1988.11
 200p　30cm　Ⓝ376.48

『山商百年―三重県立宇治山田商業高等学校
 100周年記念誌』山商創立100周年記念行事
 実行委員会記念誌部会編　伊勢　三重県立宇
 治山田商業高等学校　2008.11　199p　30cm
 〈書誌注記：年表あり〉 Ⓝ376.48

◆相可高等学校

『七十年史』三重県立相可高等学校　1977
 144p　26cm　Ⓝ376.48

『相可高校百年誌』三重県立相可高等学校編集
 三重県立相可高等学校　2007.10　183p 図版
 12p　31cm　Ⓝ376.48

『高校生レストラン、本日も満席。』村林新吾著
 　書　津　伊勢新聞社　2008.3　198p 19cm
 1800円　①978-4-903816-02-9　Ⓝ673.973

　[目次] 第1章 勉強嫌いの剣道少年、第2章 料理人へ
 の扉、第3章 目指せ、日本一、第4章 まごの店、誕
 生、第5章 心は一日にしてならず、「まごの店」人
 気メニュー＋創作料理レシピ公開！

　[内容] 「まごの店」オープン当初の厨房は、ハラハ
 ラ大パニック！ しかし、一歩ずつ着実に力をつけ、
 今では常に満席の大繁盛店。そこには、村林新吾先
 生の、「ほんまもんの心」を目指す熱い教育があっ
 た―。全国にここだけ！ 高校生が運営するレスト
 ラン「まごの店」は、開店前から行列ができ、2時
 間で230食が完売する！ 教師の心の教育と夢を叶
 えた町の感動のストーリー。

『高校生レストラン、行列の理由。』村林新吾著
 　津　伊勢新聞社　2010.11　184p 19cm
 1400円　①978-4-903816-18-0　Ⓝ673.973

　[目次] がんばれ、高校生―はじめに、第1章 まごの
 店には感動がいっぱい（オープンと同時に完売！、
 まごの店デビュー ほか）、第2章 教育は真剣勝負
 （見学者が驚くこと、本気の「好き」は伝染する ほ
 か）、第3章 社会に羽ばたく教え子たち（夢への第
 一歩、進路決定、料理の腕に男女差はある？ ほか）

　[内容] 現役高校教師感動の第2弾！ 全国初！ 高校
 生レストラン「まごの店」の教育。

『高校生レストランの奇跡』岸川政之著　津
 伊勢新聞社　2011.7　252p 19cm　1400円
 ①978-4-903816-21-0　Ⓝ318.656

　[目次] はじめに「ようこそ、人口一万五千人のまち
 多気町へ」、第1章 高校生レストラン「まごの店」
 は、こうして生まれた、第2章 まちづくり仕掛人の
 原点、第3章 多気町役場に入庁、第4章 広がるまち
 おこし、第5章 まちの宝創造特命監という仕事

　[内容] 連続ドラマのモデルになった高校生レストラ
 ン「まごの店」。営業日は、常に満席・即完売の大盛
 況！ しかし、設立までの道のりは困難の連続だっ
 た。前例のない町おこしの事業に全力でぶつかって
 いく。噂の役場職員の奮闘記。

『"つなぐ" "つながる"が生む地域の新しい魅力
 ―高校生レストランのまち多気町に学ぶ』日
 本交通公社観光文化事業部　2012.3　112p
 30cm（観光実践講座講義録 平成23年度）
 3000円　①978-4-902927-46-7　Ⓝ689.4

　[目次] 講義1 地域主体の観光の時代―"つなぐ" "つ
 ながる"が生む新しい魅力、講義2 視点を変えれば

三重県

まちには宝がいっぱい—出会いが生んだ「高校生レストラン」，クロストーク スパークを生む新しいつながりが魅力を創る，講義3 "ゆさぶり" 講演みんなの汗と知恵が生み出すまちの魅力，講義4 農村らしい魅力はトータルで伝え，残す，みんなで深掘り長談義，「食事体験」レポート まごの店，"想い"が人を引きつける！，今回の講座をふりかえって，観光基礎講座 企業経営と観光地経営は同じ!?―境港市観光協会の取り組みに学ぶ〉Ⓝ376.48

◆川越高等学校

『わが心海の色—三重縣立川越髙等學校創立三十周年記念』30周年記念誌編集委員会編　川越町（三重県）三重県立川越高等学校　2015.11　100p　30cm〈書誌注記：年表あり　背のタイトル：創立三十周年記念誌〉Ⓝ376.48

◆尾鷲高等学校

『七十年小史　1992』三重県立尾鷲高等学校編　三重県立尾鷲高等学校　1992　176p　29cm　Ⓝ376.48

『鷲高百年』三重県立尾鷲高等学校100周年記念事業実行委員会編集　三重県立尾鷲高等学校　2023.9　191p　30cm　Ⓝ376.48

◆尾鷲工業高等学校

『日尻が丘十年』三重県立尾鷲工業高等学校編　三重県立尾鷲工業高等学校　1974　154p　22cm　Ⓝ376.48

『日尻が丘三十年—尾鷲工業高等学校30周年記念誌』三重県立尾鷲工業高等学校　1994　137p　31cm　Ⓝ376.48

『日尻が丘四十年—三重県立尾鷲工業高等学校の記録　尾鷲工業高等学校40周年記念誌』三重県立尾鷲工業高等学校　2003.3　272p　30cm　Ⓝ376.48

◆海星高等学校

『海星中・高等学校20年史』海星中・高等学校　1977　284p　27cm　Ⓝ376.48

『海星中学校・高等学校六十年史』海星中学・高等学校60年誌編集委員会　海星中学・高等学校　2006.3　154p　27cm　Ⓝ376.48

◆亀山高等学校

『亀山高等学校六十年史』亀山　三重県立亀山高等学校創立六十周年記念事業実行委員会　1982.11　1187p　27cm　非売品　Ⓝ376.4

『百年史—ダイジェスト版』三重県立亀山高等学校創立百周年記念事業実行委員会記念誌部会編集　亀山　三重県立亀山高等学校　2022.11　28p　30cm

『百年史—since 1921』三重県立亀山高等学校創立百周年記念事業実行委員会記念誌部会編集　亀山　三重県立亀山高等学校　2023.3　101p　31cm〈書誌注記：年表あり　部分タイトル：三重県立亀山高等学校百年史〉

◆神戸高等学校

『神戸高校五十年史』五十周年記念事業実行委員会編　鈴鹿　神戸高等学校　1971　624p　図　22cm　Ⓝ376.4

『[三重県立神戸高等学校]創立八十周年記念誌』三重県立神戸高等学校　2000.10　75p　30cm　Ⓝ376.48

『神友—定時制課程閉校記念誌』神戸高等学校定時制閉校記念事業委員会編集　神戸高等学校定時制閉校記念事業委員会　2013.11　69p　30cm　Ⓝ376.48

『神戸髙校百年史』創立百周年記念事業実行委員会編集　鈴鹿　三重県立神戸高等学校　2022.3　686, 61p　30cm〈書誌注記：年表あり　部分タイトル：神戸高等学校百年史〉Ⓝ376.48

『神戸高等学校百年史　資料篇』創立百周年記念事業実行委員会編集　鈴鹿　三重県立神戸高等学校　2022.3　725p　30cm〈本タイトルは奥付による〉Ⓝ376.48

◆紀南高等学校

『紀南高等学校十年史』三重県立紀南高等学校　1971　421p　図版3　26cm　Ⓝ376.48

『紀南高等学校三十年史』三重県立紀南高等学校　1992　215p　31cm　Ⓝ376.48

『三重県立紀南高等学校五十周年史』三重県立紀南高等学校　2012.3　187p　29cm　Ⓝ376.48

◆木本高等学校

『創立七十周年記念誌』熊野　三重県立木本高等学校　1990.10　266p　26cm　Ⓝ376.48

『木高八十年史』「木高八十年史」編集委員会編　熊野　三重県立木本高等学校　2000.11　206p　図版15枚　30cm　Ⓝ376.48

『百年史』三重県立木本高等学校創立100周年記念事業実行委員会記念誌部会編集　熊野　三重県立木本高等学校　2020.6　247p　30cm〈書誌注記：年表あり　部分タイトル：木高百年史〉Ⓝ376.48

三重県

◆桑名高等学校

『[三重県立桑名高等学校]創立九十周年記念誌』三重県立桑名高等学校　三重県立桑名高等学校　1998.10　224p　30cm　Ⓝ376.48

『桑高百年―三重県立桑名高等学校創立百周年記念誌』三重県立桑名高等学校創立百周年記念事業実行委員会記念誌部会編　桑名　三重県立桑名高等学校創立百周年記念事業実行委員会　2010.7　670p 図版[16]枚　31cm〈年表あり〉Ⓝ376.48

◆桑名工業高等学校

『芳ケ崎の丘に―創立十周年記念誌』十周年記念誌編集委員会編　三重県立桑名工業高等学校　1971.11　78p　26cm　Ⓝ376.48

『創立20周年記念誌』三重県立桑名工業高等学校　1981　97p　27cm　Ⓝ376.48

『芳ケ崎の丘に―創立三十周年記念誌』創立三十周年記念誌編集委員会編　三重県立桑名工業高等学校　1991.3　75p　26cm　Ⓝ376.48

◆桑名西高等学校

『[三重県立桑名西高等学校]創立30周年記念誌』三重県立桑名西高等学校　2001.9　55p　31cm　Ⓝ376.48

◆菰野高等学校

『創立三十周年を迎えて』三重県立菰野高等学校　1983　27p　26cm　Ⓝ376.48

◆志摩高等学校

『創立三十周年記念誌』三重県立志摩高等学校　1980　216p　27cm　Ⓝ376.48

『よか志摩高―志摩高50周年』志摩高校創立50周年記念事業実行委員会編　三重県立志摩高等学校　1999.10　151p　30cm　Ⓝ376.48

◆鈴鹿高等学校

『第86回全国高等学校野球選手権大会出場記念誌』享栄学園鈴鹿高等学校　［2005］　1冊　30cm　Ⓝ783.7

『学校法人享栄学園鈴鹿高等学校創立50周年記念誌』享栄学園鈴鹿高等学校　2013.11　94p　30cm　Ⓝ376.48

◆昴学園高等学校

『養正高校・昴学園高校―韓日高校生交流―10周年記念誌』韓国養正高等学校, 三重県立昴学園高等学校, 三重県国際交流財団編　津　三重県国際交流財団　2011.2　82p　30cm　①978-4-9903035-9-4　Ⓝ375.14

◆津高等学校

『あゝ母校―三重県立津高等学校創立百年記念誌』三重県立津高等学校　三重県立津高等学校　1980　570p　30cm　Ⓝ376.48

『あゝ母校―創立百年記念祭の記録』三重県立津高等学校　三重県立津高等学校　1981.8　143p　34cm　Ⓝ376.48

『見よ蒼溟につづきたる―三重県立津高等学校漕艇百周年記念誌』津高漕艇百周年記念誌刊行委員会編　津　津高漕艇百周年記念事業実行委員会　1986.11　421p　27cm〈書誌注記：年譜あり　書誌注記：年表あり　折り込1枚〉Ⓝ785.5

『120年のあゆみ―創立120周年記念』三重県立津高等学校　三重県立津高等学校　2000.10　1冊　32cm　Ⓝ376.48

◆津工業高等学校

『津工六十年史』三重県立津工業高等学校　1979　505p　26cm　Ⓝ376.48

『津工創立八十周年』津工創立八十周年記念誌編集委員会編　三重県立津工業高等学校　1997.11　134p　31cm　Ⓝ376.48

◆津実業高等学校

『ともしび―津実高創立40年記念誌』津実高創立40年記念誌編集委員会編　三重県立津実業高等学校　1988　222p　30cm　Ⓝ376.48

『ともしび―50年のあゆみ』三重県立津実業高等学校創立50年記念誌編集委員会編　三重県立津実業高等学校同窓会　1998　182p　30cm　Ⓝ376.48

◆津商業高等学校

『励精・津商』励精55年津商20周年記念事業委員会　1974　206p 図版4　26cm　Ⓝ376.48

『励精・津商　続』励精六十五年・津商三十年記念事業委員会　1984　234p　26cm　Ⓝ376.48

『第97回全国高校野球選手権大会 平成27年 甲子園出場記念誌―感動ありがとう』今井寿博, 増岡晃, 坂倉誠人編集　三重県立津商業高等学校甲子園出場実行委員会　［2015］　64p　30cm　Ⓝ783.7

三重県

『三重県立津商業高等学校創立100周年記念誌』
　三重県立津商業高等学校同窓会，三重県立津
　商業高等学校創立100周年記念事業実行委員
　会編集　三重県立津商業高等学校同窓会
　2021.2　79p　30cm　Ⓝ376.48

◆津西高等学校

『津西高校十周年誌』三重県立津西高等学校
　1983　17，317p　27cm　Ⓝ376.48
『津西高校20周年誌』20周年記念誌編集委員会
　編　三重県立津西高等学校　1993.9　193p
　30cm　Ⓝ376.48
『西高誕生ものがたり―ゼロからの戦い』橋川
　博美著　伊藤印刷　2018.5　231p　21cm
　Ⓝ376.48

◆鳥羽高等学校

『翔―鳥羽高校70周年記念』三重県立鳥羽高等
　学校　1981　232p　27cm　Ⓝ376.48
『学舎の星達―三重県立鳥羽高等学校定時制 閉
　校記念誌』三重県立鳥羽高等学校定時制閉校
　記念誌編集委員会編　三重県立鳥羽高等学校
　定時制閉校記念事業委員会　2007.11　60p
　30cm　Ⓝ376.48
『清き渚―鳥羽高校百周年記念』三重県立鳥羽
　高等学校創立100周年記念誌編集委員会編集
　三重県立鳥羽高等学校創立100周年記念誌編
　集委員会　2011.11　160p　30cm　Ⓝ376.48

◆長島高等学校

『星霜三十年』三重県立長島高等学校　1980
　184p　30cm　Ⓝ376.48
『そして21世紀へ―創立50周年記念誌』紀伊長
　島町（三重県）三重県立長島高校創立50周年
　記念事業実行委員会　2000.11　160p　31cm
　Ⓝ376.48
『永遠に輝く―三重県立長島高等学校閉校記念
　誌』紀北町（三重県）三重県立長島高等学校
　閉校記念誌編集委員会　2009.12　152p
　31cm〈年表あり〉Ⓝ376.48

◆名張高等学校

『［三重県立名張高等学校］創立80周年記念誌』
　三重県立名張高等学校　1996.9　196p
　27cm　非売品　Ⓝ376.48

◆名張桔梗丘高等学校

『ききょう』三重県立名張桔梗丘高等学校
　1978　102p　26cm　Ⓝ376.48

『飛翔―創立20周年記念誌』三重県立名張桔梗
　丘高等学校記念誌班編集　三重県立名張桔梗
　丘高等学校　1992　84p　27cm　Ⓝ376.48

◆南勢高等学校

『創立30周年記念譜』三重県立南勢高等学校
　1978.11　24p　26cm　Ⓝ376.48
『創立四十周年記念誌』三重県立南勢高等学校
　1988　100p　26cm　Ⓝ376.48
『［三重県立南勢高等学校］創立五十周年記念
　誌』三重県立南勢高等学校　1998.11　108p
　30cm　Ⓝ376.48

◆南島高等学校

『創立十周年記念誌』三重県立南島高等学校
　1982　216p　27cm　Ⓝ376.48
『［三重県立南島高等学校］創立二十周年記念
　誌』南島高等学校創立20周年記念誌編集委員会編
　三重県立南島高等学校　1993.3　96p　27cm
　Ⓝ376.48

◆日生学園

『人間復興の教育―教育の根本的改革を期す』
　青田強著　エール出版社　1972　222p
　19cm（Yell books）500円　Ⓝ370.4
『命がけで生きる―怠け心は人生の敵 これが全
　力主義教育の成果だ』青田強著　エール出版
　社　1975　214p　19cm（yell books）800円
　Ⓝ370.4
『死ぬ気でやってみろ―自分を捨てたところに
　真の自分が生れる』青田強著　エール出版社
　1978.8　196p　19cm（Yell books）880円
　Ⓝ376.4
『全寮制が輝く―日生学園の挑戦』青田進著
　教育出版センター　1995.10　278p　20cm
　1500円　④4-7632-5127-9　Ⓝ376.4
　目次　第1章「あゆみ」（創設者，青田強，父と子，師
　と弟子 ほか），第2章「全寮制が人間を育てる」（教
　育の問題はどこにあるのか，全寮制が土台を築く，
　全寮制が学力を伸ばす ほか）
『不登校が輝く―日生学園の挑戦2』青田進著
　教育出版センター　1995.11　190p　20cm
　1500円　④4-7632-5128-7　Ⓝ375.2
　目次　第1章 不登校って何だろう，第2章 子供はな
　ぜ不登校になったのか，第3章 これでは不登校は克
　服できない，第4章 不登校克服のためには，第5章
　不登校生との出会いを大切に，第6章 不登校克服の
　事例
『全寮制が輝く―日生学園の教育』青田進著

三重県

グローバル・メディア　2000.3　195p　19cm（日生教育叢書 2）1143円　①4-7632-5130-9　Ⓝ376.4

|目次| 第1章 日生学園が輝く（イギリスのパブリックスクールで、理想的な教育環境、個性発掘 ほか）、第2章 競争が個性を育てる（競争激化の時代に、競争が個性を育てる、競い合う学園 ほか）、第3章 二十一世紀を見据えた教育（転換点、転換は不可避、日本人の復興 ほか）

|内容| 厳しい時代を生き抜くには、生活の根底を見据えた教育が必要だ。英国のパブリックスクールが今も優秀な人材を送りだしていることに力を得た著者は、広大な自然の中に広がる日生学園を、21世紀を拓く創造的な教育実践の場とすべく立ち上がった。ユニークで力強い日生学園の教育の全貌を紹介する。

◆白山高等学校

『創立三十周年記念誌』三重県立白山高等学校　1989　155p　27cm　Ⓝ376.48

『愛千野に集う―創立50周年記念誌』三重県立白山高等学校編集　三重県立白山高等学校　2008.10　266p　30cm　Ⓝ376.48

『夢―第100回全国高等学校野球選手権記念大会甲子園出場記念誌』三重県立白山高等学校甲子園出場実行委員会　［2018］　50p　30cm　Ⓝ783.7

『下剋上球児―三重県立白山高校、甲子園までのミラクル』菊地高弘著　カンゼン　2019.3　255p　19cm　1500円　①978-4-86255-499-4　Ⓝ783.7

|目次| 雑草だらけのグラウンド、牛歩のごとく進まぬチーム、10年連続三重大会初戦敗退、真面目軍団と問題児軍団、一筋の光明と強豪の壁、8名の野球部顧問、過疎の町と野球部、三度目の正直、監督の手を離れるとき、日本一の下剋上、空に昇っていく大歓声、白山はなぜ甲子園に出られたのか

|内容| 10年連続、県大会初戦敗退の弱小校、かつて県内で一番対戦したくない"荒れた高校"がまさかの甲子園⁉学校も野球部も地元も熱狂！ ひと夏の青春ノンフィクション。

◆久居高等学校

『三重県立久居高等学校創立十周年記念誌』三重県立久居高等学校　1993　287p　27cm　Ⓝ376.48

◆久居農林高等学校

『創立七十周年を迎えて』三重県立久居農林高等学校　1974　43p　27cm　Ⓝ376.48

『80周年記念誌』三重県立久居農林高等学校　1984　90p　26cm　Ⓝ376.48

『久居農林八十年史』三重県立久居農林高等学校史編集委員会編　久居　三重県立久居農林高等学校創立80周年記念事業実行委員会　1985.2　368p　26cm〈書名は奥付による　標題紙等の書名：八十年史　限定版〉3000円　Ⓝ376.4

『90周年記念誌校史―この10年のあゆみ』三重県立久居農林高等学校校史編集委員会編　三重県立久居農林高等学校　1994.11　64p　26cm　Ⓝ376.48

『2002久居農林の熱い熱い夏―三重県立久居農林高等学校野球部甲子園出場記念誌』三重県立久居農林高等学校　2002.12　87p　30cm　Ⓝ783.7

『久居農林百年史』三重県立久居農林高等学校編集　三重県立久居農林高等学校内学校創立百周年記念事業実行委員会　2005.11　496p　31cm　Ⓝ376.48

◆松阪高等学校

『松阪高等学校九十年史』三重県立松阪高等学校編　松阪　三重県立松阪高等学校　2000.12　624p　27cm〈奥付のタイトル：松阪高等学校九〇年史　年表あり〉Ⓝ376.48

『松阪高等学校百年史―100th！ここに集ひしよろこび』三重県立松阪高等学校　三重県立松阪高等学校　2010.11　247p　30cm　Ⓝ376.48

『夢ありがとう―第94回全国高校野球選手権大会出場記念誌』三重県立松阪高等学校編集　三重県立松阪高等学校　2012.12　71p　30cm　Ⓝ783.7

◆松阪工業高等学校

『赤壁七十年史』三重県立松阪工業高校70周年記念誌編集委員会編　三重県立松阪工業高等学校　1972　138p　26cm　Ⓝ376.48

『赤壁八十年史抄』三重県立松阪工業高等学校編　三重同工会　1984　32p　30cm　Ⓝ376.48

『松阪工業高校八十年史』三重県立松阪工業高等学校　1985　611p　27cm　Ⓝ376.48

『赤壁八十年史』松阪　三重県立松阪工業高等学校　1985.8　611p　27cm〈背・奥付の書名：松阪工業高校八十年史　共同刊行：三重同工会〉Ⓝ376.4

『赤壁九十年の輝き』三重県立松阪工業高等学校　三重県立松阪工業高等学校　1991　202p　37cm　Ⓝ376.48

『松阪工業高校百年史』松阪　松阪工業高等学

校　2002.10　823p　27cm〈標題紙のタイトル：赤壁百年史　共同刊行：三重同工会〉Ⓝ376.48

◆松阪商業高等学校

『［三重県立松阪商業高等学校］六十周年記念誌』三重県立松阪商業高等学校編　三重県立松阪商業高等学校　1980.11　242p　26cm　Ⓝ376.48

『松阪商業高等学校八十周年記念誌』松商創立八十周年記念事業実行委員会編　三重県立松阪商業高等学校　2000.9　132, 23p　27cm　Ⓝ376.48

『松商百周年』三重県立松阪商業高等学校創立百周年記念事業実行委員会編　三重県立松阪商業高等学校創立百周年記念事業実行委員会　2020.12　206p　30cm　Ⓝ376.48

◆三重高等学校

『創立50周年記念誌―真剣味』梅村学園 三重中学校・三重高等学校創立50周年記念事業実行委員会編集　梅村学園三重中学校・三重高等学校　2011.11　55p　31cm　Ⓝ376.48

『甲子園で勝ち上がる全員力』中村好治著　竹書房　2019.3　207p　19cm　1600円　①978-4-8019-1808-5　Ⓝ783.7

目次　第1章 大阪桐蔭を二度も追い詰めた三重の『全員野球』(三重高校と野球部の歴史、なぜ、王者・大阪桐蔭を二度も追い詰めることができたのか ほか)、第2章 私が掲げる『全員野球』と「高校野球は7年間」の意味(三重県の勢力図と三重高校の野球、小中高大、社会人、すべての世代で監督を経験 ほか)、第3章 三重高校の『全員野球』とその指導法(「練習が楽しい」となぜ選手たちが言うのか？,「グラウンドで笑うな」は是か非か ほか)、第4章 甲子園で勝ち上がるための練習と育成術(三重高の練習は9割守備一守備重視でも打力は上がる、不名誉な「史上最多安打敗戦校」の記録が私を変えた ほか)、第5章 これからの三重高、そして三重県野球(2018年、センバツ準決勝で敗退した原因, 甲子園の戦い方(地方予選と甲子園の違い、一番打者とピッチャーの決め球 ほか)

内容　野球がうまい者だけが戦力ではない。「これだけは誰にも負けない」という者も貴重な戦力としてベンチに入れ、甲子園で何度も上位進出。全員で戦ってこそ高校野球。

◆三重県立水産高等学校

『三重県立水産高等学校創立百周年記念誌』創立百周年記念誌編集委員会編集　三重県立水産高等学校　2003.3　362p　26cm　Ⓝ376.48

『三重県立水産高等学校120年のあゆみ―質実剛健』三重県立水産高等学校120周年記念誌編集委員会編集　［三重県立水産高等学校］　2022.10　1冊　30cm　Ⓝ376.48

◆宮川高等学校

『せせらぎ―[三重県立宮川高等学校]創立50周年記念誌』三重県立宮川高等学校編　三重県立宮川高等学校創立50周年記念事業実行委員会　1999.3　128p　30cm　Ⓝ376.48

◆四日市高等学校

『四日市高等学校七十年史』三重県立四日市高等学校同窓会　1971　683p　27cm　Ⓝ376.48

『海と山―合同研究会20回のあゆみ』三重県立四日市高等学校生物部, 長野県松本深志高等学校博物会編　三重県立四日市高等学校生物部　1974.8　376p　22cm　Ⓝ460

『四高100年―写真集』四高100年写真集編纂委員会編　三重県立四日市高等学校創立100周年記念事業実行委員会　1999.9　140p　23cm　Ⓝ376.48

『白球追って―三重県立四日市高等学校野球部100年の歩み』三重県立四日市高等学校野球部創部100年史編纂委員会編　三重県立四日市高等学校野球部OB会　2000.8　148p　30cm　Ⓝ783.7

『四日市高等学校百年史』四日市高等学校百年史編集委員会編　四日市市　三重県立四日市高等学校創立100周年記念事業実行委員会　2001.7　1196p　27cm〈創立100周年記念事業〉Ⓝ376.48

『三重県立四日市高等学校通信制課程記念誌』四日市高等学校通信制記念誌編集委員会編集　三重県立四日市高等学校通信制課程　2006.1　82p 図版8p　30cm　Ⓝ376.48

◆四日市工業高等学校

『［三重県立四日市工業高等学校］七十年史』三重県立四日市工業高等学校創立70周年記念実行委員会編　三重県立四日市工業高等学校　［1991］　139p　27cm　Ⓝ376.48

『［三重県立四日市工業高等学校］設立75周年史』三重県立四日市工業高等学校鵜ノ森同窓会編　三重県立四日市工業高等学校　2002.5　210p　31cm　Ⓝ376.48

『四工10年の歩み―学校創立80周年を迎えて』三重県立四日市工業高等学校創立80周年記念実行委員会編　三重県立四日市工業高等学校　2002.10　85p　30cm　Ⓝ376.48

滋賀県

『四工創立100周年記念誌』三重県立四日市工業高等学校創立100周年記念事業実行委員会編集　三重県立四日市工業高等学校創立100周年記念事業実行委員会　2024.1　191p　31cm　Ⓝ376.48

◆四日市商業高等学校

『四日市商業高等学校80年史』三重県立四日市商業高等学校　1977　216p　27cm　Ⓝ376.48

『泗商創立90周年記念誌』泗商創立90周年記念誌編集委員会編　三重県立四日市商業高等学校　1986.11　195p　27cm　Ⓝ376.48

『泗商百年史』泗商百年史編集委員会編　四日市　三重県立四日市商業高等学校創立百周年記念事業協賛会　1996.10　884p　図版24p　27cm　非売品　Ⓝ376.48

『至誠―三重県立四日市商業高等学校創立110周年記念誌』創立110周年記念誌編集委員会編　四日市　三重県立四日市商業高等学校創立110周年記念事業実行委員会　2006.11　124p　30cm〈年表あり〉Ⓝ376.48

◆四日市中央工業高等学校

『[三重県立四日市中央工業高等学校]サッカー部20年の歩み』三重県立四日市中央工業高等学校サッカー部OB会編集　三重県立四日市中央工業高等学校サッカー部OB会　1984.3　221p　27cm　Ⓝ783.47

『三重県立四日市中央工業高等学校創立30周年記念誌』四日市　三重県立四日市中央工業高等学校　1991.10　176p　31cm〈書名は奥付による　背・表紙の書名：四中工三十年〉Ⓝ376.4

『三泳会二十年―三重県立四日市中央工業高等学校水球部二十周年記念誌』[三重県立四日市中央工業高等学校水球部20周年記念誌実行委員会]　[1993]　76p　27cm　Ⓝ785.4

『四中工五十年―工都奏で合う』四日市中央工業高等学校　2011.12　176p　31cm　Ⓝ376.48

『三重県立四日市中央工業高等学校サッカー部50年の歩み』三重県立四日市中央工業高等学校サッカー部OB会編集　三重県立四日市中央工業高等学校サッカー部OB会　2012.12　390p　26cm　Ⓝ783.47

◆四日市西高等学校

『三重県立四日市西高等学校記念誌』創立30周年記念事業実行委員会事務局編集　三重県立四日市西高等学校　2005.10　183p　図版22p　30cm　Ⓝ376.48

◆四日市農芸高等学校

『五十周年記念誌』三重県立四日市農芸高等学校　1979　131p　27cm　Ⓝ376.48

『創立80周年記念誌』創立80周年記念事業実行委員会編　三重県立四日市農芸高等学校　2010.3　184p　30cm　Ⓝ376.48

◆四日市南高等学校

『[三重県立四日市南高等学校]創立50周年記念誌―誇りを胸に』三重県立四日市南高等学校編集　三重県立四日市南高等学校　2009.2　168p　30cm　Ⓝ376.48

◆四日市四郷高等学校

『10周年記念誌』三重県立四日市四郷高等学校　1992　45p　30cm　Ⓝ376.48

『[三重県立四日市四郷高等学校]20周年記念誌―友よかがやけわが心もえよ』三重県立四日市四郷高等学校　2002.6　61p　30cm　Ⓝ376.48

『三重県立四日市四郷高等学校30周年記念誌―もっと高くもっと遠く』三重県立四日市四郷高等学校創立30周年記念実行委員会編集　三重県立四日市四郷高等学校創立30周年記念実行委員会　2012.9　49p　30cm　Ⓝ376.48

◆度会高等学校

『度会―度会高等学校独立10周年記念誌』三重県立度会高等学校編　三重県立度会高等学校　1984　288p　27cm　Ⓝ376.48

『夢―三重県立度会高等学校創立20周年記念誌』三重県立度会高等学校編　三重県立度会高等学校　1995.4　96p　26cm　Ⓝ376.48

『度会高校55年のあゆみ―度会高等学校30周年記念誌』三重県立度会高等学校　三重県立度会高等学校　2003.6　114p　30cm　Ⓝ376.48

滋賀県

◆安曇川高等学校

『滋賀県立安曇川高校演劇部23年のあゆみ』安

滋賀県

曇川町（滋賀県）滋賀県立安曇川高等学校演劇部　1998.6　244p　26cm〈背のタイトル：23年のあゆみ〉1700円　Ⓝ775.7

『飛躍―［滋賀県立安曇川高等学校］創立35周年記念誌』滋賀県立安曇川高等学校編集　安曇川　滋賀県立安曇川高等学校　2000　138p　30cm　非売品　Ⓝ376.4

『飛躍―創立50周年記念誌』滋賀県立安曇川高等学校創立50周年記念事業実行委員会記念誌編集委員会編　高島　滋賀県立安曇川高等学校　2017.3　154p　30cm〈書誌注記：年表あり　奥付のタイトル：滋賀県立安曇川高等学校創立50周年記念誌〉Ⓝ376.48

◆伊香高等学校

『伊香高校史　[1]』滋賀県立伊香高等学校ほか編集　木之本町　滋賀県立伊香高等学校　1971　640p　22cm　Ⓝ376.4

『伊香高校史　第2巻』滋賀県立伊香高等学校創立百周年記念事業実行委員会記念誌編纂委員会編　木之本町（滋賀県）滋賀県立伊香高等学校　1996.6　334p　27cm　Ⓝ376.48

◆石部高等学校

『石部高等学校創立10周年記念誌』創立10周年記念事業実行委員会編集　湖南　滋賀県立石部高等学校　2006　99p　30cm　非売品　Ⓝ376.4

◆石山高等学校

『［滋賀県立石山高等学校］記念誌20年の歩み』滋賀県立石山高等学校創立20周年記念事業実行委員会編　大津　滋賀県立石山高等学校　1982　50p　26cm　Ⓝ3764

『50年目の変革高きを仰げ―滋賀県立石山高等学校創立50周年記念誌』滋賀県立石山高等学校50周年記念誌委員会編　大津　滋賀県立石山高等学校　2014.2　224p　30cm〈書誌注記：年表あり　表紙のタイトル：創立50周年記念誌〉Ⓝ376.48

『滋賀県立石山高等学校音楽科創立50周年記念誌』50周年記念事業編　大津　滋賀県立石山高等学校　2019.2　32p　30cm

◆伊吹高等学校

『学窓―［滋賀県立伊吹高等学校］創立十周年記念誌』滋賀県立伊吹高等学校編集　山東町　滋賀県立伊吹高等学校　1992　510p　26cm〈背表紙：創立十周年記念誌〉非売品　Ⓝ376.4

『学窓―［滋賀県立伊吹高等学校］創立30周年記念誌』創立30周年記念誌編集委員会編集　米原　滋賀県立伊吹高等学校　2012.11　39p　30cm〈奥付の書名：滋賀県立息伊吹高等学校創立30周年記念誌, 背表紙の書名：創立30周年記念誌〉非売品　Ⓝ376.4

◆近江高等学校

『［近江高等学校］創立40周年記念誌』近江高等学校, 近江高等学校同窓会編　彦根　近江高等学校［ほか］　1977　133p　26cm　Ⓝ3764

『［近江高等学校］創立50周年記念誌』近江高等学校編　彦根　近江高等学校　1988　356p　27cm　Ⓝ376.4

『創立60周年記念誌近江高等学校』近江高等学校60周年記念誌編集委員会編集　彦根　近江高等学校　1998　202p　26cm　非売品　Ⓝ376.4

『［近江高等学校］創立70周年記念誌』70周年記念誌編纂委員会編集　彦根　近江高等学校　2008　234p　26cm　非売品　Ⓝ376.4

◆近江兄弟社高等学校

『躍進―甲子園初出場記念写真集　第75回全国高等学校野球選手権大会記念』エクポスタジオ編集　近江八幡　近江兄弟社学園　1993　1冊（頁付なし）31cm〈背表紙：「甲子園初出場記念写真集」〉Ⓝ783.7

『近江兄弟社学園をつくった女性　一柳満喜子』木村晟著　鎌倉　港の人　2012.8　124p　19cm〈書誌注記：年譜あり〉1400円　Ⓘ978-4-89629-252-7　Ⓝ289.1

『高橋虔と近江兄弟社学園』木村晟著　鎌倉　港の人　2012.8　172p　19cm〈書誌注記：作品目録あり　年譜あり〉1600円　Ⓘ978-4-89629-251-0　Ⓝ289.1

◆大津高等学校

『大津高校30年のあゆみ―滋賀県立大津高等学校30周年記念誌』滋賀県立大津高等学校30周年記念事業実行委員会編　大津　滋賀県立大津高等学校　1982　72p　26cm　Ⓝ3764

『欅朋―大津高校50年のあゆみ』滋賀県立大津高等学校50周年記念事業実行委員会編集　大津　滋賀県立大津高等学校　2002　138p　31cm　Ⓝ376.4

『大津高等学校創立70周年記念誌―あの3年間を見つけに行こう 3/70』滋賀県立大津高等

滋賀県

学校創立70周年記念事業実行委員会特別編集　大津　滋賀県立大津高等学校　2023.1　101p　30cm〈奥付タイトル：滋賀県立大津高等学校創立70周年記念誌〉非売品　Ⓝ376.4

◆大津商業高等学校

『［滋賀県立大津商業高等学校］創立七十周年記念誌』滋賀県立大津商業高等学校編　大津　滋賀県立大津商業高等学校　1975　271p　28cm　Ⓝ376.4

『［滋賀県立大津商業高等学校］創立80周年記念誌』滋賀県立大津商業高等学校創立80周年記念誌編集委員会編　大津　滋賀県立大津商業高等学校　1985　210p　26cm　Ⓝ376.4

『［滋賀県立大津商業高等学校］創立90周年記念誌』滋賀県立大津商業高等学校編集　大津　滋賀県立大津商業高等学校　1995　72p　26cm　Ⓝ376.4161

『滋賀県立大津商業高等学校創立100周年記念誌』滋賀県立大津商業高等学校創立100周年記念誌作成・発刊推進部編　大津　滋賀県立大津商業高等学校　2006.3　527p　27cm〈年表あり〉Ⓝ376.48

『創立110周年記念誌』創立百十周年記念誌作成委員会編集　大津　滋賀県立大津商業高等学校　2016.2　180p　27cm　Ⓝ376.4

『滋賀県立大津商業高等学校硬式野球部創部100周年記念部史』大津商業高等学校硬式野球部OB・OG会記念部史編集委員会編　大津　大津商業高等学校硬式野球部OB・OG会記念部史編集委員会　2023.3　173p　30cm　非売品　Ⓝ783.7

◆大津清陵高等学校

『［滋賀県立大津清陵高等学校］10年の歩み―県下初の単位制高校』滋賀県立大津清陵高等学校編　大津　滋賀県立大津清陵高等学校　2002　76p　30cm　非売品　Ⓝ376.4

◆大津中央高等学校

『螢雪45年』大津　滋賀県立大津中央高等学校　1995.3　142p　26cm　Ⓝ376.4

◆堅田高等学校

『堅高三十年史』滋賀県立堅田高等学校創立30周年記念事業実行委員会編集　大津　滋賀県立堅田高等学校創立30周年記念事業実行委員会　1979　85p　26cm　非売品　Ⓝ376.4

『雁翔―［滋賀県立堅田高等学校］創立五十周年記念誌』滋賀県立堅田高等学校創立50周年記念事業実行委員会記念誌部会編集　大津　滋賀県立堅田高等学校　1998　174p　27cm　非売品　Ⓝ376.4

◆鐘紡長浜高等学校

『鐘紡長浜高校史』鐘紡長浜高校史編纂委員会編集　長浜　鐘紡長浜高等学校　1988　312p　27cm　非売品　Ⓝ376.4

『鐘紡長浜高等学校の青春』井上とし著　ドメス出版　2012.4　298p　19cm〈書誌注記：文献あり　年譜あり〉2700円　①978-4-8107-0769-4　Ⓝ376.4161

目次　第1部　働きつつ学ぶ―鐘紡長浜高等学校の成立（鐘紡の概況と長浜工場女子労働者の状態、鐘紡長浜高等学校の設立、鐘紡長浜高等学校存立の危機、再び、存立の危機、事業場における教育の状況と社会的責任）、第2部　回想の鐘紡長浜高等学校（二つの流れ―私の体験した鐘紡長浜高校1、表現と現実―私の体験した鐘紡長浜高校2、労働者として―私の体験した鐘紡長浜高校3、二つの流れに抗して―私の体験した鐘紡長浜高校4）、第3部　変わりゆく定時制―鐘紡長浜高等学校の終焉（その後の鐘紡長浜高校―全入制導入、閉校―三九年間の歴史に幕）、資料編

内容　「それでも工場に高校が欲しい！」。60年前、カネボウ（滋賀県、長浜）にあった、働きながら学んだ定時制高等学校の記録。

◆河瀬高等学校

『滋賀県立河瀬高等学校創立40周年・滋賀県立河瀬中学校創立20周年記念誌』記念誌編集委員会編　彦根市　滋賀県立河瀬中学校・高等学校　2022.11　108p　30cm　非売品　Ⓝ376.4

◆草津高等学校

『草津高校五十年誌』草津　草津高等学校　1970　221p　図版　26cm〈編著者：草津高校50年誌編纂委員会〉非売　Ⓝ376.4

『草津高等学校七十周年記念誌』草津　七十周年記念事業実行委員会　1992.3　174p　30cm〈書名は奥付による　背・表紙の書名：創立70周年記念誌〉Ⓝ376.4

『翔―創立八十周年記念誌』創立80周年記念誌編集委員会編　草津　滋賀県立草津高等学校　2001.9　85p　30cm　Ⓝ376.48

◆甲西高等学校

『滋賀県立甲西高等学校創立20周年記念誌』記念誌編集委員会編　甲西町（滋賀県）　滋賀県

滋賀県

立甲西高等学校　2002.11　79p　30cm〈奥付・背のタイトル：創立20周年記念誌　年表あり〉Ⓝ376.48

『滋賀県立甲西高等学校創立30周年記念誌』湖南　滋賀県立甲西高等学校　2012.11　43p　30cm〈書名は奥付による.背の書名：創立30周年記念誌〉非売品　Ⓝ376.4

◆甲南高等学校

『［滋賀県立甲南高等学校］創立100周年記念誌』滋賀県立甲南高等学校創立100周年記念誌編集委員会編　甲南町　滋賀県立甲南高等学校創立100周年記念誌編集委員会　1989　198p　27cm　Ⓝ376.4

◆国際情報高等学校

『彩雲―［滋賀県立国際情報高等学校］創立20周年記念誌』創立20周年記念誌編集委員会編　栗東　滋賀県立国際情報高等学校　2007　119p　30cm　非売品　Ⓝ376.4

◆湖南高等学校

『滋賀県立湖南高等学校閉校記念誌――九六八（昭和四十三）年四月設立～一九九五（平成七）年三月閉校』滋賀県立湖南高等学校閉校記念誌編集委員会編　大津　滋賀県立湖南高等学校　1995.3　108p　30cm〈学びてともに　汗して生きん〉Ⓝ376.3

◆湖南農業高等学校

『滋賀県立湖南農業高等学校創立30周年記念誌』創立30周年記念事業記念誌係編　草津　滋賀県立湖南農業高等学校　2011.11　75p　30cm〈書誌注記：年表あり〉Ⓝ376.48

◆信楽高等学校

『滋賀県立信楽高等学校創立50周年記念誌』滋賀県立信楽高等学校50周年記念事業「記念誌」編集委員会編　信楽町　滋賀県立信楽高等学校　1998　93p　30cm　非売品　Ⓝ376.4161

『滋賀県立信楽高等学校創立70周年記念誌』甲賀　滋賀県立信楽高等学校　2018.11　64p　30cm〈書誌注記：年表あり〉Ⓝ376.48

◆膳所高等学校

『［滋賀県立膳所高等学校創立］八十年記念誌』滋賀県立膳所高等学校同窓会編　大津　滋賀県立膳所高等学校同窓会　1978　307p　26cm　Ⓝ3764

『琵琶湖'88―滋賀県立膳所高等学校通信制40周年記念誌』膳所高等学校通信制課程編集　大津　膳所高等学校通信制課程　1989　98p　26cm　Ⓝ376.4

『［滋賀県立膳所高等学校通信制課程］記念誌―「通教の友」総集編』滋賀県立膳所高等学校編集　大津　滋賀県立膳所高等学校　1995　152p　26cm〈表紙・奥付の副書名：通信制課程を閉じるにあたって〉非売品　Ⓝ376.4

『百年史―遵義の桜、咲いて100年：1898-1998』百年史記録部会編　大津　滋賀県立膳所高等学校創立百年記念事業実行委員会　1998.11　558p　27cm　Ⓝ376.48

『とらい―滋賀県立膳所高等学校ラグビー班50周年記念誌』50周年史編集部会編　大津　滋賀県立膳所高等学校ラグビーオールドボーイズ倶楽部　1999　157p　26cm　非売品　Ⓝ783.41

『石鹿の撓―膳所高校漕艇班の百年の歩み』石鹿艇友会編集委員編　大津　滋賀県立膳所高等学校漕艇班石鹿艇友会　2003　217p　30cm　非売品　Ⓝ785.5

『創立120周年記念誌―滋賀県立膳所高等学校：平成10年度―平成30年度』創立120周年記念誌編集部会編　大津　滋賀県立膳所高等学校　2018.11　135p　30cm　Ⓝ376.48

◆瀬田高等学校

『カレーライスと福神漬―文部大臣表彰を受けて』滋賀県立瀬田高等学校編　大津　滋賀県立瀬田高等学校　1985　59p　26cm

◆瀬田工業高等学校

『躍動―第52回選抜高等学校野球大会 瀬田工業高等学校野球部出場記念アルバム』滋賀県立瀬田工業高等学校編　大津　滋賀県立瀬田工業高等学校　1980　1冊　26cm　Ⓝ783.7

『瀬田工高五十年のあゆみ』瀬田工高創立50周年記念事業実行委員会編集　大津　滋賀県立瀬田工業高等学校　1989　232p　27cm　Ⓝ376.4

『夕照―ボート部60年史』滋賀県立瀬田工業高等学校ボート部OB夕照会編　大津　滋賀県立瀬田工業高等学校ボート部OB夕照会　2009　184p　30cm　非売品　Ⓝ785.6

『滋賀県立瀬田工業高等学校創立70周年記念誌』創立70周年記念誌委員会編　大津　滋賀県立瀬田工業高等学校　2009.10　105p　31cm

滋賀県

〈書名は奥付による〉Ⓝ376.4

◆高島高等学校

『［滋賀県立高島高等学校］60年のあゆみ』滋賀県立高島高等学校同窓会編集　今津町　滋賀県立高島高等学校　1979　86p　26cm　Ⓝ376.4

『滋賀県立高島高等学校創立90周年記念誌』滋賀県立高島高等学校同窓会編集　高島　滋賀県立高島高等学校　2010　93p　30cm　Ⓝ376.4

◆玉川高等学校

『白萩―［滋賀県立玉川高等学校］創立10周年記念誌』滋賀県立玉川高等学校編集　草津　滋賀県立玉川高等学校　1992　73p　26cm　非売品　Ⓝ376.4

◆虎姫高等学校

『虎高五十年史』「虎高五十年史」編集部編　虎姫町（滋賀県）　虎姫高等学校　1970　231p　図　26cm　非売　Ⓝ376.4

◆長浜高等学校

『［滋賀県立長浜高等学校］5年の歩み―竣工記念』滋賀県立長浜高等学校編集　長浜　滋賀県立長浜高等学校　1981　28p　22×25cm　非売品　Ⓝ376.4

『長浜高校十年の歩み』滋賀県立長浜高等学校十周年記念行事実行委員会編　長浜　滋賀県立長浜高等学校十周年記念行事実行委員会　1986　84p　26cm　Ⓝ376.4

◆長浜北高等学校

『記念誌―校史・名簿』長浜北高等学校編　長浜　長浜北高創立60周年記念事業実行委員会　1970　84, 256p　26cm　非売　Ⓝ376.4

『長浜北高百年史』滋賀県立長浜北高等学校創立100周年記念事業実行委員会編　長浜　長浜北高創立100周年記念事業実行委員会　2011　286p　30cm　非売品　Ⓝ376.4

◆長浜商工高等学校

『長浜商工高五十年誌』滋賀県立長浜商工高等学校編　長浜　滋賀県立長浜商工高等学校　1973　148p　26cm〈背の書名（誤植）：長浜商工五十年誌〉非売品　Ⓝ376.4

『長浜商工高校創立七十周年記念誌』滋賀県立長浜商工高等学校　1993　125p　27cm　Ⓝ376.4

◆長浜農業高等学校

『長農 20―創立80周年記念誌』滋賀県立長浜農業高等学校, 長農同窓会編　長浜　滋賀県立長浜農業高等学校［ほか］　1979　57, 43p　26cm　Ⓝ3764

『長農八十年史』滋賀県立長浜農業高等学校ほか編　長浜　滋賀県立長浜農業高等学校［ほか］　1979　262p　27cm　Ⓝ376.4

『長農百年史』滋賀県立長浜農業高等学校創立百周年記念事業実行委員百年史編纂部会編　長浜　滋賀県立長浜農業高等学校　1999　320p　27cm　非売品　Ⓝ376.4

『長農ボート百年史』長農ボート百年史刊行事業実行委員会, 長農ボート百年史編集委員会編集　長浜　長農ボート百年史刊行事業実行委員会　2006　224p　31cm〈共同発行：長農艇友会〉非売品　Ⓝ785.6

◆能登川高等学校

『［滋賀県立能登川高等学校］十周年記念誌』滋賀県立能登川高等学校記念誌編集委員会編　能登川町　滋賀県立能登川高等学校　1973　168p　26cm　Ⓝ376.4

『［滋賀県立能登川高等学校］創立30周年記念誌』滋賀県立能登川高等学校編集　能登川町　滋賀県立能登川高等学校　1994　74, 32p　26cm　Ⓝ376.4

◆八幡高等学校

『八高30年―創立30周年記念誌』滋賀県立八幡高等学校編　近江八幡　滋賀県立八幡高等学校　1985.11　94p　26cm〈付：(2枚)〉非売品　Ⓝ376.4

『衛生看護科36年の軌跡』滋賀県立八幡高等学校編集　近江八幡　滋賀県立八幡高等学校　2004　59p　30cm　非売品　Ⓝ376.4

◆八幡工業高等学校

『［滋賀県立八幡工業高等学校］十年の歩み』滋賀県立八幡工業高等学校編　近江八幡　滋賀県立八幡工業高等学校　1971　27p　26cm　Ⓝ376.4

『八工体育二十年の歩み』滋賀県立八幡工業高等学校保健体育科編集　近江八幡　滋賀県立八幡工業高等学校　1982　74p　26cm　Ⓝ780.6

『［滋賀県立八幡工業高等学校］創立50周年記念

滋賀県

誌』滋賀県立八幡工業高等学校編　近江八幡　滋賀県立八幡工業高等学校　2011　109p　31cm　Ⓝ376.4

◆八幡商業高等学校

『滋賀県立八幡商業高等学校―創立百周年記念総集編　1986』滋賀県立八幡商業高等学校編　近江八幡　滋賀県立八幡商業高等学校　1986　1冊　31cm　Ⓝ376.4

『八商百年史―滋賀県立八幡商業高等学校』八商百年史編集委員会編　近江八幡　八商創立百周年記念事業実行委員会　1986.11　437p　27cm　Ⓝ376.4

◆比叡山高等学校

『熱球六十年比叡山高等学校野球部史』木村新太郎編　大津　比叡山高校野球部OB会　1975　538p　19cm　非売品　Ⓝ783.7

◆東大津高等学校

『松陵―［滋賀県立東大津高等学校］創立十周年記念誌』滋賀県立東大津高等学校10周年記念実行委員会編　大津　滋賀県立東大津高等学校　1985　113p　26cm　Ⓝ376.4

『松陵―［滋賀県立東大津高等学校］創立30周年記念誌』滋賀県立東大津高等学校創立30周年記念誌実行委員会編集　大津　滋賀県立東大津高等学校　2005　95p　30cm　非売品　Ⓝ376.4

『創立40周年記念誌』滋賀県立東大津高等学校創立40周年記念事業実行委員会編　大津　滋賀県立東大津高等学校　2015.11　95p　30cm〈書誌注記：年表あり　奥付のタイトル：滋賀県立東大津高等学校創立40周年記念誌〉Ⓝ376.48

◆彦根工業高等学校

『忍冬―［彦根工業高等学校］建築科半世紀の歩み』彦工建築科創設50周年記念事業実行委員会編　彦根　彦工建築科創設50周年記念事業実行委員会　1988　82p　26cm　Ⓝ376.4

『Half Time』彦根工業高校ラグビーフットボール部編集　彦根　彦根工業高校ラクビーフットボール部　1996　81p　26cm〈創部35周年記念　村山久先生退職記念　平成7年度卒業記念〉Ⓝ783.48

『飛揚―［滋賀県立彦根工業高等学校］創立80周年記念誌』滋賀県立彦根工業高等学校創立80周年記念編集委員会編　彦根　滋賀県立彦根工業高等学校創立80周年記念事業委員会　2000　455p　31cm　非売品　Ⓝ376.4161

◆彦根商業高等学校

『心のハンドボール―汗と涙の足跡』滋賀県立彦根商業高等学校ハンドボール部編　彦根　滋賀県立彦根商業高等学校ハンドボール部　1986　206p　26cm〈創部十周年記念誌〉Ⓝ783.3

◆彦根翔陽高等学校

『芹水―創立30周年記念誌』滋賀県立彦根翔陽高等学校創立30周年記念誌編集委員会編　彦根　滋賀県立彦根翔陽高等学校　2004.11　136p　30cm　Ⓝ376.48

『芹水―滋賀県立彦根翔陽高等学校閉校記念誌』滋賀県立彦根翔陽高等学校閉校事業実行委員会編　彦根　滋賀県立彦根翔陽高等学校　2018.7　157p　30cm〈書誌注記：年表あり　奥付の出版年月：20018.7〉Ⓝ376.48

◆彦根西高等学校

『彦根西校百年史―滋賀県立彦根高等女学校より滋賀県立彦根西高等学校へ』彦根西校百年史編集委員会編　彦根　滋賀県立彦根西高等学校創立百周年記念事業実行委員会　1987.3　510p　28cm〈1886（明治19）～1986（昭和61）〉Ⓝ376.4

『彦根西高百三十年記念誌』滋賀県立彦根西高等学校閉校および130周年事業実行委員会編　彦根　滋賀県立彦根西高等学校　2018.7　147p　30cm〈書誌注記：年表あり　奥付のタイトル：滋賀県立彦根西高等学校130年記念誌〉Ⓝ376.48

◆彦根東高等学校

『百年の軌跡』滋賀県立彦根東高等学校編　彦根　滋賀県立彦根東高等学校　1987　49p　26cm〈略年譜：p48～49〉Ⓝ376.4

『彦根東高百二十年史』彦根東高校校史編纂委員会編　彦根　創立百二十周年記念事業実行委員会　1996.5　1383p　22cm　Ⓝ376.48

『創立140周年記念誌―平成8年（1996年）―平成28年（2016年）』彦根　滋賀県立彦根東高等学校創立140周年記念事業実行委員会　2016.10　96p　30cm〈書誌注記：年表あり　奥付のタイトル：滋賀県立彦根東高等学校創立140周年記念誌〉Ⓝ376.48

『六十八年のあゆみ』彦根　滋賀県立彦根東高

滋賀県

等学校定時制課程　2016.10　105p　30cm　〈書誌注記：年表あり〉Ⓝ376.48

◆日野高等学校

『［滋賀県立日野高等学校］創立90周年記念誌』滋賀県立日野高等学校90周年事業実行委員会編集　日野町　滋賀県立日野高等学校90周年事業実行委員会　1995　121p　26cm〈標題紙などの書名：創立90周年記念誌〉非売品　Ⓝ376.4161

『日野高校百年—蒲生野に文化の使命をにない一世紀』日野高等学校創立100周年記念事業実行委員会記念誌部会編集　日野町　滋賀県立日野高等学校　2006　219p　30cm　非売品　Ⓝ376.4

◆米原高等学校

『［滋賀県立米原高等学校］二十年記念誌』滋賀県立米原高等学校20年記念誌編集委員会編　近江町　滋賀県立米原高等学校　1983　94p　27cm　Ⓝ376.4

◆水口高等学校

『［滋賀県立水口高等学校］八十年記念誌　別冊』滋賀県立水口高等学校80周年記念誌編集委員会編　水口町　滋賀県立水口高等学校80周年記念誌編集委員会　1988　23p　26cm　Ⓝ376.4

『［滋賀県立水口高等学校］八十年記念誌』滋賀県立水口高等学校80周年記念誌編集委員会編　水口町　滋賀県立水口高等学校80周年記念誌編集委員会　1988　275p　27cm　Ⓝ376.4

『鹿深—創立100周年記念誌』創立100周年名簿・記念誌発行部会編　水口町（滋賀県）　滋賀県立水口高等学校創立100周年記念事業実行委員会　2009.3　256p　31cm〈書誌注記：年表あり〉Ⓝ376.48

◆守山高等学校

『創立10周年・創立50周年記念誌—滋賀県立守山中学校・高等学校』創立10周年・創立50周年記念事業実行委員会記念誌部・校内記念誌部編　守山　滋賀県立守山中学校　2013.9　131p　30cm〈書誌注記：年表あり　標題紙のタイトル：創立10周年・創立50周年を祝う　共同刊行：滋賀県立守山高等学校〉Ⓝ376.48

『創立60周年・創立20周年記念2023』創立60周年・創立20周年記念事業実行委員会記念誌部・校内記念誌部編集　守山　滋賀県立守山高等学校・中学校　2023.11　69p　30cm　〈書誌注記：年表あり〉Ⓝ376.48

◆守山北高等学校

『滋賀県立守山北高等学校40周年記念誌』滋賀県立守山北高等学校編　守山　滋賀県立守山北高等学校　2022.11　66p　30cm　Ⓝ185.5

◆守山市立守山女子高等学校

『Memories 30 Years—守山市立守山女子高等学校30周年記念誌』守山市立守山女子高等学校30周年実行委員会編集　守山　守山市立守山女子高等学校30周年実行委員会　1989　64p　30cm〈背の書名：三十年のあゆみ〉Ⓝ376.4

『守山のひと』改訂版　守山　［守山市立］守山女子高等学校　1997　64p　30cm　Ⓝ376.4

◆野洲高等学校

『滋賀県立野洲高等学校創立50周年記念誌』滋賀県立野洲高等学校創立50周年記念事業実行委員会編集　野洲町　滋賀県立野洲高等学校　1994　112p　167p　27cm　27cm〈書名は奥付による.標題紙・背の書名：創立50周年記念誌　沿革：p122〉Ⓝ376.4

◆八日市高等学校

『歴程——創立80周年—』滋賀県立八日市高等学校同窓会事務局編集　八日市　滋賀県立八日市高等学校　1988.10　38p　26cm　非売品　Ⓝ376.4

『滋賀県立八日市高等学校創立90周年記念誌』創立90周年記念誌編集委員会編　八日市　滋賀県立八日市高等学校　1998.9　312p　30cm〈標題紙・奥付のタイトル：創立90周年記念誌　表紙のタイトル：90周年〉Ⓝ376.48

『百年の軌跡—創立100周年記念誌』創立百周年記念事業実行委員会編集　東近江　滋賀県立八日市高等学校　2009　299p　30cm　Ⓝ376.4

◆八日市南高等学校

『南風—滋賀県立神崎農学校70周年滋賀県立八日市南高等学校40周年記念誌　三』記念事業実行委員会編集　東近江　滋賀県立八日市南高等学校　2014.11　87p　30cm　Ⓝ376.4

京都府

◆網野高等学校

『目で見る網高30年の歩み』網高創立30年記念誌編集委員会編集　網野町（京都府）　網高創立30周年記念行事実行委員会　1978.9　150p　26cm　250円　Ⓝ376.48

『網野高校四十年の歩み』創立40周年記念誌編集委員会, 京都府立網野高等学校記念同窓会編　網野町（京都府）　創立40周年記念誌発刊編集委員会　1989　197, 95p（おもに図）27cm　Ⓝ376.48

『京都府立網野高等学校記念誌』京都府立網野高等学校記念誌編集委員会編　京丹後　京都府立網野高等学校記念誌編集委員会　2023.7　47p　30cm〈部分タイトル：空と海と友と〉

◆綾部高等学校

『京都府立綾部高等学校創立百周年記念誌—1993』京都府立綾部高等学校創立百周年記念誌編集委員会編　綾部　京都府立綾部高等学校同窓会創立百周年記念事業実行委員会　1994.1　517, 101p　31cm〈書名は奥付等による　標題紙の書名：創立百周年記念誌〉Ⓝ376.4

『京都府立綾部高等学校創立百二十周年記念誌—百周年記念誌増補版』京都府立綾部高等学校同窓会創立百二十周年記念誌編纂委員会編　綾部　京都府立綾部高等学校同窓会創立百二十周年記念事業実行委員会　2014.2　62p　30cm〈書誌注記：年表あり〉Ⓝ376.48

『四尾山の夕映え』編集委員会企画編集　綾部　高校退職教職員有志　2018.4　138p　30cm　Ⓝ376.48

◆石原高等学校

『創立10周年記念誌』京都府立石原高等学校編　福知山　京都府立石原高等学校　1973　101p　図　21cm　Ⓝ376.48

『創立二十周年記念誌』京都府立石原高等学校編　福知山　京都府立石原高等学校　1983.3　44p　27cm　Ⓝ376.48

◆一燈園高等学校

『日本一小さな私立学校の大きなこころを育む教え』相大二郎著　PHPエディターズ・グループ　2020.6　263p　19cm　1500円　Ⓘ978-4-909417-45-9　Ⓝ376.48

◆宇治学園

『宇治学園50年史』宇治学園50年史編纂委員会編纂　京都　立命館　1996.3　299p　31cm〈編集・制作：宇治学園50年史編集委員会　付：宇治学園略年表〉1900円　Ⓝ376.48

◆鴨沂高等学校

『鴨沂—〜memories〜想い出のアルバム　『鴨沂の今—そして未来へ–』』京都府教育庁管理部総務企画課企画広報担当編　京都　京都府教育庁管理部総務企画課企画広報担当　[2014]　49p　30cm　Ⓝ376.48

『京都府立第一高女と鴨沂高校』拝師暢彦著　拝師暢彦　2017.2　143, 47p　21cm〈書誌注記：文献あり　書誌注記：年表あり〉1500円　Ⓘ978-4-9902596-1-7　Ⓝ376.4162

『学校の文化資源の「創造」』村野正景編　東大阪　学校資料研究会　2020.3　111p　30cm（京都府立鴨沂高等学校所在資料の発見と活用 1）〈書誌注記：文献あり　共同刊行：京都府立鴨沂高等学校京都文化科〉Ⓝ374.79

『「学校博物館」を成長させる』村野正景編集　東大阪　学校資料研究会　2023.3　94p　30cm（京都府立鴨沂高等学校所在資料の発見と活用 2）〈書誌注記：文献あり　出版者注記：京都府立鴨沂高等学校京都文化科〉Ⓝ374.79

◆大江高等学校

『創立八十周年記念誌』京都府立大江高等学校編　大江町（京都府）　京都府立大江高等学校　1988　100p　図　26cm　Ⓝ376.48

『創立百周年記念誌』京都府立大江高等学校創立百周年記念事業実行委員会編　福知山　京都府立大江高等学校　2010.3　180p　30cm〈年表あり〉Ⓝ376.48

◆大谷高等学校

『大谷100年—写真集　1875〜1974』大谷中学校, 大谷高等学校編　京都　大谷中・高等学校　1974.11　118p　29cm　250円　Ⓝ376.38

『大谷中高等学校百年史』京都　大谷中・高等学校　1974.11　481p　22cm〈折り込2枚　年表あり〉Ⓝ376.48

『大谷この10年の歩み—教育講演集　1985（昭和60）年〜1994（平成6）年　創立120周年記念誌』京都　大谷中・高等学校　1994.10

京都府

377p　27cm　Ⓝ376.4

『大谷高等学校柔道部五十五年史』大谷和雄，河内昭圓編　京都　大谷高等学校柔道部史刊行発起人会　2007.9　404p　22cm〈発行所：大谷中・高等学校柔道部　年表あり〉Ⓝ789.2

◆乙訓高等学校

『乙訓―創立二十周年記念』京都府立乙訓高等学校編　長岡京　京都府立乙訓高等学校　1983　186p 図 地図　26cm　Ⓝ376.48

◆華頂女子高等学校

『華頂女子中学高等学校七十年史』京都　華頂学園　1982.11　480p　22cm〈折り込図1枚〉非売品　Ⓝ376.4

◆亀岡高等学校

『記念誌―三十七年間のおもいで 農業科・農業土木科』記念誌編集委員会編集　亀岡　京都府立亀岡高等学校記念事業委員会　1985　348p　27cm〈農場37年史：p14〜50〉Ⓝ376.48

◆加悦谷高等学校

『創立25周年記念誌―京都府立加悦谷高等学校』京都府立加悦谷高等学校創立25周年記念誌編集委員会編集　（野田川町）京都　京都府立加悦谷高等学校同窓会　1973.9　271p 図 肖像　22cm〈沿革表：p261〜268〉Ⓝ376.48

『定時制36年の歩み―定時制課程閉校記念誌』閉校記念行事実行委員会編　野田川町（京都府）京都府立加悦谷高等学校定時制　1984.3　185p　26cm〈奥付の書名：京都府立加悦谷高等学校定時制課程閉校記念誌36年の歩み〉350円　Ⓝ376.48

◆木津高等学校

『京都府立木津高等学校写真でみる80年のあゆみ』80周年記念誌編集委員会編集　木津町（京都）京都府立木津高等学校創立80周年記念事業協賛会　1982.1　64p　21×30cm〈奥付の書名：写真でみる80年のあゆみ〉150円　Ⓝ376.48

◆木津高等学校和束分校

『和束分校40年のあゆみ』京都府立木津高等学校和束分校編　和束町（京都府）京都府立木津高等学校和束分校　1989　137p　26cm　Ⓝ376.48

◆北桑田高等学校美山分校

『たにし学校―ふるさとづくりと教育の再生を求めて』村山隆著　あゆみ出版　1986.10　245p　19cm　1300円　Ⓝ376.4

⟦目次⟧序章 過疎地に実現した昼間定時制高校, 1章 荒廃休耕田をよみがえらそう, 2章 地域から学ぶ科学・文化と生きる力, 3章 地域に生きる卒業生たち, 4章 社会教育との結びつきもとめて, 終章 北桑田に生きる教師たち

⟦内容⟧昼間定時制高校とは、金曜、土曜の社会労働と月曜から木曜までの授業を両立させ、4年間で卒業させる制度。京都府北桑田美山分校は現在、生徒数56人（農業科22人、家政科34人）である。

◆北嵯峨高等学校

『十星霜―北嵯峨高等学校創立10周年記念誌』創立10周年記念事業委員会編　京都　京都府立北嵯峨高等学校　1984　35p　25×25cm〈書名は背・表紙による.奥付の書名：創立10周年記念誌「十星霜」〉Ⓝ376.48

◆京都学園高等学校

『創立90周年記念誌―京都学園中学高等学校の歩み』創立90周年記念事業記念誌部会編　京都　京都光楠学園　2015.10　164p　30cm〈書誌注記：年表あり〉Ⓝ376.48

◆京都教育大学教育学部附属高等学校

『京都教育大学教育学部附属高等学校創立20周年記念誌』京都教育大学教育学部附属高等学校創立20周年記念事業委員会編　京都　京都教育大学教育学部附属高等学校　1985.3　392p　27cm〈書名は奥付による 標題紙の書名：20周年記念誌 背・表紙の書名：附高二十年誌〉Ⓝ376.4

◆京都共栄学園高等学校

『学校法人共栄学園五十年のあゆみ』京都共栄学園中学・高等学校編　福知山　共栄学園　1998.12　121p　30cm　1800円　Ⓝ376.38

◆京都商業高等学校

『京商・その人たち』京都学園編　京都　京都学園　1985　76p　22cm〈「京都学園六十年誌」別冊〉非売品　Ⓝ376.48

◆京都市立音楽高等学校

『京都市立音楽高等学校―青春の思い出と音楽を愛する人達への珠玉のメッセージ』京都市立音楽高等学校編集委員会編　京都　京都市

立音楽高等学校　2007.10　48p　30cm〈沿革：p48　創立60周年記念事業〉非売品　Ⓝ376.48

◆京都市立西京高等学校

『光かゝげて―夜空に集い星と学ぶ：閉制記念誌』京都　京都市立西京高等学校定時制　2023.3　191p　30cm〈書誌注記：年表あり　部分タイトル：京都市立西京高等学校定時制閉制記念誌〉非売品　Ⓝ376.48

◆京都市立西京商業高等学校

『光かかげて―創立三十周年記念誌』京都　京都市立西京商業高等学校定時制　1979.2　135p　26cm　Ⓝ376.4

『創立三十周年記念誌』京都　京都市立西京商業高等学校　1979.3　502p　27cm　Ⓝ376.4

『京一商百周年記念誌』京一商同窓会編, 京一商百周年記念誌編集委員会編集　京都　京一商同窓会　1986.8　389p　27cm　800円　Ⓝ376.48

◆京都市立第二商業学校

『京二商史―同窓会発足九十周年記念』京二商史編集委員会編　京都　大来会　2003.5　288p　図版28枚　27cm〈年表あり〉非売品　Ⓝ376.4

◆京都市立銅駝美術工芸高等学校

『銅駝校150年のあゆみ』銅駝自治連合会, 銅駝校150周年実行委員会編　京都　銅駝自治連合会, 銅駝校150周年実行委員会　2019.11　18p　26cm〈銅駝校略年表：p12, 主要参考文献：p18〉Ⓝ376.48

◆京都市立伏見商業高等学校

『激動の春秋―我が学舎の27年史　同窓会20年の歩み　並びに同窓会員名簿改訂版』伏見商業学校・京都市立第三商業学校同窓会20周年事業実行委員会編集　京都　伏見商業学校・京都市立第三商業学校同窓会20周年事業実行委員会事務局　2002.5　94p　30cm　Ⓝ376.4162

◆京都市立堀川高等学校

『京都市立堀川高等学校音楽科創立30周年記念誌』京都市立堀川高等学校音楽科創立30周年記念誌編集委員会編　京都　京都市立堀川高等学校音楽科　1982.11　295p　26cm　Ⓝ376.48

『京都市立堀川高等学校定時制創立50周年記念誌』京都市立堀川高等学校定時制創立50周年記念誌編集委員会編　京都　京都市立堀川高等学校定時制　1999.3　275p　26cm　非売品　Ⓝ376.48

『夕陽とともに―京都市立堀川高等学校定時制閉制記念誌』京都市立堀川高等学校定時制閉制事業実行委員会編　京都　京都市立堀川高等学校定時制　2001.3　213p　26cm　1100円　Ⓝ376.48

『奇跡と呼ばれた学校―国公立大合格者30倍のひみつ』荒瀬克己著　朝日新聞社　2007.1　212p　18cm（朝日新書）700円　Ⓘ978-4-02-273125-8　Ⓝ376.4162

内容　日本でいちばん「躍進」している公立高校の校長が, 自分の教育論を縦横無尽に語る。「すべては君の『知りたい』から始まる」というモットーを掲げ, 2002年, 国公立大学合格者をひとケタから一挙100人以上に。「教育はサービス業, 生徒はお客さん」と公言する, その実践例を公開。京都の革新市政時代は組合の「闘士」だった熱血校長の, 自伝かつ決意表明の一冊。

◆京都市立洛陽工業高等学校

『洛陽工高創立百周年記念誌―京都市立洛陽工業高等学校』京都市立洛陽工業高等学校創立百周年記念事業実行委員会編　京都　京都市立洛陽工業高等学校創立百周年記念事業実行委員会　[1986]　32p　26cm　50円　Ⓝ376.48

『洛陽工高百年史』洛陽工高百年史編集委員会編　京都　京都市立洛陽工業高等学校創立百周年記念事業協賛会　1986.12　655p　27cm〈付（別冊32p 26cm）年表：p617～655　付：主な参考文献〉Ⓝ376.4

『働き学んだ青春―洛陽定時制記念誌』洛陽定時制記念誌編集委員会編　京都　洛陽定時制記念誌編集委員会　2011.5　326p　27cm〈年表あり〉Ⓝ376.48

『京都市立洛陽工業高等学校閉校記念誌』京都市立洛陽工業高等学校閉校記念誌編集委員会編　京都　京都市教育委員会指導部学校指導課　2018.10　9, 68p　30cm〈書誌注記：年表あり〉Ⓝ376.48

◆京都すばる高等学校

『京都府立京都すばる高等学校創立30周年記念誌』創立30周年記念誌編集委員会編　京都　京都府立京都すばる高等学校　2014.12　57p　30cm〈タイトルは奥付から. 背のタイトル：創立30周年記念誌　府商デパート・京都すばるデパートの歩み：p39〉Ⓝ376.48

京都府

◆京都精華学園高等学校

『京都精華学園高校のマネジメント術―サッカーを楽しむ心を育てて勝つ』越智健一郎著　竹書房　2020.9　206p　19cm　1700円　Ⓘ978-4-8019-2389-8　Ⓝ783.47

[目次]第1章 笑顔で楽しくサッカーをする「京都精華スタイル」、第2章 越智がしてきた数々の「仕掛け」、第3章 サッカーもビジネスも「ベースは同じ」、第4章 影響を受けた「スゴイ」指導者、第5章 子どもを伸ばす「越智流コミュニケーション術」、第6章 関係者が語る「京都精華」のサッカーとは？

[内容]常識にとらわれない様々な「仕掛け」で"好き"と"勝利"を両立させる異端の指導メソッド。無人島で思い出作り、卒部式でファッションショー、全国大会直前に部員全員でディズニーランド、怪我しないように年間のオフ90日…いつまでもサッカーを好きでいさせるためのアプローチ。

◆京都精華女子高等学校

『精華七十年史』精華七十年史編纂委員会編　京都　京都精華女子高等学校　1974　410p　図12枚　22cm　非売品　Ⓝ376.4

『精華八十年史―七十年史後の十年間』精華八十年史編纂委員会編　京都　京都精華女子高等学校　1984.11　120p　21cm　非売品　Ⓝ376.4

『精華百年史』精華百年史編纂委員会編　京都　京都精華女子中学高等学校　2005.11　668p　図版24枚　22cm〈年表あり〉非売品　Ⓝ376.38

◆京都橘高等学校

『組織の中で個を生かす京都橘イズム』米澤一成著　竹書房　2021.12　212p　19cm　1600円　Ⓘ978-4-8019-2890-9　Ⓝ783.47

[目次]01 京都橘からプロ入りした10人、02 選手権で旋風を巻き起こす、03 全国常連へと成長、04 サッカーと日本舞踊の両立、05 指導者人生の始まり、06 タチバナスタイル、07 特別対談

[内容]ボールを保持しながら攻守にイニシアチブを握るサッカーで全国高校サッカー選手権2012年準優勝、2013年ベスト4、インターハイ2019年ベスト4進出！「同じやるなら楽しく」をモットーに京都橘高校サッカー部を全国有数の強豪校へと育てた指揮官のチームマネジメント術。

◆京都府立海洋高等学校

『京都府立海洋高等学校創立百周年記念誌』京都府立海洋高等学校創立百周年記念誌部会編　宮津　京都府立海洋高等学校創立百周年記念事業実行委員会　1999.10　316p　27cm　1600円　Ⓝ376.48

◆京都府立水産高等学校

『創立八十周年記念誌』京都府立水産高等学校創立80周年記念誌編集委員会編集　宮津　京都府立水産高等学校　1979　103p　図　肖像　26cm　Ⓝ376.48

◆京都文教高等学校

『家政学園創立七十周年記念誌』70周年記念誌編集委員会編　京都　家政学園　1974.10　129p　25cm　300円　Ⓝ376.38

◆京都明徳高等学校

『明徳学園六十年史』明徳学園明徳商業高等学校編　京都　明徳学園明徳商業高等学校　1980.11　375p　22cm〈タイトルは奥付による　標題紙・背のタイトル：明徳六十年史　折り込2枚　年表あり〉非売品　Ⓝ376.48

『明徳学園70年のあゆみ―記念誌』明徳学園記念誌編集委員会編、荒木爾良編集責任　京都　明徳学園　1992.5　128p　31cm〈書誌注記：年表あり〉Ⓝ376.48

『明徳学園八十年史』明徳学園創立八〇周年記念事業会事務局編　京都　明徳学園創立八〇周年記念事業会事務局　2001.10　787p　22cm〈書誌注記：年表あり　折り込1枚〉Ⓝ376.48

『明徳学園百年史』明徳学園百年史編集委員会編集　京都　明徳学園　2021.10　37, 793p　22cm〈書誌注記：年表あり　書誌注記：文献あり〉Ⓝ376.48

◆京都八幡高等学校

『創立10周年記念誌―京都府立京都八幡高等学校』京都府立京都八幡高等学校創立10周年記念事業実行委員会編集　八幡　京都府立京都八幡高等学校　2016.10　31p　30cm〈タイトルは奥付等による．標題紙のタイトル：10年の歩み〉Ⓝ376.48

◆京都両洋高等学校

『中根正親先生回想録―中根式速記創始者・両洋学園創設者』中根正親先生回想録刊行会編　京都　中根正親先生回想録刊行会　1986.3　352p　22cm〈書誌注記：年譜あり　肖像あり〉Ⓝ289.1

◆久美浜高等学校

『創立八十周年記念誌』創立80周年記念誌編集委員会編集　久美浜町（京都府）　創立80周年記念事業推進委員会　1982.11　207p　27cm

京都府

450円　Ⓝ376.48

『星霜―創立百周年記念誌』久美浜高校100周年記念誌編集委員会編集　久美浜町（京都府）京都府立久美浜高等学校同窓会　2003.4　174p　31cm〈奥付の書名：久美浜高等学校創立100周年記念誌　沿革史久美高100年のあゆみ：p6〜14, 歴代校長一覧（肖像）：p15〜16〉Ⓝ376.48

◆久御山高等学校

『飛翔―京都府立久御山高等学校十周年記念誌』十周年記念事業推進関係者会議編集　久御山町（京都府）京都府立久御山高等学校　1989　71p（図とも）　22×19cm〈付：あゆみ〉Ⓝ376.48

◆向陽高等学校

『向陽高校のあゆみ』京都府立向陽高等学校編　京都　京都府立向陽高等学校　[1976]　128p　26cm　200円　Ⓝ376.48

『新しい明日へ』京都府立向陽高等学校10周年記念誌編集委員会編集　向日　京都府立向陽高等学校　1984.11　111p　22cm〈京都府立向陽高等学校10周年記念誌〉200円　Ⓝ376.48

◆嵯峨野高等学校

『創立70周年記念誌』70周年記念誌編集委員編　京都　京都府立嵯峨野高等学校　[2022]　32p　30cm〈表紙の書名：温故知新〉Ⓝ376.48

◆須知高等学校

『京都府農牧学校創設百周年記念誌』京都府立須知高等学校編　丹波町（京都府）京都府立須知高等学校　1976　50p　26cm　100円　Ⓝ376.48

『黒ぼくの大地に記した足跡』京都府立須知高等学校編　丹波町（京都府）京都府立須知高等学校同窓会　1988.11　100p　26cm〈表題紙の書名：京都府農牧学校110周年郡立実業学校80周年京都府立須知高等学校40周年記念誌〉200円　Ⓝ376.48

『創立70周年記念誌―聴け高原に鐘は響く』京都府立須知高等学校創立記念事業実行委員会編　京丹波町（京都府）京都府立須知高等学校　2017.12　104p　30cm〈書誌注記：年表あり　奥付のタイトル：京都府立須知高等学校創立70周年記念誌〉Ⓝ376.48

◆須知高等学校和知分校

『和知分校三十三年の歩み』京都府立須知高等学校和知分校編, 和知分校閉校に伴う記念事業準備委員会記念誌編集委員会編集　和知町（京都府）京都府立須知高等学校和知分校　1981　158p（図共）　26cm　Ⓝ376.4

◆城南高等学校

『[京都府立城南高等女学校同窓会京都府立城南高等学校同窓会]創立50周年記念誌』記念誌編集委員会編　宇治　創立50周年記念事業実行委員会　1993.3　174, 20p　27cm　1000円　Ⓝ376.48

◆城南菱創高等学校

『京都府立城南菱創高等学校創立10周年記念誌』京都府立城南菱創高等学校創立10周年記念事業実行委員会編　宇治　京都府立城南菱創高等学校　2018.10　35p　30cm

◆城陽高等学校

『陽―創立十周年記念誌』京都府立城陽高等学校編　城陽　京都府立城陽高等学校　1982　124p　図　26cm　Ⓝ376.48

◆朱雀高等学校

『ああ朱雀―新制高校誕生の記録』「学制改革」を記録する会編　京都　かもがわ出版　1993.10　184p　22cm〈関連年表：p182〜184〉1600円　①4-87699-102-2　Ⓝ376.4

◆成安女子高等学校

『京都成安女子学園関係資料目録　1』京都　成安女子短期大学図書館　1980.6　44p　27cm〈学園創立60年記念〉Ⓝ376.4

『京都成安女子学園関係資料目録　3』京都　成安女子学園60年史編集委員会　1981.2　108p　20×27cm　Ⓝ376.4

◆成美学苑

『成美学苑百年のあゆみ』成美学苑編, 泉仁一郎執筆　福知山　成美学苑　1970.10　396p　22cm〈付：年表〉650円　Ⓝ376.48

◆園部高等学校

『櫻ヶ丘百年の歩み―公孫樹のもとに学びし若人たち　創立百周年記念略誌』京都府立園部高等学校創立百年記念誌編集委員会編　園部町（京都府）京都府立園部高等学校　1988.9

36p 図　26cm〈共同出版：京都府立園部高等学校櫻ヶ丘同窓会〉Ⓝ376.48

『公孫樹―京都府立園部高等学校創立120周年記念誌』京都府立園部高等学校創立120周年記念誌編集委員会編集　南丹　京都府立園部高等学校創立120周年記念事業実行委員会　2009.4　335p　31cm〈書名は奥付による.背の書名：京都府立園部高等学校創立百二十周年記念誌　沿革史：p40～43, 92～93, p132～133, p166～167, p202～203, p236～237, p264～265〉Ⓝ376.48

◆田辺高等学校

『創立30周年記念誌』京都府立田辺高等学校編　田辺町（京都府）　京都府立田辺高等学校　1993　79p　30cm　500円　Ⓝ376.48

◆同志社女子高等学校

『同志社女子部の百年―同志社女子中学校同志社女子高等学校』同志社女子部創立百周年記念誌編集委員会編集　京都　同志社女子部創立百周年記念誌編集委員会　1978　199p　図版19枚　27cm　Ⓝ376.48

『黎明館・希望館―Doshisha Girls' Junior and Senior High School』岡田佳那子撮影・構成　京都　同志社女子中学校・高等学校　2016.3　1冊（ページ付なし）19×19cm　Ⓝ526.37

◆東稜高等学校

『東稜―創立三周年のあゆみ』京都府立東稜高等学校編　京都　京都府立東稜高等学校　1980.3　139p　21cm〈背の書名：創立三周年のあゆみ〉350円　Ⓝ376.48

『創立十周年記念誌』創立十周年記念誌委員会編　京都　京都府立東稜高等学校　1986.9　148p　25cm　Ⓝ376.4

◆鳥羽高等学校

『京二中創立八十周年記念誌』京二中同窓会編　京都　京二中同窓会　1979　305p　図　19cm　Ⓝ376.48

◆南丹高等学校

『京都府立南丹高等学校創立十周年記念誌』記念誌編集会議編　亀岡　京都府立南丹高等学校　1989.9　64p　26cm（真実の道）〈京都府立南丹高等学校略年表：p62～63〉Ⓝ376.48

『京都府立南丹高等学校創立30周年記念誌』京都府立南丹高等学校創立30周年記念事業実行委員会編　亀岡　京都府立南丹高等学校創立30周年記念事業実行委員会　2008.10　56p　30cm（真実の道　第3集）Ⓝ376.48

◆南陽高等学校

『創立十周年記念誌―京都府立南陽高等学校』木津町（京都府）　京都府立南陽高等学校　1995.11　71p　26cm〈書誌注記：年表あり　タイトルは標題紙・背による〉Ⓝ376.48

『南陽二十年のあゆみ―創立二十周年記念誌』木津町（京都府）　京都府立南陽高等学校　2005.12　46p　26cm〈書誌注記：年表あり　タイトルは標題紙による〉Ⓝ376.48

『南陽三十年のあゆみ―創立三十周年記念誌』木津川　京都府立南陽高等学校　2015.11　43p　26cm〈書誌注記：年表あり　タイトルは標題紙による〉Ⓝ376.48

◆西宇治高等学校

『創立10周年記念誌』記念誌編集委員会編　京都　京都府立西宇治高等学校　1986.10　72p　25cm　Ⓝ376.48

◆西舞鶴高等学校

『翔鶴―舞中創立五十周年記念誌』京都府立西舞鶴高等学校創立五十周年記念校誌編集委員会編　舞鶴　京都府立西舞鶴高等学校双鶴同窓会　1972.12　153p　21cm　Ⓝ376.4

◆東宇治高等学校

『全国大会出場記念　1980』京都府立東宇治高等学校編　宇治　京都府立東宇治高等学校　［1981］　31p　26cm　50円　Ⓝ780.69

『東宇治高校の十年』記念誌編集委員会編　宇治　開校十周年記念事業実行委員会　1983　157p（図とも）25cm　Ⓝ376.48

◆東舞鶴高等学校

『泉源―創立50周年記念誌』記念誌編集委員会編　舞鶴　京都府立東舞鶴高等学校　1990.11　248p　31cm〈沿革概要：p231～235〉Ⓝ376.48

◆東山高等学校

『東山高等学校卓球部五十年誌』京都　東山高等学校卓球部OB会　1990.10　408p　27cm〈インターハイ四十回連続出場記念　編纂：小谷肇, 今井良春〉Ⓝ783.6

京都府

『東山高等学校硬式野球部百年史』東山高等学校硬式野球部百年史編纂委員編纂　京都　東山高等学校硬式野球部OB会　2003.4　372p　27cm　非売品　Ⓝ783.7

『東山卓球の叡知―my goal』今井良春著　卓球王国　2006.8　180p　30cm〈書誌注記：年表あり〉1700円　①4-901638-22-X　Ⓝ783.6

　目次　第1章 東山の指導者として45年（指導者キャリアスタート（1955年～）、中国ジュニアの初来日（1964年～）ほか）、第2章 練習の指導プラン（今井ノートその1・東山の練習計画プログラム、今井ノートその2・東山の練習内容 ほか）、第3章 インターハイを戦うために（インターハイまでの準備、インターハイでの戦い方 ほか）、第4章 コラム（技術・練習法、国際大会・世界選手権大会 ほか）、最終章（高校卓球名勝負・名選手物語、東山高等学校卓球部・年表（1951～2000年）ほか）

　内容　「監督は心理学者だ」。高校卓球界の名門チームを率いた知将。その半世紀以上にわたる伝統と革新の真髄とは何か。

『東山高等学校卓球部七十年誌―インターハイ六十回連続出場記念』東山高等学校卓球部OB会、東山高等学校卓球部編　京都　東山高等学校卓球部OB会　2010.10　190p　30cm　Ⓝ783.6

『東山中学・高等学校創立150周年記念誌』『創立150周年記念誌』編集委員会編　京都　佛教教育学園東山中学　2018.10　157p　31cm〈書誌注記：年表あり　共同刊行：佛教教育学園東山高等学校〉Ⓝ376.48

◆福知山高等学校

『福知山高校70周年記念誌』創立70周年記念校誌編纂委員会編　福知山　京都府立福知山高等学校　1973　253p 図　26cm　Ⓝ376.48

『学窓の灯よさようなら　1948～1984』京都府立福知山高等学校定時制（中心校夜間部）編　福知山　京都府立福知山高等学校　［1984］86p　26cm　Ⓝ376.48

◆伏見工業高等学校

『落ちこぼれ軍団の奇跡―伏見工高 "ラグビー日本一"にみる教育の原点』馬場信浩著　光文社　1981.9　267p　18cm（Kappa novels ドキュメントシリーズ―真実こそ最高のドラマである）630円　Ⓝ783.48

『スクール・ウォーズ―落ちこぼれ軍団の奇跡』馬場信浩著　光文社　1985.12　259p　16cm（光文社文庫）〈『落ちこぼれ軍団の奇跡』（昭和56年刊）の改題〉340円　①4-334-70274-0　Ⓝ783.48

『花園が燃えた日―高校ラグビー北野vs.伏見工』鎮勝也著　論創社　2013.5　254p　20cm　1600円　①978-4-8460-1246-5　Ⓝ783.48

　目次　第1章 史上最多の観衆―先制、第2章 エース―拮抗、第3章 指導者―戦略、第4章 頭脳的ラグビー―逆転、第5章 歴史―同点、第6章 テレビマン―奇襲、第7章 新聞―失敗、第8章 ノーサイド―決着

　内容　46年ぶりの花園出場に沸く大阪・北野高校。『スクール☆ウォーズ』で一躍全国区になった京都・伏見工業高校。大阪vs.京都、古豪vs.新興、肛門科医師vs.カリスマ監督。対照的な両校の対戦に、収容人数を大きく上回る人々が詰めかけ、スタジアムは異様な熱気に包まれた。劇的なゲーム展開に花園が揺れた伝説の名勝負を描くノンフィクション。

『伏見工業伝説―泣き虫先生と不良生徒の絆』益子浩一著　文藝春秋　2021.9　239p　16cm（文春文庫　ま42-1）710円　①978-4-16-791756-2　Ⓝ783.48

　目次　序章 一人の教師の物語、第1章 伏見工業の産声、第2章 京都一のワルが入学、第3章 "弥栄の清悟"が高校日本代表へ、第4章 平尾誠二と初の全国制覇、第5章 山口良治の原点、第6章 全国初優勝から二度目の栄冠へ、第7章 受け継がれる伏見工業の系譜、おわりに 伝説は、生き続ける、文庫化特別親子対談 小畑道弘×小畑健太郎

　内容　昭和50年代、酒やタバコに喧嘩、教師への暴力が蔓延していた伏見工業高校。教師として赴任した元ラグビー全日本代表の山口良治は、ラグビー部の監督となり、初の公式戦で0 - 112の屈辱的大敗を喫してしまう。この日から伏見工業の伝説が始まった―。ドラマ「スクール☆ウォーズ」のモデルとなったラグビー部の奇跡と絆の物語。

◆平安高等学校

『平安野球部史』平安高等学校野球部史編集委員会編纂　京都　平安学園　1985.10　472p　図版39枚　27cm　非売品　Ⓝ783.7

『平安学園120年記念誌』創立120周年記念誌編集委員会編　京都　平安高等学校・中学校　1996.10　388p　27cm〈標題紙・背・表紙のタイトル：平安学園120年〉Ⓝ376.48

『平安野球部100年史』龍谷大学付属平安高等学校野球部史編集委員会編纂　京都　平安学園　2008.11　670p　27cm〈年表あり〉非売品　Ⓝ783.7

◆北稜高等学校

『京都府立北稜高等学校創立十周年記念誌』京都府立北稜高等学校編　京都　京都府立北稜高等学校　1989.10　40p　26cm　100円　Ⓝ376.48

京都府

◆南京都高等学校

『南京都学園三十年誌』南京都学園編　精華町（京都府）南京都学園　1987.11　349p　22cm　非売品　Ⓝ376.4

『遺されたもの―南京都高校ボクシング部の物語』後藤創平　大阪　ブレーンセンター　2022.11　306p　20cm〈書誌注記：年表あり〉2000円　①978-4-8339-0271-7　Ⓝ788.3

目次　序章 恩師の教え、第1章 武元前川、第2章 夢に描いた五輪、第3章 立派な社会人に、第4章 プロの世界へ、第5章 最期のとき、終章 帰ってくる場所

◆南八幡高等学校

『創立十周年記念誌―友情・情熱・実践』記念誌編集委員会編集　八幡　京都府立南八幡高等学校　1992　72p（図とも）26cm〈共同刊行：京都府立南八幡高等学校PTA、京都府立南八幡高等学校同窓会〉376.48

『南八幡の空高く―京都府立南八幡高等学校記念誌』記念誌編集委員会編　八幡　京都府立南八幡高等学校　2007.3　76p　30cm〈年表あり〉Ⓝ376.48

◆峰山高等学校

『夜間定時制44年のあゆみ』京都府立峰山高等学校編　峰山町（京都府）京都府立峰山高等学校　1992.3　132p　27cm　Ⓝ376.4162

『がんばれ峰高！　燃えろ丹後!!―第71回選抜高等学校野球大会出場記念』京都府立峰山高等学校編　峰山町（京都府）京都府立峰山高等学校選抜甲子園出場支援推進会　1999　68p　30cm　Ⓝ783.7

『がんばれ峰高！　燃えろ丹後!!―第71回選抜高等学校野球大会出場記念　別冊』京都府立峰山高等学校編　峰山町（京都府）京都府立峰山高等学校選抜甲子園出場支援推進会　1999　416p　30cm〈報道にみる平成11年春の選抜〉Ⓝ783.7

『未来へ輝く伝統と歴史―峰山高等学校創立100周年記念誌』記念誌部会企画・編集　峰山町（京都府）記念事業実行委員会　2023.4　303p　30cm　Ⓝ376.48

◆峰山高等学校弥栄分校

『定時制課程閉校記念誌―37年のあゆみ』閉校記念事業実行委員会事務局編　弥栄町（京都府）京都府立峰山高等学校弥栄分校　1985　310p　27cm　Ⓝ376.48

◆宮津高等学校

『京都府立宮津高等学校創立八十周年記念誌』宮津　京都府立宮津高等学校創立80周年記念事業実行委員会　1984.3　311p　27cm〈背の書名：創立八十周年記念誌〉Ⓝ376.4

『創立百周年記念誌』創立100周年記念事業実行委員会記念誌部会編　宮津　創立100周年記念事業実行委員会　2004.3　307p　31cm〈年表あり〉Ⓝ376.48

◆桃山高等学校

『車石―京都府立桃山高等学校創立50周年記念誌』京都府立桃山高等学校創立50周年記念誌委員会編集　京都　京都府立桃山高等学校　1998.10　86p　30cm〈共同刊行：京都府立桃山高等学校PTA、桃山同窓会　年譜：p14～16〉Ⓝ376.48

『京都府立桃山高等学校創立100周年記念誌』桃山同窓会、京都府立桃山高等学校、京都府立桃山高等学校PTA編　京都　桃山同窓会　2018.3　305p　30cm〈別冊付録：桃山同窓会・母校創立100周年記念事業ご協賛広告集、箱入〉Ⓝ376.48

◆山城高等学校

『京三中山城高創立60周年記念号』双陵同窓会編　京都　双陵同窓会　1971　336p　図　22cm〈標題紙：母校創立六十周年記念号、書名は奥付による〉Ⓝ376.48

『月下に学べり―京都府立三中夜間中学・双陵中学校・京都府立山城高等学校定時制記念誌』京都府立山城高等学校編　京都　京都府立山城高等学校定時制　2000.3　153p　27cm　800円　Ⓝ376.48

『京三中山城高創立百年記念誌』京三中・山城高同窓会記念誌編集委員会編　京都　京三中・山城高同窓会　2006.5　430p　27cm〈年表あり〉Ⓝ376.48

◆八幡高等学校

『創立十周年記念誌』京都府立八幡高等学校編　八幡　京都府立八幡高等学校　1981.3　78p　26cm　150円　Ⓝ376.48

『軌跡―八幡高校の歩んできた36年　京都府立八幡高等学校記念誌』京都府立八幡高等学校編　八幡　京都府立八幡高等学校　2007.3　47p　30cm〈年表あり〉Ⓝ376.48

京都府

◆洛西高等学校

『洛西の丘に―創立三周年記念誌』京都府立洛西高等学校編　京都　京都府立洛西高等学校　1983.10　54p　31cm　150円　Ⓝ376.48

『洛西―創立十周年記念誌　平成元年度』京都府立洛西高等学校創立十周年記念誌編集委員会編集　京都　京都府立洛西高等学校創立十周年記念実行委員会　1989.9　128p　26cm〈背の書名：創立十周年記念誌　付：年表〉300円　Ⓝ376.48

『京都府立洛西高等学校　創立40周年記念誌』京都府立洛西高等学校40周年記念事業実行委員会編　京都　京都府立洛西高等学校　2019.10　22p　30cm

◆洛東高等学校

『創立20周年記念誌』京都府立洛東高等学校編　京都　京都府立洛東高等学校　1974　140p　22cm　Ⓝ376.48

『開校30周年記念誌』開校30周年記念事業実行委員会編　京都　京都府立洛東高等学校　1984.2　119p　21cm　200円　Ⓝ376.48

◆洛南高等学校

『洛南の歩み―校名改称60周年記念：学校法人真言宗洛南学園洛南高等学校：1962-2022』洛南高等学校改称60周年記念誌編纂室編集　京都　真言宗洛南学園　2022.10　78p　30cm〈書誌注記：年表あり〉Ⓝ376.48

◆洛北高等学校

『京一中洛北高校百年史』編集：校史編集委員会　京都　京一中100周年洛北高校20周年記念事業委員会　1972　718p　図　22cm　Ⓝ376.4

『洛北高校外史―キャンパス25年』洛北高校外史編集委員会編　京都　洛北高校新聞局OB会　1976　74p　26cm〈洛北高校新聞縮刷版別冊〉Ⓝ376.4

『洛北高校10年のあゆみ　1971～1980』本校十年誌編集委員会編　京都　京都府立洛北高等学校　1982.11　53p　26cm　Ⓝ376.48

『獰猛の意気』秦乾太郎著　京都　京一中洛北高校同窓会　1983.2　223p　19cm〈著者の肖像あり　京一中の体育スポーツ略年譜：p203～207〉Ⓝ376.48

『下鴨校舎70年の軌跡―京都府立京都第一中学校・京都府立洛北高等学校　昭和2年（1927）～平成10年（1998年）』本永友彦著　京都　京一中洛北高校同窓会　2003.5　20p　26×37cm

『今この瞬間に全力をつくせ！―洛北高校でのハンドボール指導23年』楠本繁生著　スポーツイベント，グローバル教育出版〔発売〕　2012.1　223p　19cm　2381円　①978-4-901524-74-2

目次　第1章 2人の恩師との出会い，第2章 指導者として全国大会へ，第3章 失敗を糧に前進，第4章 揺るぎない信念で日本一へ，第5章 日本一はスタートライン，第6章 インターハイ2連覇達成，第7章 さらに上へ，第8章 信念，哲学とともに

内容　『今この瞬間に全力を尽くせ』のモットーを掲げ，23年間にわたって京都府立洛北高校女子ハンドボールを率いて上へ，前へ進み続け，女子高校界初のインターハイ4連覇や2年連続高校3冠を達成。それまで全国大会出場経験のなかった公立高校の生徒たちの意識や取り巻く環境をエネルギッシュに変え，何度も日本一に輝いた名将から，次世代にハンドボールの魅力を伝えている指導者も，あらゆる年代層，立場で悩んだり，壁にぶつかっている人々へのメッセージ，ヒントが込められた一冊。

『われら自由の学び舎に育ち―京都一中百五十周年記念』稲垣真美，熊谷かおり編著　京都　ミネルヴァ書房　2018.12　402p　20cm〈書誌注記：年譜あり〉2500円　①978-4-623-08394-7　Ⓝ376.48

目次　第1部 科学と哲学の彼岸―科学・思想編，第2部 国の内外，乱ありて治一内政・外交編，第3部 衆先和他・京の商法―経済・社会編，第4部 学究は戦禍を怖れず―学術・交友編，第5部 探検・踏査は研学の始まり―土木・植林・探検編，第6部 言語空間の深化目指して―文化・芸術編

内容　湯川秀樹，朝永振一郎，木村素衛，木下道雄，熊谷直清，大塚久雄，新村猛，北村泰一ほか―京都一中（現洛北高校）卒業生の作品・随想20余本を厳選。鮮烈にそれぞれの言葉をよみがえらせる。

◆立命館高等学校

『Warm Heartからはじめよう―中高生がつないだ復興支援の輪』立命館中学校・高等学校震災復興支援プロジェクト編　京都　かもがわ出版　2015.7　96p　21cm　1000円　①978-4-7803-0776-4　Ⓝ369.31

目次　第1章 あの日からWARM HEART（2011年3月11日14時46分，2011年3月11日～2012年3月，2012年4月～2013年，2013年4月～2014年，2014年3月～2015年），第2章 RIVIOの取り組み（阪神淡路大震災から生まれたRIVIO，RIVIOの挑戦，20歳になったRIVIO），第3章 石巻で出会った人たちの言葉（阿部純さんが語るあの日のこと，そして…，阿部かつ江さんが語るあの日のこと，そして…，緊急消防援助隊として支援を行った根本真澄さん，ボランティアの堀渉平さん，ボランティアの岡田和志さ

大阪府

ん, "詩 まゆかへ" 千葉毬雄君』, 第4章 未来を信じ未来に生きる—Active Learnersの巣立ち

◆龍谷大学付属平安高等学校

『龍谷大平安高校野球部—甲子園最多出場の超古豪：Since 1908』ベースボール・マガジン社　2014.11　97p　29cm〈B.B.MOOK 1128—高校野球名門校シリーズ 6〉1389円
①978-4-583-62205-7

『龍谷大平安高校野球部—甲子園最多出場の超古豪』ベースボール・マガジン社　2015.11　175p　19cm〈高校野球名門校シリーズハンディ版 6〉〈2014年刊の再編集〉1300円
①978-4-583-10917-6　Ⓝ783.7

[目次] 1 甲子園最多出場の超古豪—伝統と誇りを胸にHEIANスピリット健在〈伝統を守り続ける超古豪 96勝は全国2位タイ—龍谷大学附属平安高等学校＆野球部紹介, 平安出身プロ野球OB SPECIAL TALK ほか〉, 2 受け継がれる伝統の平安魂〈OB会長が語る「名門」を背負う責任 中村康裕（1956年度）,「古豪復活」のけん引役 原田英彦監督 ほか〉, 3 甲子園の頂点に立った栄光のV4（1938年夏（第24回大会）1951年夏（第33回大会） ほか〉, 4 保存版・龍谷大平安高校野球部 DATA FILE〈春・夏甲子園大会72回出場完全データ, 学校別甲子園通算勝敗 ほか〉

『「情熱」の教え方—龍谷大平安・原田流「がんばれる人」を育てるために大切なこと』原田英彦著　日本実業出版社　2023.6　276p　19cm　1650円　①978-4-534-06022-8　Ⓝ783.7

[目次] 第1章 リーダーの務めとは何か, 第2章 愛情をもって指導する, 第3章 選手の育成に大切なこと, 第4章 今どきの子どもの育て方, 第5章 守るべきもの, 変えていくもの, 最終章 指導者が持つべき信念

[内容] これが「原田流」、「熱く」「愛情」を持って人を育てる方法。全国制覇1回, 甲子園通算31勝。凋落の名門を完全復活させた名将が教える「人を伸ばす」極意。

大阪府

◆芥川高等学校

『十周年記念誌あくたがわ』十周年記念誌編集委員会編集　高槻　大阪府立芥川高等学校　1989　106p　26cm〈背の書名：10周年記念誌〉Ⓝ376.48

『大阪府立芥川高等学校創立30周年記念誌』創立30周年記念誌編集委員会編集　高槻　大阪府立芥川高等学校　2009.11　81p　30cm〈タイトルは奥付による. 標題紙等のタイトル：創立三十周年記念誌〉Ⓝ376.48

◆旭高等学校

『旭の20年』校史編集委員会編集　大阪　大阪府立旭高等学校　1972　148p　21cm〈旭校の歩み：p5～10〉Ⓝ376.48

『旭30』旭高創立30周年記念誌編集委員会編集　大阪　大阪府立旭高等学校　1982.4　50p　25cm〈沿革の概要：p31～33〉Ⓝ376.48

◆阿武野高等学校

『阿武野—創立三十周年記念誌』大阪府立阿武野高等学校創立30周年記念誌編集委員会編集　高槻　大阪府立阿武野高等学校創立30周年記念実行委員会　2012.10　67p　30cm〈タイトルは背・表紙による. 標題紙・奥付のタイトル：創立30周年記念誌〉Ⓝ376.48

◆阿倍野高等学校

『阿倍野高校新校舎竣工・創立65年記念誌』大阪府立阿倍野高等学校65周年記念誌編集委員会編集　大阪　大阪府立阿倍野高等学校　1987.11　52p　26cm〈表紙のタイトル：新校舎竣工・創立65周年〉Ⓝ376.48

◆生野高等学校

『六十年史』大阪府立生野高等学校創立60周年記念事業実行委員会記念誌編集委員会編集　松原　大阪府立生野高等学校　1980　249p　26cm〈学校沿革概要：巻頭〉Ⓝ376.48

『七十年史』大阪府立生野高等学校創立70周年記念事業実行委員会記念誌編集委員会編集　松原　大阪府立生野高等学校　1990　255p　26cm〈学校沿革概要：p6～7〉Ⓝ376.48

『八十年史』大阪府立生野高等学校創立80周年記念事業実行委員会記念誌編集委員会編集　松原　大阪府立生野高等学校創立80周年記念事業実行委員会　2001.1　227p　26cm　Ⓝ376.48

『大阪府立生野高等学校九十年史』大阪府立生野高等学校90周年記念誌委員会編　松原　大阪府立生野高等学校90周年記念事業実行委員会　2010.10　106p　30cm〈背のタイトル：九十年史　年表あり〉Ⓝ376.48

『生野百年史』大阪府立生野高等学校創立100周年記念事業実行委員会編集　松原　大阪府立生野高等学校創立100周年記念事業実行委員会　2021.3　670p　27cm〈書誌注記：年表

大阪府

あり〉Ⓝ376.48

◆池島高等学校

『10周年記念誌』創立10周年記念誌実行委員会編集委員　東大阪　池島高校創立10周年記念行事実行委員会　1984.10　85p　26cm〈沿革：p23〉Ⓝ376.48

『碧空―創立30周年記念誌』創立30周年記念誌編集委員会編集　東大阪　大阪府立池島高等学校　2004.11　90p　30cm〈背のタイトル：創立30周年記念誌〉Ⓝ376.48

『池島36年の歩み』大阪府立池島高等学校編　東大阪　大阪府立池島高等学校記念事業実行委員会　2010.3　72p　30cm〈奥付のタイトル：大阪府立池島高等学校記念「池島36年の歩み」　沿革概要：p10〉Ⓝ376.48

◆池田高等学校

『承風―創立40周年記念誌』創立40周年記念事業実行委員会編　池田　大阪府立池田高等学校　1980.3　1冊　26cm　Ⓝ376.48

『池田五十年史』大阪府立池田高等学校校史編纂委員会編著　池田　五十年記念事業実行委員会　1990.3　1704p　27cm〈付（1枚）〉Ⓝ376.4

◆池田北高等学校

『池田北―創立5周年記念写真誌』5周年記念写真誌編集委員会編集　池田　大阪府立池田北高等学校　1989.2　24p　26cm　Ⓝ376.48

◆泉尾高等学校

『創立50周年記念誌』大阪府立泉尾高等学校・50周年記念誌編集委員会編集　大阪　大阪府立泉尾高等学校　1971　90p　21×22cm〈沿革史：p8～9〉Ⓝ376.48

『60周年記念誌　1981』創立60周年記念誌編集委員会編　大阪　大阪府立泉尾高等学校　1981.6　57, 6p　26cm〈背のタイトル：創立60周年記念誌　沿革：p4～5〉Ⓝ376.48

『創立70周年記念誌』創立70周年記念誌編集委員会編　大阪　大阪府立泉尾高等学校　1991.6　176p　26cm　Ⓝ376.48

『創立80周年記念誌―Izuo 2001』創立80周年記念誌編集委員会編集　大阪　大阪府立泉尾高等学校　2001.9　111p　30cm　Ⓝ376.48

◆和泉高等学校

『創立70年の歩み』創立70周年記念誌編集委員会編集　岸和田　大阪府立和泉高等学校　1971　40p　22×30cm〈沿革概要：p4～8〉非売品　Ⓝ376.48

『創立十周年記念誌』創立10周年記念誌編集委員会編集　岸和田　大阪府立和泉高等学校定時制家政科　1976　74p　26cm〈家政科の沿革：p18～19〉Ⓝ376.48

『大阪府立和泉高等学校80周年記念誌』80周年記念誌編集委員会編集　岸和田　大阪府立和泉高等学校　1981.11　53p　26cm〈タイトルは奥付による．標題紙・表紙のタイトル：80周年記念誌　沿革概要：p25～26〉Ⓝ376.48

『二十年のあゆみ』二十年のあゆみ編集委員会編　岸和田　大阪府立和泉高等学校定時制の課程家政科　1986　126p　26cm〈家政科の沿革：p10～30〉Ⓝ376.48

『三十二年の軌跡』大阪府立和泉高等学校定時制家政科閉課記念誌編集委員会編　岸和田　大阪府立和泉高等学校定時制の課程家政科　1998.3　129p　26cm　Ⓝ376.48

『和泉高校目で見る百年―1901-2000』大阪府立和泉高等学校校史編纂委員会編　岸和田　大阪府立和泉高等学校　2000.11　45p　30cm　Ⓝ376.48

『和泉高校百年誌―泉南高女・岸和田高女・和泉の百年』大阪府立和泉高等学校校史編纂委員会編　岸和田　大阪府立和泉高等学校創立100周年記念事業実行委員会　2001.6　1374p　27cm　Ⓝ376.48

『和泉高校定時制の軌跡』大阪府立和泉高等学校定時制記念事業実行委員会編　岸和田　大阪府立和泉高等学校定時制の課程普通科　2008.3　67p　30cm〈略年表：p49～51〉Ⓝ376.48

◆泉大津高等学校

『創立30周年史』泉大津　大阪府立泉大津高等学校　［1971］　1冊（ページ付なし）26cm〈おもに図〉Ⓝ376.48

『創立40周年記念誌』40周年記念誌編集委員会編　泉大津　大阪府立泉大津高等学校　1981.11　96p　27cm　Ⓝ376.48

『創立50周年記念誌』50周年記念誌編集委員会編　泉大津　大阪府立泉大津高等学校　1991.11　118p　26cm〈年表あり〉Ⓝ376.48

『創立60周年記念誌』60周年記念誌編集委員会

大阪府

編　泉大津　大阪府立泉大津高等学校　2001.11　97p　30cm　Ⓝ376.48

◆和泉工業高等学校

『和泉工高創立20周年記念誌』大阪府立和泉工業高等学校編　和泉　大阪府立和泉工業高等学校　1982　29p　26cm〈書名は奥付による．標題紙の書名：創立20周年記念誌　沿革：p4〜5〉Ⓝ376.48

◆泉鳥取高等学校

『ハナミズキ―創立10周年記念誌』創立10周年記念誌編集委員会編　阪南　大阪府立泉鳥取高等学校　1985.11　56p　26cm〈沿革：p8〉Ⓝ376.4

『花水木―創立20周年記念誌』20周年記念誌編集小委員会編　阪南　大阪府立泉鳥取高等学校　1995.10　99p　26cm　Ⓝ376.48

◆磯島高等学校

『大阪府立磯島高等学校閉校記念誌』大阪府立磯島高等学校編　枚方　大阪府立磯島高等学校記念事業実行委員会　2006.2　59, 334p　30cm〈背のタイトル：閉校記念誌, 表紙のタイトル：磯島高閉校記念誌　沿革：巻頭p14〉Ⓝ376.48

◆市岡高等学校

『市岡創立八十周年記念誌』市岡創立八十周年記念誌編集委員会編　大阪　大阪府立市岡高等学校　1981.10　68p　25cm〈書名は表紙による．標題紙の書名：創立八十周年記念史〉Ⓝ376.48

『田竜50周年記念誌』市岡高校（定時制）50周年記念誌編集委員会編　大阪　大阪府立市岡高等学校（定時制）1983　82p　26cm〈年表：p78〜81〉Ⓝ376.48

『校舎改築記念誌』改築記念式典実行委員会編集　大阪　大阪府立市岡高等学校　1986　1冊　31cm　Ⓝ376.48

『青春の三本線―市岡野球部八十年史　上』市岡野球倶楽部編集　大阪　市岡野球倶楽部　1988　342p　27cm　非売品　Ⓝ783.7

『青春の三本線―市岡野球部八十年史　下』市岡野球倶楽部編集　大阪　市岡野球倶楽部　1988　187p　27cm　非売品　Ⓝ783.7

『創立九十周年記念誌』市岡創立九十周年記念誌編集委員会編　大阪　大阪府立市岡高等学校　1991.11　112p　26cm　Ⓝ376.48

『65年の輝き―我らの市岡』大阪府立市岡高等学校編　大阪　大阪府立市岡高等学校定時制課程閉校記念誌編纂委員会　1998.3　139p　26cm〈学校沿革：p134〜139〉Ⓝ376.48

『市岡サッカークラブ80年史―大阪府立市岡中学校蹴球部大阪府立市岡高等学校サッカー部』大阪　大阪府立市岡高等学校サッカークラブ　2000.12　113p　26cm　非売品　Ⓝ783.47

『大阪府立市岡中学校高等学校百年―大阪府立市岡高等学校創立百周年記念誌』大阪府立市岡高等学校編　紀伊國屋書店　2005.8　698p　図版20p　31cm〈背のタイトル：大阪府立市岡高等学校創立百周年記念誌　発行者：市岡高等学校百周年記念事業委員会　旧制大阪府立市岡中学校年表新制大阪府立市岡高等学校年表：p493〜643, 市岡高校の百年：巻末〉Ⓝ376.48

『大阪府立市岡高等学校創立百拾周年記念誌』大阪　市岡高等学校百拾周年記念事業実行委員会／記念誌委員会　2011.11　104p　30cm〈背のタイトル：創立百拾周年記念誌〉Ⓝ376.48

◆茨木高等学校

『創立八十年誌』記念誌編集委員会編集　茨木　大阪府立茨木高等学校　1975　1冊　26cm〈沿革・現況：巻末〉Ⓝ376.48

『創立九十周年記念誌―大阪府立茨木高等学校』大阪府立茨木高等学校記念誌編集委員会編集　茨木　大阪府立茨木高等学校　1985.10　124p　26cm　Ⓝ376.48

『「茨木高校100年の歩み」展―写真で綴る』茨木　大阪府立茨木高等学校　[1995]　1冊　26cm〈会期・会場：平成7年11月1日〜11月30日　茨木市立川端康成文学館, 主催：大阪府立茨木高等学校　茨木高等学校久敬会〉Ⓝ376.48

『茨木高校百年史』大阪府立茨木高等学校校史編纂委員会編著　茨木　創立百周年記念事業実行委員会　1995.11　1271p　27cm　Ⓝ376.4

『天つ空見よ―茨高創立100周年記念誌』大阪府立茨木高等学校久敬会百周年記念誌「天つ空見よ」編集委員会編集　茨木　大阪府立茨木高等学校久敬会　1995.11　240p　26cm〈年表：p10〜35〉Ⓝ376.48

『百年の歩み―大阪府立茨木高等学校』大阪府立茨木高等学校百年の歩み編集委員会編集　茨木　大阪府立茨木高等学校　1995.11　66p　30cm　Ⓝ376.48

『世紀を越えて―茨木高校創立110周年記念誌』

大阪府

茨木高校創立110周年記念誌編纂委員会, 茨木高校同窓会「久敬会」編集　茨木　大阪府立茨木高等学校　2005.10　163p　26cm　Ⓝ376.48

『茨高120周年誌—1895-2015』　大阪府立茨木高等学校校史編纂委員会, 久敬会編　茨木　大阪府立茨木高等学校　2016.2　146p　30cm〈書誌注記：年表あり〉Ⓝ376.48

◆茨木西高等学校

『十周年記念誌　昭和六十年』10周年記念誌編集委員会編　茨木　大阪府立茨木西高等学校　1985.11　62p　26cm　Ⓝ376.48

『二十周年記念誌』20周年記念誌編集委員会編集　茨木　大阪府立茨木西高等学校　1995.11　71p　26cm〈書名は背・表紙による.標題紙の書名：創立20周年記念誌〉Ⓝ376.48

◆茨木東高等学校

『大阪府立茨木東高等学校五周年記念誌』五周年記念誌編集委員会編集　茨木　大阪府立茨木東高等学校　1984.2　48p　26cm〈書名は奥付による.標題紙等の書名：五周年記念誌　沿革の概要：p11〜12〉Ⓝ376.48

◆今宮高等学校

『今宮高校定時制課程 "30年のあゆみ"』大阪府立今宮高等学校定時制課程編集　大阪　大阪府立今宮高等学校定時制課程　1972　116p　26cm〈表紙の書名：30年のあゆみ　沿革概要：章頭, 大阪府夜間学校略年表：p89〜90〉Ⓝ376.48

『いまみや—なにわ文化と今宮』今宮高校記念誌編集委員会編　大阪　今宮高校記念誌編集委員会　1976.11　129p　25cm〈大阪府立今宮高等学校七十周年記念誌〉Ⓝ376.4

『創立八十周年記念誌』大阪府立今宮高等学校創立80周年記念誌編集委員会編集　大阪　大阪府立今宮高等学校創立80周年記念事業委員会　1986.11　148p　26cm　Ⓝ376.48

『大阪府立今宮高等学校創立90周年記念誌』大阪府立今宮高等学校創立90周年記念誌編集委員会編集　大阪　大阪府立今宮高等学校創立90周年記念事業委員会　1996.11　128p　26cm〈奥付の書名：創立九十周年記念誌 今宮90年史：p10〜35〉Ⓝ376.48

『今宮史記—百年の歩み』大阪　大阪府立今宮高等学校創立100周年記念誌部会　2008.5　295p　27cm〈年表あり〉Ⓝ376.48

『今宮高校創立110年史—総合学科20年の歩み』大阪　大阪府立今宮高等学校　2016.10　149p　26cm〈書誌注記：年表あり　奥付のタイトル：大阪府立今宮高等学校110周年記念誌〉Ⓝ376.48

◆今宮工科高等学校

『今工百周年—1914-2014』創立百周年記念誌係編　大阪　大阪府立今宮工科高等学校　2014.10　377p　31cm〈書誌注記：年表あり　標題紙のタイトル：今工100年のあゆみ〉Ⓝ376.48

◆今宮工業高等学校

『今工70年史』創立70周年記念誌部編集　大阪　大阪府立今宮工業高等学校　1984.10　114p　22cm　Ⓝ376.48

『今工80年史』創立80周年記念誌部編集　大阪　大阪府立今宮工業高等学校　1994.10　147p　26cm〈大阪今工会史：p132〜135〉Ⓝ376.48

◆上宮高等学校

『上宮学園九十年の歩み』上宮学園校史編纂委員会編集　大阪　上宮学園　1981.11　378p　22cm〈上宮学園略年表：p363〜378〉非売品　Ⓝ376.48

『写真に見る上宮の百年』上宮学園校史編纂委員会編集　大阪　上宮学園　1990.11　119p　29cm〈上宮学園のあゆみ：p114〜115〉Ⓝ376.48

『上宮高等学校野球部五十周年記念誌』大阪　上宮高校野球部を励ます会　1998.6　295p　31cm〈企画・編集：粕屋章〉Ⓝ783.7

◆扇町商業高等学校

『熱と意気—大阪市立扇町商業野球部史』大阪　扇町商業高等学校OB野球倶楽部　1984.12　273p　27cm〈野球部創設六十周年記念〉Ⓝ783.7

◆追手門学院高等学校

『独立自彊・社会有為—創立65周年記念』山本直子, 藤原栄一, 表弘之編集委員　茨木　追手門学院中・高等学校　2015.4　42p　29cm（追手門学院ブックレット—追手門学院中・高等学校編）Ⓝ376.48

◆追手門学院大手前高等学校

『志の教育』大阪　追手門学院　2013.3　63p

都道府県から引く　高等学校史・活動史目録　417

大阪府

21cm〈追手門学院ブックレット 2—追手門学院大手前中・高等学校編〉376.48

◆大冠高等学校

『部活動10年の歩み 1995年度』高槻 大阪府立大冠高等学校同窓会 [1995] 44p 26cm Ⓝ375.184

『大冠創立十周年記念誌』10周年記念事業委員会（記念誌部門）編集 高槻 大阪府立大冠高等学校 1996 96p 26cm〈書名は背・表紙による．標題紙の書名：創立十周年記念誌〉Ⓝ376.48

◆大阪高等学校

『大阪学園創立50周年記念誌 昭和2年（1927）～昭和52年（1977）』大阪高等学校編 大阪 大阪学園大阪高等学校 1977.11 104p 27cm〈背・表紙の書名：創立五十周年記念誌 学園年表：p11〜14〉Ⓝ376.48

『本当の学力をつける高校の実践』大阪高等学校編著 大阪 清風堂書店 2002.10 253p 19cm 1500円 ①4-88313-261-7 Ⓝ376.4163

内容 時代が突きつける緊急課題を改革のモチーフにし、新たな発展を目指す第一歩として本書の発行を試みる。今までの大阪高校の教育実践と新しい大阪高校像の展望、共に盛り込んだ。

◆大阪偕星学園高等学校

『崖っぷちからの甲子園—大阪偕星高の熱血ボスと個性派球児の格闘の日々』谷上史朗著 ベースボール・マガジン社 2016.4 207p 19cm 1500円 ①978-4-583-10993-0 Ⓝ783.7

目次 第1章 生野の地で引き合った運命、第2章 "ボス"、第3章 逃げるか？ 戻るか？、第4章 はまらなかった「最後のピース」、第5章 ついにつかんだ甲子園、第6章 それぞれの「リトライ」

内容 一度は折れた心をつないでついに聖地に立った熱血ボスと、球児たちの、学校の再挑戦の物語。

『大阪偕星学園キムチ部—素人高校生が漬物で全国制覇した成長の記録』長谷川晶一著 KADOKAWA 2024.4 253p 19cm 1700円 ①978-4-04-114194-6 Ⓝ596.22

目次 プロローグ 創部1年目での栄光—漬物グランプリ学生の部優勝、第1章 目指すは「近大マグロ」！—起死回生の「キムチ」発足、第2章 周囲の協力とともに—キムチ部初年度の記録、第3章 「謎の自信」を持つ部長—栗川大輝と楊颯太副部長、第4章 「キムチ部」を作ったキーパーソン—「夢を見る力」を持つ事務課長、第5章 新たな目標は漬物グランプリ獲得—全漬連とは何か？、第6章 希望の光は、大豆ミート！—漬物グランプリ出品作品決定、第7章 栄冠は、大阪偕星学園キムチ部に！—漬物グランプリ獲得、第8章 人生を変えた、青春のキムチ部—それぞれの成長、エピローグ 「キムチ部」がもたらしたもの—青春のすべてはキムチに

内容 オシャレ系漬物には絶対に負けるなよ！ 本場・韓国にも存在しない世界で唯一の「キムチ部」が創部1年でまさかの漬物グランプリを受賞。さらに受賞作の商品化、人気番組出演など快進撃は続く…。キムチで人生を変えた「どこにでもいる高校生」たちの奇跡の成長物語。

◆大阪学芸高等学校

『学校法人大阪学芸『創立百周年記念誌』』学校法人大阪学芸百周年記念誌編集委員会編集 大阪 大阪学芸大阪学芸高等学校 2003.12 310p 31cm〈書名は奥付による．標題紙等の書名：創立百周年記念誌，共同刊行：大阪学芸大阪学芸中等教育学校 学園沿革史年表：p308〜310〉Ⓝ376.48

◆大阪教育大学教育学部附属高等学校池田校舎

『大阪教育大学附属高等学校池田校舎創立50周年記念誌』大阪教育大学附属高等学校池田校舎創立50周年記念実行委員会編 池田 大阪教育大学附属高等学校池田校舎 2006.11 326p 図版16p 31cm〈標題紙等のタイトル：50年のあゆみ〉Ⓝ376.48

◆大阪教育大学教育学部附属高等学校平野校舎

『附高平野創立三十年史』大阪教育大学教育学部附属高等学校平野校舎三十年誌編纂委員会編集 大阪 大阪教育大学教育学部附属高等学校平野校舎創立三十周年記念事業委員会 2001.10 12, 242, 5p 22cm Ⓝ376.48

『大阪教育大学附属高等学校平野校舎40周年記念誌』大阪 [大阪教育大学附属高等学校平野校舎] [2011] 87p 30cm〈書誌注記：年表あり〉Ⓝ376.48

◆大阪教育大学附属高等学校天王寺校舎

『天王寺「学びのもり」から—附中・高卒業生対談集』大阪教育大学附属高等学校天王寺校舎編 大阪 大阪教育大学附属天王寺中学校 2006.11 256p 20cm〈共同刊行：大阪教育大学附属高等学校天王寺校舎 発行所：新風書房〉1429円 ①4-88269-623-1 Ⓝ376.3163

◆大阪薫英女学院高等学校

『負けたらアカン―学校再生 大阪薫英女学院の挑戦』山本喜平太著　グローバル教育出版　2003.7　222p　19cm　1500円　Ⓘ4-901524-95-X　Ⓝ376.4163

◆大阪商業高等学校

『創立百周年記念誌』大阪商業高等学校同窓会係者・監修　豊中　大阪商業学園大阪商業高等学校　1987.9　460p　31cm〈年表：p437～455〉Ⓝ376.48

◆大阪商業大学堺高等学校

『大商大堺創立五十周年記念誌』大阪商業大学堺高等学校編集　堺　大阪商業大学堺高等学校　2019.3　32p　30cm〈奥付等のタイトル：創立50周年記念誌　大阪商業大学堺高等学校の50年史：p14～17〉Ⓝ376.48

◆大阪女学院

『大阪女学院100周年記念誌　1884～1984』記念誌編集委員会編集　大阪　大阪女学院　1984　138p　26cm〈年表：p130～137〉Ⓝ376.48

◆大阪女子商業高等学校

『女子商五十年誌』大阪女子商業高等学校五十年誌編集委員会編　大阪　大阪女子商業高等学校　1980.2　164p　26cm　Ⓝ376.4

◆大阪市立生野工業高等学校

『創立50周年記念誌』創立50周年記念委員会記念出版係編集　大阪　大阪市立生野工業高等学校　1990.10　102p　26cm　Ⓝ376.48

◆大阪市立泉尾工業高等学校

『創立70周年記念誌』大阪市立泉尾工業高等学校編　大阪　大阪市立泉尾工業高等学校　1992.10　43p　26cm〈表紙の書名：創立70周年　泉工70年の沿革：p10～11〉Ⓝ376.48

◆大阪市立泉尾第二工業高等学校

『78年の足跡』大阪　大阪市立泉尾第二工業高等学校　［2004］　234p　26cm〈年表あり〉Ⓝ376.48

◆大阪市立市岡商業高等学校

『創立60周年記念誌』60周年記念誌編集委員会編集　大阪　大阪市立市岡商業高等学校　1979.10　71p　26cm〈市商60年史：p46～63〉Ⓝ376.48

『創立70周年記念誌―講堂兼体育館竣工記念』70周年記念誌編集委員会編集　大阪　大阪市立市岡商業高等学校　1989.11　81p　26cm〈市商70年の歩み：p16～35〉Ⓝ376.48

『大阪市立市岡商業高等学校創立80周年記念誌』大阪市立市岡商業高等学校編　大阪　大阪市立市岡商業高等学校創立80周年記念誌委員会　1999.10　86p　30cm〈タイトルは奥付による．標題紙等のタイトル：創立80周年記念誌　足跡：p11～29〉Ⓝ376.48

◆大阪市立扇町第二商業高等学校

『理想を高く掲げて―50周年記念誌』創立50周年記念誌編集委員会編集制作　大阪　大阪市立扇町第二商業高等学校　［1986］　114p　26cm〈奥付の書名：創立50周年記念誌　50年のあゆみ：p12～13〉Ⓝ376.48

◆大阪市立桜宮高等学校

『創立80周年記念誌―80年の歩み』大阪市立桜宮高等学校記念誌編集委員会編　大阪　大阪市立桜宮高等学校　1998.10　135p　27cm　Ⓝ376.48

『創立90周年記念誌―飛翔』大阪　大阪市立桜宮高等学校創立90周年記念事業実行委員会　2006.11　48p　30cm　Ⓝ376.48

◆大阪市立住吉商業高等学校

『住商五十年誌』創立50周年記念誌編纂委員会編集　大阪　大阪市立住吉商業高等学校　1990　94p　26cm〈奥付・背の書名：創立五十周年記念誌〉Ⓝ376.48

『住商六十年誌―大阪市立住吉商業高等学校』創立60周年記念誌部会編集　大阪　大阪市立住吉商業高等学校　2000.11　63p　30cm　Ⓝ376.48

◆大阪市立第二工芸高等学校

『大阪市立第二工芸高等学校創立50周年記念誌』大阪市立第二工芸高等学校50周年記念誌編集委員会編集　大阪　大阪市立第二工芸高等学校　1991.10　49p　26cm〈50年の歴史：p4〉Ⓝ376.48

『60th anniversary―大阪市立第二工芸高校』大阪市立第二工芸高等学校編　大阪　［大阪市立第二工芸高校］　［2001］　30p　26cm〈第二工芸高等学校60年の歴史：p6〉Ⓝ376.

大阪府

48

◆大阪市立天王寺商業高等学校

『天商70年史』天商同窓会70年史編集委員会編　集　大阪　天商同窓会　1982　226p　27cm〈文献：p226〉Ⓝ376.48

『建学112年天商80年史』天商80年史編集委員会編　大阪　大阪市立天王寺商業高等学校　1992　338p　31cm〈書名は背・表紙による．標題紙の書名：天王寺商業の80年，奥付の書名：天商80年史　年表：p320～336〉Ⓝ376.48

『天商百年史―建学132年』大阪市立天王寺商業高等学校記念誌委員会，天商同窓会創立100周年記念誌委員会編　大阪　大阪市立天王寺商業高等学校　2011.11　487p　28cm〈書誌注記：年表あり　書誌注記：文献あり〉Ⓝ376.48

◆大阪市立天王寺第二商業高等学校

『あゆみ』大阪市立天王寺第二商業高等学校編　大阪　大阪市立天王寺第二商業高等学校　1992.3　99p　26cm　Ⓝ376.4

◆大阪市立西商業高等学校

『教育ルネッサンスを求めて―創立50周年記念誌』創立50周年記念誌委員会編集　大阪　大阪市立西商業高等学校　1971　142p　26cm〈西商業高校五十年史：p136～140〉Ⓝ376.48

◆大阪市立西第二商業高等学校

『創立40周年記念誌』大阪市立西第二商業高等学校記念誌刊行編集委員会編　大阪　大阪市立西第二商業高等学校記念誌刊行編集委員会　1988　45p　図版16p　26cm〈奥付の書名：四十周年記念誌　西二商40年の歩み：p33～39〉Ⓝ376.48

◆大阪市立東高等学校

『創立80周年記念誌』創立80周年記念誌編集委員会編集　大阪　大阪市立東高等学校　2003.11　85p　30cm　Ⓝ376.48

◆大阪市立東商業高等学校

『創立70周年記念誌　'20 '90』大阪市立東商業高等学校編　大阪　大阪市立東商業高等学校　1990.6　29p　26cm〈校史沿革概要：p5〉Ⓝ376.48

◆大阪市立南第二高等学校

『大阪市立南第二高等学校記念誌』元南第二高新聞部有志編　大阪　大阪市立南第二高等学校記念誌発刊実行委員会　1992.5　128p　31cm　Ⓝ376.4

『大阪市立南第二高等学校新聞史』元南第二高新聞部有志編　大阪　大阪市立南第二高等学校記念誌発刊実行委員会　1992.5　384p　31cm〈奥付の書名：大阪市立南第二高新聞史　付（2枚）：南二高新聞〉Ⓝ375.19

◆大阪市立淀商業高等学校

『大阪市立淀商業高等学校創立60周年記念誌』大阪　大阪市立淀商業高等学校創立60周年記念誌編集委員会　2000.11　78p　30cm〈表紙のタイトル：淀商の60年〉Ⓝ376.48

◆大阪成蹊女子高等学校

『大阪成蹊山岳部三十年史』大阪成蹊女子高等学校山岳部編　大阪　大阪成蹊女子高等学校山岳部　1975　83p　26cm　非売品　Ⓝ786.1

◆大阪星光学院

『星のしるべ』50年史編集委員会編集　大阪　大阪星光学院　2000.5　335p　26cm〈タイトルは奥付等による．標題紙のタイトル：大阪星光学院50年史　文献：巻末〉Ⓝ376.48

◆大阪青凌高等学校

『大阪青凌中学校・高等学校創立20周年記念誌』創立20周年記念誌編集委員会編集　高槻　大阪青凌中学校　2003.2　103p　31cm〈共同刊行：大阪青凌高等学校　浪商学園沿革：p103〉Ⓝ376.48

◆大阪桐蔭高等学校

『栄冠―第73回全国高校野球選手権優勝』大東　大阪産業大学大阪桐蔭高等学校　1991.11　87p　31cm〈背の書名：第73回全国高校野球選手権優勝「栄冠」〉Ⓝ783.7

『十周年記念誌』大阪桐蔭高等学校十周年記念誌編集委員会編集　大東　大阪桐蔭高等學校　1993.8　63p　31cm〈書誌注記：年表あり〉Ⓝ376.48

『旋風―第75回全国高等学校ラグビーフットボール大会出場記念』大東　大阪産業大学大阪桐蔭高等学校　1996.2　60p　31cm〈共同刊行：大阪産業大学大阪桐蔭中学校〉Ⓝ783.48

大阪府

『旋風　'97　第77回全国高等学校ラグビーフットボール大会出場記念』大東　大阪産業大学大阪桐蔭高等学校　1998.3　68p　31cm〈共同刊行：大阪産業大学大阪桐蔭中学校　ラグビー部の沿革：p67〉Ⓝ783.48

『大阪桐蔭高等学校創立20周年記念誌』大阪桐蔭高等学校創立20周年記念編集委員会編集　大東　大阪桐蔭中学校・高等学校　2003.10　89p　30cm〈書誌注記：年表あり〉Ⓝ376.48

『大阪桐蔭高等学校創立30周年記念誌』記念誌編集委員会編集　大東　大阪桐蔭中学校高等学校　2013.3　87p　30cm〈書誌注記：年表あり〉Ⓝ376.48

『大阪桐蔭高校野球部—最強新伝説：「育成」と「勝利」を両立一流プロ野球選手を輩出する平成の超強豪校：Since 1988』ベースボール・マガジン社　2014.3　97p　29cm（B.B.MOOK 1031—高校野球名門校シリーズ 3）1429円　Ⓘ978-4-583-62093-0

『大阪桐蔭高校野球部—最強新伝説』ベースボール・マガジン社　2015.6　191p　19cm（高校野球名門校シリーズハンディ版 3）〈2014年刊の再編集〉1300円　Ⓘ978-4-583-10853-7　Ⓝ783.7

目次 1 最強新伝説—「野球王国」復権の旗手（大阪桐蔭出身プロ野球選手カタログ、特別対談「TOIN野球」を語り尽くす—中村剛也×浅村栄斗（埼玉西武）ほか），2 甲子園5度優勝・栄光の記録（1991年夏，2008年夏 ほか），3 最強新伝説の舞台裏—「平成の超強豪」が勝つ理由を徹底検証（充実のグラウンド施設，寮生活の全貌 ほか），4 保存版・大阪桐蔭高校野球部DATA FILE（春夏甲子園出場全試合スコア＆メンバー表，夏の大阪大会スコア ほか）

内容 「育成」と「勝利」を両立。一流プロ野球選手を輩出する平成の超強豪校。

『最強！　大阪桐蔭高校吹奏楽部—梅田先生と部員170名の青春ラプソディ』オザワ部長著　学研プラス　2019.4　189p　19cm　1200円　Ⓘ978-4-05-801033-4　Ⓝ764.6

目次 第1楽章 ようこそ大阪桐蔭へ！，第2楽章『ボヘミアン・ラプソディ』と大地震，第3楽章 日本全国、ツアーへGO！，第4楽章 甲子園で燃えた最強野球部＆吹奏楽部，第5楽章「吹奏楽の甲子園」に魔法をかける，第6楽章 大阪桐蔭は止まらない！，終章 大阪桐蔭、私の青春

内容 日本全国で年間90公演以上！　♪コンクールで優秀な成績を残し続ける！　春夏連覇の野球部を圧倒的サウンドで応援！　♪大スターとのコラボ共演！　こんな吹奏楽部、見たことない！　驚きと感動のドキュメンタリー。

『学校法人大阪産業大学大阪桐蔭中学校高等学校創立40周年記念誌—40th anniversary』記念誌編集委員会編集　大東　大阪桐蔭中学校高等学校　2023.12　67p　30cm〈書誌注記：年表あり〉Ⓝ376.48

『日本一チームのつくり方—なぜ、大阪桐蔭は創部4年で全国制覇ができたのか？』森岡正晃著　あさ出版　2024.1　247p　19cm　1500円　Ⓘ978-4-86667-656-2　Ⓝ783.7

内容 リーダー論、組織論、人材育成、環境づくり。常勝軍団の原点にあったゼロからチームを強くする36の教え。

◆大阪福島女子高等学校

『沿革誌—創立40周年記念』学校沿革誌編集委員会編集　大阪　大阪福島女子高等学校　1977.4　170p　21cm〈40年の歩み：p6〜13〉Ⓝ376.48

『創立50周年記念誌』創立50周年記念誌編集委員会編集　大阪　大阪福島学園　1987.11　113p　27cm〈表紙の書名：躍　50年のあゆみ：p16〜19〉Ⓝ376.48

◆大阪府立園芸高等学校

『大阪府立園芸高等学校創立60年のあゆみ—新校舎落成記念』大阪府立園芸高等学校編　池田　大阪府立園芸高等学校創立60周年記念事業実行委員会　1973.11　73, 4p　22×30cm〈大阪府立園芸高等学校年譜：p3〜4〉非売品　Ⓝ376.48

『創立70周年記念誌—大阪府立園芸高等学校1915-1985』大阪府立園芸高等学校編　池田　大阪府立園芸高等学校創立70周年記念事業実行委員会　1985.11　83p　21×30cm　Ⓝ376.48

『大阪府立園芸高等学校創立80周年記念誌』大阪府立園芸高等学校編　池田　大阪府立園芸高等学校創立80周年記念事業実行委員会　1995.11　55p　21×30cm〈表紙の書名：創立80周年記念誌〉Ⓝ376.48

『創立90周年記念誌—大阪府立園芸高等学校』大阪府立園芸高等学校編　池田　大阪府立園芸高等学校創立90周年記念事業実行委員会　2005.11　83p　21×30cm　Ⓝ376.48

『あげ雲雀—創立100周年記念誌』創立100周年記念誌編集委員会編　池田　大阪府立園芸高等学校　2016.2　263p　31cm〈書誌注記：年表あり〉Ⓝ376.48

◆大阪府立農芸高等学校

『大阪府立農芸高等学校七十周年記念誌

大阪府

『1917-1987』大阪府立農芸高等学校編　美原町（大阪府）大阪府立農芸高等学校　［1987］　80p　30cm〈書名は背による．表紙の書名：大阪府立農芸高等学校　学校史：p14～15〉Ⓝ376.48

『大阪府立農芸高等学校創立80周年記念誌』大阪府立農芸高等学校編　美原町（大阪府）大阪府立農芸高等学校創立80周年記念誌編集委員会　1997.12　81p　30cm〈書名は奥付による．背の書名：大阪府立農芸高等学校八十周年記念誌, 表紙の書名：Nohgei〉非売品　Ⓝ376.48

『創立90周年記念誌』大阪府立農芸高等学校編　堺市（大阪府）大阪府立農芸高等学校創立90周年記念誌編集委員会　2007.12　87p　30cm　非売品　Ⓝ376.4

『永遠に時を刻む―定時制閉課程記念誌』閉課程記念事業実行委員会編集　堺　大阪府立農芸高等学校定時制課程閉課記念事業実行委員会　2008.3　39p　30cm〈奥付のタイトル：定時制閉課程記念誌　定時制のあゆみ：p14～15〉Ⓝ376.48

『創立百周年記念誌―藝農安民』創立百周年記念誌編集委員会編　堺　大阪府立農芸高等学校　2018.3　119p　31cm〈書誌注記：年表あり〉Ⓝ376.48

◆大阪貿易学院高等学校

『大阪貿易学院高等学校創立70周年記念誌』創立70周年記念誌編集委員会編　大阪　大阪貿易学院高等学校　1984.12　132p　27cm〈書名は奥付による．標題紙等の書名：創立70周年記念　年譜：p20〉Ⓝ376.48

『大阪貿易学院の歩み―80周年記念』創立80周年記念誌編集委員会, 創立80周年記念誌編集委員会編集　大阪　大阪貿易学院中学校　1994　53p　30cm〈奥付の書名：大阪貿易学院中学校・高等学校, 共同刊行：大阪貿易学院高等学校　年譜：p47〉Ⓝ376.48

◆大手前高等学校

『大手前百年史』大阪府立大手前高等学校百年史編集委員会編著　大阪　金蘭会　1987.3　2冊(1378p, ［1］枚（折り込み）; 72, 27, 125p) 27cm〈書誌注記：文献あり　「本編」「資料編」に分冊刊行〉Ⓝ376.48

『創立百拾周年記念誌』百十周年記念誌編纂委員会編集　大阪　大阪府立大手前高等学校　1996.11　56p　26cm〈奥付の書名：創立百十周年記念誌　沿革：p6～7, 100年間のあゆみ：p8～13〉Ⓝ376.48

『創立百三十周年記念誌』百三十周年記念誌編纂委員会編　大阪　大阪府立大手前高等学校　2016.11　58p　30cm〈書誌注記：年表あり〉Ⓝ376.48

『創立70周年記念会誌』大阪　大阪府立大手前高等学校定時制課程同窓会　2020.6　269p　30cm　Ⓝ376.48

◆鳳高等学校

『鳳―創立五十周年記念誌』大阪府立鳳高等学校創立50周年記念行事実行委員会編集　堺　大阪府立鳳高等学校創立50周年記念行事実行委員会　1971　75p　26cm〈背の書名：創立五十周年記念誌〉Ⓝ376.48

『大阪府立鳳高等学校創立60周年記念誌』大阪府立鳳高等学校編集　堺　大阪府立鳳高等学校　1981.11　44p　26cm〈タイトルは表紙による．標題紙のタイトル：鳳　学校沿革：p4～5〉Ⓝ376.48

『鳳八十周年記念誌』創立80周年記念誌編集委員会編　堺　大阪府立鳳高等学校　2001.11　231p　30cm〈年表あり　文献あり〉Ⓝ376.48

『夜学研鑽―大阪府立鳳高等学校定時制課程60年の歩み』定時制閉課程記念事業実行委員会記念誌委員会編　堺　大阪府立鳳高等学校　2008.3　125p　30cm〈タイトルは奥付・表紙による　年表あり〉Ⓝ376.48

『鳳百周年記念誌』大阪府立鳳高等学校創立100周年記念事業実行委員会編集　堺　大阪府立鳳高等学校　2021.11　319p　30cm〈奥付のタイトル：大阪府立鳳高等学校鳳百周年記念誌　沿革概要：p6～7, 大阪府立鳳高等学校年表：p272～317, 文献：p318〉Ⓝ376.48

◆貝塚高等学校

『貝高四十年のあゆみ』創立40周年記念誌編集委員会編集　貝塚　大阪府立貝塚高等学校　1980　139p　27cm〈奥付の書名：貝塚高校創立40周年記念誌, 背の書名：大阪府立貝塚高等学校創立四十周年記念誌, 表紙の書名：貝塚〉Ⓝ376.48

『かがやき―貝塚隔定40年のあしあと』貝塚　大阪府立貝塚高等学校　2006.3　164p　30cm〈年表あり〉Ⓝ376.48

『燃ゆる燈火―大阪府立貝塚高等学校定時制閉課程記念誌』定時制閉課程記念誌編集委員会編集　貝塚　大阪府立貝塚高等学校記念事業

実行委員会　2007.2　89p　30cm〈背のタイトル：定時制閉課程記念誌　沿革：巻頭〉Ⓝ376.48

『大阪府立貝塚高等学校創立70周年記念誌』創立70周年記念事業実行委員会編集　貝塚　[大阪府立貝塚高等学校]創立70周年記念事業実行委員会　2010.11　127p　30cm〈タイトルは奥付による.標題紙・背のタイトル：創立70周年記念誌, 表紙のタイトル：貝塚　沿革年表：p18〜21〉Ⓝ376.48

◆貝塚南高等学校

『創立十周年記念誌』創立10周年記念誌編集委員会編集　貝塚　大阪府立貝塚南高等学校　1983.6　47p　26cm〈表紙のタイトル：双舟　本校の沿革：p25〜27〉Ⓝ376.48

◆開明高等学校

『創立90周年記念誌—1914〜2004』創立90周年記念誌編集委員会編　大阪　大阪貿易学院開明中学校・高等学校　2004.12　99p　31cm〈書誌注記：年表あり〉Ⓝ376.48

『学校法人大阪貿易学院開明中学校・高等学校100年史』大阪貿易学院開明中学校・高等学校創立100周年記念誌編集委員会編　大阪　大阪貿易学院開明中学校・高等学校　2016.5　399p　31cm〈書誌注記：年表あり〉Ⓝ376.48

◆柏原東高等学校

『創立五周年記念誌』大阪府立柏原東高等学校五周年記念行事委員会編集　柏原　大阪府立柏原東高等学校五周年記念行事委員会　1981.11　44p　26cm〈奥付のタイトル：五周年記念誌　沿革の概要：p8〜9〉Ⓝ376.48

『創立十周年記念誌』大阪府立柏原東高等学校十周年記念誌編集委員会編　柏原　大阪府立柏原東高等学校十周年記念誌編集委員会　1986.11　99p　26cm〈沿革の概要：p11〜13〉Ⓝ376.48

『創立20周年記念誌』大阪府立柏原東高等学校編　柏原　大阪府立柏原東高等学校　1996.11　76p　30cm〈沿革：p14〜15〉Ⓝ376.48

『大阪府立柏原東高等学校創立40周年記念誌』柏原　大阪府立柏原東高等学校　2016.11　56p　30cm　Ⓝ376.48

◆春日丘高等学校

『創立70周年記念誌』大阪府立春日丘高等学校70周年記念誌編集委員会編　茨木　大阪府立春日丘高等学校　1981.11　76p　19×26cm〈本校の歴史：p4〜9〉非売品Ⓝ376.48

『創立80周年記念誌』大阪府立春日丘高等学校80周年記念誌編集委員会編集　茨木　大阪府立春日丘高等学校　1991　78p　19×26cm〈年表：p54〜61〉非売品Ⓝ376.48

『創立90周年記念誌　2001年（平成13年）』創立90周年記念誌編集委員会編集　茨木　大阪府立春日丘高等学校　2001.11　83p　30cm〈表紙の書名：春日丘　沿革概要：p14〜15〉Ⓝ376.48

『藤蔭百年—大阪府立春日丘高等学校百年史』大阪府立春日丘高等学校100周年記念誌部会編　茨木　大阪府立春日丘高等学校創立100周年記念事業実行委員会　2011.11　430p　27cm　Ⓝ376.48

『写真で綴る藤蔭111年—春日丘高校創立111周年記念写真誌』大阪府立春日丘高等学校創立111周年記念事業実行委員会・記念誌部会編集　茨木　大阪府立春日丘高等学校創立111周年記念事業実行委員会　2023.11　112p　30cm〈書誌注記：年表あり　背・表紙のタイトル：写真で綴る藤蔭一一一年〉Ⓝ376.48

◆春日丘高等学校泉原分校

『泉原分校の二十九年』大阪府立春日丘高等学校泉原分校編集委員会編　茨木　大阪府立春日丘高等学校泉原分校　1994.2　77p　26cm　Ⓝ376.4

◆交野高等学校

『交野—十周年記念誌』創立十周年記念誌編集委員会編集　交野　大阪府立交野高等学校　1983.5　50p　26cm〈沿革：p6〉Ⓝ376.48

『創立20周年記念誌』大阪府立交野高等学校編　交野　大阪府立交野高等学校　1993.10　60p　30cm〈本校の沿革概要：p23〉Ⓝ376.48

◆勝山高等学校

『創立50周年記念誌』記念誌編集委員会編集　大阪　大阪府立勝山高校　1972　36p　25cm〈書名は奥付・背による.標題紙の書名：五十年のあゆみ　沿革の概要：p31〜34〉Ⓝ376.48

『60年史—大阪府立勝山高等学校』'60年史編集委員会編集　大阪　大阪府立勝山高等学校　1982.10　52p　26cm〈表紙のタイトル：60周年記念誌　沿革の概要：p2〜3〉非売品Ⓝ376.48

大阪府

『創立70周年記念誌』70年史編集委員会編集　大阪　大阪府立勝山高等学校　1992.10　192p　26cm　非売品　Ⓝ376.48

『47年のあゆみ　1952→99』大阪府立勝山高等学校定時制課程記念誌編纂委員会編集　大阪　大阪府立勝山高等学校定時制課程　1999.2　47p　30cm〈書名は奥付等による.標題紙の書名：47年のあゆみ記念誌　本校の沿革：p16〜17〉Ⓝ376.48

『創立80周年記念誌』80周年記念誌編集委員会編集　大阪　大阪府立勝山高等学校　2002.10　111p　30cm〈勝山高校定時制廃校反対闘争の記録：p106〜107〉非売品　Ⓝ376.48

◆門真高等学校

『門真―10周年記念誌』大阪府立門真高等学校編　門真　大阪府立門真高等学校　1981.10　76p　26cm〈学校の沿革：p8〉Ⓝ376.48

『創立二十周年記念誌』大阪府立門真高等学校編　門真　大阪府立門真高等学校　1991.11　64p　26cm〈学校の沿革：p44〉Ⓝ376.48

『創立30周年記念誌』創立30周年記念事業実行委員会編集　門真　大阪府立門真高等学校　2000.11　87p　30cm〈学校の沿革：p10〉Ⓝ376.48

『思齊　1971〜2003』はばたけ門高実行委員会編集　門真　大阪府立門真高等学校　2002.2　27p　30cm〈沿革概要：p5〉Ⓝ376.48

◆門真西高等学校

『五ケ年の歩み』大阪府立門真西高等学校編　門真　大阪府立門真西高等学校　1981.11　92p　26cm〈大阪府立門真西高等学校沿革：p12〉Ⓝ376.48

◆門真南高等学校

『大阪府立門真南高等学校五周年記念誌』大阪府立門真南高等学校編　門真　大阪府立門真南高等学校　1987.1　63p　36cm〈タイトルは奥付による.標題紙等のタイトル：五周年記念誌〉Ⓝ376.48

『十周年記念誌』大阪府立門真南高等学校編　門真　大阪府立門真南高等学校　1990　87p　26cm〈奥付の書名：大阪府立門真南高等学校十周年記念誌〉Ⓝ376.48

◆金岡高等学校

『五周年記念誌』大阪府立金岡高等学校編　堺　大阪府立金岡高等学校　1979.10　99p　26cm〈沿革の概要：p21〜22〉Ⓝ376.48

『大阪府立金岡高等学校』創立10周年記念誌編集委員会編集　堺　大阪府立金岡高等学校　1983.11　92p　26cm〈表紙の書名：十周年記念誌　本校の沿革：p19〜20〉Ⓝ376.48

『大阪府立金岡高等学校二十周年記念誌』創立20周年記念誌編集委員会編集　堺　大阪府立金岡高等学校　1993.11　102p　26cm〈表紙の書名：大阪府立金岡高等学校20th　本校沿革の概要：p86〜87〉Ⓝ376.48

◆河南高等学校

『創立60年の歩み』創立60周年記念誌編集委員会編集　富田林　大阪府立河南高等学校　1972　112p　19×27cm〈表紙の書名：六十年の歩み　学校60年の歩み：p44〜45〉非売品　Ⓝ376.48

『八十年の歩み』創立80周年記念誌委員会編集　富田林　大阪府立河南高等学校　1992　133p　26cm〈奥付・背の書名：創立80周年記念誌　80年の歩み：p20〜34〉Ⓝ376.48

『九十年の歩み』創立90周年記念誌部会編集　富田林　大阪府立河南高等学校創立90周年記念事業実行委員会　2002.11　91p　30cm〈標題紙の書名：創立90周年記念誌，背表紙の書名：創立九十周年記念誌　沿革概略：p4，90年史年表：p16〜19〉Ⓝ376.4

『100年の歩み―大阪府立河南高等学校創立100周年記念誌』富田林　大阪府立河南高等学校　2013.3　363p　27cm〈書誌注記：年表あり　背のタイトル：創立百周年記念誌〉Ⓝ376.48

◆加納高等学校

『大阪府立加納高等学校五周年記念誌』大阪府立加納高等学校記念誌編集委員会編集　東大阪　大阪府立加納高等学校　1984.7　39p　26cm　Ⓝ376.48

『十周年記念誌　'1989』十周年記念事業記念誌委員会編集　東大阪　大阪府立加納高等学校　1989.6　70p　26cm〈背のタイトル：創立十周年記念誌　沿革：p13〉Ⓝ376.48

◆関西大倉高等学校

『関西大倉学園創立90周年記念誌』記念誌編集委員会編集　茨木　関西大倉学園　1992.11　147p　27cm〈書名は奥付による.標題紙等の書名：九十年のあゆみ　同窓会のあゆみ：p144〜145, 年譜：p146〜147〉Ⓝ376.48

『関西大倉学園百年史』関西大倉学園『学園百

年史』編集委員会編　茨木　関西大倉学園　2002.12　295p　31cm〈書誌注記：年表あり〉Ⓝ376.48

『わが母なる学窓―大倉喜八郎が生み安場禎次郎が育てた、日本実業教育界のパイオニア』茨木　関西大倉学園　2007.10　123p　21cm〈大倉喜八郎年譜・実業家大倉喜八郎の生涯：p94～107, 安場禎次郎年譜：p110～120〉Ⓝ376.48

『関西大倉学園創立120周年記念誌―まなざしをこころざしへ』関西大倉学園『創立120周年記念誌』編集委員会編集　茨木　関西大倉学園　2022.10　119p　30cm〈書誌注記：年表あり〉Ⓝ376.48

◆関西大学第一高等学校

『100年のあゆみ―大正2(1913)年―平成25(2013)年：創立100周年記念誌』関西大学第一高等学校・第一中学校創立100周年記念誌編纂部会制作　吹田　関西大学第一高等学校　2013.11　109p　30cm〈書誌注記：年表あり　奥付のタイトル：関西大学第一高等学校・第一中学校創立100周年記念誌　共同刊行：関西大学第一中学校〉376.48

◆関西学院高等部

『関西学院高中部百年史』関西学院高等部百年史編纂委員会編纂　西宮　関西学院高中部　1989.11　484p　31cm〈付(1枚)〉Ⓝ376.4

◆岸和田高等学校

『八十年史』岸高80年史編集委員会編集　岸和田　大阪府立岸和田高等学校　1978　185p　図版6枚　27cm〈本校の沿革：p183～185〉Ⓝ376.48

『部史―岸和田高等学校陸上競技部』岸和田　岸和田高等学校陸上競技部千亀利会　1983.11　329p　27cm　Ⓝ782

『岸和田高等学校の第一世紀』大阪府立岸和田高等学校史編纂委員会編著　岸和田　大阪府立岸和田高等学校岸高百年史実行委員会史刊行委員会　1997.11　2冊　27cm〈「通史編」「資料編」に分冊刊行〉

『岸和田高等学校野球部史―荒城春の思い出を1897年～2000年』大阪府立岸和田高等学校野球部史編纂委員会編　岸和田　大阪府立岸和田高等学校野球部OB会　2000.6　2冊(別冊とも)29cm〈別冊(50p)：全国中等学校優勝野球大会・全国高等学校野球選手権大会大

阪大会出場全記録(1921～1999)〉Ⓝ783.7

◆北かわち皐が丘高等学校

『大阪府立北かわち皐が丘高等学校創立10周年記念誌』寝屋川　大阪府立北かわち皐が丘高等学校創立10周年記念事業実行委員会　2017.11　23p　30cm

◆北千里高等学校

『大阪府立北千里高等学校五周年記念誌』五周年記念誌編集委員会編集　吹田　大阪府立北千里高等学校　1982.9　26p　26cm〈タイトルは奥付による．表紙のタイトル：五周年記念〉Ⓝ376.48

『北千里―創立10周年記念』創立10周年記念誌編集委員会編集　吹田　大阪府立北千里高等学校　1987.10　87p　26cm〈タイトルは奥付等による．標題紙のタイトル：十周年記念誌　10年の歩み：p15～25〉Ⓝ376.48

◆北野高等学校

『北野百年史―欧学校から北野高校まで』大阪府立北野高等学校校史編纂委員会編著　大阪　北野百年史刊行会　1973　1908, 26p　図　27cm　非売品　Ⓝ376.4

『北野陸上競技部史―大阪府立北野中学校・北野高等学校』六稜アスレティッククラブ編　神戸　柴原出版　1974　196p　図　肖像　22cm〈創立百年を記念して〉Ⓝ782

『北野定時制四十年史』大阪府立北野高等学校定時制課程編　大阪　大阪府立北野高等学校定時制課程　1977.11　73p　26cm　Ⓝ376.4

『創立百十周年―高等学校設立35年記念』大阪府立北野高等学校創立110周年記念誌編集係編　大阪　大阪府立北野高等学校　1983.11　104p　26cm　非売品

『北宸―大阪府立北野高等学校定時制課程創立50周年記念誌』大阪府立北野高等学校定時制課程編　大阪　大阪府立北野高等学校定時制課程　1987.11　112p　26cm　Ⓝ376.48

『北野百二十年』大阪府立北野高等学校創立120周年記念誌編集係編集　大阪　大阪府立北野高等学校/六稜同窓会創立120周年記念事業委員会　1993.10　287p　26cm　非売品　Ⓝ376.48

『北辰　2　北辰会会員戦後五十年の軌跡』大阪府立北野高等学校定時制課程同窓会編　大阪　大阪府立北野高等学校定時制課程同窓会　［1995］　167p　26cm〈年表あり〉Ⓝ376.48

大阪府

『北宸―大阪府立北野高等学校定時制課程創立60周年記念誌』北野高等学校定時制課程創立60周年記念誌編集委員会編　大阪　大阪府立北野高等学校定時制課程　1997.11　68p　30cm　Ⓝ376.48

『ラグビー部75年史―大阪府立北野中学校・北野高等学校』六稜ラガークラブ編　大阪　六稜ラガークラブ　1998.12　249p　30cm〈奥付のタイトル：六稜ラガークラブ75年史〉Ⓝ783.48

『北宸　3　ゆうべの星―ここに確かに本物の学びの場があった』大阪　大阪府立北野高等学校北辰会　2000.5　297p　21cm　Ⓝ376.48

『六稜の星に輝く北野高等学校野球部年史』大阪府立北野高等学校野球部年史編集委員会編纂　大阪　大阪府立北野高等学校・六稜野球部OB会　2003.3　334p　26cm〈奥付の書名：大阪府立北野高等学校・野球部年史〉非売品　Ⓝ783.7

『六稜百三十年』大阪府立北野高等学校図書館記念誌編集係編集　大阪　大阪府立北野高等学校創立130周年記念事業委員会　2003.11　127p　26cm〈創立120周年から130周年へ：p63〜73〉非売品　Ⓝ376.48

『大阪府立北野中学・北野高校バスケットボール部創部80周年記念誌―創部から現在に至る足跡』創部80周年記念誌編集委員会編　大阪　六稜バスケットボールクラブ　2008.11　256p　30cm〈書誌注記：年表あり　部分タイトル：Kitano Basketball Club in celebration of the 80th anniversary　奥付・背のタイトル：創部80周年記念誌〉783.1

『北野定時制72年史』記念誌編集分科会編　大阪　大阪府立北野高等学校定時制閉課程記念事業実行委員会　2009.3　408, 15, 48p　27cm〈書誌注記：文献あり〉非売品　Ⓝ376.48

『花園が燃えた日―高校ラグビー北野vs.伏見工』鎮勝也著　論創社　2013.5　254p　20cm　1600円　①978-4-8460-1246-5　Ⓝ783.48

[目次] 第1章 史上最多の観衆―先制, 第2章 エース―拮抗, 第3章 指導者―戦略, 第4章 頭脳的ラグビー―逆転, 第5章 歴史―同点, 第6章 テレビマン―奇襲, 第7章 新聞―失敗, 第8章 ノーサイド―決着

[内容] 46年ぶりの花園出場に沸く大阪・北野高校。「スクール☆ウォーズ」で一躍全国区になった京都・伏見工業高校。大阪vs.京都、古豪vs.新興、肛門科医師vs.カリスマ監督。対照的な両校の対戦に、収容人数を大きく上回る人々が詰めかけ、スタジアムは異様な熱気に包まれた。劇的なゲーム展開に花園が揺れた伝説の名勝負を描くノンフィクション。

『北野百四十年―1873→2013』大阪府立北野高等学校図書館記念誌編集委員会編　大阪　大阪府立北野高等学校創立140周年記念事業実行委員会　2013.11　144p　26cm〈書誌注記：年表あり〉①978-4-925231-56-5　Ⓝ376.48

『北野百五十年―2023：since1873』大阪府立北野高等学校記念誌委員会編集　大阪　大阪府立北野高等学校創立150周年記念事業実行委員会　2023.10　288p　26cm〈書誌注記：年表あり　背・表紙の団体：大阪府立北野高等学校〉①978-4-947764-13-3　Ⓝ376.48

◆北淀高等学校

『北淀20』記念誌編集委員会編集　大阪　大阪府立北淀高等学校　1982　23p　26cm〈沿革の概要：p10〜11〉Ⓝ376.48

『創立40周年記念誌』大阪府立北淀高等学校40周年記念誌編集委員会編　大阪　大阪府立北淀高等学校　2002　62p　30cm　Ⓝ376.48

◆柴島高等学校

『創立十周年記念誌』創立10周年記念事業記念誌編纂委員会編集　大阪　大阪府立柴島高等学校　1984.10　65p　26cm〈沿革概要：p14〉Ⓝ376.48

『マイノリティーがひらく国際化―大阪府立柴島高校の試み』佐々木徹著, 日高六郎, 国民教育文化総合研究所編　アドバンテージサーバー　1995.1　61p　21cm（ブックレット生きる 19）500円　①4-930826-21-7　Ⓝ371.56

◆久米田高等学校

『十周年記念誌』10周年記念誌編集委員会編　岸和田　大阪府立久米田高等学校　1987　66p　26cm　Ⓝ376.48

◆工芸高等学校

『芸草―大阪府立工芸高等学校創立100周年記念誌』大阪府立工芸高等学校編　大阪　大阪府立工芸高等学校　2024.2　120p　30cm〈年表あり〉Ⓝ376.48

◆興國高等学校

『興國高等学校創立90周年誌』『興國高等学校創立90周年誌』編集委員会編集　大阪　興國学園興國高等学校　2018.7　170p　31cm〈年表：p160〜161〉Ⓝ376.48

『興國高校式Jリーガー育成メソッド―いまだ全

『全国出場経験のないサッカー部からなぜ毎年Jリーガーが生まれ続けるのか？』内野智章著　竹書房　2018.12　197p　19cm　1600円　①978-4-8019-1664-7　Ⓝ783.47

目次　第1章 プロになるために必要なこと（2018年度3人 2017年度3人、小学生時代、全国大会に出ていない選手がプロになる ほか）、第2章 興國サッカー部の流儀（部員は270人、全部で7チーム、希望者は中3から練習に参加できる ほか）、第3章 プロになるための進路の選び方（3年後の自分をイメージする、自分はどんな選手になりたいかを考える ほか）、第4章 日本のサッカーが強くなるためにすべきこと（「育成のプロ指導者」の必要性、生活のために大会で結果を出さなければいけない環境 ほか）

内容　いまだ全国出場経験のないサッカー部からなぜ毎年Jリーガーが生まれ続けるのか？「勝利」よりも「育成」。2年連続3名がJリーグ入り。プロから声が掛かる尖った人材を育む指導哲学に迫る。

『興國高校サッカー部・内野流諦めない育成―プロにする魔法はないけど方法はある』内野智章著　竹書房　2022.11　229p　19cm　1600円　①978-4-8019-3307-1　Ⓝ783.47

目次　1 興國からプロになった選手たち、2 興國のプレーモデル、3 ポジションごとに求める能力、4 プロを育成する興國式トレーニング、5 興國からプロが生まれる背景、6 Jリーガーインタビュー！

内容　10年で27人のJリーガーを輩出！育成年代で大事なのは、大会の勝ち負けではない。興國式・プロが欲しがる自立した選手の育て方。

『根っこがなければきれいな花は育たない―サッカー育成年代のカリスマ指導者が明かす「最強マネジメント術」』内野智章著　ベースボール・マガジン社　2022.12　207p　19cm　1600円　①978-4-583-11561-0　Ⓝ783.47

目次　第1章 選手の育成を考える（育成に大事な組織とは、中学年代の指導者に求めたいことは、正しく理解してもらうのにプロデュースは必要、プロ選手に適したメンタリティーとは）、第2章 戦術理解が選手を育てる（選手育成と戦術指導、日本と海外の違い、各ポジションに求められる選手の理想像）、第3章 高校サッカーの未来を考える（多様性や個性を認めて選手を導く、これからの高校サッカー）、特別対談 内野智章×LISEM（サッカー系YouTuber）―サッカーも人生も楽しんでこそ

内容　斬新なアイディアと工夫を凝らしたアプローチで選手を伸ばし、高校サッカー界に新風を吹かせている若き指導者が、育成マネジメント術を綴る。

◆高津高等学校

『府立高津高等学校60周年』創立60周年記念誌編集委員会編　大阪　大阪府立高津高等学校　1978　151p　27cm〈奥付等の書名：創立60周年記念〉Ⓝ376.48

『高陵の五十年―大阪府立高津高等学校定時制創立50周年記念誌』高津高等学校定時制50年史編集委員会編　大阪　高陵会　1984.5　202p　26cm　Ⓝ376.4

『大阪府立高津高等学校バスケットボール部七十七年史』大阪府立高津高等学校バスケットボール部OB・OG会　2000.11　189p　26cm　Ⓝ783.1

『高陵の八十年―大阪府立高津高等学校定時制創立80周年記念誌』大阪府立高津高等学校高陵同窓会創立80周年記念誌編集委員会編　大阪　高陵同窓会　2015.5　205p　26cm〈書誌注記：年表あり〉Ⓝ376.48

『もっと自由に。もっと創造。―大阪府立高津高等学校創立100周年記念誌』高津高校創立100周年記念誌委員会編集　大阪　高津高校創立100周年記念事業実行委員会　2019.3　211p　30cm〈奥付・背のタイトル：大阪府立高津高等学校創立100周年記念誌　写真で見る旧制30年の歩み：p36～47〉Ⓝ376.48

◆港南高等学校

『創立10周年記念誌』10周年記念誌編集委員会編　大阪　大阪府立港南高等学校　1993.11　152p　26cm　Ⓝ376.48

◆港南造形高等学校

『港南―創立30周年記念誌』港南高校・港南造形高校創立30周年記念事業実行委員会編　大阪　大阪府立港南造形高等学校　2014.11　60p　30cm　Ⓝ376.48

◆向陽台高等学校

『日本の教育とともに―向陽高等学校十年の歩み』向陽台高校十周年誌編集委員会編　茨木　大阪繊維学園　1974　207p　18cm　380円　Ⓝ376.4

『向陽台高校事始め―勤労青少年教育にかけた青春』入江稔, 安田英夫, 菊池悦子編　大阪　向陽書房　2002.11　176p　27cm　2000円

◆香里丘高等学校

『あゆみ　'80～'85』大阪府立香里丘高等学校記念誌編集委員会編集　枚方　大阪府立香里丘高等学校　1986.3　29p　26cm　Ⓝ376.48

『あゆみ　'80～'89』大阪府立香里丘高等学校記念誌編集委員会編集　枚方　大阪府立香里丘高等学校　1989.11　63p　26cm　Ⓝ376.48

大阪府

◆金剛高等学校

『日本政府正規学校認可取得創立40周年記念誌』金剛学園編　大阪　金剛学園　1986　152p　27cm〈奥付の書名：金剛学園40年誌　金剛学園の年表：p43〜46〉Ⓝ376.48

『創立10周年記念誌』創立10周年記念誌編集委員会編集　富田林　大阪府立金剛高等学校　1989.11　67p　26cm〈沿革の概要：p18〉Ⓝ376.48

『創立20周年記念誌』創立20周年記念誌編集委員会編集　富田林　大阪府立金剛高等学校　1999.11　79p　26cm〈沿革の概要：p42〉Ⓝ376.48

『大阪府立金剛高等学校創立30周年記念誌』創立30周年記念誌編集委員会編集　富田林　大阪府立金剛高等学校　2009.10　59p　30cm〈背・表紙のタイトル：創立30周年記念誌〉Ⓝ376.48

◆金光八尾高等学校

『創立10周年記念誌』創立10周年記念誌編集委員会編集　八尾　関西金光学園金光八尾中学校　1995　88p　26cm〈共同刊行：関西金光学園金光八尾高等学校〉Ⓝ376.48

◆堺工業高等学校

『創立60周年記念誌』創立60周年記念誌編集委員会編集　堺　大阪府立堺工業高等学校　1996.11　82p　26cm〈表紙の書名：六十年のあゆみ〉Ⓝ376.48

『府工七十年の歩み―創立70周年記念誌』創立70周年記念誌編集委員会編集　堺　大阪府立堺工科高等学校, 大阪府立堺工業高等学校　2006.11　95p　30cm　Ⓝ376.48

◆堺市立堺高等学校

『初代校長は民間人―総合的ブランド戦略で作る！ 時代が求める集合型専門高校』中辻悦郎著　学事出版　2010.6　110p　21cm　1000円　①978-4-7619-1761-6　Ⓝ376.48

目次 第1章 初代校長は民間人（校長先生の履歴書, 初仕事は生徒募集, あと3ヶ月で開校, いよいよ開校）, 第2章 官と民の違い（学校という組織, 先生という人々, What is the 教育委員会？）, 第3章 高校改革の目指すもの（堺高校の目指す道, 学校が始まった, 学校運営と経営, イイ学校をつくりたい, 総合ブランド戦略）

◆堺市立工業高等学校

『創立八十年』堺市立工業高等学校編　堺　堺市立工業高等学校八十周年記念誌編集委員会　1986　43p　26cm〈80年のあゆみ：p11〜12〉Ⓝ376.48

『堺市立工業高等学校旧校舎と新校舎』堺市立工業高等学校編　堺　堺市立工業高校建築科　1988　123p　26cm〈表紙の書名：旧校舎と新校舎〉Ⓝ376.48

◆堺市立商業高等学校

『甲比丹―堺市立商業高等学校創立70周年記念誌』堺市商業高等学校内創立70周年記念編集委員会編集　堺　堺市立商業高等学校　1991　44p　30cm〈堺市立商業高等学校年表：p34〜41〉非売品　Ⓝ376.48

◆堺西高等学校

『大阪府立堺西高等学校五周年記念誌』大阪府立堺西高等学校編　堺　大阪府立堺西高等学校　1983.11　53p　26cm〈書名は奥付による, 標題紙の書名：5 anniversary, 表紙の書名：五周年記念誌　沿革の概要：p2〜3〉Ⓝ376.48

『堺西高等学校10周年＜堺高等学校80周年＞記念誌』大阪府立堺西高等学校編　堺　大阪府立堺西高等学校　1988.11　80p　26cm〈奥付のタイトル：大阪府立堺西高等学校十周年記念誌, 表紙のタイトル：十周年記念誌　沿革：p4〜11〉Ⓝ376.48

◆堺東高等学校

『大阪府立堺東高等学校10周年記念誌―明日を目指して』大阪府立堺東高等学校編　堺　大阪府立堺東高等学校　1981　58p　26cm〈表紙の書名：十周年記念誌〉Ⓝ376.48

『堺東高等学校20周年記念誌』堺東高校20年誌編集委員会編　堺　大阪府立堺東高等学校　1991.10　99p　26cm〈書名は奥付による　表紙の書名：20周年記念誌〉Ⓝ376.4

◆桜塚高等学校

『大阪府立桜塚高等学校創立60周年記念誌―歴史、そしてこの10年』大阪府立桜塚高等学校編　豊中　大阪府立桜塚高等学校創立60周年記念誌編集委員会　1997.11　117p　26cm　非売品　Ⓝ376.48

『大阪府立桜塚高等学校創立80周年記念誌』大阪府立桜塚高等学校編　豊中　大阪府立桜塚高等学校　2017.11　79p　30cm〈背のタイトル：創立80周年記念誌, 表紙のタイトル：80周年　桜塚高校の歴史年表：p11〜16〉

Ⓝ376.48

◆佐野高等学校

『佐野八十年史』創立80周年記念誌編集委員会編集　泉佐野　大阪府立佐野高等学校　1982　162p　27cm〈奥付の書名：大阪府立佐野高等学校創立80周年記念誌　沿革史：p17～38, 定時制課程の沿革：p124〉Ⓝ376.48

『大阪府立佐野高等学校創立90周年記念誌』創立90周年記念誌編纂委員会編集　泉佐野　大阪府立佐野高等学校　1992　78p　26cm〈書名は奥付による.標題紙等の書名：創立九十周年記念誌〉Ⓝ376.48

『佐野高―定時制課程の足跡　昭和二十五年四月一日～平成十年三月三十一日』佐野高編　泉佐野　大阪府立佐野高等学校　1998編集後記　100p　31cm　Ⓝ376.48

◆佐野工業高等学校

『佐野工六十年史』大阪府立佐野工業高等学校編集　泉佐野　大阪府立佐野工業高等学校　1985.11　120p　27cm〈沿革史：p8～37〉Ⓝ376.48

『佐野工八十年史』創立80周年記念誌編集委員会編　泉佐野　大阪府立佐野工科高等学校　2005.10　118p　31cm〈奥付のタイトル：大阪府立佐野工業・工科高等学校創立80周年記念誌　布装　佐野工のあゆみ：p15～47〉Ⓝ376.48

◆狭山高等学校

『十周年記念誌』創立10周年記念誌編集委員会編集　大阪狭山　大阪府立狭山高等学校　1989.11　86p　26cm〈奥付のタイトル：創立10周年記念誌　10年の歩み：p10～20〉Ⓝ376.48

◆四条畷高等学校

『畷ラグビー五十年―府立四条畷中学・高校ラグビー部創設50周年記念誌』四条畷　大阪府立四条畷高等学校ラグビー部OB会　1980.3　372p　27cm〈畷ラグビー50年：p363～365〉Ⓝ783.48

『畷八十年史』大阪府立四条畷高等学校「畷八十年史」編集委員会編　四条畷　大阪府立四条畷高等学校同窓会　1987.10　1158p　22cm　Ⓝ376.4

『畷ラグビー―大阪府立四条畷中等学校 大阪府立四条畷高等学校ラグビー部創部60周年記念誌』大阪府立四条畷高等学校ラグビー部OB会　1990.12　159p　27cm〈奥付のタイトル：畷ラグビー60年, 表紙のタイトル：畷 畷ラグビー60年：p153～156〉Ⓝ783.48

『楠の若葉―創立90周年記念誌』大阪府立四条畷高等学校記念誌編集委員会編集　四条畷　大阪府立四条畷高等学校　1993　100p　26cm〈畷90年のあゆみ：p93～100〉Ⓝ376.48

『見上げてごらん夜の星を』大阪の「夜間高校を励ます会」, 大阪府立四条畷高校定時制の課程父母の会編　大阪　せせらぎ出版　1995.7　63p　21cm　800円　①4-915655-61-X　Ⓝ376.4

目次　僕らを信じてくれる学校―生徒より（自然にとけた先生への不信感, 定時制高校ってどんな学校？　ほか）, 生徒の成長をはげみに―教師より（学力は, 着実に伸びる, N君とMさんのこと　ほか）, 定時制があったからこそ―親より（子どもに無理をさせずに, どんな子にも教育の場を与えてくれる定時制　ほか）

『畷ラグビー―大阪府立四条畷中等学校 大阪府立四条畷高等学校ラグビー部創部70周年記念誌』大阪府立四条畷高等学校ラグビー部OB会　2000.5　199p　27cm〈奥付のタイトル：畷ラグビー70年, 表紙のタイトル：畷　畷ラグビー70年：p191～195〉Ⓝ783.48

『畷百年史』大阪府立四條畷高等学校記念誌委員会編　四條畷　大阪府立四條畷高等学校創立100周年記念事業実行委員会　2006.5　1734p　27cm〈年表あり〉Ⓝ376.48

『晝耕夜誦―大阪府立四條畷高等学校定時制の課程閉課程記念誌　1948.10.5-2008.3.8』大阪府立四條畷高等学校定時制の課程閉課程記念事業実行委員会編集　四條畷　大阪府立四條畷高等学校定時制の課程閉課程記念事業実行委員会　2008.3　4,175p　26cm〈奥付のタイトル：大阪府立四條畷高等学校定時制の課程閉課程記念誌〉Ⓝ376.48

『畷ラグビー―創部80周年記念誌』四條畷　大阪府立四條畷高等学校ラグビー部OB会　2010.5　487p　27cm〈奥付のタイトル：畷ラグビー80年〉Ⓝ783.48

◆四条畷北高等学校

『大阪府立四条畷北高等学校創立五周年記念誌』五周年記念誌編集委員会編集　四條畷　大阪府立四条畷北高等学校　1987.6　54p　26cm〈タイトルは奥付による.表紙のタイトル：創立五周年記念誌　学校の沿革概要：p8〉Ⓝ376.48

大阪府

◆渋谷高等学校

『創立70周年記念誌』大阪府立渋谷高等学校創立70周年記念誌委員会編集　池田　大阪府立渋谷高等学校創立70周年記念誌委員会　1987.11　103p　27cm〈布装　沿革史：p27～40〉Ⓝ376.48

『創立80周年記念誌』大阪府立渋谷高等学校創立80周年記念誌委員会編集　池田　大阪府立渋谷高等学校創立80周年記念誌委員会　1997.11　103p　31cm　Ⓝ376.48

『創立百周年記念誌大阪府立渋谷高等学校』創立100周年記念誌編集委員会編　池田　大阪府立渋谷高等学校　2017.10　195p　31cm〈書誌注記：年表あり　奥付・背のタイトル：創立100周年記念誌〉Ⓝ376.48

◆島上高等学校

『島上—創立30周年記念』創立30周年記念誌編集委員会編集　高槻　大阪府立島上高等学校　1981　160p　27cm　Ⓝ376.48

◆島本高等学校

『島本高等学校十周年記念誌』10周年記念誌編集委員会編集　島本町（大阪府）大阪府立島本高等学校　1983.9　67p　26cm〈背の書名：創立十周年記念誌〉Ⓝ376.48

『大阪府立島本高等学校創立40周年記念誌』創立40周年記念事業実行委員会編集　島本町（大阪府）大阪府立島本高等学校　2013.9　74p　30cm〈タイトルは奥付・背による.標題紙のタイトル：創立40周年記念誌大阪府立島本高等学校, 表紙のタイトル：しまもと〉Ⓝ376.48

◆清水谷高等学校

『清水谷八十年史—戦後史を中心に』大阪　大阪府立清水谷高等学校　1981.6　196p　21cm　非売品　Ⓝ376.4

『しみづだに—1900年～1990年』校史資料収集整理委員会編著　大阪　大阪府立清水谷高等学校　1991.5　150p　26cm〈折り込図1枚〉①4-9900170-1-3　Ⓝ376.4

『清水谷百年史』大阪府立清水谷高等学校100周年記念事業実行委員会記念誌委員会編　大阪　大阪府立清水谷高等学校100周年記念事業実行委員会　2001.6　672p　31cm〈表紙のタイトル：清水谷100年のあゆみ　年表あり〉①4-9900854-1-8　Ⓝ376.48

『大阪府立清水谷高等学校創立110周年記念誌—清水谷はひとつ』創立110周年記念誌発行委員会編集　大阪　[大阪府立清水谷高等学校]創立110周年記念事業実行委員会　2011.11　95p　30cm〈背のタイトル：創立110周年記念誌　創立100周年までの歩み：p13～22　年表：p25～34〉Ⓝ376.48

『セーラー服の社会史—大阪府立清水谷高等女学校を中心に』井上晃著　青弓社　2020.8　145p　21cm〈書誌注記：文献あり〉2000円　①978-4-7872-2088-2　Ⓝ383.15

|目次| 第1章 セーラー服の歴史, 第2章 日本の女学生の制服の流れ, 第3章 清水谷高等女学校の制服, 第4章 戦後—清水谷高校の制服, 第5章 清水谷セーラー服をめぐるエピソード, 第6章 清水谷の体操服, 終章 制服の今後について

|内容| セーラー服イコール女学生のイメージは、どのような推移をたどって日本で定着したのか。明治期の和服から大正期の袴、そして洋装の制服としてのセーラー服の誕生をへて現在のデザインに至るまでを、大阪府立清水谷高校のセーラー服の変遷を軸に、230点の写真とともに描く。

『大阪府立清水谷高等学校創立120周年記念誌—明治から令和そして未来の友へ』創立120周年記念誌編集委員会編集　大阪　[大阪府立清水谷高等学校]創立120周年記念事業実行委員会　2021.10　118p　30cm〈背・表紙のタイトル：創立120周年記念誌　創立110周年までの歩み：p13～25, 10年間の行事：p26～31〉Ⓝ376.48

◆少路高等学校

『記念写真集—ありがとう少路高校』大阪府立少路高等学校編　豊中　大阪府立少路高等学校　2009.3　48p　30cm〈沿革：p3〉Ⓝ376.48

◆城東工業高等学校

『軌—大阪府立城東工業高等学校五十周年記念誌』創立50周年記念誌編集委員会編集　東大阪　大阪府立城東工業高等学校　1980.11　52p　26cm〈奥付のタイトル：城工創立50周年記念誌　沿革：p8～10〉Ⓝ376.48

『轍—創立60周年記念誌』創立60周年記念誌編集委員会編集　東大阪　大阪府立城東工業高等学校　1989　73p　27cm　Ⓝ376.48

『輝—城工70年の軌跡』創立70周年記念誌編集委員会編集　東大阪　大阪府立城東工業高等学校　1999.10　73p　31cm〈背の書名：創立70周年記念誌〉Ⓝ376.48

『標—定時制課程記念誌』東大阪　大阪府立城東工業高等学校　2008.3　69p　30cm

大阪府

◆食品産業高等学校

『食産―創立20周年記念誌』創立20周年記念誌編集委員会編集　東大阪　大阪府立食品産業高等学校　1987.10　71p　26cm　Ⓝ376.48

『創立30周年記念誌』創立30周年記念誌編集委員会編集　東大阪　大阪府立食品産業高等学校　1998.10　63p　30cm〈沿革概要：p53〉Ⓝ376.48

◆白菊高等学校

『白菊―創立25年のあゆみ』大阪府立白菊高等学校創立25周年記念誌編集委員会編集　堺　大阪府立白菊高等学校　1991.12　6, 42p　26cm〈奥付のタイトル：創立25周年記念誌　沿革：p5〉Ⓝ376.48

『大阪府立白菊高等学校閉校記念誌』閉校記念誌編集委員会編集　堺　大阪府立白菊高等学校閉校事業実行委員会　2004.2　164p　30cm〈白菊高校のあゆみ：巻頭〉Ⓝ376.48

◆城山高等学校

『創立40周年　1948～1988』創立40周年記念誌編集委員会編集　豊能町（大阪府）　大阪府立城山高等学校　1988.11　36p　26cm〈奥付のタイトル：創立40周年記念誌　40年のあゆみ：p11～18〉Ⓝ376.48

『さらば愛しき城山高校―大阪府立城山高等学校閉校記録誌　1948-2008』記録誌編集委員会編集　豊能町（大阪府）　大阪府立城山高等学校　2008.3　77p　30cm〈奥付のタイトル：大阪府立城山高等学校閉校記録誌〉Ⓝ376.48

◆吹田高等学校

『創立四十周年記念誌』創立四十周年記念誌編集委員会編集　吹田　大阪府立吹田高等学校　1990　55p　26cm　Ⓝ376.48

『創立50周年記念誌　1950～2000』吹田高等学校50周年記念誌委員会編集　吹田　大阪府立吹田高等学校　2000編集後記　133p　31cm〈書名は背・表紙による.標題紙の書名：50年の歩み　沿革の概要：p17～18〉Ⓝ376.48

『おおとり―創立50周年記念誌』吹田高校創立50周年記念事業実行委員会編集　吹田　大阪府立吹田高等学校定時制の課程　2003.2　65p　30cm〈書名は背・表紙による.奥付の書名：創立50周年記念誌「おおとり」　通史・50年の歴史：p2～5〉Ⓝ376.48

『大阪府立吹田高等学校創立60周年記念誌』創立60周年記念事業実行委員会編集　吹田［大阪府立吹田高等学校］創立60周年記念事業実行委員会　2010.10　79p　30cm〈タイトル奥付による.標題紙・背のタイトル：創立60周年記念誌, 表紙のタイトル：鵬　60年の歩み：p13～15〉Ⓝ376.48

◆吹田東高等学校

『十周年記念誌』10周年記念事業委員会編集　吹田　大阪府立吹田東高等学校　1983.10　63p　26cm〈学校の沿革の概要：p8～9〉Ⓝ376.48

『宏遠―創立30周年記念誌』創立30周年記念誌編集委員会編集　吹田　大阪府立吹田東高等学校創立30周年記念事業実行委員会　2003.11　99p　30cm〈背の書名：創立30周年記念誌〉Ⓝ376.48

◆砂川高等学校

『大阪府立砂川高等学校閉校記念誌　1983～2011　平成23年3月』記念誌編集委員会編集　泉南　大阪府立砂川高等学校　2011.2　87p　30cm〈タイトルは奥付・背による.標題紙のタイトル：大阪府立砂川高等学校, 表紙のタイトル：ありがとう砂川　沿革：p14～17〉Ⓝ376.48

◆住之江高等学校

『十周年記念誌』大阪府立住之江高等学校10周年記念誌編集委員会編集　大阪　大阪府立住之江高等学校　1986　68p　26cm　Ⓝ376.48

『創立20周年記念誌』大阪府立住之江高等学校編　大阪　大阪府立住之江高等学校　1996.11　48p　30cm〈書名は奥付による.標題紙・表紙の書名：20th anniversary, 背の書名：二十周年記念誌　History of Suminoe：p9～16〉Ⓝ376.48

『Suminoe.memories―28年のあゆみ』大阪府立住之江高等学校記念事業実行委員会編集　大阪　大阪府立住之江高等学校　2005.2　71p　30cm〈奥付のタイトル：大阪府立住之江高等学校記念誌, 背のタイトル：28年のあゆみ　沿革概要：p8～11〉Ⓝ376.48

◆住吉高等学校

『創立50周年記念誌』創立50周年記念誌編集委員会編集　大阪　大阪府立住吉高等学校　1972　63p　26cm〈略年譜：p60～63〉非売

品』Ⓝ376.48

『住吉高等学校創立100周年記念誌』大阪府立住吉高等学校創立100周年記念誌委員会編集　大阪　大阪府立住吉高等学校　2023.3　295p　31cm〈書誌注記：年表あり〉Ⓝ376.48

◆精華高等学校

『精華—創立70周年記念誌』創立70周年記念誌編集委員会編集　堺　精華学園精華高等学校　1996.11　103p　31cm〈奥付の書名：創立70周年記念誌〉Ⓝ376.48

◆成器高等学校

『写真で綴る成器学園の90年』創立90周年記念誌編集委員会編集　大阪　成器学園　1993.10　103p　29cm〈成器学園の歴史：p101, クラブ活動の歴史：p102〉Ⓝ376.48

◆清教学園高等学校

『みどりもふかき—写真で見る清教学園の40年』記念誌編集委員会編集　河内長野　清教学園　1991.10　64p　26cm　Ⓝ376.48

『Love & peace on earth—Seikyo Gakuen Jr. & Sr. High School』河内長野　清教学園　1994.7　64p　27cm〈本文は日本語、清教学園国際交流20周年記念〉Ⓝ376.489

『みおつくし—若き日にあなたのつくり主をおぼえよ』中山昇著　大阪　タイムス　1995.7　147p　19cm　700円　Ⓝ376.48

『芽生え育ちて地の果てまで—清教学園創立期の群像』中山昇著　教文館　2007.5　162p　19cm　1200円　①978-4-7642-9934-4　Ⓝ376.48

『清教学園高等学校探究科の記録—2008-2016：タラントン"賜物"を探していかす』清教学園高等学校探究科編　河内長野　清教学園高等学校/探究科　2018.7　180p　30cm　Ⓝ375.1

◆成城高等学校

『大阪府立成城工業高等学校・成城高等学校創立50周年記念誌』大阪府立成城高等学校編　大阪　大阪府立成城高等学校記念誌編集委員会　2009.11　62p　26cm〈表紙のタイトル：創立50周年記念誌　年表：p56〜58〉Ⓝ376.48

◆成城工業高等学校

『成城工校（定）創立20周年記念誌』定時制創立20周年記念誌編集委員会編集　大阪　大阪府立成城工業高等学校　1982　47p　26cm〈書名は奥付による．標題紙・表紙の書名：二十周年記念誌　成城工業高校定時制課程20年の歩み：p4〜5〉Ⓝ376.48

『成城工創立30周年記念誌』創立30周年記念誌編集係編集　大阪　大阪府立成城工業高等学校　1988.10　89p　26cm〈書名は奥付による．標題紙等の書名：創立三十周年記念誌〉Ⓝ376.48

『ものづくりそしてひとづくり—創立40周年を記念して』40周年誌編集委員会編集　大阪　大阪府立成城工業高等学校　1998.11　31p　30cm〈40年の歩み：p30〜31〉Ⓝ376.48

◆清風高等学校

『「徳・健・財」三福思考のすすめ—清風学園の人間教育』平岡竜人著　河出書房新社　1996.10　205p　20cm（Just books）1400円　①4-309-61324-1　Ⓝ371.6

『人を「育てる」ということ』平岡英信著　PHP研究所　2003.1　189p　19cm　1300円　①4-569-61858-8

[目次] 第1章 生きる力を育む，第2章 戦後教育はこのままでいいのか，第3章 清風学園の教育，第4章 私が出会った人びと，第5章 生き方の基本，第6章 神仏を見失った国

[内容] 子どもが育つ先生，ダメになる先生—「教育崩壊」といわれるなかで独自の信念で実績をあげてきた著者が語る渾身のメッセージ．

◆清風南海高等学校

『清風南海学園創立45周年史』清風南海学園45周年史編纂委員会編　高石　清風南海学園　2008.10　98p　30cm　Ⓝ376.48

『清風南海学園創立50周年記念誌』清風南海学園創立50周年記念誌編纂委員会編　高石　清風南海学園　2013.11　161p　31cm　Ⓝ376.48

◆清友高等学校

『はばたく清友—府立移管10年の歩み』府立移管10周年記念誌編集委員会編集　八尾　大阪府立清友高等学校　1988.6　60p　26cm〈沿革概要：p6〉Ⓝ376.48

『はばたく清友50年—創立50年の歩み』大阪府立清友高等学校編　八尾　大阪府立清友高等学校50周年記念事業実行委員会記念誌委員会　1990.11　152p　27cm〈布装　沿革概要：p13, 占春会の歩み：p132〜133〉Ⓝ376.48

『はばたく清友—大阪府立清友高等学校閉校記念誌』閉校記念誌編集委員会編集　八尾　大阪

府立清友高等学校　2010.3　167p　31cm　〈布装〉Ⓝ376.48

◆摂津高等学校

『創立10年の歩み』創立十周年記念事業実行委員会編集　摂津　大阪府立摂津高等学校　1981　40p　26cm〈奥付の書名：大阪府立摂津高等学校創立十周年記念誌　この10年：p40〉Ⓝ376.48

◆泉州高等学校

『飛翔―第55回選抜高等学校野球大会　泉州高等学校熱闘の記録』岸和田　泉州高等学校　1983.5　88p　27cm　非売品　Ⓝ783.7

『泉州高等学校のあゆみ』泉州学園泉州高等学校編集　岸和田　泉州学園泉州高等学校　1987.12　229p　27cm　Ⓝ376.48

◆宣真高等学校

『宣真五十年史』池田　宣真学園　1971　442p　図・肖像10枚　21cm　Ⓝ376.4

『宣真60周年記念誌』宣真60周年記念誌編集委員会編集　池田　宣真学園　1980.11　95p　27cm〈書名は奥付による．標題紙・表紙の書名：創立六十周年記念誌　学園略年表：p22～23〉Ⓝ376.48

『創立七十周年記念誌』「宣真学園創立七十年記念誌」編集委員会編集　池田　宣真学園　1990.11　115p　27cm〈70年史年表：p75～89〉Ⓝ376.48

◆泉南高等学校

『創立二十周年記念史』大阪府立泉南高等学校（隔週）定時制課程編集委員会編集　泉南　大阪府立泉南高等学校　1986.1　54p　26cm〈沿革史：p12～13〉Ⓝ376.48

『せんなん―創立40周年記念誌』創立40周年記念誌編集委員会編集　泉南　大阪府立泉南高等学校　1990.10　44p　26cm〈奥付の書名：創立40周年記念誌　沿革概要：p1～3〉Ⓝ376.48

◆泉陽高等学校

『創立七十周年記念』大阪府立泉陽高等学校内創立七十周年記念誌編集委員会編集　堺　大阪府立泉陽高等学校　1971　24p　26cm〈本校沿革概略：p2〉非売品　Ⓝ376.48

『泉陽高校百年』大阪府立泉陽高等学校記念誌編集委員会編者　堺　大阪府立泉陽高等学校

創立百周年記念事業実行委員会　2001.3　1081p　27cm　Ⓝ376.48

◆千里高等学校

『千里十年』大阪府立千里高等学校編　吹田　大阪府立千里高等学校　1976　16p　26cm〈十年の歩み：p4〉Ⓝ376.48

『千里この10年―創立30周年記念誌』創立30周年記念誌委員会編集　吹田　大阪府立千里高等学校　1996.11　127p　26cm〈背の書名：創立三十周年記念誌〉Ⓝ376.48

◆千里国際学園高等部

『はばたけ若き地球市民―国際学園の教育実践から』藤沢皖著　京都　アカデミア出版会　2000.3　330p　19cm　2700円　Ⓝ371.5

内容　生徒の個性を尊重し、ひとりひとりの才能を育むことを教育目的にして、その実践を教育目標にしてきた著者が、東に「国際基督教大学高等学校」を、西に「大阪国際文化中学校・高等学校（千里国際学園中等部・高等部と改称）」と「大阪インターナショナルスクール」をと、帰国生徒教育に携わってから20余年、真に国際的な学校の創設にも関わり、21世紀の「地球市民社会」における「地球市民」の育成を提唱し、「地球市民教育」の実施を提言する。

◆大正高等学校

『創立十周年記念誌』創立10周年記念誌編集委員会編集　大阪　大阪府立大正高等学校　1987.11　76p　30cm〈書誌注記：年表あり　部分タイトル：大阪府立大正高等学校創立十周年記念誌〉376.48

『創立20周年記念誌』創立20周年記念誌編集委員会編集　大阪　大阪府立大正高等学校　1997.11　71p　30cm　Ⓝ376.48

『三十年の歩み』創立30周年記念誌編集委員会編集　大阪　大阪府立大正高等学校　2007.11　79p　30cm〈部分タイトル：創立30周年記念誌〉Ⓝ376.48

『大阪府立大正高等学校創立40周年記念誌』創立40周年記念誌編集委員会編集　大阪　大阪府立大正高等学校　2017.11　32p　30cm

『周年記念誌集―1978.4.1～2020.3.31　［1］大阪府立大正高等学校創立十周年記念誌』大阪府立大正高等学校編　創立10周年記念誌編集委員会編集　大阪　大阪府立大正高等学校　［2020］　76p　30cm〈昭和62年刊の復刻　沿革：p6　書誌的事項は箱カヴァーによる〉Ⓝ376.48

大阪府

『周年記念誌集―1978.4.1～2020.3.31 [2] 大阪府立大正高等学校―創立20周年記念誌』大阪府立大正高等学校編 創立20周年記念誌編集委員会編集 大阪 大阪府立大正高等学校 [2020] 71p 30cm〈1997年刊の再刊 書誌的事項は箱カヴァーによる〉Ⓝ376.48

『周年記念誌集―1978.4.1～2020.3.31 [3] 創立30周年記念誌』大阪府立大正高等学校編 創立30周年記念誌編集委員会編集 大阪 大阪府立大正高等学校 [2020] 79p 30cm〈2007年刊の再刊 30年の歩み：p13 書誌的事項は箱カヴァーによる〉Ⓝ376.48

『周年記念誌集―1978.4.1～2020.3.31 [4] 大阪府立大正高等学校創立40周年記念誌』大阪府立大正高等学校編 創立40周年記念誌編集委員会編集 大阪 大阪府立大正高等学校 [2020] 32p 30cm〈2017年刊の再刊 沿革40年の歩み：p7 書誌的事項は箱カヴァーによる〉Ⓝ376.48

『周年記念誌集―1978.4.1～2020.3.31 [5] 大阪府立大正高等学校閉校誌―大正高校の思い出はいつまでも永遠に』大阪府立大正高等学校編 大阪府立大正高等学校閉校記念事業実行委員会編集 大阪 大阪府立大正高等学校 [2020] 16p 30cm〈沿革：p16 書誌的事項は箱カヴァーによる〉Ⓝ376.48

◆大東高等学校

『大東十年―創立10周年記念誌』創立10周年記念誌編纂委員会編 大東 大阪府立大東高等学校 1982.3 154p 26cm Ⓝ376.48

『生命溢るる我が園に集まる若き魂と魂』大阪府立大東高等学校編 大東 大阪府立大東高等学校 2008.3 79p 30cm〈タイトルは背・表紙による.標題紙のタイトル：大東三十六年の歩み，奥付のタイトル：大阪府立大東高等学校閉校記念誌〉Ⓝ376.48

『大東三十六年の歩み 資料編 PTA広報誌』大東 大阪府立大東高等学校 2008.3 176p 30cm Ⓝ376.48

◆高槻高等学校

『高槻高等学校45年史』中村幸市,定政熊雄編集 高槻 高槻高等学校 1985 142p 27cm〈年表 昭和15～60年：p33～105〉Ⓝ376.48

『高槻高等学校50年史』高槻高等学校編集 高槻 高槻高等学校 [1990] 119p 27cm〈45周年記念誌追録 昭和60年以降平成2年現在まで：p77～89〉Ⓝ376.48

『真面目に強く上品に―反骨校長吉川昇の日記：高槻中学校・高等学校戦中戦後の苦闘』吉川昇著,秋山哲編著 高槻 高槻中学校・高等学校創立七〇周年記念『吉川日記』刊行委員会 2010.10 344p 20cm〈書誌注記：年譜あり 書誌注記：文献あり〉1900円 Ⓝ376.3163

『学校に吹くコミュニティの風―卒業生と綴る』岡本俊明著作 高槻高校28期卒業生 2020.5 676p 30cm Ⓝ376.4163

◆高槻北高等学校

『創立二十周年』大阪府立高槻北高等学校20周年記念誌編集委員会編集 高槻 大阪府立高槻北高等学校 1996.11 80p 26cm〈背の書名：創立二十周年記念誌 創立から十年の歩み：p16～20〉Ⓝ376.48

『40周年記念誌』40周年記念誌編集委員会編集 高槻 大阪府立高槻北高等学校 2016.9 62p 30cm〈タイトルは奥付・表紙による.標題紙のタイトル：大阪府立高槻北高等学校,背のタイトル：創立40周年記念誌〉Ⓝ376.48

◆高槻南高等学校

『十周年記念誌』創立10周年記念行事委員会編集 高槻 大阪府立高槻南高等学校 1982.11 96p 26cm〈沿革の概要：p22〉Ⓝ376.48

◆盾津高等学校

『創立30周年記念誌』創立30周年記念誌編集委員会編集 東大阪 大阪府立盾津高等学校 2003.11 68p 30cm〈表紙のタイトル：盾津 沿革：p13〉Ⓝ376.48

◆玉川高等学校

『たまがわ―玉川高校19年の記録』記録誌編集委員会編集 東大阪 大阪府立玉川高等学校フォーエヴァーセレモニー事業実行委員会 2003.1 124p 30cm〈背の書名：玉川高校十九年の記録〉Ⓝ376.48

◆千代田高等学校

『青春がはじける学園―仮面をはずす子どもたち』吉田博司編,千代田高等学校著 大阪 清風堂書店 2000.11 256p 19cm 1429円 ①4-88313-198-X Ⓝ376.48

[内容] いじめ，校内暴力，恐喝，学級崩壊，不登校，高校中退者の増大などなど，子どもをめぐる事態は，現代日本の社会的危機の深刻さをまざまざと私たちに印象づけています。こうした「現実」を前

大阪府

にして、学校は、教師はどうあればいいのでしょうか、「現実」の厳しさに、ときにはたじろぎそうにもなりますが、「風穴」をあけ、生きる希望を失ったかにみえる子どもたちが"蘇生"しうる道をきり拓き、進むべき方向を指し示していかなくてはなりません。―著者たち「千代田の教職員」はそんな思いを共有して日々の営みを続けています。その営みの一部をまとめたのが本書です。

◆槻の木高等学校

『欅―創立十周年記念誌』大阪府立槻の木高等学校　高槻　大阪府立槻の木高等学校創立10周年記念事業実行委員会　［2012］　88p　30cm〈タイトルは背・表紙による．標題紙のタイトル：創立10周年記念誌大阪府立槻の木高等学校，奥付のタイトル：大阪府立槻の木高等学校創立10周年記念誌　10年の歩み：p28～29〉Ⓝ376.48

◆豊島高等学校

『創立十周年記念誌』大阪府立豊島高等学校10周年記念誌編集委員会編　豊中　大阪府立豊島高等学校　1984.10　46p　26cm〈沿革の概要：p11～12，PTA10年のあゆみ：p28～31〉Ⓝ376.48

◆帝塚山学院泉ヶ丘高等学校

『あこがれは遠く高く―創立30周年記念誌：帝塚山学院泉ヶ丘中学校高等学校』帝塚山学院泉ヶ丘中学校高等学校創立30周年記念事業委員会編　堺　帝塚山学院泉ヶ丘中学校高等学校　2013.3　789p　31cm〈書誌注記：年表あり〉Ⓝ376.48

◆天王寺高等学校

『桃陰八十年』天王寺高等学校記念誌編集委員会編　大阪　大阪府立天王寺高等学校　1976.11　307p　図　21cm　非売品　Ⓝ376.4

『桃陰百年―大阪府立天王寺高等学校創立100周年記念誌 1896～1996』大阪府立天王寺高等学校創立100周年記念事業委員会記念誌委員会編　大阪　大阪府立天王寺高等学校創立100周年記念事業委員会記念誌委員会　1996.11　997p　図版16枚　27cm　Ⓝ376.48

『Bokka 2016―創部百周年誌』大阪府立天王寺高等学校山岳スキー部，大阪府立天王寺高等学校天王山岳会編　大阪　大阪府立天王寺高等学校山岳スキー部　2016.10　247p　30cm〈共同刊行：大阪府立天王寺高等学校山岳会〉Ⓝ784.3

◆東海大学付属大阪仰星高等学校

『紺の誇り―負けない準備の大切さ』湯浅大智著　ベースボール・マガジン社　2024.5　198p　19cm　1600円　①978-4-583-11650-1　Ⓝ783.48

目次　第1章 強化の礎は「べき論」，第2章 垂直から水平方向の指導へ，第3章 試合中のノーサイド，第4章 ラグビーをプレーする，第5章 26年ぶりの敗退，第6章 仰星プライド

内容　現在進行形―．この本は4度の全国制覇を成し遂げた，高校ラグビー界きっての名将が綴った試行錯誤の記録である．

◆刀根山高等学校

『刀根山―創立十周年記念誌』創立10周年記念誌編集委員会編集　豊中　大阪府立刀根山高等学校　1986.11　79p　26cm〈書名は奥付・表紙による．標題紙の書名：刀根山の10年　本校の沿革：p13～14，本校設立以前の校地と大阪大学薬学部の沿革・10年の歩み：p17～27〉Ⓝ376.48

『刀根山高校の20年―創立20周年記念誌』創立20周年記念誌編集委員会編集　豊中　大阪府立刀根山高等学校　1996.11　96p　26cm〈表紙の書名：刀根山　本校の沿革・20年のあゆみ：p11～43〉Ⓝ376.48

◆登美丘高等学校

『六十年史―創立60周年記念誌』60年史編集委員会編集　堺　大阪府立登美丘高等学校　1983.11　388p　図版25p　26cm〈付：登美丘周辺絵地図（1枚）〉Ⓝ376.48

『あゆみ―「60年史」その後』70周年記念誌編集委員会編集　堺　大阪府立登美丘高等学校　1993.11　104p　図版8枚　26cm〈年表：p9～36〉Ⓝ376.48

『登美丘百年史』大阪府立登美丘高等学校創立100周年記念事業実行委員会編集　堺　大阪府立登美丘高等学校　2023.11　207p　31cm〈書誌注記：年表あり　部分タイトル：大阪府立登美丘高等学校登美丘百年史〉Ⓝ376.48

◆豊中高等学校

『豊陵―大阪府立豊中中学校・大阪府立豊中高等学校創立70周年記念誌』創立70周年記念誌編集委員会編　豊中　大阪府立豊中高等学校　1991.11　104p　26cm　Ⓝ376.4

『創立100周年記念誌』大阪府立豊中高等学校創立100周年記念事業実行委員会編集　豊中　大阪府立豊中高等学校　2021.5　303p，[1]

大阪府

枚(折り込み)30cm〈書誌注記:年表あり 部分タイトル:大阪府立豊中高等学校創立100周年記念誌 表紙のタイトル:2021年創立100周年記念誌〉Ⓝ376.48

◆鳥飼高等学校

『翔』記念誌作成委員会編集 摂津 大阪府立鳥飼高等学校創立20周年記念事業実行委員会 1999.11 79p 30cm〈背のタイトル:創立20周年記念誌 沿革概要:p8〉Ⓝ376.48

『はばたき―29年の軌跡』閉校記念誌編集委員会編集 摂津 大阪府立鳥飼高等学校記念事業実行委員会 2009.2 103p 30cm〈奥付のタイトル:大阪府立鳥飼高等学校閉校記念誌 沿革概要:p12〉Ⓝ376.4

◆富田林高等学校

『あゆみ70』大阪府立富田高等学校創立70周年記念誌編集委員会編集 富田林 大阪府立富田林高等学校 1971 96p 23×23cm〈本校沿革概要:p92～95〉Ⓝ376.48

『八十年史―大阪府立富田林高等学校』大阪府立富田林高等学校編集 富田林 大阪府立富田林高等学校 1981 307p 27cm〈年報:299～306〉非売品 Ⓝ376.48

『富田林高校百年史 1901～2001』大阪府立富田林高等学校(旧富中)100周年記念事業実行委員会記念誌委員会編集 富田林 大阪府立富田林高等学校(旧富中)100周年記念事業実行委員会 2002.3 774p 27cm〈年表:p738～770〉Ⓝ376.48

『航路―大阪府立富田林高等学校定時制の課程閉課程記念誌』定時制閉課程記念事業編集委員会編集 富田林 大阪府立富田林高等学校定時制閉課程記念事業実行委員会 2008.3 77p 30cm〈背のタイトル:定時制閉課程記念誌 富田林高等学校定時制の沿革:巻頭〉Ⓝ376.48

◆富田林高等学校千早赤阪分校

『分校半世紀の歩み』記念誌作成委員会編集 千早赤阪村(大阪府) 大阪府立富田林高等学校千早赤阪分校閉校事業企画委員会 1999.2 83p 30cm〈年表:p10〉Ⓝ376.48

◆長尾高等学校

『創立10周年記念誌』大阪府立長尾高等学校編 枚方 大阪府立長尾高等学校 1982.11 72p 26cm〈表紙の書名:長尾 沿革:p12〉

Ⓝ376.48

『創立二十周年記念』大阪府立長尾高等学校編 枚方 大阪府立長尾高等学校 1992.10 87p 26cm〈奥付の書名:創立20周年記念誌,表紙の書名:長尾〉Ⓝ376.48

◆長野高等学校

『大阪府立長野高等学校創設七周年記念誌』創設七周年記念誌編集委員会編集 河内長野 大阪府立長野高等学校 1979 36p 26cm〈表紙の書名:長野 本校の沿革概要(年譜):p4〉Ⓝ376.48

『大阪府立長野高等学校自然科学部創部15周年記念誌』大阪府立長野高等学校自然科学部OB会編 河内長野 大阪府立長野高等学校自然科学部OB会 1989.9 192p 26cm〈書名は奥付・背による 折り込1枚〉Ⓝ375.184

『創立20周年記念誌』創立20周年記念誌編集委員会編集 河内長野 大阪府立長野高等学校 1992.11 112p 26cm Ⓝ376.48

◆長野北高等学校

『10年の歩み―大阪府立長野北高等学校』創立10周年記念誌編集委員会編集 河内長野 大阪府立長野北高等学校 1983.11 42p 26cm〈年譜:p10～13〉Ⓝ376.48

『長野北20年 1974-1993』創立20周年記念誌編集委員会編集 河内長野 大阪府立長野北高等学校 1993.11 64p 26cm〈年譜:p12～21〉Ⓝ376.48

『創立30周年記念誌』創立30周年記念誌編集委員会編集 河内長野 大阪府立長野北高等学校 2003.11 99p 30cm〈沿革概要:p12〉Ⓝ376.48

◆長吉高等学校

『創立10周年記念誌』10周年記念誌編集委員会編集 大阪 大阪府立長吉高等学校 1984 77p 26cm〈学校の沿革:p5～6,10年の歩み:p21～31〉Ⓝ376.48

◆浪速学院浪速高等学校

『浪速高等学校・浪速中学校開校90周年・創基131周年記念誌 第1部 90年を迎える浪速学院』浪速学院浪速高等学校,浪速学院浪速中学校編 大阪 浪速学院浪速高等学校,浪速学院浪速中学校 2013.5 127p 30cm〈タイトルは奥付による.標題紙・表紙のタイトル:開校90周年基131周年記念誌〉

大阪府

Ⓝ376.48

『浪速高等学校・浪速中学校開校90周年・創基131周年記念誌 第2部 2003年～2012年』浪速学院浪速高等学校,浪速学院浪速中学校編 大阪 浪速学院浪速高等学校,浪速学院浪速中学校 2013.5 123p 30cm〈タイトルは奥付による.標題紙・表紙のタイトル：開校90周年創基131周年記念誌 10年の沿革：p120～123〉Ⓝ376.48

『浪速高等学校・浪速中学校開校90周年・創基131周年記念誌 第3部 資料編』浪速学院浪速高等学校,浪速学院浪速中学校編 大阪 浪速学院浪速高等学校,浪速学院浪速中学校 2013.5 47p 30cm〈タイトルは奥付による.標題紙・表紙のタイトル：開校90周年創基131周年記念誌〉Ⓝ376.48

◆浪花女子高等学校

『浪花』六十周年記念誌編集係編 大阪 浪花金光学園浪花女子高等学校 1986.11 99p 27cm〈書名は奥付・表紙による.標題紙の書名：六十周年記念誌,背の書名：浪花女子六十周年記念誌 沿革：p22～23,金光教小史：p98～99〉Ⓝ376.48

◆浪商高等学校

『浪商高校野球部六十年史』野球倶楽部編集委員会編 茨木 浪商学園野球倶楽部 1985 613p 図版32p 27cm〈付：表（1枚）〉Ⓝ783.7

◆西浦高等学校

『創立十周年記念誌』創立十周年記念誌編集委員会編 羽曳野 大阪府立西浦高等学校 1987.11 42p 26cm Ⓝ376.48

◆西成高等学校

『創立30周年記念誌』記念誌編集委員会編 大阪 大阪府立西成高等学校 2004.2 91p 30cm〈学校沿革：p28〉Ⓝ376.48

◆西寝屋川高等学校

『5周年―西寝屋川高等学校』大阪府立西寝屋川高等学校編 寝屋川［大阪府立西寝屋川高等学校］1984.11 94p 26cm〈沿革：巻頭,本校のあゆみ：p6～8 奥付のタイトル（誤植）：大阪府立西寝展川高等学校5周年誌〉Ⓝ376.48

『二十周年誌―大阪府立西寝屋川高等学校』創立20周年誌編集委員会編 寝屋川 大阪府立西寝屋川高等学校 1999.11 59p 30cm〈西寝屋川高等学校二十年の沿革：p12～13〉Ⓝ376.48

◆西野田工科高等学校

『大阪府立西野田工業・工科高等学校創立100周年・定時制併置60周年記念誌』大阪府立西野田工業高等学校編 大阪 大阪府立西野田工業高等学校,大阪府立西野田工科高等学校 2007.11 251p 30cm〈タイトルは奥付による.標題紙等のタイトル：創立百周年・定時制併置六十周年記念誌〉Ⓝ376.48

◆西野田工業高等学校

『西野田―人が創った80年』記念誌委員会編集 大阪 大阪府立西野田工業高等学校 1988.11 168p 26cm〈奥付のタイトル：創立80周年・定時制併置40年記念誌 "西野田", 表紙の書名：創立80周年記念誌〉Ⓝ376.48

『大阪府立西野田工業高等学校創立90周年・定時制併置50周年記念誌』記念誌委員会編集 大阪 大阪府立西野田工業高等学校 1997.11 115p 26cm〈書名は背による.奥付・表紙の書名：創立90周年・定時制併置50周年記念誌 年譜：p4～19〉Ⓝ376.48

◆西淀川高等学校

『大阪府立西淀川高校創立5周年記念誌』創立5周年記念誌編集委員会編 大阪 大阪府立西淀川高等学校 1982 68p 26cm〈表紙の書名：創立五周年記念誌 本校の歩み：p29～38〉Ⓝ376.48

『大阪府立西淀川高等学校―二十年の軌跡』創立20周年記念誌編纂委員会編 大阪 大阪府立西淀川高等学校［1997］71p 30cm〈奥付・背の書名：二十年の軌跡 沿革概要：p14〉Ⓝ376.48

◆上神谷高等学校

『大阪府立上神谷高等学校創立十周年記念誌』大阪府立上神谷高等学校創立十周年記念誌編集委員会編 堺 大阪府立上神谷（にわだに）高等学校 1988.11 56p 26cm〈タイトルは奥付による.標題紙・表紙のタイトル：創立十周年記念誌 沿革：p18〉非売品 Ⓝ376.48

『NIWADANI』創立20周年記念誌編集委員会編集 堺 大阪府立上神谷高等学校 1998.11 67p 26cm〈奥付・背のタイトル：創立

大阪府

20周年記念誌　本文は日本語〉Ⓝ376.48

◆寝屋川高等学校

『創立六十周年記念誌』大阪府立寝屋川高等学校六〇年誌編集委員会編　寝屋川　大阪府立寝屋川高等学校　1970.11　294p　21cm

『大阪府立寝屋川高等学校創立90周年・定時制50周年記念誌』大阪府立寝屋川高等学校創立90周年・定時制50周年記念誌委員会編集　寝屋川　大阪府立寝屋川高等学校創立90周年・定時制50周年記念誌委員会　2000.6　145p　26cm〈書名は奥付による.背・表紙の書名：創立九十周年記念誌　90年の年表：p130〜131〉Ⓝ376.48

『寝屋川高校百年史』大阪府立寝屋川高校記念誌編纂委員会編　寝屋川　大阪府立寝屋川高等学校創立記念事業実行委員会　2011.5　730p　図版[10]枚　27cm〈年表あり〉Ⓝ376.48

◆野崎高等学校

『野崎十年―創立十周年記念誌』十周年記念事業実行委員会記念誌部編集　大東　大阪府立野崎高等学校　1985.11　102p　図版5枚　26cm　Ⓝ376.48

『野崎40年―大阪府立野崎高等学校創立40周年記念誌』大東　大阪府立野崎高等学校　2015.12　39p　30cm

◆能勢高等学校

『記念誌"能勢"―創立25年開校35年』記念誌編集委員会編集　能勢町（大阪府）大阪府立能勢高等学校　1979　20p　26cm〈表紙の書名：能勢 1979, 10、大阪府立能勢高等学校記念誌　沿革の概要：p1〜2〉Ⓝ376.48

『三十周年記念誌』大阪府立能勢高等学校編　能勢町（大阪府）大阪府立能勢高等学校　1985.2　31p　26cm〈沿革の概要：p5〜6〉Ⓝ376.48

『創立40周年記念誌』創立40周年記念誌編集委員会編集　能勢町（大阪府）大阪府立能勢高等学校　1994.10　82p　26cm〈表紙の書名：創立40周年　沿革の概要：p16〉Ⓝ376.48

『能勢高創立五十周年記念誌』創立50周年記念誌委員会編　能勢町（大阪府）大阪府立能勢高等学校　2004.10　114p　30cm〈タイトルは標題紙による　年表あり〉Ⓝ376.48

◆伯太高等学校

『伯高の五年』大阪府立伯太高等学校編　和泉　大阪府立伯太高等学校　1983　68p　26cm〈表紙の書名：五周年記念誌　沿革の概要：p18〜19〉非売品　Ⓝ376.48

『創立20周年記念誌』記念誌小委員会編集　和泉　大阪府立伯太高等学校　1997.11　64,19p　30cm〈沿革概要：巻頭p10〉Ⓝ376.48

◆羽衣学園高等学校

『明日を待つ心―羽衣学園と河村卓先生』「明日を待つ心」出版委員会著　大阪　フォーラム・A　2002.8　249p　19cm〈肖像あり〉1429円　Ⓘ4-89428-265-8　Ⓝ289.1

◆花園高等学校

『創立20周年記念誌』大阪府立花園高等学校編集　東大阪　［大阪府立花園高等学校］創立20周年記念誌編集委員会　1982.11　83p　27cm〈布装　20年の歩み：p8〜9〉Ⓝ376.48

『創立40周年記念誌』創立40周年記念事業実行委員会記念誌委員会編集　東大阪　大阪府立花園高等学校　2002.11　92p　30cm〈創立からの40年：p10〜11〉Ⓝ376.48

◆羽曳野高等学校

『創立十周年記念誌』羽曳野高校創立10周年記念誌編集委員会編　羽曳野　大阪府立羽曳野高等学校　1980　67p　26cm〈表紙の書名：羽曳野　沿革：p13〜14〉Ⓝ376.48

◆阪南高等学校

『大阪府立阪南高等学校創立40周年記念誌』大阪府立阪南高等学校編　大阪　大阪府立阪南高等学校創立40周年記念誌編集委員会　1998.10　84p　30cm〈書名は奥付による.背・表紙の書名：創立四十周年記念誌, 標題紙の書名：阪南　創立より30年間：p8〜9〉Ⓝ376.48

『大阪府立阪南高等学校創立60周年記念誌』創立60周年記念事業実行委員会編　大阪　大阪府立阪南高等学校　2019.11　64p　30cm　Ⓝ376.48

◆阪南大学高等学校

『阪南大学高等学校創立70周年記念誌』創立70周年記念誌編集委員会編集　松原　阪南大学高等学校　2009.10　107p　31cm〈タイトルは奥付による.標題紙等のタイトル：創立70周年記念誌　布装〉Ⓝ376.48

大阪府

◆PL学園高等学校

『ドキュメント横浜vs.PL学園』アサヒグラフ特別取材班著　朝日新聞社　1998.12　216p　19cm　1300円　ⓘ4-02-257346-5　Ⓝ783.7

|目次| 第1章 PL三塁コーチ・平石の横浜かく乱作戦、第2章 データ野球の大黒柱 横浜参謀・小倉部長、第3章 PL学園の予期せぬ大波乱、第4章 延長戦に突入、怪物は目覚める、第5章 横浜・松坂の止まらぬ勢い、第6章 両チームに連鎖する災いと幸い、第7章 PL・二度目の執念同点劇、第8章 ついに、決着

|内容| 高校野球史に、新たに刻まれた名勝負。第80回全国高校野球選手権記念大会・準々決勝。最強選手たちの延長17回、3時間37分の記録。

『ドキュメント横浜vs.PL学園』アサヒグラフ特別取材班著　朝日新聞社　2000.8　236p　15cm（朝日文庫）　476円　ⓘ4-02-261307-6　Ⓝ783.7

|目次| 第1章 PL三塁コーチ・平石の横浜攪乱作戦（1・2回）、第2章 データ野球の大黒柱横浜参謀・小倉部長（3・4・5・6回）、第3章 PL学園の予期せぬ大波乱（7・8・9回）、第4章 延長戦に突入、怪物は目覚める（10回）、第5章 横浜・松坂の止まらぬ勢い（11・12・13・14・15回）、第6章 両チームに連鎖する災いと幸い（16回表）、第7章 PL・二度目の執念同点劇（16回裏）、第8章 ついに、決着（17回）

|内容| 1998年夏の甲子園大会準々決勝。横浜高校の"怪物"松坂大輔に、大阪の名門PL学園はいかに立ち向かったのか。延長17回の大熱戦に秘められた数々のドラマや、選手・監督らの心の揺れを、綿密な取材に基づいてスリリングに再現する、3時間37分の記録。

『PL学園OBはなぜプロ野球で成功するのか？』橋本清著　ぴあ　2009.4　223p　19cm　1600円　ⓘ978-4-8356-1728-2　Ⓝ783.7

|内容| PL学園野球部には金の卵を大きく育てる"虎の巻"がある。PL学園出身のスター選手が隠された秘密を語る。

『PL学園「最強選手」列伝―各世代の選手たちが今だから語る！』宝島社　2011.7　127p　26cm（別冊宝島1774号―Culture & sports）933円　ⓘ978-4-7966-8271-8

『PL学園OBはなぜプロ野球で成功するのか？』橋本清著　新潮社　2012.4　251p　16cm（新潮文庫　は-53-1）490円　ⓘ978-4-10-136161-1　Ⓝ783.7

|内容| 高校球界にいまなお栄光の歴史を刻むPL学園野球部。絶対的上下関係に貫かれた寮生活と、休息を許さぬ過酷な練習漬けの日々を経て、全国から選抜された精鋭たちは、伝統の重みと将来プロ選手として生き残る強さを受け継ぐ。自身もPL時代に甲子園春夏制覇を達成した著者が、名だたるOB選手が語る現役秘話から独自の"球وة即人道"の精神に迫る野球ファン必読のインタビュー集。

『PL学園最強軍団の真実―87年春夏連覇25年目の心の絆』橋本清監修、矢崎良一企画　フェザンレーヴ　2012.8　111p　30cm（日刊スポーツグラフ―高校野球LEGEND・MAGAZINEシリーズ Vol.1）〈出版者注記：日刊スポーツ出版社（発売）〉1238円　ⓘ978-4-8172-5525-9　Ⓝ783.7

『甲子園最高勝率―PL学園・中村流超エリート育成論』中村順司著　ベースボール・マガジン社　2014.6　206p　19cm〈2010年刊の新装版〉1400円　ⓘ978-4-583-10715-8　Ⓝ783.7

|内容| 甲子園58勝10敗。勝率.853。最強軍団を作り上げた名将の驚異の指導力。好素材をいかに伸ばし、チームとしてどう束ねるか。

『永遠（とわ）のPL学園―六〇年目のゲームセット』柳川悠二著　小学館　2017.3　262p　20cm〈書誌注記：文献あり　年譜あり〉1500円　ⓘ978-4-09-379890-7　Ⓝ783.7

|目次| 零章 終焉の日、第1章 PL野球部の誕生、第2章 黄金期の到来、第3章 鉄の掟、第4章 迷走と瓦解、第5章 朽ちゆく永遠の学園、第6章 逆転されるPL、第7章 最終決戦、終章 六〇年目のゲームセット

|内容| 桑田真澄、清原和博、立浪和義、宮本慎也、前田健太…など、プロ野球選手81人を生んだ、甲子園96勝、全国制覇7回の名門野球部の「謎の廃部」の真相に迫る。第23回小学館ノンフィクション大賞受賞作。

『永遠（とわ）のPL学園』柳川悠二著　小学館　2019.7　284p　15cm（小学館文庫　や26-1）〈書誌注記：文献あり　年譜あり　2017年刊の加筆・修正〉710円　ⓘ978-4-09-406663-0　Ⓝ783.7

|内容| 甲子園春夏通算96勝、全国制覇7回を誇るPL学園野球部。1955年の学園創立と同時に誕生し、62年春のセンバツで甲子園初出場、78年夏に最初の全国制覇を果たす。その後も桑田真澄、清原和博のKKコンビをはじめ、数々のスター選手をプロ野球に輩出。「逆転のPL」の異名をとった超名門が、2016年夏に「謎の廃部」に追い込まれた。最後の部員は「普通の高校生」の12人。連戦連敗しながらも必死に戦う彼らの成長を追うとともに、実名証言を積み上げ、廃部の真相を明らかにしていく。文庫版では新証言をもとに、「KKドラフト秘史」などを書き下ろし。

◆東住吉高等学校

『半世紀の歩み―創立50周年記念誌』創立50周年記念誌編集委員会編集　大阪　大阪府立東住吉高等学校　2004.10　152p　30cm〈背の書名：創立50周年記念誌、表紙の書名：青雲　沿革概要：p8～9〉Ⓝ376.48

都道府県から引く　高等学校史・活動史目録　439

大阪府

◆東住吉工業高等学校

『創立20周年記念誌』創立20周年記念誌編集委員会編集　大阪　大阪府立東住吉工業高等学校創立20周年記念実行委員会　1982　96p　26cm　Ⓝ376.48

『創立30周年記念誌』創立30周年記念誌編集委員会編集　大阪　大阪府立東住吉工業高等学校創立30周年記念会　1992.10　103p　26cm〈沿革：p16～21，96〉Ⓝ376.48

『大阪府立東住吉工業高等学校定時制の課程閉課程記念誌』記念事業実行委員会記念誌作成分科会編集　大阪　大阪府立東住吉工業高等学校記念事業実行委員会　2008.2　56p　30cm〈タイトルは背・表紙による．標題紙のタイトル：定時制の課程四十一年間の歩み　沿革：p12～13〉Ⓝ376.48

◆東住吉総合高等学校

『大阪府立東住吉総合高等学校創立50周年記念誌』大阪府立東住吉総合高等学校編　大阪　大阪府立東住吉工業高等学校・大阪府立東住吉総合高等学校創立50周年記念事業委員会　2012.11　79p　30cm〈タイトルは奥付による．標題紙・背のタイトル：創立50周年記念誌，表紙のタイトル：50th大阪府立東住吉総合高等学校　創立～50年：p10～11〉Ⓝ376.48

◆東寝屋川高等学校

『10周年記念誌』10周年記念誌編集委員会編集　寝屋川　大阪府立東寝屋川高等学校　1987　79p　26cm〈沿革：p14～15〉Ⓝ376.48

『創立20周年記念誌』20周年記念誌編集委員会編集　寝屋川　大阪府立東寝屋川高等学校　1997.11　80p　26cm〈沿革1988年～1997年：p13〉Ⓝ376.48

◆東百舌鳥高等学校

『五周年記念誌』大阪府立東百舌鳥高等学校編　堺　大阪府立東百舌鳥高等学校　1981　40p　26cm〈沿革の概要：p6～7〉Ⓝ376.48

『十周年記念誌』大阪府立東百舌鳥高等学校編　堺　大阪府立東百舌鳥高等学校　1985　92p　26cm〈沿革の概要：p15～17〉Ⓝ376.48

『東百舌鳥』20周年記念事業記念誌委員会編集　堺　大阪府立東百舌鳥高等学校　1995　86p　30cm〈背の書名：Higashimozu　創立20周年記念誌　沿革：p12〉Ⓝ376.48

『東百舌鳥30』大阪府立東百舌鳥高等学校編　堺　大阪府立東百舌鳥高等学校30周年記念事業実行委員会　2005.11　60p　30cm〈背のタイトル：2005　30周年記念誌〉Ⓝ376.48

『大阪府立東百舌鳥高等学校創立40周年記念誌』大阪府立東百舌鳥高等学校創立40周年記念事業実行委員会編　堺　大阪府立東百舌鳥高等学校　2016.1　63p　30cm〈書誌注記：年表あり　タイトルは奥付による〉Ⓝ376.48

◆東淀川高等学校

『創立20周年記念誌―大阪府立東淀川高等学校』創立20周年記念行事委員会編集　大阪　大阪府立東淀川高等学校　1975　64p　26cm〈沿革の概要：p4～6〉Ⓝ376.48

◆日根野高等学校

『大阪府立日根野高等学校創立10周年記念誌』大阪府立日根野高等学校編　泉佐野　大阪府立日根野高等学校　1996.11　91p　26cm〈書名は奥付による．標題紙等の書名：創立十周年記念誌　沿革概要：p81〉Ⓝ376.48

◆枚方高等学校

『枚高20年史』創立20周年記念「枚高20年史」編集委員会編集　枚方　大阪府立枚方高等学校　1983.10　128p　26cm〈枚方高校沿革の概要：巻頭〉Ⓝ376.48

『枚高五十周季誌』創立50周年記念誌編集係編　枚方　大阪府立枚方高等学校　2012.11　127p　30cm〈書誌注記：年表あり　奥付・背のタイトル：創立50周年記念誌〉Ⓝ376.48

◆枚方西高等学校

『十周年記念誌』十周年記念事業実行委員会編集　枚方　大阪府立枚方西高等学校　1988　91p　26cm〈背の書名：創立十周年記念誌〉Ⓝ376.48

『創立20周年記念誌』創立20周年記念誌編集委員会編集　枚方　大阪府立枚方西高等学校　1998.11　63p　30cm〈沿革の概要：p14〉Ⓝ376.48

◆平野高等学校

『創立十周年記念誌』創立10周年記念誌編集委員会編集　大阪　大阪府立平野高等学校　1989　68p　26cm〈奥付の書名：大阪府立平野高等学校創立10周年記念誌〉Ⓝ376.48

『創立20周年記念誌』20周年記念誌編集委員会編集　大阪　大阪府立平野高等学校　1999

71p　30cm　Ⓝ376.48

◆福泉高等学校

『創立20周年記念誌―二十歳の学び舎』創立20周年記念事業実行委員会編集　堺　大阪府立福泉高等学校　2002.11　63p　30cm〈学校沿革の概要：p14〉Ⓝ376.48

◆藤井寺高等学校

『10周年記念誌』創立10周年記念誌編集委員会編集　藤井寺　大阪府立藤井寺高等学校　1983.11　64p　26cm〈表紙の書名：創立十周年　沿革の概要：p14〉Ⓝ376.48

『創立二十周年記念誌』創立20周年記念事業に関する総務委員会記念誌係編集　藤井寺　大阪府立藤井寺高等学校　1993.11　92p　26cm〈表紙の書名：藤高　沿革：p14〉Ⓝ376.48

『Fujiidera High School 30th anniversary』創立30周年記念事業に関する総務委員会記念誌係編集　藤井寺　大阪府立藤井寺高等学校　2003.10　83p　30cm〈書名は表紙による.標題紙・背の書名：創立30周年記念誌, 本文は日本語　沿革：p10〉Ⓝ376.48

『創立50周年記念誌』創立50周年記念誌係編集　藤井寺　大阪府立藤井寺高等学校　2023.11　92p　30cm〈沿革：p15〉Ⓝ376.48

◆藤井寺工業高等学校

『創立二十周年』創立20周年記念誌専門委員会編集　藤井寺　大阪府立藤井寺工業高等学校創立20周年記念事業実行委員会　1982　76p　26cm〈奥付の書名：20周年記念誌　20年のあゆみ：p8〉Ⓝ376.48

◆布施高等学校

『創立30周年記念誌』大阪府立布施高等学校編　東大阪　大阪府立布施高等学校創立30周年記念誌編集委員会　1972　55p 図版13枚　26cm　Ⓝ376.48

『布施高等学校50周年記念誌』大阪府立布施高等学校50周年記念事業実行委員会記念誌部会編集　東大阪　大阪府立布施高等学校50周年記念事業実行委員会　1992　162, 39p　27cm〈書名は奥付による.標題紙等の書名：創立50周年記念誌　布施高略年表：p14～15〉Ⓝ376.48

◆布施北高等学校

『創立三十周年記念誌』創立30周年記念誌編集委員会編集　東大阪　大阪府立布施北高等学校　2008.2　54p　30cm〈奥付の書名：創立30周年記念誌〉Ⓝ376.4

『希望をつむぐ高校―生徒の現実と向き合う学校改革』菊地栄治著　岩波書店　2012.3　177p　19cm〈書誌注記：文献あり〉1800円　①978-4-00-022593-9　Ⓝ376.48

[内容]　長引く不況のもと、各個人が"強くあること""何かができること"へとせき立てられる。高校の階層構造はますます硬直化し、ひとを分断していく。大切にすべき何ものかが置き去りにされる時代。そんな中、大阪の二つの公立高校に一六年間寄り添う過程で見えてきた、"希望劣化社会"を乗り越えるヒントとは。

◆布施工業高等学校

『50年のあゆみ―創立50周年・定時制創設45周年記念誌』50周年・定時制創設45周年記念誌委員会編集　東大阪　大阪府立布施工業高等学校　1989.11　124p　27cm〈沿革：p3～7, 定時制課程の歩み：p109～110〉Ⓝ376.48

◆茨田高等学校

『茨田の歩み』大阪府立茨田高等学校編　大阪　大阪府立茨田高等学校　1976　121p　26cm　Ⓝ376.48

『五周年記念誌』大阪府立茨田高等学校五周年記念誌編集委員会編集　大阪　大阪府立茨田高等学校五周年記念事業実行委員会　1980.6　52p　26cm〈沿革の概要：p8～9〉Ⓝ376.48

『十周年記念誌』大阪府立茨田高等学校十周年記念誌編集委員会編集　大阪　大阪府立茨田高等学校　1984　112p　26cm〈奥付の書名：創立十周年記念誌　茨田高校10年のあゆみ：p8～27〉Ⓝ376.48

◆松原高等学校

『創立十周年記念誌』創立十周年記念誌編纂委員会編纂　松原　大阪府立松原高等学校　1983.11　84p　26cm〈沿革の概要：p13〉Ⓝ376.48

『松原の解放教育』北山貞夫, 矢野洋編著　大阪　解放出版社　1990.10　328p　21cm　2266円

[目次]　1 松原の解放教育の概括と原則 (生徒と向かいあう同和教育, 松原の解放教育の理念と原則), 2 各組織の歴史と今日の教育課題 (更池と向きあって布忍小学校, 反差別の学校へ新しい前進をめざして松原第3中学校, 地元高校としての歩み 松原高校, 生活に根ざす解放子ども会の歩み 解放子ども会, 松原の解放教育の核として 更池雑草の会 ほか), 3 実践報告, 4 座談会・松原の解放教育の課題と展望

大阪府

『進化する高校深化する学び―総合的な知をはぐくむ松高の実践』菊地栄治編著　学事出版　2000.10　263p　21cm　1900円　①4-7619-0719-3　Ⓝ376.48

内容　本書は、大阪府立松原高等学校という世にも不思議な高校で出会った人々が心を込めて世に送るメッセージの書です。第一部は、「松高」の歴史的成り立ちを掘り起こしながら、松高の現在を支える根っこを探っていきます。さらに、いま重要になりつつある視点を盛り込みながら、それが具体的な取り組みの中で、そして、一人ひとりの教師の中でどのように熟成されていったかが丁寧に語られます。第二部は、"ホリスティックな知"をリアルに感じ取っていただける実践をまとめていただきました。ホームルーム合宿やクラス開き、スタディツアーなどの松高ならではの取り組みだけでなく、授業の中で教科の固定観念をどのように超えたらよいか、いくつかのヒントがちりばめられています。第三部は、「学校が地域社会やNGOとどのようにつながっているのか」、「松高は地域とつながることで、どのように地域づくりに貢献しているのか」、「就職や進学をめぐる松高らしさとは何か」、「学校づくりを支えるつながりは校内においてはどのように実現しているのか」といった問いに各章は具体的に答えてくれます。

『希望をつむぐ高校―生徒の現実と向き合う学校改革』菊地栄治著　岩波書店　2012.3　177p　19cm〈書誌注記：文献あり〉1800円　①978-4-00-022593-9　Ⓝ376.48

内容　長引く不況のもと、各個人が"強くあること""何かができること"へとせき立てられる。高校の階層構造はますます硬直化し、ひとを分断していく。大切にすべき何かものかが置き去りにされる時代。そんななか、大阪の二つの公立高校に一六年間寄り添う過程で見えてきた、"希望劣化社会"を乗り越えるヒントとは。

◆美木多高等学校

『創立20周年記念誌―since 1980』創立20周年記念事業委員編集　堺　[大阪府立美木多高等学校]創立20周年記念事業委員　1999.11　64p　30cm〈学校の沿革：p15〉Ⓝ376.48

◆三国丘高等学校

『三国丘の20年』大阪府立三国丘高等学校編　堺　大阪府立三国丘高等学校定時制課程　1971　24p　26cm〈三国丘20年：p3〉Ⓝ376.48

『三丘八十年』記念誌編纂委員会編集　堺　大阪府立三国丘高等学校　1975　1冊　26cm〈年表：巻末〉Ⓝ376.48

『三丘スポーツ史―大阪府立堺中学校　大阪府立三国丘高等学校　三丘体育会』三丘体育会編集委員会編集　堺　三丘体育会　1977.10　217p　27cm〈年表：p18～26〉Ⓝ780.6

『三丘九拾年誌　1895-1985』90周年記念誌編纂委員会編集　堺　大阪府立三国丘等等学校　1985.11　80p　26cm〈年表：グラフィック90年史：p6～47〉Ⓝ376.48

『三丘スポーツ史　2』三丘体育会編集委員会編集　堺　三丘体育会,大阪府立堺中学校,大阪府立三国丘高等学校　1987.11　207p　26cm〈堺中学校・三国丘高等学校年表：p193～205〉Ⓝ780.6

『三丘百年』大阪府立三国丘高等学校記念誌委員会編　堺　大阪府立三国丘高等学校創立百周年記念事業委員会　1995.12　972p　27cm Ⓝ376.4

『三丘百十年』大阪府立三国丘高等学校記念誌編集委員会編　堺　大阪府立三国丘高等学校創立百十周年記念事業委員会　2005.10　292p　30cm〈年表あり〉Ⓝ376.48

『三丘スポーツ史　3　三丘体育会創立30周年記念』堺　[三丘体育会]　2007.10　260p　27cm〈年表：p249～257〉1904円　Ⓝ780.6

『大阪府立三国丘高等学校定時制創設60周年記念誌』大阪府立三国丘高等学校定時制課程創設60周年記念事業実行委員会編集　堺　大阪府立三国丘高等学校定時制課程創設60周年記念事業実行委員会　2011.11　51p　30cm〈60年の沿革：p19〉Ⓝ376.48

『三丘百二十年』大阪府立三国丘高等学校記念誌編集委員会編　堺　大阪府立三国丘高等学校創立百二十周年記念事業実行委員会　2015.10　157p　30cm〈書誌注記：年表あり〉Ⓝ376.48

『居眠れる獅子は目ざめぬ―堺中学校・三国丘高校サッカー部100年の歩みと今後の展望』堺　三国丘サッカークラブ　2016.12　207p　26cm〈書誌注記：年表あり　奥付・背のタイトル：堺中学校・三国丘高校サッカー部創部100周年記念誌　共同刊行：堺中学校・三国丘高校サッカー部〉Ⓝ783.47

『三丘スポーツ史　4　三丘体育会創立40周年記念』堺　三丘体育会　2017.1　227p　26cm〈三国丘高校運動部・三丘体育会年表：p205～214〉1851円　Ⓝ780.6

◆岬高等学校

『創立20周年記念誌』創立20周年記念誌編纂員会編　岬町（大阪府）　大阪府立岬高等学校　[1998]　79p　30cm　Ⓝ376.48

大阪府

◆三島高等学校

『みしま―大阪府立三島高等学校創立十周年記念誌』大阪府立三島高等学校創立十周年記念行事実行委員会編集　高槻　大阪府立三島高等学校　1979　1冊　26cm　Ⓝ376.48

『三島高校20年史―1970～1990』三島高校20年史編集委員会編　高槻　大阪府立三島高等学校　1990.3　121p　27cm　Ⓝ376.4

『創立30周年記念誌』創立30周年記念行事実行委員会編集　高槻　大阪府立三島高等学校　1999.10　79p　30cm〈沿革史：p18～21〉Ⓝ376.48

◆港高等学校

『創立70周年記念誌』創立70周年記念誌編集委員会編集　大阪　大阪府立港高等学校　1981　72p　26cm〈70年のあゆみ：p8～11〉Ⓝ376.48

『躍進へつなぐ伝統八十年―創立八十周年記念誌』創立80周年記念誌編集委員会編集　大阪　大阪府立港高等学校　1991.11　72p　27cm〈80年のあゆみ：p69～70〉Ⓝ376.4

『受け継がれた一世紀 漕ぎ出せっ！未来へ』創立100周年記念誌編集委員会編集　大阪　大阪府立港高等学校創立100周年記念事業実行委員会　2011.11　214p　31cm〈背のタイトル：創立100周年記念誌　布装　本校の沿革概要：p166～168〉Ⓝ376.48

◆箕面高等学校

『創立40周年記念誌』創立40周年記念誌編集委員会編　箕面　箕面学園　1986.10　120p　27cm　Ⓝ376.4

『光楓台の三十年―創立30周年記念誌』大阪府立箕面高等学校創立30周年記念誌編集委員会編　箕面　大阪府立箕面高等学校創立30周年記念事業実行委員会　1992.10　90p　26cm　Ⓝ376.4

『箕面学園50周年記念誌　1946-1997』箕面学園編　箕面　箕面学園　1997.12　121p　30cm〈背・表紙の書名：半世紀の歩み〉Ⓝ376.48

『なぜ「偏差値50の公立高校」が世界のトップ大学から注目されるようになったのか!?』日野田直彦著　IBCパブリッシング　2018.9　254p　19cm　1500円　①978-4-7946-0559-7　Ⓝ376.48

　目次　第1章 子どもたちが直面する未来、第2章 箕面高校1年目のチャレンジ、第3章 箕面高校2年目のチャレンジ、第4章 3年目・4年目の箕面高校の変革、第5章 未来の学校はどうなる？、巻末 本書によせて

　内容　合格率1.9％。世界の難関、米ミネルバ大学の合格者を出した日本初の高校。

◆箕面自由学園高等学校

『70年の歴史』70周年記念事業委員会年史編纂委員会編　豊中　箕面自由学園　1995.10　182p　27cm〈学園創立70周年記念誌〉Ⓝ376.4

◆箕面東高等学校

『大阪府立箕面東高等学校十周年記念誌』大阪府立箕面東高等学校編集　箕面　大阪府立箕面東高等学校　1983.5　73p　27cm〈書名は奥付による.標題紙等の書名：十周年記念誌　沿革の概要：p19〉Ⓝ376.48

◆美原高等学校

『創立20周年記念誌―大阪府立美原高等学校』創立20周年記念誌編集委員会編集　美原町（大阪府）　大阪府立美原高等学校　1995.11　84p　30cm〈表紙の書名：20th　沿革：p15～17〉Ⓝ376.48

『美原高等学校創立三十周年記念誌』創立三十周年記念誌編集委員会編集　堺　大阪府立美原高等学校　2005.11　79p　30cm〈タイトルは奥付による.標題紙・背のタイトル：創立三十周年記念誌,表紙のタイトル：とき移れども　沿革：p14〉Ⓝ376.48

『大阪府立美原高等学校創立40周年記念誌』創立40周年記念誌編集委員会編集　堺　大阪府立美原高等学校　2015.11　39p　30cm〈タイトルは奥付・表紙による.標題紙・背のタイトル：創立40周年記念誌〉Ⓝ376.48

◆明星高等学校

『明星サッカー60年史―自大正元年9月至昭和47年9月』明星サッカー60年史編集委員会編集　大阪　明星サッカー部創立60周年記念事業準備委員会　1973.12　175p　21cm　非売品　Ⓝ783.47

『Respice stellam, voca mariam！―大阪明星学園創立100周年記念誌』大阪明星学園創立一〇〇周年記念誌編集委員会編　大阪　大阪明星学園　1998.11　350p　28cm　Ⓝ376.48

『大阪明星学園100年史』大阪明星学園創立100周年記念誌編集委員会編　大阪　大阪明星学園　2000.3　364p　29cm　Ⓝ376.48

大阪府

◆桃谷高等学校

『ハロハロ通信―三世代が集う学校から』下橋邦彦著　大阪　東方出版　2002.10　233, 11p　19cm　1600円　①4-88591-804-9　Ⓝ379.9

目次 第1章 忘れられぬ人びと、第2章 言葉を生きる、第3章 古を尋ねて、第4章 自己表現への道、第5章 独自の彩り、第6章 自立への旅立ち

内容 本書では、小・中・高校の多くが抱えている「教育の困難」から回復していく原点を、大阪にある通信制の桃谷高校のこれまでの歩みを通して示そうとした。

◆守口高等学校

『六十年史』大阪府立守口高等学校編集　守口　大阪府立守口高等学校　1982　103p　27cm〈奥付の書名：大阪府立守口高等学校六十年史〉Ⓝ376.48

『七十年誌』創立70周年記念誌委員会編集　守口　大阪府立守口高等学校　1992　245p　27cm〈本校のあゆみ：p31〜33〉Ⓝ376.48

『八十年史』記念誌委員会編集　守口　大阪府立守口高等学校　2003.10　291p　27cm〈京阪商業学校略年表・行事年表：p254〜282〉Ⓝ376.48

◆守口北高等学校

『守口北高等学校創立10周年記念誌』創立10周年記念誌編集委員会編集　守口　大阪府立守口北高等学校　1987.11　73p　26cm〈タイトルは奥付による。標題紙等のタイトル：創立十周年記念誌〉Ⓝ376.48

『大阪府立守口北高等学校20周年記念誌』創立20周年記念誌編集委員会編集　守口　大阪府立守口北高等学校　1997.11　71p　26cm〈書名は奥付による。標題紙等の書名：創立二十周年記念誌〉Ⓝ376.48

◆守口東高等学校

『創立10周年記念誌』創立10周年記念誌編集委員会編集　守口　大阪府立守口東高等学校　1993.6　80p　26cm〈背の書名：創立十周年記念号、表紙の書名：守口東　沿革：p11〉Ⓝ376.48

◆八尾高等学校

『八尾高校ラグビー50年記念誌　昭和3年〜昭和53年（1928〜1978）』かわちのラガー編　八尾　八尾高等学校ラグビーOB会　1979　420p　27cm〈書名は奥付・背による。標題紙の書名：大阪府立八尾高等学校ラグビー部五十周年記念誌、表紙の書名：かわちのラガー　発行者：かわちのラガークラブ〉Ⓝ783.48

『八尾高野球部史』大阪府立八尾高等学校硬式野球部OB会部史編纂委員会編　八尾　八尾高野球部OB会　1982.8　245p　27cm　非売品　Ⓝ783.7

『大阪府立八尾高等学校90周年記念誌』大阪府立八尾高等学校編　八尾　大阪府立八尾高等学校創立90周年記念事業推進委員会　1985.11　97p　26cm〈書名は奥付による。背・表紙の書名：創立九十周年記念誌　沿革概要：p80〜96〉Ⓝ376.48

『八尾高校百年誌』大阪府立八尾高等学校創立100周年記念会「百年誌」編集委員会編　八尾　大阪府立八尾高等学校創立100周年記念会　1995.9　1156p　27cm　非売品　Ⓝ376.4

『ありがとう八尾高定時制―定時制課程60年の歩み』大阪府立八尾高等学校定時制閉課程委員会編　八尾　大阪府立八尾高等学校定時制閉課程委員会　2008.3　57p　30cm　非売品　Ⓝ376.48

◆八尾北高等学校

『創立十周年記念誌』創立十周年記念誌編集委員会編　八尾　大阪府立八尾北高等学校　1992.11　72p　26cm〈奥付の書名：いまがはじまり、表紙の書名：今がはじまり　沿革の概要・校誌抄–八尾北10年：p9〜20〉Ⓝ376.48

『大阪府立八尾北高等学校創立20周年記念誌』創立20周年記念誌編集委員会編　八尾　大阪府立八尾北高等学校　2002.10　91p　30cm〈書名は奥付による。標題紙・背の書名：創立20周年記念誌、表紙の書名：Yaokita　沿革の概要：p12〜13〉Ⓝ376.48

◆八尾南高等学校

『五周年記念誌』大阪府立八尾南高等学校五周年記念誌編集委員会編　八尾　大阪府立八尾南高等学校創立五周年記念事業委員会　1984.11　34p　26cm　Ⓝ376.48

『創立十周年記念誌―1989年』大阪府立八尾南高等学校十周年記念誌編集委員会編　八尾　大阪府立八尾南高等学校創立十周年記念事業委員会　1989.11　68p　26cm　Ⓝ376.48

『大阪府立八尾南高等学校創立20周年記念誌』大阪府立八尾南高等学校20周年記念誌編集委員会編　八尾　大阪府立八尾南高等学校20周年記念誌編集委員会　1999.10　71p　30cm　Ⓝ376.48

◆山田高等学校

『10周年記念誌』創立10周年記念事業実行委員会編集　吹田　大阪府立山田高等学校　1993.10　84p　26cm〈本校の沿革：p14～25〉Ⓝ376.48

◆山本高等学校

『山本七十年―大阪府立山本高等学校創立70周年記念誌』大阪府立山本高等学校創立70周年記念誌編纂委員会編　八尾　大阪府立山本高等学校創立70周年記事業推進委員会　1997.11　319p　26cm　Ⓝ376.48

『山本80年　2007年』大阪府立山本高等学校80周年記念事業記念誌作成委員会編集　八尾　大阪府立山本高等学校80周年記念事業記念誌作成委員会　2007.10　82p　30cm　Ⓝ376.4

◆夕陽丘高等学校

『創立80周年記念誌』創立80周年記念誌編集委員会編集　大阪　創立80周年記念事業実行委員会　1986　122p　26cm〈奥付の書名：大阪府立夕陽丘高等学校創立80周年記念誌　略年譜：p66～76〉Ⓝ376.48

『夕陽丘百年』記念誌編集委員会編　大阪　大阪府立夕陽丘高等学校創立百周年記念会　2006.11　831p　27cm〈年表あり〉Ⓝ376.48

◆横山高等学校

『横山三十年史』30年誌編集委員会編集　和泉　大阪府立横山高等学校　1981.11　160p　27cm〈タイトルは背・表紙による.標題紙のタイトル：横山30年の記録,奥付のタイトル：大阪府立横山高等学校30周年記念誌　布装　沿革史一覧：p14～15〉Ⓝ376.48

『横山―平成13年度から平成19年度までの軌跡　大阪府立横山高等学校記念誌』横山高等学校記念事業実行委員会記念誌小委員会編　和泉　大阪府立横山高等学校　2008.3　72p　30cm〈奥付のタイトル：大阪府立横山高等学校閉校記念誌　年表あり〉Ⓝ376.48

◆淀川工業高等学校

『60周年記念誌』大阪府立淀川工業高等学校編　大阪　大阪府立淀川工業高等学校　1997編集後記　32p　26cm　Ⓝ376.48

『とこしえに―淀川工業高等学校定時制64年のあゆみ』淀川工業高等学校定時制の課程記念誌編纂委員会編　大阪　大阪府立淀川工業高等学校定時制の課程　2008.2　101p　30cm　Ⓝ376.48

◆淀川女子高等学校

『淀川女子高等学校創立50周年記念誌』淀川女子高等学校50周年記念誌編集部編集　大阪　淀川女子高等学校　1977.10　164p　図版10枚　22cm〈背の書名：創立五十周年記念誌,表紙の書名：淀川女子高等学校50周年記念誌,付：52年度年間行事予定（1枚）〉Ⓝ376.48

『創立60周年記念誌』記念誌編集委員会編集　大阪　淀川女子高等学校　1987　36p　26cm〈沿革：p12～25〉Ⓝ376.48

◆淀之水高等学校

『創立60周年記念誌―伝統をふまえ未来にむけて』60周年記念誌編集委員会編集　大阪　淀之水学院　1984　125p　27cm〈書名は奥付・背による.標題紙の書名：生徒に語る本校六十年の歩み,表紙の書名：淀の流れ六十年　淀之水と社会の歩み：p101～106〉Ⓝ376.48

『創立七十周年記念誌』淀之水高等学校編　大阪　淀之水高等学校　［1994］　134p　27cm〈書名は背による.表紙の書名：淀の流れ七十年〉Ⓝ376.48

兵庫県

◆相生高等学校

『礎―兵庫県立相生高等学校開校記念誌』兵庫県立相生高等学校編　相生　兵庫県立相生高等学校　1979.11　70p　26cm　Ⓝ376.48

『創立十周年記念誌』相生　兵庫県立相生高等学校　1986.11　86p　26cm　Ⓝ376.4

『創立20周年記念誌』兵庫県立相生高等学校編　相生　兵庫県立相生高等学校　1996.11　118p　26cm　Ⓝ376.48

『兵庫県立相生高等学校創立30周年記念誌』兵庫県立相生高等学校編　相生　兵庫県立相生高等学校　2006.11　88p　30cm〈沿革史：p18～19,10年のあゆみ：p20～39〉Ⓝ376.48

◆相生産業高等学校

『校舎完成記念誌（創立43周年）』兵庫県立相生産業高等学校編　相生　兵庫県立相生産業高等学校　1987.5　120p　26cm〈学校沿革略史：p18～20〉Ⓝ376.48

兵庫県

『翔鷗―創立50周年記念誌』創立50周年記念誌編集委員会編　相生　創立50周年記念事業実行委員会　1994.10　126p　31cm〈別冊付録：創立50周年記念誌追録（53p 26cm）、創立50周年記念事業協賛企業（36p 30cm）　参考文献・資料一覧：p116〉Ⓝ376.48

◆明石高等学校

『自彊50年―兵庫県立明石高等学校創立50周年記念誌』50周年記念委員会編　明石　兵庫県立明石高等学校　1973.5　74, 22p　26cm　Ⓝ376.48

『自彊60年―兵庫県立明石高等学校創立60周年記念誌』兵庫県立明石高等学校編　明石　兵庫県立明石高等学校　1983.10　1冊（頁付なし）26cm〈創立60周年記念〉Ⓝ376.48

『自彊70年』兵庫県立明石高等学校70周年記念誌編集委員会編　明石　兵庫県立明石高等学校　1993　88p　26cm〈創立70周年記念, 書名は奥付等による〉Ⓝ376.48

『自彊80年―創立80周年記念誌』兵庫県立明石高等学校創立80周年記念事業実行委員会編　明石　兵庫県立明石高等学校創立80周年記念事業実行委員会　2003.3　243p　31cm〈年表あり〉Ⓝ376.48

『自彊100年』創立100周年記念誌編集委員会編集　明石　兵庫県立明石高等学校創立100周年記念事業実行委員会　2023.9　319p　31cm〈書誌注記：年表あり　部分タイトル：兵庫県立明石高等学校創立100周年記念誌〉Ⓝ376.48

◆明石北高等学校

『兵庫県立明石北高等学校30周年記念誌』兵庫県立明石北高等学校創立30周年記念誌編集委員会編　明石　兵庫県立明石北高等学校　2001.10　108p　30cm〈背の書名：創立30周年記念誌 2001年〉Ⓝ376.48

◆明石清水高等学校

『開校記念誌』兵庫県立明石清水高等学校編　明石　兵庫県立明石清水高等学校　1982.11　40p　26cm　Ⓝ376.48

『創立30周年記念誌』創立30周年記念誌委員会編集　明石　兵庫県立明石清水高等学校　2009.11　83p　30cm〈沿革：p18〉Ⓝ376.48

◆明石城西高等学校

『開校記念誌―昭和61年11月2日』兵庫県立明石城西高等学校開校記念式典実行委員会編　明石　兵庫県立明石城西高等学校開校記念式典実行委員会　1986.11　46p　26cm〈明石城西高校の3年のあゆみ：p16～19〉Ⓝ376.48

『創立十周年記念誌―平成4年11月7日』兵庫県立明石城西高等学校創立10周年記念事業実行委員会編　明石　兵庫県立明石城西高等学校創立10周年記念事業実行委員会　1992.11　72p　27cm〈明石城西高校の10年のあゆみ：p24～34〉Ⓝ376.48

『創立20周年記念誌』記念誌編集委員会編集　明石　兵庫県立明石城西高等学校創立20周年記念事業実行委員会　2003.10　75p　30cm〈欧文タイトル：20th ANNIVERSARY　沿革史：p8〉Ⓝ376.48

『創立30周年記念誌』記念誌編集委員会編集　明石　兵庫県立明石城西高等学校創立30周年記念事業実行委員会　2013.6　83p　30cm〈欧文タイトル：30th ANNIVERSARY　沿革史：p7～8〉Ⓝ376.48

◆明石市立明石商業高等学校

『五十年の歩み―創立50周年記念誌』創立50周年記念誌委員会編　明石　明石市立明石商業高等学校創立50周年記念事業実行委員会　2003.3　97p　30cm〈沿革史：p16～19〉Ⓝ376.48

◆明石西高等学校

『創立十周年記念誌』創立10周年記念事業実行委員会編集　明石　兵庫県立明石西高等学校　1985.10　56p　26cm　Ⓝ376.48

『兵庫県立明石西高等学校創立20周年記念誌』創立20周年記念事業実行委員会記念誌委員会編　明石　兵庫県立明石西高等学校創立20周年記念事業実行委員会　1995.5　109p　27cm〈書名は奥付による.標題紙等の書名：創立20周年記念誌〉Ⓝ376.48

『兵庫県立明石西高等学校創立30周年記念誌』創立30周年記念事業実行委員会記念誌委員会編　明石　兵庫県立明石西高等学校創立30周年記念事業実行委員会　2005.10　125p　30cm〈書名は奥付による.背・表紙の書名：創立30周年記念誌〉Ⓝ376.48

◆明石南高等学校

『兵庫県立明石南高等学校「五十年史」』兵庫県立明石南高等学校編　明石　兵庫県立明石南高等学校　1971.10　96p　26cm　Ⓝ376.48

『創立80周年記念誌』 兵庫県立明石南高等学校編　明石　兵庫県立明石南高等学校　2001.11　135p　30cm〈明南小史：p68〜72〉Ⓝ376.48

『創立百年記念誌―1921-2021』 兵庫県立明石南高等学校編　明石　兵庫県立明石南高等学校　2021.11　299p　31cm〈布装　沿革史：p26〜33〉Ⓝ376.48

◆赤穂高等学校

『創立七十周年記念誌』 創立70周年記念事業実行委員会編　赤穂　創立70周年記念事業実行委員会　1997.5　303p　図版16p　27cm〈表紙の書名：古希〉Ⓝ376.48

『温故知新―創立50周年記念誌』 長野県赤穂高等学校定時制創立50周年記念事業実行委員会編　長野県赤穂高等学校定時制　1998.5　91p　26cm　Ⓝ376.4

『兵庫県立赤穂高等学校創立80周年記念誌』 学校創立80周年記念事業委員会編　赤穂　学校創立80周年記念事業委員会　2007.11　125p　図版16p　27cm〈表紙の書名：雄鷹臺　布装　沿革：p1〜6〉Ⓝ376.48

『創立九十周年記念誌』 創立90周年記念事業実行委員会編　赤穂　創立90周年記念事業実行委員会　2017.10　157p　図版16p　27cm〈表紙の書名：とよめき　布装　沿革：p1〜6〉Ⓝ376.48

◆芦屋高等学校

『芦高五十年史』 記念誌編集委員会編　芦屋　兵庫県立芦屋高等学校　1990.9　371p　27cm　Ⓝ376.4

『翠球―兵庫県立芦屋高等学校野球部五十年史』 芦屋　兵庫県立芦屋高等学校野球部OB翠球会　1996.7　294p　27cm　非売品　Ⓝ783.7

『芦高六十年史』 記念誌編集委員会編　芦屋　兵庫県立芦屋高等学校　2000.10　73p　26cm〈芦高小史：p58〜63〉Ⓝ376.4

『あるがまま―自治と自由と創造』 大松出版会　2006.4　182p　21cm〈年譜あり〉1400円　Ⓝ289.1

『芦高八十年史』 兵庫県立芦屋高等学校創立80周年記念誌編集委員会編　芦屋　兵庫県立芦屋高等学校　2020.10　52p　26cm〈芦高小史：p37〜41〉

◆芦屋市立芦屋高等学校

『母校を残そう―芦屋市立芦屋高等学校物語』 2004年42回生市芦生徒会著　芦屋　[芦屋市立芦屋高等学校]　2006.9　85p　21cm　Ⓝ376.48

◆芦屋南高等学校

『兵庫県立芦屋南高等学校開校記念誌』 兵庫県立芦屋南高等学校編　芦屋　兵庫県立芦屋南高等学校　1981.11　31p　26cm〈書名は表紙による．奥付の書名：開校記念誌〉Ⓝ376.48

『兵庫県立芦屋南高等学校創立20周年記念誌』 兵庫県立芦屋南高等学校「創立20周年記念誌」編集委員会編　芦屋　兵庫県立芦屋南高等学校　1998.10　151p　26cm〈書名は標題紙による．奥付等の書名：創立20周年記念誌　芦屋南高10年のあゆみ：p10〜38〉Ⓝ376.4

◆網干高等学校

『兵庫県立網干高等学校開校記念誌』 兵庫県立網干高等学校編　姫路　兵庫県立網干高等学校　1981.11　51p　26cm〈奥付の書名：開校記念誌　年表でみる網干高校：p16〜17〉Ⓝ376.48

『創立十周年記念誌』 兵庫県立網干高等学校編　姫路　兵庫県立網干高等学校　1988.11　86p　26cm〈表紙の書名：清風　写真でみる網干高校10年の歩み：p20〜23〉Ⓝ376.48

◆尼崎高等学校

『創立70周年記念誌』 兵庫県立尼崎高等学校創立70周年記念誌編集委員会編　尼崎　兵庫県立尼崎高等学校創立70周年記念誌編集委員会　1993　190p　26cm　Ⓝ376.48

『創立80周年記念誌』 兵庫県立尼崎高等学校創立80周年記念誌編集委員会編　尼崎　兵庫県立尼崎高等学校創立80周年記念誌編集委員会　2003.10　176p　30cm〈年表：p124〜173〉Ⓝ376.48

◆尼崎小田高等学校

『兵庫県立尼崎小田高等学校創立30周年記念誌』 創立30周年記念誌編集委員会編　尼崎　兵庫県立尼崎小田高等学校　2001.11　83p　30cm〈書名は奥付による．背・表紙の書名：創立三十周年記念誌　学校の沿革：p14〜15〉Ⓝ376.48

◆尼崎北高等学校

『創立30周年記念誌』 兵庫県立尼崎北高等学校30周年記念誌編集委員編　尼崎　兵庫県立尼

兵庫県

崎北高等学校　1981.9　139p　26cm　Ⓝ376.48

『八十周年記念誌』創立80周年記念誌編集委員会編　尼崎　兵庫県立尼崎北高等学校　2001.9　147p　31cm〈背の書名：創立八十周年記念誌　沿革：p18～34〉Ⓝ376.48

『[兵庫県立尼崎北高等学校]創立百周年記念誌』創立百周年記念誌編集委員会編　尼崎　兵庫県立尼崎北高等学校　2021.10　270p　31cm〈布装　年表：p55～63、近年20年のあゆみ：p64～82〉Ⓝ376.48

◆尼崎工業高等学校

『学校に教育をとりもどすために―尼工でおこったこと』林竹二著　筑摩書房　1980.11　397p　19cm　1500円　Ⓝ370.4

『あませつ君のあまものがたり―尼工八十周年写真絵本』兵庫県立尼崎工業高等学校創立八十周年記念事業実行委員会制作　尼崎　[兵庫県立尼崎工業高等学校]　[2018]　21p　30cm　Ⓝ376.48

◆尼崎市立尼崎高等学校

『六十年誌』尼崎市立尼崎高等学校校史委員会編　尼崎　尼崎市立尼崎高等学校　1977.11　516p　27cm〈書名は背、奥付による　標題紙の書名：市尼六十年の歩み　付：年表〉Ⓝ376.4

『校史　2』創立80周年記念事業実行委員会80年誌編集委員会,尼崎市立尼崎高等学校総務部編　尼崎　尼崎市立尼崎高等学校同窓会（済美会）1993.10　147p　27cm〈80周年記念誌　共同刊行：尼崎市立尼崎高等学校育友会,尼崎市立尼崎高等学校〉Ⓝ376.4

◆尼崎市立尼崎産業高等学校

『あゆみ―創立30周年（住友通算70周年）記念』尼崎　尼崎市立尼崎産業高等学校　[1986]　49p　26cm　Ⓝ376.4

◆尼崎西高等学校

『創立40周年記念誌』兵庫県立尼崎西高等学校40周年記念誌編集委員会編集　尼崎　兵庫県立尼崎西高等学校　2002.11　64p　30cm　Ⓝ376.48

『尼西ミラクル―五〇年前、高校野球に奇跡を起こした公立高校があった』小笹雅幸　大阪　せせらぎ出版　2021.8　211p　21cm　①978-4-88416-918-3　Ⓝ783.7

◆有馬高等学校

『兵庫県立有馬高等学校百十周年記念誌』兵庫県立有馬高等学校百十周年記念誌委員会編　三田　兵庫県立有馬高等学校百十周年記念事業実行委員会　2006.10　242p　30cm〈書名は奥付による．背・標題紙の書名：創立百十周年記念誌〉Ⓝ376.48

『創立百二十周年記念誌―兵庫県立有馬高等学校』兵庫県立有馬高等学校創立百二十周年記念誌編集委員会編　三田　兵庫県立有馬高等学校　2016.10　173p　30cm〈書誌注記：年表あり　標題紙・表紙のタイトル：百二十〉Ⓝ376.48

◆有馬高等学校淡河分校

『神戸市北区淡河町の学校園史考　有馬高校淡河分校編　農業後継者育成への寄与』戸田紘著　神戸　交友印刷（印刷）2020.2　106, 6, 61p　26cm〈書誌注記：年表あり〉①978-4-87787-787-3　Ⓝ372.164

◆淡路高等学校

『兵庫県立淡路高等学校創立80周年記念誌』兵庫県立淡路高等学校創立80周年記念誌編集委員会編集　北淡町（兵庫県津名郡）兵庫県立淡路高等学校　2003.11　198p　30cm〈書名は奥付による．背・標題紙等の書名：創立80周年記念誌　草創から70年間の歩み：p104～105, 10年のあゆみ：p106～130〉Ⓝ376.48

『淡路高等学校と地域の震災10年―1995-2005』北淡町（兵庫県）兵庫県立淡路高等学校　[2005]　71p　30cm〈共同刊行：兵庫県立淡路高等学校PTA　年表あり〉Ⓝ369.31

『淡路高等学校十周年記念誌』兵庫県立淡路高等学校十周年記念誌編集委員会編　北淡町（兵庫県）兵庫県立淡路高等学校　2008.6　58p　30cm〈表紙のタイトル：総合学科10周年記念〉Ⓝ376.48

『いちのみや―閉校記念誌』兵庫県立淡路高等学校一宮校編　淡路　いちのみやドリーム実行委員会　2011.2　155p　30cm〈年表あり〉Ⓝ376.48

『阪神・淡路大震災から20年―淡路高等学校の防災教育この10年』兵庫県立淡路高等学校編　淡路　兵庫県立淡路高等学校震災20年行事実行委員会　[2015]　90p　30cm〈書誌注記：年表あり　淡路市制10周年記念事業　共同刊行：兵庫県立淡路高等学校PTAほか〉Ⓝ374.92

兵庫県

◆淡路農業高等学校

『淡路農業高等学校創立70周年記念誌』兵庫県立淡路農業高等学校創立70周年記念誌編集委員会編集　北淡町（兵庫県津名郡）兵庫県立淡路農業高等学校　1993.11　153p　26cm〈草創から60年間の歩み：p70～71, 本校10年の歩み：p72～84, 一宮分校この10年の歩み：p85～92〉Ⓝ376.48

◆伊川谷北高等学校

『兵庫県立伊川谷北高等学校創立20周年記念誌』兵庫県立伊川谷北高等学校20周年記念誌編集委員会編　神戸　兵庫県立伊川谷北高等学校　2005.10　67p　30cm〈書名は奥付による．標題紙等の書名：創立二十周年記念誌〉376.48

◆育英高等学校

『闘魂―育英商業・育英高等学校硬式野球部85年史』育英商業・育英高等学校硬式野球部85年史発刊編集委員会編集　神戸　育英商業・育英高等学校硬式野球部85年史発刊編集委員会　1999.9　313p　27cm　2800円　Ⓝ783.7

『夢の彩り―育英100年の歩み』神戸　武井育英会育英高等学校　1999.11　182p　31cm　Ⓝ376.48

◆生野学園高等学校

『子どもの未来を語る―生野学園からの発信』生野学園日本子どもの未来研究所編　姫路　生野学園日本子どもの未来研究所　2004.10　454p　22cm〈共同刊行：生野学園中学校・高等学校〉Ⓝ371.42

『生きるための学校―不登校生と歩んだ生野学園20年の航跡』宇都宮誠編著　日本評論社　2008.11　310p　19cm　1700円　①978-4-535-56271-4　Ⓝ371.42
　[目次] 第1章 自分探しの道, 第2章 出会いの不思議, 第3章 親と子, そして家族, 第4章 新しい世界をみつけた, 第5章 本当の自分と再会できた, 第6章 生野学園という世界, 第7章 親だって育つ, 第8章 親として思い返すこと, 第9章 サポーターからのメッセージ, 第10章 われわれの教育方針と実践

◆出石高等学校

『創立五十周年』"創立五十周年"編集委員会編　出石町（兵庫県）兵庫県立出石高等学校　1972　67p（おもに図）25×26cm　Ⓝ376.4

『創立七十周年記念誌』兵庫県立出石高等学校編集　出石町（兵庫県出石郡）兵庫県立出石高等学校　1992.11　180p　26cm〈出石高等学校沿革史概略：2～5p〉Ⓝ376.48

『兵庫県立出石高等学校創立百周年記念誌』創立百周年記念誌委員会編集　豊岡　創立百周年記念事業実行委員会　2007.11　212p　31cm〈兵庫県立出石高等学校沿革史：p208～212〉Ⓝ376.48

◆伊丹高等学校

『兵庫県立伊丹高等学校創立70周年記念誌』伊丹　伊丹高等学校　1972　68p（図共）26cm　Ⓝ376.4

『八十周年記念誌』兵庫県立伊丹高等学校80周年記念誌編集委員会編　伊丹　兵庫県立伊丹高等学校　1982.10　230p 図版10枚　26cm　Ⓝ376.4

『兵庫県立伊丹高校野球部史　戦後編』和田雅雄編　伊丹　〔和田雅雄〕　1991.10　209p　27cm　非売品　Ⓝ783.7

『兵庫県立伊丹高校「90年史」』兵庫県立伊丹高等学校創立90周年記念誌編集委員会編　伊丹　兵庫県立伊丹高等学校　1992.10　226p　26cm　Ⓝ376.4

『兵庫県立伊丹高校100年史』兵庫県立伊丹高等学校創立100周年記念史編集委員会編　伊丹　兵庫県立伊丹高等学校　2002.10　347p　26cm〈沿革：p306～325〉Ⓝ376.48

◆伊丹北高等学校

『創立三十周年記念誌』創立30周年記念誌編集委員会編集　伊丹　兵庫県立伊丹北高等学校創立30周年記念事業実行委員会　2002.10　105p　30cm　Ⓝ376.48

◆伊丹市立伊丹高等学校

『伊丹市立伊丹高等学校創立100周年記念誌』創立100周年記念誌委員会編　伊丹　伊丹市立伊丹高等学校　2007.5　201p　30cm〈書名は奥付等による．標題紙の書名：伊丹市立伊丹高等学校100年の軌跡 since 1907〉Ⓝ376.48

◆伊丹西高等学校

『兵庫県立伊丹西高等学校開校記念誌』兵庫県立伊丹西高等学校編　伊丹　兵庫県立伊丹西高等学校　1981.10　36p　26cm〈書名は奥付による．表紙の書名：開校記念誌〉Ⓝ376.48

◆伊和高等学校

『伊和―独立30周年・創立46周年記念誌』兵庫

兵庫県

県立伊和高等学校編　一宮町（兵庫県宍粟郡）兵庫県立伊和高等学校　1994.10　92p　26cm〈本校の沿革：p16〉Ⓝ376.48

◆小野高等学校

『蜻蛉卒寿―創立90周年記念』創立90周年記念誌編集委員会編集　小野　兵庫県立小野高等学校創立90周年記念事業実行委員会　1992.10　1冊（頁付なし）29cm　Ⓝ376.48

『蜻蛉百歳―創立100周年記念』創立100周年記念誌編集委員会編　小野　兵庫県立小野高等学校創立100周年記念事業実行委員会　2002.10　56p　30cm〈100年のあゆみ：p50～55〉Ⓝ376.48

『商業科50周年記念誌―半世紀を振り返って』兵庫県立小野高等学校創立100周年記念事業実行委員会編　小野　兵庫県立小野高等学校創立100周年記念事業実行委員会　2002.11　136p　30cm　Ⓝ376.48

『百周年記念史誌　兵庫県立小野高等学校』百周年記念史誌編集委員会編　小野　創立100周年記念事業実行委員会　2002.11　739p　31cm〈書名は背及び奥付による.標題紙の書名：百周年記念史誌　年表：p664～738、参考文献：p739〉Ⓝ376.48

◆小野工業高等学校

『長狭―創立50周年記念誌　1989』兵庫県立小野工業高等学校編　小野　兵庫県立小野工業高等学校　1989.11　120p　31cm〈書名は表紙・奥付による.標題紙の書名：創立50周年記念、背の書名：創立50周年記念誌　沿革小史：p22～23〉Ⓝ376.48

『ながさ―創立70周年記念誌』兵庫県立小野工業高等学校創立70周年記念実行委員会編　小野　兵庫県立小野工業高等学校　2009.11　175p　31cm〈学校の沿革：p21～38〉Ⓝ376.48

◆柏原高等学校

『柏中・柏高野球部五十年の歩み』柏原高校野球部OB会編　柏原町（兵庫県）柏原高校野球部OB会　1983.7　170p　27cm　Ⓝ783.7

『柏原高校百年史』兵庫県立柏原高等学校内柏原高校百年史編集委員会編　柏原町（兵庫県）兵庫県立柏原高等学校百年史事業実行委員会　1997.4　544p　27cm　Ⓝ376.48

『百年の青春―兵庫県立柏原高等学校創立百周年記念誌　1897-1997』兵庫県立柏原高等学校柏原高校百年史編集委員会編　柏原町（兵庫県）兵庫県立柏原高等学校百周年記念事業実行委員　1997.4　64p　30cm　非売品　Ⓝ376.48

『創立110周年記念誌』創立110周年記念誌編纂委員会編集　丹波　兵庫県立柏原高等学校　2007.7　95p　26cm　Ⓝ376.48

『柏原高校の校長室から―ホームページで発信し続けた3年間』吉田和志著　多可町（兵庫県）吉田和志　2009.3　182p　26cm〈制作・発売：神戸新聞総合出版センター（神戸）〉1200円　①978-4-343-00506-9　Ⓝ376.48

目次 柏高には遅刻者がいない！、ハードだった新入生オリ合宿、蘇れ！熱き青春、楠のあの頃へ！、大クスノキに中学生のお客さん、格調高い生徒大会に感激！、あいさつ運動が本格的にスタート！、若いエネルギーを魅せつけた体育大会、人材の宝庫に分け入る、期末考査直前の校内で〔ほか〕

◆加古川北高等学校

『翔―開校記念誌』兵庫県立加古川北高等学校編　加古川　兵庫県立加古川北高等学校　1980.10　38p　26cm　Ⓝ376.48

『創立十周年記念誌―1987』創立十周年記念誌編集委員会編集　加古川　兵庫県立加古川北高等学校　1987.11　61p　26cm〈沿革＜前史＞：p6〉Ⓝ376.48

『県立加古川北高等学校図書館15年のあゆみ』兵庫県立加古川北高等学校編　加古川　兵庫県立加古川北高等学校　1993　20p　26cm〈書名は奥付による.表紙の書名：グラフで見る図書館　昭和53-平成4年〉

『創立二十周年記念誌』創立二十周年記念誌編集委員会編集　加古川　兵庫県立加古川北高等学校創立二十周年記念事業実行委員会　1997.11　125p　26cm〈あしあと：p15～37〉Ⓝ376.48

『創立30周年記念誌』兵庫県立加古川北高等学校編　加古川　兵庫県立加古川北高等学校　2007.9　102p　30cm〈表紙の書名：加古川北30〉Ⓝ376.48

◆加古川西高等学校

『西高60年』60周年記念誌委員会編　加古川　兵庫県立加古川西高等学校　1972　20,139p（図共）26cm〈背・表紙の書名：60周年記念誌〉Ⓝ376.4

『兵庫県立加古川西高等学校90周年記念誌』兵庫県立加古川西高等学校編　加古川　兵庫県立加古川西高等学校　2002.10　101p　30cm

兵庫県

〈書名は奥付による.標題紙・背等の書名：創立九十周年記念誌〉 Ⓝ376.48

◆加古川南高等学校

『開校記念誌』兵庫県立加古川南高等学校編　加古川　兵庫県立加古川南高等学校　1985　42p　26cm　Ⓝ376.48

『創立十周年記念誌』兵庫県立加古川南高等学校編　加古川　兵庫県立加古川南高等学校　1992.11　50p　26cm〈学校のあゆみ：p9～19〉Ⓝ376.48

『創立20周年記念誌』兵庫県立加古川南高等学校編　加古川　兵庫県立加古川南高等学校　2002.11　64p　30cm　Ⓝ376.48

『創立30周年記念誌』加古川　兵庫県立加古川南高等学校　2012.11　50p　30cm〈書誌注記：年表あり〉Ⓝ376.48

◆上郡高等学校

『愛誠　兵庫県立上郡高等学校創立100周年記念誌—100年のあゆみ』兵庫県立上郡高等学校創立100周年記念誌編集委員会編　上郡町（兵庫県赤穂郡）兵庫県立上郡高等学校　2005.10　269p　31cm　Ⓝ376.48

◆川西高等学校

『望星—創立50周年記念誌』兵庫県立川西高等学校編　川西　兵庫県立川西高等学校　1997.10　61p　30cm〈川西高校のあゆみ：p6～15〉Ⓝ376.48

◆川西北陵高等学校

『創立二十周年記念誌』創立二十周年記念誌編集委員会編集　川西　兵庫県立川西北陵高等学校　2002.11　132p　30cm　Ⓝ376.48

◆神崎高等学校

『たった3年で学校が変わる！—神崎高校再生の軌跡』神戸新聞総合出版センター編　神戸　神戸新聞総合出版センター　2006.11　183p　21cm〈年表あり〉1500円　①4-343-00380-9　Ⓝ376.4164

目次　第1章「学校改革」への助走，第2章「ディスカバリー・ハイスクール」発進！，第3章「改革元年」はつらよ，第4章　心にふれる「生徒指導」，第5章「いのちにふれる」教育，第6章「地域社会」と絆深めて，第7章　体験「田舎暮らし」，第8章　神崎高校「四季折々…」，第9章　魅力ある学校づくりを目指して—教育座談会「地域の人々と囲炉裏端サミット」，第10章　明日に向かって

内容　教職員・保護者・地域が一丸となって学校の荒廃に立ち向かい，そして学校は「まちの誇り」にまでなった。コミュニケーション授業，選択制の体験学習，30分授業，地域との交流，田舎暮らし体験など，生徒の個性を伸ばし，夢をはぐくむ取り組みを紹介する。

◆神崎工業高等学校

『流れる星のもとに—創立60周年記念誌』兵庫県立神崎工業高等学校編　尼崎　兵庫県立神崎工業高等学校　2003.10　52p　30cm〈神崎工業高等学校校史（60年史）：p6～7〉Ⓝ376.48

◆関西学院高等部

『関西学院高中部百年史』関西学院高等部百年史編纂委員会編纂　西宮　関西学院高中部　1989.11　484p　31cm〈付（1枚）〉Ⓝ376.4

『これが関西学院高等部野球部だ！—1998年8月から2012年11月までの歩み』関西学院高等部野球部記念誌編纂委員会編　西宮　関西学院高等部野球部　2013.7　214p 図版24p　26cm〈書誌注記：文献あり　年譜あり　共同刊行：関西学院高等部野球部OB会　標題紙の副タイトル（誤植）：1999年8月から2012年11月までの歩み　出版者注記：関西学院大学出版会（発売）〉1900円　①978-4-86283-137-8　Ⓝ783.7

目次　第1章　関学野球部と私，第2章　2000年（平成12年）からの各学年の記録と文章，第3章　全体の記録・ランキング等の資料，第4章　広岡正信監督のスクラップ帳より—新聞等の記事による十数年間の歩み，第5章　歴代監督のインタビュー，第6章　芝川又美部長の部屋，関西学院高等部野球部年表

◆北須磨高等学校

『創立30周年記念誌』創立30周年記念誌編集委員会編　神戸　兵庫県立北須磨高等学校　2001.10　78p　30cm　Ⓝ376.48

『兵庫県立北須磨高等学校創立50周年記念誌』兵庫県立北須磨高等学校編　神戸　兵庫県立北須磨高等学校　2021.10　83p　30cm　Ⓝ376.48

◆近畿大学附属豊岡高等学校

『輝きの半世紀—近畿大学附属豊岡高等学校創立五十周年記念誌』記念誌発行委員会編　豊岡　近畿大学附属豊岡高等学校　2014.6　179p　31cm〈書誌注記：年表あり〉Ⓝ376.48

兵庫県

◆錦城高等学校

『創立50周年記念誌』栗山和行,藤関吉徳,佐々木静剛編　明石　兵庫県立錦城高等学校　2001.11　50p　30cm〈沿革史：p9～11〉Ⓝ376.48

◆香寺高等学校

『独立20周年記念誌』香寺高等学校20周年記念実行委員会編集　香寺町（兵庫県神崎郡）兵庫県立香寺高等学校　1993.10　128p　26cm　Ⓝ376.48

『30周年記念誌』香寺高等学校30周年記念実行委員会編集　香寺町（兵庫県神崎郡）兵庫県立香寺高等学校　2003.11　52p　30cm　Ⓝ376.48

『創立70周年記念誌―兵庫県立香寺高等学校』姫路　兵庫県立香寺高等学校　2018.11　77p　30cm〈書誌注記：年表あり〉Ⓝ376.48

◆甲南高等学校

『学園が震えた日―甲南大学・甲南高等学校・甲南中学校』甲南学園編　神戸　甲南学園　1997.3　95p　30cm　Ⓝ369.31

◆神戸高等学校

『神戸一中・神戸高校ラグビー部50年史』青陵クラブ編　神戸　青陵クラブ　1976.12　10,112,8p　22cm〈年表過去の対戦成績：巻末p1～8〉Ⓝ783.48

『学校人脈　一中・県一女～神戸高編』神戸新聞社編　神戸　神戸新聞出版センター　1978.7　146p　19cm　580円　Ⓝ376.4

『90年のあゆみ』兵庫県立神戸高等学校編　神戸　兵庫県立神戸高等学校　1986.5　224p　21cm　Ⓝ376.48

『白球と共に』神中神高野球クラブ編　神戸　神中・神高野球クラブ　1989　414p　27cm〈背および奥付の書名：神戸一中・神戸高校野球部九十年史　年表：p394～411〉

『常盤に青き六甲―神戸高校柔道部史』神戸高校柔道部史刊行委員会編　神戸　神戸高校柔道部史刊行委員会　1991.3　160p　27cm　Ⓝ789.2

『六甲―神戸一中博物学会の歴史・神戸高校生物研究会の歴史・神戸高校自然科学研究会生物班の歴史』田尻陽一編　神戸　六甲クラブ　1994.1　193p　26cm〈六甲クラブ創立50周年記念・神戸高校創立100周年記念協賛〉Ⓝ375.184

『兵庫県立神戸高等学校記念室・百年史編纂室所蔵資料（書類・書籍）目録』兵庫県立神戸高等学校記念室・百年史編纂室編　神戸　兵庫県立神戸高等学校記念室・百年史編纂室　1994.3　69p　21cm〈背の書名：所蔵資料（書類・書籍）目録　『記念室所蔵書物等一覧』（1992年刊）の増訂〉Ⓝ376.4

『わが青春神戸高校JRC』神戸高校JRC部史編集委員会編　神戸　神戸高校JRC部史編集委員会　1994.5　153p　26cm　非売品　Ⓝ369.1

『楠のかおり―県一高女・神戸高校女子バレーボール部史』茨木　県一高女・神戸高校女子バレーボール部OG会　1994.5　198p　27cm　Ⓝ783.2

『神戸一中・神戸高校庭球部誌―生田河畔に、上野が丘に、白球を追った日々』神戸一中・神戸高校庭球部誌編纂委員会編纂　神戸　楠蘭テニス倶楽部　1994.7　262p　27cm　Ⓝ783.5

『兵庫県立神戸高等学校電子オルガン部史』兵庫県立神戸高等学校エレクトーン同好会・エレクトーン部・電子オルガン部同窓会編　神戸　兵庫県立神戸高等学校エレクトーン同好会・エレクトーン部・電子オルガン部同窓会　1994.9　59p　26cm〈神戸高校創立100周年記念協賛〉Ⓝ763.9

『神戸高校器械体操部史』神戸　一中・県一・神高器械体操同窓会　1994.11　95p　30cm〈母校創立百周年に寄せて〉Ⓝ781.5

『青谷の蹄跡―神戸一中騎道部・神戸高校馬術部史』神戸高校馬術部史編集委員会編　神戸　神戸高校馬術部史編集委員会　1996.3　119p　27cm　Ⓝ789.6

『神戸高校軟式庭球部史―テニスは人生なり人生はテニスなり』軟庭部史刊行会編　神戸　軟庭部史刊行会　1996.4　239p　27cm　Ⓝ783.5

『神戸一中遠足部・神戸高校山岳部史』横浜　大島輝夫　1997.1　240p　26cm〈母校創立100周年記念　製作：フォルテジャパン（東京）〉Ⓝ786.1

『神戸高校百年史』神戸高校100年史編集委員会編　神戸　兵庫県立神戸高等学校創立百周年記念事業後援会　1997.3　2冊　29cm〈書名は奥付・背による　「学校編」「同窓会編」に分冊刊行〉Ⓝ376.48

『神戸高校陸上競技部史』兵庫県立神戸高等学校陸上競技部史編集委員会編　神戸　兵庫県

兵庫県

立神戸高等学校陸上競技部OB会　1997.6　284p　31cm〈兵庫県立神戸高等学校創立100周年記念〉10000円　Ⓝ782

『神戸高校110年誌』兵庫県立神戸高等学校110周年記念誌小委員会編集　神戸　兵庫県立神戸高等学校　2006.5　130p　30cm　Ⓝ376.48

『ボールを蹴って100年—神戸一中・神戸高校サッカー部100年誌』神戸高校サッカー部OB会編　神戸　神戸高校サッカー部OB会　2015.12　407p　27cm〈書誌注記：年表あり〉Ⓝ783.47

『神戸高校120年誌』兵庫県立神戸高等学校120周年記念誌小委員会編集　神戸　兵庫県立神戸高等学校　2016.5　132p　30cm〈背の書名：神戸高校百二十年誌〉Ⓝ376.48

◆神戸学院女子高等学校

『七十周年記念誌』神戸学院女子高等学校七十周年記念誌編集委員会編　神戸　神戸学院女子高等学校　1981.11　262p 図版10枚　22cm　Ⓝ376.4

◆神戸北高等学校

『兵庫県立神戸北高等学校校舎竣工記念誌』兵庫県立神戸北高等学校育友会編　神戸　兵庫県立神戸北高等学校育友会　1975　88p　26cm　Ⓝ376.48

◆神戸工業高等学校

『兵庫県立神戸工業高等学校90年誌』神戸　兵庫県立神戸工業高等学校　2002.10　93p　26cm〈背・表紙のタイトル：90周年記念誌　年表あり〉Ⓝ376.48

◆神戸甲北高等学校

『甲北20年』兵庫県立神戸甲北高等学校編　神戸　兵庫県立神戸甲北高等学校　1993.10　103p　26cm〈奥付の書名：創立20周年記念誌〉Ⓝ376.48

◆神戸国際高等学校

『［神戸国際中学校・高等学校］創立20周年記念誌』神戸国際中学校・高等学校20周年記念誌編集委員会編集　神戸　神戸国際中学校・高等学校　2010.10　57p　30cm　Ⓝ376.48

◆神戸商業高等学校

『百年史』兵庫県立神戸商業高等学校百年史編集委員会編　神戸　兵庫県立神戸商業高等学校　1978.1　411p　27cm〈発行者：神商同窓会（神戸）〉Ⓝ376.4

『歴程—130周年記念誌』兵庫県立神戸商業高等学校編　神戸　兵庫県立神戸商業高等学校　2007.10　100p 図版8枚　30cm〈県商の変遷：p5〜8〉Ⓝ376.48

◆神戸市立楠高等学校

『楠高校五十年の歩み—昭和十八年から平成五年六月まで』神戸市立楠高等学校記念誌編集委員会編集　神戸　神戸市立楠高等学校　1993.6　83p　27cm〈表紙の書名：楠, 背の書名：創立五十周年記念誌〉Ⓝ376.48

◆神戸市立神戸西高等学校

『神戸市立神戸西高校五十年のあゆみ—1947〜1997年』神戸市立神戸西高等学校記念誌編集委員会編集　神戸　神戸市立神戸西高等学校　1997.10　98p　27cm〈背・奥付の書名：清新—創立五十周年記念誌〉Ⓝ376.48

◆神戸市立神港高等学校

『神戸市立神港高等学校野球部史』富永雅裕編集代表　三木　田上信夫　2001.12　161p　26cm　Ⓝ783.7

『神戸市立神港高等学校野球部史』冨永雅裕編集代表　三木　田上信夫　2017.8　193p　26cm　非売品　Ⓝ783.7

◆神戸市立須磨高等学校

『神戸市立須磨高等学校野球部史』須磨高校野球部OB会編　神戸　須磨高校野球部OB会　2011.12　80p　30cm　Ⓝ783.7

◆神戸市立兵庫商業高等学校

『兵商野球部栄光無き二十六回生野球部員の物語！—秋季県大会・夏大会初戦敗退…なぜ？今だから話せる真実！』神戸市立兵庫商業高等学校第二十六回生野球部員編　神戸　［神戸市立兵庫商業高等学校第二十六回生野球部員］　2021.11あとがき　104p　21cm〈背のタイトル：兵商野球部二十六回生部員の物語〉Ⓝ783.7

◆神戸市立葺合高等学校

『一闘二批—葺合高校紛争資料集』大月民義編著　神戸　交友印刷（印刷）1998.12　243p　21cm　Ⓝ376.48

兵庫県

◆神戸市立御影工業高等学校

『創立五十周年記念誌』神戸市立御影工業高等学校編　神戸　神戸市立御影工業高等学校　1988.10　180p　27cm〈年表：p166～167〉Ⓝ376.48

◆神戸星城高等学校

『熊見学園創立70周年誌』70周年誌編集委員会編集　神戸　熊見学園　1999.11　153p　31cm　Ⓝ376.4

『熊見学園創立80周年誌』80周年誌編集委員会編集　神戸　熊見学園　2009.11　107p　31cm〈書名は背・表紙による．標題紙・奥付の書名：80周年誌　学校法人熊見学園の歴史：p73〉Ⓝ376.48

◆神戸常盤女子高等学校

『Act story―ベジタブルフィールドの軌跡：青年期の自立を励ます教育実践記録』玉田学園神戸常盤女子高等学校編　神戸　玉田学園神戸常盤女子高等学校　2019.3　135p　19cm　Ⓝ375.6

◆神戸村野工業高等学校

『神戸村野工業学校、神戸村野工業高等学校硬式野球部部史』星球会編　神戸　星球会　2005.10　381p　27cm〈文献：巻末〉Ⓝ783.7

『神戸村野工業学校、神戸村野工業高等学校硬式野球部部史　続　平成17年～20年』星球会編　神戸　星球会　2009.2　38p　26cm　Ⓝ783.7

◆神戸龍谷高等学校

『菩提樹―成徳学園創立80周年記念誌』成徳学園80周年記念誌編集委員会企画・編集　神戸　成徳学園　2001.10　135p　30cm〈年表あり〉Ⓝ376.48

◆篠山産業高等学校東雲校

『創立六十周年記念誌』兵庫県立篠山産業高等学校東雲校編　篠山　兵庫県立篠山産業高等学校東雲校　2008.9　31p　30cm　Ⓝ376.48

◆篠山産業高等学校丹南校

『兵庫県立篠山産業高等学校丹南校閉校記念誌―丹南校みんなの心にいつまでも』兵庫県立篠山産業高等学校丹南校閉校実行委員会編　篠山　兵庫県立篠山産業高等学校丹南校閉校実行委員会　2016.2　70p　30cm〈書名は奥付による．背・表紙の書名：閉校記念誌　丹南校66年のあゆみ：p6〉Ⓝ376.48

◆篠山東雲高等学校

『兵庫県立篠山東雲高等学校創立10周年記念誌』兵庫県立篠山東雲高等学校創立10周年記念事業実行委員会編　丹波篠山　兵庫県立篠山東雲高等学校　2020.10　31p　30cm〈書名は表紙・標題紙による．奥付の書名：創立10周年記念誌　沿革：p6〉Ⓝ376.4

◆篠山鳳鳴高等学校

『目で見る母校百年史』兵庫県立篠山鳳鳴高等学校百年記念誌編集委員会編　篠山町（兵庫県）　兵庫県立篠山鳳鳴高等学校同窓会　1976.11　413p（図54p共）26cm　非売品　Ⓝ376.4

『創立百二十周年記念誌』創立百二十周年記念誌編集委員会編　篠山町（兵庫県多紀郡）　兵庫県立篠山鳳鳴高等学校創立百二十周年記念事業実行委員会　1996.10　106p　26cm〈奥付の書名：記念誌　年表と写真で見る120年：p14～65〉Ⓝ376.48

『創立百三十周年記念誌』兵庫県立篠山鳳鳴高等学校創立130周年記念事業実行委員会編　篠山　兵庫県立篠山鳳鳴高等学校創立130周年記念事業実行委員会　2007.2　137, 15p　30cm〈年表と写真で見る130年：p25～72〉Ⓝ376.48

◆佐用高等学校

『塔陵―創立100周年記念誌』兵庫県立佐用高等学校創立100周年記念誌編集委員会編　佐用町（兵庫県）　兵庫県立佐用高等学校　2009.10　279p　31cm〈奥付のタイトル：兵庫県立佐用高等学校創立100周年記念誌　年表あり〉Ⓝ376.48

『記録誌―平成21年8月9日（日）豪雨災害の状況と本校の取組』兵庫県立佐用高等学校編　佐用町（兵庫県佐用郡）　兵庫県立佐用高等学校　2010編集後記　93p　30cm　Ⓝ376.48

◆三田学園高等学校

『照願と躍進』三田　三田学園　〔1982〕　1冊（頁付なし）27cm〈創立70周年〉Ⓝ376.4

『三田学園八十年史』三田　三田学園　1993.12　173p　27cm〈書誌注記：年表あり〉Ⓝ376.48

『輝きの一世紀―三田学園100年史』三田　三田学園　2012.9　324p　31cm〈書誌注記：年表あり〉Ⓝ376.48

『吾が母校兵庫縣三田中学』今村稔朗撮影編集

神戸　［今村稔朗］　［2013］　229p　22×30cm〈背のタイトル：感謝のこころ之（こ）れに綴る　三田学園創立一〇〇周年記念写真集〉Ⓝ376.48

◆三田西陵高等学校

『兵庫県立三田西陵高等学校開校記念誌』兵庫県立三田西陵高等学校編　三田　兵庫県立三田西陵高等学校　1995.10　58p　30cm〈書名は奥付による．表紙の書名：開校記念誌〉Ⓝ376.48

『飛翔―創立10周年記念誌』兵庫県立三田西陵高等学校編　三田　兵庫県立三田西陵高等学校　2002.10　59p　30cm〈沿革：p10〉Ⓝ376.48

『創立20周年記念誌』兵庫県立三田西陵高等学校編　三田　兵庫県立三田西陵高等学校　2012.10　75p　30cm　Ⓝ376.48

◆飾磨工業高等学校

『鹿津―創立70周年記念誌』兵庫県立飾磨工業高等学校創立70周年記念事業実行委員会編　姫路　兵庫県立飾磨工業高等学校創立70周年記念事業実行委員会　2005.10　229p 図版18p　31cm〈学校沿革：p8～16，主要参考文献・資料：巻末〉Ⓝ376.48

『雄飛―創立70周年記念事業記念誌』兵庫県立飾磨工業高等学校創立70周年記念事業実行委員会編　姫路　兵庫県立飾磨工業高等学校創立70周年記念事業実行委員会　2005.12　34p　30cm　Ⓝ376.48

◆志知高等学校

『創立五周年記念誌』兵庫県立志知高等学校創立五周年記念誌・名簿編集委員会編集　三原町（兵庫県三原郡）志知高等学校同窓会事務局　1979.7　62，96p　26cm〈五周年への歩み：p4～9〉非売品　Ⓝ376.48

『志知10年』兵庫県立志知高等学校創立10周年記念事業実行委員会編集　三原町（兵庫県三原郡）志知高等学校同窓会事務局　1984.11　50，134，71p　26cm〈背の書名：創立十周年記念〉Ⓝ376.48

『志知30年―創立30周年記念誌』創立30周年記念誌編集委員会編集　三原町（兵庫県三原郡）兵庫県立志知高等学校　2004.10　65p　30cm〈30年のあゆみ：p10～15〉非売品　Ⓝ376.48

『志知高校に贈る言葉』兵庫県立志知高等学校編　南あわじ　兵庫県立志知高等学校　2008.2　62p　30cm　Ⓝ376.48

『志知―閉校記念誌』閉校記念誌編集委員会編　南あわじ市　志知高等学校ゴールプロジェクト実行委員会　2009.2　191p　30cm〈年表あり〉Ⓝ376.48

◆淳心学院高等学校

『淳心学院二十五周年誌』淳心学院中学校・高等学校編　姫路　淳心学院中学校・高等学校　［1979］　110p　27cm〈書名は背・奥付による，標題紙及び表紙の書名：淳心学院〉非売品　Ⓝ376.48

◆城北高等学校

『半世紀のあゆみ―創立50周年記念　昭和54年（1979）』兵庫県立城北高等学校　姫路　兵庫県立城北高等学校　1979.11　15p　26cm〈城北高校50年史年表：p4～5〉Ⓝ376.48

『夜高魂―兵庫県立城北高等学校創立60周年記念誌』兵庫県立城北高等学校編　姫路　[兵庫県立城北高等学校]　［1989］　49p　26cm　Ⓝ376.48

『夜高魂―兵庫県立城北高等学校創立70周年記念誌』記念行事実行委員会編　姫路　兵庫県立城北高等学校　1999.11　69p　26cm〈城北高校70年史年表：p51～54〉Ⓝ376.48

『兵庫県立城北高等学校閉校記念誌』兵庫県立城北高等学校編　姫路　兵庫県立城北高等学校　2005.2　105p　30cm　Ⓝ376.48

◆白鷺工業高等学校

『創立50周年記念誌』兵庫県立白鷺工業高等学校創立50周年記念誌編集委員会編集　姫路　兵庫県立白鷺工業高等学校　1994.11　58p　26cm〈標題紙の書名：創立50周年を迎えて　50年のあゆみ：p7～9〉Ⓝ376.48

『閉校記念誌―1944～2006』姫路　兵庫県立白鷺工業高等学校　2006.2　91p　30cm〈年表あり〉Ⓝ376.48

◆新宮高等学校

『10周年記念誌』兵庫県立新宮高等学校編　新宮町（兵庫県揖保郡）兵庫県立新宮高等学校　1976.11　46p　18×26cm　Ⓝ376.48

『鳳―20周年記念誌』兵庫県立新宮高等学校編　新宮町（兵庫県揖保郡）兵庫県立新宮高等学校　1985.11　58p　26cm　Ⓝ376.48

兵庫県

『鳳―30周年記念誌』兵庫県立新宮高等学校編　新宮町（兵庫県揖保郡）兵庫県立新宮高等学校　1994.11　75p　26cm　Ⓝ376.48

◆神港学園高等学校

『潜水艦山に沈む―神港学園の移転問題に絡む紛争』大橋敏夫著　大阪　関西文庫　1991.3　255p　26cm　1500円　Ⓝ374

『創立80周年記念誌』神港学園神港高等学校80周年記念誌編集委員会編　神戸　神港学園　2004.5　136p　30cm〈略年表：p132～135〉Ⓝ376.48

『創立90周年記念誌』神港学園神港高等学校90周年記念誌編集委員会編　神戸　神港学園　2014.5　96p　30cm〈沿革：p92～93〉Ⓝ376.48

◆鈴蘭台西高等学校

『兵庫県立鈴蘭台西高等学校創立10周年記念誌―1980年～1989年』兵庫県立鈴蘭台西高等学校10周年記念事業実行委員会編　神戸　兵庫県立鈴蘭台西高等学校　1989.11　123p　26cm〈奥付等の書名：創立10周年記念誌〉Ⓝ376.4

『創立二十九周年記念誌―昭和55年（1980）～平成11年（1999）』兵庫県立鈴蘭台西高等学校「創立20周年記念誌」編集委員会編　神戸　兵庫県立鈴蘭台西高等学校　1999.11　108p　30cm　Ⓝ376.4

『鈴西の二十九年』兵庫県立鈴蘭台西高等学校記念事業委員会編　神戸　兵庫県立鈴蘭台西高等学校記念事業実行委員会　2009.2　125p　30cm　Ⓝ376.48

◆須磨学園高等学校

『須磨学園75年の足跡―1922-1997』須磨学園80周年記念誌編集委員会編　神戸　須磨学園　2002.9　19p　30cm　Ⓝ376.48

『須磨学園76年目から80周年への創造―1998-2002』須磨学園80周年記念誌編集委員会編　神戸　須磨学園　2002.9　69p　30cm〈折り込1枚〉Ⓝ376.48

『あと1秒の壁破った！―須磨学園陸上競技部長谷川重夫監督 全国高校女子駅伝悲願達成の軌跡』力武敏昌著　神戸　神戸新聞総合出版センター　2004.11　182p　19cm　1300円　①4-343-00290-X　Ⓝ782.3
［目次］第1章 感激の悲願達成, 第2章 あと1秒の壁破っての出発, 第5章 内助の功, 第6章 悲しみを乗り越えて, 第7章 王国づくりの軌跡, 第8章 学園のバックアップ, 第9章 明日に向かって…
［内容］初優勝の陰には、さまざまな苦労と努力があった。栄光の原動力は何か。クラブ活動での現代っ子指導法の手引書にもなる1冊。

『須磨学園75年の足跡―1922-1997：須磨学園90年の歩み：躍進さらなる高みへ』須磨学園90周年記念誌編集委員会編　神戸　須磨学園　2012.11　19p　30cm

『須磨学園76年目から90周年への展開―1998-2012：須磨学園90年の歩み：躍進さらなる高みへ』須磨学園90周年記念誌編集委員会編　神戸　須磨学園　2012.11　105p　30cm〈書誌注記：年表あり〉Ⓝ376.48

『須磨学園100年の歩み大いなる夢を抱いて 歴史編』創立100周年記念誌編纂委員会編　神戸　須磨学園　2023.6　443p　30cm〈書誌注記：年表あり　部分タイトル：学校法人須磨学園100年の歩み大いなる夢を抱いて　奥付等の年表示：1922-2022〉①978-4-9913124-1-0　Ⓝ376.48

◆須磨ノ浦女子高等学校

『阪神・淡路大震災–復興への軌跡―響流』須磨ノ浦女子高等学校編　神戸　須磨ノ浦女子高等学校　[1997]　39p　30cm　Ⓝ376.48

『睦学園創立75周年記念誌―須磨ノ浦』記念誌編集委員会編　神戸　睦学園須磨ノ浦女子高等学校　1999.3　63p　21×30cm〈書名は奥付による.背・表紙の書名：創立75周年記念誌〉600円　Ⓝ376.4

◆洲本高等学校

『学校人脈　洲中・淡路女～洲本高』神戸新聞社編　神戸　神戸新聞出版センター　1979.12　144p　19cm　580円　Ⓝ376.4

『新・洲高物語―九十年のあゆみ』兵庫県立洲本高等学校編著　洲本　毎日新聞淡路支局　1987.3　426, 13p　19cm　1000円　Ⓝ376.4

『世紀を超えて―洲本中・淡路高女・洲本高100年の軌跡』兵庫県立洲本高等学校創立100周年記念事業実行委員会記念誌部記念誌編纂委員会編　洲本　兵庫県立洲本高等学校　1997.10　425p　30cm　Ⓝ376.48

『洲高365日』福谷弘著　洲本　兵庫県立洲本高等学校同窓会　1998.11　240, 14p　26cm　1500円　Ⓝ376.48

『今、よみがえる青春―兵庫県立洲本高等学校

110周年記念誌』兵庫県立洲本高等学校110周年記念事業実行委員会記念誌部記念誌編纂委員会編集　洲本　兵庫県立洲本高等学校　2007.8　877p　37cm〈洲高新聞、夜学の灯の復刻　年表：p869〜877〉Ⓝ376.48

『夢ありがとう―兵庫県立洲本高等学校：センバツ2012第84回選抜高等学校野球大会出場記念』洲本高校野球部甲子園出場特別後援会編　洲本　洲本高校野球部甲子園出場特別後援会　2012.5　34p　30cm

『創立120周年記念誌―兵庫県立洲本高等学校』兵庫県立洲本高等学校編　洲本　兵庫県立洲本高等学校同窓会　2017.10　124p　30cm〈書誌注記：年表あり　表紙のタイトル：創立120周年〉Ⓝ376.48

◆青雲高等学校

『創立50周年記念誌』兵庫県立青雲高等学校創立50周年記念誌制作委員会編　神戸　兵庫県立青雲高等学校創立50周年記念誌制作委員会　2015.12　48p　30cm〈奥付のタイトル：兵庫県立青雲高等学校創立50周年記念誌〉Ⓝ376.48

◆星陵高等学校

『創立60周年記念誌』60周年記念誌編集委員会編集　神戸　兵庫県立星陵高等学校　2001.11　48p　30cm　Ⓝ376.48

◆蒼開高等学校

『温故知新―柳学園創立100周年』柳学園編　洲本　柳学園　2013.10　296p　30cm〈年表：p228〜237〉Ⓝ376.4

◆園田学園高等学校

『青春の鼓動―園田学園中学校高等学校創立60周年』園田学園中学校,園田学園高等学校編　尼崎　園田学園中学・高等学校　1998.10　50p　30cm〈表紙の書名：園田学園60周年記念〉Ⓝ376.4

◆太子高等学校

『記念誌』兵庫県立太子高等学校定時制課程閉校記念誌編集委員会編　太子町（兵庫県）　兵庫県立太子高等学校定時制課程　1982.2　119p　27cm〈奥付の書名：閉校記念誌〉Ⓝ376.4

『創立30周年記念誌―21世紀への飛躍』兵庫県立太子高等学校30周年記念事業記念誌部会編　太子町（兵庫県揖保郡）　兵庫県立太子高等学校30周年記念事業記念誌部会　1999.10　89p　30cm　Ⓝ376.48

『総合学科改編10周年記念誌―平成19（2007）年〜平成28（2016）年』兵庫県立太子高等学校編　太子町（兵庫県揖保郡）　兵庫県立太子高等学校総合学科改編10周年記念事業実行委員会　2017.2　50p　30cm　Ⓝ376.48

『兵庫県立太子高等学校創立50周年記念誌』兵庫県立太子高等学校編　太子町（兵庫県揖保郡）　兵庫県立太子高等学校　2019.11　155p　30cm〈表紙・背の書名：創立50周年記念誌〉Ⓝ376.48

◆多可高等学校

『さらなる一歩―創立二十周年記念誌』記念誌編集委員会編集　中町（兵庫県多可郡）　兵庫県立多可高等学校　1995.10　134p　27cm〈書名は背・表紙による.奥付の書名：創立20周年記念誌　沿革：p29〜30〉Ⓝ376.48

『多可―創立30周年記念誌』30周年記念誌編集委員会編集　中町（兵庫県多可郡）　兵庫県立多可高等学校　2005.10　70p　30cm〈書名は表紙による.奥付のタイトル：創立30周年記念誌　沿革：p11〜12〉Ⓝ376.48

◆高砂南高等学校

『開校記念誌』兵庫県立高砂南高等学校編　高砂　兵庫県立高砂南高等学校　1982.10　54p　26cm　Ⓝ376.48

『創立10周年記念誌―平成元年11月1日』兵庫県立高砂南高等学校編　高砂　兵庫県立高砂南高等学校　［1989］　93p　26cm　Ⓝ376.48

『創立二十周年記念誌』創立二十周年記念誌編集委員会編　高砂　兵庫県立高砂南高等学校創立二十周年事業実行委員会　1999.11　91p　30cm　Ⓝ376.48

◆宝塚高等学校

『兵庫県立宝塚高等学校20年史』兵庫県立宝塚高等学校20周年記念誌編集委員会編　宝塚　兵庫県立宝塚高等学校　1982.11　123p　図版15p　26cm〈書名は標題紙による.表紙・背の書名：創立二十周年記念誌, 奥付の書名：20周年記念誌〉Ⓝ376.48

◆宝塚北高等学校

『高校演劇科』山崎正和編著　神戸　神戸新聞総合出版センター　1993.9　262p　19cm〈書誌注記：兵庫県立宝塚北高校のあゆみ：p251

兵庫県

〜262〉1300円　①4-87521-062-0　Ⓝ376.4

◆滝川高等学校

『滝川野球部史』滝川高校野球部OB編　神戸　滝川野球部OB会　1986.4　430p　27cm　Ⓝ783.7

『滝川学園創立70周年記念誌—1988』滝川学園創立70周年記念誌編集委員会編　神戸　滝川学園　1989.2　103p　21cm　非売品　Ⓝ376.4

『瀧川学園創立80周年記念誌』瀧川學園創立80周年記念誌編集委員会編　神戸　瀧川学園　1998.10　232p　27cm　非売品　Ⓝ376.48

『瀧川学園創立90周年記念誌—2008』瀧川學園創立90周年記念誌編集委員会編　神戸　瀧川学園　2009.3　102p　21cm〈書誌注記：年表あり　表紙のタイトル：滝川〉非売品　Ⓝ376.48

『滝川学園創立百周年記念誌』滝川学園創立百周年記念誌編集部会編　神戸　滝川学園　2018.10　325p　30cm〈略年表：p116〜149,瀧川辨三年譜：p.253〜262〉Ⓝ376.4

◆但馬農業高等学校

『創立30周年記念誌』創立30周年記念誌編集委員会編　養父　兵庫県立但馬農業高等学校創立30周年記念事業実行委員会　2005.10　53p　30cm〈書名は標題紙・奥付による.背・表紙の書名：30年の歩み〉Ⓝ376.4

◆龍野高等学校

『兵庫県立龍野高等学校創立80周年記念誌』竜高80周年記念誌編集委員会編　竜野　兵庫県立竜野高等学校　1977.10　100p　26cm　Ⓝ376.48

『学校人脈　竜中・高女〜竜野高編』神戸新聞社編　神戸　神戸新聞出版センター　1979.2　96p　19cm　540円　Ⓝ376.4

『創立100周年記念誌』創立100周年記念誌編集委員会編　龍野　兵庫県立龍野高等学校創立100周年記念事業実行委員会　1997.11　145p　26cm〈背の書名：創立百周年記念誌　「100年のあゆみ」略年表：p66〜376〉Ⓝ376.48

『龍野高等学校百年史』百年史編集委員会編　龍野　兵庫県立龍野高等学校創立百周年記念事業実行委員会　1997.11　583p　27cm　Ⓝ376.48

『兵庫県立龍野高等学校創立110周年記念誌—110th anniversary Tatsuno Senior High School』たつの　兵庫県立龍野高等学校　2008.11　134p　30cm〈標題紙等のタイトル：創立110周年記念誌〉Ⓝ376.48

『創立120周年記念誌』たつの　兵庫県立龍野高等学校　2017.11　110p　30cm〈書誌注記：年表あり　奥付のタイトル：兵庫県立龍野高等学校創立120周年記念誌〉Ⓝ376.48

◆龍野北高等学校

『創立10周年記念誌』創立10周年記念事業実行委員会編集　たつの　兵庫県立龍野北高等学校　2017.10　48p　30cm　Ⓝ376.48

◆龍野実業高等学校

『創立80周年記念誌—10年間のあゆみ』兵庫県立竜野実業高等学校編　竜野　兵庫県立竜野実業高等学校　2001.11　44p　30cm〈八十年の寸景と沿革：p10〜13, 10年のあゆみ：p14〜18〉Ⓝ376.48

◆津名高等学校

『人となる日を—兵庫県立津名高等学校創立80周年記念誌』兵庫県立津名高等学校編　津名町（兵庫県津名郡）兵庫県立津名高等学校　2000.10　56, 182p　30cm　Ⓝ376.48

『ここにかえり　ここからはじまる—創立90周年記念誌』兵庫県立津名高等学校創立90周年記念誌編集委員会編　淡路　兵庫県立津名高等学校　2010.9　100p　30cm〈沿革：p58〜63〉Ⓝ376.48

『百年の鼓動』創立100周年記念誌編集委員会編　淡路　兵庫県立津名高等学校創立100周年記念事業実行委員会　2020.10　286p　31cm〈書誌注記：年表あり　奥付のタイトル：創立100周年記念誌〉Ⓝ376.48

◆東播工業高等学校

『創立10周年記念誌』兵庫県立東播工業高等学校編集　加古川　兵庫県立東播工業高等学校　1974.9　32p　26cm〈10年のあゆみ：p4〜8〉Ⓝ376.48

『兵庫県立東播工業高等学校創立30周年記念誌』兵庫県立東播工業高等学校創立30周年記念事業実行委員会編集　加古川　兵庫県立東播工業高等学校創立30周年記念事業実行委員会　1994.10　60p　26cm　Ⓝ376.48

『兵庫県立東播工業高等学校創立40周年記念誌』兵庫県立東播工業高等学校創立40周年記念事業実行委員会編集　加古川　兵庫県立東播工

兵庫県

業高等学校創立40周年記念事業実行委員会
2004.10　36p　30cm　⓷376.48

◆東洋大学附属姫路高等学校

『真理そして人間への愛—東洋大学附属姫路高等学校二十年誌』二十年誌編集委員会編　姫路　東洋大学附属姫路高等学校　1982.9　49p　31cm　非売品　⓷376.48

『東洋魂』東洋大学附属姫路高等学校野球部OB会40周年記念事業実行委員会企画・編集　姫路　[東洋大学附属姫路高等学校野球部OB会40周年記念実行委員会]　2004.2　179p　31cm　〈背の書名：東洋大学附属姫路高等学校野球部創部40年史　野球部の沿革史：p8〉⓷783.7

『東洋大学附属姫路高等学校創立50周年記念誌』東洋大学附属姫路高等学校編　姫路　東洋大学附属姫路高等学校　2014.1　255p　31cm　〈書名は奥付による．背のタイトル：創立50周年記念誌〉⓷376.48

◆豊岡高等学校

『学校人脈—豊中・高女〜豊岡高』神戸新聞社編　神戸　神戸新聞出版センター　1979.3　108p　18cm　560円　⓷376.4

『兵庫県立豊岡高等学校創立110周年記念誌』豊岡高校110周年記念誌発行委員会著　豊岡　兵庫県立豊岡高等学校　2006.10　152p　30cm　〈書名は奥付による．背・表紙の書名：創立百十周年記念誌〉⓷376.48

◆豊岡実業高等学校

『至誠—兵庫県立豊岡実業高等学校創立70周年記念誌』学校創立70周年記念誌編集委員会編　豊岡　兵庫県立豊岡実業高等学校　1987.10　149p　31cm　非売品　⓷376.48

◆長田高等学校

『兵庫県立長田高等学校創立80周年記念誌』兵庫県立長田高等学校80周年記念事業実行委員会編　神戸　兵庫県立長田高等学校　2000.10　111p　図版23枚　30cm　〈タイトルは標題紙による〉⓷376.48

『ミニ校史—神戸三中・長田高校の80年』前田米太郎執筆　神戸　兵庫県立長田高等学校創立80周年記念事業実行委員会　2001.3　135p　26cm　⓷376.48

『神戸三中・長田高校硬式野球部80年史—翔』神撫会野球部事務局編集　神戸　神撫会野球部事務局　2001.10　98p　26cm　〈書名は表紙による．背の書名：硬式野球部80年史〉非売品　⓷783.7

『ミニ校史—三中・長田高校の90年　2010』新訂版　前田米太郎執筆，兵庫県立長田高校90周年記念事業実行委員会編　神戸　兵庫県立長田高等学校90周年記念事業実行委員会　2010.9　96p　26cm　⓷376.48

『兵庫県立長田高等学校創立90周年記念誌』兵庫県立長田高等学校90周年記念事業実行委員会編　神戸　兵庫県立長田高等学校　2010.9　105p　図版20p　30cm　〈書名は標題紙による．表紙の書名：創立九十周年記念誌，背の書名：創立九〇周年記念誌　校史・年表：p88〜90〉⓷376.48

『Team Nagata文武不岐—センバツ2016第88回選抜高等学校野球大会出場記念』兵庫県立長田高等学校選抜後援会編　神戸　兵庫県立長田高等学校選抜後援会　2016.5　34p　30cm

『神撫100th—兵庫県立長田高等学校創立100周年』創立100周年記念誌編纂委員会編集　神戸　兵庫県立長田高等学校　2020.11　296p　30cm　〈書名は標題紙による．奥付の書名：創立100周年記念誌〉⓷376.48

◆長田商業高等学校

『創立70周年記念誌—1998』兵庫県立長田商業高等学校編　神戸　兵庫県立長田商業高等学校　1998.11　72p　26cm　〈奥付の書名：長商70周年記念誌〉⓷376.48

『格差社会への高校現場の挑戦—長田商業高校定時制で学ぶ生徒たち』兵庫県立長田商業高等学校創立80周年記念事業実行委員会編著　学事出版　2009.3　222p　21cm　〈文献あり〉1800円　①978-4-7619-1685-5　⓷376.48

[目次] 第1章　教育活動—過去から未来へ（個に応じた学習指導，授業の工夫，総合的な学習の時間，地域との連携，教育相談，心のサポート，学校設定科目「地域と生きる」，学校文化，情報・経理専修コース（社会人対象），学校間連携等による修行年限三年制），第2章　生徒の高校生活（部活動，生徒の手記），第3章　定時制高校Q&A，第4章　がんばれ定時制—定時制高校の応援団，第5章　定時制高校の将来像（座談会，生活実態調査，定時制高校の将来像），資料編

◆灘高等学校

『学校人脈　灘中・灘高』神戸新聞社編　神戸　神戸新聞出版センター　1980.11　108p　19cm　720円　⓷376.4

『五十年ひと昔—灘と歩んだ半世紀』橋本武著，

都道府県から引く　高等学校史・活動史目録　459

永井文明イラスト　神戸　青蛙人形館　1983.10　221p　19cm〈著者の肖像あり　限定版〉1000円　Ⓝ376.4

『六十周年記念誌』神戸　灘育英会灘中学校・灘高等学校　1987.10　116p　27cm〈書誌注記：年表あり〉非売品　Ⓝ376.48

『エリート教育の光と影―私立灘中・高校』毎日新聞神戸支局編　毎日新聞社　1991.9　221p　19cm　1300円　Ⓘ4-620-30814-5　Ⓝ376.4

目次　第1章「灘」ブランドの男たち，第2章 灘高・孵化の現場，第3章 灘中・母と子の構図，第4章「エリート教育」の齟齬，終章 取材メモから

内容　日本を支配する受験エリートたちはいま，何を考えているのか。小学校を休んでまで塾通いする受験競争の過熱ぶりから，有力大寡占を批判した中教審での攻防まで，私立中高一貫校をめぐる教育の現場を迫真のドキュメントで描く。

『世界から見た灘高型受験教育―受験競争で日本は「世界の孤児」になる』一本松幹雄著　教育開発研究所　1998.1　251p　19cm　1500円　Ⓘ4-87380-292-X　Ⓝ372.1

『わが子の未来を拓く―中高一貫名門校・選択の指針』二見喜章著　小学館　2000.5　286p　15cm（小学館文庫）600円　Ⓘ4-09-417381-1

目次　序章 国の将来は「教育の在り方」で決まる，開成学園型―本物志向で「文武両道」を教育指導の根幹に据える，麻布学園／灘校型―「自由な校風」だが，教育指導の基本を豊かな「知性」の習得に置く，ラ・サール学園／栄光学園型―人間教育を基本としながら「進学指導」に重点を置く，桜蔭学園型―「女性の在り方」を教えつつ，自立，自己主張ができ，広く活躍する女性の育成に力を入れる，白百合学園型―豊かでバランス感覚のいい「知性と教養ある女子の育成」を目指す教育指導，終章 女子教育の成否が「国の将来」を決める

『自由と伝統の灘中・灘高』大須賀康郎著　文芸社　2005.11　169p　19cm　1300円　Ⓘ4-286-00490-2　Ⓝ376.4164

『灘校―なぜ「日本一」であり続けるのか』橘木俊詔著　光文社　2010.2　254p　18cm（光文社新書 447）〈書誌注記：文献あり〉760円　Ⓘ978-4-334-03551-8　Ⓝ376.3164

目次　第1部 内側から覗いた灘校（灘校はいかにして名門校となったか，華麗な人材輩出と異色な卒業生，現代灘高生気質），第2部 灘校と名門校のこれから（世界のエリート校，日本の名門校，中・高一貫教育の将来を予測する）

内容　1学年あたり約200名という少数精鋭主義を考慮すると，東大合格者率や国公立医学部や京大への進学実績において，灘校は「日本一」といえる。本書は，創立から現在にいたる歴史をひもときながら，数多くのOBにインタヴューをしたり，現役灘高生にアンケート調査を行ったりして，その秘密に迫った。格差社会論の代表的論客が，中・高一貫校やエリート教育の功罪を徹底検証する。

『硬式テニス部70年史―灘中学校灘高等学校 住吉川の畔常盤の松に見守られて（この一球に）青春をかけた仲間たちが語る 1940年～2010年』灘校硬式テニス部70年史チーム編　高槻　松影会　2010.11　185p　30cm〈奥付のタイトル：灘校硬式テニス部70年史　年表あり〉Ⓝ783.5

『灘中学校・高等学校―中学受験注目校の素顔』おおたとしまさ著　ダイヤモンド・ビッグ社　2013.11　178p　19cm（学校研究シリーズ 004）〈書誌注記：文献あり　出版者注記：ダイヤモンド社（発売）〉950円　Ⓘ978-4-478-04487-2　Ⓝ376.3164

目次　卒業生インタビュー 灘ってどんな学校？，第1章 灘という学校，第2章 灘が目指す人物像，第3章 灘の授業，第4章 灘のカリキュラム，第5章 灘の日常風景

『教えて！校長先生「開成×灘式」思春期男子を伸ばすコツ』柳沢幸雄，和田孫博著　中央公論新社　2014.5　229p　18cm（中公新書ラクレ 494）800円　Ⓘ978-4-12-150494-4　Ⓝ376.3

目次　第1章 学校，第2章 勉強，第3章 人間関係，第4章 大学受験，第5章 家庭生活，第6章 対談「ギフト」（天賦の才）を伸ばす教育とは？

内容　なぜ名門中高一貫校は，才能を伸ばせるのか？難しい思春期を上手に乗り越える知恵とは？　伝統の上に創造を加えて進化し続ける独自のノウハウを，両校の校長先生が大公開。「アタマが良いとはどんなこと？」「友人，先生との関わりから何を学ぶか」など，素朴で本質な25問50答。

『「超」進学校開成・灘の卒業生―その教育は仕事に活きるか』濱中淳子著　筑摩書房　2016.3　218p　18cm（ちくま新書 1174）〈書誌注記：文献あり〉780円　Ⓘ978-4-480-06879-8　Ⓝ376.3

目次　プロローグ「超進学校卒業生」という人材，第1章 超進学校卒業生たちの仕事―全体像と多様性，第2章 リーダーとしての可能性―卒業生たちのソーシャルスキル分析，第3章 超進学校卒業生の葛藤―課される試練，第4章 開成卒業生と灘卒業生は何が違うのか，エピローグ 超進学校卒業生にみる日本の課題

内容　「受験の勝者が実力ある者とは限らない」「頭でっかちは打たれ弱い」あるいは「一三歳からすでに選別ははじまっている」「難関大学，優良大企業へのパスポート」…難関中高の卒業生たち，よくも悪くも両極端な物言い，さまざまな印象がある。イメージだけで語られがちだったそれらを，アンケートをもとに，具体的な数字や事例で統計分析。超進学校の出身者は，どんな職業に就き，ど

れくらいの年収を得ているか。中学高校での経験は、卒業後にどれほど活かされているか。中高時代はどのように生活し、何に悩んだかなど、彼らの実像に迫り、そこから日本社会と教育の実相を逆照射する！

『九十周年記念誌』灘中学校,灘高等学校編　神戸　灘育英会灘高等学校　2017.10　184p　26cm〈書誌注記：年表あり　共同刊行：灘育英会灘高等学校〉非売品　Ⓝ376.48

『八十周年記念誌』神戸　灘育英会灘中学校・灘高等学校　2017.10　167p　26cm〈書誌注記：年表あり〉非売品　Ⓝ376.48

『精力善用・自他共栄―灘校の原点・嘉納治五郎の理念』和田孫博著　神戸　神戸新聞総合出版センター（発売）2023.9　237p　19cm〈書誌注記：文献あり　年譜あり　出版者注記：和田孫博〉1600円　Ⓘ978-4-343-01201-2　Ⓝ376.48

◆鳴尾高等学校

『兵庫県立鳴尾高等学校創立50周年記念誌』兵庫県立鳴尾高等学校創立50周年記念誌編集委員会編　西宮　兵庫県立鳴尾高等学校　1993.10　340p　26cm〈書名は奥付による.標題紙等の書名：創立50周年記念誌〉Ⓝ376.48

『創立60周年記念誌』創立60周年記念誌編集委員会編集　西宮　兵庫県立鳴尾高等学校　2003.11　97p　30cm　Ⓝ376.48

◆西宮高等学校

『兵庫県立西宮高等学校80年のあゆみ』兵庫県立西宮高等学校編　西宮　兵庫県立西宮高等学校　1999.10　162p　27cm〈書名は奥付による.標題紙の書名：創立八十年,背・表紙の書名：80年のあゆみ　沿革史：p13～16〉Ⓝ376.48

◆西宮今津高等学校

『創立20周年記念誌―20年のあゆみ』兵庫県立西宮今津高等学校創立20周年記念事業実行委員会記念誌係編集　西宮　兵庫県立西宮今津高等学校　1996.9　80p　26cm〈沿革史：p1～3〉Ⓝ376.48

『創立30周年記念誌「資料編」―2006』兵庫県立西宮今津高等学校創立30周年記念誌「資料編」編集委員会編集　西宮　兵庫県立西宮今津高等学校　2006.11　66p　26cm〈沿革史：p1～3〉Ⓝ376.48

◆西宮甲山高等学校

『開校記念誌』兵庫県立西宮甲山高等学校開校記念誌編集委員会編　西宮　兵庫県立西宮甲山高等学校　1985　78p　26cm　Ⓝ376.48

『創立20周年記念誌―平成5年度（1993.4）から10年間の歩みを中心として』兵庫県立西宮甲山高等学校創立20周年記念誌編集委員会編　西宮　兵庫県立西宮甲山高等学校　2002.10　161p　26cm〈沿革史：p7～11、23～32〉Ⓝ376.48

◆西宮北高等学校

『創立30周年記念誌』兵庫県立西宮北高等学校編　西宮　兵庫県立西宮北高等学校　2000.11　72p　30cm　Ⓝ376.48

◆西宮香風高等学校

『兵庫県立西宮香風高等学校創立10周年記念誌』創立10周年記念誌編集委員会編集　西宮　兵庫県立西宮香風高等学校創立10周年記念事業実行委員会　2010.11　48p　30cm〈書名は表紙による.標題紙・奥付・背の書名：創立10周年記念誌〉Ⓝ376.48

◆西宮市立西宮高等学校

『西宮市立西宮高等学校沿革史』西宮市立西宮高等学校創立六十周年記念事業出版部編　西宮　西宮市立西宮高等学校　1980.9　164p　27cm　Ⓝ376.4

『西宮市立西宮高等学校沿革史―1990年』西宮市立西宮高等学校創立七十周年記念事業出版部編　西宮　西宮市立西宮高等学校　1990.10　109p　27cm〈創立七十周年記念〉Ⓝ376.4

『西宮市立西宮高等学校野球部創部55周年』柏球会編　西宮　[柏球会]　[2003]　54p　26cm　Ⓝ783.7

『西宮市立西宮高等学校創立百周年記念誌』西宮　西宮市立西宮高等学校　2020.11　255p　31cm〈書誌注記：年表あり〉Ⓝ376.48

◆西宮市立西宮東高等学校

『60年のあゆみ―2013-2022を振り返って：西宮市立西宮東高等学校60周年記念誌』西宮市立西宮東高等学校60年のあゆみ編集委員会編集　西宮　西宮市立西宮東高等学校　2022.11　72p　26cm〈書誌注記：年表あり〉Ⓝ376.48

兵庫県

◆西脇高等学校

『三十周年記念誌』三十周年記念誌編集委員会編　西脇　兵庫県立西脇高等学校　1971.2　82p　22cm　Ⓝ376.48

◆西脇工業高等学校

『兵庫県立西脇工業高等学校創立20周年記念誌』兵庫県立西脇工業高等学校記念誌編集委員会編　西脇　兵庫県立西脇工業高等学校　1982.11　50p　26cm〈書名は奥付による．背・表紙の書名：創立20周年記念誌〉Ⓝ376.48

『心の監督術─全国高校駅伝V7の軌跡：兵庫県立西脇工業高校陸上部・渡辺公二監督』平野隆彰著　大阪　せせらぎ出版　2000.9　267p　20cm　1905円　①4-88416-602-7　Ⓝ782.3

目次　序章 1秒差のデッドヒートから始まった，第1章 オーラを放つ鬼，第2章 その夢を支える人々，第3章 兵庫を制するものは全国を制す，第4章 気づくまで20年かかった，第5章 人間渡辺の真骨頂，第6章 日本のヘソに育まれて，第7章 鬼から仏に，第8章 心の監督術，第9章 心のタスキリレー，第10章 2秒差の再出発

内容　より多くの失敗を生かしてこそ，勝利の道が拓ける．その指導法は緻密にして豪快．最多の優勝監督なのにいまだに選手の指導であれこれ悩む．根底にあるのは，駅伝の監督という以前に，『人を育てたい』という教育者としての情熱である．

◆白陵高等学校

『学校法人三木学園白陵高等学校・白陵中学校・30周年記念誌』三木学園事務局編　高砂　三木学園事務局　1992　104，40p　30cm〈書名は表紙・奥付による．背の書名：30周年記念誌　年表：p38〜55〉Ⓝ376.48

『40周年記念誌─学校法人三木学園白陵中学校白陵高等学校』三木学園事務局編　高砂　三木学園事務局　2002.11　108，48p　30cm〈年表あり〉Ⓝ376.48

『50周年記念誌─学校法人三木学園白陵中学校・白陵高等学校』三木学園白陵中学校・白陵高等学校編　高砂　三木学園・白陵中学校・白陵高等学校　2012.11　244p　30cm〈書誌注記：年表あり〉①978-4-86007-330-5　Ⓝ376.48

◆浜坂高等学校

『兵庫県立浜坂高等学校創立50周年記念誌』記念誌委員会編集　浜坂町（兵庫県美方郡）［兵庫県立浜坂高等学校］創立50周年記念事業実行委員会　1998.10　144p　31cm〈書名は奥付による．標題紙の書名：五十年のあゆみ，背・表紙の書名：創立50周年記念誌　沿革史：p18〜22〉Ⓝ376.48

◆播磨高等学校

『兵庫県播磨高等学校八十年のあゆみ─心の教育をめざして』兵庫県播磨高等学校編集　姫路　摺河学園兵庫県播磨高等学校　2002.1　183p　31cm〈書名は奥付による．標題紙の書名：八十年のあゆみ　年表：p176-183〉Ⓝ376.48

『やまと撫子を超えて─国際教養人への挑戦』岡田卓，鈴木朝子著　アピックス　2015.2　126p　22cm〈書誌注記：文献あり　出版者注記：神戸新聞総合出版センター（発売）〉1300円　①978-4-343-00834-3　Ⓝ376.4164

◆播磨南高等学校

『開校記念誌─昭和61年11月1日』兵庫県立播磨南高等学校編　播磨町（兵庫県加古郡）兵庫県立播磨南高等学校　1986.11　33p　26cm　Ⓝ376.48

◆東神戸高等学校

『五十年のあゆみ』兵庫県立東神戸高校記念誌編集委員編　神戸　兵庫県立東神戸高等学校　1978　128p　21cm　Ⓝ376.48

『創立七十周年記念誌』兵庫県立東神戸高等学校編　神戸　兵庫県立東神戸高等学校　1998.11　137p　21cm　Ⓝ376.48

『ああ母校わが青春の譜』惜別誌編纂委員会編集企画　神戸　惜別誌編纂委員会　2003.6　418p　21cm〈年譜・75年の足跡：p364〜403〉Ⓝ376.48

◆東灘高等学校

『復照─東灘高校における藤井修三校長の足蹟』藤井修三著　神戸　兵庫県立東灘高等学校「復照」編集委員会　1988.2　131p　19cm〈著者の肖像あり〉Ⓝ370.4

『創立20周年記念誌』創立20周年記念誌編集委員会編　神戸　兵庫県立東灘高等学校　1993　89p　26cm　Ⓝ376.48

『創立三十周年記念誌』創立30周年記念誌編集委員会編集　神戸　兵庫県立東灘高等学校　2003.10　79p　30cm　Ⓝ376.48

◆東播磨高等学校

『兵庫県立東播磨高等学校創立20周年記念誌』創立20周年記念誌編集委員会編　稲美町（兵

庫県加古郡）兵庫県立東播磨高等学校　1993.10　91p 図版12p　26cm〈書名は奥付による.背・表紙の書名：創立20周年記念誌〉Ⓝ376.48

『創立三十周年記念誌』創立30周年記念誌編集委員会編　稲美町（兵庫県加古郡）兵庫県立東播磨高等学校　2003.11　82p　30cm　Ⓝ376.48

◆姫路北高等学校

『創立70周年記念誌―兵庫県立姫路東高等学校定時制課程兵庫県立姫路北高等学校』兵庫県立姫路北高等学校編集　姫路　兵庫県立姫路東高等学校定時制課程　兵庫県立姫路北高等学校　2017.11　105p　30cm〈70年のあゆみ：p23～71〉Ⓝ376.48

◆姫路工業高等学校

『創立70周年記念誌』兵庫県立姫路工業高等学校創立70周年記念事業実行委員会編　姫路　兵庫県立姫路工業高等学校創立70周年記念事業実行委員会　2006.10　200p　30cm〈背のタイトル：創立七十周年記念誌〉Ⓝ376.48

『創立80周年記念誌―1936-2016』兵庫県立姫路工業高等学校創立80周年記念誌発行委員会編集　姫路　兵庫県立姫路工業高等学校　姫路工業高等学校葆光会　2016.11　65p　30cm〈背のタイトル：創立八十周年記念誌　学校の沿革：p14～15〉Ⓝ376.48

◆姫路工業大学附属高等学校

『[兵庫県立姫路工業大学附属高等学校]創立10周年記念誌』兵庫県立姫路工業大学附属高等学校編　上郡町（兵庫県赤穂郡）兵庫県立姫路工業大学附属高等学校　2003.10　86p　30cm〈付：ポストカード10枚　10年のあゆみ：p14～37〉Ⓝ376.48

『[兵庫県立大学附属高等学校]創立20周年記念誌』兵庫県立大学附属高等学校編　上郡町（兵庫県赤穂郡）[兵庫県立大学附属高等学校]　2013.11　58p　30cm　Ⓝ376.48

◆姫路産業技術高等学校

『潮騒―兵庫県立姫路産業技術高等学校創立30周年記念誌』兵庫県立姫路産業技術高等学校編　姫路　兵庫県立姫路産業技術高等学校　1996.11　85p　26cm〈沿革：p10〉Ⓝ376.48

◆姫路飾西高等学校

『兵庫県立姫路飾西高等学校開校記念誌』兵庫県立姫路飾西高等学校編　姫路　兵庫県立姫路飾西高等学校　1987.10　55p　26cm〈書名は奥付による.背・表紙の書名：開校記念誌　姫路飾西高校の歩み：p8～12〉Ⓝ376.48

◆姫路商業高等学校

『姫商七十年史』姫商七十年史編集委員会編　姫路　兵庫県立姫路商業高等学校創立七十周年記念事業委員会　1981.11　711p　22cm　Ⓝ376.4

『創立90周年記念誌』兵庫県立姫路商業高等学校創立90周年記念事業委員会編　姫路　兵庫県立姫路商業高等学校創立90周年記念事業委員会　2000.11　100p　30cm　Ⓝ376.48

『創立90周年記録誌』兵庫県立姫路商業高等学校創立90周年記念事業委員会編　姫路　兵庫県立姫路商業高等学校創立90周年記念事業委員会　2001.3　42p　30cm　Ⓝ376.48

『創立100周年記念誌―飛躍』兵庫県立姫路商業高等学校編　姫路　兵庫県立姫路商業高等学校　2010.11　233p　31cm〈年表：p18～19〉Ⓝ376.48

◆姫路市立琴丘高等学校

『[姫路市立琴丘高等学校]八十周年記念誌』創立八十周年記念誌編集委員会編集　姫路　姫路市立琴丘高等学校　1993.11　130p　21cm〈80年のあゆみ：p112～121〉Ⓝ376.48

◆姫路西高等学校

『創立百周年記録誌』兵庫県立姫路西高等学校編　姫路　兵庫県立姫路西高等学校創立百周年記念事業委員会　1978　48p　26cm　Ⓝ376.48

『西高百年のあゆみ―創立百周年記念』兵庫県立姫路西高等学校編　姫路　兵庫県立姫路西高等学校　1978.10　94p　26cm　Ⓝ376.48

『姫中・姫路西高百年史』「姫中・姫路西高百年史」編集委員会編　姫路　新光出版　1978.10　1001p　27cm　Ⓝ376.4

『学校人脈　姫路中～姫路西高編』神戸新聞社編　神戸　神戸新聞出版センター　1978.12　114p　19cm　560円　Ⓝ376.4

『創立百周年記録誌』兵庫県立姫路中学校・姫路西高等学校創立百周年記念事業委員会編　姫路　兵庫県立姫路中学校・姫路西高等学校創立百周年記念事業委員会　1978.12　87p

兵庫県

26cm Ⓝ376.48

『創立120周年記念誌』兵庫県立姫路西高等学校編　姫路　兵庫県立姫路西高等学校　1998.11　151p　26cm〈120年史略年表：p29〉Ⓝ376.48

『創立百三十周年記念誌』兵庫県立姫路西高等学校編　姫路　兵庫県立姫路西高等学校　2008.11　119p　30cm〈120周年以後10年間の歩み：p109～119〉Ⓝ376.48

◆姫路東高等学校

『兵庫県立姫路東高等学校創立九十周年記念誌』九十周年記念誌編集委員会編　姫路　兵庫県立姫路東高等学校　1999.10　237p　図版8枚　26cm〈書名は表紙による.表題紙・背の書名：創立九十周年記念誌,奥付の書名：九十周年記念誌,共同刊行：姫路東高等学校東生会〉Ⓝ376.48

『創立百周年記念誌』創立百周年記念事業実行委員会編　姫路　兵庫県立姫路東高等学校創立百周年記念事業実行委員会　2010.1　333p　31cm〈年表あり〉Ⓝ376.48

『創立百十周年記念誌』創立110周年記念事業実行委員会編　姫路　兵庫県立姫路東高等学校創立110周年記念事業実行委員会　2020.2　152p　30cm〈10年間の軌跡：p31～41〉Ⓝ376.48

◆姫路南高等学校

『50周年記念誌』兵庫県立姫路南高等学校50周年記念誌委員会編　姫路　兵庫県立姫路南高等学校50周年記念事業実行委員会　1999.12　131p　31cm　Ⓝ376.4

◆兵庫高等学校

『学校人脈　二中・県四～兵庫高』神戸新聞社編　神戸　神戸新聞出版センター　1979.7　110p　19cm　560円　Ⓝ376.4

『創立90周年記念誌』武陽会事務局編集　神戸　兵庫県立兵庫高等学校創立90周年記念事業実行委員会　1998.5　111p　26cm〈年表「兵庫高校のあゆみ」：p80～111〉Ⓝ376.48

『神戸二中・兵庫高校野球部部史』武陽野球倶楽部編集　神戸　武陽野球倶楽部　2001.7　571p　27cm　Ⓝ783.7

『神戸二中兵庫高校野球部百周年記念史』武陽会編集　神戸　武陽会　2008.4　96p　26cm〈奥付のタイトル：神戸二中・兵庫高校野球部百周年記念史　野球部の歩み：p89～92,文献：巻末〉Ⓝ783.7

『写真で見る兵庫高校100年―創立100周年記念写真集』兵庫県立兵庫高等学校編　神戸　兵庫県立兵庫高等学校　2008.5　40p　30cm〈略年表：p34～39〉Ⓝ376.48

『兵庫高校百年のあゆみ』誌編纂委員会編集　神戸　創立100周年記念事業実行委員会　2008.5　370p　31cm〈布装　兵庫高校の歩み：p322～367〉Ⓝ376.48

◆兵庫県立農業高等学校

『百年史』百周年記念史編集委員会編　加古川　兵庫県立農業高等学校百周年記念事業実行委員会　1998.1　913p　図版12枚　31cm　Ⓝ376.48

『兵庫県立農業高等学校110周年記念誌』創立110周年記念誌編集委員会編集　加古川　兵庫県立農業高等学校創立110周年記念事業実行委員会　2007.11　151p　30cm〈背の書名：百十周年記念誌　創立からの110年：p10～11〉Ⓝ376.48

◆兵庫工業高等学校

『創立70周年記念誌』兵庫県立兵庫工業高等学校編　神戸　兵庫県立兵庫工業高等学校　1972.11　39p　26cm〈書名は奥付による.表紙の書名：70周年記念〉Ⓝ376.48

『空工・まぼろしの四星霜―兵庫県立航空工業学校・校誌』空工校誌編集委員会編　神戸　兵庫県立航空工業学校同窓会　1992.10　163p　27cm〈付：(1枚)〉Ⓝ376.4

『ひやく―創立百周年記念誌』兵庫県立兵庫工業高等学校創立百周年記念誌編集委員会編　神戸　兵庫県立兵庫工業高等学校　2002.11　761p　31cm　Ⓝ376.48

◆福崎高等学校

『福高80年の歩み』兵庫県立福崎高等学校創立80周年記念行事実行委員会編　福崎町（兵庫県神崎郡）　兵庫県立福崎高等学校創立80周年記念行事実行委員会　1994.10　298p　26cm〈年表：p269～279〉Ⓝ376.48

『福高山脈―福高を彩った人々　創立九〇周年記念誌』兵庫県立福崎高等学校和親会編　福崎町（兵庫県神崎郡）　兵庫県立福崎高等学校和親会　2004.10　360p　20cm　1500円　Ⓝ376.48

『福高百年物語―再会・あの頃の私たちに：創立百周年記念誌』兵庫県立福崎高等学校和親

兵庫県

会記念誌編集委員会編　福崎町（兵庫県）兵庫県立福崎高等学校和親会　2014.10　353p　31cm〈書誌注記：年表あり〉　Ⓝ376.48

◆北条高等学校

『創立70周年記念写真帖』創立70周年記念写真帖編集委員会編　加西　兵庫県立北条高等学校創立70周年記念事業実行委員会　1993.10　66p　30cm　Ⓝ376.48

『北条高校創立80周年記念誌』兵庫県立北条高等学校編　加西　兵庫県立北条高等学校　2003.11　49p　31cm　Ⓝ376.48

『創立90周年記念誌』加西　兵庫県立北条高等学校90周年記念事業実行委員会　2013.10　60p　30cm〈書誌注記：年表あり〉　Ⓝ376.48

◆報徳学園高等学校

『主役は君らだ！―高校駅伝三連覇への苦闘と愛の記録』鶴谷邦弘著　講談社　1986.9　174p　19cm〈著者の肖像あり〉　880円　Ⓘ4-06-203012-8　Ⓝ782.3

　目次　第1章 報徳駅伝を支える信頼、第2章 大切な日々の積み重ね、第3章 言われてやる練習は無意味、第4章 赤ん坊にごはんを食べさせた失敗、第5章 力に頼ったバカな監督、第6章 監督の仕事は我慢だ、第7章 興奮と動揺は監督のタブー、第8章 とうとう登りつめた高校日本一、第9章 "自然体"で達成した3連覇

　内容　報徳学園、史上初の3連勝！　母校・報徳に奉職して20年、失敗の上に失敗を重ね、ときに挫折感を味わいながら、ついに頂点をきわめた高校駅伝指導者の苦闘の記録であり、教師と生徒の愛の記録である。

◆舞子高等学校

『高校生、災害と向き合う―舞子高等学校環境防災科の10年』諏訪清二著　岩波書店　2011.11　210p　18cm（岩波ジュニア新書700）　820円　Ⓘ978-4-00-500700-4　Ⓝ374.92

　目次　1 被災地で、2 夏休みに、3 全国で唯一の環境防災科、4 こんなボランティアをやってきた、5 ボランティアの経験から、6 活動はこれからも続く

　内容　全国で唯一「環境防災科」をもつ舞子高校の生徒たちが被災地で活動を続けている。瓦礫の運び出し、床下にもぐっての泥かき、写真のクリーニング、仮設住宅での茶話会…。被災者と心を通わせ、災害と向き合う若者たちの姿を通して、これからの防災教育やボランティアのあり方を考える。

◆御影高等学校

『兵庫県立御影高校60年史』兵庫県立御影高等学校60周年記念実行委員会編　神戸　兵庫県立御影高等学校60周年記念実行委員会　2001.11　178p　26cm〈奥付の書名：兵庫県立御影高等学校60年史〉　Ⓝ376.48

◆三木高等学校

『第74回選抜高校野球大会記念―光, 甲子園』兵庫県立三木高等学校編集　三木　兵庫県立三木高等学校　2002.5　60p　31cm〈書名は背による　三木市のあゆみ：p56〜57, 野球部沿革：p58, 学校沿革：p59〉　Ⓝ783.7

『耀―創立80周年記念誌』80周年記念誌編集委員会編　三木　兵庫県立三木高等学校　2004.10　119p　30cm〈背の書名：創立80周年記念誌〉　Ⓝ376.48

◆三木北高等学校

『創立十周年記念誌』記念誌編集委員会編集　三木　兵庫県立三木北高等学校創立10周年記念事業実行委員会　1992.11　96p　26cm〈沿革史：p16〜36〉　Ⓝ376.48

◆三木東高等学校

『創立30周年記念誌―武塚：兵庫県立三木東高等学校：2004』三木　兵庫県立三木東高等学校　2004.10　80p　30cm〈書誌注記：年表あり〉　Ⓝ376.48

『創立40周年記念―兵庫県立三木東高等学校：武塚：2014』三木　兵庫県立三木東高等学校　2015.2　79p　30cm〈書誌注記：年表あり〉　Ⓝ376.48

『総合学科改編10周年の歩み』兵庫県立三木東高等学校編　三木　兵庫県立三木東高等学校　2015.11　21p　30cm　Ⓝ376.48

◆湊川高等学校

『教育の再生をもとめて―湊川でおこったこと』林竹二著　筑摩書房　1977.11　310p　図　19cm　1300円　Ⓝ375

『学ぶこと変わること―写真集・教育の再生をもとめて』林竹二著, 小野成視写真　筑摩書房　1978.11　122p　26cm　1900円　Ⓝ375

◆三原高等学校

『郷土部の半世紀―創部五十周年記念誌』三原高校郷土部記念誌編集委員会編　南あわじ　兵庫県立三原高等学校郷土部　2008.1　390p　27cm〈共同刊行：兵庫県立三原高等学校郷土部OB会〉　Ⓝ777.19

兵庫県

『三原高校九十年の歩み』『三原高校九十年の歩み』編集委員会編集　南あわじ　兵庫県立三原高等学校　2009.2　224p　30cm〈本校八十年の歩み・この十年の歩み：p15～47〉非売品　Ⓝ376.48

◆武庫高等学校

『創立70周年記念誌』兵庫県立武庫高等学校創立70周年記念事業実行委員会編　芦屋　兵庫県立武庫高等学校創立70周年記念事業実行委員会　2000.6　140p　26cm　Ⓝ376.4

◆武庫工業高等学校

『創立四十周年記念誌』兵庫県立武庫工業高等学校創立40周年記念誌編集委員会編集　尼崎　兵庫県立武庫工業高等学校　2002.2　92p　30cm　Ⓝ376.48

◆武庫荘高等学校

『希翼』記念誌編集委員会編　尼崎　兵庫県立武庫荘高等学校　2005.2　163p　31cm　Ⓝ376.48

◆村岡高等学校

『兵庫県立村岡高等学校創立70周年記念誌』香美町（兵庫県）　兵庫県立村岡高等学校　2018.10　38p　30cm

『学びが地域を創る―ふつうの普通科高校の地域協働物語』山根俊喜, 武田信吾, 今井典夫, 藤井正, 筒井一伸編著　学事出版　2022.8　234p　19cm　2000円　①978-4-7619-2860-5　Ⓝ371.31

◆社高等学校

『創立60周年記念誌』社町（兵庫県）　兵庫県立社高等学校60周年記念誌編集委員会　1973　68p　図　26cm　Ⓝ376.4

『兵庫県立社高等学校体育科15年の歩み』兵庫県立社高等学校編　社町（兵庫県加東郡）　兵庫県立社高等学校　1980.3　97p　26cm〈書名は奥付による, 表紙の書名：体育科十五年の歩み〉Ⓝ376.48

『創立八十周年記念誌』創立八十周年記念誌編集委員会編　社町（兵庫県加東郡）　兵庫県立社高等学校　1992.6　196p　27cm　Ⓝ376.48

『創立90周年記念誌』創立90周年記念誌編集委員会編　社町（兵庫県加東郡）　兵庫県立社高等学校　2002.10　93p　31cm　Ⓝ376.48

『百周年記念誌』兵庫県立社高等学校編　加東　兵庫県立社高等学校　2013.11　299p　31cm〈書名は背・表紙による.奥付のタイトル：創立百周年記念誌〉Ⓝ376.48

『全国高等学校野球選手権大会―出場記念誌：快打洗心　第104回　2022』加東　兵庫県立社高等学校　[2022]　27p　30cm

『快打洗心―センバツ2023出場記念：第95回記念選抜高等学校野球大会出場記念』加東　兵庫県立社高等学校　2023.6　34p　30cm〈部分タイトル：Yashiroセンバツ2023　出版者注記：兵庫県立社高等学校野球部選抜高等学校野球大会出場特別後援会〉

『創立110周年記念誌』加東　兵庫県立社高等学校　2023.11　85p　30cm〈書誌注記：年表あり〉Ⓝ376.48

◆山崎高等学校

『創立百周年記念誌』創立百周年実行委員会記念誌部会編集　宍粟　兵庫県立山崎高等学校　2007.10　203p　30cm〈書名は奥付等による.標題紙の書名：兵庫県立山崎高等学校百周年記念誌〉Ⓝ376.48

『兵庫県立山崎高等学校創立110周年記念誌』創立110周年実行委員会記念誌部会編　宍粟　兵庫県立山崎高等学校　2017.11　19p　30cm

◆夢野台高等学校

『蔦の生いたち―兵庫県立夢野台高等学校創立75周年親蔦会設立70周年記念誌』記念誌編集委員会編　神戸　親蔦会　2000.9　230p　31cm　Ⓝ376.48

『創立80周年記録誌』兵庫県立夢野台高等学校編　神戸　兵庫県立夢野台高等学校　2005.10　61p　30cm　Ⓝ376.48

◆八鹿高等学校大屋分校

『創立50周年記念誌』創立50周年記念誌編集委員会編集　大屋町（兵庫県養父郡）　大屋分校創立50周年記念事業実行委員会　1998.11　113p　30cm〈書名は奥付による.標題紙等の書名：創立五十周年記念誌〉Ⓝ376.48

『兵庫県立八鹿高等学校大屋校閉校記念誌』閉校記念誌編集委員会編　養父　[兵庫県立八鹿高等学校大屋校]　2010.2編集後記　168p　31cm〈書名は標題紙による.背・表紙の書名：其恕乎　大屋分校・大屋高校・大屋校沿革史：p42〉Ⓝ376.48

◆吉川高等学校

『みなぎの―吉川高校30周年記念誌』兵庫県立吉川高等学校編　吉川町（兵庫県美囊郡）兵庫県立吉川高等学校　2003.10　85p　30cm〈書名は標題紙等による.奥付の書名：創立30周年記念誌〉Ⓝ376.48

◆六甲学院高等学校

『高みをめざして―六甲学院誕生物語：六甲精神の源を探る』古泉肇　［古泉肇］　2022.3　247p　21cm〈書誌注記：年表あり　発行協力：上智学院六甲学院中学校・高等学校〉Ⓝ376.48

奈良県

◆斑鳩高等学校

『創立十周年記念誌』創立十周年記念誌編集委員会編　奈良　奈良県立斑鳩高等学校,創立十周年記念誌編集委員会　1987.11　96p　26cm

『創立二十周年記念誌』奈良県立斑鳩高等学校編　斑鳩町（奈良県）奈良県立斑鳩高等学校　1997.10　103p　図版　26cm〈別書名：奈良県立斑鳩高等学校創立二十周年記念誌　奥付の責任者表示：奈良県立斑鳩高等学校20周年記念誌編纂委員会〉Ⓝ376.48

◆生駒高等学校

『奈良県立生駒高等学校二十年史』奈良県立生駒高等学校創立二十年史編集委員会編　生駒　奈良県立生駒高等学校　1983.11　218p　22cm

『奈良県立生駒高等学校三十年誌』奈良県立生駒高等学校創立三十年記念誌編集委員会編　生駒　奈良県立生駒高等学校　1992.10　126p　図版6枚　27cm

◆畝傍高等学校

『十年の歩み―続畝高七十年史』畝高八十周年記念事業部編集　橿原　奈良県立畝傍高等学校　1976.11　100p　27cm〈別書名：十年のあゆみ―続畝傍七十年史〉Ⓝ376.48

『十年の歩み―九十年小史』畝高九十周年記念事業委員会編　橿原　奈良県立畝傍高等学校　1986.11　120p　27cm〈創立90周年記念〉Ⓝ376.4

『回顧―創立百周年記念　続』奈良県立畝傍高等学校編　橿原　創立百周年記念事業委員会　1996.11　162p　27cm　Ⓝ376.4

『畝傍百年史』奈良県立畝傍高等学校創立百周年記念事業委員会百年史編纂委員会編　橿原　奈良県立畝傍高等学校　1997.11　929p　27cm　Ⓝ376.48

『新世紀十年の歩み―創立百十周年記念』奈良県立畝傍高等学校創立百十周年記念事業委員会記念誌編集係編　奈良県立畝傍高等学校［編］　橿原　奈良県立畝傍高等学校　2007.3　110p　27cm（畝傍百年史　続）〈別書名：新世紀十年の歩み―続畝傍百年史〉Ⓝ376.48

◆王寺工業高等学校

『創立十周年記念史』奈良県立王寺工業高等学校編　王寺町（奈良県）奈良県立王寺工業高等学校　1972.11　152p　20cm〈別書名：創立10周年記念史〉

『創立二十年誌』森井康雄編　王寺町（奈良県）奈良県立王寺工業高等学校　1982.11　214p　22cm〈別書名：奈良県立王寺工業高等学校創立二十年史〉

『創立三十年史』創立三十年史編集委員編　王寺町（奈良県）奈良県立王寺工業高等学校　1992.11　104p　27cm〈別書名：創立30年史〉

『「就職率100％」工業高校の秘密―「ものづくり」の面白さが若者たちを変えた』久保田憲司著　PHP研究所　2011.3　222p　19cm　1300円　①978-4-569-79630-7　Ⓝ376.4165

目次　序章　遅刻の多い「不良高校」が変わっていった、第1章「挨拶」と「トイレ掃除」で顔つきが精悍に、第2章「ものづくり」の喜びを知って、生徒が目を輝かせた、第3章　インターンシップで生徒が大きく成長した、第4章　企業から学んだ「就職に必要なこと」、第5章　就職率100％への挑戦

内容　荒れた高校として有名だったのが、なぜ国際学生科学技術フェア世界第2位にまでなれたのか？大手企業人事担当者が大歓迎の卒業生を輩出する教育のすべて。

『奈良県立王寺工業高等学校創立50周年記念誌』創立50周年記念事業実行委員会記念誌部会編　王寺町（奈良県）奈良県立王寺工業高等学校　2012.11　120p　30cm〈背・表紙のタイトル：創立50周年記念誌〉Ⓝ376.48

◆大宇陀高等学校

『奈良県立大宇陀高等学校創立五十周年記念史』

奈良県

奈良県立高等学校創立五十周年記念史編纂委員会編　大宇陀町(奈良県)　奈良県立大宇陀高等学校　1973.11　114p　27cm〈別書名：奈良県立大宇陀高等学校創立五十周年記念誌史〉

『創立六十周年記念―十年のあゆみ：続大宇陀高校五十年史』奈良県立大宇陀高等学校十年のあゆみ編集委員会編　大宇陀町(奈良県)　奈良県立大宇陀高等学校　1983.11　127p　27cm

『奈良県立宇陀中学校・奈良県立大宇陀高等学校六十年の軌跡』奈良県立大宇陀高等学校編　大宇陀町(奈良県)　奈良県立大宇陀高等学校　1985.8　157p　26cm〈編集者：成瀬睦、西山牧子〉

『創立七十周年記念誌』奈良県立大宇陀高等学校創立七十周年記念誌編集委員会編　大宇陀町(奈良県)　奈良県立大宇陀高等学校　1993.10　260p　図版7枚　27cm〈別書名：創立七十周年記念誌―奈良県立大宇陀高等学校〉Ⓝ376.48

◆大淀高等学校

『奈良県立大淀高等学校創立七十周年記念誌』奈良県立大淀高等学校七十周年記念誌編集委員編　大淀町(奈良県)　奈良県立大淀高等学校　1993.10　337p　22cm〈別書名：創立七十周年記念誌　標題は奥付による.七十年史抄：p300-310, 奈良県立大淀高等学校定時制のあゆみ：p311-318〉Ⓝ376.4

◆香芝高等学校

『創立十周年記念誌』奈良県立香芝高等学校創立10周年記念誌編集委員会編　香芝町(奈良県)　奈良県立香芝高等学校　1989.10　80p　26cm〈制作：奈良県立香芝高等学校, 沿革(昭和54年-平成元年)：p11-15〉Ⓝ376.48

『創立二十周年記念誌』奈良県立香芝高等学校二十周年校史編纂委員会編　香芝　奈良県立香芝高等学校　1999.10　151p　26cm

◆橿原高等学校

『創立十年誌』創立十年誌編集委員会編　橿原　奈良県立橿原高等学校創立10周年記念行事委員会　1984.11　128p　27cm　Ⓝ376.4

『創立二十年誌―この十年の歩み』奈良県立橿原高等学校編　橿原　奈良県立橿原高等学校校創立二十周年記念事業実行委員会　1994.11　144p　図版5枚　27cm　Ⓝ376.4

『奈良県立橿原高等学校創立三十周年記念誌』奈良県立橿原高等学校創立30周年記念事業実行委員会編　橿原　奈良県立橿原高等学校　2004.11　128p　図版6枚　27cm〈別書名：創立三十周年記念誌　タイトルは奥付による.沿革：p14-15〉Ⓝ376.48

◆片桐高等学校

『創立十周年記念誌』奈良県立片桐高等学校創立十周年記念誌編集委員会編　大和郡山　奈良県立片桐高等学校　1992.11　95p　図版　27cm〈表紙は布製〉Ⓝ376.48

『創立二十周年記念誌』奈良県片桐高等学校創立二十周年記念誌編集委員会編　大和郡山　奈良県片桐高等学校　2002.11　95p　図版　27cm　Ⓝ376.48

◆上牧高等学校

『創立十周年記念誌』奈良県立上牧高等学校十周年記念誌編集委員会編　上牧町(奈良町)　奈良県立上牧高等学校　1993.11　140p　図版4枚　27cm〈別書名：奈良県立上牧高等学校創立十周年記念誌〉

『創立二十周年記念誌』奈良県立上牧高等学校創立二十周年記念誌編集委員会編集　上牧町(奈良町)　奈良県立上牧高等学校　2003.11　115p　図版　31cm〈別書名：上牧高校二十周年記念誌―われらの歩みを大切に　奥付標題〉Ⓝ376.48

◆北大和高等学校

『創立十周年記念誌』奈良県立北大和高等学校創立十周年記念誌編集委員会編　生駒　奈良県立北大和高等学校　1983.10　100p　27cm　Ⓝ376.4

『奈良県立北大和高等学校二十年誌』奈良県立北大和高等学校創立二十周年記念誌編集委員会編　生駒　奈良県立北大和高等学校　1993.10　124p　図版5枚　27cm

『北大和高等学校30年ものがたり』奈良県立北大和高等学校創立30周年記念誌作成部編　生駒　奈良県立北大和高等学校　2003.10　115p　30cm〈別書名：30年ものがたり1974-2003―奈良県立北大和高等学校創立30周年記念誌, 30年ものがたり　標題は奥付による〉Ⓝ376.48

◆広陵高等学校

『創立10周年記念誌』奈良県立広陵高等学校編　奈良　奈良県立広陵高等学校　1983　70p

26cm Ⓝ376.4

『広陵野球史』広陵野球史編纂委員会編　広島　広陵学園　1992.10　430p　27cm〈創部80周年記念〉Ⓝ783.7

『創立二十周年記念誌』奈良県立広陵高等学校二十周年記念誌編集委員会編　奈良　奈良県立広陵高等学校　1993.11　110p 図版5枚　27cm　Ⓝ376.4

『創立三十周年記念誌』奈良県立広陵高等学校三十周年記念誌編纂委員会編　広陵町（奈良県）　奈良県立広陵高等学校　2003.9　131p 図版　27cm〈別書名：創立30周年記念誌〉Ⓝ376.48

◆郡山高等学校

『奈良県立郡山高等学校八十年誌』八十年誌編集委員会編　大和郡山　奈良県立郡山高等学校創立八十周年記念事業委員会, 冠山会　1973.11　456p　22cm　Ⓝ376.4

『奈良県立郡山高等学校創立九十周年記念小史』郡山高等学校九十周年記念小史編纂委員会編　大和郡山　奈良県立郡山高等学校　1983.5　265p　22cm　Ⓝ376.4

『奈良県立郡山高等学校百年史　[本編]・写真編』奈良県立郡山高等学校創立百周年記念事業実行委員会, 奈良県立郡山高等学校百年史編集委員会編集　大和郡山　奈良県立郡山高等学校　1994.5　2冊　27cm〈[本編]：母校沿革・年表：p875-917, 主要参考文献：p918-919　[写真編]：沿革：p101-109〉Ⓝ376.48

『奈良県立郡山高等学校創立110周年記念近10年のあゆみ』奈良県立郡山高等学校創立110周年事業推進委員会編　大和郡山　奈良県立郡山高等学校　2004.2　115p　30cm + 別冊 (28p 30cm)〈標題は奥付による．英語書名は標題紙, 奥付, 表紙による．別冊 (28p 30cm)：新聞連載記事〉Ⓝ376.4

『創立120周年記念誌―奈良県立郡山高等学校』創立120周年記念誌編集委員会編　大和郡山　奈良県立郡山高等学校　2014.12　103p　30cm　Ⓝ376.48

◆郡山農業高等学校

『郡山農業高等学校七十年史』郡山農業高等学校七十年史編集委員会編　大和郡山　郡山農業高等学校　1976.11　328p　21cm　Ⓝ376.4

◆五條高等学校

『創立九十周年記念小誌―奈良県立五條高等学校九十周年記念小誌編集委員会編』五條　奈良県立五條高等学校　1986.11　257p　22cm〈別書名：奈良県立五條高等学校創立九十周年記念小誌〉Ⓝ376.4

『創立百周年記念誌―奈良県立五條高等学校』奈良　[奈良県立五條高等学校]　[1996]　32p　30cm〈別書名：奈良県立五條高等学校創立百周年記念　巻頭に奈良県立五條高等学校創立百周年記念事業実行委員会の「発刊にあたって」と創立百周年記念事業実行委員会の「発刊に寄せて」あり　年表：p18-28〉Ⓝ376.48

『奈良県立五条高等学校百年史』奈良県立五条高等学校創立百周年記念誌編集委員会編　五条　奈良県立五条高等学校　1996.11　4冊（別冊とも）27cm〈別冊（3冊 21cm）：校友会誌 付（1枚）〉Ⓝ376.48

『10年のあゆみ―創立110周年記念』五條　奈良県立五條高等学校　2006.11　139p　30cm〈裏表紙に「興國の歌」とあり〉Ⓝ376.48

◆五條高等学校賀名生分校

『梅咲く丘―30周年記念』奈良県立五條高等学校賀名生分校記念誌編集委員会編　吉野　奈良県立五條高等学校賀名生分校記念誌編集委員会　1980.4　259p　26cm　Ⓝ376.4

◆御所高等学校

『奈良県立御所高等学校七十年史』奈良県立御所高等学校七十年史編纂委員会編　御所　奈良県立御所高等学校　1974.10　312p　22cm〈沿革概要：p297～300〉Ⓝ376.4

『記念誌―御所高等学校70年史に続く20年間のあゆみ』奈良県立御所高等学校90周年記念誌編集委員会編　御所　奈良県立御所高等学校　1994.4　102p 図版7枚　27cm〈別書名：九十周年記念誌　年表：p101-102〉Ⓝ376.48

『奈良県立御所高等学校創立百年記念誌』創立百年記念誌編纂委員会編　御所　奈良県立御所高等学校創立百周年記念事業実行委員会　2004.10　222p　31cm〈別書名：創立百年記念誌, 奈良県立御所高等学校・青翔高等学校創立百年記念誌　沿革概要：p198-201, 制作・印刷：廣済堂大阪事業部, 標題紙に「奈良県立御所高等学校」「奈良県立青翔高等学校」とあり〉

◆御所工業高等学校

『落成記念誌』奈良県立御所工業高等学校編　御所　奈良県立御所工業高等学校　1989.6　17p　26cm〈別書名：奈良県立御所工業高等

奈良県

学校落成記念誌〉Ⓝ376.4

『創立九十周年記念誌』奈良県立御所工業高等学校創立九十周年記念誌編集委員会編　御所　奈良県立御所工業高等学校　1990.11　142p　27cm　Ⓝ376.4

『桜工百年―奈良県立御所工業高等学校創立百周年記念誌　[本編]・資料編』奈良県立御所工業高等学校創立100周年記念誌編集委員会編　御所　奈良県立御所工業高等学校　2000.3　2冊　27cm　Ⓝ376.4

『創立110周年記念誌―この10年』奈良県立御所実業高等学校創立110周年記念誌・作成委員会編集　御所　奈良県立御所実業高等学校　2010.3　95p　30cm〈別書名：創立百十周年記念誌―この10年　奈良県立御所実業高等学校は2007年4月に御所工業高校と御所東高校を再編統合校〉Ⓝ376.48

◆御所実業高等学校

『創立110周年記念誌―この10年』奈良県立御所実業高等学校創立110周年記念誌・作成委員会編集　御所　奈良県立御所実業高等学校　2010.3　95p　30cm〈別書名：創立百十周年記念誌―この10年　奈良県立御所実業高等学校は2007年4月に御所工業高校と御所東高校を再編統合校〉Ⓝ376.48

『「竹田流」人間力の高め方―御所実業高校ラグビー部の挑戦』竹田寛行, 村上晃一著　ベースボール・マガジン社　2021.3　215p　19cm　1600円　①978-4-583-11347-0　Ⓝ783.48

[目次] 第1章 ラグビーに魅せられて、第2章 指導者としての原点、第3章 御所ラグビーフェスティバル、第4章 オリジナリティーの創出、第5章 天理高校との切磋琢磨、第6章 リーダーを育てる、第7章 人間の偏差値、第8章 教育者としての今後

[内容] ラグビーは人間として一番大事なものを養成できる競技や。高校ラグビー界きっての名将が問う、真の教育とは何か―。

◆御所東高等学校

『奈良県立御所東高等学校百年誌』奈良県立御所東高等学校百年誌編集委員会編　御所　奈良県立御所東高等学校　1998.12　458p 図版　27cm　Ⓝ376.48

『創立110周年記念誌―この10年』奈良県立御所実業高等学校創立110周年記念誌・作成委員会編集　御所　奈良県立御所実業高等学校　2010.3　95p　30cm〈別書名：創立百十周年記念誌―この10年　奈良県立御所実業高等学校は2007年4月に御所工業高校と御所東高校

を再編統合校〉Ⓝ376.48

◆桜井高等学校

『奈良県立桜井高等女学院・桜井高等学校七十年のあゆみ』「70年のあゆみ」編集委員会編　桜井　奈良県立桜井高等学校　1974.11　72p　27cm

『資料室目録―創立80周年記念』奈良県立桜井高等学校編　桜井　奈良県立桜井高等学校　1984.11　34p　26cm

『八十年史』奈良県立桜井高等学校編　桜井　奈良県立桜井高等学校　1984.11　263p　27cm〈別書名：奈良県立桜井高等学校八十年史〉

『創立九十周年記念誌』奈良県立桜井高等学校編　桜井　奈良県立桜井高等学校　1994.10　137p　27cm〈別書名：創立九十周年十年の歩み―伝える心創る力　背表紙標題、奥付の編集：奈良県立桜井高等学校九十周年記念誌編集委員会, 写真協力：岡田写真館〉Ⓝ376.48

『春秋譜1904-2004―奈良県立桜井高等学校創立100周年記念』奈良県立桜井高等学校創立百周年記念事業実行委員会編　桜井　奈良県立桜井高等学校　2005.3　72, viii, 644p　31cm〈別書名：100 years of Sakurai High School, 春秋譜―奈良県立桜井高等学校創立100周年記念〉

『創立110周年記念誌―奈良県立桜井高等学校』奈良県立桜井高等学校創立110周年記念事業実行委員会編　桜井　奈良県立桜井高等学校　2015.2　94p　30cm〈書誌注記：年表あり〉Ⓝ376.48

◆桜井商業高等学校

『奈良県立桜井商業高等学校10年のあゆみ』奈良県立桜井商業高等学校10年のあゆみ編集委員会編　桜井　奈良県桜井商業高等学校　1972.11　100p　26cm

◆桜井女子高等学校

『華ひらく―創立15周年記念誌』桜井女子高等学校創立十五周年記念誌編集委員会編　桜井　冬木学園桜井女子高等学校　1978.10　134p　26cm〈別書名：創立十五周年記念誌〉

『泉―創立30周年記念誌』桜井女子高等学校創立三十周年記念誌編集委員会編　桜井　冬木学園桜井女子高等学校　1994.3　210p　27cm〈冬木学園沿革＜略年表＞：p48-49〉

奈良県

◆志貴高等学校

『創立十周年記念誌』奈良県立志貴高等学校創立十周年記念誌編集委員会編　田原本町（奈良県）奈良県立志貴高等学校　1992.10　158p 図版5枚　27cm

『創立20周年記念誌』奈良県立志貴高等学校創立20周年記念誌編集委員会編　田原本町（奈良県）奈良県立志貴高等学校　2002.10　95p 31cm〈別書名：創立二十周年記念誌〉Ⓝ376.48

◆信貴ケ丘高等学校

『十年の歩み―創立十周年記念誌』奈良県立信貴ケ丘高等高等学校編　三郷町（奈良県）奈良県立信貴ケ丘高等学校　1995.11　144p 27cm　Ⓝ376.4

『創立二十周年記念誌』奈良県立信貴ケ丘高等学校編　奈良　奈良県立信貴ケ丘高等学校　2005.11　112p 31cm〈別書名：創立20周年記念誌〉

◆城内高等学校

『城内八年のあゆみ―創立八十周年記念』奈良県立城内高等学校編　大和郡山　奈良県立城内高等学校　1985.11　88p 27cm〈別書名：8年のあゆみ　編集：80周年記念事業委員会，郡山農業高等学校七十年史（昭和51年刊）のあとをうけてその後の十年を中心に編纂〉Ⓝ376.48

『十年のあゆみ―創立九十周年記念』奈良県立城内高等学校編　大和郡山　奈良県立城内高等学校　1995.11　84p 図版[5]p　27cm〈沿革史：p2-4〉Ⓝ376.48

『奈良県立城内高等学校百年史』奈良県立城内高等学校百年史編纂部編　大和郡山　奈良県立城内高等学校創立百周年記念事業実行委員会　2006.11　507p 27cm〈書誌注記：年表あり〉Ⓝ376.48

◆添上高等学校

『奈良県立添上高等学校七十年史』奈良県立添上高等学校七十年史編集委員会編　天理　奈良県立添上高等学校　1976.11　195p 22cm

『体育科十年の歩み』奈良県立添上高等学校編　天理　奈良県立添上高等学校　1979.12　113p 図版　26cm〈編集：体育科十年の歩み編集委員会〉

『保育科十年の歩み』奈良県立添上高等学校保育科十年の歩み編集委員会編　天理　奈良県立添上高等学校　1979.12　113p　27cm Ⓝ376.4

『添上高等学校八十周年記念小史』奈良県立添上高等学校八十周年小史編集委員会編　天理　奈良県立添上高等学校　1986.11　249p 22cm　Ⓝ376.4

『創立九十周年記念誌』奈良県立添上高等学校創立九十周年記念誌編集委員会編　天理　奈良県立添上高等学校　1996.11　160p 27cm〈奈良県立添上高等学校創立90周年略年表：p119-125〉Ⓝ376.48

『体育科創設三十周年記念誌』奈良県立添上高等学校体育科創設三十周年記念誌編集委員会編集　天理　奈良県立添上高等学校　1999.11　94p 26cm　Ⓝ376.48

『大和撫子のかんばせ―創立100周年記念誌』奈良県立添上高等学校創立100周年記念誌編纂委員会編　天理　奈良県立添上高等学校　2007.7　277p 30cm〈別書名：創立100周年記念誌，添上―創立100周年記念誌　布装，添上高校100年の歩み：p226-236〉Ⓝ376.48

『奈良県立添上高等学校創立110周年記念誌』奈良県立添上高等学校創立110周年記念事業企画委員会・総務部編　天理　奈良県立添上高等学校　2017.3　91p 30cm〈書誌注記：年表あり　タイトルは奥付による〉Ⓝ376.48

『奈良県立添上高等学校スポーツサイエンス科50周年記念誌』天理　奈良県立添上高等学校SS科50周年記念事業実行委員会　2020.2　34p 30cm〈別書名：スポーツサイエンス科50周年記念誌〉Ⓝ376.48

◆高田高等学校

『奈良県立高田高等学校五十年史』奈良県立高田高等学校校史編纂委員会編　大和高田　高田高等学校　1971　408p 図　22cm　非売　Ⓝ376.4

『10年のあゆみ―創立60周年記念：続高田高等学校50年史』高田六十周年記念事業部編　奈良　奈良県立高田高等学校　1981.11　93p 26cm

『第71回選抜高校野球大会甲子園出場記念』大和高田　奈良県立高田高等学校　1999.3　1冊　30cm

『有終―定時制課程六十三年の歴史』大和高田　奈良県立高田高等学校　2011.3　129p 30cm〈別書名：奈良県立高田高等学校定時制閉過程記念誌〉Ⓝ376.4

『奈良県立高田高等学校百年物語』井岡康時執

奈良県

筆, 奈良県立高田高等女学校・高田高等学校創立百周年記念事業実行委員会編 大和高田 奈良県立高田高等女学校・高田高等学校創立百周年記念事業実行委員会 2021.11 237p 18cm〈書誌注記：年表あり〉Ⓝ376.48

『奈良県立高田高等学校創立100周年記念誌』奈良県立高田高等学校編集 大和高田 奈良県立高田高等学校 2023.3 92p 30cm〈書誌注記：年表あり〉Ⓝ376.48

◆高田東高等学校

『創立十周年記念誌―奈良県立高田東高等学校昼間二部定時制』大和高田 奈良県立高田東高等学校定時制十周年記念事業実行委員会 1985.9 69p 26cm〈別書名：創立10周年記念誌 書名は奥付による〉

『奈良県立高田東高等学校全日制課程創立十周年誌』奈良県立高田東高等学校全日制課程十周年誌編集委員会編 大和高田 奈良県立高田東高等学校 1990.11 92p 図版4枚 27cm〈別書名：創立十周年誌 書名は奥付による. 表紙の責任者：奈良県立高田東高等学校全日制課程〉

『振り返ろう高田東高校』大和高田 奈良県立高田東高等学校 2007.3 177p 26cm＋CD1枚〈別書名：奈良県立高田東高等学校再編統合記念誌 奥付の責任者：奈良県立高田東高等学校再編統合事業実行委員会編集〉Ⓝ376.48

◆高円高等学校

『創立十周年記念誌』奈良県立高円高等学校創立十周年記念誌編集委員会編 奈良 奈良県立高円高等学校 1992.11 113p 27cm〈別書名：奈良県立高円高等学校創立十周年記念誌〉Ⓝ376.4

『奈良県立高円高等学校創立二十周年記念誌』奈良県立高円高等学校創立二十周年記念誌編集委員会編 奈良 奈良県立高円高等学校 2002.11 120p 27cm〈別書名：創立二十周年記念誌 標題は奥付による〉Ⓝ376.4

◆田原本農業高等学校

『創立八十年史』田原本町（奈良県）奈良県立田原本農業高等学校 1982.1 206p 図版23枚 27cm Ⓝ376.4

『創立九十周年記念誌』田原本町（奈良県）奈良県立田原本農業高等学校 1991.10 96p 27cm Ⓝ376.48

『創立百周年記念誌』奈良県立田原本農業高等学校百周年記念誌編集委員会編 田原本町（奈良県）奈良県立田原本農業高等学校 2002.3 284p 図版82p 27cm〈別書名：創立百年史 奥付標題〉Ⓝ376.48

◆智辯学園高等学校

『この男を見よ―智辯学園を一流校にした藤田照清の生き様』二見喜章著 ERC出版 2007.10 172p 19cm 1500円 ①978-4-900622-43-2 Ⓝ289.1

[目次] 第1章 二十一世紀に求められる人材, 第2章 この男を見よ―藤田照清の生き様, 第3章「学校は『校長』次第」の実践, 第4章 教育の在り方は「国の将来」を決める

[内容]「落ちこぼれ」から「名校長」への道. 教育問題の第一人者・二見喜章が活写する, 智辯学園を「全国屈指の名門校にした男」の人間ドラマ.

◆天理高等学校

『火・水・風―天理高校柔道部のこころ』加藤秀雄著 五月書房 1986.3 265p 20cm 1300円 ①4-7727-0000-5 Ⓝ789.2

『夢翔ける甲子園』清水貢著 京都 かもがわ出版 1989.5 212p 19cm〈著者の肖像あり〉1000円 ①4-906247-55-5 Ⓝ783.7

[目次] 第1章 夢翔ける甲子園（私の野球観, 白球有情, 熱闘甲子園, 正攻と奇策, 甲子園戦法）, 第2章 夢翔ける人生（野球との出会い, 学生時代, 教職31年, 組合の委員長として）

[内容] この本は天理高校が甲子園の常連校に成長していく過程を描いており, 高校野球ファンとして見逃せないおもしろさがあるばかりか, 高校野球の技術書としても高い水準にある.

『天理高等学校百年史―1908～2008 第一部編・第二部編』天理高等学校第一部, 天理中学校・天理高等学校創立百周年記念事業実行委員会, 百年史編纂部会編 天理 天理中学校・天理高等学校創立百周年記念事業実行委員会 2008.9 2冊 31cm〈第二部編の編者：天理高等学校第二部, 天理中学校・天理高等学校創立百周年記念事業実行委員会, 百年史編纂部会〉Ⓝ376.4

◆東大寺学園高等学校

『金鐘の歩み』奈良 東大寺学園高等学校 1974.2 65p 図版[8]p 26cm〈表紙の責任者：東大寺学園高等学校定時制, 編集兼発行者：次田吉治（東大寺学園高等学校長）〉Ⓝ376.48

『東大寺学園六十周年誌』東大寺学園中高等学

校編　奈良　東大寺学園中高等学校　1986.3　172p 図版6枚　26cm〈沿革史：p133-146〉Ⓝ376.4

『華萌ゆ―東大寺学園創立75周年記念誌』奈良　東大寺学園　2000.10　235p　30cm　Ⓝ376.38

◆十津川高等学校

『県立移管30年のあゆみ』奈良県立十津川高等学校編　十津川村（奈良県吉野郡）奈良県立十津川高等学校　1973.10　78p　27cm

『十津川高等学校・文武館百五十年史』創立百五十周年記念事業実行委員会　2014.10　373p　22cm〈書誌注記：年表あり〉Ⓝ376.48

◆富雄高等学校

『創立十周年記念誌―1984-1993』奈良県立富雄高等学校編　奈良　奈良県立富雄高等学校　1993.11　95p　26cm

『創立二十周年記念誌―1984-2003』奈良県立富雄高等学校編　奈良　奈良県立富雄高等学校　2003.11　99p　26cm　Ⓝ376.48

◆登美ヶ丘高等学校

『創立十周年記念誌』奈良県立登美ヶ丘高等学校編　奈良　奈良県立高登美ヶ丘高等学校　1996.11　104p　31cm〈別書名：創立10周年記念誌　沿革：p16-22〉

◆奈良高等学校

『奈良県立奈良高等学校五十年史』奈良高等学校五十年史編纂委員会編　奈良　奈良県立奈良高等学校　1973.11　417p　22cm〈付：歴代校長歴代育友会同窓会役員一覧〉

『奈良県立奈良高等学校六十年史』奈良県立奈良高等学校六十年史編集委員会編　奈良　奈良県立奈良高等学校　1983.11　123p　27cm〈付章：略年譜、旧職員、現職員、校歌・応援歌〉

『奈良県立奈良高等学校八十年史』奈良県立奈良高等学校八十年史編集委員会編　奈良　奈良県立奈良高等学校　2004.2　106p　30cm〈付章：略年譜、旧職員、現職員、校歌・応援歌・奈高賛歌、卒業者数〉Ⓝ376.48

『奈良県立奈良高等学校九十年史』奈良県立奈良高等学校九十年史編集委員会編　奈良　奈良県立奈良高等学校　2014.2　114p　30cm〈書誌注記：年表あり〉Ⓝ376.48

◆奈良高等学校北倭分校

『教育七十年史―北倭女子教育史』奈良県立奈良高等学校北倭分校編　奈良　奈良県立奈良高等学校北倭分校　1972.3　139p 図版5p　22cm

◆奈良育英学園高等学校

『大いなる明日を望みて70年―Since1916』奈良育英学園編　奈良　奈良育英学園　1986.10　131p　30cm〈奈良育英学園70周年記念　おもに図 折り込図2枚〉Ⓝ376.4

『奈良育英学園の八十年』奈良育英学園編　奈良　〔奈良育英学園〕　1996.11　136p　27cm〈折り込表3枚〉Ⓝ376.48

『高蔵とショウ』舩津喜美子文, 松田大児画・書　奈良　奈良育英学園　2016.11　1冊　26×26cm〈学園の沿革：巻末〉Ⓝ376.48

『奈良育英学園の百年―創立百周年記念誌』奈良育英学園編　奈良　奈良育英学園　2016.11　483p　27cm〈書誌注記：年表あり〉Ⓝ376.48

◆奈良学園高等学校

『奈良学園中・高等学校十年のあゆみ』奈良学園編　大和高田　奈良学園　1989.6　208p　22cm　Ⓝ376.3

◆奈良工業高等学校

『創立十周年史』奈良県立奈良工業高等学校10周年記念誌編集委員会編　奈良　奈良県立奈良工業高等学校　1972.11　102p　27cm〈別書名：[奈良県立奈良工業高等学校]創立十周年史, 10周年記念誌〉Ⓝ376.4

『創立二十周年史』奈良県立奈良工業高等学校編　奈良　奈良県立奈良工業高等学校　1982.10　54p　27cm　Ⓝ376.4

『創立三十周年記念誌』奈良県立奈良工業高等学校創立三十周年記念誌編集委員会編　奈良　奈良県立奈良工業高等学校　1992.10　89p　27cm〈別書名：創立30周年記念誌〉

◆奈良商業高等学校

『五十年の歩み』50年記念誌編集委員会編　奈良市　奈良県立奈良商業高等学校　1971.11　105p　27cm〈別書名：50年のあゆみ〉Ⓝ376.48

『創立60周年記念誌』創立60周年記念誌編集委員会編　奈良　奈良県立奈良商業高等学校　1982.3　108p　26cm〈別書名：創立60周年記念誌―自由・明朗・活達〉Ⓝ376.4

奈良県

『奈商70年創立記念小誌』70周年記念小誌編集係編　奈良　奈良県立奈良商業高等学校　1991.11　22p　26cm〈奥付の書名：創立70周年記念小誌〉Ⓝ376.4

『創立八拾周年記念誌』奈良県立奈良商業高等学校創立八十周年記念事業実行委員会記念誌編纂委員会編　奈良　奈良県立奈良商業高等学校　2001.11　234p 図版　31cm〈別書名：創立八十周年記念誌〉Ⓝ376.48

◆奈良女子高等学校

『白藤学園九十年のあゆみ―創立九十周年記念誌［正］・別冊』白藤学園編　奈良　白藤学園　1983.10　2冊　31cm〈別書名：百年無事―九十年のあゆみ・別冊　別冊のタイトル関連情報：百年無事、編集兼発行者：奥村博昭〉Ⓝ376.48

『白藤学園百年のあゆみ』奈良　白藤学園　1993.10　207p　31cm〈背・表紙のタイトル：百年のあゆみ　年表あり〉非売品　Ⓝ376.48

『百年無事』奈良　白藤学園　1993.10　122p　31cm〈百年のあゆみ・別冊〉非売品　Ⓝ376.48

◆奈良女子大学文学部附属高等学校

『沿革略史―1993 体育館兼講堂竣工記念』奈良　奈良女子大学文学部附属中・高等学校　1993.10　190p　30cm　Ⓝ376.38

『みちのり―奈良女子大附属中高学園祭の50年』第50回学園祭特別企画部「50年史」編集委員会編　奈良　［奈良女子大附属中高］第50回学園祭特別企画部「50年史」編集委員会　1994.9　206p　26cm〈執筆：中川二美他、顧問：勝山元照他〉

『鹿の角光る―奈良女子大学文学部附属中・高校の一年』奈良女子大学文学部附属中・高等学校刊行会編著　日本教育新聞社出版局　1997.4　280p　21cm　1905円　Ⓘ4-89055-197-2　Ⓝ376.38

◆奈良市立一条高等学校

『いちじょう―三十周年記念誌』猪股靜彌、長田浩一編　奈良　奈良市立一条高等学校　1980.9　135p　26cm〈別書名：いちじょう―奈良市立一条高校三十周年記念誌〉

『一条五十年史』奈良市立一条高等学校創立五十周年記念事業実行委員会『一条五十年史』編纂委員会編　奈良　奈良市立一条高等学校

2000.7　823p 図版　30cm〈沿革年譜：p798-820、参考文献：p821p〉Ⓝ376.48

◆奈良朱雀高等学校

『創立100周年記念誌』奈良　奈良県立奈良朱雀・奈良商工高等学校　2023.3　104p　31cm＋DVD1枚〈別書名：100th anniversary, , 朱雀商工　タイトルは奥付による〉Ⓝ376.48

◆奈良大学附属高等学校

『奈良大学附属高等学校創立七十周年記念誌』奈良大学附属高等学校創立七十周年記念誌編纂委員会編集　奈良　正強学園、奈良大学附属高等学校　1996.4　214p 図版［15］p　27cm〈別書名：創立七十周年記念誌〉Ⓝ376.48

『学校法人正強学園奈良大学附属高等学校バドミントン部創部45周年記念誌』谷口章著　奈良　ウーマンライフ新聞社　2000.3　457p　27cm　非売品　Ⓝ783.59

◆二階堂高等学校

『創立二十周年記念誌』奈良県立二階堂高等学校創立二十周年記念誌編集委員会編　奈良　奈良県立二階堂高等学校　1996.11　136p 図版［15］p　27cm　Ⓝ376.48

◆西の京高等学校

『創立十周年誌』十周年誌編集委員会編　奈良　奈良県立西の京高等学校　1987.10　151p 図版5枚　26cm　Ⓝ376.4

『創立二十周年誌』奈良県立西の京高等学校創立二十周年誌編集委員会編　奈良　奈良県立西の京高等学校　1997.10　137p 図版5枚　26cm〈別書名：奈良県立西の京高等学校創立二十周年誌〉Ⓝ376.48

『創立30周年記念誌―奈良県立西の京高等学校』奈良　奈良県立西の京高等学校　2008.2　122p　30cm＋DVD（1枚 12cm）〈編集：［奈良県立西の京高等学校］創立30周年記念事業実行委員会記念誌部・校内記念誌部〉Ⓝ376.48

◆西大和学園高等学校

『西大和学園創立十周年記念誌』創立一〇周年記念誌編集委員会編　河合町（奈良県）　西大和学園　1995.6　176p　27cm〈背のタイトル：創立十周年記念誌　年表あり〉Ⓝ376.48

『西大和学園創立二十周年記念誌』創立二十周年記念誌編纂委員会編　河合町（奈良県）　西

奈良県

大和学園　2005.10　170p　27cm〈年表あり〉　Ⓝ376.48

『創立25周年記念誌―活躍の舞台は、地球。』喜多薫平、小藤亮、杉崎正典、瀬尾泰広、多久島亮、辻孝宗、堂埜善法、中村明、西田宗作、筆保尚純、松井聰治、宮北純宏、森山貴公編　河合町（奈良県）　西大和学園　2010.10　103p　30cm〈タイトルは標題紙による〉　Ⓝ376.48

『田舎の無名高校から東大、京大にバンバン合格した話―西大和学園の奇跡』田野瀬良太郎著　主婦の友社　2015.2　238p　19cm　1400円　①978-4-07-299973-8　Ⓝ376.4165

目次　第1章 荒削りな若手教師とやんちゃな生徒たち（窓ガラスのない教室で、日本一の学校を目指して ほか）、第2章 海外放浪から政治家へ（1年間の海外放浪の旅に出発、社会主義国家の現実を知る ほか）、第3章 熱血教師たちの受験戦争（学校の混乱は続く、体育系クラブの躍進 ほか）、第4章 東大・京大合格者トップ10から頂上へ（原石を発掘する、先生の力で生徒が変わったエピソード ほか）、第5章 西大和学園の現在と未来（生徒を劇的に変えたスーパーサイエンスハイスクール、さらに多様化した英語教育 ほか）

内容　「受験は団体戦だ！」0時間目、夏休み3日のみ、泊まり込み合宿…。奈良の西大和学園が東大・京大トップ進学校を目指した"体育会系"受験ストーリー。

『なぜ田舎の無名高校が東大、京大合格トップ進学校になれたのか―西大和学園の躍進』田野瀬良太郎著　主婦の友社　2024.5　239p　19cm〈原資料注記：「田舎の無名高校から東大、京大にバンバン合格した話」（2015年刊）の改題、加筆、修正のうえ、再構成〉1600円　①978-4-07-459371-2　Ⓝ376.48

目次　第1章 日本一の学校を目指して（窓ガラスのない教室で、日本一の学校を目指して ほか）、第2章 西大和学園の原点（1年間の海外放浪の旅に出発、社会主義国家の現実を知る ほか）、第3章 関西トップ進学校への道（学校の混乱は続く、体育系クラブの躍進 ほか）、第4章 東大合格者急増のわけ（原石を発掘する、先生の力で生徒が変わったエピソード ほか）、第5章 西大和学園の現在と未来（生徒を劇的に変えたスーパーサイエンスハイスクール、さらに多様化した英語教育 ほか）

内容　わずか30年前までは無名の私立高校だった奈良県の西大和学園。いかにして東大・京大合格者数トップレベルの進学校になったのか？　西大和学園が求める次世代のエリートとは？「塾いらず」といわれる西大和学園の教育とは？

◆榛原高等学校

『宇陀高女榛原高校五十年史』榛原町（奈良県）　奈良県立榛原高等学校　1972.7　624p 図　22cm

『榛高この十年の歩み―創立六十周年記念誌』奈良県立榛原高等学校編　榛原町（奈良県）　榛原高等学校　1984.3　192p　22cm　Ⓝ376.4

『奈良県立榛原高等学校創立七十周年記念誌―続六十周年記念誌』奈良県立榛原高等学校編　榛原町（奈良県）　奈良県立榛原高等学校　1992.10　188p 図版6枚　22cm〈別書名：創立七十周年記念誌―続六十周年記念誌　奥付標題〉Ⓝ376.4

◆平城高等学校

『創立十周年記念誌』十周年記念誌編集委員会編　奈良　奈良県立平城高等学校　1989.11　112p 図版4枚　27cm〈別書名：奈良県立平城高等学校十周年記念誌〉

『創立二十周年記念誌』奈良県立平城高等学校編　奈良　奈良県立平城高等学校　1999.10　130p　31cm〈別書名：奈良県立平城高等学校創立二十周年記念誌　奥付の責任者表示：創立二十周年記念誌編纂委員会〉Ⓝ376.48

◆北和女子高等学校

『十年のあゆみ』奈良県立北和女子高等学校十年のあゆみ編集委員会編　大和郡山　奈良県立北和高等学校　1978.11　90p　26cm

『創立30周年記念誌』奈良県立北和女子高等学校編　大和郡山　奈良県立北和女子高等学校　1998.10　108p　26cm〈別書名：創立三十周年記念誌〉Ⓝ376.48

◆耳成高等学校

『創立十周年記念誌』奈良県立耳成高等学校創立十周年記念誌編集委員会編　橿原　奈良県立耳成高等学校　1992.10　99p 図　27cm

『創立二十周年記念誌』奈良県立耳成高等学校創立20周年記念誌作成部会編　橿原　奈良県立耳成高等学校　2002.10　128p　27cm〈別書名：奈良県立耳成高等学校創立二十周年記念誌〉Ⓝ376.48

◆室生高等学校

『創立十周年記念誌』室生村（奈良県）　奈良県立室生高等学校　1995.11　95p　30cm〈別書名：奈良県立室生高等学校創立十周年記念誌　奥付の責任者表示：創立十周年記念誌編集委員会編集　沿革：p16-19〉

『創立二十周年記念誌』奈良県立室生高等学校編　宇陀　奈良県立室生高等学校　2006.3　107p　30cm〈別書名：奈良県立室生高等学

和歌山県

校創立二十周年記念誌〉Ⓝ376.4

◆大和高田市立高田商業高等学校

『甲子園への道―第66回選抜高等学校野球大会出場記念』高田商業高等学校広報部、アケボノフォトスタジオ編　大和高田市　大和高田市立高田商業高等学校　1994.6　[56]p　27cm〈別書名：第66回選抜高等学校野球大会出場記念甲子園への道　撮影・写真提供：毎日新聞社、監修：高田商業高等学校〉Ⓝ783.7

『創立50周年記念誌』大和高田市立高田商業高等学校編　大和高田市　大和高田市立高田商業高等学校　2004.11　443p　27cm〈編集：創立50周年記念誌編集委員会〉Ⓝ376.48

『西森流言葉の「選び方」「伝え方」―高校ソフトテニス界の名将が説く勝たせるチームの作り方』西森卓也著　ベースボール・マガジン社　2023.8　181p　19cm　1700円　①978-4-583-11614-3　Ⓝ783.5

|目次| 第1章 日本一を目指さなければならないチーム、その使命を背負う、第2章 攻めるテニスに集約された高田商業の育成法、第3章 勝つための指導に必要な要素は何か？、第4章 1つ1つの経験を積み重ね、指導の幅を広げる、第5章 指導者の資質、指導者の進むべき方向性とは(1)、第6章 指導者の資質、指導者の進むべき方向性とは(2)

|内容| 可能性を信じて。常勝チームへの礎を築いた20年あまりの監督人生。それはインターハイ団体優勝10回、同個人優勝7回といった数字にも見てとれる。何よりも勝つことにこだわり続けた勝負師だからこそ子どもたちとの接し方にも独自の考えで臨んだ。絶対的な強さだけにはとどまらない、"高商"ソフトテニス部の魅力とは何か。西森塾、開校―。

◆山辺高等学校

『山高二十五周年記念史』山高二十五周年記念史編纂委員会編　都祁村(奈良県)　奈良県立山辺高等学校　1971.12　185p　図版　21cm　Ⓝ376.4

『創立五十周年記念誌』奈良県立山辺高等学校編　都祁村(奈良県)　奈良県立山辺高等学校　1996.12　240p　図版　27cm〈奥付の責任者表示：奈良県立山辺高等学校五十年誌編集委員会編集〉Ⓝ376.48

◆山辺高等学校山添分校

『奈良県立山辺高等学山添分校創立50周年記念誌』奈良県立山辺高等学校山添分校創立50周年記念誌編集委員会編　山添村(奈良県)　奈良県立山辺高等学校山添分校　1999.2　169p　図版　27cm〈別書名：創立五十周年記念誌　書名は奥付による〉Ⓝ376.48

◆吉野高等学校

『奈良県立吉野高等学校統合十周年記念誌』奈良県立吉野高等学校、統合十周年記念誌編集委員会編　吉野町(奈良県)　奈良県立吉野高等学校　1988.10　112p　27cm〈書名は奥付による　標題紙等の書名：統合十周年記念〉Ⓝ376.4

『創立九十周年記念誌―栄光の歴史と更なる発展をめざして』創立九十周年記念誌編集委員会編　吉野町(奈良県)　奈良県立吉野高等学校　1993.3　268p 図版8枚　27cm〈沿革(略年譜)：p240-248、参考文献：p268〉Ⓝ376.48

『創立百周年記念誌』創立百周年記念誌編集委員会編　吉野町(奈良県)　奈良県立吉野高等学校　2002.11　912p 図版13枚　31cm〈書誌注記：年表あり　表紙のタイトル：創立百年よしの〉Ⓝ376.48

◆吉野林業高等学校

『奈良県立吉野林業高等学校七十年史』吉野林業高等学校七十周年記念史編纂委員会編　川上村(奈良県)　奈良県立吉野林業高等学校　1972.11　223p　22cm〈別書名：吉野林業高等学校七十年史〉Ⓝ376.48

和歌山県

◆有田中央高等学校

『世紀のあゆみ―創立百周年記念誌』創立100周年記念誌編集委員会編　有田川町(和歌山県)　和歌山県立有田中央高等学校創立100周年記念事業実行委員会　2006.11　216p　31cm〈書誌注記：年表あり〉Ⓝ376.48

◆伊都高等学校

『和歌山県立伊都中学校・和歌山県立伊都高等学校水泳部誌』伊泳会水泳部誌編集委員会編　高野口町(和歌山県)　伊泳会　1986.5　85p　26cm〈プール竣工50周年記念　奥付の書名：伊中・伊高水泳部誌〉Ⓝ785.2

◆伊都高等学校妙寺校舎

『閉科記念誌 つち』和歌山県立伊都高等学校妙寺校舎閉科記念事業実行委員会編　和歌山県

和歌山県

立伊都高等学校妙寺校舎閉科記念事業実行委員会　1989　133p

◆伊都中央高等学校

『和歌山県立伊都中央高等学校―平成27年4月開校』和歌山県立伊都中央高等学校開校準備委員会事務局　［2014］　30cm

◆開智高等学校

『グラフィック開智―開校十年の歩み』開智中学校・高等学校編　開智中学校・高等学校　2002　39p　26cm〈編：創立十周年記念誌編集委員会〉

◆海南高等学校

『風は緑に―創立100周年記念誌』創立100周年記念事業実行委員会編集　海南　和歌山県立海南高等学校　2023.3　239p　31cm〈書誌注記：年表あり〉Ⓝ376.48

◆海南市立海南市高等学校

『海南市高創立50周年記念誌』海南市立海南高等学校記念誌編集委員会編　海南市立海南市高等学校　2006.3　240p　31cm〈奥付書名：『海南市立海南市高等学校創立50周年記念誌』〉

『閉校記念誌―海南市高の54年』海南市立海南市高等学校閉校記念誌作成委員会編　海南市立海南市高等学校　2009　220p　30cm〈付録：私達の学び舎（組み立て模型本）〉

◆海南市立海南下津高等学校

『海南下津高等学校閉校記念誌―2007-2024』海南下津高等学校閉校委員会編集　海南　海南市立海南下津高等学校　2024.3　54p　30cm　Ⓝ376.48

◆神島高等学校

『彎珠―創立100周年記念誌』創立100周年記念誌等作成部会編　田辺　和歌山県立神島高等学校創立100周年記念事業実行委員会　2016.3　313p　31cm〈書誌注記：年表あり〉Ⓝ376.48

◆笠田高等学校

『睦が丘―創立70周年記念誌』創立70周年記念事業実行委員会　和歌山県立笠田高等学校　1996　63p　30cm

『思えば思われる』中坂隆行著　中坂隆行　2000　188p　22cm〈和歌山県立笠田高等学校野球部の記録〉

『勝っても負けても―笠田高校ソフトボール部50年のあゆみ』木村祐三編　木村祐三　2000　193p　31cm

◆吉備高等学校

『創立八十周年記念誌　きび』吉備高等学校80周年記念誌編集委員会編　吉備高等学校80周年記念事業実行委員会　1988　111p〈付：校舎竣工　創立80周年記念　あり〉

◆紀北農芸高等学校

『思えば思われる―追憶』中坂隆行著　紀の川　中坂隆行　2019.5　196p　21cm　Ⓝ783.7

◆串本高等学校

『串本高等学校七十周年記念誌』七十周年記念行事実行委員会編　串本高等学校70周年記念行事実行委員会　1988　143p

『創立80周年記念』和歌山県立串本高等学校編　1998和歌山県立串本高等学校　25p　26cm〈特別寄稿「母校の創立80周年記念に寄せて」〉

『五十年の歩み』串本高等学校サッカー部編　南昭　2000　146p　30cm〈奥付の書名：串高サッカー部OB会〉

◆串本古座高等学校

『串本古座高等学校百年のあゆみ』串本古座高等学校百年のあゆみ編集委員会編　串本古座高等学校創立百周年記念事業実行委員会　2018.11　1冊　30cm

◆熊野高等学校

『牟婁の山牟婁の海―創立60周年記念誌』和歌山県立熊野高等学校創立60周年記念事業実行委員会編　和歌山県立熊野高等学校　1982　114p

『いぶき―創立七十周年記念誌』和歌山県立熊野高等学校創立七十周年事業実行委員会編　和歌山県立熊野高等学校　1992　212p　27cm

『いぶき―夢と希望に燃え：創立80周年記念誌』和歌山県立熊野高等学校創立80周年事業実行委員会編　和歌山県立熊野高等学校創立80周年事業実行委員会　2002　144p　30cm

『いぶき―創立一〇〇周年記念誌』和歌山県立熊野高等学校創立一〇〇周年事業実行委員会

和歌山県

編　和歌山県立熊野高等学校創立一〇〇周年事業実行委員会　2024.1　318p　30cm

◆高野山高等学校

『高校風土記―旧制高野山中学・高野山高校』毎日新聞社和歌山支局編　毎日新聞社和歌山支局　1979　182p

『高野山高校百年史』百年史編纂委員会編　高野山高等学校　1986　310p　22cm〈年譜（p259〜283）、付：興山寺跡学舎・現校舎略図（2枚）〉

◆向陽高等学校

『海草・向陽70周年記念誌』和歌山県立向陽高等学校編　和歌山県立向陽高等学校　1985　138p

『青春に夢を求めて』畑滋治著　日本教育新聞社（製作）1988　354p　21cm〈書名は奥付、背、表紙による。標題紙の書名：「向陽高校社会クラブの歩み　クラブ発足30周年記念」〉

『第82回選抜高等学校野球大会（21世紀枠）出場記念―Koyo 36年ぶりの春　今、平和の喜びをかみしめて』和歌山県立向陽中・高等学校編　和歌山県立向陽高等学校硬式野球部後援会　2010　33p　30cm

◆粉河高等学校

『和歌山県立粉河高等学校創立百周年記念誌』創立百周年記念誌編集委員会編　粉河町（和歌山県）和歌山県立粉河高等学校創立百周年記念事業委員会　2000.10　323p　31cm〈標題紙等のタイトル：創立百周年記念誌〉Ⓝ376.48

『思えば思われる　続』中坂隆行著　中坂隆行　2012.5　274p　21cm〈出版者注記：ウイング出版部（発売）〉2000円　Ⓝ783.7

◆古座高等学校

『古座高校七十年史』和歌山県立古座高等学校編纂委員会編　古座町（和歌山県）和歌山県立古座高等学校　1989.3　1224p　図版16枚　27cm〈年表：p1155〜1222〉Ⓝ376.4

◆御坊商工高等学校

『選抜高校野球大会―がんばれ！　御坊商工高校第58回』毎日新聞社和歌山支局編　［毎日新聞社和歌山支局］　1986　20p　26cm〈昭和61年3月26日から10日間　阪神甲子園球場〉

『白馬―創立30周年記念誌』和歌山県立御坊商工高等学校創立30周年記念誌編集委員会編　和歌山県立御坊商工高等学校　1987　80p

◆下津町立下津女子高等学校

『星霜―創立30周年記念誌』下津町立下津女子高等学校創立30周年記念誌編集委員会編　下津町立下津女子高等学校　1987　226p

◆修徳高等学校

『創立五十周年誌　昭和48年』修徳高等学校編集委員会編　修徳高等学校　1973　138p

◆新宮高等学校

『体育史』和歌山県立新宮高等学校編　和歌山県立新宮高等学校　1979　231p

『新宮八十年史』「新高八十年史」編纂委員会編　新宮　和歌山県立新宮高等学校同窓会　1983.4　2冊　27cm〈「明治大正編」「昭和前期旧制編・新制高等学校編」に分冊刊行〉Ⓝ376.4

『新宮高校サッカー部75周年記念』新宮高校サッカー部後援会編　［新宮高校サッカー部後援会］　1997　1冊　30cm

『新高百年百話』新宮百年百話編纂委員会編　和歌山県立新宮高等学校　2000　501p　20cm〈付：年表で見る百年（p449〜499）〉

『和歌山県立新宮高等学校創立100周年記念―新中・新宮女・新高』和歌山県立新宮高等学校創立100周年記念事業実行委員会編　和歌山県立新宮高等学校創立100周年記念事業実行委員会　2000　1冊　30cm〈日時：平成12年11月4日（土）　場所：新宮高等学校体育館〉

◆新宮商業高等学校

『新商創立六十周年記念誌』和歌山県立新宮商業高等学校記念誌編集委員会編　新商創立六十周年記念実行委員会　1977.11　131p　26cm

◆星林高等学校

『星林―創立50周年記念誌』記念誌刊行委員会編　和歌山県立星林高等学校創立50周年記念事業実行委員会　1998　415p　27cm

◆耐久高等学校

『耐久校史』耐久校史編纂委員会編　耐久高等学校同窓会　1973　370p　22cm〈創立120周年記念出版〉

『耐久校史―創立150周年記念』耐久高等学校創立150周年記念事業実行委員会編　和歌山県

和歌山県

立耐久高等学校　2002　279p　31cm〈耐久高等学校沿革史年表(p258〜277)〉

『100年の歩み―創部100周年記念誌』和歌山県立耐久高等学校硬式野球部編　和歌山県立耐久高等学校硬式野球部創部100周年記念事業実行委員会　2005　203p　30cm

◆大成高等学校

『和歌山県立大成高等学校野球部50周年記念野球史』大成高等学校野球部50周年記念実行委員会編　野上町(和歌山県)　大成高校野球部50周年実行委員会　〔1998〕　415p　27cm〈標題紙等のタイトル：大成高校野球部五十年史〉非売品　Ⓝ783.7

『創立八〇周年記念誌』和歌山県立大成高等学校同窓会編　和歌山県立大成高等学校同窓会　2004　59p　30cm

『はばたけ大成―大成高校の85年：総合記念誌1924-2010：これまでの大成これからの大成』大成高校記念誌編集委員会編　和歌山県立大成高等学校・本校　2010　81p　30cm

◆田辺高等学校

『わが母校・若き田辺中学　上』目良湛一郎著　多屋孫書店　1986　663p

『わが母校・若き田辺中学　下』目良湛一郎著　多屋孫書店　1986　802p

『10年のあゆみ―写真・試合記録・「ニュース」・切抜きでたどる』田辺高校ホッケー部編　田辺高校ホッケー部　1987　117p〈1977.6.3〜1986.12〉

『はまゆう―和歌山県立田辺高等学校創立百年記念誌「はまゆう」』創立100年記念誌発行委員会編　和歌山県立田辺高等学校創立100年記念事業実行委員会　1995　55,238p　27cm

『固有ノ元氣―和歌山縣立田辺中學校創立百周年記念誌』田辺中学校創立百周年記念誌編集委員会編　田辺　和歌山県立田辺中学校同窓会　1997.3　512p　27cm　Ⓝ376.48

『青春の扇ケ浜―田辺高校ボート部100年史』白浜町(和歌山県)　田辺高校ボート部OB会　1999.1　260p　27cm　Ⓝ785.5

『誠の根ざし―和歌山縣立田邊高等女學校百周年記念誌』田邊高等女學校百周年記念誌編集委員会編　成美同窓会　2005　319p　22cm

◆田辺工業高等学校

『Σ―和歌山県立田辺工業高等学校創立40周年記念誌　新たな飛翔のために　田工40年の軌跡』和歌山県立田辺工業高等学校創立40周年記念誌編集委員会編　田辺　和歌山県立田辺工業高等学校創立40周年記念誌編集委員会　2002.11　188p　21cm　Ⓝ376.48

◆田辺商業高等学校

『わんじゅ―創立七十周年記念誌』記念誌編集委員会編　田商同窓会　1985　233p

◆智辯学園和歌山高等学校

『選抜高校野球大会―がんばれ！　智弁学園和歌山高校・伊都高校　第68回』毎日新聞社和歌山支局編　[毎日新聞社和歌山支局]　1996　28p　26cm〈3月26日から11日間　阪神甲子園球場〉

『この男を見よ―智辯学園を一流校にした藤田照清の生き様』二見喜章著　ERC出版　2007.10　172p　19cm　1500円　①978-4-900622-43-2　Ⓝ289.1

目次　第1章　二十一世紀に求められる人材、第2章　この男を見よ―藤田照清の生き様、第3章　「学校は『校長』次第」の実践、第4章　教育の在り方は「国の将来」を決める

内容　「落ちこぼれ」から「名校長」への道。教育問題の第一人者・二見喜章が活写する、智辯学園を「全国屈指の名門校にした男」の人間ドラマ。

『一徹―智辯和歌山髙嶋仁：甲子園最多勝監督の葛藤と決断』谷上史朗著　インプレス　2019.5　399p　19cm　1800円　①978-4-295-00608-4　Ⓝ783.7

目次　不意の電話、原点、壁、異動、頂、翳り、歩き続けて、揺れ、難敵、逡巡、運命の夏、戦い終えて、不在

内容　甲子園通算68勝。誰よりも勝った男が最後まで貫き通したもの。

◆桐蔭高等学校

『和中開校百年・桐蔭三十周年記念誌』和中開校百年桐蔭三十周年記念誌編集委員会編　桐蔭高等学校　1978　215p

『桐蔭高等学校定時制・青陵高等学校創立40周年「記念誌」』桐蔭高等学校定時制青陵高等学校創立40周年記念行事組織委員会編　桐蔭高等学校定時制青陵高等学校創立40周年記念行事組織委員会　1988　120p

『和中・桐蔭の流れの中で』記念誌吹上・1988編集委員会編, 和歌山県立桐蔭高等学校編　和歌山県立桐蔭高等学校　1988　196p

『和歌山中学校桐蔭高等学校野球部百年史』和

和歌山県

中・桐蔭野球部OB会, 桐蔭高等学校編　和中・桐蔭野球部OB会百周年実行委員会　1997　627p　27cm

『和歌山県立桐蔭高等学校定時制・和歌山県立青陵高等学校創立50周年記念誌』和歌山県立青陵高等学校創立50周年記念事業実行委員会編　和歌山県立青陵高等学校創立50周年記念事業実行委員会　1998　124p　30cm〈表紙書名：桐蔭高等学校定時制青陵高等学校50周年記念誌, 背表紙書名：創立50周年記念誌〉

『和中・桐蔭の流れの中で—吹上 二〇〇九』和中・桐蔭創立130周年記念誌「和中・桐蔭の流れの中で 吹上2009」編集委員会編　和中・桐蔭創立130周年記念事業実行委員会　2009.10　178p　30cm

◆那賀高等学校

『創立65周年・農業科記念誌 くちなし』創立65周年・農業科閉科記念事業実行委員会記念誌発行部会編　創立65周年・農業科閉科記念事業実行委員会記念誌発行部会　1988　180p

『那賀高等学校 交換留学5年間のあゆみ』和歌山県立那賀高等学校編, 和歌山県立那賀高等学校国際交流会編　和歌山県立那賀高等学校　1994　147p　30cm

『青春譜—那賀高校社会クラブ活動の記録』那賀高校社会クラブOB会（社睦会）編　那賀高校社会クラブOB会　1995　423p　27cm

◆南紀高等学校

『年輪—定時制創立満60周年・南紀高校独立満45周年・衛生看護科創立満41周年記念誌 第6号』南紀高校記念誌編集委員会・同刊行委員会編　南紀高校記念誌編集委員会　2008.12　190p　26cm

◆南紀高等学校白浜分校

『学燈』和歌山県立南紀高等学校白浜分校閉校記念事業実行委員会編　南紀高等学校白浜分校閉校記念事業実行委員会　1983　118, 21p〈県立南紀高校白浜分校閉校記念誌〉

◆初芝橋本高等学校

『初芝橋本中学校高等学校沿革史』初芝橋本中学校高等学校編　初芝橋本中学校高等学校　2002　97p　31cm〈背の書名：「沿革史」〉

◆日高高等学校

『選抜高校野球大会—がんばれ！ 日高高校　第61回』毎日新聞社和歌山支局編　[毎日新聞社和歌山支局]　1989　20p　26cm〈平成元年3月26日から10日間 阪神甲子園球場〉

『日高高校百年史』日高高校百年史編集委員会編　御坊　和歌山県立日高高等学校創立百周年記念事業実行委員会　2015.2　648p 図版［16］枚　27cm〈書誌注記：年表あり　書誌注記：文献あり〉Ⓝ376.48

◆日高高等学校中津分校

『若鮎はねて甲子園—中津分校の13年 第69回選抜高等学校野球大会出場記念』中津村（和歌山県）和歌山県立日高高等学校中津分校　1997印刷　168p　37cm　Ⓝ783.7

『選抜高校野球大会—がんばれ！ 日高・中津分校　第69回』毎日新聞社和歌山支局編　[毎日新聞社和歌山支局]　1997　20p　26cm〈3月26日から11日間 阪神甲子園球場〉

『小さな村の分校野球部—村びとがささえた日高中津分校の大きな夢』永谷脩著　二見書房　1997.8　257p　19cm　1500円　①4-576-97116-6　Ⓝ783.7

目次　第1章 過疎の村の分校野球部、甲子園へ、第2章 われらが村の高校を守るための奇策、第3章 たった五人で始まった中津分校硬式野球部、第4章 低迷しつつも注目されはじめた分校野球部、第5章 甲子園まで「あと一歩」の壁、第6章 栄光への道標は心の内にあった、第7章 村を駆け抜けた甲子園の"春の嵐"、第8章 分校野球部はまだまだ強くなる

内容　わずか5人の野球部が甲子園へ—。日本中が感動した！ 夢と希望が湧いてくる「人づくり」教育の原点。

『日高中津—創立五十周年記念誌』日高高等学校中津分校創立五十周年記念行事実行委員会編　中津村（和歌山県）日高高等学校中津分校創立五十周年記念行事実行委員会　1999.11　183p　27cm〈年表あり〉Ⓝ376.48

◆南部高等学校

『銀杏—創立八十周年記念誌』学友会記念誌編集委員会編　南部町（和歌山県）和歌山県立南部高等学校学友会　1984.10　136p　25cm　Ⓝ376.4

『選抜高校野球大会—がんばれ！ 南部高校・日高高校　第64回』毎日新聞社和歌山支局編　[毎日新聞社和歌山支局]　1992　28p　26cm〈3月26日から10日間 阪神甲子園球場〉

『選抜高校野球大会—がんばれ！ 南部高校　第65回』毎日新聞社和歌山支局編　[毎日新聞社和歌山支局]　1993　20p　26cm〈平成5年

3月26日から10日間 阪神甲子園球場〉
『**南部高等学校の百年**』県立南部高等学校創立百周年記念事業実行委員会編集委員会編　和歌山県立南部高等学校創立百周年記念事業実行委員会　2005　423p　22cm

◆**南部高等学校龍神分校**

『**三十年のあゆみ**』南部高校龍神分校30年誌編さん委員会編　南部高校龍神分校開校30周年記念事業実行委員会　1980　84p　26cm

『**翔龍五十年―和歌山県立南部高等学校龍神分校50周年記念誌**』龍神分校50周年記念事業実行委員会編　[和歌山県立南部高等学校龍神分校]　2000　76p　31cm

◆**箕島高等学校**

『**白球に賭ける青春―尾藤武箕島高校野球の秘密**』大隈秀夫著　蒼洋社　1979.9　254p　19cm〈発売:英潮社〉850円　Ⓝ783.7

『**わが野武士野球―技術篇から監督術まで**』尾藤公,大隈秀夫述　蒼洋社　1979.12　220p　19cm〈発売:英潮社〉850円　Ⓝ783.7

『**栄光への道**』「栄光への道」編纂委員会編　有田　和歌山県立箕島高等学校硬式野球部後援会　1980.7　435p　22cm　Ⓝ783.7

『**創立80周年記念誌―烈の意気**』和歌山県立箕島高等学校編　和歌山県立箕島高等学校　1987　499p

『**選抜高校野球大会―がんばれ！　箕島高校　第63回**』毎日新聞社和歌山支局編　［毎日新聞社和歌山支局］　1991　20p　26cm〈平成3年3月26日から10日間 阪神甲子園球場〉

『**有田の灯は永遠に―県立箕島高等学校定時制五十周年記念**』50周年記念誌編集委員会編　有田　箕島高校定時制閉課程等記念事業委員会　1998.3　241p　27cm　Ⓝ376.48

『**神様が創った試合―山下・星稜vs尾藤・箕島延長18回の真実**』松下茂典著　ベースボール・マガジン社　2006.1　261p　20cm　1500円　Ⓘ4-583-03878-X　Ⓝ783.7

『**創立100周年記念誌―凛烈の意気**』創立100周年記念誌部会編　和歌山県立箕島高等学校　2008　277p　31cm

『**凛烈の意気―箕島18年ぶりの春**』和歌山県立箕島高校硬式野球部後援会編　和歌山県立箕島高等学校　[2009]　33p　30cm〈第81回選抜高等学校野球大会出場記念〉

『**箕島高校野球部―尾藤スマイルの継承**』ベースボール・マガジン社編集　ベースボール・マガジン社　2016.1　191p　19cm〈高校野球名門校シリーズハンディ版 7〉〈2015年刊の再編集〉1300円　Ⓘ978-4-583-10918-3　Ⓝ783.7

|目次| 1 全国優勝4度 甲子園を熱狂させた公立の雄（1928‐2015栄光の戦績、特別寄稿 人と野球を愛した68年 尾藤公（元監督） ほか）、2 伝説の名勝負1979年夏・延長18回の奇跡（嶋田宗彦（元阪神）、山下智茂（星稜名誉監督））、3 有田で育まれた「箕島野球」の神髄（伝統を語りつくす 吉井理人（元近鉄ほか）、甲子園が沸いた名門復活の息吹）、4 徹底特集「箕島野球」の真相（検証和歌山高校野球事情、和歌山・有田市の野球熱 ほか）、5 箕島高校野球部DATA FILE（春・夏甲子園大会17回出場完全データ、和歌山・学校別甲子園通算勝敗 ほか）

『**1979年箕島高校と星稜高校―カクテル光線に照らされた「史上最高の試合」**』馬場遼著　ベースボール・マガジン社　2022.8　199p　19cm〈再検証夏の甲子園激闘の記憶〉〈書誌注記:文献あり〉1600円　Ⓘ978-4-583-11512-2　Ⓝ783.7

|目次| 第1章 和歌山県立箕島高校のあゆみ、第2章 稲置学園星稜のあゆみ、第3章 運命の決戦の展開（1～9回）、第4章 世紀の決戦、中盤戦（10～13回裏）へ、第5章 さらに延長が続く中で、奇跡再び（14～17回）、第6章 時間切れ間際の幕切れ、第7章 春夏連覇となった箕島と、健闘を称えられた星稜のその後

|内容| 1979年夏の甲子園3回戦、高校野球史に刻まれる伝説の試合が生まれた。箕島対星稜。延長18回に及んだ壮絶な死闘は終盤に星稜が2度にわたって勝ち越しに成功するが、あきらめない箕島が起死回生の2度の同点弾で追いつく。今も「史上最高の試合」として語り継がれるあの夏の激闘の記憶を、関係者の証言とともに辿る。

◆**陵雲高等学校**

『**心の連携とこしえに―住友金属工業高等学園技能連携終了記念誌**』和歌山県立陵雲高等学校住友記念誌刊行委員会編　和歌山県立陵雲高等学校　2002　203p　27cm

『**陵雲高等学校統合記念誌**』和歌山　和歌山県立陵雲高等学校　2015.3　34p　30cm

◆**和歌山高等学校**

『**本校三年の歩み**』和歌山県立和歌山高等学校編　和歌山県立和歌山高等学校　1981　142p

『**本校5年の歩み**』和歌山県立和歌山高等学校編　和歌山県立和歌山高等学校　1983　197p　26cm

『**誠友―創立十周年記念誌**』和歌山県立和歌山高等学校編　和歌山県立和歌山高等学校

和歌山県

1987　202p

『誠友―創立20周年記念誌』和歌山県立和歌山高等学校編　和歌山県立和歌山高等学校　1997　76p　30cm

『心―チューリップリレー10周年』和歌山県立和歌山高等学校編　和歌山県立和歌山高等学校「土いじりの会」　2006　47p　30cm

◆和歌山北高等学校

『青春の和北』和歌山北高等学校二十周年記念誌編集委員会編　和歌山　和歌山北高等学校二十周年記念誌編集委員会　1982.10　439p　27cm　Ⓝ376.4

『和北―和歌山北高等学校創立30周年記念誌』和歌山県立和歌山北高等学校創立30周年記念誌編集委員会編　和歌山県立和歌山北高等学校創立30周年記念誌編集委員会　1992.11　194p　27cm

『50周年記念―和歌山県立和歌山北高等学校　平成24年版』和歌山県立和歌山北高等学校同窓会編　和歌山北高等学校同窓会　2012.11　30cm〈附：同窓会報誌縮刷版あり〉

◆和歌山工業高等学校

『60周年記念誌』和歌山県立和歌山工業高等学校編　和歌山県立和歌山工業高等学校　1974　102p　図版

『選抜高校野球大会―がんばれ！ 和歌山工第56回』毎日新聞社和歌山支局編　［毎日新聞社和歌山支局］　1984　20p　26cm〈昭和59年3月26日から10日間 阪神甲子園球場〉

『伝統と飛躍―和歌山工業高等学校70年誌』和歌山県立和歌山工業高等学校編集委員会編　和歌山　和歌山県立和歌山工業高等学校　1984.10　404p　27cm〈背の書名：和歌山工業高等学校七十年誌〉2000円　Ⓝ376.4

『創造・人と技―創立80周年記念誌』和歌山県立和歌山工業高等学校編　和歌山県立和歌山工業高等学校　1994　60p　30cm

『伝統の技と心―創立九十周年記念誌』創立90周年記念誌編集委員会編, 和歌山県立和歌山工業高等学校　和歌山県立和歌山工業高等学校　2004　88p　30cm

『未来につなげ和工の伝統―和歌山工業高等学校創立100周年記念誌』100周年記念誌部編　和歌山　和歌山県立和歌山工業高等学校100周年記念事業実行委員会　2015.3　423p　31cm〈書誌注記：年表あり〉Ⓝ376.48

◆和歌山商業高等学校

『県和商二十年のあゆみ』佐野潔編述　［出版者不明］　1972　11p

『紀鷹―県和商創立八十周年記念誌』「紀鷹」編集委員会編, 和歌山県立和歌山商業高等学校編　和歌山県立和歌山商業高等学校　1984　300p　26cm

『紀鷹90―県和商創立90周年記念誌』「紀鷹90」編集委員会編, 和歌山県立和歌山商業高等学校編　和歌山県立和歌山商業高等学校　1994　152p　26cm

『和商百年史』和商創立百周年記念誌編集委員会編　和歌山県立和歌山商業高等学校　2005　652p　31cm

『第79回選抜高等学校野球大会出場記念―全力疾走 和商、70年ぶりの春』和歌山県立和歌山商業高等学校編　和歌山　和歌山県立和歌山商業高等学校　2007.6　33p　30cm

『紀鷹110―県和商創立110周年記念誌』紀鷹110編集委員会編, 和歌山県立和歌山商業高等学校編　和歌山県立和歌山商業高等学校　2015.3　161p　26cm

◆和歌山市立和歌山商業高等学校

『炬火 伝統をうけつぎ、翔け明日へ―創立三十周年記念誌』和歌山市立和歌山商業高等学校編　和歌山市立和歌山商業高等学校　1986　199p　26cm

『わが学舎の六十年―新しい世紀へ学燈燃えん』和歌山市立和歌山市商業学校編, 和歌山市立和歌山商業高校（定）編　［和歌山市立和歌山市商業学校］　1992　204p　26cm〈和歌山市立和歌山市商業学校・和歌山市立和歌山商業高校（定）創立記念〉

『炬火 伝統をうけつぎ新しき輝きを―創立四十周年記念』和歌山市立和歌山商業高等学校編　和歌山市立和歌山商業高等学校　1996　182p　26cm

『わが学舎の七十年―平成三年よりの歩み』和歌山市立和歌山市商業学校, 和歌山市立和歌山商業高校（定）編　和歌山市立和歌山市商業学校　2001　172p　30cm〈共同刊行：和歌山市立和歌山商業高校（定）, 和歌山市立和歌山市商業学校・和歌山市立和歌山商業高校（定）創立記念〉

『創立50周年記念誌』和歌山市立和歌山商業高等学校（全日制）編　和歌山市立和歌山市商業学校　2006　119p　30cm

◆和歌山信愛高等学校

『和歌山信愛中学・高等学校―賢い女性の育て方』髙木智視著　大阪　パレード　2019.9　99p　19cm（Parade Books）〈出版者注記：星雲社（発売）〉680円　Ⓘ978-4-434-26344-6　Ⓝ376.48

目次 第1章 和歌山信愛中学・高等学校の思い（あなたがあなたであるがゆえにすばらしい，よしよし，信愛生にとっての友達，何ごとにもときがある，型にはまる そして 裂いて与える ほか），第2章 和歌山信愛中学・高等学校の姿（育成型教育，できないと思い込んでいることをできるようにする，複数担任制，色分けした職員室の座席表，専任教員の多さ ほか）

内容 容姿、能力、出自ではなく、理由なしに、損得計算なしに、無償、無条件にすばらしい―。この考え方が、和歌山信愛の教育の根本である。

◆和歌山西高等学校

『和歌山西高等学校創立10周年記念誌』和歌山西高等学校10周年記念誌編集委員会編　和歌山　和歌山県立和歌山西高等学校　1993.11　219p　26cm　Ⓝ376.4

『和歌山西高等学校 創立20周年記念誌』和歌山西高等学校20周年記念誌編集委員会編　和歌山県立和歌山西高等学校　2003　274p　30cm

◆和歌山東高等学校

『小手穂野―創立10周年記念誌』和歌山　和歌山県立和歌山東高等学校　1983.11　1冊（頁付なし）26cm　Ⓝ376.4

鳥取県

◆青谷高等学校

『創立30周年記念誌―あゆみ』鳥取県立青谷高等学校創立30周年記念誌　鳥取県立青谷高等学校　1978.5　297p　27cm

『青谷高校四十年史』青谷高等学校創立四十周年記念史刊行委員会　青谷高等学校創立四十周年記念史刊行委員会　1989.7　595p　22cm

『青谷高校野球部創部二十周年記念誌』青谷高校野球部創部二十周年記念誌刊行委員会編　青谷高校野球部後援会　1995.7　52p　26cm

『創立50周年記念―昭和62年～平成8年を中心として』鳥取県立青谷高等学校　鳥取県立青谷高等学校　1998.5　229p　26cm〈付：職員研究実践収録〉

◆赤碕高等学校

『写真で綴る創立30周年記念誌』鳥取県立赤碕高等学校　1994.3　97p　26cm

『写真で綴る創立40周年記念誌』鳥取県立赤碕高等学校　2002.9　111p　26cm

『いのちにふれる授業―鳥取・赤碕高校の取り組み』髙塚人志著　小学館　2004.9　194p　21cm（教育技術mook）1500円　Ⓘ4-09-104476-X　Ⓝ375

◆岩美高等学校

『創立30周年記念誌』鳥取県立岩美高等学校　1979.9　180p　27cm

『創立五十周年記念誌』鳥取県立岩美高等学校　1998.9　290p　22cm〈奥付の書名：鳥取県岩美高等学校創立五十周年記念誌〉

『岩美高校野球部25周年記念誌―報道で見る平成16～30年の歩み』鳥取県立岩美高等学校野球部　2018.9　199p　30cm　非売品　Ⓝ375.18

◆倉吉北高等学校

『倉吉絣研究室17年の歩み』松柏学院倉吉北高等学校絣研究会編　松柏学院倉吉北高等学校絣研究会　1988.2　95p　26cm

『創立三十周年記念誌』松柏学院倉吉北高等学校　1991.10　136p　22cm

『創立40周年記念誌』松柏学院倉吉北高等学校　2000.12　75p　26cm

『創立60周年記念誌』松柏学院倉吉北高等学校　2024.3　49p　30cm　Ⓝ376.48

◆倉吉工業高等学校

『創立十周年記念誌』創立十周年記念誌編集委員会　鳥取県立倉吉工業高等学校　1972.3　190p　22cm

『創立二十周年記念誌』創立二十周年記念誌編集委員会編　鳥取県立倉吉工業高等学校　1982.2　185p　22cm

『創立三十周年記念誌』創立三十周年記念誌編集委員会編　鳥取県立倉吉工業高等学校　1991.11　198p　22cm

『創立四十周年記念誌』鳥取県立倉吉工業高等学校創立四十周年記念誌編集委員会編　鳥取県立倉吉工業高等学校　2001.11　200p　27cm

鳥取県

◆倉吉産業高等学校

『創立九十周年記念誌』鳥取県立倉吉産業高等学校　1983.11　27p　26cm

『創立百周年記念誌』創立百周年記念誌編集委員会編　倉吉　鳥取県立倉吉産業高等学校〔1993〕269p　22cm　Ⓝ376.4

『鳥取県立倉吉産業高等学校 創立百十周年記念誌―誇れよ産高我が母校』創立百十周年記念誌編集委員会編　鳥取県立倉吉産業高等学校　2002　160p　27cm〈学校沿革史年表：p1～19〉

◆倉吉総合産業高等学校

『創立10周年記念誌』鳥取県立倉吉総合産業高等学校　2013.3　146p　26cm

◆倉吉西高等学校

『創立70周年記念誌』鳥取県立倉吉西高等学校編　鳥取県立倉吉西高等学校　1984.10　83p　26cm

『立志 鳥取県立倉吉西高等学校創立八十周年記念誌』鳥取県立倉吉西高等学校　創立八十周年記念事業実行委員会　1994.11　391, 21p　31cm

『単位制への途―学校変革を目指して』鳥取県立倉吉西高等学校　2001.3　145p　30cm

『立志―創立百周年記念誌』創立百周年記念事業実行委員会編　鳥取県立倉吉西高等学校　2015.6　455p　31cm〈付：DVD1枚〉

◆倉吉農業高等学校

『倉農九十年史』倉農創立90周年史編集委員会編編　倉吉農業高等学校　1975.11　36p　22cm

『嵐が丘10年の歩み―倉農嵐が丘牧場創立10周年記念誌』鳥取県立倉吉農業高等学校嵐が丘牧場創設1　鳥取県立倉吉農業高等学校嵐が丘牧場創設1　1977.11　166p　26cm

『特色ある教育活動』鳥取県立倉吉農業高等学校編　倉吉農業高等学校　1978.3　82p　26cm

『太子ヶ丘百年―鳥取県立倉吉農高人物史』新日本海新聞社編　新日本海新聞社　1986.3　153p　22cm〈倉農百年表：p147～151〉

『倉農百年史』「倉農百年史」執筆・編纂委員会編　鳥取県立倉吉農業高等学校　1986.12　573, 21, 12p図版12, 72p

『華ひらく鶴歩―北海道酪農実習30回記念誌』鳥取県立倉吉農業高等学校編　鳥取県立倉吉農業高等学校　1999.12　116p　30cm

◆倉吉東高等学校

『創立70年誌』創立70年記念誌編集委員会編　鳥取県立倉吉東高等学校　1978.10　83p　26cm

『創立八十年誌』創立八十年記念誌編集委員会編　倉吉　鳥取県立倉吉東高等学校　1988.10　366p　22cm　Ⓝ376.4

『倉吉東高等学校野球部史』倉吉東高野球部OB会編　倉吉　倉吉東高野球部OB会　1997.7　555p　31cm〈共同刊行：鳥取県立倉敷東高等学校〉非売品　Ⓝ783.7

『創立九十周年記念誌』創立九十周年記念誌係編　鳥取県立倉吉東高等学校　1998.10　323p　27cm〈学校沿革年表：p311～323〉

『地方公立普通科高校の教育改革―鳥取、倉東高校の挑戦』岡本康著　学事出版　2007.6　247p　21cm　2200円　①978-4-7619-1339-7　Ⓝ376.4172

『鳥取県立倉吉東高等学校創立百周年記念誌』創立百周年記念誌編集委員会（倉東高）編　鳥取県立倉吉東高等学校　2009.2　631p　31cm〈付録：DVD「創立百周年記念」〉

『鳥取県立倉吉東高等学校野球部史』倉吉東高野球部OB会編　倉吉　倉吉東高野球部OB会　2015.7　182p図版［10］枚　31cm〈奥付のタイトル：倉吉東高等学校野球部100周年記念誌〉非売品　Ⓝ783.7

◆境高等学校

『創立五十周年記念誌』鳥取県立境高等学校創立五十周年記念事業　鳥取県立境高等学校創立五十周年記念事業　1990.11　495p　27cm

『浜にさく花：浜娘の夢を紡いで67年―境高校家庭学科記念誌』鳥取県立境高等学校　2005.3　66, 26p　30cm〈背表紙、奥付の書名：境高校家庭学科記念誌〉

◆境水産高等学校

『創立三十周年記念誌』鳥取県立境水産高等学校編　鳥取県立境水産高等学校　1976.12　141p　22cm

『創立40周年記念誌』鳥取県立境水産高等学校編　鳥取県立境水産高等学校　1986.10　1冊　30cm

『五十九年の航跡―創立五十九周年記念誌』創立五十九年誌編集委員会編　鳥取県立境水産高等学校　2005.2　197p　31cm

鳥取県

◆境港工業高等学校

『創立10周年記念誌』鳥取県立境港工業高等学校編　鳥取県立境港工業高等学校　1973.3　82, 91p　22cm

『創立二十周年記念誌』鳥取県立境港工業高等学校編　鳥取県立境港工業高等学校　1983.3　176p　26cm

『校外研修10年の歩み』鳥取県立境港工業高等学校編　鳥取県立境港工業高等学校　1988.1　90p　26cm

『［境港工業高等学校］創立30周年記念誌』鳥取県立境港工業高等学校　1993.3　171p　27cm

『創立40周年記念誌』鳥取県立境港工業高等学校　2005.6　222p　27cm〈付：CD-ROM（1枚）〉

◆境港総合技術高等学校

『創立10周年記念誌』鳥取県立境港総合技術高等学校創立10周年記念誌編集委員編　鳥取県立境港総合技術高等学校同窓会わかとり会　2014.3　164p　31cm

『創立20周年記念誌』鳥取県立境港総合技術高等学校　［2024］　80p　30cm〈発行年は推定〉Ⓝ376.4

◆西部農業高等学校

『開校記念誌』鳥取県立西部農業高等学校　1970.10　16p　22cm

『養良校百二十周年・西部農高二十周年記念誌』鳥取県立西部農業高等学校　1989.10　98p　26cm

◆智頭農林高等学校

『智頭農林高校体操部25年のあゆみ』体操部OB会編　鳥取県立智頭農林高等学校　1975.3　47p　19×27cm

『創立五十周年記念誌』鳥取県立智頭農林高等学校編　鳥取県立智頭農林高等学校　1990.5　315p　22cm

『智頭農林高等学校新体操部四十年の歩み―極限に挑む』鳥取県立智頭農林高等学校新体操部OB会　鳥取県立智頭農林高等学校　1990.5　73p　19×26cm

◆鳥取敬愛高等学校

『創立七十周年記念誌』創立七十周年記念誌編纂委員会編　鳥取家政学園　1976.2　148p　21cm

『鳥取家政学園のあゆみ』鳥取敬愛高等学校　2005.10　19p　30cm

『学びの共有―鳥取家政学園のあゆみ』鳥取敬愛高等学校　［2015］　23p　30cm

◆鳥取工業高等学校

『創立四十周年記念誌』鳥取県立鳥取工業高等学校　鳥取県立鳥取工業高等学校　1979.3　173p　26cm

『創立五十周年記念誌』創立五十周年記念誌編集委員会編　鳥取県立鳥取工業高等学校　1989.9　643p　22cm

◆鳥取湖陵高等学校美和分校

『我が母校の記録』鳥取湖陵高等学校美和分校編　鳥取湖陵高等学校美和分校　2006.3　62p　27cm

◆鳥取商業高等学校

『創立七十周年記念誌』鳥取県立鳥取商業高等学校編　鳥取県立鳥取商業高等学校　1980.5　275p　21cm

『創立八十周年記念誌』鳥取県立鳥取商業高等学校編　鳥取県立鳥取商業高等学校　1990.5　199p　21cm

『創立九十周年記念誌』鳥取県立鳥取商業高等学校編　鳥取県立鳥取商業高等学校　2000.5　237p　21cm

『創立百周年記念誌』鳥取県立鳥取商業高等学校編　鳥取県立鳥取商業高等学校　2011.1　273, 84p　21cm

『創立110周年記念誌』鳥取県立鳥取商業高等学校編　鳥取県立鳥取商業高等学校　2020.12　228p　30cm　Ⓝ376.4

◆鳥取城北高等学校

『鳥取城北高等学校創立十周年記念誌』鳥取城北高等学校編　記念誌編集委員会　1973.12　77p　21cm

『大成―矢谷学園鳥取城北高等学校専攻科創立二十五周年記念誌』鳥取城北高等学校専攻科　2000.6　40p　26cm

『鳥取城北高等学校創立50周年記念誌―翔　学校法人矢谷学園』鳥取城北高等学校五十年誌編纂委員会編　鳥取城北高等学校五十年誌編纂委員会　2013.3　315p　31cm　Ⓝ376.4

鳥取県

◆鳥取女子高等学校

『鳥取女子高等学校年表』鳥取女子高等学校　1985.12　52p　26cm

『創立八十周年記念誌』創立八十周年記念誌編集委員会編　鳥取女子高等学校　1986.3　450p　27cm

◆鳥取中央育英高等学校

『創立100周年記念誌［鳥取県立鳥取中央育英高等学校］―克己』創立100周年記念誌編集委員会編　鳥取県立鳥取中央育英高等学校　2008.2　403p　31cm

『体育コース50周年記念誌』体育コース50周年記念誌編集委員編　鳥取県立鳥取中央育英高等学校　2019.1　103p　30cm〈奥付の書名：体育コース設立50周年記念誌〉

◆鳥取西高等学校

『鳥城剣道部史』山根幸恵編　鳥取県立鳥取西高等学校剣道部OB会　1972.10　208p　22cm

『鳥取西高百年史』鳥取　鳥取西高百年史編纂委員会　1973　2冊（資料編共）22cm　Ⓝ376.4

『鳥取西高創立百周年記念 資料展目録』鳥取県立鳥取西高等学校百年史資料室編　鳥取県立鳥取西高等学校百年史資料室　1973.10　21p　21cm

『鳥取西高創立百周年記念 百年史年表』鳥取県立鳥取西高等学校百年史編纂委員会　1973.10　43p　21cm

『校史資料目録　その1』鳥取県立鳥取西高等学校　1977　40p　26cm

『校史資料目録　その2』鳥取県立鳥取西高等学校　1978　43p　26cm

『音楽部30年のあゆみ』鳥取県立鳥取西高等学校音楽部史編纂運営委　鳥取県立鳥取西高等学校音楽部史編纂委員会　1978.8　77p　22cm

『因伯青春の系譜―鳥取一中の巻』鶴田憲次著　鳥取　鳥取西高等学校同窓会　1978.11　330p　22cm〈発売：富士書店〉Ⓝ376.4

『みちのり―鳥取県立鳥取西高等学校通信教育三十周年記念』鳥取県立鳥取西高等学校通信制課程　1979.3　139, 28p　21cm

『校史資料目録　その3』鳥取県立鳥取西高等学校　1983.4　44p　26cm

『鳥取西高史年表―第三校舎新築落成記念：創立一一一周年』鳥取　鳥取県立鳥取西高等学校　1984.10　50p　21cm　Ⓝ376.48

『鳥取西高等学校野球部史』鳥取西高等学校野球部史編纂委員会編　鳥取　鳥取県立鳥取西高等学校　1987.7　628p　27cm　非売品　Ⓝ783.7

『百二十年史年表―鳥取県立鳥取西高等学校創立百二十周年記念』鳥取　鳥取県立鳥取西高等学校百二十周年記念事業実行委員会　1993.10　62p　21cm　Ⓝ376.48

『鳥取西高等学校野球部史―創設百周年記念 続1』鳥取西高等学校野球部史編纂委員会編　鳥取県立鳥取西高等学校　1996.10　164p　26cm

『みちのり―鳥取県立鳥取西高等学校通信制課程創設五十周年記念』鳥取県立鳥取西高等学校通信制課程　1999.3　233p　26cm

『鳥取県立鳥取西高等学校家庭学科閉科記念誌』鳥取西高等学校　2003.3　154p　26cm

『写真で見る鳥取西高の歴史』鳥取県立鳥取西高等学校創立130周年記念事業実行委員会編集　鳥取　鳥取県立鳥取西高等学校創立130周年記念事業実行委員会　2003.10　163p　31cm〈部分タイトル：鳥取県立鳥取西高等学校創立130周年記念写真集〉Ⓝ376.48

『百三十年史年表―鳥取県立鳥取西高等学校創立百三十周年記念』鳥取　鳥取県立鳥取西高等学校百三十周年記念事業実行委員会　2003.10　74p　21cm　Ⓝ376.48

『閉課程記念誌―鳥取県立鳥取西高等学校定時制通信制閉課程記念』鳥取県立鳥取西高等学校　2007.3　190p　26cm

『久松山下に栄えあれ―鳥取西高 改築のあゆみ』鳥取県立鳥取西高等学校同窓会事務局編　鳥取県立鳥取西高等学校同窓会事務局　2007.8　296p　30cm

『鳥取西高等学校野球部史　続2』鳥取西高等学校野球部史編集委員会編　鳥取県立鳥取西高等学校　2008.3　117p　26cm

『鳥取西高野球物語』林壽夫編　鳥取　林壽夫　2008.9　104p　26cm〈第90回記念大会祝甲子園出場〉非売品　Ⓝ783.7

『百四十年史年表―鳥取県立鳥取西高等学校創立百四十周年記念』鳥取　鳥取県立鳥取西高等学校百四十周年記念事業実行委員会　2013.10　91p　21cm　Ⓝ376.48

『鳥取西高等学校野球部史　続3』鳥取西高等学校野球部史編集委員会編　鳥取　鳥取県立鳥取西高等学校　2017.2　108p　26cm〈書誌注記：年表あり〉非売品　Ⓝ783.7

鳥取県

『百五十年史年表―鳥取県立鳥取西高等学校創立百五十周年記念』鳥取　鳥取県立鳥取西等学校百五十周年記念事業実行委員会　2023.10　117p　21cm　Ⓝ376.48

◆鳥取西工業高等学校

『十年の歩み』創立十周年記念誌編集委員会編　鳥取県立鳥取西工業高等学校　1973.3　162p　21cm〈奥付の書名：創立十周年記念誌〉

『鳥取西工高二十年誌』鳥取県立鳥取西工業高等学校編　鳥取県立鳥取西工業高等学校　1983.2　312p　22cm

『鳥取西工高三十年誌』鳥取県立鳥取西工業高等学校編　鳥取県立鳥取西工業高等学校　1992.11　264p　22cm

◆鳥取農業高等学校

『創立三十周年記念誌』鳥取県立鳥取農業高等学校編　鳥取県立鳥取農業高等学校　1978.10　201p　22cm

『進路選択研修10年の歩み―農業改良普及事業と農業高校との連携事業』鳥取農業改良普及所　1983.3　21p　26cm〈発行：鳥取農業改良普及所・気高農業改良普及所・鳥取農業高等学校〉

『進路選択研修20年の歩み』鳥取県立鳥取農高等学校編　鳥取県立鳥取農業高等学校　1994.3　33p　26cm

『創立五十周年記念誌』鳥取県立鳥取農業高等学校編　鳥取県立鳥取農業高等学校　1998.11　301p　22cm

『鳥取県立鳥取農業高等学校創立五十周年記念誌』鳥取県立鳥取農業高等学校編　鳥取県立鳥取農業高等学校　1998.11　301p　22cm

『我が母校の記録』鳥取県立鳥取農業高等学校編　鳥取県立鳥取農業高等学校　2003.3　86p　27cm

◆鳥取農業高等学校鹿野分校

『鹿野分校史』鳥取県立鳥取農業高等学校鹿野分校記念事業分校史編集委員会編　鳥取県立鳥取農業高等学校鹿野分校同窓会　1979.3　183p　22cm〈付：鹿野分校閉校式（式次第）〉

◆鳥取東高等学校

『創立五十周年記念誌』編集：鳥取県立鳥取東高等学校創立五十周年記念誌編集委員会　鳥取　鳥取東高等学校　1972　678p　図　22cm　Ⓝ376.4

『鳥東高通信集録―創立60周年記念』「鳥東高通信」編集委員会編　鳥取県立鳥取東高等学校　1983.3　1冊　26cm〈PTAだより：No.1～4, 学校通信：No.1～9, 鳥東高通信：No.10～41〉

『創立八十周年記念誌』鳥取県立鳥取東高等学校創立八十周年記念誌編集委員会編　鳥取県立鳥取東高等学校　2003.3　251p　30cm

『創部65周年記念誌―鳥東高卓球部』鳥取東高卓球部OB会編　鳥取東高卓球部OB会　2014.6　217p　30cm

『創立百周年記念誌―ダイジェスト版』鳥取県立鳥取東高等学校創立百周年記念誌編集委員会編集　鳥取　鳥取県立鳥取東高等学校　2022.9　82p　30cm〈書誌注記：年表あり〉

『創立百周年記念誌』創立百周年記念誌編集委員会編集　鳥取　鳥取県立鳥取東高等学校　2023.3　395p　31cm〈書誌注記：年表あり〉Ⓝ376.48

◆鳥取緑風高等学校

『創立10周年記念誌』鳥取県立鳥取緑風高等学校　2014.3　112p　26cm

『創立20周年記念誌―2003-2023』鳥取県立鳥取緑風高等学校編　鳥取県立鳥取緑風高等学校　2024.1　71p　30cm　Ⓝ376.48

◆根雨高等学校

『双葉―創立七十周年記念誌』鳥取県立根雨高等学校双葉同窓会編　鳥取県立根雨高等学校双葉同窓会　1991.12　1冊　27×37cm

『根雨高硬式野球部 創部二十周年記念誌』鳥取県立根雨高等学校　1999.3　147, 48p 図版3枚　26cm

『鳥取県西部地震 根雨高校の記録―2000年10月6日発生』鳥取県立根雨高等学校　2001.3　86p　30cm

『創立82周年記念誌―鳥取県立根雨高等学校』鳥取県立根雨高等学校, 鳥取県立根雨高等学校双葉同窓会　2002.3　456p　27cm

◆日野高等学校

『創立十周年記念誌―鳥取県立日野高等学校2009』鳥取県立日野高等学校　2011.8　159p　31cm

鳥取県

◆日野産業高等学校

『創立六十周年記念誌』鳥取県立日野産業高等学校創立六十周年記念誌編集委員会編　日野町（鳥取県）鳥取県立日野産業高等学校　1982.5　428p　22cm　Ⓝ376.4

『創立70周年記念誌―鏡が陵』鳥取県立日野産業高等学校創立70周年記念　鳥取県立日野産業高等学校　1990.11　55p　30cm

『創立八十周年記念誌』鳥取県立日野産業高等学校創立八十周年記念誌編集委員会編　鳥取県立日野産業高等学校　2000.10　343p　22cm

◆八頭高等学校

『八頭高等学校五十年史』八頭高等学校五十年史編纂委員会編　郡家町（鳥取県）鳥取県立八頭高等学校　1975　665, [5], 5p　図版48枚　22cm〈書誌注記：八頭高等学校五十年史年表：p.631-665　鳥取県立八頭高等学校創立50周年記念出版〉Ⓝ376.4

『八頭　陸上史』鳥取県立八頭高等学校陸上競技部編　鳥取県立八頭高等学校陸上競技部　1986.10　493p　27cm

◆由良育英高等学校

『創立八十周年記念誌』鳥取県立由良育英高等学校記念誌係編　大栄町（鳥取県）鳥取県立由良育英高等学校　1987.4　220p　図版10枚　22cm　Ⓝ376.4

『創立九十周年記念誌』鳥取県立由良育英高等学校九十周年記念誌係編　鳥取県立由良育英高等学校九十周年記念誌係　1997.10　250p　図版9p　31cm〈学校沿革史略年表：p198～241〉

『体育コース30年の歩み』鳥取県立由良育英高等学校　2000.2　86p　図版8p　30cm

◆淀江産業技術高等学校

『創立百三十周年記念誌　松奏の譜―鳥取県立淀江産業技術高等学校』鳥取県立淀江産業技術高等学校130周年記念事業実行委員会編　鳥取県立淀江産業技術高等学校130周年記念事業実行委員会　2001.3　195p　27cm

◆米子高等学校

『創立十周年記念誌』鳥取県立米子高等学校　1982.10　58p　26cm〈付：「創立十周年記念式」(26cm, 4p)〉

『[鳥取県立米子高等学校]創立二十周年記念誌』鳥取県立米子高等学校編　創立二十周年記念事業実行委員会　1992.11　159p　26cm

『創立三十周年記念誌』鳥取県立米子高等学校編　創立三十周年記念事業実行委員会　2002.10　64p　26cm

『創立四十周年記念誌』鳥取県立米子高等学校編　創立四十周年記念誌編集委員会　2012.12　100p　26cm

◆米子北高等学校

『創立25周年記念沿革誌』米子北高等学校　米子北高等学校　1983.3　365p　27cm〈別書名：米子北高等学校沿革誌〉

◆米子工業高等学校

『創立五十周年記念―五十年史』五十年史編集委員会編　鳥取県立米子工業高等学校　1972.5　322p　21cm

『米工六十年の年輪―鳥取県立米子工業高等学校創立60周年記念誌』鳥取県立米子工業高等学校編　鳥取県立米子工業高等学校　1983.2　64p　25×25cm

『創立七十周年記念誌』創立70周年記念誌編集委員会編　米子　鳥取県立米子工業高等学校　1993.12　552p　27cm　Ⓝ376.4

『鳥取県立米子工業高等学校創立80周年記念誌』鳥取県立米子工業高等学校創立80周年記念事業実行委員会記念誌部編　鳥取県立米子工業高等学校創立80周年記念事業実行委員会　2003.3　339p　31cm〈標題紙等のタイトル：創立八十周年記念誌　年表あり〉Ⓝ376.48

『創立百周年記念誌』鳥取県立米子工業高等学校創立100周年記念事業実行委員会記念誌部編集　米子　鳥取県立米子工業高等学校創立100周年記念事業実行委員会　2024.3　342p　31cm〈書誌注記：年表あり　部分タイトル：鳥取県立米子工業高等学校創立100周年記念誌〉Ⓝ376.48

◆米子松蔭高等学校

『学校法人　永島学園創立五十周年記念誌』永島学園創立五十周年記念誌編纂委員会編　永島学園　1978.3　328p　22cm

『米子松蔭高等学校創立五十周年記念誌』米子松蔭高等学校創立五十周年記念誌編集委員会　2005.11　119p　27cm〈50年のあゆみ：p16～38〉

鳥取県

◆米子商業高等学校

『あゆみ―創立30周年記念誌』米子商業高等学校　1985.11　72p　27cm

『創立四十周年記念誌』米子商業高等学校　1995.11　95p　27cm〈奥付の書名：米子商業高等学校創立40周年記念誌〉

◆米子西高等学校

『創立八十周年記念誌―鳥取県立米子西高等学校』創立八十周年記念誌編纂委員会編　鳥取県立米子西高等学校　1987.11　906p　22cm

『創立九十周年記念誌 燦―鳥取県立米子西高等学校』創立九十周年記念誌編纂委員会編　鳥取県立米子西高等学校　1995.11　109p　27cm

『米子西高家庭学科記念誌』鳥取県立米子西高等学校　2003.3　79p　26cm〈書名は表紙による.背・奥付の書名『米子西高家庭科記念誌』〉

『創立百周年記念誌 翠』創立百周年記念誌編纂委員会編　鳥取県立米子西高等学校　2006.5　406p 図版[11]p　27cm

◆米子白鳳高等学校

『創立10周年記念誌』鳥取県立米子白鳳高等学校　2015.12　85p　30cm

◆米子東高等学校

『白球と共に』岡本利之著　米子東高等学校野球部後援会　1970.12　281p　19cm〈共同刊行：米子東高等学校野球部OB会〉非売品

『創立八十周年記念誌』鳥取県立米子東高等学校編　鳥取県立米子東高等学校　1979.10　769p　22cm

『米東通信四十周年記念誌』鳥取県立米子東高等学校通信制　1989.3　128p　26cm

『創立九十周年記念誌』鳥取県立米子東高等学校編　鳥取県立米子東高等学校　1989.10　831p　27cm

『きずな―創部六十周年を記念して』鳥取県立米子東高等学校バレーボール部OB　鳥取県立米子東高等学校バレーボール部OB　1992.8　154p　26cm

『鳥取県立米子東高等学校野球部史　1』鳥取県立米子東高等学校野球部編纂委員会編　米子　鳥取県立米子東高等学校野球部編纂委員会　1994.9　685p　27cm〈背の書名：米子東高等学校野球部史〉非売品　Ⓝ783.7

『創立百周年記念誌』鳥取県立米子東高等学校編　鳥取県立米子東高等学校　2000.3　852p　27cm〈付：創立百周年記念誌CD-ROM（2枚）〉

『勝田ヶ丘の人物誌』勝田ヶ丘の人物誌編集委員会編　鳥取県立米子東高等学校創立百周年記念事業実行委員会　2000.7　428p　22cm　2381円

『米子東高等学校端艇部史』鳥取県立米子東高等学校端艇部史刊行委員会編　米子　鳥取県立米子東高等学校端艇部史刊行委員会　2000.8　446p　27cm　Ⓝ785.5

『閉課程記念誌―鳥取県立米子東高等学校通信制課程』鳥取県立米子東高等学校通信制編　鳥取県立米子東高等学校通信制　2008.2　120p　26cm

『鳥取県立米子東高等学校野球部史　2』鳥取県立米子東高等学校野球部編纂委員会編　米子　鳥取県立米子東高等学校勝陵野球クラブ　2011.9　796p　27cm〈書誌注記：年表あり　背の書名：米子東高等学校野球部史　共同刊行：鳥取県立米子東高等学校野球部後援会〉非売品　Ⓝ783.7

『落葉の掃き寄せ―米子東高等学校柔道部史補遺』隠岐鉄雄作成　隠岐鉄雄　2013.5　1冊　26cm〈柔道部対外試合年表（明治・大正），米子中学・鳥取県柔道界年表（昭和戦前・戦中）あり〉

『白球と共に』改訂版　岡本利之著　衣笠協子，米子東高等学校勝陵野球クラブ　2016.4　347p　19cm〈初版発行者：米子東高等学校野球部後援会, 米子東高等学校野球部OB会〉1500円　⑨7784905323082

『創立120周年記念誌』鳥取県立米子東高等学校編　鳥取県立米子東高等学校　2020.2　274p　30cm　Ⓝ376.4

◆米子北斗高等学校

『創立40周年記念誌』創立40周年記念事業準備委員会編　翔英学園　1998.4　158　27cm〈奥付の書名：翔英学園創立40周年記念誌〉

『創立50周年記念誌』創立50周年記念誌編集委員会編　翔英学園　2010.11　226p　27cm〈奥付の書名：翔英学園創立50周年記念誌〉

◆米子南高等学校

『創立八十周年記念誌―こころ燃えて』創立80周年記念誌編集委員会編　鳥取県立米子南高等学校　2008.6　294p 図版　27cm　非売品

『創立九十周年記念誌』創立90周年記念誌編集

島根県

委員会編　鳥取県立米子南高等学校　2018.12　95p　27cm　非売品

◆米子南商業高等学校

『創立五十周年記念誌』鳥取県立米子南商業高等学校創立五十周年記　鳥取県立米子南商業高等学校　1979.2　328p　21cm

『創立六十周年記念誌』創立60周年記念誌編集委員会編　鳥取県立米子南商業高等学校　1989.9　296p　27cm

島根県

◆飯南高等学校

『島根県立飯南高校創立25周年・独立10周年記念誌』島根県立飯南高等学校編　島根県立飯南高等学校　1973　68p　22cm

『月根尾―創立四十周年記念誌』島根県立飯南高等学校編　島根県立飯南高等学校　1990　129p　27cm

『飯南高等学校五十年史』飯南高等学校50年史編纂委員会編　島根県立飯南高等学校　1998.3　539p　27cm

『飯南高等学校10年誌―創立60周年記念』飯南高等学校10年誌編集委員会　島根県立飯南高等学校　2008.3　175p　27cm

『飯南高等学校10年誌』飯南高等学校10年誌編集委員会編　飯南町（島根県）島根県立飯南高等学校　2019.3　170p　27cm〈創立七十周年記念〉Ⓝ376.48

◆出雲高等学校

『若き野球部の記録―熱球20年』島根県立出雲高等学校編　島根県立出雲高等学校　1970　173p　22cm　Ⓝ097.8

『島根県立出雲高等学校創立五十周年記念誌』記念誌編集部編　島根県立出雲高等学校　1970　38, 19, 14, 12, 30p　26cm

『出雲高等学校六十周年記念誌』記念誌編集委員会編　島根県立出雲高等学校創立六十周年記念事業推進委員会　1980　253p　26cm

『創設十年記念誌』島根県立出雲高等学校併設時制編　島根県立出雲高等学校併設時制　1980　212p　26cm

『出雲高等学校史』出雲高等学校史編集刊行委員会編　出雲　島根県立出雲高等学校　1990.11　1072p　22cm　Ⓝ376.4

『出雲高等学校八十周年記念誌』記念誌編集委員会編　出雲高等学校八十周年記念事業準備委員会　2002.3　359p　27cm

『想い出と誇りを胸に―出雲高等学校併設時制課程四十二年の歩み』島根県立出雲高等学校併設時制課程記念誌編集委員会編　島根県立出雲高等学校併設時制　2013.3　189p　30cm〈閉課程に向けての歩み：p178～181〉

『68年目の甲子園―第98回全国高校野球選手権大会出場記念』出雲　第98回全国高校野球選手権大会出雲高等学校〈甲子園出場〉後援会　2017.2　174p　30cm〈共同刊行：島根県立出雲高等学校野球部〉非売品　Ⓝ783.7

『島根県立出雲高等学校創立百周年記念誌』出雲高等学校創立百周年記念誌編集委員会編　島根県立出雲高等学校　2021.3　358p　27cm

◆出雲工業高等学校

『出雲工業高等学校十五年史―創立四十周年記念』出雲工業高等学校編　島根県立出雲工業高等学校　1986　206p　27cm

『出雲工業高等学校五十年史』島根県立出雲工業高等学校創立五十周年記念事業実行委員会編　島根県立出雲工業高等学校　1995.9　735p　22cm

『出雲工業高等学校十年史―創立六十周年記念』島根県立出雲工業高等学校創立六十周年記念事業実行委員会編　島根県立出雲工業高等学校　2005.3　415p　21cm

『出雲工業高等学校十年史―創立七十周年記念』島根県立出雲工業高等学校創立七十周年記念事業実行委員会編　出雲　島根県立出雲工業高等学校　2015.3　379p　図版［15］枚　22cm〈書誌注記：年表あり〉Ⓝ376.48

◆出雲商業高等学校

『出商この十年―創立六十周年記念誌』島根県立出雲商業高等学校編　島根県立出雲商業高等学校　1977.10　90p　21×30cm

『創立七十周年記念誌　十年の追録』島根県立出雲商業高等学校創立七十周年記念誌編集委員会編　島根県立出雲商業高等学校　1987.10　204p　27cm

『創立八十周年記念誌　十年の追録』島根県立出雲商業高等学校創立八十周年記念誌編集委員会編　島根県立出雲商業高等学校創立八十周

年記念事業実行委員会　1997.10　221p　27cm

『創立九十周年記念誌　十年の追録』島根県立出雲商業高等学校創立九十周年記念誌編集委員会編　島根県立出雲商業高等学校創立九十周年記念事業実行委員会　2007.10　243p　27cm

◆出雲女子高等学校

『水谷学園出雲女子高等学校七十年誌』出雲女子高等学校記念誌編集部編　水谷勲　1979.11　175p　22cm

◆出雲農林高等学校

『創立五十周年記念誌』出雲農林高等学校記念誌編集委員会編　出雲農林高等学校　1985.7　413p　22cm

『創立六十周年記念　出雲農林高等学校十年史』島根県立出雲農林高等学校編　島根県立出雲農林高等学校　1995.3　367p　22cm

『創立七十周年記念出雲農林高等学校十年史』島根県立出雲農林高等学校編　島根県立出雲農林高等学校　2004.2　423p　22cm

◆出雲北陵高等学校

『センバツ平成10年われらの代表　出雲北陵高ガンバレ！―第70回記念選抜高校野球大会永久保存版』毎日新聞松江支局編　毎日新聞松江支局　1998　1冊　26cm　Ⓝ097.8

『創立九十周年記念誌［出雲北陵中学高等学校］―躍動の十年を顧みる』出雲北陵高等学校創立九十周年記念誌編集委員会　出雲北陵高等学校　2000.3　147p　26cm

『水谷学園百年史』水谷学園出雲北陵中学高等学校百周年記念史編纂委員会著　出雲　水谷学園創立百周年記念事業実行委員会　2010.11　669p　27cm〈書誌注記：年表あり〉Ⓝ376.48

『創立百十周年記念誌―平成から令和へ～この十年を顧みる』出雲北陵中学高等学校編　出雲北陵中学高等学校　2020.2　186p　26cm〈百十年の沿革：p165-185〉

◆石見智翠館高等学校

『気根―学校法人江の川学園　石見智翠館高等学校110周年記念誌』110周年記念事業実行委員会編　江の川学園石見智翠館高等学校　2017.11　64p　30cm

◆大田高等学校

『創立50周年記念誌』島根県立大田高等学校五十周年記念誌編集委員会編　島根県立大田高等学校　1971　148p　22cm

『大田高等学校六十年史』大田高等学校記念史編集委員会編　島根県立大田高等学校　1982　1254p　22cm

『創立七十周年記念誌―島根県立大田高等学校創立七十周年記念誌』島根県立大田高等学校記念誌編集委員会編　島根県立大田高等学校　1992.3　174p　26cm

『創立七十周年記念誌十年史』大田高等学校記念誌編集委員会編　島根県立大田高等学校　2003.9　301p　26cm

『大田高校百周年記念史誌』島根県立大田高等学校編集　大田　島根県立大田高等学校　2022.8　686p　27cm〈書誌注記：年表あり〉Ⓝ376.48

◆邑智高等学校

『島根県立邑智高等学校五十年誌』島根県立邑智高等学校編　島根県立邑智高等学校　1999.3　417p　27cm〈背の書名：邑智高等学校五十年誌〉

『群山―島根県立邑智高等学校閉校記念誌』島根県立邑智高等学校閉校事業実行委員会編　島根県立邑智高等学校閉校事業実行委員会　2009.3　183p　26cm

◆隠岐高等学校

『新校舎竣工・創立七十周年記念誌』島根県立隠岐高等学校編　島根県立隠岐高等学校　1983　87p　26cm

『隠岐高等学校八十年史』島根県立隠岐高等学校八十年史編纂委員会編　西郷町（島根県）　島根県立隠岐高等学校　1994.10　873p　図版51枚　22cm　Ⓝ376.4

『悠久の夢海越えて―第75回選抜高校野球大会出場記念』島根県立隠岐高等学校編　島根県立隠岐高等学校　2003.6　63p　30cm　Ⓝ097.8

『創立九十周年記念誌』島根県立隠岐高等学校創立九十周年記念誌編集委員会編　島根県立隠岐高等学校創立九十周年記念事業委員会　2004.9　168p　27cm

『隠岐高等学校百年史』島根県立隠岐高等学校百年史編纂委員会編　隠岐の島町（島根県）　島根県立隠岐高等学校創立百周年記念事業実

行委員会　2015.9　479p　27cm〈書誌注記：年表あり　書誌注記：文献あり〉Ⓝ376.48

◆隠岐水産高等学校

『おおとり―創立七十周年記念誌』島根県立隠岐水産高等学校編　島根県立隠岐水産高等学校　1977　181p　22cm

『創立八十周年記念誌―島根県立隠岐水産高等学校』島根県立隠岐水産高等学校創立八十周年記念誌編集委員会編　西郷町（島根県）島根県立隠岐水産高等学校創立八十周年記念事業実行委員会　1988.1　289p　27cm　Ⓝ376.4

『創立百周年記念誌―島根県立隠岐水産高等学校』島根県立隠岐水産高等学校創立百周年記念誌編集委員会編　隠岐の島町（島根県）島根県立隠岐水産高等学校創立百周年記念事業実行委員会　2008.12　274p　31cm〈年表あり〉Ⓝ376.48

◆隠岐島前高等学校

『創立20周年記念誌』島根県立隠岐島前高等学校編　島根県立隠岐島前高等学校　1975　100p　26cm

『島根県立隠岐島前高等学校　創立50周年記念誌』島根県立隠岐島前高等学校創立50周年記念誌編集委員会編　島根県立隠岐島前高等学校　2005.12　141p　26cm

『未来を変えた島の学校―隠岐島前発ふるさと再興への挑戦』山内道雄，岩本悠，田中輝美著　岩波書店　2015.3　182p　19cm　1500円　Ⓘ978-4-00-024876-1　Ⓝ376.4173

　目次　序章　出航前夜（三つ子島，先憂後楽，地域経営の急所 ほか），第1章　乗船（負の連鎖，為せば成る，宙に浮く高校 ほか），第2章　三方よし（斜めからの切り込み，浜板の受難，岩本の苦悩 ほか），第3章　ヒトツナギ（試されること，ひとあつめ，島の秘宝 ほか），第4章　時化（転進，リクルート，タグボード ほか），第5章　宜候（積を求めよ，当事者意識，相乗効果 ほか），第6章　燈火（転流，国曳き，グローカル ほか），終章　志を果たしに（真の北極星，輝きの連鎖，志定まれば）

　内容　人口減少や少子高齢化が深刻な過疎の地で，何が改革の原動力となったのか。海士町，西ノ島町，知夫村，三つの島の協働が日本の未来を牽引する。教員，行政，地域住民，ヨソモノ等による人づくりの物語。

◆川本高等学校

『創立五十周年記念誌』島根県立川本高等学校五十周年記念誌編集委員会編　島根県立川本高等学校　1974　169p　22cm

『川本高等学校六十年史』川本高等学校六十年史編集委員会編　川本町（島根県）島根県立川本高等学校　1987.3　975p　22cm　Ⓝ376.4

『川高十年の歩み―昭和六十年から平成六年まで』島根県立川本高等学校編　島根県立川本高等学校　1997.2　175p　26cm

『川高八十周年記念誌―平成七年から平成十六年まで』島根県立川本高等学校編　島根県立川本高等学校　2007.3　173p　26cm

◆川本高等学校羽須美分校

『羽須美―創立三十周年記念誌』島根県立川本高等学校羽須美分校編　島根県立川本高等学校羽須美分校　1978　143p　26cm

『紅雲―島根県立川本高等学校羽須美分校閉校記念誌』島根県立川本高等学校羽須美分校閉校記念事業実行委員会　1991.12　409p　27cm

◆キリスト教愛真高等学校

『みんなでつくった小さな学校―愛真高校物語』外村民彦著　教文館　1994.1　245p　19cm　2575円　Ⓘ4-7642-6298-3　Ⓝ376.4

　目次　第1章　創立まで，第2章　資金ゼロ，第3章　いよいよ開校，第4章　最初の三年間，第5章　これから

　内容　全校生80名。日本で一番小さな全日制高校。1学年定員28名。全寮制。日本全国から集まって来て，掃除，洗濯，食事づくり。ともに生活しつつ学ぶ「人間は何のために生きるか？」。偏差値にゆがんだ教育をただそうと資金ゼロから出発。鐘もチャイムもない「学校共同体」が奇跡的に誕生。元朝日新聞記者による感動のルポ。

『いのりに支えられて―愛真十年の歩み』キリスト教愛真高等学校編　キリスト教愛真高等学校　2002.3　268p　26cm

『草平君の選んだ学校―愛真高校日誌』佐々木征夫著　教文館　2011.6　277p　20cm　1500円　Ⓘ978-4-7642-6936-1　Ⓝ376.4173

　目次　"生きる力"に目覚める，丘の上の小さな高校，"学校"の条件，ゴーバル―山あいの生活共同体，愛真高校のクリスマス，ゴーバルの春と…，華子先生の愛真訪問，愛真・父母の集い，愛真を育むまなざし，AAF・愛真芸術祭，おばあちゃんからの"贈る言葉"，巣立ち

　内容　"100歳の高校教師"としてテレビで紹介され，日本中で大反響を呼んだ"うめ子先生"。その，うめ子先生のひ孫・草平君は，小・中学校の義務教育9年間を不登校で通したが，姉があまりに生き生きと高校生活を謳歌しているのを見て，「ぼくも愛真高校に入りたい！」と自ら進学を決意した。草

平君をキーパーソンに、「聖書と労働」を軸としたキリスト教愛真高校の教育と、若者たちの伸びやかな生活を綴る、心温まるドキュメンタリー。

◆江津高等学校

『校舎改築竣工記念誌―島根県立江津高等学校』 島根県立江津高等学校 1975.10 34p 26cm

『創立三十周年記念誌』島根県立江津高等学校編 島根県立江津高等学校 1989 352p 27cm

『創立四十周年記念誌』島根県立江津高等学校編 島根県立江津高等学校 1999.3 159p 26cm

◆江津工業高等学校

『開校四十周年記念誌―分教場史と風土記』島根県立江津工業高等学校開校四十周年記念誌編集委員会編 島根県立江津工業高等学校 1974 76p 26cm

『開校50周年記念誌』島根県立江津工業高等学校編 島根県立江津工業高等学校 1984 90p 26cm

『開校60周年記念誌』島根県立江津工業高等学校編 島根県立江津工業高等学校 1994.10 384p 27cm

◆江の川高等学校

『創立80周年記念誌』江の川学園江の川高等学校編 江の川学園江の川高等学校 1987.9 159p 30cm〈資料：p139～157〉

『心百年―江の川高等学校100周年記念誌』100周年記念事業実行委員会編 江の川学園江の川高等学校 2007.10 120p 31cm

◆松徳女学院高等学校

『松徳女学院創立二十五周年記念誌』松徳女学院編 松徳女学院 1980 300p 21cm

◆情報科学高等学校

『創立十周年記念誌』島根県立情報科学高等学校創立十周年記念誌編集委員会編 島根県立情報科学高等学校創立十周年記念事業委員会 1998.3 244p 27cm

『創立三十周年記念誌―島根県立情報科学高等学校』島根県立情報科学高等学校創立三十周年記念誌編集委員会編 安来 島根県立情報科学高等学校創立三十周年記念事業委員会 2018.2 183p 27cm〈書誌注記：年表あり〉Ⓝ376.48

◆宍道高等学校

『創立十周年記念誌』島根県立宍道高等学校創立十周年記念事業記念誌編集部編 島根県立宍道高等学校創立十周年記念事業実行委員会 2021.3 155p 22cm

◆大社高等学校

『大社高等学校史』島根県立大社高等学校史編纂委員会編 島根県立大社高等学校 1972 479p 22cm Ⓝ093.7

『大社高等学校史 Ⅱ』大社高等学校史Ⅱ編纂委員会編 島根県立大社高等学校 1981 401p 22cm

『大社高等学校体操競技部創立三十周年記念誌』大社高等学校体操部同窓会編 大社高等学校体操部同窓会 1987 193p 21cm Ⓝ097.8

『創立九十周年記念』島根県立大社高等学校編 島根県立大社高等学校 1988.9 17p 30cm

『大社高等学校野球部史 第1巻』島根県立大社高等学校野球部史編纂委員会編 大社町（島根県）島根県立大社高等学校野球部史刊行会 1991.7 379p 27cm〈昭和40年刊の復製〉Ⓝ783.7

『大社高等学校野球部史 第2巻』島根県立大社高等学校野球部史編集委員会編 大社町（島根県）島根県立大社高等学校野球部史刊行会 1991.8 260p 27cm Ⓝ783.7

『大社高等学校体育科25周年記念誌』島根県立大社高等学校編 島根県立大社高等学校 1998.2 91p 30cm

『大社高等学校百年史』島根県立大社高等学校百年史編纂委員会編 島根県立大社高等学校創立百周年・女学校統合五十周年記念事業実行委員会 1999.3 870p 27cm

『島根県立大社高等学校野球部100年のあゆみ』島根県立大社高等学校野球部OB会事務局編 島根県立大社高等学校野球部OB会事務局 2001.7 105p 30cm Ⓝ097.8

◆大社高等学校佐田分校

『創立四十周年記念誌―島根県立大社高等学校佐田分校』大社高等学校佐田分校創立四十周年記念誌編 大社高等学校佐田分校 1989.3 242p 22cm

『創立五十周年記念誌―大社高等学校佐田分校』島根県立大社高等学校佐田分校創立五十周年記念誌編集部会編 島根県立大社高等学校佐田分校創立五十周年記念誌編集部会 1998.

島根県

11　283p　31cm

『創立六十周年記念誌―島根県立大社高等学校佐田分校』島根県立大社高等学校佐田分校創立六十周年記念誌編集部会編　島根県立大社高等学校佐田分校　2009.1　149p　31cm

『閉校記念誌―大社高等学校佐田分校』島根県立大社高等学校佐田分校閉校事業実行委員会記念誌部会編　島根県立大社高等学校佐田分校閉校事業実行委員会記念誌部会　2015.3　237p　27cm〈沿革年表：p33～50〉

◆大東高等学校

『大東高等学校六十年誌』島根県立大東高等学校編　島根県立大東高等学校　1982　587p　22cm

『演劇部小史』島根県立大東高等学校演劇部編　島根県立大東高等学校演劇部　1985　30p　26cm　Ⓝ097.7

『追録 大東高等学校誌 昭和54年～63年―創立七十周年記念』島根県立大東高等学校編　島根県立大東高等学校　1990.3　381p　22cm

『追録 大東高等学校誌 平成元年～10年―創立八十周年記念』島根県立大東高等学校編　島根県立大東高等学校　1998.10　248p　22cm

『大東高等学校十年誌 平成11年～20年―創立九十周年記念』大東高等学校誌編集部会編　島根県立大東高等学校　2008.12　329p　22cm

『大東高等学校百周年記念誌』大東高等学校創立百周年記念事業実行委員会記念誌刊行部編　雲南　大東高等学校創立百周年記念事業実行委員会　2019.2　560p　27cm〈書誌注記：年表あり　奥付のタイトル：大東高等学校百年誌〉Ⓝ376.48

◆津和野高等学校

『津高創立七十周年記念誌』津和野高等学校記念誌編集委員会編　島根県立津和野高等学校　1979　201p　26cm

『津和野高等学校八十年史』島根県立津和野高等学校編　島根県立津和野高等学校　1989.3　1094p　22cm〈[付録]目でみる津和野高校の歩み～学校の変遷・校内の遺墨・卒業アルバム～〉

『津和野高等学校八十年史 追補集　第五編　部活動史』島根県立津和野高等学校編　島根県立津和野高等学校　1990　10p　21cm

『津和野高校創立百周年記念誌』創立百周年記念事業実行委員会記念誌作成部編　津和野町（島根県）　島根県立津和野高等学校　2009.3　380p 図版[13]枚　27cm〈年表あり〉Ⓝ376.48

『創立五十周年記念誌―平成十年から十九年』江津　島根県立江津高等学校　2010.3　169p　27cm〈年表あり〉Ⓝ376.48

『廃校危機からの脱出―コーディネーターと歩んだ10年間の軌跡』つわの学びみらい著　幻冬舎メディアコンサルティング　2023.7　191p　19cm〈出版者注記：幻冬舎（発売）〉1500円　Ⓘ978-4-344-94433-6　Ⓝ376.48

[目次] 第1章 魅力化コーディネーター、単身で切り込む（原点になったのは津和野水害, 高校がなくなることは町の未来がなくなることだ ほか）、第2章 有名進学校から「やりたいことができる高校」へ（目標は地域の未来を切り拓く人材を育てること、無料町営塾・HAN・KOHができた ほか）、第3章 独自の探求型授業が津和野高校を変えた（総合的な学習の時間の見直しとYプラン、YプランがTプラン（T・PLAN）に変わるとき ほか）、第4章 県外入学者の増加でついに廃校の危機を脱する（魅力ある出口戦略の提示が入学者増につながる、AO入試で難関私立大学慶應、推薦で東大へ ほか）、第5章 学びが津和野の未来を開く（高校だけでほんとうの変化につながるのか、「3つのない」からの脱却と行政の覚悟 ほか）

[内容] 高校がなくなることは町の未来がなくなることだ。「学びたい」が叶う環境づくりにゼロから挑み、ついには町興しにまで発展した、教育者たちのサクセスストーリー。

◆邇摩高等学校

『邇摩高等学校史』邇摩高等学校七十年史編集委員会編　仁摩町（島根県）邇摩高等学校　1974　818p 図　22cm　Ⓝ376.4

『邇摩高等学校史　Ⅱ』邇摩高等学校史Ⅱ編集委員会編　島根県立邇摩高等学校　1984　478p　22cm

『邇摩高等学校九十年史』邇摩高等学校九十年史編集委員会編　島根県立邇摩高等学校　1994.12　494p　22cm

『創立百周年記念誌』島根県立邇摩高等学校編　島根県立邇摩高等学校　2003.12　507p　27cm

◆邇摩高等学校大代分校

『高嶺―島根県立邇摩高等学校大代分校閉校記念誌』大田　島根県立邇摩高等学校大代分校高嶺会　1979.3　306p　26cm　非売品　Ⓝ376.4

島根県

◆浜田高等学校

『浜高創立八十周年記念沿革史』島根県立浜田高等学校沿革史編集委員会編　1973.9　37p　26cm〈表紙のタイトル：創立80周年記念沿革史，表紙タイトルは奥付より〉

『島根県立浜田高等学校野球部史』野球部後援会　1979.5　348p　27cm　Ⓝ097.8

『浜高体操部50年の歩み』島根県立浜田高等学校体操競技部編　浜田高校体操競技部　1983　168p　21cm　Ⓝ097.8

『創立百周年記念 沿革史』島根県立浜田高等学校沿革史編集委員会編　島根県立浜田高等学校沿革史編集委員会　1993.10　87p　27cm

『浜田高等学校百年史―創立百周年記念』浜田高等学校創立百周年記念事業部編　浜田　島根県立浜田高等学校　1994.3　1183p　27cm　Ⓝ376.4

『浜高野球部百年史―島根県立浜田高等学校』浜高野球部百年史編集委員会編　浜田　島根県立浜田高等学校　2003.3　377p　31cm〈背のタイトル：浜田高校野球部百年史〉非売品　Ⓝ783.7

『浜田高等学校十年史―創立百十周年記念』浜田高等学校十年史編集委員会編　島根県立浜田高等学校　2005.3　179p　27cm

『創立120周年記念沿革史』島根県立浜田高等学校創立百二十周年記念沿革史編集委員会編　浜田　島根県立浜田高等学校　2014.3　109p　27cm〈書誌注記：年表あり〉

『浜田高等学校二十年史―創立百三十周年記念』浜田高等学校二十年史編集委員会編集　浜田　島根県立浜田高等学校　2024.3　171p　27cm　Ⓝ376.48

◆浜田高等学校今市分校

『創立三十周年記念誌』島根県立浜田高等学校今市分校　1986.7　200p　22cm

『創立五十周年記念誌』島根県立浜田高等学校今市分校編　島根県立浜田高等学校今市分校　2005.3　248p　27cm

『浜田高等学校今市分校閉校記念誌』島根県立浜田高等学校今市分校　2013.5　220p　27cm〈今市分校の沿革概要：p34～37，学校の概況及び資料：p159～187〉

◆浜田商業高等学校

『浜商創立十周年記念誌』島根県立浜田商業高等学校編　島根県立浜田商業高等学校　1974　174p　26cm

『島根県立浜田商業高等学校創立十周年記念誌』県立浜田商業高等学校編　県立浜田商業高等学校　1975　174p　26cm

『創立20周年記念誌』島根県立浜田商業高等学校編　島根県立浜田商業高等学校　1985　286p　26cm

『創立三十周年 記念誌』島根県立浜田商業高等学校編　島根県立浜田商業高等学校　1995.10　192, 33p　26cm

『創立四十周年記念誌』島根県立浜田商業高等学校編　島根県立浜田商業高等学校　2004　169, 30p　26cm

『創立五十周年記念誌―島根県立浜田商業高等学校』島根県立浜田商業高等学校創立五十周年記念事業実行委員会編　浜田　島根県立浜田商業高等学校　2016.3　207p　26cm〈書誌注記：年表あり〉Ⓝ376.48

◆浜田水産高等学校

『創立三十周年記念誌』島根県立浜田水産高等学校創立三十周年記念誌編集委員会編　浜田　島根県立浜田水産高等学校　1977.11　122p　図　Ⓝ376.4

『創立四十周年記念誌』記念誌編集委員会編　浜田　島根県立浜田水産高等学校　1988.3　137p　26cm　Ⓝ376.4

『創立五十周年記念誌』島根県立浜田水産高等学校編　島根県立浜田水産高等学校　1998.3　213p　27cm

◆平田高等学校

『平田高等学校六十年史』平田高等学校六十年史編集委員会編　島根県立平田高等学校　1979　935p　22cm

『新校舎竣工記念』島根県立平田高等学校編　島根県立平田高等学校　1982　1冊　23cm

『であい この素晴らしき青春の躍動――平田高校新体操部13年の歩み―』平田高校体操部編　平田高校　1984　96p　26cm　Ⓝ097.8

『創立80周年プラタナス記念館竣工記念』島根県立平田高等学校編　島根県立平田高等学校　1996.10　1冊　30cm

『平田高等学校九十年誌』平田高等学校九十周年記念事業実行委員会編　島根県立平田高等学校　2007.2　336p　27cm

『平田高等学校創立百周年記念誌』出雲　島根県立平田高等学校創立百周年記念事業実行委

島根県

員会　2017.3　823p　27cm〈書誌注記：年表あり〉Ⓝ376.48

『夢情熱―甲子園で校歌を：第92回選抜高等学校野球大会21世紀枠選出2020年甲子園高校野球交流試合出場記念』出雲　島根県立平田高等学校　2020.11　22p　30cm

『夏のセンバツ―青春の夢をここに綴る』島根県立平田高等学校甲子園出場後援会　2020.12　41p　30cm〈第92回選抜高等学校野球大会21世紀枠選出 2020年甲子園高校野球交流試合出場記念〉Ⓝ097.8

◆益田学園

『益田学園史』益田学園史編纂委員会編　益田学園史編纂委員会　1981　323p　22cm

◆益田高等学校

『六十年のあゆみ―校舎改築竣工記念・創立60周年記念』島根県立益田高等学校編　島根県立益田高等学校　1973　40p　26cm

『島根県立益田高等学校創立60周年記念誌』益田　益田高等学校　1974　214p　26cm〈書名は奥付による　表紙の書名：益高創立60周年記念誌〉Ⓝ376.4

『青春 1978―第50回選抜高等学校野球大会出場記念 1978』島根県立益田高等学校編　島根県立益田高等学校　1978　1冊　31cm　Ⓝ097.8

『益高創立70周年記念誌　別冊』創立70周年記念誌編纂委員会編　島根県立益田高等学校　1981　180p　26cm

『益高創立70周年記念誌』創立70周年記念誌編纂委員会編　益田　島根県立益田高等学校　1982.3　408p　26cm　Ⓝ376.4

『野球部史』島根県立益田高等学校編　益田　島根県立益田高等学校　1982.12　208p　26cm　Ⓝ783.7

『益高創立80周年記念誌』島根県立益田高等学校創立八〇周年記念誌編集委員会編　益田　島根県立益田高等学校創立八〇周年記念事業実行委員会　1992.3　477p　26cm　Ⓝ376.4

『益高創立90周年記念誌』島根県立益田高等学校創立九〇周年記念誌編集委員会編　島根県立益田高等学校創立九〇周年記念事業実行委員会　2002.3　219, 191p　26cm

『写真で見る百年史 益高100周年』島根県立益田高等学校創立百周年記念事業実行委員会史刊行部編　島根県立益田高等学校　2011.

10　102p　26cm

『益田高等学校百年史』島根県立益田高等学校創立百周年記念事業実行委員会校史刊行部編　益田　島根県立益田高等学校　2013.3　722p　27cm〈書誌注記：年表あり　書誌注記：文献あり〉Ⓝ376.48

『益高創立百十年史』島根県立益田高等学校創立百十年史編集委員会編　島根県立益田高等学校創立百十周年記念事業実行委員会　2022.2　89p　30cm〈書名は奥付より．背の書名：『創立百十年史』〉

◆益田工業高等学校

『創立十周年記念誌』島根県立益田工業高等学校編　島根県立益田工業高等学校　1972　80p　22cm

『創立20周年記念誌』県工創立20周年記念誌編集委員会編　島根県立益田工業高等学校　1982　120p　26cm

『県工体操部10年のあゆみ―島根県立益田工業高等学校体操競技部誌』岩井省悟編　島根県立益田工業高等学校　1984.1　57p　21cm　Ⓝ097.8

『創立三十周年記念誌』創立30周年記念誌編集委員会編　島根県立益田工業高等学校　1992　253p　27cm

『創立四十周年記念誌』島根県立益田工業高等学校編　島根県立益田工業高等学校　2002.11　98p　30cm

◆益田産業高等学校

『益田産業高等学校十年史―創立八十年史』益産十年誌編集委員会編　益田産業高等学校　2002.3　245p　27cm〈平成四～十三年〉

◆益田商業高等学校

『部報―創部10周年記念』益田商業高等学校登山部編　益田商業高等学校　1983　212p　26cm　Ⓝ097.8

◆益田翔陽高等学校

『創立十周年記念誌』島根県立益田翔陽高等学校編　島根県立益田翔陽高等学校　2017.3　162p　30cm

◆益田農林高等学校

『創立60周年記念誌』益農創立60周年記念誌編集委員会編　島根県立益田農林高等学校　1981　280p　26cm

島根県

『益田農林高等学校六十年史』益田農林高等学校六十年史編纂委員会編　益田　島根県立益田農林高等学校　1986.3　1532p　22cm〈付（図3枚 袋入）〉Ⓝ376.4

『益田農林高校十年誌 昭57–平3―七十周年記念』益農十年誌編集委員会編　島根県立益田農林高等学校　1992.3　249p　27cm

◆益田農林高等学校都茂分校

『都茂分校のあゆみ』島根県立益田農林高等学校都茂分校編　島根県立益田農林高等学校都茂分校　1973　25, 24p　21cm

◆益田農林高等学校匹見分校

『山脈―創立三十周年記念誌』島根県立益田農林高等学校匹見分校30周年記念誌編集委員会編　島根県立益田農林高等学校匹見分校　1985.3　261p　22cm

『山脈―閉校記念誌』島根県立益田農林高等学校匹見分校閉校記念事業実行委員会編　匹見町（島根県）島根県立益田農林高等学校匹見分校　1988.3　235p　27cm〈奥付の書名：島根県立益田農林高等学校匹見分校閉校記念誌　沿革史・沿革年譜：p1～25〉Ⓝ376.4

◆松江高等学校

『青春燦燦―我がゼミ！ 熱あれ、光あれ』奥村昭和著　大学教育出版　1997.11　139p　19cm　1200円　①4-88730-247-9　Ⓝ372.1

◆松江家政高等学校

『五十年の歩み』「五十年の歩み」編集委員会編　松江家政高等学校　1974　96p　22cm

◆松江北高等学校

『松江北高等学校百年史』松江北高等学校百年史編集委員会編　松江　島根県立松江北高等学校　1976.12　1742p 図　22cm　Ⓝ376.4

『写真で見る松江北高校の百年―創立百周年記念・赤山校舎竣工記念』島根県立松江北高等学校図書館編　島根県立松江北高等学校図書館　1978.5　28p　26cm

『創立百十周年記念 松江北高等学校十年史―昭和51年～昭和60年』松江北高等学校十年史編集委員会編　島根県立松江北高等学校　1986.9　303p　22cm

『創立百二十周年記念 松江北高等学校十年史―昭和61年～平成7年』松江北高等学校十年史編集委員会編　島根県立松江北高等学校　1996.9　303p　22cm

『55年ぶり甲子園―第74回選抜高校野球大会出場記念』島根県立松江北高等学校編　島根県立松江北高等学校　2002　64p　30cm　Ⓝ097.8

『松江高校松江北高校陸上競技部五十年記念誌』三柳会編　松江北高等学校陸上競技部三柳会　2002.2　118, 66p　27cm　Ⓝ097.8

『創立百三十周年記念 松江北高等学校十年史―平成8年度～平成17年度』松江北高等学校十年史編集委員会編　島根県立松江北高等学校　2007.3　255p　22cm

『閉課程記念誌』松江北高通信閉課程記念誌編集委員会編　島根県立松江北高等学校通信制課程　2013　69p　30cm〈通信制58年のあゆみ：p21～42, 卒業記念写真：p43～69〉

『松江北高等学校十年史―創立百四十周年記念：平成十八年度―平成二十七年度』松江北高等学校十年史編集委員会編　松江　島根県松江北高等学校　2016.11　249p　22cm〈書誌注記：年表あり〉Ⓝ376.48

◆松江工業高等学校

『松工十年誌―昭和43年～52年』松工十年誌編集委員会編　島根県立松江工業高等学校　1979　166p　26cm

『八十周年記念 松工十年誌』松工十年誌編集委員会編　島根県立松江工業高等学校　1988.4　260p　27cm

『九十周年記念 松工十年誌』松工十年誌編集委員会編　島根県立松江工業高等学校　1998.3　272p　26cm

『松江工業高等学校百年史』松江　島根県立松江工業高等学校創立百周年記念事業実行委員会　2008.3　710p　27cm〈書誌注記：年表あり〉Ⓝ376.48

◆松江商業高等学校

『追録 松商十年誌 自昭和四十六年至昭和五十五年―島根県立松江商業高等学校創立八十周年記念』松商十年誌編集部編　島根県立松江商業高等学校　1981　257p　27cm

『追録 松商十年誌 自昭和五十六年至平成二年―島根県立松江商業高等学校創立九十周年記念』松商九十周年記念誌編集委員会編　島根県立松江商業高等学校　1992.3　258p　27cm

『松江商業高等学校百年史』島根県立松江商業

島根県

高等学校「百年史」編集委員会編　松江　島根県立松江商業高等学校　2002.1　1181p　27cm〈タイトルは標題紙・背による〉Ⓝ376.48

『追録 松商十年誌 平成13年—平成22年—島根県立松江商業高等学校創立百十周年記念』松商百十周年記念誌編集委員会編　島根県立松江商業高等学校　2011.3　248p　27cm

『追録松商十年誌—島根県立松江商業高等学校百二十周年記念』松商百二十周年記念誌編集委員会編集　松江　島根県立松江商業高等学校　2022.2　235p　26cm〈自平成二十三年至令和二年〉Ⓝ376.48

◆松江市立女子高等学校

『創立二十周年記念誌』創立20周年記念誌編集委員会編　松江　松江市立女子高等学校　1973　68p　18×26cm　Ⓝ376.4

『創立四十周年記念誌・追録十年誌』四十年誌編集委員会編　松江市立女子高等学校　1993.10　92p　26cm

『松江市立女子高等学校五十年史』松江市立女子高等学校編　松江市立女子高等学校　2004.3　647p　27cm

『松江市立女子高等学校十年史—創立六十周年記』松江市立女子高等学校十年史編集委員会編　松江市立女子高等学校　2014.6　205p　27cm〈年表：p200-205〉

◆松江市立皆美が丘女子高等学校

『創立七十周年記念松江市立皆美が丘女子高等学校十年史』松江市立皆美が丘女子高等学校創立70周年記念十年史編集委員会編　松江　松江市立皆美が丘女子高等学校　2024.3　167p　27cm〈書誌注記：年表あり〉Ⓝ376.48

◆松江西高等学校

『学校法人永島学園創立五十周年記念誌』永島学園創立五十周年記念誌編纂委員会編　永島学園　1978　342p　21cm

◆松江農林高等学校

『松農八十年史』松農八十年史編集委員会編　島根県立松江農林高等学校　1983.7　1258p　22cm

『松江農林高等学校百年史』島根県立松江農林高等学校百年史編集委員会編　島根県立松江農林高等学校　2000.6　463p　27cm〈年表：p458-461〉

『38年間の記録—高校生たちの残したフィルム』細木良男編　松江　島根県立松江農林高等学校写真部　2014.3　34p　30cm

『松江農林高等学校創立百二十周年記念誌』島根県立松江農林高等学校百二十周年記念誌編集委員会編集　松江　島根県立松江農林高等学校　2022.3　162p, 図版（ページ付なし）30cm〈書誌注記：年表あり　部分タイトル：島根県立松江農林高等学校創立百二十周年記念誌〉Ⓝ376.48

◆松江東高等学校

『松江東高等学校創立10周年記念誌』創立十周年記念誌編集委員会編　島根県立松江東高等学校　1993.9　225p　27cm　Ⓝ093.702

『創立20周年記念誌』創立二十周年記念誌編集委員会編　島根県立松江東高等学校　2004.10　241p　27cm　Ⓝ093.702

◆松江南高等学校

『松籟』島根県立松江南高等学校編　島根県立松江南高等学校　1970　118, 53p　26cm〈書名は表紙・奥付より. 背の書名：『開校十周年記念誌』〉

『松籟—創立三十周年記念誌』三十周年記念誌編集委員会編　松江　島根県立松江南高等学校　1990.9　298p　27cm〈折り込図1枚〉Ⓝ376.4

『松籟—創立五十周年記念誌』五〇周年記念誌編集委員会編　松江　島根県立松江南高等学校　2013.3　257p　27cm〈書誌注記：年表あり〉Ⓝ376.48

◆松江南高等学校宍道分校

『のぞみ—創立二十五周年記念誌』島根県立松江南高等学校宍道分校編　松江南高等学校宍道分校創立二十五周年記念事業実行委員会　1978　168p　18cm

『創立四十周年記念誌—島根県立松江南高等学校宍道分校』島根県立松江南高等学校宍道分校創立四十周年記念誌編纂委員会編　島根県立松江南高等学校宍道分校創立四十周年記念誌編纂委員会　1995.3　131p　22cm

◆三刀屋高等学校

『三刀屋高等学校五十年史』島根県立三刀屋高等学校編　島根県立三刀屋高等学校　1976　968p　22cm

『三刀屋高等学校十年史 追録—創立六十周年記念』三刀屋高等学校記念誌編集委員会編　島

島根県

根県立三刀屋高等学校　1985　696p　22cm

『創立七十周年記念 三刀屋高等学校十年史』三刀屋高等学校記念誌編集委員会編　島根県立三刀屋高等学校　1997　529p　22cm

『母校今昔―写真で綴る70年』島根県立三刀屋高等学校編　島根県立三刀屋高等学校　1997.3　1冊　31cm

『創立八十周年記念 三刀屋高等学校十年史』三刀屋高等学校記念誌編集委員会編　島根県立三刀屋高等学校　2005.12　459p　22cm

『創立九十周年記念 三刀屋高等学校十年史』三刀屋高等学校記念誌編集委員会編　島根県立三刀屋高等学校　2015.10　322p　22cm

◆三刀屋高等学校掛合分校

『三刀屋高等学校掛合分校創立三十周年記念誌』島根県立三刀屋高等学校掛合分校編　島根県立三刀屋高等学校掛合分校　1984　134p　21cm

『写真に見る掛高10年の歩み―昭和59年度～平成5年度』島根県立三刀屋高等学校掛合分校　島根県立三刀屋高等学校掛合分校　1993.11　12p　21×30cm

『創立五十周年記念誌』島根県立三刀屋高等学校掛合分校創立五十周年記念誌編集部会編　島根県立三刀屋高等学校掛合分校　2004.3　296p　27cm

『創立六十周年記念誌』島根県立三刀屋高等学校掛合分校創立六十周年記念誌編集部会編　雲南　島根県立三刀屋高等学校掛合分校創立六十周年記念誌編集部会　2014.3　113p　26cm〈共同刊行：三刀屋高等学校掛合分校〉　Ⓝ376.48

◆矢上高等学校

『矢上高等学校創立30周年記念誌』矢上高等学校創立30周年記念誌編集委員会　矢上高等学校　1979　120p　25×26cm

『資料にみる矢上高校40年の歩み』島根県立矢上高等学校　石見町（島根県）　島根県立矢上高等学校　1988.11　154p　26cm　Ⓝ376.4

『矢上高等学校五十年史』石見町（島根県）　島根県立矢上高等学校五十年史編集委員会　1998.10　467p　27cm　Ⓝ376.48

『矢上高等学校創立70周年記念誌』島根県立矢上高等学校70周年記念事業実行委員会　2019.5　82p　30cm

◆矢上高等学校瑞穂分校

『御幸が丘―矢上高校瑞穂分校創立三十周年記念誌』日野勝明編　矢上高等学校瑞穂分校　1978　132p　21cm

『老松御幸が丘―島根県立矢上高等学校瑞穂分校閉校記念誌』瑞穂分校閉校記念事業実行委員会編　瑞穂分校閉校記念事業実行委員会　1984.8　330p　27cm

◆安来高等学校

『女子バレーボール部』安来高等学校　1979　51p　21cm　Ⓝ097.8

『農魂は永遠に―安来市・能義郡農業教育80年の歩み』安来高等学校農業科記念誌刊行会編　安来　島根県立安来高等学校　1979.3　219p　26cm　Ⓝ376.4

『八十年誌』安来高等学校八十年誌編纂委員会編　島根県立安来高等学校　1981　420p　22cm

『島根県立安来高等学校九十年誌』島根県立安来高等学校編　島根県立安来高等学校　1991　293p　22cm

『安来高等学校百年史』島根県立安来高等学校編　島根県立安来高等学校　2001.3　817p　27cm

◆安来高等学校広瀬分校

『三十年の歩み―安来高校広瀬分校開校30周年記念誌』島根県立安来高等学校広瀬分校開校三十周年記念誌編集委員会編　島根県立安来高等学校広瀬分校　1979　215p　21cm

『富田川―島根県立安来高等学校広瀬分校閉校記念誌』島根県立安来高等学校広瀬分校閉校記念事業委員会編　島根県立安来高等学校広瀬分校　1984　358p　26cm

◆横田高等学校

『五十年の歩み―創立50周年記念』島根県立横田高等学校編　島根県立横田高等学校　1970　337p　21cm　Ⓝ093.7

『横田高等学校六十年史』横田高等学校記念史編集委員会編　島根県立横田高等学校　1980　752p　22cm

『横田高等学校十年史 創立七十周年記念―昭和55年～平成元年』横田高等学校記念史編集委員会編　島根県立横田高等学校　1991.3　437p　22cm

『島根県立横田高等学校創立80年記念写真集 いにしえの日に』稲陵会編　創立80年記念事業

岡山県

実行委員会　2000.12　112p　31cm

『横田高等学校十年史 創立八十周年記念』横田高等学校記念史編集委員会編　島根県立横田高等学校　2001.3　325p　22cm

『横田高等学校十年史 創立九十周年記念―平成12年～平成22年』横田高等学校記念誌編集委員会編　島根県立横田高等学校　2012.3　261p　27cm〈年表：p247-259〉

『横田高等学校百年史―創立百周年記念』横田高等学校創立百周年記念事業実行委員会記念史刊行部編　横田高等学校百周年記念事業実行委員会　2020.3　650p　27cm〈創立百年史年表：p629-650〉

◆吉賀高等学校

『校舎竣工並びに創立四十周年記念』島根県立吉賀高等学校編　島根県立吉賀高等学校　1990　13p　26cm

『創立五十周年記念誌』創立50周年記念誌編集委員会編　島根県立吉賀高等学校　1998.10　289p　27cm

◆立正大学淞南高等学校

『立正の風が吹いた！―大学野球日本一と甲子園ベスト8 育成力ある「立正野球」』岩瀬孝文著　成文堂　2011.3　81p　21cm（グリーンブックレット 4）800円　Ⓝ978-4-7923-9212-3　Ⓝ783.7

[目次]第1部 大学日本一に輝く立正大学「東都1部と明治神宮大会に初優勝」（創部61年目の東都初制覇、明治神宮大会初出場初優勝）、第2部 立正大淞南高2009夏の甲子園「わずか13人のベンチ」（ひと夏の軌跡、フレッシュマンインタビュー）、第3部 立正野球人育成力あふれる立正野球（松江城下に息づく力、北の大地に息吹あり、孤高のエース、厳しい入替戦を経験したことが最後に活きた、文武一体の実現へ）、記録集

『立正大淞南高校の個とチームの磨き方―常に自分に問え！ チームの為に何が出来るか』南健司著　竹書房　2021.3　205p　19cm　1600円　Ⓝ978-4-8019-2471-0　Ⓝ783.47

[目次]第1章 淞南から羽ばたいたJリーガー、第2章 高校サッカーの監督になるまで、第3章 淞南を全国大会の常連に導いた方法、第4章 他と違うのはサッカーだけじゃない淞南流の学校生活、第5章 新型コロナを乗り越えて、第6章 関係者が語る「立正大淞南」のサッカーとは？

[内容]全国選手権出場18回、インターハイ出場13回、全国屈指のサッカー強豪校・立正大淞南高校。中学時代それほど目立った実績を残していない選手たちを磨き上げ、強烈な個性を持ったJリーガーを多数育て上げた名将の独自の哲学に基づく魅力あるチーム作り、選手育成法に迫る。

岡山県

◆井原高等学校

『井原高校70年史』岡山県立井原高等学校七十年史編集委員会編集　井原　井原高等学校　1974.10　101p　24×26cm　非売品　Ⓝ376

『岡山県立井原高等学校80周年誌』岡山県立井原高等学校80周年誌編集委員会編　井原　井原高等学校　1983　153p（図共）27cm　Ⓝ376

『［岡山県立井原高等学校］九十周年誌』井原高等学校90周年記念誌編集委員会編集　井原　井原高等学校　1993.10　213p　27cm　Ⓝ376.4

『［岡山県立井原高等学校］創立百周年記念誌―萩の道』井原高等学校100周年記念誌編集委員会編集　井原　井原高等学校　2004.1　199p　31cm　Ⓝ376.4

◆井原市立高等学校

『井原市立高等学校創立20周年記念誌』井原市立高等学校編　井原　井原市立高等学校　1984　60p（図共）26cm　Ⓝ376

『［井原市立高等学校］創立三十周年記念誌』井原市立高等学校編　井原　井原市立高等学校　1994　60p　26cm　Ⓝ376

『［井原市立高等学校］創立40周年記念誌―「心安らぐ学びの場」を求めて』井原市立高等学校編　井原　井原市立高等学校　2004.11　68p　24cm　Ⓝ376

『［井原市立高等学校］創立50周年記念誌―50年の歴史を誇りに新たな未来へ』井原市立高等学校編　井原　井原市立高等学校　2014.11　88p　30cm　Ⓝ376.7

◆烏城高等学校

『夜間定時制高校の半世紀―烏城高等学校50周年記念誌』岡山県立烏城高等学校50周年記念誌編集委員会編著　岡山　烏城高等学校　1992　143p 図版16p　26cm　Ⓝ376

『烏城高等学校60周年記念誌』岡山県立烏城高等学校60周年記念誌編集委員会編著　岡山　烏城高等学校　2002.11　61p　26cm　Ⓝ376.

岡山県

4
『烏城─［岡山県立烏城高等学校］創立70周年記念誌』岡山県立烏城高等学校記念誌編集委員会編集　岡山　岡山県立烏城高等学校　2012.11　111p　30cm〈書名は奥付・背・表紙による.標題紙の書名：創立70周年記念誌〉Ⓝ376.4

『烏城─［岡山県立烏城高等学校］創立80周年記念誌』岡山県立烏城高等学校記念誌編集委員会編集　岡山　岡山県立烏城高等学校　2022.11　63p　30cm〈沿革：p48〉Ⓝ376.4

◆大原高等学校

『北極星─［大原高等学校］創立35周年・校舎改築落成記念誌』大原高等学校記念誌編集委員会編　大原町（英田郡）大原高等学校　1983.5　76p　26cm　Ⓝ376.4

『北極星─［大原高等学校］創立50周年記念誌』大原高等学校編　大原町（英田郡）大原高等学校　1998.10　69p　31cm　Ⓝ376.4

『ああわが母校─［大原高等学校］閉校記念誌』大原高等学校記念誌作成委員会編　美作　大原高等学校記念誌作成委員会　2006.3　87p　30cm　Ⓝ376.4

◆岡山朝日高等学校

『朝日高校書道部20年』岡山朝日高等学校書道部編　岡山　朝日高校書道部20周年記念誌出版委員会　1970　122p　図　26cm　非売　Ⓝ728.06

『岡山県立岡山朝日高等学校写された110年』岡山県立岡山朝日高等学校同窓資料室編　岡山　岡山県立岡山朝日高等学校　1984.11　83p　30cm〈背の書名：写された百十年〉Ⓝ376.4

『岡山中学事物起源覚書』後神俊文編著　岡山　後神俊文　1988.3　392p　22cm　Ⓝ376.4

『私たちの先輩　1』岡山朝日高等学校同窓資料館編集　岡山　岡山朝日高等学校　1991　40p　22cm（岡山朝日高校同窓資料館叢書 2）Ⓝ280

『岡中・一中・朝日高校出身の文学関係著名人』岡山朝日高等学校同窓資料館編　岡山　岡山朝日高等学校　1996.11　37p　21cm　Ⓝ902

『岡山朝日高校サッカー部六〇年誌』岡山朝日高校サッカー部六〇年誌編集委員会編　岡山　岡山朝日高等学校サッカー部OB会　2003.11　159, 18p　26cm　Ⓝ376

『私たちの先輩　2』第4版　岡山朝日高等学校同窓資料館編集　岡山　岡山朝日高等学校　2003.11　40p　21cm（岡山朝日高校同窓資料館叢書 3）Ⓝ280

『岡山朝日高等学校の生い立ち　戦前篇』校史編纂室編　岡山　岡山県立岡山朝日高等学校　2004.11　330p　21cm〈年表あり〉非売品　Ⓝ376.48

『写真で綴る130年─岡山県立岡山朝日高等学校』岡山県立岡山朝日高等学校編　岡山　岡山県立岡山朝日高等学校　2004.12　90p　30cm　Ⓝ376.48

『私たちの先輩』岡山朝日高等学校同窓資料館編集　岡山　岡山朝日高等学校　2007.11　108p　21cm（岡山朝日高等学校同窓資料館叢書 6）Ⓝ280

『岡山朝日高等学校内に残る旧第六高等学校由来の建造物─岡山県立岡山朝日高等学校登録有形文化財一般公開資料』岡山朝日高等学校編　岡山　岡山朝日高等学校　2011　1冊　26cm　Ⓝ376.4

『演劇に燃えた高校生たち─岡山朝日高校演劇部史1948-2012』末安哲編著　岡山　岡山朝日高校演劇部史を創る会　2012.12　416p　26cm〈書誌注記：文献あり〉Ⓝ775.7

『岡山朝日高等学校史　資料編 1　旧制中学入試』岡山県立岡山朝日高等学校資料館編　岡山　岡山県立岡山朝日高等学校　2014.11　395p　26cm　Ⓝ376.48

『岡山朝日高等学校史　資料編 2　旧制中学運動会』岡山県立岡山朝日高等学校資料館編　岡山　岡山県立岡山朝日高等学校　2016.3　212, 16p　26cm　Ⓝ376.48

『写真で語る140年─岡山県立岡山朝日高等学校』3訂版　岡山県立岡山朝日高等学校資料館編　岡山　岡山県立岡山朝日高等学校　2020.4　190p　30cm　Ⓝ376.48

『岡山朝日高等学校内に残る旧第六高等学校由来の建造物 2023─岡山県立岡山朝日高等学校登録有形文化財（建造物）の紹介』岡山朝日高等学校編　岡山　岡山朝日高等学校　2023　1冊　30cm

◆岡山一宮高等学校

『［岡山一宮高等学校］創立十周年記念誌』岡山一宮高等学校創立十周年記念誌編集委員会編集　岡山　岡山一宮高等学校　1989.11　104p　31cm　Ⓝ376.4

『［岡山一宮高等学校］創立二十周年記念誌』岡山県立岡山一宮高等学校編集委員会編集　岡山　岡山一宮高等学校　1999.11　277p

岡山県

21cm Ⓝ376.4

『［岡山一宮高等学校］創立三十周年記念誌』岡山県立岡山一宮高等学校創立30周年記念事業実行委員会編集　岡山　岡山一宮高等学校　2009.11　111p　31cm　Ⓝ376.4

『［岡山一宮高等学校］創立四十周年記念誌』岡山県立岡山一宮高等学校創立40周年記念事業実行委員会編集　岡山　岡山一宮高等学校　2019.11　78p　30cm　Ⓝ376.4

◆岡山学芸館高等学校

『選抜高等学校野球大会初出場記念　第73回―2001年3月』岡山　岡山学芸館高等学校　〔2001〕　1冊　31cm

『西大寺から世界へ　あしたへ翔る―創立50周年　学校法人森教育学園岡山学芸館高等学校』水原晶代編集　岡山　森教育学園　2009.9　68p　21×30cm〈沿革：p64, 65〉Ⓝ376.4

『奇跡の学校―なぜ滑り止め校が進学校に変わったのか』森靖喜著　PHP研究所　2014.9　223p　19cm　1500円　①978-4-569-82041-5　Ⓝ376.4175

　目次　第1章「落ちこぼれ校」と呼ばれて、第2章 教職員組合との戦いの日々、第3章 英語教育による "槍の穂先戦略"、第4章 SI導入で学園を改革、第5章 急成長する国公立大学への進学躍進、第6章 人間力を育成する "立派な日本人教育"

　内容　岡山学芸館高校の改革ストーリー。そして転機が訪れた！

『日本人精神をつなぐ―令和元年　岡山学芸館創立60周年』岡山　森教育学園　2019.8　35p　30cm〈沿革：34p〉

『空き地から日本一！　奇跡を起こした雑草軍団　岡山学芸館高校のチームが成長する組織づくり』高原良明著　竹書房　2024.4　223p　19cm〈表紙のタイトル：OUR TEAM OKAYAMA GAKUGEIKAN FOOTBALL〉　1700円　①978-4-8019-3810-6　Ⓝ783.47

◆岡山県共生高等学校

『50年のあゆみ―［天真学園］創立50周年記念写真集』天真学園創立50周年事業実行委員会記念誌班編集　新見　天真学園　2000.10　38p　30cm　Ⓝ376.4

『花も嵐も―学校法人天真学園五十年の歩み』天真学園編、テレビせとうちクリエイト製作　新見　天真学園　2000.10　1冊　30cm　Ⓝ376.4

◆岡山県公立真備陵南高等学校

『［岡山県公立真備陵南高等学校］創立50周年記念誌』岡山県公立真備陵南高等学校創立50周年記念誌編集委員会編　真備町（吉備郡）岡山県公立真備陵南高等学校　1998.11　60p　26cm　Ⓝ376.4

◆岡山工業高等学校

『［岡山工業高等学校］七十年史』岡山工業高等学校編　岡山　岡山工業高等学校　1971.9　162p　22cm　Ⓝ376

『岡山県立岡山工業高等学校創立八十周年記念誌』岡山県立岡山工業高等学校八十周年記念誌編集委員会編　岡山　岡山工業高等学校　1981.10　310p（図共）27cm　Ⓝ376

『岡工の90年―創立90周年記念誌』90周年記念誌編集委員会編　岡山　岡山県立岡山工業高等学校創立90周年記念事業実行委員会　1991.10　148p　31cm　Ⓝ376.4

『工の伝統―創立100周年記念誌』記念誌編集委員会編　岡山　創立100周年記念誌編集委員会　2001.12　166p　31cm〈共同刊行：岡山県立岡山工業高等学校〉Ⓝ376.48

『工の伝統―［岡山県立岡山工業高等学校］創立110周年記念誌』岡山県立岡山工業高等学校記念誌編集委員会編集　岡山　岡山工業高等学校　2011.12　97p　31cm　Ⓝ376.4

『工の伝統―［岡山県立岡山工業高等学校］創立120周年記念誌』岡山県立岡山工業高等学校記念誌編集委員会編集　岡山　岡山工業高等学校創立120周年記念事業実行委員会　2022.3　108p　31cm〈付：岡工周辺鳥瞰図（1枚）〉

◆おかやま山陽高等学校

『調理科全国大会記念誌―［おかやま山陽高等学校］調理科13年のあゆみ』おかやま山陽高等学校編　鴨方町（浅口郡）おかやま山陽高等学校　1998.10　79p　31cm　Ⓝ376.4

『おかやま山陽高等学校創立80周年記念誌』おかやま山陽高等学校創立80周年記念誌編纂委員会編集　鴨方町（浅口郡）おかやま山陽高等学校　2004.2　88p　31cm〈書名は奥付より.背・表紙の書名：創立80周年記念誌〉Ⓝ376.4

『おかやま山陽高等学校創立90周年記念誌』おかやま山陽高等学校創立90周年記念誌編纂委員会編集　鴨方町（浅口郡）おかやま山陽高等学校　2014.3　1冊　31cm〈背・表紙の書名：創立90周年記念誌〉Ⓝ376.4

◆岡山商科大学附属高等学校

『一心―吉備学園百周年記念誌』岡山商科大学附属高等学校100周年記念誌刊行部会，ジャパンインターナショナル総合研究所編　岡山　岡山商科大学附属高等学校　2011.10　96p　31cm　Ⓝ376.4

『学校法人吉備学園岡山商科大学附属高等学校110周年記念誌』岡山商科大学附属高等学校編　岡山　岡山商科大学附属高等学校　2021.10　65p　30cm〈年表あり〉

『私立吉備商業学校創立者井尻艶太―商業教育にささげた苦難の生涯』赤井克己著，吉備人出版編集　岡山　岡山商科大学附属高等学校創立110周年記念事業実行委員会　2021.11　17p　21cm

◆岡山城東高等学校

『岡山城東―創立10周年記念誌』岡山城東高等学校創立十周年記念誌編集委員会編集　岡山　岡山城東高等学校　1996.11　234p　27cm〈奥付の書名：岡山県立岡山城東高等学校創立十周年記念誌，背の書名：創立十周年記念誌〉Ⓝ376

『岡山城東―創立20周年記念誌』岡山城東高等学校創立20周年記念誌編集委員会編集　岡山　岡山城東高等学校　2006.10　152p　27cm〈奥付の書名：岡山県立岡山城東高等学校創立20周年記念誌〉Ⓝ376.4

『城東野球の軌跡―岡山県立岡山城東高校』山崎慶一著　岡山　山崎慶一後援会／山陽新聞出版センター（制作）2007.3　241p　19cm　1143円　Ⓘ978-4-9903428-2-1　Ⓝ783

『岡山県立岡山城東等学校創立30周年記念誌』岡山城東高等学校創立30周年記念誌編集委員会編　岡山　岡山城東高等学校　2016.11　45p　30cm　Ⓝ376.4

◆岡山市立岡山工業高等学校

『ふるまつ―創立90周年記念誌』岡山　岡山市立岡山工業高等学校　1992.11　84p　26cm　Ⓝ376

◆岡山市立岡山後楽館高等学校

『後楽館創立10周年記念誌』岡山後楽館10周年記念誌編集委員会編　岡山　岡山市立岡山後楽館高等学校　2001.3　92p　30cm　Ⓝ376.4

◆岡山市立岡山後楽館高等学校伊福校舎

『ふるまつ―白寿記念誌』岡山市立岡山後楽館高等学校伊福校舎（旧岡山市立岡山工業高等学校）編　岡山　岡山市立岡山後楽館高等学校伊福校舎（旧岡山市立岡山工業高等学校）2002.3　75p　26cm〈付：「岡山市立工業高等新聞」復刻版（第16号，38号），校歌（1枚）岡山市立岡山後楽館高等学校伊福校舎沿革略史：p13～15〉

◆岡山市立岡山商業高等学校

『写真でつづる市商の歴史―［岡山市立岡山商業高等学校］創立50周年記念誌』創立50周年記念事業実行委員会編集　岡山　岡山市立岡山商業高等学校　1998.11　112p　26cm　Ⓝ376.4

◆岡山操山高等学校

『岡山県第二岡山中学校排球部，岡山県立岡山操山高等学校バレーボール部史』渡辺一雄，森田一久編　岡山　岡山操山高校バレーボール部同窓会　1979　127p　26cm　Ⓝ376

『最近十年の歩み』記念誌編集委員会編　岡山　岡山県立岡山操山高等学校　1979.9　271p　22cm〈創立八十周年記念　共同刊行：創立八十周年記念事業実行委員会〉Ⓝ376.4

『創立九十周年記念誌』記念誌編集委員会編　岡山　岡山県立岡山操山高等学校　1989.10　326p　22cm〈共同刊行：創立九十周年記念事業実行委員会〉Ⓝ376

『岡山操山高校演劇部史―1945～1990』赤木慎平著　岡山　岡山操山高校演劇部史を創る会　1995.1　272p　26cm　Ⓝ775.7

『創立百年史』創立百年史編集委員会編　岡山　岡山県立岡山操山高等学校　1999.10　677p　27cm〈共同刊行：創立百周年記念事業実行委員会〉Ⓝ376.48

『［岡山操山高等学校］創立百十周年記念誌』岡山操山高等学校百十周年記念事業実行委員会編　岡山　岡山操山高等学校百十周年記念事業実行委員会　2009.10　251p　図版20p　30cm　Ⓝ376.4

『岡山県立岡山操山高等学校野球部90年の軌跡―since 1923』二中・操山野球部OB会事務局編　岡山　二中・操山野球部OB会事務局　2013.11　126p　30cm　Ⓝ783

◆岡山大安寺高等学校

『創立三十年史』創立三十年史編集委員会編　岡山　岡山県立岡山大安寺高等学校創立三十周年記念行事企画委員会　1992.10　573p

岡山県

22cm Ⓝ376.4

『[岡山大安寺高等学校]創立40周年記念誌』岡山県立岡山大安寺高等学校創立40周年記念誌編集委員会編集　岡山　岡山大安寺高等学校　2002.11　82p　30cm〈奥付の発行者の表記：岡山県立岡山大安寺高等学校創立40周年記念事業実行委員会〉Ⓝ376.4

『岡山県立岡山大安寺高等学校創立五十周年記念誌』岡山　岡山県立岡山大安寺高等学校　2012.10　176p　31cm〈書誌注記：年表あり　背のタイトル：創立五十周年記念誌〉Ⓝ376.48

◆岡山白陵高等学校

『[学校法人三木学園　岡山白陵中学校・岡山白陵高等学校]30周年記念誌―1976～2006』岡山白陵中学校・岡山白陵高等学校編集　赤磐　岡山白陵中学校・岡山白陵高等学校　2006.11　152p　30cm　①4-86007-087-9　Ⓝ376

『40周年記念誌―学校法人三木学園岡山白陵中学校・岡山白陵高等学校』岡山白陵中学校・岡山白陵高等学校編　赤磐　岡山白陵中学校・岡山白陵高等学校　2016.11　225p　30cm〈書誌注記：年表あり　共同刊行：岡山白陵高等学校〉①978-4-9909254-0-6　Ⓝ376.48

◆岡山東商業高等学校

『岡山県立岡山東商業高等学校創立80周年記念誌―温故知新』岡山県立岡山東商業高等学校編　岡山　岡山東商業高等学校　1978.10　112p(図共)　26cm〈付：年表(1枚)〉Ⓝ376.4

『球魂の軌跡―[岡山東商業高等学校バレーボール部]創設60周年記念(男子)　30周年記念(女子)』岡山県立岡山東商業高等学校バレーボール部編　岡山　岡山東商業高等学校バレーボール部　1983.8　135p　26cm　Ⓝ376

『[岡山東商業高等学校]創立90周年記念誌』岡山県立岡山東商業高等学校編　岡山　岡山東商業高等学校　1988　75p　26cm　Ⓝ376

『[岡山東商業高等学校バレーボール部]創部75周年記念誌』岡山県立岡山東商業高等学校バレーボール部編　岡山　岡山東商業高等学校バレーボール部　1999.3　129p　26cm　Ⓝ376

『岡山東商百年史』岡山県立岡山東商業高等学校「岡山東商百年史」編集委員会編　岡山　岡山県立岡山東商業高等学校創立百周年記念事業実行委員会　1999.3　1011p　27cm　Ⓝ376.4

『岡山県立岡山東商業高等学校吹奏楽部創部100周年記念誌―翠の光』岡山東商業高等学校吹奏楽部創部百周年記念事業実行委員会編　岡山　岡山東商業高等学校吹奏楽部創部100周年記念事業実行委員会　2006.5　114p　30cm　Ⓝ764.6

『岡山東商創立110周年記念誌』岡山東商業高等学校編　岡山　岡山東商業高等学校　2008.10　111p　30cm〈書名は奥付より．標題紙・表紙・背の書名：創立110周年記念誌〉Ⓝ376.4

『[岡山東商業高等学校]創立120周年記念誌―岡山東商創立120周年記念誌』岡山県立岡山東商業高等学校編　岡山　岡山東商業高等学校　2018.10　110p　30cm〈副書名は奥付より　東商120年のあゆみ：p93-109〉Ⓝ376.4

◆岡山芳泉高等学校

『創立十年誌』岡山　岡山県立岡山芳泉高等学校創立10周年行事委員会　1983.11　233p　21cm　Ⓝ376.4

『[岡山芳泉高等学校]創立二十年誌』岡山芳泉高等学校創立二十年誌編集委員会編集　岡山　岡山芳泉高等学校　1993.11　286p　21cm　Ⓝ376

『創立三十年誌』創立三十年誌編集委員会編　岡山　岡山県立岡山芳泉高等学校創立30周年行事委員会　2003.11　281p　21cm　Ⓝ376.48

『芳泉高等学校野球部30年の歩み』岡山芳泉高等学校野球部OB会30周年記念誌編集メンバー編　岡山　岡山芳泉高等学校野球部OB会　2004.8　100p　30cm　Ⓝ376

『創立40周年記念誌』創立40周年記念誌編集委員会編　岡山　岡山県立岡山芳泉高等学校　2013.11　80p　30cm〈書誌注記：年表あり〉Ⓝ376.48

『岡山県立岡山芳泉高等学校創立五十周年記念誌―芳泉』創立50周年記念誌編集委員会編集　岡山　岡山県立岡山芳泉高等学校　2023.10　95p　31cm〈書誌注記：年表あり〉Ⓝ376.48

◆岡山南高等学校

『[岡山南高等学校]創立70周年記念誌』岡山南高等学校,創立七十周年記念誌編集委員会編　岡山　岡山南高等学校　1972.11　108p　21cm

『選抜高等学校野球大会出場記念　第49回』岡山　岡山南高等学校第49回選抜高等学校野球大会助成会　[1977]　1冊　29cm　Ⓝ783

『全国選抜高等学校野球大会出場記念 第54回』岡山南高等学校第54回選抜高校野球大会アルバム編集委員編　岡山　岡山南高等学校第54回選抜高等学校野球大会助成会　1979.5　1冊　30cm〈開催期間：1982年3月26日～4月5日〉Ⓝ783

『全国高校野球選手権大会出場記念 第63回―甲子園への道』岡山南高等学校編　岡山　岡山南高等学校　1981.9　1冊　30cm〈第63回開催期間：昭和56年8月8日～21日〉Ⓝ783

『岡山県立岡山南高等学校創立80周年記念写真集』岡山南高等学校編　岡山　岡山南高等学校　1982.11　1冊（おもに図）30cm　Ⓝ376

『全国高等学校野球選手権記念大会出場記念 第65回』岡山南高等学校第65回全国高等学校野球選手権記念大会アルバム編集委員編　岡山　岡山南高等学校第65回全国高等学校野球選手権記念大会助成会　1983.9　1冊　30cm〈第65回開催期間：1983年8月8日～8月21日〉Ⓝ783

『全国高等学校野球選手権大会出場記念 第66回』岡山南高等学校第66回全国高等学校野球選手権大会アルバム編集委員編　岡山　岡山南高等学校第66回全国高等学校野球選手権大会助成会　1984.10　1冊　30cm〈第66回開催期間：1984年8月8日～8月21日〉Ⓝ783

『全国高等学校野球選手権大会出場記念 第67回』岡山南高等学校第67回全国高等学校野球選手権大会アルバム編集委員編　岡山　岡山南高等学校第67回全国高等学校野球選手権大会助成会　1985.10　1冊　30cm〈第67回開催期間：1985年8月8日～8月21日〉Ⓝ783

『選抜高等学校野球大会出場記念 第58回』岡山南高等学校第58回選抜高校野球大会アルバム編集委員編　岡山　岡山南高等学校　1986.5　1冊　30cm〈開催期間：1986年3月26日～4月5日〉Ⓝ783

『選抜高等学校野球大会出場記念 第59回』岡山南高等学校第59回選抜高校野球大会アルバム編集委員編　岡山　岡山南高等学校　1987.5　1冊　30cm〈開催期間：1987年3月26日～4月4日〉Ⓝ783

『岡山県立岡山南高等学校創立九十周年記念誌』岡山　岡山南高等学校　1992.11　126p　26cm　Ⓝ376

『百年のあゆみ』岡山県立岡山南高等学校記念誌編集委員会編　岡山　岡山県立岡山南高等学校創立百周年記念事業実行委員会　2002.11　931p　27cm〈奥付のタイトル：岡山南高百年のあゆみ〉Ⓝ376.48

◆岡山理科大学附属高等学校

『初出場甲子園―第62回全国高等学校野球選手権大会』岡山理科大学附属高等学校教職員編集協力　岡山　岡山理科大学附属高等学校第62回全国高等学校野球選手権大会後援会　1980　1冊（おもに図版）20×27cm〈奥付の書名：第62回全国高等学校野球選手権大会甲子園〉Ⓝ783

『甲子園 初出場―第52回選抜高校野球大会』岡山理科大学附属高等学校野球部後援会編　岡山　岡山理科大学附属高等学校野球部後援会　1980.7　1冊　27cm〈書名は表紙による．奥付の書名：甲子園 第52回選抜高校野球初出場記念〉Ⓝ783

『柔道―30周年記念誌』岡山理科大学附属高等学校柔道部・柔道部OB会編　岡山　岡山理科大学附属高等学校柔道部OB会　1992.7　176p　27cm〈奥付の書名：30周年記念誌「OB部員紹介」「現役部員紹介」「役員 OB 部員住所録」（P.121～154）あり〉Ⓝ789

『夢舞台 甲子園―第66回選抜高校野球大会 岡山理科大学附属高等学校』岡山理科大学附属高等学校編　岡山　加計学園広報室　1994.7　56p　31cm〈背の書名：第66回選抜高校野球大会〉Ⓝ783

『道 甲子園／第70回選抜高校野球大会記念誌―第70回選抜高校野球大会』岡山理科大学附属高等学校編　岡山　加計学園広報室　1998.8　64p　31cm〈背の書名：第70回選抜高校野球大会記念誌〉Ⓝ783

『飛翔甲子園―理大附属高校野球記念誌／第81回全国高校野球選手権大会／栄光の準優勝』岡山理科大学附属高等学校編　岡山　加計学園広報室　1999.11　70p　30cm　Ⓝ783

『友愛 2000年 夏―甲子園 第82回全国高校野球選手権大会 岡山理科大学附属高等学校』朝日新聞出版局出版サービス編集・制作　岡山　加計学園　2000.12　63p　30cm　Ⓝ783

『闘志―第86回全国高等学校野球選手権大会 2004 夏 甲子園』岡山理科大学附属高等学校編　岡山　岡山理科大学附属高等学校　2005.1　62p　30cm　Ⓝ783

『道―第87回選抜高等学校野球大会出場記念』岡山理科大学附属高等学校編集, 毎日新聞社編集協力　岡山　岡山理科大学附属高等学校　[2015]　58p　30cm〈学校沿革：p58〉Ⓝ783

岡山県

◆邑久高等学校

『新良田―閉校記念誌』岡山県立邑久高等学校新良田教室閉校記念事業実行委員会編　邑久町(岡山県)岡山県立邑久高等学校新良田教室閉校記念事業実行委員会　1987.2　225p　27cm　Ⓝ376.4

『岡山県立邑久高等学校創立70周年記念写真集』岡山県立邑久高等学校創立70周年記念写真集編集委員会編　邑久町(邑久郡)邑久高等学校　1990　1冊　30cm　Ⓝ376

『[邑久高等学校]創立80周年記念誌』邑久高等学校創立80周年記念事業実行委員会記念誌係編　邑久町(邑久郡)邑久高等学校　2001.2　119p　30cm　Ⓝ376.4

『[邑久高等学校]創立90周年記念誌』邑久高等学校創立90周年記念事業実行委員会記念誌係編集　邑久町(邑久郡)邑久高等学校　2010.11　31p　30cm〈平成13年度～平成22年度〉Ⓝ376.4

『[岡山県立邑久高等学校]創立百周年記念誌―100th』岡山県立邑久高等学校企画・編集、山陽新聞社編集・制作　瀬戸内　邑久高等学校　2020.11　123p　30cm　Ⓝ376.4

◆落合高等学校

『白梅―創立50周年記念誌』岡山県立落合高等学校五十周年記念誌委員会編　落合町(真庭郡)落合高等学校　1974.11　88p　22cm〈岡山県立落合高等学校創立50周年記念誌〉Ⓝ376

『白梅―創立七十周年記念誌』落合高等学校創立七十周年記念誌編集委員会編　落合町(真庭郡)落合高等学校　1993　218p　31cm　Ⓝ376

『清流―[落合高等学校]創立八十周年記念誌』落合高等学校創立八十周年記念誌編集委員会編　落合町(真庭郡)落合高等学校　2003.11　45p　26cm　Ⓝ376.4

◆笠岡高等学校

『笠岡高校七十年史―笠岡高等学校七十年史』笠岡高等学校70年史編集部編　笠岡　笠岡高等学校70年史編集部　1972.10　114p　図共　24×26cm〈副書名は背表紙から〉Ⓝ376

『友千鳥―創立90周年記念誌』創立90周年記念誌編集委員会編　笠岡　岡山県立笠岡高等学校　1992.10　179p　31cm　Ⓝ376.4

『千鳥―[笠岡高等学校]創立100周年記念誌』笠岡高等学校創立100周年記念事業編集　笠岡　笠岡高等学校　2002.10　212p　31cm〈背、奥付の書名：創立100周年記念誌〉Ⓝ376

『[岡山県立笠岡高等学校]創立110周年記念誌―千鳥』笠岡高等学校創立110周年記念事業実行委員会編集　笠岡　笠岡高等学校　2012.10　62p　30cm〈表紙の書名：千鳥〉Ⓝ376.4

◆笠岡工業高等学校

『笠工五十年史』岡山県立笠岡工業高等学校創立五十周年記念誌編集委員会編集　笠岡　笠岡工業高等学校　1994　215p　31cm　Ⓝ376

◆笠岡商業高等学校

『笠商80周年記念誌―創立八十周年記念誌』笠岡商業高等学校,笠岡商業高等学校創立80年記念誌編集委員会,吸江会編　笠岡　笠岡商業高等学校　1981.10　107p　21cm〈共同刊行：創立80年記念誌編集委員会,吸江会.副書名は、奥付から〉非売品

『[岡山県立笠岡商業高等学校]創立90周年記念誌　1902年(明治35年)-1991年(平成3年)』笠岡商業高等学校創立90年記念誌編集委員会,吸江会編集　笠岡　笠岡商業高等学校　1991.10　90p　26cm〈共同刊行：吸江会〉Ⓝ376

『笠商百周年記念史』岡山県立笠岡商業高等学校「笠商百周年記念史」編集委員会編集　笠岡　笠岡商業高等学校　2002.3　697p　31cm　Ⓝ376.4

『岡山県立笠岡商業高等学校110周年記念誌』正文社印刷所企画・編集・印刷　笠岡　笠岡商業高等学校　2011.10　95p　30cm〈10年の歩み：p21～30〉Ⓝ376

◆勝間田高等学校

『映像に見る110年―創立90周年記念誌』木村泰二編　津山　岡山県立勝間田高等学校校友会　1991.4　46p　26cm　Ⓝ376.4

『映像に見る120年―創立100周年記念写真集』岡山県立勝間田高等学校創立100周年記念事業実行委員会映像に見る120年編集委員会編　勝央町(岡山県)岡山県立勝間田高等学校校友会　2001.11　73p　31cm　Ⓝ376.48

『勝間田高校百年史』岡山県立勝間田高等学校創立百周年記念事業実行委員会百年史編集委員会編　勝央町(岡山県)岡山県立勝間田高等学校校友会　2001.11　961p　図版10枚　22cm　Ⓝ376.48

『勝間田高校の130年—創立110周年記念誌』岡山県立勝間田高等学校創立110周年記念事業実行委員会, 勝間田高校の130年編集委員会編　勝央町（岡山県）　岡山県立勝間田高等学校校友会　2011.11　89p　31cm〈書誌注記：年表あり〉非売品　Ⓝ376.48

◆勝間田農林高等学校

『勝農史—八十周年記念』木村泰二編　勝央町（勝田郡）勝間田農林高等学校　1981　545p　図19枚　22cm　Ⓝ376

◆勝山高等学校

『［勝山高等学校］サッカー部35年史』勝山高等学校サッカー部35年史編集委員会編　勝山町（真庭郡）勝山高等学校サッカー部OB会　1982　193p（図共）27cm　Ⓝ375

『［勝山高等学校］創立七十周年記念写真集』岡山県立勝山高等学校創立70周年記念写真集編集委員会編集　勝山町（真庭郡）勝山高等学校　1982.5　93p　31cm　Ⓝ376

『創立80周年記念誌』岡山県立勝山高等学校創立八十年誌編集委員会編　勝山町（岡山県）岡山県立勝山高等学校　1991.10　368p　21cm〈奥付の書名：創立八十年誌〉Ⓝ376.4

『［勝山高等学校］創立九十周年記念写真集』勝山高等学校創立九十周年記念誌編集委員会編　勝山町（真庭郡）勝山高等学校　2001.9　117p　31cm　Ⓝ376.4

『勝山高校創立百周年記念誌』岡山県立勝山高等学校編　真庭　岡山県立勝山高等学校　2011.10　192p　31cm〈明治44年（1911）-平成23年（2011）百年のあゆみ：p30～34〉Ⓝ376.4

◆勝山高等学校湯原分校

『岡山県立勝山高等学校湯原分校創立30周年記念誌—創立30周年・格技場竣工』岡山県立勝山高等学校湯原分校記念誌編集委員会編　湯原町（真庭郡）勝山高等学校湯原分校　1980　56p（図共）26cm〈表紙・背の書名：記念誌〉Ⓝ376

『閉校記念誌　紫明・湯原』岡山県立勝山高等学校湯原分校閉校記念事業実行委員会編　湯原町（真庭郡）勝山高等学校湯原分校閉校記念事業実行委員会　1987　106p　27cm　Ⓝ376

◆金川高等学校

『玉松—岡山県立金川高等学校創立百周年記念誌』御津町（御津郡）金川高等学校創立百周年記念会　1984　309p　図15枚　22cm　Ⓝ376

『海外校友誌—岡山県立金川高等学校創立百十周年記念誌』御津町（御津郡）金川高等学校創立百十周年記念事業実行委員会　1994　326p　22cm〈付：金川街図(1枚)〉Ⓝ376

『［岡山県立金川高等学校］創立110周年記念写真集』御津町（御津郡）金川高等学校創立百十周年記念事業実行委員会　1994.11　94p　31cm　Ⓝ376

『岡山県立金川高等学校創立百二十周年記念誌』御津町（岡山県）岡山県立金川高等学校創立百二十周年記念事業実行委員会　2004.11　356p　22cm〈年表あり〉Ⓝ376.48

『秀芳—岡山県立金川高等学校創立120周年記念』創立120周年記念秀芳委員会編　御津町（岡山県）岡山県立金川高等学校校友会　2004.11　269p　27cm　Ⓝ376.48

◆金山学園高等学校

『教育実績の記録—新聞・テレビ報道集』金山学園高等学校編　岡山　［金山学園高等学校］　［1988］　72p　26cm　Ⓝ376.4

『［金山学園高等学校］軌跡30年』金山学園高等学校編　岡山　［金山学園高等学校］　［1989］　48p　19×26cm　Ⓝ376.4

◆鴨方高等学校

『［鴨方高等学校］創立70年史』鴨方高等学校70周年記念誌編集委員会編　鴨方町（浅口郡）鴨方高等学校　1977　186p　図　26cm　Ⓝ376

『［鴨方高等学校］創立80周年記念誌』鴨方高等学校80周年記念誌編集委員会編集　鴨方町（浅口郡）鴨方高等学校　1987.10　137p　26cm　非売品　Ⓝ376

『岡山県立鴨方高等学校創立90周年記念誌』90周年記念誌編集委員会編　鴨方町（岡山県）岡山県立鴨方高等学校　1997.10　189p　26cm〈標題紙等のタイトル：創立90周年記念誌〉非売品　Ⓝ376.48

『［岡山県立鴨方高等学校］創立百周年記念誌』岡山県立鴨方高等学校100周年記念誌編集委員会編　浅口　鴨方高等学校　2007.10　152p　31cm　非売品　Ⓝ376.4

『［岡山県立鴨方高等学校］創立110周年記念誌—あれから10年鴨方高校の今』岡山県立鴨方高等学校創立110周年記念誌委員会編　浅口

岡山県

岡山県立鴨方高等学校創立110周年記念誌委員会　2017.10　15p　30cm　Ⓝ376.4

◆加茂川高等学校

『士一創立30周年記念誌』岡山県立加茂川高等学校編　加茂川町(御津郡)加茂川高等学校　1979　81p　26cm　Ⓝ376

『閉校記念誌加茂川』岡山県立加茂川高等学校閉校記念事業実行委員会編　加茂川町(御津郡)加茂川高等学校閉校記念事業実行委員会　1986　214p 図版　27cm　Ⓝ376

◆川上農業高等学校

『川農一[川上農業高等学校]創立50周年記念誌』川上農業高等学校創立50周年記念誌編集係編　川上町　川上農業高等学校　1998.10　1冊　30cm　Ⓝ376.4

『久遠一[川上農業高等学校]閉校記念誌』川上農業高等学校閉校記念誌編集委員会編　川上町　川上農業高等学校　2006.3　32p　30cm　Ⓝ376.4

◆関西高等学校

『関西高等学校鉄道研究同好会20周年記念誌』関西高等学校鉄道研究同好会OB会編　総社　関西高等学校鉄道研究同好会OB会　2000.7　102p　30cm　Ⓝ686

◆関西学園岡山高等学校

『関西学園百年史』岡山　関西学園　1987.10　515p 図版10枚　22cm　Ⓝ376.4

『[岡山中学校・岡山高等学校]創立十周年記念誌』岡山中学校・岡山高等学校創立十周年記念誌編集委員会編集　岡山　岡山中学校・岡山高等学校　1991.10　237p 図版12p　21cm　Ⓝ376

『[岡山中学校・岡山高等学校]創立20周年記念誌』岡山中学校・岡山高等学校編　岡山　岡山中学校・岡山高等学校　2001.12　104p　31cm　Ⓝ376

『関西学園百二十周年一1887～2007』関西学園百二十周年編集委員会編　岡山　関西学園　2007.10　87p　30cm〈共同刊行：関西高等学校ほか　年表あり〉Ⓝ376.48

◆吉備高原学園高等学校

『[吉備高原学園高等学校]創立10周年記念写真集』吉備高原学園高等学校創立10周年記念写真集編集委員会編　加茂川町(御津郡)吉備高原学園高等学校　2000.10　102p　31cm　Ⓝ376.4

『[吉備高原学園高等学校]創立20周年記念写真集　2010』吉備高原学園高等学校創立20周年記念写真集編集委員会編　吉備中央町(加賀郡)吉備高原学園高等学校　2010.10　108p　31cm　Ⓝ376.4

『[吉備高原学園高等学校]創立30周年記念誌　1991-2020』吉備高原学園高等学校創立30周年事業実行委員会記念誌係編集　吉備中央町(加賀郡)吉備高原学園高等学校　2021.3　79p　31cm〈付：DVDビデオディスク(1枚12cm)〉

◆吉備北陵高等学校

『統合新設高校移転開校と回顧10年一移転開校ならびに創立40周年記念』岡山県立吉備北陵高等学校記念写真集編集委員会編　賀陽町(上房郡)吉備北陵高等学校記念写真集編集委員会　1987　32p　27cm　Ⓝ376

『行く雲に一[吉備北陵高等学校]創立50周年記念誌/写真集』岡山県立吉備北陵高等学校編　賀陽町(上房郡)吉備北陵高等学校　1997.10　130p　26cm　Ⓝ376.4

『閉校記念誌　輝跡』岡山県立吉備北陵高等学校編　吉備中央町(加賀郡)吉備北陵高等学校　2008.3　61p　30cm　Ⓝ376.4

◆久世高等学校

『久世高校四十年の歩み』岡山県立久世高等学校記念誌編集委員会編　久世町(真庭郡)久世高等学校　1986　104p　26cm　Ⓝ376

『[岡山県立久世高等学校]創立50周年記念誌』久世町(真庭郡)久世高等学校　1996.11　100p　27cm　Ⓝ376

『[岡山県立久世高等学校]創立60周年記念誌』久世高等学校編　真庭　久世高等学校　2006.11　61p　30cm　Ⓝ376.4

◆倉敷高等学校

『倉敷高等学校創立30周年記念写真集』倉敷高等学校編　倉敷　倉敷高等学校　1991.11　89, 31p(おもに図)　31cm　Ⓝ376

『[倉敷高等学校]創立50周年記念誌』倉敷高等学校編　倉敷　倉敷高等学校　2010.9　68p　30cm〈奥付の書名：倉敷高等学校創立50周年記念誌〉Ⓝ376

岡山県

◆倉敷天城高等学校

『［倉敷天城高等学校］創立七十周年記念写真集』難波行彦編　倉敷　倉敷天城高等学校　1976.10　68p（おもに図）31cm　Ⓝ376

『岡山県立倉敷天城高等学校創立80周年記念写真集』岡山県立倉敷天城高等学校創立80周年記念行事委員会編　倉敷　倉敷天城高等学校　1986　1冊　31cm　Ⓝ376

『［岡山県立倉敷天城高等学校］創立九十周年記念誌』岡山県立倉敷天城高等学校創立90周年記念誌編集委員会編　倉敷　倉敷天城高等学校　1996　157p　31cm　Ⓝ376

『鉄軒精神─よき環境・よき伝統』片山亨編　倉敷　倉敷天城高等学校　1996.10　56p　26cm　Ⓝ376.4

『［岡山県立倉敷天城高等学校］創立100周年記念誌』岡山県立倉敷天城高等学校創立100周年記念誌編集委員会編　倉敷　倉敷天城高等学校　2006.10　236p　31cm　Ⓝ376.4

『天城─［岡山県立倉敷天城高等学校］創立110周年記念誌』岡山県立倉敷天城高等学校創立110周年記念誌編集委員会編　倉敷　倉敷天城高等学校　2016.10　69p　30cm　Ⓝ376.4

◆倉敷工業高等学校

『［倉敷工業高等学校］創立五十周年記念誌』岡山県立倉敷工業高等学校編　倉敷　倉敷工業高等学校　1989.10　151p　31cm　Ⓝ376.4

『［倉敷工業高等学校］創立六十周年記念誌』倉敷工業高等学校編　倉敷　倉敷工業高等学校　1999.10　122p　31cm　Ⓝ376.4

『［岡山県立倉敷工業高等学校］創立七十周年記念誌』倉敷工業高等学校編　倉敷　倉敷工業高等学校　2009.11　130p　31cm　Ⓝ376.4

『［岡山県立倉敷工業高等学校］創立八十周年記念誌』岡山県立倉敷工業高等学校編　倉敷　倉敷工業高等学校　2019.11　135p　31cm　〈年表：p124〜134〉Ⓝ376.4

◆倉敷古城池高等学校

『倉敷古城池高等学校創立十周年記念誌』岡山県立倉敷古城池高等学校創立十周年記念誌編集係編　倉敷　倉敷古城池高等学校　1989　136p　26cm　Ⓝ376.4

『［倉敷古城池高等学校］創立20周年・全日制普通科単位制移行記念誌─［倉敷古城池高等学校］創立20周年記念誌』岡山県立倉敷古城池高等学校創立20周年全日制普通科単位制移行記念誌編集委員会編　倉敷　倉敷古城池高等学校　1999.10　132p　31cm　Ⓝ376

『［倉敷古城池高等学校］古城池─創立30周年記念誌』倉敷古城池高等学校創立30周年記念誌編集委員会編集　倉敷　倉敷古城池高等学校　2009.10　133p　31cm　Ⓝ376.4

『岡山県立倉敷古城池高等学校創立四十周年記念誌』倉敷古城池高等学校創立40周年記念誌編集委員会編集　倉敷　倉敷古城池高等学校　2019.9　68p　30cm　〈沿革：p15〉Ⓝ376.4

◆倉敷商業高等学校

『倉商七十年の歩み』岡山県立倉敷商業高等学校創立七十周年記念誌編集委員会編　倉敷　倉敷商業高等学校創立七十周年記念事業委員会　1981.11　135p（図共）26cm　Ⓝ376.4

『［倉敷商業高等学校］創立八十周年記念誌』倉敷商業高等学校創立八十周年記念誌編集委員会編集　倉敷　倉敷商業高等学校　1991.11　112p　31cm　Ⓝ376

『岡山県立倉敷商業高等学校野球部史』倉敷　倉敷商業高等学校野球部　1997.3　285p　27cm　Ⓝ783.7

『［倉敷商業高等学校］創立九十周年記念誌』倉敷商業高等学校創立90周年記念誌編集委員会編集　倉敷　倉敷商業高等学校　2001.11　118p　30cm　Ⓝ376.4

『［倉敷商業高等学校］創立百周年記念誌』倉敷商業高等学校編集　倉敷　倉敷商業高等学校　2012.11　207p　30cm　Ⓝ376.4

『心×技×体×頭＝倉商野球』梶山和洋著　竹書房　2023.8　223p　19cm　1700円　①978-4-8019-3652-2　Ⓝ783.7

目次 序章 倉商と岡山の高校野球、第1章 近年の倉敷商の歩み─2019年8月に監督となってから、第2章 人生を決めた高校最後の幼少期から教員となるまで、第3章 自分で考えて動く─監督がいなくても勝てるチームを目指す、第4章 倉敷商の野球その1 ピッチャーを中心とした守りをまずは固める、第5章 倉敷商の野球その2 バッティングと走塁＆遠征他、終章 岡山悲願の夏の甲子園優勝を成し遂げるために

内容 頭を使って、守り勝つ！「心技体」の「技体」に優れる強豪私学を公立校が倒すには、頭脳を磨いて野球を研究し、相手の想像を上回る戦術・戦略を繰り出して勝つ確率を高めていくしか道はない。倉商伝統の「考える野球」で目指すは、岡山悲願の夏の日本一。

◆倉敷市立倉敷翔南高等学校

『翔南─倉敷市立倉敷翔南高等学校開校記念誌』

岡山県

倉敷市立倉敷翔南高等学校開校記念誌編集係編　倉敷　倉敷市立倉敷翔南高等学校　2003.10　64p　30cm　Ⓝ376.4

『翔南―[倉敷市立倉敷翔南高等学校]創立20周年記念誌』倉敷市立倉敷翔南高等学校創立20周年記念事業実行委員会編　倉敷　倉敷市立倉敷翔南高等学校創立20周年記念事業実行委員会　2022.10　41p　30cm

◆倉敷市立工業高等学校

『岡山県倉敷市立工業高等学校創立六十周年記念誌』倉敷　岡山県倉敷市立工業高等学校　2009.11　47p　30cm〈奥付のタイトル：創立六十周年記念誌　年表あり〉Ⓝ376.48

◆倉敷市立児島高等学校

『[岡山県倉敷市立児島高等学校]閉校記念誌―りゅうおう』岡山県倉敷市立児島高等学校閉校記念誌編集委員会編　倉敷　倉敷市立児島高等学校　2006.3　103p　30cm　Ⓝ376.4

◆倉敷市立児島第一高等学校

『[倉敷市立児島第一高等学校]10年の歩み』岡山県倉敷市立児島第一高等学校編　倉敷　岡山県倉敷市立児島第一高等学校　[1971]　3p　26cm　Ⓝ376.4

『[倉敷市立児島第一高等学校]創立20周年記念誌』倉敷市立児島第一高等学校編　倉敷　倉敷市立児島第一高等学校　1981.11　87p　26cm　Ⓝ376.4

『[倉敷市立児島第一高等学校]創立30周年記念誌』倉敷市立児島第一高等学校編　倉敷　倉敷市立児島第一高等学校　1991　65p　27cm　Ⓝ376

『一高40周年記念史』倉敷市立児島第一高等学校創立40周年記念事業実行委員会編集　倉敷　倉敷市立児島第一高等学校　2002.12　202p　30cm　Ⓝ376.4

◆倉敷市立精思高等学校

『[岡山県倉敷市立精思高等学校]創立50周年記念誌』岡山県倉敷市立精思高等学校創立50周年記念事業実行委員会編　倉敷　倉敷市立精思高等学校　2001.3　127p　26cm　Ⓝ376.4

『[岡山県倉敷市立精思高等学校]創立60周年記念誌』岡山県倉敷市立精思高等学校創立60周年記念事業実行委員会編　倉敷　倉敷市立精思高等学校　2011.3　60p　30cm　Ⓝ376.4

◆倉敷翠松高等学校

『倉敷開校20周年記念誌―1976』倉敷翠松高等学校編　倉敷　倉敷翠松高等学校　1976　47p　26cm　Ⓝ376

『春秋の賦―翠松教育百年の軌跡』杉慎吾著　倉敷　倉敷翠松高等学校　1983　546p　19cm〈倉敷翠松高等学校創立百周年記念誌〉Ⓝ376

『翠松―[倉敷翠松高等学校]創立百周年記念写真集』倉敷翠松高等学校企画　倉敷　倉敷翠松高等学校　1983.11　112p　31cm　Ⓝ376.4

『春秋の賦　別冊―定時制の巻』杉慎吾著　倉敷　倉敷翠松高等学校　1996　282p　19cm〈倉敷翠松高等学校定時制課程閉校記念〉Ⓝ376

『[倉敷翠松高等学校定時制課程]教務統計集録/倉敷翠松高校定時制閉校記念誌―定時制課程・31年間の記録』倉敷翠松高等学校定時制教育特別委員会編集　倉敷　倉敷翠松高等学校　1996.3　60p　30cm　Ⓝ376.4

『国際交流20年の記録―それからの10年（1998年～2007年）』倉敷翠松高等学校編　倉敷　倉敷翠松高等学校　2008.9　34p　30cm　Ⓝ376.4

◆倉敷青陵高等学校

『岡山県立倉敷青陵高等学校創立七十周年記念写真集』岡山県立倉敷青陵高等学校編　倉敷　倉敷青陵高等学校　1978　67p（おもに図）　31cm　Ⓝ376

『創立80周年記念写真資料集』記念誌編集委員会編　倉敷　岡山県立倉敷青陵高等学校　1989.3　100p　31cm　Ⓝ376.4

『漫考　青陵高校創世記―昭和一ケタ世代の青春』大森啓作著　倉敷　大森啓作　1996.7　50p　21cm〈高梁川（53号）の原稿を改訂・増補したもの　参考文献・資料：p50〉600円　Ⓝ376.4

『[倉敷青陵高等学校]創立90周年記念誌』岡山県立倉敷青陵高等学校創立90周年記念誌編集委員会編集　倉敷　倉敷青陵高等学校　1998.10　90p　30cm　Ⓝ376

『[岡山県立倉敷青陵高等学校]創立100周年記念誌』倉敷　倉敷青陵高等学校　2008.9　199p　31cm　Ⓝ376.4

◆倉敷中央高等学校

『[岡山県立倉敷中央高等学校]創立50周年記念誌―平成10年』岡山県立倉敷中央高等学校創立50周年記念誌編集委員会編　倉敷　倉敷中

岡山県

央高等学校　1998.10　165p　31cm　Ⓝ376

『[岡山県立倉敷中央高等学校]創立60周年記念誌』岡山県立倉敷中央高等学校編　倉敷　倉敷中央高等学校　2007.11　81p　21cm　Ⓝ376.4

◆倉敷南高等学校

『南高十年の歩み』倉敷南高等学校十周年記念誌編集委員会編集　倉敷　倉敷南高等学校　1983　88p　26cm　Ⓝ376

『[倉敷南高等学校]創立二十周年記念誌』倉敷南高等学校20周年記念誌編集委員会編集　倉敷　倉敷南高等学校　1993　149p（図共）　31cm　Ⓝ376

『[岡山県立倉敷南高等学校]創立30周年記念誌』岡山県立倉敷南高等学校30周年記念誌編集委員会編集　倉敷　倉敷南高等学校　2003.10　121p　31cm　Ⓝ376.4

『[岡山県立倉敷南高等学校]創立40周年記念誌―楠』岡山県立倉敷南高等学校創立40周年記念誌編集委員会編集　倉敷　倉敷南高等学校　2013.11　66p　30cm　Ⓝ376.4

◆興讓館高等学校

『興讓館百二十年史』山下敏鎌編　井原　「興讓館百二十年史」記念刊行会　1973　924p　22cm　Ⓝ376

『興讓―[興讓館高等学校]創立150周年記念誌』興讓館高等学校編　井原　興讓館高等学校　2004.3　334p　31cm　Ⓝ376.4

『ひたむきに ひたすらに―第80回記念選抜高等学校野球大会初出場記念』興讓館高等学校編集　井原　興讓館高等学校　2008.5　34p　30cm　Ⓝ783

『興讓館―[興讓館高等学校]創立160周年記念誌』興讓館高等学校製作　井原　興讓館高等学校　2013.11　50p　30cm　Ⓝ376.4

◆興陽高等学校

『[興陽高等学校]創立60周年記念』興陽高校創立60周年記念事業実行委員会記念誌部編集　岡山　興陽高等学校　1977　50p　18×26cm　Ⓝ376

『[興陽高等学校]あゆみ七十年―[興陽高校創立七十周年記念誌]』興陽高校創立七十周年記念誌編集委員会編集　岡山　興陽高等学校　1987.10　51p　26cm　Ⓝ376.4

『興陽 創立八十周年記念誌―創立80周年記念誌』岡山県立興陽高等学校創立八十周年校内実行委員会記念誌係編集　岡山　興陽高等学校　1997.10　112p　31cm〈背の書名：創立八十周年記念誌.副書名は奥付から〉Ⓝ376

『興陽―創立90周年記念誌』岡山県立興陽高等学校90周年記念事業実行委員会記念誌係編集　岡山　興陽高等学校　2007.10　59p　30cm　Ⓝ376.4

『岡山県立興陽高等学校野球部創部60周年記念誌 2008』岡山県立興陽高等学校野球部OB会事務局編集　岡山　岡山県立興陽高等学校野球部OB会事務局　2009.1　120p　30cm　Ⓝ783

◆児島高等学校

『校地全面移転と新校舎完成に至る経緯―創立60周年記念にあたって』岡山県立児島高等学校編　倉敷　児島高等学校　1980　50p 図　27cm　Ⓝ376

『[岡山県立児島高等学校]創立60周年記念写真集』岡山県立児島高等学校創立60周年写真集編集委員会編　倉敷　児島高等学校　1980.9　77p（おもに図）31cm　Ⓝ376

『[児島高等学校]創立七十周年記念誌』岡山県立児島高等学校創立七十周年記念誌編集委員会編　倉敷　児島高等学校　1989.10　328p　22cm　Ⓝ376

『児島高校80年のあゆみ―[児島高等学校]創立80周年記念写真集』児島高校創立80周年写真集編集委員会編　倉敷　児島高等学校　1999.10　91p　31cm　Ⓝ376.4

『児島高校八十八年の歴史―閉校記念写真集』岡山県立児島高等学校閉校記念写真集編集委員会編　倉敷　児島高等学校閉校記念写真集編集委員会　2007.3　110p（おもに図）31cm〈背の書名：児島高校閉校記念写真集〉Ⓝ376.4

◆琴浦高等学校

『[琴浦高等学校]創立四十周年記念誌―昭和52年2月』岡山県立琴浦高等学校創立40周年記念誌編集委員会編集　倉敷　宮脇律　1977　143p　22cm　Ⓝ376

『[琴浦高等学校]創立50周年記念写真集―五十年のあゆみ』岡山県立琴浦高等学校編　倉敷　琴浦高等学校　1986.11　1冊　31cm　Ⓝ376

『[琴浦高等学校]創立五十周年記念誌』岡山県立琴浦高等学校創立五十周年記念誌編集委員

岡山県

会編集　倉敷　琴浦高等学校　1987.3　187p　22cm　非売品　Ⓝ376.4

『新しい風よき六十年―[琴浦高等学校]創立六十周年記念誌』琴浦高等学校創立60周年記念誌編集委員会編集　倉敷　琴浦高等学校　1996.11　111p　26cm　非売品　Ⓝ376.4

◆金光学園高等学校

『金光学園の歩み　1965-1974』金光町（岡山）　金光学園　1975　78p 図　22cm〈創立八十年記念〉Ⓝ376.4

『金光学園百年のあゆみ』金光学園百年誌編集委員会編　金光町（岡山県）金光学園　1994.11　457p 図版17枚　22cm　Ⓝ376.4

『金光学園の歩み　1995-2004』金光町（岡山県）金光学園　2004.11　126p　21cm〈創立110年記念　年表あり〉Ⓝ376.48

『金光学園歴史年表―明治27年（1894）～平成16年（2004）』川上順三編　金光町（岡山県）金光学園　2004.12　159p　26cm　Ⓝ376.48

『金光学園の歩み　2005-2014』浅口　金光学園　2014.11　120p　21cm〈書誌注記：年表あり　創立120年記念〉Ⓝ376.48

『金光学園創立120年記念展覧会図録』金光学園120年委員会編　浅口　金光学園中学・高等学校　2014.11　62p　23×23cm〈会期・会場：2014年9月13日（土）～20日（土）金光学園中学・高等学校120記念講堂「大講義室」〉Ⓝ708

◆西大寺高等学校

『創立八十年誌』岡山県立西大寺高等学校創立八十年誌編集委員会編　岡山　岡山県立西大寺高等学校　1986.10　566p　22cm　Ⓝ376.4

『岡山県立西大寺高等学校野球部の歴史（改訂版）』那須圭介編　岡山　那須圭介　2006.7　223p　27cm　Ⓝ783

『[岡山県立西大寺高等学校]創立百年誌』岡山県立西大寺高等学校創立百年誌編集委員会編集　岡山　西大寺高等学校　2006.10　12,853p　27cm　Ⓝ376.4

◆作陽高等学校

『[作陽高等学校]創立60年記念写真集』作陽学園岡山県作陽高等学校編集　津山　作陽高等学校　1990.11　72p　31cm　Ⓝ376.4

◆山陽高等学校

『[岡山県山陽高等学校]創立70周年記念誌』岡山県山陽高等学校創立七十周年記念誌編纂委員会編集　鴨方町（浅口郡）岡山県山陽高等学校　1994.11　69p　31cm　Ⓝ376.4

◆山陽女子高等学校

『スポーツ百年史』みさお会運動部創立百周年スポーツ百年史編集委員会編　岡山　みさお会　1986.10　485p　27cm〈山陽女子高等学校・山陽女子中学校〉Ⓝ780.21

『[山陽学園バドミントン部]五十年の歩み―五十周年記念誌』山陽学園バドミントン部編　岡山　山陽学園バドミントン部　2000.1　102p　30cm　Ⓝ376.4

◆至道高等学校

『30年の歩み―岡山県立至道高等学校創立30周年記念誌』至道高等学校記念誌編集委員会編　北房町（上房郡）至道高等学校創立30周年記念準備委員会　1980.10　42p　26cm　非売品　Ⓝ376.4

『[至道高等学校]創立五十周年記念誌―斯道』岡山県立至道高等学校創立五十周年記念誌編集係編集　北房町（上房郡）至道高等学校　2000.10　117p　31cm　Ⓝ376.4

『斯道―56年のあゆみ』岡山県立至道高等学校閉校記念事業実行委員会編　北房町（上房郡）至道高等学校　2006.3　55p　31cm〈岡山県立至道高等学校閉校記念誌〉Ⓝ376.4

◆就実高等学校

『思い出の百年―[就実学園]創立百周年記念』就実学園就実中学校・高等学校同窓会編　岡山　就実学園同窓会　2004.3　138p　31cm　Ⓝ376

◆真備高等学校

『真備六十年のあゆみ』岡山　真備学園創立六十周年記念事業実行委員会　1986.3　516p　22cm　Ⓝ376.4

『[岡山県真備高等学校]創立七十周年記念誌/[真備学園]創立七十周年記念誌―この十間の軌跡』真備学園創立七十周年記念事業実行委員会編　岡山　真備学園　1995　123p　31cm　Ⓝ376.4

◆精研高等学校

『[岡山県立精研高等学校]40年のあゆみ』岡山県立精研高等学校編　井原　岡山県立精研高等学校　1977.11　58p　27cm　Ⓝ376.4

岡山県

『［精研高等学校］五十年の歩み―50年のあゆみ』岡山県立精研高等学校編　井原　精研高等学校　1985.5　70p　26cm〈副書名は奥付から〉Ⓝ376.4

『精研―六十年の歩み/創立六十周年記念誌』岡山県立精研高等学校創立60周年記念誌編集係編　井原　精研高等学校　1995.10　181p　31cm〈奥付の書名：創立60周年記念誌「精研」、背の書名：創立六十周年記念誌〉Ⓝ376

『［精研高等学校］創立70周年記念誌―70年のあゆみ』岡山県立精研高等学校編　井原　精研高等学校　2005.10　134p　31cm Ⓝ376.4

◆瀬戸高等学校

『［岡山県立瀬戸高等学校］創立八十年誌』岡山県立瀬戸高等学校創立八十周年記念誌編集委員会編　瀬戸町（赤磐郡）瀬戸高等学校創立八十周年記念誌編集委員会　1988　399p　22cm Ⓝ376

『桃友―［岡山県立瀬戸高等学校］創立九十周年記念写真集』岡山県立瀬戸高等学校編　瀬戸（赤磐郡）瀬戸高等学校　1998.10　80p　31cm Ⓝ376.4

『岡山県立瀬戸高等学校百周年記念誌』岡山県立瀬戸高等学校編　岡山　瀬戸高等学校　2008.10　195p　31cm Ⓝ376.4

◆瀬戸南高等学校

『［岡山県立瀬戸南高等学校］創立70周年記念誌1995―写真と思い出で綴る本校のあゆみ』岡山県立瀬戸南高等学校記念誌編集委員会編　瀬戸町（赤磐郡）瀬戸南高等学校70周年記念事業実行委員会　1995.10　78p　30cm Ⓝ376

『瀬戸南の現在―創立80周年記念誌』岡山県立瀬戸南高等学校創立80周年記念誌編集委員会編　瀬戸町（赤磐郡）瀬戸南高等学校創立80周年記念事業実行委員会　2005.11　76p　30cm Ⓝ376.4

『［岡山県立瀬戸南高等学校］創立90周年記念誌』岡山県立瀬戸南高等学校創立90周年記念誌編集委員会編　岡山　瀬戸南高等学校創立90周年記念事業実行委員会　2015.10　69p　30cm Ⓝ376.4

◆創志学園高等学校

『史上最速の甲子園―創部1年目の奇跡 創志学園野球部』松永多佳倫著　メディアファクトリー　2011.6　220p　19cm　1200円

Ⓘ978-4-8401-3952-6　Ⓝ783.7

目次 プロローグ ベンチ入りを決めるのは選手同士の投票で、1章 寄せ集め集団の船出、2章 初めての夏、初戦コールド負け、3章 変わり始めたチーム、4章 ミラクルチームの素顔、5章 夏のリベンジ！秋大会、6章 甲子園に出る"資格"とは何か？、エピローグ 1年生軍団、甲子園を駆け抜ける

内容 オール1年生の甲子園！歴史に挑んだ青春の物語。

◆総社高等学校

『春霞―創立60周年記念誌』岡山県立総社高等学校創立60周年記念誌編集委員会編　総社　総社高等学校　1977　69p図　21cm Ⓝ376

『［岡山県立総社高等学校］創立七十周年記念写真集』難波行彦編集・レイアウト　総社　総社高等学校　1987.9　132p　30cm Ⓝ376.4

『春霞―創立八十周年記念誌』岡山県立総社高等学校創立八十周年記念誌編纂委員会編　総社　総社高等学校　1997.10　441p 図版18p　22cm Ⓝ376.4

『創立九十周年記念誌』90周年記念誌編集委員会編　総社　岡山県立総社高等学校　2007.11　95p　31cm〈書誌注記：年表あり　奥付のタイトル：岡山県立総社高等学校創立90周年記念誌〉Ⓝ376.48

『岡山県立総社高等学校創立100周年記念誌』総社　岡山県立総社高等学校　2017.11　198p　31cm〈書誌注記：年表あり　タイトルは奥付による〉非売品　Ⓝ376.48

◆総社南高等学校

『総社南―創立10周年記念写真集』岡山県立総社南高等学校創立10周年記念写真集編集委員会編　総社　総社南高等学校　1995.10　98p　31cm〈奥付の書名：岡山県立総社南高等学校創立10周年記念写真集、背の書名：創立10周年記念写真集〉Ⓝ376

『岡山県立総社南高等学校創立30周年記念誌』岡山県立総社南高等学校創立30周年記念事業実行委員会編集　総社　総社南高等学校　2015.10　64p　30cm〈奥付の書名：創立30周年記念誌　沿革：p62〉Ⓝ376.4

『［岡山県立総社南高等学校］創立30周年記念図録』岡山県立総社南高等学校創立30周年記念事業実行委員会編集　総社　総社南高等学校　2015.10　20p　30cm〈奥付の書名：創立30周年記念図録〉Ⓝ376.4

都道府県から引く　高等学校史・活動史目録　513

岡山県

◆高梁高等学校

『おち葉―[高梁高等学校]おもいでの記』高梁高等学校記念誌編集委員会編　高梁　高梁高等学校記念誌編集委員会　1974　386,48p　22cm〈創立記念誌〉Ⓝ376

『松籟―[高梁高等学校]創立記念史』高梁高等学校記念誌編集委員会編　高梁　高梁高等学校記念誌編集委員会　1975.10　18,765p　図　22cm（創立記念誌）〈職員一覧あり〉Ⓝ376

『岡山県立高梁高等学校創立記念写真集』岡山県立高梁高等学校創立記念写真集編集委員会編　高梁　高梁高等学校　1981　82p（おもに図）31cm　Ⓝ376

『有終　第4輯　高梁高等学校資料総覧』南智ほか編　高梁　岡山県立高梁高等学校有終資料刊行会　1995.3　95p　27cm　Ⓝ372.175

◆高梁高等学校有漢分校

『閉校記念誌母校のあゆみ』岡山県立高梁高等学校有漢分校記念誌編集委員会編　有漢町（上房郡）高梁高等学校有漢分校記念誌編集委員会　1986　111p 図版　27cm〈表紙の書名：高嶺〉Ⓝ376

◆高梁工業高等学校

『[高梁工業高等学校]創立30周年記念誌』高梁工業高等学校30周年記念誌編集委員会編　高梁　高梁工業高等学校　1978　図1冊　19×26cm〈カバーの書名：30年の歩み〉Ⓝ376

『50年のあゆみ―[高梁工業高等学校]創立50周年記念誌』高梁工業高等学校創立50周年記念誌編集委員会編　高梁　高梁工業高等学校　1998.11　160p　31cm〈奥付、表紙、背の書名：創立50周年記念誌〉Ⓝ376

『懐古の石―[高梁工業高等学校]閉校記念誌』高梁工業高等学校閉校記念誌編集委員会編　高梁　高梁工業高等学校　2006.3　69p　31cm　Ⓝ376.4

◆高梁市立宇治高等学校

『[高梁市立宇治高等学校]創立五十周年記念誌』高梁市立宇治高等学校創立50周年記念事業実行委員会編　高梁　高梁市立宇治高等学校創立50周年記念事業実行委員会　1998.10　112p　26cm　Ⓝ376

『岡山県高梁市立宇治高等学校創立70周年記念誌　平成10年度～平成29年度―創立七十周年記念誌』岡山県高梁市立宇治高等学校創立70周年記念誌編集委員会編　高梁　高梁市立宇治高等学校　2018.10　55p　30cm〈副書名は、表紙より　沿革概要：p4〉Ⓝ376

◆高梁市立松山高等学校

『自ら求めて学ぶ―[岡山県高梁市立松山高等学校]創立50周年記念誌』岡山県高梁市立松山高等学校編　高梁　岡山県高梁市立松山高等学校　1999.9　62p　26cm　Ⓝ376.4

『希望の翼―岡山県高梁市立松山高等学校創立70周年記念誌』岡山県高梁市立松山高等学校創立70周年記念誌編集委員会編　高梁　岡山県高梁市立松山高等学校　2019.10　40p　30cm〈副書名は奥付から　松山高校沿革：p4～5〉Ⓝ376.4

◆高梁日新高等学校

『流―[岡山県高梁日新高等学校]創立70周年記念誌』岡山県高梁日新高等学校創立70周年記念誌刊行委員会編　高梁　岡山県高梁日新高等学校　1976.12　263p　27cm　Ⓝ376.4

『[岡山県高梁日新高等学校]創立88周年記念誌―日々新』岡山県高梁日新高等学校編集　高梁　金岡誠　1991.10　60p　27cm〈標題紙の書名：米寿88年の歩み　新校舎建設〉Ⓝ376

『日新　百年の歩み―創立100周年記念誌』岡山県高梁日新高等学校編　高梁　岡山県高梁日新高等学校　[2004]　44p　26cm　Ⓝ376

◆高松農業高等学校

『岡山県立高松農業高等学校創立七十周年記念誌』高松農業高等学校記念誌編集委員会編　高松町（吉備郡）高松農業高等学校　1970　57p　22cm　Ⓝ376

『[岡山県立高松農業高等学校]八十年の歩み―創立八十周年記念誌』岡山県立高松農業高等学校80周年記念事業実行委員会編　岡山　高松農業高等学校80周年記念事業実行委員会　1979.3　117p（図共）31cm　Ⓝ376

『[岡山県立高松農業高等学校]創立90周年記念誌』岡山県立高松農業高等学校創立90周年記念誌編集委員会編集　岡山　高松農業高等学校　1989　51p　31cm〈表紙書名：九十年のあゆみ〉Ⓝ376

『岡山県立高松農業高等学校創立100周年記念写真集―100年のあゆみ』高松農業高等学校編　岡山　高松農業高等学校　1999.6　122p　31cm　Ⓝ376.4

『高農百年史』岡山県立高松農業高等学校百年史編集委員会編　岡山　岡山県立高松農業高

等学校創立百周年記念事業実行委員会　1999.9　1067p　22cm　Ⓝ376.48

『110年のあゆみ―[岡山県立高松農業高等学校]創立110周年記念写真集』岡山県立高松農業高等学校編　岡山　岡山県立高松農業高等学校　2009.3　67p　30cm　Ⓝ376.4

『120年のあゆみ―[岡山県立高松農業高等学校]創立120周年記念写真集』岡山県立高松農業高等学校編　岡山　高松農業高等学校　2018.10　67p　31cm　Ⓝ376.4

◆田原高等学校

『閉校記念誌青垣・田原』備中町(川上郡)田原高校閉校事業実行委員会　1985　168p(図共)　27cm〈付：田原高校閉校記念式(1枚)、田原高校閉校記念碑(1枚)〉Ⓝ376

◆玉島高等学校

『岡山県立玉島高等学校七十年史』玉島高等学校編　倉敷　玉島高等学校　1975　59p(図共)　26cm　Ⓝ376

『[岡山県立玉島高等学校]八十年誌』玉島高等学校編　倉敷　玉島高等学校　1984.11　58p　26cm　Ⓝ376.4

『青春球譜 1980～93』岡山県立玉島高等学校軟式野球部編　倉敷　岡山県立玉島高等学校軟式野球部　1994.3　58p　27cm　Ⓝ783

『[岡山県立玉島高等学校]九十年誌』玉島高等学校編　倉敷　玉島高等学校　1995.4　94p　26cm　Ⓝ376

『岡山県立玉島高等学校 創立100周年記念誌―しらはな』玉島高等学校創立100周年記念誌編集委員会編集　倉敷　玉島高等学校　2004.11　213p　31cm〈付：CD-ROM1枚〉Ⓝ376.4

◆玉島商業高等学校

『[岡山県立玉島商業高等学校]10年の歩み 自昭和52年度至昭和61年度―創立60周年記念』岡山県立玉島商業高等学校記念誌編集委員会編集　倉敷　玉島商業高等学校　1986　26p　26cm　Ⓝ376

『七十年を顧みて―[玉島商業高等学校]創立七十周年記念誌』岡山県立玉島商業高等学校編集　倉敷　玉島商業高等学校　1996.10　153p　30cm〈書名は表紙より〉Ⓝ376

『玉商八十年史―創立80周年記念誌』岡山県立玉島商業高等学校編集　倉敷　玉島商業高等学校　2006.11　170p　31cm　Ⓝ376.4

◆玉野高等学校

『[岡山県立玉野高等学校]創立40周年記念誌』岡山県立玉野高等学校編　玉野　玉野高等学校　1980.6　1冊　30cm〈学校新聞の縮刷を含む〉Ⓝ376

『[岡山県立玉野高等学校]創立50周年記念誌』岡山県立玉野高等学校編　玉野　玉野高等学校　1989　312p　31cm　Ⓝ376

『白球にかけた四十年―新たなる飛翔を求めて/玉野高校硬式野球部40年記念誌』岡山県立玉野高校硬式野球部編　玉野　玉野高等学校硬式野球部　1989　287p　27cm〈第2書名は奥付から〉Ⓝ783

◆玉野光南高等学校

『光南/玉野光南高等学校創立十周年記念誌―[玉野光南高等学校]創立10周年記念』岡山県立玉野光南高等学校創立十周年記念誌編集委員会編集　玉野　玉野光南高等学校　1993.11　104p　30cm〈奥付の書名：玉野光南高等学校創立十周年記念誌〉Ⓝ376

『[玉野光南高等学校ハンドボール部]創部10周年記念誌/玉野光南高等学校創立十周年記念誌』玉野光南高等学校ハンドボール部編　玉野　玉野光南高等学校ハンドボール部　1994.9　103p　26cm　Ⓝ783

『挑戦―第71回選抜高等学校野球大会甲子園出場記念アルバム』玉野　玉野光南高等学校野球部　2001.3　1冊　31cm　Ⓝ783

『光南―玉野光南高等学校創立20周年記念誌』玉野光南高等学校創立20周年記念誌発行実行委員会編集　玉野　玉野光南高等学校　2003.10　87p　30cm　Ⓝ376.4

『一生けんめいひとまわり 開校より14年間の記録―岡山県立玉野光南高等学校陸上競技部』神達靖久編　玉野　神達靖久　2006.9　178p　31cm　Ⓝ782

『光南―[玉野光南高等学校]創立30周年記念誌』玉野光南高等学校図書資料課編集　玉野　玉野光南高等学校　2013.10　61p　30cm　Ⓝ376.4

◆玉野市立玉野商業高等学校

『玉野商業40年のあゆみ』玉野市立玉野商業高等学校40周年記念誌編集委員会編集　玉野　玉野市立玉野商業高等学校　1999.2　98p　31cm　Ⓝ376.4

『玉野商業50年のあゆみ』玉野市立玉野商業高等学校50周年記念誌編集委員会編集　玉

玉野市立玉野商業高等学校　2007.11　89p　31cm　Ⓝ376.4

◆玉野市立玉野備南高等学校

『[玉野市立玉野備南高等学校]創立三十周年記念誌』玉野市立玉野備南高等学校編　玉野　玉野市立玉野備南高等学校　[1977]　179p　26cm〈沿革：p8〉Ⓝ376.4

『[玉野市立玉野備南高等学校]10年の記録―創立60周年記念/平成10年度～平成20年度』玉野市立玉野備南高等学校編　玉野　玉野市立玉野備南高等学校　2009.3　30p　30cm　Ⓝ376.4

◆津山高等学校

『母校のあゆみ―津山高校八十周年記念誌』岡山県立津山高等学校同窓会記念誌編集委員会編　津山　岡山県立津山高等学校同窓会　1975　137p図　26cm　非売品　Ⓝ376.4

『畏天場―津山中学校・津山高等学校剣道部誌』岡山県立津山高等学校剣道部十六夜会記念誌編集委員会編　津山　広陽本社（印刷）1985　190p（図共）26cm　Ⓝ375

『写真でつづる90年』津山　岡山県立津山高等学校同窓会　1985.5　109p　30cm〈編者：福田卓也〉Ⓝ376.4

『津山高校百年史』岡山県立津山高等学校創立百周年記念事業実行委員会百年史編纂委員会編纂　津山　岡山県立津山高等学校同窓会　1995.9　2冊　22cm〈限定版〉Ⓝ376.4

『津山高等学校野球部史―創部100周年記念』津山高等学校野球部OB会編集委員会編　津山　津山高等学校野球部OB会　2000.8　414p　27cm〈会員住所録〉Ⓝ783

『岡山県立津山高等学校創立110周年記念誌』岡山県立津山高等学校編　津山　津山高等学校同窓会　2005.11　123p　30cm　Ⓝ376.4

『精華』岡山県立津山高等学校編集　津山　津山高等学校同窓会　2008.4　63p　26cm　Ⓝ376.4

『津山高等学校野球部史―創部110周年記念』津山高等学校野球部OB会編集委員会編　津山　津山高等学校野球部OB会　2008.6　100p　26cm〈会員住所録〉Ⓝ783

『岡山県立津山高等学校創立120周年記念誌』津山高等学校創立120周年記念誌編集委員会編　津山　津山高等学校同窓会　2015.10　193p　30cm〈奥付の書名：津山高校創立120周年記念誌〉Ⓝ376.4

『津山高等学校野球部史―創部120周年記念』津山高等学校野球部OB会編集委員会編　津山　津山高等学校野球部OB会　2018.9　70p　26cm　Ⓝ783

◆津山工業高等学校

『[岡山県立津山工業高等学校]学校史』津山工業高等学校学校史編集委員会編　津山　津山工業高等学校同窓会　1974　100p　27cm　Ⓝ376

『野球部創設40年のあゆみ』岡山県立津山工業高等学校野球部記念誌実行委員会編　津山　津山工業高等学校野球部OB会　1986.5　78p　26cm　Ⓝ783

『創立50周年記念誌』創立50周年記念事業実行委員会編　津山　岡山県立津山工業高等学校　1991.11　139p　31cm　Ⓝ376.4

『[津山工業高等学校]創立60周年記念誌』津山工業高等学校創立60周年記念事業実行記念誌係編集　津山　津山工業高等学校　2001.11　120p　31cm　Ⓝ376.4

◆津山商業高等学校

『創立七十周年記念誌』岡山県立津山商業高等学校創立七十周年記念誌編集委員会編　津山　岡山県立津山商業高等学校　1991.5　279p　27cm〈背の書名：創立七十年誌〉Ⓝ376.4

『[津山商業高等学校]創立八十周年記念誌―十年のあゆみ』津山商業高等学校創立80周年記念誌編集委員会編　津山　津山商業高等学校　2001.5　82p　26cm　Ⓝ376.4

『[津山商業高等学校]創立90周年記念誌―10年のあゆみ』津山商業高等学校創立90周年記念式典実行委員会編　津山　津山商業高等学校　2011.5　88p　30cm〈沿革：p62～69〉Ⓝ376.4

『津山商業高校　百年誌』岡山県立津山商業高等学校創立百周年記念誌編集委員会編　津山　津山商業高等学校　2022.3　197p　31cm〈沿革：p64～65, 138～161〉Ⓝ376.4

◆津山東高等学校

『東雲―[岡山県立津山東高等学校]創立四十年記念誌』津山東高等学校記念誌編集委員会編　津山　津山東高等学校記念誌編集委員会　1989.10　86p　31cm　Ⓝ376.4

『東高平成のあゆみ―岡山県立津山東高等学校創立50周年記念誌』津山東高等学校記念誌編集委員会編　津山　津山東高等学校記念誌編

岡山県

集委員会　1998.10　85p　30cm　Ⓝ376.4

◆津山東高等学校鏡野分校

『かがみの―興和高等学校・鏡野高等学校・津山東高等学校鏡野分校　閉校記念誌』岡山県立津山東高等学校鏡野分校記念事業実行委員会編集　鏡野町（苫田郡）津山東高等学校鏡野分校　1984.12　140p　26cm　Ⓝ376.4

◆津山東高等学校苫田分校

『［岡山県立津山東高等学校苫田分校］閉校記念誌―37年のあゆみ／とまた』岡山県立津山東高等学校苫田分校閉校記念事業実行委員会編集　奥津町（苫田郡）津山東高等学校苫田分校　1985.3　118p　26cm〈奥付の書名：閉校記念誌とまた37年のあゆみ〉Ⓝ376.4

◆成羽高等学校

『成高五十周年誌』成高創立五十周年同窓会記念事業実行委員会記念誌部企画編集　成羽町（川上郡）成羽高等学校　1976.10　84p　25×27cm　Ⓝ376

『岡山県立成羽高等学校10年のあゆみ―創立60周年記念』岡山県立成羽高等学校編　成羽町（川上郡）成羽高等学校　1985　27p（図共）26cm〈表紙の書名：10年の記録創立60周年記念〉Ⓝ376

『［岡山県立成羽高等学校］10年の記録　昭和61年～平成7年―創立70周年記念』成羽町（川上郡）成羽高等学校記念誌編集委員会　1995.9　30p　26cm　Ⓝ376

『［成羽高等学校］80年の足跡―閉校記念誌』成羽高校閉校記念誌編集委員会編　成羽町（川上郡）成羽高等学校　2006.1　129p（図共）30cm　Ⓝ376.4

◆新見高等学校

『岡山県立新見高等学校創立70周年記念写真集』新見　新見高等学校　1988　1冊　26cm　Ⓝ376

『［岡山県立新見高等学校］60年のあゆみ―岡山県立新見高等学校創立60周年記念誌』岡山県立新見高等学校創立60周年記念誌委員会編　新見　岡山県立新見高等学校　1988.5　40p　26cm〈付：創立60周年記念式次第〉非売品　Ⓝ376.4

『［新見高等学校］創立80周年記念誌』新見高等学校「創立80周年記念誌」編集委員会編　新見　新見高等学校　1998.10　154p　31cm　Ⓝ376.4

『［岡山県立新見高等学校］創立90周年記念10年の記録―自平成10年度～至平成20年度』岡山県立新見高等学校創立90周年記念誌編集委員会編　新見　岡山県立新見高等学校　2008.10　32p　30cm〈奥付の書名：創立90周年記念誌〉Ⓝ376.4

◆新見北高等学校

『心技錬磨―［岡山県立新見北高等学校］創立70周年記念誌』岡山県立新見北高等学校創立70周年記念誌編集委員会編集　新見　新見北高等学校　1997.10　120p　31cm　Ⓝ376

『ひまらや杉―［岡山県立新見北高等学校］創立80周年記念誌』岡山県立新見北高等学校創立80周年記念誌刊行委員会編集　新見　新見北高等学校　2006.11　64p　31cm　Ⓝ376.4

◆新見女子高等学校

『新見女専30年のあゆみ』新見女子専門学園編　新見　新見女子専門学園　1980.5　38p　26cm〈共同刊行：新見女子高等学校，新見技芸専門学校〉Ⓝ376.4

◆新見農工高等学校

『［岡山県立新見農工高等学校］創立四十五周年記念誌』岡山県立新見農工高等学校創立四十五周年記念誌編集委員会編集　新見　新見農工高等学校　1972.10　79p　22cm　非売品　Ⓝ376.4

◆日本原高等学校

『［日本原高等学校］創立45周年校舎改築落成記念誌』飯綱収輔編集　勝北町（勝田郡）日本原高等学校記念事業実行委員会　1993.5　46p　26cm　Ⓝ376

『至誠実行―［日本原高等学校］閉校記念誌』日本原高等学校編　津山　日本原高等学校閉校記念事業実行委員会　2007.3　1冊　31cm　Ⓝ376.4

『日本原高校58年のあゆみ』日本原高等学校閉校記念事業校内実行委員会編　津山　日本原高等学校閉校記念事業校内実行委員会　2007.3　56p　26cm　Ⓝ376.4

◆林野高等学校

『［岡山県立林野高等学校］創立80周年記念誌』岡山県立林野高等学校創立80周年記念誌編集委員会編集　美作町（英田郡）林野高等学校

岡山県

1988.10　51p　26cm　Ⓝ376.4

『岡山県立林野高等学校創立90周年記念誌』岡山県立林野高等学校創立90周年記念誌編集委員会編集　美作町（英田郡）林野高等学校　1998.10　116p　30cm　Ⓝ376.4

『[林野高等学校]創立百周年記念誌』林野高等学校創立百周年記念誌編集委員会編　美作　岡山県立林野高等学校　2008.10　136p　31cm〈百年のあゆみ：p39～86〉Ⓝ376.4

◆東岡山工業高等学校

『東光―創立25周年記念誌』創立25周年記念誌編集委員会編　岡山　岡山県立東岡山工業高等学校　1987.10　79p　31cm　Ⓝ376.4

『東光―創立30周年記念誌』創立30周年記念誌編集委員会編　岡山　岡山県立東岡山工業高等学校　1992.9　158p　31cm　Ⓝ376.4

『東光―[岡山県立東岡山工業高等学校]創立40周年記念誌』岡山県立東岡山工業高等学校創立40周年記念誌編集委員会編集　岡山　東岡山工業高等学校　2002.10　122p　31cm　Ⓝ376.4

『東光―[岡山県立東岡山工業高等学校]創立50周年記念誌』東岡山工業高等学校創立50周年記念誌編集委員会編集　岡山　東岡山工業高等学校　2012.10　114p　31cm　Ⓝ376.4

『東光―[岡山県立東岡山工業高等学校]創立60周年記念誌』東岡山工業高等学校創立60周年記念誌編集委員会編集　岡山　東岡山工業高等学校　2022.10　100p　30cm〈学校沿革：p16～23〉

◆備作高等学校

『[岡山県立備作高等学校]三十年のあゆみ』岡山県立備作高等学校編　吉井町（赤磐郡）備作高等学校　1978.10　83p　30cm　Ⓝ376.4

『[岡山県立備作高等学校]五十年のあゆみ』岡山県立備作高等学校創立50周年記念事業実行委員会編　吉井町（赤磐郡）備作高等学校　1999.11　60p　30cm　Ⓝ376.4

『五十九年のあゆみ―[備作高等学校]閉校記念誌』岡山県立備作高等学校閉校記念事業実行委員会編　赤磐　備作高等学校閉校記念事業実行委員会　2007.2　55p　30cm　Ⓝ376.4

◆備前高等学校

『[備前高等学校]三十年のあゆみ　昭和20年～昭和50年―昭和50年～60年』岡山県立備前高等学校三十周年記念行事実行委員会編集　備前　岡山県立備前高等学校三十周年記念行事実行委員会　1975.10　80p　26cm〈歴年表：p4～13〉Ⓝ376.4

『[備前高等学校]十年のあゆみ―創立四十周年記念/昭和50年～60年』岡山県立備前高等学校四十周年記念行事実行委員会編集　備前　備前高等学校　1985.11　60p　26cm〈奥付の書名：四十周年記念誌〉Ⓝ376

『[備前高等学校]創立50周年記念誌「備前」』岡山県立備前高等学校創立50周年記念誌編集委員会編集　備前　備前高等学校　1995.10　136p　31cm〈書名は背・表紙より.標題紙の書名：備前〉Ⓝ376

『備前高校閉校記念誌―潮風 写真で見る60年』岡山県立備前高等学校閉校記念誌編集委員会編集　備前　備前高等学校　2005.3　68p　30cm〈背の書名：しおかぜ〉Ⓝ376.4

◆備前市立片上高等学校

『片高30年のあゆみ』岡山県片上高等学校創立30周年記念行事実行委員会編集　備前　備前市立片上高等学校創立30周年記念行事実行委員会　1982　132p　26cm　Ⓝ376

『[備前市立片上高等学校]十年のあゆみ―創立四十周年記念』岡山県備前市立片上高等学校創立40周年記念事業実行委員会編集　備前　備前市立片上高等学校創立40周年記念事業実行委員会　1992　69p　26cm〈昭和57年度-平成3年度〉Ⓝ376

『[備前市立片上高等学校]創立60周年記念誌』備前市立片上高等学校編　備前　備前市立片上高等学校　2012.11　38p　30cm　Ⓝ376.4

◆備前東高等学校

『岡山県立備前東高等学校創立五周年記念誌』岡山県立備前東高等学校創立五周年記念誌編集委員会編　備前　備前東高等学校　1983.11　45p　26cm　Ⓝ376

『[岡山県立備前東高等学校]創立十年記念誌』岡山県立備前東高等学校創立十周年記念誌編集委員会編集　備前　備前東高等学校　1988.11　225p　26cm　Ⓝ376

『緑陽―[岡山県立備前東高等学校]創立20周年記念誌』岡山県立備前東高等学校創立20周年記念行事担当室編集　備前　備前東高等学校　1998.11　160p　30cm　Ⓝ376

『備前東―備前東26年の歩み』岡山県立備前東高等学校閉校記念誌編集委員会編集　備前　備

岡山県

前東高等学校　2005.3　61p（図共）30cm　Ⓝ376.4

『備前東陸上の歩み―開校から24年の記録』岡山県立備前東高等学校陸上競技部 元顧問・OB会編　備前　岡山県立備前東高等学校陸上競技部 元顧問・OB会　2023.4　47p　30cm

◆備前緑陽高等学校

『岡山県立備前緑陽高等学校創立20周年記念誌―20th Anniversary』岡山県立備前緑陽高等学校編　岡山　備前緑陽高等学校　2022.11　55p　30cm

◆蒜山高等学校

『[岡山県立蒜山高等学校]創立30周年記念誌』岡山県立蒜山高等学校記念誌編集委員会編　八束村（真庭郡）　蒜山高等学校創立30周年記念事業実行委員会　1979　6, 41p（図共）26cm〈標題紙の書名 創立30周年校舎改築落成記念〉Ⓝ376

『[岡山県立蒜山高等学校]創立50周年記念誌』蒜山高等学校創立50周年記念誌編集委員会　八束村（真庭郡）　蒜山高等学校創立50周年記念誌事業・行事実行委員会　1998.10　47p　30cm　非売品　Ⓝ376.4

◆福渡高等学校

『福渡高校50年史』岡山県立福渡高等学校編　建部町（御津郡）　福渡高等学校　［1975］　87p　25cm〈岡山県立福渡高等学校創立50年記念誌〉Ⓝ376

『[福渡高等学校]創立七十周年記念誌』岡山県立福渡高等学校創立七十周年記念事業実行委員会編　建部町（御津郡）　福渡高等学校　1995.10　613p　27cm　Ⓝ376

『[福渡高等学校]閉校記念誌』岡山県立福渡高等学校編　建部町（御津郡）福渡高等学校創立82周年記念実行委員会　2007.8　370p　31cm〈付：DVDビデオディスク〉Ⓝ376.4

◆ベル学園高等学校

『ベル学園高等学校定時制課程閉校記念誌』岡山　ベル学園高等学校定時制閉校記念実行委員会事業部　2002.3　103p　31cm〈背・表紙のタイトル：定時制課程閉校記念誌　共同刊行：岡山県岡山女子高等学校〉Ⓝ376.48

『ベル学園高等学校定時制課程閉校記念誌/[岡山県岡山女子高等学校]定時制課程閉校記念誌』ベル学園高等学校定時制閉校実行委員会事業部編　岡山　ベル学園高等学校　2002.3　103p　31cm〈書名は奥付による.表紙・背の書名：定時制課程閉校記念誌〉Ⓝ376.4

『ベル学園高校創立百二十年史』岡山　ベル学園高校　2004.4　775p　24cm〈背のタイトル：ベル學園高校百二十年史　年表あり〉Ⓝ376.48

『[ベル学園高等学校]創立百二十年のあゆみ』ベル学園高等学校編　岡山　ベル学園高等学校　2004.5　231p　21cm　Ⓝ376.4

◆真庭高等学校

『[真庭高等学校]創立十周年記念誌』真庭高等学校創立十周年記念誌編集委員会編　真庭　真庭高等学校　2021.10　45p　30cm〈書名は奥付から〉

◆水島工業高等学校

『岡山県立水島工業高等学校創立20周年記念誌』岡山県立水島工業高等学校創立20周年記念誌編集委員会編　倉敷　水島工業高等学校　1982　276p 図　26cm　Ⓝ376

『創立30周年記念誌』倉敷　岡山県立水島工業高等学校創立30周年記念誌編集委員会　1992.11　128p　27cm〈発行所：岡山県立水島工業高等学校〉Ⓝ376.4

『[岡山県立水島工業高等学校]創立40周年記念誌―創立四十周年記念誌』岡山県立水島工業高等学校編　倉敷　水島工業高等学校　2002.11　147p　31cm〈年表：p140～145〉

◆美作高等学校

『しぶき―プール開設50周年記念』岡山県美作高等学校プール開設50周年記念誌『しぶき』編集委員編　津山　美作高等学校水泳部　1983.5　120p　26cm　Ⓝ376.4

『岡山県美作高等学校―the 100th anniversary』岡山県美作高等学校編　津山　岡山県美作高等学校　［2015］　29p　30cm　Ⓝ376.4

◆矢掛高等学校

『古希矢高七十周年誌―創立70周年記念誌』岡山県立矢掛高等学校編　矢掛町（小田郡）　岡山県立矢掛高等学校　1971.10　375p　21cm　Ⓝ376

『高妻―創立80周年記念写真集』岡山県立矢掛高等学校編　矢掛町（小田郡）矢掛高等学校

岡山県

1981.9 117p(おもに図) 31cm〈表紙・奥付の副書名:創立80周年記念誌〉 Ⓝ376

『[矢掛高等学校]創立九十周年記念誌』矢掛高等学校創立九十周年記念誌編集委員会編集 矢掛町(小田郡) 矢掛高等学校 1991.9 323p 図版16p 22cm Ⓝ376

『[岡山県立矢掛高等学校]創立100周年記念誌』岡山県立矢掛高等学校創立100周年記念誌編集委員会編集 矢掛町(小田郡) 矢掛高等学校 2001.9 271p 図14p 31cm Ⓝ376.4

『[岡山県立矢掛高等学校]創立110周年記念誌―平成14年度～平成23年度』岡山県立矢掛高等学校創立110周年記念事業実行委員会記念誌係編集 矢掛町(小田郡) 岡山県立矢掛高等学校 2011.11 48p 30cm Ⓝ376.4

◆矢掛高等学校美星分校

『美星―閉校記念誌』岡山県立矢掛高等学校美星分校閉校記念事業実行委員会編 美星町(小田郡) 矢掛高等学校美星分校閉校記念事業実行委員会 1986.3 61p 27cm Ⓝ376

◆矢掛商業高等学校

『[岡山県立掛商業高等学校]独立記念誌』矢掛商業高等学校編集 矢掛町(小田郡) 独立記念誌編集委員会 1985.9 77p 22cm Ⓝ376.4

『[矢掛商業高等学校]創立30周年記念誌』矢掛商業高等学校創立三十周年記念誌編集委員会編集 矢掛町(小田郡) 矢掛商業高等学校 1991.10 67p 図23枚 27cm〈奥付の書名:岡山県立矢掛商業高等学校創立三十周年記念誌〉Ⓝ376.4

『[矢掛商業高等学校]閉校記念誌』矢掛商業高等学校閉校記念事業実行委員会編集 矢掛町(小田郡) 矢掛商業高等学校閉校記念事業実行委員会 2006.3 146p 31cm Ⓝ376.4

◆弓削高等学校

『[弓削高等学校]創立30周年記念誌』岡山県立弓削高等学校,弓削高等学校同窓会編 久米南町(久米郡) 弓削高等学校 [1978.3] 55, 60, 75p 26cm〈共同刊行:弓削高等学校同窓会 学校沿革:p2～3〉Ⓝ376.4

『[弓削高等学校]創立50周年記念誌』岡山県立弓削高等学校編 久米南町(久米郡) 弓削高等学校 1998.9 70p 26cm Ⓝ376.4

『[弓削高等学校]創立60周年記念誌』岡山県立弓削高等学校編 久米南町(久米郡) 弓削高等学校 2008.10 33p 30cm Ⓝ376.4

『岡山県立弓削高等学校 閉校記念誌』弓削高等学校閉校事業実行委員会編 久米南町(久米郡) 弓削高等学校閉校事業実行委員会 2012.3 142p 30cm〈年表:p128～129〉Ⓝ376.4

◆和気閑谷高等学校

『[和気閑谷高等学校]創立三百年記念誌』和気閑谷高等学校編集 岡山 和気閑谷高等学校 1973.11 372p 22cm Ⓝ376

『商業科25年の歩み 1986年11月』岡山県立和気閑谷高等学校商業科設置25周年記念誌編集委員会編 和気町(和気郡) 和気閑谷高等学校 1986 247p 図6p 21cm Ⓝ376

『[和気閑谷高等学校]創立三百二十五年記念誌』竹内良雄編集責任者,和気閑谷高等学校編 和気町(和気郡) 和気閑谷高等学校 1995.10 343p 30cm Ⓝ376

『和気閑谷高等学校野球部50周年記念誌』和気閑谷高等学校野球部創部50周年記念行事実行委員会編 和気町(和気郡) 和気閑谷高等学校野球部 1998.8 57p 26cm Ⓝ783

『温故知新―[和気閑谷高等学校]創立三三〇年記念回顧録集』岡山県立和気閑谷高等学校創立三三〇年記念三者実行委員会編,竹内良雄編集 和気町(和気郡) 和気閑谷高等学校 2000.10 48p 30cm Ⓝ376

『白木豊の生涯とその歌―評伝』竹内良雄編集,岡山県立和気閑谷高等学校創立三三〇年記念三者実行委員会編 和気町(和気郡) 和気閑谷高等学校 2000.10 70p 30cm Ⓝ289

『論語百章―岡山県立和気閑谷高等学校創立三三〇年記念』第2刷 竹内良雄編集 岡山 和気閑谷高等学校 2001.6 1冊 26cm Ⓝ372.9

『商業科卒業生45年のあしあと』岡山県立和気閑谷高等学校編 和気町(和気郡) 和気閑谷高等学校 2007.3 103p 31cm〈商業科45年の歩み:p4〉

『岡山県立和気閑谷高等学校三百四十年記念誌』岡山県立和気閑谷高等学校創立三四十年記念誌編集委員会編集 和気町(和気郡) 和気閑谷高等学校 2010.10 48p 30cm Ⓝ376.4

『[岡山県立和気閑谷高等学校]創学350年記念誌』岡山県立和気閑谷高等学校創学350年記念誌編纂委員会編集 和気町(和気郡) 和気閑谷高等学校 2020.10 124p 31cm Ⓝ376.4

広島県

◆安芸高等学校

『第6回全国高等学校総合文化祭出場記念誌─広島県立安芸高等学校オーケストラ』広島県立安芸高等学校音楽部OB会編　広島　広島県立安芸高等学校音楽部OB会　［1982］　82p　26cm

『創立十周年記念誌』広島　広島県立安芸高等学校創立十周年記念事業実行委員会　1984.10　387, 84p　21cm〈発行所：広島県立安芸高等学校〉Ⓝ376.8

『創立二十周年記念誌』広島県立安芸高等学校創立二十周年記念実行委員会編　広島　広島県立安芸高等学校創立二十周年記念実行委員会　1995　111p　30cm

『祝創立30周年記念』広島県立安芸高等学校創立30周年実行委員会編　広島　広島県立安芸高等学校　2004.11　1冊（ページ付なし）　30cm

『桜坂─広島県立安芸高等学校創立50年記念誌』広島県立安芸高等学校創立50年記念事業実行委員会編　広島　広島県立安芸高等学校創立50年記念事業実行委員会　2024.3　151p　30cm〈奥付のタイトル：広島県立安芸高等学校創立50年記念誌〉

◆安芸府中高等学校

『安芸府中高校の歩み─創立十周年記念特集』10周年記念誌編集委員会編集　府中町（安芸郡）　広島県立安芸府中高等学校　1989　1冊　30cm〈奥付の書名：広島県安芸府中高等学校10周年記念誌〉

『銀杏─広島県立安芸府中高等学校創立20周年記念誌』広島県立安芸府中高等学校20周年記念誌編さん委員会編　府中町（安芸郡）　広島県立安芸府中高等学校20周年記念誌編さん委員会　2000.11　254p　31cm

『安芸府魂（Spirit）─安芸府中高等学校創立三十周年記念誌』広島県立安芸府中高等学校企画　府中町（安芸郡）　広島県立安芸府中高等学校　2010.11　104p　30cm　Ⓝ376.48

◆安芸南高等学校

『創立五周年記念誌　ゆずりは』広島県立安芸南高等学校創立五周年記念誌編集委員会編　広島　広島県立安芸南高等学校　1991　274p 図版　21cm

『ゆずりは─創立十周年記念誌』広島県立安芸南高等学校創立十周年記念誌編集委員会編　広島　広島県立安芸南高等学校　1996.4　262p 図版　21cm

『ゆずりは─創立20周年記念誌』広島県立安芸南高等学校創立20周年記念誌編集委員会編　広島　広島県立安芸南高等学校　2006.10　259p 図版　31cm〈布装〉Ⓝ376.48

◆芦品まなび学園高等学校

『櫛風沐雨─創立10周年記念誌　平成12年─平成21年』広島県立芦品まなび学園高等学校創立10周年記念誌編集部編集　福山　広島県立芦品まなび学園高等学校創立10周年記念事業実行委員会　2009.10　58p　30cm〈奥付・表紙のタイトル関連情報：広島県立芦品まなび学園高等学校創立10周年記念誌〉

◆五日市高等学校

『創立十周年記念誌』広島県立五日市高等学校編　広島　広島県立五日市高等学校　1985　135p　26cm

『水晶尾─卒業アルバムによる二十周年記念誌』広島県立五日市高等学校創立20周年記念事業実行委員会編集　広島　広島県立五日市高等学校創立20周年記念事業実行委員会　1994.6　191p　30cm

◆因島高等学校

『創立七十周年記念誌』広島県立因島高等学校創立七十周年記念誌編集委員会編　因島　広島県立因島高等学校同窓会「たちばな」会　1993.8　189p　27cm

◆盈進高等学校

『創立八十周年記念小誌』盈進学園創立八十年記念小誌編纂委員会編　福山　盈進学園盈進高等学校　1984.11　101p　27cm

『盈進学園六十年の星霜』「星霜」編集委員会編　入間　盈進学園出版部　1988.10　2冊（資料編とも）27cm　非売品　Ⓝ376.4

『語り継ぐ盈進史─創立九〇周年記念誌』盈進学園編　福山　盈進学園　1994.11編集後記　98p　26cm

『青雲に燃ゆ─盈進学園創立100周年記念誌』盈進学園創立100周年記念事業実行委員会記念誌編纂部会編　福山　盈進学園　2005.3　369p　31cm〈制作協力：DNP年史セン

広島県

ター〉Ⓝ376.48

◆英数学館高等学校

『広島加計学園創立十周年記念誌』英数学館中学校・英数学館高等学校記念誌編集委員会編　福山　広島加計学園　1990.11　80p　26cm　Ⓝ376.4

◆江田島高等学校

『十周年記念誌』広島県立江田島高等学校編　江田島町（安芸郡）　広島県立江田島高等学校　1981.11　32p　21cm

『創立四十三周年・独立二十周年記念誌』広島県立江田島高等学校記念行事実行委員会記念誌係編集　江田島町（安芸郡）　広島県立江田島高等学校記念行事実行委員会　1991.11　256p　21cm

『江田島の高校五三年史―創立五三周年・独立三〇周年記念誌』広島県立江田島高等学校編　江田島町（広島県）　広島県立江田島高等学校　2002.2　224p　22cm　Ⓝ376.48

『古鷹―江田島高等学校閉校記念誌』広島県立江田島高等学校閉校記念事業実行委員会編集　江田島　広島県立江田島高等学校閉校記念事業実行委員会　2010.3　114p　26cm　Ⓝ376.48

◆大柿高等学校

『創立40周年記念誌』広島県立大柿高等学校創立四十周年記念誌編集委員会編　大柿町（佐伯郡）　広島県立大柿高等学校　1980　81p　図版　22cm

『瀬戸内海能美島の高校五十年史』広島県立大柿高等学校創立五〇周年記念実行委員会編　大柿町（広島県）　広島県立大柿高等学校創立五〇周年記念実行委員会　1990.11　537p　22cm〈背の書名：創立五十周年記念誌〉　Ⓝ376.4

◆大崎海星高等学校

『創立10周年記念誌』広島県立大崎海星高等学校編　大崎上島町（豊田郡）　広島県立大崎海星高等学校　2007.11　69p　30cm

『教育の島発高校魅力化＆島の仕事図鑑―地域とつくるこれからの高校教育』大崎海星高校魅力化プロジェクト編著，松見敬彦文　学事出版　2020.8　183p　19cm〈書誌注記：年譜あり〉1800円　ⓘ978-4-7619-2647-2　Ⓝ371.31

◆大竹高等学校

『定時制課程記念誌―あかね』広島県立大竹高等学校定時制閉課程記念事業実行委員会編　大竹　広島県立大竹高等学校　2005.3　198p　31cm〈付：定時制閉課程記念事業広告・寄付者（1冊 30cm）〉

◆尾道高等学校

『30年のあゆみ―創立三十周年記念誌』広島県尾道高等学校創立三十周年記念誌編集委員会編　尾道　尾道学園広島県尾道高等学校　1986.11　31p　27cm

『あゆみ―40周年記念誌』広島県尾道高等学校編　尾道　広島県尾道高等学校　1996　62p　26cm

『尾道学園50周年記念誌―地球へ未来へ』尾道学園尾道中学校・高等学校編集　尾道　尾道学園尾道中学校・高等学校　2007.10　153p　31cm　Ⓝ376.38

◆尾道北高等学校

『創立五十周年記念誌』創立五十周年記念事業団出版部編　尾道　尾道北高等学校　1975　120p　27cm

◆尾道商業高等学校

『玉の浦辺による船―尾商創立九十周年史要』尾道　尾商同窓会　1978.11　551p　22cm〈折り込図1枚〉Ⓝ376.7

『尾商野球部史―思い出の野球』林勲編著　尾道　林勲　〔1984〕　204p　26cm〈著者の肖像あり〉非売品　Ⓝ783.7

『友あり道あり誓いあり―尾道商業高等学校百年史』尾商百年史編集委員会編　尾道　尾商同窓会　1988.10　102p　31cm　Ⓝ376.8

◆尾道東高等学校

『尾道東高校八十年のあゆみ』八十周年記念誌編集委員会編　尾道　広島県立尾道東高等学校　1990.10　219p　図版　27cm

『創立百周年記念誌広島県立尾道東高等学校』創立百周年記念事業実行委員会編　尾道　広島県立尾道東高等学校浦曙会　2009.12　174p　31cm〈年表あり〉Ⓝ376.48

『創立110周年記念誌広島県立尾道東高等学校』創立110周年記念誌編集委員会編　尾道　広島県立尾道東高等学校浦曙会　2020.2　51p　30cm〈背のタイトル：創立110周年記

念誌〉Ⓝ376.48

◆音戸高等学校

『いのちに生きる―広島県立音戸高等学校50周年記念誌』創立五〇周年記念誌編集委員会編　音戸町（安芸郡）広島県立音戸高等学校　1999.3　103p　31cm

◆海田高等学校

『三十周年記念誌』広島県立海田高等学校編　海田町（安芸郡）広島県立海田高等学校　1972　280, 40p　図　22cm

『十周年記念誌』海田高校定時制十周年記念誌編集委員会編　海田町（安芸郡）広島県立海田高等学校　1978　69p 図版　22cm

『広島県立海田高等学校創立五十周年記念誌』海田町（広島県）広島県立海田高等学校創立五十周年記念事業実行委員会　1992.11　329, 65p　22cm〈書名は奥付による　標題紙上の書名：五十周年記念誌〉Ⓝ376.4

『定時制閉課程記念誌―定時制の灯　昭和43年～令和3年』広島県立海田高等学校定時制課程閉課程事業実行委員会編集　海田町（安芸郡）広島県立海田高等学校　2021.3　158p　30cm〈奥付のタイトル：広島県立海田高等学校定時制閉課程記念誌，背・表紙のタイトル：閉課程記念誌〉

◆加計高等学校

『創立五十周年記念誌』広島県立加計高等学校創立五十周年記念誌編集委員会編　加計町（山県郡）広島県立加計高等学校創立五十周年記念事業　1979　358p　図　27cm

◆加計高等学校芸北分校

『教育のあゆみ―開校30年記念誌』広島県立加計高等学校芸北分校開校30年記念実行委員会編　芸北町（山県郡）広島県立加計高等学校芸北分校　1979　42p　19×26cm

『あすなろ―創立50周年記念誌』広島県立加計高等学校芸北分校創立50周年記念事業実行委員会編集　芸北町（山県郡）広島県立加計高等学校芸北分校　1999.3　95p　31cm

◆賀茂高等学校

『創立八十周年記念誌』広島県立賀茂高等学校創立八十周年記念事業実行委員会編　東広島　広島県立賀茂高等学校創立八十周年記念事業実行委員会　1986　425p　22cm〈奥付の書名：広島県立賀茂高等学校創立八十周年記念誌〉

『かもあふひ―創立百周年記念誌』賀茂高等学校100周年記念実行委員会編　東広島　広島県立賀茂高等学校　2006.10　393p　27cm〈布装〉Ⓝ376.48

◆賀茂北高等学校

『創立七十周年記念誌』広島県立賀茂北高等学校創立七十周年記念誌編集委員会編　豊栄町（賀茂郡）広島県立賀茂北高等学校創立七十周年記念事業実行委員会　1985　424p　21cm

『創立八十周年記念誌』広島県立賀茂北高等学校創立八十周年記念誌編集委員会編集　豊栄町（賀茂郡）広島県立賀茂北高等学校創立八十周年・体育館落成記念事業実行委員会　1995.11　86p　27cm

『稲葉の杜―創立90周年記念誌』広島県立賀茂北高等学校創立90周年記念誌編集委員会編集　東広島　広島県立賀茂北高等学校創立90周年記念誌編集委員会　2005.11　127p　30cm　Ⓝ376.48

◆神辺工業高等学校

『創立八十周年記念誌』広島県立神辺工業高等学校編　神辺町（深安郡）神辺工業高等学校80周年実行委員会　1996.12　84p　30cm

◆祇園北高等学校

『創立五周年記念誌』広島県立祇園北高等学校編　広島　広島県立祇園北高等学校　1988　133p 図版　27cm

『創立十周年記念誌 北高讃歌』創立10周年記念誌編集委員会編　広島　広島県立祇園北高等学校10周年記念事業実行委員会　1993.10　211p　27cm〈出版者：広島県立祇園北高等学校創立10周年記念事業実行委員会〉

『北高賛歌―創立20周年記念誌』広島県立祇園北高等学校創立20周年記念事業実行委員会編集　広島　広島県立祇園北高等学校創立20周年記念事業実行委員会　2003.10　180p　31cm〈奥付のタイトル関連情報：広島県立祇園北高等学校創立20周年記念誌〉

◆木江工業高等学校

『広島県立木江工業高等学校六十年のあゆみ』広島県立木江工業高等学校創立60周年記念事業実行委員会編集　木江町（豊田郡）広島県

広島県

立木江工業高等学校　1978.11　144p　27cm

◆久井高等学校

『自尊・自敬―うるわしの山野に囲まれて』広島県立久井高等学校閉校行事実行委員会編　三原　広島県立久井高等学校閉校行事実行委員会　2010.3　52p　30cm　Ⓝ376.48

◆熊野高等学校

『創立十周年記念誌』広島県立熊野高等学校創立十周年記念事業実行委員会編　熊野町(安芸郡)　広島県立熊野高等学校創立十周年記念事業実行委員会　1986　320p 図版　21cm〈出版者：広島県立熊野高等学校創立十周年記念事業実行委員会〉

『飛翔―創立二十周年記念誌』広島県立熊野高等学校創立二十周年記念事業実行委員会編　熊野町(安芸郡)　広島県立熊野高等学校創立二十周年記念事業実行委員会　1996　142p 図版　30cm

『愛信汗―創立三十周年記念誌』広島県立熊野高等学校創立30周年記念事業実行委員会編　熊野町(安芸郡)　広島県立熊野高等学校創立30周年記念事業実行委員会　2006.11　61p　30cm　Ⓝ376.48

◆呉工業高等学校

『創立五十周年記念誌』広島県立呉工業高等学校創立五十周年記念事業実行委員会編　呉　広島県立呉工業高等学校創立五十周年記念事業実行委員会　1989.11　423, 94p　27cm　Ⓝ376.4

◆呉商業高等学校

『創立20周年記念誌』広島県立呉商業高等学校編　呉　広島県立呉商業高等学校　1976　27p　26cm

『創立三十周年記念誌』広島県立呉商業高等学校創立30周年記念誌委員会編集　呉　広島県立呉商業高等学校創立30周年記念誌委員会　1986.11　207p　26cm〈沿革：p2～18〉

『広島県立呉商業高等学校創立五十周年記念誌』広島県立呉商業高等学校創立50周年記念誌委員会編　呉　広島県立呉商業高等学校創立50周年記念誌委員会　2006.9　288p　31cm〈背・表紙のタイトル：50周年記念誌　年表あり〉Ⓝ376.48

◆呉昭和高等学校

『絵下山―創立十周年記念誌』広島県立呉昭和高等学校編　呉　広島県立呉昭和高等学校　1992.10　380p　22cm

◆呉三津田高等学校

『北斗―創立40周年記念誌』広島県立呉三津田高等学校定時制編　呉　広島県立呉三津田高等学校定時制　1974.4編集後記　76p　21cm　Ⓝ376.48

『三津田ヶ丘―創立70周年記念誌』記念誌編集委員会編　呉　広島県立呉三津田高等学校　1976　184p　21cm

『創立五十周年記念誌』広島県立呉三津田高等学校定時制課程創立五十周年記念誌編集編　呉　広島県立呉三津田高等学校定時制課程呉三津田北斗同窓会　1984　322p　27cm

『三津田ケ丘―創立八十周年記念誌　広島県立呉三津田高等学校』呉三津田高等学校創立八〇周年記念実行委員会編　呉　呉三津田高等学校創立八〇周年記念実行委員会　1986.11　825p　22cm　Ⓝ376.4

『三津田ヶ丘―開学九十周年記念誌』広島県立呉三津田高等学校編　呉　広島県立呉三津田高等学校　1996.10編集後記　84p　21cm

『創立70周年記念誌』広島県立呉三津田高等学校定時制課程創立70周年記念事業実行委員会編集　呉　広島県立呉三津田高等学校定時制課程呉三津田ヶ丘北斗同窓会　2005.7　122p　31cm〈布装〉Ⓝ376.48

『三津田ヶ丘―創立百周年記念誌』広島県立呉三津田高等学校創立百周年記念実行委員会編　呉　広島県立呉三津田高等学校創立百周年記念実行委員会　2006.11　1283p　27cm〈年表あり　文献あり〉Ⓝ376.48

『無限の扉―夢育みし三津田ヶ丘』広島県立呉三津田高等学校創立百周年記念実行委員会編集　呉　広島県立呉三津田高等学校創立百周年記念実行委員会　2006.11　238p　21cm〈創立100周年記念〉1364円　Ⓝ376.48

『無限の扉：夢育みし三津田ヶ丘　2』広島県立呉三津田高等学校創立一一〇周年記念実行委員会編　呉　広島県立呉三津田高等学校創立一一〇周年記念実行委員会　2016.11　234p　21cm〈Kuremitsuta Senior High School 110th anniversary〉Ⓝ376.48

『広島県立呉三津田高等学校創立110周年史―この10年を中心として：平成19年度―平成

広島県

28年度』広島県立呉三津田高等学校「創立110周年史」編纂委員会編　呉　広島県立呉三津田高等学校　2017.8　184p　30cm〈書誌注記：年表あり〉Ⓝ376.48

◆呉宮原高等学校

『創立五十周年記念誌』広島県立呉宮原高等学校,九嶺宮原同窓会編　呉　九嶺宮原同窓会　1974　537, 6, 562p　22cm

『創立六〇周年記念誌—広島県立呉宮原高等学校』呉　九嶺宮原同窓会　1984.11　74p　26cm　Ⓝ376.4

◆黒瀬高等学校

『創立三十周年記念誌』広島県立黒瀬高等学校創立30周年記念誌編集委員会編　黒瀬町（賀茂郡）広島県立黒瀬高等学校　1978　85p　26cm

『広島県立黒瀬高等学校創立70周年記念誌』広島県立黒瀬高等学校創立70周年記念行事実行委員会編　東広島　広島県立黒瀬高等学校創立70周年記念行事実行委員会　2018.11　55p　30cm〈背・表紙のタイトル：創立70周年記念誌〉

◆河内高等学校

『河内高校七拾年誌』河内高校七十年誌編集委員会編　河内町（賀茂郡）広島県立河内高等学校　1979　300p　26cm

『百年の時空—篁の里,学び舎』広島県立河内高等学校創立百周年記念事業実行委員会編集　東広島　広島県立河内高等学校　2009.10　101p　31cm〈背・表紙のタイトル関連情報：創立百周年記念誌〉

◆高陽高等学校

『高陽高校の10年—メモリーフォーカス』広島県立高陽高等学校編　広島　広島県立高陽高等学校　1987　1冊　30cm

『真亀—創立20周年記念誌』広島県立高陽高等学校編　広島　広島県立高陽高等学校　1997.11　225p　27cm　3000円　Ⓝ376.48

『30年のうた声—未来への想い』広島県立高陽高等学校編　広島　広島県立高陽高等学校　[2007]　99p　30cm　Ⓝ376.48

◆高陽東高等学校

『創立五周年記念誌』広島県立高陽東高等学校編　広島　広島県立高陽東高等学校　1988　186, 72p　図版　26cm

『創立十周年記念誌 求真』創立10周年記念誌編集委員会編　広島　広島県立高陽東高等学校創立10周年記念事業実行委員会　1992.10　235p　27cm

『創立三十周年記念誌』創立30周年記念事業実行委員会編集　広島　創立30周年記念事業実行委員会,広島県立高陽東高等学校　2013.11　50p　31cm〈タイトルは背による.奥付のタイトル：広島県立高陽東高等学校創立30周年記念誌,表紙のタイトル：創立30周年記念誌〉Ⓝ376.48

◆広陵高等学校

『広陵高等学校野球部復活への歩み』広島　広陵高等学校　1980.10　34p　30cm〈共同刊行：広陵高等学校野球部特別後援会〉非売品　Ⓝ783.7

『球児の森』広陵高等学校軟式野球部編　広島　1985　22p　26cm〈第59年　第29回全国高等学校軟式野球選手権大会〉Ⓝ780

『目でみる90年の歩み』広陵学園90年史編纂委員会編　広島　広陵学園　1986.5　140p　31cm　Ⓝ376.4

『栄光の球児たち』広陵高等学校軟式野球部編　広島　1987　20p　26cm〈昭和61年　第31回全国高等学校軟式野球選手権大会,昭和61年　第41回国民体育大会（山梨かいじ国体）〉Ⓝ780

『大旗を我が手に』広陵高等学校軟式野球部編　広島　1989　34p　26cm〈昭和63年　第33回全国高等学校軟式野球選手権大会,昭和63年　第43回国民体育大会（京都大会）〉Ⓝ780

『優勝への軌跡—平成3年第63回選抜高等学校野球大会』広陵高等学校広報部編　広島　広陵学園広陵高等学校　1991.9　47p　30cm　非売品　Ⓝ783.7

『広陵高校軟式野球史』「広陵高校軟式野球史」編集委員会編　広島　広陵学園　1993.10　222p　27cm〈軟部40周年記念　書名は奥付による　標題紙等の書名：広陵軟式野球史〉Ⓝ783.7

『広陵百年史』広島　広陵学園　1994.6　652, 163p　22cm　Ⓝ376.4

『栄光の記録—広陵学園創立110周年記念　昭和48年〜平成18年』創立110周年記念誌編纂委員会編集　広島　広陵学園広陵高等学校　2006.7　57p　30cm　Ⓝ376.48

『目でみる110年史』「目でみる110年史」編集

広島県

委員会編　広島　広陵学園　2006.7 あとがき 196p　31cm　Ⓝ376.48

『日本一の準優勝―広陵・夏の甲子園2007』山田良純著　広島　南々社　2008.7　190p　19cm　1400円　Ⓘ978-4-931524-65-1　Ⓝ783.7

『Rの輪 広陵野球の美学』山田良純著　広島　南々社　2010.8　303p　19cm　1500円　Ⓘ978-4-931524-79-8　Ⓝ783.7
[目次] 第1部 1967―努力と辛抱（小さな大投手、「史上最低」と呼ばれたチームの秘策、ド根性時代、監督との距離、無心の甲子園、かけ引き、ユニフォーム、血染めの白球、青春の頂点、永遠の三原時代）、第2部 2007―ありがとう（大切なもの、野球の神様、自主性、四十年目の夢、一年後の夏）、第3部 社会のレギュラー（社会のレギュラー、教育について）
[内容] 不撓の根性を鍛える三原、自主性尊重の中井―。広陵の名将と不屈の選手たちが織りなす白球の青春譜。

『広陵高等学校野球部百年史』広島　広陵学園広陵高等学校　2012.3　641p 図版［12］枚　27cm〈書誌注記：年表あり〉Ⓝ783.7

『ともに泣きともに笑う―広陵高校野球部の真髄』中井哲之著　ベースボール・マガジン社　2014.7　207p　19cm　1300円　Ⓘ978-4-583-10714-1　Ⓝ783.7
[目次] 第1章 全員が主役で全員が脇役（優勝の瞬間、ベンチへ駆けてきたナイン、「一人一役全員主役」を合言葉に ほか）、第2章 まっすぐに生きろ！ 正直であれ！（土壇場での「生きざま」と無意識の拍手、「1」を剥奪した野村と捕手に転向の小林 ほか）、第3章「ありがとう」「ごめんな」の心（監督就任1年ちょっとでの無我夢中の優勝、真摯な取り組みと誠実な姿勢は必ず報われる ほか）、第4章 選手たちの考える力（練習内容は普通だが精神はどのチームにも負けない、選手同士だけで行うミーティング ほか）
[内容] 春夏合わせて43回の全国大会出場を誇り優勝にも3度輝いている伝統・強豪校の広陵。だが、25年務める中井哲之監督は「甲子園出場より大切なものがある」と言う。選手たちから全幅の信頼を寄せられ、教え子たちに今でも慕われ続ける中井監督の指導方法とは―。

『補欠の力―広陵OBはなぜ卒業後に成長するのか？』元永知宏著　名古屋　ぴあ株式会社中部支社　2018.8　208p　19cm〈書誌注記：文献あり〉1389円　Ⓘ978-4-8356-3854-6　Ⓝ783.7
[内容] 広陵には、選手なら誰もが恐れる中井哲之という監督がいる。部員は全員が寮生活、正月休み以外はほとんど練習漬けの日々を送る。彼らの活動範囲は、教室と寮とグラウンドだけ。携帯電話を持つことはなく、自由にテレビを見ることもできない。厳しさという面において、日本でもトップクラスだろう。本書では、選手、監督、プロ野球で活躍するOBたちにこんな疑問をぶつけてみた。野球に必要な厳しさとは何か？　広陵が強いのはなぜなのか？　どうして卒業後に成長するか？　広陵OBはなぜプロ野球で成功するのか？　19歳の中村奨成から56歳の中井監督まで答えはさまざまだったが、強いチームをつくるための秘密がそこにはあった。

『広陵・中井哲之のセオリー――一人一役全員主役で正しく勝つ法則80』田尻賢誉著　ベースボール・マガジン社　2022.3　279p　19cm　1500円　Ⓘ978-4-583-11463-7　Ⓝ783.7
[目次] 第1章 チームづくりの決めごと（同じ力なら上級生を優先する、キャプテンは心が強く、男らしい選手を選ぶ ほか）、第2章 強さを育む練習法（基本練習を徹底してやる、打撃練習は竹バットで行う ほか）、第3章 成長の法則（小さな目標達成の習慣をつける、欠点を取ったら野球はさせない ほか）、第4章 戦い方、采配（相手のビデオは見ない、甲子園を意識させない ほか）、第5章 リーダーのあり方（男として成長するほうを選択する、仲間を助けるために演技をする ほか）
[内容] 大家族の父のように本気で怒り、本気でほめる。広陵高監督・中井哲之の、控え選手も一体となって戦うチームづくり。

『広陵高校野球部――一人一役全員主役：Since 1911』ベースボール・マガジン社　2022.6　97p　29cm（B.B.MOOK 1577―高校野球名門校シリーズ 19）1391円　Ⓘ978-4-583-62721-2　Ⓝ783.7

◆西城紫水高等学校

『山紫水明―創立80周年記念誌』広島県立西城紫水高等学校編　庄原　広島県立西城紫水高等学校　2007.11　76p　30cm　Ⓝ376.48

◆西条農業高等学校

『創立七十周年記念誌』広島県立西条農業高等学校創立七十周年記念事業実行委員会編　東広島　広島県立西条農業高等学校創立七十周年記念事業実行委員会　1981　374p　27cm

『創立八十周年―西農教育この10年』広島県立西条農業高等学校創立八十周年記念事業実行委員会編　東広島　広島県立西条農業高等学校　1990.11　35p　26cm

『創立百周年記念誌―広島県立西条農業高等学校』創立一〇〇周年記念事業実行委員会編集　東広島　創立一〇〇周年記念事業実行委員会　2010.9　605p 図版36p　31cm〈布装　年表：p518～583〉Ⓝ376.48

『西農物語―育命のこころを受け継ぐ』広島県立西条農業高等学校『西農物語』編集委員会

広島県

編集　東広島　広島県立西条農業高等学校同窓会　2012.4　133p　30cm　Ⓝ376.48

『戦時下の西農生―西農生の体験を通して戦時の歴史を観る』広島県立西条農業高等学校『戦時下の西農生』編集委員会編集　東広島　広島県立西条農業高等学校同窓会　2014.7　249p　30cm〈年表：p210〜249〉Ⓝ376.48

◆佐伯高等学校

『創立三十周年記念誌』広島県立佐伯高等学校三十周年記念誌編集委員会編　佐伯町（佐伯郡）広島県立佐伯高等学校　1976　86p 図版21p　22cm〈共同刊行：広島県立佐伯高等学校PTA, 広島県立佐伯高等学校同窓会〉

『40周年記念誌』広島県立佐伯高等学校四十周年記念誌編集委員会編　佐伯町（佐伯郡）広島県立佐伯高等学校　1986　103p　22cm

『道秀―創立五十周年記念誌』五十周年記念誌編集委員会編集　佐伯町（佐伯郡）広島県立佐伯高等学校創立五十周年記念事業運営委員会　1997.11　144p　27cm　Ⓝ376.48

◆山陽女子高等学校

『山陽女学園創立五十周年記念誌』山陽女学園創立五十周年記念誌編集委員編　廿日市町（佐伯郡）山陽女子高等学校　1980　82p 図版［6p］　26cm

『山陽女学園創立六十周年記念誌』山陽女学園山陽女子高等学校編　廿日市　山陽女学園山陽女子高等学校　1990.10　100p　26cm

『山陽女子高等学校創立七十周年記念誌』山陽女学園山陽女子高等学校編　廿日市　山陽女学園山陽女子高等学校　1999.10　170p　26cm

◆自彊高等学校

『創立十周年記念誌』広島県立自彊高等学校創立十周年記念事業実行委員会編　福山　広島県立自彊高等学校　1982　75p 図版　26cm

『自彊不息―39年の歩み』広島県立自彊高等学校閉校行事実行委員会編集　福山　広島県立自彊高等学校閉校行事実行委員会　2011.3　145p　30cm〈自彊高等学校の沿革：p10〉Ⓝ376.48

◆至誠高等学校

『至誠―広島県立至誠高等学校県立移管15周年記念誌』広島県立至誠高等学校編集　新市町（芦品郡）広島県立至誠高等学校　1990.12　70p　26cm

『諸事熱烈―広島県立至誠高等学校創立六十周年記念誌』広島県立至誠高等学校創立六十周年記念誌編集委員会編集　新市町（芦品郡）広島県立至誠高等学校創立六十周年記念実行委員　1995.6　146, 259p　22cm〈タイトルは奥付による．表題紙のタイトル：創立60周年記念誌, 布装〉Ⓝ376.48

◆清水ケ丘高等学校

『清水ケ丘三十年のあゆみ』清水ケ丘学園編　呉　清水ケ丘学園　1982.6　388p　22cm　Ⓝ376.4

◆修道高等学校

『修道水泳史』種田豪著　広島　1992.8　176p　22cm

『協同と探究で「学び」が変わる―Shudo Junior & High School』井川樹著　広島　南々社　2012.8　215p　19cm〈書誌注記：文献あり〉1400円　Ⓘ978-4-931524-99-6　Ⓝ376.3176

目次　第1章 男同士のぶつかり合い, 第2章 自由, それは責任, 第3章 個性の原点は…, 第4章 目指せ, 東大, 第5章 ラップで学ぼう, 第6章 母親たちの修道, 第7章 「バッジは, 何色？」, 第8章 287年の伝統, 第9章 学園紛争と修道, 第10章 かっこいい男になれ！

内容　「世の進運に魁けん」。287年の伝統を誇るシングルスクール修道。「男だけの世界」、6年間の濃密なぶつかり合いが培うものとは？ 東大・京大・医学部など超難関大に、毎年約100人の合格者を出す秘密。

◆上下高等学校

『創立70周年記念』広島県立上下高等学校同窓会編　上下町（甲奴郡）広島県立上下高等学校同窓会　1990.10　1冊　30cm

◆庄原格致高等学校

『格物致知　1982　創立85周年記念誌』広島県立庄原格致高等学校創立85周年記念行事実行委員会編　庄原　広島県立庄原格致高等学校創立85周年記念行事実行委員会　1983.6　114p　26cm〈背の各巻のタイトル：創立八十五周年記念誌〉非売品

『庄原格致高等学校百年誌』広島県立格致高等学校創立百周年記念誌編集委員会編集　庄原　広島県立庄原格致高等学校創立百周年記念誌編集委員会　1997　640p　27cm

広島県

◆庄原格致高等学校口和分校

『思い出の丘』広島県立庄原格致高等学校口和分編　口和町（比婆郡）広島県立庄原格致高等学校口和分校記念誌編集実行委員会　1980.3　122p　26cm

◆庄原格致高等学校高野山分校

『飛翔―創立五十周年記念誌』庄原格致高校高野山分校創立五十周年記念事業実行委員会編　高野町（比婆郡）庄原格致高校高野山分校創立五十周年記念事業実行委員会　2002.6　193p　31cm

◆庄原実業高等学校

『庄原実業八十年史』広島県立庄原実業高等学校八十年史編集委員会編　庄原　広島県立庄原実業高等学校創立八十周年記念事業実行委員会　1988.11　621p　27cm　Ⓝ376.4

『創立90周年記念誌―学科改編を中心として』広島県立庄原実業高等学校創立90周年記念誌編集委員会編　庄原　広島県立庄原実業高等学校創立90周年記念事業実行委員会　1998.11　171p　31cm　Ⓝ376.48

『創立百周年記念誌広島県立庄原実業高等学校―実業の道　地域へ世界へ』広島県立庄原実業高等学校創立百周年記念事業実行委員会編、ジャパンインターナショナル総合研究所編　庄原　広島県立庄原実業高等学校創立百周年記念事業実行委員会　［2008］　97p　31cm　Ⓝ376.48

『庄原実業高等学校創立110周年記念誌―今、地域から世界へ―。』広島県立庄原実業高等学校、ジャパンインターナショナル総合研究所編集　庄原　広島県立庄原実業高等学校　［2018］　48p　30cm　Ⓝ376.48

◆庄原実業高等学校比和分校

『30年の歩み―沿革と現況』広島県立庄原実業高等学校比和分校編　比和町（比婆郡）広島県立庄原実業高等学校比和分校　1978.11　22p　26cm　Ⓝ376.4

『清流―庄原実業高等学校比和分校閉校記念誌』庄原実業高等学校比和分校閉校行事実行委員会編　庄原　庄原実業高等学校比和分校閉校行事実行委員会　1987.3　172p　27cm

◆白木高等学校

『80年の歩み―明朗　誠実　実践』広島県立白木高等学校創立80周年記念事業実行委員会編集　広島　広島県立白木高等学校創立80周年記念事業実行委員会　2007.10　49p　30cm　Ⓝ376.48

『清流―84年の歩み』広島県立白木高等学校閉校行事実行委員会編集　広島　広島県立白木高等学校閉校行事実行委員会　2012.3　62p　30cm　Ⓝ376.48

◆鈴峯女子高等学校

『写真で見る鈴峯女子中・高等学校10年史―創立60周年記念誌』広島　鈴峯女子中・高等学校創立60周年記念誌編纂委員会　2001.4　115p　31cm〈折り込1枚〉Ⓝ376.48

◆瀬戸田高等学校

『創立五十周年記念誌』記念誌編集委員編集　瀬戸田町（豊田郡）広島県立瀬戸田高等学校　1975　40p　26cm〈書名は奥付による〉

『八十周年記念誌―広島県立瀬戸田高等学校』広島県立瀬戸田高等学校創立80周年記念誌部会編集　瀬戸田町（豊田郡）潮音会　2005.10　216p　30cm〈書名は背・表紙による．表題紙の書名：八十年の歩み，奥付の書名：創立80周年記念誌，付：瀬高新聞　第1号（1枚）〉Ⓝ376.48

◆世羅高等学校

『世羅高校駅伝史―汗と涙のイダ天讃歌』新畑茂充著　世羅町（世羅郡）広島県立世羅高等学校同窓会　1982　499p　19cm

『創立百周年記念誌』広島県立世羅高等学校創立百周年記念誌編集委員会編集　世羅町（世羅郡）広島県立世羅高等学校創立百周年記念事業実行委員会　1996　716p 図版　27cm

『駅伝日本一、世羅高校に学ぶ「脱管理」のチームづくり』岩本真弥著　光文社　2016.12　236p　18cm（光文社新書　854）　740円　①978-4-334-03957-8　Ⓝ782.3

|目次| 第1区　都大路、運命の一日、第2区　速い選手より強い選手を、第3区　どうやってチームを再生させたのか？、第4区　苦しみ続けた日々が教えてくれたもの、第5区　人口17000人の町が日本一になれた理由、第6区　タスキを次世代へつなぐ、第7区　日本陸上界、改革のための提言―青山学院大学陸上競技部・原晋監督対談

|内容| 全国高校駅伝大会で最多9回の優勝を誇る広島県立世羅高校。人口わずか1万7千人の田舎町の学校は、なぜこんなに勝ち続けられるのか？　最強チームを率いる指揮官が、独自の指導論から学校を取り巻く環境、街の文化や魅力などあらゆる角度から、日本一の秘密を明かす。同校OBで、箱根

広島県

駅伝2連覇を果たした青山学院大学陸上競技部・原晋監督との特別対談つき。

『輝かしい歴史と伝統を未来へ―広島県立世羅高等学校創立120周年記念誌』広島県立世羅高等学校創立120周年記念誌編集専門委員会編　世羅町（世羅郡）広島県立世羅高等学校創立120周年記念事業実行委員会　2016.12　100p　30cm〈沿革：p80～81〉Ⓝ376.48

『駅伝ガールズ』菅聖子作, 榎のと絵　KADOKAWA　2017.12　156p　18cm（角川つばさ文庫 Dす1-1）680円　①978-4-04-631755-1　Ⓝ782.3

内容 男子が高校駅伝で強豪校と呼ばれている世羅高校。一度も全国入賞の経験がなかった女子陸上部も優勝をめざし、いろいろな苦労を乗りこえていく…。実際の全国高校駅伝で男女同時優勝をなしとげた女子陸上部の物語。

◆崇徳高等学校

『崇徳学園百二十年史』崇徳学園百二十年史編纂委員会編　広島　崇徳学園　1995.5　1098p　22cm　Ⓝ376.4

『延長50回の絆―中京vs崇徳 球史に刻まれた死闘の全貌』中大輔著　竹書房　2015.1　254p　19cm　1300円　①978-4-8019-0114-8　Ⓝ783.7

目次 プロローグ 終わらない夏, 第1章 王者のプライド, 第2章 不敵な挑戦者, 第3章 奇跡へのカウントダウン, 第4章 1398, 第5章 駆け上がる, エピローグ もうひとつの夏

内容 この夏、球史に残る伝説の一戦が行われた。第59回全国高校軟式野球選手権大会の準決勝での、中京（岐阜）と崇徳（広島）による延長50回の死闘である。中京・松井大河、崇徳・石岡樹輝弥の両投手は、何を想い最後まで一人で投げ抜いたのか？ 幼い頃からその名を轟かせていた二人の、知られざる共通点とは？「俺のほうがスゲェ！」と互いに譲らないエースを支えたナインや関係者の想いとは？ 涙あり、笑いあり。関係者取材によって浮かび上がった秘話満載の感動ノンフィクション！

◆大門高等学校

『創立10周年 記念誌』広島県立大門高等学校編　福山　広島県立大門高等学校　1985　115p　26cm

◆高宮高等学校

『青春の丘陵大畑―広島県立高宮高校閉校記念誌』広島県立高宮高等学校閉校記念事業実行委員会編集　安芸高田　広島県立高宮高等学校閉校記念事業実行委員会　2011.3　83p　30cm〈タイトル関連情報は背・表紙による．奥付のタイトル関連情報：高宮高等学校閉校記念誌　出版者は奥付による．背・表紙の出版者：広島県立高宮高等学校〉Ⓝ376.48

◆武田高等学校

『呉武田学園史』呉武田学園史編集委員会編　呉［呉武田学園］　［2006］　784, 85p　22cm　Ⓝ376.4

◆竹原高等学校

『創立八十周年記念誌』広島県立竹原高等学校創立八十周年記念誌編集委員会編　竹原　広島県立竹原高等学校同窓会　1986　98p　27cm

『100年のあゆみ―竹原高等学校百周年記念誌』竹原高等学校創立百周年記念事業実行委員会広報部編集　竹原　竹原高等学校創立百周年記念事業実行委員会　2006.12　639p　31cm　Ⓝ376.48

◆忠海高等学校

『創立八十周年記念誌』広島県立忠海高等学校創立80周年記念事業実行委員会編　竹原　広島県立忠海高等学校同窓会　1977　233p　27cm〈書名は表紙による．標題紙の書名：母校八十年の歩み〉

『忠海高等学校85周年記念誌―味潟校舎の譜』忠海高校同窓会々報編集委員会編　竹原　広島県立忠海高等学校同窓会　1982　34p　26cm

『写真で見る忠海高校の歩み―創立90周年記念』広島県立忠海高等学校編　竹原　広島県立忠海高等学校　1987　18p　26cm

『忠海高等学校の100年―1897～1997 広島県立忠海中学校・広島県立忠海高等女学校・広島県立忠海高等学校』忠海高等学校100周年記念誌編集委員会編　竹原　広島県立忠海高等学校同窓会　1998.2　475p　31cm　Ⓝ376.48

『ただのうみ―広島県立忠海高等学校110周年記念誌　明治30年～平成19年』広島県立忠海高等学校創立110周年記念誌編集委員会編　竹原　広島県立忠海高等学校創立110周年記念事業実行委員会　2007.12編集後記　44p　31cm　Ⓝ376.48

◆千代田高等学校

『創立100周年記念誌―広島県立千代田高等学校』広島県立千代田高等学校編　北広島町（山県郡）広島県立千代田高等学校　2022.11

広島県

79p 30cm〈タイトルは奥付・表紙による．標題紙のタイトル：100周年記念誌，背のタイトル：広島県立千代田高等学校創立100周年記念誌〉

◆千代田高等学校豊平分校

『悠久の丘―創立50周年記念誌』広島県立千代田高等学校豊平分校創立50周年実行委員会編　豊平町（山県郡）　広島県立千代田高等学校豊平分校創立50周年実行委員会　1999　155p　27cm

◆東城高等学校

『創立60周年記念誌』広島県立東城高等学校創立60周年記念実行委員会編　東城町（比婆郡）　広島県立東城高等学校　1979　105p（図版1）19×26cm〈付：創立60周年体育館落成記念　昭和54年度学校要覧，写真（1枚），標題紙の書名：創立60周年誌〉Ⓝ376.4

『創立70周年記念誌』広島県立東城高等学校同窓会編　東城町（比婆郡）　広島県立東城高等学校同窓会　1989　283p　27cm

『久遠―創立90周年記念誌―校訓「自律」「創造」「敬愛」』広島県立東城高等学校創立90周年記念事業実行委員会編　庄原　広島県立東城高等学校創立90周年記念事業実行委員会　2009.11　76p　30cm

◆戸手商業高等学校

『創立七十周年記念誌』広島県立戸手商業高等学校創立七十周年記念誌編集委員会編　新市町（芦品郡）　広島県立戸手商業高等学校創立七十周年記念誌編集委員会　1987　613p 図版　25cm〈奥付の書名：広島県立戸手商業高等学校創立七十周年記念誌〉

◆西高等学校

『学びの心奪われず―閉校記念誌』広島県立西高等学校編　広島　広島県立西高等学校　2021.3　149p　31cm

◆日彰館高等学校

『日彰館―百年の歩み』百年史編集委員会編　吉舎町（広島県）　広島県日彰館同窓会　1994.4　513p　27cm　Ⓝ376.4

『日彰館創立百二十周年記念誌―これからも伝え継ぐために』広島県立日彰館高等学校創立120周年記念事業実行委員会編　三次　広島県立日彰館高等学校創立120周年記念事業実行委員会　2014.11　115p　30cm〈書誌注記：年表あり　奥付のタイトル：広島県立日彰館高等学校創立120周年記念誌〉Ⓝ376.48

◆ノートルダム清心高等学校

『軌跡―ノートルダム清心中・高等学校三十八年史』ノートルダム清心中・高等学校編　広島　ノートルダム清心中・高等学校　1988.3　557p　27cm　Ⓝ376.4

『日本におけるキリスト教女子教育史―ノートルダム清心学園を中心として』高木孝子著　南窓社　1991.10　246p　22cm　4800円　④4-8165-0070-7　Ⓝ198.27

『創立50周年記念誌―心を清くし、愛の人であれ』創立50周年記念行事実行委員会編集　広島　ノートルダム清心中・高等学校創立50周年記念行事実行委員会　1999.11　175p　30cm

◆廿日市高等学校

『創立七十周年記念誌―桜尾』森下弘，橋詰九一責任編集　廿日市　広島県立廿日市高等学校　1985　186p　27cm

『桜尾―創立100周年記念誌』広島県立廿日市高等学校創立一〇〇周年記念事業実行委員会編　廿日市　広島県立廿日市高等学校創立一〇〇周年記念事業実行委員会　2015.11　159p　30cm〈奥付のタイトル関連情報：広島県立廿日市高等学校創立一〇〇周年記念誌，背のタイトル関連情報：創立一〇〇周年記念誌　広島県立廿日市高等学校沿革年表：p146～149，文献：巻末〉Ⓝ376.48

◆廿日市西高等学校

『創立十周年記念誌』広島県立廿日市西高等学校創立十周年記念事業実行委員会編　廿日市　広島県立廿日市西高等学校創立十周年記念事業実行委員会　1993.11　222p　27cm

『創立二十周年記念誌』広島県立廿日市西高等学校創立二十周年記念事業実行委員会編　廿日市　広島県立廿日市西高等学校創立二十周年記念事業実行委員会　2003.10　227p 図版15p　27cm　Ⓝ376.48

『創立三十周年記念誌』広島県立廿日市西高等学校創立三十周年記念事業実行委員会編　廿日市　広島県立廿日市西高等学校創立三十周年記念事業実行委員会　2014.3　233p 図版15p　27cm〈布装　沿革：p5～7〉Ⓝ376.48

広島県

◆比治山女子高等学校
『創立60周年記念写真集』比治山学園比治山女子中学高等学校編　広島　比治山学園比治山女子中学高等学校　1999.10　105p　27cm

◆広高等学校
『野呂山―開学30年記念誌』広島県立広高等学校編　呉　広島県立広高等学校　1972　332p　26cm

『野呂山―広島県立広高等学校創立50周年記念誌』広島県立広高等学校創立50周年記念誌編集委員会編　呉　広島県立広高等学校　1992.11　423p　27cm〈背の書名：創立五十周年記念誌〉Ⓝ376.4

『野呂山―広島県立広高等学校創立70周年記念誌』広島県立広高等学校創立70周年記念誌編集部会編　呉　広島県立広高等学校　2012.11　410p　26cm〈書誌注記：年表あり　背のタイトル：創立七十周年記念誌〉Ⓝ376.4

◆広島高等学校
『落暉燃ゆ―廣島高等学校創立七十年記念誌』廣高七十年誌編集委員会編　広島　廣島高等学校同窓会　1993.10　741p　図版　27cm

『凌雲―創立10周年記念誌』広島県立広島中学校・高等学校創立10周年記念事業実行委員会編　東広島　広島県立広島中学校・広島高等学校創立10周年記念事業実行委員会　2014.5　294p　27cm〈書誌注記：年表あり〉Ⓝ376.48

『輝く公立の星　基町高校広島中高』高遠信次, 石田利英著　広島　トーク出版　2015.12　337p　19cm　1600円　Ⓘ978-4-904014-53-0　Ⓝ376.4176

◆広島井口高等学校
『創立十周年記念誌　たちばな』広島　広島県立広島井口高等学校　1988　368p　図版　22cm

『たちばな―創立20周年記念誌』広島県立広島井口高等学校20周年記念誌編集委員会編　広島　広島県立広島井口高等学校20周年記念誌編集委員会　1998.11　294p　27cm〈布装〉Ⓝ376.48

『たちばな―創立30周年記念誌』広島県立広島井口高等学校創立30周年記念事業実行委員会編　広島　広島県立広島井口高等学校創立30周年記念事業実行委員会　2008.11　137p　30cm　Ⓝ376.48

◆広島音楽高等学校
『創立40周年記念誌』見真学園広島音楽高等学校編集　広島　見真学園広島音楽高等学校　1989.1　71p　26cm〈奥付の書名：広島音楽高等学校40周年記念誌〉

『響流―創立50周年記念』見真学園広島音楽高等学校編　広島　見真学園広島音楽高等学校　1999　197p　31cm

◆広島学院高等学校
『広島学院物語』倉光誠一著　琴浦町（鳥取県）　ボカラの会　2005.6　294p　21cm　1400円　Ⓝ376.4176

『広島学院の半世紀―広島学院創立50周年記念誌』広島学院中・高等学校編集　広島　広島学院中・高等学校　2006.5　128p　27cm　Ⓝ376.38

◆広島観音高等学校
『記念誌―創立五十周年』広島県立広島観音高等学校創立五十周年記念誌編集委員会編　広島　広島県立広島観音高等学校　1972　342p　図　22cm

『藝陽―創立60周年記念』記念名簿刊行委員会記念誌資料編集委員会編　広島　芸陽観音同窓会　1982.10　54p　26cm　Ⓝ376.48

『創立70周年記念誌　白楊』創立70周年記念誌編集委員会編集　広島　広島県立広島観音高等学校　1993.2　207p　31cm

『白楊―創立80周年記念誌』創立80周年記念誌編集委員会編　広島　広島県立広島観音高等学校　2002.11　166p　30cm　Ⓝ376.48

『広島観音サッカー部は、なぜ強くなったのか―知将畑喜美夫監督の育成システムを大公開』伊藤和之著　広島　ザメディアジョン　2009.12　176p　18cm〈ザメディアジョンMJ新書　005〉762円　Ⓘ978-4-86250-122-6　Ⓝ783.47

目次　第1章 広島観音サッカー部は、なぜ強くなったのか（強さのヒミツは畑喜美夫監督の指導にあり、畑喜美夫監督と伊藤和之の関係　ほか）、第2章 ライバル広島皆実への挑戦（広島の高校サッカー勢力図と広島観音高校の戦績、ライバル広島皆実にガチンコ勝負の始まり　ほか）、第3章 広島観音サッカー強さのヒミツ（信頼と絆（広島観音サッカー部の基本システムとは）、広島観音流サッカーノート　ほか）、第4章 広島観音トレーニング大公開（テクニカル・トレーニング編、フィジカル・トレーニング編）、第5章 信頼と絆で結ばれた人々（究極の追っかけ少女―山廣康子前校長、監督と選手の橋渡し―出木谷浩治コーチ　ほか）

広島県

内容 広島観音高校サッカー部監督、畑喜美夫の最強サッカー集団育成術。

◆広島県瀬戸内高等学校

『学校法人瀬戸内学園・広島県瀬戸内高等学校創立九十周年記念誌』広島県瀬戸内高等学校創立九十周年記念誌編集委員会編　広島　広島県瀬戸内高等学校創立九十周年記念事業実行委員会　1991.11　169p 図版30枚　27cm〈背の書名：広島県瀬戸内高等学校創立九十周年記念誌〉Ⓝ376.5

『瀬戸内学園百年史』瀬戸内学園百年史編纂委員会編纂　広島　瀬戸内学園　2001.11　485p　27cm　非売品　Ⓝ376.48

◆広島工業高等学校

『八十年史―創立八十年記念』広島県立広島工業高等学校創立八十周年記念事業委員会編　広島　広島県立広島工業高等学校　1978　380p 図　22cm

『記念誌 風雪の灯』広島県立広島工業高等学校定時制課程閉校記念行事実行委員会編　広島　広島県立広島工業高等学校　1980　175p　21cm

『広島県工サッカー部50年のあゆみ』広島県工サッカー部OB会編　広島　広島県立広島工業高等学校サッカー部OB会　1996.5　140p　31cm　Ⓝ783.47

『写真で綴る百年史―広島県立広島工業高校』広島県立広島工業高等学校編　広島　広島県立広島工業高等学校創立100周年記念事業実行委員会　1997.11-12　2冊（記念事業編とも）31cm　Ⓝ376.48

『県工弓道部50年のあゆみ』広島県立広島工業高等学校弓道部50周年記念事業実行委員会編集　広島　広島県立広島工業高等学校弓道部OB会，広島県立広島工業高等学校弓道部　2015.12　273p　30cm〈県工弓道部沿革：p7～10〉Ⓝ789.5

◆広島国泰寺高等学校

『広島―中国泰寺高百年史』広島県立広島国泰寺高等学校百年史編集委員会編　広島　母校創立百周年記念事業会　1977.11　985, 88p　22cm　Ⓝ376.4

『百二十年史年表―創立百二十周年記念』創立120周年事業校内実行委員会編集　広島　広島県立広島国泰寺高等学校　1997　46p　30cm

『若葉出づる頃―新制高校の誕生』関千枝子著　西田書店　2000.6　194p　19cm　1500円　①4-88866-314-9　Ⓝ376.4176

目次 大いなる実験スタート、セーラー服の反乱、共学々是日是、新制高校の成立―西条東低の再編事情、高校三原則の崩壊、されどわれらが日々、高校男女共学の地域差と女性の地位

内容 昭和24年。何もない時代。高校生たちには希望だけがあった。広島県立国泰寺高校の青春。

『窓灯―広島国泰寺高等学校定時制閉課程記念誌』広島国泰寺高等学校定時制閉課程記念事業検討委員会編　広島　広島国泰寺高等学校定時制閉課程記念事業検討委員会　2021.2　40p　30cm〈タイトル関連情報は奥付による．表紙のタイトル関連情報：定時制閉課程記念誌〉

『広島国泰寺高校―旧制一中の精神を継承する』石田利我著　広島　トーク出版　2022.11　395p　19cm　2500円　①978-4-904014-83-7　Ⓝ376.48

◆広島桜が丘高等学校

『瀬戸内学園百年史』瀬戸内学園百年史編纂委員会編纂　広島　瀬戸内学園　2001.11　485p　27cm　非売品　Ⓝ376.48

◆広島市工業高等学校

『50周年記念誌』広島県立広島市工業高等学校記念誌編集委員会編　広島　広島県立広島市工業高等学校　1974　114p　21cm

◆広島商業高等学校

『創立七十周年記念誌』広島県立広島商業高等学校編　広島　広島県立広島商業高等学校　1970　348, 168p 図 肖像　22cm〈付：広商野球部七十年小史〉

『創立八十周年記念誌』広島県立広島商業高等学校創立八十周年記念誌編集委員会編　広島　広島県立広島商業高等学校　1980　221, 64p 図版　21cm〈付：広商野球部八十年小史（昭和45～昭和55年）畠山圭司編〉

『創立九十周年記念誌』広島県立広島商業高等学校創立九十周年記念誌編集委員会編　広島　広島県立広島商業高等学校　1990.11　281, 94p 図　21cm

『広商野球部百年史』広商野球部百年史編集委員会編集　広島　広島県立広島商業高等学校　2000.11　図版, 578p　31cm〈背の書名：広島商業高校野球部百年史〉非売品

広島県

『広商百年史』広商創立百周年記念誌編集委員会編　広島　広島県立広島商業高等学校　2001.3　594p　31cm　Ⓝ376.48

『揺るぎなき広商スピリット 拓こう創造の新時代―創立百十周年記念誌』広島県立広島商業高等学校創立110周年記念事業実行委員会編　広島　広島県立広島商業高等学校創立110周年記念事業実行委員会　2010.11　125p　30cm〈タイトル関連情報は背・表紙による．奥付のタイトル関連情報：創立110周年記念誌〉

『広島商業高校野球部―伝統の精神野球：Since 1899』ベースボール・マガジン社　2014.5　97p　29cm（B.B.MOOK 1055―高校野球名門校シリーズ 4）1389円　Ⓘ978-4-583-62117-3

『広島商業高校野球部―伝統の精神野球』ベースボール・マガジン社　2015.6　175p　19cm（高校野球名門校シリーズハンディ版 4）〈2014年刊の再編集〉1300円　Ⓘ978-4-583-10854-4　Ⓝ783.7
[内容]甲子園優勝7度の古豪。明治、大正、昭和から平成へ継がれるHIROSHOの神髄。

『力がなければ頭を使え―広商野球74の法則』迫田穆成,田尻賢誉著　ベースボール・マガジン社　2018.4　255p　19cm　1500円　Ⓘ978-4-583-11146-9　Ⓝ783.7
[内容]かつて"広商野球"といえばスモールベースボールの代名詞。選手、監督として広商野球を経験し、広商イズムを継承している迫田穆成（現・如水館高監督）の野球観を、高校野球取材歴20年のスポーツジャーナリスト田尻賢誉が74の法則としてまとめた。迫田穆成の弟で、同じく広商野球の継承者、迫田守昭（現・広島新庄高監督）の勝負哲学も収録。高校野球で本塁打が量産される時代だからこそ、忘れてはいけないことがある。力がなくても、どう戦うのか、どう工夫するのか。高校野球の魅力とレベルアップのヒントに満ちた一冊。

『1973年広島商業―精神野球の神髄』馬場遼著　ベースボール・マガジン社　2021.8　191p　19cm（再検証夏の甲子園激闘の記憶）〈書誌注記：文献あり〉1600円　Ⓘ978-4-583-11405-7　Ⓝ783.7
[目次]第1章 伝統と新チームの結成、第2章 怪物・江川卓を倒す、第3章 センバツ決勝で敗れて、第4章 夏、負けられない戦い、第5章 サヨナラスクイズで日本一、第6章 引き継がれる精神
[内容]1973年春に江川卓を攻略し、夏にはサヨナラスクイズで優勝を飾った名門・広島商業。一時代を築いたその戦いぶりは、今でいうスモール・ベースボールだった。金属バットによるパワーヒッティング全盛時代が訪れる、その直前の輝きと現在とつながる伝統を、当時の監督、選手、また現監督の証言をもとに伝える。

◆広島城北高等学校

『広島城北学園創立40周年記念誌―春秋華實』広島城北学園編　広島　広島城北学園　2001.10　155p　31cm〈奥付の書名：創立40周年記念誌〉Ⓝ376.48

『広島城北学園創立50周年記念誌―学不厭教不倦』広島城北学園編　広島　広島城北学園　2011.8　147p　31cm　Ⓝ376.48

『桜咲く坂道―広島城北学園物語』田原実作,山上幸二画　広島　中本本店　2011.10　1冊（ページ付なし）21cm〈出版者注記：ザメディアジョン（発売）〉476円　Ⓘ978-4-86250-190-5　Ⓝ376.4176

◆広島女子商学園高等学校

『広島女子商学園六十年史』広島女子商学園六十年史編集委員会編　広島　広島女子商学園　1985.11　355p　22×23cm　非売品　Ⓝ376.4

◆広島市立安佐北高等学校

『安佐北高校の歩み―創立五周年記念誌』安佐北高校五周年記念誌編集委員会編　広島　安佐北高校五周年記念誌編集委員会　1990.3　145p 図版　26cm

◆広島市立大手町商業高等学校

『青桐―創立60周年記念誌』広島県立広島大手町商業高等学校青桐同窓会編　広島　1979　50p　21cm

『大手商の絆―太陽と共に働き、星空の下に学ぶ：広島市立大手町商業高等学校創立100周年記念誌閉課記念誌（1919年→2019年）―そのスピリット、100年を超えて脈々と』広島市立大手町商業高等学校創立100周年記念事業実行委員会編　広島　広島市立大手町商業高等学校　2019.11　100p　30cm〈書誌注記：年表あり〉Ⓝ376.48

◆広島市立広島工業高等学校

『創立六十周年記念誌』広島市立広島工業高等学校編　広島　広島市立広島工業高等学校　1984　380p　27cm

『定時制閉課程記念誌―97年間のあゆみ』広島市立広島工業高等学校定時制閉課程記念事業実行委員会編集　広島　広島市立広島工業高等学校　2021.3　132p　30cm

都道府県から引く　高等学校史・活動史目録　533

広島県

◆広島市立広島商業高等学校

『広島市立広島商業高等学校六十年史』広島市立広島商業高等学校創立六十周年記念誌編集委員会編　広島　広島市立広島商業高等学校　1981　358p 図版　27cm〈背・奥付の書名：創立六十周年記念誌〉

◆広島市立舟入高等学校

『創立三十周年記念誌』広島県広島舟入高等学校編　広島　広島県広島舟入高等学校　1979　90p 26cm

『創立六十周年記念誌』広島市高等女学校同窓会、広島市立舟入高等学校同窓会編　広島　広島市高等女学校広島市立舟入高等学校同窓会　1981　365p　27cm〈付：創立六十周年記念誌の上梓を祝して、出版者：広島市高等女学校広島市立舟入高等学校同窓会〉

『舟入四十年のあゆみ―創立四十周年記念誌』広島県広島舟入高等学校内「創立四十周年記念誌」編集委員会編　広島　広島県広島舟入高等学校内「創立四十周年記念誌」編集委員会　1989　112p 26cm

『創立五十周年記念誌』広島市立舟入高等学校内「創立五十周年記念誌」編集委員会編　広島　「創立五十周年記念誌」編集委員会　1999.11　233p　27cm

◆広島市立美鈴が丘高等学校

『鶴翔―広島市立美鈴が丘高等学校創立五周年誌記誌』広島市立美鈴が丘高等学校創立五周年記念誌編集委員会編　広島　広島市立美鈴が丘高等学校　1994.3　324p 22cm　Ⓝ376.4

『鶴翔―創立10周年記念誌』創立10周年記念誌編集委員会編集　広島　広島市立美鈴が丘等学校創立10周年記念事業実行委員会　1997.11　136p 31cm　Ⓝ376.48

◆広島市立基町高等学校

『桐茂る―創立30周年記念誌』広島県広島基町高等学校記念誌編集委員会編　広島　広島県広島基町高等学校　1980.3　370p 22cm　Ⓝ376.4

『桐茂る―創立四十周年記念誌』記念誌編集委員会編集　広島　広島市立基町高等学校　1989.3　288p 26cm

『桐茂る―創立50周年記念誌　学校編』広島市立基町高等学校50周年記念誌編集委員会編　広島　広島市立基町高等学校50周年記念誌編集委員会　1999.10　322p　27cm　Ⓝ376.48

『桐茂る―創立50周年記念誌　同窓会編』広島市立基町高等学校50周年記念誌編集委員会編　広島　広島市立基町高等学校50周年記念誌編集委員会　1999.10　390p　27cm　Ⓝ376.48

『桐茂る―広島市立基町高等学校創立70周年創造表現コース開設20周年記念誌』広島市立基町高等学校創立70周年・創造表現コース開設20周年記念誌編集委員会編集・デザイン　広島　広島市立基町高等学校創立70周年・創造表現コース開設20周年記念誌編集委員会　2019.11　188p　30cm〈奥付・背のタイトル関連情報：創立70周年・創造表現コース開設20周年記念誌〉Ⓝ376.48

◆広島新庄高等学校

『新庄学園史』大朝町（広島県）広島県新庄学園　1979.5　230p　21cm〈創立七十周年記念〉Ⓝ376.4

『創立百年新庄学園史』広島県新庄学園編　北広島町（山県郡）広島県新庄学園　2010.7　32, 358p　27cm〈布装〉Ⓝ376.4

◆広島大学教育学部附属高等学校

『中学校高等学校社会科25年の歩み』広島大学教育学部附属中・高等学校社会科研究会編　大阪　増進堂　1975　159p 22cm〈社会科教育年表：p.150-158〉1200円　Ⓝ375.3

『創立七十周年記念誌―広島大学教育学部附属中・高等学校』アカシア会70周年記念誌委員会編　広島　アカシア会70周年記念誌委員会　1976　172p(図版共) 22cm

『創立八十年史』広島大学附属中・高等学校八十年誌編纂委員会編　広島　広島大学附属中・高等学校八十年記念事業会　1985.4～1986.4　2冊　22cm　Ⓝ376.4

『創立九十周年記念誌』広島大学附属中・高等学校九十周年記念誌編纂委員会編　広島　広島大学附属中・高等学校九十周年記念事業会　1995.3　324, 3p　22cm　Ⓝ376.4

『創立百年史　上巻』広島大学附属中・高等学校『創立百年史』編纂委員会編纂　広島　広島大学附属中・高等学校　2005.4　742p　27cm　Ⓝ376.48

『創立百年史　下巻』広島大学附属中・高等学校『創立百年史』編纂委員会編纂　広島　広島大学附属中・高等学校　2005.4　742p　27cm　Ⓝ376.48

『創立百年史　別巻』広島大学附属中・高等

校『創立百年史』編纂委員会編纂　広島　広島大学附属中・高等学校　2005.4　464p　27cm〈年表あり〉Ⓝ376.48

◆広島大学附属福山高等学校

『広島大学附属福山中・高等学校創立50周年記念誌』広島大学附属福山中・高等学校編　福山　広島大学附属福山中・高等学校　1999.11　394p　27cm　Ⓝ376.48

◆広島第一女子商業高等学校

『広島第一女子商業高等学校20年誌』広島第一女子商業高等学校編集　広島　広島第一女子商業高等学校　1983.11　199p　27cm〈背と奥付の書名：20年誌〉

『創立30年　新たなる歩み─広島第一女子商業高等学校30年誌』広島第一女子商業高等学校記念誌編集委員会編集　広島　広島第一女子商業高等学校記念誌編集委員会　1993.11　80p　26cm〈背の書名：30年誌〉

◆広島文教女子大学附属高等学校

『創立三十周年記念誌』広島文教女子大学附属高等学校編　広島　広島文教女子大学附属高等学校　1987.11　409p　図版　22cm

◆広島皆実高等学校

『皆実有朋─七十周年記念誌』70周年記念誌編集委員会編　広島　広島県立広島皆実高等学校　1971　199p　22cm

『皆実有朋八十周年記念誌』八〇周年記念誌編集委員会編　広島　広島県立広島皆実高等学校　1982.3　408, 36p　22cm　Ⓝ376.4

『悠久のまこと─皆実有朋九十年史』広島　広島県立広島皆実高等学校　1991.12　152p　31cm〈背の書名：皆実有朋九十年史〉Ⓝ376.4

『皆実有朋百年記念誌』皆実有朋百周年記念誌編集委員会編　広島　広島県立皆実高等学校　2001.12　503p　27cm〈年表あり〉Ⓝ376.48

◆広島有朋高等学校

『戦後の広島第一県女と広島有朋高校』皆実有朋アーカイブズ継承委員会編　広島　皆実有朋会　2019.8　183p　26cm〈皆実有朋アーカイブズ報告 vol. 7〉〈書誌注記：年表あり　書誌注記：文献あり〉非売品　Ⓘ978-4-9909750-2-9　Ⓝ376.48

◆福山葦陽高等学校

『創立七十周年記念誌』広島県立福山葦陽高等学校七十周年記念誌編集委員会編集　福山　広島県立福山葦陽高等学校　1978　583p　27cm〈年表：p510〜580〉Ⓝ376.48

『福山葦陽高等学校全面移転記念誌─1982.5.15』広島県立福山葦陽高等学校編　福山　広島県立福山葦陽高等学校　1982　1冊　19×26cm

『福山葦陽高等学校創立八十周年記念誌』福山　広島県立福山葦陽高等学校　1986　1冊　19×26cm〈付：創立80周年記念行事(1枚)〉

『悠久の譜─広島県立福山葦陽高等学校創立100周年記念誌』創立100周年記念事業実行委員会編集　福山　福山葦陽同窓会　2006.10　159p　30cm　Ⓝ376.48

◆福山工業高等学校

『五十年史』創立五十周年記念誌編集委員会編　福山　広島県立福山工業高等学校創立五十周年記念事業実行委員会　1982　429p　22cm

◆福山商業高等学校

『創立10周年記念誌─1974』広島県立福山商業高等学校編　福山　広島県立福山商業高等学校　1974　201p　22cm

『創立三十周年記念誌』記念誌編集委員会編集　福山　広島県立福山商業高等学校　1994.2　128p　31cm〈表紙の書名：創立三十周年記念写真集 悠久〉

◆福山女子高等学校

『福山女子高等学校創立十周年記念誌』福山学園福山女子高等学校創立十周年記念誌編集委員会編　福山　福山学園福山女子高等学校　1990.2　240p　27cm　Ⓝ376.4

◆福山市立福山高等学校

『市立移管20周年記念誌』福山市移管20周年記念事業実行委員会記念誌編集係編　福山　福山市立福山高等学校市移管20周年記念事業実行委員会　1990.10　375p　図版　26cm

『福山市移管30周年創設100周年記念誌』福山　福山市立福山高等学校　2000.1　174p　31cm〈表皮のタイトル：飛躍　年表あり〉Ⓝ376.48

広島県

◆福山誠之館高等学校

『学校移転落成記念』広島県立福山誠之館高等学校編　福山　広島県立福山誠之館高等学校　1971　1冊　19×26cm

『福山誠之館高等学校記念誌』広島県立福山誠之館高等学校同窓会編　福山　広島県立福山誠之館高等学校同窓会　1977　1冊　26cm

『懐古―誠之館時代の思い出　創立百三十周年記念』福山誠之館同窓会編集　福山　福山誠之館同窓会　1983.5　260p　19cm

『誠之館百三十年史』誠之館百三十年史編纂委員会編　福山　福山誠之館同窓会誠之館百三十年史刊行委員会　1988.12-1989.3　2冊　22cm　Ⓝ376.4

『誠之館―誠之館創立百六十周年』福山誠之館同窓会編　福山　福山誠之館同窓会　2014.3　19p　30cm〈タイトルは表紙による.奥付のタイトル：福山誠之館同窓会会報160周年記念特別号　『誠之館同窓会報』特別号〉Ⓝ376.48

◆府中高等学校

『府中高校新聞の40年』府中（広島県）府中高等学校新聞部　1988　392p　30cm　Ⓝ375.19

『創立80周年記念誌』広島県立府中高等学校創立八〇周年記念誌編集委員会編集　府中（広島県）広島県立府中高等学校創立八〇周年記念事業委員会　1993.3　389p　27cm〈奥付・背のタイトル：創立八十周年記念誌〉Ⓝ376.48

『一〇〇年の継承未来の創造』府中（広島県）広島県立府中高等学校創立100周年記念事業実行委員会　2013.2　19p　31cm〈広島県立府中高等学校創立100周年記念〉Ⓝ376.48

◆府中東高等学校

『創立三十周年記念誌』広島県立府中東高等学校同窓会編集委員会編　府中　広島県立府中東高等学校同窓会編集委員会　1990　210p　31cm

◆本郷高等学校

『創立六十五周年　記念誌』本郷農学校・本郷高等学校・本郷工業高等学校創立65周年記念事業実行委員会編　本郷町（豊田郡）広島県立本郷工業高等学校　1984　231p　27cm

『創立七十周年記念誌』本郷農学校・本郷高等学校・本郷工業高等学校創立70周年記念事業実行委員会編集　本郷町（豊田郡）広島県立本郷工業高等学校　1989.11　103p　26cm〈付：本郷農学校・本郷高等学校・本郷工業高等学校祝創立70周年（1枚）〉

◆本郷工業高等学校

『創立六十五周年　記念誌』本郷農学校・本郷高等学校・本郷工業高等学校創立65周年記念事業実行委員会編　本郷町（豊田郡）広島県立本郷工業高等学校　1984　231p　27cm

『創立七十周年記念誌』本郷農学校・本郷高等学校・本郷工業高等学校創立70周年記念事業実行委員会編集　本郷町（豊田郡）広島県立本郷工業高等学校　1989.11　103p　26cm〈付：本郷農学校・本郷高等学校・本郷工業高等学校祝創立70周年（1枚）〉

◆松永高等学校

『松高五十年』五十周年記念誌編集委員会編　福山　広島県立松永高等学校　1971　248p　図　22cm〈背・表紙の書名：松高50年の歩み〉

『校舎落成　記念誌』広島県立松永高等学校校舎落成記念誌編集委員会編　福山　広島県立松永高等学校校舎落成記念誌編集委員会　1985　279p　図版　26cm

◆御調高等学校

『創立70周年記念写真集』広島県立御調高等学校同窓会編　御調町（御調郡）広島県立御調高等学校同窓会　1992.10　267p　27cm

『広島県立御調高等学校創立一〇〇周年記念誌』広島県立御調高等学校創立100周年記念事業実行委員会編集　尾道　広島県立御調高等学校創立100周年記念事業実行委員会　2023.3　184p　30cm〈奥付・表紙のタイトル：広島県立御調高等学校創立100周年記念　御調高等学校の沿革：p4～5〉Ⓝ376.48

◆三原高等学校

『筆影―三原高等学校25周年記念誌』広島県立三原高等学校編　三原　広島県立三原高等学校　1974　110p　22cm

『三原高校のあゆみ―広島県立三原高等学校創立90周年記念誌』広島県立三原高等学校創立90周年記念誌編集委員会編集　三原　広島県立三原高等学校創立90周年記念事業実行委員会　2011.3　424p　30cm〈年表：p363～421, 文献：p422〉Ⓝ376.48

広島県

◆宮島工業高等学校

『創立20周年記念誌』20周年誌編集委員会編　大野町（佐伯郡）広島県立宮島工業高等学校　1981　58p　21cm

『技心―広島県立宮島工業高等学校創立五十周年記念誌』広島県立宮島工業高等学校編　廿日市　広島県立宮島工業高等学校　2013.2　99p　31cm　Ⓝ376.48

◆三次高等学校

『創立90周年記念写真誌』「創立90周年記念写真誌」編集委員会編　三次　広島県三次高等学校同窓会　1988　662p　31cm

『巴峡百年　上巻』広島県立三次高等学校創立百周年記念誌編集委員会編　三次　広島県立三次高等学校同窓会「巴峡百年」刊行会　2001.8　516p　27cm〈「巴峡六十年」（広島県立三次高等学校同窓会「巴峡六十年」刊行会　昭和35年刊）の復刻〉Ⓝ376.48

『巴峡百年　下巻』広島県立三次高等学校創立百周年記念誌編集委員会編　三次　広島県立三次高等学校同窓会「巴峡百年」刊行会　2002.3　1128p　27cm　Ⓝ376.48

◆三次高等学校君田分校

『飛翔―閉校記念誌』三次高等学校君田分校閉校記念誌編集委員会編　君田村（双三郡）　三次高等学校君田分校同窓会　1980.3　83p　21cm

◆三次高等学校作木分校

『常清の絆』三次高等学校作木分校記念誌編集委員会編　三次　三次高等学校作木分校記念行事実行委員会　1987　232p　27cm〈広島県立三次高等学校作木分校閉校記念誌〉

◆三次工業高等学校

『創立七十周年記念誌緑ヶ丘』広島県立三次工業高等学校創立七十周年記念誌編集委員会編　三次　広島県立三次工業高等学校緑ヶ丘同窓会　1991.2　483p　27cm

◆三和高等学校

『創立三十五周年独立十周年記念誌』広島県立三和高等学校編　世羅西町（世羅郡）　広島県立三和高等学校　1982　96p（図版共）　22cm

◆安田女子高等学校

『青春の響き―安田学園スポーツ40年』安田学園スポーツ40年編集委員会編　広島　安田学園　1991.9　505p　26cm〈年表：p499～505〉Ⓝ375.18

『翎―安田女子高等学校ソフトボール部の歩み』安田学園ソフトボール部史編集委員会編集　広島　安田学園　2002.3　469p　26cm

『新型インフルエンザとの対話―感染から終息宣言に至るまで』水野善親編集責任　広島　安田学園安田女子中学高等学校　2009.9　109p　21cm　Ⓝ374.9

『安田学園百年史　校史編』安田学園一〇〇年史編集委員会編集　広島　安田学園　2016.12　1055p　22cm〈布装〉Ⓝ377.28

『安田学園百年史　通史編』安田学園一〇〇年史編集委員会編集　広島　安田学園　2016.12　709p　22cm〈布装　学校の開設と改廃および施設の変遷等：p671～687〉Ⓝ377.28

◆安西高等学校

『ひやま―創立十周年記念誌』広島県立安西高等学校編　広島　広島県立安西高等学校　1989　203p　図版　27cm〈背の書名：創立十周年記念誌〉

『ひやま―創立20周年記念誌』広島県立安西高等学校, 創立20周年記念誌編集委員会編集　広島　広島県立安西高等学校　1999.10　99p　31cm〈布装　施設・設備沿革史：p97～99〉Ⓝ376.48

『やればできるんよ―女性校長・学校改革1000日』山広康子著　ダイヤモンド社　2005.3　149p　20cm　1300円　Ⓘ4-478-97059-9　Ⓝ370.4

[内容]平成のスクールウォーズ！　荒れ果てていた高校を再生させた熱血女性教諭の汗と涙の記録。

『ひやま―未来という頂上へ―。安西高等学校三十周年記念誌』広島県立安西高等学校編　広島　広島県立安西高等学校　2009.10　75p　30cm　Ⓝ376.48

『広島県立安西高等学校創立40周年記念誌―40th』広島県立安西高等学校編集　広島　広島県立安西高等学校　2019.11　47p　30cm〈背・表紙のタイトル：創立40周年記念誌〉Ⓝ376.48

◆安古市高等学校

『高苑―創立十周年記念誌』広島県立安古市高等学校編　広島　広島県立安古市高等学校　1985　294p　22cm

広島県

『高苑―創立20周年記念誌』広島県立安古市高等学校編　広島　広島県立安古市高等学校　1995.11　245p　27cm

『高苑―創立30周年記念誌』広島県立安古市高等学校編　広島　広島県立安古市高等学校　2005.11　122p　31cm〈布装〉Ⓝ376.48

◆大和高等学校

『創立十周年記念誌』広島県立大和高等学校十周年記念誌編集委員会編　大和町（賀茂郡）　広島県立大和高等学校十周年記念誌編集委員会　1992　71p　26cm

『質実剛健―大和高等学校閉校記念誌』広島県立大和高等学校閉校記念誌編集委員編　三原　広島県立大和高等学校閉校記念誌編集委員　2012.3　38p　30cm〈沿革：p2〉Ⓝ376.48

◆山中学園

『創立50周年山中学園』山中学園編　三原　［山中学園］　1990　1冊　26×27cm〈奥付の書名：山中学園創立50周年記念、背の書名：創立50周年記念誌、表紙の書名：如水〉

◆油木高等学校

『創立六十周年記念誌』広島県立油木高等学校創立六十周年記念誌編集委員会編　油木町（神石郡）広島県立油木高等学校創立六十周年記念事業実行委員会　1983　286p　図版　22cm

◆油木高等学校神石分校

『ともしび』広島県立油木高等学校神石分校記念誌作成実行委員会編　神石町（神石郡）広島県立油木高等学校神石分校　1980.3　108p　26cm

◆湯来南高等学校

『独立十周年記念誌　若桐』広島県立湯来南高等学校独立10周年記念事業実行委員会編　湯来町（佐伯郡）広島県立湯来南高等学校　1995　68p　30cm

『創立20周年記念誌―めざせ！　夢の実現』広島県湯来南高等学校創立20周年記念事業実行委員会編　広島　広島県立湯来南高等学校創立20周年記念事業実行委員会　2005.11　1冊　30cm　Ⓝ376.48

『創立30周年記念誌―広島県立湯来南高等学校』広島県立湯来南高等学校創立30周年記念事業実行委員会編　広島　広島県立湯来南高等学校創立30周年記念事業実行委員会　2015.10　45p　30cm　Ⓝ376.48

◆豊高等学校

『閉校記念写真集 回想』豊高校閉校行事実行委員会編集　豊町（豊田郡）広島県立豊高等学校　1996　124p　31cm

◆吉田高等学校

『創立七十周年記念誌』広島県吉田高等学校創立七十周年記念誌編集委員会編　田町（高田郡）広島県立吉田高等学校　1977　157p　21cm

『10周年記念誌』広島県立吉田高等学校地域開発科編　吉田町（高田郡）広島県立吉田高等学校地域開発科　1983　79p　26cm　Ⓝ376.48

『創立八十周年記念誌』広島県立吉田高等学校編集　吉田町（高田郡）広島県立吉田高等学校　1987.11　212p　図版　22cm

『15周年記念誌』広島県立吉田高等学校地域開発科編　吉田町（高田郡）広島県立吉田高等学校地域開発科　［1989］　223p　26cm

『広島県立吉田高等学校創立90周年記念写真集』創立90周年記念写真集編集部会編　吉田町（高田郡）広島県立吉田高等学校創立90周年記念事業実行委員会　1997.11　116p　30cm〈表紙の書名：吉田高校九十年、そして―、標題紙の書名：創立九十周年記念誌協和〉

『歩―広島県立吉田高等学校創立100周年記念誌』創立100周年記念事業実行委員会編集　安芸高田　広島県立吉田高等学校創立100周年記念事業実行委員会　2007.11　145p　30cm

『百十周年の軌跡―広島県立吉田高等学校創立110周年記念誌』創立110周年記念事業実行委員会編集　安芸高田　広島県立吉田高等学校創立110周年記念事業実行委員会　2017.11　68p　30cm〈背のタイトル：百十周年の軌跡〉

◆吉田高等学校八千代分校

『簸川―四十年のあゆみ』創立40周年記念誌編集委員会編　吉田町（高田郡）広島県立吉田高等学校八千代分校　1990.2　240, 44p　27cm

山口県

◆安下庄高等学校

『潮流―創立五十五周年記念誌』山口県立安下庄高等学校創立五十五周年記念誌編集委員会編　橘町（山口県）　山口県立安下庄高等学校　1977.11　120p　18cm

『七十年のあゆみ―嵩雲』安下庄高等学校記念誌編纂委員会編集　橘町（山口県）　山口県立安下庄高等学校　1992.10　218p　27cm〈年表：p163-192〉非売品

◆安下庄高等学校白木分校

『安下庄高等学校　白木分校のあゆみ』安下庄高等学校白木分校編　東和町（山口県）　山口県立安下庄高等学校白木分校　1984　219p　図13枚　22cm　Ⓝ376.4

◆厚狭高等学校

『山口県立厚狭高等学校百拾周年記念誌』山口県立厚狭高等学校編　山陽町（山口県）　山口県立厚狭高等学校　1983　438p　22cm　Ⓝ376.4

『沿革写真小史　厚狭高百拾年のあゆみ』沿革小史「110年のあゆみ」編集委員会編集　山陽町　山口県立厚狭高等学校創立110周年記念事業推進協議会　1983.1　48p　30cm　Ⓝ376.4

◆岩国高等学校

『岩国高等学校百周年記念誌』山口県立岩国高等学校編　岩国　山口県立岩国高等学校　1980　416p　22cm　Ⓝ376.4

『岩国高等学校野球部史』門田栄著, 岩国高等学校野球部史編集委員会編　岩国　岩国高等学校野球部OB会　1983.7　219p　27cm　非売品　Ⓝ783.7

『創立130年岩高のあゆみ』山口県立岩国高等学校同窓会編　岩国　山口県立岩国高等学校同窓会　2010.5　106p　30cm〈共同刊行：山口県立岩国高等学校　年表あり〉Ⓝ376.48

◆岩国工業高等学校

『岩国工業高等学校四十年史』岩国工業高等学校四十年史編集委員会編　岩国　岩国工業高等学校　1981　871, 60p　図版　22cm　Ⓝ376.4

『五十年のあゆみ』山口県立岩国工業高等学校編　岩国　山口県立岩国工業高等学校　1989.11　96p　25cm×26cm　Ⓝ376.4

◆岩国商業高等学校

『写真小史岩商六十年の歩み』写真小史岩商60年の歩み編集委員会編　岩国　山口県立岩国商業高等学校　1989.11　63p　26cm　Ⓝ376.4

◆岩国総合高等学校

『岩国総合高等学校30年のあゆみ―SINCE 1976/2005』岩国総合高等学校30周年記念誌編集委員会編　岩国　山口県立岩国総合高等学校　2005.11　109p　30cm

◆宇部高等学校

『かたばみ―創立60周年−沿革・10年小史−』山口県立宇部高等学校編　宇部　山口県立宇部高等学校　1979　24p（図とも）22×31cm　Ⓝ376.4

『ドンコの歌―私の宇部高物語』今井正著　宇部　東秀出版　1985.8　258p　21cm　1500円　Ⓝ376.4

『かたばみ―創立80周年−沿革・10年小史−1999』山口県立宇部高等学校編　宇部　山口県立宇部高等学校　1999　36p（図とも）22×31cm

◆宇部工業高等学校

『50年のあゆみ』山口県立宇部工業高等学校「50年のあゆみ」編集委員会編　山口県立宇部工業高等学校　1972　42p（図共）25×26cm　Ⓝ376.4

『山口県立宇部工業高等学校小史―創立60周年記念』「小史」編集委員会編　宇部　山口県立宇部工業高等学校　1981.5　140p　26cm〈昭和36年〜昭和55年〉

『70年のあゆみ』山口県立宇部工業高等学校「70年のあゆみ」編集委員会編集　宇部　山口県立宇部工業高等学校　1991.5　69p　30cm　Ⓝ376.4

『山口県立宇部工業高等学校80周年記念写真誌』宇部　山口県立宇部工業高等学校　2001.11　75p　31cm

『山口県立宇部工業高等学校小史―創立80周年記念』80周年記念小史編集委員会編　宇部　山口県立宇部工業高等学校　2001.11　113p　30cm〈昭和56年〜平成12年〉

山口県

◆宇部商業高等学校

『校史略年表』山口県立宇部商業高等学校編　宇部　山口県立宇部商業高等学校　1987.11　18p　26cm〈創立60周年〉

『宇部商六十年史』宇部商六十年史編集委員会編　宇部　山口県立宇部商業高等学校　1990　1061p　22cm　Ⓝ376.4

『宇部商七十年史』宇部商七十年史編集委員会編　宇部　山口県立宇部商業高等学校　1997.8　181p　27cm

『宇部商80年史 実践 1997.4～2007.3』創立80周年記念事業実行委員会編纂　宇部　山口県立宇部商業高等学校　2007.11　111p　30cm

◆宇部中央高等学校

『創立三十周年記念 宇部中央高校史』山口県立宇部中央高等学校編　宇部　山口県立宇部中央高等学校　1972　375p　22cm　Ⓝ376.4

◆宇部西高等学校

『宇部西高七十年のあゆみ』宇部西高七十年のあゆみ編集委員編　宇部　山口県立宇部西高等学校　1988.11　139p　26cm　Ⓝ376.4

『平成のあゆみ 1988～1998』山口県立宇部西高等学校編　宇部　山口県立宇部西高等学校　1998.11　1冊　30cm

『山口県立宇部西高等学校創立百周年記念誌』山口県立宇部西高等学校創立百周年記念事業実行委員会編　宇部　山口県立宇部西高等学校創立百周年記念事業実行委員会　2019.1　156p　31cm　Ⓝ376.4

◆大津高等学校

『創立八十年のあゆみ』創立80周年記念誌委員会編　長門　山口県立大津高等学校　1983.11　168p　25×26cm　Ⓝ376.4

『大津高ラグビー部創立30周年記念誌』山口県立大津高等学校ラグビー部OB会編集　萩　山口県立大津高等学校ラグビー部OB会　1993.6　68p　26cm

『創立百年のあゆみ』山口県立大津高等学校創立100周年記念誌作成委員会編　長門　山口県立大津高等学校創立100周年記念事業実行委員会　2003.9　228p　25×26cm〈年表あり〉Ⓝ376.48

◆大嶺高等学校

『三十年の歩み』「大嶺高校30年のあゆみ」編集委員会編　美禰　山口県立大嶺高等学校創立30周年記念事業推進委員会　1982　36p　21×30cm　Ⓝ376.4

『五十年のあゆみ—山口県立大嶺高等学校創立五十周年記念誌』山口県立大嶺高等学校校史編纂室編　美祢　山口県立大嶺高等学校　2002.11　32p　26cm

『山口県立大嶺高等学校五十年史』山口県立大嶺高等学校五十年史編纂委員会編　美祢　山口県立大嶺高等学校　2004.3　824p 図版　27cm

◆小野田高等学校

『山口県立小野田高等学校九十年のあゆみ』山口県立小野田高等学校"九十年のあゆみ"編集委員会編　小野田　山口県立小野田高等学校　1974　38p 図　21×30cm　Ⓝ376.4

『小野田高校百年史』小野田高校百年史編集委員会編　小野田　山口県立小野田高等学校　1986.7　758p　22cm　非売品　Ⓝ376.4

◆小野田工業高等学校

『小野田工業高校50年のあゆみ』山口県立小野田工業高等学校「小野田工業高校50年の歩み」編集委員会編　小野田　山口県立小野田工業高等学校「小野田工業高校50年の歩み」編集委員会　1976　39p　21×31cm　Ⓝ376.4

『六十年のあゆみ』山口県立小野田工業高等学校「六十年のあゆみ」編集委員会編　小野田　山口県立小野田工業高等学校　1986.3　37p　21×30cm　Ⓝ376.4

『八十年の歩み—山口県立小野田工業高等学校創立80周年記念誌』山口県立小野田工業高等学校創立80周年記念誌編集委員会編集　山陽小野田　山口県立小野田工業高等学校　2006.11　73p　31cm

◆鹿野高等学校

『山口県立鹿野高等学校創立四十周年記念誌』山口県立鹿野高等学校編著　鹿野町（山口県）　山口県立鹿野高等学校同窓会　1988.11　218p　27cm　Ⓝ376.4

『山口県立鹿野高等学校創立五十周年記念誌—沿革小史・同窓会名簿』山口県立鹿野高等学校編　鹿野町（山口県）　山口県立鹿野高等学校同窓会　1999.3　181, 138p　26cm〈背の書名：鹿野高等学校五十周年記念誌〉

山口県

◆華陵高等学校

『山口県立華陵高等学校校舎竣工記念誌』竣工式委員会編　下松　山口県立華陵高等学校　1989.5　16p　19×26cm

『10年のあゆみ』山口県立華陵高等学校編集　下松　山口県立華陵高等学校　1996.11　80p　30cm

『20年のあゆみ』山口県立華陵高等学校編　下松　山口県立華陵高等学校　2006.11　18p　30cm

◆岩陽高等学校

『岩陽高十年のあゆみ』岩陽高校10周年記念誌編集委員会編　岩国　山口県立岩陽高等学校　1985.11　102p　26cm　Ⓝ376.4

『岩陽高廿年のあゆみ』岩陽高校20周年記念誌編集委員会編集　岩国　山口県立岩陽高等学校　1995.11　110p　26cm

◆久賀高等学校

『燦 久賀高七十五年のあゆみ』山口県立久賀高等学校記念誌編集室編集　久賀町（山口県）　山口県立久賀高等学校　1994.11　176p　31cm

◆下松高等学校

『四十年のあゆみ　写真編』山口県立下松高等学校40年史編集委員会編　下松　山口県立下松高等学校　1984　37p　21×26cm　Ⓝ376.4

『下松高校五十年誌』「下松高校五十年誌」編集委員会編　下松　山口県立下松高等学校　1995.3　255p　31cm　Ⓝ376.4

『下松高等学校校地選定の経緯』「下松高校五十年誌」編集委員会編　下松　山口県立下松高等学校　1995.3　11p　30cm〈『下松高校五十年誌』別冊〉Ⓝ376.4

◆下松工業高等学校

『れんげ原の群像―下松工回想六十年』岡村信一著，毎日新聞徳山支局編　下松　下松工業会　1980.3　129p　19cm　1000円

『山口県立下松工業高等学校七十年史』山口県立下松工業高等学校七十年史編纂委員会編　下松　下松工業会　1991.10　894p　22cm　Ⓝ376.4

『七彩―下工八十年の歩み』下松工業会編集，山口県立下松工業高等学校編集　下松　下松工業会　2001.10　152p　31cm

『山松工百年のあゆみ―友愛正義』下松　山口県立下松工業高等学校　2021.10　185p　31cm〈書誌注記：年表あり　出版者注記：下松工業会〉Ⓝ376.48

◆熊毛北高等学校

『山口県立熊毛北高等学校65年のあゆみ』山口県立熊毛北高等学校編　熊毛町（山口県）山口県立熊毛北高等学校　1982　[18p]　21×30cm　Ⓝ376.4

『七十周年記念誌』熊毛北高校七十周年記念誌編集委員会編　熊毛町（山口県）山口県立熊毛北高等学校　1988.10　353p　22cm〈奥付の書名：山口県立熊毛北高等学校七十周年記念誌〉非売品　Ⓝ376.4

『九十年のあゆみ―徳修館建学197周年』写真集「九十年のあゆみ」編集委員会編　周南　山口県立熊毛北高等学校，山口県立熊毛北高等学校同窓会　2006.11　116p　30cm　Ⓝ376.4

◆熊毛南高等学校

『熊毛南高100年のあゆみ』「熊毛南高100年のあゆみ」編集委員会編集　平生町（山口県）山口県立熊毛南高等学校創立100周年記念事業実行委員会　1998.11　56p　25×26cm

『山口県立熊毛南高等学校百年史』山口県立熊毛南高等学校校史編纂委員会編集　平生町（山口県）山口県立熊毛南高等学校　2002.3　901p　22cm

◆西京高等学校

『The First Decade of Saikyo Senior High School Baseball Club―汗と涙の青春讚歌　Volume 2』古谷芳明，栗林正和著・編　山口　山口県立西京高等学校野球部OB会ならびに　2000.1　184p　30cm〈白球の軌跡―西京高校野球部10年の歩み―〉〈箱書きの書名：「白球の軌跡―西京高校野球部10年の歩み―」とあり〉

『The First Decade of Saikyo Senior High School Baseball Club―甲子園―はばたけ西京！　輝けナイン!!　Volume 3』栗林正和，古谷芳明著・編　山口　山口県立西京高等学校野球部OB会ならびに　2000.1　237p　30cm〈白球の軌跡―西京高校野球部10年の歩み―〉〈箱書きの書名：「白球の軌跡―西京高校野球部10年の歩み―」とあり〉

『The First Decade of Saikyo Senior High School Baseball Club―白球に夢を

山口県

のせて　Volume 1』栗林正和,古谷芳明著・編　山口　山口県立西京高等学校野球部OB会ならびに　2000.1　299p　30cm〈白球の軌跡―西京高校野球部10年の歩み―〉〈箱書きの署名：「白球の軌跡―西京高校野球部10年の歩み―」とあり〉

◆坂上高等学校

『校史30年』山口県立坂上高等学校編集　美和町(山口県)　山口県立坂上高等学校　1978.11　38p　21×30cm

『山口県立坂上高等学校創立五十周年記念誌―美和』山口県立坂上高等学校創立五十周年記念誌編集委員会編集　美和町(山口県)　山口県立坂上高等学校　1998.3　104p　27cm

◆桜ケ丘高等学校

『創立三十五周年史―山口県立桜ケ丘高等学校』山口県立桜ケ丘高等学校三十五周年史編集委員会編　徳山　山口県桜ケ丘高等学校　1975.10　184p　肖像　22cm〈肖像〉Ⓝ376.4

『山口県桜ケ丘学園創立40年史』山口県桜ケ丘高等学校創立40周年史編輯委員編　徳山　山口県桜ケ丘高等学校　1980.10　299p　22cm　Ⓝ376.4

『50年の歩み―山口県桜ケ丘高等学校』創立50周年記念誌編纂委員会編　徳山　山口県桜ケ丘高等学校　1990.11　96p　25×26cm　Ⓝ376.4

◆佐波高等学校

『40年のあゆみ』四十年記念誌編集委員会編　徳地町(山口県)　山口県立佐波高等学校　1984.11　46p　21×30cm

『山口県立佐波高等学校創立五十周年記念誌 回顧五十年』佐波高等学校『五十年史』編纂委員会編集　徳地町　佐波高等学校創立五十周年記念事業実行委員　2002.3　756p　22cm

『清流とともに―山口県立佐波高等学校69年のあゆみ』山口　山口県立佐波高等学校［2014］　22p　21×30cm〈共同刊行：同窓会清流会〉

◆下関工業高等学校

『三十年の歩み』下関工業高等学校沿革史編纂委員会編　下関　山口県立下関工業高等学校　1970　318p　図　21×30cm　Ⓝ376.4

『四十年のあゆみ』山口県立下関工業高等学校編　下関　山口県立下関工業高等学校　1979　48p(図とも)　24×26cm　Ⓝ376.4

『五十年のあゆみ』山口県立下関工業高等学校編　下関　山口県立下関工業高等学校　1989.11　167p　25×26cm　Ⓝ376.4

◆下関国際高等学校

『貫道―甲子園優勝を目指す下関国際高校野球部・坂原秀尚監督とナインの奮闘』井上幸太著　東京ニュース通信社　2023.3　263p　19cm(TOKYO NEWS BOOKS)〈出版者注記：講談社(発売)〉1500円　①978-4-06-530509-6　Ⓝ783.7

[目次]1本の電話、1通の手紙、坂原秀尚の根源、苦闘の時代、勝負師になる、甲子園、初出場、「全国」を知る、1年生キャプテン、勝負の世代、大阪桐蔭、撃破、甲子園決勝へ、1本の道―貫道

[内容]人間形成を柱に、甲子園での全国制覇を志し、日々鍛錬の道を貫く―「貫道」の2文字に込められたチームが目指す野球とその歩みを徹底取材。

◆下関商業高等学校

『千畳原史話拾遺』上田強著　資山書房　1973.10　302p　19cm　Ⓝ376.4

『千畳ケ原―下商物語』富田義弘文,岸勤画　下関　毎日新聞下関支局　1978.6　192p　26cm〈編集・制作：赤間関書房〉1500円

『下商百年史　図録編』下関商業高等学校百年史編集委員会編　下関　下関商業高等学校　1984.10　264p　27cm　Ⓝ376.4

『図録 下商100年のあゆみ』下関商業高等学校百年誌編集委員会図録編集委員会編　下関　下関商業高等学校　1984.10　264p　26cm　Ⓝ376.4

『下商百年史　資料年表編』下関商業高等学校百年史編集委員会編　下関　下関商業高等学校　1987.10　956p 図版10枚　27cm　Ⓝ376.4

『下商百年史　記述編』下関商業高等学校百年史編集委員会編　下関　下関商業高等学校　1993.10　2冊　27cm　Ⓝ376.4

『下商野球部百年史』下商野球部百年史編集委員会編　下関　下関商業高等学校　2003.3　452p　31cm

『下商定時制物語―七十年のあゆみ』下関　下関商業高等学校　2022.3　150p　30cm〈書誌注記：年表あり　下関商業高等学校定時制閉課程記念誌〉Ⓝ376.48

◆下関第一高等学校

『創立10年の沿革』山口県立下関第一高等学校

山口県

編　下関　山口県立下関第一高等学校　1972　48p 図共　27cm　Ⓝ376.4

『創立20年の沿革』山口県立下関第一高等学校編　下関　山口県立下関第一高等学校　1982　97p　26cm〈奥付の書名：山口県立下関第一高等学校創立20周年記念誌〉Ⓝ376.4

『下関第一高等学校史』山口県立下関第一高等学校山口県立下関中等教育学校一高史編纂委員会編　下関　山口県立下関第一高等学校山口県立下関中等教育学校一高史編纂委員会　2009.2　315p　27cm〈年表あり〉Ⓝ376.48

◆下関中央工業高等学校

『回顧六十年』山口県立下関中央工業高等学校六十周年記念誌編纂委員会編　下関　山口県立下関中央工業高等学校　1973　781p 図　22cm　Ⓝ376.4

『望洋の丘―創立八十周年記念写真集』山口県立下関中央工業高等学校編　下関　山口県立下関中央工業高等学校　1990.11　106p　31cm〈背には「創立八十周年記念写真集」とあり〉Ⓝ376.4

『伝統―山口県立下関中央工業高等学校創立百周年記念誌』下関　山口県立下関中央工業高等学校　2010.10　192p 30cm〈背には「創立百周年記念誌 伝統」とあり〉Ⓝ376.4

◆下関西高等学校

『さしのぼる旭が陵―関中・西高物語』旭陵同窓会編　下関　旭陵同窓会　1980　192p（図とも）27cm〈開校六拾周年記念（山口県立下関中学校, 山口県立下関西高等学校）〉Ⓝ376.4

『旭陵史―山口県立下関西高等学校創立七十五周年記念誌』旭陵同窓会資料整備委員会編　下関　旭陵同窓会　1994.10　793p　22cm

『旭陵史―学校創立百周年記念：下関西高等学校定時制：夜間教育79年間の軌跡　平成編』山口県立下関西高等学校創立百周年記念誌編集委員会編集　下関　山口県立下関西高等学校旭陵同窓会　2023.3　187, 54p　31cm〈書誌注記：年表あり〉Ⓝ376.48

◆下関東高等学校

『燃えた球児たち！　昭和28年夏―甲子園大会出場の記録』昭和29年山口県立下関東高等学校卒業生有志編　下関　昭和29年山口県立下関東高等学校卒業生有志　2004　74p　30cm

◆下関南高等学校

『［山口県立下関南高等学校］七十年の歩み』山口県立下関南高等学校編　下関　山口県立下関南高等学校　1975　16p　21×30cm　Ⓝ376.4

『［下関南高等学校］八十年の歩み』山口県立下関南高等学校編　下関　山口県立下関南高等学校　1985.11　20p　21×30cm　Ⓝ376.4

『［山口県立下関南高等学校］百年のあゆみ』山口県立下関南高等学校創立100周年記念事業実行委員会編, 翠ヶ丘同窓会編集協力　下関　山口県立下関南高等学校　2006.4　241p　24×26cm　Ⓝ376.4

◆新南陽高等学校

『創立十年の歩み』山口県立新南陽高等学校編　新南陽　山口県立新南陽高等学校　1989.11　94p　26cm

『三十年の歩み』山口県立新南陽高等学校創立30周年記念事業実行委員会記念誌編纂部編集　周南　山口県立新南陽高等学校　2009.11　100p　30cm〈資料編 p88～99：教育課程, 部活動業績の年表, 教職員の異動, 沿革〉

◆聖光高等学校

『聖光高等学校創立70周年記念誌』光　聖光高等学校創立70周年記念誌編集委員会　1998.10　80p　31cm　Ⓝ376.48

◆成進高等学校

『成進高等学校創立55周年記念誌』成進高等学校編集　美祢　成進高等学校　2022.3　125p　30cm　Ⓝ376.48

◆高水高等学校

『高水学園八十年史』高水学園編　岩国　高水学園　1977.10　381p　22cm　Ⓝ376.4

『高水学園物語―山高く水清し』毎日新聞徳山支局編　岩国　高水学園　1982　176p　22cm〈条例出版（製作）〉Ⓝ376.4

◆高森高等学校

『山口県立高森高等学校創立百周年記念誌』山口県立高森高等学校編集　岩国　山口県立高森高等学校創立百周年記念事業実行委員会　2019.10　104p　31cm　Ⓝ376.4

都道府県から引く　高等学校史・活動史目録　543

山口県

◆多々良学園高等学校

『多々良学園百年史』多々良学園百年史編集委員会編　防府　多々良学園高等学校　1980　762p 図　22cm　Ⓝ376.4

『瑠璃は輝く―第56回選抜高等学校野球大会　多々良学園高等学校初出場の記録』防府　多々良学園高等学校　1984.5　64p　27cm　Ⓝ783.7

◆田布施工業高等学校

『開校十周年記念誌―特色ある工業高校をめざして』山口県立田布施工業高等学校編集　田布施町(山口県)　山口県立田布施工業高等学校　1994.10　115p　26cm

◆田布施農業高等学校

『田布施農高50年のあゆみ』「田布施農高50年のあゆみ」編集委員会編集　田布施町(山口県)　山口県立田布施農業高等学校　1985.11　56p　25×26cm〈沿革：巻末〉

◆田布施農業高等学校大島分校

『三十年のあゆみ』三十周年記念事業推進委員会編　大島町(山口県)　山口県立田布施農業高等学校大島分校　1990.11　53p　26cm

『大島分校半世紀のあゆみ』周防大島町(山口県)　山口県立田布施農業高等学校大島分校同窓会　2010.3　63p　30cm〈出版者は奥付による.背と表紙には「山口県立田布施農業高等学校」とあり〉

◆田布施農業高等学校八代分校

『田布施農高八代分校史』山口県立田布施農業高等学校八代分校編　熊毛町(山口県)　山口県立田布施農業高等学校八代分校　1971　247p 図　22cm　Ⓝ376.4

◆田部高等学校

『八十年のあゆみ』山口県立田部高等学校編　菊川町(山口県)　山口県立田部高等学校　1986.11　134p　26cm　Ⓝ376.4

◆長府高等学校

『長府高等学校六十年史』山口県立長府高等学校六十年史編纂委員会編　下関　山口県立長府高等学校　1972　350, 15, 10p 図　21cm　Ⓝ376.4

『八十年のあゆみ』八十年のあゆみ編集委員会編　下関　山口県立長府高等学校　1990.11　156p　25×26cm　Ⓝ376.4

◆都濃高等学校

『30年のあゆみ』山口県立都濃高等学校須々万校舎編　徳山　山口県立都濃高等学校須々万校舎　1976　46p　20×21cm〈付表〉Ⓝ376.4

◆徳佐高等学校

『三十年のあゆみ』山口県立徳佐高等学校三十年のあゆみ編集委員会編　阿東町(山口県)　山口県立徳佐高等学校創立30周年記念事業実行委員会　1978　52p　21×30cm　Ⓝ376.4

『[山口県立徳佐高等学校]四十年のあゆみ』山口県立徳佐高等学校編　阿東町　山口県立徳佐高等学校　1988.7　48p　18×26cm　Ⓝ376.4

◆徳佐高等学校高俣分校

『年輪を重ねて　続』山口県立徳佐高等学校編　むつみ村(山口県)　山口県立徳佐高等学校高俣分校　1988.7　24p　19×21cm　Ⓝ376.4

◆徳山高等学校

『九十年沿革小史わが校の面影』山口県立徳山高等学校編　徳山　山口県立徳山高等学校　1970.6　99p 口絵　26cm

『徳高物語』徳原啓著　徳山　鳳鳴社　1978　129p 図　19cm　Ⓝ376.4

『徳高百年のあゆみ―創立100周年記念写真集』山口県立徳山高等学校編　徳山　山口県立徳山高等学校　1980　48p　25cm　Ⓝ376.4

『山口県立徳山高等学校百年史』山口県立徳山高等学校百年史編纂委員会編　徳山　山口県立徳山高等学校　1985.7　1045p　27cm　Ⓝ376.4

『徳山高等学校野球部百年史　上巻(明治35年～昭和29年)』藤井健三, 田中健一編著　周南　山口県立徳山高等学校野球部OB会　2006.10　276p　30cm

『徳山高等学校野球部百年史　下巻(昭和30年～平成17年)』藤井健三, 田中健一編著　周南　山口県立徳山高等学校野球部OB会　2006.10　284p　30cm

◆徳山高等学校鹿野分校

『山口県立徳山高等学校鹿野分校閉校記念誌』山口県立徳山高等学校鹿野分校編　周南　山

口県立徳山高等学校鹿野分校　2023.3　64p　30cm〈タイトルは奥付による．表紙には「閉校記念誌」とあり〉Ⓝ376.48

◆徳山高等学校徳山北分校

『徳山北分校のあゆみ―閉校記念誌』山口県立徳山高等学校徳山北分校編　周南　山口県立徳山高等学校徳山北分校　2023.3　52p　30cm　Ⓝ376.48

◆徳山北高等学校

『山口県立徳山北高等学校五十年史』山口県立徳山北高等学校五十年史編集委員会編集　徳山　山口県立徳山北高等学校　1996.1　332p　口絵　27cm〈発行：山口県立徳山北高等学校創立五十周年記念事業実行委員会〉

◆徳山工業高等学校

『徳工 六十年のあゆみ』山口県立徳山工業高等学校編　徳山　山口県立徳山工業高等学校　1989.11　60p　21×30cm　Ⓝ376.4

◆徳山商業高等学校

『月光―二十五年のあゆみ回顧』山口県立徳山商業高等学校定時制月光編集委員会編　徳山　徳山商業高等学校　1973　110p　21cm　Ⓝ376.4

◆豊浦高等学校

『とよらの青雲―豊中・豊高物語』清永唯夫著　下関　長府書琳　1979.5　349p　20cm　1500円　Ⓝ376.4

『南溟のはて古都の浦―豊高野球部戦前史』豊浦高校同窓会編　下関　豊浦高等学校同窓会　1982.9　73p　15cm（豊浦文庫 2）非売品　Ⓝ783.7

『強き心と体に生きて―豊高野球部戦後史』豊浦高校同窓会編　下関　豊浦高等学校同窓会　1983.9　67p　15cm（豊浦文庫 3）非売品　Ⓝ783.7

『豊高史を彩る石碑』清永唯夫著　下関　豊浦高等学校同窓会　1984.9　63p　15cm（豊浦文庫 4）〈折り込み図1枚〉非売品　Ⓝ376.4

『写真で見る豊高史』山口県立豊浦高等学校同窓会編　下関　山口県立豊浦高等学校同窓会　1999.9　55p　30cm〈創立100周年記念〉Ⓝ376.4

『山口県立豊浦高等学校百年史　近代』山口県立豊浦高等学校百年史編纂委員会編纂　下関

山口県立豊浦高等学校　2002.9　599p　27cm　Ⓝ376.48

『山口県立豊浦高等学校百年史　現代』山口県立豊浦高等学校百年史編纂委員会編纂　下関　山口県立豊浦高等学校　2004.3　761, 12p　27cm〈年表あり〉Ⓝ376.48

◆長門高等学校

『長門高等学校開校40年のあゆみ』40年史編集委員会編　長門　長門高等学校　2000.4　180p　30cm〈標題紙等のタイトル：開校40年のあゆみ〉Ⓝ376.48

◆中村女子高等学校

『百二十年史』松村茂編　山口　中村女子高等学校　1986.10　228p　22cm〈奥付の書名：中村女子高等学校百二十年史〉Ⓝ376.4

◆奈古高等学校

『山口県立奈古高等学校二十五年の歩み』山口県立奈古高等学校編　阿武町（山口県）　山口県立奈古高等学校　1973　40p　図　21×30cm　Ⓝ376.4

『奈古高等学校30年史』山口県立奈古高等学校編　阿武町（山口県）　山口県立奈古高等学校　1979　390p　22cm　Ⓝ376.4

◆奈古高等学校須佐分校

『61年のあゆみ―山口県立奈古高等学校須佐分校閉校記念誌』山口県立奈古高等学校閉校記念誌編纂委員会編集　萩　山口県立奈古高等学校閉校事業推進委員会　2010.3　39p　30cm

◆南陽工業高等学校

『南工十年史』山口県立南陽工業高等学校南工十年史編集委員編　新南陽　山口県立南陽工業高等学校　1972　107p　26cm　Ⓝ376.4

『南工二十年史』新南陽　山口県立南陽工業高等学校　1982.11　139p　26cm　Ⓝ376.4

『清朗の丘に―南工30年のあゆみ』山口県立南陽工業高等学校写真集編集委員会編集　新南陽　山口県立南陽工業高等学校　1992.11　43p　25×26cm〈沿革：p42-43〉

◆西市高等学校

『［山口県立西市高等学校］創立三十五年のあゆみ』山口県立西市高等学校編　豊田町（山口県）　山口県立西市高等学校　1981　59p

山口県

26cm Ⓝ376.4
『創立五十年のあゆみ』記念誌編纂委員会編集　豊田町（山口県）山口県立西市高等学校　1995.11　194p 口絵　31cm〈付表：山口県立西市高等学校略年表、教職員異動一覧、殿居分校略年表等〉

◆西市高等学校殿居分校

『山口県立西市高等学校殿居分校史』山口県立西市高等学校殿居分校編　豊田町（山口県）山口県立西市高等学校殿居分校　1975　190，39p 図　22cm〈肖像〉376.4

◆野田学園

『野田学園百年史』野田学園百年史編集委員会編　山口　野田学園創立百周年記念事業委員会　1977　846p 図　22cm　Ⓝ376.4

◆萩高等学校

『学統を受けついで―萩高100年のあゆみ』萩　萩高等学校　1970　96p（図版共）20×22cm　Ⓝ376.4

『山口県立萩高等学校百年史』山口県立萩高等学校編　萩　山口県立萩高等学校　1973.3　860p　22cm

『学統を受けついで―新たな道を求めて　続』山口県立萩高等学校編　萩　山口県立萩高等学校　1985.10　48p　20×22cm　Ⓝ376.4

『学統を受けついで―創立130周年記念』山口県立萩高等学校編　萩　山口県立萩高等学校　2000.10　72p（図版共）20×22cm

『学統を受けついで―創立150周年記念』山口県立萩高等学校編集　萩　山口県立萩高等学校　2021.10　79p　30cm〈書誌注記：年表あり　平成13年―令和3年10月〉Ⓝ376.4

◆萩工業高等学校

『山口県立萩工業高等学校三十年のあゆみ』山口県立萩工業高等学校史編集委員会編　萩　山口県立萩工業高等学校　1975　357p 図　22cm　Ⓝ376.4

『四十年のあゆみ』山口県立萩工業高等学校編　萩　山口県立萩工業高等学校　［1984］　48p　25×26cm　Ⓝ376.4

『萩工五十年史』山口県立萩工業高等学校校史編集委員会編集　萩　山口県立萩工業高等学校　1994.12　499p　22cm

◆萩商業高等学校

『萩商六十年史』萩商業高等学校編　萩　萩商業高等学校たちばな会　1972　725，26p 図　22cm　Ⓝ376.4

『たちばな―創立70周年記念沿革小史』萩　山口県立萩商業高等学校　1980　26p　21×30cm　Ⓝ376.4

『山口県立萩商業高等学校八十年のあゆみ』萩商業高等学校年史委員会編　萩　山口県立萩商業高等学校　1990.10　18p　21×30cm

◆早鞆高等学校

『九十年のあゆみ―明治34年―平成3年』創立90周年記念誌刊行委員会編　下関　早鞆学園　1991.6　155p　25×26cm　Ⓝ376.4

『早鞆百年史』早鞆高等学校百年史編集委員会編　下関　早鞆学園　2005.5　778p 図版8p　27cm〈年表あり　文献あり〉Ⓝ376.48

◆光高等学校

『五十年の想い出』「五十年の想い出」編集委員会編　光　山口県立光高等学校　1989.3　167p　29cm〈共同刊行：創立50周年記念事業実行委員会〉376.4

『山口県立光高等学校六十年史』光高等学校六十年史刊行委員会編　光　山口県立光高等学校　1998.1　721p　27cm　Ⓝ376.48

◆光丘高等学校

『山口県立光丘高等学校校舎竣工記念誌』山口県立光丘高等学校竣工式準備特別委員会編　光　山口県立光丘高等学校　1986.5　32p　19×26cm　Ⓝ376.4

『創立10年のあゆみ』フォトスタジオ虹編集　光　山口県立光丘高等学校　1992.11　44p　18×26cm

『三十九年の歩み』山口県立光丘高等学校編　光　山口県立光丘高等学校　2022.3　57p　30cm　Ⓝ376.48

◆響高等学校

『四十二年のあゆみ―山口県立響高等学校開校10周年記念誌』山口県立響高等学校編集　豊浦町（山口県）山口県立響高等学校　1990.11　44p　30cm

『五十二年のあゆみ―山口県立響高等学校開校20周年記念誌』豊浦町（山口県）山口県立響高等学校　2000.11　42p　30cm

山口県

『七十二年のあゆみ―山口県立響高等学校』下関　山口県立響高等学校　2020.3　58p　30cm　Ⓝ376.4177

◆広瀬高等学校

『四十年のあゆみ』山口県立広瀬高等学校編集委員編　錦町（山口県）山口県立広瀬高等学校　1980　36p　21×30cm　Ⓝ376.4

『回想五十年』広瀬高等学校「回想五十年」編纂委員会編　錦町　広瀬高等学校創立五十周年記念事業実行委員　1989　799p　22cm〈創立五十周年記念誌〉Ⓝ376.4

◆広瀬高等学校本郷分校

『広瀬高等学校本郷分校誌』山口県立広瀬高等学校本郷分校編　本郷村（山口県玖珂郡）広瀬高等学校本郷分校　1972　167,19p　図　22cm　Ⓝ376.4

◆日置農業高等学校

『70年のあゆみ』山口県立日置農業高等学校編　日置村（山口県）山口県立日置農業高等学校　1976　90p（図とも）26cm　Ⓝ376.4

『八十年のあゆみ』山口県立日置農業高等学校創立80周年記念誌委員会編　日置町（山口県）山口県立日置農業高等学校　1986.11　166p　31cm　Ⓝ376.4

『100年のあゆみ―創立百周年記念』山口県立日置農業高等学校創立100周年記念事業実行委員会編　長門　山口県立日置農業高等学校創立100周年記念事業実行委員会　2006.11　63p　30cm　Ⓝ376.48

『山口県立日置農業高等学校百年志』山口県立日置農業高等学校百年志編纂委員会編　長門　山口県立日置農業高等学校　2007.7　894p　27cm〈書誌注記：年表あり　創立百周年記念〉Ⓝ376.48

◆防府高等学校

『山口県立防府高等学校百年史』山口県立防府高等学校編　防府　山口県立防府高等学校　1979　1128p　図　22cm　Ⓝ376.4

『［防府高等学校］衛生看護科20年のあゆみ』山口県立防府高等学校編　防府　山口県立防府高等学校　1986.1　63,11p　26cm〈奥付：創立20周年記念誌〉Ⓝ376.4

『防高110年のあゆみ』山口県立防府高等学校編　防府　山口県立防府高等学校　1989.12　104p　26cm　Ⓝ376.4

『衛生看護科 30年のあゆみ』山口県立防府高等学校編集　防府　山口県立防府高等学校　1995.11　39p　26cm

◆防府商業高等学校

『防商五十年のあゆみ』山口県立防府商業高等学校編　防府　山口県立防府商業高等学校　1978　160p　30cm〈創立50周年記念出版〉Ⓝ376.4

『防商60年のあゆみ』山口県立防府商業高等学校編　防府　山口県立防府商業高等学校　1988.10　47p　30cm　Ⓝ376.4

『防府商業高等学校野球部史』防府商業高等学校野球部史編集委員会編　防府　防府商業高等学校野球部OB会　1990.3　179p　26cm　Ⓝ376.4

◆防府西高等学校

『防西教育 創造と実践―新校舎開学記念』山口県立防府西高等学校編　防府　山口県立防府西高等学校　1981　174p　26cm　Ⓝ376.4

『十年のあゆみ』開校十年のあゆみ編集委員会編　防府　山口県立防府西高等学校　1988.11　76p　25×26cm　Ⓝ376.4

『［山口県立防府西高等学校］三十年のあゆみ』山口県立防府西高等学校30周年記念史編纂委員会編集　防府　山口県立防府西高等学校　2008.11〈資料編 p64～94〉

◆豊北高等学校

『豊北高校74年のあゆみ―One for All ： All for One』山口県立豊北高等学校74年のあゆみ実行委員会編集　下関　山口県立豊北高等学校74年のあゆみ実行委員会　2020.8　47p　30cm　Ⓝ376.48

◆三田尻女子高等学校

『［三田尻女子高等学校］創立50周年記念誌』三田尻女子高等学校編　防府　三田尻女子高等学校　1976　56p　26cm　Ⓝ376.4

『至誠一貫―写真でたどる三田尻女子高等学校のあゆみ：三田尻女子高等学校創立75周年記念誌』三田尻女子高等学校契同窓会編　防府　三田尻女子高等学校　2002.9　627p　30cm〈書誌注記：年表あり〉Ⓝ376.48

◆美祢高等学校

『三十年のあゆみ』山口県立美祢高等学校編　秋芳町（山口県）山口県立美祢高等学校

都道府県から引く　高等学校史・活動史目録　547

山口県

1974 43p 26cm Ⓝ376.4

『創立40周年記念山口県立美祢高等学校小史』
山口県立美祢高等学校編　秋芳町（山口県）
山口県立美祢高等学校　1982　63p　26cm
Ⓝ376.4

『［山口県立美祢高等学校］五十年の歩み』山口
県立美祢高等学校「50年史」編纂委員会編
美祢　山口県立美祢高等学校　1992.11　32p
21×30cm

『山口県立美祢高等学校五十年史』山口県立美
祢高等学校編集　美祢　山口県立美祢高等学
校　1993.3　598p　27cm〈沿革略年表：
p575-587〉

『七十年のあゆみ—山口県立美祢高等学校』美
祢　山口県立美祢高等学校　2013.3　79p
30cm〈書誌注記：年表あり〉Ⓝ376.48

◆美祢工業高等学校

『緑おりなす彦山の—美祢工10年の歩み』山口
県立美祢工業高等学校編　美祢　山口県立美
祢工業高等学校　1972　40p 図　22×31cm
Ⓝ376.4

『美祢工業高等学校創立30周年記念誌』Junji
Inoue,Shinji Ohamaed.　美祢　山口県立美
祢工業高等学校　1992.10　57p　30cm

◆柳井高等学校

『柳高のあゆみ』岩満一雄著　柳井　柳高同窓
会　1980　124p　19cm　Ⓝ376.4

『柳高75年のあゆみ』「柳高75年のあゆみ」編
集委員会編　柳井　山口県立柳井高等学校創
立75周年記念事業推進協議会　1982　60p
25×26cm　Ⓝ376.4

『柳井高等学校史—創立七十五周年記念』柳井
高等学校史編集委員会編　柳井　山口県立柳
井高等学校　1986.3　1391p　22cm　非売品
Ⓝ376.4

『柳井高等学校野球部史』柳井高等学校野球部
史編集委員会編　柳井　琴陽クラブ　1986.4
403p　27cm　非売品　Ⓝ783.7

『［山口県立柳井高等学校］百年のあゆみ—山口
県立柳井高等学校創立100周年記念誌』山口
県立柳井高等学校編　柳井　山口県立柳井高
等学校　2007.10　182p　31cm

◆柳井工業高等学校

『柳井工高参拾年の歩み—写真小史』山口県立
柳井工業高等学校創立30周年記念誌編集委員
会編　柳井　山口県立柳井工業高等学校

2002.11　60p　21×30cm

◆柳井商業高等学校

『翠が丘七十年のあゆみ』柳井商業高等学校年
史委員会編　柳井　山口県立柳井商業高等学
校　1989.10　206p　26cm　Ⓝ376.4

『翠が丘 八十八年のあゆみ』山口県立柳井商業
高等学校編集　柳井　山口県立柳井商業高等
学校　2008.3　111p　30cm〈創立88周年記
念〉

◆柳井商工高等学校

『柳井商工水泳部のあゆみ』山口県立柳井商工
高校水泳部「翠ヶ丘 水の会」編集委員会編
柳井　山口県立柳井商工高校水泳部「翠ヶ丘
水の会」　2006.8　221p　30cm

◆山口高等学校

『山口県立山口高等学校百年史』山口県立山口
高等学校百年史編纂委員会編　山口県立山口
高等学校開校九十五周年記念事業会　1972
1095p 図　22cm　Ⓝ376.4

『山口高校百十一年』昭和56年度山口高等学校
同窓会総会準備委員会編　山口　山口高等学
校同窓会総会準備委員会　1981　50p　12×
37cm〈朝日新聞第2山口県版昭和56年4月2日
〜7月15日迄転載〉Ⓝ376.6

『山高通信制のあゆみ—山口高等学校通信制開
設40周年記念誌』県立山口高等学校通信制開
設40周年記念事業会記念誌編集委員会編　山
口　県立山口高等学校通信制同窓会　1988
88, 17p　26cm　Ⓝ376.4

『［山口県立山口高等学校通信制］50年のあゆ
み』50周年記念事業会編集委員会編　山口
山口県立山口高等学校通信制　1999.4　64p
24×26cm

◆山口県立水産高等学校

『山水四十五年—山口県立水産高等学校四十五
周年記念誌』山水四十五年誌編集委員会編
長門　山口県立水産高等学校　1984　284p
27cm　Ⓝ376.4

『山水七十年史』山水七十年史編纂委員会編
長門　山口県立水産高等学校　2010.7　365p
31cm〈創立七十周年記念　年表あり〉Ⓝ376.
48

◆山口商業高等学校

『みよや笹葉ヶ丘—徳商物語』宮本茂昭, 国兼由

美子著　徳山　山口県立山口商業高等学校笹葉ヶ丘同窓会　1988　183p　19cm　Ⓝ376.4

◆山口中央高等学校

『山口県立山口中央高校90年史』90年史編纂委員会編　山口　山口県立山口中央高等学校　1977　91p　18×26cm　Ⓝ376.4

『写真小史 百年のあゆみ』山口県立山口中央高等学校編集　山口　山口県立山口中央高等学校　1987.10　80p　30cm　Ⓝ376.4

『山口県立山口中央高等学校百年史』山口県立山口中央高等学校百年史編纂委員会編　山口　山口県立山口中央高等学校創立百周年記念事業会　1990.10　925p　27cm　Ⓝ376.4

◆山口農業高等学校

『[山口県立山口農業高等学校]90年のあゆみ』山口県立山口農業高等学校編　小郡町（山口県）山口県立山口農業高等学校　1975　70p（おもに図）27cm　Ⓝ376.4

『[山口県立山口農業高等学校]開校百年のあゆみ』山口県立山口農業高等学校開校百年のあゆみ記念誌編集委員会編　小郡町　山口県立山口農業高等学校　1985.11　167p　30cm　Ⓝ376.4

『山口県立山口農業高等学校百年史―開校百周年記念』山口県立山口農業高等学校百年史編纂委員会編著　小郡町（山口県）山口県立山口農業高等学校同窓会　1987.2　1167p　27cm　Ⓝ376.4

◆山口農業高等学校秋穂分校

『創立30周年記念誌』山口県立山口農業高等学校秋穂分校編　秋穂町（山口県）山口県立山口農業高等学校秋穂分校　1978　20p　26cm

『山口県立山口農業高等学校秋穂分校史』山口県立山口農業高等学校秋穂分校編　秋穂町（山口県）秋穂分校　1984　284p　22cm　Ⓝ376.4

◆山口農業高等学校小野分校

『山口農業高等学校小野分校史』山口県立山口農業高等学校小野分校編　宇部　山口県立山口農業高等学校小野分校　1973　30, 222, 24p　21cm〈肖像〉Ⓝ376.4

◆山口農林高等学校佐々並分校

『[山口県立山口農林高等学校佐々並分校]創立30周年記念誌』山口県立山口農林高等学校佐々並分校編　旭村（山口県）山口県立山口

農業高等学校佐々並分校　1978　44p　26cm　Ⓝ376.4

『山口県立山口農業高等学校佐々並分校史』山口県立山口農業高等学校編　旭村（山口県）佐々並分校　1988.2　345p　22cm　Ⓝ376.4

徳島県

◆穴吹高等学校

『華の丘―徳島県立穴吹高等学校 創立100周年記念誌』徳島県立穴吹高等学校編　美馬市　徳島県立穴吹高等学校　2023.11　101p　30cm　非売品　Ⓝ376.4

◆穴吹高等学校穴吹分校

『閉校記念誌―[徳島県立穴吹高等学校穴吹分校]』徳島県立穴吹高等学校穴吹分校編　徳島県立穴吹高等学校穴吹分校　2003.3　38p　30cm　Ⓝ376.4

◆穴吹高等学校一宇分校

『閉校記念誌―[徳島県立穴吹高等学校一宇分校]』徳島県立穴吹高等学校一宇分校編　徳島県立穴吹高等学校一宇分校　2005.3　66p　30cm　Ⓝ376.4

◆穴吹高等学校木屋平分校

『閉校記念誌―[徳島県立穴吹高等学校木屋平分校]』徳島県立穴吹高等学校木屋平分校編　徳島県立穴吹高等学校木屋平分校　2004.3　58p　30cm　Ⓝ376.4

◆阿南工業高等学校

『創立五十周年記念誌―徳島県立阿南工業高等学校』徳島県立阿南工業高等学校編　阿南　徳島県立阿南工業高等学校　2011.11　117p　26cm〈付：創立50周年記念DVD（1枚）〉Ⓝ376.4

◆阿北高等学校

『藍流―創立25周年記念誌』徳島県立阿北高等学校編　徳島　徳島県立阿北高等学校　1971　123p　22cm　Ⓝ376.4

『藍流―阿北高等学校創立35周年記念誌』徳島県阿北高等学校編　土成町　徳島県立阿北高等学校　1981　139p　21cm　Ⓝ376.4

徳島県

『創立五十周年記念誌』徳島県立阿北高等学校編　土成町　徳島県立阿北高等学校　1995.12　103p　21cm　Ⓝ376.4

◆新野高等学校

『わかたけ―徳島県立新野高等学校閉校記念誌』徳島県立新野高等学校編　阿南　徳島県立新野高等学校　2019.3　87p　26cm〈背表紙の書名：『わかたけ 閉校記念誌』〉Ⓝ376.4

◆新野高等学校椿分校

『新野高等学校椿分校二十五周年記念誌』新野高等学校椿分校25周年記念事業実行委員会　阿南　新野高等学校椿分校　1974　99p　21cm　Ⓝ376.4

◆阿波高等学校

『五十年―創立五十周年記念誌』徳島県立阿波高等学校記念誌編集委員会編　吉野町　徳島県立阿波高等学校　1973　193p　21cm　Ⓝ376.4

『創立80周年記念誌―徳島県立阿波高等学校』徳島県立阿波高等学校創立八十周年記念誌編集委員会編　吉野町　徳島県立阿波高等学校　2003　127p　26cm　Ⓝ376.4

『徳島県立阿波高等学校創立90周年記念誌―阿波高』阿波　徳島県立阿波高等学校　2013.9　119p　26cm〈書誌注記：年表あり　標題紙・背のタイトル：創立90周年記念誌〉非売品　Ⓝ376.48

◆阿波商業高等学校

『徳島県立阿波商業高等学校二十周年記念誌』創立二十周年記念誌編集委員会編　阿波町　徳島県立阿波商業高等学校　1978　78p　27cm　Ⓝ376.4

『創立三十周年記念誌』徳島県立阿波商業高等学校編　阿波町（徳島県）徳島県立阿波商業高等学校　1988.10　665p　21cm　Ⓝ376.4

◆阿波西高等学校

『創立50周年記念誌―徳島県立阿波商業・阿波西高等学校』徳島県立阿波西高等学校創立50周年記念誌編集委員会編　阿波市　徳島県立阿波西高等学校　2008.11　120p　31cm　Ⓝ376.4

◆池田高等学校

『創立50周年　1972年』池田高等学校編　池田町（徳島県）池田高等学校　1972　100p　26cm　Ⓝ376.4

『六十周年記念誌』徳島県立池田高等学校六十周年記念誌編集委員会編　池田町（徳島県）徳島県立池田高等学校　1981.6　93p　21cm　Ⓝ376.4

『池田高校熱球の記録―第64回全国高校野球 優勝記念グラフ』徳島新聞社編　徳島　徳島新聞　1982　30p　37cm　500円　Ⓝ783

『池田高校連覇の球春―第55回選抜高校野球大会全記録』徳島新聞社編　徳島　徳島新聞社　1983　36p　36cm　500円　Ⓝ783

『強うなるんじゃ！―ブンと生徒たちの泣き笑い高校野球 蔦文也vs山際淳司語りつくし激論集』蔦文也, 山際淳司著　集英社　1983.3　215p　19cm〈『週刊セブンティーン』特別編集〉580円　①4-08-780035-0　Ⓝ783.7

『俺たちの蔦野球―子供たちはついてきた』白川進著　サンケイ出版　1983.4　222p　19cm　980円　Ⓝ783.7

『第55回選抜高校野球V2池高ナイン―熱球甲子園』徳島　カラムス出版　1983.4　1冊（頁付なし）26cm　800円　Ⓝ783.7

『池田高校野球部監督蔦文也の旅―やまびこが甲子園に響いた』津田康著　大阪　たる出版　1983.4　225p　19cm　980円　Ⓝ783.7

『池高・甲子園の青春―第65回全国高校野球選手権大会』徳島新聞社編　徳島　徳島新聞社　1983.8　40p　37cm　500円　Ⓝ783.7

『蔦文也池田高校監督の「男の鍛え方」』須崎勝弥編　プレジデント社　1984.8　219p　18cm（イルカの本）720円　①4-8334-4017-2　Ⓝ783.7

『連覇への道―徳島県立池田高等学校野球部史』池田高校野球部史編纂委員会編　池田町（徳島県）池田高校野球部後援会　1984.9　364p　27cm　Ⓝ783.7

『球春の覇者―池田高校 第58回選抜高校野球大会激闘の全記録』徳島新聞社編　徳島　徳島新聞社　1986.4　38p　37cm　600円　Ⓝ783.7

『蔦文也のIKEDA行進曲』北原遼三郎著　洋泉社　1999.4　252p　20cm　1700円　①4-89691-372-8　Ⓝ783.7

目次　第1章 夏、春そして夏、第2章 上野が丘祝祭への道、第4章 そして一一人が残った、第5章 取られたら取り返せ、第6章 全国制覇、第7章 歳月

内容　「攻めダルマ」の異名をとった名物監督＝蔦文也のもと、「さわやかイレブン」旋風を巻き起こ

徳島県

し、"甲子園のアイドル"荒木大輔に完膚なきまでの乱打を浴びせ、バントを軸とした伝統の広商野球を豪打で粉砕し、桑田・清原のPL学園の前に3連覇の夢を断たれた―。いま振り返ってなお心躍る常識破りの池田「山びこ打線」池高野球はなぜあんなに見る者の心を高揚させたのか？ 高校野球史上、最も甲子園を沸かせた山間の公立高校「IKEDA」の足跡。

『創立80周年記念誌』創立80周年記念事業校内推進委員会編　徳島県立池田高等学校　2002.10　85p　30cm　Ⓝ376.4

『攻めダルマ蔦さん―池田高校・蔦文也監督遠望』新装　大川公一著　調布　アーバンプロ出版センター　2005.5　221p　20cm〈[東京]街と暮らし社(発売)　肖像あり　年譜あり　文献あり〉1500円　Ⓘ4-89981-150-0　Ⓝ783.7

『蔦文也と池田高校―教え子たちが綴る"攻めだるま"野球の真実』畠山準, 水野雄仁, 江上光治著　ベースボール・マガジン社　2010.7　175p　18cm(ベースボール・マガジン社新書042)〈文献あり〉900円　Ⓘ978-4-583-10282-5　Ⓝ783.7

内容　甲子園での通算勝敗は37勝11敗。なかでも1982年夏の第64回大会と83年春の第55回大会で成し遂げた「夏春連覇」の偉業が燦然と輝く。残した成績もさることながら、高校球界に革命を起こしたという一点においても、いまだ強烈な輝きを放っている。「阿波の攻めだるま」こと蔦文也がもたらした圧倒的なパワー野球の源泉を、畠山準、水野雄仁、江上光治ら三人の教え子が探る。

『創立90周年記念誌』徳島県立池田高等学校編　徳島県立池田高等学校　2012.11　107p　30cm　Ⓝ376.4

『池田高校野球部―栄光の軌跡：Since 1946』ベースボール・マガジン社　2013.7　96p　29cm(B.B.MOOK 945―高校野球名門校シリーズ 2)　1429円　Ⓘ978-4-583-61993-4

『甲子園に響いた新やまびこ打線―池田高に受け継がれる蔦野球の魂』岡田康志著　ベースボール・マガジン社　2014.7　175p　19cm　1300円　Ⓘ978-4-583-10706-6　Ⓝ783.7

目次　第1章 22年ぶりの甲子園―IKEDAが聖地に帰ってきた日、第2章 蔦文也監督の人間力―キミ子夫人と歩んだ野球人生、第3章 野球の神髄―現役、コーチ時代の思い出、第4章 蔦監督からの継承―監督を引き継いだ日、第5章 外からみた池田高校―穴吹高校時代の経験、第6章 IKEDAの未来―失敗を恐れない心

内容　伝説の名門校IKEDAの衝撃と魅力。

『池田高校野球部―栄光の軌跡』ベースボール・マガジン社　2015.5　191p　19cm(高校野球名門校シリーズハンディ版 2)〈2013年刊の再編集〉1300円　Ⓘ978-4-583-10852-0　Ⓝ783.7

目次　1 池田高校野球部―栄光の軌跡、2 監督「蔦文也」の魅力、3 KOSHIEN―熱闘の記憶、4 伝説の「池高フィーバー」、5 IKEDA新時代、6 保存版・池田高校野球部DATA FILE

内容　甲子園で革命起こした「やまびこ打線」&「攻めダルマ」が残したIKEDA魂。

『1982年池田高校―やまびこ打線の猛威』佐々木亨著　ベースボール・マガジン社　2022.7　158p　19cm(再検証夏の甲子園激闘の記憶)〈書誌注記：文献あり〉1600円　Ⓘ978-4-583-11409-5　Ⓝ783.7

目次　第1章 全国制覇、その瞬間、第2章 70年代の池高野球、第3章 辿り着いた甲子園、第4章 82年、甲子園のキセキ、第5章 色褪せない蔦野球、第6章 蔦文也と池田の町、その後

内容　金属バットの利点を最大限に有効活用しようとした蔦文也監督の狙い通り、強打のチームとして力を伸ばしていた池田高校。1982年夏、その猛打は誰にも止められないものとなった。6試合で85安打を放って優勝。一番から九番まで切れ目なく打ち続ける戦いぶりから「やまびこ打線」と恐れられた。高校野球界にパワーヒッティング時代の到来を告げた、あの夏を再現する。

『創立百周年記念誌』徳島県立池田高等学校編　徳島県立池田高等学校　2022.11　123p　30cm　Ⓝ376.4

◆池田高等学校祖谷分校

『創立五〇周年記念誌』徳島県立池田高等学校祖谷分校　東祖谷山村(徳島県)　徳島県立池田高等学校祖谷分校　2000.1　150p　26cm　Ⓝ376.4

『徳島県立池田高等学校祖谷分校閉校記念誌』徳島県立池田高等学校祖谷分校編　東祖谷山村(徳島県)　徳島県立池田高等学校祖谷分校　2005.3　69p　26cm　Ⓝ376.4

◆板野高等学校

『板野高校七十年史』板野高校七十年史編集委員会編　板野町(徳島県)　徳島県立板野高等学校　1976　360p　図　22cm〈板野高校創立七十周年記念〉Ⓝ376.4

◆海南高等学校

『徳島県立海南高等学校六十周年記念誌』徳島県海南高等学校六十周年記念誌編集委員会編　徳島　徳島県立海南高等学校　1983.10　174p　27cm　2100円　Ⓝ376.4

徳島県

『三校歴史館資料目録―徳島県立海南高等学校・徳島県立日和佐高等学校・徳島県立宍喰商業高等学校』徳島県立海部高等学校編　海陽町（徳島県）徳島県立海部高等学校　2006.11　103p　30cm　Ⓝ376.4181

◆勝浦園芸高等学校

『六十周年記念誌』勝浦園芸高等学校記念誌編集委員会編　勝浦町　勝浦園芸高等学校　1987　190p　22cm　Ⓝ376.4

◆鴨島商業高等学校

『鴨島の教育―尊敬される教師になるために』徳島県立鴨島商業高等学校編　鴨島町　徳島県立鴨島商業高等学校　1973.5　329p　22cm　1200円　Ⓝ376.4

『鴨商の教育―尊敬される教師になるために』徳島県立鴨島商業高等学校編　鴨島町　徳島県立鴨島商業高等学校　1973.5　329p　22cm　1200円　Ⓝ376.4

『三十周年記念誌』徳島県立鴨島商業高等学校編　鴨島町　徳島県立鴨島商業高等学校　1987　147p　27cm　Ⓝ376.4

◆川島高等学校

『五十年誌―麻中・川高創立五十周年記念誌』川島高等学校五十周年記念誌編集委員会編　川島町　川島高等学校　1975.11　128p　26cm　Ⓝ376.4

『六十周年記念誌』川島高等学校六十周年記念誌編集委員会編　川島町　徳島県立川島高等学校　1984　88p　26cm　Ⓝ376.4

『七十年記念誌』徳島県立川島高等学校編　川島町　徳島県立川島高等学校　1994.11　255,47p　22cm

『八十年記念』川島高等学校記念誌編集委員会編　吉野川　創立八十周年記念事業期成同盟会　徳島県立川島高等学校　2004.11　843p　22cm　Ⓝ376.4

◆小松島高等学校

『松高四十周年』徳島県立小松島高等学校編　小松島　徳島県立小松島高等学校　1972　94p　21cm　Ⓝ376.4

『五十年史』小松島高校五十年史編集委員会編　小松島　徳島県立小松島高等学校　1981.11　328p　27cm　非売品　Ⓝ376.4

『徳島県立小松島高等学校創立八十周年記念誌』小松島　徳島県立小松島高等学校　2010.10　202p　30cm〈松高八十年のあゆみ：p191～201〉Ⓝ376.4

◆貞光工業高等学校

『二十周年記念誌』徳島県立貞光工業高等学校編　貞光町　徳島県立貞光工業高等学校　1979　75p　27cm　Ⓝ376.4

『三十周年記念誌』徳島県立貞光工業高等学校編　貞光町（徳島県）徳島県立貞光工業高等学校　1989.11　142p　26cm　Ⓝ376.4

『創立四十周年記念誌』徳島県立貞光工業高等学校編　貞光町（徳島県）徳島県立貞光工業高等学校　1998.11　110p　26cm　Ⓝ376.4

『輝ける貞工の軌跡と未来―貞光工業高等学校創立50周年記念誌』徳島県立貞光工業高等学校編　つるぎ町（徳島県）徳島県立貞光工業高等学校　2008.3　85p　30cm　Ⓝ376.4

『貞光工業高等学校　閉校記念誌―2014年3月』徳島県立貞光工業高等学校編　つるぎ町（徳島県）徳島県立貞光工業高等学校　2015.3　79p　30cm　Ⓝ376.4

◆宍喰商業高等学校

『青潮―創立15周年記念誌』徳島県立宍喰商業高等学校編　宍喰町　徳島県立宍喰商業高等学校　1980　149p　26cm　Ⓝ376.4

『宍商のあゆみ　平成4年度』徳島県立宍喰商業高等学校編　宍喰町　徳島県立宍喰商業高等学校　1992　71p　26cm　Ⓝ376.4

『閉校記念誌―ありがとう宍喰商業』徳島県立宍喰商業高等学校編　徳島県立宍喰商業高等学校　2006.3　78p　30cm　Ⓝ376.4

『三校歴史館資料目録―徳島県立海南高等学校・徳島県立日和佐高等学校・徳島県立宍喰商業高等学校』徳島県立海部高等学校編　海陽町（徳島県）徳島県立海部高等学校　2006.11　103p　30cm　Ⓝ376.4181

◆城西高等学校

『100年のあゆみ』徳島県立城西高等学校編　徳島　徳島県立城西高等学校　2005.3　209p　31cm　Ⓝ376.4

◆城西高等学校神山校

『まちの風景をつくる学校―神山の小さな高校が試したこと』森山円香著　晶文社　2022.5　279p　19cm　1800円　Ⓓ978-4-7949-7313-9

Ⓝ376.48
内容 「創造的過疎」で知られる徳島県神山町で、まちにあった唯一の農業高校のカリキュラム改革を担った女性と仲間たちの、6年間の冒険の記録。いくら移住者が増えても、どれだけ企業を誘致しても、子どもたちが通える学校が地元になければ、次世代は育たない。地域の持続的な創生は、地元の教育環境の充実があってこそ。神山の農業高校（徳島県立城西高校神山校）の挑戦から見えてくる、地域と教育のこれから。

◆城東高等学校

『働学両全』 城東高等学校定時制同窓会編　徳島　城東高等学校定時制同窓会　1980　100p　26cm　Ⓝ376.4

『徳島県立徳島高等女学校 徳島県立城東高等学校 百年史—JOTO 100th Anniversary』 城東高校百周年を祝う会記念誌部会編　徳島　城東高校百周年を祝う会　2004.8　247p　30cm　Ⓝ376.4

◆城東高等学校内町分校

『二十周年記念誌』 徳島県立城東高等学校内町分校編　徳島　徳島県立城東高等学校内町分校　1990.1　189p　21cm

◆城東高等学校北島分校

『ありがとう北島分校—記念誌』 徳島県立城東高等学校北島分校編　徳島　徳島県立城東高等学校北島分校　2002.2　344p　27cm

◆城南高等学校

『徳島中学校・城南高校百年史』 「徳島中学校・城南高校百年史」編纂委員会編　徳島　徳島中学校・城南高校創立百周年記念事業期成同盟会　1975　685,33p　27cm　非売品　Ⓝ376.4

『城南』 毎日新聞徳島支局編　徳島　毎日新聞徳島支局　1982　240p　21cm　1600円　Ⓝ376.4

『城南の青春』 「城南の青春」編集委員会編　徳島　徳島県立城南高等学校　1985.11　214,53p　図版16枚　21cm〈発行者：徳島中学校・城南高等学校創立110周年記念事業期成同盟会〉Ⓝ376.4

『城南の青春　1988年版』 徳島中学校・城南高等学校創立110周年記念事業期成編　徳島　徳島県立城南高等学校　1988.5　270p　図版36　21cm〈「城南の青春」(1985年刊)の三訂版〉1854円　Ⓝ376.4

『城南の青春　1992年版』 改訂版　「城南の青春」編集委員会編　徳島　徳島県立城南高等学校　1992.2　390p　21cm　900円　Ⓝ376.4

◆城ノ内高等学校

『城ノ内高校創設余話』 田内尉平編著　鳴門　田内尉平　2006.8　224p　22cm　非売品　Ⓝ376.4181

◆辻高等学校

『六十年史』 徳島県立辻高等学校六十周年記念誌編集委員会　井川町　徳島県立辻高等学校　1976　134p　26cm　Ⓝ376.4

『七十年誌』 徳島県立辻高等学校七十周年記念誌編集委員会編　井川町　徳島県立辻高等学校　1986　122p　27cm　Ⓝ376.4

『八十周年記念誌』 徳島県立辻高等学校八十周年記念誌編集委員会編　井川町　徳島県立辻高等学校　1996.11　165p　26cm　Ⓝ376.4

◆徳島県立商業高等学校

『徳商テニスのあゆみ』 徳島県立商業高等学校硬式庭球部編　徳島　徳島県立商業高等学校　1987　201p　21cm　Ⓝ783

◆徳島県立水産高等学校

『青雲—四十周年記念誌』 徳島県立水産高等学校編　日和佐町　徳島県立水産高等学校　1976　157p　26cm　Ⓝ376.4

『青雲—五十周年記念誌』 徳島県立水産高等学校編　日和佐町　徳島県立水産高等学校　1986.11　162p　26cm　Ⓝ376.4

『青雲—創立六十周年記念誌』 日和佐町(徳島県) 徳島県立水産高等学校　1996.11　145p　26cm　非売品　Ⓝ376.48

『青雲—水産教育73年の航跡』 徳島県立水産高等学校閉校記念誌校内編集委員会編　美波町(徳島県) 徳島県立水産高等学校　2009.3　214p　31cm　非売品　Ⓝ376.4

◆徳島工業高等学校

『徳工六十五周年記念誌』 徳島県立徳島工業高等学校編　徳島　徳島県立徳島工業高等学校　1970　112p　19cm　Ⓝ376.4

『仰星一年譜』 徳島県立徳島工業高等学校定時制編　徳島　徳島県立徳島工業高等学校　1980　93p　21cm　Ⓝ376.4

『たくみに生きむ—徳島県立徳島工業高等学校創立八十周年記念誌』 徳島県立徳島工業高等

学校編　徳島　徳島県立徳島工業高等学校
1985.2　224p　27cm　Ⓝ376.4

『徳工百年史』徳工教育100周年を祝う会,100周年記念誌編集委員会編　徳島　徳島県立徳島工業高等学校徳工教育100周年を祝う会　2005.3　533p 図版19枚　27cm〈年表あり〉Ⓝ376.48

◆徳島商業高等学校

『徳商―創立70周年記念』毎日新聞徳島支局編　徳島　毎日新聞徳島支局　1980　191p　18cm　Ⓝ376.4

『徳島七十年史』徳島商業高等学校七十年史編集委員会編　徳島　徳島商業高等学校　1980　518p　22cm　Ⓝ376.4

『徳商教育』徳島県立徳島商業高等学校編　徳島　徳島県立徳島商業高等学校　1982　369p 図版1　22cm　2000円　Ⓝ376.4

『徳商百年史』徳島県立徳島商業高等学校創立百年記念誌編集委員会編　徳島　徳島県立徳島商業高等学校　2010.10　205p　30cm　Ⓝ376.4

『創立110周年記念誌』徳島県立徳島商業高等学校編　徳島　徳島県立徳島商業高等学校　2020.11　75p　30cm　Ⓝ376.4

『強い「心技体」を育む我慢力』森影浩章著　竹書房　2024.3　222p　19cm　1980円　①978-4-8019-3920-2　Ⓝ783.7

|目次|第1章 徳島商と徳島の高校野球の歴史（徳島商と野球部の歴史、幻の全国優勝と伝説の大投手・板東英二さん ほか）、第2章 私の球歴―野球との出会いから指導者となるまで（"雷親父"に鍛えられた幼少期、野球の名門、徳島商へ―守りの野球の神髄に触れる ほか）、第3章 名門復活への道―何かに囚われない、森影流指導論（過去の成功体験に囚われず、常に新たな指導法を模索、適材適所を見抜く力―エース森をいかに見出し、指導したのか ほか）、第4章 徳島商の練習、戦術、セオリー（野球部の練習環境と設備、平日と週末のスケジュール ほか）、第5章 徳島商と高校野球のこれからを考える（徳島の高校野球のこれから、飛ばないバット導入で高校野球はどう変わるのか ほか）

|内容|「心」を磨けば「技」も「体」もついてくる。監督就任1年余りで母校・徳島商を甲子園に導くも、過去の成功体験に囚われず変化し続ける、臨機応変、適材適所の指導論！

◆徳島市立高等学校

『徳島市立高等学校史』徳島　徳島市立高等学校　1972　332p 図17枚　22cm　非売　Ⓝ376.4

『市高記念論集―徳島市立高等学校創立20周年創立20周年記念生徒論文選考委員会編　徳島　徳島市立高等学校　1982　37p　21cm　Ⓝ376.4

『徳島市立高等学校史―創立二十周年記念』徳島市立高等学校史編集委員会編　徳島　徳島市立高等学校史編集委員会　1982　266p　22cm　Ⓝ376.4

『グラフ・年表―市高二十五年史』徳島市立高等学校編　徳島　徳島市立高等学校　1987　64p　26cm　Ⓝ376.4

『徳島市立高等学校三十年史―徳島市立高等学校創立三十周年記念誌』徳島市立高等学校編　徳島　徳島市立高等学校　1992.11　298p　27cm　Ⓝ376.4

『市高この五年（平成四年～九年）―徳島市立高等学校創立三十五周年記念誌』徳島市立高等学校編　徳島　徳島市立高等学校　1998.2　86p　27cm　Ⓝ376.4

『徳島市立高等学校創立五十周年記念誌―五十年の記録と記憶』徳島市立高等学校編　徳島　徳島市立高等学校　2013.3　403p　26cm　Ⓝ376.4

◆徳島中央高等学校

『十周年記念誌』徳島県立徳島中央高等学校十周年記念誌編集委員会編　徳島　徳島中央高等学校十周年記念誌編　1987　214p　27cm　Ⓝ376.4

『徳島中央工業科のあゆみ』徳島中央高等学校定時制夜間部（徳島県立）編　徳島　徳島県立徳島中央高等学校定時制夜間部　2012.3　80p　26cm　Ⓝ376.4

◆徳島農業高等学校

『徳農七十年誌』徳島農業高等学校七十周年記念誌編集委員会編　徳島　徳島農業高等学校　1976　94p　27cm　Ⓝ376.4

『徳島県立徳島農業高等学校九十周年記念誌―1904～1994』九十周年記念誌編集委員会編　徳島　徳島県立徳島農業高等学校　1994.3　200p　27cm〈書名は奥付による　標題紙等の書名：九十周年記念誌〉Ⓝ376.4

◆徳島農業高等学校神山分校

『徳農神山分校三十年誌』徳島農業高校神山分校三十年誌編集委員会編　神山町　神山分校三十周年記念事業推進委　1978　147p　26cm　2100円　Ⓝ376.4

徳島県

◆徳島東工業高等学校

『あゆみ』徳島東工業高等学校定時制編　徳島　徳島東工業高等学校　1980　60p　22cm　Ⓝ376.4

『徳島東工業高校五十年史』愛蔵版　徳島県立徳島東工業高等学校記念史編集委員会編　徳島　徳島東工業高等学校　1987　431p　22cm　Ⓝ376.4

『徳島東工業高校五十年史』徳島県立徳島東工業高等学校記念史編集委員会編　徳島　徳島県立徳島東工業高等学校　1987　431p　22cm　Ⓝ376.4

『造船科記念誌　平成4年3月』徳島県立徳島東工業高等学校編　徳島　徳島東工業高等学校　1992.3　98, 60p　21cm

◆徳島文理高等学校

『思い出の記』徳島　村崎学園学園本部　1995.5　115p 図版10枚　20cm〈学校法人村崎学園創立百周年記念　共同刊行：徳島文理中学・高等学校〉Ⓝ376.4

◆富岡西高等学校

『創立八十周年記念誌』徳島県立富岡西高等学校編　阿南　富岡西高等学校　1976　199p　21cm　Ⓝ376.4

『富西サッカー55年史』富西サッカー55年史編集委員会編　阿南　徳島県立富岡西高等学校サッカーOB会　1985.8　155, [23]p　27cm　Ⓝ783.47

『富岡西—創立九十周年記念』毎日新聞徳島支局編　徳島　毎日新聞徳島支局　1986　410p　21cm　Ⓝ376.4

『富岡西高校百年史序説』常松卓三著　阿南　富岡西高校百年史序説刊行会　1996　237p　26cm　5000円　Ⓝ376.4

『富西百年史』富西百年史編集委員会編　阿南　徳島県立富岡西高等学校　1996.5　461p　27cm　非売品　Ⓝ376.4

『創立百十周年記念誌』徳島県立富岡西高等学校編　阿南　徳島県立富岡西高等学校　2006.11　図版16枚, 275p　26cm　Ⓝ376.4

◆富岡東高等学校

『六十周年記念誌』富岡東高等学校六十周年記念誌編集委員会編　阿南　徳島県立富岡東高等学校　1972.11　104p　26cm　1000円　Ⓝ376.4

『八十周年記念誌』阿南　徳島県立富岡東高等学校　1992.11　87p　26cm　非売品　Ⓝ376.4

『九十周年記念誌』徳島県立富岡東高等学校編　阿南　徳島県立富岡東高等学校　2002.11　104p　26cm

『富岡東百周年記念誌』創立百周年記念誌編集委員会編　阿南　徳島県立富岡東中学校・高等学校　2013.3　342p　30cm

◆那賀高等学校

『那賀高等学校三十周年記念誌』那賀高等学校三十周年記念誌編集委員会編　鷲敷町　那賀高等学校　1982　154p　26cm　Ⓝ376.4

◆鳴門高等学校

『鳴門高等学校百年史』創立百周年記念誌編集委員会編　鳴門　徳島県立鳴門高等学校　2009.11　540p　27cm〈書誌注記：年表あり　創立百周年記念〉Ⓝ376.48

『鳴門高等学校百周年記念誌』創立百周年記念誌編集委員会編　鳴門　徳島県立鳴門高等学校　2010.2　218p 図版[13]枚　27cm〈年表あり〉Ⓝ376.48

◆鳴門市立鳴門工業高等学校

『拾周年記念誌』長谷川正敏編　鳴門　鳴門市立鳴門工業高等学校　1973.3　67p　26cm〈書誌注記：年表あり　奥付のタイトル：十周年記念誌〉Ⓝ376.48

『二十周年記念誌』鳴門工業高校二十周年記念誌編集委員会編　鳴門　鳴門市立鳴門工業高等学校　1984.2　155p　26cm〈書誌注記：年表あり〉非売品　Ⓝ376.48

『三十周年記念誌』鳴門工業高校三十周年記念誌編集委員会編　鳴門　鳴門市立鳴門工業高等学校　1993.3　165p　26cm〈書誌注記：年表あり　表紙のタイトル：至誠創立三十周年記念誌〉非売品　Ⓝ376.48

『創立40周年記念』鳴門　鳴門市立鳴門工業高等学校　2003.10　54p　26cm〈書誌注記：年表あり〉Ⓝ376.48

『鳴門市立鳴門工業高等学校剣道部のあゆみ』鳴門　鳴門市立鳴門工業高等学校剣道部OB会「剣誠会」　2012.2　77p　30cm〈書誌注記：年表あり〉Ⓝ789.3

◆日和佐高等学校

『三校歴史館資料目録—徳島県立海南高等学校・徳島県立日和佐高等学校・徳島県立宍喰商業

香川県

高等学校』徳島県立海部高等学校編　海陽町（徳島県）徳島県立海部高等学校　2006.11　103p　30cm　Ⓝ376.4181

◆美馬商業高等学校

『創立二十五周年記念誌　1980』創立二十五年記念誌編集委員会編　徳島　徳島県立美馬商業高等学校　1980　102p　27cm　1800円　Ⓝ376.4

『創立四十周年記念誌―伝統の上に確かな明日を　1995』徳島県立美馬商業高等学校編　美馬町　徳島県立美馬商業高等学校　1995.11　81p　26cm

『創立五十周年記念誌―未来に羽ばたけ 美馬商魂　平成17年度版』徳島県立美馬商業高等学校編　美馬　徳島県立美馬商業高等学校　2006.3　129p　26cm　Ⓝ376.4

◆名西高等学校

『半世紀の歩み』名西高等学校編　石井町　名西高等学校　1973.11　100p　26cm　Ⓝ376.4

『徳島県立名西高等学校創立90周年記念誌』徳島県立名西高等学校編　石井町　徳島県立名西高等学校　2013.11　151p　30cm　Ⓝ376.4

『徳島県立名西高等学校創立100周年記念誌』徳島県立名西高等学校編　石井町　徳島県立名西高等学校　2023.11　151p　30cm　Ⓝ376.4

◆三好農林高等学校

『四十年誌』三好農林高等学校編　池田町　三好農林高等学校　1986　85p　26cm　Ⓝ376.4

『創立五十年誌―[徳島県立三好農林高等学校]』徳島県立三好農林高等学校記念誌編集委員会編　池田町（徳島県）徳島県立三好農林高等学校　1996.3　202p　27cm　Ⓝ376.4

◆脇町高等学校

『芳越―80年目で見る叙事詩　1976』脇町高等学校創立80周年記念誌編さん委員会編　脇町　脇町高等学校　1976　169p　26cm〈脇町中学・脇町高等学校80周年記念誌〉Ⓝ376.4

『回顧・芳越』徳島県立脇町高等学校90周年記念委員会編　脇町　徳島県立脇町高等学校　1986　567p　18cm　Ⓝ376.4

『脇町高校百年史』脇町県立脇町高等学校創立百年記念事業実行委員会編　脇町（徳島県）徳島県立脇町高等学校　1996.11　1130p　26cm　Ⓝ376.4

香川県

◆石田高等学校

『真清水―創立60周年記念誌』香川県立石田高等学校,竹中隆共編　高松　新世社　1970.11　84p　28cm

『真清水―創立七十周年記念誌』創立70周年記念委員会編　高松　香川県立石田高等学校　1980　86p　30cm

『真清水―香川県立石田高等学校80周年記念誌』創立80周年記念委員会編　寒川町　香川県立石田高等学校　1990.11　95p　31cm

『真清水―創立百周年記念誌』創立百周年記念委員会編　さぬき　香川県立石田高等学校　2010.11　114p　31cm

◆英明高等学校

『香川県明善学園80周年記念誌』香川県明善学園編　高松　香川県明善学園　1997.11　133p　22cm

◆大川東高等学校

『東翔―創立の記録』香川県立大川東高等学校編　引田町　香川県立大川東高等学校　1987.3　53p　30cm

『東翔―香川県立三本松高等学校引田分校創設四十周年香川県立大川東高等学校創立五周年記念誌』香川県立大川東高等学校（東翔記念誌編集委員会）編　引田町　香川県立大川東高等学校　1989　116p　30cm

『東翔 Final―香川県立大川東高等学校閉校記念誌』香川県立大川東高等学校（東翔記念誌編集委員会）編　東かがわ　香川県立大川東高等学校　2007.3　128p　31cm

◆大手前高等学校

『潮みつ―香川県大手前高等（中）学校創立90周年記念誌』大手前高等（中）学校,大手前高等学校同窓会編　丸亀　大手前高等（中）学校　1996.11　191p　27cm〈共同刊行：大手前高等学校同窓会〉

『大手前学園創立百周年記念募金・賛助広告』香川県大手前中学・高等学校同窓会編　高松　香川県大手前中学・高等学校同窓会　2006.11　11p　30cm〈『潮みつ 倉田学園香川県大手前中学・高等学校創立百周年記念誌』の付録〉

香川県

『潮みつ―倉田学園香川県大手前中学・高等学校創立百周年記念誌』香川県大手前中学・高等学校編　高松　香川県大手前中学・高等学校　2006.11　179p　31cm　非売品

『普通科創設70周年記念誌―大手前丸亀中学・高等学校』丸亀　大手前丸亀中学・高等学校同窓会　2021.1　128p　30cm〈書誌注記：年表あり〉Ⓝ376.48

◆香川県立農業経営高等学校

『主基の丘80年―創立80周年記念誌』香川県立農業経営高等学校80周年記念誌編集委員会編　綾南町　香川県立農業経営高等学校　1996.11　147p　31cm

『主基の丘百年』綾川町（香川県）　香川県立農業経営高等学校創立100周年記念事業実行委員会　2015.11　239p　31cm〈書誌注記：年表あり　奥付のタイトル：香川県立農業経営高等学校創立100周年記念誌〉Ⓝ376.48

◆香川誠陵高等学校

『創立十周年記念誌』香川誠陵中学校・高等学校十周年記念誌編集委員会編　高瀬町　香川誠陵中学校・高等学校十周年記念誌編集　2004.10　131p　30cm

◆香川中央高等学校

『大埜―創立5周年記念誌』香川県立香川中央高等学校編　香川町　香川県立香川中央高等学校　1991.11　52p　20cm

『流々―創立十周年記念』創立10周年記念誌編集委員会編　香川町　香川県立香川中央高等学校　1996.11　139p　31cm〈奥付の副書名：香川県立香川中央高等学校創立10周年記念誌〉

『流々―香川県立香川中央高等学校創立二十周年記念　Ⅱ』創立20周年記念誌編集委員会編　高松　香川県立香川中央高等学校　2006.11　127p　31cm　非売品

◆笠田高等学校

『鼓動―創立50周年記念』香川県立笠田高等学校編　豊中町　香川県立笠田高等学校　1978.11　124p　31cm

『鼓動―創立60周年記念　2』香川県立笠田高等学校編　豊中町　香川県立笠田高等学校　1988.11　119p　31cm

『鼓動―創立70周年記念　3』香川県立笠田高等学校編　豊中町　香川県立笠田高等学校　1998.11　119p　31cm

『鼓動―香川県立笠田高等学校創立80周年記念誌　4』香川県立笠田高等学校創立80周年記念誌委員会編　三豊　香川県立笠田高等学校　2008.10　111p　30cm

『鼓動―香川県立笠田高等学校創立90周年記念誌　5』香川県立笠田高等学校創立90周年記念誌部会編　三豊　香川県立笠田高等学校　2018.10　113p　30cm

◆観音寺商業高等学校

『五十年の歩み』香川県立観音寺商業高等学校編　観音寺　香川県立観音寺商業高等学校　1972.11　125p　26cm

『観商六十年の歩み』香川県立観音寺商業高等学校編　観音寺　香川県立観音寺商業高等学校　1983.11　168p　27cm　非売品

『観商七十年の歩み』香川県立観音寺商業高等学校編　観音寺　香川県立観音寺商業高等学校　1992.11　192p　27cm　非売品

◆観音寺第一高等学校

『創立70周年記念誌』香川県立観音寺第一高等学校編　観音寺　香川県立観音寺第一高等学校　1970.11　110p　26cm〈表紙、背表紙の書名：創立70周年・体育館・同窓会館竣工記念誌〉

『校名・校歌・校旗・校章について』香川県立観音寺第一高等学校編　観音寺　香川県立観音寺第一高等学校　1975.8　18p　21cm

『創立八十周年記念誌　樟樹とともに』香川県立観音寺第一高等学校編　観音寺　香川県立観音寺第一高等学校　1980.11　256p　27cm〈タイトルは奥付による．標題紙・表紙のタイトル：樟樹とともに，背のタイトル：創立八十周年記念誌〉非売品

『栄光をめざして―野球部々史』観音寺第一高等学校野球部先輩会編　観音寺　香川県立観音寺第一高等学校野球部先輩会　1981　321p　27cm

『樟―創立九十周年記念誌』香川県立観音寺第一高等学校編　観音寺　香川県立観音寺第一高等学校　1990　211p　27cm

『樟柳―創立百周年記念誌』香川県立観音寺第一高等学校編　観音寺　香川県立観音寺第一高等学校　2000.10　400p　31cm

『栄光をめざして―野球部々史』観音寺第一高等学校野球部OB会編　観音寺　観音寺第一

香川県

高等学校野球部OB会　2001　412p　27cm

『樟柳―創立百十周年記念誌』香川県立観音寺第一高等学校編　観音寺　香川県立観音寺第一高等学校　2010.10　134p　31cm　非売品

◆観音寺中央高等学校

『覇者の軌跡―初陣　観音寺中央高校全国優勝』四国新聞社編　高松　四国新聞社　1995.4　〔22〕p　31cm　600円

『初陣Vへの軌跡―復興センバツ』香川県立観音寺中央高等学校野球部甲子園出場特別後援会編　観音寺　香川県立観音寺中央高等学校野球部甲子園出場特別後援会　1995.6　52p　31cm

『春夏連続出場夏の記録―さわやかに燃えた甲子園　1995』朝日新聞出版サービス編集制作　観音寺　香川県立観音寺中央高等学校野球部甲子園出場特別後援会　1995.12　20p　31cm

『紡―創立九十周年　2012』香川県立観音寺中央高等学校編　観音寺　香川県立観音寺中央高等学校　2012.11　93p　30cm〈付：DVD〉

◆琴平高等学校

『香川県立琴平高等学校四十年のあゆみ』香川県立琴平高等学校編　琴平町　香川県立琴平高等学校　1978.10　96p　31cm

『残照―定時制課程のあゆみ』香川県立琴平高等学校編　琴平町　香川県立琴平高等学校　1986　32p　26cm

『象頭―香川県立琴平高等学校50年の歩み』香川県立琴平高等学校編　琴平町　香川県立琴平高等学校　1987.5　129p　31cm

『象頭―六十年の歩み』香川県立琴平高等学校創立六十周年記念事業賛助会編　琴平町　香川県立琴平高等学校　1997.10　181p　30cm

『象頭―七十年のあゆみ』香川県立琴平高等学校編　琴平町　香川県立琴平高等学校創立70周年記念事業賛助会　2007.11　83p　30cm〈奥付に「香川県立琴平高等学校創立70周年記念誌」とあり〉

『象頭―八十年のあゆみ』香川県立琴平高等学校編　琴平町　香川県立琴平高等学校創立80周年記念事業実行委員会　2017.11　107p　30cm〈奥付に「香川県立琴平高等学校創立80周年記念誌」とあり〉

◆坂出高等学校

『松韻―創立60周年記念誌』香川県立坂出高等学校編　坂出　香川県立坂出高等学校　1977.10　117p　26cm

『松韻―創立70周年記念誌』香川県立坂出高等学校編　坂出　香川県立坂出高等学校　1987.10　〔70〕p　30cm

『松濤―創立80周年記念誌』香川県立坂出高等学校編　坂出　香川県立坂出高等学校　1997.11　120p　30cm

『松濤―創立90周年記念誌』香川県立坂出高等学校, 創立90周年記念事業準備委員会企画・制作　坂出　香川県立坂出高等学校　2007.11　149p　31cm

『松濤―香川県立坂出高等学校創立百周年記念誌』髙畠佐依子, 伊澤栄子, 真下拓也, 新田智子, 白川修, 松繁真由美, 谷川佳弘, 西田敏, 多田佳弘, 橋本実, 迫田真由美, 千葉ゆう子, 大井栄実子, 池田清美, 長尾美和, 大浦みちる, 福田直樹, 池下采編　坂出　香川県立坂出高等学校創立百周年記念事業実行委員会　2017.9　319p　31cm〈書誌注記：年表あり〉Ⓝ376.48

◆坂出工業高等学校

『坂工創立40周年記念誌』香川県立坂出工業高等学校編　坂出　香川県立坂出工業高等学校　1977.11　38p　26cm

『創立五十周年記念誌』香川県立坂出工業高等学校編　坂出　香川県立坂出工業高等学校　1987.11　276p　26cm

『創立60周年記念誌』香川県立坂出工業高等学校編　坂出　香川県立坂出工業高等学校　1998.10　103p　30cm

『燭影―香川県立坂出工業高等学校定時制閉課程記念誌』香川県立坂出工業高等学校定時制閉課程準備委員会編　坂出　香川県立坂出工業高等学校　2013.3　33p　30cm

『創立80周年記念誌』80周年記念誌編集委員会編　坂出　香川県立坂出工業高等学校　2017.10　122p　30cm

◆坂出商業高等学校

『坂商60年―創立60周年記念誌』香川県立坂出商業高等学校編　坂出　香川県立坂出商業高等学校　1974.11　141p　26cm　非売品

『坂商80年―はばたけ坂商21世紀へ』香川県立坂出商業高等学校編　坂出　香川県立坂出商業高等学校　1994.11　160p　31cm　非売品

香川県

『心技一如―香川県立坂出商業高等学校野球部史 1921-1997』香川県立坂出商業高等学校編　坂出　香川県立坂出商業高等学校　1998.3　304p　31cm　非売品

『坂商90周年』香川県立坂出商業高等学校編　坂出　香川県立坂出商業高等学校　2004.12　112p　31cm　非売品

『坂商百年史―はばたけ坂商百年の翼を広げ未来へ：創立百周年記念誌』創立百周年記念誌編集委員会編　坂出　香川県立坂出商業高等学校　2015.3　344p　31cm〈書誌注記：年表あり〉非売品　Ⓝ376.48

◆坂出第一高等学校

『柏槇―創立90周年記念誌』坂出　坂出第一高等学校　1997.11　128p　31cm　Ⓝ376.48

『坂出一高110年―そして夢を未来へ』坂出第一高等学校編　坂出　坂出第一高等学校　2018.11　79p　30cm

◆三本松高等学校

『三本松高等学校―創立70周年記念誌』香川県立三本松高等学校編　大内町　香川県立三本松高等学校　1971.10　50p　21×21cm

『三高春秋』高松　新世社　1972.10　163p　22cm　2000円

『虎峰―創立八十周年記念誌』香川県立三本松高等学校編　大内町　香川県立三本松高等学校　1980　92p　26cm〈奥付の発行所：大中会〉非売品

『わがどち―香川県立三本松高等学校創立90周年記念誌』香川県立三本松高等学校90周年記念誌編集委員会編　大内町　香川県立三本松高等学校　1990.10　115p　30cm

『大中三高百年史』百周年記念誌『大中三高百年史』編集委員会編　大内町(香川県)　香川県立三本松高等学校　2000.10　594p　31cm　Ⓝ376.48

『虎丸―理数科設置35周年記念誌』『理数科設置35周年記念誌虎丸』編集委員会編　大内町　香川県立三本松高等学校理数科設置35周年記念行事実行委員会　2003.12　148p　30cm

『香川県立三本松高等学校野球部史』香川県立三本松高校野球部史編集委員編　東かがわ　香川県立三本松高校野球部OB会　2007.10　617p　31cm〈標題紙・表紙のタイトル：野球部史〉Ⓝ783.7

『香川県立三本松高等学校甲子園出場メモリアルアルバム―第99回全国高等学校野球選手権大会』東かがわ市　香川県立三本松高等学校甲子園出場後援会　2017.10　20p　31cm〈書名は奥付より．表紙の書名：『2017第99回全国高等学校野球選手権大会出場 MEMORIAL ULTIMATE CRUSH』〉

『From Toramaru―香川県立三本松高等学校創立百二十周年記念誌』百二十周年記念誌編集委員会編集　東かがわ　香川県立三本松高等学校　2021.3　116p　30cm〈書誌注記：年表あり〉Ⓝ376.48

◆四国高等学校

『四十周年記念誌』四国高等学校体育連盟編　四国高等学校体育連盟　199-　80p　26cm

◆志度高等学校

『祝―創立60周年記念　1984.10.20』香川県立志度高等学校編　志度町　香川県立志度高等学校　1984.10　2冊　28cm〈封筒入り　創立60周年記念体育館落成，志商新聞 第138号〉

『飛翔―創立60周年記念誌　1984』香川県立志度高等学校編　志度町　香川県立志度高等学校　1984.10　122p　30cm

『飛翔―創立70周年記念誌　1994』香川県立志度高等学校編　志度町　香川県立志度高等学校　1994.10　120p　30cm

『飛翔―創立80周年記念誌』香川県立志度高等学校編　さぬき　香川県立志度高等学校　2004.10　143p　30cm

◆志度商業高等学校

『飛翔』香川県立志度商業高等学校編　志度　香川県立志度商業高等学校　1974　118p　31cm

『香川県立志度商業高等学校野球史』志度商業高等学校野球史編集委員会編　志度町　志度商業高等学校野球クラブ会　1989.10　472p　27cm

◆小豆島高等学校

『小高50年―創立50年記念誌』香川県立小豆島高等学校編　内海町　香川県立小豆島高等学校　1971.5　83p　26cm

『小高60年―60年記念誌』香川県立小豆島高等学校編　内海町　香川県立小豆島高等学校　1980.10　109p　26cm

『小高70年』香川県立小豆島高等学校編　内海町　香川県立小豆島高等学校　1990.10

香川県

130p 26cm

『錦楓―香川県立小豆島高等学校80周年記念誌』香川県立小豆島高等学校編 内海町 香川県立小豆島高等学校 2000.11 107p 30cm

『錦楓―創立90周年記念誌』香川県立小豆島高等学校編 小豆島町 香川県立小豆島高等学校 2010.11 139p 31cm

『小豆島高校の創立を香川新報に訪ねる』小豆島町（香川県）[香川県立小豆島高等学校錦楓会] [2016] 52p 26cm Ⓝ376.4182

『たった17人の甲子園―背番号18が支えた小豆島高校、奇跡の快進撃』中大輔著 竹書房 2016.7 215p 19cm 1600円 ①978-4-8019-0783-6 Ⓝ783.7

目次 プロローグ えんじ色のアルプス、第1章 海賊の航路、第2章 楽しいとは何か、第3章 島から甲子園を目指せ、第4章 背番号18、第5章 たった17人の甲子園、第6章 夏をつかまえる、エピローグ もう一度染める

内容 少人数の野球部が、なぜ甲子園に行けたのか!?県大会決勝で、名門・高松商を破って優勝。見事センバツ出場を果たした小豆島高校。その強さの秘密と島民の熱い想いに迫る、感動のノンフィクション!!

『錦楓―香川県立小豆島高等学校閉校記念誌』小豆島町（香川県）香川県立小豆島高等学校 2016.12 156p 31cm〈書誌注記：年表あり〉Ⓝ376.48

◆尽誠学園高等学校

『平成10年夏甲子園への道』尽誠学園高等学校編 善通寺 尽誠学園高等学校 1998.9 28p 30cm 非売品 Ⓝ783.7

◆善通寺第一高等学校

『彩暦―創立七十周年記念誌』香川県立善通寺第一高等学校編 善通寺 香川県立善通寺第一高等学校 1975.10 136p 33cm

『彩暦―創立八十周年記念誌』香川県立善通寺第一高等学校編 善通寺 香川県立善通寺第一高等学校 1985 86p 33cm

『彩暦―創立九十周年記念』香川県立善通寺第一高等学校編 善通寺 香川県立善通寺第一高等学校 1995.11 100p 33cm

『彩暦―香川県立善通寺第一高等学校創立百年記念誌』香川県立善通寺第一高等学校創立百周年記念事業実行委員会編 善通寺 香川県立善通寺第一高等学校 2005.11 588p 31cm〈叢書名は奥付による．標題紙の副書名：創立百周年記念〉非売品

◆善通寺西高等学校

『巨樟―創立四十周年記念』香川県立善通寺西高等学校編 善通寺 香川県立善通寺西高等学校 1988.11 168p 21cm

『巨樟―創立五十周年記念』香川県立善通寺西高等学校編 善通寺 香川県立善通寺西高等学校 1998.11 77p 31cm

『巨樟―創立六十周年記念』創立60周年記念誌編集委員会編 善通寺 香川県立善通寺西高等学校 2007.11 79p 31cm

◆高瀬高等学校

『信愛望―創立三十周年記念』香川県立高瀬高等学校編 高瀬町 香川県立高瀬高等学校 1978 176p 26cm

『信愛望―創立四十周年記念』香川県立高瀬高等学校編 高瀬町 香川県立高瀬高等学校 1988.10 132p 26cm

『完全燃焼―全国高等学校カヌー選手権大会女子総合五連覇記念誌』香川県立高瀬高等学校編 高瀬町 香川県立高瀬高等学校 1997.3 30p 30cm〈パンフレットバインダー入もあり〉

『希望が丘―創立五十周年記念』香川県立高瀬高等学校編 高瀬町 香川県立高瀬高等学校 1998.11 148p 30cm

『創立60周年記念誌のぞみが丘』香川県立高瀬高等学校創立60周年記念誌編集委員会編 三豊 香川県立高瀬高等学校 2008.11 96p 30cm

◆高松高等学校

『年輪―高松高等学校80年沿革誌』香川県立高松高等学校玉翠会編 高松 玉翠会 1973.11 140p 32cm〈背表紙の副書名：創立八十周年記念沿革誌〉

『創立90周年記念誌』香川県立高松高等学校編 高松 香川県立高松高等学校玉翠会 1983.11 92p 30cm

『校舎玉翠会館落成記念写真集』校舎玉翠会館落成記念行事実行委員会編 高松 香川県立高松高等学校 1991.6 [40p] 29cm

『香川県立高松高等学校野球部史―朝日輝く』香川県立高松高等学校野球部史編集委員会編 高松 香川県立高松高等学校野球倶楽部 1992.6 803p 27cm

『高松高等学校百年史』創立100周年記念史編集委員会編 高松 玉翠会 1993.11 488p

31cm〈付（5枚 袋入）：教職員在勤表〉Ⓝ376.4

『写真集高松高校—昭和の学舎』香川県立高松高等学校創立100周年記念行事実行委員会　高松　香川県立高松高等学校　1993.11　1冊（頁付なし）29cm〈共同刊行：香川県立高松高等学校玉翠会、付（1枚）：香川県立高松中学校の歩み〉

『創立110周年記念誌 2003—香川県立高松高等学校』創立110周年記念誌編集委員会編　高松　玉翠会　2003.8　130p　30cm

『文武両道—第77回選抜高校野球大会出場記念』香川県立高松高等学校野球部甲子園出場後援会編　高松　香川県立高松高等学校野球部甲子園出場後援会　2005.6　72p　30cm

『香川県立高松高等学校創立120周年記念誌』創立120周年記念誌編集委員会編　高松　玉翠会（香川県立高松高等学校同窓会）2013.8　133p　30cm

『香川県立高松高等学校創立130周年記念誌』創立130周年記念誌編集委員会編　高松　玉翠会（香川県立高松高等学校同窓会）2023.10　87p　30cm

◆高松北高等学校

『北稜—香川県立高松北高等学校創立五周年記念誌』香川県立高松北高等学校編　牟礼町　香川県立高松北高等学校　1987.11　129p　30cm

『北稜—香川県立高松北高等学校創立10周年記念誌』創立10周年記念誌編集委員会編　牟礼町（香川県）香川県立高松北高等学校　1992.10　155p　31cm　Ⓝ376.4

『北稜—香川県立高松北高等学校創立二十周年記念誌』香川県立高松北高等学校編　牟礼町　香川県立高松北高等学校　2002.10　169p　31cm

◆高松工芸高等学校

『礎—香川県立高松工芸高等学校創立八十周年記念』香川県立高松工芸高等学校編　高松　香川県立高松工芸高等学校　1978.11　124p　30cm

『礎—香川県立高松工芸高等学校創立90周年記念誌』香川県立高松工芸高等学校編　高松　香川県立高松工芸高等学校　1988.11　113p　31cm

『礎—高松工芸百年史』百周年記念誌編纂会編　高松　香川県立高松工芸高等学校創立百周年記念委員会　1998.11　656p　27cm〈背のタイトル：高松工芸百年史〉非売品Ⓝ376.48

『自彊—創立110周年記念誌』創立百十周年記念誌編纂委員会編　高松　香川県立高松工芸高等学校　2010.11　151p　31cm〈背のタイトル：香川県立高松工芸高等学校創立百十周年記念誌〉

◆高松桜井高等学校

『創立五周年記念誌』香川県立高松桜井高等学校編　高松　香川県立高松桜井高等学校　1999.11　93p　31cm

『創立10周年記念誌』香川県立高松桜井高等学校編　高松　香川県立高松桜井高等学校　2004.9　109p　31cm

『香川県立高松桜井高等学校創立20周年記念誌—さくらい二十年の物語：since 1995』高松　香川県立高松桜井高等学校　2014.10　47p　31cm〈書誌注記：年表あり　編集：篠原久美子ほか〉Ⓝ376.48

◆高松商業高等学校

『高商80周年記念誌—流』香川県立高松商業高等学校編　高松　香川県立高松商業高等学校　1981　224p　31cm　非売品

『香川県立高松商業高等学校野球史』香川県立高松商業高等学校編　高松　高商クラブ　1982　23,643p　27cm

『高商90周年記念誌—流』香川県立高松商業高等学校編　高松　香川県立高松商業高等学校　1991.11　97p　31cm〈標題紙の副書名：10年の流れ〉

『高商百周年記念誌 大流』『高商百周年記念誌 大流』編纂事業実行委員会，創立百周年記念事業実行委員会編　高松　香川県立高松商業高等学校　2000.11　799p　31cm　非売品

『香川県立高松商業高等学校野球史　続』香川県立高松商業高等学校高商倶楽部編　高松　香川県立高松商業高等学校高商倶楽部　2008.11　183p　30cm

『紫紺の絆—2019 春・夏甲子園連続出場』香川県立高松商業高等学校高商倶楽部編　高松　香川県立高松商業高等学校高商倶楽部　2019.12　65p　30cm

『創立120周年記念誌 流』高松　香川県立高松商業高等学校　2021.2　155p　31cm　非売品

香川県

『紫紺の絆—2021 第103回夏甲子園 四元号勝利』高松　高松商業高等学校野球部甲子園出場実行委員会　2021.12　49p　30cm

『導く力—自走する集団作り』長尾健司著　竹書房　2022.7　223p　19cm　1800円
①978-4-8019-3189-3　⑬783.7
目次　第1章 指導者としての原点、第2章 良き伝統を作り上げる、第3章 やんちゃ軍団が果たしたセンバツ準優勝、第4章 4元号での甲子園勝利、第5章 心技体を磨き上げる、終章 私の原点—学びの大切さ
内容　名門復活へ。選手自らが目標に向かって走り出す主体性育成論。

『紫紺の絆—2022 第104回夏甲子園 52年ぶり8強』高松　高松商業高等学校野球部甲子園出場実行委員会　2022.10　30p　30cm

◆高松第一高等学校

『50年の歩み—高松第一高等学校創立50周年記念誌』高松第一高等学校編　高松　高松第一高等学校　1978.9　80p　26cm

『創立六十周年記念誌　1988』高松第一高等学校編　高松　高松第一高等学校　1988　131p　31cm

『花爛漫—高松第一高等学校創立七十周年記念誌』高松第一高等学校編　高松　高松第一高等学校　1998.11　126p　31cm

『雪皚々—高松第一高等学校創立九十周年記念誌』高松第一高等学校編　高松　高松第一高等学校　2018.9　128p　31cm

◆高松中央高等学校

『幾山河—創立八十周年記念誌』高松中央高等学校編　高松　高松中央高等学校　1979　90p　26cm〈標題紙の書名：八十年のあゆみ〉

『幾山河—創立90周年記念誌』高松中央高等学校編　高松　高松中央高等学校　1989.10　218p　27cm〈標題紙の書名：九十年の歩み〉

『幾山河—創立100周年記念誌』高松中央高等学校編　高松　高松中央高等学校　1999.11　83p　30cm

◆高松西高等学校

『躍動—新設高校五年の軌跡』香川県立高松西高等学校編　高松　香川県立高松西高等学校　1982　117p　31cm

『蒼天—創立15周年記念誌』創立15周年記念誌編集委員会編　高松　香川県立高松西高等学校　1991.11　100p　30cm　⑬376.4

『耀—創立20周年記念誌』香川県立高松西高等学校編　高松　香川県立高松西高等学校　1996.11　128p　31cm

◆高松東高等学校

『七十年史』香川県立高松東高等学校編　高松　香川県立高松東高等学校　1978.11　100p　21cm

『創立70周年記念 久遠』香川県立高松東高等学校編　高松　香川県立高松東高等学校　1978.11　84p 表付　30cm

『久遠—香川県立高松東高等学校創立80周年記念誌』香川県立高松東高等学校編　高松　香川県立高松東高等学校　1988　135p　30cm

『久遠—創立90周年記念誌』香川県立高松東高等学校90周年記念誌編集委員会編　高松　香川県立高松東高等学校　1998.9　102p　30cm

『久遠—創立100周年記念誌』香川県立高松東高等学校編　高松　香川県立高松東高等学校　2008.12　209p　30cm

◆高松東高等学校白山分校

『白山—閉校記念誌』香川県立高松東高等学校白山分校編　三木町　香川県立高松東高等学校白山分校　1996.2　55p　26cm

◆高松南高等学校

『日々に進む—香川県立高松南高等学校創立80周年記念誌』香川県立高松南高等学校編　高松　香川県立高松南高等学校　1992.1　138p　31cm〈標題紙の副書名：創立80周年記念誌〉

『日々に進む—香川県立高松南高等学校創立90周年記念誌』香川県立高松南高等学校編　高松　香川県立高松南高等学校　2001.11　131p　31cm〈標題紙の副書名：創立90周年記念誌〉

『百年史』香川県立高松南高等学校百年史編集委員会編　高松　香川県立高松南高等学校　2011.11　386p　31cm〈『六十年史』復刻を含む〉

『輝跡—高松南高等学校創立110周年記念誌』香川県立高松南高等学校創立110周年記念誌編集委員会編集　高松　香川県立高松南高等学校　2021.10　71p　30cm〈書誌注記：年表あり〉⑬376.48

◆高松南高等学校香南分校

『流域—閉校記念誌香川県立高松南高等学校香

香川県

南分校のあゆみ』香川県立高松南高等学校香南分校編　香川町　香川県立高松南高等学校香南　1989　50p　26cm

◆多度津高等学校
『多高百年の軌跡』香川県立多度津高等学校編　多度津町　香川県立多度津高等学校　2021.11　193p　31cm

◆多度津工業高等学校
『創立六十周年記念誌』香川県立多度津工業高等学校編　多度津町　香川県立多度津工業高等学校　1981　250p　27cm
『創立70周年記念誌』香川県立多度津工業高等学校編　多度津町　香川県立多度津工業高等学校　1991.11　159p　30cm
『創立80周年記念誌＊燦』香川県立多度津工業高等学校編　多度津町　香川県立多度津工業高等学校　2001.11　160p　31cm

◆多度津水産高等学校
『潮路―創立四十周年記念誌』香川県立多度津水産高等学校編　多度津町　香川県立多度津水産高等学校　1976.12　146p　31cm
『潮路―創立五十周年記念誌』香川県立多度津水産高等学校編　多度津町　香川県立多度津水産高等学校　1986　151p　27cm
『潮路―創立六十周年記念誌』香川県立多度津水産高等学校編　多度津町　香川県立多度津水産高等学校　1996.11　94p　31cm　非売品

◆津田高等学校
『津田高五十年史』香川県立津田高等学校編　津田町　香川県立津田高等学校　1980　194p　26cm
『創立七十周年記念誌』香川県立津田高等学校編　津田町　香川県立津田高等学校　1999.10　89p　31cm
『津田高80年』香川県立津田高等学校編　さぬき　香川県立津田高等学校　2009.10　103p　30cm〈背・奥付の書名：創立80周年記念誌〉
『香川県立津田高等学校創立90周年記念誌― 90th anniversary since 1929』香川県立津田高等学校90周年記念誌編集委員会編集　さぬき　香川県立津田高等学校　2019.10　52p　30cm〈書誌注記：年表あり〉Ⓝ376.48

◆土庄高等学校
『土庄高校50年の歩み』香川県立土庄高等学校記念誌編集委員会編　土庄町　香川県立土庄高等学校　1979.11　132p　27cm
『土庄高校60年の歩み』香川県立土庄高等学校（60周年記念誌編集委員）編　土庄町　香川県立土庄高等学校　1989.10　105p　27cm
『六十年の歩み』土庄高等学校野球史編集委員会編　土庄町　土庄高等学校野球部OB会　1991.10　389p　27cm（香川県立土庄高等学校野球史）
『土庄高校70年の歩み』記念誌編集委員会編　土庄町　香川県立土庄高等学校　1999.10　112p　31cm
『土庄高校80年の歩み』記念誌編集委員編　土庄町　香川県立土庄高等学校　2009.9　126p　31cm
『88年のあゆみ―香川県立土庄高等学校閉校記念誌』土庄町（香川県）　香川県立土庄高等学校　2017.3　165p　31cm〈書誌注記：年表あり〉Ⓝ376.48
『土庄高校野球部よ永遠であれ』土庄高校OB会記念行事委員会編　土庄町　土庄高等学校野球部OB会　2017.10　169p　26cm（香川県立土庄高等学校野球史　続編）

◆飯山高等学校
『流水』香川県立飯山高等学校編　飯山町　香川県立飯山高等学校　1975.11　102p　30cm〈背表紙の書名：回顧六十年〉
『育心―香川県立飯山高等学校創立70周年記念誌』香川県立飯山高等学校編　飯山町　香川県立飯山高等学校　1984　1冊　31cm
『育心―創立80周年記念誌』香川県立飯山高等学校編　飯山町　香川県立飯山高等学校　1994.11　78p　30cm
『育心―創立90周年記念誌』香川県立飯山高等学校編　飯山町　香川県立飯山高等学校　2004.11　95p　30cm
『育心―創立100周年記念誌』香川県立飯山高等学校創立100周年記念誌編集委員会編　丸亀　香川県立飯山高等学校　2014.11　151p　31cm〈書誌注記：年表あり〉Ⓝ376.48
『愛・信・向上―専攻科看護科40周年記念誌』専攻科看護科40周年記念誌編集委員会編　丸亀　香川県立飯山高等学校　2018.3　64p　30cm
『総合学科20周年記念誌』香川県立飯山高等学校編　丸亀　香川県立飯山高等学校　2018.

香川県

12　24p　30cm

◆藤井高等学校

『香川県藤井高等学校五十五年のあゆみ』香川県藤井高等学校（五十五周年記念誌編集委員会）編　丸亀　香川県藤井高等学校　1979　178p（写真共）26cm〈創立五十五周年記念誌 1979〉

『創立10周年記念誌　1984』藤井学園寒川高等学校編　寒川町　藤井学園寒川高等学校　1984　71p　26cm

『創立二十周年記念誌』藤井学園寒川高等学校編　寒川町　藤井学園寒川高等学校　1994.11　85p　30cm

『未来へ届け　藤井の心　創立90周年の歴史―香川県藤井高等学校創立90周年記念誌　礎』香川県藤井高等学校編　丸亀　香川県藤井高等学校　2013.9　114p　31cm

◆丸亀高等学校

『亀城のほとり―香川県立丸亀高等学校創立第八十周年記念誌』丸亀　丸亀高等学校　1973　306p（図共）27cm〈背の書名：回顧八十年 付図（巻末折込2枚）：香川県立丸亀高等学校地校舎変遷略図、香川県立丸亀高等女学校一覧表（昭和10年10月現在）〉非売品　Ⓝ376.4

『亀城のほとり―九十周年記念誌』香川県立丸亀高等学校九十周年記念誌編集委員会編　丸亀　香川県立丸亀高等学校　1983.11　108p　27cm〈書誌注記：年表あり　Ⓝ376.4

『V・エキサイティング』丸亀高等学校野球部甲子園出場特別後援会編　丸亀　丸亀高等学校野球部甲子園出場特別後援会　1990　47p　30cm〈香川県立丸亀高等学校平成2年夏72回全国高校野球選手権大会甲子園出場メモリアルアルバム〉

『第82回全国高等学校野球選手権大会丸亀高等学校甲子園出場メモリアルアルバム』四国新聞社出版部編集協力　丸亀　丸亀高等学校野球部甲子園出場特別後援会　1990.11　20p　30cm〈タイトルは奥付による．表紙のタイトル：香川県立丸亀高等学校〉

『亀城のほとり―香川県立丸亀高等学校創立百周年記念誌』香川県立丸亀高等学校創立百年記念誌編集委員会編　丸亀　香川県立丸亀高等学校　1993.11　432p　27cm〈背の書名：百周年記念誌〉非売品　Ⓝ376.4

『史料でみる丸亀百年―香川県立丸亀高等学校創立百周年記念誌』香川県立丸亀高等学校創立百周年記念誌編集委員会編　丸亀　香川県立丸亀高等学校　1993.11　310p　21cm　Ⓝ376.4

『創立百周年記念事業集録』丸亀　香川県立丸亀高等学校　1994.1　46p　26cm

『丸高野球史』香川県立丸亀高等学校野球部史編纂之会編　坂出　香川県立丸亀高等学校野球部部史編纂之会　2002.7　303p　31cm　非売品

『亀城のほとり―香川県立丸亀高等学校創立百十周年記念誌』香川県立丸亀高等学校創立百十周年記念誌編集委員会編　丸亀　香川県立丸亀高等学校　2003.11　143p　31cm〈書誌注記：年表あり　背のタイトル：百十周年記念誌〉非売品　Ⓝ376.48

『創立百十周年記念事業集録』丸亀　香川県立丸亀高等学校　2003.11　21p　30cm

『亀城のほとり―香川県立丸亀高等学校創立百二十周年記念誌』香川県立丸亀高等学校創立百二十周年記念誌編集委員会編　丸亀　香川県立丸亀高等学校　2013.11　112p　31cm〈書誌注記：年表あり　背のタイトル：百二十周年記念誌〉非売品　Ⓝ376.48

『亀城のほとり―百三十周年記念誌』香川県立丸亀高等学校創立百三十周年記念誌編集委員会編　丸亀　香川県立丸亀高等学校　2023.11　105p　31cm　非売品

◆丸亀商業高等学校

『士魂商才六十年―香川県立丸亀商業高等学校創立六十周年記念誌』香川県立丸亀商業高等学校編　丸亀　香川県立丸亀商業高等学校　1977.11　164p　26cm　非売品

『香川県立丸亀商業高等学校創立七十周年記念誌』香川県立丸亀商業高等学校編　丸亀　香川県立丸亀商業高等学校　1987　1冊　26cm〈丸商新聞縮刷版〉

『香川県立丸亀商業高等学校野球史』丸亀商業高等学校野球史編集委員会編　丸亀　丸亀商業高等学校野球史編集委員会　1987　408p　26cm

『香川県立丸亀商業高等学校創立七十周年記念誌』香川県立丸亀商業高等学校編　丸亀　香川県立丸亀商業高等学校　1987.9　180p　26cm〈士魂商才七十年〉非売品

◆丸亀城西高等学校

『黎明―新たなる出発　創立八十周年記念誌』創立80周年記念誌編集委員会編　丸亀　香川県

立丸亀城西高等学校　1997.11　166p　30cm　非売品

『士魂商才百年』創立百周年記念誌編集委員会編　丸亀　香川県立丸亀城西高等学校　2017.10　358p　31cm　非売品

◆三木高等学校

『学校の新しいかたち―三木高校の教育　創立5周年記念誌』香川県立三木高等学校5周年誌編集委員会編　三木町（香川県）　香川県立三木高等学校　2001.3　99p　30cm〈折り込3枚〉Ⓝ376.48

『立志の年に―創立15周年記念誌』香川県立三木高等学校編　三木町　香川県立三木高等学校　2011.3　52p　30cm

『杉緑―創立20周年記念誌』三木町　香川県立三木高等学校　2015.8　77p　31cm〈付：DVD「20年の心ひとつになって」、奥付の書名：香川県立三木高校創立20周年記念誌　杉緑〉

◆三豊工業高等学校

『三豊工高二十年―創立20周年記念誌』香川県立三豊工業高等学校編　大野原町　香川県立三豊工業高等学校　1981.11　158p　27cm

『三豊工高30年―創立30周年記念誌』香川県立三豊工業高等学校編　大野原町　香川県立三豊工業高等学校　1992.10　156p　31cm　非売品

『香川県立三豊工業高等学校創立五十周年記念誌』香川県立三豊工業高等学校編　観音寺　香川県立三豊工業高等学校　2012.10　126p　31cm

愛媛県

◆愛光高等学校

『愛光二十年―創立二十周年記念』愛光学園編　松山　愛光学園　1972.11　185p　図版28p　21cm　Ⓝ376.48

『愛光学園―創立30周年記念誌』愛光学園編　松山　愛光学園中学校・高等学校　1982.11　111p　27cm　Ⓝ376.48

『愛光学園40周年記念誌』松山　愛光学園　1992.10　133p　27cm〈書名は奥付による　標題紙等の書名：40周年記念誌〉Ⓝ376.48

『愛光学園創立50周年記念寄稿集』松山　愛光学園同窓会　2002.10　219p　22cm　Ⓝ376.48

『愛光学園50年史』松山　愛光学園　2002.11　515p　22cm　Ⓝ376.48

『手繰り、紡いだ愛光学園寮50年史―愛光寮開設50周年記念誌』記念誌編集委員会編　松山　愛光寮会　2005.6　127p　30cm　Ⓝ376.4

『愛光学園寮50年史―回想、われらが青春のまほろば』愛光学園寮50年史編集委員会編　松山　愛光学園寮50年史編集委員会　2006.3　292p　26cm　Ⓝ376.4

◆今治北高等学校

『愛媛県立今治北高等学校沿革史』学校沿革史編纂委員会編　今治　今治北高等学校　1973　398p　図15枚　22cm〈創立七十五周年記念〉Ⓝ376.4

『北桜―創立80周年記念誌』愛媛県立今治北高等学校編　今治　愛媛県立今治北高等学校創立80周年記念事業期成会　1979.6　57p　25×26cm　Ⓝ376.4

『北桜―創立90周年記念誌』愛媛県立今治北高等学校編　今治　愛媛県立今治北高等学校　1989.10　101p　26cm〈共同刊行：創立90周年記念事業期成会〉Ⓝ376.4

『愛媛県立今治北高等学校創立百周年記念通史』愛媛県立今治北高等学校創立百周年記念通史編集委員会編　今治　愛媛県立今治北高等学校　1999.10　507p　27cm〈表紙・背・標題紙のタイトル：創立百周年記念通史　共同刊行：創立百周年記念事業期成会〉Ⓝ376.48

『北桜慧智―創立百周年記念写真誌　百年の軌跡・拓け未来』創立百周年記念写真誌編集委員会編　今治　愛媛県立今治北高等学校　1999.12　221p　31cm〈背・奥付のタイトル：創立百周年記念写真誌　共同刊行：創立百周年記念事業期成会〉Ⓝ376.48

◆今治工業高等学校

『創立三十周年記念誌』愛媛県立今治工業高等学校創立三十周年記念誌編集委員会編集　今治　愛媛県立今治工業高等学校　1973.2　170p　26cm〈書名は奥付による．標題紙の書名：三十周年記念誌〉Ⓝ376.48

『創立40周年記念誌』愛媛県立今治工業高等学校創立40周年記念誌編集委員会編集　今治　愛媛県立今治工業高等学校創立40周年記念事業期成会　1982.11　56p　26cm　Ⓝ376.48

愛媛県

『半世紀の礎 更なる躍進―創立50周年記念誌』愛媛県立今治工業高等学校編　今治　愛媛県立今治工業高等学校　1992.11　76p　31cm　Ⓝ376.48

『愛媛県立今治工業高等学校創立60周年記念誌』愛媛県立今治工業高等学校編　今治　愛媛県立今治工業高等学校　2003.2　67p　26cm〈背の書名：創立60周年記念誌〉Ⓝ376.48

『愛媛県立今治工業高等学校創立70周年記念誌―70年の軌跡さらなる未来へ』愛媛県立今治工業高等学校編　今治　愛媛県立今治工業高等学校　2013.2　65p　30cm〈沿革史：p20-21〉Ⓝ376.48

『愛媛県立今治工業高等学校創立80周年記念誌』愛媛県立今治工業高等学校編　今治　愛媛県立今治工業高等学校　2023.2　57p　30cm　Ⓝ376.48

◆今治精華高等学校

『創立80周年記念誌―80th Anniversary 更なる飛翔』今治精華高等学校編　今治　今治精華学園　2005.5　32p　30cm〈沿革：p12〜17〉Ⓝ376.48

◆今治西高等学校

『創立七十周年沿革誌』愛媛県立今治西高等学校創立七十周年記念沿革誌刊行委員会編　今治　今治西高等学校　1973　200p　図　22cm　Ⓝ376.4

『創立80周年記念誌蛍雪』愛媛県立今治西高等学校創立80周年記念誌編集委員会編　今治　愛媛県立今治西高等学校創立80周年記念事業期成会　1981.6　82p　27cm〈書名は標題紙・表紙による.奥付・背の書名：蛍雪創立80周年記念誌〉Ⓝ376.48

『八十年の球跡―今治中・今治西高野球部』今中・今西野球部史編集委員会編　今治　愛媛県立今治西高等学校　1985.3　435p　図版30p　27cm　Ⓝ783.7

『蛍雪―創立90周年記念誌』愛媛県立今治西高等学校九〇周年記念誌編集委員会編　今治　愛媛県立今治西高等学校創立九〇周年記念事業期成会　1990.8　292p　図版7枚　27cm　Ⓝ376.48

『愛媛県立今治西高等学校創立100周年記念誌百年史』愛媛県立今治西高等学校創立100周年記念誌編集委員会編　今治　愛媛県立今治西高等学校創立100周年記念事業期成会　2001.10　410p　31cm　Ⓝ376.48

『創立100周年記念誌蛍雪』愛媛県立今治西高等学校創立100周年記念誌編集委員会編　今治　愛媛県立今治西高等学校創立100周年記念事業期成会　2002.3　304p　31cm　Ⓝ376.48

『百―100年の球跡』今中・今西野球部創部百周年記念誌編集委員会、若宮産業編集　愛媛県立今治西高等学校　2005.3　383p　31cm　Ⓝ783.7

『本気でぶつかり本気にさせる―大野康哉：公立高校野球部の育て方』田尻賢誉著　ベースボール・マガジン社　2020.3　279p　19cm　1600円　①978-4-583-11273-2　Ⓝ783.7

目次　第1章 心に火をつける、第2章 チームを育てる、第3章 ドラマをつくる、第4章 準備をする、第5章 しのいで勝つ、第6章 信頼を築く

内容　カギは控え選手にあり。73の法則でチーム力を上げる。強豪私学に負けない！ 今治西高・大野康哉監督のドラマをつくる戦い方。

◆今治東高等学校

『輝く10年―駆けろ青藍の未来へ』愛媛県立今治東高等学校創立10周年記念誌編集委員会編　今治　愛媛県立今治東高等学校　1992.9　81p　31cm　Ⓝ376.48

『創立20周年記念誌―青藍光耀』愛媛県立今治東高等学校創立20周年記念誌編集委員会編　今治　愛媛県立今治東高等学校　2002.10　155p　30cm〈背の書名：創立20周年記念誌沿革：p4〜35〉Ⓝ376.48

◆今治南高等学校

『創立五十周年記念誌』記念誌編集委員会編　今治　愛媛県立今治南高等学校　1975.10　254p　図版8枚　22cm　Ⓝ376.48

『創立60周年記念誌』愛媛県立今治南高等学校創立60周年記念出版委員会編　今治　愛媛県立今治南高等学校越南会　1985.10　136p　27cm　Ⓝ376.48

『創立七十周年記念誌』愛媛県立今治南高等学校創立七十周年記念出版委員会編　今治　愛媛県立今治南高等学校越南会　1995.10　148p　27cm　Ⓝ376.48

『奇跡が生んだ南高の誕生―米百俵に勝る偉大な実績』武田徹太郎著　今治　武田徹太郎　2005.10　104p　21cm〈県立今治南高校八十周年記念〉Ⓝ376.48

『創立八十周年記念誌』愛媛県立今治南高等学校創立八十周年記念誌編集委員会編　今治

愛媛県立今治南高等学校越南会　2005.10
168p　27cm〈書名は奥付・背による.表紙の
書名：鍛，共同刊行：愛媛県立今治南高等学
校〉　Ⓝ376.48

◆今治明徳高等学校

『創立七十周年短大開学十周年記念誌』今治明
徳高等学校編集　今治　今治明徳学園
1977.2　134p　図版20p　26cm　Ⓝ377.3

◆伊予高等学校

『鵬翔―創立10周年記念誌』愛媛県立伊予高等
学校　松前町（愛媛県）愛媛県立伊予高等
学校　1993.1　81p　31cm〈背の書名：創立
十周年記念誌〉Ⓝ376.48

『鵬翔―創立20周年記念誌』愛媛県立伊予高等
学校編　松前町（愛媛県）愛媛県立伊予高等
学校　2003.3　107p　31cm　Ⓝ376.48

『鵬翔―創立30周年記念誌』松前町（愛媛県）
愛媛県立伊予高等学校　2013.3　107p
31cm　Ⓝ376.48

◆伊予農業高等学校

『創立六十周年記念誌』愛媛県立伊予農業高等
学校創立六十周年記念誌編集委員会編集　伊
予　愛媛県立伊予農業高等学校　1978.11
114p　図版11枚　26cm　Ⓝ376.48

『創立70周年記念誌』愛媛県立伊予農業高等学
校編集　伊予　愛媛県立伊予農業高等学校
1988.10　60p　25×26cm　Ⓝ376.48

『今大地に根を張る―掘り起こせ農の心と技』
愛媛県立伊予農業高等学校編　伊予　愛媛県
立伊予農業高等学校　1999製本　73p　31cm
Ⓝ376.48

◆内子高等学校

『愛媛県立内子高等学校創立五十周年記念誌』
愛媛県立内子高等学校創立五〇周年記念誌編
集委員会編集　内子町（愛媛県）愛媛県立内
子高等学校　1970.10　98p　図版16p　26cm
Ⓝ376.48

『記念誌―愛媛県立内子高等学校創立60周年』
愛媛県立内子高等学校編集　内子町（愛媛
県）［愛媛県立内子高等学校］　1980　56p
25×26cm〈付：絵はがき（3枚）沿革：p10～
12〉Ⓝ376.48

『70年の伝統今、新たなる躍進―創立70周年記
念誌』愛媛県立内子高等学校編集　内子町
（愛媛県）愛媛県立内子高等学校　1991.2

89p　31cm〈奥付の書名：創立70周年記念
誌〉Ⓝ376.48

『創立80周年記念誌―軌跡80翔び立て若人』愛
媛県立内子高等学校編集　内子町（愛媛県）
愛媛県立内子高等学校　2001.3　58p　30cm
Ⓝ376.48

『部史―50年のあしあと』県立内子高等学校野
球部編集　内子町（愛媛県）県立内子高等学
校　2004.3　152p　30cm　Ⓝ783.7

◆宇和高等学校

『六十周年記念沿革誌愛媛県立宇和高等学校』
宇和高等学校沿革誌編纂委員会編纂　宇和町
（愛媛県）愛媛県立宇和高等学校　1970.3
450p　22cm　Ⓝ376.48

『七十周年記念沿革誌愛媛県立宇和高等学校』
宇和高等学校沿革誌編集委員会編集　宇和町
（愛媛県）愛媛県立宇和高等学校　1979.3
146p　図版5枚　21cm　Ⓝ376.48

『創立八十周年記念沿革誌愛媛県立宇和高等学
校』宇和高等学校沿革誌編集委員会編集
宇和町（愛媛県）愛媛県立宇和高等学校　1988.
11　157p　27cm　Ⓝ376.48

『心を耕し90年―未来を運ぶ緑の風　創立90周
年記念誌』愛媛県立宇和高等学校創立90周年
記念誌編集係編集　宇和町（愛媛県）愛媛県
立宇和高等学校　1999.3　130p　31cm〈背
の書名：創立九十周年記念誌〉Ⓝ376.48

『創立百周年記念誌』西予　愛媛県立宇和高等
学校　2009.2　138p　31cm〈愛媛県立宇和
農業学校・愛媛県立宇和農業高等学校の歩
み：p44～47, 愛媛県立東宇和高等女学校・愛
媛県立東宇和高等学校の歩み：p48～51〉
Ⓝ376.48

◆宇和島商業学校

『宇和島商業学校創立100周年記念誌』宇和島商
業学校同窓会　2002.10　42p　26cm〈宇
和島商業学校年譜：p3-14〉Ⓝ376.48

◆宇和島水産高等学校

『創立30周年記念沿革史』愛媛県立宇和島水産
高等学校沿革史編集委員会編集　宇和島　県
立宇和島水産高等学校　1974.8　226p
26cm　Ⓝ376.48

『創立四十周年記念誌』愛媛県立宇和島水産高
等学校記念誌編集委員会編集　宇和島　県立
宇和島水産高等学校　1984.11　56p　図版6枚
26cm　Ⓝ376.48

愛媛県

◆宇和島東高等学校

『「思へば過ぎし夏の末」の由来について』宇和島　宇和島東高等学校ボート部後援会　1971　序　35p　21cm　Ⓝ785.5

『宇和島東高等学校沿革史―開校百年創立八十周年記念』愛媛県立宇和島東高等学校沿革史編集委員会編集　宇和島　愛媛県立宇和島東高等学校　1976.11　561p　22cm　Ⓝ376.48

『明治の新聞記事にみる宇中・宇商のあゆみ』宇和島　宇和島東高等学校記念事業部　1986　はじめに　34p　26cm　Ⓝ376.48

『理想の空に翔く若人―鶴城城下の青春』愛媛県立宇和島東高等学校編　宇和島　愛媛県立宇和島東高等学校　1987.2　76p　31cm　Ⓝ376.48

『思へば過ぎし―宇和島中学校端艇部・宇和島東高校漕艇部沿革史』宇和島　宇和島東高等学校ボート部後援会　1987.8　199p　27cm　Ⓝ785.5

『やった！　牛鬼打線―宇和島東高センバツ優勝グラフ』愛媛新聞社,宇和島新聞社編集　松山　愛媛新聞社　1988.4　34p　37cm　Ⓝ783.7

『熱闘！　センバツ初優勝―輝ける宇東球児たち』宇和島　愛媛県立宇和島東高等学校「熱闘！　センバツ初優勝」編集委員会　1988.7　1冊　31cm　Ⓝ783.7

『宇和島東高校沿革史関係資料補遺―創立（一八九六年）前後の新史料』柚山俊夫著　宇和島　[愛媛県立宇和島東高等学校]　[1989]　34p　26cm　Ⓝ376.48

『宇和島東高等学校沿革史―開校百二十年創立百周年記念』愛媛県立宇和島東高等学校沿革史編集委員会編集　宇和島　愛媛県立宇和島東高等学校　1996.10　622p　22cm　Ⓝ376.48

『紫紺百輝創造の宇宙へ―創立百周年記念写真集』愛媛県立宇和島東高等学校編　愛媛県立宇和島東高等学校　1997.2　95p　31cm　Ⓝ376.48

『佐田の岬―宇和島東中学校端艇部創設110周年記念誌』宇和島　宇和島東高等学校ボート部後援会　2015.1　203p　34cm〈宇中端艇部・宇東高漕艇部関係年表：p168-185〉Ⓝ785.5

『論考　応援歌「思へば過ぎし」の成立をめぐって―元譜は大捷軍歌「海城の逆襲」である』藤原二朗著　宇和島　愛媛県立宇和島東高等学校　2021.1　26p　30cm（調査報告書　令和2年度―研究紀要　別冊）Ⓝ785.5

◆宇和島南高等学校

『創立八十周年記念誌』愛媛県立宇和島南高等学校編　宇和島　愛媛県立宇和島南高等学校　1980.2　200p　27cm　Ⓝ376.48

『輝く歴史21世紀への躍進―創立90周年記念誌』宇和島　愛媛県立宇和島南高等学校創立90周年記念事業期成会　1989.10　98p　31cm　Ⓝ376.48

『青春の軌跡―「南風」にみる宇和島南高校部活動のあゆみ』宇和島　愛媛県立宇和島南高等学校創立百周年記念事業期成会　1998.2　553p　26cm　Ⓝ376.48

『輝く百年翔べ創造の未来へ―創立百周年記念誌』創立百周年記念事業期成会刊行物実行委員会編集　宇和島　［愛媛県立宇和島南高等学校]創立百周年記念事業期成会　1999.2　605p　27cm　Ⓝ376.48

『愛媛県立宇和島南高等学校定時制課程閉校記念誌ともしび』宇和島　愛媛県立宇和島南高等学校　2011.3　67p　30cm〈奥付の書名：愛媛県立宇和島南高等学校定時制課程閉校記念誌,背・表紙の書名：閉校記念誌ともしび　愛媛県立宇和島南高等学校定時制課程の沿革：p62～64〉Ⓝ376.48

◆大島高等学校

『創立30周年記念誌―昭和53年』愛媛県立大島高等学校記念誌編集委員会編集　吉海町（愛媛県）　愛媛県立大島高等学校　1978.12　125p　図版12p　26cm　Ⓝ376.48

『飛翔―輝く未来へ青春の架け橋　創立40周年記念写真集』愛媛県立大島高等学校40周年記念写真集編集委員会編集　吉海町（愛媛県）　愛媛県立大島高等学校　1989.11　1冊（ページ付なし）31cm〈背、奥付の書名：創立40周年記念写真集〉Ⓝ376.48

『輝け大島未来への架け橋―創立五十周年記念誌』愛媛県立大島高等学校記念誌編集委員会編集　吉海町（愛媛県）　愛媛県立大島高等学校　1999.2　127p　27cm〈背、奥付の書名：創立五十周年記念誌〉Ⓝ376.48

『閉校記念誌60年のあゆみ―愛媛県立大島高等学校・愛媛県立今治南高等学校大島分校』今治　愛媛県立今治南高等学校大島分校　2009.3　129p　30cm　Ⓝ376.48

◆大洲高等学校

『大洲高等学校沿革誌―創立七十周年開校九十三年記念』愛媛県立大洲高等学校創立七十周

愛媛県

年記念沿革誌刊行委員会編集　大洲　愛媛県立大洲高等学校創立七十周年記念沿革誌刊行委員会　1972.1　280p 図版26p　22cm　Ⓝ376.48

『大洲高等学校沿革誌―創立八十周年開校百三年記念』愛媛県立大洲高等学校創立八十周年記念沿革誌刊行委員会編集　大洲　愛媛県立大洲高等学校創立八十周年記念沿革誌刊行委員会　1980.12　309p 図版15枚　22cm　Ⓝ376.48

『根を張れ若人―卒樹予章』愛媛県立大洲高等学校創立90周年記念誌編集委員会編集　大洲　愛媛県立大洲高等学校　1991.3　132p　31cm　Ⓝ376.48

『学校を掘る―愛媛県立大洲高等学校の歴史と文化』澄田恭一著　大州　佐川印刷（印刷）　1997.9　235p　19cm　Ⓝ376.48

『大洲高等学校百年』愛媛県立大洲高等学校創立百周年記念誌編集委員会編　大洲　愛媛県立大洲高等学校創立百周年記念事業期成会　2001.3　28, 810p　27cm〈年表あり〉　Ⓝ376.48

◆大洲農業高等学校

『創立五十周年記念誌―愛媛県立大洲農業高等学校』愛媛県立大洲農業高等学校創立五十周年記念誌編集委員会編集　大洲　愛媛県立大洲農業高等学校　1974.11　100p 図版9枚　26cm　Ⓝ376.48

『創立六十周年記念誌―愛媛県立大洲農業高等学校』愛媛県立大洲農業高等学校創立六十周年記念誌編集委員会編集　大洲　愛媛県立大洲農業高等学校　1985.3　142p　26cm　Ⓝ376.48

『"時と共に"今未来を拓く―創立70周年記念誌』愛媛県立大洲農業高等学校創立70周年記念誌編集委員会編集　大洲　愛媛県立大洲農業高等学校　1995.2　59p　30cm〈タイトルは標題紙・表紙による.奥付・背のタイトル：創立70周年記念誌〉　Ⓝ376.48

『創立八十周年記念誌―愛媛県立大洲農業高等学校』大洲　愛媛県立大洲農業高等学校　2005.2　57p 30cm〈年表：p32～40〉Ⓝ376.48

『創立90周年記念誌―愛媛県立大洲農業高等学校』大洲　愛媛県立大洲農業高等学校　2015.2　67p　30cm〈年表：p35～48〉Ⓝ376.48

◆小田高等学校

『創立四十周年記念誌』愛媛県立小田高等学校創立四十周年記念誌編集委員会編集　小田　愛媛県立小田高等学校　1988.10　137p　21cm　Ⓝ376.48

『銘木育み夢もはるか50年―創立50周年記念誌』創立五十周年記念誌編集委員会編集　小田　愛媛県立小田高等学校　1999.3　143p　27cm　非売品　Ⓝ376.48

◆上浮穴高等学校

『四十年誌―愛媛県立上浮穴高等学校』久万町（愛媛県）［愛媛県立上浮穴高等学校］　1980.10　92p 26cm〈校史年表：p7～26〉　Ⓝ376.48

『愛媛県立上浮穴高等学校創立50周年記念誌―輝け伝統新たな校風』愛媛県立上浮穴高等学校創立50周年記念誌刊行委員会編　久万町（愛媛県）愛媛県立上浮穴高等学校創立50周年記念誌刊行委員会　1991.7　81p 31cm〈付：記念行事パンフレット（12p）沿革：p4〉Ⓝ376.48

『60年の年輪築け新たな伝統―創立60周年記念誌』愛媛県立上浮穴高等学校創立60周年記念誌編集委員会編集　久万町（愛媛県）愛媛県立上浮穴高等学校　2001.2　75p　31cm　非売品　Ⓝ376.48

『創立70周年記念誌―響けこの想い轟けこの力築け未来の年輪』愛媛県立上浮穴高等学校同窓会創立70周年記念誌発刊部会編集　久万高原町（愛媛県）愛媛県立上浮穴高等学校同窓会　2011.2　78p 31cm〈沿革：p6-8〉非売品　Ⓝ376.48

『創立80周年記念誌―愛媛県立上浮穴高等学校』久万高原町（愛媛県）愛媛県立上浮穴高等学校　2021.3　105p　30cm〈書誌注記：年表あり〉Ⓝ376.48

◆川之石高等学校

『愛媛県立川之石高等学校沿革史―創立六十周年記念』愛媛県立川之石高等学校沿革史刊行委員会編集　保内町（愛媛県）愛媛県立川之石高等学校　1975.6　380p 図版10枚　22cm　Ⓝ376.48

『愛媛県立川之石高等学校沿革誌追録―創立七十周年記念』愛媛県立川之石高等学校沿革誌追録刊行委員会編集　保内町（愛媛県）愛媛県立川之石高等学校　1985.3　130p　22cm　Ⓝ376.48

愛媛県

『抱け希望築け伝統輝け川高―創立80周年記念誌』創立80周年記念誌編集委員編集　保内町（愛媛県）愛媛県立川之石高等学校　1995.2　74p　31cm〈奥付・背の書名：創立80周年記念誌〉Ⓝ376.48

『創立90周年記念誌―創造新たなる歴史の鼓動～オンリーワンを目指して～』創立90周年記念誌編集委員編集　保内町（愛媛県）愛媛県立川之石高等学校　2005.2　35p　30cm〈背の書名：愛媛県立川之石高等学校〉Ⓝ376.48

◆川之江高等学校

『創立八十周年記念誌』創立八十周年記念編集委員会編集　川之江　愛媛県立川之江高等学校　1989.3　150p　27cm　Ⓝ376.48

『橘の丘に実りを求めて―90年の歩みと新世紀への飛翔』愛媛県立川之江高等学校創立90周年記念誌編集委員会編集　川之江　愛媛県立川之江高等学校　1999.3　110p　31cm　Ⓝ376.48

『創立百周年記念誌―法皇の嶺を仰ぎて一世紀新たなる未来にときめきを求めて』愛媛県立川之江高等学校創立百周年記念事業期成会記念誌係編集　四国中央　愛媛県立川之江高等学校　2009.3　376p　31cm　Ⓝ376.48

◆北宇和高等学校

『創立60周年記念誌―「感・歴」感動の60年新たな歴史』愛媛県立北宇和高等学校編　広見町（愛媛県）愛媛県立北宇和高等学校　1998.11　76p　31cm　非売品　Ⓝ376.48

『愛媛県立北宇和高等学校馬術部25周年誌』山中瑞穂，福見優心編集　鬼北町（愛媛県）愛媛県立北宇和高等学校馬術部記念誌委員会　2018.12　61p　30cm　Ⓝ789.6

◆北宇和高等学校日吉分校

『閉校記念誌―平成24年3月』鬼北町（愛媛県）愛媛県立北宇和高等学校日吉分校　2012.3　72p　31cm〈書名は表紙・背表紙による．標題紙のタイトル：愛媛県立北宇和高等学校日吉分校　地域と共に歩んだ64年―愛・絆・夢いつまでも―　沿革：p56～65〉Ⓝ376.48

◆小松高等学校

『創立八十周年記念誌』創立八十周年記念誌編集委員会編集　小松町（愛媛県）愛媛県立小松高等学校　1987.11　360p　21cm　Ⓝ376.48

『築け伝統拓け未来―熱き小松のスピリット』愛媛県立小松高等学校創立90周年記念誌編集係編集　小松町（愛媛県）愛媛県立小松高等学校　1998.2　85p　31cm　Ⓝ376.48

『創立100周年記念誌』愛媛県立小松高等学校編　西条　愛媛県立小松高等学校　2008.3　223p　31cm〈背，奥付の書名：創立百周年記念誌〉Ⓝ376.48

◆西条高等学校

『輝け道前の群像―80周年記念誌』西条高校80周年記念誌作成委員会編　西条　愛媛県立西条高等学校　1979.11　442p　21cm　Ⓝ376.4

『翔け道前の若人―陣屋趾星霜90年』愛媛県西条高等学校編　西条　愛媛県立西条高等学校　1985.11　67p　31cm　Ⓝ376.48

『いま拓く蒼蒼の新世紀―Beyond the centennial』西条高等学校百年記念誌編集委員会編集　西条　愛媛県立西条高等学校　1996.3　712p　図版8枚　27cm　Ⓝ376.48

◆西条農業高等学校

『創立60周年記念誌』創立60周年記念誌編集委員会編集　西条　愛媛県立西条農業高等学校　1980.11　176p　26cm〈標題紙のタイトル：西条農業高等学校創立60周年記念誌　伸ばせ伝統―高めよ校風〉Ⓝ376.48

『創立70周年記念誌―70年の歴史に刻め新たな校風』70周年記念誌編集委員会編集　西条　愛媛県立西条農業高等学校　1988.11　66p　31cm　Ⓝ376.48

『創立80周年記念誌―80年の伝統21世紀へのかけ橋』80周年記念誌編集委員会編集　西条　愛媛県立西条農業高等学校　2000.2　63p　31cm　Ⓝ376.48

『愛媛県立西条農業高等学校創立90周年記念誌―地域と共に90年新たに刻め伝統を』西条　愛媛県立西条農業高等学校　2009.11　63p　30cm　Ⓝ376.48

『愛媛県立西条農業高等学校創立100周年記念誌』西条　愛媛県立西条農業高等学校　2020.3　84p　31cm〈書誌注記：年表あり〉Ⓝ376.48

◆済美高等学校

『済美学園百年史』松山　済美学園　2002.3　446p　31cm　Ⓝ376.48

『奇跡の700日―第76回選抜高校野球大会』済美高等学校編　松山　写真まつばら　[2004]　1冊　31cm〈附属資料：CD-ROM

〈1枚 12cm〉〉Ⓝ783.7

『済美選抜優勝グラフ―第76回選抜高校野球大会2004』 松山　愛媛新聞社　2004.4　42p　30cm　800円　Ⓝ783.7

◆聖カタリナ女子高等学校

『創立50周年記念誌』 聖カタリナ女子高等学校編集　松山　聖カタリナ女子高等学校　1975.12　266p 図版12p　26cm　Ⓝ376.48

◆丹原高等学校

『創立八十周年記念誌』 創立八十周年記念誌編集委員会編著　丹原町（愛媛県）　愛媛県立丹原高等学校　1980.11　444p 図版36p　21cm　Ⓝ376.48

『変革と発展の軌跡―90周年の走者に託された夢』 愛媛県立丹原高等学校編　丹原町（愛媛県）　愛媛県立丹原高等学校　1991.2　78p　31cm　Ⓝ376.48

『甲子園をめざして―野球部半世紀の球跡』 県立丹原高校野球部OB会編集　丹原町（愛媛県）　県立丹原高校野球部OB会　2001.3　285p 図版24p　27cm　Ⓝ783.7

『飛翔―百年の歴史を胸に新たな世紀へ』 愛媛県立丹原高等学校創立百周年記念誌編集委員会編集　丹原町（愛媛県）　愛媛県立丹原高等学校創立百周年記念事業期成会　2001.3　502p 図版10枚　27cm　Ⓝ376.48

◆津島高等学校

『創立三十周年記念誌』 記念誌編集委員会編集　津島町（愛媛県）　愛媛県立津島高等学校　1979.3　255p　22cm　Ⓝ376.48

『創立五十周年記念誌―今開け明日への扉～50年目の新たなる挑戦～』 愛媛県立津島高等学校創立50周年記念誌編集委員会編集　津島町（愛媛県）　愛媛県立津島高等学校　1999.3　265p　27cm〈タイトルは標題紙・背による．奥付・表紙のタイトル：今開け明日への扉〉Ⓝ376.48

『創立70周年記念誌―愛媛県立津島高等学校：未来へ繋げ70年の伝統共に創ろう新たな歴史』 宇和島　愛媛県立津島高等学校創立70周年記念事業実行委員会　2019.2　52p　30cm〈書誌注記：年表あり〉Ⓝ376.48

◆帝京科学大学帝京冨士高等学校

『創立二十周年記念誌―雄飛：はばたけ、ひかり輝く未来へ』 大洲　帝京科学大学帝京第五高等学校冨士校　1999.12　73p 図版［10］枚　27cm〈書誌注記：年表あり　共同刊行：帝京科学大学冨士中学校〉Ⓝ376.48

◆帝京第五高等学校

『輝ける瞬間（とき）そして今―はばたけ若人新たな未来へ』 西東京学園帝京第五高等学校編　大洲　帝京第五高等学校　1992.10　81p　31cm　Ⓝ376.48

◆土居高等学校

『土居高等学校創立八十周年記念誌―八十年を礎に新たなる飛躍を』 愛媛県立土居高等学校編集　土居町（愛媛県）　愛媛県立土居高等学校　1982.2　156p　26cm　Ⓝ376.48

『共墾100年今新たなる出発―創立100周年記念誌』 土居町（愛媛県）　愛媛県立土居高等学校　2002.2　83p　31cm　Ⓝ376.48

『愛媛県立土居高等学校創立120周年記念誌―可能性は無限大 新たなる歴史を』 愛媛県立土居高等学校編　四国中央　愛媛県立土居高等学校　2022.3　60p　31cm〈背の書名：創立120周年記念誌〉Ⓝ376.48

◆東温高等学校

『創立三十周年記念誌』 重信町（愛媛県）　愛媛県立東温高等学校　1978.12　102p　26cm　Ⓝ376.4

『東温高校軟庭部誌―昭和49年～56年』 重信町（愛媛県）　愛媛県立東温高等学校軟庭部OB会　［1981］　70p　26cm　Ⓝ783.5

『愛媛県立東温高等学校創立四十周年記念誌』 記念誌編集委員会編集　重信町（愛媛県）　愛媛県立東温高等学校　1989.2　138p　26cm　Ⓝ376.48

『50年の鼓動―響け新たなる時代へ』 愛媛県立東温高等学校創立50周年記念誌編集委員会編集　重信町（愛媛県）　愛媛県立東温高等学校　1999.3　144p　31cm　Ⓝ376.48

『創立70周年記念誌―2018愛媛県立東温高等学校』 愛媛県立東温高等学校創立70周年記念誌編集委員会編　東温　愛媛県立東温高等学校　2019.3　62p　30cm〈書誌注記：年表あり〉Ⓝ376.48

◆東予高等学校

『東予高夢に向かって「歴史に刻め技と腕」―創立50周年記念誌』 西条　愛媛県立東予高等学校　2012.2　69p　31cm〈書誌注記：年表

あり〉 Ⓝ376.48

『創立60周年記念誌―愛媛県立東予高等学校』
西条 愛媛県立東予高等学校 2022.3 32p 30cm

◆東予工業高等学校

『はばたけ東工21世紀へ―創立30周年記念誌』
愛媛県立東予工業高等学校編 東予 愛媛県立東予工業高等学校 1992.2 71p 31cm〈奥付の書名：創立30周年記念誌〉Ⓝ376.48

◆長浜高等学校

『創立四十周年記念誌』愛媛県立長浜高等学校編 長浜町（愛媛県） 愛媛県立長浜高等学校 1979.10 192p 22cm Ⓝ376.48

『六十年のあゆみ―創立六十周年記念誌』愛媛県立長浜高等学校60周年記念誌編集委員編 長浜町（愛媛県） 愛媛県立長浜高等学校 2000.2 112p 30cm〈タイトルは標題紙・背による.奥付の書名：創立六十周年記念誌〉Ⓝ376.48

『長浜高校水族館部！』令丈ヒロ子文，紀伊カンナ絵 講談社 2019.3 171p 20cm ①978-4-06-515215-7 Ⓝ913.6
内容 愛媛県立長浜高等学校には「水族館部」があり、生徒が水族館を運営している。生き物の命をあずかるこの部では、思いもかけないことがつぎつぎ起きて…。実在の部を舞台に描くドキュメント小説。

『愛媛県立長浜高等学校創立80周年記念誌―航跡』大洲 愛媛県立長浜高等学校 2020.3 62p 30cm Ⓝ376.48

◆中山高等学校

『三十年誌―愛媛県立中山高等学校』三十年誌編集委員編集 中山町（愛媛県） 愛媛県立中山高等学校 1978.11 108p 26cm Ⓝ376.48

『地域と歩んだ50年未来へはばたけ！ 我が母校―創立50周年記念誌』中山町（愛媛県） 愛媛県立中山高等学校 1999.2 104p 31cm Ⓝ376.48

◆新居浜工業高等学校

『輝け伝統はばたけ未来―創立50周年記念写真集』愛媛県立新居浜工業高等学校創立50周年記念行事推進委員会編集 新居浜 愛媛県立新居浜工業高等学校 1988.2 88p 31cm Ⓝ376.48

『翔け60年！ 更なる飛躍をめざして―創立60周年記念誌』愛媛県立新居浜工業高等学校記念誌出版係編集 新居浜 愛媛県立新居浜工業高等学校 1997.11 248p 27cm〈タイトルは標題紙・表紙による.奥付・背のタイトル：創立六十周年記念誌〉Ⓝ376.48

『空飛ぶ車いす―挑みつづける工業高校生 栃木県立栃木工業高等学校・愛媛県立新居浜工業高等学校・学校法人大森学園大森工業高等学校』日本社会福祉弘済会編 空飛ぶ車いすを応援する会 2004.8 267p 19cm〈東京 筒井書房（発売）〉1600円 ①4-88720-448-5 Ⓝ369.27

『鍛え・究めて70年磨き己の心と技―創立70周年記念誌』愛媛県立新居浜工業高等学校編 新居浜 愛媛県立新居浜工業高等学校 2008.2 79p 30cm〈タイトルは標題紙・表紙による.奥付・背のタイトル：創立70周年記念誌〉Ⓝ376.48

『創立80周年記念誌―輝け新工紡いだ歴史無限の未来へ』愛媛県立新居浜工業高等学校編 新居浜 愛媛県立新居浜工業高等学校 2018.2 95p 30cm〈沿革略史：p21-24〉Ⓝ376.48

◆新居浜商業高等学校

『大いなる飛躍―創立30周年記念写真集』愛媛県立新居浜商業高等学校編 新居浜 愛媛県立新居浜商業高等学校創立30周年記念事業実行委員会 1991.3 84p 31cm Ⓝ376.48

『創立40周年記念誌―新商・いま・40年輝く伝統！ はばたけ未来へ！』愛媛県立新居浜商業高等学校編 新居浜 愛媛県立新居浜商業高等学校創立30周年記念事業実行委員会 2000.3 77p 30cm Ⓝ376.48

◆新居浜市立商業高等学校

『創立15周年記念誌』新居浜市立商業高等学校編 新居浜 新居浜市立商業高等学校 1975.2 159p 図版24p 26cm Ⓝ376.48

◆新居浜西高等学校

『樟樹・80年 大地に根付きそして未来へ』愛媛県立新居浜西高等学校創立八十周年記念誌編集委員会編集 新居浜 愛媛県立新居浜西高等学校 1998.2 488p 27cm 30cm Ⓝ376.48

『愛媛県立新居浜西高等学校創立90周年記念誌』愛媛県立新居浜西高等学校創立90周年記念誌編集委員会編集 新居浜 愛媛県立新居浜西高等学校 2008.3 121p 30cm〈表紙の書名：樟樹90年, 背の書名：創立90周年記念誌〉

Ⓝ376.48

『創立100周年記念誌―樟樹100年の息吹』 愛媛県立新居浜西高等学校創立100周年記念誌編集委員会編　新居浜　愛媛県立新居浜西高等学校　2018.3　255p　30cm〈書誌注記：年表あり〉Ⓝ376.48

◆新居浜東高等学校

『創立35周年記念誌』 愛媛県立新居浜東高等学校創立三十五周年記念編集委員会編集　新居浜　愛媛県立新居浜東高等学校　1975.10　114p 図版12p　22cm　Ⓝ376.48

『創立50周年記念誌―50年の礎未来への飛躍』 愛媛県立新居浜東高等学校編　新居浜　愛媛県立新居浜東高等学校創立50周年記念事業期成会　1990.3　132p　31cm〈沿革史：p17～25〉Ⓝ376.48

『創立70周年記念誌―70年の感謝さらなる高みを目ざして』 愛媛県立新居浜東高等学校創立70周年記念誌編集委員会編集　新居浜　[愛媛県立新居浜東高等学校]　2011.3　79p　30cm〈東高70年の軌跡：p36～51〉Ⓝ376.48

◆新居浜南高等学校

『三十年のあゆみ―創立三十周年記念誌』 愛媛県立新居浜南高等学校創立三十周年記念誌編集係編集　新居浜　愛媛県立新居浜南高等学校　1994.10　234p　27cm　Ⓝ376.48

◆新田高等学校

『新田高等学校創立四十周年記念誌―1978』 新田高等学校創立四十周年記念誌編集委員会編集　松山　新田学園　1978.11　235p　26cm〈奥付・背の書名：創立四十周年記念誌　沿革略史：p232～234〉Ⓝ376.48

『半世紀の歩み―新田高等学校創立五十周年記念誌』 新田高等学校創立五十周年記念誌編集委員会編　松山　新田学園　1988.11　339p 図版6枚　22cm　Ⓝ376.48

『新田高等学校創立60周年記念誌』 創立六十周年記念誌編集委員会編集　松山　新田学園　1998.7　114p　30cm〈新田学園沿革史：巻頭〉Ⓝ376.48

『新田高等学校弓道部記念誌　鳴弦―40th 1961（昭和36年）～2001（平成13年）』 松山　[新田高等学校弓道部同窓会鳴弦の会]　[2001]　72p　30cm　Ⓝ789.5

◆野村高等学校

『半世紀夢はるか―汗と緑と友の声』 愛媛県立野村高等学校創立50周年記念誌編集係編集　野村町（愛媛県）　愛媛県立野村高等学校　1995.11　435p　27cm　Ⓝ376.48

◆野村高等学校土居分校

『愛媛県立野村高等学校土居分校閉校記念誌』 愛媛県立野村高等学校編　西予　愛媛県立野村高等学校　2010.3　84p　30cm〈年表：p64～70〉Ⓝ376.48

◆伯方高等学校

『創立三十周年記念誌』 愛媛県立伯方高等学校編集委員会編集　伯方町（愛媛県）　愛媛県立伯方高等学校　1978.10　150p　21cm　Ⓝ376.48

『創立五十周年記念誌』 愛媛県立伯方高等学校創立五十年記念誌編集委員会編集　伯方町（愛媛県）　愛媛県立伯方高等学校創立五十周年記念事業期成会　1998.12　176p　27cm　Ⓝ376.48

『創立70周年記念誌―飛躍　70年の伝統を受け継ぎ未来へ』 今治　愛媛県立伯方高等学校同窓会　2019.3　49, 4p　30cm〈書名は奥付・背による．表紙の書名：飛躍〉Ⓝ376.48

◆伯方高等学校岩城分校

『愛媛県立伯方高等学校岩城分校閉校記念誌』 今治　愛媛県立伯方高等学校岩城分校閉校記念誌刊行委員会　2008.3　160p　26cm〈標題紙の書名：閉校記念誌, 奥付・背の書名：岩城分校閉校記念誌　分校のあゆみ：p133-142〉Ⓝ376.48

◆北条高等学校

『校舎落成創立三十五周年記念誌』 三十五周年記念誌編集委員会編集　北条　愛媛県立北条高等学校　1982.5　212p　21cm〈書名は奥付、背表紙、表紙による．標題紙の書名：三十五年のあゆみ　記念テーマ-萌〉Ⓝ376.48

『飛躍―創立五十周年記念誌』 五十周年記念誌編集委員会編集　北条　愛媛県立北条高等学校　1997.10　144p　27cm　Ⓝ376.48

『創立60周年記念誌』 『創立60周年記念誌』編集委員会編集　北条　愛媛県立北条高等学校　2007.10　90p　27cm　Ⓝ376.48

『創立70周年記念誌』 『創立70周年記念誌』編集委員会編　松山　愛媛県立北条高等学校

愛媛県

2018.2　76p　30cm〈書誌注記：年表あり〉　Ⓝ376.48

◆松山高等学校

『若葉の古城─松山高等学校庭球部史』横浜　松山高校テニス愛好会　1993.12　350p　22cm　Ⓝ783.5

◆松山北高等学校

『回顧と展望─松山北高等学校創立七十周年記念誌』愛媛県立松山北高等学校創立七十周年記念誌編集委員会編集　松山　愛媛県立松山北高等学校　1971.2　218p 図版14枚　21cm　Ⓝ376.48

『創立八十周年記念松山北高等学校沿革誌』創立八十周年記念沿革誌編集委員会編集　松山　愛媛県立松山北高等学校　1980.11　273p　22cm　Ⓝ376.48

『年輪90拓く未来─北斗は永遠に』愛媛県立松山北高等学校創立90周年記念写真集編集委員会編集　松山　愛媛県立松山北高等学校　1990.9　94p　21cm　Ⓝ376.48

『愛媛県立松山北高等学校創立百周年記念誌─北斗に集い一世紀今新たなる創造』松山　愛媛県立松山北高等学校創立百周年記念事業期成会　2001.2　1022p　27cm〈背・表紙のタイトル：創立百周年記念誌〉Ⓝ376.48

『愛媛県立松山北高等学校ボート部創部100周年記念誌─怒濤』愛媛県立松山北高等学校ボート部創部100周年記念事業実行委員会編　松山　［愛媛県立松山北高等学校ボート部創部100周年記念事業実行委員会］　2011.2　174p　30cm〈標題紙の書名：松山北高ボート部史〉Ⓝ785.5

『愛媛県立松山北高等学校創立110周年記念誌─北斗を目指して110年はばたけさらなる高みへ』松山　愛媛県立松山北高等学校　2011.3　120, 25p　30cm〈年表：p94～97〉Ⓝ376.48

『愛媛県立松山北高等学校創立120周年記念誌─120年の軌跡を誇りに　一朶の雲を目指して』愛媛県立松山北高等学校創立120周年記念誌編集委員会編集　松山　愛媛県立松山北高等学校　2022.2　119p　30cm〈年表：p94～107〉Ⓝ376.48

◆松山北高等学校中島分校

『拓─羽ばたけ！　未来を拓け！』愛媛県立松山北高等学校中島分校編集　中島町（愛媛県）　愛媛県立松山北高等学校中島分校　1999.1

71p　27cm〈背・奥付の書名：創立五十周年記念誌〉Ⓝ376.48

◆松山工業高等学校

『創立60周年記念誌』愛媛県立松山工業高等学校創立六十周年記念誌編集委員会編集　松山　愛媛県立松山工業高等学校　1970.2　154p 図版24p　26cm　Ⓝ376.48

『創立70周年記念誌』愛媛県立松山工業高等学校創立七十周年記念誌編集委員会編集　松山　愛媛県立松山工業高等学校　1979.10　282p　21cm　Ⓝ376.48

『創立80周年記念校史写真集』松山　愛媛県立松山工業高等学校同窓会　1989.12　45p　21×30cm〈奥付の書名：校史写真集〉Ⓝ376.4

『創立80周年記念誌』愛媛県立松山工業高等学校創立八十周年記念誌編集委員会編集　松山　愛媛県立松山工業高等学校　1990.2　275p　26cm　Ⓝ376.48

『愛媛県立松山工業高等学校独立復帰史』愛媛県立松山工業高等学校独立復帰史編集委員会編　松山　愛媛県立松山工業高等学校独立復帰史編集委員会　1995.7　124p　26cm　Ⓝ376.48

『はばたけ21世紀へ─百錬鉄の意気と技［創立90周年記念誌］』愛媛県立松山工業高等学校編集　松山　愛媛県立松山工業高等学校　2000.2　90p　31cm　Ⓝ376.48

『さらなる飛躍百錬鉄未来へつなげ我らの技─愛媛県立松山工業高等学校　創立百周年記念誌』愛媛県立松山工業高等学校創立百周年記念事業期成会編集　松山　愛媛県立松山工業高等学校創立百周年記念事業期成会　2010.2　281p　31cm〈校史年表：p271～280〉Ⓝ376.48

◆松山商業高等学校

『創立70周年記念誌─伝統と躍進』愛媛県立松山商業高等学校創立七十周年記念誌編集委員会編集　松山　愛媛県立松山商業高等学校　1972.2　291p 図版28p　26cm　Ⓝ376.48

『愛媛県立松山商業高校野球史』愛媛県立松山商業高等学校野球史編集委員会編集　松山　愛媛県立松山商業高等学校　1972.4　361p 図版48p　27cm　Ⓝ783.7

『松商ラグビー40年』40年の戦歴編集委員会編集　松山　愛媛県立松山商業高等学校ラグビー部　1974.4　412p 図版29p　27cm　Ⓝ783.48

『創立八十周年記念誌─新たなる創造をめざし

愛媛県

て』愛媛県立松山商業高等学校創立八十周年記念誌編集委員会編集　松山　愛媛県立松山商業高等学校　1982.1　326p 図版36p　26cm　Ⓝ376.48

『夏将軍—第72回全国高校野球選手権大会』松山　写真まつばら　［1990］　1冊　31cm　Ⓝ783.7

『輝け松商21世紀への躍進—創立90周年記念写真集』90周年記念写真編集委員会編集　松山　愛媛県立松山商業高等学校　1992.3　98p　31cm　Ⓝ376.48

『「延長十八回」終わらず—伝説の決勝戦「三沢vs松山商」ナインたちの二十五年』田沢拓也著　文芸春秋　1994.12　280p 20cm　1500円　Ⓘ4-16-349750-1　Ⓝ783.7

『勝機一瞬—松山商業高校全国制覇』松山　写真まつばら　［1996］　1冊　31cm　Ⓝ783.7

『夏将軍だ全国制覇—松山商業甲子園速報グラフ』松山　愛媛新聞社　1996.9　41p 37cm　Ⓘ4-900248-33-9　Ⓝ783.7

『創立100周年記念誌—商神の旗をなびかせ1世紀松商よ永遠に輝け』愛媛県立松山商業高等学校編　松山　愛媛県立松山商業高等学校　2002.3　146p　31cm　Ⓝ376.48

『松商野球部百年史』松山商業高等学校野球部編　松山　松山商業高校野球部百年史編集委員会　2003.8　469p　31cm　Ⓝ783.7

『「延長十八回」終わらず—伝説の決勝戦「三沢vs松山商」ナインたちの二十五年』田澤拓也著　文藝春秋　2004.7　323p　16cm（文春文庫）590円　Ⓘ4-16-767802-0　Ⓝ783.7

『「延長十八回」終わらず—伝説の決勝戦「三沢vs松山商」ナインたちの二十五年』田澤拓也著　文藝春秋　2004.7　323p　16cm（文春文庫）590円　Ⓘ4-16-767802-0　Ⓝ783.7

『松山商業高校野球部—不屈の「夏将軍」：甲子園優勝7度、春夏通算80勝を誇る野球王国・愛媛の古豪』ベースボール・マガジン社　2016.10　95p　29cm（B.B.MOOK 1337—高校野球名門校シリーズ 15）1389円　Ⓘ978-4-583-62473-0　Ⓝ783.7

『1996年松山商業と熊本工業—奇跡のバックホーム』中里浩章著　ベースボール・マガジン社　2021.11　316p　19cm（再検証夏の甲子園激闘の記憶）〈書誌注記：文献あり〉1600円　Ⓘ978-4-583-11407-1　Ⓝ783.7

|目次| 第1章 松山商、全国制覇の礎、第2章 熊本工、史上最弱からの上昇、第3章 それぞれの夏、第4章 伝説の試合（前編）、第5章 伝説の試合（後編）、第6章 奇跡のあと、特別収録 25年目の「奇跡のバックホーム」対談—矢野勝嗣（松山商業）×星子崇（熊本工業）、1996年夏 甲子園決勝スコア

|内容| 全国制覇への道程を着実に進んだ松山商と、結成時は「史上最弱」とまで言われた熊本工。公立の伝統校が相見えた1996年夏の甲子園決勝は、今なお"伝説の試合"として語り継がれている。采配の妙、劇的同点弾、奇跡のバックホーム…両者の軌跡を振り返りながら、改めて激闘の舞台裏に迫る。

『愛媛県立松山商業高等学校創立120周年記念誌—令和3年（2021年）』松山　愛媛県立松山商業高等学校　2022.3　103p　30cm〈書誌注記：年表あり〉Ⓝ376.48

『1969年松山商業と三沢高校—伝説の延長18回再試合』楊順行著　ベースボール・マガジン社　2022.8　319p　19cm（再検証の甲子園激闘の記憶）〈書誌注記：文献あり〉1600円　Ⓘ978-4-583-11516-0　Ⓝ783.7

|目次| 第1章 1969年、8月18日、第2章 王国の野球、雪国の野球、第3章 1967年〜68年夏、第4章 1968年夏、甲子園、第5章 15回裏一死満塁、スリーボール、第6章 ついに…18回、第7章 史上初の決勝引き分け再試合

|内容| 三沢・太田幸司と松山商・井上明、両エースの息詰まる投手戦は延長18回の末に引き分け、史上初の決勝再試合となった。伝説の夏から50年以上経った今、太田本人が当時の全映像を視聴して改めて語った貴重な証言とともに、球史に残る名勝負を振り返る。

『選手に寄り添う徹底力』大野康哉著　竹書房　2024.3　223p　19cm　Ⓘ978-4-8019-3918-9　Ⓝ783.7

|内容| 現場最優先で平等と公平に全選手と接し、強くて良いチームを目指す。その妥協なき姿勢が、チームの底力を生み出す。名門・松山商業高校野球部の再建に挑む、甲子園出場11度の指揮官が語る指導論。

『日本一のボール拾いになれ』元永知宏著　東京ニュース通信社　2024.3　239p　19cm（TOKYO NEWS BOOKS）〈書誌注記：文献あり　出版者注記：講談社（発売）〉1500円　Ⓘ978-4-06-534718-8　Ⓝ783.7

|目次| 第1章 "奇跡のバックホーム"はなぜ生まれたのか？、第2章 レギュラーになれなかった7年間、第3章 名門復活までの日々、第4章 敗戦を越えてたどりついた日本一、第5章 全国優勝7回、松山商業の野球、第6章 日本一のボール拾いになれ！、第7章 日本一になれる監督の条件—対談 馬淵史郎×澤田勝彦、巻末付録 門外不出！ 松山商業の"虎の巻"を初公開!!

|内容| 1996年夏の甲子園で生まれた"奇跡のバックホーム"。目標は全国制覇、目的は人間形成。松山商業を日本一に導いた澤田勝彦の42年間の指導哲学。

愛媛県

◆松山城南高等学校

『松山城南高等学校創立八十周年記念誌』松山城南高等学校編集　松山　松山城南高等学校　1971.10　144p　21cm〈奥付の書名：松山城南高等学校80年誌〉Ⓝ376.4

『松山城南百年の譜―松山城南高等学校創立一〇〇周年記念誌』松山城南高等学校創立100周年記念誌編集委員会編　松山　松山城南高等学校創立100周年記念誌編集委員会　1991.1　212p　27cm　Ⓝ376.4

『目で見る110年の軌跡』松山城南高等学校創立110周年記念写真集編集委員会編　松山　松山学院・松山城南高等学校　2001.1　53p　19×27cm　Ⓝ376.4

『120年の軌跡―松山城南高等学校創立120周年記念誌 120年の愛・希望 未来へ』松山城南高等学校創立120周年記念誌編集委員会編集　松山　松山学院・松山城南高等学校　2011.7　137p　30cm　Ⓝ376.4

◆松山聖陵高等学校

『松山聖陵学園創立30周年記念写真集―夢を背に希望を胸に三十年 はばたけ未来へ 1990』松山聖陵学園創立30周年記念誌編集委員会編　松山　松山聖陵高等学校　1991.2　79p　31cm　Ⓝ376.4

『松山聖陵高等学校創立五十周年記念誌』記念誌編集委員会編　松山　松山聖陵高等学校　2010.3　175p　31cm〈タイトルは奥付による　年表あり〉Ⓝ376.4

◆松山中央高等学校

『創歴―Step to the future 創立10周年記念誌』松山　愛媛県立松山中央高等学校　1997.3　237p　27cm〈奥付の書名：創立10周年記念誌〉Ⓝ376.4

『飛躍―創立20周年記念誌』愛媛県立松山中央高等学校編　松山　愛媛県立松山中央高等学校　2007.3　135p　27cm〈書名は背・表紙による.標題紙・奥付の書名：創立20周年記念誌〉Ⓝ376.4

『創立30周年記念誌―而立』松山　愛媛県立松山中央高等学校　2017.3　102p　30cm〈沿革年表：p94-96〉Ⓝ376.4

◆松山西高等学校

『愛媛県立松山西高等学校創立二十周年記念誌』愛媛県立松山西高等学校創立二十周年記念誌編集委員会編　松山　愛媛県立松山西高等学校　1994.3　218p　21cm〈書名は背による.標題紙の書名：翔、輝く二十歳–感動の未来へ–〉Ⓝ376.4

◆松山東高等学校

『いのちまた燃えたり―本校ゆかりの人々』愛媛県立松山東高等学校編集　松山　愛媛県立松山東高等学校　1975.1　64p　21cm　Ⓝ376.4

『がんばっていきまっしょい―松山東高の四季』開発社　1978.10　364p　20cm〈監修：松岡覚〉1500円　Ⓝ376.4

『愛媛県立松山東高等学校百年史』松山東高校百年史編集委員会編　松山　愛媛県立松山東高等学校　1978.10　1039p 図版10枚　22cm　Ⓝ376.4

『静動の100年そして今―松中・松山東高創立記念』松山　愛媛新聞社　1978.11　22p　37cm〈愛媛新聞PS版特集縮刷版〉Ⓝ376.4

『創立百十周年記念松山東高等学校十年史―昭和53年–昭和62年』愛媛県立松山東高等学校十年史編集委員会編集　松山　愛媛県立松山東高等学校　1988.10　201p　21cm　Ⓝ376.4

『明教の響き―松山中学松山東高創立110周年記念写真集』松山中学松山東高創立110周年記念写真集編集委員会編集　松山　愛媛県立松山東高等学校　1988.10　110p　27cm　Ⓝ376.4

『松山中学松山東高創立120周年記念写真集―120年の鼓動』松山中学・松山東高創立120周年記念写真集編集委員会編　松山　愛媛県立松山東高等学校　1998.10　80p　26cm〈共同刊行：松山中学・松山東高同窓会〉Ⓝ376.4

『松山東高等学校十年史―創立百二十周年記念』愛媛県立松山東高等学校十年史編集委員会編集　松山　愛媛県立松山東高等学校　1998.10　213p　21cm　Ⓝ376.4

『古城のもとの学び舎に―松山中学・松山東高ラグビー部75周年記念誌 1931-2006』75周年記念事業実行委員会・記念誌WG編　松山　松山中学・松山東高ラグビー部OB会　2006.9　312p　20cm〈年表あり〉Ⓝ783.4

『松山中学・松山東高創立130周年記念史料館蔵品目録―明教の風吹きわたり今刻む130年』松山中学・松山東高創立130周年記念史料館蔵品目録刊行委員会編集　松山　愛媛県立松山東高等学校松山中学・松山東高同窓会

2009.2 99p 30cm Ⓝ376.48

『松山東高等学校十年史―創立百三十周年記念 平成十年–平成十九年』愛媛県立松山東高等学校十年史編集委員会編集 松山 愛媛県立松山東高等学校 2009.2 151p 21cm〈全日制過程編年史：p1-15〉Ⓝ376.48

『松山中学・松山一高・松山東高野球史―子規が伝えて120年』松山 松山東高校野球部史編集委員会 2009.8 301p 31cm〈共同刊行：明教倶楽部 年表あり〉非売品 Ⓝ783.7

『白球は時空を超えて―松山東高野球部124年目のキセキ』チームまゆきよ著 ミライカナイブックス 2015.6 317p 20cm〈書誌注記：文献あり〉2000円 ①978-4-907333-05-8 Ⓝ783.7

内容 センバツ劇的初勝利の舞台裏で何が起きていたのか？ 歴史的偉人からスタンドに集った7000人の大応援団まで幾多の知られざる熱き想いに迫るインサイドストーリー！ 松山東ナインの躍動や7000人の大観衆など甲子園の様子を豪華カラー写真で完全収録！

『古城の東学び舎に―松山中学・松山東高ラグビー部90周年記念誌』90周年記念事業実行委員会編集 松山 松山中学・松山東高ラグビー部OB会 2021.9 179p, 図版(ページ付なし) 30cm〈書誌注記：年表あり〉Ⓝ783.48

◆松山南高等学校

『八十年のあゆみ―愛媛県立松山南高等学校』愛媛県立松山南高等学校創立八十年記念誌編集委員会編集 松山 愛媛県立松山南高等学校 1971.12 243p 図版18p 26cm Ⓝ376.48

『九十年のあゆみ』愛媛県立松山南高等学校創立九十年記念誌編集委員会編 松山 愛媛県立松山南高等学校 1981.10 591p 図版13枚 26cm〈背の書名：創立九十周年記念誌〉Ⓝ376.4

『愛媛県立松山南高等学校百年のあゆみ』愛媛県立松山南高等学校百周年記念校史編集委員会編 松山 愛媛県立松山南高等学校 1991.10 554p 22cm Ⓝ376.4

『南薫百花―創立百周年記念誌』創立百周年記念誌・写真集編集委員会編 松山 愛媛県立松山南高等学校 1991.10 214p 27cm Ⓝ376.4

『明治の花園―愛媛県立松山高等女学校教室日誌』浜田祐輔解読・編集 松山 人の森出版 1995.1 172p 19cm 1500円 ①4-88299-018-0 Ⓝ376.4

目次 第1章 日露戦争の中で―本科4年生組、第2章 日露戦争が終わって―補習科、第3章 凱旋兵士を迎えて―本科4年生組、第4章 平和が訪れて―補習科、第5章 我が学園―本科3年桃組

内容 本書は、明治38年4月―明治41年3月の3年間愛媛県立松山高等女学校(現・県立松山東高等学校)の生徒達の学校での生活を、生徒達の手で綴ったもの。とびらをあけると、そこから松山の地で学ぶ明治の女達のいきいきした日々がはじまる。

『伝統そして変革の時新しい南高が今―創立百十周年記念誌』愛媛県立松山南高等学校創立百十周年記念誌編集委員会編集 松山 愛媛県立松山南高等学校 2002.2 111p 31cm Ⓝ376.48

『120年の軌跡 そして南の新たなる躍動へ―創立120周年記念誌』愛媛県立松山南高等学校創立120周年記念誌編集委員会編集 松山 愛媛県立松山南高等学校創立120周年記念事業期成会 2012.3 109p 31cm Ⓝ376.48

『継承 そして新たな飛躍へ―創立130周年記念誌』愛媛県立松山南高等学校創立120周年記念誌編集委員会編集 松山 愛媛県立松山南高等学校創立130周年記念事業期成会 2022.3 101p 31cm Ⓝ376.48

◆松山南高等学校砥部分校

『創立50周年記念誌―創造の翼―今、はばたかせて– 昭和38年度』愛媛県立松山南高等学校砥部分校創立50周年記念誌編集委員編 愛媛県立松山南高等学校砥部分校 1998.3 68p 26cm〈標題紙のタイトル：創造の翼〉Ⓝ376.48

◆三瓶高等学校

『創立六十周年記念誌』愛媛県立三瓶高等学校記念誌編集委員会編集 三瓶町(愛媛県) 愛媛県立三瓶高等学校 1981.1 184p 図版7枚 26cm Ⓝ376.48

『翔よ若人70年の伝統を胸に―創立70周年記念誌』愛媛県立三瓶高等学校創立70周年記念誌編集委員編集 三瓶町(愛媛県) 愛媛県立三瓶高等学校 1990.11 74p 31cm〈タイトルは標題紙、背による.奥付のタイトル：創立70周年記念誌, 付：校史年表(9p 26cm)〉Ⓝ376.48

『創立80周年記念誌―今奏でよう80年の時の調べ』愛媛県立三瓶高等学校記念誌編集委員会編集 三瓶町(愛媛県) 愛媛県立三瓶高等学校 2001.3 84p 31cm〈タイトルは標題紙、奥付による.表紙のタイトル：今奏でよう

愛媛県

80年の時の調べ、付：校史年表（26cm 19p）〉Ⓝ376.48

◆三崎高等学校

『三崎高等学校「創立二十五周年記念誌」』愛媛県立三崎高等学校創立二十五周年記念誌編集委員会編集　三崎町（愛媛県）　愛媛県立三崎高等学校　1976.1　143p 図版12p　26cm　Ⓝ376.48

『創立三十周年記念沿革誌』愛媛県立三崎高等学校編　三崎町（愛媛県）　愛媛県立三崎高等学校　1980.11　186p 図版15枚　22cm　Ⓝ376.48

『写真でつづる創立50周年記念誌』愛媛県立三崎高等学校編　三崎町（愛媛県）　愛媛県立三崎高等学校　2001.1　83p　30cm　Ⓝ376.48

◆三島高等学校

『菱門―五十周年記念誌』記念誌編集委員会編集　伊予三島　愛媛県立三島高等学校　1973.3　240p　22cm　Ⓝ376.48

『創立六十周年記念誌―伝統と創造』創立六十周年記念誌編集委員会編集　伊予三島　愛媛県立三島高等学校　1984.3　188p　27cm　Ⓝ376.48

『七〇年の熱き鼓動―菱門の更なる飛躍へ』創立七十周年記念誌編集委員会編集　伊予三島　愛媛県立三島高等学校　1994.3　151p　27cm　Ⓝ376.48

『夢・挑戦・飛翔―80年の奇跡と未来への躍動』東田印刷編集　伊予三島　愛媛県立三島高等学校　2004.2　85p　31cm〈奥付・背の書名：創立80周年記念誌〉Ⓝ376.48

『愛媛県立三島高等学校創立100周年記念誌―躍進』だるま印刷編集　四国中央　愛媛県立三島高等学校創立100周年記念誌委員会　2024.3　100p　31cm　Ⓝ376.48

◆南宇和高等学校

『愛媛県立南宇和高等学校・目で見る70年史』愛媛県立南宇和高等学校・70周年記念誌編集委員会編　愛媛県立南宇和高等学校・70周年記念誌編集委員会　1977.10　59p　19×27cm　Ⓝ376.48

『80年の航跡―今未来に』愛媛県立南宇和高等学校80周年史編纂委員会編　御荘町（愛媛県）　愛媛県立南宇和高等学校　1987.10　142p　31cm　Ⓝ376.48

『完全燃焼28800秒―南宇和高等学校サッカー部全国優勝記念誌』記念誌編集委員会編　御荘町（愛媛県）　愛媛県立南宇和高等学校　1990.3　1冊（頁付なし）31cm　Ⓝ783.47

『90年の結晶―創立90周年記念誌』愛媛県立南宇和高等学校創立90周年記念誌編集委員会編集　御荘町（愛媛県）　愛媛県立南宇和高等学校　1997.10　92p　31cm〈奥付・背の書名：創立90周年記念誌〉Ⓝ376.48

『創立百周年記念誌』愛媛県立南宇和高等学校編　愛南町（愛媛県）　愛媛県立南宇和高等学校　2008.2　246p　31cm〈標題紙の書名：愛媛県立南宇和高等学校創立百周年記念誌〉Ⓝ376.48

『愛媛県立南宇和高等学校創立110周年記念誌』愛媛県立南宇和高等学校同窓会事務局編　愛南町（愛媛県）　愛媛県立南宇和高等学校同窓会　2018.3あとがき　149p　30cm　Ⓝ376.48

◆三間高等学校

『創立30周年記念誌』愛媛県立三間高等学校編　三間町（愛媛県）　愛媛県立三間高等学校　1978.12　230p　21cm　Ⓝ376.48

『今ここに新たな門出―創立40周年記念誌』愛媛県立三間高等学校編集　三間町（愛媛県）　愛媛県立三間高等学校　1990.2　59p　31cm〈タイトルは標題紙・表紙による.奥付・背のタイトル：創立40周年記念誌〉Ⓝ376.48

『輝け三間高築き新たな歴史―創立50周年記念誌』愛媛県立三間高等学校編集　三間町（愛媛県）　愛媛県立三間高等学校　1999.3　62p　31cm〈タイトルは標題紙・表紙による.奥付・背のタイトル：創立50周年記念誌〉Ⓝ376.48

◆八幡浜高等学校

『八幡浜高等学校沿革誌―創立八十周年記念』愛媛県立八幡浜高等学校沿革誌編集委員会編集　八幡浜　愛媛県立八幡浜高等学校　1979.3　510p 図版22枚　22cm　Ⓝ376.48

『愛媛県立八幡浜高等学校沿革誌追録―創立八十周年記念』愛媛県立八幡浜高等学校沿革誌追録編集委員会編集　八幡浜　愛媛県立八幡浜高等学校　1982.3　34p　21cm　Ⓝ376.48

『歴史を越えて今…―輝く伝統新たな息吹』愛媛県立八幡浜高等学校記念誌編集委員会編集　八幡浜　愛媛県立八幡浜高等学校　1991.2　432p　27cm　Ⓝ376.48

『白球の青春―八幡浜高校野球部熱闘の軌跡』今泉昌博著　［今泉昌博］　1998作成　201p　26cm　Ⓝ783.7

『創立百周年記念誌―Making a bright future 歩みつづけよう未来へ』愛媛県立八幡浜高等学校記念誌編集委員会編　八幡浜　愛媛県立八幡浜高等学校　2001.3　692p　27cm〈表紙のタイトル：愛媛県立八幡浜高等学校創立百周年記念誌〉Ⓝ376.48

◆八幡浜工業高等学校

『創造無限―未来に伸ばせわが母校』愛媛県立八幡浜工業高等学校編　八幡浜　愛媛県立八幡浜工業高等学校　1992.3　76p　31cm　Ⓝ376.48

『新たな旅立ち40年の歴史をいだいて―創立40周年記念誌』創立40周年記念誌編集委員編　八幡浜　愛媛県立八幡浜工業高等学校　2002.3　87p　31cm〈奥付・背の書名：創立40周年記念誌〉Ⓝ376.48

『創立50周年記念誌―さらなる飛翔半世紀の歴史から―鍛え究めよ心と技を』八幡浜　愛媛県立八幡浜工業高等学校　2012.3　94p　31cm〈書誌注記：年表あり〉Ⓝ376.48

◆弓削高等学校

『創立三十周年記念誌』愛媛県立弓削高等学校編集　弓削町（愛媛県）愛媛県立弓削高等学校　1978.10　76p　26cm

『弓削高等学校創立40周年記念誌』愛媛県立弓削高等学校編集　弓削町（愛媛県）愛媛県立弓削高等学校　1988.10　42p　26cm〈表紙の書名：潮満てり今ぞ躍進〉Ⓝ376.48

『弓削高等学校創立50周年記念誌―историю今ここに五十年の足跡』愛媛県立弓削高等学校編集　弓削町（愛媛県）愛媛県立弓削高等学校　1998.10　42p　26cm〈背の書名：創立50周年記念誌〉

◆吉田高等学校

『創立五十周年記念誌』吉田町（愛媛県）愛媛県立吉田高等学校創立50周年記念事業期成会　1973.11　143p　26cm　Ⓝ376.48

『創造と活力―70年の伝統　翔け21世紀』愛媛県立吉田高等学校編　吉田町（愛媛県）愛媛県立吉田高等学校創立70周年記念誌編集委員会　1993.11　83p　31cm　Ⓝ376.48

『創立90周年記念誌―90年の空に翔つ』愛媛県立吉田高等学校編　吉田町（愛媛県）愛媛県立吉田高等学校創立90周年記念誌編集委員会　2008.3　82p　31cm〈沿革史：p20〉Ⓝ376.48

『Next stage―共にはばたけ：創立100周年記念誌』宇和島　愛媛県立吉田高等学校　2018.3　85p　31cm〈書誌注記：年表あり〉Ⓝ376.48

高知県

◆安芸高等学校

『安芸高等学校創立記念誌―安芸中学校創立七十周年　安芸高等女学校創立五十周年』高知県立安芸高等学校記念誌編集委員会編　高知県立安芸高等学校記念誌編集委員会　1970.10　321p　21cm

『［高知県立安芸高等学校］創立記念誌』高知県立安芸高等学校編　高知県立安芸高等学校記念誌編集委員会　1970.10　321p　22cm

『松涛―創立80周年記念誌』創立80周年記念誌編集委員会編　高知県立安芸高等学校　1980.10　88p　25cm

『松濤―創立80周年記念記録』高知県立安芸高等学校編　高知県立安芸高等学校　1980.10　88p　25cm×26cm　非売品

『松涛―［高知県立安芸高等学校］創立90周年記念誌』創立90周年記念誌編集委員会編　高知県立安芸高等学校　1990.10　229p　26cm

『松濤―創立90周年記念記録』高知県立安芸高等学校編　高知県立安芸高等学校　1990.12　54p　26cm

『松涛―創立100周年記念誌』創立100周年記念誌編集委員会編　高知県立安芸高等学校　2000.10　449p　25cm　Ⓝ376

◆安芸工業高等学校

『創立十周年記念誌』高知県立安芸工業高等学校　1975.10　97p　26cm

『［高知県立安芸工業高等学校］創立30周年記念誌―1965～1995』創立30周年記念誌編集委員会編　高知県立安芸工業高等学校　1997.3　209p　27cm

◆安芸桜ヶ丘高等学校

『創立50周年記念誌』高知県立安芸桜ヶ丘高等学校　2017.2　98p　30cm

◆伊野商業高等学校

『高知県立伊野商業高校創立十周年記念誌』高知

高知県

県立伊野商業高等学校　1973　149p　21cm

『伊野商・燃える球春―第57回選抜高等学校野球大会』毎日新聞社高知支局編　毎日新聞社高知支局　1985.4　32p　36×26cm

『第五十七回選抜高校野球大会の記録―燃えた初の甲子園』高知県立伊野商業高等学校編　高知県立伊野商業高等学校　1986.3　1冊　31cm

『創立五十周年記念誌』高知県立伊野商業高等学校創立五十周年記念事業実行委員会編　いの町（高知県）高知県立伊野商業高等学校創立五十周年記念事業実行委員会　2013.11　1冊　31cm〈書誌注記：年表あり〉Ⓝ376.48

◆大杤高等学校

『わが校の歴史―［高知県立大杤高等学校］創立25周年記念』高知県立大杤高等学校編　高知県立大杤高等学校　1985.3　101p　26cm

◆岡豊高等学校

『［高知県立岡豊高等学校］開校記念誌』開校記念誌編集委員会編　高知県立岡豊高等学校　1985.3　194p　26cm

『［高知県立岡豊高等学校］創立10周年記念誌―明日にはばたけ』高知県立岡豊高等学校創立10周年記念実行委員会編　高知県立岡豊高等学校　1993.11　119p　31cm

『まほろば―創立20周年記念誌』高知県立岡豊高等学校創立20周年記念事業実行委員会編　高知県立岡豊高等学校　2004.3　175p　31cm

『岡豊だより―10年間のあゆみ』高知県立岡豊高等学校創立20周年記念実行委員会編　高知県立岡豊高等学校　2004.3　346p　31cm　Ⓝ374

『岡豊だより―10年間のあゆみ』高知県立岡豊高等学校創立30周年記念事業実行委員会編　2014.3　340p　31cm　Ⓝ376.4

『感謝―創立30周年記念誌』高知県立岡豊高等学校創立30周年記念事業実行委員会編　2014.3　139p　31cm　Ⓝ376.4

◆小津高等学校

『創立百周年記念誌　行事記録編』高知県立高知小津高等学校編　高知県立高知小津高等学校　1975.3　279p　22cm

◆窪川高等学校

『［高知県立窪川高等学校］創立50周年記念誌』創立50周年記念誌編集委員会編　［高知県立窪川高等学校］創立50周年記念事業実行委員会　1992.11　138p　27cm

◆高知高等学校

『栄光の球跡―第四十七回選抜高校野球優勝高知高校記念，高知高校激闘の記録』毎日新聞社高知支局編　毎日新聞社高知支局　1975.5　80p　26cm　680円

『創立85周年記念誌』高知　高知学園　1984.3　174p　21cm　Ⓝ376.4

◆高知園芸高等学校

『創立70年記念誌』高知県立高知園芸高等学校記念誌編集委員会編　高知県立高知園芸高等学校　1976.3　172p　22cm

『創立八十年記念記念誌―飛翔・緑の二十一世紀へ』高知県立高知園芸高等学校記念誌編集委員会編　高知県立高知園芸高等学校　1988.3　155p　27cm

『高知県立高知園芸高等学校創立90年記念誌』高知県立高知園芸高等学校記念誌編集委員会編　高知県立高知園芸高等学校　1998.3　107p　27cm　非売品　Ⓝ374

◆高知追手前高等学校

『母校創立五十周年記念誌』高知県立高知城北中学校同窓会編　北辰会　1971.4　228p　22cm

『高知追手前高校百年史』高知追手前高校百年史編集委員会編　高知　高知県立高知追手前高校校友会　1978.11　651, 59p　27cm　Ⓝ376.4

『高知追手前高校百年史　追録』高知追手前高校百年史追録編集委員会編　高知　高知県立高知追手前高校校友会　1979.3　75, 23p　26cm　Ⓝ376.4

『高知追手前高等学校資料集　第1巻』高知　高知県立高知追手前高等学校　1988.5　350p　26cm〈編集：前田和男〉Ⓝ376.4

『創立百十周年記念誌』高知　高知県立高知追手前高等学校　1989.3　262, 63p　27cm〈編著：前田和男〉Ⓝ376.4

『高知追手前高等学校資料集　第2巻之上』高知　高知県立高知追手前高等学校　1989.9　322p　26cm〈編集：前田和男〉Ⓝ376.4

高知県

『高知追手前高等学校資料集　第2巻之中』高知県立高知追手前高等学校　1990.6　401p　26cm〈編集：前田和男〉Ⓝ376.4

『高知追手前高等学校資料集　第2巻之下』高知県立高知追手前高等学校　1991.3　358p　26cm〈編集：前田和男〉Ⓝ376.4

『高知追手前高等学校資料集　第3巻』高知県立高知追手前高等学校　1992.3　202p　26cm〈編集：前田和男〉Ⓝ376.4

『高知追手前高等学校資料集　第4巻』高知県立高知追手前高等学校　1992.12　308p　26cm〈編集：前田和男〉Ⓝ376.4

『高知追手前高等学校資料集　第5巻』高知県立高知追手前高等学校　1993.12　2冊（別冊とも）26cm〈編集：前田和男　別冊（89p）：校史資料室架蔵図書目録〉Ⓝ376.4

『創立百二十周年記念誌』創立百二十周年記念誌編纂委員会編　高知県立高知追手前高等学校　1999.3　269, 273p　27cm

『創立百三十周年記念誌』創立百三十周年記念誌編纂委員会編　高知県立高知追手前高等学校　2009.3　286, 89p　26cm

『追手前・人物列伝―百三十年の歴史から』高知県立高知追手前高等学校校友会編　高知県立高知追手前高等学校校友会　2009.11　62p　30cm　Ⓝ280

『追手前　人物列伝―百三十年の歴史から』高知県立高知追手前高等学校校友会編　高知県立高知追手前高等学校校友会　2012.4　70p　30cm　Ⓝ280

『追手前人物列伝―百四十年の歴史から』第3版　高知　高知県立高知追手前高等学校校友会　2018.11　78p　30cm　Ⓝ376.48

『創立140周年記念誌―新聞にみるこの10年の歩み：平成20年―平成30年』高知　高知県立高知追手前高等学校校友会　［2019］　54p　30cm〈奥付のタイトル：新聞にみるこの10年　共同刊行：高知県立高知追手前高等学校〉Ⓝ376.48

『創立百四十周年記念誌』創立百四十周年記念誌編集委員会編　高知　高知県立高知追手前高等学校　2019.3　305, 116p　27cm〈書誌注記：年表あり〉Ⓝ376.48

『追手前伝説―91年の歴史、高知の学校建築に秘められた物語』筒井ジェーン典子　高知　リーブル出版　2022.11　151p　30cm〈書誌注記：年表あり〉2000円　①978-4-86338-356-2　Ⓝ523.184

◆高知追手前高等学校吾北分校

『［高知県立高知追手前高等学校吾北分校］校舎落成記念誌―遥かな未来を夢みて』校舎落成記念誌編集委員会　高知県立高知追手前高等学校吾北分校　1986.11　296p　27cm

◆高知小津高等学校

『海南百年―高知小津高等学校百年誌』高知小津高等学校編　高知県立高知小津高等学校　1973　304p　22cm

『創立百周年記念誌　行事記録編』高知県立高知小津高等学校編　高知県立高知小津高等学校　1977.3　280p　21cm

『百十周年記念誌』高知県立高知小津高等学校編　高知県立高知小津高等学校　1984.3　154p　30cm

『高知県立高知小津高等学校　校舎総合落成記念誌―創立百二十六周年』高知県立高知小津高等学校　2000.3　300p　30cm

『高知県立高知小津高等学校校舎総合落成記念誌―創立126周年』校舎総合落成（創立126周年）記念誌編集委員会編　高知県立高知小津高等学校　2000.3　300p　31cm　非売品

『創立百四十周年記念誌』高知　高知県立小津高等学校記念事業実行委員会　2014.1　93p　30cm〈書誌注記：年表あり〉Ⓝ376.48

◆高知学芸高等学校

『心の補償―高知学芸高校上海列車事故』後藤淑子著　講談社　1993.3　244p　20cm　1500円　①4-06-206312-3　Ⓝ686.7

目次　4年目の春、残された人々、遺族たちの季節、法廷の外での葛藤、不信の慰霊碑、国境を越えた補償交渉、粗末にされた命、教育者の目、上海列車事故関連年譜

内容　1988年3月24日、楽しいはずの修学旅行が一転して地獄に。27人の生徒が死亡。愛するわが子がなぜ…。剥き出しの母親の情愛と苦悩。教育者としての自覚と矜持を問う書き下ろしノンフィクション。

◆高知北高等学校

『［高知県立高知北高等学校］創立20周年記念誌―高知県立高知北高等学校』高知県立高知北高等学校創立20周年校舎増築落成記念事業実行委員会編　高知県立高知北高等学校創立20周年校舎増築落成記念事業実行委員会　1993.2　162p　26cm

『高知県立高知北高等学校創立50周年記念誌』

高知県

高知　高知県立高知北高等学校　2023.3　51p　30cm〈書誌注記：年表あり〉Ⓝ376.48

◆高知工業高等学校

『火水翼―[高知県立高知工業高等学校]創立八十周年記念誌』創立80周年記念誌発行委員会編　高知県立高知工業高等学校創立80周年記念事業実行委員会　1993.2　300p　31cm

『高知工業高等学校創立100周年記念誌』高知高知県立高知工業高等学校創立100周年記念事業実行委員会　2013.3　326p　31cm〈書誌注記：年表あり　タイトルは奥付による〉①978-4-904242-33-9　Ⓝ376.48

◆高知市立高知商業高等学校

『鵬程万里―高知商業高校八十周年記念誌』高知商業高等学校八十周年記念行事実行委員会編　高知商業高等学校八十周年記念行事実行委員会　1978.11　453p　22cm

『鵬程万里―市商九十年の歩み』高知商業高等学校90周年記念アルバム編集委員会編　高知商業高等学校　1988.12　240p　31cm

『熱闘80年の球跡―高知商業高等学校野球部80周年記念誌　1998年10月』高知商業高等学校野球部OB会企画・編集　1998.11　522p　31cm

『鵬程万里―高知商業高等学校百周年記念誌』水田和夫ほか編　高知商業高等学校創立百周年記念事業実行委員会　1999.11　538p　27cm

『部活動史―市商110年の歩み』高知商業高等学校創立110周年記念事業実行委員会編　高知商業高等学校創立110周年記念事業実行委員会　2008.11　99p　30cm　非売品

『高知商業高等学校水泳部創部100周年記念誌』高知商業水泳部創部100周年実行委員編　鏡水会　2011.7　130p　30cm

『高知商業高等学校野球部創部100周年記念誌』高知商業高等学校野球部OB会企画・編集　[高知商業高等学校野球部OB会]　2018　609p　31cm

『創立100周年記念誌―蛍友会会報鵬程万里総集編』高知商業高等学校定時制創立100周年準備委員会編　高知商業高等学校定時制創立100周年準備委員会　2018.11　113p　30cm〈書誌注記：年表あり　奥付のタイトル：高知県商業高等学校定時制蛍友会鵬程万里総集編　共同刊行：高知商業高等学校蛍友会〉Ⓝ376.48

『創立120周年記念誌―創立100周年から120周年までの歩み』高知商業高等学校創立120周年記念事業実行委員会編　高知商業高等学校創立120周年記念事業実行委員会　2019.11　147p　30cm　Ⓝ376.4

◆高知西高等学校

『創立二十五周年記念誌』創立二十五周年記念誌編集係編　高知県立高知西高等学校　1983.2　149p　22cm

『創立50周年記念誌』高知県立高知西高等学校　2008.2　142p　30cm

『創立60周年記念誌』高知県立高知西高等学校創立60周年記念事業実行委員会編　高知県立高知西高等学校創立60周年記念事業実行委員会　2019.3　101p　30cm

『創立65周年記念誌―高知県立高知西高等学校』高知県立高知西高等学校統合事業実行委員会編集　高知　高知県立高知西高等学校統合事業実行委員会　2023.3　152p　30cm〈書誌注記：年表あり　部分タイトル：高知県立高知西高等学校創立65周年記念誌〉Ⓝ376.48

◆高知農業高等学校

『[高知県立高知農業高校]創立80周年記念誌―高知農業高等学校』高知県立高知農業高等学校記念誌編集委員会編　高知県立高知農業高等学校記念誌編集委員会　1971.2　134p　22cm

『高知農業高校創立九十周年記念誌』創立九十周年記念事業行事実行委員会編　創立九十年記念事業行事実行委員会　1981.3　241p　26cm

『創立95年校舎総合落成記念』高知県立高知農業高等学校創立95周年・校舎総合落成記念実行委員会編　[高知県立高知農業高等学校創立95周年・校舎総合落成記念実行委員会]　1985.1　24p　26cm　販価不明

『創立100周年記念誌―1990』高知県立高知農業高等学校創立100周年記念事業実行委員会編　南国　高知県立高知農業高等学校　1991.2　289p　27cm　Ⓝ376.3

◆高知農業高等学校高知市分校

『高知市分校誌―定時制、昭和23年5月～49年3月』高知農業高等学校高知市分校同窓会編　高知農業高等学校高知市分校同窓会　1974.12　130p　22cm

高知県

◆高知東高等学校

『立志―［高知県立高知東高等学校］創立十周年記念誌』高知県立高知東高等学校創立十周年記念事業実行委員会記念誌係編　高知県立高知東高等学校創立十周年記念事業委員会　1985.11　164p　27cm

『立志―創立40周年記念誌』高知県立高知東高等学校創立40周年記念事業実行委員会記念誌係編　高知県立高知東高等学校創立40周年記念事業実行委員会記念誌係　2017.10　58p　30cm　Ⓝ376.48

◆高知丸の内高等学校

『公孫樹―創立100周年記念誌』百周年記念誌編集委員会編　高知県立高知丸の内高等学校　1988.9　159p　32cm

◆高知南高等学校

『高知南高校三年史』高知南高校三年史編集委員会編　高知県立高知南高等学校　1989.11　216p　27cm

『高知南高校十年史―平成八年　追録』高知県立高知南高等学校編　高知県立高知南高等学校　［1996］　19p　26cm

『高知南高校十年史―平成八年』高知南高校十年史編集委員会編　高知県立高知南高等学校創立10周年記念事業実行委員会　1996.10　214p　27cm

『高知県立高知南中学校創立21周年　高知県立高知南高等学校創立36周年記念誌―進取の精神を未来へつなぐ』高知　高知県立高知南中学校　2023.3　95p　30cm〈書誌注記：年表あり　出版者注記：高知県立高知南高等学校〉Ⓝ376.38

◆佐川高等学校

『さかわ―（高知県立佐川高等学校）創立50周年記念アルバム』高知県立佐川高等学校編　高知県立佐川高等学校　1971.11　14p　26cm

『（高知県立佐川高等学校）創立50周年並びに体育館落成記念』高知県立佐川高等学校編　高知県立佐川高等学校　1971.11　18p　26cm

『［高知県立佐川高等学校］創立70周年記念誌』高知県立佐川高等学校創立70周年記念事業実行委員会編　高知県立佐川高等学校　1993.11　118p　27cm

『高知県立佐川高等学校創立80周年記念誌』高知県立佐川高等学校編　高知県立佐川高等学校　2002.2　58p　30cm

『高知県立佐川高等学校創立100周年記念誌』高知県立佐川高等学校編　高知県立佐川高等学校　2023.2　80, 20p　30cm

◆佐川高等学校日下分校

『日下分校誌―四半世紀のあゆみ』日下分校記念誌編集委員会編　日下分校記念誌刊行会　1976.3　88p　21cm

◆清水高等学校

『高知県立清水高等学校創立四十年記念事業補遺』記念事業実行委員会編　［高知県立清水高等学校］　1990.8　62p　26cm

◆城山高等学校

『［高知県立城山高等学校］創立五十周年記念誌―50年の礎今新たなる誓い』創立五十周年記念誌編集委員会編　高知県立城山高等学校　1997.3　250p　27cm

『体育科記念誌』体育科記念誌編集委員会編　高知県立城山高等学校　1998.2　131p　26cm

◆宿毛高等学校

『高知県立宿毛高等学校開校四十年誌』高知県立宿毛高等学校「開校四十年誌」編集委員会編　宿毛　高知県立宿毛高等学校校舎落成記念事業実行委員会　1985.10　381p　22cm〈背の書名：開校四十年誌〉Ⓝ376.4

『創立50周年記念誌―1944〜1994』創立50周年記念誌編集委員会編　宿毛　高知県立宿毛高等学校　1995.12　160p　27cm　Ⓝ376.4

◆宿毛高等学校大月分校

『大月分校ありがとう―高知県立宿毛高等学校大月分校閉校記念誌』高知県立宿毛高等学校大月分校閉校事業記念誌委員会編　高知県立宿毛高等学校大月分校　2014.3　132p　30cm

◆宿毛高等学校小筑紫分校

『軌跡―小筑紫分校の歩み』小筑紫分校閉校記念事業実行委員会編　宿毛　高知県立宿毛高等学校小筑紫分校　〔2000〕　170p　27cm〈年表あり〉Ⓝ376.48

◆須崎高等学校

『［高知県立須崎高等学校］創立五十周年記念誌』高知県立須崎高等学校創立50周年記念事

業実行委員会編　高知県立須崎高等学校創立50周年記念事業実行委員会　1997.10　168p　31cm

◆須崎工業高等学校

『須崎工業高等学校創立50周年記念誌』須崎工業高等学校創立50周年記念誌編集委員会編　須崎工業高等学校創立50周年記念事業実行委員会　1992.10　370p　27cm

◆清和女子高等学校

『清和学園八十五年史』清和学園八十五年史編纂委員会編　清和学園　1987.6　120p　21cm

『清和学園百年史―HISTORY OF SEIWAGAKUEN』記念誌編集委員会編　清和女子中高等学校　2001.11　100p　30cm

◆高岡高等学校戸波分校

『戸波分校25年のあゆみ』高知県立高岡高等学校戸波分校記念誌刊行会編　高知県立高岡高等学校戸波分校　1972　78p　22cm

◆中芸高等学校

『創立五十周年記念誌』中芸高等学校記念誌編集委員会編　中芸高等学校同窓会　1998.11　126p　27cm

◆土佐高等学校

『創立五十周年記念誌』創立五十周年記念誌編集委員編　土佐高等学校・土佐中学校　1976.2　185p　22cm

『全力疾走三十年』籠尾良雄著　高知　高知新聞社　1995.8　226p　20cm〈書誌注記：土佐高校野球部年譜：p214～225　発売：高知新聞企業〉1800円　Ⓝ783.7

|目次| 監督辞任の日、高知商入り、母校監督に就任、60点を70点に、県予選・四国大会優勝、初めての甲子園、全力疾走、上岡誠二投手、センバツ準優勝、右文寮、萩野友康投手、中京の待球作戦、高知商の壁〔ほか〕

|内容| 全国の野球ファンに熱い感動と、すがすがしい風を運んだ純白のユニホーム。「文武両道」を合言葉に全力疾走で甲子園のグラウンドを駆けた、土佐高校野球の記録。

『冠する土佐の名に叶へ―土佐中高80周年記念誌』記念誌編集委員会編　土佐中・高等学校　2001.6　543p　26cm

『技魅せられて―土佐中・高等学校新校舎建築現場にて』土佐中・高等学校広報ホームページ編集部編　高知　土佐中・高等学校　2010.1　1冊（ページ付なし）30cm〈発売：リーブル出版（高知）〉1143円　Ⓘ978-4-86338-020-2　Ⓝ526.37

『全力疾走の軌跡―土佐高野球部誌』高知　『土佐高野球部誌―全力疾走の軌跡』編纂委員会　2012.6　333p　27cm　Ⓝ783.7

『土佐中学を創った人々―土佐中学校創立基本資料集』向陽プレスクラブ著　向陽プレスクラブ　2014.4　181p　26cm　非売品　Ⓝ376.4

『筆山の麓―土佐中高一〇〇年人物伝：土佐中高校創立百周年記念出版』土佐中高100年人物伝刊行委員会編集　土佐中高100年人物伝刊行委員会　2020.10　318p　21cm〈書誌注記：年表あり　書誌注記：文献あり　出版者注記：高知新聞総合印刷〉1091円　Ⓘ978-4-910284-01-9　Ⓝ281.84

『創立百年史―土佐中学校・土佐高等学校：1920-2019』土佐中学校・高等学校編　高知　土佐中学校・高等学校　2020.11　935p　27cm〈書誌注記：年表あり〉Ⓝ376.38

『創立百周年記念行事の記録・創立百年史正誤表』土佐中学校・高等学校著　土佐中学校・高等学校　〔2021〕　8p　26cm

◆土佐塾高等学校

『少年易老学難成一寸光陰不可軽―土佐塾創立30周年記念誌』土佐塾30周年記念広報室編　福島清三　1989.11　376p　26cm

『What's SSP？―土佐塾中高の新たな挑戦！文部科学省「教育改革推進モデル事業」』冨岡豊英、溝渕正一著　高知　土佐塾中学校・高等学校　2006.3　238p　21cm〈発売：南の風社（高知）〉1143円　Ⓘ4-86202-008-9　Ⓝ375.25

『山の上の学校―創立30周年記念誌』創立30周年記念誌編集委員会編　土佐塾学園土佐塾中学・高等学校　2017.11　280p　30cm

◆土佐女子高等学校

『七十年のあゆみ』創立七十周年記念誌編集委員会編　土佐女子中学・高等学校　1973.5　265p　19cm

『［土佐女子中学・高等学校］創立八十周年記念誌』創立八十周年記念誌編集委員会編　土佐女子中高等学校　1982.10　309p　21cm

『土佐女子高等学校・中学校創立90周年記念』土佐女子学園編　〔土佐女子学園〕　1992　1冊　26cm

『高知共立学校資料集』土佐女子高等学校編　土佐女子学園　1992.10　608, 7p　22cm

『土佐女子高等学校・中学校創立90周年記念誌』記念写真集編纂委員編　土佐女子学園　1992.10　111p　31cm

『土佐女子中学・高等学校創立90周年記念写真集』記念写真集編纂委員編　高知　土佐女子学園　1992.10　111p　31cm〈年表あり〉　Ⓝ376.48

『創立百周年記念誌』土佐女子高等学校編　土佐女子学園　2002.4　349p　22cm

『Tosajoshi in newspapers—新聞記事にみる土佐女子』土佐女子中学・高等学校編　土佐女子中学・高等学校　2017.6　21p　30cm

◆中村高等学校

『中村高校八十年史』高知県立中村高等学校創立八十周年記念事業実行委員会記念誌部会編　中村　高知県立中村高等学校創立八十周年記念事業実行委員会　1980.11　1054p　27cm　Ⓝ376.4

『中村高校八十年史　補遺』高知県立中村高等学校創立八十周年記念事業実行委員会記念誌部会編　中村　高知県立中村高等学校創立八十周年記念事業実行委員会　1982.3　125p　26cm　Ⓝ376.4

『古城山—高知県立中村高等学校創立百周年記念誌』高知県立中村高等学校創立百周年記念事業実行委員会編　高知県立中村高等学校創立百周年記念事業実行委員会　1999.4　243p　31cm

『想いは一つ甲子園—高知県立中村高等学校：センバツ2017第89回選抜高等学校野球大会出場記念』高知県立中村高等学校野球部甲子園出場支援実行委員会編　四万十　高知県立中村高等学校野球部甲子園出場支援実行委員会　2017.5　34p　30cm

◆幡多農業高等学校

『記念誌』高知県立幡多農業高等学校編　高知県立幡多農業高等学校　1975.7　125p　22cm

◆春野高等学校

『清新—創立100周年記念誌』高知県立春野高等学校創立100周年記念誌編集委員会編　高知県立春野高等学校　2008　137p　30cm

◆弘岡農業高等学校

『弘農バレー部回顧録翔舞—バレー部創部50周年記念誌，高知県立弘岡農業高等学校　高知県立高知園芸高等学校』弘農バレー部50周年記念誌編集委員会編　弘農バレー部50周年記念誌編集委員会　1996.8　123p　26cm

◆室戸高等学校

『［高知県立室戸高等学校］五十年のあゆみ』高知県立室戸高等学校「五十年のあゆみ」編集委員会編　高知県立室戸高等学校創立五十周年記念事業実行委員会　1996.11　135, 18p　27cm

『永遠の我が母校—高知県立室戸高等学校甲浦分校閉校記念誌』閉校記念誌編集委員会編　高知県立室戸高等学校甲浦分校　1999.3　174p　27cm

『夢の甲子園へ—室戸高校野球部の挑戦』室戸高校野球部育成会編,尾崎正敏著　高知　高知新聞社　2007.2　61p　21cm（高知新聞ブックレット no.2)〈発売：高知新聞企業（高知）年表あり〉667円　①978-4-87503-369-1　Ⓝ783.7

『旋風!!室戸高一'07センバツ激闘の記録』高知　高知新聞社　2007.4　1冊（ページ付なし）37cm〈発売：高知新聞企業（高知）〉952円　①978-4-87503-373-8　Ⓝ783.7

◆室戸高等学校吉良川分校

『吉良川分校誌—34年のあゆみ』吉良川分校誌編集委員会編　高知県立室戸高等学校吉良川分校記念誌刊行会　1983.11　85p　21cm

◆室戸岬水産高等学校

『五十年のあゆみ—創立五十周年記念事業　補遺』高知県立室戸岬水産高等学校編　高知県立室戸岬水産高等学校　［1992］　23p　27cm　Ⓝ376.4

『五十年のあゆみ』高知県立室戸岬水産高等学校創立50周年記念誌編集委員会編　高知県立室戸岬水産高等学校創立50周年記念事業実行委員会　1992.2　149p　27cm

『水平線—水産教育五十七年の航跡』高知県立室戸岬水産高等学校学校誌編集委員会編　高知県立室戸岬水産高等学校学校誌編集委員会　1999.3　198p　27cm　非売品

◆明徳義塾高等学校

『明徳高校設立についての私の考え』明徳中学三年生編　明徳中学三年生　1975.12　34p　26cm

『松田野球の哲学―グラウンドは人生の道場だ』
森彰英著　広池学園出版部　1983.4　223p
19cm　980円　Ⓝ783.7

『優勝への道―この1冊を先人先輩のご苦労に捧げる』明徳義塾高等学校　2002.9　1冊　30cm

『翔―創立30周年記念誌』明徳義塾　2003.11　108p　30cm

『明徳義塾の「人間教育」―偏差値よりも人間値』小笠原英晃著　太陽出版　2005.5　301p　19cm　1700円　Ⓘ4-88469-415-5　Ⓝ376.4184

[目次] 第1章 落ちこぼれが創った日本一の学校、第2章 目指せ、オンリーワンの道、第3章 公教育にはできない"人"づくり、第4章 明徳教育とは何か？、第5章 明徳義塾の人間教育、第6章 不変のものと可変のもの、第7章 明徳義塾の挑戦

[内容] 横綱朝青龍、Jリーガーの三都主、女子ゴルフの横峯さくら…彼らトップアスリートたちには共通の基盤があった！それは、基礎精神力を培う明徳義塾の人間教育だ。30年前、「落ちこぼれが創った日本一の学校」の素顔に迫る。

◆山田高等学校

『高知県立山田高等学校50周年記念誌―1941-1990』創立50周年記念誌編集委員会編　高知県立山田高等学校　1990.11　69p　27cm

『創立七十周年記念誌―高知県立山田高等学校』香美　高知県立山田高等学校　2011.2　79p　30cm〈年表あり〉Ⓝ376.48

◆梼原高等学校

『[高知県立梼原高等学校]創立五十周年記念誌』高知県立梼原高等学校同窓会五十周年記念誌編集委員会編　高知県立梼原高等学校同窓会　1984.11　111, 96p　26cm

◆嶺北高等学校

『創立30周年記念誌―高知県立嶺北高等学校』記念誌編集委員会編　高知県立嶺北高等学校本館落成並びに創立30周年記念事業実行委員会/編　1979.3　256p　21cm

『嶺北・青春をラグビーにかけて』川村千枝子著　土佐町（高知県）川村千枝子　1985.8　199p　19cm〈編集・製作：あどばんす　付：参考文献〉1100円　Ⓝ783.48

◆嶺北高等学校森分校

『分校のあゆみ』高知県立嶺北高等学校森分校編　高知県立嶺北高等学校森分校　1971.3　40p　25cm

福岡県

◆青山女子高等学校

『青山女子高等学校二十年史』青山女子高等学校二十年誌編集委員会編　北九州　青山女子高等学校　1983.5　138p　22cm〈沿革：p83～84〉Ⓝ376.4

◆朝倉高等学校

『校史続編　昭和54年～平成元年』福岡県立朝倉高等学校編　甘木　福岡県立朝倉高等学校　1989.5　232p　図版8p　21cm〈校史（年表）：p2～52〉Ⓝ376.4

『あさくら―野球部創部五十五周年記念誌』北野町（福岡県）福岡県立朝倉高等学校野球部OB会　2004.12　207p　31cm〈奥付のタイトル：福岡県立朝倉高等学校野球部55周年記念誌〉Ⓝ783.7

『創立百年史』朝倉　福岡県立朝倉高等学校　2008.9　466p　31cm〈共同刊行：福岡県立朝倉高等学校同窓会〉Ⓝ376.48

◆朝倉農業高等学校

『朝農八十年誌』朝農八十年誌編集委員会編　甘木　福岡県立朝倉農業高等学校　1987.3　211p　写真29p　折込1枚　22cm〈昭和四十二年度以降の主なできごと：p32～37〉Ⓝ376.4

『福岡県立朝倉農業高等学校創立百周年記念誌』福岡県立朝倉農業高等学校創立百周年記念誌編集委員会編集　朝倉　福岡県立朝倉農業高等学校　2006.12　79p　31cm　Ⓝ376.4

◆朝倉東高等学校

『朝倉東高三十年』福岡県立朝倉東高等学校編　甘木　福岡県立朝倉東高等学校　1987.5　218p　26cm〈学校沿革：p16～17〉Ⓝ376.4

『朝倉東高四十年』四十周年記念誌編集委員会編集　甘木　福岡県立朝倉東高等学校　1997.11　203p　31cm〈本校の沿革：p12～13〉Ⓝ376.4

◆朝羽高等学校

『朝羽八十年史』福岡県立朝羽高等学校編　杷木町（福岡県朝倉郡）［福岡県立朝羽高等学

校〕〔1974〕388p 写真21p 22cm〈職員：p171〜186〉Ⓝ376.4

『朝羽―福岡県立朝羽高等学校創立100周年記念写真集』朝羽高校記念誌委員会編 杷木町（福岡県朝倉郡）福岡県立朝羽高等学校 1994.2 143p 27cm〈沿革：p16〜17〉Ⓝ376.4

『あさは―［福岡県立朝羽高等学校］創立110周年記念誌』杷木町（福岡県朝倉郡）福岡県立朝羽高等学校 2003.10 11p 30cm Ⓝ376.4

◆ありあけ新世高等学校

『福岡県立ありあけ新世高等学校創立十周年記念誌―新世生よ、人生のプロデューサーたれ！』福岡県立ありあけ新世高等学校編集 大牟田 福岡県立ありあけ新世高等学校 2013.2 110p 30cm〈学校の沿革：p13〜14、歴代職員一覧：p106〜108〉Ⓝ376.4

『福岡県立ありあけ新世高等学校創立20周年記念誌―『繋がる』』福岡県立ありあけ新世高等学校編 大牟田 福岡県立ありあけ新世高等学校 2023.2 115p 30cm Ⓝ376.4

◆育徳館高等学校

『錦陵二百五十年―創立250周年記念写真集』福岡県立育徳館高等学校創立250周年記念事業実行委員会記念誌編集委員会企画・編集 みやこ町（福岡県）福岡県立育徳館高等学校創立250周年記念事業実行委員会 2010.2 206p 30cm〈書誌注記：年表あり〉Ⓝ376.48

『福岡県立育徳館高等学校創立二百五十年史―宝暦八年〜平成二一年（一七五八〜二〇〇九年）』福岡県立育徳館高等学校創立250周年記念事業実行委員会記念誌編集委員会企画・編集 みやこ町（福岡県）福岡県立育徳館高等学校創立250周年記念事業実行委員会 2010.2 547, 129p 27cm〈年表あり〉Ⓝ376.48

『錦陵人物誌―近現代日本に貢献した旧制豊津中学校の群像』小正路淑泰著 みやこ町（福岡県京都郡）福岡県立育徳館高等学校 2018.5 60p 30cm Ⓝ281.91

『豊津藩校・育徳館の解説と継承』小正路淑泰著 みやこ町（福岡県京都郡）福岡県立育徳館中学校 2019.5 34p 30cm Ⓝ376.4

◆糸島高等学校

『創立七十五年史』校史編集委員会編 前原町（福岡県糸島郡）福岡県立糸島高等学校 1976.7 482p 写真10p 22cm〈校史年表：編末〉Ⓝ376.4

『福岡県立糸島高等学校創立百年史―1902-2002』福岡県立糸島高等学校記念誌編集委員会編 前原 福岡県立糸島高等学校 2003.2 549p 31cm〈背・表紙のタイトル：創立百年史 年表あり〉Ⓝ376.48

『糸高図録 2012年』福岡県立糸島高等学校編 糸島 福岡県立糸島高等学校 2012.10 86p 30cm〈書誌注記：年表あり 書誌注記：文献あり〉Ⓝ376.4191

『創立百十年史―1902-2012』福岡県立糸島高等学校記念誌編集委員会編 糸島 福岡県立糸島高等学校 2013.3 226p 30cm〈書誌注記：年表あり 奥付のタイトル：福岡県立糸島高等学校創立百十年史〉Ⓝ376.48

『創立百二十年史―Itoshima Senior High School 120th anniversary：1902-2022』福岡県立糸島高等学校創立百二十年史編集委員会編集 糸島 福岡県立糸島高等学校 2023.3 217p 30cm〈書誌注記：年表あり 部分タイトル：福岡県立糸島高等学校創立百二十年史〉Ⓝ376.48

◆糸島農業高等学校

『糸農八十年史』校史編集委員会編 前原町（福岡県糸島郡）福岡県立糸島農業高等学校 1982.11 310p 22cm〈糸農沿革史：p19〜28〉Ⓝ376.4

『福岡県立糸島農業高等学校創立90周年記念写真集』記念誌編集委員会編 前原町（福岡県糸島郡）福岡県立糸島農業高等学校 1992.11 151p 27cm〈沿革：p20〜21〉Ⓝ376.4

◆稲築志耕館高等学校

『福岡県立稲築志耕館高等学校創立90周年記念誌―写真で綴る10年間の記録』福岡県立稲築志耕館高等学校編 嘉麻 福岡県立稲築志耕館高等学校 2013.10 82p 31cm〈沿革：p60〜81〉Ⓝ376.4

◆浮羽高等学校

『浮羽―開校65周年の回顧』福岡県立浮羽高等学校編 吉井町（福岡県浮羽郡）福岡県立浮羽高等学校 1973.1 123p 写真1枚 27cm〈学校沿革史：p86〜93〉Ⓝ376.4

『浮羽―創立75周年記念』福岡県立浮羽高等学校編 吉井町（福岡県浮羽郡）福岡県立浮

福岡県

高等学校　1981.5　195p 図版1枚　27cm〈学校沿革史：p171〜179〉Ⓝ376.4

◆浮羽究真館高等学校

『過去からいまそして未来へ…―創立100周年記念誌：浮羽・浮羽東高等学校創立100周年記念/浮羽究真館高等学校創立記念』創立100周年記念誌編集委員会編　うきは　福岡県立浮羽究真館高等学校同窓会　2009.5　211p　31cm〈書誌注記：年表あり〉Ⓝ376.48

◆浮羽工業高等学校

『創立八十年史―1987年』福岡県立浮羽工業高等学校創立80周年記念誌編集委員会編　田主丸町（福岡県浮羽郡）福岡県立浮羽工業高等学校　1987.6　203p 図版16枚　27cm〈沿革概要：p179〜181〉Ⓝ376.4

『創立110周年記念』福岡県立浮羽工業高等学校編　田主丸町（福岡県浮羽郡）福岡県立浮羽工業高等学校　2016.11　10p　30cm　Ⓝ376.4

◆浮羽東高等学校

『浮羽東二十年』二十周年記念誌編集委員会編　吉井町（福岡県浮羽郡）福岡県立浮羽東高等学校　1985.11　197p 図版5枚　27cm　Ⓝ376.4

◆宇美商業高等学校

『宇美商五十年史』福岡県立宇美商業高等学校編　宇美町（福岡県糟屋郡）福岡県立宇美商業高等学校　2012.9　8,140p　31cm　Ⓝ376.4

『創立60周年記念誌』福岡県立宇美商業高等学校編　宇美町（福岡県糟屋郡）福岡県立宇美商業高等学校　2023.2　8,89p　30cm　Ⓝ376.4

◆大川高等学校

『福岡県立大川高等学校百年のあゆみ写真集』　大川　福岡県立大川高等学校創立百周年記念事業実行委員会　2005.3　193p　30cm〈タイトルは奥付による　年表あり〉Ⓝ376.48

◆大川工業高等学校

『大川工業高等学校創立八十周年記念誌』創立八十周年記念誌編集委員会編　大川　福岡県立大川工業高等学校　2001.11　271p　31cm　Ⓝ376.4

◆大川樟風高等学校

『大川樟風高等学校創立十周年記念誌』創立十周年記念誌委員会編集　大川　大川樟風高等学校　2013.4　99p　31cm〈沿革（福岡県立大川高等学校・福岡県立大川工業高等学校・福岡県立大川樟風高等学校）：p29〜32〉Ⓝ376.4

◆大牟田高等学校

『走れ！　都大路―大牟田高校駅伝部の挑戦』制作委員会企画・編集　大牟田　有明新報社　2003.9　236p　19cm〈大牟田高校の全国大会での記録：p228〜233〉Ⓝ782.3

◆大牟田北高等学校

『七十年校史―昭和57年度刊』福岡県立大牟田高等女学校,福岡県立大牟田北高等学校編　大牟田　福岡県立大牟田北高等学校　1982.10　714p 写真26枚　21cm〈新制高等学校時代の旧職員：p642〜647〉Ⓝ376.4

『藤蔭―福岡県立大牟田北高等学校九十周年記念誌』福岡県立大牟田北高等学校編　大牟田　福岡県立大牟田北高等学校　2002.10　6,289p　31cm〈あゆみ（1982年〜2002年）：p15〜26, 職員一覧（在任期間1982年〜2002年）：p277〜288〉Ⓝ376.4

『福岡県立大牟田北高等学校創立百周年記念誌』創立百周年記念誌編集委員会編　大牟田　福岡県立大牟田北高等学校　2013.3　194p　31cm　Ⓝ376.4

◆大牟田商業高等学校

『創立五十五周年記念誌―福岡県立大牟田商業高等学校』福岡県立大牟田商業高等学校創立五十五周年記念誌編集委員会編　大牟田　福岡県立大牟田商業高等学校　1979.11　389p 図版12枚　22cm　非売品　Ⓝ376.4

『創立七十周年―写真誌』福岡県立大牟田商業高等学校創立七十周年記念写真集編集委員会編　大牟田　福岡県立大牟田商業高等学校　1994.12　148p　27cm〈校史（年表）：p130〜142〉Ⓝ376.4

『大商八十年史』福岡県立大牟田商業高等学校校史委員会編　大牟田　福岡県立大牟田商業高等学校　2005.3　247p　27cm〈校史（年表）：p231〜245〉Ⓝ376.4

◆沖学園高等学校

『沖学園創立三十周年記念誌』記念誌編集委員

会編　福岡　沖学園高等学校　1988.3　307p　図版12枚　27cm〈学校沿革：p22～30〉Ⓝ376.4

『沖学園創立50周年記念誌―学校法人沖学園高等学校50周年隆徳館15周年』沖学園創立50周年記念誌編集委員会編　福岡　学校法人沖学園　2006.11　162p　30cm〈年表：p150-159〉Ⓝ376.4

◆小郡高等学校

『福岡県立小郡高等学校創立五周年記念誌』福岡県立小郡高等学校創立五周年記念事業実行委員会編　小郡　福岡県立小郡高等学校創立五周年記念事業実行委員会　1988.11　181p　図版14枚　27cm〈教職員異動一覧：p175～180〉Ⓝ376.4

『創立30周年記念誌』小郡　福岡県立小郡高等学校創立30周年記念事業実行委員会　2014.3　76p　30cm〈書誌注記：年表あり　共同刊行：福岡県立小郡高等学校〉Ⓝ376.48

◆折尾高等学校

『創立三十周年記念誌』創立三十周年記念誌編集委員会編　北九州　福岡県立折尾高等学校　1987.2　227p　写真20p　26cm〈折尾高校沿革史：p177～188〉Ⓝ376.4

『北陵―福岡県立折尾高等学校創立50周年記念誌』福岡県立折尾高等学校記念事業実行委員会編　北九州　福岡県立折尾高等学校記念事業実行委員会　2007.2　128p　31cm　Ⓝ376.4

◆遠賀高等学校

『創立九十周年記念誌』創立九十周年記念誌編集委員会編集　福岡　福岡県立遠賀高等学校　[2001]　40p　31cm〈沿革：p11～14〉Ⓝ376.4

『遠髙百年史』遠賀町（福岡県）　福岡県立遠賀高等学校　2011.11　168p　31cm〈書誌注記：年表あり　奥付のタイトル：創立百年史〉Ⓝ376.48

◆遠賀農芸高等学校

『遠農六十年史』福岡県立遠賀農芸高等学校「創立六〇年史」編集委員会編　遠賀町（福岡県遠賀郡）　福岡県立遠賀農芸高等学校　1973.9　312p　図版11枚　22cm〈歴代校長：p302〉Ⓝ376.4

◆香椎高等学校

『創立五十年史』福岡県立香椎高等学校創立五十年史編集委員会編　福岡　福岡県立香椎高等学校　1972.1　267p　22cm〈本校沿革史年表：p244～251〉Ⓝ376.4

『創立六十周年記念誌―自昭和四十六年至昭和五十六年』福岡県立香椎高等学校創立六十年記念誌編集委員会編　福岡　福岡県立香椎高等学校　1981.5　239p　図版3枚　21cm〈年表：p5～39〉Ⓝ376.4

『香陵―福岡県立香椎高等学校創立七十周年記念写真集』福岡県立香椎高等学校香陵会事務局編　福岡　福岡県立香椎高等学校　1991.11　143p　31cm〈沿革史年表：p131～143〉Ⓝ376.4

『「黒門」ものがたり―校舎等大規模改築完成並びに75周年記念』福岡　福岡県立香椎高等学校　1996.5　65p　19×26cm　Ⓝ376.4

『創立80周年記念誌　常緑樹』福岡　福岡県立香椎高等学校　2001.12　188p　30cm　Ⓝ376.4

『創立90周年記念誌』福岡県立香椎高等学校編　福岡　福岡県立香椎高等学校　2011.10　140p　30cm〈学校の沿革：p34～36、職員一覧：p135～140〉Ⓝ376.4

『福岡県立香椎高等学校創立90周年記念　資料』福岡県立香椎高等学校編　福岡　福岡県立香椎高等学校　2011.10　39p　30cm〈学校の沿革：p34～36、職員一覧：p135～140〉Ⓝ376.4

『輝け香椎つながる100年―福岡県立香椎高等学校創立100周年記念誌』福岡県立香椎高等学校編　福岡　福岡県立香椎高等学校　2023.12　298p　31cm〈学校の沿革：p294～298、教職員年表：p262～293〉Ⓝ376.4

◆香椎工業高等学校

『福岡県立香椎工業高等学校十年誌』福岡県立香椎工業高等学校十年誌編さん委員会編　福岡　[福岡県立香椎工業高等学校]　1972.11　114p　26cm〈年譜：p94～100〉Ⓝ376.4

『福岡県立香椎工業高等学校二十年誌』福岡県立香椎工業高等学校二十年誌編さん委員会編　福岡　福岡県立香椎工業高等学校　1982.11　126p　27cm〈年譜：p99～109〉Ⓝ376.4

『福岡県立香椎工業高等学校四十年誌』福岡県立香椎工業高等学校四十年誌編集委員会編　福岡　福岡県立香椎工業高等学校　2004.11　111p　27cm　Ⓝ376.4

『福岡県立香椎工業高等学校五十年記念誌―〜

福岡県

世界を変える風となれ～』福岡県立香椎工業高等学校五十周年記念誌編集委員会編　福岡　福岡県立香椎工業高等学校　2012.11　79p　30cm　Ⓝ376.4

『福岡県立香椎工業高等学校60周年記念誌―香エプライド～過去への感謝と未来への挑戦～』福岡県立香椎工業高等学校60周年記念誌編集委員会編　福岡　福岡県立香椎工業高等学校　2022.11　72p　30cm　Ⓝ376.4

◆春日高等学校

『春日五年―記念誌』福岡県立春日高等学校編　春日　福岡県立春日高等学校　1982.10　116p　27cm〈本校沿革概要：p25～28〉Ⓝ376.4

『福岡県立春日高等学校創立十周年記念誌』福岡県立春日高等学校編　春日　福岡県立春日高等学校　1989.3　109p　図版12枚　27cm〈着任順職員勤務期間一覧：p100～104〉Ⓝ376.4

『春日高等学校創立二十周年誌』創立二十周年記念誌編集委員会編集　春日　福岡県立春日高等学校　1998.3　244p　図版30p　26cm〈年譜（昭和63年4月より平成9年12月まで）：p211～218〉Ⓝ376.4

『福岡県立春日高等学校創立30周年記念誌―ing』福岡県立春日高等学校編　春日　福岡県立春日高等学校　2007.11　106p　30cm　Ⓝ376.4

◆香住丘高等学校

『群青はるか―創立五周年記念誌』創立五周年記念誌編集委員会編　福岡　福岡県立香住丘高等学校　1989.11　135p　27cm〈教職員一覧：p128～130〉Ⓝ376.4

『群青はるか―創立十周年記念誌』創立10周年記念誌編集委員会編集　福岡　福岡県立香住丘高等学校　1994.11　125p　27cm〈写真と年表で振り返る10年間：p74～93〉Ⓝ376.4

『紫雲たなびく―福岡県立香住丘高等学校創立20周年記念誌』創立20周年記念誌編集委員会編集　福岡　福岡県立香住丘高等学校　2004.11　151p　31cm〈校史：p20～49〉Ⓝ376.4

『茜に映ゆる―福岡県立香住丘高等学校創立30周年記念誌』創立30周年記念誌編集委員会編集　福岡　福岡県立香住丘高等学校　2014.11　157p　31cm〈書誌注記：年表あり〉Ⓝ376.48

◆粕屋高等学校

『軌跡―1982』福岡県立粕屋高等学校編　粕屋町（福岡県粕屋郡）［福岡県立粕屋高等学校］［1982］　56p　30cm〈職員一覧：p53～55〉Ⓝ376.4

『創立八十周年記念誌』創立八十周年記念誌編集委員会編　粕屋町（福岡県粕屋郡）福岡県立粕屋高等学校　1992.10　219p　写真8p　22cm〈年表：p198～207〉Ⓝ376.4

◆嘉穂高等学校

『嘉穂80年誌』福岡県立嘉穂高等学校編　飯塚　福岡県立嘉穂高等学校　1981.10　130p　図版4枚　31cm　Ⓝ376.4

『嘉穂百年史』飯塚　福岡県立嘉穂高等学校創立百周年記念事業実行委員会　2001.10　500p　31cm〈年表：p479～498〉Ⓝ376.4

『嘉穂110年誌』「嘉穂110年誌」編集委員会編　飯塚　福岡県立嘉穂高等学校創立110周年記念実行委員会　2011.11　573p　31cm〈沿革：p536～570〉Ⓝ376.4

『閉課程記念誌』福岡県立嘉穂高等学校定時制課程閉課程記念誌編集委員会編集　飯塚　福岡県立嘉穂高等学校定時制課程閉課程記念誌編集委員会　2020.3　77p　30cm　Ⓝ376.4

◆嘉穂工業高等学校

『福岡県立嘉穂工業高等学校創立三十周年記念誌』福岡県立嘉穂工業高等学校編　嘉穂町（福岡県嘉穂郡）福岡県立嘉穂工業高等学校　1973.11　149p　図版9枚　26cm〈学校沿革：p9～16〉Ⓝ376.4

◆嘉穂総合高等学校

『創立10周年記念誌』桂川（嘉穂郡）福岡県立嘉穂総合高等学校　2014.10　20p　30cm〈沿革：p6〉Ⓝ376.4

◆嘉穂中央高等学校

『ななうら―創立九十周年記念誌』記念誌編集委員編集　飯塚　福岡県立嘉穂中央高等学校　1999.11　60p　31cm〈沿革：p41～42〉Ⓝ376.4

◆嘉穂東高等学校

『創立七十周年記念誌』福岡県立嘉穂東高等学校編　飯塚　福岡県立嘉穂東高等学校　1979.10　64p（頁付）写真10p　21cm〈歴代校長：p20〉Ⓝ376.4

『福岡県立嘉穂東高等学校創立八十周年記念写真集』福岡県立嘉穂東高等学校編　飯塚　福

岡県立嘉穂東高等学校　1990.11　219p　31cm〈沿革史：p26～27, 132～133〉Ⓝ376.4

『福岡県立嘉穂東高等学校創立九十周年記念誌』　飯塚　福岡県立嘉穂東高等学校　2000.10　419p　31cm〈沿革略史：p6～9〉Ⓝ376.4

『福岡県立嘉穂東高等学校 創立百周年記念誌 百年のあゆみ』　今心株式会社編集　飯塚　福岡県立嘉穂東高等学校　2011.3　251p　31cm〈沿革：p116～147〉Ⓝ376.4

◆苅田工業高等学校

『創立二十周年記念誌』　二十周年記念誌編集委員会　苅田町（福岡県京都郡）福岡県立苅田工業高等学校　1983.11　59p 図版6枚　26cm〈職員録：p51～59〉Ⓝ376.4

『高城―福岡県立苅田工業高等学校創立三十周年記念誌』　記念誌編集委員会編　苅田町（福岡県京都郡）福岡県立苅田工業高等学校　1992.10　189p　27cm〈学校沿革：p164～167〉Ⓝ376.4

『福岡県立苅田工業高等学校創立四十周年記念誌』　創立四十周年記念誌編集委員会編　苅田町（福岡県京都郡）福岡県立苅田工業高等学校　2002.11　145p　26cm〈沿革概要：p13～14〉Ⓝ376.4

『福岡県立苅田工業高等学校創立五十周年記念誌』　記念誌編集委員編　苅田町（福岡県京都郡）福岡県立苅田工業高等学校　2012.10　144p　31cm〈歴代校長：p24～25, 沿革：p46～47, 職員録：p138～143〉Ⓝ376.4

◆九州工業高等学校

『創立五十年史』　九州工業高等学校五十年史編集委員会編　北九州　九州工業高等学校　1987.3　435p 写真15p　22cm〈教職員一覧：p363～366〉Ⓝ376.4

◆九州産業大学付属九州高等学校

『創立二十周年誌』　創立二十周年記念行事実行委員会編　福岡　九州産業大学付属九州高等学校　1983.11　160p　31cm〈沿革：p86～87〉Ⓝ376.4

『卓然たる時を求めて―Thirty stories』　九州産業大学付属九州高等学校編　福岡　九州産業大学付属九州高等学校　1993.5　84p　22×22cm　Ⓝ376.4

『それぞれの卓然自立―創立五十周年記念』　創立五十周年記念誌編集委員会編　福岡　九州産業大学付属九州高等学校　2013.10　121p　31cm　Ⓝ376.4

『創立五十周年誌―九州産業大学付属九州高等学校』　創立五十周年記念誌編集委員会編　福岡　九州産業大学付属九州高等学校　2013.10　211, 45p　31cm　Ⓝ376.4

◆九州女子高等学校

『九州女子高等学校創立80周年記念誌―明治・大正・昭和(1907-1987)』　創立80周年記念誌編集委員会編　福岡　九州女子高等学校　1987.10　120p　31cm　Ⓝ376.4

『創立80周年記念誌資料集』　九州女子高等学校編　福岡　九州女子高等学校　1987.10　129p　27cm　Ⓝ376.4

『いま、釜瀬新平―九州女子高等学校100周年記念』　小池雄介執筆, 九州女子高等学校企画・監修　福岡　[九州女子高等学校]　2006.12　244p　19cm〈釜瀬新平年譜：巻末〉Ⓝ289.1

◆鞍手高等学校

『五年誌　[1]』　福岡県立鞍手高等学校五年誌編集委員会編集　直方　福岡県立鞍手高等学校　1972.9　183p　21cm〈校史年表：p171～181〉Ⓝ376.4

『五年誌　2』　福岡県立鞍手高等学校五年誌編集委員会編集　直方　福岡県立鞍手高等学校　1977.9　70p　21cm〈校史年表：p17～30〉Ⓝ376.4

『鞍高七十年』　福岡県立鞍手高等学校「鞍高七十年」編集委員会編　直方　福岡県立鞍手高等学校　1987.3　514p 写真8p　27cm〈歴代生徒会役員一覧表：p371～377〉Ⓝ376.4

『鞍高七十周年記念事業記録』　福岡県立鞍手高等学校編　直方　福岡県立鞍手高等学校　1987.12　28p　26cm　Ⓝ376.4

『鞍陵讃歌―鞍中鞍高物語』　松藤利基著　福岡　西日本新聞社　1991.8　263p　20cm　Ⓝ376.4

『鈴懸のもとに憩ひて―創立八十周年記念思い出集』　直方　福岡県立鞍手高等学校　[1997.8]　44p　30cm　Ⓝ376.4

『鞍陵八十年―写真でみる鞍手中学・高校八十年の歴史』　創立八十周年記念誌編集委員会編集　直方　福岡県立鞍手高等学校　1997.11　152p　31cm　Ⓝ376.4

『鞍手九十年誌』　創立90周年記念誌編集委員会編集　直方　福岡県立鞍手高等学校　2007.10　130p　31cm　Ⓝ376.4

福岡県

◆鞍手商業高等学校

『創立40周年記念誌―昭和58年』福岡県立鞍手商業高等学校編　宮田町（福岡県鞍手郡）福岡県立鞍手商業高等学校　1983.10　113p　写真3p　26cm　Ⓝ376.4

『福岡県立鞍手商業高等学校創立五十周年記念誌』福岡県立鞍手商業高等学校編　宮田町（福岡県鞍手郡）福岡県立鞍手商業高等学校　1993.6　345p　27cm〈歴代校長系譜：p332〜333〉Ⓝ376.4

『創立六十周年記念誌―青雲』福岡県立鞍手商業高等学校編　宮田町（福岡県鞍手郡）福岡県立鞍手商業高等学校　2004.10　57p　31cm　Ⓝ376.4

◆鞍手農業高等学校

『福岡県立鞍手農業高等学校創立九十周年記念写真集』記念誌編集委員会編集　宮田町（福岡県鞍手郡）福岡県立鞍手農業高等学校　1995.11　159p　27cm　Ⓝ376.4

『鞍農創立95周年記念誌―飛翔』記念誌編集委員会編集　宮田町（福岡県鞍手郡）福岡県立鞍手農業高等学校　2002.12　222p　27cm〈沿革：p16〜17〉Ⓝ376.4

◆鞍手竜徳高等学校

『開校記念誌』福岡県立鞍手竜徳高等学校　宮田町（福岡県鞍手郡）福岡県立鞍手竜徳高等学校　2003.5　71p　31cm　Ⓝ376.4

『創立10周年記念誌』宮田町（福岡県鞍手郡）福岡県立鞍手竜徳高等学校　2013.10　35p　30cm　Ⓝ376.4

◆久留米高等学校

『創立71年県立移管30周年記念誌』福岡県立久留米高等学校編　久留米　福岡県立久留米高等学校　1979.10　148p　写真23p　22cm〈年表：p31〜100〉Ⓝ376.4

『福岡県立久留米高等学校創立百周年県立移管五十周年記念誌』記念誌編集委員会編　久留米　福岡県立久留米高等学校　2008.12　359p, 図版8p　31cm　Ⓝ376.4

◆久留米学園高等学校

『創立60周年誌―1988年』久留米学園高等学校編　久留米　久留米学園高等学校　[1988]　42p　26cm〈学園の沿革と歩み：p3〜7〉Ⓝ376.4

◆久留米工業大学附属高等学校

『創立二十五周年誌』久留米工業大学附属高等学校記念誌編集委員会編　久留米　久留米工業大学附属高等学校　1986.11　99p　26cm〈沿革：p8〜10〉Ⓝ376.4

◆久留米市立久留米商業高等学校

『久商百年写真集』久留米市立久留米商業高等学校久商百年写真集編集委員会編集　久留米　久留米市立久留米商業高等学校　1997.3　324p　27cm〈年表：p302〜321〉Ⓝ376.4

『久商百年史』久留米市立久留米商業高等学校久商百年史編集委員会編　久留米　久留米市立久留米商業高等学校　2002.2　1282p　27cm　Ⓝ376.48

『久商創立110周年記念誌』久留米市立久留米商業高等学校久商創立110周年記念誌編集委員会編　久留米　久留米市立久留米商業高等学校　2007.3　282p　31cm〈標題紙等のタイトル：創立百十周年記念誌　年表あり〉Ⓝ376.48

◆久留米市立南筑高等学校

『わが校の歩み―久留米市立南筑高等学校五十年史』五十年史編集委員会編　久留米　久留米市立南筑高等学校創立五十年記念事業委員会　1973.3　304p　写真28p　22cm　Ⓝ376.4

『久留米市立南筑高等学校創立百周年記念誌』久留米市立南筑高等学校百周年記念誌委員会編　久留米　久留米市立南筑高等学校創立百周年記念事業実行委員会　2023.2　215p　31cm〈書誌注記：年表あり〉Ⓝ376.48

◆久留米大学附設高等学校

『附設高等学校二十五年史』久留米大学附設高等学校二十五周年記念誌編集委員会編集　久留米　久留米大学附設中学校高等学校　1977.11　431p　21cm〈書誌注記：年表あり〉非売品　Ⓝ376.48

『仰慕帰心―久留米大学附設中学校20周年久留米大学附設高等学校40周年』久留米　久留米大学附設中学校・高等学校　1989.11　60p　25 × 25cm〈書誌注記：年表あり〉Ⓝ376.48

『21世紀のリーダーを育てる―久留米大学附設校の教育基盤に関する報告書』久留米大学附設高等学校同窓会『教育基盤に関する報告書』編集委員会企画・編集　久留米　久留米大学附設高等学校創立50周年記念事業実行委員会　2000.11　295p　30cm　Ⓝ376.4

福岡県

『和而不同―久留米大学附設高等学校50周年久留米大学附設中学校30周年：1950-2000』久留米　久留米大学附設中学校・高等学校　2000.11　152p　31cm〈書誌注記：年譜あり　書誌注記：年表あり〉Ⓝ376.48

◆久留米筑水高等学校

『欅―創立九十周年記念誌』福岡県立久留米筑水高等学校編　久留米　福岡県立久留米筑水高等学校　1998.10　389p　27cm　Ⓝ376.4

◆久留米農芸高等学校

『創立八十年のあゆみ』国武信高編　久留米　福岡県立久留米農芸高等学校　［1987.10］74p　26cm〈学校沿革：p11～15〉Ⓝ376.4

◆黒木高等学校

『福岡県立黒木高等学校創立七十周年記念写真誌』黒木町（福岡県八女郡）福岡県立黒木高等学校　1995.12　66p　31cm　Ⓝ376.4

◆玄界高等学校

『北極星（ほし）―福岡県立玄界高等学校創立10周年記念誌』創立10周年記念誌編集委員会編集　古賀町（福岡県粕屋郡）福岡県立玄界高等学校　1996.11　204p　31cm　Ⓝ376.4

◆玄洋高等学校

『創立五年誌』福岡県立玄洋高等学校編　福岡［福岡県立玄洋高等学校］　1987.11　144p　27cm〈教職員異動一覧表：p138～141〉Ⓝ376.4

『福岡県立玄洋高等学校創立10周年記念誌』創立10周年記念誌編集委員会編　福岡　福岡県立玄洋高等学校　1993.3　239p　27cm〈十年間の年表：p189～200〉Ⓝ376.4

『海（わた）の香（か）―福岡県立玄洋高等学校創立20周年記念誌』福岡　福岡県立玄洋高等学校　2003.3　200p　31cm〈20年のあゆみ：p67～86〉Ⓝ376.4

『福岡県立玄洋高等学校創立三十周年記念誌』福岡県立玄洋高等学校編　福岡　福岡県立玄洋高等学校　2013.2　108p　30cm〈2002年までの歩み：p22，職員一覧：p83～84，現職員一覧：p98～99〉Ⓝ376.4

『福岡県立玄洋高等学校創立40周年記念誌』福岡県立玄洋高等学校編　福岡　福岡県立玄洋高等学校　2022.11　91p　30cm　Ⓝ376.4

◆光陵高等学校

『創立五年史』福岡県立光陵高等学校編　福間町（福岡県宗像郡）福岡県立光陵高等学校　1985.7　329p　27cm〈昭和59年度職員一覧：p186～188〉Ⓝ376.4

『風は鳴る―創立10年史』福間町（福岡県宗像郡）福岡県立光陵高等学校　1990.3　160p　27cm〈母校10周年の歩み（年表）：p125～133，職員録（旧職員・現職員）：p152～155〉Ⓝ376.4

『光れ青波―創立20年史』福間町（福岡県宗像郡）福岡県立光陵高等学校　2000.2　345p　27cm〈二十年の歩み：p41～85〉Ⓝ376.4

◆小倉高等学校

『創立七十年記念誌』福岡県立小倉高等学校編　北九州　福岡県立小倉高等学校　1978　25p　26cm　Ⓝ376.4

『あ＞愛宕丘の灯―追憶の四十有余年』福岡県立小倉高等学校定時制課程「閉校記念誌」編集委員会編　北九州　福岡県立小倉高等学校定時制課程　1985.3　156p　図版5枚　26cm　Ⓝ376.4

『創立八十年史』福岡県立小倉高等学校創立八十年史編集委員会編　北九州　福岡県立小倉高等学校　［1988］　683p　27cm〈沿革年表：p652～662〉Ⓝ376.4

『ここから―小倉高校ラグビー部創部40周年記念』北九州　小倉高校ラグビー部OB会　1988.1　135p　26cm　Ⓝ783.48

『愛宕丘の四季』福岡県立小倉高等学校明陵同窓会編　北九州　福岡県立小倉高等学校明陵同窓会　1998.3　534p　21cm　Ⓝ376.4

『福岡県立小倉高等学校創立九十周年記念誌』創立九十周年記念誌編集委員会（学校活性化委推進委員会）編集　北九州　福岡県立小倉高等学校　1998.11　46p　30cm　Ⓝ376.4

『創立百年史　史誌編』福岡県立小倉高等学校創立百周年記念事業実行委員会「記念誌委員会」編　北九州　福岡県立小倉高等学校　2008.11　467p　31cm〈定時制課程の沿革：p199～201，明陵同窓会年譜：p382～384，主要参考文献ならびに資料：p467〉Ⓝ376.4

『創立百年史　資料編』福岡県立小倉高等学校創立百周年記念事業実行委員会「記念誌委員会」編　北九州　福岡県立小倉高等学校　2008.11　244p　31cm〈沿革年表：p210～227，現職員一覧表・歴代校長・旧職員：p228～243，

福岡県

主要参考文献ならびに資料：p244〉Ⓝ376.4

『理想は高く輝きて―卒業生たちの小倉高校青春録』毎日新聞西部本社報道部編　福岡　石風社　2009.5　184p　19cm　1300円
①978-4-88344-174-7　Ⓝ376.4191

『倉高野球100年の軌跡―福岡県立小倉高等学校 1910-2010』小倉高校野球部100年史編纂委員会編　福岡　小倉高校愛宕クラブ　2010.4　299p　25cm〈年表あり〉Ⓝ783.7

『白球は残った。―福岡県立小倉高校野球部断章』廣畑成志著　本の泉社　2018.7　231p　19cm〈書誌注記：文献あり〉2100円　①978-4-7807-1900-0　Ⓝ783.7

|目次| 序 愛宕が丘にうそぶかん，1章 戦後、いきなり黄金時代に，2章 常勝野球部には秘密があった，3章 錚々と球音に夢を乗せ，4章 交流禁止と野球部排除と，5章 野球は深い冬の時代を迎えた，6章 自由の空気に蘇った学生野球，終章 あぁ、栄冠はきみに輝きて

|内容| 戦争で荒れたグランドにどこからともなくボールが、バットが、グローブが…球音ひびき、いきなりの夏連続優勝。彼らはなぜ強かったのか。夏の甲子園100回大会に贈る球魂譜。

◆小倉工業高等学校

『小倉工業高校百年史』福岡県立小倉工業高等学校創立百周年記念事業実行委員会記念誌編集委員会編集　北九州　福岡県立小倉工業高等学校創立100周年記念事業実行委員会　2000.3　40, 478p　31cm　Ⓝ376.4

『福岡県立小倉工業高等学校創立110年史』福岡県立小倉工業高等学校編集　北九州　福岡県立小倉工業高等学校　2010.2　100p　30cm〈歴代校長：p6～7〉Ⓝ376.4

◆小倉商業高等学校

『紫水の流れ―小倉商業物語』丸山隆興著　福岡　西日本新聞社　1976.10　301p　19cm〈編年：p289～300〉Ⓝ376.4

『福岡県立小倉商業高等学校創立七十周年記念誌』小倉商業高校「創立七十周年記念誌」編集委員会編　北九州　福岡県立小倉商業高等学校　1986.11　419p 図版12枚　27cm〈校史：p3～34〉Ⓝ376.4

『福岡県立小倉商業高等学校創立八十周年記念写真集』北九州　福岡県立小倉商業高等学校　1996.11　124p　30cm　Ⓝ376.4

◆小倉女子商業高等学校

『創立三十周年記念誌』小倉女子商業高等学校編　北九州　[小倉女子商業高等学校]　[1988.11]　54, 6p　26cm〈沿革：p26～34〉Ⓝ376.4

◆小倉西高等学校

『心象―旧校舎版画集』心象編集委員会編　北九州　福岡県立小倉西高等学校　1983.11　253p　26×27cm　Ⓝ733

『創立八十五年史写真集―福岡県立小倉西高等学校』八十五年誌編集委員会編　北九州　福岡県立小倉西高等学校　1983.11　105p　26×26cm　Ⓝ376.4

◆小倉東高等学校

『創立五周年記念』福岡県立小倉東高等学校編　北九州　福岡県立小倉東高等学校　1983.11　68p 図版6枚　21cm〈学校沿革：p57～60〉Ⓝ376.4

『貫陵―創立二十周年記念写真集』創立二十周年記念写真集・編集委員会編集　北九州　福岡県立小倉東高等学校　1998.10　96p　31cm〈学校沿革：p85～86〉Ⓝ376.4

『貫陵―創立三十周年記念誌』創立三十周年記念誌・編集委員会編集　北九州　福岡県立小倉東高等学校　2008.10　166p　31cm〈学校沿革：p14～17〉Ⓝ376.4

◆小倉南高等学校

『星霜―六十五周年史』福岡県立小倉南高等学校編　北九州　福岡県立小倉南高等学校　1971.3　203p 写真20p　22cm〈職員録：p190～199〉Ⓝ376.4

『南薫百十年―福岡県立小倉南高等学校創立110周年記念誌』北九州　福岡県立小倉南高等学校　2016.2　191p　31cm〈年表：p48～71, 職員録：p169～181〉Ⓝ376.4

◆早良高等学校

『福岡県立早良高等学校 創立30周年記念誌』福岡県立早良高等学校編　福岡　福岡県立早良高等学校　2016.2　95p　30cm　Ⓝ376.4

◆修猷館高等学校

『修猷山脈』青木秀麿　福岡　西日本新聞社　1971.3　286p　22cm　Ⓝ376.4

『百道清風―修猷館資料目録』資料目録刊行委員会編　福岡　福岡県立修猷館高等学校　1975.5　76p　26cm〈修猷館小史：p67～75〉Ⓝ376.4

福岡県

『星の光―修獣バレー部五十年のあゆみ』修獣バレー部五十年のあゆみ編集部会編　福岡　修獣館バレーボール部OB会　1976.8　8, 262p 写真1枚　22cm〈住所録（昭和51年8月20日現在）：p235～259〉Ⓝ376.4

『劔―剣道部創設八十五周年記念修獣館剣道部史』修獣剣友会編　福岡　修獣剣友会事務局　1981.11　152p　26cm　Ⓝ376.4

『我等が五十年―修獣館昭和十会記念誌』柳猛直, 馬奈木文衛編　修獣館昭和十会　1985.4　450p 折込1枚　23cm　Ⓝ376.4

『修獣館二百年記念―図録』福岡県立修獣館高等学校編　福岡　福岡県立修獣館高等学校　1985.5　78p　26cm〈二百年の歩み（年表）：p63～78〉Ⓝ376.4

『修獣館二百年史』修獣館二百年史編集委員会編　福岡　修獣館二〇〇年記念事業委員会　1985.5　850p　27cm〈書誌注記：年表・参考文献：p689～846〉Ⓝ376.4

『修獣館二〇〇年記念事業記録―1985』修獣館二〇〇年記念事業部会編　福岡　福岡県立修獣館高等学校　1985.10　30p　26cm　Ⓝ376.4

『福岡県立修獣館高等学校ヨット部創部五十周年記念誌』福岡　修獣ヨットクラブ　1991.11　191p　26cm〈背の書名：修獣ヨットは五十年〉Ⓝ785.7

『五十年のあゆみ―定時制五十周年記念誌』福岡県立修獣館高等学校定時制課程編　福岡　福岡県立修獣館高等学校　1992.10　91p 図版8p　27cm〈沿革：p19～21〉Ⓝ376.4

『修獣館高等学校二百十年誌―昭和六十年度～平成六年度』二百十年記念事業担当編集　福岡　福岡県立修獣館高等学校　1995.5　38p　30cm〈年表（昭和六十年度～平成六年度）：p31～38〉Ⓝ376.4

『修獣館ラグビー七十年史』修獣ラグビーOBクラブ編　福岡　修獣ラグビーOBクラブ　1995.7　740p　22cm　Ⓝ783.48

『修獣館二百十周年記念事業記録』福岡　福岡県立修獣館高等学校　1996.3　13p　30cm　Ⓝ376.4

『閉課程・移設記念誌』閉課程・移設記念誌編集委員会編　福岡　福岡県立修獣館高等学校　[1997]　184p　27cm〈年表：p139～184〉Ⓝ376.4

『図録修獣館』福岡　福岡県立修獣館高等学校　1999　77p　26cm〈修獣館の歩み（年表）：p62～77〉Ⓝ376.4

『閉課程記念誌』閉課程記念事業・編集委員会編集　福岡　福岡県立修獣館高等学校定時制課程　[2000]　224p 図版14p　27cm〈定時制の沿革：p178～180〉Ⓝ376.4

『戦前と戦後の谷間での青春の日々―我等が修獣館時代（旧制中学から新制高校へ）』野上芳彦著　文芸社　2001.9　199p　19cm　1300円　①4-8355-2280-X　Ⓝ289.1

|目次| 第1章 プロローグ（「櫛の歯が欠けるように…」, 当時の写真や日記・資料類などほか）, 第2章 戦前編（「干しバナナ」, 「学徒動員」ほか）, 第3章 戦後編（空っぽになった町, 「○・八足分の靴」ほか）, 第4章 生徒会活動（クラス自治会の創設, 「生徒大会」ほか）, 第5章 裏ばなし（先生方のあだ名（ニックネーム）, 恩師名鑑（あだ名）ほか）

|内容| 行く道を決めたとき誰もが "変人" と呼んだ。だが, そのとき私は最も希望に燃えていた…人を想い, 国を想い, 何事にもチャレンジする精神を培った修獣館時代の回想記。

『部史「闘魂」―平成7年～同16年 修獣館高校ラグビー部創立80周年記念』修獣館ラグビーOBクラブ編　福岡　修獣館ラグビーOBクラブ　2005.4　132p　30cm〈標題紙等のタイトル：闘魂　年表あり〉非売品　Ⓝ783.48

『図録修獣館　2007年』福岡　福岡県立修獣館高等学校　2007.4　78p　26cm〈修獣館の歩み（年表）：p61～78〉Ⓝ376.4

『2つの美術山脈―修獣館と明善に集った美術家たち』福岡　福岡県立美術館　2010.2　87p　26cm〈年表：p4～7〉Ⓝ706.9

『ここに場所がある―雑誌「修獣」に語られたこと』福岡　福岡県立修獣館高等学校　2014.5　259p　21cm〈修獣二百三十周年を記念して〉Ⓝ376.48

『修獣館高等学校二百三十年記念誌　平成17年度～平成25年度』二百三十年記念事業委員会編集　福岡　福岡県立修獣館高等学校　2014.5　39p　30cm　Ⓝ376.4

『修獣館高校あるある』修獣館高校あるある研究会著, 中川美穂画　TOブックス　2014.12　157p　18cm〈書誌注記：文献あり〉1200円　①978-4-86472-332-9　Ⓝ376.4191

|目次| 第1章 修獣常識あるある, 第2章 学校生活あるある, 第3章 我が街・西新あるある, 第4章 修獣レジェンドあるある, 第5章 修獣カルチャーあるある

|内容| 授業, 年中行事, 部活動での学校生活はもちろん修獣の歴史, OB, 名物教師や館生気質, そして西新の街にまつわるネタまで修獣館のすべてをカバーした「あるあるネタ」が1冊に！

『星の光90―修獣バレー部90年のあゆみ』星の

福岡県

光90編集委員会編　福岡　修獣館バレーボール部OB・OG会　2018.1　111p　26cm〈修獣館バレーボール部略史：p6-14〉Ⓝ376.4

◆城南高等学校

『城南十年誌』十年誌編集委員会編　福岡　[福岡県立城南高等学校]　1973.11　92p　26cm〈年譜：p48〜54〉Ⓝ376.4

『城南20年誌』柴田守, 飯田正朔編　福岡　福岡県立城南高等学校　1983.11　140p　26cm〈年譜：p51〜65〉Ⓝ376.4

『城南高等学校創立30周年記念誌』城南高等学校創立30周年記念実行委員会編集　福岡　福岡県立城南高等学校　1993.11　96p　30cm　Ⓝ376.4

『大ぼら先生の感謝の法則─悩める教師に、焦る受験生やスポーツ選手に、疲れたサラリーマンに。』瀬口俊光著　プレスプラン　2001.11　216p　19cm　①4-901304-51-8　Ⓝ376.4

『生徒主体の進路学習ドリカムプラン─福岡県立城南高校の試み』中留武昭監修, 福岡県立城南高校編著　学事出版　2002.10　163p　21cm　1600円　①4-7619-0849-1　Ⓝ375.25

目次　第1章 ドリカムヒストリー（ドリカムの起源, ドリカムプランスタート, 2年目は組織化 ほか）, 第2章 カリキュラム開発（研究開発校, ドリカムノウハウ, ジョイント ほか）, 第3章 学校改善─ドリカムサクセスポイント（ピンチはチャンス, 学校文化の創造）

内容　生徒自らが自分の夢を実現するために、学校は何ができるのか。福岡県立城南高校の「ドリカム・プラン」にはその答えのヒントがちりばめられている。「総合的な学習の時間」を考える際にも有効な実践。まずは、第一章のドリカムヒストリーから読み進めてほしい。

『城南高等学校創立40周年記念誌』城南高等学校創立40周年実行委員会編集　福岡　福岡県立城南高等学校　2003.11　95p　30cm　Ⓝ376.4

◆新宮高等学校

『創立五周年記念誌』福岡県立新宮高等学校編　新宮町（福岡県粕屋郡）福岡県立新宮高校　1980.6　143p 図版8枚　21cm〈本校沿革概要：p135〜139〉Ⓝ376.4

『創立十周年記念誌』福岡県立新宮高等学校編　新宮町（福岡県粕屋郡）福岡県立新宮高等学校　1985.11　4, 380p 図版12枚　27cm〈本校十年の沿革概要：p335〜343〉Ⓝ376.4

『創立二十周年記念誌─福岡県立新宮高等学校』福岡県立新宮高等学校創立二十周年記念誌編集委員会編集　新宮町（福岡県粕屋郡）福岡県立新宮高等学校　1996.2　332p 図版63p　27cm　Ⓝ376.4

『創立30周年記念誌─福岡県立新宮高等学校』福岡県立新宮高等学校編　新宮町（福岡県粕屋郡）福岡県立新宮高等学校　2006.6　161p　30cm〈30年のあゆみ：p19〜74〉Ⓝ376.4

『創立四十周年記念誌─福岡県立新宮高等学校』福岡県立新宮高等学校編　新宮町（福岡県粕屋郡）福岡県立新宮高等学校　2015.11　88p　30cm〈沿革：p21〜38〉Ⓝ376.4

◆須恵高等学校

『本校におけるCAIの歩み』福岡県立須恵高等学校編　須恵町（福岡県粕屋）福岡県立須恵高等学校　[1988.7]　34p　26cm　Ⓝ375

『岳城─歴史の小径たどりつつ』福岡県立須恵高等学校編　須恵町（福岡県粕屋郡）福岡県立須恵高等学校　1992.11　243p　27cm〈旧職員一覧：p218〜220〉Ⓝ376.4

『福岡県立須恵高等学校創立40周年記念誌』須恵町（福岡県糟屋郡）福岡県立須恵高等学校　2022.10　118p　30cm　Ⓝ376.4

◆杉森女子高等学校

『杉森九十年史』杉森女子高等学校杉森九十年史編纂委員会編　柳川　杉森女子学園　1985.10　284, 18p　22cm　Ⓝ376.4

『杉森百年史』杉森百周年史編集委員会編集　柳川　杉森女子学園　1995.10　151, 27p　31cm〈杉森女子学園年表：p143〜150〉Ⓝ376.4

◆西南学院高等学校

『西南学院高等学校開設40周年記念誌』西南学院高等学校40周年記念誌編集委員会編　福岡　西南学院高等学校　1989.8　143p　27cm〈40周年記念誌年表：p131〜134〉Ⓝ376.4

◆青豊高等学校

『福岡県立青豊高等学校創立10周年史』福岡県青豊高等学校編集　豊前　福岡県立青豊高等学校　[2013]　55p　30cm〈沿革：p45, 歴代職員一覧：p54〜55〉Ⓝ376.4

◆大里高等学校

『大里─創立二十周年記念』福岡県立大里高等学校二十周年誌編集委員会編　北九州　福岡

県立大里高等学校　1982.11　136p 写真8p　27cm〈学校沿革概要：p43〜58〉Ⓝ376.4

『福岡県立大里高等学校創立四十周年記念誌』福岡県立大里高等学校四十周年誌編集委員会編　北九州　福岡県立大里高等学校　2002.11　136p　31cm〈学校施設の沿革概要：p15, 学校沿革概要：p28〜41〉Ⓝ376.4

◆田川高等学校

『記念誌六十周年』校誌編集委員会編　田川　福岡県立田川高等学校　1977.10　367p　21cm〈略年譜十年：p361〜365〉Ⓝ376.4

『記念誌六十周年　人事調査統計資料編』校誌編集委員会編　田川　福岡県立田川高等学校　1979.4　82p 21cm〈教職員一覧：p8〜26〉Ⓝ376.4

『蒼鷹―第62回全国高校野球選手権大会出場記念誌』第62回全国高校野球選手権大会出場記念誌編集委員会編　香春町（福岡県）福岡県立田川高等学校　1981.2　32p 図版32枚　26cm　非売品　Ⓝ783.7

『嶽南七十年―福岡県立田川高等学校創立七十周年記念誌』福岡県立田川高等学校創立七十周年記念誌編集委員会編　香春町（福岡県田川郡）福岡県立田川高等学校　1986.10　647p　22cm〈現職員：p583〜588〉Ⓝ376.4

『嶽南90　この十年―福岡県立田川高等学校創立九十周年記念誌』福岡県立田川高等学校創立九十周年記念誌編集委員会編　香春町（福岡県田川郡）福岡県立田川高等学校　2007.10　139p　31cm〈学校概要・沿革：p98〜101〉Ⓝ376.4

◆田川工業高等学校

『向陽―創立60周年記念誌』創立六十周年記念誌編集委員会編集　田川　福岡県立田川工業高等学校　1997.11　230p　30cm　Ⓝ376.4

◆田川商業高等学校

『青嵐のあゆみ―福岡県立田川商業高等学校創立三十周年（通算五十五周年）記念写真集』記念誌編集委員会編　添田町（福岡県田川郡）福岡県立田川商業高等学校　1993.11　119p　27cm〈学校沿革史：p100〜102〉Ⓝ376.4

◆田川農林高等学校

『福岡県立田川農林高等学校創立八十周年記念誌―鎮西』福岡県立田川農林高等学校創立八十周年記念誌編集委員会編集　香原町（福岡県田川郡）福岡県立田川農林高等学校　1989.11　148p　27cm〈沿革略年表：p142〜143〉Ⓝ376.4

『田川農林百年史―福岡県立田川農林高等学校百周年記念誌』田川農林百年史編集・執筆委員会編著　香春町（福岡県）福岡県立田川農林高等学校鎮西同窓会　2009.3　574p 図版 [10] 枚　27cm〈書誌注記：文献あり　共同刊行：田川農林百年史編纂員会〉Ⓝ376.48

◆立花高等学校

『「いいんだよ」は魔法の言葉―君は君のままでいい』立花高等学校監修, 梓書院編著　福岡　梓書院　2019.12　233p　19cm　1500円　①978-4-87035-661-0　Ⓝ376.48

内容　生徒数3名、給与は毛糸玉2つ。それでも私たちは"教育"をあきらめなかった！世間からは心無い言葉を投げかけられ、在校生の約8割は不登校経験者。しかし、彼らはこんなにも活き活きとしている！創設者・安部清美先生が説いた教育の真随、そして寛容の精神が醸成される社会とは。「できないことを嘆くより、できていることを認めよう」立花流「あきらめない」教育は、どうやって誕生したのか。社会問題と向き合いながら歩んだ立花高校60年の物語。

◆筑紫高等学校

『創立五周年記念誌』福岡県立筑紫高等学校編　筑紫野　福岡県立筑紫高等学校　1977.11　98p 図版10枚　22cm〈本校沿革概要：p88〜91〉Ⓝ376.4

『創立十周年記念誌』福岡県立筑紫高等学校編　筑紫野　福岡県立筑紫高等学校　1983.3　252p 図版30枚　27cm〈十年間の本校沿革概要：p236〜242〉Ⓝ376.4

『創立50周年記念誌』筑紫野　福岡県立筑紫高等学校　2023.3　226p　30cm〈沿革：p19〜72〉Ⓝ376.4

◆筑紫丘高等学校

『筑紫丘高校五十年史』滝保丸編　福岡　福岡県立筑紫丘高等学校　1977.10　303p 図版37p　22cm〈職員一覧（全日制）：p231〜236〉Ⓝ376.4

『福岡県立筑紫丘高等学校定時制創立四十周年記念誌―灯をか〻げ続けて』創立四十周年記念誌編集委員会編　福岡　福岡県立筑紫丘高等学校　1984.11　160p 図版39p 26cm〈職員一覧表（昭和59年4月1日現在）：p104〜105〉Ⓝ376.4

『創立六十周年記念誌―福岡県立筑紫丘高等

福岡県

校』安東司郎ほか編　福岡　福岡県立筑紫丘高等学校　1987.10　260p　27cm　Ⓝ376.4

『五十年の道程―福岡県立筑紫丘高等学校定時制創立50周年記念誌』福岡県立筑紫丘高等学校編　福岡　福岡県立筑紫丘高等学校　1993.10　67p　30cm〈年表：p58～67〉Ⓝ376.4

『福岡県立筑紫丘高等学校創立七十周年記念誌』福岡県立筑紫丘高等学校創立七十周年記念誌編集委員会編　福岡　福岡県立筑紫丘高等学校　1997.8　575p　図版8枚　27cm〈年表：p507～546〉Ⓝ376.4

『灯火の道標―閉課程記念誌』福岡　福岡県立筑紫丘高等学校定時制課程　2000編集後記　202p　27cm〈年表：p164～196〉Ⓝ376.4

『福岡県立筑紫丘高等学校創立80周年記念誌』福岡県立筑紫丘高等学校創立80周年記念誌編集委員会編　福岡　福岡県立筑紫丘高等学校　2007.11　186p　30cm〈背・表紙のタイトル：創立80周年記念誌〉376.48

『福岡県立筑紫丘高等学校創立90周年記念誌』福岡県立筑紫丘高等学校創立90周年記念誌編集委員会編　福岡　福岡県立筑紫丘高等学校　2018.1　161p　30cm〈書誌注記：年表あり　背・表紙のタイトル：創立90周年記念誌〉Ⓝ376.4

◆筑紫工業高等学校

『筑紫工業高等学校二十周年記念誌』木藤博、山見肇、吉園紋子編　太宰府町（福岡県筑紫郡）筑紫工業高等学校　1977.6　221p　図版7枚　21cm〈本校の歩み：p3～21〉Ⓝ376.4

『創立三十年記念誌』創立三十年記念誌編集委員会編　太宰府　筑紫工業高等学校　1987.12　284p　図版36枚　27cm〈筑紫工業高等学校沿革年表：p15～35〉Ⓝ376.4

◆筑紫台高等学校

『[筑紫台高等学校]創立50周年記念誌』筑紫台学園筑紫台高等学校編　太宰府　筑紫台学園筑紫台高等学校　2007.11　184p　30cm　Ⓝ376.4

◆筑紫中央高等学校

『若草萌ゆる―創立七十年史』福岡県立筑紫中央高等学校　大野城　福岡県立筑紫中央高等学校　1987.10　290p　図版9枚　27cm〈定時制課程年表：p240～242〉Ⓝ376.4

『福岡県立筑紫中央高等学校創立九十周年記念誌』創立九十周年記念誌編集委員会編　大野城　福岡県立筑紫中央高等学校　2008.3　196p　30cm〈創立九十周年の沿革史：p43～79〉Ⓝ376.4

『創立百周年記念誌』福岡県立筑紫中央高等学校創立百周年記念誌編集委員会編　大野城　福岡県立筑紫中央高等学校　2018.3　363p　30cm〈沿革史：p80-228〉Ⓝ376.4

◆築上西高等学校

『創立七十年史』福岡県立築上西高等学校創立七十年史編集委員会編　椎田町（福岡県）福岡県立築上西高等学校　1983.2　305p　22cm　Ⓝ376.4

『福岡県立築上西高等学校創立九十周年記念誌』福岡県立築上西高等学校編集　椎田町（福岡県築上郡）福岡県立築上西高等学校　2003.11　111p　31cm　Ⓝ376.4

『福岡県立築上西高等学校創立百周年記念誌』福岡県立築上西高等学校編　椎田町（福岡県築上郡）福岡県立築上西高等学校　2013.11　127p　31cm　Ⓝ376.4

◆築上農業高等学校

『創立八十年史』創立八十年誌編集委員会編　豊前　福岡県立築上農業高等学校　1988.10　173p　図版5枚　27cm〈沿革：p1～3〉Ⓝ376.4

◆築上東高等学校

『福岡県立築上東高等学校八十年史』福岡県立築上東高等学校編　新吉富村（福岡県築上郡）福岡県立築上東高等学校　1993.11　146p　31cm〈学校沿革：p16～17〉Ⓝ376.4

◆筑前高等学校

『筑前―創立五周年記念誌』福岡県立筑前高等学校編　福岡　福岡県立筑前高等学校　1984.11　135p　26cm〈本校沿革概要：p29～32〉Ⓝ376.4

『福岡県立筑前高等学校創立十周年記念誌―平成元年』福岡県立筑前高等学校編　福岡　福岡県立筑前高等学校　1989.11　184p　27cm〈略年表：p72～77〉Ⓝ376.4

『福岡県立筑前高等学校創立二十周年記念誌』福岡県立筑前高等学校創立20周年記念誌等実務委員会編集　福岡　福岡県立筑前高等学校　1999.11　132p　31cm　Ⓝ376.4

◆筑豊高等学校

『すずかけ―創立三十七年閉校記念誌』福岡県

立筑豊高等学校定時制課程編　直方　[福岡県立筑豊高等学校]　[1985]　67p 写真10p　26cm〈年表：p22〜35〉Ⓝ376.4

『更上一層楼—福岡県立筑豊高等学校創立九十周年記念誌』福岡県立筑豊高等学校編　直方　福岡県立筑豊高等学校　1998.10　104p　31cm　Ⓝ376.4

『福岡県立筑豊高等学校創立100周年記念誌』福岡県立筑豊高等学校編　直方　福岡県立筑豊高等学校　2009.2　137p　31cm〈百年のあゆみ：p22〜95〉Ⓝ376.4

◆筑豊工業高等学校

『樟陵七十年—筑豊工業高校七十年のあゆみ』福岡県立筑豊工業高等学校「樟陵七十年」編集委員会編　直方　福岡県立筑豊工業高等学校　1988.10　767p 図版3枚　27cm　Ⓝ376.4

『樟陵八十年』福岡県立筑豊工業高等学校編　直方　福岡県立筑豊工業高等学校　1998.11　79p　31cm〈本校の変遷概史：p10〜11〉Ⓝ376.4

『福岡県立筑豊工業高校創立85周年記念誌』福岡県立筑豊工業高校創立85周年記念誌編集委員会編　直方　福岡県立筑豊工業高校創立85周年記念誌編集委員会　2004.11　24p　30cm　Ⓝ376.4

◆筑邦女子高等学校

『五十周年記念誌』筑邦女子高等学校記念誌編集委員会編　久留米　筑邦学園筑邦女子高等学校　1978.11　194p 図版4p　22cm〈筑邦女子高等学校：p29〜34〉Ⓝ376.4

◆筑陽学園高等学校

『道しるべ—創立80周年記念文化誌』筑陽学園中学・高等学校編　太宰府　筑陽学園　2004.6　57p　26cm　Ⓝ376.4

◆伝習館高等学校

『伝習館・自立闘争宣言』伝習館救援会編　三一書房　1971　263p　18cm（三一新書）350円　Ⓝ376.4

『伝習館・教育主体の構造』伝習館救援会編　三一書房　1972　264p　18cm（三一新書）Ⓝ376.4

『伝習館・複数の母たち』柳下村塾経営委員会編　三一書房　1974　276p　18cm（三一新書）420円　Ⓝ367.8

『伝習館・無名と共有』柳下村塾経営委員会編　三一書房　1974　263p　18cm（三一新書）450円　Ⓝ379.2

『伝習館剣道部史』柳川　伝習館剣道部史刊行会　1978.10　135p　22cm　Ⓝ789.3

『創立百六十周年・県立移管九十周年記念誌』柳川　福岡県立伝習館高等学校　1984.2　162p　21cm〈伝習館史年表：p127〜161〉Ⓝ376.4

『創立百七十周年県立移管百周年記念誌』柳川　福岡県立伝習館高等学校　1994.3　457p　27cm　非売品　Ⓝ376.4

◆東海大学付属第五高等学校

『東海大学第五高等学校創立二十五周年記念誌』東海大学第五高等学校創立25周年記念誌編纂委員会編　宗像市　東海大学第五高等学校　1992.1　154p　26cm〈学校のあゆみ：p53〜85〉Ⓝ376.4

『東海大学付属第五高等学校創立40周年記念誌』東海大学付属第五高等学校40周年記念誌編纂委員会編　宗像　東海大学付属第五高等学校　2006.10　71p　30cm〈歴代教職員一覧：p57〜62, 年表：p68〜71〉Ⓝ376.4

◆東筑高等学校

『東筑八十年史—昭和五十三年』東筑八十年史編集委員会編　北九州　福岡県立東筑高等学校　1979.3　1064p 写真8枚　22cm　Ⓝ376.4

『東筑野球史』北九州　東築高等学校野球部O.B会　1983.5　196p 図版10p　27cm　Ⓝ783.7

『東筑九十年写真集』福岡県立東筑高等学校編　北九州　福岡県立東筑高等学校　1988.6　159p　31cm　Ⓝ376.4

『東筑百年史—福岡県立東筑高等学校創立一〇〇周年記念誌』東筑百年史編集委員会編　北九州　福岡県立東筑高等学校　1998.6　658p　31cm〈年表：p542〜658〉Ⓝ376.4

◆常磐高等学校

『常磐—創立五十周年記念誌』五十周年編集委員会編　北九州　常磐高等学校　1978.11　281p 図版3p〈年表：p258〜272〉Ⓝ376.4

◆戸畑高等学校

『怒涛—福岡県立戸畑高等学校定時制課程閉校記念誌』閉校記念誌編集委員会編　北九州　福岡県立戸畑高等学校　1985.3　38, 50, 52p　27cm　Ⓝ376.4

『戸畑高等学校創立五十年史』戸畑高等学校

福岡県

「創立五十年史」編集委員会編　北九州　福岡県立戸畑高等学校　1985.10　313p　写真18p　27cm　Ⓝ376.4

『意気高し―第72回選抜高等学校野球大会出場記念』毎日新聞西部開発企画編集　北九州　福岡県立戸畑高等学校　2000.5　82p　26cm　Ⓝ783.7

『創立八十年史』福岡県立戸畑高等学校編　北九州　福岡県立戸畑高等学校　2016.10　163p　31cm　Ⓝ376.4

◆戸畑工業高等学校

『戸畑工業高等学校五十年誌』北九州　福岡県立戸畑工業高等学校　1988.11　361p　26cm　Ⓝ376.4

『福岡県立戸畑工業高等学校創立八十周年記念誌―磨墨』北九州　福岡県立戸畑工業高等学校　2018.11　65p　30cm　Ⓝ376.4

◆戸畑商業高等学校

『二十年のあゆみ』戸畑商業高等学校二十周年記念誌編集委員会編　北九州　[戸畑商業高等学校]　1982.11　208p　写真17p　26cm　〈沿革：p8～15〉Ⓝ376.4

◆豊津高等学校

『心のふるさと―豊津高校今昔物語』中村十生著　豊津町(福岡県京都郡)　豊津高等学校百周年記念刊行会　1970.8　203p　21cm　Ⓝ376.4

『錦陵百年―福岡県立豊津高等学校』福岡県立豊津高等学校錦陵百年編集委員会編　豊津町(福岡県京都郡)　福岡県立豊津高等学校　1970.9　154,27p　25×26cm　〈年譜：巻末〉Ⓝ376.4

『錦陵百年―豊津高校物語』西日本新聞社出版部編集　福岡　西日本新聞社　1972.1　254p　19cm　Ⓝ376.4

『母校四題―黎明期の豊津中学校』古賀武夫著　豊津町(福岡県京都郡)　福岡県立豊津高等学校　1990.11　40p　26cm　Ⓝ376.4

『学統無窮240年』「学統無窮240年」編集委員会編　豊津町(福岡県京都郡)　福岡県立豊津高等学校　1998.10　32p　30cm　〈豊津高等学校の歴史：p18～29〉Ⓝ376.4

◆那珂川町立福岡女子商業高等学校

『福岡女子商業高等学校創立四十周年記念誌』那珂川町立福岡女子商業高等学校創立四十周年記念誌編集委員会編　那珂川町(福岡県筑紫郡)　那珂川町立福岡女子商業高等学校　1990.10　142p　27cm　Ⓝ376.4

『心耕五十年―福岡女子商業高等学校創立五十周年記念写真集』福岡県那珂川町立福岡女子商業高等学校創立五十周年記念写真集編集委員会編　那珂川町(福岡県筑紫郡)　那珂川町立福岡女子商業高等学校　2001.3　146p　31cm　Ⓝ376.4

『きみが校長をやればいい―1年で国公立大合格者を0人→20人にした定員割れ私立女子商業高校の挑戦』柴山翔太著　日本能率協会マネジメントセンター　2023.6　239p　19cm　1650円　①978-4-8005-9115-9　Ⓝ374

[目次] 第1章 福岡女子商業高校への赴任，第2章 まずは生徒が動いた。大学進学の奇跡―，第3章 生徒は動いた、次は…，第4章 涙の結果発表，第5章 なぜ僕は30歳で校長になったのか，第6章 全日制最年少校長の「女子商」改革，第7章 小論文指導のポイント，第8章 教育の未来

[内容] 朝課外廃止，生徒が修学旅行をプランニング，校則は生徒と先生が話し合って決める、生徒が公式インスタグラムやTikTokを運用、売上総額700万円の経営実習、3年で入学者数94人→217人、30歳で校長に大抜擢された著者の驚きの改革。

◆中間高等学校

『福岡県立中間高等学校創立五周年記念誌』中間高等学校創立五周年記念誌編集委員会編　中間　福岡県立中間高等学校　1987.11　97p　26×27cm　〈教職員一覧：p96～97〉Ⓝ376.4

『福岡県立中間高等学校創立十周年記念誌』中間高等学校創立十周年記念誌編集委員会編　中間　福岡県立中間高等学校　1992.10　126p　写真2p　26×27cm　〈教職員一覧：p122～125〉Ⓝ376.4

『福岡県立中間高等学校創立二十周年記念誌』中間高等学校創立二十周年記念誌編集委員会編　中間　福岡県立中間高等学校　2002.11　140p　31cm　〈20年のあゆみ：p23～25，旧職員一覧：p131～135，現職員一覧：p136～137〉Ⓝ376.4

『福岡県立中間高等学校創立四十周年記念誌』創立四十周年記念誌編集委員会編　中間　福岡県立中間高等学校創立四十周年記念事業実行委員会　2022.11　74p　31cm　〈沿革：p9～12，旧職員一覧：p61～72，現職員一覧：p73～74〉Ⓝ376.4

◆中村学園女子高等学校

『創立三十周年記念誌』中村学園女子高等学校

編　福岡　中村学園女子高等学校　1990.11　133p　図版6枚　26cm〈30年のあゆみ：p10～25〉Ⓝ376.4

◆西田川高等学校

『十年史―「五十年史」以降の記録』十年史編集委員会編　田川　福岡県立西田川高等学校　1977.11　277p　図版5枚　21cm〈校史年表：p260～273〉Ⓝ376.4

『柏鷹―「六十年史以降の十年誌」』福岡県立西田川高等学校十年誌編集委員会編　田川　福岡県立西田川高等学校　1987.11　184p　図版32枚　26cm〈校史年表：p21～39〉Ⓝ376.4

『いずみ―定時制課程49年の歩み』福岡県立西田川高等学校編　田川　福岡県立西田川高等学校　1997.3　84p　26cm〈定時制課程49年の歩み：p41～49〉Ⓝ376.4

『誠敬愛―八十年史』福岡県立西田川高等学校八十年史編集委員会編　田川　福岡県立西田川高等学校　1997.11　173p　31cm　Ⓝ376.4

◆西日本短期大学付属高等学校

『なにが何でも高校野球―西日本短期大学付属高校野球部物語　1』大島鴻著　八女　大島鴻　1986.11　162p　18cm　Ⓝ376.4

『退学者ゼロ高校―須郷昌徳の「これが教育だい！」』大山真人著　河出書房新社　1997.12　160p　20cm　1800円　①4-309-24200-6　Ⓝ376.4

|目次| 第1章　学校が潰れる、第2章　高校を再建せよ、第3章　昭和教育維新、第4章　海外へ目を向けさせろ、第5章　ペンと汗と、第6章　やさしさの発見教育

|内容| 生徒の将来のためには履歴詐称も辞さない、熱血校長の破天荒学校改革。

◆西福岡高等学校

『樟風―創立70周年記念誌』創立70周年記念誌編集委員会編　福岡　福岡県立西福岡高等学校　1995.12　148p　27cm　Ⓝ376.4

◆日新館高等学校

『日新館十年誌』飯塚学園日新館高等学校編　飯塚　飯塚学園日新館高等学校　1987.11　108p　図版6p　26cm　Ⓝ376.4

◆直方高等学校

『創立六十年誌』福岡県立直方高等学校文芸部編　直方　福岡県立直方高等学校　1970.11　135p　22cm〈沿革略史：p1～5〉Ⓝ376.4

『直高60年誌―1970』福岡県立直方高等学校文芸部編　直方　福岡県立直方高等学校　1970.11　136p　写真8p　22cm〈沿革略史：p1～5〉Ⓝ376.4

『創立70周年記念誌』福岡県立直方高等学校文芸部編　直方　福岡県立直方高等学校　1979.5　114p　26cm〈沿革略史：p23～27〉Ⓝ376.4

『陵江―八十周年写真集』福岡県立直方高等学校編　直方市　福岡県立直方高等学校　1989.10　180p　31cm〈沿革略史：p22～23〉Ⓝ376.4

『陵江―創立九十周年記念誌』福岡県立直方高等学校編　直方　福岡県立直方高等学校　1999.10　224p　31cm〈沿革（直方高等女学校編）：p52～53、沿革（直方高校編1）：p102～103、沿革（直方高校編2）：p117、部活動二十年略史：p192～201〉Ⓝ376.4

『福岡県立直方高等学校バレーボール部創設50周年記念誌』直方　福岡県立直方高等学校バレーボール部　2000.2　155p　31cm〈タイトルは奥付等による〉Ⓝ783.2

『百年史陵江―福岡県立直方高等学校創立百周年記念』百年史陵江編集委員会編集　直方　福岡県立直方高等学校　2009.10　433p　30cm〈百年史年表：p25～119、歴代校長：p196～199、歴代職員：p200～207〉Ⓝ376.4

『福岡県立直方高等学校創立百十周年記念誌』直方　福岡県立直方高等学校　2019.10　93p　30cm〈歴代職員：p86～91〉Ⓝ376.4

◆博多商業高等学校

『創立二十周年記念誌―1977』記念誌編集委員会編　福岡　博多商業高等学校　1977.12　197p　21cm〈学校沿革誌：p26～39〉Ⓝ376.4

『創立二十五周年記念誌―1983』記念誌編集委員会編　福岡　博多商業高等学校　1984.6　105p　21cm〈学校沿革史：p16～24〉Ⓝ376.4

◆博多女子高等学校

『ふれあい―創立五十周年記念誌』記念誌編集委員会編　福岡市　福岡文化学園　1991.5　340p　27cm〈内容：学校法人福岡文化学園、博多女子中学校、博多女子高等学校〉Ⓝ376.4

◆博多女子商業高等学校

『みちのり―創立四十周年記念誌』記念誌編集委員会編　福岡　博多女子商業高等学校　1981.5　213p　図版8枚　27cm〈新旧職員一覧

福岡県

表：巻末〉Ⓝ376.4

◆博多青松高等学校

『創立五年史—福岡県立博多青松高等学校創立5周年記念』福岡県立博多青松高等学校編集　福岡　福岡県立博多青松高等学校　2001.11　144p　31cm　Ⓝ376.4

『福岡県立博多青松高等学校創立10周年記念—Precious memories Bright future』創立10周年記念誌編集委員会編集　福岡　福岡県立博多青松高校　2006.11　90p　30cm　Ⓝ376.4

『福岡県立博多青松高等学校創立20周年記念誌—誇りをもって明日へ』創立20周年記念誌編集委員会編集　福岡　福岡県立博多青松高校　2016.12　117p　30cm　Ⓝ376.4

◆柏陵高等学校

『培ふ礎—福岡県立柏陵高等学校創立十周年記念誌』福岡県立柏陵高等学校編　福岡県立柏陵高等学校　1993.3　189p　27cm　〈柏陵高校10年史：p176〜181〉Ⓝ376.4

『福岡県立柏陵高等学校創立30周年記念誌』福岡県立柏陵高等学校編　福岡　福岡県立柏陵高等学校　2012.10　127p　26cm　〈本校のあゆみ：p26〜73〉Ⓝ376.4

◆東福岡高等学校

『学園創立三十五周年小誌—付・苦節三十年』東福岡高等学校編　福岡　東福岡高等学校　1981.2　139, 76p　21cm〈昭和55年度教職員一覧：巻頭〉Ⓝ376.4

『学園創立四十周年記念誌—付・学園創立三十五周年小誌・苦節三十年』学園創立四十周年記念誌編集委員会編　福岡　東福岡高等学校　1985.11　94, 139, 76　21cm　Ⓝ376.4

『自彊不息—学園創立五十周年記念誌』東福岡高等学校　福岡　東福岡高等学校　1996.3　281p 図版26p　27cm　Ⓝ376.4

『勝つために何をしたか—高校サッカー史上初！ 三冠を達成した男が歩んだ22年のクライマックス』志波芳則著　日刊スポーツ出版社　1999.1　222p　19cm　1500円　①4-8172-0196-7　Ⓝ783.47

目次 第1章 終わってみれば三冠（決勝前、決勝（キックオフ、タイムアップ））、第2章 教師として監督として（人を育てることに興味をおぼえる、若さと情熱だけで突っ走っていた、人との出会いが苦悩と焦燥から救ってくれた、教師として監督としてなすべきこと）、第3章 勝つために何をしたか（長所を

磨く、練習は自分のため、ゲームではチームのため、練習で足りない部分を補う）

内容 この本は著者が東福岡のサッカーを強くするために何をしたのかを記したものである。同時に指導者として、教育者として、いかなる挑戦や失敗を辿りながら今に行き着いたのか、その記録でもある。サッカーから学んだことをはじめ、指導者経験を通して導き出された指導観や教育観などについて述べたものである。

『不死鳥（フェニックス）が舞う—東福岡高初優勝』西日本新聞社編集　福岡　西日本新聞社　2008.2　48p　30cm　①978-4-8167-0749-0　Ⓝ783.48

内容 第87回全国高校ラグビー大会最終日、東福岡が伏見工を12-7で破り、悲願の初優勝を飾った。「フェニックス（不死鳥）」というチームの愛称どおりによみがえり、最高の輝きを放ったフィフティーンの闘いの軌跡を振り返る。

『学校法人東福岡学園創立65周年 東福岡高等学校創立55周年 新校舎竣工記念誌』福岡　東福岡学園　東福岡高等学校　2010.11　91p　30cm　Ⓝ376.4

◆ひびき高等学校

『新生 福岡県立ひびき高等学校創立八十周年記念誌』福岡県立ひびき高等学校編　福岡　福岡県立ひびき高等学校　2007.11　74p　31cm　Ⓝ376.4

『福岡県立ひびき高等学校創立九十周年記念誌』創立九十周年記念誌部会編　福岡　福岡県立ひびき高等学校　2018.11　72p　30cm　Ⓝ376.4

◆福岡高等学校

『あらゆるところで福中・福高—福高人物録』福高人物録出版委員会編　福岡　福高人物録出版委員会　1971.10　1冊　30cm　Ⓝ376.4

『青陵—思い出の記』福岡高等学校同窓会青陵会編　福岡　福岡高等学校同窓会青陵会　1972.11　533p　22cm　Ⓝ376.4

『千代原頭の想い出—福中・福高ラグビー五十年史』福中・福高ラグビー五十年史編集委員会編　福岡　福中・福高ラグビー部OB会　1974.9　14, 397p 写真20p　22cm〈福中・福高ラグビー部年表：p330〜369〉Ⓝ376.4

『福高六十周年誌』福岡県立福岡高等学校編　福岡　福岡県立福岡高等学校　1977.3　182p 写真4p　21cm　Ⓝ376.4

『福中・福高六十年史』福岡県立福岡高等学校編集　福岡　福岡県立福岡高等学校　1977.4

『コートに描く青春群像』福岡　福高バスケットボール部後援会　1979.8　284p　21cm　Ⓝ783.1

『福中福高七十年史』福中福高七十年史編集委員会編　福岡　福岡県立福岡高等学校　1987　609p　22cm〈校史年表：p525〜607〉Ⓝ376.4

『月影ふみて―福岡県立福岡高等学校定時制課程創立七十周年記念誌』福岡県立福岡高等学校定時制課程創立七十周年記念誌『月影ふみて』編集委員会編　福岡　福岡県立福岡高等学校　1993.11　477p　27cm　Ⓝ376.4

『福中・福高八十周年誌』福岡県立福岡高等学校編　福岡　福岡県立福岡高等学校　1997.5　164p　30cm　Ⓝ376.4

『月に嘯く―創立七十七年の風雪を越えて』福岡県立福岡高等学校定時制課程閉課程記念誌『月に嘯く』　福岡　福岡県立福岡高等学校　2000.3　360p　図版16p　27cm〈愛月記：p1〜15、博多今昔：p350〜359〉Ⓝ376.4

『たたみの上の青春譜―福中.福高柔道部八十周年誌』福中・福高柔道部八十周年記念誌編集班編集　福岡　福中福高柔道部OB会　2000.9　124p　26cm〈年表：p34、95〜97〉Ⓝ789.2

『福中福高90周年誌』福岡県立福岡高等学校編著　福岡　福岡県立福岡高等学校　2007.5　122p　30cm　Ⓝ376.4

『福高讃歌』西日本新聞社　福岡　西日本新聞社　2018.6　175p　19cm〈書誌注記：文献あり　年譜あり〉1500円　①978-4-8167-0954-8　Ⓝ376.48

|目次| 第1章 礎（不屈―フェニックスのごとく、創立―修猷館に負けたくない　ほか）、第2章 歩み（福高祭―楽しみ学ぶ社会問題も、体育祭―全員一つに「栄光あれ」　ほか）、第3章 部活動（ラグビー1―仲間を助けるタックル、ラグビー2―栄光の軌跡の裏にOB作り　ほか）、第4章 人脈（大隅良典さん―失敗恐れずチャレンジ、中村哲さん―今も胸に根付く福高魂　ほか）

|内容| 苦難を越え、ライバルと競い合い文武両道を実践し続ける名門・福岡高校の物語。ノーベル賞受賞者を生み出した100年の歴史をひもとく。

『福中・福高 百周年誌』福岡県立福岡高等学校編著　福岡　福岡県立福岡高等学校　2020.2　328p　31cm　Ⓝ376.4

◆福岡魁誠高等学校

『福岡県立福岡魁誠高等学校創立百周年記念誌―糟屋郡立糟屋農学校　平成24年（2012）』『創立百周年記念誌』編集委員会編　粕屋町（福岡県糟屋郡）福岡県立福岡魁誠高等学校　2013.3　204p　31cm　Ⓝ376.4

『福岡県立福岡魁誠高等学校創立百十周年記念誌』創立百十周年記念誌編集委員会編　粕屋町（福岡県糟屋郡）福岡県立福岡魁誠高等学校　2022.10　36p　30cm　Ⓝ376.48

◆福岡県立水産高等学校

『渺―創立二十周年史』20周年誌編集委員会編　津屋崎町（福岡県宗像郡）福岡県立水産高等学校　1974.2　245p　図版3枚　21cm〈年表：p189〜214〉Ⓝ376.4

『創立60周年記念誌』福岡県立水産高等学校創立60周年記念誌編集委員会編　福津　福岡県立水産高等学校　2013.10　75p　30cm〈書誌注記：年表あり〉Ⓝ376.48

◆福岡工業高等学校

『創立90年記念誌』福岡県立福岡工業高等学校九十周年記念誌編集委員会編　福岡　福岡県立福岡工業高等学校　1986.3　204p　21cm〈折り込図3枚〉非売品　Ⓝ376.4

『福岡工業高校百年史』福岡県立福岡工業高等学校創立百周年記念誌編集委員会編　福岡　福岡県立福岡工業高等学校　1996.4　740p　27cm〈折り込1枚〉Ⓝ376.4

◆福岡講倫館高等学校

『創立90周年記念誌』90周年記念誌編集委員会編　福岡　福岡県立福岡講倫館高等学校　2015.10　57p　30cm　Ⓝ376.4

◆福岡市立博多工業高等学校

『博多工業高等学校創立50周年記念誌―写真集』博多工業高等学校記念誌編集委員会編集　福岡　福岡市立博多工業高等学校　［1990］125p　31cm〈略年表・歴代校長：p118〜119〉Ⓝ376.4

◆福岡市立福岡商業高等学校

『福商八十年』福岡市立福岡商業高等学校編　福岡　福岡市立福岡商業高等学校　1979.11　156p　26cm〈福商八十年史年表：p148〜155〉Ⓝ376.4

『きらめきの星―福商定時閉課程記念誌』記念誌委員会編集　福岡　福岡市立福岡商業高等学校定時制閉課程記念実行委員会　2000.2

福岡県

94p　27cm〈福商定時制沿革史：p67～71〉Ⓝ376.4

『福商百年史』福岡市立福翔高等学校編　福岡　福岡市立福翔高等学校　2001.3　72，911p　27cm　Ⓝ376.48

『福商剣道部百年史』福商剣道部百年史編集委員会編　福岡　福商剣友会　2006.10　462p　図版22枚　27cm　Ⓝ789.3

『福商剣道』芝恭介著　福岡　川原英之　2011.6　170p　30cm　Ⓝ789.3

『翔ばたく福商人脈―創立百十周年記念誌』福商校創立百十周年記念事業編集委員会編　福岡　福翔会　2012.9　254p 図版16p　27cm〈参考文献：p251〉Ⓝ376.4

◆福岡大学附属大濠高等学校

『大濠―福岡大学附属大濠高等学校創立二十五周年記念誌』福岡大学附属大濠高等学校編　福岡　福岡大学附属大濠高等学校　1974.2　190p 図版3枚　21cm〈沿革：p31～32〉Ⓝ376.4

『三十五年のあゆみ』福岡大学附属大濠高等学校三十五周年記念史編纂委員会編　福岡　福岡大学附属大濠高等学校　1984.2　103p　31cm〈教職員一覧：p94～96〉Ⓝ376.4

『遥かにおこる―福岡大学付属大濠高等学校野球部部史』福岡大学付属大濠高等学校野球部OB会編　福岡大学付属大濠高等学校野球部OB会　1994.5　182p　30cm　Ⓝ376.4

『見て見ぬふりか、ゲンコツか―腑抜け状態の教育現場にダンクシュート！』田中國明著　主婦の友社　2008.5　191p　19cm　1400円　①978-4-07-261195-1　Ⓝ783.1

内容　「間違った優しさ」と「正しい鉄拳」…親として、教育者として、あなたはどちらを選びますか？　高校バスケ界のカリスマ監督が世に問う「気合一発」の教育論。

『見て見ぬふりか、ゲンコツか―ときに「痛い目」が子供を救う！』田中國明著　廣済堂出版　2012.7　246p　16cm〈廣済堂文庫　タ-18-1―ヒューマン文庫〉〈主婦の友社 2008年刊に加筆〉600円　①978-4-331-65491-0　Ⓝ783.1

内容　これからの社会は、ひ弱でモロい精神力の持ち主など求めていない。ということは、親や教師は、社会が求めるレベルの強い精神力を、子供たちに身につけさせるべきではないのか。たくましい精神力こそが、生き残りの重要なキーワードだ。もし、その方法の一つが、殴ることなどの暴力であっても、子供たちが、社会から弾き出されるよりはマシではないか―。その親の姿勢こそが結果として子供のためになるのだ。たくましい子供に育てるための「優しさ」を問う！　世の親、教育者のための1冊。

『創立七十五周年記念誌―福岡大学附属大濠中学校・高等学校』福岡大学附属大濠中学校・高等学校編集　福岡　福岡大学附属大濠中学校・高等学校　2024.3　513p　31cm〈学校の沿革：p500～502〉Ⓝ376.4

◆福岡第一高等学校

『走らんか！―福岡第一高校・男子バスケットボール部の流儀』井手口孝著　竹書房　2021.7　239p　19cm　1600円　①978-4-8019-2708-7　Ⓝ783.1

目次　第1章 運命に導かれて（指導者としての原点は女子高、同じような思いを後輩にさせてはいけない！ ほか）、第2章 福岡第一バスケ部の軌跡（パラマ塾から始まった男子バスケット部、保護者から学ぶ ほか）、第3章 子どもたちに教え導くものとして（大好きなバスケを腹一杯にする、勝つことも育てることも指導者の役割 ほか）、第4章 強いチームになるために（福岡第一バスケットの根幹、ディフェンスは"農業" ほか）、第5章 未来あるキミたちへ（環境をも乗り越える工夫を、雑草だからこそできる指導がある ほか）

内容　目標は常に日本一。どこにも負けない練習量と思う存分バスケットに打ち込める環境で培った観るものを魅了するスピーディーな「走るバスケ」で福岡第一高校バスケ部を、インターハイ4回、ウインターカップ4回、8度の全国制覇に導いた名将の指導・教育哲学。

◆福岡中央高等学校

『福岡中央八十年』斧田藤一編　福岡　福岡県立福岡中央高等学校　1978.6　1冊　31cm　Ⓝ376.4

『高校二十年史―創立九十周年記念　続』福岡県立福岡中央高等学校創立九十周年記念誌編集委員会編　福岡　福岡県立福岡中央高等学校　1988.6　26, 303p 図版3枚　21cm　Ⓝ376.4

『福岡中央百年史』福岡県立福岡中央高等学校百周年史委員会編　福岡　福岡県立福岡中央高等学校　1998.6　731p 図版14枚　27cm　Ⓝ376.48

◆福岡農業高等学校

『耕―福農百年史』百年誌編集委員会編　太宰府町（福岡県筑紫郡）　福岡県立福岡農業高等学校　1978.11　424p 図版17枚　21cm〈福農沿革史：p23～31〉Ⓝ376.4

『耕―福農百十年誌』百十年誌編集委員会編

太宰府　福岡県立福岡農業高等学校　1989.3　371p　図版10枚　27cm〈福農沿革史：p343〜353〉Ⓝ376.4

『耕―写真集』百二十年誌編集委員会編　太宰府　福岡県立福岡農業高等学校　1999.3　149p　図版6枚　31cm〈福農沿革史：p128〜139〉Ⓝ376.4

『創立130周年記念誌』福岡県立福岡農業高等学校編　太宰府　福岡県立福岡農業高等学校　［2008］　98p　30cm〈沿革（詳細）：巻頭〉Ⓝ376.4

◆福岡雙葉高等学校

『創立50周年記念誌』福岡雙葉学園創立50周年記念誌編集委員会編　福岡　福岡雙葉学園　1983.10　263p　図版3枚　27cm〈学園の年表：p195〜239〉Ⓝ376.4

◆福島高等学校

『福島高等学校創立七十周年記念誌』記念誌編集委員会編　八女　福岡県立福島高等学校同窓会　1983.6　256p　22cm〈福島高校七十年の歩み：p21〜52〉Ⓝ376.4

『福島高等学校80年のあゆみ』福岡県立福島高等学校編　福岡県立福島高等学校　［1990］　42p　27cm　Ⓝ376.4

『福岡県立福島高等学校創立百周年記念誌―これまでの百年をこれからの百年へ』福岡　福岡県立福島高等学校　2012.3　350p　31cm〈書誌注記：年表あり　背・表紙のタイトル：創立百周年記念誌〉Ⓝ376.48

◆豊国学園高等学校

『学校法人豊国学園豊国学園高等学校創立90周年記念誌』豊国学園高等学校編　北九州　豊国学園高等学校　2002.8　152p　27cm　Ⓝ376.4

◆北筑高等学校

『竹陵―創立5周年記念誌』福岡県立北筑高等学校編　北九州　福岡県立北筑高等学校　1982.10　94p　27cm〈澪標［年表］：p87〜94〉Ⓝ376.4

『竹陵―創立十周年記念誌』福岡県立北筑高等学校編　北九州　福岡県立北筑高等学校　1987.10　124p　27cm〈母校10年：p111〜124〉Ⓝ376.4

『竹陵―福岡県立北筑高等学校創立20周年記念誌』北筑高等学校創立20周年記念誌編集委員会　北九州　福岡県立北筑高等学校　1997.10　123p　27cm　Ⓝ376.4

『竹陵―福岡県立北筑高等学校創立25周年記念誌』北筑高等学校創立25周年記念誌編集委員会編　北九州　福岡県立北筑高等学校　2003.2　112p　27cm　Ⓝ376.4

◆三井高等学校

『創立八十周年記念写真集』記念誌編集委員会編集　小郡　福岡県立三井高等学校　1994.10　69p　31cm　Ⓝ376.4

『福岡県立三井高等学校創立100周年記念誌』小郡　福岡県立三井高等学校　［2015］　292p　31cm〈書誌注記：年表あり　背・表紙のタイトル：創立100周年記念誌〉Ⓝ376.48

◆三池高等学校

『六十周年記念誌』三池高等学校創立六十周年記念誌編集委員会編　大牟田　三池高等学校創立六十周年記念実行委員会　1978.3　204p　26cm〈書誌注記：年表あり　奥付のタイトル：創立六十周年記念誌　発行所：福岡県立三池高等学校〉Ⓝ376.48

『三十七年のあゆみ―定時制閉校記念誌』三池高等学校定時制編　大牟田　［福岡県立三池高等学校］　1985.3　64, 35p　26cm〈三池高等学校定時制沿革：p61〉Ⓝ376.4

『歴木ケ丘―創立七十周年記念写真集』三池高等学校創立七十周年記念誌部会編　大牟田　福岡県立三池高等学校　1988.3　136p　25×26cm　Ⓝ376.4

『八十年校史―福岡県立三池高等学校』大牟田　福岡県立三池高等学校　1998.2　30, 542p　27cm〈書誌注記：年表あり〉Ⓝ376.48

『十年の足跡―福岡県立三池高等学校創立九十周年記念：平成九年度―十八年度』福岡県立三池高等学校創立九十周年記念事業実行委員会編　大牟田　福岡県立三池高等学校　2007.11　49p　26cm〈書誌注記：年表あり〉Ⓝ376.48

『三池中学校・三池高等学校剣道部百周年記念誌』三池中学校・三池高等学校剣道部誌編集委員会編　大牟田　三池中学校・三池高等学校剣道部誌編集委員会　2017.12　195p　26cm〈書誌注記：年表あり　タイトルは標題紙による〉非売品　Ⓝ789.3

『創立百周年記念誌』大牟田　福岡県立三池高等学校　2018.3　190p　31cm〈書誌注記：年表あり〉Ⓝ376.48

福岡県

◆三池工業高等学校

『創立七十周年記念誌』七十周年記念誌編集委員会編　大牟田　福岡県立三池工業高等学校　1978.11　64p 図版5枚　27cm　Ⓝ376.4

『三池工業高等学校創立八十周年記念誌』三池工業高等学校編集委員会編　大牟田　福岡県立三池工業高等学校　1988.11　458p 図版11枚　27cm　Ⓝ376.4

『炭鉱町に咲いた原貢野球―三池工業高校・甲子園優勝までの軌跡』澤宮優著　現代書館　2004.5　300p　20cm〈文献あり〉2000円　①4-7684-6878-0　Ⓝ783.7

|目次|第1章 大牟田という町、第2章 熱血指導の始まり、第3章 甲子園までの序章、第4章 いざ甲子園へ、第5章 選手たちの証言、第6章 奇跡への序章、第7章 まさかのボーク、第8章 ベスト4進出、第9章 運命の決勝戦、第10章 快挙は再び起こらず、三池工と現在の高校野球―あとがきにかえて

『探検！　三池工業の100年』鈴木裕和　2008.3　152p　30cm　Ⓝ376.4

『福岡県立三池工業高等学校創立百周年記念誌』創立百周年記念誌編纂委員会編集　大牟田　福岡県立三池工業高等学校　2009.3　200p　31cm　Ⓝ376.4

『炭鉱町に咲いた原貢野球―三池工業高校・甲子園優勝までの軌跡』澤宮優著　集英社　2018.7　302p　16cm〈集英社文庫 さ60-1〉〈書誌注記：文献あり　現代書館2004年刊の加筆修正〉640円　①978-4-08-745769-8　Ⓝ783.7

|目次|大牟田という町、原貢招聘、熱血指導の始まり、甲子園までの序章、いざ甲子園へ、選手たちの証言、奇跡への序章、まさかのボーク、ベスト4進出、運命の決勝戦、快挙は再び起こらず、今に生きる原貢野球

|内容|1965年、夏の甲子園。炭鉱町・大牟田の三池工業高校が、初出場・初優勝を成し遂げた。栄光へと導いた監督は、原貢。巨人軍の四番打者を務めた原辰徳の父で、球界のエース菅野智之の祖父にあたる。その快挙は、三池闘争や粉塵爆発事故に打ちひしがれていた町を大きく熱狂させた。語り継がれる厳しい指導法や、当時の常識を覆す戦術、今も色褪せないドラマを緻密な取材で追ったノンフィクション。

◆三井中央高等学校

『創立20周年記念史』福岡県公立三井中央高等学校編　北野町（福岡県三井郡）福岡県公立三井中央高等学校　1983.11　94p 図版6枚　22cm〈学校沿革：p21～23〉Ⓝ376.4

『福岡県公立三井中央高等学校創立二十周年記念誌』創立二十周年記念誌編集委員会編　北野町（福岡県三井郡）福岡県公立三井中央高等学校　1983.11　94p 写真4枚　22cm　Ⓝ376.4

◆三潴高等学校

『創立六十周年記念総合誌』福岡県立三潴高等学校編　城島町（福岡県三潴郡）福岡県立三潴高等学校　1983.11　114p 27cm〈写真集：p91～114〉Ⓝ376.4

『野球部創立五十年記念誌』福岡県立三潴高等学校柏球クラブ　［2002］159p　27cm　Ⓝ783.7

『福岡県立三潴高等学校創立八十周年記念誌』福岡県立三潴高等学校創立八十周年記念誌編集委員会編　城島町（福岡県三潴郡）福岡県立三潴高等学校創立八十周年記念事業実行委員会　2003.11　80p　31cm　Ⓝ376.4

◆京都高等学校

『七十年史』福岡県立京都高等学校編　行橋　福岡県立京都高等学校「七十年史」編集委員会　1986.11　463p 図版6p　22cm　Ⓝ376.4

◆武蔵台高等学校

『創立五年史』福岡県立武蔵台高等学校編　筑紫野　福岡県立武蔵台高等学校　1984.11　263p　27cm〈沿革：p190～191〉Ⓝ376.4

『創立二十年史』福岡県立武蔵台高等学校編　筑紫野　福岡県立武蔵台高等学校　2000.3　317p 図版33p　27cm〈沿革概要：p275～284〉Ⓝ376.4

『武蔵台の風景』福岡県立武蔵台高等学校,村上洋一編　筑紫野　［福岡県立武蔵台高等学校］　[2002.3]　221p　26cm　Ⓝ376.4

『創立三十年史』福岡県立武蔵台高等学校編　筑紫野　福岡県立武蔵台高等学校　2010.3　261p 図版27枚　31cm〈沿革概要：p197～213〉Ⓝ376.4

『福岡県立武蔵台高等学校40周年記念誌』筑紫野　［福岡県立武蔵台高等学校］創立40周年記念事業実行委員会　2020.3　104p　30cm　Ⓝ376.4

◆宗像高等学校

『宗像高校六十年誌』福岡県立宗像高等学校編　宗像町（福岡県宗像郡）福岡県立宗像高等学校　1979.5　490p 図版8枚　22cm〈沿革概要：p463～488〉Ⓝ376.4

『四塚―創立七十周年記念』福岡県立宗像高等

学校編　宗像　福岡県立宗像高等学校　1989.10　130p　31cm〈学校沿革：p20〜22〉Ⓝ376.4

『創立八十周年記念誌』福岡県立宗像高等学校八十周年記念誌編纂委員会編　宗像　福岡県立宗像高等学校　2001.3　462p　27cm

『福岡県立宗像高等学校創立九十周年記念誌』福岡県立宗像高等学校編　宗像　福岡県立宗像高等学校　2009.10　165p　30cm〈沿革史：p19〜21〉Ⓝ376.4

◆明治学園高等学校

『この礎に恵み溢れて』明治学園編　北九州　明治学園　2011.3　415p　22cm〈書誌注記：年表あり〉Ⓝ376.48

◆明善高等学校

『明善校九十年史』杉本寿恵男編著　久留米　福岡県立明善高等学校　1970.4　535p　22cm〈明善校年表：p491〜532〉Ⓝ376.4

『明善野球』久留米　明善野球編集委員会　1972　438、25p　21cm　非売　Ⓝ376.4

『明善百周年記念写真集』福岡県立明善高等学校編　久留米　福岡県立明善高等学校　1979.10　72p　30cm　Ⓝ376.4

『明善百周年記念写真集』福岡県立明善高等学校編　久留米　福岡県立明善高等学校　1989.10　72p　30cm　Ⓝ376.4

『楽天の系譜―明善校創立120周年記念』久留米　明善校創立120周年記念行事実行委員会　1999.10　533p　19cm　Ⓝ376.4

『明善―明善校創立一四〇周年記念 校史記録集』久留米　福岡県立明善高等学校　2020.1　112p　30cm〈年表：p106〜111〉Ⓝ376.4

◆門司高等学校

『創立五十年誌―昭和四十八年十一月』福岡県立門司高等学校編　北九州　福岡県立門司高等学校　1973.11　132、78p　図版15p　26cm〈五十年史表：p11〜116〉Ⓝ376.4

『創立六十周年―記念写真集』記念写真集創立六十周年編集委員会編　北九州　福岡県立門司高等学校　1983.11　120p　31cm　Ⓝ376.4

『翠巒薫りて―福岡県立門司高等学校創立八十五周年（定時制六十六周年）記念写真集』福岡県立門司高等学校編　北九州　福岡県立門司高等学校　2009.2　197p　30cm〈旧職員一覧：p188〜194、現職員一覧：p195〉Ⓝ376.4

◆門司学園高等学校

『創立10周年記念誌―福岡県立門司学園中学校高等学校』北九州　福岡県立門司学園中学校高等学校　2014.3　133p　30cm〈書誌注記：年表あり　奥付のタイトル：福岡県立門司学園創立10周年記念誌〉Ⓝ376.48

◆門司北高等学校

『創立七十周年記念誌』福岡県立門司北高等学校記念誌編集委員会編　北九州　福岡県立門司北高等学校記念誌編集委員会　1977.10　168p　26cm〈年表あり〉非売品　Ⓝ376.48

『創立八十周年記念写真集』北九州　福岡県立門司北高等学校　1987.10　148p　31cm〈書誌注記：年表あり〉Ⓝ376.48

『創立九十周年記念誌』北九州　福岡県立門司北高等学校　1997.9　117p　31cm〈表紙のタイトル：門波〉Ⓝ376.48

『創立百周年記念誌』北九州　福岡県立門司北高等学校　2008.2　222p　31cm〈表紙のタイトル：門波　年表あり〉Ⓝ376.48

◆門司商業高等学校

『光の遠―福岡県立門司商業高等学校創立八十八周年記念』福岡県立門司商業高等学校創立八十八周年記念誌編集委員会編集　北九州　福岡県立門司商業高等学校　2007.3　127p　31cm　Ⓝ376.4

◆柳川高等学校

『いまだ遼遠なり』古賀肇著、読売新聞西部本社編集　柳川　柳商学園　1985.1　257p　20cm〈年譜：p239〜254〉Ⓝ289.1

『球児にかけた夢―柳川高校野球部』福田精一著　福岡　葦書房　1992.10　179p　19cm　1380円　①4-7512-0449-1　Ⓝ783.7

『柳川野球半世紀』柳川高等学校野球史編集委員会編　柳川　柳川高等学校　1997.3　548p　30cm〈年表：p5〜9〉Ⓝ783.7

『野球部七十年の歴史』柳川　柳川高等学校野球部OB会「野球部70年の歴史」編集委員会　2017.9　675p　30cm〈年表：p5-10〉Ⓝ783.7

『学校を楽しくすれば日本が変わる―「常識」をひっくり返した「絶校長」の教育改革』古賀賢著　祥伝社　2024.9　225p　19cm　1600円　①978-4-396-61823-0　Ⓝ376.48

福岡県

内容 学校とは、そこに集う誰もがワクワクする場所。人は変われる。今日、今、この瞬間からでも。そう心から信じて、学校を運営している。子どもたちを突き抜けていく存在に。大人たちをますます突き抜けていく存在に。「さあ、アクションを起こそう！」。

◆柳川商業高等学校

『創立三十周年記念誌』記念誌編集委員会編集　柳川　橘蔭学園柳川商業高等学校　1972.2　378p 図版8枚　22cm〈三十年の沿革：p235〉Ⓝ376.4

◆八幡高等学校

『創立五十年史』福岡県立八幡高等学校編　北九州　福岡県立八幡高等学校　1972.3　380p 写真16p　22cm〈歴代校長、職員一覧表：p324～337〉Ⓝ376.4

『60周年10年誌』八幡高等学校六十周年十年誌編纂委員編　北九州　［福岡県立八幡高等学校］　［1979.10］　173p　26cm〈歴代校長：p122、略年表：p168～172〉Ⓝ376.4

『夜間中学から五十二年の歩み―定時制課程閉校記念誌』福岡県立八幡高等学校定時制課程閉校記念誌編集委員編　北九州　［福岡県立八幡高等学校定時制課程閉校記念誌編集委員］　［1984.11］　156, 67p 図版38p　22cm〈現旧教職員一覧：p144～151〉Ⓝ376.4

『誠鏡―福岡県立八幡高等学校創立七十周年記念写真集』福岡県立八幡高等学校編　北九州　福岡県立八幡高等学校　1989.10　164p　31cm〈歴代校長：p16～17〉Ⓝ376.4

『誠鏡―福岡県立八幡高等学校創立八十周年記念誌』福岡県立八幡高等学校創立八十周年記念誌編集委員会編　北九州　福岡県立八幡高等学校　1999.11　396p　31cm〈歴代校長：p10～11、略年表：p367～395、参考文献：p395〉Ⓝ376.4

『誠鏡―福岡県立八幡高等学校創立九十周年記念誌』福岡県立八幡高等学校創立九十周年記念誌編集委員会編　北九州　福岡県立八幡高等学校　2009.10　115p　31cm〈歴代校長：p14～15〉Ⓝ376.4

◆八幡工業高等学校

『創立五十周年―記念写真集』記念写真集創立五十周年編集委員会編集　北九州　福岡県立八幡工業高等学校　1985.11　126p　31cm Ⓝ376.4

『創立六十周年記念誌―さくら』創立60周年記念誌編集委員会編集　北九州　福岡県立八幡工業高等学校　1995.10　216p　30cm Ⓝ376.4

『創立七十周年記念誌―さくら』創立70周年記念誌編集委員会企画・編集　北九州　福岡県立八幡工業高等学校　2005.10　185p　30cm Ⓝ376.4

『さくら―福岡県立八幡工業高等学校創立80周年記念誌』八幡工業高等学校創立80周年記念誌作製委員会編集　北九州　福岡県立八幡工業高等学校　2016.1　98p　30cm〈あゆみ（創立70年～現在）：p40～52〉Ⓝ376.4

◆八幡大学附属高等学校

『八幡大学附属高等学校創立三十周年記念誌』八幡大学附属高等学校男子部編　北九州　八幡大学附属高等学校男子部　1989.1　157p 写真15p　27cm〈略年表：p147～156〉Ⓝ376.4

◆八幡中央高等学校

『福岡県立八幡中央高等学校創立七十周年記念写真集』福岡県立八幡中央高等学校創立七十周年記念写真集編纂委員会編　北九州　福岡県立八幡中央高等学校　［1986］　122p　31cm Ⓝ376.4

『迪―福岡県立八幡中央高等学校創立八十周年記念誌』北九州　福岡県立八幡中央高等学校創立八十周年記念誌編集委員会　1996.11　148p　31cm Ⓝ376.48

『紡ぐ―［福岡県立八幡中央高等学校］創立100周年記念誌』福岡県立八幡中央高等学校創立百周年記念誌作成委員会編　北九州　福岡県立八幡中央高等学校　2016　256p　31cm Ⓝ376.4

◆八幡南高等学校

『南陵十周年誌』福岡県立八幡南高等学校編　北九州　福岡県立八幡南高等学校　1972.10　64p 写真12p 折込2枚　26cm〈本校十年の歩み：p6～16〉Ⓝ376.4

『創立二十周年記念誌』二十周年記念誌編集委員会編　北九州　福岡県立八幡南高等学校　1982.10　72p 写真14p　26cm Ⓝ376.4

『創立60周年記念誌―南陵』北九州　福岡県立八幡南高等学校　2023.3　113p　30cm Ⓝ376.4

◆山門高等学校

『山門―創立六十周年記念最近十年の歩み』福岡県立山門高等学校六十周年誌編集委員会編

瀬高町（福岡県山門郡）福岡県立山門高等学校　1972.9　97p　写真12p　22cm〈学校沿革略史：p22〜24〉Ⓝ376.4

『福岡県立山門高等学校創立九十周年記念誌』福岡県立山門高等学校編集　瀬高町（福岡県山門郡）福岡県立山門高等学校　2002.9　220p　31cm　Ⓝ376.4

『山門百年史』福岡県立山門高等学校創立百周年記念事業実行委員会記念誌部会編集　みやま　福岡県立山門高等学校　2013.3　255p　図版16p　31cm〈年表：p237〜255〉Ⓝ376.4

◆八女高等学校

『八女高等学校創立七十周年記念誌』記念誌編集委員会編　八女　八女高等学校創立七十周年記念事業実行委員会　1980.5　240p　22cm〈略年表：p2〜58〉Ⓝ376.4

『創立九十周年記念誌』福岡県立八女高等学校編　筑後　福岡県立八女高等学校記念誌編集委員会　1999.3　291p　27cm〈旧職員（過去五年間）：p269〜272, 創立九十年略年表：p273〜289〉Ⓝ376.4

『八女高百年—福岡県立八女中学・高等学校創立百周年記念誌』八女高等学校創立百周年記念事業実行委員会記念誌委員会編集　八女　福岡県立八女高等学校　2009.3　14, 436p　図版8枚　27cm〈教職員一覧：p401〜414〉Ⓝ376.4

◆八女工業高等学校

『五十年史』福岡県立八女工業高等学校五十年史編集委員会編　筑後　福岡県立八女工業高等学校　1971.11　244p　図版10p　22cm〈沿革年表：p3〜16〉Ⓝ376.4

『八工野球三十年—福岡県立八女工業高等学校野球部記念誌』「八工野球三十年」編集委員会編　八女　福岡県立八女工業高等学校野球部後援会　1978.6　290, 68p　22cm　Ⓝ376.4

『躍進勇励—福岡県立八女工業高等学校創立八十周年記念誌』福岡県立八女工業高等学校創立八十周年記念誌編集委員会編　筑後　福岡県立八女工業高等学校創立八十周年記念実行委員会　2000.10　426p　21cm　Ⓝ376.48

『福岡県立八女工業高等学校創立九十周年記念誌』福岡県立八女工業高等学校創立九十周年記念誌編集委員会編　筑後　福岡県立八女工業高等学校創立九十周年記念事業実行委員会　2010.10　204p　図版16p　26cm　Ⓝ376.4

◆八女農業高等学校

『躍進—創立八十周年記念誌』八十周年記念誌編集委員会編　八女　福岡県立八女農業高等学校　1983.1　86p　26cm　Ⓝ376.4

『福岡県立八女農業高等学校創立九十周年記念誌』福岡県立八女農業高等学校記念誌発行実行委員会編　八女　福岡県立八女農業高等学校　1992.10　368p　27cm〈沿革史：p1〜8〉Ⓝ376.4

『創立百周年記念誌』創立百周年記念誌（写真集）小委員会編集　八女　福岡県立八女農業高等学校　2001.12　171p　31cm〈沿革：p14〜15〉Ⓝ376.4

『福岡県立八女農業高等学校創立120周年記念誌』八女　福岡県立八女農業高等学校　2022.10　46p　30cm〈沿革：p8〜11〉Ⓝ376.4

◆行橋高等学校

『明豊—福岡県立行橋高等学校創立九十周年記念誌』福岡県立行橋高等学校編　行橋　福岡県立行橋高等学校　1993.10　199p　27cm〈沿革：p152〜155〉Ⓝ376.4

『創立百周年記念誌』創立百周年記念誌（写真集）編集委員会編　行橋　福岡県立行橋高等学校　2004.2　173p　31cm〈沿革：p14〜15〉Ⓝ376.4

◆若松高等学校

『六十年史』福岡県立若松高等学校六十年史編集委員会編　北九州　福岡県立若松高等学校六十年史編集委員会　1975.10　257p　写真5枚　21cm　Ⓝ376.4

『福岡県立若松高等学校創立七十周年記念誌』福岡県立若松高等学校編　北九州　福岡県立若松高等学校　[1985]　106p　31cm　Ⓝ376.4

『福岡県立若松高等学校定時制四十年誌』福岡県立若松高等学校定時制課程編　北九州　福岡県立若松高等学校定時制課程　[1985]　29p　21cm　Ⓝ376.4

『福岡県立若松高等学校創立百周年記念誌』北九州　福岡県立若松高等学校　2012.11　192p　31cm　Ⓝ376.4

『福岡県立若松高等学校創立110周年記念誌』北九州　福岡県立若松高等学校　2022.11　99p　30cm　Ⓝ376.4

◆若松商業高等学校

『彩雲—福岡県立若松商業高等学校創立30周年

記念写真集』福岡県立若松商業高等学校編集　北九州　福岡県立若松商業高等学校　1990.11　154p　30cm　Ⓝ376.4

『彩雲―福岡県立若松商業高等学校創立40周年記念誌』創立40周年記念誌編集委員会編集　北九州　福岡県立若松商業高等学校　2000.11　112p　30cm〈沿革：p19〜20〉Ⓝ376.4

『彩雲―福岡県立若松商業高等学校創立50周年記念誌』北九州　福岡県立若松商業高等学校　2010.10　117p　30cm〈50年のあゆみ：p26〜60〉Ⓝ376.4

『彩雲―福岡県立若松商業高等学校創立60周年記念誌』北九州　福岡県立若松商業高等学校　2021.2　112p　30cm〈書誌注記：年表あり　背のタイトル：創立六十周年記念誌〉Ⓝ376.48

佐賀県

◆有田工業高等学校

『有工百年史―有田工業高等学校創立百周年記念』有田工業高等学校有工百年史編集委員会編　有田町（佐賀県）佐賀県立有田工業高等学校創立百周年記念事業委員会　2000.11　922p　図版64p　27cm〈書誌注記：年表あり　書誌注記：文献あり〉Ⓝ376.4

『有工百年史―有田工業高等学校 創立百周年記念　資料編』有田工業高等学校 有工百年史編集委員会編　佐賀県立有田工業高等学校　2000.11　188p　26cm

『有田工業高等学校創立百周年記念誌』有田工業高等学校 有工百年史編集委員会編　佐賀県立有田工業高等学校　2000.11　220p　26cm

◆伊万里高等学校

『学校誌―創立70周年記念』伊万里高等学校「学校誌」編集委員会編　伊万里高等学校70周年記念事業推進委員会　1985　345p　27cm　1800円

◆伊万里商業高等学校

『橘岡譜―伊商八十年』佐賀県立伊万里商業高等学校　1980　245p　21cm

『橘岡―佐賀県立伊万里商業高等学校 創立百周年記念誌』伊万里商業高校記念誌委員会編　佐賀県立伊万里商業高等学校　2000.10　253p　30cm　1300円

◆牛津高等学校

『二十年のあゆみ』牛津高等学校20年のあゆみ編集委員会編　佐賀県立牛津高等学校　1983　50p　26cm　200円

『佐賀県立牛津高等学校創立三十周年記念誌』佐賀県立牛津高等学校編　佐賀県立牛津高等学校　1993.11　276p　26cm　Ⓝ376.48

『佐賀県立牛津高等学校創立50周年記念誌』佐賀県立牛津高等学校　2013.10　99p　31cm

◆小城高等学校

『黄城―佐賀県立小城高等学校100周年記念誌』佐賀県立小城高等学校100周年記念誌編集委員会　佐賀県立小城高等学校　2000.2　写真12p+303p　26cm

『黄城バレー部明朗クラブ 記録資料集　1』明朗クラブ編　石丸虎彦　2010.11　64p　30cm　Ⓝ376.48

◆鹿島高等学校

『創立100周年記念誌―星霜』鹿島高等学校100周年記念誌編集委員会編　佐賀県立鹿島高等学校　1996.8　250p　27cm　1000円　Ⓝ376

『丹塗りの校門―鹿島中学・高校ものがたり 鹿城人国記』赤坂賢治著　厚木　東京鹿友会　2000.10　86p　26cm　1500円　Ⓝ376.48

『鹿城人物記―鹿島中学・高校ものがたり佐賀あるいは鹿島』赤坂賢治著　横浜　［赤坂賢治］　2009.10　124p　26cm　1800円　Ⓝ376.48

◆鹿島実業高等学校

『浜校舎園芸科閉校記念誌』佐賀県立鹿島実業高等学校編　佐賀県立鹿島実業高等学校　1983.3　219p　21cm　700円

◆唐津工業高等学校

『熱闘の夏―平成8年夏の記録』九六年夏 記念誌編集委員会編　佐賀県立唐津工業高等学校　1997.2　56p　26cm　Ⓝ783

◆唐津西高等学校

『まつら―佐賀県立唐津西高等学校 創立九十年記念誌』佐賀県立唐津西高等学校創立九十周年記念誌編集委員会編　佐賀県立唐津西高等学校　1997.10　図14p+104p　26cm　500円

『まつら―佐賀県立唐津西高等学校 創立百周年記念誌』佐賀県立唐津西高等学校 2007.1 215p 30cm

◆唐津東高等学校

『鶴城―創立80周年記念誌』佐賀県立唐津東高等学校編 佐賀県立唐津東高等学校 1979 57p 26cm

『鶴城―創立100周年記念誌』佐賀県立唐津東高等学校編 佐賀県立唐津東高等学校 1999.10 255p 27cm 1100円

◆神埼高等学校

『鵲友―創立六十周年記念誌』佐賀県立神埼高等学校編 佐賀県立神埼高等学校 1989 140p 26cm 600円

◆杵島商業高等学校

『聖陵―佐賀県立杵島商業高等学校創立五十周年記念誌』記念誌編集委員会編 大町町(佐賀県) 佐賀県立杵島商業高等学校 2002.1 295p 31cm〈年表あり〉Ⓝ376.48

◆厳木高等学校

『若杉』県立厳木高等学校編 県立厳木高等学校 1982 172p 26cm

『若杉―創立50周年記念誌』佐賀県立厳木高等学校編 佐賀県立厳木高等学校 2001.10 184p 27cm Ⓝ376

『若杉―創立60周年記念誌』佐賀県立厳木高等学校編 佐賀県立厳木高等学校 2011.11 58p 30cm Ⓝ376

◆弘学館高等学校

『弘学館10周年記念誌』10年史編纂委員会編纂 佐賀 松尾学園 1997.12 119p 27cm〈標題紙等のタイトル:10周年記念誌〉Ⓝ376.48

『創立20周年記念誌』佐賀 松尾学園弘学館中学校・高等学校 2007.12 135p 31cm〈年表あり〉Ⓝ376.48

『創立30周年記念誌』佐賀 松尾学園弘学館中学校・高等学校 2017.12 136p 30cm〈書誌注記:年表あり〉Ⓝ376.38

◆高志館高等学校

『農芸 高志 いまむかし―創立七十周年記念誌』佐賀県立高志館高等学校七十周年記念誌編纂委員会編集 佐賀県立高志館高等学校 2004.2

佐賀県

108p 30cm Ⓝ376.48

◆佐賀高等学校

『佐賀高等学校水泳部史』佐賀高等学校水泳部史刊行委員会事務局編 佐賀高等学校水泳部史刊行委員会事務局 1979.4 327p 27cm 非売品 Ⓝ785.2

『弓友憶い出の記』佐高「弓友憶い出の記」刊行事務局編 佐賀高等学校弓友会 1979.5 160p 22cm 非売品 Ⓝ789.5

◆佐賀学園高等学校

『ああ筑紫野の大地に立ちて―創立三十周年記念誌』三十周年記念誌編集委員会編 佐賀学園 1988.4 400p 26cm Ⓝ376.48

『佐賀学園高等学校創立五十周年記念誌』50周年記念誌編集委員会 佐賀学園高等学校 2008 84p 30cm Ⓝ376.48

◆佐賀北高等学校

『北高十年誌―北高創立十周年記念』佐賀県立佐賀北高等学校 1973 189p 22cm

『北高四十年記念誌』佐賀県立佐賀北高等学校 佐賀県立佐賀北高等学校 2006.1 154p 30cm

『甲子園に吹いた感動の風―佐賀北栄光の軌跡 第89回全国高校野球選手権大会グラフ誌』佐賀 佐賀新聞社 2007.8 48p 37cm 952円 Ⓝ783.7

『佐賀北の夏』中村計著 ヴィレッジブックス 2008.7 212p 20cm 1600円 Ⓘ978-4-86332-035-2 Ⓝ783.7

目次 第1章 十年日記、第2章 番狂わせ、第3章 不協和音、第4章 8月22日

内容 真夏の大逆転劇は、起こるべくして起こった!2007年、夏の甲子園、決勝戦。7回までわずか1安打に抑えられながら、8回、まさかの満塁本塁打でひっくり返し、全国優勝を果たした佐賀県立佐賀北高校。前年夏、県大会1勝もできなかった「無名の公立校」が、なぜ強豪私立に連続して勝利し、日本一になれたのか? 巨大な象をも倒す「最強のアリ軍団」と化したチームの、知られざる秘密。

『佐賀北の夏―甲子園史上最大の逆転劇』中村計著 新潮社 2011.8 239p 16cm(新潮文庫 な-72-2) 438円 Ⓘ978-4-10-133242-0 Ⓝ783.7

『佐賀北高等学校 創立五十周年記念誌』佐賀県立佐賀北高等学校 2014.2 196p 30cm

『佐賀北の夏』中村計著 集英社 2017.7 254p 16cm(集英社文庫 な63-1)〈ヴィレッ

都道府県から引く 高等学校史・活動史目録 611

佐賀県

ジブックス 2008年刊の再刊〉 500円 ①978-4-08-745614-1 Ⓝ783.7

[目次] プロローグ、第1章 十年日記、第2章 番狂わせ、第3章 不協和音、第4章 8月22日、エピローグ、巻末資料、座談会 あれから十年

[内容] 第89回全国高校野球選手権大会決勝戦、3点ビハインドの8回裏、満塁。打席に立った副島がとらえた打球は空虚く舞い上がった―。2007年8月22日、そのチームは史上最低打率で4081校の頂点に立った。並み居る強豪校を退け、田舎の無名校が甲子園優勝を遂げた裏に隠された秘密とは。綿密な取材で強さの源に迫る感動のノンフィクション。あれから10年、当時の監督や選手たちの現在を追加した完全版。

◆佐賀工業高等学校

『佐賀工業高校創立80周年記念誌』佐賀県立佐賀工業高等学校 1979 440p 21cm

『おとこの詩・佐賀工業47人の証言』片桐武男編 佐賀 積文館 1981.2 359p 19cm 2000円 Ⓝ376.4

『佐賀県立佐賀工業高等学校創立百十周年記念誌』佐賀県立佐賀工業高等学校 2008.10 51p 30cm

◆佐賀商業高等学校

『佐商相星』森山邦人ほか著 西日本新聞開発局出版部 1972 304p 22cm

『佐商―創立70周年記念誌』江頭庄二編 佐賀県立佐賀商業高等学校 1977 180p 26cm 1200円

『佐賀県佐賀商業高等学校創立90周年記念誌』佐賀商業高等学校90周年記念誌編集委員会編集 佐賀印刷社 1997.10 230p 26cm Ⓝ376.48

『佐賀県立佐賀商業高等学校 創立100周年記念誌』佐賀県立佐賀商業高等学校編 佐賀県立佐賀商業高等学校 2007.11 228p 30cm

『佐賀県立佐賀商業高等学校 創立110周年記念誌』佐賀県立佐賀商業高等学校編 佐賀県立佐賀商業高等学校 2017.11 134p 30cm

◆佐賀清和高等学校

『創立100周年記念誌―学校法人佐賀清和学園』学校法人佐賀清和学園 2012.1 118p 30cm 600円 Ⓝ376

◆佐賀西高等学校

『栄城―創立百周年記念誌』創立百周年記念事業委員会編 創立百周年記念事業委員会 1977 418p 21cm Ⓝ376

『栄城―創立百十周年記念誌』佐賀県立佐賀西高等学校編 佐賀県立佐賀西高等学校 1987 168p 21cm 500円

『閉校記念誌「燈」』記念誌編集委員会編 佐賀県立佐賀西高等学校定時制 1996.3 191p 26cm 800円

『栄城―創立120周年記念誌』佐賀県立佐賀西高等学校編 佐賀県立佐賀西高等学校 1996.12 313p 26cm 1300円

『栄城―創立130周年記念誌』佐賀県立佐賀西高等学校編 佐賀県立佐賀西高等学校 2006.10 201p 22cm 800円

『栄城―創立140周年記念誌』創立百四十周年記念誌編集委員会編 佐賀県立佐賀西高等学校 2017.2 277p 22cm

◆佐賀農業高等学校

『明浄真正―佐賀県立佐賀農業高等学校創立百周年記念誌』創立百周年記念誌編集委員会編 創立百周年記念事業委員会 1994 200p 27cm 2000円

◆塩田工業高等学校

『創立50周年記念誌』佐賀県立塩田工業高等学校編 佐賀県立塩田工業高等学校 2014.11 69p 30cm

◆神埼農業高等学校

『創立80周年記念誌』佐賀県立神埼農業高等学校編 佐賀県立神埼農業高等学校 1993.11 90p 26cm

◆多久高等学校

『創立四十周年・工業科閉科記念誌』佐賀県立多久高等学校創立四十周年・工業科閉科記念誌編集委員会編 佐賀県立多久高等学校 2004 64p 30cm Ⓝ376.4

◆武雄高等学校

『武陵―創立85周年記念誌』武陵編集委員会編 佐賀県立武雄高等学校 校長 野村徹 1993.3 204p 21cm Ⓝ376

『武陵―校舎改築落成・創立90周年記念誌』佐賀県立武雄高等学校,校舎改築落成・九十周年記念誌編纂委員会編 佐賀県立武雄高等学校 1998.10 130p 26cm Ⓝ376

『武雄高校百周年誌』百周年記念誌実行委員会

　　　　記念誌部会編　佐賀県立武雄高等学校　2008
　　　　214p　31cm　Ⓝ376

◆太良高等学校
　『豊峯―太良高校創立五周年記念誌』佐賀県立
　　太良高等学校　創立五周年記念誌編集委員会
　　1982.11　128p　26cm

◆鳥栖高等学校
　『創立50周年記念誌―くすの木』佐賀県立鳥栖
　　高等学校定時制編　佐賀県立鳥栖高等学校定
　　時制　1997.12　41p　26cm　200円
　『佐賀県立鳥栖高等学校創立80周年記念誌』佐
　　賀県立鳥栖高等学校・佐賀県立香楠中学校
　　2007.10　131p　30cm

◆鳥栖工業高等学校
　『翔べ鳥栖工駅伝―鳥栖工業高校駅伝44年史』
　　吉田熊一　吉田熊一　1994.11　94p　26cm
　　1500円

◆三養基高等学校
　『前波校長と教師たち―教科書なしの教育実験』
　　納富半三編　三養基高等学校同窓会　1988.4
　　327p　19cm
　『養基―創立70周年記念誌』創立70周年記念誌
　　編集委員会編　佐賀県立三養基高等学校
　　1991　267p　27cm　1500円
　『佐賀県立三養基高等学校創立80周年記念誌―
　　養基』佐賀県立三養基高等学校　佐賀県立三
　　養基高等学校　2000　146p　27cm　600円
　『佐賀県立三養基高等学校創立90周年記念誌―
　　養基』佐賀県立三養基高等学校　佐賀県立三
　　養基高等学校　2010.9　79p　30cm　400円

◆龍谷高等学校
　『ああ龍谷の流れは清く―創立百周年記念誌』
　　百周年記念誌編集委員会編　佐賀龍谷学園
　　1978　194p　22cm　600円

　　　　　　　　長崎県

◆有馬商業高等学校
　『有商創立十周年―[長崎県立有馬商業高等学校
　　創立十周年記念誌]』創立十周年記念誌発行

　　委員会著　長崎県立有馬商業高等学校創立十
　　周年記念事業会　1983.11　205p　27cm〈要
　　覧付〉Ⓝ376.4
　『[長崎県立有馬商業高等学校]五十周年記念
　　誌』長崎県立有馬商業高等学校創立五十周年
　　記念事業総合実行委員会　1998.10　223p
　　26cm　Ⓝ376.48
　『図書館を創る―発表レポートで振り返る有商
　　図書館7年間の記録』山本みゆき著　長崎県
　　立有馬商業高等学校図書館　2000.7　1冊
　　26cm〈クリアファイル入り〉Ⓝ017.4
　『永遠に讃えん―ありがとう有商』長崎県立有
　　馬商業高等学校閉校事業実行委員会　2007.3
　　214p　30cm　Ⓝ376.48

◆壱岐高等学校
　『壱岐高七十年史―[長崎県立壱岐高等学校創立
　　七十周年記念誌]』壱岐高七十年史編集委員
　　会編　長崎県立壱岐高等学校　1979.10
　　139p　27cm　Ⓝ376.4
　『[長崎県立壱岐高等学]校史―昭和54年から平
　　成元年』長崎県立壱岐高等学校　1990.3
　　146p　21cm　Ⓝ376.4
　『[長崎県立壱岐高等学校]創立九十周年記念
　　誌』創立九十周年記念誌編集委員会編　長崎
　　県立壱岐高等学校　1999.10　149p　27cm
　　Ⓝ376.48
　『長崎県立壱岐高等学校創立百周年記念アルバ
　　ム』長崎県立壱岐高等学校　2009.10　10p
　　30cm　Ⓝ376.48
　『百年の結晶―長崎県立壱岐高等学校創立百周
　　年記念誌』長崎県立壱岐高等学校　2010.2
　　266p　30cm　Ⓝ376.48

◆壱岐商業高等学校
　『[長崎県立]壱岐商業高校創立30周年記念誌』
　　記念誌編集委員会編　長崎県立壱岐商業高等
　　学校　1979.11　172p　26cm　Ⓝ376.48
　『[長崎県立壱岐商業高等学校]創立50周年記念
　　誌　1999年』記念誌編集委員会編　長崎県
　　立壱岐商業高等学校　1999.11　222p　27cm
　　Ⓝ376.48
　『60年の歩み―長崎県立壱岐商業高等学校創立
　　60周年記念誌』記念誌編集委員会編　長崎県
　　立壱岐商業高等学校　2010.3　92p　30cm
　　Ⓝ376.48
　『70年の歩み―[長崎県立壱岐商業高等学校]創
　　立70周年記念誌』記念誌編集委員会編　長
　　崎県立壱岐商業高等学校　2020.2　97p　30cm

長崎県

Ⓝ376.48

◆諫早高等学校

『[長崎県立諫早高等学校]70周年記念誌』創立70周年記念誌編集委員会編　長崎県立諫早高等学校創立70周年記念事業実行委員会　1981.10　176p　27cm　Ⓝ376.48

『長崎県立諫早高等学校創立八十周年記念誌―有明の光は清明に』創立八十周年記念誌編集委員会編　長崎県立諫早高等学校創立80周年記念事業実行委員会　1990.10　252p　26cm　Ⓝ376.48

『長崎県立諫早高等学校創立90周年記念誌―志 1911〜2001』創立90周年記念誌編集委員会編　長崎県立諫早高等学校創立90周年記念事業実行委員会　2001.11　259p　30cm　Ⓝ376.48

『思い続ける者が勝つ！―諫早高校松元監督物語』諫早高校駅伝後援会　2008.4　55p　30cm〈『毎日新聞』連載〉Ⓝ782.3

『御書院―百年の軌跡、そして未来へ』長崎県立諫早高等学校創立百周年記念事業実行委員会　2011.10　258p　30cm　Ⓝ376.48

◆諫早高等学校愛野分校

『[長崎県立諫早高等学校愛野分校]閉校記念誌』長崎県立諫早高等学校愛野分校閉校記念誌編集委員会　長崎県立諫早高等学校愛野分校　1983.3　93p　26cm　Ⓝ376.48

◆諫早高等学校飯盛分校

『[長崎県立諫早高等学校飯盛分校]記念誌―昭和60年3月閉校』長崎県立諫早高等学校飯盛分校編　閉校記念誌編集委員会　1985　78p　22cm　Ⓝ376.48

◆諫早高等学校高来分校

『[長崎県立諫早高等学校高来分校]閉校記念誌―高来分校三十一年の歩み』長崎県立諫早高等学校高来分校閉校記念誌編集係編　長崎県立諫早高等学校高来分校　2007.3　92p　26cm　Ⓝ376.48

◆諫早商業高等学校

『諫商四十年―[長崎県立諫早商業高等学校創立四十周年記念誌]』創立四十周年記念誌編集委員会編　長崎県立諫早商業高等学校創立四十周年記念事業会　1981.10　245p　27cm　Ⓝ376.4

『諫商五十年の歩み―[長崎県立諫早商業高等学校創立五十周年記念誌]』創立五十周年記念誌編集委員会編　長崎県立諫早商業高等学校　1991.10　129p　26cm　Ⓝ376.48

『60年のあゆみ―[長崎県立諫早商業高等学校]創立60周年記念誌』長崎県立諫早商業高等学校　2001.10　107p　31cm　Ⓝ376.48

『久遠の光―長崎県立諫早商業高等学校創立70周年記念誌』長崎県立諫早商業高等学校　2011.11　98p　30cm　Ⓝ376.48

『咲き続ける満開の笑顔―長崎県立諫早商業高等学校家政科閉科記念誌』[長崎県立諫早商業高等学校]　2013.3　40p 図版5枚　30cm　Ⓝ376.48

『夢現―八十年の軌跡：since 1941』諫早　長崎県立諫早商業高等学校　2021.10　94p　30cm〈書誌注記：年表あり〉Ⓝ376.48

◆諫早農業高等学校

『[長崎県立諫早農業高等学校]創立70周年記念誌』長崎県立諫早農業高等学校創立70周年記念事業会　1978.3　132p　26cm　Ⓝ376.48

『[長崎県立諫早農業高等学校]創立80周年記念誌』創立80周年記念誌発行委員会編　長崎県立諫早農業高等学校創立80周年記念事業会　1987.10　272p　27cm　Ⓝ376.48

『二十一世紀への鼓動―[長崎県立諫早農業高等学校]創立九十周年記念誌』創立九十周年記念誌発行委員会編　長崎県立諫早農業高等学校創立九十周年記念事業会　1997.10　206p　27cm　Ⓝ376.48

『百年の息吹―未来を拓け黄金に輝く稲穂たち』長崎県立諫早農業高等学校　2007.11　189p　30cm　Ⓝ376.48

『創立110周年記念誌―長崎県立諫早農業高等学校：生命を育み未来へ繋ぐ』諫早　長崎県立諫早農業高等学校　2017.11　110p　30cm〈書誌注記：年表あり〉Ⓝ376.48

◆諫早東高等学校

『創造から真摯へ―[長崎県立諫早東高等学校]創立十周年記念誌』創立十周年記念誌編集委員会編　長崎県立諫早東高等学校　1992.9　107p　27cm　Ⓝ376.48

『飛翔から仁愛へ―[長崎県立諫早東高等学校]創立二十周年記念誌』創立二十周年記念誌編集委員会編　長崎県立諫早東高等学校　2002.11　160p　27cm　Ⓝ376.48

『勇躍から新風へ―長崎県立諫早東高等学校創立30周年記念誌』長崎県立諫早東高等学校創立三十周年記念誌編集委員会編　長崎県立諫早東高等学校創立三十周年記念事業実行委員会　2012.10　109p　30cm　Ⓝ376.48

◆宇久高等学校

『［長崎県立宇久高等学校］創立三十七周年・独立二十周年記念誌』記念誌編集委員会編　長崎県立宇久高等学校　1986.11　97p　21cm　Ⓝ376.48

『［長崎県立宇久高等学校］創立四十七周年・独立三十周年記念誌』創立四十七周年独立三十周年記念事業実行委員会編　長崎県立宇久高等学校　1996.11　130p　26cm〈背の書名：創立四十七周年・独立三十周年記念誌〉Ⓝ376.48

『創立五十七周年・独立四十周年記念誌』創立五十七周年独立四十周年記念事業実行委員会編　長崎県立宇久高等学校　2006.11　122p　30cm　Ⓝ376.48

『創立67周年・独立50周年記念誌―つなぐ：長崎県立宇久高等学校』創立67周年・独立40周年記念事業実行委員会編　佐世保　長崎県立宇久高等学校記念誌編集委員会　2017.3　136p　30cm〈書誌注記：年表あり〉Ⓝ376.48

◆大崎高等学校

『炎の如く―創立三十周年記念号』長崎県立大崎高等学校編　30周年記念誌編集委員会　1982.10　188p　22cm　Ⓝ376.48

『波光―長崎県立大崎高等学校定時制閉校記念誌』長崎県立大崎高等学校定時制編　長崎県立大崎高等学校定時制　1992.3　140p　26cm　Ⓝ375.3

『長崎県立大崎高等学校創立五十周年記念誌―大崎この歩み』長崎県立大崎高等学校編　長崎県立大崎高等学校　2003.3　144p　30cm　Ⓝ376.48

『60年の伝統繋ごう想い次世代まで―長崎県立大崎高等学校創立60周年記念誌』長崎県立大崎高等学校　2013.2　87p　30cm　Ⓝ376.48

『大崎のpower―70年の協力・迫力・創造力：長崎県立大崎高等学校創立70周年記念誌』長崎県立大崎高等学校編集　西海　長崎県立大崎高等学校　2023.2　51p　30cm〈書誌注記：年表あり〉Ⓝ376.48

◆大村高等学校

『［長崎県立］大村高校百年史―長崎県立大村高等学校百周年記念誌』長崎県立大村高校百年史刊行委員会編　長崎県立大村高校百年記念事業実行委員会　1985.3　81,856p　27cm　Ⓝ376.48

『久原の丘―大高130年の歩みとその人々』長崎県立大村高等学校同窓会　2014.11　85p　21cm〈協力：長崎県立大村高等学校〉Ⓝ376.48

◆大村園芸高等学校

『［長崎県立大村園芸高等学校］創立五十周年記念誌』創立五十周年記念誌編集委員会編　長崎県立大村園芸高等学校創立五十周年記念事業実行委員会　1991.9　219p　27cm　Ⓝ376.4

◆大村工業高等学校

『［長崎県立大村工業高等学校］創立三十周年記念誌』三十周年記念誌編集委員会編　長崎県立大村工業高等学校　1992.11　238p　26cm　Ⓝ376.48

『［長崎県立大村工業高等学校］創立四十周年記念誌』四十周年記念誌編集委員会編　長崎県立大村工業高等学校　2002.11　100p　30cm〈書名は表紙及び背表紙のもの．標題紙書名：目で見る創立四十周年記念誌〉Ⓝ376.48

『大村工熱闘の軌跡「熱き魂つないで」―第64回全日本バレーボール高校選手権優勝記念写真集』長崎新聞社編　長崎新聞社　2012.1　1冊　37cm〈書名は奥付による〉Ⓝ783.2

『長崎県立大村工業高等学校創立50周年記念誌―NEXT50』長崎県立大村工業高等学校　2013.2　341p　21cm〈付：しおり〉Ⓝ376.48

『長崎県立大村工業高等学校創立60周年記念誌』長崎県立大村工業高等学校　2022.10　103p　30cm　Ⓝ376.48

◆小浜高等学校

『浜高の三十年―［長崎県立小浜高等学校創立三十周年記念誌］』創立30周年記念誌編集委員会編　長崎県立小浜高等学校　1980.11　267p　22cm　Ⓝ376.48

『燃えよ浜高―長崎県立小浜高等学校創立40周年記念誌』創立40周年記念誌編集委員会編　長崎県立小浜高等学校　1989.10　297p　26cm　Ⓝ376.48

『新たな出発―［長崎県立小浜高等学校］創立50

『周年記念誌』創立50周年記念誌編集委員会編　長崎県立小浜高等学校　1999.10　98p　30cm　Ⓝ376.48

『長崎県立小浜高等学校創立60周年記念誌』長崎県立小浜高等学校　2010.2　69p　30cm　Ⓝ376.48

『長崎県立小浜高等学校創立70周年記念誌―誠実な人』長崎県立小浜高等学校　2019.11　76p　30cm　Ⓝ376.48

◆海星高等学校

『海星八十五年―協賛録申し込み順　別冊』海星学園　［1978.1］　1冊　23cm　Ⓝ376.48

『海星八十五年―海星学園』橋本国広編　海星学園　1978.1　484, 9p　23cm　Ⓝ376.48

『新聞に見る海星の諸相―創立百周年に寄せて』高西直樹著　長崎　三省堂　1991　163p　21cm　Ⓝ376.48

『海星創立100周年記念誌』海星創立100周年記念誌編纂委員会編　海星学園　1992.10　248p　28cm　Ⓝ376.48

『海星百年史』橋本国広編, 嶋末彦共著　長崎　海星学園　1993.12　611p　27cm　Ⓝ376.4

『海星110年のあゆみ―1892～2002』海星学園　［2002］　14p　30cm　Ⓝ376.48

◆活水高等学校

『きばれ！　長崎ブラバンガールズ―藤重先生と活水吹部7か月の奇跡』藤重佳久, オザワ部長共著　学研プラス　2016.4　207p　19cm　1300円　①978-4-05-800606-1　Ⓝ764.6

［目次］第1章 デコボコ吹奏楽部、始動！，第2章 奇跡のブラバンガールズ，第3章 いざ、九州大会！，第4章 ブラボーの向こう側，第5章 吹奏楽の甲子園

［内容］思いを込めたハチマキ締めて奇跡を起こせ！吹奏楽無名校の活水中学校・高等学校が全国大会初出場へ…そのドキュメンタリー＆"藤重先生の吹奏楽メソッド"掲載。

◆上五島高等学校

『而立の誌―長崎県立上五島高等学校創立三十年誌』而立の誌編集委員会, 長崎県立上五島高等学校編　1981　156p　22cm　Ⓝ376.48

『上五島高校家政科の足跡―閉科にあたって』長崎県立上五島高等学校　1998.2　106p　30cm　Ⓝ376.4193

『進取の記憶―［長崎県立上五島高等学校］創立50周年記念誌』長崎県立上五島高等学校記念誌編集委員会編　長崎県立上五島高等学校　2001.10　139p　30cm　Ⓝ376.48

『上高50年の歩み―創立50周年記念において平成13年度第1学年「総合的な学習の時間」』新魚目町（長崎県）　長崎県立上五島高等学校　2002.1　26p　30cm　Ⓝ376.48

『上高維新―［長崎県立上五島高等学校］創立60周年記念誌』長崎県立上五島高等学校　2012.2　75p　30cm　Ⓝ376.48

『長崎県立上五島高等学校創立70周年記念誌―七重の柏上高威信』長崎県立上五島高等学校編集　新上五島町（長崎県）　長崎県立上五島高等学校　2022.2　62p　30cm〈書誌注記：年表あり〉Ⓝ376.48

◆上対馬高等学校

『誠之の歩み―創立30周年・分校開校45周年記念誌』記念誌編集委員会編　上対馬町（長崎県）　長崎県立上対馬高等学校　1993.10　169p　27cm　Ⓝ376.4

『誠―長崎県立上対馬高等学校創立50周年記念誌』創立50周年記念事業記念誌編集委員会編　長崎県立上対馬高等学校　2013.10　161p　30cm　Ⓝ376.48

◆川棚高等学校

『［長崎県立川棚高等学校］創立50周年記念誌』記念誌編集委員会編　長崎県立川棚高等学校創立50周年記念事業推進委員会　1991.11　402p　27cm　Ⓝ376.48

『51～70の追憶―［長崎県立川棚高等学校］創立70周年記念誌』［長崎県立川棚高等学校］創立70周年記念事業実行委員会　2011.10　98p　30cm　Ⓝ376.48

『長崎県立川棚高等学校創立80周年記念誌―飛躍：小さなつみ重ねを大きな一歩へ』川棚町（長崎県）　長崎県立川棚高等学校　2022.2　75p　30cm〈書誌注記：年表あり〉Ⓝ376.48

◆琴海高等学校

『［長崎県立琴海高等学校］創立20周年開校45周年記念誌』長崎県立琴海高等学校編　1993.11　95p　22×31cm　Ⓝ376.48

◆国見高等学校

『［長崎県立国見高等学校］創立10周年記念誌』長崎県立国見高等学校記念誌編纂委員会編　長崎県立国見高等学校　1976.11　168p　21cm　Ⓝ376.48

『［長崎県立国見高等学校］創立二十周年記念

長崎県

誌』長崎県立国見高等学校記念誌編集委員会編　長崎県立国見高等学校　1986.11　145p　21cm　Ⓝ376.48

『星原の地に学んで―国見高校三十年記念誌』長崎県立国見高等学校記念誌編集委員会編　長崎県立国見高等学校　1996.10　294p　26cm〈奥付の副書名：国見高校30年記念誌〉Ⓝ376.48

『Heroes On The Pitch 2004―平山相太』報知新聞社　2004.1　p4, 7, 19, 71, 88-90, 98　30cm〈報知グラフ〉Ⓝ783.47

『国見この10年―創立40周年記念誌　平成8年度～平成18年度』国見高校40周年記念誌編集委員会編　長崎県立国見高等学校　2007.2　85p　30cm　Ⓝ376.48

『長崎県立国見高等学校創立50周年記念誌―湧き上がれ力の泉』雲仙　長崎県立国見高等学校創立50周年記念事業実行委員会　2016.10　239p　30cm〈書誌注記：年表あり　背のタイトル：創立50周年記念誌〉Ⓝ376.48

◆瓊浦高等学校

『瓊浦学園六十年史』瓊浦学園六十年史編集委員会編　瓊浦高等学校　1985　359p　27cm　Ⓝ376.4

『瓊浦学園七十年史』瓊浦学園七十年史編集委員会編　瓊浦高等学校　1995.11　642p　27cm　Ⓝ376.48

『瓊浦学園八十年史』瓊浦学園八十年史編集委員会編　瓊浦高等学校　2005.11　285, 6p　27cm　Ⓝ376.48

『［瓊浦学園］90周年記念誌―1925～2015』瓊浦学園記念誌編集委員会編　瓊浦学園　2015.10編集後記　286p　30cm　Ⓝ376.48

◆口加高等学校

『［長崎県立］口加高校創立70周年記念誌』長崎県立口加高等学校　1972.11　132p　26cm　Ⓝ376.47

『八十周年記念誌』創立八十周年記念誌編集委員会編　口之津町（長崎県）　長崎県立口加高等学校　1982.10　34, 164p　27cm〈書誌注記：年表あり　奥付のタイトル：長崎県立口加高等学校八十周年記念誌〉Ⓝ376.48

『［長崎県立口加高等学校］創立九十周年記念誌』長崎県立口加高等学校編　長崎県立口加高等学校　1992.11　223p　26cm　Ⓝ376.47

『口加百年史』長崎県立口加高等学校百周年記念誌編集委員会編　長崎県立口加高等学校　2002.11　1089p　27cm　Ⓝ376.48

『花星の華―長崎県立口加高等学校家政科閉科記念誌』長崎県立口加高等学校　2008.3　137p　31cm　Ⓝ376.48

『［長崎県立口加高等学校］創立百十周年記念誌―繋ぐ百十年の想い』創立百十周年記念事業記念誌部会編　長崎県立口加高等学校　2013.2　131p　30cm　Ⓝ376.48

『長崎県立口加高等学校創立120周年記念誌―光あれ』長崎県立口加高等学校　2023.2　83p　30cm〈付：しおり1枚〉Ⓝ376.47

◆五島高等学校

『石田城―［長崎県立五島高等学校］創立100周年記念誌』長崎県立五島高等学校　2001.3　207p　30cm　Ⓝ376.48

『石田城躍進―夢を紡ぐ城跡　長崎県立五島高等学校創立110周年記念誌 2010』福江　長崎県立五島高等学校　2011.1　148p　30cm〈背のタイトル：創立百十周年記念誌　年表あり〉Ⓝ376.48

『石田城―長崎県立五島高等学校創立120周年記念誌：立志：大いなる飛翔故郷の未来を乗せて』五島　長崎県立五島高等学校　2021.3　116p　30cm〈書誌注記：年表あり〉Ⓝ376.48

◆五島海陽高等学校

『創立10周年・開校40周年記念誌―長崎県立五島海陽高等学校』五島　長崎県立五島海陽高等学校記念誌編集委員会　2015.10　65p　30cm〈書誌注記：年表あり〉Ⓝ376.48

◆五島商業高等学校

『［長崎県立五島商業高等学校］創立十周年記念誌』記念誌編集委員会　長崎県立五島商業高等学校　1985.11　100p　21cm　Ⓝ376.48

◆五島南高等学校

『［長崎県立五島南高等学校］創立二十周年・開校三十七周年記念誌』創立二十周年・開校三十七周年記念誌編集委員会編　長崎県立五島南高等学校創立二十周年・開校三十七周年記念事業実行委員会　1986.11　151p　22cm　Ⓝ376.4

『［長崎県立五島南高等学校］創立三十周年・開校四十七周年記念誌』創立三十周年・開校四十七周年記念誌編集委員会編　長崎県立五島南高等学校創立三十創立三十周年・開校四十七周年記念事業実行委員会　1996.11　110p

長崎県

26cm〈背の書名：記念誌〉Ⓝ376.48

『創立四十周年・開校五十七周年記念誌』創立四十周年・開校五十七周年記念誌編集委員会編集　長崎県立五島南高等学校創立四十周年・開校五十七周年記念事業実行委員会　2007.3　49p　30cm〈背の書名：記念誌〉Ⓝ376.4193

『長崎県立五島南高等学校創立50周年記念誌—若き心は溌剌とかがやく希望おどるなり』五島　長崎県立五島南高等学校創立50周年記念事業実行委員会　2016.11　126p　30cm〈書誌注記：年表あり　背のタイトル：創立50周年記念誌〉Ⓝ376.48

◆西海学園高等学校

『[西海学園]創立50周年記念誌』西海学園高等学校編集委員会編　西海学園　1978　106p　26cm　Ⓝ376.48

『西海学園80年の歩み—西海学園80周年記念誌』西海学園　2005.12　108p　30cm　Ⓝ376.48

◆佐世保北高等学校

『[長崎県立佐世保北高等学校]創立30周年記念誌』長崎県立佐世保北高等学校　1978.9　73p　26cm　Ⓝ376.48

『青嵐に立つ—[長崎県立佐世保北高等学校]創立五十周年記念誌』長崎県立佐世保北高等学校創立五十周年記念誌編集委員会編　長崎県立佐世保北高等学校　1998.11　511p　27cm　Ⓝ376.48

『長崎県立佐世保北高等学校創立70周年記念誌』長崎県立佐世保北高等学校創立70周年記念誌編集委員会編　長崎県立佐世保北高等学校　2019.3　239p　30cm　Ⓝ376.48

◆佐世保工業高等学校

『[佐世保工業高等学校創立]40周年記念誌』長崎県立佐世保工業高等学校全日制・定時制生徒会編　長崎県立佐世保工業高等学校全日制・定時制生徒　1977.11　90p　26cm　Ⓝ376.48

『佐工五十年史—[長崎県立佐世保工業高等学校創立五十周年記念誌]』「佐工五十年史」編集委員会編　長崎県立佐世保工業高等学校　1988.3　383p　27cm　Ⓝ376.48

『勁草—[長崎県立佐世保工業高等学校定時制土木課閉科記念誌]』勁草編集委員会編　長崎県立佐世保工業高等学校同窓会・記念事業実行委員会　1995.3　245p　30cm　Ⓝ376.48

『長崎県立佐世保工業高等学校創立70周年記念誌』長崎県立佐世保工業高等学　2007.10　154p　30cm　Ⓝ376.48

『[長崎県立佐世保工業高等学校]定時制電気科閉科記念誌—学びて然る後に足らざるを知る』長崎県立佐世保工業高等学校定時制電気科閉科に伴う記念事業実行委員会　2009.4　108p　30cm〈書名は背・表紙による．奥付の書名：佐世保工業定時制電気科閉科記念誌〉Ⓝ376.48

◆佐世保実業高等学校

『[佐世保実業学園]創立30周年記念誌—日野原から母ヶ浦台上へ』創立30周年記念誌編集委員会編集　佐世保実業学園佐世保実業高等学校　1997.3　293p　26cm　Ⓝ376.48

『[佐世保実業学園佐世保実業高等学校]創立50周年記念誌』佐世保実業学園佐世保実業高等学校　2016.2　221p　30cm　Ⓝ376.48

◆佐世保商業高等学校

『五十年写真史』長崎県立佐世保商業高等学校同窓会編　長崎県立佐世保商業高等学校　1972　74p　30cm　Ⓝ376.48

『佐商創立60周年記念誌—[長崎県立佐世保商業高等学校創立60周年記念誌]』佐商創立60周年記念誌編集委員会編　長崎県立佐世保商業高等学校　1983　331p　27cm　Ⓝ376.48

『70年写真史』長崎県立佐世保商業高等学校同窓会編　長崎県立佐世保商業高等学校　1992.11　74p　30cm　Ⓝ376.48

『開拓魂—長崎県立佐世保商業高等学校創立80周年記念誌』長崎県立佐世保商業高等学校　2002.11　113p　30cm　Ⓝ376.48

『[長崎県立佐世保商業高等学校]創立90周年記念誌』長崎県立佐世保商業高等学校, 長崎県立佐世保商業高等学校同窓会編　長崎県立佐世保商業高等学校　2012.10　80p　30cm　Ⓝ376.48

『[長崎県立佐世保商業高等学校]創立100周年記念誌—薫陶百年　時を超え、新時代へ』長崎県立佐世保商業高等学校, 長崎県立佐世保商業高等学校同窓会編　長崎県立佐世保商業高等学校　2023.11　91p　30cm　Ⓝ376.48

◆佐世保女子高等学校

『[久田学園佐世保女子高等学校]創立85周年記念誌』久田学園佐世保女子高等学校編　久田学園佐世保女子高等学校　1987.11　84p　26cm　Ⓝ376.48

長崎県

『[久田学園佐世保女子高等学校]創立九十周年誌』久田学園佐世保女子高等学校　久田学園佐世保女子高等学校　1991.12　142p　26cm　Ⓝ376.48

◆佐世保市立成徳高等女学校

『成徳―佐世保市立成徳高等女学校創立百周年記念誌』佐世保市立成徳高等女学校創立百周年記念誌編集委員会編　佐世保市立成徳高等女学校　2002.9　311p　27cm　Ⓝ376.48

◆佐世保中央高等学校

『[長崎県立佐世保中央高等学校]創立十周年記念誌』長崎県立佐世保中央高等学校　1987.11　91p　26cm　Ⓝ376.48

『[長崎県立佐世保中央高等学校]創立二十周年記念誌』長崎県立佐世保中央高等学校　1997.11　115p　26cm　Ⓝ376.48

『[長崎県立佐世保中央高等学校]創立三十周年記念誌』長崎県立佐世保中央高等学校　2007.10　220p　30cm　Ⓝ376.48

『不撓不屈―長崎県立佐世保中央高等学校創立40周年記念誌』佐世保　長崎県立佐世保中央高等学校記念誌編集部会　2017.10　59p　30cm〈書誌注記：年表あり〉Ⓝ376.48

◆佐世保東翔高等学校

『蒼空飛翔―佐世保東翔高校五十周年記念誌』長崎県立佐世保東翔高等学校創立五十周年記念誌編集委員会編　長崎県立佐世保東翔高等学校　2004.10　158p　30cm　Ⓝ376.48

◆佐世保西高等学校

『[長崎県立佐世保西高等学校]創立20周年記念誌』創立20周年記念誌編集委員会編　佐世保西高創立20周年記念行事推進委員会　1984.9　181p　27cm　Ⓝ376.48

『佐世保西高創立三十周年記念誌』佐世保　長崎県立佐世保西高等学校記念誌編集委員会　1994.2　393p　27cm〈書名は奥付による　背・表紙の書名：創立三十周年記念誌　共同刊行：長崎県立佐世保西高等学校〉Ⓝ376.4

『[長崎県立佐世保西高等学校]創立50周年記念誌―受け継ごう五十年の伝統築き上げよう新たな歴史』長崎県立佐世保西高等学校創立50周年記念誌編集委員会　2014.2　321p　30cm　Ⓝ376.48

◆佐世保東商業高等学校

『10年のあゆみ―[長崎県立佐世保東商業高等学校創立10周年記念誌]』長崎県立佐世保東商業高等学校創立10周年記念行事小委員会編　長崎県立佐世保東商業高等学校　1971.11　48p　25cm　Ⓝ376.48

『佐東商30年―長崎県立佐世保東商業高等学校創立30周年記念誌』創立30周年記念誌編集委員会編　長崎県立佐世保東商業高等学校　1991.11　287p　26cm　Ⓝ376.48

◆佐世保南高等学校

『[長崎県立佐世保南高等学校]四十周年記念誌』「創立四十周年記念誌」編集委員会編　長崎県立佐世保南高等学校　1989.3　116p　26cm　Ⓝ376.48

『柏葉・佐世保南高五十年のあゆみ―[長崎県立佐世保南高等学校五十周年記念誌]』長崎県立佐世保南高等学校創立50周年記念誌編集委員会　長崎県立佐世保南高等学校　1998.10　502p　27cm　Ⓝ376.48

『柏葉―佐世保南高六十年の歩み』長崎県立佐世保南高等学校創立60周年記念誌委員会編　長崎県立佐世保南高等学校　2008.3　196p　31cm　Ⓝ376.48

『柏葉―[長崎県立佐世保南高等学校]創立70周年記念誌』長崎県立佐世保南高等学校記念誌委員会　2019.2　97p　30cm　Ⓝ376.48

◆佐世保南高等学校早岐分校

『[長崎県立佐世保南高等学校早岐分校]記念誌―平成2年3月閉校』長崎県立佐世保南高等学校早岐分校編　長崎県立佐世保南高等学校早岐分校　1990.3　102p　22cm　Ⓝ376.48

◆鹿町工業高等学校

『[長崎県立鹿町工業高等学校創立]三十周年記念誌―われ共に学びて道を究めん』長崎県立鹿町工業高等学校三十周年記念誌編　長崎県立鹿町工業高等学校　1992.11　138p　27cm　Ⓝ376.48

『[長崎県立鹿町工業高等学校]創立40周年記念誌』長崎県立鹿町工業高等学校40周年記念誌編集委員会編　長崎県立鹿町工業高等学校　2002.10　84p　30cm　Ⓝ376.48

『長崎県立鹿町工業高等学校創立50周年記念誌』長崎県立鹿町工業高等学校50周年記念誌編集委員会編　長崎県立鹿町工業高等学校　2012.10　132p　DVD1枚(38分)　30cm〈付：

長崎県

DVD1枚（12cm）〉Ⓝ376.48

『長崎県立鹿町工業高等学校創立60周年記念誌 ―われ共に学びて道を究めん』長崎県立鹿町工業高等学校60周年記念誌委員会編　長崎県立鹿町工業高等学校　2023.2　88p　30cm Ⓝ376.48

◆島原高等学校

『九十年の歩み―島高創立九十周年記念誌』長崎県立島原高等学校沿革史編集委員会　1990.9　354p　26cm Ⓝ376.48

『100年のあゆみ―翔べ！ 青き楓たち21世紀の旗手として』長崎県立島原高等学校　2000.11　431p　30cm Ⓝ376.48

◆島原工業高等学校

『拓―［長崎県立島原工業高等学校］創立20周年記念誌』長崎県立島原工業高等学校二十周年記念誌編集委員会　1983.11　164p　26cm Ⓝ376.48

『拓―［長崎県立島原工業高等学校］創立三十周年記念誌』創立三十周年記念誌編集委員会編　長崎県立島原工業高等学校創立三十周年実行委員会　1993.11　216p　26cm Ⓝ376.48

『［長崎県立島原工業高等学校］創立40周年記念誌』創立四十周年記念誌編集委員会編　長崎県立島原工業高等学校創立四十周年実行委員会　2003.11　99p　30cm Ⓝ376.48

『伝統を未来へ―長崎県立島原工業高等学校創立50周年記念誌』長崎県立島原工業高等学校創立50周年記念事業実行委員会　2013.3　206p　30cm Ⓝ376.48

『長崎県立島原工業高等学校創立60周年記念誌』長崎県立島原工業高等学校60周年記念誌編集委員会　長崎県立島原工業高等学校　2024.2　68p　30cm Ⓝ376.48

◆島原商業高等学校

『島商三十年―［長崎県立島原商業高等学校三十周年記念誌］』島商三十年編集委員会編　長崎県立島原商業高等学校創立三十周年記念事業実行委員会　1986.11　252p　27cm Ⓝ376.48

『島商四十年―［長崎県立島原商業高等学校創立四十周年記念誌］』島商四十年編集委員会編　長崎県立島原商業高等学校創立四十周年記念事業実行委員会　1996.11　155p　26cm Ⓝ376.48

『［長崎県立島原商業高等学校］創立五十周年記念誌』長崎県立島原商業高等学校　2006.11　246p　31cm Ⓝ376.48

『長崎県立島原商業高等学校国際経済科閉科記念誌』［長崎県立島原商業高等学校］　［2013.2］　47p　26cm〈クリアファイル入り，期日：平成25年2月28日（木），付：閉科式次第（折本1枚）〉Ⓝ376.48

『長崎県立島原商業高等学校創立60周年記念誌』長崎県立島原商業高等学校創立60周年記念誌編集委員会編　島原　長崎県立島原商業高等学校　2016.11　96p　30cm〈背のタイトル：創立60周年記念誌〉Ⓝ376.48

◆島原農業高等学校

『島原農高の三十年』長崎県立島原農業高等学校社会部編　島原　長崎県立島原農業高等学校　1982　186p　22cm Ⓝ376.48

『噴火奮闘記この一年・あけぼの―雲仙・普賢岳噴火体験記録集』長崎県立島原農業高等学校　1992.11　150p　26cm Ⓝ369.31

『［長崎県立島原農業高等学校］創立五十周年記念誌―瓢箪畑』長崎県立島原農業高等学校　2002.10　191p　30cm Ⓝ376.48

『［長崎県立島原農業高等学校］創立六十周年記念誌―瓢箪畑』長崎県立島原農業高等学校記念誌編集委員会　2013.2　106p　30cm Ⓝ376.48

『長崎県立島原農業高等学校創立七十周年記念誌―瓢箪畑』島原　長崎県立島原農業高等学校記念誌編集委員会　2023.2　47p　30cm

『［長崎県立島原農業高等学校］創立七十周年記念誌―瓢箪畑』長崎県立島原農業高等学校記念誌編集委員会　2023.2　47p　30cm Ⓝ376.48

◆島原南高等学校

『［長崎県立島原南高等学校］三十周年記念誌』長崎県立島原南高等学校　1985.11　160p　27cm Ⓝ376.4

『［長崎県立島原南高等学校］創立40周年記念誌』創立40周年記念誌編集委員会編　長崎県立島原南高等学校　1995.11　174p　26cm Ⓝ376.48

『［長崎県立島原南高等学校］閉校記念誌』［ソフトカバー仕様］　閉校記念誌編集委員会編　長崎県立島原南高等学校　2007.3　184p　26cm〈ソフトカバー仕様〉Ⓝ376.48

『［長崎県立島原南高等学校］閉校記念誌』

長崎県

［ハードカバー仕様］　閉校記念誌編集委員会編　長崎県立島原南高等学校　2007.3　184p　26cm〈ハードカバー仕様〉Ⓝ376.48

◆純心女子高等学校

『江角ヤス学園長先生追慕の記』「江角ヤス学園長先生追慕の記」編集委員会編　長崎　純心女子学園　1981.11　341p　22cm　Ⓝ198.22193

『60th 1935〜1995―［長崎純心中学校・純心女子高等学校創立60周年記念写真集］』純心中学校純心女子高等学校　［1996］　24p　26cm　Ⓝ376.38

◆青雲高等学校

『青雲学園の創立―教育の原点を求めて』青雲学園編　時津町　青雲学園　1981　146p　20cm　Ⓝ376.48

『青雲―創立二十周年記念誌』創立20周年記念誌編集委員会編　青雲学園　1994.9　41p　26cm　Ⓝ376.48

◆西彼農業高等学校

『［長崎県立西彼農業高等学校］創立30周年記念誌』創立三十周年記念事業推進委員会記念誌小委員会編　長崎県立西彼農業高等学校創立30周年記念事業推進委員会　1979.12　79p　26cm　Ⓝ376.48

『［長崎県立西彼農業高等学校］創立五十周年記念誌』長崎県立西彼農業高等学校創立五十周年記念事業実行委員会編　長崎県立西彼農業高等学校　1999.11　203p　27cm　Ⓝ376.48

『長崎県立西彼農業高等学校創立60周年記念誌―生命に学び生命を学ぶ』長崎県立西彼農業高等学校　2010.2　103p　30cm　Ⓝ376.48

『長崎県立西彼農業高等学校創立70周年記念誌―ゆるぎなく大地をふみしめ70年』長崎県立西彼農業高等学校　2019.11　83p　30cm　Ⓝ376.48

◆清峰高等学校

『清峰センバツ初V―長崎県勢悲願の制覇―第81回選抜高校野球大会 甲子園2009春』西日本新聞社編　福岡　西日本新聞社　2009.4　40p　30cm　476円　Ⓘ978-4-8167-0784-1

『清峰熱闘の軌跡「春風に乗り頂点へ」―第81回選抜高校野球写真集』長崎新聞社編　長崎　長崎新聞社　2009.4　1冊（ページ付なし）　37cm　952円　Ⓘ978-4-931493-98-8　Ⓝ783.

7

『長崎県立清峰高等学校創立10周年・開校60周年記念誌―清峰誠翔』長崎県立清峰高等学校記念誌編集委員会　2012.10　101p　30cm〈書名は奥付による〉Ⓝ376.48

『長崎県立清峰高等学校創立20周年・開校70周年記念誌―真の道はここにあり』佐々町（長崎県）　長崎県立清峰高等学校記念誌編集委員会　2023.2　76p　30cm〈書誌注記：年表あり〉Ⓝ376.48

◆西陵高等学校

『［長崎県立西陵高等学校］落成・開校記念誌』長崎県立西陵高等学校　1986.11　34p　26cm　Ⓝ376.48

『陵陽―西陵の10年・創立10周年記念誌』長崎県立西陵高等学校創立10周年記念誌編集委員会編　［長崎県立西陵高等学校］創立10周年記念事業実行委員会　1996.10　123p　30cm　Ⓝ376.48

『陵陽―西陵の20年』創立20周年記念誌編集委員会編　創立20周年記念実行委員会　2006.11　142p　30cm　Ⓝ376.48

『陵陽―若き伝統煌めく西陵30th：長崎県立西陵高等学校創立30周年記念誌』諫早　長崎県立西陵高等学校創立30周年記念誌編集委員会　2017.2　152p　30cm〈書誌注記：年表あり　背のタイトル：創立30周年記念誌〉Ⓝ376.48

◆西陵高等学校東長崎分校

『絆―西陵高等学校東長崎分校の思い出』長崎県立西陵高等学校東長崎分校記念誌編集委員会編　長崎県立西陵高等学校東長崎分校　2007.3　87, 6p　30cm〈附：閉校記念アルバム〉Ⓝ376.4193

◆聖和女子学院高等学校

『聖和女子学院創立40周年』聖和女子学院　［1994］　14p　26cm　Ⓝ376.48

『聖和女子学院創立50周年記念誌』50周年記念誌編集委員会編　聖和女子学院　2003.10　143p　30cm　Ⓝ376.48

『聖和女子学院創立70周年記念誌―隣人愛 未来へつなぐ 70年』70周年記念誌編集委員会編　聖和女子学院　2023.10　33p　30cm〈書名は表紙による〉Ⓝ376.48

◆創成館高等学校

『がんばれ！　創成館―第85回記念センバツ高等

長崎県

『学校野球大会』毎日新聞社　2013.3　32p　26cm　Ⓝ783.7

『ヤンチャ校長、学校を変える』奥田修史著　宝島社　2013.3　221p　19cm　1500円　①978-4-8002-0489-9　Ⓝ376.4193

[目次] 第1章 いじめられっ子からの脱却（情けなかった幼少時代、第1志望校に落ち、滑り止めの高校へ ほか）、第2章 絶望的状態でのスタート（策士・母のついた嘘、奥田学園に就職 ほか）、第3章 学校再生10カ条（第1条畳の上では死ねないという覚悟を持つ、第2条学校の存在意義を徹底的に考える ほか）、第4章 ヤンチャ校長は、ここまでやる（そのオープンスクール、間違っていませんか？、周年行事に人気アーティストのライブ!? ほか）、第5章 日本の教育に、いま本当に必要なもの（アメリカの教育に学ぶべきことは多い、教師は社会の常識を知る必要がある ほか）

[内容] 経営は冗談抜きの破綻寸前、一時は「偏差値ナシ」まで落ち込んだ高校をたった8年で人気校に生まれ変わらせたヤンチャ校長の奮闘記＆教育論。

◆高島高等学校

『［長崎県立高島高等学校］創立30周年記念誌』創立30周年記念行事実行委員会記念誌部会編　長崎県立高島高等学校創立30周年記念行事実行委員会　1978.11　108p　21cm　Ⓝ376.48

『高島高校閉校記念誌―島の歴史は燦然と』記念誌編集委員会編　長崎県立高島高等学校　1989.2　171p　21cm　Ⓝ376.48

◆鎮西学院高等学校

『鎮西学院110年の歩み―1881-1991』鎮西学院創立110周年記念事業部編　鎮西学院（長崎県）　1991　159p　30cm

◆対馬高等学校

『創立七十周年記念誌』厳原町（長崎県）対馬高等学校　1976　112,60p　図　21cm〈監修：満井録郎教頭〉Ⓝ376.4

『［長崎県立対馬高等学校］創立九十周年記念誌』創立九十周年記念事業等実行委員会記念誌部会編　長崎県立対馬高等学校　1995.11　109p　26cm　Ⓝ376.48

『［長崎県立対馬高等学校定時制］記念誌・潮音』定時制記念誌編集委員会編　長崎県立対馬高等学校定時制　1996.3　156p　26cm　Ⓝ376.48

『創立百周年記念アルバム―写真で振り返る百年の歩み　1905年～2005年』長崎県立対馬高等学校　[2005]　33p　30cm　Ⓝ376.48

『對高百年史―長崎県立対馬高等学校創立100周年記念誌』創立100周年記念校内推進委員会「對高百年史」編纂班編　長崎県立対馬高等学校　2005.11　409p　27cm　Ⓝ376.48

『創立110周年記念誌』創立百十周年記念誌編集委員会編　対馬　長崎県立対馬高等学校　2015.11　128p　30cm〈書誌注記：年表あり〉Ⓝ376.48

◆富江高等学校

『［長崎県立富江高等学校］創立20周年記念誌』長崎県立富江高等学校　1986.11　81p　26cm　Ⓝ376.48

『黒潮の流れ―［長崎県立富江高等学校］創立30周年記念誌』長崎県立富江高等学校記念誌編集委員会　1996.11　105p　27cm　Ⓝ376.48

『やがて為すある未来へ―はばたけ富高の翼』創立40周年記念誌編集委員会編　長崎県立富江高等学校　2007.3　127p　30cm　Ⓝ376.4193

『黒潮の風―長崎県立富江高等学校閉校記念写真集』五島　長崎県立富江高等学校閉校事業実行委員会　2011.3　179p　31cm〈年表あり〉Ⓝ376.48

◆豊玉高等学校

『［長崎県立豊玉高等学校］創立10周年（分校創立33周年）記念誌』長崎県立豊玉高等学校10周年記念誌編集委員会編　［長崎県立豊玉高等学校］10周年記念推進委員会　1983.11　91p　22cm　Ⓝ376.48

『創立20周年（分校創立43周年）記念誌―長崎県立豊玉高等学校』20周年記念誌編集委員会編　豊玉町（長崎県）20周年記念推進委員会　1993.11　96p　27cm　Ⓝ376.4

『［長崎県立豊玉高等学校］創立30周年（分校創立53周年）記念誌―浅茅湾に抱かれて』長崎県立豊玉高等学校　2003.11　98p　30cm　Ⓝ376.48

『長崎県立豊玉高等学校創立50周年分校創立73周年記念誌―大きく育て個性の花と豊玉魂』長崎県立豊玉高等学校50周年記念誌編集委員会編　長崎県立豊玉高等学校　2024.2　108p　30cm　Ⓝ376.48

◆中五島高等学校

『潮騒の中の二十年―［長崎県立中五島高等学校］創立二十周年記念誌』長崎県立中五島高等学校　1985.10　212p　21cm　Ⓝ376.4

『潮騒の中の三十年―［長崎県立中五島高等学校］創立三十周年記念誌』記念誌編集委員会

長崎県

編　長崎県立中五島高等学校　1995.10　158p　27cm　Ⓝ376.48

『潮騒の中の四十年─［長崎県立中五島高等学校］創立四十周年記録誌』記録誌編集委員会編　長崎県立中五島高等学校　2006.2　29, 32, 49p　26cm　Ⓝ376.48

『潮騒の中の五十年─［長崎県立中五島高等学校］創立50周年記録誌』長崎県立中五島高等学校記念誌編集委員会編　長崎県立中五島高等学校　2015.9　130p　30cm　Ⓝ376.48

◆長崎鶴洋高等学校

『［長崎県立長崎鶴洋高等学校］創立百周年史─未来を拓く』長崎県立長崎鶴洋高等学校　2008.11　260p　30cm　Ⓝ376.48

『［長崎県立長崎鶴洋高等学校］創立百周年史─未来を拓く　別冊1（補遺版）』長崎県立長崎鶴洋高等学校　2009.3　41p　26cm　Ⓝ376.48

◆長崎北高等学校

『［長崎県立長崎北高等学校］創立10周年記念誌』創立10周年記念誌編集委員会編　長崎県立長崎北高等学校創立10周年記念委員会　1973.10　177p　21cm　Ⓝ376.48

『［長崎県立長崎北高等学校］創立20周年記念誌　昭和59年』創立20周年記念誌編集委員会編　長崎県立長崎北高等学校　1984.9　219p　21cm　Ⓝ376.48

『長崎北限りなき創造の三十年─長崎北高創立三十周年記念誌』長崎　長崎県立長崎北高等学校　1993.9　470p　27cm〈奥付の書名：北高限りなき創造の三十年〉Ⓝ376.4

『［長崎県立長崎北高等学校］創立四十周年記念誌─両道に燃える北高四十周年』長崎県立長崎北高等学校　2003.10　164p, 83p　30cm　Ⓝ376.48

『長崎県立長崎北高等学校創立50周年記念誌』長崎　創立50周年記念事業推進委員会　2014.11　275p　30cm〈発行所：長崎県立長崎北高等学校〉Ⓝ376.48

◆長崎工業高等学校

『［長崎県立］長崎工業高等学校創立40周年記念誌』創立40周年記念誌編集委員会編　長崎県立長崎工業高等学校　1977.11　180p　22cm　Ⓝ376.48

『［長崎県立長崎工業高等学校］創立50周年記念誌』創立50周年記念誌編集委員会編　長崎県立長崎工業高等学校　1988.2　84, 294p　27cm　Ⓝ376.48

『［長崎県立長崎工業高等学校］創立60周年記念誌』創立60周年記念誌編集委員会編　長崎県立長崎工業高等学校　1997.11　166p　27cm〈巻末：写真集アルバム六十年〉Ⓝ376.48

『［長崎県立長崎工業高等学校］創立七十周年記念誌』創立七十周年記念誌編集委員会編　長崎県立長崎工業高等学校　2007.11　148p　27cm　Ⓝ376.48

『［長崎県立長崎工業高等学校］創立80周年記念誌』長崎県立長崎工業高等学校　2018.2　110p　30cm　Ⓝ376.48

◆長崎式見高等学校

『長崎式見歴史を刻む─長崎西高式見分校43周年　長崎北高式見分校25周年　長崎式見高10周年記念誌』長崎県立長崎式見高等学校　1993.10　126p　26cm　Ⓝ376.48

『［長崎県立長崎式見高等学校］閉校記念誌』長崎県立長崎式見高等学校編　長崎県立長崎式見高等学校　2008.3　89p　30cm　Ⓝ376.48

◆長崎女子高等学校

『［鶴鳴学園］創立九十周年記念誌』［ソフトカバー版］　創立九十周年記念誌編集委員会編　鶴鳴学園　1986.10　405p　26cm　Ⓝ376.4

『［鶴鳴学園］創立九十周年記念誌』［ハードカバー版］　創立九十周年記念誌編集委員会編　鶴鳴学園　1986.10　405p　27cm〈ハードカバー版〉Ⓝ376.4

◆長崎女子商業高等学校

『［長崎女子商業］学園六十年史』長崎女子商業学園編　長崎女子商業学園　1985.10　366p　27cm　Ⓝ376.4

◆長崎市立長崎高等学校

『［長崎市立長崎高等学校］創立十周年記念誌─あゆみ』長崎市立長崎高等学校創立十周年記念誌編集委員会編集　長崎市立長崎高等学校　1992.5　128p　26cm〈「あゆみ」の表記は表紙及び標題紙にあり〉Ⓝ376.48

『［長崎市立長崎高等学校］閉校記念誌　輝け夕星』記念誌編集委員会編　長崎市立長崎高等学校　2000.3　207p　27cm　Ⓝ376.48

◆長崎市立長崎商業高等学校

『長商群像』川野康広著　福岡　西日本新聞社

1975　307p　22cm　1200円　Ⓝ376.4

『長崎商業百年史　1985』長崎市立長崎商業百年史編集委員会編　長崎市立長崎商業高等学校　1985.11　713p　27cm　Ⓝ376.4193

『屋上のシルエット―長崎商業高校吹奏楽部25年のあゆみ』上滝望観著　長崎　長崎市立長崎商業高等学校　1986　80p　26cm　Ⓝ376.48

『草創（長商の歩み）―英語伝習所設立より130周年を記念して』長崎市立長崎商業高校　［1988］　31p　26cm　Ⓝ376.48

『［長崎市立長崎商業高等学校］創立百十周年記念誌』長崎市立長崎商業創立110周年記念誌編集委員会編　長崎市立長崎商業高等学校　1995.11　193p　31cm〈背の書名：長崎商業創立百十周年記念誌〉Ⓝ376.48

『長崎商業学校教育年表―［長崎市立商業学校］卒業50周年記念誌別冊　自昭和15年4月 至同20年9月／1940～1945』長崎市立商業学校第60回卒業五十周年記念誌編集委員会編　長商60回同窓会　2000.12　237p　26cm〈奥付の書名：長崎商業第60回卒業50周年記念誌〉Ⓝ376.4

『長崎商業第六十回・卒業五十周年記念誌』長崎市立商業学校第60回卒業50周年記念誌編集委員会編　長商60回同窓会　2000.12　728p　27cm　Ⓝ376.4

『ユーカリの樹の下で―長崎商業百二十年』長崎新聞社編集局編集　長崎新聞社　2005.12　234p　19cm　Ⓝ376.48

『長崎市立長崎商業高等学校百三十周年史―長崎商業君見ずや』長崎市立長崎商業高等学校創立130周年記念誌編集委員会編　長商同窓会　2016.3　133p　30cm〈奥付の書名：長崎市立長崎商業高等学校創立百三十周年記念誌〉Ⓝ376.48

『長商野球部の歩み―野球部創部100周年記念』野球部創部100周年記念実行委員会　2020.12　70p 図版3枚　30cm　Ⓝ783.7

◆長崎水産高等学校

『［長崎県立長崎水産高等学校］創立七十周年記念誌』創立70周年記念誌編集委員会編　長崎県立長崎水産高等学校創立70周年記念行事実行委員会　1978.11　244p　22cm　Ⓝ376.48

『長水九十年―［長崎県立長崎水産高等学校］創立90周年記念誌』創立90周年記念誌編集委員会編　長崎県立長崎水産高等学校　1998.10　342p　27cm〈背の書名：創立九十周年記念誌〉Ⓝ376.48

◆長崎総合科学大学附属高等学校

『歩み―［長崎総合科学大学附属高等学校］創立50周年記念誌』長崎総合科学大学附属高等学校50周年記念誌編集委員会編　長崎総合科学大学附属高等学校　2012.9　141p　30cm　Ⓝ376.48

◆長崎南山高等学校

『南山三十年―長崎南山学園創立30年記念』長崎南山学園編集　長崎南山学園　1982.11　154p　26cm　Ⓝ376.48

『長崎南山学園五十年の歴史―写真で綴る半世紀』長崎南山学園　2002.11　119p　30cm　Ⓝ376.48

◆長崎西高等学校

『西高三十年史―［長崎県立長崎西高等学校創立三十周年記念誌］』西高三十年史編集委員会編　西高創立30周年記念事業実行委員会　1978.11　250, 29p　27cm　Ⓝ372.1

『西高五十年史―長崎県立長崎西高等学校創立50周年記念誌』創立50周年記念校内推進委員会編　長崎県立長崎西高等学校　1998.11　543p　27cm　Ⓝ376.48

『竹の久保の想い出―記念写真集』「記念写真集」編集委員会編　長崎県立長崎西高等学校通信部　2000.3　59p　30cm　Ⓝ376.48

『少女たちがみつめた長崎』渡辺考著　福岡　書肆侃侃房　2020.8　238p　19cm〈書誌注記：文献あり〉1600円　①978-4-86385-409-3　Ⓝ210.75

目次 プロローグ 同じこころざし、第1章 原爆を見つめ続ける、第2章 原爆前夜の少女たち、第3章「あのとき」の記憶と記録、第4章 高校生、11時2分と向きあう、第5章 戦後 それぞれの苦難、第6章 自責の念と罪の意識、第7章 わたしたちがつなぐ、第8章 未曾有の困難の中で、エピローグ 未来のために

内容 NHK ETV特集（2019年8月）「少女たちがみつめた長崎」待望の書籍化。

◆長崎西高等学校長与分校

『長崎県立長崎西高長与分校創立30周年記念誌 昭和54年』長崎県立長崎西高等学校長与分校　1979.3　109p　22cm　Ⓝ376.48

◆長崎日本大学高等学校

『［長崎日本大学高等学校］創立20周年記念誌』創立20周年記念誌編集委員会編　長崎日本大

学高等学校創立20周年記念委員会　1986.11　164p　22cm　Ⓝ376.48

『［長崎日本大学学園］創立四十周年記念誌』長崎日本大学学園創立40周年記念委員会　2007.3　106p　30cm　Ⓝ376.48

◆長崎東高等学校

『ひがし40年』ひがし40年編纂委員会編　長崎県立長崎東高等学校　1989.1　404p　26cm　Ⓝ376.4

『風かがやいて　ひがし50年―［長崎県立長崎東高等学校50周年記念誌］』「ひがし50年」編纂委員会編　長崎県立長崎東高等学校　1999.3　314p　28cm　Ⓝ376.48

『新生進化するひがし―長崎県立長崎東高等学校創立60周年記念誌』創立60周年記念誌編集委員会編　創立60周年記念事業実行委員会　2009.2　141p　30cm　Ⓝ376.48

『篝火は消えたれど―長崎東高定時制の足跡』村岡篤著　2011.10　64p　22cm　Ⓝ376.4193

『併設型中高一貫教育導入県立長崎東中学校創立10周年記念誌―受け継いでいく「ひがし」の想い10』長崎県立長崎東中学校記念誌編集委員会　2013.11　95p　30cm　Ⓝ376.38

『長崎県立長崎東高等学校創立70周年記念誌―羽ばたけ！「ひがし」から世界へ』長崎県立長崎東高等学校記念誌編集委員会　2019.2　96p　30cm　Ⓝ376.48

『ひがし光あり―70周年記念沿革史　1948年度→2017年度』馬場宣房編　長崎東高同窓会事務局　2019.3　233p　21cm　Ⓝ376.48

◆長崎北陽台高等学校

『［長崎県立長崎北陽台高等学校］創立10周年記念誌』長崎県立長崎北陽台高等学校創立十年記念誌編集委員会編　長崎県立長崎北陽台高等学校　1988.9　148p　27cm　Ⓝ376.48

『青い旋風in甲子園―県立長崎北陽台高校野球部の熱い夏』小笠原真司著　近代文芸社　1996.6　273p　19cm　1500円　①4-7733-5720-7

目次　新チーム結成―夏に向けて，夏の青い旋風（1）―甲子園への挑戦，夏の青い旋風（2）―あこがれの甲子園，青春のメモリー，エピローグ―春の訪れ

内容　あの感動をもう一度。県立の進学校で練習は2時間弱。その野球部が私立の強豪チームを相手に，夏の甲子園ベスト8に輝いた。

『［長崎県立長崎北陽台高等学校］創立二十年記念誌』長崎県立長崎北陽台高等学校編　長崎県立長崎北陽台高等学校　1998.9　566p　27cm　Ⓝ376.48

『青き誇りを花園へ―県立長崎北陽台高校ラグビー部20年の軌跡』小笠原真司著　近代文芸社　2000.5　277p　19cm　1500円　①4-7733-6659-1　Ⓝ783.48

目次　第1章 花園初出場に向けて，第2章 夢の実現，第3章 輝く花園全国準優勝，第4章 花園全国ベスト8，第5章 我が身を挺してボールを生かせ，第6章 倒れたら起き上がれ，起き上がったら走れ，第7章 ノーサイド

内容　我が身を挺してボールを生かせ。94年度全国準優勝。練習時間の短い県立高校でありながら，花園で好成績を残す北陽台ラグビー部。創部から5年連続花園出場までの20年に迫る。

『長崎県立長崎北陽台高等学校創立30周年記念誌―踏みし過去、見据えむ未来、駆ける青』長崎県立長崎北陽台高等学校　2008.9　247p　30cm　Ⓝ376.48

『長崎県立長崎北陽台高等学校創立40周年記念誌―受け継ぐ伝統　踏み出す未来　歴史をつなぐ　青き風』長崎県立長崎北陽台高等学校　2018.10　119p　30cm　Ⓝ376.48

◆長崎南高等学校

『［長崎県立長崎南高等学校］創立10周年記念誌』長崎県立長崎南高等学校　1972.1　182p　21cm　Ⓝ376.48

『［長崎県立長崎南高等学校］創立20周年記念誌―新たなる創立』長崎県立長崎南高等学校　1982.1　188p　21cm　Ⓝ376.48

『［長崎県立長崎南高等学校］創立30周年記念誌―長崎南大樹たれ』［ハードカバー版］　長崎県立長崎南高等学校　1992.2　312p　27cm　〈ソフトカバーの同一資料あり〉Ⓝ376.48

『［長崎県立長崎南高等学校］創立30周年記念誌―長崎南大樹たれ』［ソフトカバー版］　長崎県立長崎南高等学校　1992.2　312p　26cm　Ⓝ376.48

『［長崎県立長崎南高等学校］創立40周年記念誌―新時代　碧く輝け　みなみ道』長崎県立長崎南高等学校　2001.10　136p　26cm　Ⓝ376.48

『気魄と情熱―［長崎県立長崎南高等学校］創立50周年記念誌』長崎県立長崎南高等学校記念誌編集委員会　2011.10　296p　30cm　Ⓝ376.48

◆長崎南商業高等学校

『［長崎県立長崎南商業高等学校］創立10周年記

長崎県

念誌』記念誌編集委員会編　長崎県立長崎南商業高等学校記念事業企画委員会　1986.11　104p　26cm　Ⓝ376.48

『南商のあゆみ―[長崎県立長崎南商業高等学校]創立20周年・開校47周年記念』記念誌『南商のあゆみ』編集委員会編　長崎県立長崎南商業高等学校　1996.10　56p　30cm　Ⓝ376.48

『びわの風―南商31年の軌跡』長崎県立長崎南商業高等学校　2008.3　111p　30cm　Ⓝ376.48

◆長崎明誠高等学校

『夢―長崎県立長崎明誠高等学校創立10周年記念誌』長崎県立長崎明誠高等学校　2008.3　116p　30cm〈付：CD-ROM1枚〉Ⓝ376.48

『夢ありてこそ―長崎県立長崎明誠高等学校創立20周年記念誌』長崎　長崎県立長崎明誠高等学校創立20周年記念誌編集委員会　2018.3　95p　30cm〈書誌注記：年表あり〉Ⓝ376.48

◆奈留高等学校

『[長崎県立奈留高等学校]創立二十周年記念誌』長崎県立奈留高等学校記念誌編集委員会編　長崎県立奈留高等学校　1985.10　84p　26cm　Ⓝ376.4

『[長崎県立奈留高等学校]創立三十周年記念誌』記念誌編集委員会編　長崎県立奈留高等学校　1995.10　109p　26cm　Ⓝ376.48

『小さな島の大きな挑戦―長崎県立奈留高等学校創立40周年記念誌』長崎県立奈留高等学校　2005.12　127p　30cm　Ⓝ376.48

『長崎県立奈留高等学校創立50周年記念誌―小さな島の大きな挑戦』長崎県立奈留高等学校記念誌編集委員会編　長崎県立奈留高等学校　2016.2　136p　30cm　Ⓝ376.48

◆鳴滝高等学校

『鳴滝十彩―長崎県立鳴滝高等学校創立10周年記念誌』長崎県立鳴滝高等学校創立10周年記念誌編集委員会編　長崎県立鳴滝高等学校　2009.11　104p　30cm　Ⓝ376.48

◆西彼杵高等学校

『三十年沿革史―長崎県立西彼杵高等学校[創立三十周年記念誌]』長崎県立西彼杵高等学校　1976.9　87p　27cm　Ⓝ376.48

『[長崎県立西彼杵高等学校定時制]記念誌―昭和57年3月閉校』長崎県立西彼杵高等学校定時制同窓会　1982.3　135p　22cm　Ⓝ376.48

『四十年沿革史―長崎県立西彼杵高等学校[創立四十周年記念誌]』長崎県立西彼杵高等学校　1986.10　82p　27cm　Ⓝ376.48

『[長崎県立西彼杵高等学校]創立50周年記念誌』長崎県立西彼杵高等学校　1996.11　123p　27cm　Ⓝ376.48

『長崎県立西彼杵高等学校創立70周年記念誌―西濤「学び」から「希望」へ』西海　長崎県立西彼杵高等学校創立70周年記念事業実行委員会　2016.11　96p　30cm〈書誌注記：年表あり〉Ⓝ376.48

◆野母崎高等学校

『[長崎県立野母崎高等学校創立10周年]記念誌―分校創設17周年』10周年記念「記念誌」編集委員会編　長崎県立野母崎高等学校　1981.11　94p　22cm〈奥付の書名：野母崎高校十周年記念誌〉Ⓝ376.48

『野母崎伝統と創造―[長崎県立野母崎高等学校]創立20周年記念・分校開校27周年記念誌』記念誌編集委員会編　長崎県立野母崎高等学校　1991.10　170p　27cm　Ⓝ376.48

『若人の季節～絆をつないで～―[長崎県立]野母崎高等学校閉校記念誌』長崎県立野母崎高等学校閉校記念誌編集委員会編，ぎょうせい制作　長崎県立野母崎高等学校　2011.2　105p　30cm　Ⓝ376.48

◆波佐見高等学校

『[長崎県立波佐見高等学校]創立30周年並びに新校舎落成記念誌』長崎県立波佐見高等学校　1981.11　74p　26cm　Ⓝ376.48

『[長崎県立波佐見高等学校]創立10周年記念誌―開校35周年』長崎県立波佐見高等学校　1987.2　69p　26cm　Ⓝ376.48

『絆―波佐見高校三十年の歩み』長崎県立波佐見高等学校　2006.10　99p　30cm　Ⓝ376.48

◆平戸高等学校

『[長崎県立平戸高等学校]創立10周年(開校35周年)記念誌』記念誌編集委員会編　長崎県立平戸高等学校　1984.10　108p　26cm　Ⓝ376.48

『[長崎県立平戸高等学校]創立40周年記念誌―新たなる挑戦』記念誌編纂委員会編　長崎県立平戸高等学校　1990.10　103p　26cm〈背の書名：新たなる挑戦〉Ⓝ376.48

長崎県

『[長崎県立平戸高等学校]創立30周年(開校55周年)記念誌』長崎県立平戸高等学校30周年記念誌編集委員会編　長崎県立平戸高等学校　2004.10　63p　30cm　Ⓝ376.48

『創立40周年記念誌―慈眼桜：長崎県立平戸高等学校』平戸　長崎県立平戸高等学校記念誌編集委員会　2014.10　63p　30cm〈書誌注記：年表あり　奥付のタイトル：長崎県立平戸高等学校創立40周年記念誌〉Ⓝ376.48

◆北松西高等学校

『[長崎県立北松西高等学校]創立30周年記念誌』長崎県立北松西高等学校　1979.9　62p　26cm　Ⓝ376.48

『[長崎県立北松西高等学校]家政科記念誌』長崎県立北松西高等学校　1990.3　50p　26cm　Ⓝ376.48

『松韻―[長崎県立北松西高等学校]創立50周年記念誌』創立50周年記念誌編纂委員会編　長崎県立北松西高等学校　2000.10　96p　26cm　Ⓝ376.48

『想い出―電気通信科・電子科・情報電子科閉科記念誌』長崎県立北松西高等学校　2008.2　76p　30cm　Ⓝ376.48

◆北松農業高等学校

『[長崎県立北松農業高等学校]創立40周年記念誌』長崎県立北松農業高等学校創立40周年記念実行委員会編　長崎県立北松農業高等学校　1985.11　114p　26cm　Ⓝ376.4

『創立50周年記念誌』長崎県立北松農業高等学校創立50周年記念実行委員会編　長崎県立北松農業高等学校　1995.10　128p　26cm　Ⓝ376.4

『温故知新―[長崎県立]北松農業高等学校創立六十周年記念誌』長崎県立北松農業高等学校編集委員会編　[長崎県立北松農業高等学校]　2005.10　149p　30cm　Ⓝ376.48

『10年のあゆみ―平成17年度(2005年度)～平成26年度(2014年度)』長崎県立北松農業高等学校　[2015]　12p　30cm　Ⓝ376.48

◆北松南高等学校

『北松南高30年史』北松南高等学校編集委員編　長崎県立北松南高等学校　1982.10　130p　26cm　Ⓝ376.48

『[長崎県立北松南高等学校]創立四十周年記念誌』北松南高等学校編集委員会編　長崎県立北松南高等学校　1992.9　165p　27cm　Ⓝ376.48

『北松南高50年史』長崎県立北松南高等学校編　長崎県立北松南高等学校　2002.10　189p　30cm　Ⓝ376.48

◆松浦高等学校

『[長崎県立松浦高等学校]創立20周年記念誌』創立二十周年記念誌編集委員会編　長崎県立松浦高等学校　1981.10　94p　26cm　Ⓝ376.48

『残照―長崎県立平戸高等学校志佐分校　長崎県立猶興館高等学校志佐分校　長崎県立松浦高等学校定時制[閉校記念誌]』長崎県立松浦高等学校定時制　1990.3　127p　26cm　Ⓝ376.48

『[長崎県立松浦高等学校]創立30周年記念誌』長崎県立松浦高等学校　1991.11　133p　26cm　Ⓝ376.48

『長崎県立松浦高等学校創立50周年記念誌』松浦　長崎県立松浦高等学校　2011.10　171p　30cm〈書誌注記：年表あり〉Ⓝ376.48

『長崎県立松浦高等学校創立六十周年記録誌』松浦　長崎県立松浦高等学校　2021.10　21p　30cm

◆松浦高等学校鷹島分校

『[長崎県立松浦高等学校鷹島分校]創立五十周年記念誌』記念誌編集委員会編　長崎県立松浦高等学校鷹島分校　2000.10　133p　30cm　Ⓝ376.48

『[長崎県立松浦高等学校鷹島分校]閉校記念誌』記念誌編集委員会編　長崎県立松浦高等学校鷹島分校　2006.3　71p　30cm　Ⓝ376.48

◆松浦園芸高等学校

『梶の葉に栄えあれ―[長崎県立松浦園芸高等学校]開校42・創立25周年記念』記念誌編集委員会編　長崎県立松浦園芸高等学校　1992.3　108p　26cm　Ⓝ376.48

◆松浦東高等学校

『[長崎県立松浦東高等学校]創立五十周年記念誌』長崎県立松浦東高等学校記念誌編集委員会編　長崎県立松浦東高等学校　1998.11　140p　30cm　Ⓝ376.48

『梶の木―長崎県立松浦東高等学校閉校記念誌』長崎県立松浦東高等学校閉校実行委員会編，ぎょうせい制作　長崎県立松浦東高等学校　2011.2　91p　30cm　Ⓝ376.48

熊本県

◆猶興館高等学校

『生徒心得其他諸規則令達彙編』長崎県立長崎図書館写,長崎県立中学猶興館編　［長崎県立長崎図書館］　［1979］　1冊（二つ折り綴じ）21cm　Ⓝ376.4193

『猶興百年史』平戸　長崎県立猶興館高等学校　1981.3　263p 図版［37］枚　27cm〈年表あり〉Ⓝ376.48

『猶興館の百二十年―創立百二十周年記念誌』創立百二十周年記念事業記念誌編集委員会編　平戸　長崎県立猶興館高等学校　2000.11　331p　26cm　Ⓝ376.48

『猶興のあゆみ―長崎県立猶興館高等学校創立百三十周年記念誌』創立百三十周年記念事業記念誌編集委員会編　長崎県立猶興館高等学校　2010.11　253p　30cm　Ⓝ376.48

『［長崎県立猶興館高等学校］創立140周年記念誌―猶興精神～未来につなぐ誇りと伝統～』創立140周年記念事業記念誌編集委員会編　長崎県立猶興館高等学校　2020.11　63p　30cm　Ⓝ376.48

◆猶興館高等学校大島分校

『［長崎県立猶興館高等学校大島分校］記念誌―新校舎落成並びに創立35周年』長崎県立猶興館高等学校大島分校　1986.11　128p　26cm　Ⓝ376.48

『小さいけれど日本一―［長崎県立猶興館高等学校大島分校］創立五十周年記念誌』記念誌編集委員会編　長崎県立猶興館高等学校大島分校創立五十周年記念事業実行委員会　2000.11　136p　30cm　Ⓝ376.48

『［長崎県立猶興館高等学校大島分校］閉校記念誌』閉校記念誌編集委員会編　長崎県立猶興館高等学校大島分校　2012.3　74p　30cm　Ⓝ376.48

熊本県

◆阿蘇高等学校

『銀髪鬼―泉勝寿と阿蘇高校剣道部の軌跡』坂口拓史著　スキージャーナル　2003.6　303p　20cm〈肖像あり〉1600円　①4-7899-0054-1　Ⓝ789.3

　目次　第1部 泉マジック、第2部 火の玉勝ちゃん、第3部 マグマのごとく、終章 驀直進772

　内容　平成剣道界の常勝チーム・阿蘇高校を独自の指導哲学により育て上げた、「肥後もっこす」の名監督。その若き日の挫折と葛藤、部員たちとの心の交流、そして熱き闘いの軌跡をたどる。

『創立八十周年誌』熊本県立阿蘇高等学校編　熊本県立阿蘇高等学校　2004.8　127p　30cm

『銀髪鬼―泉勝寿と阿蘇高校剣道部の軌跡』新装版　坂口拓史著　スキージャーナル　2007.5　294p　19cm（剣道日本プレミアム2）1200円　①978-4-7899-0063-8　Ⓝ789.3

　目次　第1部 泉マジック、第2章 火の玉勝ちゃん、第3章 マグマのごとく、終章 驀直進772

　内容　平成剣道界の常勝チーム・阿蘇高校を熱血指導で牽引した泉勝寿は、自らの若き日の挫折を踏み台に、教え子たちを一流に育て上げた。「肥後もっこす」の監督と、若者たちの剣道にかける熱き魂を描く。

『高嶺―記念誌』阿蘇　熊本県立阿蘇高等学校　2012.3　212p　30cm〈書誌注記：年表あり〉Ⓝ376.48

◆阿蘇中央高等学校

『創立十周年記念誌』熊本県立阿蘇中央高等学校阿蘇校舎,熊本県立阿蘇中央高等学校阿蘇清峰校舎編　熊本県立阿蘇中央高等学校　2021.12　55p　30cm

◆阿蘇農業高等学校

『蘇岳・創立70周年記念誌』阿蘇農業高等学校（熊本県立）編　阿蘇農業高等学校（熊本県立）　1971　87p　26cm

『蘇岳―創立九十周年記念十年の歩み（1981～1990）』熊本県立阿蘇農業高等学校「蘇岳」編集委員会　一の宮町（熊本県）熊本県立阿蘇農業高等学校　1991.2　140, 18p　27cm　Ⓝ376.4

『蘇岳―創立100周年記念誌 1900-2000』創立100周年記念事業記念誌部会編　一の宮町（熊本県）熊本県立阿蘇清峰高等学校蘇岳会　2001.3　452p　31cm　Ⓝ376.48

◆天草高等学校

『天高群像―天草高校創立百周年記念出版』熊本県立天草高等学校創立百周年記念事業会「天高群像」編集委員会編　熊本県立天草高等学校創立百周年記念事業会　1996.11　479p　21cm

『目で見る百年史 思い出の青春の日々―天草高校創立百周年記念写真集』天草高等学校（熊本県立）創立百周年記念事編　天草高等学校

熊本県

（熊本県立）1996.11　250p　30cm

『天草高校百年』「天草高校百年」編集委員会編　天草高等学校（熊本県立）1998.3　981p　27cm　Ⓝ376.4

『熊本県立天草高等学校創立120周年記念誌—時永久に』　天草　熊本県立天草高等学校　2016.12　111p　30cm〈書誌注記：年表あり〉Ⓝ376.48

◆天草東高等学校

『創立二十周年記念誌』創立二十周年記念誌編集委員会編　熊本県立天草東高等学校　1993.12　75p　30cm

『吹けよ、潮風—熊本県立天草東高等学校創立30周年記念誌』天草東高等学校（熊本県立）編　天草東高等学校（熊本県立）2003.2　68p　30cm

◆牛深高等学校

『創立五十周年・新校舎落成記念誌』牛深高等学校（熊本県立）記念誌編纂委員会編　牛深高等学校（熊本県立）1976.1　288p　21cm

『創立六十周年記念誌』牛深高等学校（熊本県立）編　牛深高等学校（熊本県立）1985　399p　27cm

『創立70周年誌』牛深高等学校（熊本県立）編　牛深高等学校（熊本県立）1996　130p　30cm

◆宇土高等学校

『鶴城—創立50周年記念（昭和45年）』宇土高等学校（熊本県立）1970　84p　26cm

『宇土中学［宇土］高校八十周年記念誌—創立八十周年記念誌「鶴城」』熊本県立宇土高等学校編　熊本県立宇土高等学校　2000.9　202p　21cm

『宇土中学宇土高校百年史』熊本県立宇土高等学校編　熊本県立宇土高等学校　2022.3　323p　31cm

『熊本県立宇土高等学校創立100周年記念誌—鶴城』熊本県立宇土高等学校編　熊本県立宇土高等学校　2022.3　100p　30cm

◆大江高等学校

『創立九十周年記念誌』大江高等学校編　大江高等学校　1978　234p　22cm

◆大津高等学校

『熊本県立大津高等学校史 60年のあゆみ—学校史 1982』大津高等学校（熊本県立）編　大津高等学校　1982　308p　26cm

『大高八十年誌』大津高等学校（熊本県立）編　大津高等学校　2003.1　262p（写真図版7枚）27cm

『鷹揚—大津高校創立九十周年記念号』大津高等学校鷹揚同窓会編　大津高等学校（熊本県立）鷹揚同窓会　2012.9　278p　26cm

『熊本県立大津高等学校 創立90周年記念誌』熊本県立大津高等学校編，坂本善三装画　熊本県立大津高等学校　［2013.3］　107p　30cm

『凡事徹底—九州の小さな町の公立高校からJリーガーが生まれ続ける理由』井芹貴志著　内外出版社　2017.9　222p　19cm　1400円　①978-4-86257-314-8　Ⓝ783.47

『大高百年史—旧制大津中学校百周年 大津高等学校七十五周年』大津町（熊本県）熊本県立大津高等学校　2023.3　783p　31cm〈書誌注記：年表あり〉Ⓝ376.48

◆大津産業高等学校

『創立九十周年記念誌』大津産業高等学校（熊本県立）編　大津産業高等学校（熊本県立）1996.3　83p　26cm

◆大村城南高等学校

『70年の足跡—長崎県立大村城南高等学校創立70周年記念誌』長崎県立大村城南高等学校　2011.11　123p　30cm　Ⓝ376.48

◆小川工業高等学校

『三十年史』熊本県立小川工業高等学校編　熊本県立小川工業高等学校　2004.3　415p　30cm

『五十年史』熊本県立小川工業高等学校編　熊本県立小川工業高等学校　2024.3　283p　31cm

◆小国高等学校

『六十年史』小国高等学校（熊本県立）六十年史編集係編　小国高等学校（熊本県立）1983　105p　26cm

『創立七十周年記念誌』小国高等学校（熊本県立）記念誌編集委員会編　小国高等学校（熊本県立）1993.2　223p　31cm

『創立九十周年記念誌』九十周年誌編集委員会編　熊本県立小国高等学校　2013.3　100p　30cm

熊本県

『熊本県立小国高等学校創立100周年記念誌』創立100周年記念事業実行委員会記念誌部会編　熊本県立小国高等学校　2023.9　120p　30cm

◆鹿本高等学校

『統合十周年記念誌』鹿本高等学校（熊本県立）十周年記念誌編集員会編　鹿本高等学校（熊本県立）1978　88p　26cm

『記念誌―鹿本中学校九十一周年』記念誌編集委員会編　［鹿本高等学校］記念事業実行委員会　1988.3　1127p　27cm

『あゝ青春鹿高百年（1896-1996）―鹿本高校創立百周年記念写真集』創立百周年記念事業期成会編集委員会編　鹿本高等学校（熊本県立）1997.10　259p　31cm

『統合三十年史』創立百周年記念事業期成会校史編纂委員会編　鹿本高等学校（熊本県立）1998　415p　27cm

『夢 1997～2006―創立110周年記念誌』熊本県立鹿本高等学校編　熊本県立鹿本高等学校　2007.10　89p　30cm

◆鹿本商工高等学校

『創立三十周年記念誌』鹿本町（熊本県）熊本県立鹿本商工高等学校　1998　462p　30cm〈書誌注記：年表あり〉Ⓝ376.48

『十年史―創立四十周年記念誌』山鹿　熊本県立鹿本商工高等学校　2009.2　114p　30cm〈書誌注記：年表あり〉Ⓝ376.48

『創立50周年記念誌―熊本県立鹿本商工高等学校』熊本県立鹿本商工高等学校創立50周年記念行事企画委員会記念誌委員会編　山鹿　熊本県立鹿本商工高等学校　2018.3　79p　30cm〈書誌注記：年表あり〉Ⓝ376.48

◆鹿本農業高等学校

『創立80周年 独立35周年 記念誌』鹿本農業高等学校（熊本県立）編　鹿本農業高等学校（熊本県立）1995.2　55p　31cm

◆菊池高等学校

『創立七十周年記念誌』菊池高等学校（熊本県立）70周年記念誌編　菊池高等学校七十周年記念誌編集委員会　1979　143p　26cm

『創立八十周年記念誌』菊池高等学校（熊本県立）記念誌編集委員会編　菊池高等学校（熊本県立）1989　346p　27cm

『創立90周年誌』熊本県立菊池高等学校編　［熊本県立菊池高等学校］　［1999.9］　128p　26cm

『菊高百年史』菊高百年史編纂委員会編　熊本県立菊池高等学校　2009.3　504p　27cm　Ⓝ376.4

『熊本県立菊池高等学校 創立110周年記念誌』菊高百十年史編纂係編纂　熊本県立菊池高等学校　2019.3　101p　26cm

◆菊池農業高等学校

『菊農五十年誌』新美政喜編　菊池農業高等学校（熊本県立）1974.3　339p　26cm

『熊本県立菊池農業高等学校創立110周年記念誌』菊池　熊本県立菊池農業高等学校　2014.3　157p　30cm〈標題紙等のタイトル：創立110周年記念誌〉Ⓝ376.48

『創立120周年記念誌』菊池　熊本県立菊池農業高等学校　2024.3　99p　30cm〈書誌注記：年表あり　部分タイトル：熊本県立菊池農業高等学校創立120周年記念誌〉Ⓝ376.48

◆九州学院高等学校

『九州学院七十年史』中田幸作編　九州学院　1981　485p　22cm

『九州学院百年史――九州学院とその時代―』九州学院百周年記念史編纂委員会編著　九州学院　2012.11　1113p　27cm

『み言に生きる 誠少年物語―九州学院朝礼奨励集』藤本誠著、熊日出版編集　熊日出版（制作）2018.12　207p　19cm　①4-908313-47-9

『九州学院を強豪校に導いた友喜力』坂井宏安著　竹書房　2023.3　207p　19cm　1600円　①978-4-8019-3469-6　Ⓝ783.7

目次 第1章 創造性―野球、バドミントン、空手、柔道の指導で培った柔軟な発想、第2章 親身―勝利者を育てた坂井流コーチング、第3章 友喜力―三冠王を育てた九学野球部のスローガン、第4章 教え子、村上宗隆―「臥薪嘗胆」、不屈の友喜力で日本の4番打者となった男、第5章 一芸は身を助く―突出した才能を備えたスペシャリストたち、第6章 九学野球の深層部分―坂井宏安の「野球論」と「打撃論」、第7章 新時代の野球界へ―高校野球、進化への提言

◆九州女学院高等学校

『写真でたどる70年のあゆみ』学校法人九州女学院編　九州女学院　1997.3　111p　29cm

◆九州文化学園高等学校

『未来への地域づくりと人づくり―九州文化学

熊本県

園創立70周年記念誌』九州文化学園70周年記念誌編集委員会　九州文化学園　2015.12　395p　31cm〈副書名は奥付による〉Ⓝ377.28

◆球磨工業高等学校

『棟梁を育てる高校―球磨工高伝統建築コースの14年』笠井一子著　草思社　2003.2　222p　20cm　1500円　①4-7942-1194-5　Ⓝ376.4194

目次　1 文化財と林業の里・人吉球磨, 2 高校で大工を育てる初の試み, 3 教育の原点がここにある！, 4 もの作りは喜び、やればできる！, 5 はばたけ若い大工たち, 6 "伝統建築コース"のゆくえ

内容　いま子どもたちに人気のある職業は大工であるという。それを先取りしたともいえる大工を育て、棟梁を目指す学校が平成元 (一九八九) 年、熊本県立球磨工業高校に誕生した。"伝統建築コース"がそれである。1学年20名。女子も入学可。近年、伝統建築に携わる技能者が高齢化し、後継者のなり手のないことから、日本の (熊本県産の) 木材を生かし、従来の木造軸組工法をマスターした大工を、徒弟制ではなく、学校教育のなかで養成する日本で初の野心的な取り組みであった。

◆球磨農業高等学校

『球磨農高七十年史』球磨農業高等学校 (熊本県立) 七十年史編集編　球磨農業高等学校　1972　287p　22cm

『球磨農八十年―明治・大正・昭和の歩み』球磨農業高等学校 (熊本県立) 編　球磨農業高等学校　1983　117p　24cm

『耕学』球磨農業高等学校 (熊本県立) 著　球磨農業高等学校　1989　625p　22cm

◆熊本高等学校

『熊中熊高・江原人脈』郡田弘, 西日本新聞社開発局出版部編　西日本新聞社　1972　313p　22cm

『熊中熊高八十年史』八十年史編纂委員会編纂　熊本　熊本県立熊本高等学校　1986.3　1435p　図版11枚　21cm　Ⓝ376.4

『熊中・熊高百年史』熊中・熊高百年史編纂委員会編纂　熊本　熊本県立熊本高等学校　2000.10　2冊　27cm　Ⓝ376.48

『熊中・熊高写真で見る百年史』『熊中・熊高写真で見る百年史』編集委員会編纂　熊本　熊本県立熊本高等学校　2001.3　111p　30cm　Ⓝ376.48

『熊中・熊高野球部百年史』熊本高校野球部編纂委員会編　2009.11　402p　25cm

『熊高生に贈った言葉―初代校長野田寛先生の教えを伝えて』宮本史明著　悠光堂　2018.6　139p　19cm　①4-909348-06-7　Ⓝ376.48

内容　平成23年度から4年間、熊本県立熊本高等学校の校長を務めた著者による式辞や文章をまとめたもの。同校の歴史、校訓、初代校長の教え、校歌の言葉から、その精神や意味を伝える。校歌も掲載。

『江原柔道の轍―熊中・熊高柔道会の系譜』西村博生編纂・編集　熊中・熊高柔道会　2019.5　279p　27cm　Ⓝ789.2

『熊中熊高　百二十周年誌　プラス二十年の歴史』熊中熊高　百二十周年誌　プラス二十年の歴史編集委員会編　熊本県立熊本高等学校　2021.10　201p　26cm

◆熊本北高等学校

『十年史』熊本北高等学校 (熊本県立) 編　熊本北高等学校 (熊本県立)　1993.3　594p　27cm

『創立二十周年記念誌』熊本県立熊本北高等学校編　熊本県立熊本北高等学校　2004.3　262p　27cm

◆熊本県立工業高等学校

『熊工寮―熊工創立100周年記念熊工寮誌』熊本県立工業学校編　熊本工業高等学校 (熊本県立)　1998　172p　26cm

『熊工土木科・戦前史―昭和3-20年』野田民生著　野田民生　2014.2　195p　30cm　Ⓝ376.4194

◆熊本県立水産高等学校

『水産教育45周年記念誌』水産高等学校 (熊本県立) 編　水産高等学校 (熊本県立)　1986.2　307p　22cm

◆熊本県立第一高等学校

『七十年史』第一高等学校 (熊本県立) 七十年史編集委員編　第一高等学校 (熊本県立)　1975　195p　26cm

『八十周年記念・十年史』第一高等学校 (熊本県立) 著　第一高等学校 (熊本県立)　1984　262p　26cm

『創立九十周年記念　十年史』第一高等学校 (熊本県立) 著　第一高等学校 (熊本県立)　1993.11　273p　26cm

『創立九十五周年記念　五年史』熊本県立第一高等学校著　熊本県立第一高等学校　1998.9　353p　26cm

熊本県

『第一高校百年史』第一高等学校（熊本県立）著　第一高等学校（熊本県立）2004.6　832p　30cm

『創立百二十周年記念 十年史―平成二十五年度から令和四年度までのあゆみ』熊本県立第一高等学校　熊本県立第一高等学校　2024.1　361p　26cm

◆熊本県立第二高等学校

『二十年史―第二高等学校』熊本県立第二高等学校校史編纂委員会編著　熊本県立第二高等学校創立20周年記念事業会　1982.10　595p　22cm

『三十年記念誌 この十年』第二高等学校（県立）編　第二高等学校（熊本県立）校史編纂委員会　1994.10　372p　26cm

『熊本県立第二高等学校創立50周年記念誌―この十年』熊本県立第二高等学校創立50周年記念誌編集委員会編集　熊本県立第二高等学校創立50周年記念誌編集委員会　2013.3　471p　26cm

『平成28年熊本地震震災・復興の記録―熊本県立第二高等学校60周年記念写真集』熊本県立第二高等学校同窓会りんどう会編　熊本県立第二高等学校同窓会りんどう会　2022.10　58p　30cm

◆熊本工業高等学校

『熊工バレー部の歩み―記念誌』熊本工業高等学校（熊本県立）バレー部後援会　熊本工業高等学校（熊本県立）バレー部　1980　220p　27cm

『新校舎落成創立80周年記念誌』熊本工業高等学校（熊本県立）著　熊本工業高等学校（熊本県立）1981　155p　26cm

『創立90周年記念誌』熊本工業高等学校（熊本県立）編　熊本工業高等学校（熊本県立）1989　187p　26cm

『熊工百年史』熊本　熊本県立熊本工業高等学校創立百年記念事業期成会　2000.1　1208p　図版11枚　27cm〈熊本工業高等学校創立百年記念〉Ⓝ376.48

『熊本工業高校野球部―社会で生きる人材育成：「達人」「スペシャリスト」「職人」を輩出した熊本の古豪：Since 1923』ベースボール・マガジン社　2017.3　97p　29cm（B.B.MOOK 1368―高校野球名門校シリーズ 17）1389円　Ⓘ978-4-583-62505-8　Ⓝ783.7

『熊工創立120周年記念誌―1898-2018』熊本県立熊本工業高等学校編　熊本　熊本県立熊本工業高等学校　2019.3　136p　30cm〈書誌注記：年表あり　奥付・背のタイトル：創立120周年記念誌〉Ⓝ376.48

『1996年松山商業と熊本工業―奇跡のバックホーム』中里浩章著　ベースボール・マガジン社　2021.11　316p　19cm（再検証夏の甲子園激闘の記憶）〈書誌注記：文献あり〉1600円　Ⓘ978-4-583-11407-1　Ⓝ783.7

[目次] 第1章 松山商、全国制覇の礎、第2章 熊本工、史上最弱からの上昇、第3章 それぞれの夏、第4章 伝説の試合（前編）、第5章 伝説の試合（後編）、第6章 奇跡のあと、特別収録 25年目の「奇跡のバックホーム」対談―矢野勝嗣（松山商業）×星子崇（熊本工業）、1996年夏 甲子園決勝スコア

[内容] 全国制覇への道程を着実に進んだ松山商と、結成時は「史上最弱」とまで言われた熊本工。公立の伝統校が相見えた1996年夏の甲子園決勝は、今なお"伝説の試合"として語り継がれている。采配の妙、劇的同点弾、奇跡のバックホーム…両者の軌跡を振り返りながら、改めて激闘の舞台裏に迫る。

◆熊本国府高等学校

『六十年史』国府六十年史編纂委員会編　熊本　熊本国府高等学校　2001.11　959p　27cm　Ⓝ376.8

◆熊本商業高等学校

『熊商物語・樟樹の譜』橋爪正道著　西日本新聞社　1979　395p　19cm

『樟樹の譜・人名索引』橋爪正道著　西日本新聞社　1979　128p　13cm

『熊商90年史』熊本県立熊本商業高等学校編　熊本　熊本県立熊本商業高等学校　1986.3　407p　27cm　Ⓝ376.4

『熊商百年史―熊本商業高校創立百周年記念』熊本　熊本商業高等学校　1996.3　942p　27cm　Ⓝ376.4

『熊商創立110周年記念誌―熊商百十年の歩み』熊本商業高等学校（熊本県立）熊本商業高等学校（熊本県立）2005.10　103p　30cm

『熊商人物傳―明治・大正を駆け抜けた熊商スピリッツ』熊商人物傳編集委員会編集　熊本県立熊本商業高等学校　2008.3　164p　18cm　Ⓝ376.4

『熊商人物傳―昭和・平成を駆け抜ける熊商スピリッツ（課題研究・生徒作品）Part2』熊商人物傳編集委員会編集　熊本県立熊本商業高等学校　2013.3　146p　17cm　Ⓝ376.4

熊本県

◆熊本女子商業高等学校

『いずみ―創立三十周年記念誌』熊本女子商業高等学校編　熊本女子商業高等学校　1972　151p　26cm

『いずみ―創立四十周年記念誌』熊本女子商業高等学校編　熊本女子商業高等学校　1982　110p　26cm

◆熊本市立高等学校

『五十八年の年輪と史蹟』古川喜久雄著　熊本市立高等学校　1970　13p　22cm

◆熊本市立千原台高等学校

『熊本市立千原台高等学校創立50周年記念誌』熊本　熊本市立千原台高等学校　2009.3　135p　30cm〈年表あり〉Ⓝ376.48

『熊本市立千原台高等学校 創立60周年記念誌』熊本市立千原台高等学校編　熊本市立千原台高等学校　2019.3　48p　30cm

◆熊本市立必由館高等学校

『写真でたどる熊本市立必由館高等学校100年のあゆみ』熊本市立必由館高等学校創立百周年記念事業実行委員会写真誌部会編　熊本　熊本市立必由館高等学校創立百周年記念事業実行委員会　2011.11　112p　30cm〈書誌注記：年表あり〉　熊本市立必由館高等学校創立百周年記念〉Ⓝ376.48

『熊本市立必由館高等学校百年史　上』熊本市立必由館高等学校百年史編纂委員会編　熊本　熊本市立必由館高等学校百周年記念事業実行委員会　2012.9　435p　27cm〈原資料注記：「熊本市立高校史」(1968年刊)の再版〉Ⓝ376.48

『熊本市立必由館高等学校百年史　下』熊本市立必由館高等学校百年史編纂委員会編　熊本　熊本市立必由館高等学校百周年記念事業実行委員会　2012.9　425p　27cm〈書誌注記：年表あり〉Ⓝ376.48

◆熊本信愛女学院高等学校

『七十年のあゆみ』熊本信愛女学院編　熊本信愛女学院　1972.10　278p　27cm

『信愛のあゆみ―1970～1990年』熊本信愛女学院編　熊本信愛女学院　1992　322p　26cm

『100年のあゆみ』熊本信愛女学院,記念誌編集委員編　熊本信愛女学院　2000.11　293p　27cm　Ⓝ376.4

◆熊本中央女子高等学校

『八十年史』熊本中央女子高等学校編　熊本中央女子高等学校　1986　440p　22cm

◆熊本西高等学校

『熊本西高 二十年史』熊本県立熊本西高等学校編　熊本県立熊本西高等学校　1995.3　600p　27cm

『熊本西高 三十年史』熊本県立熊本西高等学校編　熊本県立熊本西高等学校　〔2006.3〕238p　26cm

◆熊本農業高等学校

『熊本県立熊本農業高等学校校史年表―1975年3月末』坂井衛編　熊本農業高等学校(熊本県立)　1975　126p　25cm

『温故知新―南園の若きらのために』西正勝著　熊本農業高等学校(熊本県立)　1978　76p　21cm

『南園―熊農80年の歩み』熊本農業高等学校(熊本県立)編　熊本農業高等学校(熊本県立)　1979　105p　24cm

『南園群像　上』南園群像編集委員編　熊本南園会事務局　1983.11　465p　22cm　Ⓝ376.4

『温故知新―南園の若きらのために』西正勝著　熊本農業高等学校(熊本県立)　1984.1　79p　21cm

『南園群像　下』南園群像編集委員編　熊本南園会事務局　1988.11　690p　22cm　Ⓝ376.4

『熊農百年史』熊本県立熊本農業高等学校創立百周年記念事業会記念誌部会編　熊本　熊本県立熊本農業高等学校創立百周年記念事業会　1998.12　742p　22cm〈発行所：熊本県立熊本農業高等学校内同窓会南園会〉Ⓝ376.48

◆熊本フェイス学院高等学校

『「愛と誠」の教育――百二十三年の軌跡―』熊本フェイス学院高等学校閉校事業実行委員会編　熊本フェイス学院高等学校閉校事業実行委員会　2011.3　277p　27cm

『閉校の記録(平成23年3月5日)―熊本フェイス学院高等学校』抱節会編　抱節会　2011.9　31p　30cm

◆熊本マリスト学園高等学校

『熊本マリスト学園25周年記念誌』熊本マリス

熊本県

ト学園中・高等学校編　熊本マリスト学園中・高等学校　1988　219p　30cm

◆甲佐高等学校

『甲佐高校五十年史』甲佐高等学校（熊本県立）五十年史編纂係編　甲佐高等学校（熊本県立）1970　251p　22cm

『甲佐高校七十年史』甲佐高等学校（熊本県立）七十年史編纂委員会編　甲佐高等学校（熊本県立）1991.3　415p　27cm

『十年史―創立八十周年記念』熊本県立甲佐高等学校八十周年記念事業会, 記念誌編集委員会編　熊本県立甲佐高等学校　2001.2　126p　26cm

◆秀岳館高等学校

『はつらつ秀岳館―第83回全国高校野球選手権大会出場記念』秀岳館高等学校編　秀岳館高等学校　2001.8　48p　30cm

◆尚絅高等学校

『尚絅学園百年史』尚絅学園百年史編集委員会編　尚絅学園　1989　1042p　26cm

『花さくら―尚絅学園百十周年記念誌十年のあゆみ』百十周年記念誌編集委員会編　尚絅学園　1999.3　279p　26cm

『学園創立一二五周年記念誌　尚絅―1888年–2013年』学校法人 尚絅学園　2014.3　141, 20p　26cm

◆翔陽高等学校

『未来につなげ百年の翼―翔陽高校創立百周年記念誌』記念誌編集委員編　大津町（熊本県）熊本県立翔陽高等学校　[2005]　257p　31cm〈背のタイトル：創立百周年記念誌　年表あり〉Ⓝ376.48

『創立百十周年記念誌』大津町（熊本県）熊本県立翔陽高等学校　[2015]　96p　30cm〈書誌注記：年表あり〉Ⓝ376.48

◆真和高等学校

『月愛三昧』栄木浪雄著　青潮社　1980　292p　21cm

『真和五十年記念誌―真和中学校 真和高等学校 1960-2010（昭和35年度–平成22年度）』真和50周年史編集委員会編　真和中学・高等学校　2012.10　102p　31cm

『真和五十年の歩み―真和中学校 真和高等学校 1960-2010（昭和35年度–平成22年度）』真和50周年史編集委員会編　真和中学・高等学校　2012.10　570p　31cm

◆済々黌高等学校

『済済黌物語』寺西紀元太著, 西日本新聞社出版部編　西日本新聞社　1972　339p　22cm

『済々黌剣道八十年の歩み』林田敏貞著　ビンテイ会　1973　91p　21cm

『済々黌百年史』熊本　済々黌百年記念事業会　1982.11　1198p　27cm　Ⓝ376.4

『キナ線100年―済々黌人物誌』熊本日日新聞社編集局編　熊本　熊本日日新聞社　1982.12　255p　19cm　1200円　Ⓝ376.4

『わが青春の済々黌』瀬間喬著　熊本　熊本日日新聞情報文化センター　1984.5　218p　19cm　1200円　Ⓝ376.4

『男のロマン―熊本の誇りキナセン』小山善一郎著　第一法規出版　1992　276p　19cm

『黌歌百年』竹原崇雄著　熊本　済々黌同窓会　2012.3　74p　19cm〈済々黌創立百三十周年記念〉300円　Ⓝ767.6

◆蘇陽高等学校

『独立二十周年・創立四十二周年記念誌』蘇陽高等学校記念誌編集委員会編　蘇陽高等学校（熊本県立）1994.3　164p　27cm

『朋友』熊本県立蘇陽高等学校編　熊本県立蘇陽高等学校　2004.3　114p　30cm　Ⓝ376.48

『熊本県立蘇陽高等学校閉校記念誌 まなびやの道』熊本県立蘇陽高等学校編　[熊本県立蘇陽高等学校]　2012.2　29, 159p　30cm

◆高森高等学校

『創立五十周年記念誌』熊本県立高森高等学校編　熊本県立高森高等学校　2001.10　406p　31cm

◆玉名高等学校

『玉名高校七十年史』熊本県立玉名高等学校校史編纂委員会編著　玉名　熊本県立玉名高等学校　1973　989p 図 肖像　22cm　非売品　Ⓝ376.4

『若駒寮建設記録』磯田桂史, 渡辺徳弘, 楠本英弘編　熊本県立玉名高等学校創立百周年記念事業実行委員会　2004.3　89p　30cm

『白亞の記録―玉名高等学校創立百周年記念歴史写真集』熊本県立玉名高等学校創立百周年

熊本県

記念事業実行委員会編　玉名　熊本県立玉名高等学校同窓会　2004.3　200p　30cm〈年表あり〉 Ⓝ376.48

『玉名高校百年史　上巻』熊本県立玉名高等学校校史編纂委員会編　玉名　熊本県立玉名高等学校　2007.4　530p　31cm〈書誌注記：年表あり〉非売品　Ⓝ376.48

『玉名高校百年史　下巻』熊本県立玉名高等学校校史編纂委員会編　玉名　熊本県立玉名高等学校　2009.6　673p　31cm〈年表あり〉非売品　Ⓝ376.48

『玉名高校百十周年記念誌』玉名高校百十周年記念誌編纂委員会編著　玉名　熊本県立玉名高等学校　2014.2　168p　31cm〈書誌注記：年表あり〉非売品　Ⓝ376.48

『百二十周年記念誌』熊本県立玉名高等学校編　熊本県立玉名高等学校　2024.2　179p　26cm

◆玉名工業高等学校

『十周年記念誌』玉名工業高等学校（熊本県立）編　玉名工業高等学校（熊本県立）1973　86p　26cm

『創立三十周年記念誌』玉名工業高等学校（熊本県立）編　玉名工業高等学校（熊本県立）1993.3　170p　27cm

◆玉名女子高等学校

『五十年誌』玉名女子高等学校編　玉名女子高等学校　1974　149p　23cm

『創立六十周年記念誌』玉名女子高等学校著　玉名女子高等学校　1984　151p　22cm

『25年のあゆみ』玉名女子高等学校吹奏楽部編　玉名女子高等学校　1992　30cm

『玉名女子高等学校創立七十周年記念誌』玉名女子高等学校著　玉名女子高等学校　1994.11　147p　30cm

『かたつむり人生─玉名女子高等学校吹奏楽部を指導して30年』森義臣著　玉名　〔森義臣〕1996.1　203p　19cm〈製作：熊本日日新聞情報文化センター（熊本）〉1200円　Ⓝ375.184

『玉名女子高等学校　創立75周年記念誌─玉名白梅学園』玉名女子高等学校75周年記念誌編集委員会編　玉名白梅学園 玉名女子高等学校　1999.11　217p　30cm

◆多良木高等学校

『多良木高校五十年史』高田素次編著　多良木町（熊本県）熊本県立多良木高等学校　1972　621p　図12枚　22cm　Ⓝ376.4

『創立八十周年記念誌』創立八十周年記念事業実行委員会編　熊本県立多良木高等学校　2003.3　393p　31cm

『創立90周年記念誌』創立90周年記念事業実行委員会編　熊本県立多良木高等学校　2013.2　70p　30cm

◆鎮西高等学校

『鎮西学園九十年史』鎮西学園九十年記念誌編集委員会編　鎮西学園　1979　889p　22cm

『写真百年史─伝統のあかし』鎮西学園　1988　28p　26cm

『鎮西学園百年史』鎮西学園百年記念誌編纂委員会編　熊本　鎮西学園　1989.3　1432p　図版24枚　22cm　Ⓝ376.4

『鎮西学園創立110周年記念誌─平成元年〜平成10年』鎮西学園110周年記念誌編纂委員会編　鎮西学園　2000.2　87p　31cm

◆東稜高等学校

『［東稜高等学校］十年史』東稜高等学校（熊本県）編　東稜高等学校（熊本県立）1997.3　396p　27cm

『創立二十周年記念誌』熊本県立東稜高等学校編　熊本県立東稜高等学校　2008.2　206p　31cm　Ⓝ376.4

◆南関高等学校

『校史・創立五十周年記念』南関高等学校（熊本県立）創立五十周年編　南関高等学校　1980　275p　26cm

『南関高等学校　創立80周年記念誌─一人ひとりの個性が輝き、夢がカタチになる学校』熊本県立南関高等学校記念誌編集委員編　熊本県立南関高等学校　2008.11　96p　30cm

『南高伝説記念誌─南高伝説』南高伝説記念誌編集委員会編　熊本県立南関高等学校　2017.3　100p　31cm

◆南稜高等学校

『神殿百年』熊本県立南稜高等学校創立百周年記念事業実行委員会記念誌部会編　あさぎり町（熊本県）熊本県立南稜高等学校創立百周年記念事業実行委員会　2004.5　988p　27cm〈発行所：熊本県立南稜高等学校同窓会　年表あり〉Ⓝ376.48

熊本県

『熊本県立南稜高等学校 創立110周年記念誌―（平成15年―平成24年）』熊本県立南稜高等学校創立百十周年記念事業実行委員会記念誌部会編　熊本県立南稜高等学校創立百十周年記念事業実行委員会　2013.2　209p　30cm

◆氷川高等学校

『五年の歩み―新しい教育観の確立を目ざした模索・試行の教育実践』氷川高等学校（熊本県立）編　氷川高等学校　1980　47p　26cm

『創立30周年記念誌』熊本県立氷川高等学校編　熊本県立氷川高等学校　2005.2　134p　30cm

『熊本県立氷川高等学校閉校記念誌―若鮎』八代　熊本県立氷川高等学校　2014.3　109p　30cm〈書誌注記：年表あり　タイトルは奥付による〉Ⓝ376.48

◆人吉高等学校

『人吉高校六十年史』人吉高等学校（熊本県立）編　人吉高等学校　1984　336p　27cm

『人吉高校八十年史』「人吉高校八十年史」編集委員会編　人吉　熊本県立人吉高等学校　2004.3　495p　27cm　Ⓝ376.48

『人吉高校100年への足跡』岡本光雄著　岡本光雄　[2023]　34p　21cm

『人高の澪―創立100周年記念誌』熊本県立人吉高等学校創立100周年記念事業実行委員会　2023.11　328p　30cm　Ⓝ376.48

『人吉高校百年史』記念誌編纂委員会編　人吉　熊本県立人吉高等学校　2024.3　477p　31cm〈書誌注記：年表あり〉Ⓝ376.48

◆松島商業高等学校

『創立50周年・独立30周年記念誌』熊本県立松島商業高等学校編　熊本県立松島商業高等学校　2004.2　157p　30cm

『青嵐　閉校記念誌―熊本県立松島商業高等学校』熊本県立松島商業高等学校閉校実行委員会編　熊本県立松島商業高等学校閉校実行委員会　2012.3　155p　31cm

◆松橋高等学校

『創立六十周年記念誌』熊本県立松橋高等学校編　熊本県立松橋高等学校　1979.3　316、14p　21cm

『創立七十周年記念誌』松橋高等学校（熊本県立）七十周年記念誌編集委員会編　松橋高等学校（熊本県立）　1990.3　832p　22cm

『創立90周年記念誌―熊本県立松橋高等学校』熊本県立松橋高等学校編　熊本県立松橋高等学校　2009.2　103p　30cm

◆水俣高等学校

『創立八十周年記念誌―はちのじ坂』水俣高校創立八十周年記念事業実行委員会編集　水俣高校創立八十周年記念事業実行委員会　1998.3　463p　27cm

◆水俣工業高等学校

『熊本県立水俣工業高校十年史』水俣工業高等学校（熊本県立）編　水俣工業高等学校（熊本県立）　1971　100p　26cm

◆御船高等学校

『五十年史・御船高等学校』御船高等学校（熊本県立）記念誌編集委員会編　御船高等学校（熊本県立）　1973.12　556p　22cm

『創立七十周年記念誌』御船高等学校（熊本県立）編集委員会編　御船高等学校（熊本県立）　1992.3　233p　26cm

『御船高校80年のあゆみ―熊本県立御船高等学校創立80周年記念写真集』熊本県立御船高等学校創立80周年記念誌編集委員会編　御船町（熊本県）熊本県立御船高等学校　2002.2　251p　30cm　Ⓝ376.48

『ロボコン甲子園6回制覇―御船高校栄光の軌跡』松永茂生著　熊本　熊日情報文化センター（制作）2011.12　78p　19cm〈書誌注記：年表あり〉Ⓝ375.54

『創立100周年記念誌―つなごう！　100年のバトン』熊本県立御船高等学校創立100周年実行委員会編　熊本県立御船高等学校創立100周年実行委員会　2021.1　208p　30cm

◆八代高等学校

『八高群像』吉村敏之著　福岡　西日本新聞社　1973　283p　22cm〈書誌注記：沿革年表：p.279-283〉1000円　Ⓝ376.4

『白鷺―創立八十周年記念誌（昭和50年）』八代高等学校（熊本県立）　1975　200p　26cm

『白鷺―創立九十周年記念誌』八代高等学校（熊本県立）記念誌編集委員会編　八代高等学校（熊本県立）　1987.3　352p　27cm

『八中・八高女・八高　目で見る百年の歩み』写真展実行委員会編、八代高校創立100周年記念事

業実行委員会編　八代高校創立100周年広報委員会　[1996]　1冊（ページ付なし）30cm

『八高百年史』児玉富太郎, 大川英毅, 泉道也編　八代高校百年記念事業実行委員会　1996.3　1000p　27cm

『白鷺―創立百周年記念誌』八代高等学校（熊本県立）記念誌編集委員会編　八代高等学校（熊本県立）1997.3　405p　27cm

『八高百年史』八高百年史編纂委員会編　八代八代高校創立百年記念事業実行委員会　1997.3　957p　27cm　Ⓝ376.48

◆八代工業高等学校

『創立40周年・定時制20周年記念誌』熊本県立八代工業高等学校40周年記念誌編集委員会編　熊本県立八代工業高等学校40周年記念誌編集委員会　1987.3　196p　21cm

『創立五十周年記念誌』熊本県立八代工業高等学校創立五十周年記念誌発行委員会編　八代熊本県立八代工業高等学校　1995.3　236p　27cm〈背の書名：記念誌〉Ⓝ376.4

『創立六十周年記念誌』熊本県立八代工業高等学校創立六十周年記念誌発行委員会編　八代熊本県立八代工業高等学校創立六十周年記念事業期成会　2005.2　143p　27cm〈年表あり〉Ⓝ376.48

◆八代白百合学園高等学校

『創立七十五周年記念誌』八代白百合学園75周年記念誌編集委員編　八代白百合学園高等学校　1984　133p　29cm

◆八代農業高等学校

『創立七十周年記念誌』八代農業高等学校（熊本県立）編　八代農業高等学校（熊本県立）1991.3　258p　27cm

『創立八十周年記念誌』八代農業高等学校（熊本県立）編　熊本県立八代農業高等学校創立八十周年記念実行委員会　2001.3　236p　27cm

『創立九十周年記念誌』熊本県立八代農業高等学校編　熊本県立八代農業高等学校　2011.3　102p　29cm

◆八代農業高等学校泉分校

『創立三十周年記念誌』八代農業高等学校（熊本県立）泉分校同窓会編　八代農業高等学校泉分校同窓会事務局　1985　214p　26cm

◆八代東高等学校

『創立五十周年記念誌』熊本県立八代東高等学校同窓会事務局編, 橘哲哉　熊本県立八代東高等学校同窓会事務局　2001.3　103p　31cm

『創立60周年記念誌』熊本県立八代東高等学校編　[熊本県立八代東高等学校]　[2011.11]　110p　30cm

『定時制閉課程記念誌』熊本県立八代東高等学校定時制閉課程記念誌編集委員編　熊本県立八代東高等学校定時制閉課程記念誌編集委員　2013.3　50p　30cm

◆八代南高等学校

『創立10周年記念誌』熊本県立八代南高等学校編　熊本県立八代南高等学校　1989.3　250, 70p　22cm

『創立二十周年記念誌』熊本県立八代南高等学校創立二十周年記念誌編集委員会編　熊本県立八代南高等学校創立二十周年記念誌編集委員会　1999.3　351p　31cm

『熊本県立八代南高等学校創立30周年記念誌』熊本県立八代南高等学校編　熊本県立八代南高等学校　2008.10　91p　30cm

◆矢部高等学校

『熊本県立矢部高等学校閉校記念誌 歩み』熊本県立矢部高等学校編　熊本県立矢部高等学校　2012.3　31p　30cm

◆勇志国際高等学校

『教育者は、聖職者である。』野田将晴著　高木書房　2012.4　253p　19cm　①4-88471-092-7　Ⓝ376.48

内容　なにゆえ子供達の心は歪むのか。戦後教育はこれでよかったのか。「教育者は、聖職者である。」という教育者のための心得を持つ、熊本県御所浦町・勇志国際高等学校の7年間の活動記録。

◆湧心館高等学校

『創立40周年記念誌』熊本県立湧心館高等学校編　熊本県立湧心館高等学校　2020.2　95p　30cm

◆苓明高等学校

『英知の岸―創立八十周年記念誌』熊本県立苓明高等学校創立八十周年記念誌編集委員会編　天草　熊本県立苓明高等学校　2007.9　314p　30cm　Ⓝ376.48

『ふるさと天草に播きて培い九十年―熊本県立

大分県

『苓明高等学校創立90周年記念誌』天草　熊本県立苓明高等学校　2011.2　70p　30cm〈年表あり〉Ⓝ376.48

◆苓洋高等学校

『図南の夢―創立70周年記念誌』苓北町（熊本県）熊本県立苓洋高等学校・創立70周年記念実行委員会　2012.3　343p　30cm〈書誌注記：年表あり〉Ⓝ376.48

大分県

◆岩田高等学校

『岩田学園百年年記念誌』岩田学園百周年記念誌編集委員会編　岩田学園　2000.10　104p　31cm

◆宇佐高等学校

『［大分県立宇佐高等学校］創立九十周年記念誌』大分県立宇佐高等学校編　大分県立宇佐高等学校　1987.9　［16］, 295　図18p　22cm

『大分県立宇佐高等学校創立百周年記念「学校史」』大分県立宇佐高等学校編　宇佐高等学校　1997.10　351p　22cm

◆宇佐産業科学高等学校

『［大分県立宇佐産業科学高等学校］創立百周年記念誌』大分県立宇佐産業科学高等学校創立百周年記念誌編集委員会編　大分県立宇佐産業科学高等学校　2000.11　270p　27cm〈内容：沿革史：p5～12, 校舎等平面図：p250～269〉

『大分県立宇佐産業科学高等学校相撲部―栄光のあゆみ』大分県立宇佐産業科学高等学校編　大分県立宇佐産業科学高等学校　2004.3　91p　30cm〈内容：大相撲武添関三役昇進までの記録　武蔵川部屋入門後：p63～83〉

◆宇佐農業高等学校

『［大分県立宇佐農業高等学校］創立八十周年記念誌　1980』大分県立宇佐農業高等学校編　大分県立宇佐農業高等学校　1981　362p　27cm

◆臼杵高等学校

『［大分県立臼杵高等学校］創立百周年記念』大分県立臼杵高等学校編　臼杵高等学校　1997.10　31p　30cm〈付：臼杵高等学校新聞創立100周年記念特集号（4p, 54×40cm折りたたみ28×20cm）〉

『臼杵高校百年の歩み―創立百周年記念』大分県立臼杵高等学校同窓会編集　臼杵高等学校　1998.3　555p　31cm

『臼杵高校百年の歩み―創立百周年記念　（別冊）』大分県立臼杵高等学校同窓会編集　大分県立臼杵高等学校　1998.3　54p　31cm〈内容：第六部　業績の記録〉

◆臼杵商業高等学校

『［大分県立臼杵商業高等学校］創立65周年記念誌』大分県立臼杵商業高等学校編　大分県立臼杵商業高等学校　1972　58p（図共）肖像　29cm

『［大分県立臼杵商業高等学校］創立80周年記念誌』大分県立臼杵商業高等学校編　大分県立臼杵商業高等学校　1987.3　13p（図共）肖像　21×30cm〈バインダー入り〉

『創立百周年記念誌』臼杵　大分県立臼杵商業高等学校　2007.11　156p　31cm〈標題紙のタイトル：大分県立臼杵商業高等学校創立百周年記念誌　年表あり〉Ⓝ376.4

◆大分高等学校

『サッカーで一番大切な「あたりまえ」のこと―弱くても勝つ！　大分高校サッカー部』朴英雄著, ひぐらしひなつ構成・執筆　内外出版社　2016.7　223p　19cm　1400円　①978-4-86257-254-7　Ⓝ783.47

目次　プロローグ　異色の監督、聖地へ, 1　戦術―いまある戦力で最も効率よく勝つ方法, 2　基本―攻撃と守備でプラス1をつくる, 3　実戦―敵を知り、己を知ること, 4　判断―見るちから、考えるちから, 5　組織―選手＝素材を最大限に生かす, 6　信頼―相手にわかるように, 7　発想―地球上にないフォーメーション, 8　証言―朴英雄監督の肖像, エピローグ　サッカーで一番大切な「あたりまえ」のこと

内容　無名選手しか集まらない環境でありながら、高校選手権3位、高校選手権出場8回、インターハイ出場8回という実績を持つ大分高校サッカー部・朴英雄監督のメソッド。シンプルで、わかりやすくて、詳しくて、選手がよく伸びる!!

◆大分上野丘高等学校

『［大分県立大分上野丘高等学校］創立90周年誌』大分県立大分上野丘高等学校編　大分県立大分上野丘高等学校　1975.10　507p　26cm　Ⓝ376.4

『思い出の甲子園―県立大分上野丘高校野球部第40回全国高校野球選手権大会出場20周年記念誌』「思い出の甲子園」刊行発起人編　「思い出の甲子園」刊行発起人　1979.7　103p　27cm

『黒帯にかけた青春―大分中学・上野丘高校柔道物語』大分上野丘高等学校柔道部OB会編　大分上野丘高等学校柔道部OB会　1980.9　334p　27cm〈図あり〉Ⓝ789.2

『上野丘百年史』大分県立大分上野丘高等学校上野丘「百年史」編集委員会編　大分県立大分上野丘高等学校　1986.3　[5], 615p 図28p　27cm

『大分上野丘高校ラグビー部50周年記念誌』大分県立大分上野丘高等学校ラグビー部OB会編　大分県立大分上野丘高等学校ラグビー部OB会　1999.10　135p　31cm〈表紙と背の書名：50周年記念誌〉

『[大分上野丘高校]創立120周年記念誌―学校新聞にみる10年の歩み』大分県立大分上野丘高等学校編　大分県立大分上野丘高等学校　[2005]　13p　30cm

◆大分県立海洋科学高等学校

『[大分県立海洋科学高等学校]創立50周年記念誌　1993』大分県立海洋科学高等学校編　大分県立海洋科学高等学校　1993.10　130p　27cm〈平成4年度までの校名：大分県立水産高等学校, 内容：沿革：p10～12〉

◆大分県立水産高等学校

『[大分県立水産高等学校]開校35周年新校舎落成記念誌』大分県立水産高等学校編　大分県立水産高等学校　1981.11　299p　22cm

◆大分工業高等学校

『[大分県立大分工業高等学校]創立70周年記念誌』大分県立大分工業高等学校編　大分県立大分工業高等学校　1971.11　114p　26cm

『[大分県立大分工業高等学校]創立80周年記念誌』大分県立大分工業高等学校編　大分県立大分工業高等学校　1982.11　70p　30cm〈新校舎落成〉

『[大分県立大分工業高等学校]創立90周年記念誌』大分県立大分工業高等学校編　大分県立大分工業高等学校　1991.11　248p　26cm

『[大分県立大分工業高等学校]電気通信科, 電子科創設50周年記念誌』大分県立大分工業高等学校編　大分工業高等学校　1995　28p　26cm

『大分工業高校百年史』大分県立大分工業高等学校編　大分県立大分工業高等学校　2001.11　497p　31cm

『大工バレー五十年の歩み』大分工業高等学校バレーボール部編　大分県立大分工業高等学校バレーボール部　2002.5　112p　30cm

『建築科創設100周年記念誌―大分県立大分工業高等学校』建築科創設100周年記念事業実行委員会編　建築科創設100周年記念事業実行委員会　2006.8　103p　30cm

◆大分国際情報高等学校

『当たって砕けろ！―じゃあじゃあ　大分国際情報高校ハンドボール部監督冨松秋實の35年』久保弘毅, スポーツイベント特別取材班著　スポーツイベント　2007.8　237p　19cm〈発売：社会評論社〉1619円　①978-4-7845-0624-8　Ⓝ783.3

内容　大分県の名もない高校を全国屈指の強豪に育て上げた冨松秋實は、ハンドボールとは無縁の素人監督だった。「来る者こばまず。ワルは俺が育てる」と雑草軍団を徹底指導。「無」から「有」を生む手作りの指導でチームを日本一に導き、今をときめく"ハンドボールの革命児"宮崎大輔らの名手を数多く送り出した。その教えの原点にあるのは「当たって砕けろ！」の精神。どんな時も生徒たちと真正面に向き合って男の心意気を伝え、ひるまず前に突き進んできた冨松の半生は、スポーツ指導者や教員を日本一にとどまらず、すべての生き方に示唆を与えるものがある。

◆大分市城南高等学校

『創立60周年記念誌』大分　城南学園大分市城南高等学校　1987.11　52p　24×26cm　Ⓝ376.1

◆大分商業高等学校

『[大分県立大分商業高等学校]創立七十周年記念誌』大分県立大分商業高等学校編　大分県立大分商業高等学校　1986.10　[8], 252p 図1枚　22cm

『大商野球部の歩み―汗そして涙と感動の記録』大分県立大分商業高等学校編　大分商業高等学校　1996.11　341p　27cm

◆大分女子高等学校

『[大分県立大分女子高等学校]体育部・文化部(同好会)のあゆみ―栄光と躍進と』大分県立大分女子高等学校特別活動部編　大分県立大分女子高等学校特別活動部　1991　206p

大分県

26cm

◆大分鶴崎高等学校

『[大分県立大分鶴崎高等学校]創立60周年記念誌』大分県立大分鶴崎高等学校編　大分県立大分鶴崎高等学校　1970　136p　21cm

『花橘の香は薫る―鶴崎中学創立四十周年記念誌』大分県立鶴崎高等学校花橘同窓部会編　大分　大分県立鶴崎高等学校花橘同窓会　1982.10　160p　27cm　Ⓝ376.4

『大分県立大分鶴崎高等学校創立八十周年記念誌』大分県立大分鶴崎高等学校編　大分鶴崎高等学校　1990　99p　31cm〈巻末：80年のあゆみ(資料編)、附録：大分鶴高新聞(創立80周年記念号)、鶴高進路(1990年9月1日発行)〉

『[大分県立大分鶴崎高等学校]創立90周年記念誌』大分県立大分鶴崎高等学校編　大分県立大分鶴崎高等学校　2000.9　59p　30cm

◆大分豊府高等学校

『豊翔波動―創立十周年記念誌』大分県立大分豊府高等学校編　大分豊府高等学校　1995・9　130p　31cm

◆大分舞鶴高等学校

『大分舞鶴ラグビー三十年史』大分県立大分舞鶴高等学校編　大分県立大分舞鶴高等学校　1980.11　230p 図　22cm

『大分舞鶴ラグビー物語』傍示文昭著　大分　大分舞鶴ラグビー物語刊行委員会　1987.6　408p　22cm〈編集製作：西日本新聞社開発局出版部〉Ⓝ783.48

『大分舞鶴ラグビー50年史』大分舞鶴高校ラグビー部OB会編　大分舞鶴高等学校ラグビー部OB会　2000.10　172p　30cm〈編集・制作協力：大分合同新聞文化センター〉

『[大分県立大分舞鶴高等学校]野球部50年の歩み―野球部創部50周年記念誌』大分県立大分舞鶴高等学校野球部創部50周年記念行事実行委員会編　大分県立大分舞鶴高等学校野球部創部50周年記念行事実行委員会　2001.2　183p　30cm

『[大分県立大分舞鶴高等学校]創立五十周年記念誌』大分県立大分舞鶴高等学校同窓会50周年記念事業実行委員会編　大分県立大分舞鶴高等学校同窓会　2002.5　383p　31cm

『大分県立大分舞鶴高等学校創立60周年記念誌』大分県立大分舞鶴高等学校創立60周年記念事業実行委員会編　大分県立大分舞鶴高等学校　2011.5　76p　30cm

◆杵築高等学校

『志四海―[大分県立杵築高等学校]創立九十周年記念誌』大分県立杵築高等学校編　大分県立杵築高等学校　1986.9　51p　24cm

『杵築高等学校九十年史』杵築高等学校同窓会編　杵築　杵築高等学校同窓会　1988.5　261p　27cm〈限定版〉非売品　Ⓝ376.4

『大分県立杵築高等学校百年史』杵築高等学校同窓会編　杵築　杵築高等学校同窓会　1998.3　403p　27cm　Ⓝ376.48

◆国東高等学校

『[大分県立国東高等学校]創立60周年記念写真集』大分県立国東高等学校編集　大分県立国東高等学校　1982　60p　21×30cm

『大分県立国東高等学校創立七十周年記念誌』大分県立国東高等学校創立七十周年実行委員会編　大分県立国東高等学校創立七十周年実行委員会　1992　267p 図版15p　27cm

◆国東農工高等学校

『[大分県立国東農工高等学校]創立100周年記念誌―轍』大分県立国東農工高等学校編　大分県立国東農工高等学校　2001.11　68p　31cm

◆芸術短期大学附属緑丘高等学校

『[大分県立芸術短期大学附属緑丘高等学校]創立35周年記念誌』大分県立芸術短期大学附属緑丘高等学校編　大分県立芸術短期大学附属緑丘高等学校　1984.5　57p　30cm〈内容：沿革史：p6〜9、35年のあゆみ：p12〜27〉

◆芸術文化短期大学附属緑丘高等学校

『[大分県立芸術文化短期大学附属緑丘高等学校]創立50周年記念誌』大分県立芸術文化短期大学附属緑丘高等学校編　大分県立芸術文化短期大学附属緑丘高等学校　1997.11　61p　30cm〈背の書名：創立50周年記念誌〉

◆佐伯鶴城高等学校

『鶴城―開校60周年校舎総改築落成』大分県立佐伯鶴城高等学校編　大分県立佐伯鶴城高等学校　1972　58p(図共)　30cm

『鶴城―開校70周年記念誌』大分県立佐伯鶴城高等学校編　大分県立佐伯鶴城高等学校

1981.4　252p（図共）　27cm
『佐伯鶴城部活動史』大分県立佐伯鶴城高等学校編集　大分県立佐伯鶴城高等学校　1982　24p　26cm
『佐伯鶴城部活動史　1988』大分県立佐伯鶴城高等学校編　大分県立佐伯鶴城高等学校　1988.6　51p　26cm
『［大分県立佐伯鶴城高等学校］創立百周年記念誌』大分県立佐伯鶴城高等学校編　佐伯鶴城高等学校　2011.9　151p　31cm

◆佐伯鶴岡高等学校
『［大分県立佐伯鶴岡高等学校］創立40周年記念　1987』大分県立佐伯鶴岡高等学校編　大分県立佐伯鶴岡高等学校　1987.11　38p（おもに図）30cm〈奥付の表記：創立40周年記念誌、内容：沿革：p5～11、校舎配置図（昭和36年）：p35、校舎平面図（昭和62年）：p36〉

◆佐伯豊南高等学校
『［大分県立佐伯豊南高等学校］創立三十周年記念誌』大分県立佐伯豊南高等学校編　大分県立佐伯豊南高等学校　1977.11　105p　22cm
『［大分県立佐伯豊南高等学校］創立40周年記念誌』大分県立佐伯豊南高等学校編　大分県立佐伯豊南高等学校　1987.10　1冊　30cm〈バインダー入り〉
『新たなる出発―［大分県立佐伯豊南高等学校］創立50周年記念誌』大分県立佐伯豊南高等学校編　大分県立佐伯豊南高等学校　1997.11　48p　30cm

◆佐賀関高等学校
『［大分県立佐賀関高等学校］創立50周年記念誌』創立50周年記念事業実行委員会編　大分県立佐賀関高等学校　1997.11　65p　26cm〈表紙、奥付の書名：関京創立50周年記念誌〉

◆情報科学高等学校
『創造の道―［大分県立情報科学高等学校］創立10周年記念誌』大分県立情報科学高等学校編　情報科学高等学校　1997.10　26p　30cm
『情報教育20年の歩み―学校創立20周年記念誌』大分県立情報科学高等学校編　大分県立情報科学高等学校　2007.11　100p　30cm
『大分県立情報科学高等学校創立20周年記念誌』大分県立情報科学高等学校編　大分県立情報科学高等学校　2007.11　30p　30cm〈付：ISSネットワーク第46号　創立20周年記念特集〉

◆昭和学園高等学校
『岩尾昭和学園五十年史』岩尾昭和学園編　岩尾昭和学園　1989.11　237p　27cm

◆碩信高等学校
『輝く碩信62年の歩み―学校史』大分　大分県立碩信高等学校　2010.3　205p　30cm〈年表あり〉Ⓝ376.48

◆双国高等学校
『［大分県立双国高等学校］創立四十周年記念誌』大分県立双国高等学校編　大分県立双国高等学校　1988　119p　図版5枚　26cm〈沿革史年表：p101～118〉
『想刻―創立50周年記念誌』大分県立双国高等学校編　双国高等学校　1997.9　56p　30cm

◆高田高等学校
『高田―70周年記念誌　1910-1980』大分県立高田高等学校編　大分県立高田高等学校　1980.5　1冊　1冊　30cm〈付：高田高校新聞 第95号（創立70周年記念特集号）〉
『［大分県立高田高等学校］創立九十周年記念誌』高田高等学校創立九十周年記念誌編集委員会編　大分県立高田高等学校　2000.12　1冊　30cm〈1910-2000、制作：永野写真館〉
『高田高校バレーボール記念誌―半世紀を越えて―』大分県立高田高等学校バレーボール記念誌編集委員会編　大分県立高田高等学校バレーボールOB会　2004.12　201p（図共）31cm
『青雲に翔べよ青鷹―大分県立高田高等学校創立100周年記念誌』高田高等学校同窓会編　高田高等学校同窓会　2010.10　182p　30cm〈内容：大分県立高田高等学校校歌、高田高等学校応援歌〉

◆高田高等学校田原分校
『大分県立高田高等学校田原分校閉校記念誌―田原分校半世紀の記録』大分県立高田高等学校田原分校閉校記念誌編集委員会　［大分県立高田高等学校田原分校］閉校記念誌編集委員会　2002.2　186p　27cm

◆竹田高等学校
『竹田高校百周年記念誌』大分県立竹田高校同

大分県

窓会「百周年記念誌」編集委員会編　竹田
大分県立竹田高校同窓会「百周年記念誌」編
集委員会　1997.10　473p　図版15枚　27cm
Ⓝ376.48

『大分県立竹田高等学校一二〇周年記念誌』大
分県立竹田高等学校一二〇周年記念誌編集委員
会編　大分県立竹田高等学校同窓会　2018.3
177p　30cm〈背の書名：一二〇周年記念誌〉

『剣太の風』空羽ファティマ文と朗読と絵　前橋
朝日印刷工業　2018.8　60p　19×27cm
1500円　Ⓘ978-4-391-13362-2　Ⓝ789.3

◆津久見高等学校

『大分県立津久見高等学校創立50周年記念誌』
大分県立津久見高等学校50周年記念誌編集委
員会編　大分県立津久見高等学校　1989.10
72p　30cm〈付：祝創立50周年記念[下敷
き]〉

『電子科のあゆみ―大分県立津久見高等学校電
子科の35年間、津高祭参加作品　平成10年度』
大分県立津久見高等学校電子科第3学年編
大分県立津久見高等学校電子科第3学年
1998.10　25p　30cm〈バインダー入り〉

◆鶴崎工業高等学校

『[大分県立鶴崎工業高等学校]創立百周年記念
誌―年輪　2006』大分県立鶴崎工業高等学
校編　大分県立鶴崎工業高等学校　2006.11
181p　31cm

『大分県立鶴崎工業高等学校創立110周年記念誌
―百十周年輝く歴史引き継ぐ伝統未来へつな
げ：nenrin：1906-2016』大分　大分県立鶴
崎工業高等学校　2016.11　62p　30cm〈背
のタイトル：創立110周年記念誌〉Ⓝ376.48

◆中津商業高等学校

『大分県立中津商業高等学校閉校記念誌』大分
県立中津商業高等学校編　大分県立中津商業
高等学校　2011.3　163p　30cm

◆中津南高等学校

『[大分県立中津南高等]学校史』大分県立中津
南高等学校編集　大分県立中津南高等学校
1983.9　252p　図　22cm

『白楊讃歌―中中・南高物語』萩原幾光、前田潔
著　福岡　西日本新聞社　1985.8　527p
22cm〈共同刊行：大分県立中津南高等学校
同窓会　はり込図1枚〉Ⓝ376.4

◆野津高等学校

『親和太鼓―和太鼓部結成一年の歩み』大分県
立野津高等学校編　大分県立野津高等学校
[2002]　1冊　21cm〈主に写真〉

◆東九州龍谷高等学校

『熱く冷静に、燃えながら冷静に―高校バレー
きっての智将が明かす育成と組織術』相原昇
著　ベースボール・マガジン社　2023.3
157p　19cm　1600円　Ⓘ978-4-583-11525-2
Ⓝ783.2

内容　U-20世界選手権初優勝はじめ、アジア選手
権優勝、天皇杯・皇后杯3位、そして"春高"5連覇
を含む12度の日本一。バレーボール界きっての智
将が明かす強いチームのつくり方と人間力の高め
方。「世界で通用する選手を育てるには高校年代の
育成が最も大切」と語る『相原哲学』が詰まった
待望の一冊！

◆日出暘谷高等学校

『[大分県立日出暘谷高等学校]創立90周年記念
誌―創世誌』大分県立日出暘谷高等学校編
大分県立日出暘谷高等学校　1999.11　48p
30cm

◆日田高等学校

『陽柳讃歌―日田中・日田高物語』安部周二著
西日本新聞　1980.2　312p　19cm〈共同刊
行：日田高等学校同窓会陽柳会〉

◆日田三隈高等学校

『遙かなる甲子園―大分県立日田三隈高校野球
部』井上光成著　福岡　海鳥社　2002.3
232p　20cm　1600円　Ⓘ4-87415-380-1
Ⓝ783.7

目次　二〇〇一年夏―投手交代、日田三隈高校野球
部、苦闘、一九九九年、勝利への胎動、五年目の春、
初勝利に向けて、五年目の夏、明日に向かって

内容　野球部再建5年。夏の大会32連敗という日本
記録を持っている日田三隈高校野球部。勝利と敗北
の意味、野球を通しての人間教育とは。高校野球の
本質に鋭く迫る渾身のスポーツノンフィクション。

◆日田林工高等学校

『[大分県立日田林工高等学校]創立80周年記念
誌』大分県立日田林工高等学校編　大分県立
日田林工高等学校　1981.10　80p　27cm
〈付：創立80周年記念文化発表会（1冊）〉

『[大分県立日田林工高等学校]創立百周年記念
誌』大分県立日田林工高等学校編　大分県立
日田林工高等学校　2002.9　379p　31cm

大分県

◆別府青山高等学校

『[大分県立別府青山高等学校]創立10周年記念誌』大分県立別府青山高等学校編　大分県立別府青山高等学校　1974.11　141p　26cm

『[大分県立別府青山高等学校]創立20周年記念写真集』大分県立別府青山高等学校編　大分県立別府青山高等学校　1984.9　42p　21×30cm〈内容：20年のあゆみ，大分県立別府青山高等学校沿革（概要）〉

『[大分県立別府青山高等学校]創立30周年記念写真集』大分県立別府青山高等学校編　大分県立別府青山高等学校　1994.9　50p　21×30cm〈内容：30年のあゆみ，栄光の記録[年表]〉

『[大分県立別府青山高等学校]40周年記念誌』大分県立別府青山高等学校編　大分県立別府青山高等学校　2004.10　47p　30cm

◆別府高等女学校

『大分県立別府高等女学校創立90周年記念誌　一つ松』大分県立別府高等女学校同窓会編　大分県立別府高等女学校同窓会90周年記念事業委員会　2001.6　99p　23cm

◆別府市立別府商業高等学校

『別府市立別府商業高等学校野球部50年の軌跡―昭和32年～平成18年』別府市立別府商業高等学校編　別府市立別府商業高等学校　[2006]　91p　30cm

◆別府鶴見丘高等学校

『[大分県立別府鶴見丘高等]学校史』大分県立別府鶴見丘高等学校編　大分県立別府鶴見丘高等学校　1979　232p　図　22cm

『[大分県立別府鶴見丘高等学校]創立90周年記念小誌―鶴嶺』大分県立別府鶴見丘高等学校編　大分県立別府鶴見丘高等学校　2000.9　35p　30cm〈企画：記念小誌編集部，制作：ユタカデザインセンター〉

『[大分県立別府鶴見丘高等学校]百年史』同窓会鶴嶺会編　鶴嶺会　2010.9　356p　30cm

◆三重高等学校

『[大分県立三重高等学校]創立70周年　1972』大分県立三重高等学校編　大分県立三重高等学校　1972　39p　26cm

『[大分県立三重高等学校]創立百周年記念誌―100th Anniversary』大分県立三重高等学校同窓会創立百周年記念誌編集委員会編集　大分県立三重高等学校同窓会　2002.9　137p　31cm

◆三重農業高等学校

『大分県立三重農業高等学校90周年記念誌』大分県立三重農業高等学校編　大分県立三重農業高等学校　1983.11　30p　30cm〈表紙の書名：創立90周年記念〉

『大分県立三重農業高等学校創立100周年記念誌』大分県立三重農業高等学校編　大分県立三重農業高等学校　1993.11　47p　30cm〈表紙の書名：創立100周年記念誌〉

『報道でみる創立100年→110年―[大分県立三重農業高等学校]創立110周年記念誌』大分県立三重農業高等学校創立110周年実行委員会編　大分県立三重農業高等学校　2003.11　46p　30cm〈付：三重農業高校PTA通信第35号〉

◆森高等学校

『[大分県立森高等学校]創立80周年記念誌』大分県立森高等学校編　大分県立森高等学校　2002.10　62p　30cm

◆耶馬渓高等学校

『耶馬渓高校創立五十年誌』大分県立耶馬渓高等学校編　大分県立耶馬渓高等学校創立50周年記念誌編集委員会　1998.11　59p　30cm〈付：耶馬渓高校新聞1998年11月7日号（1枚，39cm）〉

◆山香農業高等学校

『[大分県立山香農業高等学校]創立50周年記念誌』大分県立山香農業高等学校創立50周年記念誌編集委員会　大分県立山香農業高等学校　1998.11　53p　30cm

◆楊志館高等学校

『楊高・手話スピーチコンテスト―手話スピーチコンテスト高校全国1位受賞記念冊子』学校法人後藤学園楊志館高等学校普通科・福祉コース企画　楊志館高等学校　2001.10　1冊　30cm

宮崎県

◆飯野高等学校

『飯野―創立20周年記念誌』創立20周年記念誌編集委員会編　飯野高等学校創立20周年記念誌編集委員会　1985.2　78p　26cm

◆えびの高原国際高等学校

『星の丘から―ある全寮制高校六年の記録』日章学園教育部編著　宮崎　日章学園　2000.10　219p　20cm〈宮崎　鉱脈社（発売）〉1524円　①4-906008-60-7　Ⓝ376.4196

◆門川高等学校

『創立百周年記念誌―亮天とともに』宮崎県立門川高等学校編　宮崎県立門川高等学校　2017.2　117p　26cm　Ⓝ376.48

◆門川農業高等学校

『[門川農業高等学校]創立70周年記念誌「躍進」』記念誌編集委員会編　門川農業高等学校　1986.11　55p　26cm〈昭和61（1986）年11月30日〉Ⓝ376.4

◆小林高等学校

『小林高校駅伝栄光の道』中丸三郎著　小林高校駅伝特別後援会　1976.6　218p　22cm　1500円　Ⓝ782.3

『創立60周年記念誌』宮崎県立小林高等学校　1982.1　229p　26cm〈書名は背による〉Ⓝ376.48

『[宮崎県立小林高等学校]創立70周年記念誌』宮崎県立小林高等学校　1991.11　154p　26cm　Ⓝ376.48

『宮崎県立小林高等学校創立100周年記念誌―立志鍛錬』記念誌編集委員会編、宮崎県立小林高等学校創立100周年記念誌編集委員会編、宮崎県立小林高等学校監修　宮崎県立小林高等学校　2021.11　368p　30cm　Ⓝ376.48

◆小林工業高等学校

『[宮崎県立小林工業高等学校]『創立三十周年記念誌』』宮崎県立小林工業高等学校創立三十周年記念事業委員会編　宮崎県立小林工業高等学校　1990.11　148,69p　26cm　Ⓝ376.4

◆小林商業高等学校

『[宮崎県立小林商業高等学校]創立四十周年記念誌―Memories of 40years』小林商業高校40周年記念誌編集委員会編　宮崎県立小林商業高等学校　2003.11　137p　31cm　Ⓝ376.4

『ありがとう青春の花咲く八幡原―[宮崎県立小林商業高等学校]閉校記念誌』宮崎県立小林商業高等学校閉校行事等実行委員会事業部編　宮崎県立小林商業高等学校　2010.3　110p　31cm〈年表あり，平成22年3月31日閉校〉Ⓝ376.48

◆西都商業高等学校

『調殿』西都商業高等学校　1982.11　182p　22cm〈創立20周年記念誌〉Ⓝ376.4

『宮崎県立西都商業高等学校閉校記念誌―1963-2020』西都　宮崎県立西都商業高等学校　2020.2　68p　30cm〈書誌注記：年表あり〉Ⓝ376.48

◆佐土原高等学校

『[宮崎県立佐土原高等学校]創立20周年記念誌―進取』宮崎県立佐土原高等学校20周年記念誌編集委員会編　宮崎県立佐土原高等学校　2007.11　97p　30cm　Ⓝ376.48

『宮崎県立佐土原高等学校創立30周年記念誌―磨け技術輝け才能羽ばたけ世界へ佐土原高校!!』30周年記念誌部会編　宮崎　宮崎県立佐土原高等学校　2017.11　57p　30cm〈書誌注記：年表あり　背のタイトル：創立30周年記念誌〉Ⓝ376.48

◆聖心ウルスラ学園高等学校

『聖心ウルスラ学園60年のあゆみ』聖心ウルスラ学園　2015.10　90p　30cm　Ⓝ376.48

◆高城高等学校

『[宮崎県立高城高等学校]創立60周年記念誌』宮崎県立高城高等学校　1988.11　107p　26cm　Ⓝ376.48

『[宮崎県立高城高等学校]創立70周年記念誌―銀杏の学舎』宮崎県立高城高等学校　1998.11　253p　30cm　Ⓝ376.48

◆高千穂高等学校

『躍進高千穂―創立七十周年記念誌』高千穂高等学校　1987.11　239p　26cm　Ⓝ376.4

◆高千穂高等学校五ヶ瀬分校

『20年のあゆみ―創立20周年記念』高千穂高等学校五ヶ瀬分校　1970.11　69p　26cm　Ⓝ376.4

◆高鍋高等学校

『明倫―宮崎県立高鍋高等学校五十周年記念誌』高校同窓会記念誌編集委員会編　高鍋高等学校同窓会　1972.9　398p 写真10枚　23cm　Ⓝ376.4

『[宮崎県立高鍋高等学校]創立70周年記念誌』宮崎県立高鍋高等学校創立70周年記念事業　1992.11　156p　26cm

『鳴海ヶ丘幾星霜―戦後五十年記念誌』50年記念誌編集委員会　宮崎県立高鍋高等学校同窓会鳴海ヶ丘会　1996.5　247p　26cm

『栄冠―[高鍋高等学校野球部]創部50周年記念誌』高鍋高等学校野球部創部50周年記念誌発行編　高鍋高等学校野球部創部50周年記念誌発行　1997.12　151p　26cm　Ⓝ783.7

◆高鍋農業高等学校

『創立20周年記念誌』宮崎県立高鍋農業高等学校　1975.11　81p　26cm

『創立80周年記念誌―1983年』宮崎県立高鍋農業高等学校　1984　152p 図版40枚　26cm

『[宮崎県立高鍋農業高等学校]創立90周年記念誌』宮崎県立高鍋農業高等学校　1993.11　191p　26cm

『[宮崎県立高鍋農業高等学校]創立百周年記念誌―農に懸ける百年の若人たち』宮崎県立高鍋農業高等学校記念誌発行委員会　宮崎県立高鍋農業高等学校記念誌発行委員会　2004.3　317p　31cm〈図版あり〉Ⓝ376.48

◆高鍋農業高等学校川南分校

『黒土―閉校記念誌』宮崎県立高鍋農業高等学校川南分校閉校記念行事事務局　宮崎県立高鍋農業高等学校川南分校閉校記念行事事務局　1993.3　90p　26cm〈図版あり〉Ⓝ376.48

◆高原高等学校

『[宮崎県立高原高等学校]創立50周年記念誌―霧島連山の懐に抱かれて』宮崎県立高原高等学校創立50周年記念事業記念誌編集委員会　宮崎県立高原高等学校創立50周年記念事業実行委員会　2002.10　131p　30cm〈表紙の表記：宮崎県立高原畜産高等学校・高原高等校〉Ⓝ376.48

『つめ草に寄せる和の誓い高原の記憶永遠に―閉校記念誌』閉校行事実行委員会事業部記念誌部会編　高原町（宮崎県）宮崎県立高原高等学校　2013.3　100p　30cm〈書誌注記：年表あり　共同刊行：宮崎県立高原畜産高等学校〉Ⓝ376.48

『閉校記念誌―つめ草に寄せる和の誓い 高原の記憶永遠に』閉校行事実行委員会事業部記念誌部会編　宮崎県立高原高等学校　2013.3　286p　30cm　Ⓝ376.48

◆玉城学園

『学園の歩み―玉城学園創立40周年記念誌』玉城学園創立40周年記念誌編集委員会編　玉城学園都城東高等学校　2005.12　152p　30cm　Ⓝ376.48

◆都農高等学校

『[都農高等学校]創立三十周年記念誌 尾鈴』都農高等学校「記念誌」編集委員会編　都農高等学校　1984.11　155p　26cm〈昭和59年11月25日〉Ⓝ376.4

『[宮崎県立都農高等学校]創立五十周年記念誌―誇り、学び、創造、三つの庭に五十年（いそとせ）の歴史』宮崎県立都農高等学校　2004.10　115p　30cm　Ⓝ376.48

『宮崎県立都農高等学校閉校記念誌―久遠の理想 想いつながれ』宮崎県立都農高等学校編　宮崎県立都農高等学校　2021.3　64p　30cm〈令和3年（2021年）3月31日閉校〉Ⓝ376.48

◆妻高等学校

『創立50周年記念誌』創立50周年記念誌編集委員会編　妻高等学校　1973.3　207p　25cm

◆日南高等学校

『日南高校70周年』宮崎日日新聞社編　宮崎日日新聞社　1990　54p　26cm　Ⓝ376.48

『宮崎県立日南高等学校創立100周年記念誌―excelsior』宮崎県立日南高等学校編　日南　宮崎県立日南高等学校　[2021]　101p　31cm〈書誌注記：年表あり〉Ⓝ376.48

◆日南振徳商業高等学校

『振徳30年のあゆみ―創立30周年記念誌』宮崎県立日南振徳商業高等学校創立30周年記念誌編集委員会編　宮崎県立日南振徳商業高等学校　1999.11　118p　30cm　Ⓝ376.48

宮崎県

『潮の音遠き朝ぼらけ―［宮崎県立日南振徳商業高等学校］閉校記念誌』宮崎県立日南振徳商業高等学校　2011.2　172p 図版　31cm〈沿革あり，平成23年3月31日閉校〉Ⓝ376.48

◆日南農林高等学校

『［宮崎県立日南農林高等学校］創立百周年記念誌―伝統を未来へ』宮崎県立日南農林高等学校創立100周年記念誌編集委員会編　宮崎県立日南農林高等学校　1998.2　203p　30cm　Ⓝ376.48

『［宮崎県立日南農林高等学校］創立110周年記念誌―理想はるかに』宮崎県立日南農林高等学校　［2007］　50p　30cm　Ⓝ376.48

◆日章学園高等学校

『日章学園―40年のあゆみ』日章学園記念誌編集委員会編　日章学園　1990.11　68p　23×26cm　Ⓝ376.48

『日章学園―45年のあゆみ』日章学園記念誌編集委員会編　日章学園　1995.11　78p　23×26cm　Ⓝ376.48

◆延岡高等学校

『宮崎県立延岡高等学校百年史』延岡高等学校同窓会百年史委員会編　延岡　宮崎県立延岡高等学校同窓会　2000.1　1245p　27cm〈標題紙等のタイトル：延岡高校百年史〉Ⓝ376.48

『［宮崎県立延岡高等学校］創立110周年記念誌―継承そして飛翔』宮崎県立延岡高等学校　2009.10　75p　30cm　Ⓝ376.48

◆延岡工業高等学校

『宮崎県立延岡工業高等学校30年史』延岡工業高等学校　1980.4　206p　26cm　Ⓝ376.4

『［宮崎県立延岡工業高等学校］創立四十周年記念誌』延岡工業高等学校　1990.12　191p　26cm　Ⓝ376.4

◆延岡商業高等学校

『桜華青春輝く延岡商業百周年』宮崎県立延岡商業高等学校創立100周年記念誌編集委員会編　延岡　宮崎県立延岡商業高等学校創立100周年記念誌編集委員会　2022.2　144p　30cm〈書誌注記：年表あり　部分タイトル：宮崎県立延岡商業高等学校創立100周年記念誌〉Ⓝ376.48

『桜華青春輝く延岡商業百周年』宮崎県立延岡商業高等学校創立100周年記念誌編集委員会編　延岡　宮崎県立延岡商業高等学校創立100周年記念誌編集委員会　2022.2　144p　31cm〈書誌注記：年表あり　部分タイトル：宮崎県立延岡商業高等学校創立100周年記念誌　部分タイトル：百年のあゆみ　ハードカバー〉Ⓝ376.48

◆延岡第二高等学校

『螢雪―創立35周年記念誌』延岡第二高等学校　1983.11　76p　26cm　Ⓝ376.4

◆延岡西高等学校

『十五秋』宮崎県立延岡西高等学校創立15周年記念誌編　延岡西高等学校　1978.2　112p　26cm　Ⓝ376.4

『碧き星の伝説―［宮崎県立延岡西高等学校］閉校記念誌』宮崎県立延岡西高等学校記念誌編集委員会編　宮崎県立延岡西高等学校　2007.3　138p　31cm〈付属DVDあり（1枚）〉Ⓝ376.48

◆延岡東高等学校

『宮崎県立延岡東高等学校 創立10周年記念誌』延岡東高等学校編　延岡東高等学校　1986.11　265p　26cm〈昭和61年11月16日〉Ⓝ376.48

◆日向学院高等学校

『［日向学院］創立記念誌―三十五年の歩み 1946～1981』日向学院　1981.10　1冊（ページ付なし）30cm　Ⓝ376.4

『わかばと―日向学院創立50周年記念誌』50周年記念誌編集委員会編　日向学院　1996.10　184p　31cm　Ⓝ376.4

◆日向工業高等学校

『［日向工業高等学校］創立10周年記念誌』日向工業高等学校　1971.3　46p　27cm　Ⓝ376.4

『［日向工業高等学校］創立30周年記念誌』宮崎県立日向工業高等学校創立30周年記念誌編集委員会編　宮崎県立日向工業高等学校　1991.11　152p　26cm　Ⓝ376.4

◆福島高等学校

『総合制高校の理念と実践―福島高校の試行が問いかけるもの』興梠英樹著　宮崎　鉱脈社　1980.6　329p　19cm（鉱脈叢書 7）1400円　Ⓝ376.4

『福島 創立六十周年記念―宮崎県立福島高等学

宮崎県

校』宮崎県立福島高等学校創立六十周年記念
行事実行委員会編　宮崎県立福島高等学校創
立六十周年記念行事実行委員会　1983.10
153p　27cm　Ⓝ376.4

『福島 創立七十周年記念―宮崎県立福島高等学
　校　七十周年』宮崎県立福島高等学校創立七
　十周年記念行事　福島高等学校　1995　117p
　26cm

◆本庄高等学校

『[本庄高等学校]創立80周年記念誌』本庄高等
　学校創立80周年記念誌編集委員会　本庄高等
　学校創立80周年記念誌編集委員会　1994.3
　126p　26cm　Ⓝ376.4

◆都城高等学校

『学園20周年記念誌』久保学園都城高等学校
　1979.11　142p　26cm

『久保学園創立四十周年記念誌』久保学園編集
　久保学園　1999.11　196p　26cm〈表紙のタ
　イトル表記：学園創立40周年記念誌〉Ⓝ376.
　48

◆都城泉ヶ丘高等学校

『[都城泉ケ丘高定時制]創立四十周年記念誌』
　都城泉ケ丘高定時制四十周年記念事業委員会
　1987.10　187p　26cm〈表紙の書名：四十年
　の歩み〉Ⓝ376.4

『[都城泉ヶ丘高等学校]創立八十八周年記念写
　真集』都城泉ヶ丘高等学校　1987.11　104p
　30×42cm　Ⓝ376.4

『[都城泉ヶ丘高等学校]創立88周年・新校舎竣
　工記念誌―(記念式典：昭和62年11月8日)』
　都城泉ヶ丘高等学校　1988.5　184p　26cm
　Ⓝ376.4

『1/2世紀の肖像―宮崎県立都城泉ケ丘高等学
　校』ギャラリー212　1996.10　97p　29cm
　8000円

『都城泉ヶ丘高校百年史』宮崎県立都城泉ヶ丘
　高等学校創立百周年記念都城泉ヶ丘高校百年
　史編集委員会編　都城　宮崎県立都城泉ヶ丘
　高等学校義友会　2001.2　1299p　27cm
　Ⓝ376.48

『宮崎県立都城泉ヶ丘高等学校創立120周年記
　念誌』都城　[宮崎県立都城泉ヶ丘高等学校]
　2019.11　38p　30cm

◆都城工業高等学校

『都工春秋―宮崎県立都城工業高等学校50周年

記念写真集』宮崎県立都城工業高等学校
1994.10　365p　27cm　Ⓝ376.4

『二十一世紀への言葉―創立50周年記念』宮崎
　県立都城工業高等学校　1994.10　55p
　26cm　Ⓝ376.4

『[宮崎県立都城工業高等学校]創立60周年記念
　誌』創立60周年記念事業記念誌委員会編　宮
　崎県立都城工業高等学校　2004.11　114p
　30cm　Ⓝ376.4

◆都城商業高等学校

『宮崎県立都城商業高等学校創立七十周年記念
　誌―昭和49年』都商同窓会記念事業委員会編
　都商同窓会　1974.9　424p　22cm　Ⓝ376.4

『[宮崎県立都城商業高等学校]創立90周年記念
　誌』宮崎県立都城商業高等学校創立90周年記
　念誌編集委員会編　宮崎県立都城商業高等学
　校　1994.11　362p　27cm　Ⓝ376.4

◆都城西高等学校

『[都城西高等学校]創立15周年記念誌』都城西
　高等学校　1977.2　34p　26cm　Ⓝ376.4

『[都城西高等学校]創立50周年記念誌』都城西
　高等学校　2012.11　212p　26cm　Ⓝ376.4

◆都城農業高等学校

『[都城農業高等学校]創立70周年記念誌―昭和
　61年11月8日』都城農業高等学校　1987.3
　142p　26cm　Ⓝ376.4

◆都城東高等学校

『[都城東高等学校]学園の歩み―1995―創立
　30周年記念誌』玉城学園都城東高等学校編
　玉城学園都城東高等学校　1995.10　232p
　26cm　Ⓝ376.48

『おがたま―[都城東高等学校]創立30周年記念
　誌』玉城学園都城東高等学校編　玉城学園都
　城東高等学校　1995.12　119p　26cm
　Ⓝ376.4

◆宮崎大宮高等学校

『人物でつづる大宮高90年』宮崎日日新聞社
　[1979]　86p　18cm　Ⓝ376.4

『創立九十周年記念誌』宮崎大宮高等学校創立
　九十周年記念行事委員会編　宮崎　宮崎県立
　宮崎大宮高等学校　1980.1　325p　21cm
　Ⓝ376.4

『大宮百年』宮崎　[宮崎日日新聞社]　1988.9

宮崎県

84p 26cm Ⓝ376.4

『永遠の星座―宮崎大宮高校百年』朝日新聞宮崎支局編　宮崎　鉱脈社　1988.10　213p　19cm〈奥付の書名：永遠なる星座〉1000円　Ⓝ376.4

『大宮高校百年史』宮崎県立宮崎大宮高等学校，宮崎県立宮崎大宮高等学校創立百周年記念事業委員会編集，大宮高校百年史編集委員会編　宮崎県立宮崎大宮高等学校弦月同窓会　1991.11　782p　27cm　Ⓝ376.4

『[宮崎大宮高等学校]家政科記念誌』宮崎県立宮崎大宮高等学校編　宮崎県立宮崎大宮高等学校　1995.3　190p　26cm〈表紙には「九十秋」とあり〉

『創立110周年記念写真集―百十秋』宮崎県立宮崎大宮高等学校編　宮崎大宮高等学校　1998.11　204p　30cm

『創立120周年記念写真集―百二十秋』宮崎県立宮崎大宮高等学校創立120周年記念写真集編集委員会編　宮崎県立宮崎大宮高等学校　2008.10　120p　31cm　Ⓝ376.405

『永遠の星座―宮崎大宮高校130年』創立130年刊行委員会編　宮崎　宮崎県立宮崎大宮高等学校弦月同窓会　2018.11　203p　19cm〈書誌注記：年表あり　共同刊行：宮崎県立宮崎大宮高等学校　発行所：鉱脈社〉926円　①978-4-86061-718-9　Ⓝ376.48

◆宮崎海洋高等学校

『創立五十周年記念誌/若潮』宮崎県立宮崎海洋高等学校編　宮崎海洋高等学校同窓会実行委員会　2000.3　156p　30cm　Ⓝ376.48

◆宮崎学園高等学校

『宮崎学園の40年―創立40周年記念誌』宮崎学園　1979.10　52p　26cm

『宮崎学園60年』宮崎日日新聞社　1999.10　24p　26cm　Ⓝ376.4

『伝統と創造「21世紀に託す夢」―[宮崎学園]創立60周年記念誌』宮崎学園　1999.10　113p　30cm　Ⓝ376.4

◆宮崎北高等学校

『北極星に到らん―創立十周年記念誌』宮崎県立宮崎北高等学校編集　宮崎県立宮崎北高等学校　1993.11　78p　26cm

『北高発新学問のすすめ』宮崎県立宮崎北高等学校国際理解教育部編　宮崎県立宮崎北高等学校国際理解教育部　1993.11　118p　19cm

◆宮崎工業高等学校

『八十年誌』宮崎県立宮崎工業高等学校創立80周年記念誌委員会編　宮崎　宮崎県立宮崎工業高等学校　〔1985〕　348p　27cm　Ⓝ376.4

『[宮崎工業高等学校]創立90周年記念誌―伝統を未来へ』宮崎県立宮崎工業高等学校編集　宮崎県立宮崎工業高等学校　1995　128p　30cm

『[宮崎工業高等学校]百周年誌』宮崎県立宮崎工業高等学校　2005.11　169p　31cm　Ⓝ376.4

◆宮崎実業高等学校

『日章学園 20年のあゆみ』宮崎実業高校企画広報部編　宮崎実業高等学校　1970.9　102p　図版18p　26cm

『祝 創立25周年』日章学園宮崎実業高等学校　1979　24p　26cm

『日章学園 30年のあゆみ』宮崎実業高等学校企画室編　日章学園宮崎実業高等学校　1980.11　154p　26cm

◆宮崎商業高等学校

『創立六十周年記念誌』宮崎商業高校記念誌編集委員会編　宮崎商業高等学校　1979.11　213p，図版27枚　27cm　Ⓝ376.48

『久遠―創立80周年記念誌』宮崎県立宮崎商業高等学校　1999.12　130p　30cm　Ⓝ376.48

『宮崎県立宮崎商業高等学校創立百周年記念誌―久遠』宮崎県立宮崎商業高等学校創立100周年記念誌編集部編　宮崎県立宮崎商業高等学校　2019.11　173p 図版18p　31cm　Ⓝ376.48

◆宮崎水産高等学校

『宮崎県立宮崎水産高等学校創立30周年記念誌』宮崎県立宮崎水産高等学校創立30周年県立宮崎水産高等学校創立30周年記念　1981.1　136p　22cm〈書名は奥付けによる〉

◆宮崎第一高等学校

『学校法人旭進学園 創立30周年記念史』旭進学園　1985.11　111p　27cm〈図版：6枚〉　Ⓝ376.4

『人生を拓く仁愛と創造の教育―学校法人旭進学園四十年の歩み』森彰英著　旭進学園四十

周年記念出版刊行委員会　1995.11　225p　19cm

『[旭進学園]創立五十周年記念誌―五十年の歩み』学校法人旭進学園創立50周年記念誌特別委員会編　旭進学園宮崎第一中学・高等学校　2005.11　10,260p 図版10枚　31cm　Ⓝ376.4

◆宮崎西高等学校

『光みなぎる丘―宮崎県立宮崎西高等学校創立二〇周年記念誌』宮崎県立宮崎西高等学校創立二〇周年記念誌編集委員会編　宮崎県立宮崎西高等学校　1993.11　306p　27cm　Ⓝ376.4

『宮崎西高の挑戦―完全学校週5日制実施に向けて』日本生涯学習総合研究所　1998.1　159p　26cm（生涯学習社会の高等学校改革　第1集）〈年表あり〉　Ⓝ376.4196

◆宮崎日本大学高等学校

『創立二十周年記念誌』宮崎日本大学学園　1983.4　150p　22cm

『創立30周年記念誌―1994年』宮崎日本大学学園　宮崎日本大学学園　1994.2　154p　26cm

『甲子園への青春譜―第79回全国高等学校野球選手権大会記念』宮崎日本大学高等学校編　宮崎日本大学高等学校　1998　1冊　31cm　Ⓝ783.7

『限りなく未来へ―宮崎日本大学学園創立40周年記念誌』宮崎日本大学中学校・高等学校創立40周年記念誌編集部会編　宮崎日本大学学園　2004.3　150p　30cm　Ⓝ376.4

『宮崎日本大学学園創立45周年記念誌』宮崎日本大学学園　2009.2　55p　30cm　Ⓝ376.4

◆宮崎農業高等学校

『宮農百年―宮崎県立宮崎農業高等学校創立百周年記念誌』宮崎県立宮崎農業高等学校くろがね会「宮農百年史」編集委員会編　宮崎くろがね会　1995.9　319p 図版15枚　27cm　非売品　Ⓝ376.4

◆宮崎南高等学校

『海が光るよ―宮崎南高校の二〇年』宮崎県立宮崎南高等学校編集　宮崎　鉱脈社　1982.1　378p　19cm　1900円　Ⓝ376.4

『宮崎県立宮崎南高等学校創立四十周年記念誌―新たなる図南飛翔』宮崎県立宮崎南高等学校創立40周年記念誌編集委員会編集　宮崎県立宮崎南高等学校　2001.11　122p　30cm　Ⓝ376.48

『宮崎県立宮崎南高等学校創立50周年記念誌―誇りを胸にはばたけ鵬』宮崎県立宮崎南高等学校,宮崎県立宮崎南高等学校創立50周年記念誌編集委員会編　宮崎県立宮崎南高等学校　2011.11　393p　30cm　Ⓝ376.48

『はばたけ鵬―60年目の南の空：宮崎県立宮崎南高等学校創立60周年記念誌』宮崎県立宮崎南高等学校創立60周年記念誌編集委員会編集　宮崎県立宮崎南高等学校創立60周年記念実行委員会　2022.1　165p　30cm〈年表あり〉　Ⓝ376.48

鹿児島県

◆阿久根高等学校

『創立七十周年記念誌―光礁』阿久根高等学校編　阿久根　阿久根高等学校　1993　130p　27cm

『[阿久根高等学校]創立八十周年記念誌』阿久根高等学校編　阿久根　阿久根高等学校　2004.1　79p　30cm

『鹿児島県立阿久根高等学校閉校記念誌』阿久根高等学校編　阿久根　阿久根高等学校　2007.3　111p　30cm

◆阿久根農業高等学校

『[阿久根農業高等学校]創立五十周年記念誌』阿久根農業高等学校創立五十周年記念事業実行委員会編　阿久根　阿久根農業高等学校創立五十周年記念事業実行委員会　1987　116p　27cm

『創立七十周年・閉校記念誌』阿久根農業高等学校編　阿久根　阿久根農業高等学校　2007.3　141p　31cm

◆奄美高等学校

『鹿児島県立奄美高等学校創立八十周年記念誌』山野和夫編集　名瀬　奄美高等学校　1997.11　151p　27cm

『鹿児島県立奄美高等学校創立九十周年記念誌』鹿児島県立奄美高等学校編　奄美　鹿児島県立奄美高等学校　2008.3　81p　30cm

鹿児島県

◆有明高等学校

『[有明高等学校]創立五十周年記念誌』創立50周年記念事業実行委員会記念誌係編集　大崎町(鹿児島県)　有明高等学校　1998.2　120p　27cm

『鹿児島県立有明高等学校閉校記念誌』鹿児島県立有明高等学校編　大崎町(曽於郡)　鹿児島県立有明高等学校　2015.3　51p　30cm

◆池田高等学校

『ルポ学校創造―青春I.N.G！ ぼくらの「池田高校」ができた』旭丘光志著　現代書林　1992.2　231p　18cm　850円　①4-87620-534-5　Ⓝ376.4

[目次] 序章　ぼくらの学校ができた！，第1章　合言葉は"日本一の学校"―中・高両輪がそろった全人教育の場(開校式の誓い，中学と高校の連携，合言葉は"日本一の学校を！"，寮母はお母さん，寮監は父，衛星通信で中央の教育情報を自在に使いこなす，拡散思考が人間力を膨らませる)，第2章　みんなで高校の夢を描きつづけた(2匹の猫は池田学園と高校の守り神？，池田高への夢を膨らませて過ごした中学最後の1年―クラス新聞「青春I.N.G」の仲間たち)，第3章　池田創造教育のエネルギーがはじけた(夏の高校野球予選で爆発した青春エネルギー，ぼくらは学校の歴史をつくっている！)

[内容] 子どもたちの学力を確実に伸ばし，かつ生き生きと個性豊かに育てる鹿児島・池田学園の「脳力開発教育」―いま新たに高校を加え，中高一貫教育としてその花を咲かせようとしている。本書は池田教育の現場に密着取材した迫真のルポ。教育関係者はもとより，中高生をもつ親にも必読の書だ。

◆伊佐農林高等学校

『[伊佐農林高等学校]創立七十周年記念誌』伊佐農林高等学校創立七十周年記念事業実行委員会編　大口　伊佐農林高等学校創立七十周年記念事業実行委員会　1985　103p　26cm

『[伊佐農林高等学校]創立七十周年記念誌』鹿児島県立伊佐農林高等学校創立七十周年記念事業実行委員会編集　大口　鹿児島県立伊佐農林高等学校創立七十周年記念事業実行委員会　1988　103p　27cm

『THE 更生之素―鹿児島県立伊佐農林高等学校100周年記念』鹿児島県立伊佐農林高校編　伊佐　[鹿児島県立伊佐農林高等学校]　2014.11　45p　30cm

『創立百周年記念誌』鹿児島県立伊佐農林高校創立百周年記念事業実行委員会編　伊佐　鹿児島県立伊佐農林高校創立百周年記念事業実行委員会　2015.2　85p　31cm〈書誌注記：年表あり〉Ⓝ376.48

◆伊集院高等学校

『伊集院高等学校創立60周年記念誌』伊集院高等学校創立60周年記念実行委員会編　伊集院町(鹿児島県)　伊集院高等学校　1985　123p　26cm

『[伊集院高等学校]創立70周年記念誌―若き眸』伊集院高等学校編集　伊集院町(鹿児島県)　伊集院高等学校　1995.3　1740p　26cm

◆出水高等学校

『鳳―創立八十周年記念誌』鹿児島県立出水高等学校創立八十周年記念事業実行委員会編　出水　鹿児島県立出水高等学校創立八十周年記念事業実行委員会　2001.3　237p　27cm　Ⓝ376.48

『鳳―創立九十周年記念誌』出水高等学校創立九十周年記念事業実行委員会　出水　出水高等学校　2011.3　110p　30cm

◆出水市立出水商業高等学校

『[出水商業高等学校]創立35周年記念誌』出水商業高校編　出水　出水商業高校　1983　82p　26cm

『第100回全国高等学校野球選手権大会記念ヒストリア出水球児』図書館流通センター出水営業所編　出水　図書館流通センター出水営業所　2018.6　33，[7]p　30cm　非売品

◆市来農芸高等学校

『[市来農芸高等学校]創立50周年記念誌』市来農芸高等学校創立五十周年記念事業実行委員会編　市来町　市来農芸高等学校創立五十周年記念事業実行委員会　1985　122p　26cm

◆指宿高等学校

『柏葉―指宿高等学校創立七十周年記念誌』鹿児島県立指宿高等学校編　指宿　鹿児島県立指宿高等学校　1993　238p　27cm

『柏葉―創立八十周年記念誌』鹿児島県立指宿高等学校編　指宿　創立八十周年記念事業実行委員会　2003.3　220, 20p　27cm〈年表あり〉Ⓝ376.48

『柏葉―創立九十周年記念誌』鹿児島県立指宿高等学校編　指宿　創立九十周年記念事業実行委員会　2013.3　219, 15p　27cm〈書誌注記：年表あり〉Ⓝ376.48

『柏葉―創立百周年記念誌』鹿児島県立指宿高

等学校編　指宿　創立百周年記念事業実行委員会　2023.8　122, 13p　30cm

◆指宿商業高等学校

『商神―［指宿商業高等学校］創立40周年記念誌』指宿商業高等学校創立40周年記念事業実行委員会編集　指宿　指宿商業高等学校創立40周年記念事業実行委員会　1988　198p　27cm

『［指宿商業高等学校］創立五十周年記念誌商神』指宿商業高等学校創立五十周年記念事業実行委員会編　指宿　指宿商業高等学校　1998.3　190p　27cm

『商神―［指宿商業高等学校］創立70周年記念誌』指宿商業高等学校創立70周年記念事業実行委員会編　指宿　指宿商業高等学校創立70周年記念事業実行委員会　2018.3　54p　30cm

◆入来商業高等学校

『［入来商業高等学校］創立三十五周年記念誌』入来商業高等学校創立35周年記念実行委員会編　入来町　入来商業高等学校創立35周年記念実行委員会　1984　63p　22cm

『入来商業高等学校　閉校記念誌』入来商業高等学校編集　薩摩川内　入来商業高等学校閉校記念実行委員会　2009.3　56p　30cm

◆岩川高等学校

『［鹿児島県立岩川高等学校］岩魂七十年―創立70周年記念誌』鹿児島県立岩川高等学校創立70周年記念誌係編　曽於　鹿児島県立岩川高等学校創立70周年記念事業実行委員会　2012.5　114p　31cm

『鹿児島県立岩川高等学校閉校記念誌』曽於　鹿児島県立岩川高等学校　2016.3　68p　30cm〈書誌注記：年表あり〉Ⓝ376.4

◆頴娃高等学校

『［頴娃高等学校］創立四十周年記念誌』頴娃高等学校編　頴娃町（鹿児島県）1971　130p　22cm

『鹿児島県立頴娃高等学校］創立八十周年記念誌』頴娃高等学校編集　南九州　県立頴娃等学校　2011.3　150p　31cm

『開拓精神―［鹿児島県立頴娃高等学校］創立90周年記念誌』鹿児島県立頴娃高等学校編　南九州　鹿児島県立頴娃高等学校　2022.2　50p　30cm

◆大口高等学校

『鹿児島県立大口高等学校創立六十周年記念誌』大口高等学校創立六十周年記念誌編集委員会編　大口　大口高等学校　1983.1　132p　27cm

『青垣―大口高等学校創立七十周年記念誌』大口高等学校創立七十周年記念誌編集委員会編　大口　大口高等学校　1993　151p　27cm

『青垣―大口高等学校創立八十周年記念誌』大口高等学校八十周年記念誌編集委員会編　大口　大口高等学校　2003.4　147p　26cm

◆大島高等学校

『創立八十周年記念誌』大島高等学校編　名瀬　大島高等学校　1981　81p　26cm

『［大島高等学校］創立八十周年記念誌』大島高等学校編　名瀬　大島高等学校　1981　81p　26cm

『安陵―創立90周年記念誌』鹿児島県立大島高等学校創立90周年記念事業実行委員会編集　鹿児島県立大島高等学校創立90周年記念事　1992　270p　27cm

『［大島高等学校］安陵―創立百周年記念誌』大島高等学校創立百周年記念事業実行委員会編　名瀬　大島高等学校　2002.6　562p　30cm

『大島高校野球部センバツ出場の軌跡―永久保存版』政純一郎著, 奄美新聞社編　鹿児島　南方新社　2014.6　100p　30cm〈書誌注記：年表あり〉1500円　①978-4-86124-298-4　Ⓝ783.7

『2022年第94回選抜高等学校野球大会出場記念誌』奄美　鹿児島県立大島高等学校　2022.6　42p　30cm〈部分タイトル：島から甲子園〉

『大島再び夢舞台へ―第94回選抜高等学校野球大会出場記念誌』南海日日新聞社編著　奄美　南海日日新聞社　2022.6　123p　30cm〈書誌注記：年表あり〉1000円　Ⓝ783.7

『大島高校野球部の軌跡』政純一郎著, 奄美新聞社編　鹿児島　南方新社　2022.9　191p, 図版 8 p　21cm　1800円　①978-4-86124-479-7　Ⓝ783.7

目次　第1章 21年秋・第149回九州地区高校野球大会鹿児島県予選、第2章 21年秋・第149回九州地区高校野球大会、第3章 22年春・第94回選抜高等学校野球大会、第4章 22年春のセンバツ後から22年夏前、試練の日々、第5章 22年夏・第104回全国高校野球選手権鹿児島大会

内容　挑戦者たちの物語。2021年から22年にかけて鹿児島の高校野球界の中心にいた大島高校。春は

鹿児島県

センバツ出場。夏の甲子園には惜しくも一歩届かなかったが、鮮烈な記憶を残した。離島のハンデをはねのけた強さの秘密はどこにあったのか。彼らの一年をここに刻む。22年夏県予選奄美勢全記録を収録。

『離島熱球スタジアム―鹿児島県立大島高校の奇跡』 菊地高弘著　集英社　2023.3　287p　19cm　1600円　①978-4-08-790111-5　Ⓝ783.7

[目次] 第1章 決断，第2章 波乱の1年生大会，第3章 結の精神，第4章 新チーム始動，第5章 鹿児島王者，第6章 秋の快進撃，第7章 いざ聖地へ，第8章 不協和音，第9章 九死一生，第10章 ゲームセット，第11章 それぞれの再出発

[内容] 「カズオと大高でバッテリーを組みたい」私立強豪校に誘われていた大野稼頭央（ソフトバンク・ドラフト4位）は中学の野球仲間にそう言われて島に残ることを決めた―。島の2人の少年が本気で甲子園を目指した。まさかの快進撃に島民の心は燃えた。これぞ高校野球と叫びたい青春ノンフィクション。

◆大島北高等学校

『大島北高等学校創立四十周年記念誌』 大島北高等学校創立40周年記念事業実行委員会編　笠利町　大島北高等学校創立40周年記念事業実行委員会　1989　108p　27cm

『［大島北高等学校］創立五十周年記念誌』 大島北高等学校創立五十周年記念事業実行委員会編集　笠利町（鹿児島県）　大島北高等学校　1999.6　96p　27cm

『［大島北高等学校］創立六十周年記念誌』 鹿児島県立大島北高等学校創立六十周年記念事業実行委員会編集　奄美　大島北高等学校　2009.2　86p　30cm

◆大島工業高等学校

『鹿児島県立大島工業高等学校創立三十周年記念誌』 鹿児島県立大島工業高等学校創立三十周年記念事業実行委員会編集　名瀬　鹿児島県立大島工業高等学校創立三十周年記念　1990　119p　27cm

『鹿児島県立大島工業高等学校閉校記念誌』 鹿児島県立大島工業高等学校閉校記念事業実行委員会記念誌係編　奄美　鹿児島県立大島工業高等学校閉校記念事業実行委員会　2012.6　62p　31cm

◆沖永良部高等学校

『［沖永良部高校］創立30周年記念誌』 鹿児島県立沖永良部高校編　鹿児島県立沖永良部高校　［1979］　128p　21cm

『［沖永良部高等学校］創立四十周年記念誌』 鹿児島県立沖永良部高等学校創立四十周年記念事業実行委員会編　知名町（鹿児島県）　鹿児島県立沖永良部高等学校創立四十周年記念事業実行委員会　1990　163p　22cm

『［沖永良部高等学校］創立五十周年記念誌』 鹿児島県立沖永良部高等学校創立五十周年記念事業実行委員会編　知名町（鹿児島県）　鹿児島県立沖永良部高等学校創立五十周年記念　2000.3　162p　31cm

◆鹿児島工業高等学校

『鹿児島県立鹿児島工業高等学校創立八十周年記念誌』 創立八十周年記念誌係編集　県立鹿児島工業高等学校　1989　204p　27cm

『鹿工柔道―県下高校柔道大会五連覇記念』 鹿児島工業高等学校柔道部OB会編　鹿児島　鹿児島工業高等学校柔道部OB会　1991　135p　26cm

◆鹿児島実業高等学校

『鹿実センバツ甲子園制覇―スポーツ写真グラフ　鹿児島県勢初の日本一』 鹿児島　南日本新聞社　1996.4　79p　30cm〈製作・発売：南日本新聞開発センター〉800円　Ⓝ783.7

『鹿実野球と久保克之』 久保克之，政純一郎著　鹿児島　南方新社　2007.4　311p　20cm〈肖像あり〉2000円　①978-4-86124-104-8　Ⓝ783.7

『鹿実VS.薩摩中央―番狂わせから見える甲子園』 政純一郎著　鹿児島　南方新社　2013.3　234p　19cm　1800円　①978-4-86124-261-8　Ⓝ783.7

[目次] 第1章 「いつも通り」戦うこと―鹿実，第2章 無欲，無心の勝利―薩摩中央，第3章 第三者の眼，第4章 必死のバッチ，第5章 2000年代，鹿児島高校野球を考える

[内容] 小さな町の県立高校が，甲子園優勝経験のある強豪私立を破った―。世紀の番狂わせの一戦，鹿実VS.薩摩中央。一〇八分のドラマに隠された真実を軸に，鹿児島高校野球の未来を探る。センバツ出場校尚志館（志布志市）のドキュメントも収録。

『［鹿児島実業高等学校］創立百周年記念誌・記念写真集』 鹿児島実業高等学校創立百周年記念事業実行委員会記念誌作成係編　鹿児島　［鹿児島実業高等学校］創立百周年記念事業実行委員会　2016.10　64, 176p　31cm

◆鹿児島商業高等学校

『鹿商八十年沿革史』鹿児島商業高等学校編　鹿児島商業高等学校文化部　1974　108p　21cm

『鹿商九十年沿革史』鹿児島商業高等学校文化部鹿商90周年沿革史編集委員会編　鹿児島　鹿児島商業高等学校文化部鹿商90周年沿革史編集委員会　1984　163p　22cm

『鹿商百年沿革史』鹿児島　鹿児島商業高等学校　1994.11　207p　21cm

『青春　夢　情熱―鹿児島商業高校野球部100年史』鹿児島商業高等学校野球部OB会編　鹿児島　鹿児島商業高等学校野球部OB会　1999.3　225p　29cm

『鹿商百十年沿革史』鹿児島商業高等学校編　鹿児島　鹿児島商業高等学校　2004.11　243p　21cm

◆鹿児島市立玉龍高等学校

『玉竜三十年の歩み』鹿児島玉竜高等学校編集委員会編　鹿児島玉竜高等学校編集委員会　1970　109p　21cm

『創立三十周年記念祝辞集』鹿児島玉竜高等学校編　鹿児島玉竜高等学校　1970　28p　21cm

『創立50周年記念誌飛龍』鹿児島玉竜高校50周年記念誌係編　鹿児島　鹿児島玉竜高校50周年記念誌係　1990　205p　27cm

『飛龍―創立六十周年記念誌』鹿児島玉竜高等学校六十周年記念誌係編　鹿児島玉竜高等学校　2001.3　193p　27cm

◆鹿児島水産高等学校

『［鹿児島水産高等学校］創立七十周年記念誌』創立七十周年記念誌編集委員会編　枕崎　鹿児島県立鹿児島水産高等学校　1982　268p　22cm

『［鹿児島水産高等学校］創立八十周年記念誌　みをつくし』鹿児島水産高等学校編　枕崎　創立80周年記念事業実行委員会　1991　183p　27cm

『みをつくし―［鹿児島県立鹿児島水産高等学校］創立90周年記念誌』鹿児島県立鹿児島水産高等学校編　枕崎　創立九十周年記念事業実行委員会　2000.3　92p　31cm

『［創立百周年記念誌］みをつくし　第2号』鹿児島水産高等学校編　枕崎　鹿児島水産高等学校　2010.3　160p　30cm

◆鹿児島中央高等学校

『学校のあゆみ―創立20周年記念』鹿児島中央高等学校編　鹿児島中央高等学校　1983　68p　27cm

『珊瑚樹―創立三十周年記念誌』鹿児島中央高等学校三十周年記念誌係編　鹿児島　鹿児島中央高等学校　1994.3　131p　27cm

『珊瑚樹―創立五十周年記念誌』鹿児島中央高等学校五十周年記念誌係編　鹿児島　鹿児島中央高等学校　2014.3　167p　31cm

◆鹿児島西高等学校

『［鹿児島県立鹿児島西高等学校通信制課程］閉課程記念誌』鹿児島西高等学校閉課程記念誌編集委員会編集　鹿児島　鹿児島西高等学校　2000.3　172p　27cm

『［鹿児島県立鹿児島西高等学校定時制夜間課程］閉課程記念誌』鹿児島西高等学校定時制閉課程記念事業実行委員会編　鹿児島　鹿児島西高等学校　2003.3　191p　30cm

『鹿児島県立鹿児島西高等学校閉校記念誌』鹿児島県立鹿児島西高等学校閉校記念事業実行委員会　2012.3　58p　31cm〈書誌注記：年表あり〉Ⓝ376.48

◆鹿児島東高等学校

『鹿児島県立鹿児島東高等学校創立四十周年記念誌』創立40周年記念事業実行委員会編　鹿児島　創立40周年記念事業実行委員会　1990.2　181p　27cm

『鹿児島県立鹿児島東高等学校創立70周年記念誌』創立70周年記念事業実行委員会記念誌係編　鹿児島　鹿児島県立鹿児島東高等学校　2019.5　78p　30cm〈書誌注記：年表あり〉Ⓝ376.48

◆笠沙高等学校

『創立三十五周年記念誌』鹿児島県立笠沙高等学校創立三十五周年記念事業委員会編　大浦町　鹿児島県立笠沙高等学校創立三十五周年記念事業実行委員会　1983　106p　26cm

『鹿児島県立笠沙高等学校創立50周年記念誌』笠沙高等学校創立50周年記念誌委員編集　大浦町（鹿児島県）　笠沙高等学校創立50周年記念事業実行委員　1998.2　150p　27cm

『［鹿児島県立笠沙高等学校閉校記念誌］光』笠沙高等学校閉校事業実行委員会編集　南さつま　笠沙高等学校閉校事業実行委員会

鹿児島県

2006.3　48p　31cm

◆加治木高等学校

『加治木―創立八十周年記念誌』加治木高等学校創立八十周年記念事業委員会編　加治木町（鹿児島県）加治木高等学校創立八十周年記念事業委員会　1977　88p　26cm

『樟蔭―創立90周年記念誌』加治木高等学校90周年記念事業実行委員会編　加治木町（鹿児島県）加治木高等学校90周年記念事業実行委員会　1987　277p　27cm

『蔵王―創立90周年記念誌別誌　2　事業行事報告編』加治木高等学校創立90周年記念事業実行委員会編　加治木町（鹿児島県）加治木高等学校創立90周年記念事業実行委員会　1987　60, 41p　26cm

『竜門―創立90周年記念誌別誌　1　随想編』鹿児島県立加治木高等学校, 鹿児島県立加治木高等学校同窓会編　加治木町（鹿児島県）鹿児島県立加治木高等学校　1987　221p　26cm

『龍門―百年誌』県立加治木高等学校百年誌編集企画委員会編　加治木町（鹿児島県）鹿児島県立加治木高等学校創立百年記念事業行委員会　1997.11　405p　27cm　Ⓝ376.48

『龍門―鹿児島県立加治木高等学校創立百周年記念誌（事業行事報告書）』加治木町（鹿児島県）鹿児島県立加治木高等学校創立百周年記念事業実行委員会　1998.2　121p　26cm　非売品　Ⓝ376.48

『［加治木高等学校］創立110周年記念事業報告集』加治木高等学校編　加治木町（鹿児島県）加治木高等学校　2008.3　44p　30cm

『加治木―鹿児島県立加治木高等学校創立120周年記念誌』鹿児島県立加治木高等学校創立120周年記念事業実行委員会編　姶良　鹿児島県立加治木高等学校創立120周年記念事業実行委員会　2018.3　214p　30cm

◆加治木工業高等学校

『記念誌』加治木町（鹿児島県）鹿児島県立加治木工業高等学校　1971.2　138p　22cm〈創立60周年記念 奥付の書名：鹿児島県立加治木工業高等学校創立60周年記念誌〉Ⓝ376.4

『創立70周年記念誌』加治木町（鹿児島県）鹿児島県立加治木工業高等学校　1980.12　95p　26cm　Ⓝ376.4

『鹿児島県立加治木工業高等学校創立八十周年記念誌』記念事業実行委員会記念誌係編　加治木町（鹿児島県）鹿児島県立加治木工業高等学校創立八十周年記念事業実行委員会　1991.3　176p　27cm〈背の書名：創立八十周年記念誌 発行所：鹿児島県立加治木工業高等学校〉Ⓝ376.4

『［加治木工業高等学校］創立九十周年記念誌』加治木工業高等学校創立九十周年記念事業委員会記念誌係編　加治木町（鹿児島県）加治木工業高等学校　2001.3　166p　27cm

『鹿児島県立加治木工業高等学校創立100周年記念誌』鹿児島県立加治木工業高等学校創立100周年記念事業実行委員会事業部記念誌係編集　姶良　鹿児島県立加治木工業高等学校創立100周年記念事業実行委員会　2011.6　197p　31cm

◆加世田高等学校

『鹿児島県立加世田高等学校移転新築・創立七十周年記念誌』鹿児島県立加世田高等学校編　加世田　鹿児島県立加世田高等学校　1985　147p　27cm

『［加世田高等学校］あふち―創立九十周年記念誌』加世田高等学校編　加世田　加世田高等学校　2003.3　142p　30cm

◆加世田農業高等学校

『［加世田農業高等学校］創立六十周年記念誌』加世田農業高等学校創立60周年記念事業実行委員会編　加世田　［加世田農業高等学校創立60周年記念事業実行委員会］　1985　157p　26cm

◆鹿屋高等学校

『創立50周年記念詩―昭和48年』鹿屋高等学校国語科編　鹿屋　鹿児島県立鹿屋高等学校　1973　307p　21cm

『ぼっけもん・ごいさあ三星年表』鹿児島県立鹿屋高等学校編　鹿屋　鹿児島県立鹿屋高等学校　1977　154p　21cm

『ぼっけもん・ごいさあ三星年表』増補　鹿児島県立鹿屋高等学校, 創立60周年記念事業実行委員会編　鹿屋　鹿児島県立鹿屋高等学校　1983　166p　21cm

『三星―創立80周年記念誌』鹿屋高等学校編集　鹿屋　鹿屋高等学校　2004.3　222p　31cm

『三星―創立九十周年記念誌』鹿屋　鹿児島県立鹿屋高等学校　［2013］　73p　30cm〈書誌注記：年表あり〉Ⓝ376.48

◆鹿屋市立鹿屋女子高等学校

『[鹿屋市立鹿屋女子高等学校]創立30周年記念誌』鹿屋女子高等学校創立30周年記念誌編集係編集　鹿屋　鹿屋市立鹿屋女子高等学校創立30周年記念実行委員会　1988　111p　26cm

『[鹿屋女子高等学校]創立五十周年記念誌』鹿屋市立鹿屋女子高等学校記念誌編集部編　鹿屋　鹿屋市立鹿屋女子高等学校創立五十周年記念　2008.2　111p　30cm

◆鹿屋農業高等学校

『緑芽—プロジェクト全国大会最優秀記念誌』鹿屋農業高等学校農業クラブ編　鹿屋　鹿屋農業高等学校農業クラブ　1984　90p　26cm

『創立百周年記念誌』創立百周年記念誌編集委員会編　鹿屋　鹿屋農業高等学校　1996.3　209p　27cm

◆鹿屋農業高等学校吾平分校

『[鹿児島県鹿屋農業高等学校吾平分校]閉校記念誌』鹿屋農業高等学校吾平分校編　吾平町（鹿児島県）　閉校記念行事・事業実行委員会　1988　123p　26cm

◆蒲生高等学校

『創立百周年記念誌—薫樟』蒲生高等学校編　蒲生町　蒲生高等学校　2006.3　115p　30cm

◆川辺高等学校

『神戈陵　創立八十周年記念誌』川辺高等学校創立八十周年記念誌編集係編　川辺町　鹿児島県立川辺高等学校　1980　126p　26cm

『神戈陵—創立90周年記念誌』鹿児島県立川辺高等学校創立90周年記念事業実行委員会編　川辺町　鹿児島県立川辺高等学校創立90周年記念事業実行委員会　1991　233p　27cm

『甦る熱球青春の神戈陵—鹿児島県立川辺高等学校創立百周年記念戦後野球部復興史』川辺町（鹿児島県）　川辺高校野球部OB会　2000.11　176p　26cm〈発行所：薔薇印刷（大阪）〉Ⓝ783.7

『神戈陵—創立百周年記念誌』鹿児島県立川辺高等学校創立百周年記念誌係編　川辺町　鹿児島県立川辺高等学校創立百周年記念事業　2001　271p　31cm

『鹿児島県立旧制川辺中学　野球部のあゆみ—川辺高等学校創立百周年記念誌別冊』東襄編集，川辺高等学校編　川辺町（鹿児島県）東襄　2001.3　40p　30cm

『[鹿児島県立川辺高等学校創立百十周年記念誌]神戈陵』鹿児島県立川辺高等学校編　南九州市　鹿児島県立川辺高等学校　2011.3　119p　30cm

◆喜界高等学校

『鹿児島県立喜界高等学校創立七十周年記念誌』鹿児島県立喜界高等学校創立七十周年記念事業実行委員会編　喜界町（鹿児島県）　[鹿児島県立喜界高等学校]創立七十周年記念事業実行委員会　2020.2　64p　30cm

◆錦江湾高等学校

『[錦江湾高等学校]創立20周年記念誌』鹿児島県立錦江湾高等学校編　鹿児島　鹿児島県立錦江湾高等学校　1992　132p　27cm

『錦江—創立三十周年記念誌』錦江湾高等学校編　鹿児島　錦江湾高等学校　2002.3　49p　30cm

『創立40周年記念誌—鹿児島県立錦江湾高等学校』鹿児島　鹿児島県立錦江湾高等学校　2012.3　98p　30cm〈書誌注記：年表あり　標題紙のタイトル：錦江湾高等学校創立40周年記念誌〉Ⓝ376.48

◆串木野高等学校

『創立55周年記念誌』串木野高等学校創立55周年記念事業実行委員会編　串木野　串木野高等学校創立55周年記念事業実行委員会　1984　124p　26cm

『[串木野高等学校]創立七十周年記念誌』串木野高等学校創立七十周年実行委員会事業部記念誌係編集　串木野　串木野高等学校創立七十周年実行委員会　1999.3　74p　26cm

◆串良商業高等学校

『[鹿児島県立串良商業高等学校]創立九十周年記念誌』鹿児島県立串良商業高等学校創立九十周年記念事業実行委員会編　串良町（鹿児島県）　鹿児島県立串良商業高等学校創立九十周年記念事業実行委員会　1993　108p　27cm

◆祁答院町立大村高等学校

『40年のあゆみ—閉校記念』鹿児島県大村高等学校閉校記念事業実行委員会編　祁答院町（鹿児島県）　鹿児島県立大村高等学校　1988.3

鹿児島県

326p　27cm　Ⓝ376.4

◆甲南高等学校

『甲南—1976』甲南高等学校創立七十周年記念事業実行委員会編　鹿児島　甲南高等学校創立七十周年記念事業実行委員会　1976　98,26p　26cm

『甲南—[甲南高等学校]創立九十周年記念誌』甲南高等学校編　鹿児島　甲南高等学校　1997.3　255p　27cm

『甲南—創立百周年記念誌』甲南高等学校編集　鹿児島　甲南高等学校　2007.3　343p　31cm

『甲南—鹿児島県立甲南高等学校創立百十周年記念誌』鹿児島　鹿児島県立甲南高等学校　2017.8　169p　30cm　Ⓝ376.48

◆高山高等学校

『創立七十周年記念誌』創立七十周年記念誌係編　高山町(鹿児島県)　鹿児島県立高山高等学校　1992.3　158p　27cm　Ⓝ376.4

『鹿児島県立高山高等学校閉校記念誌』肝付町(鹿児島県)　鹿児島県立高山高等学校　2016.3　50p　30cm〈書誌注記：年表あり　奥付のタイトル：閉校記念誌〉Ⓝ376.48

◆甲陵高等学校

『[甲陵高等学校]創立10周年記念誌—昭和60年』甲陵高等学校創立10周年記念事業実行委員会　郡山町　甲陵高等学校創立10周年記念事業実行委員会　1986　98p　26cm

『[甲陵高等学校]創立二十周年記念誌—平成7年』甲陵高等学校編集　鹿児島　甲陵高等学校　1996.3　119p　27cm(甲陵)

『鹿児島県立甲陵高等学校創立二十周年記念誌』鹿児島県立甲陵高等学校創立20周年記念事業実行委員会編　郡山町(鹿児島県)　甲陵高等学校　1996.3　118p　27cm

『閉校記念誌』鹿児島　鹿児島県立甲陵高等学校　2012.3　55p　31cm〈書誌注記：年表あり〉Ⓝ376.48

◆国分中央高等学校

『精華—創立百周年記念誌』百周年記念誌編集委員会編　霧島　国分中央高等学校　2007.3　140p　31cm

◆国分高等学校

『[国分高等学校]創立七十周年記会誌』創立70周年記念誌編集委員会編　国分　鹿児島県立国分高等学校　1984　244p　27cm

『国分高等学校　創立80周年記念誌—舞鶴』国分高等学校編　国分　国分高等学校　1994.3　115p　27cm

『舞鶴—創立90周年記念誌』国分高等学校編集　国分　国分高等学校　2004.2　116p　27cm

◆国分実業高等学校

『[国分実業高等学校]七十周年記念誌』鹿児島県立国分実業高等学校七十周年記念誌編集委員会編　国分　鹿児島県立国分実業高等学校　1977　163p　21cm

『国分実業高等学校創立八十周年記念誌』国分実業高等学校創立八十周年記念誌編集係編　国分　国分実業高等学校　1987　157p　26cm

◆古仁屋高等学校

『鹿児島県立古仁屋高等学校創立七十周年記念誌』鹿児島県立古仁屋高等学校創立七十周年記念事業実行委員会編　瀬戸内町(鹿児島県)　鹿児島県立古仁屋高等学校創立七十周年記念事業実行委員会　2001.3　178p　27cm〈標題紙等のタイトル：創立七十周年記念誌〉Ⓝ376.48

『鹿児島県立古仁屋高等学校創立八十周年記念誌』古仁屋高等学校創立八十周年記念事業実行委員会編集　瀬戸内町(大島郡)　県立古仁屋高等学校　2011.3　83p　31cm

◆薩南工業高等学校

『[鹿児島県立薩南工業高等学校]創立70周年記念誌』薩南工業高等学校編　知覧町　[薩南工業高等学校]　1979　114p　26cm

『[鹿児島県立薩南工業高等学校]創立90周年記念誌』薩南工業高等学校編　知覧町　[薩南工業高等学校]　2000.8　108p　26cm

『[鹿児島県立薩南工業高等学校]創立100周年記念誌』薩南工業高等学校編　南九州市　薩南工業高等学校　2010.3　149p　30cm

◆松陽高等学校

『松陽—創立20周年記念誌』松陽高等学校編　2003.3　188p　27cm

鹿児島県

◆末吉高等学校

『鹿児島県立末吉高等学校閉校記念誌—94年間ありがとう』曽於　鹿児島県立末吉高等学校　2016.3　61p　31cm〈書誌注記：年表あり　背・標題紙のタイトル：閉校記念誌〉Ⓝ376.48

◆川内高等学校

『[川内高等学校]創立80周年記念誌』川内高等学校国語科編集　川内高等学校　1977　161p　図版[22]p　22cm

『川内高等学校創立九十周年記念誌』川内高等学校記念誌編集委員編　川内　創立九十周年記念事業実行委員会　1988　201p　27cm

『[川内高等学校]創立百周年記念誌』川内高等学校創立百周年記念事業実行委員会事業部記念誌係編集　川内　川内高等学校　1998.3　395p　27cm

『[川内高等学校]創立百十周年記念誌』創立百十周年記念事業実行委員会事業部記念誌係編集　川内　川内高等学校　2008.3　211p　31cm

◆川内商工高等学校

『[川内商工高等学校]創立六十周年記念誌』川内商工高等学校創立六十周年記念事業実行委員会編集　川内　川内商工高等学校創立六十周年記念事業実行委員会　1988　189p　26cm

『[川内商工高等学校]記念誌—創立80周年記念誌』川内商工高等学校編　薩摩川内　川内商工高等学校　2009.3　58p　30cm

『[鹿児島県立川内商工高等学校]創立九十周年記念誌』鹿児島県立川内商工高等学校記念誌係編　薩摩川内　[鹿児島県立川内商工高等学校]創立九十周年記念事業実行委員会　2019.2　68p　30cm

◆高隈高等学校

『[高隈高等学校]閉校記念誌』高隈高等学校閉校記念事業実行委員会編集　鹿屋　高隈高等学校閉校記念事業実行委員会　1988　185p　25cm

◆財部高等学校

『[財部高等学校]創立四十周年記念誌』財部高等学校創立四十周年記念事業実行委員会編集　財部町　[財部高等学校創立四十周年記念事業実行委員会]　1989　118p　27cm

『[財部高等学校]創立五十周年記念誌』財部高等学校創立五十周年記念事業実行委員会編集　財部町(鹿児島県)　財部高等学校創立五十周年記念事業実行委員　1999.3　116p　26cm

『鹿児島県立財部高等学校閉校記念誌』鹿児島県立財部高等学校閉校記念事業実行委員会編　曽於　鹿児島県立財部高等学校閉校記念事業実行委員会　2016.3　54p　30cm

◆武岡台高等学校

『共に生きなん—[武岡台高等学校]創立十周年記念誌』武岡台高等学校記念誌編集委員会編集　鹿児島　[武岡台高等学校]創立十周年記念事業実行　1997.3　111p　27cm

『共に生きなん—[武岡台高等学校]創立二十年記念誌』武岡台高等学校記念誌編集委員会編集　鹿児島　[武岡台高等学校]創立二十周年記念事業実　2007.3　90p　31cm

『創立30周年記念誌—鹿児島県立武岡台高等学校』鹿児島　鹿児島県立武岡台高等学校　2017.2　64p　30cm〈書誌注記：年表あり〉Ⓝ376.48

◆種子島高等学校

『種子高』種子島高等学校　西之表　[種子島高等学校]　1977　105p　26cm

『鹿児島県立種子島高等学校創立六十(旧高女八十五)周年記念誌』鹿児島県立種子島高等学校創立六十周年記念誌係編集　西之表　種子島高等学校　1987　134p　26cm

『黒潮—[種子島高等学校]創立七十(旧高女九十五)周年記念誌』種子島高等学校創立七十(旧高女九十五)周年記念誌係編集　西之表(鹿児島県)　種子島高等学校　1997.3　163p　27cm

『黒潮—鹿児島県立種子島高等学校創立八十(旧高女百五)周年記念誌』種子島高等学校創立八十(旧高女百五)周年記念誌係編集　西之表　種子島高等学校　2007.3　259p　27cm

◆種子島実業高等学校

『鹿児島県立種子島実業高等学校創立八十周年記念誌』種子島実業高等学校創立80周年記念誌係編　西之表(鹿児島県)　種子島実業高等学校　1986　159p　27cm

『鹿児島県立種子島実業高等学校創立九十周年記念誌』種子島実業高等学校創立九十周年記念誌係編集　西之表(鹿児島県)　種子島実業高等学校　1996.3　146p　27cm

鹿児島県

『［種子島実業高等学校］創立100周年記念誌』種子島実業高等学校編　西之表　種子島実業高等学校　2005.5　95p　30cm

『［種子島実業高等学校］閉校記念誌―追憶～104年の歩み～』種子島実業高等学校編　西之表　種子島実業高等学校　2008.3　48p　31cm

◆垂水高等学校

『創立六十周年記念誌』垂水高等学校創立六十周年記念行事実行委員会編　垂水　垂水高等学校創立六十周年記念行事実行委員会　1986　86p　26cm

『さわらび―創立70周年記念誌』垂水高等学校編集　垂水　垂水高等学校　1996.3　92p　26cm

◆鶴丸高等学校

『創立八十周年記念誌』鶴丸高等学校編　鹿児島　鶴丸高等学校　1974　80p　26cm

『鶴丸高等学校］創立百年』鶴丸高等学校百年史編集委員会編　鹿児島　鶴丸高等学校創立百周年記念事業委員会　1994.3　642p　27cm

『［鶴丸高等学校］創立百周年記念誌』鶴丸高等学校創立百周年記念誌編集委員会編　鹿児島　鶴丸高等学校　1995.2　180p　26cm

『［鹿児島県立鶴丸高等学校］創立百二十五年』鹿児島県立鶴丸高等学校百二十五年史編集委員会編　鹿児島　鹿児島県立鶴丸高等学校創立百二十五年記念事業委員会　2019.3　［9］，759p　27cm

◆樟南高等学校

『学校法人時任学園　樟南高等学校　沿革誌』時任学園　樟南高等学校編　鹿児島　時任学園樟南高等学校　2013.9　203p　27cm

◆徳之島高等学校

『蔵越が丘―創立三十周年記念誌』徳之島高等学校創立30周年記念誌編集委員会編　徳之島町（鹿児島県）　徳之島高等学校　1980　146p　26cm

『［鹿児島県立徳之島高等学校］創立60周年記念誌』徳之島高等学校編　徳之島町（鹿児島県）　徳之島高等学校　2007　62p　30cm

◆徳之島農業高等学校

『敬信愛―創立40周年記念誌』徳之島農業高等学校創立40周年記念誌編集委員会編　伊仙町　徳之島農業高等学校創立40周年記念誌編集委員会　1986　164p　26cm

『鹿児島県立徳之島農業高等学校創立五十周年記念誌』徳之島農業高等学校創立五十周年記念誌編集委員会編集　伊仙町（鹿児島県）　徳之島農業高等学校創立五十周年記念事業実　1996.3　153p　27cm

『鹿児島県立徳之島農業高等学校創立六十周年閉校記念誌』徳之島農業高等学校閉校記念事業実行委員会編集　伊仙町（鹿児島県）　徳之島農業高等学校閉校記念事業実行委員会　2008.3　99p　31cm

◆長島高等学校

『［長島高等学校］創立三十周年記念誌』長島町　長島高等学校　1979　99p　21cm

『［長島高等学校］創立五十周年記念誌』長島高等学校創立五十周年記念事業実行委員会事務局編集　長島町（鹿児島県）　長島高等学校創立五十周年記念事業実行委員　1999.3　132p　27cm

『閉校記念誌［鹿児島県立長島高等学校］―58年間ありがとう』長島高等学校閉校記念誌実行委員会　長島町（鹿児島県）　長島高等学校閉校記念誌実行委員会　2007.3　104p　30cm

◆中種子高等学校

『［中種子高等学校］創立50周年記念誌―あぼがど '98』中種子高等学校編　中種子町（鹿児島県）　中種子高等学校　1999.3　270p　27cm

『［中種子高等学校閉校記念誌］時思う―62年の歴史』中種子高等学校編　中種子町（鹿児島県）　中種子高等学校　2010.3　70p　30cm

◆野田女子高等学校

『創立三十周年記念誌』野田女子高等学校編　野田町（鹿児島県）　野田女子高等学校　1979　149p　21cm

『［野田女子高等学校］創立五十周年記念誌』野田女子高等学校創立五十周年記念事業実行委員会編集　野田町（鹿児島県）　野田女子高等学校創立五十周年記念事業実行　1999.3　132p　27cm

◆隼人工業高等学校

『鹿児島県立隼人工業高等学校創立五十周年記念誌』隼人工業高等学校創立五十周年記念事業委員会編集　隼人町（鹿児島県）　隼人工業

鹿児島県

高等学校創立五十周年記念事業委員会 1999.3 126p 27cm

◆樋脇高等学校

『創立三十周年記念誌』樋脇高等学校編 樋脇町(鹿児島県) 樋脇高等学校 1981 81p 21cm

『ホッケー部の歩み―国民体育大会30年連続出場』樋脇高等学校編 樋脇町(鹿児島) 樋脇高等学校 1997.11 35p 21cm×30cm

『樋脇高等学校 閉校記念誌』樋脇高等学校編集 薩摩川内 樋脇高等学校閉校記念実行委員会 2009.3 64p 30cm

◆吹上高等学校

『[吹上高等学校]創立五十周年記念誌』吹上高等学校創立50周年記念事業実行委員会編 吹上町(鹿児島県) 吹上高等学校創立50周年記念事業実行委員会 1976 150p 21cm

『創立五十周年記念誌』吹上高等学校創立50周年記念事業実行委員会編 吹上町 吹上高等学校創立50周年記念事業実行委員会 1976 150p 21cm

◆福山高等学校

『[福山高等学校]閉校記念行事―(報告)』福山高等学校善後対策協議会編 佐多町(鹿児島県) 福山高等学校 1987.3 50p 26cm

『鹿児島県立福山高等学校創立十周年記念誌』福山高等学校編集 福山町(鹿児島県) 福山高等学校 1995.3 108p 26cm

『[福山高等学校]創立二十周年記念誌』福山高等学校編 鹿児島 福山高等学校 2005.3 46p 30cm

◆福山町立牧之原高等学校

『鹿児島県牧之原高等学校閉校記念誌』鹿児島県牧之原高等学校閉校記念実行委員会編 福山町(鹿児島県) 鹿児島県牧之原高等学校 1988.3 254p 27cm Ⓝ376.4

◆鳳凰高等学校

『創立50周年記念誌―南薩高等商業学校 加世田女子高等学校 鳳凰高等学校』50周年記念事業実行委員会記念誌制作部会編 南さつま 希望が丘学園鳳凰高等学校 2007.12 102p 31cm〈書誌注記:年表あり〉Ⓝ376.48

◆牧園高等学校

『霊峯―創立30周年記念誌』牧園高等学校創立30周年記念事業実行委員会編集 牧園町(鹿児島県) 牧園高等学校 1979.11 154p 21cm

『霧島―創立50周年記念誌』牧園高等学校創立30周年記念事業実行委員会編集 牧園町(鹿児島県) 牧園高等学校 2000.3 214p 21cm

『[鹿児島県立牧園高等学校]閉校記念誌』牧園高等学校閉校記念事業実行委員会編集 霧島 牧園高等学校閉校記念事業実行委員会 2010.3 64p 30cm

◆枕崎高等学校

『[枕崎高等学校]創立60周年記念誌』枕崎高等学校創立60周年記念実行委員会編集 枕崎 枕崎高等学校創立60周年記念実行委員会 1986 175p 27cm

『[枕崎高等学校]創立八十周年記念誌』枕崎高等学校編 枕崎 枕崎高等学校 2006.2 142p 27cm

◆南大隅高等学校

『創立50周年記念誌―1975』鹿児島県立南大隅高等学校同窓会創立五十周年記念事業実行委員会 根占町(鹿児島県) 鹿児島県立南大隅高等学校同窓会創立五十周年記念事業実行委員会 1976 125p 21cm

『[南大隅高等学校]創立七十周年記念誌―1995』高山町(鹿児島県) 南大隅高等学校 1996.2 92p 27cm

◆南大隅高等学校佐多分校

『閉校記念誌』南大隅高等学校佐多分校閉校記念事業実行委員会編 佐多町(鹿児島県) 南大隅高等学校佐多分校閉校記念事業実行委員会 2002.3 120p 30cm

◆南大隅高等学校田代分校

『閉校記念誌』南大隅高等学校田代分校閉校記念事業実行委員会事業部編 田代 田代分校閉校記念事業実行委員会 1987 168p 26cm

◆南種子高等学校

『鹿児島県立南種子高等学校創立50周年記念誌』創立50周年記念事業実行委員会記念誌係編 南種子町(鹿児島県) 南種子高等学校 1999.4 159p 27cm

鹿児島県

『鹿児島県立南種子高等学校 閉校記念誌』南種子高等学校閉校記念事業実行委員会編　南種子町(鹿児島県)　南種子高等学校閉校記念事業実行委員会　2010.3　62p　30cm

◆宮之城高等学校

『[鹿児島県立宮之城高等学校]創立三十周年記念誌』鹿児島県立宮之城高等学校創立三十周年記念事業実行委員会編　宮之城町(鹿児島県)　鹿児島県立宮之城高等学校創立三十周年記念事業実行委員会　1978　94p　21cm

『[宮之城高等学校]創立五十周年記念誌』宮之城高等学校創立五十周年記念事業実行委員会編集　宮之城町(鹿児島県)　宮之城高等学校創立50周年記念事業実行委員会　1998.3　200p　27cm

『鹿児島県立宮之城高等学校閉校記念誌』宮之城高等学校閉校記念事業実行委員会編集　さつま町(鹿児島県)　宮之城高等学校閉校記念事業実行委員会　2007.3　47p　31cm

◆宮之城農業高等学校

『[宮之城農業高等学校]創立七十周年記念誌』宮之城農業高等学校創立70周年記念実行委員会編　宮之城　宮之城農業高等学校創立70年記念実行委員会　1981　58p　26cm

『[宮之城農業高等学校]創立八十周年記念誌』鹿児島県立宮之城農業高等学校創立八十周年記念実行委員会編集　宮之城町(鹿児島県)　鹿児島県立宮之城農業高等学校創立八十周年記念実行委員会　1992　79p　27cm

◆屋久島高等学校

『[屋久島高等学校]創立五十周年記念誌』創立50周年記念事業実行委員会事業部記念誌係編　上屋久町(鹿児島県)　屋久島高等学校創立50周年記念事業実行委員　1999.3　224p　27cm

◆山川高等学校

『[山川高等学校]創立五十周年記念誌』山川高等学校創立五十周年記念事業実行委員会編集　山川町(鹿児島県)　山川高等学校創立五十周年記念事業実行委員　1999.3　139p　27cm

『[山川高等学校]創立六十周年記念誌』山川高等学校創立六十周年記念事業実行委員会編集　指宿　山川高等学校創立六十周年記念事業実行委員　2009.2　63p　30cm

◆与論高等学校

『[鹿児島県立与論高等学校]創立二十周年記念誌』鹿児島県立与論高等学校創立二十周年記念事業実行委員会編　与論町(鹿児島県)　鹿児島県立与論高等学校創立二十周年記念事業実行委員会　1987　94p　26cm

『与論高校はなぜ定期考査と朝課外をやめたのか―改革を実現した学校マネジメント』甲斐修著　学事出版　2022.12　129p　19cm　1800円　①978-4-7619-2886-5　Ⓝ374

目次　第1章 あなたの高校は未来を見据えているか(離島の小規模高校ができること、新学習指導要領と観点別評価 ほか)、第2章 学習指導と学習評価の在り方を見直す(授業と学習評価の現実、なぜ定期考査は不要なのか ほか)、第3章 学校に創造的な時間を取り戻す(朝課外の"功罪"、何が生徒の主体的な学びを妨げるのか ほか)、第4章 自校のビジョンを明確にする(ビジョンがつくるこれからの高校、地域のよりよい未来づくりに参加する ほか)、第5章 これからの学校経営を考える(校長は自校のカリキュラム・マネジメントを語れるか、自校の「弾み車」は何か ほか)

内容　なぜ、定期考査や朝課外をやめることができたのか。教職員とともに大胆な改革を実現した、校長マネジメントの全貌をコンパクトに紹介!

◆ラ・サール高等学校

『創立30周年記念号』鹿児島　ラ・サール学園創立三十周年記念誌編集委員会　1980.5　139p, 図版(ページ付なし)21cm〈書誌注記：年表あり　部分タイトル：ラ・サール学園創立三十周年記念誌〉Ⓝ376.48

『わがラ・サール高校―ザ・ベスト・アマング・ザ・ベスト』鮫島正英著　教育出版センター　1983.1　241p　20cm　1500円　Ⓝ376.4

『わがラ・サール高校』鮫島正英著　教育出版センター　1983.3　225p　19cm(サンシャインカルチャー)　1000円　Ⓝ376.4

『ラ・サール学園40周年記念誌』鹿児島　ラ・サール学園　1990　155p　27cm〈書誌注記：年表あり〉Ⓝ376.48

『わが子の未来を拓く―中高一貫名門校・選択の指針』二見喜章著　小学館　2000.5　286p　15cm(小学館文庫)　600円　①4-09-417381-1

目次　序章 国の将来は「教育の在り方」で決まる、開成学園型―本物志向で「文武両道」を教育指導の根幹に据える、麻布学園/灘校型―「自由な校風」だが、教育指導の基本を豊かな「知性」の習得に置く、ラ・サール学園/栄光学園型―人間教育を基本としながら「進学指導」に重点を置く、桜蔭学園型―「女性の在り方」を教えつつ、自立し、自己主張ができ、広く活躍する女性の育成に力を入れる、白

百合学園型―豊かでバランス感覚のいい「知性と教養ある女子の育成」を目指す教育指導, 終章 女子教育の成否が「国の将来」を決める

[内容]どの学校を選ぶかで, 子どもの未来は大きく変わる。偏差値教育の弊害が叫ばれる今, 多くの親は"子どもの個性を伸ばしたい""子どもにいきいきとした人生を送ってほしい"と願っている。学歴社会崩壊の時代だからこそ, より慎重な学校選びが必要になっているのだ。なぜ今, 名門校なのか。筆者は言う。「教育の目的や本質は『人間の優秀性の開発』と『人間性の陶冶育成』にある」と。本書は綿密な取材をもとに, それを可能とする中高一貫校の教育理念を浮き彫りにする。

『ラ・サール学園70周年記念誌―family spirit：1950-2020』鹿児島　ラ・サール学園　2021.1　148p, 図版 20 p　30cm〈書誌注記：年表あり　部分タイトル：ラ・サール学園創立70周年記念誌〉Ⓝ376.48

◆れいめい高等学校

『れいめい高等学校30周年記念誌　平成6年版』れいめい高等学校同窓会本部編集　川内　れいめい高等学校同窓会本部　1994.9　418p　26cm

沖縄県

◆石川高等学校

『こだま―石川高等学校定時制閉課程記念誌』石川高等学校定時制編　沖縄県立石川高等学校定時制　1980.3　159p　26cm

『［石川高等学校］創立四十周年記念誌』石川高等学校創立四十周年記念誌編集委員会編　［石川高等学校］創立四十周年記念事業推進委員会　1985.7　396p　27cm

『［沖縄県立］石川高等学校創立五〇周年記念誌』沖縄県立石川高等学校創立五〇周年記念誌編集委員会編　［沖縄県立石川高等学校］創立五〇周年記念事業推進委員会　1995.11　236p　27×20cm

『［沖縄県立石川高等学校］創立60周年記念誌　城頭―1945年－2005年』沖縄県立石川高等学校創立60周年記念事業期成会記念誌編集委員会編　［沖縄県立石川高等学校］60周年記念事業期成会　2005.11　207p　30cm〈正誤表あり〉Ⓝ376.48

『沖縄県立石川高等学校創立70周年記念誌　2006-2015』沖縄県立石川高等学校創立70周年記念事業期成会記念誌編集委員会編　［沖縄県立石川高等学校］創立70周年記念事業期成会　2015.11　116p　30cm〈正誤表あり〉

◆糸満高等学校

『［糸満高等学校］創立30周年記念誌』糸満高等学校編　沖縄県立糸満高等学校　1976.1　43p　26cm

『［沖縄県立糸満高等学校］校舎落成記念誌』沖縄県立糸満高等学校編　糸満高校　1980.9　26p　26cm

『沖縄県立糸満高等学校創立40周年記念誌』糸満　創立40周年記念事業期成会　1986.3　329p　27cm〈書名は奥付による　背・表紙の書名：記念誌〉Ⓝ376.4

『潮―1946-1996：創立50周年記念誌』沖縄県立糸満高等学校著　糸満　創立五十周年記念事業期成会　1996.3　442p　27cm〈書誌注記：年表あり〉Ⓝ376.48

『家政科47年の足跡』県立糸満高等学校家庭科職員編集　沖縄県立糸満高等学校　2005.3　75p　30cm

『世紀の潮よるところ―沖縄県立糸満高等学校創立60周年記念誌：1945年度（昭和20年度）-2005年度（平成17年度）』沖縄県立糸満高等学校創立60周年記念誌編集委員会編　糸満　沖縄県立糸満高等学校創立60周年記念事業期成会　2006.3　542p 図版［15］枚　31cm〈書誌注記：年表あり〉Ⓝ376.48

◆伊良部高等学校

『［沖縄県立伊良部高等学校］創立5周年記念誌』伊良部高等学校創立5周年記念誌編集委員会編　伊良部高等学校　1989.3　127p　26cm

『［沖縄県立伊良部高等学校］創立10周年記念誌　南鷹』沖縄県立伊良部高等学校記念誌発行部会編　伊良部高等学校　1994.3　243p　27cm

『［沖縄県立伊良部高等学校］創立20周年記念誌　南鷹』伊良部高等学校記念誌発行部会編　伊良部高等学校　2005.4　193p　30cm

『［沖縄県立伊良部高等学校］創立30周年記念誌　南鷹』沖縄県立伊良部高等学校記念誌発行部会編　［沖縄県立］伊良部高等学校30周年記念事業期成会　2015.6　176p　30cm

◆浦添高等学校

『沖縄県立浦添高等学校創立25周年記念誌』沖縄県立浦添高等学校創立25周年記念誌編集委

沖縄県

員会編　沖縄県立浦添高等学校創立25周年記念誌編集委員会　1991.8　192p　27cm

『沖縄県立浦添高等学校創立30周年記念誌』沖縄県立浦添高等学校創立30周年記念事業実行委員会記念誌部会編　沖縄県立浦添高等学校　1994.12　132p　30cm〈付：正誤表（1枚）〉

『沖縄県立浦添高等学校創立40周年記念誌 1965-2004』沖縄県立浦添高等学校創立40周年記念事業実行委員会記念誌部会　沖縄県立浦添高等学校　2004.11　159p　30cm　Ⓝ376.48

『綺羅星―沖縄県立浦添高等学校創立50周年記念誌』沖縄県立浦添高等学校創立50周年記念事業期成会記念誌編集部編　浦添　沖縄県立浦添高等学校創立50周年記念事業期成会，創立50周年記念事業期成会　2015.3　167p　30cm〈書誌注記：年表あり〉Ⓝ376.48

◆浦添工業高等学校

『[沖縄県立浦添工業高等学校]創立1周年記念誌 飛躍』沖縄県立浦添工業高等学校創立1周年記念誌編集委員会編集　沖縄県立浦添工業高等学校　[1984.6]　102p　26cm

『[沖縄県立浦添工業高等学校]創立10周年記念誌―創の心』沖縄県立浦添工業高等学校創立10周年記念誌編集委員会編集　沖縄県立浦添工業高等学校創立10周年記念事業期成会　1993.3　208p　27cm

◆浦添商業高等学校

『[沖縄県立浦添商業高等学校]創立10周年記念誌』沖縄県立浦添商業高等学校10周年記念誌編集委員会編　浦添商業高等学校　1982.2　60p　図版3枚　25cm

『浦添商業高等学校創立15周年記念誌』15周年記念誌編集委員会編　浦添商業高等学校　1987.1　79p　26cm

『浦添商業高等学校創立20周年記念誌』浦添商業高等学校編　沖縄県立浦添商業高等学校　1991.12　248p　26cm

『[沖縄県立浦添商業高等学校]創立30周年記念 陽 1972-2001』沖縄県立浦添商業高等学校創立30周年記念誌編集委員会編　沖縄県立浦添商業高等学校　2001.12　248p　26cm

◆大平高等学校

『大平高等学校創立10周年記念誌』大平高等学校創立10周年記念誌編集委員会編　沖縄県立大平高等学校　1989.4　221p　27cm

◆沖縄工業高等学校

『沖縄工業高等学校創立70周年記念誌』沖縄工業高等学校編　沖縄県立沖縄工業高等学校　1974.11　192p　図肖像　22cm

『[沖縄県立沖縄工業高等学校]創立80周年記念誌』沖縄工業高等学校創立80周年記念事業記念誌編集委員会編　沖縄県立沖縄工業高等学校　1984.10　236p　27cm

『[沖縄県立沖縄工業高等学校]インテリア科 デザイン科の廃科に伴う記念誌』沖縄工業高等学校廃科記念事業実行委員会編　沖縄県立沖縄工業高等学校　1985.3　218p　26cm

『[沖縄県立沖縄工業高等学校]創立90周年記念写真集』沖縄工業高等学校編　沖縄県立沖縄工業高等学校　1992.11　294p　31cm

『[沖縄県立沖縄工業高等学校]記念誌―機械科48年の歩み』沖縄工業高等学校機械科記念誌発行実行委員会編　沖縄工業高等学校機械科記念誌発行実行委員会　1996.2　97, [10]p　31cm

『沖工百周年記念誌』創立百周年記念史編纂委員会編集　沖縄県立沖縄工業高等学校創立100周年記念事業期成会　2003.3　476p　31cm

◆沖縄尚学高等学校

『青畳だけが知っている―沖縄尚学高校柔道日本一への道のり』真喜志忠男著　那覇　真喜志忠男　1993.7　270p　22cm〈編集：沖縄自分史センター〉2000円　Ⓝ789.2

『沖縄球児全国制覇―'99第71回選抜高校野球大会 県勢初、沖尚栄光の記録』琉球新報社出版部企画・編集　那覇　琉球新報社　1999.4　48p　29cm〈背のタイトル：沖尚球児全国制覇〉800円　①4-89742-021-0　Ⓝ783.7

『沖縄尚学、「夢」の頂点へ―第71回選抜高校野球優勝記念グラフ 沖縄県勢初の快挙！ 歓喜と感動の記録』沖縄タイムス社編　那覇　沖縄タイムス社　1999.4　63p　30cm　800円　①4-87127-136-6　Ⓝ783.7

『人間力を創る教育―沖縄尚学の挑戦』壁谷卓著　桐原書店　2000.2　223p　19cm　1500円　①4-342-41330-2　Ⓝ376.4199

目次 序章 悲願達成，第1章 自然体野球，第2章 教師として，父として，第3章 名城校長の哲学，第4章 学校再建，第5章 牽引者として，第6章 理念のもとに，第7章 アイディアの泉，終章 教師の背中

内容 沖縄からの発信。センバツ優勝は教育理念の開花であった。学校崩壊の叫ばれる今日の教育界

にあってたくましい進学校として文武の両面で独自の進化を遂げる沖縄尚学中・高校「再生」の物語。

『がんばれ！沖縄尚学—センバツ高等学校野球大会』毎日新聞社編集　毎日新聞社　2008.3　32p　26cm　400円

『感動再び沖尚全国制覇—'08第80回選抜高校野球大会』琉球新報社企画・編集　那覇　琉球新報社　2008.4　48p　29cm　800円　①978-4-89742-093-6　Ⓝ783.7

『子どもがやる気になる教育論』名城政一郎著　PHP研究所　2012.3　191p　19cm　1200円　①978-4-569-80107-0　Ⓝ376.3199

内容　沖縄で初めて、甲子園優勝、柔道日本一、東大現役合格を成し遂げた沖縄尚学が、さらに目指している教育の高みとは？グローバル社会の中でたくましく生きる子どもの育て方。

◆沖縄水産高等学校

『創立75周年記念誌』記念誌部編　糸満　沖縄県立沖縄水産高等学校　1979.11　240p　26cm　Ⓝ376.4

『創立九十周年記念誌』沖縄県立沖縄水産高等学校記念誌部編　糸満　沖縄県立沖縄水産高等学校　1995.3　313p　図版44枚　31cm〈年表あり〉Ⓝ376.48

『創立百周年記念誌』沖縄県立沖縄水産高等学校記念誌部編　糸満　沖縄県立沖縄水産高等学校　2005.3　267p　図版30枚　31cm〈年表あり〉Ⓝ376.48

◆小禄高等学校

『小禄高等学校創立15周年記念誌』小禄高等学校　沖縄県立小禄高等学校　1977.10　84p　26cm

『小禄高等学校創立20周年記念誌』小禄高等学校　沖縄県立小禄高等学校　1983.2　129p　27cm

『International Kajimayar—県立小禄高等学校国際交流15周年記念誌』小禄高等学校国際交流15周年記念誌編集委員会編　小禄高等学校国際交流推進協議会　1990.10　135p　26cm

『[沖縄県立小禄高等学校]創立30周年記念誌』沖縄県立小禄高等学校編　小禄高等学校　1993.2　148p, 図版22枚　27cm

『輝跡—我が青春の小禄高校：創立50周年記念誌沖縄県立小禄高等学校』沖縄県立小禄高等学校創立50周年記念事業期成会記念誌編集委員会編　那覇　沖縄県立小禄高等学校創立50周年記念事業期成会記念誌編集委員会　2012.11　174p　30cm〈書誌注記：年表あり〉Ⓝ376.48

『[沖縄県立小禄高等学校]創立60周年記念誌—沖縄県立小禄高等学校創立60周年記念事業』沖縄県立小禄高等学校創立60周年記念事業期成会記念誌部会編　沖縄県立小禄高等学校創立60周年記念事業期成会記念誌部会　2023.1　84p　30cm

◆開邦高等学校

『[沖縄県立開邦高等学校]創立一周年記念誌』沖縄県立開邦高等学校創立一周年記念誌編集委員会編　沖縄県立開邦高等学校　1986.12　86p　26cm　Ⓝ376.48

『沖縄県立開邦高等学校創立20周年記念誌「ひらく」』沖縄県立開邦高等学校創立20周年記念事業実行委員会記念誌編集委員会編　沖縄県立開邦高等学校　2006.11　153p　30cm〈写真協力：松島写真館、表紙デザイン：新垣美沙季(芸術科美術コース18期卒)〉

『[沖縄県立開邦高等学校]創立30周年記念誌—ひらく』沖縄県立開邦高等学校創立30周年記念事業実行委員会記念誌編集委員会編　沖縄県立開邦高等学校　2015.11　212p　30cm

◆嘉手納高等学校

『創造—[嘉手納高等学校]創立一周年記念・体育館等落成記念誌』嘉手納高等学校創立1周年並びに体育館等落成記念誌編集委員会編　沖縄県立嘉手納高等学校　1985.6　116p　26cm

『[沖縄県立嘉手納高等学校]創立五周年記念誌』沖縄県立嘉手納高等学校創立5周年記念誌編集委員会編　沖縄県立嘉手納高等学校　1988.11

『[沖縄県立嘉手納高等学校]創立十周年記念誌』沖縄県立嘉手納高等学校創立10周年記念誌編集委員会編　沖縄県立嘉手納高等学校　1994.3　264p　27cm

◆北中城高等学校

『[沖縄県立北中城高等学校]全施設・体育館落成記念誌　進取』全施設・体育館落成記念誌編集委員会編　沖縄県立北中城高等学校　1984.6　159p　26cm

『[北中城高等学校]創立10周年記念誌』北中城高等学校10周年記念事業期成会編　北中城高等学校10周年記念事業期成会　1992.12

198p　27cm

『［沖縄県立北中城高等学校］創立20周年記念誌—はたち』沖縄県立北中城高等学校20周年記念誌編集委員会編　北中城高等学校20周年記念事業実行委員会　2004.3　43p　30cm

◆宜野座高等学校

『［沖縄県立］宜野座高等学校創立四十周年記念誌』沖縄県立宜野座高等学校創立40周年記念誌編集委員会編　沖縄県立宜野座高等学校創立40周年記念事業期成会　1987.3　347p　27cm

『［沖縄県立］宜野座高等学校創立五十周年記念誌』沖縄県立宜野座高等学校創立50周年記念事業会誌委員会編　沖縄県立宜野座高等学校創立50周年記念事業期成会　1996.6　343p　27cm

『［沖縄県立宜野座高等学校］ガラマンの風—第73回 選抜高等学校野球大会 初出場 ベスト4 達成記念』沖縄県立宜野座高等学校編、毎日メディアサービス企画編集、毎日新聞社取材　沖縄県立宜野座高等学校　2001.7　64p　26cm〈平成13年3月25日〜4月4日 阪神甲子園球場〉

『［沖縄県立宜野座高等学校］創立六十周年記念誌』沖縄県立宜野座高等学校創立60周年記念事業会誌委員会編　沖縄県立宜野座高等学校創立60周年記念事業期成会　2006.6　153p　30cm

『創立七十周年記念誌』創立七十周年記念事業会誌委員会編　宜野座村（沖縄県）沖縄県立宜野座高等学校創立七十周年記念事業期成会　2016.8　108p　30cm〈書誌注記：年表あり　表紙のタイトル：70周年記念誌　共同刊行：沖縄県立宜野座高等学校〉Ⓝ376.48

◆宜野湾高等学校

『創造［宜野湾高等学校 開校一周年記念誌］』開校一周年記念誌編集委員会編　沖縄県立宜野湾高等学校　1982.5　103p　26cm

『宜野湾高等学校創立10周年記念誌』宜野湾高等学校創立10周年記念誌編集委員会編　沖縄県立宜野湾高等学校　1990.11　103p　26cm

『宜野湾高等学校創立20周年記念誌—見つけよう自分らしさ かなえよう夢』宜野湾高等学校創立20周年記念誌編集委員会編　［沖縄県立宜野湾高等学校］　2000.11　118p　30cm

◆球陽高等学校

『［沖縄県立球陽高等学校］創立1周年記念誌』沖縄県立球陽高等学校編　沖縄県立球陽高等学校　1990.6　95p　26cm

『［球陽高等学校］創立5周年記念誌』球陽高等学校編　球陽高等学校　1994.3　179p　26cm

『［沖縄県立球陽高等学校］創立10周年記念誌』沖縄県立球陽高等学校創立10周年記念誌編集委員会編　沖縄県立球陽高等学校　1999.3　245p　27cm

『球陽—創立20周年記念誌』沖縄県立球陽高等学校創立20周年記念誌編集委員会編　沖縄県立球陽高等学校　2009.3　164p　30cm　Ⓝ376.48

◆具志川高等学校

『具志川高等学校創立一周年記念誌—創立一周年記念並に体育館落成』記念誌編集委員会編　沖縄県立具志川高等学校　1984.5　86p　26cm

『［沖縄］県立具志川高等学校創立10周年記念誌—飛翔』沖縄県立具志川高等学校10周年記念誌委員会編　沖縄県立具志川高等学校10周年記念事業実行委員会　1993.3　232p　27cm〈1983〜1993〉

『［沖縄県立］具志川高等学校創立20周年記念誌—飛翔』沖縄県立具志川高等学校創立20周年記念誌委員会編　［沖縄県立］具志川高等学校20周年記念事業実行委員会　2003.3　195p　30cm

◆具志川商業高等学校

『具志川商業高等学校創立10周年記念誌』沖縄県立具志川商業高等学校編　沖縄県立具志川商業高等学校　1986.10　161p　26cm

『［沖縄県立具志川商業高等学校］創立二十年記念誌』沖縄県立具志川商業高等学校創立20周年記念事業会誌編集委員会編　［沖縄県立具志川商業高等学校］創立20周年記念事業実行委員会　1996.10　151p　30cm

『［沖縄県立具志川商業高等学校］創立30周年記念誌』沖縄県立具志川商業高等学校編　沖縄県立具志川商業高等学校　［2010］　164p　30cm

◆久米島高等学校

『［沖縄県立久米島高等学校］校舎落成記念誌』沖縄県立久米島高等学校校舎改築記念誌編集委員会編　沖縄県立久米島高等学校　1979.

沖縄県

11　18p　26cm

◆興南高等学校

『興南学園創立30周年記念誌』興南学園, 興南学園創立30周年記念事業実行委員会編　興南学園　1994.8　246p　27cm〈付：寄付者御芳名録（1冊）〉

『興南全国初制覇―2010年第82回選抜高校野球大会』琉球新報社企画・編集　那覇　琉球新報社　2010.4　48p　29cm　800円　Ⓡ978-4-89742-111-7　Ⓝ783.7

『興南熱闘の足跡―旋風再び初の全国制覇　第82回選抜高校野球優勝記念グラフ』沖縄タイムス社編　那覇　沖縄タイムス社　2010.4　51p　29cm　762円　Ⓡ978-4-87127-198-1　Ⓝ783.7

『興南春夏連覇―夏の甲子園第92回全国高校野球選手権大会』琉球新報社企画・編集　那覇　琉球新報社　2010.8　58p　29cm〈発売：琉球プロジェクト（那覇）〉933円　Ⓡ978-4-89742-114-8　Ⓝ783.7

『春夏連覇!!―興南偉業の足跡深紅の大旗海を渡る　第92回全国高校野球選手権大会優勝記念グラフ　保存版』沖縄タイムス社編　那覇　沖縄タイムス社　2010.8　65p　29cm　952円　Ⓡ978-4-87127-643-6　Ⓝ783.7

『逆境を生き抜く力』我喜屋優著　WAVE出版　2011.6　195p　19cm　1400円　Ⓡ978-4-87290-520-5　Ⓝ783.7

『非常識―甲子園連覇監督に学ぶ勝ち続ける強いチームのつくり方』我喜屋優, 田尻賢誉著　光文社　2011.6　224p　19cm　1300円　Ⓡ978-4-334-97651-4　Ⓝ783.7

|目次|第1章　勝負に備える―一瞬のために全力で準備せよ, 第2章　人をつくる―花を支える枝, 枝を支える幹, 本当に支えているのは根っこ, 第3章　チームをつくる―ごみを拾えるようになれば, 野球もうまくなる, 第4章　非常識を常識にする―やってみよう, できるはずと思えばできる, 第5章　リーダーシップをとる―まずは自分を鍛える, 成長させる

|内容|沖縄・興南高は, なぜ優勝どころか春夏連覇できたのか？　常識を疑い続けたことから生まれた唯一無二の指導法と"金言"を初公開。不可能を可能にした名将の人づくり, チームづくりのノウハウと卓越したリーダー論。

『日々, 生まれ変わる―人生に大輪の花を咲かせるための"七つの力"』我喜屋優著　光文社　2012.6　189p　19cm　1300円　Ⓡ978-4-334-97694-1　Ⓝ783.7

|目次|第1章　根っこを張る力, 第2章　挑戦し続ける力, 第3章　嫌われることを恐れぬ力, 第4章　自分で「道」を見つける力, 第5章　「今」を生きる力, 第6章　人を動かす力, 第7章　感謝する力

|内容|甲子園春夏連覇…指導者として最高の栄誉を得るだけにとどまらず, 興南学園理事長, 興南中学・高校の校長としても成功を収めた"極意"とは？　我喜屋監督が実践し, 人生の支えとしてきた"七つの力"を紹介。

『魂知和―興南高校野球部五〇年史』興南高校野球部五〇年史編集委員会編集　那覇　興南高校野球部OB会　2012.8　224p　31cm〈書誌注記：年表あり〉非売品　Ⓝ783.7

『無名最強甲子園―興南春夏連覇の秘密』中村計著　新潮社　2016.3　326p　16cm（新潮文庫　な-72-4）〈書誌注記：文献あり〉550円　Ⓡ978-4-10-133244-4　Ⓝ783.7

|目次|プロローグ, 第1章　春制覇, 第2章　南へ, 第3章　我喜屋ショック, 第4章　興南旋風, 第5章　北へ, 第6章　春夏連覇, エピローグ

|内容|スター選手のいない無名チームは, なぜ甲子園春夏連覇を成し得たのか。鷹揚な沖縄人気質に, 徹底した規律指導と実戦主義を融合させた興南野球。それは, あらゆる難局を完璧かつ淡々と勝利に置き換える「静の野球」として全国の指導者を瞠目させた。いまなおお異次元の強さが語り継がれる, 2010年興南高校の選手達と指導者双方をつぶさに追い, その神髄に迫った傑作ノンフィクション。

『まかちょーけ―興南甲子園春夏連覇のその後』松永多佳倫著　集英社　2020.7　326p　16cm（集英社文庫　ま26-4）680円　Ⓡ978-4-08-744141-3　Ⓝ783.7

|目次|第1章　散った春夏連覇投手　島袋洋奨, 第2章　究極の文武両道　国吉大将・大陸, 第3章　未完の大砲　眞榮平大輝, 第4章　本音の辺野古　我如古盛次, 第5章　沖縄を変える男　我喜屋監督, 特別対談　我喜屋優監督×島袋洋奨

|内容|2010年, 沖縄・興南高校が成し遂げた史上6校目の甲子園春夏連覇。島中が歓喜と興奮に包まれてから10年。プロに進んだエース, 大学在学中に公認会計士試験に合格した元選手, 辺野古生まれの幼馴染, 沖縄から高校野球を変えようと強き信念を持ち続けた監督など, 多士済々の選手や監督のその後に迫る。あの熱狂をもう一度。史上初の中止が決まった2020年は, "読む甲子園"をお楽しみ下さい。

◆向陽高等学校

『[沖縄県立向陽高等学校]創立五周年記念誌』向陽高等学校創立5周年記念誌編集委員会編　向陽高等学校創立5周年記念事業期成会　1998.10　132p　30cm

『[沖縄県立]向陽高等学校創立10周年記念誌「向陽」』沖縄県立向陽高等学校創立10周年記念誌編集委員会編　[沖縄県立]向陽高等学

沖縄県

校創立10周年記念事業期成会　2003.10　130p　30cm

『［沖縄県立向陽高等学校］創立20周年記念誌―向陽』沖縄県立向陽高等学校創立20周年記念誌編集委員会編　［沖縄県立］向陽高等学校創立20周年記念事業期成会　2013.10　118p　30cm

◆コザ高等学校

『［沖縄県立コザ高等学校］記念誌―創立30周年』沖縄県立コザ高等学校編　沖縄県立コザ高等学校　1975.11　130p　26cm

『沖縄県立コザ高等学校創立50周年記念誌』沖縄県立コザ高等学校創立50周年記念事業期成会記念誌編集委員会編　コザ高等学校創立50周年記念事業期成会記念誌編集委員会　［1995］　216p　31cm

『沖縄県立コザ高等学校創立60周年記念誌』沖縄県立コザ高等学校創立60周年記念事業期成会編　沖縄県立コザ高等学校創立60周年記念事業期成会　2006.3　110p　30cm〈タイトルは奥付による〉

『沖縄県立コザ高等学校創立70周年記念誌』沖縄県立コザ高等学校創立70周年記念事業期成会記念誌委員会編　沖縄県立コザ高等学校創立70周年記念事業期成会記念誌委員会　2016.2　137p　30cm〈タイトルは奥付による〉

『コザ高校ラグビーフットボール部創部50周年記念誌［継續］』コザ高校ラグビー部創部50周年記念事業実行委員会編　コザ高校ラグビー部創部50周年記念事業実行委員会　2017.12　100p　30cm

◆首里高等学校

『28年の歩み［沖縄県立］首里高等学校定時制課程』沖縄県立首里高等学校定時制課程編　沖縄県立首里高等学校　1980.3　221p　26cm

『養秀百年』那覇　養秀同窓会　1980.12　623p　27cm　Ⓝ376.4

『目で見る養秀百十年―創立百十周年記念出版写真集』養秀同窓会編　那覇　養秀同窓会　1990.12　1冊（頁付なし）26×26cm〈県立一中・首里高校110周年記念　背の書名：養秀百十年〉2500円　Ⓝ376.4

『国学創設二百周年記念「養秀そうし」―県立首里高等学校編』国学創設二百周年記念「養秀そうし」編集委員会編　［沖縄］県立首里高等学校　1998.12　22p　26cm　非売品

『国学創建二百年「養秀そうし」―沖縄県立第一中学校・首里高等学校創立百二十周年記念』養秀そうし編集委員会編　国学創建二百年、沖縄県立第一中学校、首里高等学校、創立百二十周年記念行事委員会　2000.12　34p　26cm　非売品

『沖縄県立首里高等学校學校沿革誌』複製版　沖縄県立首里高等学校編　沖縄県立首里高等学校　2001.6　1冊　26cm〈複製文責：宮良行雄、浄書：我喜屋明心、背：学校沿革誌〉

『海のかなたの甲子園―沖縄・本土復帰への祈りと52年目の全国制覇』市田実著　双葉社　2010.12　324p　19cm〈文献あり〉1600円　①978-4-575-30283-7　Ⓝ783.7

目次　第1章　二〇一〇年夏、第2章　カミッチーという男、第3章　米軍と野球　第4章　本土との絆、第5章　夢の沖縄代表、第6章　初めての甲子園、第7章　託された願い

内容　1958年、米軍統治下の沖縄代表として首里高校ナインは初めて甲子園の土を踏んだ。あれから52年後の2010年夏、深紅の優勝旗が初めて沖縄に持ち帰られた―。

『国学創建二百十年「養秀そうし」―沖縄県立第一中学校・首里高等学校創立百三十周年記念』養秀そうし編集委員会編　国学創建二百十年、沖縄県立第一中学校、首里高等学校、創立百三十周年記念行事委員会　2010.12　54p　26cm　非売品

『目で見る養秀百三十年』国学創建二百十年沖縄県立第一中学校・首里高等学校創立百三十周年記念事業実行委員会編、養秀同窓会編　那覇　養秀同窓会　2010.12　163p　31cm〈年表あり〉Ⓝ376.48

『国学創建二百二十年「養秀そうし」―沖縄県立第一中学校・首里高等学校創立百四十周年記念』養秀そうし編集委員会編　国学創建二百二十年、沖縄県立第一中学校、首里高等学校、創立百四十周年記念事業実行委員会　2020.12　54p　26cm

『写真で辿る　養秀百四十年―沖縄県立第一中学校・首里高等学校　創立百四十周年記念誌』国学創建二百二十年　沖縄県立第一中学校・首里高等学校　創立百四十周年記念事業実行委員会編　沖縄県立首里高等学校　2020.12　127p　31cm

◆首里東高等学校

『［首里東高等学校］創立二周年・体育館等落成記念誌』創立2周年並びに体育館等落成記念誌編集委員会編　沖縄県立首里東高等学校

1986.1　110p　26cm
『［沖縄県立首里東高等学校］創立10周年記念誌　翔東』沖縄県立首里東高等学校記念誌編集委員会編　首里東高等学校創立10周年記念事業期成会　1995.3　186p　27cm

◆翔南高等学校

『［沖縄県立翔南高等学校］創立50周年記念誌　翔邦』翔南高等学校編　翔南高等学校　［1997.3あとがき］　142p　31cm
『［沖縄県立翔南高等学校］創立60周年記念誌—翔南』沖縄県立翔南高等学校創立60周年記念誌部会編　沖縄県立翔南高等学校創立60周年記念事業期成会　2008.1　140p　30cm

◆昭和薬科大学附属高等学校

『昭和薬科大学附属高等学校創立十周年記念誌』昭和薬科大学附属高等学校　昭和薬科大学附属高等学校　1984　66p　26cm
『昭和薬科大学附属高等学校創立20周年記念誌』昭和薬科大学附属高等学校20周年記念誌編集委員会編　昭和薬科大学附属高等学校　1993.10　121p　31cm
『昭和薬科大学附属高等学校創立30周年記念誌　2004』昭和薬科大学附属高等学校編　昭和薬科大学附属高等学校　［2004］　86p　31cm〈表紙の書名：Our Memories〉
『昭和薬科大学附属高等学校創立40周年記念誌』昭和薬科大学附属高等学校　昭和薬科大学附属高等学校　［2013］　96p　30cm

◆知念高等学校

『知念高等学校創立40周年記念誌』知念高等学校記念誌編集委員会編　沖縄県立知念高等学校創立40周年記念事業期成会　1985.11　287p　27cm
『知念高等学校創立50周年記念誌』知念高等学校記念誌編集委員会編　沖縄県立知念高等学校創立40周年記念事業期成会　1996.2　305p, 図版7枚　27cm〈書名は奥付けによる〉
『知念高等学校創立60周年記念誌』沖縄県立知念高等学校会誌委員会編集　沖縄県立知念高等学校創立60周年記念事業期成会　2006.1　235p　27cm
『創立70周年記念誌』会誌委員会編　与那原町（沖縄県）知念高等学校創立70周年記念事業期成会　2016.2　163p　30cm〈書誌注記：年表あり　奥付のタイトル：知念高等学校創立70周年記念誌　共同刊行：沖縄県立知念高等学校）非売品　Ⓝ376.48

◆北谷高等学校

『［沖縄県立北谷高等学校］体育館落成記念誌』沖縄県立北谷高等学校編　沖縄県立北谷高等学校　［1979.11］　32p　26cm
『［沖縄県立北谷高等学校］創立十周年記念誌』北谷高等学校編　北谷高等学校　1985.11　131p　27cm
『［沖縄県立北谷高等学校］創立20周年記念誌』創立20周年記念事業実行委員会記念誌部会編　創立20周年記念事業実行委員会　1996.2　137p　30cm
『［沖縄県立北谷高等学校］創立30周年記念誌』創立30周年記念事業実行委員会記念誌部会編　創立30周年記念事業実行委員会　2008.2　125p　30cm
『創立40周年記念誌—沖縄県立北谷高等学校』沖縄県立北谷高等学校創立40周年記念誌委員会編　北谷町（沖縄県）沖縄県立北谷高等学校創立40周年記念事業期成会　2016.2　104p　30cm〈書誌注記：年表あり〉Ⓝ376.48

◆中部工業高等学校

『［沖縄県立中部工業高等学校］創立10周年記念誌』沖縄県立中部工業高等学校編　沖縄県立中部工業高等学校　1974.3　44p（図共）26cm
『［沖縄県立中部工業高等学校］創立25周年記念誌』沖縄県立中部工業高等学校記念誌編集委員会編　沖縄県立中部工業高等学校創立25周年記念行事実行委員会　1989.2　142p, 図版4枚　27cm
『蘇鉄—創立40周年記念誌』沖縄県立中部工業高等学校創立40周年記念事業期成会編　沖縄県立中部工業高等学校創立40周年記念事業期成会　2004.2　178p　30cm　Ⓝ376.48
『［沖縄県立美来工科高等学校・沖縄県立中部工業高等学校］創立50周年記念誌　蘇鉄』沖縄県立美来工科高等学校・沖縄県立中部工業高等学校創立50周年記念事業期成会編　沖縄県立美来工科高等学校・沖縄県立中部工業高等学校創立50周年記念事業期成会　2014.3　172p　30cm　Ⓝ376.48

◆中部商業高等学校

『［沖縄県立中部商業高等学校］創立20周年記念誌—昭和60年1月』沖縄県立中部商業高等学

校創立20周年記念誌編集委員会編　沖縄県立中部商業高等学校　1985.3　186p　27cm〈表紙題字：川崎正徳〉

『ともしび―定時制26年の歩み』沖縄県立中部商業高等学校廃課程記念誌編集委員会編　沖縄県立中部商業高等学校定時制　1994.3　190p　27cm

『［沖縄県立中部商業高等学校］創立30周年記念誌』沖縄県立中部商業高等学校創立30周年記念誌編集委員会編　沖縄県立中部商業高等学校　1995.3　221p　27cm

『［沖縄県立中部商業高等学校］創立40周年記念誌』沖縄県立中部商業高等学校創立40周年記念誌編集委員会編　沖縄県立中部商業高等学校　2005.3　208p　30cm

『沖縄県立中部商業高等学校創立50周年記念誌―1964-2014』創立50周年記念事業期成会記念誌編集委員会編　宜野湾　沖縄県立中部商業高等学校　2015.3　183p　30cm〈書誌注記：年表あり　タイトルは標題紙による〉Ⓝ376.48

◆中部農林高等学校

『歩む―［沖縄県立中部農林高等学校定時制］創立20周年記念誌』沖縄県立中部農林高等学校定時制, 比嘉秀善ほか編　沖縄県立中部農林高等学校定時制　1979.11　239p　27cm　Ⓝ376.48

『神奈川県農家住込実習20周年記念誌』沖縄県立中部農林高等学校編　沖縄県立中部農林高等学校　1979.12　70p　26cm

『中部農林高等学校創立35周年記念誌―写真でみる本校の歩み』沖縄県立中部農林高等学校編　沖縄県立中部農林高等学校　1981.2　63p　30cm

『農業教育35年の歩み』沖縄県立中部農林高等学校編　沖縄県立中部農林高等学校　1981.2　741p　21cm〈創立35周年記念誌〉

『歩む―［中部農林高等学校定時制］創立30周年記念誌』沖縄県立中部農林高等学校定時制編　沖縄県立中部農林高等学校定時制　1990.1　173p　26cm　Ⓝ376.48

『［沖縄県立中部農林高等学校］創立50周年記念誌 尊農』沖縄県立中部農林高等学校創立50周年記念誌編集委員会編　沖縄県立中部農林高等学校50周年記念事業期成　1996.3　312p　27cm

『歩む―創立40周年記念誌』沖縄県立中部農林高等学校定時制編　中部農林高等学校定時制　2000.4　250p　27cm　Ⓝ376.48

『［中部農林高等学校］創立60周年記念誌 尊農』中部農林高等学校創立60周年記念誌編集会編　沖縄県立中部中部農林高等学校60周年記念事業期成会　2006.5　336p　27cm

◆泊高等学校

『泊高等学校創立10周年記念誌』沖縄県立泊高等学校編　沖縄県立泊高等学校　1987.2　192p　27cm

『沖縄県立泊高等学校創立20周年記念誌』沖縄県立泊高等学校創立20周年記念誌編集委員会編　沖縄県立泊高等学校　1998.3　237p　31cm

『沖縄県立泊高等学校創立30周年記念誌』沖縄県立泊高等学校創立30周年記念誌編集委員会編　［沖縄県立泊高等学校］創立30周年記念事業期成会　2007.2　103p　30cm〈タイトルは奥付による〉

『沖縄県立泊高等学校40周年記念誌』那覇　沖縄県立泊高等学校　2017.3　105p　30cm〈書誌注記：年表あり〉Ⓝ376.48

◆豊見城高等学校

『豊見城高校創立15周年記念誌』豊見城高等学校15周年記念誌編集委員会編　沖縄県立豊見城高等学校　1981.2　188p　26cm

『豊見城高等学校創立30周年記念誌』豊見城高等学校創立30周年記念事業期成会記念誌部会編　豊見城高等学校　1995.12　421p　30cm

『豊翔―沖縄県立豊見城高等学校創立50周年記念誌』沖縄県立豊見城高等学校創立50周年記念事業期成会記念誌部会編　豊見城　沖縄県立豊見城高等学校　2016.2　167p　30cm〈書誌注記：年表あり〉Ⓝ376.48

◆豊見城南高等学校

『豊見城南高等学校創立五周年記念誌』豊見城南高等学校創立五周年記念誌編集委員会編　沖縄県立豊見城南創立五周年記念誌編集委員会　1986.3　134p 図版11p　26cm

『豊見城南高等学校10周年記念誌』豊見城南等学校創立10周年記念事業記念誌編集委員会編　豊見城村南高等学校　1991.10　264p（図版共）27cm

『沖縄県立豊見城南高等学校 創立40周年記念誌』沖縄県立豊見城南高等学校記念誌編集委員会編　沖縄県立豊見城南高等学校記念誌編集委員会　2021.3　78p　30cm

沖縄県

◆名護高等学校

『［沖縄県立名護高等学校］創立五十周年記念誌 南燈』 名護高等学校創立五十周年記念誌編集委員会編　名護高等学校創立五十周年記念誌編集委員会　1982.11　377p, 図版78p　27cm

『［沖縄県立名護高等学校］創立六十周年記念式典誌』 名護高等学校創立六十周年式典誌編集委員会編　名護高等学校創立六十周年式典誌編集委員会　1988.1　102p　27cm

『［沖縄県立名護高等学校］創立七十周年記念式典誌』 名護高等学校創立七十周年式典誌編集委員会編　名護高等学校創立七十周年式典誌編集委員会　1998.1　113p　27cm

『沖縄県立名護高等学校創立八十周年記念誌』 沖縄県立名護高等学校編　沖縄県立名護高等学校　2008.6　207p　31cm〈タイトルは奥付による.標題紙等のタイトル：創立八十周年記念誌,編集協力：アドバイザー〉

『俺たちの甲子園―1972年名護高校春・夏甲子園出場：復帰40周年記念事業：平成24年度名護博物館企画展』 山本英康調査・執筆, 比嘉幹祝記録　名護　名護博物館　2013.3　30p　26cm

◆名護商業高等学校

『名護商業高等学校創立一周年記念誌』 名護商業高等学校創立一周年記念誌編集　名護商業高等学校　1983.6　113p　26cm〈書名は奥付による〉

『働学 定時制のあゆみ』 沖縄県立名護商業高等学校廃課程記念誌編集委員会編　沖縄県立名護商業高等学校 定時制課程　1985.3　235p　27cm

『あけぼの―創立5周年記念誌』 名護商業高等学校記念誌編集委員会編　沖縄県立名護商業高等学校　1987.2　142p　26cm

『創立20周年記念誌』 名護　沖縄県立名護商業高等学校　2002.3　103p　30cm〈編集責任：兼次俊夫〉Ⓝ376.48

◆那覇高等学校

『［沖縄県立那覇高等学校］インター・アクト・クラブ10周年記念誌』 沖縄県立那覇高等学校編　沖縄県立那覇高等学校　1976.3　24p　26cm

『［那覇高等学校定時制課程］廃課程に伴う記念誌』 那覇高等学校定時制課程編　沖縄県立那覇高等学校定時制課程　1980.3　119p　26cm

『教育うち＆そと―那覇高校の窓から』 嘉手川繁一著　沖縄　嘉手川繁一　1993.3　180p　19cm　非売品　Ⓝ370.4

『城岳―写真が語る88年 県立第二中学校・県立那覇高校創立88周年記念誌』 88周年記念誌編集委員会編　那覇　県立第二中学校・那覇高等学校創立88周年事業期成会　1999.5　275p　31cm　Ⓝ376.48

『夏の甲子園出場記念誌―全国高等学校野球選手権大会』 沖縄県立那覇高等学校甲子園派遣期成会編　沖縄県立那覇高等学校甲子園派遣期成会　2001.2　134p　30cm

『城岳百年―沖縄県立第二中学校・沖縄県立那覇高等学校創立百周年記念誌』『城岳百年』記念誌委員会編　二中・那覇高校創立百周年事業期成会　2011.3　454p　31cm

◆那覇工業高等学校

『デザイン科・調理科の歩み』 沖縄県立那覇工業高等学校デザイン・調理科編　県立那覇工業高等学校　1985.3　39p　26cm

『沖縄県立那覇工業高等学校創立40周年記念誌』 沖縄県立那覇工業高等学校創立40周年記念誌部会編　沖縄県立那覇港工業高等学校創立40周年記念事業期成会　2007.3　163p　30cm〈タイトルは奥付による〉

◆那覇国際高等学校

『［沖縄県立那覇国際高等学校］開校5周年記念誌』 沖縄県立那覇国際高等学校編　沖縄県立那覇国際高等学校　2002.11　131p　30cm

『［沖縄県立那覇国際高等学校］開校10周年記念誌』 沖縄県立那覇国際高等学校編　沖縄県立那覇国際高等学校　［2008.3］　138p　30cm

『［沖縄県立那覇国際高等学校］創立20周年記念誌』 沖縄県立那覇国際高等学校編　沖縄県立那覇国際高等学校創立20周年記念事業期成会　［2018.3］　104p　30cm

◆那覇商業高等学校

『うるま創立70周年記念』 那覇商業高等学校編　沖縄県立那覇商業高等学校　1975.10　503p　21cm

『那覇商百年史』 那覇商創立百周年記念誌・同窓会名簿委員会編集　沖縄県立那覇商業高等学校　2006.8　グラビア11枚, 617p　31cm

『［沖縄県立那覇商業高等学校］創立百拾周年記念誌』 沖縄県立那覇商業高等学校創立百十年記念誌委員会編　沖縄県立那覇商業高等学

沖縄県

校　2016.3　197p　30cm

◆那覇西高等学校

『[沖縄県立那覇西高等学校]創立2周年記念誌』沖縄県那覇西高等学校創立2周年記念誌編集委員会編　沖縄県那覇西高等学校創立2周年記念誌編集委員会　1988.11　138p　26cm〈題字：金城一夫/目次カット：安谷屋美佐子〉

『沖縄県立那覇西高等学校創立20周年記念誌―躍進』沖縄県立那覇西高等学校創立20周年記念事業期成会記念誌編集委員会編　沖縄県立那覇西高等学校創立20周年記念事業期成会記念誌編集委員会　2007.3　167p　30cm

◆南部工業高等学校

『[沖縄県立南部工業高等学校]創立10周年記念誌』沖縄県立南部工業高等学校編　沖縄県立南部工業高等学校　[1979.11]　31p　26cm

『沖縄県立南部工業高等学校創立20周年記念誌』沖縄県立南部工業高等学校創立20周年記念誌編集委員会編　[沖縄県立]南部工業高等学校創立20周年記念事業期成会　1989.12　166p　27cm

『[沖縄県立南部工業高等学校]創立30周年記念誌』沖縄県立南部工業高等学校創立三十周年記念事業期成会記念誌編集部編　沖縄県立南部工業高等学校創立三十周年記念事業期成会記念誌編集部　2000.3　235p　30cm

◆南部商業高等学校

『[沖縄県立南部商業高等学校]創立10周年記念誌』沖縄県立南部商業高等学校創立10周年記念誌編集委員編　沖縄県立南部商業高等学校　1980.11　37p　26cm

『沖縄県立南部商業高等学校創立15周年記念誌』沖縄県立南部商業高等学校15周年記念誌編集委員会編　沖縄県立南部商業高等学校　1985.11　198p　27cm〈表紙題字：富浜定吉/写真協力：松島写真館〉

『沖縄県立南部南部商業高等学校創立20周年記念誌』沖縄県立南部商業高等学校創立20周年記念誌編集委員会編　沖縄県立南部商業高等学校　1990.12　280p　31cm

『[沖縄県立南部商業高等学校]学灯―定時制22年のあゆみ』廃課程記念誌編集委員会編　沖縄県立南部商業高等学校定時制　1995.3　152p　27cm

『[沖縄県立南部商業高等学校]創立30周年記念誌』沖縄県立南部商業高等学校創立30周年記念事業実行委員会記念誌部会編　[沖縄県立南部商業高等学校]創立30周年記念事業実行委員会　2001.1　267p　30cm

『祝45周年記念沖縄県立南部商業高等学校』八重瀬町〈沖縄県〉 沖縄県立南部商業高等学校　[2016]　22p　30cm

◆南部農林高等学校

『勤労学徒―廃課程記念誌』南部農林高等学校定時制課程編　南部農林高等学校定時制課程　1982.3　276p　27cm

『薫風―四十年のあゆみ』南部農林高等学校創立四十周年記念誌編集委員会編　沖縄県立南部農林高等学校創立四十周年記念事業期成会　1989.1　404p　27cm

『[南部農林高等学校]創立50周年記念誌　薫風』南部農林高等学校創立50周年記念誌編集編　南部農林高等学校創立50周年記念事業期成会　1999.3　437p　31cm

『[沖縄県立南部農林高等学校]創立60周年記念誌　薫風』沖縄県立南部農林高等学校創立60周年記念誌発行委員会編　沖縄県立南部農林高等学校創立60周年記念事業期成会　2009.10　309p　31cm

◆西原高等学校

『[沖縄県立西原高等学校]創立3周年記念事業体育館落成記念誌』西原高校創立3周年事業期成会編　[沖縄県立]西原高等学校　1978.6　49p　26cm

『[沖縄県立西原高等学校]創立十周年記念誌』沖縄県立西原高等学校創立10周年記念誌編集委員会編　沖縄県立西原高等学校　1984.10　100p　26cm

『沖縄県立西原高等学校吹奏楽部 1988―ハワイ.沖縄フェスティバル出演記念アルバム』沖縄県立西原高等学校吹奏楽部編　[沖縄県立西原高等学校吹奏楽部]　[1988.9]　1冊　31cm　Ⓝ376.48

『[沖縄県立西原高等学校]創立二十周年記念誌』沖縄県立西原高等学校編　西原高等学校　1994.11　113p　26cm

『西原高等学校　創立二十周年記念誌』西原高等学校編　西原高等学校　1994.11　113p　26cm

『いちゅんどー！　西原高校マーチングバンド―沖縄の高校がマーチング世界一になった話』

オザワ部長著　新紀元社　2024.7　254p　19cm　1750円　⊕978-4-7753-2084-6　Ⓝ764.6

内容　2022年春、東京にいる母親のもとを去り、別れた父の住む沖縄にやってきた17歳の少女・ミークは同い年の沖縄の人・ユーイーに出会う。名門の沖縄県立西原高等学校マーチングバンド部に所属するメロフォン奏者のユーイーは、この年の夏、5年ぶりにオランダ・ケルクラーデ市で開催される世界音楽コンクールで世界一になることを目指していた。そして、ひょんなことからミークもマーチングバンド部に入部し、カラーガードの一員として活動することになるが―。沖縄のまばゆい太陽の下、ワールドチャンピオンを目指した高校生たちの琉球青春ストーリー！

◆南風原高等学校

『［沖縄県立南風原高等学校］創立10周年記念誌［1985］』沖縄県立南風原高等学校創立10周年記念誌編集委員会編　沖縄県立南風原高等学校　1985.11　126p　26cm

『沖縄県立南風原高等学校創立30周年記念誌2006―南風魂』沖縄県立南風原高等学校創立30周年記念事業実行委員会記念誌編集委員会編　沖縄県立南風原高等学校　2006.2　205p　30cm

『南風魂―創立40周年記念誌』創立40周年記念誌編集委員会編　南風原町（沖縄県）　沖縄県立南風原高等学校　2015.11　76p　30cm　〈書誌注記：年表あり　奥付のタイトル：沖縄県立南風原高等学校創立40周年記念誌〉Ⓝ376.8

◆普天間高等学校

『［沖縄県立普天間高等学校］創立25周年記念誌』普天間高等学校編　沖縄県立普天間高等学校　［1973.3］　60p　26cm

『創立35周年記念誌』創立三十五周年記念事業期成会編　宜野湾　沖縄県立普天間高等学校創立三十五周年記念事業期成会　1983.3　112, 472p　26cm　Ⓝ376.4

『灯―定時制28年の歩み』普天間高等学校定時制課程廃課程記念誌編集委員会編　沖縄県立普天間高等学校定時制課程　1984.3　267p図版42p　27cm

『［沖縄県立普天間高等学校］創立50周年記念誌―並み松』沖縄県立普天間高等学校創立50周年記念誌編集委員会編　沖縄県立普天間高等学校創立五十周年記念事業期成会　1997.11　369p　27cm

『［沖縄県立普天間高等学校］家政科廃科記念誌』沖縄県立普天間高等学校家庭科職員編　沖縄県立普天間高等学校　1998.3　89p　30cm

『［沖縄県立普天間高等学校］創立60周年記念誌―並み松』沖縄県立普天間高等学校創立60周年記念誌委員会編　普天間高等学校2008校創立60周年記念事業期成会　2008.2　191p　30cm　Ⓝ376.48

◆辺土名高等学校

『［沖縄］県立辺土名高等学校創立40周年記念誌』辺土名高等学校創立四十周年記念事業期成会記念誌編集委員会編　沖縄県立辺土名高等学校創立四十周年記念事業期成会記念誌編集委員会　1986.5　301p　27cm

『［沖縄県立辺土名高等学校］創立五十周年記念誌―波原』沖縄県立辺土名高等学校創立50周年記念事業期成会記念誌編集委員会編　沖縄県立辺土名高等学校　1996.9　241p　27cm

『［沖縄県立辺土名高等学校］創立60周年記念誌』沖縄県立辺土名高等学校創立60周年記念事業実行委員会編　沖縄県立辺土名高等学校　2006.3　123p　30cm

『沖縄県立辺土名高等学校創立70周年記念誌』沖縄県立辺土名高等学校創立70周年記念事業実行委員会　大宜味村（沖縄県）　沖縄県立辺土名高等学校　2016.3　130p　30cm　〈書誌注記：年表あり　標題紙・背・表紙のタイトル：創立70周年記念誌〉Ⓝ376.48

◆北山高等学校

『［沖縄県立北山高等学校創立25周年記念並びに体育館兼講堂落成］記念誌』北山高等学校創立25周年記念事業期成会事務局編　北山高等学校創立25周年記念事業期成会　1974.9　74p　26cm

『沖縄県立北山高等学校創立三十五周年記念誌』北山高等学校創立三十五周年記念誌編集委員編　北山高等学校創立三十五周年記念事業期成会　1984.3　340p　27cm

『［沖縄県立北山高等学校］創立50周年記念誌』沖縄県立北山高等学校創立五十周年記念事業期成会記念誌編集部編　沖縄県立北山高等学校創立五十周年記念事業期成会　1999.4　257p　31cm

◆北部工業高等学校

『［沖縄県立］北部工業高等学校創立20周年記念誌』沖縄県立北部工業高等学校創立20周年記念誌編集委員会編　沖縄県立北部工業高等学

沖縄県

校創立20周年記念事業期成会　1988.9　269p　27cm

◆北部農林高等学校

『本校農業教育の歩み』北部農林高等学校農業教育史編集委員会編　沖縄県立北部農林高等学校　1979.5　446p図版7枚　26cm

『県立北部農林高等学校創立四十周年記念誌』県立北部農林高等学校創立四十周年記念事業期成会記念誌編集委員会編　名護　県立北部農林高等学校創立四十周年記念事業期成会　1986.1　432p　26cm〈書名は奥付による　標題紙等の書名：農魂〉Ⓝ376.4

『創造―創立50周年記念誌』沖縄県北部農林高等学校創立50周年記念事業期成会記念誌編集委員会編　沖縄県北部農林高等学校創立50周年記念事業期成会　1996.10　161p　31cm

『［沖縄県立北部農林高等学校］創立60周年記念誌―躍進』沖縄県立北部農林高等学校創立60周年記念事業期成会記念誌編集委員会編　沖縄県北部農林高等学校創立60周年記念事業期成会　2006.9　130p　31cm

◆前原高等学校

『［沖縄県立前原高等学校定時制課程］記念誌（廃課程に寄す）』沖縄県立前原高等学校定時制課程　沖縄県立前原高等学校定時制課程　1980.3　72p　26cm

『［沖縄県立］前原高等学校創立40周年記念誌　肝高』前原高等学校創立40周年記念誌編集委員会編　前原高等学校創立40周年記念事業推進委員会　1985.11　257p　27cm

『［沖縄県立］前原高等学校創立50周年記念誌　肝高』沖縄県立前原高等学校創立50周年記念誌・名簿編集委員会編　［沖縄県立前原高等学校］創立50周年記念事業実行委員会　1995.11　227p　31cm

『［沖縄県立前原高等学校］創立60周年記念誌　肝高』沖縄県立前原高等学校創立60周年記念誌・同窓会名簿募金名簿作成委員会編　［沖縄県立前原高等学校］創立60周年記念事業推進委員会　2006.3　204p　30cm　Ⓝ376.48

◆真和志高等学校

『［沖縄県立真和志高等学校］創立10周年記念誌―創立10周年体育館落成』沖縄県立真和志高等学校創立10周年記念事業期成会　沖縄県立真和志高等学校　1976.10　60p　26cm

『［沖縄県立真和志高等学校］創立15周年記念誌』沖縄県立真和志高等学校創立15周年記念誌編集委員会編　沖縄県立真和志高等学校　1981.10　43p　26cm　Ⓝ376.48

『［沖縄県立真和志高等学校］創立40周年記念誌―〈1996年度～2006年度〉30周年から40周年までの記録』沖縄県立真和志高等学校創立40周年記念誌編集委員会編　沖縄県立真和志高等学校　2007.12　88p　30cm

『［沖縄県立真和志高等学校］創立50周年記念軌跡　2016』沖縄県立真和志高等学校創立50周年記念誌編集委員会編　沖縄県立真和志高等学校創立50周年記念事業期成会　2017.3　289p　30cm

◆美里高等学校

『［沖縄県立美里高等学校］創立十周年記念誌』沖縄県立美里高等学校創立10周年記念誌編集委員会編　沖縄県立美里高等学校　1987.11　118p　27cm

『［沖縄県立美里高等学校］創立20周年記念誌』沖縄県立美里高等学校20周年記念誌編集委員会編　沖縄県立美里高等学校　1997.11　173p　27cm

『［沖縄県立美里高等学校］創立30周年記念誌―若太陽』沖縄県立美里高等学校創立30周年記念誌作成委員会編　沖縄県立美里高等学校　2007.10　188p　30cm

◆美里工業高等学校

『［沖縄県立］美里工業高等学校創立20周年記念誌』沖縄県立美里工業高等学校創立20周年記念誌編集委員会編　［沖縄県立美里工業高等学校］創立20周年記念事業期成会　1987.10　144p　27cm

『［沖縄県立美里工業高等学校］創立30周年　記念誌』創立30周年記念誌編集委員会編　沖縄県立美里工業高等学校　1997.12　182p　30cm

◆宮古高等学校

『宮古高等学校創立50周年記念誌』宮古高等学校　沖縄県立宮古高等学校　1978.11　159p　26cm

『宮古高等学校創立60周年記念誌』宮古高等学校創立60周年記念誌編集委員会編　沖縄県立宮古高等学校創立60周年記念事業期成会　1988.11　306p　26cm

『沖縄県立宮古高等学校創立70周年記念誌―70年、栄光の歴史』沖縄県立宮古高等学校創立

沖縄県

70周年記念誌編集委員会編　沖縄県立宮古高等学校創立70周年記念事業期成会　1999.9　232p　31cm

『[沖縄県立宮古高等学校定時制]廃課程記念誌　星苑』狩俣幸夫編集責任　[沖縄県立宮古高等学校定時制課程]　2005.3　247p　30cm

『沖縄県立宮古高等学校創立80周年記念誌』沖縄県立宮古高等学校創立80周年記念誌編集委員会編　[沖縄県立宮古高等学校]創立80周年記念事業期成会　2009.3　130p　31cm〈箱入り〉

『台湾台北市立復興高級中学と宮古高等学校国際交流姉妹校20周年記念誌』沖縄県立宮古高等学校編　沖縄県立宮古高等学校　2018.9　83p　30cm

『沖縄県立宮古高等学校創立90周年記念誌―栄光の歴史90年』沖縄県立宮古高等学校創立90周年記念誌委員会編　[沖縄県立宮古高等学校]創立90周年記念事業期成会　2019.3　141p　31cm

◆宮古高等学校伊良部分校

『[沖縄県立宮古高等学校伊良部分校]創立1周年記念誌』沖縄県立宮古高等学校伊良部分校職員一同編集　沖縄県立宮古高等学校伊良部分校　1985.4　66p　26cm

◆宮古工業高等学校

『[宮古工業高等学校]創立10周年記念誌』記念誌編集委員会編　沖縄県立宮古工業高等学校　1977.12　68p　26cm

『[沖縄県立宮古工業高等学校]創立20周年記念誌』宮古工業高等学校20周年事業期成会編集　[宮古工業高等学校]20周年事業期成会　1987.12　211p　26cm

『宮古工業高等学校創立30周年記念写真集』沖縄県立宮古工業高等学校編　沖縄県立宮古工業高等学校　1998.8　117p　30cm

◆宮古水産高等学校

『[沖縄県立宮古水産高等学校]創立35周年記念記念誌』沖縄県立宮古水産高等学校編　沖縄県立宮古水産高等学校　[1982.1]　17p　26cm

◆宮古農林高等学校

『[沖縄県立宮古農林高等学校]創立35周年記念誌』35周年記念誌編集委員会編　宮古農林高等学校　1982.2　342p　27cm

『学科の改編について』宮古農林高等学校編　宮古農林高等学校　1989.7　28p　26cm〈農業科→施設園芸科, 畜産科→畜産技術科(畜産バイオコース, 食品製造コース), 生活科→生活科学科(生活技術コース, 生活福祉コース)〉

『[沖縄県立宮古農林高等学校]創立50周年記念誌　秀穂』沖縄県立宮古農林高等学校創立50周年記念誌編集委員会編　沖縄県立宮古農林高等学校創立50周年記念事業期成会　1996.12　298p　27cm

◆本部高等学校

『沖縄県立本部高等学校創立二十周年記念誌』創立二〇周年記念誌編集委員会編　本部町(沖縄県)　沖縄県立本部高等学校創立二〇周年記念事業期成会　1988.1　342p　27cm〈書名は背による　表紙の書名：創立二十周年記念誌〉Ⓝ376.4

『本部高等学校創立50周年記念誌』沖縄県立本部高等学校創立50周年記念事業記念誌部編　沖縄県立本部高等学校創立50周年記念事業期成会　2017.2　140p　30cm

◆八重山高等学校

『若鷲―創立30周年記念誌』八重山高等学校編　県立八重山高等学校　1978.2　190p　26cm

『八重山高等学校創立45周年記念誌』記念誌編集委員会編　石垣　創立45周年記念事業期成会　1989.8　260, 48p 図版12枚　27cm〈背・表紙の書名：創立四十五周年記念誌〉Ⓝ376.4

『[八重山高等学校]創立六十周年記念誌』八重山高等学校創立60周年記念誌編集委員会編　沖縄県立八重山高等学校創立60周年記念事業期成会　2003.2　282p　27cm〈奥付タイトル：八重山高等学校創立60周年記念誌〉

『舞ひたち行かん大天地―沖縄県立八重山高等学校創立70周年記念誌』創立70周年記念誌編集委員会編　石垣　沖縄県立八重山高等学校創立70周年記念事業期成会　2015.3　234p　26cm〈書誌注記：年表あり〉Ⓝ376.48

◆八重山商工高等学校

『八重山商工高等学校創立10周年記念誌』八重山商工高等学校　沖縄県立八重山商工高等学校　1976.11　134p　26cm

『[沖縄県立八重山商工高等学校]創立20周年記念誌』八重山商工高等学校創立20周年記念誌編集委員会編　八重山商工高等学校創立20周年記念行事実行委員会　1986.11　402p

27cm

『八重山商工選抜出場記念グラフ 2006―夢実現への足跡 離島勢初の快挙！ その歓喜と感動を綴る』 八重山毎日新聞社 2006.4 56p 30cm〈第78回選抜高校野球〉500円

『南の島の甲子園―八重山商工の夏』 下川裕治著 双葉社 2006.12 254p 19cm 1400円 ⓘ4-575-29941-3 ⓝ783.7

『八重山商工野球部物語』 神田憲行著 ヴィレッジブックス 2006.12 204p 20cm〈発売：ソニー・マガジンズ〉1500円 ⓘ4-7897-3016-6 ⓝ783.7

|目次| 第1章 甲子園にやってきた一離島の星、17奪三振の衝撃、第2章 石垣島のやんちゃ坊主―監督と子供たちの10年間、第3章 エースの必要条件―弱さを乗り越えれば、夏が見える、第4章 波乱の幕開け―帰ってきた夏の甲子園、第5章 9回裏の笑顔―旅の終わりと、「一家」の向かう先、おまけ 伊志嶺語録

|内容| 日本最南端の青春物語！ 伊志嶺吉盛、52歳。月5万円の派遣監督、野球に熱中するあまりバツ2独身。ツルツル頭で、行く先々で愛される、ちょっとユーモラスな熱血監督が、時にあらがう島のマイペースな少年たちを、10年がかりで強豪チームに育てあげた。生粋の島育ちの少年たちが甲子園に出場、そして頂点をめざす！ それは4万8千島民の震えるような夢だった。沖縄・石垣島、県立八重山商工高等学校。2006年春から夏へ、光と風と波がきらめく国からやってきた、笑いと涙の青春ノンフィクション。

『沖縄県立八重山商工高等学校野球部 春夏連続甲子園出場記念誌―第78回選抜高校野球選手権大会』 八重山毎日新聞メディア統括局制作 沖縄県立八重山商工高等学校 2007.3 222p 30cm

『南の島の甲子園―八重山商工の夏』 下川裕治著 双葉社 2009.6 286p 15cm（双葉文庫 し-13-1）590円 ⓘ978-4-575-71356-5 ⓝ783.7

|目次| 第1章 甲子園、第2章 アルプス席、第3章 夢のプロジェクト、第4章 監督、第5章 島の子

|内容| 沖縄の離島勢としてはじめて、2006年春夏連続で甲子園に出場した日本最南端の高校・八重山商工。好投手・大嶺祐太をはじめ、選手たちは全員八重山で生まれ育った島の子で、小学校の頃から伊志嶺吉盛監督の厳しい指導を受けていた。「八重山から甲子園へ」という島民の夢と、家族のような八重山商工野球部の物語を綴ったノンフィクション。2006年度ミズノスポーツライター賞最優秀賞受賞作。

『沖縄県立八重山商工高等学校創立50周年記念誌 友愛津梁』 沖縄県立八重山商工高等学校創立50周年記念誌編集委員会編 ［沖縄県立八重山商工高等学校］創立50周年記念事業期成会 2017.3 200p 30cm

◆八重山農林高等学校

『［八重山農林高等学校］体育館落成記念誌』 八重山農林高等学校体育館設備充実期成会編 八重山農林高等学校体育館設備充実期成会 1974.12 33p 26cm

『創立五十周年記念誌』 記念誌編集委員会編 石垣 八重山農林高等学校創立五十周年記念事業期成会 1988.1 342p 27cm〈奥付の書名：八重山農林高等学校五十周年記念誌〉ⓝ376.5

『瑞穂と大地―思い出のアルバム 第一期生〜第十三期生』 八重山農林高等学校創立70周年記念事業期成会編, スタジオアップス製作・編集 八重山農林高等学校創立70周年記念事業期成会 2007.10 42p 30cm

◆陽明高等学校

『［沖縄県立陽明高等学校］創立20周年記念誌』 沖縄県立陽明高等学校創立20周年記念事業期成会編 沖縄県立陽明高等学校創立20周年記念事業期成会 1999.3 176p 30cm

『［沖縄県立陽明高等学校］創立30周年記念誌』 沖縄県立陽明高等学校創立30周年記念事業期成会編 沖縄県立陽明高等学校創立30周年記念事業期成会 2008.11 98p 30cm

◆与勝高等学校

『沖縄県立与勝高等学校創立10周年記念誌 緑風』 沖縄県立与勝高等学校創立10周年記念誌編集委員会編 沖縄県立与勝高等学校 1990.3 239p 27cm

◆読谷高等学校

『読谷高等学校創立三十周年記念誌』 読谷高等学校創立三十周年記念誌編集委員会編 県立読谷高等学校 1982.11 90p 26cm〈書名は奥付による〉

『［沖縄県立読谷高等学校］つきかげ 定時制30年の歩み』 沖縄県立読谷高等学校廃課程記念誌編集委員会編 沖縄県立読谷高等学校定時制 1997.3 200p 26cm

『［沖縄県立読谷高等学校］創立50周年記念 1950-2000―紅』 沖縄県立読谷高等学校創立50周年記念誌委員会編 沖縄県立読谷高等学校 2000.11 443p 27cm

学校名索引

【あ】

相生高等学校(兵庫県) ………… 445
相生産業高等学校(兵庫県) ………… 445
相川高等学校(新潟県) ………… 275
愛光高等学校(愛媛県) ………… 565
会津学鳳高等学校(福島県) ………… 121
会津杏林学園高等学校(福島県) ………… 121
会津工業高等学校(福島県) ………… 121
会津工業高等学校本郷分校(福島県) ………… 122
会津高等学校(福島県) ………… 121
会津女子高等学校(福島県) ………… 122
会津第二高等学校(福島県) ………… 122
会津農林高等学校(福島県) ………… 122
会津方部高等学校(福島県) ………… 122
愛知工業高等学校(愛知県) ………… 374
愛知工業大学附属名電高等学校(愛知県)
　　　………… 374
愛知商業高等学校(愛知県) ………… 374
愛知みずほ大学瑞穂高等学校(愛知県) ………… 374
愛農学園農業高等学校(三重県) ………… 390
愛別高等学校(北海道) ………… 3
葵高等学校(福島県) ………… 122
青井高等学校(東京都) ………… 214
青森北高等学校(青森県) ………… 52
青森工業高等学校(青森県) ………… 52
青森高等学校(青森県) ………… 52
青森商業高等学校(青森県) ………… 53
青森市立青森中央高等学校(青森県) ………… 53
青森中央高等学校(青森県) ………… 53
青森戸山高等学校(青森県) ………… 53
青森西高等学校(青森県) ………… 54
青森東高等学校(青森県) ………… 54
青森南高等学校(青森県) ………… 54
青森山田高等学校(青森県) ………… 54
青谷高等学校(鳥取県) ………… 483
青山学院高等部(東京都) ………… 214
青山高等学校(東京都) ………… 214
青山女子高等学校(福岡県) ………… 586
赤坂高等学校(東京都) ………… 214
赤磐高等学校(岡山県) ………… 483
明石北高等学校(兵庫県) ………… 446
明石高等学校(兵庫県) ………… 446
明石清水高等学校(兵庫県) ………… 446
明石城西高等学校(兵庫県) ………… 446
明石市立明石商業高等学校(兵庫県) ………… 446
明科高等学校(長野県) ………… 319

明石西高等学校(兵庫県) ………… 446
明石南高等学校(兵庫県) ………… 446
暁高等学校(三重県) ………… 390
吾妻高等学校(群馬県) ………… 159
阿賀野高等学校(新潟県) ………… 275
赤羽商業高等学校(東京都) ………… 215
赤平高等学校(北海道) ………… 3
赤平東高等学校(北海道) ………… 3
赤穂高等学校(長野県) ………… 319
阿賀黎明高等学校(新潟県) ………… 275
阿寒高等学校(北海道) ………… 3
秋川高等学校(東京都) ………… 215
安芸工業高等学校(高知県) ………… 579
安芸高等学校(広島県) ………… 521
安芸高等学校(高知県) ………… 579
安芸桜ヶ丘高等学校(高知県) ………… 579
秋田北高等学校(秋田県) ………… 98
秋田経済大学附属合川高等学校(秋田県)
　　　………… 98
秋田経済法科大学附属高等学校(秋田県)
　　　………… 98
秋田県立海洋技術高等学校(秋田県) ………… 98
秋田工業高等学校(秋田県) ………… 98
秋田高等学校(秋田県) ………… 97
秋田市立秋田商業高等学校(秋田県) ………… 98
秋田市立高等学校(秋田県) ………… 98
秋田市立御所野学院高等学校(秋田県) ………… 99
秋田中央高等学校(秋田県) ………… 99
秋田西高等学校(秋田県) ………… 99
秋田東高等学校(秋田県) ………… 99
秋田南高等学校(秋田県) ………… 99
秋田和洋女子高等学校(秋田県) ………… 99
安芸府中高等学校(広島県) ………… 521
安芸南高等学校(広島県) ………… 521
秋留台高等学校(東京都) ………… 215
阿久比高等学校(愛知県) ………… 374
芥川高等学校(大阪府) ………… 414
阿久根高等学校(鹿児島県) ………… 649
阿久根農業高等学校(鹿児島県) ………… 649
上尾高等学校(埼玉県) ………… 168
上尾沼南高等学校(埼玉県) ………… 168
上尾橘高等学校(埼玉県) ………… 169
上尾東高等学校(埼玉県) ………… 169
上尾南高等学校(埼玉県) ………… 169
明智商業高等学校(岐阜県) ………… 336
明野高等学校(茨城県) ………… 139
明野高等学校(三重県) ………… 390
安下庄高等学校(山口県) ………… 539

安下庄高等学校白木分校(山口県)	539
赤穂高等学校(兵庫県)	447
あさか開成高等学校(福島県)	123
あさか開成高等学校須賀川校舎(福島県)	123
安積高等学校(福島県)	122
朝霞高等学校(埼玉県)	169
安積高等学校御舘校(福島県)	123
安積商業高等学校(福島県)	123
安積女子高等学校(福島県)	123
安積第二高等学校(福島県)	123
朝霞西高等学校(埼玉県)	169
安積黎明高等学校(福島県)	123
朝倉高等学校(福岡県)	586
朝倉農業高等学校(福岡県)	586
朝倉東高等学校(福岡県)	586
朝明高等学校(三重県)	391
厚狭高等学校(山口県)	539
浅野高等学校(神奈川県)	254
朝羽高等学校(福岡県)	586
旭丘高等学校(愛知県)	375
旭川北高等学校(北海道)	3
旭川工業高等学校(北海道)	3
旭川実業高等学校(北海道)	3
旭川商業高等学校(北海道)	4
旭川女子高等商業学校(北海道)	4
旭川大学高等学校(北海道)	4
旭川東栄高等学校(北海道)	5
旭川西高等学校(北海道)	5
旭川農業高等学校(北海道)	5
旭川東高等学校(北海道)	5
旭川藤女子高等学校(北海道)	6
旭川北都商業高等学校(北海道)	6
旭川南高等学校(北海道)	6
旭川龍谷高等学校(北海道)	6
旭川凌雲高等学校(北海道)	6
旭高等学校(大阪府)	414
旭農業高等学校(千葉県)	190
旭野高等学校(愛知県)	375
麻布高等学校(東京都)	215
足尾高等学校(栃木県)	150
足利工業高等学校(栃木県)	150
足利工業大学附属高等学校(栃木県)	150
足利高等学校(栃木県)	150
足利女子高等学校(栃木県)	151
足利西高等学校(栃木県)	151
足利南高等学校(栃木県)	151
鰺ケ沢高等学校(青森県)	55
芦品まなび学園高等学校(広島県)	521
芦別工業高等学校(北海道)	6
芦別高等学校(北海道)	6
芦別商業高等学校(北海道)	6
芦別総合技術高等学校(北海道)	6
芦屋高等学校(兵庫県)	447
芦屋市立芦屋高等学校(兵庫県)	447
芦屋南高等学校(兵庫県)	447
足寄高等学校(北海道)	7
足助高等学校(愛知県)	375
梓川高等学校(長野県)	320
足羽高等学校(福井県)	308
麻生高等学校(茨城県)	139
麻生高等学校(神奈川県)	255
阿蘇高等学校(熊本県)	628
阿蘇中央高等学校(熊本県)	628
阿蘇農業高等学校(熊本県)	628
足立工業高等学校(東京都)	216
安達高等学校(福島県)	124
足立東高等学校(東京都)	217
安達東高等学校大平分校(福島県)	124
安達東高等学校針道校舎(福島県)	124
阿智高等学校(長野県)	320
厚木北高等学校(神奈川県)	255
厚木高等学校(神奈川県)	255
厚木商業高等学校(神奈川県)	255
厚木南高等学校(神奈川県)	255
厚木東高等学校(神奈川県)	255
厚岸潮見高等学校(北海道)	7
厚岸水産高等学校(北海道)	7
厚沢部高等学校(北海道)	7
熱田高等学校(愛知県)	375
厚真高等学校(北海道)	7
温海高等学校(山形県)	109
左沢高等学校(山形県)	109
左沢高等学校朝日分校(山形県)	109
安曇川高等学校(滋賀県)	398
跡見学園高等学校(東京都)	217
穴吹高等学校(徳島県)	549
穴吹高等学校穴吹分校(徳島県)	549
穴吹高等学校一宇分校(徳島県)	549
穴吹高等学校木屋平分校(徳島県)	549
穴水高等学校(石川県)	298
阿南工業高等学校(徳島県)	549
阿南高等学校(長野県)	320
姉崎高等学校(千葉県)	190

網走高等学校（北海道）	7
網走向陽高等学校（北海道）	7
網走南ヶ丘高等学校（北海道）	7
我孫子高等学校（千葉県）	190
虻田高等学校（北海道）	8
虻田商業高等学校（北海道）	8
阿武野高等学校（大阪府）	414
阿倍野高等学校（大阪府）	414
阿北高等学校（徳島県）	549
網干高等学校（兵庫県）	447
尼崎小田高等学校（兵庫県）	447
尼崎北高等学校（兵庫県）	447
尼崎工業高等学校（兵庫県）	448
尼崎高等学校（兵庫県）	447
尼崎市立尼崎高等学校（兵庫県）	448
尼崎市立尼崎産業高等学校（兵庫県）	448
尼崎西高等学校（兵庫県）	448
天草高等学校（熊本県）	628
天草東高等学校（熊本県）	629
天羽高等学校（千葉県）	190
奄美高等学校（鹿児島県）	649
網野高等学校（京都府）	405
綾部高等学校（京都府）	405
新井高等学校（新潟県）	275
新居高等学校（静岡県）	349
荒川工業高等学校（東京都）	217
荒川高等学校（新潟県）	275
荒川商業高等学校（東京都）	217
新野高等学校（徳島県）	550
新野高等学校椿分校（徳島県）	550
荒砥高等学校（山形県）	109
新屋高等学校（秋田県）	100
有明高等学校（鹿児島県）	650
ありあけ新世高等学校（福岡県）	587
有磯高等学校（富山県）	293
有田工業高等学校（佐賀県）	610
有田中央高等学校（和歌山県）	476
有馬高等学校（兵庫県）	448
有馬高等学校淡河分校（兵庫県）	448
有馬商業高等学校（長崎県）	613
阿波高等学校（徳島県）	550
安房高等学校（千葉県）	190
淡路高等学校（兵庫県）	448
淡路農業高等学校（兵庫県）	449
阿波商業高等学校（徳島県）	550
安房水産高等学校（千葉県）	191
安房拓心高等学校（千葉県）	191
阿波西高等学校（徳島県）	550
安房西高等学校（千葉県）	191
安房農業高等学校（千葉県）	191
粟野高等学校（栃木県）	151
安房南高等学校（千葉県）	191
安城学園高等学校（石川県）	299
安城高等学校（愛知県）	375
安城農林高等学校（愛知県）	376
安城東高等学校（愛知県）	376

【い】

遺愛女子高等学校（北海道）	8
飯田長姫高等学校（長野県）	320
飯田工業高等学校（長野県）	320
飯田高等学校（石川県）	299
飯田高等学校（長野県）	320
飯田風越高等学校（長野県）	320
飯南高等学校（島根県）	490
飯野川高等学校（宮城県）	81
飯野高等学校（三重県）	391
飯野高等学校（宮崎県）	644
飯山北高等学校（長野県）	320
飯山照丘高等学校（長野県）	320
飯山南高等学校（長野県）	321
伊香高等学校（滋賀県）	399
斑鳩高等学校（奈良県）	467
伊川谷北高等学校（兵庫県）	449
壱岐高等学校（長崎県）	613
壱岐商業高等学校（長崎県）	613
育英高等学校（兵庫県）	449
伊具高等学校（宮城県）	81
育徳館高等学校（福岡県）	587
生野学園高等学校（兵庫県）	449
生野高等学校（大阪府）	414
郁文館高等学校（東京都）	217
池島高等学校（大阪府）	415
池新田高等学校（静岡県）	349
池田北高等学校（大阪府）	415
池田工業高等学校（長野県）	321
池田高等学校（北海道）	8
池田高等学校（岐阜県）	336
池田高等学校（大阪府）	415
池田高等学校（徳島県）	550
池田高等学校（鹿児島県）	650
池田高等学校祖谷分校（徳島県）	551
生駒高等学校（奈良県）	467

伊佐農林高等学校(鹿児島県)	650
諫早高等学校(長崎県)	614
諫早高等学校愛野分校(長崎県)	614
諫早高等学校飯盛分校(長崎県)	614
諫早高等学校高来分校(長崎県)	614
諫早商業高等学校(長崎県)	614
諫早農業高等学校(長崎県)	614
諫早東高等学校(長崎県)	614
石和高等学校(山梨県)	313
胆沢高等学校(岩手県)	70
石岡商業高等学校(茨城県)	139
石岡第一高等学校(茨城県)	139
石狩高等学校(北海道)	8
石狩翔陽高等学校(北海道)	8
石狩南高等学校(北海道)	8
石川県立工業高等学校(石川県)	299
石川県立水産高等学校(石川県)	299
石川高等学校(福島県)	124
石川高等学校(沖縄県)	661
石下高等学校(茨城県)	139
伊志田高等学校(神奈川県)	256
石田高等学校(香川県)	556
石巻工業高等学校(宮城県)	81
石巻高等学校(宮城県)	81
石巻好文館高等学校(宮城県)	82
石巻商業高等学校(宮城県)	82
石巻女子高等学校(宮城県)	82
石巻市立女子高等学校(宮城県)	82
石巻市立女子商業高等学校(宮城県)	82
石巻西高等学校(宮城県)	82
石橋高等学校(栃木県)	151
石原高等学校(京都府)	405
石部高等学校(滋賀県)	399
石薬師高等学校(三重県)	391
石山高等学校(滋賀県)	399
伊集院高等学校(鹿児島県)	650
惟信高等学校(愛知県)	376
泉尾高等学校(大阪府)	415
出石高等学校(兵庫県)	449
伊豆中央高等学校(静岡県)	349
泉大津高等学校(大阪府)	415
和泉工業高等学校(大阪府)	416
出水高等学校(鹿児島県)	650
泉高等学校(宮城県)	83
泉高等学校(千葉県)	191
和泉高等学校(神奈川県)	256
和泉高等学校(大阪府)	415
泉松陵高等学校(宮城県)	83
出水市立出水商業高等学校(鹿児島県)	650
泉館山高等学校(宮城県)	83
泉鳥取高等学校(大阪府)	416
出雲工業高等学校(島根県)	490
出雲高等学校(島根県)	490
出雲商業高等学校(島根県)	490
出雲女子高等学校(島根県)	491
出雲農林高等学校(島根県)	491
出雲北陵高等学校(島根県)	491
伊勢工業高等学校(三重県)	391
伊勢高等学校(三重県)	391
伊勢崎工業高等学校(群馬県)	159
伊勢崎高等学校(群馬県)	159
伊勢崎興陽高等学校(群馬県)	159
伊勢崎商業高等学校(群馬県)	159
伊勢崎女子高等学校(群馬県)	159
伊勢崎清明高等学校(群馬県)	160
伊勢崎東高等学校(群馬県)	160
伊勢実業高等学校(三重県)	391
伊勢原高等学校(神奈川県)	256
磯子工業高等学校(神奈川県)	256
磯子高等学校(神奈川県)	256
磯島高等学校(大阪府)	416
磯原高等学校(茨城県)	139
磯辺高等学校(千葉県)	191
潮来高等学校(茨城県)	139
板野高等学校(徳島県)	551
伊丹北高等学校(兵庫県)	449
伊丹高等学校(兵庫県)	449
伊丹市立伊丹高等学校(兵庫県)	449
伊丹西高等学校(兵庫県)	449
板柳高等学校(青森県)	55
市岡高等学校(大阪府)	416
市川北高等学校(千葉県)	191
市川工業高等学校(千葉県)	192
市川高等学校(山梨県)	314
市川東高等学校(千葉県)	192
市川南高等学校(千葉県)	192
市来農芸高等学校(鹿児島県)	650
一関学院高等学校(岩手県)	70
一関工業高等学校(岩手県)	70
一関修紅高等学校(岩手県)	70
一関第一高等学校(岩手県)	70
一関第二高等学校(岩手県)	70
一関農業高等学校(岩手県)	71
一戸高等学校(岩手県)	71

一宮北高等学校(愛知県)	376
一宮工業高等学校(愛知県)	376
一宮高等学校(愛知県)	376
一宮商業高等学校(千葉県)	192
一宮商業高等学校(愛知県)	376
一宮西高等学校(愛知県)	376
一迫商業高等学校(宮城県)	83
市原園芸高等学校(千葉県)	192
市原高等学校(千葉県)	192
市原緑高等学校(千葉県)	192
市原八幡高等学校(千葉県)	193
五日市高等学校(東京都)	217
五日市高等学校(広島県)	521
一色高等学校(愛知県)	377
一燈園高等学校(京都府)	405
糸魚川高等学校(新潟県)	275
糸魚川白嶺高等学校(新潟県)	276
伊東高等学校(静岡県)	350
伊東高等学校城ケ崎分校(静岡県)	350
伊東城ケ崎高等学校(静岡県)	350
伊東商業高等学校(静岡県)	350
伊都高等学校(和歌山県)	476
伊都高等学校妙寺校舎(和歌山県)	476
糸島高等学校(福岡県)	587
糸島農業高等学校(福岡県)	587
伊都中央高等学校(和歌山県)	477
糸満高等学校(沖縄県)	661
伊奈学園総合高等学校(埼玉県)	169
稲城高等学校(東京都)	217
伊那北高等学校(長野県)	321
伊奈高等学校(茨城県)	139
引佐高等学校(静岡県)	350
稲沢高等学校(愛知県)	377
稲沢東高等学校(愛知県)	377
伊那女子高等学校(長野県)	321
稲築志耕館高等学校(福岡県)	587
稲取高等学校(静岡県)	350
伊那西高等学校(長野県)	321
員弁高等学校(三重県)	391
伊那弥生ケ丘高等学校(長野県)	321
猪苗代高等学校(福島県)	124
犬山高等学校(愛知県)	377
犬山南高等学校(愛知県)	377
稲生高等学校(三重県)	391
伊野商業高等学校(高知県)	579
茨城キリスト教学園高等学校(茨城県)	140
茨城高等学校(茨城県)	139
茨木高等学校(大阪府)	416
茨木西高等学校(大阪府)	417
茨木東高等学校(大阪府)	417
庵原高等学校(静岡県)	350
井原高等学校(岡山県)	500
井原市立高等学校(岡山県)	500
揖斐高等学校(岐阜県)	336
伊吹高等学校(滋賀県)	399
指宿高等学校(鹿児島県)	650
指宿商業高等学校(鹿児島県)	651
伊保内高等学校(岩手県)	71
今市工業高等学校(栃木県)	151
今市高等学校(栃木県)	151
今治北高等学校(愛媛県)	565
今治工業高等学校(愛媛県)	565
今治精華高等学校(愛媛県)	566
今治西高等学校(愛媛県)	566
今治東高等学校(愛媛県)	566
今治南高等学校(愛媛県)	566
今治明徳高等学校(愛媛県)	567
今別高等学校(青森県)	55
今宮工科高等学校(大阪府)	417
今宮工業高等学校(大阪府)	417
今宮高等学校(大阪府)	417
伊万里高等学校(佐賀県)	610
伊万里商業高等学校(佐賀県)	610
伊予高等学校(愛媛県)	567
伊予農業高等学校(愛媛県)	567
伊良部高等学校(沖縄県)	661
入来商業高等学校(鹿児島県)	651
入間向陽高等学校(埼玉県)	169
岩井高等学校(茨城県)	140
岩泉高等学校(岩手県)	71
岩泉高等学校小川分校(岩手県)	71
岩泉高等学校田野畑校(岩手県)	71
岩ケ崎高等学校(宮城県)	83
岩川高等学校(鹿児島県)	651
いわき海星高等学校(福島県)	125
岩木高等学校(青森県)	55
磐城高等学校(福島県)	124
いわき光洋高等学校(福島県)	125
磐城桜が丘高等学校(福島県)	125
磐城女子高等学校(福島県)	125
いわき中央高等学校(福島県)	125
岩国工業高等学校(山口県)	539
岩国高等学校(山口県)	539
岩国商業高等学校(山口県)	539

いわく		学校名索引	
岩国総合高等学校(山口県)	539	魚津高等学校(富山県)	293
岩倉高等学校(東京都)	218	浮羽究真館高等学校(福岡県)	588
伊和高等学校(兵庫県)	449	浮羽工業高等学校(福岡県)	588
岩津高等学校(愛知県)	377	浮羽高等学校(福岡県)	587
岩瀬高等学校(茨城県)	140	浮羽東高等学校(福岡県)	588
岩瀬農業高等学校(福島県)	125	鶯沢工業高等学校(宮城県)	83
磐田北高等学校(静岡県)	350	鶯谷高等学校(岐阜県)	336
岩尾高等学校(大分県)	638	鶯谷女子高等学校(岐阜県)	336
磐田商業高等学校(静岡県)	351	宇久高等学校(長崎県)	615
磐田西高等学校(静岡県)	351	羽後高等学校(秋田県)	100
磐田農業高等学校(静岡県)	351	宇佐高等学校(大分県)	638
磐田東高等学校(静岡県)	351	宇佐産業科学高等学校(大分県)	638
磐田南高等学校(静岡県)	351	宇佐農業高等学校(大分県)	638
岩槻商業高等学校(埼玉県)	169	氏家高等学校(栃木県)	151
岩槻北陵高等学校(埼玉県)	169	宇治学園(京都府)	405
岩手高等学校(岩手県)	71	牛久栄進高等学校(茨城県)	140
岩手女子高等学校(岩手県)	72	牛津高等学校(佐賀県)	610
岩手橘高等学校(岩手県)	72	牛深高等学校(熊本県)	629
岩出山高等学校(宮城県)	83	宇治山田高等学校(三重県)	392
岩内高等学校(北海道)	8	宇治山田商業高等学校(三重県)	392
岩美高等学校(鳥取県)	483	烏城高等学校(岡山県)	500
岩見沢西高等学校(北海道)	9	羽松高等学校(石川県)	299
岩見沢農業高等学校(北海道)	9	羽水高等学校(福井県)	308
岩見沢東高等学校(北海道)	9	臼杵高等学校(大分県)	638
岩見沢緑陵高等学校(北海道)	9	臼杵商業高等学校(大分県)	638
石見智翠館高等学校(島根県)	491	臼田高等学校(長野県)	323
岩村高等学校(岐阜県)	336	歌志内高等学校(北海道)	10
岩村田高等学校(長野県)	321	内郷高等学校(福島県)	126
岩谷堂農林高等学校(岩手県)	72	内子高等学校(愛媛県)	567
因島高等学校(広島県)	521	内灘高等学校(石川県)	299
印旛高等学校(千葉県)	193	宇都宮北高等学校(栃木県)	152
		宇都宮工業高等学校(栃木県)	152
【う】		宇都宮高等学校(栃木県)	151
		宇都宮商業高等学校(栃木県)	152
上田高等学校(長野県)	322	宇都宮女子高等学校(栃木県)	152
上田染谷丘高等学校(長野県)	322	宇都宮清陵高等学校(栃木県)	152
上田千曲高等学校(長野県)	322	宇都宮中央女子高等学校(栃木県)	152
上田西高等学校(長野県)	322	宇都宮農業高等学校上河内分校(栃木県)	
上田東高等学校(長野県)	322		152
上野工業高等学校(三重県)	392	宇都宮東高等学校(栃木県)	152
上野高等学校(東京都)	218	宇都宮南高等学校(栃木県)	153
上野高等学校(三重県)	391	宇土高等学校(熊本県)	629
上野商業高等学校(三重県)	392	畝傍高等学校(奈良県)	467
上野農業高等学校(三重県)	392	宇部工業高等学校(山口県)	539
上野原高等学校(山梨県)	314	宇部高等学校(山口県)	539
上宮高等学校(大阪府)	417	宇部商業高等学校(山口県)	540
魚津工業高等学校(富山県)	294	宇部中央高等学校(山口県)	540

宇部西高等学校（山口県）	540
宇美商業高等学校（福岡県）	588
浦河高等学校（北海道）	10
浦添工業高等学校（沖縄県）	662
浦添高等学校（沖縄県）	661
浦添商業高等学校（沖縄県）	662
浦幌高等学校（北海道）	10
浦安高等学校（千葉県）	193
浦安南高等学校（千葉県）	193
浦和学院高等学校（埼玉県）	170
浦和北高等学校（埼玉県）	170
浦和高等学校（埼玉県）	169
浦和実業学園高等学校（埼玉県）	170
浦和商業高等学校（埼玉県）	170
浦和市立高等学校（埼玉県）	171
浦和市立南高等学校（埼玉県）	171
浦和第一女子高等学校（埼玉県）	171
浦和西高等学校（埼玉県）	171
浦和東高等学校（埼玉県）	172
宇和高等学校（愛媛県）	567
宇和島商業学校（愛媛県）	567
宇和島水産高等学校（愛媛県）	567
宇和島東高等学校（愛媛県）	568
宇和島南高等学校（愛媛県）	568

【え】

栄光学園高等学校（神奈川県）	256
頴娃高等学校（鹿児島県）	651
盈進高等学校（広島県）	521
英数学館高等学校（広島県）	522
永福高等学校（東京都）	218
英明高等学校（香川県）	556
江差高等学校（北海道）	10
枝幸高等学校（北海道）	10
江差南高等学校（北海道）	10
江田島高等学校（広島県）	522
江戸川高等学校（東京都）	218
江戸崎高等学校（茨城県）	140
恵那北高等学校（岐阜県）	336
恵那高等学校（岐阜県）	336
恵那農業高等学校（岐阜県）	337
恵庭北高等学校（北海道）	10
恵庭南高等学校（北海道）	10
えびの高原国際高等学校（宮崎県）	644
江別高等学校（北海道）	10
えりも高等学校（北海道）	10

遠軽郁凌高等学校（北海道）	11
遠軽家政高等学校（北海道）	11
遠軽高等学校（北海道）	11
塩山商業高等学校（山梨県）	314
遠別高等学校（北海道）	11
遠別農業高等学校（北海道）	11

【お】

オイスカ高等学校（静岡県）	352
生浜高等学校（千葉県）	193
追分高等学校（北海道）	11
桜蔭高等学校（東京都）	218
桜花学園高等学校（愛知県）	377
相可高等学校（三重県）	392
桜華女学院高等学校（東京都）	219
鴨沂高等学校（京都府）	405
扇町商業高等学校（大阪府）	417
王子工業高等学校（東京都）	219
王寺工業高等学校（奈良県）	467
追手門学院大手前高等学校（大阪府）	417
追手門学院高等学校（大阪府）	417
桜美林高等学校（東京都）	219
近江兄弟社高等学校（滋賀県）	399
近江高等学校（滋賀県）	399
鷗友学園女子高等学校（東京都）	219
大麻高等学校（北海道）	11
大洗高等学校（茨城県）	140
大井川高等学校（静岡県）	352
大井高等学校（埼玉県）	172
大井高等学校（神奈川県）	256
大石田高等学校（山形県）	110
大泉学園高等学校（東京都）	219
大泉高等学校（群馬県）	160
大磯高等学校（神奈川県）	256
大分上野丘高等学校（大分県）	638
大分県立海洋科学高等学校（大分県）	639
大分県立水産高等学校（大分県）	639
大分工業高等学校（大分県）	639
大分高等学校（大分県）	638
大分国際情報高等学校（大分県）	639
大分市城南高等学校（大分県）	639
大分商業高等学校（大分県）	639
大分女子高等学校（大分県）	639
大分鶴崎高等学校（大分県）	640
大分豊府高等学校（大分県）	640
大分舞鶴高等学校（大分県）	640

おおう

学校名	頁
大宇陀高等学校(奈良県)	467
大江高等学校(京都府)	405
大江高等学校(熊本県)	629
大垣北高等学校(岐阜県)	337
大垣工業高等学校(岐阜県)	337
大垣高等学校(岐阜県)	337
大柿高等学校(広島県)	522
大垣桜高等学校(岐阜県)	337
大垣商業高等学校(岐阜県)	337
大垣市立大垣第一女子高等学校(岐阜県)	337
大垣西高等学校(岐阜県)	337
大垣日本大学高等学校(岐阜県)	338
大垣農業高等学校(岐阜県)	338
大垣東高等学校(岐阜県)	338
大垣南高等学校(岐阜県)	338
大川工業高等学校(福岡県)	588
大川高等学校(福岡県)	588
大川樟風高等学校(福岡県)	588
大川東高等学校(香川県)	556
大河原商業高等学校(宮城県)	83
大冠高等学校(大阪府)	418
大楠高等学校(神奈川県)	256
大口高等学校(鹿児島県)	651
大倉山高等学校(神奈川県)	256
大阪偕星学園高等学校(大阪府)	418
大阪学芸高等学校(大阪府)	418
大阪教育大学教育学部附属高等学校池田校舎(大阪府)	418
大阪教育大学教育学部附属高等学校平野校舎(大阪府)	418
大阪教育大学附属高等学校天王寺校舎(大阪府)	418
大阪薫英女学院高等学校(大阪府)	419
大阪高等学校(大阪府)	418
大阪商業高等学校(大阪府)	419
大阪商業大学堺高等学校(大阪府)	419
大阪女学院(大阪府)	419
大阪女子商業高等学校(大阪府)	419
大阪市立生野工業高等学校(大阪府)	419
大阪市立泉尾工業高等学校(大阪府)	419
大阪市立泉尾第二工業高等学校(大阪府)	419
大阪市立市岡商業高等学校(大阪府)	419
大阪市立扇町第二商業高等学校(大阪府)	419
大阪市立桜宮高等学校(大阪府)	419
大阪市立住吉商業高等学校(大阪府)	419
大阪市立第二工芸高等学校(大阪府)	419
大阪市立天王寺商業高等学校(大阪府)	420
大阪市立天王寺第二商業高等学校(大阪府)	420
大阪市立西商業高等学校(大阪府)	420
大阪市立西第二商業高等学校(大阪府)	420
大阪市立東高等学校(大阪府)	420
大阪市立東商業高等学校(大阪府)	420
大阪市立南第二高等学校(大阪府)	420
大阪市立淀商業高等学校(大阪府)	420
大阪成蹊女子高等学校(大阪府)	420
大阪星光学院(大阪府)	420
大阪青凌高等学校(大阪府)	420
大阪桐蔭高等学校(大阪府)	420
大阪福島女子高等学校(大阪府)	421
大阪府立園芸高等学校(大阪府)	421
大阪府立農芸高等学校(大阪府)	421
大阪貿易学院高等学校(大阪府)	422
大崎海星高等学校(広島県)	522
大崎高等学校(東京都)	219
大崎高等学校(長崎県)	615
大島北高等学校(鹿児島県)	652
大島工業高等学校(鹿児島県)	652
大島高等学校(東京都)	219
大島高等学校(愛媛県)	568
大島高等学校(鹿児島県)	651
大清水高等学校(神奈川県)	257
大洲高等学校(愛媛県)	568
大洲農業高等学校(愛媛県)	569
大多喜高等学校(千葉県)	193
大多喜女子高等学校(千葉県)	193
大竹高等学校(広島県)	522
太田工業高等学校(群馬県)	160
太田高等学校(群馬県)	160
大田高等学校(島根県)	491
太田女子高等学校(群馬県)	160
太田第一高等学校(茨城県)	140
太田第二高等学校(茨城県)	141
大館桂高等学校(秋田県)	100
大館工業高等学校(秋田県)	100
大館高等学校(秋田県)	100
大館商業高等学校(秋田県)	100
大館東高等学校(秋田県)	100
大館鳳鳴高等学校(秋田県)	100
大館南高等学校(秋田県)	101
大谷高等学校(京都府)	405
太田西女子高等学校(群馬県)	160

太田フレックス高等学校(群馬県)	160
大田原高等学校(栃木県)	153
大田原女子高等学校(栃木県)	153
大田原東高等学校(栃木県)	153
邑智高等学校(島根県)	491
大月短期大学附属高等学校(山梨県)	314
大津高等学校(滋賀県)	399
大津高等学校(山口県)	540
大津高等学校(熊本県)	629
大津産業高等学校(熊本県)	629
大津商業高等学校(滋賀県)	400
大津清陵高等学校(滋賀県)	400
大槌高等学校(岩手県)	72
大津中央高等学校(滋賀県)	400
大手前高等学校(大阪府)	422
大手前高等学校(香川県)	556
大栃高等学校(高知県)	580
鵬学園高等学校(石川県)	299
鳳高等学校(大阪府)	422
大沼高等学校(福島県)	126
大野工業高等学校(福井県)	308
大野高等学校(岩手県)	72
大野高等学校(福井県)	308
大野農業高等学校(北海道)	11
大野東高等学校(福井県)	308
大迫高等学校(岩手県)	72
大畑高等学校(青森県)	55
大秦野高等学校(神奈川県)	257
大原高等学校(千葉県)	193
大原高等学校(岡山県)	501
大原商業高等学校(岩手県)	72
大仁高等学校(静岡県)	352
大平高等学校(沖縄県)	662
大府高等学校(愛知県)	377
大船高等学校(神奈川県)	257
大船渡工業高等学校(岩手県)	72
大船渡農業高等学校(岩手県)	72
大船渡東高等学校(岩手県)	73
大船工業技術高等学校(神奈川県)	257
大曲工業高等学校(秋田県)	101
大曲高等学校(秋田県)	101
大曲高等学校太田分校(秋田県)	101
大曲農業高等学校(秋田県)	101
大曲農業高等学校太田分校(秋田県)	101
大曲農業高等学校大森分校(秋田県)	101
大間高等学校(青森県)	55
大町北高等学校(長野県)	323
大町高等学校(長野県)	323
大間々高等学校(群馬県)	160
大湊高等学校(青森県)	56
大湊高等学校川内校舎(青森県)	56
大湊高等学校脇野沢分校(青森県)	56
大嶺高等学校(山口県)	540
大宮北高等学校(埼玉県)	172
大宮工業高等学校(茨城県)	141
大宮工業高等学校(埼玉県)	172
大宮高等学校(茨城県)	141
大宮高等学校(埼玉県)	172
大宮光陵高等学校(埼玉県)	172
大宮商業高等学校(埼玉県)	172
大宮西高等学校(埼玉県)	172
大宮東高等学校(埼玉県)	172
大宮南高等学校(埼玉県)	173
大宮武蔵野高等学校(埼玉県)	173
雄武高等学校(北海道)	11
大牟田北高等学校(福岡県)	588
大牟田高等学校(福岡県)	588
大牟田商業高等学校(福岡県)	588
大村園芸高等学校(長崎県)	615
大村工業高等学校(長崎県)	615
大村高等学校(長崎県)	615
大村城南高等学校(熊本県)	629
大森工業高等学校(東京都)	220
大森高等学校(東京都)	219
大森東高等学校(東京都)	220
大山高等学校(東京都)	220
大淀高等学校(奈良県)	468
大鰐高等学校(青森県)	56
男鹿工業高等学校(秋田県)	101
男鹿高等学校(秋田県)	101
男鹿高等学校北浦分校(秋田県)	101
岡崎北高等学校(愛知県)	378
岡崎工業高等学校(愛知県)	378
岡崎高等学校(愛知県)	377
岡崎商業高等学校(愛知県)	378
小笠農業高等学校(静岡県)	352
小笠原高等学校(東京都)	220
雄勝高等学校(秋田県)	102
岡津高等学校(神奈川県)	257
岡谷工業高等学校(長野県)	323
岡谷東高等学校(長野県)	323
岡山朝日高等学校(岡山県)	501
岡山一宮高等学校(岡山県)	501
岡山学芸館高等学校(岡山県)	502

学校名	頁	学校名	頁
岡山県共生高等学校(岡山県)	502	越生高等学校(埼玉県)	173
岡山県公立真備陵南高等学校(岡山県)	502	興部高等学校(北海道)	12
岡山工業高等学校(岡山県)	502	小千谷高等学校(新潟県)	276
おかやま山陽高等学校(岡山県)	502	小千谷高等学校片貝分校(新潟県)	276
岡山商科大学附属高等学校(岡山県)	503	小千谷西高等学校(新潟県)	276
岡山城東高等学校(岡山県)	503	小津高等学校(高知県)	580
岡山市立岡山工業高等学校(岡山県)	503	小瀬高等学校(茨城県)	141
岡山市立岡山後楽館高等学校(岡山県)	503	小高工業高等学校(福島県)	126
岡山市立岡山後楽館高等学校伊福校舎(岡山県)	503	小高商業高等学校(福島県)	126
岡山市立岡山商業高等学校(岡山県)	503	小田高等学校(愛媛県)	569
岡山操山高等学校(岡山県)	503	小樽桜陽高等学校(北海道)	12
岡山大安寺高等学校(岡山県)	503	小樽工業高等学校(北海道)	12
岡山白陵高等学校(岡山県)	504	小樽商業高等学校(北海道)	12
岡山東商業高等学校(岡山県)	504	小樽水産高等学校(北海道)	12
岡山芳泉高等学校(岡山県)	504	小樽潮陵高等学校(北海道)	13
岡山南高等学校(岡山県)	504	小田原高等学校(神奈川県)	257
岡山理科大学附属高等学校(岡山県)	505	小田原城内高等学校(神奈川県)	257
岡谷南高等学校(長野県)	323	小田原城東高等学校(神奈川県)	258
岡谷竜白高等学校(長野県)	324	小田原城北工業高等学校(神奈川県)	258
小川工業高等学校(熊本県)	629	小田原東高等学校(神奈川県)	258
小川高等学校(茨城県)	141	落合高等学校(岡山県)	506
小川高等学校(埼玉県)	173	お茶の水女子大学附属高等学校(東京都)	220
小川高等学校(東京都)	220	追浜高等学校(神奈川県)	258
沖永良部高等学校(鹿児島県)	652	音威子府高等学校(北海道)	13
沖学園高等学校(福岡県)	588	おといねっぷ美術工芸高等学校(北海道)	13
荻窪高等学校(東京都)	220	乙訓高等学校(京都府)	406
隠岐高等学校(島根県)	491	音更高等学校(北海道)	13
小城高等学校(佐賀県)	610	乙部高等学校(北海道)	13
隠岐水産高等学校(島根県)	492	女川高等学校(宮城県)	83
置賜農業高等学校(山形県)	110	小名浜高等学校(福島県)	126
置賜農業高等学校飯豊分校(山形県)	110	小名浜水産高等学校(福島県)	126
置賜農業高等学校玉庭分校(山形県)	110	尾上総合高等学校(青森県)	56
隠岐島前高等学校(島根県)	492	小野工業高等学校(兵庫県)	450
沖縄工業高等学校(沖縄県)	662	小野高等学校(福島県)	126
沖縄尚学高等学校(沖縄県)	662	小野高等学校(兵庫県)	450
沖縄水産高等学校(沖縄県)	663	小野高等学校平田校(福島県)	126
邑久高等学校(岡山県)	506	小野田工業高等学校(山口県)	540
奥尻高等学校(北海道)	11	小野田高等学校(山口県)	540
小国高等学校(山形県)	110	尾道北高等学校(広島県)	522
小国高等学校(熊本県)	629	尾道高等学校(広島県)	522
桶川高等学校(埼玉県)	173	尾道商業高等学校(広島県)	522
桶川西高等学校(埼玉県)	173	尾道東高等学校(広島県)	522
置戸高等学校(北海道)	12	尾花沢高等学校(山形県)	110
岡豊高等学校(高知県)	580	小浜高等学校(長崎県)	615
小郡高等学校(福岡県)	589	小浜水産高等学校(福井県)	308
起工業高等学校(愛知県)	378	帯広大谷高等学校(北海道)	13

学校名索引　かしい

帯広北高等学校(北海道)	13
帯広工業高等学校(北海道)	13
帯広高等学校(北海道)	13
帯広三条高等学校(北海道)	13
帯広農業高等学校(北海道)	14
帯広柏葉高等学校(北海道)	14
帯広南商業高等学校(北海道)	14
帯広緑陽高等学校(北海道)	14
小見川高等学校(千葉県)	193
小山園芸高等学校(栃木県)	153
小山高等学校(栃木県)	153
小山高等学校(静岡県)	352
雄山高等学校(富山県)	294
小山城南高等学校(栃木県)	153
小山西高等学校(栃木県)	154
小山南高等学校(栃木県)	154
折尾高等学校(福岡県)	589
小禄高等学校(沖縄県)	663
尾鷲工業高等学校(三重県)	393
尾鷲高等学校(三重県)	393
遠賀高等学校(福岡県)	589
遠賀農芸高等学校(福岡県)	589
御宿家政高等学校(千葉県)	194
御宿高等学校(千葉県)	193
音戸高等学校(広島県)	523
音別高等学校同窓会(北海道)	15

【か】

外語短期大学付属高等学校(神奈川県)	258
海城高等学校(東京都)	220
貝塚高等学校(大阪府)	422
貝塚南高等学校(大阪府)	423
海津高等学校(岐阜県)	338
海星高等学校(三重県)	393
開成高等学校(東京都)	221
海星高等学校(長崎県)	616
海田高等学校(広島県)	523
開智学園(埼玉県)	173
開智高等学校(和歌山県)	477
海南高等学校(和歌山県)	477
海南高等学校(徳島県)	551
海南市立海南高等学校(和歌山県)	477
海南市立海南下津高等学校(和歌山県)	477
柏原高等学校(兵庫県)	450
開邦高等学校(沖縄県)	663
開明高等学校(大阪府)	423
海陽中等教育学校(愛知県)	378
科学技術学園高等学校(東京都)	223
科学技術高等学校(東京都)	222
科学技術高等学校(福井県)	309
化学工業高等学校(東京都)	223
加賀高等学校(石川県)	299
加賀聖城高等学校(石川県)	300
各務原東高等学校(岐阜県)	338
各務原西高等学校(岐阜県)	338
各務原高等学校(岐阜県)	339
香川県立農業経営高等学校(香川県)	557
香川誠陵高等学校(香川県)	557
香川中央高等学校(香川県)	557
柿崎高等学校(新潟県)	276
鶴城丘高等学校(愛知県)	378
角田高等学校(宮城県)	83
角田女子高等学校(宮城県)	84
角館高等学校(秋田県)	102
角館高等学校田沢分校(秋田県)	102
角館南高等学校(秋田県)	102
学悠館高等学校(栃木県)	154
掛川工業高等学校(静岡県)	352
掛川西高等学校(静岡県)	352
掛川東高等学校(静岡県)	353
加計高等学校(広島県)	523
加計高等学校芸北分校(広島県)	523
加古川北高等学校(兵庫県)	450
加古川西高等学校(兵庫県)	450
加古川南高等学校(兵庫県)	451
鹿児島工業高等学校(鹿児島県)	652
鹿児島実業高等学校(鹿児島県)	652
鹿児島商業高等学校(鹿児島県)	653
鹿児島市立玉龍高等学校(鹿児島県)	653
鹿児島水産高等学校(鹿児島県)	653
鹿児島中央高等学校(鹿児島県)	653
鹿児島西高等学校(鹿児島県)	653
鹿児島東高等学校(鹿児島県)	653
葛西工業高等学校(東京都)	223
葛西南高等学校(東京都)	223
笠岡工業高等学校(岡山県)	506
笠岡高等学校(岡山県)	506
笠岡商業高等学校(岡山県)	506
笠沙高等学校(鹿児島県)	653
笠田高等学校(香川県)	557
笠間高等学校(茨城県)	141
香椎工業高等学校(福岡県)	589
香椎高等学校(福岡県)	589

都道府県から引く　高等学校史・活動史目録

加治木工業高等学校(鹿児島県)	654
加治木高等学校(鹿児島県)	654
香芝高等学校(奈良県)	468
橿原高等学校(奈良県)	468
鹿島高等学校(茨城県)	141
鹿島高等学校(佐賀県)	610
神島高等学校(和歌山県)	477
鹿島実業高等学校(佐賀県)	610
鹿島台商業高等学校(宮城県)	84
霞城学園高等学校(山形県)	110
柏井高等学校(千葉県)	194
柏北高等学校(千葉県)	194
柏木農業高等学校(青森県)	56
柏木農業高等学校大鰐分校(青森県)	56
柏高等学校(千葉県)	194
柏崎高等学校(新潟県)	276
柏崎高等学校小国分校(新潟県)	276
柏崎高等実践女学校(新潟県)	276
柏崎総合高等学校(新潟県)	276
柏崎総合高等学校高柳分校(新潟県)	277
柏崎常盤高等学校(新潟県)	277
柏崎農業高等学校(新潟県)	277
柏崎農業高等学校黒姫分校(新潟県)	277
柏崎農業高等学校高柳分校(新潟県)	277
柏市立柏高等学校(千葉県)	194
柏中央高等学校(千葉県)	194
柏西高等学校(千葉県)	194
柏の葉高等学校(千葉県)	194
柏南高等学校(千葉県)	194
柏原東高等学校(大阪府)	423
春日井工業高等学校(愛知県)	378
春日井東高等学校(愛知県)	378
春日井南高等学校(愛知県)	378
春日丘高等学校(大阪府)	423
春日丘高等学校泉原分校(大阪府)	423
春日高等学校(福岡県)	590
春日部工業高等学校(埼玉県)	174
春日部高等学校(埼玉県)	174
春日部女子高等学校(埼玉県)	174
春日部東高等学校(埼玉県)	174
上総高等学校(千葉県)	194
香住丘高等学校(福岡県)	590
粕屋高等学校(福岡県)	590
加世田高等学校(鹿児島県)	654
笠田高等学校(和歌山県)	477
加世田農業高等学校(鹿児島県)	654
片桐高等学校(奈良県)	468
堅田高等学校(滋賀県)	400
交野高等学校(大阪府)	423
片山学園高等学校(富山県)	294
華頂女子高等学校(京都府)	406
勝浦園芸高等学校(徳島県)	552
勝浦高等学校(千葉県)	195
葛飾商業高等学校(東京都)	223
葛飾野高等学校(東京都)	223
活水高等学校(長崎県)	616
勝田工業高等学校(茨城県)	141
勝田高等学校(茨城県)	141
葛南工業高等学校(千葉県)	195
勝間田高等学校(岡山県)	506
勝間田農林高等学校(岡山県)	507
勝山高等学校(福井県)	309
勝山高等学校(大阪府)	423
勝山高等学校(岡山県)	507
勝山高等学校湯原分校(岡山県)	507
勝山南高等学校(福井県)	309
桂高等学校(山梨県)	314
嘉手納高等学校(沖縄県)	663
加藤学園高等学校(静岡県)	353
門川高等学校(宮崎県)	644
門川農業高等学校(宮崎県)	644
門真高等学校(大阪府)	424
門真西高等学校(大阪府)	424
門真南高等学校(大阪府)	424
金足農業高等学校(秋田県)	102
金足農業高等学校羽城分校(秋田県)	103
金足農業高等学校船越分校(秋田県)	103
金井高等学校(神奈川県)	258
鼎が浦高等学校(宮城県)	84
金岡高等学校(大阪府)	424
神奈川学園高等学校(神奈川県)	258
神奈川工業高等学校(神奈川県)	258
神奈川総合高等学校(神奈川県)	258
神奈川大学附属高等学校(神奈川県)	258
金木高等学校(青森県)	56
金木高等学校小泊分校(青森県)	56
金木高等学校市浦分校(青森県)	57
金沢泉丘高等学校(石川県)	300
金沢向陽高等学校(石川県)	300
金沢桜丘高等学校(石川県)	300
金沢商業高等学校(石川県)	301
金沢松陵工業高等学校(石川県)	301
金沢女子高等学校(石川県)	301
金沢市立工業高等学校(石川県)	301

学校名	頁
金沢総合高等学校(神奈川県)	258
金沢大学教育学部附属高等学校(石川県)	301
金沢辰巳丘高等学校(石川県)	301
金沢中央高等学校(石川県)	301
金沢錦丘高等学校(石川県)	302
金沢西高等学校(石川県)	302
金沢二水高等学校(石川県)	302
金沢北陵高等学校(石川県)	302
金津高等学校(福井県)	309
金谷高等学校(静岡県)	353
河南高等学校(宮城県)	84
河南高等学校(大阪府)	424
可児工業高等学校(岐阜県)	339
可児高等学校(岐阜県)	339
鹿沼高等学校(栃木県)	154
鹿沼商工高等学校(栃木県)	154
鹿沼農業高等学校(栃木県)	154
鹿沼農商高等学校(栃木県)	154
鹿沼東高等学校(栃木県)	154
鹿沼南高等学校(栃木県)	154
金川高等学校(岡山県)	507
鐘紡長浜高等学校(滋賀県)	400
金山学園高等学校(岡山県)	507
金山高等学校(山形県)	110
加納高等学校(岐阜県)	339
加納高等学校(大阪府)	424
鹿野高等学校(山口県)	540
鹿屋高等学校(鹿児島県)	654
鹿屋市立鹿屋女子高等学校(鹿児島県)	655
鹿屋農業高等学校(鹿児島県)	655
鹿屋農業高等学校吾平分校(鹿児島県)	655
河北台商業高等学校(石川県)	302
嘉穂工業高等学校(福岡県)	590
嘉穂高等学校(福岡県)	590
嘉穂総合高等学校(福岡県)	590
嘉穂中央高等学校(福岡県)	590
嘉穂東高等学校(福岡県)	590
釜石北高等学校(岩手県)	73
釜石工業高等学校(岩手県)	73
釜石商業高等学校(岩手県)	73
釜石商工高等学校(岩手県)	73
釜石南高等学校(岩手県)	73
鎌形学園(千葉県)	195
鎌ヶ谷高等学校(千葉県)	195
鎌ヶ谷西高等学校(千葉県)	195
鎌倉学園高等学校(神奈川県)	259
鎌倉高等学校(神奈川県)	258
蒲郡高等学校(愛知県)	378
蒲田女子高等学校(東京都)	223
釜利谷高等学校(神奈川県)	259
上磯高等学校(北海道)	15
上市高等学校(富山県)	294
上伊那農業高等学校(長野県)	324
上浮穴高等学校(愛媛県)	569
神岡町立神岡工業高等学校(岐阜県)	339
上川高等学校(北海道)	15
上郷高等学校(神奈川県)	259
上郡高等学校(兵庫県)	451
上五島高等学校(長崎県)	616
上士幌高等学校(北海道)	15
上渚滑高等学校(北海道)	15
神栖高等学校(茨城県)	141
上砂川高等学校(北海道)	15
上対馬高等学校(長崎県)	616
上鶴間高等学校(神奈川県)	259
上沼農業高等学校(宮城県)	84
加美農業高等学校(宮城県)	84
上三川高等学校(栃木県)	154
上ノ国高等学校(北海道)	15
上山農業高等学校(山形県)	110
上山明新館高等学校(山形県)	110
上富良野高等学校(北海道)	15
上溝高等学校(神奈川県)	259
上溝南高等学校(神奈川県)	259
上水内北部高等学校(長野県)	324
上矢部高等学校(神奈川県)	259
亀岡高等学校(京都府)	406
亀山高等学校(三重県)	393
蒲生高等学校(鹿児島県)	655
鴨方高等学校(岡山県)	507
加茂川高等学校(岡山県)	508
賀茂北高等学校(広島県)	523
加茂高等学校(新潟県)	277
加茂高等学校(岐阜県)	339
賀茂高等学校(広島県)	523
鴨島商業高等学校(徳島県)	552
加茂水産高等学校(山形県)	110
鹿本高等学校(熊本県)	630
鹿本商工高等学校(熊本県)	630
鹿本農業高等学校(熊本県)	630
加茂農林高等学校(新潟県)	277
加茂農林高等学校(岐阜県)	339
加茂農林高等学校広瀬分校(新潟県)	277

加悦谷高等学校（京都府）	406
華陽高等学校（岐阜県）	340
華陽フロンティア高等学校（岐阜県）	340
烏山工業高等学校（東京都）	223
烏山高等学校（栃木県）	155
烏山女子高等学校（栃木県）	155
唐津工業高等学校（佐賀県）	610
唐津西高等学校（佐賀県）	610
唐津東高等学校（佐賀県）	611
刈谷北高等学校（愛知県）	379
刈谷高等学校（愛知県）	378
華陵高等学校（山口県）	541
軽井沢高等学校（長野県）	324
軽米高等学校（岩手県）	73
川上農業高等学校（岡山県）	508
川口北高等学校（埼玉県）	174
川口工業高等学校（埼玉県）	174
川口高等学校（埼玉県）	174
川口東高等学校（埼玉県）	175
川越工業高等学校（埼玉県）	175
川越高等学校（埼玉県）	175
川越高等学校（三重県）	393
川越商業高等学校（埼玉県）	175
川越女子高等学校（埼玉県）	175
川越総合高等学校（埼玉県）	176
川越西高等学校（埼玉県）	176
川越農業高等学校（埼玉県）	176
川越初雁高等学校（埼玉県）	176
川越南高等学校（埼玉県）	176
川崎北高等学校（神奈川県）	259
川崎工業高等学校（神奈川県）	259
川崎高等学校（神奈川県）	259
川崎市立高津高等学校（神奈川県）	259
川崎南高等学校（神奈川県）	260
川島高等学校（徳島県）	552
河瀬高等学校（滋賀県）	400
川棚高等学校（長崎県）	616
川辺高等学校（鹿児島県）	655
川西高等学校（新潟県）	277
川西高等学校（兵庫県）	451
川西北陵高等学校（兵庫県）	451
川根高等学校（静岡県）	353
川之石高等学校（愛媛県）	569
川之江高等学校（愛媛県）	570
川俣高等学校（福島県）	126
川本高等学校（埼玉県）	176
川本高等学校（島根県）	492
川本高等学校羽須美分校（島根県）	492
観音寺商業高等学校（香川県）	557
観音寺第一高等学校（香川県）	557
観音寺中央高等学校（香川県）	558
関西大倉高等学校（大阪府）	424
関西大学第一高等学校（大阪府）	425
神崎工業高等学校（兵庫県）	451
神崎高等学校（兵庫県）	451
神埼高等学校（佐賀県）	611
関西学院高等部（大阪府）	425
関西学院高等部（兵庫県）	451
関西学園岡山高等学校（岡山県）	508
関西高等学校（岡山県）	508
苅田工業高等学校（福岡県）	591
神田女学園高等学校（東京都）	223
関東学院高等学校（神奈川県）	260
神辺工業高等学校（広島県）	523
神戸高等学校（三重県）	393
上牧高等学校（奈良県）	468
岩陽高等学校（山口県）	541

【き】

祇園北高等学校（広島県）	523
喜界高等学校（鹿児島県）	655
気賀高等学校（静岡県）	353
菊華高等学校（東京都）	223
菊川南陵高等学校（静岡県）	353
菊池高等学校（熊本県）	630
菊池農業高等学校（熊本県）	630
木古内高等学校（北海道）	15
騎西高等学校（埼玉県）	176
木更津高等学校（千葉県）	195
木更津東高等学校（千葉県）	196
機山工業高等学校（山梨県）	314
岐山高等学校（岐阜県）	340
杵島商業高等学校（佐賀県）	611
岸和田高等学校（大阪府）	425
木造高等学校（青森県）	57
木造高等学校稲垣分校（青森県）	57
木造高等学校深浦校舎（青森県）	57
木津高等学校（京都府）	406
木津高等学校和束分校（京都府）	406
木曽川高等学校（愛知県）	379
木曽高等学校（長野県）	324
木曽山林高等学校（長野県）	324
木曽東高等学校（長野県）	324

北秋田市立合川高等学校(秋田県)	103
北茨城高等学校(茨城県)	141
北宇和高等学校(愛媛県)	570
北宇和高等学校日吉分校(愛媛県)	570
喜多方高等学校(福島県)	126
喜多方商業高等学校(福島県)	127
喜多方女子高等学校(福島県)	127
喜多方東高等学校(福島県)	127
北鎌倉女子学園高等学校(神奈川県)	260
北上翔南高等学校(岩手県)	73
北かわち皐が丘高等学校(大阪府)	425
北川辺高等学校(埼玉県)	176
北桑田高等学校美山分校(京都府)	406
北嵯峨高等学校(京都府)	406
北佐久農業高等学校(長野県)	324
北須磨高等学校(兵庫県)	451
北千里高等学校(大阪府)	425
北園高等学校(東京都)	223
北多摩高等学校(東京都)	223
北豊島工業高等学校(東京都)	223
北中城高等学校(沖縄県)	663
北野高等学校(大阪府)	425
北檜山高等学校(北海道)	16
北広島高等学校(北海道)	16
北広島西高等学校(北海道)	16
北見工業高等学校(北海道)	16
北見商業高等学校(北海道)	16
北見仁頃高等学校(北海道)	16
北見柏陽高等学校(北海道)	16
北見藤女子高等学校(北海道)	17
北見北斗高等学校(北海道)	17
北見緑陵高等学校(北海道)	17
北村山高等学校(山形県)	110
北本高等学校(埼玉県)	176
北大和高等学校(奈良県)	468
北淀高等学校(大阪府)	426
吉祥女子高等学校(東京都)	223
杵築高等学校(大分県)	640
喜連川高等学校(栃木県)	155
岐南工業高等学校(岐阜県)	340
紀南高等学校(三重県)	393
鬼怒商業高等学校(茨城県)	142
木江工業高等学校(広島県)	523
宜野座高等学校(沖縄県)	664
木本高等学校(三重県)	393
宜野湾高等学校(沖縄県)	664
吉備高原学園高等学校(岡山県)	508
吉備高等学校(和歌山県)	477
吉備北陵高等学校(岡山県)	508
岐阜藍川高等学校(岐阜県)	340
岐阜北高等学校(岐阜県)	341
岐阜工業高等学校(岐阜県)	341
岐阜高等学校(岐阜県)	340
岐阜商業高等学校(岐阜県)	341
岐阜女子商業高等学校(岐阜県)	341
岐阜市立華南高等学校(岐阜県)	341
岐阜市立岐阜商業高等学校(岐阜県)	341
岐阜西工業高等学校(岐阜県)	342
岐阜第一女子高等学校(岐阜県)	342
岐阜農林高等学校(岐阜県)	342
岐阜東高等学校(岐阜県)	342
岐阜三田高等学校(岐阜県)	342
希望ケ丘高等学校(神奈川県)	260
紀北農芸高等学校(和歌山県)	477
君津高等学校(千葉県)	196
君津商業高等学校(千葉県)	196
君津農林高等学校(千葉県)	196
喜茂別高等学校(北海道)	17
九州学院高等学校(熊本県)	630
九州工業高等学校(福岡県)	591
九州産業大学付属九州高等学校(福岡県)	591
九州女学院高等学校(熊本県)	630
九州女子高等学校(福岡県)	591
九州文化学園高等学校(熊本県)	630
汲沢高等学校(神奈川県)	260
球陽高等学校(沖縄県)	664
厳木高等学校(佐賀県)	611
共愛学園高等学校(群馬県)	161
享栄高等学校(愛知県)	379
岐陽高等学校(岐阜県)	342
暁星高等学校(東京都)	224
暁星国際高等学校(千葉県)	196
行田高等学校(埼玉県)	177
行田女子高等学校(埼玉県)	177
行田進修館高等学校(埼玉県)	177
京都学園高等学校(京都府)	406
京都教育大学教育学部附属高等学校(京都府)	406
京都共栄学園高等学校(京都府)	406
行徳高等学校(千葉県)	196
京都商業高等学校(京都府)	406
京都市立音楽高等学校(京都府)	406
京都市立西京高等学校(京都府)	407
京都市立西京商業高等学校(京都府)	407

きょう

京都市立第二商業学校(京都府) …………	407
京都市立銅駝美術工芸高等学校(京都府) …………………………………	407
京都市立伏見商業高等学校(京都府) ……	407
京都市立堀川高等学校(京都府) …………	407
京都市立洛陽工業高等学校(京都府) ……	407
京都すばる高等学校(京都府) ……………	407
京都精華学園高等学校(京都府) …………	408
京都精華女子高等学校(京都府) …………	408
京都橘高等学校(京都府) …………………	408
京都府立海洋高等学校(京都府) …………	408
京都府立水産高等学校(京都府) …………	408
京都文教高等学校(京都府) ………………	408
京都明徳高等学校(京都府) ………………	408
京都八幡高等学校(京都府) ………………	408
京都両洋高等学校(京都府) ………………	408
峡南高等学校(山梨県) ……………………	314
京橋高等学校(東京都) ……………………	224
京橋商業高等学校(東京都) ………………	224
峡北高等学校(山梨県) ……………………	314
共立女子第二高等学校(東京都) …………	224
共和農業高等学校(北海道) ………………	17
旭陵高等学校(愛知県) ……………………	379
清里高等学校(北海道) ……………………	17
清瀬東高等学校(東京都) …………………	224
吉良高等学校(愛知県) ……………………	379
桐ヶ丘高等学校(東京都) …………………	224
霧が丘高等学校(神奈川県) ………………	260
キリスト教愛真高等学校(島根県) ………	492
基督教独立学園高等学校(山形県) ………	111
霧多布高等学校(北海道) …………………	17
桐生工業高等学校(群馬県) ………………	161
桐生高等学校(群馬県) ……………………	161
桐生女子高等学校(群馬県) ………………	161
桐生第一高等学校(群馬県) ………………	161
桐生西高等学校(群馬県) …………………	161
桐生南高等学校(群馬県) …………………	161
琴海高等学校(長崎県) ……………………	616
近畿大学附属豊岡高等学校(兵庫県) ……	451
錦江湾高等学校(鹿児島県) ………………	655
錦城学園高等学校(東京都) ………………	224
錦城高等学校(兵庫県) ……………………	452

【く】

久井高等学校(広島県) ……………………	524
久賀高等学校(山口県) ……………………	541

久喜工業高等学校(埼玉県) ………………	177
久喜高等学校(埼玉県) ……………………	177
茎崎高等学校(茨城県) ……………………	142
久喜北陽高等学校(埼玉県) ………………	177
草津高等学校(滋賀県) ……………………	400
具志川高等学校(沖縄県) …………………	664
具志川商業高等学校(沖縄県) ……………	664
串木野高等学校(鹿児島県) ………………	655
久慈高等学校野田分校(岩手県) …………	73
久慈高等学校山形校(岩手県) ……………	73
串本高等学校(和歌山県) …………………	477
串本古座高等学校(和歌山県) ……………	477
九十九里高等学校(千葉県) ………………	196
郡上北高等学校(岐阜県) …………………	343
郡上高等学校(岐阜県) ……………………	342
郡上高等学校和良分校(岐阜県) …………	343
串良商業高等学校(鹿児島県) ……………	655
釧路北高等学校(北海道) …………………	17
釧路工業高等学校(北海道) ………………	18
釧路江南高等学校(北海道) ………………	18
釧路湖陵高等学校(北海道) ………………	18
釧路商業高等学校(北海道) ………………	18
釧路星園高等学校(北海道) ………………	18
釧路西高等学校(北海道) …………………	18
釧路東高等学校(北海道) …………………	19
釧路北陽高等学校(北海道) ………………	19
葛巻高等学校(岩手県) ……………………	73
久世高等学校(岡山県) ……………………	508
下松工業高等学校(山口県) ………………	541
下松高等学校(山口県) ……………………	541
九段高等学校(東京都) ……………………	224
倶知安高等学校(北海道) …………………	19
倶知安農業高等学校(北海道) ……………	19
国東高等学校(大分県) ……………………	640
国東農工高等学校(大分県) ………………	640
柴島高等学校(大阪府) ……………………	426
国立高等学校(東京都) ……………………	224
国見高等学校(長崎県) ……………………	616
九里学園高等学校(山形県) ………………	111
窪川高等学校(高知県) ……………………	580
熊石高等学校(北海道) ……………………	19
熊谷工業高等学校(埼玉県) ………………	177
熊谷高等学校(埼玉県) ……………………	177
熊谷商業高等学校(埼玉県) ………………	178
熊谷女子高等学校(埼玉県) ………………	178
熊谷市立女子高等学校(埼玉県) …………	178
熊谷西高等学校(埼玉県) …………………	178

熊谷農業高等学校(埼玉県)	178
熊毛北高等学校(山口県)	541
熊毛南高等学校(山口県)	541
球磨工業高等学校(熊本県)	631
球磨農業高等学校(熊本県)	631
熊野高等学校(和歌山県)	477
熊野高等学校(広島県)	524
熊本北高等学校(熊本県)	631
熊本県立工業高等学校(熊本県)	631
熊本県立水産高等学校(熊本県)	631
熊本県立第一高等学校(熊本県)	631
熊本県立第二高等学校(熊本県)	632
熊本工業高等学校(熊本県)	632
熊本高等学校(熊本県)	631
熊本国府高等学校(熊本県)	632
熊本商業高等学校(熊本県)	632
熊本女子商業高等学校(熊本県)	633
熊本市立高等学校(熊本県)	633
熊本市立千原台高等学校(熊本県)	633
熊本市立必由館高等学校(熊本県)	633
熊本信愛女学院高等学校(熊本県)	633
熊本中央女子高等学校(熊本県)	633
熊本西高等学校(熊本県)	633
熊本農業高等学校(熊本県)	633
熊本フェイス学院高等学校(熊本県)	633
熊本マリスト学園高等学校(熊本県)	633
久美浜高等学校(京都府)	408
久御山高等学校(京都府)	409
久米島高等学校(沖縄県)	664
久米田高等学校(大阪府)	426
倉敷天城高等学校(岡山県)	509
倉敷工業高等学校(岡山県)	509
倉敷高等学校(岡山県)	508
倉敷古城池高等学校(岡山県)	509
倉敷商業高等学校(岡山県)	509
倉敷市立倉敷翔南高等学校(岡山県)	509
倉敷市立工業高等学校(岡山県)	510
倉敷市立児島高等学校(岡山県)	510
倉敷市立児島第一高等学校(岡山県)	510
倉敷市立精思高等学校(岡山県)	510
倉敷翠松高等学校(岡山県)	510
倉敷青陵高等学校(岡山県)	510
倉敷中央高等学校(岡山県)	510
倉敷南高等学校(岡山県)	511
鞍手高等学校(福岡県)	591
鞍手商業高等学校(福岡県)	592
鞍手農業高等学校(福岡県)	592
鞍手竜徳高等学校(福岡県)	592
蔵前工業高等学校(東京都)	225
倉吉北高等学校(鳥取県)	483
倉吉工業高等学校(鳥取県)	483
倉吉産業高等学校(鳥取県)	484
倉吉総合産業高等学校(鳥取県)	484
倉吉西高等学校(鳥取県)	484
倉吉農業高等学校(鳥取県)	484
倉吉東高等学校(鳥取県)	484
栗沢高等学校(北海道)	19
栗橋高等学校(埼玉県)	178
栗橋北彩高等学校(埼玉県)	178
栗原高等学校(神奈川県)	260
栗原農業高等学校(宮城県)	84
栗山高等学校(北海道)	20
久留米学園高等学校(福岡県)	592
久留米工業大学附属高等学校(福岡県)	592
久留米高等学校(福岡県)	592
久留米市立久留米商業高等学校(福岡県)	592
久留米市立南筑高等学校(福岡県)	592
久留米大学附設高等学校(福岡県)	592
久留米筑水高等学校(福岡県)	593
久留米農芸高等学校(福岡県)	593
呉工業高等学校(広島県)	524
呉商業高等学校(広島県)	524
呉昭和高等学校(広島県)	524
呉三津田高等学校(広島県)	524
呉宮原高等学校(広島県)	525
黒石高等学校(青森県)	57
黒石商業高等学校(青森県)	57
黒磯高等学校(栃木県)	155
黒磯南高等学校(栃木県)	155
黒川高等学校(宮城県)	85
黒川高等学校大郷校(宮城県)	85
黒木高等学校(福岡県)	593
黒埼高等学校(新潟県)	278
黒沢尻北高等学校(岩手県)	73
黒沢尻工業高等学校(岩手県)	74
黒沢尻南高等学校(岩手県)	74
黒瀬高等学校(広島県)	525
黒羽高等学校(栃木県)	155
桑名工業高等学校(三重県)	394
桑名高等学校(三重県)	394
桑名西高等学校(三重県)	394
訓子府高等学校(北海道)	20

【け】

敬愛高等学校（千葉県） ………………… 197
慶應義塾高等学校（神奈川県） ………… 261
慶應義塾志木高等学校（埼玉県） ……… 178
京華高等学校（東京都） ………………… 225
芸術高等学校（東京都） ………………… 225
芸術短期大学附属緑丘高等学校（大分県）
　………………………………………… 640
芸術文化短期大学附属緑丘高等学校（大分県）
　………………………………………… 640
恵泉女学園高等学校（東京都） ………… 225
京北学園（東京都） ……………………… 225
瓊浦高等学校（長崎県） ………………… 617
啓明学園高等学校（東京都） …………… 225
京葉工業高等学校（千葉県） …………… 197
京葉高等学校（千葉県） ………………… 197
敬和学園高等学校（新潟県） …………… 278
気仙沼高等学校（宮城県） ……………… 85
気仙沼向洋高等学校（宮城県） ………… 85
気仙沼女子高等学校（宮城県） ………… 85
気仙沼水産高等学校（宮城県） ………… 85
気仙沼西高等学校（宮城県） …………… 85
祁答院町立大村高等学校（鹿児島県） … 655
検見川高等学校（千葉県） ……………… 197
玄界高等学校（福岡県） ………………… 593
剣淵高等学校（北海道） ………………… 20
玄洋高等学校（福岡県） ………………… 593

【こ】

小石川工業高等学校（東京都） ………… 225
小石川高等学校（東京都） ……………… 225
小石川中等教育学校（東京都） ………… 225
小出高等学校（新潟県） ………………… 278
小岩高等学校（東京都） ………………… 225
晃華学園高等学校（東京都） …………… 225
弘学館高等学校（佐賀県） ……………… 611
厚賀高等学校（北海道） ………………… 20
口加高等学校（長崎県） ………………… 617
攻玉社高等学校（東京都） ……………… 226
工芸高等学校（大阪府） ………………… 426
国府高等学校（愛知県） ………………… 379
興國高等学校（大阪府） ………………… 426
甲佐高等学校（熊本県） ………………… 634
高志館高等学校（佐賀県） ……………… 611
麹町学園女子高等学校（東京都） ……… 226

興譲館高等学校（岡山県） ……………… 511
高津高等学校（大阪府） ………………… 427
光星学院高等学校（青森県） …………… 58
佼成学園高等学校（東京都） …………… 226
甲西高等学校（滋賀県） ………………… 400
幸田高等学校（愛知県） ………………… 379
高知園芸高等学校（高知県） …………… 580
高知追手前高等学校（高知県） ………… 580
高知追手前高等学校吾北分校（高知県）… 581
高知小津高等学校（高知県） …………… 581
高知学芸高等学校（高知県） …………… 581
高知北高等学校（高知県） ……………… 581
高知工業高等学校（高知県） …………… 582
河内高等学校（広島県） ………………… 525
高知高等学校（高知県） ………………… 580
高知市立高知商業高等学校（高知県） … 582
高知西高等学校（高知県） ……………… 582
高知農業高等学校（高知県） …………… 582
高知農業高等学校高知市分校（高知県）… 582
高知東高等学校（高知県） ……………… 583
高知丸の内高等学校（高知県） ………… 583
高知南高等学校（高知県） ……………… 583
江津工業高等学校（島根県） …………… 493
江津高等学校（島根県） ………………… 493
香寺高等学校（兵庫県） ………………… 452
江東商業高等学校（東京都） …………… 226
興南高等学校（沖縄県） ………………… 665
光南高等学校（福島県） ………………… 127
港南高等学校（大阪府） ………………… 427
甲南高等学校（滋賀県） ………………… 401
甲南高等学校（兵庫県） ………………… 452
甲南高等学校（鹿児島県） ……………… 656
港南造形高等学校（大阪府） …………… 427
港南台高等学校（神奈川県） …………… 262
興農館高等学校（新潟県） ……………… 278
江の川高等学校（島根県） ……………… 493
鴻巣高等学校（埼玉県） ………………… 178
鴻巣女子高等学校（埼玉県） …………… 178
国府台高等学校（千葉県） ……………… 197
幸福の科学学園高等学校（栃木県） …… 155
甲府工業高等学校（山梨県） …………… 314
甲府昭和高等学校（山梨県） …………… 315
甲府市立甲府商業高等学校（山梨県） … 315
甲府第一高等学校（山梨県） …………… 315
甲府第一商業高等学校（山梨県） ……… 315
甲府第二高等学校（山梨県） …………… 315
甲府西高等学校（山梨県） ……………… 315

学校名	頁	学校名	頁
甲府東高等学校(山梨県)	316	郡山農業高等学校(奈良県)	469
甲府南高等学校(山梨県)	316	郡山東高等学校(福島県)	128
甲府湯田高等学校(山梨県)	316	古河第一高等学校(茨城県)	142
神戸学院女子高等学校(兵庫県)	453	古河第二高等学校(茨城県)	142
神戸北高等学校(兵庫県)	453	小金井北高等学校(東京都)	226
神戸工業高等学校(兵庫県)	453	小金井工業高等学校(東京都)	226
神戸高等学校(兵庫県)	452	小金高等学校(千葉県)	197
神戸甲北高等学校(兵庫県)	453	粉河高等学校(和歌山県)	478
神戸国際高等学校(兵庫県)	453	國學院大學久我山高等学校(東京都)	226
神戸商業高等学校(兵庫県)	453	國學院大學栃木高等学校(栃木県)	155
神戸市立楠高等学校(兵庫県)	453	国際基督教大学高等学校(東京都)	227
神戸市立神戸西高等学校(兵庫県)	453	国際高等学校(東京都)	227
神戸市立神港高等学校(兵庫県)	453	国際情報高等学校(新潟県)	278
神戸市立須磨高等学校(兵庫県)	453	国際情報高等学校(滋賀県)	401
神戸市立兵庫商業高等学校(兵庫県)	453	国士舘高等学校(東京都)	227
神戸市立葺合高等学校(兵庫県)	453	国分中央高等学校(鹿児島県)	656
神戸市立御影工業高等学校(兵庫県)	454	国分高等学校(千葉県)	197
神戸星城高等学校(兵庫県)	454	国分高等学校(鹿児島県)	656
神戸常盤女子高等学校(兵庫県)	454	国分寺高等学校(東京都)	227
神戸村野工業高等学校(兵庫県)	454	国分実業高等学校(鹿児島県)	656
神戸龍谷高等学校(兵庫県)	454	小倉工業高等学校(福岡県)	594
高朋高等学校(富山県)	294	小倉高等学校(福岡県)	593
高木学園女子高等学校(神奈川県)	262	小倉商業高等学校(福岡県)	594
江北高等学校(東京都)	226	小倉女子商業高等学校(福岡県)	594
港北高等学校(神奈川県)	262	小倉西高等学校(福岡県)	594
小海高等学校(長野県)	324	小倉東高等学校(福岡県)	594
高野山高等学校(和歌山県)	478	小倉南高等学校(福岡県)	594
高山高等学校(鹿児島県)	656	小牛田農林高等学校(宮城県)	85
興陽高等学校(岡山県)	511	小坂井高等学校(愛知県)	379
向陽高等学校(京都府)	409	小坂高等学校(秋田県)	103
向陽高等学校(和歌山県)	478	コザ高等学校(沖縄県)	666
向陽高等学校(沖縄県)	665	古座高等学校(和歌山県)	478
高陽高等学校(広島県)	525	越谷北高等学校(埼玉県)	179
向陽台高等学校(大阪府)	427	越ヶ谷高等学校(埼玉県)	179
高陽東高等学校(広島県)	525	越谷総合技術高等学校(埼玉県)	179
香里丘高等学校(大阪府)	427	越谷東高等学校(埼玉県)	179
光陵高等学校(神奈川県)	262	越谷南高等学校(埼玉県)	179
光陵高等学校(福岡県)	593	高志高等学校(福井県)	309
広陵高等学校(奈良県)	468	児島高等学校(岡山県)	511
広陵高等学校(広島県)	525	五條高等学校(奈良県)	469
甲陵高等学校(鹿児島県)	656	五條高等学校賀名生分校(奈良県)	469
桑折町立桑折醸芳高等学校(福島県)	127	五城目高等学校(秋田県)	103
郡山北工業高等学校(福島県)	128	五所川原工業高等学校(青森県)	58
郡山高等学校(福島県)	127	五所川原高等学校(青森県)	58
郡山高等学校(奈良県)	469	五所川原高等学校東校舎(青森県)	58
郡山商業高等学校(福島県)	128	五所川原第一高等学校(青森県)	58
郡山女子高等学校(福島県)	128	五所川原農林高等学校(青森県)	59

こしよ　　　　　　　　　学校名索引

五所川原農林高等学校藤崎分校（青森県）
　………………………………………………… 59
五所川原東高等学校（青森県） ……………… 59
不来方高等学校（岩手県） …………………… 74
小杉高等学校（富山県） …………………… 294
御所工業高等学校（奈良県） ……………… 469
御所高等学校（奈良県） …………………… 469
御所実業高等学校（奈良県） ……………… 470
御所東高等学校（奈良県） ………………… 470
五泉高等学校（新潟県） …………………… 278
小平高等学校（東京都） …………………… 227
小平南高等学校（東京都） ………………… 228
児玉高等学校（埼玉県） …………………… 179
児玉農工高等学校（埼玉県） ……………… 179
児玉白楊高等学校（埼玉県） ……………… 179
古知野高等学校（愛知県） ………………… 380
犢橋高等学校（千葉県） …………………… 198
御殿場高等学校（静岡県） ………………… 353
御殿場西高等学校（静岡県） ……………… 354
御殿場南高等学校（静岡県） ……………… 354
五島海陽高等学校（長崎県） ……………… 617
五島高等学校（長崎県） …………………… 617
五島商業高等学校（長崎県） ……………… 617
五島南高等学校（長崎県） ………………… 617
琴浦高等学校（岡山県） …………………… 511
琴平高等学校（香川県） …………………… 558
湖南高等学校（滋賀県） …………………… 401
湖南農業高等学校（滋賀県） ……………… 401
古仁屋高等学校（鹿児島県） ……………… 656
五戸高等学校（青森県） ……………………… 59
小林工業高等学校（宮崎県） ……………… 644
小林高等学校（宮崎県） …………………… 644
小林商業高等学校（宮崎県） ……………… 644
御坊商工高等学校（和歌山県） …………… 478
湖北高等学校（千葉県） …………………… 198
狛江高等学校（東京都） …………………… 228
小牧工業高等学校（愛知県） ……………… 380
小牧高等学校（愛知県） …………………… 380
巨摩高等学校（山梨県） …………………… 316
駒沢大学高等学校（東京都） ……………… 228
駒沢大学附属岩見沢高等学校（北海道） …… 20
駒沢大学附属苫小牧高等学校（北海道） …… 20
小松川高等学校（東京都） ………………… 228
小松北高等学校（石川県） ………………… 303
小松工業高等学校（石川県） ……………… 303
小松高等学校（石川県） …………………… 303
小松高等学校（愛媛県） …………………… 570

小松実業高等学校（石川県） ……………… 303
小松島高等学校（徳島県） ………………… 552
小松商業高等学校（石川県） ……………… 303
小松明峰高等学校（石川県） ……………… 303
駒場学園高等学校（東京都） ……………… 228
駒場高等学校（東京都） …………………… 228
駒場東邦高等学校（東京都） ……………… 228
菰野高等学校（三重県） …………………… 394
小諸高等学校（長野県） …………………… 324
小諸商業高等学校（長野県） ……………… 325
小山台高等学校（東京都） ………………… 229
五領ケ台高等学校（神奈川県） …………… 262
金光学園高等学校（岡山県） ……………… 512
金剛高等学校（大阪府） …………………… 428
金光八尾高等学校（大阪府） ……………… 428

【さ】

西海学園高等学校（長崎県） ……………… 618
佐伯鶴城高等学校（大分県） ……………… 640
佐伯鶴岡高等学校（大分県） ……………… 641
佐伯豊南高等学校（大分県） ……………… 641
犀峡高等学校（長野県） …………………… 325
西京高等学校（山口県） …………………… 541
西条高等学校（愛媛県） …………………… 570
西城紫水高等学校（広島県） ……………… 526
西条農業高等学校（広島県） ……………… 526
西条農業高等学校（愛媛県） ……………… 570
西大寺高等学校（岡山県） ………………… 512
埼玉工業大学正智深谷高等学校（埼玉県）
　………………………………………………… 179
埼玉栄高等学校（埼玉県） ………………… 179
埼玉栄東高等学校（埼玉県） ……………… 180
さいたま市立浦和高等学校（埼玉県） …… 180
西都商業高等学校（宮崎県） ……………… 644
済美高等学校（愛媛県） …………………… 570
佐伯高等学校（広島県） …………………… 527
蔵王工業高等学校（山形県） ……………… 111
佐織工業高等学校（愛知県） ……………… 380
堺工業高等学校（大阪府） ………………… 428
境高等学校（群馬県） ……………………… 161
境高等学校（鳥取県） ……………………… 484
堺市立堺高等学校（大阪府） ……………… 428
堺市立工業高等学校（大阪府） …………… 428
堺市立商業高等学校（大阪府） …………… 428
境水産高等学校（鳥取県） ………………… 484
坂出工業高等学校（香川県） ……………… 558

坂出高等学校（香川県）	558
坂出商業高等学校（香川県）	558
坂出第一高等学校（香川県）	559
堺西高等学校（大阪府）	428
坂井農業高等学校（福井県）	309
堺東高等学校（大阪府）	428
境港工業高等学校（鳥取県）	485
境港総合技術高等学校（鳥取県）	485
坂上高等学校（山口県）	542
寒河江工業高等学校（山形県）	111
寒河江高等学校（山形県）	111
佐賀学園高等学校（佐賀県）	611
坂城高等学校（長野県）	325
佐賀北高等学校（佐賀県）	611
佐賀工業高等学校（佐賀県）	612
佐賀高等学校（佐賀県）	611
坂下女子高等学校（岐阜県）	343
佐賀商業高等学校（佐賀県）	612
佐賀清和高等学校（佐賀県）	612
酒田北高等学校（山形県）	111
酒田工業高等学校（山形県）	112
酒田商業高等学校（山形県）	112
酒田女子高等学校（山形県）	112
酒田市立酒田中央高等学校（山形県）	112
酒田西高等学校（山形県）	112
酒田東高等学校（山形県）	112
酒田南高等学校（山形県）	113
坂戸高等学校（埼玉県）	180
坂戸西高等学校（埼玉県）	180
佐賀西高等学校（佐賀県）	612
佐賀農業高等学校（佐賀県）	612
嵯峨野高等学校（京都府）	409
佐賀関高等学校（大分県）	641
相模大野高等学校（神奈川県）	262
相模女子大学高等部（神奈川県）	262
相模台工業高等学校（神奈川県）	262
相模原技術高等学校（神奈川県）	262
相模原工業技術高等学校（神奈川県）	262
相模原高等学校（神奈川県）	262
相良高等学校（静岡県）	354
佐川高等学校（高知県）	583
佐川高等学校日下分校（高知県）	583
佐久高等学校（長野県）	325
作新学院高等学校（栃木県）	156
佐久長聖高等学校（長野県）	325
佐久間高等学校（静岡県）	354
作陽高等学校（岡山県）	512
桜井高等学校（富山県）	295
桜井高等学校（奈良県）	470
桜井商業高等学校（奈良県）	470
桜井女子高等学校（奈良県）	470
桜ケ丘高等学校（山口県）	542
桜丘高等学校（愛知県）	380
佐倉高等学校（千葉県）	198
桜塚高等学校（大阪府）	428
さくら清修高等学校（栃木県）	156
佐倉西高等学校（千葉県）	198
桜の聖母学院高等学校（福島県）	128
佐倉東高等学校（千葉県）	198
桜町高等学校（東京都）	229
佐倉南高等学校（千葉県）	198
篠山産業高等学校東雲校（兵庫県）	454
篠山産業高等学校丹南校（兵庫県）	454
篠山東雲高等学校（兵庫県）	454
篠山鳳鳴高等学校（兵庫県）	454
佐世保北高等学校（長崎県）	618
佐世保工業高等学校（長崎県）	618
佐世保実業高等学校（長崎県）	618
佐世保商業高等学校（長崎県）	618
佐世保女子高等学校（長崎県）	618
佐世保市立成徳高等女学校（長崎県）	619
佐世保中央高等学校（長崎県）	619
佐世保東翔高等学校（長崎県）	619
佐世保西高等学校（長崎県）	619
佐世保東商業高等学校（長崎県）	619
佐世保南高等学校（長崎県）	619
佐世保南高等学校早岐分校（長崎県）	619
貞光工業高等学校（徳島県）	552
幸手商業高等学校（埼玉県）	180
薩南工業高等学校（鹿児島県）	656
札幌旭丘高等学校（北海道）	21
札幌厚別高等学校（北海道）	21
札幌石山高等学校（北海道）	21
札幌大谷高等学校（北海道）	21
札幌丘珠高等学校（北海道）	22
札幌開成高等学校（北海道）	22
札幌北高等学校（北海道）	22
札幌清田高等学校（北海道）	22
札幌経済高等学校（北海道）	22
札幌啓成高等学校（北海道）	22
札幌啓北商業高等学校（北海道）	22
札幌工業高等学校（北海道）	22
札幌光星高等学校（北海道）	23
札幌国際情報高等学校（北海道）	23

さつほ

札幌琴似工業高等学校(北海道)	23
札幌琴似高等学校(北海道)	23
札幌篠路高等学校(北海道)	23
札幌商業高等学校(北海道)	23
札幌女子高等学校(北海道)	23
札幌市立旭丘高等学校(北海道)	23
札幌白石高等学校(北海道)	23
札幌新川高等学校(北海道)	23
札幌新陽高等学校(北海道)	24
札幌星園高等学校(北海道)	24
札幌静修高等学校(北海道)	24
札幌西陵高等学校(北海道)	24
札幌創成高等学校(北海道)	24
札幌第一高等学校(北海道)	24
札幌拓北高等学校(北海道)	24
札幌月寒高等学校(北海道)	25
札幌手稲高等学校(北海道)	25
札幌稲西高等学校(北海道)	25
札幌東豊高等学校(北海道)	25
札幌東陵高等学校(北海道)	25
札幌南陵高等学校(北海道)	25
札幌西高等学校(北海道)	25
札幌日本大学高等学校(北海道)	26
札幌東高等学校(北海道)	26
札幌東商業高等学校(北海道)	26
札幌平岡高等学校(北海道)	26
札幌平岸高等学校(北海道)	26
札幌北斗高等学校(北海道)	26
札幌北陵高等学校(北海道)	26
札幌南高等学校(北海道)	26
札幌藻岩高等学校(北海道)	27
札幌山の手高等学校(北海道)	27
佐渡高等学校(新潟県)	278
佐渡女子高等学校(新潟県)	278
佐渡総合高等学校(新潟県)	279
佐渡農業高等学校(新潟県)	279
里美高等学校(茨城県)	142
佐土原高等学校(宮崎県)	644
猿投農林高等学校(愛知県)	380
佐波農業高等学校(群馬県)	161
佐沼高等学校(宮城県)	85
佐野工業高等学校(大阪府)	429
佐野高等学校(栃木県)	156
佐野高等学校(大阪府)	429
佐野松陽高等学校(栃木県)	156
佐野女子高等学校(栃木県)	156
佐野日本大学高等学校(栃木県)	156
鯖江高等学校(福井県)	309
佐波高等学校(山口県)	542
様似高等学校(北海道)	27
鮫洲工業高等学校(東京都)	229
佐屋高等学校(愛知県)	380
狭山ヶ丘高等学校(埼玉県)	180
狭山工業高等学校(埼玉県)	180
狭山高等学校(埼玉県)	180
狭山高等学校(大阪府)	429
狭山青陵高等学校(埼玉県)	180
狭山緑陽高等学校(埼玉県)	180
佐用高等学校(兵庫県)	454
更級農業高等学校(長野県)	325
更別高等学校(北海道)	27
更別農業高等学校(北海道)	27
佐呂間高等学校(北海道)	27
佐和高等学校(茨城県)	142
佐原高等学校(千葉県)	198
早良高等学校(福岡県)	594
佐原女子高等学校(千葉県)	199
佐原白楊高等学校(千葉県)	199
三愛女子高等学校(北海道)	27
蚕糸高等学校(群馬県)	162
三条工業高等学校(新潟県)	279
三条高等学校(新潟県)	279
三条商業高等学校(新潟県)	279
三条東高等学校(新潟県)	279
三田学園高等学校(兵庫県)	454
三田西陵高等学校(兵庫県)	455
三戸高等学校(青森県)	59
三戸高等学校田子分校(青森県)	60
山武農業高等学校(千葉県)	199
三本木高等学校(青森県)	60
三本木農業高等学校(青森県)	60
三本松高等学校(香川県)	559
山陽高等学校(岡山県)	512
山陽女子高等学校(岡山県)	512
山陽女子高等学校(広島県)	527
三和高等学校(茨城県)	142

【し】

塩釜高等学校(宮城県)	86
塩釜女子高等学校(宮城県)	86
塩沢商工高等学校(新潟県)	279
塩尻高等学校(長野県)	325
塩尻志学館高等学校(長野県)	325

塩田工業高等学校(佐賀県)	612
塩谷高等学校(栃木県)	156
鹿追高等学校(北海道)	27
飾磨工業高等学校(兵庫県)	455
鹿町工業高等学校(長崎県)	619
信楽高等学校(滋賀県)	401
信貴ケ丘高等学校(奈良県)	471
志貴高等学校(奈良県)	471
志木高等学校(埼玉県)	180
志貴野高等学校(富山県)	295
自彊高等学校(広島県)	527
四国高等学校(香川県)	559
宍喰商業高等学校(徳島県)	552
時習館高等学校(愛知県)	380
四条畷北高等学校(大阪府)	429
四条畷高等学校(大阪府)	429
静岡英和女学院高等学校(静岡県)	355
静岡学園高等学校(静岡県)	355
静岡北高等学校(静岡県)	355
静岡県立農業経営高等学校(静岡県)	355
静岡工業高等学校(静岡県)	356
静岡高等学校(静岡県)	354
静岡商業高等学校(静岡県)	356
静岡聖光学院(静岡県)	356
静岡城内高等学校(静岡県)	356
静岡城北高等学校(静岡県)	357
静岡女子高等学校(静岡県)	357
静岡女子商業高等学校(静岡県)	357
静岡市立清水商業高等学校(静岡県)	357
静岡市立高等学校(静岡県)	357
静岡市立商業高等学校(静岡県)	357
静岡大成高等学校(静岡県)	357
静岡西高等学校(静岡県)	358
静岡農業高等学校(静岡県)	358
静岡東高等学校(静岡県)	358
静岡雙葉高等学校(静岡県)	358
静岡南高等学校(静岡県)	358
志津川高等学校(宮城県)	86
静内高等学校(北海道)	27
静内農業高等学校(北海道)	27
至誠高等学校(広島県)	527
自然学園高等学校(山梨県)	316
志知高等学校(兵庫県)	455
七戸高等学校(青森県)	60
七戸高等学校八甲田校舎(青森県)	60
七里ガ浜高等学校(神奈川県)	263
至道高等学校(岡山県)	512
志度高等学校(香川県)	559
志度商業高等学校(香川県)	559
品川女子学院高等学校(東京都)	229
篠崎高等学校(東京都)	229
篠ノ井旭高等学校(長野県)	326
篠ノ井高等学校(長野県)	325
忍岡高等学校(東京都)	229
芝浦工業大学柏高等学校(千葉県)	199
芝浦工業大学附属高等学校(東京都)	229
芝高等学校(東京都)	229
芝商業高等学校(東京都)	229
新発田高等学校(新潟県)	280
新発田農業高等学校(新潟県)	280
新発田農業高等学校木崎分校(新潟県)	280
柴田農林高等学校(宮城県)	86
柴田農林高等学校川崎校(宮城県)	86
柴田農林高等学校白幡分校(宮城県)	86
渋川工業高等学校(群馬県)	162
渋川高等学校(群馬県)	162
渋川女子高等学校(群馬県)	162
渋川青翠高等学校(群馬県)	162
渋川西高等学校(群馬県)	162
渋谷高等学校(大阪府)	430
渋谷教育学園渋谷高等学校(東京都)	230
渋谷教育学園幕張高等学校(千葉県)	199
標茶高等学校(北海道)	28
標茶農業高等学校(北海道)	28
士別高等学校(北海道)	28
標津高等学校(北海道)	28
標津高等学校羅臼分校(北海道)	28
士別商業高等学校(北海道)	28
士別東高等学校(北海道)	28
士幌高等学校(北海道)	28
島上高等学校(大阪府)	430
志摩高等学校(三重県)	394
島田学園高等学校(静岡県)	359
島田工業高等学校(静岡県)	359
島田高等学校(静岡県)	359
島田商業高等学校(静岡県)	359
島原工業高等学校(長崎県)	620
島原高等学校(長崎県)	620
島原商業高等学校(長崎県)	620
島原農業高等学校(長崎県)	620
島原南高等学校(長崎県)	620
島本高等学校(大阪府)	430
清水ケ丘高等学校(神奈川県)	263
清水ケ丘高等学校(広島県)	527

清水工業高等学校(静岡県)	359	秀明学園(埼玉県)	181
清水高等学校(北海道)	29	修明高等学校(福島県)	128
清水高等学校(千葉県)	200	修明高等学校鮫川校(福島県)	128
清水高等学校(高知県)	583	修猷館高等学校(福島県)	594
清水国際高等学校(静岡県)	360	淑徳高等学校(東京都)	231
清水女子高等学校(静岡県)	360	修善寺工業高等学校(静岡県)	361
清水市立商業高等学校(静岡県)	360	樹徳高等学校(群馬県)	162
清水谷高等学校(大阪府)	430	首里高等学校(沖縄県)	666
清水西高等学校(静岡県)	360	首里東高等学校(沖縄県)	666
清水東高等学校(静岡県)	360	淳心学院高等学校(兵庫県)	455
清水南高等学校(静岡県)	361	順心女子学園高等学校(東京都)	231
下伊那農業高等学校(長野県)	326	純心女子高等学校(長崎県)	621
下川商業高等学校(北海道)	29	順天高等学校(東京都)	231
下北沢成徳高等学校(東京都)	230	潤徳女子高等学校(東京都)	231
下高井農林高等学校(長野県)	326	松蔭高等学校(愛知県)	381
下田北高等学校(静岡県)	361	城右学園(東京都)	231
下館第一高等学校(茨城県)	142	頌栄女子学院高等学校(東京都)	231
下館第二高等学校(茨城県)	142	上越高等学校(新潟県)	280
下田南高等学校(静岡県)	361	尚絅高等学校(熊本県)	634
下田南高等学校南伊豆分校(静岡県)	361	上下高等学校(広島県)	527
下津町立下津女子高等学校(和歌山県)	478	商工高等学校(神奈川県)	263
下妻第一高等学校(茨城県)	142	尚志学園高等学校(北海道)	29
下妻第二高等学校(茨城県)	142	少路高等学校(大阪府)	430
下仁田高等学校(群馬県)	162	尚志高等学校(福島県)	128
下関工業高等学校(山口県)	542	城西高等学校(徳島県)	552
下関国際高等学校(山口県)	542	城西高等学校神山校(徳島県)	552
下関商業高等学校(山口県)	542	常総学院高等学校(茨城県)	143
下関第一高等学校(山口県)	542	城東工業高等学校(大阪府)	430
下関中央工業高等学校(山口県)	543	城東高等学校(東京都)	231
下関西高等学校(山口県)	543	城東高等学校(徳島県)	553
下関東高等学校(山口県)	543	城東高等学校内町分校(徳島県)	553
下関南高等学校(山口県)	543	城東高等学校北島分校(徳島県)	553
下総高等学校(千葉県)	200	正徳館高等学校(新潟県)	280
下総農業高等学校(千葉県)	200	松徳女学院高等学校(島根県)	493
石神井高等学校(東京都)	230	小豆島高等学校(香川県)	559
斜里高等学校(北海道)	29	城内高等学校(奈良県)	471
自由ヶ丘学園高等学校(東京都)	230	庄内総合高等学校(山形県)	113
自由学園(東京都)	230	庄内農業高等学校(山形県)	113
秀岳館高等学校(熊本県)	634	沼南高等学校(千葉県)	200
就実高等学校(岡山県)	512	湘南高等学校(神奈川県)	263
周智高等学校(静岡県)	361	城南高等学校(東京都)	231
須知高等学校(京都府)	409	城南高等学校(京都府)	409
須知高等学校和知分校(京都府)	409	城南高等学校(徳島県)	553
修道高等学校(広島県)	527	城南高等学校(福岡県)	596
修徳高等学校(東京都)	231	翔南高等学校(沖縄県)	667
修徳高等学校(和歌山県)	478	湘南台高等学校(神奈川県)	263
自由の森学園(埼玉県)	181	沼南高柳高等学校(千葉県)	200

城南菱創高等学校(京都府)	409
城ノ内高等学校(徳島県)	553
庄原格致高等学校(広島県)	527
庄原格致高等学校口和分校(広島県)	528
庄原格致高等学校高野山分校(広島県)	528
庄原実業高等学校(広島県)	528
庄原実業高等学校比和分校(広島県)	528
松風塾高等学校(青森県)	61
菖蒲高等学校(埼玉県)	182
情報科学高等学校(島根県)	493
情報科学高等学校(大分県)	641
城北高等学校(東京都)	231
城北高等学校(兵庫県)	455
常北高等学校(茨城県)	143
松陽高等学校(鹿児島県)	656
城陽高等学校(京都府)	409
翔陽高等学校(熊本県)	634
昭和学園高等学校(大分県)	641
庄和高等学校(埼玉県)	182
昭和高等学校(東京都)	231
昭和高等学校(愛知県)	381
昭和第一学園高等学校(東京都)	232
昭和鉄道高等学校(東京都)	232
昭和薬科大学附属高等学校(沖縄県)	667
食品産業高等学校(大阪府)	431
女子学院高等学校(東京都)	232
女子聖学院(東京都)	232
白老高等学校(北海道)	29
白岡高等学校(埼玉県)	182
白樺学園高等学校(北海道)	29
白河旭高等学校(福島県)	129
白河高等学校(福島県)	128
白河実業高等学校(福島県)	129
白河女子高等学校(福島県)	129
白菊学園高等学校(青森県)	61
白菊高等学校(大阪府)	431
白木高等学校(広島県)	528
白鷺工業高等学校(兵庫県)	455
白里高等学校(千葉県)	200
白糠高等学校(北海道)	29
白根開善高等学校(群馬県)	162
白根高等学校(山梨県)	316
白百合学園高等学校(東京都)	232
知内高等学校(北海道)	29
白井高等学校(千葉県)	200
白石工業高等学校(宮城県)	87
白石高等学校(宮城県)	87
白石高等学校七ケ宿分校(宮城県)	87
白石女子高等学校(宮城県)	87
城郷高等学校(神奈川県)	263
白根高等学校(新潟県)	280
城山高等学校(神奈川県)	263
城山高等学校(大阪府)	431
城山高等学校(高知県)	583
紫波総合高等学校(岩手県)	74
信愛学園高等学校(静岡県)	361
仁愛高等学校(福井県)	129
仁愛女子高等学校(福井県)	309
新宮高等学校(兵庫県)	455
新宮高等学校(和歌山県)	478
新宮高等学校(福岡県)	596
新宮商業高等学校(和歌山県)	478
神港学園高等学校(兵庫県)	456
神埼農業高等学校(佐賀県)	612
宍道高等学校(島根県)	493
新宿高等学校(東京都)	232
新宿山吹高等学校(東京都)	232
新庄神室産業高等学校(山形県)	113
新庄北高等学校(山形県)	113
新庄工業高等学校(山形県)	113
新城高等学校(神奈川県)	263
新庄農業高等学校(山形県)	113
新庄南高等学校(山形県)	113
新城高等学校(愛知県)	381
新城高等学校作手分校(愛知県)	381
新城東高等学校(愛知県)	381
尽誠学園高等学校(香川県)	560
新地高等学校(福島県)	129
新得高等学校(北海道)	29
新十津川農業高等学校(北海道)	29
新南陽高等学校(山口県)	543
真備高等学校(岡山県)	512
真和高等学校(熊本県)	634

【 す 】

水城高等学校(茨城県)	143
翠星高等学校(石川県)	303
吹田高等学校(大阪府)	431
吹田東高等学校(大阪府)	431
水原高等学校(新潟県)	280
瑞陵高等学校(愛知県)	381
須恵高等学校(福岡県)	596
末吉高等学校(鹿児島県)	657

須賀川高等学校（福島県）	129
須賀川女子高等学校（福島県）	129
須賀川桐陽高等学校（福島県）	129
巣鴨高等学校（東京都）	232
杉戸高等学校（埼玉県）	182
杉戸農業高等学校（埼玉県）	182
杉並工業高等学校（東京都）	233
杉森女子高等学校（福岡県）	596
宿毛高等学校（高知県）	583
宿毛高等学校大月分校（高知県）	583
宿毛高等学校小筑紫分校（高知県）	583
菅高等学校（神奈川県）	264
須坂園芸高等学校（長野県）	327
須坂高等学校（長野県）	326
須坂高等学校小布施分校（長野県）	327
須坂商業高等学校（長野県）	327
須坂東高等学校（長野県）	327
須崎工業高等学校（高知県）	584
須崎高等学校（高知県）	583
朱雀高等学校（京都府）	409
逗子開成高等学校（神奈川県）	264
逗子高等学校（神奈川県）	264
鈴鹿高等学校（三重県）	394
鈴峯女子高等学校（広島県）	528
珠洲実業高等学校（石川県）	303
鈴蘭台西高等学校（兵庫県）	456
裾野高等学校（静岡県）	362
寿都高等学校（北海道）	29
砂川北高等学校（北海道）	30
砂川高等学校（東京都）	233
砂川高等学校（大阪府）	431
砂川南高等学校（北海道）	30
昴学園高等学校（三重県）	394
須磨学園高等学校（兵庫県）	456
須磨ノ浦女子高等学校（兵庫県）	456
墨田川高等学校（東京都）	233
墨田工業高等学校（東京都）	233
住之江高等学校（大阪府）	431
住吉高等学校（神奈川県）	264
住吉高等学校（大阪府）	431
洲本高等学校（兵庫県）	456
諏訪実業高等学校（長野県）	327
諏訪清陵高等学校（長野県）	327
諏訪二葉高等学校（長野県）	327
駿台甲府高等学校（山梨県）	317

【せ】

成安女子高等学校（京都府）	409
青雲高等学校（兵庫県）	457
青雲高等学校（長崎県）	621
西遠女子高等学校（静岡県）	362
聖学院高等学校（東京都）	233
精華高等学校（大阪府）	432
聖カタリナ女子高等学校（愛媛県）	571
成器高等学校（大阪府）	432
清教学園高等学校（大阪府）	432
成蹊高等学校（東京都）	233
精研高等学校（岡山県）	512
聖光学院高等学校（福島県）	129
聖光高等学校（山口県）	543
星槎国際高等学校（北海道）	30
清尚学院高等学校（北海道）	30
成城工業高等学校（大阪府）	432
成章高等学校（愛知県）	381
成城高等学校（東京都）	234
成城高等学校（大阪府）	432
成女高等学校（東京都）	234
聖心ウルスラ学園高等学校（宮崎県）	644
清真学園高等学校（茨城県）	143
誠心学園浜松開誠館（静岡県）	362
成進高等学校（山口県）	543
静清工業高等学校（静岡県）	362
済々黌高等学校（熊本県）	634
聖徳大学附属聖徳高等学校（茨城県）	143
西南学院高等学校（福岡県）	596
成美学苑（京都府）	409
成美学園女子高等学校（神奈川県）	264
済美高等学校（岐阜県）	343
済美女子高等学校（岐阜県）	343
西彼農業高等学校（長崎県）	621
清風高等学校（大阪府）	432
清風南海高等学校（大阪府）	432
西部農業高等学校（鳥取県）	485
清峰高等学校（長崎県）	621
青豊高等学校（福岡県）	596
聖マリア女学院高等学校（岐阜県）	343
清友高等学校（大阪府）	432
星稜高等学校（石川県）	304
星陵高等学校（静岡県）	362
星陵高等学校（兵庫県）	457
西陵高等学校（長崎県）	621
青稜高等学校（東京都）	234

西陵高等学校東長崎分校(長崎県)	621
清陵情報高等学校(福島県)	131
星林高等学校(和歌山県)	478
聖霊学園高等学校(秋田県)	103
聖霊高等学校(愛知県)	381
聖和学園高等学校(宮城県)	87
聖和女子学院高等学校(長崎県)	621
清和女子高等学校(高知県)	584
関有知高等学校(岐阜県)	343
関高等学校(岐阜県)	343
関市立関商工高等学校(岐阜県)	343
碩信高等学校(大分県)	641
赤湯園芸高等学校(山形県)	113
関根学園高等学校(新潟県)	281
関宿高等学校(千葉県)	200
膳所高等学校(滋賀県)	401
世田谷高等学校(東京都)	234
瀬田工業高等学校(滋賀県)	401
瀬田高等学校(滋賀県)	401
勢多農林高等学校(群馬県)	162
摂津高等学校(大阪府)	433
瀬戸高等学校(愛知県)	382
瀬戸高等学校(岡山県)	513
瀬戸田高等学校(広島県)	528
瀬戸西高等学校(愛知県)	382
瀬戸南高等学校(岡山県)	513
瀬戸窯業高等学校(愛知県)	382
瀬谷高等学校(神奈川県)	264
瀬谷西高等学校(神奈川県)	264
世羅高等学校(広島県)	528
泉州高等学校(大阪府)	433
専修大学北上高等学校(岩手県)	74
宣真高等学校(大阪府)	433
仙台育英学園高等学校(宮城県)	87
川内高等学校(青森県)	61
川内高等学校(鹿児島県)	657
仙台三桜高等学校(宮城県)	89
仙台商業高等学校(宮城県)	89
川内商工高等学校(鹿児島県)	657
仙台女子商業高等学校(宮城県)	89
仙台市立女子高等学校(宮城県)	89
仙台市立仙台工業高等学校(宮城県)	90
仙台市立仙台商業高等学校(宮城県)	89
仙台市立仙台第二工業高等学校(宮城県)	90
仙台大学附属明成高等学校(宮城県)	90
仙台第一高等学校(宮城県)	90
仙台第二高等学校(宮城県)	91
仙台第三高等学校(宮城県)	91
仙台図南萩陵高等学校(宮城県)	91
仙台西高等学校(宮城県)	91
仙台東高等学校(宮城県)	91
仙台南高等学校(宮城県)	91
仙台向山高等学校(宮城県)	92
善通寺第一高等学校(香川県)	560
善通寺西高等学校(香川県)	560
泉南高等学校(大阪府)	433
千厩高等学校(岩手県)	74
泉陽高等学校(大阪府)	433
千里高等学校(大阪府)	433
千里国際学園高等部(大阪府)	433

【 そ 】

蒼開高等学校(兵庫県)	457
創価学園(東京都)	234
草加高等学校(埼玉県)	182
草加西高等学校(埼玉県)	182
草加東高等学校(埼玉県)	183
草加南高等学校(埼玉県)	183
双国高等学校(大分県)	641
匝瑳高等学校(千葉県)	201
創志学園高等学校(岡山県)	513
総社高等学校(岡山県)	513
総社南高等学校(岡山県)	513
捜真女学校高等部(神奈川県)	264
創成館高等学校(長崎県)	621
崇徳高等学校(広島県)	529
壮瞥高等学校(北海道)	30
相馬高等学校(福島県)	131
相馬女子高等学校(福島県)	131
相馬総合高等学校(福島県)	132
相馬農業高等学校(福島県)	132
相馬東高等学校(福島県)	132
相洋高等学校(神奈川県)	264
添上高等学校(奈良県)	471
袖ケ浦高等学校(千葉県)	201
蘇南高等学校(長野県)	327
ソニー厚木学園高等学校(神奈川県)	265
園田学園高等学校(兵庫県)	457
園部高等学校(京都府)	409
祖父江高等学校(愛知県)	382
蘇陽高等学校(熊本県)	634

【た】

大樹高等学校(北海道)	30
耐久高等学校(和歌山県)	478
大子第一高等学校(茨城県)	143
太子高等学校(兵庫県)	457
大社高等学校(島根県)	493
大社高等学校佐田分校(島根県)	493
大正高等学校(大阪府)	433
大聖寺高等学校(石川県)	304
大聖寺実業高等学校(石川県)	304
大成高等学校(北海道)	30
大成高等学校(和歌山県)	479
大成女子高等学校(茨城県)	143
大東学園高等学校(東京都)	234
大東高等学校(岩手県)	74
大東高等学校(大阪府)	434
大東高等学校(島根県)	494
大門高等学校(広島県)	529
平工業高等学校(福島県)	132
平商業高等学校(福島県)	132
平舘高等学校(岩手県)	74
大里高等学校(福岡県)	596
高岡工芸高等学校(富山県)	295
高岡高等学校(富山県)	295
高岡高等学校戸波分校(高知県)	584
高岡向陵高等学校(富山県)	295
高岡商業高等学校(富山県)	295
高岡女子高等学校(富山県)	295
高岡第一高等学校(富山県)	295
高岡西高等学校(富山県)	295
高岡南高等学校(富山県)	295
高隈高等学校(鹿児島県)	657
多可高等学校(兵庫県)	457
多賀高等学校(茨城県)	144
高崎健康福祉大学高崎高等学校(群馬県)	163
高崎工業高等学校(群馬県)	163
高崎高等学校(群馬県)	163
高崎商業高等学校(群馬県)	163
高崎女子高等学校(群馬県)	163
高崎東高等学校(群馬県)	164
高砂南高等学校(兵庫県)	457
高島高等学校(東京都)	234
高島高等学校(滋賀県)	402
高島高等学校(長崎県)	622
高城高等学校(宮崎県)	644
多賀城高等学校(宮城県)	92
高瀬高等学校(香川県)	560
高田北城高等学校(新潟県)	281
高田工業高等学校(新潟県)	281
高田高等学校(岩手県)	74
高田高等学校(新潟県)	281
高田高等学校(奈良県)	471
高田高等学校(大分県)	641
高田高等学校田原分校(大分県)	641
高田商業高等学校(新潟県)	281
高田農業高等学校(新潟県)	281
田方農業高等学校(静岡県)	362
高田農業高等学校高士分校(新潟県)	281
高田東高等学校(奈良県)	472
高田南城高等学校(新潟県)	282
高千穂高等学校(宮崎県)	644
高千穂高等学校五ヶ瀬分校(宮崎県)	645
高槻北高等学校(大阪府)	434
高槻高等学校(大阪府)	434
高槻南高等学校(大阪府)	434
高遠高等学校(長野県)	327
高鍋高等学校(宮崎県)	645
高鍋農業高等学校(宮崎県)	645
高鍋農業高等学校川南分校(宮崎県)	645
高輪高等学校(東京都)	234
高根沢高等学校(栃木県)	156
高根沢商業高等学校(栃木県)	156
鷹巣高等学校(秋田県)	103
鷹巣農林高等学校(秋田県)	104
高萩工業高等学校(茨城県)	144
高梁工業高等学校(岡山県)	514
高梁高等学校(岡山県)	514
高梁高等学校有漢分校(岡山県)	514
高梁市立宇治高等学校(岡山県)	514
高梁市立松山高等学校(岡山県)	514
高梁日新高等学校(岡山県)	514
高畠高等学校(山形県)	113
高浜高等学校(神奈川県)	265
高浜高等学校(石川県)	304
高浜高等学校(愛知県)	382
高原高等学校(宮崎県)	645
高松北高等学校(香川県)	561
高松工芸高等学校(香川県)	561
高松高等学校(香川県)	560
高松桜井高等学校(香川県)	561
高松商業高等学校(香川県)	561
高松第一高等学校(香川県)	562

高松中央高等学校（香川県）	562
高松西高等学校（香川県）	562
高松農業高等学校（岡山県）	514
高松東高等学校（香川県）	562
高松東高等学校白山分校（香川県）	562
高松南高等学校（香川県）	562
高松南高等学校香南分校（香川県）	562
高円高等学校（奈良県）	472
高水高等学校（山口県）	543
高宮高等学校（広島県）	529
高森高等学校（山口県）	543
高森高等学校（熊本県）	634
高山工業高等学校（岐阜県）	344
高山高等学校（岐阜県）	344
高山西高等学校（岐阜県）	344
宝塚北高等学校（兵庫県）	457
宝塚高等学校（兵庫県）	457
財部高等学校（鹿児島県）	657
田川工業高等学校（福岡県）	597
田川高等学校（長野県）	328
田川高等学校（福岡県）	597
田川商業高等学校（福岡県）	597
田川農林高等学校（福岡県）	597
滝川北高等学校（北海道）	30
滝川工業高等学校（北海道）	30
滝川高等学校（北海道）	30
滝川高等学校（兵庫県）	458
滝川商業高等学校（北海道）	31
滝川西高等学校（北海道）	31
滝高等学校（愛知県）	382
滝上高等学校（北海道）	31
瀧川女子学園高等学校（東京都）	235
多久高等学校（佐賀県）	612
拓殖大学第一高等学校（東京都）	235
田口高等学校（愛知県）	382
田口高等学校稲武分校（愛知県）	382
武岡台高等学校（鹿児島県）	657
武雄高等学校（佐賀県）	612
竹園高等学校（茨城県）	144
竹田高等学校（大分県）	641
武田高等学校（広島県）	529
武豊高等学校（愛知県）	382
竹台高等学校（東京都）	235
竹早高等学校（東京都）	235
竹原高等学校（広島県）	529
武生工業高等学校（福井県）	310
武生高等学校（福井県）	310
武生高等学校池田分校（福井県）	310
武生商業高等学校（福井県）	310
武生東高等学校（福井県）	310
多古高等学校（千葉県）	201
田島高等学校（福島県）	132
但馬農業高等学校（兵庫県）	458
多治見北高等学校（岐阜県）	344
多治見工業高等学校（岐阜県）	344
多治見高等学校（岐阜県）	344
多治見西高等学校（岐阜県）	344
田尻高等学校（宮城県）	92
忠生高等学校（東京都）	235
忠海高等学校（広島県）	529
只見高等学校（福島県）	132
多々良学園高等学校（山口県）	544
立川高等学校（東京都）	235
立川女子高等学校（東京都）	235
橘高等学校（福島県）	133
立花高等学校（福島県）	597
橘女子高等学校（神奈川県）	265
田子高等学校（青森県）	61
龍野北高等学校（兵庫県）	458
辰野高等学校（長野県）	328
龍野高等学校（兵庫県）	458
龍野実業高等学校（兵庫県）	458
田鶴浜高等学校（石川県）	304
楯岡高等学校（山形県）	113
伊達高等学校（北海道）	31
館高等学校（東京都）	236
蓼科高等学校（長野県）	328
盾津高等学校（大阪府）	434
館林高等学校（群馬県）	164
館林商工高等学校（群馬県）	164
館林女子高等学校（群馬県）	164
館山高等学校（千葉県）	201
多度津工業高等学校（香川県）	563
多度津高等学校（香川県）	563
多度津水産高等学校（香川県）	563
棚倉高等学校（福島県）	133
田無工業高等学校（東京都）	236
田無高等学校（東京都）	236
田名部高等学校（青森県）	61
田名部高等学校大畑校舎（青森県）	61
田辺工業高等学校（和歌山県）	479
田辺高等学校（京都府）	410
田辺高等学校（和歌山県）	479
田辺商業高等学校（和歌山県）	479

田沼高等学校（栃木県）	156
種子島高等学校（鹿児島県）	657
種子島実業高等学校（鹿児島県）	657
田原高等学校（岡山県）	515
田布施工業高等学校（山口県）	544
田布施農業高等学校（山口県）	544
田布施農業高等学校大島分校（山口県）	544
田布施農業高等学校八代分校（山口県）	544
田部高等学校（山口県）	544
玉川学園高等部（東京都）	236
玉川工業高等学校（埼玉県）	183
玉川高等学校（滋賀県）	402
玉川高等学校（大阪府）	434
多摩高等学校（東京都）	236
多摩高等学校（神奈川県）	265
玉島高等学校（岡山県）	515
玉島商業高等学校（岡山県）	515
玉城学園（宮崎県）	645
玉造工業高等学校（茨城県）	144
玉名工業高等学校（熊本県）	635
玉名高等学校（熊本県）	634
玉名女子高等学校（熊本県）	635
玉野高等学校（岡山県）	515
玉野光南高等学校（岡山県）	515
玉野市立玉野商業高等学校（岡山県）	515
玉野市立玉野備南高等学校（岡山県）	516
田村高等学校（福島県）	133
多良木高等学校（熊本県）	635
太良高等学校（佐賀県）	613
垂水高等学校（鹿児島県）	658
田原本農業高等学校（奈良県）	472
丹南高等学校（福井県）	310
丹原高等学校（愛媛県）	571

【ち】

茅ケ崎高等学校（神奈川県）	265
茅ケ崎西浜高等学校（神奈川県）	265
千種高等学校（愛知県）	382
筑紫丘高等学校（福岡県）	597
筑紫工業高等学校（福岡県）	598
筑紫高等学校（福岡県）	597
筑紫台高等学校（福岡県）	598
筑紫中央高等学校（福岡県）	598
築上西高等学校（福岡県）	598
築上農業高等学校（福岡県）	598
築上東高等学校（福岡県）	598
筑前高等学校（福岡県）	598
筑豊工業高等学校（福岡県）	599
筑豊高等学校（福岡県）	598
筑邦女子高等学校（福岡県）	599
筑陽学園高等学校（福岡県）	599
千城台高等学校（千葉県）	201
智頭農林高等学校（鳥取県）	485
秩父高等学校（埼玉県）	183
秩父農工科学高等学校（埼玉県）	183
秩父農工高等学校（埼玉県）	183
秩父東高等学校（埼玉県）	183
秩父別高等学校（北海道）	31
知徳高等学校（静岡県）	362
千歳丘高等学校（東京都）	236
千歳高等学校（北海道）	31
千歳高等学校（東京都）	236
千歳北陽高等学校（北海道）	31
知念高等学校（沖縄県）	667
茅野高等学校（長野県）	328
千葉英和高等学校（千葉県）	201
千葉大宮高等学校（千葉県）	202
千葉学園高等学校（青森県）	62
千葉北高等学校（千葉県）	202
千葉工業高等学校（千葉県）	202
千葉高等学校（千葉県）	201
千葉商業高等学校（千葉県）	202
千葉女子高等学校（千葉県）	202
千葉市立稲毛高等学校（千葉県）	202
千葉市立千葉高等学校（千葉県）	203
千葉西高等学校（千葉県）	203
千葉日本大学第一高等学校（千葉県）	203
千葉東高等学校（千葉県）	203
千葉萌陽高等学校（千葉県）	203
千葉南高等学校（千葉県）	203
千早高等学校（東京都）	237
千葉黎明高等学校（千葉県）	203
智辯学園高等学校（奈良県）	472
智辯学園和歌山高等学校（和歌山県）	479
北谷高等学校（沖縄県）	667
中越高等学校（新潟県）	282
中遠工業高等学校（静岡県）	363
中央学院高等学校（千葉県）	204
中央高等学校（秋田県）	104
中央高等学校（茨城県）	144
中央中等教育学校（群馬県）	164
中央大学高等学校（東京都）	237
中央農業高等学校（神奈川県）	265

校名	都道府県	頁
中京高等学校	(岐阜県)	344
中京商業高等学校	(岐阜県)	344
中京大学附属中京高等学校	(愛知県)	383
中芸高等学校	(高知県)	584
中部工業高等学校	(沖縄県)	667
中部商業高等学校	(沖縄県)	667
中部農林高等学校	(沖縄県)	668
長後高等学校	(神奈川県)	265
銚子高等学校	(千葉県)	204
銚子商業高等学校	(千葉県)	204
銚子市立銚子高等学校	(千葉県)	204
銚子市立銚子西高等学校	(千葉県)	204
銚子水産高等学校	(千葉県)	204
長生高等学校	(千葉県)	205
調布北高等学校	(東京都)	237
長府高等学校	(山口県)	544
調布南高等学校	(東京都)	237
千代田高等学校	(大阪府)	434
千代田高等学校	(広島県)	529
千代田高等学校豊平分校	(広島県)	530
千代田女学園高等学校	(東京都)	237
知立東高等学校	(愛知県)	383
鎮西学院高等学校	(長崎県)	622
鎮西高等学校	(熊本県)	635

【つ】

校名	都道府県	頁
塚原青雲高等学校	(長野県)	328
津川高等学校	(新潟県)	282
月形高等学校	(北海道)	31
築館高等学校	(宮城県)	92
築館女子高等学校	(宮城県)	92
槻の木高等学校	(大阪府)	435
津久井高等学校	(神奈川県)	265
津久井浜高等学校	(神奈川県)	265
作手高等学校	(愛知県)	383
筑波大学附属高等学校	(東京都)	237
筑波大学附属駒場高等学校	(東京都)	237
津久見高等学校	(大分県)	642
津工業高等学校	(三重県)	394
津高等学校	(三重県)	394
辻高等学校	(徳島県)	553
津実業高等学校	(三重県)	394
対馬高等学校	(長崎県)	622
津島高等学校	(愛知県)	383
津島高等学校	(愛媛県)	571
津島商工高等学校	(愛知県)	383
津島女子高等学校	(愛知県)	384
津島東高等学校	(愛知県)	384
津商業高等学校	(三重県)	394
津田高等学校	(香川県)	563
津田沼高等学校	(千葉県)	205
土浦工業高等学校	(茨城県)	144
土浦第一高等学校	(茨城県)	144
土浦第二高等学校	(茨城県)	144
土浦第三高等学校	(茨城県)	144
土浦日本大学高等学校	(茨城県)	144
津名高等学校	(兵庫県)	458
津南高等学校	(新潟県)	282
津西高等学校	(三重県)	395
都濃高等学校	(山口県)	544
都農高等学校	(宮崎県)	645
津幡高等学校	(石川県)	305
燕工業高等学校	(新潟県)	282
燕高等学校	(新潟県)	282
津別高等学校	(北海道)	32
嬬恋高等学校	(群馬県)	164
妻高等学校	(宮崎県)	645
津谷高等学校	(宮城県)	92
津山工業高等学校	(岡山県)	516
津山高等学校	(岡山県)	516
津山商業高等学校	(岡山県)	516
津山東高等学校	(岡山県)	516
津山東高等学校鏡野分校	(岡山県)	517
津山東高等学校苫田分校	(岡山県)	517
鶴岡家政高等学校	(山形県)	113
鶴岡北高等学校	(山形県)	114
鶴岡工業高等学校	(山形県)	114
鶴岡中央高等学校	(山形県)	114
鶴岡中央高等学校温海校	(山形県)	114
鶴岡西高等学校	(山形県)	114
鶴岡東高等学校	(山形県)	114
鶴岡南高等学校	(山形県)	114
敦賀気比高等学校	(福井県)	310
敦賀工業高等学校	(福井県)	311
敦賀高等学校	(福井県)	310
鶴ヶ島高等学校	(埼玉県)	183
鶴川高等学校	(東京都)	238
鶴来高等学校	(石川県)	305
都留高等学校	(山梨県)	317
鶴崎工業高等学校	(大分県)	642
鶴田高等学校	(青森県)	62
鶴舞高等学校	(千葉県)	205
鶴舞商業高等学校	(千葉県)	205

鶴丸高等学校（鹿児島県） ……… 658
鶴見高等学校（神奈川県） ……… 266
鶴嶺高等学校（神奈川県） ……… 266
津和野高等学校（島根県） ……… 494

【て】

帝京科学大学帝京冨士高等学校（愛媛県）
　…………………………………………… 571
帝京大学系属帝京高等学校（東京都） … 238
帝京第五高等学校（愛媛県） …………… 571
帝京長岡高等学校（新潟県） …………… 283
貞山高等学校（宮城県） ………………… 92
天売高等学校（北海道） ………………… 32
天塩高等学校（北海道） ………………… 32
弟子屈高等学校（北海道） ……………… 32
豊島高等学校（大阪府） ………………… 435
帝塚山学院泉ヶ丘高等学校（大阪府） … 435
寺井高等学校（石川県） ………………… 305
寺泊高等学校（新潟県） ………………… 283
伝習館高等学校（福岡県） ……………… 599
天真学園高等学校（山形県） …………… 115
天童高等学校（山形県） ………………… 115
天王寺高等学校（大阪府） ……………… 435
天白高等学校（愛知県） ………………… 384
天理高等学校（奈良県） ………………… 472
天竜光洋高等学校（長野県） …………… 328
天竜林業高等学校（静岡県） …………… 363

【と】

戸井高等学校（北海道） ………………… 32
土居高等学校（愛媛県） ………………… 571
土肥高等学校（静岡県） ………………… 363
東亜学園高等学校（東京都） …………… 238
桐蔭学園高等学校（神奈川県） ………… 266
桐蔭高等学校（和歌山県） ……………… 479
東奥義塾高等学校（青森県） …………… 62
東奥女子高等学校（青森県） …………… 62
東温高等学校（愛媛県） ………………… 571
東海高等学校（茨城県） ………………… 144
東海高等学校（愛知県） ………………… 384
東海女子高等学校（愛知県） …………… 384
東海大学工業高等学校（静岡県） ……… 363
東海大学甲府高等学校（山梨県） ……… 317
東海大学第一高等学校（静岡県） ……… 363

東海大学付属浦安高等学校（千葉県） … 205
東海大学付属大阪仰星高等学校（大阪府）
　…………………………………………… 435
東海大学附属相模高等学校（神奈川県） … 267
東海大学付属第三高等学校（長野県） … 328
東海大学付属第四高等学校（北海道） … 32
東海大学付属第五高等学校（福岡県） … 599
東海大学付属高輪台高等学校（東京都） … 238
東海大学山形高等学校（山形県） ……… 115
東海南高等学校（愛知県） ……………… 384
東金高等学校（千葉県） ………………… 205
東金商業高等学校（千葉県） …………… 205
東京学館高等学校（東京都） …………… 239
東京学芸大学附属高等学校（東京都） … 239
東京学館浦安高等学校（千葉県） ……… 206
東京学館高等学校（千葉県） …………… 205
東京学館新潟高等学校（新潟県） ……… 283
東京芸術大学音楽学部附属音楽高等学校
　（東京都） ……………………………… 239
東京高等学校（東京都） ………………… 238
東京女子学園高等学校（東京都） ……… 239
東京成徳短期大学付属高等学校（東京都）
　…………………………………………… 239
東京大学教育学部附属中等教育学校（東京
都） ………………………………………… 239
東京都立園芸高等学校（東京都） ……… 240
東京都立工芸高等学校（東京都） ……… 240
東京都立大学附属高等学校（東京都） … 240
東京都立第一商業高等学校（東京都） … 240
東京都立第二商業高等学校（東京都） … 240
東京都立第三商業高等学校（東京都） … 240
東京都立農芸高等学校（東京都） ……… 240
東京都立農林高等学校（東京都） ……… 241
東京農業大学第一高等学校（東京都） … 241
東京農業大学第二高等学校（群馬県） … 164
桐光学園高等学校（神奈川県） ………… 267
同志社女子高等学校（京都府） ………… 410
東城高等学校（広島県） ………………… 530
東総工業高等学校（千葉県） …………… 206
東大寺学園高等学校（奈良県） ………… 472
東筑高等学校（福岡県） ………………… 599
東濃高等学校（岐阜県） ………………… 344
東濃実業高等学校（岐阜県） …………… 345
東播工業高等学校（兵庫県） …………… 458
東部高等学校（長野県） ………………… 329
当別高等学校（北海道） ………………… 32
桐朋高等学校（東京都） ………………… 241
東邦高等学校（愛知県） ………………… 384

同朋高等学校(愛知県)	385
東邦大学附属東邦高等学校(千葉県)	206
東北学院榴ケ岡高等学校(宮城県)	93
東北高等学校(宮城県)	92
東御清翔高等学校(長野県)	329
洞爺高等学校(北海道)	32
東洋高等学校(東京都)	241
東洋女子高等学校(東京都)	241
東洋大学京北高等学校(東京都)	241
東洋大学附属牛久高等学校(茨城県)	145
東洋大学附属姫路高等学校(兵庫県)	459
東予工業高等学校(愛媛県)	572
東予高等学校(愛媛県)	571
東横学園高等学校(東京都)	241
東稜高等学校(京都府)	410
東稜高等学校(熊本県)	635
桃陵高等学校(愛知県)	385
東和高等学校(岩手県)	75
十日町高等学校(新潟県)	283
十日町高等学校田沢分校(新潟県)	283
十日町総合高等学校(新潟県)	283
遠野高等学校(岩手県)	75
遠野高等学校(福島県)	133
遠野高等学校情報ビジネス校(岩手県)	75
遠野農業高等学校(岩手県)	75
遠野緑峰高等学校(岩手県)	75
土岐北高等学校(岐阜県)	345
土岐高等学校(岐阜県)	345
富来高等学校(石川県)	305
土岐商業高等学校(岐阜県)	345
樟南高等学校(鹿児島県)	658
常盤木学園高等学校(宮城県)	93
常磐高等学校(福島県)	599
常盤女子高等学校(埼玉県)	183
常磐女子高等学校(茨城県)	145
トキワ松学園高等学校(東京都)	242
徳佐高等学校(山口県)	544
徳佐高等学校高俣分校(山口県)	544
徳島県立商業高等学校(徳島県)	553
徳島県立水産高等学校(徳島県)	553
徳島工業高等学校(徳島県)	553
徳島商業高等学校(徳島県)	554
徳島市立高等学校(徳島県)	554
徳島中央高等学校(徳島県)	554
徳島農業高等学校(徳島県)	554
徳島農業高等学校神山分校(徳島県)	554
徳島東工業高等学校(徳島県)	555
徳島文理高等学校(徳島県)	555
徳之島高等学校(鹿児島県)	658
徳之島農業高等学校(鹿児島県)	658
徳山北高等学校(山口県)	545
徳山工業高等学校(山口県)	545
徳山高等学校(山口県)	544
徳山高等学校鹿野分校(山口県)	544
徳山高等学校徳山北分校(山口県)	545
徳山商業高等学校(山口県)	545
土気高等学校(千葉県)	206
常滑高等学校(愛知県)	385
常葉学園菊川高等学校(静岡県)	363
常葉学園橘高等学校(静岡県)	363
常呂高等学校(北海道)	32
所沢北高等学校(埼玉県)	184
所沢高等学校(埼玉県)	183
所沢商業高等学校(埼玉県)	184
所沢中央高等学校(埼玉県)	184
所沢西高等学校(埼玉県)	184
所沢東高等学校(埼玉県)	184
所沢緑ヶ丘高等学校(埼玉県)	184
土佐高等学校(高知県)	584
土佐塾高等学校(高知県)	584
土佐女子高等学校(高知県)	584
豊島岡女子学園高等学校(東京都)	242
鳥栖工業高等学校(佐賀県)	613
鳥栖高等学校(佐賀県)	613
栃尾高等学校(新潟県)	283
栃木工業高等学校(栃木県)	156
栃木高等学校(栃木県)	156
栃木商業高等学校(栃木県)	157
栃木翔南高等学校(栃木県)	157
栃木女子高等学校(栃木県)	157
栃木農業高等学校(栃木県)	157
栃木南高等学校(栃木県)	157
十津川高等学校(奈良県)	473
鳥取敬愛高等学校(鳥取県)	485
鳥取工業高等学校(鳥取県)	485
鳥取湖陵高等学校美和分校(鳥取県)	485
鳥取商業高等学校(鳥取県)	485
鳥取城北高等学校(鳥取県)	485
鳥取女子高等学校(鳥取県)	486
鳥取中央育英高等学校(鳥取県)	486
鳥取西工業高等学校(鳥取県)	487
鳥取西高等学校(鳥取県)	486
鳥取農業高等学校(鳥取県)	487
鳥取農業高等学校鹿野分校(鳥取県)	487

| とつと | 学校名索引 |

鳥取東高等学校(鳥取県)	487
鳥取緑風高等学校(鳥取県)	487
戸手商業高等学校(広島県)	530
砺波工業高等学校(富山県)	296
砺波高等学校(富山県)	296
砺波女子高等学校(富山県)	296
となみ野高等学校(富山県)	296
利根実業高等学校(群馬県)	164
利根農林高等学校(群馬県)	164
刀根山高等学校(大阪府)	435
土庄高等学校(香川県)	563
鳥羽高等学校(三重県)	395
鳥羽高等学校(京都府)	410
戸畑工業高等学校(福岡県)	600
戸畑高等学校(福岡県)	599
戸畑商業高等学校(福岡県)	600
苫小牧工業高等学校(北海道)	33
苫小牧高等商業学校(北海道)	33
苫小牧中央高等学校(北海道)	33
苫小牧西高等学校(北海道)	33
苫小牧東高等学校(北海道)	33
苫小牧南高等学校(北海道)	33
苫前商業高等学校(北海道)	33
泊高等学校(北海道)	34
泊高等学校(富山県)	296
泊高等学校(沖縄県)	668
富江高等学校(長崎県)	622
登美丘高等学校(大阪府)	435
富岡高等学校(福島県)	133
富岡高等学校(群馬県)	164
富岡高等学校(神奈川県)	267
富岡高等学校川内校(福島県)	133
富岡西高等学校(徳島県)	555
富岡東高等学校(群馬県)	165
富岡東高等学校(徳島県)	555
富雄高等学校(奈良県)	473
登美ヶ丘高等学校(奈良県)	473
富川高等学校(北海道)	34
富里高等学校(千葉県)	206
豊見城高等学校(沖縄県)	668
豊見城南高等学校(沖縄県)	668
富田高等学校(岐阜県)	345
富田女子高等学校(岐阜県)	345
富谷高等学校(宮城県)	93
登米高等学校(宮城県)	93
登米高等学校豊里分校(宮城県)	93
友部高等学校(茨城県)	145
富山県立海洋高等学校(富山県)	296
富山県立水産高等学校(富山県)	296
富山工業高等学校(富山県)	296
戸山高等学校(東京都)	242
富山高等学校(富山県)	296
富山商業高等学校(富山県)	296
富山女子短期大学付属高等学校(富山県)	297
富山第一高等学校(富山県)	297
富山中部高等学校(富山県)	297
富山北部高等学校(富山県)	297
豊明高等学校(愛知県)	385
豊浦高等学校(北海道)	34
豊岡高等学校(埼玉県)	184
豊岡高等学校(兵庫県)	459
豊岡実業高等学校(兵庫県)	459
豊川工業高等学校(愛知県)	385
豊栄高等学校(新潟県)	283
豊科高等学校(長野県)	329
豊田高等学校(神奈川県)	267
豊田西高等学校(愛知県)	385
豊田東高等学校(愛知県)	385
豊玉高等学校(長崎県)	622
豊多摩高等学校(東京都)	242
豊津高等学校(福岡県)	600
豊富高等学校(北海道)	34
豊中高等学校(大阪府)	435
豊橋工業高等学校(愛知県)	386
豊橋商業高等学校(愛知県)	386
豊橋市立豊橋高等学校(愛知県)	386
豊橋東高等学校(愛知県)	386
豊橋南高等学校(愛知県)	386
豊浦高等学校(山口県)	545
虎姫高等学校(滋賀県)	402
鳥飼高等学校(大阪府)	436
取手第一高等学校(茨城県)	145
取手第二高等学校(茨城県)	145
杜陵高等学校(岩手県)	75
十和田工業高等学校(青森県)	62
十和田高等学校(秋田県)	104
十和田西高等学校(青森県)	62
とわの森三愛高等学校(北海道)	34
富田林高等学校(大阪府)	436
富田林高等学校千早赤阪分校(大阪府)	436

【 な 】

奈井江商業高等学校(北海道) ……… 34
直江津工業高等学校(新潟県) ……… 284
直江津高等学校(新潟県) ……… 284
長井工業高等学校(山形県) ……… 115
長井高等学校(山形県) ……… 115
長泉高等学校(静岡県) ……… 363
長岡大手高等学校(新潟県) ……… 284
長岡工業高等学校(新潟県) ……… 285
長岡高等学校(新潟県) ……… 284
長岡高等学校関原分校(新潟県) ……… 284
長岡向陵高等学校(新潟県) ……… 285
長岡商業高等学校(新潟県) ……… 285
長岡西高等学校(新潟県) ……… 285
長岡農業高等学校(新潟県) ……… 285
長尾高等学校(大阪府) ……… 436
中川商業高等学校(北海道) ……… 34
那珂川町立福岡女子商業高等学校(福岡県) ……… 600
那珂高等学校(茨城県) ……… 145
那賀高等学校(和歌山県) ……… 480
那賀高等学校(徳島県) ……… 555
中五島高等学校(長崎県) ……… 622
長崎鶴洋高等学校(長崎県) ……… 623
長崎北高等学校(長崎県) ……… 623
長崎工業高等学校(長崎県) ……… 623
長崎式見高等学校(長崎県) ……… 623
長崎女子高等学校(長崎県) ……… 623
長崎女子商業高等学校(長崎県) ……… 623
長崎市立長崎高等学校(長崎県) ……… 623
長崎市立長崎商業高等学校(長崎県) ……… 623
長崎水産高等学校(長崎県) ……… 624
長崎総合科学大学附属高等学校(長崎県) ……… 624
長崎南山高等学校(長崎県) ……… 624
長崎西高等学校(長崎県) ……… 624
長崎西高等学校長与分校(長崎県) ……… 624
長崎日本大学高等学校(長崎県) ……… 624
長崎東高等学校(長崎県) ……… 625
長崎北陽台高等学校(長崎県) ……… 625
長崎南高等学校(長崎県) ……… 625
長崎南商業高等学校(長崎県) ……… 625
長崎明誠高等学校(長崎県) ……… 626
長狭高等学校(千葉県) ……… 206
中札内高等学校(北海道) ……… 34
中里高等学校(青森県) ……… 62

中沢高等学校(神奈川県) ……… 267
中標津高等学校(北海道) ……… 34
中標津農業高等学校(北海道) ……… 34
中島高等学校(石川県) ……… 305
長島高等学校(三重県) ……… 395
長島高等学校(鹿児島県) ……… 658
中条工業高等学校(新潟県) ……… 285
中条高等学校(新潟県) ……… 285
中条高等学校(長野県) ……… 329
中条高等学校加治川分校(新潟県) ……… 285
長田高等学校(兵庫県) ……… 459
長田商業高等学校(兵庫県) ……… 459
中種子高等学校(鹿児島県) ……… 658
中津川工業高等学校(岐阜県) ……… 346
中津川市立阿木高等学校(岐阜県) ……… 346
中津高等学校(岐阜県) ……… 345
中津商業高等学校(岐阜県) ……… 346
中津商業高等学校(大分県) ……… 642
中津南高等学校(大分県) ……… 642
長門高等学校(山口県) ……… 545
中頓別農業高等学校(北海道) ……… 35
長沼高等学校(北海道) ……… 35
長沼高等学校(福島県) ……… 133
中野学園(東京都) ……… 242
長野北高等学校(大阪府) ……… 436
長野県北部高等学校信濃町分校(長野県) ……… 329
中野工業高等学校(東京都) ……… 242
長野工業高等学校(長野県) ……… 329
中濃高等学校(岐阜県) ……… 346
中野高等学校(長野県) ……… 329
長野高等学校(長野県) ……… 329
長野高等学校(大阪府) ……… 436
中野実業高等学校(長野県) ……… 330
長野商業高等学校(長野県) ……… 330
中之条高等学校(群馬県) ……… 165
長野女子高等学校(長野県) ……… 330
中濃西高等学校(岐阜県) ……… 346
中野西高等学校(長野県) ……… 330
長野西高等学校(長野県) ……… 330
長野日本大学高等学校(長野県) ……… 331
長野原高等学校(群馬県) ……… 165
長野東高等学校(長野県) ……… 331
長野南高等学校(長野県) ……… 331
長野吉田高等学校(長野県) ……… 331
長野吉田高等学校芋井分校(長野県) ……… 331
長浜北高等学校(滋賀県) ……… 402

学校名	頁	学校名	頁
長浜高等学校(滋賀県)	402	那須高等学校(栃木県)	157
長浜高等学校(愛媛県)	572	那須清峰高等学校(栃木県)	157
長浜商工高等学校(滋賀県)	402	那須農業高等学校(栃木県)	157
長浜農業高等学校(滋賀県)	402	灘高等学校(兵庫県)	459
中間高等学校(福岡県)	600	名取北高等学校(宮城県)	93
那珂湊水産高等学校(茨城県)	145	名取高等学校(宮城県)	93
那珂湊第一高等学校(茨城県)	145	七飯高等学校(北海道)	35
中村学園女子高等学校(福岡県)	600	七尾工業高等学校(石川県)	306
中村高等学校(東京都)	242	七尾高等学校(石川県)	305
中村高等学校(愛知県)	386	七尾東雲高等学校(石川県)	306
中村高等学校(高知県)	585	七尾商業高等学校(石川県)	306
中村女子高等学校(山口県)	545	七尾農業高等学校(石川県)	306
永山高等学校(東京都)	242	浪速学院浪速高等学校(大阪府)	436
中山高等学校(愛媛県)	572	浪花女子高等学校(大阪府)	437
長吉高等学校(大阪府)	436	那覇工業高等学校(沖縄県)	669
長良高等学校(岐阜県)	346	那覇高等学校(沖縄県)	669
流山おおたかの森高等学校(千葉県)	206	那覇国際高等学校(沖縄県)	669
流山北高等学校(千葉県)	207	那覇商業高等学校(沖縄県)	669
流山高等学校(千葉県)	206	那覇西高等学校(沖縄県)	670
流山中央高等学校(千葉県)	207	名張桔梗丘高等学校(三重県)	395
流山東高等学校(千葉県)	207	名張高等学校(三重県)	395
流山南高等学校(千葉県)	207	浪江高等学校(福島県)	133
名久井農業高等学校(青森県)	62	浪江高等学校大野分校(福島県)	134
奈古高等学校(山口県)	545	浪岡高等学校(青森県)	63
名護高等学校(沖縄県)	669	並木高等学校(茨城県)	145
奈古高等学校須佐分校(山口県)	545	浪商高等学校(大阪府)	437
名護商業高等学校(沖縄県)	669	滑川高等学校(埼玉県)	184
勿来工業高等学校(福島県)	133	滑川高等学校(富山県)	297
勿来高等学校(福島県)	133	名寄恵陵高等学校(北海道)	35
名古屋大谷高等学校(愛知県)	386	名寄工業高等学校(北海道)	35
名古屋工業高等学校(愛知県)	386	名寄高等学校(北海道)	35
名古屋市立桜台高等学校(愛知県)	386	名寄光陵高等学校(北海道)	35
名古屋市立菊里高等学校(愛知県)	386	名寄農業高等学校(北海道)	35
名古屋市立北高等学校(愛知県)	387	奈良育英学園高等学校(奈良県)	473
名古屋市立工業高等学校(愛知県)	387	奈良学園高等学校(奈良県)	473
名古屋市立工芸高等学校(愛知県)	387	奈良工業高等学校(奈良県)	473
名古屋市立向陽高等学校(愛知県)	387	奈良高等学校(奈良県)	473
名古屋市立西陵商業高等学校(愛知県)	387	奈良高等学校北倭分校(奈良県)	473
名古屋市立富田高等学校(愛知県)	387	習志野市立習志野高等学校(千葉県)	207
名古屋市立名古屋商業高等学校(愛知県)	387	奈良商業高等学校(奈良県)	473
名古屋市立名東高等学校(愛知県)	387	奈良女子高等学校(奈良県)	474
名古屋市立緑高等学校(愛知県)	387	奈良女子大学文学部附属高等学校(奈良県)	474
名古屋市立若宮商業高等学校(愛知県)	387	奈良市立一条高等学校(奈良県)	474
名古屋大学教育学部附属高等学校(愛知県)	387	奈良朱雀高等学校(奈良県)	474
名古屋西高等学校(愛知県)	388	奈良大学附属高等学校(奈良県)	474
那須工業高等学校(栃木県)	157	成田園芸高等学校(千葉県)	208

成田北高等学校(千葉県)	208
成田高等学校(千葉県)	207
成田国際高等学校(千葉県)	208
成田西陵高等学校(千葉県)	208
成田西高等学校(千葉県)	208
成田農業高等学校(千葉県)	208
成羽高等学校(岡山県)	517
鳴尾高等学校(兵庫県)	461
奈留高等学校(長崎県)	626
成瀬高等学校(東京都)	243
鳴滝高等学校(長崎県)	626
成東高等学校(千葉県)	208
鳴門高等学校(徳島県)	555
鳴門市立鳴門工業高等学校(徳島県)	555
鳴海高等学校(愛知県)	388
南関高等学校(熊本県)	635
南紀高等学校(和歌山県)	480
南紀高等学校白浜分校(和歌山県)	480
南郷高等学校(青森県)	63
南郷高等学校(宮城県)	94
南郷農業高等学校(宮城県)	94
南山高等学校(愛知県)	388
南勢高等学校(三重県)	395
南丹高等学校(京都府)	410
南島高等学校(三重県)	395
南濃町立南濃高等学校(岐阜県)	346
南部工業高等学校(青森県)	63
南部工業高等学校(沖縄県)	670
南部商業高等学校(沖縄県)	670
南部農林高等学校(沖縄県)	670
南幌高等学校(北海道)	35
南陽工業高等学校(山口県)	545
南陽高等学校(山形県)	115
南陽高等学校(京都府)	410
南稜高等学校(埼玉県)	184
南稜高等学校(熊本県)	635

【 に 】

新潟北高等学校(新潟県)	286
新潟県央工業高等学校(新潟県)	286
新潟県立海洋高等学校(新潟県)	286
新潟工業高等学校(新潟県)	286
新潟高等学校(新潟県)	285
新潟江南高等学校(新潟県)	286
新潟向陽高等学校(新潟県)	286
新潟商業高等学校(新潟県)	287
新潟市立明鏡高等学校(新潟県)	287
新潟市立鏡ケ岡高等学校(新潟県)	287
新潟市立高志高等学校(新潟県)	287
新潟市立白山高等学校(新潟県)	287
新潟翠江高等学校(新潟県)	288
新潟清心女子高等学校(新潟県)	288
新潟青陵高等学校(新潟県)	288
新潟第一高等学校(新潟県)	288
新潟中央高等学校(新潟県)	288
新潟西高等学校(新潟県)	288
新潟東工業高等学校(新潟県)	288
新潟東高等学校(新潟県)	288
新潟南高等学校(新潟県)	288
新潟南高等学校石山分校(新潟県)	288
新潟明訓高等学校(新潟県)	288
新川高等学校(富山県)	297
新川高等学校(愛知県)	388
新川女子高等学校(富山県)	297
新川みどり野高等学校(富山県)	297
新座北高等学校(埼玉県)	185
新座高等学校(埼玉県)	184
新座総合技術高等学校(埼玉県)	185
新島高等学校(東京都)	243
新津工業高等学校(新潟県)	289
新津高等学校(新潟県)	289
新津南高等学校(新潟県)	289
新居浜工業高等学校(愛媛県)	572
新居浜商業高等学校(愛媛県)	572
新居浜市立商業高等学校(愛媛県)	572
新居浜西高等学校(愛媛県)	572
新居浜東高等学校(愛媛県)	573
新居浜南高等学校(愛媛県)	573
新見北高等学校(岡山県)	517
新見高等学校(岡山県)	517
新見女子高等学校(岡山県)	517
新見農工高等学校(岡山県)	517
丹生高等学校(福井県)	311
二階堂高等学校(奈良県)	474
仁賀保高等学校(秋田県)	104
仁木商業高等学校(北海道)	36
西市高等学校(山口県)	545
西市高等学校殿居分校(山口県)	546
西宇治高等学校(京都府)	410
西浦高等学校(大阪府)	437
西尾高等学校(愛知県)	388
西尾実業高等学校(愛知県)	388
西尾東高等学校(愛知県)	388

西川竹園高等学校（新潟県）	289	日本学園高等学校（東京都）	244
西高等学校（東京都）	243	日本航空高等学校（山梨県）	317
西高等学校（広島県）	530	日本女子大学附属高等学校（神奈川県）	267
西越高等学校（新潟県）	289	日本大学第一高等学校（東京都）	244
西新発田高等学校（新潟県）	289	日本大学第二高等学校（東京都）	244
西仙北高等学校（秋田県）	104	日本大学第三高等学校（東京都）	244
西彼杵高等学校（長崎県）	626	日本大学東北高等学校（福島県）	134
西田川高等学校（福岡県）	601	日本大学三島高等学校（静岡県）	364
西成高等学校（大阪府）	437	日本大学明誠高等学校（山梨県）	317
西日本短期大学付属高等学校（福岡県）	601	日本大学山形高等学校（山形県）	115
西寝屋川高等学校（大阪府）	437	日本橋高等学校（東京都）	244
西の京高等学校（奈良県）	474	日本原高等学校（岡山県）	517
西野田工科高等学校（大阪府）	437	日本文理高等学校（新潟県）	290
西野田工業高等学校（大阪府）	437	二本松工業高等学校（福島県）	134
西宮今津高等学校（兵庫県）	461	邇摩高等学校（島根県）	494
西宮甲山高等学校（兵庫県）	461	邇摩高等学校大代分校（島根県）	494
西宮北高等学校（兵庫県）	461	入善高等学校（富山県）	297
西宮高等学校（兵庫県）	461	韮崎工業高等学校（山梨県）	317
西宮香風高等学校（兵庫県）	461	韮崎高等学校（山梨県）	317
西宮市立西宮高等学校（兵庫県）	461	韮山高等学校（静岡県）	364
西宮市立西宮東高等学校（兵庫県）	461	丹羽高等学校（愛知県）	388
西原高等学校（沖縄県）	670	上神谷高等学校（大阪府）	437
西春高等学校（愛知県）	388		
西福岡高等学校（福岡県）	601	【ぬ】	
西舞鶴高等学校（京都府）	410		
西目高等学校（秋田県）	104	沼宮内高等学校（岩手県）	75
西目農業高等学校（秋田県）	104	沼津工業高等学校（静岡県）	364
西山学院高等学校（宮城県）	94	沼津商業高等学校（静岡県）	364
西大和学園高等学校（奈良県）	474	沼津城北高等学校（静岡県）	364
二松学舎大学附属高等学校（東京都）	243	沼津市立沼津高等学校（静岡県）	365
西淀川高等学校（大阪府）	437	沼津中央高等学校（静岡県）	365
西和賀高等学校（岩手県）	75	沼津西高等学校（静岡県）	365
西脇工業高等学校（兵庫県）	462	沼津東高等学校（静岡県）	365
西脇高等学校（兵庫県）	462	沼津北部高等学校（静岡県）	365
ニセコ高等学校（北海道）	36	沼田高等学校（北海道）	36
日南高等学校（宮崎県）	645	沼田高等学校（群馬県）	165
日南振徳商業高等学校（宮崎県）	645	沼田女子高等学校（群馬県）	165
日南農林高等学校（宮崎県）	646		
日光高等学校（栃木県）	157	【ね】	
日出学園高等学校（東京都）	244		
日章学園高等学校（宮崎県）	646	根雨高等学校（鳥取県）	487
日彰館高等学校（広島県）	530	根室高等学校（北海道）	36
日新館高等学校（福岡県）	601	根室西高等学校（北海道）	36
日生学園（三重県）	395	寝屋川高等学校（大阪府）	438
新田暁高等学校（群馬県）	165	練馬工業高等学校（東京都）	244
新田高等学校（群馬県）	165		
新田高等学校（愛媛県）	573		

【の】

農産高等学校（東京都） 244
能生水産高等学校（新潟県） 290
直方高等学校（福岡県） 601
野崎高等学校（大阪府） 438
野沢北高等学校（長野県） 331
野沢南高等学校（長野県） 331
能代北高等学校（秋田県） 105
能代工業高等学校（秋田県） 105
能代高等学校（秋田県） 104
能代市立能代商業高等学校（秋田県） 106
能代西高等学校（秋田県） 106
能代農業高等学校（秋田県） 106
能勢高等学校（大阪府） 438
野田学園（山口県） 546
野田北高等学校（千葉県） 208
野田高等学校（千葉県） 208
野田女子高等学校（鹿児島県） 658
野津高等学校（大分県） 642
野幌高等学校（北海道） 36
能登川高等学校（滋賀県） 402
能登高等学校（石川県） 306
ノートルダム清心高等学校（広島県） 530
野々市明倫高等学校（石川県） 306
野庭高等学校（神奈川県） 267
延岡工業高等学校（宮崎県） 646
延岡高等学校（宮崎県） 646
延岡商業高等学校（宮崎県） 646
延岡第二高等学校（宮崎県） 646
延岡西高等学校（宮崎県） 646
延岡東高等学校（宮崎県） 646
野辺地高等学校（青森県） 63
登別大谷高等学校（北海道） 37
登別高等学校（北海道） 36
登別南高等学校（北海道） 37
野村高等学校（愛媛県） 573
野村高等学校土居分校（愛媛県） 573
野母崎高等学校（長崎県） 626

【は】

拝島高等学校（東京都） 244
榛原高等学校（静岡県） 366
榛原高等学校（奈良県） 475
南風原高等学校（沖縄県） 671

芳賀高等学校（栃木県） 158
伯太高等学校（大阪府） 438
伯方高等学校（愛媛県） 573
伯方高等学校岩城分校（愛媛県） 573
博多商業高等学校（福岡県） 601
博多女子高等学校（福岡県） 601
博多女子商業高等学校（福岡県） 601
博多青松高等学校（福岡県） 602
萩工業高等学校（山口県） 546
萩高等学校（山口県） 546
萩商業高等学校（山口県） 546
羽咋工業高等学校（石川県） 307
羽咋高等学校（石川県） 306
白鷗高等学校（東京都） 244
白山高等学校（神奈川県） 267
白山高等学校（三重県） 396
白馬高等学校（長野県） 331
柏陽高等学校（神奈川県） 267
柏陵高等学校（千葉県） 209
柏陵高等学校（福岡県） 602
白陵高等学校（兵庫県） 462
羽黒工業高等学校（山形県） 116
羽黒高等学校（山形県） 115
函館恵山高等学校（北海道） 37
函館大谷高等学校（北海道） 37
函館大妻高等学校（北海道） 37
函館北高等学校（北海道） 37
函館工業高等学校（北海道） 37
函館商業高等学校（北海道） 37
函館昭和女子学園高等学校（北海道） 38
函館女子商業高等学校（北海道） 38
函館白百合学園高等学校（北海道） 38
函館水産高等学校（北海道） 38
函館大学付属柏稜高等学校（北海道） 38
函館大学付属有斗高等学校（北海道） 38
函館中部高等学校（北海道） 38
函館西高等学校（北海道） 39
函館東高等学校（北海道） 39
函館ラ・サール高等学校（北海道） 39
函館稜北高等学校（北海道） 39
羽衣学園高等学校（大阪府） 438
波佐見高等学校（長崎県） 626
羽島北高等学校（岐阜県） 347
羽島高等学校（岐阜県） 346
蓮田高等学校（埼玉県） 185
蓮田松韻高等学校（埼玉県） 185
幡多農業高等学校（高知県） 585

秦野高等学校（神奈川県）	268
秦野曽屋高等学校（神奈川県）	268
秦野南が丘高等学校（神奈川県）	268
八王子学園高等学校（東京都）	244
八王子北高等学校（東京都）	244
八王子工業高等学校（東京都）	245
八王子東高等学校（東京都）	245
八丈高等学校（東京都）	245
八戸北高等学校（青森県）	64
八戸工業高等学校（青森県）	64
八戸工業大学第一高等学校（青森県）	64
八戸工業大学第二高等学校（青森県）	64
八戸高等学校（青森県）	63
八戸商業高等学校（青森県）	64
八戸水産高等学校（青森県）	64
八戸聖ウルスラ学院高等学校（青森県）	65
八戸中央高等学校（青森県）	65
八戸西高等学校（青森県）	65
八戸東高等学校（青森県）	65
八戸南高等学校（青森県）	65
八幡工業高等学校（滋賀県）	402
八幡高等学校（滋賀県）	402
八幡商業高等学校（滋賀県）	403
八海高等学校（新潟県）	290
廿日市高等学校（広島県）	530
廿日市西高等学校（広島県）	530
八甲田高等学校（青森県）	65
初芝橋本高等学校（和歌山県）	480
馬頭高等学校（栃木県）	158
鳩ヶ谷高等学校（埼玉県）	185
鳩山高等学校（埼玉県）	185
花泉高等学校（岩手県）	76
花咲徳栄高等学校（埼玉県）	185
花園高等学校（大阪府）	438
花巻北高等学校（岩手県）	76
花巻農業高等学校（岩手県）	76
花巻東高等学校（岩手県）	76
花巻南高等学校（岩手県）	76
塙工業高等学校（福島県）	134
花輪高等学校（秋田県）	106
羽生高等学校（埼玉県）	186
羽生第一高等学校（埼玉県）	186
羽田高等学校（東京都）	245
羽曳野高等学校（大阪府）	438
羽幌高等学校（北海道）	39
浜北西高等学校（静岡県）	366
浜坂高等学校（兵庫県）	462
浜田高等学校（島根県）	495
浜田高等学校今市分校（島根県）	495
浜田商業高等学校（島根県）	495
浜田水産高等学校（島根県）	495
浜頓別高等学校（北海道）	39
浜名高等学校（静岡県）	366
浜益高等学校（北海道）	39
浜松海の星高等学校（静岡県）	366
浜松海の星女学院（静岡県）	366
浜松江之島高等学校（静岡県）	366
浜松学芸高等学校（静岡県）	366
浜松北高等学校（静岡県）	367
浜松工業高等学校（静岡県）	367
浜松湖東高等学校（静岡県）	367
浜松湖南高等学校（静岡県）	367
浜松商業高等学校（静岡県）	367
浜松城南高等学校（静岡県）	368
浜松城北工業高等学校（静岡県）	368
浜松市立高等学校（静岡県）	368
浜松西高等学校（静岡県）	368
浜松日体高等学校（静岡県）	369
浜松東高等学校（静岡県）	369
浜松南高等学校（静岡県）	369
羽村高等学校（東京都）	245
羽茂高等学校（新潟県）	290
羽茂高等学校赤泊分校（新潟県）	290
林野高等学校（岡山県）	517
隼人工業高等学校（鹿児島県）	658
早鞆高等学校（山口県）	546
原町高等学校（福島県）	134
播磨高等学校（兵庫県）	462
播磨南高等学校（兵庫県）	462
榛名高等学校（群馬県）	165
春野高等学校（静岡県）	369
春野高等学校（高知県）	585
坂下高等学校（福島県）	134
飯山高等学校（香川県）	563
半田高等学校（愛知県）	388
半田商業高等学校（愛知県）	389
阪南高等学校（大阪府）	438
阪南大学高等学校（大阪府）	438
飯能高等学校（埼玉県）	186
飯能南高等学校（埼玉県）	186

【ひ】

美瑛高等学校（北海道）	39

比叡山高等学校（滋賀県）	403
PL学園高等学校（大阪府）	439
東宇治高等学校（京都府）	410
東大津高等学校（滋賀県）	403
東岡山工業高等学校（岡山県）	518
東葛飾高等学校（千葉県）	209
東金沢高等学校（神奈川県）	268
東川高等学校（北海道）	40
東九州龍谷高等学校（大分県）	642
東高等学校（東京都）	245
東神戸高等学校（兵庫県）	462
東白川農商高等学校（福島県）	134
東白川農商高等学校鮫川分校（福島県）	134
東住吉工業高等学校（大阪府）	440
東住吉高等学校（大阪府）	439
東住吉総合高等学校（大阪府）	440
東灘高等学校（兵庫県）	462
東根工業高等学校（山形県）	116
東寝屋川高等学校（大阪府）	440
東播磨高等学校（兵庫県）	462
東福岡高等学校（福岡県）	602
東舞鶴高等学校（京都府）	410
東村山高等学校（東京都）	245
東藻琴高等学校（北海道）	40
東百舌鳥高等学校（大阪府）	440
東山工業高等学校（愛知県）	389
東山高等学校（京都府）	410
東大和高等学校（東京都）	245
東淀川高等学校（大阪府）	440
光丘高等学校（山口県）	546
光高等学校（山口県）	546
日川高等学校（山梨県）	317
氷川高等学校（熊本県）	636
彦根工業高等学校（滋賀県）	403
彦根商業高等学校（滋賀県）	403
彦根翔陽高等学校（滋賀県）	403
彦根西高等学校（滋賀県）	403
彦根東高等学校（滋賀県）	403
久居高等学校（三重県）	396
尾西高等学校（愛知県）	389
久居農林高等学校（三重県）	396
備作高等学校（岡山県）	518
比治山女子高等学校（広島県）	531
日出暘谷高等学校（大分県）	642
備前高等学校（岡山県）	518
備前市立片上高等学校（岡山県）	518
備前東高等学校（岡山県）	518
備前緑陽高等学校（岡山県）	519
日高高等学校（北海道）	40
日高高等学校（埼玉県）	186
日高高等学校（和歌山県）	480
日高高等学校中津分校（和歌山県）	480
日田高等学校（大分県）	642
斐太高等学校（岐阜県）	347
日立工業高等学校（茨城県）	145
日立商業高等学校（茨城県）	146
日立第一高等学校（茨城県）	146
日立第二高等学校（茨城県）	146
斐太農林高等学校（岐阜県）	347
日田三隈高等学校（大分県）	642
日田林工高等学校（大分県）	642
一橋高等学校（東京都）	245
人吉高等学校（熊本県）	636
氷取沢高等学校（神奈川県）	268
日根野高等学校（大阪府）	440
日野高等学校（東京都）	246
日野高等学校（滋賀県）	404
日野高等学校（鳥取県）	487
日野産業高等学校（鳥取県）	488
日野台高等学校（東京都）	246
日出学園高等学校（千葉県）	209
美唄工業高等学校（北海道）	40
美唄聖華高等学校（北海道）	40
美唄東高等学校（北海道）	40
美唄南高等学校（北海道）	40
ひばりが丘高等学校（山梨県）	318
ひびき高等学校（福岡県）	602
響高等学校（山口県）	546
日比谷高等学校（東京都）	246
美深高等学校（北海道）	40
美深高等酪農学校（北海道）	40
尾北高等学校（愛知県）	389
美幌高等学校（北海道）	40
美幌農業高等学校（北海道）	41
氷見高等学校（富山県）	298
姫路北高等学校（兵庫県）	463
姫路工業高等学校（兵庫県）	463
姫路工業大学附属高等学校（兵庫県）	463
姫路産業技術高等学校（兵庫県）	463
姫路飾西高等学校（兵庫県）	463
姫路商業高等学校（兵庫県）	463
姫路市立琴丘高等学校（兵庫県）	463
姫路西高等学校（兵庫県）	463
姫路東高等学校（兵庫県）	464

ひめし　　　　　　　　　学校名索引

姫路南高等学校(兵庫県)	464
檜山北高等学校(北海道)	41
日向学院高等学校(宮崎県)	646
日向工業高等学校(宮崎県)	646
兵庫県立農業高等学校(兵庫県)	464
兵庫工業高等学校(兵庫県)	464
兵庫高等学校(兵庫県)	464
平鹿高等学校(秋田県)	106
枚方高等学校(大阪府)	440
枚方西高等学校(大阪府)	440
平田高等学校(島根県)	495
平塚学園高等学校(神奈川県)	268
平塚工業高等学校(神奈川県)	268
平塚江南高等学校(神奈川県)	268
平塚商業高等学校(神奈川県)	268
平塚西工業技術高等学校(神奈川県)	268
平塚農業高等学校(神奈川県)	269
平戸高等学校(長崎県)	626
平取高等学校(北海道)	41
平内高等学校(青森県)	65
平野高等学校(大阪府)	440
蒜山高等学校(岡山県)	519
広尾学園高等学校(東京都)	247
弘岡農業高等学校(高知県)	585
広尾高等学校(北海道)	41
広高等学校(広島県)	531
弘前学院聖愛高等学校(青森県)	66
弘前工業高等学校(青森県)	66
弘前高等学校(青森県)	66
弘前実業高等学校(青森県)	67
弘前実業高等学校藤崎校舎(青森県)	67
弘前中央高等学校(青森県)	67
弘前東工業高等学校(青森県)	67
弘前東高等学校(青森県)	67
弘前南高等学校(青森県)	67
弘前南高等学校大鰐校舎(青森県)	68
広島井口高等学校(広島県)	531
広島音楽高等学校(広島県)	531
広島学院高等学校(広島県)	531
広島観音高等学校(広島県)	531
広島県瀬戸内高等学校(広島県)	532
広島工業高等学校(広島県)	532
広島高等学校(広島県)	531
広島国泰寺高等学校(広島県)	532
広島桜が丘高等学校(広島県)	532
広島市工業高等学校(広島県)	532
広島商業高等学校(広島県)	532

広島城北高等学校(広島県)	533
広島女子商学園高等学校(広島県)	533
広島市立安佐北高等学校(広島県)	533
広島市立大手町商業高等学校(広島県)	533
広島市立広島工業高等学校(広島県)	533
広島市立広島商業高等学校(広島県)	534
広島市立舟入高等学校(広島県)	534
広島市立美鈴が丘高等学校(広島県)	534
広島市立基町高等学校(広島県)	534
広島新庄高等学校(広島県)	534
広島大学教育学部附属高等学校(広島県)	534
広島大学附属福山高等学校(広島県)	535
広島第一女子商業高等学校(広島県)	535
広島文教女子大学附属高等学校(広島県)	535
広島皆実高等学校(広島県)	535
広島有朋高等学校(広島県)	535
広瀬高等学校(山口県)	547
広瀬高等学校本郷分校(山口県)	547
樋脇高等学校(鹿児島県)	659
日和佐高等学校(徳島県)	555

【ふ】

風連高等学校(北海道)	41
フェリス女学院高等学校(神奈川県)	269
深浦高等学校(青森県)	68
深川高等学校(東京都)	247
深川商業高等学校(東京都)	247
深川西高等学校(北海道)	41
深川農業高等学校(北海道)	42
深川東高等学校(北海道)	42
深川東商業高等学校(北海道)	42
深谷高等学校(埼玉県)	186
深谷商業高等学校(埼玉県)	186
深谷第一高等学校(埼玉県)	186
吹上高等学校(埼玉県)	186
吹上高等学校(鹿児島県)	659
吹上秋桜高等学校(埼玉県)	187
福井商業高等学校(福井県)	311
福井女子高等学校(福井県)	311
福泉高等学校(大阪府)	441
福井農林高等学校(福井県)	311
福岡魁誠高等学校(福岡県)	603
福岡県立水産高等学校(福岡県)	603
福岡工業高等学校(岩手県)	77

校名	頁	校名	頁
福岡工業高等学校（福岡県）	603	藤井寺工業高等学校（大阪府）	441
福岡高等学校（岩手県）	76	藤井寺高等学校（大阪府）	441
福岡高等学校（富山県）	298	藤枝学園女子高等学校（静岡県）	370
福岡高等学校（福岡県）	602	藤枝北高等学校（静岡県）	370
福岡高等学校浄法寺校（岩手県）	77	藤枝西高等学校（静岡県）	370
福岡講倫館高等学校（福岡県）	603	藤枝東高等学校（静岡県）	370
福岡市立博多工業高等学校（福岡県）	603	藤枝南女子高等学校（静岡県）	370
福岡市立福岡商業高等学校（福岡県）	603	藤枝明誠高等学校（静岡県）	370
福岡大学附属大濠高等学校（福岡県）	604	藤岡北高等学校（群馬県）	165
福岡第一高等学校（福岡県）	604	藤岡工業高等学校（群馬県）	165
福岡中央高等学校（福岡県）	604	藤岡高等学校（栃木県）	158
福岡農業高等学校（福岡県）	604	藤岡女子高等学校（群馬県）	165
福岡雙葉高等学校（福岡県）	605	藤岡中央高等学校（群馬県）	166
福崎高等学校（兵庫県）	464	富士学苑高等学校（山梨県）	318
福島北高等学校（福島県）	135	富士河口湖高等学校（山梨県）	318
福島工業高等学校（福島県）	135	富士高等学校（東京都）	247
福島高等学校（福島県）	135	富士高等学校（静岡県）	370
福島高等学校（福岡県）	605	不二越工業高等学校（富山県）	298
福島高等学校（宮崎県）	646	藤崎園芸高等学校（青森県）	68
福島商業高等学校（北海道）	42	藤沢工業高等学校（神奈川県）	269
福島商業高等学校（福島県）	135	藤沢高等学校（岩手県）	77
福島女子高等学校（福島県）	136	藤沢高等学校（神奈川県）	269
福島成蹊学園（福島県）	136	藤沢商業高等学校（神奈川県）	269
福島成蹊女子高等学校（福島県）	136	藤沢西高等学校（神奈川県）	269
福島中央高等学校（福島県）	136	藤島高等学校（福井県）	311
福島西高等学校（福島県）	136	藤女子高等学校（北海道）	42
福島西女子高等学校（福島県）	136	富士市立吉原商業高等学校（静岡県）	370
福島農蚕高等学校（福島県）	136	富士短期大学付属高等学校（岩手県）	77
福島東高等学校（福島県）	136	藤ノ花女子高等学校（愛知県）	389
福島南高等学校（福島県）	137	富士宮北高等学校（静岡県）	371
福島明成高等学校（福島県）	137	富士宮西高等学校（静岡県）	371
福知山高等学校（京都府）	411	富士宮農業高等学校（静岡県）	371
福野高等学校（富山県）	298	富士宮東高等学校（静岡県）	371
福光高等学校（富山県）	298	富士東高等学校（静岡県）	371
福山葦陽高等学校（広島県）	535	伏見工業高等学校（京都府）	411
福山工業高等学校（広島県）	535	富士見高等学校（埼玉県）	187
福山高等学校（鹿児島県）	659	富士見高等学校（東京都）	248
福山商業高等学校（広島県）	535	富士見高等学校（長野県）	332
福山女子高等学校（広島県）	535	富士見高等学校（静岡県）	371
福山市立福山高等学校（広島県）	535	藤村女子高等学校（東京都）	248
福山誠之館高等学校（広島県）	536	富士森高等学校（東京都）	248
福山町立牧之原高等学校（鹿児島県）	659	布施北高等学校（大阪府）	441
袋井高等学校（静岡県）	369	布施工業高等学校（大阪府）	441
袋井商業高等学校（静岡県）	369	布施高等学校（大阪府）	441
福渡高等学校（岡山県）	519	武相高等学校（神奈川県）	269
布佐高等学校（千葉県）	209	二上工業高等学校（富山県）	298
藤井高等学校（香川県）	564	二ツ井高等学校（秋田県）	106

双葉高等学校(北海道)	42
双葉高等学校(福島県)	137
雙葉高等学校(東京都)	248
双葉翔陽高等学校(福島県)	137
双葉農業高等学校(福島県)	137
二俣川高等学校(神奈川県)	269
二俣高等学校(静岡県)	371
淵江高等学校(東京都)	248
府中高等学校(東京都)	248
府中高等学校(広島県)	536
府中東高等学校(広島県)	536
普天間高等学校(沖縄県)	671
不動岡高等学校(埼玉県)	187
不動岡高等学校騎西分校(埼玉県)	187
船江高等学校(新潟県)	290
船津高等学校(岐阜県)	347
船橋旭高等学校(千葉県)	209
船橋北高等学校(千葉県)	209
船橋高等学校(千葉県)	209
船橋芝山高等学校(千葉県)	210
船橋市立船橋高等学校(千葉県)	210
船橋豊富高等学校(千葉県)	210
船橋西高等学校(千葉県)	210
船橋東高等学校(千葉県)	210
船橋二和高等学校(千葉県)	210
船橋法典高等学校(千葉県)	210
不二聖心女学院(静岡県)	371
船引高等学校(福島県)	137
富良野工業高等学校(北海道)	43
富良野高等学校(北海道)	42
富良野農業高等学校(北海道)	43
古川工業高等学校(宮城県)	94
古川高等学校(宮城県)	94
古川女子高等学校(宮城県)	94
古川黎明高等学校(宮城県)	94
古平高等学校(北海道)	43
振内高等学校(北海道)	43
普連土学園高等学校(東京都)	248
不破高等学校(岐阜県)	347
長野高等学校(長野県)	332
文化女子大学附属杉並高等学校(東京都)	248
文京高等学校(東京都)	248
文教大学付属高等学校(東京都)	248
分水高等学校(新潟県)	290

【へ】

平安高等学校(神奈川県)	269
平安高等学校(京都府)	411
平城高等学校(奈良県)	475
平成高等学校(秋田県)	106
碧南工業高等学校(愛知県)	389
碧南高等学校(愛知県)	389
日置農業高等学校(山口県)	547
別海高等学校(北海道)	43
別海酪農高等学校(北海道)	43
別府青山高等学校(大分県)	643
別府高等女学校(大分県)	643
別府市立別府商業高等学校(大分県)	643
別府鶴見丘高等学校(大分県)	643
ベル学園高等学校(岡山県)	519
辺土名高等学校(沖縄県)	671

【ほ】

鳳凰高等学校(鹿児島県)	659
豊国学園高等学校(福岡県)	605
北条高等学校(兵庫県)	465
北条高等学校(愛媛県)	573
法政大学第一高等学校(東京都)	248
法政大学第二高等学校(神奈川県)	270
宝仙学園高等学校(東京都)	249
宝達高等学校(石川県)	307
報徳学園高等学校(兵庫県)	465
防府高等学校(山口県)	547
防府商業高等学校(山口県)	547
防府西高等学校(山口県)	547
豊北高等学校(山口県)	547
鳳来寺高等学校(愛知県)	389
北越高等学校(新潟県)	290
北山高等学校(沖縄県)	671
北照高等学校(北海道)	43
北松西高等学校(長崎県)	627
北松農業高等学校(長崎県)	627
北松南高等学校(長崎県)	627
北星学園女子高等学校(北海道)	43
北星学園新札幌高等学校(北海道)	43
北星学園大学附属高等学校(北海道)	43
北総高等学校(茨城県)	146
北筑高等学校(福岡県)	605
北斗高等学校(青森県)	68

北杜高等学校(山梨県)	318
北斗高等学校高田分校(青森県)	69
北部工業高等学校(沖縄県)	671
北部農林高等学校(沖縄県)	672
北陸高等学校(福井県)	311
北稜高等学校(京都府)	411
北和女子高等学校(奈良県)	475
鉾田第一高等学校(茨城県)	146
鉾田第二高等学校(茨城県)	147
保善高等学校(東京都)	249
細田学園高等学校(埼玉県)	187
武尊高等学校(群馬県)	166
穂高商業高等学校(長野県)	332
北海高等学校(北海道)	44
北海道日本大学高等学校(北海道)	44
保土ヶ谷高等学校(神奈川県)	270
保原高等学校(福島県)	137
穂別高等学校(北海道)	44
堀越高等学校(東京都)	249
堀之内高等学校(新潟県)	290
幌加内高等学校(北海道)	44
幌加内農業高等学校(北海道)	45
本郷工業高等学校(広島県)	536
本郷高等学校(東京都)	249
本郷高等学校(愛知県)	389
本郷高等学校(広島県)	536
本庄北高等学校(埼玉県)	187
本庄高等学校(埼玉県)	187
本庄高等学校(宮崎県)	647
本荘高等学校(秋田県)	106
本荘高等学校大内分校(秋田県)	107
本荘高等学校下郷分校(秋田県)	107
本庄第一高等学校(埼玉県)	187
本所工業高等学校(東京都)	249
本別高等学校(北海道)	45

【ま】

舞岡高等学校(神奈川県)	270
舞子高等学校(兵庫県)	465
米原高等学校(滋賀県)	404
米谷工業高等学校(宮城県)	94
前沢高等学校(岩手県)	77
前橋育英高等学校(群馬県)	166
前橋工業高等学校(群馬県)	166
前橋高等学校(群馬県)	166
前橋商業高等学校(群馬県)	167
前橋女子高等学校(群馬県)	167
前橋市立女子高等学校(群馬県)	167
前橋清陵高等学校(群馬県)	167
前橋西高等学校(群馬県)	167
前橋東高等学校(群馬県)	167
前橋東商業高等学校(群馬県)	168
前原高等学校(沖縄県)	672
真壁高等学校(茨城県)	147
巻工業高等学校(新潟県)	291
巻高等学校(新潟県)	291
牧園高等学校(鹿児島県)	659
巻農業高等学校(新潟県)	291
幕張北高等学校(千葉県)	211
幕張総合高等学校(千葉県)	211
幕張西高等学校(千葉県)	211
幕張東高等学校(千葉県)	211
幕別高等学校(北海道)	45
枕崎高等学校(鹿児島県)	659
増毛高等学校(北海道)	45
益子高等学校(栃木県)	158
益子芳星高等学校(栃木県)	158
益田学園(島根県)	496
益田工業高等学校(島根県)	496
益田高等学校(岐阜県)	347
益田高等学校(島根県)	496
増田高等学校(秋田県)	107
益田産業高等学校(島根県)	496
益田商業高等学校(島根県)	496
益田翔陽高等学校(島根県)	496
益田農業高等学校(島根県)	496
益田農林高等学校都茂分校(島根県)	497
益田農林高等学校匹見分校(島根県)	497
益田南高等学校(岐阜県)	348
増穂商業高等学校(山梨県)	318
町田高等学校(東京都)	249
町野高等学校(石川県)	307
松井田高等学校(群馬県)	168
松浦園芸高等学校(長崎県)	627
松浦高等学校(長崎県)	627
松浦高等学校鷹島分校(長崎県)	627
松浦東高等学校(長崎県)	627
松江家政高等学校(島根県)	497
松江北高等学校(島根県)	497
松江工業高等学校(島根県)	497
松江高等学校(島根県)	497
松江商業高等学校(島根県)	497
松江市立女子高等学校(島根県)	498

まつえ

松江市立皆美が丘女子高等学校（島根県） …………………	498
松江西高等学校（島根県） ……………	498
松江農林高等学校（島根県） …………	498
松江東高等学校（島根県） ……………	498
松江南高等学校（島根県） ……………	498
松江南高等学校宍道分校（島根県） …	498
松尾高等学校（千葉県） ………………	212
真狩高等学校（北海道） ………………	45
松川高等学校（長野県） ………………	332
松阪工業高等学校（三重県） …………	396
松阪高等学校（三重県） ………………	396
松阪商業高等学校（三重県） …………	397
松崎高等学校（静岡県） ………………	371
松島高等学校（宮城県） ………………	94
松島商業高等学校（熊本県） …………	636
松商学園高等学校（長野県） …………	332
松代高等学校（長野県） ………………	332
茨田高等学校（大阪府） ………………	441
松戸秋山高等学校（千葉県） …………	212
松任高等学校（石川県） ………………	307
松任農業高等学校（石川県） …………	307
松戸高等学校（千葉県） ………………	212
松戸向陽高等学校（千葉県） …………	212
松戸国際高等学校（千葉県） …………	212
松戸馬橋高等学校（千葉県） …………	212
松戸南高等学校（千葉県） ……………	212
松戸六実高等学校（千葉県） …………	212
松戸矢切高等学校（千葉県） …………	212
松永高等学校（広島県） ………………	536
松橋高等学校（熊本県） ………………	636
松原高等学校（東京都） ………………	249
松原高等学校（大阪府） ………………	441
松伏高等学校（埼玉県） ………………	188
松前高等学校（北海道） ………………	45
松本県ケ丘高等学校（長野県） ………	332
松本蟻ヶ崎高等学校（長野県） ………	333
松本工業高等学校（長野県） …………	333
松本商業高等学校（長野県） …………	333
松本松南高等学校（長野県） …………	333
松本筑摩高等学校（長野県） …………	333
松本深志高等学校（長野県） …………	333
松本美須々ヶ丘高等学校（長野県） …	334
松山北高等学校（愛媛県） ……………	574
松山北高等学校中島分校（愛媛県） …	574
松山工業高等学校（愛媛県） …………	574
松山高等学校（宮城県） ………………	94
松山高等学校（埼玉県） ………………	188
松山高等学校（愛媛県） ………………	574
松山商業高等学校（愛媛県） …………	574
松山城南高等学校（愛媛県） …………	576
松山女子高等学校（埼玉県） …………	188
松山聖陵高等学校（愛媛県） …………	576
松山中央高等学校（愛媛県） …………	576
松山西高等学校（愛媛県） ……………	576
松山東高等学校（愛媛県） ……………	576
松山南高等学校（愛媛県） ……………	577
松山南高等学校砥部分校（愛媛県） …	577
松山里仁館高等学校（山形県） ………	116
真庭高等学校（岡山県） ………………	519
真室川高等学校（山形県） ……………	116
丸岡高等学校（福井県） ………………	312
丸亀高等学校（香川県） ………………	564
丸亀商業高等学校（香川県） …………	564
丸亀城西高等学校（香川県） …………	564
丸子実業高等学校（長野県） …………	335
丸子修学館高等学校（長野県） ………	335
真和志高等学校（沖縄県） ……………	672
万場高等学校（群馬県） ………………	168

【み】

三池工業高等学校（福岡県） …………	606
三池高等学校（福岡県） ………………	605
三井高等学校（福岡県） ………………	605
三井中央高等学校（福岡県） …………	606
三重県立水産高等学校（三重県） ……	397
三重高等学校（三重県） ………………	397
三重高等学校（大分県） ………………	643
三重農業高等学校（大分県） …………	643
御影高等学校（兵庫県） ………………	465
三笠高等学校（北海道） ………………	45
三笠高美高等学校（北海道） …………	45
美方高等学校（福井県） ………………	312
三瓶高等学校（愛媛県） ………………	577
三木北高等学校（兵庫県） ……………	465
三木高等学校（兵庫県） ………………	465
三木高等学校（香川県） ………………	565
美木多高等学校（大阪府） ……………	442
三木東高等学校（兵庫県） ……………	465
三国丘高等学校（大阪府） ……………	442
三国高等学校（福井県） ………………	312
三国高等学校川西分校（福井県） ……	312
三崎高等学校（神奈川県） ……………	270

三崎高等学校(愛媛県)	578
岬高等学校(大阪府)	442
三崎水産高等学校(神奈川県)	270
三郷北高等学校(埼玉県)	188
美里工業高等学校(沖縄県)	672
三郷高等学校(埼玉県)	188
美里高等学校(沖縄県)	672
三沢高等学校(青森県)	69
三沢商業高等学校(青森県)	69
三島北高等学校(静岡県)	372
三島高等学校(大阪府)	443
三島高等学校(愛媛県)	578
三島南高等学校(静岡県)	372
水沢工業高等学校(岩手県)	77
水沢高等学校(岩手県)	77
水沢商業高等学校(岩手県)	77
水沢第一高等学校(岩手県)	77
水沢農業高等学校(岩手県)	77
水島工業高等学校(岡山県)	519
瑞浪高等学校(岐阜県)	348
三潴高等学校(福岡県)	606
水元高等学校(東京都)	249
聖園女学院高等学校(神奈川県)	270
三鷹高等学校(東京都)	250
三田高等学校(東京都)	249
三田高等学校(岐阜県)	348
三田尻女子高等学校(山口県)	547
道守高等学校(福井県)	312
三石高等学校(北海道)	46
水海道第一高等学校(茨城県)	147
水海道第二高等学校(茨城県)	147
三ケ日高等学校(静岡県)	372
御調高等学校(広島県)	536
見附高等学校(新潟県)	291
水戸工業高等学校(茨城県)	147
御津高等学校(愛知県)	389
水戸桜ノ牧高等学校(茨城県)	147
水戸女子高等学校(茨城県)	148
水戸第一高等学校(茨城県)	148
水戸第二高等学校(茨城県)	148
水戸第三高等学校(茨城県)	148
水戸農業高等学校(茨城県)	148
水戸南高等学校(茨城県)	149
三刀屋高等学校(島根県)	498
三刀屋高等学校掛合分校(島根県)	499
三豊工業高等学校(香川県)	565
緑岡高等学校(茨城県)	149
緑が丘高等学校(福島県)	138
緑丘商業高等学校(愛知県)	389
水口高等学校(滋賀県)	404
湊川高等学校(兵庫県)	465
港工業高等学校(東京都)	250
港高等学校(大阪府)	443
皆野高等学校(埼玉県)	188
南部高等学校(和歌山県)	480
南部高等学校龍神分校(和歌山県)	481
水俣工業高等学校(熊本県)	636
水俣高等学校(熊本県)	636
南会津高等学校(福島県)	138
南安曇農業高等学校(長野県)	335
南宇和高等学校(愛媛県)	578
南大隅高等学校(鹿児島県)	659
南大隅高等学校佐多分校(鹿児島県)	659
南大隅高等学校田代分校(鹿児島県)	659
南葛飾高等学校(東京都)	250
南京都高等学校(京都府)	412
南高等学校(東京都)	250
南種子高等学校(鹿児島県)	659
南多摩高等学校(東京都)	250
南野高等学校(東京都)	250
南富良野高等学校(北海道)	46
南八幡高等学校(京都府)	412
美祢工業高等学校(山口県)	548
美祢高等学校(山口県)	547
峰山高等学校(京都府)	412
峰山高等学校弥栄分校(京都府)	412
箕面高等学校(大阪府)	443
箕面自由学園高等学校(大阪府)	443
箕面東高等学校(大阪府)	443
美濃加茂高等学校(岐阜県)	348
箕島高等学校(石川県)	307
箕島高等学校(和歌山県)	481
身延高等学校(山梨県)	318
箕輪工業高等学校(長野県)	335
三原高等学校(兵庫県)	465
三原高等学校(広島県)	536
美原高等学校(大阪府)	443
壬生高等学校(栃木県)	158
御船高等学校(熊本県)	636
三間高等学校(愛媛県)	578
美作高等学校(岡山県)	519
美馬商業高等学校(徳島県)	556
耳成高等学校(奈良県)	475

みもみ　　学校名索引

実籾高等学校（千葉県） ……………… 213
宮内高等学校（山形県） ……………… 116
宮川高等学校（三重県） ……………… 397
宮城県工業高等学校（宮城県） ……… 95
宮城県水産高等学校（宮城県） ……… 95
宮城県第一女子高等学校（宮城県） … 95
宮城県第二工業高等学校（宮城県） … 95
宮城県第二女子高等学校（宮城県） … 95
宮城県第三女子高等学校（宮城県） … 96
宮城県農業高等学校（宮城県） ……… 96
三養基高等学校（佐賀県） …………… 613
宮城野高等学校（宮城県） …………… 96
宮城広瀬高等学校（宮城県） ………… 96
三宅高等学校（東京都） ……………… 250
宮古工業高等学校（岩手県） ………… 78
宮古工業高等学校（沖縄県） ………… 673
宮古高等学校（岩手県） ……………… 78
宮古高等学校（沖縄県） ……………… 672
京古高等学校（福岡県） ……………… 606
宮古高等学校伊良部分校（沖縄県） … 673
宮古高等学校川井校（岩手県） ……… 78
宮古商業高等学校（岩手県） ………… 78
宮古水産高等学校（岩手県） ………… 78
宮古水産高等学校（沖縄県） ………… 673
宮古農林高等学校（沖縄県） ………… 673
都城泉ヶ丘高等学校（宮崎県） ……… 647
都城工業高等学校（宮崎県） ………… 647
都城高等学校（宮崎県） ……………… 647
都城商業高等学校（宮崎県） ………… 647
都城西高等学校（宮崎県） …………… 647
都城農業高等学校（宮崎県） ………… 647
都城東高等学校（宮崎県） …………… 647
宮崎大宮高等学校（宮崎県） ………… 647
宮崎海洋高等学校（宮崎県） ………… 648
宮崎学園高等学校（宮崎県） ………… 648
宮崎北高等学校（宮崎県） …………… 648
宮崎工業高等学校（宮崎県） ………… 648
宮崎実業高等学校（宮崎県） ………… 648
宮崎商業高等学校（宮崎県） ………… 648
宮崎水産高等学校（宮崎県） ………… 648
宮崎第一高等学校（宮崎県） ………… 648
宮崎西高等学校（宮崎県） …………… 649
宮崎日本大学高等学校（宮崎県） …… 649
宮崎農業高等学校（宮崎県） ………… 649
宮崎南高等学校（宮崎県） …………… 649
宮島工業高等学校（広島県） ………… 537
宮代高等学校（埼玉県） ……………… 188

宮津高等学校（京都府） ……………… 412
宮之城高等学校（鹿児島県） ………… 660
宮之城農業高等学校（鹿児島県） …… 660
名西高等学校（徳島県） ……………… 556
明星学園高等学校（東京都） ………… 251
明法高等学校（東京都） ……………… 251
三次工業高等学校（広島県） ………… 537
三次高等学校（広島県） ……………… 537
三次高等学校君田分校（広島県） …… 537
三次高等学校作木分校（広島県） …… 537
三好農林高等学校（徳島県） ………… 556
三和高等学校（広島県） ……………… 537
美和高等学校（愛知県） ……………… 390
三輪田学園高等学校（東京都） ……… 251

【む】

六日町高等学校（新潟県） …………… 291
六日町高等学校浦佐分校（新潟県） … 291
向中野学園高等学校（岩手県） ……… 78
向の岡工業高等学校（神奈川県） …… 270
鵡川高等学校（北海道） ……………… 46
武義高等学校（岐阜県） ……………… 348
向丘高等学校（東京都） ……………… 251
武庫工業高等学校（兵庫県） ………… 466
武庫高等学校（兵庫県） ……………… 466
武庫荘高等学校（兵庫県） …………… 466
武蔵丘高等学校（東京都） …………… 252
武蔵高等学校（東京都） ……………… 251
武蔵台高等学校（福岡県） …………… 606
武蔵野北高等学校（東京都） ………… 252
むつ工業高等学校（青森県） ………… 69
宗像高等学校（福岡県） ……………… 606
村岡高等学校（兵庫県） ……………… 466
村上高等学校（新潟県） ……………… 291
村上高等学校関川分校（新潟県） …… 292
村上高等学校山北分校（新潟県） …… 292
村上桜ヶ丘高等学校（新潟県） ……… 292
村上女子高等学校（新潟県） ………… 292
村田高等学校（宮城県） ……………… 96
村松高等学校（新潟県） ……………… 292
村山農業高等学校（山形県） ………… 116
室生高等学校（奈良県） ……………… 475
室戸高等学校（高知県） ……………… 585
室戸高等学校吉良川分校（高知県） … 585
室戸岬水産高等学校（高知県） ……… 585
室蘭大谷高等学校（北海道） ………… 46

室蘭啓明高等学校（北海道）	46
室蘭工業高等学校（北海道）	46
室蘭栄高等学校（北海道）	46
室蘭清水丘高等学校（北海道）	46
室蘭商業高等学校（北海道）	47
室蘭東高等学校（北海道）	47

【め】

茗渓学園高等学校（茨城県）	149
明治学園高等学校（福岡県）	607
明治大学付属八王子高等学校（東京都）	252
明星高等学校（東京都）	252
明星高等学校（大阪府）	443
明善高等学校（福岡県）	607
明徳義塾高等学校（高知県）	585
明和高等学校（愛知県）	390
目黒高等学校（東京都）	252
妻沼高等学校（埼玉県）	188
女満別高等学校（北海道）	47
芽室高等学校（北海道）	47

【も】

真岡工業高等学校（栃木県）	158
真岡女子高等学校（栃木県）	158
真岡農業高等学校（栃木県）	158
真岡北陵高等学校（栃木県）	158
門司学園高等学校（福岡県）	607
門司北高等学校（福岡県）	607
門司高等学校（福岡県）	607
門司商業高等学校（福岡県）	607
妹背牛商業高等学校（北海道）	47
望月高等学校（長野県）	335
茂木高等学校（栃木県）	158
元石川高等学校（神奈川県）	270
本巣高等学校（岐阜県）	348
本巣松陽高等学校（岐阜県）	349
本部高等学校（沖縄県）	673
本宮高等学校（福島県）	138
本宮高等学校白沢分校（福島県）	138
本吉響高等学校（宮城県）	96
茂原工業高等学校（千葉県）	213
茂原高等学校（千葉県）	213
茂原農業高等学校（千葉県）	213
紅葉川高等学校（東京都）	252

百石高等学校（青森県）	69
桃谷高等学校（大阪府）	444
桃山高等学校（京都府）	412
盛岡北高等学校（岩手県）	78
盛岡工業高等学校（岩手県）	78
盛岡商業高等学校（岩手県）	78
盛岡白百合学園高等学校（岩手県）	79
盛岡市立高等学校（岩手県）	79
盛岡大学附属高等学校（岩手県）	79
盛岡第一高等学校（岩手県）	79
盛岡第二高等学校（岩手県）	80
盛岡第三高等学校（岩手県）	80
盛岡第四高等学校（岩手県）	80
盛岡農業高等学校（岩手県）	81
盛岡南高等学校（岩手県）	81
守口北高等学校（大阪府）	444
守口高等学校（大阪府）	444
守口東高等学校（大阪府）	444
森高等学校（北海道）	47
森高等学校（静岡県）	372
森高等学校（大分県）	643
森村学園高等部（神奈川県）	270
守山北高等学校（滋賀県）	404
守山高等学校（滋賀県）	404
守山市立守山女子高等学校（滋賀県）	404
毛呂山高等学校（埼玉県）	188
紋別北高等学校（北海道）	48
紋別南高等学校（北海道）	48

【や】

焼津高等学校（静岡県）	372
焼津水産高等学校（静岡県）	372
焼津中央高等学校（静岡県）	373
矢板高等学校（栃木県）	159
矢板中央高等学校（栃木県）	159
八重山高等学校（沖縄県）	673
八重山商工高等学校（沖縄県）	673
八重山農林高等学校（沖縄県）	674
八尾北高等学校（大阪府）	444
八尾高等学校（大阪府）	444
八百津高等学校（岐阜県）	349
八尾南高等学校（大阪府）	444
矢掛高等学校（岡山県）	519
矢掛高等学校美星分校（岡山県）	520
矢掛商業高等学校（岡山県）	520
矢上高等学校（島根県）	499

矢上高等学校瑞穂分校（島根県）	499
焼尻高等学校（北海道）	48
薬園台高等学校（千葉県）	213
屋久島高等学校（鹿児島県）	660
八雲高等学校（北海道）	48
八郷高等学校（茨城県）	149
八潮高等学校（埼玉県）	188
八潮南高等学校（埼玉県）	189
矢島高等学校（秋田県）	107
屋代高等学校（長野県）	335
社高等学校（兵庫県）	466
屋代南高等学校（長野県）	335
安来高等学校（島根県）	499
安来高等学校広瀬分校（島根県）	499
八頭高等学校（鳥取県）	488
野洲高等学校（滋賀県）	404
安塚高等学校（新潟県）	292
安田高等学校（新潟県）	292
安田女子高等学校（広島県）	537
安西高等学校（広島県）	537
安古市高等学校（広島県）	537
谷地高等学校（山形県）	116
八街高等学校（千葉県）	213
八千代高等学校（茨城県）	149
八千代高等学校（千葉県）	213
八千代西高等学校（千葉県）	214
八千代東高等学校（千葉県）	214
八尾高等学校（富山県）	298
八代工業高等学校（熊本県）	637
八代高等学校（熊本県）	636
八代白百合学園高等学校（熊本県）	637
八代農業高等学校（熊本県）	637
八代農業高等学校泉分校（熊本県）	637
八代東高等学校（熊本県）	637
八代南高等学校（熊本県）	637
柳井工業高等学校（山口県）	548
柳井高等学校（山口県）	548
柳井商業高等学校（山口県）	548
柳井商工高等学校（山口県）	548
柳川高等学校（福岡県）	607
梁川高等学校（福島県）	138
柳川商業高等学校（福岡県）	608
柳田農業高等学校（石川県）	307
耶馬渓高等学校（大分県）	643
八幡工業高等学校（福岡県）	608
八幡高等学校（福岡県）	608
八幡大学附属高等学校（福岡県）	608
八幡中央高等学校（福岡県）	608
八幡南高等学校（福岡県）	608
矢吹高等学校（福島県）	138
矢部高等学校（熊本県）	637
山形学院高等学校（山形県）	117
山形北高等学校（山形県）	117
山形工業高等学校（山形県）	117
山県高等学校（岐阜県）	349
山方商業高等学校（茨城県）	149
山形城北女子高等学校（山形県）	117
山形市立商業高等学校（山形県）	117
山形中央高等学校（山形県）	118
山形電波工業高等学校（山形県）	118
山形西高等学校（山形県）	118
山形東高等学校（山形県）	118
山形南高等学校（山形県）	119
山香農業高等学校（大分県）	643
山川高等学校（鹿児島県）	660
山北高等学校（神奈川県）	270
山口県立水産高等学校（山口県）	548
山口高等学校（山口県）	548
山口商業高等学校（山口県）	548
山口中央高等学校（山口県）	549
山口農業高等学校（山口県）	549
山口農業高等学校秋穂分校（山口県）	549
山口農業高等学校小野分校（山口県）	549
山口農林高等学校佐々並分校（山口県）	549
山崎高等学校（兵庫県）	466
山城高等学校（京都府）	412
山添高等学校（山形県）	119
山田高等学校（岩手県）	81
山田高等学校（大阪府）	445
山田高等学校（高知県）	586
山門高等学校（福岡県）	608
大和高等学校（神奈川県）	271
大和高等学校（広島県）	538
大和高田市立高田商業高等学校（奈良県）	476
大和西高等学校（神奈川県）	271
山中学園（広島県）	538
山梨園芸高等学校（山梨県）	318
山梨学院大学附属高等学校（山梨県）	319
山梨県立第一商業高等学校（山梨県）	319
山梨県立農林高等学校（山梨県）	319
山梨高等学校（山梨県）	318
耶麻農業高等学校（福島県）	138
山辺高等学校（奈良県）	476

山辺高等学校山添分校(奈良県)	476
山本高等学校(大阪府)	445
山脇学園高等学校(東京都)	252
谷村工業高等学校(山梨県)	319
八女工業高等学校(福岡県)	609
八女高等学校(福岡県)	609
八女農業高等学校(福岡県)	609
矢本高等学校(宮城県)	96
八幡高等学校(京都府)	412
八幡浜工業高等学校(愛媛県)	579
八幡浜高等学校(愛媛県)	578

【ゆ】

結城第一高等学校(茨城県)	150
猶興館高等学校(長崎県)	628
猶興館高等学校大島分校(長崎県)	628
有恒高等学校(新潟県)	292
勇志国際高等学校(熊本県)	637
湧心館高等学校(熊本県)	637
夕張北高等学校(北海道)	48
夕張工業高等学校(北海道)	48
夕張東高等学校(北海道)	48
夕張南高等学校(北海道)	48
夕陽丘高等学校(大阪府)	445
湧別高等学校(北海道)	48
有朋高等学校(北海道)	48
雄峰高等学校(富山県)	298
湯河原高等学校(神奈川県)	271
雪谷高等学校(東京都)	252
油木高等学校(広島県)	538
油木高等学校神石分校(広島県)	538
湯来南高等学校(広島県)	538
行橋高等学校(福岡県)	609
弓削高等学校(岡山県)	520
弓削高等学校(愛媛県)	579
遊佐高等学校(山形県)	119
湯沢北高等学校(秋田県)	107
湯沢北高等学校稲庭分校(秋田県)	107
湯沢北高等学校皆瀬分校(秋田県)	108
湯沢高等学校(秋田県)	107
湯沢高等学校(新潟県)	293
湯沢高等学校稲川分校(秋田県)	107
湯沢商業高等学校(秋田県)	108
湯沢商工高等学校(秋田県)	108
湯沢翔北高等学校(秋田県)	108
梼原高等学校(高知県)	586

豊丘高等学校(愛知県)	390
豊高等学校(広島県)	538
豊野高等学校(愛知県)	390
由仁高等学校(北海道)	49
由仁商業高等学校(北海道)	49
夢野台高等学校(兵庫県)	466
湯本高等学校(福島県)	138
由良育英高等学校(鳥取県)	488
百合丘高等学校(神奈川県)	271
由利工業高等学校(秋田県)	108
由利高等学校(秋田県)	108

【よ】

与板高等学校(新潟県)	293
余市高等学校(北海道)	49
余市高等学校(北星学園)(北海道)	49
八日市高等学校(滋賀県)	404
八日市南高等学校(滋賀県)	404
八鹿高等学校大屋分校(兵庫県)	466
楊志館高等学校(大分県)	643
陽明高等学校(沖縄県)	674
養老女子商業高等学校(岐阜県)	349
与勝高等学校(沖縄県)	674
吉川高等学校(兵庫県)	467
横須賀大津高等学校(神奈川県)	271
横須賀工業高等学校(神奈川県)	271
横須賀高等学校(神奈川県)	271
横須賀高等学校(静岡県)	373
横須賀高等学校(愛知県)	390
横田高等学校(島根県)	499
横手工業高等学校(秋田県)	108
横手高等学校(秋田県)	108
横手城南高等学校(秋田県)	109
横手清陵学院高等学校(秋田県)	109
横手東高等学校(秋田県)	109
横浜英和女学院高等学校(神奈川県)	273
横浜学園高等学校(神奈川県)	273
横浜共立学園高等学校(神奈川県)	273
横浜高等学校(神奈川県)	271
横浜商科大学高等学校(神奈川県)	273
横浜商工高等学校(神奈川県)	273
横浜市立南高等学校(神奈川県)	273
横浜市立横浜工業高等学校(神奈川県)	273
横浜市立横浜サイエンスフロンティア高等学校(神奈川県)	273
横浜市立横浜商業高等学校(神奈川県)	273

よこは

学校名	頁
横浜翠嵐高等学校（神奈川県）	274
横浜清風高等学校（神奈川県）	274
横浜立野高等学校（神奈川県）	274
横浜南陵高等学校（神奈川県）	274
横浜日野高等学校（神奈川県）	274
横浜平沼高等学校（神奈川県）	274
横浜緑ケ丘高等学校（神奈川県）	275
横浜山手女学院（神奈川県）	275
横山高等学校（大阪府）	445
吉井高等学校（群馬県）	168
吉賀高等学校（島根県）	500
吉川高等学校（埼玉県）	189
吉川高等学校（新潟県）	293
吉城高等学校（岐阜県）	349
吉田高等学校（新潟県）	293
吉田高等学校（山梨県）	319
吉田高等学校（静岡県）	373
吉田高等学校（広島県）	538
吉田高等学校（愛媛県）	579
吉田高等学校八千代分校（広島県）	538
吉田島農林高等学校（神奈川県）	275
吉田商業高等学校（新潟県）	293
吉田商業高等学校（山梨県）	319
吉野高等学校（奈良県）	476
吉野林業高等学校（奈良県）	476
好間高等学校（福島県）	138
吉見高等学校（埼玉県）	189
吉原工業高等学校（静岡県）	373
吉原高等学校（静岡県）	373
四日市工業高等学校（三重県）	397
四日市高等学校（三重県）	397
四日市商業高等学校（三重県）	398
四日市中央工業高等学校（三重県）	398
四日市西高等学校（三重県）	398
四日市農芸高等学校（三重県）	398
四日市南高等学校（三重県）	398
四日市四郷高等学校（三重県）	398
四街道北高等学校（千葉県）	214
四街道高等学校（千葉県）	214
四倉高等学校（福島県）	138
四谷商業高等学校（東京都）	252
淀江産業技術高等学校（鳥取県）	488
淀川工業高等学校（大阪府）	445
淀川女子高等学校（大阪府）	445
淀之水高等学校（大阪府）	445
米内沢高等学校（秋田県）	109
米子北高等学校（鳥取県）	488
米子工業高等学校（鳥取県）	488
米子高等学校（鳥取県）	488
米子松蔭高等学校（鳥取県）	488
米子商業高等学校（鳥取県）	489
米子西高等学校（鳥取県）	489
米子白鳳高等学校（鳥取県）	489
米子東高等学校（鳥取県）	489
米子北斗高等学校（鳥取県）	489
米子南高等学校（鳥取県）	489
米子南商業高等学校（鳥取県）	490
米沢工業高等学校（山形県）	119
米沢興譲館高等学校（山形県）	120
米沢商業高等学校（山形県）	120
米沢中央高等学校（山形県）	120
米沢東高等学校（山形県）	121
米山高等学校（宮城県）	96
米山農業高等学校（宮城県）	96
与野高等学校（埼玉県）	189
与野農工高等学校（埼玉県）	189
読谷高等学校（沖縄県）	674
代々木高等学校（東京都）	252
寄居高等学校（埼玉県）	189
与論高等学校（鹿児島県）	660

【ら】

洛西高等学校（京都府）	413
洛東高等学校（京都府）	413
洛南高等学校（京都府）	413
洛北高等学校（京都府）	413
ラ・サール高等学校（鹿児島県）	660
蘭越高等学校（北海道）	50

【り】

陸別高等学校（北海道）	50
利尻高等学校（北海道）	50
立正大学淞南高等学校（島根県）	500
立命館高等学校（京都府）	413
利府高等学校（宮城県）	96
竜ヶ崎第一高等学校（茨城県）	150
竜ヶ崎第二高等学校（茨城県）	150
龍谷高等学校（佐賀県）	613
龍谷大学付属平安高等学校（京都府）	414
龍谷富山高等学校（富山県）	298
陵雲高等学校（和歌山県）	481

両国高等学校(東京都) ……………… 253
両津高等学校(新潟県) ……………… 293
林昌学園(山形県) ……………………… 121

【る】

留寿都高等学校(北海道) ……………… 50
留辺蘂高等学校(北海道) ……………… 50
留萌工業高等学校(北海道) …………… 51
留萌高等学校(北海道) ………………… 51

【れ】

麗澤高等学校(千葉県) ………………… 214
麗澤瑞浪高等学校(岐阜県) …………… 349
嶺北高等学校(高知県) ………………… 586
嶺北高等学校森分校(高知県) ………… 586
れいめい高等学校(鹿児島県) ………… 661
苓明高等学校(熊本県) ………………… 637
苓洋高等学校(熊本県) ………………… 638
礼文高等学校(北海道) ………………… 51

【ろ】

六郷高等学校(秋田県) ………………… 109
鹿西高等学校(石川県) ………………… 307
六戸高等学校(青森県) ………………… 70
六ヶ所高等学校(青森県) ……………… 70
六甲学院高等学校(兵庫県) …………… 467

【わ】

若狭高等学校(福井県) ………………… 312
若狭農林高等学校(福井県) …………… 313
若狭東高等学校(福井県) ……………… 313
若葉看護高等学校(千葉県) …………… 214
若松高等学校(千葉県) ………………… 214
若松高等学校(福岡県) ………………… 609
若松商業高等学校(福島県) …………… 138
若松商業高等学校(福岡県) …………… 609
若松女子高等学校(福島県) …………… 139
若柳高等学校(宮城県) ………………… 96
和歌山北高等学校(和歌山県) ………… 482
和歌山工業高等学校(和歌山県) ……… 482
和歌山高等学校(和歌山県) …………… 481

和歌山商業高等学校(和歌山県) ……… 482
和歌山市立和歌山商業高等学校(和歌山県) ………………………………… 482
和歌山信愛高等学校(和歌山県) ……… 483
和歌山西高等学校(和歌山県) ………… 483
和歌山東高等学校(和歌山県) ………… 483
脇町高等学校(徳島県) ………………… 556
涌谷高等学校(宮城県) ………………… 97
和気閑谷高等学校(岡山県) …………… 520
和光高等学校(東京都) ………………… 253
和光高等学校(埼玉県) ………………… 189
和光国際高等学校(埼玉県) …………… 189
鷲宮高等学校(埼玉県) ………………… 189
輪島実業高等学校(石川県) …………… 308
早稲田高等学校(東京都) ……………… 253
早稲田実業学校高等部(東京都) ……… 254
早稲田大学高等学院(東京都) ………… 254
度会高等学校(三重県) ………………… 398
亘理高等学校(宮城県) ………………… 97
稚内大谷高等学校(北海道) …………… 51
稚内高等学校(北海道) ………………… 51
稚内商工高等学校(北海道) …………… 51
和寒高等学校(北海道) ………………… 52
蕨高等学校(埼玉県) …………………… 190

都道府県から引く
高等学校史・活動史目録

2025年1月25日　第1刷発行

発　行　者／山下浩
編集・発行／日外アソシエーツ株式会社
　　　　　　〒140-0013 東京都品川区南大井6-16-16 鈴中ビル大森アネックス
　　　　　　電話(03)3763-5241（代表）　FAX(03)3764-0845
　　　　　　URL　https://www.nichigai.co.jp/

　　　　　　電算漢字処理／日外アソシエーツ株式会社
　　　　　　印刷・製本／株式会社平河工業社

　　　　　　© Nichigai Associates, Inc. 2025
　　　　　　不許複製・禁無断転載
　　　　　　＜落丁乱丁本はお取り替えいたします＞　《中性紙北越淡クリームキンマリ使用》
　　　　　　ISBN978-4-8169-3037-9　　　　　　　Printed in Japan, 2025

本書はデジタルデータを有償販売しております。
詳細はお問い合わせください。

新訂 大学博物館事典
―市民に開かれた知とアートのミュージアム
伊能秀明 監修
A5・630頁　定価13,200円（本体12,000円＋税10%）　2024.12刊

総合・歴史・自然・医学・工学・服飾・芸術・音楽・文学・植物園・水族館等、さまざまな館種の大学博物館187館（144大学）を紹介する事典。全館にアンケート調査を行い、沿革、展示概要、利用条件、刊行物・グッズ、メッセージなどの最新情報を掲載。大学博物館ならではの収蔵資料や教育・調査研究活動も紹介。

「大学教育」関係図書目録2006-2021
―"学問の府"はいま
A5・840頁　定価31,350円（本体28,500円＋税10%）　2022.3刊

2006～2021年に国内で刊行された大学教育に関する図書1.1万点の目録。『「大学教育」関係図書目録1989-2005―"学問の府"はいま』（2006年9月刊）の継続書誌。大学論・大学像、災害・事故の記録、高大連携、職業教育、女性研究者、ボランティア、社会人大学院など幅広いテーマの図書を337の主題別に分類。

中高生のためのブックガイド
部活動にうちこむ
佐藤理絵 監修
A5・240頁　定価4,290円（本体3,900円＋税10%）　2022.6刊

入門書・技術書からプロの活躍を描くノンフィクション、小説・エッセイまで、現役の司書教諭が顧問教員の協力のもと"中高生に薦めたい本"541冊を精選。「運動部」「文化部」「身体を鍛える」など部活動にまつわる幅広い分野を対象とし、入手しやすいものを中心に紹介。

ヤングアダルトの本
創作活動をささえる4000冊
A5・440頁　定価10,780円（本体9,800円＋税10%）　2024.10刊

中高生を中心とするヤングアダルト世代に薦めたい図書の書誌事項と内容情報がわかる図書目録。「文章を学ぼう」「芸術・美術を学ぼう」など探しやすい分野別構成。主に中高生向けの入門書、概説書、技法書など3,800冊を収録。公共図書館・学校図書館での本の選定・紹介・購入に最適のガイド。

データベースカンパニー
日外アソシエーツ
〒140-0013　東京都品川区南大井6-16-16
TEL.(03)3763-5241　FAX.(03)3764-0845　https://www.nichigai.co.jp/